The ICS Ancient Chinese Texts Concordance Series

先秦兩漢古籍逐字索引叢刊

東觀漢記逐字索引

A CONCORDANCE TO THE DONGGUANHANJI

香港中文大學中國文化研究所
先秦兩漢古籍逐字索引叢刊

叢刊主編：劉殿爵　　陳方正
計劃主任：何志華
系統主任：何國杰
程式助理：梁偉明
資料處理：黃祿添　　洪瑞強
研究助理：陳麗珠
顧　　問：張雙慶　　黃坤堯　　朱國藩
版本顧問：沈　津
程式顧問：何玉成　　梁光漢

本《逐字索引》乃據「先秦兩漢一切傳世文獻電腦化資料庫」編纂而成，而資料庫之建立，有賴香港大學及理工撥款委員會資助，謹此致謝。

CUHK.ICS.
The Ancient Chinese Texts Concordance Series

SERIES EDITORS	D.C. Lau	Chen Fong Ching	
PROJECT DIRECTOR	Ho Che Wah		
COMPUTER PROJECT OFFICER	Ho Kwok Kit		
PROGRAMMING ASSISTANT	Leung Wai Ming		
DATA PROCESSING	Wong Luk Tim	Hung Sui Keung	
RESEARCH ASSISTANT	Uppathamchat Nimitra		
CONSULTANTS	Chang Song Hing	Wong Kuan Io	Chu Kwok Fan
TEXT CONSULTANT	Shum Chun		
PROGRAMMING CONSULTANT	Ho Yuk Shing	Leung Kwong Han	

THIS CONCORDANCE IS COMPILED FROM THE ANCIENT CHINESE TEXTS DATABASE, WHICH IS ESTABLISHED WITH A RESEARCH AWARD FROM THE UNIVERSITY AND POLYTECHNIC GRANTS COMMITTEE OF HONG KONG, FOR WHICH WE WISH TO ACKNOWLEDGE OUR GRATITUDE.

東觀漢記逐字索引

編　　輯：劉殿爵
執行編輯：何志華
研究助理：陳麗珠
校　　對：黃婉冰　　陳秀芳　　張詠梅
　　　　　葉　勇　　趙國基
系統設計：何國杰
程式助理：梁偉明

The Concordance to the Dongguanhanji

EDITOR	D.C. Lau		
EXECUTIVE EDITOR	Ho Che Wah		
RESEARCH ASSISTANT	Uppathamchat Nimitra		
PROOF-READERS	Wong Yuen Bing	Chan Sau Fong	Cheung Wing Muz
	Yip Yung	Chiu Kwok Kei	
SYSTEM DESIGN	Ho Kwok Kit		
PROGRAMMING ASSISTANT	Leung Wai Ming		

香港中文大學中國文化研究所
The Chinese University of Hong Kong
Institute of Chinese Studies

The ICS Ancient Chinese Texts Concordance Series

先秦兩漢古籍逐字索引叢刊

東觀漢記逐字索引

A CONCORDANCE TO THE DONGGUANHANJI

叢刊主編：劉殿爵　陳方正
本書編者：劉殿爵

臺灣商務印書館 發行
The Commercial Press, Ltd.

東觀漢記逐字索引=A concordance to the
Dongguanhanji／劉殿爵編. -- 初版. -- 臺
北市：臺灣商務，1994 [民83]
面； 公分. --(香港中文大學中國文化研
究所先秦兩漢古籍逐字索引叢刊)
ISBN 957-05-1007-2(精裝)

1. 東觀漢記 - 語詞索引

622.201 83007737

香港中文大學中國文化研究所
先秦兩漢古籍逐字索引叢刊

東觀漢記逐字索引

A Concordance to the Dongguanhanji

定價新臺幣 2500 元

叢刊主編	劉殿爵 陳方正
本書編者	劉殿爵
執行編輯	何志華
發行人	張連生
出版者 印刷所	臺灣商務印書館股份有限公司

臺北市 10036 重慶南路 1 段 37 號
電話：(02)3116118・3115538
傳眞：(02)3710274
郵政劃撥：0000165－1 號
出版事業登記證：局版臺業字第 0836 號

• 1994 年 11 月初版第 1 次印刷

ISBN 957－05－1007－2(精裝) b 54303000

主編者簡介

劉殿爵教授（Prof. D. C. Lau）早歲肄業於香港大學中文系，嗣赴蘇格蘭格拉斯哥大學攻讀西洋哲學，畢業後執教於倫敦大學達二十八年之久，一九七八年應邀回港出任香港中文大學中文系講座教授。劉教授於一九八九年榮休，隨即出任中國文化研究所榮譽教授至今。劉教授興趣在哲學及語言學，以準確嚴謹的態度翻譯古代典籍，其中《論語》、《孟子》、《老子》三書之英譯，已成海外研究中國哲學必讀之書。

陳方正博士(Dr. Chen Fong Ching)，一九六二年哈佛(Harvard)大學物理學學士，一九六四年拔蘭（Brandeis）大學理學碩士，一九六六年獲理學博士，隨後執教於香港中文大學物理系，一九八六年任中國文化研究所所長至今。陳博士一九九零年創辦學術文化雙月刊《二十一世紀》，致力探討中國文化之建設。

目　次

出版說明
Preface
凡例
Guide to the use of the Concordance
漢語拼音檢字表 1
威妥碼 — 漢語拼音對照表 30
筆畫檢字表 32
通用字表 43
徵引書目 49
誤字改正說明表 50
增字、刪字改正說明表 57
東觀漢記原文 1-180
1 東觀漢記卷一帝紀一 1
1.1 《世祖光武皇帝》 1
2 東觀漢記卷二帝紀二 11
2.1 《顯宗孝明皇帝》 11
2.2 《肅宗孝章皇帝》 14
2.3 《穆宗孝和皇帝》 16
2.4 《孝殤皇帝》 17
3 東觀漢記卷三帝紀三 18
3.1 《恭宗孝安皇帝》 18
3.2 《敬宗孝順皇帝》 19
3.3 《孝沖皇帝》 21
3.4 《孝質皇帝》 21
3.5 《威宗孝桓皇帝》 21
3.6 《孝靈皇帝》 23
4 東觀漢記卷四年表 24
4.1 《百官表》 24
4.2 《諸王表》原闕 26
4.3 《王子侯表》原闕 26
4.4 《功臣表》原闕 26
4.5 《恩澤侯表》原闕 26
5 東觀漢記卷五志 27
5.1 《地理志》 27
5.2 《律（歷）〔曆〕志》 28

5.3 《禮志》 28
5.4 《樂志》 28
5.5 《郊祀志》 29
5.6 《車服志》 32
5.7 《朝會志》原闕 33
5.8 《天文志》原闕 33
6 東觀漢記卷六列傳一外戚 33
6.1 《光烈陰皇后》 33
6.2 《明德馬皇后》 34
6.3 《敬隱宋皇后》 35
6.4 《孝和陰皇后》 36
6.5 《和熹鄧皇后》 36
6.6 《順烈梁皇后》 37
6.7 《竇貴人》 37
6.8 《孝崇匽皇后》 37
6.9 《孝桓鄧皇后》 38
7 東觀漢記卷七列傳二宗室 38
7.1 《齊武王縯》 38
7.2 《北海靖王興》 39
7.3 《北海敬王睦》 39
7.4 《趙孝王良》 39
7.5 《（宏）〔弘〕》 40
7.6 《梁》 40
7.7 《城陽恭王祉》 40
7.8 《東海恭王彊》 41
7.9 《沛獻王輔》 41
7.10 《楚王英》 42
7.11 《濟南安王康》 42
7.12 《東平憲王蒼》 42
7.13 《阜陵質王延》 43
7.14 《廣陵思王荊》 44
7.15 《中山簡王焉》 44
7.16 《琅邪孝王京》 44
7.17 《彭城靖王恭》 44
7.18 《樂成靖王黨》 45
7.19 《樂成王萇》 45
7.20 《下邳惠王衍》 45
7.21 《孝德皇》 45
7.22 《平原懷王勝》 45
8 東觀漢記卷八列傳三 46
8.1 《鄧禹》 46

8.2 《鄧訓》 47
8.3 《鄧鴻》 48
8.4 《鄧陟》 48
8.5 《鄧悝》 48
8.6 《鄧弘》 48
8.7 《鄧閶》 49
8.8 《鄧豹》 49
8.9 《鄧遵》 49
8.10 《吳漢》 50
8.11 《賈復》 51
8.12 《賈宗》 51
8.13 《耿況》 52
8.14 《耿弇》 52
8.15 《耿國》 53
8.16 《耿秉》 53
8.17 《耿恭》 54
9 東觀漢記卷九列傳四 54
9.1 《寇恂》 54
9.2 《岑彭》 55
9.3 《岑起》 56
9.4 《馮異》 56
9.5 《馮彰》 58
9.6 《朱（祐）〔祜〕》 58
9.7 《祭遵》 59
9.8 《祭肜》 60
9.9 《祭參》 60
9.10 《景丹》 60
9.11 《蓋延》 61
9.12 《銚期》 61
10 東觀漢記卷十列傳五 62
10.1 《耿純》 62
10.2 《臧宮》 62
10.3 《馬武》 62
10.4 《劉隆》 63
10.5 《馬成》 63
10.6 《王梁》 63
10.7 《陳俊》 63
10.8 《陳浮》 63
10.9 《傅俊》 64
10.10 《堅鐔》 64
10.11 《王霸》 64

10.12 《任光》 65
10.13 《任隗》 65
10.14 《李忠》 65
10.15 《李純》 66
10.16 《邳彤》 66
10.17 《劉植》 66
10.18 《劉歆》 66
10.19 《劉嘉》 66
10.20 《王常》 67
10.21 《李通》 67
10.22 《竇融》 67
10.23 《竇固》 68
10.24 《竇憲》 68
10.25 《竇章》 69
10.26 《卓茂》 69
11 東觀漢記卷十一列傳六 70
11.1 《鄧晨》 70
11.2 《來歙》 70
11.3 《樊重》 71
11.4 《樊宏》 71
11.5 《樊鯈》 71
11.6 《樊梵》 72
11.7 《樊準》 72
11.8 《張況》 72
11.9 《張歆》 73
11.10 《張禹》 73
11.11 《郭況》 73
11.12 《陰睦》 74
11.13 《陰識》 74
11.14 《陰興》 74
11.15 《陰傅》 74
12 東觀漢記卷十二列傳七 75
12.1 《馬援》 75
12.2 《馬廖》 77
12.3 《馬防》 77
12.4 《馬光》 78
12.5 《馬客卿》 78
12.6 《馬嚴》 79
12.7 《馬融》 79
12.8 《馬棱》 79
12.9 《梁統》 80

12.10 《梁竦》 80
12.11 《梁商》 81
12.12 《梁冀》 82
12.13 《梁不疑》 82
12.14 《孫咸》 82
13 東觀漢記卷十三列傳八 82
13.1 《伏湛》 82
13.2 《伏盛》 83
13.3 《伏恭》 83
13.4 《伏晨》 83
13.5 《侯霸》 83
13.6 《宋弘》 84
13.7 《韓歆》 84
13.8 《歐陽歙》 84
13.9 《朱浮》 85
13.10 《張湛》 85
13.11 《杜林》 85
13.12 《張純》 87
13.13 《馮勤》 88
13.14 《馮魴》 88
13.15 《馮石》 88
13.16 《趙憙》 89
14 東觀漢記卷十四列傳九 89
14.1 《朱鮪》 89
14.2 《鮑永》 90
14.3 《鮑昱》 91
14.4 《田邑》 91
14.5 《馮衍》 92
14.6 《馮豹》 94
14.7 《王閎》 94
14.8 《王元》 94
15 東觀漢記卷十五列傳十 94
15.1 《丁綝》 94
15.2 《丁鴻》 95
15.3 《宣秉》 96
15.4 《宣彪》 96
15.5 《王丹》 96
15.6 《王良》 97
15.7 《申屠剛》 97
15.8 《郅惲》 97
15.9 《郭伋》 98

15.10 《杜詩》 99
15.11 《孔奮》 99
15.12 《張堪》 99
15.13 《衛颯》 100
15.14 《茨充》 100
15.15 《任延》 100
15.16 《董宣》 101
15.17 《樊曄》 101
15.18 《李章》 101
15.19 《馮駿》 101
15.20 《鄧讓》 102
16 東觀漢記卷十六列傳十一 102
16.1 《班彪》 102
16.2 《班固》 102
16.3 《班超》 102
16.4 《班始》 104
16.5 《鄭興》 104
16.6 《鄭衆》 104
16.7 《范升》 105
16.8 《陳元》 105
16.9 《桓榮》 105
16.10 《桓郁》 106
16.11 《桓焉》 106
16.12 《桓鸞》 107
16.13 《桓典》 107
16.14 《桓礹》 107
16.15 《張佚》 107
16.16 《桓譚》 108
16.17 《劉昆》 108
16.18 《劉軼》 109
16.19 《洼丹》 109
16.20 《戴憑》 109
16.21 《牟長》 109
16.22 《尹敏》 110
16.23 《高詡》 110
16.24 《丁恭》 110
16.25 《甄宇》 110
16.26 《張玄》 111
16.27 《李躬》 111
16.28 《蘇竟》 111
16.29 《丁邯》 111

16.30 《溫序》 111
16.31 《周嘉》 112
16.32 《劉茂》 112
16.33 《索盧放》 112
16.34 《朱勃》 112
16.35 《樊顯》 113
16.36 《楊正》 113
16.37 《崔篆》 113
16.38 《崔駰》 114
16.39 《崔瑗》 114
16.40 《崔寔》 114
16.41 《倪萌》 114
16.42 《古初》 115
16.43 《王琳》 115
16.44 《蔡順》 115
16.45 《李業》 115
16.46 《逄萌》 115
16.47 《王霸》 116
16.48 《嚴光》 116
16.49 《閔貢》 116
16.50 《周黨》 116
16.51 《井丹》 117
16.52 《耿嵩》 117
17 東觀漢記卷十七列傳十二 117
17.1 《虞延》 117
17.2 《郭丹》 118
17.3 《周澤》 118
17.4 《牟融》 118
17.5 《孫堪》 119
17.6 《魏應》 119
17.7 《劉般》 119
17.8 《劉愷》 119
17.9 《郭賀》 119
17.10 《吳良》 120
17.11 《劉平》 120
17.12 《承宮》 121
17.13 《鍾離意》 121
17.14 《宋均》 122
17.15 《朱酺》 122
17.16 《鮭陽鴻》 122
17.17 《楊政》 122

17.18 《薛漢》 123
17.19 《郇恁》 123
17.20 《徐匡》 123
17.21 《張重》 123
17.22 《姜詩》 124
17.23 《趙孝》 124
17.24 《魏譚》 124
17.25 《李善》 125
18 東觀漢記卷十八列傳十三 125
18.1 《第五倫》 125
18.2 《桓虞》 126
18.3 《鄧彪》 127
18.4 《鄭弘》 127
18.5 《袁安》 127
18.6 《朱暉》 127
18.7 《韋彪》 128
18.8 《韋豹》 128
18.9 《郭躬》 128
18.10 《鄭均》 129
18.11 《王景》 129
18.12 《廉范》 129
18.13 《王阜》 130
18.14 《秦彭》 130
18.15 《玄賀》 131
18.16 《曹褒》 131
18.17 《賈逵》 131
18.18 《江革》 132
18.19 《召馴》 132
18.20 《李育》 132
18.21 《杜安》 132
18.22 《杜根》 132
18.23 《杜篤》 133
18.24 《宋揚》 133
18.25 《趙興》 133
18.26 《趙勤》 133
18.27 《毛義》 134
18.28 《淳于恭》 134
18.29 《梁鴻》 134
18.30 《高鳳》 135
18.31 《郭鳳》 135
19 東觀漢記卷十九列傳十四 136

19.1 《張酺》 136
19.2 《韓棱》 137
19.3 《巢堪》 137
19.4 《魯恭》 137
19.5 《魯丕》 138
19.6 《徐防》 138
19.7 《陳寵》 138
19.8 《陳忠》 139
19.9 《尹勤》 139
19.10 《何熙》 139
19.11 《魏霸》 139
19.12 《應順》 140
19.13 《應奉》 140
19.14 《應劭》 140
19.15 《鄭璩》 140
19.16 《樂恢》 140
19.17 《何敞》 141
19.18 《周榮》 141
19.19 《梁諷》 141
19.20 《李恂》 141
19.21 《王渙》 141
19.22 《黃香》 142
19.23 《黃瓊》 142
19.24 《黃琬》 143
19.25 《張霸》 143
19.26 《周紆》 143
19.27 《李充》 143
19.28 《司馬均》 143
19.29 《汝郁》 144
19.30 《張表》 144
19.31 《郭玉》 144
19.32 《鄭衆》 144
20 東觀漢記卷二十列傳十五 144
20.1 《張敏》 144
20.2 《楊震》 145
20.3 《楊秉》 145
20.4 《楊賜》 145
20.5 《任尙》 146
20.6 《薛苞》 146
20.7 《馮良》 146
20.8 《所輔》 146

20.9 《蔡倫》 146
20.10 《龐參》 147
20.11 《李固》 147
20.12 《張躭》 147
20.13 《左雄》 147
20.14 《周舉》 147
20.15 《張綱》 148
20.16 《王堂》 148
20.17 《吳祐》 148
20.18 《祝良》 148
20.19 《朱遂》 148
20.20 《邱騰》 149
20.21 《韓昭》 149
20.22 《趙序》 149
20.23 《孫程》 149
20.24 《苗光》 150
20.25 《籍建》 150
21 東觀漢記卷二十一列傳十六 150
21.1 《胡廣》 150
21.2 《陳龜》 150
21.3 《劉祐》 150
21.4 《李雲》 151
21.5 《韋毅》 151
21.6 《宗資》 151
21.7 《陳蕃》 151
21.8 《段熲》 151
21.9 《劉寬》 152
21.10 《陳球》 152
21.11 《張奐》 153
21.12 《陽球》 153
21.13 《趙咨》 153
21.14 《荀曇》 153
21.15 《符融》 154
21.16 《高彪》 154
21.17 《范丹》 154
21.18 《韓卓》 154
21.19 《曹節》 154
21.20 《皇甫嵩》 154
21.21 《王允》 155
21.22 《趙溫》 155
21.23 《孔融》 155

21.24 《蔡邕》 155
21.25 《周珌》 155
21.26 《劉翊》 156
21.27 《郭汜》 156
21.28 《呂布》 156
21.29 《蔣疊》 156
21.30 《須誦》 156
21.31 《馮模》 156
21.32 《周行》 157
21.33 《劉訓》 157
21.34 《雍鯈》 157
21.35 《梁福》 157
21.36 《范康》 157
21.37 《蔣（詡）〔翊〕》 157
21.38 《宗慶》 157
21.39 《郝㓨》 158
21.40 《喜夷》 158
21.41 《李庸》 158
21.42 《巴异》 158
21.43 《卜福》 158
21.44 《陳導》 158
21.45 《楊喬》 158
21.46 《翟歆》 159
21.47 《魏成》 159
21.48 《畢尋》 159
21.49 《段普》 159
21.50 《邢崇》 159
21.51 《陰猛》 159
21.52 《羊融》 159
21.53 《張意》 160
21.54 《沈豐》 160
21.55 《蕭彪》 160
21.56 《陳囂》 160
22 東觀漢記卷二十二列傳十七列女、外裔 160
22.1 《鮑宣妻》 160
22.2 《江伯姊》 161
22.3 《匈奴南單于》 161
22.4 《筰都夷》 161
22.5 《西羌》 164
22.6 《西域》 164
23 東觀漢記卷二十三載記 164

23.1 《劉玄》 164
23.2 《公賓就》 165
23.3 《申屠志》 166
23.4 《陳遵》 166
23.5 《劉盆子》 166
23.6 《赤眉》 166
23.7 《呂母》 167
23.8 《王郎》 167
23.9 《盧芳》 168
23.10 《蘇茂》 168
23.11 《彭寵》 168
23.12 《張豐》 169
23.13 《秦豐》 169
23.14 《鄧奉》 169
23.15 《龐萌》 169
23.16 《隗囂》 169
23.17 《公孫述》 170
23.18 《延岑》 172
23.19 《田戎》 172
23.20 《銅馬等群盜》 172
24 東觀漢記卷二十四佚文 172
逐字索引 181-849
附錄(Appendix)：
全書用字頻數表 851-859

出版說明

一九八八年，香港中文大學中國文化研究所獲香港「大學及理工撥款委員會」撥款資助，並得香港中文大學電算機服務中心提供技術支援，建立「漢及以前全部傳世文獻電腦化資料庫」，決定以三年時間，將漢及以前全部傳世文獻共約八百萬字輸入電腦。資料庫建立後， 將陸續編印 《香港中文大學中國文化研究所先秦兩漢古籍逐字索引叢刊》，以便利語言學、文學，及古史學之研究。

《香港中文大學先秦兩漢古籍逐字索引叢刊》之編輯工作，將分兩階段進行，首階段先行處理未有「逐字索引」之古籍，至於已有「逐字索引」者，將於次一階段重新編輯出版，以求達致更高之準確度，與及提供更為詳審之異文校勘紀錄。

「逐字索引」作為學術研究工具書，對治學幫助極大。西方出版界、學術界均極重視索引之編輯工作，早於十三世紀，聖丘休（Hugh of St. Cher）已編成《拉丁文聖經通檢》。

我國蔡耀堂（ 廷幹 ）於民國十一年(1922)編刊《老解老》一書，以武英殿聚珍版《道德經》全文為底本，先正文，後逐字索引，以原書之每字為目，下列所有出現該字之句子，並標出句子所出現之章次，此種表示原句位置之方法，雖未詳細至表示原句之頁次 、行次，然已具備逐字索引之功能。《老解老》 一書為非賣品，今日坊間已不常見，然而蔡氏草創引得之編纂，其功實不可泯滅。 我國大規模編輯引得， 須至一九三零年，美國資助之哈佛燕京學社引得編纂處之成立然後開始。此引得編纂處，由洪業先生主持，費時多年，為中國六十多種傳統文獻，編輯引得，功績斐然。然而漢學資料卷帙浩繁，未編成引得之古籍仍遠較已編成者為多。本計劃希望能利用今日科技之先進產品 —— 電腦，重新整理古代傳世文獻；利用電腦程式，將先秦兩漢近八百萬字傳世文獻，悉數編為「逐字索引」。俾使學者能據以掌握文獻資料，進行更高層次及更具創意之研究工作。

一九三二年，洪業先生著《引得說》，以「引得」對譯 Index，音義兼顧，巧妙工整。Index 原意謂「指點」，引伸而為一種學術工具，日本人譯為「索引」。而洪先生又將西方另一種逐字索引之學術工具 Concordance 譯為「堪靠燈」。Index 與 Concordance 截然不同；前者所重視者乃原書之意義名物，只收重要之字、詞，不收虛字及連繫詞等，故用處有限；後者則就文獻中所見之字，全部收納，大小不遺，故有助於文辭訓詁，語法句式之研究及字書之編纂。洪先生將選索性之 Index 譯作「引得」，將字字可索的 Concordance 譯作「堪靠燈」，足見卓識，然其後於一九三零年間，主

持哈佛燕京學社編纂工作，所編成之大部分《引得》，反屬全索之「堪靠燈」，以致名實混淆，實爲可惜。今爲別於選索之引得(Index)，本計劃將全索之 Concordance 稱爲「逐字索引」。

利用電腦編纂古籍逐字索引，本計劃經驗尚淺，是書倘有失誤之處，尚望學者方家不吝指正。

PREFACE

In 1988, the Institute of Chinese Studies of The Chinese University of Hong Kong put forward a proposal for the establishment of a computerized database of the entire body of extant Han and pre-Han traditional Chinese texts. This project received a grant from the UPGC and was given technical support by the Computer Services Centre of The Chinese University of Hong Kong. The project was to be completed in three years.

From such a database, a series of concordances to individual ancient Chinese texts will be compiled and published in printed form. Scholars whether they are interested in Chinese literature, history, philosophy, linguistics, or lexicography, will find in this series of concordances a valuable tool for their research.

The *Ancient Chinese Texts Concordance Series* is planned in two stages. In the first stage, texts without existing concordances will be dealt with. In the second stage, texts with existing concordances will be redone with a view to greater accuracy and more adequate textual notes.

In the Western tradition, the concordance was looked upon as one of the most useful tools for research. As early as c. 1230, appeared the concordance to the *Vulgate*, compiled by Hugh of St. Cher.

In China, the first concordance to appear was *Laozi Laojielao* in the early nineteen twenties. Cai Yaotang who produced it was in all probability unaware of the Western tradition of concordances.

As the *Laojielao* was not for sale, it had probably a very limited circulation. However, Cai Yaotang's contribution to the compilation of concordances to Chinese texts should not go unmentioned.

The *Harvard-Yenching Sinological Concordance Series* was begun in the 1930s under the direction of Dr. William Hung. Unfortunately, work on this series was cut short by the Second World War. Although some sixty concordances were published, a far greater number of texts remains to be done. However, with the advent of the computer the establishment of a database of all extant ancient works become a distinct possibility. Once

such a database is established, a series of concordances can be compiled to cover the entire field of ancient Chinese studies.

Back in 1932, William Hung in his "*What is Index ?*" used the term 引得 for "Index" in preference to the Japanese 索引, and the term 堪靠燈 for concordance. However, when he came to compile the *Harvard Yenching Sinological Concordance Series*, he abandoned the term 堪靠燈 and used the term 引得 for both index and concordance. This was unfortunate as this blurs the difference between a concordance and an index. The former, because of its exhaustive listing of the occurrence of every word, is a far more powerful tool for research than the latter. To underline this difference we decided to use 逐字索引 for concordance.

The *Ancient Chinese Texts Concordance Series* is compiled from the computerized database. As we intend to extend our work to cover subsequent ages, any ideas and suggestions which may be of help to us in our future work are welcome.

凡　例

《東觀漢記》正文：

1．本《逐字索引》所附正文據一九七五年臺灣商務印書館影《四庫全書珍本別輯》。由於傳世刊本，均甚殘闕，今除別本、類書外，並據其他文獻所見之重文，加以校改。校改只供讀者參考，故不論在「正文」或在「逐字索引」，均加上校改符號，以便恢復底本原來面貌。

2．本《逐字索引》注中有參見他書之處，讀者可檢閱吳樹平《東觀漢記校注》（一九八七年河南中州古籍出版社出版）

3．（　）表示刪字；〔　〕表示增字。除用以表示增刪字外，凡誤字之改正，例如a字改正爲b字，亦以（a）〔b〕方式表示。

例如：（下）不及政事　　16.49/116/17

表示《四庫全書》本衍「下」字。讀者翻檢《增字、刪字改正說明表》，即知刪字之依據爲《太平御覽》卷209頁7a（總頁1005）。

例如：〔以〕寧平公主子李雄爲新市侯　　1.1/10/9

表示《四庫全書》本脫「以」字。讀者翻檢《增字、刪字改正說明表》，即知增字之依據爲《藝文類聚》卷51（頁930）。

例如：即（黄）〔皇〕帝位　　1.1/4/21

表示《四庫全書》本作「黄」，乃誤字，今改正爲「皇」。讀者翻檢《誤字改正說明表》，即知改字之依據爲《太平御覽》卷90頁4a（總頁431）。

4．本《逐字索引》據別本，及其他文獻對校原底本，或改正底本原文，或只標注異文。有關此等文獻之版本名稱，以及本《逐字索引》標注其出處之方法，均列《徵引書目》中。

5．本《逐字索引》所收之字一律劃一用正體，以昭和四十九年大修館書店發行之《大漢和辭典》，及一九八六至一九九零年湖北辭書出版社、四川辭書出版社出版之《漢語大字典》所收之正體爲準，遇有異體或譌體，一律代以正體。

例如：南陽大人賢者往來長安　　1.1/1/17

《四庫全書》本原作「南陽大人賢者徃來長安」，據《大漢和辭典》，「往」、「徃」乃異體字，音義無別，今代以正體「往」字。爲便讀者了解底本原貌，凡異體之改正，均列《通用字表》中。

6．異文校勘主要參考別本及類書，於標注異文後，均列明出處，包括書名、頁次，有關所據文獻之版本名稱，及標注其出處之方法，請參《徵引書目》。

6.1.異文紀錄欄

a．凡正文文字右上方標有數碼者，表示當頁下端有注文

例如：逑拒[5]守　　1.1/7/5

當頁注 5 注出「拒」字有異文「距」，並注明出處爲《太平御覽》卷90頁6a，總頁432。

b．數碼前加˙ ˙，表示範圍。

例如：葬務從˙省約˙[5]　　1.1/9/23

當頁注 5 注出「約省」爲「省約」二字之異文，並注明出處爲《太平御覽》卷90頁7b，總頁433。

c．異文多於一種者：加 A. B. C. 以區別之。

例如：˙杜令˙[13]不殺人　　6.5/36/24

當頁注 13 下注出異文及出處：

A.徒杜洽《太平御覽》卷642頁3a，總頁2874 B.杜泠《藝文類聚》卷 100頁1724。

表示兩種不同異文分見不同別本。

d．異文後所加按語，外括〈 〉號。

例如：帝風眩[6]黃癉病發甚　　1.1/8/15

當頁注 6 注出異文及出處後，再加按語：

眴《太平御覽》卷90頁6b，總頁432。〈吳樹平以爲「眴」乃「眗」〉之誤。〉

7．□表示底本原有空格。

二．逐字索引編排：

1．以單字爲綱，旁列該字在全文出現之頻數（書末另附《全書用字頻數表》〔附錄〕，按頻數次序列出全書單字），下按原文先後列明該字出現之全部例句，句中遇該字則代以「○」號。

2．全部《逐字索引》按漢語拼音排列；一字多音者，只於最常用讀音下，列出全部例句，異讀請參《漢語拼音檢字表》。

3．每一例句後加上編號 a/b/c 表明於原文中位置，例如 1.1/2/3，「1.1」表示原文的篇章次、「2」表示頁次、「3」表示行次。

三．檢字表：

備有《漢語拼音檢字表》、《筆畫檢字表》兩種：

1．漢語拼音據《辭源》修訂本（一九七九年至一九八三年北京商務印書館）及《漢語大字典》。一字多音者，按不同讀音在音序中分別列出；例如「說」字有 shuō, shuì, yuè, tuō 四讀，分列四處。聲母、韻母相同之字，按陰平、陽平、上、去四聲先後排列。讀音未詳者，一律置於表末。

2．《逐字索引》中某字所出現之頁數，在《漢語拼音檢字表》中所列該字任一讀音下皆可檢得。

3．筆畫數目、部首歸類均據《康熙字典》。畫數相同之字，其先後次序依部首排列。

4．另附《威妥碼 – 漢語拼音對照表》，以方便使用威妥碼拼音之讀者。

Guide to the use of the Concordance

1. Text

1.1 The text printed with the concordance is based on the *Sikuquanshu zhenben bieji* (*SKQS*) edition (The Commercial Press, Taiwan 1975). As all extant editions are marred by serious corruptions, besides other editions and quotations in encyclopaedias, parallel texts in other works have been used for collation purposes. As emendations of the text have been incorporated for the reference of the reader, care has been taken to have them clearly marked as such, both in the case of the full text as well as in the concordance, so that the original text can be recovered by ignoring the emendations.

1.2 For further information on references to other works in the textual notes, the reader is referred to Wu shuping's *Dongguanhanji jiaozhu* (Henan Zhongzhou guji chubanshe 1987).

1.3 Round brackets signify deletions while square brackets signify additions. This device is also used for emendations. An emendation of character a to character b is indicated by （a）〔b〕. e.g.,

（下）不及政事 16.49/116/17

The character 下 in the *SKQS* edition, being an interpolation, is deleted on the authority of the *Taipingyulan* (p.1005).

〔以〕寧平公主子李雄爲新市侯 1.1/10/9

The character 以 missing in the *SKQS* edition, is added on the authority of the *Yiwenleiju* (p.930).

A list of all deletions and additions is appended on p.57, where the authority for each emendation is given.

即（黃）〔皇〕帝位 1.1/4/21

The character 黃 in the *SKQS* edition has been emended to 皇 on the authority of *Taipingyulan* (p.431).

A list of all emendations is appended on p.50 where the authority for each is given.

1.4 Where the text has been emended on the authority of an other edition or parallel text found in other works, such emendations are either incorporated into the text or entered as footnotes. For explanations, the reader is referred to the Bibliography on p.49.

1.5 For all concordanced characters only the standard form is used. Variant or incorrect forms have been replaced by the standard forms as given in Morohashi Tetsuji's *Dai Kan-Wa jīten*, (Tokyo : Taishūkan shōten, 1974), and the *Hanyu da zidian* (Hubei cishu chubanshe and Sichuan cishu chubanshe 1986-1990) e.g.,

南陽大人賢者往來長安 1.1/1/17

The *SKQS* edition has 徃 which, being a variant form, has been replaced by the standard form 往 as given in the *Dai Kan-Wa jiten*. A list of all variant forms that have been replaced in this way is appended on p.43.

1.6 Besides readings from other editions, readings from quotations found in encyclopaedias and other works are also included, for further information on references to sources the reader is referred to the Bibliography on p.49.

1.6.1.a A figure on the upper right hand corner of a character indicates that a collation note is to be found at the bottom of the page, e.g.,

述拒[5]守 1.1/7/5

the superscript [5] refers to note 5 at the bottom of the page.

1.6.1.b A range marker ▸ ◂ is added to the figure superscribed to indicate the total number of characters affected, e.g.,

葬務從▸省約◂[5] 1.1/9/23

The range marker indicates that note 5 covers the two characters 省約.

1.6.1.c Where there are more than one variant reading, these are indicated by A, B, C, e.g.,

'杜令'[13]不殺人 6.5/36/24

Note 13 reads A.徒杜洽《太平御覽》卷642頁3a，總頁2874 B.杜泠《藝文類聚》卷100 頁1724, showing that for 杜令 one version reads 徒杜洽, while another version reads 杜泠.

1.6.1.d A comment on a collation note is marked off by the sign 〈 〉, e.g.,

帝風眩[6]黃癉病發甚 1.1/8/15

Note 6 reads: 眴《太平御覽》卷90頁6b，總頁432。〈吳樹平以爲「眴」乃「眴」〉之誤。〉.

1.7 In the Concordance we have kept the sign □ which in the original indicates a missing character.

2. Concordance

2.1 In the entries the concordanced character is replaced by the ○ sign. The entries are arranged according to the order of appearance in the text. The frequency of appearance of the character concerned in the whole text is shown, and a list of all the concordanced characters in frequency order is appended. (Appendix)

2.2 The entries are listed according to Hanyupinyin. In the body of the concordance only the most common pronunciation of a character is listed under which all occurrences of the character are located.

2.3 Figures in three columns show the location of a character in the text, e.g., 1.1/2/3,

1.1 denotes the chapter.
2 denotes the page.
3 denotes the line.

3. Index

A Stroke Index and an Index arranged according to Hanyupinyin are included.

3.1 The pronunciation given in the *Ciyuan* (The Commercial Press, Beijing, 1979-1983) and the *Hanyu da zidian* is used. Where a character has two or more pronunciations, it can be found under any of these in the Index. For

example : 說 which has four pronunciations : shuō, shuì, yuè, tuō is to be found under any one of these four entries. Characters with the same pronunciation but different tones are listed according to tone order. Characters of which the pronunciation is unknown are relegated to the end of the Index.

3.2 In the body of the Concordance only the most common pronunciation of a character is listed , but in the Index all alternative pronunciations of the character are given.

3.3 In the stroke Index, characters with the same number of strokes appear under the radicals in the same order as given in the *Kangxi zidian*.

3.4 A correspondence table between the Hanyupinyin and the Wade-Giles systems is also provided.

漢語拼音檢字表

ā
阿(ē) 283
呵(hē) 342

āi
哀 181

ài
乂(yì) 727
艾 181
阨(è) 284
愛 181
隘 181
噫(yī) 715

ān
安 181
陰(yīn) 735
鞍 182
諳 183
闇(àn) 183

án
犴 183

àn
犴(án) 183
岸 183
按 183
案 183
闇 183
黯 183

áng
卬 183
昂 183

áo
敖 183
嗷 183
遨 183
囂(xiāo) 680

ǎo
夭(yāo) 706

ào
敖(áo) 183
傲 183
澆(jiāo) 389

ba
罷(bà) 184

bā
八 183
巴 184

bá
拔 184
弊(bì) 197

bǎ
把 184

bà
把(bǎ) 184
伯(bó) 203
罷 184
霸 184

bái
白 185

bǎi
百 186
柏(bó) 204

bài
拜 187
敗 188
排(pái) 486

bān
般 189
班 189
頒(fén) 297

bǎn
反(fǎn) 293
阪 189
板 189
版 189

bàn
半 189
靽 189
辨(biàn) 198
辦 189

bāng
邦 189
彭(péng) 488

bàng
並(bìng) 202
竝(bìng) 203
旁(páng) 487
傍(páng) 487
謗 189

bāo
包 189
苞 189
笣 189
葆(bǎo) 190
褒 189
襃 190

bǎo
保 190
堡 190
葆 190
飽 190
褓 190
寶 190

bào
抱 190
豹 190
報 190
暴 190
鮑 191

bēi
波(bō) 203
陂 191
卑 191
杯 191
背(bèi) 192
悲 191
碑 191
痺 191
裨(pí) 489
箄 191

běi
北 191

bèi
北(běi) 191
孛 192
貝 192
拔(bá) 184
背 192
勃(bó) 204
倍 192
被 192
備 193
輩 193
糒 193
憊 193

bēn
奔 193
賁(bì) 196
犇 194

běn
本 194

bèn
奔(bēn) 193

bēng
崩 194
傍(páng) 487

bī
皀(jí) 368
偪 194
幅(fú) 304
逼 194

bí
鼻 194

bǐ
匕 194
比 194
沘 195
妣 195
彼 195
卑(bēi) 191
筆 195
鄙 195
髀(bì) 197

bì
必 195
陂(bēi) 191
畀 195
服(fú) 303
披(pī) 488
珌 195
陛 195
被(bèi) 192
閉 196

婢	196
畢	196
賁	196
費(fèi)	296
弼	196
敝	196
跛(bǒ)	205
痺(bēi)	191
閟	196
辟(pì)	489
弊	197
幣	196
嬖	197
蔽	197
罼	197
壁	197
臂	197
避	197
髀	197
蹕	197
璧	197
biān	
編	197
鞭	197
邊	197
biǎn	
辨(biàn)	198
biàn	
卞	198
便	198
徧	198
編(biān)	197
辨	198
辯	198
變	198
biāo	
彪	198
熛	198
biǎo	
表	198
bié	
別	199
bīn	
斌	199
賓	199
儐(bìn)	199
頻(pín)	490
濱	199
bìn	
賓(bīn)	199
儐	199
殯	199
鬢	199
bīng	
冰	199
并(bìng)	201
兵	199
屏(píng)	492
bǐng	
丙	201
秉	201
邴	201
炳	201
柄	201
屏(píng)	492
稟	201
餅	201
bìng	
并	201
並	202
柄(bǐng)	201
屏(píng)	492
竝	203
病	202
bō	
波	203
般(bān)	189
發(fā)	290
僠	203
播	203
撥	203
磻	203
bó	
百(bǎi)	186
孛(bèi)	192
伯	203
帛	204
泊	204
勃	204
柏	204
亳	204
博	204
渤	205
搏	205
駁	205
蒲(pú)	493
暴(bào)	190
駮	205
薄	205
簿(bù)	214
髆	205
bǒ	
跛	205
播(bō)	203
bò	
辟(pì)	489
薄(bó)	205
蘗(niè)	483
bū	
逋	205
餔	205
bú	
樸(pǔ)	494
bǔ	
卜	205
捕	205
哺	205
補	205
緢	205
bù	
不	205
布	213
步	213
怖	213
部	213
餔(bū)	205
簿	214
cāi	
猜	214
cái	
才	214
材	214
財	214
裁	214
cǎi	
采	214
彩	215
採	215
綵	215
cài	
采(cǎi)	214
菜	215
蔡	215
cān	
參(shēn)	553
餐	215
cán	
殘	215
慚	215
蠶	215
cǎn	
慘	215
càn	
參(shēn)	553
粲	215
操(cāo)	216
cāng	
倉	215
蒼	216
cáng	
臧(zāng)	778
藏	216
cǎng	
蒼(cāng)	216
cāo	
操	216
cáo	
曹	216
漕	217
cǎo	
草	217
cè	
冊	217
側	217
惻	217
廁(cì)	247
策	217
測	217
cēn	
參(shēn)	553
cén	
岑	218
céng	
曾(zēng)	781
層	218
增(zēng)	781
chā	
叉	218
臿	218
差	218
捷(jié)	393
chá	
鉏(chú)	241
察	218

chà
差(chā) 218

chāi
差(chā) 218

chái
柴 218
茈(zǐ) 837
犲 218

chài
差(chā) 218
瘥(cuó) 251

chān
沾(zhān) 782
襜 218

chán
單(dān) 257
亶(dǎn) 257
漸(jiàn) 382
禪(shàn) 542
纏 218
讒 218

chǎn
產 218
諂 218

chāng
昌 219
倡 219
閶 219

cháng
長 219
尙(shàng) 548
常 221
萇 222
場 222
腸 222
嘗 222
裳 223
償 223

chǎng
敞 223

chàng
倡(chāng) 219
暢 223

chāo
紹(shào) 550
鈔 223
超 223

cháo
巢 224
朝(zhāo) 786
嘲 224

chē
車 224

chě
尺(chǐ) 235

chè
宅(zhái) 782
坼 225
徹 225
撤 225

chēn
綝 225
瞋 225

chén
臣 225
辰 227
沈 227
沉 227
晨 228
陳 227
湛(zhàn) 783
塡(tián) 620
塵 228

chèn
稱(chēng) 228
齔 228
讖 228

chēng
稱 228

chéng
成 229
丞 229
承 230
城 231
乘 232
程 233
盛 233
誠 233
徵(zhēng) 795
橙 234
懲 234

chěng
騁 234

chèng
稱(chēng) 228

chī
吃(jí) 368
蚩 234
笞 234
絺 234
鴟 234
離(lí) 429

chí
池 234
弛 234
坻 234
治(zhì) 813
持 234
馳 235
遲 235
篪 235
穉(zhì) 816

chǐ
尺 235
斥(chì) 235
赤(chì) 236
侈 235
恥 235
移(yí) 717
齒 235

chì
叱 235
斥 235
赤 236
翅 236
勑(lài) 425
敕 236
啻 237
飭 237
熾 237

chōng
充 237
沖 237
舂 237
衝 237
憃 237

chóng
种 237
重(zhòng) 822
崇 237
蟲 237

chǒng
龍(lóng) 447
寵 238

chōu
抽 238
瘳 238

chóu
愁 238
稠 238
儔 238
疇 238
讎 238

chǒu
丑 238
醜 238

chū
出 238
初 240

chú
助(zhù) 828
芻 241
除 241
屠(tú) 625
鉏 241
著(zhù) 829
鋤 241
廚 241
諸(zhū) 826
雛 241

chǔ
杵 241
處 241
楚 241
儲 241

chù
怵 242
俶 242
畜 242
絀 242
處(chǔ) 241
詘(qū) 518
絮(xù) 693
黜 242
觸 242

chuān
川 242
穿 242

chuán
船 242
椽 243
傳 242

chuǎn
喘 243

chuāng
窗 243

創 243
葱(cōng) 249

chuáng
床 243
幢 243

chuàng
倉(cāng) 215
創(chuāng) 243
愴 243

chuī
吹 243
炊 243

chuí
垂 243
捶 243
陲 243
椎 244
鎚 244

chuì
吹(chuī) 243

chūn
春 244

chún
純 244
淳 244
醇 244

chǔn
春(chūn) 244

chuò
啜 245
淖(nào) 478
輟 245

cī
柴(chái) 218
差(chā) 218
恣(zì) 841
訾(zǐ) 837

cí
子(zǐ) 832
茈(zǐ) 837
祠 245
茨 245
玆(zī) 832
詞 245
雌 245
慈 245
辭 245

cǐ
此 246
泚 246

cì
次 246
伺(sì) 601
刺 247
恣(zì) 841
廁 247
賜 247

cōng
從(cóng) 249
葱 249
樅 249
聰 249
總(zǒng) 842
驄 249

cóng
從 249

còu
奏(zòu) 843
族(zú) 844
輳 250
簇(cù) 250

cū
麤 250

cù
取(qǔ) 518
卒(zú) 844
猝 250
戚(qī) 495
蹴 250
趣(qù) 520
數(shù) 592
簇 250
趨(qū) 518

cuàn
篡 250
竄 250
爨 250

cuī
衰(shuāi) 594
崔 250
榱 250
摧 250

cuǐ
洒(sǎ) 536

cuì
卒(zú) 844
悴 250
顇 250

cún
存 251

cùn
寸 251

cuō
差(chā) 218

cuó
瘥 251
酇(zuǎn) 846

cuò
昔(xī) 664
挫 251
措 251
摧(cuī) 250
錯 251

dá
怛 251
荅 251
答 251
達 251
憚(dàn) 258

dà
大 251

dài
大(dà) 251
代 255
毒(dú) 279
岱 255
殆 255
待 255
怠 255
紿 256
帶 256
貸 256
逮 256
駘(tái) 611
黛 256
戴 256

dān
丹 256
耽 256
躭 257
酖 257
單 257
堪(kān) 417
湛(zhàn) 783
鄲 257
撣(dǎn) 257
擔 257
殫 257
癉(dàn) 258

dán
但(dàn) 257

dǎn
單(dān) 257
亶 257
撣 257
膽 257
癉(dàn) 258

dàn
旦 257
但 257
淡 258
啗 258
啖 258
亶(dǎn) 257
彈 258
憚 258
噉 258
擔(dān) 257
澹 258
壇(tán) 615
癉 258
贍(shàn) 543

dāng
當 258

dǎng
黨 259

dàng
湯(tāng) 616
當(dāng) 258
碭 260
蕩 260

dāo
刀 260

dǎo
倒 260
道(dào) 261
導 260
蹈 260
禱 260

dào
到 260
倒(dǎo) 260
悼 261
陶(táo) 617
敦(dūn) 282

盜 261
道 261
稻 262

dé
陟(zhì) 815
得 262
德 264

dēng
登 265
燈 265
㲪 266

děng
等 266

dèng
鄧 267
橙(chéng) 234

dī
低 267
隄 267

dí
狄 267
笛 267
條(tiáo) 620
翟 267
滌 267
嫡 267
敵 268
適(shì) 580

dǐ
底 268
坻(chí) 234
抵 268
邸 268
砥 268
詆 268

dì
弔(diào) 274
地 268
弟 269
芍(sháo) 549
帝 269
啇 273
第 273
禘 273
踧(cù) 250
諦 273

diān
玷(diàn) 274
滇 273
顛 273

diǎn
典 273

diàn
田(tián) 620
玷 274
殿 274
填(tián) 620
墊 274
簟 274

diāo
貂 274
敦(dūn) 282
雕 274

diǎo
鳥(niǎo) 483

diào
弔 274
釣 274
銚(yáo) 707
趙(zhào) 789
調(tiáo) 620

dié
佚(yì) 728
迭 274
涉(shè) 552
絰 274
跕(tiē) 621
軼(yì) 730
牒 274
疊 274

dīng
丁 274

dǐng
頂 275
鼎 275

dìng
定 275
訂 275

dōng
冬 275
東 276

dǒng
董 277

dòng
洞 277
凍 277
動 277
棟 277
湩(zhòng) 823

dōu
兜 277

dǒu
斗 277
豆(dòu) 277
兜(dōu) 277

dòu
豆 277
投(tóu) 624
瀆(dú) 280
竇 278
讀(dú) 280
鬭 278

dū
都 278
督 279

dú
毒 279
頓(dùn) 282
獨 279
瀆 280
牘 280
犢 280
讀 280

dǔ
堵 280
篤 280

dù
土(tǔ) 626
杜 280
度 280
渡 281
塗(tú) 626
蠹 281

duān
端 281

duǎn
短 281

duàn
段 281
鍛 281
斷 281

duī
追(zhuī) 831
堆 281
敦(dūn) 282

duì
隊 281
敦(dūn) 282
對 281
銳(ruì) 535
懟 282

dūn
純(chún) 244
惇 282
敦 282
燉(tún) 627
蹲 282

dùn
敦(dūn) 282
鈍 282
遁 282
頓 282
遯 282
燉(tún) 627

duō
多 282

duó
度(dù) 280
奪 283
鐸 283

duò
沱(tuó) 627
惰 283
馱(tuó) 627
墮 283

ē
阿 283

é
俄 283
訛 283
額 283

è
厄 283
阨 284
曷(hé) 345
鬲(lì) 435
惡 284
隘(ài) 181
遏 284
搤 284
餓 284
諤 284

ēn
恩 284

ěn
眼(yǎn) 702

ér
而 284
兒 288
濡(rú) 533
轜 288

ěr
耳 288
爾 288
餌 288
邇 288

èr
二 288
貳 290

fā
發 290

fá
乏 291
伐 291
汎(fàn) 293
罰 291
撥(bō) 203

fǎ
法 291

fà
髮 292

fān
反(fǎn) 293
潘(pān) 486
蕃(fán) 293
旛 292
翻 292
藩 292

fán
凡 292
煩 292
樊 292
蕃 293
燔 293
繁 293

fǎn
反 293
返 293

fàn
反(fǎn) 293
氾 293
犯 293
汎 293
泛 293
范 293
梵 294
販 294
飯 294

fāng
方 294
妨(fáng) 295
放(fàng) 295
芳 295
訪(fǎng) 295

fáng
方(fāng) 294
防 295
妨 295
房 295
魴 295

fǎng
放(fàng) 295
紡 295
訪 295

fàng
放 295

fēi
妃 295
非 295
飛 296
匪(fěi) 296
菲(fěi) 296
蜚(fěi) 296

féi
肥 296
腓 296
賁(bì) 196
痱(fèi) 297

fěi
非(fēi) 295
匪 296
菲 296
蜚 296
誹 296

fèi
吠 296
肺 296
沸 296
費 296
菲(fěi) 296
痱 297
廢 297
癈 297

fēn
分 297
芬 297
匪(fěi) 296
紛 297

fén
芬(fēn) 297
焚 297
賁(bì) 196
頒 297
墳 297

fèn
分(fēn) 297
忿 297
焚(fén) 297
賁(bì) 196
墳(fén) 297
憤 297
奮 297
糞 298

fēng
風 299
封 298
烽 300
逢(féng) 300
鳳(fèng) 301
鋒 300
豐 300
蠭 300

féng
汎(fàn) 293
梵(fàn) 294
逢 300
馮 300
縫 300

fěng
泛(fàn) 293
諷 300

fèng
奉 300
風(fēng) 299
俸 301
鳳 301
縫(féng) 300

fōu
不(bù) 205

fǒu
不(bù) 205
否 302

fū
不(bù) 205
夫 302
傅(fù) 308
溥(pǔ) 494
膚 303
敷 303

fú
夫(fū) 302
弗 303
伏 303
扶 303
服 303
郍(nuó) 486
浮 304
偪(bī) 194
桴 304
紱 304
符 304
幅 304
菔 304
鳧 305
福 305
輻 305
黻 305
襆 305
鰒 305

fǔ
父(fù) 306
甫 305
斧 305
府 305
附(fù) 307
釜 306
俯 306
脯 306
腑 306
輔 306
撫 306
黼 306

fù
父 306
付 307
伏(fú) 303
附 307
阜 307
服(fú) 303
負 308
赴 308
副 308
婦 308
報(bào) 190

富 308
復 309
傅 308
腹 310
複 310
駙 310
賦 310
縛 310
賻 310
覆 311

gǎi
改 311

gài
蓋 311
溉 311
概 311

gān
干 311
甘 311
肝 312
竿 312
乾(qián) 507

gǎn
扞(hàn) 339
敢 312
感 312

gàn
旰 312
竿(gān) 312
紺 312
幹 312

gāng
亢(kàng) 418
坑(kēng) 420
剛 312
綱 313

gāo
咎(jiù) 404
高 313
皋 313
膏 314
橋(qiáo) 511

gǎo
槀 314
暠 314
稾 314

gào
告 314
膏(gāo) 314
槀(gǎo) 314

gē
戈 314
格(gé) 315
割 314
歌 314

gé
佫 315
革 315
格 315
鬲(lì) 435
假(jiǎ) 376
隔 315
葛 315
閣 315
閤 315

gě
合(hé) 342
蓋(gài) 311

gè
各 315

gēn
根 315

gèn
艮 316

gēng
更 316
庚 316
耕 317
羹 317

gěng
邢(xíng) 688
耿 317

gèng
更(gēng) 316

gōng
弓 317
工 317
公 317
功 319
共(gòng) 322
攻 320
肱 320
供 320
紅(hóng) 346
躬 322
恭 321
宮 320
訟(sòng) 602
觥 322
龔 322

gǒng
共(gòng) 322
拱 322
鞏 322

gòng
共 322
供(gōng) 320
貢 323
恐(kǒng) 421

gōu
句 323
拘(jū) 405
區(qū) 518
鉤 323
溝 323
韝 323

gǒu
狗 323
苟 323

gòu
句(gōu) 323
垢 323
區(qū) 518
搆 323
講(jiǎng) 387
購 323

gū
姑 323
孤 323
沽 323
苽 324
皋(gāo) 313
家(jiā) 375
酤 324
辜 324

gǔ
古 324
谷 324
角(jué) 409
姑(gū) 323
股 324
苦(kǔ) 422
骨 324
鼓 324
賈 324
滑(huá) 356
榖 325
穀 325
轂 325
鵠(hú) 354
瞽 325
蠱 325

gù
告(gào) 314
固 325
故 326
痼 327
錮 327
顧 327

guā
瓜 327
刮 327
苽(gū) 324

guǎ
寡 327

guà
卦 328
挂 328

guāi
乖 328

guài
怪 328

guān
官 328
矜(jīn) 397
冠 329
莞(guǎn) 330
棺 330
綸(lún) 453
關 330
觀 330

guǎn
莞 330
管 330
館 331

guàn
冠(guān) 329
貫 331
棺(guān) 330
盥 331
關(guān) 330
灌 331
懽(huān) 357
觀(guān) 330

guāng
光 331

guǎng
廣 332

guī
圭 332
洼(wā) 627
珪 332
規 332
傀 333
閨 333
龜 333
歸 333
瓌 333

guǐ
宄 333
癸 334
軌 334
鬼 334
詭 334

guì
桂 334
貴 334
跪 334
橛(jué) 410

gǔn
卷(juàn) 409
袞 334
緄 334
鯀 334

guō
活(huó) 363
郭 334
過(guò) 337

guó
國 335
埻(zhǔn) 831

guǒ
果 336
菓 336
椁 336
裹 336

guò
過 337

hái
孩 337
骸 337

hǎi
海 337
醢 338

hài
亥 338
害 338
蓋(gài) 311
駭 338

hān
唅(hàn) 339
酣 338
歛(liǎn) 437

hán
汗(hàn) 339
含 338
邯 338
函 338
唅(hàn) 339
寒 338
幹(gàn) 312
韓 339

hǎn
罕 339

hàn
汗 339
扞 339
旱 339
旰(gàn) 312
含(hán) 338
唅 339
感(gǎn) 312
漢 339
頷 341
譀 341

háng
行(xíng) 686

hàng
行(xíng) 686

hāo
蒿 341

háo
皋(gāo) 313
毫 341
號 341
豪 341

hǎo
好 341

hào
好(hǎo) 341
耗 342
皓 342
鄗 342
號(háo) 341
鎬(gǎo) 314

hē
何(hé) 343
阿(ē) 283
呵 342
苛(kē) 418
喝(yè) 711

hé
禾 342
合 342
何 343
河 344
和 344
劾 345
曷 345
郃 345
洽(qià) 504
核 345
害(hài) 338
荷 345
輅 345

蓋(gài) 311
闔 345

hè
何(hé) 343
佫(gé) 315
和(hé) 344
荷(hé) 345
渴(kě) 419
賀 345
喝(yè) 711
葛(gé) 315
赫 345
壑 345
鶻(hú) 354
鶴 345

hēi
黑 345

hèn
恨 345

héng
恒 346
衡 346
横 346

hèng
横(héng) 346

hōng
薨 346

hóng
弘 346
宏 346
虹 347
洪 346
紅 346
降(jiàng) 387
閎 347
鴻 347

hòng
虹(hóng) 347
鴻(hóng) 347

hóu
侯 347
喉 349

hòu
后 349
厚 350
後 350
候 352

hū
乎 352
芋(yù) 759
忽 353
呼 353
武(wǔ) 660
惚 353
惡(è) 284
滹 353
戲(xì) 668

hú
狐 353
胡 353
斛 353
瓠 354
壺 354
湖 354
號(háo) 341
縠 354
鵠 354

hǔ
虎 354
許(xǔ) 692

hù
戶 354
祜 355
扈 355
瓠(hú) 354
鄠 355
濩(huò) 364
護 355

huā
花 355

華(huá) 355

huá
華 355
猾 355
滑 356

huà
化 356
華(huá) 355
畫 356
話 356
觟(xiè) 683

huái
淮 356
槐 356
踝 356
懷 356

huài
壞 356

huān
懽 357
歡 357
讙 357

huán
桓 357
環 357
還 357

huǎn
緩 358
澣 358

huàn
宦 358
奐 358
浣 358
眩(xuàn) 694
患 358
渙 358

huāng
肓 358
荒 360

huáng
凰 360
湟 360
惶 360
黃 360
煌 361
蝗 361

huǎng
芒(máng) 457
恍 361

huī
灰 361
恢 361
悝(kuī) 423
暉 361
睢(suī) 604
墮(duò) 283
麾 361
輝 361
徽 361
戲(xì) 668

huí
回 361
迴 361

huǐ
悔 361
毀 361

huì
恚 362
彗 362
惠 362
稅(shuì) 595
會 362
賄 363
誨 363
慧 363
諱 363
穢 363
壞(huài) 356

hūn
昏 363
婚 363

hún
昆(kūn) 424
渾 363
魂 363

hùn
渾(hún) 363

huó
活 363
越(yuè) 773

huǒ
火 363

huò
呼(hū) 353
或 364
瓠(hú) 354
貨 364
惑 364
禍 364
霍 364
濩 364
獲 364
穫 364
矆 364
藿 364
鑊 364

jī
几 365
肌 365
居(jū) 405
其(qí) 496
奇(qí) 500
姬 365
迹 365
屐 365
倚(yǐ) 727
基 365
飢 365
幾(jǐ) 371
朞 365
棊(qí) 501
期(qī) 496
隔(gé) 315
資(zī) 832
箕 365
齊(qí) 501
稽 365
機 365
墼 365
璣 365
積 365
激 365
擊 365
績 366
雞 366
譏 366
饑 366
鷄 366
齎 367
齏 367
羈 367

jí
及 367
伋 368
吃 368
皀 368
即 368
汲 369
革(gé) 315
亟 369
急 369
疾 369
級 369
集 370
棘 370
揖(yī) 715
極 370
楫 370
殛 370
瘠 370
踖 370
蹐 370
藉(jiè) 395
籍 370

jǐ
几(jī) 365
己 370
紀(jì) 372
戟 370
幾 371
給 371
棘(jí) 370
濟(jì) 374
蟣 371

jì
吉 371
伎 371
技 371
忌 371
近(jìn) 397
季 371
其(qí) 496
既 372
紀 372
計 372
記 372
悸 373
祭 373
寄 373
棘(jí) 370
結(jié) 393
幾(jǐ) 371
跡 373
資(zī) 832
際 373
齊(qí) 501
稷 373
冀 373
暨 373
髻 373
濟 374
罽 374
薊 374
騎(qí) 501
繼 374
驥 374

jiā
加 374
俠(xiá) 668

浹 375
家 375
挾(xié) 683
葭 376
嘉 376

jiá
郟 376
莢 376
袷 376
頰 376

jiǎ
甲 376
夏(xià) 672
假 376
賈(gǔ) 324

jià
假(jiǎ) 376
賈(gǔ) 324
嫁 377
價 377
駕 377
稼 377

jiān
肩 377
姦 377
咸(xián) 673
兼 377
堅 377
淺(qiǎn) 508
間 378
閒(xián) 673
湛(zhàn) 783
犍 378
漸(jiàn) 382
監 378
緘 378
縑 378
韉 378
纖(xiān) 673

jiǎn
前(qián) 506
剪 378
減 378
揀 379
齊(qí) 501
儉 379
踐(jiàn) 382
錢(qián) 508
險(xiǎn) 674
檢 379
謇 379
蹇 379
簡 379
繭 379
騫(qiān) 506

jiàn
見 379
建 381
健 382
間(jiān) 378
閒(xián) 673
監(jiān) 378
漸 382
僭 382
澗 382
劍 382
踐 382
箭 382
賤 382
諫 382
薦 383
濫(làn) 425
檻 383
譖(zèn) 781

jiāng
江 383
姜 384
將 384
蔣(jiǎng) 387
僵 387
彊(qiáng) 510
疆 387

jiǎng
蔣 387
講 387

jiàng
匠 387
降 387
虹(hóng) 347
將(jiāng) 384
强(qiáng) 510
絳 388
彊(qiáng) 510
疆(jiāng) 387

jiāo
交 388
郊 388
教(jiào) 390
椒 389
焦 389
喬(qiáo) 510
鄗(hào) 342
膠 389
澆 389
徼(jiào) 390
橋(qiáo) 511
驕 389

jiǎo
狡 389
校(jiào) 389
皎 389
絞 389
膠(jiāo) 389
徼(jiào) 390
橋(qiáo) 511
矯 389

jiào
校 389
斛(hú) 353
教 390
槀(gǎo) 314
徼 390
覺(jué) 411

jie
家(jiā) 375

jiē
皆 390
接 392
街 392
階 392
價(jià) 377

jié
劫 392
拾(shí) 563
桀 392
訐 392
接(jiē) 392
捷 393
袷(jiá) 376
渴(kě) 419
傑 393
結 393
絜 393
詰 393
節 393
竭 394
碣 394
潔 394

jiě
姐 394
解 394

jiè
介 394
戒 394
界 394
借 394
解(jiě) 394
誡 394
暨(jì) 373
藉 395
籍(jí) 370

jīn
巾 395
斤 395
今 395
金 396
津 397
矜 397
筋 397
禁(jìn) 398
襟 397

jín
饉 397

jǐn
僅 397
盡(jìn) 398
錦 397
謹 397

jìn
吟(yín) 736
近 397
浸 397
晉 397
進 397
禁 398
寖 398
搢 398
僅(jǐn) 397
盡 398
薦(jiàn) 383

jīng
京 399
涇 399
荊 399
莖 399
旌 399
菁 400
經 400
靖(jìng) 402
精 400
兢 401
驚 401

jǐng
井 401
穽 401
景 401
儆 401
頸 401
穎(yǐng) 739
警 401

jìng
勁 401
徑 401
陘(xíng) 688
淨 401
竟 402
脛 402
敬 402
靖 402
境 402
靜 402
綮(qìng) 515
鏡 402
競 402

jiǒng
熲 402

jiū
究 402
繆(móu) 471

jiǔ
九 402
久 403
句(gōu) 323
酒 403

jiù
臼 404
咎 404
柩 404
救 404
就 404
舅 405
僦 405
廄 405
舊 405

jū
且(qiě) 511
車(chē) 224
沮(jǔ) 406
狙 405
拘 405
居 405
俱 406
蛆(qū) 518
鞠 406

jú
告(gào) 314
局 406
菊 406
跼 406
橘 406
鞠(jū) 406

jǔ
巨(jù) 407
去(qù) 519
拒(jù) 408
沮 406
矩 406
莒 406
鉏(chú) 241
舉 406

jù
巨 407
句(gōu) 323
足(zú) 843
沮(jǔ) 406
拒 408
具 407
姐(jiě) 394
炬 408
秬 408
俱(jū) 406
渠(qú) 518
鉅 408
聚 408
劇 408
鋸 408
窶 409
據 408
遽 409
屨 409
懼 409

juān
捐 409

juǎn
卷(juàn) 409
捲 409

juàn
券 409
卷 409
倦 409
眷 409
絹 409

juē
祖(zǔ) 845
嗟 409

jué
抉 409
角 409
決 409
玦 409
屈(qū) 518
觖 410
桷 410
訣 410
崛 410
掘 410
絕 410
厥 410
确(què) 521
獗 410
橛 410
爵 410
闕(què) 521
譎 411
矍 411
覺 411

jūn
旬(xún) 696
君 411
均 412
軍 412
鈞 414
龜(guī) 333

jùn
俊 414
郡 414
峻 416
浚 416
捃 416
逡(qūn) 521
菌 416
駿 416

kāi
開 416

kǎi
豈(qǐ) 502
凱 417
愷 417
慨 417
鎧 417

kān
堪 417

kǎn
坎 417
砍 417
檻(jiàn) 383

kàn
瞰 417

kāng
康 417
慷 417
糠 417

kàng
亢 418
伉 418
抗 418
坑(kēng) 420
康(kāng) 417

kǎo
考 418

kào
槀(gǎo) 314
稾(gǎo) 314

kē
呵(hē) 342
苛 418
科 418
荷(hé) 345
魁(kuí) 423
磕 418

kě
可 418
渴 419

kè
可(kě) 418
克 419
刻 419
客 419
恪 420
課 420

kěn
肯 420
墾 420
懇 420

kēng
坑 420
脛(jìng) 402
鏗 420

kōng
空 420

kǒng
孔 421
空(kōng) 420
恐 421

kòng
空(kōng) 420

kǒu
口 421

kòu
叩 421
扣 421

寇 421

kū
刳 422
枯 422
哭 422
掘(jué) 410

kǔ
苦 422

kù
庫 422
袴 422
酷 422
嚳 422

kuā
華(huá) 355
誇 422

kuà
跨 422

kuài
快 422
會(huì) 362
魁(kuí) 423
膾 422

kuān
寬 422

kuǎn
款 423

kuāng
匡 423
皇(huāng) 358

kuáng
狂 423

kuàng
兄(xiōng) 690
況 423
皇(huāng) 358

曠 423

kuī
悝(kuī) 423
悝 423
規(guī) 332
窺 423

kuí
逵 423
隗(wěi) 645
魁 423
夔 423

kuǐ
頃(qǐng) 515
傀(guī) 333
魁(kuí) 423
窺(kuī) 423

kuì
臾(yú) 752
喟 423
愧 423
媿 423
潰 424
歸(guī) 333
餽 424
饋 424

kūn
卵(luǎn) 452
坤 424
昆 424
髡 424

kǔn
閫 424

kùn
困 424

kuò
會(huì) 362
廓 424
闊 424

là
臘 424

lái
來(lài) 424
萊 424

lài
來 424
勑 425
厲(lì) 435
賴 425
瀨 425

lán
藍 425
蘭 425

lǎn
壈 425
濫(làn) 425
覽 425
攬 425

làn
濫 425
爛 425

láng
郎 426
狼 427
浪(làng) 427
琅 427
硠 427
羹(gēng) 317

lǎng
朗 427

làng
浪 427

láo
牢 427
勞 427
醪 427

lǎo
老 427
潦 428

lào
牢(láo) 427
勞(láo) 427
酪 428
潦(lǎo) 428
樂(yuè) 773

lè
勒 428
樂(yuè) 773

léi
累(lěi) 428
雷 428
壘(lěi) 428
羸 428
纍 428

lěi
累 428
誄 428
壘 428
纍(léi) 428

lèi
累(lěi) 428
淚 428
酹 428
壘(lěi) 428
類 428

léng
棱 429
稜 429

lèng
棱(léng) 429
稜(léng) 429

lī
裏(lǐ) 431

lí
狸 429
犂 429
梨 429
黎 429
罹 429
藜 429
離 429
麗(lì) 436
蠡(lǐ) 432
灕 429
釃(shī) 560
驪 429

lǐ
里 429
李 430
悝(kuī) 423
理 431
裏 431
禮 431
鯉 432
醴 432
蠡 432

lì
力 432
立 432
吏 433
利 435
戾 435
例 435
鬲 435
栗 435
荔 435
淚(lèi) 428
詈 435
慄 435
綟 435
厲 435
蝕(shí) 567
曆 435
歷 435
鬴(fǔ) 306
勵 436
隸 435
癘 436

離(lí) 429
櫟 436
麗 436
瀝 436
礪 436
蠡(lǐ) 432
糲 436
轢 436
酈 436

lián
令(lìng) 443
連 436
零(líng) 442
廉 436
奩 436
憐 436
蓮 437
鐮 437

liǎn
斂 437
歛 437

liàn
練 437
攣(luán) 452
戀 437

liáng
良 437
粱 437
涼 437
量(liàng) 438
糧 438

liǎng
良(liáng) 437
兩 438
量(liàng) 438

liàng
兩(liǎng) 438
亮 438
涼(liáng) 437
量 438
諒 438

liáo
聊 438
勞(láo) 427
僚 438
廖(liào) 439
潦(lǎo) 428
寮 438
燎(liǎo) 439
遼 438
療 438
繆(móu) 471

liǎo
僚(liáo) 438
蓼 439
潦(lǎo) 428
燎 439

liào
廖 439
燎(liǎo) 439

liè
列 439
戾(lì) 435
栗(lì) 435
烈 439
裂 439
獵 439

lín
林 439
琳 440
綝(chēn) 225
鄰 440
臨 440
麟 441

lǐn
稟(bǐng) 201
廩 441

lìn
賃 441
臨(lín) 440
藺 441

líng
令(lìng) 443
陵 441
淩 442
零 442
靈 442

lǐng
領 442
嶺 442

lìng
令 443
領(lǐng) 442

liú
流 445
留 445
游(yóu) 743
旒 446
劉 446

liǔ
柳 446
留(liú) 445
僂(lǚ) 451
蔞(lóu) 448

liù
六 446
陸(lù) 449

lóng
隆 447
蝕(shí) 567
龍 447
龐(páng) 487
礱 448
聾 448
籠 448

lǒng
龍(lóng) 447
壟 448
隴 448
籠(lóng) 448

lòng
弄(nòng) 484

lóu
牢(láo) 427
僂(lǚ) 451
漏(lòu) 448
樓 448
蔞 448
螻 448

lòu
陋 448
漏 448
鏤 448

lú
慮(lǜ) 452
盧 448
鏤(lòu) 448
廬 448
瀘 448
爐 449
蘆 449
臚 449

lǔ
鹵 449
虜 449
魯 449
擄 449

lù
六(liù) 446
角(jué) 409
谷(gǔ) 324
鹿 449
陸 449
輅(hé) 345
祿 450
路 450
綠(lǜ) 452
蓼(liǎo) 439
潞 450
慮(lǜ) 452
戮 450
錄 450
騄 450
露 450
籙 451

lǘ
閭 451
驢 451

lǚ
呂 451
侶 451
旅 451
僂 451
屢 451
膂 451
履 451
臚(lú) 449

lǜ
律 451
率(shuài) 594
綠 452
慮 452
壘(lěi) 428

luán
攣 452
鑾 452
鸞 452

luǎn
卵 452

luàn
亂 452

lūn
輪(lún) 453

lún
倫 452
淪 452
綸 453
輪 453
論(lùn) 453

lùn
論 453

luó
螺 453
羅 453
蠃(luǒ) 453
蠡(lǐ) 432

luǒ
果(guǒ) 336
累(lěi) 428
裸 453
蠡(lǐ) 432
蠃 453

luò
洛 453
格(gé) 315
路(lù) 450
落 453
雒 453
樂(yuè) 773
駱 454

lüè
略 454
掠 454

má
麻 454
蟆 454

mǎ
馬 454

mà
罵 456

mái
埋 456

mǎi
買 456

mài
脈 456
麥 456
賣 457
邁 457

mán
蔓(màn) 457
蠻 457

mǎn
滿 457

màn
曼 457
幕(mù) 473
慢 457
蔓 457

máng
芒 457
萌(méng) 462
龍(lóng) 447

mǎng
莽 457

máo
毛 458
矛 458
茅 458
耗(hào) 342
旄 458
髦 458
蟊 458

mǎo
卯 458
蓩 458

mào
冒 458
茂 458
耗(hào) 342
旄(máo) 458
耄 458
袤 458
貌 458

méi
枚 459
眉 459
媒 459
墨(mò) 470

měi
每 459
美 460

mèi
每(měi) 459
媒(méi) 459
媚 460
寐 460

mén
汶(wèn) 652
門 460
捫 462

mèn
滿(mǎn) 457

méng
䖟 462
冡 462
萌 462
盟 462
黽(měng) 462
夢(mèng) 462
蒙 462
鄳 462

měng
猛 462
黽 462

mèng
孟 462
盟(méng) 462
夢 462

mí
迷 463
縻 463
彌 463
靡(mǐ) 463

mǐ
米 463
辟(pì) 489
彌(mí) 463
靡 463
禰(nǐ) 480

mì
秘 463
密 463
蜜 463

mián
緜 463

miǎn
免 463
勉 464
冕 464
黽(měng) 462
澠(shéng) 557

miàn
面 464

miáo
苗 464

miǎo
妙(miào) 464
眇 464
紗(shā) 540
鈔(chāo) 223
藐(mò) 471

miào
妙 464
眇(miǎo) 464
廟 464
繆(móu) 471

miè
滅 465

mín
民 465
岷 466
緡 466

mǐn
昏(hūn) 363
泯 466
敏 466
閔 466
愍 466
黽(měng) 462
憫 466
澠(shéng) 557

míng
名 466
明 467
冥 469
盟(méng) 462
暝 469
鳴 469
螟 469

mìng
命 469
暝(míng) 469

miù
繆(móu) 471

mō
摸 470

mó
莫(mò) 470
無(wú) 656
募(mù) 473
摸(mō) 470
模 470
磨 470
謨 470
靡(mǐ) 463

mò
末 470
百(bǎi) 186

沒 470
歿 470
陌 470
冒(mào) 458
脈(mài) 456
莫 470
幕(mù) 473
墨 470
默 470
磨(mó) 470
蟆(má) 454
藐 471

móu
毋(wú) 655
牟 471
謀 471
鍪 471
繆 471

mǒu
厶(sī) 596

mòu
戊(wù) 662

mǔ
母 471
畝 472

mù
木 472
目 472
牟(móu) 471
沐 472
牧 472
莫(mò) 470
睦 473
募 473
幕 473
墓 473
慕 473
暮 473
穆 473
繆(móu) 471
鶩(wù) 663

ná
南(nán) 476
拏 473
挐(rú) 533

nǎ
郍(nuó) 486

nà
內(nèi) 478
那(nuó) 486
納 473

nǎi
乃 473

nài
奈 475
能(néng) 478

nán
男 475
南 476
湳 477
難 477

nàn
難(nán) 477

náng
囊 477

náo
猱 477
撓 477
鐃 478

nǎo
腦 478

nào
淖 478

nè
訥 478

něi
餒 478

nèi
內 478

néng
而(ér) 284
能 478

ní
尼 479
兒(ér) 288
泥 479
倪 479
蜺 480
霓 480

nǐ
尼(ní) 479
泥(ní) 479
疑(yí) 717
擬 480
禰 480

nì
泥(ní) 479
倪(ní) 479
逆 480
匿 480
溺 480
嫟 480
嶷(yí) 718

nián
年 480

niǎn
輦 483

niàn
念 483

niàng
釀 483

niǎo
鳥 483

niào
溺(nì) 480

niè
泥(ní) 479
涅 483
孽 483
蘖 483
攝(shè) 552

nín
恁(rèn) 529

níng
冰(bīng) 199
寧 483
疑(yí) 717

nìng
佞 484
寧(níng) 483

niú
牛 484

niǔ
狃 484

nóng
農 484
膿 484

nòng
弄 484

nú
奴 484
帑(tǎng) 616

nǔ
努 485
弩 485

nù
怒 485

nǚ
女 485

nǜ
女(nǚ) 485
恧 486
絮(xù) 693

nuán
濡(rú) 533

nuǎn
煖 486

nuó
那 486
郍 486
難(nán) 477

nuǒ
那(nuó) 486

nuò
那(nuó) 486
諾 486
懦 486

nüè
虐 486
瘧 486

ōu
區(qū) 518
歐(ǒu) 486
毆 486
甌 486

ǒu
禺(yú) 752
偶 486
寓(yù) 762
歐 486

pá
把(bǎ) 184

pái
排 486
箄(bēi) 191
簰 486

pān
潘 486
攀 486

pán
般(bān) 189
槃 486
樊(fán) 292
盤 486
潘(pān) 486
繁(fán) 293
磻(bō) 203
鞶 486

pàn
反(fǎn) 293
片(piàn) 490
半(bàn) 189
叛 486
盼 487
畔 487

páng
方(fāng) 294
房(fáng) 295
逄 487
旁 487
逢(féng) 300
彭(péng) 488
傍 487
龐 487
蠭(fēng) 300

páo
包(bāo) 189
袍 487

péi
陪 487

pèi
妃(fēi) 295
沛 487
肺(fèi) 296
佩 487
配 487

pén
盆 487

pēng
苹(píng) 492
烹 488
彭(péng) 488
軿(píng) 492

péng
朋 488
逢(féng) 300
彭 488
棚 488
輣 488
蓬 488

pěng
奉(fèng) 300
捧 488

pī
皮(pí) 489
丕 488
披 488
邳 488
被(bèi) 192
秠 488

pí
比(bǐ) 194
皮 489
陂(bēi) 191
毗 489
疲 489
脾 489
裨 489
辟(pì) 489
罷(bà) 184
蕃(fán) 293

pǐ
匹 489
否(fǒu) 302

pì
匹(pǐ) 489
副(fù) 308
辟 489
僻 489
簰(pái) 486
譬 489
闢 490

piān
偏 490
徧(biàn) 198
篇 490

pián
平(píng) 490
便(biàn) 198
徧(biàn) 198
辯(biàn) 198

piàn
片 490
辨(biàn) 198

piāo
漂 490

piào
漂(piāo) 490
驃 490

piē
蔽(bì) 197

pín
貧 490
儐(bìn) 199
頻 490
蠙 490

pǐn
品 490

pìn
聘 490

píng
平 490
苹 492
屏 492
馮(féng) 300
軿 492
憑 492

pō
泊(bó) 204
陂(bēi) 191
坡 492
碑(bēi) 191
頗 492

pó
繁(fán) 293

pǒ
頗(pō) 492

pò
柏(bó) 204
迫 492
破 493
霸(bà) 184

pōu
剖 493

póu
褒(bāo) 190

pǒu
附(fù) 307
部(bù) 213

pū
仆 493
扑 493
撲 493

pú
扶(fú) 303
匍 493
脯(fǔ) 306
蒲 493
酺 494
僕 493
樸(fú) 305

pǔ
浦 494
圃 494
普 494
溥 494
樸 494

pù
暴(bào) 190
曝 494

qī
七 494
吃(jí) 368
妻 495
悽 495
郪 495
戚 495
期 496
欺 495
漆 496

qí
伎(jì) 371
岐 496
奇 500
祁 500
其 496
祇 500
祈 500
俟(sì) 601
耆 500
旂 500
淇 500
幾(jǐ) 371
琦 500
棊 501
旗 501
齊 501
綦 501

蟣(jǐ) 371
騎 501
麒 502
蘄 502
齎(jī) 367

qǐ
乞 502
邔 502
企 502
起 502
豈 502
啓 503
幾(jǐ) 371
棨 503
綺 503
稽(jī) 365

qì
乞(qǐ) 502
切(qiē) 511
迄 503
泣 503
妻(qī) 495
亟(jí) 369
契 503
氣 503
訖 503
棄 504
器 504

qià
洽 504

qiān
千 504
允(yǔn) 775
阡 505
汧 506
牽 506
僉 506
鉛 506
愆 506
遷 506
蹇(jiǎn) 379
謙 506
騫 506

纖(xiān) 673

qián
前 506
虔 507
健(jiàn) 382
乾 507
鈐 508
犍(jiān) 378
鉗 508
漸(jiàn) 382
潛 508
錢 508

qiǎn
淺 508
遣 508
譴 509

qiàn
牽(qiān) 506
塹 509
謙(qiān) 506

qiāng
羌 509
將(jiāng) 384
慶(qìng) 516

qiáng
強 510
彊 510
牆 510

qiǎng
強(qiáng) 510
襁 510
彊(qiáng) 510

qiāo
鄗(hào) 342
墝 510
橋(qiáo) 511
磽 510

qiáo
招(zhāo) 785
焦(jiāo) 389
喬 510
僑 511
憔 511
樵 511
橋 511
翹 511
顦 511

qiǎo
巧 511
愀 511

qiào
削(xuē) 694

qiē
切 511

qiě
且 511

qiè
切(qiē) 511
妾 511
怯 511
契(qì) 503
捷(jié) 393
篋 511
竊 511

qīn
侵 512
浸(jìn) 397
衾 512
欽 512
寖(jìn) 398
親 512

qín
秦 512
琴 513
勤 513
禽 513
擒 513
懃 513

qǐn
侵(qīn) 512
寢 513

qìn
沁 513
親(qīn) 512

qīng
青 513
頃(qǐng) 515
清 514
卿 514
傾 515
輕 515
慶(qìng) 516

qíng
情 515
請(qǐng) 515
檠 515

qǐng
頃 515
請 515

qìng
請(qǐng) 515
慶 516
磬 516
罄 516

qióng
窮 516
瓊 516

qiū
丘 516
邱 516
秋 516
區(qū) 518
龜(guī) 333

qiú
仇 517
囚 517
求 517
酋 517
球 517
裘 517
鰌 517

qiǔ
糗 518

qū
去(qù) 519
曲 518
取(qǔ) 518
屈 518
蛆 518
區 518
詘 518
趣(qù) 520
歐(ǒu) 486
趨 518
麴 518
騶(zōu) 842
驅 518

qú
句(gōu) 323
朐 518
渠 518
鉤(gōu) 323
璩 518
懼(jù) 409

qǔ
曲(qū) 518
取 518
娶 519

qù
去 519
趣 520
趨(qū) 518

quān
拳(quán) 520

quán
全 520
卷(juàn) 409

泉 520
純(chún) 244
拳 520
捲(juǎn) 409
銓 520
權 520

quǎn
犬 520
畎 520

quàn
勸 520

quē
屈(qū) 518
缺 521
闕(què) 521

què
芍(sháo) 549
卻 521
埆 521
雀 521
确 521
慤 521
踖(jí) 370
闋 521
爵(jué) 410
闕 521
鵲 521

qūn
逡 521
遁(dùn) 282

qún
裙 521
群 521

rán
然 522
燃 522

rǎn
染 522

ráng
攘 522
壤(rǎng) 522
穰 522

rǎng
壤 522
攘(ráng) 522
穰(ráng) 522
讓(ràng) 522

ràng
攘(ráng) 522
讓 522

ráo
挐(rú) 533
饒 523

rǎo
擾 523
繞 523

rào
繞(rǎo) 523

rě
若(ruò) 536

rè
熱 523

rén
人 523
壬 528
仁 528
任(rèn) 529

rěn
忍 528
荏 528
稔 528

rèn
刃 528
任 529
紉 529
恁 529
軔 529
認 529

réng
仍 529

rì
日 529

róng
戎 530
肜 530
容 530
訟(sòng) 602
隔(gé) 315
頌(sòng) 602
榮 531
融 531

rǒng
冗 531
宂 531

róu
柔 531
猱(náo) 477

ròu
肉 531

rú
如 532
茹 533
挐 533
儒 533
濡 533
孺(rù) 535
襦 533

rǔ
女(nǚ) 485
汝 533
乳 534
辱 534

rù
入 534
褥 535
孺 535

ruǎn
阮 535

ruí
蕤 535

ruì
瑞 535
睿 535
銳 535
叡 536

rùn
閏 536
潤 536

ruò
若 536
弱 536
鄀 536

sǎ
洒 536
灑 536

sà
殺(shā) 540
颯 536
蔡(cài) 215

sāi
思(sī) 598

sài
塞(sè) 539

sān
三 536
參(shēn) 553

sǎn
參(shēn) 553
散(sàn) 538

sàn
散 538

sāng
桑 538
喪(sàng) 538

sàng
喪 538

sāo
臊 539
騷 539

sǎo
掃 539
埽 539
嫂 539
騷(sāo) 539

sào
埽(sǎo) 539
臊(sāo) 539
燥(zào) 779

sè
色 539
瑟 539
嗇 539
塞 539
穡 540

sēng
僧 540

shā
沙 540
紗 540
殺 540
煞 541

shá
奢(shē) 550

shà
沙(shā) 540
舍(shè) 551
歃 541
廈 541
煞(shā) 541

shài
殺(shā) 540

shān
山 541
刪 541
芟 542
扇(shàn) 542

shǎn
陝 542

shàn
疝 542
訕 542
扇 542
單(dān) 257
善 542
鄯 542
澹(dàn) 258
擔(dān) 257
擅 542
膳 542
壇(tán) 615
禪 542
繕 543
贍 543

shāng
商 543
湯(tāng) 616
傷 543
殤 543
觴 543

shǎng
上(shàng) 543
賞 543

shàng
上 543
尚 548
賞(shǎng) 543

shāo
稍 549
筲 549
燒 549

sháo
芍 549
招(zhāo) 785
韶 549

shǎo
少 550
搜(sōu) 603

shào
少(shǎo) 550
召(zhào) 786
劭 550
邵 550
削(xuē) 694
紹 550
稍(shāo) 549
詔(zhào) 787
燒(shāo) 549

shē
奢 550

shé
蛇 551

shě
舍(shè) 551

shè
舍 551
社 551
拾(shí) 563
涉 552
射 551
赦 552
設 552
葉(yè) 711
歙(xī) 666
攝 552
懾 552

shēn
申 552
身 552
信(xìn) 685
紳 553
深 553
參 553
幓 553

shén
什(shí) 562
神 553

shěn
沈(chén) 227
審 554

shèn
甚 554
慎 554
椹(zhēn) 793

shēng
升 554
生 555
昇 556
牲 556
笙 556
勝(shèng) 557
聲 556

shéng
澠 557
繩 557

shěng
省(xǐng) 688

shèng
乘(chéng) 232
盛(chéng) 233
勝 557
聖 557

shī
尸 557
失 557
施 558
師 558
詩 559
蓍 559
蝨 559
濕 559
釃 560

shí
十 560
什 562
石 562
汁(zhī) 807
拾 563
食 563
時 564
寔 567
提(tí) 617
實 567
碩 567
蝕 567
識 567

shǐ
史 567
矢 568
弛(chí) 234
豕 568
始 568
使 570
施(shī) 558

shì
士 571
氏 572
仕 573
世 574
示 573
市 573
式 574
寺(sì) 600
事 575
舍(shè) 551
侍 577
是 578
恃 578
室 577
耆(qí) 500
舐 579
啇(dì) 273
逝 579
埶(yì) 730
時(zhì) 815
貰 579
視 579
弒 579
試 580
軾 580
筮 580
勢 580
嗜 580
誓 580
飾 580
適 580
諡 580
澤(zé) 781
識(shí) 567
釋 580

shōu
收 580

shǒu
手 581
守 581
首 583

shòu
受 583
狩 584
授 584
壽 585
綬 585
瘦 585
獸 585

shū
叔 586
杼(zhù) 829

殊	588
書	586
疏	589
淑	588
舒	589
菽	589
䟽	589
銖	589
蔬	589
樞	589
輸	589
shú	
孰	589
塾	589
熟	589
贖	589
shǔ	
黍	590
暑	590
鼠	590
蜀	590
署	590
數(shù)	592
屬	590
shù	
戍	591
束	591
杼(zhù)	829
述	591
恕	591
術	591
庶	592
疏(shū)	589
䟽(shū)	589
豎	593
澍	593
數	592
樹	593
shuā	
選(xuǎn)	694
shuāi	
衰	594
shuài	
帥	594
率	594
shuāng	
霜	594
雙	594
shuí	
誰	595
shuǐ	
水	595
shuì	
稅	595
說(shuō)	596
shǔn	
吮	595
楯	595
shùn	
順	595
舜	596
shuō	
說	596
shuò	
朔	596
嗽(sòu)	603
碩(shí)	567
數(shù)	592
sī	
厶	596
司	596
私	598
思	598
斯	598
絲	598
澌	598
磃	598
廝	598
sǐ	
死	598
sì	
巳	599
司(sī)	596
四	599
寺	600
汜	600
伺	601
似	601
祀	601
思(sī)	598
俟	601
食(shí)	563
笥	601
肆	601
嗣	601
飴(yí)	717
駟	601
sōng	
松	601
嵩	602
sǒng	
悚	602
從(cóng)	249
竦	602
縱(zòng)	842
sòng	
宋	602
送	602
訟	602
頌	602
誦	603
sōu	
溲(sóu)	603
搜	603
蒐	603
藪(sǒu)	603
sóu	
溲	603
sǒu	
藪	603
sòu	
嗽	603
sū	
蘇	603
sú	
俗	603
sù	
夙	603
素	603
宿	604
速	604
粟	604
訴	604
肅	604
愬	604
數(shù)	592
蘇(sū)	603
suān	
酸	604
suàn	
蒜	604
算	604
選(xuǎn)	694
suī	
睢	604
雖	604
suí	
綏	605
隨	605
suǐ	
髓	605
suì	
祟	605
彗(huì)	362
術(shù)	591
隊(duì)	281
歲	606
遂	605
燧	607
穗	607
sūn	
孫	607
sǔn	
筍	608
損	608
sùn	
筍(sǔn)	608
suō	
獻(xiàn)	676
suǒ	
所	608
索	611
tā	
他	611
tà	
拓(zhí)	809
荅(dá)	251
達(dá)	251
毾	611
撻	611
濕(shī)	559
闥	611
tái	
能(néng)	478
臺	611
駘	611
tài	
大(dà)	251
太	611
能(néng)	478
泰	615

tān
貪 615
探 615

tán
沈(chén) 227
淡(dàn) 258
彈(dàn) 258
撣(dǎn) 257
潭 615
談 615
澹(dàn) 258
壇 615
曇 615
癉(dàn) 258
檀 615
譚 615
鐔(xín) 685

tǎn
袒 615

tàn
炭 615
貪(tān) 615
探(tān) 615
嘆 616
歎 616

tāng
湯 616
蕩(dàng) 260
閶(chāng) 219

táng
唐 616
堂 616
棠 616
磄 616

tǎng
帑 616
黨(dǎng) 259
儻 616

tàng
湯(tāng) 616

tāo
挑(tiāo) 620
謟 617

táo
洮 617
逃 617
桃 617
陶 617

tǎo
討 617

tè
特 617
匿(nì) 480
貳(èr) 290
貸(dài) 256

téng
騰 617

tī
梯 617

tí
折(zhé) 789
提 617
啼 617
緹 617
諦(dì) 273
穉(zhì) 816

tǐ
體 618

tì
弟(dì) 269
狄(dí) 267
剃 618
俶(chù) 242
倜 618
涕 618
惕 618
摘(zhāi) 782
適(shì) 580
錫(xī) 666
擿(zhì) 816

tiān
天 618
添 620

tián
田 620
恬 620
滇(diān) 273
填 620
寘(zhì) 816
闐 620
鎮(zhèn) 794
顛(diān) 273

tiǎn
殄 620
填(tián) 620

tiāo
挑 620
條(tiáo) 620

tiáo
條 620
脩(xiū) 691
稠(chóu) 238
銚(yáo) 707
調 620
齠 621

tiǎo
挑(tiāo) 620

tiào
稠(chóu) 238
糶 621

tiē
貼 621

tiě
鐵 621

tīng
聽 621
廳 621

tíng
廷 621
亭 621
庭 622
停 622

tìng
庭(tíng) 622

tōng
通 622

tóng
同 623
彤 623
洞(dòng) 277
重(zhòng) 822
童 623
僮 624
銅 624
幢(chuáng) 243
鮦 624

tǒng
筒 624
統 624

tòng
痛 624
慟 624

tōu
偷 624

tóu
投 624
褕(yú) 753
頭 624

tū
禿 625
突 625

tú
徒 625
途 625
屠 625
菟(tù) 626
塗 626
圖 626

tǔ
土 626

tù
兔 626
菟 626

tuán
專(zhuān) 830
敦(dūn) 282

tuàn
稅(shuì) 595
緣(yuán) 765

tuī
推 626

tuí
弟(dì) 269

tuì
退 627
脫(tuō) 627
稅(shuì) 595

tūn
吞 627
燉(tún) 627

tún
屯(zhūn) 831
純(chún) 244
敦(dūn) 282
燉 627

tuō
他(tā) 611
託 627
脫 627
稅(shuì) 595

說(shuō) 596

tuó
池(chí) 234
沱 627
馱 627
駝 627
橐 627

tuǒ
綏(suí) 605

tuò
拓(zhí) 809

wā
汙(wū) 654
污(wū) 654
洼 627
窳(yǔ) 759
鼃 627

wǎ
瓦 627

wà
瓦(wǎ) 627
襪 627

wài
外 627

wān
貫(guàn) 331
關(guān) 330
彎 628

wán
丸 628
完 628
玩 628
紈 628
頑 629

wǎn
宛 629
挽 629
莞(guǎn) 330
晚 629
婉 629
琬 629
輓 629

wàn
腕 629
萬 629

wāng
匡(kuāng) 423

wáng
亡 630
王 630

wǎng
方(fāng) 294
王(wáng) 630
罔 634
往 633
枉 633
網 634

wàng
王(wáng) 630
妄 634
忘 634
往(wǎng) 633
望 634

wēi
危 635
委(wěi) 645
威 635
畏(wèi) 647
微 635

wéi
爲 635
韋 635
帷 644
唯 644
惟 643
僞(wěi) 645
圍 644
違 644
維 644
魏(wèi) 650
巍 644

wěi
尾 644
委 645
僞 645
唯(wéi) 644
偉 645
猥 645
葦 645
隗 645
緯 645
鮪 645

wèi
未 645
位 646
味 647
胃 647
畏 647
尉 647
渭 649
慰 649
熨 649
衛 649
謂 649
遺(yí) 717
魏 650

wēn
溫 650
縕(yùn) 775
蘊(yùn) 776

wén
文 650
聞 651

wěn
刎 652

wèn
文(wén) 650
免(miǎn) 463
汶 652
問 652
聞(wén) 651

wēng
翁 653

wěng
翁(wēng) 653

wèng
甕 653

wǒ
我 653
果(guǒ) 336

wò
沃 654
臥 654
幄 654
握 654
渥 654
矆(huò) 364

wū
汙 654
污 654
巫 654
於(yú) 751
屋 654
烏 654
惡(è) 284
嗚 655
誣 655

wú
亡(wáng) 630
毋 655
吳 655
吾 655
梧 656
無 656
廡(wǔ) 662
蕪 658

wǔ
午 660
五 658
伍 660
武 660
侮 662
務(wù) 663
舞 662
廡 662

wù
勿 662
戊 662
物 662
悟 663
掘(jué) 410
務 663
梧(wú) 656
惡(è) 284
塢 663
寤 663
誤 663
霧 663
鶩 663

xī
夕 663
兮 663
西 663
希 664
昔 664
息 665
奚 665
唏 665
悉 665
欷 665
惜 665
訢(xīn) 684
翕 665
喜(xǐ) 667
犀 665
稀 665
熙 665
膝 665
噏 666
熹 666
錫 666

歙 666
谿 666
戲(xì) 668
犧 666
攜 666

xí
席 666
習 666
檄 667
襲 667

xǐ
洗 667
枲 667
洒(sǎ) 536
徙 667
喜 667
憙 667
璽 668

xì
系 668
卻(què) 521
氣(qì) 503
郤 668
細 668
隙 668
赫(hè) 345
戲 668
繫 668

xiā
瑕(xiá) 669
蝦 668

xiá
甲(jiǎ) 376
匣 668
押(yā) 697
俠 668
浹(jiā) 375
狹 668
假(jiǎ) 376
斜(xié) 683
祫 669
葭(jiā) 376
遐 669
瑕 669
黠 669

xià
下 669
夏 672
假(jiǎ) 376
廈(shà) 541

xiān
仙 672
先 672
跣(xiǎn) 674
鮮 673
纖 673

xián
咸 673
閒 673
嫌 673
銜 673
嫺 673
賢 673
嫻 674

xiǎn
洒(sǎ) 536
洗(xǐ) 667
省(xǐng) 688
跣 674
險 674
鮮(xiān) 673
顯 674

xiàn
見(jiàn) 379
限 674
陷 674
羨 674
憲 675
縣 674
鮮(xiān) 673
譀(hàn) 341
獻 676

xiāng
香 678
相 676
湘 678
廂 678
鄉 678
襄 678

xiáng
降(jiàng) 387
庠 678
祥 679
翔 679
詳 679

xiǎng
享 679
鄉(xiāng) 678
想 679
餉 679
嚮(xiàng) 679
攘(ráng) 522
饗 679
響 679

xiàng
向 679
相(xiāng) 676
項 679
象 679
鄉(xiāng) 678
像 679
橡 679
嚮 679

xiāo
消 679
梟 679
蕭 679
簫 680
騷(sāo) 539
囂 680
驕(jiāo) 389
驍 680

xiáo
校(jiào) 389
絞(jiǎo) 389
殽 680

xiǎo
小 680
曉 681
簫(xiāo) 680

xiào
孝 681
芍(sháo) 549
校(jiào) 389
效 682
笑 682
殽(xiáo) 680

xiē
曷(hé) 345

xié
叶 682
汁(zhī) 807
邪 682
協 683
恊 683
脅 683
挾 683
斜 683
絜(jié) 393
諧 683
歙(xī) 666
攜(xī) 666

xiě
寫 683

xiè
契(qì) 503
屑 683
械 683
解(jiě) 394
鮭 683
暎 683
寫(xiě) 683
懈 683
豫(yù) 763
謝 683
龤 683

xīn
心 683
辛 684
忻 684
欣 684
訢 684
新 684
歆 685
親(qīn) 512
薪 685
馨 685

xín
鐔 685

xìn
信 685
熏(xūn) 696
釁 685

xīng
星 685
腥 686
興 686

xíng
刑 686
行 686
邢 688
形 688
陘 688
滎 688
餳 688

xǐng
省 688

xìng
行(xíng) 686
幸 689
性 689
姓 688
興(xīng) 686

xiōng
凶 690
兄 690
匈 690
胸 691

xióng
雄 691
熊 691

xiū
休 691
修 691
脩 691

xiǔ
朽 691

xiù
秀 692
袖 692
宿(sù) 604
褎 692
繡 692

xū
于(yú) 749
吁 692
戌 692
呼(hū) 353
虛 692
須 692
蔬(shū) 589
噓 692
墟 692
歔 692
鬚 692

xú
邪(xié) 682
余(yú) 751
徐 692

xǔ
休(xiū) 691
栩 692
許 692
詡 693

xù
序 693
怵(chù) 242
恤 693
卹 693
畜(chù) 242
絮 693
壻 693
蓄 693
續 693

xuān
宣 693
翾 694

xuán
玄 694
琁 694
旋 694
滋 694
璇 694
縣(xiàn) 674
還(huán) 357
懸 694

xuǎn
撰(zhuàn) 830
選 694
饌(zhuàn) 830

xuàn
炫 694
眩 694
旋(xuán) 694
選(xuǎn) 694

xuē
削 694
薛 694

xué
穴 695
學 695

xuě
雪 695

xuè
血 695
決(jué) 409
閱(yuè) 774

xūn
塤 696
熏 696
勳 696
薰 696

xún
旬 696
巡 696
郇 696
徇(xùn) 697
恂 696
荀 696
尋 696
循 697
遁(dùn) 282
馴 697
潭(tán) 615
潯 697

xùn
迅 697
徇 697
孫(sūn) 607
訓 697
訊 697
馴(xún) 697
遜 697
選(xuǎn) 694

yā
押 697
亞(yà) 697
烏(wū) 654
雅(yǎ) 697
厭(yàn) 702
壓 697

yá
牙 697
涯 697
崖 697

yǎ
雅 697

yà
亞 697
御(yù) 760
輅(hé) 345

yái
崖(yá) 697

yān
身(shēn) 552
奄(yǎn) 701
咽 697
弇(yǎn) 702
殷(yīn) 735
烟 697
焉 697
淹 697
湮(yīn) 736
煙 698
鄢 698
厭(yàn) 702
燕(yàn) 702
閹 698

yán
巡(xún) 696
延 700
言 698
炎 700
沿 700
研 700
羨(xiàn) 674
鉛(qiān) 506
筵 700
險(xiǎn) 674
閻 700
顏 701
嚴 701
巖 701
鹽 701
礹 701

yǎn
奄 701
兗 701
衍 701
匽 702
弇 702
淡(dàn) 258
偃 702
眼 702
掩 702
琰 702
郾 702
厭(yàn) 702
演 702
闇(àn) 183
縯 702
儼 702
礹(yán) 701

yàn
炎(yán) 700
沿(yán) 700
研(yán) 700
咽(yān) 697
晏 702
宴 702
雁 702
硯 702
厭 702
鴈 702
諺 703
燕 702
閻(yán) 700
讌 703
驗 703
鹽(yán) 701

yāng
央 703
殃 703

yáng
羊 703
洋 703

湯(tāng) 616
揚 703
陽 703
詳(xiáng) 679
楊 706

yǎng
卬(áng) 183
仰 706
養(juàn) 409
養 706

yàng
恙 706

yāo
夭 706
妖 707
要 707
徼(jiào) 390
邀 707

yáo
肴 707
洮(táo) 617
陶(táo) 617
猶(yóu) 743
堯 707
揄(yú) 753
搖 707
傜 707
銚 707
遙 707
踰(yú) 754
謠 707
餚 707
繇 707

yǎo
要(yāo) 707

yào
幼(yòu) 748
礿 707
要(yāo) 707
樂(yuè) 773
曜 707

藥 707
耀 707

yē
掖(yè) 711

yé
邪(xié) 682
耶 707
斜(xié) 683
琊 708
揶 708

yě
也 708
野 710

yè
叶(xié) 682
曳 711
夜 711
咽(yān) 697
射(shè) 551
掖 711
喝 711
葉 711
業 712
謁 712
鄴 712
曄 712

yī
一 712
衣 714
伊 714
依 715
揖 715
意(yì) 731
噫 715
醫 715
毉 715

yí
异(yì) 728
夷 715
沂 716
怡 716
宜 716
怠(dài) 255
施(shī) 558
姨 717
蛇(shé) 551
移 717
焉(yān) 697
羨(xiàn) 674
貽 717
疑 717
飴 717
儀 717
遺 717
嶷 718

yǐ
乙 718
已 718
以 719
矣 727
依(yī) 715
苡 727
倚 727
蟻 727

yì
乂 727
弋 727
刈 727
失(shī) 557
艾(ài) 181
衣(yī) 714
亦 727
异 728
邑 728
抑 728
佚 728
役 728
易 729
佾 729
泆 729
迭(dié) 274
施(shī) 558
食(shí) 563
疫 729
羿 729
射(shè) 551
唈 730
益 729
埶 730
移(yí) 717
翊 730
軼 730
異 730
肆(sì) 601
肄 733
義 732
詣 731
裔 731
意 731
溢 731
厭(yàn) 702
誼 733
毅 733
億 733
噫(yī) 715
澤(zé) 781
隸(lì) 435
翳 733
翼 733
薏 733
藝 733
釋(shì) 580
譯 733
議 733
懿 734
驛 734

yīn
因 734
音 735
茵 735
烟(yān) 697
殷 735
陰 735
湮 736
愔 736
煙(yān) 698
禋 736
瘖 736
駰 736
濦 736

yín
沂(yí) 716
吟 736
淫 736
訢(xīn) 684
寅 736
銀 736

yǐn
引 736
尹 736
殷(yīn) 735
飲 737
縯(yǎn) 702
隱 737

yìn
印 737
胤 738
陰(yīn) 735
飲(yǐn) 737
隱(yǐn) 737

yīng
央(yāng) 703
英 738
嬰 738
應 738
膺 738
鷹 738

yíng
迎 738
盈 739
瑩 739
熒 739
禜(yǒng) 741
嬴 739
營 739
蠅 739

yǐng
景(jǐng) 401
潁 739
影 739
穎 739

yìng
迎(yíng) 738
媵 739
應(yīng) 738
繩(shéng) 557

yōng
邕 739
庸 740
傭 740
雍 740
擁 740
雝 740
癰 740

yóng
禺(yú) 752
喁 740

yǒng
永 740
臾(yú) 752
勇 741
涌 741
湧 741
詠 741
踊 741
禜 741

yòng
用 741

yōu
幽 742
悠 742
憂 742
繇(yáo) 707
優 742

yóu
尤 742
由 742
酋(qiú) 517
柚(yòu) 748
郵 743
揄(yú) 753
猶 743
游 743
遊 743
繇(yáo) 707

yǒu
又(yòu) 747
友 743
有 744
酉 747
幽(yōu) 742
脩(xiū) 691
牖 747

yòu
又 747
幼 748
右 748
有(yǒu) 744
佑 748
宥 748
柚 748
囿 748
祐 748
誘 749
褎(xiù) 692

yū
污(wū) 654
汙(wū) 654
迂 749
紆 749

yú
于 749
予(yǔ) 754
污(wū) 654
吾(wú) 655
邪(xié) 682
余 751
於 751
俞 752
臾 752
禺 752
娛 752
魚 752
隅 753
揄 753
喻(yù) 762
榆 753
愚 753
虞 753
腴 753
褕 753
與(yǔ) 756
漁 753
餘 753
踰 754
諛 754
輿 754
鰅 754

yǔ
予 754
宇 755
羽 755
雨 755
臾(yú) 752
禹 755
梧(wú) 656
語 756
嫗(yù) 762
與 756
窳 759

yù
玉 759
谷(gǔ) 324
芋 759
育 759
或(huò) 364
雨(yǔ) 755
禺(yú) 752
昱 759
郁 759
尉(wèi) 647
淯 762
堉 762
域 759
欲 760
御 760
寓 762
喻 762
裕 762
粥(zhōu) 824
預 762
愈 762
遇 762
嫗 762
語(yǔ) 756
獄 762
與(yǔ) 756
熨(wèi) 649
閾 763
禦 763
諭 763
豫 763
譽 763
籞 763
鬱 763

yuān
宛(wǎn) 629
咽(yān) 697
冤 763
淵 763
鳶 763

yuán
元 763
阮(ruǎn) 535
垣 764
爰 764
原 764
袁 765
員 765
援 765
園 765
隕(yǔn) 775
圓 765
緣 765
轅 765

yuǎn
遠 766

yuàn
苑 766
怨 766
原(yuán) 764
掾 766
瑗 767
願 767

yuē
曰 767
約 772

yuè
月 772
悅 773
稅(shuì) 595
越 773
說(shuō) 596
閱 774
樂 773
嶽 774
矆 774
臒(huò) 364
櫟(lì) 436

yūn
緼(yùn) 775

yún
云 774
均(jūn) 412
員(yuán) 765
耘 775
雲 775

yǔn
允 775
苑(yuàn) 766
隕 775
殞 775
霣 775

yùn
孕 775
均(jūn) 412
怨(yuàn) 766
惲 775
溫(wēn) 650
運 775
緼 775
醞 776
蘊 776

zā
匝 776

zá
洒(sǎ) 536
雜 776

zāi
災 776
哉 776

zǎi
宰 776
載(zài) 778

zài
再 776
在 776
載 778

zān
簪 778

zàn
贊 778

zāng
臧 778
藏(cáng) 216
贓 778

zàng
葬 778
臧(zāng) 778
藏(cáng) 216

zāo
遭 779
糟 779

zǎo
早 779
蚤 779
棗 779
澡 779
藻 779

zào
皁 779
造 779
燥 779
竈 779

zé
則 779
措(cuò) 251
責 780
賊 780
幘 781
澤 781
擇 781

zè
側(cè) 217

zèn
譖 781

zēng
曾 781
憎 781
增 781
繒 782

zèng
甑 782
贈 782

zhá
札 782

zhà
作(zuò) 848
詐 782

zhāi
啇(dì) 273
齊(qí) 501
摘 782
齋 782
擿(zhì) 816

zhái
宅 782
翟(dí) 267

zhài
柴(chái) 218
祭(jì) 373
責(zé) 780
債 782

zhān
占 782
沾 782
氈 782
瞻 782
饘 783

zhǎn
斬 783

zhàn
占(zhān) 782
湛 783
戰 783

zhāng
張 784
章 783
彰 785

zhǎng
長(cháng) 219
掌 785
黨(dǎng) 259

zhàng
丈 785
仗 785
杖 785
長(cháng) 219
張(zhāng) 784
帳 785
脹 785
障 785
賬 785

zhāo
招 785
昭 785
朝 786
著(zhù) 829

zhǎo
爪 786

zhào
召 786
兆 787
詔 787
照 789
肇 789
趙 789
濯(zhuó) 832
櫂 789

zhē
遮 789

zhé
折 789
哲 789
軼(yì) 730
牒 789
牒(xiè) 683
摘(zhāi) 782
輒 789
適(shì) 580
磔 790
擿(zhì) 816
讁 790
攝(shè) 552

zhě
者 790
堵(dǔ) 280
赭 793

zhè
柘 793

zhēn
珍 793
貞 793
振(zhèn) 794
眞 793
偵 793
椹 793
禎 793
甄 793
臻 793

zhěn
枕 794
振(zhèn) 794
診 794

zhèn
枕(zhěn) 794
朕 794
陣 794
振 794
酖(dān) 257
陳(chén) 227
填(tián) 620
賑 794
甄(zhēn) 793
震 794
鴆 794
鎮 794

zhēng
丁(dīng) 274
正(zhèng) 796
政(zhèng) 796
爭 795
征 794
烝 795
鉦 795
蒸 795
諍(zhèng) 797
徵 795

zhěng
承(chéng) 230
整 795

zhèng
正 796
政 796
爭(zhēng) 795
烝(zhēng) 795
鄭 797
諍 797

靜(jìng) 402
證 797

zhī
氏(shì) 572
之 797
支 797
汁 807
枝 807
知 807
芝 807
脂 808
祗 808
智(zhì) 815
織 808

zhí
拓 809
直 808
値 809
執 809
植 809
殖 809
摭 809
遲(chí) 235
職 809

zhǐ
止 810
旨 810
抵(dǐ) 268
坻(chí) 234
底(dǐ) 268
祇(qí) 500
祉 810
指 810
砥(dǐ) 268
耆(qí) 500
紙 810
趾 810
視(shì) 579
徵(zhēng) 795

zhì
伎(jì) 371
至 810
志 812
知(zhī) 807
治 813
炙 813
制 813
峙 814
致 814
郅 814
秩 814
陟 815
畤 815
寔(shí) 567
智 815
滍 816
跱 816
寘 816
稚 816
雉 815
置 815
滯 816
製 816
質 816
幟 816
緻 816
遲(chí) 235
穉 816
職(zhí) 809
織(zhī) 808
擿 816
識(shí) 567
櫛 816
鷙 816
躓 816

zhōng
中 816
忠 820
衆(zhòng) 822
終 820
鍾 821
鐘 821

zhǒng
冢 821
種 821
踵 821

zhòng
中(zhōng) 816
仲 821
重 822
衆 822
湩 823
種(zhǒng) 821

zhōu
舟 824
州 823
周 824
粥 824
調(tiáo) 620
賙 824

zhǒu
肘 824
帚 824

zhòu
注(zhù) 829
胄 824
紂 824
酎 824
祝(zhù) 829
晝 824
繇(yáo) 707
騶(zōu) 842

zhū
朱 825
邾 825
珠 825
株 825
誅 825
銖(shū) 589
豬 826
諸 826

zhú
竹 827
柚(yòu) 748
逐 828
筑 828
燭 828

zhǔ
主 828
柱(zhù) 829
煮 828
屬(shǔ) 590

zhù
助 828
住 829
注 829
杼 829
柱 829
除(chú) 241
祝 829
庶(shù) 592
紵 829
著 829
澍(shù) 593
駐 829
築 829
鑄 829

zhuā
撾 830
檛 830

zhuān
專 830

zhuǎn
轉 830

zhuàn
傳(chuán) 242
撰 830
篆 830
轉(zhuǎn) 830
饌 830

zhuāng
妝 830
莊 830
裝 830

zhuàng
壯 830
狀 830
僮(tóng) 624
幢(chuáng) 243
撞 831
戇 831

zhuī
追 831
錐 831

zhuì
隊(duì) 281
墜 831

zhūn
屯 831
純(chún) 244
淳(chún) 244
頓(dùn) 282

zhǔn
純(chún) 244
埻 831
準 831

zhuō
卓 831
掘(jué) 410
涿 831

zhuó
灼 831
斫 832
酌 832
淖(nào) 478
椓 832
著(zhù) 829
濁 832
濯 832
擢 832
櫂(zhào) 789

zī
次(cì) 246
孜 832
咨 832
姿 832
茲 832

淄 832
貲 832
訾(zǐ) 837
孳 832
資 832
齊(qí) 501
輜 832
髭 832
諮 832
齋(zhāi) 782
齎(jī) 367

zǐ
子 832
姊 837
茈 837
秭 837
笫 837
紫 837
梓 837
訾 837

zì
自 837
字 839
事(shì) 575
柴(chái) 218
恣 841
眥 841
孳(zī) 832
瘠(jí) 370

zōng
宗 841
從(cóng) 249
綜 842
樅(cōng) 249
縱(zòng) 842
總(zǒng) 842
蹤 842

zǒng
從(cóng) 249
總 842
縱(zòng) 842

zòng
從(cóng) 249
總(zǒng) 842
縱 842

zōu
鄒 842
騶 842

zǒu
走 842
奏(zòu) 843

zòu
奏 843
族(zú) 844

zū
租 843
諸(zhū) 826

zú
足 843
卒 844
族 844
顇(cuì) 250

zǔ
作(zuò) 848
阻 845
俎 845
祖 845
詛 846

zuǎn
酇 846
纘 846

zuì
最 846
罪 846
醉 846

zūn
尊 846
樽 847
遵 847

zǔn
尊(zūn) 846
樽(zūn) 847

zuō
作(zuò) 848

zuó
作(zuò) 848
昨 847
莋 847
捽 847
筰 847

zuǒ
左 847
佐 848

zuò
左(zuǒ) 847
作 848
坐 848
阼 849
昨(zuó) 847
挫(cuò) 251
座 849
祚 849
鑿 849

（音未詳）
緀 849
萿 849

威妥碼－漢語拼音對照表

A

a	a
ai	ai
an	an
ang	ang
ao	ao

C

cha	zha
ch‘a	cha
chai	zhai
ch‘ai	chai
chan	zhan
ch‘an	chan
chang	zhang
ch‘ang	chang
chao	zhao
ch‘ao	chao
che	zhe
ch‘e	che
chei	zhei
chen	zhen
ch‘en	chen
cheng	zheng
ch‘eng	cheng
chi	ji
ch‘i	qi
chia	jia
ch‘ia	qia
chiang	jiang
ch‘iang	qiang
chiao	jiao
ch‘iao	qiao
chieh	jie
ch‘ieh	qie
chien	jian
ch‘ien	qian
chih	zhi
ch‘ih	chi
chin	jin
ch‘in	qin
ching	jing
ch‘ing	qing
chiu	jiu
ch‘iu	qiu
chiung	jiong
ch‘iung	qiong
cho	zhuo
ch‘o	chuo
chou	zhou
ch‘ou	chou
chu	zhu
ch‘u	chu
chua	zhua
ch‘ua	chua
chuai	zhuai
ch‘uai	chuai
chuan	zhuan
ch‘uan	chuan
chuang	zhuang
ch‘uang	chuang
chui	zhui
ch‘ui	chui
chun	zhun
ch‘un	chun
chung	zhong
ch‘ung	chong
chü	ju
ch‘ü	qu
chüan	juan
ch‘üan	quan
chüeh	jue
ch‘üeh	que
chün	jun
ch‘ün	qun

E

e	e
eh	ê
ei	ei
en	en
eng	eng
erh	er

F

fa	fa
fan	fan
fang	fang
fei	fei
fen	fen
feng	feng
fo	fo
fou	fou
fu	fu

H

ha	ha
hai	hai
han	han
hang	hang
hao	hao
he	he
hei	hei
hen	hen
heng	heng
ho	he
hou	hou
hsi	xi
hsia	xia
hsiang	xiang
hsiao	xiao
hsieh	xie
hsien	xian
hsin	xin
hsing	xing
hsiu	xiu
hsiung	xiong
hsü	xu
hsüan	xuan
hsüeh	xue
hsün	xun
hu	hu
hua	hua
huai	huai
huan	huan
huang	huang
hui	hui
hun	hun
hung	hong
huo	huo

J

jan	ran
jang	rang
jao	rao
je	re
jen	ren
jeng	reng
jih	ri
jo	ruo
jou	rou
ju	ru
juan	ruan
jui	rui
jun	run
jung	rong

K

ka	ga
k‘a	ka
kai	gai
k‘ai	kai
kan	gan
k‘an	kan
kang	gang
k‘ang	kang
kao	gao
k‘ao	kao
ke	ge
k‘e	ke
kei	gei
ken	gen
k‘en	ken
keng	geng
k‘eng	keng
ko	ge
k‘o	ke
kou	gou
k‘ou	kou
ku	gu
k‘u	ku
kua	gua
k‘ua	kua
kuai	guai
k‘uai	kuai
kuan	guan
k‘uan	kuan
kuang	guang
k‘uang	kuang
kuei	gui
k‘uei	kui
kun	gun
k‘un	kun
kung	gong
k‘ung	kong
kuo	guo
k‘uo	kuo

L

la	la
lai	lai
lan	lan
lang	lang
lao	lao
le	le
lei	lei
leng	leng
li	li
lia	lia
liang	liang
liao	liao
lieh	lie
lien	lian
lin	lin
ling	ling
liu	liu
lo	le
lou	lou
lu	lu
luan	luan

lun	lun	nu	nu	sai	sai	t‘e	te	tsung	zong
lung	long	nuan	nuan	san	san	teng	deng	ts‘ung	cong
luo	luo	nung	nong	sang	sang	t‘eng	teng	tu	du
lü	lü	nü	nü	sao	sao	ti	di	t‘u	tu
lüeh	lüe	nüeh	nüe	se	se	t‘i	ti	tuan	duan
				sen	sen	tiao	diao	t‘uan	tuan
M		**O**		seng	seng	t‘iao	tiao	tui	dui
ma	ma	o	o	sha	sha	tieh	die	t‘ui	tui
mai	mai	ou	ou	shai	shai	t‘ieh	tie	tun	dun
man	man			shan	shan	tien	dian	t‘un	tun
mang	mang	**P**		shang	shang	t‘ien	tian	tung	dong
mao	mao	pa	ba	shao	shao	ting	ding	t‘ung	tong
me	me	p‘a	pa	she	she	t‘ing	ting	tzu	zi
mei	mei	pai	bai	shei	shei	tiu	diu	tz‘u	ci
men	men	p‘ai	pai	shen	shen	to	duo		
meng	meng	pan	ban	sheng	sheng	t‘o	tuo	**W**	
mi	mi	p‘an	pan	shih	shi	tou	dou	wa	wa
miao	miao	pang	bang	shou	shou	t‘ou	tou	wai	wai
mieh	mie	p‘ang	pang	shu	shu	tsa	za	wan	wan
mien	mian	pao	bao	shua	shua	ts‘a	ca	wang	wang
min	min	p‘ao	pao	shuai	shuai	tsai	zai	wei	wei
ming	ming	pei	bei	shuan	shuan	ts‘ai	cai	wen	wen
miu	miu	p‘ei	pei	shuang	shuang	tsan	zan	weng	weng
mo	mo	pen	ben	shui	shui	ts‘an	can	wo	wo
mou	mou	p‘en	pen	shun	shun	tsang	zang	wu	wu
mu	mu	peng	beng	shuo	shuo	ts‘ang	cang		
		p‘eng	peng	so	suo	tsao	zao	**Y**	
N		pi	bi	sou	sou	ts‘ao	cao	ya	ya
na	na	p‘i	pi	ssu	si	tse	ze	yang	yang
nai	nai	piao	biao	su	su	ts‘e	ce	yao	yao
nan	nan	p‘iao	piao	suan	suan	tsei	zei	yeh	ye
nang	nang	pieh	bie	sui	sui	tsen	zen	yen	yan
nao	nao	p‘ieh	pie	sun	sun	ts‘en	cen	yi	yi
ne	ne	pien	bian	sung	song	tseng	zeng	yin	yin
nei	nei	p‘ien	pian			ts‘eng	ceng	ying	ying
nen	nen	pin	bin	**T**		tso	zuo	yo	yo
neng	neng	p‘in	pin	ta	da	ts‘o	cuo	yu	you
ni	ni	ping	bing	t‘a	ta	tsou	zou	yung	yong
niang	niang	p‘ing	ping	tai	dai	ts‘ou	cou	yü	yu
niao	niao	po	bo	t‘ai	tai	tsu	zu	yüan	yuan
nieh	nie	p‘o	po	tan	dan	ts‘u	cu	yüeh	yue
nien	nian	p‘ou	pou	t‘an	tan	tsuan	zuan	yün	yun
nin	nin	pu	bu	tang	dang	ts‘uan	cuan		
ning	ning	p‘u	pu	t‘ang	tang	tsui	zui		
niu	niu			tao	dao	ts‘ui	cui		
no	nuo	**S**		t‘ao	tao	tsun	zun		
nou	nou	sa	sa	te	de	ts‘un	cun		

筆畫檢字表

一畫

一	一	712
乙	乙	718

二畫

一	丁	274
	七	494
丿	乃	473
	乂	727
乙	九	402
二	二	288
人	人	523
入	入	534
八	八	183
几	几	365
刀	刀	260
力	力	432
匕	匕	194
十	十	560
卜	卜	205
厶	厶	596
又	又	747

三畫

一	三	536
	上	543
	下	669
	丈	785
丶	丸	628
丿	久	403
乙	乞	502
	也	708
二	于	749
亠	亡	630
几	凡	292
刀	刃	528
十	千	504
又	叉	218
口	口	421
土	土	626
士	士	571
夕	夕	663
大	大	251
女	女	485
子	子	832
寸	寸	251
小	小	680
尸	尸	557
山	山	541
巛	川	242
工	工	317
己	己	370
	巳	599
	已	718
巾	巾	395
干	干	311
弋	弋	727
弓	弓	317
手	才	214

四畫

一	丑	238
	不	205
丨	中	816
丶	丹	256
丿	之	797
亅	予	754
二	井	401
	云	774
	五	658
亠	亢	418
人	今	395
	介	394
	仍	529
	什	562
	仇	517
	仆	493
	仁	528
儿	允	775
	元	763
入	內	478
八	公	317
	六	446
	兮	663
冖	冗	531
凵	凶	690
刀	分	297
	切	511
	刈	727
勹	勿	662
匕	化	356
匚	匹	489
十	升	554
	午	660
卜	卞	198
卩	卬	183
厂	厄	283
又	反	293
	及	367
	友	743
士	壬	528
大	夫	302
	夭	706
	太	611
	天	618
子	孔	421
小	少	550
尢	尤	742
尸	尺	235
	尹	736
屮	屯	831
己	巴	184
弓	弔	274
	引	736
心	心	683
戈	戈	314
戶	戶	354
手	手	581
支	支	797
文	文	650
斗	斗	277
斤	斤	395
方	方	294
日	日	529
曰	曰	767
月	月	772
木	木	472
止	止	810
毋	毋	655
比	比	194
毛	毛	458
氏	氏	572
水	水	595
火	火	363
爪	爪	786
父	父	306
片	片	490
牙	牙	697
牛	牛	484
犬	犬	520
玉	王	630

五畫

一	丙	201
	丘	516
	世	574
	丕	488
	且	511
丶	主	828
丿	乏	291
	乎	352
人	付	307
	代	255
	令	443
	他	611
	仕	573
	以	719
	仙	672
	仗	785
儿	充	237
	兄	690
冂	冊	217
冫	冬	275
凵	出	238
力	功	319
	加	374
勹	包	189
匕	北	191
匚	匝	776
十	半	189
卜	占	782
卩	卯	458
厶	去	519
口	叱	235
	古	324
	句	323
	叩	421
	可	418
	司	596
	史	567
	叶	682
	右	748
	召	786
囗	四	599
	囚	517
夕	外	627
大	失	557
	[illegible]	703
女	奴	484
子	孕	775
宀	宄	333
	宂	531
尸	尼	479
工	巨	407
	巧	511
	左	847
巾	布	213
	市	573
干	平	490
幺	幼	748
弓	弗	303
	弘	346
心	必	195
戈	戊	662
手	扑	493
斤	斥	235
日	旦	257
木	本	194
	末	470
	未	645
	札	782
止	正	796
毋	母	471
氏	民	465
水	氾	293
	永	740
	汁	807
犬	犯	293
玄	玄	694
玉	玉	759
瓜	瓜	327
瓦	瓦	627
甘	甘	311
生	生	555
用	用	741
田	甲	376
	申	552
	由	742
	田	620
白	白	185
皮	皮	489
目	目	472
矛	矛	458
矢	矢	568
石	石	562
示	示	573
禾	禾	342
穴	穴	695
立	立	432

六畫

一	丞	229
亠	交	388
	亥	338
	亦	727
人	伏	303
	伐	291
	伉	418
	伋	368
	伎	371
	任	529
	企	502
	伍	660
	休	691
	伊	714
	仰	706
	仲	821
儿	光	331
	先	672
	兆	787
入	全	520
八	共	322
冂	再	776
冫	冰	199
刀	列	439
	刎	652
	刑	686
勹	匈	690
匚	匡	423
	匠	387
卩	危	635
	印	737
口	各	315
	吉	371
	吏	433
	吃	368
	合	342
	后	349
	名	466
	向	679
	同	623
	吁	692
囗	回	361
	因	734
土	地	268
	圭	332
	在	776
夕	多	282
	夙	603
大	夷	715
女	妃	295
	好	341
	如	532
	妄	634

子	存	251
	字	839
宀	安	181
	守	581
	宇	755
	宅	782
寸	寺	600
巛	州	823
干	并	201
	年	480
廾	异	728
弋	式	574
弓	弛	234
戈	成	229
	戍	591
	戎	530
	戌	692
手	扦	339
	扣	421
攴	收	580
日	旬	696
	旨	810
	早	779
曰	曲	518
	曳	711
月	有	744
木	朽	691
	朱	825
欠	次	246
止	此	246
歹	死	598
水	汎	293
	池	234
	江	383
	汗	339
	汜	600
	汝	533
	汙	654
	污	654
火	灰	361
牛	牟	471
犬	犴	183
白	百	186
竹	竹	827
米	米	463
羊	羊	703
羽	羽	755
老	考	418
	老	427
而	而	284
耳	耳	288
肉	肌	365
	肉	531
臣	臣	225
自	自	837
至	至	810
臼	臼	404
舟	舟	824
艮	艮	316
色	色	539
艸	艾	181
血	血	695
行	行	686
衣	衣	714
襾	西	663
邑	邛	502
阜	阡	505

七畫

人	但	257
	伯	203
	低	267
	何	343
	佞	484
	伺	601
	似	601
	余	751
	佑	748
	佚	728
	位	646
	作	848
	佐	848
	住	829
儿	克	419
	免	463
八	兵	199
刀	別	199
	初	240
	利	435
	刪	541
力	劫	392
	努	485
	劭	550
	助	828
匚	匣	668
卩	即	368
	卵	452
口	吹	243
	告	314
	吠	296
	否	302
	呂	451
	君	411
	含	338
	吮	595
	吾	655
	吳	655
	吟	736
	吞	627
囗	困	424
土	坑	420
	坎	417
	均	412
	坐	848
士	壯	830
女	妣	195
	妨	295
	妙	464
	妖	707
	妝	830
子	孛	192
	孝	681
	孜	832
宀	宏	346
	宋	602
	完	628
尸	局	406
	尾	644
山	岑	218
	岐	496
巛	巡	696
工	巫	654
巾	希	664
广	床	243
	序	693
廴	廷	621
	延	700
廾	弄	484
弓	弟	269
彡	彤	623
	形	688
彳	役	728
心	忌	371
	快	422
	忍	528
	忻	684
	忘	634
	志	812
戈	戒	394
	我	653
手	把	184
	扶	303
	抉	409
	抗	418
	技	371
	抑	728
	投	624
	折	789
攴	攻	320
	改	311
日	旰	312
	旱	339
曰	更	316
木	杜	280
	材	214
	李	430
	束	591
	杖	785
止	步	213
毋	每	459
水	沈	227
	沖	237
	沉	227
	沘	195
	汲	369
	決	409
	汧	506
	沛	487
	沁	513
	沒	470
	求	517
	沙	540
	沐	472
	沂	716
	沃	654
	汶	652
火	災	776
	灼	831
牛	牢	427
犬	狄	267
	狂	423
	狃	484
用	甫	305
田	男	475
白	皂	368
	皁	779
矢	矣	727
禾	私	598
	禿	625
	秀	692
穴	究	402
糸	系	668
网	罕	339
肉	肝	312
	肜	530
	育	759
	肘	824
艮	良	437
艸	芒	457
	芍	549
	芋	759
見	見	379
角	角	409
言	言	698
谷	谷	324
豆	豆	277
豕	豕	568
貝	貝	192
赤	赤	236
走	走	842
足	足	843
身	身	552
車	車	224
辛	辛	684
辰	辰	227
辵	迄	503
	迂	749
	迅	697
邑	邦	189
	那	486
	邢	688
	邪	682
	邑	728
酉	酉	747
里	里	429
阜	阪	189
	防	295
	阨	284
	阮	535

八畫

一	並	202
丿	乖	328
乙	乳	534
亅	事	575
二	亞	697
亠	京	399
	享	679
人	佫	315
	供	320
	侈	235
	例	435
	來	424
	使	570
	佩	487
	侍	577
	佾	729
	依	715
儿	兒	288
	兔	626
入	兩	438
八	典	273
	具	407
	其	496
凵	函	338
刀	刺	247
	到	260
	刮	327
	刻	419
	刳	422
	制	813
力	券	409
	劾	345
十	卑	191
	協	683
	卒	844
	卓	831
卜	卦	328
卩	卷	409
又	受	583
	叔	586
	取	518
口	呵	342
	和	344
	咎	404
	呼	353
	命	469
	味	647
	周	824
囗	固	325
土	坼	225
	坻	234
	垂	243
	坤	424
	坡	492
夕	夜	711
大	奉	300
	奇	500
	奈	475
	奄	701
女	姑	323
	姐	394
	始	568
	妾	511
	妻	495
	姓	688
	委	645
	姊	837
子	孤	323
	季	371
	孟	462
宀	定	275
	官	328
	宜	716
	宛	629
	宗	841
小	尚	548
尸	居	405
	屈	518
山	岱	255
	岸	183
	岷	466
巾	帛	204
	帑	616
	帚	824
干	幸	689
广	底	268
	庚	316
	府	305

弓	弩	485
彳	彼	195
	往	633
	征	794
心	怵	242
	忿	297
	怖	213
	怪	328
	忽	353
	怯	511
	念	483
	性	689
	怡	716
	忠	820
戈	或	364
戶	房	295
	戾	435
	所	608
手	抱	190
	承	230
	抽	238
	拔	184
	抵	268
	拘	405
	拒	408
	披	488
	押	697
	拓	809
	招	785
攴	放	295
	政	796
斤	斧	305
方	於	751
日	昂	183
	昌	219
	昆	424
	昏	363
	昇	556
	明	467
	易	729
	昔	664
月	服	303
	朋	488
木	板	189
	杯	191
	杵	241
	東	276
	果	336
	林	439
	枚	459
	松	601
	枉	633
	枕	794
	杼	829
	枝	807
欠	欣	684
止	武	660
歹	歿	470
毋	毒	279
水	法	291
	沽	323
	泚	246
	泛	293
	沸	296
	波	203
	泊	204
	況	423
	河	344
	沮	406
	泯	466
	泥	479
	泣	503
	沱	627
	泆	729
	沿	700
	注	829
	治	813
	沾	782
火	炊	243
	炎	700
	炙	813
爪	爭	795
片	版	189
牛	牧	472
	物	662
犬	狗	323
	狙	405
	狐	353
	狀	830
玉	玦	409
	玩	628
田	畀	195
疒	疝	542
目	直	808
矢	知	807
示	祁	500
	社	551
	祀	601
	礿	707
禾	秉	201
穴	空	420
网	罔	634
羊	羌	509
肉	肱	320
	肺	296
	肥	296
	股	324
	肯	420
	肩	377
	肴	707
臣	臥	654
舌	舍	551
艸	芬	297
	芳	295
	花	355
	芟	542
	芝	807
虍	虎	354
衣	表	198
辵	返	293
	近	397
	迎	738
邑	邸	268
	邴	201
	邯	338
	邵	550
	邳	488
	邱	516
釆	采	214
金	金	396
長	長	219
門	門	460
阜	陂	191
	阜	307
	附	307
	阿	283
	阻	845
	阼	849
雨	雨	755
青	青	513
非	非	295
	九畫	
二	亟	369
亠	亮	438
	亭	621
人	保	190
	便	198
	俄	283
	俊	414
	侶	451
	侯	347
	侵	512
	俟	601
	俗	603
	侮	662
	信	685
	俠	668
	俎	845
儿	兗	701
入	俞	752
冂	冒	458
	冑	824
冖	冠	329
刀	前	506
	削	694
	剃	618
	則	779
力	勃	204
	勁	401
	勉	464
	勇	741
勹	匍	493
匸	匽	702
十	南	476
卩	卻	521
厂	厚	350
又	叛	486
口	哀	181
	品	490
	哉	776
	咽	697
	咸	673
	咨	832
囗	囿	748
土	城	231
	垢	323
	垣	764
大	奔	193
	奐	358
	契	503
	奏	843
女	姬	365
	姦	377
	姜	384
	威	635
	姨	717
	姿	832
子	孩	337
宀	客	419
	宦	358
	室	577
	宥	748
	宣	693
寸	封	298
尸	屏	492
	屋	654
山	峙	814
巾	帝	269
	帥	594
幺	幽	742
广	度	280
	庠	678
廴	建	381
廾	弇	702
彳	待	255
	後	350
	律	451
	徇	697
心	怠	255
	恪	420
	急	369
	恢	361
	恍	361
	恒	346
	恨	345
	怒	485
	恃	578
	思	598
	恂	696
	怨	766
	恬	620
	恤	693
	恊	683
手	持	234
	拱	322
	拜	187
	按	183
	挂	328
	拏	473
	拾	563
	挑	620
	指	810
攴	故	326
斤	斫	832
方	施	558
无	既	372
日	春	244
	是	578
	星	685
	昱	759
	昭	785
	昨	847
曰	曷	345
月	朐	518
木	柄	201
	柴	218
	柏	204
	枯	422
	柳	446
	柩	404
	柔	531
	染	522
	柚	748
	枲	667
	柱	829
	柘	793
歹	殆	255
	殃	703
	殄	620
殳	段	281
比	毗	489
水	洞	277
	洪	346
	活	363
	津	397
	洛	453
	洽	504
	洒	536
	泉	520
	洼	627
	洮	617
	洋	703
	洗	667
火	炳	201
	炟	251
	炬	408
	爲	635
	炭	615
	炫	694
爪	爰	764
牛	牲	556
犬	狡	389
	狩	584
玉	珌	195
	玷	274
	珍	793
甘	甚	554
田	界	394
	畎	520
	畏	647
疒	疫	729
癶	癸	334
白	皇	358
	皆	390
皿	盆	487
	盈	739
目	盼	487
	眇	464
	眉	459
	省	688
	相	676
矛	矜	397
石	砍	417
	研	700
示	祇	500
	祈	500
	祉	810
禸	禺	752
	禹	755
禾	种	237
	科	418
	秋	516
穴	穿	242
	穽	401
	突	625
竹	竿	312
糸	紅	346
	紀	372
	紉	529

	約	772
	紈	628
	紆	749
	紂	824
羊	美	460
羽	羿	729
老	者	790
耳	耶	707
肉	背	192
	胡	353
	胃	647
	胤	738
至	致	814
臼	臿	218
	臾	752
艸	范	293
	苽	324
	苞	189
	苟	323
	苦	422
	苛	418
	苗	464
	苹	492
	茅	458
	若	536
	茂	458
	苡	727
	英	738
	苑	766
	茈	837
虍	虐	486
虫	虹	347
	虿	462
血	衃	693
行	衍	701
襾	要	707
言	訂	275
	計	372
貝	負	308
	貞	793
走	赴	308
車	軍	412
	軌	334
辵	迭	274
	迫	492
	述	591
邑	部	345
	郎	426
	郊	388
	郇	486
	郁	759
	郈	696
	郟	825
	郅	814
酉	酋	517
里	重	822
阜	降	387
	陋	448
	陌	470
	限	674
面	面	464
革	革	315
韋	韋	635
音	音	735
風	風	299
飛	飛	296
食	食	563
首	首	583
香	香	678

十畫

丿	乘	232
亠	亳	204
人	倡	219
	倍	192
	倉	215
	俶	242
	俸	301
	倒	260
	俯	306
	候	352
	借	394
	倦	409
	俱	406
	倫	452
	倪	479
	倜	618
	倚	727
	修	691
	值	809
八	兼	377
冖	冢	462
	冥	469
	冤	763
	冢	821
冫	凍	277
刀	剛	312
	剖	493
力	勅	425
匚	匪	296
厂	原	764
口	哺	205
	唅	339
	哭	422
	唏	665
	員	765
	唐	616
	唈	730
	哲	789
囗	圃	494
土	埋	456
	埆	521
夊	夏	672
大	奚	665
女	娛	752
子	孫	607
宀	宮	320
	害	338
	家	375
	容	530
	宴	702
	宰	776
寸	射	551
尸	展	365
	屑	683
山	峻	416
工	差	218
巾	師	558
	席	666
广	庫	422
	庭	622
	座	849
弓	弱	536
彳	徑	401
	徒	625
	徐	692
心	恭	321
	恥	235
	恩	284
	恐	421
	悔	361
	悝	423
	恚	362
	恁	529
	悚	602
	悪	486
	恕	591
	息	665
	悅	773
	悟	663
	恙	706
	恣	841
戶	扇	542
手	捕	205
	挫	251
	捃	416
	捐	409
	拳	520
	挈	533
	挽	629
	挾	683
	振	794
攴	效	682
方	旅	451
	旁	487
	旄	458
	旂	500
日	晉	397
	時	564
	晏	702
曰	書	586
月	朗	427
	朔	596
	朕	794
木	根	315
	格	315
	案	183
	桓	357
	桀	392
	校	389
	桂	334
	核	345
	栗	435
	桑	538
	栩	692
	桃	617
	株	825
歹	殊	588
殳	殷	735
气	氣	503
水	浮	304
	流	445
	海	337
	浹	375
	涇	399
	浚	416
	浣	358
	浪	427
	浸	397
	浦	494
	涅	483
	涉	552
	涕	618
	涌	741
	消	679
	泰	615
火	烈	439
	烟	697
	烏	654
	烝	795
牛	特	617
犬	狼	427
	狸	429
	狹	668
玉	班	189
	珪	332
	珠	825
田	畜	242
	留	445
	畔	487
	畝	472
疒	病	202
	疾	369
	疲	489
白	皋	313
皿	益	729
目	眩	694
	眥	841
	眞	793
矢	矩	406
石	砥	268
	破	493
示	祠	245
	祜	355
	神	553
	祟	605
	祐	748
	祚	849
	祖	845
	祗	808
	祝	829
禾	秬	408
	秦	512
	秘	463
	秠	488
	租	843
	秩	814
	秭	837
立	竝	203
竹	笑	682
糸	純	244
	紡	295
	紛	297
	級	369
	素	603
	納	473
	紗	540
	索	611
	紙	810
缶	缺	521
羽	翅	236
	翁	653
老	耄	458
	耆	500
耒	耕	317
	耗	342
	耘	775
耳	耽	256
	耿	317
肉	脈	456
	能	478
	脅	683
	胸	691
	脂	808
舌	舐	579
舟	般	189
艸	荅	251
	茨	245
	草	217
	芻	241
	荔	435
	荒	360
	荊	399
	茹	533
	荏	528
	荀	696
	茵	735
	茲	832
虍	虔	507
虫	蚩	234
	蚤	779
衣	被	192
	衾	512
	衰	594
	袍	487
	袖	692
	袁	765
	袒	615
言	記	372
	訐	392
	訖	503
	訕	542
	訓	697
	討	617
	訊	697
	託	627
豆	豈	502
豸	豺	218
	豹	190
貝	貢	323
	財	214
走	起	502
身	躬	322
車	軔	529
辰	辱	534
辵	迴	361
	迹	365
	逆	480
	逄	487
	送	602
	迷	463
	退	627
	逃	617
	追	831
邑	郟	376
	郡	414
	邕	739
	郤	668
酉	酒	403

配 487
酎 824
酌 832
金 釜 306
阜 除 241
陛 195
陜 542
陘 688
陣 794
陟 815
馬 馬 454
骨 骨 324
高 高 313
鬲 鬲 435
鬼 鬼 334

十一畫

乙 乾 507
人 側 217
偪 194
假 376
健 382
偏 490
偶 486
偃 702
偷 624
偽 645
偉 645
停 622
偵 793
儿 兜 277
冂 冕 464
几 凰 360
刀 副 308
剪 378
力 動 277
勒 428
務 663
匸 匿 480
區 518
卩 卿 514
厶 參 553
口 啗 258
啖 258
啜 245
啇 273
啓 503
商 543
問 652
唯 644
囗 國 335
土 堆 281
堅 377
基 365
埽 539
埶 730
堉 762
堂 616
域 759
執 809
埻 831
女 婦 308
婢 196
婚 363
娶 519
婉 629
子 孰 589
宀 寇 421
寄 373
宿 604
密 463
寅 736
寸 將 384
尉 647
專 830
山 崇 237
崔 250
崩 194
崛 410
崖 697
巛 巢 224
巾 帶 256
常 221
帷 644
帳 785
广 康 417
庶 592
庸 740
弓 強 510
張 784
彐 彗 362
彡 彩 215
彪 198
彳 從 249
得 262
御 760
徙 667
心 悼 261
悴 250
惇 282
悸 373
惚 353
患 358
悽 495
情 515
悉 665
惟 643
悠 742
惕 618
惜 665
戈 戚 495
戶 扈 355
手 採 215
捶 243
措 251
捲 409
接 392
掘 410
捷 393
捧 488
授 584
掃 539
捫 462
排 486
掠 454
掩 702
探 615
推 626
掖 711
捽 847
攴 敗 188
敖 183
敕 236
教 390
救 404
敏 466
斗 斛 353
斜 683
斤 斬 783
方 旌 399
旋 694
族 844
日 晨 228
晚 629
晝 824
曰 曹 216
曼 457
月 望 634
木 梵 294
桴 304
梁 437
桷 410
梯 617
梟 679
條 620
械 683
梧 656
梓 837
欠 欲 760
欷 665
殳 殺 540
毛 毫 341
水 淳 244
淡 258
淨 401
淩 442
涼 437
淮 356
淚 428
淇 500
淑 588
淖 478
淺 508
清 514
淪 452
深 553
淯 762
添 620
淵 763
涯 697
淫 736
淹 697
淄 832
涿 831
火 烽 300
烹 488
焉 697
牛 牽 506
犬 猜 214
猝 250
猛 462
玄 率 594
玉 理 431
琅 427
球 517
琁 694
琊 708
瓜 瓠 354
生 產 218
田 畢 196
略 454
畤 815
疋 疏 589
白 皎 389
目 眼 702
眾 822
示 祭 373
祫 669
祥 679
禾 移 717
立 竟 402
章 783
竹 第 273
笛 267
笞 234
笣 189
符 304
笙 556
笥 601
笫 837
糸 絀 242
紿 256
紱 304
紺 312
累 428
紹 550
紳 553
細 668
紫 837
紵 829
終 820
羽 翊 730
習 666
耳 聊 438
肉 脯 306
脛 402
脩 691
脫 627
臼 舂 237
舟 船 242
艸 莖 399
莢 376
莒 406
莞 330
荷 345
莫 470
莊 830
莋 847
虍 處 241
虫 蛇 551
蛆 518
行 術 591
衣 袴 422
袞 334
袷 376
袤 458
見 規 332
角 觖 410
言 訛 283
訪 295
訣 410
設 552
訥 478
訟 602
許 692
訢 684
貝 販 294
貨 364
貫 331
貧 490
貪 615
責 780
赤 赦 552
足 趾 810
身 躭 257
辵 逢 300
通 205
連 436
逝 579
速 604
逡 521
途 625
通 622
造 779
逐 828
邑 部 213
郭 334
郪 495
郵 743
酉 酖 257
里 野 710
金 釣 274
門 閉 196
阜 陳 227
陲 243
陸 449
陵 441
陪 487
陷 674
陶 617
陰 735
隹 雀 521
雨 雪 695
頁 頂 275
頃 515
食 飢 365
魚 魚 752
鳥 鳥 483
鹵 鹵 449
鹿 鹿 449
麥 麥 456
麻 麻 454

十二畫

人 備 193
傅 308
傑 393
傀 333
傍 487
几 凱 417
刀 創 243
割 314
力 勞 427
勝 557
十 博 204
厂 厥 410
口 啻 237
單 257
喘 243

	喟	423		惶	360	欠	款	423	皿	盛	233		菓	336	辵	逮	256		傾	515
	喉	349		惠	362		欽	512		盜	261		華	355		進	397		傭	740
	喪	538		愀	511		欺	495	矢	短	281		菌	416		逵	423		債	782
	善	542		愔	736	歹	殘	215	石	硍	427		菁	400	邑	都	278	力	勢	580
	喬	510		惲	775		殖	809		硧	521		萊	424		郜	536		勤	513
	喝	711	戈	戟	370	殳	殽	680		硯	702		菽	589		鄖	702		募	473
	喜	667	手	揀	379	水	渤	205	禾	程	233		莽	457	酉	酤	324	口	嗟	409
	喁	740		揚	703		渡	281		稅	595		萌	462		酣	338		嗜	580
	啼	617		提	617		測	217		稍	549		菀	626	里	量	438		嗇	539
	喻	762		握	654		湟	360		稀	665	虍	虜	449	金	鈔	223		嗣	601
囗	圍	644		揄	753		減	378	穴	窗	243		虛	692		鈍	282		嗚	655
土	場	222		揶	708		湖	354	立	竦	602	行	街	392		鈞	414	囗	園	765
	報	190		援	765		渾	363		童	623	衣	補	205		鈐	508		圓	765
	堵	280		掾	766		渙	358	竹	筆	195		裁	214	門	閎	347	土	塞	539
	堡	190		揖	715		渴	419		答	251		裂	439		開	416		塗	626
	堪	417		掌	785		湳	477		策	217		裙	521		間	378		塋	739
	堯	707	攴	敦	282		渠	518		等	266		裕	762		閏	536		塢	663
	堉	693		敝	196		湯	616		筋	397	見	視	579		閔	466		塤	696
士	壺	354		敢	312		湘	678		筍	608	言	詆	268		閒	673		填	620
大	奢	550		敞	223		湧	741		筒	624		詞	245	阜	隊	281	女	嫁	377
女	媒	459		散	538		游	743		筑	828		詈	435		隄	267		媿	423
	媚	460	文	斌	199		湮	736	米	粟	604		詘	518		隆	447		嫂	539
宀	富	308	斤	斯	598		渭	649		粥	824		訴	604		階	392		嫌	673
	寒	338	日	景	401		渥	654	糸	絰	274		詠	741		隅	753		媵	739
	寐	460		普	494		湛	783		結	393		詔	787		陽	703	子	孳	832
	寔	567		智	815		湩	823		絜	393		詛	846	隹	集	370	宀	寖	398
	寓	762	曰	曾	781	火	焚	297		絳	388		訾	837		雁	702		寘	816
寸	尋	696		最	846		焦	389		絞	389		詐	782		雅	697	山	嵩	602
	尊	846	月	朞	365		然	522		給	371		診	794		雄	691	干	幹	312
尢	就	404		期	496		無	656		絕	410	豕	象	679	雨	雲	775	广	廉	436
尸	屠	625		朝	786	牛	犇	194		絲	598	豸	貂	274	頁	順	595		廈	541
巾	幅	304	木	棟	277		犂	429		統	624	貝	貸	256		須	692	彳	微	635
	幄	654		椎	244		犀	665		絮	693		貳	290		項	679		徭	707
幺	幾	371		棃	429	犬	猱	477	羊	羨	674		賁	196	馬	馮	300	心	愁	238
广	廁	247		椒	389		猥	645	羽	翔	679		費	296	黃	黃	360		愴	243
	廂	678		棘	370		猶	743		翕	665		賀	345	黍	黍	590		感	312
弋	弑	579		棱	429	玉	琳	440	肉	腑	306		貴	334	黑	黑	345		愛	181
弓	弼	196		棺	330		琴	513		腓	296		貰	579					愧	423
彡	彭	488		椁	336		琦	500		脾	489		買	456		十三畫			慄	435
彳	復	309		棨	503		琬	629		腕	629		貽	717	乙	亂	452		愷	417
	徧	198		棊	501		琰	702		脹	785		貲	832	亠	亶	257		愍	466
	循	697		棄	504	田	畫	356	舌	舒	589	走	超	223	人	傲	183		愆	506
心	悲	191		棚	488		異	730	舛	舜	596		越	773		傳	242		慎	554
	惡	284		棠	616	疒	痛	624	艸	萇	222	足	跋	205		僅	397		愚	753
	惻	217		植	809	癶	登	265		菲	296		跕	621		僂	451		愈	762
	惰	283		棗	779		發	290		菜	215	車	軼	730		僉	506		意	731
	惑	364		椽	832	白	皓	342		菔	304	辛	辜	324		傷	543		想	679

部首	字	頁
手	搆	323
	搕	284
	搏	205
	搢	398
	搜	603
	損	608
	搖	707
攴	敬	402
斤	新	684
方	旒	446
日	暉	361
	暑	590
曰	會	362
木	楚	241
	椽	243
	楫	370
	極	370
	楯	595
	楡	753
	業	712
	楊	706
	椹	793
欠	歃	541
	歆	685
止	歲	606
歹	殛	370
殳	殿	274
	毀	361
水	滇	273
	溝	323
	滑	356
	滅	465
	溺	480
	溲	603
	溥	494
	滋	694
	溢	731
	溫	650
	準	831
	溡	816
火	煩	292
	煌	361
	煞	541
	煖	486
	煙	698
	煮	828
	照	789
片	牒	274
牛	犍	378
犬	猾	355
玉	瑞	535
	瑟	539
	瑕	669
	瑗	767
田	當	258
疒	痺	191
	痱	297
	痼	327
皿	盟	462
目	督	279
	睦	473
	睢	604
石	碑	191
示	禁	398
	祿	450
内	禽	513
禾	稟	201
	稠	238
	稜	429
	稔	528
	稚	816
竹	節	393
	筮	580
	筲	549
	筵	700
	筰	847
米	粲	215
糸	綁	205
	絺	234
	經	400
	絹	409
	綏	605
网	罪	846
	置	815
羊	群	521
	義	732
耳	聖	557
	聘	490
聿	肆	601
	肅	604
	肄	733
肉	腸	222
	腹	310
	腦	478
	腴	753
	腥	686
	腜	789
臼	舅	405
艸	葛	315
	葱	249
	董	277
	葆	190
	葭	376
	落	453
	萬	629
	葉	711
	葦	645
	葬	778
	著	829
虍	號	341
	虞	753
虫	蜀	590
衣	裾	410
	裏	431
	裸	453
	裘	517
	裨	489
	裔	731
	裝	830
角	觥	322
	解	394
	觟	683
言	誠	233
	話	356
	詭	334
	誇	422
	詰	393
	誄	428
	詩	559
	試	580
	詣	731
	詡	693
	詳	679
	誅	825
貝	賈	324
	賄	363
	賃	441
	賊	780
	資	832
足	跡	373
	跪	334
	跨	422
	路	450
	跣	589
	跳	674
	跱	816
車	輅	345
	輂	406
	輧	492
	軾	580
	載	778
辛	辟	489
辰	農	484
辵	道	261
	逼	194
	達	251
	遁	282
	遏	284
	過	337
	遂	605
	違	644
	運	775
	遊	743
	遐	669
	遇	762
邑	鄗	342
	鄉	678
	鄒	842
酉	酪	428
金	鉤	323
	鉏	241
	鉅	408
	鉛	506
	鉗	508
	鉦	795
門	閟	196
阜	隘	181
	隔	315
	隕	775
	隙	668
	隗	645
隹	雎	245
	雍	740
	雉	815
雨	雹	190
	零	442
	雷	428
青	靖	402
頁	頒	297
	頓	282
	頌	602
	預	762
	頑	629
食	飭	237
	飯	294
	飧	409
	飮	737
馬	馳	235
	馴	697
	馱	627
髟	髡	424
鳥	鳧	305
黽	黽	462
鼎	鼎	275
鼓	鼓	324
鼠	鼠	590

十四畫

部首	字	頁
人	僠	203
	僦	405
	僚	438
	僭	382
	僑	511
	僕	493
	僧	540
	僮	624
	像	679
儿	兢	401
厂	厭	702
口	嘗	222
	嗷	183
	嘉	376
	嗽	603
	嘆	616
囗	圖	626
土	塵	228
	墊	274
	境	402
	塾	589
	墓	473
	塹	509
士	壽	585
夕	夢	462
大	奪	283
	奩	436
女	嫡	267
	媚	480
	嫗	762
宀	察	218
	寡	327
	寢	513
	寧	483
	實	567
	寤	663
寸	對	281
尸	屢	451
巾	幓	553
	幕	473
	幘	781
广	廖	439
	廓	424
	廄	405
彡	彰	785
心	慈	245
	慚	215
	慘	215
	慷	417
	慨	417
	慇	521
	愬	604
	慢	457
	慟	624
手	摧	250
	摸	470
	撫	809
	摘	782
方	旗	501
日	暢	223
	暠	314
	暝	469
木	榖	325
	稾	314
	榱	250
	槐	356
	榮	531
	槃	486
欠	歌	314
歹	殞	775
毛	毾	611
水	漕	217
	溉	311
	滌	267
	漸	382
	漏	448
	漷	353
	漢	339
	漂	490
	漆	496
	滿	457
	演	702
	漁	753
	滎	688
	滯	816
火	熒	739
	熙	665
	熏	696
	熊	691
爻	爾	288
犬	獄	762
瓦	甄	793
疋	疑	717
疒	瘧	486
	瘖	736
皿	盡	398
	監	378
目	睿	535
	瞨	683
石	碭	260
	碣	394
	碩	567
示	福	305
	禘	273
	禍	364
	禋	736
	禎	793
禾	稱	228
	種	821
立	端	281
	竭	394
竹	箄	191
	箠	244
	管	330
	箕	365
	算	604
米	精	400
糸	綵	215
	綱	313
	綝	225
	緄	334

緶 435
綬 585
綸 453
綦 501
綺 503
綠 452
維 644
網 634
綜 842
网 罰 291
署 590
羽 翟 267
耳 聚 408
聞 651
聿 肇 789
肉 膏 314
膂 451
臣 臧 778
至 臺 611
臼 與 756
舛 舞 662
艸 蓋 311
蒼 216
蒿 341
莵 603
蒙 462
蒲 493
蒜 604
蓍 559
蓄 693
蒸 795
虫 蜚 296
蜜 463
蜺 480
衣 裮 190
裳 223
複 310
裹 336
褕 753
製 816
言 誡 394
誨 363
認 529
說 596
誓 580
誦 603
誣 655
語 756
誘 749
誤 663
豕 豪 341
豸 貌 458
貝 賓 199
賑 794
赤 赫 345
走 趙 789
足 踊 406
踴 741
車 輔 306
輕 515
輓 629
輒 789
辵 遺 508
遜 697
遙 707
遠 766
邑 鄙 195
鄂 355
鄢 698
酉 酷 422
酹 428
酺 494
酸 604
金 銖 589
銓 520
銅 624
銜 673
銀 736
銚 707
門 閣 315
閤 315
閨 333
阜 際 373
障 785
隹 雒 453
革 靬 189
音 韶 549
頁 領 442
頗 492
風 颯 536
食 飽 190
飾 580
飴 717
馬 駁 205
髟 髦 458
鬼 魁 423
魂 363
鳥 鳳 301
鳴 469
鳶 763
鼻 鼻 194
齊 齊 501

十五畫

人 價 377
儉 379
僵 387
儆 401
僻 489
儀 717
億 733
刀 劉 446
劍 382
劇 408
厂 厲 435
口 嘲 224
噉 258
嘘 692
噏 666
土 墮 283
墳 297
墝 510
墨 470
墟 692
增 781
墜 831
女 嫺 674
嫻 673
宀 寮 438
寬 422
審 554
寫 683
尸 層 218
履 451
巾 幣 196
幢 243
幟 816
广 廢 297
廚 241
廣 332
廟 464
廝 598
廡 662
廾 弊 197
弓 彈 258
彡 影 739
彳 徹 225
德 264
徵 795
心 憤 297
憚 258
憃 237
憐 436
慧 363
憔 511
慶 516
慕 473
憫 466
慮 452
慰 649
憂 742
憎 781
戈 戮 450
手 撫 306
撥 203
撤 225
播 203
撣 257
撲 493
撓 477
撰 830
撞 831
攴 敵 268
敷 303
數 592
日 暴 190
暮 473
木 樊 292
樅 249
概 311
樓 448
模 470
樞 589
樂 773
欠 歐 486
歎 616
歹 殤 543
殳 毆 486
毅 733
水 澗 382
潔 394
潞 450
澆 389
潦 428
潰 424
潘 486
潛 508
澍 593
澌 598
潤 536
潭 615
潯 697
潁 739
火 熛 198
熲 402
熱 523
熟 589
熨 649
片 牖 747
玉 璇 694
疒 瘥 251
瘠 370
瘦 585
皿 盤 486
目 瞋 225
石 磕 418
磃 598
磄 616
磔 790
示 禁 741
禾 穀 325
稻 262
稾 314
稼 377
稷 373
稽 365
穴 窮 516
窳 759
竹 箭 382
篇 490
篋 511
篆 830
糸 編 197
練 437
緘 378
緩 358
緡 466
緜 463
緹 617
緣 765
緯 645
緦 849
緻 816
网 罷 184
罵 456
肉 膚 303
膠 389
膝 665
艸 蔡 215
蔣 387
蓼 439
蔞 448
蓮 437
蕦 458
蔓 457
蔬 589
蓬 488
蔻 849
虫 蝗 361
蝕 567
蝨 559
蝦 668
行 衝 237
衣 褒 189
褥 535
褎 692
言 諂 218
誹 296
課 420
諒 438
請 515
論 453
誰 595
誼 733
調 620
談 615
諍 797
豆 豎 593
貝 賦 310
賜 247
賤 382
賞 543
賣 457
賢 673
賙 824
賬 785
質 816
走 趣 520
足 踧 250
踝 356
踐 382
踏 370
車 輟 245
輩 193
輝 361
輪 453
輣 488
輦 483
輜 832
辵 遯 282
遨 183
遷 506
適 580
遭 779
遮 789
邑 鄧 267
鄲 257
鄰 440
鄯 542
鄭 797
酉 醇 244
醉 846
金 鋤 241
鋒 300
銳 535
門 闔 424
閭 451
閱 774
雨 震 794
革 鞏 322
鞍 182
食 餅 201
餌 288
餉 679
養 706
馬 駙 310
駕 377
駟 601
駝 627

駘 611
駐 829
髟 髮 292
髭 832
魚 魴 295
魯 449
鳥 鴈 702
鴂 794
麻 麾 361
黍 黎 429
齒 齒 235

十六畫

人 儐 199
儒 533
八 冀 373
力 勳 696
又 叡 536
口 器 504
噫 715
土 壁 197
墼 365
壈 425
墾 420
壇 615
大 奮 297
女 嬖 197
嬴 739
子 學 695
寸 導 260
广 廩 441
弓 彊 510
彳 徼 390
心 憊 193
憑 492
憙 667
憲 675
懈 683
戈 戰 783
手 擔 257
操 216
擄 449
據 408
擒 513
擅 542
撻 611
擁 740
撾 830
擇 781
攴 整 795
日 曁 373
曆 435
曇 615
曄 712
曉 681
木 橙 234
橘 406
橫 346
機 365
橛 410
樸 494
橋 511
樵 511
樹 593
橐 627
橡 679
樽 847
欠 歙 666
歔 692
止 歷 435
歹 殫 257
毛 氄 266
水 澹 258
澣 358
激 365
澠 557
澤 781
澡 779
濁 832
火 燔 293
熾 237
燈 265
燎 439
燒 549
燃 522
燕 702
燉 627
熹 666
犬 獨 279
玉 璣 365
瓦 甌 486
疒 瘳 238
皿 盥 331
盧 448
石 磐 516
磨 470
示 禦 763
禾 積 365
穆 473
穉 816
穴 窺 423
窶 409
竹 篤 280
篪 235
篡 250
築 829
米 糒 193
糗 518
糸 縛 310
縑 378
縠 354
縕 775
縣 674
网 罼 197
罹 429
肉 膳 542
至 臻 793
臼 興 686
艸 蔽 197
蕃 293
蕩 260
蕤 535
蕭 679
蕪 658
虫 螟 469
融 531
行 衡 346
衛 649
衣 褓 510
見 親 512
言 諳 183
諦 273
諤 284
諷 300
諫 382
諱 363
諡 580
謀 471
諾 486
諺 703
謁 712
謂 649
謏 754
諭 763
諧 683
諸 826
諮 832
豕 豫 763
豬 826
貝 賴 425
赤 赭 793
足 踰 754
踵 821
車 輳 250
輻 305
輸 589
辛 辨 198
辦 189
辵 遲 235
遼 438
選 694
遺 717
遵 847
邑 鄲 462
鄴 712
金 錯 251
錮 327
錦 397
鋸 408
錄 450
錢 508
錫 666
錐 831
門 闇 219
閻 700
閾 763
閹 698
阜 隨 605
險 674
隹 雕 274
雨 霍 364
青 靜 402
頁 頷 341
頻 376
頸 401
頰 490
穎 739
頭 624
食 餓 284
餐 215
餔 205
餒 478
餘 753
馬 駮 205
駭 338
駱 454
駰 736
骨 骸 337
髟 髻 373
魚 鮑 191
鳥 鴟 234
黑 默 470
龍 龍 447
龜 龜 333

十七畫

人 償 223
優 742
力 勵 436
土 壑 345
壓 697
女 嬰 738
子 孺 535
山 嶺 442
嶷 718
嶽 774
弓 彌 463
彳 徽 361
心 懇 420
懦 486
懃 513
應 738
戈 戲 668
手 擊 365
擬 480
擢 832
攴 斂 437
木 檢 379
檠 515
檄 667
檀 615
檛 830
欠 歛 437
毛 氈 782
水 濱 199
濟 374
濩 364
濫 425
濡 533
濕 559
濯 832
火 燧 607
營 739
燭 828
燥 779
爿 牆 510
犬 獲 364
玉 環 357
璩 518
瓦 甑 782
疒 癉 258
癈 297
療 438
目 瞰 417
矢 矯 389
石 磻 203
磽 510
示 禪 542
禾 穗 607
竹 簇 250
簞 486
米 糞 298
糠 417
糟 779
糸 繁 293
縫 300
績 366
縻 463
繆 471
縯 702
繇 707
總 842
縱 842
缶 罄 516
网 罽 374
羽 翳 733
翼 733
耳 聰 249
聲 556
肉 膽 257
臂 197
膾 422
臊 539
膿 484
膺 738
臣 臨 440
臼 舉 406
艸 薄 205
薦 383
薨 346
薊 374
薏 733
薛 694
薪 685
虫 螻 448
螟 454
蟊 458
螺 453
衣 襆 305
褒 190
襄 678
言 謗 189
謇 379
講 387
謙 506
謠 707
謝 683
謟 617
谷 谿 666
貝 賻 310
購 323
走 趨 518
足 蹈 260
蹇 379
蹐 370
車 轂 325
轅 765
輿 754
辵 避 197
還 357
遽 409
邁 457
邀 707
酉 醜 238
醢 338
醞 776
金 鍛 281
鍪 471
鍾 821

部首	字	頁
門	闇	183
	闊	424
	闋	521
阜	隱	737
隶	隸	435
隹	雖	604
雨	霜	594
革	鞠	406
韋	韓	339
頁	顇	250
食	館	331
	餚	707
馬	騁	234
	駿	416
鬲	鬴	306
魚	鮦	624
	鮮	673
	鮪	645
鳥	鴻	347
黑	黛	256
	黜	242
黹	黻	305
齊	齋	782
齒	齔	228

十八畫

部首	字	頁
人	儲	241
土	壘	428
心	懟	282
戈	戴	256
手	擾	523
	擿	816
斤	斷	281
方	旛	292
日	曜	707
	曤	774
木	檻	383
	櫂	789
欠	歟	754
止	歸	333
歹	殯	199
殳	毉	715
水	瀆	280
爪	爵	410
犬	獵	439
玉	璧	197
瓦	甓	653
疒	癘	436
目	瞽	325
	瞻	782
示	禮	431
禾	穢	363
	穡	540
穴	竄	250
竹	簟	274
	簡	379
	簫	680
	簪	778
米	糧	438
糸	繞	523
	繕	543
	繡	692
	織	808
	繒	782
羽	翻	292
	翹	511
耳	職	809
臼	舊	405
艸	藏	216
	藍	425
	藉	395
	藐	471
	薰	696
虍	虡	409
虫	蟲	237
	蟣	371
衣	襜	218
	襟	397
襾	覆	311
角	觴	543
言	謹	397
	謨	470
	謫	790
豆	豐	300
足	蹕	197
	蹤	842
車	轉	830
辵	邇	288
酉	醪	427
	醫	715
金	鎧	417
	鎌	437
	鎮	794
門	闔	345
	闕	521
	闐	620
隹	雛	241
	雞	366
	雙	594
	雝	740
	雜	776
雨	霤	775
革	鞭	197
	鞬	378
頁	額	283
	顏	701
食	餳	688
馬	騄	450
	騎	501
骨	髀	197
鬼	魏	650
魚	鯈	238
	鯀	334
	鯉	432
鳥	鵠	354
黑	黠	669

十九畫

部首	字	頁
口	嚮	679
土	壞	356
	壟	448
宀	寵	238
广	廬	448
	龐	487
心	懲	234
	懷	356
手	攀	486
日	曠	423
	曝	494
木	櫟	436
	櫛	816
水	瀝	436
	瀘	448
	瀨	425
片	牘	280
牛	犢	280
犬	獸	585
玉	瓊	516
	璽	668
田	疇	238
	疆	387
目	矇	364
示	禱	260
	禰	480
禾	穫	364
竹	簿	214
糸	繭	379
	繩	557
	繫	668
网	羅	453
羊	羹	317
	羸	428
羽	翾	694
肉	臘	424
艸	藩	292
	藜	429
	藪	603
	藥	707
	藝	733
虫	蟻	727
	蠅	739
衣	襦	533
言	譎	411
	譏	366
	譀	341
	識	567
	譚	615
	證	797
	譖	781
貝	贊	778
	贈	782
足	蹲	282
辛	辭	245
辵	邊	197
金	鏗	420
	鏡	402
	鏤	448
門	關	330
阜	隴	448
隹	離	429
	難	477
雨	霧	663
非	靡	463
革	鞶	486
韋	韝	323
頁	顛	273
	類	428
	願	767
食	餽	424
鳥	鵲	521
鹿	麗	436
	麒	502
	麑	480
麥	麴	518
黽	鼃	627

二十畫

部首	字	頁
力	勸	520
口	嚳	422
	嚴	701
土	壤	522
夊	夔	423
子	孽	483
宀	寶	190
心	懸	694
手	攘	522
水	瀛	736
火	爐	449
牛	犧	666
犬	獻	676
玉	瓌	333
目	矍	411
石	礪	436
穴	竇	278
立	競	402
竹	籍	370
糸	繼	374
羽	耀	707
肉	臚	449
艸	蘆	449
	蘭	441
	藿	364
	蘇	603
	蘄	502
	蘊	776
	藻	779
虫	蠙	490
衣	襪	627
見	覺	411
角	觸	242
言	警	401
	譬	489
	譯	733
	議	733
貝	贍	543
酉	醴	432
釆	釋	580
金	鐃	478
	鐔	685
	鐘	821
雨	露	450
食	饉	397
香	馨	685
馬	騷	539
	騫	506
	騰	617
	騶	842
骨	髆	205
魚	鰒	305
	鰌	517
鳥	鶩	663
黑	黨	259
齒	齠	621

廿一畫

部首	字	頁
口	囂	680
尸	屬	590
山	巍	644
心	懼	409
	懽	357
	懾	552
手	攝	552
	攜	666
水	灌	331
火	爛	425
石	礱	448
穴	竈	779
米	糲	436
糸	纏	218
	纍	428
	續	693
肉	臝	453
艸	蘭	425
	蘗	483
虫	蠡	432
見	覽	425
言	護	355
	譴	509
	譽	763
貝	贓	778
車	轜	288
辛	辯	198
金	鐸	283
	鐵	621
門	闢	490
	闥	611
雨	霸	184
頁	顧	327
	顦	511
食	饑	366
	饋	424
	饒	523
	饌	830
馬	驄	249
	驅	518
	驃	490
鳥	鶴	345
	鷄	366
黑	黯	183
齊	齎	367

廿二畫

部首	字	頁
人	儼	702
	儻	616
口	囊	477
弓	彎	628
心	懿	734
木	權	520
欠	歡	357
水	灘	429
	灑	536
田	疊	274
禾	穰	522
穴	竊	511
竹	籠	448
	籙	451
	籞	763
耳	聾	448
	聽	621
衣	襲	667
言	讀	280
貝	贖	589
車	轢	436
邑	酈	436
	酇	846
金	鑊	364
	鑄	829
音	響	679
食	饗	679

饘 783
馬 驕 389
驍 680
髟 鬚 692
鳥 鷙 816
龍 龔 322

廿三畫

山 巖 701
心 戀 437
手 攣 452
疒 癱 740
糸 纖 673
虫 蠲 300
蠱 325
言 變 198
讎 238
讌 703
金 鑕 816
韭 韲 683
頁 顯 674
馬 驚 401
驛 734
驗 703
骨 髓 605
體 618
鹿 麟 441
齊 齏 367

廿四畫

手 攬 425
网 羈 367
虫 蠶 215
蠹 281
言 讖 228
讒 218
讓 522
酉 釀 483
雨 靈 442
髟 鬢 199
鬥 鬭 278
鳥 鷹 738
鹵 鹽 701

廿五畫

广 廳 621
石 礹 701

米 糴 621
糸 纘 846
虫 蠻 457
見 觀 330
言 讙 357
酉 釁 685

廿六畫

酉 釃 560
馬 驢 451

廿七畫

金 鑾 452
馬 驥 374

廿八畫

心 戇 831
金 鑿 849

廿九畫

火 爨 250
馬 驪 429
鬯 鬱 763

三十畫

鳥 鸞 452

卅三畫

鹿 麤 250

通用字表

編號	本索引用字	原底本用字	章/頁/行	內文
1	解	觧	1.1/1/16	具爲同舍解說
			16.20/109/15	上即敕尙書解遵禁錮
			16.33/112/23	遂解衣而前
			17.13/121/20	爲解土
2	往	徃	1.1/1/17	南陽大人賢者往來長安
			10.21/67/10	上乃許往
			17.23/124/12	往來常白衣步擔
			18.1/125/20	倫步擔往候鮮于褒
			18.6/128/12	乃自往候視
			18.30/135/16	鳳往解之
			19.4/137/19	使仁恕掾肥親往察之
			20.10/147/3	往候之
			21.13/153/20	盜嘗夜往劫之
			23.1/164/21	諸亡命往從之
			23.1/165/14	今日騎都尉往會日也
			23.17/171/24	百姓空市里往觀之
3	煮	煑	1.1/1/20	又分遣大夫謁者教民煮木爲酪
			8.2/47/23	訓身爲煮湯藥
			8.17/54/12	乃煮鎧弩
4	臥	卧	1.1/3/13	坐臥枕席有涕泣處
			6.2/35/8	不安坐臥
			8.10/50/19	堅臥不動
			8.14/52/12	晝臥溫明殿
			9.7/59/13	臥布被終身
			9.10/60/25	臥以鎭之足矣
			12.1/76/20	臥念少游平生時語
			12.1/77/1	何能臥床上在兒女子手中耶
			13.5/83/21	或當道〔而〕臥
			14.6/94/6	嘗因豹夜臥
			16.40/114/20	積細草而臥其中
			18.1/126/13	臥布被
			21.36/157/21	常臥布被
5	邊	邉	1.1/3/15	奔亡入邊郡避之
6	麻	蔴	1.1/5/23	麻菽尤盛

編號	本索引用字	原底本用字	章/頁/行	內文
7	略	畧	1.1/6/10	兵事方略
			6.3/35/26	陰設方略
			9.2/55/26	令彭助漢爲方略
			9.7/59/9	至略陽
			11.2/70/19	時山東略定
			11.2/70/23	歙與征虜將軍祭遵襲略陽
			11.2/70/24	然上以略陽、囂所依阻
			11.2/70/25	囂圍歙于略陽
			18.23/133/9	以武略稱
			19.21/142/1	渙以方略取之
			21.8/151/24	有文武智略
			21.8/151/25	設施方略
			21.9/152/12	寬簡略嗜酒
			21.54/160/8	有奇謀異略
			23.9/168/6	故能廣略邊郡
8	姦	姧	2.1/11/14	具知姦狀
9	臺	臺	2.1/12/13	圖二十八將于雲臺
			2.3/16/22	遂登靈臺
			12.3/78/7	御章臺下殿
			18.17/131/24	敕蘭臺給筆札
			18.17/131/24	詔逵入北宮虎觀、南宮雲臺
10	樹	樹	2.1/13/15	樹枝內附
			2.1/13/17	甘露積于樹
			2.2/14/26	鳳皇見肥城窳亭槐樹上
			9.2/56/1	彭伐樹木開道
			9.4/57/21	異常屏止樹下
			9.4/58/1	大樹將軍
			9.7/59/8	遵遣護軍王忠皆持刀斧伐樹開道
			17.1/117/22	其園陵樹櫱皆諳其數
			19.12/140/4	梓樹生廳前屋上
			19.20/141/19	六年躬自負土樹柏
			20.9/146/26	造意用樹皮及敝布、魚網作紙
11	床	牀	2.1/13/18	上從席前伏御床
			3.1/18/6	又有赤蛇盤紆殿屋床第之間
			5.1/27/16	中有石床
			7.8/41/10	下床伏地
			8.14/52/13	（告）〔造〕床下
			11.10/73/18	給帷帳床褥
			12.1/77/1	何能臥床上在兒女子手中耶
			17.17/122/28	欲令政拜床下

編號	本索引用字	原底本用字	章/頁/行	內文
11	床	牀	17.17/123/1 19.22/142/8 23.11/168/21	徑上床坐 暑即扇床枕 子密等三人縛龍著床板
12	劍	劔	2.2/15/8 2.2/15/9 2.2/15/10 2.2/15/10 9.1/55/9 17.1/117/24 20.23/149/22 20.24/150/4 20.24/150/4 20.24/150/4 22.5/164/1	帝賜尚書劍各一 其餘皆平劍 故得漢文劍 故得鍛成劍 必手劍之 賜延錢及帶劍佩刀還郡 鎮劍擊景墮車 解劍置外 欲取劍 光得劍 《西羌》西羌祖爰劍爲秦所奴隸
13	讎	讐	2.2/15/14	當進人不避仇讎
14	嗷	嗸	2.4/17/24	天下嗷然
15	賴	頼	2.4/17/24 12.1/76/7 13.11/86/19 14.5/93/12 15.14/100/15	賴皇太后〔臨朝〕 天下賴其便 海內賴安 當蒙其福而賴其願 人賴其利
16	喪	丧	3.1/19/16 16.11/106/28 16.13/107/12	其夕發喪 聽以大夫行喪 服喪三年
17	飾	餙	3.5/23/1 3.5/23/1 22.1/160/25 22.1/160/26	飾淳金銀器 大官飾珍饌 習美飾 妻乃悉歸侍御服飾
18	鉤	鈎	3.6/23/8 3.6/23/9 3.6/23/9 20.4/146/1	故太僕杜密、故長樂少府李膺各爲鉤黨 何鉤黨 鉤黨人即黨人也 金錯鉤佩
19	窗	牕	5.1/27/15 6.2/34/19 13.14/88/19	萇之隱處有一巖穴如窗牖 希嘗臨御窗（望）〔牖〕 東西完塞諸窗

編號	本索引用字	原底本用字	章/頁/行	內文
20	慚	慙	6.2/35/12 9.12/61/22 10.11/64/16 10.26/69/9 11.3/71/13 12.1/75/18 15.8/98/1 16.10/106/23 16.20/109/15 17.1/117/28 18.28/134/16 20.6/146/11 23.1/165/1	慚見原陵 常慚負 霸慚而去 慚愧詣府 債家聞者皆慚 使人慚 歛色慚 夙夜慚懼 誠慚聖朝 寅聞慚而退 兒慚負 父母慚而還之 更始大慚
21	敕	勅	7.8/41/14 17.1/117/22	敕官屬遣送 敕延從駕到魯
22	疏	踈	7.12/43/12 14.4/92/14 16.3/103/4 16.3/103/14 16.38/114/11	誠不以遠近親疏 疏其父族 後更疏懈 于闐王廣德禮意甚疏 稍疏之
23	沱	沲	8.2/47/15	治滹沱、石臼河
24	災	灾	8.7/49/12 13.11/86/21 13.11/86/27 14.5/93/7 20.19/148/28 20.19/148/28 20.19/149/1 21.4/151/4 21.35/157/14 21.35/157/17	于時國家每有災異水旱 其被災害民輕薄無累重者 災壞城郭官寺 災異蠭起 災暴緣類 狼災爲應 感和致災 眾災頻降 《梁福》司部災蝗 災蝗當以德消
25	備	偹	9.1/54/23 9.7/59/5 9.10/60/20 9.11/61/9 19.11/139/22 23.16/169/28	寇恂文武備足 當備祭遵 恩意甚備 儆戒備具 不求備于人 雖未備物
26	鬭	鬪	9.1/55/12	兩虎安得私鬭

編號	本索引用字	原底本用字	章/頁/行	內文
26	鬭	鬪	9.5/58/5	彰子曾坐鬭殺游徼
27	垂	埀	9.4/57/14	垂翅回谿
28	須	湏	9.6/58/16 12.3/77/18 15.9/98/22	須講竟 可不須（轂馬）〔馬轂〕 須期乃入
29	效	効	10.1/62/10 10.14/65/25 15.17/101/13	盡力自效 思得效命 臣得竭死自效
30	驗	騐	10.11/64/14 20.19/148/28	始驗疾風知勁草 符驗不虛
31	冰	氷	10.11/64/18 10.11/64/20 10.11/64/20 10.11/64/21	冰堅可渡 各以囊盛沙布冰上 渡未畢數車而冰陷 前遇冰變
32	恥	耻	11.1/70/6 17.10/120/11 20.7/146/15 21.11/153/9	頗加恥辱 良恥以言受進 恥在廝役 恥見禽
33	糧	粮	11.10/73/13 16.14/107/20	假與糧種 太守王朗餉給糧食、布帛、牛羊
34	鄰	隣	11.10/73/14	鄰國貧人來歸之者
35	皋	臯	12.1/76/13 12.1/76/13 16.9/105/17 18.29/135/5 19.11/139/19	成皋令印 「皋」字爲「白」下「羊」 不如同門生郎中彭閎、揚州從事皋弘 依大家皋伯通廡下 至成皋
36	蠹	蠧	13.11/86/29	殆陰下相爲蠹賊
37	裙	裠	15.6/97/4	而良妻布裙徒跣曳柴
38	柏	栢	16.6/104/20	有詔召眾問齊桓公之鼎在柏寢臺
39	氈	氊	16.6/104/25	臣恐不忍將大漢節對氈裘獨拜

編號	本索引用字	原底本用字	章/頁/行	內文
40	豬	猪	16.49/116/20 16.49/116/21	日買一片豬肝 但食豬肝
41	講	鞲	18.26/134/2	下講即中
42	著	着	18.29/135/2 23.11/168/21	著布衣 子密等三人縛籠著床板
43	微	微	20.10/147/4 22.4/163/15	參思其微意 罔譯傳微
44	胸	胷	20.23/149/22	左右以戟叉其胸
45	橐	槖	22.3/161/15	南單于上書獻橐駝
46	凫	鳬	23.1/164/20	屈凫茈而食
47	蘇	蘓	23.1/165/16	與更始將軍蘇茂戰
48	階	堦	23.16/169/28	茅茨土階

徵引書目

編號	書名	標注出處方法	版本
1	四部備要本	卷頁	臺灣中華書局據掃葉山房本校刊 1967 年版
2	吳樹平東觀漢記校注	頁數	中州古籍出版社 1987 年版
3	藝文類聚	卷頁	上海古籍出版社 1965 年版
4	北堂書鈔	卷頁	臺灣文海出版社 1966 年版影孔廣陶本
5	初學記	頁數	北京中華書局 1962 年版
6	六臣注文選	頁數	北京中華書局 1987 年版
7	太平御覽	卷頁	北京中華書局 1985 年版
8	事類賦注	卷頁	北京中華書局 1989 年版
9	後漢書	頁數	北京中華書局 1987 年版
10	周易	頁數	臺北藝文印書館 1985 年影十三經注疏本
11	周禮	頁數	臺北藝文印書館 1985 年影十三經注疏本
12	尙書	頁數	臺北藝文印書館 1985 年影十三經注疏本
13	毛詩	頁數	臺北藝文印書館 1985 年影十三經注疏本
14	孝經	頁數	臺北藝文印書館 1985 年影十三經注疏本
15	禮記	頁數	臺北藝文印書館 1985 年影十三經注疏本
16	左傳	頁數	臺北藝文印書館 1985 年影十三經注疏本
17	水經注	卷頁	陳橋驛點校本　上海古籍出版社 1990 年版

誤字改正說明表

編號	原句 / 位置（章/頁/行）	改正說明
1	置（養）〔養〕贍官以廩之 1.1/1/21	吳樹平東觀漢記校注頁2
2	暮聞（冢）〔冢〕上有哭聲 1.1/2/12	四部備要本頁1/2b
3	嚴（光）〔尤〕、陳茂與合 1.1/2/15	太平御覽卷90頁2a，總頁430
4	趙王庶兄胡子進狗牒馬（醞）〔醢〕 1.1/3/18	吳樹平東觀漢記校注頁5
5	（天）〔大〕破之 1.1/3/25	吳樹平東觀漢記校注頁5
6	即（黃）〔皇〕帝位 1.1/4/21	太平御覽卷90頁4a，總頁431
7	（埶）〔執〕節惇固 1.1/4/22	四部備要本頁1/5b
8	表（商客）〔商容〕之閭 1.1/4/24	四部備要本頁1/5b
9	至孝武、（兒）〔倪〕寬、司馬遷猶從土德 1.1/5/6	太平御覽卷90頁4b，總頁431
10	宜以時修奉濟陽城陽縣堯帝之（冢）〔冢〕 1.1/5/13	四部備要本頁1/6a
11	不（敢）〔能〕救 1.1/5/16	太平御覽卷90頁4b，總頁431
12	民收（爲）〔其〕絮 1.1/5/24	太平御覽卷90頁4b，總頁431
13	極盡下（思）〔恩〕 1.1/6/10	太平御覽卷90頁5a，總頁432
14	（帝）〔既〕上 1.1/6/17	太平御覽卷90頁5b，總頁432
15	帝躬親萬（幾）〔機〕 1.1/6/17	太平御覽卷90頁5b，總頁432
16	其餘（禺）〔以俟〕中使者出報 1.1/6/19	太平御覽卷90頁5b，總頁432
17	吳漢（鼓）〔攻〕之 1.1/7/8	太平御覽卷90頁6a，總頁432
18	舉火（焚）〔燔〕燒 1.1/7/9	太平御覽卷90頁6a，總頁432
19	失斬將（安）〔弔〕民之義 1.1/7/12	四部備要本頁1/8a
20	（戈）〔弋〕獵之事不御 1.1/7/14	太平御覽卷90頁6a，總頁432
21	以（尉衛）〔衛尉〕關內侯陰興爲侍中 1.1/8/15	太平御覽卷90頁6b，總頁432
22	自三公下至佐（使）〔史〕各有差 1.1/8/20	太平御覽卷90頁6b，總頁432
23	（嘗）〔常〕連日 1.1/9/5	太平御覽卷90頁7a，總頁433
24	皇太子嘗（乘）〔承〕間言 1.1/9/5	太平御覽卷90頁7a，總頁433
25	地（祗）〔祇〕靈應而朱草萌 1.1/9/16	吳樹平東觀漢記校注頁12
26	宜配食地（祗）〔祇〕高廟 1.1/9/19	吳樹平東觀漢記校注頁13
27	二年春二月戊（戌）〔戌〕 1.1/9/22	後漢書卷1下光武帝紀頁85
28	詔（癈）〔廢〕郭皇后 2.1/11/16	四部備要本頁2/1b
29	（袷）〔祫〕祭于世祖之堂 2.1/13/22	太平御覽卷91頁2b，總頁435
30	如孝文皇帝（袷）〔祫〕祭高廟故事 2.1/13/23	太平御覽卷91頁2b，總頁435
31	道（路）〔橋〕所過歷樹木 2.2/14/15	太平御覽卷19頁1b，總頁93
32	方春（日）〔月〕 2.2/14/15	太平御覽卷19頁1b，總頁93
33	韓（棱）〔稜〕、楚龍泉 2.2/15/8	初學記卷11頁264
34	（者）〔其〕時論者以爲（棱）〔稜〕淵深有謀 2.2/15/9	初學記卷11頁264
35	鳳凰見百三十九、麒麟五十二、白虎二十九、黃龍三十四、青龍、黃鵠、鸞鳥、神馬、神雀、九尾狐、三足烏、赤烏、白兔、白鹿、白燕、白鵲、	藝文類聚卷98頁1694

編號	原句 / 位置（章/頁/行）	改正說明
	甘露、嘉（爪）〔瓜〕、秬秠、明珠、芝英、華苹、朱草、〔木〕連理實 2.2/15/20	
36	高宗之極（至）〔致〕也 2.2/15/26	太平御覽卷91頁5a，總頁437
37	數燕見（省）〔在禁〕中 3.1/18/7	太平御覽卷91頁7a，總頁438
38	誣罔靈（祗）〔祇〕 3.1/19/16	吳樹平東觀漢記校注頁102
39	今用怨（入）〔人〕 3.2/19/26	太平御覽卷92頁1a，總頁439
40	司徒許敬爲陵轢使（官）〔者〕策罷 3.2/20/5	後漢書卷6孝順帝紀李賢注，頁257，標點本校勘記頁283據《刊誤》改
41	（二）〔以〕千石祿終身 3.2/20/5	後漢書卷6孝順帝紀李賢注，頁257
42	藏主（祫）〔祫〕祭 3.2/21/3	四部備要本頁3/3b
43	本初（三）〔元〕年四月 3.5/21/24	太平御覽卷92頁2b，總頁439
44	有（壁）〔璧〕二十 3.5/22/22	四部備要本頁3/5a
45	尙書（白）〔曰〕下本州考治 3.6/23/8	文選・范蔚宗後漢書二十八將傳論注引卷50頁10a，總頁942
46	章帝又置（祝）〔祀〕令、丞 4.1/25/1	續漢書・百官志二劉昭注引頁3574
47	尙書、中謁者、黃門冗從四僕射、諸都監、中外諸都官令、都（候）〔侯〕、司農部丞、郡國長史、丞、（候）〔侯〕、司馬、千人秩皆六百石 4.1/26/1	四部備要本頁4/2a
48	分高顯、候城、遼陽屬玄（蒐）〔菟〕 5.1/27/21	續漢書・郡國志五頁3529
49	《律（歷）〔曆〕志》凡律所革 5.2/28/5	四部備要本頁5/1b
50	（廢）〔撥〕亂中興 5.5/29/11	續漢書・祭祀志上劉昭注引頁3162
51	功德盛于高宗、（宣）〔武〕王 5.5/29/24	續漢書・祭祀志上劉昭注引頁3164，標點本校勘記頁3173據殿本、集解改
52	（在）〔許〕 5.5/30/1	續漢書・祭祀志上劉昭注引頁3164
53	《（樞）〔琁〕機鈐》曰 5.5/31/11	續漢書・祭祀志下劉昭注引頁3196，標點本校勘記頁3207據錢大昕說改
54	六十四節爲（武）〔舞〕 5.5/31/15	續漢書・祭祀志下劉昭注引頁3196
55	公無困（我）〔哉〕 5.5/31/25	續漢書・祭祀志下劉昭注引頁3198
56	不當與世（祖）〔宗〕廟《盛德》之舞同名 5.5/32/2	續漢書・祭祀志下劉昭注引頁3198，標點本校勘記頁3207據盧文弨說改
57	（陛下）〔百姓〕盛歌元首之德 5.5/32/5	續漢書・祭祀志下劉昭注引頁3198
58	公卿議（舉）〔春〕南北郊 5.6/32/21	續漢書・輿服志下劉昭注引頁3663
59	案尊事神（祗）〔祇〕 5.6/32/24	續漢書・輿服志下劉昭注引頁3663
60	天地之（祀）〔禮〕 5.6/33/1	續漢書・輿服志下劉昭注引頁3663
61	公、（卿）〔侯〕、將軍紫綬 5.6/33/6	太平御覽卷682頁10b，總頁3046
62	復飛（去）〔出〕 6.2/34/15	太平御覽卷398頁1a，總頁1837
63	大官上（食）〔飯〕 6.2/34/18	太平御覽卷847頁7b，總頁3787
64	希嘗臨御窗（望）〔牖〕 6.2/34/19	太平御覽卷188頁1b，總頁910
65	后仰（噏）〔嗽〕之 6.5/36/16	太平御覽卷398頁1a，總頁1837
66	充（小）〔少〕君之位 6.5/36/18	孔廣陶本北堂書鈔卷103頁3a，總頁76
67	《（宏）〔弘〕》（宏）〔弘〕字孺孫 7.5/40/1	後漢書・成武孝侯順傳李賢注引，頁567
68	都尉事（也）〔邪〕 7.7/40/18	後漢書・成陽恭王祉傳李賢注引，頁560
69	從都（慮）〔盧〕至羊腸倉 8.2/47/15	太平御覽卷396頁1b，總頁1828

編號	原句 / 位置（章/頁/行）	改正說明
70	以延平（九）〔元〕年拜爲車騎將軍、儀同三司 8.4/48/12	太平御覽卷243頁1a，總頁1149、藝文類聚卷47頁846
71	欲北（代）〔發〕幽州突騎 8.10/50/12	太平御覽卷442頁3a，總頁2034
72	閱（具）〔其〕兵馬 8.10/50/16	太平御覽卷418頁3a，總頁1927
73	上（賞）〔嘗〕嗟曰 8.10/50/16	文選・任彥昇爲范尙書讓吏部封侯第一表注引，卷38頁26a，總頁716
74	等輩（欺沒）〔放散〕其鹽 8.11/51/10	太平御覽卷865頁2a，總頁3838
75	（告）〔造〕床下 8.14/52/13	太平御覽卷393頁6b，總頁1818
76	請（問）〔間〕 8.14/52/13	吳樹平東觀漢記校注頁348
77	我（繫）〔擊〕卿 8.14/52/16	太平御覽卷461頁9a，總頁2122
78	其聲雖大而（實）〔虛〕 8.14/52/24	太平御覽卷317頁6a，總頁1461
79	吾深入敵（地）〔城〕 8.14/53/2	太平御覽卷317頁6a，總頁1461
80	凡所平郡（四）〔三〕十六 8.14/53/15	孔廣陶本北堂書鈔卷115頁7b，總頁128
81	爲（穎）〔潁〕川太守 9.1/55/5	太平御覽卷841頁2a，總頁3758
82	過（穎）〔潁〕川 9.1/55/8	吳樹平東觀漢記校注頁308
83	詔彭守益州（收）〔牧〕 9.2/56/7	後漢書・岑彭傳頁661
84	《朱（祐）〔祜〕》朱（祐）〔祜〕、字仲先 9.6/58/7	藝文類聚卷55頁986，參本書頁58注文
85	（祐）〔祜〕侍燕 9.6/58/10	同上
86	（祐）〔祜〕由是不復言 9.6/58/11	同上
87	以（祐）〔祜〕爲建義將軍 9.6/58/11	同上
88	（祐）〔祜〕斬張成 9.6/58/12	同上
89	封（祐）〔祜〕爲鬲侯 9.6/58/12	同上
90	（祐）〔祜〕自陳功薄而國大 9.6/58/13	同上
91	常與（祐）〔祜〕共車而出 9.6/58/14	同上
92	乃賜（祐）〔祜〕白蜜一石 9.6/58/15	同上
93	又過（祐）〔祜〕宅 9.6/58/15	同上
94	車駕幸（祐）〔祜〕第 9.6/58/16	同上
95	上謂（祐）〔祜〕曰 9.6/58/16	同上
96	（祐）〔祜〕曰 9.6/58/17	同上
97	主（薄）〔簿〕陳副諫曰 9.7/59/4	太平御覽卷232頁7b，總頁1104
98	不忘（王室）〔俎豆〕 9.7/59/18	太平御覽卷356頁5b，總頁1637
99	〔見〕（在上）〔上在〕前 9.10/60/22	後漢書・景丹傳李賢注引頁774
100	因齋戒（祝）〔祠〕高〔祖〕廟 9.11/61/6	後漢書・蓋延傳李賢注引頁687
101	詔封延曾孫爲盧亭（候）〔侯〕 9.11/61/13	後漢書・蓋延傳頁689
102	（援）〔拔〕樂陽、稾、肥纍者〔也〕 9.12/61/19	水經注卷10頁221
103	（持）〔馳〕歸宋子 10.1/62/6	後漢書・耿純傳李賢注頁762
104	純與從昆弟訢、宿、植共率宗（施）〔族〕賓客二千餘人 10.1/62/7	四部備要本頁10/1a
105	（鄉）〔卿〕乃欲以治民自效 10.1/62/11	太平御覽卷260頁5a，總頁1220
106	越人伺（侯）〔候〕者聞車聲不絕 10.2/62/19	四部備要本頁10/1b
107	身（初）〔被〕兜鍪鎧甲 10.3/62/24	太平御覽卷356頁5b，總頁1637
108	（一）〔賢〕追兵盡還 10.3/62/25	太平御覽卷356頁5b，總頁1637
109	上令霸至市（口）〔中〕募人 10.11/64/15	太平御覽卷827頁4b，總頁3685

編號	原句 / 位置（章/頁/行）	改正說明
110	會光祿（丞）〔勳〕劉賜適至 10.12/65/6	太平御覽卷646頁2a，總頁2891
111	忠更作新袍袴（解）〔鮮〕支小單衣襪而上之 10.14/65/18	後漢書・李忠傳李賢注引頁755，標點本校勘記頁767據王先謙《集解》引沈欽韓說改
112	上（問）〔會〕諸將 10.14/65/19	藝文類聚卷93頁1616
113	責數以背恩反（賊）〔城〕 10.14/65/22	初學記卷17頁418、太平御覽卷417頁3a，總頁1922
114	事君（有）〔者〕不得顧家 10.16/66/10	四部備要本頁10/4a
115	《竇融》河西太守竇融遣使獻（三）〔橐〕駝 10.22/67/18	太平御覽卷901頁6b，總頁3999
116	（遺）〔遣〕司馬虞封間行通書 10.22/67/20	後漢書・竇融傳頁800
117	恂恂（脩）〔循〕道 10.22/68/1	後漢書・竇融傳頁807
118	竝未（門）〔開〕封 10.24/68/24	孔廣陶本北堂書鈔卷52頁12a，總頁209
119	故有經紀禮儀以相（文）〔交〕接 10.26/69/16	太平御覽卷267頁2b，總頁1248
120	（從）〔徙〕都尉 11.4/71/18	孔廣陶本北堂書鈔卷48頁5b，總頁186
121	《張歆》張歆（字）〔守〕皋長 11.9/73/1	後漢書・張禹傳李賢注引頁1497
122	功曹（吏）〔史〕戴閏當從行縣 11.10/73/15	後漢書・張禹傳頁1498
123	況字（君）〔長〕平 12.1/75/6	後漢書・馬援傳李賢注引頁827
124	（袓）〔但〕幘坐 12.1/75/18	太平御覽卷687頁1b，總頁3064
125	敕黃門取頭蝨章（特）〔持〕入 12.1/76/11	太平御覽卷594頁2a，總頁2674
126	見冬筍名曰（苞）〔䈏〕筍 12.1/76/16	太平御覽卷963頁7a，總頁4276
127	（矆）〔矍〕哉是翁也 12.1/77/5	四部備要本頁12/3a
128	援擊（五）〔武〕谿無功 12.2/77/9	後漢書・馬廖傳李賢注引頁853
129	妨困（人）〔小〕民 12.2/77/13	太平御覽卷821頁6a，總頁3656
130	可不須（穀馬）〔馬穀〕 12.3/77/18	太平御覽卷894頁6a，總頁3970
131	詔許越騎、射聲（寺）〔等〕治北宮 12.4/78/15	孔廣陶本北堂書鈔卷61頁6a，總頁263
132	光前坐黨附（憲）〔竇〕憲 12.4/78/16	後漢書・和帝紀李賢注頁178
133	引納（敕）〔嚴〕 12.6/79/11	孔廣陶本北堂書鈔卷63頁2a，總頁272
134	（嚴）〔敕〕有所見聞輒言 12.6/79/11	孔廣陶本北堂書鈔卷63頁2a，總頁272
135	殷伊（周）〔尹〕之協德兮 12.10/80/20	後漢書・梁統傳李賢注頁1171
136	何揚生之（敗）〔欺〕眞 12.10/81/2	後漢書・梁統傳李賢注頁1171
137	（蟣蝨）〔甲冑〕生（甲冑）〔蟣蝨〕 13.9/85/5	太平御覽卷356頁5b，總頁1637
138	郡國（七）〔比〕大水 13.11/86/12	續漢書・五行志三劉昭注引頁3306
139	（狃）〔狙〕猱之意 13.11/86/24	續漢書・五行志三劉昭注引頁3307，標點本校勘記頁3321據何焯說改
140	百僚知林以（名）〔明〕德用 13.11/87/1	孔廣陶本北堂書鈔卷62頁10a，總頁270
141	可（且）〔具〕以備乏 13.11/87/3	太平御覽卷894頁5b，總頁3970
142	乃修學校（理）〔禮〕 14.2/91/1	太平御覽卷157頁9b，總頁765
143	引（軍）〔車〕入陌 14.2/91/8	太平御覽卷418頁3b，總頁1927
144	（泚）〔沘〕陽長 14.3/91/17	後漢書・鮑昱傳頁1021
145	司徒（例）〔辭〕訟久者至（數十）〔十數〕年 14.3/91/21	後漢書・鮑昱傳李賢注頁1023
146	鄧禹使積弩將軍馮愔將兵（繫）〔擊〕邑 14.4/91/28	後漢書・馮衍傳李賢注頁969
147	乃（遣）〔遺〕書責邑曰 14.4/92/3	四部備要本頁14/3a

編號	原句 / 位置（章/頁/行）	改正說明
148	禍（拏）〔挐〕未解 14.5/93/5	後漢書・馮衍傳頁966
149	衆（疆）〔彊〕之黨 14.5/93/6	後漢書・馮衍傳頁966
150	天下（日）〔自〕以去亡新 14.5/93/12	後漢書・馮衍傳頁966
151	高世之（心）〔聲〕 14.5/93/16	後漢書・馮衍傳頁966
152	安其（彊）〔疆〕宇 14.5/93/18	後漢書・馮衍傳頁966
153	以（素）〔壽〕終於家 14.5/94/2	文選・劉孝標辨命論注引卷54頁18b，總頁1005
154	常伏省（門）〔閣〕下 14.6/94/8	太平御覽卷707頁6a，總頁3151
155	（謟）〔諂〕諛以求容媚 15.2/95/25	四部備要本頁15/2a
156	宣彪、官至玄菟（大）〔太〕守 15.4/96/8	後漢書・宣秉傳李賢注頁928
157	十月（鄉）〔饗〕會 15.8/97/28	太平御覽卷264頁2a，總頁1234
158	（大）〔太〕守得奮妻子 15.11/99/16	四部備要本頁15/5a
159	不入冀府（赤）〔寺〕 15.17/101/16	後漢書・樊曄傳頁2491
160	（徵固）〔固徵〕詣校書 16.2/102/16	初學記卷21頁504
161	扶風（安）〔平〕陵人 16.3/102/21	後漢書・班超傳頁1571
162	祭酒、布衣諸生（爾）〔耳〕 16.3/102/25	太平御覽卷729頁4b，總頁3233
163	生燕頷虎（頭）〔頸〕 16.3/103/1	太平御覽卷729頁5a，總頁3234
164	（稱）〔拜〕超爲將兵長史 16.3/103/19	孔廣陶本北堂書鈔卷130頁8b，總頁206
165	假鼓吹（黄）〔幢〕麾 16.3/103/19	孔廣陶本北堂書鈔卷130頁8b，總頁206、藝文類聚卷68頁1195
166	宜陽爲簡（而）〔易〕 16.3/104/5	藝文類聚卷23頁416、後漢書・班超傳頁1586
167	食邑五（百）〔千〕戶 16.9/106/11	孔廣陶本北堂書鈔卷48頁1b，總頁184、後漢書・桓榮傳頁1253
168	（之爲）〔爲之〕語曰 16.13/107/13	藝文類聚卷93頁1616、後漢書・桓典傳頁1258
169	慮素有名（字）〔稱〕 16.22/110/6	後漢書・尹敏傳頁2559
170	過（侯）〔候〕敏 16.22/110/6	太平御覽卷740頁1b，總頁3282
171	（遣）〔遺〕送之 16.31/112/10	太平御覽卷265頁1a，總頁1239
172	飛鳥跱（衝）〔衡〕 16.34/113/6	文選・顏延年赭白馬賦卷14頁8b，總頁266
173	民相率以石（撾）〔擿〕吏 16.46/115/28	太平御覽卷375頁8b，總頁1731
174	黨嘗遺貢生（麻）〔蒜〕 16.49/116/16	吳樹平說，見吳樹平東觀漢記校注頁721注4
175	（輒）〔輟〕講下辭歸 16.50/116/27	太平御覽卷496頁7a，總頁2270
176	（守）〔有〕新野功曹鄧寅 17.1/117/24	太平御覽卷442頁3b，總頁2034
177	門下掾（諂佞）〔佞諂〕 17.10/120/8	後漢書・吳良傳李賢注引頁942
178	平扶（持）〔侍〕其母 17.11/120/20	太平御覽卷420頁6b，總頁1937、後漢書・劉平傳頁1295
179	見（生）〔宮〕 17.12/121/5	藝文類聚卷64頁1154
180	（中）〔市〕無屋 17.13/121/18	後漢書・鍾離意傳李賢注引頁1411
181	人齎茅竹或（特）〔持〕材木 17.13/121/19	後漢書・鍾離意傳李賢注引頁1411
182	（決）〔浹〕日而成 17.13/121/19	後漢書・鍾離意傳李賢注引頁1411，標點本校勘記頁1421據汲本、殿本改
183	詔賜降（人）〔胡〕縑 17.13/121/26	太平御覽卷818頁1b，總頁3637

編號	原句／位置（章/頁/行）	改正說明
184	（歸告母）〔每告歸〕 17.23/124/12	太平御覽卷185頁6b，總頁899、後漢書・趙孝傳頁1298
185	常自養（親）〔視〕 17.24/125/3	太平御覽卷512頁2a，總頁2330
186	倫獨收養孤兄（下）〔子〕、外孫 18.1/125/20	後漢書・第五倫傳李賢注引頁1395
187	第五（椽）〔掾〕所平 18.1/125/27	四部備要本頁18/1a
188	便（上封）〔封上〕 18.1/126/20	太平御覽卷453頁1b，總頁2082
189	與（東）〔同〕郡宗武伯、翟敬伯、陳綏伯、張弟伯同志好 18.3/127/4	太平御覽卷515頁3a，總頁2343
190	建武十（四）〔六〕年 18.6/128/8	後漢書・朱暉傳李賢注頁1459
191	見道中有諸生（來）〔乘〕小車 18.12/130/5	孔廣陶本北堂書鈔卷139頁20a，總頁273
192	（今）〔令〕我出學仕宦 18.13/130/15	孔廣陶本北堂書鈔卷139頁20b，總頁273
193	給文以錢市（焉）〔馬〕 18.13/130/22	太平御覽卷835頁6b，總頁3729
194	鳳凰、（麟麒）〔麒麟〕、嘉禾、甘露之瑞集于郡境 18.14/131/5	四部備要本頁18/6a
195	不用（車）〔牛〕馬 18.18/132/5	四部備要本頁18/6b
196	鴻病（因）〔困〕 18.29/135/7	太平御覽卷553頁8b，總頁2505
197	愼（弗）〔勿〕聽妻子持尸柩去 18.29/135/8	四部備要本頁18/9b
198	（酺）〔酺〕以尙書授于南宮 19.1/136/6	後漢書・張酺傳頁1528
199	幸東（都）〔郡〕 19.1/136/10	太平御覽卷404頁4a，總頁1869
200	故時止（弗）〔勿〕奏事 19.1/136/17	四部備要本頁19/1b
201	詔射聲（教）〔校〕尉曹褒案《（舊漢）〔漢舊〕儀》制漢禮 19.1/136/20	文選・任彥昇王文憲集序卷46頁40a，總頁880
202	於此（宏）〔弘〕廣經術 19.6/138/19	後漢書・徐防傳李賢注頁1502
203	署戶曹（吏）〔史〕 19.16/140/23	後漢書・樂恢傳李賢注頁1477
204	馬市正數從（買）〔賣〕羹飯家乞貸 19.21/142/2	太平御覽卷861頁3a，總頁3824
205	兼明圖讖、天官、星氣、鍾律、（歷）〔曆〕算 19.22/142/12	四部備要本頁19/6b
206	陳龜爲五原太（原）〔守〕 21.2/150/21	後漢書・陳龜傳頁1692
207	《蔣（詡）〔翊〕》 21.37/157/23	四部備要本頁21/6b
208	文馬（二）〔十〕匹 22.3/161/11	初學記卷20頁474
209	蹤優（佫）〔路〕仁 22.4/163/18	後漢書・西南夷莋都夷傳頁2856
210	觸（肯）〔冒〕險狹 22.4/163/19	後漢書・西南夷莋都夷傳頁2856
211	（綠）〔緣〕崖磻石 22.4/163/21	後漢書・西南夷莋都夷傳頁2856
212	傳（言）〔室〕呼敕 22.4/163/30	後漢書・西南夷莋都夷傳頁2857
213	而朱鮪立壇城南（堉）〔淯〕水上 23.1/164/24	太平御覽卷90頁9b，總頁434
214	更始下（爲）〔馬〕拜謝城 23.1/165/17	太平御覽卷90頁10a，總頁434
215	俠卿爲制朱絳單衣、（平）〔半〕頭赤幘、直綦履 23.5/166/13	孔廣陶本北堂書鈔卷139頁18b，總頁272
216	遣（母）〔毋〕樓且渠王求入五原 23.9/168/5	後漢書・南匈奴傳李賢注引頁2940
217	茂將其精兵突至湖（陸）〔陵〕 23.10/168/10	後漢書・劉永傳頁495
218	又寵堂上聞（蝡）〔蝦〕蟆聲在火爐下 23.11/168/19	後漢書・彭寵傳李賢注引頁505
219	（弗）〔勿〕稽留 23.11/168/25	後漢書・彭寵傳頁505

編號	原句 / 位置（章/頁/行）	改正說明
220	更（治）〔始〕元年起兵 23.13/169/9	後漢書・岑彭傳李賢注引頁657
221	攻得邔、宜城、（若）〔鄀〕、編、臨沮、中（沮）廬、襄陽、鄧、新野、穰、湖陽、蔡陽 23.13/169/9	後漢書・岑彭傳李賢注引頁657，「鄀」、標點本校勘記頁672據《郡國志》改
222	雖欲以漢爲（民）〔名〕 23.16/169/26	藝文類聚卷25頁446、太平御覽卷461頁9b，總頁2122
223	岑彭與吳漢圍囂于西（域）〔城〕 23.16/170/13	後漢書・岑彭傳頁660
224	西（域）〔城〕若下 23.16/170/13	後漢書・岑彭傳頁660
225	果（食）〔實〕所生 23.17/171/4	太平御覽卷461頁9b，總頁2122
226	（幕）〔募〕敢死士五千餘人 23.17/171/28	太平御覽卷341頁1b，總頁1564
227	詔書（今）〔令〕功臣家自記功狀 24.14/174/1	太平御覽卷363頁2b，總頁1671
228	（孝）〔考〕驗天狀 24.90/179/22	續漢書・天文志劉昭注引頁3217
229	（宜）〔宜〕博問群臣 24.90/179/27	續漢書・天文志劉昭注引頁3217
230	取《賢傳》宗廟事（置）〔寘〕其中 24.91/180/2	續漢書・祭祀志劉昭注引頁3200

增字、刪字改正說明表

編號	原句 / 位置（章/頁/行）	改正說明
1	尋、邑遣步騎數千〔乘〕合戰 1.1/3/3	太平御覽卷90頁3a，總頁431
2	斬首〔數〕百千級 1.1/3/5	太平御覽卷90頁3a，總頁431
3	粲然復見漢官〔威〕儀（體） 1.1/3/16	太平御覽卷90頁3b，總頁431
4	入〔王〕宮收文書 1.1/4/6	太平御覽卷90頁4a，總頁431
5	與朱〔伯〕然書曰 1.1/5/1	孔廣陶本北堂書鈔卷150頁11a，總頁340
6	高祖〔因秦〕以十月爲正 1.1/5/4	太平御覽卷90頁4a，總頁431
7	制〔郊〕兆于城南七里 1.1/5/7	太平御覽卷90頁4b，總頁431
8	帝遣游擊將軍鄧隆〔與〕幽州牧朱浮擊彭寵 1.1/5/13	太平御覽卷90頁4b，總頁431
9	浮軍遠〔至〕 1.1/5/16	太平御覽卷90頁4b，總頁431
10	〔其〕有當見及冤結者 1.1/6/19	太平御覽卷90頁5b，總頁432
11	其餘（禺）〔以俟〕中使者出報 1.1/6/19	太平御覽卷90頁5b，總頁432
12	〔所見〕如神 1.1/6/20	太平御覽卷90頁5b，總頁432
13	〔願〕復十歲 1.1/8/12	四部備要本頁1/9a
14	刺史二千石長〔吏〕皆無離城郭 1.1/9/23	後漢書卷1下光武帝紀頁85
15	〔追封〕外祖樊重爲壽張侯 1.1/10/6	藝文類聚卷51頁930
16	〔以〕寧平公主子李雄爲新市侯 1.1/10/9	藝文類聚卷51頁930
17	〔上循其頭曰「吳季子」〕 2.1/11/7	太平御覽卷91頁2b，總頁435
18	〔陽對曰〕 2.1/11/7	太平御覽卷91頁2b，總頁435
19	〔「愚戇無比」〕 2.1/11/7	太平御覽卷91頁2b，總頁435
20	〔及阿乳母以問師傅〕 2.1/11/7	太平御覽卷91頁2b，總頁435
21	〔曰〕 2.1/11/8	太平御覽卷91頁2b，總頁435
22	〔少〕推誠對 2.1/11/8	太平御覽卷91頁2b，總頁435
23	〔上〕宗祀光武皇帝于明堂 2.1/11/26	文選・班孟堅兩都賦注引，卷1頁29b，總頁37
24	〔上〕初臨辟雍 2.1/11/27	文選・班孟堅兩都賦注引，卷1頁29b，總頁37
25	屬者所言〔我堯〕 2.1/12/10	孔廣陶本北堂書鈔卷144頁4a，總頁298
26	詔齊相〔其〕止勿〔復〕送冰紈、方空縠、吹綸絮〔也〕 2.2/14/9	太平御覽卷819頁3a，總頁3643
27	至〔命〕欲相殺于殿下 2.2/15/15	太平御覽卷241頁4b，總頁1141
28	〔不〕避門內 2.2/15/15	太平御覽卷241頁4b，總頁1141
29	鳳凰見百三十九、麒麟五十二、白虎二十九、黃龍三十四、青龍、黃鵠、鸞鳥、神馬、神雀、九尾狐、三足烏、赤烏、白兔、白鹿、白燕、白鵲、甘露、嘉（爪）〔瓜〕、秬秠、明珠、芝英、華苹、朱草、〔木〕連理實 2.2/15/20	藝文類聚卷98頁1694
30	寬和〔篤〕仁 2.3/16/6	太平御覽卷91頁5b，總頁437
31	恣得〔收〕捕 2.3/16/23	太平御覽卷91頁5b，總頁437

編號	原句 / 位置（章/頁/行）	改正說明
32	〔貞〕符瑞〔應〕 2.3/17/13	吳樹平東觀漢記校注頁88、太平御覽卷91頁6a，總頁437
33	賴皇太后〔臨朝〕 2.4/17/24	太平御覽卷91頁7a，總頁438
34	數燕見（省）〔在禁〕中 3.1/18/7	太平御覽卷91頁7a，總頁438
35	中常侍江京、樊豐等共〔興〕爲詐 3.1/19/14	太平御覽卷91頁7b，總頁438
36	〔廟曰敬宗〕 3.2/20/27	太平御覽卷92頁1b，總頁439
37	芝〔草〕生中黃〔藏府〕 3.5/21/28	太平御覽卷985頁4b，總頁4361
38	〔五侯〕暴恣日甚 3.5/22/7	太平御覽卷92頁2b，總頁439
39	〔考〕合異同 3.5/22/8	孔廣陶本北堂書鈔卷57頁7a，總頁237
40	〔誣爲黨人〕 3.5/22/24	太平御覽卷92頁2b，總頁439
41	縣、國三百石長〔相〕 4.1/26/6	續漢書・輿服志下劉昭注引，頁3676
42	〔庶績復古〕 5.3/28/12	太平御覽卷533頁4a，總頁2419
43	〔《詩》〕所謂 5.4/28/21	續漢書・禮儀志中劉昭注引頁3131，標點本校勘記頁3140據殿本補
44	王〔師〕大獻則令凱樂 5.4/29/1	續漢書・禮儀志中劉昭注引頁3132
45	以承天心〔也〕 5.5/29/13	續漢書・祭祀志上劉昭注引頁3162
46	當得是〔當〕 5.5/30/4	續漢書・祭祀志上劉昭注引頁3164
47	公卿奏議世祖廟登歌《八佾》舞（功）名 5.5/31/3	據紀昀說刪，見四庫全書珍本別輯頁5/7a
48	（勿）進《武德舞歌詩》曰 5.5/31/16	續漢書・祭祀志下劉昭注引頁3196，標點本校勘記頁3207據盧文弨說刪
49	不可以（向）仰四門賓于之議 5.5/32/4	續漢書・祭祀志下劉昭注引頁3198
50	〔一采〕 5.6/33/8	吳樹平說，見吳樹平東觀漢記校注頁186注17
51	（一采） 5.6/33/9	吳樹平說，見吳樹平東觀漢記校注頁187注18
52	宛轉繆織〔圭〕 5.6/33/9	吳樹平說，見吳樹平東觀漢記校注頁187注18
53	仰天歎〔息〕 6.2/34/6	太平御覽卷727頁7b，總頁3223
54	有司奏〔請〕立長秋宮 6.2/34/14	太平御覽卷398頁1a，總頁1837
55	〔后〕夢有小飛蟲萬數隨著身 6.2/34/15	太平御覽卷398頁1a，總頁1837
56	〔累餔膳備副〕 6.2/34/18	太平御覽卷847頁7b，總頁3787
57	〔譴勅令與諸舍相望也〕 6.2/34/18	太平御覽卷847頁7b，總頁3787
58	〔弟〕爲黃門郎 6.2/34/24	孔廣陶本北堂書鈔卷58頁6b，總頁242
59	滑〔如磄磃〕 6.5/36/16	太平御覽卷398頁1a，總頁1837
60	此〔所〕謂日角偃月 6.6/37/10	太平御覽卷727頁7b，總頁3223
61	以才貌選〔入〕掖庭 6.7/37/16	後漢書・竇章傳頁822
62	而睦〔性〕謙恭好士 7.3/39/10	太平御覽卷423頁2a，總頁1950
63	詔書削中邱（縣） 7.4/39/25	後漢書・趙孝王良傳李賢注引，頁559
64	〔數〕因左右陳誠 7.8/41/4	太平御覽卷148頁1a，總頁721
65	〔帝曰〕 7.12/42/25	藝文類聚卷45頁803
66	〔使〕監領其事 8.2/47/16	太平御覽卷396頁1b，總頁1828
67	漢常獨繕繫〔其〕弓戟 8.10/50/15	太平御覽卷418頁3a，總頁1927
68	〔因說〕曰 8.14/52/13	太平御覽卷393頁6b，總頁1818
69	大司馬朱鮪在雒〔陽〕 9.1/54/22	太平御覽卷442頁3b，總頁2034

編號	原句 / 位置（章/頁/行）	改正說明
70	以〔應〕給諸營 9.1/55/6	太平御覽卷841頁2a，總頁3758
71	〔與諸將相逢〕 9.4/57/21	太平御覽卷423頁2a，總頁1950
72	〔輒引車避道〕 9.4/57/21	太平御覽卷423頁2a，總頁1950
73	〔心存王室〕 9.7/59/18	太平御覽卷356頁5b，總頁1637
74	上聞外有大兵（自）來 9.10/60/18	後漢書・景丹傳李賢注引頁772，標點本校勘記頁792據王先謙說改
75	〔上自〕登城 9.10/60/18	後漢書・景丹傳李賢注引頁772，標點本校勘記頁792據王先謙說改
76	上谷、漁陽〔兵〕 9.10/60/19	後漢書・景丹傳李賢注引頁772
77	〔見〕（在上）〔上在〕前 9.10/60/22	後漢書・景丹傳李賢注引頁774
78	聞壯士不〔病〕瘧 9.10/60/23	後漢書・景丹傳李賢注引頁774
79	因齋戒（祝）〔祠〕高〔祖〕廟 9.11/61/6	後漢書・蓋延傳李賢注引頁687
80	而將軍〔聞之〕 9.11/61/10	太平御覽卷469頁5a，總頁2157
81	〔夜告臨淮、楚國〕 9.11/61/11	太平御覽卷469頁5a，總頁2157
82	（援）〔拔〕樂陽、槀、肥纍者〔也〕 9.12/61/19	水經注卷10頁221
83	〔使〕使者存問 9.12/61/21	後漢書・銚期傳李賢注頁733
84	〔得〕數十 10.1/62/6	後漢書・耿純傳李賢注頁762
85	以衣中堅同心之士〔也〕 10.7/63/18	文選・王粲從軍詩五首注引卷27頁16a，總頁509
86	郎移〔檄〕購上 10.11/64/15	太平御覽卷827頁4b，總頁3685
87	軍人見光衣冠〔服〕鮮明 10.12/65/5	太平御覽卷646頁2a，總頁2891
88	〔問〕破賊所得物 10.14/65/19	藝文類聚卷93頁1616
89	以嘉為驍騎將〔軍〕 10.19/66/23	太平御覽卷238頁5b，總頁1127
90	將平居〔以〕恩意遺之乎 10.26/69/12	太平御覽卷267頁2b，總頁1248
91	〔新野〕吏乃燒晨先祖祠堂 11.1/70/7	太平御覽卷483頁4a，總頁2211
92	〔益地數千頃〕 11.1/70/13	孔廣陶本北堂書鈔卷39頁5b，總頁153
93	歙〔徐〕仗節就車而去 11.2/70/23	太平御覽卷778頁3b，總頁3450
94	有五谿六種寇〔侵〕 11.2/71/2	太平御覽卷336頁2a，總頁1542
95	乃〔上〕疏曰 11.7/72/12	太平御覽卷613頁2b，總頁2757
96	觀化者〔以〕億萬計 11.7/72/15	太平御覽卷613頁2b，總頁2757
97	解械飲食（之） 11.9/73/4	後漢書・張禹傳李賢注引頁1497
98	〔坡〕水廣二十里 11.10/73/12	後漢書・張禹傳李賢注引頁1498
99	蕩蕩〔然〕蟣蝨無所復依 12.1/76/10	太平御覽卷951頁2b，總頁4221
100	〔謹獻〕 12.1/76/27	藝文類聚卷93頁1617
101	詔書賜〔援〕鉅鹿縑三百匹 12.1/77/2	太平御覽卷818頁1b，總頁3637
102	司隸校尉梁松奏特進弟防、光、廖、〔廖〕子豫 12.2/77/12	太平御覽卷821頁6a，總頁3656
103	〔自今以往〕 12.6/79/12	孔廣陶本北堂書鈔卷63頁2a，總頁272
104	賜東園轜車、朱壽器、銀鏤、黃〔金〕玉匣 12.11/81/22	孔廣陶本北堂書鈔卷92頁5a，總頁27
105	實非過少所〔宜〕任〔也〕 12.13/82/9	孔廣陶本北堂書鈔卷61頁6b，總頁263
106	遮使者〔車〕 13.5/83/21	後漢書・侯霸傳頁901、太平御覽卷260頁5a，總頁1220

編號	原句 / 位置（章/頁/行）	改正說明
107	或當道〔而〕臥 13.5/83/21	後漢書・侯霸傳頁901、太平御覽卷260頁5a，總頁1220
108	吾所以薦子〔者〕 13.6/84/5	太平御覽卷631頁1b，總頁2827
109	〔而〕今數進鄭聲以亂雅樂 13.6/84/6	太平御覽卷631頁1b，總頁2827
110	上數（數）顧視〔之〕 13.6/84/11	藝文類聚卷69頁1201、太平御覽卷701頁2a，總頁3127又卷750頁5a，總頁3329
111	至〔于〕歙七世 13.8/84/25	太平御覽卷236頁4b，總頁1117
112	大兵冀蒙救護〔生活〕之恩 13.9/85/6	太平御覽卷356頁5b，總頁1637
113	湛常乘白〔馬〕 13.10/85/14	孔廣陶本北堂書鈔卷56頁5b，總頁230
114	〔令得復熾〕 13.11/86/13	續漢書・五行志三劉昭注引頁3306
115	身自推〔之〕 13.16/89/9	太平御覽卷407頁4b，總頁1881
116	遣使〔者〕爲釋服 13.16/89/18	孔廣陶本北堂書鈔卷93頁10a，總頁36
117	謹自放〔棄〕 15.2/95/10	太平御覽卷515頁2b，總頁2342
118	其下以輕重〔爲〕差焉 15.5/96/16	太平御覽卷553頁8b，總頁2505
119	難即害〔之〕 15.8/97/20	太平御覽卷739頁4b，總頁3277
120	〔惲〕曰 15.8/97/23	太平御覽卷473頁4b，總頁2171
121	子張〔但〕目擊而已 15.8/97/24	後漢書・郅惲傳頁1027
122	冀京師並蒙〔其〕福也 15.9/98/18	太平御覽卷260頁4b，總頁1219
123	〔逢迎〕道路 15.9/98/19	後漢書・郭伋傳頁1092
124	〔始至〕行部 15.9/98/19	後漢書・郭伋傳頁1093
125	伋使別駕〔從事〕 15.9/98/21	後漢書・郭伋傳頁1093
126	〔行部〕既還 15.9/98/22	後漢書・郭伋傳頁1093
127	伋謂違信〔於諸兒〕 15.9/98/22	後漢書・郭伋傳頁1093
128	〔遂〕止於野亭 15.9/98/22	後漢書・郭伋傳頁1093
129	復使〔之〕河東 15.10/99/4	太平御覽卷681頁4b，總頁3038
130	市〔日〕四合 15.11/99/13	太平御覽卷827頁4b，總頁3685、後漢書・孔奮傳頁1098
131	延輒休遣繫〔囚〕徒 15.15/100/27	太平御覽卷430頁3a，總頁1980
132	詔遣使〔者〕臨視 15.16/101/6	太平御覽卷269頁1b，總頁1257
133	〔相者〕曰 16.3/102/24	太平御覽卷729頁4b，總頁3233
134	斬得匈奴〔節〕使屋類帶、副使比離支首及節 16.3/103/8	後漢書・班超傳李賢注引頁1573
135	辟雍〔初〕成 16.9/106/9	太平御覽卷404頁4a，總頁1869
136	〔負土成墳〕 16.13/107/12	太平御覽卷420頁6b，總頁1937、後漢書・桓典傳頁1258
137	典無〔所〕迴避 16.13/107/13	藝文類聚卷93頁1616、後漢書・桓典傳頁1258
138	詔〔出〕引見 16.20/109/14	太平御覽卷483頁4b，總頁2211
139	〔敏〕坐繫免官 16.22/110/7	太平御覽卷740頁1b，總頁3282
140	宇止〔之〕曰 16.30/112/2	太平御覽卷434頁7a，總頁2000、後漢書・溫序傳頁2673
141	勿畏〔也〕 16.34/113/1	太平御覽卷515頁3a，總頁2343
142	援後〔雖〕貴 16.34/113/2	太平御覽卷515頁3a，總頁2343
143	賊矜而放〔之〕 16.43/115/9	藝文類聚卷21頁389
144	〔君仲〕云 16.44/115/14	太平御覽卷955頁2b，總頁4239

編號	原句 / 位置（章/頁/行）	改正說明
145	公孫述欲徵李業〔爲博士〕 16.45/115/16	太平御覽卷927頁8a，總頁4122
146	（下）不及政事 16.49/116/17	太平御覽卷209頁7a，總頁1005
147	〔始〕被明公辟 16.49/116/17	太平御覽卷209頁7a，總頁1005
148	屠〔者〕或不肯爲斷 16.49/116/20	太平御覽卷484頁7b，總頁2218
149	屠者或不肯與〔之〕 16.49/116/21	太平御覽卷484頁7b，總頁2218
150	諸奴〔婢〕私共計議 17.25/125/10	太平御覽卷420頁6a，總頁1937
151	當是〔耳〕 18.12/130/8	太平御覽卷420頁5b，總頁1937
152	〔能〕講論 18.19/132/12	孔廣陶本北堂書鈔卷56頁10b，總頁232
153	〔往來〕賜〔家〕 18.26/133/25	太平御覽卷835頁6a，總頁3729
154	恭各語其〔家〕父母 18.28/134/17	太平御覽卷403頁6a，總頁1863
155	鴻聞〔之〕 18.29/135/2	藝文類聚卷67頁1190
156	爲〔人〕賃舂 18.29/135/5	藝文類聚卷69頁1207
157	不廢教〔授〕 19.5/138/4	太平御覽卷248頁4a，總頁1170
158	何熙、字〔子〕溫 19.10/139/11	孔廣陶本北堂書鈔卷62頁3a，總頁267
159	夫人視老夫復何中〔空〕 19.11/139/25	孔廣陶本北堂書鈔卷85頁3b，總頁376
160	（武威）天下州郡遠近莫不修禮遺 19.20/141/21	四部備要本頁19/5b
161	不〔得〕遠走 19.21/142/1	太平御覽卷758頁3a，總頁3364
162	〔煞正〕 19.21/142/2	太平御覽卷861頁3a，總頁3824
163	〔捕得〕 19.21/142/3	太平御覽卷861頁3a，總頁3824
164	天下無雙、〔江夏黃童〕 19.22/142/13	太平御覽卷215頁3b，總頁1025
165	自是〔之後〕 20.17/148/19	太平御覽卷248頁3b，總頁1170
166	餘羌復〔與繞河大〕寇張掖 21.8/151/26	孔廣陶本北堂書鈔卷152頁3b，總頁350
167	頦追〔斬〕之 21.8/151/27	孔廣陶本北堂書鈔卷152頁3b，總頁350
168	婦女有美髮〔者〕皆斷取之 21.27/156/7	四部備要本頁21/5b
169	〔以〕母年老國遠 21.46/159/3	太平御覽卷201頁8a，總頁971
170	遂推〔爲〕渠帥 23.1/164/21	太平御覽卷90頁9a，總頁434
171	〔與〕聖公至于壇所 23.1/164/27	太平御覽卷90頁9b，總頁434
172	〔上〕破二公于昆陽城 23.1/164/28	太平御覽卷90頁9b，總頁434
173	赤眉乃封爲畏威〔侯〕 23.1/165/19	太平御覽卷90頁10a，總頁434
174	〔遂害更始〕 23.1/165/20	太平御覽卷90頁10a，總頁434
175	詔鄧禹收葬〔於〕霸陵 23.1/165/20	太平御覽卷90頁10a，總頁434
176	〔皆〕貰〔與之〕 23.7/167/7	太平御覽卷481頁4a，總頁2203
177	上遣棨戟〔迎〕 23.8/167/18	太平御覽卷681頁4a，總頁3038
178	天下不可〔復〕得 23.8/167/19	太平御覽卷681頁4a，總頁3038
179	其開〔門〕出 23.11/168/25	後漢書・彭寵傳頁505
180	攻得邔、宜城、（若）〔鄀〕、編、臨沮、中（沮）廬、襄陽、鄧、新野、穰、湖陽、蔡陽 23.13/169/9	後漢書・岑彭傳李賢注引頁657，「鄀」、標點本校勘記頁672據《郡國志》改
181	囂、故宰〔相〕府掾吏 23.16/170/6	孔廣陶本北堂書鈔卷103頁6a，總頁77
182	士大夫莫不諷誦〔之也〕 23.16/170/6	孔廣陶本北堂書鈔卷103頁6a，總頁77
183	父仁爲侍御〔史〕 23.17/170/24	後漢書・公孫述傳李賢注引頁533
184	及丞相王〔嘉〕死 24.2/172/23	原底本空一字，今據孔廣陶本北堂書鈔卷32頁6b，總頁117補

正　　文

文　五

1 東觀漢記卷一帝紀一

1.1 《世祖光武皇帝》

光武皇帝諱秀，高帝九世孫也，承文、景之統，出自長沙定王發，王生舂陵節侯。舂陵本在零陵郡，節侯孫考侯[1]以土地下濕，元帝時，求封南陽蔡陽白水鄉，因故國名曰舂陵[2]。

皇考初爲濟陽令，有武帝行過宮，常封閉。帝將生，皇考以令舍下濕，開宮後殿居之[3]。建平元年十二月甲子夜，帝生時，有赤光，室中盡明如晝。皇考異之，使卜者王長卜之。長曰：「此善事不可言。」是歲有嘉禾生，一莖九穗，長，大于凡禾，縣界大豐熟，因名帝曰秀。先是有鳳凰集濟陽，故宮中皆畫鳳凰。聖瑞萌兆，始形于此。帝爲人隆準，日角，大口，美鬚眉，長七尺三寸。在舂陵時，望氣者言舂陵城中有喜氣，曰：「美哉！王氣鬱鬱葱葱[4]。」年九歲而南頓君卒[5]，隨其叔父在蕭，入小學，後之長安，受《尚書》于中大夫廬江、許子威。資用乏，與同舍生韓子合錢買驢，令從者僦，以給諸公費。大義略舉，因學世事。朝政每下[6]，必先聞知，具爲同舍解說。高才好學，然亦喜遊俠，鬭雞走馬，具知閭里姦邪，吏治得失。時會朝請，舍長安尚冠里，南陽大人賢者往來長安，爲之邸，閫稽疑議[7]。嘗爲季父故舂陵侯訟逋租于大司馬嚴尤，尤見而奇之。時宛人朱祜亦爲舅訟租于尤。尤止車獨與帝語，不視祜。帝歸，戲祜曰：「嚴公寧視卿耶？」王莽時，雒陽以東米石二千，莽遣三公將運關東諸倉賑貸窮乏，又分遣大夫謁者教民煮木爲酪，酪不可食，重爲煩擾，流民入關者數十萬人。置（養）〔養〕贍官以廩之，盜發其廩，民餓死者十七八，人民相食。末年，天下大旱，蝗蟲蔽天，盜賊群起，四方潰畔。荆州、下江、平林兵起，王匡、王鳳爲之渠率。時南陽旱饑，而帝田獨收。

帝仁智明達[8]，多權略，樂施愛人。在家重愼畏事，勤于稼穡。兄伯升好俠，笑帝事田作，比之高祖兄仲。

1. 紀昀云：字考侯原誤作孝侯，今從范書《城陽恭王祉傳》及《文選》李善《注》改。
2. 參見《類聚》卷12。
3. 紀昀云：范書《帝（記）〔紀〕》李賢《注》引蔡邕《碑》云：「光武將生，皇考以令舍不顯，開宮後殿居之。」與此合。范書謂「生于縣舍」殊誤。
4. 紀昀云：范書《帝紀》望氣者、蘇伯阿也。
5. 紀昀云：范書《帝紀》南頓君名欽、即帝考也。
6. 紀昀云：《太平御覽》「每下」作「美惡」。
7. 紀昀云：《文選》李善《注》「閫」作「問」。
8. 紀昀云：《太平御覽》「達」作「遠」。

宛大姓李伯玉[1]從弟軼數遣客求帝，帝欲避之。先是時伯玉同母兄公孫臣爲醫，伯升請呼難，伯升殺之[2]。帝恐其怨，故避之。使來者言李氏欲相見款誠無他意，帝乃見之，懷刀自備，入見。固始侯[3]兄弟爲帝言：「天下擾亂飢餓，下江兵盛，南陽豪右雲擾。」因具言讖文事。「劉氏當復起，李氏爲輔。」帝殊不意，獨內念李氏富厚，父爲宗卿師，語言譎詭，殊非次第，嘗疾毒諸家子數犯法令，李氏家富厚，何爲如是，不敢諾其言。諸李遂與南陽府掾史張順等連謀。帝深念良久，天變已成，遂市兵弩，絳衣赤幘。時伯升在舂陵，亦已聚會客矣。帝歸舊廬，望見廬南若火光，以爲人持火，呼之，光遂盛，赫然屬天，有頃不見，異之。遂即歸宅，乃與伯升相見。初，伯升之起也，諸家子弟皆亡逃自匿，曰：「伯升殺我。」及聞帝至，絳衣大冠，服將軍服，乃驚曰：「以爲獨伯升如此也，仲謹厚亦如之。」皆合會，共勞饗新市、平林兵王匡、王鳳等，因率舂陵子弟隨之，兵合七八千人。帝騎牛與俱，殺新野尉後乃得馬。帝起義兵[4]，攻南陽，暮聞（冢）〔冢〕上有哭聲，後有人著大冠絳單衣[5]。使劉終僞稱江夏吏，誘殺湖陽尉。嚴尤擊下江兵[6]，帝奉糗一斛、脯三十朐進圍宛城[7]，王莽懼，遣大司徒王尋、大司空王邑將兵來征。更始立，以帝爲太常偏將軍。時無印，得定武侯家丞印，佩之入朝。尋、邑兵到潁州，嚴（光）〔尤〕、陳茂與合。尤問城中出者，言帝不敢取財物，但合會諸兵爲之計策。尤笑言曰：「是美鬚眉目者耶？欲何爲乃如此？」初，莽遣尋、邑欲盛威武，以振山東，兵甲衙𨊠，干戈旌旗，戰攻之具甚盛。至驅虎豹犀象，奇偉猛獸，以長人巨無霸爲中壘校尉，自秦、漢以來師出未曾有也。帝邀之于陽關。尋、邑兵盛，漢兵反走，帝馳入昆陽，諸將惶恐，各欲散歸。帝與諸將議：「城中兵穀少，宛城未拔，力不能相救。今昆陽即破，一日之間，諸將亦滅。不同力救之，反欲歸守其妻子財物耶？」諸將怒曰：「劉將軍何以敢如此！」帝乃笑，且去，惟王常是帝計。會候騎還，言尋、邑兵已來，長數百里，望不見其後尾，前已至城北矣。諸將遽請帝，帝到，爲陳相救之勢。諸將素輕帝，及迫急，帝爲畫成敗，皆從所言。時漢兵八九千人，留王鳳令守城，夜出城南門。尋、邑兵已五六萬到，遂環昆陽城作營，且圍之數十重[8]，雲車十餘丈，瞰臨城中，旗幟蔽野，塵熛連雲，金鼓之聲數十里。或爲地突，或爲衝車撞城，積弩射城中，矢下如雨，城中負戶而汲。尋、邑自以爲成功漏刻。有流星墜尋營

1. 紀昀云：以下文事蹟推之，李伯玉蓋即李通，而范書《李通傳》止云：「字次元」，不言其一名伯玉，是可補其闕略。
2. 紀昀云：同母兄公孫臣，《續漢書》及是書《李通傳》俱作同母弟申屠臣，與此異。
3. 紀昀云：范書《李通傳》：通、建武二年封固始侯。
4. 紀昀云：范書《帝紀》起兵在王莽地皇三年十一月。
5. 紀昀云：此有闕文，攷范書，殺新野尉即在是時。
6. 紀昀云：班書《王莽傳》地皇三年遣納言大將軍嚴尤、秩宗大將軍陳茂擊荊州，破下江兵。
7. 紀昀云：自此以下皆王莽地皇四年事，即更始元年也。
8. 紀昀云：姚之駰本作「數百里」，參證范書《帝紀》，則「百」字誤。

中，正晝有雲氣如壞山，直營而實，不及地尺而散，吏士皆壓伏。時漢兵在定陵郾者，聞尋、邑兵盛，皆怖。帝歷說其意，為陳大命，請為前行諸部堅陣。帝將步騎千餘，前去尋、邑軍四五里而陣。尋、邑遣步騎數千〔乘〕合戰，帝奔之，斬首數十級。諸部將喜曰：「劉將軍平生見小敵怯，今見大敵勇，甚可怪也。」帝復進，尋、邑兵卻，諸部共乘之，斬首〔數〕百千級，連勝。乃遂令輕足將書與城中諸將，言宛下兵復到，而陽墜其書。尋、邑得書，讀之，恐。帝遂選精兵三千人，從城西水上奔陣。尋、邑兵大奔北，于是殺尋，而昆陽城中兵亦出，中外竝擊。會天大雷風，暴雨下如注，水潦成川，滍水盛溢。邑大眾遂潰亂，奔走赴水溺死者以數萬，滍水為之不流。邑與嚴尤、陳茂輕騎乘死人渡滍水逃去。漢軍盡獲其珍寶輜重車甲，連月不盡。五月，齊武王拔宛城[1]。後數日，更始收齊武王部將劉稷，齊武王强爭之，遂用譖愬，復收齊武王，即日皆物故。帝降潁陽，雖得入，意不安。門下有繫馬著鼓者，馬驚硠磕。鄧晨起，走出視之，乃馬也。帝在父城，徵詣宛，拜帝為破虜大將軍，封武信侯。更始害齊武王。帝飲食語笑如平常，獨居輒不御酒肉，坐臥枕席有涕泣處。更始欲北之雒陽，以帝為司隸校尉，先到雒陽整頓官府，文書移與屬縣，三輔官府吏[2]。東迎雒陽者見更始諸將過者已數十輩，皆冠幘，衣婦人衣，諸于繡擁䙅，大為長安所笑。知者或畏其衣，奔亡入邊郡避之。及見司隸官屬，皆相指視之，極望老吏或垂涕曰：「粲然復見漢官〔威〕儀（體）。」賢者蟻附。更始欲以近親巡行河北，大司徒賜言帝第一可用。更始以帝為大司馬，遣之河北。十月，帝持節渡孟津，鎮撫河北，安集百姓。帝至邯鄲，趙王庶兄胡子進狗牒馬（醧）〔醢〕。故趙繆王子臨說帝決水灌赤眉。胡子立邯鄲卜者王郎為天子[3]，移檄購求帝十萬戶[4]。王郎追帝，帝自薊東南馳[5]，至饒陽。官屬皆乏食，帝乃自稱邯鄲使者，入傳舍。傳吏方進食，從者饑，爭奪之。傳吏疑其僞，乃椎鼓數十通，紿言邯鄲將軍至，官屬皆失色。帝升車欲馳，而懼不免，還坐，曰：「請邯鄲將軍入。」久乃駕去。夜止蕪蔞亭，大風雨，馮異進一笥麥飯兔肩。聞王郎兵至，復驚去。至南宮，天大雨，帝引車入道旁空舍，竈中有火，馮異抱薪，鄧禹吹火，帝對竈炙衣。大會眞定，帝自擊筑[6]。帝率鄧禹等擊王郎橫野將軍劉奉，（天）〔大〕破之[7]，還過鄧禹營，禹進食炙魚，帝大餐啗。時百姓以帝新破大敵，欣喜聚觀，見帝餐啗，勞勉吏士，

---

1. 紀昀云：齊武王即帝兄伯升。
2. 紀昀云：「官府吏」、《太平御覽》作「吏士」。
3. 紀昀云：「胡子」《太平御覽》作「趙繆王子林」考范書《帝紀》有「趙繆王子林」，李賢《注》云：「《東觀記》「林」作「臨」，未知「胡子」即「臨」否？今仍其舊文。」
4. 紀昀云：以上皆更始元年事。
5. 紀昀云：范書《帝紀》徇薊在更始二年。
6. 紀昀云：此事范書不載，但云帝得任光、邳彤等，兵降下曲陽，北擊中山，拔盧奴；南擊新市、眞定、防子，皆下之。則大會眞定當即在是時。
7. 紀昀云：劉奉、范書《鄧禹傳》李賢《注》作「劉發」。

威嚴甚厲，于是皆竊言曰：「劉公眞天人也。」帝引兵攻邯鄲，連戰，郎兵挫折。郎遣諫議大夫杜長威[1]持節詣軍門，帝遣棨戟迎，延請入軍，見上據地曰：「實成帝遺體子輿也。」帝曰：「正使成帝復生，天下不可復得也。況詐子輿乎！」長威請降得萬戶侯。帝曰：「一戶不可得。」長威曰：「邯鄲雖鄙，君臣并力城守，尙可支一歲，終不君臣相率而降，但得全身也。」辭去。而郎少傅李立反郎，開城門。漢軍破邯鄲，誅郎。入〔王〕宮收文書，得吏民謗毀帝言可擊者數千章，帝會諸將燒之，曰：「令反側者自安也[2]。」帝圍邯鄲未下，彭寵遺米糒魚鹽以給軍糧，由是破邯鄲。更始遣使者即立帝爲蕭王。諸將議上尊號，帝不許[3]。帝擊銅馬，大破之，受降適畢，封降賊渠率，諸將未能信，賊亦兩心。帝敕降賊各歸營勒兵待，帝輕騎入，案行賊營。賊曰：「蕭王推赤心置人腹中，安得不投死？」由是皆自安。詔馮異軍鴈門，卒萬餘人降之[4]。帝已乘王豐小馬先到矣，而營門不覺[5]。帝破賊，入漁陽，諸將上尊號，帝不許。議曹掾張祉言：「俗以爲燕人愚，方定大事，反與愚人相守，非計也。」帝大笑。帝發薊還[6]，士衆喜樂，師行鼓舞，歌詠雷聲，八荒震動。至范陽，命諸將收葬吏士。至中山，諸將復請上尊號，上奏曰：「大王社稷爲計，萬姓爲心。」耿純說帝曰：「天時人事已可知矣。」初，王莽時，帝與伯叔及姊壻鄧晨、穰人蔡少公燕語，少公道讖言劉秀當爲天子，或曰是國師劉子駿也。帝戲言曰：「何知非僕耶？」坐者皆大笑。時傳聞不見《赤伏符》文軍中所[7]，帝未信，到鄗，帝所與在長安同舍諸生彊華自長安奉《赤伏符》詣鄗，與帝會。群臣復固請曰：「符瑞之應，昭然著聞矣。」乃命有司設壇于鄗南千秋亭五成陌。

建武元年夏六月己未，即（黄）〔皇〕帝位。燔燎告天，禋于六宗。改元爲建武，改鄗爲高邑。詔曰：「故密令卓茂，束身自修，（埶）〔執〕節惇固，斷斷無他，其心休休焉。夫士誠能爲人所不能爲，則名冠天下，當受天下重賞。故武王誅紂，封比干之墓，表（商客）〔商容〕之閭。今以茂爲太傅，封宣德侯[8]，食邑二千戶，賜安車一

1. 紀昀云：范書《帝紀》作「杜威」。
2. 紀昀云：「反側者」，歐陽詢《藝文類聚》作「反側子」，與范書同。
3. 紀昀云：范書《帝紀》：更始悉令罷兵，詣行在所，帝辭以河北未平，不就徵。自是始貳于更始。
4. 紀昀云：「詔」字下原本衍「曰」字，今刪。考范書《帝紀》及《馮異傳》俱不載此詔，惟異拒朱鮪、李軼時，曾北攻天井關，拔上黨兩城，則軍鴈門當即在是時。
5. 紀昀云：此十五字上有闕文。據范書《帝紀》：建武元年春正月，帝擊尤來、大搶、五幡于順水北，乘勝輕進，反爲所敗。賊追急，短兵接，帝自投高岸，遇突騎王豐，下馬授帝，耿弇頻射，卻賊，得免。散兵歸保范陽。軍中不見帝，或云已沒，即是時也。
6. 紀昀云：是時破尤來、大搶、五幡賊還也。
7. 紀昀云：姚子駰本作「傳聞《赤伏符》不見文章軍中所。」
8. 紀昀云：「宣」范書《卓茂傳》作「褒」。

乘，衣一襲，金五斤。」冬十月，帝入雒陽，幸南宮，遂定都焉。帝破聖公，與朱〔伯〕然書曰：「交鋒之日，神星晝見，太白清明[1]。」

二年春正月，益吳漢、鄧禹等封。自漢草創德運，正朔、服色未有所定，高祖〔因秦〕以十月爲正，以漢水德，立北時而祠黑帝。至孝文、賈誼、公孫臣以爲秦水德，漢當爲土德。至孝武、（兒）〔倪〕寬、司馬遷猶從土德。自帝即位，按圖讖，推五運，漢爲火德。周蒼漢赤，木生火，赤代蒼，故帝都雒陽。制〔郊〕兆于城南七里，北郊四里。行夏之時，時以平旦，服色、犧牲尚黑，明火德之運，常服徽幟尚赤，四時隨色，季夏黃色。議者曰：「昔周公郊祀后稷以配天，宗祀文王以配上帝。圖讖著伊堯、赤帝之子，俱與后稷竝受命而爲王。漢劉祖堯，宜令郊祀帝堯以配天，宗祀高祖以配上帝。」有司奏議曰：「追跡先代，無郊其五運之祖者。故禹不郊白帝，周不郊帝嚳。漢雖唐之苗，堯以歷數命舜，高祖赤龍火德，承運而起，當以高祖配堯之後，元復于漢，宜以時修奉濟陽城陽縣堯帝之（冢）〔冢〕，雲臺致敬祭祀之禮儀亦如之。」帝遣游擊將軍鄧隆〔與〕幽州牧朱浮擊彭寵，隆軍潞，浮軍雍奴，相去百餘里。遣吏上奏言：「寵破在旦暮。」帝讀檄未竟，怒曰：「兵必敗，比汝歸可知。」吏還，未至隆軍，果爲寵兵掩擊破。浮軍遠〔至〕，不（敢）〔能〕救，以兵走幽州。咸曰上神。

三年，帝征秦豐，幸舊宅[2]。冬十月，帝幸舂陵，祠園廟，大置酒，與舂陵父老故人爲樂。以皇祖皇考墓爲昌陵，後改爲章陵，以舂陵爲章陵縣[3]。隗囂上書，報以殊禮。

四年夏五月，帝幸盧奴，爲征彭寵故也，自王莽末，天下旱霜連年，百穀不成。元年之初，耕作者少，民飢饉，黃金一斤易粟一石。至二年秋，天下野穀旅生，麻尗尤盛，或生苽菜菓實，野蠶成繭被山，民收（爲）〔其〕絮，採穫穀果，以爲蓄積。至是歲，野穀生者稀少，而南畝亦益闢矣。

五年，初起太學，諸生吏子弟及民以義助作。帝自齊歸[4]，幸太學，賜博士弟子有

1. 紀昀云：范書《帝紀》未即位前，使馮異、寇恂破更始大司馬朱鮪軍，即位後使鄧禹破更始定國公王匡軍，（北）〔此〕云交鋒，未知何時？又「朱然」，《太平御覽》作「伯叔」，本文似有訛脫。編者按：孔廣陶本《書鈔》卷150頁11a引此文作「朱伯然」，今據補「伯」字。
2. 紀昀云：范書《帝紀》及《岑彭傳》：春正月，帝自將南征；夏四月，破斬鄧奉，五月，還宮，令岑彭等南擊秦豐。秋七月，大破之于黎丘。至冬十月，乃幸舂陵。此牽連書之，殊未明晰。
3. 紀昀云：范書《帝紀》改「舂陵鄉」爲「章陵縣」，在建武六年，此蓋通後事言之。
4. 紀昀云：范書《帝紀》是時平張步歸也。

差。

六年春二月，吳漢下朐城[1]，天下悉定，惟獨公孫述、隗囂未平。帝曰：「取此兩子置度外。」乃休諸將，置酒，賞賜之。每幸郡國，下輿見吏輒問以數十百歲能吏次第，下至掾史。簡練臣下之行，下無所隱其情，道數十歲事若案文書，吏民驚惶，不知所以，人自以見識，家自以蒙恩。遠臣受顏色之惠，坐席之間，以要其死力。當此之時，賊檄日以百數，憂不可勝，帝猶以餘閒講經藝，發圖讖。制告公孫述，署曰「公孫皇帝」。囂雖遣子入侍[2]，尙持兩心。囂故吏馬援謂囂曰：「到朝廷凡數十見[3]，自事主未嘗見明主如此也。材直驚人，其勇非人之敵。開心見誠，與人語，好醜無所隱諱。圖講天下事，極盡下（思）〔恩〕。兵事方略，量敵校勝。闊達多大節，與高帝等。經學博覽，政事文辯，前世無比。」囂曰：「如卿言，勝高帝耶？」曰：「不如也。高帝大度，無可無不可。今上好吏事，動如節度，不飲酒。」囂大笑曰：「如卿言，反復勝也[4]。」代郡太守劉興將數百騎攻賈覽，上狀檄至，帝知其必敗，報書曰：「欲復進兵，恐失其頭首也。」詔書到，興已爲覽所殺。長史得檄，以爲國家坐知千里也。

七年春正月，詔群臣奏事無得言「聖人」。又舊制上書以青布囊素裹封書，不中式不得上。（帝）〔既〕上，詣北軍待報，前後相塵[5]，連歲月乃決。帝躬親萬（幾）〔機〕，急于下情，乃令上書啓封則用，不得刮璽書[6]，取具文字而已。奏詣闕，平旦上，〔其〕有當見及冤結者，常以日而出時，騶騎馳出召入，其餘（禺）〔以俟〕中使者出報，即罷去，〔所見〕如神，遠近不偏，幽隱上達，民莫敢不用情。追念前世，園陵至盛，王侯外戚，葬埋僭侈，吏民相效，寖以無限，詔告天下，令薄葬。

八年閏四月，車駕西征，河西大將軍竇融與五郡太守步騎二萬迎帝。隗囂士衆震壞，皆降，囂走入城[7]。吳漢、岑彭追守之。

九年春正月，隗囂餓，出城餐糗糒，腹脹死。

1. 紀昀云：范書《帝紀》蓋平董憲、（寵）〔龐〕萌也。
2. 紀昀云：范書《帝紀》：隗囂遣子恂入侍，在五年冬十二月。
3. 紀昀云：本書《馬援傳》作「凡十四見」。
4. 紀昀云：范書《馬援傳》：囂信援故，遂遣長子恂入質。此敘援言于囂遣子入侍之後，與范書異。
5. 紀昀云：「塵」《太平御覽》作「屬」。
6. 紀昀云：「刮璽」《太平御覽》作「引經」。編者按：今影宋本《御覽》卷90仍作「刮璽」。
7. 紀昀云：「入」《太平御覽》作「西」。編者按：影宋本《御覽》卷90仍作「入」。

十一年，幸章陵，修園廟舊宅田里舍[1]。

十二年，吳漢引兵擊公孫述[2]，入犍爲界，小縣多城守未下。詔書告漢直擁兵到成都，據其心腹，後城營自解散。漢意難前，獨言朝廷以爲我縛賊手足矣[3]。遣輕騎至成都，燒市橋[4]，武陽以東小城營皆奔走降，竟如詔書。漢兵乘勝追奔，述拒[5]守。詔書又戒漢曰：「成都十萬▸餘眾◂[6]，不可輕也。且堅據廣都城，去之五十里，待其即營攻城，罷倦引去，乃首尾擊之，勿與爭鋒。述兵不敢來，轉營即之，移徙輒自堅[7]。」十一月眾軍至城門，述自將，背城而戰。吳漢（鼓）〔攻〕之，述軍大破，刺傷述，扶輿入壁，其夜死。夷述妻子，傳首于洛陽。縱兵大掠，舉火（焚）〔燔〕燒。帝聞之，下詔讓吳漢副將劉禹曰：「城降，嬰兒老母[8]，口以萬數，一旦放兵縱火，聞之可爲酸鼻。家有敝帚，享之千金。禹宗室子孫，故嘗更職，何忍行此？仰視天，俯視地，觀于放麑啜羹之義，二者孰仁矣。失斬將（安）〔弔〕民之義。」又議漢殺述親屬太多。是時名都王國有獻名馬[9]、寶劍，直百金。馬以駕鼓車，劍以賜騎士。苑囿池籞之官廢，（戈）〔弋〕獵之事不御。雅性不喜聽音樂，手不持珠玉，衣服大絹，而不重綵。征伐嘗乘革輿羸馬。公孫述故哀帝時[10]，即以數郡備天子用。述破，益州乃傳送瞽師、郊廟樂、葆車、乘輿物，是後乃稍備具焉。述伏誅之後，而事少閒，官曹文書減舊過半，下縣吏無百里之繇，民無出門之役。

十三年，封殷紹嘉公爲宋公，周承休公爲衛公[11]。

十四年，封孔子後孔志爲褒成侯。

---

1. 紀昀云：《文選》李善《注》作「過章陵，祠園廟。」
2. 紀昀云：范書《帝紀》：吳漢伐公孫述，出師實在十一年十二月。下「入犍爲界」云云，乃在次年正月，方是十二年事，此蓋通始事言之。
3. 紀昀云：此二句未明晰，疑有誤。
4. 紀昀云：范書《吳漢傳》漢攻廣都，拔之，遣輕騎燒成都市橋，故下詔書有「堅守廣都」之語，此不載漢拔廣都，當是脫佚。
5. 距《太平御覽》卷90頁6a，總頁432。
6. 人《太平御覽》卷90頁6a，總頁432。
7. 紀昀云：此下范書《吳漢傳》有漢違詔而敗事，此不載，當是脫佚。
8. 紀昀云：《文選》李善《注》「嬰」作「孩」。
9. 紀昀云：虞世南《北堂書鈔》作「建武十三年」，是時屠耆國獻名馬。
10. 紀昀云：此下未明晰，攷范書《述傳》云：「哀帝時述以父任爲郎。」又云：「述少爲郎，習漢家制度，出入法駕，鑾旗旄騎，陳置陛戟，然後輦出房闥。」正與此文相備。
11. 紀昀云：范書《帝紀》：建武二年，封周後姬常爲周承休公，五年，封殷後孔安爲殷紹嘉公，至是改封。

十五年，詔曰：「刺史太守多為詐巧，不務實核，苟以度田為名，聚人田中，并度廬屋里落，聚人遮道啼呼[1]。」

十七年，帝以日食[2]避正殿，讀圖讖多，御坐廡下淺露，中風發疾，苦眩甚。左右有白大司馬史，病苦如此，不能動搖。自强從公，出乘，以車行數里，病差。四月二日，車駕宿偃師。病差數日，入南陽界，到葉。以車騎省，留數日行，黎陽兵馬千餘匹，遂到章陵，起居平愈。鳳凰五[3]，高▸八尺九寸◂[4]，毛羽五采，集潁川，群鳥從之，蓋地數頃，留十七日乃去[5]。商賈重寶，單車露宿，牛馬放牧，道無拾遺。

十九年，帝下詔曰：「惟孝宣皇帝有功德，其上尊號曰中宗。」幸南陽、汝南，至南頓，止令舍，大置酒，賜吏民，復南頓田租一歲。吏民叩頭言：「皇考居此日久，陛下識知寺舍，每來輒加厚恩，但復一歲少薄，〔願〕復十歲。」帝曰：「天下之重寶大器，常恐不任，日愼一日，安敢自遠，期十歲。」復增一歲。

二十年夏六月，帝風眩[6]黃癉病發甚，以（尉衛）〔衛尉〕關內侯陰興為侍中，興受詔雲臺廣室。甘露降四十五日[7]。

二十五年，烏桓獻貂豹皮，詣闕朝賀。

二十六年春正月，詔曰：「前以用度不足，吏祿薄少，今益其俸。」自三公下至佐（使）〔史〕各有差。四月，始營陵地于臨平亭南。詔曰：「無為山陵，陂池裁令流水而已。迭興之後，亦無丘壟，使合古法。今日月已逝，當豫自作。臣子奉承，不得有加。」乃令陶人作瓦器。又曰：「臨平望平陰，河水洋洋，舟船泛泛，善矣夫！周公、孔子猶不得存，安得松、喬與之而共遊乎？文帝曉終始之義，景帝、所謂孝子也，故遭反覆，霸陵獨完，非成法耶？」初作壽陵，將作大匠竇融上言：「園陵廣袤，無慮所用。」帝曰：「古帝王之葬，皆陶人瓦器，木車茅馬，使後世之人不知其處。太宗識終始之義，景帝能遵孝道，遭天下反覆，而獨完其福，豈不美哉！今所制地，不過二三

1. 紀昀云：范書《帝紀》：「十五年，詔下州郡檢核墾田頃畝及戶口年紀。十六年，河南尹及諸郡守十餘人，坐度田不實，皆下獄死。」又《劉隆傳》：「天下墾田多不以實，戶口年紀互有增減。十五年，詔下州郡檢覈其事，而刺史太守多不平均，或優饒豪右，侵刻羸弱，百姓嗟怨，遮道號呼。隆坐徵下獄。」此所載詔文未完。
2. 紀昀云：范書《帝紀》：日食在二月乙亥晦日。　3. 至　4. 八九尺
5. 紀昀云：范書《帝紀》：鳳凰見在冬十月。
6. 眴《太平御覽》卷90頁6b，總頁432。〈吳樹平以為「眴」乃「眗」之誤。〉
7. 紀昀云：「日」《太平御覽》作「里」。編者按：今影宋本《御覽》頁90/6b無此句。

頃，無爲陵池[1]。」

帝常自細書，一札十行，報郡縣。旦聽朝，至日晏，夜講經聽誦。坐則功臣特進在側，論時政畢，道古行事，次說在家所識鄉里能吏，次第比類。又道忠臣孝子義夫節士，坐者莫不激揚悽愴，欣然和悅。群臣爭論上前，（嘗）〔常〕連日。皇太子嘗（乘）〔承〕間言：「陛下有禹、湯之明，而失黃、老養性之道。今天下大安，少省思慮，養精神。」帝答曰：「我自樂此。」時城郭丘墟，埽地更爲，帝悔前徙之[2]。草創苟合，未有還人[3]。

三十年，有司奏封禪。詔曰：「災異連仍，日月薄食，百姓怨嘆，而欲有事于太山，汚七十二代編錄，以羊皮雜貂裘，何强顏耶？」

三十二年，群臣復奏、宜封禪。遂登太山，勒石紀號。改元爲中元。

中元元年[4]，帝幸長安，祠長陵，還雒陽宮，是時醴泉出于京師，郡國飲醴泉者，痼疾皆愈，獨眇蹇者不瘥。有赤草生于水涯。郡國上甘露降。群臣上言：「地（祇）〔祇〕靈應而朱草萌，宜命太史撰具郡國所上。」帝不聽，是以史官鮮紀。冬十月甲申，使司空馮魴告祠高祖廟曰：「高皇呂太后不宜配食。薄太后慈仁，孝文皇帝賢明，子孫賴福，延至于今，宜配食地（祇）〔祇〕高廟。今上薄太后尊號爲高皇后，遷呂太后于園，四時上祭。」是歲，初起明堂、靈臺、辟雍，及北郊兆域。宣布圖讖于天下。

二年春二月戊（戍）〔戌〕，帝崩于南宮前殿，在位三十三年，時年六十二。遺詔曰：「朕無益百姓，如孝文皇帝舊制，葬務從▸省約◂[5]。刺史二千石長〔吏〕皆無離城郭，無遣吏及因郵奏。」太子襲尊號爲皇帝。群臣奏諡曰光武皇帝，廟曰世祖。三月，葬原陵[6]。

帝詔曰：「明設丹青之信，廣開束手之路[7]。」

1. 紀昀云：「初作壽陵」以下至此，見《太平御覽》與前段互有異同，故並纂入。
2. 紀昀云：范書《帝紀》：建武十五年，徙鴈門、代郡、上谷三郡民置常山、居庸以東。二十年，省五原郡，徙其吏人置河東。二十五年，南單于奉蕃稱臣。二十六年，遣中郎將段郴受南單于璽綬，令入居雲中。于是雲中、五原、朔方、北地、定襄、鴈門、上谷、代八郡民歸于本土。遣謁者分將弛刑補理城郭。所謂「埽地更爲」者、此也。
3. 紀昀云：此亦指雲中等八郡民歸本土者言，蓋是年，雖遣民歸本土而歸者甚少，至二十七年，趙憙上奏復緣邊諸郡，幽、并二州由是而定。民始徙盡。
4. 紀昀云：「中元元年」即「建武三十二年」也，攷范書《帝紀》實以夏四月己卯改元。
5. 約省《太平御覽》卷90頁7b，總頁433。
6. 參見《御覽》卷90。
7. 紀昀云：此詔見《文選》李善《注》，范書不載，未知何時所下。

功臣鄧禹等二十八人皆爲侯，封餘功臣一百八十九人[1]。

帝以天下既定，思念欲完功臣爵土，不令以吏職爲過，故皆以列侯就第，恩遇甚厚，遠方貢甘珍，必先徧賜列侯，而大官無餘。有功輒增封邑，故皆保全。

帝封新野主子鄧汎[2]爲吳侯[3]，伯父皇皇考姊子周均爲富波侯[4]，〔追封〕外祖樊重爲壽張侯[5]，重子丹、射陽侯[6]，孫茂、平望侯[7]，尋玄、鄉侯[8]，從子沖、更父侯[9]，后父陰睦爲宣恩侯[10]，子識、原鹿侯[11]，就、信陽侯[12]，皇考女弟子來歙爲征羌侯[13]，弟由、宜西鄉侯[14]，〔以〕寧平公主子李雄爲新市侯[15]，后父郭昌爲陽安侯[16]，子流、緜曼侯[17]，兄子竟、新郪侯，匡、發干侯[18]，姨子馮邯爲鍾離侯[19]。

帝蒙犯霜雪，雖發師旁縣，人馬席薦羈靽皆有成賈，而貴不侵民，樂與官市[20]。

漢以炎精布耀，或幽而光[21]。

帝既有仁聖之明，氣勢形體，天然之姿，固非人之敵，翕然龍舉雲興，三雨而濟天下，蕩蕩人無能名焉[22]。

1. 參見《御覽》卷200。紀昀云：范書《帝紀》：建武十三年，功臣增邑更封凡三百六十五人，與此異。
2. 泛《藝文類聚》卷51頁930
3. 紀昀云：范書《鄧晨傳》：晨娶光武姊元。漢兵敗小長安，元遇害。光武即位，追封謚元爲新野節義長公主，封晨長子汎爲吳房侯。李賢《注》云：「吳房、今豫州縣也。」此作「吳侯」，與范書異。
4. 紀昀云：封均事范書不載。
5. 紀昀云：范書《樊宏傳》：建武十八年追爵謚重爲壽張敬侯。
6. 紀昀云：范書《樊宏傳》丹以建武十三年封。
7. 紀昀云：范書《樊宏傳》茂以建武二十七年封。
8. 紀昀云：范書《樊宏傳》尋以建武十三年封。
9. 紀昀云：范（建）〔書〕《樊宏傳》「沖」作「忠」，亦建武十三年封。
10. 紀昀云：本書《陰睦傳》：睦以建武二年追爵。范書《陰皇后紀》稱建武九年始追爵，與此文異。
11. 紀昀云：范書《陰識傳》：識以建武十五年封。
12. 紀昀云：范書《陰興傳》就嗣父封宣恩侯，後改封新陽侯，此作「信陽」，與范書異，而范書《吳良傳》又稱就爲信陽侯，未知孰是？
13. 紀昀云：范書《來歙傳》：歙以建武十一年沒後追封。
14. 紀昀云：范書《來歙傳》由以建武十三年封。
15. 紀昀云：范書《李通傳》：通娶光武女弟伯姬，是爲寧平公主，雄、通少子也，又范書稱雄封召陵侯，而不詳初封之年。
16. 紀昀云：范書《郭后紀》：昌以建武二十六年追贈。
17. 紀昀云：范書《郭后紀》「流」作「況」，「緜曼」作「緜蠻」，以建武二年封。
18. 紀昀云：范書《郭后紀》以竟匡爲后從兄弟，皆于建武十七年后廢時封。
19. 參見《類聚》卷51。紀昀云：封邯事范書不載。
20. 參見《御覽》卷359。
21. 參見《文選》卷11王延壽《魯靈光殿賦》李善《注》。
22. 紀昀云：姚子駰所輯是書八卷，既多挂漏，且（劉昭與）〔與劉昭〕《續漢書志補注》、李賢《後漢書注》所引之文互有異同，又如《光武紀》中或稱公、或稱王、或稱世祖、前後（差參）〔參差〕，今畫一更正，兼攷虞世南《北堂書鈔》、歐陽詢《藝文類聚》、徐堅《初學記》諸書所載各條，此略彼詳，取其詳者；詳略相等，從其善者。依年月編次，或年月無攷，則彙綴于篇末，如序贊之例。編者按：此文末句見《論語・泰伯》第19章，《論語》作「蕩蕩乎民無能名焉。」「民」、此文作「人」者蓋避唐諱改。

2 東觀漢記卷二帝紀二

2.1 《顯宗孝明皇帝》

孝明皇帝諱陽，一名莊，世祖之中子也。建武四年夏五月甲申，帝生，豐下銳上，頂赤色，有似于堯，世祖以赤色名之曰陽。幼而聰明睿智，容貌莊[1]麗，▸十歲◂[2]通《春秋》，〔上循其頭曰「吳季子」〕。〔陽對曰〕：〔「愚戇無比」〕。〔及阿乳母以問師傅〕，〔曰〕：「〔少〕推誠對」。師傅無以易其辭。母光烈皇后，初讓尊位爲貴人，故帝年十二以皇子立爲東海公，時天下墾田皆不實，詔下州郡檢覆，百姓嗟怨，州郡各遣使奏其事。世祖見陳留吏牘上有書曰：「穎川、弘農可問，河南、南陽不可問。」因語吏，吏抵言于長壽街得之。世祖怒。時帝在幄後曰：「吏受郡敕，常欲以墾田相方耳。」世祖曰：「即如此，何故言河南、南陽不可問？」對曰：「河南、帝城，多近臣；南陽、帝鄉，多近親，田宅踰制，不可爲準。」世祖令虎賁詰問，乃首服，如帝言。遣謁者考實，具知姦狀，世祖異焉。數問以政議，應對敏達，謀謨甚深，溫恭好學，敬愛師傅，所以承事兄弟，親密九族，內外周洽。世祖愈珍帝德，以爲宜承先序。十七年冬十月，詔（癈）〔廢〕郭皇后，立陰貴人爲皇后。帝進爵爲王，十九年，以東海王立爲皇太子，治《尚書》，備師法，兼通九經，略舉大義，博觀群書，以助術學，無所不照。中元二年春二月，世祖崩，皇太子即位。

永平元年，帝即阼，長思遠慕，至踰年正月，乃率諸王侯、公主、外戚、郡國計吏上陵，如會殿前禮。長水校尉樊鯈奏言，先帝大業，當以時施行，欲使諸儒共正經義，頗令學者得以自助。于是下太常、將軍、大夫、博士、議郎、郎官及諸王諸儒會白虎觀，講議《五經》同異。封太后弟陰興之子慶爲鮦陽侯，慶弟博爲灢强侯[3]，陰盛爲無錫侯，楚王舅子許昌、龍舒侯。

二年春正月辛未，〔上〕宗祀光武皇帝于明堂，帝及公卿列侯始服冕冠、衣裳。祀畢，升靈臺，望雲物，大赦天下。詔曰：「登靈臺，正儀度[4]。」三月，〔上〕初臨辟雍，行大射禮。冬十月，幸辟雍，初行養老禮。詔曰：「十月元日，始尊事三老，兄事

1. 壯《御覽》卷91頁1a，總頁435。
2. 十三年《御覽》卷91頁2b，總頁435。
3. 紀昀云：原本作「陰興爲鮦陽侯，子傅灢强侯。」今據范書《陰興傳》校改。
4. 紀昀云：《文選》李善《注》引是書永平二年詔文與此同。攷范書《帝紀》是月大赦，詔有升靈臺、望元氣、吹時律、觀物變云云，至三年正月詔曰：朕奉郊祀，登靈臺，見史官，正儀度。下文爲「春者、歲之始」云云。可證是書所載詔文由傳寫脫佚者甚多。

五更，朕親袒割牲[1]。」帝尤垂意經學，刪定擬議，稽合圖讖，封師太常桓榮爲關內侯，親自制作《五行章句》。每饗射禮畢，正坐自講，諸儒並聽，四方欣欣。是時學者尤盛，冠帶搢紳遊辟雍而觀化者、以億萬計。

甲子，西巡，幸長安，祠高廟，遂有事于十一陵。歷覽館舍邑居舊處，會郡縣吏，勞賜作樂。有縣三老大言：「陛下入東都，臣望顏色儀容，類似先帝，臣一懽喜。百官嚴設如舊時，臣二懽喜。見吏賞賜，識先帝時事，臣三懽喜。陛下聽用直諫，默然受之，臣四懽喜。陛下至明，懲艾酷吏，視人如赤子，臣五懽喜。進賢用能，各得其所，臣六懽喜。天下太平，德合于堯，臣七懽喜。」帝令上殿，欲觀上衣，因舉虎頭衣以畏三老。帝曰：「屬者所言〔我堯〕，削章不如飽飯。」十一月，詔京兆、右扶風以中牢祀蕭何、霍光，出郡錢穀給蕭何子孫，在三里內者，悉令侍祀。

三年春二月，圖二十八將于雲臺，冊曰：「剖符封侯，或以德顯。」秋八月，詔曰：「《尙書璇璣鈐》曰：『有帝漢出，德洽作樂，名予。』」其改《郊廟樂》曰《大予樂》，樂官曰大予樂官，以應圖讖。冬十月，帝與皇太后幸南陽祠章陵，周觀舊廬，召見陰、鄧故人。帝在于道所幸見吏，勞賜省事畢，步行觀部署，不用輦車。甲夜讀眾書，乙更盡乃寐，先五鼓起，率常如此。

四年春二月，詔曰：「朕親耕于藉田，以祈農事。」

五年冬十月，幸鄴，趙王栩會鄴常山，賜錢百萬。

六年，廬江太守獻寶鼎，出王雒山，納于太廟。詔曰：「《易》鼎足象三公，豈非公卿奉職得理乎？太常其以礿祭之日陳鼎于廟，以備器用。」

八年冬十月，上臨辟雍，養三老、五更。禮畢，上手書詔令，尙書僕射持節詔三公。

九年，詔爲四姓小侯置學。

十年夏閏四月，行幸南陽，祠章陵。以日北至，復祠于舊宅。禮畢，召校官子弟作雅樂，奏《鹿鳴》，上自御塤篪和之，以娛嘉賓。至南頓，勞養三老、官屬。是時天下

1. 紀昀云：《文選》李善《注》引是書詔文，與此同。攷范書《帝紀》亦不止此四句。

安平，人無徭役，歲比登稔，百姓殷富，粟斛錢三十，牛羊被野。

十二年，以益州徼外哀牢王率眾慕化，地曠遠，置永昌郡。

十三年春二月，帝耕藉田禮畢，賜觀者食。有諸生前舉手曰：「善哉！文王之遇太公也。」帝書版曰：「生非太公，予亦非文王也。」

十四年，帝作壽陵，制令流水而已。陵東北作廡，長三丈，五步外爲小廚，財足祠祀。帝自置石椁，廣丈二尺，長二丈五尺。

十五年春二月，東巡狩。癸亥，帝耕于下邳。三月，幸孔子宅，祠孔子及七十二弟子。親御講堂，命太子、諸王說經。幸東平王宮。帝憐廣陵侯兄弟，賜以服御之物，又以皇子輿馬，悉賦予之。

十七年春，甘露仍降，樹枝內附，芝生前殿，神雀五色，翔集京師。正月，當謁原陵。是夜，帝夢見先帝、太后如平生歡，夢中喜覺，因悲不能寐。明旦，帝令百官採甘露，悉會公卿表賀奉觴上壽，太常丞上言陵樹葉有甘露，帝率百官上陵，甘露積于樹，取以薦，受賜畢，上從席前伏御床，視太后鏡奩中物，流涕，敕易奩中脂澤妝具。左右皆泣，莫能仰視。

十八年秋八月，帝崩于東宮前殿，在位十八年，時年四十八，諡曰孝明皇帝，葬顯節陵。十二月，有司奏上尊號曰顯宗，廟與世宗廟同而祠，（袷）〔祫〕祭于世祖之堂，共進《武德》之舞，如孝文皇帝（袷）〔祫〕祭高廟故事。自帝即位，遵奉建武之政，有加而無損。初，世祖閔傷前世權臣太盛，外戚預政，上濁明主，下危臣子，漢家中興，惟宣帝取法。至于建武，朝無權臣，外戚陰、郭之家，不過九卿，親屬勢位，不能及許、史、王氏之半。至永平，后妃外家貴者，裁家一人備列將校尉，在兵馬官，充奉宿衛，闔門而已無封侯預朝政者。自皇子之封，皆減舊制。嘗案輿地圖，皇后在旁，言鉅鹿、樂成、廣平各數縣，租穀百萬，帝令滿二千萬止。諸小王皆當略與楚、淮陽相比，什減三四，曰：「我子不當與先帝子等。」又國遠而小于王，善節約謙儉如此[1]。

1. 參見《御覽》卷91。

2.2 《肅宗孝章皇帝》

孝章皇帝諱炟，孝明皇帝第五子也。永平三年，年四歲，以皇子立爲太子。幼而聰達才敏，多識世事，動容進止，聖表有異。壯而仁明謙恕，溫慈惠和，寬裕廣博，親愛九族，矜嚴方厲，威而不猛。既志于學，始治《尚書》，遂兼五經，周覽古今，無所不觀。由是明帝重之，每事諮焉。以至孝稱，孜孜膝下。永平十八年，明帝崩，帝即位[1]。

建初二年，詔齊相〔其〕止勿〔復〕送冰紈、方空縠、吹綸絮〔也〕[2]。

四年冬十一月，詔諸王，諸儒會白虎觀，講五經同異[3]。

元和元年，日南獻白雉、白犀[4]。

帝行幸，敕御史、司空，道（路）〔橋〕所過歷樹木，方春（日）〔月〕，無得有所伐，輅車可引避也[5]。

二年春二月，帝東巡狩，泰山至于岱宗，柴，望秩山川、群神畢，白鶴三十從西南來，經祀壇上。孔子後褒成侯等咸來助祭。大赦天下，祀五帝于汶上明堂，耕于定陶[6]。

幸魯，祠東海恭王及孔子七十二弟子，禮畢，命儒者論難[7]。

還幸東平王宮，涕泣沾襟[8]。

五月詔曰：「乃者白烏、神雀屢臻，降自京師[9]。」是年，鳳皇見肥城窳亭槐樹

1. 參見《御覽》卷91。
2. 參見《御覽》卷819。
3. 參見《初學記》卷21。
4. 參見《御覽》卷890。
5. 參見《御覽》卷19。
6. 參見《稽瑞》、《初學記》卷13、《御覽》卷916、《後漢書》卷3《章帝紀》李賢《注》。
7. 參見《續漢書·祭祀志》中劉昭《注》。
8. 參見《御覽》卷488。
9. 參見《永樂大典》卷2345。紀昀云：《文選》李善《注》引是書詔文與此同。攷范書《帝紀》作：五月戊申，詔曰：「乃者鳳凰、黃龍、鸞鳥比集七郡，或一郡再見，及白烏、神雀、甘露屢臻。祖宗舊事，或班恩施。其賜天下吏爵，人三級。」云云，則是書所載詔文亦不止此二句，而傳寫脫佚。

上[1]。

三足烏集沛國。白鹿、白兔、九尾狐見。

三年，代郡高柳烏子生三足，大如雞，色赤，頭上有角，長寸餘[2]。美陽得銅酒樽，朱色青黃，有古文[3]。

帝賜尚書劍各一，手署姓名，韓（棱）〔稜〕、楚龍泉，郅壽[4]、蜀漢文，陳寵、濟南鍛成。一室納兩刃，其餘皆平劍。（者）〔其〕時論者以為（棱）〔稜〕淵深有謀，故得龍泉。壽明達有文章，故得漢文劍。寵敦樸，有善于內，不見于外，故得鍛成劍，皆因名而表意[5]。

明德太后姊子夏壽等私呼虎賁張鳴與敖戲爭鬬，帝特詔曰：「爾虎賁將軍，蒙國厚恩，位在中臣，宿衛禁門，當進人不避仇讎，舉罰不避親戚。今者反于殿中交通輕薄，虎賁蘭內所使，至〔命〕欲相殺于殿下，〔不〕避門內，畏懦恣縱，‵姑不遂捕′[6]，此皆生于不學之門所致也[7]。」

元和二年以來，至章和元年，凡三年。鳳凰三十九見郡國。

章帝時，鳳凰見百三十九、麒麟五十二、白虎二十九、黃龍三十四[8]、青龍、黃鵠、鸞鳥、神馬、神雀、九尾狐、三足烏、赤烏、白兔、白鹿、白燕、白鵲、甘露、嘉（爪）〔瓜〕、秬秠、明珠、芝英、華苹、朱草、〔木〕連理實，日月不絕，載于史官，不可勝紀[9]。

序曰：《書》云：孝乎惟孝，友于兄弟，聖之至要也。朝乾夕惕，寅畏皇天，帝王之上行也。明德慎罰，湯、文所務也。密靜天下，容于小大，高宗之極（至）〔致〕也。肅宗兼茲四德，以繼祖考。臣下百僚，力誦聖德，紀述明詔，不能辨章，豈敢空言

1. 參見《後漢書》卷3《章帝紀》李賢《注》。 2. 參見《永樂大典》卷2345。
3. 參見《御覽》卷761。 4. 燾《初學記》卷11頁264。下同。
5. 參見《初學記》卷11。紀昀云：此條見范書《韓稜傳》其頒賜年月無攷。
6. 故不逐捕《御覽》卷241頁4b，總頁1141。
7. 參見《御覽》卷241。紀昀云：范書不載此事，故下詔之年月無攷。
8. 紀昀云：范書《帝紀》李賢《注》引是書云：「黃龍見肥城縣𨠪亭槐樹上。」蓋其一也。
9. 參見《類聚》卷98。紀昀云：此條與上一條俱似彙志符瑞之文，今附綴紀後。

增廣，以累日月之光[1]。

2.3 《穆宗孝和皇帝》

孝和皇帝諱肇，章帝之中子也。母曰梁貴人，早薨。帝自岐嶷，至于總角，孝順聰明，寬和〔篤〕仁。孝章帝由是深珍之，以爲宜承天位。年四歲，以皇子立爲太子，初治《尚書》，遂兼覽書傳，好古樂道，無所不照。章和二年春二月，章帝崩，太子即位。

永元元年，詔有司京師離宮園池，悉以假貧人。

二年春二月壬午，日食，時史官不覺，涿郡言之。單于乞降，賜玉具劍，羽蓋車一駟，中郎將持節衛護焉。

三年，詔曰：「高祖功臣，蕭、曹爲首，有傳世不絕之誼。曹相國後容城侯無嗣，朕甚愍焉。望長陵東門，見二臣之墓，生既有節，終不遠身，誼臣受寵，古今所同[2]。遣使者以中牢祠，大鴻臚悉求近親宜爲嗣者，須景風紹封，以彰厥功。」

四年夏六月，大將軍竇憲潛圖弒逆。庚申，幸北宮，詔收捕憲黨，皆下獄，使謁者收憲大將軍印綬，遣憲及弟篤、景就國，到皆自殺。

五年春正月，宗祀五帝于明堂，遂登靈臺，望雲物，大赦天下。自京師離宮果園上林廣成囿悉以假貧人，恣得〔收〕捕，不收其稅。六月，郡國大雨雹，大如鴈子。

六年秋七月，京師旱，幸洛陽寺，錄囚徒，舉冤獄。未還宮而澍雨。

九年冬十月，改殯梁皇后于承光宮，儀比敬園。初，后葬有闕，竇后崩後，乃議改葬。

十年夏五月，京師大雨，南山水流出至東郊，壞民廬舍。

---

1. 參見《御覽》卷91。
2. 紀昀云：范書《帝紀》作「見二臣之壟，循其遠節，每有感焉。忠義獲寵，古今所同。」與此稍異。

十一年，帝召諸儒，魯丕與侍中賈逵、尙書令黃香等相難，丕善對事，罷朝，特賜履襪。

十二年，象林蠻夷攻燔官寺。秭歸山高四百餘丈，崩塡谿水，壓殺百餘人。冬十一月癸酉夜，白氣長三丈，起國東北，指軍市。是月，西域蒙奇、疏勒二國歸義。

十三年春正月上日，帝以五經義異，書傳意殊，親幸東觀，覽書林，閱篇籍。

元興元年夏五月，右扶風雍地裂。冬十二月，帝崩于章德前殿，在位十七年，時年二十七，葬順陵，廟曰穆宗[1]。

朝無寵族，政如砥矢，惠澤沾濡，鴻恩茂悅[2]。外憂庶績，內勤經藝，自左右近臣，皆誦《詩》、《書》。德教在寬，仁恕並洽。是以黎元寧康，萬國協和，〔貞〕符瑞〔應〕，八十餘品，帝讓而不宣，故靡得而紀[3]。

2.4 《孝殤皇帝》

孝殤皇帝諱隆，和帝之少子也。和帝皇子數十，生者輒夭，故殤帝養于民。元興元年冬十二月，和帝崩。是日倉卒，帝生百餘日，乃立以爲皇太子。其夜即位，尊皇后鄧氏爲皇太后。帝在襁褓，太后臨朝。詔省荏弱平簟。

延平元年八月，帝崩于崇德前殿，年二歲，葬康陵。

孝殤襁褓承統，寢疾不豫，天命早崩，國祚中絕，社稷無主，天下嗷然，賴皇太后〔臨朝〕，孔子稱「有婦人焉」，信哉[4]！

1. 參見《御覽》卷91。 2. 篤《御覽》卷91頁6a，總頁437。
3. 參見《御覽》卷91。
4. 參見《御覽》卷91。紀昀云：此乃《帝紀》之序。

3 東觀漢記卷三帝紀三

3.1 《恭宗孝安皇帝》

孝安皇帝諱祜，清河孝王第二子也。少聰明敏達，慈仁惠和，寬裕博愛，好樂施予。自在邸第，數有神光赤蛇嘉應，照曜于室內。又有赤蛇盤紆殿屋床第之間，孝王常異之。年十歲，善史書，喜經籍，和帝甚喜重焉，號曰「諸生」。數燕見（省）〔在禁〕中，特加賞賜，下及玩弄之物，諸王子莫得與比。殤帝即位，鄧后臨朝，以帝幼小，詔留于清河邸，欲爲儲副。殤帝崩，以王青蓋車迎，齋于殿中，拜爲長安侯，乃即帝位。謙讓恪懃，孜孜經學，‧篤志‧[1]供養，委政長樂宮。

永初元年，徼外羌龍橋等六種慕義降附。永昌獻象牙、熊子。新城山泉水大出，突壞人田，水深三丈。冬十一月，帝始講《尙書》，耽于典藝。

二年春正月，帝加元服。夏六月，雨雹大如芋魁、雞子，風拔樹發屋。秋閏七月，徼外羌薄申等八種舉衆降。

三年，鴈門烏桓及鮮卑叛，五原郡兵敗于高梁谷[2]。

四年，新野君薨，贈以玄玉赤紱，賻錢三千萬，布三萬匹。

五年，漢陽人杜琦反，自稱安漢將軍。漢陽故吏杜習手刺殺之。

六年春正月甲寅，皇太后率大臣命婦謁宗廟。

七年，郡國蝗飛過。調濱水縣彭城、廣陽、廬江、九江穀九十萬斛，送敖倉。

元初元年，日南地坼長一百八十二里，廣五十六里。

二年春正月，青衣蠻夷、堂律等歸義。冬十月，安定太守杜恢與司馬鈞并威擊羌，

1. 志在《御覽》卷91頁7a，總頁438。
2. 紀昀云：范書《帝紀》李賢《注》引是書云：「『戰九原高梁谷』。范書『梁』作『渠』，『渠』、『梁』相類，必有誤也。」

恢乘勝深入，至北地靈州丁奚城，爲羌所害，鈞擁兵不救，收下獄。蠻田山、高少等攻城，殺長吏。州郡募五里蠻夷、六亭兵追擊，山等皆降。十二月，賜五里、六亭渠率金帛各有差。

四年春二月，武庫火，燒兵物百二十五種，直千萬以上。冬十二月，虔人種羌大豪恬狼等詣度遼將軍降。

延光二年，九眞言嘉禾生，禾百五十六本，七百六十八穗。

三年，鳳凰集濟南臺丞霍穆舍樹上，賜帛各有差。衛縣木連理，定陵縣木連理。潁川上言麒麟、白鹿見。黄龍見歷城，又見諸縣。

四年春三月，幸宛還，帝崩于葉。帝在位十九年，時年三十二。御車所止，飲食、百官、鼓漏、起居、車騎、鹵簿如故。及還宮，皇后與兄顯，中常侍江京、樊豐等共〔興〕爲詐，不容令群臣知帝道崩，欲僞道得病，遣司徒等分詣郊廟社稷，告天請命，誣罔靈（祗）〔祇〕，以亡爲存。其夕發喪，群僚百姓，如喪考妣，塞外蠻夷，致祭涕泣。葬恭陵[1]。

3.2 《敬宗孝順皇帝》

孝順皇帝諱保，孝安皇帝長子也。母早薨，追諡恭愍皇后。帝幼有簡厚之質，體有敦愨之性，寬仁溫惠。始入小學，誦《孝經》章句，和熹皇后甚嘉之，以爲宜奉大統。年六歲，永寧元年，爲皇太子。受業《尙書》，兼資敏達。初，乳母王男、廚監邴吉爲大長秋江京、中常侍樊豐等所譖愬，殺之，太子數爲歎息。京等懼有後害，遂共構陷太子，太子坐廢爲濟陰王[2]。明年三月，安帝崩，北鄉侯即尊位。王廢黜，不得上殿臨棺，而悲哀泣血，不下餐粥。北鄉侯薨，車騎將軍閻顯等議：「前不用濟陰王，今用怨（入）〔人〕。」白閻太后，復徵立諸王子，˹閉宮門，屯兵自守˺[3]。中黄門孫程等十九人共討賊臣江京等，以迎濟陰王于德陽殿西鍾下，即皇帝位。司空劉授以阿附惡逆，辟召非其人，策免。

永建元年，太傅馮石、太尉劉熹以阿黨權貴，李郃以人多疾疫免。

---

1. 參見《御覽》卷91。　2. 紀昀云：此延光三年事。
3. 閉門發兵《御覽》卷91頁1a，總頁439。

三年，太傅桓焉以無清介辟召，策罷。

四年，漢陽率善都尉蒲密因桂陽太守文礱獻大明珠。詔曰：「海內頗有災異，而礱不惟竭忠，而遠獻明珠，[1]以求媚。」令封珠還蒲密。太尉劉光、司空張皓以陰陽不和，久託病，策罷。司徒許敬爲陵轢使（官）〔者〕策罷，（二）〔以〕千石祿終身。六年，葉調國王遣使師會詣闕貢獻，以師會爲漢歸義葉調邑君，賜其君紫綬，及撣國王雍由亦賜金印紫綬。陽嘉元年，望都、蒲陰狼殺子女九十七人，爲不祠北嶽所致。詔曰：「政失厥中，狼災爲應，至乃踐食孤幼。博訪其故，山嶽尊靈，國所望秩，而比不奉祠，淫刑放濫，害加孕婦也。」

二年，汝南童子謝廉、河南童子趙建，年十三，各通一經。以太學初繕，召而至，皆除郎中。疏勒國王盤遣使文時詣闕，獻師子、封牛。

四年，太尉施延以選舉貪汙，策罷。零陵言日食，京師不覺。詔曰：「朕以不德，謫見于天。」

永和六年冬十二月詔：「故將軍馬賢，前伐西夷，克敵深入，父子三人同命，其以漢中南鄭之武陽亭封賢孫承先爲武陽亭侯，食租稅。」

漢安元年，以遠近獻馬衆多，園廄充滿，始置承華廄令，秩六百石。其九十家不自存，詔賜錢廩穀[2]。秋八月，遣侍中杜喬、光祿大夫周舉等八人分行州郡，頒宣風化，舉實臧否。

二年，詔禁民無得酤賣酒麴。

建康元年秋八月，帝崩于玉堂前殿，在位十九年，時年三十。遺詔無起寢廟，衣以故服，珠玉玩好皆不得下，務爲節約。葬憲陵。〔廟曰敬宗〕[3]。

有司奏言：「孝順皇帝宏秉聖哲，龍興統業，稽乾則古，欽奉鴻烈。寬裕晏晏，宣恩以極，躬自菲薄，以崇玄默。遺詔貽約，顧念萬國。衣無製新，玩好不飾。塋陵損

1．不推忠竭誠，而喻明珠之瑞《事類賦注》卷19頁189。

2．紀昀云：此十二字見劉昭《五行志注》，上有闕文。據《志》，漢安元年三月，雒陽劉漢等百九十七家爲火所燒，蓋一事也。

3．參見《御覽》卷92。

狹，不起寢廟，遵履前制，敬敕慎終，有始有卒。《孝經》曰：『愛敬盡于事親，而德教加于百姓。』《詩》云：『敬慎威儀，惟民之則。』臣請上尊號曰敬宗廟，天子世世獻奉，藏主（袷）〔祫〕祭，進《武德》之舞，如祖宗故事。」露布奏可[1]。

3.3 《孝沖皇帝》

孝沖皇帝諱炳，順帝之少子也。年三歲，是時皇太子數不幸，國副未定，有司上言宜建聖嗣。建康元年夏四月，立爲太子。順帝崩，太子即帝位，尊皇后梁氏爲皇太后。帝幼弱，太后臨朝。

永嘉元年春正月，帝崩于玉堂前殿，在位一年，葬懷陵[2]。

3.4 《孝質皇帝》

孝質皇帝諱纘，章帝玄孫，千乘貞王之曾孫，樂安王孫，渤海王子也。年八歲，茂質純淑，好學尊師，有聞于郡國。孝沖帝崩，徵封建平侯，即皇帝位。九江賊馬勉敗死，傳勉頭及所帶玉印、鹿皮冠、黃衣詣雒陽，詔懸夏城門外，章示百姓。

本初元年夏閏六月，帝崩于玉堂前殿，在位一年，時方九歲，葬靜陵[3]。

3.5 《威宗孝桓皇帝》

孝桓皇帝諱志，章帝曾孫，河間孝王孫，蠡吾侯翼之長子也，母曰匽夫人。年十四，襲爵，始入，有殊于人，梁太后欲以女弟妃之。本初（三）〔元〕年四月，徵詣雒陽。既至，未及成禮，會質帝崩，無嗣，太后密使瞻察威儀才明，任奉宗廟，遂與兄冀定策于禁中，迎帝即位，時年十五。太后猶臨朝，御卻非殿。改元建和[4]。

建和元年，芝〔草〕生中黃〔藏府〕[5]。

永興二年，光祿勳府吏舍夜壁下忽有氣，掘之，得玉玦，各有鉤，長七寸三分，玦

1. 參見《續漢書・祭祀志》劉昭《注》。 2. 參見《御覽》卷92。
3. 參見《御覽》卷92。 4. 參見《御覽》卷92。
5. 參見《御覽》卷985。

周五寸四分，身中皆有雕鏤。詔司隸：「蝗水爲災，五穀不登，令所傷郡國皆種蕪菁，以助民食。」

延熹元年，初置鴻德苑。

二年，大將軍梁冀輔政，縱橫爲亂。帝與中常侍單超等五人共謀誅之，于是封超等爲五侯。〔五侯〕暴恣日甚，毒流天下。司徒韓縯、司空孫朗並坐不衛宮，止長壽亭，減罪一等，以爵贖之。初置秘書監，掌典圖書，古今文字，〔考〕合異同。

三年，白馬令李雲坐直諫誅。

四年，京師雨雹，大如雞子。

五年，長沙賊攻沒蒼梧，取銅虎符，太守甘定、刺史侯輔各奔出城。賊乘刺史車，屯據臨湘，居太守舍。賊萬人以上屯益陽，殺長吏。以京師水旱疫病，帑藏空虛，虎賁、羽林不任事者住寺，減半奉。

七年冬十月，上幸雲夢，至新野公主、壽張敬侯廟。詔曰：「存善繼絕，實藉德貞。武騎都尉樊演高祖父重，以光武皇帝元舅，扶助中興，追封壽張侯，謚曰敬，祖父茂封冠軍平望鄉侯，五國並建，其二絕者祠之[1]。」

八年，妖賊蓋登稱「大皇帝」，有（壁）〔璧〕二十，珪五，鐵券十一，後伏誅。

九年，戴異鉏田得金印，到廣陵以與龍尙。名臣少府李膺等並爲閹人所譖，〔誣爲黨人〕，下獄死[2]。

永康元年，西河言白兔見[3]。

帝好音樂，善琴笙[4]。

1. 紀昀云：新野公主，光武姊元也，嫁鄧晨，詔中不及祠之之意，當有闕文。
2. 參見《御覽》卷92。紀昀云：膺等之死，在靈帝建寧二年，是時但以鉤黨下獄，此蓋通後事言之。 3. 參見《類聚》卷99。
4. 參見孔廣陶本《書鈔》卷110。

立黃老祠北宮濯龍中，以文罽爲壇，飾淳金銀器，彩色眩耀，祠用三牲，大官飾珍饌，作倡樂，以求福祥也。在位二十一年崩，年三十六[1]。

3.6 《孝靈皇帝》

建寧元年，帝到夏門外萬壽亭，群臣謁見[2]。

二年，故太僕杜密、故長樂少府李膺各爲鉤黨。尚書（白）〔曰〕下本州考治。時上年十三，問諸常侍曰：「何鉤黨？」諸常侍對曰：「鉤黨人即黨人也。」即可其奏[3]。

熹平元年，會稽許昭聚眾自稱大將軍，立父生爲越王，攻破郡縣[4]。

二年，陳行相師遷奏，沛相魏愔，前爲陳相，與陳王寵交通[5]。

四年，使中郎將堂谿典請雨，‵因上言復崇高山爲嵩高山‵[6]。

光和元年，有白衣人入德陽殿門，言「梁伯夏教我上殿」，與中黃門桓賢語，因忽不見[7]。

有黑氣墮所御溫明殿庭中，如車蓋隆起，奮迅，五色，有頭，體長十餘丈，形貌似龍[8]。

四年初，置騄驥廄，丞領受郡國調馬[9]。

五年，帝起四百尺觀于阿亭道。

1. 參見《御覽》卷92。
2. 參見《後漢書》卷8《靈帝紀》李賢《注》。紀昀云：此帝由解瀆亭侯迎入繼統，初〔到〕。攷范書《帝紀》實在是年正月己亥，次日庚子即位，改元建寧。
3. 參見《文選》卷50范曄《宦者傳論》李善《注》。
4. 參見《後漢書》卷8《靈帝紀》李賢《注》。
5. 參見《後漢書》卷8《靈帝紀》李賢《注》。
6. 參見《後漢書》卷8《靈帝紀》李賢《注》。今標點本《後漢書・靈帝紀》李賢《注》作「因上言改之，名爲嵩高山。」
7. 參見《後漢書》卷8《靈帝紀》李賢《注》。
8. 參見《後漢書》卷8《靈帝紀》李賢《注》。
9. 參見《御覽》卷191。

中平二年，造萬金堂于西園。

三年，又造南宮玉堂，築廣成苑。

鑄黃鐘二千斛，懸于嘉德端門內[1]。

4 東觀漢記卷四年表

4.1 《百官表》

太尉掌邦[2]，冊皇太子捧上其璽綬[3]。

司空、唐虞之官也，金印紫綬[4]。

竇憲作大將軍，置長史，司馬員吏官屬，位次太傅[5]。

大將軍出征，置中護軍一人[6]。

其將軍不常置[7]，比公者又有驃騎將軍[8]。建武二十年，復置驃騎將軍，位次公[9]，有長史一人[10]。

度遼將軍司馬二人[11]。

1. 參見孔廣陶本《書鈔》卷108。 2. 紀昀云：此下有闕文。
3. 參見《唐類函》卷35。吳樹平以爲此則《唐類函》所據乃《漢百官表》，未必是《東觀漢記・百官表》，因此不錄。
4. 參見孔廣陶本《書鈔》卷52。吳樹平以爲此則孔廣陶本《書鈔》所引乃出《漢書・百官公卿表》，因此不錄。
5. 參見《續漢書・百官志一》劉昭《注》。紀昀云：「司馬彪《百官志》：長史、司馬皆一人千石。」 6. 參見《續漢書・百官志一》劉昭《注》。
7. 紀昀云：《百官志》將軍掌征伐、背叛，事訖罷。安帝以後大將軍始常設。
8. 紀昀云：司馬彪《百官志注》：比公者四；第一大將軍，次驃騎將軍，次車騎將軍，次衛將軍。
9. 紀昀云：司馬彪《百官志》：明帝以東平王蒼爲驃騎將軍，以王故，位在公上。
10. 參見《類聚》卷48。紀昀云：將軍、長史皆千石。
11. 參見《續漢書・百官志一》劉昭《注》。紀昀云：司馬彪《百官志》：明帝初置度遼將軍。劉昭《注》引應劭《漢官儀》曰：度遼將軍、秩二千石，長史、司馬，六百石。

章帝又置（祝）〔祀〕令、丞，延光元年省[1]。

大鴻臚，漢舊官，建武元年復置[2]。屬官有丞一人[3]、大行丞一人[4]，大行丞有治禮員四十七人[5]，主齋祠儐贊九賓之禮。又有公室，主稠中都官斗食以下，功次相補[6]。

鴻臚三十六人，其陳寵、左雄、朱寵、龐参、施延並遷公[7]。

其主薨無子，置傅一人守其家[8]。

桓帝延熹元年三月己酉，置鴻德苑，置令。秩六百石[9]。

州牧刺史，漢舊官，建武元年復置牧，十八年改爲刺史，督二千石[10]。

交趾刺史，持節[11]。

其紹封削絀者，中尉、內史官屬亦以率減[12]。

印綬。漢制：公、侯紫綬。九卿青綬。建武元年，復設諸侯王金璽綟綬，公、侯金印紫綬。九卿、執金吾、河南尹秩皆中二千石，大長秋、將作大匠、度遼諸將軍、郡太守、國傅相皆秩二千石，校尉、中郎將、諸郡都尉、諸國行相、中尉、內史、中護軍、司直[13]秩皆比二千石，以上皆銀印青綬。中外官尚書令、御史中丞、治書侍御史[14]、公

1. 參見《續漢書・百官志二》劉昭《注》。紀昀云：此太常屬官。
2. 紀昀云：司馬彪《百官志》：大鴻臚卿一人，中二千石。
3. 紀昀云：司馬彪《百官志》：丞一人，比千石。
4. 紀昀云：司馬彪《百官志》：大行令一人，六百石，丞一人。
5. 紀昀云：「治禮員」、司馬彪作「治禮郎」。
6. 參見《唐類函》卷47。
7. 參見《初學記》卷12。
8. 參見《續漢書・百官志三》劉昭《注》。紀昀云：司馬彪《百官志》：諸公主，每主家令一人，六百石。丞一人，三百石。此宗正官屬。
9. 參見《玉海》卷171。紀昀云：此少府官屬。
10. 參見《御覽》卷254。
11. 參見《續漢書・百官志五》劉昭《注》。紀昀云：司馬彪《百官志》：外十有二州每州刺史一人，六百石。彪自注曰：「刺史常以八月巡行所部郡國，錄囚徒，攷殿最。」攷諸州刺史皆不持節，而交趾獨持節，以所部絕遠，故重其事權也。以上州部官。
12. 參見《續漢書・百官志》五劉昭《注》。紀昀云：司馬彪《百官志》：皇子封王，其郡爲國，每國置傅一人，相一人，皆二千石。中尉一人，比二千石，其下又有郎中令之屬。以上諸王國官屬。
13. 紀昀云：司馬彪《百官志注》：世祖即位，以武帝故事，置司直，居丞相府，助督錄諸州。建武十八年省。
14. 紀昀云：司馬彪《百官志》：治書侍御史六百石，與此異。

將軍長史、中二千石丞[1]、正、平、諸司馬、中官王家僕、雒陽令秩皆千石，尚書、中謁者[2]、黃門冗從四僕射[3]、諸都監、中外諸都官令、都（候）〔侯〕[4]、司農部丞、郡國長史、丞[5]、（候）〔侯〕、司馬、千人秩皆六百石，家令、侍、僕秩皆六百石，雒陽市長秩四百石，主家長秩皆四百石，以上皆銅印黑綬。諸署長、楫櫂丞秩三百石；諸秩千石者，其丞、尉皆秩四百石；秩六百石者，丞、尉秩三百石；四百石者，其丞、尉秩二百石。縣國丞、尉亦如之。縣、國三百石長〔相〕，丞、尉亦二百石。明堂、靈臺丞、諸陵校長秩二百石，丞、尉校長以上皆銅印黃綬。縣國守宮令、相或千石或六百石，長相或四百石或三百石，長相皆以銅印黃綬。而有秩者[6]侍中、中常侍、光祿大夫秩皆二千石[7]，太中大夫秩皆比二千石，諫議大夫、侍御史、博士皆六百石，議郎、中謁者秩皆比六百石[8]，小黃門、黃門侍郎、中黃門秩皆比四百石[9]，郎中秩皆比三百石，太子舍人秩二百石[10]。

4.2 《諸王表》原闕

4.3 《王子侯表》原闕

4.4 《功臣表》原闕

4.5 《恩澤侯表》[11]原闕

1. 紀昀云：司馬彪《百官志》：凡中二千石，丞比千石。與此異。
2. 紀昀云：司馬彪《百官志》：大長秋之屬，有中宮謁者令一人，六百石。謁者三人，四百石。此文疑有脫字。
3. 紀昀云：司馬彪《百官志》：少府屬：有中黃門冗從僕射一人。又有尚書僕射一人，大長秋屬。又有中宮黃門冗從僕射一人，秩皆六百石。
4. 紀昀云：司馬彪《百官志》：衛尉屬：左右都侯各一人，六百石。
5. 紀昀云：司馬彪《百官志》：每郡丞一人，郡當邊戍者，丞爲長史。
6. 紀昀云：司馬彪《百官志》：每縣邑道大者置令一人千石，其次置長四百石，小者置長三百石，侯國之相秩次亦如之。
7. 紀昀云：司馬彪《百官志》：侍中、光祿大夫皆比二千石，中常侍本千石，後增比二千石，與此異。
8. 紀昀云：司馬彪《百官志》：議郎六百石，與此異。中謁者已見前，稱秩六百石，此謂比六百石，尤自相違戾。
9. 紀昀云：司馬彪《百官志》：小黃門侍郎皆六百石，中黃門比百石，後增比三百石。
10. 參見《續漢書・輿服志下》劉昭《注》。紀昀云：劉知幾《史通》謂此表爲崔寔、曹壽、延篤所作，今與司馬彪《百官志》參攷，文多不同。如《志》云：諸侯王赤綬，而此云緱綬；又如王國內史、上林楫櫂丞係西漢官名，東漢都從裁省，丞相司直亦于建武十八年省去，而篇中具列之。蓋司馬彪之《志》本之胡廣所《注》王隆《漢官篇》，多順帝以後所更改，而此表則述建武永平間舊制也。
11. 紀昀云：以上四篇全闕，今存其目。

5 東觀漢記卷五志

5.1 《地理志》

蕭何墓在長陵東司馬門道北百步[1]。

霍光墓在茂陵東司馬門道南四里[2]。

蛇邱有芳陘山[3]。

東緡，縣名，屬山陽郡[4]。

西海有勝山[5]。

秦時改爲太末[6]，有龍邱山在東，有九石特秀，色丹，遠望如蓮華。萇之隱處有一巖穴如窗牖，中有石床，可寢處[7]。

建安二十年，復置漢寧郡，分漢中之安陽、西城[8]。又分錫、上庸爲上庸郡，置都尉[9]。

安帝即位之年，分高顯、候城、遼陽屬玄（菟）〔菟〕[10]。

---

1. 參見《史記》卷53《蕭相國世家·集解》。紀昀云：長陵屬京兆尹。
2. 參見《後漢書》卷2《明帝紀》李賢《注》。紀昀云：茂陵屬右扶風。以上司隸校尉所屬。
3. 參見《續漢書·郡國志三》劉昭《注》。紀昀云：蛇邱縣屬濟北國。
4. 參見《後漢書》卷17《馮異傳》李賢《注》。紀昀云：以上兗州刺史部所屬。
5. 參見《續漢書·郡國志三》劉昭《注》。紀昀云：西海縣屬瑯琊國。以上徐州刺史部所屬。
6. 紀昀云：太末縣屬會稽郡，此句之上當有闕文。攷司馬彪《郡國志》劉昭《注》：太末、《左傳》謂姑蔑。
7. 參見王先謙《集解》本《後漢書》卷76《循吏任延傳》李賢《注》。紀昀云：司馬彪《郡國志》劉昭《注》引《東陽記》一條文引此段，又云：「巖前有一桃樹，其實甚甘，非山中自有，莫知誰植。」
8. 紀昀云：「司馬彪《郡國志》劉昭《注》：西城下曰：『《巴漢志》云：漢末以爲西城郡。』不言屬漢寧。」
9. 紀昀云：以上益州刺史部所屬。
10. 參見《續漢書·郡國志五》劉昭《注》。紀昀云：司馬彪《郡國志》：高顯等三縣本屬遼東郡，以上幽州刺史部所屬。

九眞俗燒草種田[1]。

永興元年，鄉三千六百八十一，亭萬二千四百四十三。

5.2 《律（歷）〔曆〕志》

凡律所革，以變律呂，相生至六十。

5.3 《禮志》

漢承秦滅學，庶事草創，明堂、辟雍闕而未舉。武帝封禪，始立明堂于泰山[2]，猶不于京師。元始中，王莽輔政，〔庶績復古〕，乃起明堂、辟雍[3]。

5.4 《樂志》

漢樂四品：一曰大予樂，典郊廟、上陵殿諸食舉之樂。郊樂，《易》所謂「先王以作樂崇德，殷薦上帝[4]。」《周官》：「若樂六變，則天神皆降，可得而禮也[5]。」宗廟樂，《虞書》所謂「琴瑟以詠，祖考來假[6]。」《詩》云：「肅雍和鳴，先祖是聽[7]。」食舉樂，《王制》謂「天子食舉以樂。」《周官》：「王大食則命奏鐘鼓。」二曰周頌、雅樂，典辟雍、饗射、六宗、社稷之樂。辟雍、饗射，《孝經》所謂「移風易俗，莫善于樂[8]。」《禮記》曰：「揖讓而治天下者，禮樂之謂也[9]。」社稷，〔《詩》〕所謂「琴瑟擊鼓，以御田祖[10]」者也。《禮記》曰：「夫樂施于金石，越于聲音，用乎宗廟、社稷，繫乎山川、鬼神[11]。」此之謂也。三曰《黃門鼓吹》，天子所以宴樂群臣，《詩》所謂「坎坎鼓我，蹲蹲舞我[12]」者也。其《短簫鐃歌》，軍樂也。其《傳》曰：

1. 紀昀云：司馬彪《郡國志》：九眞郡統縣五曰：西卷、朱吾、盧容、象林、比景，以上交趾刺史部所屬。
2. 紀昀云：歐陽詢《藝文類聚》作「孝武封岱宗，立明堂于泰山汶上。」
3. 參見《御覽》卷533。
4. 引文見《易・豫卦・象傳》頁49，今本《易》「薦」下有「之」字。
5. 引文見《周禮・春官・大司樂》頁342，今本《周禮》「也」作「矣」。
6. 引文見《尚書・益稷》頁72，今本《書》「假」作「格」。
7. 引《詩》見《詩・周頌・有瞽》頁732-733，今本《詩》「雍」作「雝」。
8. 引文見《孝經・廣要道章》頁43，今本《孝經》「于」作「於」。
9. 引文見《禮記・樂記》頁668。 10. 引《詩》見《詩・小雅・甫田》頁468。
11. 引文見《禮記・樂記》頁669。今本《禮》作「若夫禮樂之施於金石，越於聲音，用於宗廟、社稷，事乎山川、鬼神。」
12. 引《詩》見《詩・小雅・伐木》頁329。

黃帝岐伯所作，以建威揚德，風勸士也。蓋《周官》所謂「王〔師〕大獻則令凱樂[1]。」「軍大獻則令凱歌[2]」也。孝章皇帝親著歌詩四章，列在食舉，又制雲臺十二門詩，各以其月祀而奏之。熹平四年正月中，出雲臺十二門新詩，下大予樂官習誦，彼聲，與舊詩並行者，皆當撰錄，以成《樂志》[3]。

國家離亂，大廈未安，黃門舊有鼓吹，今宜罷去[4]。

5.5 《郊祀志》

建武三十年，太尉趙憙上言曰：「自古帝王，每世之隆，未嘗不封禪。陛下聖德洋溢，順天行誅，（廢）〔撥〕亂中興，作民父母，修復宗廟，救萬姓命，黎庶賴福，海內清平。功成治定，群司禮官咸以爲宜登封告成，爲民報德。百王所同，當仁不讓。宜登封岱宗，正三雍之禮，以明靈契，望秩群神，以承天心〔也〕[5]。」

三十二年[6]，群臣奏言：「登封告成，爲民報德，百王所同。陛下輒拒絕不許，臣下不敢頌功述德業。謹按《河》《雒》讖書，赤漢九世，當巡封泰山，凡三十六事，傅奏左帷。陛下遂以仲月令辰，遵岱嶽之正禮，奉《圖》《雒》之明文，以和靈瑞，以爲兆民。」上曰：「至泰山乃復議。國家德薄，災異仍至，圖讖蓋如此[7]。」

上東巡狩，至泰山，有司復奏《河》《雒》圖記表章赤漢九世尤著明者，前後凡三十六事。與博士充等議，以爲「殷統未絕，黎庶繼命，高宗久勞，猶爲中興。武王因父，受命之列，據三代郊天[8]，因孔子甚美其功，後世謂之聖王。漢統中絕，王莽盜位，一民莫非其臣，尺土靡不其有，宗廟不祀，十有八年。陛下無十室之資，奮振于匹夫，除殘去賊，興復祖宗，集就天下，海內治平，夷狄慕義，功德盛于高宗、（宣）

1. 引文見《周禮・春官・大司樂》頁345，今本《周禮》作「王師大獻則令奏愷樂。」
2. 引文見《周禮・春官・鎛師》頁367，今本《周禮》作「軍大獻則鼓其愷樂。」
3. 參見《續漢書・禮儀志中》劉昭《注》。
4. 參見孔廣陶本《書鈔》卷130，作「黃門鼓吹，曷有燕樂之志，欲罷黃門鼓吹。」
5. 參見《續漢書・祭祀志上》劉昭《注》。紀昀云：司馬彪《祭祀志》載《光武詔書》云：「即位三十年，百姓怨氣滿腹，吾誰欺，欺天乎？曾謂泰山不如林放，何事汙七十二代之編錄！桓公欲封，管仲非之。若郡縣遠遣吏上壽，盛稱虛美，必髡，兼令屯田。」從此群臣不敢復言。 6. 紀昀云：是年改元中元元年。
7. 參見《續漢書・祭祀志上》劉昭《注》。紀昀云：司馬彪《祭祀志》：三十二年正月，上齋，夜讀《河圖會昌符》，曰：「赤劉之九，會命岱宗。不愼克用，何益于承。誠善用之，姦僞不萌。」感此文，乃詔松等復案索《河雒》讖文言九世封禪事者。松等列奏，乃許焉。 8. 紀昀云：二句疑有脫誤。

〔武〕王。宜封禪爲百姓祈福。請親定刻石紀號文，太常奏儀制。」詔曰：「（在）〔許〕。昔小白欲封，夷吾難之；季氏欲旅，仲尼非焉。蓋齊諸侯，季氏大夫，皆無事于泰山。今予末小子，巡祭封禪，德薄而任重，一則以喜，一則以懼。喜于得承鴻業，帝堯善及子孫之餘賞，蓋應圖籙，當得是〔當〕。懼于過差，執德不弘，信道不篤，爲議者所誘進，後世知吾罪深矣[1]。」

封禪，其玉牒文秘，天子事也[2]。

明帝宗祀五帝于明堂，光武皇帝配之[3]。

孝成時，匡衡奏立北郊，復祠六宗。至建武都雒陽，制郊祀，六宗廢不血食，大臣上疏謂宜復舊。上從公卿議，由是遂祭六宗[4]。

章帝元和二年詔曰：「經稱『秩元祀，‧咸秩無文‧[5]。』《祭法》：『‧功施于民則祀之；以死勤事則祀之；以勞定國則祀之；能禦大災則祀之。以日月星辰，民所瞻仰也；山林川谷邱陵，民所取財用也。非此族也，不在祀典‧[6]。』《傳》曰：『聖王先成民而後致力于神[7]。』又曰：『山川之神，則水旱癘疫之災，于是乎禜之。日月星辰之神，則雪霜風雨之不時，于是乎禜之[8]。』孝文十二年令曰：『比年五穀不登，欲有以增諸神之祀。』《王制》曰：『山川神祇有不舉者，爲不敬[9]。』今恐山川百神應典祀者尚未盡秩，其議增修群祀宜享祀者，以祈豐年，以致嘉福，以蕃兆民。《詩》不云

1. 參見《續漢書・祭祀志上》劉昭《注》。紀昀云：范書《光武紀》：「中元元年二月己卯，幸魯，進幸泰山。辛卯，柴望岱宗，登封泰山。甲午，禪于梁父。」攷司馬彪《祭祀志》：辛卯、二十二日，甲午、二十五日也。
2. 參見《文選》卷5左思《吳都賦》李善《注》。紀昀云：以上封禪。
3. 紀昀云：司馬彪《祭祀志》：永平二年始行此禮，以上明堂。
4. 紀昀云：司馬彪《祭祀志》：「安帝元初六年，以《尚書》歐陽家說，謂六宗者在天地四方之中，爲上下四方之宗。三月庚辰，初更立六宗，祠于雒陽西北戌亥之地，（祀）〔禮〕比大社。」劉昭《注》引《李氏家書》云：司空李郃侍祠，不見六宗祠，奏曰：「《尚書》『肆類于上帝，禋于六宗。』六宗，上不及天，下不及地，旁不及四方，在六合之中，助陰陽，化成萬物。漢初甘泉、汾陰祀天地亦禋六宗。孝成時，匡衡奏復南北郊祀，復祀六宗。及王莽謂六宗，即《易》六子。建武制祀六宗，廢不血食，宜復舊制。」詔下公卿議。議可者三十六人，議不可者二十四人。上從郃議，以上六宗。
5. 此句見《尚書・洛誥》頁228。
6. 引文見《禮記・祭法》頁802作「法施於民則祀之；以死勤事則祀之；以勞定國則祀之；能禦大菑則祀之；能捍大患則祀之……及夫日月星辰，民所瞻仰也；山林川谷丘陵，民所取財用也。非此族也，不在祀典。」「功」作「法」，「以」作「及夫」。
7. 引文見《左傳・桓公六年》頁110，「于」作「於」。
8. 引文見《左傳・昭公元年》頁706，「于」並作「於」。
9. 引文見《禮記・王制》頁226。

乎：「懷柔百神，及河喬嶽[1]。」有年報功，不私幸望，豈嫌同辭，其義一焉[2]。」

永平三年八月丁卯，公卿奏議世祖廟登歌《八佾》舞（功）名[3]。東平王蒼議，以爲漢制舊典，宗廟各奏其樂，不皆相襲，以明功德。秦爲無道，殘賊百姓，高皇帝受命誅暴，元元各得其所，萬國咸熙，作《武德》之舞。孝文皇帝躬行節儉，除誹謗，去肉刑，澤施四海，孝景皇帝制《昭德》之舞。孝武皇帝功德茂盛，威震海外，開地置郡，傳之無窮，孝宣皇帝制《盛德》之舞。光武皇帝受命中興，撥亂反正，武暢方外，震服百蠻，戎狄奉貢，宇內治平，登封告成，脩建三雍，肅穆典祀，功德巍巍，比隆前代。以兵平亂，武功盛大。歌所以詠德，舞所以象功，世祖廟樂名宜曰《大武》之舞。《元命包》曰：「緣天地之所雜樂爲之文典。」文王之時，民樂其興師征伐，而詩人稱其武功。《（樞）〔琁〕機鈐》曰：「有帝漢出，德洽作樂。」各與虞《韶》、禹《夏》、湯《濩》、周《武》無異，不宜以名舞。《叶圖徵》曰：「大樂必易。」《詩傳》曰：「頌言成也，一章成篇，宜列德，故登歌《清廟》一章也。」《漢書》曰：「百官頌所登御者，一章十四句。」依書《文始》、《五行》、《武德》、《昭德》、《盛德》修之舞，節損益前後之宜，六十四節爲（武）〔舞〕，曲副八佾之數。十月烝祭始御，用其《文始》、《五行》之舞如故。（勿）進《武德舞歌詩》曰：「於穆世廟，肅雍顯清，俊乂翼翼，秉文之成。越序上帝，駿奔來寧，建立三雍，封禪泰山，章明圖讖，放唐之文。休矣惟德，罔射協同，本支百世，永保厥功。」詔書曰：「驃騎將軍議可。」進《武德》之舞如故[4]。

章帝初即位，賜東平憲王蒼書曰：「朕夙夜伏思，念先帝躬履九德，對于八政勞謙克己終始之度，比放三宗誠有其美。今迫遺詔，誠不起寢廟，臣子悲結，僉以爲雖于更衣，猶宜有所宗之號，以克配功德。宗廟至重，朕幼無知，寤寐憂懼。先帝每有著述典義之事，未嘗不延問王，以定厥中。願王悉明處，乃敢安之。公卿議駁，今皆并送。及有可以持危扶顚，宜勿隱。思有所承，公無困（我）〔哉〕。」太尉憙等奏：「禮、祖有功，宗有德。孝明皇帝功德茂盛，宜上尊號曰顯宗，四時袷食于世祖廟，如孝文皇帝在高廟之禮，奏《武德》、《文始》、《五行》之舞。」蒼上言：「昔者孝文廟樂曰《昭德》之舞，孝武廟樂曰《盛德》之舞，今皆袷食于高廟，《昭德》、《盛德》之舞

1. 引《詩》見《周頌・時邁》頁719
2. 參見《續漢書・祭祀志中》劉昭《注》。紀昀云：是時章帝將東巡狩，故有是詔。以上群祀。　3. 紀昀云：功字疑衍。
4. 參見《續漢書・祭祀志下》劉昭《注》。紀昀云：司馬彪《祭祀志》劉昭《注》引蔡邕《表志》云：孝明立世祖廟，以明再受命祖有功之義，後嗣遵儉，不復改立，皆藏主其中。聖明所制，一王之法也。自執事之吏，下至學士，莫能知其所以兩廟之意，誠宜具錄本事。建武乙未、元和丙寅詔書，下宗廟儀及齋令，宜入《郊祀志》，永爲典式。

不進，與高廟同樂。今孝明皇帝主在世祖廟，當同樂，盛德之樂無所施；如自立廟當作舞樂者，不當與世（祖）〔宗〕廟《盛德》之舞同名[1]，即不改作舞樂，當進《武德》之舞。臣愚戇鄙陋，廟堂之論，誠非所當聞、所宜言。陛下體純德之妙，奮至謙之意，猥歸美于載列之臣，故不敢隱蔽愚情，披露腹心。誠知愚鄙之言，不可以（向）仰四門賓于之議。伏惟陛下以至德當成、康之隆，天下乂安刑措之時也。（陛下）〔百姓〕盛歌元首之德，股肱貞良，庶事寧康。臣欽仰聖化，嘉美盛德，危顛之備，非所宜稱。」上復報曰：「有司奏上尊號曰顯宗，藏主更衣，不敢違詔。祫食世祖，廟樂皆如王議。以正月十八日始祠。仰見榱桷，俯視几筵，眇眇小子，哀懼戰慄，無所奉承。愛而勞之，所望于王也[2]。」

建初四年八月，上以公卿所奏明德皇后在世祖廟坐位駁議示東平憲王蒼，蒼上言：「文、武、宣、元祫食高廟，皆以后配。先帝所制，典法設張。《大雅》曰：『昭茲來許，繩其祖武。』又曰：『不愆不忘，率由舊章。』明德皇后宜配孝明皇帝[3]。」

永初六年，皇太后入宗廟，于世祖廟與皇帝交獻薦，如光烈皇后故事[4]。

5.6 《車服志》

天子行有罼罕[5]。

永平二年正月，公卿議（舉）〔春〕南北郊，東平王蒼議曰：「孔子曰：『行夏之時，乘殷之輅，服周之冕。』爲漢制法。高皇帝始受命創業，制長冠以入宗廟。光武受命中興，建明堂，立辟雍。陛下以聖明奉遵，以禮服龍袞，祭五帝。禮缺樂崩，久無祭天地冕服之制。案尊事神（祗）〔祇〕，潔齋盛服，敬之至也。日月星辰，山龍華藻，天王袞冕十有二旒，以則天數；旂有龍章日月，以備其文。今祭明堂宗廟，圓以法天，

1. 紀昀云：前文東平王蒼請名世祖廟舞爲《大武》，詔仍進《武德》之舞，無《盛德》舞之名，此句疑有訛舛。
2. 紀昀云：范書《明帝紀》：「帝遺詔無起寢廟，藏主于光烈皇后更衣別室。」又《章帝紀》：「帝即位，有司奏言：『孝明帝聖德淳茂…宜尊廟曰顯宗，其四時禘祫，于光武之堂，間祀悉還更衣，（其）〔共〕進《武德》之舞，如孝文皇帝祫祭高廟故事。』制曰：『可。』」
3. 參見《御覽》卷531。紀昀云：范書《章帝紀》：「建初四年六月癸丑，皇太后馬氏崩。秋七月壬戌，葬明德皇太后。」此則葬後議祔廟也。司馬彪《祭祀志》劉昭《注》引《謝沈書》一段與此同，末有「與世祖廟，同席而供饌」句，尤爲完密。
4. 參見《御覽》卷531。紀昀云：此和熹鄧皇后也。攷范書《安帝紀》在永初七年。以上宗廟。
5. 參見《文選》卷46顏延年《三月三日曲水詩序》李善《注》。

方以則地，服以華文，象其物宜，以降神明，肅雝備思，博其類也。天地之（祀）〔禮〕，冕冠裳衣，宜如明堂之制[1]。」

武冠、俗謂之大冠[2]。

貴人、相國綠綬，三采，綠紫白[3]，純綠圭。公、（卿）〔侯〕、將軍紫綬，二采，紫白，純紫圭。公主封君同。九卿、中二千石青綬，三采，青白紅，純青圭。千石、六百石黑綬，二采，青紺[4]，純青圭。四百、三百、二百石黃綬，〔一采〕，純黃圭，（一采）。百石青紺綬，一采，宛轉繆織〔圭〕[5]。

孝明帝作蠙珠之佩，以郊祀天地[6]。

5.7 《朝會志》原闕

5.8 《天文志》[7]原闕

6 東觀漢記卷六列傳一外戚

6.1 《光烈陰皇后》

有陰子公者，生子方，方生幼公，公生君孟，名睦，即后之父也[8]。

初，光武適新野，聞陰后美，心悅之。後至長安，見執金吾車騎甚盛，因歎曰：「仕宦當作執金吾，娶妻當得陰麗華。」更始元年，遂納后于宛[9]。

---

1. 參見《續漢書・輿服志下》劉昭《注》。紀昀云：司馬彪《輿服志》：「漢承秦故。郊祀之服皆以袀玄。至顯宗，初服旒冕，衣裳文章，赤舄絇（履）〔屨〕，以祠天地。」其議實自東平發之。
2. 參見《類聚》卷67。紀昀云：司馬彪《輿服志》：武冠、環纓無蕤，以青系爲緄，加雙鶡尾，豎左右，亦名鶡冠。五中郎將、羽林、左右監、虎賁、武騎皆冠之。
3. 紀昀云：司馬彪《輿服志》作「綠紫紺」。
4. 紀昀云：司馬彪《輿服志》作「三采，青赤紺。」 5. 參見《御覽》卷682。
6. 參見孔廣陶本《書鈔》卷128。紀昀云：以上皆志冠服，其車輿闕。
7. 紀昀云：此二篇全闕，今存其目。
8. 參見《後漢書》卷10《光烈陰皇后紀》李賢《注》。
9. 參見《御覽》卷137。

上即位，立爲貴人。上以后性賢仁，宜母天下，欲授以尊位。后輒退讓，自陳不足以當大位[1]。

6.2 《明德馬皇后》

明德皇后嘗久病，至卜者家爲卦，問咎祟所在。卜者卦定釋蓍，仰天歎〔息〕。問之，卜者乃曰：「此女雖年少，後必將貴。遂爲帝妃，不可言也[2]。」

后長七尺二寸，青白色，方口美髮[3]。

爲四起大髻，但以髮成，尙有餘，繞髻三匝，眉不施黛，獨左眉角小缺，補之如粟。常稱疾而終身得意[4]。

永平三年，有司奏〔請〕立長秋宮，以率八妾。上未有所言。皇太后曰：「馬貴人德冠後宮。」遂登至尊。先是數日，〔后〕夢有‧小飛蟲萬數‧[5]隨著身，入皮膚中，復飛（去）〔出〕[6]。

既處椒房，大官上（食）〔飯〕，〔累餚膳備副〕，重加幕覆，輒撤去，〔譴勑令與諸舍相望也〕[7]。不喜出入遊觀，希嘗臨御窗（望）〔牖〕[8]。

袍極麤疏，諸主朝望見，反以爲綺。后曰：「此繒染色好，故直用之[9]。」后嘗有不安，時在敬法殿東廂，上令太夫人及兄弟得入見[10]。

后志在克己輔上，不以私家干朝廷。兄爲虎賁中郎將，〔弟〕爲黃門郎，訖永平世不遷[11]。

時上欲封諸舅，外間白太后，太后曰：「吾自念親屬皆無柱石之功，俗語曰：『時

1. 參見《御覽》卷144。紀昀云：范書《后紀》：建武二年以后固辭尊位，遂立郭后。至十七年乃廢郭后而立后。 2. 參見《御覽》卷727。
3. 參見《初學記》卷10。
4. 參見《後漢書》卷10《明德馬皇后紀》李賢《注》。
5. 小虫飛無數《御覽》卷398頁1a，總頁1837。 6. 參見《御覽》卷398。
7. 參見《御覽》卷847。 8. 參見《御覽》卷188。
9. 參見《御覽》卷816。 10. 參見《初學記》卷24。
11. 參見孔廣陶本《書鈔》卷58。紀昀云：以上明帝時事。

無緒，澆黃土[1]。』」

因詔曰：「吾萬乘之主，身衣大練縑裙，食不求所甘，左右旁人皆無薰香之飾。前過濯龍門，見外家問起居，車如流水，馬如游龍，亦不譴怒，但絕歲用，冀以默止讙耳[2]。」

及上欲封諸舅，太后輒斷絕曰：「吾計之熟矣，勿有疑也。至孝之行，安親爲上。今遭變異，穀價數倍，憂惶晝夜，不安坐臥，而欲封爵，違逆慈母之拳拳。吾素剛急，有胸中氣，不可不順[3]。穰歲之後，惟子之志，吾但當含飴弄孫，不能復知政[4]。」

事太后素謹愼，小感慨輒自責，如平生事舅姑。時新平主家御者失火，及北閣後殿，深以自過，起居不欣。至正月當上原陵，言我守備不精，慚見原陵，不上[5]。

太后置蠶室織室于濯龍中，數往來觀視，以爲娛樂[6]。

廣平、鉅鹿、樂成王在邸，入朝問起居，上望見車騎鞍勒皆純黑，無金銀采飾，馬不踰六尺，于是白太后即賜錢各五百萬。太后詔書流布，咸稱至德，莫敢犯禁[7]。

6.3 《敬隱宋皇后》

敬隱宋后[8]以王莽末年生，遭世倉卒，其母不舉，棄之南山下。時天寒，冬十一月，再宿不死。外家出過于道南，聞有兒啼聲，憐之，因往就視，有飛鳥紆翼覆之，沙石滿其口鼻，能喘，心怪偉之，以有神靈，遂取而持歸養，長至年十三歲，乃以歸宋氏[9]。

時竇皇后內寵方盛，以貴人名族，節操高妙，心內害之，欲爲萬世長計，陰設方

1. 參見《御覽》卷495。
2. 參見《初學記》卷10、孔廣陶本《書鈔》卷139。紀昀云：此下章帝時事。
3. 愼《類聚》卷51頁926。
4. 參見《類聚》卷51。
5. 參見《御覽》卷137。
6. 參見《類聚》卷65。
7. 參見《御覽》卷150。
8. 紀昀云：范書《安帝紀》：建光元年，追尊祖妣宋貴人爲敬隱皇后。
9. 參見《御覽》卷361。紀昀云：范書《清河孝王慶傳》：后、宋昌八世孫，父楊、母王氏，永平末，入太子宮，甚有寵。肅宗即位，爲貴人。生慶，立爲皇太子，慶旋以讒廢。貴人自殺。後殤帝崩，立慶長子祜爲嗣。是爲安帝。

略，讒毀貴人，由是母子見疏。數月，誣奏貴人使婢爲蠱道祝詛，七年，遂被譖暴卒[1]。

6.4 《孝和陰皇后》

孝和陰皇后，聰慧敏達，有才能，善史書。永元二年，選入掖庭，爲貴人，託以先后近屬，故有寵[2]。

6.5 《和熹鄧皇后》

后年五歲，太夫人爲剪髮，夫人年高目冥，并中后額，雖痛、忍不言，一額盡傷。左右怪而問之，后言：「夫人哀我爲斷髮，難傷老人意，故忍之耳[3]。」六歲，諸兄持后髮，后曰：「身體髮膚，受之父母，不敢毀傷，孝之始也，奈何弄人髮乎[4]？」七歲讀《論語》，志在書傳，母常非之曰：「當習女工，今不是務，寧當學博士耶？」后重違母意，晝則縫紉，夜私買脂燭讀經傳，宗族外內皆號曰「諸生」[5]。嘗夢捫天體，蕩蕩正青，滑〔如磄磃〕，有若鍾乳，后仰（噏）〔嗽〕之。以訊占夢，言堯夢攀天而上，湯夢及天舐之，此皆聖王之夢。吉不可言[6]。后遜位，手書謝表，深陳德薄，不足以奉宗廟，充（小）〔少〕君之位[7]。太后賜馮貴人步搖一具[8]。時新遭大憂，法禁未設，宮中亡大珠一篋，主名不立。念欲考問，必有不辜。太后乃親自臨見宮人，一一問閱，察其顏色，開示恩信。宮人盜者，即時首服，不加鞭箠，不敢隱情，宮人驚，咸稱神明[9]。太后臨朝，萬國貢獻，悉令禁絕，歲時但貢紙墨而已[10]。上林鷹犬，悉斥放之[11]。

永初二年[12]三月，京師旱，至五月朔，太后幸洛陽寺，省庶獄，舉冤囚。‣杜令‹[13]不殺人，自誣，被掠羸困，便輿見，畏吏，不敢自理。吏將去，微疾舉頸，若欲有言，

1. 參見《御覽》卷144。
2. 參見《御覽》卷144。
3. 參見《御覽》卷137。
4. 參見《類聚》卷17。
5. 參見《御覽》卷614。
6. 參見《御覽》卷398。紀昀云：范書《后紀》：后以永元八年冬選入掖庭爲貴人。
7. 參見孔廣陶本《書鈔》卷103。紀昀云：范書《后紀》：永元十四年，陰后以巫蠱事廢，后請救不能得，愈稱篤疾，深自閉絕。至冬，立爲皇后，辭讓者三，然後即位。以上和帝時事。
8. 參見《類聚》卷70。紀昀云：范書《后紀》：和帝葬後，宮人並歸園。故后有是賜。
9. 參見《御覽》卷137、卷802。
10. 參見《初學記》卷21。
11. 參見《類聚》卷91。紀昀云：以上殤帝延平元年事。
12. 紀昀云：此下安帝時事。
13. A.徒杜洽《御覽》卷642頁3a，總頁2874 B.杜泠《類聚》卷100頁1724

太后察視覺之，即呼還問狀，遂得申理，即時收令下獄抵罪，尹左遷。行未還宮，澍雨大降[1]。太后雅性不好淫祀[2]。嘗不安，左右憂惶，至令禱祠，願以身代牲。太后聞之，甚怒，即敕令禁止，以爲何故乃有此不祥之言？左右咸流涕，嘆息曰：「太后臨大病，不自顧，而念兆民。」後病遂瘳，豈非天地之應歟[3]？太后自遭大憂，及新野君仍喪，諸兄常悲傷思慕，羸瘦骨立，不能自勝[4]。

6.6 《順烈梁皇后》

永建三年春三月丙申，選入掖庭。相工茅通見之[5]，矍然驚駭，卻，再拜賀曰：「此〔所〕謂日角偃月，相之極貴，臣所未嘗見也。」太史卜之，兆得壽房，又筮之，得《坤》之《比》[6]。順帝陽嘉元年，立爲皇后。是時自冬至春不雨，立后之日，嘉澍沾渥[7]。

6.7 《竇貴人》

竇章女，年十二能屬文，以才貌選〔入〕掖庭，有寵，與梁皇后並爲貴人，早卒。帝追思之，詔史官樹碑頌德，帝自爲之詞[8]。

6.8 《孝崇匽皇后》

申貴人生孝穆皇[9]，趙夫人生孝崇皇，匽夫人生桓帝。帝既立，追謚趙夫人爲穆皇后，匽夫人爲博園貴人。和平元年，桓帝詔曰：「博園匽貴人履高明之懿德，資淑美之嘉會，與天合靈，篤生朕躬，『欲報之德』，《詩》所感歎，今以貴人爲孝崇皇后[10]。」

---

1. 參見《類聚》卷100、《御覽》卷642。
2. 參見《後漢書》卷4《殤帝紀》李賢《注》。
3. 參見《御覽》卷529。
4. 參見《御覽》卷378。紀昀云：范書《后紀》：后以永寧二年三月崩。
5. 紀昀云：茅通、歐陽詢《藝文類聚》作「萊通」。
6. 參見《御覽》卷727。
7. 參見《御覽》卷10。
8. 參見《御覽》卷589。紀昀云：范書《竇章傳》及《太平御覽》「帝」並作「章」。
9. 紀昀云：孝穆皇即章帝子河間孝王開也。開生蠡吾侯翼，翼生桓帝，帝即位追尊河間孝王爲孝穆皇，蠡吾侯爲孝崇皇。
10. 參見《御覽》卷144。

6.9 《孝桓鄧皇后》

孝桓帝鄧后，字猛[1]，父香，早死，母宣改嫁爲掖庭民梁紀妻。紀者、襄成縣君孫壽之舅也。壽引進令入掖庭，得寵爲貴人，故冒姓爲梁氏[2]。

7 東觀漢記卷七列傳二宗室

7.1 《齊武王縯》

縯字伯升[3]，伯升進圍宛，莽素震其名，大懼，使畫伯升像于埻，旦起射之。平陵後部攻新野，不下，宰潘臨登城言曰：「得司徒劉公一言，願先下。」及伯升軍至，即開門降。伯升作攻城關車，上曰：「地車不可用，誰當獨居此上者？」伯升曰：「此兵法也。」上曰：「兵法但有所圖畫者，實不可用。」伯升遂作之。後有司馬犯軍令，當斬，坐關車上[4]。

更始遂共謀誅伯升[5]，乃大會諸將，以成其計。更始取伯升寶劍視之，繡衣御史申屠建隨獻玉玦，更始竟不能發[6]。

伯升部將宗人劉稷，數陷陣潰圍，勇冠三軍。聞更始立，怒曰：「本起兵圖大事者，伯升兄弟，更始何爲者[7]？」更始聞而心忌之。以稷爲抗威將軍，稷不肯拜。更始乃收稷，將誅之，伯升固爭，并執伯升，即日害之[8]。

有二子。建武二年，立長子章爲太原王，興爲魯王。十一年，徙章爲齊王。十五年，追謚伯升爲齊武王。章少孤，光武感伯升功業不就，撫育恩養甚篤，以其少貴，欲令親吏事，故試守平陰令[9]。

1. 紀昀云：范書《后紀》：后諱猛女。
2. 參見《御覽》卷144。
3. 紀昀云：縯、光武兄。攷范書本傳及《太平御覽》各書俱稱伯升，當是以字行。
4. 參見孔廣陶本《書鈔》卷139。
5. 紀昀云：此上有闕文。攷范書本傳：伯升拔宛。光武破王尋、王邑。自是兄弟威名益盛。更始君臣不自安，遂共謀誅伯升。
6. 參見《御覽》卷815。
7. 編者按：謂更始何人，竟敢居功。
8. 參見《御覽》卷434。
9. 此段出陳禹謨本《書鈔》卷70「撫育如子」條。吳樹平以爲本屬《後漢書・齊武王縯傳》，非《東觀漢記》原文。

7.2 《北海靖王興》

興遷弘農太守[1]，縣吏張申有伏罪，興收申案論，郡中震慄。時年旱，分遣文學循行屬縣，理冤獄，宥小過，應時甘雨澍降。

每朝廷有異政，京師雨澤，秋稼好醜，輒驛馬下問興。其見親重如此[2]。

7.3 《北海敬王睦》

北海敬王睦[3]，顯宗之在東宮，尤見幸。而睦〔性〕謙恭好士，名儒宿德，莫不造門[4]。永平中，法憲頗峻，睦乃謝絕賓客，放心音樂。歲終，遣中大夫奉璧朝賀，召而謂曰：「朝廷設問寡人，大夫將何辭以對？」使者曰：「大王忠孝慈仁，敬賢樂士，臣雖螻蟻，敢不以實？」睦曰：「吁，子危我哉！是吾幼時狂意之行也[5]。大夫其對以孤襲爵以來，志意衰惰，聲色是娛，犬馬是好。」使者受命而行[6]。

睦善草書，臨病，明帝驛馬令作草書尺牘十首焉[7]。

7.4 《趙孝王良》

光武初起兵，良搏手大呼曰：「我欲詣納言嚴將軍。」叱上起去。出閤，令人視之。還白方坐啗脯，良復讙呼。上言「不可讙露」。明旦欲去。前白良曰：「欲竟何時詣嚴將軍所？」良意下，曰：「我爲詐汝耳，當復何苦乎[8]？」

裔孫乾嗣位，私出國，到魏郡鄴、易陽，止宿亭，令奴金盜取亭席，金與亭佐孟常爭言，以刃傷常，部吏追逐，乾藏逃，金絞殺之，懸其尸道邊樹。相國舉奏，詔書削中邱（縣）[9]。

1. 紀昀云：興、縯子，范書本傳：興初封魯王，建武二十八年徙封北海王。
2. 參見《類聚》卷45。
3. 紀昀云：睦、興子。
4. 紀昀云：姚之駰本作「時法網尙疏，睦好士，夙夜滋恭，通賓客。千里人民土地財賄結歡，由是宿德名儒造門者陸沈。」
5. 紀昀云：范書本傳「狂意」作「進趣」。
6. 參見《御覽》卷423。
7. 參見《御覽》卷749。
8. 參見《後漢書》卷14李賢《注》。紀昀云：良、光武叔父，范書本傳：良字次伯，初封廣陽王。建武五年徙爲趙王。
9. 參見《後漢書》卷14《趙孝王良傳》李賢《注》。

7.5 《（宏）〔弘〕》

（宏）〔弘〕[1]字孺孫，先起義兵，卒[2]。

7.6 《梁》

梁[3]字季少，病筋攣卒[4]。

7.7 《城陽恭王祉》

城陽恭王初名終，後改爲祉[5]。

父敞，敞曾祖節侯買，以長沙定王子封于零道之舂陵爲侯。敞父仁嗣侯[6]，以舂陵地勢下濕，有山林毒氣，難以久處，于時見戶四百七十六，上書求減邑內徙，留子男昌守墳墓，元帝許之。初元四年，徙南陽之白水鄉，猶以舂陵爲國名，仁卒，敞謙儉好義，推父時金寶財產與昆弟。荊州刺史上其義行，拜廬江都尉[7]。歲餘，遭旱，行縣，人持枯稻，自言稻皆枯。吏強責租。敞應曰：「太守事也。」載枯稻至太守所。酒數行，以語太守，太守曰：「無有。」敞以枯稻示之，太守曰：「都尉事（也）〔邪〕？」敞怒叱太守曰：「鼠子何敢爾！」刺史舉奏，莽徵到長安，免就國[8]。

敞爲嫡子終[9]娶翟宣子女習爲妻，宣使嫡子姬送女入門，二十餘日，宣弟義起兵攻莽。祉以建武二年三月見光武于懷宮[10]。

1. 編者按：今本作「宏」者，蓋避清高宗諱改。紀昀云：（宏）〔弘〕、光武族諸父行史無追封之爵，故著其名。
2. 參見《後漢書》卷14《成武孝侯順傳》李賢《注》。
3. 紀昀云：梁、（宏）〔弘〕弟。
4. 參見《後漢書》卷14《成武孝侯順傳》李賢《注》。
5. 參見《後漢書》卷14《城陽恭王祉傳》李賢《注》。紀昀云：祉、光武族兄，范書本傳：祉字巨伯。
6. 紀昀云：李善《文選注》：節侯生戴侯，戴侯生考侯。考侯即仁也。
7. 參見《御覽》卷515。
8. 參見《後漢書》卷14《城陽恭王祉傳》李賢《注》。
9. 紀昀云：終即祉也。
10. 參見《後漢書》卷14《城陽恭王祉傳》李賢《注》。紀昀云：范書本傳：祉建武二年封城陽王。

7.8 《東海恭王彊》

東海恭王彊[1]，光武皇帝長子也。母郭氏。建武二年六月，立爲皇太子。十七年十月，郭后廢爲中山太后。自郭后廢，彊不自安，〔數〕因左右陳誠，願備藩輔。十九年六月，彊廢爲東海王。二十八年十月，就國，王兼食東海、魯國二郡二十九縣，租入倍諸王，賞賜恩寵絕於倫比，置虎賁髦頭，宮殿設鐘虡之懸，擬于乘輿。彊性明達恭謹[2]，臨之國，數[3]上書讓還東海十九縣，又因皇太子固辭。上不許，以彊章宣示公卿大夫，甚嘉歎之[4]。

彊薨，明帝發魯相所上檄，下床伏地，舉聲盡哀，至長樂宮，白太后，因出幸津門亭發喪[5]。

追念彊雅性恭儉，不欲令厚葬以違其意，詔中常侍杜岑、東海傅相曰：「王恭遜好禮，以德自終。敕官屬遣送，務行約省，茅車瓦器，以成王志[6]。」王孫頃王肅，性謙儉。永初中，以西羌未平，上錢二千萬。元初中，上縑萬匹，以助國費[7]。

7.9 《沛獻王輔》

沛獻王輔，善《京氏易》。永平五年秋，京師少雨，上御雲臺，召尙席取卦具自爲卦，以《周易卦林》卜之，其繇曰：「蟻封穴戶，大雨將集。」明日大雨。上即以詔書問輔曰：「道豈有是耶？」輔上書曰：「案《易》卦《震》之《蹇》，蟻封穴戶，大雨將集。《蹇》、《艮》下《坎》上，《艮》爲山，《坎》爲水。山出雲爲雨，蟻穴居而知雨，將雲雨，蟻封穴，故以蟻爲興文。」詔報曰：「善哉！王次序之[8]。」

沛王、楚王來朝就國，明帝告諸王傅相，王之子年五歲以上，皆命帶列侯綬，復送綬十九枚，爲諸子在道欲急帶之也[9]。

王性好經書，論集經傳圖讖，作《五經通論》。奉藩以至沒身，遵履法度，未嘗犯禁，稱爲賢王[10]。

1. 紀昀云：以下光武諸子。
2. 謙《御覽》卷148頁1a，總頁721。
3. 比《御覽》卷148頁1a，總頁721。
4. 參見《御覽》卷148。
5. 參見《文選》卷60任彥昇《齊竟陵文宣王行狀》李善《注》。
6. 參見《御覽》卷553。
7. 參見《初學記》卷10。
8. 參見《文選》卷60任彥昇《齊竟陵文宣王行狀》李善《注》。
9. 參見孔廣陶本《書鈔》卷131、《御覽》卷682。
10. 參見《初學記》卷10。紀昀云：范書本傳：輔初封右馮翊公，進封中山王。建武二十年徙封沛王。

7.10 《楚王英》

楚王英[1]奉送黃縑三十五匹、白紈五匹入贖，楚相以聞，詔書還入贖縑紈，以助伊蒲塞桑門之盛饌[2]。

7.11 《濟南安王康》

濟南安王康[3]，多殖財貨，大修宮室，起內第，奴婢至千四百人，廄馬千二百匹，私田八百頃，奢侈恣欲，游觀無節[4]。

7.12 《東平憲王蒼》

東平王蒼[5]，少好經書，雅有智慧[6]。少有孝友之質，寬仁弘雅。明帝即位，詔曰：「東平王蒼寬博有謀，可以託六尺之孤，臨大節而不可奪，其以蒼爲驃騎將軍，位在三公上[7]。」

是時四方無虞，蒼以天下化平，宜修禮樂，乃與公卿共議定南北郊冠冕車服制度，及祖廟登歌《八佾》舞數。蒼以親輔政，盡心王室，每有議事，上未嘗不見從，名稱日重。

蒼開東閤，延英雄[8]。上書表薦賢士左馮翊桓虞等，虛己禮下，與參政事[9]。上愛重蒼，嘗問蒼曰：「在家何業最樂？」蒼對曰：「爲善最樂。」上嗟歎之[10]。蒼與諸王朝京師，月餘還。上臨送歸宮，悽然懷思，乃遣使手詔諸國曰：「辭別之後，獨坐不樂，因就車歸，伏軾而吟，瞻望永懷，實勞我心，誦及《采菽》，以增歎息[11]。」詔問東平王處家何等最樂，王對曰：「爲善最樂。」〔帝曰〕：「其言甚大，副其要腹。」蒼體大美鬚眉，要帶八尺二寸[12]。上以所自作《光武皇帝本紀》示蒼，蒼因上《世祖受命中

1. 紀昀云：范書本傳：英初封楚公。建武十七年進爲王，永平十四年謀反，自殺國除。
2. 參見《御覽》卷819。紀昀云：范書本傳：永平八年詔令天下，死罪皆入縑贖。故英奉縑紈贖罪。
3. 紀昀云：范書本傳：康初封濟南公，建武十七年進爲王。
4. 參見陳禹謨本《書鈔》卷70。
5. 紀昀云：范書本傳：蒼初封東平公，建武十七年進爲王。
6. 參見孔廣陶本《書鈔》卷70。
7. 參見《初學記》卷10。
8. 參見《御覽》卷474。
9. 參見《御覽》卷474。
10. 參見《文選》卷38任彥昇《爲范始興作求立太宰碑表》李善《注》。
11. 參見《類聚》卷29。
12. 參見《類聚》卷45。

興頌》。上甚善之，以問校書郎：「此與誰等？」皆言類揚雄、相如、前世史岑之比[1]。

章帝建初三年，賜蒼書曰：「歲月鶩邁，山陵浸遠，孤心悽愴。饗衛士于南宮，因過按行閱視皇太后舊時衣物。惟王孝友之德，今以光烈皇后假髻、帛巾各一、衣一篋遺王，可時瞻視，以慰《凱風》寒泉之思。今魯國孔氏尚有仲尼車輿冠履，明德盛者，光靈遠也。聞武帝歌《天馬》，沾赤汗，今親見其然，血從前髆上小孔中出[2]。」

四年，蒼上疏願朝。上以王觸寒涉道，使中謁者賜乘輿貂裘。蒼到洛陽，使鴻臚持節郊迎，引入，不在贊拜之位，升殿乃拜，上親答拜。蒼上疏曰：「事過典故。」諸王歸國，上特留蒼。賜以秘書列圖、道術秘方。至八月飲酎畢，大鴻臚奏遣發，乃許之。手詔賜蒼曰：「骨肉天性，誠不以遠近親疏，然數見顏色，情重昔時，中心戀戀，惻然不能言。」於是車駕祖送，流涕而訣。復賜乘輿服御、珍寶鞍馬，錢布以億萬計[3]。

蒼到國後病水氣喘逆，上遣太醫丞相視之，小黃門侍疾。置驛馬，傳起居，以千里爲程[4]。

蒼葬。上詔有司加贈鑾輅乘馬，龍旂九旒，虎賁百人[5]。

上幸東平，祭東平王墓，云：「思其人，到其鄉，其處在，其人亡[6]。」

7.13 《阜陵質王延》

阜陵質王延[7]在國驕泰淫泆[8]。

1. 參見《文選》卷60任彥昇《齊竟陵文宣王行狀》李善《注》。
2. 參見《萬花谷・後集》卷18，《文選》卷58謝脁《齊敬皇后哀策文》、卷23顏延之《拜陵廟作》李善《注》，《御覽》卷715，孔廣陶本《書鈔》卷19，《類聚》卷93。紀昀云：范書本傳：并遺宛馬一匹，故賜書及此上下文闕。
3. 參見《類聚》卷45。
4. 參見《御覽》卷743。紀昀云：范書本傳：薨于建初八年。
5. 參見《御覽》卷553。
6. 參見《類聚》卷34。
7. 紀昀云：范書本傳：延初封淮陽公，進爲王，永平中徙封阜陵王。
8. 參見孔廣陶本《書鈔》卷70。

7.14 《廣陵思王荆》

廣陵王荆[1]自殺[2]。

7.15 《中山簡王焉》

焉[3]以郭太后少子，獨留京師[4]。

7.16 《琅邪孝王京》

琅邪孝王京[5]就國都，雅好宮室，窮極技巧，壁帶珠玉[6]，飾以金銀[7]。

光烈皇后崩，明帝悉以太后所遺金寶賜京。

7.17 《彭城靖王恭》[8]

永平九年，恭未有國邑，賜號靈壽王[9]。

恭子男丁前妻物故[10]，子酺侮慢丁小妻，恭怒，閉酺馬廄，酺亡，夜詣彭城縣欲上書，恭遣從官蒼頭曉令歸，數責之，乃自殺[11]。

元初五年，封恭少子丙爲都鄉侯，國爲安鄉侯，丁爲魯陽鄉侯。本初元年，封恭孫據、卞亭侯，光、昭陽亭侯，固、公梁亭侯，興、蒲亭侯，延、昌城亭侯，祀、梁父亭侯，堅、西安亭侯，代、林亭侯[12]。

1. 紀昀云：范書本傳：荆初封山陽公，進爲王，永平初徙封廣陵王。
2. 參見《御覽》卷201。紀昀云：范書《明帝紀》及本傳：此永平十年事時，有司以荆悖逆、祝詛，請誅故也。
3. 紀昀云：范書本傳：焉初封左馮翊公，進爲王。建武三十年徙封中山王。
4. 參見孔廣陶本《書鈔》卷70。
5. 紀昀云：范書本傳：京初封琅邪公，建武十七年進爲王。
6. 紀昀云：虞世南《北堂書鈔》作「殿館壁帶」。 7. 參見《類聚》卷61。
8. 紀昀云：以下明帝諸子。
9. 參見《後漢書》卷50《彭城靖王恭傳》李賢《注》。紀昀云：范書本傳：恭初封鉅鹿王，後累徙江陵六安。章帝崩，遺詔徙封彭城王。
10. 紀昀云：范書本傳李賢《注》無「妻」字。
11. 參見《後漢書》卷50《彭城靖王恭傳》李賢《注》。
12. 參見《後漢書》卷50《彭城靖王恭傳》李賢《注》。

7.18 《樂成靖王黨》

樂成靖王黨[1]，善史書，喜正文字[2]。

7.19 《樂成王萇》[3]

安帝詔曰：「樂成王居諒闇，衰服在身，彈棊爲戲，不肯謁陵[4]。」

7.20 《下邳惠王衍》

和帝賜彭城靖王詔曰：「皇帝問彭城王始夏無恙。蓋聞堯舜九族，萬國協和，書典之所美也。下邳王[5]被病沈滯之疾，昏亂不明，家用不寧，姬妾嫡庶，諸子分爭，紛紛至今。前太子卬頑凶失道，陷于大辟，是後諸子更相誣告，迄今嫡嗣未知所定，朕甚傷之。惟王與下邳王恩義至親，正此國嗣，非王而誰？《禮》重嫡庶之序，《春秋》之義大居正。孔子曰：『惟仁者能好人，能惡人。』貴仁者所好惡得其中也。太子國之儲嗣，可不愼與！王其差次下邳諸子可爲太子者上名，將及景風拜授印綬焉[6]。」

7.21 《孝德皇》[7]

永元四年，上移幸北宮章德殿，講白虎觀，慶得入省宿止[8]。

7.22 《平原懷王勝》[9]

平原王葬[10]，鄧太后悲傷，命史官述其行迹，爲作傳誄，藏于王府[11]。

---

1. 紀昀云：范書本傳：黨初賜號重熹王，永平十五年封樂成王。
2. 參見《御覽》卷747。
3. 紀昀云：范書黨傳：黨傳國至其孫而絕，安帝永寧元年以濟北惠王子萇紹封。
4. 參見《御覽》卷755。
5. 紀昀云：范書本傳：永平十五年封。
6. 參見《後漢書》卷50《下邳惠王衍傳》李賢《注》。紀昀云：范書本傳：衍病荒忽，而太子卬有罪廢，諸姬爭欲立子爲嗣。連上書相告：言和帝憐之，使彭城靖王恭至下邳爲正其嫡庶，故有是詔。後遂立子成爲太子。
7. 紀昀云：孝德皇即章帝子清河孝王慶也。初爲皇太子，爲竇皇后所譖而廢。和帝即位，待慶極渥，後慶長子祜入嗣大統，是爲安帝。安帝建光元年，追尊爲孝德皇。
8. 參見《初學記》卷10。
9. 紀昀云：勝、和帝長子。
10. 紀昀云：范書本傳：勝少有痼疾，延平元年封，立八年薨。葬于京師。
11. 參見孔廣陶本《書鈔》卷102。

8 東觀漢記卷八列傳三

8.1 《鄧禹》

鄧禹、字仲華，南陽人也。年十三，能誦《詩》，受業長安。時光武亦遊學京師，禹雖幼，而見上知非常人，遂相親附[1]。

更始既至雒陽，乃以上爲大司馬，使安集河北。禹聞之，自南陽發，北徑渡河，追至鄴謁，上見之甚歡，謂曰：「我得拜除長吏。生遠來，寧欲仕耶？」禹曰：「不願也[2]。」乃進說曰：「更始雖都關西，今山東未安，赤眉、青犢之屬，動以萬數，三輔假號，往往群聚。更始既未有所挫，而不自聽斷，諸將皆庸人崛起，志在財幣，爭用威力，朝夕自快，非有忠良明智，深慮遠圖，欲尊主安民者也。明公雖建蕃輔之功，猶恐無所成立。于今之計，莫如延攬英雄，務悅民心，立高祖之業，救萬民之命。以公而慮，天下不足定也。」上大悅，因令左右號禹曰鄧將軍，常宿止於中，與定計議[3]。

上至廣阿[4]，止城門樓上，披輿地圖，指示禹曰：「天下郡國如是，我乃始得一處，卿言天下不足定，何也[5]？」

禹破邯鄲，誅王郎，有智謀，諸將鮮及[6]。拜前將軍。禹爲大司徒[7]。制曰：「前將軍鄧禹，深執忠孝，與朕謀謨帷幄。孔子曰：『自吾有回也，門人益親[8]。』可封禹爲酇侯[9]。」

赤眉入長安，禹乘勝獨克，而師行有紀，皆望風相攜以迎降者，日以千數，衆號百萬[10]。上以禹不時進，敕曰：「司徒、堯也，赤眉、桀也。今長安饑民，孰不延望[11]？」

---

1. 參見《御覽》卷384。
2. 參見《文選》卷25劉琨《重贈盧諶》李善《注》。 3. 參見《御覽》卷461。
4. 紀昀云：是時光武因擊王郎至此。
5. 參見《類聚》卷63。紀昀云：此下有闕文。攷范書本傳：「禹對曰：『方今天下殽亂，人思明君，猶赤子之慕慈母。古之興者，在德薄厚，不以大小。』」
6. 參見陳禹謨本《書鈔》卷33。
7. 紀昀云：范書本傳：赤眉西入關，乃拜禹爲前將軍討之，建武元年，光武即位于鄗，復使使者封拜禹。
8. 此二句見《史記・仲尼弟子列傳》頁2188，「回」下無「也」字。
9. 參見《文選》卷38任彥昇《爲范尙書讓吏部封侯第一表》李善《注》。
10. 參見《類聚》卷59。 11. 參見《御覽》卷207。

馮愔反，禹征之，爲愔所敗，威稍損，又乏食。赤眉還入長安，禹與戰，敗走，至高陵，軍士饑餓，皆食棗菜[1]。上乃徵禹還，敕曰：「赤眉無穀，自當來降，吾折捶笞之，非諸將憂也[2]。」禹與赤眉戰，赤眉陽敗，棄輜重走，皆載赤豆覆其上。兵士饑，爭取之。赤眉引還擊之，軍潰亂。時百姓饑，人相食，黃金一斤易豆五升，道路斷閉，委輸不至，軍士悉以果實爲糧[3]。吏士散已盡，禹獨與二十四騎詣雒陽[4]。罷三公。右將軍官罷，以列侯就第，位特進。奉朝請[5]。篤于經書，教學子孫[6]。

8.2 《鄧訓》

鄧訓字平叔[7]，謙恕下士，無貴賤見之如舊，朋友子往來門內，視之如子，有過加鞭扑之教。太醫皮巡從獵上林還，暮宿殿門下，寒疝病發。時訓直事，聞巡聲，起往問之，巡曰：「冀得火以熨背。」訓身至大官門爲求火，不得，乃以口噓其背，復呼同廬郎共更噓，至朝，遂愈[8]。

永平中，治滹沱、石臼河，從都（慮）〔盧〕至羊腸倉，欲令通漕。太原吏民苦轉運，所經三百八十九隘，前後沒溺死者不可勝算。建初三年，拜訓謁者，〔使〕監領其事，更用驢輦，歲省億萬計，活徒士數千人[9]。

訓將黎陽營兵屯漁陽，爲幽部所歸。遷護烏桓校尉，黎陽營故吏皆戀慕訓，故吏最貧羸者舉國，念訓常所服藥北州少乏，又知訓好以青泥封書，從黎陽步推鹿車于洛陽市藥，還過趙國易陽，并載青泥一樸，至上谷遺訓。其得人心如是[10]。

吏士嘗大病瘧，轉易至數千人。訓身爲煮湯藥，咸得平愈。其無妻者，爲適配偶[11]。坐私與梁扈通書，免歸。燕人思慕，爲之作歌[12]。拜張掖太守，以身率下，河西改俗，鄰郡則之[13]。爲護羌校尉，諸羌皆喜。發湟中秦、胡羌兵四千人，出塞掩擊迷唐于雁谷[14]。迷唐乃去，既復，欲歸故地，乃發湟中六千人，令長史任尚將之，縫革爲

1. 紀昀云：「棗菜」一作「棗葉」，或作「藻菜」。 2. 參見《御覽》卷35。
3. 參見《御覽》卷486。
4. 參見孔廣陶本《書鈔》卷117。紀昀云：范書本傳：建武二年更封禹爲梁侯，至是上大司徒、梁侯印綬。詔歸侯印綬。數月，拜右將軍。十三年，定封爲高密侯。
5. 參見孔廣陶本《書鈔》卷52、《御覽》卷243。
6. 參見孔廣陶本《書鈔》卷97。 7. 紀昀云：訓、禹第六子。
8. 參見《後漢書》卷16《鄧訓傳》李賢《注》。 9. 參見《御覽》卷396。
10. 參見《御覽》卷606。 11. 參見《御覽》卷984。
12. 參見《後漢書》卷16《鄧訓傳》李賢《注》。
13. 參見孔廣陶本《書鈔》卷75。
14. 參見《後漢書》卷16《鄧訓傳》李賢《注》。紀昀云：范書本傳：「雁」作「寫」。

船，置箄上渡河，掩擊多所斬獲[1]。羌俗，恥病死，臨困，輒自刺。訓令拘持束縛，不與兵刃，醫藥療之多愈，小大莫不感悅。訓卒，吏人羌胡愛惜，旦夕臨者日數千人，或以刀自割，又刺殺犬馬牛羊，曰：「鄧使君已死，我曹亦且俱死耳。」前烏桓吏士皆奔走道路，至空城郭。家家爲立祠，每有疾病，輒禱請之，求福也[2]。

8.3 《鄧鴻》

永平六年，鄧鴻[3]行車騎將軍，位在九卿上，絕坐[4]。

8.4 《鄧陟》

鄧陟[5]、字昭伯，三遷虎賁中郎將。以延平（九）〔元〕年拜爲車騎將軍、儀同三司。儀同三司始自陟也[6]。陟兄弟常居禁中，陟謙退，不欲久在內，連求還第，太后乃許[7]。殤帝崩，惟安帝宜承大統，陟定策禁中，封陟爲上蔡侯[8]。增封三千戶。讓不獲，遂逃避使者，間關上疏自陳[9]。

8.5 《鄧悝》

鄧悝[10]、字叔昭。安帝即位，拜悝城門校尉。自延平之初，以國新遭大憂，故悝兄弟率常在中供養兩宮，比上疏自陳：「愚闇糞朽，幸得遭値明盛，兄弟充列顯位，並侍帷幄，豫聞政事，無拾遺一言之助，以補萬分，而久在禁省，日月益長，罪責日深，惟陛下哀憐[11]。」

8.6 《鄧弘》

鄧弘[12]、字叔紀。和熹后兄也。天資善[13]學，‧年十五治《歐陽尙書》，師事劉述‧[14]，常在師門，布衣徒行，講誦孜孜不輟。奴醉，擊長壽亭長，亭長將詣第白之。

1. 參見孔廣陶本《書鈔》卷137。
2. 參見孔廣陶本《書鈔》卷61。
3. 紀昀云：鴻、禹少子。
4. 參見孔廣陶本《書鈔》卷64。
5. 紀昀云：陟、訓長子，范書作「騭」。
6. 參見《類聚》卷47。
7. 參見《御覽》卷423。
8. 參見《文選》卷38任彥昇《爲范尙書讓吏部封侯第一表》李善《注》。
9. 參見《類聚》卷21、孔廣陶本《書鈔》卷48。
10. 紀昀云：悝、訓第三子。
11. 參見《御覽》卷515。
12. 紀昀云：弘、訓第四子。
13. 喜、孔廣陶本《書鈔》卷98頁3b，總頁54。
14. 二句見孔廣陶本《書鈔》卷98頁7b「講誦孜孜」句下引，所記乃「劉弘」事。

弘即見亭長，賞錢五千，勵之曰：「直健當然。」異日，奴復與宮中衛士忿爭，衛士箠奴，弘聞，又與五千[1]。

弘收恤故舊，無所失，父所厚同郡郎中王臨，年老貧乏，弘常居業給足，乞與衣裘輿馬，施之終竟[2]。

薨後，有司復請加謚曰昭成侯，發五校輕車騎士爲陳。至葬所，所施皆如霍光故事，皇太后但令門生輓送[3]。

8.7 《鄧閶》

鄧閶[4]、字季昭，遷黃門侍郎。于時國家每有災異水旱，閶側身暴露，憂懼顦顇，形于顏色，公卿以下，咸高尚焉。漢興以來，爲外戚儀表[5]。

鄧太后報閶曰：「長歸冥冥，往而不反[6]。」

閶出則陪乘，入侍左右，忠言善謀，先納聖善匡輔之言[7]，朝夕獻納，雖內得于上，身在親近，不敢自恃，兢兢之心彌以篤固也[8]。鄧訓五子，女爲貴人，立爲皇后。鄧氏自中興後，累世寵貴，凡侯者二十九人，公二人，大將軍以下十三人，中二千石十四人，州牧郡守四十八人，其餘侍中、大夫、郎、謁者，不可勝數，東京莫與爲比[9]。

8.8 《鄧豹》

鄧豹[10]、字伯庠，遷大匠，工無虛張之繕，徒無饑寒之色[11]。

8.9 《鄧遵》

鄧遵[12]，元初中爲度遼將軍，討擊羌虜，斬首八百餘級，得鎧弩刀矛戰楯匕首二三

1. 參見《御覽》卷500。
2. 參見《御覽》卷476。
3. 參見《御覽》卷554。
4. 紀昀云：閶、訓第五子。
5. 參見《初學記》卷12。
6. 參見《文選》卷21曹植《三良詩》李善《注》。紀昀云：范書《鄧隲傳》：閶以元初五年卒。
7. 紀昀云：此八字晏殊《類要》作「皆先聖法象臣輔之言。」
8. 參見孔廣陶本《書鈔》卷58。
9. 參見《御覽》卷470。
10. 紀昀云：豹、隲從弟。
11. 參見孔廣陶本《書鈔》卷54。
12. 紀昀云：遵、隲從弟。

千枚[1]。破匈奴，得釜鑊二三千枚[2]，得匕首三千枚[3]，詔賜駁犀劍。遵破諸羌，詔賜遵金剛鮮卑緄帶一具，虎賁鞶囊一，金錯刀五十，辟把刀、墨再屈環橫刀、金錯屈尺八佩刀各一，金蚩尤辟兵鉤一[4]。

8.10 《吳漢》

吳漢、字子顏，南陽人也。更始立，使使者韓鴻徇河北，或謂鴻曰：「吳子顏、奇士也，可與計事。」鴻召見漢，甚悅之[5]。

漢爲人質厚少文，造次不能以辭語自達，鄧禹及諸將多相薦舉。再三召見，其後勤勤不離公門，上亦以其南陽人，漸親之[6]。上既破邯鄲，誅王郎，召鄧禹宿，夜語曰：「欲北（代）〔發〕幽州突騎，諸將誰可使者？」禹曰：「吳漢可。漢與鄧弘俱客蘇弘，弘稱道之。禹數與語，其人勇鷙有智謀，諸將鮮能及者。」上于是以漢爲大將軍。漢遂斬幽州牧苗曾，上以禹爲知人[7]。漢性忠厚，篤于事上，自初從征伐，常在左右，上未安，則側足屏息，上安然後退舍。兵有不利，軍營不如意，漢常獨繕檠〔其〕弓戟，閱（具）〔其〕兵馬，激揚吏士。上時令人視吳公何爲，還言方作攻具，上（賞）〔嘗〕嗟曰：「吳公差强人意，隱若一敵國矣。」封廣平侯[8]。與蘇茂、周建戰，躬被甲持戟，告令諸部將曰：「聞鼓聲皆大呼俱進，後至者斬。」遂鼓而進，賊兵大敗[9]。討富平、獲索二賊于平原[10]。明年春，賊率五萬餘人夜攻漢營，軍中驚亂，堅臥不動[11]。

公孫述、大司馬田戎將兵下江關，至南郡，據浮橋于江上，漢鋸絕橫橋，大破之[12]。漢伐蜀，分營于水南水北[13]，北營戰不利，乃銜枚引兵往合水南營，大破公孫述[14]。漢戰敗墮水，緣馬尾得出[15]。

漢平成都，乃乘桴沿江下巴郡，楊偉、徐容等惶恐解散[16]。

---

1. 參見《御覽》卷339。
2. 參見《御覽》卷757。
3. 參見《御覽》卷346。
4. 參見《御覽》卷345。
5. 參見陳禹謨本《書鈔》卷73、《唐類函》卷57。
6. 參見《御覽》卷464。
7. 參見《御覽》卷442。
8. 參見《御覽》卷418。
9. 參見《御覽》卷352。
10. 紀昀云：此建武二年事。
11. 參見《御覽》卷393。
12. 參見《初學記》卷7。
13. 紀昀云：姚之駰本作「漢使副將武威將軍劉禹將萬餘人屯于江南。」
14. 參見《御覽》卷357。
15. 參見《類聚》卷93、《御覽》卷894。紀昀云：范書《公孫述傳》：述散金帛，募敢死士，使延岑僞挑戰，潛遣奇兵，襲擊破漢。漢戰敗在是時，而上下文闕。
16. 參見陳禹謨本《書鈔》卷138。

漢當出師，朝受詔，夕即引道，初無辦嚴[1]之日，故能常任職，以功名終[2]。嘗出征，妻子在後買田業。漢還，讓之曰：「軍師在外，吏士不足，何多買田宅乎！」遂以分與昆弟外家[3]。漢爵位奉賜最尊重，然但修里宅，不起第。夫人先死，薄葬小墳，不作祠堂，恭儉如此。漢疾篤，車駕親臨，問所欲言。對曰：「臣愚無識知，惟願愼無赦而已。」及薨，有司奏議以武爲諡。詔特賜諡曰忠侯。無後，國除[4]。

8.11 《賈復》

賈復，字君文[5]，治《尚書》，事舞陰李生，李生奇之，謂門人曰：「賈生容貌志意如是，而勤于學，此將相之器[6]。。」復爲縣掾，迎鹽河東，會盜賊起，等輩（欺沒）〔放散〕其鹽，復獨完致縣中[7]。時上置兩府官屬[8]，復與段孝共坐。孝謂復曰：「卿將軍督，我大司馬督，不得共坐。」復曰：「俱劉公吏，有何尊卑？」官屬以復不遜，上調官屬補長吏，共白欲以復爲鄗尉，上署報不許[9]。復以偏將軍東從上攻邯鄲，擊青犢于射犬，大戰，至日中，賊陣堅不卻。上傳召復曰：「吏士饑，可且朝食。」復曰：「先破之，然後食耳。」于是被羽先登，所向皆靡，諸將皆服其勇[10]。復北與五校戰于眞定，大破之。復傷創甚，上驚。復病尋愈，追及上，上見大喜[11]。詣雒陽，拜左將軍，南擊赤眉于新城，轉西入關，擊盆子于澠池，破之[12]。吳漢擊蜀未破，上書請復自助，上不遣[13]。上以復敢深入，希令遠征，而壯其勇節，常自從之，故復少方面之勳。諸將每論功，復未曾有言。上輒曰：「賈君之功，我自知之[14]。」復闔門養威重，受《易經》，知大義。帝深然之，遂罷左右將軍，復以侯就第[15]，加位特進[16]。

8.12 《賈宗》

賈宗[17]、字武孺，爲朔方太守。匈奴嘗犯塞，得生口，問：「太守爲誰？」曰：

1. 編者按：字本作「裝」，避漢明帝嫌名改。
2. 參見《類聚》卷59。
3. 參見孔廣陶本《書鈔》卷115、《御覽》卷429、卷515。
4. 參見《後漢書・吳漢傳》李賢《注》、《類聚》卷40。紀昀云：范書本傳：漢薨，子成嗣，至孫旦無子，國除。建初中，徙封旦弟筑陽侯盱爲平春侯，奉漢後。盱卒，子勝嗣。與此異。
5. 紀昀云：范書《復傳》：復、南陽冠軍人。
6. 參見《御覽》卷238。
7. 參見孔廣陶本《書鈔》卷146、《御覽》卷865。
8. 紀昀云：此光武在河北時事。
9. 參見《後漢書》卷17《賈復傳》李賢《注》。
10. 參見《御覽》卷302、卷434。
11. 參見《御覽》卷467。
12. 參見《御覽》卷238。
13. 參見《後漢書》卷17《賈復傳》李賢《注》。
14. 參見《御覽》卷434。
15. 紀昀云：范書本傳：初封冠軍侯，建武十三年定封膠東侯。
16. 參見《後漢書》卷17《賈復傳》李賢《注》。
17. 紀昀云：宗、復少子。

「賈武孺。」曰：「寧賈將軍子耶？」曰：「是。」皆放遣還，後更不入塞[1]。宗性方正，爲長水校尉。奉職愛士，及在朝廷，數言便宜，深見親異，賞賜殊厚。上美宗既有武節，又兼經術，每宴會，令與當世大儒司徒丁鴻問難經傳[2]。

8.13 《耿況》

太史官曰：耿況、彭寵俱遭際會，順時乘風，列爲藩輔，忠孝之策，千載一遇也[3]。

8.14 《耿弇》

耿弇、字伯昭，扶風人。更始使侍御史黃黨即封世祖爲蕭王，上在邯鄲宮，晝臥溫明殿。弇入，（告）〔造〕床下，請（問）〔間〕，〔因說〕曰：「今更始失政，天下可馳檄而定。使者來欲罷兵，不可聽也。兵一罷，不可復會也。」上曰：「國計已都長安，天下大定，何用兵爲？」弇曰：「青、徐大賊，銅馬、赤眉之屬數十輩，輩皆數十萬眾，東至海，所向無前，聖公不能辦[4]也。敗必不久。」上起坐曰：「卿失言！我（繫）〔擊〕卿！」弇曰：「大王哀厚弇如父子，故披赤心爲大王陳事。」上曰：「我戲卿耳。何以言之？」弇曰：「百姓患苦王莽苛刻日久，聞劉氏復興，莫不欣喜，望風從化，如去虎口就慈母，倒戟橫矢不足以明喻。公首事，南破昆陽，敗百萬師。今復定河北，以義征伐，表善懲惡，躬自克薄以待士民，發號嚮應，望風而止。天下至重，公可自取，無令他姓得之。」上曰：「卿若東，得無爲人道之？」弇曰：「此重事，不敢爲人道也[5]。」上以弇爲建威大將軍[6]。張步都臨淄[7]，使弟玄武將軍藍將兵守西安，去臨淄四十里，弇以軍營臨淄、西安之間，視西安城小而堅，藍兵又精，未易攻也。臨淄諸郡太守相與雜居，人不專一，其聲雖大而（實）〔虛〕，易攻。弇內欲攻之，告令軍中治攻具，後五日攻西安，復縱生口令歸。藍聞之，晨夜守城。至期日夜半，令軍皆食，會明[8]，求乞攻西安，臨淄不能救也。弇曰：「然吾故揚言欲攻西安，今方自憂治城具，而吾攻臨淄，一日必拔。何救之有？吾得臨淄，即西安孤，必復亡矣。所謂一舉

1. 參見《後漢書》卷17《賈宗傳》李賢《注》。
2. 參見孔廣陶本《書鈔》卷61。
3. 參見《文選》卷47袁宏《三國名臣序贊》李善《注》。紀昀云：范書《耿弇傳》：父況、字俠游，封牟平侯。今其《傳》全闕，此蓋《傳》後之序。
4. 辯《御覽》卷461頁9a，總頁2122。 5. 參見《御覽》卷461。
6. 參見《御覽》卷240。紀昀云：范書本傳：此在建武元年二年封好時侯。
7. 紀昀云：范書本傳：時張步都劇，使諸郡太守合萬餘人守臨（淮）〔淄〕，以後文攷之，范書爲合。 8. 紀昀云：此下疑有闕文。

而兩得者也。且西安城堅，精兵二萬人，攻之未可卒下，卒必多死傷。正使得其城，張藍引兵突臨淄，更彊勒兵，憑城觀人虛實，吾深入敵（地）〔城〕，後無轉輸，旬日之間，不戰而困，諸君不見是爾。」遂擊臨淄，至日中破之。張藍聞臨淄破，果將其衆亡[1]。

張步直攻弇營，與劉歆等會戰，弇升王宮壞[2]臺望之。弇與步戰，飛矢中弇股，以佩刀摧之，左右無知者[3]。時上在魯，聞弇爲步所攻，自往救之，未至，陳俊謂弇曰：「虜兵盛，可且閉營休士，以須上來。」弇曰：「乘輿且到，臣子當擊牛釃酒以待百官，反欲以賊虜遺君父耶？」乃出大戰，自旦及昏，復大破之。後數日，車駕至臨淄，自勞軍也[4]。弇凡平城陽、琅邪、高密、膠東、東萊、北海、齊、千乘、濟南、平原、泰山、臨淄等郡[5]，復追張步，步奔平壽，乃肉袒負斧鑕于軍門，而弇勒兵入據其城，樹十二郡旗鼓，令步兵各以郡人詣旗下，衆尚十餘萬，輜重七千餘兩，皆罷遣歸鄉里[6]。

弇少好學，習父業[7]。嘗見郡尉試騎士，建旗鼓，肄馳射，由是好將帥之事。凡所平郡（四）〔三〕十六，屠城三百，未嘗挫折[8]。

8.15 《耿國》

耿國[9]、字叔憲[10]，爲大司農，曉邊事，能論議，數上便宜事，天子器之[11]。

8.16 《耿秉》

耿秉[12]、字伯初，爲征西將軍，鎮撫單于以下。擊匈奴，封美陽侯。性勇壯，而簡易于事軍，行常自被甲在前，休止不結營部。然遠斥候，明要誓，有警，軍陣立成，士卒皆樂爲死[13]。秉薨，賜朱棺玉衣。南單于舉國發喪，剺面流血[14]。

1. 參見《御覽》卷317。
2. 環《四部備要》本頁8/7a。
3. 參見《類聚》卷60、《御覽》卷345、卷349、卷372、卷434。
4. 參見《御覽》卷417。
5. 參見《後漢書》卷19《耿弇傳》李賢《注》。
6. 參見《御覽》卷340。
7. 紀昀云：范書本傳：弇父況以明經爲郎。
8. 參見孔廣陶本《書鈔》卷115。
9. 紀昀云：國、弇弟。
10. 紀昀云：范書《國傳》：「憲」作「慮」。
11. 參見《後漢書》卷19《耿國傳》李賢《注》。
12. 紀昀云：秉、國子。
13. 參見《御覽》卷279。
14. 參見《御覽》卷239、卷365。

8.17 《耿恭》

耿恭[1]、字伯宗。時始置西域都護、戊己校尉，乃以恭爲戊己校尉。恭至即移檄烏孫，示漢威德，昆彌以下皆歡喜，遣使獻名馬，願遣子入侍[2]。

匈奴破殺後王安得，攻金蒲城，恭以毒藥傅矢，傳語匈奴曰：「漢家神箭，其中創者必有異。」因發强弩射之，虜中矢者，視創皆沸，竝大驚。相謂曰：「漢兵神，眞可畏也。」遂解去[3]。恭以疏勒城傍有水，徙居之。匈奴來攻，絕其澗水。吏笮馬糞汁飲之。城中穿井十五丈，無水。恭曰：「聞貳師將軍拔佩刀刺山而飛泉出，今漢德神靈，豈有窮乎！」乃正衣冠，向井再拜，爲吏士請禱。有頃，井泉湧出，吏士驚喜，皆稱萬歲。恭既得水，親自輓籠，于是令士皆勿飲，先和泥塗城，並揚示之[4]。救兵不至，車師復叛，與匈奴共攻恭。數月，食盡窮困，乃煮鎧弩，食其筋革。恭與士衆推誠，同死生，故皆無二心[5]。擊車師，大破之，車師太子比特訾降[6]。恭坐將兵不憂軍事，肆心縱欲，飛鷹走狗，游戲道上，虜至不敢出，得詔書怨懟，徵下獄[7]。耿氏自中興以後迄建安之末，大將軍二人，九卿十三人，尙公主三人，列侯十九人，中郎將、護羌校尉及刺史、二千石數百人，遂與漢盛衰[8]。

9 東觀漢記卷九列傳四

9.1 《寇恂》

寇恂[9]仕郡爲功曹，太守耿況甚器重之。更始時，大司馬朱鮪在雒〔陽〕。上欲南定河內，難其守，問鄧禹曰：「諸將誰可使守河內者？」禹曰：「寇恂文武備足，有牧民御衆之才。河內富實，南迫雒陽，非寇恂莫可使也。」上乃用之，以恂爲河內太守，行大將軍事[10]。

1. 紀昀云：恭、國弟廣之子。 2. 參見孔廣陶本《書鈔》卷36。
3. 參見《御覽》卷349。
4. 參見《類聚》卷9，《御覽》卷69、卷542、卷764，《後漢書》卷19《耿恭傳》李賢《注》。 5. 參見《御覽》卷348、孔廣陶本《書鈔》卷119。
6. 參見《後漢書》卷19《耿恭傳》李賢《注》。
7. 紀昀云：范書本傳：恭是時爲長水校尉，副馬防征西羌，忤防，謁者李譚奏恭以罪。
8. 參見《初學記》卷18、《御覽》卷470。
9. 紀昀云：范書本傳：恂字子翼，上谷昌平人，封雍奴侯。
10. 參見孔廣陶本《書鈔》卷33、《御覽》卷442、卷631。

恂移書屬縣，講兵肄射，伐淇園之竹，治矢百餘萬[1]。上傳聞朱鮪破河內，有頃，恂檄至[2]。上大喜，曰：「吾知寇子翼可任也。」諸將軍賀，因上尊號[3]。

恂同門生董崇說恂曰：「上新即位，四方未定，而君以此時據大郡，此讒人所側目，怨禍之府也。宜思功遂身退之計。」恂然其言，因病不視事[4]。建武二年，爲（穎）〔潁〕川太守，便道之官，郡大生旅豆，收得一萬餘斛，以〔應〕給諸營[5]。

執金吾賈復在汝南，部將殺人，恂捕得，乃戮之于市。復以爲恥，過（穎）〔潁〕川，謂左右曰：「吾今見恂，必手劍之。」恂知其謀，不欲與相見。曰：「昔藺相如屈于廉頗者，爲國也。」乃敕屬縣盛供具，一人皆兼二人之饌。恂乃出迎于道，稱疾還。賈復勒兵欲追之，而吏士皆醉，遂過去。恂以狀聞，上乃徵恂。恂至乃見，時復先在座，欲起相避。上曰：「天下未定，兩虎安得私鬬[6]？」恂在潁川，郡中政理，賊不入境[7]。徵入爲金吾，潁川盜賊群起。車駕南征，恂從至潁川，盜賊悉降。百姓遮道曰：「願從陛下復借寇君一年。」上乃留恂[8]。

隗囂死，其將高峻擁兵據高平，上入關，將自征之。恂時從。上議遣使降之，上乃謂恂曰：「卿前止吾此舉，今爲吾行也。若峻不即降，引耿弇等諸營擊之。」恂奉璽書至高平，峻遣軍師皇甫文謁，辭禮不屈。恂怒，將誅文。諸將諫曰：「高峻精兵萬人，率[9]多强弩，西遮隴道，連年不下。今欲降之，反戮其使，無乃不可乎？」恂不應，遂斬之，遣其副歸告峻曰：「軍師無禮，已戮之矣。欲降，則降；不欲，固守。」峻惶恐，即日開城降。諸將皆賀，因曰：「敢問戮其使而降城，何也？」恂曰：「皇甫文、峻之腹心，其所計事者也。今來不屈，無心降耳。」諸將曰：「非所及也[10]。」

9.2 《岑彭》

岑彭[11]亡歸宛，與貳師嚴尤共城守[12]。光武使吳漢收謝躬，令彭助漢爲方略，拜爲

1. 參見《御覽》卷349。
2. 紀昀云：范書本傳：時光武北征燕、代，朱鮪聞河內孤，使蘇茂、賈彊攻溫，恂大破之。
3. 參見《御覽》卷543。　4. 參見《御覽》卷461。
5. 參見《御覽》卷841。
6. 參見孔廣陶本《書鈔》卷139、《御覽》卷496。
7. 參見孔廣陶本《書鈔》卷35。
8. 參見《文選》卷59沈約《齊故安陸昭王碑文》李善《注》。
9. 卒《四部備要》本頁9/1b。　10. 參見《御覽》卷448。
11. 紀昀云：范書本傳：彭字君然，南陽棘陽人，封舞陰（候）〔侯〕。
12. 參見《後漢書》卷17《岑彭傳》李賢《注》。紀昀云：范書本傳：「王莽時，守本縣長。漢兵起，攻拔棘陽…彭被創，亡歸宛，與前隊貳嚴說共城守。漢兵攻之數月，糧盡，與說舉城降。」此以前隊貳嚴說爲貳師嚴尤，疑誤。

刺姦大將軍，督察衆營。授以所持節，從平河北[1]。彭伐樹木開道，直出黎丘[2]。彭以將伐蜀漢，而津鄉當荆、揚之咽喉，乃自引兵還屯津鄉，因喻告諸蠻夷，諸蠻夷相率遣使貢獻。于是江南之珍奇食物始流通焉[3]。

彭圍隗囂于西城，以縑囊盛土爲隄，灌西城，谷水從地中數丈涌出，故城不拔[4]。囂尾擊諸營，彭師殿。東入弘農界，百姓持酒肉迎軍，曰：「蒙將軍爲後拒，全子弟得生還也[5]。」彭發桂陽、零陵、長沙委輸櫂卒，凡六萬人，騎五千匹，皆會荆門[6]。詔彭守益州（收）〔牧〕，所下郡，輒行太守事。彭若出界，即以太守號付後將軍，選官屬守州中長吏[7]。

9.3 《岑起》

岑起[8]、元初中坐事免[9]。

9.4 《馮異》

馮異、字公孫，潁川人，異薦邑子銚期、叔壽、殷建、左隆等，光武皆以爲掾史[10]。齊武王以譖愬遇害，上與衆會飲食笑語如平常。異侍從親近，見上獨居，不御酒肉，枕席有泣涕處，異獨入叩頭，寬解上意[11]。因間進說曰：「天下同苦王氏，思漢久矣。更始諸將縱橫虐暴，所至擄掠，百姓失望。今專命方面，施行恩德。夫有桀、紂之亂，乃見湯、武之功。民人饑渴，易爲充飽。宜急分遣屬官，徇行郡縣，理冤結，布惠澤。」上納之[12]。王郎起兵，上自薊東南馳，晨夜草舍，夜至饒陽蕪蔞亭。時天寒烈，衆皆饑疲，異上豆粥。明旦，上謂諸將曰：「昨日得公孫豆粥，饑寒俱解[13]。」及至南

1. 參見孔廣陶本《書鈔》卷130、《御覽》卷681。
2. 參見《文選》卷38傅亮《爲宋公至雒陽謁五陵表》李善《注》。紀昀云：范書本傳：此彭擊秦豐時事，上下文闕。
3. 參見《後漢書》卷17《岑彭傳》李賢《注》、陳禹謨本《書鈔》卷142。
4. 參見《後漢書》卷17《岑彭傳》李賢《注》。
5. 參見《後漢書》卷17《岑彭傳》李賢《注》。
6. 參見《後漢書》卷17《岑彭傳》李賢《注》。紀昀云：范書本傳：此彭攻荆門浮橋事。
7. 參見《後漢書》卷17《岑彭傳》李賢《注》。紀昀云：范書本傳：此彭軍入蜀時事。
8. 紀昀云：起、彭曾孫，范書附彭傳：「起」作「杞」。
9. 參見《後漢書》卷17《岑彭傳》李賢《注》。紀昀云：范書本傳：彭封舞陰侯，子遵嗣，徙封細陽（候）〔侯〕。至杞以元初三年坐事失國。
10. 參見《後漢書》卷17《馮異傳》李賢《注》。紀昀云：范書本傳：「殷建」作「段建」。
11. 參見《文選》卷59沈約《齊故安陸昭王碑文》李善《注》。
12. 參見《御覽》卷461。
13. 參見《類聚》卷5。

宮，聞王郎軍將至，異進一笥麥飯兔肩，因渡滹沱河，至信都[1]。更始遣舞陰王李軼、廩丘王田立、大司馬朱鮪、白虎公陳僑將兵三十萬，共守雒陽[2]。上以異爲孟津將軍，屯河上。上報異曰：「軼多詐不信，人不能得其要領，今移其書，令朱鮪知之[3]。」異擊走朱鮪，追至雒陽城門，環城一匝乃還。上聞之，大喜，諸將皆賀[4]。並上奏勸上立，曰：「帝王不可以久曠[5]。」上乃召異[6]，異曰：「更始敗亡，天下無主[7]。」上曰：「我夢乘龍上天[8]，覺寤，心中動悸。」異因下席再拜賀曰：「此天命發于精神。心中動悸，大王重慎之性也。」異遂與諸將定議上尊號[9]。

建武中，征賊還，過陽翟，詔異上冢，別下潁川太守、都尉及三百里內長吏皆會，使大中大夫致牛酒，宗族會郡縣給費[10]。遣討赤眉，車駕送至河南，賜以乘輿七尺玉具劍，敕曰：「念自修整，無爲郡縣所笑。」異頓首受命[11]。西行布威信，黽池霍郎、陝王長、湖濁惠、華陰陽沈等稱將軍者皆降[12]。與赤眉遇于華陰，相拒六十餘日，降其將劉始、王重等[13]。拜爲征西大將軍，與赤眉相拒。上命諸將士屯黽池，爲赤眉所乘，反走上回谿阪。異復合兵追擊，大破之殽底。璽書勞異曰：「垂翅回谿，奮翼黽池，失之東隅，收之桑榆[14]。」人有上章言異威權至重，專治關中，百姓歸心，使者宋嵩西上，因以章示異[15]。上引見異，謂于公卿曰：「是我起兵時主簿，爲我披荊棘、定關中者也[16]。」賜異璽書曰：「聞吏士精銳，水火不避，購賞之賜，必不使將軍負丹青，失斷金[17]。」

異敕吏士，非交戰受敵，常行諸營之後，相逢引車避之，由是無爭道變鬬者[18]。異爲人謙退，〔與諸將相逢〕，〔輒引車避道〕，每止頓。諸將共論功伐，異常屏止樹

1. 參見孔廣陶本《書鈔》卷129、卷135、《初學記》卷29。
2. 參見《後漢書》卷17《馮異傳》李賢《注》。
3. 紀昀云：范書本傳：是時異與李軼通書，軼不與異爭鋒。異具以奏聞光武，故宣露軼書，令鮪知之。鮪怒，遂使人刺殺軼。
4. 參見《後漢書》卷17《馮異傳》李賢《注》、《御覽》卷467。
5. 參見《文選》卷37劉琨《勸進表》《注》引。
6. 紀昀云：范書本傳：建武元年諸將勸光武即帝位，光武乃召異詣鄗，問四方動靜。
7. 紀昀云：此語意未完，當有闕文。
8. 紀昀云：《太平御覽》作「我昨夜夢騎赤龍上天。」
9. 參見《類聚》卷79。
10. 參見《御覽》卷470。
11. 參見《類聚》卷29。
12. 參見《後漢書》卷17《馮異傳》李賢《注》。
13. 參見《後漢書》卷17《馮異傳》李賢《注》。
14. 參見《文選》卷10潘岳《西征賦》李善《注》。
15. 參見《後漢書》卷17《馮異傳》李賢《注》。紀昀云：范書本傳：此建武五年事。異惶懼上書謝。六年，朝京師。
16. 參見孔廣陶本《書鈔》卷69。
17. 參見《御覽》卷299。紀昀云：范書本傳：建武九年，令異行天水太守事，攻公孫述將趙匡等，故有是詔。
18. 參見《後漢書》卷17《馮異傳》李賢《注》。

下，軍中號「大樹將軍[1]」。

9.5 《馮彰》

永平五年，徙封彰爲平鄉侯[2]，食鬱林潭中[3]。彰子普坐鬬殺游徼，會赦，國除[4]。

9.6 《朱（祐）〔祜〕》

朱（祐）〔祜〕[5]、字仲先[6]，少孤，歸外家復陽劉氏。上以祜爲護軍[7]，常舍止于中。（祐）〔祜〕侍燕，從容曰：「長安兵亂，公有日角之相。」從以觀上風采。上曰：「召刺姦收護軍。」（祐）〔祜〕由是不復言[8]。以（祐）〔祜〕爲建義將軍，攻朱鮪[9]。（祐）〔祜〕斬張成，延岑敗走。收得所盜茂陵武帝廟衣、印、綬[10]。封（祐）〔祜〕爲鬲侯，邑七千三百戶。（祐）〔祜〕自陳功薄而國大，願受南陽五百戶足矣，上不許[11]。上在長安時，常與（祐）〔祜〕共車而出，與共買蜜合藥。後追念之，乃賜（祐）〔祜〕白蜜一石，問：「何如在長安時共買蜜乎[12]？」又過（祐）〔祜〕宅，祜嘗留上，須講竟，乃談話。及登位，車駕幸（祐）〔祜〕第，上謂（祐）〔祜〕曰：「主人得無去我講乎？」（祐）〔祜〕曰：「不敢[13]。」

---

1. 參見《御覽》卷423。
2. 紀昀云：彰、異長子，范書《異傳》：異封陽夏（候）〔侯〕，子彰嗣，至是徙封。
3. 參見《後漢書》卷17《馮異傳》李賢《注》。
4. 參見《後漢書》卷17《馮異傳》李賢《注》。紀昀云：范書《異傳》：安帝永初六年，復紹封普子晨爲平鄉（候）〔侯〕。
5. 《後漢書》本《傳》作「祐」，李賢《注》云：「《東觀記》（曰）『祐』作『福』，避安帝諱。」（頁769）劉攽云：「案《注》引《東觀記》安帝諱，則此人當名祜，前後皆誤矣。」《攷異》云：「范書袁《紀》『祜』皆作『祐』，《東觀記》皆作『福』，避安帝諱『祜』，《說文》『祜』字無解，云『上諱』，然則祜名當作示旁古，古今之古，不當作左右之右也。」編者按：《攷異》謂字當作「祜」是也。但謂《東觀記》皆作「福」，則似未然。《書鈔》卷139頁17a引作「朱福」，而《書鈔》卷64頁8a仍作「朱祐」。
6. 紀昀云：范書本傳：（祐）〔祜〕、南陽宛人。
7. 紀昀云：范書本傳：此光武爲大司馬討河北時事。
8. 參見《御覽》卷363。
9. 參見《御覽》卷240。紀昀云：此光武初即位時事。
10. 參見《後漢書》卷22《朱祐傳》李賢《注》。紀昀云：此建武三年事，張成、秦豐將也。
11. 參見《御覽》卷201。
12. 參見孔廣陶本《書鈔》卷139、《後漢書》卷22《朱祐傳》李賢《注》。
13. 參見《文選》卷38任彥昇《爲范尚書讓吏部封侯第一表》李善《注》。

9.7 《祭遵》

上過潁陽，祭遵[1]以縣吏數進見，上愛其容儀，署爲門下吏[2]。從征河北，爲軍市令。上舍中兒犯法，遵格殺之。上怒，命收遵。主（薄）〔簿〕陳副諫曰：「明公常欲衆軍整齊，今遵奉法不避，是教令行也。」上乃貸之，以爲刺姦將軍。語諸將曰：「當備祭遵，吾舍中兒犯法[3]尚殺之，必不私諸卿也[4]。」爲征虜將軍，將兵北入箕關，與弘農、厭新、柏華、蠻中賊合戰，弩矢入口洞出，舉袖掩口，血流袖中。衆見遵傷，卻退。遵呵吏士，吏士進戰，皆一人擊十，大破之[5]。遵遣護軍王忠皆持刀斧伐樹開道。至略陽，襲隗囂[6]。隗囂破，上從長安東歸過汧，幸遵營，勞之，士衆作黃門武樂，至夜御燈火。時遵有疾，詔賜重茵，覆以御蓋[7]。公孫述遣兵救隗囂，吳漢、耿弇等悉奔還，遵獨留屯汧。詔書曰：「將軍連年拒難，衆兵即卻，復獨按部，功勞爛然。兵退無宿戒，糧食不豫具，今乃調度，恐力不堪。國家知將軍不易，亦不遺力。今送縑千匹，以賜吏士[8]。」遵奉公，賞賜與士卒，家無私財，身衣布衣韋袴，臥布被終身，夫人裳不加綵，士以此重之[9]。遵病薨，喪至河南縣，詔遣百官皆至喪所。上車駕素服往弔，望城門舉音，遂哭而慟。還幸城門，閱過喪車，瞻望涕泣。上親臨祠以太牢，儀如孝宣帝臨霍將軍故事[10]。時下宣帝臨霍將軍儀，令公卿讀視，以爲故事[11]。博士范升上疏曰：「遵爲將軍，取士皆用儒術，對酒娛樂，必雅歌投壺。又建爲孔子立後，奏置《五經》大夫。雖在軍旅，〔心存王室〕，不忘（王室）〔俎豆〕，可謂守死善道者也。」乃贈將軍，給侯印綬，上遣校尉發騎士四百人，被玄甲、兜鍪，兵車軍陣送遵葬[12]。

遵廉潔奉公，死後，每至朝會，上數嗟歎曰：「安得憂國奉公之臣如祭征虜者乎[13]？」衛尉銚期見上感慟，對曰：「陛下至仁，哀念祭遵不已，群臣各懷慚懼也[14]。」

遵無子，國除[15]。

---

1. 紀昀云：范書本傳：字弟孫，潁陽人，封潁陽（候）〔侯〕。
2. 參見《御覽》卷389。
3. 令《御覽》卷232頁8a，總頁1104。
4. 參見《御覽》卷232。
5. 參見《御覽》卷434。
6. 參見《御覽》卷345。
7. 參見《御覽》卷870。
8. 參見《後漢書》卷20《祭遵傳》李賢《注》。
9. 參見《類聚》卷70。
10. 參見《御覽》卷561。
11. 參見《後漢書》卷20《祭遵傳》李賢《注》。
12. 參見《御覽》卷356。
13. 參見《御覽》卷621。
14. 參見《後漢書》卷20《祭遵傳》李賢《注》。
15. 參見《御覽》卷201。

9.8 《祭彤》

祭彤[1]、字次孫，膂力過人，力貫三百斤弓[2]。爲襄賁令，是時盜賊尙未悉平，而襄賁清靜。詔書增秩一等，賜縑百匹，策書勉勵[3]。拜遼東太守，至則厲兵馬，遠斥候。虜每犯塞，常爲士卒先鋒，數破之[4]。彤之威聲揚于北方，諸夷皆來內附，野無風塵，乃悉罷緣邊屯兵[5]。鮮卑奉馬一匹、貂裘二領[6]。彤素清約，爲遼東太守三十年，衣無副儲。顯宗嘉其功，賜錢百萬，及衣冠刀劍，下至杯案食物，大小重疊[7]。入爲太僕，從至魯，過孔子講堂，上指子路曰：「此太僕室也。太僕、吾之禦侮[8]。」及彤卒，烏桓、鮮卑追思無已，每朝京師，過彤冢拜謁，仰天號泣乃去[9]。

9.9 《祭參》

鮮卑千餘騎攻肥如城，殺略吏人，祭參[10]坐沮敗，下獄誅[11]。

9.10 《景丹》

王莽時舉有德行、能言語、通政事、明文學之士。景丹[12]因以言語爲固德侯相[13]。丹率衆至廣阿。上聞外有大兵（自）來，〔上自〕登城，勒兵在西門樓。上[14]問：「何等兵？」丹等對曰：「上谷、漁陽〔兵〕。」上曰：「爲誰來乎？」對曰：「爲劉公。」即請丹入，上設酒肉，人人勞勉，恩意甚備[15]。建武二年，定封丹櫟陽侯。上謂丹曰：「今關東故王國，雖數縣，不過櫟陽萬戶邑。富貴不歸故鄉，如衣繡夜行，故以封卿耳[16]。」丹從上至懷，病瘧，〔見〕（在上）〔上在〕前，瘧發寒慄。上笑曰：「聞壯士不〔病〕瘧，今漢大將軍反病瘧耶？」使小黃門扶起，賜醫藥。還歸雒陽，病遂加[17]。拜弘農太守，上以其舊將，欲令强起領郡事。乃夜召入，謂曰：「弘農逼近京師，知將軍病，但得將軍威重，臥以鎭之足矣[18]。」

1. 紀昀云：「彤、遵從弟。」吳樹平以爲「祭彤」乃「祭肜」之誤。
2. 參見《御覽》卷230。
3. 參見《御覽》卷818。
4. 參見《御覽》卷347。
5. 參見《御覽》卷260。
6. 參見《御覽》卷694。
7. 參見孔廣陶本《書鈔》卷133。
8. 參見《御覽》卷230。
9. 參見《御覽》卷260。
10. 紀昀云：參、彤子。
11. 參見《後漢書》卷4《和帝紀》李賢《注》。
12. 紀昀云：范書本傳：丹字孫卿，馮翊櫟陽人。
13. 參見《後漢書》卷22《景丹傳》李賢《注》。
14. 紀昀云：《太平御覽》作「出至城外兵所，下馬坐鞍旃毾㲪上。」
15. 參見《後漢書》卷22《景丹傳》李賢《注》。
16. 參見《御覽》卷200。
17. 參見《後漢書》卷22《景丹傳》李賢《注》。
18. 參見孔廣陶本《書鈔》卷75。

9.11 《蓋延》

蓋延、字巨卿，漁陽要陽人，身長八尺，彎弓三百斤，以氣勢聞[1]，爲幽州從事[2]。光武以延爲虎牙將軍，圍劉永于睢陽，夜梯其城入。永驚懼，走出魚門，延追擊，大破之。斬其魯郡太守梁丘壽、沛郡太守陳修[3]。永軍反走，溺水者半，後與戰，連破之，遂平沛、楚、臨淮，悉降。延令沛修高祖廟，置嗇夫、祝宰、樂人。因齋戒（祝）〔祠〕高〔祖〕廟[4]。延上疏辭曰：「臣幸得受干戈，誅逆虜，奉職未稱，久留天誅，常恐污辱名號，不及等倫。天下平定以後，曾無尺寸可數，不能預竹帛之編。明詔深閔，儆戒備具，每事奉循詔命，必不敢爲國之憂也[5]。」龐萌攻延，延與戰，破之。詔書勞延曰：「龐萌一夜反畔，相去不遠，營壁不堅，殆令人齒欲相擊，而將軍〔聞之〕，〔夜告臨淮、楚國〕，有不可動之節，吾甚美之。夜聞急少能若是[6]。」

永初七年，詔封延曾孫爲盧亭（候）〔侯〕[7]。

9.12 《銚期》

銚期、字次況[8]，爲光武賊曹掾，從平河北。上至薊，薊中應王郎，上驚去，吏民遮道不得行，期瞋目道左右大呼曰：「蹕。」大眾披辟[9]。鄧禹發房子兵二千人，以期爲偏將軍，別攻眞定宋子餘賊，（援）〔拔〕樂陽、稾、肥纍者〔也〕[10]。從擊王郎將兒宏、劉奉于鉅鹿下，期先登陷陣，手殺五十餘人，創中額，攝幘復戰，遂大破之[11]。後勸上即位，上笑曰：「卿欲遂蹕耶[12]？」期疾病，〔使〕使者存問，加賜醫藥甚厚。其母問期當封何子？期言「受國家恩深，常慚負，如死，不知當何以報國，何宜封子也！」上甚憐之[13]。

---

1. 參見《御覽》卷386。 2. 參見《後漢書》卷18《蓋延傳》李賢《注》。
3. 參見《後漢書》卷18《蓋延傳》李賢《注》。
4. 參見《後漢書》卷18《蓋延傳》李賢《注》。
5. 參見《後漢書》卷18《蓋延傳》李賢《注》。紀昀云：范書本傳：帝以延深入經敵，數以書誡之，故延有是奏。 6. 參見《御覽》卷469。
7. 參見《後漢書》卷18《蓋延傳》李賢《注》。紀昀云：范書《延傳》：延封安平（候）〔侯〕，延孫側以謀反誅，國除。至是復紹封。
8. 紀昀云：范書本傳：期、潁川郟人，封安成（候）〔侯〕。
9. 參見《御覽》卷680、《初學記》卷17。 10. 參見《水經注》卷10。
11. 參見《御覽》卷364。 12. 參見《御覽》卷680。
13. 參見《後漢書》卷20《銚期傳》李賢《注》。

10 東觀漢記卷十列傳五

10.1 《耿純》

耿純、字伯山，鉅鹿人。于邯鄲見上，遂自結納，獻馬及縑帛數百匹[1]。王郎舉尊號，欲收純，純持節與從吏夜遁出城，駐節道中，詔取行者車馬，〔得〕數十，（持）〔馳〕歸宋子[2]。光武自薊東南馳，純與從昆弟訢、宿、植共率宗（施）〔族〕賓客二千餘人，皆衣縑襜褕、絳巾奉迎，詣上所在盧奴，言王郎所反之狀。上拜純爲前將軍，封耿鄉侯[3]。時郡國多降邯鄲，純兄歸燒宗家廬舍。上以問純，純曰：「恐宗人賓客，卒有不同，故焚燒廬舍，絕其反顧之望。」上大笑[4]。純請治一郡，盡力自效。上笑曰：「（鄉）〔卿〕乃欲以治民自效。」乃拜純爲東郡太守，後坐事免。上過東郡，數千人號呼涕泣，云「願復得耿君。」上復以純爲東郡太守[5]。

10.2 《臧宮》

臧宮、字君翁[6]，爲輔威將軍，將兵擊諸郡，至中盧，屯駱越。是時公孫述將田戎、任滿與漢軍相拒于荊門，諸將戰，數不利，越人謀欲叛漢附蜀。宮兵少，不足以制也。會屬縣送委輸牛車三百餘兩至，宮夜使鋸斷城門限，令委輸車回轉出入，隆隆至明。越人伺（侯）〔候〕者聞車聲不絕，而門限斷，以漢兵大來，乃奉牛酒勞軍，由是遂安[7]。以城門校尉轉左中郎將，征武陵蠻[8]。

10.3 《馬武》

建武六年，馬武[9]與衆將上隴擊隗囂，身（初）〔被〕兜鍪鎧甲，持戟奔擊，殺數十人，（一）〔囂〕追兵盡還，武中矢傷[10]。

1. 參見《御覽》卷818。
2. 參見《後漢書》卷21《耿純傳》李賢《注》。
3. 參見陳禹謨本《書鈔》卷127、卷129。紀昀云：范書本傳：光武即位封純高陽侯，建武六年定封爲東光侯。
4. 參見《類聚》卷64。
5. 參見《御覽》卷260。
6. 紀昀云：范書本傳：宮、潁川郟人，封朗陵侯。
7. 參見孔廣陶本《書鈔》卷139、《御覽》卷494。
8. 參見孔廣陶本《書鈔》卷63。
9. 紀昀云：范書本傳：武字子張，南陽湖陽人，封揚虛侯。
10. 參見《御覽》卷356。

10.4 《劉隆》

建武二十年，左中郎將劉隆[1]爲驃騎將軍，即日行大將軍事[2]。

10.5 《馬成》

馬成[3]爲郟令，上征河北，成羸衣步擔，渡河詣上[4]。成善治障塞，自西河至渭橋，河上至安邑，太原至井陘，中山至鄴，皆築堡壁，起烽燧，十里一候[5]。

10.6 《王梁》

光武拜王梁[6]爲大司空，以武强爲侯國[7]。梁爲中郎將，與景丹、祭遵合擊蠻中，破之，詔梁別守天中關[8]。

10.7 《陳俊》

陳俊[9]初調補曲陽長，上曰：「欲與君爲左右，小縣何足貪乎？」俊即拜，解印綬，上以爲安集掾[10]。建武二年，俊攻匡城賊，下四縣[11]。上賜俊絳衣三百領，以衣中堅同心之士〔也〕[12]。

10.8 《陳浮》

二十三年詔以祝阿益濟南國，故徙浮[13]封蘄春侯[14]。

---

1. 紀昀云：范書本傳：隆字元伯，南陽安衆侯宗近族，封愼侯。
2. 參見《類聚》卷48。
3. 紀昀云：范書本傳：成字君遷，南陽棘陽人，封全椒侯。
4. 參見《御覽》卷829。
5. 參見孔廣陶本《書鈔》卷119、《類聚》卷80、《御覽》卷335。
6. 紀昀云：范書本傳：梁字君嚴，漁陽（安）〔要〕陽人，封阜城侯。
7. 參見《水經注》卷10。
8. 參見《初學記》卷7。
9. 紀昀云：范書本傳：俊字子昭，南陽西鄂人，封祝阿侯。
10. 參見《後漢書》卷18《陳俊傳》李賢《注》。
11. 參見《後漢書》卷18《陳俊傳》李賢《注》。
12. 參見《文選》卷27王粲五言詩《從軍》李善《注》。
13. 紀昀云：浮、俊子。
14. 參見《後漢書》卷18《陳俊傳》李賢《注》。

10.9　《傅俊》

傅俊[1]從上迎擊王尋等于陽關，漢兵反走，還汝水上，上以手飲水，澡盥鬚眉塵垢，謂俊曰：「今日罷倦甚，諸卿寧憊耶[2]？」

10.10　《堅鐔》

堅鐔、字子皮[3]。光武以鐔爲揚化將軍[4]。鐔獨孤絕，南拒鄧奉，北當董訢，一年間道路隔塞，糧饋不至，食蔬菜，與士卒共勞苦[5]。

10.11　《王霸》

王霸[6]祖父爲詔獄丞[7]。上爲大司馬，霸爲功曹令史，從渡河北，賓客隨者數十人，稍稍引去，上謂霸曰：「潁川從我者皆逝，而子獨留，始驗疾風知勁草[8]。」王郎起，上在薊，郎移〔檄〕購上。上令霸至市（口）〔中〕募人，將以擊郎。市人皆大笑，舉手揶揄之，霸慚而去[9]。上從邯鄲避郎兵，晨夜馳馬[10]，傳聞軍在後，士吏惶恐。南至下曲陽滹沱河，導吏言河水流澌，無船，不可渡，左右皆惶，畏爲郎所及。上令霸前瞻水，霸欲如實還報，恐驚官屬，雖不可渡，且臨水止，尙可爲阻，即白曰：「冰堅可渡。」衆大喜。上大笑曰：「果妄言也。」遂前，比至冰，合可渡。上令霸護渡，馬欲僵，各以囊盛沙布冰上，乃渡。渡未畢數車而冰陷，上謂霸曰：「安吾衆能濟者，卿力也。」謂官屬曰：「王霸從我勞苦，前遇冰變，權時以安吏士，是天瑞也。爲善不賞，無以勸後。」即日以霸爲軍正，賜爵關內侯[11]。

劉文及蘇茂臣于劉永，上遣霸討之。霸至，遂閉門堅守，勞賜吏士，作倡樂，賊衆歡呼，雨射營中，中霸前酒樽，霸安坐不動[12]。爲上谷太守，修飛狐道至平城，堆石布

1. 紀昀云：范書本傳：俊字子衛，潁川襄城人，封昆陽侯。
2. 參見《後漢書》卷22《傅俊傳》李賢《注》。
3. 參見《後漢書》卷22《堅鐔傳》李賢《注》。紀昀云：范書本傳：作字子伋，潁川襄城人，封合肥侯。
4. 參見《御覽》卷240。
5. 參見陳禹謨本《書鈔》卷115。
6. 紀昀云：范書本傳：霸字元伯，潁川潁陽人，封淮陵侯。
7. 參見《後漢書》卷20《王霸傳》李賢《注》。
8. 參見《御覽》卷418、孔廣陶本《書鈔》卷19。
9. 參見《御覽》卷827。
10. 騖《四部備要》本頁10/2b
11. 參見《類聚》卷10、孔廣陶本《書鈔》卷139、《御覽》卷448、卷873。
12. 參見《類聚》卷73。

土，三百餘里[1]。

10.12 《任光》

任光、字伯卿[2]，初爲鄉嗇夫。漢兵攻宛，軍人見光衣冠〔服〕鮮明，令解衣，將斬而奪之。會光祿（丞）〔勳〕劉賜適至，視光容貌長者，乃救全之[3]。光武平河北，光暮入堂陽，使騎皆炬火，天地赫然盡赤，堂陽驚怖，即夜降[4]。

10.13 《任隗》

任隗[5]、字仲和，從羽林監遷虎賁中郎將[6]。建武元年，始置將作大匠，自隗始[7]。隗拜司空。永元初，外戚秉權，朝臣畏悚，莫敢抗者。惟隗與袁安同心畢力，數犯顏諫[8]。

10.14 《李忠》

李忠、字仲都[9]，父爲高密中尉，忠發兵奉世祖，爲右將軍，封武固侯。時無綬，上自解所佩綬以賜之[10]。上初至不脫衣帶，衣服垢薄，使忠解澣長襦，忠更作新袍袴▸（解）〔鮮〕支◂[11]小單衣襪而上之[12]。上（問）〔會〕諸將：〔問〕破賊所得物，惟忠獨無所掠。上曰：「我欲賜之，諸君得無望乎？」即以所乘大驪馬及繡被衣物賜之[13]。王郎遣將攻信都，信都大姓馬寵等開城內之，收太守宗廣及忠母妻子，皆繫獄，而令親屬招呼忠。時寵弟從忠爲校尉，忠即時召見，責數以背恩反（賊）〔城〕，因格殺之。諸將皆驚曰：「家屬在人手中，殺其弟，何猛也！」忠曰：「若縱賊不誅，則二心也。」上聞而美之，謂忠曰：「今吾兵已成也，將軍可歸救老母妻子。」忠曰：「蒙明公大恩，思得效命，誠不敢內顧宗親[14]。」忠病濕痺，免[15]。

1. 參見《初學記》卷24。
2. 紀昀云：范書《光傳》：光、南陽宛人，封阿陵侯。
3. 參見《御覽》卷646。
4. 參見《御覽》卷870。
5. 紀昀云：隗、光子。
6. 參見《御覽》卷241。
7. 參見《六帖》卷75。
8. 參見陳禹謨本《書鈔》卷52。
9. 紀昀云：范書本傳：忠、東萊黃人。
10. 參見孔廣陶本《書鈔》卷64。
11. 《後漢書集解》引沈欽韓說，謂當作「鮮支」，《廣雅》：「鮮支、絹也。」
12. 參見《後漢書》卷21《李忠傳》李賢《注》。
13. 參見《類聚》卷93、《御覽》卷815。
14. 參見《御覽》卷417、《初學記》卷17。
15. 參見《後漢書》卷21《李忠傳》李賢《注》。

10.15 《李純》

永平二年，坐純[1]母禮殺威弟季[2]。

10.16 《邳肜》

邳肜、字偉君，信都人也[3]。初王莽分鉅鹿爲和成郡，居下曲陽，以肜爲卒正。更始即位，上以大司馬平河北，至曲陽，肜舉城降，爲後大將軍[4]。信都反，爲王郎，所置信都王捕繫肜父弟及妻子，使爲手書呼肜曰：「降者封爵，不降者滅族。」肜泣報曰：「事君（有）〔者〕不得顧家。肜親所以至今日得安于信都者，劉公之恩。公事方爭國，不得復念私也[5]。」

10.17 《劉植》

光武以劉植[6]爲驍騎將軍，攻中山[7]。封昌城侯，孫述坐與楚謀反，國除[8]。

10.18 《劉歆》

劉歆、字細君[9]。

10.19 《劉嘉》

劉嘉、字共仲[10]。建武四年，以嘉爲驍騎將〔軍〕，攻涿郡[11]。

1. 紀昀云：純、忠孫。
2. 參見《後漢書》卷21《李忠傳》李賢《注》。紀昀云：范書《忠傳》：忠封中水侯。卒，子威嗣。威卒，子純嗣。永平九年，坐母殺純叔父，國除。此以二年爲九年，仍脫「國除」二字。 3. 紀昀云：范書本傳：封靈壽侯。 4. 參見《御覽》卷238。
5. 參見《初學記》卷17。 6. 紀昀云：范書本傳：植字伯先，鉅鹿昌城人。
7. 參見《御覽》卷238。 8. 參見《御覽》卷201。
9. 參見《後漢書》卷21《劉植傳》李賢《注》。紀昀云：歆、植從兄。
10. 參見《後漢書》卷21《劉植傳》李賢《注》。紀昀云：嘉、植弟，范書本傳：「嘉」作「喜」。 11. 參見《御覽》卷238。

10.20 《王常》

王常[1]、其先鄠人，父博，成、哀間轉客潁川舞陽，因家焉[2]。光武于大會中指常謂群臣曰：「此家率下江諸將輔翼漢室，心如金石，眞忠臣也。」是日遷漢忠將軍[3]。爲橫野大將軍，位次與諸將絕席[4]。封山桑侯，孫廣坐楚事，國除[5]。

10.21 《李通》

齊武王嘗殺通[6]同母弟申屠臣[7]，上恐其怨，不欲與軼相見。軼數請，上乃强見之。軼深達通意，上乃許往，意不安，買半臿佩刀懷之。至通舍，通甚歡，握上手，得半臿刀，謂上曰：「一何武也！」上曰：「倉卒時以備不虞耳[8]。」

王莽前隊大夫誅謀反者，通聞事發覺，被馬欲出。馬駕在轅中，惶遽著鞍上馬，出門顧見車方自覺，乃止[9]。通娶寧平公主。爲大司空。性謙恭，常避權勢，謝病不視事[10]。上司空印綬，以特進奉朝請。久之，有司請封諸皇子，上感通首創大謀，封通少子雄爲邵陵侯。每幸南陽，常遣使以太牢祠通父冢[11]。

10.22 《竇融》

河西太守竇融[12]遣使獻（三）〔橐〕駝[13]。令弟友詣闕，道絕，馳還，（遺）〔遣〕司馬虞封間行通書[14]。光武詔封融曰：「行河西五郡大將軍、涼州牧、張掖屬國都尉竇融，執志忠孝，扶微救危，仇疾反虜隗囂，率厲五郡精兵，羌、胡畢集，兵不血刃，而虜土崩瓦解，功既大矣。篤意分明，斷之不疑，吾甚嘉之。其以安豐、陽泉、蓼、安風凡四縣封融爲安豐侯[15]。」融光武時數辭爵位，不欲傳子，不許，因上疏曰：「臣融年五十三，有一子，年十五，質性頑鈍。臣融朝夕教導以經藝，不得令觀天文、

1. 紀昀云：范書本傳：常字顏卿。 2. 參見《後漢書》卷15《王常傳》李賢《注》。
3. 參見《初學記》卷17。 4. 參見孔廣陶本《書鈔》卷133。
5. 參見《御覽》卷201。
6. 紀昀云：范書本傳：通字次元，南陽宛人，封固始侯。
7. 紀昀云：申屠臣、本書《光武紀》作「公孫臣」。
8. 參見陳禹謨本《書鈔》卷123。 9. 參見《御覽》卷469。
10. 參見《御覽》卷423。 11. 參見《御覽》卷200、卷526、卷557。
12. 紀昀云：范書本傳：融字周公，扶風平陵人。
13. 參見《初學記》卷29、《御覽》卷901。
14. 參見《後漢書》卷23《竇融傳》李賢《注》。紀昀云：范書本傳：「虞封」作「席封」。
15. 參見《御覽》卷200。

見讖記，誠欲令恭肅畏事，恂恂（脩）〔循〕道，不願其有才能，何況乃當傳以連城廣土，享侯國哉！」他日會見，迎詔融曰：「公欲讓職還土，今相見，不宜論也[1]。」融嗣子穆尚內黃公主，而融弟顯親侯友嗣子固尚沮陽公主[2]，穆長子勳尚東海公主女[3]。竇氏一主[4]，兩侯，三公主，四二千石，自祖至孫，官府廄第相望，奴婢千數，雖親戚功臣，莫與爲比[5]。

10.23 《竇固》

竇固、字孟孫[6]，少爲黃門郎，謙讓有節操[7]。中元元年，以固爲中郎將，監羽林左騎[8]。爲奉車都尉，與駙馬都尉耿秉北征匈奴，遂滅西域，開通三十六國。在邊數年，羌胡親愛之。羌胡見客，炙肉未熟，人人長跪前割之，血流指間，進之于固，固輒爲啗，不穢賤之，是以愛之如父母也[9]。破西羌還，爲衛尉，奉兩宮宿衛，而見重當世，恭謹下士，賑施宗族，甚有名稱[10]。

10.24 《竇憲》

竇憲[11]恃宮掖聲勢，遂以賤直奪沁水公主園田，公主不敢訴。後肅宗駕出過園，指以問憲，憲陰喝不得對。發覺，帝大怒，召憲切責曰：「今貴主尚見枉奪，何況小民乎[12]！」

章帝崩，竇太后臨政，憲爲大將軍，弟景執金吾，瓌將作大匠、光祿勳[13]。大將軍置長史、司馬員吏官屬，位次太傅[14]。封武陽侯，食邑二萬戶，憲固辭封。詔曰：「大將軍憲前歲出征，克滅北狄，朝加封賞，固辭不受。舅氏舊典，竝蒙爵土。其封憲冠軍侯，邑二萬戶[15]。」憲以特進見禮依三公，竝未（門）〔開〕封[16]。

1. 參見《類聚》卷21。
2. 紀昀云：沮陽、范書《融傳》作「涅（非）〔陽〕」。
3. 紀昀云：范書《融傳》：穆子勳、尙東海恭王三女（泚）〔沘〕陽公主，此有脫處。
4. 公《御覽》卷470頁4a，總頁2159。
5. 參見《初學記》卷18、《御覽》卷470。紀昀云：《太平御覽》作「固破西羌還，是時竇氏公、侯、二千石，並在朝廷，門內尙三公主，賞賜恩寵榮于當時，親戚功臣無與爲等也。」
6. 紀昀云：固、融弟友子。
7. 參見孔廣陶本《書鈔》卷58。
8. 參見《御覽》卷470。
9. 參見《御覽》卷475。
10. 參見孔廣陶本《書鈔》卷53。
11. 紀昀云：憲、融曾孫，范書本傳：憲字伯度。
12. 參見《御覽》卷483。
13. 參見《初學記》卷18。
14. 參見《續漢書・百官志》劉昭《注》。
15. 參見《御覽》卷201。
16. 參見孔廣陶本《書鈔》卷52。

10.25 《竇章》

竇章[1]、時謂東觀爲老氏藏室[2]。

10.26 《卓茂》

卓茂、字子康[3]，南陽人也[4]。爲丞相史，嘗出，道中有人認茂馬者。茂問失馬幾日，對曰：「月餘矣。」茂曰：「然。此馬已畜數年。」遂解馬與之，曰：「即非所失，幸至丞相府還我。」乃步輓車去。後日，馬主自得其馬，慚愧詣府，叩頭謝歸焉[5]。茂爲密令，河南郡爲置守令，與茂竝居，久之，吏人不歸往守令[6]。茂視民如子，口無惡言，吏民親愛而不忍欺之。民嘗有言部亭長受其米肉遺者，茂問之曰：「亭長從汝求乎？爲汝有事屬之而受乎？將平居〔以〕恩意遺之乎？」民曰：「往遺之耳。」茂曰：「遺之而受，何故言耶？」民曰：「竊聞賢聖之君，使民不畏吏，吏不取民。今我畏吏，是以遺之。」茂曰：「凡人所以貴于禽獸者，以有仁愛、知相敬事也。亭長素爲善吏，歲時遺之，禮也。今鄰里尚致餽，此乃相親，況吏民乎？凡人之生，群居雜處，故有經紀禮儀以相（文）〔交〕接。汝獨不欲修之，寧能高飛遠去、不在人間耶？」民曰：「苟如此，律何故禁之？」茂笑曰：「律設大法，禮從人情。今我以禮教汝，必無怨惡。以律治汝，何所措其手足乎？」時天下大蝗，河南二十餘縣皆被其災，獨不入密界。督郵言之，太守不信，自出案行，見乃服焉[7]。

光武即位，先訪求茂[8]，茂時年七十餘矣。詔封茂宣德侯，以茂爲太傅，賜几杖、安車一乘。

茂爲人恬蕩樂道，推實不爲華貌，束身執節，行己在于清濁之間，自束髮至白首，與人未嘗有爭競[9]。

---

1. 紀昀云：章、融玄孫，范書本傳：章字伯向。
2. 紀昀云：范書本傳：太僕鄧康聞其名，請欲與交，章不肯往，康以此益重焉。是時學者稱東觀爲老氏藏室，道家蓬萊山，康遂薦章入東觀爲校書郎。此文前後並闕。
3. 紀昀云：李善《文選注》作字「子容」。
4. 參見《文選》卷38任彥昇《爲范尚書讓吏部封侯第一表》李善《注》。
5. 參見《類聚》卷93。
6. 參見《後漢書》卷25《卓茂傳》李賢《注》。
7. 參見《御覽》卷267。
8. 紀昀云：《太平御覽》作「求茂謁見」。
9. 參見《後漢書》卷25《卓茂傳》李賢《注》。

11 東觀漢記卷十一列傳六

11.1 《鄧晨》

鄧晨[1]、南陽人，曾祖父隆，揚州刺史，祖父勳，交趾刺史[2]。晨與上共載出，逢使者不下車，使者怒，頗加恥辱。上稱江夏卒史，晨更名侯家丞。使者以其詐，將至亭，欲罪之，新野宰潘叔爲請，得免[3]。晨與上起兵，〔新野〕吏乃燒晨先祖祠堂，汙池室宅，焚其冢墓。宗族皆怒，曰：「家自富足，何故隨婦家入湯鑊中[4]？」晨終無恨色[5]。上微時與晨觀讖，云「劉秀當爲天子」。或言「國師公劉秀當之」。上曰：「安知非僕乎？」建武三年，上徵晨還京師，數燕見，說故舊平生爲忻樂。晨從容謂帝曰：「僕竟辦[6]之。」帝大笑[7]。

晨爲陳留郡，興鴻郤陂，〔益地數千頃〕，溉郡稻，常以豐熟，兼流給他郡[8]。

11.2 《來歙》

來歙、字君叔，南陽人也。有大志慷慨，治《左氏春秋》，與劉嘉俱詣雒陽，世祖見歙，與之大歡。曰：「君叔獨勞苦。」解所被襜襦以衣歙，拜大中大夫[9]。建武五年，持節送馬援，奉璽書于隗囂。囂遣子恂隨入侍。時山東略定，帝謀西收囂兵，與俱伐蜀。囂將王元說囂，故狐疑不決。歙素剛直，遂發憤責之曰：「國家以公知臧否，曉廢興，故以手書暢至意。足下推忠誠，遣伯春委質，是君臣父子信也。今乃欲從佞惑之言，爲族滅之計，叛主負子，違背忠信。吉凶之決，在于今日。」因欲前刺囂，囂起入，部勒兵，將殺歙，歙〔徐〕仗節就車而去[10]。歙與征虜將軍祭遵襲略陽，因保其城。上聞甚悅，左右怪上數破大敵、今得小城，何足以喜？然上以略陽、囂所依阻，心腹已壞，則制其支體易也[11]。囂圍歙于略陽[12]，上詔曰：「桃花水出，船槃皆至，郁夷、陳倉，分部而進[13]。」上大發關東兵，自將上隴討囂，囂眾潰走，圍解。于是置酒

1. 紀昀云：（芳）〔范〕書本傳：晨字偉卿，封西華侯。
2. 參見《後漢書》卷15《鄧晨傳》李賢《注》。
3. 參見《後漢書》卷15《鄧晨傳》李賢《注》。
4. 紀昀云：晨娶光武姊元，故有是語。
5. 參見《御覽》卷483。
6. 辨《御覽》卷391頁3a，總頁1808
7. 參見《御覽》卷391。
8. 參見孔廣陶本《書鈔》卷39。
9. 參見《御覽》卷243、陳禹謨本《書鈔》卷129。
10. 參見《御覽》卷778。
11. 參見《後漢書》卷15《來歙傳》李賢《注》。
12. 紀昀云：范書本傳：歙襲得略陽，囂大驚。曰：「何其神也！」乃悉兵數萬人圍之。
13. 參見《水經注》卷17。

高會，賜歙班絕席，坐在諸將之右，賜歙妻縑千匹[1]。上使歙監諸將[2]，因歙上疏宜益選兵馬，儲積資糧。詔于汧積穀六萬斛，驢四百頭負馱[3]。隗囂破後，有五谿六種寇〔侵〕，見便鈔掠，退阻營塹。歙乃大治攻具衝車度塹，遂與五谿戰，大破之[4]。與蓋延攻公孫述將王元，破之，蜀人大懼，使刺客刺歙，歙未死，馳告蓋延。延見歙，伏悲不能仰視。歙叱曰：「故呼卿，欲屬以軍事，而反效兒女子泣涕乎！」延收淚強起，受所誡。歙自書表，投筆抽刃而死[5]。

11.3 《樊重》

樊重、字君雲，南陽人[6]。世善農稼，好貨殖[7]。治家產業，起廬舍，高樓連閣，陂池灌注，竹木成林，閉門成市[8]。家素富，外孫何氏兄弟爭財，重恥之，以田二頃解其忿訟，縣中稱美，推為三老。年八十餘，臨終，其素所假貸人間數百萬，遺令焚削文契。債家聞者皆慚，爭往償之，諸子從敕，竟不肯受[9]。世祖即位，追封重為壽張敬侯[10]。

11.4 《樊宏》

樊宏[11]、字靡卿，拜光祿大夫，位特進[12]。封長羅侯，建武十三年，（從）〔徙〕都尉，封謝侯。十五年，徙封壽張侯[13]。宏為人謙慎，常戒其子曰：「富貴盈溢，未有能終者。天道惡滿而好謙，前世貴戚皆明戒也。保身全己，豈不樂哉！」宏每當朝會，迎期先到，俯伏待事，時至乃起。上聞之，敕騶臨朝乃告，勿令豫到。宏病困，車駕臨問其所欲言，宏頓首自陳：「無功享食大國，願還壽張，食小鄉亭。」上悲傷其言而不許[14]。

11.5 《樊鯈》

樊鯈[15]、字長魚，事後母至孝，母嘗病癰，鯈晝夜匍伏，不離左右。至為吮癰[16]。

1. 參見《御覽》卷307。
2. 參見《御覽》卷240。
3. 參見《御覽》卷332。
4. 參見《御覽》卷336。
5. 參見《御覽》卷488。紀昀云：范書本傳：贈征羌侯。
6. 紀昀云：重、光武外祖。
7. 參見《御覽》卷822。
8. 參見《類聚》卷65。
9. 參見《御覽》卷598。
10. 參見孔廣陶本《書鈔》卷47。
11. 紀昀云：宏、重長子。
12. 參見《御覽》卷430。
13. 參見孔廣陶本《書鈔》卷48。
14. 參見《御覽》卷423。
15. 紀昀云：鯈、宏長子。
16. 參見《御覽》卷412。

母終，上遣中黃門朝暮餐食[1]。野王獻甘膠、膏餳，每作大發[2]，吏以爲饒利。儵知之，臨薨奏焉[3]。

11.6 《樊梵》

樊梵[4]、字文高，爲尚書郎，每當直事，常晨駐馬待漏。雖在閒署，冠劍不解于身。每齋祠，恐失時，乃張燈俯伏。爲郎二十三歲，未嘗被奏，三署服其慎也[5]。

11.7 《樊準》

樊準[6]、字幼陵，爲▸別駕◂[7]從事，臨職公正，不發私書，世稱冰清[8]。準見當時學者少憫[9]，先王道術陵遲，乃〔上〕疏曰：「光武皇帝受命中興之初，群雄擾於冀州，旌旗亂于大澤，然猶投戈講學，息馬論道。孝明皇帝尤垂情古典，游意經藝，刪定乖疑，稽合圖讖，封師太常桓榮爲關內侯，親自制作《五行章句》，每享射禮畢，正坐自講，諸儒並聽，四方欣欣。是時學者大[10]盛，冠帶搢紳遊辟雍，觀化者〔以〕億萬計[11]。」爲御史中丞，執憲御下，舉正非法，官寮震慄[12]。轉尚書令，明習漢家舊事。周密畏慎[13]。

11.8 《張況》

張況[14]遷涿郡太守，時年八十，不任兵馬，上疏乞身，詔許之。後詔問起居何如？子歆對曰：「如故。」詔曰：「家人居不足贍，且以一縣自養。」以況爲常山關長。會赤眉攻關城，況出戰死，上甚哀之[15]。

---

1. 參見《文選》卷59沈約《齊故安陸昭王碑文》李善《注》。
2. 紀昀云：范書《儵傳》作「每輒擾人」。
3. 參見《御覽》卷852。
4. 紀昀云：梵、儵第三子。
5. 參見《御覽》卷215、孔廣陶本《書鈔》卷60。
6. 紀昀云：準、宏族曾孫。
7. 州。孔廣陶本《書鈔》卷37頁10a，總頁142。
8. 參見孔廣陶本《書鈔》卷37。
9. 懼《御覽》卷613頁2b，總頁2757。
10. 尤《御覽》卷613頁2b，總頁2757。
11. 參見《御覽》卷613。紀昀云：范書本傳：時鄧太后臨朝，儒學陵替，準上疏稱：博求名儒，徵詣公車，俟帝講習之期。公卿各舉明經及舊儒子孫，進其爵位，使纘其業。太后深納其言。
12. 參見孔廣陶本《書鈔》卷62。
13. 參見孔廣陶本《書鈔》卷59、《類聚》卷48、《御覽》卷210。
14. 紀昀云：范書《張禹傳》：禹、趙國襄國人，祖父況。
15. 參見《後漢書》卷44《張禹傳》李賢《注》。

11.9 《張歆》

張歆[1]（字）〔守〕皋長，有執父仇賊自出，歆召囚詣閣，曰：「欲自受其辭。」既入，解械飲食（之），便發遣，遂棄官亡命[2]，逢赦出，由是鄉里服其高義[3]。後仕爲淮陽相時，王新歸國，賓客放縱，干亂去禁，歆將令尉入宮搜捕，王白上，歆坐左遷爲汲令，卒官[4]。

11.10 《張禹》

張禹[5]好學，習《歐陽尚書》，事太常桓榮，惡衣食[6]。永平六年，禹爲廷尉府北曹吏，處事執平，爲京師所稱。明帝以其明達法理，有張釋之風，超遷非次，拜廷尉[7]。徐縣北界有蒲陽陂，〔坡〕水廣二十里，徑且百里，在道西，其東有田可萬頃。禹爲開水門，通引灌溉，率吏民，假與糧種[8]。禹巡行守舍，止大樹下，食糒乾飯屑飲水而已。後年，鄰國貧人來歸之者，茅屋草廬千餘戶，屠酤成市。墾田四千餘頃，得穀百萬餘斛[9]。功曹（吏）〔史〕戴閏當從行縣，從書佐假車馬什物。禹聞知，令直符責問，閏具以實對。禹以宰士惶恐首實，令自致徐獄[10]。和帝南巡祠廟園，禹以太尉留守北宮，大官朝夕送食，賜鞋韈具物，除子男盛爲郎[11]。禹爲太傅，錄尚書事，鄧太后以殤帝初育，欲令重臣居禁內，乃詔禹舍宮中，給帷帳床褥，大官朝夕進食，五日一歸府，每朝見，特贊，與三公絕席[12]。

11.11 《郭況》

郭況[13]爲城門校尉。況、皇后弟，貴重，賓客輻輳，而況恭儉謙遜，尊奉法度，不敢一[14]奢[15]。爲鴻臚，上數幸其宅，飲酒，賞金帛甚盛，京師號況家爲金穴，言富實

1. 紀昀云：歆、況子。
2. 紀昀云：范書《張禹傳》作「以報仇逃亡。」
3. 參見《後漢書》卷44《張禹傳》李賢《注》。
4. 參見《後漢書》卷44《張禹傳》李賢《注》。
5. 紀昀云：禹、歆子，范書本傳：禹字伯達，封安鄉侯。
6. 參見《後漢書》卷44《張禹傳》李賢《注》。
7. 參見孔廣陶本《書鈔》卷53。
8. 參見《後漢書》卷44《張禹傳》李賢《注》、《玉海》卷23。
9. 參見《後漢書》卷44《張禹傳》李賢《注》。
10. 參見《後漢書》卷44《張禹傳》李賢《注》。
11. 參見《後漢書》卷44《張禹傳》李賢《注》。
12. 參見《類聚》卷69、《後漢書》卷44《張禹傳》。
13. 紀昀云：范書《郭后紀》：后眞定稾人，父昌，昌子況，封陽安侯。
14. 驕《御覽》卷515頁3b，總頁2343。
15. 參見《御覽》卷515。

也[1]。

11.12 《陰睦》

建武二年，追尊貴人父睦爲宣恩侯[2]。

11.13 《陰識》

陰識[3]爲守執金吾，居位數十年，對賓客語，不及國家，其愼重如此[4]。

11.14 《陰興》

陰興[5]、字君陵，爲期門僕射，從上出入，常操小蓋，疾風暴雨，屏翳左右，泥塗狹隘，自投車下，脫袴解履，涉淖至踝[6]。上欲封興，置印綬于前，興固讓曰：「臣未有先登陷陣之功，而一家數人並蒙爵土，令天下觖望。」上嘉興之讓，不奪其志[7]。興盡忠竭思，其無益于國，雖在骨肉，不以私好害公義。與同郡張宗、上谷鮮于褒不相好，知其有用，猶稱其所長而達之。友人張汜、杜禽與興厚善，以爲華而少實，但私之以財，終不爲言，是以世稱其忠平[8]。

興夫人薨，會葬，詔使五官中郎將持節至墓賜印綬，追封加諡興曰鮦陽翼侯[9]。

11.15 《陰傅》

陰傅[10]封濦强侯[11]，七年，以濦强屬西[12]，徙封于丹陽，爲期思侯[13]。

1. 參見《初學記》卷18、《御覽》卷810。
2. 參見孔廣陶本《書鈔》卷47。紀昀云：本書《陰后傳》：睦字君孟，后之父也。南陽新野人。
3. 紀昀云：識、睦長子，范書本傳：識字次伯，封原鹿侯。
4. 參見《御覽》卷430。
5. 紀昀云：興、睦次子。
6. 參見《御覽》卷386。
7. 參見《御覽》卷424。
8. 參見《御覽》卷429。
9. 參見孔廣陶本《書鈔》卷47。
10. 紀昀云：傅、興第二子，范書作博，附見興。
11. 紀昀云：此永平元年事。
12. 紀昀云：此下有闕文。
13. 參見孔廣陶本《書鈔》卷48。紀昀云：司馬彪《郡國志》：濦强、期思並屬汝南郡，丹陽無期思地，此文有誤。

12 東觀漢記卷十二列傳七

12.1 《馬援》

馬援字文淵，扶風人[1]。遠祖以吏二千石自邯鄲徙茂陵成歡里[2]。曾祖父通生賓，宣帝時以郎持節，號使君，使君生仲，仲官至玄武司馬；仲生援[3]。援三兄，況字（君）〔長〕平，余字聖卿，員字季主[4]。援長七尺五寸，色理膚髮眉目容貌如畫[5]。受《齊詩》，師事潁川滿昌[6]。以況出爲河南太守，次兩兄爲吏京師，見家用不足，乃辭況欲就邊郡畜牧[7]。援外類倜儻簡易，而內重禮，事寡嫂，雖在閫內，必幘然後見[8]。爲郡督郵，送囚至府，囚有重罪，援哀而縱之，亡命北地，遇赦留[9]。援嘗歎曰：「凡殖貨財產、貴其能施賑也，否則守錢虜耳！」乃盡散以班昆弟故舊，身衣羊裘皮袴[10]。

隗囂甚重援，以爲綏德將軍。時公孫述稱帝，囂使援往觀之。援素與述同鄉里，相善，以爲至當握手迎如平生，述乃盛陳陛衛，引援入，交拜畢，就館，爲援制荅布單衣[11]、交讓冠，會百官於宗廟，立舊交之位。述鸞旗旄騎，警蹕就車，禮甚盛，欲授以封侯大將軍位。賓客皆樂留，援曉之，因而辭歸，謂囂曰：「子陽、井底鼃耳，不如專意東方。」囂乃使援奉書雒陽。援初到，敕令中黃門引入，時上在宣德殿南廡下，（袒）〔但〕幘坐。援至，上迎，笑謂之曰：「卿遨遊二帝間，見卿，使人慚。」援頓首謝曰：「當今之世，非獨君擇臣，臣亦擇君。臣與公孫述同縣，少小相善。臣前至蜀，述陛戟而後進臣。今臣遠從異方來，陛下何以知非刺客而簡易如此？」於是上復笑曰：「卿非刺客，顧說客耳。」援乃曰：「天下反覆自盜名字者不可勝數，今見陛下，恢廓大度，同符高祖，乃知帝王自有眞也[12]。」援歸說囂曰：「前到朝廷，上凡十四見[13]。」援與楊廣書曰：「車丞相高祖園寢郎，一月九遷爲丞相者，知武帝恨誅衛太子，上書訟之[14]。」上自征隗囂，至漆，諸將多以王師之重，不宜遠入險阻，計未決。

1. 參見《世說新語・言語篇》、《御覽》卷260。紀昀云：范書本傳：援封新息侯。
2. 參見《後漢書》卷24《馬援傳》李賢《注》。
3. 參見《後漢書》卷24《馬援傳》李賢《注》。
4. 參見《後漢書》卷24《馬援傳》李賢《注》。
5. 參見《後漢書》卷24《馬援傳》李賢《注》。
6. 參見《後漢書》卷24《馬援傳》李賢《注》。
7. 參見《後漢書》卷24《馬援傳》李賢《注》。
8. 參見孔廣陶本《書鈔》卷127、《御覽》卷687、《文選》卷40任彥昇《奏彈劉整》李善《注》。 9. 參見《御覽》卷642。
10. 參見孔廣陶本《書鈔》卷129。 11. 紀昀云：范書本傳：「荅」作「都」。
12. 參見《御覽》卷778。
13. 參見《後漢書》卷24《馬援傳》李賢《注》。紀昀云：此語意未完，當有脫佚。
14. 紀昀云：范書本傳：隗囂遣子恂入侍，（授）〔援〕將家屬隨恂歸雒陽。會囂意狐疑，後遂發兵拒漢。援具言滅囂謀畫。因使援將突騎往來遊說，離囂支黨。援又爲書與囂將楊廣，使曉囂降，廣不答。攷范書備載援書而無此文，當由范氏刪落。

會召援，因說囂側足而立，將士土崩之勢，兵進必破之狀，於上前聚米爲山川，指畫地勢，上曰：「虜在吾目中矣。」囂衆大潰[1]。

援爲隴西太守，討羌，中矢貫腓脛，上聞，賜羊三千、牛三百頭以養病[2]。援務開恩信，寬以待下，任吏以職，但總大體而已。賓客故人日滿其門。諸曹時白外事，輒曰：「此丞、掾任，何足相煩。若大姓侵小民，黠羌欲旅拒，此乃太守事耳[3]。」遷虎賁中郎將[4]。在隴西，上書曰：「富民之本，在於食貨，宜如舊鑄五銖錢。」天下賴其便。三府以爲未可，凡十三難，援一一解之，條奏其狀[5]。自還京師，數被進見。爲人明白，嫺進對，尤善述前事，每言及三輔長者至閭里少年皆可觀，皇太子、諸王聞者，莫不屬耳忘倦[6]。擊尋陽山賊，上書曰：「除其竹木，譬如嬰兒頭多蟣蝨而剃之，蕩蕩〔然〕蟣蝨無所復依。」書奏，上大悅，出尙書，盡數日，敕黄門取頭蝨章（特）〔持〕入，因出小黄門頭有蝨者，皆剃之[7]。上以援爲伏波將軍[8]。援上言：「臣所假伏波將軍印，書『伏』字，『犬』外嚮。成皋令印，『皋』字爲『白』下『羊』；丞印『四』下『羊』；尉印『白』下『人』，『人』下羊。一縣長吏，印文不同，恐天下不正者多。符印所以爲信也，所宜齊同。」薦曉古文字者，事下大司空正郡國印章。奏可[9]。援好事，至荔浦，見冬筍名曰（苞）〔篙〕筍，上言：「《禹貢》『厥包橘柚』，疑謂是也。其味美於春夏筍[10]。」擊交趾，謂官屬曰：「吾從弟少游嘗哀吾慷慨多大志，曰：『士生一世，但取衣食足，乘下澤車，御款段馬，爲郡吏，守墳墓，鄉里稱善人，斯可矣。求益盈餘，但自苦耳。』吾在浪泊、西里、塢間，虜未滅之時，下潦上霧，毒氣熏蒸，仰視烏鳶跕跕墮水中，臥念少游平生時語，何可得也[11]！」《與兄子嚴敦書》曰：「學龍伯高不就，猶爲謹飭之士，所謂刻鵠不成尙類鶩者。效杜季良而不成，陷爲天下輕薄子，所謂畫虎不成反類狗也[12]。」

援平交趾，上言太守蘇定張眼視錢，瞸目討賊，怯于戰功，宜加切敕。後定果下獄[13]。援於交趾鑄銅馬，奏曰：「臣聞行天者莫如龍，行地者莫如馬。臣援師事楊子阿[14]。孝武帝時，善相馬者東門京鑄作銅馬法獻之，立馬於魯班門外，更名曰金馬門。臣既備數家骨法，以所得駱越銅，鑄以爲馬，高三尺五寸，圍四尺五寸。〔謹獻〕。」詔置馬德陽殿下[15]。援振旅京師，賜車一乘[16]。援曰：「方今匈奴、烏桓尙擾北邊，欲

1. 參見《御覽》卷275。
2. 參見《御覽》卷372。
3. 參見《御覽》卷260。
4. 參見《御覽》卷241。
5. 參見《類聚》卷66。
6. 參見《御覽》卷379。
7. 參見《御覽》卷594、卷951。
8. 參見《御覽》卷240。
9. 參見《後漢書》卷24《馬援傳》李賢《注》。
10. 參見《御覽》卷963。
11. 參見孔廣陶本《書鈔》卷139。
12. 參見《御覽》卷919。
13. 參見《御覽》卷491。
14. 紀昀云：此下有闕文。
15. 參見《類聚》卷93。
16. 參見孔廣陶本《書鈔》卷19。

自請擊之。男兒要當死於邊野，以馬革裹尸還葬耳！何能臥床上在兒女子手中耶？」故人孟冀曰：「諒爲烈士，當如此矣[1]！」援行亭障，到右北平，詔書賜〔援〕鉅鹿縑三百匹[2]。建武二十四年，武威將軍劉禹擊武陵五谿蠻夷，深入，軍沒。援因復請行。時年六十二，上愍其老，未許之。援自請曰：「臣尚能被甲上馬。」上令試之。援據鞍顧眄，以示可用。上笑曰：「（矆）〔矍〕哉是翁也[3]！」遂遣援[4]。二月到武陵臨鄉[5]。

12.2 《馬廖》

馬廖[6]少習《易經》，清約沈靜。援擊（五）〔武〕谿無功，卒於師，廖不得嗣爵[7]。從羽林監遷虎賁中郎將[8]。上表長樂宮曰：「夫改政移風，必有其本。長安語曰：『城中好高髻，四方高一尺。城中好廣眉，四方且半額。城中好廣袖，四方用匹帛[9]。』」司隸校尉梁松[10]奏特進弟防、光、廖、〔廖〕子豫，兄弟父子并受爵土，榮顯冠世，多買京師膏腴美田，作大廬，近帶城郭，妨困（人）〔小〕民[11]。

12.3 《馬防》

馬防、字公平[12]。永平十五年，上始欲征匈奴，與竇固等議出兵調度，皆以爲塞外草美，可不須（穀馬）〔馬穀〕，其各以[13]。固等兵到燉煌，當出塞上，請馬穀。上以固言前後相違，怒不與穀。皆言按軍出塞，無穀馬故事。防言：「宣帝時，五將出征，其奏言：『匈奴候騎得漢馬矢，見其中有粟，即知漢兵出，以故引去。』以是言之，馬當與穀。」上善其用意微至，敕下調馬穀，防遂見親近[14]。防征西羌，上嘉防功，令史官作頌，頌其功伐[15]。章帝建初三年，防爲車騎將軍、城門校尉，置掾史，位在九卿上，絕席。防兄弟二人[16]各六千戶，防爲潁陽侯，特以前參醫藥，勤勞省闥，綏定西羌，以襄城羹亭一千二百戶增防，身帶三綬，寵貴至盛[17]。爲光祿勳，將緹騎，宿衛宮

1. 參見《御覽》卷438。　2. 參見《御覽》卷818。
3. 紀昀云：「（矆）〔矍〕」字、范書本傳：作「矍鑠」。
4. 參見《御覽》卷274。　5. 參見《後漢書》卷24《馬援傳》李賢《注》。
6. 紀昀云：廖、援長子，范書本傳：廖字敬平，封順陽侯。
7. 參見《後漢書》卷24《馬廖傳》李賢《注》。　8. 參見《御覽》卷241。
9. 參見《御覽》卷364。
10. 紀昀云：范書：梁松歿於顯宗永平四年，馬氏之敗在肅宗建初八年，於時松歿已久。此文有誤。　11. 參見《御覽》卷821。
12. 紀昀云：防、援第二子，范書本傳作「字江平」，是書別本又作「字孝孫」。
13. 紀昀云：此下有闕文。　14. 參見《御覽》卷894。
15. 參見孔廣陶本《書鈔》卷102。
16. 紀昀云：此謂防及弟光。攷范書本傳：光時封許陽侯。
17. 參見《類聚》卷51、《御覽》卷199、卷682。

省。上數幸防府，賞賜飲食[1]。

防上言：「聖人作樂，所以宣氣、致和、順陰陽也。臣愚以爲可因歲首發太簇之律，奏《雅》《頌》之音，以迎和氣。」時以作樂器費多，遂獨行十月迎氣樂[2]。防性矜嚴[3]公正，數言政事，多見採用[4]。

子鉅爲常從小侯，六年正月齋宮中，上欲冠鉅，夜拜爲黃門郎，御章臺下殿，陳鼎俎，自臨冠之。防兄弟奴婢各千人以上[5]。防又多牧馬畜，賦歛羌胡。上不喜之，數加譴責，所以禁遏甚備，由是權勢稍損，賓客亦衰[6]。

12.4 《馬光》

馬光、字叔山[7]，遭母喪，哀痛感傷，形骸骨立[8]。監越騎校尉。視事，帥厲吏士，教習有方。時五校尉令在北軍營中，光以爲五校尉主禁兵武備，所以宿衛兩宮，不宜在一處，表請二校尉附北宮。詔許越騎、射聲（寺）〔等〕治北宮[9]。章帝與光詔曰：「朝送鹿膾，寧用飯也[10]。」拜太僕，視事減省諸費，歲千萬以上[11]。光前坐黨附（憲）〔竇〕憲，歸國，憲誅。憲奴玉當誣光與憲逆。初，竇氏有事，玉當亡，私從光乞，不與，恨去。懷挾欲中光。官捕得玉當，因告言光與憲有惡謀，光以被誣不能自明，乃自殺。光死後，憲他奴郭扈自出證明光、憲無惡言，光子朗上書迎光喪葬舊塋，詔許之[12]。

12.5 《馬客卿》

馬客卿[13]幼而岐嶷，年六歲，能接應諸公，專對賓客。嘗有死罪亡命者來過，客卿逃匿不令人知。外若訥而內沈敏。援甚奇之，以爲將相器，故以客卿字焉[14]。

1. 參見孔廣陶本《書鈔》卷53。
2. 參見《後漢書・章帝紀》李賢《注》。紀昀云：范書本傳：「十月」作「十二月」。
3. 編者按：「嚴」、疑本作「莊」，避漢諱改。
4. 參見陳禹謨本《書鈔》卷54。
5. 參見《御覽》卷540。
6. 參見《御覽》卷627。
7. 紀昀云：光、援第三字。
8. 參見《後漢書》卷24《馬防傳》李賢《注》。
9. 參見孔廣陶本《書鈔》卷61。
10. 參見《御覽》卷862。
11. 參見孔廣陶本《書鈔》卷54。
12. 參見《後漢書・和帝紀》及《馬防傳》李賢《注》。
13. 紀昀云：客卿、援少子。
14. 參見《御覽》卷384。

12.6 《馬嚴》

馬嚴、字威卿[1]，父余卒時，嚴方七歲，依姊壻父九江連率平河侯王述[2]。明年，母復終，會述失郡，居沛郡。建武三年，余外孫右扶風曹貢爲梧安侯相，迎嚴歸，養視之。至四年，叔父援從車駕東征，過梧安，乃將嚴西。嚴年十三，至雒陽，留寄郎朱仲孫舍，大奴步護視之[3]。嚴從其故門生肆都學擊劍，習騎射[4]。從司徒祭酒陳元受《左氏春秋》[5]。顯宗詔嚴留仁壽闥，與校書郎杜撫、班固定《建武注記》[6]。拜嚴持兵長史，將北軍五校士、羽林兵三千人，屯西河美稷，衛護南單于，聽置司馬、從事。牧守謁敬，同之將軍。敕嚴過武庫，祭蚩尤，帝親御阿閣，觀其士眾，時人榮之[7]。拜中丞，嚴舉劾按章，申明舊典，奉法察舉，無所迴避，百寮憚之[8]。爲五官中郎將，邊境有事，輒下嚴處便宜。肅宗初立，汲汲欲知下情，引納（敕）〔嚴〕，（嚴）〔敕〕有所見聞輒言。帝令，〔自今以往〕，諸上便宜封表，遣子以往，都使詣省門，帝自勞以手書[9]。嚴爲陳留太守。建初中，病，遣功曹史李龔奉章詣闕。帝親召見龔，問疾病形狀，以黃金十斤、葛縛佩刀、書帶、革帶付龔，賜嚴，遣太醫送方藥也[10]。

12.7 《馬融》

馬融[11]才高博洽，爲通儒，教養諸生，常有千數。涿郡盧植、北海鄭玄、皆其徒也。善鼓瑟[12]，好吹笛，達生任性，不拘儒者之節。居宇器服，多存侈飾。當[13]坐高堂，施絳紗帳，前授生徒，後列女樂，弟子以次相傳，鮮有入其室者[14]。

12.8 《馬棱》

馬棱、字伯威[15]，從兄毅，張掖屬國都尉[16]。棱爲廣陵太守，奏罷鹽官，賑貧羸，

1. 紀昀云：嚴、援兄余子。
2. 紀昀云：班書《元后傳》：王鳳弟譚封平阿侯。子仁、孫術皆嗣爵，此「平河侯王述」當是「平阿侯王術」之訛。范書《馬援傳》云：援兄子壻王磐、平阿侯仁之子。則述當爲嚴姊壻之昆弟，此云「姊婿父」，亦誤。
3. 參見《後漢書》卷24《馬嚴傳》李賢《注》。
4. 參見《後漢書》卷24《馬嚴傳》李賢《注》。
5. 參見《後漢書》卷24《馬嚴傳》李賢《注》。
6. 參見《御覽》卷184。
7. 參見《御覽》卷526。
8. 參見孔廣陶本《書鈔》卷62。
9. 參見孔廣陶本《書鈔》卷63。
10. 參見《類聚》卷60。
11. 紀昀云：融、嚴第五子，范書本傳：融字季長。
12. 紀昀云：范書本傳：作「善鼓琴」。
13. 常《御覽》卷493頁3b，總頁2255。
14. 參見《御覽》卷493。
15. 紀昀云：棱、援族孫。
16. 參見《後漢書》卷24《馬棱傳》李賢《注》。

薄賦稅。郡界嘗有蝗蟲食穀，棱有威德，蝗蟲入江海，化爲魚蝦。興復陂湖，增歲租十餘萬斛[1]。爲會稽太守，詔詰會稽車牛不務堅强，車皆以桃枝細簟[2]。

12.9 《梁統》

梁與秦同祖，出于伯益，別封于梁[3]。統高祖父子都，自河東遷居北地。子都子橋，橋子溥，溥子延，以明軍謀特除西域司馬。延生統[4]。

統疏稱：元帝初元五年，輕殊死刑三十四事。哀帝建平元年，輕殊死刑八十一事，其四十二事手殺人者減死一等[5]。五帝有流殛放竄之誅，三王有大辟刻肌之法，是以五帝、三王之刑，除殘去亂。鞭扑不可弛於家，刑罰不可廢於國，征伐不可偃於天下，用之有本末，行之有逆順耳[6]。統對尚書狀曰：「元壽二年，三輔盜賊群輩並起，至燔燒茂陵都邑，烟火見未央宮，前代所未嘗有。其後隴西新興，北地任橫、任崖，西河漕況，越州度郡，萬里交結，或從遠方，四面會合，遂攻取庫兵，劫掠吏人，國家開封侯之科，以軍法追捕，僅能破散也[7]。」

12.10 《梁竦》

梁竦[8]作《悼騷賦》，其文曰：「彼仲尼之佐魯兮，先嚴斷而後弘衍。雖離讒以嗚唈兮，卒暴誅於兩觀。殷伊（周）〔尹〕之協德兮，暨太甲而俱寧。豈齊量其幾微兮，徒信己以榮名。雖吞刀以奉命兮[9]，抉目眥於門閭。吳荒萌其已殖兮，可信顏於王廬？圖往鏡來兮，關北在篇[10]。君名其既泯沒兮，後辟亦然。屈平濯德兮，絜顯芬香。句踐罪種兮，越嗣不長。重耳忽推兮，六卿卒强。趙殞鳴犢兮，秦人入疆。樂毅奔趙兮，燕亦是喪。武安賜命兮，昭以不王。蒙宗不幸兮，長平顛荒。范父乞身兮，楚項不昌。何爾生不先後兮，惟洪勳以遐邁。服荔裳如朱紱兮，騁鸞路於犇瀨。歷蒼梧之崇丘兮，宗

1. 參見孔廣陶本《書鈔》卷75、《類聚》卷100、《御覽》卷943、《後漢書》卷24《馬棱傳》李賢《注》。
2. 紀昀云：范書本傳：但云轉會稽太守，治亦有聲。此事失載。
3. 參見《後漢書》卷34《梁統傳》李賢《注》。
4. 參見《後漢書》卷34《梁統傳》李賢《注》。紀昀云：范書本傳：統字仲寧，安定烏氏人，封陵鄉侯。
5. 參見《後漢書》卷34《梁統傳》李賢《注》。
6. 參見孔廣陶本《書鈔》卷43。紀昀云：范書本傳：統以法令既輕，下姦不勝，宜重刑罰，以遵舊典。乃上此疏。議者以爲不可施行。統復上言：願得召見，若對尚書近臣，口陳其要。
7. 參見《後漢書》卷34《梁統傳》李賢《注》。
8. 紀昀云：竦、統子，范書本傳：竦字叔敬。
9. 紀昀云：「雖」疑作「胥」。
10. 紀昀云：此句疑有誤。

虞氏之俊乂。臨眾瀆之神林兮，東敕職於蓬碣。祖聖道而垂典兮，褒忠孝以爲珍。既匡救而不得兮，必殞命而後仁。惟賈傳其違指兮，何揚生之（敗）〔欺〕眞。彼皇麟之高舉兮，熙太清之悠悠。臨岷川以愴恨兮，指丹海以爲期[1]。」

永元九年，制詔三公、大鴻臚曰：「夫孝莫大于尊尊親親，其義一也。追命外祖，以篤親親。其追封謚皇太后父竦爲褒親愍侯，好爵顯服，以慰母心[2]。」

12.11 《梁商》

梁商、字伯夏[3]，少持《韓詩》，兼讀眾書傳記，天資聰敏，昭達萬情。舉措動作，直推雅性，務在誠實，不爲華飾。孝友著於閨閫，明信結於友朋。其在朝廷，儼恪矜嚴[4]，威而不猛。退食私館，接賓待客，寬和肅敬。憂人之憂，樂人之樂，皆若在己。輕財貨，不爲之蓄積，故衣裘裁足卒歲，奴婢車馬供用而已。朝廷由是敬憚委任焉[5]。常曰：「多藏厚亡，爲子孫累。」每租奉到及兩宮賞賜，便置中門外，未嘗入藏，悉分與昆弟中外[6]。饑年穀貴，有餓餒，輒遣蒼頭以車載米菜錢，於四城外給與貧民[7]。商上書：「猥復超超宿德[8]。」

商病篤，敕子冀等曰：「吾以不德，享受多福，生無以輔益朝廷，死必耗費帑藏，衣衾、飯唅、玉匣、珠貝之屬，何益朽骨？百僚勞擾，紛華道路，祗增塵垢。雖云禮制，亦有權時。方今邊郡不寧，盜賊未息，豈宜重爲國損。氣絕之後，載至冢舍，即時殯斂。斂以時服，皆以故衣，無更裁制。殯已開冢，冢開即葬。祭食如前，無用三牲。孝子善述父志，不宜違我言也。」商薨，賜東園轜車、朱壽器、銀鏤、黃〔金〕玉匣[9]。案帝作誄曰：「孰云忠侯[10]，不聞其音。背去國家，都茲玄陰。幽居冥冥，靡所且窮[11]。」商朝廷敬憚，其委任自前世外戚禮遇所未曾有。門無駐馬請謁之賓，謙虛抑損，九命彌恭，漢興以來，妃后之家亦無商比[12]。

---

1. 參見《後漢書》卷34《梁統傳》李賢《注》。
2. 參見孔廣陶本《書鈔》卷47。 3. 紀昀云：商、竦次子雍子。
4. 編者按：「嚴」疑本作「莊」，避漢諱改。
5. 參見《後漢書》卷34《梁商傳》李賢《注》。 6. 參見《御覽》卷515。
7. 參見孔廣陶本《書鈔》卷39。
8. 參見《文選》卷42應璩《與侍郎曹長思書》李善《注》。紀昀云：此二句文義未明，當有訛脫。 9. 參見孔廣陶本《書鈔》卷92。
10. 紀昀云：范書本傳：商襲父封乘氏侯。
11. 參見《後漢書》卷34《梁商傳》李賢《注》。 12. 參見《御覽》卷423。

12.12 《梁冀》

梁冀[1]拜步兵校尉，上書：「列校之職，上應天工，下厭群望，實非愚臣所宜[2]。」冀僭侈，作平上軿車[3]。永昌太守鑄黃金之蛇獻之冀，益州刺史种暠發其事。大將軍夫人躬先率禮，淑慎其身，超號爲開封君，即大將軍梁冀妻也[4]。

12.13 《梁不疑》

梁不疑[5]拜步兵校尉，上書曰：「列校之職，上應天工，下厭群望，實非過少所〔宜〕任〔也〕[6]。」

12.14 《孫咸》

讖曰：「孫咸征狄。」今以平狄將軍孫咸行大司馬事。咸以武名官，以應圖讖[7]。

13 東觀漢記卷十三列傳八

13.1 《伏湛》

上自將擊彭寵，伏湛[8]上疏諫曰：「臣聞文王享國五十，伐崇七年，而三分天下有[9]二。至武王，四海乃賓。陛下承大亂之極，出入四年，中國未化，遠者不服，而遠征邊郡，四方聞之，莫不怪疑，願思之[10]。」杜詩薦湛疏[11]曰：「竊見故大司徒陽都侯伏湛自行束脩，訖無毀玷，篤信好學，守死善道，經爲人師，行爲儀表，秉節持重，有不可奪。衆賢百姓，嚮望德義。微過斥退，久不復用，識者愍惜，儒士痛心。湛容貌堂

1. 紀昀云：冀、商長子，范書本傳：冀字伯車，嗣父侯爲大將軍。
2. 參見陳禹謨本《書鈔》卷61。 3. 參見《事類賦》卷16。
4. 紀昀云：大將軍夫人以下十九字，當是詔策之詞。「即大將軍梁冀妻也」句，恐爲後人（注加）〔加注〕，而節錄者誤作正文。又范書本傳：冀妻孫壽封襄城君。《梁商傳》：夫人陰氏薨，追號開封君。此以號開封君者爲冀妻，疑亦有誤。
5. 紀昀云：不疑、商次子，范書《梁冀傳》：不疑封潁陽侯。
6. 參見孔廣陶本《書鈔》卷61、《御覽》卷242。紀昀云：此段與前《梁冀傳》略同，攷不疑拜步兵校尉，范書不載，恐緣《冀傳》誤複。
7. 參見孔廣陶本《書鈔》卷51。紀昀云：此當是詔文。范書不載。
8. 紀昀云：范書本傳：湛字惠公，琅邪東武人。
9. 編者按：「有」下疑脫「其」字。 10. 參見《御覽》卷453。
11. 紀昀云：范書本傳：湛是時策免大司徒，徙封不其侯，遣就國。

堂，國之光輝，智略謀慮，朝之淵藪。齠齔勵志，白首不衰。實足以先後王室，名足以光示遠人。武公、莊公所以砥礪蕃屏，勸進忠信，令四方諸侯咸樂回首，仰望京師。柱石之臣，宜居輔弼，出入禁門，補闕拾遺[1]。」

13.2 《伏盛》

伏盛、字伯明[2]。張步遣其掾孫昱隨盛詣闕上書，獻鰒魚[3]。

13.3 《伏恭》

伏恭、字叔齊，湛同產兄子也[4]。

13.4 《伏晨》

伏晨[5]尚高平公主[6]。

13.5 《侯霸》

侯霸、字君房[7]，有威重，爲太子舍人[8]。從鍾寧君受《律》[9]。爲淮平大尹，政理有能名。王莽敗，霸保守臨淮。更始元年，遣謁者侯盛、荊州刺史費遂齎璽書徵霸，百姓號呼哭泣，遮使者〔車〕，或當道〔而〕臥。皆曰：「願復留霸期年。」民至乃誡乳婦勿得舉子，侯君當去，必不能全。使者慮就徵，臨淮必亂，不敢授璽書，而具以狀聞[10]。

霸爲尚書令，深見任用[11]。

1. 參見《御覽》卷631。
2. 參見《後漢書》卷26《伏隆傳》李賢《注》。紀昀云：盛、湛子，范書本傳作「伏隆、字伯文。」 3. 參見《後漢書》卷26《伏隆傳》李賢《注》。
4. 參見《後漢書》卷26《牟融傳》李賢《注》。 5. 紀昀云：晨、湛少子翕孫。
6. 參見《後漢書》卷26《伏湛傳》李賢《注》。
7. 紀昀云：范書本傳：霸、河南密人，追封謚則鄉哀侯。
8. 參見孔廣陶本《書鈔》卷66。 9. 參見《後漢書》卷26《侯霸傳》李賢《注》。
10. 參見《御覽》卷260。 11. 參見《類聚》卷48。

13.6 《宋弘》

宋弘[1]爲司空，上嘗問弘通博之士，弘薦沛國桓譚才學洽聞，幾及揚雄、劉向父子。於是召譚拜議郎、給事中。上每宴，輒令鼓琴，好其繁聲。弘聞之，不悅，悔於薦舉。聞譚內出，正朝服坐府上，遣吏召之。譚至，不與席而讓之曰：「吾所以薦子〔者〕，欲令輔國家以道，〔而〕今數進鄭聲以亂雅樂，非碩[2]德忠正也。」後大會群臣，上使譚鼓琴，見弘，失其常度。上怪而問之，弘乃離席免冠謝曰：「臣所以薦桓譚者，望能以忠正導主，而令朝廷耽悅鄭聲，臣之罪也。」其後不復令譚給事中[3]。嘗受俸得鹽，令諸生糶，諸生以賤不糶。弘怒，悉賤糶，不與民爭利。

弘嘗燕見，御坐新施屏風，圖畫列女，上數（數）顧視〔之〕。弘正容言曰：「未見好德如好色者。」上即爲撤之。上姊湖陽公主新寡，上與共論朝臣，微觀其意。主曰：「宋公威容德器，群臣莫及。」上曰：「方且圖之。」後弘見上，令主坐屏風後，因謂弘曰：「諺言貴易交，富易妻，人情乎？」弘曰：「臣聞貧賤之交不可忘，糟糠之妻不下堂。」上顧謂主曰：「事不諧矣[4]。」

13.7 《韓歆》

韓歆、字翁君，南陽人。以從征伐有功，封扶陽侯。好直言，爲司徒，嘗因朝會帝讀隗囂、公孫述相與書，歆曰：「亡國之君皆有才，桀、紂亦有才。」上大怒，以爲激發，免歸田里。上猶不釋，復詔就責，歆及子嬰皆自殺[5]。

13.8 《歐陽歙》

歐陽歙[6]、其先和伯從伏生受《尚書》，至〔于〕歙七世，皆爲博士，敦於經學，恭儉好禮[7]。歙遷汝南太守，推用賢俊，吏民從化[8]。爲大司徒，坐在汝南贓罪，死獄中，歙掾陳元上書追訟之，言甚切至，帝乃賜棺木，贈賻三千匹[9]。

---

1. 紀昀云：范書本傳：弘、字仲子，京兆長安人，封宣平侯。
2. 頌《御覽》卷631頁1b，總頁2827
3. 參見《御覽》卷631。
4. 參見《類聚》卷69。
5. 參見《御覽》卷483。
6. 紀昀云：范書本傳：歙字（王）〔正〕思，樂安千乘人。
7. 參見《御覽》卷236。
8. 參見陳禹謨本《書鈔》卷75。
9. 參見《御覽》卷551。

13.9《朱浮》

朱浮[1]與彭寵書，責之曰：「伯通自伐，以爲功高天下。往時遼東有豕，生子白頭，異而獻之。行至河東，見群豕皆白，懷慚而還。若以子之功，論於朝廷，則爲遼東豕也[2]。」上不征彭寵，浮上疏切諫曰：「連年拒守，吏士疲勞，（蟣蝨）〔甲胄〕生（甲胄）〔蟣蝨〕，弓弩不得弛，上下相率焦心，大兵冀蒙救護〔生活〕之恩。陛下輒忘之於河北，誠不知所以然[3]。」浮上疏曰：「陛下率禮無違[4]。」浮爲司空，賣國恩，以爲威福[5]。

13.10《張湛》

張湛、字子孝，右扶風人。以篤行純淑，鄉里歸德，雖居幽室闇處，必自整頓，三輔以爲儀表[6]。爲馮翊，見府寺門即下。主簿進曰：「位尊德重，不宜自輕。」湛曰：「禮下公門，何謂輕哉[7]？」爲光祿大夫，數正諫威儀不如法度者。湛常乘白〔馬〕，光武每有異政，輒曰：「白馬生且復諫矣[8]。」爲太子太傅，及郭后廢，因稱疾，拜太中大夫，病居中東門侯舍，故時人號中東門君。帝數存問賞賜。後大司徒戴涉被誅，帝强起湛以代之。至朝堂，遺失溲便，因自陳疾篤，不能復任朝事，遂罷之[9]。

13.11《杜林》

杜林、字伯山，扶風人。於河西得漆書《古文尚書經》一卷，每遭困厄，握抱此經[10]。寄隗囂地，終不降志辱身，至簪蒿席草，不食其粟。囂乃出令曰：「杜伯山、天子所不能臣，諸侯所不能友，蓋伯夷、叔齊恥食周粟。令且從師友之位，須道開通，使順其志。」林雖拘於囂，而終不屈節。建武六年，弟成物故，囂乃聽林持喪東歸。既遣而悔，追令刺客楊賢於隴坻遮殺之。賢見林身推鹿車，載致成喪，乃歎曰：「當今之世，誰能行義？我雖小人，何忍殺義士。」因亡去[11]。林爲侍御史。先與鄭興同寓隴右，乃薦之。上徵興爲大中大夫[12]。

---

1. 紀昀云：范書本傳：浮字叔元，沛國蕭人，封新息侯。
2. 參見《初學記》卷29。
3. 參見《御覽》卷356。
4. 參見《文選》卷4張衡《南都賦》李善《注》。紀昀云：此上下文闕。
5. 參見孔廣陶本《書鈔》卷52。
6. 參見《御覽》卷403。
7. 參見《類聚》卷21。
8. 參見孔廣陶本《書鈔》卷56。
9. 參見《御覽》卷244。
10. 參見《御覽》卷619。
11. 參見《御覽》卷775。
12. 參見《御覽》卷631。

時議郊祀制，以為漢當祀堯，林上疏曰：「臣聞營河、雒以為民，刻肌膚以為刑，封疆畫界以建諸侯，井田什一以供國用，三代之所同。及至漢興，因時宜，趨世務，省煩苛，取實事，不苟貪高亢之論。是以去土中之京師，就關內之遠都。除肉刑之重律，用髡鉗之輕法。郡縣不置世祿之家，農人三十而取一。政卑易行，禮簡易從。人無愚智，思仰漢德，樂承漢祀。基業特起，不因緣堯。堯遠於漢，民不曉信，言提其耳，終不悅諭。后稷近於周，民戶知之，世據以興，基由其祚，本與漢異。祀郊高帝，誠從民望，得萬國之歡心，天下福應，莫大于此。民奉種祀，且猶世主，不失先俗。群臣僉薦鯀，考績不成，九載乃殛。宗廟至重，衆心難違，不可卒改。《詩》云：『不愆不忘，率由舊章。』明當尊用祖宗之故文章也。宜如舊制，以解天下之惑，合於《易》之所謂『先天而天不違、後天而奉天時』義。方軍師在外，祭可且如元年郊祭故事[1]。」

建武八年間，郡國（七）〔比〕大水，涌泉盈溢。林以為倉卒時兵擅權作威，張氏雖皆降散，猶尚有遺脫，長吏制御無術，〔令得復熾〕，元元侵陵之所致也。上疏曰：「臣聞先王無二道，明聖用而治。見惡如農夫之務去草焉，芟夷蘊崇之，絕其本根，勿使能殖，畏其易也。古今通道，傳其法于有根。狼子野心，奔馬善驚。成王深知其終卒之患，故以殷民六族分伯禽，七族分康叔，懷姓九宗分唐叔，檢押其姦宄，又遷其餘于成周，舊地雜俗，旦夕拘錄，所以挫其強禦之力，詘其驕恣之節也。及漢初興，上稽舊章，合符重規，徙齊諸田，楚昭、屈、景，燕、趙、韓、魏之後，以稍弱六國強宗。邑里無營利之家，野澤無兼并之民，萬里之統，海內賴安。後輒因衰麤之痛，脅以送終之義，故遂相率而陪園陵，無反顧之心。追觀往法，政皆神道設教，強幹弱枝，本支百世之要也。是以皆永享康寧之福，無怵惕之憂，繼嗣承業，恭己而治，蓋此助也。其被災害民輕薄無累重者，兩府遣吏護送饒穀之郡。或懼死亡，卒為傭賃，亦足[2]以消散其口，救、贍全其性命也。昔魯隱有賢行，將致國於桓公，乃流連貪位，不能早退。況草創兵長，卒無德能，直以擾亂，乘時擅權，作威玉食，（狃）〔狙〕猱之意，徼幸之望，蔓延無足，張步之計是也。小民負縣官不過身死，負兵家滅門殄世。陛下昭然獨見成敗之端，或屬諸侯宮府，元元少得舉首仰視，而尚遺脫，二千石失制御之道，令得復昌熾縱橫。比年大雨，水潦暴長，涌泉盈溢，災壞城郭官寺，吏民廬舍，潰徙離處，潰成坑坎。臣聞水、陰類也，《易》卦『地上有水比』，言性不相害，故曰樂也。而猥相毀墊淪失，常敗百姓安居。殆陰下相為蠹賊，有大小負勝不齊，均不得其所，侵陵之象也。《詩》云：『畏天之威，于時保之。』惟陛下留神明察，往來懼思，天下幸

1. 參見《續漢書・祭祀志》劉昭《注》。
2. 所《續漢書・五行志》劉昭《注》頁3307
3. 參見《續漢書・五行志》劉昭《注》。

甚[1]。」遷大司徒司直，百僚知林以（名）〔明〕德用，甚敬憚之[1]。爲光祿勳，與馬援同鄉里，素相親厚。援從南方還，時林馬適死，援遣子持馬一匹遺林，曰：「朋友有車馬之饋，可（且）〔具〕以備乏。」林受之。居數月，林遣子奉書曰：「將軍內施九族，外有賓客，望恩者多。林父子兩人食列卿祿，祿出，常有盈，今送錢五萬。」援受之，謂子曰：「人當以此爲法，是杜伯山所以勝我也[2]。」林爲東海王傅，王以師故數加饋遺。林不敢受，常辭以道上稟假有餘，苦以車重，無所置之[3]。代張純爲大司空，務于無爲[4]。

13.12 《張純》

張純、字伯仁[5]，建武初，先詣闕，封武始侯[6]。爲大中大夫，在朝累世，明習故事。時舊典多闕，每有疑義，輒以訪純。自郊廟婚冠喪紀禮儀多所正定，一日或數四引見[7]。爲虎賁中郎將，純素重愼周密，時上封事，輒削去草[8]。建武二十六年，詔純曰：「禘、祫之祭，不行已久矣，宜據經典，詳爲其制。」純奏曰：「《禮》、三年一祫，五年一禘。《春秋傳》曰：『大祫者何？合祭也。』毀廟及未毀廟之主皆登，˙合食入太祖廟˙[9]，五年而再殷。漢舊制三年一祫，毀廟主合食高廟，存廟主未嘗合祭。元始五年，諸王公列侯廟會，始爲禘祭。又前十八年親幸長安，亦行此禮。禘之爲言諦，諦定昭穆尊卑之義也。禘祭以夏四月，夏者陽氣在上，陰氣在下，故正尊卑之義也。祫祭以冬十月，冬者五穀成熟，物備禮成，故合聚飲食也。斯典之廢，于茲八年，請可如禮施行，以時定議。」帝從之，自是禘、祫遂定[10]。純臨終，謂家丞翕曰：「吾無功于時，猥蒙爵土，身死之後，勿議傳國爵。」

子奮，字稚通。兄根，常被病。純薨，大行移書問嗣，翕上奮。詔封奮，奮上書曰：「根不病，哀臣小稱病，令翕移臣，臣時在河南冢廬，見純前告翕語，自以兄弟不當蒙爵土之恩，願下有司。」帝以奮違詔，收下獄，奮惶怖，乃襲封。謙儉節約，閨門中和[11]。

1. 參見孔廣陶本《書鈔》卷62。　2. 參見《御覽》卷894。
3. 參見《後漢書》卷27《杜林傳》李賢《注》。
4. 參見《類聚》卷47。紀昀云：范書《光武紀》：建武二十二年，大司空朱浮免，杜林爲大司空。二十三年，林薨，張純爲大司空。則是林代朱浮，純復代林也。此文有誤。
5. 紀昀云：范書本傳：純、京兆杜（稷）〔陵〕人。
6. 參見《文選》卷38任彥昇《爲蕭揚州薦士表》李善《注》。
7. 參見《唐類函》卷50。　8. 參見《御覽》卷430。
9. 合食乎太祖《後漢書．張純傳》頁1195。
10. 參見陳禹謨本《書鈔》卷90、《後漢書》卷35《張純傳》。
11. 參見《文選》卷38任彥昇《爲蕭揚州薦士表》李善《注》、孔廣陶本《書鈔》卷48、《類聚》卷51、《御覽》卷515。

13.13 《馮勤》

馮勤、字偉伯，魏郡人。曾祖揚，宣帝時爲弘農太守，生八男，皆典郡。趙魏間號爲馮萬石。兄弟形皆偉壯，惟勤祖偃長不滿七尺，爲黎陽令，常自謂短陋，恐子孫似之，乃爲子伉娶長妻，生勤，長八尺三寸[1]。魏郡太守范橫上疏薦勤[2]。爲郎中，給事尙書。以圖議軍糧，在事精勤，遂見親識，由是使典諸侯封事。勤差量功次輕重，國土遠近，地勢豐薄，不相踰越，莫不厭服焉。自是封爵之制，非勤不定[3]。遷司徒。是時三公多見罪退，上賢勤，欲令以善自珍，乃因燕見從容誡之曰：「朱浮上不忠于君，下淩轢同列，竟以中傷人臣，放逐遭誅。雖追加賞賜，不足以償不訾之身。忠臣孝子，覽照前世，以爲鏡誡。能盡忠於國，事君無二，則爵賞光於當世，功名列於不朽，可不勉哉[4]。」中元元年，車駕西幸長安，祀園陵還，勤燕見前殿盡日，歸府，因病喘逆，上使太醫療視，賞賜錢帛，遂薨[5]。

13.14 《馮魴》

馮魴、字孝孫[6]，其先魏之別封曰華侯，華侯孫長卿食采馮城，因以氏焉。魴父名揚[7]。明帝詔曰：「馮魴以忠孝典兵，出入八年，數進忠言正諫，其還故爵爲楊邑侯，賜以玉玦[8]。」帝東巡郡國，留魴宿衛南宮，敕魴車駕發後，將緹騎宿玄武門複道上，領南宮吏士。南宮複道多惡風寒，老人居之且病痱。若向南者多取帷帳，東西完塞諸窗，望令緻密[9]。子孫得到魴所。魴父子兄弟並帶青紫，三代侍中[10]。

13.15 《馮石》

馮石[11]襲母公主封獲嘉侯，亦爲侍中，稍遷衛尉，能取悅當世，爲安帝所寵。帝嘗幸其府，留飲十許日，賜駮犀具劍、佩刀、紫艾綬、玉玦各一[12]。

1. 參見《御覽》卷377、《類聚》卷50、孔廣陶本《書鈔》卷74。
2. 參見《後漢書》卷26《馮勤傳》李賢《注》。
3. 參見《御覽》卷198。
4. 參見《御覽》卷458、《類聚》卷23、孔廣陶本《書鈔》卷18。
5. 參見《後漢書》卷26《馮勤傳》李賢《注》。
6. 紀昀云：范書本傳：魴、南陽湖陽人。
7. 參見《後漢書》卷33《馮魴傳》李賢《注》。
8. 參見《編珠》卷3。紀昀云：范書本傳：光武中元元年，魴代張純爲司空，三年封楊邑鄉侯。明帝永平四年，坐考隴西太守鄧融，聽任姦吏，策免，削爵土。至是復故爵。
9. 參見孔廣陶本《書鈔》卷117，《後漢書・馮魴傳》李賢《注》，《御覽》卷699、卷742。
10. 參見孔廣陶本《書鈔》卷58。
11. 紀昀云：石、魴子柱次子。
12. 參見陳禹謨本《書鈔》卷131。

13.16《趙憙》

趙憙、字伯陽[1]，奮迅行伍[2]。少有節操。從兄爲人所殺，無子，憙常思欲報之。遂往復讎，而讎家皆疾病，憙以因疾報殺，非仁者心，且釋之而去。顧謂讎曰：「爾曹若健，遠相避。」後病愈，悉自縛詣憙，憙不與相見，後竟殺之[3]。更始即位，舞陰大姓李氏擁城不下，更始遣柱天將軍李寶降之，不肯，云：「聞宛之趙氏有孤孫憙，信義著聞，願得降之。」更始徵憙，使詣舞陰，李氏遂降[4]。憙爲赤眉兵所圍，迫急，乃亡走，與友人韓仲伯等數十人，攜小弱，越山出武關。仲伯以其婦有色，恐有强暴者，而己受其害，欲棄之於道。憙責怒仲伯，以泥塗其婦面，載以鹿車，身自推〔之〕。每逢賊欲逼奪，輒爲求哀，言其病，遂脫[5]。遇更始親屬，皆裸跣塗炭，饑困不能前。憙見之悲感，所裝縑帛資糧，悉以與之[6]。光武以憙守簡陽侯相。敕從騎都尉儲融受兵二百人，通利道路。憙白上，不願受融兵，單車馳往，度其形況。上許之[7]。爲平原太守，於是擢舉義行，誅鋤姦惡。後青州大蝗，入平原界輒死，歲屢有年，百姓歌之[8]。

建武二十六年，上延集內戚宴會，諸夫人各前言爲趙憙所濟活。上甚嘉之。後徵憙入爲太僕，引見謂曰：「卿非但爲英雄所保也，婦人亦懷卿之恩。」厚加賞賜[9]。拜太尉，以日食免[10]。爲衛尉，性周密，盡心事上，夙夜匪懈，恩寵甚厚。母歿，乞身行服。顯宗不許，遣使〔者〕爲釋服，賞賜恩寵甚渥[11]。憙內典宿衛，外幹宰職，正身立朝，未嘗懈惰。及帝崩，復典喪事，再奉大行，禮事修舉。肅宗即位，進爲太傅。詔曰：「行太尉事趙憙，三葉在位，爲國元老，其以憙爲太傅[12]。」

14 東觀漢記卷十四列傳九

14.1《朱鮪》

朱鮪[13]等會城南淯水上沙中，設壇，立聖公爲天子[14]。鮪破，上大喜，諸將賀之，

1. 紀昀云：范書本傳：憙、南陽宛人。
2. 參見《文選》卷10潘岳《西征賦》李善《注》。
3. 參見《御覽》卷481。
4. 參見《御覽》卷420。
5. 參見《御覽》卷380。
6. 參見《御覽》卷419。
7. 參見《後漢書》卷26《趙憙傳》李賢《注》。
8. 參見《類聚》卷50、陳禹謨本《書鈔》卷76。
9. 參見《御覽》卷479。
10. 參見孔廣陶本《書鈔》卷51。紀昀云：范書本傳：建武二十七年拜太尉，明帝永平三年，坐考中山相薛脩不實免，非因日食也。且以災異策免三公，自安帝時徐防始，光武時未有此，此文疑誤。
11. 參見陳禹謨本《書鈔》卷93。
12. 參見《御覽》卷206。
13. 紀昀云：范書《岑彭傳》：鮪、淮陽人。
14. 參見孔廣陶本《書鈔》卷159。

懇上尊號[1]。鮪守雒陽，吳漢諸將圍守數月不下。上以岑彭嘗爲鮪校尉，令彭說鮪曰：「赤眉已得長安，今公誰爲守乎？蕭王受命平定燕、趙，百姓安土歸心，賢俊四面雲集。今北方清淨，大兵來攻雒，保一城，欲何望乎？不如亟降。」鮪曰：「大司徒公被害時，鮪與其謀，又諫更始無遣上北伐，自知罪深，故不敢降耳。」彭還詣河陽白上，上謂彭復往曉之：「夫建大事者，不忌小怨。今降，官爵可保，況誅罰乎？」上指水曰：「河水在此，吾不食言。」彭奉上旨，復至城下說鮪，因曰：「彭往者得執鞭侍從，蒙薦舉拔擢，深受厚恩，思以報義，不敢負公。」鮪從城上下索曰：「當如此來。」彭趨索欲上。鮪見其不疑，即曰：「旦蚤與我會上東門外。」彭如期往，與鮪交馬語。鮪輕騎詣彭降焉，彭爲殺羊具食。鮪曰：「身爲降虜，未見吳公，諸將不敢食。」彭即令鮪自縛，與俱見吳公，將詣行在所河津亭。上即自解鮪縛，復令彭夜送歸雒陽[2]。成德侯鮪玄孫祀[3]，坐殺人，國除[4]。

14.2 《鮑永》

鮑永、字君長，上黨人也。少有志操，事後母至孝，妻嘗於母前叱狗，而永即去之[5]。爲郡功曹，時有稱侍中止傳舍者，太守趙興欲出謁。永以不宜出，當車拔佩刀[6]，興因還。後數日，詔書下捕之，果矯稱使者，由是知名[7]。更始以永行大將軍，事得置偏裨將五人[8]。拜僕射，行將軍事，將兵安撫河東。性好文德，雖行將軍，常衣皁襜褕，路稱鮑尚書兵馬[9]。光武遣諫議大夫儲大伯持節徵永，永疑不從，乃收繫大伯，封所持節於晉陽傳舍壁中，遣信人馳至長安[10]。永遣弟升及子壻張舒等謀使營尉李匡先反涅城，開門內兵，殺其縣長馮晏，立故謁者祝回爲涅長[11]。更始歿，永與馮欽共罷兵，幅巾而居，後歸上[12]。上謂永曰：「我攻懷三日兵不下，關東畏卿，且將故人往。」即拜永諫大夫。至懷，謂太守曰：「足下所以堅不下者，未知孰是也。今聖主即位，天下已定，不降何待？」即開城降。永說下懷，上大喜，與永對食[13]。賜洛陽上商里宅[14]。爲魯郡太守。時彭豐等不肯降。後孔子闕里無故荊棘自闢，從講室掃除至孔里。永異之，召郡府丞謂曰：「方今阨急而闕里無故自滌，豈夫子欲令太守大行饗，誅無狀

1. 參見《唐類函》卷144。
2. 參見《御覽》卷461。紀昀云：范書《岑彭傳》：鮪明旦悉衆出降，拜爲平狄將軍，封扶溝侯。
3. 紀昀云：范書不載鮪徙封成德。
4. 參見《御覽》卷201。
5. 參見《初學記》卷17。
6. 紀昀云：范書本傳作「拔佩刀截馬當胸」，與此異。
7. 參見《御覽》卷264。
8. 參見《後漢書》卷28《馮衍傳》李賢《注》。
9. 參見《初學記》卷11。
10. 參見《後漢書》卷29《鮑永傳》李賢《注》。
11. 參見《後漢書》卷28《馮衍傳》李賢《注》。
12. 參見孔廣陶本《書鈔》卷127。
13. 參見《御覽》卷467。
14. 參見《後漢書》卷29《鮑永傳》李賢《注》。

也？」乃修學校（理）〔禮〕，請豐等會，手格殺之[1]。爲司隸校尉，時帝叔父趙王良從送中郎將來歙喪還，入夏城門中，與五官將軍相逢，道迫，良怒，召門候岑尊，叩頭馬前。永劾奏良曰：「今月二十七日，車駕臨故中郎將來歙喪還，車駕過。須臾，趙王從後到，與右中郎將張邯相逢城門中，道迫狹，叱邯旋車，又召候岑尊詰責，使前走數十步。案良諸侯藩臣，蒙恩入侍，宜知尊帝城門候吏六百石，而肆意加怒，令叩頭都道，奔走馬頭前，無藩臣之禮。大不敬也[2]。」永矜嚴[3]公平，以平陵鮑恢爲都官從事，並伉直不避强禦。詔策曰：「貴戚且當斂手，以避二鮑。」其見憚如此。永行縣到京兆霸陵，過更始冢，引（軍）〔車〕入陌，欲下，從事諫止之。永曰：「親北面事人，何忍車過其墓。雖以獲罪，司隸不避也。」遂下車，哭盡哀；而至右扶風，椎牛上苟諫冢。上聞之，問公卿曰：「奉使如此，何如？」大中大夫張堪對曰：「仁者、百行之宗，忠者、禮義之主。仁不遺舊，忠不忘君，行之高者也。」上悅[4]。永以度田不實，被徵[5]。詔書迎下永曰：「君晨夜冒犯霜露，精神亦已勞矣。以君帷幄近臣，其以爲兗州牧[6]。」

14.3 《鮑昱》

鮑昱、字文淵[7]，（泚）〔沘〕陽長，邑人趙堅殺人繫獄，其父母詣昱，自言年七十餘，惟有一子，適新娶。今繫獄當死，長無種類，涕泣求哀。昱憐其言，令將妻入獄，解械止宿，遂任身有子[8]。拜司隸校尉，詔昱詣尙書，使封胡降檄。上遣小黃門問昱有所怪不？對曰：「臣聞故事通官不著姓，又當司徒露布，怪使司隸而著姓也。」帝報曰：「吾欲使天下知忠臣之子復爲司隸[9]。」司徒（例）〔辭〕訟久者至（數十）〔十數〕年，比例輕重，非其事類，錯雜難知。昱奏定《詞訟》七卷，《決事都目》八卷，以齊同法令，息過人訟也[10]。

14.4 《田邑》

田邑、字伯玉，馮翊蓮芍人也。其先齊諸田，父豐，爲王莽著威將軍。邑有大節，涉學藝，能善屬文[11]。初爲上黨太守，鄧禹使積弩將軍馮愔將兵（繫）〔擊〕邑，愔悉

1. 參見《御覽》卷157。
2. 參見《御覽》卷250。
3. 編者按：「嚴」、疑本作「莊」，避漢諱改。
4. 參見《御覽》卷418、卷420。
5. 紀昀云：范書本傳：時永爲東海相。
6. 參見《後漢書》卷29《鮑永傳》李賢《注》。
7. 紀昀云：昱、永子。
8. 參見《後漢書》卷29《鮑昱傳》李賢《注》。
9. 參見《御覽》卷418。
10. 參見《後漢書》卷29《鮑昱傳》李賢《注》。紀昀云：范書本傳：昱以永平十七年爲司徒。
11. 參見《後漢書》卷28《馮衍傳》李賢《注》。

得邑母弟妻子[1]。後邑聞更始敗，乃歸世祖，世祖遣騎都尉弓里游、諫大夫何叔武，即拜邑爲上黨太守[2]。時更始遣鮑永、馮衍屯太原，衍與邑素誓刎頸，以[3]受重任[4]，忿邑背前約，乃（遣）〔遺〕書責邑曰：「晏嬰臨盟，擬以曲戟，不易其辭[5]。」邑以書勸鮑永曰：「愚聞丈夫不釋故而改圖，哲士不徼幸而出危。今君長故主敗不能死，新主立不肯降，擁衆而據壁，欲襲六國之從。與邑同事一朝，內爲刎頸之盟，興兵背畔，攻取涅城。破君長之國，壞父母之鄉，首難結怨，輕弄凶器。人心難知，何意君長當爲此計。昔者韓信將兵，無敵天下，功不世出，略不再見，威執項羽，名出高帝，不知天時，就烹於漢。智伯分國，既有三晉，欲大無已，身死地分，頭爲飲器。君長銜命出征，擁帶徒士，上黨阸不能救，河東畔不能取。朝有顛沛之憂，國有分崩之禍；上無仇牧之節，下無不占之志。天之所壞，人不能支。君長將兵不與韓信同日而論，威行得衆不及智伯萬分之半，不見天時，不知厭足。欲明人臣之義，當先知故主之未然；欲貪天下之利，宜及新主之未爲。今故主已敗，新主既成，四海爲羅網，天下爲敵人，舉足遇害，動搖觸患。履深淵之薄冰不爲號，涉千鈞之發機不知懼。何如其智也？絕鮑氏之姓，廢子都之業，誦堯之言，服桀之行，悲夫命也。張舒內行邪孽，不遵孝友，疏其父族，外附妻黨，已收三族，將行其法。能逃不自詣者舒也，能夷舒宗者予也。」永、邑遂結怨焉[6]。

邑爲漁陽太守，未到官，道病，徵還，爲諫議大夫，病卒[7]。

14.5 《馮衍》

馮衍、字敬通，其先上黨潞人，曾祖父奉世徙杜陵[8]。祖野王生座，襲父爵爲關內侯，座生衍[9]。衍少有俶儻之志，更始時爲偏將軍，與鮑永相善。更始既敗，固守不以時下。衍說吳漢曰：「得道之兵，鼓不振塵[10]。」

---

1. 參見《後漢書》卷28《馮衍傳》李賢《注》。紀昀云：范書《馮衍傳》：世祖遣劉延攻天井關，與田邑戰，邑迎母弟妻子，爲延所獲。與此異。
2. 參見《後漢書》卷28《馮衍傳》李賢《注》。
3. 俱《後漢書》卷28《馮衍傳》李賢《注》頁970。
4. 參見《後漢書》卷28《馮衍傳》李賢《注》。
5. 參見《後漢書》卷28《馮衍傳》頁971。
6. 參見《後漢書》卷28《馮衍傳》李賢《注》。
7. 參見《後漢書》卷28《馮衍傳》李賢《注》。
8. 參見《後漢書》卷28《馮衍傳》李賢《注》。
9. 參見《後漢書》卷28《馮衍傳》李賢《注》。
10. 參見《文選》卷10潘岳《西征賦》李善《注》。紀昀云：范書：更始二年，吳漢爲大將軍，斬更始幽州牧苗曾，衍時爲更始立漢將軍。

建武初，爲揚化大將軍掾，辟鄧禹府，數奏記於禹，陳政言事。曰：「衍聞明君不惡切愨之言，以測幽冥之論；忠臣不顧爭引之患，以達萬幾之變。是故君臣兩興，功名兼立，名勒金石，令問不忘。今衍幸逢寬明之日，將値危言之時，豈敢拱默避罪而不竭其誠哉！伏念天下離王莽之害久矣。始自東郡之師，繼以西海之役，巴、蜀沒於南夷，緣邊破於北狄，遠征萬里，暴兵累年，禍（拏）〔挐〕未解，兵連不息，刑法彌深，賦斂愈重。衆（疆）〔彊〕之黨，橫擊於外，百僚之臣，貪殘於內，元元無聊，饑寒並臻，父子流亡，夫婦離散，廬落丘墟，田疇蕪穢，疾疫大興，災異蠭起。於是江湖之上，海岱之濱，風騰波涌，更相駘藉，四垂之人，肝腦塗地，死亡之數，不啻大半，殃咎之毒，痛入骨髓，匹夫僮婦，咸懷怨怒。皇帝以聖德靈威，龍興鳳舉，率宛、葉之衆，將散亂之兵，歃血昆陽，長驅武關，破百萬之陣，摧九虎之軍，雷震四海，席卷天下，攘除禍亂，誅滅無道，一朞之間，海內大定。繼高祖之休烈，修文武之絕業，社稷復存，炎精更輝，德冠往初，功無與二。天下（日）〔自〕以去亡新，就聖漢，當蒙其福而賴其願。樹恩布德，易以周洽，其猶順驚風而飛鴻毛也。然而諸將擄掠，逆倫絕理，殺人父子，妻人婦女，燔其室屋，略其財產，饑者毛食，寒者裸跣，冤結失望，無所歸命。今大將軍以明淑之德，秉大使之權，統三軍之政，存撫并州之人，惠愛之誠，加乎百姓，高世之（心）〔聲〕，聞乎群士，故其延頸企踵而望者，非特一人也。且大將軍之事，豈特圭璧其行，束脩其身而已哉？將定國家之大業，成天地之元功也。昔周宣中興之主，齊桓霸彊之君耳，猶有申伯、召虎、夷吾、吉甫攘其蟊賊，安其（彊）〔疆〕宇。況乎萬里之漢，明帝復興，而大將軍爲之梁棟，此誠不可以忽也。且衍聞之，兵久則力屈，人愁則變生。今邯鄲之賊未滅，眞定之際復擾，而大將軍所部不過百里，守城不休，戰軍不息，兵革雲集[1]，百姓驚駭，奈何自怠，不爲深憂？夫并州之地，東帶˹石陘關˺[2]，北逼彊胡，年穀獨熟，人庶多資，斯四戰之地、攻守之場也。如其不虞，何以待之？故曰：『德不素積，人不爲用。備不豫具，難以應卒。』今生人之命，懸於將軍，將軍所仗，必須良才，宜改易非任，更選賢能。夫十室之邑，必有忠信。無謂無賢，路有聖人。審得其人，以承大將軍之明，雖則山澤之人，無不感德，思樂爲用矣。然後簡精銳之卒，發屯守之士，三軍既整，甲兵已具，相其土地之饒，觀其水泉之利，制屯田之術，習戰射之教，則威風遠暢，人安其業矣。若鎭太原，撫上黨，收百姓之歡心，樹名賢之良佐，天下無變，則足以顯聲譽，一朝有事，則可以建大功。惟大將軍開日月之明，發深淵之慮，監《六經》之論，觀˹孫武˺[3]之策，省群議之是非，詳衆士之白黑，以超《周南》之迹，垂《甘棠》之風，令夫功烈施於千載，富貴傳於無窮。伊、望之策，何以加茲[4]！」

1. 翔《後漢書‧馮衍傳》頁968　2. 名關《後漢書‧馮衍傳》頁968
3. 孫、吳《後漢書‧馮衍傳》頁968
4. 參見《後漢書》卷28《馮衍傳》及李賢《注》。紀昀云：范書本傳以此奏記爲衍勸鮑永之詞，與此異。

衍娶北地任氏女爲妻，忌不得留媵妾，兒女常自操井臼[1]。明帝以爲衍材過其實，抑而不用，遂坎[2]壈失志，以（素）〔壽〕終於家[3]。

14.6 《馮豹》

馮豹、字仲文[4]，後母惡之，嘗因豹夜臥，引刀斫之，▸豹正起◂[5]，中被獲免[6]。豹好儒學，以《詩》《傳》教授，鄉里爲之語曰：「道德斌斌馮仲文[7]。」豹每奏事未報，常伏省（門）〔閣〕下，或從昏至明。天子默使小黃門持被覆之，曰：「勿驚之[8]。」豹爲武威太守，視事二年，河西稱之。

14.7 《王閎》

王閎者、王莽叔父平阿侯譚子也。王莽篡位，潛忌閎，乃出爲東郡太守。閎懼誅，常繫藥手內。莽敗，漢兵起，閎獨完全[9]。

14.8 《王元》

王元、杜陵人[10]。

15 東觀漢記卷十五列傳十

15.1 《丁綝》

丁綝、字幼春，定陵人也。伉健有武略[11]。從上渡河，拜河南太守。及封功臣，上令各言所樂，謂綝曰：「諸將皆欲縣，子獨求鄉，何也[12]？」綝曰：「昔孫叔敖敕其

1. 參見《文選》卷38任彥昇《爲范尙書讓吏部封侯第一表》李善《注》。
2. 埳《文選》劉孝標《辨命論》李善《注》卷54頁18b，總頁1005
3. 參見《文選》卷54劉孝標《辨命論》李善《注》。 4. 紀昀云：豹、衍子。
5. 正値其起《御覽》卷707頁6a，總頁3151　　6. 參見《御覽》卷707。
7. 參見《御覽》卷614。
8. 參見《御覽》卷707。紀昀云：范書本傳：此豹爲尙書郎時事。
9. 參見《御覽》卷984。
10. 參見《後漢書》卷13《隗囂傳》李賢《注》。紀昀云：范書《隗囂傳》：元字惠孟。
11. 參見《後漢書》卷17《馮異傳》李賢《注》。
12. 紀昀云：范書《丁鴻傳》：諸將皆占豐邑美縣，惟綝願封本鄉。或謂綝曰：「人皆欲縣，子獨求鄉，何也？」與此異。

子，受封必求磽确之地，今綝能薄功微，得鄉亭厚矣。」上從之，封爲定陵新安鄉侯，食五千戶，後徙封陵陽侯[1]。

15.2 《丁鴻》

丁鴻、字孝公[2]，年十三，從桓榮受《歐陽尙書》，三年而明章句，善論難，爲都講，遂篤志精銳，布衣荷擔，不遠千里[3]。父綝，從征伐，鴻獨與弟盛居，憐盛幼小而共寒苦。及綝卒，鴻當襲封，上書讓國於盛，書不報。既葬，乃挂衰絰於冢廬而去，留書與盛曰：「鴻貪經書，不顧恩義，弱而隨師，生不供養，死不飯唅，皇天祖禰，並不佑助，身被大病，不任茅土。前上疾狀，願辭爵，章不報。迫於當封，謹自放〔棄〕[4]。」鴻初與九江人鮑駿同事桓榮，甚相友善。及鴻亡，駿遇於東海，陽狂不識駿。駿乃止而讓之曰：「今子以兄弟私恩而絕父不滅之基，可謂智乎？」鴻感愴，垂涕歎息，乃還就國[5]。兼射聲校尉[6]，肅宗詔鴻與太常樓望、少府成封、屯騎校尉桓郁、衛士令賈逵等，集議《五經》同異於白虎觀，使五官中郎將魏應主承制問難，侍中淳于恭奏上，上親稱制臨決。上嗟歎鴻才，號之曰「殿中無雙丁孝公」，賜錢二十萬[7]。

元和二年，車駕東巡狩，鴻以少府從。上奏曰：「臣聞古之帝王，統治天下，五載巡狩，至於岱宗，柴祭於天，望秩山川，協時月正日，同斗斛權衡，使人不爭。陛下尊履蒸蒸，奉承弘業。祀五帝於明堂，配以光武，二祖四宗，咸有告祀。瞻望太山，嘉澤降澍。柴祭之日，白氣上升，與燎烟合。黃鵠群翔，所謂神人以和，答響之休符也。」上善焉[8]。三年，以廬江郡爲六安國，徙封鴻爲馬亭侯[9]。日食，鴻爲司徒，上疏曰：「臣聞《春秋》日食三十六，而弒君三十六，變不空生。夫帝王不宜以重器假人，觀古及漢傾危之禍，靡不由世位擅寵之家。伏見大將軍[10]，刺史二千石初除謁辭，求通待報，雖奉璽書，受臺敕，不敢去，至數十日。背公室，向私門，此乃上威損，下權盛。外附之臣，依託權門，（諂）〔諂〕諛以求容媚，宜誅之[11]。」永元四年，兼衛尉[12]。

---

1. 參見《類聚》卷51、《後漢書》卷37《丁鴻傳》頁1262。
2. 紀昀云：鴻、綝長子，李善《文選注》作「字季公」。
3. 參見《御覽》卷384。
4. 參見《御覽》卷515。
5. 參見《御覽》卷739。
6. 紀昀云：范書本傳：明帝永平十三年，鴻以侍中兼此職。
7. 參見《後漢書》卷37《丁鴻傳》及李賢《注》、孔廣陶本《書鈔》卷61。紀昀云：「上嗟嘆鴻才」以下數句，《太平御覽》作「鴻以材論最明，儒者稱之，數嘆美焉。時人嗟曰：殿中無雙丁孝公。」
8. 參見《後漢書》卷37《丁鴻傳》李賢《注》。
9. 參見《後漢書》卷37《丁鴻傳》李賢《注》。
10. 紀昀云：此下有闕文。
11. 參見《御覽》卷453。
12. 參見《類聚》卷49。

鴻薨，子湛嗣。湛卒，子浮嗣。浮卒，子夔嗣[1]。

15.3 《宣秉》

宣秉[2]、建武元年拜御史中丞，上特詔御史中丞與司隸校尉、尚書令會同並專席而坐，故京師號曰「三獨坐[3]」。

15.4 《宣彪》

宣彪[4]、官至玄菟（大）〔太〕守[5]。

15.5 《王丹》

王丹、字仲回，京兆人也。資性清白，疾惡豪强。每歲農時，載酒肴，便於田頭大樹下飲食勸勉之[6]，因留其餘酒肴而去[7]。閭里有喪憂，輒度其資用，教之儉約，因爲其制日定葬，其親喪不過留殯一月，其下以輕重〔爲〕差焉[8]。時河南太守同郡陳遵，關西之大俠也。其友人喪親，遵爲護喪事，賻助甚厚。丹乃懷縑一匹，陳之於主人前，曰：「如丹此縑，出自機杼。」遵聞而有慚色[9]。更始時，遵爲大司馬護軍，出使匈奴，過辭於丹。丹曰：「俱遭時反覆，惟我二人爲天地所遺。今子當之絕域，無以相贈，贈子以不拜。」遂揖而別，遵甚悅之[10]。鄧禹平三輔，糧乏。丹上麥二千斛。禹高其節義，表丹領左馮翊[11]。司徒侯霸欲與丹定交，丹被徵，霸遣子昱候。昱道遇丹，拜於車下，丹答之。昱曰：「家君欲與君投分，何以拜子孫耶？」丹曰：「君房有是言，王丹未許之[12]。」丹子有同門生喪親，家在中山，白丹欲往奔慰。結侶將行，丹怒而撻之，令寄縑以祠焉。或問其故，丹曰：「交道之難，未易言也[13]。」初有薦士於丹者，丹選舉之，而後所舉者陷罪，丹坐免。客慚自絕。俄而丹復徵爲太子太傅，乃呼客見之，謂曰：「何量丹之薄？」不爲設席食以罰之，相待如舊[14]。

---

1. 參見《後漢書》卷37《丁鴻傳》李賢《注》。
2. 紀昀云：范書本傳：秉字巨公，馮翊雲陽人。
3. 參見《御覽》卷225。
4. 紀昀云：彪、秉子。
5. 參見《後漢書》卷27《宣秉傳》李賢《注》。
6. 紀昀云：此句《太平御覽》作「於田間候勤者，與而勞之。」
7. 參見《後漢書》卷27《王丹傳》李賢《注》。
8. 參見《御覽》卷553。
9. 參見《御覽》卷818。
10. 參見《後漢書》卷27《王丹傳》李賢《注》、《御覽》卷478。
11. 參見《御覽》卷838。紀昀云：范書本傳：丹以稱疾不視事，免歸。
12. 參見《御覽》卷542、孔廣陶本《書鈔》卷85。
13. 參見《御覽》卷818。
14. 參見《御覽》卷631。

15.6 《王良》

王良、字仲子，東海人。少清高。爲大司徒司直，在位恭儉，妻子不之[1]官舍，布被瓦器。時司徒吏鮑恢以事到東海，過候其家，而良妻布裙徒跣曳柴，從田中歸。恢曰：「我司徒吏，故來受書，欲見夫人。」妻曰：「妾是也。」恢乃下拜，歎息而還[2]。良以疾歸，一歲復徵。至滎陽，疾篤，不任進道，乃過其友人。友人不肯見，曰：「不有忠言奇謀而取大位，何其往來屑屑不憚煩也！」遂拒之。良慚，自後連徵，輒稱疾[3]。

15.7 《申屠剛》

申屠剛、字巨卿，扶風人。性剛直中正，志節抗厲，常慕史鰌、汲黯之爲人。涉獵書記，果於行義。元始中，舉賢良對策：「昔周公豫防禍首，先遣伯禽守封於魯，離斷至親，以義割恩，使己尊寵，不加其後。」言甚切直。建武初，徵拜侍御史，遷尚書令。謇謇多直言，無所屈撓。時隴蜀未平，上嘗欲近出，剛諫上不聽，剛以頭軔乘輿車輪，馬不得前[4]。

15.8 《郅惲》

郅惲、字君章，汝南人也。上書諫王莽，令就臣位。莽大怒，即收繫惲。難即害〔之〕，使黃門脅導惲，令爲狂疾恍惚，不自知所言。惲曰：「所言皆天文，非狂人所造作[5]。」惲與董子張友，子張父及叔父爲鄉里盛氏一時所害。子張病，將終，惲往候之。子張視惲，歔欷不能言。〔惲〕曰：「吾知子不悲天命長短，而痛二父讎不復也。」子張〔但〕目擊而已。惲即將客遮讎人，取其頭以示子張。子張見而氣絕。惲見令，以狀首。令應之遲，趨出就獄。令跣追之，不及，即自入獄謝之，拔刀自嚮以要惲曰：「子不從我出，敢不以死明心乎？」惲遂出[6]。

汝南太守歐陽歙召惲爲功曹，汝南舊俗：十月（嚮）〔饗〕會，百里內皆齎牛酒到府飲讌。時臨饗禮畢，歙教曰：「西部督郵繇延，天資忠貞，不嚴而治。今與衆儒共論延功，顯之於朝。」惲於下座愀然前曰：「案延資性貪邪，外方內員，朋黨構姦，罔上

1. 入《御覽》卷431頁3b，總頁1986
2. 參見《類聚》卷70、《御覽》卷431。
3. 參見《類聚》卷75。
4. 參見《御覽》卷427。
5. 參見《御覽》卷739。
6. 參見《御覽》卷473。

害民。明府以惡爲善，以直從曲，此既無君，又復無臣。惲敢奉觥。」歙色慚，不知所爲。門下掾鄭敬進曰：「君明臣直，功曹言切，明府德也。」歙意少解，曰：「實歙罪也[1]。」鄭次都隱于弋陽山中。惲即去，從次都止，漁釣甚娛，留數十日。惲喟然嘆曰：「天生俊士，以爲民也。鳥獸不可與同群，子從我爲伊尹乎？將爲許、巢而去堯、舜也？」次都曰：「吾年耄矣，安能從子？子勉正性命，勿勞神以害生。」告別而去。惲客於江夏，郡舉孝廉爲郎[2]。爲上東門候。光武嘗出，夜還，詔開門，欲入，惲不納。上令從門間識面。惲曰：「火明燎遠。」遂拒不開。明日，惲上書曰：「昔文王不敢盤於遊田，以萬民爲憂，而陛下遠獵山林，以夜繼晝，其如社稷宗廟何？誠小臣所竊憂也。」由是上特重之[3]。

惲爲長沙太守，坐前守張禁多受遺送千萬，以惲不推劾，故左遷芒長[4]。芒守丞韓龔受大盜丁仲錢，阿擁之，加笞八百，不死，入見惲，稱仲健。惲怒，以所杖鐵杖捶龔。龔出怨懟，遂殺仲，惲故坐免[5]。

15.9 《郭伋》

郭伋、字細侯，河南人也[6]。拜潁川太守，召見辭謁，帝勞之曰：「郡得賢能太守，去帝城不遠，河潤九里，冀京師並蒙〔其〕[7]福也[8]。」爲并州牧，前在州素有恩德，老小相攜，〔逢迎〕道路。〔始至〕行部，到西河美稷，有童兒數百，各騎竹馬，於道次迎拜。伋問：「兒曹何自遠來？」對曰：「聞使君始到，喜，故奉迎。」伋辭謝之。事訖，諸兒送出郭外，問：「使君何日當還？」伋使別駕〔從事〕，計日告之。〔行部〕既還，先期一日，伋謂違信〔於諸兒〕，〔遂〕止於野亭，須期乃入[9]。伋知盧芳夙賊，難卒以力制，常嚴烽候，明購賞，以結寇心[10]。

1. 參見《御覽》卷264。
2. 參見《文選》卷42應璩《與從弟君苗君胄書》李善《注》。
3. 參見《御覽》卷453。 4. 參見《後漢書》卷29《郅惲傳》李賢《注》。
5. 參見《後漢書》卷29《郅惲傳》李賢《注》。
6. 紀昀云：范書本傳以伋爲扶風茂陵人，與此異。
7. 編者按：《文選》任彥昇《齊竟陵文宣王行狀一首》卷60頁6b，總頁1110《注》引，及《後漢書・郭伋傳》頁1092並無此「其」字，乃此文所本；惟《御覽》卷260頁4b，總頁1219引有「其」字，據文義當有，今據補。
8. 參見《文選》卷60任彥昇《齊竟陵文宣王行狀一首》李善《注》、《御覽》卷260。
9. 參見《御覽》卷256。 10. 參見《御覽》卷335。

15.10 《杜詩》

杜詩、字君公[1]，建武元年，爲侍御史，安集雒陽。時將軍蕭廣放縱兵士，猝暴民間。詩敕曉不改，遂格殺廣，還以狀聞。上召見，賜以棨戟，復使〔之〕河東，誅降逆賊楊異等[2]。爲南陽太守，性節儉而治清平，以誅暴立威信，善於計略，省愛民役。造作水排，鑄爲農器，用力省，見功多。時人方於召信臣，故南陽人爲之語：「前有召父，後有杜母[3]。」坐遣客爲弟報讎，被徵，會病卒，喪無所歸，詔使治喪郡國邸，賻絹七千匹[4]。

15.11 《孔奮》

孔奮、字君魚，右扶風茂陵人。竇融請奮署議曹掾，守姑臧長。奮素孝，供養至謹，時天下擾亂，惟河西獨安，而姑臧稱爲富邑，通貨故羌，市〔日〕四合，每居縣者，不盈數月輒致豐積[5]。奮在姑臧四年，財物不增。惟老母極膳，妻子但菜食。或嘲奮曰：「直脂膏中，亦不能自潤。」而奮不改其操。詔書以奮在姑臧治有絕迹，賜爵關內侯[6]。爲武都丞，妻時在郡，爲隗囂餘黨所攻殺，（大）〔太〕守得奮妻子，奮追賊，賊推奮之子于軍前。奮年五十，惟有一子，不顧，遂擒賊，而其子見屠。帝嘉其忠。遷武都太守[7]。奮篤於骨肉，弟奇在雒陽爲諸生，分俸祿以供給其糧用，四時送衣，下至脂燭，每有所食甘美，輒分減以遺奇[8]。

15.12 《張堪》

張堪、字君游[9]，年六歲，受業長安，治《梁丘易》。才美而高，京師號曰「聖童[10]」。堪守蜀郡[11]，公孫述遣擊之。堪有同心之士三千人，相謂曰：「張君養我曹，爲今日也。」乃選擇[12]水軍三百人，斬竹爲箄渡水，遂免難[13]。堪與吳漢并力討公孫述，遂破蜀。漢先遣堪入成都，鎮撫吏民。時述珍寶珠玉委積無數，堪錄簿上官，秋毫無取[14]。堪去蜀郡乘折轅車，白布被囊[15]。爲漁陽太守，有惠政，開治稻田八千餘頃，

1. 紀昀云：范書本傳：詩、河內汲人。 2. 參見《御覽》卷681。
3. 參見《御覽》卷260。 4. 參見《御覽》卷817。
5. 參見《御覽》卷827、《後漢書》卷31《孔奮傳》。
6. 參見孔廣陶本《書鈔》卷38、《御覽》卷977。 7. 參見《御覽》卷310。
8. 參見《御覽》卷416。 9. 紀昀云：范書本傳：堪、南陽宛人。
10. 參見《御覽》卷384。 11. 紀昀云：范書本傳不載堪爲蜀守。
12. 習、孔廣陶本《書鈔》卷138頁4a，總頁261
13. 參見孔廣陶本《書鈔》卷138。 14. 參見孔廣陶本《書鈔》卷38。
15. 參見孔廣陶本《書鈔》卷38。

教民種作，百姓以殷富。童謠歌曰：「桑無附枝，麥穗兩岐。張君爲政，樂不可支。」視事八年，匈奴不敢犯塞[1]。光武詔曰：「平陽城李善稱故令范遷於張堪[2]，令人面熱出汗，其賜堪家新繒百匹，以表廉吏[3]。」

15.13 《衛颯》

衛颯[4]爲桂陽太守，鑿山通路，列亭置驛[5]。視事十年，徵還。颯到即引見，賜食於前。從吏二人，賜冠幘，錢人五千[6]。

15.14 《茨充》

茨充、字子河，宛人也。初舉孝廉，之京師，同侶馬死，充到前亭，輒舍車持馬還相迎，鄉里號之曰「一馬兩車茨子河[7]」。充爲桂陽太守，俗不種桑，無蠶織絲麻之利，類皆以麻枲頭緼著衣，民惰窳，少麤履，盛冬皆以火燎，足多剖裂。充令屬縣教民益種桑柘，養蠶桑織履，復令種紵麻，數年之間，人賴其利，衣履溫煖[8]。元和中，荆州刺史上言：「臣行部入長沙界，觀者皆徒跣。臣問御佐曰：『人無履亦苦之否？』御佐對曰：『十二月盛寒時並多剖裂血出，然火燎之，春溫或膿潰。建武中，桂陽太守茨充教人種桑蠶，人得其利，至今江南頗知桑蠶織履，皆充之化也[9]。』」

15.15 《任延》

任延、字長孫，南陽宛人。更始拜爲會稽西部都尉，時年十九，迎吏見其少，皆驚。及到，澹泊無爲，下車遣吏以中牢具祠延陵季子。時天下新定，道路未通，避亂江南者皆未還中土，會稽頗稱多士。延到，皆禮之，乃聘請高行俊乂如董子儀、嚴子陵等，敬待以師友之禮。掾吏貧者，輒分俸祿以賑給之。省諸卒，令耕公田，以周窮急。每時行縣，輒使慰勉孝子，就餐飯之。崇禮養善如此。建武初，延上書言：「臣贊拜不由王庭，願收骸骨。」詔書徵延，民攀持車轂涕泣[10]。除睢陽令，每至歲時伏臘，延輒休遣繫〔囚〕徒，各使歸家，並感其恩德，應期而還。有囚於家被病，自載詣獄，既至

1. 參見《類聚》卷50、孔廣陶本《書鈔》卷35。
2. 紀昀云：此句疑有脫誤。
3. 參見《御覽》卷387。
4. 紀昀云：范書本傳：颯字子產，河南修武人。
5. 參見《六帖》卷9。
6. 參見《後漢書》卷76《衛颯傳》李賢《注》。
7. 參見《後漢書》卷76《衛颯傳》李賢《注》。
8. 參見《御覽》卷823。
9. 參見《後漢書》卷76《衛颯傳》李賢《注》。
10. 參見陳禹謨本《書鈔》卷37、《御覽》卷241。

而死，延率掾吏殯於門外，百姓悅之[1]。爲武威太守，河西舊少雨澤，延乃爲置水官吏，修理溝渠，皆蒙其利益。

15.16 《董宣》

董宣[2]爲洛陽令，擊搏豪彊，在縣五年，年七十四卒官。詔遣使〔者〕臨視，惟布被覆尸，妻子對哭，家無餘財。上歎曰：「董宣死乃知貧耳[3]！」

15.17 《樊曄》

樊曄、字仲華[4]，曄與世祖有舊，世祖嘗於新野坐文書事被拘，時曄爲市吏，饋餌一笥，上德之。建武初，拜爲河東都尉，臨發之官，引見雲臺，賜御食衣被。上調曄曰：「一笥餌得都尉，何如？」曄頓首曰：「小臣蒙恩，特見拔擢，陛下不忘往舊，臣得竭死自效[5]。」曄爲天水郡，其政嚴猛，好申、韓之術，不假下以權，道路不敢相盜，人有犯其禁者，率不生出獄，吏人及羌胡畏之。道不拾遺。行旅至夜，聚衣裝道旁，曰：「以付樊公。」後還其物如故。涼州爲之歌曰：「寧見乳虎穴，不入冀府（赤）〔寺〕。大笑期必死，忿怒或見置。嗟我樊府君，安可再遭値[6]！」

15.18 《李章》

李章[7]爲千乘太守，坐誅斬盜賊過濫，徵下獄免[8]。

15.19 《馮駿》

長沙中尉馮駿將兵詣岑彭，璽書拜駿爲威虜將軍[9]。

1. 參見《御覽》卷430。
2. 紀昀云：范書本傳：宣字少平，陳留圉人。
3. 參見《御覽》卷269。
4. 紀昀云：范書本傳：曄、南陽新野人。
5. 參見《御覽》卷241。
6. 參見《後漢書》卷77《樊曄傳》、《御覽》卷262。
7. 紀昀云：范書本傳：章字第公、河內懷人。
8. 參見《後漢書》卷77《李章傳》。
9. 參見《後漢書》卷17《岑彭傳》李賢《注》。

15.20 《鄧讓》

鄧讓夫人、光烈皇后姊也[1]。

16 東觀漢記卷十六列傳十一

16.1 《班彪》

班彪[2]避地河西，大將軍竇融以爲從事，深相敬愛，接以師友之道[3]。

16.2 《班固》

班固[4]、字孟堅，年九歲，能屬文誦詩賦。及長，遂博貫載籍，九流百家之言，無不窮究。學無常師，不爲章句，舉大義而已。性寬和容眾，不以才能高人，諸儒以此慕之[5]。時人有上言班固私改作《史記》，詔下京兆收繫。固弟超詣闕上書，具陳固不敢妄作，但續父所記述漢事[6]。（徵固）〔固徵〕詣校書，除蘭臺令史，遷爲郎，典校閟書，令卒前所續《史記》[7]。固數入讀書禁中，每行巡狩，輒獻賦頌[8]。

16.3 《班超》

班超、字仲升，扶風（安）〔平〕陵人，徐令彪之子也。爲人大志，不修小節。然內孝謹，居家常執勤苦，不恥勞辱。有口辯，而涉獵書傳[9]。持《公羊春秋》，多所窺覽[10]。家貧，恒爲官傭寫書以供養，久勞苦，嘗輟業投筆歎曰：「大丈夫無他志略，猶當效傅介子、張騫立功異域，以取封侯，安能久事筆研間[11]乎！」超行詣相者，〔相者〕[12]曰：「祭酒、布衣諸生（爾）〔耳〕[13]，而當封侯萬里之外。」超問其狀。相者

1. 參見《後漢書》卷17《岑彭傳》李賢《注》。
2. 紀昀云：范書本傳：彪字叔皮，扶風安陵人。
3. 參見《御覽》卷265。
4. 紀昀云：固、彪子。
5. 參見《御覽》卷384。
6. 參見《史略》卷2。
7. 參見《初學記》卷21。
8. 參見《類聚》卷56。
9. 參見《御覽》卷463。
10. 參見《後漢書》卷47《班超傳》。
11. 參見陳禹謨本《書鈔》卷101。
12. 編者按：《類聚》卷75頁1287不重「相者」二字，乃此文所本，然《御覽》卷729頁4b，總頁3233重此二字，據文義當重，今據補。
13. 編者按：《類聚》卷75頁1287作「爾」，乃此文所本，然《御覽》卷729頁4b，總頁3233作「耳」，今據改。

曰：「生燕頷虎（頭）〔頸〕[1]，飛而食肉，此萬里侯相也[2]。」

永平中，竇固擊匈奴，超爲假司馬，將兵別擊伊吾，戰於蒲類海，多斬首虜。固又遣與從事郭恂俱使西域，鄯善王廣禮敬甚備，後更疏懈。超謂其官屬曰：「寧覺廣志意薄乎？此必有匈奴使來也。」召侍胡，詐之曰：「匈奴使來數日，安在？」侍胡具服。超悉會其吏士三十六人，酒酣，激怒曰：「不探虎穴，不得虎子。當今之計，獨有因夜以火攻虜，使彼不知我多少，必大驚[3]怖，可殄盡。鄯善破膽，功成事立也。」衆曰：「善。」遂將吏士往奔虜營。超手格殺三人，斬得匈奴〔節〕使屋類帶、副使比離支首及節。明日乃還告郭恂，恂大驚，既而色動。超知其意，舉手曰：「掾雖不行，班超何心獨擅之乎？」恂乃悅。鄯善一國驚[4]怖。竇固具上超功，并求更選使使西域。帝壯超，詔固曰：「吏若班超，何故不遣而選乎？今以超爲假司馬，令遂前功。」固欲益其兵，超曰：「願得本所從三十餘人，足以備有餘，多益爲重累[5]。」

超至西域，、于闐王廣德禮意甚疏、[6]。其俗信巫，巫言：「神怒何故向漢？漢使有驪馬，急求取以祠我。」廣德就超請馬，超許之，而令巫自來取馬。有頃，巫至，超即斬其首送廣德，因辭讓之[7]。超曰：「臣乘聖漢威神，出萬死之志，冀立鉛刀一割之用[8]。」

建初八年，（稱）〔拜〕[9]超爲將兵長史，假鼓吹（黃）〔幢〕[10]麾[11]。超討焉耆，焉耆王廣遣其左將北鞬支、奉迎超、[12]。賜而遣。焉耆國有葦橋之險，廣乃絕橋，不欲令漢軍入國。超更從、他道渡、[13]。超定西域五十餘國，乃以漢中郡南鄭之西鄉戶千封

1. 編者按：《類聚》卷75頁1287無「虎頭」二字，《御覽》卷729頁5a作「虎頸」，今據改。 2. 參見《類聚》卷75、《御覽》卷729。
3. 震《後漢書》卷47《班超傳》頁1572。
4. 震《後漢書》卷47《班超傳》頁1573。
5. 參見《御覽》卷434、《後漢書》卷47《班超傳》。
6. 編者按：此文《後漢書・班超傳》頁1573作「于窴王廣德新攻破莎車，遂雄張南道，而匈奴遣使監護其國。超既西，先至于窴。廣德禮意甚疏。」今本蓋蒙「廣德」二字而有脫文。 7. 參見《御覽》卷734。
8. 參見《御覽》卷345、《文選》卷27王粲《從軍行》李善《注》、《文選》卷21左思《詠史》李善《注》。紀昀云：范書本傳：章帝建初三年，超既服疏勒、于闐…欲因此叵平諸國，乃上疏請兵。此其疏中語。前後文闕。
9. 編者按：此文《類聚》卷68頁1195引作「稱」，然孔廣陶本《書鈔》卷130頁8b引作「拜」，今據改。
10. 編者按：《類聚》卷68頁1195、孔廣陶本《書鈔》卷130頁8b引並作「幢」，今據改。
11. 參見孔廣陶本《書鈔》卷130、《類聚》卷68。
12. 奉牛酒迎超《後漢書》卷47《班超傳》頁1581
13. 它道厲度《後漢書》卷47《班超傳》頁1581。此段參見《御覽》卷73。

超爲定遠侯[1]。超自以久在絕域，年老思土，上疏曰：「臣常恐年衰，奄忽僵仆。不敢望到酒泉郡，但願生入玉門關[2]。」安息遣使獻大爵、師子，超遣子勇隨入塞[3]。超爲都護，以任尙代超。尙謂超曰：「君在外國三十餘年，而小人猥承君後，宜有以誨之。」超曰：「塞外吏士，本非孝子順孫，皆以罪過徙補邊。而蠻夷懷鳥獸之心，難禁易敗。今君性嚴急，水清無大魚，察政不得下和。宜陽爲簡（而）〔易〕，寬小過，總大綱而已[4]。」超在西域三十一歲。還洛陽，拜射聲校尉[5]。

16.4 《班始》

班始[6]尙陰城公主，名賢得[7]。

16.5 《鄭興》

鄭興[8]從博士金子嚴爲《左氏春秋》[9]。

16.6 《鄭衆》

鄭衆、字仲師[10]，建武中，太子及山陽王因虎賁中郎將梁松請衆，欲爲通籍，遺練帛，衆悉不受，謂松曰：「太子儲君，無外交義，漢有舊防，諸王不宜通客。」松風以長者難逆，不可不慮。衆曰：「犯禁觸罪，不如守正而死[11]。」廬江獻鼎，有詔召衆問齊桓公之鼎在柏寢臺，見何書？《春秋左氏》有鼎事幾？衆對狀，除郎中[12]。永平中，北匈奴遣使求和親，上遣衆持節使匈奴。衆素剛烈，至北庭，虜欲令拜，衆不爲屈。單于大怒，圍守閉之，不與水火，欲脅服衆。衆拔刀自誓，單于恐而止[13]。復遣衆使北匈奴，衆因上書言：「臣前奉使，不爲匈奴拜，單于恚怒，放兵圍臣。今臣銜命，必見陵折。臣恐不忍將大漢節對氈裘獨拜。如令匈奴遂能服臣，將有損大漢之强。」上不聽，衆不得已，既行，後果爲匈奴所殺[14]。

1. 參見《後漢書》卷47《班超傳》李賢《注》。
2. 參見《御覽》卷383。
3. 參見《後漢書》卷47《班超傳》李賢《注》。
4. 參見《類聚》卷23。
5. 參見《御覽》卷242。
6. 紀昀云：始、超長子雄子。
7. 參見《後漢書》卷6《順帝紀》李賢《注》。紀昀云：「賢得」、司馬彪《五行志》作「堅得」。
8. 紀昀云：范書本傳：興字少贛，河南開封人。
9. 參見《後漢書》卷36《鄭興傳》李賢《注》。
10. 紀昀云：衆、興子。
11. 參見孔廣陶本《書鈔》卷37、《御覽》卷427。
12. 參見《御覽》卷756。
13. 參見《御覽》卷438。
14. 參見《類聚》卷68。紀昀云：范書本傳：衆在路連上書，詔追還，繫廷尉，會赦歸家。後爲軍司馬，仕至大司農。此文疑誤。

16.7 《范升》

范升[1]遷博士，每有大議，輒見訪問[2]。

16.8 《陳元》

陳元[3]上疏曰：「抉瑕擿釁，掩其弘美[4]。」

光武興立《左氏》，而桓譚、衛宏並共毀訾，故中道而廢。

16.9 《桓榮》

桓榮、字春卿，沛國人也。本齊桓公後。桓公作伯，支庶用其諡立族命氏焉。榮少勤學，講論不怠[5]。治《歐陽尚書》，事九江朱文剛，窮極師道，貧窶無資，常客傭以自給，精力不倦，十五年不窺園[6]。拜議郎，授皇太子經。每朝會，輒令榮於公卿前敷奏經書，帝稱善，曰：「得卿幾晚[7]。」《歐陽尚書》博士缺，上欲用榮。榮叩頭讓曰：「臣經術淺薄，不如同門生郎中彭閎、揚州從事皐弘。」帝曰：「俞，往，汝諧。」因拜榮為博士，弘閎為議郎[8]。車駕幸太學，會諸博士論難于前，榮被服儒衣，溫恭有蘊藉，明經義，每以禮讓相厭，不以辭長勝人，儒者莫之及，特為加賞賜。又詔諸生雅吹擊磬，盡日乃罷[9]。後入會庭中，詔賜奇果，受者懷之，榮獨舉手奉以拜。帝笑指之曰：「此眞儒生也。」愈見敬厚[10]。榮嘗寢病，太子朝夕遣中人問疾，賜以帷帳奴婢，曰：「如有不諱，無憂家室也。」後病愈，入復侍講[11]。太子報榮書曰：「君愼疾加餐，重愛玉體[12]。」

1. 紀昀云：范書本傳：升字辯卿、代郡人。
2. 參見孔廣陶本《書鈔》卷67。 3. 紀昀云：范書本傳：元字長孫，蒼梧廣信人。
4. 參見《文選》卷25傅咸《贈何劭王濟》李善《注》。紀昀云：范書本傳：元習《左氏春秋》。建武初，議立《左氏傳》博士，范升上奏不宜立，〔元〕上疏辯之。此其疏語。前後文闕。 5. 參見孔廣陶本《書鈔》卷97。
6. 參見《御覽》卷484、《文選》卷38任彥昇《為范尚書讓吏部封侯第一表》李善《注》。
7. 參見《初學記》卷21。
8. 紀昀云：范書《榮傳》：引閎、弘俱為議郎，與此稍異。
9. 參見《御覽》卷424。 10. 參見《御覽》卷391。
11. 參見《類聚》卷68。
12. 參見《文選》卷24曹植《又贈丁儀王粲》李善《注》。紀昀云：范書本傳：榮以太子經學成畢，上疏歸道。故太子報書。

建武二十八年，以榮爲少傅，賜以輜車乘馬。榮大會諸生，陳車馬印綬，曰：「今日所蒙，稽古之力也，可不勉乎[1]！」初，榮遭倉卒困厄時，嘗與族人桓元卿俱捃拾，投閒輒誦《詩》。元卿謂榮曰：「卿但盡氣爾，當安復施用時乎？」榮笑而不應。後榮爲太常，元卿來候榮，榮諸弟子謂曰：「平生笑君盡氣，今何如？」元卿曰：「我農民，安能預知如此[2]。」顯宗即位，尊榮以師禮。嘗幸太常府，令榮坐東面，設几杖，會百官驃騎將軍東平王蒼以下、榮門生數百人，天子親自執業，時執經生避位發難，上輒謙曰：「太師在是。」既罷，悉以太官供具賜太常家，其恩禮如此。

永平二年，辟雍〔初〕成，拜榮爲五更。每大射養老禮畢，上輒引榮及弟子升堂，執經自爲辯說[3]。詔曰：「五更沛國桓榮，以《尚書》授朕十有餘年。《詩》云：『日就月將，示我顯德行。』其賜爵關內侯，食邑五（百）〔千〕戶[4]。」後以五更祿終厥身，子郁以明經復爲太常。

16.10 《桓郁》

桓榮卒，子郁當襲爵，讓於兄子[5]，顯宗不許，不得已受封，而悉以租入與之[6]。上以郁先師子，有禮讓，甚見親厚，郁以永平十四年爲議郎，遷侍中[7]。上自制《五家要說章句》，令郁校定於宣明殿。上謂郁曰：「卿經及先師，致復文雅。」其冬，上親於辟雍自講所制《五行章句》已，復令郁說一篇。上謂郁曰：「我爲孔子，卿爲子夏，起予者商也。」又問郁曰：「子幾人能傳學？」郁曰：「臣子皆未能傳學，孤兄子一人學方起。」上曰：「努力教之，有起者即白之[8]。」皇太子賜郁鞍馬、刀劍，郁乃上疏皇太子曰：「伏見太子體性自然，包含今古，謙謙允恭，天下共見。郁父子受恩，無以明益，夙夜慚懼，誠思自竭。愚以爲太子上當合聖心，下當卓絕於衆，宜思遠慮，以光朝廷[9]。」永元二年，西謁園陵，郁兼羽林中郎將，上賜馬二匹，并鞍勒、防汗[10]。

16.11 《桓焉》

桓焉[11]爲太子太傅，以母憂自乞，聽以大夫行喪。踰年，詔使賜牛酒，奪服，即拜

1. 參見《御覽》卷244。
2. 參見《御覽》卷391。
3. 參見《御覽》卷404。
4. 參見孔廣陶本《書鈔》卷48。
5. 紀昀云：范書本傳：郁字仲恩，郁兄子名汎。
6. 參見《類聚》卷51。
7. 參見《後漢書》卷37《桓郁傳》李賢《注》。
8. 參見《後漢書》卷37《桓郁傳》李賢《注》。
9. 參見《後漢書》卷37《桓郁傳》李賢《注》。
10. 參見《御覽》卷359。
11. 紀昀云：焉、郁第三子，范書本傳：焉字叔元。

光祿大夫，遷太常[1]。

16.12 《桓鸞》

桓鸞[2]父良，龍舒侯相。鸞貞亮之性，著乎幼沖。學覽《六經》，莫不貫綜。推財孤寡，分賄友朋。泰於待賢，狹於養己。常著大布縕袍，糲食麤餐。除陳留已吾長，旬月間遷河內汲令[3]。

16.13 《桓典》

桓典、字公雅[4]，舉孝廉爲郎中。居無幾，相王吉以罪被誅，故人親戚莫敢至者。典獨棄官收斂歸葬，服喪三年，〔負土成墳〕，爲立祠堂，盡禮而去[5]。爲御史，是時宦者執政，典無〔所〕迴避，常乘驄馬，京師畏憚，（之爲）〔爲之〕語曰：「行行且止，避驄馬御史[6]。」

16.14 《桓礹》

桓礹[7]字文林，尤修志介。一餐不受于人，不應辟命。初平中，天下亂，礹到吳郡，刺史劉繇振給穀食、衣服所乏者，悉不受。後東適會稽，住止山陰縣故魯相鍾離意舍，太守王朗餉給糧食、布帛、牛羊，一無所留。臨去之際，屋中尺寸之物，悉疏付主人，纖微不漏。移居揚州從事屈豫室中，中庭橘樹一株，遇實熟，乃以竹藩樹四面，風吹落兩實，以繩繫著樹枝。每當危亡之急，其志彌固，賓客從者皆肅其行也[8]。

16.15 《張佚》

建武二十八年，大會百官，詔問誰可傅太子者，群臣承意，皆言太子舅執金吾陰識可。博士張佚正色曰：「今陛下立太子，爲陰氏乎？爲天下乎？即爲陰氏，則陰侯可；爲天下，則固宜用天下之賢才。」上稱善，曰：「欲置傅者，以輔太子。今博士不難正朕，況太子乎！」即拜爲太子太傅[9]。

---

1. 參見孔廣陶本《書鈔》卷93、《御覽》卷546。
2. 紀昀云：鸞、焉弟良子，范書本傳：鸞字始春。
3. 參見《後漢書》卷37《桓鸞傳》李賢《注》。
4. 紀昀云：典、焉仲子順子。
5. 參見《御覽》卷420。
6. 參見《類聚》卷93。
7. 紀昀云：礹、鸞子，范書本傳作曄，一名嚴。
8. 參見《後漢書》卷37《桓礹傳》李賢《注》。
9. 參見《御覽》卷244。

16.16 《桓譚》

桓譚、字君山，沛人，少好學，徧治五經，能文，有絕才，而喜非毀俗儒，由是多見排詆。哀、平間，位不過郎[1]。光武即位，拜議郎[2]。譚上書曰：「富商大賈多收田貨，中家子爲之保役，受計上疏，趨走俯伏，譬若臣僕，坐而分利[3]。又賈人多通侈靡之物，羅紈綺繡，雜綵玩好，以淫人耳目，而竭盡其財。是爲下樹奢媒而置貧本也。求人之儉約富足，何可得乎？夫俗難卒變，而人不可暴化。宜抑其路，使之稍自衰焉[4]。」「矯稱孔子，爲讖記以誤人主[5]。」譚譏訕圖讖，有詔會議靈臺所處，上謂譚曰：「吾欲以讖決之，何如？」譚默然良久，對曰：「臣生不讀讖。」上問其故，譚復極言讖之非經。上大怒，曰：「桓譚非聖無法，將下斬之。」譚叩頭流血，良久乃得解。由是失旨，遂不復轉遷，出爲六安郡丞，‧之官‧[6]，意忽忽不樂，道病卒。時年七十餘[7]。譚著書，言當世行事，號曰《新論》。光武讀之，敕言卷大，令皆別爲上下，凡二十九篇[8]。惟《琴道》未畢，但有發首一章[9]。章帝元和中，行巡狩，至沛，令使者祠譚冢，鄉里甚榮之[10]。

16.17 《劉昆》

劉昆、字桓公[11]，少治《施氏易》，篤志經學[12]。教授弟子常[13]五百餘人，每春秋享射，常備列典儀，以素木刳瓠葉爲俎豆[14]。爲光祿勳，授皇太子及諸王小侯五十人經。昆老退位，以二千石祿終其身[15]。

---

1. 參見孔廣陶本《書鈔》卷100。
2. 參見《文選》卷5劉峻《辯命論》李善《注》。
3. 參見《後漢書》卷28《桓譚傳》李賢《注》。
4. 參見《後漢書》卷28《桓譚傳》李賢《注》。
5. 紀昀云：范書本傳：時帝方信讖，譚上疏爭之。此二句即疏中指斥讖記語，前後文闕。參見《後漢書》卷28《桓譚傳》李賢《注》。
6. 《後漢書》卷28上《桓譚傳》頁961及《御覽》卷483頁4a，總頁2211並無此「之官」二字。
7. 參見《御覽》卷483。
8. 參見《後漢書》卷28《桓譚傳》李賢《注》。
9. 參見《後漢書》卷28《桓譚傳》李賢《注》。
10. 參見《御覽》卷526。
11. 紀昀云：范書本傳：昆、陳留東昏人。
12. 參見孔廣陶本《書鈔》卷97。
13. 編者按：《御覽》卷759頁3b，總頁3368引作「恒」，此文作「常」者蓋避漢諱改。
14. 參見《御覽》卷759。
15. 參見《御覽》卷229。

16.18 《劉軼》

劉軼、字君文[1]，永平中，以˙中庶子˙[2]，入侍講[3]。

16.19 《洼丹》

洼丹、字子玉[4]，世傳《孟氏易》，作《通論》七篇，世重之，號《洼君通論》[5]。

16.20 《戴憑》

戴憑、字次仲[6]，爲侍中，數進見問得失。上謂憑曰：「侍中當匡輔國政，勿有隱情。」憑對曰：「陛下嚴。」曰：「朕何用嚴？」憑曰：「伏見前太尉西曹掾蔣遵，清亮忠孝，學通古今，陛下納膚受之愬[7]，遂至禁錮，世以是爲嚴。」上怒曰：「汝南子欲復黨乎？」憑出，自繫廷尉，˙詔〔出〕引見˙[8]，憑謝曰：「臣無謇諤之節，而有狂瞽之言，不能以尸伏諫，偷生苟活，誠慚聖朝。」上即敕尚書解遵禁錮，拜憑虎賁中郎將，以侍中兼領之[9]。

正旦朝賀，百僚畢會，上令群臣能說經者更相難詰，義有不通，輒奪其席以益通者，憑遂重坐五十餘席。故京師爲之語曰：「解經不窮戴侍中[10]。」

16.21 《牟長》

牟長、字君高[11]，少篤學，治《歐陽尚書》，諸生著錄前後萬人。建武十四年，徵爲中散大夫[12]。拜少府，詔曰：「少府大儒，不失法度。」其見優如此[13]。

1. 紀昀云：軼、昆子。
2. 以易生，爲中庶子《書鈔》卷66頁3a，總頁291
3. 參見孔廣陶本《書鈔》卷66。
4. 紀昀云：范書本傳：丹、南陽育陽人。
5. 參見孔廣陶本《書鈔》卷99。
6. 紀昀云：范書本傳：憑、汝南平輿人。
7. 訴《後漢書》卷79上《戴憑傳》頁2553。
8. 編者按：《後漢書》卷79上《戴憑傳》頁2553作「有詔勑出。後復引見。」今本此文有脫誤，今據《御覽》卷483頁4b，總頁2211補「出」字。
9. 參見《御覽》卷427。
10. 參見《御覽》卷219。
11. 紀昀云：范書本傳：長、樂安臨濟人。
12. 參見《御覽》卷243。
13. 參見孔廣陶本《書鈔》卷54。

16.22 《尹敏》

尹敏、字幼季[1]，拜郎中，辟大司空府。上以敏博通經記，令校圖讖。敏對曰：「讖書非聖人所作，其中多近鄙別字，頗類世俗之辭，恐疑誤後生。」

遷長陵令，永平五年，詔書捕男子周慮。慮素有名（字）〔稱〕[2]，與敏善，過（侯）〔候〕敏，〔敏〕坐繫免官。出乃歎曰：「瘖聾之徒，眞世之有道者也，何謂察察而遇斯禍也[3]。」敏與班彪親善，每相遇與談，常日旰忘食，晝即至暝，夜則達旦。彪曰：「相與久語，爲俗人所怪，然鍾子期死，伯牙破琴，曷爲陶陶哉[4]。」

16.23 《高詡》

高詡、字季回[5]，以儒學徵，拜大司農，在朝以清白方正稱[6]。

16.24 《丁恭》

上封功臣皆爲列侯，大國四縣，縣各有差。博士丁恭等[7]議曰：「古帝王封諸侯不過百里，故利以建侯，取法於雷，强幹弱枝，所以爲治也。今封諸侯四縣，不合法制。」上曰：「古之亡國，皆以無道，未嘗聞功臣地多而滅亡者。」乃遣謁者即授印綬[8]。

16.25 《甄宇》

甄宇、字長文，北海人，治《嚴氏春秋》，持學精微，以白衣教授，常數百人[9]。建武中，爲青州從事，徵拜博士。每臘，詔賜博士羊，人一頭。羊有大小肥瘦。時博士祭酒議欲殺羊，稱分其肉。宇曰：「不可。」又欲投鉤，宇復恥之。宇因先自取其最瘦

1. 紀昀云：范書本傳：敏、南陽堵陽人。
2. 編者按：《御覽》卷740頁1b，總頁3282引作「字」，乃此文所本。然《後漢書》卷79上《尹敏傳》頁2559作「稱」，於義爲當，今據改。
3. 參見《御覽》卷740。
4. 參見《文選》卷55劉峻《廣絕交論》李善《注》。
5. 紀昀云：范書本傳：詡、平原般人。
6. 參見《初學記》卷12。
7. 紀昀云：范書本傳：恭字子然、山陽東緡人。
8. 參見《類聚》卷51、《後漢書》卷1上《光武帝紀》。
9. 參見孔廣陶本《書鈔》卷96。

者，由是不復有爭訟。後召會，詔問瘦羊甄博士，京師因以稱之[1]。拜太子少傅，清淨少欲，常稱老氏知足之分也[2]。宇傳子晉，晉傳子承，周澤董魯平叔，叔子軼，並以儒學拜議郎也[3]。

16.26 《張玄》

張玄、字君夏[4]，欲專意經書，方其講問，乃不食終日，忽然如不饑渴[5]。爲博士，其學兼通數家[6]。

16.27 《李躬》

三老常山李躬，年耆學明，以二千石祿養終身[7]。

16.28 《蘇竟》

蘇竟[8]與劉歆兄子恭書曰：「前世以磨研編簡之才，與國右史公從事出入者惟硯也[9]。」

16.29 《丁邯》

丁邯[10]高節，正直不撓，舉爲孝廉[11]。

16.30 《溫序》

溫序、字次房[12]，爲護羌校尉，行部，爲隗囂別將苟宇所拘劫。宇謂序曰：「子若

1. 參見《類聚》卷94。
2. 參見孔廣陶本《書鈔》卷65。
3. 參見孔廣陶本《書鈔》卷56。
4. 紀昀云：范書本傳：玄、河內河陽人。
5. 參見孔廣陶本《書鈔》卷98。
6. 參見孔廣陶本《書鈔》卷67。
7. 參見孔廣陶本《書鈔》卷67、《唐類函》卷49。紀昀云：此明帝永平二年詔文。躬、范書無傳。
8. 紀昀云：范書本傳：竟字伯況，扶風平陵人。
9. 參見孔廣陶本《書鈔》卷104、《類聚》卷58。紀昀云：范書本傳作「走昔以磨研編削之才，與國師公從事出入。」蓋歆於莽時爲國師，此文「國右史公」即「國師公」之誤。末「者惟硯也」四字當是後人妄增。
10. 紀昀云：邯、范書不載，司馬書劉昭《注》引趙岐《三輔決錄》注云：「邯字叔春，京兆陽陵人。」
11. 參見孔廣陶本《書鈔》卷79。
12. 紀昀云：范書本傳：序、太原祁人。

與我并威同力，天下可圖也。」序素有氣力，大怒，叱宇等曰：「虜何敢迫脅漢將！」因以節檛殺數人。賊眾爭欲殺之，宇止〔之〕曰：「此義士也，可賜以劍。」序受劍，銜鬚於口，顧左右曰：「既爲賊所迫殺，無令鬚污土。」遂伏劍而死[1]。

16.31 《周嘉》

周嘉[2]仕郡爲主簿，王莽末，群賊入汝陽城，嘉從太守何敞討賊，敞爲流矢所中，賊圍繞數十重，嘉乃擁敞，以身扞之。呵賊曰：「卿曹皆人隸也。爲賊既逆，豈有還害其君者耶？嘉請以死贖君命。」因仰天號泣。群賊于是相視，曰：「此義士也！」給車馬，（遺）〔遣〕送之[3]。

爲零陵太守，視事七年，卒，零陵頌其遺愛，吏民爲立祠焉[4]。

16.32 《劉茂》

劉茂、字子衛[5]，爲郡門下掾，赤眉攻太原，茂負太守孫福踰牆出，藏城西門下空穴中，擔穀給福及妻子百餘日，福表爲議郎[6]。

16.33 《索盧放》

索盧放、字君陽，東郡人。署門下掾。更始時，使者督行郡國，太守有事，當斬。放前對曰：「今天下苦王氏之虐政，戴仰漢德。傳車所過，未聞恩澤，而斬郡守，恐天下惶懼，各自疑也。使有功不如使有過。」遂解衣而前，願代太守斬，使者義而赦之，由是顯名[7]。

16.34 《朱勃》

朱勃、字叔陽，扶風平陵人，年十二能誦《詩》、《書》。嘗候馬援兄況。勃衣方領，能矩步，辭言嫻雅。援裁知書，見之自失。況知其意，乃自酌酒慰援曰：「朱勃小

1. 參見《御覽》卷438。
2. 紀昀云：范書本傳：嘉字惠文，汝南安城人。
3. 參見《御覽》卷265、《後漢書》卷81《周嘉傳》頁2676。
4. 參見《後漢書》卷81《周嘉傳》頁2676。
5. 紀昀云：范書本傳：茂、太原晉陽人。
6. 參見孔廣陶本《書鈔》卷158。
7. 參見《御覽》卷420。

器速成，智盡此耳，卒當從汝稟學，勿畏〔也〕。」勃未二十，右扶風請試守渭城宰。及援爲將軍，封侯，而勃位不過縣令。援後〔雖〕貴，常待以舊恩而卑侮之，勃卒自親。及援遇讒，惟勃能終焉[1]。

勃上書理援曰：「車駕討隗囂，豪彊略城，酋長殺吏，惟獨狄道爲國堅守，士民饑饉，煮履啖弩，寄命漏刻。援謀如涌泉，勢如轉規。救倒懸之急，存幾亡之城。飛鳥跱（衢）〔衡〕，馬驚觸虎，物類相生，亦無不有[2]。」

章帝下詔曰：「告平陵令、丞：縣人故雲陽令朱勃，建武中以伏波將軍爵土不傳，上書陳狀，不顧罪戾，懷旌善之志，有烈士之風。《詩》云：『無言不讎，無德不報。』其以縣見穀二千石賜勃子若孫，勿令遠詣闕謝[3]。」

16.35 《樊顯》

上嘗召見諸郡計吏，問其風土，及前後守令能否。蜀郡計掾樊顯進曰：「漁陽太守張堪昔在蜀，其仁以惠下，威能討姦。前公孫述破時，珍寶山積，捲握之物，足富十世，而堪去職之日，乘折轅車，布被囊而已。」上聞歎息。以顯陳堪行有效，即除漁陽令[4]。

16.36 《楊正》

楊正爲京兆功曹，光武崩，京兆尹出西域，賈胡共起帷帳設祭，尹車過帳，賈牽車令拜。尹疑止車，正在前導曰：「禮、天子不食支庶，況夷乎？」敕壞祭，乃去[5]。

16.37 《崔篆》

崔篆、涿郡安平人，王莽時爲郡文學，以明經徵詣公車。太保甄豐舉爲步兵校尉，篆辭曰：「吾聞伐國不問仁人，戰陣不訪儒士。此舉奚至哉？」遂投劾歸[6]。爲建新大尹，篆歎曰：「吾生値澆、羿之君，上有老母，下有兄弟，安得獨潔己而危所生哉？」

1. 參見《御覽》卷515。
2. 參見孔廣陶本《書鈔》卷136、卷156、《文選》卷14顏延年《赭白馬賦》李善《注》。
3. 參見《後漢書》卷24《馬援傳》李賢《注》。
4. 參見《類聚》卷70。紀昀云：范書《張堪傳》作「拜顯爲魚復長。」
5. 參見《御覽》卷264。
6. 參見《御覽》卷242。

乃單車到官，稱疾，三年不視事行縣。門下掾倪敞諫，篆乃强起班春。所至之縣，獄犴填滿。篆垂涕曰：「嗟乎！刑罰不中，乃陷民於穽。此皆何罪而至於是乎？」遂平理，所出二千餘人。掾吏叩頭諫曰：「誠仁者之心，然獨爲君子，將有悔乎！」篆曰：「邾文公不以一人易其心[1]，君子謂之知命。如殺一大尹贖二千人，蓋所願也。」遂稱疾去[2]。

16.38 《崔駰》

竇憲爲車騎將軍，辟崔駰爲掾[3]。憲府貴重，掾屬三十人，皆故刺史、二千石，惟駰以處士年少擢在其間。憲擅權驕恣，駰數諫之。及出征匈奴，道路愈多不法，駰爲主簿，前後奏記數十，指切長短。憲不能容，稍疏之，因察駰高第，出爲長岑長。駰自以遠去，不得意，遂不之官而歸，卒於家[4]。

16.39 《崔瑗》

崔瑗[5]愛士，好賓客，盛修殽膳，殫極滋味，不問餘產[6]。

16.40 《崔寔》

崔寔[7]爲五原太守，五原土宜麻桑，而民不知紡績，而冬月無衣，積細草而臥其中，見吏則衣草而出。寔至官，勸種麻，命工伐木作機紡車，教民紡績[8]。

16.41 《倪萌》

倪萌、字子明，齊國臨淄人。仁孝敦篤，不好榮貴，常勤身田農。遭歲倉卒，兵革並起，人民餒餓相啖，與兄俱出城採蔬，爲赤眉賊所得，欲殺啖之。詣賊叩頭言：「兄年老羸瘠，不如萌肥健，願代兄。」賊義而不啖，命歸求豆來贖兄。萌歸不能得豆，復自縛詣賊，賊遂放之[9]。

1. 身《御覽》卷643頁4b，總頁2879
2. 參見《御覽》卷643。
3. 紀昀云：駰、篆孫，范書本傳：駰字亭伯。
4. 參見《御覽》卷453。
5. 紀昀云：瑗、駰子，范書本傳：瑗字子玉。
6. 參見《御覽》卷405。
7. 紀昀云：寔、瑗子，范書本傳：寔字子眞。
8. 參見孔廣陶本《書鈔》卷74。
9. 參見《初學記》卷17。

16.42 《古初》

長沙有義士古初，遭父喪未葬，鄰人火起，及初舍。棺不可移，初冒火伏棺上，會火滅。以爲孝感所致云[1]。

16.43 《王琳》

汝南王琳字巨尉，十餘歲喪親，遭大亂，百姓奔逃，惟琳兄弟獨守冢廬。弟季出，遇赤眉賊，將爲餔。琳自縛，請先季死，賊矜而放〔之〕[2]。

16.44 《蔡順》

蔡順、字君仲，汝南人，至孝。王莽亂，人相食。順取桑椹，赤黑異器。賊問所以，〔君仲〕云：「黑與母，赤自食。」賊異[3]之，遺鹽二斗，受而不食[4]。

16.45 《李業》

公孫述欲徵李業〔爲博士〕[5]，業固不起，乃遣人持鴆，不起便賜藥，業乃飲鴆而死[6]。

16.46 《逄萌》

˴逄萌、字子慶˴[7]，北海人。少有大節，志意抗厲。家貧，給事爲縣亭長。尉過迎拜，問事微久。尉去，舉拳撾地，歎曰：「大丈夫安能爲人役耶？」遂去學問[8]。王莽居攝，子宇諫莽而莽殺之[9]。萌謂其友人曰：「三綱絕矣！不去，禍將及人。」解冠挂東都城門，歸，將家浮海，客於遼東[10]。萌素明陰陽，知莽將敗，乃首戴齏器，哭於市，曰：「辛乎辛乎！」遂潛藏不見[11]，隱琅邪之勞山，非禮不動，聚落化之。北海太守遣使奉謁，萌不答。太守遣吏捕之，民相率以石（撾）〔擿〕吏，皆流血奔走[12]。萌

1. 參見《御覽》卷551。 2. 參見《類聚》卷21。
3. 義《御覽》卷955頁2b，總頁4239 4. 參見《御覽》卷955。
5. 紀昀云：范書本傳：業字巨游，廣漢梓潼人。 6. 參見《御覽》卷927。
7. 逄萌、字子康《後漢書》卷83《逄萌傳》頁2759 8. 參見《御覽》卷269。
9. 《後漢書》卷83《逄萌傳》頁2759云：「時王莽殺其子宇。」
10. 參見《後漢書》卷83《逄萌傳》、《御覽》卷684。
11. 參見《御覽》卷487。 12. 參見《御覽》卷375。

被徵上道，迷不知東西，云：「朝所徵我者，爲聰明睿智，有益於政，方面不知，安能濟政？」即駕而歸[1]。

16.47 《王霸》

王霸[2]，建武初，連徵不至，安貧賤，居茅屋蓬戶，藜藿不厭，然樂道不怠，以壽終[3]。

16.48 《嚴光》

嚴光、字子陵[4]，耕於富春山，後人名其釣處爲嚴陵瀨[5]。

16.49 《閔貢》

閔貢、字仲叔，太原人也。恬靜養神，勿[6]役于物。與周黨相友，黨每過貢，共啜[7]菽飲水，無菜茹[8]。黨嘗遺貢生（麻）〔蒜〕，貢歎曰：「我欲省煩耳。」受而不食[9]。司徒侯霸辟貢，到，與相見，勞問之，（下）不及政事。貢曰：「〔始〕被明公辟，且喜且懼。及奉見明公，喜懼皆去。所望明公問屬何以爲政，美俗成化，以貢爲不足耶？不當辟也。如以爲任用而不使臣之，則爲失人，是以喜懼皆去。」便辭而出[10]。客居安邑，老病家貧，不能得錢買肉，日買一片豬肝，屠〔者〕或不肯爲斷。安邑令候之，問諸子何飯食，對曰：「但食豬肝，屠者或不肯與〔之〕。」令出敕市吏，後買輒得。貢怪問其子，道狀如此，乃歎曰：「閔仲叔豈以口腹累安邑耶？」遂去之沛[11]。

16.50 《周黨》

周黨、字伯況，太原人。鄉佐發黨徭道，於人中辱之。黨學《春秋》長安，聞復讎之義，（輒）〔輟〕講下辭歸，到，與鄉佐相聞期鬬日。鄉佐多從兵往，使鄉佐先拔刀，然後與相擊。鄉佐服其義勇[12]。建武中，徵黨，著短布單衣，穀皮幓頭，待見尚

1. 參見《類聚》卷64。
2. 紀昀云：范書本傳：霸字孺仲，太原廣武人。
3. 參見《御覽》卷181。
4. 紀昀云：范書本傳：光一名遵，會稽餘姚人。
5. 參見《初學記》卷8。
6. 弗《御覽》卷407頁4b，總頁1881。
7. 含《御覽》卷407頁4b，總頁1881
8. 參見《類聚》卷85。
9. 參見《類聚》卷85。
10. 參見《御覽》卷209。
11. 參見《御覽》卷484。
12. 參見《御覽》卷496。

書。欲令更服，黨曰：「朝廷本以是故徵之，安可復更？」遂以見，自陳願守所志，上聽之[1]。博士范升奏曰：「伏見太原周黨、東海王良、山陽王成，使者三到，乃肯就車，脫衣解履，升於華轂，陛見帝廷，偃蹇傲慢，逡巡進退，臣願與並論雲臺之下[2]。」

16.51 《井丹》

井丹、字大春[3]，通《五經》，時人爲之語曰：「五經紛綸井大春[4]。」

16.52 《耿嵩》

耿嵩、字文都，鉅鹿人。履清高之節，齔童介然特立，不隨於俗，鄉黨大人莫不敬異之。王莽敗，賊盜起，宗族在兵中，穀食貴，人民相食，宗家數百人，升合分糧。時嵩年十二三，宗人少長咸共推之，主稟給，莫不稱平[5]。

17 東觀漢記卷十七列傳十二

17.1 《虞延》

虞延、字子大，陳留人。爲郡功曹，世祖聞而奇之。建武二十年，東巡，路過小黄，高帝母昭靈后園陵在焉。時延爲郡督郵，詔呼引見，問園陵之事。延進止從容。瞻拜可觀，其園陵樹蘖皆諳其數，俎豆犧牲，頗曉其禮。帝善之，敕延從駕到魯。還經封邱，城門下小，不容羽蓋。上怒，使撻侍御史。延因下見引咎，以爲罪在督郵。上詔曰：「以陳留督郵虞延故，貸御史罪。」賜延錢及帶劍佩刀還郡[6]。永平初，（守）〔有〕新野功曹鄧寅[7]，以外戚小侯每預朝會，而容止[8]趨步，有出于衆。上目之，顧左右曰：「朕之儀貌，豈若此人！」特賜輿馬衣服。延以寅雖有容儀而無實行，未嘗加禮。上乃詔令自稱南陽功曹詣闕。拜郎中，遷玄武司馬。寅在職不服父喪，‣帝聞◂[9]，乃嘆曰：「『知人則哲，惟帝難之。』信哉斯言！」寅聞慚而退[10]。

1. 參見《御覽》卷688。 2. 參見《御覽》卷498。
3. 紀昀云：范書本傳：丹、扶風郿人。 4. 參見《御覽》卷615。
5. 參見《御覽》卷429、《類聚》卷22。
6. 參見《御覽》卷253、卷379、卷389。
7. 紀昀云：范書本傳作「鄧衍」。 8. 姿《後漢書》卷33《虞延傳》頁1153
9. 帝聞之《後漢書》卷33《虞延傳》頁1153。 10. 參見《御覽》卷442。

17.2 《郭丹》

郭丹、字少卿，南陽人。累世千石，父稚爲丹買田宅居業。丹從師長安，從宛人陳洮買符入函谷關。既入關，封符乞人[1]，乃慨然而歎曰：「丹不乘使者車，不出此關。」既至京師，常爲都講。更始二年，三公舉丹賢能，徵爲諫議大夫，持節使歸南陽，安集受降。自去家十二年，果乘高車出關，如其志焉[2]。

更始敗，諸將軍悉歸上，普[3]賜封爵；丹無所歸節傳，以敝布纏裹節，晝伏夜行，求謁更始妻子，奉還節傳，因歸鄉里[4]。爲郡功曹，薦陰亶、程胡、魯歆自代。太守杜詩曰：「古者卿士讓位，今功曹稽古含經，可謂至德。編署黃堂，以爲後法[5]。」丹師事公孫昌，敬重，常待重編席，顯異之[6]。爲司徒，在朝名清廉公正[7]。永平五年薨，詔問丹家時，宗正劉匡對曰：「郭丹爲三公，典牧州郡田畝不增。」

17.3 《周澤》

周澤、字穉都，北海安邱人。少修高節，耿介特立，好學問，治《嚴氏春秋》，門徒數百人，隱居山野，不汲汲于時俗[8]。建武十六年，辟大司馬府，署議曹祭酒[9]。爲黽池令，奉公克己，妻子自親釜竈[10]。拜太常，果敢直言，數有據爭，朝廷嘉其清廉[11]。北地太守廖信貪污下獄，詔以信田宅奴婢錢財賜廉吏太常周澤[12]。

17.4 《牟融》

牟融、字子優[13]，遷大司農，性明達，居職修治，又善論議，朝廷稱爲名卿。帝數嗟嘆，以爲才堪宰相[14]。

1. 參見《後漢書》卷27《郭丹傳》李賢《注》。
2. 參見孔廣陶本《書鈔》卷139。
3. 並《後漢書》卷27《郭丹傳》頁940
4. 參見孔廣陶本《書鈔》卷130。
5. 參見《御覽》卷264。
6. 參見《御覽》卷709。
7. 參見《類聚》卷47。
8. 參見《御覽》卷228。
9. 參見孔廣陶本《書鈔》卷69。
10. 參見《類聚》卷80、孔廣陶本《書鈔》卷78。
11. 參見《御覽》卷228、孔廣陶本《書鈔》卷53
12. 參見孔廣陶本《書鈔》卷38。
13. 紀昀云：范書本傳：融、北海安邱人。
14. 參見孔廣陶本《書鈔》卷54、《唐類函》卷47。

17.5 《孫堪》

孫堪[1]爲光祿勳，以清廉見稱，與周澤相類[2]。

17.6 《魏應》

魏應、字君伯，任城人，拜五官中郎將。諸儒于白虎觀講論《五經》同異，使應專掌難問[3]。

17.7 《劉般》

劉般、字伯興，彭城人，代名忠孝，兼屯騎校尉[4]。時五校尉官顯職閒，府寺寬敞，輿服光麗，伎巧畢給，故多以宗室肺腑居之[5]。爲太僕，在朝竭忠盡謀。建初元年，拜爲宗正，憂勤國事，夙夜不怠，數納嘉謀[6]。

17.8 《劉愷》

劉愷、字伯豫[7]，以當襲父般爵，封居巢侯，讓與其弟憲，遁逃避封。久之，章和中，有司奏請絕國，上美其義，特優嘉之，愷猶不出。有司復奏之，侍中賈逵上書曰：「孔子稱『能以禮讓爲國，於從政乎何有[8]？』」和帝納之，下詔曰：「故居巢侯劉般嗣子愷，當襲父般爵，而稱父遺意，致國弟憲，遯亡七年，所守彌固。蓋王法崇善，成人之美。其聽憲嗣爵。」乃徵愷，拜爲郎，稍遷侍中。愷之入朝，在位者莫不仰其風行[9]。

17.9 《郭賀》

郭賀、字喬卿，洛陽人，爲荊州刺史。百姓歌之曰：「厥德文明。」治有殊政。顯

1. 紀昀云：范書本傳：堪字子稺，河南緱氏人。　2. 參見《御覽》卷229。
3. 參見孔廣陶本《書鈔》卷63、《唐類函》卷55。
4. 紀昀云：范書本傳：永平十年，徵般行執金吾事，明年兼此職。
5. 參見《御覽》卷242。
6. 參見《初學記》卷12、孔廣陶本《書鈔》卷53、《御覽》卷230。
7. 紀昀云：愷、般長子。
8. 今本《論語・里仁》第13章「能以禮讓爲國乎何有？」無「於從政」三字。
9. 參見《御覽》卷424。

宗巡狩，賜以三公之服，黻冕之旒[1]。

17.10 《吳良》

吳良、字大儀，齊國人，習《大夏侯尚書》[2]，為郡議曹掾，歲旦與掾吏入賀，門下掾王望言曰：「齊郡敗亂，遭離盜賊，人民饑餓，不聞鷄鳴犬吠之音。明府視事五年，土地開闢，盜賊息滅，五穀豐登，家給人足。今日歲首，請上雅壽。」掾吏皆稱萬歲。良時跪曰：「門下掾（諂佞）〔佞諂〕；明府勿受其觴。盜賊未盡，人庶困乏。不能家給人足。今良曹掾尙無袴，寧為家給人足耶？」望曰：「議曹惰窳，自無袴，寧足為不家給人足耶？」太守歛容而止，曰：「此生言是。」遂不舉觴，賜良鰒魚百枚。轉良為功曹，良恥以言受進，終不肯謁[3]。

東平王蒼辟為西曹掾，數諫蒼，多善策。蒼上表薦良[4]。上以章示公卿，曰：「前見良頭鬚皎然，衣冠甚偉，求賢助國，宰相之職，蕭何舉韓信，設壇即拜，不復考試，今以良為議郎[5]。」遷司徒長史，以清白方正稱[6]。

17.11 《劉平》

劉平、字公子，楚郡人[7]，以仁孝著聞[8]。更始時，天下亂，平弟仲為賊所殺。其後賊忽然而至，平扶（持）〔侍〕其母，奔走逃難，抱仲遺腹女而棄其子。母欲還取之，平不聽，曰：「力不能兩活，仲不可以絕類。」遂去不顧，與母俱匿野澤中。平朝出求食，為餓賊所得，將烹之，叩頭曰：「今旦為老母求菜，老母饑，少氣，待歸為命。願得歸，飯母畢，還就死。」因涕泣，賊哀而遣之。平還，食母訖，因白曰：「屬與賊期，義不可負。」遂還詣賊。衆皆大驚，相謂曰：「嘗聞烈士，今乃見之。去矣，吾不忍食子。」於是得全。平既免，乃摭莢得三升豆，以謝賊恩[9]。永平三年為宗正，數薦達名士承宮、郇恁等[10]。

1. 參見孔廣陶本《書鈔》卷30、卷36、卷39。
2. 參見《後漢書》卷27《吳良傳》李賢《注》。
3. 參見《御覽》卷264、卷427、孔廣陶本《書鈔》卷37。
4. 參見《御覽》卷249。
5. 參見《御覽》卷631。
6. 參見孔廣陶本《書鈔》卷37。
7. 紀昀云：范書本傳：平本名曠，顯宗後改為平。
8. 參見孔廣陶本《書鈔》卷53。
9. 參見《御覽》卷420、卷841、《類聚》卷85。
10. 參見《後漢書》卷39《劉平傳》。

17.12 《承宮》

承宮[1]、琅邪姑幕人。少孤，年八歲爲人牧豬。鄉里徐子盛明《春秋經》，授諸生數百人，宮過其廬下，見諸生講誦，好之，因忘其豬而聽經。豬主怪其不還，行求索，見（生）〔宮〕，欲笞之。門下生共禁，乃止，因留精舍門下，樵薪，執苦數十年間，遂通其經[2]。遭王莽篡位，天下擾攘，盜賊并起，遂避世漢中。建武四年，將妻子之華陰山谷，耕種禾黍，臨熟，人就認之，宮悉推與而去，由是顯名[3]。永平中，徵爲博士，遷左中郎將。數納忠諫，論議切直，名播匈奴。時單于遣使求欲得見宮，詔敕宮自整飭。對曰：「彼徒炫名，非實識也。臣狀醜，不可以示遠，宜選長大威容者。」帝乃以大鴻臚魏應代之[4]。

17.13 《鍾離意》

鍾離意[5]辟大司徒侯霸府，詔部送徒詣河內，時冬寒，徒病不能行。路過弘農，意輒移屬縣使作徒衣，縣不得已與之，而上書言狀，意亦具以聞。上得奏，以見霸，曰：「君所使掾何乃仁于用心？誠良吏也[6]！」

意在堂邑，爲政愛利，輕刑愼罰，撫循百姓如赤子。初到縣，（中）〔市〕無屋，意出奉錢帥人作屋。人齎茅竹或（特）〔持〕材木，爭赴趨作，（決）〔浹〕日而成。功作既畢，爲解土[7]，祝曰：「興功役者令，百姓無事。如有禍祟，令自當之。」人皆大悅[8]。

顯宗時，意爲尙書，交趾太守坐贓千金，徵還伏法，詔以其貲物班賜群臣。意得珠璣，悉以委地，而不拜賜。上怪問[9]其故。對曰：「臣聞孔子忍渴於盜泉之水，曾參迴車于勝母之閭，惡其名也。此贓穢之物，誠不敢拜受。」上嗟嘆曰：「清乎尙書之言！」乃更以庫錢三十萬賜之[10]。詔賜降（人）〔胡〕縑[11]，尙書案事，誤以十爲百。上見司農上簿，大怒，召郎將笞之。意因叩頭曰：「過誤之失，常人所容。若以懈慢爲

1. 紀昀云：范書本傳：宮字少子。 2. 參見《御覽》卷903、《類聚》卷64。
3. 參見《類聚》卷21。 4. 參見《御覽》卷382。
5. 紀昀云：范書本傳：意字子阿，會稽山陰人。 6. 參見《御覽》卷419。
7. 紀昀云：解土、《太平御覽》作「民土」。
8. 參見《後漢書》卷41《鍾離意傳》李賢《注》。
9. 編者按：《後漢書》卷41《鍾離意傳》頁1407「問」上有「而」字，當據補。
10. 參見《類聚》卷84。
11. 《後漢書》卷41《鍾離意傳》頁1409作「胡子縑」。

愆，則臣位大，罪重；郎位小，罪輕。咎皆在臣，臣當先笞。」乃解衣就格[1]。上意乃解[2]。上欲起北宮，意上書諫，出爲魯相。後起德陽殿，殿成，百官大會，上謂公卿曰：「鍾離尚書若在，不得成此殿[3]。」

17.14 《宋均》

宋均、字叔庠[4]，爲九江太守，有兩山，名曰唐、后山，有神祠，衆至共爲嫁娶，皆取百姓男女，不復要娶巫家女，百姓患之，長吏莫敢改之。均乃移書曰：「自今已去，當爲山娶巫家女。」其後乃絕[5]。建武中，山陽、楚郡多蝗蜚，南到九江，輒東西別去，由是名稱[6]。永平七年，徵爲尚書令，忠正直言，數納策謀，每駮議，未嘗不合上意[7]。

17.15 《朱酺》

朱酺[8]、梁國寧陵人，明帝時爲益州刺史，移書屬郡，喻以聖德，白狼王等百餘國重譯來庭，歌詩三章，酺獻上[9]。

17.16 《鮭陽鴻》

鮭陽鴻、字孟孫，中山人，爲世名儒。永平中，拜少府[10]。

17.17 《楊政》

楊政、字子行，京兆人，治《梁邱易》，與京兆祁聖元同好，俱名善說經書。京師號曰：「說經鏗鏗楊子行，論難僠僠祁聖元[11]。」政師事博士范升。建武中，升爲太常丞，爲去妻所誣告，坐事繫獄，當服重罪。政以車駕出時伏道邊，抱升子持車叩頭。武騎虎賁恐驚馬，引弓射之，不去；旄頭以戟叉政，傷胸前。政涕泣求哀，上即尺一出升[12]。政嘗過揚虛侯馬武，武稱疾見政，對几據床，欲令政拜床下。政入戶，前排武，

1. 《後漢書》卷41《鍾離意傳》李賢《注》云：格、拘執也。
2. 參見《御覽》卷818。
3. 參見《類聚》卷62。
4. 紀昀云：范書本傳：均、南陽安衆人。
5. 參見《唐類函》卷67。
6. 參見《類聚》卷100。
7. 參見《類聚》卷48。
8. 紀昀云：范書《莋都夷傳》「酺」作「輔」。
9. 參見《御覽》卷570。
10. 參見孔廣陶本《書鈔》卷54。
11. 參見孔廣陶本《書鈔》卷98、《御覽》卷615。
12. 參見《御覽》卷352。

徑上床坐。▸武帳，言語不擇◂[1]。因把臂責之曰：「卿蒙國恩，備位藩臣，不思求賢報國，而驕天下英俊，今日搖動者刀入脅。」左右大驚，以爲見劫，操兵滿側，政顏色自若。會信陽侯至，責數武，令爲朋友。其果勇敢折，皆此類也[2]。

17.18 《薛漢》

薛漢、字子公[3]，淮陽人，才高名遠，兼通書傳，無不照覽，道術尤精，教授常數百弟子，自遠方至者著爲錄[4]。

17.19 《郇恁》

郇恁、字君大，鴈門人也[5]。隱居教授，東平憲王蒼爲驃騎，開東閣，延賢士，辟恁，署爲祭酒，敬禮焉。後朝會，明帝戲之曰：「先帝徵君不來，驃騎辟君而來，何也？」恁曰：「先君秉德以惠下，臣可以禮進退。驃騎執法御臣，臣懼法而至[6]。」月餘遂去官[7]。

17.20 《徐匡》

永平中，車駕出，信陽侯陰就▸於干突車騎簿◂[8]。車府令齊國徐匡鉤就車，收御者送獄。詔書譴匡，匡自繫獄。吳良上言：「信陽侯驕慢，干突車騎，大不敬，無人臣禮。匡執法守正而下獄，恐政化由是而墜。」詔出匡，左遷即邱長[9]。

17.21 《張重》

張重、日南計吏，形容短小，明帝問云：「何郡小吏？」對曰：「臣日南計吏，非

1. 武恨，言語不懌《御覽》卷407頁4a，總頁1881。
2. 參見《御覽》卷407、卷434、《初學記》卷1。
3. 紀昀云：范書本傳：作「字公子」。
4. 參見孔廣陶本《書鈔》卷67。
5. 紀昀云：郇恁、范書《周燮黃憲傳序》及《文選》李善《注》並作「荀恁」。
6. 紀昀云：此四句、《文選》李善《注》作「先帝秉德惠下，臣故不來。驃騎將軍執法檢下，臣故不敢不來。」
7. 參見《文選》卷60任彥昇《齊竟陵文宣王行狀》李善《注》。
8. 干車騎，突鹵簿《書鈔》卷55頁9b，總頁227
9. 參見孔廣陶本《書鈔》卷55。紀昀云：范書《吳良傳》：「帝雖赦匡，猶左轉良爲即丘長。」則左遷者、吳良，非匡也。此文疑誤。

小吏也[1]。」

17.22 《姜詩》

姜詩、字士遊，廣漢雒人也。適值年荒，與婦傭作養母。詩性至孝，母好飲江水，令兒常取水，溺死。夫婦痛，恐母知，詐曰行學，歲歲作衣投於江中，俄而湧泉，出舍側，味如江水。日生鯉一雙[2]。賊經詩里，不敢驚孝子[3]，致肉米，詩埋之。後吏譴詩，詩掘示之[4]。

17.23 《趙孝》

趙孝、字長平，沛國蘄人。父爲田禾將軍，孝爲郎，（歸告母）〔每告歸〕，往來常白衣步擔，嘗從長安來，過直上郵亭，但稱書生，寄止於亭門塾，亭長難之，告有貴客過，灑掃，不欲穢污地，良久乃聽止。吏因問曰：「田禾將軍子從長安來，何時發？幾日至？」孝曰：「尋到矣[5]。」時天下亂，人相食。弟禮爲賊所得，孝聞，即自縛詣賊，曰：「禮久餓羸瘦，不如孝肥。」賊并放之[6]。建武初，天下新定，穀食尚少，孝得穀，炊將熟，令弟禮夫妻俱出外，孝夫妻共蔬食，比禮夫妻歸，即曰：「我已食訖。」以穀飯獨與之。積久，禮心怪疑，後掩伺見之，亦不肯食，遂共蔬食，兄弟怡怡[7]，鄉里歸德[8]。

孝辟太尉府，顯宗聞其行，官至長樂衛尉，弟禮爲御史中丞。帝嘉其篤行，寵異之。詔禮十日就長樂衛尉府，太官送供具，相對盡歡。數年，禮卒，令孝從官屬送喪歸也[9]。

17.24 《魏譚》

魏譚、字少閒，琅邪人。王莽末，政亂，盜賊起，人民相食。譚爲賊所得，等輩數十皆縛束，當稍就噉。見譚貌謹敕，獨放，令主炊養。有賊長公，哀譚謂曰：「汝曹皆

1. 參見《御覽》卷378。 2. 參見《御覽》卷389、卷411。
3. 紀昀云：《太平御覽》作「赤眉賊經其里落，東兵安步云：『不可驚孝子』。」
4. 參見孔廣陶本《書鈔》卷145、《御覽》卷389。
5. 參見《御覽》卷185、卷194。 6. 參見《初學記》卷17。
7. 紀昀云：虞世南《北堂書鈔》作「孝得穀，炊將熟，時弟他出，至暮始回，孝待之同飯，雖蔬食茹菜，兄弟怡怡。」與此異。 8. 參見《御覽》卷847。
9. 參見《後漢書》卷39《趙孝傳》。

當以次死，哀縱汝，急從此去。」譚不肯去，叩頭曰：「我嘗爲諸君主炊養，食馨肉肌香，餘皆菜食，羸瘦，肉腥臊不可食，願先等輩死。」長公義之，即相謂此兒有義，可哀縱也。賊遂皆放之，數十人皆得脫[1]。譚有一孤兄子，年一二歲，常自養（親）〔視〕，遭饑饉，分升合以相存活。譚時有一女，生裁數月，念無穀食，終不能兩全，棄其女，養活兄子，州郡高其義[2]。

17.25　《李善》

李善、字次孫，南陽人，本同縣李元蒼頭。建武中疫病，元家相繼死沒，惟孤兒續始生數旬，而有資財千萬，諸奴〔婢〕私共計議，欲謀殺續，‧分財產‧[3]。善乃潛負逃亡，隱山陽瑕邱界中，親自哺養，乳爲生湩。‧續孩抱‧[4]，奉之不異長君，有事輒長跪請白，然後行之。閭里感其行，皆相率修義。續年十歲，善與歸本縣，修里舊業。告奴婢于長吏，悉收殺之。時鍾離意爲瑕邱令，上書薦善行狀[5]。

18 東觀漢記卷十八列傳十三

18.1　《第五倫》

第五倫、字伯魚，京兆長陵人，修行清白。王莽末，盜賊起，時米石萬錢，人相食，倫獨收養孤兄（下）〔子〕、外孫，分糧共食，死生相守，鄉里以此賢之[6]。倫步擔往候鮮于裦，留十餘日，將倫上堂，令妻子出相對，以屬託焉[7]。倫自度仕宦牢落，遂將家屬客河東，變易姓名，自稱王伯齊，嘗與奴載鹽北至太原販賣，每所至客舍，去輒爲糞除，道上號曰道士，開門請求，不復責舍宿直[8]。

京兆尹閻興召倫爲主簿。時長安市未有秩，又鑄錢官姦宄[9]所集，無能整齊理之者。興署倫督鑄錢掾，領長安市。倫平銓衡，正斗斛。市無阿枉，百姓悅服。其後小民爭訟，皆云「第五（椽）〔掾〕所平，市無姦枉欺詐之巧[10]。」

1. 參見《御覽》卷420。　　2. 參見《御覽》卷512。
3. 編者按：《後漢書》卷81《李善傳》頁2679作「分其財產」，當據補「其」字。
4. 《後漢書》卷81《李善傳》頁2679作「續雖在孫抱」，當據補「雖在」二字。
5. 參見《御覽》卷420。
6. 參見《後漢書》卷41《第五倫傳》李賢《注》。
7. 參見《後漢書》卷41《第五倫傳》李賢《注》。　8. 參見《御覽》卷195。
9. 軌《後漢書》卷41《第五倫傳》李賢《注》頁1396。
10. 參見《後漢書》卷41《第五倫傳》李賢《注》、孔廣陶本《書鈔》卷37、《御覽》卷429、卷827。

倫每見光武詔書，常歎曰：「此聖主也，當何由一得見決矣。」等輩笑之曰：「汝三皇時人也，爾說將尙不下，安能動萬乘主耶？」倫曰：「未遇知己，道不同故耳[1]。」

諸王當歸國，詔書選三署郎補王家長吏，除倫爲淮陽王醫工長。時輩除者多，綬盡，但假印，倫請於王，王賜之綬[2]。

嘗見，上曰：「聞卿爲吏撾妻父，不過從兄飯，寧有之耶？」對曰：「臣三娶妻皆無父。臣生遭饑饉，米石萬錢，不敢妄過人飯[3]。」曰：「聞卿爲市掾，有人遺卿母一笥餅，卿知從外來，奪之，母遂探口餅出之，有諸？」對曰：「實無此，衆人以臣愚蔽，故爲此言也[4]。」

倫性節儉，作會稽郡，雖有二千石，臥布被，自養馬，妻炊爨，俸祿常取赤米，與小吏受等，財留一月俸，餘皆賤糶與民饑羸者[5]。

爲事徵，百姓攀轅扣馬呼曰[6]：「舍我何之！」倫密委去。百姓聞之，乘船追之，交錯水中，其得民心如此[7]。倫免官歸田里，不交通人物，躬與奴共發棘田種麥[8]。

倫爲司空，奉公不撓，言事無所依違，諸子諫止，輒叱之。每上封自作草，不復示掾吏。或民奏記言便宜，便（上封）〔封上〕[9]。去年伏誅者，刺史一人，太守三人，被死罪二人，凡六人[10]。

18.2 《桓虞》

桓虞、字伯春[11]，馮翊萬年人。遷尙書僕射，據法斷事，周密平正，以爲能，擢爲南陽太守[12]。

1. 參見《御覽》卷593。紀昀云：范書本傳李賢《注》引《華嶠書》曰：「蓋延代鮮于褒爲馮翊，多非法。倫數切諫，延恨之，故滯不得舉。」將州將謂延也。
2. 參見《御覽》卷682。
3. 參見《御覽》卷486。
4. 參見《御覽》卷860。
5. 參見《類聚》卷72。
6. 紀昀云：《太平御覽》作「初代到當發，百姓老小闐府門，攀車扣馬啼呼曰。」
7. 參見《類聚》卷71。
8. 參見《御覽》卷822、卷838。
9. 參見《御覽》卷453。
10. 參見《後漢書》卷41《第五倫傳》李賢《注》。紀昀云：范書本傳：「倫爲三公，値帝〔長者〕，屢有善政，乃上疏褒稱盛美。」「去年」以下，乃其疏中述近事語，前後文闕。
11. 紀昀云：范書《章帝紀》李賢《注》作「字仲春」。
12. 參見孔廣陶本《書鈔》卷59。

18.3 《鄧彪》

鄧彪、字智伯，南陽人也。父邯，世祖中興，從征伐，以功封鄳侯。彪少修孝行，厲志清高，與（東）〔同〕郡宗武伯、翟敬伯、陳綏伯、張弟伯同志好，齊名，稱「南陽五伯」。彪以嫡長為世子，邯薨，彪當嗣爵，讓國與異母弟鳳。明帝高其節，詔書聽許鳳襲爵，彪仕州郡[1]。為太尉，在位清白，以廉讓率下[2]，為百僚式。視事四年，以疾乞骸骨。賜策罷，贈錢三十萬，所在以二千石俸終其身[3]。

18.4 《鄭弘》

會稽鄭弘、字巨君，為鄒縣令。魯春雨霜，鄒穀獨無災[4]。為太尉，以日食免[5]。

18.5 《袁安》

袁安[6]為河南尹十餘年，政令公平，未嘗以贓罪鞠人。常歎曰：「凡士之學，高欲望宰相，下及牧守，錮人於聖代，尹不忍為也[7]。」和帝始加元服，太后詔安為賓，賜束帛、乘馬[8]。安為司徒，每朝會，憂念王室，未嘗不流涕[9]。

18.6 《朱暉》

朱暉、字文季，南陽人。暉之先、宋微子之後也，以國氏姓。周衰，諸侯滅宋，奔碭，易姓為朱，後徙于宛[10]。暉外祖父孔休，以德行稱于代[11]。暉早孤，有氣決。年十三，莽敗，天下亂，與外氏家屬從田間奔入宛城。道遇群賊，賊操弓弩欲裸奪婦女衣服。昆弟賓客皆惶迫，伏地莫敢動。暉拔劍前曰：「財物皆可取，諸母衣不可得。今日朱暉死日也！」賊義其小、壯其志，笑曰：「童子內刀。」遂舍之[12]。為郡督郵，太守阮況當嫁女，欲買暉婢，暉不敢與。及況卒，暉送其家金三斤。人問其故，暉曰：「前不與婢者，恐以財污府君。今重送，欲明己心也[13]。」

1. 參見《御覽》卷515。 2. 參見孔廣陶本《書鈔》卷51。
3. 參見《後漢書》卷44《鄧彪傳》。
4. 參見孔廣陶本《書鈔》卷35。 5. 參見孔廣陶本《書鈔》卷35。
6. 紀昀云：范書本傳：字邵公，汝南汝陽人。
7. 參見《文選》卷60任彥昇《齊竟陵文宣王行狀》李善《注》。
8. 參見《後漢書》卷4《和帝紀》李賢《注》。
9. 參見孔廣陶本《書鈔》卷52。 10. 參見《後漢書》卷43《朱暉傳》李賢《注》。
11. 參見《後漢書》卷43《朱暉傳》李賢《注》。 12. 參見《御覽》卷434。
13. 參見《御覽》卷500、《後漢書》卷43《朱暉傳》李賢《注》。

驃騎將軍東平王蒼辟暉爲掾，˙正月旦˙[1]，將軍當奉璧賀。故事，少府給璧。時陰就爲少府，吏甚驕慢，求不可得。暉遙見就主簿持璧，謂曰：「我素聞璧，未嘗見，借觀之。」主簿授暉，暉授令史。主簿遽白就，就曰：「朱掾義士，勿求之。」蒼罷朝，謂暉曰：「掾自視孰與藺相如[2]？」再遷臨淮太守。暉好節概，有所拔用，皆厲行之士。表善黜惡，抑强絕邪，歲常豐熟。吏民畏而愛之，爲之歌曰：「强直自遂，南陽朱季。吏畏其威，民懷其惠[3]。」

建武十（四）〔六〕年，四方牛大疫，臨淮獨不疫，鄰郡人多牽牛入界[4]。暉爲守數年，坐考長吏囚死獄中，州奏免官[5]。暉同縣張堪有名德，每與相見，常接以友道。暉以堪宿成名德，未敢安也。堪至把暉臂曰：「欲以妻子託朱生。」暉舉手不敢答。堪後仕爲漁陽太守，暉自爲臨淮太守，絕相聞見。堪後物故，南陽饑，暉聞堪妻子貧窮，乃自往候視，見其困厄，分所有以賑給之。歲送穀五十斛，帛五匹以爲常[6]。

18.7 《韋彪》

韋彪[7]上議曰：「二千石皆以選出京師，剖符典千里[8]。」

18.8 《韋豹》

韋豹[9]、字季明，數辟公府，輒以事去。司徒劉愷辟之，謂曰：「卿輕人，好去就，故爵位不踰。今歲垂盡，當辟御史，意在相薦，子其留乎？」豹曰：「犬馬齒衰，豈敢久待。論[10]薦之私，非所敢當。」遂跣而起，愷追之，遙去不顧[11]。

18.9 《郭躬》

郭躬[12]家世掌法，務在寬平。章和元年，赦天下繫囚在四月丙子以前減死罪一等，

1. 正月朔旦《後漢書》卷43《朱暉傳》頁1458。
2. 參見《類聚》卷84。
3. 參見《御覽》卷260。
4. 參見《後漢書》卷43《朱暉傳》李賢《注》。
5. 參見《後漢書》卷43《朱暉傳》李賢《注》。
6. 參見《御覽》卷407、《文選》卷55劉峻《廣絕交論》李善《注》。
7. 紀昀云：范書本傳：彪字孟達，扶風平陵人。
8. 參見《文選》卷29嵇康《雜詩》李善《注》。紀昀云：范書本傳：「建初中，爲大鴻臚，時陳事者言郡國貢舉率非功次，咎在州郡，詔下公卿朝臣議。」此蓋彪議中語，范書節去。
9. 紀昀云：豹、彪族子。
10. 選《後漢書》卷26《韋彪傳》頁920。
11. 參見《御覽》卷631。
12. 紀昀云：范書本傳：躬字仲孫，潁川陽翟人。

勿笞，詣金城，而文不及亡命未發覺者。躬上封事曰：「伏惟天恩莫不蕩宥，死罪以下並蒙更生，而亡命捕得獨不沾澤。臣以為赦前犯死罪而繫在赦後者，可皆勿笞詣金城，以全人命，有益于邊。」上善之，即下詔赦焉[1]。

18.10 《鄭均》

鄭均、字仲虞，任城人也。治《尚書》，好黃、老，淡泊無欲，清靜自守，不慕游宦。兄仲、為縣游徼，頗受禮遺。均數諫止，不聽，即脫身出作。歲餘，得數萬錢，歸以與兄，曰：「錢盡可復得，為吏坐贓，終身捐棄。」兄感其言，遂為廉潔，稱清白吏[2]。均好義篤實，失兄，事寡嫂，恩禮敦至。養孤兒兄子甚篤，已冠娶，出令別居，並門，且盡推財與之，使得一尊其母，然後隨護視賑給之[3]。均屢辟不詣，公車特徵，拜侍御史，月餘，遷尚書。肅宗敬重之，後以病告歸。均遣子英奉章詣闕，詔召見英，問均所苦，賜以冠幘錢布[4]。

元和元年，與毛義各賜羊一頭，酒二斗，終其身[5]。帝東巡，過任城，乃幸均舍。敕賜尚書祿，以終其身，故時人號為「白衣尚書[6]」。

18.11 《王景》

王景[7]治浚儀，賜《山海經》、《河渠書》[8]。建初八年，景為廬江太守，乃教民種麻桑而養蠶[9]。

18.12 《廉范》

廉范、字叔度，京兆人也。祖父客死蜀、漢，范年十五，與客步負喪歸。至葭萌，船觸石破沒，范持棺柩，遂俱沉溺。眾傷其義，鉤求得之，僅免於死。太守張穆持筒中布數篋與范，范曰：「石生堅，蘭生香，前後相違，不忍行也。」遂不受[10]。為雲中太守，始到，烽火日通。故事，虜出度五千人，乃移書旁郡求助。吏白今虜兵度出五千，

1. 參見《御覽》卷652。 2. 參見《御覽》卷515。
3. 參見《後漢書》卷27《鄭均傳》李賢《注》。
4. 參見《後漢書》卷27《鄭均傳》李賢《注》。
5. 參見《後漢書》卷27《鄭均傳》李賢《注》。
6. 參見孔廣陶本《書鈔》卷60。 7. 紀昀云：范書本傳：景字仲通，樂浪詽邯人。
8. 參見孔廣陶本《書鈔》卷19。 9. 參見孔廣陶本《書鈔》卷39。
10. 參見《御覽》卷412。

請移警檄。范不聽，遂選精兵，自將出至近縣，令老弱城守而追之[1]。爲蜀郡太守。成都邑宇偪側，舊制，禁民夜作以防火，而更相隱蔽，燒者日日相屬。范乃毀削前令，但嚴使儲水，百姓爲便。民歌之曰：「廉叔度、來何暮？不禁火，民安堵。昔無襦，今五袴[2]。」百姓皆喜，家得其願，時生子皆以廉名者千數[3]。章和二年，帝崩。范奔赴敬陵。還入城，見道中有諸生（來）〔乘〕小車，馬頓死泥中，諸生立旁，不能自進。時范問爲誰所從來，生白廬江太守掾嚴麟，爲太守奉章來弔。范惻然，令從騎下馬與之，不告而去。麟事畢，不知馬所歸，緣路訪之。或謂麟曰：「故蜀郡太守廉叔度，好賙人窮，今奔國喪，當是〔耳〕。」時麟亦素聞范名，以爲然。即牽馬造門，謝而歸之。世伏其高義[4]。

18.13 《王阜》

王阜[5]、字世公，蜀郡人。少好經學，年十一，辭父母，欲出精廬。以少，不見聽。後阜竊書誦盡，日辭，欲之犍爲定生學經，攜錢二千、布兩端去。母追求到武陽北男謁舍家得阜，將還。後歲餘，白父昇曰：「（今）〔令〕我出學仕宦，儻至到今，毋乘跛馬車。」昇憐其言，聽之定所受《韓詩》，年七十爲食侍謀，童子傳授業，聲聞鄉里[6]。補重泉令，政治肅清，舉縣畏憚，吏民向化，鸞鳥集於學宮。阜使五官掾長沙疊爲張雅樂，擊磬，鳥舉足垂翼，應聲而舞，翾翔復上縣庭屋，十餘日乃去[7]。爲益州太守，邊郡吏多放縱。阜以法繩正吏民，不敢犯禁，政教清靜，百姓安業，神馬四出滇河中，甘露降，白烏見，連有瑞應。世謂其用法平正、寬慈惠化所致[8]。大將軍竇憲貴盛，以絳罽襜褕與阜，不受。憲嘗移書益州，取六百萬。阜疑有姦詐，以狀上。憲遣奴騶帳下吏李文迎錢，阜以詔書未報，拒不與文。積二十餘日，詔書報，給文以錢市（焉）〔馬〕[9]。

18.14 《秦彭》

秦彭、字國平[10]，元、成間，宗族五人同爲二千石，故號爲「萬石秦氏[11]」。彭擢

1. 參見《類聚》卷80。 2. 參見《類聚》卷50。
3. 參見《御覽》卷362。
4. 參見孔廣陶本《書鈔》卷139、《御覽》卷420。
5. 紀昀云：「阜」、范書作「追」，附見《南蠻西南夷傳》。
6. 參見孔廣陶本《書鈔》卷139。紀昀云：此段文義難明，疑有脫悞。
7. 參見《御覽》卷267。 8. 參見《御覽》卷260、《類聚》卷50。
9. 參見《御覽》卷835。
10. 紀昀云：范書本傳：作「字伯平」，扶風茂陵人。
11. 參見《御覽》卷260。

開陽城門候，爲山陽太守，時山陽新遭地動後，饑旱穀貴，米石七八萬，百姓窮困。彭下車經營勞來，爲民設四誡，以定父母、妻子、長幼之序，擇民能率眾者，以爲鄉三老，選鄉三老爲縣三老，令與長吏參職，崇儒雅，貴庠序，尙德化，不任刑名。春秋饗射，升降揖讓，務禮示民，吏民畏愛，不敢欺也[1]。後拜潁州太守，老弱啼號滿道[2]。彭在潁川，鳳凰、（麟麒）〔麒麟〕、嘉禾、甘露之瑞集于郡境[3]。

18.15 《玄賀》

玄賀、字文弘[4]，遷郟令，政化大行[5]。爲九江太守，行縣齎持乾糒，但就溫湯而已。臨去日，百姓扶車叩馬，啼泣隨之[6]。

18.16 《曹褒》

曹褒、字叔通[7]，篤學有大度，常慕叔孫通爲漢儀禮，晝夜沉思，寢則懷鉛筆，行則誦文書。當其念至，忽忘所之[8]。舉孝廉，拜車府令[9]。在射聲，營舍有停棺不葬者百餘所，褒親自履行，問其意故。吏對曰：「此等多是建武以來絕無後者。」褒愴然，爲買空地，悉葬其無主者，設祭以祀之。遷城門校尉，將作大匠。時疾疫，褒愍哀病徒，親自省治，醫藥饘粥，多蒙濟活[10]。

18.17 《賈逵》

賈逵、字景伯[11]，長八尺二寸，能講《左氏》及《五經》本文，以《大小夏侯尙書》教授。京師爲之語曰：「問事不休賈長頭[12]。」永平十七年，公卿以神雀五采翔集京師，奉觴上壽。上召逵，敕蘭臺給筆札，使作《神雀頌》[13]。建初元年，詔逵入北宮虎觀、南宮雲臺，使出《左氏》大義，書奏，上嘉之，賜布五百匹、衣一襲[14]。拜侍中，領騎都尉，內備帷幄，兼領秘書近署，甚見信用[15]。

1. 參見《御覽》卷260。
2. 參見《文選》卷59沈約《齊故安陸昭王碑文》李善《注》、《記纂淵海》卷64。
3. 參見《御覽》卷260。
4. 紀昀云：常璩《華陽國志》作「字文和」，宕渠人。
5. 參見孔廣陶本《書鈔》卷78。
6. 參見孔廣陶本《書鈔》卷76。
7. 紀昀云：范書本傳：褒、魯國薛人。
8. 參見《事類賦》卷15。
9. 參見孔廣陶本《書鈔》卷55。
10. 參見《御覽》卷419、孔廣陶本《書鈔》卷39。
11. 紀昀云：范書本傳：逵、扶風平陵人。
12. 參見《御覽》卷615。
13. 參見《御覽》卷922、《事類賦》卷19。
14. 參見《御覽》卷820。
15. 參見《後漢書》卷36《賈逵傳》。

18.18 《江革》

江革、字次翁[1]，客東海下邳，傭賃以養父母。下邳知其孝，市賈輒與好善者，雖無錢，任貰與之[2]。革專心養母，幅巾屐履[3]。母年八十，革不欲搖動之，常自居轅輓車，不用（車）〔牛〕馬[4]。永平中，拜五官中郎將，每朝會，帝常使虎賁扶持，及進拜，恒自禮焉。時有疾不會，輒敕大官送餐醪，恩寵莫與爲比。于是京師貴戚順陽侯衛尉馬廖、侍中竇憲慕其行，各奉書致禮遺革，終不發書，無所報受，帝聞而益善之[5]。

18.19 《召馴》

召馴、字伯春[6]，以志行稱，鄉里號之曰「德行恂恂召伯春」。以明經有智讓，〔能〕講論，拜議郎[7]。章和中爲光祿勳[8]。

18.20 《李育》

李育、字元春[9]，爲侍中。時章帝西謁園陵，育陪乘，問舊事，育輒對，由是見重[10]。

18.21 《杜安》

杜安、字伯夷，潁川定陵人。貴戚慕其名，或遺其書，安不發，悉壁藏之。後捕貴戚賓客，安開壁出書，而書如故，由是不罹其患[11]。

18.22 《杜根》

和熹鄧后臨朝，權在外戚。杜根[12]以安帝年長，宜親政事，乃與同舍郎上書直諫。

---

1. 紀昀云：范書本傳：革、齊國臨淄人。
2. 參見《御覽》卷827。
3. 參見《文選》卷21顏延年《秋胡詩》李善《注》。
4. 參見孔廣陶本《書鈔》卷141、《御覽》卷775。
5. 參見孔廣陶本《書鈔》卷63、《御覽》卷474。
6. 紀昀云：范書本傳：馴、九江壽春人。
7. 紀昀云：范書本傳不載馴曾爲議郎。
8. 參見孔廣陶本《書鈔》卷56。
9. 紀昀云：范書本傳：育、扶風漆人。
10. 參見孔廣陶本《書鈔》卷58。
11. 參見《御覽》卷430。
12. 紀昀云：根、安子，范書本傳：根字伯堅。

太后大怒，收執根等，令盛以縑囊，于殿上撲殺之。執法者以根知名，私語行事人使不加力，既而載之城外，根得蘇。太后使人檢視，遂詐死，三日，目中生蛆，因得逃竄。及鄧氏誅，根方歸，徵拜侍御史[1]。

18.23 《杜篤》

杜篤、字季雅[2]，客居美陽，與美陽令交遊，數從請託，不諧，頗相恨。令怒，收篤送京師。會大司馬吳漢薨，世祖詔諸儒誄之。篤于獄中爲誄，辭最高。帝美之，錫帛免刑[3]。仕郡文學掾，以目疾，二十餘年不窺京師。篤外高祖辛武賢，以武略稱。篤常歎曰：「杜氏文明善政，而篤不任爲吏。辛氏秉義經武，而篤又怯于事。外內五世，至篤衰矣[4]。」

18.24 《宋揚》

宋揚、扶風平陵人。永寧二年，遣大鴻臚持節至墓，追封當陽侯[5]。

18.25 《趙興》

司隸校尉下邳趙興不卹諱忌，每入官舍，輒更繕修館宇，移穿改築，故犯妖禁，而家人爵祿，益用豐熾，官至潁川太守。子峻，太傅，以才器稱。孫安世，魯相。三葉皆爲司隸，時稱其盛。

18.26 《趙勤》

趙勤、字益卿[6]，南陽人，劉賜姊子。童幼有志操，〔往來〕賜〔家〕，國租適到，時勤在旁，賜指錢示勤曰：「拜，乞汝二十萬。」勤曰：「拜而得錢，非義所取。」終不肯拜[7]。勤明達好學，介然特立。太守駱珍召署曹吏，至掾督郵。爲南陽太守桓虞功曹，委以郡事。虞下車，葉令雍霸及新野令皆不遵法，乃署勤督郵，到葉見

---

1. 參見《御覽》卷494。
2. 紀昀云：范書本傳：篤、京兆杜陵人。
3. 參見《御覽》卷596。
4. 參見《御覽》卷499。
5. 紀昀云：范書《清河王慶傳》：揚女爲章帝貴人，生清河王慶。慶長子祜嗣立，是為安帝。追諡宋貴人曰敬隱后，追封諡揚爲當陽侯。
6. 紀昀云：《太平御覽》作「字孟卿」。
7. 參見《御覽》卷835。紀昀云：此段一本作「勤少孤，嘗從人貸錢。或以錢示勤曰：『汝起拜，即與汝。』勤曰：『拜汝得錢非義。』終不肯拜。」

霸，不問縣事，但高譚清論以激勵之，霸即解印綬去。勤還入新野界，令聞霸已去，遣吏奏記陳罪，復還印綬去。虞乃嘆曰：「善吏如良鷹矣。下韝即中[1]。」嘗有重客過，欲屬一士，令爲曹吏。虞曰：「我有賢功曹趙勤，當與議之。」客潛于內中聽，虞乃問勤，勤對曰：「恐未合眾。」客曰：「止，止。」弗復道[2]。

18.27 《毛義》

廬江毛義，性恭儉謙約，少時家貧，以孝行稱。爲安陽尉。南陽張奉慕其義，往候之。坐定而府檄到，當守令。義奉檄而入白母，喜動顏色[3]。

18.28 《淳于恭》

淳于恭、字孟孫，北海人。以謙儉推讓爲節，家有山田橡樹，人有盜取之者，恭助爲收拾。載之歸，乃知是恭。橡盜載橡還之，恭不受。人又有盜刈恭禾者，恭見之，念其愧，因自伏草中，至去乃起[4]。養兄崇孤兒，教誨學問，時不如意輒呼責，數以捶自擊其脛，欲感之。兒慚負，不敢復有過[5]。恭家井在門外，上有盆，鄰里牧牛而[6]爭飲牛。恭惡其爭，多置器其上，爲預汲水滿之。小兒復爭，恭各語其〔家〕父母，父母乃禁怒之，里落皆化而不爭[7]。

18.29 《梁鴻》

梁鴻[8]少孤，以童幼詣太學受業，治《禮》、《詩》、《春秋》，常獨坐止，不與人同食。比舍先炊已，呼鴻及熱釜炊。鴻曰：「童子鴻不因人熱者也。」滅竈更燃火[9]。

鴻家貧而尚節，博覽無不通，畢乃牧豕於上林苑中，曾誤遺火，延及他舍，乃尋訪燒者，問所失財物，悉推豕償之；其主猶以爲少，鴻曰：「無他財，願以身居作。」主人許，因爲執勤不懈。耆老見鴻非恒人，乃共責讓主人，而稱鴻長者，于是始敬鴻，還其家。鴻不受[10]。初與京邑蕭友善，約不爲陪臣，及友爲郡吏，鴻以書責之而去[11]。

1. 參見《御覽》卷253。
2. 參見《御覽》卷264。
3. 參見孔廣陶本《書鈔》卷103。
4. 參見《類聚》卷21。
5. 參見《御覽》卷512。
6. 見《御覽》卷403頁6a，總頁1863
7. 參見《御覽》卷403。
8. 紀昀云：范書本傳：鴻字伯鸞、扶風平陵人。
9. 參見《御覽》卷425。
10. 參見《類聚》卷94。
11. 參見《御覽》卷410。

鴻鄉里孟氏女，容貌醜而有節操，多求之，不肯。父母問其所欲，曰：「得賢壻如梁鴻者。」鴻聞〔之〕，乃求之[1]。女椎髻，著布衣，操作具而前。鴻大喜曰：「此眞梁鴻妻也，能奉我矣。」字之曰德耀，名孟光[2]。將妻之霸陵山，耕耘織作，以供衣食，彈琴誦《詩》，以娛其志[3]。鴻將之會稽，作詩曰：「維季春兮華阜，麥含金兮方秀[4]。」適吳，依大家皋伯通廡下，爲〔人〕賃舂。每歸，妻爲具食，不敢于鴻前仰視，舉案常齊眉。伯通察而異之，曰：「彼傭賃能使其妻敬之如此，非凡人也[5]。」鴻常閉戶吟詠書記，遂潛思著書十餘篇[6]。鴻病（因）〔困〕，與伯通及會稽士大夫語曰：「昔延陵季子葬子于嬴、博之間，不歸其鄉，愼（弗）〔勿〕聽妻子持尸柩去。」後伯通等爲求葬處，有要離冢，高燥，衆人曰：「要離、古烈士，今伯鸞亦清高，令相近。」遂葬要離冢傍，子孫歸扶風[7]。

18.30 《高鳳》

高鳳、字文通，南陽人，誦讀晝夜不絕。妻嘗之田，曝麥于庭，以竿授鳳，令護鷄。鳳受竿誦經如故。天大雷，暴雨淹沒。鳳留意在經史，忽不視麥，麥隨水漂去[8]。鄉里有爭財，持兵而鬬，鳳往解之，不已，乃脫巾請曰：「仁義遜讓，奈何棄之！」爭者感之，收兵謝罪。鳳年老，執志不倦，聲名著聞。太守連召請，恐不得免，自言鳳本巫家，不應爲吏，又與寡嫂詐訟田，遂不仕[9]。

18.31 《郭鳳》

郭鳳、字君張，勃海人，善說災異，吉凶占應。病，先自知，嘗豫令弟子市棺斂具，至其日而卒[10]。

---

1. 紀昀云：《太平御覽》作：「梁鴻妻同郡孟氏，其女名光，肰醜而肥，力舉石臼，擇對不嫁，願得如鴻者，至年三十，鴻聞聘之。」
2. 參見《類聚》卷67。
3. 參見《御覽》卷822。
4. 參見《類聚》卷3。
5. 參見《類聚》卷69。
6. 參見《御覽》卷392。
7. 參見《御覽》卷553。
8. 參見《類聚》卷85。
9. 參見《文選》卷40任彥昇《奏彈劉整》李善《注》。
10. 參見《御覽》卷551。

19 東觀漢記卷十九列傳十四

19.1 《張酺》

張酺、字孟侯[1]，祖父充，與光武同門學，光武即位，求問充，充已死[2]。永平九年，詔爲四姓小侯開學，置《五經》師，（鬴）〔酺〕以尚書授于南宮[3]。令入授皇太子，太子家時爲奢侈物，未嘗不正諫，甚見重焉[4]。顯宗以酺授皇太子業，甚得輔導之體，章帝即位，出拜東郡太守，賜錢三十萬。酺下車擢賢俊，擊豪强，賞賜分明，郡中肅然[5]。薦郡吏王青三世死節，青從此除步兵司馬。酺傷青不遂，復舉其子孝廉[6]。元和二年，帝東巡狩，幸東（都）〔郡〕，引酺及門生郡縣掾吏並會庭中。帝先備弟子之儀，使酺講《尚書》一篇，使尚書令王鮪與酺相難，然後修君臣之禮，賞賜殊特[7]，帝甚欣悅。

酺罰斷義勇，遷魏郡太守，百姓垂涕送之滿[8]道[9]。

和帝初，酺上言：「臣聞王者法天，熒惑奏事太微，故州牧刺史入奏事，所以通下問，知外事也。數十年以來，重其道歸煩擾，故時止（弗）〔勿〕奏事，今因以爲故事。臣愚以爲刺史視事滿歲，可令奏事如舊典，問州中風俗，恐好惡過所道，事所聞見，考課眾職，下章所告及所自舉有意者，賞異之。其尤無狀，逆詔書，行罪法，冀敕戒其餘，令各敬愼所職，于以衰滅貪邪便佞[10]。」酺拜太尉，詔射聲（教）〔校〕尉曹褒案《（舊漢）〔漢舊〕儀》制漢禮，酺以爲褒制禮非禎祥之特達，有似異端之術，上疏曰：「褒不被刑誅，無以絕毀實亂道之路[11]。」酺爲太尉，父尚在，酺每遷轉，乃一到雒。父來，適會正臘，公卿罷朝，俱賀歲，奉酒上酺父壽，極歡，莫不嘉其榮[12]。以日食免[13]。

1. 紀昀云：范書本傳：酺、汝南細陽人。
2. 參見《後漢書》卷45《張酺傳》李賢《注》。 3. 參見《山堂考索》卷22。
4. 參見《後漢書》卷45《張酺傳》李賢《注》。
5. 參見孔廣陶本《書鈔》卷74。 6. 參見《後漢書》卷45《張酺傳》李賢《注》。
7. 參見《御覽》卷404。
8. 編者按：「滿」、孔廣陶本《書鈔》卷76頁3a引作「盈」，此本作「滿」者蓋避漢諱改。
9. 參見孔廣陶本《書鈔》卷76。 10. 參見《玉海》卷61。
11. 參見《文選》卷46任彥昇《王文憲集序》李善《注》。
12. 參見《御覽》卷207、《類聚》卷46。
13. 參見孔廣陶本《書鈔》卷51。

19.2 《韓棱》

韓棱、字伯師，潁川人也。除爲下邳令，視事未朞，吏人愛慕，時鄰縣皆雹傷稼，棱縣界獨無雹[1]。遷南陽太守，下車表行義，拔幽滯，發摘姦盜，郡中震慄，權豪懾伏。政號嚴平[2]。

19.3 《巢堪》

巢堪、字次朗，太山南城人，爲司空十四年，自乞上印綬，賜千石俸[3]。

19.4 《魯恭》

魯恭、字仲康，扶風人。父建武初爲武陵太守，卒官。時恭年十二，弟丕年七歲，晝夜號踊不絕聲，郡中賻贈無所受。及歸服喪，禮過成人。耽思閉門講誦，兄弟雙高。太尉趙憙聞恭志行，每歲遣人送米肉，辭讓不敢當。恭憐丕小，欲先就其名，託病不仕。郡數以禮請，謝不肯應。母强遣之，恭不得已而行，因留新豐教授。建初中，丕舉秀才，恭乃始爲郡吏[4]。拜中牟令，宿訟許伯等爭陂澤田，積年州郡不決。恭平理曲直，各退自相責讓[5]。時郡國螟傷稼，犬牙緣界，不入中牟。河南尹袁安聞之，疑其不實，使仁恕掾肥親往察之。恭隨行阡陌，俱坐桑下，有雉過止其旁，旁有童兒。親曰：「何不捕之？」兒曰：「雉方將雛。」親默然有頃，與恭訣曰：「所以來者，欲察君治迹耳[6]。今蟲不犯境，此一異也。化及鳥獸，此二異也。豎子有仁心，此三異也。府掾久留，但擾賢者。」因還府，具以狀白安[7]。帝時伐匈奴，恭上疏諫曰：「竊見竇憲、耿秉，銜使奉命，暴師于外。陛下親勞，憂在軍役，誠欲以安定邊陲，爲民除害。臣思之，未見其便。數年以來，民食不足，國無蓄積，盛春興發，擾動天下，妨廢農時，以事夷狄，非所以垂意于中國，憫念民命也[8]。」恭上疏曰：「舉無遺策，動不失其中[9]。」

1. 參見《御覽》卷267。
2. 參見孔廣陶本《書鈔》卷74、《後漢書》卷45《韓棱傳》。
3. 參見孔廣陶本《書鈔》卷52、《六帖》卷71。 4. 參見《御覽》卷515。
5. 參見《文選》卷59沈約《齊故安陸昭王碑文》李善《注》。
6. 紀昀云：此句《太平御覽》作「本來考君界有無蟲耳。」
7. 參見《類聚》卷100。 8. 參見《御覽》卷453。
9. 參見《文選》卷53陸機《辯亡論》李善《注》。紀昀云：此疏前後文闕，范書不載，未知何時所上。

19.5 《魯丕》

魯丕、字叔陵，性沈深好學，孳孳不倦[1]。兼通《五經》，以《魯詩》、《尚書》教授，爲當世大儒。拜趙相，爲政尙寬惠禮讓，雖有官，不廢教〔授〕，門生就學百餘人，關東號曰「《五經》復興魯叔陵[2]」。

19.6 《徐防》

徐防[3]上疏曰：「試《論語》本文章句，但通度，勿以射策。冀令學者務本，有所一心，專精師門，思核經意，事得其實，道得其眞。於此（宏）〔弘〕廣經術。尊重聖業，有益于化。雖從來久，六經衰微，學問寖淺，誠宜反本，改矯其失[4]。」

安帝元年，郡國被水災，比州湮沒，死者以千數。災異數降。西羌反叛，殺略人吏。京師淫雨，蠡賊傷稼穡。防比上書自陳過咎，遂策免[5]。

19.7 《陳寵》

陳寵、字昭公，沛國人，曾祖父咸，哀、平間以明律令爲侍御史。王莽簒位，父子相將歸鄉里，閉門不出，乃收家中律令文書壁藏之，以俟聖主。咸常戒子孫，曰：「爲人議法，當依于輕，雖有百金之利，愼毋與人重比。」故世人謂陳氏持法寬[6]。寵辟司徒鮑昱府。掾屬專尙交遊，以不肯親事爲高。寵常非之，獨勤心物務[7]。爲尙書。性純淑，周密愼重，時有表薦，輒自手書削草，人莫得知。常言人臣之義，苦不畏愼。自在樞機，謝遣門人，不復教授，絕知友之路[8]。章帝時，決獄多近于重，寵上疏諫曰：「先王之政，賞不僭，刑不濫，與其不得已，寧僭，故古賢君相歎息重戒者，重刑之至也[9]。」爲廣漢太守，先是雒陽城南，每陰雨，常有鬼哭聲聞于府中，寵使案行。昔歲倉卒時，骸骨不葬者多，寵乃敕縣埋葬，由是即絕[10]。爲廷尉，有疑獄，輒手筆作議，所活者甚多[11]。

---

1. 紀昀云：虞世南《北堂書鈔》作「專心于學，朝夕孜孜。」
2. 參見孔廣陶本《書鈔》卷100、《御覽》卷248、《後漢書》卷25《魯恭傳》。
3. 紀昀云：范書本傳：防字謁卿，沛國銍人。
4. 參見《後漢書》卷44《徐防傳》李賢《注》。
5. 紀昀云：范書本傳：防時爲太尉，參錄尙書事。虞世南《北堂書鈔》云：以日蝕免，與此異。
6. 參見《御覽》卷227、卷637、孔廣陶本《書鈔》卷62。
7. 參見《御覽》卷431。
8. 參見《御覽》卷430。
9. 參見《御覽》卷453。
10. 參見《文選》卷60謝惠連《祭古冢文》李善《注》。
11. 參見《類聚》卷49。

19.8 《陳忠》

陳忠[1]爲尚書令，數進忠言，辭采鴻麗，前後所奏，悉上于官閣，以爲故事[2]。疏曰：「語云：『迎新千里，送舊不出門[3]。』」

19.9 《尹勤》

尹勤、字叔梁，南陽人。治《韓詩》，事薛漢。身牧豕，事親至孝，無有交遊，門生荊棘[4]。

19.10 《何熙》

何熙、字[5]〔子〕溫[6]，身長八尺，體貌魁梧，與人絕異。和帝偉其貌，特拜謁者。熙能爲威容，贊拜殿中，聲動左右。爲御史中丞，群僚憚之。

19.11 《魏霸》

魏霸、字喬卿[7]，濟陰人也。建初中爲郎。霸孤兄弟子來候，霸以所乘車馬遣送之。至成皋，郎官有乘皂蓋車者，見兄子乘車，疑而格殺之。霸聞悲淚，晝夜泣涕至病[8]。爲鉅鹿太守，妻子不到官舍。常念兄與嫂在家勤苦，而己獨尊樂，故常服麤糲，不食魚肉之味，婦親蠶桑，服機杼，子躬耕農，與兄弟子同苦樂，不得有異。鄉里慕其行，化之[9]。性清約質樸，爲政寬恕，正色而已，不求備于人。掾吏有過，輒私責數，不改，休罷之，終不暴揚其惡[10]。爲將作大匠，吏皆懷恩，人自竭節作業，無譴過之事[11]。延平元年仕爲光祿大夫[12]，霸妻死，長兄伯爲霸取妻，送至官舍，霸笑曰：「年老，兒子備具矣，何用空養他家老嫗爲？」即自入辭其妻，手奉案前跪。霸曰：「夫人視老夫復何中〔空〕，而遂失計義，不敢相屈。」即拜而出。妻慚求去，遂送還之[13]。

---

1. 紀昀云：忠、寵子，范書本傳：忠字伯始。
2. 參見《御覽》卷210。
3. 參見《御覽》卷495。紀昀云：此疏前後文闕，范書不載，未知何時所上。
4. 參見《類聚》卷89。
5. 紀昀云：此下原闕一字。編者按：孔廣陶本《書鈔》卷62頁3a，總頁267作「子溫」，今據補。
6. 紀昀云：范書本傳作字孟孫，陳國人。
7. 紀昀云：一本作字「延年」。
8. 參見孔廣陶本《書鈔》卷139。
9. 參見《御覽》卷515。
10. 參見《御覽》卷260。
11. 參見孔廣陶本《書鈔》卷54。
12. 紀昀云：范書本傳：延平元年，霸爲太常。明年，以病致仕，爲光祿大夫。此「延平元年」下當有闕文。
13. 參見孔廣陶本《書鈔》卷85。

19.12 《應順》

應順、字華仲，汝南南頓人。少與同郡許敬善。敬家貧親老，無子，爲敬去妻更娶[1]。爲東平相，事後母至孝，精誠感應，梓樹生廳前屋上，徙置府庭，繁茂長大[2]。

19.13 《應奉》

應奉[3]爲武陵太守，興學校，舉側陋，政稱遠邇。

19.14 《應劭》

應劭[4]、字仲遠[5]，父奉、司隸校尉。劭少便篤學，博覽多聞。

19.15 《鄭璩》

鄭璩[6]、字平卿，黎陽人。建初五年，辟司徒府，拜侍御史，上疏曰：「臣斗筲之小吏，擢在察視之官，職任過分，當刺邪矯枉。」詔書示官府曰：「璩盡節剛正，亦何陵遲之有。賜璩素六十匹。」由是顯名，轉司隸校尉[7]。爲漢陽太守，以嚴刻見稱[8]。

19.16 《樂恢》

樂恢、字伯奇[9]，父親爲縣吏，有罪，令欲殺之。恢年十一，常伏寺東門外凍地，晝夜啼泣，令乃出親[10]。京兆尹張恂召恢，署戶曹（吏）〔史〕[11]。竇憲出征匈奴，恢上書諫曰：「《春秋》之意，王者不理夷狄。得其地不可墾發，得其人無益于政，故明王之于夷狄，羈縻而已。孔子曰：『遠人不服，則修文德以來之。』以漢之盛，不務修舜、禹、周公之德，而無故興干戈、動兵革，以求無用之物，臣誠惑之[12]！」

1．參見《御覽》卷407。
2．參見《御覽》卷511。
3．紀昀云：奉、順曾孫，范書本傳：奉字世敘。
4．紀昀云：劭、奉子。
5．紀昀云：「仲遠」、范書本傳李賢《注》引《續漢書・文士傳》作「仲援」，《漢官儀》又作「仲瑗」，未知孰是？
6．紀昀云：璩、范書《張酺傳》作「據」。
7．參見孔廣陶本《書鈔》卷62。
8．參見孔廣陶本《書鈔》卷75。
9．紀昀云：范書本傳：恢、京兆長陵人。
10．參見《御覽》卷488。
11．參見《後漢書》卷43《樂恢傳》李賢《注》。
12．參見《後漢書》卷43《樂恢傳》李賢《注》。

19.17 《何敞》

何修生成，爲漢膠東相；成生果，爲大中大夫；果生比干，爲丹陽都尉[1]，遷廷尉正，張湯爲廷尉，以殘酷見任，增飾法律，比干常爭之，存者千數[2]。比干生壽，蜀郡太守；壽生顯，京輔都尉；顯生鄢，光祿大夫；鄢生寵，濟南都尉；寵生敞[3]。爲汝南太守，百姓化其恩禮。高譚等百八十五人推財相讓[4]。

19.18 《周榮》

周榮[5]爲尚書令，在納言，管機密，盡心奉職，夙夜不怠[6]。

19.19 《梁諷》

梁諷、北地弋居人，征匈奴，屯軍于邊，以大漢威靈招之。匈奴畏感，奔馳來降。諷輒爲信旛，遣還營，前後萬餘人相屬于道[7]。

19.20 《李恂》

李恂[8]遭父母喪，六年躬自負土樹柏，常在冢下[9]。爲兗州刺史，所種小麥、故蒜，悉付從事，一無所留，清約率下，常席羊皮、布被，食不二味。爲張掖太守，有威重名。時大將軍將兵屯武威，（武威）天下州郡遠近莫不修禮遺。恂奉公不阿，爲憲所奏免，復徵爲西域副校尉。西域殷富，多珍寶，諸國侍子及督使賈胡數遺恂奴婢、宛馬、金銀、香罽之屬，一無所受。還武威太守，後坐事免，無田宅財產，居山澤，結草爲廬[10]。餉遺無所受，處新安關下，拾橡實爲食[11]。

19.21 《王渙》

王渙[12]除河內溫令，商賈露宿，人開門臥。人爲作謠曰：「王稚子代，未有平徭

1. 參見《後漢書》卷43《何敞傳》李賢《注》。 2. 參見《御覽》卷231。
3. 參見《後漢書》卷43《何敞傳》李賢《注》。紀昀云：范書本傳：敞字文高，扶風平陵人。 4. 參見《後漢書》卷43《何敞傳》正文及李賢《注》。
5. 紀昀云：范書本傳：榮字平孫，廬江舒人。
6. 參見孔廣陶本《書鈔》卷59。 7. 參見孔廣陶本《書鈔》卷120。
8. 紀昀云：范書本傳：恂字叔英，安定臨涇人。 9. 參見《類聚》卷88。
10. 參見《御覽》卷181。 11. 參見《類聚》卷6。
12. 紀昀云：范書本傳：渙字稚子，河內溫人。

役。」百姓喜[1]。爲雒陽令，盜賊發，不〔得〕遠走，或藏溝渠，或伏甕下。渙以方略取之，皆稱神明[2]。馬市正數從（買）〔賣〕羹飯家乞貸，不得輒毆罵之。至忿，〔煞正〕。〔捕得〕，渙聞知事實，便諷吏解遣[3]。

19.22 《黃香》

黃香、字文彊，江夏安陸人也。父況舉孝廉，爲郡五官掾。貧無奴僕，香躬執勤苦，盡心供養，冬無被袴，而親極滋味。暑即扇床枕，寒即以身溫席[4]。年九歲，失母，慕思憔悴，殆不免喪，鄉人稱其至孝。年十二，博覽傳記[5]。家業虛貧，衣食不贍，舅龍鄉侯爲作衣被，不受[6]。帝賜香《淮南》、《孟子》各一通[7]。詔令詣東觀，讀所未嘗見書，謂諸王曰：「此日下無雙，江夏、黃童也[8]。」詔詣安福殿，賜錢三萬，黃、白絺各一端[9]。香知古今，記[10]群書無不涉獵，兼明圖讖[11]、天官、星氣、鍾律、（歷）〔曆〕算，窮極道術。京師號曰「天下無雙、〔江夏黃童〕」。國士瞻重，京師貴戚慕其聲名，更饋衣物。拜尚書郎[12]。嘗獨止宿臺上，晝夜不離省闥，上聞善之[13]，以香父尚在，賜臥几、靈壽杖[14]。香拜左丞，功滿當遷，詔書留，增秩[15]。拜尚書，遷僕射，香上疏曰：「以錐刀小用，蒙見宿留[16]。」爲尚書，曉習邊事，每行軍調度，動得事理。上知其勤，數加賞賜[17]。香勤力憂公，畏愼周密，每用奏議，所建畫未嘗流布。然事執平法，常持輕類，全活非一[18]。爲魏郡太守，俗每太守將交代，添設儲峙輒數千萬。香未入界，移敕悉出所設什器。及到，頗有，即徹去。到官之日，不祭竈求福，閉門絕客[19]。

19.23 《黃瓊》

黃瓊[20]、字世英，以德行高妙，公車徵拜議郎[21]。

1. 參見《御覽》卷465。
2. 參見《御覽》卷758。
3. 參見《御覽》卷861。
4. 參見孔廣陶本《書鈔》卷129。
5. 參見《御覽》卷384。
6. 參見《御覽》卷521。
7. 參見孔廣陶本《書鈔》卷101。紀昀云：范書本傳：時元和初年，香爲郎中。
8. 參見《御覽》卷616。
9. 參見《御覽》卷819。
10. 吳樹平云：「記」、此字上或下脫漏一字。《御覽》卷612引謝承《後漢書》無此字。
11. 紀昀云：「兼明」、《太平御覽》作「兼好」。
12. 參見《御覽》卷215。
13. 參見《御覽》卷215。
14. 參見孔廣陶本《書鈔》卷60。
15. 參見孔廣陶本《書鈔》卷60。
16. 參見《文選》卷37曹植《求自試表》李善《注》。
17. 參見《御覽》卷278。
18. 參見孔廣陶本《書鈔》卷59。
19. 參見孔廣陶本《書鈔》卷38。
20. 紀昀云：瓊、香子。
21. 參見孔廣陶本《書鈔》卷56。

19.24 《黃琬》

黃琬[1]、字子琰，少失父，曾祖香、祖瓊，並有高名。

19.25 《張霸》

張霸、字伯饒，蜀郡成都人。年數歲，有所噉，必先讓父母，鄉里號曰「張曾子」。九歲通《春秋》，復欲進業，˙父母語「汝小何能多少˙[2]」。以樊儵刪《嚴氏公羊春秋》猶多繁辭，乃減爲二十萬言，更名張氏之學[3]。

19.26 《周紆》

周紆、字文通[4]，爲勃海太守，詔書到門不出，先遣吏到屬縣盡決罪行刑。坐徵詣廷尉，繫獄數日，免歸。家貧無以自贍，身築墼以自給食。章帝知，憐之，復以爲郎[5]。

19.27 《李充》

李充[6]、兄弟六人，出入更衣，家貧親老，充妻勸異居。充使釀酒，會親戚，充啓其母曰：「此婦勸異居，不可奉祭祀，請去之。」遂叱去[7]其婦[8]。魯平爲陳留太守，請充署功曹。充不受，平怒，乃援充以捐溝中，因謫署都亭長。

19.28 《司馬均》

司馬均、字少賓，東萊人，隱居教授，誠信行乎州里，鄉人有爭曲直者，輒言「敢祝少賓乎？」心不直者，終不敢祝也[9]。

---

1. 紀昀云：琬、瓊孫。
2. 《後漢書》卷36《張霸傳》頁1241作「父母曰：『汝小未能也』，霸曰：『我饒爲之。』故字曰『饒』焉。」又此文參見《御覽》卷412頁4a，總頁1901。
3. 參見孔廣陶本《書鈔》卷101。
4. 紀昀云：范書本傳：紆、下邳人。
5. 參見《御覽》卷484。
6. 紀昀云：范書本傳：充字大遜，陳留人。
7. 出《御覽》卷412頁5a，總頁1902。
8. 參見《御覽》卷412。
9. 參見《後漢書》卷36《賈逵傳》正文及李賢《注》。

19.29 《汝郁》

汝郁、字叔異，陳國人。年五歲，母被病，不能飲食，郁常抱持啼泣，亦不飲食。母憐之，强爲餐飯，欺言已愈。郁視母色未平，輒不食。宗親共異之[1]。郁再徵，載病詣公車，尚書敕郁自力受拜。郁乘輦白衣詣，止車門，臺遣兩當關扶郁入，拜郎中[2]。

19.30 《張表》

張表、字公儀，奉之子也[3]。遭父喪，疾病曠年，目無所見，耳無所聞。服闋，醫藥救療，歷歲乃瘳。每彈琴惻愴不能成聲，見酒食未嘗不泣，宗人親厚節會飲食宴，爲表不設樂[4]。

19.31 《郭玉》

郭玉者[5]、廣漢人也。學方診之伎。和帝奇異之，乃試令嬖臣美手腕者與女子雜處帷中，使玉各診一手。玉言：「左陽脈，右陰脈，有男女，疾若異人。臣疑其故。」帝歎稱善。

19.32 《鄭衆》

鄭衆、字季產[6]，爲人謹敏有心。永平中，初給事太子家。肅宗即位，拜小黃門，遷中常侍。和帝初，竇太后秉政，兄大將軍憲等並竊威權，朝臣上下莫不附之，而衆獨一心王室，不事豪黨，帝親信焉。及憲兄弟圖作不軌，衆遂首謀誅之，以功遷大長秋。

20 東觀漢記卷二十列傳十五

20.1 《張敏》

張敏[7]以行大射禮，陪位頓仆，乃策曰：「今君所苦未瘳，有司奏君年體衰羸，郊

1. 參見《御覽》卷412、《類聚》卷72。
2. 參見《文選》卷43嵇康《與山巨源絕交書》李善《注》。
3. 紀昀云：范書張奉附見劉平諸人《傳序》，表不載。
4. 參見《御覽》卷412。
5. 紀昀云：常璩《華陽國志》：玉字通直。
6. 紀昀云：范書本傳：衆、南陽犨人。
7. 紀昀云：范書本傳：敏字伯達，河間鄚人，拜司空。

廟禮儀仍有曠廢。鼎足之任不可以缺，重以職事留君。其上司空印綬[1]。」

20.2 《楊震》

楊震、字伯起，弘農人，受《歐陽尚書》于桓郁，明經博覽，無不窮究。諸儒爲之語曰．「關西孔子楊伯起[2]。」震公廉，不受私謁，子孫常蔬食步行，故舊長者或欲令爲開產業，震不肯，曰：「使後世稱爲清白吏子孫，以此遺之，不亦厚乎！」爲東萊太守，道經昌邑，邑令王密、故所舉茂才，夜懷金十斤以遺震。震曰：「故人知君，君不知故人，何也？」密曰：「夜無知者。」震曰：「天知，神知，何謂無知[3]？」爲太尉，性忠誠，每陳諫諍，中常侍樊豐等譖之，收印綬，歸本郡。震到雒陽都亭，顧謂子及門生曰：「吾蒙恩居上司，姦臣狡猾而不能誅，寵嬖傾亂而不能禁，帑藏虛，賞賜不節，而不能塞，何面目以見日月。」遂飲酖而死[4]。

20.3 《楊秉》

楊秉[5]諫桓帝曰：「王者至尊，出入有常，警蹕而行[6]。」

20.4 《楊賜》

楊賜[7]、字伯獻。光和中，有虹蜺晝降嘉德殿，上引賜等入金商門崇德署，問以祥異。對曰：「案《春秋讖》曰：『天投蜺，天下怨，海內亂。』加四百之期，象見吉凶，聖人則之。今妾媵嬖人閹尹之徒，共專國朝，欺罔日月。而令搢紳之徒委伏畎畝，口誦堯、舜之言，身蹈絕俗之行，亡捐溝壑，不見逮及，冠履倒易，陵谷代處[8]。」賜代劉郃爲司徒，帝欲造畢圭靈昆苑，賜上疏諫曰：「竊聞使者並規度城南民田，欲以爲苑。昔先王造囿，裁足以修三驅之禮，薪萊芻牧，皆悉往焉。先帝之制，左開鴻池，右作上林，不奢不約，以合禮中。今猥規郊城之地，以爲苑圃[9]，廣壞田園，廢民居，畜禽獸，殆非所謂保赤子之義[10]。」以病罷。居無何，拜太常，詔賜御府衣一襲，自所服

1. 參見《後漢書》卷44《張敏傳》正文及李賢《注》。
2. 參見《御覽》卷612。　　3. 參見《御覽》卷425。
4. 參見孔廣陶本《書鈔》卷51、《初學記》卷11。
5. 紀昀云：秉、震仲子，范書本傳：秉字叔節。
6. 參見《御覽》卷680。紀昀云：范書本傳：時帝數微行，故秉有是諫。
7. 紀昀云：賜、秉子。
8. 參見《御覽》卷453。紀昀云：范書本傳：賜時爲光祿大夫。
9. 囿《四部備要》本頁20/2a　　10. 參見《御覽》卷453。

冠幘綬，玉壺革帶，金錯鉤佩[1]。

20.5 《任尚》

任尚編草爲船，置于簰上以渡河，掩擊羌胡[2]。

20.6 《薛苞》

汝南薛苞[3]、字孟常，喪母，以孝聞。父娶後妻而憎苞，分出，日夜號泣，不能去，至被毆杖。不得已，廬于舍外，旦入而洒掃。父怒，又逐之。乃廬于里門，晨昏不廢。積歲餘，父母慚而還之[4]。

20.7 《馮良》

馮良、字君郎，南陽人。少作縣吏，恥在廝役，因壞車殺馬，毀裂衣冠。從杜撫學[5]。

20.8 《所輔》

所輔、平原人，爲縣門下小吏。縣令劉雄爲賊所攻，欲以矛刺雄，輔前叩頭，以身代雄。賊等遂戟刺輔，貫心洞背，即死。東郡太守捕得賊，具以狀上，詔書傷痛之[6]。

20.9 《蔡倫》

蔡倫、字敬仲，桂陽人，爲中常侍，有才學，盡忠重慎，每至休沐，輒閉門絕賓客，曝體田野[7]。典作尚方，造意用樹皮及敝布、魚網作紙[8]，元興元年奏上之，帝善其能，自是莫不用，天下咸稱蔡侯紙[9]。

---

1. 參見《初學記》卷20。 2. 參見孔廣陶本《書鈔》卷138。
3. 紀昀云：范書劉平等諸人《傳序》：「苞」作「包」。
4. 參見《御覽》卷491。
5. 參見孔廣陶本《書鈔》卷77、《唐類函》卷60。 6. 參見《御覽》卷376。
7. 參見《御覽》卷430。
8. 紀昀云：一本作「倫典尚方，作紙，用故麻名麻紙，木皮名穀紙，魚紙名網紙。」
9. 參見《唐類函》卷107。

20.10 《龐参》

龐参、字仲達[1]，拜漢陽太守。郡民任棠者、有奇節，参到，往候之。棠不與言，但以韰一本，水一杯，置戶屏前，自抱孫兒伏于戶下。参思其微意，良久曰：「棠是欲曉太守也。水者、欲吾清也，拔大本韰，欲吾擊强宗也。抱兒當戶，欲吾開門恤孤也。」于是歎息而還。参在職，果能抑豪助弱，以惠政得民[2]。爲太尉，以災異策免[3]。

20.11 《李固》

李固、字子堅，漢中南鄭人也，司徒郃之子。固貌狀有奇表，鼎角匿犀，足履龜文。少好學，常步行隨師，不遠千里[4]。

20.12 《張躭》

張躭將吏兵，繩索相懸，上通天山[5]。

20.13 《左雄》

劉據爲大司農，以職事被譴，召詣尙書，將加箠撻。尙書左雄[6]諫帝曰：「九卿位亞三公，行則鳴玉。孝明永平始加撲罪，非古制也。」帝從之，卿于是始免撲箠[7]。

20.14 《周舉》

周舉、字宣光[8]，姿貌短陋，而博學洽聞，爲儒者所宗，京師語曰：「《五經》縱橫周宣光[9]。」

1. 紀昀云：范書本傳：参、河南緱氏人。
2. 參見《文選》卷59沈約《齊故安陸昭王碑文》李善《注》。
3. 參見孔廣陶本《書鈔》卷51。 4. 參見《御覽》卷729。
5. 參見《後漢書》卷6《順帝紀》李賢《注》。
6. 紀昀云：范書本傳：雄字伯豪，南（郡）〔陽〕涅陽人。
7. 參見《御覽》卷232。 8. 紀昀云：范書本傳：舉、汝南汝陽人。
9. 參見《御覽》卷615。

20.15 《張綱》

梁冀作平上軿車，侍御史張綱[1]獨埋輪于雒陽都亭，曰：「豺狼當道，安問狐狸？」遂奏冀[2]。

20.16 《王堂》

王堂[3]爲汝南太守，教掾吏曰：「其憲章朝右，委功曹陳蕃。」

20.17 《吳祐》

吳祐、字季英，陳留人。父恢，爲南海太守。祐年十二，恢欲殺青簡以寫經書，祐諫曰：「今大人踰越五嶺，遠在海濱，其俗舊多珍怪。此書若成，則載之兼兩。昔馬援以薏苡興謗，王陽以衣囊徼名。嫌疑之間，誠先賢所愼也。」恢乃止，撫其首曰：「吳氏世不乏季子矣[4]。」年二十喪父，獨居，家無擔石，而不受贍遺。常牧豕于長垣澤中，行吟經書。遇父故人，謂之曰：「卿二千石子，而杖鞭牧豕，縱子無恥，奈君父何！」祐辭謝而已，守志如初[5]。公沙穆遊太學，無資糧，乃變服客傭，爲祐賃舂。祐與語，大驚，遂共訂交于杵臼之間[6]。遷膠東相[7]，政惟仁簡，以身率物。民有相爭訴者，輒閉閤自責，然後科其所訟，以道譬之。或身到閭里，重相和解。自是〔之後〕，爭隙省息，吏民不欺[8]。

20.18 《祝良》

祝良、字邵平，長沙人，爲雒陽令。常侍樊豐妻殺侍婢置井中，良收其妻殺之[9]。

20.19 《朱遂》

中山相朱遂到官，不出奉祠北嶽。詔曰：「災暴緣類，符驗不虛，政失厥中，狼災爲應，至乃殘食孩幼，朝廷愍悼，思維咎徵，博訪其故。山嶽尊靈，國所望秩，而遂比

1. 紀昀云：范書本傳：綱字文紀，犍爲武陽人。　2. 參見《御覽》卷773。
3. 紀昀云：范書本傳：堂字敬伯，廣漢郪人。　4. 參見《御覽》卷384。
5. 參見《類聚》卷94。　6. 參見《御覽》卷829。
7. 紀昀云：范書本傳：祐舉孝廉，以光祿四行遷膠東侯相。
8. 參見《御覽》卷248。　9. 參見《御覽》卷500。

不奉祠，怠慢廢典，不務懇惻，淫刑放濫，害加孕婦，毒流未生，感和致災。其詳思改救，追復所失。不有遵憲，舉正以聞[1]。」

20.20 《邱騰》

邱騰知罪法深大，懷挾姦巧，稽留道路，下獄死[2]。

20.21 《韓昭》

韓昭强賦一億五千萬，檻車徵下獄[3]。

20.22 《趙序》

趙序取錢縑三百七十五萬[4]。

20.23 《孫程》

孫程、字稚卿，北新城人，衛康叔之冑孫林父之後[5]。為中黄門，安帝崩，初，江京等譖誣太子，廢為濟陰王，居西鍾下，徵北鄉侯為嗣[6]。程謀誅江京于盛化門外，與馬國等相見，詐謂馬國曰：「天子與我棗脯，與若棗者，使早成之。」程等十八人收斬江京、閻顯等，迎立濟陰王，是為順帝[7]。閻顯弟景為衛尉，從省中還外府，收兵至盛德門。尚書郭鎮率直宿羽林出，逢景，景因斫鎮，不中。鎮劍擊景墮車，左右以戟叉其胸，禽之，送廷尉[8]。以功封程為浮陽侯，萬戶[9]。又封中黄門王康華容侯，王國酈侯[10]。

1. 參見《續漢書·五行志》劉昭《注》。紀昀云：司馬彪《五行志》：陽嘉元年十月，望都蒲陰狼殺兒童九十七人。故有是詔。范書失載。
2. 參見《後漢書》卷6《沖帝紀》李賢《注》。
3. 參見《後漢書》卷6《質帝紀》李賢《注》。
4. 參見《後漢書》卷6《質帝紀》李賢《注》。
5. 參見《後漢書》卷78《宦者孫程傳》李賢《注》。
6. 紀昀云：范書《安帝紀》及本傳：此句上下當有闕文。
7. 參見《御覽》卷201、卷965。《事類賦》卷26。
8. 參見《御覽》卷352。
9. 參見《御覽》卷201。
10. 參見《御覽》卷201。

20.24 《苗光》

孫程賦棗脯，分與苗光，曰：「以爲信，今暮其當著矣。」漏盡，光爲尙席直事通燈，解劍置外，持燈入章臺門，程等適入。光走出門，欲取劍，王康呼還，光不應。光得劍，欲還入，門已閉，光便守宜秋門，會李閏來，出光，因與俱迎濟陰王幸南宮雲臺。詔書錄功臣，令康疏名，康詐疏光入章臺門。光謂康曰：「緩急有問者當相證也。」詔書封光東阿侯，食邑四千戶，未受符策，光心不自安，詣黃門令自告。有司奏光欺詐主上，詔書勿問，遂封東阿侯，邑千戶[1]。

20.25 《籍建》

中常侍籍建，追封爲汝陰東鄉侯[2]。

21 東觀漢記卷二十一列傳十六

21.1 《胡廣》

胡廣[3]爲太傅，總錄尙書事。時年八十，而心力克壯。母在堂，朝夕瞻省，旁無几杖，言不稱老。達練事體，明解朝章。雖無謇直之風，屢有補裨之益[4]。

21.2 《陳龜》

陳龜[5]爲五原太（原）〔守〕，後卒，西域、胡夷，并、涼民庶，咸爲舉哀，弔祭其墓。

21.3 《劉祐》

劉祐[6]爲河東太守，時屬縣令長率多中官子弟，百姓患之。祐到，摧其權强，平理冤結，政爲三河表。

1. 參見《後漢書》卷78《宦者孫程傳》李賢《注》。
2. 參見孔廣陶本《書鈔》卷47。
3. 紀昀云：范書本傳：廣字伯始，南郡華容人。
4. 參見《御覽》卷206。
5. 紀昀云：范書本傳：龜字叔珍，上黨泫氏人。
6. 紀昀云：范書本傳：祐字伯祖，中山安國人。

21.4 《李雲》

桓帝誅大將軍梁冀，而中常侍單超等五人皆以誅冀功並封列侯。又立掖庭民女亳氏爲皇后，數月間，后家封者四人，賞賜巨萬。時地數震裂，衆災頻降。白馬令李雲[1]素剛，憂國，乃露布上書，移副三府，曰：「孔子曰：『帝者、諦也。』今官位錯亂，小人諂進，財貨公行，政令日損，是帝欲不諦乎？」帝得奏，震怒，下有司送雲黃門北寺獄[2]。弘農五官掾杜衆傷其忠直獲罪，上書願與雲俱得死，遂俱死獄中[3]。

21.5 《韋毅》

韋毅爲陳留太守，桓帝延熹九年，坐臧自殺。

21.6 《宗資》

汝南太守宗資[4]，任用善士，朱紫區別[5]。

21.7 《陳蕃》

陳蕃[6]爲光祿勳，上疏切諫云：「鄙諺曰：『盜不過五女門』，以女能貧家也。今後宮之女數千，食肉衣綺，豈不貧國乎[7]！」

21.8 《段熲》

段熲、字紀明[8]，有文武智略。時東郭竇、公孫舉等聚衆三萬人爲亂，遣兵討之，連年不克。桓帝詔公卿選將有文武者，司徒尹訟薦熲，乃拜爲中郎將。熲到，設施方略，旬月群盜悉破[9]。熲破羌、胡[10]，明年春，餘羌復〔與繞河大〕寇張掖。熲自下馬大戰，力盡，羌亦引退。熲追〔斬〕之，晝夜兼行，食雪四十餘日[11]。

---

1. 紀昀云：范書本傳：雲字行祖，甘陵人。
2. 參見《御覽》卷453。
3. 參見《御覽》卷264。
4. 紀昀云：范書本傳李賢《注》引謝承書云：資字叔都，南陽安衆人。
5. 參見《文選》卷55劉峻《廣絕交論》李善《注》。
6. 紀昀云：范書本傳：蕃字仲舉，汝南平輿人。
7. 參見孔廣陶本《書鈔》卷53。紀昀云：范書本傳：桓帝時封賞踰制，內寵猥盛，蕃上疏諫，帝頗納其言。
8. 紀昀云：范書本傳：熲、武威姑臧人。
9. 參見陳禹謨本《書鈔》卷63。
10. 紀昀云：范書熲傳：時延熹二年。
11. 參見陳禹謨本《書鈔》卷152。

熲上疏曰：「先零諸羌討之難破，降爲上策，戰爲下計[1]。」太后詔云：「此以慰种光、馬賢等亡魂也[2]。」熲曰：「張奐事勢相反，遂懷猜恨[3]。」熲起於途[4]中，爲并州刺史，滅羌有功，後徵還京師。熲乘輕車，介士鼓吹，曲蓋朱旗，馬騎五萬餘匹，殷天蔽日，鉦鐸金鼓，雷震動地，連騎繼跡，彌數十里[5]。詔賜錢千萬，七尺絳襜褕一領[6]，赤幘大冠一具[7]。

熲上言：「掠得羌侯君長金印四十三，銅印三十一，錫印一枚，長史、司馬、涉頭、長燕、鳥校、棚水塞尉印五枚，紫綬三十八[8]，黃綬二枚，皆簿入也[9]。」

21.9 《劉寬》

劉寬[10]爲南陽太守，溫仁多恕，吏民有過，但用蒲鞭罰之，示辱而已[11]。寬簡略嗜酒，嘗有客，遣蒼頭市酒，迂久，大醉而還。客不堪之，罵曰：「畜產。」寬須臾遣人視奴，疑必自殺。顧左右曰：「此人也，罵言畜產，辱孰甚焉。吾懼其死也[12]。」

寬夫人試寬意，伺當朝會，裝嚴已訖，使婢奉肉羹翻污朝衣，婢遽收之，寬神色不異，乃徐語曰：「羹爛汝手[13]？」

21.10 《陳球》

陳球[14]爲繁陽令，清高不動。

1. 參見《文選》卷56陸倕《石闕銘》李善《注》。紀昀云：范書本傳：熲期於誅盡諸羌，深斥招降之謬，此疏當非熲語。
2. 參見《後漢書》卷65《段熲傳》李賢《注》。紀昀云：范書本傳：靈帝建寧元年春，熲大破先零諸種于逢義山，時竇太后臨朝，下詔褒熲。此其詔文。
3. 參見《文選》卷28鮑照《白頭吟》李善《注》。紀昀云：范書本傳：建寧元年夏，熲復敗羌，時張奐上言：「羌種難盡，宜以恩降。」詔書下熲，故熲上奏辨之。此其奏中語。
4. 徒《四部備要》本頁21/2a
5. 參見《御覽》卷338。
6. 參見《御覽》卷693、孔廣陶本《書鈔》卷129。
7. 參見《御覽》卷684。
8. 紀昀云：《太平御覽》作「紫綬十七、艾綬二十八。」
9. 參見孔廣陶本《書鈔》卷131。
10. 紀昀云：范書本傳：寬字文饒，弘農華陰人。
11. 參見《類聚》卷82。
12. 參見《後漢書》卷25《劉寬傳》、《類聚》卷35。
13. 參見《合璧事類》卷54、《初學記》卷19、《類聚》卷35。
14. 紀昀云：范書本傳：球字伯眞，下邳淮浦人。

21.11 《張奐》

張奐、字然明[1]，爲安定屬國都尉。羌離湳上奐馬二十匹[2]，奐召主簿張祁入，于羌前以酒酹地曰：「使馬如羊，不以入廄。使金如粟，不得入懷。」盡還不受[3]。使匈奴[4]，休屠各及朔方烏桓竝同反叛，遂燒度遼將軍門，列屯赤地，煙火相望。兵衆大恐，各欲亡去。奐安坐帷中，與弟子誦書自若，軍士稍安[5]。桓帝時，爲武威太守，其妻懷孕，夢見奐帶印綬，登樓而歌。乃訊之于占者，曰：「必生男，復臨茲邦，命終此樓。」既而生猛，以建安中爲武威太守，前刺史邯鄲商爲猛所殺，據郡反，爲韓遂所攻。州兵圍之急，猛自知必死，恥見禽，乃登樓自焚而死[6]。

21.12 《陽球》

陽球、字方正[7]，爲司隸校尉，詣闕上書謝恩，表言常侍王甫罪過，奔車收送詔獄，自臨考之，父子皆死于杖下。乃磔甫尸，署曰「賊臣王甫」。于是權門惶怖股慄，莫不雀目鼠步，京師肅然。曹節見甫尸，乃收淚入言球罪，帝徙爲衛尉。球叩頭曰：「願假臣一月，必令豺狼鴟梟，悉伏其辜[8]。」

21.13 《趙咨》

趙咨、字文楚，東郡燕人，至孝，躬率子孫耕農爲養。盜嘗夜往劫之，咨恐母驚惶，乃先至門迎盜，因請爲設食，謝曰：「老母八十，疾病須養，居貧無儲，乞少置衣糧，妻子餘物無所惜。」諸盜皆慚嘆，跪曰：「所犯無狀，干暴賢者。」言畢奔走[9]。大司農陳奇[10]舉咨至孝[11]。

21.14 《荀曇》

荀曇、字元智，潁川潁陰人，爲廣陵太守，正身疾惡。其兄昱爲沛相，乃相與共除

1. 紀昀云：范書本傳：奐、敦煌酒泉人。
2. 紀昀云：范書本傳：時先零酋長仍遺奐金鐻八枚。故奐有「使金如粟」之語。此有闕文。
3. 參見《類聚》卷93。
4. 紀昀云：范書本傳：奐由安定屬國都尉遷使匈奴中郎將，此有闕文。
5. 參見《初學記》卷18、孔廣陶本《書鈔》卷132。
6. 參見《御覽》卷360、卷399。
7. 紀昀云：范書本傳：球、漁陽泉州人。
8. 參見《唐類函》卷56、孔廣陶本《書鈔》卷61。
9. 參見《類聚》卷20。
10. 紀昀云：范書本傳作「陳豨」
11. 參見《御覽》卷412。

閹黨。後昱與大將軍竇武謀誅中官，與李膺俱死，曇亦禁錮終身。

21.15 《符融》

符融[1]妻亡，貧無殯歛，鄉人欲為具棺服，融不肯受，曰：「古之亡者、棄之中野，惟妻子可以行之，但即土埋藏而已[2]。」

21.16 《高彪》

高彪[3]除郎中，校書東觀。後遷外黃令，畫彪形象，以勸學者。

21.17 《范丹》

范丹、字史雲[4]，為萊蕪長，遭黨錮事，推鹿車，載妻子，捃拾自資，有時絕糧，丹言貌無改，閭里歌之曰：「甑中生塵范史雲，釜中生魚范萊蕪[5]。」

21.18 《韓卓》

韓卓、字子助，陳留人。臘日奴竊食祭其母，卓義其心，即日免之[6]。

21.19 《曹節》

曹節[7]上書曰：「功薄賞厚，誠有踧踖[8]。」

21.20 《皇甫嵩》

皇甫嵩[9]上言，四姓權右，咸各歛手[10]。

1. 紀昀云：范書本傳：融字偉明，陳留浚儀人。 2. 參見《御覽》卷484。
3. 紀昀云：范書本傳：彪字義方，吳郡無錫人。
4. 紀昀云：范書本傳：丹、陳留（內）〔外〕黃人。 5. 參見《御覽》卷465。
6. 參見《類聚》卷35。 7. 紀昀云：范書本傳：節字漢豐，南陽新野人。
8. 參見《文選》卷40阮籍《為鄭沖勸晉王牋》李善《注》。紀昀云：此書未知何時所上，要是濫賞時僞讓之辭。 9. 紀昀云：范書本傳：嵩字義眞，安定朝那人。
10. 參見《文選》卷40沈約《奏彈王源》李善《注》。

21.21 《王允》

尚書令王允[1]奏曰：「太史令王立說《孝經》六隱事，能消卻姦邪。」常以良日，允與立入，爲帝誦《孝經》一章，以丈二竹簞畫九宮其上，隨日時而出入焉。及允被害，乃不復行也[2]。

21.22 《趙溫》

趙溫、字子柔，蜀郡成都人。初爲京兆郡丞，歎曰：「大丈夫生當雄飛，安能雌伏？」遂棄官而去。後官至三公[3]。

21.23 《孔融》

孔融[4]上書曰：「先帝褒厚老臣，懼其隕越，是故扶接助其氣力。」三公刺掖，近爲憂之，非警戒也。云備大臣，非其類也。

21.24 《蔡邕》

蔡邕[5]詔問有黑氣墮溫明殿東庭中，如車蓋，騰起奮迅，五色，有頭，體長十餘丈，形似龍，似虹蜺。邕對：「虹著於天，而降施于庭，以臣所聞，則所謂天投蜺者也[6]。」虹晝見御座殿庭前，色青赤。上引邕問之，對曰：「虹蜺、小女子之祥[7]。」邕徙朔方，上書求還，續成十志[8]。

21.25 《周珌》

周珌[9]、豫州刺史愼之子也[10]。

1. 紀昀云：范書本傳：允字子師，太原祁人。 2. 參見《御覽》卷708。
3. 參見《御覽》卷253。 4. 紀昀云：范書本傳：融字文舉，魯國人。
5. 紀昀云：范書本傳：邕字伯喈，陳留圉人。
6. 紀昀云：司馬彪《五行志》：此靈帝光和元年六月事。
7. 紀昀云：范書《靈帝紀》：此光和元年七月事，蓋兩月間虹災再見。
8. 參見《初學記》卷21。
9. 紀昀云：范書：珌見董卓袁紹諸《傳》，以珌爲漢陽人，李賢《注》引《英雄記》作「周珌、字仲遠，武威人。」 10. 參見《後漢書》卷9《獻帝紀》李賢《注》。

21.26 《劉翊》

劉翊[1]爲汝南太守，舉郡人許靖計吏，察孝廉，除尙書郎，典選舉[2]。

21.27 《郭汜》

獻帝幸弘農，郭汜[3]日擄掠百官，婦女有美髮〔者〕皆斷取之。

21.28 《呂布》

呂布[4]以奮威將軍如三事[5]。

21.29 《蔣疊》[6]

蔣疊、字伯重，爲太僕，久在臺閣，文雅通達，明故事。在九卿位，數言便宜，奏議可觀[7]。

21.30 《須誦》

須誦爲郡主簿，獲罪詣獄，引械自椓口，口出齒，獲免[8]。

21.31 《馮模》

馮模爲司空，坐隴西太守鄧融免官[9]。

1. 紀昀云：范書本傳：翊字子相，潁川潁陰人。
2. 參見《三國志》卷38《許靖傳》。
3. 紀昀云：范書《董卓傳》李賢《注》引劉艾《獻帝紀》云：「汜、張（液）〔掖〕人。」
4. 紀昀云：范書本傳：布字奉先，五原九原人。
5. 參見孔廣陶本《書鈔》卷52。
6. 紀昀云：蔣疊以下二十八人未審係何時代，他書亦無可攷。編附于此。
7. 參見孔廣陶本《書鈔》卷54。
8. 參見孔廣陶本《書鈔》卷73。
9. 參見陳禹謨本《書鈔》卷52、《唐類函》卷36。吳樹平以爲「馮模」乃「馮魴」之訛，而姚本、聚珍本皆以馮魴、馮模分爲兩傳。

21.32 《周行》

周行爲涇令，下車嚴峻，貴戚跼蹐，京師肅清[1]。

21.33 《劉訓》

劉訓拜車府令，時東州郡國相驚，有賊轉至京師，吏民驚，皆奔城郭。訓即夜詣省，欲令將近兵據門以禦之[2]。

21.34 《雍鯈》

雍鯈、字長魚，事母至孝，母常[3]病癰，鯈晝夜匍伏，不離左右，至爲吮癰[4]。

21.35 《梁福》

司部災蝗，臺召三府驅之。司空掾梁福曰：「普天之下，莫非王土，不審使臣，驅蝗何之？災蝗當以德消，不聞驅逐。」時號福爲眞掾[5]。

21.36 《范康》

范康爲司隸校尉，務大綱，性節儉，常臥布被。

21.37 《蔣（詡）〔翊〕》

蔣翊、字元卿，後母憎之，伺翊寢，操斧砍之，値翊如廁[6]。

21.38 《宗慶》

宗慶、字叔平，爲長沙太守，民養子者三千餘人，男女皆以「宗」爲名[7]。

1. 參見孔廣陶本《書鈔》卷78。
2. 參見陳禹謨本《書鈔》卷55、《唐類函》卷47。　3. 嘗《四部備要》本頁21/6a
4. 參見《初學記》卷17、《御覽》卷412。吳樹平以爲「雍鯈」即「樊鯈」，《初學記》卷17引作「雍鯈」，姚本、聚珍本改「鯈」作「鯈」，然不知改「雍」爲「樊」。
5. 參見《類聚》卷100。　6. 參見《御覽》卷763。
7. 參見《御覽》卷260。

21.39 《郝刪》

郝刪、字次孫，早孤，以至孝稱。值天下亂，野無烟火，而刪獨在冢側。每賊過，見其尙幼而有志節，奇而哀之[1]。

21.40 《喜夷》

喜夷爲壽陽令，蝗入輒死[2]。

21.41 《李庸》

李庸爲蜀郡太守，蜀之珍玩，不入於門，益州紀其政化[3]。

21.42 《巴异》

巴异爲重泉令，吏民向化，鸞鳥止學宮[4]。

21.43 《卜福》

卜福爲廷尉，執謙求退，上以爲大中大夫[5]。

21.44 《陳導》

光武賜陳導駭犀劍[6]。

21.45 《楊喬》

楊喬曰：「臣伏見二千石，典牧千里[7]。」

1. 參見《御覽》卷557。吳樹平以爲「郝刪」乃「祭肜」之誤，此文亦見《後漢書》卷20《祭肜傳》頁744。 2. 參見孔廣陶本《書鈔》卷35。
3. 參見《後漢書》卷67《李膺傳》李賢《注》引謝承《後漢書》。
4. 參見《御覽》卷267。「巴異」、《御覽》引作「王阜」，吳樹平以爲「巴異」即「王阜」之訛。 5. 參見孔廣陶本《書鈔》卷53。
6. 參見孔廣陶本《書鈔》卷122。吳樹平以爲「陳導」即「陳遵」之訛。《御覽》卷342引作「陳遵」。
7. 參見《文選》卷38張悛《爲吳令謝詢求爲諸孫置守冢人表》李善《注》。

21.46 《翟歆》

翟歆、字敬子，父于，以功封臨沮侯。歆當嗣爵，〔以〕母年老國遠，上書辭讓，詔許，乃賜關內侯[1]。

21.47 《魏成》

魏成曾孫純坐訐訕，國除[2]。

21.48 《畢尋》

利取侯畢尋玄孫守坐姦人妻，國除[3]。

21.49 《段普》

首鄉侯段普曾孫勝坐殺婢，國除[4]。

21.50 《邢崇》

夕陽侯邢崇孫之爲賊所盜，亡印綬，國除[5]。

21.51 《陰猛》

陰猛好學溫良，稱于儒林，爲太祝令，以博通古今遷太史令[6]。

21.52 《羊融》

羊融、字子優，爲大司農，性明達，稱爲名卿[7]。

1. 參見《御覽》卷201。
2. 參見《御覽》卷201。
3. 參見《御覽》卷201。
4. 參見《御覽》卷201。
5. 參見《御覽》卷201。
6. 參見《御覽》卷229、卷235。
7. 參見《御覽》卷232。吳樹平以爲「羊融」即「牟融」之訛。

21.53 《張意》

張意拜驃騎將軍，討東甌，備水戰之具，一戰大破，所向無前[1]。

21.54 《沈豐》

沈豐、字聖達，爲零陵太守，爲政愼刑重殺，罪法辭訟，初不歷獄，嫌疑不決，一斷于口，鞭杖不舉，市無刑戮。僚友有過，初不暴揚，有奇謀異略，輒爲談述，曰：「太守所不及也。」到官一年，甘露降，芝草生[2]。

21.55 《蕭彪》

蕭彪、字伯文，京兆杜陵人，累官巴陵太守，父老，乞供養。父有賓客，輒立屏風後，應受使命。父嗜餅，每自買進之[3]。

21.56 《陳囂》

陳囂、字君期，習《韓詩》，語曰：「關東說《詩》陳君期[4]。」

22 東觀漢記卷二十二列傳十七列女、外裔

22.1 《鮑宣妻》

鮑宣之妻，桓氏女也，字少君。宣嘗就少君父學，父奇其清苦，以女妻之，裝送甚盛。宣不悅，謂妻曰：「少君生而驕富，習美飾，而吾貧賤，不敢當禮。」妻曰：「大人以先生修德守約，故使賤妾侍執巾櫛。既奉君子，惟命是從。」妻乃悉歸侍御服飾，更著短布裳，與宣共挽鹿車歸鄉里。拜姑禮畢，提甕出汲，修行婦道，鄉邦稱之[5]。

1. 參見《御覽》卷238。
2. 參見《御覽》卷260。
3. 參見《御覽》卷412。
4. 參見《御覽》卷615。
5. 參見孔廣陶本《書鈔》卷129、《御覽》卷696。紀昀云：鮑宣已見班書，此篇以補其闕。范書《列女傳》襲之。

22.2 《江伯姊》

山陽郡人江伯欲嫁姊，姊引鎌欲自割[1]。

22.3 《匈奴南單于》

單于比、匈奴頭曼十八代孫[2]。十二月癸丑，匈奴始分爲南北單于[3]。

單于歲祭三龍祠，走馬鬬橐駝，以爲樂事[4]。

建武二十六年，南單于遣使獻駱駝二頭，文馬（二）〔十〕匹[5]。

南單于來朝，賜御食及橙、橘、龍眼、荔枝[6]。

南單于上書獻橐駝。賜谷蠡王玉具劍，羽蓋車一駟，中郎將持節衛護焉[7]。上遣單于，饗賜作樂百戲，上幸離宮臨觀[8]。

22.4 《莋都夷》

《遠夷樂德歌詩》曰[9]：

夷語：提 官 隗 搆，華 言：大 漢 是 治。夷 語：魏 冒 踰 糟。華 言：與天意合。

夷語：罔 驛 劉 脾，華 言：吏 譯 平 端。夷 語：旁 莫 支 留。華 言：不從我來。

---

1. 參見《御覽》卷764。
2. 參見《後漢書》卷89《南匈奴傳》李賢《注》。
3. 參見《後漢書》卷89《南匈奴傳》李賢《注》。紀昀云：范書本傳：此爲建武二十四年事。
4. 參見《御覽》卷901。
5. 參見《初學記》卷20。
6. 參見《御覽》卷971。紀昀云：范書《光武紀》及本傳並未有單于來朝事，此文疑誤。
7. 參見《後漢書》卷4《和帝紀》李賢《注》。紀昀云：范書《和帝紀》：此賜北單于之谷蠡王於除鞬也。
8. 參見《類聚》卷62。紀昀云：范書《順帝紀》：此漢安二年夏六月事。
9. 此詩三章亦見《後漢書》卷86《西南夷莋都夷傳》頁2856，《後漢書》載此《詩》，先記「華言」，再注「夷語」；此文則先記「夷語」，再重譯爲「華言」。

夷語：徵衣隨旅，華言：聞風向化。夷語：知唐桑艾。華言：所見奇異。

夷語：邪毗䊵補，華言：多賜繒布。夷語：推潭僕遠。華言：甘美酒食。

夷語：拓拒蘇便，華言：昌樂肉飛。夷語：局後仍離。華言：屈申悉備。

夷語：僂讓龍洞，華言：蠻夷貧薄。夷語：莫支度由。華言：無所報嗣。

夷語：陽雒僧鱗，華言：願主長壽。夷語：莫穉角存。華言：子孫昌熾。

《遠夷慕德歌詩》曰：

夷語：僂讓皮尼，華言：蠻夷所處。夷語：且交陵悟。華言：日入之部。

夷語：繩動隨旅，華言：慕義向化。夷語：路且揀雒。華言：歸日出主。

夷語：聖德渡諾，華言：聖德深恩。夷語：魏菌度洗。華言：與人富厚。

夷語：綜邪流藩，華言：冬多霜雪。夷語：莋邪尋螺。華言：夏多和雨。

夷語：藐潯瀘灕，華言：寒溫時適。夷語：菌補邪推。華言：部人多有。

夷語：辟危歸險，華言：涉危歷險。夷語：莫受萬柳。華言：不遠萬里。

夷語：術疊附德，華言：去俗歸德。夷語：仍路孳摸。華言：心歸慈母。

《遠夷懷德歌詩》曰：

夷語：荒服之儀，華言：荒服之外。夷語：犂籍憐憐。華言：土地墝埆。

夷語：阻蘇邪犂，華言：食肉衣皮。夷語：莫碭麤沐。華言：不見鹽穀。

夷語：罔譯傳微，華言：吏譯傳風。夷語：是漢夜拒。華言：大漢安樂。

夷語：蹤優（佫）〔路〕仁，華言：攜負歸仁。夷語：雷折險龍。華言：觸（肯）〔冒〕險狹。

夷語：倫狼藏幢，華言：高山岐峻。夷語：扶路側祿。華言：（綠）〔緣〕崖磻石。

夷語：息落服淫，華言：木薄發家。夷語：理歷髭雒。華言：百宿到雒。

夷語：捕菹菌毗，華言：父子同賜。夷語：懷稾匹漏。華言：懷抱匹帛。

夷語：傳（言）〔室〕呼敕，華言：傳告種人。夷語：陵陽臣僕。華言：長願臣僕[1]。

1. 紀昀云：范書本傳：永平中益州刺史朱輔，宣示漢德，白狼、槃木、唐菆等百餘國慕化歸義，作詩三章。輔令犍爲郡掾田恭訊其風俗，譯其辭語。遣從事史李陵與恭護送詣闕，并上其樂詩。此文「提官隗搆」以下竝夷人本語，注「大漢是治」云云，則田恭所譯華言，載之范書者也。

22.5 《西羌》

西羌祖爰劍爲秦所奴隸，而亡藏巖穴中，見焚，有影象如虎，爲蔽火，得不死。諸羌以爲神，推以爲豪[1]。護羌竇林奉使，羌顚岸降，詣林，林欲以爲功效，奏言大豪。後顚岸兄顚吾復詣林[2]，林言其第一豪。問事狀，林對前後兩屈。林以誣罔詣獄。上不忍誅，免官。後涼州刺史奏林贓罪，復收繫羽林監，遂死獄中[3]。

羌什長鞏便[4]。金城、隴西卑湳、勒姐種羌反，出塞外[5]。

22.6 《西域》

永元二年，安息王獻條支大雀。此雀卵大如甕[6]。

23 東觀漢記卷二十三載記

23.1 《劉玄》

劉玄、字聖公，光武族兄也。弟爲人所殺，聖公結客欲報之。客犯法，聖公避吏于平林。吏繫聖公父子張。聖公詐死，使人持喪歸舂陵，吏乃出子張，聖公因自逃匿。王莽末，南方饑饉，人庶群入野澤，屈鳧茈而食，更相侵奪。新市人王匡、王鳳爲平理爭訟，遂推〔爲〕渠帥，眾數百人。諸亡命往從之，數月間至七八千人，號新市兵。平林人陳牧、廖湛復聚千餘人，號平林兵。聖公入平林中，與伯升會，遂共圍宛。聖公號更始將軍。自破甄阜等，眾庶來降十餘萬。將立劉氏，南陽英雄皆歸望于伯升。然漢兵以新市、平林爲本，其將帥素習聖公，因欲立之。而朱鮪立壇城南（堉）〔淯〕水上，詣伯升。呂植通《禮經》，爲謁者，將立聖公爲天子議以示諸將。馬武、王匡以爲王莽未滅，不如且稱王。張昂拔劍擊地曰：「稱天公尚可，稱天子何謂不可！」于是諸將軍起，〔與〕聖公至于壇所，奉通天冠進聖公。于是聖公乃拜，冠，南面而立，改元爲更始元年。光武爲太常偏將軍。〔上〕破二公于昆陽城，而更始收劉稷及伯升，即日皆物

1. 參見《御覽》卷388。
2. 紀昀云：顚岸、顚吾，范書本傳作滇岸、滇吾。
3. 參見《文選》卷20潘岳《四言詩・關中》李善《注》。
4. 參見《文選》卷57潘岳《馬汧督誄》李善《注》。紀昀云：此上下文闕。
5. 參見《文選》卷20潘岳《四言詩・關中》李善《注》。
6. 參見《類聚》卷92。

故。光武馳詣宛謝罪，更始大慚。長安中兵攻王莽，斬首，收璽綬詣宛。更始入便坐黃堂上視之，曰：「莽不如此，當與霍光等。」更始韓夫人曰：「莽不如此，帝那得爲之？」更始北都雒陽，李松等自長安傳送乘輿服御物，及中黃門從官至雒陽。關中咸想望天子，更始遂西發雒陽，李松奉引，車馬奔，觸北闕鐵柱門，三馬皆死。更始至長安，居東宮，鐘鼓帷帳，宮人數千，官府閭里，安堵如舊。更始上前殿，郎吏以次侍。更始媿恧，俛刮席與小常侍語，郎吏怪之。更始納趙萌女爲后，有寵，遂委政于萌，日夜與婦人歡宴後庭，群臣欲言事，輒醉不能見。時不得已，乃令侍中坐帷內與語，諸將識非更始聲，出皆怨之。更始韓夫人尤嗜酒，每侍飲，見常侍奏事，輒怒曰：「帝方對我飲，正用此時持事來乎！」起，抵破書案。所置牧守交錯，州郡不知所從。趙萌以私事責侍中。侍中曰：「陛下救我。」更始言：「大司馬縱之。」萌曰：「臣不受詔。」遂斬之。又所置官爵皆出群小，三輔苦之，被服不法，或繡面衣、錦袴、諸于、襜褕[1]，罵詈道路，爲百姓之所賤。長安中爲之歌曰：「竈下養，中郎將。爛羊胃，騎都尉。爛羊頭，關內侯。」官爵多群小，里閭語曰：「使兒居市決，作者不能得。傭之市空返，問何故？曰：『今日騎都尉往會日也。』」由是四方不復信向京師。雒陽人韓鴻爲謁者，更始二年，使持節降河北，拜除二千石。其冬，赤眉十餘萬人入關。徐宣、樊崇等入至弘農枯樅山下，與更始將軍蘇茂戰。崇北至蓩鄉，轉至湖。赤眉引兵入上林，更始騎出廚城門，諸婦女皆從後車呼更始，當下拜城。更始下（爲）〔馬〕拜謝城，乃去，至高陵。光武聞更始失城，乃下詔封更始爲淮陽王，而赤眉劉盆子亦下詔以聖公爲長沙王。仍許來降[2]。上璽綬，赤眉乃封爲畏威〔侯〕。赤眉[3]謝祿曰[4]：「三輔兵侈，欲得更始，一旦失之[5]。」〔遂害更始〕，詔鄧禹收葬〔於〕霸陵[6]。

23.2 《公賓就》

三輔豪傑入長安，攻未央宮。庚戌[7]，杜虞殺莽于漸臺[8]，東海公賓就得其首，傳詣宛，封滑侯[9]。

---

1. 紀昀云：姚之駰本作「被服威儀，不以衣冠，或繡裾衣、錦袴。」又作「諸將皆冠幘而服婦人衣、諸于、襜褕。」
2. 紀昀云：此下有闕文。
3. 紀昀云：此上下均有闕文。
4. 紀昀云：此上當脫去「張卬等謂」四字。
5. 紀昀云：此下有闕文。編者按：《後漢書》卷11《劉玄傳》頁475此下有「合兵攻公，自滅之道也」九字
6. 參見《御覽》卷90。
7. 紀昀云：班書《王莽傳》：庚戌、更始元年十月三日也。范書《光武紀》則以誅莽爲九月事。
8. 紀昀云：「杜虞」、班書作「杜吳」。
9. 參見《類聚》卷51。

23.3 《申屠志》

申屠志以功封汝陰王，上書以非劉氏還玉璽，改爲潁陽侯[1]。

23.4 《陳遵》

陳遵[2]使匈奴，詔賜駮犀劍[3]。

23.5 《劉盆子》

赤眉欲立宗室，以木札書符曰「上將軍」，與兩空札置笥中，大集會三老、從事，令劉盆子等[4]三人居中央[5]，一人奉符，以年次探之。盆子最幼，探得將軍，三老等皆稱臣[6]。盆子年十五，被髮徒跣，卒見衆拜，恐懼啼泣。從劉俠卿居[7]，俠卿爲制朱絳單衣、（平）〔半〕頭赤幘、直綦履。盆子朝夕朝，俠卿禮之。數祠城陽景王[8]。

使盆子乘車入長安，得掖庭中宮女猶有數百千人，自更始敗後，幽閉殿內，拔庭中蘆菔根，捕池魚而食之[9]。赤眉遇光武軍，驚震不知所爲，乃遣劉恭乞降曰：「盆子將百萬衆降，陛下何以待之？」上曰：「待汝以不死耳[10]。」盆子及丞相徐宣以下二十餘萬人肉袒降，奉高皇帝傳國璽綬，詔以屬城門校尉，賊皆輸鎧仗，積兵甲宜陽城西，與熊耳山齊[11]。

23.6 《赤眉》

琅琊人樊崇、字細君，起兵于莒。同郡東莞人逄安、字少子，東海臨沂人徐宣、字驕稚，謝祿、字子奇，及楊音各起兵數萬人[12]。崇欲與王莽戰，恐其衆與莽兵亂，乃皆

1. 參見《御覽》卷200。紀昀云：志、范書不載，《更始傳》有申屠建，封平氏王；而以非劉氏辭王封者，乃朱鮪也。此文疑誤。
2. 紀昀云：班書《游俠傳》：遵字孟公，杜陵人。
3. 參見孔廣陶本《書鈔》卷122。 4. 紀昀云：范書本傳：盆子、太山式人。
5. 紀昀云：三人謂盆子及其兄茂，與前西安侯劉孝。
6. 參見《後漢書》卷11《劉盆子傳》。
7. 紀昀云：范書本傳：盆子初在赤眉軍中，屬右校卒從劉俠卿，主芻牧牛，僭位後復還依俠卿。
8. 參見孔廣陶本《書鈔》卷139。紀昀云：城陽景王即朱虛侯章也。盆子乃其裔孫，樊崇等以巫言景王大怒而立之。 9. 參見《後漢書》卷11《劉盆子傳》。
10. 參見陳禹謨本《書鈔》卷119。 11. 參見陳禹謨本《書鈔》卷119。
12. 參見《後漢書》卷11《劉盆子傳》李賢《注》。

朱其眉，以相識別。由是號曰赤眉[1]。赤眉入安定、北地，至陽城，逢大雪，士卒多凍死[2]。光武作飛蝱箭以攻赤眉[3]。赤眉平後，百姓饑餓，人相食，黃金一斤易豆五斗[4]。

23.7 《呂母》

海曲有呂母，其子為縣吏，犯小罪，縣宰殺之。呂母家素富，豐資產，乃益釀醇酒。少年來沽者，〔皆〕貰〔與之〕，視其乏者，輒假衣裝[5]，少年欲相與償之。呂母垂泣曰：「縣宰枉殺吾子，欲報怨耳，諸君寧肯哀之乎！」少年許諾，遂相聚得數百人，因與呂母入海，自稱將軍，遂破海曲，執縣宰斬之，以其首祭子冢[6]。呂母賓客徐次子等，自號「搤虎[7]」。

23.8 《王郎》[8]

宮婢生子，正與同時，即易之[9]。

知命者侍郎韓公等[10]。

王郎遣諫議大夫杜威持節詣軍門，上遣棨戟〔迎〕，延請入軍。威稱說實成帝遺體子輿也。上曰：「設使成帝復生，天下不可〔復〕得，況詐子輿乎[11]！」

1. 參見《文選》卷10潘岳《西征賦》李善《注》。
2. 參見孔廣陶本《書鈔》卷152。
3. 參見《文選》卷16潘岳《閑居賦》李善《注》。　4. 參見《御覽》卷841。
5. 裘《御覽》卷481頁4a，總頁2203。
6. 參見《類聚》卷33、《御覽》卷481。
7. 參見《後漢書》卷11《劉盆子傳》李賢《注》。
8. 紀昀云：范書《王昌傳》：昌一名郎，趙國邯鄲人。
9. 參見《後漢書》卷12《王郎傳》李賢《注》。紀昀云：范書本傳：初，王莽篡位，長安中或自稱成帝子子輿者，莽殺之。郎緣是詐稱眞子輿，云「母故成帝謳者，嘗下殿卒僵，須臾有黃氣從上下，半日乃解，遂妊身就館。趙后欲害之，僞易他人子，以故得全」云云，此即王郎惑眾之辭也。
10. 參見《後漢書》卷12《王郎傳》李賢《注》。紀昀云：范書本傳：趙繆王子林，立郎為天子，移檄州郡曰：「制詔部刺史、郡太守曰：朕、孝成皇帝子子輿者也。昔遭趙氏之禍，因以王莽篡殺，賴知命者將護朕躬」云云。此即檄中語。而稍異者，蓋范書乃節錄之文。　11. 參見《御覽》卷681。

23.9 《盧芳》

盧芳、字君期，安定人。屬國胡數千畔，在參蠻，芳從之，詐姓劉氏，自稱西平王。會匈奴句林王將兵來降參蠻胡，芳因隨入匈奴，留數年。單于以中國未定，欲輔立之，遣（母）〔毋〕樓且渠王求入五原，與假號將軍李興等結謀，興北至單于庭迎芳。芳外倚匈奴，內因興等，故能廣略邊郡[1]。

23.10 《蘇茂》

蘇茂、陳留人，殺淮陽太守，得其郡，營廣樂。大司馬吳漢圍茂，茂將其精兵突至湖（陸）〔陵〕，與劉永相會[2]。

23.11 《彭寵》

彭寵、字伯通，南陽宛人也。父容[3]，哀帝時為漁陽太守，有名于邊。容貌飲食絕眾。是時單于來朝，當道二千石皆選容貌飲食者，故容徙為雲中太守[4]。寵為漁陽太守，容貌絕眾[5]。朱浮密奏寵，上徵之。寵既自疑，其妻勸寵無應徵：「今漁陽大郡，兵馬眾多，奈何為人所奏，而棄此去。」寵與所親信吏計議，吏皆怨浮，勸寵止不應徵[6]。寵妻夢贏袒冠幘，踰城，髡徒推之。又寵堂上聞（蟆）〔蝦〕蟆聲在火爐下，鑿地求之，不得[7]。詔討寵者封侯。寵奴子密等三人共謀劫寵，寵時齋，獨在便坐室中，晝臥。子密等三人縛寵著床板，告外吏：「大王解齋，吏皆便休。」又用寵聲呼其妻入室，見寵，驚曰：「奴反！」奴乃捽其妻頭，擊其頰。寵曰：「趣為諸將軍辦裝。」兩奴將妻入取寵物，一奴守寵。寵謂奴曰：「若小兒，我素所愛，今解我縛，當以女珠妻若。」小奴見子密聽其語，遂不得解。子密收金玉衣物，使寵妻縫兩縑囊。夜解寵手，令作記告城門將軍云：「今遣子密等詣子后蘭卿所，其開〔門〕出，（弗）〔勿〕稽留。」書成，即斷寵及妻頭，置縑囊中，西入上告[8]。朝廷以奴殺主不義，復不可不封，乃封子密為不義侯[9]。

---

1. 參見《後漢書》卷89《南匈奴傳》李賢《注》。 2. 參見《水經注》卷8。
3. 紀昀云：范書本傳「容」作「宏」。 4. 參見《御覽》卷259。
5. 紀昀云：此恐即寵父容事，而採掇者誤屬之寵。
6. 參見《文選》卷41朱浮《為幽州牧與彭寵書》李善《注》。
7. 參見《後漢書》卷12《彭寵傳》李賢《注》。 8. 參見《御覽》卷500。
9. 參見《御覽》卷201。

23.12 《張豐》

涿郡太守張豐舉兵反。初，豐好方術，有道士言豐當爲天子，以五綵囊盛石繫豐肘，云「石中有玉璽」。豐信之，遂反。既敗當斬，猶言肘有玉璽，椎破之，豐乃知被詐，仰天歎曰：「當死無所恨[1]。」

23.13 《秦豐》

秦豐、邔縣人，少學長安，受律令，歸爲縣吏。更（治）〔始〕元年起兵，攻得邔、宜城、（若）〔鄀〕、編、臨沮、中（沮）廬、襄陽、鄧、新野、穰、湖陽、蔡陽，兵合萬人[2]。

23.14 《鄧奉》

光武以鄧奉爲輔漢將軍[3]。奉拒光武瓜里[4]。

23.15 《龐萌》

龐萌、山陽人，爲平狄將軍，與蓋延共擊黃憲，詔書獨下延，而不及萌，萌以爲延譖己，自疑，遂反。上聞之，大怒，乃自將兵討萌，與諸將書曰：「吾常以龐萌爲社稷臣，將軍得無笑其言乎[5]？」

23.16 《隗囂》

隗囂、字季孟，天水人也[6]。囂既立，使聘平陵方望爲軍師。望至，說囂曰：「足下欲承天順民，輔漢而起，今立者乃在南陽，王莽尚據長安，雖欲以漢爲（民）〔名〕，其實無所受命，將何以見信于眾？宜急立高廟，稱臣奉祠，所爲「神道設教」，求助民神者也。且禮有損益，質文無常。削地開兆，茅茨土階，以致其肅敬。雖

1. 參見《御覽》卷51。
2. 參見《後漢書》卷17《岑彭傳》李賢《注》。
3. 參見《御覽》卷240。
4. 參見《續漢書·郡國志四》劉昭《注》。紀昀云：范（奉）〔書〕《岑彭傳》：建武二年，帝遣吳漢（代）〔伐〕南陽諸賊，漢軍所過多侵暴。時鄧奉謁歸新野，怒漢掠其鄉里，遂據淯陽反。三年，帝自將南征，破斬之。
5. 參見《御覽》卷483。
6. 參見《御覽》卷480。

未備物，神明其舍諸。」囂從其言[1]。以王莽簒逆，復漢之祚，乃立高祖、太宗之廟，稱臣執事，史奉璽[2]而告。祝畢，有司穿坎于庭，割牲而盟[3]

光武與囂書曰：「蒼蠅之飛，不過三數步，託驥之尾，得以絕群[4]。」

囂、故宰〔相〕府掾吏，善爲文書，每上書移檄，士大夫莫不諷誦〔之也〕[5]。囂將王元說囂曰：「昔更始西都，四方響應，天下喁喁，謂之太平，一旦敗壞。今南有子陽，北有文伯，江湖海岱，王公十數，而欲牽儒生之說，棄千乘之基，計之不可者也。今天水完富，士馬最强，北取西河，東收三輔，案秦舊迹，表裏山河，元請以一丸泥爲大王東封函谷關，此萬世一時也。若計不及此，且蓄養士馬，據隘自守，曠日持久，以待四方之變，圖王不成，其弊猶足以霸。」囂然其計[6]。杜林先去，餘稍稍相隨，東詣京師[7]。光武賜囂書曰：「吾年已三十餘，在兵中十歲，所更非一，厭浮語虛辭耳[8]。」岑彭與吳漢圍囂于西（域）〔城〕，敕彭書曰：「西（域）〔城〕若下，便可將兵南擊蜀虜。人苦不知足，既平隴，復望蜀。每一發兵，頭鬢爲白。」

漢圍囂，囂窮困。其大將王捷登城呼漢軍曰：「爲隗王城守者，皆必死無二心，願諸將軍亟罷，請自殺以明之。」遂刎頸而死[9]。時民饑饉，乃噉弩煮履。建武九年正月，囂病且饑，出城餐糗糒，恚憤腹脹而死[10]。囂負隴城之固，納王元之說，雖遣子春卿入質，猶持兩端。光武于是稍黜其禮，正君臣之義[11]。

23.17 《公孫述》

公孫述、字子陽，扶風茂陵人。述之先武帝時，以吏二千石自無鹽徙焉[12]。成帝末，父仁爲侍御〔史〕，任述太子舍人，稍增石[13]爲郎[14]。初，垣副以漢中亭長聚衆降宗成，自稱輔漢將軍。述攻成，大破之，副殺成降[15]。蜀郡功曹李熊說述曰：「方今四

1. 參見《御覽》卷461、《類聚》卷25。
2. 璧《後漢書》卷13《隗囂傳》頁514〈李賢《注》：璧者，所以祀神也。〉
3. 參見《御覽》卷480。
4. 參見《御覽》卷944。
5. 參見孔廣陶本《書鈔》卷103。
6. 參見《類聚》卷25。
7. 參見《後漢書》卷13《隗囂傳》李賢《注》。
8. 參見《文選》卷42魏文帝《與吳質書》李善《注》。
9. 參見《御覽》卷438。
10. 參見陳禹謨本《書鈔》卷147。
11. 參見《御覽》卷480。紀昀云：此六句當是序中語。
12. 參見《後漢書》卷13《公孫述傳》李賢《注》。
13. 秩《後漢書》卷13《公孫述傳》李賢《注》頁533
14. 參見《後漢書》卷13《公孫述傳》李賢《注》。
15. 參見《後漢書》卷13《公孫述傳》李賢《注》。

海波蕩，匹夫橫議。將軍割據千里，地方十城，若奮發盛德，以投天隙，霸王之業成矣。宜改名號，以鎮百姓。」述曰：「吾亦慮之，公言起我意。」于是自立爲蜀王。熊復說述曰：「今山東饑饉，人民相食，兵所屠滅，城邑丘墟。蜀地沃野千里，土壤膏腴，果（食）〔實〕所生，無穀而飽。女工之業，覆衣天下。名材竹幹，不可勝用。又有魚鹽銀銅之利，浮水轉漕之便。北據漢中，杜褒、斜之塗，東守巴郡，拒扞關之口，地方數千餘里，戰士不下百萬。衆[1]見利則出兵而略地，無利則堅守而力農。東下漢水以窺秦地，南順江流以震荆、揚。所謂用天因地，成功之資也。君有爲之聲，聞于天下，而名號未定，志士狐疑，宜即大位，使遠人有所依歸[2]。」述夢有人語之曰：「八厶子系，十二爲期。」覺，語其妻，對曰：「朝聞道，夕死尚可，況十二乎[3]！」有龍出其府殿中，夜有光耀，述以爲符瑞，因稱尊號，自立爲天子，改元曰龍興[4]。造十層赤樓[5]。述自言手文有奇瑞[6]，數移書中國。上賜述書曰：「瑞應手掌成文，亦非吾所知[7]。」「承赤者、黃也，姓當塗，其名高也[8]。」平陵人荆邯以東方漸平，兵且西向，說述曰：「兵者、帝王之大器，古今所不能廢也。昔秦失其守，豪傑並起，漢祖無有前人之迹、立錐之地，于戰陣之中，躬自奮擊，兵破身困數矣。然軍敗復合，創愈復戰，何則？死而功成，愈于坐而滅亡。臣之愚計，以爲宜及天下之望未絕，豪傑尚可招誘，急以此時發國內精兵，令田戎據江南之會，倚巫山之固，築壘堅守，傳檄吳、楚，長沙以南必隨風而靡。令延岑出漢中，定三輔，天水、隴西拱手自服。如此，海內震搖，冀有大利[9]。今東帝無尺土之柄，驅烏合之衆，跨馬陷敵，所向輒平。不亟乘時與之分功，而坐談武王之說，是效隗囂欲爲西伯也。」述然邯言，欲悉發北軍屯士及山東客兵，使延岑、田戎分出兩道，與漢中諸將合兵并勢。蜀人及其弟光以爲不宜空國千里之外，決成敗于一舉，固爭之，述乃止[10]。

隗囂敗，述懼，欲安其衆。成都郭外有秦時舊倉，改名白帝倉，自王莽以來常空。述詐使人言白帝倉出穀如山陵，百姓空市里往觀之。述乃大會群臣，問曰：「白帝倉出穀乎？」皆對言「無」。述曰：「訛言不可信，道隗王破者復如此矣[11]。」

漢兵守成都，述謂延岑曰：「事當奈何？」岑曰：「男兒當死中求生，可坐窮乎！財物易聚耳，不宜有愛。」述乃悉散金帛，（幕）〔募〕敢死士五千餘人，以配岑于市

1. 參見《御覽》卷461頁9b，總頁2122、《後漢書》卷13《公孫述傳》頁535並無此「衆」字。 2. 參見《御覽》卷461。 3. 參見《御覽》卷400。
4. 參見《御覽》卷929。 5. 參見《御覽》卷176。
6. 紀昀云：范書本傳：述刻其掌文曰「公孫帝」。 7. 參見《御覽》卷370。
8. 參見《後漢書》卷13《公孫述傳》李賢《注》。 9. 參見《御覽》卷461。
10. 參見《後漢書》卷13《公孫述傳》。 11. 參見《御覽》卷494。

橋，僞建旗幟，鳴鼓挑戰，而潛遣奇兵出吳漢軍後，襲擊破漢。漢墮水，緣馬尾得出[1]。

23.18 《延岑》

延岑、字叔牙，筑陽人[2]。岑衣虎皮襜褕，宿下邑亭。亭長白言「睢陽賊衣絳罽襜，今宿客疑是。」乃發卒來，岑臥不動，吏謝去[3]。

23.19 《田戎》

田戎、西平人，與同郡人陳義客夷陵，爲群盜。更始元年，義、戎將兵陷夷陵，義自稱黎邱大將軍，戎自稱掃地大將軍[4]。戎至期日，灼龜卜降，兆中坼，遂止不降[5]。

23.20 《銅馬等群盜》

銅馬賊帥東山荒禿、上淮況等，大肜渠帥樊重，尤來渠帥樊崇，五校賊帥高扈，檀鄉賊帥董次仲，五樓賊帥張文，富平賊帥徐少，獲索賊帥古師郎等[6]。

24 東觀漢記卷二十四佚文

24.1 元始元年，拜王舜爲太保[7]。

24.2 丁明代傳喜爲大司馬，亦任事，頗害賢寵，及丞相王〔嘉〕死，明甚憐之。上寖重賢，欲極其位，而恨明如此，遂策免明，上印綬還第[8]。

1. 參見《御覽》卷341。
2. 參見《後漢書》卷13《公孫述傳》李賢《注》。紀昀云：范書《公孫述傳》作「南陽人」。 3. 參見《御覽》卷693。
4. 參見《後漢書》卷17《岑彭傳》李賢《注》。
5. 參見《後漢書》卷17《岑彭傳》李賢《注》。紀昀云：范書《岑彭傳》：建武四年，戎聞秦豐被圍，刻期日降，而妻兄辛臣盜戎珍寶，從間道先降，戎疑其賣己，遂不敢降。後爲岑彭所破亡，降公孫述。
6. 參見《後漢書》卷1《光武帝紀》李賢《注》。
7. 紀昀云：以下三條俱姚之駰本，此見班書王莽三年，〔舜〕、莽從弟。本書載此當是徵引及之也。
8. 紀昀云：此見班書《佞倖傳》，賢謂董賢，本書當亦引及。編者按：此文又見孔廣陶本《書鈔》卷32、《唐類函》卷63。

24.3 詔曰：「三輔皆好彈，一大老從旁舉身曰：『噫唏哉[1]！』」

24.4 後漢有南宮、北宮、承光宮也[2]。

24.5 霍光薨，賜繡被百領[3]。

24.6 元年營造明堂、靈臺、辟雍，此即明三事不同也[4]。

24.7 漢有沛宮、甘泉宮、龍泉宮、太一宮、思子宮，後漢有胡桃宮[5]。

24.8 栗駭蓬轉，因遇際會[6]。

24.9 太史曰：「忠臣畢力[7]。」

24.10 詔曰：「吏安其職，民樂其業[8]。」

24.11 北裔寇作，無鷄鳴犬吠之聲[9]。

24.12 千里無烟火[10]。

24.13 使先登偵之，言虜欲去[11]。

---

1. 紀昀云：此見虞世南《北堂書鈔》，未知何帝詔文。編者按：此文見孔廣陶本《書鈔》卷124。
2. 紀昀云：以下二條俱《永樂大典》本，此見《北堂書鈔》，與「後漢有沛宮」一條均非史體，疑是他書之文，而誤題本書者。編者按：此文又見《初學記》卷24。
3. 紀昀云：此條見《北堂書鈔》。
4. 紀昀云：此條見歐陽詢《藝文類聚》，攷范書《光武紀》：中元元年初起明堂、靈臺、辟雍。漢儒多以明堂辟雍爲一所，此其辨晰之語，未知何人所陳。
5. 紀昀云：此條見徐堅《初學記》。
6. 參見《文選》卷10潘岳《西征賦》李善《注》。
7. 參見《文選》卷10潘岳《西征賦》李善《注》。又《文選》卷49干寶《晉紀總論》李善《注》引作「太史官曰：明主勞神，忠臣畢力。」
8. 參見《文選》卷49干寶《晉紀總論》李善《注》。
9. 參見《文選》卷38傅亮《爲宋公至洛陽謁五陵表》李善《注》。
10. 參見《文選》卷20曹植《五言詩・送應氏》李善《注》。
11. 參見《文選》卷57潘岳《馬汧督誄》李善《注》。

24.14 詔書（今）〔令〕功臣家自記功狀，不得自增加，以變時事。或自道先祖形貌表相，無益事實。復曰齒長一寸，龍顏虎口，奇毛異骨，形容極變，亦非詔書之所知也[1]。

24.15 揚雄好著書，而口吃不能劇談[2]。

24.16 主不稽古，無以承天[3]。

24.17 喜右學[4]。

24.18 允恭玄默[5]。

24.19 保樂洽壽[6]。

24.20 四方樂業[7]。

24.21 吏民懽悅[8]。

24.22 問三老[9]。

24.23 鴻胤奉統[10]。

24.24 賜及妻子[11]。

24.25 特賜御□[12]。

24.26 賜食於前[13]。

1. 參見《御覽》卷363。
2. 參見《御覽》卷464。
3. 見孔廣陶本《書鈔》卷9。編者按：此則及以下各則並據吳樹平《東觀漢記》卷22《散句》及《補遺》二篇所輯增補。
4. 見孔廣陶本《書鈔》卷12。
5. 見孔廣陶本《書鈔》卷15。
6. 見孔廣陶本《書鈔》卷15。
7. 見孔廣陶本《書鈔》卷15。
8. 見孔廣陶本《書鈔》卷16。
9. 見孔廣陶本《書鈔》卷16。
10. 見孔廣陶本《書鈔》卷17。
11. 見孔廣陶本《書鈔》卷19。
12. 見孔廣陶本《書鈔》卷19。
13. 見孔廣陶本《書鈔》卷19。

24.27 賜所乘驪馬[1]。

24.28 感念沾襟[2]。

24.29 配乾作合[3]。

24.30 龜筮並從[4]。

24.31 內攝時政，外懷狄戎[5]。

24.32 婉嫟慈孝[6]。

24.33 內無忌克之心，不以舊惡介意[7]。

24.34 以匡主上[8]。

24.35 弘策授親[9]。

24.36 有母儀之節[10]。

24.37 婉順慈孝，體性慈□[11]。

24.38 躬執饋餌[12]。

24.39 親奉定省，不避暑寒[13]。

24.40 不親醫，泣流離[14]。

1. 見孔廣陶本《書鈔》卷19。
2. 見孔廣陶本《書鈔》卷19。
3. 見孔廣陶本《書鈔》卷23。
4. 見孔廣陶本《書鈔》卷23。
5. 見孔廣陶本《書鈔》卷23。
6. 見孔廣陶本《書鈔》卷24。
7. 見孔廣陶本《書鈔》卷24。
8. 見孔廣陶本《書鈔》卷24。
9. 見孔廣陶本《書鈔》卷24。
10. 見孔廣陶本《書鈔》卷24。
11. 見孔廣陶本《書鈔》卷24。
12. 見孔廣陶本《書鈔》卷24。
13. 見孔廣陶本《書鈔》卷24。
14. 見孔廣陶本《書鈔》卷24。

24.41 哭聲不絕，飲不入口[1]。

24.42 敬養盡於奉，存哀愼刑[2]。

24.43 疏食骨立[3]。

24.44 素食竟期[4]。

24.45 □年白首，未嘗不愴然泣涕[5]。

24.46 由禮[6]。

24.47 動與禮合[7]。

24.48 少而明達[8]。

24.49 聰叡天資[9]。

24.50 周密畏愼[10]。

24.51 原事得情[11]。

24.52 時有所問，對無遺失[12]。

24.53 有所不安，明陳其故[13]。

24.54 謙讓日崇[14]。

1. 見孔廣陶本《書鈔》卷24。
2. 見孔廣陶本《書鈔》卷24。
3. 見孔廣陶本《書鈔》卷24。
4. 見孔廣陶本《書鈔》卷24。
5. 見孔廣陶本《書鈔》卷24。
6. 見孔廣陶本《書鈔》卷24。
7. 見孔廣陶本《書鈔》卷24。
8. 見孔廣陶本《書鈔》卷25。
9. 見孔廣陶本《書鈔》卷25。
10. 見孔廣陶本《書鈔》卷25。
11. 見孔廣陶本《書鈔》卷25。
12. 見孔廣陶本《書鈔》卷25。
13. 見孔廣陶本《書鈔》卷25。
14. 見孔廣陶本《書鈔》卷25。

24.55 膳不求珍[1]。

24.56 論寢徹旦[2]。

24.57 戟士收尚書[3]。

24.58 未曾私語[4]。

24.59 無令干亂吏治[5]。

24.60 外戚戰慄，百寮肅然[6]。

24.61 聽言視論，摘發其要[7]。

24.62 甲夜占書，丁夜盡筆[8]。

24.63 賜金蓋車[9]。

24.64 容儀照曜絕異[10]。

24.65 令色卓絕[11]。

24.66 傾亂[12]。

24.67 徙居雲臺[13]。

24.68 止行過肅名趙李時銓不卒，陳義子問以舊事[14]。

1. 見孔廣陶本《書鈔》卷25。
2. 見孔廣陶本《書鈔》卷25。
3. 見孔廣陶本《書鈔》卷26。
4. 見孔廣陶本《書鈔》卷26。
5. 見孔廣陶本《書鈔》卷26。
6. 見孔廣陶本《書鈔》卷26。
7. 見孔廣陶本《書鈔》卷26。
8. 見孔廣陶本《書鈔》卷26。
9. 見孔廣陶本《書鈔》卷26。
10. 見孔廣陶本《書鈔》卷26。
11. 見孔廣陶本《書鈔》卷26。
12. 見孔廣陶本《書鈔》卷26。
13. 見孔廣陶本《書鈔》卷26。
14. 見孔廣陶本《書鈔》卷77。

24.69 少好黃老，常步擔求師也[1]。

24.70 易於泰山之壓鷄卵，輕於駟馬之載鴻毛[2]。

24.71 大恩[3]。

24.72 許皇后父廣漢，爲宦者丞。上官桀謀反時，廣漢部索，其殿中廬有索長數尺可以縛人者數千枚，滿一篋緘封。廣漢索不得，他吏往得之。廣漢坐論爲鬼薪，輸掖庭，後爲暴室嗇夫[4]。

24.73 蟻封穴戶，大雨將至[5]。

24.74 孝明皇帝九子，七王不載母氏[6]。

24.75 建武、光武年號也。永平、孝明年號也[7]。

24.76 和帝年號永初[8]。

24.77 西巡，幸長安。司馬相如上疏曰：「夫清道而後行，猶時有銜橛之變[9]。」

24.78 耕或爲研[10]。

24.79 北虜遣使和親[11]。

24.80 岸賓上議：「二千石皆以選出，刻符典千里[12]。」

1. 見孔廣陶本《書鈔》卷97。
2. 見孔廣陶本《書鈔》卷117。
3. 見《六帖》卷48。
4. 見《御覽》卷766。
5. 見《海錄碎事》卷1。
6. 見《後漢書》卷50《孝明八王傳》李賢《注》。
7. 見《文選》卷1班固《東都賦》李善《注》。
8. 見《文選》卷9曹昭《東征賦》李善《注》。
9. 見《文選》卷10潘岳《西征賦》李善《注》。
10. 見《文選》卷38任彥昇《爲蕭揚州薦士表》李善《注》。
11. 見《文選》卷43丘遲《與陳伯之書》李善《注》。
12. 見《杜工部草堂詩箋・補遺》卷21《將赴成都草堂途中有作先寄嚴鄭公五首》箋注。

24.81 太尉張酺、鄭洪、徐防、趙喜、隨延、龐枑，並以日蝕免[1]。

24.82 侍御史、東平相格班[2]。

24.83 終利恭[3]。

24.84 雖誇譀，猶令人熱[4]。

24.85 凡歷所革，以變律呂，相生至六十也[5]。

24.86 《前漢志》但載十二律，不及六十[6]。

24.87 凡陽生陰曰下，陰生陽曰上[7]。

24.88 候鍾律，權土炭，冬至陽氣應，黃鍾通，土炭輕而衡仰，夏至陰氣應，蕤賓通，土炭重而衡低。進退先後，五日之中[8]。

24.89 玉衡長八尺，孔徑一寸，下端望之以視星宿。並縣璣以象天，而以衡望之。轉璣窺衡以知星宿。璣徑八尺，圓二尺五寸而强[9]。

24.90 言天體者有三家：一曰《周髀》，二曰《宣夜》，三曰《渾天》。《宣夜》之學絕無師法。《周髀》數術具存，（孝）〔考〕驗天狀，多所違失，故史官不用。唯《渾天》者近得其情，今史官所用候臺銅儀，則其法也。立八尺圓體之度，而具天地之象，以正黃道，以察發斂，以行日月，以步五緯。精微深妙，萬世不易之道也。官有其器而無本書，《前志》亦闕而不論。臣求其舊文，連年不得。在東觀，以治律未竟，未及成書。案略求索，竊不自量，卒欲寢伏儀下，思惟精意，案度成數，扶以文義，潤以道術，著成篇章。罪惡無狀，投界有北，灰滅雨絕，世路無由。（宜）〔宜〕博問群臣，下及巖穴，知《渾天》之意者，使述其義，以裨《天文志》，撰建武以來星變彗孛占驗著明者續其後[10]。

1. 見孔廣陶本《書鈔》卷51。 2. 見《通鑑》卷182胡三省《注》。
3. 見《廣韻》卷1。 4. 見《廣韻》卷4。
5. 見《文選》卷56陸倕《新刻漏銘》李善《注》。 6. 見《宋書律曆志》上。
7. 見《漢書》卷21《律曆志》上晉灼《注》。
8. 見《史記》卷27《天官書》《集解》引晉灼《注》。
9. 見《山堂考索》。 10. 見《續漢書》卷10《天文志》上劉昭《注》。

24.91　宗廟迭毀議奏，國家大體，班固錄《漢書》，乃置《韋賢傳》末。臣以問胡廣，廣以爲實宜在《郊祀志》，去中鬼神仙道之語，取《賢傳》宗廟事（置）〔寘〕其中，既合孝明旨，又使祀事以類相從[1]。

24.92　孝明立世祖廟，以明再受命祖有功之義，後嗣遵儉，不復改立，皆藏主其中。聖明所制，一王之法也。自執事之吏，下至學士，莫能知其所以兩廟之意，誠宜具錄本事。建武乙未、元和丙寅詔書，下宗廟儀及齋令，宜入《效祀志》，永爲典式[2]。

24.93　國家舊章，而幽僻藏蔽，莫之得見[3]。

24.94　永平初，詔書下車服制度，中宮皇太子親服重繒厚練，浣已復御，率下以儉化起機。諸侯王以下至于士庶，嫁娶被服，各有秩品。當傳萬世，揚光聖德。臣以爲宜集舊事儀注本奏，以成志也[4]。

24.95　俗人失其名，故名冕爲平天冠，五時副車曰五帝，鷩旗曰雞翹，耕根曰三蓋，旗皆非一[5]。

1. 見《續漢書》卷9《祭祀志》下劉昭《注》。
2. 見《續漢書》卷9《祭祀志》下劉昭《注》。
3. 見《續漢書》卷29《輿服志》上劉昭《注》。
4. 見《續漢書》卷30《輿服志》下劉昭《注》。　5. 見《御覽》卷773。

逐字索引

哀 āi 32

公孫述故○帝時 1.1/7/15
以益州徼外○牢王率眾
慕化 2.1/13/3
而悲○泣血 3.2/19/26
○懼戰慄 5.5/32/8
夫人○我爲斷髮 6.5/36/12
舉聲盡○ 7.8/41/10
惟陛下○憐 8.5/48/21
大王○厚弇如父子 8.14/52/17
○念祭遵不已 9.7/59/22
成、○間轉客潁川舞陽
10.20/67/3
上甚○之 11.8/72/23
援○而縱之 12.1/75/10
吾從弟少游嘗○吾慷慨
多大志 12.1/76/17
○痛感傷 12.4/78/13
○帝建平元年 12.9/80/9
○臣小稱病 13.12/87/24
輒爲求○ 13.16/89/10
哭盡○ 14.2/91/9
涕泣求○ 14.3/91/18
○、平間 16.16/108/4
賊○而遣之 17.11/120/23
政涕泣求○ 17.17/122/27
○譚謂曰 17.24/124/28
○縱汝 17.24/125/1
可○縱也 17.24/125/2
褒愍○病徒 18.16/131/17
○、平間以明律令爲侍
御史 19.7/138/18
咸爲舉○ 21.2/150/23
奇而○之 21.39/158/4
諸君寧肯○之乎 23.7/167/8
○帝時爲漁陽太守 23.11/168/15
存○慎刑 24.42/176/3

艾 ài 3

懲○酷吏 2.1/12/8
賜駮犀具劍、佩刀、紫
○綬、玉玦各一 13.15/88/25
知唐桑○ 22.4/162/1

愛 ài 26

樂施○人 1.1/1/26
敬○師傅 2.1/11/15
親○九族 2.2/14/4
寬裕博○ 3.1/18/5
○敬盡于事親 3.2/21/1
○而勞之 5.5/32/8
上○重蒼 7.12/42/21
吏人羌胡○惜 8.2/48/2
奉職○士 8.12/52/2
上○其容儀 9.7/59/3
羌胡親○之 10.23/68/11
是以○之如父母也 10.23/68/12
吏民親○而不忍欺之 10.26/69/11
以有仁○、知相敬事也
10.26/69/14
惠○之誠 14.5/93/15
省○民役 15.10/99/5
深相敬○ 16.1/102/9
重○玉體 16.9/105/23
零陵頌其遺○ 16.31/112/12
崔瑗○士 16.39/114/16
爲政○利 17.13/121/18
吏民畏而○之 18.6/128/5
吏民畏○ 18.14/131/4
吏人○慕 19.2/137/3
我素所○ 23.11/168/23
不宜有○ 23.17/171/28

隘 ài 3

所經三百八十九○ 8.2/47/16
泥塗狹○ 11.14/74/13
據○自守 23.16/170/10

安 ān 179

後之長○ 1.1/1/14
舍長○尚冠里 1.1/1/17
南陽大人賢者往來長○ 1.1/1/17
意不○ 1.1/3/11,10.21/67/10
大爲長○所笑 1.1/3/15
○集百姓 1.1/3/18
令反側者自○也 1.1/4/6
○得不投死 1.1/4/10
由是皆自○ 1.1/4/10
帝所與在長○同舍諸生
彊華自長○奉《赤伏
符》詣鄗 1.1/4/17
賜○車一乘 1.1/4/24
失斬將（○）〔弔〕民
之義 1.1/7/12
○敢自遠 1.1/8/13
○得松、喬與之而共遊
乎 1.1/8/24
今天下大○ 1.1/9/6
帝幸長○ 1.1/9/15
后父郭昌爲陽○侯 1.1/10/9
幸長○ 2.1/12/5,24.77/178/19
是時天下○平 2.1/12/32
孝○皇帝諱祜 3.1/18/5
拜爲長○侯 3.1/18/9
自稱○漢將軍 3.1/18/22
○定太守杜恢與司馬鈞
并威擊羌 3.1/18/30
孝○皇帝長子也 3.2/19/21
○帝崩 3.2/19/25,20.23/149/18
漢○元年 3.2/20/20
樂○王孫 3.4/21/15
建○二十年 5.1/27/18
分漢中之○陽、西城 5.1/27/18
○帝即位之年 5.1/27/21
大廈未○ 5.4/29/6
乃敢○之 5.5/31/24
天下乂○刑措之時也 5.5/32/5
後至長○ 6.1/33/23
后嘗有不○ 6.2/34/21
○親爲上 6.2/35/7
不○坐臥 6.2/35/8
嘗不○ 6.5/37/2
莽徵到長○ 7.7/40/19
彊不自○ 7.8/41/4
濟南○王康 7.11/42/8
國爲○鄉侯 7.17/44/22
堅、西○亭侯 7.17/44/24
○帝詔曰 7.19/45/7
受業長○ 8.1/46/5,15.12/99/23
使○集河北 8.1/46/8
今山東未○ 8.1/46/10
欲尊主○民者也 8.1/46/12
赤眉入長○ 8.1/46/23
今長○饑民 8.1/46/24
赤眉還入長○ 8.1/47/1

惟○帝宜承大統	8.4/48/14
○帝即位	8.5/48/19
上未○	8.10/50/15
上○然後退舍	8.10/50/15
國計已都長○	8.14/52/14
使弟玄武將軍藍將兵守西○	8.14/52/22
弇以軍營臨淄、西○之間	8.14/52/23
視西○城小而堅	8.14/52/23
後五日攻西○	8.14/52/25
求乞攻西○	8.14/52/26
然吾故揚言欲攻西○	8.14/52/26
即西○孤	8.14/52/27
且西○城堅	8.14/53/1
匈奴破殺後王○得	8.17/54/6
耿氏自中興以後迄建○之末	8.17/54/14
兩虎○得私鬬	9.1/55/12
長○兵亂	9.6/58/10
上在長○時	9.6/58/14
何如在長○時共買蜜乎	9.6/58/15
上從長○東歸過汧	9.7/59/9
○得憂國奉公之臣如祭征虜者乎	9.7/59/21
由是遂○	10.2/62/19
河上至○邑	10.5/63/8
上以爲○集掾	10.7/63/18
○吾衆能濟者	10.11/64/20
權時以○吏士	10.11/64/21
霸○坐不動	10.11/64/25
惟隗與袁○同心畢力	10.13/65/12
彤親所以至今日得○于信都者	10.16/66/10
其以○豐、陽泉、蓼、○風凡四縣封融爲○豐侯	10.22/67/23
賜几杖、○車一乘	10.26/69/21
○知非僕乎	11.1/70/9
長○語曰	12.2/77/10
余外孫右扶風曹貢爲梧○侯相	12.6/79/4
過梧○	12.6/79/5
武○賜命兮	12.10/80/24
海內賴○	13.11/86/19
常敗百姓○居	13.11/86/29
又前十八年親幸長○	13.12/87/17
車駕西幸長○	13.13/88/11
爲○帝所寵	13.15/88/24
赤眉已得長○	14.1/90/2
百姓○土歸心	14.1/90/2
將兵○撫河東	14.2/90/18
遣信人馳至長○	14.2/90/20
○其（彊）〔疆〕宇	14.5/93/18
人○其業矣	14.5/93/27
封爲定陵新○鄉侯	15.1/95/1
以廬江郡爲六○國	15.2/95/21
○能從子	15.8/98/5
○集雒陽	15.10/99/3
惟河西獨○	15.11/99/13
○可再遭值	15.17/101/17
扶風（○）〔平〕陵人	16.3/102/21
○能久事筆研間乎	16.3/102/24
○在	16.3/103/5
○息遣使獻大爵、師子	16.3/104/2
當○復施用時乎	16.9/106/3
○能預知如此	16.9/106/5
出爲六○郡丞	16.16/108/11
崔篆、涿郡○平人	16.37/113/27
○得獨潔己而危所生哉	16.37/113/29
大丈夫○能爲人役耶	16.46/115/24
○能濟政	16.46/116/1
○貧賤	16.47/116/6
客居○邑	16.49/116/20
○邑令候之	16.49/116/20
閔仲叔豈以口腹累○邑耶	16.49/116/22
篤學《春秋》長○	16.50/116/26
○可復更	16.50/117/1
丹從師長○	17.2/118/3
○集受降	17.2/118/6
北海○邱人	17.3/118/16
嘗從長○來	17.23/124/13
田禾將軍子從長○來	17.23/124/14
時長○市未有秩	18.1/125/25
領長○市	18.1/125/26
○能動萬乘主耶	18.1/126/2
袁○爲河南尹十餘年	18.5/127/15
太后詔○爲賓	18.5/127/16
○爲司徒	18.5/127/17
未敢○也	18.6/128/10
民○堵	18.12/130/3
百姓○業	18.13/130/19
杜○、字伯夷	18.21/132/21
○不發	18.21/132/21
○開壁出書	18.21/132/22
杜根以○帝年長	18.22/132/26
孫○世	18.25/133/20
爲○陽尉	18.27/134/8
河南尹袁○聞之	19.4/137/18
具以狀白○	19.4/137/22
誠欲以○定邊陲	19.4/137/23
○帝元年	19.6/138/13
處新○關下	19.20/141/24
江夏○陸人也	19.22/142/7
詔詣○福殿	19.22/142/11
○問狐狸	20.15/148/3
光心不自○	20.24/150/7
爲○定屬國都尉	21.11/153/3
奐○坐帷中	21.11/153/6
軍士稍○	21.11/153/6
以建○中爲武威太守	21.11/153/8
○能雌伏	21.22/155/9
大漢○樂	22.4/163/15
○息王獻條支大雀	22.6/164/12
長○中兵攻王莽	23.1/165/1
李松等自長○傳送乘輿服御物	23.1/165/3
更始至長○	23.1/165/4
○堵如舊	23.1/165/5
長○中爲之歌曰	23.1/165/12
三輔豪傑入長○	23.2/165/24
使盆子乘車入長○	23.5/166/16
同郡東莞人逢○、字少子	23.6/166/24
赤眉入○定、北地	23.6/167/1
○定人	23.9/168/3
少學長○	23.13/169/9
王莽尚據長○	23.16/169/26
欲○其衆	23.17/171/23
吏○其職	24.10/173/15
有所不○	24.53/176/25

鞍 ān 6

上望見車騎○勒皆純黑	6.2/35/16

復賜乘輿服御、珍寶○
　馬 7.12/43/13
惶遽著○上馬 10.21/67/13
援據○顧盼 12.1/77/4
皇太子賜郁○馬、刀劍
　16.10/106/21
并○勒、防汗 16.10/106/24

諳 ān 1

其園陵樹蘗皆○其數 17.1/117/22

犴 án 1

獄○塡滿 16.37/114/1

岸 àn 3

羌顚○降 22.5/164/4
後顚○兄顚吾復詣林 22.5/164/5
○賓上議 24.80/178/25

按 àn 6

○圖讖 1.1/5/6
謹○《河》《雒》讖書 5.5/29/16
因過○行閱視皇太后舊
　時衣物 7.12/43/4
復獨○部 9.7/59/11
皆言○軍出塞 12.3/77/19
嚴舉劾○章 12.6/79/10

案 àn 21

○行賊營 1.1/4/9
道數十歲事若○文書 1.1/6/5
嘗○輿地圖 2.1/13/27
○尊事神（祗）〔祇〕 5.6/32/24
輿收申○論 7.2/39/3
○《易》卦《震》之
　《蹇》 7.9/41/21
下至杯○食物 9.8/60/7
自出○行 10.26/69/19
○帝作誄曰 12.11/81/23
○良諸侯藩臣 14.2/91/5
○延資性貪邪 15.8/97/30
尙書○事 17.13/121/26
舉○常齊眉 18.29/135/6
詔射聲（教）〔校〕尉
　曹褒○《（舊漢）
　〔漢舊〕儀》制漢禮
　19.1/136/20
寵使○行 19.7/138/25
手奉○前跪 19.11/139/25
○《春秋讖》曰 20.4/145/21
抵破書○ 23.1/165/9
○秦舊迹 23.16/170/9
○略求索 24.90/179/26
○度成數 24.90/179/26

闇 àn 4

○稽疑議 1.1/1/18
樂成王居諒○ 7.19/45/7
愚○糞朽 8.5/48/20
雖居幽室○處 13.10/85/12

黯 àn 1

常慕史鰌、汲○之爲人
　15.7/97/12

卬 áng 1

前太子○頑凶失道 7.20/45/13

昂 áng 1

張○拔劍擊地曰 23.1/164/26

敖 áo 3

明德太后姊子夏壽等私
　呼虎賁張鳴與○戲爭
　鬭 2.2/15/13
送○倉 3.1/18/26
昔孫叔○敕其子 15.1/94/25

嗷 áo 1

天下○然 2.4/17/24

遨 áo 1

卿○遊二帝間 12.1/75/18

傲 ào 1

偃蹇○慢 16.50/117/3

八 bā 79

民餓死者十七○ 1.1/1/22
兵合七○千人 1.1/2/11
時漢兵○九千人 1.1/2/23
○荒震動 1.1/4/13
○年閏四月 1.1/6/23
高○尺九寸 1.1/8/7
功臣鄧禹等二十○人皆
　爲侯 1.1/10/1
封餘功臣一百○十九人 1.1/10/1
圖二十○將于雲臺 2.1/12/13
秋○月 2.1/12/13,3.2/20/21
○年冬十月 2.1/12/26
十○年秋○月 2.1/13/21
在位十○年 2.1/13/21
時年四十○ 2.1/13/21
永平十○年 2.2/14/6
○十餘品 2.3/17/14
延平元年○月 2.4/17/22
徼外羌薄申等○種舉衆
　降 3.1/18/16
日南地圻長一百○十二
　里 3.1/18/28
七百六十○穗 3.1/19/8
遣侍中杜喬、光祿大夫
　周舉等○人分行州郡 3.2/20/21
建康元年秋○月 3.2/20/26
年○歲 3.4/21/15
○年 3.5/22/22
十○年改爲刺史 4.1/25/12
鄉三千六百○十一 5.1/28/3
十有○年 5.5/29/23
永平三年○月丁卯 5.5/31/3
公卿奏議世祖廟登歌
　《○佾》舞（功）名 5.5/31/3
曲副○佾之數 5.5/31/15
對于○政勞謙克己終始
　之度 5.5/31/21

以正月十〇日始祠　5.5/32/8
建初四年〇月　5.5/32/11
以率〇妾　6.2/34/14
二十〇年十月　7.8/41/5
私田〇百頃　7.11/42/9
及祖廟登歌《〇佾》舞數　7.12/42/18
要帶〇尺二寸　7.12/42/26
至〇月飲酎畢　7.12/43/11
所經三百〇十九隘　8.2/47/16
州牧郡守四十〇人　8.7/49/20
斬首〇百餘級　8.9/49/28
辟把刀、墨再屈環橫刀、金錯屈尺〇佩刀各一　8.9/50/2
身長〇尺　9.11/61/3
　19.10/139/13
年〇十餘　11.3/71/12
時年〇十　11.8/72/21
　21.1/150/18
輕殊死刑〇十一事　12.9/80/9
建武〇年間　13.11/86/12
又前十〇年親幸長安　13.12/87/17
于茲〇年　13.12/87/19
生〇男　13.13/88/3
長〇尺三寸　13.13/88/5
出入〇年　13.14/88/17
《決事都目》〇卷　14.3/91/22
加笞〇百　15.8/98/12
開治稻田〇千餘頃　15.12/99/27
視事〇年　15.12/100/2
建初〇年　16.3/103/19
　18.11/129/20
建武二十〇年　16.9/106/1
　16.15/107/26
年〇歲爲人牧豬　17.12/121/3
米石七〇萬　18.14/131/1
長〇尺二寸　18.17/131/22
母年〇十　18.18/132/4
高譚等百〇十五人推財相讓　19.17/141/6
程等十〇人收斬江京、閻顯等　20.23/149/20
紫綬三十〇　21.8/152/8
老母〇十　21.13/153/21
單于比、匈奴頭曼十〇代孫　22.3/161/7
數月間至七〇千人　23.1/164/21
〇厶子系　23.17/171/8
玉衡長〇尺　24.89/179/18
璣徑〇尺　24.89/179/19
立〇尺圓體之度　24.90/179/23

巴 bā　5

乃乘桴沿江下〇郡　8.10/50/26
〇、蜀沒於南夷　14.5/93/4
〇异爲重泉令　21.42/158/16
累官〇陵太守　21.55/160/13
東守〇郡　23.17/171/5

拔 bá　19

宛城未〇　1.1/2/19
齊武王〇宛城　1.1/3/9
風〇樹發屋　3.1/18/15
一日必〇　8.14/52/27
聞貳師將軍〇佩刀刺山而飛泉出　8.17/54/9
故城不〇　9.2/56/5
（援）〔〇〕樂陽、稾、肥纍者〔也〕　9.12/61/19
蒙薦舉〇擢　14.1/90/7
當車〇佩刀　14.2/90/16
〇刀自嚮以要惲曰　15.8/97/25
特見〇擢　15.17/101/13
衆〇刀自誓　16.6/104/23
使鄉佐先〇刀　16.50/116/27
暉〇劍前曰　18.6/127/24
有所〇用　18.6/128/4
〇幽滯　19.2/137/4
〇大本䕲　20.10/147/5
張昂〇劍擊地曰　23.1/164/26
〇庭中蘆菔根　23.5/166/16

把 bǎ　3

辟〇刀、墨再屈環橫刀、金錯屈尺八佩刀各一　8.9/50/2
因〇臂責之曰　17.17/123/1
堪至〇暉臂曰　18.6/128/10

罷 bà　27

即〇去　1.1/6/20
〇倦引去　1.1/7/7
〇朝　2.3/17/1
策〇　3.2/20/1
　3.2/20/5,3.2/20/14
司徒許敬爲陵轢使（官）〔者〕策〇　3.2/20/5
今宜〇去　5.4/29/6
〇三公　8.1/47/5
右將軍官〇　8.1/47/5
遂〇左右將軍　8.11/51/20
使者來欲〇兵　8.14/52/14
兵一〇　8.14/52/14
皆〇遣歸鄉里　8.14/53/12
乃悉〇緣邊屯兵　9.8/60/6
今日〇倦甚　10.9/64/4
奏〇鹽官　12.8/79/24
遂〇之　13.10/85/17
永與馮欽共〇兵　14.2/90/21
盡日乃〇　16.9/105/20
既〇　16.9/106/7
賜策〇　18.3/127/7
蒼〇朝　18.6/128/3
公卿〇朝　19.1/136/23
休〇之　19.11/139/23
以病〇　20.4/145/27
願諸將軍亟〇　23.16/170/16

霸 bà　47

以長人巨無〇爲中壘校尉　1.1/2/18
〇陵獨完　1.1/8/25
王〇祖父爲詔獄丞　10.11/64/13
〇爲功曹令史　10.11/64/13
上謂〇曰　10.11/64/14
　10.11/64/20
上令〇至市（口）〔中〕募人　10.11/64/15
〇慚而去　10.11/64/16
上令〇前瞻水　10.11/64/17
〇欲如實還報　10.11/64/18
上令〇護渡　10.11/64/19
王〇從我勞苦　10.11/64/21
即日以〇爲軍正　10.11/64/22

上遣○討之 10.11/64/24
○至 10.11/64/24
中○前酒樽 10.11/64/25
○安坐不動 10.11/64/25
侯○、字君房 13.5/83/19
○保守臨淮 13.5/83/20
遣謁者侯盛、荊州刺史費遂齎璽書徵○ 13.5/83/20
願復留○期年 13.5/83/21
○爲尚書令 13.5/83/25
永行縣到京兆○陵 14.2/91/7
齊桓○彊之君耳 14.5/93/18
司徒侯○欲與丹定交 15.5/96/21
○遣子昱候 15.5/96/21
王○ 16.47/116/6
司徒侯○辟貢 16.49/116/17
鍾離意辟大司徒侯○府 17.13/121/14
以見○ 17.13/121/15
葉令雍○及新野令皆不遵法 18.26/133/28
到葉見○ 18.26/133/28
○即解印綬去 18.26/134/1
令聞○已去 18.26/134/1
將妻之○陵山 18.29/135/3
魏○、字喬卿 19.11/139/18
○孤兄弟子來候 19.11/139/18
○以所乘車馬遣送之 19.11/139/18
○聞悲淚 19.11/139/19
○妻死 19.11/139/24
長兄伯爲○取妻 19.11/139/24
○笑曰 19.11/139/24
○曰 19.11/139/25
張○、字伯饒 19.25/143/7
詔鄧禹收葬〔於〕○陵 23.1/165/20
其弊猶足以○ 23.16/170/11
○王之業成矣 23.17/171/1

白 bái 91

求封南陽蔡陽○水鄉 1.1/1/6
太○清明 1.1/5/2
故禹不郊○帝 1.1/5/11
左右有○大司馬史 1.1/8/4
于是下太常、將軍、大夫、博士、議郎、郎官及諸王諸儒會○虎觀 2.1/11/22
諸儒會○虎觀 2.2/14/11
日南獻○雉、○犀 2.2/14/13
○鶴三十從西南來 2.2/14/18
乃者○烏、神雀屢臻 2.2/14/26
○鹿、○兔、九尾狐見 2.2/15/3
鳳凰見百三十九、麒麟五十二、○虎二十九、黃龍三十四、青龍、黃鵠、鸞鳥、神馬、神雀、九尾狐、三足烏、赤烏、○兔、○鹿、○燕、○鵲、 2.2/15/20
○氣長三丈 2.3/17/5
潁川上言麒麟、○鹿見 3.1/19/10
○閻太后 3.2/19/27
○馬令李雲坐直諫誅 3.5/22/10
西河言○兔見 3.5/22/27
尚書（○）〔曰〕下本州考治 3.6/23/8
有○衣人入德陽殿門 3.6/23/18
昔小○欲封 5.5/30/2
綠紫○ 5.6/33/6
紫○ 5.6/33/7
青○紅 5.6/33/7
青○色 6.2/34/9
外間○太后 6.2/34/27
于是○太后即賜錢各五百萬 6.2/35/17
還○方坐啗脯 7.4/39/21
前○良曰 7.4/39/21
徙南陽之○水鄉 7.7/40/15
○太后 7.8/41/10
楚王英奉送黃縑三十五匹、○紈五匹入贖 7.10/42/3
講○虎觀 7.21/45/20
亭長將詣第○之 8.6/48/27
共○欲以復爲鄗尉 8.11/51/13
更始遣舞陰王李軼、廩丘王田立、大司馬朱鮪、○虎公陳僑將兵三十萬 9.4/57/1
乃賜（祐）〔祜〕○蜜一石 9.6/58/15
郎○曰 10.11/64/18
自束髮至○首 10.26/69/24
王○上 11.9/73/5
諸曹時○外事 12.1/76/5
爲人明○ 12.1/76/8
「皋」字爲「○」下「羊」 12.1/76/13
尉印「○」下「人」 12.1/76/14
○首不衰 13.1/83/1
生子○頭 13.9/85/3
見群豕皆○ 13.9/85/4
湛常乘○〔馬〕 13.10/85/14
○馬生且復諫矣 13.10/85/15
憙○上 13.16/89/12
彭還詣河陽○上 14.1/90/4
詳眾士之○黑 14.5/93/30
集議《五經》同異於○虎觀 15.2/95/14
○氣上升 15.2/95/20
資性清○ 15.5/96/14
○丹欲往奔慰 15.5/96/23
○布被囊 15.12/99/27
有起者即○之 16.10/106/21
在朝以清○方正稱 16.23/110/13
以○衣教授 16.25/110/24
諸儒于○虎觀講論《五經》同異 17.6/119/7
以清○方正稱 17.10/120/15
因○曰 17.11/120/23
○狼王等百餘國重譯來庭 17.15/122/15
往來常○衣步擔 17.23/124/12
有事輒長跪請○ 17.25/125/11
修行清○ 18.1/125/19
在位清○ 18.3/127/6
主簿遽○就 18.6/128/3
稱清○吏 18.10/129/9
故時人號爲「○衣尚書」 18.10/129/16
吏○今虜兵度出五千 18.12/129/28
生○廬江太守掾嚴麟 18.12/130/6
○父昇曰 18.13/130/15
○烏見 18.13/130/20
義奉檄而入○母 18.27/134/9
具以狀○安 19.4/137/22
黃、○絺各一端 19.22/142/12
郁乘輦○衣詣 19.29/144/5

使後世稱爲清〇吏子孫 20.2/145/7
〇馬令李雲素剛 21.4/151/4
頭鬢爲〇 23.16/170/14
改名〇帝倉 23.17/171/23
詆詐使人言〇帝倉出穀如山陵 23.17/171/24
〇帝倉出穀乎 23.17/171/24
亭長〇言「睢陽賊衣絳罽襜 23.18/172/6
□年〇首 24.45/176/9

百 bǎi 201

長數〇里 1.1/2/22
斬首〔數〕〇千級 1.1/3/5
安集〇姓 1.1/3/18
時〇姓以帝新破大敵 1.1/3/26
相去〇餘里 1.1/5/14
〇穀不成 1.1/5/22
下輿見吏輒問以數十〇歲能吏次第 1.1/6/4
賊檄日以〇數 1.1/6/7
代郡太守劉興將數〇騎攻賈覽 1.1/6/13
直〇金 1.1/7/13
下縣吏無〇里之繇 1.1/7/16
〇姓怨嘆 1.1/9/10
朕無益〇姓 1.1/9/23
封餘功臣一〇八十九人 1.1/10/1
〇姓嗟怨 2.1/11/9
〇官嚴設如舊時 2.1/12/6
賜錢〇萬 2.1/12/21,9.8/60/7
〇姓殷富 2.1/13/1
帝令〇官採甘露 2.1/13/16
帝率〇官上陵 2.1/13/17
租穀〇萬 2.1/13/28
鳳凰見〇三十九、麒麟五十二、白虎二十九、黃龍三十四、青龍、黃鵠、鸞鳥、神馬、神雀、九尾狐、三足烏、赤烏、白兔、白鹿、白燕、白鵲、 2.2/15/20
臣下〇僚 2.2/15/27
秭歸山高四〇餘丈 2.3/17/4
壓殺〇餘人 2.3/17/4
帝生〇餘日 2.4/17/19
日南地圻長一〇八十二里 3.1/18/28
燒兵物〇二十五種 3.1/19/5
禾〇五十六本 3.1/19/8
七〇六十八穗 3.1/19/8
飲食、〇官、鼓漏、起居、車騎、鹵簿如故 3.1/19/13
群僚〇姓 3.1/19/16
秩六〇石 3.2/20/20,4.1/25/10
而德教加于〇姓 3.2/21/1
章示〇姓 3.4/21/17
帝起四〇尺觀于阿亭道 3.6/23/26
尚書、中謁者、黃門冗從四僕射、諸都監、中外諸都官令、都（候）〔侯〕、司農部丞、郡國長史、丞、（候）〔侯〕、司馬、千人秩皆六〇石 4.1/26/1
家令、侍、僕秩皆六〇石 4.1/26/3
雒陽市長秩四〇石 4.1/26/3
主家長秩皆四〇石 4.1/26/4
諸署長、楫櫂丞秩三〇石 4.1/26/4
其丞、尉皆秩四〇石 4.1/26/5
秩六〇石者 4.1/26/5
丞、尉秩三〇石 4.1/26/5
四〇石者 4.1/26/5
其丞、尉秩二〇石 4.1/26/5
縣、國三〇石長〔相〕 4.1/26/6
丞、尉亦二〇石 4.1/26/6
明堂、靈臺丞、諸陵校長秩二〇石 4.1/26/6
縣國守宮令、相或千石或六〇石 4.1/26/7
長相或四〇石或三〇石 4.1/26/8
諫議大夫、侍御史、博士皆六〇石 4.1/26/9
議郎、中謁者秩皆比六〇石 4.1/26/9
小黃門、黃門侍郎、中黃門秩皆比四〇石 4.1/26/10
郎中秩皆比三〇石 4.1/26/10
太子舍人秩二〇石 4.1/26/11
蕭何墓在長陵東司馬門道北〇步 5.1/27/5
鄉三千六〇八十一 5.1/28/3
亭萬二千四〇四十三 5.1/28/3
〇王所同 5.5/29/12,5.5/29/15
宜封禪爲〇姓祈福 5.5/30/1
今恐山川〇神應典祀者尚未盡秩 5.5/30/19
懷柔〇神 5.5/31/1
殘賊〇姓 5.5/31/4
震服〇蠻 5.5/31/7
〇官頌所登御者 5.5/31/13
本支〇世 5.5/31/18
（陛下）〔〇姓〕盛歌元首之德 5.5/32/5
千石、六〇石黑綬 5.6/33/7
四〇、三〇、二〇石黃綬 5.6/33/8
〇石青紺綬 5.6/33/9
于是白太后即賜錢各五〇萬 6.2/35/17
于時見戶四〇七十六 7.7/40/14
奴婢至千四〇人 7.11/42/8
廄馬千二〇匹 7.11/42/8
私田八〇頃 7.11/42/9
虎賁〇人 7.12/43/18
衆號〇萬 8.1/46/23
時〇姓饑 8.1/47/4
所經三〇八十九隘 8.2/47/16
斬首八〇餘級 8.9/49/28
〇姓患苦王莽苛刻日久 8.14/52/18
敗〇萬師 8.14/52/19
臣子當擊牛釃酒以待〇官 8.14/53/8
屠城三〇 8.14/53/16
中郎將、護羌校尉及刺史、二千石數〇人 8.17/54/15
治矢〇餘萬 9.1/55/1
〇姓遮道曰 9.1/55/13
〇姓持酒肉迎軍 9.2/56/6
〇姓失望 9.4/56/20
別下潁川太守、都尉及三〇里內長吏皆會 9.4/57/9
〇姓歸心 9.4/57/15
邑七千三〇戶 9.6/58/13
願受南陽五〇戶足矣 9.6/58/13
詔遣〇官皆至喪所 9.7/59/14

上遣校尉發騎士四〇人 9.7/59/19
力貫三〇斤弓 9.8/60/3
賜縑〇匹 9.8/60/4
彎弓三〇斤 9.11/61/3
獻馬及縑帛數〇匹 10.1/62/5
會屬縣送委輸牛車三〇
餘兩至 10.2/62/18
上賜俊絳衣三〇領 10.7/63/18
三〇餘里 10.11/65/1
驢四〇頭負馱 11.2/71/2
其素所假貸人間數〇萬
11.3/71/12
徑且〇里 11.10/73/12
得穀〇萬餘斛 11.10/73/14
會〇官於宗廟 12.1/75/15
賜羊三千、牛三〇頭以
養病 12.1/76/4
詔書賜〔援〕鉅鹿縑三
〇匹 12.1/77/2
以襄城羹亭一千二〇戶
增防 12.3/77/24
〇寮憚之 12.6/79/10
〇僚勞攘 12.11/81/19
眾賢〇姓 13.1/82/24
〇姓號呼哭泣 13.5/83/20
本支〇世之要也 13.11/86/20
常敗〇姓安居 13.11/86/29
〇僚知林以（名）〔明〕
德用 13.11/87/1
敕從騎都尉儲融受兵二
〇人 13.16/89/11
〇姓歌之 13.16/89/13
〇姓安土歸心 14.1/90/2
宜知尊帝城門候吏六〇
石 14.2/91/5
仁者、〇行之宗 14.2/91/10
〇僚之臣 14.5/93/6
破〇萬之陣 14.5/93/10
加乎〇姓 14.5/93/16
而大將軍所部不過〇里
14.5/93/20
〇姓驚駭 14.5/93/21
收〇姓之歡心 14.5/93/28
〇里內皆齎牛酒到府飲
讌 15.8/97/28
加答八〇 15.8/98/12
有童兒數〇 15.9/98/19
乃選擇水軍三〇人 15.12/99/25
〇姓以殷富 15.12/100/1
其賜堪家新繒〇匹 15.12/100/3
〇姓悅之 15.15/101/1
九流〇家之言 16.2/102/13
會〇官驃騎將軍東平王
蒼以下、榮門生數〇
人 16.9/106/6
食邑五（〇）〔千〕戶
16.9/106/11
大會〇官 16.15/107/26
教授弟子常五〇餘人
16.17/108/18
〇僚畢會 16.20/109/18
古帝王封諸侯不過〇里
16.24/110/17
常數〇人 16.25/110/24
擔穀給福及妻子〇餘日
16.32/112/17
〇姓奔逃 16.43/115/8
宗家數〇人 16.52/117/13
門徒數〇人 17.3/118/16
〇姓歌之曰 17.9/119/27
賜良鰒魚〇枚 17.10/120/10
授諸生數〇人 17.12/121/3
撫循〇姓如赤子 17.13/121/18
〇姓無事 17.13/121/20
誤以十爲〇 17.13/121/26
〇官大會 17.13/122/2
皆取〇姓男女 17.14/122/8
〇姓患之 17.14/122/8
21.3/150/28
白狼王等〇餘國重譯來
庭 17.15/122/15
教授常數〇弟子 17.18/123/7
〇姓悅服 18.1/125/26
〇姓攀轅扣馬呼曰 18.1/126/16
〇姓聞之 18.1/126/16
爲〇僚式 18.3/127/6
〇姓爲便 18.12/130/3
〇姓皆喜 18.12/130/4
〇姓安業 18.13/130/19
取六〇萬 18.13/130/21
〇姓窮困 18.14/131/1
〇姓扶車叩馬 18.15/131/10
營舍有停棺不葬者〇餘
所 18.16/131/15
賜布五〇匹、衣一襲
18.17/131/25
〇姓垂涕送之滿道 19.1/136/14
門生就學〇餘人 19.5/138/4
雖有〇金之利 19.7/138/20
〇姓化其恩禮 19.17/141/6
高譚等〇八十五人推財
相讓 19.17/141/6
〇姓喜 19.21/142/1
加四〇之期 20.4/145/21
趙序取錢縑三〇七十五
萬 20.22/149/14
郭汜日擄掠〇官 21.27/156/7
饗賜作樂〇戲 22.3/161/16
〇宿到雒 22.4/163/24
眾數〇人 23.1/164/21
爲〇姓之所賤 23.1/165/12
得掖庭中宮女猶有數〇
千人 23.5/166/16
盆子將〇萬眾降 23.5/166/17
〇姓饑餓 23.6/167/2
遂相聚得數〇人 23.7/167/8
以鎮〇姓 23.17/171/2
戰士不下〇萬 23.17/171/6
〇姓空市里往觀之 23.17/171/24
賜繡被〇領 24.5/173/5
〇寮肅然 24.60/177/11

拜 bài 128

〇帝爲破虜大將軍 1.1/3/12
〇爲長安侯 3.1/18/9
再〇賀曰 6.6/37/9
稷不肯〇 7.1/38/20
〇廬江都尉 7.7/40/16
不在贊〇之位 7.12/43/10
升殿乃〇 7.12/43/10
上親答〇 7.12/43/10
將及景風〇授印綬焉 7.20/45/16
我得〇除長吏 8.1/46/9
〇前將軍 8.1/46/19
〇訓謁者 8.2/47/16
〇張掖太守 8.2/47/24
以延平（九）〔元〕年
〇爲車騎將軍、儀同
三司 8.4/48/12
〇悝城門校尉 8.5/48/19

○左將軍 8.11/51/16
向井再○ 8.17/54/10
○爲刺姦大將軍 9.2/55/26
異因下席再○賀曰 9.4/57/6
○爲征西大將軍 9.4/57/13
○遼東太守 9.8/60/4
過彤冢○謁 9.8/60/9
○弘農太守 9.10/60/24
上○純爲前將軍 10.1/62/8
乃○純爲東郡太守 10.1/62/11
光武○王梁爲大司空 10.6/63/12
俊即○ 10.7/63/17
隗○司空 10.13/65/12
○大中大夫 11.2/70/18
○光祿大夫 11.4/71/18
○廷尉 11.10/73/11
交○畢 12.1/75/14
夜○爲黃門郎 12.3/78/7
○太僕 12.4/78/16
○嚴持兵長史 12.6/79/7
○中丞 12.6/79/9
梁冀○步兵校尉 12.12/82/3
梁不疑○步兵校尉 12.13/82/9
於是召譚○議郎、給事中 13.6/84/4
○太中大夫 13.10/85/15
○太尉 13.16/89/16
○僕射 14.2/90/18
即○永諫大夫 14.2/90/22
○司隸校尉 14.3/91/19
即○邑爲上黨太守 14.4/92/1
○河南太守 15.1/94/24
宣秉、建武元年○御史中丞 15.3/96/5
贈子以不○ 15.5/96/20
○於車下 15.5/96/21
何以○子孫耶 15.5/96/22
恢乃下○ 15.6/97/5
徵○侍御史 15.7/97/14
18.22/133/3
○潁川太守 15.9/98/17
於道次迎○ 15.9/98/20
更始○爲會稽西部都尉 15.15/100/22
臣贊○不由王庭 15.15/100/26
○爲河東都尉 15.17/101/12
璽書○駿爲威虜將軍 15.19/101/25
（稱）〔○〕超爲將兵長史 16.3/103/19
○射聲校尉 16.3/104/6
虜欲令○ 16.6/104/22
不爲匈奴○ 16.6/104/24
臣恐不忍將大漢節對氈裘獨○ 16.6/104/25
○議郎 16.9/105/15
16.16/108/4,18.19/132/12
因○榮爲博士 16.9/105/18
榮獨舉手奉以○ 16.9/105/20
○榮爲五更 16.9/106/9
即○光祿大夫 16.11/106/28
即○爲太子太傅 16.15/107/29
○憑虎賁中郎將 16.20/109/15
○少府 16.21/109/24
17.16/122/20
○郎中 16.22/110/3
17.1/117/27,19.29/144/5
○大司農 16.23/110/13
徵○博士 16.25/110/25
○太子少傅 16.25/111/1
並以儒學○議郎也 16.25/111/2
賈牽車令○ 16.36/113/22
尉過迎○ 16.46/115/23
瞻○可觀 17.1/117/21
○太常 17.3/118/18,20.4/145/27
○五官中郎將 17.6/119/7
18.18/132/5
○爲宗正 17.7/119/14
○爲郎 17.8/119/22
設壇即○ 17.10/120/14
而不○賜 17.13/121/24
誠不敢○受 17.13/121/25
欲令政○床下 17.17/122/28
○侍御史 18.10/129/12
19.15/140/16
後○潁州太守 18.14/131/4
○車府令 18.16/131/15
○侍中 18.17/131/25
及進○ 18.18/132/5
○ 18.26/133/26
○而得錢 18.26/133/26
終不肯○ 18.26/133/27
出○東郡太守 19.1/136/8
酺○太尉 19.1/136/20
○中牟令 19.4/137/17
○趙相 19.5/138/4
特○謁者 19.10/139/13
贊○殿中 19.10/139/14
即○而出 19.11/139/26
○尚書郎 19.22/142/14
香○左丞 19.22/142/15
○尚書 19.22/142/15
公車徵○議郎 19.23/142/24
尚書敕郁自力受○ 19.29/144/5
○小黃門 19.32/144/21
○漢陽太守 20.10/147/3
乃○爲中郎將 21.8/151/25
劉訓○車府令 21.33/157/7
張意○驃騎將軍 21.53/160/3
○姑禮畢 22.1/160/27
于是聖公乃○ 23.1/164/27
○除二千石 23.1/165/15
當下○城 23.1/165/17
更始下（爲）〔馬〕○謝城 23.1/165/17
卒見衆○ 23.5/166/13
○王舜爲太保 24.1/172/21

敗 bài 36

帝爲畫成○ 1.1/2/23
兵必○ 1.1/5/15
帝知其必○ 1.1/6/13
五原郡兵○于高梁谷 3.1/18/18
九江賊馬勉○死 3.4/21/16
爲愔所○ 8.1/47/1
○走 8.1/47/1
赤眉陽○ 8.1/47/3
賊兵大○ 8.10/50/18
漢戰○墮水 8.10/50/24
○必不久 8.14/52/16
○百萬師 8.14/52/19
更始○亡 9.4/57/5
延岑○走 9.6/58/12
祭參坐沮○ 9.9/60/13
何揚生之（○）〔欺〕眞 12.10/81/2
王莽○ 13.5/83/20,16.52/117/13
陛下昭然獨見成○之端 13.11/86/25
常○百姓安居 13.11/86/29

後邑聞更始〇 14.4/92/1
今君長故主〇不能死 14.4/92/4
今故主已〇 14.4/92/12
更始既〇 14.5/92/23
莽〇 14.7/94/14,18.6/127/23
難禁易〇 16.3/104/4
知莽將〇 16.46/115/26
更始〇 17.2/118/8
齊郡〇亂 17.10/120/6
自更始〇後 23.5/166/16
既〇當斬 23.12/169/4
一旦〇壞 23.16/170/7
然軍〇復合 23.17/171/14
決成〇于一舉 23.17/171/21
隗囂〇 23.17/171/23

班 bān 16

賜歙〇絕席 11.2/71/1
乃盡散以〇昆弟故舊 12.1/75/11
立馬於魯〇門外 12.1/76/26
與校書郎杜撫、〇固定
《建武注記》 12.6/79/7
〇彪避地河西 16.1/102/9
〇固、字孟堅 16.2/102/13
時人有上言〇固私改作
《史記》 16.2/102/15
〇超、字仲升 16.3/102/21
〇超何心獨擅之乎 16.3/103/9
吏若〇超 16.3/103/11
〇始尙陰城公主 16.4/104/10
敏與〇彪親善 16.22/110/8
篆乃强起〇春 16.37/114/1
詔以其貨物〇賜群臣
17.13/121/23
侍御史、東平相格〇 24.82/179/3
〇固錄《漢書》 24.91/180/1

般 bān 4

劉〇、字伯興 17.7/119/12
以當襲父〇爵 17.8/119/18
故居巢侯劉〇嗣子愷 17.8/119/20
當襲父〇爵 17.8/119/21

阪 bǎn 1

反走上回谿〇 9.4/57/13

板 bǎn 1

子密等三人縛寵著床〇
23.11/168/21

版 bǎn 1

帝書〇曰 2.1/13/6

半 bàn 11

官曹文書減舊過〇 1.1/7/16
不能及許、史、王氏之
〇 2.1/13/25
減〇奉 3.5/22/16
至期日夜〇 8.14/52/25
溺水者〇 9.11/61/5
買〇臿佩刀懷之 10.21/67/10
得〇臿刀 10.21/67/10
四方且〇額 12.2/77/11
威行得眾不及智伯萬分
之〇 14.4/92/10
不啻大〇 14.5/93/8
俠卿爲制朱絳單衣、
（平）〔〇〕頭赤幘
、直綦履 23.5/166/13

靽 bàn 1

人馬席薦羈〇皆有成賈 1.1/10/12

辦 bàn 4

初無〇嚴之日 8.10/51/1
聖公不能〇也 8.14/52/16
僕竟〇之 11.1/70/10
趣爲諸將軍〇裝 23.11/168/22

邦 bāng 3

太尉掌〇 4.1/24/11
復臨茲〇 21.11/153/7
鄉〇稱之 22.1/160/27

謗 bàng 3

得吏民〇毀帝言可擊者
數千章 1.1/4/6
除誹〇 5.5/31/5
昔馬援以薏苡興〇 20.17/148/13

包 bāo 3

《元命〇》曰 5.5/31/9
《禹貢》「厥〇橘柚」
12.1/76/16
〇含今古 16.10/106/22

苞 bāo 3

見冬筍名曰（〇）〔笣〕
筍 12.1/76/16
汝南薛〇、字孟常 20.6/146/9
父娶後妻而憎〇 20.6/146/9

笣 bāo 1

見冬筍名曰（苞）〔〇〕
筍 12.1/76/16

褒 bāo 9

孔子後〇成侯等咸來助
祭 2.2/14/19
與同郡張宗、上谷鮮于
〇不相好 11.14/74/16
〇忠孝以爲珍 12.10/81/1
其追封諡皇太后父竦爲
〇親愍侯 12.10/81/6
詔射聲（教）〔校〕尉
曹〇案《（舊漢）
〔漢舊〕儀》制漢禮
19.1/136/20
酺以爲〇制禮非禎祥之
特達 19.1/136/21
〇不被刑誅 19.1/136/22
先帝〇厚老臣 21.23/155/14
杜〇、斜之塗 23.17/171/5

褒 bāo 3

封孔子後孔志爲○成侯 1.1/7/21
○愴然 18.16/131/16
○愍哀病徒 18.16/131/17

雹 báo 5

郡國大雨○ 2.3/16/23
雨○大如芋魁、雞子 3.1/18/15
京師雨○ 3.5/22/12
時鄒縣皆○傷稼 19.2/137/3
棱縣界獨無○ 19.2/137/4

保 bǎo 15

故皆○全 1.1/10/4
孝順皇帝諱○ 3.2/19/21
永○厥功 5.5/31/18
因○其城 11.2/70/23
○身全己 11.4/71/20
霸○守臨淮 13.5/83/20
于時○之 13.11/86/30
卿非但爲英雄所○也 13.16/89/16
○一城 14.1/90/3
官爵可○ 14.1/90/5
中家子爲之○役 16.16/108/5
太○甄豐舉爲步兵校尉 16.37/113/27
殆非所謂○赤子之義 20.4/145/27
拜王舜爲太○ 24.1/172/21
○樂洽壽 24.19/174/13

堡 bǎo 1

皆築○壁 10.5/63/8

葆 bǎo 1

益州乃傳送瞽師、郊廟樂、○車、乘輿物 1.1/7/15

飽 bǎo 3

削章不如○飯 2.1/12/10
易爲充○ 9.4/56/21
無穀而○ 23.17/171/4

褓 bǎo 2

帝在襁○ 2.4/17/20
孝殤襁○承統 2.4/17/24

寶 bǎo 13

漢軍盡獲其珍○輜重車甲 1.1/3/9
是時名都王國有獻名馬、○劍 1.1/7/12
商賈重○ 1.1/8/8
天下之重○大器 1.1/8/12
廬江太守獻○鼎 2.1/12/23
更始取伯升○劍視之 7.1/38/16
推父時金○財產與昆弟 7.7/40/16
復賜乘輿服御、珍○鞍馬 7.12/43/13
明帝悉以太后所遺金○賜京 7.16/44/13
更始遣柱天將軍李○降之 13.16/89/6
時述珍○珠玉委積無數 15.12/99/26
珍○山積 16.35/113/16
多珍○ 19.20/141/22

抱 bào 9

馮異○薪 1.1/3/24
握○此經 13.11/85/21
○仲遺腹女而棄其子 17.11/120/20
○升子持車叩頭 17.17/122/26
續孩○ 17.25/125/11
郁常○持啼泣 19.29/144/3
自○孫兒伏于戶下 20.10/147/4
○兒當戶 20.10/147/5
懷○匹帛 22.4/163/27

豹 bào 11

至驅虎○犀象 1.1/2/17
烏桓獻貂○皮 1.1/8/18
鄧○、字伯庠 8.8/49/24
馮○、字仲文 14.6/94/6
嘗因○夜臥 14.6/94/6
○正起 14.6/94/6
○好儒學 14.6/94/6
○每奏事未報 14.6/94/7
○爲武威太守 14.6/94/9
韋○、字季明 18.8/128/20
○曰 18.8/128/21

報 bào 35

○以殊禮 1.1/5/19
○書曰 1.1/6/13
詣北軍待○ 1.1/6/17
其餘（禹）〔以侯〕中使者出○ 1.1/6/19
○郡縣 1.1/9/3
爲民○德 5.5/29/12,5.5/29/15
有年○功 5.5/31/1
上復○曰 5.5/32/7
欲○之德 6.8/37/23
詔○曰 7.9/41/23
鄧太后○聞曰 8.7/49/15
上署○不許 8.11/51/13
上○異曰 9.4/57/3
不知當何以○國 9.12/61/22
霸欲如實還○ 10.11/64/18
彤泣○曰 10.16/66/9
憙常思欲○之 13.16/89/3
憙以因疾○殺 13.16/89/4
思以○義 14.1/90/7
帝○曰 14.3/91/20
豹每奏事未○ 14.6/94/7
書不○ 15.2/95/8
章不○ 15.2/95/10
求通待○ 15.2/95/23
坐遣客爲弟○讎 15.10/99/7
太子○榮書曰 16.9/105/22
無德不○ 16.34/113/10
不思求賢○國 17.17/123/1
阜以詔書未○ 18.13/130/22
詔書○ 18.13/130/22
無所○受 18.18/132/7
無所○嗣 22.4/162/10
聖公結客欲○之 23.1/164/18
欲○怨耳 23.7/167/8

暴 bào 21

○雨下如注 1.1/3/7

〔五侯〕○恣日甚 3.5/22/7
高皇帝受命誅○ 5.5/31/4
遂被譖○卒 6.3/36/1
閒側身○露 8.7/49/12
更始諸將縱橫虐○ 9.4/56/20
疾風○雨 11.14/74/13
卒○誅於兩觀 12.10/80/20
水潦○長 13.11/86/27
恐有強○者 13.16/89/8
○兵累年 14.5/93/5
猝○民間 15.10/99/3
以誅○立威信 15.10/99/5
而人不可○化 16.16/108/7
○雨淹沒 18.30/135/15
○師于外 19.4/137/23
終不○揚其惡 19.11/139/23
災○緣類 20.19/148/28
干○賢者 21.13/153/22
初不○揚 21.54/160/8
後爲○室嗇夫 24.72/178/9

鮑 bào 13

○永、字君長 14.2/90/15
路稱○尚書兵馬 14.2/90/19
以平陵○恢爲都官從事 14.2/91/6
以避二○ 14.2/91/7
○昱、字文淵 14.3/91/17
時更始遣○永、馮衍屯
　太原 14.4/92/2
邑以書勸○永曰 14.4/92/3
絕○氏之姓 14.4/92/13
與○永相善 14.5/92/23
鴻初與九江人○駿同事
　桓榮 15.2/95/11
時司徒吏○恢以事到東
　海 15.6/97/4
寵辟司徒○昱府 19.7/138/20
○宣之妻 22.1/160/24

陂 bēi 6

○池裁令流水而已 1.1/8/21
興鴻郤○ 11.1/70/13
○池灌注 11.3/71/10
徐縣北界有蒲陽○ 11.10/73/12
興復○湖 12.8/80/1

宿訟許伯等爭○澤田 19.4/137/17

杯 bēi 2

下至○案食物 9.8/60/7
水一○ 20.10/147/4

卑 bēi 11

鴈門烏桓及鮮○叛 3.1/18/18
詔賜遵金剛鮮○緄帶一
　具 8.9/50/1
有何尊○ 8.11/51/12
鮮○奉馬一匹、貂裘二
　領 9.8/60/6
烏桓、鮮○追思無已 9.8/60/8
鮮○千餘騎攻肥如城 9.9/60/13
政○易行 13.11/86/4
諦定昭穆尊○之義也 13.12/87/17
故正尊○之義也 13.12/87/18
常待以舊恩而○侮之 16.34/113/2
金城、隴西○湳、勒姐
　種羌反 22.5/164/8

悲 bēi 11

因○不能寐 2.1/13/16
而○哀泣血 3.2/19/26
臣子○結 5.5/31/22
諸兄常○傷思慕 6.5/37/5
鄧太后○傷 7.22/45/24
伏○不能仰視 11.2/71/4
上○傷其言而不許 11.4/71/22
憙見之○感 13.16/89/10
○夫命也 14.4/92/14
吾知子不○天命長短 15.8/97/23
霸聞○淚 19.11/139/19

痺 bēi 1

忠病濕○ 10.14/65/25

碑 bēi 1

詔史官樹○頌德 6.7/37/17

箄 bēi 2

置○上渡河 8.2/48/1
斬竹爲○渡水 15.12/99/25

北 běi 103

前已至城○矣 1.1/2/22
尋、邑兵大奔○ 1.1/3/6
更始欲○之雒陽 1.1/3/13
更始欲以近親巡行河○ 1.1/3/17
遣之河○ 1.1/3/18
鎮撫河○ 1.1/3/18
立○時而祠黑帝 1.1/5/5
○郊四里 1.1/5/7
詣○軍待報 1.1/6/17
及○郊兆域 1.1/9/20
以日○至 2.1/12/31
陵東○作廡 2.1/13/8
幸○宮 2.3/16/19
起國東○ 2.3/17/5
至○地靈州丁奚城 3.1/19/1
○鄉侯即尊位 3.2/19/25
○鄉侯薨 3.2/19/26
爲不祠○嶽所致 3.2/20/7
立黃老祠○宮濯龍中 3.5/23/1
蕭何墓在長陵東司馬門
　道○百步 5.1/27/5
匡衡奏立○郊 5.5/30/11
公卿議（舉）〔春〕南
　○郊 5.6/32/21
及○閣後殿 6.2/35/11
○海敬王睦 7.3/39/10
乃與公卿共議定南○郊
　冠冕車服制度 7.12/42/17
上移幸○宮章德殿 7.21/45/20
使安集河○ 8.1/46/8
○徑渡河 8.1/46/8
念訓常所服藥○州少乏 8.2/47/20
使使者韓鴻徇河○ 8.10/50/7
欲○（代）〔發〕幽州
　突騎 8.10/50/12
分營于水南水○ 8.10/50/23
○營戰不利 8.10/50/23
復○與五校戰于眞定 8.11/51/15
今復定河○ 8.14/52/19
奔凡平城陽、琅邪、高

密、膠東、東萊、○海、齊、千乘、濟南、平原、泰山、臨淄等郡 8.14/53/10
從平河○ 9.2/56/1,9.12/61/17
從征河○ 9.7/59/3
將兵○入箕關 9.7/59/6
彤之威聲揚于○方 9.8/60/5
上征河○ 10.5/63/7
○當董訢 10.10/64/8
從渡河○ 10.11/64/13
光武平河○ 10.12/65/6
上以大司馬平河○ 10.16/66/8
與駙馬都尉耿秉○征匈奴 10.23/68/10
克滅○狄 10.24/68/23
禹爲廷尉府○曹吏 11.10/73/10
徐縣○界有蒲陽陂 11.10/73/12
禹以太尉留守○宮 11.10/73/16
亡命○地 12.1/75/10
方今匈奴、烏桓尙擾○邊 12.1/76/28
到右○平 12.1/77/2
時五校尉令在○軍營中 12.4/78/14
表請二校尉附○宮 12.4/78/15
詔許越騎、射聲（寺）〔等〕治○宮 12.4/78/15
將○軍五校士、羽林兵三千人 12.6/79/8
涿郡盧植、○海鄭玄、皆其徒也 12.7/79/18
自河東遷居○地 12.9/80/6
○地任横、任崖 12.9/80/13
關○在篇 12.10/80/22
陛下輒忘之於河○ 13.9/85/6
今○方清淨 14.1/90/3
又諫更始無遣上○伐 14.1/90/4
親○面事人 14.2/91/8
緣邊破於○狄 14.5/93/5
○逼彊胡 14.5/93/22
衍娶○地任氏女爲妻 14.5/94/1
焉耆王廣遣其左將○鞬支奉迎超 16.3/103/20
○匈奴遣使求和親 16.6/104/22
至○庭 16.6/104/22
復遣眾使○匈奴 16.6/104/23
○海人 16.25/110/24
16.46/115/23,18.28/134/13
○海太守遣使奉謁 16.46/115/27
○海安邱人 17.3/118/16
○地太守廖信貪污下獄 17.3/118/19
上欲起○宮 17.13/122/2
嘗與奴載鹽○至太原販賣 18.1/125/22
母追求到武陽○男謁舍家得阜 18.13/130/14
詔逮入○宮虎觀、南宮雲臺 18.17/131/24
梁諷、○地弋居人 19.19/141/14
不出奉祠○嶽 20.19/148/28
○新城人 20.23/149/18
徵○鄉侯爲嗣 20.23/149/19
下有司送雲黃門○寺獄 21.4/151/6
匈奴始分爲南○單于 22.3/161/7
更始○都雒陽 23.1/165/3
觸○闕鐵柱門 23.1/165/4
使持節降河○ 23.1/165/15
崇○至蕕鄉 23.1/165/16
赤眉入安定、○地 23.6/167/1
興○至單于庭迎芳 23.9/168/5
○有文伯 23.16/170/8
○取西河 23.16/170/9
○據漢中 23.17/171/5
欲悉發○軍屯士及山東客兵 23.17/171/19
後漢有南宮、○宮、承光宮也 24.4/173/3
○裔寇作 24.11/173/17
○虜遣使和親 24.79/178/23
投畀有○ 24.90/179/27

貝 bèi 1

衣衾、飯唅、玉匣、珠○之屬 12.11/81/19

孛 bèi 1

撰建武以來星變彗○占驗著明者續其後 24.90/179/28

背 bèi 10

○城而戰 1.1/7/8
冀得火以熨○ 8.2/47/12
乃以口噓其○ 8.2/47/12
責數以○恩反（賊）〔城〕 10.14/65/22
違○忠信 11.2/70/22
○去國家 12.11/81/23
忿邑○前約 14.4/92/2
興兵○畔 14.4/92/5
○公室 15.2/95/24
貫心洞○ 20.8/146/21

倍 bèi 2

穀價數○ 6.2/35/8
租入○諸王 7.8/41/5

被 bèi 57

野蠶成繭○山 1.1/5/24
牛羊○野 2.1/13/1
遂○譖暴卒 6.3/36/1
○掠贏困 6.5/36/25
下邳王○病沈滯之疾 7.20/45/12
躬○甲持戟 8.10/50/17
于是○羽先登 8.11/51/15
行常自○甲在前 8.16/53/25
臥布○終身 9.7/59/13
○玄甲、兜鍪 9.7/59/19
身（初）〔○〕兜鍪鎧甲 10.3/62/24
即以所乘大驪馬及繡○衣物賜之 10.14/65/20
○馬欲出 10.21/67/13
河南二十餘縣皆○其災 10.26/69/18
解所○襜襦以衣歙 11.2/70/18
未嘗○奏 11.6/72/7
數○進見 12.1/76/8
臣尙能○甲上馬 12.1/77/4
光以○誣不能自明 12.4/78/18
後大司徒戴涉○誅 13.10/85/16
其○災害民輕薄無累重者 13.11/86/21
常○病 13.12/87/23

大司徒公○害時 14.1/90/3
○徵 14.2/91/12,15.10/99/7
中○獲免 14.6/94/6
天子默使小黃門持○覆
之 14.6/94/8
身○大病 15.2/95/10
丹○徵 15.5/96/21
布○瓦器 15.6/97/3
白布○囊 15.12/99/27
有囚於家○病 15.15/100/28
惟布○覆尸 15.16/101/6
世祖嘗於新野坐文書事
○拘 15.17/101/11
賜御食衣○ 15.17/101/12
榮○服儒衣 16.9/105/18
相王吉以罪○誅 16.13/107/11
布○囊而已 16.35/113/17
萌○徵上道 16.46/115/28
〔始〕○明公辟 16.49/116/17
臥布○ 18.1/126/13
○死罪二人 18.1/126/21
褒不○刑誅 19.1/136/22
郡國○水災 19.6/138/13
常席羊皮、布○ 19.20/141/20
冬無○袴 19.22/142/8
舅龍鄉侯爲作衣○ 19.22/142/10
母○病 19.29/144/3
至○毆杖 20.6/146/10
以職事○譴 20.13/147/19
及允○害 21.21/155/4
常臥布○ 21.36/157/21
○服不法 23.1/165/11
○髮徒跣 23.5/166/13
豐乃知○詐 23.12/169/4
賜繡○百領 24.5/173/5
嫁娶○服 24.94/180/12

備 bèi 35

懷刀自○ 1.1/2/3
即以數郡○天子用 1.1/7/15
是後乃稍○具焉 1.1/7/16
○師法 2.1/11/17
以○器用 2.1/12/24
裁家一人○列將校尉 2.1/13/26
危顛之○ 5.5/32/6
以○其文 5.6/32/25
肅雝○思 5.6/33/1
〔累餚膳○副〕 6.2/34/18
言我守○不精 6.2/35/12
願○藩輔 7.8/41/4
寇恂文武○足 9.1/54/23
當○祭遵 9.7/59/5
恩意甚○ 9.10/60/20
儆戒○具 9.11/61/9
倉卒時以○不虞耳 10.21/67/11
臣既○數家骨法 12.1/76/27
所以禁遏甚○ 12.3/78/9
光以爲五校尉主禁兵武
○ 12.4/78/14
可（且）〔具〕以○乏
13.11/87/3
物○禮成 13.12/87/19
○不豫具 14.5/93/23
鄯善王廣禮敬甚○ 16.3/103/4
足以○有餘 16.3/103/12
常○列典儀 16.17/108/19
○位藩臣 17.17/123/1
內○帷幄 18.17/131/26
帝先○弟子之儀 19.1/136/10
不求○于人 19.11/139/22
兒子○具矣 19.11/139/25
云○大臣 21.23/155/15
○水戰之具 21.53/160/3
屈申悉○ 22.4/162/7
雖未○物 23.16/169/28

輩 bèi 9

東迎雒陽者見更始諸將
過者已數十○ 1.1/3/14
等○（欺沒）〔放散〕
其鹽 8.11/51/10
銅馬、赤眉之屬數十○
8.14/52/15
○皆數十萬衆 8.14/52/15
三輔盜賊群○並起 12.9/80/12
等○數十皆縛束 17.24/124/27
願先等○死 17.24/125/2
等○笑之曰 18.1/126/1
時○除者多 18.1/126/5

憊 bèi 1

諸卿寧○耶 10.9/64/4

糒 bèi 5

彭寵遺米○魚鹽以給軍糧 1.1/4/7
出城餐糗○ 1.1/6/26
23.16/170/18
食○乾飯屑飲水而已 11.10/73/13
行縣齎持乾○ 18.15/131/9

奔 bēn 30

帝○之 1.1/3/3
從城西水上○陣 1.1/3/6
尋、邑兵大○北 1.1/3/6
○走赴水溺死者以數萬 1.1/3/8
○亡入邊郡避之 1.1/3/15
武陽以東小城營皆○走降 1.1/7/5
漢兵乘勝追○ 1.1/7/5
太守甘定、刺史侯輔各
○出城 3.5/22/14
駿○來寧 5.5/31/17
前烏桓吏士皆○走道路 8.2/48/3
步○平壽 8.14/53/11
吳漢、耿弇等悉○還 9.7/59/10
持戟○擊 10.3/62/24
樂毅○趙兮 12.10/80/23
○馬善驚 13.11/86/15
○走馬頭前 14.2/91/6
白丹欲往○慰 15.5/96/23
遂將吏士往○虜營 16.3/103/8
百姓○逃 16.43/115/8
皆流血○走 16.46/115/28
○走逃難 17.11/120/20
○碭 18.6/127/21
與外氏家屬從田間○入
宛城 18.6/127/23
范○赴敬陵 18.12/130/4
今○國喪 18.12/130/8
○馳來降 19.19/141/14
○車收送詔獄 21.12/153/13
言畢○走 21.13/153/22
皆○城郭 21.33/157/7
車馬○ 23.1/165/4

犇 bēn 1

驂鸞路於○瀨 12.10/80/25

本 běn 34

舂陵○在零陵郡 1.1/1/6
禾百五十六○ 3.1/19/8
○初元年夏閏六月 3.4/21/19
○初（三）〔元〕年四月 3.5/21/24
尙書（白）〔曰〕下○州考治 3.6/23/8
○支百世 5.5/31/18
○起兵圖大事者 7.1/38/19
上以所自作《光武皇帝○紀》示蒼 7.12/42/26
○初元年 7.17/44/22
富民之○ 12.1/76/7
必有其○ 12.2/77/10
用之有○末 12.9/80/11
○與漢異 13.11/86/6
絕其○根 13.11/86/14
○支百世之要也 13.11/86/20
願得○所從三十餘人 16.3/103/12
○非孝子順孫 16.3/104/4
○齊桓公後 16.9/105/13
是爲下樹奢媒而置貧○也 16.16/108/6
朝廷○以是故徵之 16.50/117/1
○同縣李元蒼頭 17.25/125/9
善與歸○縣 17.25/125/12
能講《左氏》及《五經》○文 18.17/131/22
自言鳳○巫家 18.30/135/17
試《論語》○文章句 19.6/138/9
冀令學者務○ 19.6/138/9
誠宜反○ 19.6/138/11
歸○郡 20.2/145/10
但以齏一○ 20.10/147/4
拔大○齏 20.10/147/5
然漢兵以新市、平林爲○ 23.1/164/23
官有其器而無○書 24.90/179/24
誠宜具錄○事 24.92/180/6
臣以爲宜集舊事儀注○奏 24.94/180/12

崩 bēng 33

帝○于南宮前殿 1.1/9/22
世祖○ 2.1/11/18
帝○于東宮前殿 2.1/13/21
明帝○ 2.2/14/6
章帝○ 2.3/16/7,10.24/68/21
竇后○後 2.3/16/27
○塡谿水 2.3/17/4
帝○于章德前殿 2.3/17/9
和帝○ 2.4/17/19
帝○于崇德前殿 2.4/17/22
天命早○ 2.4/17/24
殤帝○ 3.1/18/9,8.4/48/14
帝○于葉 3.1/19/13
不容令群臣知帝道○ 3.1/19/15
安帝○ 3.2/19/25,20.23/149/18
帝○于玉堂前殿 3.2/20/26
3.3/21/11,3.4/21/19
順帝○ 3.3/21/8
孝沖帝○ 3.4/21/16
會質帝○ 3.5/21/25
在位二十一年○ 3.5/23/2
禮缺樂○ 5.6/32/23
光烈皇后○ 7.16/44/13
而虜土○瓦解 10.22/67/23
將士土○之勢 12.1/76/1
及帝○ 13.16/89/19
國有分○之禍 14.4/92/9
光武○ 16.36/113/22
帝○ 18.12/130/4

偪 bī 1

成都邑宇○側 18.12/130/1

逼 bī 3

弘農○近京師 9.10/60/24
每逢賊欲○奪 13.16/89/9
北○彊胡 14.5/93/22

鼻 bí 2

聞之可爲酸○ 1.1/7/10
沙石滿其口○ 6.3/35/22

匕 bǐ 2

得鎧弩刀矛戰楯○首二三千枚 8.9/49/28
得○首三千枚 8.9/50/1

比 bǐ 45

○之高祖兄仲 1.1/1/27
封○干之墓 1.1/4/23
○汝歸可知 1.1/5/15
前世無○ 1.1/6/11
次第○類 1.1/9/4
〔「愚戇無○」〕 2.1/11/7
歲○登稔 2.1/13/1
諸小王皆當略與楚、淮陽相○ 2.1/13/28
儀○敬園 2.3/16/27
諸王子莫得與○ 3.1/18/8
而○不奉祠 3.2/20/8
○公者又有驃騎將軍 4.1/24/19
校尉、中郎將、諸郡都尉、諸國行相、中尉、內史、中護軍、司直秩皆○二千石 4.1/25/20
大中大夫秩皆○二千石 4.1/26/9
議郎、中謁者秩皆○六百石 4.1/26/9
小黃門、黃門侍郎、中黃門秩皆○四百石 4.1/26/10
郎中秩皆○三百石 4.1/26/10
○年五穀不登 5.5/30/18
○隆前代 5.5/31/8
○放三宗誠有其美 5.5/31/22
得《坤》之《○》 6.6/37/11
賞賜恩寵絕於倫○ 7.8/41/6
皆言類揚雄、相如、前世史岑之○ 7.12/43/1
○上疏自陳 8.5/48/20
東京莫與爲○ 8.7/49/20
車師太子○特訾降 8.17/54/13
○至冰 10.11/64/19
莫與爲○ 10.22/68/5
妃后之家亦無商○ 12.11/81/25
郡國（七）〔○〕大水 13.11/86/12
○年大雨 13.11/86/27

〈易〉卦「地上有水〇」 13.11/86/28
〇例輕重 14.3/91/22
斬得匈奴〔節〕使屋類帶、副使〇離支首及節 16.3/103/8
〇禮夫妻歸 17.23/124/17
恩寵莫與爲〇 18.18/132/6
〇舍先炊已 18.29/134/23
〇州湮沒 19.6/138/13
防〇上書自陳過咎 19.6/138/14
愼毋與人重〇 19.7/138/20
果生〇干 19.17/141/3
〇干常爭之 19.17/141/4
〇干生壽 19.17/141/4
而遂〇不奉祠 20.19/148/29
單于〇、匈奴頭曼十八代孫 22.3/161/7

沘 bǐ 1

（沘）〔〇〕陽長 14.3/91/17

妣 bǐ 1

如喪考〇 3.1/19/16

彼 bǐ 6

〇聲 5.4/29/3
〇仲尼之佐魯兮 12.10/80/19
〇皇麟之高舉兮 12.10/81/2
使〇不知我多少 16.3/103/7
〇徒炫名 17.12/121/9
〇傭賃能使其妻敬之如此 18.29/135/6

筆 bǐ 7

投〇抽刃而死 11.2/71/6
嘗輟業投〇歎曰 16.3/102/23
安能久事〇研間乎 16.3/102/24
寢則懷鉛〇 18.16/131/14
敕蘭臺給〇札 18.17/131/24
輒手〇作議 19.7/138/26
丁夜盡〇 24.62/177/15

鄙 bǐ 5

邯鄲雖〇 1.1/4/4
臣愚戇〇陋 5.5/32/3
誠知愚〇之言 5.5/32/4
其中多近〇別字 16.22/110/4
〇諺曰 21.7/151/19

必 bì 40

〇先聞知 1.1/1/16
兵〇敗 1.1/5/15
帝知其〇敗 1.1/6/13
〇先徧賜列侯 1.1/10/4
大樂〇易 5.5/31/12
後〇將貴 6.2/34/7
〇有不辜 6.5/36/19
敗〇不久 8.14/52/16
一日〇拔 8.14/52/27
〇復亡矣 8.14/52/27
卒〇多死傷 8.14/53/1
其中創者〇有異 8.17/54/6
〇手劍之 9.1/55/9
〇不使將軍負丹青 9.4/57/17
〇不私諸卿也 9.7/59/6
〇雅歌投壺 9.7/59/17
〇不敢爲國之憂也 9.11/61/9
〇無怨惡 10.26/69/17
〇幘然後見 12.1/75/9
兵進〇破之狀 12.1/76/1
〇有其本 12.2/77/10
〇殞命而後仁 12.10/81/2
死〇耗費帑藏 12.11/81/18
〇不能全 13.5/83/22
臨淮〇亂 13.5/83/22
〇自整頓 13.10/85/12
〇須良才 14.5/93/24
〇有忠信 14.5/93/24
受封〇求磽确之地 15.1/95/1
大笑期〇死 15.17/101/17
此〇有匈奴使來也 16.3/103/5
〇大驚怖 16.3/103/7
〇見陵折 16.6/104/24
〇先讓父母 19.25/143/7
疑〇自殺 21.9/152/14
〇生男 21.11/153/7
猛自知〇死 21.11/153/9
〇令豺狼鴟梟 21.12/153/16
皆〇死無二心 23.16/170/16
長沙以南〇隨風而靡 23.17/171/16

畀 bì 1

投〇有北 24.90/179/27

珌 bì 1

周〇、豫州刺史愼之子也 21.25/155/26

陛 bì 35

〇下識知寺舍 1.1/8/11
〇下有禹、湯之明 1.1/9/6
〇下入東都 2.1/12/6
〇下聽用直諫 2.1/12/7
〇下至明 2.1/12/8
〇下聖德洋溢 5.5/29/10
〇下輒拒絕不許 5.5/29/15
〇下遂以仲月令辰 5.5/29/17
〇下無十室之資 5.5/29/23
〇下體純德之妙 5.5/32/3
伏惟〇下以至德當成、康之隆 5.5/32/5
（〇下）〔百姓〕盛歌元首之德 5.5/32/5
〇下以聖明奉遵 5.6/32/23
惟〇下哀憐 8.5/48/21
願從〇下復借寇君一年 9.1/55/14
〇下至仁 9.7/59/22
述乃盛陳〇衛 12.1/75/14
述〇戟而後進臣 12.1/75/20
〇下何以知非刺客而簡易如此 12.1/75/20
今見〇下 12.1/75/21
〇下承大亂之極 13.1/82/21
〇下輒忘之於河北 13.9/85/6
〇下率禮無違 13.9/85/7
〇下昭然獨見成敗之端 13.11/86/25
惟〇下留神明察 13.11/86/30
〇下躬履蒸蒸 15.2/95/18
而〇下遠獵山林 15.8/98/8

○下不忘往舊 15.17/101/13
今○下立太子 16.15/107/27
○下嚴 16.20/109/12
○下納膚受之愬 16.20/109/13
○見帝廷 16.50/117/3
○下親勞 19.4/137/23
○下救我 23.1/165/10
○下何以待之 23.5/166/18

畢 bì 32

受降適○ 1.1/4/8
論時政○ 1.1/9/4
祀○ 2.1/11/26
每饗射禮○ 2.1/12/2
勞賜省事○ 2.1/12/16
禮○ 2.1/12/26
2.1/12/31,2.2/14/22
帝耕藉田禮○ 2.1/13/5
受賜○ 2.1/13/18
望秩山川、群神○ 2.2/14/18
至八月飲酎○ 7.12/43/11
渡未○數車而冰陷 10.11/64/20
惟隗與袁安同心○力 10.13/65/12
羌、胡○集 10.22/67/22
每享射禮○ 11.7/72/14
交拜○ 12.1/75/14
時臨饗禮○ 15.8/97/29
每大射養老禮○ 16.9/106/9
惟《琴道》未○ 16.16/108/13
百僚○會 16.20/109/18
伎巧○給 17.7/119/13
飯母○ 17.11/120/23
功作既○ 17.13/121/20
麟事○ 18.12/130/7
○乃牧豕於上林苑中
18.29/134/26
帝欲造○主靈昆苑 20.4/145/24
言○奔走 21.13/153/22
利取侯○尋玄孫守坐姦
人妻 21.48/159/12
拜姑禮○ 22.1/160/27
祝○ 23.16/170/2
忠臣○力 24.9/173/13

閉 bì 16

常封○ 1.1/1/9
○宮門 3.2/19/27
○醎馬廄 7.17/44/19
道路斷○ 8.1/47/4
可且○營休士 8.14/53/8
遂○門堅守 10.11/64/24
○門成市 11.3/71/11
圍守○之 16.6/104/23
鴻常○戶吟詠書記 18.29/135/6
耽思○門講誦 19.4/137/14
○門不出 19.7/138/19
○門絕客 19.22/142/20
輒○門絕賓客 20.9/146/25
輒○閣自責 20.17/148/19
門已○ 20.24/150/5
幽○殿內 23.5/166/16

婢 bì 17

誣奏貴人使○為蠱道祝
詛 6.3/36/1
奴○至千四百人 7.11/42/8
奴○千數 10.22/68/4
防兄弟奴○各千人以上 12.3/78/8
奴○車馬供用而已 12.11/81/13
賜以帷帳奴○ 16.9/105/21
詔以信田宅奴○錢財賜
廉吏太常周澤 17.3/118/19
諸奴〔○〕私共計議
17.25/125/10
告奴○于長吏 17.25/125/12
欲買暉○ 18.6/127/26
前不與○者 18.6/127/26
諸國侍子及督使賈胡數
遺恂奴○、宛馬、金
銀、香罽之屬 19.20/141/22
常侍樊豐妻殺侍○置井
中 20.18/148/24
使○奉肉羹翻污朝衣 21.9/152/16
○遽收之 21.9/152/16
首鄉侯段普曾孫勝坐殺
○ 21.49/159/16
宮○生子 23.8/167/14

敝 bì 3

家有○帚 1.1/7/11
以○布纏裹節 17.2/118/8
造意用樹皮及○布、魚
網作紙 20.9/146/26

弼 bì 1

宜居輔○ 13.1/83/3

賁 bì 19

世祖令虎○詰問 2.1/11/13
明德太后姊子夏壽等私
呼虎○張鳴與敖戲爭
鬭 2.2/15/13
爾虎○將軍 2.2/15/13
虎○蘭內所使 2.2/15/15
虎○、羽林不任事者住
寺 3.5/22/15
兄為虎○中郎將 6.2/34/24
置虎○髦頭 7.8/41/6
虎○百人 7.12/43/18
三遷虎○中郎將 8.4/48/12
為襄○令 9.8/60/3
而襄○清靜 9.8/60/3
從羽林監遷虎○中郎將
10.13/65/11,12.2/77/10
遷虎○中郎將 12.1/76/6
為虎○中郎將 13.12/87/13
太子及山陽王因虎○中
郎將梁松請眾 16.6/104/18
拜憑虎○中郎將 16.20/109/15
武騎虎○恐驚馬 17.17/122/26
帝常使虎○扶持 18.18/132/5

闕 bì 1

典校○書 16.2/102/16

幣 bì 1

志在財○ 8.1/46/11

弊 bì 1

其○猶足以霸 23.16/170/11

蔽 bì 8

蝗蟲○天 1.1/1/22
旗幟○野 1.1/2/25
故不敢隱○愚情 5.5/32/4
衆人以臣愚○ 18.1/126/10
而更相隱○ 18.12/130/2
殷天○日 21.8/152/3
爲○火 22.5/164/3
而幽僻藏○ 24.93/180/9

壁 bì 11

扶輿入○ 1.1/7/8
光祿勳府吏舍夜○下忽有氣 3.5/21/30
有（○）〔璧〕二十 3.5/22/22
○帶珠玉 7.16/44/11
營○不堅 9.11/61/10
皆築堡○ 10.5/63/8
封所持節於晉陽傳舍○中 14.2/90/19
擁衆而據○ 14.4/92/5
悉○藏之 18.21/132/21
安開○出書 18.21/132/22
乃收家中律令文書○藏之 19.7/138/19

嬖 bì 3

乃試令○臣美手腕者與女子雜處帷中 19.31/144/15
寵○傾亂而不能禁 20.2/145/11
今妾媵○人閹尹之徒 20.4/145/22

罼 bì 1

天子行有○罕 5.6/32/19

避 bì 31

帝欲○之 1.1/2/1
故○之 1.1/2/2
奔亡入邊郡○之 1.1/3/15
帝以日食○正殿 1.1/8/4
輅車可引○也 2.2/14/16
當進人不○仇讎 2.2/15/14
舉罰不○親戚 2.2/15/14
〔不〕○門內 2.2/15/15
遂逃○使者 8.4/48/15
欲起相○ 9.1/55/12
水火不○ 9.4/57/17
相逢引車○之 9.4/57/20
〔輒引車○道〕 9.4/57/21
今遵奉法不○ 9.7/59/5
上從邯鄲○郎兵 10.11/64/16
常○權勢 10.21/67/14
無所迴○ 12.6/79/10
遠相○ 13.16/89/5
並伉直不○强禦 14.2/91/7
以○二鮑 14.2/91/7
司隸不○也 14.2/91/9
豈敢拱默○罪而不竭其誠哉 14.5/93/3
○亂江南者皆未還中土 15.15/100/23
班彪○地河西 16.1/102/9
時執經生○位發難 16.9/106/6
典無〔所〕迴○ 16.13/107/13
○驄馬御史 16.13/107/14
遁逃○封 17.8/119/18
遂○世漢中 17.12/121/6
聖公○吏于平林 23.1/164/18
不○暑寒 24.39/175/25

臂 bì 2

因把○責之曰 17.17/123/1
堪至把暉○曰 18.6/128/10

璧 bì 7

有（璧）〔○〕二十 3.5/22/22
遣中大夫奉○朝賀 7.3/39/11
豈特圭○其行 14.5/93/17
將軍當奉○賀 18.6/128/1
少府給○ 18.6/128/1
暉遙見就主簿持○ 18.6/128/2
我素聞○ 18.6/128/2

蹕 bì 4

○ 9.12/61/18
卿欲遂○耶 9.12/61/21
警○就車 12.1/75/15
警○而行 20.3/145/16

髀 bì 2

一曰《周○》 24.90/179/21
《周○》數術具存 24.90/179/22

編 biān 7

污七十二代○錄 1.1/9/11
不能預竹帛之○ 9.11/61/8
前世以磨研○簡之才 16.28/111/16
○署黃堂 17.2/118/10
常待重○席 17.2/118/11
任尙○草爲船 20.5/146/5
攻得邵、宜城、（若）〔鄀〕、○、臨沮、中（沮）廬、襄陽、鄧、新野、穰、湖陽、蔡陽 23.13/169/9

鞭 biān 7

不加○箠 6.5/36/20
有過加○扑之教 8.2/47/10
○扑不可弛於家 12.9/80/11
彭往者得執○侍從 14.1/90/6
而杖○牧豕 20.17/148/16
但用蒲○罰之 21.9/152/12
○杖不舉 21.54/160/8

邊 biān 21

奔亡入○郡避之 1.1/3/15
懸其尸道○樹 7.4/39/25
曉○事 8.15/53/20
乃悉罷緣○屯兵 9.8/60/6
在○數年 10.23/68/10
乃辭況欲就○郡畜牧 12.1/75/8
方今匈奴、烏桓尙擾北○ 12.1/76/28

男兒要當死於○野 12.1/77/1
○境有事 12.6/79/10
方今○郡不寧 12.11/81/20
而遠征○郡 13.1/82/21
緣○破於北狄 14.5/93/5
皆以罪過徙補○ 16.3/104/4
政以車駕出時伏道○ 17.17/122/26
有益于○ 18.9/129/3
○郡吏多放縱 18.13/130/19
誠欲以安定○陲 19.4/137/23
屯軍于○ 19.19/141/14
曉習○事 19.22/142/16
故能廣略○郡 23.9/168/6
有名于○ 23.11/168/15

卞 biàn 1

封恭孫據、○亭侯 7.17/44/22

便 biàn 30

○輿見 6.5/36/25
數言○宜 8.12/52/2, 21.29/156/15
數上○宜事 8.15/53/20
○道之官 9.1/55/6
見○鈔掠 11.2/71/3
○發遣 11.9/73/4
天下賴其○ 12.1/76/7
輒下嚴處○宜 12.6/79/11
諸上○宜封表 12.6/79/12
○置中門外 12.11/81/14
遺失溲○ 13.10/85/17
○於田頭大樹下飲食勸勉之 15.5/96/14
不起○賜藥 16.45/115/18
○辭而出 16.49/116/19
或民奏記言○宜 18.1/126/20
○（上封）〔封上〕 18.1/126/20
百姓爲○ 18.12/130/3
于以衰滅貪邪○佞 19.1/136/20
未見其○ 19.4/137/24
劭少○篤學 19.14/140/12
○諷吏解遣 19.21/142/3
光○守宜秋門 20.24/150/5
拓拒蘇○ 22.4/162/7
羌什長鞏○ 22.5/164/8
更始入○坐黃堂上視之 23.1/165/1
獨在○坐室中 23.11/168/20
吏皆○休 23.11/168/21
○可將兵南擊蜀虜 23.16/170/13
浮水轉漕之○ 23.17/171/5

徧 biàn 2

必先○賜列侯 1.1/10/4
○治五經 16.16/108/3

辨 biàn 1

不能○章 2.2/15/27

辯 biàn 3

政事文○ 1.1/6/11
有口○ 16.3/102/22
執經自爲○說 16.9/106/10

變 biàn 19

天○已成 1.1/2/6
以○律呂 5.2/28/7,24.85/179/9
若樂六○ 5.4/28/17
今讚○異 6.2/35/8
由是無爭道○鬬者 9.4/57/20
前遇冰○ 10.11/64/21
以達萬幾之○ 14.5/93/2
人愁則○生 14.5/93/20
天下無○ 14.5/93/28
○不空生 15.2/95/22
夫俗難卒○ 16.16/108/7
○易姓名 18.1/125/22
乃○服客傭 20.17/148/17
以待四方之○ 23.16/170/10
以○時事 24.14/174/1
形容極○ 24.14/174/2
猶時有銜橛之○ 24.77/178/19
撰建武以來星○彗孛占驗著明者續其後 24.90/179/28

彪 biāo 14

宣○、官至玄菟（大）〔太〕守 15.4/96/10
班○避地河西 16.1/102/9
徐令○之子也 16.3/102/21
敏與班○親善 16.22/110/8
○曰 16.22/110/9
鄧○、字智伯 18.3/127/3
○少修孝行 18.3/127/3
○以嫡長爲世子 18.3/127/5
○當嗣爵 18.3/127/5
○仕州郡 18.3/127/6
韋○上議曰 18.7/128/16
高○除郎中 21.16/154/10
畫○形象 21.16/154/10
蕭○、字伯文 21.55/160/13

熛 biāo 1

塵○連雲 1.1/2/25

表 biǎo 29

○（商客）〔商容〕之閭 1.1/4/24
悉會公卿○賀奉觴上壽 2.1/13/17
聖○有異 2.2/14/4
皆因名而○意 2.2/15/11
有司復奏《河》《雒》圖記○章赤漢九世尤著明者 5.5/29/20
手書謝○ 6.5/36/17
上書○薦賢士左馮翊桓虞等 7.12/42/21
爲外戚儀○ 8.7/49/13
○善懲惡 8.14/52/20
歙自書○ 11.2/71/6
上○長樂宮曰 12.2/77/10
○請二校尉附北宮 12.4/78/15
諸上便宜封○ 12.6/79/12
行爲儀○ 13.1/82/23
三輔以爲儀○ 13.10/85/12
○丹領左馮翊 15.5/96/21
以○廉吏 15.12/100/3
福○爲議郎 16.32/112/17
蒼上○薦良 17.10/120/13

○善黜惡 18.6/128/5
下車○行義 19.2/137/4
時有○薦 19.7/138/22
張○、字公儀 19.30/144/9
爲○不設樂 19.30/144/10
固貌狀有奇○ 20.11/147/10
政爲三河○ 21.3/150/29
○言常侍王甫罪過 21.12/153/13
○裏山河 23.16/170/9
或自道先祖形貌○相 24.14/174/1

別 bié 18

辭○之後 7.12/42/23
○下潁川太守、都尉及、三百里內長吏皆會 9.4/57/9
○攻眞定宋子餘賊 9.12/61/19
詔梁○守天中關 10.6/63/13
爲○駕從事 11.7/72/11
○封于梁 12.9/80/6
其先魏之○封曰華侯 13.14/88/16
遂揖而○ 15.5/96/20
告○而去 15.8/98/5
仮使○駕〔從事〕 15.9/98/21
將兵○擊伊吾 16.3/103/3
令皆○爲上下 16.16/108/12
其中多近鄙○字 16.22/110/4
爲隗囂○將苟宇所拘劫 16.30/111/25
輒東西○去 17.14/122/9
出令○居 18.10/129/10
朱紫區○ 21.6/151/15
以相識○ 23.6/167/1

斌 bīn 2

道德○○馮仲文 14.6/94/7

賓 bīn 32

以娛嘉○ 2.1/12/32
主齋祠儐贊九○之禮 4.1/25/4
不可以（向）仰四門○于之議 5.5/32/4
睦乃謝絕○客 7.3/39/11
純與從昆弟訢、宿、植共率宗（施）〔族〕
○客二千餘人 10.1/62/7
恐宗人○客 10.1/62/9
○客隨者數十人 10.11/64/13
○客放縱 11.9/73/5
○客輻輳 11.11/73/23
對○客語 11.13/74/9
曾祖父通生○ 12.1/75/5
○客皆樂留 12.1/75/16
○客故人日滿其門 12.1/76/5
○客亦衰 12.3/78/9
專對○客 12.5/78/24
接○待客 12.11/81/12
門無駐馬請謁之○ 12.11781/24
四海乃○ 13.1/82/21
外有○客 13.11/87/4
○客從者皆肅其行也 16.14/107/22
好○客 16.39/114/16
太后詔安爲○ 18.5/127/16
昆弟○客皆惶迫 18.6/127/24
後捕貴戚○客 18.21/132/21
司馬均、字少○ 19.28/143/25
輒言「敢祝少○乎 19.28/143/25
輒閉門絕○客 20.9/146/25
父有○客 21.55/160/13
東海公○就得其首 23.2/165/24
呂母○客徐次子等 23.7/167/9
岸○上議 24.80/178/25
蕤○通 24.88/179/15

濱 bīn 3

調○水縣彭城、廣陽、廬江、九江穀九十萬斛 3.1/18/26
海岱之○ 14.5/93/8
遠在海○ 20.17/148/13

儐 bìn 1

主齋祠○贊九賓之禮 4.1/25/4

殯 bìn 6

改○梁皇后于承光宮 2.3/16/27
即時○斂 12.11/81/20
○已開冢 12.11/81/21
其親喪不過留○一月 15.5/96/16
延率掾吏○於門外 15.15/101/1
貧無○斂 21.15/154/5

鬢 bìn 1

頭○爲白 23.16/170/14

冰 bīng 8

詔齊相〔其〕止勿〔復〕送○紈、方空穀、吹綸絮〔也〕 2.2/14/9
○堅可渡 10.11/64/18
比至○ 10.11/64/19
各以囊盛沙布○上 10.11/64/20
渡未畢數車而○陷 10.11/64/20
前遇○變 10.11/64/21
世稱○清 11.7/72/11
履深淵之薄○不爲號 14.4/92/13

兵 bīng 207

荊州、下江、平林○起 1.1/1/23
下江○盛 1.1/2/3
遂市○弩 1.1/2/6
共勞饗新市、平林○王匡、王鳳等 1.1/2/10
○合七八千人 1.1/2/11
帝起義○ 1.1/2/11
嚴尤擊下江○ 1.1/2/13
遣大司徒王尋、大司空王邑將○來征 1.1/2/13
尋、邑○到潁州 1.1/2/15
但合會諸○爲之計策 1.1/2/16
○甲衝輣 1.1/2/17
尋、邑○盛 1.1/2/18
漢○反走 1.1/2/19,10.9/64/3
城中○穀少 1.1/2/19
言尋、邑○已來 1.1/2/22
時漢○八九千人 1.1/2/23
尋、邑○已五六萬到 1.1/2/24
時漢○在定陵郾者 1.1/3/1
聞尋、邑○盛 1.1/3/2
尋、邑○卻 1.1/3/4
言宛下○復到 1.1/3/5
帝遂選精○三千人 1.1/3/6

尋、邑○大奔北 1.1/3/6
而昆陽城中○亦出 1.1/3/7
聞王郎○至 1.1/3/23
帝引○攻邯鄲 1.1/4/1
郎○挫折 1.1/4/1
帝敕降賊各歸營勒○待 1.1/4/9
○必敗 1.1/5/15
果爲寵○掩擊破 1.1/5/15
以○走幽州 1.1/5/16
○事方略 1.1/6/10
欲復進○ 1.1/6/13
吳漢引○擊公孫述 1.1/7/3
詔書告漢直擁○到成都 1.1/7/3
漢○乘勝追奔 1.1/7/5
述○不敢來 1.1/7/7
縱○大掠 1.1/7/9
一旦放○縱火 1.1/7/10
黎陽○馬千餘匹 1.1/8/6
在○馬官 2.1/13/26
五原郡○敗于高梁谷 3.1/18/18
鈞擁○不救 3.1/19/1
州郡募五里蠻夷、六亭○追擊 3.1/19/2
燒○物百二十五種 3.1/19/5
屯○自守 3.2/19/27
以○平亂 5.5/31/9
此○法也 7.1/38/12
○法但有所圖畫者 7.1/38/13
本起○圖大事者 7.1/38/19
光武初起○ 7.4/39/20
先起義○ 7.5/40/3
宣弟義起○攻莽 7.7/40/21
○士饑 8.1/47/3
詔將黎陽營○屯漁陽 8.2/47/19
發湟中秦、胡羌○四千人 8.2/47/25
不與○刃 8.2/48/1
金蚩尤辟○鉤一 8.9/50/3
○有不利 8.10/50/15
閱（具）〔其〕○馬 8.10/50/16
賊○大敗 8.10/50/18
公孫述、大司馬田戎將○下江關 8.10/50/22
乃銜枚引○往合水南營 8.10/50/23
使者來欲罷○ 8.14/52/14
○一罷 8.14/52/14
何用○爲 8.14/52/15
使弟玄武將軍藍將○守西安 8.14/52/22
藍○又精 8.14/52/23
精○二萬人 8.14/53/1
張藍引○突臨淄 8.14/53/1
更彊勒○ 8.14/53/2
虜○盛 8.14/53/8
而弇勒○入據其城 8.14/53/11
令步○各以郡人詣旗下 8.14/53/12
漢○神 8.17/54/7
救○不至 8.17/54/11
恭坐將○不憂軍事 8.17/54/13
講○肄射 9.1/55/1
賈復勒○欲追之 9.1/55/11
其將高峻擁○據高平 9.1/55/16
高峻精○萬人 9.1/55/18
乃自引○還屯津鄉 9.2/56/2
王郎起○ 9.4/56/22
更始遣舞陰王李軼、廩丘王田立、大司馬朱鮪、白虎公陳僑將○三十萬 9.4/57/1
異復合○追擊 9.4/57/14
是我起○時主簿 9.4/57/16
長安○亂 9.6/58/10
將○北入箕關 9.7/59/6
公孫述遣○救隗囂 9.7/59/10
衆○即卻 9.7/59/11
○退無宿戒 9.7/59/11
○車軍陣送遵葬 9.7/59/19
至則厲○馬 9.8/60/4
乃悉罷緣邊屯○ 9.8/60/6
上聞外有大○（自）來 9.10/60/18
勒○在西門樓 9.10/60/18
何等○ 9.10/60/18
上谷、漁陽〔○〕 9.10/60/19
鄧禹發房子○二千人 9.12/61/18
將○擊諸郡 10.2/62/16
宮○少 10.2/62/17
以漢○大來 10.2/62/19
（一）〔囂〕追○盡還 10.3/62/25
上從邯鄲避郎○ 10.11/64/16
漢○攻宛 10.12/65/5
忠發○奉世祖 10.14/65/17
今吾○已成也 10.14/65/24
率厲五郡精○ 10.22/67/22
○不血刃 10.22/67/22
晨與上起○ 11.1/70/7
帝謀西收囂○ 11.2/70/19
部勒○ 11.2/70/23
上大發關東○ 11.2/70/26
因歙上疏宜益選○馬 11.2/71/1
不任○馬 11.8/72/21
○進必破之狀 12.1/76/1
與竇固等議出○調度 12.3/77/17
固等○到燉煌 12.3/77/18
即知漢○出 12.3/77/20
光以爲五校尉主禁○武備 12.4/78/14
拜嚴持○長史 12.6/79/7
將北軍五校士、羽林○三千人 12.6/79/8
遂攻取庫○ 12.9/80/14
梁冀拜步○校尉 12.12/82/3
梁不疑拜步○校尉 12.13/82/9
大○冀蒙救護〔生活〕之恩 13.9/85/6
林以爲倉卒時○擅權作威 13.11/86/12
況草創○長 13.11/86/23
負○家滅門殄世 13.11/86/25
馮魴以忠孝典○ 13.14/88/17
憙爲赤眉○所圍 13.16/89/7
敕從騎都尉儲融受○二百人 13.16/89/11
不願受融○ 13.16/89/12
大○來攻雒 14.1/90/3
將○安撫河東 14.2/90/18
路稱鮑尙書○馬 14.2/90/19
開門內○ 14.2/90/21
永與馮欽共罷○ 14.2/90/21
我攻懷三日○不下 14.2/90/22
鄧禹使積弩將軍馮愔將○（繫）〔擊〕邑 14.4/91/28
興○背畔 14.4/92/5
昔者韓信將○ 14.4/92/7
君長將○不與韓信同日而論 14.4/92/10
得道之○ 14.5/92/24
暴○累年 14.5/93/5

○連不息 14.5/93/5
將散亂之○ 14.5/93/10
○久則力屈 14.5/93/20
○革雲集 14.5/93/21
甲○已具 14.5/93/26
漢○起 14.7/94/14
時將軍蕭廣放縱○士 15.10/99/3
長沙中尉馮駿將○詣岑
彭 15.19/101/25
將○別擊伊吾 16.3/103/3
固欲益其○ 16.3/103/11
（稱）〔拜〕超爲將○
長史 16.3/103/19
放○圍臣 16.6/104/24
太保甄豐舉爲步○校尉
16.37/113/27
○革並起 16.41/114/25
鄉佐多從○往 16.50/116/27
宗族在○中 16.52/117/13
操○滿側 17.17/123/2
吏白今虜○度出五千
18.12/129/28
遂選精○ 18.12/130/1
持○而鬬 18.30/135/16
收○謝罪 18.30/135/17
青從此除步○司馬 19.1/136/9
而無故興干戈、動○革
19.16/140/26
時大將軍將○屯武威
19.20/141/21
張駿將吏○ 20.12/147/15
收○至盛德門 20.23/149/21
遣○討之 21.8/151/24
○衆大恐 21.11/153/5
州○圍之急 21.11/153/9
欲令將近○據門以禦之
21.33/157/8
號新市○ 23.1/164/21
號平林○ 23.1/164/22
然漢○以新市、平林爲
本 23.1/164/23
長安中○攻王莽 23.1/165/1
赤眉引○入上林 23.1/165/16
三輔○侈 23.1/165/19
積○甲宜陽城西 23.5/166/19
起○于莒 23.6/166/24
及楊音各起○數萬人 23.6/166/25
恐其衆與莽○亂 23.6/166/25
會匈奴句林王將○來降
參蠻胡 23.9/168/4
茂將其精○突至湖（陸）
〔陵〕 23.10/168/10
○馬衆多 23.11/168/18
涿郡太守張豐舉○反 23.12/169/3
更（治）〔始〕元年起
○ 23.13/169/9
○合萬人 23.13/169/11
乃自將○討萌 23.15/169/20
在○中十歲 23.16/170/12
便可將○南擊蜀虜 23.16/170/13
每一發○ 23.16/170/14
○所屠滅 23.17/171/3
衆見利則出○而略地 23.17/171/6
○且西向 23.17/171/12
○者、帝王之大器 23.17/171/13
○破身困數矣 23.17/171/14
急以此時發國內精○
23.17/171/16
欲悉發北軍屯士及山東
客○ 23.17/171/19
與漢中諸將合○并勢
23.17/171/20
漢○守成都 23.17/171/27
而潛遣奇○出吳漢軍後
23.17/172/1
義、戎將○陷夷陵 23.19/172/11

丙 bǐng 4

永建三年春三月○申 6.6/37/9
封恭少子○爲都鄉侯 7.17/44/22
赦天下繫囚在四月○子
以前減死罪一等 18.9/128/26
建武乙未、元和○寅詔
書 24.92/180/7

秉 bǐng 14

孝順皇帝宏○聖哲 3.2/20/29
○文之成 5.5/31/17
耿○、字伯初 8.16/53/24
○薨 8.16/53/26
外戚○權 10.13/65/12
與駙馬都尉耿○北征匈
奴 10.23/68/10
○節持重 13.1/82/23
○大使之權 14.5/93/15
宣○、建武元年拜御史
中丞 15.3/96/5
先君○德以惠下 17.19/123/14
辛氏○義經武 18.23/133/10
竊見竇憲、耿○ 19.4/137/22
竇太后○政 19.32/144/22
楊○諫桓帝曰 20.3/145/16

邴 bǐng 1

乳母王男、廚監○吉爲
大長秋江京、中常侍
樊豐等所譖愬 3.2/19/23

炳 bǐng 1

孝沖皇帝諱○ 3.3/21/7

柄 bǐng 1

今東帝無尺土之○ 23.17/171/18

稟 bǐng 3

常辭以道上○假有餘 13.11/87/6
卒當從汝○學 16.34/113/1
主○給 16.52/117/14

餅 bǐng 3

有人遺卿母一笥○ 18.1/126/9
母遂探口○出之 18.1/126/10
父嗜○ 21.55/160/14

并 bìng 21

君臣○力城守 1.1/4/4
○度廬屋里落 1.1/8/1
安定太守杜恢與司馬鈞
○威擊羌 3.1/18/30
今皆○送 5.5/31/24
○中后額 6.5/36/11
○執伯升 7.1/38/21
○載青泥一樸 8.2/47/21

兄弟父子○受爵土 12.2/77/12
野澤無兼○之民 13.11/86/19
存撫○州之人 14.5/93/15
夫○州之地 14.5/93/21
爲○州牧 15.9/98/18
堪與吳漢○力討公孫述 15.12/99/25
○求更選使使西域 16.3/103/10
○鞍勒、防汗 16.10/106/24
子若與我○威同力 16.30/111/25
盜賊○起 17.12/121/6
賊○放之 17.23/124/16
○、涼民庶 21.2/150/23
爲○州刺史 21.8/152/2
與漢中諸將合兵○勢 23.17/171/20

並 bìng 37

諸儒○聽 2.1/12/2,11.7/72/15
仁恕○洽 2.3/17/13
司徒韓縯、司空孫朗○坐不衛宮 3.5/22/7
五國○建 3.5/22/20
名臣少府李膺等○爲閹人所譖 3.5/22/24
其陳寵、左雄、朱寵、龐參、施延○遷公 4.1/25/6
與舊詩○行者 5.4/29/4
與梁皇后○爲貴人 6.7/37/16
○侍帷幄 8.5/48/20
○揚示之 8.17/54/11
○上奏勸上立 9.4/57/4
而一家數人○蒙爵土 11.14/74/15
三輔盜賊群輩○起 12.9/80/12
魴父子兄弟○帶青紫 13.14/88/20
○伉直不避强禦 14.2/91/7
饑寒○臻 14.5/93/6
○不佑助 15.2/95/9
上特詔御史中丞與司隸校尉、尚書令會同○專席而坐 15.3/96/5
冀京師○蒙〔其〕福也 15.9/98/18
十二月盛寒時○多剖裂血出 15.14/100/17
○感其恩德 15.15/100/28
而桓譚、衛宏○共毀訾 16.8/105/9
○以儒學拜議郎也 16.25/111/2
兵革○起 16.41/114/25
臣願與○論雲臺之下 16.50/117/3
死罪以下○蒙更生 18.9/129/1
○門 18.10/129/11
引酺及門生郡縣掾吏○會庭中 19.1/136/10
○有高名 19.24/143/3
兄大將軍憲等○竊威權 19.32/144/22
竊聞使者○規度城南民田 20.4/145/24
而中常侍單超等五人皆以誅冀功○封列侯 21.4/151/3
豪傑○起 23.17/171/13
龜筮○從 24.30/175/7
○以日蝕免 24.81/179/1
○縣璣以象天 24.89/179/18

病 bìng 69

○苦如此 1.1/8/5
○差 1.1/8/5
○差數日 1.1/8/6
帝風眩黃癉○發甚 1.1/8/15
欲僞道得○ 3.1/19/15
久託○ 3.2/20/5
以京師水旱疫○ 3.5/22/15
明德皇后嘗久○ 6.2/34/6
太后臨大○ 6.5/37/3
後○遂瘳 6.5/37/4
臨○ 7.3/39/16
○筋攣卒 7.6/40/7
蒼到國後○水氣喘逆 7.12/43/15
下邳王被○沈滯之疾 7.20/45/12
寒疝○發 8.2/47/11
吏士嘗大○瘧 8.2/47/23
恥○死 8.2/48/1
每有疾○ 8.2/48/4
復○尋愈 8.11/51/16
因○不視事 9.1/55/5
遵○薨 9.7/59/14
○瘧 9.10/60/22
聞壯士不〔○〕瘧 9.10/60/23
今漢大將軍反○瘧耶 9.10/60/23
○遂加 9.10/60/23
知將軍○ 9.10/60/25
期疾○ 9.12/61/21
忠○濕痺 10.14/65/25
謝○不視事 10.21/67/14
宏○困 11.4/71/21
母嘗○癰 11.5/71/27
賜羊三千、牛三百頭以養○ 12.1/76/4
○ 12.6/79/13,18.31/135/22
問疾○形狀 12.6/79/13
商○篤 12.11/81/18
○居中東門侯舍 13.10/85/16
常被○ 13.12/87/23
根不○ 13.12/87/24
哀臣小稱○ 13.12/87/24
因○喘逆 13.13/88/11
老人居之且○痱 13.14/88/19
而讎家皆疾○ 13.16/89/4
後○愈 13.16/89/5,16.9/105/22
言其○ 13.16/89/10
道○ 14.4/92/18
○卒 14.4/92/18
身被大○ 15.2/95/10
子張○ 15.8/97/22
會○卒 15.10/99/7
有因於家被○ 15.15/100/28
榮嘗寢○ 16.9/105/21
道○卒 16.16/108/11
老○家貧 16.49/116/20
徒○不能行 17.13/121/14
建武中疫○ 17.25/125/9
後以○告歸 18.10/129/12
褒愍哀○徒 18.16/131/17
鴻○（因）〔困〕 18.29/135/7
託○不仕 19.4/137/15
晝夜泣涕至○ 19.11/139/19
母被○ 19.29/144/3
載○詣公車 19.30/144/4
疾○曠年 19.30/144/9
以○罷 20.4/145/27
疾○須養 21.13/153/21
母常○癰 21.34/157/12
躬○且饑 23.16/170/18

竝 bìng 7

中外○擊 1.1/3/7
俱與后稷○受命而爲王 1.1/5/10
○大驚 8.17/54/7
○蒙爵土 10.24/68/23
○未（門）〔開〕封 10.24/68/24
與茂○居 10.26/69/10
休屠各及朔方烏桓○同反叛 21.11/153/5

波 bō 6

伯父皇皇考姊子周均爲富○侯 1.1/10/6
上以援爲伏○將軍 12.1/76/12
臣所假伏○將軍印 12.1/76/12
風騰○涌 14.5/93/8
建武中以伏○將軍爵土不傳 16.34/113/9
方今四海○蕩 23.17/170/25

僠 bō 2

論難○○祁聖元 17.17/122/25

播 bō 1

名○匈奴 17.12/121/8

撥 bō 2

（廢）〔○〕亂中興 5.5/29/11
○亂反正 5.5/31/7

礴 bō 1

（綠）〔緣〕崖○石 22.4/163/22

伯 bó 105

兄○升好俠 1.1/1/26
宛大姓李○玉從弟軼數遣客求帝 1.1/2/1
先是時○玉同母兄公孫臣爲醫 1.1/2/1
○升請呼難 1.1/2/1
○升殺之 1.1/2/2
時○升在舂陵 1.1/2/7
乃與○升相見 1.1/2/8
○升之起也 1.1/2/8
○升殺我 1.1/2/9
以爲獨○升如此也 1.1/2/10
帝與○叔及姊壻鄧晨、穰人蔡少公燕語 1.1/4/15
與朱〔○〕然書曰 1.1/5/1
○父皇皇考姊子周均爲富波侯 1.1/10/6
言「梁○夏教我上殿」 3.6/23/18
黃帝岐○所作 5.4/29/1
縯字○升 7.1/38/10
○升進圍宛 7.1/38/10
使畫○升像于埻 7.1/38/10
及○升軍至 7.1/38/11
○升作攻城關車 7.1/38/12
○升曰 7.1/38/12
○升遂作之 7.1/38/13
更始遂共謀誅○升 7.1/38/16
更始取○升寶劍視之 7.1/38/16
○升部將宗人劉稷 7.1/38/19
○升兄弟 7.1/38/20
○升固爭 7.1/38/21
并執○升 7.1/38/21
追謚○升爲齊武王 7.1/38/24
光武感○升功業不就 7.1/38/24
鄧陟、字昭○ 8.4/48/12
鄧豹、字○庠 8.8/49/24
耿弇、字○昭 8.14/52/12
耿秉、字○初 8.16/53/24
耿恭、字○宗 8.17/54/3
耿純、字○山 10.1/62/5
任光、字○卿 10.12/65/5
遣○春委質 11.2/70/21
學龍○高不就 12.1/76/21
馬棱、字○威 12.8/79/24
出于○益 12.9/80/6
梁商、字○夏 12.11/81/10
伏盛、字○明 13.2/83/7
歐陽歙、其先和○從伏生受《尚書》 13.8/84/25
○通自伐 13.9/85/3
杜林、字○山 13.11/85/21
杜○山、天子所不能臣 13.11/85/22
蓋○夷、叔齊恥食周粟 13.11/85/23
故以殷民六族分○禽 13.11/86/16
是杜○山所以勝我也 13.11/87/5
張純、字○仁 13.12/87/11
馮勤、字偉○ 13.13/88/3
趙憙、字○陽 13.16/89/3
與友人韓仲○等數十人 13.16/89/8
仲○以其婦有色 13.16/89/8
憙責怒仲○ 13.16/89/9
光武遣諫議大夫儲大○持節徵永 14.2/90/19
乃收繫大○ 14.2/90/19
田邑、字○玉 14.4/91/27
智○分國 14.4/92/8
威行得眾不及智○萬分之半 14.4/92/10
猶有申○、召虎、夷吾、吉甫攘其蟊賊 14.5/93/18
先遣○禽守封於魯 15.7/97/13
桓公作○ 16.9/105/13
○牙破琴 16.22/110/9
周黨、字○況 16.50/116/26
魏應、字君○ 17.6/119/7
劉般、字○興 17.7/119/12
劉愷、字○豫 17.8/119/18
第五倫、字○魚 18.1/125/19
自稱王○齊 18.1/125/22
桓虞、字○春 18.2/126/25
鄧彪、字智○ 18.3/127/3
與（東）〔同〕郡宗武○、翟敬○、陳綏○、張弟○同志好 18.3/127/4
稱「南陽五○」 18.3/127/4
賈逵、字景○ 18.17/131/22
召馴、字○春 18.19/132/11
鄉里號之曰「德行恂恂召○春」 18.19/132/11
杜安、字○夷 18.21/132/21
依大家皋○通廡下 18.29/135/5
○通察而異之 18.29/135/6
與○通及會稽士大夫語曰 18.29/135/7
後○通等爲求葬處 18.29/135/9
今○鸞亦清高 18.29/135/9
韓棱、字○師 19.2/137/3

宿訟許○等爭陂澤田 19.4/137/17
長兄○爲霸取妻 19.11/139/24
樂恢、字○奇 19.16/140/22
張霸、字○饒 19.25/143/7
楊震、字○起 20.2/145/5
關西孔子楊○起 20.2/145/6
楊賜、字○獻 20.4/145/20
蔣疊、字○重 21.29/156/15
蕭彪、字○文 21.55/160/13
山陽郡人江○欲嫁姊 22.2/161/3
與○升會 23.1/164/22
南陽英雄皆歸望于○升 23.1/164/23
詣○升 23.1/164/24
而更始收劉稷及○升 23.1/164/28
彭寵、字○通 23.11/168/15
北有文○ 23.16/170/8
是效隗囂欲爲西○也 23.17/171/19

泊 bó 3

吾在浪○、西里、塢間 12.1/76/19
澹○無爲 15.15/100/23
淡○無欲 18.10/129/7

帛 bó 16

賜五里、六亭渠率金○各有差 3.1/19/2
賜○各有差 3.1/19/10
今以光烈皇后假髻、○巾各一、衣一篋遺王 7.12/43/5
不能預竹○之編 9.11/61/8
獻馬及縑○數百匹 10.1/62/5
賞金○甚盛 11.11/73/24
四方用匹○ 12.2/77/11
賞賜錢○ 13.13/88/12
所裝縑○資糧 13.16/89/11
遺練○ 16.6/104/18
太守王朗餉給糧食、布○、牛羊 16.14/107/20
賜束○、乘馬 18.5/127/16
○五匹以爲常 18.6/128/12
錫○免刑 18.23/133/8
懷抱匹○ 22.4/163/27
述乃悉散金○ 23.17/171/28

勃 bó 12

朱○、字叔陽 16.34/112/28
○衣方領 16.34/112/28
朱○小器速成 16.34/112/29
○未二十 16.34/113/1
而○位不過縣令 16.34/113/2
○卒自親 16.34/113/2
惟○能終焉 16.34/113/3
○上書理援曰 16.34/113/5
縣人故雲陽令朱○ 16.34/113/9
其以縣見穀二千石賜○子若孫 16.34/113/11
○海人 18.31/135/22
爲○海太守 19.26/143/13

柏 bó 3

與弘農、厭新、○華、蠻中賊合戰 9.7/59/6
有詔召衆問齊桓公之鼎在○寢臺 16.6/104/20
六年躬自負土樹○ 19.20/141/19

亳 bó 1

又立掖庭民女○氏爲皇后 21.4/151/3

博 bó 48

賜○士弟子有差 1.1/5/27
經學○覽 1.1/6/10
○觀群書 2.1/11/17
于是下太常、將軍、大夫、○士、議郎、郎官及諸王諸儒會白虎觀 2.1/11/22
慶弟○爲瀰强侯 2.1/11/23
寬裕廣○ 2.2/14/4
寬裕○愛 3.1/18/5
○訪其故 3.2/20/8,20.19/148/29
諫議大夫、侍御史、○士皆六百石 4.1/26/9
與○士充等議 5.5/29/21
○其類也 5.6/33/1
寧當學○士耶 6.5/36/14
匽夫人爲○園貴人 6.8/37/22
○園匽貴人履高明之懿德 6.8/37/22
東平王蒼寬○有謀 7.12/42/14
○士范升上疏曰 9.7/59/16
父○ 10.20/67/3
馬融才高○洽 12.7/79/18
上嘗問弘通○之士 13.6/84/3
皆爲○士 13.8/84/25
遂○貫載籍 16.2/102/13
鄭興從○士金子嚴爲《左氏春秋》 16.5/104/14
范升遷○士 16.7/105/3
《歐陽尚書》○士缺 16.9/105/16
因拜榮爲○士 16.9/105/18
會諸○士論難于前 16.9/105/18
○士張佚正色曰 16.15/107/27
今○士不難正朕 16.15/107/28
上以敏○通經記 16.22/110/3
○士丁恭等議曰 16.24/110/17
徵拜○士 16.25/110/25
詔賜○士羊 16.25/110/25
時○士祭酒議欲殺羊 16.25/110/25
詔問瘦羊甄○士 16.25/111/1
爲○士 16.26/111/7
公孫述欲徵李業〔爲○士〕 16.45/115/18
○士范升奏曰 16.50/117/2
徵爲○士 17.12/121/7
政師事○士范升 17.17/122/25
○覽無不通 18.29/134/26
昔延陵季子葬子于嬴、○之間 18.29/135/8
○覽多聞 19.14/140/12
○覽傳記 19.22/142/9
明經○覽 20.2/145/5
而○學洽聞 20.14/147/24
以○通古今遷太史令 21.51/159/24
（宣）〔宜〕○問群臣 24.90/179/27

渤 bó 1

○海王子也 3.4/21/15

搏 bó 2

良○手大呼曰 7.4/39/20
擊○豪彊 15.16/101/6

駁 bó 3

公卿議○ 5.5/31/24
上以公卿所奏明德皇后在世祖廟坐位○議示東平憲王蒼 5.5/32/11
詔賜○犀劍 8.9/50/1

駮 bó 3

賜○犀具劍、佩刀、紫艾綬、玉玦各一 13.15/88/25
每○議 17.14/122/10
詔賜○犀劍 23.4/166/7

薄 bó 29

令○葬 1.1/6/21
但復一歲少○ 1.1/8/12
吏祿○少 1.1/8/20
日月○食 1.1/9/10
○太后慈仁 1.1/9/18
今上○太后尊號爲高皇后 1.1/9/19
今者反于殿中交通輕○ 2.2/15/14
徼外羌○申等八種舉衆降 3.1/18/16
躬自菲○ 3.2/20/30
國家德○ 5.5/29/18
德○而任重 5.5/30/3
深陳德○ 6.5/36/17
○葬小墳 8.10/51/3
躬自克○以待士民 8.14/52/20
（祐）〔祜〕自陳功○而國大 9.6/58/13
主（○）〔簿〕陳副諫曰 9.7/59/4
衣服垢○ 10.14/65/18
陷爲天下輕○子 12.1/76/22
○賦稅 12.8/80/1
其被災害民輕○無累重者 13.11/86/21
地勢豐○ 13.13/88/7
履深淵之○冰不爲號 14.4/92/13
今綝能○功微 15.1/95/1
何量丹之○ 15.5/96/26
寧覺廣志意○乎 16.3/103/4
臣經術淺○ 16.9/105/17
功○賞厚 21.19/154/23
蠻夷貧○ 22.4/162/10
木○發家 22.4/163/24

髆 bó 1

血從前○上小孔中出 7.12/43/7

跛 bǒ 1

毋乘○馬車 18.13/130/15

逋 bū 1

嘗爲季父故舂陵侯訟○租于大司馬嚴尤 1.1/1/18

餔 bū 1

將爲○ 16.43/115/9

卜 bǔ 10

使○者王長○之 1.1/1/10
胡子立邯鄲○者王郎爲天子 1.1/3/19
至○者家爲卦 6.2/34/6
○者卦定釋蓍 6.2/34/6
○者乃曰 6.2/34/7
太史○之 6.6/37/10
以《周易卦林》○之 7.9/41/20
○福爲廷尉 21.43/158/20
灼龜○降 23.19/172/12

哺 bǔ 1

親自○養 17.25/125/11

捕 bǔ 18

姑不遂○ 2.2/15/15
詔收○憲黨 2.3/16/19
恣得〔收〕○ 2.3/16/23
恂○得 9.1/55/8
所置信都王○繫彤父弟及妻子 10.16/66/8
欲將令尉入宮搜○ 11.9/73/5
官○得玉當 12.4/78/18
以軍法追○ 12.9/80/15
詔書下○之 14.2/90/17
詔書○男子周慮 16.22/110/6
太守遣吏○之 16.46/115/28
而亡命○得獨不沾澤 18.9/129/2
後○貴戚賓客 18.21/132/21
何不○之 19.4/137/20
〔○得〕 19.21/142/3
東郡太守○得賊 20.8/146/21
○菹茵毗 22.4/163/27
○池魚而食之 23.5/166/17

補 bǔ 11

功次相○ 4.1/25/4
○之如粟 6.2/34/11
以○萬分 8.5/48/21
上調官屬○長吏 8.11/51/13
陳俊初調○曲陽長 10.7/63/17
○闕拾遺 13.1/83/3
皆以罪過徙○邊 16.3/104/4
詔書選三署郎○王家長吏 18.1/126/5
○重泉令 18.13/130/17
屢有○裨之益 21.1/150/19
菌○邪推 22.4/162/30

紨 bǔ 1

邪毗紨○ 22.4/162/4

不 bù 964

此善事○可言 1.1/1/11
○視祜 1.1/1/19
酪○可食 1.1/1/21
帝殊○意 1.1/2/4

〇敢諸其言 1.1/2/5
有頃〇見 1.1/2/8
言帝〇敢取財物 1.1/2/15
力〇能相救 1.1/2/20
〇同力救之 1.1/2/20
望〇見其後尾 1.1/2/22
〇及地尺而散 1.1/3/1
滍水爲之〇流 1.1/3/8
連月〇盡 1.1/3/9
意〇安 1.1/3/11,10.21/67/10
獨居輒〇御酒肉 1.1/3/13
而懼〇免 1.1/3/22
天下〇可復得也 1.1/4/3
一戶〇可得 1.1/4/4
終〇君臣相率而降 1.1/4/4
帝〇許 1.1/4/8,1.1/4/11
安得〇投死 1.1/4/10
而營門〇覺 1.1/4/11
時傳聞〇見《赤伏符》文軍中所 1.1/4/16
夫士誠能爲人所〇能爲 1.1/4/23
故禹〇郊白帝 1.1/5/11
周〇郊帝嚳 1.1/5/11
〇（敢）〔能〕救 1.1/5/16
百穀〇成 1.1/5/22
〇知所以 1.1/6/5
憂〇可勝 1.1/6/7
〇如也 1.1/6/11
無可無〇可 1.1/6/12
〇飲酒 1.1/6/12
〇中式〇得上 1.1/6/16
〇得刮璽書 1.1/6/18
遠近〇偏 1.1/6/20
民莫敢〇用情 1.1/6/20
〇可輕也 1.1/7/6
迹兵〇敢來 1.1/7/7
（戈）〔弋〕獵之事〇御 1.1/7/14
雅性〇喜聽音樂 1.1/7/14
手〇持珠玉 1.1/7/14
而〇重綵 1.1/7/14
〇務實核 1.1/8/1
〇能動搖 1.1/8/5
常恐〇任 1.1/8/13
前以用度〇足 1.1/8/20
〇得有加 1.1/8/22
周公、孔子猶〇得存 1.1/8/23
使後世之人〇知其處 1.1/8/26
豈〇美哉 1.1/8/27
〇過二三頃 1.1/8/27
坐者莫〇激揚悽愴 1.1/9/5
獨眇蹇者〇瘥 1.1/9/16
帝〇聽 1.1/9/17
高皇呂太后〇宜配食 1.1/9/18
〇令以吏職爲過 1.1/10/3
而貴〇侵民 1.1/10/12
時天下墾田皆〇實 2.1/11/9
河南、南陽〇可問 2.1/11/10
何故言河南、南陽〇可問 2.1/11/12
〇可爲準 2.1/11/13
無所〇照 2.1/11/18,2.3/16/7
削章〇如飽飯 2.1/12/10
〇用輦車 2.1/12/16
因悲〇能寐 2.1/13/16
〇過九卿 2.1/13/25
〇能及許、史、王氏之半 2.1/13/25
我子〇當與先帝子等 2.1/13/29
威而〇猛 2.2/14/5,12.11/81/12
無所〇觀 2.2/14/5
〇見于外 2.2/15/10
當進人〇避仇讎 2.2/15/14
舉罰〇避親戚 2.2/15/14
〔〇〕避門內 2.2/15/15
姑〇遂捕 2.2/15/15
此皆生于〇學之門所致也 2.2/15/15
日月〇絕 2.2/15/22
〇可勝紀 2.2/15/23
〇能辨章 2.2/15/27
時史官〇覺 2.3/16/12
有傳世〇絕之誼 2.3/16/15
終〇遠身 2.3/16/16
〇收其稅 2.3/16/23
帝讓而〇宣 2.3/17/14
寢疾〇豫 2.4/17/24
鈞擁兵〇救 3.1/19/1
〇容令群臣知帝道崩 3.1/19/15
〇得上殿臨棺 3.2/19/25
〇下餐粥 3.2/19/26
前〇用濟陰王 3.2/19/26
而讋〇惟竭忠 3.2/20/3
太尉劉光、司空張晧以陰陽〇和 3.2/20/4
爲〇祠北嶽所致 3.2/20/7
而比〇奉祠 3.2/20/8
京師〇覺 3.2/20/14
朕以〇德 3.2/20/14
其九十家〇自存 3.2/20/20
珠玉玩好皆〇得下 3.2/20/27
玩好〇飾 3.2/20/30
〇起寢廟 3.2/21/1
是時皇太子數〇幸 3.3/21/7
五穀〇登 3.5/22/1
司徒韓縯、司空孫朗並坐〇衛宮 3.5/22/7
虎賁、羽林〇任事者住寺 3.5/22/15
因忽〇見 3.6/23/18
其將軍〇常置 4.1/24/19
猶〇于京師 5.3/28/11
未嘗〇封禪 5.5/29/10
當仁〇讓 5.5/29/12
陛下輒拒絕〇許 5.5/29/15
臣下〇敢頌功述德業 5.5/29/15
尺土靡〇其有 5.5/29/23
宗廟〇祀 5.5/29/23
執德〇弘 5.5/30/4
信道〇篤 5.5/30/4
六宗廢〇血食 5.5/30/11
〇在祀典 5.5/30/16
則雪霜風雨之〇時 5.5/30/18
比年五穀〇登 5.5/30/18
山川神祇有〇舉者 5.5/30/19
爲〇敬 5.5/30/19
《詩》〇云乎 5.5/30/20
〇私幸望 5.5/31/1
〇皆相襲 5.5/31/4
〇宜以名舞 5.5/31/12
誠〇起寢廟 5.5/31/22
未嘗〇延問王 5.5/31/24
《昭德》、《盛德》之舞〇進 5.5/31/28
〇當與世（祖）〔宗〕廟《盛德》之舞同名 5.5/32/2
即〇改作舞樂 5.5/32/2
故〇敢隱蔽愚情 5.5/32/4
〇可以（向）仰四門賓于之議 5.5/32/4
〇敢違詔 5.5/32/7

○惄○忘 5.5/32/13,13.11/86/8
自陳○足以當大位 6.1/34/1
○可言也 6.2/34/7
眉○施黛 6.2/34/11
○喜出入遊觀 6.2/34/19
后嘗有○安 6.2/34/21
○以私家干朝廷 6.2/34/24
訖永平世○遷 6.2/34/24
食○求所甘 6.2/35/3
亦○譴怒 6.2/35/4
○安坐臥 6.2/35/8
○可○順 6.2/35/9
○能復知政 6.2/35/9
起居○欣 6.2/35/12
言我守備○精 6.2/35/12
○上 6.2/35/12
馬○踰六尺 6.2/35/16
其母○舉 6.3/35/21
再宿○死 6.3/35/22
雖痛、忍○言 6.5/36/11
○敢毀傷 6.5/36/13
今○是務 6.5/36/14
吉○可言 6.5/36/17
○足以奉宗廟 6.5/36/17
主名○立 6.5/36/19
必有○辜 6.5/36/19
○加鞭箠 6.5/36/20
○敢隱情 6.5/36/20
杜令○殺人 6.5/36/24
○敢自理 6.5/36/25
太后雅性○好淫祀 6.5/37/2
嘗○安 6.5/37/2
以爲何故乃有此○祥之
言 6.5/37/3
○自顧 6.5/37/4
○能自勝 6.5/37/5
是時自冬至春○雨 6.6/37/11
○下 7.1/38/11
地車○可用 7.1/38/12
實○可用 7.1/38/13
更始竟○能發 7.1/38/17
稷○肯拜 7.1/38/20
光武感伯升功業○就 7.1/38/24
莫○造門 7.3/39/10
敢○以實 7.3/39/13
上言「○可讙露」 7.4/39/21
彊○自安 7.8/41/4
上○許 7.8/41/7,9.6/58/14
○欲令厚葬以違其意 7.8/41/13
臨大節而○可奪 7.12/42/14
上未嘗○見從 7.12/42/18
獨坐○樂 7.12/42/23
○在贊拜之位 7.12/43/10
誠○以遠近親疏 7.12/43/12
惻然○能言 7.12/43/12
○肯謁陵 7.19/45/7
昏亂○明 7.20/45/12
家用○寧 7.20/45/12
可○愼與 7.20/45/16
○願也 8.1/46/9
而○自聽斷 8.1/46/11
天下○足定也 8.1/46/14
卿言天下○足定 8.1/46/17
上以禹○時進 8.1/46/24
孰○延望 8.1/46/24
委輸○至 8.1/47/5
○得 8.2/47/12
前後沒溺死者○可勝算 8.2/47/16
○與兵刃 8.2/48/1
小大莫○感悅 8.2/48/2
○欲久在內 8.4/48/13
讓○獲 8.4/48/14
講誦孜孜○輟 8.6/48/27
往而○反 8.7/49/15
○敢自恃 8.7/49/18
○可勝數 8.7/49/20
造次○能以辭語自達 8.10/50/10
其後勤勤○離公門 8.10/50/10
兵有○利 8.10/50/15
軍營○如意 8.10/50/15
堅臥○動 8.10/50/19
北營戰○利 8.10/50/23
吏士○足 8.10/51/2
○起第 8.10/51/3
○作祠堂 8.10/51/3
○得共坐 8.11/51/12
官屬以復○遜 8.11/51/12
上署報○許 8.11/51/13
賊陣堅○卻 8.11/51/14
上○遣 8.11/51/18
後更○入塞 8.12/52/1
○可聽也 8.14/52/14
○可復會也 8.14/52/14
聖公○能辦也 8.14/52/16
敗必○久 8.14/52/16
莫○欣喜 8.14/52/18
倒戟橫矢○足以明喻 8.14/52/19
○敢爲人道也 8.14/52/21
人○專一 8.14/52/24
臨淄○能救也 8.14/52/26
○戰而困 8.14/53/3
諸君○見是爾 8.14/53/3
休止○結營部 8.16/53/25
救兵○至 8.17/54/11
恭坐將兵○憂軍事 8.17/54/13
虜至○敢出 8.17/54/14
因病○視事 9.1/55/5
○欲與相見 9.1/55/9
賊○入境 9.1/55/12
若峻○即降 9.1/55/17
辭禮○屈 9.1/55/18
連年○下 9.1/55/19
無乃○可乎 9.1/55/19
恂○應 9.1/55/19
○欲 9.1/55/20
今來○屈 9.1/55/22
故城○拔 9.2/56/5
○御酒肉 9.4/56/18
軼多詐○信 9.4/57/3
人○能得其要領 9.4/57/3
帝王○可以久曠 9.4/57/5
水火○避 9.4/57/17
必○使將軍負丹青 9.4/57/17
（祐）〔祐〕由是○復
言 9.6/58/11
○敢 9.6/58/17
今遵奉法○避 9.7/59/5
必○私諸卿也 9.7/59/6
糧食○豫具 9.7/59/12
恐力○堪 9.7/59/12
國家知將軍○易 9.7/59/12
亦○遺力 9.7/59/12
夫人裳○加綵 9.7/59/13
○忘（王室）〔俎豆〕 9.7/59/18
哀念祭遵○已 9.7/59/22
○過櫟陽萬戶邑 9.10/60/21
富貴○歸故鄉 9.10/60/21
聞壯士○〔病〕瘧 9.10/60/23
○及等倫 9.11/61/8
○能預竹帛之編 9.11/61/8
必○敢爲國之憂也 9.11/61/9

相去○遠 9.11/61/10
營壁○堅 9.11/61/10
有○可動之節 9.11/61/11
吏民遮道○得行 9.12/61/17
○知當何以報國 9.12/61/22
卒有○同 10.1/62/10
數○利 10.2/62/17
○足以制也 10.2/62/17
越人伺（侯）〔候〕者聞車聲○絕 10.2/62/19
糧饋○至 10.10/64/9
○可渡 10.11/64/17
雖○可渡 10.11/64/18
爲善○賞 10.11/64/21
霸安坐○動 10.11/64/25
上初至○脫衣帶 10.14/65/18
若縱賊○誅 10.14/65/23
誠○敢內顧宗親 10.14/65/25
○降者滅族 10.16/66/9
事君（有）〔者〕○得顧家 10.16/66/10
○得復念私也 10.16/66/11
○欲與軼相見 10.21/67/9
倉卒時以備○虞耳 10.21/67/11
謝病○視事 10.21/67/14
兵○血刃 10.22/67/22
斷之○疑 10.22/67/23
○欲傳子 10.22/67/24
○許 10.22/67/24
○得令觀天文、見讖記 10.22/67/25
○願其有才能 10.22/68/1
○宜論也 10.22/68/2
○穢賤之 10.23/68/12
公主○敢訴 10.24/68/17
憲陰喝○得對 10.24/68/18
固辭○受 10.24/68/23
吏人○歸往守令 10.26/69/10
吏民親愛而○忍欺之 10.26/69/11
使民○畏吏 10.26/69/13
吏○取民 10.26/69/13
汝獨○欲修之 10.26/69/16
寧能高飛遠去、○在人間耶 10.26/69/16
獨○入密界 10.26/69/18
太守○信 10.26/69/19
推實○爲華貌 10.26/69/24
逢使者○下車 11.1/70/5
故狐疑○決 11.2/70/20
伏悲○能仰視 11.2/71/4
竟○肯受 11.3/71/13
豈○樂哉 11.4/71/20
上悲傷其言而○許 11.4/71/22
○離左右 11.5/71/27, 21.34/157/12
冠劍○解于身 11.6/72/6
○發私書 11.7/72/11
○任兵馬 11.8/72/21
家人居○足贍 11.8/72/22
○敢一奢 11.11/73/23
○及國家 11.13/74/9
○奪其志 11.14/74/15
○以私好害公義 11.14/74/16
與同郡張宗、上谷鮮于裒○相好 11.14/74/16
終○爲言 11.14/74/18
見家用○足 12.1/75/8
○如專意東方 12.1/75/16
天下反覆自盜名字者○可勝數 12.1/75/21
○宜遠入險阻 12.1/75/24
莫○屬耳忘倦 12.1/76/10
印文○同 12.1/76/14
恐天下○正者多 12.1/76/14
學龍伯高○就 12.1/76/21
所謂刻鵠○成尙類鶩者 12.1/76/21
效杜季良而○成 12.1/76/21
所謂畫虎○成反類狗也 12.1/76/22
廖○得嗣爵 12.2/77/9
可○須（穀馬）〔馬穀〕 12.3/77/18
怒○與穀 12.3/77/19
上○喜之 12.3/78/8
○宜在一處 12.4/78/14
○與 12.4/78/18
光以被誣○能自明 12.4/78/18
客卿逃匿○令人知 12.5/78/24
○拘儒者之節 12.7/79/19
詔詰會稽車牛○務堅强 12.8/80/2
鞭扑○可弛於家 12.9/80/11
刑罰○可廢於國 12.9/80/11
征伐○可偃於天下 12.9/80/11
越嗣○長 12.10/80/23
昭以○王 12.10/80/24
蒙宗○幸兮 12.10/80/24
楚項○昌 12.10/80/24
何爾生○先後兮 12.10/80/24
既匡救而○得兮 12.10/81/1
○爲華飾 12.11/81/11
○爲之蓄積 12.11/81/13
吾以○德 12.11/81/18
方今邊郡○寧 12.11/81/20
○宜違我言也 12.11/81/22
○聞其音 12.11/81/23
梁○疑拜步兵校尉 12.13/82/9
遠者○服 13.1/82/21
莫○怪疑 13.1/82/22
有○可奪 13.1/82/23
久○復用 13.1/82/24
白首○衰 13.1/83/1
必○能全 13.5/83/22
○敢授璽書 13.5/83/22
○悅 13.6/84/4
○與席而讓之曰 13.6/84/5
其後○復令譚給事中 13.6/84/8
諸生以賤○糶 13.6/84/9
○與民爭利 13.6/84/9
臣聞貧賤之交○可忘 13.6/84/14
糟糠之妻○下堂 13.6/84/14
事○諧矣 13.6/84/15
上猶○釋 13.7/84/21
上○征彭寵 13.9/85/5
弓弩○得弛 13.9/85/6
誠○知所以然 13.9/85/7
○宜自輕 13.10/85/13
數正諫威儀○如法度者 13.10/85/14
○能復任朝事 13.10/85/17
終○降志辱身 13.11/85/22
○食其粟 13.11/85/22
杜伯山、天子所○能臣 13.11/85/22
諸侯所○能友 13.11/85/23
而終○屈節 13.11/85/24
○苟貪高亢之論 13.11/86/3
郡縣○置世祿之家 13.11/86/4
○因緣堯 13.11/86/5
民○曉信 13.11/86/5
終○悅諭 13.11/86/5

○失先俗 13.11/86/7
考績○成 13.11/86/8
○可卒改 13.11/86/8
合於《易》之所謂「先天而天○違、後天而奉天時」義 13.11/86/9
○能早退 13.11/86/23
小民負縣官○過身死 13.11/86/25
言性○相害 13.11/86/28
有大小負勝○齊 13.11/86/29
均○得其所 13.11/86/29
林○敢受 13.11/87/6
○行已久矣 13.12/87/14
根○病 13.12/87/24
自以兄弟○當蒙爵土之恩 13.12/87/24
惟勤祖偃長○滿七尺 13.13/88/4
○相踰越 13.13/88/7
莫○厭服焉 13.13/88/7
非勤○定 13.13/88/7
朱浮上○忠于君 13.13/88/8
○足以償○訾之身 13.13/88/9
功名列於○朽 13.13/88/10
可○勉哉 13.13/88/10
憙○與相見 13.16/89/5
舞陰大姓李氏擁城○下 13.16/89/5
○肯 13.16/89/6,18.29/135/1
饑困○能前 13.16/89/10
○願受融兵 13.16/89/12
顯宗○許 13.16/89/18, 16.10/106/16
吳漢諸將圍守數月○下 14.1/90/1
○如亟降 14.1/90/3
故○敢降耳 14.1/90/4
○忌小怨 14.1/90/5
吾○食言 14.1/90/6
○敢負公 14.1/90/7
鮪見其○疑 14.1/90/8
諸將○敢食 14.1/90/9
永以○宜出 14.2/90/16
永疑○從 14.2/90/19
我攻懷三日兵○下 14.2/90/22
足下所以堅○下者 14.2/90/23
○降何待 14.2/90/24
時彭豐等○肯降 14.2/90/25
大○敬也 14.2/91/6
並伉直○避强禦 14.2/91/7
司隸○避也 14.2/91/9
仁○遺舊 14.2/91/11
忠○忘君 14.2/91/11
永以度田○實 14.2/91/11
上遣小黃門問昱有所怪○ 14.3/91/19
臣聞故事通官○著姓 14.3/91/20
○易其辭 14.4/92/3
愚聞丈夫○釋故而改圖 14.4/92/4
哲士○徼幸而出危 14.4/92/4
今君長故主敗○能死 14.4/92/4
新主立○肯降 14.4/92/4
功○世出 14.4/92/7
略○再見 14.4/92/7
○知天時 14.4/92/7
上黨阨○能救 14.4/92/9
河東畔○能取 14.4/92/9
下無○占之志 14.4/92/10
人○能支 14.4/92/10
君長將兵○與韓信同日而論 14.4/92/10
威行得衆○及智伯萬分之半 14.4/92/10
○見天時 14.4/92/11
○知厭足 14.4/92/11
履深淵之薄冰○爲號 14.4/92/13
涉千鈞之發機○知懼 14.4/92/13
○遵孝友 14.4/92/14
能逃○自詣者舒也 14.4/92/15
固守○以時下 14.5/92/23
鼓○振塵 14.5/92/24
衍聞明君○惡切愨之言 14.5/93/1
忠臣○顧爭引之患 14.5/93/2
令問○忘 14.5/93/3
豈敢拱默避罪而○竭其誠哉 14.5/93/3
兵連○息 14.5/93/5
○啻大半 14.5/93/8
此誠○可以忽也 14.5/93/19
而大將軍所部○過百里 14.5/93/20
守城○休 14.5/93/21
戰軍○息 14.5/93/21
○爲深憂 14.5/93/21
如其○虞 14.5/93/22
德○素積 14.5/93/23
人○爲用 14.5/93/23
備○豫具 14.5/93/23
無○感德 14.5/93/25
忌○得留媵妾 14.5/94/1
抑而○用 14.5/94/2
○遠千里 15.2/95/7, 20.11/147/11
書○報 15.2/95/8
○顧恩義 15.2/95/9
生○供養 15.2/95/9
死○飯唅 15.2/95/9
並○佑助 15.2/95/9
○任茅土 15.2/95/10
章○報 15.2/95/10
陽狂○識駿 15.2/95/11
今子以兄弟私恩而絕父○滅之基 15.2/95/12
使人○爭 15.2/95/18
變○空生 15.2/95/22
夫帝王○宜以重器假人 15.2/95/22
靡○由世位擅寵之家 15.2/95/23
○敢去 15.2/95/24
其親喪○過留殯一月 15.5/96/16
贈子以○拜 15.5/96/20
○爲設席食以罰之 15.5/96/26
妻子○之官舍 15.6/97/3
○任進道 15.6/97/6
友人○肯見 15.6/97/6
○有忠言奇謀而取大位 15.6/97/7
何其往來屑屑○憚煩也 15.6/97/7
○加其後 15.7/97/14
剛諫上○聽 15.7/97/15
馬○得前 15.7/97/16
○自知所言 15.8/97/21
歔欷○能言 15.8/97/23
吾知子○悲天命長短 15.8/97/23
而痛二父讎○復也 15.8/97/23
○及 15.8/97/25
子○從我出 15.8/97/26
敢○以死明心乎 15.8/97/26
○嚴而治 15.8/97/29
○知所爲 15.8/98/1
鳥獸○可與同群 15.8/98/4
憚○納 15.8/98/6
遂拒○開 15.8/98/7
昔文王○敢盤於遊田 15.8/98/7

以憚○推効	15.8/98/11
○死	15.8/98/12
去帝城○遠	15.9/98/18
詩勅曉○改	15.10/99/4
○盈數月輒致豐積	15.11/99/14
財物○增	15.11/99/14
亦○能自潤	15.11/99/15
而奮○改其操	15.11/99/15
○顧	15.11/99/17
樂○可支	15.12/100/1
匈奴○敢犯塞	15.12/100/2
俗○種桑	15.14/100/13
臣贊拜○由王庭	15.15/100/26
陛下○忘往舊	15.17/101/13
○假下以權	15.17/101/14
道路○敢相盜	15.17/101/14
率○生出獄	15.17/101/15
道○拾遺	15.17/101/15
○入冀府（赤）〔寺〕	15.17/101/16
無○窮究	16.2/102/13, 20.2/145/5
○爲章句	16.2/102/14
○以才能高人	16.2/102/14
具陳固○敢妄作	16.2/102/15
○修小節	16.3/102/21
○恥勞辱	16.3/102/22
○探虎穴	16.3/103/6
○得虎子	16.3/103/6
使彼○知我多少	16.3/103/7
掾雖○行	16.3/103/9
何故○遣而選乎	16.3/103/11
○欲令漢軍入國	16.3/103/20
○敢望到酒泉郡	16.3/104/1
察政○得下和	16.3/104/5
衆悉○受	16.6/104/19
諸王○宜通客	16.6/104/19
○可○慮	16.6/104/20
○如守正而死	16.6/104/20
衆○爲屈	16.6/104/22
○與水火	16.6/104/23
○爲匈奴拜	16.6/104/24
臣恐○忍將大漢節對氈裘獨拜	16.6/104/25
上○聽	16.6/104/25
衆○得已	16.6/104/26
講論○怠	16.9/105/14
精力○倦	16.9/105/15
十五年○窺園	16.9/105/15
○如同門生郎中彭閎、揚州從事皋弘	16.9/105/17
○以辭長勝人	16.9/105/19
如有○諱	16.9/105/22
可○勉乎	16.9/106/2
榮笑而○應	16.9/106/3
○得已受封	16.10/106/16
莫○貫綜	16.12/107/5
一餐○受于人	16.14/107/18
○應辟命	16.14/107/18
悉○受	16.14/107/19
纖微○漏	16.14/107/21
今博士○難正朕	16.15/107/28
位○過郎	16.16/108/4
而人○可暴化	16.16/108/7
臣生○讀讖	16.16/108/9
遂○復轉遷	16.16/108/11
意忽忽○樂	16.16/108/11
○能以尸伏諫	16.20/109/15
義有○通	16.20/109/18
解經○窮戴侍中	16.20/109/19
○失法度	16.21/109/24
古帝王封諸侯○過百里	16.24/110/17
○合法制	16.24/110/18
○可	16.25/110/26
由是○復有爭訟	16.25/111/1
乃○食終日	16.26/111/7
忽然如○饑渴	16.26/111/7
正直○撓	16.29/111/21
使有功○如使有過	16.33/112/23
而勃位○過縣令	16.34/113/2
亦無○有	16.34/113/7
建武中以伏波將軍爵土○傳	16.34/113/9
○顧罪戾	16.34/113/10
無言○讎	16.34/113/10
無德○報	16.34/113/10
禮、天子○食支庶	16.36/113/23
吾聞伐國○問仁人	16.37/113/28
戰陣○訪儒士	16.37/113/28
三年○視事行縣	16.37/114/1
刑罰○中	16.37/114/2
邾文公○以一人易其心	16.37/114/3
道路愈多○法	16.38/114/10
憲○能容	16.38/114/11
○得意	16.38/114/12
遂○之官而歸	16.38/114/12
○問餘產	16.39/114/16
而民○知紡績	16.40/114/20
○好榮貴	16.41/114/25
○如萌肥健	16.41/114/27
賊義而○啖	16.41/114/27
萌歸○能得豆	16.41/114/27
棺○可移	16.42/115/3
受而○食	16.44/115/14, 16.49/116/16
業固○起	16.45/115/18
○起便賜藥	16.45/115/18
○去	16.46/115/25, 17.17/122/27
遂潛藏○見	16.46/115/27
非禮○動	16.46/115/27
萌○答	16.46/115/28
迷○知東西	16.46/116/1
方面○知	16.46/116/1
連徵○至	16.47/116/6
藜藿○厭	16.47/116/6
然樂道○怠	16.47/116/6
（下）○及政事	16.49/116/17
以責爲○足耶	16.49/116/18
○當辟也	16.49/116/19
如以爲任用而○使臣之	16.49/116/19
○能得錢買肉	16.49/116/20
屠〔者〕或○肯爲斷	16.49/116/20
屠者或○肯與〔之〕	16.49/116/21
○隨於俗	16.52/117/12
鄉黨大人莫○敬異之	16.52/117/12
莫○稱平	16.52/117/14
○容羽蓋	17.1/117/23
寅在職○服父喪	17.1/117/27
丹○乘使者車	17.2/118/4
○出此關	17.2/118/4
典牧州郡田畝○增	17.2/118/12
○汲汲于時俗	17.3/118/17
夙夜○怠	17.7/119/14, 19.18/141/10
愷猶○出	17.8/119/19

在位者莫○仰其風行 17.8/119/22
○聞鷄鳴犬吠之音 17.10/120/6
○能家給人足 17.10/120/8
寧足爲○家給人足耶 17.10/120/9
遂○舉觴 17.10/120/10
終○肯謁 17.10/120/11
○復考試 17.10/120/14
平○聽 17.11/120/21
力○能兩活 17.11/120/21
仲○可以絕類 17.11/120/21
遂去○顧 17.11/120/21
義○可負 17.11/120/24
吾○忍食子 17.11/120/24
豬主怪其○還 17.12/121/4
○可以示遠 17.12/121/9
徒病○能行 17.13/121/14
縣○得已與之 17.13/121/15
而○拜賜 17.13/121/24
誠○敢拜受 17.13/121/25
○得成此殿 17.13/122/3
○復要娶巫家女 17.14/122/8
未嘗○合上意 17.14/122/10
言語○擇 17.17/123/1
○思求賢報國 17.17/123/1
無○照覽 17.18/123/7
先帝徵君○來 17.19/123/13
大○敬 17.20/123/20
○敢驚孝子 17.22/124/7
○欲穢污地 17.23/124/14
○如孝肥 17.23/124/16
亦○肯食 17.23/124/18
譚○肯去 17.24/125/1
肉腥臊○可食 17.24/125/2
終○能兩全 17.24/125/4
奉之○異長君 17.25/125/11
○復責舍宿直 18.1/125/23
爾說將尙○下 18.1/126/2
道○同故耳 18.1/126/2
○過從兄飯 18.1/126/8
○敢妄過人飯 18.1/126/9
○交通人物 18.1/126/17
奉公○撓 18.1/126/19
○復示掾吏 18.1/126/19
尹○忍爲也 18.5/127/16
未嘗○流涕 18.5/127/17
諸母衣○可得 18.6/127/24
暉○敢與 18.6/127/26
前○與婢者 18.6/127/26
求○可得 18.6/128/2
臨淮獨○疫 18.6/128/8
暉舉手○敢答 18.6/128/10
故爵位○踰 18.8/128/21
遂去○顧 18.8/128/22
而文○及亡命未發覺者 18.9/129/1
伏惟天恩莫○蕩宥 18.9/129/1
而亡命捕得獨○沾澤 18.9/129/2
○慕游宦 18.10/129/7
○聽 18.10/129/8
均屢辟○詣 18.10/129/11
○忍行也 18.12/129/27
遂○受 18.12/129/27
范○聽 18.12/130/1
○禁火 18.12/130/3
○能自進 18.12/130/5
○告而去 18.12/130/7
○知馬所歸 18.12/130/7
○見聽 18.13/130/13
○敢犯禁 18.13/130/19
○受 18.13/130/21,19.22/142/10
拒○與文 18.13/130/22
○任刑名 18.14/131/3
○敢欺也 18.14/131/4
營舍有停棺○葬者百餘所 18.16/131/15
問事○休賈長頭 18.17/131/23
革○欲搖動之 18.18/132/4
○用（車）〔牛〕馬 18.18/132/5
時有疾○會 18.18/132/6
終○發書 18.18/132/7
安○發 18.21/132/21
由是○罹其患 18.21/132/22
私語行事人使○加力 18.22/133/1
○諸 18.23/133/7
二十餘年○窺京師 18.23/133/9
而篤○任爲吏 18.23/133/10
司隸校尉下邳趙興○邮諱忌 18.25/133/19
終○肯拜 18.26/133/27
葉令雍霸及新野令皆○遵法 18.26/133/28
○問縣事 18.26/134/1
恭○受 18.28/134/14
時○如意輒呼責 18.28/134/15
○敢復有過 18.28/134/16
里落皆化而○爭 18.28/134/18
○與人同食 18.29/134/22
童子鴻○因人熱者也 18.29/134/23
博覽無○通 18.29/134/26
因爲執勤○懈 18.29/134/28
鴻○受 18.29/134/29
約○爲陪臣 18.29/134/29
○敢于鴻前仰視 18.29/135/5
○歸其鄉 18.29/135/8
誦讀晝夜○絕 18.30/135/14
忽○視麥 18.30/135/15
○已 18.30/135/16
執志○倦 18.30/135/17
恐○得免 18.30/135/17
○應爲吏 18.30/135/18
遂○仕 18.30/135/18
未嘗○正諫 19.1/136/7
酺傷青○遂 19.1/136/9
褒○被刑誅 19.1/136/22
莫○嘉其榮 19.1/136/23
晝夜號踊○絕聲 19.4/137/14
辭讓○敢當 19.4/137/15
託病○仕 19.4/137/15
謝○肯應 19.4/137/16
恭○得已而行 19.4/137/16
積年州郡○決 19.4/137/17
○入中牟 19.4/137/18
疑其○實 19.4/137/18
何○捕之 19.4/137/20
今蟲○犯境 19.4/137/21
民食○足 19.4/137/24
動○失其中 19.4/137/25
孳孳○倦 19.5/138/3
○廢教〔授〕 19.5/138/4
閉門○出 19.7/138/19
以○肯親事爲高 19.7/138/21
苦○畏慎 19.7/138/22
○復教授 19.7/138/23
賞○僭 19.7/138/24
刑○濫 19.7/138/24
與其○得已 19.7/138/24
骸骨○葬者多 19.7/138/26
送舊○出門 19.8/139/4
妻子○到官舍 19.11/139/20
○食魚肉之味 19.11/139/21

○得有異	19.11/139/21
○求備于人	19.11/139/22
○改	19.11/139/23
終○暴揚其惡	19.11/139/23
○敢相屈	19.11/139/26
王者○理夷狄	19.16/140/24
得其地○可墾發	19.16/140/24
遠人○服	19.16/140/25
○務修舜、禹、周公之德	19.16/140/25
食○二味	19.20/141/20
（武威）天下州郡遠近莫○修禮遺	19.20/141/21
恂奉公○阿	19.20/141/21
○〔得〕遠走	19.21/142/1
○得輒毆罵之	19.21/142/2
殆○免喪	19.22/142/9
衣食○贍	19.22/142/9
記群書無○涉獵	19.22/142/12
晝夜○離省闥	19.22/142/14
○祭竈求福	19.22/142/19
詔書到門○出	19.26/143/13
○可奉祭祀	19.27/143/20
充○受	19.27/143/21
心○直者	19.28/143/26
終○敢祝也	19.28/143/26
○能飲食	19.29/144/3
亦○飲食	19.29/144/3
輒○食	19.29/144/4
每彈琴惻愴○能成聲	19.30/144/10
見酒食未嘗○泣	19.30/144/10
爲表○設樂	19.30/144/10
朝臣上下莫○附之	19.32/144/22
○事豪黨	19.32/144/23
及憲兄弟圖作○軌	19.32/144/23
鼎足之任○可以缺	20.1/145/1
○受私謁	20.2/145/6
震○肯	20.2/145/7
○亦厚乎	20.2/145/7
君○知故人	20.2/145/8
姦臣狡猾而○能誅	20.2/145/11
寵嬖傾亂而○能禁	20.2/145/11
賞賜○節	20.2/145/11
而○能塞	20.2/145/12
○見逮及	20.4/145/23
○奢○約	20.4/145/26
○能去	20.6/146/9
○得已	20.6/146/10
晨昏○廢	20.6/146/10
自是莫○用	20.9/146/27
棠○與言	20.10/147/3
吳氏世○乏季子矣	20.17/148/14
而○受贍遺	20.17/148/15
吏民○欺	20.17/148/20
○出奉祠北嶽	20.19/148/28
符驗○虛	20.19/148/28
而遂比○奉祠	20.19/148/29
○務懇惻	20.19/149/1
○有遵憲	20.19/149/2
○中	20.23/149/22
光○應	20.24/150/4
光心○自安	20.24/150/7
言○稱老	21.1/150/19
是帝欲○諦乎	21.4/151/6
盜○過五女門	21.7/151/19
豈○貧國乎	21.7/151/20
連年○克	21.8/151/25
客○堪之	21.9/152/13
寬神色○異	21.9/152/16
清高○動	21.10/152/21
○以入廄	21.11/153/4
○得入懷	21.11/153/4
盡還○受	21.11/153/4
莫○雀目鼠步	21.12/153/15
融○肯受	21.15/154/5
乃○復行也	21.21/155/5
○審使臣	21.35/157/16
○聞驅逐	21.35/157/17
○入於門	21.41/158/12
初○歷獄	21.54/160/7
嫌疑○決	21.54/160/7
鞭杖○舉	21.54/160/8
初○暴揚	21.54/160/8
太守所○及也	21.54/160/9
宣○悅	22.1/160/25
○敢當禮	22.1/160/25
○從我來	22.4/161/25
○遠萬里	22.4/163/1
○見鹽穀	22.4/163/12
得○死	22.5/164/3
上○忍誅	22.5/164/5
○如且稱王	23.1/164/26
稱天子何謂○可	23.1/164/26
莽○如此	23.1/165/2,23.1/165/2
輒醉○能見	23.1/165/7
時○得已	23.1/165/7
州郡○知所從	23.1/165/9
臣○受詔	23.1/165/10
被服○法	23.1/165/11
作者○能得	23.1/165/13
由是四方○復信向京師	23.1/165/14
驚震○知所爲	23.5/166/17
待汝以○死耳	23.5/166/18
天下○可〔復〕得	23.8/167/19
勸寵止○應徵	23.11/168/18
○得	23.11/168/20
遂○得解	23.11/168/24
朝廷以奴殺主○義	23.11/168/26
復○可○封	23.11/168/26
乃封子密爲○義侯	23.11/168/27
而○及萌	23.15/169/19
○過三數步	23.16/170/4
士大夫莫○諷誦〔之也〕	23.16/170/6
計之○可者也	23.16/170/8
若計○及此	23.16/170/10
圖王○成	23.16/170/11
人苦○知足	23.16/170/14
○可勝用	23.17/171/4
戰士○下百萬	23.17/171/6
古今所○能廢也	23.17/171/13
○亟乘時與之分功	23.17/171/18
蜀人及其弟光以爲○宜空國千里之外	23.17/171/20
訛言○可信	23.17/171/25
○宜有愛	23.17/171/28
岑臥○動	23.18/172/7
遂止○降	23.19/172/12
此即明三事○同也	24.6/173/7
○得自增加	24.14/174/1
而口吃○能劇談	24.15/174/5
主○稽古	24.16/174/7
○以舊惡介意	24.33/175/13
○避暑寒	24.39/175/25
○親毉	24.40/175/27
哭聲○絕	24.41/176/1
飲○入口	24.41/176/1
未嘗○愴然泣涕	24.45/176/9
有所○安	24.53/176/25

膳○求珍 24.55/177/1
止行過肅名趙李時銓○
卒 24.68/177/27
廣漢索○得 24.72/178/8
七王○載母氏 24.74/178/13
○及六十 24.86/179/11
故史官○用 24.90/179/22
萬世○易之道也 24.90/179/24
《前志》亦闕而○論
24.90/179/25
連年○得 24.90/179/25
竊○自量 24.90/179/26
○復改立 24.92/180/5

布 bù 42

又舊制上書以青○囊素
裹封書 1.1/6/16
宣○圖讖于天下 1.1/9/20
漢以炎精○耀 1.1/10/14
○三萬匹 3.1/18/20
露○奏可 3.2/21/3
太后詔書流○ 6.2/35/17
錢○以億萬計 7.12/43/13
○衣徒行 8.6/48/27
○惠澤 9.4/56/21
西行○威信 9.4/57/11
身衣○衣韋袴 9.7/59/13
臥○被終身 9.7/59/13
各以囊盛沙○冰上 10.11/64/20
堆石○土 10.11/64/25
爲援制荅○單衣、交讓
冠 12.1/75/14
又當司徒露○ 14.3/91/20
樹恩○德 14.5/93/13
○衣荷擔 15.2/95/7
○被瓦器 15.6/97/3
而良妻○裙徒跣曳柴 15.6/97/4
白○被囊 15.12/99/27
惟○被覆尸 15.16/101/6
祭酒、○衣諸生（爾）
〔耳〕 16.3/102/25
常著大○緼袍 16.12/107/6
太守王朗餉給糧食、○
帛、牛羊 16.14/107/20
○被囊而已 16.35/113/17
著短○單衣 16.50/116/28
以敝○纏裹節 17.2/118/8
臥○被 18.1/126/13
賜以冠幘錢○ 18.10/129/13
太守張穆持筒中○數篋
與范 18.12/129/26
攜錢二千、○兩端去
18.13/130/14
賜○五百匹、衣一襲
18.17/131/25
著○衣 18.29/135/2
常席羊皮、○被 19.20/141/20
所建畫未嘗流○ 19.22/142/17
造意用樹皮及敝○、魚
網作紙 20.9/146/26
乃露○上書 21.4/151/5
呂○以奮威將軍如三事
21.28/156/11
常臥○被 21.36/157/21
更著短○裳 22.1/160/27
多賜繒○ 22.4/162/4

步 bù 36

帝將○騎千餘 1.1/3/2
尋、邑遣○騎數千〔乘〕
合戰 1.1/3/3
河西大將軍竇融與五郡
太守○騎二萬迎帝 1.1/6/23
○行觀部署 2.1/12/16
五○外爲小廚 2.1/13/8
蕭何墓在長陵東司馬門
道北百○ 5.1/27/5
太后賜馮貴人○搖一具 6.5/36/18
從黎陽○推鹿車于洛陽
市藥 8.2/47/20
張○都臨淄 8.14/52/22
張○直攻弇營 8.14/53/6
弇與○戰 8.14/53/6
聞弇爲○所攻 8.14/53/7
復追張○ 8.14/53/11
○奔平壽 8.14/53/11
令○兵各以郡人詣旗下
8.14/53/12
成贏衣○擔 10.5/63/7
乃○輓車去 10.26/69/9
大奴○護視之 12.6/79/6
梁冀拜○兵校尉 12.12/82/3
梁不疑拜○兵校尉 12.13/82/9
張○遣其掾孫昱隨盛詣
闕上書 13.2/83/7
張○之計是也 13.11/86/25
使前走數十○ 14.2/91/4
能矩○ 16.34/112/29
太保甄豐舉爲○兵校尉
16.37/113/27
而容止趨○ 17.1/117/25
往來常白衣○擔 17.23/124/12
倫○擔往候鮮于褒 18.1/125/20
與客○負喪歸 18.12/129/25
青從此除○兵司馬 19.1/136/9
子孫常蔬食○行 20.2/145/6
常○行隨師 20.11/147/11
莫不雀目鼠○ 21.12/153/15
不過三數○ 23.16/170/4
常○擔求師也 24.69/178/1
以○五緯 24.90/179/24

怖 bù 6

皆○ 1.1/3/2
堂陽驚○ 10.12/65/7
奮惶○ 13.12/87/25
必大驚○ 16.3/103/7
部善一國驚○ 16.3/103/10
于是權門惶○股慄 21.12/153/14

部 bù 29

請爲前行諸○堅陣 1.1/3/2
諸○將喜曰 1.1/3/3
諸○共乘之 1.1/3/4
更始收齊武王○將劉稷 1.1/3/10
步行觀○署 2.1/12/16
尙書、中謁者、黃門冗
從四僕射、諸都監、
中外諸都官令、都
（候）〔侯〕、司農
○丞、郡國長史、丞
、（候）〔侯〕、司
馬、千人秩皆六百石 4.1/26/1
平陵後○攻新野 7.1/38/10
伯升○將宗人劉稷 7.1/38/19
○吏追逐 7.4/39/25
爲幽○所歸 8.2/47/19

告令諸○將曰 8.10/50/18
休止不結營○ 8.16/53/25
○將殺人 9.1/55/8
復獨按○ 9.7/59/11
民嘗有言○亭長受其米
肉遺者 10.26/69/11
○勒兵 11.2/70/23
分○而進 11.2/70/26
而大將軍所○不過百里
14.5/93/20
西○督郵繇延 15.8/97/29
〔始至〕行○ 15.9/98/19
〔行○〕既還 15.9/98/22
臣行○入長沙界 15.14/100/16
更始拜爲會稽西○都尉
15.15/100/22
行○ 16.30/111/25
詔○送徒詣河內 17.13/121/14
司○災蝗 21.35/157/16
日入之○ 22.4/162/18
○人多有 22.4/162/30
廣漢○索 24.72/178/7

簿 bù 16

飲食、百官、鼓漏、起
居、車騎、鹵○如故 3.1/19/13
是我起兵時主○ 9.4/57/16
主（薄）〔○〕陳副諫
曰 9.7/59/4
主○進曰 13.10/85/13
堪錄○上官 15.12/99/26
周嘉仕郡爲主○ 16.31/112/7
馴爲主○ 16.38/114/10
上見司農上○ 17.13/121/27
信陽侯陰就於干突車騎
○ 17.20/123/19
京兆尹閻興召倫爲主○
18.1/125/25
暉遙見就主○持璧 18.6/128/2
主○授暉 18.6/128/3
主○遽白就 18.6/128/3
皆○入也 21.8/152/8
奐召主○張祁入 21.11/153/3
須誦爲郡主○ 21.30/156/20

猜 cāi 1

遂懷○恨 21.8/152/2

才 cái 24

高○好學 1.1/1/16
幼而聰達○敏 2.2/14/3
太后密使瞻察威儀○明 3.5/21/25
有○能 6.4/36/6
以○貌選〔入〕掖庭 6.7/37/16
有牧民御眾之○ 9.1/54/23
不顧其有○能 10.22/68/1
馬融○高博洽 12.7/79/18
弘薦沛國桓譚○學洽聞 13.6/84/3
亡國之君皆有○ 13.7/84/20
桀、紂亦有○ 13.7/84/20
必須良○ 14.5/93/24
上嗟歎鴻○ 15.2/95/15
○美而高 15.12/99/23
不以○能高人 16.2/102/14
則固宜用天下之賢○
16.15/107/28
有絕○ 16.16/108/3
前世以磨研編簡之○
16.28/111/16
以爲○堪宰相 17.4/118/24
○高名遠 17.18/123/7
以○器稱 18.25/133/20
丕舉秀○ 19.4/137/16
邑令王密、故所舉茂○
20.2/145/8
有○學 20.9/146/25

材 cái 4

○直驚人 1.1/6/9
明帝以爲衍○過其實 14.5/94/1
人齎茅竹或（特）〔持〕
○木 17.13/121/19
名○竹幹 23.17/171/4

財 cái 31

言帝不敢取○物 1.1/2/15
反欲歸守其妻子○物耶 1.1/2/20
○足祠祀 2.1/13/8
民所取○用也 5.5/30/16
推父時金寶○產與昆弟 7.7/40/16
多殖○貨 7.11/42/8
志在○幣 8.1/46/11
家無私○ 9.7/59/13
外孫何氏兄弟爭○ 11.3/71/11
但私之以○ 11.14/74/17
凡殖貨○產、貴其能施
賑也 12.1/75/10
輕○貨 12.11/81/13
略其○產 14.5/93/14
○物不增 15.11/99/14
家無餘○ 15.16/101/7
推○孤寡 16.12/107/5
而竭盡其○ 16.16/108/6
詔以信田宅奴婢錢○賜
廉吏太常周澤 17.3/118/19
而有資○千萬 17.25/125/10
分○產 17.25/125/10
○留一月俸 18.1/126/14
○物皆可取 18.6/127/24
恐以○污府君 18.6/127/27
且盡推○與之 18.10/129/11
問所失○物 18.29/134/27
無他○ 18.29/134/27
鄉里有爭○ 18.30/135/16
高譚等百八十五人推○
相讓 19.17/141/6
無田宅○產 19.20/141/23
○貨公行 21.4/151/6
○物易聚耳 23.17/171/28

裁 cái 7

陂池○令流水而已 1.1/8/21
○家一人備列將校尉 2.1/13/26
故衣裘○足卒歲 12.11/81/13
無更○制 12.11/81/21
援○知書 16.34/112/29
生○數月 17.24/125/4
○足以修三驅之禮 20.4/145/25

采 cǎi 14

毛羽五○ 1.1/8/7
三○ 5.6/33/6,5.6/33/7
二○ 5.6/33/6,5.6/33/8

〔一○〕 5.6/33/8
（一○） 5.6/33/9
一○ 5.6/33/9
無金銀○飾 6.2/35/16
誦及《○菽》 7.12/42/24
從以觀上風○ 9.6/58/10
華侯孫長卿食○馮城 13.14/88/16
公卿以神雀五○翔集京
師 18.17/131/23
辭○鴻麗 19.8/139/3

採 cǎi 4

○穫穀果 1.1/5/24
帝令百官○甘露 2.1/13/16
多見○用 12.3/78/5
與兄俱出城○蔬 16.41/114/26

彩 cǎi 1

○色眩耀 3.5/23/1

綵 cǎi 4

而不重○ 1.1/7/14
夫人裳不加○ 9.7/59/13
雜○玩好 16.16/108/6
以五○囊盛石繫豐肘 23.12/169/3

菜 cài 8

或生菰○菓實 1.1/5/24
皆食棗○ 8.1/47/2
食蔬○ 10.10/64/9
輒遣蒼頭以車載米○錢
12.11/81/15
妻子但○食 15.11/99/14
無○茹 16.49/116/16
今旦爲老母求○ 17.11/120/22
餘皆○食 17.24/125/2

蔡 cài 8

求封南陽○陽白水鄉 1.1/1/6
帝與伯叔及姊壻鄧晨、
穰人○少公燕語 1.1/4/15
封陟爲上○侯 8.4/48/14
○順、字君仲 16.44/115/13
○倫、字敬仲 20.9/146/25
天下咸稱○侯紙 20.9/146/27
○邕詔問有黑氣墮溫明
殿東庭中 21.24/155/19
攻得邵、宜城、（若）
〔鄀〕、編、臨沮、
中（沮）廬、襄陽、
鄧、新野、穰、湖陽
、○陽 23.13/169/9

餐 cān 12

帝大○啗 1.1/3/26
見帝○啗 1.1/3/26
出城○糗糒 1.1/6/26
23.16/170/18
不下○粥 3.2/19/26
上遣中黃門朝暮○食 11.5/72/1
就○飯之 15.15/100/26
君慎疾加○ 16.9/105/22
糲食麤○ 16.12/107/6
一○不受于人 16.14/107/18
輒敕大官送○醪 18.18/132/6
強爲○飯 19.29/144/4

殘 cán 6

除○去賊 5.5/29/24
○賊百姓 5.5/31/4
除○去亂 12.9/80/11
貪○於內 14.5/93/6
以○酷見任 19.17/141/4
至乃○食孩幼 20.19/148/29

慚 cán 20

○見原陵 6.2/35/12
群臣各懷○懼也 9.7/59/22
常○負 9.12/61/22
覇○而去 10.11/64/16
○愧詣府 10.26/69/9
債家聞者皆○ 11.3/71/13
使人○ 12.1/75/18
懷○而還 13.9/85/4
遵聞而有○色 15.5/96/18
客○自絕 15.5/96/25
良○ 15.6/97/7
歛色○ 15.8/98/1
夙夜○懼 16.10/106/23
誠○聖朝 16.20/109/15
寅聞○而退 17.1/117/28
兒○負 18.28/134/16
妻○求去 19.11/139/26
父母○而還之 20.6/146/11
諸盜皆○嘆 21.13/153/22
更始大○ 23.1/165/1

蠶 cán 8

野○成繭被山 1.1/5/24
太后置○室織室于濯龍
中 6.2/35/14
無○織絲麻之利 15.14/100/13
養○桑織履 15.14/100/15
桂陽太守茨充教人種桑
○ 15.14/100/17
至今江南頗知桑○織履
15.14/100/18
乃教民種麻桑而養○
18.11/129/20
婦親○桑 19.11/139/21

慘 cǎn 1

孤心○愴 7.12/43/4

粲 càn 1

○然復見漢官〔威〕儀
（體） 1.1/3/16

倉 cāng 15

莽遣三公將運關東諸○
賑貸窮乏 1.1/1/20
是日○卒 2.4/17/19
送敖○ 3.1/18/26
遭世○卒 6.3/35/21
從都（慮）〔盧〕至羊
腸○ 8.2/47/15
○卒時以備不虞耳 10.21/67/11
郁夷、陳○ 11.2/70/25
林以爲○卒時兵擅權作

威 13.11/86/12
榮遭○卒困厄時 16.9/106/2
遭歲○卒 16.41/114/25
昔歲○卒時 19.7/138/25
成都郭外有秦時舊○ 23.17/171/23
改名白帝○ 23.17/171/23
述詐使人言白帝○出穀如山陵 23.17/171/24
白帝○出穀乎 23.17/171/24

蒼 cāng 43

周○漢赤 1.1/5/7
赤代○ 1.1/5/7
長沙賊攻沒○梧 3.5/22/14
東平王○議 5.5/31/3
賜東平憲王○書曰 5.5/31/21
○上言 5.5/31/27,5.5/32/11
上以公卿所奏明德皇后在世祖廟坐位駁議示東平憲王○ 5.5/32/11
東平王○議曰 5.6/32/21
東平王○ 7.12/42/13
東平王○寬博有謀 7.12/42/14
其以○爲驃騎將軍 7.12/42/14
○以天下化平 7.12/42/17
○以親輔政 7.12/42/18
○開東閣 7.12/42/21
上愛重○ 7.12/42/21
嘗問○曰 7.12/42/22
○對曰 7.12/42/22
○與諸王朝京師 7.12/42/22
○體大美鬚眉 7.12/42/25
上以所自作《光武皇帝本紀》示○ 7.12/42/26
○因上《世祖受命中興頌》 7.12/42/26
賜○書曰 7.12/43/4
○上疏願朝 7.12/43/9
○到洛陽 7.12/43/9
○上疏曰 7.12/43/10
上特留○ 7.12/43/11
手詔賜○曰 7.12/43/12
○到國後病水氣喘逆 7.12/43/15
○葬 7.12/43/18
恭遣從官○頭曉令歸 7.17/44/20
歷○梧之崇丘兮 12.10/80/25
輒遣○頭以車載米菜錢 12.11/81/15
會百官驃騎將軍東平王○以下、榮門生數百人 16.9/106/6
東平王○辟爲西曹掾 17.10/120/13
數諫○ 17.10/120/13
○上表薦良 17.10/120/13
東平憲王○爲驃騎 17.19/123/12
本同縣李元○頭 17.25/125/9
驃騎將軍東平王○辟暉爲掾 18.6/128/1
○罷朝 18.6/128/3
遣○頭市酒 21.9/152/13
○蠅之飛 23.16/170/4

藏 cáng 21

○主（祫）〔祫〕祭 3.2/21/3
芝〔草〕生中黄〔○府〕 3.5/21/28
帑○空虛 3.5/22/15
○主更衣 5.5/32/7
乾○逃 7.4/39/25
○于王府 7.22/45/24
竇章、時謂東觀爲老氏○室 10.25/69/3
多○厚亡 12.11/81/14
未嘗入○ 12.11/81/14
死必耗費帑○ 12.11/81/18
○城西門下空穴中 16.32/112/16
遂潛○不見 16.46/115/27
悉壁○之 18.21/132/21
乃收家中律令文書壁○之 19.7/138/19
或○溝渠 19.21/142/1
帑○虛 20.2/145/11
但即土埋○而已 21.15/154/6
倫狼○幢 22.4/163/21
而亡○巖穴中 22.5/164/3
皆○主其中 24.92/180/5
而幽僻○蔽 24.93/180/9

操 cāo 13

節○高妙 6.3/35/26
謙讓有節○ 10.23/68/9
常○小蓋 11.14/74/13
少有節○ 13.16/89/3
少有志○ 14.2/90/15
兒女常自○井臼 14.5/94/1
而奮不改其○ 15.11/99/15
○兵滿側 17.17/123/2
賊○弓弩欲裸奪婦女衣服 18.6/127/23
童幼有志○ 18.26/133/25
容貌醜而有節○ 18.29/135/1
○作具而前 18.29/135/2
○斧砍之 21.37/157/25

曹 cáo 47

議○掾張祉言 1.1/4/11
官○文書減舊過半 1.1/7/16
蕭、○爲首 2.3/16/15
○相國後容城侯無嗣 2.3/16/15
我○亦且俱死耳 8.2/48/3
寇恂仕郡爲功○ 9.1/54/22
爲光武賊○掾 9.12/61/17
霸爲功○令史 10.11/64/13
禹爲廷尉府北○吏 11.10/73/10
功○（吏）〔史〕戴閏當從行縣 11.10/73/15
諸○時白外事 12.1/76/5
余外孫右扶風○貢爲梧安侯相 12.6/79/4
遣功○史李龔奉章詣闕 12.6/79/13
爾○若健 13.16/89/4
爲郡功○ 14.2/90/16
17.1/117/20,17.2/118/9
汝南太守歐陽歙召惲爲功○ 15.8/97/28
功○言切 15.8/98/2
兒○何自遠來 15.9/98/20
竇融請奮署議○掾 15.11/99/12
張君養我○ 15.12/99/24
伏見前太尉西○掾蔣遵 16.20/109/12
卿○皆人隸也 16.31/112/8

楊正爲京兆功〇 16.36/113/22
（守）〔有〕新野功〇
鄧寅 17.1/117/24
上乃詔令自稱南陽功〇
詣闕 17.1/117/27
今功〇稽古含經 17.2/118/10
署議〇祭酒 17.3/118/17
爲郡議〇掾 17.10/120/5
今良〇掾尙無袴 17.10/120/9
議〇惰窳 17.10/120/9
轉良爲功〇 17.10/120/10
東平王蒼辟爲西〇掾
17.10/120/13
汝〇皆當以次死 17.24/124/28
〇褒、字叔通 18.16/131/14
太守駱珍召署〇吏 18.26/133/27
爲南陽太守桓虞功〇
18.26/133/27
令爲〇吏 18.26/134/3
我有賢功〇趙勤 18.26/134/3
詔射聲（教）〔校〕尉
〇褒案《（舊漢）
〔漢舊〕儀》制漢禮
19.1/136/20
署戶〇（吏）〔史〕
19.16/140/23
請充署功〇 19.27/143/20
委功〇陳蕃 20.16/148/8
〇節見甫尸 21.12/153/15
〇節上書曰 21.19/154/23
蜀郡功〇李熊說述曰
23.17/170/25

漕 cáo 3

欲令通〇 8.2/47/15
西河〇況 12.9/80/13
浮水轉〇之便 23.17/171/5

草 cǎo 26

自漢〇創德運 1.1/5/4
〇創苟合 1.1/9/7
有赤〇生于水涯 1.1/9/16
地（祗）〔祇〕靈應而
朱〇萌 1.1/9/16
鳳凰見百三十九、麒麟
五十二、白虎二十九
、黃龍三十四、青龍
、黃鵠、鸞鳥、神馬
、神雀、九尾狐、三
足烏、赤烏、白兔、
白鹿、白燕、白鵲、 2.2/15/20
芝〔〇〕生中黃〔藏府〕
3.5/21/28
九眞俗燒〇種田 5.1/28/1
庶事〇創 5.3/28/11
睦善〇書 7.3/39/16
明帝驛馬令作〇書尺牘
十首焉 7.3/39/16
晨夜〇舍 9.4/56/22
始驗疾風知勁〇 10.11/64/14
茅屋〇廬千餘戶 11.10/73/14
皆以爲塞外〇美 12.3/77/17
至簪蒿席〇 13.11/85/22
見惡如農夫之務去〇焉
13.11/86/14
況〇創兵長 13.11/86/23
輒削去〇 13.12/87/13
積細〇而臥其中 16.40/114/20
見吏則衣〇而出 16.40/114/21
每上封自作〇 18.1/126/19
因自伏〇中 18.28/134/15
輒自手書削〇 19.7/138/22
結〇爲廬 19.20/141/23
任尙編〇爲船 20.5/146/5
芝〇生 21.54/160/9

冊 cè 2

〇曰 2.1/12/13
〇皇太子捧上其璽綬 4.1/24/11

側 cè 12

令反〇者自安也 1.1/4/6
坐則功臣特進在〇 1.1/9/3
閭〇身暴露 8.7/49/12
則〇足屏息 8.10/50/15
此讒人所〇目 9.1/55/4
因說囂〇足而立 12.1/76/1
操兵滿〇 17.17/123/2
出舍〇 17.22/124/6
成都邑宇偪〇 18.12/130/1
舉〇陋 19.13/140/8
而刪獨在冢〇 21.39/158/3
扶路〇祿 22.4/163/21

測 cè 1

以〇幽冥之論 14.5/93/2

惻 cè 4

〇然不能言 7.12/43/12
范〇然 18.12/130/6
每彈琴〇愴不能成聲
19.30/144/10
不務懇〇 20.19/149/1

策 cè 26

但合會諸兵爲之計〇 1.1/2/16
〇免 3.2/19/29
〇罷 3.2/20/1
3.2/20/5,3.2/20/14
司徒許敬爲陵轢使（官）
〔者〕〇罷 3.2/20/5
遂與兄冀定〇于禁中 3.5/21/25
陟定〇禁中 8.4/48/14
忠孝之〇 8.13/52/7
〇書勉勵 9.8/60/4
詔〇曰 14.2/91/7
觀孫武之〇 14.5/93/29
伊、望之〇 14.5/93/31
舉賢良對〇 15.7/97/13
多善〇 17.10/120/13
數納〇謀 17.14/122/10
賜〇罷 18.3/127/7
舉無遺〇 19.4/137/25
勿以射〇 19.6/138/9
遂〇免 19.6/138/14
乃〇曰 20.1/144/29
以災異〇免 20.10/147/6
未受符〇 20.24/150/7
降爲上〇 21.8/152/1
遂〇免明 24.2/172/24
弘〇授親 24.35/175/17

岑 cén 20

吳漢、○彭追守之 1.1/6/24
詔中常侍杜○、東海傅相曰 7.8/41/13
皆言類揚雄、相如、前世史○之比 7.12/43/1
○彭亡歸宛 9.2/55/26
○起、元初中坐事免 9.3/56/13
延○敗走 9.6/58/12
上以○彭嘗爲鮪校尉 14.1/90/1
召門候○尊 14.2/91/2
又召候○尊詰責 14.2/91/4
長沙中尉馮駿將兵詣○彭 15.19/101/25
出爲長○長 16.38/114/11
○彭與吳漢圍囂于西（域）〔城〕 23.16/170/13
令延○出漢中 23.17/171/17
使延○、田戎分出兩道 23.17/171/20
述謂延○曰 23.17/171/27
○曰 23.17/171/27
以配○于市橋 23.17/171/28
延○、字叔牙 23.18/172/6
○衣虎皮襜褕 23.18/172/6
○臥不動 23.18/172/7

層 céng 1

造十○赤樓 23.17/171/10

叉 chā 2

旄頭以戟○政 17.17/122/27
左右以戟○其胸 20.23/149/22

臿 chā 2

買半○佩刀懷之 10.21/67/10
得半○刀 10.21/67/10

差 chā 12

賜博士弟子有○ 1.1/5/27
病○ 1.1/8/5
病○數日 1.1/8/6
自三公下至佐（使）〔史〕各有○ 1.1/8/20
賜五里、六亭渠率金帛各有○ 3.1/19/2
賜帛各有○ 3.1/19/10
懼于過○ 5.5/30/4
王其○次下邳諸子可爲太子者上名 7.20/45/16
吳公○強人意 8.10/50/17
勤○量功次輕重 13.13/88/6
其下以輕重〔爲〕○焉 15.5/96/16
縣各有○ 16.24/110/17

察 chá 16

太后密使瞻○威儀才明 3.5/21/25
○其顏色 6.5/36/20
太后○視覺之 6.5/37/1
督○眾營 9.2/56/1
奉法○舉 12.6/79/10
惟陛下留神明○ 13.11/86/30
○政不得下和 16.3/104/5
何謂○○而遇斯禍也 16.22/110/7
因○騆高第 16.38/114/11
伯通○而異之 18.29/135/6
使仁恕掾肥親往○之 19.4/137/19
欲○君治迹耳 19.4/137/20
擢在○視之官 19.15/140/17
○孝廉 21.26/156/3
以○發斂 24.90/179/24

柴 chái 4

○ 2.2/14/18
○祭於天 15.2/95/18
○祭之日 15.2/95/20
而良妻布裙徒跣曳○ 15.6/97/4

豺 chái 2

○狼當道 20.15/148/3
必令○狼鴟梟 21.12/153/16

襜 chān 8

皆衣縑○褕、絳巾奉迎 10.1/62/8
解所被○襦以衣歙 11.2/70/18
常衣皁○褕 14.2/90/18
以絳罽○褕與阜 18.13/130/21
七尺絳○褕一領 21.8/152/4
或繡面衣、錦袴、諸于、○裾 23.1/165/11
岑衣虎皮○褕 23.18/172/6
亭長白言「睢陽賊衣絳罽○ 23.18/172/6

纏 chán 1

以敝布○裹節 17.2/118/8

讒 chán 4

○毀貴人 6.3/36/1
此○人所側目 9.1/55/4
雖離○以嗚唈兮 12.10/80/19
及援遇○ 16.34/113/3

產 chǎn 13

推父時金寶財○與昆弟 7.7/40/16
治家○業 11.3/71/10
凡殖貨財○、貴其能施賑也 12.1/75/10
湛同○兄子也 13.3/83/11
略其財○ 14.5/93/14
不問餘○ 16.39/114/16
分財○ 17.25/125/10
無田宅財○ 19.20/141/23
鄭眾、字季○ 19.32/144/21
故舊長者或欲令爲開○業 20.2/145/6
畜○ 21.9/152/13
罵言畜○ 21.9/152/14
豐資○ 23.7/167/6

諂 chǎn 3

（諂）〔○〕諛以求容媚 15.2/95/25
門下掾（諂佞）〔佞○〕 17.10/120/8
小人○進 21.4/151/5

昌 chāng 16

以皇祖皇考墓爲○陵 1.1/5/19
后父郭○爲陽安侯 1.1/10/9
楚王舅子許○、龍舒侯 2.1/11/24
置永○郡 2.1/13/3
永○獻象牙、熊子 3.1/18/12
留子男○守墳墓 7.7/40/14
延、○城亭侯 7.17/44/23
封○城侯 10.17/66/15
師事潁川滿○ 12.1/75/8
楚項不○ 12.10/80/24
永○太守鑄黃金之蛇獻之冀 12.12/82/4
令得復○熾縱橫 13.11/86/26
丹師事公孫○ 17.2/118/10
道經○邑 20.2/145/8
○樂肉飛 22.4/162/7
子孫○熾 22.4/162/13

倡 chāng 2

作○樂 3.5/23/2,10.11/64/24

閶 chāng 4

鄧○、字季昭 8.7/49/12
○側身暴露 8.7/49/12
鄧太后報○曰 8.7/49/15
○出則陪乘 8.7/49/17

長 cháng 225

出自○沙定王發 1.1/1/5
使卜者王○卜之 1.1/1/10
○曰 1.1/1/11
○ 1.1/1/11
○七尺三寸 1.1/1/13
後之○安 1.1/1/14
舍○安尚冠里 1.1/1/17
南陽大人賢者往來○安 1.1/1/17
以○人巨無霸爲中壘校尉 1.1/2/18
○數百里 1.1/2/22
大爲○安所笑 1.1/3/15
郎遣諫議大夫杜○威持節詣軍門 1.1/4/1
○威請降得萬戶侯 1.1/4/3
○威曰 1.1/4/4
帝所與在○安同舍諸生彊華自○安奉《赤伏符》詣鄗 1.1/4/17
○史得檄 1.1/6/14
帝幸○安 1.1/9/15
祠○陵 1.1/9/15
刺史二千石○〔吏〕皆無離城郭 1.1/9/23
吏抵言于○壽街得之 2.1/11/11
○思遠慕 2.1/11/20
○水校尉樊鯈奏言 2.1/11/21
幸○安 2.1/12/5,24.77/178/19
○三丈 2.1/13/8
○二丈五尺 2.1/13/9
○寸餘 2.2/15/5
望○陵東門 2.3/16/16
白氣○三丈 2.3/17/5
拜爲○安侯 3.1/18/9
委政○樂宮 3.1/18/10
日南地坼○一百八十二里 3.1/18/28
殺○吏 3.1/19/2,3.5/22/15
孝安皇帝○子也 3.2/19/21
乳母王男、廚監邴吉爲大○秋江京、中常侍樊豐等所譖愬 3.2/19/23
蠡吾侯翼之○子也 3.5/21/23
○七寸三分 3.5/21/30
止○壽亭 3.5/22/7
○沙賊攻沒蒼梧 3.5/22/14
故太僕杜密、故○樂少府李膺各爲鉤黨 3.6/23/8
體○十餘丈 3.6/23/21
置○史 4.1/24/15
有○史一人 4.1/24/20
大○秋、將作大匠、度遼諸將軍、郡太守、國傅相皆秩二千石 4.1/25/19
中外官尚書令、御史中丞、治書侍御史、公將軍○史、中二千石丞、正、平、諸司馬、中官王家僕、雒陽令秩皆千石 4.1/25/21
尚書、中謁者、黃門冗從四僕射、諸都監、中外諸都官令、都(候)〔侯〕、司農部丞、郡國○史、丞、(候)〔侯〕、司馬、千人秩皆六百石 4.1/26/1
雒陽市○秩四百石 4.1/26/3
主家○秩皆四百石 4.1/26/4
諸署○、楫櫂丞秩三百石 4.1/26/4
縣、國三百石○〔相〕 4.1/26/6
明堂、靈臺丞、諸陵校○秩二百石 4.1/26/6
丞、尉校○以上皆銅印黃綬 4.1/26/7
○相或四百石或三百石 4.1/26/8
○相皆以銅印黃綬 4.1/26/8
蕭何墓在○陵東司馬門道北百步 5.1/27/5
制○冠以入宗廟 5.6/32/22
後至○安 6.1/33/23
后○七尺二寸 6.2/34/9
有司奏〔請〕立○秋宮 6.2/34/14
○至年十三歲 6.3/35/23
欲爲萬世○計 6.3/35/26
立○子章爲太原王 7.1/38/23
以○沙定王子封于零道之舂陵爲侯 7.7/40/13
莽徵到○安 7.7/40/19
光武皇帝○子也 7.8/41/3
至○樂宮 7.8/41/10
受業○安 8.1/46/5,15.12/99/23
我得拜除○吏 8.1/46/9
赤眉入○安 8.1/46/23
今○安饑民 8.1/46/24
赤眉還入○安 8.1/47/1
令○史任尙將之 8.2/47/26
日月益○ 8.5/48/21
擊○壽亭○ 8.6/48/27
亭○將詣第白之 8.6/48/27
弘即見亭○ 8.6/49/1
○歸冥冥 8.7/49/15
上調官屬補○吏 8.11/51/13
爲○水校尉 8.12/52/2
國計已都○安 8.14/52/14
彭發桂陽、零陵、○沙委輸櫂卒 9.2/56/7

選官屬守州中○吏 9.2/56/8
別下潁川太守、都尉及
三百里內○吏皆會 9.4/57/9
黽池霍郎、陝王○、湖
濁惠、華陰陽沈等稱
將軍者皆降 9.4/57/11
○安兵亂 9.6/58/10
上在○安時 9.6/58/14
何如在○安時共買蜜乎 9.6/58/15
上從○安東歸過汧 9.7/59/9
身○八尺 9.11/61/3
19.10/139/13
陳俊初調補曲陽○ 10.7/63/17
視光容貌○者 10.12/65/6
使忠解澣○襦 10.14/65/18
穆○子勳尙東海公主女
10.22/68/3
人人○跪前割之 10.23/68/11
大將軍置○史、司馬員
吏官屬 10.24/68/21
民嘗有言部亭○受其米
肉遺者 10.26/69/11
亭○從汝求乎 10.26/69/11
亭○素爲善吏 10.26/69/14
封○羅侯 11.4/71/18
樊鯈、字○魚 11.5/71/27
以況爲常山關○ 11.8/72/22
張歆（字）〔守〕皋○ 11.9/73/3
猶稱其所○而達之 11.14/74/17
況字（君）〔○〕平 12.1/75/6
援○七尺五寸 12.1/75/7
每言及三輔○者至閭里
少年皆可觀 12.1/76/9
一縣○吏 12.1/76/14
上表○樂宮曰 12.2/77/10
○安語曰 12.2/77/10
拜嚴持兵○史 12.6/79/7
越嗣不○ 12.10/80/23
○平顚荒 12.10/80/24
○吏制御無術 13.11/86/13
況草創兵○ 13.11/86/23
水潦暴○ 13.11/86/27
又前十八年親幸○安 13.12/87/17
惟勤祖偃○不滿七尺 13.13/88/4
乃爲子伉娶○妻 13.13/88/5
○八尺三寸 13.13/88/5
車駕西幸○安 13.13/88/11
華侯孫○卿食采馮城 13.14/88/16
赤眉已得○安 14.1/90/2
鮑永、字君○ 14.2/90/15
遣信人馳至○安 14.2/90/20
殺其縣○馮晏 14.2/90/21
立故謁者祝回爲涅○ 14.2/90/21
（泚）〔沘〕陽○ 14.3/91/17
○無種類 14.3/91/18
今君○故主敗不能死 14.4/92/4
破君○之國 14.4/92/6
何意君○當爲此計 14.4/92/6
君○銜命出征 14.4/92/8
君○將兵不與韓信同日
而論 14.4/92/10
○驅武關 14.5/93/10
吾知子不悲天命○短 15.8/97/23
惲爲○沙太守 15.8/98/11
故左遷芒○ 15.8/98/11
守姑臧○ 15.11/99/12
臣行部入○沙界 15.14/100/16
任延、字○孫 15.15/100/22
○沙中尉馮駿將兵詣岑
彭 15.19/101/25
及○ 16.2/102/13
（稱）〔拜〕超爲將兵
○史 16.3/103/19
松風以○者難逆 16.6/104/19
不以辭○勝人 16.9/105/19
除陳留巳吾○ 16.12/107/6
牟○、字君高 16.21/109/23
遷○陵令 16.22/110/6
甄宇、字○文 16.25/110/24
酋○殺吏 16.34/113/5
指切○短 16.38/114/11
出爲○岑○ 16.38/114/11
○沙有義士古初 16.42/115/3
給事爲縣亭○ 16.46/115/23
篤學《春秋》○安 16.50/116/26
宗人少○咸共推之 16.52/117/14
丹從師○安 17.2/118/3
遷司徒○史 17.10/120/15
宜選○大威容者 17.12/121/9
○吏莫敢改之 17.14/122/8
左遷即邱○ 17.20/123/21
趙孝、字○平 17.23/124/12
嘗從○安來 17.23/124/13
亭○難之 17.23/124/13
田禾將軍子從○安來
17.23/124/14
官至○樂衛尉 17.23/124/21
詔禮十日就○樂衛尉府
17.23/124/22
有賊○公 17.24/124/28
○公義之 17.24/125/2
奉之不異○君 17.25/125/11
有事輒○跪請白 17.25/125/11
告奴婢于○吏 17.25/125/12
京兆○陵人 18.1/125/19
時○安市未有秩 18.1/125/25
領○安市 18.1/125/26
詔書選三署郎補王家○
吏 18.1/126/5
除倫爲淮陽王醫工○ 18.1/126/5
彪以嫡○爲世子 18.3/127/5
坐考○吏囚死獄中 18.6/128/9
阜使五官掾○沙疊爲張
雅樂 18.13/130/17
以定父母、妻子、○幼
之序 18.14/131/2
令與○吏參職 18.14/131/3
○八尺二寸 18.17/131/22
問事不休賈○頭 18.17/131/23
杜根以安帝年○ 18.22/132/26
而稱鴻○者 18.29/134/28
○兄伯爲霸取妻 19.11/139/24
繁茂○大 19.12/140/4
因謫署都亭○ 19.27/143/21
以功遷大○秋 19.32/144/23
故舊○者或欲令爲開產
業 20.2/145/6
常牧豕于○垣澤中 20.17/148/15
○沙人 20.18/148/24
時屬縣令○率多中官子
弟 21.3/150/28
掠得羌侯君○金印四十
三 21.8/152/7
○史、司馬、涉頭、○
燕、鳥校、棚水塞尉
印五枚 21.8/152/7
爲萊蕪○ 21.17/154/14
體○十餘丈 21.24/155/19
雍鯈、字○魚 21.34/157/12
爲○沙太守 21.38/157/29
願主○壽 22.4/162/13

○願臣僕 22.4/163/31
羌什○搴便 22.5/164/8
○安中兵攻王莽 23.1/165/1
李松等自○安傳送乘輿服御物 23.1/165/3
更始至○安 23.1/165/4
○安中爲之歌曰 23.1/165/12
而赤眉劉盆子亦下詔以聖公爲○沙王 23.1/165/18
三輔豪傑入○安 23.2/165/24
使盆子乘車入○安 23.5/166/16
少學○安 23.13/169/9
王莽尙據○安 23.16/169/26
垣副以漢中亭○聚衆降宗成 23.17/170/24
○沙以南必隨風而靡 23.17/171/16
亭○白言「睢陽賊衣絳罽襜 23.18/172/6
復曰齒○一寸 24.14/174/2
其殿中廬有索○數尺可以縛人者數千枚 24.72/178/7
玉衡○八尺 24.89/179/18

常 cháng 158

○封閉 1.1/1/9
以帝爲太○偏將軍 1.1/2/14
惟王○是帝計 1.1/2/21
帝飲食語笑如平○ 1.1/3/12
○服徽幟尙赤 1.1/5/8
○以日而出時 1.1/6/19
○恐不任 1.1/8/13
帝○自細書 1.1/9/3
（嘗）〔○〕連日 1.1/9/5
○欲以墾田相方耳 2.1/11/11
于是下太○、將軍、大夫、博士、議郎、郎官及諸王諸儒會白虎觀 2.1/11/22
封師太○桓榮爲關內侯 2.1/12/1, 11.7/72/14
率○如此 2.1/12/17
趙王栩會鄴○山 2.1/12/21
太○其以礿祭之日陳鼎于廟 2.1/12/24
太○丞上言陵樹葉有甘露 2.1/13/17
孝王○異之 3.1/18/6
中○侍江京、樊豐等共〔興〕爲詐 3.1/19/14
乳母王男、廚監邴吉爲大長秋江京、中○侍樊豐等所譖愬 3.2/19/23
帝與中○侍單超等五人共謀誅之 3.5/22/6
問諸○侍曰 3.6/23/9
諸○侍對曰 3.6/23/9
其將軍不○置 4.1/24/19
而有秩者侍中、中○侍、光祿大夫秩皆二千石 4.1/26/8
太○奏儀制 5.5/30/1
○稱疾而終身得意 6.2/34/12
母○非之曰 6.5/36/14
諸兄○悲傷思慕 6.5/37/5
金與亭佐孟○爭言 7.4/39/24
以刃傷○ 7.4/39/25
詔中○侍杜岑、東海傅相曰 7.8/41/13
而見上知非○人 8.1/46/6
○宿止於中 8.1/46/14
念訓○所服藥北州少乏 8.2/47/20
陟兄弟○居禁中 8.4/48/13
故悝兄弟率○在中供養兩宮 8.5/48/19
○在師門 8.6/48/27
弘○居業給足 8.6/49/4
○在左右 8.10/50/14
漢○獨繕檠〔其〕弓戟 8.10/50/15
故能○任職 8.10/51/1
○自從之 8.11/51/18
行○自被甲在前 8.16/53/25
上與衆會飲食笑語如平○ 9.4/56/18
○行諸營之後 9.4/57/20
異○屛止樹下 9.4/57/21
○舍止于中 9.6/58/9
○與（祐）〔祜〕共車而出 9.6/58/14
明公○欲衆軍整齊 9.7/59/4
○爲士卒先鋒 9.8/60/5
○恐污辱名號 9.11/61/8
○慚負 9.12/61/22
王○、其先鄠人 10.20/67/3
光武于大會中指○謂群臣曰 10.20/67/3
○避權勢 10.21/67/14
○遣使以太牢祠通父冢 10.21/67/16
○以豐熟 11.1/70/13
○戒其子曰 11.4/71/19
○晨駐馬待漏 11.6/72/6
以況爲○山關長 11.8/72/22
事太○桓榮 11.10/73/10
○操小蓋 11.14/74/13
子鉅爲○從小侯 12.3/78/7
○有千數 12.7/79/18
○曰 12.11/81/14
失其○度 13.6/84/7
湛○乘白〔馬〕 13.10/85/14
○敗百姓安居 13.11/86/29
○有盈 13.11/87/4
○辭以道上稟假有餘 13.11/87/6
○被病 13.12/87/23
○自謂短陋 13.13/88/4
憙○思欲報之 13.16/89/3
○衣皁襜褕 14.2/90/18
兒女○自操井臼 14.5/94/1
○伏省（門）〔閣〕下 14.6/94/8
○繫藥手內 14.7/94/14
肅宗詔鴻與太○樓望、少府成封、屯騎校尉桓郁、衛士令賈逵等 15.2/95/13
○慕史鰌、汲黯之爲人 15.7/97/12
○嚴烽候 15.9/98/23
學無○師 16.2/102/14
居家○執勤苦 16.3/102/22
臣○恐年衰 16.3/104/1
○客傭以自給 16.9/105/14
後榮爲太○ 16.9/106/3
嘗幸太○府 16.9/106/5
悉以太官供具賜太○家 16.9/106/7
子郁以明經復爲太○ 16.9/106/12
遷太○ 16.11/107/1
○著大布縕袍 16.12/107/6
○乘驄馬 16.13/107/13

教授弟子○五百餘人 16.17/108/18
○備列典儀 16.17/108/19
○日旰忘食 16.22/110/8
○數百人 16.25/110/24
○稱老氏知足之分也 16.25/111/2
三老○山李躬 16.27/111/12
○待以舊恩而卑侮之 16.34/113/2
○勤身田農 16.41/114/25
○爲都講 17.2/118/5
○待重編席 17.2/118/11
拜太○ 17.3/118/18,20.4/145/27
詔以信田宅奴婢錢財賜
廉吏太○周澤 17.3/118/19
○人所容 17.13/121/27
升爲太○丞 17.17/122/25
教授○數百弟子 17.18/123/7
令兒○取水 17.22/124/6
往來○白衣步擔 17.23/124/12
○自養（親）〔視〕 17.24/125/3
○歎曰 18.1/126/1,18.5/127/15
俸祿○取赤米 18.1/126/13
歲○豐熟 18.6/128/5
○接以友道 18.6/128/9
帛五匹以爲○ 18.6/128/12
○慕叔孫通爲漢儀禮 18.16/131/14
○自居轅輓車 18.18/132/4
帝○使虎賁扶持 18.18/132/5
篤○歎曰 18.23/133/9
○獨坐止 18.29/134/22
舉案○齊眉 18.29/135/6
鴻○閉戶吟詠書記 18.29/135/6
咸○戒子孫 19.7/138/19
寵○非之 19.7/138/21
○言人臣之義 19.7/138/22
○有鬼哭聲聞于府中 19.7/138/25
○念兄與嫂在家勤苦 19.11/139/20
故○服麤糲 19.11/139/20
○伏寺東門外凍地 19.16/140/22
比干○爭之 19.17/141/4
○在冢下 19.20/141/19
○席羊皮、布被 19.20/141/20
○持輕類 19.22/142/18
郁○抱持啼泣 19.29/144/3
還中○侍 19.32/144/22
子孫○蔬食步行 20.2/145/6
中○侍樊豐等譖之 20.2/145/10
出入有○ 20.3/145/16
汝南薛苞、字孟○ 20.6/146/9
爲中○侍 20.9/146/25
○步行隨師 20.11/147/11
○牧豕于長垣澤中 20.17/148/15
○侍樊豐妻殺侍婢置井
中 20.18/148/24
中○侍籍建 20.25/150/12
而中○侍單超等五人皆
以誅冀功並封列侯 21.4/151/3
表言○侍王甫罪過 21.12/153/13
○以良日 21.21/155/3
母○病癰 21.34/157/12
○臥布被 21.36/157/21
光武爲太○偏將軍 23.1/164/28
俯刮席與小○侍語 23.1/165/6
見○侍奏事 23.1/165/8
吾○以龐萌爲社稷臣 23.15/169/20
質文無○ 23.16/169/28
自王莽以來○空 23.17/171/23
○步擔求師也 24.69/178/1

場 cháng 1

斯四戰之地、攻守之○
也 14.5/93/22

萇 cháng 1

○之隱處有一巖穴如窗
牖 5.1/27/15

腸 cháng 1

從都（慮）〔盧〕至羊
○倉 8.2/47/15

嘗 cháng 83

○爲季父故舂陵侯訟逋
租于大司馬嚴尤 1.1/1/18
○疾毒諸家子數犯法令 1.1/2/5
自事主未○見明主如此也 1.1/6/8
故○更職 1.1/7/11
征伐○乘革輿贏馬 1.1/7/14
（○）〔常〕連日 1.1/9/5
皇太子○（乘）〔承〕
間言 1.1/9/5
○案輿地圖 2.1/13/27
未○不封禪 5.5/29/10
未○不延問王 5.5/31/24
明德皇后○久病 6.2/34/6
希○臨御窗（望）〔牖〕 6.2/34/19
后○有不安 6.2/34/21
○夢捫天體 6.5/36/15
○不安 6.5/37/2
臣所未○見也 6.6/37/10
未○犯禁 7.9/41/28
上未○不見從 7.12/42/18
○問蒼曰 7.12/42/22
吏士○大病瘧 8.2/47/23
上（賞）〔○〕嗟曰 8.10/50/16
○出征 8.10/51/1
匈奴○犯塞 8.12/51/24
○見郡尉試騎士 8.14/53/15
未○挫折 8.14/53/16
祜○留上 9.6/58/16
齊武王○殺通同母弟申
屠臣 10.21/67/9
○出 10.26/69/7
民○有言部亭長受其米
肉遺者 10.26/69/11
與人未○有爭競 10.26/69/25
母○病癰 11.5/71/27
未○被奏 11.6/72/7
援○歎曰 12.1/75/10
吾從弟少游○哀吾慷慨
多大志 12.1/76/17
○有死罪亡命者來過 12.5/78/24
郡界○有蝗蟲食穀 12.8/80/1
前代所未○有 12.9/80/13
未○入藏 12.11/81/14
上○問弘通博之士 13.6/84/3
○受俸得鹽 13.6/84/8
弘○燕見 13.6/84/11
○因朝會帝讀隗囂、公
孫述相與書 13.7/84/19
存廟主未○合祭 13.12/87/16
帝○幸其府 13.15/88/24
未○懈惰 13.16/89/19

上以岑彭○爲鮪校尉　14.1/90/1
妻○於母前叱狗　14.2/90/15
○因豹夜臥　14.6/94/6
上○欲近出　15.7/97/15
光武○出　15.8/98/6
世祖○於新野坐文書事
被拘　15.17/101/11
○輟業投筆歎曰　16.3/102/23
榮○寢病　16.9/105/21
○與族人桓元卿俱捃拾
16.9/106/2
○幸太常府　16.9/106/5
未○聞功臣地多而滅亡
者　16.24/110/19
○候馬援兄況　16.34/112/28
上○召見諸郡計吏　16.35/113/15
黨○遺貢生（麻）〔蒜〕
16.49/116/16
未○加禮　17.1/117/26
○聞烈士　17.11/120/24
未○不合上意　17.14/122/10
政○過揚虛侯馬武　17.17/122/28
○從長安來　17.23/124/13
我○爲諸君主炊養　17.24/125/1
○與奴載鹽北至太原販
賣　18.1/125/22
○見　18.1/126/8
未○以贓罪鞠人　18.5/127/15
未○不流涕　18.5/127/17
未○見　18.6/128/2
憲○移書益州　18.13/130/21
○有重客過　18.26/134/2
妻○之田　18.30/135/14
○豫令弟子市棺斂具
18.31/135/22
未○不正諫　19.1/136/7
讀所未○見書　19.22/142/10
○獨止宿臺上　19.22/142/14
所建畫未○流布　19.22/142/17
見酒食未○不泣　19.30/144/10
○有客　21.9/152/13
盜○夜往劫之　21.13/153/20
宜○就少君父學　22.1/160/24
未○不愴然泣涕　24.45/176/9

裳 cháng　5

帝及公卿列侯始服冕冠
、衣○　2.1/11/26
冕冠○衣　5.6/33/2
夫人○不加綵　9.7/59/13
服荔○如朱紱兮　12.10/80/25
更著短布○　22.1/160/27

償 cháng　4

爭往○之　11.3/71/13
不足以○不訾之身　13.13/88/9
悉推豕○之　18.29/134/27
少年欲相與○之　23.7/167/7

敞 chǎng　14

父○　7.7/40/13
○曾祖節侯買　7.7/40/13
○父仁嗣侯　7.7/40/13
○謙儉好義　7.7/40/15
○應曰　7.7/40/17
○以枯稻示之　7.7/40/18
○怒叱太守曰　7.7/40/19
○爲嫡子終娶翟宣子女
習爲妻　7.7/40/21
嘉從太守何○討賊　16.31/112/7
○爲流矢所中　16.31/112/7
嘉乃擁○　16.31/112/8
門下掾倪○諫　16.37/114/1
府寺寬○　17.7/119/12
寵生○　19.17/141/5

暢 chàng　3

武○方外　5.5/31/7
故以手書○至意　11.2/70/21
則威風遠○　14.5/93/27

超 chāo　41

帝與中常侍單○等五人
共謀誅之　3.5/22/6
于是封○等爲五侯　3.5/22/6
○遷非次　11.10/73/11
猥復○○宿德　12.11/81/16
○號爲開封君　12.12/82/5
以○《周南》之迹　14.5/93/30
固弟○詣闕上書　16.2/102/15
班○、字仲升　16.3/102/21
○行詣相者　16.3/102/24
○問其狀　16.3/102/25
○爲假司馬　16.3/103/3
○謂其官屬曰　16.3/103/4
○悉會其吏士三十六人
16.3/103/6
○手格殺三人　16.3/103/8
○知其意　16.3/103/9
班○何心獨擅之乎　16.3/103/9
竇固具上○功　16.3/103/10
帝壯○　16.3/103/10
吏若班○　16.3/103/11
今以○爲假司馬　16.3/103/11
○日　16.3/103/12
16.3/103/16,16.3/104/4
○至西域　16.3/103/14
廣德就○請馬　16.3/103/15
○許之　16.3/103/15
○即斬其首送廣德　16.3/103/15
（稱）〔拜〕○爲將兵
長史　16.3/103/19
○討焉耆　16.3/103/19
焉耆王廣遣其左將北鞬
支奉迎○　16.3/103/20
○更從他道渡　16.3/103/21
○定西域五十餘國　16.3/103/21
乃以漢中郡南鄭之西鄉
戶千封○爲定遠侯　16.3/103/21
○自以久在絕域　16.3/104/1
○遣子勇隨入塞　16.3/104/2
○爲都護　16.3/104/2
以任尚代○　16.3/104/3
尚謂○曰　16.3/104/3
○在西域三十一歲　16.3/104/6
而中常侍單○等五人皆
以誅冀功並封列侯　21.4/151/3

鈔 chāo　1

見便○掠　11.2/71/3

巢 cháo　4

將爲許、○而去堯、舜也　15.8/98/4
封居○侯　17.8/119/18
故居○侯劉般嗣子愷　17.8/119/20
○堪、字次朗　19.3/137/9

嘲 cháo　1

或○奮曰　15.11/99/14

車 chē　163

尤止○獨與帝語　1.1/1/19
雲○十餘丈　1.1/2/24
或爲衝○撞城　1.1/2/25
漢軍盡獲其珍寶輜重○甲　1.1/3/9
帝升○欲馳　1.1/3/22
帝引○入道旁空舍　1.1/3/24
賜安○一乘　1.1/4/24
○駕西征　1.1/6/23
馬以駕鼓○　1.1/7/13
益州乃傳送瞽師、郊廟樂、葆○、乘輿物　1.1/7/15
以○行數里　1.1/8/5
○駕宿偃師　1.1/8/6
以○騎省　1.1/8/6
單○露宿　1.1/8/8
木○茅馬　1.1/8/26
不用輦○　2.1/12/16
輅○可引避也　2.2/14/16
羽蓋○一駟　2.3/16/12
　22.3/161/15
以王青蓋○迎　3.1/18/9
御○所止　3.1/19/13
飲食、百官、鼓漏、起居、○騎、鹵簿如故　3.1/19/13
○騎將軍閻顯等議　3.2/19/26
賊乘刺史○　3.5/22/14
如○蓋隆起　3.6/23/21
見執金吾○騎甚盛　6.1/33/23
○如流水　6.2/35/4
上望見○騎鞍勒皆純黑　6.2/35/16
伯升作攻城關○　7.1/38/12
地○不可用　7.1/38/12
坐關○上　7.1/38/14
茅○瓦器　7.8/41/14
乃與公卿共議定南北郊冠冕○服制度　7.12/42/17
因就○歸　7.12/42/24
今魯國孔氏尚有仲尼○輿冠履　7.12/43/6
於是○駕祖送　7.12/43/13
從黎陽步推鹿○于洛陽市藥　8.2/47/20
鄧鴻行○騎將軍　8.3/48/8
以延平（九）〔元〕年拜爲○騎將軍、儀同三司　8.4/48/12
發五校輕○騎士爲陳　8.6/49/7
○駕親臨　8.10/51/4
○駕至臨淄　8.14/53/9
○師復叛　8.17/54/11
擊○師　8.17/54/13
○師太子比特訾降　8.17/54/13
○駕南征　9.1/55/13
○駕送至河南　9.4/57/10
相逢引○避之　9.4/57/20
〔輒引○避道〕　9.4/57/21
常與（祐）〔祜〕共○而出　9.6/58/14
○駕幸（祐）〔祜〕第　9.6/58/16
上○駕素服往弔　9.7/59/14
閱過喪○　9.7/59/15
兵○軍陣送遵葬　9.7/59/19
詔取行者○馬　10.1/62/6
會屬縣送委輸牛○三百餘兩至　10.2/62/18
令委輸○回轉出入　10.2/62/18
越人伺（侯）〔候〕者聞○聲不絕　10.2/62/19
渡未畢數○而冰陷　10.11/64/20
出門顧見○方自覺　10.21/67/13
爲奉○都尉　10.23/68/10
乃步輓○去　10.26/69/9
賜几杖、安○一乘　10.26/69/21
逢使者不下○　11.1/70/5
歙〔徐〕仗節就○而去　11.2/70/23
歙乃大治攻具衝○度塹　11.2/71/3
○駕臨問其所欲言　11.4/71/21
從書佐假○馬什物　11.10/73/15
自投○下　11.14/74/14
警蹕就○　12.1/75/15
○丞相高祖園寢郎　12.1/75/23
乘下澤○　12.1/76/18
賜○一乘　12.1/76/28
防爲○騎將軍、城門校尉　12.3/77/22
叔父援從○駕東征　12.6/79/5
詔詰會稽○牛不務堅强　12.8/80/2
○皆以桃枝細簟　12.8/80/2
奴婢○馬供用而已　12.11/81/13
輒遣蒼頭以○載米菜錢　12.11/81/15
賜東園轜○、朱壽器、銀鏤、黃〔金〕玉匣　12.11/81/22
作平上軿○　12.12/82/4
遮使者〔○〕　13.5/83/21
賢見林身推鹿○　13.11/85/25
朋友有○馬之饋　13.11/87/2
苦以○重　13.11/87/6
○駕西幸長安　13.13/88/11
敕魴○駕發後　13.14/88/18
載以鹿○　13.16/89/9
單○馳往　13.16/89/12
當○拔佩刀　14.2/90/16
○駕臨故中郎將來歙喪還　14.2/91/3
○駕過　14.2/91/3
叱邯旋○　14.2/91/4
引（軍）〔○〕入陌　14.2/91/8
何忍○過其墓　14.2/91/8
遂下○　14.2/91/9
○駕東巡狩　15.2/95/17
拜於○下　15.5/96/21
剛以頭軔乘輿○輪　15.7/97/15
堪去蜀郡乘折轅○　15.12/99/27
輒舍○持馬還相迎　15.14/100/12
鄉里號之曰「一馬兩○茨子河」　15.14/100/13
下○遣吏以中牢具祠延陵季子　15.15/100/23
民攀持○轂涕泣　15.15/100/27
○駕幸太學　16.9/105/18
賜以輜○乘馬　16.9/106/1
陳○馬印綬　16.9/106/1
給○馬　16.31/112/9
傳○所過　16.33/112/22

○駕討隗囂　16.34/113/5
乘折轅○　16.35/113/17
尹○過帳　16.36/113/22
買牽○令拜　16.36/113/22
尹疑止○　16.36/113/23
以明經徵詣公○　16.37/113/27
乃單○到官　16.37/114/1
竇憲爲○騎將軍　16.38/114/9
命工伐木作機紡○　16.40/114/21
乃肯就○　16.50/117/2
丹不乘使者○　17.2/118/4
果乘高○出關　17.2/118/6
曾參迴○于勝母之閭　17.13/121/24
政以○駕出時伏道邊　17.17/122/26
抱升子持○叩頭　17.17/122/26
○駕出　17.20/123/19
信陽侯陰就於干突○騎簿　17.20/123/19
○府令齊國徐匡鉤就○　17.20/123/19
干突○騎　17.20/123/20
公○特徵　18.10/129/11
見道中有諸生（來）〔乘〕小○　18.12/130/5
毋乘跛馬○　18.13/130/15
彭下○經營勞來　18.14/131/1
百姓扶○叩馬　18.15/131/10
拜○府令　18.16/131/15
常自居轅輓○　18.18/132/4
不用（○）〔牛〕馬　18.18/132/5
虞下○　18.26/133/28
酺下○擢賢俊　19.1/136/8
下○表行義　19.2/137/4
霸以所乘○馬遣送之　19.11/139/18
郎官有乘皂蓋○者　19.11/139/19
見兄子乘○　19.11/139/19
公○徵拜議郎　19.23/142/24
載病詣公○　19.29/144/4
止○門　19.29/144/5
因壞○殺馬　20.7/146/15
梁冀作平上軿○　20.15/148/3
檻○徵下獄　20.21/149/10
鎮劍擊景墮○　20.23/149/22
頌乘輕○　21.8/152/3
奔○收送詔獄　21.12/153/13
推鹿○　21.17/154/14
如○蓋　21.24/155/19
下○嚴峻　21.32/157/3
劉訓拜○府令　21.33/157/7
與宣共挽鹿○歸鄉里　22.1/160/27
○馬奔　23.1/165/4
諸婦女皆從後○呼更始　23.1/165/17
使盆子乘○入長安　23.5/166/16
賜金蓋○　24.63/177/17
詔書下○服制度　24.94/180/11
五時副○曰五帝　24.95/180/15

坼 chè　2

日南地○長一百八十二里　3.1/18/28
兆中○　23.19/172/12

徹 chè　2

即○去　19.22/142/19
論寢○旦　24.56/177/3

撤 chè　2

輒○去　6.2/34/18
上即爲○之　13.6/84/12

綝 chēn　6

丁○、字幼春　15.1/94/24
謂○曰　15.1/94/25
○曰　15.1/94/25
今○能薄功微　15.1/95/1
父○　15.2/95/7
及○卒　15.2/95/8

瞋 chēn　1

期○目道左右大呼曰　9.12/61/18

臣 chén　194

先是時伯玉同母兄公孫○爲醫　1.1/2/1
君○并力城守　1.1/4/4
終不君○相率而降　1.1/4/4
群○復固請曰　1.1/4/18
至孝文、賈誼、公孫○以爲秦水德　1.1/5/5
簡練○下之行　1.1/6/5
遠○受顏色之惠　1.1/6/6
詔群○奏事無得言「聖人」　1.1/6/16
○子奉承　1.1/8/22
坐則功○特進在側　1.1/9/3
又道忠○孝子義夫節士　1.1/9/4
群○爭論上前　1.1/9/5
群○復奏、宜封禪　1.1/9/13
群○上言　1.1/9/16
群○奏諡曰光武皇帝　1.1/9/24
功○鄧禹等二十八人皆爲侯　1.1/10/1
封餘功○一百八十九人　1.1/10/1
思念欲完功○爵土　1.1/10/3
多近○　2.1/11/13
○望顏色儀容　2.1/12/6
○一懽喜　2.1/12/6
○二懽喜　2.1/12/7
○三懽喜　2.1/12/7
○四懽喜　2.1/12/8
○五懽喜　2.1/12/8
○六懽喜　2.1/12/9
○七懽喜　2.1/12/9
世祖閔傷前世權○太盛　2.1/13/24
下危○子　2.1/13/24
朝無權○　2.1/13/25
位在中○　2.2/15/14
○下百僚　2.2/15/27
高祖功○　2.3/16/15
見二○之墓　2.3/16/16
誼○受寵　2.3/16/16
自左右近○　2.3/17/12
皇太后率大○命婦謁宗廟　3.1/18/24
不容令群○知帝道崩　3.1/19/15
中黃門孫程等十九人共討賊○江京等　3.2/19/27
○請上尊號曰敬宗廟　3.2/21/2
名○少府李膺等並爲閹人所譖　3.5/22/24
群○謁見　3.6/23/6

天子所以宴樂群〇 5.4/28/23
群〇奏言 5.5/29/15
〇下不敢頌功述德業 5.5/29/15
一民莫非其〇 5.5/29/23
大〇上疏謂宜復舊 5.5/30/11
〇子悲結 5.5/31/22
〇愚戇鄙陋 5.5/32/3
猥歸美于載列之〇 5.5/32/4
〇欽仰聖化 5.5/32/6
〇所未嘗見也 6.6/37/10
〇雖螻蟻 7.3/39/12
〇愚無識知 8.10/51/4
〇子當擊牛釃酒以待百官 8.14/53/8
安得憂國奉公之〇如祭征虜者乎 9.7/59/21
群〇各懷慚懼也 9.7/59/22
〇幸得受干戈 9.11/61/7
劉文及蘇茂〇于劉永 10.11/64/24
朝〇畏悚 10.13/65/12
光武于大會中指常謂群〇曰 10.20/67/3
眞忠〇也 10.20/67/4
齊武王嘗殺通同母弟申屠〇 10.21/67/9
〇融年五十三 10.22/67/25
〇融朝夕教導以經藝 10.22/67/25
雖親戚功〇 10.22/68/4
是君〇父子信也 11.2/70/21
欲令重〇居禁內 11.10/73/18
〇未有先登陷陣之功 11.14/74/14
非獨君擇〇 12.1/75/19
〇亦擇君 12.1/75/19
〇與公孫述同縣 12.1/75/19
〇前至蜀 12.1/75/19
述陛戟而後進〇 12.1/75/20
今〇遠從異方來 12.1/75/20
〇所假伏波將軍印 12.1/76/12
〇聞行天者莫如龍 12.1/76/25
〇援師事楊子阿 12.1/76/25
〇既備數家骨法 12.1/76/27
〇尙能被甲上馬 12.1/77/4
〇愚以爲可因歲首發太簇之律 12.3/78/3
實非愚〇所宜 12.12/82/3
〇聞文王享國五十 13.1/82/20
杜石之〇 13.1/83/2
後大會群〇 13.6/84/6
〇所以薦桓譚者 13.6/84/7
〇之罪也 13.6/84/8
上與共論朝〇 13.6/84/12
群〇莫及 13.6/84/13
〇聞貧賤之交不可忘 13.6/84/14
杜伯山、天子所不能〇 13.11/85/22
〇聞營河、雒以爲民 13.11/86/1
群〇僉薦鯀 13.11/86/7
〇聞先王無二道 13.11/86/14
〇聞水、陰類也 13.11/86/28
哀〇小稱病 13.12/87/24
令翕移〇 13.12/87/24
〇時在河南冢廬 13.12/87/24
竟以中傷人〇 13.13/88/9
忠〇孝子 13.13/88/9
案良諸侯藩〇 14.2/91/5
無藩〇之禮 14.2/91/6
以君帷幄近〇 14.2/91/12
〇聞故事通官不著姓 14.3/91/20
吾欲使天下知忠〇之子復爲司隸 14.3/91/21
欲明人〇之義 14.4/92/11
忠〇不顧爭引之患 14.5/93/2
是故君〇兩興 14.5/93/2
百僚之〇 14.5/93/6
及封功〇 15.1/94/24
〇聞古之帝王 15.2/95/17
〇聞《春秋》日食三十六 15.2/95/22
外附之〇 15.2/95/25
令就〇位 15.8/97/20
又復無〇 15.8/98/1
君明〇直 15.8/98/2
誠小〇所竊憂也 15.8/98/8
時人方於召信〇 15.10/99/6
〇行部入長沙界 15.14/100/16
〇問御佐曰 15.14/100/16
〇贊拜不由王庭 15.15/100/26
小〇蒙恩 15.17/101/13
〇得竭死自效 15.17/101/13
〇乘聖漢威神 16.3/103/16
〇常恐年衰 16.3/104/1
〇前奉使 16.6/104/24
放兵圍〇 16.6/104/24
今〇銜命 16.6/104/24
〇恐不忍將大漢節對氈裘獨拜 16.6/104/25
如令匈奴遂能服〇 16.6/104/25
〇經術淺薄 16.9/105/17
〇子皆未能傳學 16.10/106/20
群〇承意 16.15/107/26
譬若〇僕 16.16/108/5
〇生不讀讖 16.16/108/9
〇無謇諤之節 16.20/109/14
上令群〇能說經者更相難詰 16.20/109/18
上封功〇皆爲列侯 16.24/110/17
未嘗聞功〇地多而滅亡者 16.24/110/19
如以爲任用而不使〇之 16.49/116/19
〇願與並論雲臺之下 16.50/117/3
〇狀醜 17.12/121/9
詔以其貲物班賜群〇 17.13/121/23
〇聞孔子忍渴於盜泉之水 17.13/121/24
則〇位大 17.13/122/1
咎皆在〇 17.13/122/1
〇當先笞 17.13/122/1
備位藩〇 17.17/123/1
〇可以禮進退 17.19/123/14
驃騎執法御〇 17.19/123/14
〇懼法而至 17.19/123/14
無人〇禮 17.20/123/20
〇日南計吏 17.21/123/25
〇三娶妻皆無父 18.1/126/8
〇生遭饑饉 18.1/126/9
衆人以〇愚蔽 18.1/126/10
〇以爲赦前犯死罪而繫在赦後者 18.9/129/2
約不爲陪〇 18.29/134/29
然後修君〇之禮 19.1/136/11
〇聞王者法天 19.1/136/16
〇愚以爲刺史視事滿歲 19.1/136/18
〇思之 19.4/137/23
常言人〇之義 19.7/138/22
〇斗筲之小吏 19.15/140/16
〇誠惑之 19.16/140/26
乃試令嬖〇美手腕者與女子雜處帷中 19.31/144/15

○疑其故 19.31/144/16
朝○上下莫不附之 19.32/144/22
姦○狡猾而不能誅 20.2/145/11
詔書錄功○ 20.24/150/6
署曰「賊○王甫」 21.12/153/14
願假○一月 21.12/153/16
先帝褒厚老○ 21.23/155/14
云備大○ 21.23/155/15
以○所聞 21.24/155/20
不審使○ 21.35/157/16
○伏見二千石 21.45/158/28
陵陽○僕 22.4/163/30
長願○僕 22.4/163/31
群○欲言事 23.1/165/7
○不受詔 23.1/165/10
三老等皆稱○ 23.5/166/12
吾常以龐萌爲社稷○ 23.15/169/20
稱○奉祠 23.16/169/27
稱○執事 23.16/170/2
正君○之義 23.16/170/19
○之愚計 23.17/171/15
述乃大會群○ 23.17/171/24
忠○畢力 24.9/173/13
詔書（今）〔令〕功○家自記功狀 24.14/174/1
○求其舊文 24.90/179/25
（宣）〔宜〕博問群○ 24.90/179/27
○以問胡廣 24.91/180/1
○以爲宜集舊事儀注本奏 24.94/180/12

辰 chén 4

陛下遂以仲月令○ 5.5/29/17
以日月星○ 5.5/30/15
日月星○之神 5.5/30/17
日月星○ 5.6/32/24

沈 chén 6

下邳王被病○滯之疾 7.20/45/12
黽池霍郎、陝王長、湖濁惠、華陰陽○等稱將軍者皆降 9.4/57/11
清約○靜 12.2/77/9
外若訥而內○敏 12.5/78/25
性○深好學 19.5/138/3
○豐、字聖達 21.54/160/7

沉 chén 2

遂俱○溺 18.12/129/26
晝夜○思 18.16/131/14

陳 chén 72

嚴（光）〔尤〕、○茂與合 1.1/2/15
爲○相救之勢 1.1/2/23
爲○大命 1.1/3/2
邑與嚴尤、○茂輕騎乘死人渡滍水逃去 1.1/3/8
世祖見○留吏牘上有書曰 2.1/11/10
太常其以礿祭之日○鼎于廟 2.1/12/24
○寵、濟南鍛成 2.2/15/8
○行相師遷奏 3.6/23/14
前爲○相 3.6/23/14
與○王寵交通 3.6/23/14
其○寵、左雄、朱寵、龐參、施延並遷公 4.1/25/6
自○不足以當大位 6.1/34/1
深○德薄 6.5/36/17
〔數〕因左右○誠 7.8/41/4
間關上疏自○ 8.4/48/15
比上疏自○ 8.5/48/20
發五校輕車騎士爲○ 8.6/49/7
故披赤心爲大王○事 8.14/52/17
○俊謂弇曰 8.14/53/7
更始遣舞陰王李軼、廩丘王田立、大司馬朱鮪、白虎公○僑將兵三十萬 9.4/57/1
（祐）〔祜〕自○功薄而國大 9.6/58/13
主（薄）〔簿〕○副諫曰 9.7/59/4
斬其魯郡太守梁丘壽、沛郡太守○修 9.11/61/5
○俊初調補曲陽長 10.7/63/17
晨爲○留郡 11.1/70/13
郁夷、○倉 11.2/70/25
宏頓首自○ 11.4/71/22
述乃盛○陛衛 12.1/75/14
○鼎俎 12.3/78/7
從司徒祭酒○元受《左氏春秋》 12.6/79/6
嚴爲○留太守 12.6/79/13
歙掾○元上書追訟之 13.8/84/27
因自○疾篤 13.10/85/17
○政言事 14.5/93/1
時河南太守同郡○遵 15.5/96/16
○之於主人前 15.5/96/17
具○固不敢妄作 16.2/102/15
○元上疏曰 16.8/105/7
○車馬印綬 16.9/106/1
除○留巳吾長 16.12/107/6
上書○狀 16.34/113/10
以顯○堪行有效 16.35/113/17
自○願守所志 16.50/117/1
○留人 17.1/117/20, 20.17/148/12, 21.18/154/19
以○留督郵虞延故 17.1/117/24
從宛人○洮買符入函谷關 17.2/118/3
與（東）〔同〕郡宗武伯、翟敬伯、○綏伯、張弟伯同志好 18.3/127/4
遣吏奏記○罪 18.26/134/1
防比上書自○過咎 19.6/138/14
○寵、字昭公 19.7/138/18
故世人謂○氏持法寬 19.7/138/20
○忠爲尙書令 19.8/139/3
魯平爲○留太守 19.27/143/20
○國人 19.29/144/3
每○諫諍 20.2/145/10
委功曹○蕃 20.16/148/8
○龜爲五原太（原）〔守〕 21.2/150/23
韋毅爲○留太守 21.5/151/11
○蕃爲光祿勳 21.7/151/19
○球爲繁陽令 21.10/152/21
大司農○奇舉咨至孝 21.13/153/23
光武賜○導駭犀劍 21.44/158/24
○囂、字君期 21.56/160/18
關東說《詩》○君期 21.56/160/18

平林人○牧、廖湛復聚千餘人 23.1/164/21
○遵使匈奴 23.4/166/7
蘇茂、○留人 23.10/168/10
與同郡人○義客夷陵 23.19/172/11
明○其故 24.53/176/25
○義子問以舊事 24.68/177/27

晨 chén 19

鄧○起 1.1/3/11
帝與伯叔及姊壻鄧○、穰人蔡少公燕語 1.1/4/15
○夜守城 8.14/52/25
○夜草舍 9.4/56/22
○夜馳馬 10.11/64/16
鄧○、南陽人 11.1/70/5
○與上共載出 11.1/70/5
○更名侯家丞 11.1/70/6
○與上起兵 11.1/70/7
〔新野〕吏乃燒○先祖祠堂 11.1/70/7
○終無恨色 11.1/70/8
上微時與○觀讖 11.1/70/9
上徵○還京師 11.1/70/10
○從容謂帝曰 11.1/70/10
○爲陳留郡 11.1/70/13
常○駐馬待漏 11.6/72/6
伏○尙高平公主 13.4/83/15
君○夜冒犯霜露 14.2/91/12
○昏不廢 20.6/146/10

塵 chén 7

○熛連雲 1.1/2/25
前後相○ 1.1/6/17
野無風○ 9.8/60/5
澡盥鬚眉○垢 10.9/64/3
祗增○垢 12.11/81/19
鼓不振○ 14.5/92/24
甑中生○范史雲 21.17/154/15

齔 chèn 2

齠○勵志 13.1/83/1
○童介然特立 16.52/117/12

讖 chèn 27

因具言○文事 1.1/2/4
少公道○言劉秀當爲天子 1.1/4/15
按圖○ 1.1/5/6
圖○著伊堯、赤帝之子 1.1/5/9
發圖○ 1.1/6/7
讀圖○多 1.1/8/4
宣布圖○于天下 1.1/9/20
稽合圖○ 2.1/12/1,11.7/72/14
以應圖○ 2.1/12/15,12.14/82/14
謹按《河》《雒》○書 5.5/29/16
圖○蓋如此 5.5/29/18
章明圖○ 5.5/31/17
論集經傳圖○ 7.9/41/28
不得令觀天文、見○記 10.22/67/25
上微時與晨觀○ 11.1/70/9
○曰 12.14/82/14
爲○記以誤人主 16.16/108/8
譚譏訕圖○ 16.16/108/8
吾欲以○決之 16.16/108/9
臣生不讀○ 16.16/108/9
譚復極言○之非經 16.16/108/9
令校圖○ 16.22/110/3
○書非聖人所作 16.22/110/4
兼明圖○、天官、星氣、鍾律、(歷)〔曆〕算 19.22/142/12
案《春秋○》曰 20.4/145/21

稱 chēng 99

使劉終僞○江夏吏 1.1/2/12
帝乃自○邯鄲使者 1.1/3/20
以至孝○ 2.2/14/6,21.39/158/3
孔子○「有婦人焉」 2.4/17/25
自○安漢將軍 3.1/18/22
妖賊蓋登○「大皇帝」 3.5/22/22
會稽許昭聚衆自○大將軍 3.6/23/12
經○「秩元祀 5.5/30/14
而詩人○其武功 5.5/31/10
非所宜○ 5.5/32/6
常○疾而終身得意 6.2/34/12
咸○至德 6.2/35/17
咸○神明 6.5/36/20
○爲賢王 7.9/41/29
名○日重 7.12/42/18
弘○道之 8.10/50/13
皆○萬歲 8.17/54/10
○疾還 9.1/55/10
黽池霍郎、陝王長、湖濁惠、華陰陽沈等○將軍者皆降 9.4/57/11
奉職未○ 9.11/61/7
甚有名○ 10.23/68/13
上○江夏卒史 11.1/70/6
縣中○美 11.3/71/12
世○冰清 11.7/72/11
爲京師所○ 11.10/73/11
猶○其所長而達之 11.14/74/17
是以世○其忠平 11.14/74/18
時公孫述○帝 12.1/75/13
鄉里○善人 12.1/76/18
統疏○ 12.9/80/9
因○疾 13.10/85/15
哀臣小○病 13.12/87/24
時有○侍中止傳舍者 14.2/90/16
果矯○使者 14.2/90/17
路○鮑尙書兵馬 14.2/90/19
河西○之 14.6/94/9
上親○制臨決 15.2/95/15
輒○疾 15.6/97/8
○仲健 15.8/98/12
而姑臧○爲富邑 15.11/99/13
平陽城李善○故令范遷於張堪 15.12/100/2
會稽頗○多士 15.15/100/24
(○)〔拜〕超爲將兵長史 16.3/103/19
帝○善 16.9/105/16
上○善 16.15/107/28
矯○孔子 16.16/108/8
慮素有名(字)〔○〕 16.22/110/6
在朝以清白方正○ 16.23/110/13
○分其肉 16.25/110/26
京師因以○之 16.25/111/1
常○老氏知足之分也 16.25/111/2
○疾 16.37/114/1
遂○疾去 16.37/114/4
莫不○平 16.52/117/14

上乃詔令自○南陽功曹
詣闕 17.1/117/27
朝廷○爲名卿 17.4/118/23
以清廉見○ 17.5/119/3
孔子○「能以禮讓爲國
17.8/119/20
而○父遺意 17.8/119/21
掾吏皆○萬歲 17.10/120/7
以清白方正○ 17.10/120/15
由是名○ 17.14/122/10
武○疾見政 17.17/122/28
但○書生 17.23/124/13
自○王伯齊 18.1/125/22
○「南陽五伯」 18.3/127/4
以德行○于代 18.6/127/22
○清白吏 18.10/129/9
以志行○ 18.19/132/11
以武略○ 18.23/133/9
以才器○ 18.25/133/20
時○其盛 18.25/133/21
以孝行○ 18.27/134/8
而○鴻長者 18.29/134/28
政○遠邇 19.13/140/8
以嚴刻見○ 19.15/140/18
皆○神明 19.21/142/2
鄉人○其至孝 19.22/142/9
帝歎○善 19.31/144/16
使後世○爲清白吏子孫
20.2/145/7
天下咸○蔡侯紙 20.9/146/27
言不○老 21.1/150/19
○于儒林 21.51/159/24
○爲名卿 21.52/159/28
鄉邦○之 22.1/160/27
不如且○王 23.1/164/26
○天公尙可 23.1/164/26
○天子何謂不可 23.1/164/26
三老等皆○臣 23.5/166/12
自○將軍 23.7/167/9
威○說實成帝遺體子輿
也 23.8/167/18
自○西平王 23.9/168/3
○臣奉祠 23.16/169/27
○臣執事 23.16/170/2
自○輔漢將軍 23.17/170/25
因○尊號 23.17/171/10
義自○黎邱大將軍 23.19/172/11
戎自○掃地大將軍 23.19/172/12

丞 chéng 48

得定武侯家○印 1.1/2/14
太常○上言陵樹葉有甘
露 2.1/13/17
鳳凰集濟南臺○霍穆舍
樹上 3.1/19/10
○領受郡國調馬 3.6/23/24
章帝又置（祝）〔祀〕
令、○ 4.1/25/1
屬官有○一人、大行○
一人 4.1/25/3
大行○有治禮員四十七
人 4.1/25/3
中外官尙書令、御史中
○、治書侍御史、公
將軍長史、中二千石
○、正、平、諸司馬
、中宮王家僕、雒陽
令秩皆千石 4.1/25/21
尙書、中謁者、黃門冗
從四僕射、諸都監、
中外諸都官令、都
（候）〔侯〕、司農
部○、郡國長史、○
、（候）〔侯〕、司
馬、千人秩皆六百石 4.1/26/1
諸署長、楫權○秩三百
石 4.1/26/4
其○、尉皆秩四百石 4.1/26/5
○、尉秩三百石 4.1/26/5
其○、尉秩二百石 4.1/26/5
縣國○、尉亦如之 4.1/26/6
○、尉亦二百石 4.1/26/6
明堂、靈臺○、諸陵校
長秩二百石 4.1/26/6
○、尉校長以上皆銅印
黃綬 4.1/26/7
上遣太醫○相視之 7.12/43/15
王霸祖父爲詔獄○ 10.11/64/13
會光祿（○）〔勳〕劉
賜適至 10.12/65/6
爲○相史 10.26/69/7
幸至○相府還我 10.26/69/9
晨更名侯家○ 11.1/70/6
爲御史中○ 11.7/72/16
19.10/139/14
車○相高祖園寢郎 12.1/75/23
一月九遷爲○相者 12.1/75/23
此○、掾任 12.1/76/6
○印「四」下「羊」 12.1/76/13
拜中○ 12.6/79/9
謂家○翕曰 13.12/87/20
召郡府○謂曰 14.2/90/26
宣秉、建武元年拜御史
中○ 15.3/96/5
上特詔御史中○與司隸
校尉、尙書令會同並
專席而坐 15.3/96/5
芒守○韓龔受大盜丁仲
錢 15.8/98/11
爲武都○ 15.11/99/16
出爲六安郡○ 16.16/108/11
告平陵令、○ 16.34/113/9
升爲太常○ 17.17/122/25
弟禮爲御史中○ 17.23/124/21
香拜左○ 19.22/142/15
初爲京兆郡○ 21.22/155/9
盆子及○相徐宣以下二
十餘萬人肉袒降 23.5/166/18
及○相王〔嘉〕死 24.2/172/23
爲宦者○ 24.72/178/7

成 chéng 116

天變已○ 1.1/2/6
帝爲晝○敗 1.1/2/23
尋、邑自以爲○功漏刻 1.1/2/26
水潦○川 1.1/3/7
實○帝遺體子輿也 1.1/4/2
正使○帝復生 1.1/4/3
乃命有司設壇于鄗南千
秋亭五○陌 1.1/4/18
百穀不○ 1.1/5/22
野蠶○繭被山 1.1/5/24
詔書告漢直擁兵到○都 1.1/7/3
遣輕騎至○都 1.1/7/4
○都十萬餘衆 1.1/7/6
封孔子後孔志爲褒○侯 1.1/7/21
非○法耶 1.1/8/25
人馬席薦羈靽皆有○賈 1.1/10/12
言鉅鹿、樂○、廣平各

數縣 2.1/13/28
孔子後褒○侯等咸來助祭 2.2/14/19
陳寵、濟南鍛○ 2.2/15/8
故得鍛○劍 2.2/15/10
自京師離宮果園上林廣○囿悉以假貧人 2.3/16/22
未及○禮 3.5/21/25
築廣○苑 3.6/24/3
以○《樂志》 5.4/29/4
功○治定 5.5/29/12
群司禮官咸以爲宜登封告○ 5.5/29/12
登封告○ 5.5/29/15,5.5/31/8
孝○時 5.5/30/11
聖王先○民而後致力于神 5.5/30/16
頌言○也 5.5/31/13
一章○篇 5.5/31/13
秉文之○ 5.5/31/17
伏惟陛下以至德當○、康之隆 5.5/32/5
但以髮○ 6.2/34/11
廣平、鉅鹿、樂○王在邸 6.2/35/16
紀者、襄○縣君孫壽之舅也 6.9/38/3
以○其計 7.1/38/16
以○王志 7.8/41/14
樂○靖王黨 7.18/45/3
樂○王居諒闇 7.19/45/7
猶恐無所○立 8.1/46/12
有司復請加謚曰昭○侯 8.6/49/7
漢平○都 8.10/50/26
軍陣立○ 8.16/53/25
（祐）〔祜〕斬張○ 9.6/58/12
馬○爲郟令 10.5/63/7
○羸衣步擔 10.5/63/7
○善治障塞 10.5/63/7
今吾兵已○也 10.14/65/24
初王莽分鉅鹿爲和○郡 10.16/66/7
○、哀間轉客潁川舞陽 10.20/67/3
竹木○林 11.3/71/11
閉門○市 11.3/71/11
屠酤○市 11.10/73/14
遠祖以吏二千石自邯鄲徙茂陵○歡里 12.1/75/5
○皋令印 12.1/76/13
所謂刻鵠不○尚類鶩者 12.1/76/21
效杜季良而不○ 12.1/76/21
所謂畫虎不○反類狗也 12.1/76/22
弟○物故 13.11/85/24
載致○喪 13.11/85/25
考績不○ 13.11/86/8
○王深知其終卒之患 13.11/86/15
又遷其餘于○周 13.11/86/16
陛下昭然獨見○敗之端 13.11/86/25
潰○坑坎 13.11/86/27
冬者五穀○熟 13.12/87/19
物備禮○ 13.12/87/19
○德侯鮪玄孫祀 14.1/90/11
新主既○ 14.4/92/12
○天地之元功也 14.5/93/17
肅宗詔鴻與太常樓望、少府○封、屯騎校尉桓郁、衛士令賈逵等 15.2/95/13
漢先遣堪入○都 15.12/99/26
功○事立也 16.3/103/7
辟雍〔初〕○ 16.9/106/9
〔負土○墳〕 16.13/107/12
朱勃小器速○ 16.34/112/29
美俗○化 16.49/116/18
伏見太原周黨、東海王良、山陽王○ 16.50/117/2
○人之美 17.8/119/21
（決）〔浹〕日而○ 17.13/121/19
殿○ 17.13/122/2
不得○此殿 17.13/122/3
暉以堪宿○名德 18.6/128/10
○都邑宇偪側 18.12/130/1
元、○間 18.14/130/27
禮過○人 19.4/137/14
至○皋 19.11/139/19
何修生○ 19.17/141/3
○生果 19.17/141/3
蜀郡○都人 19.25/143/7
21.22/155/9
每彈琴惻愴不能○聲 19.30/144/10
此書若○ 20.17/148/13
使早○之 20.23/149/20
續○十志 21.24/155/22
魏○曾孫純坐訐訕 21.47/159/8
威稱說實○帝遣體子輿也 23.8/167/18
設使○帝復生 23.8/167/19
書○ 23.11/168/26
圖王不○ 23.16/170/11
○帝末 23.17/170/23
垣副以漢中亭長聚眾降宗○ 23.17/170/24
述攻○ 23.17/170/25
副殺○降 23.17/170/25
霸王之業○矣 23.17/171/1
○功之資也 23.17/171/7
瑞應手掌○文 23.17/171/11
死而功○ 23.17/171/15
決○敗于一舉 23.17/171/21
○都郭外有秦時舊倉 23.17/171/23
漢兵守○都 23.17/171/27
未及○書 24.90/179/25
案度○數 24.90/179/26
著○篇章 24.90/179/27
以○志也 24.94/180/13

承 chéng 33

○文、景之統 1.1/1/5
○運而起 1.1/5/12
周○休公爲衛公 1.1/7/19
臣子奉○ 1.1/8/22
皇太子嘗（乘）〔○〕間言 1.1/9/5
所以○事兄弟 2.1/11/15
以爲宜○先序 2.1/11/15
以爲宜○天位 2.3/16/6
改殯梁皇后于○光宮 2.3/16/27
孝殤襁褓○統 2.4/17/24
其以漢中南鄭之武陽亭封賢孫○先爲武陽亭侯 3.2/20/17
始置○華廄令 3.2/20/20
漢○秦滅學 5.3/28/11

以○天心〔也〕 5.5/29/13
喜于得○鴻業 5.5/30/3
思有所○ 5.5/31/25
無所奉○ 5.5/32/8
惟安帝宜○大統 8.4/48/14
陛下○大亂之極 13.1/82/21
樂○漢祀 13.11/86/5
繼嗣○業 13.11/86/21
以○大將軍之明 14.5/93/25
使五官中郎將魏應主○制問難 15.2/95/14
奉○弘業 15.2/95/19
而小人猥○君後 16.3/104/3
群臣○意 16.15/107/26
晉傳子○ 16.25/111/2
數薦達名士○宮、郇恁等 17.11/120/25
○宮、琅邪姑幕人 17.12/121/3
足下欲○天順民 23.16/169/25
○赤者、黄也 23.17/171/12
後漢有南宮、北宮、○光宮也 24.4/173/3
無以○天 24.16/174/7

城 chéng 171

望氣者言舂陵○中有喜氣 1.1/1/13
帝奉糗一斛、脯三十朐進圍宛○ 1.1/2/13
尤問○中出者 1.1/2/15
○中兵穀少 1.1/2/19
宛○未拔 1.1/2/19
前已至○北矣 1.1/2/22
留王鳳令守○ 1.1/2/23
夜出○南門 1.1/2/24
遂環昆陽○作營 1.1/2/24
瞰臨○中 1.1/2/25
或爲衝車撞○ 1.1/2/25
積弩射○中 1.1/2/26
○中負戶而汲 1.1/2/26
乃遂令輕足將書與○中諸將 1.1/3/5
從○西水上奔陣 1.1/3/6
而昆陽○中兵亦出 1.1/3/7
齊武王拔宛○ 1.1/3/9
帝在父○ 1.1/3/12
君臣并力○守 1.1/4/4
開○門 1.1/4/5
制〔郊〕兆于○南七里 1.1/5/7
宜以時修奉濟陽○陽縣堯帝之（冢）〔冢〕 1.1/5/13
吳漢下朐○ 1.1/6/3
囂走入○ 1.1/6/24
出○餐糗糒 1.1/6/26
 23.16/170/18
小縣多○守未下 1.1/7/3
後○營自解散 1.1/7/4
武陽以東小○營皆奔走降 1.1/7/5
且堅據廣都○ 1.1/7/6
待其即營攻○ 1.1/7/6
十一月衆軍至○門 1.1/7/7
背○而戰 1.1/7/8
○降 1.1/7/10
時○郭丘墟 1.1/9/7
刺史二千石長〔吏〕皆無離○郭 1.1/9/23
河南、帝○ 2.1/11/12
鳳皇見肥○窳亭槐樹上 2.2/14/26
曹相國後容○侯無嗣 2.3/16/15
新○山泉水大出 3.1/18/12
調濱水縣彭○、廣陽、廬江、九江穀九十萬斛 3.1/18/26
至北地靈州丁奚○ 3.1/19/1
蠻田山、高少等攻○ 3.1/19/1
黄龍見歷○ 3.1/19/11
詔懸夏○門外 3.4/21/17
太守甘定、刺史侯輔各奔出○ 3.5/22/14
分漢中之安陽、西○ 5.1/27/18
分高顯、候○、遼陽屬玄（菟）〔菟〕 5.1/27/21
宰潘臨登○言曰 7.1/38/11
伯升作攻○關車 7.1/38/12
○陽恭王初名終 7.7/40/11
夜詣彭○縣欲上書 7.17/44/19
延、昌○亭侯 7.17/44/23
和帝賜彭○靖王詔曰 7.20/45/11
皇帝問彭○王始夏無恙 7.20/45/11
止○門樓上 8.1/46/16
至空○郭 8.2/48/4
拜悝○門校尉 8.5/48/19
南擊赤眉于新○ 8.11/51/17
視西安○小而堅 8.14/52/23
晨夜守○ 8.14/52/25
今方自憂治○具 8.14/52/26
且西安○堅 8.14/53/1
正使得其○ 8.14/53/1
憑○觀人虛實 8.14/53/2
吾深入敵（地）〔○〕 8.14/53/2
弇凡平○陽、琅邪、高密、膠東、東萊、北海、齊、千乘、濟南、平原、泰山、臨淄等郡 8.14/53/10
而弇勒兵入據其○ 8.14/53/11
屠○三百 8.14/53/16
攻金蒲○ 8.17/54/6
恭以疏勒○傍有水 8.17/54/8
○中穿井十五丈 8.17/54/9
先和泥塗○ 8.17/54/11
即日開○降 9.1/55/21
敢問戮其使而降○ 9.1/55/21
與貳師嚴尤共○守 9.2/55/26
彭圍隗囂于西○ 9.2/56/5
灌西○ 9.2/56/5
故○不拔 9.2/56/5
追至雒陽○門 9.4/57/4
環○一匝乃還 9.4/57/4
望○門舉音 9.7/59/15
還幸○門 9.7/59/15
鮮卑千餘騎攻肥如○ 9.9/60/13
〔上自〕登○ 9.10/60/18
夜梯其○入 9.11/61/4
純持節與從吏夜遁出○ 10.1/62/6
宮夜使鋸斷○門限 10.2/62/18
以○門校尉轉左中郎將 10.2/62/20
俊攻匡○賊 10.7/63/18
修飛狐道至平○ 10.11/64/25
信都大姓馬寵等開○內之 10.14/65/21
責數以背恩反（賊）〔○〕 10.14/65/22
彤舉○降 10.16/66/8
封昌○侯 10.17/66/15
何況乃當傳以連○廣土 10.22/68/1
因保其○ 11.2/70/23

左右怪上數破大敵、今得小○ 11.2/70/24
會赤眉攻關○ 11.8/72/22
郭況爲○門校尉 11.11/73/23
○中好高髻 12.2/77/11
○中好廣眉 12.2/77/11
○中好廣袖 12.2/77/11
近帶○郭 12.2/77/13
防爲車騎將軍、○門校尉 12.3/77/22
以襄○羹亭一千二百戶增防 12.3/77/24
於四○外給與貧民 12.11/81/15
災壞○郭官寺 13.11/86/27
華侯孫長卿食采馮○ 13.14/88/16
舞陰大姓李氏擁○不下 13.16/89/5
朱鮪等會○南淯水上沙中 14.1/89/26
保一○ 14.1/90/3
復至○下說鮪 14.1/90/6
鮪從○上下索曰 14.1/90/7
永遣弟升及子壻張舒等謀使營尉李匡先反涅○ 14.2/90/20
即開○降 14.2/90/24
入夏○門中 14.2/91/2
與右中郎將張邯相逢○門中 14.2/91/4
宜知尊帝○門候吏六百石 14.2/91/5
攻取涅○ 14.4/92/5
守○不休 14.5/93/21
去帝○不遠 15.9/98/18
平陽○李善稱故令范遷於張堪 15.12/100/2
班始尙陰○公主 16.4/104/10
群賊入汝陽○ 16.31/112/7
藏○西門下空穴中 16.32/112/16
右扶風請試守渭○宰 16.34/113/1
豪彊略○ 16.34/113/5
存幾亡之○ 16.34/113/6
與兄俱出○採蔬 16.41/114/26
解冠挂東都○門 16.46/115/25
○門下小 17.1/117/23
任○人 17.6/119/7
彭○人 17.7/119/12
與外氏家屬從田間奔入宛○ 18.6/127/23
詣金○ 18.9/129/1
可皆勿答詣金○ 18.9/129/2
任○人也 18.10/129/7
過任○ 18.10/129/15
令老弱○守而追之 18.12/130/1
還入○ 18.12/130/5
彭擢開陽○門候 18.14/130/27
遷○門校尉 18.16/131/17
既而載之○外 18.22/133/2
太山南○人 19.3/137/9
先是雒陽○南 19.7/138/25
竊聞使者並規度○南民田 20.4/145/24
今猥規郊○之地 20.4/145/26
北新○人 20.23/149/18
皆奔○郭 21.33/157/7
金○、隴西卑湳、勒姐種羌反 22.5/164/8
而朱鮪立壇○南（堉）〔淯〕水上 23.1/164/24
〔上〕破二公于昆陽○ 23.1/164/28
更始騎出廚○門 23.1/165/17
當下拜○ 23.1/165/17
更始下（爲）〔馬〕拜謝○ 23.1/165/17
光武聞更始失○ 23.1/165/18
數祠○陽景王 23.5/166/14
詔以屬○門校尉 23.5/166/19
積兵甲宜陽○西 23.5/166/19
至陽○ 23.6/167/1
踰○ 23.11/168/19
令作記告○門將軍云 23.11/168/25
攻得邵、宜○、（若）〔鄀〕、編、臨沮、中（沮）廬、襄陽、鄧、新野、穰、湖陽、蔡陽 23.13/169/9
岑彭與吳漢圍囂于西（域）〔○〕 23.16/170/13
西（域）〔○〕若下 23.16/170/13
其大將王捷登○呼漢軍曰 23.16/170/16
爲隗王○守者 23.16/170/16
囂負隴○之固 23.16/170/18
地方十○ 23.17/171/1
○邑丘墟 23.17/171/3

乘 chéng 59

尋、邑遣步騎數千〔○〕合戰 1.1/3/3
諸部共○之 1.1/3/4
邑與嚴尤、陳茂輕騎○死人渡滍水逃去 1.1/3/8
帝已○王豐小馬先到矣 1.1/4/10
賜安車一○ 1.1/4/24
漢兵○勝追奔 1.1/7/5
征伐嘗○革輿羸馬 1.1/7/14
益州乃傳送瞽師、郊廟樂、葆車、○輿物 1.1/7/15
出○ 1.1/8/5
皇太子嘗（○）〔承〕間言 1.1/9/5
恢○勝深入 3.1/19/1
千○貞王之曾孫 3.4/21/15
賊○刺史車 3.5/22/14
○殷之輅 5.6/32/22
吾萬○之主 6.2/35/3
擬于○輿 7.8/41/6
使中謁者賜○輿貂裘 7.12/43/9
復賜○輿服御、珍寶鞍馬 7.12/43/13
上詔有司加贈鑾輅○馬 7.12/43/18
禹○勝獨克 8.1/46/23
闖出則陪○ 8.7/49/17
乃○桴沿江下巴郡 8.10/50/26
順時○風 8.13/52/7
○輿且到 8.14/53/8
弇凡平城陽、琅邪、高密、膠東、東萊、北海、齊、千○、濟南、平原、泰山、臨淄等郡 8.14/53/10
我夢○龍上天 9.4/57/6
賜以○輿七尺玉具劍 9.4/57/10
爲赤眉所○ 9.4/57/13
即以所○大驪馬及繡被衣物賜之 10.14/65/20

賜几杖、安車一○ 10.26/69/21
○下澤車 12.1/76/18
賜車一○ 12.1/76/28
湛常○白〔馬〕 13.10/85/14
○時擅權 13.11/86/24
剛以頭軔○輿車輪 15.7/97/15
堪去蜀郡○折轅車 15.12/99/27
李章爲千○太守 15.18/101/21
臣○聖漢威神 16.3/103/16
賜以輜車○馬 16.9/106/1
常○驄馬 16.13/107/13
○折轅車 16.35/113/17
丹不○使者車 17.2/118/4
果○高車出關 17.2/118/6
安能動萬○主耶 18.1/126/2
○船追之 18.1/126/16
賜束帛、○馬 18.5/127/16
見道中有諸生（來）〔○〕小車 18.12/130/5
毋○跛馬車 18.13/130/15
育陪○ 18.20/132/16
霸以所○車馬遣送之 19.11/139/18
郎官有○皂蓋車者 19.11/139/19
見兄子○車 19.11/139/19
郁○輦白衣詣 19.29/144/5
頌○輕車 21.8/152/3
李松等自長安傳送○輿服御物 23.1/165/3
使盆子○車入長安 23.5/166/16
棄千○之基 23.16/170/8
不亟○時與之分功 23.17/171/18
賜所○驪馬 24.27/175/1

盛 chéng 64

下江兵○ 1.1/2/3
光遂○ 1.1/2/8
莽遣尋、邑欲○威武 1.1/2/16
戰攻之具甚○ 1.1/2/17
尋、邑兵○ 1.1/2/18
聞尋、邑兵○ 1.1/3/2
滍水○溢 1.1/3/8
麻菽尤○ 1.1/5/23
園陵至○ 1.1/6/20
陰○爲無錫侯 2.1/11/23
是時學者尤○ 2.1/12/2
世祖閔傷前世權臣太○ 2.1/13/24
功德○于高宗、（宣）〔武〕王 5.5/29/24
孝武皇帝功德茂○ 5.5/31/6
孝宣皇帝制《○德》之舞 5.5/31/7
武功○大 5.5/31/9
依書《文始》、《五行》、《武德》、《昭德》、《○德》修之舞 5.5/31/14
孝明皇帝功德茂○ 5.5/31/26
孝武廟樂曰《○德》之舞 5.5/31/28
《昭德》、《○德》之舞不進 5.5/31/28
○德之樂無所施 5.5/32/1
不當與世（祖）〔宗〕廟《○德》之舞同名 5.5/32/2
（陛下）〔百姓〕○歌元首之德 5.5/32/5
嘉美○德 5.5/32/6
潔齋○服 5.6/32/24
見執金吾車騎甚○ 6.1/33/23
時竇皇后內寵方○ 6.3/35/26
以助伊蒲塞桑門之○饌 7.10/42/3
明德○者 7.12/43/6
幸得遭値明○ 8.5/48/20
虜兵○ 8.14/53/8
遂與漢○衰 8.17/54/16
乃敕屬縣○供具 9.1/55/10
以縑囊○土爲隄 9.2/56/5
各以囊○沙布冰上 10.11/64/20
是時學者大○ 11.7/72/15
除子男○爲郎 11.10/73/17
賞金帛甚○ 11.11/73/24
述乃○陳陛衛 12.1/75/14
禮甚○ 12.1/75/15
寵貴至○ 12.3/77/24
伏○、字伯明 13.2/83/7
張步遣其掾孫昱隨○詣闕上書 13.2/83/7
遣謁者侯○、荆州刺史費遂齎璽書徵霸 13.5/83/20
鴻獨與弟○居 15.2/95/7
憐○幼小而共寒苦 15.2/95/7
上書讓國於○ 15.2/95/8
留書與○曰 15.2/95/8
下權○ 15.2/95/24
子張父及叔父爲鄉里○氏一時所害 15.8/97/22
○冬皆以火燎 15.14/100/14
十二月○寒時並多剖裂血出 15.14/100/17
○修殺膳 16.39/114/16
鄉里徐子○明《春秋經》 17.12/121/3
大將軍竇憲貴○ 18.13/130/20
令○以縑囊 18.22/133/1
時稱其○ 18.25/133/21
○春興發 19.4/137/24
以漢之○ 19.16/140/25
程謀誅江京于○化門外 20.23/149/19
收兵至○德門 20.23/149/21
裝送甚○ 22.1/160/24
以五綵囊○石繫豐肘 23.12/169/3
若奮發○德 23.17/171/1

程 chéng 9

中黃門孫○等十九人共討賊臣江京等 3.2/19/27
以千里爲○ 7.12/43/15
薦陰亶、○胡、魯歆自代 17.2/118/9
孫○、字稚卿 20.23/149/18
○謀誅江京于盛化門外 20.23/149/19
○等十八人收斬江京、閻顯等 20.23/149/20
以功封○爲浮陽侯 20.23/149/23
孫○賦棗脯 20.24/150/3
○等適入 20.24/150/4

誠 chéng 34

使來者言李氏欲相見款○無他意 1.1/2/2
夫士○能爲人所不能爲 1.1/4/23
開心見○ 1.1/6/9
〔少〕推○對 2.1/11/8
比放三宗○有其美 5.5/31/22
○非所當聞、所宜言 5.5/32/3
○知愚鄙之言 5.5/32/4

〔數〕因左右陳○ 7.8/41/4
○不以遠近親疏 7.12/43/12
恭與士衆推○ 8.17/54/12
○不敢內顧宗親 10.14/65/25
○欲令恭肅畏事 10.22/68/1
足下推忠○ 11.2/70/21
務在○實 12.11/81/11
○不知所以然 13.9/85/7
○從民望 13.11/86/6
豈敢拱默避罪而不竭其
　○哉 14.5/93/3
惠愛之○ 14.5/93/15
此○不可以忽也 14.5/93/19
○小臣所竊憂也 15.8/98/8
○思自竭 16.10/106/23
○慚聖朝 16.20/109/15
○仁者之心 16.37/114/3
○良吏也 17.13/121/16
○不敢拜受 17.13/121/25
○欲以安定邊陲 19.4/137/23
○宜反本 19.6/138/11
精○感應 19.12/140/4
臣○惑之 19.16/140/26
○信行乎州里 19.28/143/25
性忠○ 20.2/145/10
○先賢所慎也 20.17/148/14
○有踧踖 21.19/154/23
○宜具錄本事 24.92/180/6

橙 chéng 1

賜御食及○、橘、龍眼
　、荔枝 22.3/161/13

懲 chéng 2

○艾酷吏 2.1/12/8
表善○惡 8.14/52/20

騁 chěng 1

○鶩路於犇瀨 12.10/80/25

蚩 chī 2

金○尤辟兵鉤一 8.9/50/3
祭○尤 12.6/79/9

笞 chī 7

吾折捶○之 8.1/47/2
加○八百 15.8/98/12
欲○之 17.12/121/5
召郎將○之 17.13/121/27
臣當先○ 17.13/122/1
勿○ 18.9/129/1
可皆勿○詣金城 18.9/129/2

絺 chī 1

黃、白○各一端 19.22/142/12

鴟 chī 1

必令豺狼○梟 21.12/153/16

弛 chí 2

鞭扑不可○於家 12.9/80/11
弓弩不得○ 13.9/85/6

池 chí 13

苑囿○籞之官廢 1.1/7/13
陂○裁令流水而已 1.1/8/21
無爲陵○ 1.1/9/1
詔有司京師離宮園○ 2.3/16/10
擊盆子于澠○ 8.11/51/17
黽○霍郎、陝王長、湖
　濁惠、華陰陽沈等稱
　將軍者皆降 9.4/57/11
上命諸將士屯黽○ 9.4/57/13
奮翼黽○ 9.4/57/14
汙○室宅 11.1/70/7
陂○灌注 11.3/71/10
爲黽○令 17.3/118/17
左開鴻○ 20.4/145/25
捕○魚而食之 23.5/166/17

坻 chí 1

追令刺客楊賢於隴○遮
　殺之 13.11/85/25

持 chí 62

以爲人○火 1.1/2/7
帝○節渡孟津 1.1/3/18
郎遣諫議大夫杜長威○
　節詣軍門 1.1/4/1
尙○兩心 1.1/6/8
手不○珠玉 1.1/7/14
尙書僕射○節詔三公 2.1/12/26
中郎將○節衛護焉 2.3/16/13
　22.3/161/15
○節 4.1/25/14
及有可以○危扶顚 5.5/31/24
遂取而○歸養 6.3/35/23
諸兄○后髮 6.5/36/12
人○枯稻 7.7/40/17
使鴻臚○節郊迎 7.12/43/9
訓令拘○束縛 8.2/48/1
躬被甲○戟 8.10/50/17
授以所○節 9.2/56/1
百姓○酒肉迎軍 9.2/56/6
遵遣護軍王忠皆○刀斧
　伐樹開道 9.7/59/8
純○節與從吏夜遁出城 10.1/62/6
（○）〔馳〕歸宋子 10.1/62/6
○戟奔擊 10.3/62/24
○節送馬援 11.2/70/19
詔使五官中郎將○節至
　墓賜印綬 11.14/74/20
宣帝時以郎○節 12.1/75/5
敕黃門取頭蝨章（特）
　〔○〕入 12.1/76/11
拜嚴○兵長史 12.6/79/7
少○《韓詩》 12.11/81/10
秉節○重 13.1/82/23
囂乃聽林○喪東歸 13.11/85/24
援遣子○馬一匹遺林 13.11/87/2
光武遣諫議大夫儲大伯
　○節徵永 14.2/90/19
封所○節於晉陽傳舍壁
　中 14.2/90/19
天子默使小黃門○被覆
　之 14.6/94/8
輒舍車○馬還相迎 15.14/100/12
民攀○車轂涕泣 15.15/100/27
○《公羊春秋》 16.3/102/22
上遣衆○節使匈奴 16.6/104/22

○學精微 16.25/110/24
乃遣人○鴆 16.45/115/18
○節使歸南陽 17.2/118/5
平扶（○）〔侍〕其母 17.11/120/20
人齎茅竹或（特）〔○〕材木 17.13/121/19
抱升子○車叩頭 17.17/122/26
暉遙見就主簿○璧 18.6/128/2
范○棺柩 18.12/129/26
太守張穆○筒中布數篋與范 18.12/129/26
行縣齎○乾糒 18.15/131/9
帝常使虎賁扶○ 18.18/132/5
遣大鴻臚○節至墓 18.24/133/15
愼（弗）〔勿〕聽妻子○尸柩去 18.29/135/8
○兵而鬬 18.30/135/16
故世人謂陳氏○法寬 19.7/138/20
常○輕類 19.22/142/18
郁常抱○啼泣 19.29/144/3
○燈入章臺門 20.24/150/4
使人○喪歸舂陵 23.1/164/19
正用此時○事來乎 23.1/165/9
使○節降河北 23.1/165/15
王郎遣諫議大夫杜威○節詣軍門 23.8/167/18
曠日○久 23.16/170/10
猶○兩端 23.16/170/19

馳 chí 16

帝○入昆陽 1.1/2/19
帝自薊東南○ 1.1/3/20
帝升車欲○ 1.1/3/22
騶騎○出召入 1.1/6/19
天下可○檄而定 8.14/52/13
肄○射 8.14/53/15
上自薊東南○ 9.4/56/22
（持）〔○〕歸宋子 10.1/62/6
光武自薊東南○ 10.1/62/7
晨夜○馬 10.11/64/16
○還 10.22/67/20
○告蓋延 11.2/71/4
單車○往 13.16/89/12
遣信人○至長安 14.2/90/20
奔○來降 19.19/141/14

光武○詣宛謝罪 23.1/165/1

遲 chí 3

先王道術陵○ 11.7/72/12
令應之○ 15.8/97/25
亦何陵○之有 19.15/140/17

篪 chí 1

上自御塤○和之 2.1/12/32

尺 chǐ 33

長七○三寸 1.1/1/13
不及地○而散 1.1/3/1
高八○九寸 1.1/8/7
廣丈二○ 2.1/13/9
長二丈五○ 2.1/13/9
帝起四百○觀于阿亭道 3.6/23/26
○土靡不其有 5.5/29/23
后長七○二寸 6.2/34/9
馬不踰六○ 6.2/35/16
明帝驛馬令作草書○牘十首焉 7.3/39/16
可以託六○之孤 7.12/42/14
要帶八○二寸 7.12/42/26
辟把刀、墨再屈環横刀、金錯屈○八佩刀各一 8.9/50/2
賜以乘輿七○玉具劍 9.4/57/10
身長八○ 9.11/61/3
19.10/139/13
曾無○寸可數 9.11/61/8
援長七○五寸 12.1/75/7
高三○五寸 12.1/76/27
圍四○五寸 12.1/76/27
四方高一○ 12.2/77/11
惟勤祖偃長不滿七○ 13.13/88/4
長八○三寸 13.13/88/5
屋中○寸之物 16.14/107/20
上即○一出升 17.17/122/27
長八○二寸 18.17/131/22
七○絳襜褕一領 21.8/152/4
今東帝無○土之柄 23.17/171/18
其殿中廬有索長數○可以縛人者數千枚 24.72/178/7

玉衡長八○ 24.89/179/18
璣徑八○ 24.89/179/19
圓二○五寸而强 24.89/179/19
立八○圓體之度 24.90/179/23

侈 chǐ 7

葬埋僭○ 1.1/6/21
奢○恣欲 7.11/42/9
多存○飾 12.7/79/19
冀僭○ 12.12/82/4
又賈人多通○靡之物 16.16/108/5
太子家時爲奢○物 19.1/136/7
三輔兵○ 23.1/165/19

恥 chǐ 11

○病死 8.2/48/1
復以爲○ 9.1/55/8
頗加○辱 11.1/70/6
重○之 11.3/71/11
蓋伯夷、叔齊○食周粟 13.11/85/23
不○勞辱 16.3/102/22
宇復○之 16.25/110/26
良○以言受進 17.10/120/11
○在廝役 20.7/146/15
縱子無○ 20.17/148/16
○見禽 21.11/153/9

齒 chǐ 4

殆令人○欲相擊 9.11/61/10
犬馬○衰 18.8/128/21
口出○ 21.30/156/20
復曰○長一寸 24.14/174/2

斥 chì 4

悉○放之 6.5/36/21
然遠○候 8.16/53/25
遠○候 9.8/60/4
微過○退 13.1/82/24

叱 chì 8

○上起去 7.4/39/20

敞怒○太守曰 7.7/40/19
歙○曰 11.2/71/5
妻嘗於母前○狗 14.2/90/15
○邯旋車 14.2/91/4
○宇等曰 16.30/112/1
輒○之 18.1/126/19
遂○去其婦 19.27/143/20

赤 chì 69

有○光 1.1/1/10
絳衣○幘 1.1/2/6
故趙繆王子臨說帝決水灌○眉 1.1/3/19
蕭王推○心置人腹中 1.1/4/9
時傳聞不見《○伏符》文軍中所 1.1/4/16
帝所與在長安同舍諸生彊華自長安奉《○伏符》詣鄗 1.1/4/17
周蒼漢○ 1.1/5/7
○代蒼 1.1/5/7
常服徽幟尙○ 1.1/5/8
圖讖著伊堯、○帝之子 1.1/5/9
高祖○龍火德 1.1/5/12
有○草生于水涯 1.1/9/16
頂○色 2.1/11/6
世祖以○色名之曰陽 2.1/11/6
視人如○子 2.1/12/8
色○ 2.2/15/5
鳳凰見百三十九、麒麟五十二、白虎二十九、黃龍三十四、青龍、黃鵠、鸞鳥、神馬、神雀、九尾狐、三足烏、○烏、白兔、白鹿、白燕、白鵲、 2.2/15/20
數有神光○蛇嘉應 3.1/18/6
又有○蛇盤紆殿屋床笫之間 3.1/18/6
贈以玄玉○紱 3.1/18/20
○漢九世 5.5/29/16
有司復奏《河》《雒》圖記表章○漢九世尤著明者 5.5/29/20
沾○汗 7.12/43/7
○眉、青犢之屬 8.1/46/10
○眉入長安 8.1/46/23
○眉、桀也 8.1/46/24
○眉還入長安 8.1/47/1
○眉無穀 8.1/47/2
禹與○眉戰 8.1/47/3
○眉陽敗 8.1/47/3
皆載○豆覆其上 8.1/47/3
○眉引還擊之 8.1/47/4
南擊○眉于新城 8.11/51/17
銅馬、○眉之屬數十輩 8.14/52/15
故披○心爲大王陳事 8.14/52/17
遣討○眉 9.4/57/10
與○眉遇于華陰 9.4/57/12
與○眉相拒 9.4/57/13
爲○眉所乘 9.4/57/13
天地赫然盡○ 10.12/65/7
會○眉攻關城 11.8/72/22
憙爲○眉兵所圍 13.16/89/7
○眉已得長安 14.1/90/2
不入冀府（○）〔寺〕 15.17/101/16
○眉攻太原 16.32/112/16
爲○眉賊所得 16.41/114/26
遇○眉賊 16.43/115/9
○黑異器 16.44/115/13
○自食 16.44/115/14
撫循百姓如○子 17.13/121/18
俸祿常取○米 18.1/126/13
殆非所謂保○子之義 20.4/145/27
○幘大冠一具 21.8/152/5
列屯○地 21.11/153/5
色青○ 21.24/155/21
○眉十餘萬人入關 23.1/165/15
○眉引兵入上林 23.1/165/16
而○眉劉盆子亦下詔以聖公爲長沙王 23.1/165/18
○眉乃封爲畏威〔侯〕 23.1/165/19
○眉謝祿曰 23.1/165/19
○眉欲立宗室 23.5/166/11
俠卿爲制朱絳單衣、（平）〔半〕頭○幘、直綦履 23.5/166/13
○眉遇光武軍 23.5/166/17
由是號曰○眉 23.6/167/1
○眉入安定、北地 23.6/167/1
光武作飛寅箭以攻○眉 23.6/167/2
○眉平後 23.6/167/2
造十層○樓 23.17/171/10
承○者、黃也 23.17/171/12

翅 chì 1

垂○回谿 9.4/57/14

敕 chì 44

帝○降賊各歸營勒兵待 1.1/4/9
吏受郡○ 2.1/11/11
○易奮中脂澤妝具 2.1/13/18
○御史、司空 2.2/14/15
敬○愼終 3.2/21/1
即○令禁止 6.5/37/3
○官屬遣送 7.8/41/14
○曰 8.1/46/24
8.1/47/2,9.4/57/11
乃○屬縣盛供具 9.1/55/10
異○吏士 9.4/57/20
諸子從○ 11.3/71/13
○騶臨朝乃告 11.4/71/21
○令中黃門引入 12.1/75/17
○黃門取頭蝨章（特）〔持〕入 12.1/76/11
宜加切○ 12.1/76/24
○下調馬穀 12.3/77/21
○嚴過武庫 12.6/79/9
引納（○）〔嚴〕 12.6/79/11
（嚴）〔○〕有所見聞輒言 12.6/79/11
東○職於蓬碣 12.10/81/1
○子冀等曰 12.11/81/18
○魴車駕發後 13.14/88/18
○從騎都尉儲融受兵二百人 13.16/89/11
昔孫叔敖○其子 15.1/94/25
受臺○ 15.2/95/24
詩○曉不改 15.10/99/4
○言卷大 16.16/108/12
上即○尙書解遵禁錮 16.20/109/15
○壞祭 16.36/113/23
令出○市吏 16.49/116/21

○延從駕到魯 17.1/117/22
詔○宮自整飭 17.12/121/8
見譚貌謹○ 17.24/124/28
○賜尙書祿 18.10/129/16
○蘭臺給筆札 18.17/131/24
輒○大官送餐醪 18.18/132/6
冀○戒其餘 19.1/136/19
寵乃○縣埋葬 19.7/138/26
移○悉出所設什器 19.22/142/19
尙書○郁自力受拜 19.29/144/5
傳（言）〔室〕呼○ 22.4/163/30
○彭書曰 23.16/170/13

啻 chì 1

不○大半 14.5/93/8

飭 chì 2

猶爲謹○之士 12.1/76/21
詔敕宮自整○ 17.12/121/8

熾 chì 4

〔令得復○〕 13.11/86/13
令得復昌○縱橫 13.11/86/26
益用豐○ 18.25/133/20
子孫昌○ 22.4/162/13

充 chōng 22

○奉宿衛 2.1/13/26
園廄○滿 3.2/20/20
與博士○等議 5.5/29/21
○（小）〔少〕君之位 6.5/36/18
兄弟○列顯位 8.5/48/20
易爲○飽 9.4/56/21
茨○、字子河 15.14/100/12
○到前亭 15.14/100/12
○爲桂陽太守 15.14/100/13
○令屬縣教民益種桑柘 15.14/100/14
桂陽太守茨○教人種桑蠶 15.14/100/17
皆○之化也 15.14/100/18
祖父○ 19.1/136/5
求問○ 19.1/136/5
○已死 19.1/136/5
李○、兄弟六人 19.27/143/19
○妻勸異居 19.27/143/19
○使釀酒 19.27/143/19
○啓其母曰 19.27/143/19
請○署功曹 19.27/143/20
○不受 19.27/143/21
乃援○以捐溝中 19.27/143/21

沖 chōng 4

從子○、更父侯 1.1/10/7
孝○皇帝諱炳 3.3/21/7
孝○帝崩 3.4/21/16
著乎幼○ 16.12/107/5

舂 chōng 17

王生○陵節侯 1.1/1/5
○陵本在零陵郡 1.1/1/6
因故國名曰○陵 1.1/1/6
在○陵時 1.1/1/13
望氣者言○陵城中有喜氣 1.1/1/13
嘗爲季父故○陵侯訟逋租于大司馬嚴尤 1.1/1/18
時伯升在○陵 1.1/2/7
因率○陵子弟隨之 1.1/2/11
帝幸○陵 1.1/5/18
與○陵父老故人爲樂 1.1/5/18
以○陵爲章陵縣 1.1/5/19
以長沙定王子封于零道之○陵爲侯 7.7/40/13
以○陵地勢下濕 7.7/40/13
猶以○陵爲國名 7.7/40/15
爲〔人〕賃○ 18.29/135/5
爲祐賃○ 20.17/148/17
使人持喪歸○陵 23.1/164/19

衝 chōng 4

兵甲○輣 1.1/2/17
或爲○車撞城 1.1/2/25
歙乃大治攻具○車度塹 11.2/71/3
飛鳥跱（○）〔衝〕 16.34/113/6

意 chōng 1

是吾幼時狂○之行也 7.3/39/13

种 chóng 2

益州刺史○暠發其事 12.12/82/4
此以慰○光、馬賢等亡魂也 21.8/152/1

崇 chóng 22

帝崩于○德前殿 2.4/17/22
以○玄默 3.2/20/30
因上言復○高山爲嵩高山 3.6/23/16
《易》所謂「先王以作樂○德 5.4/28/16
趙夫人生孝○皇 6.8/37/21
今以貴人爲孝○皇后 6.8/37/23
恂同門生董○說恂曰 9.1/55/4
歷蒼梧之○丘兮 12.10/80/25
伐○七年 13.1/82/20
芟夷蘊○之 13.11/86/14
○禮養善如此 15.15/100/26
蓋王法○善 17.8/119/21
○儒雅 18.14/131/3
養兄○孤兒 18.28/134/15
上引賜等入金商門○德署 20.4/145/20
夕陽侯邢○孫之爲賊所盜 21.50/159/20
徐宣、樊○等入至弘農枯樅山下 23.1/165/15
○北至蕣鄉 23.1/165/16
琅琊人樊○、字細君 23.6/166/24
○欲與王莽戰 23.6/166/25
尤來渠帥樊○ 23.20/172/16
謙讓日○ 24.54/176/27

蟲 chóng 5

蝗○蔽天 1.1/1/22
〔后〕夢有小飛○萬數隨著身 6.2/34/15
郡界嘗有蝗○食穀 12.8/80/1
蝗○入江海 12.8/80/1

今○不犯境 19.4/137/21

寵 chǒng 67

彭○遺米糒魚鹽以給軍糧 1.1/4/7
帝遣游擊將軍鄧隆〔與〕
　幽州牧朱浮擊彭○ 1.1/5/13
○破在旦暮 1.1/5/15
果爲○兵掩擊破 1.1/5/15
爲征彭○故也 1.1/5/22
陳○、濟南鍛成 2.2/15/8
○敦樸 2.2/15/10
誼臣受○ 2.3/16/16
朝無○族 2.3/17/12
與陳王○交通 3.6/23/14
其陳○、左雄、朱○、
　龐參、施延並遷公 4.1/25/6
時竇皇后內○方盛 6.3/35/26
故有○ 6.4/36/7
有○ 6.7/37/16,23.1/165/6
得○爲貴人 6.9/38/4
賞賜恩○絕於倫比 7.8/41/6
累世○貴 8.7/49/19
耿況、彭○俱遭際會 8.13/52/7
信都大姓馬○等開城內
　之 10.14/65/21
時○弟從忠爲校尉 10.14/65/22
○貴至盛 12.3/77/24
上自將擊彭○ 13.1/82/20
朱浮與彭○書 13.9/85/3
上不征彭○ 13.9/85/5
爲安帝所○ 13.15/88/24
恩○甚厚 13.16/89/17
賞賜恩○甚渥 13.16/89/18
靡不由世位擅○之家 15.2/95/23
使己尊○ 15.7/97/14
○異之 17.23/124/21
恩○莫與爲比 18.18/132/6
陳○、字昭公 19.7/138/18
○辟司徒鮑昱府 19.7/138/20
○常非之 19.7/138/21
○上疏諫曰 19.7/138/23
○使案行 19.7/138/25
○乃敕縣埋葬 19.7/138/26
鄒生○ 19.17/141/5
○生敵 19.17/141/5
○變傾亂而不能禁 20.2/145/11
彭○、字伯通 23.11/168/15
○爲漁陽太守 23.11/168/16
朱浮密奏○ 23.11/168/17
○既自疑 23.11/168/17
其妻勸○無應徵 23.11/168/17
○與所親信吏計議 23.11/168/18
勸○止不應徵 23.11/168/18
○妻夢贏袒冠幘 23.11/168/19
又○堂上聞（蟆）〔蝦〕
　蟆聲在火爐下 23.11/168/19
詔討○者封侯 23.11/168/20
○奴子密等三人共謀劫
　○ 23.11/168/20
○時齋 23.11/168/20
子密等三人縛○著床板
　23.11/168/21
又用○聲呼其妻入室
　23.11/168/21
見○ 23.11/168/22
○曰 23.11/168/22
兩奴將妻入取○物 23.11/168/22
一奴守○ 23.11/168/23
○謂奴曰 23.11/168/23
使○妻縫兩縑囊 23.11/168/24
夜解○手 23.11/168/24
即斷○及妻頭 23.11/168/26
頗害賢○ 24.2/172/23
太尉張酺、鄭洪、徐防
　、趙喜、隨延、○桓
　24.81/179/1

抽 chōu 1

投筆○刃而死 11.2/71/6

瘳 chōu 3

後病遂○ 6.5/37/4
歷歲乃○ 19.30/144/10
今君所苦未○ 20.1/144/29

愁 chóu 1

人○則變生 14.5/93/20

稠 chóu 1

主○中都官斗食以下 4.1/25/4

絛 chóu 7

長水校尉樊○奏言 2.1/11/21
樊○、字長魚 11.5/71/27
○晝夜匍伏 11.5/71/27
　21.34/157/12
○知之 11.5/72/1
以樊○刪《嚴氏公羊春
　秋》猶多繁辭 19.25/143/8
雍○、字長魚 21.34/157/12

疇 chóu 1

田○蕪穢 14.5/93/7

讎 chóu 9

當進人不避仇○ 2.2/15/14
遂往復○ 13.16/89/3
而○家皆疾病 13.16/89/4
顧謂○曰 13.16/89/4
而痛二父○不復也 15.8/97/23
惲即將客遮○人 15.8/97/24
坐遣客爲弟報○ 15.10/99/7
無言不○ 16.34/113/10
聞復○之義 16.50/116/26

丑 chǒu 1

十二月癸○ 22.3/161/7

醜 chǒu 4

好○無所隱諱 1.1/6/9
秋稼好○ 7.2/39/6
臣狀○ 17.12/121/9
容貌○而有節操 18.29/135/1

出 chū 173

○自長沙定王發 1.1/1/5
尤問城中○者 1.1/2/15
自秦、漢以來師○未曾

有也 1.1/2/18
夜○城南門 1.1/2/24
而昆陽城中兵亦○ 1.1/3/7
走○視之 1.1/3/11
常以日而○時 1.1/6/19
騶騎馳○召入 1.1/6/19
其餘（禺）〔以俟〕中使者○報 1.1/6/19
○城餐糗糒 1.1/6/26, 23.16/170/18
民無○門之役 1.1/7/17
○乘 1.1/8/5
是時醴泉○于京師 1.1/9/15
○郡錢穀給蕭何子孫 2.1/12/11
有帝漢○ 2.1/12/14,5.5/31/11
○王雒山 2.1/12/23
南山水流○至東郊 2.3/16/30
新城山泉水大○ 3.1/18/12
太守甘定、刺史侯輔各奔○城 3.5/22/14
大將軍○征 4.1/24/17
○雲臺十二門新詩 5.4/29/3
復飛（去）〔○〕 6.2/34/15
不喜○入遊觀 6.2/34/19
外家○過于道南 6.3/35/22
○閤 7.4/39/20
私○國 7.4/39/24
因○幸津門亭發喪 7.8/41/10
山○雲為雨 7.9/41/22
血從前髆上小孔中○ 7.12/43/7
○塞掩擊迷唐于雁谷 8.2/47/25
閫○則陪乘 8.7/49/17
緣馬尾得○ 8.10/50/24, 23.17/172/1
漢當○師 8.10/51/1
嘗○征 8.10/51/1
乃○大戰 8.14/53/9
聞貳師將軍拔佩刀刺山而飛泉○ 8.17/54/9
井泉湧○ 8.17/54/10
虜至不敢○ 8.17/54/14
恂乃○迎于道 9.1/55/10
直○黎丘 9.2/56/1
谷水從地中數丈涌○ 9.2/56/5
彭若○界 9.2/56/8
常與（祐）〔祐〕共車而○ 9.6/58/14
弩矢入口洞○ 9.7/59/7
走○魚門 9.11/61/4
純持節與從吏夜遁○城 10.1/62/6
令委輸車回轉○入 10.2/62/18
被馬欲○ 10.21/67/13
○門顧見車方自覺 10.21/67/13
後肅宗駕○過園 10.24/68/17
大將軍憲前歲○征 10.24/68/22
嘗○ 10.26/69/7
自○案行 10.26/69/19
晨與上共載○ 11.1/70/5
桃花水○ 11.2/70/25
況○戰死 11.8/72/23
有執父仇賊自○ 11.9/73/3
逢赦○ 11.9/73/4
從上○入 11.14/74/13
以況○為河南太守 12.1/75/8
○尚書 12.1/76/11
因○小黃門頭有蝨者 12.1/76/12
與竇固等議○兵調度 12.3/77/17
當○塞上 12.3/77/18
皆言按軍○塞 12.3/77/19
五將○征 12.3/77/19
即知漢兵○ 12.3/77/20
憲他奴郭扈自○證明光、憲無惡言 12.4/78/19
○于伯益 12.9/80/6
○入四年 13.1/82/21
○入禁門 13.1/83/3
聞譚內○ 13.6/84/5
囂乃○令曰 13.11/85/22
祿○ 13.11/87/4
○入八年 13.14/88/17
越山○武關 13.16/89/8
太守趙興欲○謁 14.2/90/16
永以不宜○ 14.2/90/16
哲士不徼幸而○危 14.4/92/4
功不世○ 14.4/92/7
名○高帝 14.4/92/7
君長銜命○征 14.4/92/8
乃○為東郡太守 14.7/94/13
○自機杼 15.5/96/18
○使匈奴 15.5/96/18
上嘗欲近○ 15.7/97/15
趨○就獄 15.8/97/25
子不從我○ 15.8/97/26
憚遂○ 15.8/97/26
光武嘗○ 15.8/98/6
龔○怨懟 15.8/98/13
諸兒送○郭外 15.9/98/21
令人面熱○汗 15.12/100/2
十二月盛寒時並多剖裂血○ 15.14/100/17
率不生○獄 15.17/101/15
○萬死之志 16.3/103/16
○為六安郡丞 16.16/108/11
憑○ 16.20/109/14
詔〔○〕引見 16.20/109/14
○乃歎曰 16.22/110/7
與國右史公從事○入者惟硯也 16.28/111/16
茂負太守孫福踰牆○ 16.32/112/16
京兆尹○西域 16.36/113/22
所○二千餘人 16.37/114/3
及○征匈奴 16.38/114/10
○為長岑長 16.38/114/11
見吏則衣草而○ 16.40/114/21
與兄俱○城採蔬 16.41/114/26
弟季○ 16.43/115/8
便辭而○ 16.49/116/19
令○敕市吏 16.49/116/21
有○于衆 17.1/117/25
不○此關 17.2/118/4
果乘高車○關 17.2/118/6
愷猶不○ 17.8/119/19
平朝○求食 17.11/120/21
意○奉錢帥人作屋 17.13/121/19
○為魯相 17.13/122/2
政以車駕○時伏道邊 17.17/122/26
上即尺一○升 17.17/122/27
車駕○ 17.20/123/19
詔○匡 17.20/123/21
○舍側 17.22/124/6
令弟禮夫妻俱○外 17.23/124/17
令妻子○相對 18.1/125/21
母遂探口餠○之 18.1/126/10
二千石皆以選○京師 18.7/128/16
即脫身○作 18.10/129/8
○令別居 18.10/129/10
虜○度五千人 18.12/129/28
吏白今虜兵度○五千 18.12/129/28

自將○至近縣 18.12/130/1
欲○精廬 18.13/130/13
（今）〔令〕我○學仕
宦 18.13/130/15
神馬四○滇河中 18.13/130/19
使○《左氏》大義 18.17/131/25
安開壁○書 18.21/132/22
○拜東郡太守 19.1/136/8
閉門不○ 19.7/138/19
送舊不○門 19.8/139/4
即拜而○ 19.11/139/26
令乃○親 19.16/140/23
竇憲○征匈奴 19.16/140/23
移敕悉○所設什器 19.22/142/19
詔書到門不○ 19.26/143/13
○入更衣 19.27/143/19
○入有常 20.3/145/16
分○ 20.6/146/9
不○奉祠北嶽 20.19/148/28
尙書郭鎭率直宿羽林○
20.23/149/22
光走○門 20.24/150/4
○光 20.24/150/5
隨日時而○入焉 21.21/155/4
口○齒 21.30/156/20
提甖○汲 22.1/160/27
歸日○主 22.4/162/21
○塞外 22.5/164/8
吏乃○子張 23.1/164/19
○皆怨之 23.1/165/8
又所置官爵皆○群小 23.1/165/11
更始騎○廚城門 23.1/165/17
其開〔門〕○ 23.11/168/25
衆見利則○兵而略地 23.17/171/6
有龍○其府殿中 23.17/171/9
令延岑○漢中 23.17/171/17
使延岑、田戎分○兩道
23.17/171/20
述詐使人言白帝倉○穀
如山陵 23.17/171/24
白帝倉○穀乎 23.17/171/24
而潛遣奇兵○吳漢軍後
23.17/172/1
二千石皆以選○ 24.80/178/25

初 chū 102

皇考○爲濟陽令 1.1/1/9
○ 1.1/2/8,1.1/2/16
1.1/4/15,2.1/13/24
2.3/16/27,3.2/19/23
6.1/33/23,12.4/78/17
16.9/106/2,20.23/149/18
23.12/169/3,23.17/170/24
元年之○ 1.1/5/22
○起太學 1.1/5/27
○作壽陵 1.1/8/25
○起明堂、靈臺、辟雍 1.1/9/20
○讓尊位爲貴人 2.1/11/8
〔上〕○臨辟雍 2.1/11/27
○行養老禮 2.1/11/28
建○二年 2.2/14/9
○治《尙書》 2.3/16/6
永○元年 3.1/18/12
元○元年 3.1/18/28
以太學○繕 3.2/20/11
本○元年夏閏六月 3.4/21/19
本○（三）〔元〕年四
月 3.5/21/24
○置鴻德苑 3.5/22/4
○置秘書監 3.5/22/8
四年○ 3.6/23/24
章帝○即位 5.5/31/21
建○四年八月 5.5/32/11
永○六年 5.5/32/15
永○二年三月 6.5/36/24
光武○起兵 7.4/39/20
城陽恭王○名終 7.7/40/11
○元四年 7.7/40/15
永○中 7.8/41/15
元○中 7.8/41/15
章帝建○三年 7.12/43/4
12.3/77/22
元○五年 7.17/44/22
本○元年 7.17/44/22
建○三年 8.2/47/16
自延平之○ 8.5/48/19
元○中爲度遼將軍 8.9/49/28
自○從征伐 8.10/50/14
○無辦嚴之日 8.10/51/1
耿秉、字伯○ 8.16/53/24
岑起、元○中坐事免 9.3/56/13
永○七年 9.11/61/13
身（○）〔被〕兜鍪鎧
甲 10.3/62/24
陳俊○調補曲陽長 10.7/63/17
○爲鄉嗇夫 10.12/65/5
永元○ 10.13/65/12
上○至不脫衣帶 10.14/65/18
○王莽分鉅鹿爲和成郡
10.16/66/7
光武皇帝受命中興之○
11.7/72/12
鄧太后以殤帝○育 11.10/73/17
援○到 12.1/75/17
肅宗○立 12.6/79/11
建○中 12.6/79/13,19.4/137/16
元帝○元五年 12.9/80/9
及漢○興 13.11/86/17
建武○ 13.12/87/11
14.5/93/1,15.7/97/14
15.15/100/26,15.17/101/12
16.47/116/6,17.23/124/16
○爲上黨太守 14.4/91/28
德冠往○ 14.5/93/12
鴻○與九江人鮑駿同事
桓榮 15.2/95/11
刺史二千石○除謁辭 15.2/95/23
○有薦士於丹者 15.5/96/24
○舉孝廉 15.14/100/12
建○八年 16.3/103/19
18.11/129/20
辟雍〔○〕成 16.9/106/9
○平中 16.14/107/18
長沙有義士古○ 16.42/115/3
及○舍 16.42/115/3
○冒火伏棺上 16.42/115/3
永平○ 17.1/117/24
24.94/180/11
建○元年 17.7/119/13
18.17/131/24
○到縣 17.13/121/18
○與京邑蕭友善 18.29/134/29
和帝○ 19.1/136/16
19.32/144/22
父建武○爲武陵太守 19.4/137/13
建○中爲郎 19.11/139/18
建○五年 19.15/140/16
○給事太子家 19.32/144/21

守志如○ 20.17/148/17
○爲京兆郡丞 21.22/155/9
○不歷獄 21.54/160/7
○不暴揚 21.54/160/8
和帝年號永○ 24.76/178/17

除 chú 38

皆○郎中 3.2/20/12
○殘去賊 5.5/29/24
○誹謗 5.5/31/5
我得拜○長吏 8.1/46/9
國○ 8.10/51/5,9.5/58/5
9.7/59/25,10.17/66/15
10.20/67/5,14.1/90/11
21.47/159/8,21.48/159/12
21.49/159/16,21.50/159/20
○子男盛爲郎 11.10/73/17
○其竹木 12.1/76/10
以明軍謀特○西域司馬 12.9/80/7
○殘去亂 12.9/80/11
○肉刑之重律 13.11/86/3
從講室掃○至孔里 14.2/90/25
攘○禍亂 14.5/93/11
刺史二千石初○謁辭 15.2/95/23
○睢陽令 15.15/100/27
○蘭臺令史 16.2/102/16
○郎中 16.6/104/21
○陳留巳吾長 16.12/107/6
即○漁陽令 16.35/113/17
去輒爲糞○ 18.1/125/22
○倫爲淮陽王醫工長 18.1/126/5
時輩○者多 18.1/126/5
青從此○步兵司馬 19.1/136/9
○爲下邳令 19.2/137/3
爲民○害 19.4/137/23
王渙○河內溫令 19.21/141/28
乃相與共○閹黨 21.14/153/27
高彪○郎中 21.16/154/10
○尚書郎 21.26/156/3
拜○二千石 23.1/165/15

芻 chú 1

薪萊○牧 20.4/145/25

鉏 chú 1

戴異○田得金印 3.5/22/24

廚 chú 3

五步外爲小○ 2.1/13/8
乳母王男、○監邴吉爲大長秋江京、中常侍樊豐等所譖愬 3.2/19/23
更始騎出○城門 23.1/165/17

鋤 chú 1

誅○姦惡 13.16/89/13

雛 chú 1

雉方將○ 19.4/137/20

杵 chǔ 1

遂共訂交于○臼之間 20.17/148/18

處 chǔ 26

坐臥枕席有涕泣○ 1.1/3/13
使後世之人不知其○ 1.1/8/26
歷覽館舍邑居舊○ 2.1/12/5
萇之隱○有一巖穴如窗牖 5.1/27/15
可寢○ 5.1/27/16
願王悉明○ 5.5/31/24
既○椒房 6.2/34/18
難以久○ 7.7/40/14
詔問東平王○家何等最樂 7.12/42/24
其○在 7.12/43/20
我乃始得一○ 8.1/46/16
枕席有泣涕○ 9.4/56/19
群居雜○ 10.26/69/15
○事執平 11.10/73/11
不宜在一○ 12.4/78/14
輒下嚴○便宜 12.6/79/11
雖居幽室闇○ 13.10/85/12
濆徙離○ 13.11/86/27
有詔會議靈臺所○ 16.16/108/8
惟駰以○士年少擢在其間 16.38/114/9
後人名其釣○爲嚴陵瀨 16.48/116/11
後伯通等爲求葬○ 18.29/135/9
○新安關下 19.20/141/24
乃試令嬖臣美手腕者與女子雜○帷中 19.31/144/15
陵谷代○ 20.4/145/23
蠻夷所○ 22.4/162/18

楚 chǔ 16

○王舅子許昌、龍舒侯 2.1/11/24
諸小王皆當略與○、淮陽相比 2.1/13/28
韓（棱）〔稜〕、○龍泉 2.2/15/8
沛王、○王來朝就國 7.9/41/25
○王英奉送黃縑三十五匹、白紈五匹入贖 7.10/42/3
○相以聞 7.10/42/3
遂平沛、○、臨淮 9.11/61/6
〔夜告臨淮、○國〕 9.11/61/11
孫述坐與○謀反 10.17/66/15
孫廣坐○事 10.20/67/5
○項不昌 12.10/80/24
○昭、屈、景 13.11/86/18
○郡人 17.11/120/19
山陽、○郡多蝗蜚 17.14/122/9
趙咨、字文○ 21.13/153/20
傳檄吳、○ 23.17/171/16

儲 chǔ 10

欲爲○副 3.1/18/9
太子國之○嗣 7.20/45/15
衣無副○ 9.8/60/6
○積資糧 11.2/71/2
敕從騎都尉○融受兵二百人 13.16/89/11
光武遣諫議大夫○大伯持節徵永 14.2/90/19
太子○君 16.6/104/19
但嚴使○水 18.12/130/2
添設○峙輒數千萬 19.22/142/18

居貧無〇 21.13/153/21

怵 chù 1

無〇惕之憂 13.11/86/21

畜 chù 6

此馬已〇數年 10.26/69/8
乃辭況欲就邊郡〇牧 12.1/75/8
防又多牧馬〇 12.3/78/8
〇禽獸 20.4/145/26
〇產 21.9/152/13
罵言〇產 21.9/152/14

俶 chù 1

衍少有〇儻之志 14.5/92/23

絀 chù 1

其紹封削〇者 4.1/25/16

黜 chù 3

王廢〇 3.2/19/25
表善〇惡 18.6/128/5
光武于是稍〇其禮 23.16/170/19

觸 chù 7

上以王〇寒涉道 7.12/43/9
動搖〇患 14.4/92/13
犯禁〇罪 16.6/104/20
馬驚〇虎 16.34/113/7
船〇石破沒 18.12/129/26
〇（肯）〔冒〕險狹 22.4/163/19
〇北闕鐵柱門 23.1/165/4

川 chuān 29

水潦成〇 1.1/3/7
集潁〇 1.1/8/7
潁〇、弘農可問 2.1/11/10
望秩山〇、群神畢 2.2/14/18
潁〇上言麒麟、白鹿見 3.1/19/10
繫乎山〇、鬼神 5.4/28/23
山林〇谷邱陵 5.5/30/16
山〇之神 5.5/30/17
山〇神祇有不舉者 5.5/30/19
今恐山〇百神應典祀者
　尚未盡秩 5.5/30/19
爲（穎）〔潁〕〇太守 9.1/55/5
過（穎）〔潁〕〇 9.1/55/8
恂在潁〇 9.1/55/12
潁〇盜賊群起 9.1/55/13
恂從至潁〇 9.1/55/13
潁〇人 9.4/56/17
別下潁〇太守、都尉及
　三百里內長吏皆會 9.4/57/9
潁〇從我者皆逝 10.11/64/14
成、哀間轉客潁〇舞陽
　10.20/67/3
師事潁〇滿昌 12.1/75/8
於上前聚米爲山〇 12.1/76/1
臨岷〇以愴恨兮 12.10/81/3
望秩山〇 15.2/95/18
拜潁〇太守 15.9/98/17
彭在潁〇 18.14/131/4
潁〇定陵人 18.21/132/21
官至潁〇太守 18.25/133/20
潁〇人也 19.2/137/3
潁〇潁陰人 21.14/153/27

穿 chuān 3

城中〇井十五丈 8.17/54/9
移〇改築 18.25/133/19
有司〇坎于庭 23.16/170/2

船 chuán 7

舟〇泛泛 1.1/8/23
縫革爲〇 8.2/47/26
無〇 10.11/64/17
〇槃皆至 11.2/70/25
乘〇追之 18.1/126/16
〇觸石破沒 18.12/129/26
任尙編草爲〇 20.5/146/5

傳 chuán 59

入〇舍 1.1/3/21
〇吏方進食 1.1/3/21
〇吏疑其僞 1.1/3/21
時〇聞不見《赤伏符》
　文軍中所 1.1/4/16
〇首于洛陽 1.1/7/9
益州乃〇送瞽師、郊廟
　樂、葆車、乘輿物 1.1/7/15
遂兼覽書〇 2.3/16/7
有〇世不絕之誼 2.3/16/15
書〇意殊 2.3/17/7
〇勉頭及所帶玉印、鹿
　皮冠、黃衣詣雒陽 3.4/21/17
其《〇》曰 5.4/28/24
《〇》曰 5.5/30/16
〇之無窮 5.5/31/7
《詩〇》曰 5.5/31/12
志在書〇 6.5/36/14
夜私買脂燭讀經〇 6.5/36/15
論集經〇圖讖 7.9/41/28
〇起居 7.12/43/15
爲作〇誄 7.22/45/24
上〇召復曰 8.11/51/14
令與當世大儒司徒丁鴻
　問難經〇 8.12/52/3
〇語匈奴曰 8.17/54/6
上〇聞朱鮪破河內 9.1/55/1
〇聞軍在後 10.11/64/16
不欲〇子 10.22/67/24
何況乃當〇以連城廣土
　10.22/68/1
弟子以次相〇 12.7/79/20
兼讀衆書〇記 12.11/81/10
〇其法于有根 13.11/86/15
《春秋〇》曰 13.12/87/15
勿議〇國爵 13.12/87/21
時有稱侍中止〇舍者 14.2/90/16
封所持節於晉陽〇舍壁
　中 14.2/90/19
富貴〇於無窮 14.5/93/30
以《詩》《〇》教授 14.6/94/7
而涉獵書〇 16.3/102/22
子幾人能〇學 16.10/106/20
臣子皆未能〇學 16.10/106/20
世〇《孟氏易》 16.19/109/7
字〇子晉 16.25/111/2
晉〇子承 16.25/111/2
〇車所過 16.33/112/22
建武中以伏波將軍爵土

不○ 16.34/113/9
丹無所歸節○ 17.2/118/8
奉還節○ 17.2/118/9
兼通書○ 17.18/123/7
童子○授業 18.13/130/16
博覽○記 19.22/142/9
罔譯○微 22.4/163/15
吏譯○風 22.4/163/15
○（言）〔室〕呼敕 22.4/163/30
○告種人 22.4/163/30
李松等自長安○送乘輿服御物 23.1/165/3
○詣宛 23.2/165/24
奉高皇帝○國璽綬 23.5/166/19
○檄吳、楚 23.17/171/16
乃置《韋賢○》末 24.91/180/1
取《賢○》宗廟事（置）〔寘〕其中 24.91/180/2
當○萬世 24.94/180/12

椽 chuán 1

皆云「第五（○）〔掾〕所平 18.1/125/27

喘 chuǎn 3

能○ 6.3/35/23
蒼到國後病水氣○逆 7.12/43/15
因病○逆 13.13/88/11

創 chuāng 11

自漢草○德運 1.1/5/4
草○苟合 1.1/9/7
庶事草○ 5.3/28/11
高皇帝始受命○業 5.6/32/22
復傷○甚 8.11/51/16
其中○者必有異 8.17/54/6
視○皆沸 8.17/54/7
○中額 9.12/61/20
上感通首○大謀 10.21/67/15
況草○兵長 13.11/86/23
○愈復戰 23.17/171/14

窗 chuāng 3

葚之隱處有一巖穴如○牖 5.1/27/15
希嘗臨御○（望）〔牖〕 6.2/34/19
東西完塞諸○ 13.14/88/19

床 chuáng 12

上從席前伏御○ 2.1/13/18
又有赤蛇盤紆殿屋○笫之間 3.1/18/6
中有石○ 5.1/27/16
下○伏地 7.8/41/10
（告）〔造〕○下 8.14/52/13
給帷帳○褥 11.10/73/18
何能臥○上在兒女子手中耶 12.1/77/1
對几據○ 17.17/122/28
欲令政拜○下 17.17/122/28
徑上○坐 17.17/123/1
暑即扇○枕 19.22/142/8
子密等三人縛寵著○板 23.11/168/21

幢 chuáng 2

假鼓吹（黃）〔○〕麾 16.3/103/19
倫狼藏○ 22.4/163/21

愴 chuàng 7

坐者莫不激揚悽○ 1.1/9/5
孤心慘○ 7.12/43/4
臨岷川以○恨兮 12.10/81/3
鴻感○ 15.2/95/12
褒○然 18.16/131/16
每彈琴惻○不能成聲 19.30/144/10
未嘗不○然泣涕 24.45/176/9

吹 chuī 9

鄧禹○火 1.1/3/24
詔齊相〔其〕止勿〔復〕送冰紈、方空縠、○綸絮〔也〕 2.2/14/9
三曰《黃門鼓○》 5.4/28/23
黃門舊有鼓○ 5.4/29/6
好○笛 12.7/79/19
假鼓○（黃）〔幢〕麾 16.3/103/19
又詔諸生雅○擊磬 16.9/105/19
風○落兩實 16.14/107/21
介士鼓○ 21.8/152/3

炊 chuī 6

○將熟 17.23/124/17
令主○養 17.24/124/28
我嘗爲諸君主○養 17.24/125/1
妻○爨 18.1/126/13
比舍先○已 18.29/134/23
呼鴻及熱釜○ 18.29/134/23

垂 chuí 14

極望老吏或○涕曰 1.1/3/16
帝尤○意經學 2.1/12/1
○翅回谿 9.4/57/14
孝明皇帝尤○情古典 11.7/72/13
祖聖道而○典兮 12.10/81/1
四○之人 14.5/93/8
○《甘棠》之風 14.5/93/30
○涕歎息 15.2/95/12
篆○涕曰 16.37/114/2
今歲○盡 18.8/128/21
鳥舉足○翼 18.13/130/18
百姓○涕送之滿道 19.1/136/14
非所以○意于中國 19.4/137/25
呂母○泣曰 23.7/167/7

捶 chuí 3

吾折○答之 8.1/47/2
以所杖鐵杖○龔 15.8/98/12
數以○自擊其脛 18.28/134/15

陲 chuí 1

誠欲以安定邊○ 19.4/137/23

椎 chuí 4

乃○鼓數十通 1.1/3/21
○牛上苟諫冢 14.2/91/9
女○髻 18.29/135/2
○破之 23.12/169/4

箠 chuí 4

不加鞭○ 6.5/36/20
衛士○奴 8.6/49/1
將加○撻 20.13/147/19
卿于是始免撲○ 20.13/147/20

春 chūn 68

二年○正月 1.1/5/4
3.1/18/15,3.1/18/30
六年○二月 1.1/6/3
七年○正月 1.1/6/16
九年○正月 1.1/6/26
二十六年○正月 1.1/8/20
二年○二月戊（戌）〔戌〕 1.1/9/22
十歲通《○秋》 2.1/11/6
中元二年○二月 2.1/11/18
二年○正月辛未 2.1/11/26
三年○二月 2.1/12/13
四年○二月 2.1/12/19,3.1/19/5
十三年○二月 2.1/13/5
十五年○二月 2.1/13/11
十七年○ 2.1/13/15
方○（日）〔月〕 2.2/14/15
二年○二月 2.2/14/18
章和二年○二月 2.3/16/7
二年○二月壬午 2.3/16/12
五年○正月 2.3/16/22
十三年○正月上日 2.3/17/7
六年○正月甲寅 3.1/18/24
四年○三月 3.1/19/13
永嘉元年○正月 3.3/21/11
公卿議（舉）〔○〕南北郊 5.6/32/21
永建三年○三月丙申 6.6/37/9
是時自冬至○不雨 6.6/37/11
《○秋》之義大居正 7.20/45/14
明年○ 8.10/50/19,21.8/151/26
故徙浮封蘄○侯 10.8/63/23
治《左氏○秋》 11.2/70/17
遣伯○委質 11.2/70/21
其味美於○夏筍 12.1/76/17
從司徒祭酒陳元受《左氏○秋》 12.6/79/6
《○秋傳》曰 13.12/87/15
丁綝、字幼○ 15.1/94/24
臣聞《○秋》日食三十六 15.2/95/22
○溫或膿潰 15.14/100/17
持《公羊○秋》 16.3/102/22
鄭興從博士金子嚴爲《左氏○秋》 16.5/104/14
《○秋左氏》有鼎事幾 16.6/104/21
桓榮、字○卿 16.9/105/13
每○秋享射 16.17/108/18
治《嚴氏○秋》 16.25/110/24
17.3/118/16
篆乃强起班○ 16.37/114/1
耕於富○山 16.48/116/11
黨學《○秋》長安 16.50/116/26
井丹、字大○ 16.51/117/8
五經紛綸井大○ 16.51/117/8
鄉里徐子盛明《○秋經》 17.12/121/3
桓虞、字伯○ 18.2/126/25
魯○雨霜 18.4/127/11
○秋饗射 18.14/131/3
召馴、字伯○ 18.19/132/11
鄉里號之曰「德行恂恂召伯○」 18.19/132/11
李育、字元○ 18.20/132/16
治《禮》、《詩》、《○秋》 18.29/134/22
維季○兮華阜 18.29/135/4
盛○興發 19.4/137/24
《○秋》之意 19.16/140/24
九歲通《○秋》 19.25/143/8
以樊儵刪《嚴氏公羊○秋》猶多繁辭 19.25/143/8
案《○秋讖》曰 20.4/145/21
雖遣子○卿入質 23.16/170/18

純 chún 33

耿○說帝曰 1.1/4/14
茂質○淑 3.4/21/15
陛下體○德之妙 5.5/32/3
○綠圭 5.6/33/6
○紫圭 5.6/33/7
○青圭 5.6/33/7,5.6/33/8
○黃圭 5.6/33/8
上望見車騎鞍勒皆○黑 6.2/35/16
耿○、字伯山 10.1/62/5
欲收○ 10.1/62/6
○持節與從吏夜遁出城 10.1/62/6
○與從昆弟訢、宿、植共率宗（施）〔族〕賓客二千餘人 10.1/62/7
上拜○爲前將軍 10.1/62/8
○兄歸燒宗家廬舍 10.1/62/9
上以問○ 10.1/62/9
○曰 10.1/62/9
○請治一郡 10.1/62/10
乃拜○爲東郡太守 10.1/62/11
上復以○爲東郡太守 10.1/62/12
坐○母禮殺威弟季 10.15/66/3
以篤行○淑 13.10/85/12
代張○爲大司空 13.11/87/6
張○、字伯仁 13.12/87/11
輒以訪○ 13.12/87/12
○素重慎周密 13.12/87/13
詔○曰 13.12/87/13
○奏曰 13.12/87/14
○臨終 13.12/87/20
○薨 13.12/87/23
見○前告翕語 13.12/87/24
性○淑 19.7/138/21
魏成曾孫○坐訐訕 21.47/159/8

淳 chún 3

飾○金銀器 3.5/23/1
侍中○于恭奏上 15.2/95/14
○于恭、字孟孫 18.28/134/13

醇 chún 1

乃益釀○酒 23.7/167/6

啜 chuò 2

觀于放麑○羹之義 1.1/7/11
共○菽飲水 16.49/116/15

輟 chuò 3

講誦孜孜不○ 8.6/48/27
嘗○業投筆歎曰 16.3/102/23
（輒）〔○〕講下辭歸 16.50/116/27

祠 cí 42

立北時而○黑帝 1.1/5/5
○園廟 1.1/5/18
○長陵 1.1/9/15
使司空馮魴告○高祖廟曰 1.1/9/18
○高廟 2.1/12/5
帝與皇太后幸南陽○章陵 2.1/12/15
○章陵 2.1/12/31
復○于舊宅 2.1/12/31
財足○祀 2.1/13/8
○孔子及七十二弟子 2.1/13/11
廟與世宗廟同而○ 2.1/13/22
○東海恭王及孔子七十二弟子 2.2/14/22
遣使者以中牢○ 2.3/16/17
爲不○北嶽所致 3.2/20/7
而比不奉○ 3.2/20/8
其二絕者○之 3.5/22/20
立黃老○北宮濯龍中 3.5/23/1
○用三牲 3.5/23/1
主齋○儐贊九賓之禮 4.1/25/4
復○六宗 5.5/30/11
以正月十八日始○ 5.5/32/8
至令禱○ 6.5/37/2
家家爲立○ 8.2/48/4
不作○堂 8.10/51/3
上親臨○以太牢 9.7/59/15
因齋戒（祝）〔○〕高〔祖〕廟 9.11/61/6
常遣使以太牢○通父冢 10.21/67/16
〔新野〕吏乃燒晨先祖○堂 11.1/70/7
每齋○ 11.6/72/7
和帝南巡○廟園 11.10/73/16
令寄縑以○焉 15.5/96/24
下車遣吏以中牢具○延陵季子 15.15/100/23
急求取以○我 16.3/103/15
爲立○堂 16.13/107/12
令使者○譚冢 16.16/108/13
吏民爲立○焉 16.31/112/12
有神○ 17.14/122/7
不出奉○北嶽 20.19/148/28
而遂比不奉○ 20.19/148/29
單于歲祭三龍○ 22.3/161/9
數○城陽景王 23.5/166/14
稱臣奉○ 23.16/169/27

茨 cí 4

○充、字子河 15.14/100/12
鄉里號之曰「一馬兩車○子河」 15.14/100/13
桂陽太守○充教人種桑蠶 15.14/100/17
茅○土階 23.16/169/28

詞 cí 3

帝自爲之○ 6.7/37/17
昱奏定《○訟》七卷 14.3/91/22
能屬文○詩賦 16.2/102/13

雌 cí 1

安能○伏 21.22/155/9

慈 cí 11

薄太后○仁 1.1/9/18
溫○惠和 2.2/14/4
○仁惠和 3.1/18/5
違逆○母之拳拳 6.2/35/8
大王忠孝○仁 7.3/39/12
如去虎口就○母 8.14/52/19
世謂其用法平正、寬○惠化所致 18.13/130/20
心歸○母 22.4/163/4
婉孌○孝 24.32/175/11
婉順○孝 24.37/175/21
體性○□ 24.37/175/21

辭 cí 41

○去 1.1/4/5
師傅無以易其○ 2.1/11/8
豈嫌同○ 5.5/31/1
大夫將何○以對 7.3/39/12
又因皇太子固○ 7.8/41/7
○別之後 7.12/42/23
造次不能以○語自達 8.10/50/10
○禮不屈 9.1/55/18
延上疏○曰 9.11/61/7
融光武時數○爵位 10.22/67/24
憲固○封 10.24/68/22
固○不受 10.24/68/23
欲自受其○ 11.9/73/3
乃○況欲就邊郡畜牧 12.1/75/8
因而○歸 12.1/75/16
常○以道上稟假有餘 13.11/87/6
司徒（例）〔○〕訟久者至（數十）〔十數〕年 14.3/91/21
不易其○ 14.4/92/3
願○爵 15.2/95/10
刺史二千石初除謁○ 15.2/95/23
過○於丹 15.5/96/19
召見○謁 15.9/98/17
伋○謝之 15.9/98/20
因○讓之 16.3/103/16
不以○長勝人 16.9/105/19
頗類世俗之○ 16.22/110/4
○言嫺雅 16.34/112/29
篆○曰 16.37/113/28
便○而出 16.49/116/19
（輒）〔輟〕講下○歸 16.50/116/27
○父母 18.13/130/13
日○ 18.13/130/14
○最高 18.23/133/8
○讓不敢當 19.4/137/15
○采鴻麗 19.8/139/3
即自入○其妻 19.11/139/25
以樊鯈刪《嚴氏公羊春秋》猶多繁○ 19.25/143/8

祐○謝而已 20.17/148/17
上書○讓 21.46/159/3
罪法○訟 21.54/160/7
厭浮語虛○耳 23.16/170/12

此 cǐ 115

○善事不可言 1.1/1/11
始形于○ 1.1/1/12
以爲獨伯升如○也 1.1/2/10
欲何爲乃如○ 1.1/2/16
劉將軍何以敢如○ 1.1/2/21
取○兩子置度外 1.1/6/3
當○之時 1.1/6/6
自事主未嘗見明主如○也 1.1/6/8
何忍行○ 1.1/7/11
病苦如○ 1.1/8/5
皇考居○日久 1.1/8/11
我自樂○ 1.1/9/7
即如○ 2.1/11/12
率常如○ 2.1/12/17
善節約謙儉如○ 2.1/13/29
○皆生于不學之門所致也 2.2/15/15
○之謂也 5.4/28/23
圖讖蓋如○ 5.5/29/18
非○族也 5.5/30/16
○女雖年少 6.2/34/7
○繒染色好 6.2/34/21
○皆聖王之夢 6.5/36/17
以爲何故乃有○不祥之言 6.5/37/3
○〔所〕謂日角偃月 6.6/37/10
誰當獨居○上者 7.1/38/12
○兵法也 7.1/38/12
其見親重如○ 7.2/39/6
○與誰等 7.12/43/1
正○國嗣 7.20/45/14
恭儉如○ 8.10/51/4
○將相之器 8.11/51/10
○重事 8.14/52/21
而君以○時據大郡 9.1/55/4
○讒人所側目 9.1/55/4
卿前止吾○舉 9.1/55/17
○天命發于精神 9.4/57/6
士以○重之 9.7/59/14
○太僕室也 9.8/60/8
○家率下江諸將輔翼漢室 10.20/67/4
○馬已畜數年 10.26/69/8
○乃相親 10.26/69/15
苟如○ 10.26/69/17
其愼重如○ 11.13/74/9
陛下何以知非刺客而簡易如○ 12.1/75/20
○丞、掾任 12.1/76/6
○乃太守事耳 12.1/76/6
當如○矣 12.1/77/2
握抱○經 13.11/85/21
莫大于○ 13.11/86/7
蓋○助也 13.11/86/21
人當以○爲法 13.11/87/5
亦行○禮 13.12/87/17
河水在○ 14.1/90/6
當如○來 14.1/90/7
其見憚如○ 14.2/91/7
奉使如○ 14.2/91/10
何意君長當爲○計 14.4/92/6
○誠不可以忽也 14.5/93/19
○乃上威損 15.2/95/24
如丹○縑 15.5/96/18
○既無君 15.8/98/1
崇禮養善如○ 15.15/100/26
諸儒以○慕之 16.2/102/14
○萬里侯相也 16.3/103/1
○必有匈奴使來也 16.3/103/5
○眞儒生也 16.9/105/21
安能預知如○ 16.9/106/5
其恩禮如○ 16.9/106/7
其見優如○ 16.21/109/24
○義士也 16.30/112/2, 16.31/112/9
智盡○耳 16.34/113/1
○舉奚至哉 16.37/113/28
○皆何罪而至於是乎 16.37/114/2
道狀如○ 16.49/116/22
豈若○人 17.1/117/26
不出○關 17.2/118/4
○生言是 17.10/120/10
○贓穢之物 17.13/121/25
不得成○殿 17.13/122/3
皆○類也 17.17/123/3
急從○去 17.24/125/1
即相謂○兒有義 17.24/125/2
鄉里以○賢之 18.1/125/20
○聖主也 18.1/126/1
實無○ 18.1/126/10
故爲○言也 18.1/126/11
其得民心如○ 18.1/126/17
○等多是建武以來絕無後者 18.16/131/16
○眞梁鴻妻也 18.29/135/2
彼傭賃能使其妻敬之如○ 18.29/135/6
青從○除步兵司馬 19.1/136/9
○一異也 19.4/137/21
○二異也 19.4/137/21
○三異也 19.4/137/21
於○（宏）〔弘〕廣經術 19.6/138/10
○日下無雙 19.22/142/11
○婦勸異居 19.27/143/20
以○遺之 20.2/145/7
○書若成 20.17/148/13
○以慰种光、馬賢等亡魂也 21.8/152/1
○人也 21.9/152/14
命終○樓 21.11/153/7
○雀卵大如甕 22.6/164/12
莽不如○ 23.1/165/2, 23.1/165/2
正用○時持事來乎 23.1/165/9
而棄○去 23.11/168/18
○萬世一時也 23.16/170/10
若計不及○ 23.16/170/10
急以○時發國內精兵 23.17/171/16
如○ 23.17/171/17
道隗王破者復如○矣 23.17/171/25
而恨明如○ 24.2/172/24
○即明三事不同也 24.6/173/7

泚 cǐ 1

（○）〔泚〕陽長 14.3/91/17

次 cì 33

殊非○第 1.1/2/5
下輿見吏輒問以數十百歲能吏○第 1.1/6/4

○說在家所識鄉里能吏 1.1/9/4
○第比類 1.1/9/4
位○太傅 4.1/24/15,10.24/68/22
位○公 4.1/24/19
功○相補 4.1/25/4
王○序之 7.9/41/23
王其差○下邳諸子可爲
太子者上名 7.20/45/16
造○不能以辭語自達 8.10/50/10
祭肜、字○孫 9.8/60/3
銚期、字○況 9.12/61/17
位○與諸將絕席 10.20/67/5
超遷非○ 11.10/73/11
○兩兄爲吏京師 12.1/75/8
弟子以○相傳 12.7/79/20
勤差量功○輕重 13.13/88/6
鄭○都隱于弋陽山中 15.8/98/3
從○都止 15.8/98/3
○都曰 15.8/98/5
於道○迎拜 15.9/98/20
戴憑、字○仲 16.20/109/11
溫序、字○房 16.30/111/25
汝曹皆當以○死 17.24/124/28
李善、字○孫 17.25/125/9
江革、字○翁 18.18/132/3
巢堪、字○朗 19.3/137/9
郁刪、字○孫 21.39/158/3
郎吏以○侍 23.1/165/5
以年○探之 23.5/166/12
呂母賓客徐○子等 23.7/167/9
檀鄉賊帥董○仲 23.20/172/16

刺 cì 46

○傷述 1.1/7/8
○史太守多爲詐巧 1.1/8/1
○史二千石長〔吏〕皆
無離城郭 1.1/9/23
漢陽故吏杜習手○殺之 3.1/18/22
太守甘定、○史侯輔各
奔出城 3.5/22/14
賊乘○史車 3.5/22/14
州牧○史 4.1/25/12
十八年改爲○史 4.1/25/12
交趾○史 4.1/25/14,11.1/70/5
荊州○史上其義行 7.7/40/16
○史舉奏 7.7/40/19
輒自○ 8.2/48/1
又○殺犬馬牛羊 8.2/48/3
聞貳師將軍拔佩刀○山
而飛泉出 8.17/54/9
中郎將、護羌校尉及○
史、二千石數百人 8.17/54/15
拜爲○姦大將軍 9.2/55/26
召○姦收護軍 9.6/58/11
以爲○姦將軍 9.7/59/5
揚州○史 11.1/70/5
因欲前○竇 11.2/70/22
使○客○歙 11.2/71/4
陛下何以知非○客而簡
易如此 12.1/75/20
卿非○客 12.1/75/21
益州○史种暠發其事 12.12/82/4
遣謁者侯盛、荊州○史
費遂齎璽書徵霸 13.5/83/20
追令○客楊賢於隴坻遮
殺之 13.11/85/25
○史二千石初除謁辭 15.2/95/23
荊州○史上言 15.14/100/15
○史劉繇振給穀食、衣
服所乏者 16.14/107/19
皆故○史、二千石 16.38/114/9
爲荊州○史 17.9/119/27
明帝時爲益州○史 17.15/122/15
○史一人 18.1/126/20
故州牧○史入奏事 19.1/136/16
臣愚以爲○史視事滿歲
19.1/136/18
當○邪矯枉 19.15/140/17
爲兗州○史 19.20/141/19
欲以矛○雄 20.8/146/20
賊等遂戟○輔 20.8/146/21
爲并州○史 21.8/152/2
前○史邯鄲商爲猛所殺
21.11/153/8
三公○掖 21.23/155/14
周珌、豫州○史慎之子
也 21.25/155/26
後涼州○史奚林贓罪 22.5/164/6

廁 cì 1

值翊如○ 21.37/157/25

賜 cì 156

大司徒○言帝第一可用 1.1/3/17
○安車一乘 1.1/4/24
○博士弟子有差 1.1/5/27
賞○之 1.1/6/4
劍以○騎士 1.1/7/13
○吏民 1.1/8/11
必先徧○列侯 1.1/10/4
勞○作樂 2.1/12/6
見吏賞○ 2.1/12/7
勞○省事畢 2.1/12/16
○錢百萬 2.1/12/21,9.8/60/7
○觀者食 2.1/13/5
○以服御之物 2.1/13/12
受○畢 2.1/13/18
帝○尙書劍各一 2.2/15/8
○玉具劍 2.3/16/12
特○履襪 2.3/17/1
特加賞○ 3.1/18/8
○五里、六亭渠率金帛
各有差 3.1/19/2
○帛各有差 3.1/19/10
○其君紫綬 3.2/20/6
及撣國王雍由亦○金印
紫綬 3.2/20/6
詔○錢廩穀 3.2/20/21
○東平憲王蒼書曰 5.5/31/21
于是白太后即○錢各五
百萬 6.2/35/17
太后○馮貴人步搖一具 6.5/36/18
賞○恩寵絕於倫比 7.8/41/6
○蒼書曰 7.12/43/4
使中謁者○乘輿貂裘 7.12/43/9
○以秘書列圖、道術秘
方 7.12/43/11
手詔○蒼曰 7.12/43/12
復○乘輿服御、珍寶鞍
馬 7.12/43/13
明帝悉以太后所遺金寶
○京 7.16/44/13
○號靈壽王 7.17/44/17
和帝○彭城靖王詔曰 7.20/45/11
詔○駮犀劍 8.9/50/1
詔○遵金剛鮮卑緄帶一
具 8.9/50/1
漢爵位奉○最尊重 8.10/51/3

詔特○謚曰忠侯 8.10/51/5
賞○殊厚 8.12/52/2
○朱棺玉衣 8.16/53/26
○以乘輿七尺玉具劍 9.4/57/10
○異璽書曰 9.4/57/17
購賞之○ 9.4/57/17
乃○（祐）〔祜〕白蜜一石 9.6/58/15
詔○重茵 9.7/59/10
以○吏士 9.7/59/13
賞○與士卒 9.7/59/13
○縑百匹 9.8/60/4
○醫藥 9.10/60/23
加○醫藥甚厚 9.12/61/21
上○俊絳衣三百領 10.7/63/18
○爵關內侯 10.11/64/22
15.11/99/15
勞○吏士 10.11/64/24
會光祿（丞）〔勳〕劉○適至 10.12/65/6
上自解所佩綬以○之 10.14/65/18
我欲○之 10.14/65/20
即以所乘大驪馬及繡被衣物○之 10.14/65/20
○几杖、安車一乘 10.26/69/21
○歙班絕席 11.2/71/1
○歙妻縑千匹 11.2/71/1
○髦㲪具物 11.10/73/17
詔使五官中郎將持節至墓○印綬 11.14/74/20
○羊三千、牛三百頭以養病 12.1/76/4
○車一乘 12.1/76/28
詔書○〔援〕鉅鹿縑三百匹 12.1/77/2
賞○飲食 12.3/78/1
○嚴 12.6/79/14
武安○命兮 12.10/80/24
每租奉到及兩宮賞○ 12.11/81/14
○東園轜車、朱壽器、銀鏤、黃〔金〕玉匣 12.11/81/22
帝乃○棺木 13.8/84/27
帝數存問賞○ 13.10/85/16
雖追加賞○ 13.13/88/9
賞○錢帛 13.13/88/12
○以玉玦 13.14/88/18
○駮犀具劍、佩刀、紫艾綬、玉玦各一 13.15/88/25
厚加賞○ 13.16/89/16
賞○恩寵甚渥 13.16/89/18
○洛陽上商里宅 14.2/90/24
○錢二十萬 15.2/95/15
○以棨戟 15.10/99/4
其○堪家新繒百匹 15.12/100/3
○食於前 15.13/100/7
24.26/174/27
○冠幘 15.13/100/8
○御食衣被 15.17/101/12
○而遣 16.3/103/20
特為加賞○ 16.9/105/19
詔○奇果 16.9/105/20
○以帷帳奴婢 16.9/105/21
○以輜車乘馬 16.9/106/1
悉以太官供具○太常家 16.9/106/7
其○爵關內侯 16.9/106/11
皇太子○郁鞍馬、刀劍 16.10/106/21
上○馬二匹 16.10/106/24
詔使○牛酒 16.11/106/28
詔○博士羊 16.25/110/25
可○以劍 16.30/112/2
其以縣見穀二千石○勃子若孫 16.34/113/11
不起便○藥 16.45/115/18
○延錢及帶劍佩刀還郡 17.1/117/24
特○輿馬衣服 17.1/117/26
普○封爵 17.2/118/8
詔以信田宅奴婢錢財○廉吏太常周澤 17.3/118/19
○以三公之服 17.9/120/1
○良鰒魚百枚 17.10/120/10
詔以其貲物班○群臣 17.13/121/23
而不拜○ 17.13/121/24
乃更以庫錢三十萬○之 17.13/121/26
詔○降（人）〔胡〕縑 17.13/121/26
王○之綬 18.1/126/6
○策罷 18.3/127/7
○束帛、乘馬 18.5/127/16
○以冠幘錢布 18.10/129/13
與毛義各○羊一頭 18.10/129/15
敕○尚書祿 18.10/129/16
○《山海經》、《河渠書》 18.11/129/20
○布五百匹、衣一襲 18.17/131/25
劉○姊子 18.26/133/25
〔往來〕○〔家〕 18.26/133/25
○指錢示勤曰 18.26/133/26
○錢三十萬 19.1/136/8
賞○分明 19.1/136/8
賞○殊特 19.1/136/11
○千石俸 19.3/137/9
○壕素六十匹 19.15/140/18
帝○香《淮南》、《孟子》各一通 19.22/142/10
○錢三萬 19.22/142/11
○臥几、靈壽杖 19.22/142/15
數加賞○ 19.22/142/17
賞○不節 20.2/145/11
楊○、字伯獻 20.4/145/20
上引○等入金商門崇德署 20.4/145/20
○代劉郃為司徒 20.4/145/23
○上疏諫曰 20.4/145/24
詔○御府衣一襲 20.4/145/27
賞○巨萬 21.4/151/4
詔○錢千萬 21.8/152/4
光武○陳導駭犀劍 21.44/158/24
乃○關內侯 21.46/159/4
○御食及橙、橘、龍眼、荔枝 22.3/161/13
○谷蠡王玉具劍 22.3/161/15
饗○作樂百戲 22.3/161/16
多○繒布 22.4/162/4
父子同○ 22.4/163/27
詔○駮犀劍 23.4/166/7
光武○囂書曰 23.16/170/12
上○述書曰 23.17/171/11
○繡被百領 24.5/173/5
○及妻子 24.24/174/23
特○御□ 24.25/174/25
○所乘驪馬 24.27/175/1
○金蓋車 24.63/177/17

蔥 cōng 2

王氣鬱鬱○○ 1.1/1/14

樅 cōng 1

徐宣、樊崇等入至弘農
　枯○山下 23.1/165/15

聰 cōng 8

幼而○明睿智 2.1/11/6
幼而○達才敏 2.2/14/3
孝順○明 2.3/16/5
少○明敏達 3.1/18/5
○慧敏達 6.4/36/6
天資○敏 12.11/81/10
爲○明睿智 16.46/116/1
○叡天資 24.49/176/17

驄 cōng 2

常乘○馬 16.13/107/13
避○馬御史 16.13/107/14

從 cóng 154

令○者僦 1.1/1/15
宛大姓李伯玉○弟軼數
　遣客求帝 1.1/2/1
皆○所言 1.1/2/23
○城西水上奔陣 1.1/3/6
○者饑 1.1/3/21
至孝武、（兒）〔倪〕
　寬、司馬遷猶○土德 1.1/5/6
自强○公 1.1/8/5
群鳥○之 1.1/8/7
葬務○省約 1.1/9/23
○子沖、更父侯 1.1/10/7
上○席前伏御床 2.1/13/18
白鶴三十○西南來 2.2/14/18
尙書、中謁者、黃門冗
　○四僕射、諸都監、
　中外諸都官令、都
　（候）〔侯〕、司農
　部丞、郡國長史、丞
　、（候）〔侯〕、司
　馬、千人秩皆六百石 4.1/26/1
上○公卿議 5.5/30/12
上未嘗不見○ 7.12/42/18
血○前髆上小孔中出 7.12/43/7
恭遣○官蒼頭曉令歸 7.17/44/20
太醫皮巡○獵上林還 8.2/47/11
○都（慮）〔盧〕至羊
　腸倉 8.2/47/15
○黎陽步推鹿車于洛陽
　市藥 8.2/47/20
自初○征伐 8.10/50/14
復以偏將軍東○上攻邯
　鄲 8.11/51/13
常自○之 8.11/51/18
望風○化 8.14/52/18
恂○至潁川 9.1/55/13
願○陛下復借寇君一年 9.1/55/14
恂時○ 9.1/55/16
○平河北 9.2/56/1,9.12/61/17
谷水○地中數丈涌出 9.2/56/5
異侍○親近 9.4/56/18
○容曰 9.6/58/10
○以觀上風采 9.6/58/10
○征河北 9.7/59/3
上○長安東歸過汧 9.7/59/9
○至魯 9.8/60/7
丹○上至懷 9.10/60/22
爲幽州○事 9.11/61/3
○擊王郎將兒宏、劉奉
　于鉅鹿下 9.12/61/19
純持節與○吏夜遁出城 10.1/62/6
純與○昆弟訢、宿、植
　共率宗（施）〔族〕
　賓客二千餘人 10.1/62/7
傅俊○上迎擊王尋等于
　陽關 10.9/64/3
○渡河北 10.11/64/13
潁川○我者皆逝 10.11/64/14
上○邯鄲避郎兵 10.11/64/16
王霸○我勞苦 10.11/64/21
○羽林監遷虎賁中郎將
　10.13/65/11,12.2/77/10
時寵弟○忠爲校尉 10.14/65/22
亭長○汝求乎 10.26/69/11
禮○人情 10.26/69/17
晨○容謂帝曰 11.1/70/10
今乃欲○佞惑之言 11.2/70/21
諸子○敕 11.3/71/13
（○）〔徙〕都尉 11.4/71/18
爲別駕○事 11.7/72/11
功曹（吏）〔史〕戴閏
　當○行縣 11.10/73/15
○書佐假車馬什物 11.10/73/15
○上出入 11.14/74/13
今臣遠○異方來 12.1/75/20
吾○弟少游嘗哀吾慷慨
　多大志 12.1/76/17
子鉅爲常○小侯 12.3/78/7
私○光乞 12.4/78/17
叔父援○車駕東征 12.6/79/5
嚴○其故門生肆都學擊
　劍 12.6/79/6
○司徒祭酒陳元受《左
　氏春秋》 12.6/79/6
聽置司馬、○事 12.6/79/8
○兄毅 12.8/79/24
或○遠方 12.9/80/14
○鍾寧君受《律》 13.5/83/19
以○征伐有功 13.7/84/19
歐陽歙、其先和伯○伏
　生受《尙書》 13.8/84/25
吏民○化 13.8/84/26
令且○師友之位 13.11/85/23
禮簡易○ 13.11/86/4
誠○民望 13.11/86/6
援○南方還 13.11/87/2
帝○之 13.12/87/20
　20.13/147/20
乃因燕見○容誡之曰 13.13/88/8
○兄爲人所殺 13.16/89/3
敕○騎都尉儲融受兵二
　百人 13.16/89/11
彭往者得執鞭侍○ 14.1/90/6
鮪○城上下索曰 14.1/90/7
永疑不○ 14.2/90/19
○講室掃除至孔里 14.2/90/25
時帝叔父趙王良○送中
　郎將來歙喪還 14.2/91/1
趙王○後到 14.2/91/3
以平陵鮑恢爲都官○事 14.2/91/6
○事諫止之 14.2/91/8
欲襲六國之○ 14.4/92/5
或○昏至明 14.6/94/8
○上渡河 15.1/94/24

上○之 15.1/95/1
○桓榮受《歐陽尚書》 15.2/95/6
○征伐 15.2/95/7,18.3/127/3
鴻以少府○ 15.2/95/17
○田中歸 15.6/97/4
子不○我出 15.8/97/26
以直○曲 15.8/98/1
○次都止 15.8/98/3
子○我爲伊尹乎 15.8/98/4
安能○子 15.8/98/5
上令○門間識面 15.8/98/7
伋使別駕〔○事〕 15.9/98/21
○吏二人 15.13/100/8
大將軍竇融以爲○事 16.1/102/9
固又遣與○事郭恂俱使西域 16.3/103/3
願得本所○三十餘人 16.3/103/12
超更○他道渡 16.3/103/21
鄭興○博士金子嚴爲《左氏春秋》 16.5/104/14
不如同門生郎中彭閎、揚州○事皋弘 16.9/105/17
移居揚州○事屈豫室中 16.14/107/21
賓客○者皆肅其行也 16.14/107/22
爲青州○事 16.25/110/25
與國右史公○事出入者惟硯也 16.28/111/16
嘉○太守何敞討賊 16.31/112/7
卒當○汝稟學 16.34/113/1
鄉佐多○兵往 16.50/116/27
延進止○容 17.1/117/21
敕延○駕到魯 17.1/117/22
丹○師長安 17.2/118/3
○宛人陳洮買符入函谷關 17.2/118/3
於○政乎何有 17.8/119/20
嘗○長安來 17.23/124/13
田禾將軍子○長安來 17.23/124/14
令孝○官屬送喪歸也 17.23/124/22
急○此去 17.24/125/1
不過○兄飯 18.1/126/8
卿知○外來 18.1/126/10
與外氏家屬○田間奔入宛城 18.6/127/23
時范問爲誰所○來 18.12/130/5
令○騎下馬與之 18.12/130/6
數○請託 18.23/133/7
青○此除步兵司馬 19.1/136/9
雖○來久 19.6/138/11
悉付○事 19.20/141/20
馬市正數○（買）〔賣〕羹飯家乞貸 19.21/142/2
○杜撫學 20.7/146/15
○省中還外府 20.23/149/21
惟命是○ 22.1/160/26
不○我來 22.4/161/25
諸亡命往○之 23.1/164/21
及中黃門○官至雒陽 23.1/165/3
州郡不知所○ 23.1/165/9
諸婦女皆○後車呼更始 23.1/165/17
大集會三老、○事 23.5/166/11
○劉俠卿居 23.5/166/13
芳○之 23.9/168/3
囂○其言 23.16/170/1
一大老○旁舉身曰 24.3/173/1
龜筮並○ 24.30/175/7
又使祀事以類相○ 24.91/180/3

輳 còu 1

賓客輻○ 11.11/73/23

麤 cū 6

袍極○疏 6.2/34/21
後輒因衰○之痛 13.11/86/19
少○履 15.14/100/14
糲食○餐 16.12/107/6
故常服○糲 19.11/139/20
莫碭○沐 22.4/163/12

猝 cù 1

○暴民間 15.10/99/3

蹴 cù 1

誠有○踖 21.19/154/23

簇 cù 1

臣愚以爲可因歲首發太○之律 12.3/78/3

篡 cuàn 4

王莽○位 14.7/94/13, 19.7/138/18
遭王莽○位 17.12/121/6
以王莽○逆 23.16/170/1

竄 cuàn 2

五帝有流殛放○之誅 12.9/80/10
因得逃○ 18.22/133/2

爨 cuàn 1

妻炊○ 18.1/126/13

崔 cuī 4

○篆、涿郡安平人 16.37/113/27
辟○駰爲掾 16.38/114/9
○瑗愛士 16.39/114/16
○寔爲五原太守 16.40/114/20

摧 cuī 3

以佩刀○之 8.14/53/6
○九虎之軍 14.5/93/10
○其權強 21.3/150/28

榱 cuī 1

仰見○桷 5.5/32/8

悴 cuì 1

慕思憔○ 19.22/142/9

顇 cuì 1

憂懼顦○ 8.7/49/12

存 cún　17

周公、孔子猶不得○　1.1/8/23
以亡爲○　3.1/19/16
其九十家不自○　3.2/20/20
○善繼絕　3.5/22/18
〔心○王室〕　9.7/59/18
〔使〕使者○問　9.12/61/21
多○侈飾　12.7/79/19
帝數○問賞賜　13.10/85/16
○廟主未嘗合祭　13.12/87/16
社稷復○　14.5/93/11
○撫并州之人　14.5/93/15
○幾亡之城　16.34/113/6
分升合以相○活　17.24/125/4
○者千數　19.17/141/4
莫樨角○　22.4/162/13
○哀愼刑　24.42/176/3
《周髀》數術具○　24.90/179/22

寸 cùn　17

長七尺三○　1.1/1/13
高八尺九○　1.1/8/7
長○餘　2.2/15/5
長七○三分　3.5/21/30
抉周五○四分　3.5/21/30
后長七尺二○　6.2/34/9
要帶八尺二○　7.12/42/26
曾無尺○可數　9.11/61/8
援長七尺五○　12.1/75/7
高三尺五○　12.1/76/27
圍四尺五○　12.1/76/27
長八尺三○　13.13/88/5
屋中尺○之物　16.14/107/20
長八尺二○　18.17/131/22
復曰齒長一○　24.14/174/2
孔徑一○　24.89/179/18
圓二尺五○而强　24.89/179/19

瘥 cuó　1

獨眇蹇者不○　1.1/9/16

挫 cuò　4

郎兵○折　1.1/4/1
更始既未有所○　8.1/46/11
未嘗○折　8.14/53/16
所以○其强禦之力　13.11/86/17

措 cuò　3

天下乂安刑○之時也　5.5/32/5
何所○其手足乎　10.26/69/18
舉○動作　12.11/81/10

錯 cuò　7

金○刀五十　8.9/50/2
辟把刀、墨再屈環橫刀、金○屈尺八佩刀各一　8.9/50/2
○雜難知　14.3/91/22
交○水中　18.1/126/17
金○鉤佩　20.4/146/1
今官位○亂　21.4/151/5
所置牧守交○　23.1/165/9

炟 dá　1

孝章皇帝諱○　2.2/14/3

荅 dá　1

爲援制○布單衣、交讓冠　12.1/75/14

答 dá　6

帝○曰　1.1/9/7
上親○拜　7.12/43/10
○響之休符也　15.2/95/20
丹○之　15.5/96/22
萌不○　16.46/115/28
暉舉手不敢○　18.6/128/10

達 dá　28

帝仁智明○　1.1/1/26
闊○多大節　1.1/6/10
幽隱上○　1.1/6/20
應對敏○　2.1/11/14
幼而聰○才敏　2.2/14/3
壽明○有文章　2.2/15/10
少聰明敏○　3.1/18/5
兼資敏○　3.2/19/23
聰慧敏○　6.4/36/6
彊性明○恭謹　7.8/41/6
造次不能以辭語自○　8.10/50/10
軼深○通意　10.21/67/10
明帝以其明○法理　11.10/73/11
猶稱其所長而○之　11.14/74/17
○生任性　12.7/79/19
昭○萬情　12.11/81/10
以○萬幾之變　14.5/93/2
夜則○旦　16.22/110/8
性明○　17.4/118/23
　21.52/159/28
數薦○名士承宮、郇恁等　17.11/120/25
勤明○好學　18.26/133/27
酺以爲褒制禮非禎祥之特○　19.1/136/21
龐參、字仲○　20.10/147/3
○練事體　21.1/150/19
文雅通○　21.29/156/15
沈豐、字聖○　21.54/160/7
少而明○　24.48/176/15

大 dà　454

○于凡禾　1.1/1/11
縣界○豐熟　1.1/1/11
○口　1.1/1/13
受《尙書》于中○夫廬江、許子威　1.1/1/15
○義略舉　1.1/1/16
南陽○人賢者往來長安　1.1/1/17
嘗爲季父故舂陵侯訟逋租于○司馬嚴尤　1.1/1/18
又分遣○夫謁者教民煮木爲酪　1.1/1/20
天下○旱　1.1/1/22
宛○姓李伯玉從弟軼數遣客求帝　1.1/2/1
絳衣○冠　1.1/2/9
後有人著○冠絳單衣　1.1/2/12
遣○司徒王尋、○司空王邑將兵來征　1.1/2/13
爲陳○命　1.1/3/2

今見○敵勇 1.1/3/4
尋、邑兵○奔北 1.1/3/6
會天○雷風 1.1/3/7
邑○衆遂潰亂 1.1/3/8
拜帝爲破虜○將軍 1.1/3/12
○爲長安所笑 1.1/3/15
○司徒賜言帝第一可用 1.1/3/17
更始以帝爲○司馬 1.1/3/17
○風雨 1.1/3/23
天○雨 1.1/3/24
○會眞定 1.1/3/24
（天）〔○〕破之 1.1/3/25
帝○饗啗 1.1/3/26
時百姓以帝新破○敵 1.1/3/26
郎遣諫議○夫杜長威持節詣軍門 1.1/4/1
○破之 1.1/4/8,8.10/50/22,8.11/51/16,8.17/54/13,9.7/59/8,9.11/61/4,11.2/71/3,23.17/170/25
方定○事 1.1/4/12
帝○笑 1.1/4/12,11.1/70/11
○王社稷爲計 1.1/4/14
坐者皆○笑 1.1/4/16
○置酒 1.1/5/18,1.1/8/11
闊達多○節 1.1/6/10
高帝○度 1.1/6/11
囂○笑曰 1.1/6/12
河西○將軍竇融與五郡太守步騎二萬迎帝 1.1/6/23
述軍○破 1.1/7/8
縱兵○掠 1.1/7/9
衣服○絹 1.1/7/14
左右有白○司馬史 1.1/8/4
天下之重寶○器 1.1/8/12
將作○匠竇融上言 1.1/8/25
今天下○安 1.1/9/6
而○官無餘 1.1/10/4
略舉○義 2.1/11/17
先帝○業 2.1/11/21
于是下太常、將軍、○夫、博士、議郎、郎官及諸王諸儒會白虎觀 2.1/11/22
○赦天下 2.1/11/27,2.2/14/19,2.3/16/22
行○射禮 2.1/11/28
有縣三老○言 2.1/12/6
其改《郊廟樂》曰《○予樂》 2.1/12/14
樂官曰○予樂官 2.1/12/15
○如雞 2.2/15/5
容于小○ 2.2/15/26
○鴻臚悉求近親宜爲嗣者 2.3/16/17
○將軍竇憲潛圖弒逆 2.3/16/19
使謁者收憲○將軍印綬 2.3/16/19
郡國○雨雹 2.3/16/23
○如鴈子 2.3/16/23
京師○雨 2.3/16/30
新城山泉水○出 3.1/18/12
雨雹○如芋魁、雞子 3.1/18/15
皇太后率○臣命婦謁宗廟 3.1/18/24
虔人種羌○豪恬狼等詣度遼將軍降 3.1/19/5
以爲宜奉○統 3.2/19/22
乳母王男、廚監邴吉爲○長秋江京、中常侍樊豐等所譖愬 3.2/19/23
漢陽率善都尉蒲密因桂陽太守文礱獻○明珠 3.2/20/3
遣侍中杜喬、光祿○夫周舉等八人分行州郡 3.2/20/21
○將軍梁冀輔政 3.5/22/6
○如雞子 3.5/22/12
妖賊蓋登稱「○皇帝」 3.5/22/22
○官飾珍饌 3.5/23/1
會稽許昭聚衆自稱○將軍 3.6/23/12
竇憲作○將軍 4.1/24/15
○將軍出征 4.1/24/17
○鴻臚 4.1/25/3
屬官有丞一人、○行丞一人 4.1/25/3
○行丞有治禮員四十七人 4.1/25/3
○長秋、將作○匠、度遼諸將軍、郡太守、國傅相皆秩二千石 4.1/25/19
而有秩者侍中、中常侍、光祿○夫秩皆二千石 4.1/26/8
○中○夫秩皆比二千石 4.1/26/9
諫議○夫、侍御史、博士皆六百石 4.1/26/9
一曰○予樂 5.4/28/16
王○食則命奏鐘鼓 5.4/28/19
蓋《周官》所謂「王〔師〕○獻則令凱樂 5.4/29/1
「軍○獻則令凱歌」也 5.4/29/2
下○予樂官習誦 5.4/29/3
○廈未安 5.4/29/6
季氏○夫 5.5/30/2
○臣上疏謂宜復舊 5.5/30/11
能禦○災則祀之 5.5/30/15
武功盛○ 5.5/31/9
世祖廟樂名宜曰《○武》之舞 5.5/31/9
○樂必易 5.5/31/12
《○雅》曰 5.5/32/12
武冠、俗謂之○冠 5.6/33/4
自陳不足以當○位 6.1/34/1
爲四起○髻 6.2/34/11
○官上（食）〔飯〕 6.2/34/18
身衣○練縑裙 6.2/35/3
時新遭○憂 6.5/36/18
宮中亡○珠一篋 6.5/36/19
澍雨○降 6.5/37/1
太后臨○病 6.5/37/3
太后自遭○憂 6.5/37/4
○懼 7.1/38/10
乃○會諸將 7.1/38/16
本起兵圖○事者 7.1/38/19
遣中○夫奉璧朝賀 7.3/39/11
○夫將何辭以對 7.3/39/12
○王忠孝慈仁 7.3/39/12
○夫其對以孤襲爵以來 7.3/39/13
良搏手○呼曰 7.4/39/20
以彊章宣示公卿○夫 7.8/41/7
○雨將集 7.9/41/20,7.9/41/21
明日○雨 7.9/41/20
○修宮室 7.11/42/8
臨○節而不可奪 7.12/42/14
其言甚○ 7.12/42/25
蒼體○美鬚眉 7.12/42/25
○鴻臚奏遣發 7.12/43/11
陷于○辟 7.20/45/13
《春秋》之義○居正 7.20/45/14
乃以上爲○司馬 8.1/46/8
上○悅 8.1/46/14,12.1/76/11

禹爲〇司徒 8.1/46/19
訓身至〇官門爲求火 8.2/47/12
吏士嘗〇病瘧 8.2/47/23
小〇莫不感悅 8.2/48/2
惟安帝宜承〇統 8.4/48/14
以國新遭〇憂 8.5/48/19
〇將軍以下十三人 8.7/49/19
其餘侍中、〇夫、郎、
謁者 8.7/49/20
遷〇匠 8.8/49/24
上于是以漢爲〇將軍 8.10/50/13
聞鼓聲皆〇呼俱進 8.10/50/18
賊兵〇敗 8.10/50/18
公孫述、〇司馬田戎將
兵下江關 8.10/50/22
〇破公孫述 8.10/50/23
我〇司馬督 8.11/51/12
〇戰 8.11/51/14
上見〇喜 8.11/51/16
知〇義 8.11/51/20
令與當世〇儒司徒丁鴻
問難經傳 8.12/52/3
天下〇定 8.14/52/15
青、徐〇賊 8.14/52/15
〇王哀厚弇如父子 8.14/52/17
故披赤心爲〇王陳事 8.14/52/17
上以弇爲建威〇將軍 8.14/52/22
其聲雖〇而（實）〔虛〕
8.14/52/24
乃出〇戰 8.14/53/9
復〇破之 8.14/53/9
爲〇司農 8.15/53/20
21.52/159/28
竝〇驚 8.17/54/7
〇將軍二人 8.17/54/15
〇司馬朱鮪在雒〔陽〕 9.1/54/22
行〇將軍事 9.1/54/25
上〇喜 9.1/55/2
14.1/89/26,14.2/90/24
而君以此時據〇郡 9.1/55/4
郡〇生旅豆 9.1/55/6
拜爲刺姦〇將軍 9.2/55/26
更始遣舞陰王李軼、廩
丘王田立、〇司馬朱
鮪、白虎公陳僑將兵
三十萬 9.4/57/1
〇喜 9.4/57/4
〇王重愼之性也 9.4/57/7
使〇中〇夫致牛酒 9.4/57/10
拜爲征西〇將軍 9.4/57/13
〇破之殽底 9.4/57/14
軍中號「〇樹將軍」 9.4/58/1
（祐）〔祜〕自陳功薄
而國〇 9.6/58/13
奏置《五經》〇夫 9.7/59/17
〇小重疊 9.8/60/7
上聞外有〇兵（自）來
9.10/60/18
今漢〇將軍反病瘧耶 9.10/60/23
期頭目道左右〇呼曰 9.12/61/18
〇衆披辟 9.12/61/18
遂〇破之 9.12/61/20
上〇笑 10.1/62/10
以漢兵〇來 10.2/62/19
即日行〇將軍事 10.4/63/3
光武拜王梁爲〇司空 10.6/63/12
上爲〇司馬 10.11/64/13
市人皆〇笑 10.11/64/15
衆〇喜 10.11/64/19
上〇笑曰 10.11/64/19
始置將作〇匠 10.13/65/11
即以所乘〇驪馬及繡被
衣物賜之 10.14/65/20
信都〇姓馬寵等開城內
之 10.14/65/21
蒙明公〇恩 10.14/65/24
上以〇司馬平河北 10.16/66/8
爲後〇將軍 10.16/66/8
光武于〇會中指常謂群
臣曰 10.20/67/3
爲橫野〇將軍 10.20/67/4
王莽前隊〇夫誅謀反者
10.21/67/13
爲〇司空 10.21/67/14
上感通首創〇謀 10.21/67/15
行河西五郡〇將軍、涼
州牧、張掖屬國都尉
竇融 10.22/67/21
功既〇矣 10.22/67/23
帝〇怒 10.24/68/18
憲爲〇將軍 10.24/68/21
環將作〇匠、光祿勳 10.24/68/21
〇將軍置長史、司馬員
吏官屬 10.24/68/21
〇將軍憲前歲出征 10.24/68/22
律設〇法 10.26/69/17
時天下〇蝗 10.26/69/18
有〇志慷慨 11.2/70/17
與之〇歡 11.2/70/18
拜〇中〇夫 11.2/70/18
左右怪上數破〇敵、今
得小城 11.2/70/24
上〇發關東兵 11.2/70/26
歙乃〇治攻具衝車度塹 11.2/71/3
蜀人〇懼 11.2/71/4
拜光祿〇夫 11.4/71/18
無功享食〇國 11.4/71/22
每作〇發 11.5/72/1
旌旗亂于〇澤 11.7/72/13
是時學者〇盛 11.7/72/15
止〇樹下 11.10/73/13
〇官朝夕送食 11.10/73/17
〇官朝夕進食 11.10/73/18
欲授以封侯〇將軍位 12.1/75/15
恢廓〇度 12.1/75/22
囂衆〇潰 12.1/76/2
但總〇體而已 12.1/76/5
若〇姓侵小民 12.1/76/6
事下〇司空正郡國印章
12.1/76/15
吾從弟少游嘗哀吾慷慨
多〇志 12.1/76/17
作〇廬 12.2/77/13
〇奴步護視之 12.6/79/6
三王有〇辟刻肌之法 12.9/80/10
制詔三公、〇鴻臚曰 12.10/81/5
夫孝莫〇于尊尊親親 12.10/81/5
〇將軍夫人躬先率禮 12.12/82/4
即〇將軍梁冀妻也 12.12/82/5
今以平狄將軍孫咸行〇
司馬事 12.14/82/14
陛下承〇亂之極 13.1/82/21
竊見故〇司徒陽都侯伏
湛自行束脩 13.1/82/22
爲淮平〇尹 13.5/83/19
後〇會群臣 13.6/84/6
上〇怒 13.7/84/20,16.16/108/10
爲〇司徒 13.8/84/26
〇兵冀蒙救護〔生活〕
之恩 13.9/85/6
爲光祿〇夫 13.10/85/14

拜太中○夫 13.10/85/15
後○司徒戴涉被誅 13.10/85/16
上徵興爲○中○夫 13.11/85/27
莫○于此 13.11/86/7
郡國（七）〔比〕○水 13.11/86/12
比年○雨 13.11/86/27
有○小負勝不齊 13.11/86/29
遷○司徒司直 13.11/87/1
代張純爲○司空 13.11/87/6
爲○中○夫 13.12/87/11
19.17/141/3
○祫者何 13.12/87/15
○行移書問嗣 13.12/87/23
舞陰○姓李氏擁城不下 13.16/89/5
後青州○蝗 13.16/89/13
再奉○行 13.16/89/19
○兵來攻雒 14.1/90/3
○司徒公被害時 14.1/90/3
夫建○事者 14.1/90/5
更始以永行○將軍 14.2/90/17
光武遣諫議○夫儲○伯持節徵永 14.2/90/19
乃收繫○伯 14.2/90/19
即拜永諫○夫 14.2/90/22
豈夫子欲令太守○行饗 14.2/90/26
○不敬也 14.2/91/6
○中○夫張堪對曰 14.2/91/10
邑有○節 14.4/91/27
世祖遣騎都尉弓里游、諫○夫何叔武 14.4/92/1
欲○無已 14.4/92/8
爲諫議○夫 14.4/92/18
爲揚化○將軍掾 14.5/93/1
疾疫○興 14.5/93/7
不啻○半 14.5/93/8
海內○定 14.5/93/11
今○將軍以明淑之德 14.5/93/15
秉○使之權 14.5/93/15
且○將軍之事 14.5/93/16
將定國家之○業 14.5/93/17
而○將軍爲之梁棟 14.5/93/19
而○將軍所部不過百里 14.5/93/20
以承○將軍之明 14.5/93/25
則可以建○功 14.5/93/28
惟○將軍開日月之明 14.5/93/29
身被○病 15.2/95/10
伏見○將軍 15.2/95/23
宣彪、官至玄菟（○）〔太〕守 15.4/96/10
便於田頭○樹下飲食勸勉之 15.5/96/14
關西之○俠也 15.5/96/16
遵爲○司馬護軍 15.5/96/18
爲○司徒司直 15.6/97/3
不有忠言奇謀而取○位 15.6/97/7
莽○怒 15.8/97/20
芒守丞韓龔受○盜丁仲錢 15.8/98/11
（○）〔太〕守得奮妻子 15.11/99/16
○笑期必死 15.17/101/17
○將軍竇融以爲從事 16.1/102/9
舉○義而已 16.2/102/14
爲人○志 16.3/102/21
○丈夫無他志略 16.3/102/23
必○驚怖 16.3/103/7
恂○驚 16.3/103/9
安息遣使獻○爵、師子 16.3/104/2
水清無○魚 16.3/104/5
總○綱而已 16.3/104/5
單于○怒 16.6/104/22
臣恐不忍將○漢節對氈裘獨拜 16.6/104/25
將有損○漢之强 16.6/104/25
每有○議 16.7/105/3
榮○會諸生 16.9/106/1
每○射養老禮畢 16.9/106/9
聽以○夫行喪 16.11/106/28
即拜光祿○夫 16.11/106/28
常著○布縕袍 16.12/107/6
○會百官 16.15/107/26
富商○賈多收田貨 16.16/108/4
敕言卷○ 16.16/108/12
徵爲中散○夫 16.21/109/23
少府○儒 16.21/109/24
辟○司空府 16.22/110/3
拜○司農 16.23/110/13
○國四縣 16.24/110/17
羊有○小肥瘦 16.25/110/25
○怒 16.30/112/1
17.13/121/27,23.15/169/20
爲建新○尹 16.37/113/28
如殺一○尹贖二千人 16.37/114/4
遭○亂 16.43/115/8
少有○節 16.46/115/23
○丈夫安能爲人役耶 16.46/115/24
井丹、字○春 16.51/117/8
五經紛綸井○春 16.51/117/8
鄉黨○人莫不敬異之 16.52/117/12
虞延、字子○ 17.1/117/20
徵爲諫議○夫 17.2/118/5
辟○司馬府 17.3/118/17
遷○司農 17.4/118/23
吳良、字○儀 17.10/120/5
習《○夏侯尙書》 17.10/120/5
衆皆○驚 17.11/120/24
宜選長○威容者 17.12/121/9
帝乃以○鴻臚魏應代之 17.12/121/9
鍾離意辟○司徒侯霸府 17.13/121/14
人皆○悅 17.13/121/20
則臣位○ 17.13/122/1
百官○會 17.13/122/2
左右○驚 17.17/123/2
郇恁、字君○ 17.19/123/12
○不敬 17.20/123/20
四方牛○疫 18.6/128/8
○將軍竇憲貴盛 18.13/130/20
政化○行 18.15/131/9
篤學有○度 18.16/131/14
將作○匠 18.16/131/17
以《○小夏侯尙書》教授 18.17/131/22
使出《左氏》○義 18.17/131/25
輒敕○官送餐醪 18.18/132/6
太后○怒 18.22/133/1
會○司馬吳漢薨 18.23/133/8
遣○鴻臚持節至墓 18.24/133/15
鴻○喜曰 18.29/135/2
依○家皐伯通廡下 18.29/135/5
與伯通及會稽士○夫語曰 18.29/135/7
天○雷 18.30/135/15

爲當世○儒 19.5/138/4
爲將作○匠 19.11/139/23
延平元年仕爲光祿○夫 19.11/139/24
繁茂長○ 19.12/140/4
光祿○夫 19.17/141/5
以○漢威靈招之 19.19/141/14
時○將軍將兵屯武威 19.20/141/21
兄○將軍憲等並竊威權 19.32/144/22
以功遷○長秋 19.32/144/23
張敏以行○射禮 20.1/144/29
拔○本䪥 20.10/147/5
劉據爲○司農 20.13/147/19
今○人踰越五嶺 20.17/148/13
○驚 20.17/148/18
邱騰知罪法深○ 20.20/149/6
桓帝誅○將軍梁冀 21.4/151/3
餘羌復〔與繞河○〕寇張掖 21.8/151/26
類自下馬○戰 21.8/151/26
赤幘○冠一具 21.8/152/5
○醉而還 21.9/152/13
兵衆○恐 21.11/153/5
○司農陳奇舉沓至孝 21.13/153/23
後昱與○將軍竇武謀誅中官 21.14/154/1
○丈夫生當雄飛 21.22/155/9
云備○臣 21.23/155/15
務○綱 21.36/157/21
上以爲○中○夫 21.43/158/20
一戰○破 21.53/160/3
○人以先生修德守約 22.1/160/25
○漢是治 22.4/161/22
○漢安樂 22.4/163/15
奏言○豪 22.5/164/4
安息王獻條支○雀 22.6/164/12
此雀卵○如甕 22.6/164/12
更始○慚 23.1/165/1
○司馬縱之 23.1/165/10
○集會三老、從事 23.5/166/11
逢○雪 23.6/167/1
王郎遣諫議○夫杜威持節詣軍門 23.8/167/18
○司馬吳漢圍茂 23.10/168/10
今漁陽○郡 23.11/168/17
○王解齋 23.11/168/21
士○夫莫不諷誦〔之也〕 23.16/170/6
元請以一丸泥爲○王東封函谷關 23.16/170/9
其○將王捷登城呼漢軍曰 23.16/170/16
宜即○位 23.17/171/8
兵者、帝王之○器 23.17/171/13
冀有○利 23.17/171/17
述乃○會群臣 23.17/171/24
義自稱黎邱○將軍 23.19/172/11
戎自稱掃地○將軍 23.19/172/12
○彤渠帥樊重 23.20/172/16
丁明代傅喜爲○司馬 24.2/172/23
一○老從旁舉身曰 24.3/173/1
○恩 24.71/178/5
○雨將至 24.73/178/11
國家○體 24.91/180/1

代 dài 30

赤○蒼 1.1/5/7
追跡先○ 1.1/5/11
○郡太守劉興將數百騎攻賈覽 1.1/6/13
污七十二○編錄 1.1/9/11
○郡高柳烏子生三足 2.2/15/5
據三○郊天 5.5/29/22
比隆前○ 5.5/31/8
願以身○牲 6.5/37/2
○、林亭侯 7.17/44/24
欲北（○）〔發〕幽州突騎 8.10/50/12
前○所未嘗有 12.9/80/13
帝强起湛以○之 13.10/85/16
三○之所同 13.11/86/2
○張純爲大司空 13.11/87/6
三○侍中 13.14/88/20
以任尙○超 16.3/104/3
願○太守斬 16.33/112/23
願○兄 16.41/114/27
薦陰寷、程胡、魯歆自○ 17.2/118/9
○名忠孝 17.7/119/12
帝乃以大鴻臚魏應○之 17.12/121/9
錮人於聖○ 18.5/127/16
以德行稱于○ 18.6/127/22
王稚子○ 19.21/141/28
俗每太守將交○ 19.22/142/18
陵谷○處 20.4/145/23
賜○劉郃爲司徒 20.4/145/23
以身○雄 20.8/146/20
單于比、匈奴頭曼十八○孫 22.3/161/7
丁明○傅喜爲大司馬 24.2/172/23

岱 dài 6

泰山至于○宗 2.2/14/18
宜登封○宗 5.5/29/12
遵○嶽之正禮 5.5/29/17
海○之濱 14.5/93/8
至於○宗 15.2/95/18
江湖海○ 23.16/170/8

怠 dài 6

奈何自○ 14.5/93/21
講論不○ 16.9/105/14
然樂道不○ 16.47/116/6
夙夜不○ 17.7/119/14, 19.18/141/10
○慢廢典 20.19/149/1

殆 dài 4

○令人齒欲相擊 9.11/61/10
○陰下相爲蠹賊 13.11/86/29
○不免喪 19.22/142/9
○非所謂保赤子之義 20.4/145/27

待 dài 23

帝敕降賊各歸營勒兵○ 1.1/4/9
詣北軍○報 1.1/6/17
○其即營攻城 1.1/7/6
躬自克薄以○士民 8.14/52/20
臣子當擊牛釃酒以○百官 8.14/53/8
俯伏○事 11.4/71/21
常晨駐馬○漏 11.6/72/6

寬以○下 12.1/76/5
接賓○客 12.11/81/12
不降何○ 14.2/90/24
何以○之 14.5/93/23
求通○報 15.2/95/23
相○如舊 15.5/96/26
敬○以師友之禮 15.15/100/25
泰於○賢 16.12/107/6
常○以舊恩而卑侮之 16.34/113/2
○見尚書 16.50/116/28
常○重編席 17.2/118/11
○歸爲命 17.11/120/22
豈敢久○ 18.8/128/22
陛下何以○之 23.5/166/18
○汝以不死耳 23.5/166/18
以○四方之變 23.16/170/10

帶 dài 20

冠○搢紳遊辟雍而觀化者、以億萬計 2.1/12/3
傳勉頭及所○玉印、鹿皮冠、黃衣詣雒陽 3.4/21/17
皆命○列侯綬 7.9/41/25
爲諸子在道欲急○之也 7.9/41/26
要○八尺二寸 7.12/42/26
壁○珠玉 7.16/44/11
詔賜遵金剛鮮卑緄○一具 8.9/50/1
上初至不脫衣○ 10.14/65/18
冠○搢紳遊辟雍 11.7/72/15
近○城郭 12.2/77/13
身○三綬 12.3/77/24
以黃金十斤、葛縛佩刀、書○、革○付襲 12.6/79/14
魴父子兄弟並○青紫 13.14/88/20
擁○徒士 14.4/92/9
東○石陘關 14.5/93/22
斬得匈奴〔節〕使屋類○、副使比離支首及節 16.3/103/8
賜延錢及○劍佩刀還郡 17.1/117/24
玉壺革○ 20.4/146/1
夢見奐○印綬 21.11/153/7

紿 dài 1

○言邯鄲將軍至 1.1/3/21

逮 dài 1

不見○及 20.4/145/23

貸 dài 5

莽遣三公將運關東諸倉賑○窮乏 1.1/1/20
上乃○之 9.7/59/5
其素所假○人間數百萬 11.3/71/12
○御史罪 17.1/117/24
馬市正數從（買）〔賣〕羹飯家乞○ 19.21/142/2

黛 dài 1

眉不施○ 6.2/34/11

戴 dài 7

○異鉏田得金印 3.5/22/24
功曹（吏）〔史〕○閏當從行縣 11.10/73/15
後大司徒○涉被誅 13.10/85/16
○憑、字次仲 16.20/109/11
解經不窮○侍中 16.20/109/19
○仰漢德 16.33/112/22
乃首○齋器 16.46/115/26

丹 dān 50

明設○青之信 1.1/9/27
重子○、射陽侯 1.1/10/7
色○ 5.1/27/15
必不使將軍負○青 9.4/57/17
景○因以言語爲固德侯相 9.10/60/17
○率衆至廣阿 9.10/60/18
○等對曰 9.10/60/19
即請○入 9.10/60/20
定封○櫟陽侯 9.10/60/20
上謂○曰 9.10/60/20
○從上至懷 9.10/60/22
與景○、祭遵合擊蠻中 10.6/63/12
徙封于○陽 11.15/74/24
指○海以爲期 12.10/81/3
王○、字仲回 15.5/96/14
○乃懷縑一匹 15.5/96/17
如○此縑 15.5/96/18
過辭於○ 15.5/96/19
○曰 15.5/96/19 15.5/96/22,15.5/96/24
○上麥二千斛 15.5/96/20
表○領左馮翊 15.5/96/21
司徒侯霸欲與○定交 15.5/96/21
○被徵 15.5/96/21
昱道遇○ 15.5/96/21
○答之 15.5/96/22
王○未許之 15.5/96/23
○子有同門生喪親 15.5/96/23
白○欲往奔慰 15.5/96/23
○怒而撻之 15.5/96/23
初有薦士於○者 15.5/96/24
○選舉之 15.5/96/25
○坐免 15.5/96/25
俄而○復徵爲太子太傅 15.5/96/25
何量○之薄 15.5/96/26
洼○、字子玉 16.19/109/7
井○、字大春 16.51/117/8
郭○、字少卿 17.2/118/3
父稚爲○買田宅居業 17.2/118/3
○從師長安 17.2/118/3
○不乘使者車 17.2/118/4
三公舉○賢能 17.2/118/5
○無所歸節傳 17.2/118/8
○師事公孫昌 17.2/118/10
詔問○家時 17.2/118/11
郭○爲三公 17.2/118/12
爲○陽都尉 19.17/141/3
范○、字史雲 21.17/154/14
○言貌無改 21.17/154/15

耽 dān 3

○于典藝 3.1/18/13
而令朝廷○悅鄭聲 13.6/84/8
○思閉門講誦 19.4/137/14

酖 dān 1

遂飲○而死 20.2/145/12

躭 dān 1

張○將吏兵 20.12/147/15

單 dān 28

後有人著大冠絳○衣 1.1/2/12
○車露宿 1.1/8/8
○于乞降 2.3/16/12
帝與中常侍○超等五人共謀誅之 3.5/22/6
鎮撫○于以下 8.16/53/24
南○于舉國發喪 8.16/53/26
忠更作新袍袴(解)〔鮮〕支小○衣襪而上之 10.14/65/18
爲援制荅布○衣、交讓冠 12.1/75/14
衛護南○于 12.6/79/8
○車馳往 13.16/89/12
○于大怒 16.6/104/22
○于恐而止 16.6/104/23
○于恚怒 16.6/104/24
乃○車到官 16.37/114/1
著短布○衣 16.50/116/28
時○于遣使求欲得見宮 17.12/121/8
而中常侍○超等五人皆以誅冀功並封列侯 21.4/151/3
○于比、匈奴頭曼十八代孫 22.3/161/7
匈奴始分爲南北○于 22.3/161/7
○于歲祭三龍祠 22.3/161/9
南○于遣使獻駱駝二頭 22.3/161/11
南○于來朝 22.3/161/13
南○于上書獻橐駝 22.3/161/15
上遣○于 22.3/161/15
俠卿爲制朱絳○衣、(平)〔半〕頭赤幘、直綦履 23.5/166/13
○于以中國未定 23.9/168/4
興北至○于庭迎芳 23.9/168/5
是時○于來朝 23.11/168/16

鄲 dān 20

帝至邯○ 1.1/3/18
胡子立邯○卜者王郎爲天子 1.1/3/19
帝乃自稱邯○使者 1.1/3/20
給言邯○將軍至 1.1/3/21
請邯○將軍入 1.1/3/22
帝引兵攻邯○ 1.1/4/1
邯○雖鄙 1.1/4/4
漢軍破邯○ 1.1/4/5
帝圍邯○未下 1.1/4/7
由是破邯○ 1.1/4/7
禹破邯○ 8.1/46/19
上既破邯○ 8.10/50/11
復以偏將軍東從上攻邯○ 8.11/51/13
上在邯○宮 8.14/52/12
于邯○見上 10.1/62/5
時郡國多降邯○ 10.1/62/9
上從邯○避郎兵 10.11/64/16
遠祖以吏二千石自邯○徙茂陵成歡里 12.1/75/5
今邯○之賊未滅 14.5/93/20
前刺史邯○商爲猛所殺 21.11/153/8

擔 dān 7

成贏衣步○ 10.5/63/7
布衣荷○ 15.2/95/7
○穀給福及妻子百餘日 16.32/112/17
往來常白衣步○ 17.23/124/12
倫步○往候鮮于褒 18.1/125/20
家無○石 20.17/148/15
常步○求師也 24.69/178/1

殫 dān 1

○極滋味 16.39/114/16

亶 dǎn 1

薦陰○、程胡、魯歆自代 17.2/118/9

撣 dǎn 1

及○國王雍由亦賜金印紫綬 3.2/20/6

膽 dǎn 1

鄯善破○ 16.3/103/7

旦 dàn 22

時以平○ 1.1/5/8
寵破在○暮 1.1/5/15
平○上 1.1/6/18
一○放兵縱火 1.1/7/10
○聽朝 1.1/9/3
明○ 2.1/13/16,9.4/56/23
○起射之 7.1/38/10
明○欲去 7.4/39/21
○夕臨者日數千人 8.2/48/2
自○及昏 8.14/53/9
○夕拘錄 13.11/86/17
○蚤與我會上東門外 14.1/90/8
正○朝賀 16.20/109/18
夜則達○ 16.22/110/8
歲○與掾吏入賀 17.10/120/5
今○爲老母求菜 17.11/120/22
正月○ 18.6/128/1
○入而洒掃 20.6/146/10
一○失之 23.1/165/20
一○敗壞 23.16/170/7
論寢徹○ 24.56/177/3

但 dàn 35

○合會諸兵爲之計策 1.1/2/16
○得全身也 1.1/4/5
○復一歲少薄 1.1/8/12
○以髮成 6.2/34/11
○絕歲用 6.2/35/4
吾○當含飴弄孫 6.2/35/9
歲時○貢紙墨而已 6.5/36/21
兵法○有所圖畫者 7.1/38/13
皇太后○令門生輓送 8.6/49/8
然○修里宅 8.10/51/3

○得將軍威重 9.10/60/25
○私之以財 11.14/74/17
（袒）〔○〕幘坐 12.1/75/18
○總大體而已 12.1/76/5
○取衣食足 12.1/76/18
○自苦耳 12.1/76/19
卿非○爲英雄所保也 13.16/89/16
子張〔○〕目擊而已 15.8/97/24
妻子○菜食 15.11/99/14
○續父所記述漢事 16.2/102/16
○願生入玉門關 16.3/104/2
卿○盡氣爾 16.9/106/3
○有發首一章 16.16/108/13
○食豬肝 16.49/116/21
○稱書生 17.23/124/13
○假印 18.1/126/6
○嚴使儲水 18.12/130/2
○就溫湯而已 18.15/131/9
○高譚清論以激勵之 18.26/134/1
○擾賢者 19.4/137/22
○通度 19.6/138/9
○以龍一本 20.10/147/4
○用蒲鞭罰之 21.9/152/12
○即土埋藏而已 21.15/154/6
《前漢志》○載十二律 24.86/179/11

啖 dàn 4

煮履○弩 16.34/113/6
人民餒餓相○ 16.41/114/26
欲殺○之 16.41/114/26
賊義而不○ 16.41/114/27

啗 dàn 4

帝大餐○ 1.1/3/26
見帝餐○ 1.1/3/26
還白方坐○脯 7.4/39/21
固輒爲○ 10.23/68/11

淡 dàn 1

○泊無欲 18.10/129/7

彈 dàn 4

○棊爲戲 7.19/45/7
○琴誦《詩》 18.29/135/4
每○琴惻愴不能成聲 19.30/144/10
三輔皆好○ 24.3/173/1

憚 dàn 9

百寮○之 12.6/79/10
朝廷由是敬○委任焉 12.11/81/13
商朝廷敬○ 12.11/81/24
甚敬○之 13.11/87/1
其見○如此 14.2/91/7
何其往來屑屑不○煩也 15.6/97/7
京師畏○ 16.13/107/13
舉縣畏○ 18.13/130/17
群僚○之 19.10/139/14

噉 dàn 3

當稍就○ 17.24/124/28
有所○ 19.25/143/7
乃○弩煮履 23.16/170/17

澹 dàn 1

○泊無爲 15.15/100/23

癉 dàn 1

帝風眩黃○病發甚 1.1/8/15

當 dāng 142

劉氏○復起 1.1/2/4
少公道讖言劉秀○爲天子 1.1/4/15
○受天下重賞 1.1/4/23
漢○爲土德 1.1/5/5
○以高祖配堯之後 1.1/5/12
○此之時 1.1/6/6
〔其〕有○見及冤結者 1.1/6/19
○豫自作 1.1/8/22
○以時施行 2.1/11/21
○謁原陵 2.1/13/15
諸小王皆○略與楚、淮陽相比 2.1/13/28
我子不○與先帝子等 2.1/13/29
○進人不避仇讎 2.2/15/14
皆○撰錄 5.4/29/4
○仁不讓 5.5/29/12
○巡封泰山 5.5/29/16
○得是〔○〕 5.5/30/4
○同樂 5.5/32/1
如自立廟○作舞樂者 5.5/32/1
不○與世（祖）〔宗〕廟《盛德》之舞同名 5.5/32/2
○進《武德》之舞 5.5/32/2
誠非所○聞、所宜言 5.5/32/3
伏惟陛下以至德○成、康之隆 5.5/32/5
仕宦○作執金吾 6.1/33/24
娶妻○得陰麗華 6.1/33/24
自陳不足以○大位 6.1/34/1
吾但○含飴弄孫 6.2/35/9
至正月○上原陵 6.2/35/12
○習女工 6.5/36/14
寧○學博士耶 6.5/36/14
誰○獨居此上者 7.1/38/12
○斬 7.1/38/13,16.33/112/21
○復何苦乎 7.4/39/22
自○來降 8.1/47/2
直健○然 8.6/49/1
漢○出師 8.10/51/1
令與○世大儒司徒丁鴻問難經傳 8.12/52/3
臣子○擊牛釃酒以待百官 8.14/53/8
而津鄉○荆、揚之咽喉 9.2/56/2
○備祭遵 9.7/59/5
其母問期○封何子 9.12/61/22
不知○何以報國 9.12/61/22
北○董訢 10.10/64/8
何況乃○傳以連城廣土 10.22/68/1
而見重○世 10.23/68/12
云「劉秀○爲天子」 11.1/70/9
或言「國師公劉秀○之」 11.1/70/9
宏每○朝會 11.4/71/20
每○直事 11.6/72/6
準見○時學者少憫 11.7/72/11

功曹（吏）〔史〕戴閏○從行縣 11.10/73/15
以爲至○握手迎如平生 12.1/75/14
○今之世 12.1/75/19
13.11/85/25
男兒要○死於邊野 12.1/77/1
○如此矣 12.1/77/2
○出塞上 12.3/77/18
馬○與轂 12.3/77/20
憲奴玉○誣光與憲逆 12.4/78/17
玉○亡 12.4/78/17
官捕得玉○ 12.4/78/18
○坐高堂 12.7/79/19
或○道〔而〕臥 13.5/83/21
侯君○去 13.5/83/22
以爲漢○祀堯 13.11/86/1
明○尊用祖宗之故文章也 13.11/86/9
人○以此爲法 13.11/87/5
自以兄弟不○蒙爵土之恩 13.12/87/24
則爵賞光於○世 13.13/88/10
能取悅○世 13.15/88/24
○如此來 14.1/90/7
○車拔佩刀 14.2/90/16
貴戚且○斂手 14.2/91/7
今繫獄○死 14.3/91/18
又○司徒露布 14.3/91/20
何意君長○爲此計 14.4/92/6
○先知故主之未然 14.4/92/11
○蒙其福而賴其願 14.5/93/12
鴻○襲封 15.2/95/8
迫於○封 15.2/95/10
今子○之絕域 15.5/96/19
使君何日○還 15.9/98/21
猶○效傅介子、張騫立功異域 16.3/102/23
而○封侯萬里之外 16.3/102/25
○今之計 16.3/103/6
○安復施用時乎 16.9/106/3
子郁○襲爵 16.10/106/16
愚以爲太子上○合聖心 16.10/106/23
下○卓絕於衆 16.10/106/23
每○危亡之急 16.14/107/22
言○世行事 16.16/108/12
侍中○匡輔國政 16.20/109/11
卒○從汝稟學 16.34/113/1
不○辟也 16.49/116/19
以○襲父般爵 17.8/119/18
○襲父般爵 17.8/119/21
令自○之 17.13/121/20
臣○先笞 17.13/122/1
○爲山娶巫家女 17.14/122/9
○服重罪 17.17/122/26
○稍就噉 17.24/124/28
汝曹皆○以次死 17.24/124/28
○何由一得見決矣 18.1/126/1
諸王○歸國 18.1/126/5
彪○嗣爵 18.3/127/5
太守阮況○嫁女 18.6/127/25
將軍○奉璧賀 18.6/128/1
○辟御史 18.8/128/21
非所敢○ 18.8/128/22
○是〔耳〕 18.12/130/8
○其念至 18.16/131/15
追封○陽侯 18.24/133/15
○與議之 18.26/134/3
○守令 18.27/134/9
辭讓不敢○ 19.4/137/15
爲○世大儒 19.5/138/4
○依于輕 19.7/138/20
○刺邪矯枉 19.15/140/17
功滿○還 19.22/142/15
臺遣兩○關扶郁入 19.29/144/5
抱兒○戶 20.10/147/5
豺狼○道 20.15/148/3
今暮其○著矣 20.24/150/3
緩急有問者○相證也 20.24/150/6
伺○朝會 21.9/152/16
大丈夫生○雄飛 21.22/155/9
災蝗○以德消 21.35/157/17
歆○嗣爵 21.46/159/3
不敢○禮 22.1/160/25
○與霍光等 23.1/165/2
○下拜城 23.1/165/17
○道二千石皆選容貌飲食者 23.11/168/16
○以女珠妻若 23.11/168/23
有道士言豐○爲天子 23.12/169/3
既敗○斬 23.12/169/4
○死無所恨 23.12/169/5
姓○塗 23.17/171/12
事○奈何 23.17/171/27
男兒○死中求生 23.17/171/27
○傳萬世 24.94/180/12

黨 dǎng 34

詔收捕憲○ 2.3/16/19
太傅馮石、太尉劉熹以阿○權貴 3.2/19/31
〔誣爲○人〕 3.5/22/24
故太僕杜密、故長樂少府李膺各爲鉤○ 3.6/23/8
何鉤○ 3.6/23/9
鉤○人即○人也 3.6/23/9
樂成靖王○ 7.18/45/3
更始使侍御史黃○即封世祖爲蕭王 8.14/52/12
光前坐○附（憲）〔竇〕憲 12.4/78/16
上○人也 14.2/90/15
初爲上○太守 14.4/91/28
即拜邑爲上○太守 14.4/92/1
上○阸不能救 14.4/92/9
外附妻○ 14.4/92/15
其先上○潞人 14.5/92/22
衆（疆）〔彊〕之○ 14.5/93/6
撫上○ 14.5/93/27
朋○構姦 15.8/97/30
爲隗囂餘○所攻殺 15.11/99/16
汝南子欲復○乎 16.20/109/13
與周○相友 16.49/116/15
○每過貢 16.49/116/15
○嘗遺貢生（麻）〔蒜〕 16.49/116/16
周○、字伯況 16.50/116/26
鄉佐發○徭道 16.50/116/26
○學《春秋》長安 16.50/116/26
徵○ 16.50/116/28
○曰 16.50/117/1
伏見太原周○、東海王良、山陽王成 16.50/117/2
鄉○大人莫不敬異之 16.52/117/12
不事豪○ 19.32/144/23
乃相與共除閹○ 21.14/153/27
遭○錮事 21.17/154/14

碭 dàng 2

奔○ 18.6/127/21
莫○蠡沭 22.4/163/12

盪 dàng 9

○○人無能名焉 1.1/10/17
○○正青 6.5/36/15
茂爲人恬○樂道 10.26/69/24
○○〔然〕蟣蝨無所復依 12.1/76/10
伏惟天恩莫不○宥 18.9/129/1
方今四海波○ 23.17/170/25

刀 dāo 27

懷○自備 1.1/2/3
或以○自割 8.2/48/2
得鎧弩○矛戰楯匕首二三千枚 8.9/49/28
金錯○五十 8.9/50/2
辟把○、墨再屈環橫○、金錯屈尺八佩○各一 8.9/50/2
以佩○摧之 8.14/53/6
聞貳師將軍拔佩○刺山而飛泉出 8.17/54/9
遵遣護軍王忠皆持○斧伐樹開道 9.7/59/8
及衣冠○劍 9.8/60/7
買半臿佩○懷之 10.21/67/10
得半臿○ 10.21/67/10
以黃金十斤、葛縛佩○、書帶、革帶付讓 12.6/79/14
雖吞○以奉命兮 12.10/80/21
賜駮犀具劍、佩○、紫艾綬、玉玦各一 13.15/88/25
當車拔佩○ 14.2/90/16
引○斫之 14.6/94/6
拔○自嚮以要惲曰 15.8/97/25
冀立鉛○一割之用 16.3/103/16
衆拔○自誓 16.6/104/23
皇太子賜郁鞍馬、○劍 16.10/106/21
使鄉佐先拔○ 16.50/116/27
賜延錢及帶劍佩○還郡 17.1/117/24
今日搖動者○入脅 17.17/123/2
童子內○ 18.6/127/25
以錐○小用 19.22/142/16

倒 dǎo 3

○戟橫矢不足以明喻 8.14/52/19
救○懸之急 16.34/113/6
冠履○易 20.4/145/23

導 dǎo 7

○吏言河水流澌 10.11/64/17
臣融朝夕教○以經藝 10.22/67/25
望能以忠正○主 13.6/84/8
使黃門脅○惲 15.8/97/21
正在前○曰 16.36/113/23
甚得輔○之體 19.1/136/7
光武賜陳○駭犀劍 21.44/158/24

蹈 dǎo 1

身○絕俗之行 20.4/145/23

禱 dǎo 3

至今○祠 6.5/37/2
輒○請之 8.2/48/4
爲吏士請○ 8.17/54/10

到 dào 71

尋、邑兵○潁州 1.1/2/15
帝○ 1.1/2/22
尋、邑兵已五六萬○ 1.1/2/24
言宛下兵復○ 1.1/3/5
先○雒陽整頓官府 1.1/3/14
帝已乘王豐小馬先○矣 1.1/4/10
○鄗 1.1/4/17
○朝廷凡數十見 1.1/6/8
詔書○ 1.1/6/14
詔書告漢直擁兵○成都 1.1/7/3
○葉 1.1/8/6
遂○章陵 1.1/8/7
○皆自殺 2.3/16/20
○廣陵以與龍尙 3.5/22/24
帝○夏門外萬壽亭 3.6/23/6
○魏郡鄴、易陽 7.4/39/24
莽徵○長安 7.7/40/19
蒼○洛陽 7.12/43/9
蒼○國後病水氣喘逆 7.12/43/15
○其鄉 7.12/43/20
乘輿且○ 8.14/53/8
迎期先○ 11.4/71/21
勿令豫○ 11.4/71/21
援初○ 12.1/75/17
前○朝廷 12.1/75/22
○右北平 12.1/77/2
二月○武陵臨鄉 12.1/77/5
固等兵○燉煌 12.3/77/18
每租奉○及兩宮賞賜 12.11/81/14
子孫得○魴所 13.14/88/20
趙王從後○ 14.2/91/3
永行縣○京兆霸陵 14.2/91/7
未○官 14.4/92/18
時司徒吏鮑恢以事○東海 15.6/97/4
百里內皆齎牛酒○府飲讌 15.8/97/28
○西河美稷 15.9/98/19
聞使君始○ 15.9/98/20
颯○即引見 15.13/100/7
充○前亭 15.14/100/12
及○ 15.15/100/23,19.22/142/19
延○ 15.15/100/24
不敢望○酒泉郡 16.3/104/1
礦○吳郡 16.14/107/18
乃單車○官 16.37/114/1
○ 16.49/116/17,16.50/116/27
使者三○ 16.50/117/2
敕延從駕○魯 17.1/117/22
初○縣 17.13/121/18
南○九江 17.14/122/9
尋○矣 17.23/124/15
始○ 18.12/129/28
母追求○武陽北男謁舍家得阜 18.13/130/14
儻至○今 18.13/130/15
國租適○ 18.26/133/25
○葉見霸 18.26/133/28
坐定而府檄○ 18.27/134/9
乃一○雒 19.1/136/22
妻子不○官舍 19.11/139/20

○官之日 19.22/142/19
詔書○門不出 19.26/143/13
先遣吏○屬縣盡決罪行刑 19.26/143/13
震○雒陽都亭 20.2/145/10
參○ 20.10/147/3
或身○閭里 20.17/148/19
中山相朱遂○官 20.19/148/28
祐○ 21.3/150/28
潁○ 21.8/151/25
○官一年 21.54/160/9
百宿○雒 22.4/163/24

悼 dào 2

梁竦作《○騷賦》 12.10/80/19
朝廷愍○ 20.19/148/29

盜 dào 36

○發其廩 1.1/1/22
○賊群起 1.1/1/23
王莽○位 5.5/29/22
宮人○者 6.5/36/20
令奴金○取亭席 7.4/39/24
會○賊起 8.11/51/10
潁川○賊群起 9.1/55/13
○賊悉降 9.1/55/13
收得所○茂陵武帝廟衣、印、綬 9.6/58/12
是時○賊尙未悉平 9.8/60/3
天下反覆自○名字者不可勝數 12.1/75/21
三輔○賊群輩並起 12.9/80/12
○賊未息 12.11/81/20
芒守丞韓龔受大○丁仲錢 15.8/98/11
道路不敢相○ 15.17/101/14
坐誅斬○賊過濫 15.18/101/21
賊○起 16.52/117/13
遭離○賊 17.10/120/6
○賊息滅 17.10/120/7
○賊未盡 17.10/120/8
○賊并起 17.12/121/6
臣聞孔子忍渴於○泉之水 17.13/121/24
○賊起 17.24/124/27
18.1/125/19
人有○取之者 18.28/134/13
椽○載椽還之 18.28/134/14
人又有○刈恭禾者 18.28/134/14
發摘姦○ 19.2/137/4
○賊發 19.21/142/1
○不過五女門 21.7/151/19
旬月群○悉破 21.8/151/26
○嘗夜往劫之 21.13/153/20
乃先至門迎○ 21.13/153/21
諸○皆慚嘆 21.13/153/22
夕陽侯邢崇孫之爲賊所○ 21.50/159/20
爲群○ 23.19/172/11

道 dào 137

帝引車入○旁空舍 1.1/3/24
少公○讖言劉秀當爲天子 1.1/4/15
○數十歲事若案文書 1.1/6/5
聚人遮○啼呼 1.1/8/2
○無拾遺 1.1/8/8
景帝能遵孝○ 1.1/8/27
○古行事 1.1/9/4
又○忠臣孝子義夫節士 1.1/9/4
而失黃、老養性之○ 1.1/9/6
帝在于○所幸見吏 2.1/12/16
○（路）〔橋〕所過歷樹木 2.2/14/15
好古樂○ 2.3/16/7
不容令群臣知帝○崩 3.1/19/15
欲僞○得病 3.1/19/15
帝起四百尺觀于阿亭○ 3.6/23/26
蕭何墓在長陵東司馬門○北百步 5.1/27/5
霍光墓在茂陵東司馬門○南四里 5.1/27/7
信○不篤 5.5/30/4
秦爲無○ 5.5/31/4
外家出過于○南 6.3/35/22
誣奏貴人使婢爲蠱○祝詛 6.3/36/1
懸其尸○邊樹 7.4/39/25
以長沙定王子封于零○之舂陵爲侯 7.7/40/13
○豈有是耶 7.9/41/21
爲諸子在○欲急帶之也 7.9/41/26
上以王觸寒涉○ 7.12/43/9
賜以秘書列圖、○術秘方 7.12/43/11
前太子卬頑凶失○ 7.20/45/13
○路斷閉 8.1/47/4
前烏桓吏士皆奔走○路 8.2/48/3
弘稱○之 8.10/50/13
夕即引○ 8.10/51/1
得無爲人○之 8.14/52/21
不敢爲人○也 8.14/52/21
游戲○上 8.17/54/14
便○之官 9.1/55/6
恂乃出迎于○ 9.1/55/10
百姓遮○曰 9.1/55/13
西遮隴○ 9.1/55/19
彭伐樹木開○ 9.2/56/1
由是無爭○變鬭者 9.4/57/20
〔輒引車避○〕 9.4/57/21
遵遣護軍王忠皆持刀斧伐樹開○ 9.7/59/8
可謂守死善○者也 9.7/59/18
吏民遮○不得行 9.12/61/17
期瞋目○左右大呼曰 9.12/61/18
駐節○中 10.1/62/6
一年間○路隔塞 10.10/64/8
修飛狐○至平城 10.11/64/25
○絕 10.22/67/20
恂恂（循）〔循〕○ 10.22/68/1
○中有人認茂馬者 10.26/69/7
茂爲人恬蕩樂○ 10.26/69/24
天○惡滿而好謙 11.4/71/20
先王○術陵遲 11.7/72/12
息馬論○ 11.7/72/13
在○西 11.10/73/12
祖聖○而垂典兮 12.10/81/1
紛華○路 12.11/81/19
守死善○ 13.1/82/23
或當○〔而〕臥 13.5/83/21
欲令輔國家以○ 13.6/84/6
須○開通 13.11/85/23
臣聞先王無二○ 13.11/86/14
古今通○ 13.11/86/15
政皆神○設教 13.11/86/20
二千石失制御之○ 13.11/86/26
常辭以○上稟假有餘 13.11/87/6
將緹騎宿玄武門複○上

13.14/88/18
南宮複○多惡風寒 13.14/88/19
欲棄之於○ 13.16/89/9
通利○路 13.16/89/12
○迫 14.2/91/2
○迫狹 14.2/91/4
令叩頭都○ 14.2/91/5
○病 14.4/92/18
得○之兵 14.5/92/24
誅滅無○ 14.5/93/11
○德斌斌馮仲文 14.6/94/7
昱○遇丹 15.5/96/21
交○之難 15.5/96/24
不任進○ 15.6/97/6
〔逢迎〕○路 15.9/98/19
於○次迎拜 15.9/98/20
○路未通 15.15/100/23
○路不敢相盜 15.17/101/14
○不拾遺 15.17/101/15
聚衣裝○旁 15.17/101/15
接以師友之○ 16.1/102/9
超更從他○渡 16.3/103/21
故中○而廢 16.8/105/9
窮極師○ 16.9/105/14
○病卒 16.16/108/11
惟《琴○》未畢 16.16/108/13
眞世之有○者也 16.22/110/7
皆以無○ 16.24/110/19
惟獨狄○爲國堅守 16.34/113/5
○路愈多不法 16.38/114/10
萌被徵上○ 16.46/115/28
然樂○不怠 16.47/116/6
○狀如此 16.49/116/22
鄉佐發黨徭○ 16.50/116/26
政以車駕出時伏○邊 17.17/122/26
○術尤精 17.18/123/7
○上號曰○士 18.1/125/23
○不同故耳 18.1/126/2
○遇群賊 18.6/127/23
常接以友○ 18.6/128/9
見○中有諸生（來）〔乘〕小車 18.12/130/5
老弱啼號滿○ 18.14/131/4
弗復○ 18.26/134/4
百姓垂涕送之滿○ 19.1/136/14
重其○歸煩擾 19.1/136/17
恐好惡過所○ 19.1/136/18
無以絕毀實亂○之路 19.1/136/22
○得其眞 19.6/138/10
前後萬餘人相屬于○ 19.19/141/15
窮極○術 19.22/142/13
○經昌邑 20.2/145/8
豺狼當○ 20.15/148/3
以○譬之 20.17/148/19
稽留○路 20.20/149/6
修行婦○ 22.1/160/27
罵詈○路 23.1/165/12
當○二千石皆選容貌飲食者 23.11/168/16
有○士言豐當爲天子 23.12/169/3
所爲「神○設教」 23.16/169/27
朝聞○ 23.17/171/9
使延岑、田戎分出兩○ 23.17/171/20
○隗王破者復如此矣 23.17/171/25
或自○先祖形貌表相 24.14/174/1
夫清○而後行 24.77/178/19
以正黃○ 24.90/179/24
萬世不易之○也 24.90/179/24
潤以○術 24.90/179/26
去中鬼神仙○之語 24.91/180/2

稻 dào 6

人持枯○ 7.7/40/17
自言○皆枯 7.7/40/17
載枯○至太守所 7.7/40/17
敞以枯○示之 7.7/40/18
溉郡○ 11.1/70/13
開治○田八千餘頃 15.12/99/27

得 dé 222

吏治○失 1.1/1/17
殺新野尉後乃○馬 1.1/2/11
○定武侯家丞印 1.1/2/14
尋、邑○書 1.1/3/6
雖○入 1.1/3/11
天下不可復○也 1.1/4/3
長威請降○萬戶侯 1.1/4/3
一戶不可○ 1.1/4/4
但○全身也 1.1/4/5
○吏民謗毀帝言可擊者數千章 1.1/4/6
安○不投死 1.1/4/10
長史○檄 1.1/6/14
詔群臣奏事無○言「聖人」 1.1/6/16
不中式不○上 1.1/6/16
不○刮璽書 1.1/6/18
不○有加 1.1/8/22
周公、孔子猶不○存 1.1/8/23
安○松、喬與之而共遊乎 1.1/8/24
吏抵言于長壽街○之 2.1/11/11
頗令學者○以自助 2.1/11/22
各○其所 2.1/12/8
豈非公卿奉職○理乎 2.1/12/23
無○有所伐 2.2/14/15
美陽○銅酒樽 2.2/15/5
故○龍泉 2.2/15/10
故○漢文劍 2.2/15/10
故○鍛成劍 2.2/15/10
恣○〔收〕捕 2.3/16/23
故靡○而紀 2.3/17/14
諸王子莫○與比 3.1/18/8
欲僞道○病 3.1/19/15
不○上殿臨棺 3.2/19/25
詔禁民無○酤賣酒麴 3.2/20/24
珠玉玩好皆不○下 3.2/20/27
○玉玦 3.5/21/30
戴異鉏田○金印 3.5/22/24
可○而禮也 5.4/28/17
喜于○承鴻業 5.5/30/3
當○是〔當〕 5.5/30/4
元元各○其所 5.5/31/5
娶妻當○陰麗華 6.1/33/24
常稱疾而終身○意 6.2/34/12
上令太夫人及兄弟○入見 6.2/34/22
遂○申理 6.5/37/1
兆○壽房 6.6/37/10
○《坤》之《比》 6.6/37/11
○寵爲貴人 6.9/38/4
○司徒劉公一言 7.1/38/11
貴仁者所好惡○其中也 7.20/45/15
慶○入省宿止 7.21/45/20

我○拜除長吏 8.1/46/9
我乃始○一處 8.1/46/16
冀○火以熨背 8.2/47/12
不○ 8.2/47/12,23.11/168/20
其○人心如是 8.2/47/21
咸○平愈 8.2/47/23
幸○遭値明盛 8.5/48/20
雖內○于上 8.7/49/17
○鎧弩刀矛戰楯匕首二
三千枚 8.9/49/28
○釜鑊二三千枚 8.9/50/1
○匕首三千枚 8.9/50/1
緣馬尾○出 8.10/50/24
23.17/172/1
不○共坐 8.11/51/12
○生口 8.12/51/24
無令他姓○之 8.14/52/21
○無爲人道之 8.14/52/21
吾○臨淄 8.14/52/27
所謂一舉而兩○者也 8.14/52/27
正使○其城 8.14/53/1
匈奴破殺後王安○ 8.17/54/6
恭既○水 8.17/54/11
○詔書怨懟 8.17/54/14
收○一萬餘斛 9.1/55/6
怐捕○ 9.1/55/8
兩虎安○私鬭 9.1/55/12
全子弟○生還也 9.2/56/6
昨日○公孫豆粥 9.4/56/23
人不能○其要領 9.4/57/3
收○所盜茂陵武帝廟衣
、印、綬 9.6/58/12
主人○無去我講乎 9.6/58/17
安○憂國奉公之臣如祭
征虜者乎 9.7/59/21
但○將軍威重 9.10/60/25
臣幸○受干戈 9.11/61/7
吏民遮道不○行 9.12/61/17
〔○〕數十 10.1/62/6
云「願復○耿君 10.1/62/12
〔問〕破賊所○物 10.14/65/19
諸君○無望乎 10.14/65/20
思○效命 10.14/65/25
事君(有)〔者〕不○
顧家 10.16/66/10
彤親所以至今日○安于
信都者 10.16/66/10
不○復念私也 10.16/66/11
○半臿刀 10.21/67/10
不○令觀天文、見讖記
10.22/67/25
憲陰喝不○對 10.24/68/18
馬主自○其馬 10.26/69/9
○免 11.1/70/7
左右怪上數破大敵、今
○小城 11.2/70/24
○穀百萬餘斛 11.10/73/14
何可○也 12.1/76/20
以所○駱越銅 12.1/76/27
廖不○嗣爵 12.2/77/9
匈奴候騎○漢馬矢 12.3/77/20
官捕○玉當 12.4/78/18
既匡救而不○兮 12.10/81/1
民至乃誠乳婦勿○舉子
13.5/83/21
嘗受俸○鹽 13.6/84/8
弓弩不○弛 13.9/85/6
於河西○漆書《古文尚
書經》一卷 13.11/85/21
○萬國之歡心 13.11/86/7
〔令○復熾〕 13.11/86/13
元元少○舉首仰視 13.11/86/26
令○復昌熾縱橫 13.11/86/26
均不○其所 13.11/86/29
子孫○到魴所 13.14/88/20
願○降之 13.16/89/7
赤眉已○長安 14.1/90/2
彭往者○執鞭侍從 14.1/90/6
事○置偏裨將五人 14.2/90/17
愔悉○邑母弟妻子 14.4/91/28
威行○衆不及智伯萬分
之半 14.4/92/10
○道之兵 14.5/92/24
審○其人 14.5/93/25
忌不○留媵妾 14.5/94/1
○鄉亭厚矣 15.1/95/1
馬不○前 15.7/97/16
郡○賢能太守 15.9/98/17
(大)〔太〕守○奮妻
子 15.11/99/16
人○其利 15.14/100/18
一筍餌○都尉 15.17/101/13
臣○竭死自效 15.17/101/13
不○虎子 16.3/103/6
斬○匈奴〔節〕使屋類
帶、副使比離支首及
節 16.3/103/8
願○本所從三十餘人 16.3/103/12
察政不○下和 16.3/104/5
名賢○ 16.4/104/10
衆不○已 16.6/104/26
○卿幾晚 16.9/105/16
不○已受封 16.10/106/16
何可○乎 16.16/108/7
良久乃○解 16.16/108/10
數進見問○失 16.20/109/11
安○獨潔己而危所生哉
16.37/113/29
不○意 16.38/114/12
爲赤眉賊所○ 16.41/114/26
萌歸不能○豆 16.41/114/27
不能○錢買肉 16.49/116/20
後買輒○ 16.49/116/21
爲餓賊所○ 17.11/120/22
願○歸 17.11/120/22
於是○全 17.11/120/25
乃撫莢○三升豆 17.11/120/25
時單于遣使求欲○見宮
17.12/121/8
縣不○已與之 17.13/121/15
上○奏 17.13/121/15
意○珠璣 17.13/121/23
不○成此殿 17.13/122/3
弟禮爲賊所○ 17.23/124/15
孝○穀 17.23/124/16
譚爲賊所○ 17.24/124/27
數十人皆○脫 17.24/125/3
當何由一○見決矣 18.1/126/1
其○民心如此 18.1/126/17
諸母衣不可○ 18.6/127/24
求不可○ 18.6/128/2
而亡命捕○獨不沾澤 18.9/129/2
○數萬錢 18.10/129/8
錢盡可復○ 18.10/129/9
使○一尊其母 18.10/129/11
鉤求○之 18.12/129/26
家○其願 18.12/130/4
母追求到武陽北男謁舍
家○阜 18.13/130/14
根○蘇 18.22/133/2
因○逃竄 18.22/133/2

拜而○錢 18.26/133/26
○賢堉如梁鴻者 18.29/135/1
恐不○免 18.30/135/17
甚○輔導之體 19.1/136/7
恭不○已而行 19.4/137/16
事○其實 19.6/138/10
道○其眞 19.6/138/10
人莫○知 19.7/138/22
與其不○已 19.7/138/24
不○有異 19.11/139/21
○其地不可墾發 19.16/140/24
○其人無益于政 19.16/140/24
不〔○〕遠走 19.21/142/1
不○輒毆罵之 19.21/142/2
〔捕○〕 19.21/142/3
動○事理 19.22/142/16
不○已 20.6/146/10
東郡太守捕○賊 20.8/146/21
以惠政○民 20.10/147/6
光○劍 20.24/150/4
帝○奏 21.4/151/6
上書願與雲俱○死 21.4/151/7
掠○羌侯君長金印四十
三 21.8/152/7
不○入懷 21.11/153/4
○不死 22.5/164/3
帝那○爲之 23.1/165/2
時不○已 23.1/165/7
作者不能○ 23.1/165/13
欲○更始 23.1/165/20
東海公賓就○其首 23.2/165/24
探○將軍 23.5/166/12
○掖庭中宮女猶有數百
千人 23.5/166/16
遂相聚○數百人 23.7/167/8
天下不可〔復〕○ 23.8/167/19
○其郡 23.10/168/10
遂不○解 23.11/168/24
攻○邔、宜城、（若）
〔鄀〕、編、臨沮、
中（沮）廬、襄陽、
鄧、新野、穰、湖陽
、蔡陽 23.13/169/9
將軍○無笑其言乎 23.15/169/21
○以絕群 23.16/170/4
不○自增加 24.14/174/1
原事○情 24.51/176/21
廣漢索不○ 24.72/178/8
他吏往○之 24.72/178/8
唯《渾天》者近○其情
24.90/179/22
連年不○ 24.90/179/25
莫之○見 24.93/180/9

德 dé 157

封宣○侯 1.1/4/24
自漢草創○運 1.1/5/4
以漢水○ 1.1/5/5
至孝文、賈誼、公孫臣
以爲秦水○ 1.1/5/5
漢當爲土○ 1.1/5/5
至孝武、（兒）〔倪〕
寬、司馬遷猶從土○ 1.1/5/6
漢爲火○ 1.1/5/7
明火○之運 1.1/5/8
高祖赤龍火○ 1.1/5/12
惟孝宣皇帝有功○ 1.1/8/10
世祖愈珍帝○ 2.1/11/15
○合于堯 2.1/12/9
或以○顯 2.1/12/13
○洽作樂 2.1/12/14,5.5/31/11
共進《武○》之舞 2.1/13/23
明○太后姊子夏壽等私
呼虎賁張鳴與敖戲爭
鬬 2.2/15/13
明○愼罰 2.2/15/26
肅宗兼茲四○ 2.2/15/27
力誦聖○ 2.2/15/27
帝崩于章○前殿 2.3/17/9
○教在寬 2.3/17/13
帝崩于崇○前殿 2.4/17/22
以迎濟陰王于○陽殿西
鍾下 3.2/19/28
朕以不○ 3.2/20/14
而○教加于百姓 3.2/21/1
進《武○》之舞 3.2/21/3
初置鴻○苑 3.5/22/4
實藉○貞 3.5/22/18
有白衣人入○陽殿門 3.6/23/18
懸于嘉○端門內 3.6/24/5
置鴻○苑 4.1/25/10
《易》所謂「先王以作
樂崇○ 5.4/28/16
以建威揚○ 5.4/29/1
陛下聖○洋溢 5.5/29/10
爲民報○ 5.5/29/12,5.5/29/15
臣下不敢頌功述○業 5.5/29/15
國家○薄 5.5/29/18
功○盛于高宗、（宣）
〔武〕王 5.5/29/24
○薄而任重 5.5/30/3
執○不弘 5.5/30/4
以明功○ 5.5/31/4
作《武○》之舞 5.5/31/5
孝景皇帝制《昭○》之
舞 5.5/31/6
孝武皇帝功○茂盛 5.5/31/6
孝宣皇帝制《盛○》之
舞 5.5/31/7
功○巍巍 5.5/31/8
歌所以詠○ 5.5/31/9
宜列○ 5.5/31/13
依書《文始》、《五行》
、《武○》、《昭○》
、《盛○》修之舞 5.5/31/14
（勿）進《武○舞歌詩》
曰 5.5/31/16
休矣惟○ 5.5/31/18
進《武○》之舞如故 5.5/31/19
念先帝躬履九○ 5.5/31/21
以克配功○ 5.5/31/23
宗有○ 5.5/31/26
孝明皇帝功○茂盛 5.5/31/26
奏《武○》、《文始》
、《五行》之舞 5.5/31/27
昔者孝文廟樂曰《昭○》
之舞 5.5/31/27
孝武廟樂曰《盛○》之
舞 5.5/31/28
《昭○》、《盛○》之
舞不進 5.5/31/28
盛○之樂無所施 5.5/32/1
不當與世（祖）〔宗〕
廟《盛○》之舞同名 5.5/32/2
當進《武○》之舞 5.5/32/2
陛下體純○之妙 5.5/32/3
伏惟陛下以至○當成、
康之隆 5.5/32/5
（陛下）〔百姓〕盛歌
元首之○ 5.5/32/5

嘉美盛○ 5.5/32/6
上以公卿所奏明○皇后在世祖廟坐位駮議示東平憲王蒼 5.5/32/11
明○皇后宜配孝明皇帝 5.5/32/13
明○皇后嘗久病 6.2/34/6
馬貴人○冠後宮 6.2/34/14
咸稱至○ 6.2/35/17
深陳○薄 6.5/36/17
詔史官樹碑頌○ 6.7/37/17
博園匽貴人履高明之懿○ 6.8/37/22
欲報之○ 6.8/37/23
名儒宿○ 7.3/39/10
以○自終 7.8/41/14
惟王孝友之○ 7.12/43/5
明○盛者 7.12/43/6
上移幸北宮章○殿 7.21/45/20
示漢威○ 8.17/54/4
今漢○神靈 8.17/54/9
施行恩○ 9.4/56/20
王莽時舉有○行、能言語、通政事、明文學之士 9.10/60/17
景丹因以言語爲固○侯相 9.10/60/17
詔封茂宣○侯 10.26/69/21
以爲綏○將軍 12.1/75/13
時上在宣○殿南廡下 12.1/75/17
詔置馬○陽殿下 12.1/76/28
棱有威○ 12.8/80/1
殷伊（周）〔尹〕之協○兮 12.10/80/20
屈平濯○兮 12.10/80/22
猥復超超宿○ 12.11/81/16
吾以不○ 12.11/81/18
嚮望○義 13.1/82/24
非碩○忠正也 13.6/84/6
未見好○如好色者 13.6/84/11
宋公威容○器 13.6/84/13
鄉里歸○ 13.10/85/12, 17.23/124/19
位尊○重 13.10/85/13
思仰漢○ 13.11/86/5
卒無○能 13.11/86/24
百僚知林以（名）〔明〕○用 13.11/87/1
成○侯鮪玄孫祀 14.1/90/11
性好文○ 14.2/90/18
皇帝以聖○靈威 14.5/93/9
○冠往初 14.5/93/12
樹恩布○ 14.5/93/13
今大將軍以明淑之○ 14.5/93/15
○不素積 14.5/93/23
無不感○ 14.5/93/25
道○斌斌馮仲文 14.6/94/7
明府○也 15.8/98/2
前在州素有恩○ 15.9/98/18
並感其恩○ 15.15/100/28
上○之 15.17/101/12
于闐王廣○禮意甚疏 16.3/103/14
廣○就超請馬 16.3/103/15
超即斬其首送廣○ 16.3/103/15
示我顯○行 16.9/106/11
戴仰漢○ 16.33/112/22
無○不報 16.34/113/10
可謂至○ 17.2/118/10
厥○文明 17.9/119/27
後起○陽殿 17.13/122/2
喻以聖○ 17.15/122/15
先君秉○以惠下 17.19/123/14
以○行稱于代 18.6/127/22
暉同縣張堪有名○ 18.6/128/9
暉以堪宿成名○ 18.6/128/10
佝○化 18.14/131/3
鄉里號之曰「○行恂恂召伯春」 18.19/132/11
字之曰○耀 18.29/135/3
則修文○以來之 19.16/140/25
不務修舜、禹、周公之○ 19.16/140/25
以○行高妙 19.23/142/24
有虹蜺晝降嘉○殿 20.4/145/20
上引賜等入金商門崇○署 20.4/145/20
收兵至盛○門 20.23/149/21
災蝗當以○消 21.35/157/17
大人以先生修○守約 22.1/160/25
《遠夷樂○歌詩》曰 22.4/161/20
《遠夷慕○歌詩》曰 22.4/162/16
聖○渡諾 22.4/162/24
聖○深恩 22.4/162/24
術疊附○ 22.4/163/4
去俗歸○ 22.4/163/4
《遠夷懷○歌詩》曰 22.4/163/7
若奮發盛○ 23.17/171/1
揚光聖○ 24.94/180/12

登 dēng 28

遂○太山 1.1/9/13
○靈臺 2.1/11/27
歲比○稔 2.1/13/1
遂○靈臺 2.3/16/22
五穀不○ 3.5/22/1
妖賊蓋○稱「大皇帝」 3.5/22/22
群司禮官咸以爲宜○封告成 5.5/29/12
宜○封岱宗 5.5/29/12
○封告成 5.5/29/15, 5.5/31/8
比年五穀不○ 5.5/30/18
公卿奏議世祖廟○歌《八佾》舞（功）名 5.5/31/3
故○歌《清廟》一章也 5.5/31/13
百官頌所○御者 5.5/31/13
遂○至尊 6.2/34/15
宰潘臨○城言曰 7.1/38/11
及祖廟○歌《八佾》舞數 7.12/42/18
于是被羽先○ 8.11/51/15
及○位 9.6/58/16
〔上自〕○城 9.10/60/18
期先○陷陣 9.12/61/20
臣未有先○陷陣之功 11.14/74/14
毀廟及未毀廟之主皆○ 13.12/87/15
五穀豐○ 17.10/120/7
○樓而歌 21.11/153/7
乃○樓自焚而死 21.11/153/9
其大將王捷○城呼漢軍曰 23.16/170/16
使先○偵之 24.13/173/21

燈 dēng 4

至夜御○火 9.7/59/9
乃張○俯伏 11.6/72/7
光爲尙席直事通○ 20.24/150/3
持○入章臺門 20.24/150/4

氃 dēng 1

賜氃○具物 11.10/73/17

等 děng 102

諸李遂與南陽府掾史張順○連謀 1.1/2/6
共勞饗新市、平林兵王匡、王鳳○ 1.1/2/10
帝率鄧禹○擊王郎橫野將軍劉奉 1.1/3/25
益吳漢、鄧禹○封 1.1/5/4
與高帝○ 1.1/6/10
功臣鄧禹○二十八人皆爲侯 1.1/10/1
我子不當與先帝子○ 2.1/13/29
孔子後褒成侯○咸來助祭 2.2/14/19
明德太后姊子夏壽○私呼虎賁張鳴與敖戲爭鬬 2.2/15/13
魯丕與侍中賈逵、尙書令黃香○相難 2.3/17/1
徼外羌龍橋○六種慕義降附 3.1/18/12
徼外羌薄申○八種舉衆降 3.1/18/16
青衣蠻夷、堂律○歸義 3.1/18/30
蠻田山、高少○攻城 3.1/19/1
山○皆降 3.1/19/2
虔人種羌大豪恬狼○詣度遼將軍降 3.1/19/5
中常侍江京、樊豐○共〔興〕爲詐 3.1/19/14
遣司徒○分詣郊廟社稷 3.1/19/15
乳母王男、廚監邴吉爲大長秋江京、中常侍樊豐○所譖愬 3.2/19/23
京○懼有後害 3.2/19/24
車騎將軍閻顯○議 3.2/19/26
中黃門孫程○十九人共討賊臣江京○ 3.2/19/27
遣侍中杜喬、光祿大夫周舉○八人分行州郡 3.2/20/21
帝與中常侍單超○五人共謀誅之 3.5/22/6
于是封超○爲五侯 3.5/22/6
減罪一○ 3.5/22/8
名臣少府李膺○並爲閹人所譖 3.5/22/24
與博士充○議 5.5/29/21
太尉憙○奏 5.5/31/25
上書表薦賢士左馮翊桓虞○ 7.12/42/21
詔問東平王處家何○最樂 7.12/42/24
此與誰○ 7.12/43/1
楊偉、徐容○惶恐解散 8.10/50/26
○輩（欺沒）〔放散〕其鹽 8.11/51/10
與劉歆○會戰 8.14/53/6
弇凡平城陽、琅邪、高密、膠東、東萊、北海、齊、千乘、濟南、平原、泰山、臨淄○郡 8.14/53/10
引耿弇○諸營擊之 9.1/55/17
異薦邑子銚期、叔壽、殷建、左隆○ 9.4/56/17
黽池霍郎、陝王長、湖濁惠、華陰陽沈○稱將軍者皆降 9.4/57/11
降其將劉始、王重○ 9.4/57/12
吳漢、耿弇○悉奔還 9.7/59/10
詔書增秩一○ 9.8/60/4
何○兵 9.10/60/18
丹○對曰 9.10/60/19
不及○倫 9.11/61/8
傅俊從上迎擊王尋○于陽關 10.9/64/3
信都大姓馬寵○開城內之 10.14/65/21
與竇固○議出兵調度 12.3/77/17
固○兵到燉煌 12.3/77/18
詔許越騎、射聲（寺）〔○〕治北宮 12.4/78/15
其四十二事手殺人者減死一○ 12.9/80/10
敕子冀○曰 12.11/81/18
與友人韓仲伯○數十人 13.16/89/8
朱鮪○會城南淯水上沙中 14.1/89/26
永遣弟升及子壻張舒○謀使營尉李匡先反涅城 14.2/90/20
時彭豐○不肯降 14.2/90/25
請豐○會 14.2/91/1
肅宗詔鴻與太常樓望、少府成封、屯騎校尉桓郁、衛士令賈逵○ 15.2/95/13
誅降逆賊楊異○ 15.10/99/4
乃聘請高行俊乂如董子儀、嚴子陵○ 15.15/100/24
博士丁恭○議曰 16.24/110/17
叱宇○曰 16.30/112/1
數薦達名士承宮、郇恁○ 17.11/120/25
白狼王○百餘國重譯來庭 17.15/122/15
○輩數十皆縛束 17.24/124/27
願先○輩死 17.24/125/2
○輩笑之曰 18.1/126/1
與小吏受○ 18.1/126/13
赦天下繫囚在四月丙子以前減死罪一○ 18.9/128/26
此○多是建武以來絕無後者 18.16/131/16
收執根○ 18.22/133/1
後伯通○爲求葬處 18.29/135/9
宿訟許伯○爭陂澤田 19.4/137/17
高譚○百八十五人推財相讓 19.17/141/6
兄大將軍憲○並竊威權 19.32/144/22
中常侍樊豐○譖之 20.2/145/10
上引賜○入金商門崇德署 20.4/145/20
賊○遂戟刺輔 20.8/146/21
江京○譖誣太子 20.23/149/18
與馬國○相見 20.23/149/19
程○十八人收斬江京、閻顯○ 20.23/149/20
程○適入 20.24/150/4
而中常侍單超○五人皆以誅冀功並封列侯 21.4/151/3
時東郭竇、公孫舉○聚衆三萬人爲亂 21.8/151/24

此以慰种光、馬賢○亡魂也 21.8/152/1
自破甄阜○ 23.1/164/23
當與霍光○ 23.1/165/2
李松○自長安傳送乘輿服御物 23.1/165/3
徐宣、樊崇○入至弘農枯樅山下 23.1/165/15
令劉盆子○三人居中央 23.5/166/12
三老○皆稱臣 23.5/166/12
呂母賓客徐次子○ 23.7/167/9
知命者侍郎韓公○ 23.8/167/16
與假號將軍李興○結謀 23.9/168/5
內因興○ 23.9/168/6
寵奴子密○三人共謀劫寵 23.11/168/20
子密○三人縛寵著床板 23.11/168/21
今遣子密○詣子后蘭卿所 23.11/168/25
銅馬賊帥東山荒禿、上淮況○ 23.20/172/16
獲索賊帥古師郎○ 23.20/172/17

鄧 dèng 49

○晨起 1.1/3/11
○禹吹火 1.1/3/24
帝率○禹等擊王郎橫野將軍劉奉 1.1/3/25
還過○禹營 1.1/3/25
帝與伯叔及姊壻○晨、穰人蔡少公燕語 1.1/4/15
益吳漢、○禹等封 1.1/5/4
帝遣游擊將軍○隆〔與〕幽州牧朱浮擊彭寵 1.1/5/13
功臣○禹等二十八人皆爲侯 1.1/10/1
帝封新野主子○汎爲吳侯 1.1/10/6
召見陰、○故人 2.1/12/16
尊皇后○氏爲皇太后 2.4/17/19
○后臨朝 3.1/18/8
孝桓帝○后 6.9/38/3
○太后悲傷 7.22/45/24
○禹、字仲華 8.1/46/5
因令左右號禹曰○將軍 8.1/46/14
前將軍○禹 8.1/46/19
○訓字平叔 8.2/47/10
○使君已死 8.2/48/3
○鴻行車騎將軍 8.3/48/8
○陟、字昭伯 8.4/48/12
○悝、字叔昭 8.5/48/19
○弘、字叔紀 8.6/48/26
○閶、字季昭 8.7/49/12
○太后報閶曰 8.7/49/15
○訓五子 8.7/49/18
○氏自中興後 8.7/49/19
○豹、字伯庠 8.8/49/24
○遵 8.9/49/28
○禹及諸將多相薦舉 8.10/50/10
召○禹宿 8.10/50/11
漢與○弘俱客蘇弘 8.10/50/12
問○禹曰 9.1/54/23
○禹發房子兵二千人 9.12/61/18
南拒○奉 10.10/64/8
○晨、南陽人 11.1/70/5
○太后以殤帝初育 11.10/73/17
○禹使積弩將軍馮愔將兵（繫）〔擊〕邑 14.4/91/28
辟○禹府 14.5/93/1
○禹平三輔 15.5/96/20
○讓夫人、光烈皇后姊也 15.20/102/3
（守）〔有〕新野功曹○寅 17.1/117/24
○彪、字智伯 18.3/127/3
和熹○后臨朝 18.22/132/26
及○氏誅 18.22/133/3
坐隴西太守○融免官 21.31/156/24
詔○禹收葬〔於〕霸陵 23.1/165/20
攻得邵、宜城、（若）〔鄀〕、編、臨沮、中（沮）廬、襄陽、○、新野、穰、湖陽、蔡陽 23.13/169/9
光武以○奉爲輔漢將軍 23.14/169/15

低 dī 1

土炭重而衡○ 24.88/179/16

隄 dī 1

以縑囊盛土爲○ 9.2/56/5

狄 dí 12

夷○慕義 5.5/29/24
戎○奉貢 5.5/31/8
克滅北○ 10.24/68/23
孫咸征○ 12.14/82/14
今以平○將軍孫咸行大司馬事 12.14/82/14
緣邊破於北○ 14.5/93/5
惟獨○道爲國堅守 16.34/113/5
以事夷○ 19.4/137/24
王者不理夷○ 19.16/140/24
故明王之于夷○ 19.16/140/24
爲平○將軍 23.15/169/19
外懷○戎 24.31/175/9

笛 dí 1

好吹○ 12.7/79/19

滌 dí 1

方今阨急而闕里無故自○ 14.2/90/26

嫡 dí 6

敞爲○子終娶翟宣子女習爲妻 7.7/40/21
宣使○子姬送女入門 7.7/40/21
姬妾○庶 7.20/45/12
迄今○嗣未知所定 7.20/45/13
《禮》重○庶之序 7.20/45/14
彪以○長爲世子 18.3/127/5

翟 dí 4

敞爲嫡子終娶○宣子女習爲妻 7.7/40/21

過陽○ 9.4/57/9
與（東）〔同〕郡宗武伯、○敬伯、陳綏伯、張弟伯同志好 18.3/127/4
○歆、字敬子 21.46/159/3

敵 dí 14

劉將軍平生見小○怯 1.1/3/4
今見大○勇 1.1/3/4
時百姓以帝新破大○ 1.1/3/26
其勇非人之○ 1.1/6/9
量○校勝 1.1/6/10
固非人之○ 1.1/10/16
克○深入 3.2/20/17
隱若一○國矣 8.10/50/17
吾深入○（地）〔城〕 8.14/53/2
非交戰受○ 9.4/57/20
左右怪上數破大○、今得小城 11.2/70/24
無○天下 14.4/92/7
天下爲○人 14.4/92/12
跨馬陷○ 23.17/171/18

邸 dǐ 5

爲之○ 1.1/1/18
自在○第 3.1/18/6
詔留于清河○ 3.1/18/9
廣平、鉅鹿、樂成王在○ 6.2/35/16
詔使治喪郡國○ 15.10/99/7

抵 dǐ 3

吏○言于長壽街得之 2.1/11/11
即時收令下獄○罪 6.5/37/1
○破書案 23.1/165/9

底 dǐ 2

大破之殽○ 9.4/57/14
子陽、井○鼃耳 12.1/75/16

砥 dǐ 2

政如○矢 2.3/17/12
武公、莊公所以○礪蕃屏 13.1/83/2

詆 dǐ 1

由是多見排○ 16.16/108/3

地 dì 82

節侯孫考侯以土○下濕 1.1/1/6
或爲○突 1.1/2/25
不及○尺而散 1.1/3/1
見上據○曰 1.1/4/2
俯視○ 1.1/7/11
蓋○數頃 1.1/8/8
始營陵○于臨平亭南 1.1/8/21
今所制○ 1.1/8/27
埽○更爲 1.1/9/7
○（祗）〔祇〕靈應而朱草萌 1.1/9/16
宜配食○（祗）〔祇〕高廟 1.1/9/19
○曠遠 2.1/13/3
嘗案輿○圖 2.1/13/27
右扶風雍○裂 2.3/17/9
日南○坼長一百八十二里 3.1/18/28
至北○靈州丁奚城 3.1/19/1
開○置郡 5.5/31/6
緣天○之所雜樂爲之文典 5.5/31/10
久無祭天○冕服之制 5.6/32/23
方以則○ 5.6/33/1
天○之（祀）〔禮〕 5.6/33/1
以郊祀天○ 5.6/33/11
豈非天○之應歟 6.5/37/4
○車不可用 7.1/38/12
以舂陵○勢下濕 7.7/40/13
下床伏○ 7.8/41/10
披輿○圖 8.1/46/16
欲歸故○ 8.2/47/26
吾深入敵（○）〔城〕 8.14/53/2
谷水從○中數丈涌出 9.2/56/5
天○赫然盡赤 10.12/65/7
〔益○數千頃〕 11.1/70/13
亡命北○ 12.1/75/10
指畫○勢 12.1/76/1
行○者莫如馬 12.1/76/25
自河東遷居北○ 12.9/80/6
北○任橫、任崖 12.9/80/13
寄隗囂○ 13.11/85/22
舊○雜俗 13.11/86/17
《易》卦「○上有水比」 13.11/86/28
○勢豐薄 13.13/88/7
身死○分 14.4/92/8
肝腦塗○ 14.5/93/8
成天○之元功也 14.5/93/17
夫并州之○ 14.5/93/21
斯四戰之○、攻守之場也 14.5/93/22
相其土○之饒 14.5/93/26
衍娶北○任氏女爲妻 14.5/94/1
受封必求磽确之○ 15.1/95/1
惟我二人爲天○所遺 15.5/96/19
班彪避○河西 16.1/102/9
未嘗聞功臣○多而滅亡者 16.24/110/19
舉拳撾○ 16.46/115/24
北○太守廖信貪污下獄 17.3/118/19
土○開闢 17.10/120/7
悉以委○ 17.13/121/24
不欲穢污○ 17.23/124/14
伏○莫敢動 18.6/127/24
時山陽新遭○動後 18.14/131/1
爲買空○ 18.16/131/16
常伏寺東門外凍○ 19.16/140/22
得其○不可墾發 19.16/140/24
梁諷、北○弋居人 19.19/141/14
今猥規郊城之○ 20.4/145/26
時○數震裂 21.4/151/4
雷震動○ 21.8/152/4
于羌前以酒酹○曰 21.11/153/3
列屯赤○ 21.11/153/5
土○墝埆 22.4/163/9
張昂拔劍擊○曰 23.1/164/26
赤眉入安定、北○ 23.6/167/1
鑿○求之 23.11/168/19
剞○開兆 23.16/169/28
○方十城 23.17/171/1
蜀○沃野千里 23.17/171/3
○方數千餘里 23.17/171/6
眾見利則出兵而略○ 23.17/171/6

東下漢水以窺秦○ 23.17/171/6
所謂用天因○ 23.17/171/7
漢祖無有前人之迹、立錐之○ 23.17/171/13
戎自稱掃○大將軍 23.19/172/12
而具天○之象 24.90/179/23

弟 dì 89

宛大姓李伯玉從○軼數遣客求帝 1.1/2/1
固始侯兄○爲帝言 1.1/2/3
諸家子○皆亡逃自匿 1.1/2/8
因率舂陵子○隨之 1.1/2/11
諸生吏子○及民以義助作 1.1/5/27
賜博士○子有差 1.1/5/27
皇考女○子來歙爲征羌侯 1.1/10/8
○由、宜西鄉侯 1.1/10/8
所以承事兄○ 2.1/11/15
封太后○陰興之子慶爲鮦陽侯 2.1/11/23
慶○博爲瀙强侯 2.1/11/23
召校官子○作雅樂 2.1/12/31
祠孔子及七十二○子 2.1/13/11
帝憐廣陵侯兄○ 2.1/13/12
祠東海恭王及孔子七十二○子 2.2/14/22
友于兄○ 2.2/15/25
遣憲及○篤、景就國 2.3/16/20
梁太后欲以女○妃之 3.5/21/24
上令太夫人及兄○得入見 6.2/34/22
〔○〕爲黃門郎 6.2/34/24
伯升兄○ 7.1/38/20
推父時金寶財產與昆○ 7.7/40/16
宣○義起兵攻莽 7.7/40/21
陟兄○常居禁中 8.4/48/13
故悝兄○率常在中供養兩宮 8.5/48/19
兄○充列顯位 8.5/48/20
遂以分與昆○外家 8.10/51/2
使○玄武將軍藍將兵守西安 8.14/52/22
全子○得生還也 9.2/56/6
純與從昆○訢、宿、植共率宗（施）〔族〕賓客二千餘人 10.1/62/7
時寵○從忠爲校尉 10.14/65/22
殺其○ 10.14/65/23
坐純母禮殺威○季 10.15/66/3
所置信都王捕繫彤父○及妻子 10.16/66/8
齊武王嘗殺通同母○申屠臣 10.21/67/9
令○友詣闕 10.22/67/20
而融○顯親侯友嗣子固尚沮陽公主 10.22/68/3
○景執金吾 10.24/68/21
外孫何氏兄○爭財 11.3/71/11
況、皇后○ 11.11/73/23
乃盡散以班昆○故舊 12.1/75/11
吾從○少游嘗哀吾慷慨多大志 12.1/76/17
司隸校尉梁松奏特進○防、光、廖、〔廖〕子豫 12.2/77/12
兄○父子并受爵土 12.2/77/12
防兄○二人各六千戶 12.3/77/23
防兄○奴婢各千人以上 12.3/78/8
○子以次相傳 12.7/79/20
悉分與昆○中外 12.11/81/15
○成物故 13.11/85/24
自以兄○不當蒙爵土之恩 13.12/87/24
兄○形皆偉壯 13.13/88/4
魴父子兄○並帶青紫 13.14/88/20
永遣○升及子壻張舒等謀使營尉李匡先反涅城 14.2/90/20
悟悉得邑母○妻子 14.4/91/28
鴻獨與○盛居 15.2/95/7
今子以兄○私恩而絕父不滅之基 15.2/95/12
坐遣客爲○報讎 15.10/99/7
○奇在雒陽爲諸生 15.11/99/18
固○超詣闕上書 16.2/102/15
榮諸○子謂曰 16.9/106/4
上輒引榮及○子升堂 16.9/106/9
教授○子常五百餘人 16.17/108/18
下有兄○ 16.37/113/29
惟琳兄○獨守冢廬 16.43/115/8
○季出 16.43/115/8
讓與其○憲 17.8/119/18
致國○憲 17.8/119/21
平○仲爲賊所殺 17.11/120/19
教授常數百○子 17.18/123/7
○禮爲賊所得 17.23/124/15
令○禮夫妻俱出外 17.23/124/17
兄○怡怡 17.23/124/18
○禮爲御史中丞 17.23/124/21
與（東）〔同〕郡宗武伯、翟敬伯、陳綏伯、張○伯同志好 18.3/127/4
讓國與異母○鳳 18.3/127/5
昆○賓客皆惶迫 18.6/127/24
嘗豫令○子市棺斂具 18.31/135/22
帝先備○子之儀 19.1/136/10
○丕年七歲 19.4/137/13
兄○雙高 19.4/137/14
霸孤兄○子來候 19.11/139/18
與兄○子同苦樂 19.11/139/21
李充、兄○六人 19.27/143/19
及憲兄○圖作不軌 19.32/144/23
閻顯○景爲衛尉 20.23/149/21
時屬縣令長率多中官子○ 21.3/150/28
與○子誦書自若 21.11/153/6
○爲人所殺 23.1/164/18
蜀人及其○光以爲不宜空國千里之外 23.17/171/20

帝 dì 447

光武皇○諱秀 1.1/1/5
高○九世孫也 1.1/1/5
元○時 1.1/1/6
有武○行過宮 1.1/1/9
○將生 1.1/1/9
○生時 1.1/1/10
因名○曰秀 1.1/1/12
○爲人隆準 1.1/1/12
尤止車獨與○語 1.1/1/19
○歸 1.1/1/19
而○田獨收 1.1/1/24
○仁智明達 1.1/1/26
笑○事田作 1.1/1/26
宛大姓李伯玉從弟軼數

遣客求○	1.1/2/1
○欲避之	1.1/2/1
○恐其怨	1.1/2/2
○乃見之	1.1/2/2
固始侯兄弟爲○言	1.1/2/3
○殊不意	1.1/2/4
○深念良久	1.1/2/6
○歸舊廬	1.1/2/7
及聞○至	1.1/2/9
○騎牛與俱	1.1/2/11
○起義兵	1.1/2/11
○奉糗一斛、脯三十朐進圍宛城	1.1/2/13
以○爲太常偏將軍	1.1/2/14
言○不敢取財物	1.1/2/15
○邀之于陽關	1.1/2/18
○馳入昆陽	1.1/2/19
○與諸將議	1.1/2/19
○乃笑	1.1/2/21
惟王常是○計	1.1/2/21
諸將遽請○	1.1/2/22
○到	1.1/2/22
諸將素輕○	1.1/2/23
○爲畫成敗	1.1/2/23
○歷說其意	1.1/3/2
○將步騎千餘	1.1/3/2
○奔之	1.1/3/3
○復進	1.1/3/4
○遂選精兵三千人	1.1/3/6
○降潁陽	1.1/3/11
○在父城	1.1/3/12
拜○爲破虜大將軍	1.1/3/12
○飲食語笑如平常	1.1/3/12
以○爲司隸校尉	1.1/3/13
大司徒賜言○第一可用	1.1/3/17
更始以○爲大司馬	1.1/3/17
○持節渡孟津	1.1/3/18
○至邯鄲	1.1/3/18
故趙繆王子臨說○決水灌赤眉	1.1/3/19
移檄購求○十萬戶	1.1/3/20
王郎追○	1.1/3/20
○自薊東南馳	1.1/3/20
○乃自稱邯鄲使者	1.1/3/20
○升車欲馳	1.1/3/22
○引車入道旁空舍	1.1/3/24
○對竈炙衣	1.1/3/24
○自擊筑	1.1/3/25
○率鄧禹等擊王郎橫野將軍劉奉	1.1/3/25
○大饗啗	1.1/3/26
時百姓以○新破大敵	1.1/3/26
見○饗啗	1.1/3/26
○引兵攻邯鄲	1.1/4/1
○遣棨戟迎	1.1/4/2
實成○遺體子輿也	1.1/4/2
○曰	1.1/4/3,1.1/4/4,1.1/6/3,1.1/8/12,1.1/8/26,2.1/12/10,16.9/105/17
正使成○復生	1.1/4/3
得吏民謗毀○言可擊者數千章	1.1/4/6
○會諸將燒之	1.1/4/6
○圍邯鄲未下	1.1/4/7
更始遣使者即立○爲蕭王	1.1/4/7
○不許	1.1/4/8,1.1/4/11
○擊銅馬	1.1/4/8
○敕降賊各歸營勒兵待	1.1/4/9
○輕騎入	1.1/4/9
○已乘王豐小馬先到矣	1.1/4/10
○破賊	1.1/4/11
○大笑	1.1/4/12,11.1/70/11
○發薊還	1.1/4/12
耿純說○曰	1.1/4/14
○與伯叔及姊壻鄧晨、穰人蔡少公燕語	1.1/4/15
○戲言曰	1.1/4/16
○未信	1.1/4/17
○所與在長安同舍諸生彊華自長安奉《赤伏符》詣鄗	1.1/4/17
與○會	1.1/4/18
即（黃）〔皇〕○位	1.1/4/21
○入雒陽	1.1/5/1
○破聖公	1.1/5/1
立北畤而祠黑○	1.1/5/5
自○即位	1.1/5/6,2.1/13/23
故○都雒陽	1.1/5/7
宗祀文王以配上○	1.1/5/9
圖讖著伊堯、赤○之子	1.1/5/9
宜令郊祀○堯以配天	1.1/5/10
宗祀高祖以配上○	1.1/5/10
故禹不郊白○	1.1/5/11
周不郊○嚳	1.1/5/11
宜以時修奉濟陽城陽縣堯○之（冢）〔冢〕	1.1/5/13
○遣游擊將軍鄧隆〔與〕幽州牧朱浮擊彭寵	1.1/5/13
○讀檄未竟	1.1/5/15
○征秦豐	1.1/5/18
○幸舂陵	1.1/5/18
○幸盧奴	1.1/5/22
○自齊歸	1.1/5/27
○猶以餘閒講經藝	1.1/6/7
署曰「公孫皇○」	1.1/6/7
與高○等	1.1/6/10
勝高○耶	1.1/6/11
高○大度	1.1/6/11
○知其必敗	1.1/6/13
（○）〔既〕上	1.1/6/17
○躬親萬（幾）〔機〕	1.1/6/17
河西大將軍竇融與五郡太守步騎二萬迎○	1.1/6/23
○聞之	1.1/7/9
公孫述故哀○時	1.1/7/15
○以日食避正殿	1.1/8/4
○下詔曰	1.1/8/10
惟孝宣皇○有功德	1.1/8/10
○風眩黃癉病發甚	1.1/8/15
文○曉終始之義	1.1/8/24
景○、所謂孝子也	1.1/8/24
古○王之葬	1.1/8/26
景○能遵孝道	1.1/8/27
○常自細書	1.1/9/3
○答曰	1.1/9/7
○悔前徙之	1.1/9/7
○幸長安	1.1/9/15
○不聽	1.1/9/17
孝文皇○賢明	1.1/9/18
○崩于南宮前殿	1.1/9/22
如孝文皇○舊制	1.1/9/23
太子襲尊號爲皇○	1.1/9/24
群臣奏諡曰光武皇○	1.1/9/24
○詔曰	1.1/9/27
○以天下既定	1.1/10/3
○封新野主子鄧汎爲吳侯	1.1/10/6
○蒙犯霜雪	1.1/10/12
○既有仁聖之明	1.1/10/16
孝明皇○諱陽	2.1/11/5
○生	2.1/11/5

故○年十二以皇子立爲東海公 2.1/11/9
時○在幄後曰 2.1/11/11
河南、○城 2.1/11/12
南陽、○鄉 2.1/11/13
如○言 2.1/11/13
世祖愈珍○德 2.1/11/15
○進爵爲王 2.1/11/16
○即阼 2.1/11/20
先○大業 2.1/11/21
〔上〕宗祀光武皇○于明堂 2.1/11/26
○及公卿列侯始服冕冠、衣裳 2.1/11/26
○尤垂意經學 2.1/12/1
類似先○ 2.1/12/6
識先○時事 2.1/12/7
○令上殿 2.1/12/9
有○漢出 2.1/12/14,5.5/31/11
○與皇太后幸南陽祠章陵 2.1/12/15
○在于道所幸見吏 2.1/12/16
○耕藉田禮畢 2.1/13/5
○書版曰 2.1/13/6
○作壽陵 2.1/13/8
○自置石椁 2.1/13/9
○耕于下邳 2.1/13/11
○憐廣陵侯兄弟 2.1/13/12
○夢見先○、太后如平生歡 2.1/13/16
○令百官採甘露 2.1/13/16
○率百官上陵 2.1/13/17
○崩于東宮前殿 2.1/13/21
謚曰孝明皇○ 2.1/13/21
如孝文皇○（祫）〔祫〕祭高廟故事 2.1/13/23
惟宜○取法 2.1/13/25
○令滿二千萬止 2.1/13/28
我子不當與先○子等 2.1/13/29
孝章皇○諱炟 2.2/14/3
孝明皇○第五子也 2.2/14/3
由是明○重之 2.2/14/6
明○崩 2.2/14/6
○即位 2.2/14/6
○行幸 2.2/14/15
○東巡狩 2.2/14/18,19.1/136/10
祀五○于汶上明堂 2.2/14/19
○賜尚書劍各一 2.2/15/8
○特詔曰 2.2/15/13
章○時 2.2/15/20,19.7/138/23
○王之上行也 2.2/15/25
孝和皇○諱肇 2.3/16/5
章○之中子也 2.3/16/5
○自岐嶷 2.3/16/5
孝章○由是深珍之 2.3/16/6
章○崩 2.3/16/7,10.24/68/21
宗祀五○于明堂 2.3/16/22
○召諸儒 2.3/17/1
○以五經義異 2.3/17/7
○崩于章德前殿 2.3/17/9
○讓而不宜 2.3/17/14
孝殤皇○諱隆 2.4/17/18
和○之少子也 2.4/17/18
和○皇子數十 2.4/17/18
故殤○養于民 2.4/17/18
和○崩 2.4/17/19
○生百餘日 2.4/17/19
○在襁褓 2.4/17/20
○崩于崇德前殿 2.4/17/22
孝安皇○諱祜 3.1/18/5
和○甚喜重焉 3.1/18/7
殤○即位 3.1/18/8
以○幼小 3.1/18/8
殤○崩 3.1/18/9,8.4/48/14
乃即○位 3.1/18/9
○始講《尚書》 3.1/18/13
○加元服 3.1/18/15
○崩于葉 3.1/19/13
○在位十九年 3.1/19/13
不容令群臣知○道崩 3.1/19/15
孝順皇○諱保 3.2/19/21
孝安皇○長子也 3.2/19/21
○幼有簡厚之質 3.2/19/21
安○崩 3.2/19/25,20.23/149/18
即皇○位 3.2/19/28,3.4/21/16
○崩于玉堂前殿 3.2/20/26,3.3/21/11,3.4/21/19
孝順皇○宏秉聖哲 3.2/20/29
孝沖皇○諱炳 3.3/21/7
順○之少子也 3.3/21/7
順○崩 3.3/21/8
太子即○位 3.3/21/8
○幼弱 3.3/21/9
孝質皇○諱纘 3.4/21/15
章○玄孫 3.4/21/15
孝沖○崩 3.4/21/16
孝桓皇○諱志 3.5/21/23
章○曾孫 3.5/21/23
會質○崩 3.5/21/25
迎○即位 3.5/21/26
○與中常侍單超等五人共謀誅之 3.5/22/6
以光武皇○元舅 3.5/22/19
妖賊蓋登稱「大皇○」 3.5/22/22
○好音樂 3.5/22/29
○到夏門外萬壽亭 3.6/23/6
○起四百尺觀于阿亭道 3.6/23/26
章○又置（祝）〔祀〕令、丞 4.1/25/1
桓○延熹元年三月己酉 4.1/25/10
安○即位之年 5.1/27/21
武○封禪 5.3/28/11
殷薦上○ 5.4/28/17
黃○岐伯所作 5.4/29/1
孝章皇○親著歌詩四章 5.4/29/2
自古○王 5.5/29/10
○堯善及子孫之餘賞 5.5/30/4
明○宗祀五○于明堂 5.5/30/9
光武皇○配之 5.5/30/9
章○元和二年詔曰 5.5/30/14
高皇○受命誅暴 5.5/31/4
孝文皇○躬行節儉 5.5/31/5
孝景皇○制《昭德》之舞 5.5/31/6
孝武皇○功德茂盛 5.5/31/6
孝宣皇○制《盛德》之舞 5.5/31/7
光武皇○受命中興 5.5/31/7
越序上○ 5.5/31/17
章○初即位 5.5/31/21
念先○躬履九德 5.5/31/21
先○每有著述典義之事 5.5/31/23
孝明皇○功德茂盛 5.5/31/26
如孝文皇○在高廟之禮 5.5/31/26
今孝明皇○主在世祖廟 5.5/32/1
先○所制 5.5/32/12
明德皇后宜配孝明皇○ 5.5/32/13
于世祖廟與皇○交獻薦 5.5/32/15
高皇○始受命創業 5.6/32/22
祭五○ 5.6/32/23
孝明○作蠙珠之佩 5.6/33/11

遂爲○妃 6.2/34/7
順○陽嘉元年 6.6/37/11
○追思之 6.7/37/17
○自爲之詞 6.7/37/17
匽夫人生桓○ 6.8/37/21
○既立 6.8/37/21
桓○詔曰 6.8/37/22
孝桓○鄧后 6.9/38/3
明○驛馬令作草書尺牘十首焉 7.3/39/16
元○許之 7.7/40/15
光武皇○長子也 7.8/41/3
明○發魯相所上檄 7.8/41/10
明○告諸王傅相 7.9/41/25
明○即位 7.12/42/13
〔○曰〕 7.12/42/25
上以所自作《光武皇○本紀》示蒼 7.12/42/26
章○建初三年 7.12/43/4, 12.3/77/22
聞武○歌《天馬》 7.12/43/7
明○悉以太后所遺金寶賜京 7.16/44/13
安○詔曰 7.19/45/7
和○賜彭城靖王詔曰 7.20/45/11
皇○問彭城王始夏無恙 7.20/45/11
惟安○宜承大統 8.4/48/14
安○即位 8.5/48/19
○深然之 8.11/51/20
○王不可以久曠 9.4/57/5
收得所盜茂陵武○廟衣、印、綬 9.6/58/12
儀如孝宣○臨霍將軍故事 9.7/59/15
時下宣○臨霍將軍儀 9.7/59/16
○大怒 10.24/68/18
晨從容謂○曰 11.1/70/10
○謀西收囂兵 11.2/70/19
光武皇○受命中興之初 11.7/72/12
孝明皇○尤垂情古典 11.7/72/13
明○以其明達法理 11.10/73/11
和○南巡祠廟園 11.10/73/16
鄧太后以殤○初育 11.10/73/17
宣○時以郎持節 12.1/75/5
時公孫述稱○ 12.1/75/13
卿遨遊二○間 12.1/75/18
乃知○王自有眞也 12.1/75/22
知武○恨誅衛太子 12.1/75/23
孝武○時 12.1/76/26
宣○時 12.3/77/19
章○與光詔曰 12.4/78/15
○親御阿閣 12.6/79/9
○令 12.6/79/12
○自勞以手書 12.6/79/12
○親召見龔 12.6/79/13
元○初元五年 12.9/80/9
哀○建平元年 12.9/80/9
五○有流殛放竄之誅 12.9/80/10
是以五○、三王之刑 12.9/80/10
案○作誄曰 12.11/81/23
嘗因朝會○讀隗囂、公孫述相與書 13.7/84/19
○乃賜棺木 13.8/84/27
○數存問賞賜 13.10/85/16
○強起湛以代之 13.10/85/16
祀郊高○ 13.11/86/6
○從之 13.12/87/20, 20.13/147/20
○以奮違詔 13.12/87/25
宣○時爲弘農太守 13.13/88/3
明○詔曰 13.14/88/17
○東巡郡國 13.14/88/18
爲安○所寵 13.15/88/24
○嘗幸其府 13.15/88/24
及○崩 13.16/89/19
時○叔父趙王良從送中郎將來歙喪還 14.2/91/1
宜知尊○城門候吏六百石 14.2/91/5
○報曰 14.3/91/20
名出高○ 14.4/92/7
皇○以聖德靈威 14.5/93/9
明○復興 14.5/93/19
明○以爲衍材過其實 14.5/94/1
臣聞古之○王 15.2/95/17
祀五○於明堂 15.2/95/19
夫○王不宜以重器假人 15.2/95/22
○勞之曰 15.9/98/17
去○城不遠 15.9/98/18
○嘉其忠 15.11/99/17
○壯超 16.3/103/10
○稱善 16.9/105/16
○笑指之曰 16.9/105/20
章○元和中 16.16/108/13
古○王封諸侯不過百里 16.24/110/17
章○下詔曰 16.34/113/9
陛見○廷 16.50/117/3
高○母昭靈后園陵在焉 17.1/117/21
○善之 17.1/117/22
○聞 17.1/117/27
惟○難之 17.1/117/28
○數嗟嘆 17.4/118/23
和○納之 17.8/119/20
○乃以大鴻臚魏應代之 17.12/121/9
明○時爲益州刺史 17.15/122/15
明○戲之曰 17.19/123/13
先○徵君不來 17.19/123/13
明○問云 17.21/123/25
○嘉其篤行 17.23/124/21
明○高其節 18.3/127/5
和○始加元服 18.5/127/16
○東巡 18.10/129/15
○崩 18.12/130/4
○常使虎賁扶持 18.18/132/5
○聞而益善之 18.18/132/7
時章○西謁園陵 18.20/132/16
杜根以安○年長 18.22/132/26
○美之 18.23/133/8
章○即位 19.1/136/8
○先備弟子之儀 19.1/136/10
○甚欣悅 19.1/136/11
和○初 19.1/136/16, 19.32/144/22
○時伐匈奴 19.4/137/22
安○元年 19.6/138/13
和○偉其貌 19.10/139/13
○賜香《淮南》、《孟子》各一通 19.22/142/10
章○知 19.26/143/14
和○奇異之 19.31/144/15
○歎稱善 19.31/144/16
○親信焉 19.32/144/23
楊秉諫桓○曰 20.3/145/16
○欲造畢圭靈昆苑 20.4/145/24
先○之制 20.4/145/25

○善其能 20.9/146/26
尙書左雄諫○曰 20.13/147/19
是爲順○ 20.23/149/21
桓○誅大將軍梁冀 21.4/151/3
○者、諦也 21.4/151/5
是○欲不諦乎 21.4/151/6
○得奏 21.4/151/6
桓○延熹九年 21.5/151/11
桓○詔公卿選將有文武
　者 21.8/151/25
桓○時 21.11/153/6
○徙爲衛尉 21.12/153/15
爲○誦《孝經》一章 21.21/155/4
先○褒厚老臣 21.23/155/14
獻○幸弘農 21.27/156/7
○那得爲之 23.1/165/2
○方對我飲 23.1/165/8
奉高皇○傳國璽綬 23.5/166/19
威稱說實成○遺體子輿
　也 23.8/167/18
設使成○復生 23.8/167/19
哀○時爲漁陽太守 23.11/168/15
述之先武○時 23.17/170/23
成○末 23.17/170/23
兵者、○王之大器 23.17/171/13
今東○無尺土之柄 23.17/171/18
改名白○倉 23.17/171/23
述詐使人言白○倉出穀
　如山陵 23.17/171/24
白○倉出穀乎 23.17/171/24
孝明皇○九子 24.74/178/13
和○年號永初 24.76/178/17
五時副車曰五○ 24.95/180/15

第 dì 21

殊非次○ 1.1/2/5
大司徒賜言帝○一可用 1.1/3/17
下輿見吏輒問以數十百
　歲能吏次○ 1.1/6/4
次○比類 1.1/9/4
故皆以列侯就○ 1.1/10/3
孝明皇帝○五子也 2.2/14/3
清河孝王○二子也 3.1/18/5
自在邸○ 3.1/18/6
起內○ 7.11/42/8
以列侯就○ 8.1/47/6
連求還○ 8.4/48/13
亭長將詣○白之 8.6/48/27
不起○ 8.10/51/3
復以侯就○ 8.11/51/20
車駕幸（祐）〔祜〕○ 9.6/58/16
官府廄○相望 10.22/68/4
因祭酮高○ 16.38/114/11
○五倫、字伯魚 18.1/125/19
皆云「○五（椽）〔掾〕
　所平 18.1/125/27
林言其○一豪 22.5/164/5
上印綬還○ 24.2/172/24

啇 dì 1

表（○客）〔商容〕之
　閭 1.1/4/24

禘 dì 6

○、祫之祭 13.12/87/14
五年一○ 13.12/87/15
始爲○祭 13.12/87/17
○之爲言諦 13.12/87/17
○祭以夏四月 13.12/87/18
自是○、祫遂定 13.12/87/20

諦 dì 4

禘之爲言○ 13.12/87/17
○定昭穆尊卑之義也 13.12/87/17
帝者、○也 21.4/151/5
是帝欲不○乎 21.4/151/6

滇 diān 1

神馬四出○河中 18.13/130/19

顛 diān 7

及有可以持危扶○ 5.5/31/24
危○之備 5.5/32/6
長平○荒 12.10/80/24
朝有○沛之憂 14.4/92/9
羌○岸降 22.5/164/4
後○岸兄○吾復詣林 22.5/164/5

典 diǎn 40

耽于○藝 3.1/18/13
掌○圖書 3.5/22/8
使中郎將堂谿○請雨 3.6/23/16
○郊廟、上陵殿諸食舉
　之樂 5.4/28/16
○辟雍、饗射、六宗、
　社稷之樂 5.4/28/20
不在祀○ 5.5/30/16
今恐山川百神應○祀者
　尙未盡秩 5.5/30/19
以爲漢制舊○ 5.5/31/3
肅穆○祀 5.5/31/8
緣天地之所雜樂爲之文
　○ 5.5/31/10
先帝每有著述○義之事 5.5/31/23
○法設張 5.5/32/12
事過○故 7.12/43/10
書○之所美也 7.20/45/11
舅氏舊○ 10.24/68/23
孝明皇帝尤垂情古○ 11.7/72/13
申明舊○ 12.6/79/10
祖聖道而垂○兮 12.10/81/1
時舊○多闕 13.12/87/12
宜據經○ 13.12/87/14
斯○之廢 13.12/87/19
皆○郡 13.13/88/3
由是使○諸侯封事 13.13/88/6
馮魴以忠孝○兵 13.14/88/17
憙內○宿衛 13.16/89/18
復○喪事 13.16/89/19
○校閟書 16.2/102/16
桓○、字公雅 16.13/107/11
○獨棄官收斂歸葬 16.13/107/12
○無〔所〕迴避 16.13/107/13
常備列○儀 16.17/108/19
○牧州郡田畝不增 17.2/118/12
剖符○千里 18.7/128/16
可令奏事如舊○ 19.1/136/18
○作尙方 20.9/146/26
怠慢廢○ 20.19/149/1
○選舉 21.26/156/3
○牧千里 21.45/158/28
刻符○千里 24.80/178/25
永爲○式 24.92/180/7

玷 diàn 1

訖無毀○ 13.1/82/23

殿 diàn 50

開宮後○居之 1.1/1/9
帝以日食避正○ 1.1/8/4
帝崩于南宮前○ 1.1/9/22
如會○前禮 2.1/11/21
帝令上○ 2.1/12/9
芝生前○ 2.1/13/15
帝崩于東宮前○ 2.1/13/21
今者反于○中交通輕薄 2.2/15/14
至〔命〕欲相殺于○下 2.2/15/15
帝崩于章德前○ 2.3/17/9
帝崩于崇德前○ 2.4/17/22
又有赤蛇盤紆○屋床第
之間 3.1/18/6
齋于○中 3.1/18/9
不得上○臨棺 3.2/19/25
以迎濟陰王于德陽○西
鍾下 3.2/19/28
帝崩于玉堂前○ 3.2/20/26
3.3/21/11,3.4/21/19
御卻非○ 3.5/21/26
有白衣人入德陽○門 3.6/23/18
言「梁伯夏教我上○」 3.6/23/18
有黑氣墮所御溫明○庭
中 3.6/23/21
典郊廟、上陵○諸食舉
之樂 5.4/28/16
時在敬法○東廂 6.2/34/22
及北閣後○ 6.2/35/11
宮○設鐘虡之懸 7.8/41/6
升○乃拜 7.12/43/10
上移幸北宮章德○ 7.21/45/20
暮宿○門下 8.2/47/11
晝臥溫明○ 8.14/52/12
彭師○ 9.2/56/6
時上在宣德○南廡下 12.1/75/17
詔置馬德陽○下 12.1/76/28
御章臺下○ 12.3/78/7
勤燕見前○盡日 13.13/88/11
號之曰「○中無雙丁孝
公」 15.2/95/15
令郁校定於宣明○ 16.10/106/18
後起德陽○ 17.13/122/2
○成 17.13/122/2
不得成此○ 17.13/122/3
于○上撲殺之 18.22/133/1
贊拜○中 19.10/139/14
詔詣安福○ 19.22/142/11
有虹蜺晝降嘉德○ 20.4/145/20
蔡邕詔問有黑氣墮溫明
○東庭中 21.24/155/19
虹晝見御座○庭前 21.24/155/21
更始上前○ 23.1/165/5
幽閉○內 23.5/166/16
有龍出其府○中 23.17/171/9
其○中廬有索長數尺可
以縛人者數千枚 24.72/178/7

墊 diàn 1

而猥相毀○淪失 13.11/86/28

簟 diàn 3

詔省荏弱平○ 2.4/17/20
車皆以桃枝細○ 12.8/80/2
以丈二竹○畫九宮其上
21.21/155/4

貂 diāo 4

烏桓獻○豹皮 1.1/8/18
以羊皮雜○裘 1.1/9/11
使中謁者賜乘輿○裘 7.12/43/9
鮮卑奉馬一匹、○裘二
領 9.8/60/6

雕 diāo 1

身中皆有○鏤 3.5/22/1

弔 diào 4

失斬將（安）〔○〕民
之義 1.1/7/12
上車駕素服往○ 9.7/59/14
爲太守奉章來○ 18.12/130/6
○祭其墓 21.2/150/23

釣 diào 2

漁○甚娛 15.8/98/3
後人名其○處爲嚴陵瀨
16.48/116/11

迭 dié 2

○興之後 1.1/8/22
宗廟○毀議奏 24.91/180/1

絰 dié 1

乃挂衰○於冢廬而去 15.2/95/8

牒 dié 1

其玉○文祕 5.5/30/7

疊 dié 4

大小重○ 9.8/60/7
阜使五官掾長沙○爲張
雅樂 18.13/130/17
蔣○、字伯重 21.29/156/15
術○附德 22.4/163/4

丁 dīng 14

至北地靈州○奚城 3.1/19/1
永平三年八月○卯 5.5/31/3
恭子男○前妻物故 7.17/44/19
子酺侮慢○小妻 7.17/44/19
○爲魯陽鄉侯 7.17/44/22
令與當世大儒司徒○鴻
問難經傳 8.12/52/3
○綝、字幼春 15.1/94/24
○鴻、字孝公 15.2/95/6
號之曰「殿中無雙○孝
公」 15.2/95/15
芒守丞韓龔受大盜○仲
錢 15.8/98/11
博士○恭等議曰 16.24/110/17
○邯高節 16.29/111/21
○明代傅喜爲大司馬 24.2/172/23
○夜盡筆 24.62/177/15

頂 dǐng 1

○赤色 2.1/11/6

鼎 dǐng 9

廬江太守獻寶○ 2.1/12/23
《易》○足象三公 2.1/12/23
太常其以礿祭之日陳○于廟 2.1/12/24
陳○俎 12.3/78/7
廬江獻○ 16.6/104/20
有詔召衆問齊桓公之○在柏寢臺 16.6/104/20
《春秋左氏》有○事幾 16.6/104/21
○足之任不可以缺 20.1/145/1
○角匿犀 20.11/147/10

定 dìng 79

出自長沙○王發 1.1/1/5
得○武侯家丞印 1.1/2/14
時漢兵在○陵郾者 1.1/3/1
大會眞○ 1.1/3/24
方○大事 1.1/4/12
遂○都焉 1.1/5/1
正朔、服色未有所○ 1.1/5/4
天下悉○ 1.1/6/3
帝以天下既○ 1.1/10/3
刪○擬議 2.1/12/1
耕于○陶 2.2/14/19
安○太守杜恢與司馬鈞并威擊羌 3.1/18/30
○陵縣木連理 3.1/19/10
國副未○ 3.3/21/7
遂與兄冀○策于禁中 3.5/21/25
太守甘○、刺史侯輔各奔出城 3.5/22/14
功成治○ 5.5/29/12
請親○刻石紀號文 5.5/30/1
以勞○國則祀之 5.5/30/15
以○厥中 5.5/31/24
卜者卦○釋蓍 6.2/34/6
以長沙○王子封于零道之舂陵爲侯 7.7/40/13
乃與公卿共議○南北郊冠冕車服制度 7.12/42/17
迄今嫡嗣未知所○ 7.20/45/13
天下不足○也 8.1/46/14
與○計議 8.1/46/14
卿言天下不足○ 8.1/46/17
陟○策禁中 8.4/48/14
復北與五校戰于眞○ 8.11/51/15
天下可馳檄而○ 8.14/52/13
天下大○ 8.14/52/15
今復○河北 8.14/52/19
上欲南○河內 9.1/54/22
四方未○ 9.1/55/4
天下未○ 9.1/55/12
異遂與諸將○議上尊號 9.4/57/7
爲我披荊棘、○關中者也 9.4/57/16
○封丹櫟陽侯 9.10/60/20
天下平○以後 9.11/61/8
別攻眞○宋子餘賊 9.12/61/19
時山東略○ 11.2/70/19
刪○乖疑 11.7/72/13
上言太守蘇○張眼視錢 12.1/76/24
後○果下獄 12.1/76/24
綏○西羌 12.3/77/23
與校書郎杜撫、班固○《建武注記》 12.6/79/7
自郊廟婚冠喪紀禮儀多所正○ 13.12/87/12
諦○昭穆尊卑之義也 13.12/87/17
以時○議 13.12/87/20
自是禘、祫遂○ 13.12/87/20
非勤不○ 13.13/88/7
蕭王受命平○燕、趙 14.1/90/2
天下已○ 14.2/90/23
昱奏○《詞訟》七卷 14.3/91/22
海內大○ 14.5/93/11
將○國家之大業 14.5/93/17
眞○之際復擾 14.5/93/20
○陵人也 15.1/94/24
封爲○陵新安鄉侯 15.1/95/1
因爲其制日○葬 15.5/96/15
司徒侯霸欲與丹○交 15.5/96/21
時天下新○ 15.15/100/23
超○西域五十餘國 16.3/103/21
乃以漢中郡南鄭之西鄉戶千封超爲○遠侯 16.3/103/21
令郁校○於宣明殿 16.10/106/18
天下新○ 17.23/124/16
欲之犍爲○生學經 18.13/130/14
聽之○所受《韓詩》 18.13/130/16
以○父母、妻子、長幼之序 18.14/131/2
潁川○陵人 18.21/132/21
坐○而府檄到 18.27/134/9
誠欲以安○邊陲 19.4/137/23
爲安○屬國都尉 21.11/153/3
赤眉入安○、北地 23.6/167/1
安○人 23.9/168/3
單于以中國未○ 23.9/168/4
而名號未○ 23.17/171/8
○三輔 23.17/171/17
親奉○省 24.39/175/25

訂 dìng 1

遂共○交于杵臼之間 20.17/148/18

冬 dōng 31

○十月 1.1/5/1,1.1/5/18,2.1/11/28,2.1/12/15,3.1/18/30
○十月甲申 1.1/9/17
十七年○十月 2.1/11/16
五年○十月 2.1/12/21
八年○十月 2.1/12/26
四年○十一月 2.2/14/11
九年○十月 2.3/16/27
○十一月癸酉夜 2.3/17/4
○十二月 2.3/17/9,3.1/19/5
元興元年○十二月 2.4/17/18
○十一月 3.1/18/13,6.3/35/21
永和六年○十二月詔 3.2/20/17
七年○十月 3.5/22/18
是時自○至春不雨 6.6/37/11
見○筍名曰(苞)〔篙〕筍 12.1/76/16
祫祭以○十月 13.12/87/18
○者五穀成熟 13.12/87/19
盛○皆以火燎 15.14/100/14
其○ 16.10/106/18,23.1/165/15

而○月無衣 16.40/114/20
時○寒 17.13/121/14
○無被袴 19.22/142/8
○多霜雪 22.4/162/27
○至陽氣應 24.88/179/15

東 dōng 152

雒陽以○米石二千 1.1/1/20
莽遣三公將運關○諸倉賑貸窮乏 1.1/1/20
以振山○ 1.1/2/17
○迎雒陽者見更始諸將過者已數十輩 1.1/3/14
帝自薊○南馳 1.1/3/20
武陽以○小城營皆奔走降 1.1/7/5
故帝年十二以皇子立爲○海公 2.1/11/9
以○海王立爲皇太子 2.1/11/16
陛下入○都 2.1/12/6
陵○北作廡 2.1/13/8
○巡狩 2.1/13/11
幸○平王宮 2.1/13/12
帝崩于○宮前殿 2.1/13/21
帝○巡狩 2.2/14/18,19.1/136/10
祠○海恭王及孔子七十二弟子 2.2/14/22
還幸○平王宮 2.2/14/24
望長陵○門 2.3/16/16
南山水流出至○郊 2.3/16/30
起國○北 2.3/17/5
親幸○觀 2.3/17/7
蕭何墓在長陵○司馬門道北百步 5.1/27/5
霍光墓在茂陵○司馬門道南四里 5.1/27/7
○緡 5.1/27/11
有龍邱山在○ 5.1/27/15
上○巡狩 5.5/29/20
○平王蒼議 5.5/31/3
賜○平憲王蒼書曰 5.5/31/21
上以公卿所奏明德皇后在世祖廟坐位駁議示○平憲王蒼 5.5/32/11
○平王蒼議曰 5.6/32/21
時在敬法殿○廂 6.2/34/22
顯宗之在○宮 7.3/39/10
○海恭王彊 7.8/41/3
彊廢爲○海王 7.8/41/5
王兼食○海、魯國二郡二十九縣 7.8/41/5
數上書讓還○海十九縣 7.8/41/7
詔中常侍杜岑、○海傅相曰 7.8/41/13
○平王蒼 7.12/42/13
○平王蒼寬博有謀 7.12/42/14
蒼開○閣 7.12/42/21
詔問○平王處家何等最樂 7.12/42/24
上幸○平 7.12/43/20
祭○平王墓 7.12/43/20
今山○未安 8.1/46/10
○京莫與爲比 8.7/49/20
迎鹽河○ 8.11/51/10
復以偏將軍○從上攻邯鄲 8.11/51/13
○至海 8.14/52/16
卿若○ 8.14/52/21
弇凡平城陽、琅邪、高密、膠○、○萊、北海、齊、千乘、濟南、平原、泰山、臨淄等郡 8.14/53/10
○入弘農界 9.2/56/6
上自薊○南馳 9.4/56/22
失之○隅 9.4/57/14
上從長安○歸過汧 9.7/59/9
拜遼○太守 9.8/60/4
爲遼○太守三十年 9.8/60/6
今關○故王國 9.10/60/21
光武自薊○南馳 10.1/62/7
乃拜純爲○郡太守 10.1/62/11
上過○郡 10.1/62/11
上復以純爲○郡太守 10.1/62/12
穆長子勳尙○海公主女 10.22/68/3
竇章、時謂○觀爲老氏藏室 10.25/69/3
時山○略定 11.2/70/19
上大發關○兵 11.2/70/26
其○有田可萬頃 11.10/73/12
不如專意○方 12.1/75/16
善相馬者○門京鑄作銅馬法獻之 12.1/76/26
叔父援從車駕○征 12.6/79/5
自河○遷居北地 12.9/80/6
○敕職於蓬碣 12.10/81/1
賜○園轜車、朱壽器、銀鏤、黄〔金〕玉匣 12.11/81/22
往時遼○有豕 13.9/85/3
行至河○ 13.9/85/4
則爲遼○豕也 13.9/85/4
病居中○門侯舍 13.10/85/16
故時人號中○門君 13.10/85/16
囂乃聽林持喪○歸 13.11/85/24
林爲○海王傅 13.11/87/5
帝○巡郡國 13.14/88/18
○西完塞諸窗 13.14/88/19
旦蚤與我會上○門外 14.1/90/8
將兵安撫河○ 14.2/90/18
關○畏卿 14.2/90/22
河○畔不能取 14.4/92/9
始自○郡之師 14.5/93/4
○帶石陘關 14.5/93/22
乃出爲○郡太守 14.7/94/13
駿遇於○海 15.2/95/11
車駕○巡狩 15.2/95/17
○海人 15.6/97/3
時司徒吏鮑恢以事到○海 15.6/97/4
爲上○門候 15.8/98/6
復使〔之〕河○ 15.10/99/4
拜爲河○都尉 15.17/101/12
令榮坐○面 16.9/106/5
會百官驃騎將軍○平王蒼以下、榮門生數百人 16.9/106/6
後○適會稽 16.14/107/19
○郡人 16.33/112/21
解冠挂○都城門 16.46/115/25
客於遼○ 16.46/115/26
迷不知○西 16.46/116/1
伏見太原周黨、○海王良、山陽王成 16.50/117/2
○巡 17.1/117/20
○平王蒼辟爲西曹掾 17.10/120/13
輒○西別去 17.14/122/9
○平憲王蒼爲驃騎 17.19/123/12
開○閣 17.19/123/12

遂將家屬客河○ 18.1/125/22
與（○）〔同〕郡宗武伯、翟敬伯、陳綏伯、張弟伯同志好 18.3/127/4
驃騎將軍○平王蒼辟暉爲掾 18.6/128/1
帝○巡 18.10/129/15
客○海下邳 18.18/132/3
出拜○郡太守 19.1/136/8
幸○（都）〔郡〕 19.1/136/10
關○號曰「《五經》復興魯叔陵」 19.5/138/5
爲○平相 19.12/140/4
常伏寺○門外凍地 19.16/140/22
爲漢膠○相 19.17/141/3
詔令詣○觀 19.22/142/10
○萊人 19.28/143/25
爲○萊太守 20.2/145/7
○郡太守捕得賊 20.8/146/21
遷膠○相 20.17/148/18
詔書封光○阿侯 20.24/150/7
遂封○阿侯 20.24/150/8
追封爲汝陰○鄉侯 20.25/150/12
劉祐爲河○太守 21.3/150/28
時○郭竇、公孫舉等聚衆三萬人爲亂 21.8/151/24
○郡燕人 21.13/153/20
校書○觀 21.16/154/10
蔡邕詔問有黑氣墮溫明殿○庭中 21.24/155/19
時○州郡國相驚 21.33/157/7
討○甌 21.53/160/3
關○說《詩》陳君期 21.56/160/18
居○宮 23.1/165/5
○海公賓就得其首 23.2/165/24
同郡○莞人逢安、字少子 23.6/166/24
○海臨沂人徐宣、字驕稚 23.6/166/24
○收三輔 23.16/170/9
元請以一丸泥爲大王○封函谷關 23.16/170/9
○詣京師 23.16/170/11
今山○饑饉 23.17/171/3
○守巴郡 23.17/171/5
○下漢水以窺秦地 23.17/171/6
平陵人荆邯以○方漸平 23.17/171/12
今○帝無尺土之柄 23.17/171/18
欲悉發北軍屯士及山○客兵 23.17/171/19
銅馬賊帥○山荒禿、上淮況等 23.20/172/16
侍御史、○平相格班 24.82/179/3
在○觀 24.90/179/25

董 dǒng 8

恂同門生○崇說恂曰 9.1/55/4
北當○訢 10.10/64/8
惲與○子張友 15.8/97/22
乃聘請高行俊乂如○子儀、嚴子陵等 15.15/100/24
○宣爲洛陽令 15.16/101/6
○宣死乃知貧耳 15.16/101/7
周澤○魯平叔 16.25/111/2
檀鄉賊帥○次仲 23.20/172/16

洞 dòng 3

弩矢入口○出 9.7/59/7
貫心○背 20.8/146/21
僂譲龍○ 22.4/162/10

凍 dòng 2

常伏寺東門外○地 19.16/140/22
士卒多○死 23.6/167/1

動 dòng 30

八荒震○ 1.1/4/13
○如節度 1.1/6/12
不能○搖 1.1/8/5
○容進止 2.2/14/4
○以萬數 8.1/46/10
堅臥不○ 8.10/50/19
心中○悸 9.4/57/6,9.4/57/7
有不可○之節 9.11/61/11
霸安坐不○ 10.11/64/25
舉措○作 12.11/81/10
○搖觸患 14.4/92/13
既而色○ 16.3/103/9
非禮不○ 16.46/115/27
今日搖○者刀入脅 17.17/123/2
安能○萬乘主耶 18.1/126/2
伏地莫敢○ 18.6/127/24
時山陽新遭地○後 18.14/131/1
革不欲搖○之 18.18/132/4
喜○顏色 18.27/134/9
擾○天下 19.4/137/24
○不失其中 19.4/137/25
聲○左右 19.10/139/14
而無故興干戈、○兵革 19.16/140/26
○得事理 19.22/142/16
雷震○地 21.8/152/4
清高不○ 21.10/152/21
繩○隨旅 22.4/162/21
岑臥不○ 23.18/172/7
○與禮合 24.47/176/13

棟 dòng 1

而大將軍爲之梁○ 14.5/93/19

兜 dōu 2

被玄甲、○鍪 9.7/59/19
身（初）〔被〕○鍪鎧甲 10.3/62/24

斗 dǒu 7

主稱中都官○食以下 4.1/25/4
同○斛權衡 15.2/95/18
遺鹽二○ 16.44/115/14
正○斛 18.1/125/26
酒二○ 18.10/129/15
臣○筲之小吏 19.15/140/16
黃金一斤易豆五○ 23.6/167/2

豆 dòu 12

皆載赤○覆其上 8.1/47/3
黃金一斤易○五升 8.1/47/4
郡大生旅○ 9.1/55/6
異上○粥 9.4/56/23
昨日得公孫○粥 9.4/56/23
不忘（王室）〔俎○〕 9.7/59/18

以素木刳瓠葉爲俎〇 16.17/108/19
命歸求〇來贖兄 16.41/114/27
萌歸不能得〇 16.41/114/27
俎〇犧牲 17.1/117/22
乃撫荚得三升〇 17.11/120/25
黃金一斤易〇五斗 23.6/167/2

竇 dòu 30

河西大將軍〇融與五郡太守步騎二萬迎帝 1.1/6/23
將作大匠〇融上言 1.1/8/25
大將軍〇憲潛圖弒逆 2.3/16/19
〇后崩後 2.3/16/27
〇憲作大將軍 4.1/24/15
時〇皇后內寵方盛 6.3/35/26
〇章女 6.7/37/16
河西太守〇融遣使獻（三）〔橐〕駝 10.22/67/20
行河西五郡大將軍、涼州牧、張掖屬國都尉〇融 10.22/67/21
〇氏一主 10.22/68/3
〇固、字孟孫 10.23/68/9
〇憲恃宮掖聲勢 10.24/68/17
〇太后臨政 10.24/68/21
〇章、時謂東觀爲老氏藏室 10.25/69/3
與〇固等議出兵調度 12.3/77/17
光前坐黨附（憲）〔〇〕憲 12.4/78/16
〇氏有事 12.4/78/17
〇融請奮署議曹掾 15.11/99/12
大將軍〇融以爲從事 16.1/102/9
〇固擊匈奴 16.3/103/3
〇固具上超功 16.3/103/10
〇憲爲車騎將軍 16.38/114/9
大將軍〇憲貴盛 18.13/130/20
于是京師貴戚順陽侯衛尉馬廖、侍中〇憲慕其行 18.18/132/6
竊見〇憲、耿秉 19.4/137/22
〇憲出征匈奴 19.16/140/23
〇太后秉政 19.32/144/22
時東郭〇、公孫舉等聚眾三萬人爲亂 21.8/151/24
後昱與大將軍〇武謀誅中官 21.14/154/1
護羌〇林奉使 22.5/164/4

鬭 dòu 10

〇雞走馬 1.1/1/17
明德太后姊子夏壽等私呼虎賁張鳴與敖戲爭〇 2.2/15/13
伯升作攻城〇車 7.1/38/12
坐〇車上 7.1/38/14
兩虎安得私〇 9.1/55/12
由是無爭道變〇者 9.4/57/20
彰子普坐〇殺游徼 9.5/58/5
與鄉佐相聞期〇日 16.50/116/27
持兵而〇 18.30/135/16
走馬〇橐駝 22.3/161/9

都 dū 89

遂定〇焉 1.1/5/1
故帝〇雒陽 1.1/5/7
詔書告漢直擁兵到成〇 1.1/7/3
遣輕騎至成〇 1.1/7/4
成〇十萬餘眾 1.1/7/6
且堅據廣〇城 1.1/7/6
是時名〇王國有獻名馬、寶劍 1.1/7/12
陛下入東〇 2.1/12/6
漢陽率善〇尉蒲密因桂陽太守文礱獻大明珠 3.2/20/3
望〇、蒲陰狼殺子女九十七人 3.2/20/7
武騎〇尉樊演高祖父重 3.5/22/19
主稱中〇官斗食以下 4.1/25/4
校尉、中郎將、諸郡〇尉、諸國行相、中尉、內史、中護軍、司直秩皆比二千石 4.1/25/20
尚書、中謁者、黃門冗從四僕射、諸〇監、中外諸〇官令、〇（候）〔侯〕、司農部丞、郡國長史、丞、（候）〔侯〕、司馬、千人秩皆六百石 4.1/26/1
置〇尉 5.1/27/18
至建武〇雒陽 5.5/30/11
拜廬江〇尉 7.7/40/16
〇尉事（也）〔邪〕 7.7/40/18
琅邪孝王京就國〇 7.16/44/11
封恭少子丙爲〇鄉侯 7.17/44/22
更始雖〇關西 8.1/46/10
從〇（慮）〔盧〕至羊腸倉 8.2/47/15
漢平成〇 8.10/50/26
國計已〇長安 8.14/52/14
張步〇臨淄 8.14/52/22
時始置西域〇護、戊己校尉 8.17/54/3
至信〇 9.4/57/1
別下潁川太守、〇尉及三百里內長吏皆會 9.4/57/9
李忠、字仲〇 10.14/65/17
王郎遣將攻信〇 10.14/65/21
信〇大姓馬寵等開城內之 10.14/65/21
信〇人也 10.16/66/7
信〇反 10.16/66/8
所置信〇王捕繫彤父弟及妻子 10.16/66/8
彤親所以至今日得安于信〇者 10.16/66/10
行河西五郡大將軍、涼州牧、張掖屬國〇尉竇融 10.22/67/21
爲奉車〇尉 10.23/68/10
與駙馬〇尉耿秉北征匈奴 10.23/68/10
（從）〔徙〕〇尉 11.4/71/18
嚴從其故門生肆〇學擊劍 12.6/79/6
〇使詣省門 12.6/79/12
張掖屬國〇尉 12.8/79/24
統高祖父子〇 12.9/80/6
子〇子橋 12.9/80/6
至燔燒茂陵〇邑 12.9/80/12
〇茲玄陰 12.11/81/23
竊見故大司徒陽〇侯伏湛自行束脩 13.1/82/22
就關內之遠〇 13.11/86/3
敕從騎〇尉儲融受兵二百人 13.16/89/11

令叩頭○道 14.2/91/5
以平陵鮑恢爲○官從事 14.2/91/6
《決事○目》八卷 14.3/91/22
世祖遣騎○尉弓里游、
　諫大夫何叔武 14.4/92/1
廢子○之業 14.4/92/14
爲○講 15.2/95/6
鄭次○隱于弋陽山中 15.8/98/3
從次○止 15.8/98/3
次○曰 15.8/98/5
爲武○丞 15.11/99/16
遷武○太守 15.11/99/18
漢先遣堪入成○ 15.12/99/26
更始拜爲會稽西部○尉
　15.15/100/22
拜爲河東○尉 15.17/101/12
一笥餌得○尉 15.17/101/13
超爲○護 16.3/104/2
解冠挂東○城門 16.46/115/25
耿嵩、字文○ 16.52/117/12
常爲○講 17.2/118/5
周澤、字穉○ 17.3/118/16
成○邑宇偪側 18.12/130/1
領騎○尉 18.17/131/26
幸東（○）〔郡〕 19.1/136/10
爲丹陽○尉 19.17/141/3
京輔○尉 19.17/141/5
濟南○尉 19.17/141/5
蜀郡成○人 19.25/143/7
　21.22/155/9
因謫署○亭長 19.27/143/21
震到雒陽○亭 20.2/145/10
侍御史張綱獨埋輪于雒
　陽○亭 20.15/148/3
爲安定屬國○尉 21.11/153/3
更始北○雒陽 23.1/165/3
騎○尉 23.1/165/12
今日騎○尉往會日也 23.1/165/14
昔更始西○ 23.16/170/7
成○郭外有秦時舊倉
　23.17/171/23
漢兵守成○ 23.17/171/27

督 dū 16

○二千石 4.1/25/12
卿將軍○ 8.11/51/12
我大司馬○ 8.11/51/12
○察衆營 9.2/56/1
○郵言之 10.26/69/19
爲郡○郵 12.1/75/9,18.6/127/25
西部○郵繇延 15.8/97/29
使者○行郡國 16.33/112/21
時延爲郡○郵 17.1/117/21
以爲罪在○郵 17.1/117/23
以陳留○郵虞延故 17.1/117/24
興署倫○鑄錢掾 18.1/125/26
至掾○郵 18.26/133/27
乃署勤○郵 18.26/133/28
諸國侍子及○使賈胡數
　遺恂奴婢、宛馬、金
　銀、香罽之屬 19.20/141/22

毒 dú 7

嘗疾○諸家子數犯法令 1.1/2/5
○流天下 3.5/22/7
有山林○氣 7.7/40/14
恭以○藥傅矢 8.17/54/6
○氣熏蒸 12.1/76/20
殃咎之○ 14.5/93/8
○流未生 20.19/149/1

獨 dú 63

尤止車○與帝語 1.1/1/19
而帝田○收 1.1/1/24
○內念李氏富厚 1.1/2/4
以爲○伯升如此也 1.1/2/10
○居輒不御酒肉 1.1/3/13
惟○公孫述、隗囂未平 1.1/6/3
○言朝廷以爲我縛賊手
　足矣 1.1/7/4
霸陵○完 1.1/8/25
而○完其福 1.1/8/27
○眇蹇者不瘥 1.1/9/16
○左眉角小缺 6.2/34/11
誰當○居此上者 7.1/38/12
○坐不樂 7.12/42/23
○留京師 7.15/44/7
禹乘勝○克 8.1/46/23
禹○與二十四騎詣雒陽 8.1/47/5
漢常○繕檠〔其〕弓戟
　8.10/50/15
復○完致縣中 8.11/51/11
見上○居 9.4/56/18
異○入叩頭 9.4/56/19
遵○留屯汧 9.7/59/11
復○按部 9.7/59/11
鐔○孤絕 10.10/64/8
而子○留 10.11/64/14
惟忠○無所掠 10.14/65/19
汝○不欲修之 10.26/69/16
○不入密界 10.26/69/18
君叔○勞苦 11.2/70/18
非○君擇臣 12.1/75/19
遂○行十月迎氣樂 12.3/78/4
陛下昭然○見成敗之端
　13.11/86/25
年穀○熟 14.5/93/22
閔○完全 14.7/94/14
子○求鄉 15.1/94/25
鴻○與弟盛居 15.2/95/7
故京師號曰「三○坐」 15.3/96/6
惟河西○安 15.11/99/13
○有因夜以火攻虜 16.3/103/6
班超何心○擅之乎 16.3/103/9
臣恐不忍將大漢節對氈
　裘○拜 16.6/104/25
榮○舉手奉以拜 16.9/105/20
典○棄官收斂歸葬 16.13/107/12
惟○狄道爲國堅守 16.34/113/5
安得○潔己而危所生哉
　16.37/113/29
然○爲君子 16.37/114/3
惟琳兄弟○守冢廬 16.43/115/8
以穀飯○與之 17.23/124/18
○放 17.24/124/28
倫○收養孤兄（下）
　〔子〕、外孫 18.1/125/20
鄒穀○無災 18.4/127/11
臨淮○不疫 18.6/128/8
而亡命捕得○不沾澤 18.9/129/2
常○坐止 18.29/134/22
棱縣界○無雹 19.2/137/4
○勤心物務 19.7/138/21
而己○尊樂 19.11/139/20
嘗○止宿臺上 19.22/142/14
而衆○一心王室 19.32/144/22
侍御史張綱○埋輪于雒
　陽都亭 20.15/148/3

○居 20.17/148/15
而刪○在冢側 21.39/158/3
○在便坐室中 23.11/168/20
詔書○下延 23.15/169/19

瀆 dú 1

臨眾○之神林兮 12.10/81/1

牘 dú 2

世祖見陳留吏○上有書曰 2.1/11/10
明帝驛馬令作草書尺○十首焉 7.3/39/16

犢 dú 3

赤眉、青○之屬 8.1/46/10
擊青○于射犬 8.11/51/14
趙殰鳴○兮 12.10/80/23

讀 dú 14

○之 1.1/3/6
帝○檄未竟 1.1/5/15
○圖讖多 1.1/8/4
甲夜○眾書 2.1/12/16
七歲○《論語》 6.5/36/13
夜私買脂燭○經傳 6.5/36/15
令公卿○視 9.7/59/16
兼○眾書傳記 12.11/81/10
嘗因朝會帝○隗囂、公孫述相與書 13.7/84/19
固數入○書禁中 16.2/102/17
臣生不○讖 16.16/108/9
光武○之 16.16/108/12
誦○晝夜不絕 18.30/135/14
○所未嘗見書 19.22/142/10

堵 dǔ 2

民安○ 18.12/130/3
安○如舊 23.1/165/5

篤 dǔ 35

寬和〔○〕仁 2.3/16/6
遣憲及弟○、景就國 2.3/16/20
○志供養 3.1/18/10
信道不○ 5.5/30/4
○生朕躬 6.8/37/23
撫育恩養甚○ 7.1/38/24
○于經書 8.1/47/6
兢兢之心彌以○固也 8.7/49/18
○于事上 8.10/50/14
漢疾○ 8.10/51/4
○意分明 10.22/67/23
以○親親 12.10/81/6
商病○ 12.11/81/18
○信好學 13.1/82/23
以○行純淑 13.10/85/12
因自陳疾○ 13.10/85/17
遂○志精銳 15.2/95/7
疾○ 15.6/97/6
奮○於骨肉 15.11/99/18
○志經學 16.17/108/18
少○學 16.21/109/23
仁孝敦○ 16.41/114/25
帝嘉其○行 17.23/124/21
均好義○實 18.10/129/10
養孤兒兄子甚○ 18.10/129/10
○學有大度 18.16/131/14
杜○、字季雅 18.23/133/7
收○送京師 18.23/133/7
○于獄中爲誄 18.23/133/8
○外高祖辛武賢 18.23/133/9
○常歎曰 18.23/133/9
而○不任爲吏 18.23/133/10
而○又怯于事 18.23/133/10
至○衰矣 18.23/133/10
劭少便○學 19.14/140/12

杜 dù 31

郎遣諫議大夫○長威持節詣軍門 1.1/4/1
漢陽人○琦反 3.1/18/22
漢陽故吏○習手刺殺之 3.1/18/22
安定太守○恢與司馬鈞并威擊羌 3.1/18/30
遣侍中○喬、光祿大夫周舉等八人分行州郡 3.2/20/21
故太僕○密、故長樂少府李膺各爲鉤黨 3.6/23/8
○令不殺人 6.5/36/24
詔中常侍○岑、東海傅相曰 7.8/41/13
友人張汜、○禽與興厚善 11.14/74/17
效○季良而不成 12.1/76/21
與校書郎○撫、班固定《建武注記》 12.6/79/7
○詩薦湛疏曰 13.1/82/22
○林、字伯山 13.11/85/21
○伯山、天子所不能臣 13.11/85/22
是○伯山所以勝我也 13.11/87/5
曾祖父奉世徙○陵 14.5/92/22
王元、○陵人 14.8/94/18
○詩、字君公 15.10/99/3
後有○母 15.10/99/7
太守○詩曰 17.2/118/9
○安、字伯夷 18.21/132/21
○根以安帝年長 18.22/132/26
○篤、字季雅 18.23/133/7
○氏文明善政 18.23/133/10
從○撫學 20.7/146/15
弘農五官掾○眾傷其忠直獲罪 21.4/151/7
京兆○陵人 21.55/160/13
○虞殺莽于漸臺 23.2/165/24
王郎遣諫議大夫○威持節詣軍門 23.8/167/18
○林先去 23.16/170/11
○褒、斜之塗 23.17/171/5

度 dù 42

取此兩子置○外 1.1/6/3
高帝大○ 1.1/6/11
動如節○ 1.1/6/12
苟以○田爲名 1.1/8/1
并○廬屋里落 1.1/8/1
前以用○不足 1.1/8/20
正儀○ 2.1/11/27
虔人種羌大豪恬狼等詣○遼將軍降 3.1/19/5
○遼將軍司馬二人 4.1/24/22

大長秋、將作大匠、○

遼諸將軍、郡太守、

國傅相皆秩二千石 4.1/25/19

對于八政勞謙克己終始

之○ 5.5/31/21

遵履法○ 7.9/41/28

乃與公卿共議定南北郊

冠冕車服制○ 7.12/42/17

元初中爲○遼將軍 8.9/49/28

今乃調○ 9.7/59/12

歙乃大治攻具衝車○塹 11.2/71/3

尊奉法○ 11.11/73/23

恢廓大○ 12.1/75/22

與竇固等議出兵調○ 12.3/77/17

越州○郡 12.9/80/14

失其常○ 13.6/84/7

數正諫威儀不如法○者

13.10/85/14

○其形況 13.16/89/12

永以○田不實 14.2/91/11

輒○其資用 15.5/96/15

不失法○ 16.21/109/24

倫自○仕宦牢落 18.1/125/21

廉范、字叔○ 18.12/129/25

虜出○五千人 18.12/129/28

吏白今虜兵○出五千

18.12/129/28

廉叔○、來何暮 18.12/130/3

故蜀郡太守廉叔○ 18.12/130/7

篤學有大○ 18.16/131/14

但通○ 19.6/138/9

每行軍調○ 19.22/142/16

竊聞使者並規○城南民

田 20.4/145/24

遂燒○遼將軍門 21.11/153/5

莫支○由 22.4/162/10

魏菌○洗 22.4/162/24

立八尺圓體之○ 24.90/179/23

案○成數 24.90/179/26

詔書下車服制○ 24.94/180/11

渡 dù 19

邑與嚴尤、陳茂輕騎乘

死人○溼水逃去 1.1/3/8

帝持節○孟津 1.1/3/18

北○河 8.1/46/8

置箄上○河 8.2/48/1

因○滹沱河 9.4/57/1

○河詣上 10.5/63/7

從○河北 10.11/64/13

不可○ 10.11/64/17

雖不可○ 10.11/64/18

冰堅可○ 10.11/64/18

合可○ 10.11/64/19

上令霸護○ 10.11/64/19

乃○ 10.11/64/20

○未畢數車而冰陷 10.11/64/20

從上○河 15.1/94/24

斬竹爲箄○水 15.12/99/25

超更從他道○ 16.3/103/21

置于箄上以○河 20.5/146/5

聖德○諾 22.4/162/24

𧖴 dù 1

殆陰下相爲○賊 13.11/86/29

端 duān 8

懸于嘉德○門內 3.6/24/5

陛下昭然獨見成敗之○

13.11/86/25

攜錢二千、布兩○去

18.13/130/14

有似異○之術 19.1/136/21

黃、白絺各一○ 19.22/142/12

吏譯平○ 22.4/161/25

猶持兩○ 23.16/170/19

下○望之以視星宿 24.89/179/18

短 duǎn 8

其《○簫鐃歌》 5.4/28/24

常自謂○陋 13.13/88/4

吾知子不悲天命長○ 15.8/97/23

指切長○ 16.38/114/11

著○布單衣 16.50/116/28

形容○小 17.21/123/25

姿貌○陋 20.14/147/24

更著○布裳 22.1/160/27

段 duàn 4

復與○孝共坐 8.11/51/11

御款○馬 12.1/76/18

○熲、字紀明 21.8/151/24

首鄉侯○普曾孫勝坐殺

婢 21.49/159/16

鍛 duàn 2

陳龍、濟南○成 2.2/15/8

故得○成劍 2.2/15/10

斷 duàn 18

○○無他 1.1/4/22

太后輒○絕曰 6.2/35/7

夫人哀我爲○髮 6.5/36/12

而不自聽○ 8.1/46/11

道路○閉 8.1/47/4

失○金 9.4/57/17

宮夜使鋸○城門限 10.2/62/18

而門限○ 10.2/62/19

○之不疑 10.22/67/23

先嚴○而後弘衍 12.10/80/19

離○至親 15.7/97/13

屠〔者〕或不肯爲○

16.49/116/20

據法○事 18.2/126/25

酺罰○義勇 19.1/136/14

婦女有美髮〔者〕皆○

取之 21.27/156/7

一○于口 21.54/160/7

即○寵及妻頭 23.11/168/26

堆 duī 1

○石布土 10.11/64/25

隊 duì 1

王莽前○大夫誅謀反者

10.21/67/13

對 duì 59

帝○竈炙衣 1.1/3/24

〔陽○日〕 2.1/11/7
〔少〕推誠○ 2.1/11/8
○日 2.1/11/12
8.10/51/4,9.7/59/22
9.10/60/19,10.26/69/8
14.3/91/20,15.9/98/20
16.16/108/9,16.49/116/21
17.12/121/9,17.13/121/24
17.21/123/25,18.1/126/8
18.1/126/10,20.4/145/21
21.24/155/21,23.17/171/9
應○敏達 2.1/11/14
丕善○事 2.3/17/1
諸常侍○日 3.6/23/9
○于八政勞謙克己終始
之度 5.5/31/21
大夫將何辭以○ 7.3/39/12
大夫其○以孤襲爵以來 7.3/39/13
蒼○日 7.12/42/22
王○日 7.12/42/25
○酒娛樂 9.7/59/17
丹等○日 9.10/60/19
憙陰喝不得○ 10.24/68/18
子歆○日 11.8/72/22
閔具以實○ 11.10/73/16
○賓客語 11.13/74/9
嫺進○ 12.1/76/9
專○賓客 12.5/78/24
統○尚書狀日 12.9/80/12
與永○食 14.2/90/24
大中大夫張堪○日 14.2/91/10
擧賢良○策 15.7/97/13
御佐○日 15.14/100/16
妻子○哭 15.16/101/7
衆○狀 16.6/104/21
臣恐不忍將大漢節○氈
裘獨拜 16.6/104/25
憑○日 16.20/109/12
敏○日 16.22/110/3
放前○日 16.33/112/22
宗正劉匡○日 17.2/118/12
○几據床 17.17/122/28
相○盡歡 17.23/124/22
令妻子出相○ 18.1/125/21
吏○日 18.16/131/16
育輒○ 18.20/132/16
勤○日 18.26/134/4
邕○ 21.24/155/20
林○前後兩屈 22.5/164/5
帝方○我飲 23.1/165/8
皆○言「無」 23.17/171/25
○無遺失 24.52/176/23

懟 duì 2

得詔書怨○ 8.17/54/14
聾出怨○ 15.8/98/13

惇 dūn 1

（埶）〔執〕節○固 1.1/4/22

敦 dūn 6

龍○樸 2.2/15/10
體有○愨之性 3.2/19/21
《與兄子嚴○書》日 12.1/76/20
○於經學 13.8/84/25
仁孝○篤 16.41/114/25
恩禮○至 18.10/129/10

蹲 dūn 2

○○舞我」者也 5.4/28/24

鈍 dùn 1

質性頑○ 10.22/67/25

遁 dùn 2

純持節與從吏夜○出城 10.1/62/6
○逃避封 17.8/119/18

頓 dùn 14

年九歲而南○君卒 1.1/1/14
先到雒陽整○官府 1.1/3/14
至南○ 1.1/8/10,2.1/12/32
復南○田租一歲 1.1/8/11
異○首受命 9.4/57/11
每止○ 9.4/57/21
宏○首自陳 11.4/71/22
援○首謝日 12.1/75/18
必自整○ 13.10/85/12
曄○首日 15.17/101/13
馬○死泥中 18.12/130/5
汝南南○人 19.12/140/3
陪位○仆 20.1/144/29

遯 dùn 1

○亡七年 17.8/119/21

多 duō 83

○權略 1.1/1/26
闊達○大節 1.1/6/10
小縣○城守未下 1.1/7/3
又議漢殺述親屬太○ 1.1/7/12
刺史太守○爲詐巧 1.1/8/1
讀圖讖○ 1.1/8/4
○近臣 2.1/11/13
○近親 2.1/11/13
○識世事 2.2/14/4
李郃以人○疾疫免 3.2/19/31
以遠近獻馬衆○ 3.2/20/20
○殖財貨 7.11/42/8
掩擊○所斬獲 8.2/48/1
醫藥療之○愈 8.2/48/2
鄧禹及諸將○相薦擧 8.10/50/10
何○買田宅乎 8.10/51/2
卒必○死傷 8.14/53/1
率○强弩 9.1/55/19
軼○詐不信 9.4/57/3
時郡國○降邯鄲 10.1/62/9
諸將○以王師之重 12.1/75/24
譬如嬰兒頭○蟣蝨而剃
之 12.1/76/10
恐天下不正者○ 12.1/76/14
吾從弟少游嘗哀吾慷慨
○大志 12.1/76/17
○買京師膏腴美田 12.2/77/13
時以作樂器費○ 12.3/78/4
○見採用 12.3/78/5
防又○牧馬畜 12.3/78/8
○存侈飾 12.7/79/19
○藏厚亡 12.11/81/14
享受○福 12.11/81/18
望恩者○ 13.11/87/4
時舊典○闕 13.12/87/12

自郊廟婚冠喪紀禮儀○所正定 13.12/87/12
是時三公○見罪退 13.13/88/7
南宮複道○惡風寒 13.14/88/19
若向南者○取帷帳 13.14/88/19
人庶○資 14.5/93/22
謇謇○直言 15.7/97/15
坐前守張禁○受遺送千萬 15.8/98/11
見功○ 15.10/99/6
足○剖裂 15.14/100/14
十二月盛寒時並○剖裂血出 15.14/100/17
會稽頗稱○士 15.15/100/24
○所窺覽 16.3/102/22
○斬首虜 16.3/103/3
使彼不知我○少 16.3/103/7
○益爲重累 16.3/103/12
由是○見排詆 16.16/108/3
富商大賈○收田貨 16.16/108/4
又賈人○通侈靡之物 16.16/108/5
其中○近鄙別字 16.22/110/4
未嘗聞功臣地○而滅亡者 16.24/110/19
道路愈○不法 16.38/114/10
鄉佐○從兵往 16.50/116/27
故○以宗室肺腑居之 17.7/119/13
○善策 17.10/120/13
山陽、楚郡○蝗蜚 17.14/122/9
時蟄除者○ 18.1/126/5
鄰郡人○牽牛入界 18.6/128/8
邊郡吏○放縱 18.13/130/19
此等○是建武以來絕無後者 18.16/131/16
○蒙濟活 18.16/131/18
○置器其上 18.28/134/17
○求之 18.29/135/1
決獄○近于重 19.7/138/23
骸骨不葬者○ 19.7/138/26
所活者甚○ 19.7/138/27
博覽○聞 19.14/140/12
○珍寶 19.20/141/22
父母語「汝小何能○少」 19.25/143/8
以樊儵刪《嚴氏公羊春秋》猶○繁辭 19.25/143/8
其俗舊○珍怪 20.17/148/13
時屬縣令長率○中官子弟 21.3/150/28
溫仁○恕 21.9/152/12
○賜繒布 22.4/162/4
冬○霜雪 22.4/162/27
夏○和雨 22.4/162/27
部人○有 22.4/162/30
官爵○群小 23.1/165/13
士卒○凍死 23.6/167/1
兵馬衆○ 23.11/168/18
○所違失 24.90/179/22

奪 duó 13

爭○之 1.1/3/21
臨大節而不可○ 7.12/42/14
將斬而○之 10.12/65/5
遂以賤直○沁水公主園田 10.24/68/17
今貴主尙見枉○ 10.24/68/18
不○其志 11.14/74/15
有不可○ 13.1/82/23
每逢賊欲逼○ 13.16/89/9
○服 16.11/106/28
輒○其席以益通者 16.20/109/18
○之 18.1/126/10
賊操弓弩欲裸○婦女衣服 18.6/127/23
更相侵○ 23.1/164/20

鐸 duó 1

鉦○金鼓 21.8/152/4

惰 duò 4

志意衰○ 7.3/39/14
未嘗懈○ 13.16/89/19
民○窳 15.14/100/14
議曹○窳 17.10/120/9

墮 duò 6

有黑氣○所御溫明殿庭中 3.6/23/21
漢戰敗○水 8.10/50/24
仰視烏鳶跕跕○水中 12.1/76/20
鎮劍擊景○車 20.23/149/22
蔡邕詔問有黑氣○溫明殿東庭中 21.24/155/19
漢○水 23.17/172/1

阿 ē 15

〔及○乳母以問師傅〕 2.1/11/7
司空劉授以○附惡逆 3.2/19/28
太傅馮石、太尉劉熹以○黨權貴 3.2/19/31
帝起四百尺觀于○亭道 3.6/23/26
上至廣○ 8.1/46/16
丹率衆至廣○ 9.10/60/18
二十三年詔以祝○益濟南國 10.8/63/23
臣援師事楊子○ 12.1/76/25
帝親御○閣 12.6/79/9
王閎者、王莽叔父平○侯譚子也 14.7/94/13
○擁之 15.8/98/12
市無○枉 18.1/125/26
恂奉公不○ 19.20/141/21
詔書封光東○侯 20.24/150/7
遂封東○侯 20.24/150/8

俄 é 2

○而丹復徵爲太子太傅 15.5/96/25
○而湧泉 17.22/124/6

訛 é 1

○言不可信 23.17/171/25

額 é 4

井中后○ 6.5/36/11
一○盡傷 6.5/36/11
創中○ 9.12/61/20
四方且半○ 12.2/77/11

厄 è 3

每遭困○ 13.11/85/21
榮遭倉卒困○時 16.9/106/2

見其困○ 18.6/128/12

阨 è 2

方今○急而閭里無故自
滌 14.2/90/26
上黨○不能救 14.4/92/9

惡 è 25

司空劉授以阿附○逆 3.2/19/28
能○人 7.20/45/15
貴仁者所好○得其中也
7.20/45/15
表善懲○ 8.14/52/20
口無○言 10.26/69/11
必無怨○ 10.26/69/17
天道○滿而好謙 11.4/71/20
○衣食 11.10/73/10
因告言光與憲有○謀 12.4/78/18
憲他奴郭扈自出證明光
、憲無○言 12.4/78/19
見○如農夫之務去草焉
13.11/86/14
南宮複道多○風寒 13.14/88/19
誅鋤姦○ 13.16/89/13
衍聞明君不○切愨之言 14.5/93/1
後母○之 14.6/94/6
疾○豪強 15.5/96/14
明府以○爲善 15.8/98/1
○其名也 17.13/121/25
表善黜○ 18.6/128/5
恭○其爭 18.28/134/17
恐好○過所道 19.1/136/18
終不暴揚其○ 19.11/139/23
正身疾○ 21.14/153/27
不以舊○介意 24.33/175/13
罪○無狀 24.90/179/27

遏 è 2

所以禁○甚備 12.3/78/9
息○人訟也 14.3/91/23

搤 è 1

自號「○虎」 23.7/167/10

餓 è 10

民○死者十七八 1.1/1/22
天下擾亂飢○ 1.1/2/3
隗囂○ 1.1/6/26
軍士饑○ 8.1/47/2
人民餒○相啖 16.41/114/26
人民饑○ 17.10/120/6
爲○賊所得 17.11/120/22
禮久○羸瘦 17.23/124/16
南陽○ 18.6/128/11
百姓饑○ 23.6/167/2

諤 è 1

臣無謇○之節 16.20/109/14

恩 ēn 52

家自以蒙○ 1.1/6/6
極盡下（思）〔○〕 1.1/6/10
每來輒加厚○ 1.1/8/12
○遇甚厚 1.1/10/3
后父陰睦爲宣○侯 1.1/10/7
蒙國厚○ 2.2/15/13
鴻○茂悅 2.3/17/12
宣○以極 3.2/20/29
開示○信 6.5/36/20
撫育○養甚篤 7.1/38/24
賞賜○寵絕於倫比 7.8/41/6
惟王與下邳王○義至親
7.20/45/14
施行○德 9.4/56/20
○意甚備 9.10/60/20
期言「受國家○深 9.12/61/22
責數以背○反（賊）
〔城〕 10.14/65/22
蒙明公大○ 10.14/65/24
劉公之○ 10.16/66/10
將平居〔以〕○意遺之
乎 10.26/69/12
追尊貴人父睦爲宣○侯
11.12/74/5
援務開○信 12.1/76/4
大兵冀蒙救護〔生活〕
之○ 13.9/85/6
賣國○ 13.9/85/7
望○者多 13.11/87/4
自以兄弟不當蒙爵土之
○ 13.12/87/24
婦人亦懷卿之○ 13.16/89/16
○寵甚厚 13.16/89/17
賞賜○寵甚渥 13.16/89/18
深受厚○ 14.1/90/7
蒙○入侍 14.2/91/5
樹○布德 14.5/93/13
不顧○義 15.2/95/9
今子以兄弟私○而絕父
不滅之基 15.2/95/12
以義割○ 15.7/97/14
前在州素有○德 15.9/98/18
並感其○德 15.15/100/28
小臣蒙○ 15.17/101/13
其○禮如此 16.9/106/7
郁父子受○ 16.10/106/22
未聞○澤 16.33/112/22
常待以舊○而卑侮之 16.34/113/2
以謝賊○ 17.11/120/25
卿蒙國○ 17.17/123/1
伏惟天○莫不蕩宥 18.9/129/1
○禮敦至 18.10/129/10
○寵莫與爲比 18.18/132/6
吏皆懷○ 19.11/139/23
百姓化其○禮 19.17/141/6
吾蒙○居上司 20.2/145/11
詣闕上書謝○ 21.12/153/13
聖德深○ 22.4/162/24
大○ 24.71/178/5

而 ér 404

年九歲○南頓君卒 1.1/1/14
尤見○奇之 1.1/1/19
○帝田獨收 1.1/1/24
城中負戶○汲 1.1/2/26
直營○實 1.1/3/1
不及地尺○散 1.1/3/1
前去尋、邑軍四五里○陣 1.1/3/2
○陽墜其書 1.1/3/5
○昆陽城中兵亦出 1.1/3/7
○懼不免 1.1/3/22
終不君臣相率○降 1.1/4/4
○郎少傅李立反郎 1.1/4/5
○營門不覺 1.1/4/11

立北時○祠黑帝 1.1/5/5
俱與后稷竝受命○爲王 1.1/5/10
承運○起 1.1/5/12
○南畝亦益闢矣 1.1/5/25
取具文字○已 1.1/6/18
常以日○出時 1.1/6/19
背城○戰 1.1/7/8
○不重綵 1.1/7/14
○事少閒 1.1/7/16
陂池裁令流水○已 1.1/8/21
安得松、喬與之○共遊乎 1.1/8/24
○獨完其福 1.1/8/27
○失黃、老養性之道 1.1/9/6
○欲有事于太山 1.1/9/10
地（祇）〔祇〕靈應○朱草萌 1.1/9/16
○大官無餘 1.1/10/4
○貴不侵民 1.1/10/12
或幽○光 1.1/10/14
三雨○濟天下 1.1/10/16
幼○聰明睿智 2.1/11/6
冠帶搢紳遊辟雍○觀化者、以億萬計 2.1/12/3
制令流水○已 2.1/13/8
廟與世宗廟同○祠 2.1/13/22
有加○無損 2.1/13/24
閨門○已無封侯預朝政者 2.1/13/27
又國遠○小于王 2.1/13/29
幼○聰達才敏 2.2/14/3
壯○仁明謙恕 2.2/14/4
威○不猛 2.2/14/5,12.11/81/12
皆因名○表意 2.2/15/11
未還宮○澍雨 2.3/16/25
帝讓○不宣 2.3/17/14
故靡得○紀 2.3/17/14
○悲哀泣血 3.2/19/26
○豐不惟竭忠 3.2/20/3
○遠獻明珠以求媚 3.2/20/4
○比不奉祠 3.2/20/8
召○至 3.2/20/11
○德教加于百姓 3.2/21/1
○有秩者侍中、中常侍、光祿大夫秩皆二千石 4.1/26/8
明堂、辟雍闕○未舉 5.3/28/11
可得○禮也 5.4/28/17
揖讓○治天下者 5.4/28/21
各以其月祀○奏之 5.4/29/3
德薄○任重 5.5/30/3
聖王先成民○後致力于神 5.5/30/16
○詩人稱其武功 5.5/31/10
愛○勞之 5.5/32/8
常稱疾○終身得意 6.2/34/12
○欲封爵 6.2/35/8
遂取○持歸養 6.3/35/23
左右怪○問之 6.5/36/12
言堯夢攀天○上 6.5/36/16
歲時但貢紙墨○已 6.5/36/21
○念兆民 6.5/37/4
更始聞○心忌之 7.1/38/20
○睦〔性〕謙恭好士 7.3/39/10
召○謂曰 7.3/39/11
使者受命○行 7.3/39/14
蟻穴居○知雨 7.9/41/22
臨大節○不可奪 7.12/42/14
伏軾○吟 7.12/42/24
流涕○訣 7.12/43/13
非王○誰 7.20/45/14
○見上知非常人 8.1/46/6
○不自聽斷 8.1/46/11
以公○慮 8.1/46/13
○師行有紀 8.1/46/23
○久在禁省 8.5/48/21
往○不反 8.7/49/15
遂鼓○進 8.10/50/18
惟願愼無赦○已 8.10/51/4
○勤于學 8.11/51/10
○壯其勇節 8.11/51/18
天下可馳檄○定 8.14/52/13
望風○止 8.14/52/20
視西安城小○堅 8.14/52/23
其聲雖大○（實）〔虛〕 8.14/52/24
○吾攻臨淄 8.14/52/27
所謂一舉○兩得者也 8.14/52/27
不戰○困 8.14/53/3
○弇勒兵入據其城 8.14/53/11
○簡易于事軍 8.16/53/24
聞貳師將軍拔佩刀刺山○飛泉出 8.17/54/9
○君以此時據大郡 9.1/55/4
○吏士皆醉 9.1/55/11
敢問戮其使○降城 9.1/55/21
○津鄉當荊、揚之咽喉 9.2/56/2
（祐）〔祜〕自陳功薄○國大 9.6/58/13
常與（祐）〔祜〕共車○出 9.6/58/14
遂哭○慟 9.7/59/15
○褒貣清靜 9.8/60/3
○將軍〔聞之〕 9.11/61/10
○門限斷 10.2/62/19
○子獨留 10.11/64/14
霸慚○去 10.11/64/16
渡未畢數車○冰陷 10.11/64/20
將斬○奪之 10.12/65/5
忠更作新袍袴（解）〔鮮〕支小單衣襪○上之 10.14/65/18
○令親屬招呼忠 10.14/65/22
上聞○美之 10.14/65/24
○虜土崩瓦解 10.22/67/23
○融弟顯親侯友嗣子固尚沮陽公主 10.22/68/3
○見重當世 10.23/68/12
吏民親愛○不忍欺之 10.26/69/11
爲汝有事屬之○受乎 10.26/69/12
遺之○受 10.26/69/13
歙〔徐〕仗節就車○去 11.2/70/23
分部○進 11.2/70/26
○反效兒女子泣涕乎 11.2/71/5
投筆抽刃○死 11.2/71/6
天道惡滿○好謙 11.4/71/20
上悲傷其言○不許 11.4/71/22
食糒乾飯屑飲水○已 11.10/73/13
○況恭儉謙遜 11.11/73/23
○一家數人並蒙爵土 11.14/74/15
猶稱其所長○達之 11.14/74/17
以爲華○少實 11.14/74/17
○內重禮 12.1/75/9
援哀○縱之 12.1/75/10
因○辭歸 12.1/75/16
述陛戟○後進臣 12.1/75/20
陛下何以知非刺客○簡易如此 12.1/75/20
因說囂側足○立 12.1/76/1
但總大體○已 12.1/76/5

譬如嬰兒頭多蟣蝨○剃之 12.1/76/10
效杜季良○不成 12.1/76/21
馬客卿幼○岐嶷 12.5/78/24
外若訥○內沈敏 12.5/78/25
先嚴斷○後弘衍 12.10/80/19
暨太甲○俱寧 12.10/80/20
祖聖道○垂典兮 12.10/81/1
既匡救○不得兮 12.10/81/1
必殞命○後仁 12.10/81/2
奴婢車馬供用○已 12.11/81/13
○三分天下有二 13.1/82/20
○遠征邊郡 13.1/82/21
或當道〔○〕臥 13.5/83/21
○具以狀聞 13.5/83/22
不與席○讓之曰 13.6/84/5
〔○〕今數進鄭聲以亂雅樂 13.6/84/6
上怪○問之 13.6/84/7
○令朝廷耽悅鄭聲 13.6/84/8
異○獻之 13.9/85/4
懷慚○還 13.9/85/4
○終不屈節 13.11/85/24
既遣○悔 13.11/85/24
農人三十○取一 13.11/86/4
合於《易》之所謂「先天○天不違、後天○奉天時」義 13.11/86/9
明聖用○治 13.11/86/14
故遂相率○陪園陵 13.11/86/20
恭己○治 13.11/86/21
○尙遺脫 13.11/86/26
○猥相毀墊淪失 13.11/86/28
五年○再殷 13.12/87/16
○讎家皆疾病 13.16/89/4
且釋之○去 13.16/89/4
○己受其害 13.16/89/8
○永即去之 14.2/90/15
幅巾○居 14.2/90/22
方今阸急○閭里無故自滌 14.2/90/26
○肆意加怒 14.2/91/5
○至右扶風 14.2/91/9
怪使司隸○著姓也 14.3/91/20
愚聞丈夫不釋故○改圖 14.4/92/4
哲士不徼幸○出危 14.4/92/4
擁衆○據壁 14.4/92/5
君長將兵不與韓信同日○論 14.4/92/10
豈敢拱默避罪○不竭其誠哉 14.5/93/3
當蒙其福○賴其願 14.5/93/12
其猶順驚風○飛鴻毛也 14.5/93/13
然○諸將擄掠 14.5/93/13
故其延頸企踵○望者 14.5/93/16
束脩其身○已哉 14.5/93/17
○大將軍爲之梁棟 14.5/93/19
○大將軍所部不過百里 14.5/93/20
抑○不用 14.5/94/2
三年○明章句 15.2/95/6
憐盛幼小○共寒苦 15.2/95/7
乃挂衰絰於冢廬○去 15.2/95/8
弱○隨師 15.2/95/9
駿乃止○讓之曰 15.2/95/12
今子以兄弟私恩○絕父不滅之基 15.2/95/12
○弒君三十六 15.2/95/22
上特詔御史中丞與司隸校尉、尙書令會同並專席○坐 15.3/96/5
因留其餘酒肴○去 15.5/96/15
遵聞○有慚色 15.5/96/18
遂揖○別 15.5/96/20
丹怒○撻之 15.5/96/23
○後所舉者陷罪 15.5/96/25
俄○丹復徵爲太子太傅 15.5/96/25
○良妻布裙徒跣曳柴 15.6/97/4
歎息○還 15.6/97/5
不有忠言奇謀○取大位 15.6/97/7
○痛二父讎不復也 15.8/97/23
子張〔但〕目擊○已 15.8/97/24
子張見○氣絕 15.8/97/24
不嚴○治 15.8/97/29
將爲許、巢○去堯、舜也 15.8/98/4
告別○去 15.8/98/5
○陛下遠獵山林 15.8/98/8
性節儉○治清平 15.10/99/5
○姑臧稱爲富邑 15.11/99/13
○奮不改其操 15.11/99/15
○其子見屠 15.11/99/17
才美○高 15.12/99/23
應期○還 15.15/100/28
既至○死 15.15/100/28
舉大義○已 16.2/102/14
○涉獵書傳 16.3/102/22
○當封侯萬里之外 16.3/102/25
飛○食肉 16.3/103/1
既○色動 16.3/103/9
何故不遣○選乎 16.3/103/11
○令巫自來取馬 16.3/103/15
賜○遣 16.3/103/20
○小人猥承君後 16.3/104/3
○蠻夷懷鳥獸之心 16.3/104/4
宜陽爲簡（○）〔易〕 16.3/104/5
總大綱○已 16.3/104/5
不如守正○死 16.6/104/20
單于恐○止 16.6/104/23
○桓譚、衛宏並共毀訾 16.8/105/9
故中道○廢 16.8/105/9
榮笑○不應 16.9/106/3
○悉以租入與之 16.10/106/16
盡禮○去 16.13/107/12
○喜非毀俗儒 16.16/108/3
坐○分利 16.16/108/5
○竭盡其財 16.16/108/6
是爲下樹奢媒○置貧本也 16.16/108/6
○人不可暴化 16.16/108/7
○有狂瞽之言 16.20/109/14
何謂察察○遇斯禍也 16.22/110/7
未嘗聞功臣地多○滅亡者 16.24/110/19
遂伏劍○死 16.30/112/3
○斬郡守 16.33/112/22
遂解衣○前 16.33/112/23
使者義○赦之 16.33/112/23
○勃位不過縣令 16.34/113/2
常待以舊恩○卑侮之 16.34/113/2
○堪去職之日 16.35/113/17
布被囊○已 16.35/113/17
安得獨潔己○危所生哉 16.37/113/29
此皆何罪○至於是乎 16.37/114/2
遂不之官○歸 16.38/114/12
○民不知紡績 16.40/114/20

○冬月無衣 16.40/114/20
積細草○臥其中 16.40/114/20
見吏則衣草○出 16.40/114/21
賊義○不啖 16.41/114/27
賊矜○放〔之〕 16.43/115/9
受○不食 16.44/115/14
16.49/116/16
業乃飲鴆○死 16.45/115/18
子宇諫莽○莽殺之 16.46/115/25
即駕○歸 16.46/116/2
如以為任用○不使臣之 16.49/116/19
便辭○出 16.49/116/19
世祖聞○奇之 17.1/117/20
○容止趨步 17.1/117/25
延以寅雖有容儀○無實行 17.1/117/26
寅聞慚○退 17.1/117/28
乃慨然○歎曰 17.2/118/4
○稱父遺意 17.8/119/21
太守斂容○止 17.10/120/10
其後賊忽然○至 17.11/120/19
抱仲遺腹女○棄其子 17.11/120/20
賊哀○遣之 17.11/120/23
因忘其豬○聽經 17.12/121/4
宮悉推與○去 17.12/121/7
○上書言狀 17.13/121/15
（決）〔泱〕日○成 17.13/121/19
○不拜賜 17.13/121/24
○驕天下英俊 17.17/123/2
驃騎辟君○來 17.19/123/13
臣懼法○至 17.19/123/14
匡執法守正○下獄 17.20/123/21
恐政化由是○墜 17.20/123/21
俄○湧泉 17.22/124/6
○有資財千萬 17.25/125/10
吏民畏○愛之 18.6/128/5
遂跣○起 18.8/128/22
○文不及亡命未發覺者 18.9/129/1
○亡命捕得獨不沾澤 18.9/129/2
臣以為赦前犯死罪○繫在赦後者 18.9/129/2
乃教民種麻桑○養蠶 18.11/129/20
令老弱城守○追之 18.12/130/1
○更相隱蔽 18.12/130/2
不告○去 18.12/130/7
謝○歸之 18.12/130/8
應聲○舞 18.13/130/18
但就溫湯○已 18.15/131/9
帝聞○益善之 18.18/132/7
○書如故 18.21/132/22
既○載之城外 18.22/133/2
○篤不任為吏 18.23/133/10
○篤又怯于事 18.23/133/10
○家人爵祿 18.25/133/19
拜○得錢 18.26/133/26
坐定○府檄到 18.27/134/9
義奉檄○入白母 18.27/134/9
鄰里牧牛○爭飲牛 18.28/134/16
里落皆化○不爭 18.28/134/18
鴻家貧○尚節 18.29/134/26
○稱鴻長者 18.29/134/28
鴻以書責之○去 18.29/134/29
容貌醜○有節操 18.29/135/1
操作具○前 18.29/135/2
伯通察○異之 18.29/135/6
持兵○鬭 18.30/135/16
至其日○卒 18.31/135/23
恭不得已○行 19.4/137/16
疑○格殺之 19.11/139/19
○己獨尊樂 19.11/139/20
正色○已 19.11/139/22
○遂失計義 19.11/139/26
即拜○出 19.11/139/26
羸瘵○已 19.16/140/25
○無故興干戈、動兵革 19.16/140/26
○親極滋味 19.22/142/8
○衆獨一心王室 19.32/144/22
姦臣狡猾○不能誅 20.2/145/11
寵孽傾亂○不能禁 20.2/145/11
○不能塞 20.2/145/12
遂飲酖○死 20.2/145/12
警蹕○行 20.3/145/16
○令搢紳之徒委伏畎畝 20.4/145/22
父娶後妻○憎苞 20.6/146/9
旦入○洒掃 20.6/146/10
父母慚○還之 20.6/146/11
于是歎息○還 20.10/147/6
○博學洽聞 20.14/147/24
○不受贍遺 20.17/148/15
○杖鞭牧豕 20.17/148/16
祐辭謝○已 20.17/148/17
○遂比不奉祠 20.19/148/29
○心力克壯 21.1/150/18
○中常侍單超等五人皆以誅冀功並封列侯 21.4/151/3
示辱○已 21.9/152/12
大醉○還 21.9/152/13
登樓○歌 21.11/153/7
既○生猛 21.11/153/8
乃登樓自焚○死 21.11/153/9
但即土埋藏○已 21.15/154/6
隨日時○出入焉 21.21/155/4
遂棄官○去 21.22/155/10
○降施于庭 21.24/155/20
○刪獨在冢側 21.39/158/3
見其尚幼○有志節 21.39/158/4
奇○哀之 21.39/158/4
少君生○驕富 22.1/160/25
○吾貧賤 22.1/160/25
○亡藏巖穴中 22.5/164/3
屈鳧茈○食 23.1/164/20
○朱鮪立壇城南（堉）〔淯〕水上 23.1/164/24
南面○立 23.1/164/27
○更始收劉稷及伯升 23.1/164/28
○赤眉劉盆子亦下詔以聖公為長沙王 23.1/165/18
捕池魚○食之 23.5/166/17
○棄此去 23.11/168/18
○不及萌 23.15/169/19
輔漢○起 23.16/169/26
史奉璽○告 23.16/170/2
割牲○盟光武與囂書曰 23.16/170/2
○欲牽儒生之說 23.16/170/8
遂刎頸○死 23.16/170/17
恚憤腹脹○死 23.16/170/18
無穀○飽 23.17/171/4
衆見利則出兵○略地 23.17/171/6
無利則堅守○力農 23.17/171/6
○名號未定 23.17/171/8
死○功成 23.17/171/15
愈于坐○滅亡 23.17/171/15
長沙以南必隨風○靡

23.17/171/16
○坐談武王之說 23.17/171/19
○潛遣奇兵出吳漢軍後 23.17/172/1
○恨明如此 24.2/172/24
○口吃不能劇談 24.15/174/5
少○明達 24.48/176/15
夫清道○後行 24.77/178/19
土炭輕○衡仰 24.88/179/15
土炭重○衡低 24.88/179/16
○以衡望之 24.89/179/18
圓二尺五寸○强 24.89/179/19
○具天地之象 24.90/179/23
官有其器○無本書 24.90/179/24
《前志》亦闕○不論 24.90/179/25
○幽僻藏蔽 24.93/180/9

兒 ér 30

至孝武、（○）〔倪〕寬、司馬遷猶從土德 1.1/5/6
嬰○老母 1.1/7/10
聞有○啼聲 6.3/35/22
上舍中○犯法 9.7/59/4
吾舍中○犯法尚殺之 9.7/59/6
從擊王郎將○宏、劉奉于鉅鹿下 9.12/61/19
而反效○女子泣涕乎 11.2/71/5
譬如嬰○頭多蟣蝨而剃之 12.1/76/10
男○要當死於邊野 12.1/77/1
何能臥床上在○女子手中耶 12.1/77/1
○女常自操井臼 14.5/94/1
有童○數百 15.9/98/19
○曹何自遠來 15.9/98/20
諸○送出郭外 15.9/98/21
伋謂違信〔於諸○〕 15.9/98/22
令○常取水 17.22/124/6
即相謂此○有義 17.24/125/2
惟孤○續始生數旬 17.25/125/9
養孤○兄子甚篤 18.10/129/10
養兄崇孤○ 18.28/134/15
○慚負 18.28/134/16
小○復爭 18.28/134/17
旁有童○ 19.4/137/19
○曰 19.4/137/20
○子備具矣 19.11/139/25
自抱孫○伏于戶下 20.10/147/4
抱○當戶 20.10/147/5
使○居市決 23.1/165/13
若小○ 23.11/168/23
男○當死中求生 23.17/171/27

輀 ér 1

賜東園○車、朱壽器、銀鏤、黃〔金〕玉匣 12.11/31/22

耳 ěr 37

常欲以墾田相方○ 2.1/11/11
冀以默止讙○ 6.2/35/4
故忍之○ 6.5/36/12
我爲詐汝○ 7.4/39/22
我曹亦且俱死○ 8.2/48/3
然後食○ 8.11/51/15
我戲卿○ 8.14/52/17
無心降○ 9.1/55/22
故以封卿○ 9.10/60/21
倉卒時以備不虞○ 10.21/67/11
往遺之○ 10.26/69/12
否則守錢虜○ 12.1/75/11
子陽、井底鼃○ 12.1/75/16
顧說客○ 12.1/75/21
此乃太守事○ 12.1/76/6
莫不屬○忘倦 12.1/76/10
但自苦○ 12.1/76/19
以馬革裹尸還葬○ 12.1/77/1
行之有逆順○ 12.9/80/12
重○忽推兮 12.10/80/23
言提其○ 13.11/86/5
故不敢降○ 14.1/90/4
齊桓霸彊之君○ 14.5/93/18
董宣死乃知貧○ 15.16/101/7
祭酒、布衣諸生（爾）〔○〕 16.3/102/25
以淫人○目 16.16/108/6
智盡此○ 16.34/113/1
我欲省煩○ 16.49/116/16
道不同故○ 18.1/126/2
當是〔○〕 18.12/130/8
欲察君治迹○ 19.4/137/20
○無所聞 19.30/144/9
待汝以不死○ 23.5/166/18
與熊○山齊 23.5/166/19
欲報怨○ 23.7/167/8
厭浮語虛辭○ 23.16/170/12
財物易聚○ 23.17/171/28

爾 ěr 8

○虎賁將軍 2.2/15/13
鼠子何敢○ 7.7/40/19
諸君不見是○ 8.14/53/3
何○生不先後兮 12.10/80/24
○曹若健 13.16/89/4
祭酒、布衣諸生（○）〔耳〕 16.3/102/25
卿但盡氣○ 16.9/106/3
○說將尙不下 18.1/126/2

餌 ěr 2

饋○一笥 15.17/101/11
一笥○得都尉 15.17/101/13

邇 ěr 1

政稱遠○ 19.13/140/8

二 èr 245

建平元年十○月甲子夜 1.1/1/10
雒陽以東米石○千 1.1/1/20
食邑○千戶 1.1/4/24
○年春正月 1.1/5/4, 3.1/18/15, 3.1/18/30
至○年秋 1.1/5/23
六年春○月 1.1/6/3
河西大將軍竇融與五郡太守步騎○萬迎帝 1.1/6/23
十○年 1.1/7/3, 2.1/13/3, 2.3/17/4
○者孰仁矣 1.1/7/12
四月○日 1.1/8/5
○十年夏六月 1.1/8/15
○十五年 1.1/8/18
○十六年春正月 1.1/8/20

不過〇三頃 1.1/8/27
汚七十〇代編錄 1.1/9/11
三十〇年 1.1/9/13,5.5/29/15
〇年春〇月戊（戌）
〔戌〕 1.1/9/22
時年六十〇 1.1/9/22,12.1/77/3
刺史〇千石長〔吏〕皆
無離城郭 1.1/9/23
功臣鄧禹等〇十八人皆
爲侯 1.1/10/1
故帝年十〇以皇子立爲
東海公 2.1/11/9
中元〇年春〇月 2.1/11/18
〇年春正月辛未 2.1/11/26
臣〇懽喜 2.1/12/7
三年春〇月 2.1/12/13
圖〇十八將于雲臺 2.1/12/13
四年春〇月 2.1/12/19,3.1/19/5
十三年春〇月 2.1/13/5
廣丈〇尺 2.1/13/9
長〇丈五尺 2.1/13/9
十五年春〇月 2.1/13/11
祠孔子及七十〇弟子 2.1/13/11
十〇月 2.1/13/22,3.1/19/2
帝令滿〇千萬止 2.1/13/28
建初〇年 2.2/14/9
〇年春〇月 2.2/14/18
祠東海恭王及孔子七十
〇弟子 2.2/14/22
元和〇年以來 2.2/15/18
鳳凰見百三十九、麒麟
五十〇、白虎〇十九
、黃龍三十四、青龍
、黃鵠、鸞鳥、神馬
、神雀、九尾狐、三
足烏、赤烏、白兔、
白鹿、白燕、白鵲、 2.2/15/20
章和〇年春〇月 2.3/16/7
〇年春〇月壬午 2.3/16/12
見〇臣之墓 2.3/16/16
西域蒙奇、疏勒〇國歸
義 2.3/17/5
冬十〇月 2.3/17/9,3.1/19/5
時年〇十七 2.3/17/9
元興元年冬十〇月 2.4/17/18
年〇歲 2.4/17/22
清河孝王第〇子也 3.1/18/5
日南地坼長一百八十〇
里 3.1/18/28
燒兵物百〇十五種 3.1/19/5
延光〇年 3.1/19/8
時年三十〇 3.1/19/13
（〇）〔以〕千石祿終
身 3.2/20/5
〇年 3.2/20/11
3.2/20/24,3.5/22/6
3.6/23/8,3.6/23/14
永和六年冬十〇月詔 3.2/20/17
永興〇年 3.5/21/30
其〇絕者祠之 3.5/22/20
有（壁）〔璧〕〇十 3.5/22/22
在位〇十一年崩 3.5/23/2
中平〇年 3.6/24/1
鑄黃鐘〇千斛 3.6/24/5
建武〇十年 4.1/24/19
10.4/63/3,17.1/117/20
度遼將軍司馬〇人 4.1/24/22
督〇千石 4.1/25/12
九卿、執金吾、河南尹
秩皆中〇千石 4.1/25/19
大長秋、將作大匠、度
遼諸將軍、郡太守、
國傅相皆秩〇千石 4.1/25/19
校尉、中郎將、諸郡都
尉、諸國行相、中尉
、內史、中護軍、司
直秩皆比〇千石 4.1/25/20
中外官尚書令、御史中
丞、治書侍御史、公
將軍長史、中〇千石
丞、正、平、諸司馬
、中官王家僕、雒陽
令秩皆千石 4.1/25/21
其丞、尉秩〇百石 4.1/26/5
丞、尉亦〇百石 4.1/26/6
明堂、靈臺丞、諸陵校
長秩〇百石 4.1/26/6
而有秩者侍中、中常侍
、光祿大夫秩皆〇千
石 4.1/26/8
大中大夫秩皆比〇千石 4.1/26/9
太子舍人秩〇百石 4.1/26/11
建安〇十年 5.1/27/18
亭萬〇千四百四十三 5.1/28/3
〇曰周頌、雅樂 5.4/28/19
又制雲臺十〇門詩 5.4/29/2
出雲臺十〇門新詩 5.4/29/3
章帝元和〇年詔曰 5.5/30/14
孝文十〇年令曰 5.5/30/18
永平〇年正月 5.6/32/21
天王袞冕十有〇旒 5.6/32/25
〇采 5.6/33/6,5.6/33/8
九卿、中〇千石青綬 5.6/33/7
四百、三百、〇百石黃
綬 5.6/33/8
后長七尺〇寸 6.2/34/9
永元〇年 6.4/36/6
16.10/106/24,22.6/164/12
永初〇年三月 6.5/36/24
年十〇能屬文 6.7/37/16
有〇子 7.1/38/23
建武〇年 7.1/38/23
9.1/55/5,9.10/60/20
10.7/63/18,11.12/74/5
〇十餘日 7.7/40/21
祉以建武〇年三月見光
武于懷宮 7.7/40/22
建武〇年六月 7.8/41/3
〇十八年十月 7.8/41/5
王兼食東海、魯國〇郡
〇十九縣 7.8/41/5
上錢〇千萬 7.8/41/15
廄馬千〇百匹 7.11/42/8
要帶八尺〇寸 7.12/42/26
禹獨與〇十四騎詣雒陽 8.1/47/5
凡侯者〇十九人 8.7/49/19
公〇人 8.7/49/19
中〇千石十四人 8.7/49/19
得鎧弩刀矛戰楯匕首〇
三千枚 8.9/49/28
得釜鑊〇三千枚 8.9/50/1
討富平、獲索〇賊于平
原 8.10/50/19
精兵〇萬人 8.14/53/1
樹十〇郡旗鼓 8.14/53/12
故皆無〇心 8.17/54/13
大將軍〇人 8.17/54/15
中郎將、護羌校尉及刺
史、〇千石數百人 8.17/54/15
一人皆兼〇人之饌 9.1/55/10
鮮卑奉馬一匹、貂裘〇

領 9.8/60/6
鄧禹發房子兵〇千人 9.12/61/18
純與從昆弟訢、宿、植共率宗（施）〔族〕賓客〇千餘人 10.1/62/7
〇十三年詔以祝阿益濟南國 10.8/63/23
則〇心也 10.14/65/23
永平〇年 10.15/66/3,16.9/106/9
四〇千石 10.22/68/4
食邑〇萬戶 10.24/68/22
邑〇萬戶 10.24/68/24
河南〇十餘縣皆被其災 10.26/69/18
以田〇頃解其忿訟 11.3/71/11
爲郎〇十三歲 11.6/72/7
〔坡〕水廣〇十里 11.10/73/12
遠祖以吏〇千石自邯鄲徙茂陵成歡里 12.1/75/5
卿遨遊〇帝間 12.1/75/18
建武〇十四年 12.1/77/3
〇月到武陵臨鄉 12.1/77/5
防兄弟〇人各六千戶 12.3/77/23
以襄城羹亭一千〇百戶增防 12.3/77/24
表請〇校尉附北宮 12.4/78/15
其四十〇事手殺人者減死一等 12.9/80/10
元壽〇年 12.9/80/12
而三分天下有〇 13.1/82/20
臣聞先王無〇道 13.11/86/14
〇千石失制御之道 13.11/86/26
建武〇十六年 13.12/87/13
13.16/89/15,22.3/161/11
事君無〇 13.13/88/10
敕從騎都尉儲融受兵〇百人 13.16/89/11
今月〇十七日 14.2/91/3
以避〇鮑 14.2/91/7
功無與〇 14.5/93/12
視事〇年 14.6/94/9
賜錢〇十萬 15.2/95/15
元和〇年 15.2/95/17,19.1/136/9
〇祖四宗 15.2/95/19
刺史〇千石初除謁辭 15.2/95/23
惟我〇人爲天地所遺 15.5/96/19
丹上麥〇千斛 15.5/96/20
而痛〇父讎不復也 15.8/97/23
從吏〇人 15.13/100/8
十〇月盛寒時並多剖裂血出 15.14/100/17
建武〇十八年 16.9/106/1
16.15/107/26
上賜馬〇匹 16.10/106/24
凡〇十九篇 16.16/108/13
以〇千石祿終其身 16.17/108/20
以〇千石祿養終身 16.27/111/12
年十〇能誦《詩》、《書》 16.34/112/28
勃未〇十 16.34/113/1
其以縣見穀〇千石賜勃子若孫 16.34/113/11
所出〇千餘人 16.37/114/3
如殺一大尹贖〇千人 16.37/114/4
皆故刺史、〇千石 16.38/114/9
遺鹽〇斗 16.44/115/14
時嵩年十〇三 16.52/117/13
更始〇年 17.2/118/5
23.1/165/15
自去家十〇年 17.2/118/6
年一〇歲 17.24/125/3
雖有〇千石 18.1/126/13
被死罪〇人 18.1/126/21
所在以〇千石俸終其身 18.3/127/7
〇千石皆以選出京師 18.7/128/16
酒〇斗 18.10/129/15
章和〇年 18.12/130/4
攜錢〇千、布兩端去 18.13/130/14
積〇十餘日 18.13/130/22
宗族五人同爲〇千石 18.14/130/27
長八尺〇寸 18.17/131/22
〇十餘年不窺京師 18.23/133/9
永寧〇年 18.24/133/15
乞汝〇十萬 18.26/133/26
時恭年十〇 19.4/137/13
此〇異也 19.4/137/21
食不〇味 19.20/141/20
年十〇 19.22/142/9
乃減爲〇十萬言 19.25/143/9
祐年十〇 20.17/148/12
年〇十喪父 20.17/148/15
卿〇千石子 20.17/148/16
黃綬〇枚 21.8/152/8
羌離湳上奐馬〇十匹 21.11/153/3
以丈〇竹簟畫九宮其上 21.21/155/4
臣伏見〇千石 21.45/158/28
十〇月癸丑 22.3/161/7
南單于遣使獻駱駝〇頭 22.3/161/11
文馬（〇）〔十〕匹 22.3/161/11
〔上〕破〇公于昆陽城 23.1/164/28
拜除〇千石 23.1/165/15
盆子及丞相徐宣以下〇十餘萬人肉袒降 23.5/166/18
當道〇千石皆選容貌飲食者 23.11/168/16
皆必死無〇心 23.16/170/16
以吏〇千石自無鹽徙焉 23.17/170/23
十〇爲期 23.17/171/9
況十〇乎 23.17/171/9
〇千石皆以選出 24.80/178/25
《前漢志》但載十〇律 24.86/179/11
圓〇尺五寸而强 24.89/179/19
〇曰《宣夜》 24.90/179/21

貳 èr 2

閻〇師將軍拔佩刀刺山而飛泉出 8.17/54/9
與〇師嚴尤共城守 9.2/55/26

發 fā 65

出自長沙定王〇 1.1/1/5
盜〇其廩 1.1/1/22
帝〇薊還 1.1/4/12
〇圖讖 1.1/6/7
中風〇疾 1.1/8/4
帝風眩黃癉病〇甚 1.1/8/15
匡、〇干侯 1.1/10/10
雖〇師旁縣 1.1/10/12
風拔樹〇屋 3.1/18/15
其夕〇喪 3.1/19/16
更始竟不能〇 7.1/38/17

明帝○魯相所上檄 7.8/41/10
因出幸津門亭○喪 7.8/41/10
大鴻臚奏遣○ 7.12/43/11
自南陽○ 8.1/46/8
寒疝病○ 8.2/47/11
○湟中秦、胡羌兵四千人 8.2/47/25
乃○湟中六千人 8.2/47/26
○五校輕車騎士爲陳 8.6/49/7
欲北（代）〔○〕幽州突騎 8.10/50/12
○號嚮應 8.14/52/20
南單于舉國○喪 8.16/53/26
因○強弩射之 8.17/54/7
彭○桂陽、零陵、長沙委輸櫂卒 9.2/56/7
此天命○于精神 9.4/57/6
上遣校尉○騎士四百人 9.7/59/19
瘧○寒慄 9.10/60/22
鄧禹○房子兵二千人 9.12/61/18
忠○兵奉世祖 10.14/65/17
通聞事○覺 10.21/67/13
○覺 10.24/68/18
遂○憤責之曰 11.2/70/20
上大○關東兵 11.2/70/26
每作大○ 11.5/72/1
不○私書 11.7/72/11
便○遣 11.9/73/4
臣愚以爲可因歲首○太簇之律 12.3/78/3
益州刺史种暠○其事 12.12/82/4
以爲激○ 13.7/84/20
敕魴車駕○後 13.14/88/18
涉千鈞之○機不知懼 14.4/92/13
○屯守之士 14.5/93/26
○深淵之慮 14.5/93/29
臨○之官 15.17/101/12
時執經生避位○難 16.9/106/6
但有○首一章 16.16/108/13
鄉佐○黨徭道 16.50/116/26
何時○ 17.23/124/14
躬與奴共○棘田種麥 18.1/126/17
而文不及亡命未○覺者 18.9/129/1
終不○書 18.18/132/7
安不○ 18.21/132/21
○摘姦盜 19.2/137/4
盛春興○ 19.4/137/24
得其地不可墾○ 19.16/140/24
盜賊○ 19.21/142/1
木薄○家 22.4/163/24
更始遂西○雒陽 23.1/165/4
每一○兵 23.16/170/14
若奮○盛德 23.17/171/1
急以此時○國內精兵 23.17/171/16
欲悉○北軍屯士及山東客兵 23.17/171/19
乃○卒來 23.18/172/7
摘○其要 24.61/177/13
以察○斂 24.90/179/24

乏 fá 12

資用○ 1.1/1/15
莽遣三公將運關東諸倉賑貸窮○ 1.1/1/20
官屬皆○食 1.1/3/20
又○食 8.1/47/1
念訓常所服藥北州少○ 8.2/47/20
年老貧○ 8.6/49/4
可（且）〔具〕以備○ 13.11/87/3
糧○ 15.5/96/20
刺史劉繇振給穀食、衣服所○者 16.14/107/19
人庶困○ 17.10/120/8
吳氏世不○季子矣 20.17/148/14
視其○者 23.7/167/7

伐 fá 24

征○嘗乘革輿羸馬 1.1/7/14
無得有所○ 2.2/14/15
前○西羌 3.2/20/17
民樂其興師征○ 5.5/31/10
自初從征○ 8.10/50/14
漢○蜀 8.10/50/23
以義征○ 8.14/52/20
○淇園之竹 9.1/55/1
彭○樹木開道 9.2/56/1
彭以將○蜀漢 9.2/56/1
諸將共論功○ 9.4/57/21
遵遣護軍王忠皆持刀斧○樹開道 9.7/59/8
與俱○蜀 11.2/70/19
頌其功○ 12.3/77/22
征○不可偃於天下 12.9/80/11
○崇七年 13.1/82/20
以從征○有功 13.7/84/19
伯通自○ 13.9/85/3
又諫更始無遣上北○ 14.1/90/4
從征○ 15.2/95/7,18.3/127/3
吾聞○國不問仁人 16.37/113/28
命工○木作機紡車 16.40/114/21
帝時○匈奴 19.4/137/22

罰 fá 9

舉○不避親戚 2.2/15/14
明德慎○ 2.2/15/26
刑○不可廢於國 12.9/80/11
況誅○乎 14.1/90/5
不爲設席食以○之 15.5/96/26
刑○不中 16.37/114/2
輕刑慎○ 17.13/121/18
醻○斷義勇 19.1/136/14
但用蒲鞭○之 21.9/152/12

法 fǎ 65

嘗疾毒諸家子數犯○令 1.1/2/5
使合古○ 1.1/8/22
非成○耶 1.1/8/25
備師○ 2.1/11/17
惟宣帝取○ 2.1/13/25
《祭○》 5.5/30/14
典○設張 5.5/32/12
爲漢制○ 5.6/32/22
圓以○天 5.6/32/25
時在敬○殿東廂 6.2/34/22
○禁未設 6.5/36/18
此兵○也 7.1/38/12
兵○但有所圖畫者 7.1/38/13
○憲頗峻 7.3/39/11
遵履○度 7.9/41/28
上舍中兒犯○ 9.7/59/4
今遵奉○不避 9.7/59/5
吾舍中兒犯○尚殺之 9.7/59/6
律設大○ 10.26/69/17
舉正非○ 11.7/72/16

明帝以其明達○理 11.10/73/11
尊奉○度 11.11/73/23
善相馬者東門京鑄作銅馬○獻之 12.1/76/26
臣既備數家骨○ 12.1/76/27
奉○察舉 12.6/79/10
三王有大辟刻肌之○ 12.9/80/10
以軍○追捕 12.9/80/15
數正諫威儀不如○度者 13.10/85/14
用髡鉗之輕○ 13.11/86/4
傳其○于有根 13.11/86/15
追觀往○ 13.11/86/20
人當以此爲○ 13.11/87/5
以齊同○令 14.3/91/23
將行其○ 14.4/92/15
刑○彌深 14.5/93/5
桓譚非聖無○ 16.16/108/10
不失○度 16.21/109/24
取○於雷 16.24/110/18
不合○制 16.24/110/18
道路愈多不○ 16.38/114/10
以爲後○ 17.2/118/10
蓋王○崇善 17.8/119/21
徵還伏○ 17.13/121/23
驃騎執○御臣 17.19/123/14
臣懼○而至 17.19/123/14
匡執○守正而下獄 17.20/123/21
據○斷事 18.2/126/25
郭躬家世掌○ 18.9/128/26
阜以○繩正吏民 18.13/130/19
世謂其用○平正、寬慈惠化所致 18.13/130/20
執○者以根知名 18.22/133/1
葉令雍霸及新野令皆不遵○ 18.26/133/28
臣聞王者○天 19.1/136/16
行罪○ 19.1/136/19
爲人議○ 19.7/138/19
故世人謂陳氏持○寬 19.7/138/20
增飾○律 19.17/141/4
然事執平○ 19.22/142/18
邱騰知罪○深大 20.20/149/6
罪○辭訟 21.54/160/7
客犯○ 23.1/164/18
被服不○ 23.1/165/11
《宣夜》之學絕無師○ 24.90/179/21
則其○也 24.90/179/23
一王之○也 24.92/180/6

髮 fà 11

方口美○ 6.2/34/9
但以○成 6.2/34/11
太夫人爲剪○ 6.5/36/11
夫人哀我爲斷○ 6.5/36/12
諸兄持后○ 6.5/36/12
身體○膚 6.5/36/13
奈何弄人○乎 6.5/36/13
自束○至白首 10.26/69/24
色理膚○眉目容貌如畫 12.1/75/7
婦女有美○〔者〕皆斷取之 21.27/156/7
被○徒跣 23.5/166/13

翻 fān 1

使婢奉肉羹○污朝衣 21.9/152/16

旛 fān 1

諷輒爲信○ 19.19/141/15

藩 fān 8

願備○輔 7.8/41/4
奉○以至沒身 7.9/41/28
列爲○輔 8.13/52/7
案良諸侯○臣 14.2/91/5
無○臣之禮 14.2/91/6
乃以竹○樹四面 16.14/107/21
備位○臣 17.17/123/1
綜邪流○ 22.4/162/27

凡 fán 22

大于○禾 1.1/1/11
到朝廷○數十見 1.1/6/8
○三年 2.2/15/18
○律所革 5.2/28/7
○三十六事 5.5/29/16
前後○三十六事 5.5/29/20
○侯者二十九人 8.7/49/19
弇○平城陽、琅邪、高密、膠東、東萊、北海、齊、千乘、濟南、平原、泰山、臨淄等郡 8.14/53/10
○所平郡（四）〔三〕十六 8.14/53/15
○六萬人 9.2/56/7
其以安豐、陽泉、蓼、安風○四縣封融爲安豐侯 10.22/67/23
○人所以貴于禽獸者 10.26/69/14
○人之生 10.26/69/15
○殖貨財產、貴其能施賑也 12.1/75/10
上○十四見 12.1/75/22
○十三難 12.1/76/8
○二十九篇 16.16/108/13
○六人 18.1/126/21
○士之學 18.5/127/15
非○人也 18.29/135/6
○歷所革 24.85/179/9
○陽生陰曰下 24.87/179/13

煩 fán 6

重爲○擾 1.1/1/21
何足相○ 12.1/76/6
省○苛 13.11/86/2
何其往來屑屑不憚○也 15.6/97/7
我欲省○耳 16.49/116/16
重其道歸○擾 19.1/136/17

樊 fán 21

〔追封〕外祖○重爲壽張侯 1.1/10/6
長水校尉○鯈奏言 2.1/11/21
中常侍江京、○豐等共〔興〕爲詐 3.1/19/14
乳母王男、廚監邴吉爲大長秋江京、中常侍○豐等所譖愬 3.2/19/23
武騎都尉○演高祖父重 3.5/22/19
○重、字君雲 11.3/71/10
○宏、字靡卿 11.4/71/18
○鯈、字長魚 11.5/71/27

○梵、字文高 11.6/72/6
○準、字幼陵 11.7/72/11
○曄、字仲華 15.17/101/11
以付○公 15.17/101/16
嗟我○府君 15.17/101/17
蜀郡計掾○顯進曰 16.35/113/15
以○儵刪《嚴氏公羊春秋》猶多繁辭 19.25/143/8
中常侍○豐等譖之 20.2/145/10
常侍○豐妻殺侍婢置井中 20.18/148/24
徐宣、○崇等入至弘農枯樅山下 23.1/165/15
琅琊人○崇、字細君 23.6/166/24
大肜渠帥○重 23.20/172/16
尤來渠帥○崇 23.20/172/16

蕃 fán 5

以○兆民 5.5/30/20
明公雖建○輔之功 8.1/46/12
武公、莊公所以砥礪○屏 13.1/83/2
委功曹陳○ 20.16/148/8
陳○爲光祿勳 21.7/151/19

燔 fán 5

○燎告天 1.1/4/21
舉火（焚）〔○〕燒 1.1/7/9
象林蠻夷攻○官寺 2.3/17/4
至○燒茂陵都邑 12.9/80/12
○其室屋 14.5/93/14

繁 fán 4

好其○聲 13.6/84/4
○茂長大 19.12/140/4
以樊儵刪《嚴氏公羊春秋》猶多○辭 19.25/143/8
陳球爲○陽令 21.10/152/21

反 fǎn 45

漢兵○走 1.1/2/19,10.9/64/3
○欲歸守其妻子財物耶 1.1/2/20
而郎少傅李立○郎 1.1/4/5
令○側者自安也 1.1/4/6
○與愚人相守 1.1/4/12
○復勝也 1.1/6/12
故遭○覆 1.1/8/24
遭天下○覆 1.1/8/27
今者○于殿中交通輕薄 2.2/15/14
漢陽人杜琦○ 3.1/18/22
撥亂○正 5.5/31/7
○以爲綺 6.2/34/21
馮愔○ 8.1/47/1
往而不○ 8.7/49/15
○欲以賊虜遺君父耶 8.14/53/9
○戮其使 9.1/55/19
○走上回谿阪 9.4/57/13
今漢大將軍○病瘧耶 9.10/60/23
永軍○走 9.11/61/5
龐萌一夜○畔 9.11/61/10
言王郎所○之狀 10.1/62/8
絕其○顧之望 10.1/62/10
責數以背恩○（賊）〔城〕 10.14/65/22
信都○ 10.16/66/8
孫述坐與楚謀○ 10.17/66/15
王莽前隊大夫誅謀○者 10.21/67/13
仇疾○虜隗囂 10.22/67/22
而○效兒女子泣涕乎 11.2/71/5
天下○覆自盜名字者不可勝數 12.1/75/21
所謂畫虎不成○類狗也 12.1/76/22
無○顧之心 13.11/86/20
永遣弟升及子壻張舒等謀使營尉李匡先○涅城 14.2/90/20
俱遭時○覆 15.5/96/19
誠宜○本 19.6/138/11
西羌○叛 19.6/138/13
張奐事勢相○ 21.8/152/2
休屠各及朔方烏桓竝同○叛 21.11/153/5
據郡○ 21.11/153/8
金城、隴西卑湳、勒姐種羌○ 22.5/164/8
奴○ 23.11/168/22
涿郡太守張豐舉兵○ 23.12/169/3
遂○ 23.12/169/4,23.15/169/20
上官桀謀○時 24.72/178/7

返 fǎn 1

傭之市空○ 23.1/165/13

氾 fán 1

郭○日擄掠百官 21.27/156/7

犯 fàn 21

嘗疾毒諸家子數○法令 1.1/2/5
帝蒙○霜雪 1.1/10/12
莫敢○禁 6.2/35/17
後有司馬○軍令 7.1/38/13
未嘗○禁 7.9/41/28
匈奴嘗○塞 8.12/51/24
上舍中兒○法 9.7/59/4
吾舍中兒○法尚殺之 9.7/59/6
虜每○塞 9.8/60/5
數○顏諫 10.13/65/12
君晨夜冒○霜露 14.2/91/12
匈奴不敢○塞 15.12/100/2
人有○其禁者 15.17/101/15
○禁觸罪 16.6/104/20
臣以爲赦前○死罪而繫在赦後者 18.9/129/2
不敢○禁 18.13/130/19
故○妖禁 18.25/133/19
今蟲不○境 19.4/137/21
所○無狀 21.13/153/22
客○法 23.1/164/18
○小罪 23.7/167/6

汎 fàn 1

帝封新野主子鄧○爲吳侯 1.1/10/6

泛 fàn 2

舟船○○ 1.1/8/23

范 fàn 23

至○陽 1.1/4/13

博士○升上疏曰 9.7/59/16
○父乞身兮 12.10/80/24
魏郡太守○橫上疏薦勤 13.13/88/5
平陽城李善稱故令○遷於張堪 15.12/100/2
○升遷博士 16.7/105/3
博士○升奏曰 16.50/117/2
政師事博士○升 17.17/122/25
廉○、字叔度 18.12/129/25
○年十五 18.12/129/25
○持棺柩 18.12/129/26
太守張穆持筒中布數篋與○ 18.12/129/26
○曰 18.12/129/27
○不聽 18.12/130/1
○乃毀削前令 18.12/130/2
○奔赴敬陵 18.12/130/4
時○問爲誰所從來 18.12/130/5
○惻然 18.12/130/6
時麟亦素聞○名 18.12/130/8
○丹、字史雲 21.17/154/14
甑中生塵○史雲 21.17/154/15
釜中生魚○萊蕪 21.17/154/15
○康爲司隸校尉 21.36/157/21

梵 fàn 1

樊○、字文高 11.6/72/6

販 fàn 1

嘗與奴載鹽北至太原○賣 18.1/125/22

飯 fàn 16

馮異進一笥麥○兔肩 1.1/3/23
削章不如飽○ 2.1/12/10
大官上（食）〔○〕 6.2/34/18
異進一笥麥○兔肩 9.4/57/1
食糒乾○屑飲水而已 11.10/73/13
寧用○也 12.4/78/16
衣衾、○唅、玉匣、珠貝之屬 12.11/81/19
死不○唅 15.2/95/9
就餐○之 15.15/100/26
問諸子何○食 16.49/116/21
○母畢 17.11/120/23
以穀○獨與之 17.23/124/18
不過從兄○ 18.1/126/8
不敢妄過人○ 18.1/126/9
馬市正數從（買）〔賣〕羹○家乞貸 19.21/142/2
强爲餐○ 19.29/144/4

方 fāng 83

四○潰畔 1.1/1/23
傳吏○進食 1.1/3/21
○定大事 1.1/4/12
兵事○略 1.1/6/10
遠○貢甘珍 1.1/10/4
常欲以墾田相○耳 2.1/11/11
四○欣欣 2.1/12/2,11.7/72/15
矜嚴○厲 2.2/14/5
詔齊相〔其〕止勿〔復〕送冰紈、○空穀、吹綸絮〔也〕 2.2/14/9
○春（日）〔月〕 2.2/14/15
時○九歲 3.4/21/19
武暢○外 5.5/31/7
○以則地 5.6/33/1
生子○ 6.1/33/21
○生勃公 6.1/33/21
○口美髮 6.2/34/9
時竇皇后內寵○盛 6.3/35/26
陰設○略 6.3/35/26
還白○坐啗脯 7.4/39/21
是時四○無虞 7.12/42/17
賜以秘書列圖、道術秘○ 7.12/43/11
還言○作攻具 8.10/50/16
故復少○面之勳 8.11/51/18
爲朔○太守 8.12/51/24
宗性○正 8.12/52/1
今○自憂治城具 8.14/52/26
四○未定 9.1/55/4
令彭助漢爲○略 9.2/55/26
今專命○面 9.4/56/20
彤之威聲揚于北○ 9.8/60/5
公事○爭國 10.16/66/10
出門顧見車○自覺 10.21/67/13
不如專意東○ 12.1/75/16
今臣遠從異○來 12.1/75/20
○今匈奴、烏桓尚擾北邊 12.1/76/28
四○高一尺 12.2/77/11
四○且半額 12.2/77/11
四○用匹帛 12.2/77/11
教習有○ 12.4/78/14
嚴○七歲 12.6/79/3
遣太醫送○藥也 12.6/79/14
或從遠○ 12.9/80/14
○今邊郡不寧 12.11/81/20
四○聞之 13.1/82/22
令四○諸侯咸樂回首 13.1/83/2
○且圖之 13.6/84/13
○軍師在外 13.11/86/10
援從南○還 13.11/87/2
今北○清淨 14.1/90/3
○今阨急而闕里無故自滌 14.2/90/26
外○內員 15.8/97/30
時人○於召信臣 15.10/99/6
孤兄子一人學○起 16.10/106/20
在朝以清白○正稱 16.23/110/13
○其講問 16.26/111/7
勃衣○領 16.34/112/28
○面不知 16.46/116/1
以清白○正稱 17.10/120/15
自遠○至者著爲錄 17.18/123/8
四○牛大疫 18.6/128/8
根○歸 18.22/133/3
麥含金兮○秀 18.29/135/4
雉○將雛 19.4/137/20
渙以○略取之 19.21/142/1
學○診之伎 19.31/144/15
典作尙○ 20.9/146/26
設施○略 21.8/151/25
休屠各及朔○烏桓竝同反叛 21.11/153/5
陽球、字○正 21.12/153/13
邕徙朔○ 21.24/155/21
南○饑饉 23.1/164/20
帝○對我飲 23.1/165/8
由是四○不復信向京師 23.1/165/14
豐好○術 23.12/169/3
使聘平陵○望爲軍師 23.16/169/25

四○響應 23.16/170/7
以待四○之變 23.16/170/10
○今四海波蕩 23.17/170/25
地○十城 23.17/171/1
地○數千餘里 23.17/171/6
平陵人荆邯以東○漸平 23.17/171/12
四○樂業 24.20/174/15

芳 fāng 7

蛇邱有○陘山 5.1/27/9
伋知盧○夙賊 15.9/98/22
盧○、字君期 23.9/168/3
○從之 23.9/168/3
○因隨入匈奴 23.9/168/4
興北至單于庭迎○ 23.9/168/5
○外倚匈奴 23.9/168/6

防 fáng 22

司隸校尉梁松奏特進弟○、光、廖、〔廖〕子豫 12.2/77/12
馬○、字公平 12.3/77/17
○言 12.3/77/19
○遂見親近 12.3/77/21
○征西羌 12.3/77/21
上嘉○功 12.3/77/21
○爲車騎將軍、城門校尉 12.3/77/22
○兄弟二人各六千戶 12.3/77/23
○爲穎陽侯 12.3/77/23
以襄城羹亭一千二百戶增○ 12.3/77/24
上數幸○府 12.3/78/1
○上言 12.3/78/3
○性矜嚴公正 12.3/78/4
○兄弟奴婢各千人以上 12.3/78/8
○又多牧馬畜 12.3/78/8
昔周公豫○禍首 15.7/97/13
漢有舊○ 16.6/104/19
并鞍勒、○汗 16.10/106/24
禁民夜作以○火 18.12/130/2
徐○上疏曰 19.6/138/9
○比上書自陳過咎 19.6/138/14
太尉張酺、鄭洪、徐○、趙喜、隨延、龐桓 24.81/179/1

妨 fáng 2

○困（人）〔小〕民 12.2/77/13
○廢農時 19.4/137/24

房 fáng 6

既處椒○ 6.2/34/18
兆得壽○ 6.6/37/10
鄧禹發○子兵二千人 9.12/61/18
侯霸、字君○ 13.5/83/19
君○有是言 15.5/96/22
溫序、字次○ 16.30/111/25

魴 fáng 8

使司空馮○告祠高祖廟曰 1.1/9/18
馮○、字孝孫 13.14/88/16
○父名揚 13.14/88/16
馮○以忠孝典兵 13.14/88/17
留○宿衛南宮 13.14/88/18
敕○車駕發後 13.14/88/18
子孫得到○所 13.14/88/20
○父子兄弟並帶青紫 13.14/88/20

紡 fǎng 3

而民不知○績 16.40/114/20
命工伐木作機○車 16.40/114/21
教民○績 16.40/114/21

訪 fǎng 8

博○其故 3.2/20/8,20.19/148/29
先○求茂 10.26/69/21
輒以○純 13.12/87/12
輒見○問 16.7/105/3
戰陣不○儒士 16.37/113/28
緣路○之 18.12/130/7
乃尋○燒者 18.29/134/26

放 fàng 25

一旦○兵縱火 1.1/7/10
觀于○麑啜羹之義 1.1/7/11
牛馬○牧 1.1/8/8
淫刑○濫 3.2/20/9,20.19/149/1
○唐之文 5.5/31/17
比○三宗誠有其美 5.5/31/22
悉斥○之 6.5/36/21
○心音樂 7.3/39/11
等輩（欺沒）〔○散〕其鹽 8.11/51/10
皆○遣還 8.12/52/1
賓客○縱 11.9/73/5
五帝有流殛○竄之誅 12.9/80/10
○逐遭誅 13.13/88/9
謹自○〔棄〕 15.2/95/10
時將軍蕭廣○縱兵士 15.10/99/3
○兵圍臣 16.6/104/24
索盧○、字君陽 16.33/112/21
○前對曰 16.33/112/22
賊遂○之 16.41/114/28
賊矜而○〔之〕 16.43/115/9
賊并○之 17.23/124/16
獨○ 17.24/124/28
賊遂皆○之 17.24/125/3
邊郡吏多○縱 18.13/130/19

妃 fēi 4

后○外家貴者 2.1/13/26
梁太后欲以女弟○之 3.5/21/24
遂爲帝○ 6.2/34/7
○后之家亦無商比 12.11/81/25

非 fēi 70

殊○次第 1.1/2/5
○計也 1.1/4/12
何知○僕耶 1.1/4/16
其勇○人之敵 1.1/6/9
○成法耶 1.1/8/25
固○人之敵 1.1/10/16
豈○公卿奉職得理乎 2.1/12/23
生○太公 2.1/13/6
予亦○文王也 2.1/13/6
辟召○其人 3.2/19/29

御卻○殿 3.5/21/26
一民莫○其臣 5.5/29/23
仲尼○焉 5.5/30/2
○此族也 5.5/30/16
誠○所當聞、所宜言 5.5/32/3
○所宜稱 5.5/32/6
母常○之曰 6.5/36/14
豈○天地之應歟 6.5/37/4
○王而誰 7.20/45/14
而見上知○常人 8.1/46/6
○有忠良明智 8.1/46/12
○諸將憂也 8.1/47/3
○寇恂莫可使也 9.1/54/24
○所及也 9.1/55/22
○交戰受敵 9.4/57/20
即○所失 10.26/69/8
安知○僕乎 11.1/70/9
舉正○法 11.7/72/16
超遷○次 11.10/73/11
○獨君擇臣 12.1/75/19
陛下何以知○刺客而簡
易如此 12.1/75/20
卿○刺客 12.1/75/21
實○愚臣所宜 12.12/82/3
實○過少所〔宜〕任
〔也〕 12.13/82/9
○碩德忠正也 13.6/84/6
○勳不定 13.13/88/7
○仁者心 13.16/89/4
卿○但爲英雄所保也 13.16/89/16
○其事類 14.3/91/22
○特一人也 14.5/93/16
宜改易○任 14.5/93/24
省群議之是○ 14.5/93/29
○狂人所造作 15.8/97/21
本○孝子順孫 16.3/104/4
而喜○毀俗儒 16.16/108/3
譚復極言讖之○經 16.16/108/9
桓譚○聖無法 16.16/108/10
讖書○聖人所作 16.22/110/4
○禮不動 16.46/115/27
○實讖也 17.12/121/9
○小吏也 17.21/123/25
○所敢當 18.8/128/22
○義所取 18.26/133/26
耆老見鴻○恒人 18.29/134/28
○凡人也 18.29/135/6
酺以爲褒制禮○禎祥之
特達 19.1/136/21
○所以垂意于中國 19.4/137/25
寵常○之 19.7/138/21
全活○一 19.22/142/18
殆○所謂保赤子之義 20.4/145/27
○古制也 20.13/147/20
○警戒也 21.23/155/15
○其類也 21.23/155/15
莫○王土 21.35/157/16
諸將議○更始聲 23.1/165/7
上書以○劉氏還玉璽 23.3/166/3
所更○一 23.16/170/12
亦○吾所知 23.17/171/11
亦○詔書之所知也 24.14/174/2
旗皆○一 24.95/180/16

飛 fēi 16

郡國蝗○過 3.1/18/26
〔后〕夢有小○蟲萬數
隨著身 6.2/34/15
復○（去）〔出〕 6.2/34/15
有○鳥紆翼覆之 6.3/35/22
○矢中弇股 8.14/53/6
聞貳師將軍拔佩刀刺山
而○泉出 8.17/54/9
○鷹走狗 8.17/54/14
修○狐道至平城 10.11/64/25
寧能高○遠去、不在人
間耶 10.26/69/16
其猶順驚風而○鴻毛也
14.5/93/13
○而食肉 16.3/103/1
○鳥跱（衛）〔衡〕 16.34/113/6
大丈夫生當雄○ 21.22/155/9
昌樂肉○ 22.4/162/7
光武作○寅箭以攻赤眉
23.6/167/2
蒼蠅之○ 23.16/170/4

肥 féi 7

鳳皇見○城窳亭槐樹上 2.2/14/26
鮮卑千餘騎攻○如城 9.9/60/13
（援）〔拔〕樂陽、槀
、○纍者〔也〕 9.12/61/19
羊有大小○瘦 16.25/110/25
不如萌○健 16.41/114/27
不如孝○ 17.23/124/16
使仁恕掾○親往察之 19.4/137/19

腓 féi 1

中矢貫○脛 12.1/76/4

匪 fěi 1

夙夜○懈 13.16/89/17

菲 fěi 1

躬自○薄 3.2/20/30

蜚 fěi 1

山陽、楚郡多蝗○ 17.14/122/9

誹 fěi 1

除○謗 5.5/31/5

吠 fèi 2

不聞鷄鳴犬○之音 17.10/120/6
無鷄鳴犬○之聲 24.11/173/17

沸 fèi 1

視創皆○ 8.17/54/7

肺 fèi 1

故多以宗室○腑居之 17.7/119/13

費 fèi 7

以給諸公○ 1.1/1/16
以助國○ 7.8/41/15
宗族會郡縣給○ 9.4/57/10
時以作樂器○多 12.3/78/4
視事減省諸○ 12.4/78/16
死必耗○帑藏 12.11/81/18
遣謁者侯盛、荊州刺史

○遂齎璽書徵霸 13.5/83/20

痱 fèi 1

老人居之且病○ 13.14/88/19

廢 fèi 23

苑囿池籞之官○ 1.1/7/13
詔（癈）〔○〕郭皇后 2.1/11/16
太子坐○爲濟陰王 3.2/19/25
王○黜 3.2/19/25
（○）〔撥〕亂中興 5.5/29/11
六宗○不血食 5.5/30/11
郭后○爲中山太后 7.8/41/4
自郭后○ 7.8/41/4
彊○爲東海王 7.8/41/5
曉○興 11.2/70/20
刑罰不可○於國 12.9/80/11
及郭后○ 13.10/85/15
斯典之○ 13.12/87/19
○子都之業 14.4/92/14
故中道而○ 16.8/105/9
妨○農時 19.4/137/24
不○教〔授〕 19.5/138/4
郊廟禮儀仍有曠○ 20.1/144/29
○民居 20.4/145/26
晨昏不○ 20.6/146/10
怠慢○典 20.19/149/1
○爲濟陰王 20.23/149/19
古今所不能○也 23.17/171/13

癈 fèi 1

詔（○）〔廢〕郭皇后 2.1/11/16

分 fēn 46

又○遣大夫謁者教民煮
　木爲酪 1.1/1/20
遣司徒等○詣郊廟社稷 3.1/19/15
遣侍中杜喬、光祿大夫
　周舉等八人○行州郡 3.2/20/21
長七寸三○ 3.5/21/30
玦周五寸四○ 3.5/21/30
○漢中之安陽、西城 5.1/27/18
又○錫、上庸爲上庸郡 5.1/27/18
○高顯、候城、遼陽屬
　玄（菟）〔菟〕 5.1/27/21
○遣文學循行屬縣 7.2/39/3
諸子○爭 7.20/45/12
以補萬○ 8.5/48/21
○營于水南水北 8.10/50/23
遂以○與昆弟外家 8.10/51/2
宜急○遣屬官 9.4/56/21
初王莽○鉅鹿爲和成郡
　10.16/66/7
篤意○明 10.22/67/23
○部而進 11.2/70/26
悉○與昆弟中外 12.11/81/15
而三○天下有二 13.1/82/20
故以殷民六族○伯禽 13.11/86/16
七族○康叔 13.11/86/16
懷姓九宗○唐叔 13.11/86/16
智伯○國 14.4/92/8
身死地○ 14.4/92/8
國有○崩之禍 14.4/92/9
威行得衆不及智伯萬○
　之半 14.4/92/10
家君欲與君投○ 15.5/96/22
○俸祿以供給其糧用 15.11/99/18
輒○減以遺奇 15.11/99/19
輒○俸祿以賑給之 15.15/100/25
○賄友朋 16.12/107/6
坐而○利 16.16/108/5
稱○其肉 16.25/110/26
常稱老氏知足之○也 16.25/111/2
升合○糧 16.52/117/13
○升合以相存活 17.24/125/4
○財產 17.25/125/10
○糧共食 18.1/125/20
○所有以賑給之 18.6/128/12
賞賜○明 19.1/136/8
職任過○ 19.15/140/17
○出 20.6/146/9
○與苗光 20.24/150/3
匈奴始○爲南北單于 22.3/161/7
不亟乘時與之○功 23.17/171/18
使延岑、田戎○出兩道
　23.17/171/20

芬 fēn 1

絜顯○香 12.10/80/22

紛 fēn 4

○○至今 7.20/45/12
○華道路 12.11/81/19
五經○綸井大春 16.51/117/8

焚 fén 6

舉火（○）〔燔〕燒 1.1/7/9
故○燒廬舍 10.1/62/10
○其冢墓 11.1/70/8
遣令○削文契 11.3/71/12
乃登樓自○而死 21.11/153/9
見○ 22.5/164/3

頒 fén 1

○宣風化 3.2/20/21

墳 fén 4

留子男昌守○墓 7.7/40/14
薄葬小○ 8.10/51/3
守○墓 12.1/76/18
〔負土成○〕 16.13/107/12

忿 fèn 5

奴復與宮中衛士○爭 8.6/49/1
以田二頃解其○訟 11.3/71/11
○邑背前約 14.4/92/2
○怒或見置 15.17/101/17
至○ 19.21/142/2

憤 fèn 2

遂發○責之曰 11.2/70/20
恚○腹脹而死 23.16/170/18

奮 fèn 27

○迅 3.6/23/21
○振于匹夫 5.5/29/23
○至謙之意 5.5/32/3
○翼黽池 9.4/57/14
子○ 13.12/87/23
翕上○ 13.12/87/23

詔封○ 13.12/87/23
○上書曰 13.12/87/23
帝以○違詔 13.12/87/25
○惶怖 13.12/87/25
○迅行伍 13.16/89/3
孔○、字君魚 15.11/99/12
竇融請○署議曹掾 15.11/99/12
○素孝 15.11/99/12
○在姑臧四年 15.11/99/14
或嘲○曰 15.11/99/14
而○不改其操 15.11/99/15
詔書以○在姑臧治有絕迹 15.11/99/15
（大）〔太〕守得○妻子 15.11/99/16
○追賊 15.11/99/16
賊推○之子于軍前 15.11/99/17
○年五十 15.11/99/17
○篤於骨肉 15.11/99/18
騰起○迅 21.24/155/19
呂布以○威將軍如三事 21.28/156/11
若○發盛德 23.17/171/1
躬自○擊 23.17/171/14

糞 fèn 3

愚闇○朽 8.5/48/20
吏笮馬○汁飲之 8.17/54/8
去輒爲○除 18.1/125/22

封 fēng 157

求○南陽蔡陽白水鄉 1.1/1/6
常○閉 1.1/1/9
○武信侯 1.1/3/12
○降賊渠率 1.1/4/8
○比干之墓 1.1/4/23
○宣德侯 1.1/4/24
益吳漢、鄧禹等○ 1.1/5/4
又舊制上書以青布囊素裹○書 1.1/6/16
乃令上書啓○則用 1.1/6/18
○殷紹嘉公爲宋公 1.1/7/19
○孔子後孔志爲褒成侯 1.1/7/21
有司奏○禪 1.1/9/10
群臣復奏、宜○禪 1.1/9/13
○餘功臣一百八十九人 1.1/10/1
有功輒增○邑 1.1/10/4
帝○新野主子鄧汎爲吳侯 1.1/10/6
〔追○〕外祖樊重爲壽張侯 1.1/10/6
○太后弟陰興之子慶爲鮦陽侯 2.1/11/23
○師太常桓榮爲關內侯 2.1/12/1, 11.7/72/14
剖符○侯 2.1/12/13
闔門而已無○侯預朝政者 2.1/13/27
自皇子之○ 2.1/13/27
須景風紹○ 2.3/16/17
令○珠還蒲密 3.2/20/4
獻師子、○牛 3.2/20/12
其以漢中南鄭之武陽亭○賢孫承先爲武陽亭侯 3.2/20/17
徵○建平侯 3.4/21/16
于是○超等爲五侯 3.5/22/6
追○壽張侯 3.5/22/19
祖父茂○冠軍平望鄉侯 3.5/22/19
其紹○削絀者 4.1/25/16
武帝○禪 5.3/28/11
未嘗不○禪 5.5/29/10
群司禮官咸以爲宜登○告成 5.5/29/12
宜登○岱宗 5.5/29/12
登○告成 5.5/29/15, 5.5/31/8
當巡○泰山 5.5/29/16
宜○禪爲百姓祈福 5.5/30/1
昔小白欲○ 5.5/30/2
巡祭○禪 5.5/30/3
○禪 5.5/30/7
○禪泰山 5.5/31/17
公主○君同 5.6/33/7
時上欲○諸舅 6.2/34/27
及上欲○諸舅 6.2/35/7
而欲○爵 6.2/35/8
以長沙定王子○于零道之舂陵爲侯 7.7/40/13
蟻○穴戶 7.9/41/20, 7.9/41/21, 24.73/178/11
蟻○穴 7.9/41/23
○恭少子丙爲都鄉侯 7.17/44/22
○恭孫據、卞亭侯 7.17/44/22
可○禹爲鄼侯 8.1/46/20
又知訓好以青泥○書 8.2/47/20
○陟爲上蔡侯 8.4/48/14
增○三千戶 8.4/48/14
○廣平侯 8.10/50/17
更始使侍御史黃黨即○世祖爲蕭王 8.14/52/12
○美陽侯 8.16/53/24
徙○彰爲平鄉侯 9.5/58/5
○（祐）〔祜〕爲鬲侯 9.6/58/12
定○丹櫟陽侯 9.10/60/20
故以○卿耳 9.10/60/21
詔○延曾孫爲盧亭（候）〔侯〕 9.11/61/13
其母問期當○何子 9.12/61/22
何宜○子也 9.12/61/22
○耿鄉侯 10.1/62/9
故徙浮○蘄春侯 10.8/63/23
○武固侯 10.14/65/17
降者○爵 10.16/66/9
○昌城侯 10.17/66/15
○山桑侯 10.20/67/5
有司請○諸皇子 10.21/67/15
○通少子雄爲邵陵侯 10.21/67/15
（遺）〔遣〕司馬虞○間行通書 10.22/67/20
光武詔○融曰 10.22/67/21
其以安豐、陽泉、蓼、安風凡四縣○融爲安豐侯 10.22/67/23
○武陽侯 10.24/68/22
憙固辭○ 10.24/68/22
朝加○賞 10.24/68/23
其○憙冠軍侯 10.24/68/23
竝未（門）〔開〕○ 10.24/68/24
詔○茂宣德侯 10.26/69/21
追○重爲壽張敬侯 11.3/71/13
○長羅侯 11.4/71/18
○謝侯 11.4/71/19
徙○壽張侯 11.4/71/19
上欲○興 11.14/74/14
追○加諡興曰鮦陽翼侯 11.14/74/20
陰傅○灈强侯 11.15/74/24
徙○于丹陽 11.15/74/24
欲授以○侯大將軍位 12.1/75/15

諸上便宜○表 12.6/79/12
別○于梁 12.9/80/6
國家開○侯之科 12.9/80/14
其追○諡皇太后父竦爲
褒親愍侯 12.10/81/6
超號爲開○君 12.12/82/5
○扶陽侯 13.7/84/19
○疆畫界以建諸侯 13.11/86/2
○武始侯 13.12/87/11
時上○事 13.12/87/13
詔○奮 13.12/87/23
乃襲○ 13.12/87/25
由是使典諸侯○事 13.13/88/6
自是○爵之制 13.13/88/7
其先魏之別○曰華侯 13.14/88/16
馮石襲母公主○獲嘉侯
13.15/88/24
○所持節於晉陽傳舍壁
中 14.2/90/19
使○胡降檄 14.3/91/19
及○功臣 15.1/94/24
受○必求磽确之地 15.1/95/1
○爲定陵新安鄉侯 15.1/95/1
後徙○陵陽侯 15.1/95/2
鴻當襲○ 15.2/95/8
迫於當○ 15.2/95/10
肅宗詔鴻與太常樓望、
少府成○、屯騎校尉
桓郁、衛士令賈逵等
15.2/95/13
徙○鴻爲馬亭侯 15.2/95/21
先遣伯禽守○於魯 15.7/97/13
以取○侯 16.3/102/24
而當○侯萬里之外 16.3/102/25
乃以漢中郡南鄭之西鄉
戶千○超爲定遠侯 16.3/103/21
不得已受○ 16.10/106/16
上○功臣皆爲列侯 16.24/110/17
古帝王○諸侯不過百里
16.24/110/17
今○諸侯四縣 16.24/110/18
○侯 16.34/113/2
還經○邱 17.1/117/22
○符乞人 17.2/118/4
普賜○爵 17.2/118/8
○居巢侯 17.8/119/18
遁逃避○ 17.8/119/18
每上○自作草 18.1/126/19
便（上○）〔○上〕 18.1/126/20
以功○酈侯 18.3/127/3
躬上○事曰 18.9/129/1
追○當陽侯 18.24/133/15
以功○程爲浮陽侯 20.23/149/23
又○中黃門王康華容侯
20.23/149/23
詔書○光東阿侯 20.24/150/7
遂○東阿侯 20.24/150/8
追○爲汝陰東鄉侯 20.25/150/12
而中常侍單超等五人皆
以誅冀功並○列侯 21.4/151/3
后家○者四人 21.4/151/4
以功○臨沮侯 21.46/159/3
乃下詔○更始爲淮陽王
23.1/165/18
赤眉乃○爲畏威〔侯〕
23.1/165/19
○滑侯 23.2/165/25
申屠志以功○汝陰王 23.3/166/3
詔討寵者○侯 23.11/168/20
復不可不○ 23.11/168/26
乃○子密爲不義侯 23.11/168/27
元請以一丸泥爲大王東
○函谷關 23.16/170/9
滿一篋緘○ 24.72/178/8

風 fēng 58

會天大雷○ 1.1/3/7
大○雨 1.1/3/23
中○發疾 1.1/8/4
帝○眩黃癉病發甚 1.1/8/15
詔京兆、右扶○以中牢
祀蕭何、霍光 2.1/12/10
須景○紹封 2.3/16/17
右扶○雍地裂 2.3/17/9
○拔樹發屋 3.1/18/15
頒宣○化 3.2/20/21
《孝經》所謂「移○易
俗 5.4/28/20
○勸士也 5.4/29/1
則雪霜○雨之不時 5.5/30/18
以慰《凱○》寒泉之思 7.12/43/6
將及景○拜授印綬焉 7.20/45/16
皆望○相攜以迎降者 8.1/46/23
順時乘○ 8.13/52/7
扶○人 8.14/52/12
12.1/75/5,13.11/85/21
15.7/97/12,19.4/137/13
望○從化 8.14/52/18
望○而止 8.14/52/20
從以觀上○采 9.6/58/10
野無○塵 9.8/60/5
始驗疾○知勁草 10.11/64/14
其以安豐、陽泉、蓼、
安○凡四縣封融爲安
豐侯 10.22/67/23
有張釋之○ 11.10/73/11
疾○暴雨 11.14/74/13
夫改政移○ 12.2/77/10
余外孫右扶○曹貢爲梧
安侯相 12.6/79/4
御坐新施屏○ 13.6/84/11
令主坐屏○後 13.6/84/13
右扶○人 13.10/85/12
南宮複道多惡○寒 13.14/88/19
而至右扶○ 14.2/91/9
○騰波涌 14.5/93/8
其猶順驚○而飛鴻毛也
14.5/93/13
則威○遠暢 14.5/93/27
垂《甘棠》之○ 14.5/93/30
右扶○茂陵人 15.11/99/12
扶○（安）〔平〕陵人
16.3/102/21
松○以長者難逆 16.6/104/19
○吹落兩實 16.14/107/21
扶○平陵人 16.34/112/28
右扶○請試守渭城宰 16.34/113/1
有烈士之○ 16.34/113/10
問其○土 16.35/113/15
在位者莫不仰其○行 17.8/119/22
宋揚、扶○平陵人 18.24/133/15
子孫歸扶○ 18.29/135/10
問州中○俗 19.1/136/18
雖無謇直之○ 21.1/150/19
輒立屏○後 21.55/160/13
聞○向化 22.4/162/1
吏譯傳○ 22.4/163/15
扶○茂陵人 23.17/170/23
長沙以南必隨○而靡
23.17/171/16

烽 fēng 3

起○燧 10.5/63/8
常嚴○候 15.9/98/23
○火日通 18.12/129/28

鋒 fēng 3

交○之日 1.1/5/2
勿與爭○ 1.1/7/7
常爲士卒先○ 9.8/60/5

豐 fēng 31

縣界大○熟 1.1/1/11
帝已乘王○小馬先到矣 1.1/4/10
帝征秦○ 1.1/5/18
○下銳上 2.1/11/5
中常侍江京、樊○等共〔興〕爲詐 3.1/19/14
乳母王男、廚監邴吉爲大長秋江京、中常侍樊○等所譖愬 3.2/19/23
以祈○年 5.5/30/20
其以安○、陽泉、蓼、安風凡四縣封融爲安○侯 10.22/67/23
常以○熟 11.1/70/13
地勢○薄 13.13/88/7
時彭○等不肯降 14.2/90/25
請○等會 14.2/91/1
父○ 14.4/91/27
不盈數月輒致○積 15.11/99/14
太保甄○舉爲步兵校尉 16.37/113/27
五穀○登 17.10/120/7
歲常○熟 18.6/128/5
益用○熾 18.25/133/20
因留新○教授 19.4/137/16
中常侍樊○等譖之 20.2/145/10
常侍樊○妻殺侍婢置井中 20.18/148/24
沈○、字聖達 21.54/160/7
○資產 23.7/167/6
涿郡太守張○舉兵反 23.12/169/3
○好方術 23.12/169/3
有道士言○當爲天子 23.12/169/3
以五綵囊盛石繫○肘 23.12/169/3
○信之 23.12/169/4
○乃知被詐 23.12/169/4
秦○、邵縣人 23.13/169/9

灃 fēng 1

災異○起 14.5/93/7

逢 féng 12

相○引車避之 9.4/57/20
〔與諸將相○〕 9.4/57/21
○使者不下車 11.1/70/5
○赦出 11.9/73/4
每○賊欲逼奪 13.16/89/9
與五官將軍相○ 14.2/91/2
與右中郎將張邯相○城門中 14.2/91/4
今衍幸○寬明之日 14.5/93/3
〔○迎〕道路 15.9/98/19
○景 20.23/149/22
同郡東莞人○安、字少子 23.6/166/24
○大雪 23.6/167/1

馮 féng 30

○異進一笥麥飯兔肩 1.1/3/23
○異抱薪 1.1/3/24
詔○異軍鴈門 1.1/4/10
使司空○魴告祠高祖廟曰 1.1/9/18
姨子○邯爲鍾離侯 1.1/10/10
太傅○石、太尉劉熹以阿黨權貴 3.2/19/31
太后賜○貴人步搖一具 6.5/36/18
上書表薦賢士左○翊桓虞等 7.12/42/21
○愔反 8.1/47/1
○異、字公孫 9.4/56/17
爲○翊 13.10/85/13
○勤、字偉伯 13.13/88/3
趙魏間號爲○萬石 13.13/88/3
○魴、字孝孫 13.14/88/16
華侯孫長卿食采○城 13.14/88/16
○魴以忠孝典兵 13.14/88/17
○石襲母公主封獲嘉侯 13.15/88/24
殺其縣長○晏 14.2/90/21
永與○欽共罷兵 14.2/90/21
○翊蓮芍人也 14.4/91/27
鄧禹使積弩將軍○愔將兵（繫）〔擊〕邑 14.4/91/28
時更始遣鮑永、○衍屯太原 14.4/92/2
○衍、字敬通 14.5/92/22
○豹、字仲文 14.6/94/6
道德斌斌○仲文 14.6/94/7
表丹領左○翊 15.5/96/21
長沙中尉○駿將兵詣岑彭 15.19/101/25
○翊萬年人 18.2/126/25
○良、字君郎 20.7/146/15
○模爲司空 21.31/156/24

縫 féng 3

晝則○紉 6.5/36/15
○革爲船 8.2/47/26
使寵妻○兩縑囊 23.11/168/24

諷 fěng 4

梁○、北地弋居人 19.19/141/14
○輒爲信旛 19.19/141/15
便○吏解遣 19.21/142/3
士大夫莫不○誦〔之也〕 23.16/170/6

奉 fèng 103

帝○糗一斛、脯三十朐進圍宛城 1.1/2/13
帝率鄧禹等擊王郎橫野將軍劉○ 1.1/3/25
帝所與在長安同舍諸生彊華自長安○《赤伏符》詣鄗 1.1/4/17
宜以時修○濟陽城陽縣堯帝之（冢）〔冢〕 1.1/5/13
臣子○承 1.1/8/22
豈非公卿○職得理乎 2.1/12/23
悉會公卿表賀○觴上壽 2.1/13/17

遵○建武之政 2.1/13/23
充○宿衛 2.1/13/26
以爲宜○大統 3.2/19/22
而比不○祠 3.2/20/8
欽○鴻烈 3.2/20/29
天子世世獻○ 3.2/21/2
任○宗廟 3.5/21/25
減半○ 3.5/22/16
○《圖》《雒》之明文 5.5/29/17
戎狄○貢 5.5/31/8
無所○承 5.5/32/8
陛下以聖明○遵 5.6/32/23
不足以○宗廟 6.5/36/17
遣中大夫○璧朝賀 7.3/39/11
○藩以至沒身 7.9/41/28
楚王英○送黃縑三十五匹、白紈五匹入贖 7.10/42/3
○朝請 8.1/47/6
漢爵位○賜最尊重 8.10/51/3
○職愛士 8.12/52/2
恂○璽書至高平 9.1/55/17
今遵○法不避 9.7/59/5
遵○公 9.7/59/13
遵廉潔○公 9.7/59/21
安得憂國○公之臣如祭征虜者乎 9.7/59/21
鮮卑○馬一匹、貂裘二領 9.8/60/6
○職未稱 9.11/61/7
每事○循詔命 9.11/61/9
從擊王郎將兒宏、劉○于鉅鹿下 9.12/61/19
皆衣縑襜褕、絳巾○迎 10.1/62/8
乃○牛酒勞軍 10.2/62/19
南拒鄧○ 10.10/64/8
忠發兵○世祖 10.14/65/17
以特進○朝請 10.21/67/15
爲○車都尉 10.23/68/10
○兩宮宿衛 10.23/68/12
○璽書于隗囂 11.2/70/19
尊○法度 11.11/73/23
囂乃伐援○書雒陽 12.1/75/17
○法察舉 12.6/79/10
遣功曹史李龔○章詣闕 12.6/79/13
雖呑刀以○命兮 12.10/80/21
每租○到及兩宮賞賜 12.11/81/14
民○種祀 13.11/86/7
合於《易》之所謂「先天而天不違、後天而○天時」義 13.11/86/9
林遣子○書曰 13.11/87/3
再○大行 13.16/89/19
彭○上旨 14.1/90/6
○使如此 14.2/91/10
曾祖父○世徙杜陵 14.5/92/22
○承弘業 15.2/95/19
雖○璽書 15.2/95/24
憚敢○觥 15.8/98/1
故○迎 15.9/98/20
焉耆王廣遣其左將北鞬支○迎超 16.3/103/20
臣前○使 16.6/104/24
榮獨舉手○以拜 16.9/105/20
北海太守遣使○謁 16.46/115/27
及○見明公 16.49/116/18
○還節傳 17.2/118/9
○公克己 17.3/118/18
意出○錢帥人作屋 17.13/121/19
○之不異長君 17.25/125/11
○公不撓 18.1/126/19
將軍當○璧賀 18.6/128/1
均遣子英○章詣闕 18.10/129/12
爲太守○章來弔 18.12/130/6
○觴上壽 18.17/131/24
各○書致禮遺革 18.18/132/7
南陽張○慕其義 18.27/134/8
義○檄而入白母 18.27/134/9
能○我矣 18.29/135/3
○酒上酬父壽 19.1/136/23
銜使○命 19.4/137/23
手○案前跪 19.11/139/25
應○爲武陵太守 19.13/140/8
父○、司隸校尉 19.14/140/12
盡心○職 19.18/141/10
恂○公不阿 19.20/141/21
不可○祭祀 19.27/143/20
○之子也 19.30/144/9
不出○祠北嶽 20.19/148/28
而遂比不○祠 20.19/148/29
使婢○肉羹翻污朝衣 21.9/152/16
既○君子 22.1/160/26
護羌竇林○使 22.5/164/4
○通天冠進聖公 23.1/164/27
李松○引 23.1/165/4
一人○符 23.5/166/12
○高皇帝傳國璽綬 23.5/166/19
光武以鄧○爲輔漢將軍 23.14/169/15
○拒光武瓜里 23.14/169/15
稱臣○祠 23.16/169/27
史○璽而告 23.16/170/2
鴻胤○統 24.23/174/21
親○定省 24.39/175/25
敬養盡於○ 24.42/176/3

俸 fèng 8

今益其○ 1.1/8/20
嘗受○得鹽 13.6/84/8
分○祿以供給其糧用 15.11/99/18
輒分○祿以賑給之 15.15/100/25
○祿常取赤米 18.1/126/13
財留一月○ 18.1/126/14
所在以二千石○終其身 18.3/127/7
賜千石○ 19.3/137/9

鳳 fèng 23

先是有○凰集濟陽 1.1/1/12
故宮中皆畫○凰 1.1/1/12
王匡、王○爲之渠率 1.1/1/23
共勞饗新市、平林兵王匡、王○等 1.1/2/10
留王○令守城 1.1/2/23
○凰五 1.1/8/7
○皇見肥城窳亭槐樹上 2.2/14/26
○凰三十九見郡國 2.2/15/18
○凰見百三十九、麒麟五十二、白虎二十九、黃龍三十四、青龍、黃鵠、鸞鳥、神馬、神雀、九尾狐、三足烏、赤烏、白兔、白鹿、白燕、白鵲、 2.2/15/20
○凰集濟南臺丞霍穆舍樹上 3.1/19/10
龍興○舉 14.5/93/9
讓國與異母弟○ 18.3/127/5
詔書聽許○襲爵 18.3/127/5

○凰、（麟麒）〔麒麟〕、嘉禾、甘露之瑞集于郡境 18.14/131/5
高○、字文通 18.30/135/14
以竿授○ 18.30/135/14
○受竿誦經如故 18.30/135/15
○留意在經史 18.30/135/15
○往解之 18.30/135/16
○年老 18.30/135/17
自言○本巫家 18.30/135/17
郭○、字君張 18.31/135/22
新市人王匡、王○爲平理爭訟 23.1/164/20

否 fǒu 5

舉實臧○ 3.2/20/22
國家以公知臧○ 11.2/70/20
○則守錢虜耳 12.1/75/11
人無履亦苦之○ 15.14/100/16
及前後守令能○ 16.35/113/15

夫 fū 92

受《尚書》于中大○廬江、許子威 1.1/1/15
又分遣大○謁者教民煮木爲酪 1.1/1/20
郎遣諫議大○杜長威持節詣軍門 1.1/4/1
○士誠能爲人所不能爲 1.1/4/23
善矣○ 1.1/8/23
又道忠臣孝子義○節士 1.1/9/4
于是下太常、將軍、大○、博士、議郎、郎官及諸王諸儒會白虎觀 2.1/11/22
遣侍中杜喬、光祿大○周舉等八人分行州郡 3.2/20/21
母曰匽○人 3.5/21/23
而有秩者侍中、中常侍、光祿大○秩皆二千石 4.1/26/8
大中大○秩皆比二千石 4.1/26/9
諫議大○、侍御史、博士皆六百石 4.1/26/9
○樂施于金石 5.4/28/22
奮振于匹○ 5.5/29/23
季氏大○ 5.5/30/2
上令太○人及兄弟得入見 6.2/34/22
太○人爲剪髮 6.5/36/11
○人年高目冥 6.5/36/11
○人哀我爲斷髮 6.5/36/12
趙○人生孝崇皇 6.8/37/21
匽○人生桓帝 6.8/37/21
追諡趙○人爲穆皇后 6.8/37/21
匽○人爲博園貴人 6.8/37/22
遣中大○奉璧朝賀 7.3/39/11
大○將何辭以對 7.3/39/12
大○其對以孤襲爵以來 7.3/39/13
以璽章宣示公卿大○ 7.8/41/7
其餘侍中、大○、郎、謁者 8.7/49/20
○人先死 8.10/51/3
○有桀、紂之亂 9.4/56/20
使大中大○致牛酒 9.4/57/10
○人裳不加綵 9.7/59/13
奏置《五經》大○ 9.7/59/17
置嗇○、祝宰、樂人 9.11/61/6
初爲鄉嗇○ 10.12/65/5
王莽前隊大○誅謀反者 10.21/67/13
拜大中大○ 11.2/70/18
拜光祿大○ 11.4/71/18
興○人薨 11.14/74/20
○改政移風 12.2/77/10
○孝莫大于尊尊親親 12.10/81/5
大將軍○人躬先率禮 12.12/82/4
爲光祿大○ 13.10/85/14
拜太中大○ 13.10/85/15
上徵興爲大中大○ 13.11/85/27
見惡如農○之務去草焉 13.11/86/14
爲大中大○ 13.12/87/11 19.17/141/3
諸○人各前言爲趙憙所濟活 13.16/89/15
○建大事者 14.1/90/5
光武遣諫議大○儲大伯持節徵永 14.2/90/19
即拜永諫大○ 14.2/90/22
豈○子欲令太守大行饗 14.2/90/26
大中大○張堪對曰 14.2/91/10
世祖遣騎都尉弓里游、諫大○何叔武 14.4/92/1
愚聞丈○不釋故而改圖 14.4/92/4
悲○命也 14.4/92/14
爲諫議大○ 14.4/92/18
○婦離散 14.5/93/7
匹○僮婦 14.5/93/9
○并州之地 14.5/93/21
○十室之邑 14.5/93/24
令○功烈施於千載 14.5/93/30
○帝王不宜以重器假人 15.2/95/22
欲見○人 15.6/97/5
鄧讓○人、光烈皇后姊也 15.20/102/3
大丈○無他志略 16.3/102/23
聽以大○行喪 16.11/106/28
即拜光祿大○ 16.11/106/28
○俗難卒變 16.16/108/7
徵爲中散大○ 16.21/109/23
大丈○安能爲人役耶 16.46/115/24
徵爲諫議大○ 17.2/118/5
○婦痛 17.22/124/6
令弟禮○妻俱出外 17.23/124/17
孝○妻共蔬食 17.23/124/17
比禮○妻歸 17.23/124/17
與伯通及會稽士大○語曰 18.29/135/7
延平元年仕爲光祿大○ 19.11/139/24
○人視老○復何中〔空〕 19.11/139/25
光祿大○ 19.17/141/5
寬○人試寬意 21.9/152/16
大丈○生當雄飛 21.22/155/9
上以爲大中大○ 21.43/158/20
更始韓○人曰 23.1/165/2
更始韓○人尤嗜酒 23.1/165/8
王郎遣諫議大○杜威持節詣軍門 23.8/167/18
士大○莫不諷誦〔之也〕 23.16/170/6
匹○橫議 23.17/171/1
後爲暴室嗇○ 24.72/178/9
○清道而後行 24.77/178/19

膚 fū 5

入皮○中 6.2/34/15
身體髮○ 6.5/36/13
色理○髮眉目容貌如畫 12.1/75/7
刻肌○以爲刑 13.11/86/1
陛下納○受之愬 16.20/109/13

敷 fū 1

輒令榮於公卿前○奏經
　書 16.9/105/15

弗 fú 4

○復道 18.26/134/4
愼（○）〔勿〕聽妻子
　持尸柩去 18.29/135/8
故時止（○）〔勿〕奏
　事 19.1/136/17
（○）〔勿〕稽留 23.11/168/25

伏 fú 54

吏士皆壓○ 1.1/3/1
時傳聞不見《赤○符》
　文軍中所 1.1/4/16
帝所與在長安同舍諸生
　彊華自長安奉《赤○
　符》詣鄗 1.1/4/17
述○誅之後 1.1/7/16
上從席前○御床 2.1/13/18
後○誅 3.5/22/22
朕夙夜○思 5.5/31/21
○惟陛下以至德當成、
　康之隆 5.5/32/5
縣吏張申有○罪 7.2/39/3
下床○地 7.8/41/10
○軾而吟 7.12/42/24
○悲不能仰視 11.2/71/4
俯○待事 11.4/71/21
儵晝夜匍○ 11.5/71/27
　21.34/157/12
乃張燈俯○ 11.6/72/7
上以援爲○波將軍 12.1/76/12
臣所假○波將軍印 12.1/76/12
書「○」字 12.1/76/13
○湛上疏諫曰 13.1/82/20
竊見故大司徒陽都侯○
　湛自行束脩 13.1/82/22
○盛、字伯明 13.2/83/7
○恭、字叔齊 13.3/83/11
○晨尙高平公主 13.4/83/15
歐陽歙、其先和伯從○
　生受《尙書》 13.8/84/25
○念天下離王莽之害久
　矣 14.5/93/4
常○省（門）〔閣〕下 14.6/94/8
○見大將軍 15.2/95/23
每至歲時○臘 15.15/100/27
○見太子體性自然 16.10/106/22
趨走俯○ 16.16/108/5
○見前太尉西曹掾蔣遵
　16.20/109/12
不能以尸○諫 16.20/109/15
遂○劍而死 16.30/112/3
建武中以○波將軍爵土
　不傳 16.34/113/9
初冒火○棺上 16.42/115/3
○見太原周黨、東海王
　良、山陽王成 16.50/117/2
晝○夜行 17.2/118/8
徵還○法 17.13/121/23
政以車駕出時○道邊
　17.17/122/26
去年○誅者 18.1/126/20
○地莫敢動 18.6/127/24
○惟天恩莫不蕩宥 18.9/129/1
世○其高義 18.12/130/8
因自○草中 18.28/134/15
權豪懾○ 19.2/137/4
常○寺東門外凍地 19.16/140/22
或○甕下 19.21/142/1
而令搢紳之徒委○畎畝
　20.4/145/22
自抱孫兒○于戶下 20.10/147/4
悉○其辜 21.12/153/16
安能雌○ 21.22/155/9
臣○見二千石 21.45/158/28
卒欲寢○儀下 24.90/179/26

扶 fú 30

○輿入壁 1.1/7/8
詔京兆、右○風以中牢
　祀蕭何、霍光 2.1/12/10
右○風雍地裂 2.3/17/9
○助中興 3.5/22/19
及有可以持危○顚 5.5/31/24
○風人 8.14/52/12
　12.1/75/5,13.11/85/21
　15.7/97/12,19.4/137/13
使小黃門○起 9.10/60/23
○微救危 10.22/67/22
余外孫右○風曹貢爲梧
　安侯相 12.6/79/4
封○陽侯 13.7/84/19
右○風人 13.10/85/12
而至右○風 14.2/91/9
右○風茂陵人 15.11/99/12
○風（安）〔平〕陵人
　16.3/102/21
○風平陵人 16.34/112/28
右○風請試守渭城宰 16.34/113/1
平○（持）〔侍〕其母
　17.11/120/20
百姓○車叩馬 18.15/131/10
帝常使虎賁○持 18.18/132/5
宋揚、○風平陵人 18.24/133/15
子孫歸○風 18.29/135/10
臺遣兩當關○郁入 19.29/144/5
是故○接助其氣力 21.23/155/14
○路側禱 22.4/163/21
○風茂陵人 23.17/170/23
○以文義 24.90/179/26

服 fú 74

○將軍○ 1.1/2/9
正朔、○色未有所定 1.1/5/4
○色、犧牲尙黑 1.1/5/8
常○徽幟尙赤 1.1/5/8
衣○大絹 1.1/7/14
乃首○ 2.1/11/13
帝及公卿列侯始○冕冠
　、衣裳 2.1/11/26
賜以○御之物 2.1/13/12
帝加元○ 3.1/18/15
衣以故○ 3.2/20/26
震○百蠻 5.5/31/7
○周之冕 5.6/32/22

以禮○龍衮 5.6/32/23
久無祭天地冕○之制 5.6/32/23
潔齋盛○ 5.6/32/24
○以華文 5.6/33/1
即時首○ 6.5/36/20
乃與公卿共議定南北郊冠冕車○制度 7.12/42/17
復賜乘輿○御、珍寶鞍馬 7.12/43/13
衰○在身 7.19/45/7
念訓常所○藥北州少乏 8.2/47/20
諸將皆○其勇 8.11/51/15
上車駕素○往弔 9.7/59/14
軍人見光衣冠〔○〕鮮明 10.12/65/5
衣○垢薄 10.14/65/18
見乃○焉 10.26/69/19
三署○其慎也 11.6/72/7
由是鄉里○其高義 11.9/73/4
居宇器○ 12.7/79/19
○荔裳如朱紱兮 12.10/80/25
好爵顯○ 12.10/81/6
歛以時○ 12.11/81/21
遠者不○ 13.1/82/21
正朝○坐府上 13.6/84/5
莫不厭○焉 13.13/88/7
乞身行○ 13.16/89/17
遣使〔者〕爲釋○ 13.16/89/18
○桀之行 14.4/92/14
侍胡具○ 16.3/103/5
欲脅○衆 16.6/104/23
如令匈奴遂能○臣 16.6/104/25
榮被○儒衣 16.9/105/18
奪○ 16.11/106/28
○喪三年 16.13/107/12
刺史劉繇振給穀食、衣○所乏者 16.14/107/19
鄉佐○其義勇 16.50/116/28
欲令更○ 16.50/117/1
特賜輿馬衣○ 17.1/117/26
寅在職不○父喪 17.1/117/27
輿○光麗 17.7/119/13
賜以三公之○ 17.9/120/1
當○重罪 17.17/122/26
百姓悅○ 18.1/125/26
和帝始加元○ 18.5/127/16
賊操弓弩欲裸奪婦女衣○ 18.6/127/23
及歸○喪 19.4/137/14
故常○麤糲 19.11/139/20
○機杼 19.11/139/21
遠人不○ 19.16/140/25
○闋 19.30/144/9
自所○冠幘綬 20.4/145/27
乃變○客傭 20.17/148/17
鄉人欲爲具棺○ 21.15/154/5
妻乃悉歸侍御○飾 22.1/160/26
荒○之儀 22.4/163/9
荒○之外 22.4/163/9
息落○淫 22.4/163/24
李松等自長安傳送乘輿○御物 23.1/165/3
被○不法 23.1/165/11
天水、隴西拱手自○ 23.17/171/17
詔書下車○制度 24.94/180/11
中宮皇太子親○重繒厚練 24.94/180/11
嫁娶被○ 24.94/180/12

浮 fú 18

帝遣游擊將軍鄧隆〔與〕幽州牧朱○擊彭寵 1.1/5/13
○軍雍奴 1.1/5/14
○軍遠〔至〕 1.1/5/16
據○橋于江上 8.10/50/22
故徙○封蘄春侯 10.8/63/23
朱○與彭寵書 13.9/85/3
○上疏切諫曰 13.9/85/5
○上疏曰 13.9/85/7
○爲司空 13.9/85/7
朱○上不忠于君 13.13/88/8
子○嗣 15.2/96/1
○卒 15.2/96/1
將家○海 16.46/115/26
以功封程爲○陽侯 20.23/149/23
朱○密奏寵 23.11/168/17
吏皆怨○ 23.11/168/18
厭○語虛辭耳 23.16/170/12
○水轉漕之便 23.17/171/5

符 fú 21

時傳聞不見《赤伏○》文軍中所 1.1/4/16
帝所與在長安同舍諸生彊華自長安奉《赤伏○》詣鄗 1.1/4/17
○瑞之應 1.1/4/18
剖○封侯 2.1/12/13
〔貞〕○瑞〔應〕 2.3/17/13
取銅虎○ 3.5/22/14
令直○責問 11.10/73/15
同○高祖 12.1/75/22
○印所以爲信也 12.1/76/15
合○重規 13.11/86/18
答響之休○也 15.2/95/20
從宛人陳洮買○入函谷關 17.2/118/3
封○乞人 17.2/118/4
剖○典千里 18.7/128/16
○驗不虛 20.19/148/28
未受○策 20.24/150/7
○融妻亡 21.15/154/5
以木札書○曰「上將軍」 23.5/166/11
一人奉○ 23.5/166/12
訹以爲○瑞 23.17/171/10
刻○典千里 24.80/178/25

紱 fú 2

贈以玄玉赤○ 3.1/18/20
服荔裳如朱○兮 12.10/80/25

桴 fú 1

乃乘○沿江下巴郡 8.10/50/26

幅 fú 2

○巾而居 14.2/90/22
○巾屐履 18.18/132/4

菔 fú 1

拔庭中蘆○根 23.5/166/16

鳧 fú 1

屈○茈而食 23.1/164/20

福 fú 21

而獨完其○ 1.1/8/27
子孫賴○ 1.1/9/19
以求○祥也 3.5/23/2
黎庶賴○ 5.5/29/11
宜封禪爲百姓祈○ 5.5/30/1
以致嘉○ 5.5/30/20
求○也 8.2/48/4
享受多○ 12.11/81/18
以爲威○ 13.9/85/8
天下○應 13.11/86/7
是以皆永享康寧之○ 13.11/86/21
當蒙其○而賴其願 14.5/93/12
冀京師並蒙〔其〕○也 15.9/98/18
茂負太守孫○踰牆出 16.32/112/16
擔穀給○及妻子百餘日 16.32/112/17
○表爲議郎 16.32/112/17
詔詣安○殿 19.22/142/11
不祭竈求○ 19.22/142/19
司空掾梁○曰 21.35/157/16
時號○爲眞掾 21.35/157/17
卜○爲廷尉 21.43/158/20

輻 fú 1

賓客○轅 11.11/73/23

襆 fú 1

并載青泥一○ 8.2/47/21

黻 fú 1

○冕之旒 17.9/120/1

鰒 fù 2

獻○魚 13.2/83/7
賜良○魚百枚 17.10/120/10

甫 fǔ 8

峻遣軍師皇○文謁 9.1/55/18
皇○文、峻之腹心 9.1/55/21
猶有申伯、召虎、夷吾、吉○攘其蟊賊 14.5/93/18
表言常侍王○罪過 21.12/153/13
乃磔○尸 21.12/153/14
署曰「賊臣王○」 21.12/153/14
曹節見○尸 21.12/153/15
皇○嵩上言 21.20/154/27

斧 fǔ 3

乃肉袒負○鑕于軍門 8.14/53/11
遵遣護軍王忠皆持刀○伐樹開道 9.7/59/8
操○斫之 21.37/157/25

府 fǔ 68

諸李遂與南陽○掾史張順等連謀 1.1/2/6
先到雒陽整頓官○ 1.1/3/14
三輔官○吏 1.1/3/14
芝〔草〕生中黃〔藏○〕 3.5/21/28
光祿勳○吏舍夜壁下忽有氣 3.5/21/30
名臣少○李膺等並爲閹人所譖 3.5/22/24
故太僕杜密、故長樂少○李膺各爲鉤黨 3.6/23/8
藏于王○ 7.22/45/24
時上置兩○官屬 8.11/51/11
怨禍之○也 9.1/55/5
官○廄第相望 10.22/68/4
幸至丞相○還我 10.26/69/9
慚愧詣○ 10.26/69/9
禹爲廷尉○北曹吏 11.10/73/10
五日一歸○ 11.10/73/18
送囚至○ 12.1/75/10
三○以爲未可 12.1/76/8
上數幸防○ 12.3/78/1
正朝服坐○上 13.6/84/5
見○寺門即下 13.10/85/13
兩○遣吏護送饒穀之郡 13.11/86/22
或屬諸侯宮○ 13.11/86/26
歸○ 13.13/88/11
帝嘗幸其○ 13.15/88/24
召郡○丞謂曰 14.2/90/26
辟鄧禹○ 14.5/93/1
肅宗詔鴻與太常樓望、少○成封、屯騎校尉桓郁、衛士令賈逵等 15.2/95/13
鴻以少○從 15.2/95/17
百里內皆齎牛酒到○飲讌 15.8/97/28
明○以惡爲善 15.8/98/1
明○德也 15.8/98/2
不入冀○（赤）〔寺〕 15.17/101/16
嗟我樊○君 15.17/101/17
嘗幸太常○ 16.9/106/5
拜少○ 16.21/109/24, 17.16/122/20
少○大儒 16.21/109/24
辟大司空○ 16.22/110/3
憲○貴重 16.38/114/9
辟大司馬○ 17.3/118/17
○寺寬敞 17.7/119/12
明○視事五年 17.10/120/6
明○勿受其觴 17.10/120/8
鍾離意辟大司徒侯霸○ 17.13/121/14
車○令齊國徐匡鉤就車 17.20/123/19
孝辟太尉○ 17.23/124/21
詔禮十日就長樂衛尉○ 17.23/124/22
恐以財污○君 18.6/127/27
少○給璧 18.6/128/1
時陰就爲少○ 18.6/128/1
數辟公○ 18.8/128/20
拜車○令 18.16/131/15
坐定而○檄到 18.27/134/9
○掾久留 19.4/137/21
因還○ 19.4/137/22
寵辟司徒鮑昱○ 19.7/138/20
常有鬼哭聲聞于○中 19.7/138/25
徙置○庭 19.12/140/4
辟司徒○ 19.15/140/16

詔書示官○曰 19.15/140/17
詔賜御○衣一襲 20.4/145/27
從省中還外○ 20.23/149/21
移副三○ 21.4/151/5
劉訓拜車○令 21.33/157/7
臺召三○驅之 21.35/157/16
官○閭里 23.1/165/5
囂、故宰〔相〕○掾吏
23.16/170/6
有龍出其○殿中 23.17/171/9

釜 fǔ 4

得○鑊二三千枚 8.9/50/1
妻子自親○竈 17.3/118/18
呼鴻及熱○炊 18.29/134/23
○中生魚范萊蕪 21.17/154/15

俯 fǔ 6

○視地 1.1/7/11
○視几筵 5.5/32/8
○伏待事 11.4/71/21
乃張燈○伏 11.6/72/7
趨走○伏 16.16/108/5
○刮席與小常侍語 23.1/165/6

脯 fǔ 4

帝奉糗一斛、○三十朐
進圍宛城 1.1/2/13
還白方坐啗○ 7.4/39/21
天子與我棗○ 20.23/149/20
孫程賦棗○ 20.24/150/3

腑 fǔ 1

故多以宗室肺○居之 17.7/119/13

輔 fǔ 41

李氏爲○ 1.1/2/4
三○官府吏 1.1/3/14
大將軍梁冀○政 3.5/22/6
太守甘定、刺史侯○各
奔出城 3.5/22/14
王莽○政 5.3/28/12
后志在克己○上 6.2/34/24
願備藩○ 7.8/41/4
沛獻王○ 7.9/41/19
上即以詔書問○曰 7.9/41/20
○上書曰 7.9/41/21
蒼以親○政 7.12/42/18
三○假號 8.1/46/10
明公雖建蕃○之功 8.1/46/12
先納聖善匡○之言 8.7/49/17
列爲藩○ 8.13/52/7
爲○威將軍 10.2/62/16
此家率下江諸將○翼漢
室 10.20/67/4
每言及三○長者至閭里
少年皆可觀 12.1/76/9
三○盜賊群輩並起 12.9/80/12
生無以○益朝廷 12.11/81/18
宜居○弼 13.1/83/3
欲令○國家以道 13.6/84/6
三○以爲儀表 13.10/85/12
鄧禹平三○ 15.5/96/20
以○太子 16.15/107/28
侍中當匡○國政 16.20/109/11
甚得○導之體 19.1/136/7
京○都尉 19.17/141/5
所○、平原人 20.8/146/20
○前叩頭 20.8/146/20
賊等遂戟刺○ 20.8/146/21
三○苦之 23.1/165/11
三○兵侈 23.1/165/19
三○豪傑入長安 23.2/165/24
欲○立之 23.9/168/4
光武以鄧奉爲○漢將軍
23.14/169/15
○漢而起 23.16/169/26
東收三○ 23.16/170/9
自稱○漢將軍 23.17/170/25
定三○ 23.17/171/17
三○皆好彈 24.3/173/1

撫 fǔ 11

鎮○河北 1.1/3/18
○育恩養甚篤 7.1/38/24
鎮○單于以下 8.16/53/24
與校書郎杜○、班固定
《建武注記》 12.6/79/7
將兵安○河東 14.2/90/18
存○并州之人 14.5/93/15
○上黨 14.5/93/27
鎮○吏民 15.12/99/26
○循百姓如赤子 17.13/121/18
從杜○學 20.7/146/15
○其首曰 20.17/148/14

鬴 fǔ 1

（○）〔酺〕以尙書授
于南宮 19.1/136/6

父 fù 124

隨其叔○在蕭 1.1/1/14
嘗爲季○故舂陵侯訟逋
租于大司馬嚴尤 1.1/1/18
○爲宗卿師 1.1/2/4
帝在○城 1.1/3/12
與舂陵○老故人爲樂 1.1/5/18
伯○皇皇考姊子周均爲
富波侯 1.1/10/6
從子沖、更○侯 1.1/10/7
后○陰睦爲宣恩侯 1.1/10/7
后○郭昌爲陽安侯 1.1/10/9
○子三人同命 3.2/20/17
武騎都尉樊演高祖○重 3.5/22/19
祖○茂封冠軍平望鄉侯 3.5/22/19
立○生爲越王 3.6/23/12
作民○母 5.5/29/11
武王因○ 5.5/29/21
即后之○也 6.1/33/21
受之○母 6.5/36/13
○香 6.9/38/3
○敞 7.7/40/13
敞○仁嗣侯 7.7/40/13
推○時金寶財產與昆弟 7.7/40/16
祀、梁○亭侯 7.17/44/23
○所厚同郡郎中王臨 8.6/49/4
大王哀厚弇如○子 8.14/52/17
反欲以賊虜遺君○耶 8.14/53/9
習○業 8.14/53/15
王霸祖○爲詔獄丞 10.11/64/13
○爲高密中尉 10.14/65/17
所置信都王捕繫彤○弟
及妻子 10.16/66/8

○博 10.20/67/3
常遣使以太牢祠通○冢 10.21/67/16
是以愛之如○母也 10.23/68/12
曾祖○隆 11.1/70/5
祖○勳 11.1/70/5
是君臣○子信也 11.2/70/21
有執○仇賊自出 11.9/73/3
追尊貴人○睦爲宣恩侯 11.12/74/5
曾祖○通生賓 12.1/75/5
兄弟○子并受爵土 12.2/77/12
○余卒時 12.6/79/3
依姊壻○九江連率平河侯王述 12.6/79/3
叔○援從車駕東征 12.6/79/5
統高祖○子都 12.9/80/6
范○乞身兮 12.10/80/24
其追封諡皇太后○竦爲褒親愍侯 12.10/81/6
孝子善述○志 12.11/81/22
幾及揚雄、劉向○子 13.6/84/3
林○子兩人食列卿祿 13.11/87/4
鲂○名揚 13.14/88/16
鲂○子兄弟並帶青紫 13.14/88/20
時帝叔○趙王良從送中郎將來歙喪還 14.2/91/1
其○母詣昱 14.3/91/17
○豐 14.4/91/27
壞○母之鄉 14.4/92/6
疏其○族 14.4/92/14
曾祖○奉世徙杜陵 14.5/92/22
襲○爵爲關內侯 14.5/92/22
○子流亡 14.5/93/7
殺人○子 14.5/93/14
王閎者、王莽叔○平阿侯譚子也 14.7/94/13
○綝 15.2/95/7
今子以兄弟私恩而絕○不滅之基 15.2/95/12
子張○及叔○爲鄉里盛氏一時所害 15.8/97/22
而痛二○讎不復也 15.8/97/23
前有召○ 15.10/99/6
但續○所記述漢事 16.2/102/16
郁○子受恩 16.10/106/22
桓鸞○良 16.12/107/5
遭○喪未葬 16.42/115/3
寅在職不服○喪 17.1/117/27
○稚爲丹買田宅居業 17.2/118/3
以當襲○般爵 17.8/119/18
當襲○般爵 17.8/119/21
而稱○遺意 17.8/119/21
○爲田禾將軍 17.23/124/12
聞卿爲吏撾妻○ 18.1/126/8
臣三娶妻皆無○ 18.1/126/8
○邯 18.3/127/3
暉外祖○孔休 18.6/127/22
祖○客死蜀、漢 18.12/129/25
辭○母 18.13/130/13
白○昇曰 18.13/130/15
以定○母、妻子、長幼之序 18.14/131/2
傭賃以養○母 18.18/132/3
恭各語其〔家〕○母 18.28/134/17
○母乃禁怒之 18.28/134/17
○母問其所欲 18.29/135/1
祖○充 19.1/136/5
○尚在 19.1/136/22
○來 19.1/136/23
奉酒上酺○壽 19.1/136/23
○建武初爲武陵太守 19.4/137/13
曾祖○咸 19.7/138/18
○子相將歸鄉里 19.7/138/18
○奉、司隸校尉 19.14/140/12
○親爲縣吏 19.16/140/22
李恂遭○母喪 19.20/141/19
○況舉孝廉 19.22/142/7
以香○尚在 19.22/142/15
少失○ 19.24/143/3
必先讓○母 19.25/143/7
○母語「汝小何能多少」 19.25/143/8
遭○喪 19.30/144/9
○娶後妻而憎苞 20.6/146/9
○怒 20.6/146/10
○母慚而還之 20.6/146/11
○恢 20.17/148/12
年二十喪○ 20.17/148/15
遇○故人 20.17/148/16
奈君○何 20.17/148/16
衛康叔之冑孫林○之後 20.23/149/18
○子皆死于杖下 21.12/153/14
○于 21.46/159/3
○老 21.55/160/13
○有賓客 21.55/160/13
○嗜餅 21.55/160/14
宜嘗就少君○學 22.1/160/24
○奇其清苦 22.1/160/24
○子同賜 22.4/163/27
吏繫聖公○子張 23.1/164/19
○容 23.11/168/15
○仁爲侍御〔史〕 23.17/170/24
許皇后○廣漢 24.72/178/7

付 fù 5

即以太守號○後將軍 9.2/56/8
以黃金十斤、葛縛佩刀、書帶、革帶○襲 12.6/79/14
以○樊公 15.17/101/16
悉疏○主人 16.14/107/20
悉○從事 19.20/141/20

附 fù 14

賢者蟻○ 1.1/3/17
樹枝內○ 2.1/13/15
徼外羌龍橋等六種慕義降○ 3.1/18/12
司空劉授以阿○惡逆 3.2/19/28
遂相親○ 8.1/46/6
諸夷皆來內○ 9.8/60/5
越人謀欲叛漢○蜀 10.2/62/17
表請二校尉○北宮 12.4/78/15
光前坐黨○（憲）〔竇〕憲 12.4/78/16
外○妻黨 14.4/92/15
外○之臣 15.2/95/25
桑無○枝 15.12/100/1
朝臣上下莫不○之 19.32/144/22
術疊○德 22.4/163/4

阜 fù 11

○陵質王延在國驕泰淫泆 7.13/43/24
王○、字世公 18.13/130/13
後○竊書誦盡 18.13/130/14

母追求到武陽北男謁舍家得○ 18.13/130/14
○使五官掾長沙疊爲張雅樂 18.13/130/17
○以法繩正吏民 18.13/130/19
以絳罽襜褕與○ 18.13/130/21
○疑有姦詐 18.13/130/21
○以詔書未報 18.13/130/22
維季春兮華○ 18.29/135/4
自破甑○等 23.1/164/23

赴 fù 3

奔走○水溺死者以數萬 1.1/3/8
爭○趨作 17.13/121/19
范奔○敬陵 18.12/130/4

負 fù 19

城中○戶而汲 1.1/2/26
乃肉袒○斧鑕于軍門 8.14/53/11
必不使將軍○丹青 9.4/57/17
常慚○ 9.12/61/22
叛主○子 11.2/70/22
驢四百頭○馱 11.2/71/2
小民○縣官不過身死 13.11/86/25
○兵家滅門殄世 13.11/86/25
有大小○勝不齊 13.11/86/29
不敢○公 14.1/90/7
〔○土成墳〕 16.13/107/12
茂○太守孫福踰牆出 16.32/112/16
義不可○ 17.11/120/24
善乃潛○逃亡 17.25/125/10
與客步○喪歸 18.12/129/25
兒慚○ 18.28/134/16
六年躬自○土樹柏 19.20/141/19
攜○歸仁 22.4/163/18
買○隴城之固 23.16/170/18

婦 fù 23

衣○人衣 1.1/3/15
孔子稱「有○人焉」 2.4/17/25
皇太后率大臣命○謁宗廟 3.1/18/24
害加孕○也 3.2/20/9
何故隨○家入湯鑊中 11.1/70/8
民至乃誠乳○勿得舉子 13.5/83/21
仲伯以其○有色 13.16/89/8
以泥塗其○面 13.16/89/9
○人亦懷卿之恩 13.16/89/16
夫○離散 14.5/93/7
匹夫僮○ 14.5/93/9
妻人○女 14.5/93/14
與○傭作養母 17.22/124/5
夫○痛 17.22/124/6
賊操弓弩欲裸奪○女衣服 18.6/127/23
○親蠶桑 19.11/139/21
此○勸異居 19.27/143/20
遂叱去其○ 19.27/143/20
害加孕○ 20.19/149/1
○女有美髮〔者〕皆斷取之 21.27/156/7
修行○道 22.1/160/27
日夜與○人歡宴後庭 23.1/165/6
諸○女皆從後車呼更始 23.1/165/17

副 fù 15

下詔讓吳漢○將劉禹曰 1.1/7/9
欲爲儲○ 3.1/18/9
國○未定 3.3/21/7
曲○八佾之數 5.5/31/15
〔累餚膳備○〕 6.2/34/18
○其要腹 7.12/42/25
遣其○歸告峻曰 9.1/55/20
主（薄）〔簿〕陳○諫曰 9.7/59/4
衣無○儲 9.8/60/6
斬得匈奴〔節〕使屋類帶、○使比離支首及節 16.3/103/8
復徵爲西域○校尉 19.20/141/22
移○三府 21.4/151/5
垣○以漢中亭長聚衆降宗成 23.17/170/24
○殺成降 23.17/170/25
五時○車曰五帝 24.95/180/15

傅 fù 35

而郎少○李立反郎 1.1/4/5
今以茂爲太○ 1.1/4/24
〔及阿乳母以問師○〕 2.1/11/7
師○無以易其辭 2.1/11/8
敬愛師○ 2.1/11/15
太○馮石、太尉劉熹以阿黨權貴 3.2/19/31
太○桓焉以無清介辟召 3.2/20/1
位次太○ 4.1/24/15,10.24/68/22
置○一人守其家 4.1/25/8
大長秋、將作大匠、度遼諸將軍、郡太守、國○相皆秩二千石 4.1/25/19
○奏左帷 5.5/29/16
詔中常侍杜岑、東海○相曰 7.8/41/13
明帝告諸王○相 7.9/41/25
恭以毒藥○矢 8.17/54/6
○俊從上迎擊王尋等于陽關 10.9/64/3
以茂爲太○ 10.26/69/21
禹爲太○ 11.10/73/17
陰○封㶏强侯 11.15/74/24
惟賈○其違指兮 12.10/81/2
爲太子太○ 13.10/85/15
林爲東海王○ 13.11/87/5
進爲太○ 13.16/89/19
其以憙爲太○ 13.16/89/20
俄而丹復徵爲太子太○ 15.5/96/25
猶當效○介子、張騫立功異域 16.3/102/23
以榮爲少○ 16.9/106/1
桓焉爲太子太○ 16.11/106/28
詔問誰可○太子者 16.15/107/26
欲置○者 16.15/107/28
即拜爲太子太○ 16.15/107/29
拜太子少○ 16.25/111/1
太○ 18.25/133/20
胡廣爲太○ 21.1/150/18
丁明代○喜爲大司馬 24.2/172/23

富 fù 26

獨內念李氏○厚 1.1/2/4

李氏家○厚	1.1/2/5
伯父皇皇考姊子周均爲○波侯	1.1/10/6
百姓殷○	2.1/13/1
討○平、獲索二賊于平原	8.10/50/19
河內○實	9.1/54/24
○貴不歸故鄉	9.10/60/21
家自○足	11.1/70/8
家素○	11.3/71/11
○貴盈溢	11.4/71/19
言○實也	11.11/73/24
○民之本	12.1/76/7
○易妻	13.6/84/14
○貴傳於無窮	14.5/93/30
而姑臧稱爲○邑	15.11/99/13
百姓以殷○	15.12/100/1
○商大賈多收田貨	16.16/108/4
求人之儉約○足	16.16/108/6
足○十世	16.35/113/16
耕於○春山	16.48/116/11
西域殷○	19.20/141/22
少君生而驕○	22.1/160/25
與人○厚	22.4/162/24
呂母家素○	23.7/167/6
今天水完○	23.16/170/9
○平賊帥徐少	23.20/172/17
復 fù	167
劉氏當○起	1.1/2/4
帝○進	1.1/3/4
言宛下兵○到	1.1/3/5
○收齊武王	1.1/3/10
粲然○見漢官〔威〕儀（體）	1.1/3/16
○驚去	1.1/3/23
正使成帝○生	1.1/4/3
天下不可○得也	1.1/4/3
諸將○請上尊號	1.1/4/13
群臣○固請曰	1.1/4/18
元○于漢	1.1/5/12
反○勝也	1.1/6/12
欲○進兵	1.1/6/13
○南頓田租一歲	1.1/8/11
但○一歲少薄	1.1/8/12
〔願〕○十歲	1.1/8/12
○增一歲	1.1/8/13
群臣○奏、宜封禪	1.1/9/13
○祠于舊宅	2.1/12/31
詔齊相〔其〕止勿〔○〕送冰紈、方空縠、吹綸絮〔也〕	2.2/14/9
○徵立諸王子	3.2/19/27
因上言○崇高山爲嵩高山	3.6/23/16
○置驃騎將軍	4.1/24/19
建武元年○置	4.1/25/3
建武元年○置牧	4.1/25/12
○設諸侯王金璽綟綬	4.1/25/18
○置漢寧郡	5.1/27/18
〔庶績○古〕	5.3/28/12
修○宗廟	5.5/29/11
至泰山乃○議	5.5/29/18
有司○奏《河》《雒》圖記表章赤漢九世尤著明者	5.5/29/20
興○祖宗	5.5/29/24
○祠六宗	5.5/30/11
大臣上疏謂宜○舊	5.5/30/11
上○報曰	5.5/32/7
○飛（去）〔出〕	6.2/34/15
不能○知政	6.2/35/9
良○讙呼	7.4/39/21
當○何苦乎	7.4/39/22
○送綬十九枚	7.9/41/25
○賜乘輿服御、珍寶鞍馬	7.12/43/13
○呼同廬郎共更噓	8.2/47/12
既○	8.2/47/26
奴○與宮中衛士忿爭	8.6/49/1
有司○請加諡曰昭成侯	8.6/49/7
賈○	8.11/51/9
○爲縣掾	8.11/51/10
○獨完致縣中	8.11/51/11
○與段孝共坐	8.11/51/11
孝謂○曰	8.11/51/11
○曰	8.11/51/12,8.11/51/14
官屬以○不遜	8.11/51/12
共白欲以○爲鄗尉	8.11/51/13
○以偏將軍東從上攻邯鄲	8.11/51/13
上傳召○曰	8.11/51/14
○北與五校戰于眞定	8.11/51/15
○傷創甚	8.11/51/16
○病尋愈	8.11/51/16
上書請○自助	8.11/51/17
上以○敢深入	8.11/51/18
故○少方面之勳	8.11/51/18
○未曾有言	8.11/51/19
○闔門養威重	8.11/51/19
○以侯就第	8.11/51/20
不可○會也	8.14/52/14
聞劉氏○興	8.14/52/18
今○定河北	8.14/52/19
○縱生口令歸	8.14/52/25
必○亡矣	8.14/52/27
○大破之	8.14/53/9
○追張步	8.14/53/11
車師○叛	8.17/54/11
執金吾賈○在汝南	9.1/55/8
○以爲恥	9.1/55/8
賈○勒兵欲追之	9.1/55/11
時○先在座	9.1/55/11
願從陛下○借寇君一年	9.1/55/14
異○合兵追擊	9.4/57/14
歸外家○陽劉氏	9.6/58/9
（祐）〔祜〕由是不○言	9.6/58/11
○獨按部	9.7/59/11
攝幘○戰	9.12/61/20
云「願○得耿君	10.1/62/12
上○以純爲東郡太守	10.1/62/12
不得○念私也	10.16/66/11
於是上○笑曰	12.1/75/20
蕩蕩〔然〕蟣蝨無所○依	12.1/76/10
援因○請行	12.1/77/3
母○終	12.6/79/3
興○陂湖	12.8/80/1
猥○超超宿德	12.11/81/16
久不○用	13.1/82/24
願○留霸期年	13.5/83/21
其後不○令譚給事中	13.6/84/8
○詔就責	13.7/84/21
白馬生且○諫矣	13.10/85/15
不能○任朝事	13.10/85/17
〔令得○熾〕	13.11/86/13
令得○昌熾縱橫	13.11/86/26
遂往○讎	13.16/89/3
○典喪事	13.16/89/19

上謂彭○往曉之 14.1/90/5
○至城下說鮪 14.1/90/6
○令彭夜送歸雒陽 14.1/90/10
吾欲使天下知忠臣之子
　○爲司隸 14.3/91/21
社稷○存 14.5/93/11
明帝○興 14.5/93/19
眞定之際○擾 14.5/93/20
俄而丹○徵爲太子太傅
　15.5/96/25
一歲○徵 15.6/97/6
而痛二父讎不○也 15.8/97/23
又○無臣 15.8/98/1
○使〔之〕河東 15.10/99/4
○令種紵麻 15.14/100/15
○遣衆使北匈奴 16.6/104/23
入○侍講 16.9/105/22
當安○施用時乎 16.9/106/3
子郁以明經○爲太常 16.9/106/12
致○文雅 16.10/106/18
○令郁說一篇 16.10/106/19
譚○極言讖之非經 16.16/108/9
遂不○轉遷 16.16/108/11
汝南子欲○黨乎 16.20/109/13
宇○恥之 16.25/110/26
由是不○有爭訟 16.25/111/1
○自縛詣賊 16.41/114/27
聞○讎之義 16.50/116/26
安可○更 16.50/117/1
有司○奏之 17.8/119/19
不○考試 17.10/120/14
不○要娶巫家女 17.14/122/8
不○責舍宿直 18.1/125/23
不○示掾吏 18.1/126/19
錢盡可○得 18.10/129/9
翾翔○上縣庭屋 18.13/130/18
○還印綬去 18.26/134/2
弗○道 18.26/134/4
不敢○有過 18.28/134/16
小兒○爭 18.28/134/17
○舉其子孝廉 19.1/136/9
關東號曰「《五經》○
　興魯叔陵」 19.5/138/5
不○教授 19.7/138/23
夫人視老夫○何中〔空〕
　19.11/139/25
○徵爲西域副校尉 19.20/141/22
○欲進業 19.25/143/8
○以爲郎 19.26/143/14
追○所失 20.19/149/2
餘羌○〔與繞河大〕寇
　張掖 21.8/151/26
○臨茲邦 21.11/153/7
乃不○行也 21.21/155/5
後顛岸兄顛吾○詣林 22.5/164/5
○收繫羽林監 22.5/164/6
平林人陳牧、廖湛○聚
　千餘人 23.1/164/21
由是四方不○信向京師
　23.1/165/14
設使成帝○生 23.8/167/19
天下不可〔○〕得 23.8/167/19
○不可不封 23.11/168/26
○漢之祚 23.16/170/1
○望蜀 23.16/170/14
熊○說述曰 23.17/171/2
然軍敗○合 23.17/171/14
創愈○戰 23.17/171/14
道隗王破者○如此矣
　23.17/171/25
○曰齒長一寸 24.14/174/2
不○改立 24.92/180/5
浣已○御 24.94/180/11

腹 fù　10

蕭王推赤心置人○中 1.1/4/9
○脹死 1.1/6/26
據其心○ 1.1/7/4
披露○心 5.5/32/4
副其要○ 7.12/42/25
皇甫文、峻之○心 9.1/55/21
心○已壞 11.2/70/24
閔仲叔豈以口○累安邑
　耶 16.49/116/22
抱仲遺○女而棄其子
　17.11/120/20
恚憤○脹而死 23.16/170/18

複 fù　2

將緹騎宿玄武門○道上
　13.14/88/18
南宮○道多惡風寒 13.14/88/19

駙 fù　1

與○馬都尉耿秉北征匈
　奴 10.23/68/10

賦 fù　9

悉○予之 2.1/13/13
○斂羌胡 12.3/78/8
薄○稅 12.8/80/1
梁竦作《悼騷○》 12.10/80/19
○斂愈重 14.5/93/5
能屬文詞詩○ 16.2/102/13
輒獻○頌 16.2/102/17
韓昭强○一億五千萬
　20.21/149/10
孫程○棗脯 20.24/150/3

縛 fù　13

獨言朝廷以爲我○賊手
　足矣 1.1/7/4
訓令拘持束○ 8.2/48/1
以黃金十斤、葛○佩刀
　、書帶、革帶付襲 12.6/79/14
悉自○詣憙 13.16/89/5
彭即令鮪自○ 14.1/90/10
上即自解鮪○ 14.1/90/10
復自○詣賊 16.41/114/27
琳自○ 16.43/115/9
即自○詣賊 17.23/124/15
等輩數十皆○束 17.24/124/27
子密等三人○寵著床板
　23.11/168/21
今解我○ 23.11/168/23
其殿中廬有索長數尺可
　以○人者數千枚 24.72/178/7

賻 fù　5

○錢三千萬 3.1/18/20
贈○三千匹 13.8/84/27
○助甚厚 15.5/96/17
○絹七千匹 15.10/99/7
郡中○贈無所受 19.4/137/14

覆 fù 12

故遭反○	1.1/8/24
遭天下反○	1.1/8/27
詔下州郡檢○	2.1/11/9
重加幕○	6.2/34/18
有飛鳥紆翼○之	6.3/35/22
皆載赤豆○其上	8.1/47/3
○以御蓋	9.7/59/10
天下反○自盜名字者不可勝數	12.1/75/21
天子默使小黃門持被○之	14.6/94/8
俱遭時反○	15.5/96/19
惟布被○尸	15.16/101/6
○衣天下	23.17/171/4

改 gǎi 33

○元爲建武	1.1/4/21
○鄗爲高邑	1.1/4/22
後○爲章陵	1.1/5/19
○元爲中元	1.1/9/13
其○《郊廟樂》曰《大予樂》	2.1/12/14
○殯梁皇后于承光宮	2.3/16/27
乃議○葬	2.3/16/27
○元建和	3.5/21/26
十八年○爲刺史	4.1/25/12
秦時○爲太末	5.1/27/15
即不○作舞樂	5.5/32/2
母宜○嫁爲掖庭民梁紀妻	6.9/38/3
後○爲祉	7.7/40/11
河西○俗	8.2/47/24
夫○政移風	12.2/77/10
不可卒○	13.11/86/8
愚聞丈夫不釋故而○圖	14.4/92/4
宜○易非任	14.5/93/24
詩敕曉不○	15.10/99/4
而奮不○其操	15.11/99/15
時人有上言班固私○作《史記》	16.2/102/15
長吏莫敢○之	17.14/122/8
移穿○築	18.25/133/19
○矯其失	19.6/138/11
不○	19.11/139/23
其詳思○救	20.19/149/1
丹言貌無○	21.17/154/15
○元爲更始元年	23.1/164/27
○爲穎陽侯	23.3/166/3
宜○名號	23.17/171/2
○元曰龍興	23.17/171/10
○名白帝倉	23.17/171/23
不復○立	24.92/180/5

溉 gài 2

○郡稻	11.1/70/13
通引灌○	11.10/73/13

蓋 gài 27

○地數頃	1.1/8/8
羽○車一駟	2.3/16/12
	22.3/161/15
以王青○車迎	3.1/18/9
妖賊○登稱「大皇帝」	3.5/22/22
如車○隆起	3.6/23/21
○《周官》所謂「王〔師〕大獻則令凱樂	5.4/29/1
圖讖○如此	5.5/29/18
○齊諸侯	5.5/30/2
○應圖籙	5.5/30/4
○聞堯舜九族	7.20/45/11
覆以御○	9.7/59/10
○延、字巨卿	9.11/61/3
與○延攻公孫述將王元	11.2/71/3
馳告○延	11.2/71/4
常操小○	11.14/74/13
○伯夷、叔齊恥食周粟	13.11/85/23
○此助也	13.11/86/21
○所願也	16.37/114/4
不容羽○	17.1/117/23
○王法崇善	17.8/119/21
郎官有乘皂○車者	19.11/139/19
曲○朱旗	21.8/152/3
如車○	21.24/155/19
與○延共擊黃憲	23.15/169/19
賜金○車	24.63/177/17
耕根曰三○	24.95/180/15

概 gài 1

暉好節○	18.6/128/4

干 gān 14

○戈旌旗	1.1/2/17
封比○之墓	1.1/4/23
匡、發○侯	1.1/10/10
不以私家○朝廷	6.2/34/24
臣幸得受○戈	9.11/61/7
○亂去禁	11.9/73/5
信陽侯陰就於○突車騎簿	17.20/123/19
○突車騎	17.20/123/20
而無故興○戈、動兵革	19.16/140/26
果生比○	19.17/141/3
比○常爭之	19.17/141/4
比○生壽	19.17/141/4
○暴賢者	21.13/153/22
無令○亂吏治	24.59/177/9

甘 gān 19

○露降四十五日	1.1/8/16
郡國上○露降	1.1/9/16
遠方貢○珍	1.1/10/4
○露仍降	2.1/13/15
帝令百官採○露	2.1/13/16
太常丞上言陵樹葉有○露	2.1/13/17
○露積于樹	2.1/13/17
鳳凰見百三十九、麒麟五十二、白虎二十九、黃龍三十四、青龍、黃鵠、鸞鳥、神馬、神雀、九尾狐、三足烏、赤烏、白兔、白鹿、白燕、白鵲、	2.2/15/20
太守○定、刺史侯輔各奔出城	3.5/22/14
食不求所○	6.2/35/3
應時○雨澍降	7.2/39/4
野王獻○膠、膏餳	11.5/72/1
垂《○棠》之風	14.5/93/30
每有所食○美	15.11/99/19

○露降 18.13/130/20
21.54/160/9
鳳凰、（麟麒）〔麒麟〕、嘉禾、○露之瑞集于郡境 18.14/131/5
○美酒食 22.4/162/4
漢有沛宮、○泉宮、龍泉宮、太一宮、思子宮 24.7/173/9

肝 gān 3

○腦塗地 14.5/93/8
日買一片豬○ 16.49/116/20
但食豬○ 16.49/116/21

竿 gān 2

以○授鳳 18.30/135/14
鳳受○誦經如故 18.30/135/15

敢 gǎn 67

不○諾其言 1.1/2/5
言帝不○取財物 1.1/2/15
劉將軍何以○如此 1.1/2/21
不（○）〔能〕救 1.1/5/16
民莫○不用情 1.1/6/20
述兵不○來 1.1/7/7
安○自遠 1.1/8/13
豈○空言增廣 2.2/15/27
臣下不○頌功述德業 5.5/29/15
乃○安之 5.5/31/24
故不○隱蔽愚情 5.5/32/4
不○違詔 5.5/32/7
莫○犯禁 6.2/35/17
不○毀傷 6.5/36/13
不○隱情 6.5/36/20
不○自理 6.5/36/25
○不以實 7.3/39/13
鼠子何○爾 7.7/40/19
不○自恃 8.7/49/18
上以復○深入 8.11/51/18
不○爲人道也 8.14/52/21
虜至不○出 8.17/54/14
○問戮其使而降城 9.1/55/21
不○ 9.6/58/17
必不○爲國之憂也 9.11/61/9
莫○抗者 10.13/65/12
誠不○內顧宗親 10.14/65/25
公主不○訴 10.24/68/17
不○一奢 11.11/73/23
不○授璽書 13.5/83/22
林不○受 13.11/87/6
故不○降耳 14.1/90/4
不○負公 14.1/90/7
諸將不○食 14.1/90/9
豈○拱默避罪而不竭其誠哉 14.5/93/3
不○去 15.2/95/24
○不以死明心乎 15.8/97/26
憚○奉觥 15.8/98/1
昔文王不○盤於遊田 15.8/98/7
匈奴不○犯塞 15.12/100/2
道路不○相盜 15.17/101/14
具陳固不○妄作 16.2/102/15
不○望到酒泉郡 16.3/104/1
故人親戚莫○至者 16.13/107/11
虜何○迫脅漢將 16.30/112/1
果○直言 17.3/118/18
誠不○拜受 17.13/121/25
長吏莫○改之 17.14/122/8
其果勇○折 17.17/123/3
不○驚孝子 17.22/124/7
不○妄過人飯 18.1/126/9
伏地莫○動 18.6/127/24
暉不○與 18.6/127/26
未○安也 18.6/128/10
暉舉手不○答 18.6/128/10
豈○久待 18.8/128/22
非所○當 18.8/128/22
不○犯禁 18.13/130/19
不○欺也 18.14/131/4
不○復有過 18.28/134/16
不○于鴻前仰視 18.29/135/5
辭讓不○當 19.4/137/15
不○相屈 19.11/139/26
輒言「○祝少賓乎 19.28/143/25
終不○祝也 19.28/143/26
不○當禮 22.1/160/25
（幕）〔募〕○死士五千餘人 23.17/171/28

感 gǎn 20

小○慨輒自責 6.2/35/11
《詩》所○歎 6.8/37/23
光武○伯升功業不就 7.1/38/24
小大莫不○悅 8.2/48/2
衛尉銚期見上○慟 9.7/59/22
上○通首創大謀 10.21/67/15
哀痛○傷 12.4/78/13
憙見之悲○ 13.16/89/10
無不○德 14.5/93/25
鴻○愴 15.2/95/12
並○其恩德 15.15/100/28
以爲孝○所致云 16.42/115/4
閭里○其行 17.25/125/12
兄○其言 18.10/129/9
欲○之 18.28/134/16
爭者○之 18.30/135/16
精誠○應 19.12/140/4
匈奴畏○ 19.19/141/14
○和致災 20.19/149/1
○念沾襟 24.28/175/3

旰 gàn 1

常日○忘食 16.22/110/8

紺 gàn 2

青○ 5.6/33/8
百石青○綬 5.6/33/9

幹 gàn 4

强○弱枝 13.11/86/20
16.24/110/18
外○宰職 13.16/89/18
名材竹○ 23.17/171/4

剛 gāng 11

吾素○急 6.2/35/8
詔賜遵金○鮮卑緄帶一具 8.9/50/1
歙素○直 11.2/70/20
申屠○、字巨卿 15.7/97/12
性○直中正 15.7/97/12

○諫上不聽 15.7/97/15
○以頭軔乘輿車輪 15.7/97/15
衆素○烈 16.6/104/22
事九江朱文○ 16.9/105/14
璩盡節○正 19.15/140/17
白馬令李雲素○ 21.4/151/4

綱 gāng 4

總大○而已 16.3/104/5
三○絕矣 16.46/115/25
侍御史張○獨埋輪于雒陽都亭 20.15/148/3
務大○ 21.36/157/21

皋 gāo 6

張歆（字）〔守〕○長 11.9/73/3
成○令印 12.1/76/13
「○」字爲「白」下「羊」 12.1/76/13
不如同門生郎中彭閎、揚州從事○弘 16.9/105/17
依大家○伯通廡下 18.29/135/5
至成○ 19.11/139/19

高 gāo 113

○帝九世孫也 1.1/1/5
○才好學 1.1/1/16
比之○祖兄仲 1.1/1/27
改鄗爲○邑 1.1/4/22
○祖〔因秦〕以十月爲正 1.1/5/4
宗祀○祖以配上帝 1.1/5/10
○祖赤龍火德 1.1/5/12
當以○祖配堯之後 1.1/5/12
與○帝等 1.1/6/10
勝○帝耶 1.1/6/11
○帝大度 1.1/6/11
○八尺九寸 1.1/8/7
使司空馮魴告祠○祖廟曰 1.1/9/18
○皇呂太后不宜配食 1.1/9/18
宜配食地（祗）〔祇〕○廟 1.1/9/19
今上薄太后尊號爲○皇后 1.1/9/19
祠○廟 2.1/12/5
如孝文皇帝（祫）〔祫〕祭○廟故事 2.1/13/23
代郡○柳烏子生三足 2.2/15/5
○宗之極（至）〔致〕也 2.2/15/26
○祖功臣 2.3/16/15
秭歸山○四百餘丈 2.3/17/4
五原郡兵敗于○梁谷 3.1/18/18
蠻田山、○少等攻城 3.1/19/1
武騎都尉樊演○祖父重 3.5/22/19
因上言復崇○山爲嵩○山 3.6/23/16
分○顯、候城、遼陽屬玄（莬）〔菟〕 5.1/27/21
○宗久勞 5.5/29/21
功德盛于○宗、（宣）〔武〕王 5.5/29/24
○皇帝受命誅暴 5.5/31/4
如孝文皇帝在○廟之禮 5.5/31/26
今皆祫食于○廟 5.5/31/28
與○廟同樂 5.5/32/1
文、武、宣、元祫食○廟 5.5/32/12
○皇帝始受命創業 5.6/32/22
節操○妙 6.3/35/26
夫人年○目冥 6.5/36/11
博園匽貴人履○明之懿德 6.8/37/22
立○祖之業 8.1/46/13
至○陵 8.1/47/1,23.1/165/18
咸○尙焉 8.7/49/13
弇凡平城陽、琅邪、○密、膠東、東萊、北海、齊、千乘、濟南、平原、泰山、臨淄等郡 8.14/53/10
其將○峻擁兵據○平 9.1/55/16
恂奉璽書至○平 9.1/55/17
○峻精兵萬人 9.1/55/18
延令沛修○祖廟 9.11/61/6
因齋戒（祝）〔祠〕○〔祖〕廟 9.11/61/6
父爲○密中尉 10.14/65/17
寧能○飛遠去、不在人間耶 10.26/69/16
于是置酒○會 11.2/70/26
○樓連閣 11.3/71/10
樊梵、字文○ 11.6/72/6
由是鄉里服其○義 11.9/73/4
同符○祖 12.1/75/22
車丞相○祖園寢郎 12.1/75/23
學龍伯○不就 12.1/76/21
○三尺五寸 12.1/76/27
城中好○髻 12.2/77/11
四方○一尺 12.2/77/11
馬融才○博洽 12.7/79/18
當坐○堂 12.7/79/19
統○祖父子都 12.9/80/6
彼皇麟之○舉兮 12.10/81/2
伏晨尙○平公主 13.4/83/15
以爲功○天下 13.9/85/3
不苟貪○亢之論 13.11/86/3
祀郊○帝 13.11/86/6
毀廟主合食○廟 13.12/87/16
行之○者也 14.2/91/11
名出○帝 14.4/92/7
繼○祖之休烈 14.5/93/11
○世之（心）〔聲〕 14.5/93/16
禹○其節義 15.5/96/20
少清○ 15.6/97/3
才美而○ 15.12/99/23
乃聘請○行俊乂如董子儀、嚴子陵等 15.15/100/24
不以才能○人 16.2/102/14
牟長、字君○ 16.21/109/23
○詡、字季回 16.23/110/13
丁邯○節 16.29/111/21
因察颙○第 16.38/114/11
履清○之節 16.52/117/12
○帝母昭靈后園陵在焉 17.1/117/21
果乘○車出關 17.2/118/6
少修○節 17.3/118/16
才○名遠 17.18/123/7
州郡○其義 17.24/125/5
厲志清○ 18.3/127/4
明帝○其節 18.3/127/5
○欲望宰相 18.5/127/15
世伏其○義 18.12/130/8
辭最○ 18.23/133/8
篤外○祖辛武賢 18.23/133/9
但○譚清論以激勵之 18.26/134/1
○煥 18.29/135/9

今伯鸞亦清○ 18.29/135/9
○鳳、字文通 18.30/135/14
兄弟雙○ 19.4/137/14
以不肯親事爲○ 19.7/138/21
○譚等百八十五人推財
　相讓 19.17/141/6
以德行○妙 19.23/142/24
並有○名 19.24/143/3
清○不動 21.10/152/21
○彪除郎中 21.16/154/10
○山岐峻 22.4/163/21
奉○皇帝傳國璽綬 23.5/166/19
宜急立○廟 23.16/169/27
乃立○祖、太宗之廟 23.16/170/1
其名○也 23.17/171/12
五校賊帥○扈 23.20/172/16

膏 gāo 4

野王獻甘膠、○餳 11.5/72/1
多買京師○腴美田 12.2/77/13
直脂○中 15.11/99/15
土壤○腴 23.17/171/3

暠 gǎo 1

益州刺史种○發其事 12.12/82/4

槀 gǎo 1

（援）〔拔〕樂陽、○
　、肥絫者〔也〕 9.12/61/19

稾 gǎo 1

懷○匹漏 22.4/163/27

告 gào 40

燔燎○天 1.1/4/21
制○公孫述 1.1/6/7
詔○天下 1.1/6/21
詔書○漢直擁兵到成都 1.1/7/3
使司空馮魴○祠高祖廟
　曰 1.1/9/18
○天請命 3.1/19/15
群司禮官咸以爲宜登封
　○成 5.5/29/12
登封○成 5.5/29/15,5.5/31/8
明帝○諸王傅相 7.9/41/25
是後諸子更相誣○ 7.20/45/13
○令諸部將曰 8.10/50/18
（○）〔造〕床下 8.14/52/13
○令軍中治攻具 8.14/52/24
遣其副歸○峻曰 9.1/55/20
因喻○諸蠻夷 9.2/56/2
〔夜○臨淮、楚國〕 9.11/61/11
馳○蓋延 11.2/71/4
敕騶臨朝乃○ 11.4/71/21
因○言光與憲有惡謀 12.4/78/18
見純前○翕語 13.12/87/24
咸有○祀 15.2/95/19
○別而去 15.8/98/5
計日○之 15.9/98/21
明日乃還○郭伋 16.3/103/9
○平陵令、丞 16.34/113/9
爲去妻所誣○ 17.17/122/26
（歸○母）〔每○歸〕
　17.23/124/12
○有貴客過 17.23/124/13
○奴婢于長吏 17.25/125/12
後以病○歸 18.10/129/12
不○而去 18.12/130/7
下章所○及所自舉有意
　者 19.1/136/19
詣黃門令自○ 20.24/150/7
傳○種人 22.4/163/30
○外吏 23.11/168/21
令作記○城門將軍云
　23.11/168/25
西入上○ 23.11/168/26
史奉璽而○ 23.16/170/2

戈 gē 5

干○旌旗 1.1/2/17
（○）〔弋〕獵之事不
　御 1.1/7/14
臣幸得受干○ 9.11/61/7
然猶投○講學 11.7/72/13
而無故興干○、動兵革
　19.16/140/26

割 gē 8

朕親袒○牲 2.1/12/1
或以刀自○ 8.2/48/2
人人長跪前○之 10.23/68/11
以義○恩 15.7/97/14
冀立鉛刀一○之用 16.3/103/16
姊引鎌欲自○ 22.2/161/3
○牲而盟光武與囂書曰
　23.16/170/2
將軍○據千里 23.17/171/1

歌 gē 26

○詠雷聲 1.1/4/13
其《短簫鐃○》 5.4/28/24
「軍大獻則令凱○」也 5.4/29/2
孝章皇帝親著○詩四章 5.4/29/2
公卿奏議世祖廟登○
　《八佾》舞（功）名 5.5/31/3
○所以詠德 5.5/31/9
故登○《清廟》一章也 5.5/31/13
（勿）進《武德舞○詩》
　曰 5.5/31/16
（陛下）〔百姓〕盛○
　元首之德 5.5/32/5
及祖廟登○《八佾》舞
　數 7.12/42/18
聞武帝○《天馬》 7.12/43/7
爲之作○ 8.2/47/24
必雅○投壺 9.7/59/17
百姓○之 13.16/89/13
童謠○曰 15.12/100/1
涼州爲之○曰 15.17/101/16
百姓○之曰 17.9/119/27
○詩三章 17.15/122/16
爲之○曰 18.6/128/5
民○之曰 18.12/130/3
登樓而○ 21.11/153/7
閭里○之曰 21.17/154/15
《遠夷樂德○詩》曰 22.4/161/20
《遠夷慕德○詩》曰 22.4/162/16
《遠夷懷德○詩》曰 22.4/163/7
長安中爲之○曰 23.1/165/12

佫 gé　1

蹤優（○）〔路〕仁　22.4/163/18

革 gé　15

征伐嘗乘○輿贏馬　1.1/7/14
凡律所○　5.2/28/7
縫○爲船　8.2/47/26
食其筋○　8.17/54/12
以馬○裹尸還葬耳　12.1/77/1
以黃金十斤、葛縛佩刀
　、書帶、○帶付龔　12.6/79/14
兵○雲集　14.5/93/21
兵○並起　16.41/114/25
江○、字次翁　18.18/132/3
○專心養母　18.18/132/4
○不欲搖動之　18.18/132/4
各奉書致禮遺○　18.18/132/7
而無故興干戈、動兵○
　19.16/140/26
玉壺○帶　20.4/146/1
凡歷所○　24.85/179/9

格 gé　8

遵○殺之　9.7/59/4
因○殺之　10.14/65/22
手○殺之　14.2/91/1
遂○殺廣　15.10/99/4
超手○殺三人　16.3/103/8
乃解衣就○　17.13/122/1
疑而○殺之　19.11/139/19
侍御史、東平相○班　24.82/179/3

葛 gé　1

以黃金十斤、○縛佩刀
　、書帶、革帶付龔　12.6/79/14

隔 gé　1

一年間道路○塞　10.10/64/8

閤 gé　4

出○　7.4/39/20
蒼開東○　7.12/42/21
歆召囚詣○　11.9/73/3
輒閉○自責　20.17/148/19

閣 gé　7

及北○後殿　6.2/35/11
高樓連○　11.3/71/10
帝親御阿○　12.6/79/9
常伏省（門）〔○〕下　14.6/94/8
開東○　17.19/123/12
悉上于官○　19.8/139/3
久在臺○　21.29/156/15

各 gè　46

○欲散歸　1.1/2/19
帝敕降賊○歸營勒兵待　1.1/4/9
自三公下至佐（使）
　〔史〕○有差　1.1/8/20
州郡○遣使奏其事　2.1/11/9
○得其所　2.1/12/8
言鉅鹿、樂成、廣平○
　數縣　2.1/13/28
帝賜尙書劍○一　2.2/15/8
賜五里、六亭渠率金帛
　○有差　3.1/19/2
賜帛○有差　3.1/19/10
○通一經　3.2/20/11
○有鉤　3.5/21/30
太守甘定、刺史侯輔○
　奔出城　3.5/22/14
故太僕杜密、故長樂少
　府李膺○爲鉤黨　3.6/23/8
○以其月祀而奏之　5.4/29/3
宗廟○奏其樂　5.5/31/4
元元○得其所　5.5/31/5
○與虞《韶》、禹《夏》
　、湯《濩》、周《武》
　無異　5.5/31/11
于是白太后即賜錢○五
　百萬　6.2/35/17
今以光烈皇后假髻、帛
　巾○一、衣一篋遺王　7.12/43/5
辟把刀、墨再屈環橫刀
　、金錯屈尺八佩刀○
　一　8.9/50/2
令步兵○以郡人詣旗下
　8.14/53/12
群臣○懷慚懼也　9.7/59/22
○以囊盛沙布冰上　10.11/64/20
其○以　12.3/77/18
防兄弟二人○六千戶　12.3/77/23
防兄弟奴婢○千人以上　12.3/78/8
賜駮犀具劍、佩刀、紫
　艾綬、玉玦○一　13.15/88/25
諸夫人○前言爲趙憙所
　濟活　13.16/89/15
上令○言所樂　15.1/94/24
○騎竹馬　15.9/98/19
○使歸家　15.15/100/28
縣○有差　16.24/110/17
○自疑也　16.33/112/23
與毛義○賜羊一頭　18.10/129/15
○奉書致禮遺革　18.18/132/7
恭○語其〔家〕父母
　18.28/134/17
令○敬愼所職　19.1/136/20
○退自相責讓　19.4/137/18
帝賜香《淮南》、《孟
　子》○一通　19.22/142/10
黃、白綈○一端　19.22/142/12
使玉○診一手　19.31/144/16
休屠○及朔方烏桓竝同
　反叛　21.11/153/5
○欲亡去　21.11/153/6
咸○斂手　21.20/154/27
及楊音○起兵數萬人　23.6/166/25
○有秩品　24.94/180/12

根 gēn　11

絕其本○　13.11/86/14
傳其法于有○　13.11/86/15
兄○　13.12/87/23
○不病　13.12/87/24
杜○以安帝年長　18.22/132/26
收執○等　18.22/133/1
執法者以○知名　18.22/133/1
○得蘇　18.22/133/2
○方歸　18.22/133/3
拔庭中蘆菔○　23.5/166/16
耕○曰三蓋　24.95/180/15

艮 gèn 2

《蹇》、《○》下《坎》上 7.9/41/22
《○》爲山 7.9/41/22

更 gēng 116

○始立 1.1/2/14,8.10/50/7
○始收齊武王部將劉稷 1.1/3/10
○始害齊武王 1.1/3/12
○始欲北之雒陽 1.1/3/13
東迎雒陽者見○始諸將過者已數十輩 1.1/3/14
○始欲以近親巡行河北 1.1/3/17
○始以帝爲大司馬 1.1/3/17
○始遣使者即立帝爲蕭王 1.1/4/7
故嘗○職 1.1/7/11
埽地○爲 1.1/9/7
從子沖、○父侯 1.1/10/7
兄事五○ 2.1/11/28
乙○盡乃寐 2.1/12/17
養三老、五○ 2.1/12/26
僉以爲雖于○衣 5.5/31/22
藏主○衣 5.5/32/7
○始元年 6.1/33/24
13.5/83/20,23.19/172/11
○始遂共謀誅伯升 7.1/38/16
○始取伯升寶劍視之 7.1/38/16
○始竟不能發 7.1/38/17
聞○始立 7.1/38/19
○始何爲者 7.1/38/20
○始聞而心忌之 7.1/38/20
○始乃收稷 7.1/38/20
是後諸子○相誣告 7.20/45/13
○始既至雒陽 8.1/46/8
○始雖都關西 8.1/46/10
○始既未有所挫 8.1/46/11
復呼同廬郎共○嘘 8.2/47/12
○用驢輦 8.2/47/17
後○不入塞 8.12/52/1
○始使侍御史黃黨即封世祖爲蕭王 8.14/52/12
今○始失政 8.14/52/13
○彊勒兵 8.14/53/2
○始時 9.1/54/22,15.5/96/18
16.33/112/21,17.11/120/19
○始諸將縱橫虐暴 9.4/56/20
○始遣舞陰王李軼、廩丘王田立、大司馬朱鮪、白虎公陳僑將兵三十萬 9.4/57/1
○始敗亡 9.4/57/5
忠○作新袍袴(解)〔鮮〕支小單衣襪而上之 10.14/65/18
○始即位 10.16/66/7,13.16/89/5
晨○名侯家丞 11.1/70/6
○名曰金馬門 12.1/76/26
無○裁制 12.11/81/21
○始遣柱天將軍李寶降之 13.16/89/6
○始徵囂 13.16/89/7
遇○始親屬 13.16/89/10
又諫○始無遣上北伐 14.1/90/4
○始以永行大將軍 14.2/90/17
○始歿 14.2/90/21
過○始冢 14.2/91/8
後邑聞○始敗 14.4/92/1
時○始遣鮑永、馮衍屯太原 14.4/92/2
○始時爲偏將軍 14.5/92/23
○始既敗 14.5/92/23
○相駘藉 14.5/93/8
炎精○輝 14.5/93/12
○選賢能 14.5/93/24
○始拜爲會稽西部都尉 15.15/100/22
後○疏懈 16.3/103/4
并求○選使使西域 16.3/103/10
超○從他道渡 16.3/103/21
拜榮爲五○ 16.9/106/9
五○沛國桓榮 16.9/106/10
後以五○祿終厥身 16.9/106/11
上令群臣能說經者○相難詰 16.20/109/18
欲令○服 16.50/117/1
安可復○ 16.50/117/1
○始二年 17.2/118/5
23.1/165/15
○始敗 17.2/118/8
求謁○始妻子 17.2/118/9
乃○以庫錢三十萬賜之 17.13/121/26
死罪以下並蒙○生 18.9/129/1
而○相隱蔽 18.12/130/2
輒○繕修館宇 18.25/133/19
滅竈○燃火 18.29/134/23
爲敬去妻○娶 19.12/140/3
○饋衣物 19.22/142/14
○名張氏之學 19.25/143/9
出入○衣 19.27/143/19
○著短布裳 22.1/160/27
○相侵奪 23.1/164/20
聖公號○始將軍 23.1/164/22
改元爲○始元年 23.1/164/27
而○始收劉稷及伯升 23.1/164/28
○始大慚 23.1/165/1
○始入便坐黃堂上視之 23.1/165/1
○始韓夫人曰 23.1/165/2
○始北都雒陽 23.1/165/3
○始遂西發雒陽 23.1/165/4
○始至長安 23.1/165/4
○始上前殿 23.1/165/5
○始媿恧 23.1/165/6
○始納趙萌女爲后 23.1/165/6
諸將識非○始聲 23.1/165/7
○始韓夫人尤嗜酒 23.1/165/8
○始言 23.1/165/10
與○始將軍蘇茂戰 23.1/165/16
○始騎出廚城門 23.1/165/17
諸婦女皆從後車呼○始 23.1/165/17
○始下(爲)〔馬〕拜謝城 23.1/165/17
光武聞○始失城 23.1/165/18
乃下詔封○始爲淮陽王 23.1/165/18
欲得○始 23.1/165/20
〔遂害○始〕 23.1/165/20
自○始敗後 23.5/166/16
○(治)〔始〕元年起兵 23.13/169/9
昔○始西都 23.16/170/7
所○非一 23.16/170/12

庚 gēng 2

○申 2.3/16/19
○戌 23.2/165/24

耕 gēng 13

〇作者少 1.1/5/23
朕親〇于藉田 2.1/12/19
帝〇藉田禮畢 2.1/13/5
帝〇于下邳 2.1/13/11
〇于定陶 2.2/14/19
令〇公田 15.15/100/25
〇於富春山 16.48/116/11
〇種禾黍 17.12/121/7
〇耘織作 18.29/135/3
子躬〇農 19.11/139/21
躬率子孫〇農爲養 21.13/153/20
〇或爲研 24.78/178/21
〇根曰三蓋 24.95/180/15

羹 gēng 5

觀于放麑啜〇之義 1.1/7/11
以襄城〇亭一千二百戶增防 12.3/77/24
馬市正數從（買）〔賣〕〇飯家乞貸 19.21/142/2
使婢奉肉〇翻污朝衣 21.9/152/16
〇爛汝手 21.9/152/17

耿 gěng 17

〇純說帝曰 1.1/4/14
〇況、彭寵俱遭際會 8.13/52/7
〇弇、字伯昭 8.14/52/12
〇國、字叔憲 8.15/53/20
〇秉、字伯初 8.16/53/24
〇恭、字伯宗 8.17/54/3
〇氏自中興以後迄建安之末 8.17/54/14
太守〇況甚器重之 9.1/54/22
引〇弇等諸營擊之 9.1/55/17
吳漢、〇弇等悉奔還 9.7/59/10
〇純、字伯山 10.1/62/5
封〇鄉侯 10.1/62/9
云「願復得〇君 10.1/62/12
與駙馬都尉〇秉北征匈奴 10.23/68/10
〇嵩、字文都 16.52/117/12
〇介特立 17.3/118/16
竊見竇憲、〇秉 19.4/137/22

弓 gōng 7

漢常獨繕檠〔其〕〇戟 8.10/50/15
力貫三百斤〇 9.8/60/3
彎〇三百斤 9.11/61/3
〇弩不得弛 13.9/85/6
世祖遣騎都尉〇里游、諫大夫何叔武 14.4/92/1
引〇射之 17.17/122/27
賊操〇弩欲裸奪婦女衣服 18.6/127/23

工 gōng 8

當習女〇 6.5/36/14
相〇茅通見之 6.6/37/9
〇無虛張之繕 8.8/49/24
上應天〇 12.12/82/3,12.13/82/9
命〇伐木作機紡車 16.40/114/21
除倫爲淮陽王醫〇長 18.1/126/5
女〇之業 23.17/171/4

公 gōng 208

以給諸〇費 1.1/1/16
嚴〇寧視卿耶 1.1/1/20
莽遣三〇將運關東諸倉賑貸窮乏 1.1/1/20
先是時伯玉同母兄〇孫臣爲醫 1.1/2/1
劉〇真天人也 1.1/4/1
帝與伯叔及姊壻鄧晨、穰人蔡少〇燕語 1.1/4/15
少〇道讖言劉秀當爲天子 1.1/4/15
帝破聖〇 1.1/5/1
至孝文、賈誼、〇孫臣以爲秦水德 1.1/5/5
昔周〇郊祀后稷以配天 1.1/5/9
惟獨〇孫述、隗囂未平 1.1/6/3
制告〇孫述 1.1/6/7
署曰「〇孫皇帝」 1.1/6/7
吳漢引兵擊〇孫述 1.1/7/3
〇孫述故哀帝時 1.1/7/15
封殷紹嘉〇爲宋〇 1.1/7/19
周承休〇爲衛〇 1.1/7/19
自強從〇 1.1/8/5
自三〇下至佐（使）〔史〕各有差 1.1/8/20
周〇、孔子猶不得存 1.1/8/23
〔以〕寧平〇主子李雄爲新市侯 1.1/10/9
故帝年十二以皇子立爲東海〇 2.1/11/9
乃率諸王侯、〇主、外戚、郡國計吏上陵 2.1/11/20
帝及〇卿列侯始服冕冠、衣裳 2.1/11/26
《易》鼎足象三〇 2.1/12/23
豈非〇卿奉職得理乎 2.1/12/23
尚書僕射持節詔三〇 2.1/12/26
文王之遇太〇也 2.1/13/5
生非太〇 2.1/13/6
悉會〇卿表賀奉觴上壽 2.1/13/17
至新野〇主、壽張敬侯廟 3.5/22/18
比〇者又有驃騎將軍 4.1/24/19
位次〇 4.1/24/19
又有〇室 4.1/25/4
其陳寵、左雄、朱寵、龐參、施延並遷〇 4.1/25/6
〇、侯紫綬 4.1/25/18
〇、侯金印紫綬 4.1/25/18
中外官尚書令、御史中丞、治書侍御史、〇將軍長史、中二千石丞、正、平、諸司馬、中官王家僕、雒陽令秩皆千石 4.1/25/21
上從〇卿議 5.5/30/12
〇卿奏議世祖廟登歌《八佾》舞（功）名 5.5/31/3
〇卿議駁 5.5/31/24
〇無困（我）〔哉〕 5.5/31/25
上以〇卿所奏明德皇后在世祖廟坐位駁議示東平憲王蒼 5.5/32/11
〇卿議（舉）〔春〕南北郊 5.6/32/21
〇、（卿）〔侯〕、將軍紫綬 5.6/33/6
〇主封君同 5.6/33/7
有陰子〇者 6.1/33/21

方生紉○ 6.1/33/21
○生君孟 6.1/33/21
得司徒劉○一言 7.1/38/11
以彊章宣示○卿大夫 7.8/41/7
位在三○上 7.12/42/14
乃與○卿共議定南北郊冠冕車服制度 7.12/42/17
固、○梁亭侯 7.17/44/23
明○雖建蕃輔之功 8.1/46/12
以○而慮 8.1/46/13
罷三○ 8.1/47/5
○卿以下 8.7/49/13
○二人 8.7/49/19
其後勤勤不離○門 8.10/50/10
上時令人視吳○何爲 8.10/50/16
吳○差强人意 8.10/50/17
○孫述、大司馬田戎將兵下江關 8.10/50/22
大破○孫述 8.10/50/23
俱劉○吏 8.11/51/12
聖○不能辦也 8.14/52/16
○首事 8.14/52/19
○可自取 8.14/52/20
尙○主三人 8.17/54/15
馮異、字○孫 9.4/56/17
昨日得○孫豆粥 9.4/56/23
更始遣舞陰王李軼、廩丘王田立、大司馬朱鮪、白虎○陳僑將兵三十萬 9.4/57/1
誦于○卿曰 9.4/57/16
○有日角之相 9.6/58/10
明○常欲衆軍整齊 9.7/59/4
○孫述遣兵救隗囂 9.7/59/10
遵奉○ 9.7/59/13
令○卿讀視 9.7/59/16
遵廉潔奉○ 9.7/59/21
安得憂國奉○之臣如祭征虜者乎 9.7/59/21
爲劉○ 9.10/60/19
是時○孫述將田戎、任滿與漢軍相拒于荆門 10.2/62/16
蒙明○大恩 10.14/65/24
劉○之恩 10.16/66/10
○事方爭國 10.16/66/10
通娶寧平○主 10.21/67/14
○欲讓職還土 10.22/68/2
融嗣子穆尙內黃○主 10.22/68/2
而融弟顯親侯友嗣子固尙沮陽○主 10.22/68/3
穆長子勳尙東海○主女 10.22/68/3
三○主 10.22/68/4
遂以賤直奪沁水○主園田 10.24/68/17
○主不敢訴 10.24/68/17
憲以特進見禮依三○ 10.24/68/24
或言「國師○劉秀當之」 11.1/70/9
國家以○知臧否 11.2/70/20
與蓋延攻○孫述將王元 11.2/71/3
臨職○正 11.7/72/11
與三○絕席 11.10/73/19
不以私好害○義 11.14/74/16
時○孫述稱帝 12.1/75/13
臣與○孫述同縣 12.1/75/19
馬防、字○平 12.3/77/17
防性矜嚴○正 12.3/78/4
能接應諸○ 12.5/78/24
制詔三○、大鴻臚曰 12.10/81/5
武○、莊○所以砥礪蕃屛 13.1/83/2
伏晨尙高平○主 13.4/83/15
上姊湖陽○主新寡 13.6/84/12
宋○威容德器 13.6/84/13
嘗因朝會帝讀隗囂、○孫述相與書 13.7/84/19
禮下○門 13.10/85/14
將致國於桓○ 13.11/86/23
諸王○列侯廟會 13.12/87/17
是時三○多見罪退 13.13/88/7
馮石襲母○主封獲嘉侯 13.15/88/24
立聖○爲天子 14.1/89/26
今○誰爲守乎 14.1/90/2
大司徒○被害時 14.1/90/3
不敢負○ 14.1/90/7
未見吳○ 14.1/90/9
與俱見吳○ 14.1/90/10
永矜嚴○平 14.2/91/6
問○卿曰 14.2/91/10
丁鴻、字孝○ 15.2/95/6
號之曰「殿中無雙丁孝○」 15.2/95/15
背○室 15.2/95/24
昔周○豫防禍首 15.7/97/13
杜詩、字君○ 15.10/99/3
○孫述遣擊之 15.12/99/24
堪與吳漢并力討○孫述 15.12/99/25
令耕○田 15.15/100/25
以付樊○ 15.17/101/16
持《○羊春秋》 16.3/102/22
班始尙陰城○主 16.4/104/10
有詔召衆問齊桓○之鼎在柏寢臺 16.6/104/20
本齊桓○後 16.9/105/13
桓○作伯 16.9/105/13
輒令榮於○卿前敷奏經書 16.9/105/15
桓典、字○雅 16.13/107/11
劉昆、字桓○ 16.17/108/18
與國右史○從事出入者惟硯也 16.28/111/16
前○孫述破時 16.35/113/16
以明經徵詣○車 16.37/113/27
郗文○不以一人易其心 16.37/114/3
○孫述欲徵李業〔爲博士〕 16.45/115/18
〔始〕被明○辟 16.49/116/17
及奉見明○ 16.49/116/18
所望明○問屬何以爲政 16.49/116/18
三○舉丹賢能 17.2/118/5
丹師事○孫昌 17.2/118/10
在朝名清廉○正 17.2/118/11
郭丹爲三○ 17.2/118/12
奉○克己 17.3/118/18
賜以三○之服 17.9/120/1
上以章示○卿 17.10/120/13
劉平、字○子 17.11/120/19
上謂○卿曰 17.13/122/2
薛漢、字子○ 17.18/123/7
有賊長○ 17.24/124/28
長○義之 17.24/125/2
奉○不撓 18.1/126/19
政令○平 18.5/127/15
數辟○府 18.8/128/20
○車特徵 18.10/129/11

王阜、字世〇 18.13/130/13
〇卿以神雀五采翔集京
師 18.17/131/23
〇卿罷朝 19.1/136/23
陳寵、字昭〇 19.7/138/18
不務修舜、禹、周〇之
德 19.16/140/25
恂奉〇不阿 19.20/141/21
香勤力憂〇 19.22/142/17
〇車徵拜議郎 19.23/142/24
以樊鯈刪《嚴氏〇羊春
秋》猶多繁辭 19.25/143/8
載病詣〇車 19.29/144/4
張表、字〇儀 19.30/144/9
震〇廉 20.2/145/6
九卿位亞三〇 20.13/147/19
〇沙穆遊太學 20.17/148/17
財貨〇行 21.4/151/6
時東郭竇、〇孫舉等聚
衆三萬人爲亂 21.8/151/24
桓帝詔〇卿選將有文武
者 21.8/151/25
後宮至三〇 21.22/155/10
三〇刺掖 21.23/155/14
劉玄、字聖〇 23.1/164/18
聖〇結客欲報之 23.1/164/18
聖〇避吏于平林 23.1/164/18
吏繫聖〇父子張 23.1/164/19
聖〇詐死 23.1/164/19
聖〇因自逃匿 23.1/164/19
聖〇入平林中 23.1/164/22
聖〇號更始將軍 23.1/164/22
其將帥素習聖〇 23.1/164/24
將立聖〇爲天子議以示
諸將 23.1/164/25
稱天〇尙可 23.1/164/26
〔與〕聖〇至于壇所 23.1/164/27
奉通天冠進聖〇 23.1/164/27
于是聖〇乃拜 23.1/164/27
〔上〕破二〇于昆陽城
23.1/164/28
而赤眉劉盆子亦下詔以
聖〇爲長沙王 23.1/165/18
東海〇賓就得其首 23.2/165/24
知命者侍郎韓〇等 23.8/167/16
王〇十數 23.16/170/8
〇孫述、字子陽 23.17/170/23
〇言起我意 23.17/171/2

功 gōng 108

尋、邑自以爲成〇漏刻 1.1/2/26
惟孝宣皇帝有〇德 1.1/8/10
坐則〇臣特進在側 1.1/9/3
〇臣鄧禹等二十八人皆
爲侯 1.1/10/1
封餘〇臣一百八十九人 1.1/10/1
思念欲完〇臣爵土 1.1/10/3
有〇輒增封邑 1.1/10/4
高祖〇臣 2.3/16/15
以彰厥〇 2.3/16/17
〇次相補 4.1/25/4
〇成治定 5.5/29/12
臣下不敢頌〇述德業 5.5/29/15
因孔子甚美其〇 5.5/29/22
〇德盛于高宗、（宣）
〔武〕王 5.5/29/24
〇施于民則祀之 5.5/30/14
有年報〇 5.5/31/1
公卿奏議世祖廟登歌
《八佾》舞（〇）名 5.5/31/3
以明〇德 5.5/31/4
孝武皇帝〇德茂盛 5.5/31/6
〇德巍巍 5.5/31/8
武〇盛大 5.5/31/9
舞所以象〇 5.5/31/9
而詩人稱其武〇 5.5/31/10
永保厥〇 5.5/31/18
以克配〇德 5.5/31/23
禮、祖有〇 5.5/31/25
孝明皇帝〇德茂盛 5.5/31/26
吾自念親屬皆無柱石之
〇 6.2/34/27
光武感伯升〇業不就 7.1/38/24
明公雖建蕃輔之〇 8.1/46/12
以〇名終 8.10/51/1
諸將每論〇 8.11/51/19
賈君之〇 8.11/51/19
寇恂仕郡爲〇曹 9.1/54/22
宜思〇遂身退之計 9.1/55/5
乃見湯、武之〇 9.4/56/21
諸將共論〇伐 9.4/57/21
（祐）〔祜〕自陳〇薄
而國大 9.6/58/13
〇勞爛然 9.7/59/11
顯宗嘉其〇 9.8/60/7
霸爲〇曹令史 10.11/64/13
〇既大矣 10.22/67/23
雖親戚〇臣 10.22/68/4
無〇享食大國 11.4/71/22
〇曹（吏）〔史〕戴閏
當從行縣 11.10/73/15
臣未有先登陷陣之〇 11.14/74/14
怯于戰〇 12.1/76/24
援擊（五）〔武〕谿無
〇 12.2/77/9
上嘉防〇 12.3/77/21
頌其〇伐 12.3/77/22
遣〇曹史李龔奉章詣闕
12.6/79/13
以從征伐有〇 13.7/84/19
以爲〇高天下 13.9/85/3
若以子之〇 13.9/85/4
吾無〇于時 13.12/87/20
勤差量〇次輕重 13.13/88/6
〇名列於不朽 13.13/88/10
爲郡〇曹 14.2/90/16
17.1/117/20,17.2/118/9
〇不世出 14.4/92/7
〇名兼立 14.5/93/2
〇無與二 14.5/93/12
成天地之元〇也 14.5/93/17
則可以建大〇 14.5/93/28
令夫〇烈施於千載 14.5/93/30
及封〇臣 15.1/94/24
今綝能薄〇微 15.1/95/1
汝南太守歐陽歙召惲爲
〇曹 15.8/97/28
今與衆儒共論延〇 15.8/97/29
〇曹言切 15.8/98/2
見〇多 15.10/99/6
猶當效傅介子、張騫立
〇異域 16.3/102/23
〇成事立也 16.3/103/7
竇固具上超〇 16.3/103/10
令遂前〇 16.3/103/11
上封〇臣皆爲列侯 16.24/110/17
未嘗聞〇臣地多而滅亡
者 16.24/110/19
使有〇不如使有過 16.33/112/23
楊正爲京兆〇曹 16.36/113/22

（守）〔有〕新野○曹鄧寅 17.1/117/24
上乃詔令自稱南陽○曹詣闕 17.1/117/27
今○曹稽古含經 17.2/118/10
轉良爲○曹 17.10/120/10
○作既畢 17.13/121/20
興○役者令 17.13/121/20
以○封酈侯 18.3/127/3
爲南陽太守桓虞○曹 18.26/133/27
我有賢○曹趙勤 18.26/134/3
○滿當還 19.22/142/15
請充署○曹 19.27/143/20
以○遷大長秋 19.32/144/23
委○曹陳蕃 20.16/148/8
以○封程爲浮陽侯 20.23/149/23
詔書錄○臣 20.24/150/6
而中常侍單超等五人皆以誅冀○並封列侯 21.4/151/3
滅羌有○ 21.8/152/3
○薄賞厚 21.19/154/23
以○封臨沮侯 21.46/159/3
林欲以爲○效 22.5/164/4
申屠志以○封汝陰王 23.3/166/3
蜀郡○曹李熊說述曰 23.17/170/25
成○之資也 23.17/171/7
死而○成 23.17/171/15
不亟乘時與之分○ 23.17/171/18
詔書（今）〔令〕○臣家自記○狀 24.14/174/1
以明再受命祖有○之義 24.92/180/5

攻 gōng 57

○南陽 1.1/2/11
戰○之具甚盛 1.1/2/17
帝引兵○邯鄲 1.1/4/1
代郡太守劉興將數百騎○賈覽 1.1/6/13
待其即營○城 1.1/7/6
吳漢（鼓）〔○〕之 1.1/7/8
象林蠻夷○燔官寺 2.3/17/4
蠻田山、高少等○城 3.1/19/1
長沙賊○沒蒼梧 3.5/22/14
○破郡縣 3.6/23/12
平陵後部○新野 7.1/38/10
伯升作○城關車 7.1/38/12
宣弟義起兵○莽 7.7/40/21
還言方作○具 8.10/50/16
賊率五萬餘人夜○漢營 8.10/50/19
復以偏將軍東從上○邯鄲 8.11/51/13
未易○也 8.14/52/23
易○ 8.14/52/24
弇內欲○之 8.14/52/24
告令軍中治○具 8.14/52/24
後五日○西安 8.14/52/25
求乞○西安 8.14/52/26
然吾故揚言欲○西安 8.14/52/26
而吾○臨淄 8.14/52/27
○之未可卒下 8.14/53/1
張步直○弇營 8.14/53/6
聞弇爲步所○ 8.14/53/7
○金蒲城 8.17/54/6
匈奴來○ 8.17/54/8
與匈奴共○恭 8.17/54/12
○朱鮪 9.6/58/11
鮮卑千餘騎○肥如城 9.9/60/13
龐萌○延 9.11/61/9
別○眞定宋子餘賊 9.12/61/19
俊○匡城賊 10.7/63/18
漢兵○宛 10.12/65/5
王郎遣將○信都 10.14/65/21
○中山 10.17/66/15
○涿郡 10.19/66/23
歙乃大治○具衝車度塹 11.2/71/3
與蓋延○公孫述將王元 11.2/71/3
會赤眉○關城 11.8/72/22
遂○取庫兵 12.9/80/14
大兵來○雒 14.1/90/3
我○懷三日兵不下 14.2/90/22
○取涅城 14.4/92/5
斯四戰之地、○守之場也 14.5/93/22
爲隗囂餘黨所○殺 15.11/99/16
獨有因夜以火○虜 16.3/103/6
赤眉○太原 16.32/112/16
縣令劉雄爲賊所○ 20.8/146/20
爲韓遂所○ 21.11/153/8
長安中兵○王莽 23.1/165/1
○未央宮 23.2/165/24
光武作飛茧箭以○赤眉 23.6/167/2
○得邔、宜城、（若）〔鄀〕、編、臨沮、中（沮）廬、襄陽、鄧、新野、穰、湖陽、蔡陽 23.13/169/9
述○成 23.17/170/25

肱 gōng 1

股○貞良 5.5/32/6

供 gōng 14

篤志○養 3.1/18/10
故悝兄弟率常在中○養兩宮 8.5/48/19
乃敕屬縣盛○具 9.1/55/10
奴婢車馬○用而已 12.11/81/13
井田什一以○國用 13.11/86/2
生不○養 15.2/95/9
○養至謹 15.11/99/12
分俸祿以○給其糧用 15.11/99/18
恒爲官傭寫書以○養 16.3/102/23
悉以太官○具賜太常家 16.9/106/7
太官送○具 17.23/124/22
以○衣食 18.29/135/3
盡心○養 19.22/142/8
乞○養 21.55/160/13

宮 gōng 96

有武帝行過○ 1.1/1/9
開○後殿居之 1.1/1/9
故○中皆畫鳳凰 1.1/1/12
至南○ 1.1/3/23
入〔王〕○收文書 1.1/4/6
幸南○ 1.1/5/1
還雒陽○ 1.1/9/15
帝崩于南○前殿 1.1/9/22
幸東平王○ 2.1/13/12
帝崩于東○前殿 2.1/13/21
還幸東平王○ 2.2/14/24
詔有司京師離○園池 2.3/16/10

幸北○ 2.3/16/19
自京師離○果園上林廣成囿悉以假貧人 2.3/16/22
未還○而澍雨 2.3/16/25
改殯梁皇后于承光○ 2.3/16/27
委政長樂○ 3.1/18/10
及還○ 3.1/19/14
閉○門 3.2/19/27
司徒韓縯、司空孫朗並坐不衛○ 3.5/22/7
立黃老祠北○濯龍中 3.5/23/1
又造南○玉堂 3.6/24/3
縣國守○令、相或千石或六百石 4.1/26/7
有司奏〔請〕立長秋○ 6.2/34/14
馬貴人德冠後○ 6.2/34/14
○中亡大珠一篋 6.5/36/19
太后乃親自臨見○人 6.5/36/19
○人盜者 6.5/36/20
○人驚 6.5/36/20
行未還○ 6.5/37/1
顯宗之在東○ 7.3/39/10
祉以建武二年三月見光武于懷○ 7.7/40/22
○殿設鐘簴之懸 7.8/41/6
至長樂○ 7.8/41/10
大修○室 7.11/42/8
上臨送歸○ 7.12/42/23
饗衛士于南○ 7.12/43/4
雅好○室 7.16/44/11
上移幸北○章德殿 7.21/45/20
故悝兄弟率常在中供養兩○ 8.5/48/19
奴復與○中衛士忿爭 8.6/49/1
上在邯鄲○ 8.14/52/12
弇升王○壞臺望之 8.14/53/6
及至南○ 9.4/56/23
臧○、字君翁 10.2/62/16
○兵少 10.2/62/17
○夜使鋸斷城門限 10.2/62/18
奉兩○宿衛 10.23/68/12
竇憲恃○掖聲勢 10.24/68/17
歆將令尉入○搜捕 11.9/73/5
禹以太尉留守北○ 11.10/73/16
乃詔禹舍○中 11.10/73/18
上表長樂○曰 12.2/77/10
宿衛○省 12.3/77/24
六年正月齋○中 12.3/78/7
所以宿衛兩○ 12.4/78/14
表請二校尉附北○ 12.4/78/15
詔許越騎、射聲（寺）〔等〕治北○ 12.4/78/15
烟火見未央○ 12.9/80/13
每租奉到及兩○賞賜 12.11/81/14
或屬諸侯○府 13.11/86/26
留魴宿衛南○ 13.14/88/18
領南○吏士 13.14/88/19
南○複道多惡風寒 13.14/88/19
數薦達名士承○、郇恁等 17.11/120/25
承○、琅邪姑幕人 17.12/121/3
○過其廬下 17.12/121/4
見（生）〔○〕 17.12/121/5
○悉推與而去 17.12/121/7
時單于遣使求欲得見○ 17.12/121/8
詔敕○自整飭 17.12/121/8
上欲起北○ 17.13/122/2
鸞鳥集於學○ 18.13/130/17
詔達入北○虎觀、南○雲臺 18.17/131/24
（餔）〔酺〕以尙書授于南○ 19.1/136/6
因與俱迎濟陰王幸南○雲臺 20.24/150/5
今後○之女數千 21.7/151/19
以丈二竹簟畫九○其上 21.21/155/4
鸞鳥止學○ 21.42/158/16
上幸離○臨觀 22.3/161/16
居東○ 23.1/165/5
○人數千 23.1/165/5
攻未央○ 23.2/165/24
得掖庭中○女猶有數百千人 23.5/166/16
○婢生子 23.8/167/14
後漢有南○、北○、承光○也 24.4/173/3
漢有沛○、甘泉○、龍泉○、太一○、思子○ 24.7/173/9
後漢有胡桃○ 24.7/173/9
中○皇太子親服重繒厚練 24.94/180/11

恭 gōng 65

溫○好學 2.1/11/14
祠東海○王及孔子七十二弟子 2.2/14/22
葬○陵 3.1/19/17
追諡○愍皇后 3.2/19/21
而睦〔性〕謙○好士 7.3/39/10
城陽○王初名祉 7.7/40/11
東海○王彊 7.8/41/3
彊性明達○謹 7.8/41/6
追念彊雅性○儉 7.8/41/13
王○遜好禮 7.8/41/13
○未有國邑 7.17/44/17
○子男丁前妻物故 7.17/44/19
○怒 7.17/44/19
○遣從官蒼頭曉令歸 7.17/44/20
封○少子丙爲都鄉侯 7.17/44/22
封○孫據、卞亭侯 7.17/44/22
○儉如此 8.10/51/4
耿○、字伯宗 8.17/54/3
乃以○爲戊己校尉 8.17/54/3
○至即移檄烏孫 8.17/54/3
○以毒藥傅矢 8.17/54/6
○以疏勒城傍有水 8.17/54/8
○曰 8.17/54/9
○既得水 8.17/54/11
與匈奴共攻○ 8.17/54/12
○與士衆推誠 8.17/54/12
○坐將兵不憂軍事 8.17/54/13
性謙○ 10.21/67/14
誠欲令○肅畏事 10.22/68/1
○謹下士 10.23/68/13
而況○儉謙遜 11.11/73/23
九命彌○ 12.11/81/25
伏○、字叔齊 13.3/83/11
○儉好禮 13.8/84/26
○己而治 13.11/86/21
侍中淳于○奏上 15.2/95/14
在位○儉 15.6/97/3
溫○有蘊藉 16.9/105/19
謙謙允○ 16.10/106/22
博士丁○等議曰 16.24/110/17
蘇竟與劉歆兄子○書曰 16.28/111/16
性○儉謙約 18.27/134/8
淳于○、字孟孫 18.28/134/13

○助爲收拾 18.28/134/13
乃知是○ 18.28/134/14
○不受 18.28/134/14
人又有盜刈○禾者 18.28/134/14
○見之 18.28/134/14
○家井在門外 18.28/134/16
○惡其爭 18.28/134/17
○各語其〔家〕父母 18.28/134/17
魯○、字仲康 19.4/137/13
時○年十二 19.4/137/13
太尉趙憙聞○志行 19.4/137/15
○憐丕小 19.4/137/15
○不得已而行 19.4/137/16
○乃始爲郡吏 19.4/137/17
○平理曲直 19.4/137/17
○隨行阡陌 19.4/137/19
與○訣曰 19.4/137/20
○上疏諫曰 19.4/137/22
○上疏曰 19.4/137/25
乃遣劉○乞降曰 23.5/166/17
允○玄默 24.18/174/11
終利○ 24.83/179/5

躬 gōng 19

帝○親萬（幾）〔機〕 1.1/6/17
○自菲薄 3.2/20/30
孝文皇帝○行節儉 5.5/31/5
念先帝○履九德 5.5/31/21
篤生朕○ 6.8/37/23
○被甲持戟 8.10/50/17
○自克薄以待士民 8.14/52/20
光武使吳漢收謝○ 9.2/55/26
大將軍夫人○先率禮 12.12/82/4
三老常山李○ 16.27/111/12
○與奴共發棘田種麥 18.1/126/17
郭○家世掌法 18.9/128/26
○上封事曰 18.9/129/1
子○耕農 19.11/139/21
六年○自負土樹柏 19.20/141/19
香○執勤苦 19.22/142/7
○率子孫耕農爲養 21.13/153/20
○自奮擊 23.17/171/14
○執饋饌 24.38/175/23

觥 gōng 1

憚敢奉○ 15.8/98/1

龔 gōng 6

遣功曹史李○奉章詣闕 12.6/79/13
帝親召見○ 12.6/79/13
以黃金十斤、葛縛佩刀、書帶、革帶付○ 12.6/79/14
芒守丞韓○受大盜丁仲錢 15.8/98/11
以所杖鐵杖捶○ 15.8/98/12
○出怨懟 15.8/98/13

拱 gǒng 2

豈敢○默避罪而不竭其誠哉 14.5/93/3
天水、隴西○手自服 23.17/171/17

鞏 gǒng 1

羌什長○便 22.5/164/8

共 gòng 51

○勞饗新市、平林兵王匡、王鳳等 1.1/2/10
諸部○乘之 1.1/3/4
安得松、喬與之而○遊乎 1.1/8/24
欲使諸儒○正經義 2.1/11/21
○進《武德》之舞 2.1/13/23
中常侍江京、樊豐等○〔興〕爲詐 3.1/19/14
遂○構陷太子 3.2/19/24
中黃門孫程等十九人○討賊臣江京等 3.2/19/27
帝與中常侍單超等五人○謀誅之 3.5/22/6
更始遂○謀誅伯升 7.1/38/16
乃與公卿○議定南北郊冠冕車服制度 7.12/42/17
復呼同廬郎○更嘘 8.2/47/12
復與段孝○坐 8.11/51/11
不得○坐 8.11/51/12
○白欲以復爲鄗尉 8.11/51/13
與匈奴○攻恭 8.17/54/12
與貳師嚴尤○城守 9.2/55/26
○守雒陽 9.4/57/2
諸將○論功伐 9.4/57/21
常與（祐）〔祜〕○車而出 9.6/58/14
與○買蜜合藥 9.6/58/14
何如在長安時○買蜜乎 9.6/58/15
純與從昆弟訢、宿、植○率宗（施）〔族〕賓客二千餘人 10.1/62/7
與士卒○勞苦 10.10/64/9
劉嘉、字○仲 10.19/66/23
晨與上○載出 11.1/70/5
上與○論朝臣 13.6/84/12
永與馮欽○罷兵 14.2/90/21
憐盛幼小而○寒苦 15.2/95/7
今與眾儒○論延功 15.8/97/29
而桓譚、衛宏並○毀訾 16.8/105/9
天下○見 16.10/106/22
賈胡○起帷帳設祭 16.36/113/22
○啜菽飲水 16.49/116/15
宗人少長咸○推之 16.52/117/14
門下生○禁 17.12/121/5
眾至○爲嫁娶 17.14/122/7
孝夫妻○蔬食 17.23/124/17
遂○蔬食 17.23/124/18
諸奴〔婢〕私○計議 17.25/125/10
分糧○食 18.1/125/20
躬與奴○發棘田種麥 18.1/126/17
乃○責讓主人 18.29/134/28
宗親○異之 19.29/144/4
○專國朝 20.4/145/22
遂○訂交于杵臼之間 20.17/148/18
乃相與○除閹黨 21.14/153/27
與宣○挽鹿車歸鄉里 22.1/160/27
遂○圍宛 23.1/164/22
寵奴子密等三人○謀劫寵 23.11/168/20
與蓋延○擊黃憲 23.15/169/19

貢 gòng 16

遠方○甘珍 1.1/10/4
葉調國王遣使師會詣闕
　○獻 3.2/20/6
戎狄奉○ 5.5/31/8
萬國○獻 6.5/36/21
歲時但○紙墨而已 6.5/36/21
諸蠻夷相率遣使○獻 9.2/56/2
《禹○》「厥包橘柚」
　12.1/76/16
余外孫右扶風曹○爲梧
　安侯相 12.6/79/4
閔○、字仲叔 16.49/116/15
黨每過○ 16.49/116/15
黨嘗遺○生（麻）〔蒜〕
　16.49/116/16
○歎曰 16.49/116/16
司徒侯霸辟○ 16.49/116/17
○曰 16.49/116/17
以○爲不足耶 16.49/116/18
○怪問其子 16.49/116/22

句 gōu 11

親自制作《五行章○》 2.1/12/2
　11.7/72/14
誦《孝經》章○ 3.2/19/22
一章十四○ 5.5/31/14
○踐罪種兮 12.10/80/22
三年而明章○ 15.2/95/6
不爲章○ 16.2/102/14
上自制《五家要說章○》
　16.10/106/17
上親於辟雍自講所制
　《五行章○》已 16.10/106/18
試《論語》本文章○ 19.6/138/9
會匈奴○林王將兵來降
　參蠻胡 23.9/168/4

鉤 gōu 9

各有○ 3.5/21/30
故太僕杜密、故長樂少
　府李膺各爲○黨 3.6/23/8
何○黨 3.6/23/9
○黨人即黨人也 3.6/23/9
金蚩尤辟兵○一 8.9/50/3
又欲投○ 16.25/110/26
車府令齊國徐匡○就車
　17.20/123/19
○求得之 18.12/129/26
金錯○佩 20.4/146/1

溝 gōu 4

修理○渠 15.15/101/2
或滅○渠 19.21/142/1
乃援充以捐○中 19.27/143/21
亡捐○壑 20.4/145/23

韝 gōu 1

下○即中 18.26/134/2

狗 gǒu 4

趙王庶兄胡子進○膢馬
　（醓）〔醢〕 1.1/3/18
飛鷹走○ 8.17/54/14
所謂畫虎不成反類○也
　12.1/76/22
妻嘗於母前叱○ 14.2/90/15

苟 gǒu 7

○以度田爲名 1.1/8/1
草創○合 1.1/9/7
○如此 10.26/69/17
不○貪高亢之論 13.11/86/3
椎牛上○諫冢 14.2/91/9
偷生○活 16.20/109/15
爲隗囂別將○宇所拘劫
　16.30/111/25

垢 gòu 3

澡盥鬚眉塵○ 10.9/64/3
衣服○薄 10.14/65/18
祗增塵○ 12.11/81/19

搆 gòu 3

遂共○陷太子 3.2/19/24
朋黨○姦 15.8/97/30
提官傀○ 22.4/161/22

購 gòu 4

移檄○求帝十萬戶 1.1/3/20
○賞之賜 9.4/57/17
郎移〔檄〕○上 10.11/64/15
明○賞 15.9/98/23

沽 gū 1

少年來○者 23.7/167/7

孤 gū 22

至乃踐食○幼 3.2/20/8
章少○ 7.1/38/24
大夫其對以○襲爵以來 7.3/39/13
可以託六尺之○ 7.12/42/14
○心慘愴 7.12/43/4
即西安○ 8.14/52/27
少○ 9.6/58/9,17.12/121/3
鐔獨○絕 10.10/64/8
聞宛之趙氏有○孫憙 13.16/89/6
○兄子一人學方起 16.10/106/20
推財○寡 16.12/107/5
譚有一○兄子 17.24/125/3
惟○兒續始生數旬 17.25/125/9
倫獨收養○兄（下）
　〔子〕、外孫 18.1/125/20
暉早○ 18.6/127/22
養○兒兄子甚篤 18.10/129/10
養兄崇○兒 18.28/134/15
梁鴻少○ 18.29/134/22
霸○兄弟子來候 19.11/139/18
欲吾開門恤○也 20.10/147/5
早○ 21.39/158/3

姑 gū 8

○不遂捕 2.2/15/15
如平生事舅○ 6.2/35/11
守○臧長 15.11/99/12
而○臧稱爲富邑 15.11/99/13
奮在○臧四年 15.11/99/14
詔書以奮在○臧治有絕

迹 15.11/99/15
承宮、琅邪○幕人 17.12/121/3
拜○禮畢 22.1/160/27

菰 gū 1

或生○菜菓實 1.1/5/24

辜 gū 2

必有不○ 6.5/36/19
悉伏其○ 21.12/153/16

酤 gū 2

詔禁民無得○賣酒麴 3.2/20/24
屠○成市 11.10/73/14

古 gǔ 34

使合○法 1.1/8/22
○帝王之葬 1.1/8/26
道○行事 1.1/9/4
周覽○今 2.2/14/5
有○文 2.2/15/6
好○樂道 2.3/16/7
○今所同 2.3/16/16
稽乾則○ 3.2/20/29
○今文字 3.5/22/8
〔庶績復○〕 5.3/28/12
自○帝王 5.5/29/10
孝明皇帝尤垂情○典 11.7/72/13
厲曉○文字者 12.1/76/15
於河西得漆書《○文尙書經》一卷 13.11/85/21
○今通道 13.11/86/15
臣聞○之帝王 15.2/95/17
觀○及漢傾危之禍 15.2/95/22
稽○之力也 16.9/106/2
包含今○ 16.10/106/22
學通○今 16.20/109/13
○帝王封諸侯不過百里 16.24/110/17
○之亡國 16.24/110/19
長沙有義士○初 16.42/115/3
○者卿士讓位 17.2/118/10
今功曹稽○含經 17.2/118/10
要離、○烈士 18.29/135/9
故○賢君相歎息重戒者 19.7/138/24
香知○今 19.22/142/12
非○制也 20.13/147/20
○之亡者、棄之中野 21.15/154/5
以博通○今遷太史令 21.51/159/24
○今所不能廢也 23.17/171/13
獲索賊帥○師郎等 23.20/172/17
主不稽○ 24.16/174/7

谷 gǔ 13

五原郡兵敗于高梁○ 3.1/18/18
山林川○邱陵 5.5/30/16
至上○遺訓 8.2/47/21
出塞掩擊迷唐于雁○ 8.2/47/25
○水從地中數丈涌出 9.2/56/5
上○、漁陽〔兵〕 9.10/60/19
爲上○太守 10.11/64/25
與同郡張宗、上○鮮于襃不相好 11.14/74/16
從宛人陳洮買符入函○關 17.2/118/3
將妻子之華陰山○ 17.12/121/6
陵○代處 20.4/145/23
賜○蠡王玉具劍 22.3/161/15
元請以一丸泥爲大王東封函○關 23.16/170/9

股 gǔ 3

○肱貞良 5.5/32/6
飛矢中弆○ 8.14/53/6
于是權門惶怖○慄 21.12/153/14

骨 gǔ 13

羸瘦○立 6.5/37/5
○肉天性 7.12/43/12
雖在○肉 11.14/74/16
臣既備數家○法 12.1/76/27
形骸○立 12.4/78/13
何益朽○ 12.11/81/19
痛入○髓 14.5/93/9
奮篤於○肉 15.11/99/18
願收骸○ 15.15/100/27
以疾乞骸○ 18.3/127/6
骸○不葬者多 19.7/138/26
奇毛異○ 24.14/174/2
疏食○立 24.43/176/5

賈 gǔ 25

至孝文、○誼、公孫臣以爲秦水德 1.1/5/5
代郡太守劉興將數百騎攻○覽 1.1/6/13
商○重寶 1.1/8/8
人馬席薦羈靽皆有成○ 1.1/10/12
魯丕與侍中○逵、尙書令黃香等相難 2.3/17/1
○復 8.11/51/9
○生容貌志意如是 8.11/51/9
○君之功 8.11/51/19
○宗、字武孺 8.12/51/24
○武孺 8.12/52/1
寧○將軍子耶 8.12/52/1
執金吾○復在汝南 9.1/55/8
○復勒兵欲追之 9.1/55/11
惟○傅其違指兮 12.10/81/2
肅宗詔鴻與太常樓望、少府成封、屯騎校尉桓郁、衛士令○逵等 15.2/95/13
富商大○多收田貨 16.16/108/4
又○人多通侈靡之物 16.16/108/5
○胡共起帷帳設祭 16.36/113/22
○牽車令拜 16.36/113/22
侍中○逵上書曰 17.8/119/19
○逵、字景伯 18.17/131/22
問事不休○長頭 18.17/131/23
市○輒與好善者 18.18/132/3
諸國侍子及督使○胡數遺恂奴婢、宛馬、金銀、香罽之屬 19.20/141/22
商○露宿 19.21/141/28

鼓 gǔ 26

金○之聲數十里 1.1/2/25
門下有繫馬著○者 1.1/3/11
乃椎○數十通 1.1/3/21

師行○舞 1.1/4/13
吳漢（○）〔攻〕之 1.1/7/8
馬以駕○車 1.1/7/13
先五○起 2.1/12/17
飲食、百官、○漏、起居、車騎、鹵簿如故 3.1/19/13
王大食則命奏鐘○ 5.4/28/19
〔《詩》〕所謂「琴瑟擊○ 5.4/28/21
三曰《黃門○吹》 5.4/28/23
《詩》所謂「坎坎○我 5.4/28/24
黃門舊有○吹 5.4/29/6
聞○聲皆大呼俱進 8.10/50/18
遂○而進 8.10/50/18
樹十二郡旗○ 8.14/53/12
建旗○ 8.14/53/15
善○瑟 12.7/79/19
輒令○琴 13.6/84/4
上使譚○琴 13.6/84/7
○不振塵 14.5/92/24
假○吹（黃）〔幢〕麾 16.3/103/19
介士○吹 21.8/152/3
鉦鐸金○ 21.8/152/4
鐘○帷帳 23.1/165/5
鳴○挑戰 23.17/172/1

穀 gǔ 1

○皮幓頭 16.50/116/28

穀 gǔ 43

城中兵○少 1.1/2/19
百○不成 1.1/5/22
天下野○旅生 1.1/5/23
採穫○果 1.1/5/24
野○生者稀少 1.1/5/25
出郡錢○給蕭何子孫 2.1/12/11
租○百萬 2.1/13/28
調濱水縣彭城、廣陽、廬江、九江○九十萬斛 3.1/18/26
詔賜錢廩○ 3.2/20/21
五○不登 3.5/22/1
比年五○不登 5.5/30/18
○價數倍 6.2/35/8
赤眉無○ 8.1/47/2
詔于汧積○六萬斛 11.2/71/2
得○百萬餘斛 11.10/73/14
可不須（○馬）〔馬○〕 12.3/77/18
請馬○ 12.3/77/18
怒不與○ 12.3/77/19
無○馬故事 12.3/77/19
馬當與○ 12.3/77/20
敕下調馬○ 12.3/77/21
郡界嘗有蝗蟲食○ 12.8/80/1
饑年○貴 12.11/81/15
兩府遣吏護送饒○之郡 13.11/86/22
冬者五○成熟 13.12/87/19
年○獨熟 14.5/93/22
刺史劉繇振給○食、衣服所乏者 16.14/107/19
擔○給福及妻子百餘日 16.32/112/17
其以縣見○二千石賜勃子若孫 16.34/113/11
○食貴 16.52/117/13
五○豐登 17.10/120/7
○食尚少 17.23/124/16
孝得○ 17.23/124/16
以○飯獨與之 17.23/124/18
念無○食 17.24/125/4
鄒○獨無災 18.4/127/11
歲送○五十斛 18.6/128/12
饑旱○貴 18.14/131/1
不見鹽○ 22.4/163/12
無○而飽 23.17/171/4
述詐使人言白帝倉出○如山陵 23.17/171/24
白帝倉出○乎 23.17/171/24

轂 gǔ 2

民攀持車○涕泣 15.15/100/27
升於華○ 16.50/117/3

瞽 gǔ 2

益州乃傳送○師、郊廟樂、葆車、乘輿物 1.1/7/15
而有狂○之言 16.20/109/14

蠱 gǔ 1

誣奏貴人使婢爲○道祝詛 6.3/36/1

固 gù 46

○始侯兄弟爲帝言 1.1/2/3
群臣復○請曰 1.1/4/18
（埶）〔執〕節惇○ 1.1/4/22
○非人之敵 1.1/10/16
伯升○爭 7.1/38/21
又因皇太子○辭 7.8/41/7
○、公梁亭侯 7.17/44/23
兢兢之心彌以篤○也 8.7/49/18
○守 9.1/55/20
景丹因以言語爲○德侯相 9.10/60/17
封武○侯 10.14/65/17
而融弟顯親侯友嗣子○尚沮陽公主 10.22/68/3
竇○、字孟孫 10.23/68/9
以○爲中郎將 10.23/68/9
進之于○ 10.23/68/11
○輒爲啗 10.23/68/11
憲○辭封 10.24/68/22
○辭不受 10.24/68/23
興○讓曰 11.14/74/14
與竇○等議出兵調度 12.3/77/17
○等兵到燉煌 12.3/77/18
上以○言前後相違 12.3/77/18
與校書郎杜撫、班○定《建武注記》 12.6/79/7
○守不以時下 14.5/92/23
班○、字孟堅 16.2/102/13
時人有上言班○私改作《史記》 16.2/102/15
○弟超詣闕上書 16.2/102/15
具陳○不敢妄作 16.2/102/15
（徵○）〔○徵〕詣校書 16.2/102/16
○數入讀書禁中 16.2/102/17
竇○擊匈奴 16.3/103/3
○又遣與從事郭恂俱使西域 16.3/103/3
竇○具上超功 16.3/103/10
詔○曰 16.3/103/11

〇欲益其兵 16.3/103/11
其志彌〇 16.14/107/22
則〇宜用天下之賢才 16.15/107/28
業〇不起 16.45/115/18
所守彌〇 17.8/119/21
李〇、字子堅 20.11/147/10
〇貌狀有奇表 20.11/147/10
囂負隴城之〇 23.16/170/18
倚巫山之〇 23.17/171/16
〇爭之 23.17/171/21
班〇錄《漢書》 24.91/180/1

故 gù 180

因〇國名曰舂陵 1.1/1/6
〇宮中皆畫鳳凰 1.1/1/12
嘗爲季父〇舂陵侯訟逋租于大司馬嚴尤 1.1/1/18
〇避之 1.1/2/2
即日皆物〇 1.1/3/10, 23.1/164/28
〇趙繆王子臨說帝決水灌赤眉 1.1/3/19
〇密令卓茂 1.1/4/22
〇武王誅紂 1.1/4/23
〇帝都雒陽 1.1/5/7
〇禹不郊白帝 1.1/5/11
與舂陵父老〇人爲樂 1.1/5/18
爲征彭寵〇也 1.1/5/22
囂〇吏馬援謂囂曰 1.1/6/8
〇嘗更職 1.1/7/11
公孫述〇哀帝時 1.1/7/15
〇遭反覆 1.1/8/24
〇皆以列侯就第 1.1/10/3
〇皆保全 1.1/10/4
〇帝年十二以皇子立爲東海公 2.1/11/9
何〇言河南、南陽不可問 2.1/11/12
召見陰、鄧〇人 2.1/12/16
如孝文皇帝(祫)〔祫〕祭高廟〇事 2.1/13/23
〇得龍泉 2.2/15/10
〇得漢文劍 2.2/15/10
〇得鍛成劍 2.2/15/10
〇靡得而紀 2.3/17/14
〇殤帝養于民 2.4/17/18
漢陽〇吏杜習手刺殺之 3.1/18/22
飲食、百官、鼓漏、起居、車騎、鹵簿如〇 3.1/19/13
博訪其〇 3.2/20/8, 20.19/148/29
〇將軍馬賢 3.2/20/17
衣以〇服 3.2/20/26
如祖宗〇事 3.2/21/3
〇太僕杜密、〇長樂少府李膺各爲鉤黨 3.6/23/8
〇登歌《清廟》一章也 5.5/31/13
用其《文始》、《五行》之舞如〇 5.5/31/15
進《武德》之舞如〇 5.5/31/19
〇不敢隱蔽愚情 5.5/32/4
如光烈皇后〇事 5.5/32/15
〇直用之 6.2/34/21
〇有寵 6.4/36/7
〇忍之耳 6.5/36/12
以爲何〇乃有此不祥之言 6.5/37/3
〇冒姓爲梁氏 6.9/38/4
〇試守平陰令 7.1/38/25
〇以蟻爲興文 7.9/41/23
事過典〇 7.12/43/10
恭子男丁前妻物〇 7.17/44/19
黎陽營〇吏皆戀慕訓 8.2/47/19
〇吏最貧羸者舉國 8.2/47/19
欲歸〇地 8.2/47/26
〇悝兄弟率常在中供養兩宮 8.5/48/19
弘收恤〇舊 8.6/49/4
所施皆如霍光〇事 8.6/49/7
〇能常任職 8.10/51/1
〇復少方面之勳 8.11/51/18
〇披赤心爲大王陳事 8.14/52/17
然吾〇揚言欲攻西安 8.14/52/26
〇皆無二心 8.17/54/13
〇城不拔 9.2/56/5
儀如孝宣帝臨霍將軍〇事 9.7/59/15
以爲〇事 9.7/59/16, 19.8/139/3
今關東〇王國 9.10/60/21
富貴不歸〇鄉 9.10/60/21
〇以封卿耳 9.10/60/21
〇焚燒廬舍 10.1/62/10
〇徙浮封蘄春侯 10.8/63/23
何〇言耶 10.26/69/13
〇有經紀禮儀以相(文)〔交〕接 10.26/69/16
律何〇禁之 10.26/69/17
何〇隨婦家入湯鑊中 11.1/70/8
說〇舊平生爲忻樂 11.1/70/10
〇狐疑不決 11.2/70/20
〇以手書暢至意 11.2/70/21
〇呼卿 11.2/71/5
如〇 11.8/72/22
乃盡散以班昆弟〇舊 12.1/75/11
賓客〇人日滿其門 12.1/76/5
〇人孟冀曰 12.1/77/1
無穀馬〇事 12.3/77/19
以〇引去 12.3/77/20
〇以客卿字焉 12.5/78/25
嚴從其〇門生肆都學擊劍 12.6/79/6
〇衣裘裁足卒歲 12.11/81/13
皆以〇衣 12.11/81/21
竊見〇大司徒陽都侯伏湛自行束脩 13.1/82/22
〇時人號中東門君 13.10/85/16
弟成物〇 13.11/85/24
明當尊用祖宗之〇文章也 13.11/86/9
祭可且如元年郊祭〇事 13.11/86/10
〇以殷民六族分伯禽 13.11/86/16
〇遂相率而陪園陵 13.11/86/20
〇曰樂也 13.11/86/28
王以師〇數加饋遺 13.11/87/5
明習〇事 13.12/87/11
〇正尊卑之義也 13.12/87/18
〇合聚飲食也 13.12/87/19
其還〇爵爲楊邑侯 13.14/88/17
〇不敢降耳 14.1/90/4
立〇謁者祝回爲涅長 14.2/90/21
且將〇人往 14.2/90/22
後孔子闕里無〇荊棘自闢 14.2/90/25
方今阨急而闕里無〇自滌 14.2/90/26
車駕臨〇中郎將來歙喪還 14.2/91/3
臣聞〇事通官不著姓 14.3/91/20
愚聞丈夫不釋〇而改圖 14.4/92/4

今君長○主敗不能死　14.4/92/4
當先知○主之未然　14.4/92/11
今○主已敗　14.4/92/12
是○君臣兩興　14.5/93/2
○其延頸企踵而望者　14.5/93/16
○曰　14.5/93/23
○京師號曰「三獨坐」　15.3/96/6
或問其○　15.5/96/24
○來受書　15.6/97/5
○左遷芒長　15.8/98/11
憚○坐免　15.8/98/13
○奉迎　15.9/98/20
○南陽人爲之語　15.10/99/6
通貨○羌　15.11/99/13
平陽城李善稱○令范遷於張堪　15.12/100/2
後還其物如○　15.17/101/16
何○不遣而選乎　16.3/103/11
神怒何○向漢　16.3/103/14
○中道而廢　16.8/105/9
○人親戚莫敢至者　16.13/107/11
住止山陰縣○魯相鍾離意舍　16.14/107/19
上問其○　16.16/108/9
○京師爲之語曰　16.20/109/19
○利以建侯　16.24/110/18
縣人○雲陽令朱勃　16.34/113/9
皆○刺史、二千石　16.38/114/9
朝廷本以是○徵之　16.50/117/1
以陳留督郵虞延○　17.1/117/24
○多以宗室肺腑居之　17.7/119/13
○居巢侯劉般嗣子愷　17.8/119/20
上怪問其○　17.13/121/24
道不同○耳　18.1/126/2
○爲此言也　18.1/126/11
人問其○　18.6/127/26
○事　18.6/128/1,18.12/129/28
堪後物○　18.6/128/11
○爵位不踰　18.8/128/21
○時人號爲「白衣尚書」　18.10/129/16
○蜀郡太守廉叔度　18.12/130/7
○號爲「萬石秦氏」　18.14/130/27
問其意○　18.16/131/16
而書如○　18.21/132/22
○犯妖禁　18.25/133/19
鳳受竿誦經如○　18.30/135/15
○州牧刺史入奏事　19.1/136/16
○時止（弗）〔勿〕奏事　19.1/136/17
今因以爲○事　19.1/136/17
○世人謂陳氏持法寬　19.7/138/20
○古賢君相歎息重戒者　19.7/138/24
○常服麤糲　19.11/139/20
○明王之于夷狄　19.16/140/24
而無○興干戈、動兵革　19.16/140/26
所種小麥、○蒜　19.20/141/19
臣疑其○　19.31/144/16
○舊長者或欲令爲開產業　20.2/145/6
邑令王密、○所舉茂才　20.2/145/8
○人知君　20.2/145/8
君不知○人　20.2/145/8
遇父○人　20.17/148/16
是○扶接助其氣力　21.23/155/14
明○事　21.29/156/15
○使賤妾侍執巾櫛　22.1/160/26
問何○　23.1/165/14
○能廣略邊郡　23.9/168/6
○容徙爲雲中太守　23.11/168/16
囂、○宰〔相〕府掾吏　23.16/170/6
明陳其○　24.53/176/25
○史官不用　24.90/179/22
○名冕爲平天冠　24.95/180/15

痼 gù　1

○疾皆愈　1.1/9/16

錮 gù　5

遂至禁○　16.20/109/13
上即敕尚書解遵禁○　16.20/109/15
○人於聖代　18.5/127/16
釁亦禁○終身　21.14/154/1
遭黨○事　21.17/154/14

顧 gù　22

○念萬國　3.2/20/30
不自○　6.5/37/4
絕其反○之望　10.1/62/10
誠不敢內○宗親　10.14/65/25
事君（有）〔者〕不得○家　10.16/66/10
出門○見車方自覺　10.21/67/13
○說客耳　12.1/75/21
援據鞍○眄　12.1/77/4
上數（數）○視〔之〕　13.6/84/11
上○謂主曰　13.6/84/15
無反○之心　13.11/86/20
○謂讎曰　13.16/89/4
忠臣不○爭引之患　14.5/93/2
不○恩義　15.2/95/9
不○　15.11/99/17
○左右曰　16.30/112/3
17.1/117/25,21.9/152/14
不○罪戾　16.34/113/10
遂去不○　17.11/120/21
遙去不○　18.8/128/22
○謂子及門生曰　20.2/145/10

瓜 guā　2

鳳凰見百三十九、麒麟五十二、白虎二十九、黃龍三十四、青龍、黃鵠、鸞鳥、神馬、神雀、九尾狐、三足烏、赤烏、白兔、白鹿、白燕、白鵲、　2.2/15/20
奉拒光武○里　23.14/169/15

刮 guā　2

不得○璽書　1.1/6/18
俯○席與小常侍語　23.1/165/6

寡 guǎ　6

朝廷設問○人　7.3/39/12
事○嫂　12.1/75/9,18.10/129/10
上姊湖陽公主新○　13.6/84/12

推財孤○ 16.12/107/5
又與○嫂詐訟田 18.30/135/18

卦 guà 7

至卜者家爲○ 6.2/34/6
卜者○定釋蓍 6.2/34/6
召尙席取○具自爲○ 7.9/41/19
以《周易○林》卜之 7.9/41/20
案《易》○《震》之《蹇》 7.9/41/21
《易》○「地上有水比」 13.11/86/28

挂 guà 2

乃○衰絰於冢廬而去 15.2/95/8
解冠○東都城門 16.46/115/25

乖 guāi 1

刪定○疑 11.7/72/13

怪 guài 15

甚可○也 1.1/3/4
心○偉之 6.3/35/23
左右○而問之 6.5/36/12
左右○上數破大敵、今得小城 11.2/70/24
莫不○疑 13.1/82/22
上○而問之 13.6/84/7
上遣小黃門問昱有所○不 14.3/91/19
○使司隸而著姓也 14.3/91/20
爲俗人所○ 16.22/110/9
貢○問其子 16.49/116/22
豬主○其不還 17.12/121/4
上○問其故 17.13/121/24
禮心○疑 17.23/124/18
其俗舊多珍○ 20.17/148/13
郎吏○之 23.1/165/6

官 guān 149

置（養）〔養〕贍○以廩之 1.1/1/21
先到雒陽整頓○府 1.1/3/14
三輔○府吏 1.1/3/14
及見司隸○屬 1.1/3/16
粲然復見漢○〔威〕儀（體） 1.1/3/16
○屬皆乏食 1.1/3/20
○屬皆失色 1.1/3/22
苑囿池籞之○廢 1.1/7/13
○曹文書減舊過半 1.1/7/16
是以史○鮮紀 1.1/9/17
而大○無餘 1.1/10/4
樂與○市 1.1/10/12
于是下太常、將軍、大夫、博士、議郎、郎○及諸王諸儒會白虎觀 2.1/11/22
百○嚴設如舊時 2.1/12/6
樂○曰大予樂○ 2.1/12/15
召校○子弟作雅樂 2.1/12/31
勞養三老、○屬 2.1/12/32
帝令百○採甘露 2.1/13/16
帝率百○上陵 2.1/13/17
在兵馬○ 2.1/13/26
載于史○ 2.2/15/22
時史○不覺 2.3/16/12
象林蠻夷攻燔○寺 2.3/17/4
飲食、百○、鼓漏、起居、車騎、鹵簿如故 3.1/19/13
司徒許敬爲陵轢使（○）〔者〕策罷 3.2/20/5
大○飾珍饌 3.5/23/1
司空、唐虞之○也 4.1/24/13
司馬員吏○屬 4.1/24/15
漢舊○ 4.1/25/3,4.1/25/12
屬○有丞一人、大行丞一人 4.1/25/3
主稠中都○斗食以下 4.1/25/4
中尉、內史○屬亦以率減 4.1/25/16
中外○尙書令、御史中丞、治書侍御史、公將軍長史、中二千石丞、正、平、諸司馬、中○王家僕、雒陽令秩皆千石 4.1/25/21
尙書、中謁者、黃門冗從四僕射、諸都監、中外諸都○令、都（候）〔侯〕、司農部丞、郡國長史、丞、（候）〔侯〕、司馬、千人秩皆六百石 4.1/26/1
《周○》 5.4/28/17,5.4/28/19
蓋《周○》所謂「王〔師〕大獻則令凱樂 5.4/29/1
下大予樂○習誦 5.4/29/3
群司禮○咸以爲宜登封告成 5.5/29/12
百○頌所登御者 5.5/31/13
大○上（食）〔飯〕 6.2/34/18
詔史○樹碑頌德 6.7/37/17
敕○屬遣送 7.8/41/14
恭遣從○蒼頭曉令歸 7.17/44/20
命史○述其行迹 7.22/45/24
右將軍○罷 8.1/47/5
訓身至大○門爲求火 8.2/47/12
時上置兩府○屬 8.11/51/11
○屬以復不遜 8.11/51/12
上調○屬補長吏 8.11/51/13
太史○曰 8.13/52/7
臣子當擊牛釃酒以待百○ 8.14/53/8
便道之○ 9.1/55/6
選○屬守州中長吏 9.2/56/8
宜急分遣屬○ 9.4/56/21
詔遣百○皆至喪所 9.7/59/14
恐驚○屬 10.11/64/18
謂○屬曰 10.11/64/21, 12.1/76/17
○府廐第相望 10.22/68/4
大將軍置長史、司馬員吏○屬 10.24/68/21
○寮震慄 11.7/72/16
遂棄○亡命 11.9/73/4
卒○ 11.9/73/6,19.4/137/13
大○朝夕送食 11.10/73/17
大○朝夕進食 11.10/73/18
詔使五○中郎將持節至墓賜印綬 11.14/74/20
仲○至玄武司馬 12.1/75/6
會百○於宗廟 12.1/75/15
令史○作頌 12.3/77/21
○捕得玉當 12.4/78/18
爲五○中郎將 12.6/79/10

奏罷鹽○ 12.8/79/24
咸以武名○ 12.14/82/14
小民負縣○不過身死 13.11/86/25
災壞城郭○寺 13.11/86/27
○爵可保 14.1/90/5
與五○將軍相逢 14.2/91/2
以平陵鮑恢爲都○從事 14.2/91/6
臣聞故事通○不著姓 14.3/91/20
未到○ 14.4/92/18
使五○中郎將魏應主承制問難 15.2/95/14
宣彪、○至玄菟（大）〔太〕守 15.4/96/10
妻子不之○舍 15.6/97/3
堪錄薄上○ 15.12/99/26
延乃爲置水○吏 15.15/101/1
年七十四卒○ 15.16/101/6
臨發之○ 15.17/101/12
恒爲○傭寫書以供養 16.3/102/23
超謂其○屬曰 16.3/103/4
會百○驃騎將軍東平王蒼以下、榮門生數百人 16.9/106/6
悉以太○供具賜太常家 16.9/106/7
典獨棄○收斂歸葬 16.13/107/12
大會百○ 16.15/107/26
之○ 16.16/108/11
〔敏〕坐繫免○ 16.22/110/7
乃單車到○ 16.37/114/1
遂不之○而歸 16.38/114/12
寔至○ 16.40/114/21
拜五○中郎將 17.6/119/7
18.18/132/5
時五校尉○顯職閒 17.7/119/12
百○大會 17.13/122/2
月餘遂去○ 17.19/123/14
○至長樂衛尉 17.23/124/21
太○送供具 17.23/124/22
令孝從○屬送喪歸也 17.23/124/22
又鑄錢○姦宄所集 18.1/125/25
倫免○歸田里 18.1/126/17
州奏免○ 18.6/128/9
阜使五○掾長沙疊爲張雅樂 18.13/130/17
輒敕大○送餐醪 18.18/132/6
每入○舍 18.25/133/19
○至潁川太守 18.25/133/20
雖有○ 19.5/138/4
悉上于○閣 19.8/139/3
郎○有乘皂蓋車者 19.11/139/19
妻子不到○舍 19.11/139/20
送至○舍 19.11/139/24
擢在察視之○ 19.15/140/17
詔書示○府曰 19.15/140/17
爲郡五○掾 19.22/142/7
兼明圖讖、天○、星氣、鍾律、（歷）〔曆〕算 19.22/142/12
到○之日 19.22/142/19
中山相朱遂到○ 20.19/148/28
時屬縣令長率多中○子弟 21.3/150/28
今○位錯亂 21.4/151/5
弘農五○掾杜衆傷其忠直獲罪 21.4/151/7
後昱與大將軍竇武謀誅中○ 21.14/154/1
遂棄○而去 21.22/155/10
後○至三公 21.22/155/10
郭汜日擄掠百○ 21.27/156/7
坐隴西太守鄧融免○ 21.31/156/24
到○一年 21.54/160/9
累○巴陵太守 21.55/160/13
提○傀搆 22.4/161/22
免○ 22.5/164/6
及中黃門從○至雒陽 23.1/165/3
○府閭里 23.1/165/5
又所置○爵皆出群小 23.1/165/11
○爵多群小 23.1/165/13
上○桀謀反時 24.72/178/7
故史○不用 24.90/179/22
今史○所用候臺銅儀 24.90/179/23
○有其器而無本書 24.90/179/24

冠 guān 43

舍長安尙○里 1.1/1/17
絳衣大○ 1.1/2/9
後有人著大○絳單衣 1.1/2/12
皆○幘 1.1/3/15
則名○天下 1.1/4/23
帝及公卿列侯始服冕○、衣裳 2.1/11/26
○帶搢紳遊辟雍而觀化者、以億萬計 2.1/12/3
傳勉頭及所帶玉印、鹿皮○、黃衣詣雒陽 3.4/21/17
祖父茂封○軍平望鄉侯 3.5/22/19
制長○以入宗廟 5.6/32/22
冕○裳衣 5.6/33/2
武○、俗謂之大○ 5.6/33/4
馬貴人德○後宮 6.2/34/14
勇○三軍 7.1/38/19
乃與公卿共議定南北郊○冕車服制度 7.12/42/17
今魯國孔氏尙有仲尼車輿○履 7.12/43/6
乃正衣○ 8.17/54/10
及衣○刀劍 9.8/60/7
軍人見光衣○〔服〕鮮明 10.12/65/5
其封憙○軍侯 10.24/68/23
○劍不解于身 11.6/72/6
○帶搢紳遊辟雍 11.7/72/15
爲援制荅布單衣、交讓○ 12.1/75/14
榮顯○世 12.2/77/12
上欲○鉅 12.3/78/7
自臨○之 12.3/78/8
弘乃離席免○謝曰 13.6/84/7
自郊廟婚○喪紀禮儀多所正定 13.12/87/12
德○往初 14.5/93/12
賜○幘 15.13/100/8
解○挂東都城門 16.46/115/25
衣○甚偉 17.10/120/14
已○娶 18.10/129/10
賜以○幘錢布 18.10/129/13
○履倒易 20.4/145/23
自所服○幘綬 20.4/145/27
毀裂衣○ 20.7/146/15
赤幘大○一具 21.8/152/5
奉通天○進聖公 23.1/164/27
○ 23.1/164/27
寵妻夢贏袒○幘 23.11/168/19
故名冕爲平天○ 24.95/180/15

棺 guān 9

不得上殿臨〇 3.2/19/25
賜朱〇玉衣 8.16/53/26
帝乃賜〇木 13.8/84/27
〇不可移 16.42/115/3
初冒火伏〇上 16.42/115/3
范持〇柩 18.12/129/26
營舍有停〇不葬者百餘所 18.16/131/15
嘗豫令弟子市〇歛具 18.31/135/22
鄉人欲爲具〇服 21.15/154/5

關 guān 47

莽遣三公將運〇東諸倉賑貸窮乏 1.1/1/20
流民入〇者數十萬人 1.1/1/21
帝邀之于陽〇 1.1/2/18
以（尉衛）〔衛尉〕〇內侯陰興爲侍中 1.1/8/15
封師太常桓榮爲〇內侯 2.1/12/1, 11.7/72/14
更始雖都〇西 8.1/46/10
間〇上疏自陳 8.4/48/15
公孫述、大司馬田戎將兵下江〇 8.10/50/22
轉西入〇 8.11/51/17
上入〇 9.1/55/16
專治〇中 9.4/57/15
爲我披荊棘、定〇中者也 9.4/57/16
將兵北入箕〇 9.7/59/6
今〇東故王國 9.10/60/21
詔梁別守天中〇 10.6/63/13
傅俊從上迎擊王尋等于陽〇 10.9/64/3
賜爵〇內侯 10.11/64/22, 15.11/99/15
上大發〇東兵 11.2/70/26
以況爲常山〇長 11.8/72/22
會赤眉攻〇城 11.8/72/22
〇北在篇 12.10/80/22
就〇內之遠都 13.11/86/3
越山出武〇 13.16/89/8
〇東畏卿 14.2/90/22
襲父爵爲〇內侯 14.5/92/22
長驅武〇 14.5/93/10
東帶石陘〇 14.5/93/22
〇西之大俠也 15.5/96/16
但願生入玉門〇 16.3/104/2
其賜爵〇內侯 16.9/106/11
從宛人陳洮買符入函谷〇 17.2/118/3
既入〇 17.2/118/4
不出此〇 17.2/118/4
果乘高車出〇 17.2/118/6
〇東號曰「《五經》復興魯叔陵」 19.5/138/5
處新安〇下 19.20/141/24
臺遣兩當〇扶郁入 19.29/144/5
〇西孔子楊伯起 20.2/145/6
乃賜〇內侯 21.46/159/4
〇東說《詩》陳君期 21.56/160/18
〇中咸想望天子 23.1/165/3
〇內侯 23.1/165/13
赤眉十餘萬人入〇 23.1/165/15
元請以一丸泥爲大王東封函谷〇 23.16/170/9
拒扞〇之口 23.17/171/5

觀 guān 44

欣喜聚〇 1.1/3/26
〇于放麑啜羹之義 1.1/7/11
博〇群書 2.1/11/17
于是下太常、將軍、大夫、博士、議郎、郎官及諸王諸儒會白虎〇 2.1/11/22
冠帶搢紳遊辟雍而〇化者、以億萬計 2.1/12/3
欲〇上衣 2.1/12/9
周〇舊廬 2.1/12/15
步行〇部署 2.1/12/16
賜〇者食 2.1/13/5
無所不〇 2.2/14/5
諸儒會白虎〇 2.2/14/11
親幸東〇 2.3/17/7
帝起四百尺〇于阿亭道 3.6/23/26
不喜出入遊〇 6.2/34/19
數往來〇視 6.2/35/14
游〇無節 7.11/42/9
講白虎〇 7.21/45/20
憑城〇人虛實 8.14/53/2
從以〇上風采 9.6/58/10
不得令〇天文、見讖記 10.22/67/25
竇章、時謂東〇爲老氏藏室 10.25/69/3
上微時與晨〇讖 11.1/70/9
〇化者〔以〕億萬計 11.7/72/15
囂使援往〇之 12.1/75/13
每言及三輔長者至閭里少年皆可〇 12.1/76/9
〇其士衆 12.6/79/9
卒暴誅於兩〇 12.10/80/20
微〇其意 13.6/84/12
追〇往法 13.11/86/20
〇其水泉之利 14.5/93/26
〇孫武之策 14.5/93/29
集議《五經》同異於白虎〇 15.2/95/14
〇古及漢傾危之禍 15.2/95/22
〇者皆徒跣 15.14/100/16
瞻拜可〇 17.1/117/21
諸儒于白虎〇講論《五經》同異 17.6/119/7
借〇之 18.6/128/2
詔逵入北宮虎〇、南宮雲臺 18.17/131/24
詔令詣東〇 19.22/142/10
校書東〇 21.16/154/10
奏議可〇 21.29/156/15
上幸離宮臨〇 22.3/161/16
百姓空市里往〇之 23.17/171/24
在東〇 24.90/179/25

莞 guǎn 1

同郡東〇人逢安、字少子 23.6/166/24

管 guǎn 1

〇機密 19.18/141/10

館 guǎn 4

歷覽○舍邑居舊處 2.1/12/5
就○ 12.1/75/14
退食私○ 12.11/81/12
輒更繕修○宇 18.25/133/19

貫 guàn 6

虎○鑿囊一 8.9/50/2
力○三百斤弓 9.8/60/3
中矢○髀脛 12.1/76/4
遂博○載籍 16.2/102/13
莫不○綜 16.12/107/5
○心洞背 20.8/146/21

盥 guàn 1

澡○鬚眉塵垢 10.9/64/3

灌 guàn 4

故趙繆王子臨說帝決水
○赤眉 1.1/3/19
○西城 9.2/56/5
陂池○注 11.3/71/10
通引○溉 11.10/73/13

光 guāng 139

○武皇帝諱秀 1.1/1/5
有赤○ 1.1/1/10
望見廬南若火○ 1.1/2/7
○遂盛 1.1/2/8
嚴（○）〔尤〕、陳茂
與合 1.1/2/15
群臣奏諡曰○武皇帝 1.1/9/24
或幽而○ 1.1/10/14
母○烈皇后 2.1/11/8
〔上〕宗祀○武皇帝于
明堂 2.1/11/26
詔京兆、右扶風以中牢
祀蕭何、霍○ 2.1/12/10
以累日月之○ 2.2/16/1
改殯梁皇后于承○宮 2.3/16/27
數有神○赤蛇嘉應 3.1/18/6
延○二年 3.1/19/8
太尉劉○、司空張皓以
陰陽不和 3.2/20/4
遣侍中杜喬、○祿大夫
周舉等八人分行州郡 3.2/20/21
○祿勳府吏舍夜壁下忽
有氣 3.5/21/30
以○武皇帝元舅 3.5/22/19
○和元年 3.6/23/18
延○元年省 4.1/25/1
而有秩者侍中、中常侍
、○祿大夫秩皆二千
石 4.1/26/8
霍○墓在茂陵東司馬門
道南四里 5.1/27/7
○武皇帝配之 5.5/30/9
○武皇帝受命中興 5.5/31/7
如○烈皇后故事 5.5/32/15
○武受命中興 5.6/32/22
○武適新野 6.1/33/23
○武感伯升功業不就 7.1/38/24
○武初起兵 7.4/39/20
祉以建武二年三月見○
武于懷宮 7.7/40/22
○武皇帝長子也 7.8/41/3
上以所自作《○武皇帝
本紀》示蒼 7.12/42/26
今以○烈皇后假髻、帛
巾各一、衣一篋遺王 7.12/43/5
○靈遠也 7.12/43/6
○烈皇后崩 7.16/44/13
○、昭陽亭侯 7.17/44/23
時○武亦遊學京師 8.1/46/5
所施皆如霍○故事 8.6/49/7
○武使吳漢收謝躬 9.2/55/26
○武皆以爲掾史 9.4/56/17
○武以延爲虎牙將軍 9.11/61/4
爲○武賊曹掾 9.12/61/17
○武自薊東南馳 10.1/62/7
○武拜王梁爲大司空 10.6/63/12
○武以鐔爲揚化將軍 10.10/64/8
任○、字伯卿 10.12/65/5
軍人見○衣冠〔服〕鮮
明 10.12/65/5
會○祿（丞）〔勳〕劉
賜適至 10.12/65/6
視○容貌長者 10.12/65/6
○武平河北 10.12/65/6
○暮入堂陽 10.12/65/7
○武以劉植爲驍騎將軍
10.17/66/15
○武于大會中指常謂群
臣曰 10.20/67/3
○武詔封融曰 10.22/67/21
融○武時數辭爵位 10.22/67/24
環將作大匠、○祿勳 10.24/68/21
○武即位 10.26/69/21
16.16/108/4,19.1/136/5
拜○祿大夫 11.4/71/18
○武皇帝受命中興之初
11.7/72/12
司隸校尉梁松奏特進弟
防、○、廖、〔廖〕
子豫 12.2/77/12
爲○祿勳 12.3/77/24
13.11/87/1,16.17/108/19
馬○、字叔山 12.4/78/13
○以爲五校尉主禁兵武
備 12.4/78/14
章帝與○詔曰 12.4/78/15
○前坐黨附（憲）〔竇〕
憲 12.4/78/16
憲奴玉當誣○與憲逆 12.4/78/17
私從○乞 12.4/78/17
懷挾欲中○ 12.4/78/18
因告言○與憲有惡謀 12.4/78/18
○以被誣不能自明 12.4/78/18
○死後 12.4/78/19
憲他奴郭扈自出證明○
、憲無惡言 12.4/78/19
○子朗上書迎○喪葬舊
塋 12.4/78/19
國之○輝 13.1/83/1
名足以○示遠人 13.1/83/1
爲○祿大夫 13.10/85/14
○武每有異政 13.10/85/15
則爵賞○於當世 13.13/88/10
○武以憙守簡陽侯相 13.16/89/11
○武遣諫議大夫儲大伯
持節徵永 14.2/90/19
配以○武 15.2/95/19
○武嘗出 15.8/98/6
○武詔曰 15.12/100/2
鄧讓夫人、○烈皇后姊
也 15.20/102/3

○武興立《左氏》 16.8/105/9
以○朝廷 16.10/106/23
即拜○祿大夫 16.11/106/28
○武讀之 16.16/108/12
○武崩 16.36/113/22
嚴○、字子陵 16.48/116/11
孫堪爲○祿勳 17.5/119/3
輿服○麗 17.7/119/13
倫每見○武詔書 18.1/126/1
章和中爲○祿勳 18.19/132/12
名孟○ 18.29/135/3
與○武同門學 19.1/136/5
延平元年仕爲○祿大夫 19.11/139/24
○祿大夫 19.17/141/5
○和中 20.4/145/20
周舉、字宣○ 20.14/147/24
《五經》縱横周宣○ 20.14/147/24
分與苗○ 20.24/150/3
○爲尙席直事通燈 20.24/150/3
○走出門 20.24/150/4
○不應 20.24/150/4
○得劍 20.24/150/4
○便守宜秋門 20.24/150/5
出○ 20.24/150/5
康詐疏○入章臺門 20.24/150/6
○謂康曰 20.24/150/6
詔書封○東阿侯 20.24/150/7
○心不自安 20.24/150/7
有司奏○欺詐主上 20.24/150/7
陳蕃爲○祿勳 21.7/151/19
此以慰种○、馬賢等亡魂也 21.8/152/1
○武賜陳導駭犀劍 21.44/158/24
○武族兄也 23.1/164/18
○武爲太常偏將軍 23.1/164/28
○武馳詣宛謝罪 23.1/165/1
當與霍○等 23.1/165/2
○武聞更始失城 23.1/165/18
赤眉遇○武軍 23.5/166/17
○武作飛寅箭以攻赤眉 23.6/167/2
○武以鄧奉爲輔漢將軍 23.14/169/15
奉拒○武瓜里 23.14/169/15
割牲而盟○武與囂書曰 23.16/170/2
○武賜囂書曰 23.16/170/12
○武于是稍黜其禮 23.16/170/19
夜有○耀 23.17/171/10
蜀人及其弟○以爲不宜空國千里之外 23.17/171/20
後漢有南宮、北宮、承○宮也 24.4/173/3
霍○薨 24.5/173/5
建武、○武年號也 24.75/178/15
揚○聖德 24.94/180/12

廣 guǎng 51

且堅據○都城 1.1/7/6
興受詔雲臺○室 1.1/8/15
園陵○袤 1.1/8/25
○開束手之路 1.1/9/27
○丈二尺 2.1/13/9
帝憐○陵侯兄弟 2.1/13/12
言鉅鹿、樂成、○平各數縣 2.1/13/28
寬裕○博 2.2/14/4
豈敢空言增○ 2.2/15/27
自京師離宮果園上林○成囿悉以假貧人 2.3/16/22
調濱水縣彭城、○陽、廬江、九江穀九十萬斛 3.1/18/26
○五十六里 3.1/18/28
到○陵以與龍尙 3.5/22/24
築○成苑 3.6/24/3
○平、鉅鹿、樂成王在邸 6.2/35/16
○陵王荆自殺 7.14/44/3
上至○阿 8.1/46/16
封○平侯 8.10/50/17
丹率衆至○阿 9.10/60/18
收太守宗○及忠母妻子 10.14/65/21
孫○坐楚事 10.20/67/5
何況乃當傳以連城○土 10.22/68/1
〔坡〕水○二十里 11.10/73/12
援與楊○書曰 12.1/75/23
城中好○眉 12.2/77/11
城中好○袖 12.2/77/11
棱爲○陵太守 12.8/79/24
時將軍蕭○放縱兵士 15.10/99/3
遂格殺○ 15.10/99/4
鄯善王○禮敬甚備 16.3/103/4
寧覺○志意薄乎 16.3/103/4
于闐王○德禮意甚疏 16.3/103/14
○德就超請馬 16.3/103/15
超即斬其首送○德 16.3/103/15
焉耆王○遣其左將北鞬支奉迎超 16.3/103/20
○乃絕橋 16.3/103/20
○漢雒人也 17.22/124/5
於此（宏）〔弘〕○經術 19.6/138/10
爲○漢太守 19.7/138/25
郭玉者、○漢人也 19.31/144/15
○壞田園 20.4/145/26
胡○爲太傅 21.1/150/18
爲○陵太守 21.14/153/27
故能○略邊郡 23.9/168/6
營○樂 23.10/168/10
許皇后父○漢 24.72/178/7
○漢部索 24.72/178/7
○漢索不得 24.72/178/8
○漢坐論爲鬼薪 24.72/178/8
臣以問胡○ 24.91/180/1
○以爲實宜在《郊祀志》 24.91/180/2

圭 guī 8

純綠○ 5.6/33/6
純紫○ 5.6/33/7
純青○ 5.6/33/7,5.6/33/8
純黄○ 5.6/33/8
宛轉繆織〔○〕 5.6/33/9
豈特○璧其行 14.5/93/17
帝欲造畢○靈昆苑 20.4/145/24

珪 guī 1

○五 3.5/22/22

規 guī 4

合符重○ 13.11/86/18
勢如轉○ 16.34/113/6

竊聞使者並○度城南民田 20.4/145/24
今猥○郊城之地 20.4/145/26

傀 guī 1

提官○搆 22.4/161/22

閨 guī 1

○門中和 13.12/87/25

龜 guī 4

足履○文 20.11/147/10
陳○爲五原太（原）〔守〕 21.2/150/23
灼○卜降 23.19/172/12
○筮並從 24.30/175/7

歸 guī 105

帝○ 1.1/1/19
帝○舊廬 1.1/2/7
遂即○宅 1.1/2/8
各欲散○ 1.1/2/19
反欲○守其妻子財物耶 1.1/2/20
帝敕降賊各○營勒兵待 1.1/4/9
比汝○可知 1.1/5/15
帝自齊○ 1.1/5/27
秭○山高四百餘丈 2.3/17/4
西域蒙奇、疏勒二國○義 2.3/17/5
青衣蠻夷、堂律等○義 3.1/18/30
以師會爲漢○義葉調邑君 3.2/20/6
猥○美于載列之臣 5.5/32/4
遂取而持○養 6.3/35/23
乃以○宋氏 6.3/35/23
上臨送○宮 7.12/42/23
因就車○ 7.12/42/24
諸王○國 7.12/43/10
恭遣從官蒼頭曉令○ 7.17/44/20
爲幽部所○ 8.2/47/19
免○ 8.2/47/24,19.26/143/14
欲○故地 8.2/47/26
長○冥冥 8.7/49/15
復縱生口令○ 8.14/52/25
皆罷遣○鄉里 8.14/53/12
遣其副○告峻曰 9.1/55/20
岑彭亡○宛 9.2/55/26
百姓○心 9.4/57/15
○外家復陽劉氏 9.6/58/9
上從長安東○過汧 9.7/59/9
富貴不○故鄉 9.10/60/21
還○雒陽 9.10/60/23
（持）〔馳〕○宋子 10.1/62/6
純兄○燒宗家廬舍 10.1/62/9
將軍可○救老母妻子 10.14/65/24
叩頭謝○焉 10.26/69/9
吏人不○往守令 10.26/69/10
王新○國 11.9/73/5
鄰國貧人來○之者 11.10/73/14
五日一○府 11.10/73/18
因而辭○ 12.1/75/16
援○說囂曰 12.1/75/22
○國 12.4/78/17
迎嚴○ 12.6/79/4
免○田里 13.7/84/21
鄉里○德 13.10/85/12, 17.23/124/19
囂乃聽林持喪東○ 13.11/85/24
○府 13.13/88/11
百姓安土○心 14.1/90/2
復令彭夜送○雒陽 14.1/90/10
後○上 14.2/90/22
乃○世祖 14.4/92/1
無所○命 14.5/93/14
從田中○ 15.6/97/4
良以疾○ 15.6/97/6
喪無所○ 15.10/99/7
各使○家 15.15/100/28
典獨棄官收斂○葬 16.13/107/12
遂投劾○ 16.37/113/28
遂不之官而○ 16.38/114/12
命○求豆來贖兄 16.41/114/27
萌○不能得豆 16.41/114/27
○ 16.46/115/26
即駕而○ 16.46/116/2
（輒）〔輙〕講下辭○ 16.50/116/27
持節使○南陽 17.2/118/5
諸將軍悉○上 17.2/118/8
丹無所○節傳 17.2/118/8
因○鄉里 17.2/118/9
待○爲命 17.11/120/22
願得○ 17.11/120/22
（○告母）〔每告○〕 17.23/124/12
比禮夫妻○ 17.23/124/17
令孝從官屬送喪○也 17.23/124/22
善與○本縣 17.25/125/12
諸王當○國 18.1/126/5
倫免官○田里 18.1/126/17
○以與兄 18.10/129/8
後以病告○ 18.10/129/12
與客步負喪○ 18.12/129/25
不知馬所○ 18.12/130/7
謝而○之 18.12/130/8
根方○ 18.22/133/3
載之○ 18.28/134/14
每○ 18.29/135/5
不○其鄉 18.29/135/8
子孫○扶風 18.29/135/10
重其道○煩擾 19.1/136/17
及○服喪 19.4/137/14
父子相將○鄉里 19.7/138/18
○本郡 20.2/145/10
妻乃悉○侍御服飾 22.1/160/26
與宣共挽鹿車○鄉里 22.1/160/27
○日出主 22.4/162/21
辟危○險 22.4/163/1
去俗○德 22.4/163/4
心○慈母 22.4/163/4
攜負○仁 22.4/163/18
使人持喪○舂陵 23.1/164/19
南陽英雄皆○望于伯升 23.1/164/23
○爲縣吏 23.13/169/9
使遠人有所依○ 23.17/171/8

瓌 guī 1

○將作大匠、光祿勳 10.24/68/21

宄 guǐ 1

檢押其姦○ 13.11/86/16

軌 guǐ 1

及憲兄弟圖作不○ 19.32/144/23

癸 guǐ 3

○亥 2.1/13/11
冬十一月○酉夜 2.3/17/4
十二月○丑 22.3/161/7

鬼 guǐ 4

繫乎山川、○神 5.4/28/23
常有○哭聲聞于府中 19.7/138/25
廣漢坐論爲○薪 24.72/178/8
去中○神仙道之語 24.91/180/2

詭 guǐ 1

語言譎○ 1.1/2/5

桂 guì 6

漢陽率善都尉蒲密因○陽太守文礱獻大明珠 3.2/20/3
彭發○陽、零陵、長沙委輸權卒 9.2/56/7
衛颯爲○陽太守 15.13/100/7
充爲○陽太守 15.14/100/13
○陽太守茨充教人種桑蠶 15.14/100/17
○陽人 20.9/146/25

貴 guì 53

而○不侵民 1.1/10/12
初讓尊位爲○人 2.1/11/8
立陰○人爲皇后 2.1/11/16
后妃外家○者 2.1/13/26
母曰梁○人 2.3/16/5
太傅馮石、太尉劉熹以阿黨權○ 3.2/19/31
○人、相國綠綬 5.6/33/6
立爲○人 6.1/34/1
後必將○ 6.2/34/7
馬○人德冠後宮 6.2/34/14
以○人名族 6.3/35/26
讒毀○人 6.3/36/1
誣奏○人使婢爲蠱道祝詛 6.3/36/1
爲○人 6.4/36/6
太后賜馮○人步搖一具 6.5/36/18
相之極○ 6.6/37/10
與梁皇后並爲○人 6.7/37/16
申○人生孝穆皇 6.8/37/21
匽夫人爲博園○人 6.8/37/22
博園匽○人履高明之懿德 6.8/37/22
今以○人爲孝崇皇后 6.8/37/23
得寵爲○人 6.9/38/4
以其少○ 7.1/38/24
○仁者所好惡得其中也 7.20/45/15
無○賤見之如舊 8.2/47/10
女爲○人 8.7/49/18
累世寵○ 8.7/49/19
富○不歸故鄉 9.10/60/21
今○主尙見枉奪 10.24/68/18
凡人所以○于禽獸者 10.26/69/14
富○盈溢 11.4/71/19
前世○戚皆明戒也 11.4/71/20
○重 11.11/73/23
追尊○人父睦爲宣恩侯 11.12/74/5
凡殖貨財產、○其能施賑也 12.1/75/10
寵○至盛 12.3/77/24
饑年穀○ 12.11/81/15
諺言○易交 13.6/84/14
○戚且當斂手 14.2/91/7
富○傳於無窮 14.5/93/30
援後〔離〕○ 16.34/113/2
憲府○重 16.38/114/9
不好榮○ 16.41/114/25
穀食○ 16.52/117/13
告有○客過 17.23/124/13
大將軍竇憲○盛 18.13/130/20
饑旱穀○ 18.14/131/1
○庠序 18.14/131/3
于是京師○戚順陽侯衛尉馬廖、侍中竇憲慕其行 18.18/132/6
○戚慕其名 18.21/132/21
後捕○戚賓客 18.21/132/21
京師○戚慕其聲名 19.22/142/13
○戚跼蹐 21.32/157/3

跪 guì 5

人人長○前割之 10.23/68/11
良時○日 17.10/120/8
有事輒長○請白 17.25/125/11
手奉案前○ 19.11/139/25
○曰 21.13/153/22

袞 gǔn 2

以禮服龍○ 5.6/32/23
天王○冕十有二旒 5.6/32/25

緄 gǔn 1

詔賜遵金剛鮮卑○帶一具 8.9/50/1

鯀 gǔn 1

群臣僉薦○ 13.11/86/7

郭 guō 30

時城○丘墟 1.1/9/7
刺史二千石長〔吏〕皆無離城○ 1.1/9/23
后父○昌爲陽安侯 1.1/10/9
詔（瘲）〔廢〕○皇后 2.1/11/16
外戚陰、○之家 2.1/13/25
母○氏 7.8/41/3
○后廢爲中山太后 7.8/41/4
自○后廢 7.8/41/4
焉以○太后少子 7.15/44/7
至空城○ 8.2/48/4
○況爲城門校尉 11.11/73/23
近帶城○ 12.2/77/13
憲他奴○扈自出證明光、憲無惡言 12.4/78/19
及○后廢 13.10/85/15
災壞城○官寺 13.11/86/27
○伋、字細侯 15.9/98/17
諸兒送出○外 15.9/98/21
固又遣與從事○恂俱使

西域 16.3/103/3
明日乃還告○恂 16.3/103/9
○丹、字少卿 17.2/118/3
○丹爲三公 17.2/118/12
○賀、字喬卿 17.9/119/27
○躬家世掌法 18.9/128/26
○鳳、字君張 18.31/135/22
○玉者、廣漢人也 19.31/144/15
尙書○鎭率直宿羽林出 20.23/149/22
時東○寶、公孫舉等聚衆三萬人爲亂 21.8/151/24
○氾日擄掠百官 21.27/156/7
皆奔城○ 21.33/157/7
成都○外有秦時舊倉 23.17/171/23

國 guó 197

因故○名曰舂陵 1.1/1/6
或曰是○師劉子駿也 1.1/4/16
每幸郡○ 1.1/6/4
以爲○家坐知千里也 1.1/6/14
是時名都王○有獻名馬、寶劍 1.1/7/12
郡○飲醴泉者 1.1/9/15
郡○上甘露降 1.1/9/16
宜命太史撰具郡○所上 1.1/9/17
乃率諸王侯、公主、外戚、郡○計吏上陵 2.1/11/20
又○遠而小于王 2.1/13/29
三足烏集沛○ 2.2/15/3
蒙○厚恩 2.2/15/13
鳳凰三十九見郡○ 2.2/15/18
曹相○後容城侯無嗣 2.3/16/15
遣憲及弟篤、景就○ 2.3/16/20
郡○大雨雹 2.3/16/23
起○東北 2.3/17/5
西域蒙奇、疏勒二○歸義 2.3/17/5
萬○協和 2.3/17/13,7.20/45/11
○祚中絕 2.4/17/24
郡○蝗飛過 3.1/18/26
葉調○王遣使師會詣闕貢獻 3.2/20/6
及撣○王雍由亦賜金印紫綬 3.2/20/6
○所望秩 3.2/20/8,20.19/148/29
疏勒○王盤遣使文時詣闕 3.2/20/12
顧念萬○ 3.2/20/30
○副未定 3.3/21/7
有聞于郡○ 3.4/21/16
令所傷郡○皆種蕪菁 3.5/22/1
五○並建 3.5/22/20
丞領受郡○調馬 3.6/23/24
大長秋、將作大匠、度遼諸將軍、郡太守、○傅相皆秩二千石 4.1/25/19
校尉、中郎將、諸郡都尉、諸○行相、中尉、內史、中護軍、司直秩皆比二千石 4.1/25/20
尙書、中謁者、黃門冗從四僕射、諸都監、中外諸都官令、都（候）〔侯〕、司農部丞、郡○長史、丞、（候）〔侯〕、司馬、千人秩皆六百石 4.1/26/1
縣○丞、尉亦如之 4.1/26/6
縣、○三百石長〔相〕 4.1/26/6
縣○守宮令、相或千石或六百石 4.1/26/7
○家離亂 5.4/29/6
○家德薄 5.5/29/18
以勞定○則祀之 5.5/30/15
萬○咸熙 5.5/31/5
貴人、相○綠綬 5.6/33/6
萬○貢獻 6.5/36/21
私出○ 7.4/39/24
相○舉奏 7.4/39/25
猶以舂陵爲○名 7.7/40/15
免就○ 7.7/40/19
就○ 7.8/41/5
王兼食東海、魯○二郡二十九縣 7.8/41/5
臨之○ 7.8/41/7
以助○費 7.8/41/15
沛王、楚王來朝就○ 7.9/41/25
乃遣使手詔諸○曰 7.12/42/23
今魯○孔氏尙有仲尼車輿冠履 7.12/43/6
諸王歸○ 7.12/43/10
蒼到○後病水氣喘逆 7.12/43/15
阜陵質王延在○驕泰淫泆 7.13/43/24
琅邪孝王京就○都 7.16/44/11
恭未有○邑 7.17/44/17
○爲安鄉侯 7.17/44/22
正此○嗣 7.20/45/14
太子○之儲嗣 7.20/45/15
天下郡○如是 8.1/46/16
故吏最貧羸者舉○ 8.2/47/19
還過趙○易陽 8.2/47/21
以○新遭大憂 8.5/48/19
于時○家每有災異水旱 8.7/49/12
隱若一敵○矣 8.10/50/17
○除 8.10/51/5,9.5/58/5,9.7/59/25,10.17/66/15,10.20/67/5,14.1/90/11,21.47/159/8,21.48/159/12,21.49/159/16,21.50/159/20
○計已都長安 8.14/52/14
耿○、字叔憲 8.15/53/20
南單于舉○發喪 8.16/53/26
爲○也 9.1/55/10
（祐）〔祐〕自陳功薄而○大 9.6/58/13
○家知將軍不易 9.7/59/12
安得憂○奉公之臣如祭征虜者乎 9.7/59/21
今關東故王○ 9.10/60/21
必不敢爲○之憂也 9.11/61/9
〔夜告臨淮、楚○〕 9.11/61/11
期言「受○家恩深 9.12/61/22
不知當何以報○ 9.12/61/22
時郡○多降邯鄲 10.1/62/9
以武強爲侯○ 10.6/63/12
二十三年詔以祝阿益濟南○ 10.8/63/23
公事方爭○ 10.16/66/10
行河西五郡大將軍、涼州牧、張掖屬○都尉竇融 10.22/67/21
享侯○哉 10.22/68/2
開通三十六○ 10.23/68/10
或言「○師公劉秀當之」 11.1/70/9
○家以公知臧否 11.2/70/20
無功享食大○ 11.4/71/22

王新歸○ 11.9/73/5
鄰○貧人來歸之者 11.10/73/14
不及○家 11.13/74/9
其無益于○ 11.14/74/16
事下大司空正郡○印章 12.1/76/15
歸○ 12.4/78/17
張掖屬○都尉 12.8/79/24
刑罰不可廢於○ 12.9/80/11
○家開封侯之科 12.9/80/14
豈宜重爲○損 12.11/81/20
背去○家 12.11/81/23
臣聞文王享○五十 13.1/82/20
中○未化 13.1/82/21
○之光輝 13.1/83/1
弘薦沛○桓譚才學洽聞 13.6/84/3
欲令輔○家以道 13.6/84/6
亡○之君皆有才 13.7/84/20
賣○恩 13.9/85/7
井田什一以供○用 13.11/86/2
得萬○之歡心 13.11/86/7
郡○（七）〔比〕大水 13.11/86/12
以稍弱六○强宗 13.11/86/18
將致○於桓公 13.11/86/23
勿議傳○爵 13.12/87/21
○土遠近 13.13/88/6
能盡忠於○ 13.13/88/10
帝東巡郡○ 13.14/88/18
爲○元老 13.16/89/20
欲襲六○之從 14.4/92/5
破君長之○ 14.4/92/6
智伯分○ 14.4/92/8
○有分崩之禍 14.4/92/9
將定○家之大業 14.5/93/17
上書讓○於盛 15.2/95/8
乃還就○ 15.2/95/13
以廬江郡爲六安○ 15.2/95/21
詔使治喪郡○邸 15.10/99/7
鄯善一○驚怖 16.3/103/10
焉耆○有葦橋之險 16.3/103/20
不欲令漢軍入○ 16.3/103/20
超定西域五十餘○ 16.3/103/21
君在外○三十餘年 16.3/104/3
沛○人也 16.9/105/13
五更沛○桓榮 16.9/106/10
侍中當匡輔○政 16.20/109/11
大○四縣 16.24/110/17
古之亡○ 16.24/110/19
與○右史公從事出入者惟硯也 16.28/111/16
使者督行郡○ 16.33/112/21
惟獨狄道爲○堅守 16.34/113/5
吾聞伐○不問仁人 16.37/113/28
齊○臨淄人 16.41/114/25
憂勤○事 17.7/119/14
有司奏請絕○ 17.8/119/19
孔子稱「能以禮讓爲○ 17.8/119/20
致○弟憲 17.8/119/21
齊○人 17.10/120/5
求賢助○ 17.10/120/14
朱酺、梁○寧陵人 17.15/122/15
白狼王等百餘○重譯來庭 17.15/122/15
卿蒙○恩 17.17/123/1
不思求賢報○ 17.17/123/1
車府令齊○徐匡鉤就車 17.20/123/19
沛○蘄人 17.23/124/12
諸王當歸○ 18.1/126/5
讓○與異母弟鳳 18.3/127/5
以○氏姓 18.6/127/21
今奔○喪 18.12/130/8
秦彭、字○平 18.14/130/27
○租適到 18.26/133/25
時郡○螟傷稼 19.4/137/18
○無蓄積 19.4/137/24
非所以垂意于中○ 19.4/137/25
郡○被水災 19.6/138/13
沛○人 19.7/138/18
諸○侍子及督使賈胡數遺恂奴婢、宛馬、金銀、香罽之屬 19.20/141/22
○士瞻重 19.22/142/13
陳○人 19.29/144/3
共專○朝 20.4/145/22
與馬○等相見 20.23/149/19
許謂馬○曰 20.23/149/20
王○酈侯 20.23/149/23
憂○ 21.4/151/5
豈不貧○乎 21.7/151/20
爲安定屬○都尉 21.11/153/3
時東州郡○相驚 21.33/157/7
〔以〕母年老○遠 21.46/159/3
奉高皇帝傳○璽綬 23.5/166/19
屬○胡數千畔 23.9/168/3
單于以中○未定 23.9/168/4
數移書中○ 23.17/171/11
急以此時發○內精兵 23.17/171/16
蜀人及其弟光以爲不宜空○千里之外 23.17/171/20
○家大體 24.91/180/1
○家舊章 24.93/180/9

果 guǒ 18

○爲寵兵掩擊破 1.1/5/15
採穫穀○ 1.1/5/24
自京師離宮○園上林廣成囿悉以假貧人 2.3/16/22
軍士悉以○實爲糧 8.1/47/5
○將其衆亡 8.14/53/3
○妄言也 10.11/64/19
後定○下獄 12.1/76/24
○矯稱使者 14.2/90/17
○於行義 15.7/97/13
後○爲匈奴所殺 16.6/104/26
詔賜奇○ 16.9/105/20
○乘高車出關 17.2/118/6
○敢直言 17.3/118/18
其○勇敢折 17.17/123/3
成生○ 19.17/141/3
○生比干 19.17/141/3
○能抑豪助弱 20.10/147/6
○（食）〔實〕所生 23.17/171/4

椁 guǒ 1

帝自置石○ 2.1/13/9

菓 guǒ 1

或生苽菜○實 1.1/5/24

裹 guǒ 3

又舊制上書以青布囊素○封書 1.1/6/16
以馬革○尸還葬耳 12.1/77/1

以敝布纏○節 17.2/118/8

過 guò 84

有武帝行○宮 1.1/1/9
東迎雒陽者見更始諸將○者已數十輩 1.1/3/14
還○鄧禹營 1.1/3/25
官曹文書減舊○半 1.1/7/16
不○二三頃 1.1/8/27
不令以吏職爲○ 1.1/10/3
不○九卿 2.1/13/25
道（路）〔橋〕所○歷樹木 2.2/14/15
郡國蝗飛○ 3.1/18/26
懼于○差 5.5/30/4
前○濯龍門 6.2/35/3
深以自○ 6.2/35/12
外家出○于道南 6.3/35/22
宥小○ 7.2/39/4
因○按行閱視皇太后舊時衣物 7.12/43/4
事○典故 7.12/43/10
有○加鞭扑之教 8.2/47/10
還○趙國易陽 8.2/47/21
○（穎）〔潁〕川 9.1/55/8
遂○去 9.1/55/11
○陽翟 9.4/57/9
又○（祐）〔祜〕宅 9.6/58/15
上○潁陽 9.7/59/3
上從長安東歸○汧 9.7/59/9
閱○喪車 9.7/59/15
膂力○人 9.8/60/3
○孔子講堂 9.8/60/8
○彤冢拜謁 9.8/60/9
不○櫟陽萬戶邑 9.10/60/21
上○東郡 10.1/62/11
後肅宗駕出○園 10.24/68/17
嘗有死罪亡命者來○ 12.5/78/24
○梧安 12.6/79/5
敕嚴○武庫 12.6/79/9
實非○少所〔宜〕任〔也〕 12.13/82/9
微○斥退 13.1/82/24
小民負縣官不○身死 13.11/86/25
車駕○ 14.2/91/3
○更始冢 14.2/91/8
何忍車○其墓 14.2/91/8
而大將軍所部不○百里 14.5/93/20
明帝以爲衍材○其實 14.5/94/1
其親喪不○留殯一月 15.5/96/16
○辭於丹 15.5/96/19
○候其家 15.6/97/4
乃○其友人 15.6/97/6
坐誅斬盜賊○濫 15.18/101/21
皆以罪○徙補邊 16.3/104/4
寬小○ 16.3/104/5
位不○郎 16.16/108/4
○（侯）〔候〕敏 16.22/110/6
古帝王封諸侯不○百里 16.24/110/17
傳車所○ 16.33/112/22
使有功不如使有○ 16.33/112/23
而勃位不○縣令 16.34/113/2
尹車○帳 16.36/113/22
尉○迎拜 16.46/115/23
黨每○貢 16.49/116/15
路○小黃 17.1/117/20
宮○其廬下 17.12/121/4
路○弘農 17.13/121/14
○誤之失 17.13/121/27
政嘗○揚虛侯馬武 17.17/122/28
○直上郵亭 17.23/124/13
告有貴客○ 17.23/124/13
不○從兄飯 18.1/126/8
不敢妄○人飯 18.1/126/9
○任城 18.10/129/15
嘗有重客○ 18.26/134/2
不敢復有○ 18.28/134/16
恐好惡○所道 19.1/136/18
禮○成人 19.4/137/14
有雉○止其旁 19.4/137/19
防比上書自陳○咎 19.6/138/14
掾吏有○ 19.11/139/22
無譴○之事 19.11/139/23
職任○分 19.15/140/17
盜不○五女門 21.7/151/19
吏民有○ 21.9/152/12
表言常侍王甫罪○ 21.12/153/13
每賊○ 21.39/158/3
僚友有○ 21.54/160/8
不○三數步 23.16/170/4
止行○肅名趙李時銓不卒 24.68/177/27

孩 hái 2

續○抱 17.25/125/11
至乃殘食○幼 20.19/148/29

骸 hái 4

形○骨立 12.4/78/13
願收○骨 15.15/100/27
以疾乞○骨 18.3/127/6
○骨不葬者多 19.7/138/26

海 hǎi 56

故帝年十二以皇子立爲東○公 2.1/11/9
以東○王立爲皇太子 2.1/11/16
祠東○恭王及孔子七十二弟子 2.2/14/22
○內頗有災異 3.2/20/3
渤○王子也 3.4/21/15
西○有勝山 5.1/27/13
○內清平 5.5/29/11
○內治平 5.5/29/24
澤施四○ 5.5/31/6
威震○外 5.5/31/6
北○敬王睦 7.3/39/10
東○恭王彊 7.8/41/3
彊廢爲東○王 7.8/41/5
王兼食東○、魯國二郡二十九縣 7.8/41/5
數上書讓還東○十九縣 7.8/41/7
詔中常侍杜岑、東○傅相曰 7.8/41/13
東至○ 8.14/52/16
弇凡平城陽、琅邪、高密、膠東、東萊、北○、齊、千乘、濟南、平原、泰山、臨淄等郡 8.14/53/10
穆長子勳尙東○公主女 10.22/68/3
涿郡盧植、北○鄭玄、皆其徒也 12.7/79/18
蝗蟲入江○ 12.8/80/1

指丹○以爲期 12.10/81/3
四○乃賓 13.1/82/21
○內賴安 13.11/86/19
林爲東○王傅 13.11/87/5
四○爲羅網 14.4/92/12
繼以西○之役 14.5/93/4
○岱之濱 14.5/93/8
雷震四○ 14.5/93/10
○內大定 14.5/93/11
駿遇於東○ 15.2/95/11
東○人 15.6/97/3
時司徒吏鮑恢以事到東
○ 15.6/97/4
戰於蒲類○ 16.3/103/3
北○人 16.25/110/24
16.46/115/23,18.28/134/13
將家浮○ 16.46/115/26
北○太守遣使奉謁 16.46/115/27
伏見太原周黨、東○王
良、山陽王成 16.50/117/2
北○安邱人 17.3/118/16
賜《山○經》、《河渠
書》 18.11/129/20
客東○下邳 18.18/132/3
勃○人 18.31/135/22
爲勃○太守 19.26/143/13
○內亂 20.4/145/21
爲南○太守 20.17/148/12
遠在○濱 20.17/148/13
東○公賓就得其首 23.2/165/24
東○臨沂人徐宣、字驕
稚 23.6/166/24
○曲有呂母 23.7/167/6
因與呂母入○ 23.7/167/9
遂破○曲 23.7/167/9
江湖○岱 23.16/170/8
方今四○波蕩 23.17/170/25
○內震搖 23.17/171/17

醢 hǎi 1

趙王庶兄胡子進狗牒馬
（醢）〔○〕 1.1/3/18

亥 hài 1

癸○ 2.1/13/11

害 hài 24

更始○齊武王 1.1/3/12
爲羌所○ 3.1/19/1
京等懼有後○ 3.2/19/24
○加孕婦也 3.2/20/9
心內○之 6.3/35/26
即日○之 7.1/38/21
齊武王以譖愬遇○ 9.4/56/18
不以私好○公義 11.14/74/16
其被災○民輕薄無累重
者 13.11/86/21
言性不相○ 13.11/86/28
而己受其○ 13.16/89/8
大司徒公被○時 14.1/90/3
舉足遇○ 14.4/92/12
伏念天下離王莽之○久
矣 14.5/93/4
難即○〔之〕 15.8/97/20
子張父及叔父爲鄉里盛
氏一時所○ 15.8/97/22
罔上○民 15.8/97/30
勿勞神以○生 15.8/98/5
豈有還○其君者耶 16.31/112/8
爲民除○ 19.4/137/23
○加孕婦 20.19/149/1
及允被○ 21.21/155/4
〔遂○更始〕 23.1/165/20
頗○賢寵 24.2/172/23

駭 hài 4

矍然驚○ 6.6/37/9
百姓驚○ 14.5/93/21
光武賜陳導○犀劍 21.44/158/24
栗○蓬轉 24.8/173/11

酣 hān 1

酒○ 16.3/103/6

含 hán 4

吾但當○飴弄孫 6.2/35/9
包○今古 16.10/106/22
今功曹稽古○經 17.2/118/10
麥○金兮方秀 18.29/135/4

函 hán 2

從宛人陳洮買符入○谷
關 17.2/118/3
元請以一丸泥爲大王東
封○谷關 23.16/170/9

邯 hán 28

帝至○鄲 1.1/3/18
胡子立○鄲卜者王郎爲
天子 1.1/3/19
帝乃自稱○鄲使者 1.1/3/20
紿言○鄲將軍至 1.1/3/21
請○鄲將軍入 1.1/3/22
帝引兵攻○鄲 1.1/4/1
○鄲雖鄙 1.1/4/4
漢軍破○鄲 1.1/4/5
帝圍○鄲未下 1.1/4/7
由是破○鄲 1.1/4/7
姨子馮○爲鍾離侯 1.1/10/10
禹破○鄲 8.1/46/19
上既破○鄲 8.10/50/11
復以偏將軍東從上攻○
鄲 8.11/51/13
上在○鄲宮 8.14/52/12
于○鄲見上 10.1/62/5
時郡國多降○鄲 10.1/62/9
上從○鄲避郎兵 10.11/64/16
遠祖以吏二千石自○鄲
徙茂陵成歡里 12.1/75/5
與右中郎將張○相逢城
門中 14.2/91/4
叱○旋車 14.2/91/4
今○鄲之賊未滅 14.5/93/20
丁○高節 16.29/111/21
父○ 18.3/127/3
○薨 18.3/127/5
前刺史○鄲商爲猛所殺
21.11/153/8
平陵人荆○以東方漸平
23.17/171/12
迣然○言 23.17/171/19

寒 hán 17

時天○ 6.3/35/21

以慰《凱風》○泉之思 7.12/43/6
上以王觸○涉道 7.12/43/9
○疝病發 8.2/47/11
徒無饑○之色 8.8/49/24
時天○烈 9.4/56/22
饑○俱解 9.4/56/23
瘧發○慄 9.10/60/22
南宮複道多惡風○ 13.14/88/19
饑○並臻 14.5/93/6
○者裸跣 14.5/93/14
憐盛幼小而共○苦 15.2/95/7
十二月盛○時並多剖裂
血出 15.14/100/17
時冬○ 17.13/121/14
○即以身溫席 19.22/142/8
○溫時適 22.4/162/30
不避暑○ 24.39/175/25

韓 hán 24

與同舍生○子合錢買驢 1.1/1/15
○（棱）〔稜〕、楚龍
泉 2.2/15/8
司徒○縯、司空孫朗並
坐不衛宮 3.5/22/7
使使者○鴻徇河北 8.10/50/7
少持《○詩》 12.11/81/10
○歆、字翁君 13.7/84/19
燕、趙、○、魏之後 13.11/86/18
與友人○仲伯等數十人
13.16/89/8
昔者○信將兵 14.4/92/7
君長將兵不與○信同日
而論 14.4/92/10
芒守丞○龔受大盜丁仲
錢 15.8/98/11
好申、○之術 15.17/101/14
蕭何舉○信 17.10/120/14
聽之定所受《○詩》
18.13/130/16
○棱、字伯師 19.2/137/3
治《○詩》 19.9/139/8
○昭強賦一億五千萬
20.21/149/10
爲○遂所攻 21.11/153/8
○卓、字子助 21.18/154/19
習《○詩》 21.56/160/18

更始○夫人曰 23.1/165/2
更始○夫人尤嗜酒 23.1/165/8
雒陽人○鴻爲謁者 23.1/165/14
知命者侍郎○公等 23.8/167/16

罕 hǎn 1

天子行有罼○ 5.6/32/19

汗 hàn 3

沾赤○ 7.12/43/7
令人面熱出○ 15.12/100/2
并鞍勒、防○ 16.10/106/24

扞 hàn 2

以身○之 16.31/112/8
拒○關之口 23.17/171/5

旱 hàn 11

天下大○ 1.1/1/22
時南陽○饑 1.1/1/23
天下○霜連年 1.1/5/22
京師○ 2.3/16/25,6.5/36/24
以京師水○疫病 3.5/22/15
則水○癘疫之災 5.5/30/17
時年○ 7.2/39/3
遭○ 7.7/40/16
于時國家每有災異水○ 8.7/49/12
饑○穀貴 18.14/131/1

唅 hàn 2

衣衾、飯○、玉匣、珠
貝之屬 12.11/81/19
死不飯○ 15.2/95/9

漢 hàn 172

自秦、○以來師出未曾
有也 1.1/2/18
○兵反走 1.1/2/19,10.9/64/3
時○兵八九千人 1.1/2/23
時○兵在定陵郾者 1.1/3/1
○軍盡獲其珍寶輜重車甲 1.1/3/9

粲然復見○官〔威〕儀
（體） 1.1/3/16
○軍破邯鄲 1.1/4/5
益吳○、鄧禹等封 1.1/5/4
自○草創德運 1.1/5/4
以○水德 1.1/5/5
○當爲土德 1.1/5/5
○爲火德 1.1/5/7
周蒼○赤 1.1/5/7
○劉祖堯 1.1/5/10
○雖唐之苗 1.1/5/11
元復于○ 1.1/5/12
吳○下朐城 1.1/6/3
吳○、岑彭追守之 1.1/6/24
吳○引兵擊公孫述 1.1/7/3
詔書告○直擁兵到成都 1.1/7/3
○意難前 1.1/7/4
○兵乘勝追奔 1.1/7/5
詔書又戒○曰 1.1/7/5
吳○（鼓）〔攻〕之 1.1/7/8
下詔讓吳○副將劉禹曰 1.1/7/9
又議○殺述親屬太多 1.1/7/12
○以炎精布耀 1.1/10/14
有帝○出 2.1/12/14,5.5/31/11
○家中興 2.1/13/24
郅壽、蜀○文 2.2/15/8
故得○文劍 2.2/15/10
○陽人杜琦反 3.1/18/22
自稱安○將軍 3.1/18/22
○陽故吏杜習手刺殺之 3.1/18/22
○陽率善都尉蒲密因桂
陽太守文礱獻大明珠 3.2/20/3
以師會爲○歸義葉調邑
君 3.2/20/6
其以○中南鄭之武陽亭
封賢孫承先爲武陽亭
侯 3.2/20/17
○安元年 3.2/20/20
○舊官 4.1/25/3,4.1/25/12
○制 4.1/25/18
復置○寧郡 5.1/27/18
分○中之安陽、西城 5.1/27/18
○承秦滅學 5.3/28/11
○樂四品 5.4/28/16
赤○九世 5.5/29/16
有司復奏《河》《雒》
圖記表章赤○九世尤

著明者 5.5/29/20
○統中絕 5.5/29/22
以爲○制舊典 5.5/31/3
《○書》曰 5.5/31/13
爲○制法 5.6/32/22
○興以來 8.7/49/13
吳○、字子顏 8.10/50/7
鴻召見○ 8.10/50/8
○爲人質厚少文 8.10/50/10
吳○可 8.10/50/12
○與鄧弘俱客蘇弘 8.10/50/12
上于是以○爲大將軍 8.10/50/13
○遂斬幽州牧苗曾 8.10/50/14
○性忠厚 8.10/50/14
○常獨繕檠〔其〕弓戟 8.10/50/15
賊率五萬餘人夜攻○營 8.10/50/19
○鋸絕橫橋 8.10/50/22
○伐蜀 8.10/50/23
○戰敗墮水 8.10/50/24
○平成都 8.10/50/26
○當出師 8.10/51/1
○還 8.10/51/2
○爵位奉賜最尊重 8.10/51/3
○疾篤 8.10/51/4
吳○擊蜀未破 8.11/51/17
示○威德 8.17/54/4
○家神箭 8.17/54/6
○兵神 8.17/54/7
今○德神靈 8.17/54/9
遂與○盛衰 8.17/54/16
光武使吳○收謝躬 9.2/55/26
令彭助○爲方略 9.2/55/26
彭以將伐蜀○ 9.2/56/1
思○久矣 9.4/56/19
吳○、耿弇等悉奔還 9.7/59/10
今○大將軍反病瘧耶 9.10/60/23
是時公孫述將田戎、任滿與○軍相拒于荊門 10.2/62/16
越人謀欲叛○附蜀 10.2/62/17
以○兵大來 10.2/62/19
○兵攻宛 10.12/65/5
此家率下江諸將輔翼○室 10.20/67/4
是日遷○忠將軍 10.20/67/4
明習○家舊事 11.7/72/16
匈奴候騎得○馬矢 12.3/77/20
即知○兵出 12.3/77/20
○興以來 12.11/81/25
以爲○當祀堯 13.11/86/1
及至○興 13.11/86/2
思仰○德 13.11/86/5
樂承○祀 13.11/86/5
堯遠於○ 13.11/86/5
本與○異 13.11/86/6
及○初興 13.11/86/17
○舊制三年一祫 13.12/87/16
吳○諸將圍守數月不下 14.1/90/1
就烹於○ 14.4/92/8
衍說吳○曰 14.5/92/24
就聖○ 14.5/93/12
況乎萬里之○ 14.5/93/19
○兵起 14.7/94/14
觀古及○傾危之禍 15.2/95/22
堪與吳○并力討公孫述 15.12/99/25
○先遣堪入成都 15.12/99/26
但續父所記述○事 16.2/102/16
神怒何故向○ 16.3/103/14
○使有驪馬 16.3/103/14
臣乘聖○威神 16.3/103/16
不欲令○軍入國 16.3/103/20
乃以○中郡南鄭之西鄉戶千封超爲定遠侯 16.3/103/21
○有舊防 16.6/104/19
臣恐不忍將大○節對氈裘獨拜 16.6/104/25
將有損大○之强 16.6/104/25
虜何敢迫脅○將 16.30/112/1
戴仰○德 16.33/112/22
遂避世○中 17.12/121/6
薛○、字子公 17.18/123/7
廣○雒人也 17.22/124/5
祖父客死蜀、○ 18.12/129/25
常慕叔孫通爲○儀禮 18.16/131/14
會大司馬吳○薨 18.23/133/8
詔射聲（教）〔校〕尉曹褒案《（舊○）〔○舊〕儀》制○禮 19.1/136/20
爲廣○太守 19.7/138/25
事薛○ 19.9/139/8
爲○陽太守 19.15/140/18
以○之盛 19.16/140/25
爲○膠東相 19.17/141/3
以大○威靈招之 19.19/141/14
郭玉者、廣○人也 19.31/144/15
拜○陽太守 20.10/147/3
○中南鄭人也 20.11/147/10
大○是治 22.4/161/22
是○夜拒 22.4/163/15
大○安樂 22.4/163/15
然○兵以新市、平林爲本 23.1/164/23
大司馬吳○圍茂 23.10/168/10
光武以鄧奉爲輔○將軍 23.14/169/15
輔○而起 23.16/169/26
雖欲以○爲（民）〔名〕 23.16/169/26
復○之祚 23.16/170/1
岑彭與吳○圍囂于西（域）〔城〕 23.16/170/13
○圍囂 23.16/170/16
其大將王捷登城呼○軍曰 23.16/170/16
垣副以○中亭長聚衆降宗成 23.17/170/24
自稱輔○將軍 23.17/170/25
北據○中 23.17/171/5
東下○水以窺秦地 23.17/171/6
○祖無有前人之迹、立錐之地 23.17/171/13
令延岑出○中 23.17/171/17
與○中諸將合兵并勢 23.17/171/20
○兵守成都 23.17/171/27
而潛遣奇兵出吳○軍後 23.17/172/1
襲擊破○ 23.17/172/1
○墮水 23.17/172/1
後○有南宮、北宮、承光宮也 24.4/173/3
○有沛宮、甘泉宮、龍泉宮、太一宮、思子宮 24.7/173/9
後○有胡桃宮 24.7/173/9
許皇后父廣○ 24.72/178/7

廣○部索 24.72/178/7
廣○索不得 24.72/178/8
廣○坐論爲鬼薪 24.72/178/8
《前○志》但載十二律 24.86/179/11
班固錄《○書》 24.91/180/1

頷 hàn 1

生燕○虎（頭）〔頸〕 16.3/103/1

譀 hàn 1

雖誇○ 24.84/179/7

蒿 hāo 1

至簪○席草 13.11/85/22

毫 háo 1

秋○無取 15.12/99/26

號 háo 68

諸將議上尊○ 1.1/4/8
諸將上尊○ 1.1/4/11
諸將復請上尊○ 1.1/4/13
其上尊○曰中宗 1.1/8/10
勒石紀○ 1.1/9/13
今上薄太后尊○爲高皇后 1.1/9/19
太子襲尊○爲皇帝 1.1/9/24
有司奏上尊○曰顯宗 2.1/13/22
5.5/32/7
○曰「諸生」 3.1/18/7
臣請上尊○曰敬宗廟 3.2/21/2
請親定刻石紀○文 5.5/30/1
猶宜有所宗之○ 5.5/31/23
宜上尊○曰顯宗 5.5/31/26
宗族外內皆○曰「諸生」 6.5/36/15
賜○靈壽王 7.17/44/17
三輔假○ 8.1/46/10
因令左右○禹曰鄧將軍 8.1/46/14
衆○百萬 8.1/46/23
發○嚮應 8.14/52/20
因上尊○ 9.1/55/2
即以太守○付後將軍 9.2/56/8
異遂與諸將定議上尊○ 9.4/57/7
軍中○「大樹將軍」 9.4/58/1
仰天○泣乃去 9.8/60/9
常恐污辱名○ 9.11/61/8
王郎舉尊○ 10.1/62/5
數千人○呼涕泣 10.1/62/11
京師○況家爲金穴 11.11/73/24
○使君 12.1/75/6
超○爲開封君 12.12/82/5
百姓○呼哭泣 13.5/83/20
故時人○中東門君 13.10/85/16
趙魏間○爲馮萬石 13.13/88/3
懇上尊○ 14.1/90/1
履深淵之薄冰不爲○ 14.4/92/13
○之曰「殿中無雙丁孝公」 15.2/95/15
故京師○曰「三獨坐」 15.3/96/6
京師○曰「聖童」 15.12/99/23
鄉里○之曰「一馬兩車茨子河」 15.14/100/13
○曰《新論》 16.16/108/12
○《洼君通論》 16.19/109/7
因仰天○泣 16.31/112/9
京師○曰 17.17/122/24
道上○曰道士 18.1/125/23
故時人○爲「白衣尚書」 18.10/129/16
故○爲「萬石秦氏」 18.14/130/27
老弱啼○滿道 18.14/131/4
鄉里○之曰「德行恂恂召伯春」 18.19/132/11
政○嚴平 19.2/137/5
晝夜○踊不絕聲 19.4/137/14
關東○曰「《五經》復興魯叔陵」 19.5/138/5
京師○曰「天下無雙、〔江夏黃童〕」 19.22/142/13
鄉里○曰「張曾子」 19.25/143/7
日夜○泣 20.6/146/9
時○福爲眞掾 21.35/157/17
○新市兵 23.1/164/21
○平林兵 23.1/164/22
聖公○更始將軍 23.1/164/22
由是○曰赤眉 23.6/167/1
自○「搤虎」 23.7/167/10
與假○將軍李興等結謀 23.9/168/5
宜改名○ 23.17/171/2
而名○未定 23.17/171/8
因稱尊○ 23.17/171/10
建武、光武年○也 24.75/178/15
永平、孝明年○也 24.75/178/15
和帝年○永初 24.76/178/17

豪 háo 15

南陽○右雲擾 1.1/2/3
虜人種羌大○恬狼等詣度遼將軍降 3.1/19/5
疾惡○強 15.5/96/14
擊搏○彊 15.16/101/6
○彊略城 16.34/113/5
擊○強 19.1/136/8
權○懾伏 19.2/137/4
不事○黨 19.32/144/23
果能抑○助弱 20.10/147/6
推以爲○ 22.5/164/4
奏言大○ 22.5/164/4
林言其第一○ 22.5/164/5
三輔○傑入長安 23.2/165/24
○傑並起 23.17/171/13
○傑尚可招誘 23.17/171/15

好 hǎo 71

高才○學 1.1/1/16
兄伯升○俠 1.1/1/26
○醜無所隱諱 1.1/6/9
今上○吏事 1.1/6/12
溫恭○學 2.1/11/14
○古樂道 2.3/16/7
○樂施予 3.1/18/5
珠玉玩○皆不得下 3.2/20/27
玩○不飾 3.2/20/30
○學尊師 3.4/21/16
帝○音樂 3.5/22/29
此繒染色○ 6.2/34/21
太后雅性不○淫祀 6.5/37/2
秋稼○醜 7.2/39/6
而睦〔性〕謙恭○士 7.3/39/10

犬馬是○ 7.3/39/14
敞謙儉○義 7.7/40/15
王恭遜○禮 7.8/41/13
王性○經書 7.9/41/28
少○經書 7.12/42/13
雅○宮室 7.16/44/11
惟仁者能○人 7.20/45/15
貴仁者所○惡得其中也 7.20/45/15
又知訓○以青泥封書 8.2/47/20
弇少○學 8.14/53/15
由是○將帥之事 8.14/53/15
○貨殖 11.3/71/10
天道惡滿而○謙 11.4/71/20
張禹○學 11.10/73/10
不以私○害公義 11.14/74/16
與同郡張宗、上谷鮮于褒不相○ 11.14/74/16
援○事 12.1/76/16
城中○高髻 12.2/77/11
城中○廣眉 12.2/77/11
城中○廣袖 12.2/77/11
○吹笛 12.7/79/19
○爵顯服 12.10/81/6
篤信○學 13.1/82/23
○其繁聲 13.6/84/4
未見○德如○色者 13.6/84/11
○直言 13.7/84/19
恭儉○禮 13.8/84/26
性○文德 14.2/90/18
豹○儒學 14.6/94/6
○申、韓之術 15.17/101/14
少○學 16.16/108/3, 20.11/147/11
雜綵玩○ 16.16/108/6
○賓客 16.39/114/16
不○榮貴 16.41/114/25
○學問 17.3/118/16
○之 17.12/121/4
與京兆祁聖元同○ 17.17/122/24
母○飲江水 17.22/124/5
與（東）〔同〕郡宗武伯、翟敬伯、陳綏伯、張弟伯同志○ 18.3/127/4
暉○節概 18.6/128/4
○去就 18.8/128/20
○黃、老 18.10/129/7
均○義篤實 18.10/129/10
○賙人窮 18.12/130/7
少○經學 18.13/130/13
市賈輒與○善者 18.18/132/3
勤明達○學 18.26/133/27
恐○惡過所道 19.1/136/18
性沈深○學 19.5/138/3
陰猛○學溫良 21.51/159/24
豐○方術 23.12/169/3
三輔皆○彈 24.3/173/1
揚雄○著書 24.15/174/5
少○黃老 24.69/178/1

耗 hào 1

死必○費帑藏 12.11/81/18

皓 hào 1

太尉劉光、司空張○以陰陽不和 3.2/20/4

鄗 hào 5

到○ 1.1/4/17
帝所與在長安同舍諸生彊華自長安奉《赤伏符》詣○ 1.1/4/17
乃命有司設壇于○南千秋亭五成陌 1.1/4/18
改○爲高邑 1.1/4/22
共白欲以復爲○尉 8.11/51/13

呵 hē 2

遵○吏士 9.7/59/8
○賊曰 16.31/112/8

禾 hé 9

是歲有嘉○生 1.1/1/11
大于凡○ 1.1/1/11
九眞言嘉○生 3.1/19/8
○百五十六本 3.1/19/8
耕種○黍 17.12/121/7
父爲田○將軍 17.23/124/12
田○將軍子從長安來 17.23/124/14
鳳凰、（麟麒）〔麒麟〕、嘉○、甘露之瑞集于郡境 18.14/131/5
人又有盜刈恭○者 18.28/134/14

合 hé 44

與同舍生韓子○錢買驢 1.1/1/15
皆○會 1.1/2/10
兵○七八千人 1.1/2/11
嚴（光）〔尤〕、陳茂與○ 1.1/2/15
但○會諸兵爲之計策 1.1/2/16
尋、邑遣步騎數千〔乘〕○戰 1.1/3/3
使○古法 1.1/8/22
草創苟○ 1.1/9/7
稽○圖讖 2.1/12/1,11.7/72/14
德○于堯 2.1/12/9
〔考〕○異同 3.5/22/8
與天○靈 6.8/37/23
乃銜枚引兵往○水南營 8.10/50/23
異復○兵追擊 9.4/57/14
與共買蜜○藥 9.6/58/14
與弘農、厭新、柏華、蠻中賊○戰 9.7/59/6
與景丹、祭遵○擊蠻中 10.6/63/12
○可渡 10.11/64/19
四面會○ 12.9/80/14
○於《易》之所謂「先天而天不違、後天而奉天時」義 13.11/86/9
○符重規 13.11/86/18
○祭也 13.12/87/15
○食入太祖廟 13.12/87/15
毀廟主○食高廟 13.12/87/16
存廟主未嘗○祭 13.12/87/16
故○聚飲食也 13.12/87/19
與燎烟○ 15.2/95/20
市〔日〕四○ 15.11/99/13
愚以爲太子上當○聖心 16.10/106/23
不○法制 16.24/110/18
升○分糧 16.52/117/13

未嘗不○上意 17.14/122/10
分升○以相存活 17.24/125/4
恐未○衆 18.26/134/4
以○禮中 20.4/145/26
與天意○ 22.4/161/22
兵○萬人 23.13/169/11
然軍敗復○ 23.17/171/14
驅烏○之衆 23.17/171/18
與漢中諸將○兵并勢 23.17/171/20
配乾作○ 24.29/175/5
動與禮○ 24.47/176/13
既○孝明旨 24.91/180/3

何 hé 117

○爲如是 1.1/2/5
欲○爲乃如此 1.1/2/16
劉將軍○以敢如此 1.1/2/21
○知非僕耶 1.1/4/16
○忍行此 1.1/7/11
○强顏耶 1.1/9/11
○故言河南、南陽不可問 2.1/11/12
詔京兆、右扶風以中牢祀蕭○、霍光 2.1/12/10
出郡錢穀給蕭○子孫 2.1/12/11
○鉤黨 3.6/23/9
蕭○墓在長陵東司馬門道北百步 5.1/27/5
奈○弄人髮乎 6.5/36/13
以爲○故乃有此不祥之言 6.5/37/3
更始○爲者 7.1/38/20
大夫將○辭以對 7.3/39/12
欲竟○時詣嚴將軍所 7.4/39/21
當復○苦乎 7.4/39/22
鼠子○敢爾 7.7/40/19
在家○業最樂 7.12/42/22
詔問東平王處家○等最樂 7.12/42/24
○也 8.1/46/17, 9.1/55/21, 15.1/94/25, 17.19/123/13, 20.2/145/9
上時令人視吳公○爲 8.10/50/16
○多買田宅乎 8.10/51/2
有○尊卑 8.11/51/12
○用兵爲 8.14/52/15
○以言之 8.14/52/18
○救之有 8.14/52/27
○如在長安時共買蜜乎 9.6/58/15
○等兵 9.10/60/18
其母問期當封○子 9.12/61/22
不知當○以報國 9.12/61/22
○宜封子也 9.12/61/22
小縣○足貪乎 10.7/63/17
○猛也 10.14/65/23
一○武也 10.21/67/11
○況乃當傳以連城廣土 10.22/68/1
○況小民乎 10.24/68/18
○故言耶 10.26/69/13
律○故禁之 10.26/69/17
○所措其手足乎 10.26/69/18
○故隨婦家入湯鑊中 11.1/70/8
○足以喜 11.2/70/24
外孫○氏兄弟爭財 11.3/71/11
後詔問起居○如 11.8/72/21
陛下○以知非刺客而簡易如此 12.1/75/20
○足相煩 12.1/76/6
○可得也 12.1/76/20
○能臥床上在兒女子手中耶 12.1/77/1
○爾生不先後兮 12.10/80/24
○揚生之（敗）〔欺〕眞 12.10/81/2
○益朽骨 12.11/81/19
○謂輕哉 13.10/85/14
○忍殺義士 13.11/85/26
大袷者○ 13.12/87/15
欲○望乎 14.1/90/3
不降○待 14.2/90/24
○忍車過其墓 14.2/91/8
○如 14.2/91/10, 15.17/101/13, 16.16/108/9
世祖遣騎都尉弓里游、諫大夫○叔武 14.4/92/1
○意君長當爲此計 14.4/92/6
○如其智也 14.4/92/13
奈○自怠 14.5/93/21
○以待之 14.5/93/23
○以加茲 14.5/93/31
○以拜子孫耶 15.5/96/22
○量丹之薄 15.5/96/26
○其往來屑屑不憚煩也 15.6/97/7
其如社稷宗廟○ 15.8/98/8
兒曹○自遠來 15.9/98/20
使君○日當還 15.9/98/21
班超○心獨擅之乎 16.3/103/9
○故不遣而選乎 16.3/103/11
神怒○故向漢 16.3/103/14
見○書 16.6/104/21
今○如 16.9/106/4
○可得乎 16.16/108/7
朕○用嚴 16.20/109/12
○謂察察而遇斯禍也 16.22/110/7
虜○敢迫脅漢將 16.30/112/1
嘉從太守○敞討賊 16.31/112/7
此皆○罪而至於是乎 16.37/114/2
所望明公問屬○以爲政 16.49/116/18
問諸子○飯食 16.49/116/21
於從政乎○有 17.8/119/20
蕭○舉韓信 17.10/120/14
君所使掾○乃仁于用心 17.13/121/16
○郡小吏 17.21/123/25
○時發 17.23/124/14
當○由一得見決矣 18.1/126/1
舍我○之 18.1/126/16
廉叔度、來○暮 18.12/130/3
奈○棄之 18.30/135/16
○不捕之 19.4/137/20
○熙、字〔子〕溫 19.10/139/13
○用空養他家老嫗爲 19.11/139/25
夫人視老夫復○中〔空〕 19.11/139/25
亦○陵遲之有 19.15/140/17
○修生成 19.17/141/3
父母語「汝小○能多少」 19.25/143/8
○謂無知 20.2/145/9
○面目以見日月 20.2/145/12
居無○ 20.4/145/27
奈君父○ 20.17/148/16
驅蝗○之 21.35/157/16
稱天子○謂不可 23.1/164/26
問○故 23.1/165/14
陛下○以待之 23.5/166/18

奈○爲人所奏 23.11/168/18
將○以見信于衆 23.16/169/27
○則 23.17/171/15
事當奈○ 23.17/171/27

河 hé 94

更始欲以近親巡行○北 1.1/3/17
遣之○北 1.1/3/18
鎭撫○北 1.1/3/18
○西大將軍竇融與五郡太守步騎二萬迎帝 1.1/6/23
○水洋洋 1.1/8/23
○南、南陽不可問 2.1/11/10
何故言○南、南陽不可問 2.1/11/12
○南、帝城 2.1/11/12
清○孝王第二子也 3.1/18/5
詔留于清○邸 3.1/18/9
汝南童子謝廉、○南童子趙建 3.2/20/11
○間孝王孫 3.5/21/23
西○言白兔見 3.5/22/27
九卿、執金吾、○南尹秩皆中二千石 4.1/25/19
謹按《○》《雒》讖書 5.5/29/16
有司復奏《○》《雒》圖記表章赤漢九世尤著明者 5.5/29/20
及○喬嶽 5.5/31/1
使安集○北 8.1/46/8
北徑渡○ 8.1/46/8
治滹沱、石臼○ 8.2/47/15
○西改俗 8.2/47/24
置箄上渡○ 8.2/48/1
使使者韓鴻徇○北 8.10/50/7
迎鹽○東 8.11/51/10
今復定○北 8.14/52/19
上欲南定○內 9.1/54/22
諸將誰可使守○內者 9.1/54/23
○內富實 9.1/54/24
以恂爲○內太守 9.1/54/24
上傳聞朱鮪破○內 9.1/55/1
從平○北 9.2/56/1,9.12/61/17
因渡滹沱○ 9.4/57/1
屯○上 9.4/57/3
車駕送至○南 9.4/57/10
從征○北 9.7/59/3
喪至○南縣 9.7/59/14
上征○北 10.5/63/7
渡○詣上 10.5/63/7
自西○至渭橋 10.5/63/7
○上至安邑 10.5/63/8
從渡○北 10.11/64/13
南至下曲陽滹沱○ 10.11/64/16
導吏言○水流澌 10.11/64/17
光武平○北 10.12/65/6
上以大司馬平○北 10.16/66/8
○西太守竇融遣使獻（三）〔橐〕駝 10.22/67/20
行○西五郡大將軍、涼州牧、張掖屬國都尉竇融 10.22/67/21
○南郡爲置守令 10.26/69/10
○南二十餘縣皆被其災 10.26/69/18
以況出爲○南太守 12.1/75/8
依姊壻父九江連率平○侯王述 12.6/79/3
屯西○美稷 12.6/79/8
自○東遷居北地 12.9/80/6
西○漕況 12.9/80/13
行至○東 13.9/85/4
陛下輒忘之於○北 13.9/85/6
於○西得漆書《古文尚書經》一卷 13.11/85/21
臣聞營○、雒以爲民 13.11/86/1
臣時在○南冢廬 13.12/87/24
彭還詣○陽白上 14.1/90/4
○水在此 14.1/90/6
將詣行在所○津亭 14.1/90/10
將兵安撫○東 14.2/90/18
○東畔不能取 14.4/92/9
○西稱之 14.6/94/9
從上渡○ 15.1/94/24
拜○南太守 15.1/94/24
時○南太守同郡陳遵 15.5/96/16
○南人也 15.9/98/17
○潤九里 15.9/98/18
到西○美稷 15.9/98/19
復使〔之〕○東 15.10/99/4
惟○西獨安 15.11/99/13
茨充、字子○ 15.14/100/12
鄉里號之曰「一馬兩車茨子○」 15.14/100/13
○西舊少雨澤 15.15/101/1
拜爲○東都尉 15.17/101/12
班彪避地○西 16.1/102/9
旬月間遷○內汲令 16.12/107/6
詔部送徒詣○內 17.13/121/14
遂將家屬客○東 18.1/125/22
袁安爲○南尹十餘年 18.5/127/15
賜《山海經》、《○渠書》 18.11/129/20
神馬四出滇○中 18.13/130/19
○南尹袁安聞之 19.4/137/18
王渙除○內溫令 19.21/141/28
置于簿上以渡○ 20.5/146/5
劉祐爲○東太守 21.3/150/28
政爲三○表 21.3/150/29
餘羌復〔與繞○大〕寇張掖 21.8/151/26
使持節降○北 23.1/165/15
北取西○ 23.16/170/9
表裏山○ 23.16/170/9

和 hé 65

欣然○悅 1.1/9/5
上自御塤篪○之 2.1/12/32
溫慈惠○ 2.2/14/4
元○元年 2.2/14/13, 18.10/129/15
元○二年以來 2.2/15/18
至章○元年 2.2/15/18
孝○皇帝諱肇 2.3/16/5
寬○〔篤〕仁 2.3/16/6
章○二年春二月 2.3/16/7
萬國協○ 2.3/17/13,7.20/45/11
○帝之少子也 2.4/17/18
○帝皇子數十 2.4/17/18
○帝崩 2.4/17/19
慈仁惠○ 3.1/18/5
○帝甚喜重焉 3.1/18/7
○熹皇后甚嘉之 3.2/19/22
太尉劉光、司空張皓以陰陽不○ 3.2/20/4
永○六年冬十二月詔 3.2/20/17
改元建○ 3.5/21/26
建○元年 3.5/21/28
光○元年 3.6/23/18

肅雍○鳴 5.4/28/18
以○靈瑞 5.5/29/17
章帝元○二年詔曰 5.5/30/14
孝○陰皇后 6.4/36/6
○平元年 6.8/37/22
○帝賜彭城靖王詔曰 7.20/45/11
○熹后兄也 8.6/48/26
先○泥塗城 8.17/54/11
任隗、字仲○ 10.13/65/11
初王莽分鉅鹿爲○成郡 10.16/66/7
○帝南巡祠廟園 11.10/73/16
所以宣氣、致○、順陰陽也 12.3/78/3
以迎○氣 12.3/78/4
寬○肅敬 12.11/81/12
歐陽歙、其先○伯從伏生受《尙書》 13.8/84/25
閨門中○ 13.12/87/25
元○二年 15.2/95/17,19.1/136/9
所謂神人以○ 15.2/95/20
元○中 15.14/100/15
性寬○容衆 16.2/102/14
察政不得下○ 16.3/104/5
北匈奴遣使求○親 16.6/104/22
章帝元○中 16.16/108/13
章○中 17.8/119/18
○帝納之 17.8/119/20
○帝始加元服 18.5/127/16
章○元年 18.9/128/26
章○二年 18.12/130/4
章○中爲光祿勳 18.19/132/12
○熹鄧后臨朝 18.22/132/26
○帝初 19.1/136/16, 19.32/144/22
○帝偉其貌 19.10/139/13
○帝奇異之 19.31/144/15
光○中 20.4/145/20
重相○解 20.17/148/19
感○致災 20.19/149/1
夏多○雨 22.4/162/27
○帝年號永初 24.76/178/17
北虜遣使○親 24.79/178/23
建武乙未、元○丙寅詔書 24.92/180/7

劾 hé 4

嚴舉○按章 12.6/79/10
永○奏良曰 14.2/91/3
以憚不推○ 15.8/98/11
遂投○歸 16.37/113/28

郃 hé 3

李○以人多疾疫免 3.2/19/31
賜代劉○爲司徒 20.4/145/23
司徒○之子 20.11/147/10

曷 hé 1

○爲陶陶哉 16.22/110/9

核 hé 2

不務實○ 1.1/8/1
思○經意 19.6/138/10

荷 hé 1

布衣○擔 15.2/95/7

輅 hé 3

○車可引避也 2.2/14/16
乘殷之○ 5.6/32/22
上詔有司加贈鑾○乘馬 7.12/43/18

闔 hé 2

○門而已無封侯預朝政者 2.1/13/27
復○門養威重 8.11/51/19

賀 hè 15

詣闕朝○ 1.1/8/18
悉會公卿表○奉觴上壽 2.1/13/17
再拜○曰 6.6/37/9
遣中大夫奉璧朝○ 7.3/39/11
諸將軍○ 9.1/55/2
諸將皆○ 9.1/55/21,9.4/57/4
異因下席再拜○曰 9.4/57/6
諸將○之 14.1/89/26
正旦朝○ 16.20/109/18
郭○、字喬卿 17.9/119/27
歲旦與掾吏入○ 17.10/120/5
將軍當奉璧○ 18.6/128/1
玄○、字文弘 18.15/131/9
俱○歲 19.1/136/23

赫 hè 2

○然屬天 1.1/2/8
天地○然盡赤 10.12/65/7

壑 hè 1

亡捐溝○ 20.4/145/23

鶴 hè 1

白○三十從西南來 2.2/14/18

黑 hēi 10

立北時而祠○帝 1.1/5/5
服色、犧牲尙○ 1.1/5/8
有○氣墮所御溫明殿庭中 3.6/23/21
以上皆銅印○綬 4.1/26/4
千石、六百石○綬 5.6/33/7
上望見車騎鞍勒皆純○ 6.2/35/16
詳衆士之白○ 14.5/93/30
赤○異器 16.44/115/13
○與母 16.44/115/14
蔡邕詔問有○氣墮溫明殿東庭中 21.24/155/19

恨 hèn 8

晨終無○色 11.1/70/8
知武帝○誅衛太子 12.1/75/23
○去 12.4/78/18
臨岷川以愴○兮 12.10/81/3
頗相○ 18.23/133/7
遂懷猜○ 21.8/152/2
當死無所○ 23.12/169/5
而○明如此 24.2/172/24

恒 héng　3

〇爲官傭寫書以供養　16.3/102/23
〇自禮焉　18.18/132/6
耆老見鴻非〇人　18.29/134/28

橫 héng　13

帝率鄧禹等擊王郎〇野將軍劉奉　1.1/3/25
縱〇爲亂　3.5/22/6
辟把刀、墨再屈環〇刀、金錯屈尺八佩刀各一　8.9/50/2
漢鋸絕〇橋　8.10/50/22
倒戟〇矢不足以明喻　8.14/52/19
更始諸將縱〇虐暴　9.4/56/20
爲〇野大將軍　10.20/67/4
北地任〇、任崖　12.9/80/13
令得復昌熾縱〇　13.11/86/26
魏郡太守范〇上疏薦勤　13.13/88/5
〇擊於外　14.5/93/6
《五經》縱〇周宣光　20.14/147/24
匹夫〇議　23.17/171/1

衡 héng　9

匡〇奏立北郊　5.5/30/11
同斗斛權〇　15.2/95/18
飛鳥跱（衝）〔〇〕　16.34/113/6
倫平銓〇　18.1/125/26
土炭輕而〇仰　24.88/179/15
土炭重而〇低　24.88/179/16
玉〇長八尺　24.89/179/18
而以〇望之　24.89/179/18
轉璣窺〇以知星宿　24.89/179/18

薨 hōng　20

早〇　2.3/16/5
新野君〇　3.1/18/20
母早〇　3.2/19/21
北鄉侯〇　3.2/19/26
其主〇無子　4.1/25/8
彊〇　7.8/41/10
〇後　8.6/49/7
及〇　8.10/51/5
秉〇　8.16/53/26
遵病〇　9.7/59/14
臨〇奏焉　11.5/72/2
興夫人〇　11.14/74/20
商〇　12.11/81/22
純〇　13.12/87/23
遂〇　13.13/88/12
鴻〇　15.2/96/1
永平五年〇　17.2/118/11
邯〇　18.3/127/5
會大司馬吳漢〇　18.23/133/8
霍光〇　24.5/173/5

弘 hóng　44

潁川、〇農可問　2.1/11/10
執德不〇　5.5/30/4
興遷〇農太守　7.2/39/3
（宏）〔〇〕字孺孫　7.5/40/3
寬仁〇雅　7.12/42/13
鄧〇、字叔紀　8.6/48/26
〇即見亭長　8.6/49/1
〇聞　8.6/49/2
〇收恤故舊　8.6/49/4
〇常居業給足　8.6/49/4
漢與鄧〇俱客蘇〇　8.10/50/12
〇稱道之　8.10/50/13
東入〇農界　9.2/56/6
與〇農、厭新、柏華、蠻中賊合戰　9.7/59/6
拜〇農太守　9.10/60/24
〇農逼近京師　9.10/60/24
先嚴斷而後〇衍　12.10/80/19
宋〇爲司空　13.6/84/3
上嘗問〇通博之士　13.6/84/3
〇薦沛國桓譚才學洽聞　13.6/84/3
〇聞之　13.6/84/4
見〇　13.6/84/7
〇乃離席免冠謝曰　13.6/84/7
〇怒　13.6/84/9
〇嘗燕見　13.6/84/11
〇正容言曰　13.6/84/11
後〇見上　13.6/84/13
因謂〇曰　13.6/84/14
〇曰　13.6/84/14
宣帝時爲〇農太守　13.13/88/3
奉承〇業　15.2/95/19
掩其〇美　16.8/105/7
不如同門生郎中彭閎、揚州從事皋〇　16.9/105/17
〇閎爲議郎　16.9/105/18
路過〇農　17.13/121/14
會稽鄭〇、字巨君　18.4/127/11
玄賀、字文〇　18.15/131/9
於此（宏）〔〇〕廣經術　19.6/138/10
〇農人　20.2/145/5
〇農五官掾杜衆傷其忠直獲罪　21.4/151/7
獻帝幸〇農　21.27/156/7
徐宣、樊崇等入至〇農枯樅山下　23.1/165/15
〇策授親　24.35/175/17

宏 hóng　10

孝順皇帝〇秉聖哲　3.2/20/29
（〇）〔弘〕字孺孫　7.5/40/3
從擊王郎將兒〇、劉奉于鉅鹿下　9.12/61/19
樊〇、字靡卿　11.4/71/18
〇爲人謙慎　11.4/71/19
〇每當朝會　11.4/71/20
〇病困　11.4/71/21
〇頓首自陳　11.4/71/22
而桓譚、衛〇並共毀訾　16.8/105/9
於此（〇）〔弘〕廣經術　19.6/138/10

紅 hóng　1

青白〇　5.6/33/7

洪 hóng　2

惟〇勳以遐邇　12.10/80/25
太尉張酺、鄭〇、徐防、趙喜、隨延、龐桓　24.81/179/1

虹 hóng 5

有○蜺晝降嘉德殿 20.4/145/20
似○蜺 21.24/155/20
○著於天 21.24/155/20
○晝見御座殿庭前 21.24/155/21
○蜺、小女子之祥 21.24/155/21

閎 hóng 6

王○者、王莽叔父平阿侯譚子也 14.7/94/13
潛忌○ 14.7/94/13
○懼誅 14.7/94/13
○獨完全 14.7/94/14
不如同門生郎中彭○、揚州從事皋弘 16.9/105/17
弘○爲議郎 16.9/105/18

鴻 hóng 60

大○臚悉求近親宜爲嗣者 2.3/16/17
○恩茂悅 2.3/17/12
欽奉○烈 3.2/20/29
初置○德苑 3.5/22/4
大○臚 4.1/25/3
○臚三十六人 4.1/25/6
置○德苑 4.1/25/10
喜于得承○業 5.5/30/3
使○臚持節郊迎 7.12/43/9
大○臚奏遣發 7.12/43/11
鄧○行車騎將軍 8.3/48/8
使使者韓○徇河北 8.10/50/7
或謂○曰 8.10/50/7
○召見漢 8.10/50/8
令與當世大儒司徒丁○問難經傳 8.12/52/3
興○郤陂 11.1/70/13
爲○臚 11.11/73/24
制詔三公、大○臚曰 12.10/81/5
其猶順驚風而飛○毛也 14.5/93/13
丁○、字孝公 15.2/95/6
○獨與弟盛居 15.2/95/7
○當襲封 15.2/95/8
○貪經書 15.2/95/9
○初與九江人鮑駿同事桓榮 15.2/95/11
及○亡 15.2/95/11
○感愴 15.2/95/12
肅宗詔○與太常樓望、少府成封、屯騎校尉桓郁、衛士令賈逵等 15.2/95/13
上嗟歎○才 15.2/95/15
○以少府從 15.2/95/17
徙封○爲馬亭侯 15.2/95/21
○爲司徒 15.2/95/21
○薨 15.2/96/1
帝乃以大○臚魏應代之 17.12/121/9
鮭陽○、字孟孫 17.16/122/20
遣大○臚持節至墓 18.24/133/15
梁○少孤 18.29/134/22
呼○及熱釜炊 18.29/134/23
○日 18.29/134/23,18.29/134/27
童子○不因人熱者也 18.29/134/23
○家貧而尙節 18.29/134/26
耆老見○非恒人 18.29/134/28
而稱○長者 18.29/134/28
于是始敬○ 18.29/134/28
○不受 18.29/134/29
○以書責之而去 18.29/134/29
○鄉里孟氏女 18.29/135/1
得賢壻如梁○者 18.29/135/1
○聞〔之〕 18.29/135/2
○大喜曰 18.29/135/2
此眞梁○妻也 18.29/135/2
○將之會稽 18.29/135/4
不敢于○前仰視 18.29/135/5
○常閉戶吟詠書記 18.29/135/6
○病（因）〔困〕 18.29/135/7
辭采○麗 19.8/139/3
左開○池 20.4/145/25
雒陽人韓○爲謁者 23.1/165/14
○胤奉統 24.23/174/21
輕於駟馬之載○毛 24.70/178/3

侯 hóu 212

王生舂陵節○ 1.1/1/5
節○孫考○以土地下濕 1.1/1/6
嘗爲季父故舂陵○訟逋租于大司馬嚴尤 1.1/1/18
固始○兄弟爲帝言 1.1/2/3
得定武○家丞印 1.1/2/14
封武信○ 1.1/3/12
長威請降得萬戶○ 1.1/4/3
封宣德○ 1.1/4/24
王○外戚 1.1/6/21
封孔子後孔志爲褒成○ 1.1/7/21
以（尉衛）〔衛尉〕關內○陰興爲侍中 1.1/8/15
功臣鄧禹等二十八人皆爲○ 1.1/10/1
故皆以列○就第 1.1/10/3
必先徧賜列○ 1.1/10/4
帝封新野主子鄧汎爲吳○ 1.1/10/6
伯父皇皇考姊子周均爲富波○ 1.1/10/6
〔追封〕外祖樊重爲壽張○ 1.1/10/6
重子丹、射陽○ 1.1/10/7
孫茂、平望○ 1.1/10/7
尋玄、鄉○ 1.1/10/7
從子沖、更父○ 1.1/10/7
后父陰睦爲宣恩○ 1.1/10/7
子識、原鹿○ 1.1/10/8
就、信陽○ 1.1/10/8
皇考女弟子來歙爲征羌○ 1.1/10/8
弟由、宜西鄉○ 1.1/10/8
〔以〕寧平公主子李雄爲新市○ 1.1/10/9
后父郭昌爲陽安○ 1.1/10/9
子流、緜曼○ 1.1/10/9
兄子竟、新鄓○ 1.1/10/10
匡、發干○ 1.1/10/10
姨子馮邯爲鍾離○ 1.1/10/10
乃率諸王○、公主、外戚、郡國計吏上陵 2.1/11/20
封太后弟陰興之子慶爲鮦陽○ 2.1/11/23
慶弟博爲㶏强○ 2.1/11/23
陰盛爲無錫○ 2.1/11/23
楚王舅子許昌、龍舒○ 2.1/11/24
帝及公卿列○始服冕冠、衣裳 2.1/11/26

封師太常桓榮爲關內○ 2.1/12/1
11.7/72/14
剖符封○ 2.1/12/13
詔爲四姓小○置學 2.1/12/29
帝憐廣陵○兄弟 2.1/13/12
闔門而已無封○預朝政
者 2.1/13/27
孔子後褒成○等咸來助
祭 2.2/14/19
曹相國後容城○無嗣 2.3/16/15
拜爲長安○ 3.1/18/9
北鄉○即尊位 3.2/19/25
北鄉○薨 3.2/19/26
其以漢中南鄭之武陽亭
封賢孫承先爲武陽亭
○ 3.2/20/17
徵封建平○ 3.4/21/16
蠡吾○翼之長子也 3.5/21/23
于是封超等爲五○ 3.5/22/6
〔五○〕暴恣日甚 3.5/22/7
太守甘定、刺史○輔各
奔出城 3.5/22/14
至新野公主、壽張敬○
廟 3.5/22/18
追封壽張○ 3.5/22/19
祖父茂封冠軍平望鄉○ 3.5/22/19
公、○紫綬 4.1/25/18
復設諸○王金璽綟綬 4.1/25/18
公、○金印紫綬 4.1/25/18
尙書、中謁者、黃門冗
從四僕射、諸都監、
中外諸都官令、都
（候）〔○〕、司農
部丞、郡國長史、丞
、（候）〔○〕、司
馬、千人秩皆六百石 4.1/26/1
蓋齊諸○ 5.5/30/2
公、（卿）〔○〕、將
軍紫綬 5.6/33/6
敞曾祖節○買 7.7/40/13
以長沙定王子封于零道
之舂陵爲○ 7.7/40/13
敞父仁嗣○ 7.7/40/13
皆命帶列○綬 7.9/41/25
封恭少子丙爲都鄉○ 7.17/44/22
國爲安鄉○ 7.17/44/22
丁爲魯陽鄉○ 7.17/44/22
封恭孫據、卞亭○ 7.17/44/22
光、昭陽亭○ 7.17/44/23
固、公梁亭○ 7.17/44/23
興、蒲亭○ 7.17/44/23
延、昌城亭○ 7.17/44/23
祀、梁父亭○ 7.17/44/23
堅、西安亭○ 7.17/44/24
代、林亭○ 7.17/44/24
可封禹爲酇○ 8.1/46/20
以列○就第 8.1/47/6
封陟爲上蔡○ 8.4/48/14
有司復請加謚曰昭成○ 8.6/49/7
凡○者二十九人 8.7/49/19
封廣平○ 8.10/50/17
詔特賜謚曰忠○ 8.10/51/5
復以○就第 8.11/51/20
封美陽○ 8.16/53/24
列○十九人 8.17/54/15
徙封彰爲平鄉○ 9.5/58/5
封（祐）〔祜〕爲鬲○ 9.6/58/12
給○印綬 9.7/59/19
景丹因以言語爲固德○
相 9.10/60/17
定封丹櫟陽○ 9.10/60/20
詔封延曾孫爲盧亭（候）
〔○〕 9.11/61/13
封耿鄉○ 10.1/62/9
越人伺（○）〔候〕者
聞車聲不絕 10.2/62/19
以武强爲○國 10.6/63/12
故徙浮封蘄春○ 10.8/63/23
賜爵關內○ 10.11/64/22
15.11/99/15
封武固○ 10.14/65/17
封昌城○ 10.17/66/15
封山桑○ 10.20/67/5
封通少子雄爲邵陵○ 10.21/67/15
其以安豐、陽泉、蓼、
安風凡四縣封融爲安
豐○ 10.22/67/23
享○國哉 10.22/68/2
而融弟顯親○友嗣子固
尙沮陽公主 10.22/68/3
兩○ 10.22/68/4
封武陽○ 10.24/68/22
其封憙冠軍○ 10.24/68/23
詔封茂宣德○ 10.26/69/21
晨更名○家丞 11.1/70/6
追封重爲壽張敬○ 11.3/71/13
封長羅○ 11.4/71/18
封謝○ 11.4/71/19
徙封壽張○ 11.4/71/19
追尊貴人父睦爲宣恩○
11.12/74/5
追封加謚興曰鮦陽翼○
11.14/74/20
陰傅封瀡强○ 11.15/74/24
爲期思○ 11.15/74/24
欲授以封○大將軍位 12.1/75/15
防爲潁陽○ 12.3/77/23
子鉅爲常從小○ 12.3/78/7
依姊壻父九江連率平河
○王述 12.6/79/3
余外孫右扶風曹貢爲梧
安○相 12.6/79/4
國家開封○之科 12.9/80/14
其追封謚皇太后父竦爲
褒親愍○ 12.10/81/6
孰云忠○ 12.11/81/23
竊見故大司徒陽都○伏
湛自行束脩 13.1/82/22
令四方諸○咸樂回首 13.1/83/2
○霸、字君房 13.5/83/19
遣謁者○盛、荆州刺史
費遂齎璽書徵霸 13.5/83/20
○君當去 13.5/83/22
封扶陽○ 13.7/84/19
病居中東門○舍 13.10/85/16
諸○所不能友 13.11/85/23
封疆畫界以建諸○ 13.11/86/2
或屬諸○宮府 13.11/86/26
封武始○ 13.12/87/11
諸王公列○廟會 13.12/87/17
由是使典諸○封事 13.13/88/6
其先魏之別封曰華○ 13.14/88/16
華○孫長卿食采馮城 13.14/88/16
其還故爵爲楊邑○ 13.14/88/17
馮石襲母公主封獲嘉○
13.15/88/24
光武以憙守簡陽○相 13.16/89/11
成德○鮪玄孫祀 14.1/90/11
案良諸○藩臣 14.2/91/5
襲父爵爲關內○ 14.5/92/22
王閎者、王莽叔父平阿

〇譚子也 14.7/94/13
封爲定陵新安鄉〇 15.1/95/1
後徙封陵陽〇 15.1/95/2
徙封鴻爲馬亭〇 15.2/95/21
司徒〇霸欲與丹定交 15.5/96/21
郭伋、字細〇 15.9/98/17
以取封〇 16.3/102/24
而當封〇萬里之外 16.3/102/25
此萬里〇相也 16.3/103/1
乃以漢中郡南鄭之西鄉戶千封超爲定遠〇 16.3/103/21
其賜爵關內〇 16.9/106/11
龍舒〇相 16.12/107/5
則陰〇可 16.15/107/27
授皇太子及諸王小〇五十人經 16.17/108/19
過（〇）〔候〕敏 16.22/110/6
上封功臣皆爲列〇 16.24/110/17
古帝王封諸〇不過百里 16.24/110/17
故利以建〇 16.24/110/18
今封諸〇四縣 16.24/110/18
封〇 16.34/113/2
司徒〇霸辟貢 16.49/116/17
以外戚小〇每預朝會 17.1/117/25
封居巢〇 17.8/119/18
故居巢〇劉般嗣子愷 17.8/119/20
習《大夏〇尚書》 17.10/120/5
鍾離意辟大司徒〇霸府 17.13/121/14
政嘗過揚虛〇馬武 17.17/122/28
會信陽〇至 17.17/123/3
信陽〇陰就於干突車騎簿 17.20/123/19
信陽〇驕慢 17.20/123/20
以功封酇〇 18.3/127/3
諸〇滅宋 18.6/127/21
以《大小夏〇尚書》教授 18.17/131/22
于是京師貴戚順陽〇衛尉馬廖、侍中竇憲慕其行 18.18/132/6
追封當陽〇 18.24/133/15
張酺、字孟〇 19.1/136/5
詔爲四姓小〇開學 19.1/136/6
舅龍鄉〇爲作衣被 19.22/142/10
天下咸稱蔡〇紙 20.9/146/27
徵北鄉〇爲嗣 20.23/149/19
以功封程爲浮陽〇 20.23/149/23
又封中黃門王康華容〇 20.23/149/23
王國酈〇 20.23/149/23
詔書封光東阿〇 20.24/150/7
遂封東阿〇 20.24/150/8
追封爲汝陰東鄉〇 20.25/150/12
而中常侍單超等五人皆以誅冀功並封列〇 21.4/151/3
掠得羌〇君長金印四十三 21.8/152/7
以功封臨沮〇 21.46/159/3
乃賜關內〇 21.46/159/4
利取〇畢尋玄孫守坐姦人妻 21.48/159/12
首鄉〇段普曾孫勝坐殺婢 21.49/159/16
夕陽〇邢崇孫之爲賊所盜 21.50/159/20
關內〇 23.1/165/13
赤眉乃封爲畏威〔〇〕 23.1/165/19
封滑〇 23.2/165/25
改爲潁陽〇 23.3/166/3
詔討寵者封〇 23.11/168/20
乃封子密爲不義〇 23.11/168/27
諸〇王以下至于士庶 24.94/180/12

喉 hóu 1

而津鄉當荊、揚之咽〇 9.2/56/2

后 hòu 125

昔周公郊祀〇稷以配天 1.1/5/9
俱與〇稷竝受命而爲王 1.1/5/10
高皇呂太〇不宜配食 1.1/9/18
薄太〇慈仁 1.1/9/18
今上薄太〇尊號爲高皇〇 1.1/9/19
遷呂太〇于園 1.1/9/19
〇父陰睦爲宣恩侯 1.1/10/7
〇父郭昌爲陽安侯 1.1/10/9
母光烈皇〇 2.1/11/8
詔（癈）〔廢〕郭皇〇 2.1/11/16
立陰貴人爲皇〇 2.1/11/16
封太〇弟陰興之子慶爲鮦陽侯 2.1/11/23
帝與皇太〇幸南陽祠章陵 2.1/12/15
帝夢見先帝、太〇如平生歡 2.1/13/16
視太〇鏡奩中物 2.1/13/18
〇妃外家貴者 2.1/13/26
皇〇在旁 2.1/13/27
明德太〇姊子夏壽等私呼虎賁張鳴與敖戲爭鬬 2.2/15/13
改殯梁皇〇于承光宮 2.3/16/27
〇葬有闕 2.3/16/27
竇〇崩後 2.3/16/27
尊皇〇鄧氏爲皇太〇 2.4/17/19
太〇臨朝 2.4/17/20
3.3/21/9,6.5/36/21
賴皇太〇〔臨朝〕 2.4/17/24
鄧〇臨朝 3.1/18/8
皇太〇率大臣命婦謁宗廟 3.1/18/24
皇〇與兄顯 3.1/19/14
追諡恭愍皇〇 3.2/19/21
和熹皇〇甚嘉之 3.2/19/22
白閻太〇 3.2/19/27
尊皇〇梁氏爲皇太〇 3.3/21/8
梁太〇欲以女弟妃之 3.5/21/24
太〇密使瞻察威儀才明 3.5/21/25
太〇猶臨朝 3.5/21/26
上以公卿所奏明德皇〇在世祖廟坐位駁議示東平憲王蒼 5.5/32/11
皆以〇配 5.5/32/12
明德皇〇宜配孝明皇帝 5.5/32/13
皇太〇入宗廟 5.5/32/15
如光烈皇〇故事 5.5/32/15
即〇之父也 6.1/33/21
聞陰〇美 6.1/33/23
遂納〇于宛 6.1/33/24
上以〇性賢仁 6.1/34/1
〇輒退讓 6.1/34/1
明德皇〇嘗久病 6.2/34/6
〇長七尺二寸 6.2/34/9
皇太〇曰 6.2/34/14
〔〇〕夢有小飛蟲萬數

隨著身 6.2/34/15
○曰 6.2/34/21,6.5/36/13
○嘗有不安 6.2/34/21
○志在克己輔上 6.2/34/24
外間白太○ 6.2/34/27
太○曰 6.2/34/27
太○輒斷絕曰 6.2/35/7
事太○素謹愼 6.2/35/11
太○置蠶室織室于濯龍中 6.2/35/14
于是白太○即賜錢各五百萬 6.2/35/17
太○詔書流布 6.2/35/17
敬隱宋○以王莽末年生 6.3/35/21
時竇皇○內寵方盛 6.3/35/26
孝和陰皇○ 6.4/36/6
託以先○近屬 6.4/36/6
○年五歲 6.5/36/11
并中○額 6.5/36/11
○言 6.5/36/12
諸兄持○髮 6.5/36/12
○重違母意 6.5/36/14
○仰（噏）〔嗽〕之 6.5/36/16
○遜位 6.5/36/17
太○賜馮貴人步搖一具 6.5/36/18
太○乃親自臨見宮人 6.5/36/19
太○幸洛陽寺 6.5/36/24
太○察視覺之 6.5/37/1
太○雅性不好淫祀 6.5/37/2
太○聞之 6.5/37/2
太○臨大病 6.5/37/3
太○自遭大憂 6.5/37/4
立爲皇○ 6.6/37/11,8.7/49/18
立○之日 6.6/37/11
與梁皇○並爲貴人 6.7/37/16
追諡趙夫人爲穆皇○ 6.8/37/21
今以貴人爲孝崇皇○ 6.8/37/23
孝桓帝鄧○ 6.9/38/3
郭○廢爲中山太○ 7.8/41/4
自郭○廢 7.8/41/4
白太○ 7.8/41/10
因過按行閱視皇太○舊時衣物 7.12/43/4
今以光烈皇○假髻、帛巾各一、衣一篋遺王 7.12/43/5
焉以郭太○少子 7.15/44/7
光烈皇○崩 7.16/44/13
明帝悉以太○所遺金寶賜京 7.16/44/13
鄧太○悲傷 7.22/45/24
太○乃許 8.4/48/13
和熹○兄也 8.6/48/26
皇太○但令門生輓送 8.6/49/8
鄧太○報閭曰 8.7/49/15
竇太○臨政 10.24/68/21
鄧太○以殤帝初育 11.10/73/17
況、皇○弟 11.11/73/23
其追封諡皇太○父竦爲褒親愍侯 12.10/81/6
妃○之家亦無商比 12.11/81/25
及郭○廢 13.10/85/15
○稷近於周 13.11/86/6
鄧讓夫人、光烈皇○姊也 15.20/102/3
高帝母昭靈○園陵在焉 17.1/117/21
名曰唐、○山 17.14/122/7
太○詔安爲賓 18.5/127/16
和熹鄧○臨朝 18.22/132/26
太○大怒 18.22/133/1
太○使人檢視 18.22/133/2
竇太○秉政 19.32/144/22
又立掖庭民女亳氏爲皇○ 21.4/151/3
○家封者四人 21.4/151/4
太○詔云 21.8/152/1
更始納趙萌女爲○ 23.1/165/6
今遣子密等詣子○蘭卿所 23.11/168/25
許皇○父廣漢 24.72/178/7

厚 hòu 30

獨內念李氏富○ 1.1/2/4
李氏家富○ 1.1/2/5
仲謹○亦如之 1.1/2/10
每來輒加○恩 1.1/8/12
恩遇甚○ 1.1/10/3
蒙國○恩 2.2/15/13
帝幼有簡○之質 3.2/19/21
不欲令○葬以違其意 7.8/41/13
父所○同郡郎中王臨 8.6/49/4
漢爲人質○少文 8.10/50/10
漢性忠○ 8.10/50/14
賞賜殊○ 8.12/52/2
大王哀○弇如父子 8.14/52/17
加賜醫藥甚○ 9.12/61/21
友人張汜、杜禽與興○善 11.14/74/17
多藏○亡 12.11/81/14
素相親○ 13.11/87/2
○加賞賜 13.16/89/16
恩寵甚○ 13.16/89/17
深受○恩 14.1/90/7
得鄉亭○矣 15.1/95/1
賻助甚○ 15.5/96/17
愈見敬○ 16.9/105/21
甚見親○ 16.10/106/17
宗人親○節會飲食宴 19.30/144/10
不亦○乎 20.2/145/7
功薄賞○ 21.19/154/23
先帝褒○老臣 21.23/155/14
與人富○ 22.4/162/24
中宮皇太子親服重繒○練 24.94/180/11

後 hòu 190

開宮○殿居之 1.1/1/9
○之長安 1.1/1/14
殺新野尉○乃得馬 1.1/2/11
○有人著大冠絳單衣 1.1/2/12
望不見其○尾 1.1/2/22
○數日 1.1/3/10,8.14/53/9,14.2/90/17
當以高祖配堯之○ 1.1/5/12
○改爲章陵 1.1/5/19
前○相塵 1.1/6/17
○城營自解散 1.1/7/4
是○乃稍備具焉 1.1/7/16
述伏誅之○ 1.1/7/16
封孔子○孔志爲褒成侯 1.1/7/21
迭興之○ 1.1/8/22
使○世之人不知其處 1.1/8/26
時帝在幄○曰 2.1/11/11
孔子○褒成侯等咸來助祭 2.2/14/19
曹相國○容城侯無嗣 2.3/16/15
竇后崩○ 2.3/16/27
京等懼有○害 3.2/19/24

○伏誅 3.5/22/22
前○凡三十六事 5.5/29/20
○世謂之聖王 5.5/29/22
○世知吾罪深矣 5.5/30/5
聖王先成民而○致力于神 5.5/30/16
節損益前○之宜 5.5/31/15
○至長安 6.1/33/23
○必將貴 6.2/34/7
馬貴人德冠○宮 6.2/34/14
穰歲之○ 6.2/35/9
及北閣○殿 6.2/35/11
○病遂瘳 6.5/37/4
平陵○部攻新野 7.1/38/10
○有司馬犯軍令 7.1/38/13
○改爲祉 7.7/40/11
辭別之○ 7.12/42/23
蒼到國○病水氣喘逆 7.12/43/15
是○諸子更相誣告 7.20/45/13
前○沒溺死者不可勝算 8.2/47/16
薨○ 8.6/49/7
鄧氏自中興○ 8.7/49/19
其○勤勤不離公門 8.10/50/10
上安然○退舍 8.10/50/15
○至者斬 8.10/50/18
妻子在○買田業 8.10/51/2
無○ 8.10/51/5
然○食耳 8.11/51/15
○更不入塞 8.12/52/1
○五日攻西安 8.14/52/25
○無轉輸 8.14/53/2
匈奴破殺○王安得 8.17/54/6
耿氏自中興以○迄建安之末 8.17/54/14
蒙將軍爲○拒 9.2/56/6
即以太守號付○將軍 9.2/56/8
常行諸營之○ 9.4/57/20
○追念之 9.6/58/14
又建爲孔子立○ 9.7/59/17
死○ 9.7/59/21
○與戰 9.11/61/5
天下平定以○ 9.11/61/8
○勸上即位 9.12/61/21
○坐事免 10.1/62/11, 19.20/141/23
傳聞軍在○ 10.11/64/16
無以勸○ 10.11/64/22
爲○大將軍 10.16/66/8
○肅宗駕出過園 10.24/68/17
○日 10.26/69/9
隗囂破○ 11.2/71/2
事○母至孝 11.5/71/27, 14.2/90/15, 19.12/140/4
○詔問起居何如 11.8/72/21
○仕爲淮陽相時 11.9/73/4
○年 11.10/73/14
必幘然○見 12.1/75/9
逑陛戟而○進臣 12.1/75/20
○定果下獄 12.1/76/24
上以固言前○相違 12.3/77/18
光死○ 12.4/78/19
○列女樂 12.7/79/20
其○隴西新興 12.9/80/13
先嚴斷而○弘衍 12.10/80/19
○辟亦然 12.10/80/22
何爾生不先○兮 12.10/80/24
必殞命而○仁 12.10/81/2
氣絕之○ 12.11/81/20
實足以先○王室 13.1/83/1
○大會群臣 13.6/84/6
其○不復令譚給事中 13.6/84/8
○弘見上 13.6/84/13
令主坐屏風○ 13.6/84/13
○大司徒戴涉被誅 13.10/85/16
合於《易》之所謂「先天而天不違、○天而奉天時」義 13.11/86/9
燕、趙、韓、魏之○ 13.11/86/18
○輒因衰麤之痛 13.11/86/19
身死之○ 13.12/87/21
敕魴車駕發○ 13.14/88/18
○病愈 13.16/89/5, 16.9/105/22
○竟殺之 13.16/89/5
○青州大蝗 13.16/89/13
○徵憙入爲太僕 13.16/89/15
○歸上 14.2/90/22
○孔子闕里無故荊棘自闢 14.2/90/25
趙王從○到 14.2/91/3
○邑聞更始敗 14.4/92/1
然○簡精銳之卒 14.5/93/26
○母惡之 14.6/94/6
○徙封陵陽侯 15.1/95/2
而○所舉者陷罪 15.5/96/25
自○連徵 15.6/97/7
不加其○ 15.7/97/14
○有杜母 15.10/99/7
○還其物如故 15.17/101/16
○更疏懈 16.3/103/4
而小人猥承君○ 16.3/104/3
○果爲匈奴所殺 16.6/104/26
本齊桓公○ 16.9/105/13
○入會庭中 16.9/105/20
○榮爲太常 16.9/106/3
○以五更祿終厥身 16.9/106/11
○東適會稽 16.14/107/19
諸生著錄前○萬人 16.21/109/23
恐疑誤○生 16.22/110/4
○召會 16.25/111/1
援○〔雖〕貴 16.34/113/2
及前○守令能否 16.35/113/15
前○奏記數十 16.38/114/11
○人名其釣處爲嚴陵瀨 16.48/116/11
○買輒得 16.49/116/21
然○與相擊 16.50/116/28
以爲○法 17.2/118/10
其○賊忽然而至 17.11/120/19
○起德陽殿 17.13/122/2
其○乃絕 17.14/122/9
○朝會 17.19/123/13
○吏譴詩 17.22/124/7
○掩伺見之 17.23/124/18
然○行之 17.25/125/12
其○小民爭訟 18.1/125/26
暉之先、宋微子之○也 18.6/127/21
○徙于宛 18.6/127/22
堪○仕爲漁陽太守 18.6/128/10
堪○物故 18.6/128/11
臣以爲赦前犯死罪而繫在赦○者 18.9/129/2
然○隨護視賬給之 18.10/129/11
○以病告歸 18.10/129/12
前○相違 18.12/129/27
○阜竊書誦盡 18.13/130/14
○歲餘 18.13/130/15
時山陽新遭地動○ 18.14/131/1
○拜潁州太守 18.14/131/4
此等多是建武以來絕無○者 18.16/131/16

〇捕貴戚賓客 18.21/132/21
〇伯通等爲求葬處 18.29/135/9
然〇修君臣之禮 19.1/136/11
前〇所奏 19.8/139/3
前〇萬餘人相屬于道 19.19/141/15
使〇世稱爲清白吏子孫 20.2/145/7
父娶〇妻而憎苞 20.6/146/9
然〇科其所訟 20.17/148/19
自是〔之〇〕 20.17/148/19
衛康叔之胄孫林父之〇 20.23/149/18
〇卒 21.2/150/23
今〇宮之女數千 21.7/151/19
〇徵還京師 21.8/152/3
〇昱與大將軍竇武謀誅中官 21.14/154/1
〇遷外黃令 21.16/154/10
〇官至三公 21.22/155/10
〇母憎之 21.37/157/25
輒立屏風〇 21.55/160/13
局〇仍離 22.4/162/7
〇顛岸兄顛吾復詣林 22.5/164/5
林對前〇兩屈 22.5/164/5
〇涼州刺史奏林贓罪 22.5/164/6
日夜與婦人歡宴〇庭 23.1/165/6
諸婦女皆從〇車呼更始 23.1/165/17
自更始敗〇 23.5/166/16
赤眉平〇 23.6/167/2
而潛遣奇兵出吳漢軍〇 23.17/172/1
〇漢有南宮、北宮、承光宮也 24.4/173/3
〇漢有胡桃宮 24.7/173/9
〇爲暴室嗇夫 24.72/178/9
夫清道而〇行 24.77/178/19
進退先〇 24.88/179/16
撰建武以來星變彗孛占驗著明者續其〇 24.90/179/28
〇嗣遵儉 24.92/180/5

候 hòu 30

會〇騎還 1.1/2/21
尙書、中謁者、黃門冗從四僕射、諸都監、中外諸都官令、都（〇）〔侯〕、司農部丞、郡國長史、丞、（〇）〔侯〕、司馬、千人秩皆六百石 4.1/26/1
分高顯、〇城、遼陽屬玄（蒐）〔菟〕 5.1/27/21
然遠斥〇 8.16/53/25
遠斥〇 9.8/60/4
詔封延曾孫爲盧亭（〇）〔侯〕 9.11/61/13
越人伺（侯）〔〇〕者聞車聲不絕 10.2/62/19
十里一〇 10.5/63/8
匈奴〇騎得漢馬矢 12.3/77/20
召門〇岑尊 14.2/91/2
又召〇岑尊詰責 14.2/91/4
宜知尊帝城門〇吏六百石 14.2/91/5
霸遣子昱〇 15.5/96/21
過〇其家 15.6/97/4
憚往〇之 15.8/97/22
爲上東門〇 15.8/98/6
常嚴烽〇 15.9/98/23
元卿來〇桀 16.9/106/4
過（侯）〔〇〕敏 16.22/110/6
嘗〇馬援兄況 16.34/112/28
安邑令〇之 16.49/116/20
倫步擔往〇鮮于褒 18.1/125/20
乃自往〇視 18.6/128/12
彭擢開陽城門〇 18.14/130/27
往〇之 18.27/134/8,20.10/147/3
霸孤兄弟子來〇 19.11/139/18
〇鍾律 24.88/179/15
今史官所用〇臺銅儀 24.90/179/23

乎 hū 71

況詐子輿〇 1.1/4/3,23.8/167/19
安得松、喬與之而共遊〇 1.1/8/24
豈非公卿奉職得理〇 2.1/12/23
孝〇惟孝 2.2/15/25
用〇宗廟、社稷 5.4/28/22
繫〇山川、鬼神 5.4/28/23
于是〇禁之 5.5/30/17,5.5/30/18
《詩》不云〇 5.5/30/20
奈何弄人髮〇 6.5/36/13
當復何苦〇 7.4/39/22
何多買田宅〇 8.10/51/2
豈有窮〇 8.17/54/10
無乃不可〇 9.1/55/19
何如在長安時共買蜜〇 9.6/58/15
主人得無去我講〇 9.6/58/17
安得憂國奉公之臣如祭征虜者〇 9.7/59/21
爲誰來〇 9.10/60/19
小縣何足貪〇 10.7/63/17
諸君得無望〇 10.14/65/20
何況小民〇 10.24/68/18
亭長從汝求〇 10.26/69/11
爲汝有事屬之而受〇 10.26/69/12
將平居〔以〕恩意遺之〇 10.26/69/12
況吏民〇 10.26/69/15
何所措其手足〇 10.26/69/18
安知非僕〇 11.1/70/9
而反效兒女子泣涕〇 11.2/71/5
人情〇 13.6/84/14
今公誰爲守〇 14.1/90/2
欲何望〇 14.1/90/3
況誅罰〇 14.1/90/5
加〇百姓 14.5/93/16
聞〇群士 14.5/93/16
況〇萬里之漢 14.5/93/19
可謂智〇 15.2/95/12
敢不以死明心〇 15.8/97/26
子從我爲伊尹〇 15.8/98/4
安能久事筆研間〇 16.3/102/24
寧覺廣志意薄〇 16.3/103/4
班超何心獨擅之〇 16.3/103/9
何故不遣而選〇 16.3/103/11
可不勉〇 16.9/106/2
當安復施用時〇 16.9/106/3
著〇幼沖 16.12/107/5
爲陰氏〇 16.15/107/27
爲天下〇 16.15/107/27
況太子〇 16.15/107/29
何可得〇 16.16/108/7
汝南子欲復黨〇 16.20/109/13
況夷〇 16.36/113/23
嗟〇 16.37/114/2

此皆何罪而至於是○ 16.37/114/2
將有悔○ 16.37/114/3
辛○辛○ 16.46/115/27
於從政○何有 17.8/119/20
清○尙書之言 17.13/121/25
子其留○ 18.8/128/21
誠信行○州里 19.28/143/25
輒言「敢祝少賓○ 19.28/143/25
不亦厚○ 20.2/145/7
是帝欲不諦○ 21.4/151/6
豈不貧國○ 21.7/151/20
正用此時持事來○ 23.1/165/9
諸君寧肯哀之○ 23.7/167/8
將軍得無笑其言○ 23.15/169/21
況十二○ 23.17/171/9
白帝倉出穀○ 23.17/171/24
可坐窮○ 23.17/171/27

忽 hū 11

光祿勳府吏舍夜壁下○有氣 3.5/21/30
因○不見 3.6/23/18
重耳○推兮 12.10/80/23
此誠不可以○也 14.5/93/19
奄○僵仆 16.3/104/1
意○○不樂 16.16/108/11
○然如不饑渴 16.26/111/7
其後賊○然而至 17.11/120/19
○忘所之 18.16/131/15
○不視麥 18.30/135/15

呼 hū 26

伯升請○難 1.1/2/1
○之 1.1/2/7
聚人遮道啼○ 1.1/8/2
明德太后姊子夏壽等私○虎賁張鳴與敖戲爭鬬 2.2/15/13
即○還問狀 6.5/37/1
良搏手大○曰 7.4/39/20
良復讙○ 7.4/39/21
復○同廬郎共更噓 8.2/47/12
聞鼓聲皆大○俱進 8.10/50/18
期瞋目道左右大○曰 9.12/61/18
數千人號○涕泣 10.1/62/11
賊眾歡○ 10.11/64/24
而令親屬招○忠 10.14/65/22
使爲手書○彤曰 10.16/66/9
故○卿 11.2/71/5
百姓號○哭泣 13.5/83/20
乃○客見之 15.5/96/25
詔○引見 17.1/117/21
百姓攀轅扣馬○曰 18.1/126/16
時不如意輒○責 18.28/134/15
○鴻及熱釜炊 18.29/134/23
王康○還 20.24/150/4
傳（言）〔室〕○敕 22.4/163/30
諸婦女皆從後車○更始 23.1/165/17
又用寵聲○其妻入室 23.11/168/21
其大將王捷登城○漢軍曰 23.16/170/16

惚 hū 1

令爲狂疾恍○ 15.8/97/21

滹 hū 3

治○沱、石臼河 8.2/47/15
因渡○沱河 9.4/57/1
南至下曲陽○沱河 10.11/64/16

狐 hú 6

白鹿、白兔、九尾○見 2.2/15/3
鳳凰見百三十九、麒麟五十二、白虎二十九、黃龍三十四、青龍、黃鵠、鸞鳥、神馬、神雀、九尾○、三足烏、赤烏、白兔、白鹿、白燕、白鵲、 2.2/15/20
修飛○道至平城 10.11/64/25
故○疑不決 11.2/70/20
安問○狸 20.15/148/3
志士○疑 23.17/171/8

胡 hú 25

趙王庶兄○子進狗牒馬（醢）〔醢〕 1.1/3/18
○子立邯鄲卜者王郎爲天子 1.1/3/19
發湟中秦、○羌兵四千人 8.2/47/25
吏人羌○愛惜 8.2/48/2
羌、○畢集 10.22/67/22
羌○親愛之 10.23/68/11
羌○見客 10.23/68/11
賦斂羌○ 12.3/78/8
使封○降檄 14.3/91/19
北逼彊○ 14.5/93/22
吏人及羌○畏之 15.17/101/15
召侍○ 16.3/103/5
侍○具服 16.3/103/5
賈○共起帷帳設祭 16.36/113/22
薦陰亶、程○、魯歆自代 17.2/118/9
詔賜降（人）〔○〕縑 17.13/121/26
諸國侍子及督使賈○數遺恂奴婢、宛馬、金銀、香罽之屬 19.20/141/22
掩擊羌○ 20.5/146/5
○廣爲太傅 21.1/150/18
西域、○夷 21.2/150/23
潁破羌、○ 21.8/151/26
屬國○數千畔 23.9/168/3
會匈奴句林王將兵來降參蠻○ 23.9/168/4
後漢有○桃宮 24.7/173/9
臣以問○廣 24.91/180/1

斛 hú 12

帝奉糗一○、脯三十朐進圍宛城 1.1/2/13
粟○錢三十 2.1/13/1
調濱水縣彭城、廣陽、廬江、九江穀九十萬○ 3.1/18/26
鑄黃鐘二千○ 3.6/24/5
收得一萬餘○ 9.1/55/6
詔于汧積穀六萬○ 11.2/71/2
得穀百萬餘○ 11.10/73/14
增歲租十餘萬○ 12.8/80/1
同斗○權衡 15.2/95/18

丹上麥二千〇 15.5/96/20
正斗〇 18.1/125/26
歲送穀五十〇 18.6/128/12

瓠 hú 1

以素木刳〇葉爲俎豆 16.17/108/19

壺 hú 2

必雅歌投〇 9.7/59/17
玉〇革帶 20.4/146/1

湖 hú 9

誘殺〇陽尉 1.1/2/12
黽池霍郎、陝王長、〇濁惠、華陰陽沈等稱將軍者皆降 9.4/57/11
興復陂〇 12.8/80/1
上姊〇陽公主新寡 13.6/84/12
於是江〇之上 14.5/93/7
轉至〇 23.1/165/16
茂將其精兵突至〇（陸）〔陵〕 23.10/168/10
攻得邔、宜城、（若）〔鄀〕、編、臨沮、中（沮）廬、襄陽、鄧、新野、穰、〇陽、蔡陽 23.13/169/9
江〇海岱 23.16/170/8

縠 hú 1

詔齊相〔其〕止勿〔復〕送冰紈、方空〇、吹綸絮〔也〕 2.2/14/9

鵠 hú 3

鳳凰見百三十九、麒麟五十二、白虎二十九、黃龍三十四、青龍、黃〇、鸞鳥、神馬、神雀、九尾狐、三足烏、赤烏、白兔、白鹿、白燕、白鵠、 2.2/15/20
所謂刻〇不成尙類鶩者 12.1/76/21
黃〇群翔 15.2/95/20

虎 hǔ 44

至驅〇豹犀象 1.1/2/17
世祖令〇賁詰問 2.1/11/13
于是下太常、將軍、大夫、博士、議郎、郎官及諸王諸儒會白〇觀 2.1/11/22
因舉〇頭衣以畀三老 2.1/12/9
諸儒會白〇觀 2.2/14/11
明德太后姊子夏壽等私呼〇賁張鳴與敖戲爭鬬 2.2/15/13
爾〇賁將軍 2.2/15/13
〇賁蘭內所使 2.2/15/15
鳳凰見百三十九、麒麟五十二、白〇二十九、黃龍三十四、青龍、黃鵠、鸞鳥、神馬、神雀、九尾狐、三足烏、赤烏、白兔、白鹿、白燕、白鵠、 2.2/15/20
取銅〇符 3.5/22/14
〇賁、羽林不任事者住寺 3.5/22/15
兄爲〇賁中郎將 6.2/34/24
置〇賁髦頭 7.8/41/6
〇賁百人 7.12/43/18
講白〇觀 7.21/45/20
三遷〇賁中郎將 8.4/48/12
〇貫鞶囊一 8.9/50/2
如去〇口就慈母 8.14/52/19
兩〇安得私鬬 9.1/55/12
更始遣舞陰王李軼、廩丘王田立、大司馬朱鮪、白〇公陳僑將兵三十萬 9.4/57/1
光武以延爲〇牙將軍 9.11/61/4
從羽林監遷〇賁中郎將 10.13/65/11,12.2/77/10
遷〇賁中郎將 12.1/76/6
所謂畫〇不成反類狗也 12.1/76/22
爲〇賁中郎將 13.12/87/13
摧九〇之軍 14.5/93/10
猶有申伯、召〇、夷吾、吉甫攘其蟊賊 14.5/93/18
集議《五經》同異於白〇觀 15.2/95/14
寧見乳〇穴 15.17/101/16
生燕頷〇（頭）〔頸〕 16.3/103/1
不探〇穴 16.3/103/6
不得〇子 16.3/103/6
太子及山陽王因〇賁中郎將梁松請衆 16.6/104/18
拜憑〇賁中郎將 16.20/109/15
馬驚觸〇 16.34/113/7
諸儒于白〇觀講論《五經》同異 17.6/119/7
武騎〇賁恐驚馬 17.17/122/26
詔逵入北宮〇觀、南宮雲臺 18.17/131/24
帝常使〇賁扶持 18.18/132/5
有影象如〇 22.5/164/3
自號「搤〇」 23.7/167/10
岑衣〇皮襜褕 23.18/172/6
龍顏〇口 24.14/174/2

戶 hù 32

城中負〇而汲 1.1/2/26
移檄購求帝十萬〇 1.1/3/20
長威請降得萬〇侯 1.1/4/3
一〇不可得 1.1/4/4
食邑二千〇 1.1/4/24
于時見〇四百七十六 7.7/40/14
蟻封穴〇 7.9/41/20
7.9/41/21,24.73/178/11
增封三千〇 8.4/48/14
邑七千三百〇 9.6/58/13
願受南陽五百〇足矣 9.6/58/13
不過櫟陽萬〇邑 9.10/60/21
食邑二萬〇 10.24/68/22
邑二萬〇 10.24/68/24
茅屋草廬千餘〇 11.10/73/14
防兄弟二人各六千〇 12.3/77/23
以襄城羹亭一千二百〇增防 12.3/77/24

民○知之 13.11/86/6
食五千○ 15.1/95/2
乃以漢中郡南鄭之西鄉○千封超爲定遠侯 16.3/103/21
食邑五（百）〔千〕○ 16.9/106/11
居茅屋蓬○ 16.47/116/6
政入○ 17.17/122/28
鴻常閉○吟詠書記 18.29/135/6
署○曹（吏）〔史〕 19.16/140/23
置○屏前 20.10/147/4
自抱孫兒伏于○下 20.10/147/4
抱兒當○ 20.10/147/5
萬○ 20.23/149/23
食邑四千○ 20.24/150/7
邑千○ 20.24/150/8

祜 hù 19

時宛人朱○亦爲舅訟租于尤 1.1/1/19
不視○ 1.1/1/19
戲○曰 1.1/1/19
孝安皇帝諱○ 3.1/18/5
朱（祐）〔○〕、字仲先 9.6/58/9
上以○爲護軍 9.6/58/9
（祐）〔○〕侍燕 9.6/58/10
（祐）〔○〕由是不復言 9.6/58/11
以（祐）〔○〕爲建義將軍 9.6/58/11
（祐）〔○〕斬張成 9.6/58/12
封（祐）〔○〕爲鬲侯 9.6/58/12
（祐）〔○〕自陳功薄而國大 9.6/58/13
常與（祐）〔○〕共車而出 9.6/58/14
乃賜（祐）〔○〕白蜜一石 9.6/58/15
又過（祐）〔○〕宅 9.6/58/15
○嘗留上 9.6/58/16
車駕幸（祐）〔○〕第 9.6/58/16
上謂（祐）〔○〕曰 9.6/58/16
（祐）〔○〕曰 9.6/58/17

扈 hù 3

坐私與梁○通書 8.2/47/24
憲他奴郭○自出證明光、憲無惡言 12.4/78/19
五校賊帥高○ 23.20/172/16

鄠 hù 1

王常、其先○人 10.20/67/3

護 hù 23

中郎將持節衛○焉 2.3/16/13
22.3/161/15
置中○軍一人 4.1/24/17
校尉、中郎將、諸郡都尉、諸國行相、中尉、內史、中○軍、司直秩皆比二千石 4.1/25/20
遷○烏桓校尉 8.2/47/19
爲○羌校尉 8.2/47/25
16.30/111/25
時始置西域都○、戊己校尉 8.17/54/3
中郎將、○羌校尉及刺史、二千石數百人 8.17/54/15
上以祜爲○軍 9.6/58/9
召刺姦收○軍 9.6/58/11
遵遣○軍王忠皆持刀斧伐樹開道 9.7/59/8
上令霸○渡 10.11/64/19
大奴步○視之 12.6/79/6
衛○南單于 12.6/79/8
大兵冀蒙救○〔生活〕之恩 13.9/85/6
兩府遣吏○送饒穀之郡 13.11/86/22
遵爲○喪事 15.5/96/17
遵爲大司馬○軍 15.5/96/18
超爲都○ 16.3/104/2
然後隨○視賑給之 18.10/129/11
令○鷄 18.30/135/14
○羌竇林奉使 22.5/164/4

花 huā 1

桃○水出 11.2/70/25

華 huá 23

帝所與在長安同舍諸生彊○自長安奉《赤伏符》詣鄗 1.1/4/17
鳳凰見百三十九、麒麟五十二、白虎二十九、黃龍三十四、青龍、黃鵠、鸞鳥、神馬、神雀、九尾狐、三足烏、赤烏、白兔、白鹿、白燕、白鵲、 2.2/15/20
始置承○廄令 3.2/20/20
遠望如蓮○ 5.1/27/15
山龍○藻 5.6/32/24
服以○文 5.6/33/1
娶妻當得陰麗○ 6.1/33/24
鄧禹、字仲○ 8.1/46/5
黽池霍郎、陝王長、湖濁惠、○陰陽沈等稱將軍者皆降 9.4/57/11
與赤眉遇于○陰 9.4/57/12
與弘農、厭新、柏○、蠻中賊合戰 9.7/59/6
推實不爲○貌 10.26/69/24
以爲○而少實 11.14/74/17
不爲○飾 12.11/81/11
紛○道路 12.11/81/19
其先魏之別封曰○侯 13.14/88/16
○侯孫長卿食采馮城 13.14/88/16
樊曄、字仲○ 15.17/101/11
升於○轂 16.50/117/3
將妻子之○陰山谷 17.12/121/6
維季春兮○阜 18.29/135/4
應順、字○仲 19.12/140/3
又封中黃門王康○容侯 20.23/149/23

猾 huá 1

姦臣狡○而不能誅 20.2/145/11

滑 huá 2

○〔如礶礙〕 6.5/36/16
封○侯 23.2/165/25

化 huà 32

冠帶搢紳遊辟雍而觀○者、以億萬計 2.1/12/3
以益州徼外哀牢王率衆慕○ 2.1/13/3
頒宣風○ 3.2/20/21
臣欽仰聖○ 5.5/32/6
蒼以天下○平 7.12/42/17
望風從○ 8.14/52/18
光武以鐔爲揚○將軍 10.10/64/8
觀○者〔以〕億萬計 11.7/72/15
○爲魚蝦 12.8/80/1
中國未○ 13.1/82/21
吏民從○ 13.8/84/26
爲揚○大將軍掾 14.5/93/1
皆充之○也 15.14/100/18
而人不可暴○ 16.16/108/7
聚落○之 16.46/115/27
美俗成○ 16.49/116/18
恐政○由是而墜 17.20/123/21
吏民向○ 18.13/130/17
21.42/158/16
世謂其用法平正、寬慈惠○所致 18.13/130/20
尙德○ 18.14/131/3
政○大行 18.15/131/9
里落皆○而不爭 18.28/134/18
○及鳥獸 19.4/137/21
有益于○ 19.6/138/11
○之 19.11/139/22
百姓○其恩禮 19.17/141/6
程謀誅江京于盛○門外 20.23/149/19
益州紀其政○ 21.41/158/12
聞風向○ 22.4/162/1
慕義向○ 22.4/162/21
率下以儉○起機 24.94/180/11

畫 huà 12

故宮中皆○鳳凰 1.1/1/12
帝爲○成敗 1.1/2/23
使○伯升像于埻 7.1/38/10
兵法但有所圖○者 7.1/38/13
色理膚髮眉目容貌如○ 12.1/75/7
指○地勢 12.1/76/1
所謂○虎不成反類狗也 12.1/76/22
圖○列女 13.6/84/11
封疆○界以建諸侯 13.11/86/2
所建○未嘗流布 19.22/142/17
○彪形象 21.16/154/10
以丈二竹簟○九宮其上 21.21/155/4

話 huà 1

乃談○ 9.6/58/16

淮 huái 16

諸小王皆當略與楚、○陽相比 2.1/13/28
遂平沛、楚、臨○ 9.11/61/6
〔夜告臨○、楚國〕 9.11/61/11
後仕爲○陽相時 11.9/73/4
爲○平大尹 13.5/83/19
覇保守臨○ 13.5/83/20
臨○必亂 13.5/83/22
○陽人 17.18/123/7
除倫爲○陽王醫工長 18.1/126/5
再遷臨○太守 18.6/128/4
臨○獨不疫 18.6/128/8
暉自爲臨○太守 18.6/128/11
帝賜香《○南》、《孟子》各一通 19.22/142/10
乃下詔封更始爲○陽王 23.1/165/18
殺○陽太守 23.10/168/10
銅馬賊帥東山荒禿、上○況等 23.20/172/16

槐 huái 1

鳳皇見肥城窳亭○樹上 2.2/14/26

踝 huái 1

涉淖至○ 11.14/74/14

懷 huái 33

○刀自備 1.1/2/3
葬○陵 3.3/21/11
○柔百神 5.5/31/1
祉以建武二年三月見光武于○宮 7.7/40/22
悽然○思 7.12/42/23
瞻望永○ 7.12/42/24
群臣各○慚懼也 9.7/59/22
丹從上至○ 9.10/60/22
買半臿佩刀○之 10.21/67/10
○挾欲中光 12.4/78/18
○慚而還 13.9/85/4
○姓九宗分唐叔 13.11/86/16
婦人亦○卿之恩 13.16/89/16
我攻○三日兵不下 14.2/90/22
至○ 14.2/90/23
永說下○ 14.2/90/24
咸○怨怒 14.5/93/9
丹乃○縑一匹 15.5/96/17
而蠻夷○鳥獸之心 16.3/104/4
受者○之 16.9/105/20
○旌善之志 16.34/113/10
民○其惠 18.6/128/6
寢則○鉛筆 18.16/131/14
吏皆○恩 19.11/139/23
夜○金十斤以遺震 20.2/145/8
○挾姦巧 20.20/149/6
遂○猜恨 21.8/152/2
不得入○ 21.11/153/4
其妻○孕 21.11/153/6
《遠夷○德歌詩》曰 22.4/163/7
○稾匹漏 22.4/163/27
○抱匹帛 22.4/163/27
外○狄戎 24.31/175/9

壞 huài 13

正晝有雲氣如○山 1.1/3/1
隗囂士衆震○ 1.1/6/23
○民廬舍 2.3/16/30
突○人田 3.1/18/12

弇升王宮○臺望之 8.14/53/6
心腹已○ 11.2/70/24
災○城郭官寺 13.11/86/27
○父母之鄉 14.4/92/6
天之所○ 14.4/92/10
敕○祭 16.36/113/23
廣○田園 20.4/145/26
因○車殺馬 20.7/146/15
一旦敗○ 23.16/170/7

懽 huān 8

臣一○喜 2.1/12/6
臣二○喜 2.1/12/7
臣三○喜 2.1/12/7
臣四○喜 2.1/12/8
臣五○喜 2.1/12/8
臣六○喜 2.1/12/9
臣七○喜 2.1/12/9
吏民○悅 24.21/174/17

歡 huān 12

帝夢見先帝、太后如平生○ 2.1/13/16
上見之甚○ 8.1/46/9
昆彌以下皆○喜 8.17/54/4
賊眾○呼 10.11/64/24
通甚○ 10.21/67/10
與之大○ 11.2/70/18
遠祖以吏二千石自邯鄲徙茂陵成○里 12.1/75/5
得萬國之○心 13.11/86/7
收百姓之○心 14.5/93/28
相對盡○ 17.23/124/22
極○ 19.1/136/23
日夜與婦人○宴後庭 23.1/165/6

讙 huān 3

冀以默止○耳 6.2/35/4
良復○呼 7.4/39/21
上言「不可○露」 7.4/39/21

桓 huán 50

烏○獻貂豹皮 1.1/8/18
封師太常○榮爲關內侯 2.1/12/1
11.7/72/14
鴈門烏○及鮮卑叛 3.1/18/18
太傅○焉以無清介辟召 3.2/20/1
孝○皇帝諱志 3.5/21/23
與中黃門○賢語 3.6/23/18
○帝延熹元年三月己酉 4.1/25/10
匽夫人生○帝 6.8/37/21
○帝詔曰 6.8/37/22
孝○帝鄧后 6.9/38/3
上書表薦賢士左馮翊○虞等 7.12/42/21
遷護烏○校尉 8.2/47/19
前烏○吏士皆奔走道路 8.2/48/3
烏○、鮮卑追思無已 9.8/60/8
事太常○榮 11.10/73/10
方今匈奴、烏○尙擾北邊 12.1/76/28
弘薦沛國○譚才學洽聞 13.6/84/3
臣所以薦○譚者 13.6/84/7
將致國於○公 13.11/86/23
齊○霸彊之君耳 14.5/93/18
從○榮受《歐陽尙書》 15.2/95/6
鴻初與九江人鮑駿同事○榮 15.2/95/11
肅宗詔鴻與太常樓望、少府成封、屯騎校尉○郁、衛士令賈逵等 15.2/95/13
有詔召眾問齊○公之鼎在柏寢臺 16.6/104/20
而○譚、衛宏並共毀訾 16.8/105/9
○榮、字春卿 16.9/105/13
本齊○公後 16.9/105/13
○公作伯 16.9/105/13
嘗與族人○元卿俱捃拾 16.9/106/2
五更沛國○榮 16.9/106/10
○榮卒 16.10/106/16
○焉爲太子太傅 16.11/106/28
○鸞父良 16.12/107/5
○典、字公雅 16.13/107/11
○礹字文林 16.14/107/18
○譚、字君山 16.16/108/3
○譚非聖無法 16.16/108/10
劉昆、字○公 16.17/108/18
○虞、字伯春 18.2/126/25
爲南陽太守○虞功曹 18.26/133/27
受《歐陽尙書》于○郁 20.2/145/5
楊秉諫○帝曰 20.3/145/16
○帝誅大將軍梁冀 21.4/151/3
○帝延熹九年 21.5/151/11
○帝詔公卿選將有文武者 21.8/151/25
休屠各及朔方烏○竝同反叛 21.11/153/5
○帝時 21.11/153/6
○氏女也 22.1/160/24
太尉張酺、鄭洪、徐防、趙喜、隨延、龐○ 24.81/179/1

環 huán 3

遂○昆陽城作營 1.1/2/24
辟把刀、墨再屈○橫刀、金錯屈尺八佩刀各一 8.9/50/2
○城一匝乃還 9.4/57/4

還 huán 98

會候騎○ 1.1/2/21
○坐 1.1/3/22
○過鄧禹營 1.1/3/25
帝發薊○ 1.1/4/12
吏○ 1.1/5/15
未有○人 1.1/9/8
○雒陽宮 1.1/9/15
○幸東平王宮 2.2/14/24
未○宮而澍雨 2.3/16/25
幸宛○ 3.1/19/13
及○宮 3.1/19/14
令封珠○蒲密 3.2/20/4
即呼○問狀 6.5/37/1
行未○宮 6.5/37/1
○白方坐啗脯 7.4/39/21
數上書讓○東海十九縣 7.8/41/7
詔書○入贖縑紈 7.10/42/3
月餘○ 7.12/42/23
赤眉○入長安 8.1/47/1

上乃徵禹○ 8.1/47/2
赤眉引○擊之 8.1/47/4
太醫皮巡從獵上林○ 8.2/47/11
○過趙國易陽 8.2/47/21
連求○第 8.4/48/13
○言方作攻具 8.10/50/16
漢○ 8.10/51/2
皆放遣○ 8.12/52/1
稱疾○ 9.1/55/10
乃自引兵○屯津鄉 9.2/56/2
全子弟得生○也 9.2/56/6
環城一匝乃○ 9.4/57/4
征賊○ 9.4/57/9
吳漢、耿弇等悉奔○ 9.7/59/10
○幸城門 9.7/59/15
○歸雒陽 9.10/60/23
（一）〔嚚〕追兵盡○ 10.3/62/25
○汝水上 10.9/64/3
霸欲如實○報 10.11/64/18
馳○ 10.22/67/20
公欲讓職○土 10.22/68/2
破西羌○ 10.23/68/12
幸至丞相府○我 10.26/69/9
上徵晨○京師 11.1/70/10
願○壽張 11.4/71/22
自○京師 12.1/76/8
以馬革裹尸○葬耳 12.1/77/1
懷慚而○ 13.9/85/4
援從南方○ 13.11/87/2
祀園陵○ 13.13/88/11
其○故爵爲楊邑侯 13.14/88/17
彭○詣河陽白上 14.1/90/4
興因○ 14.2/90/17
時帝叔父趙王良從送中郎將來歙喪○ 14.2/91/1
車駕臨故中郎將來歙喪○ 14.2/91/3
徵○ 14.4/92/18, 15.13/100/7
乃○就國 15.2/95/13
歎息而○ 15.6/97/5
夜○ 15.8/98/6
使君何日當○ 15.9/98/21
〔行部〕既○ 15.9/98/22
○以狀聞 15.10/99/4
輒舍車持馬○相迎 15.14/100/12
避亂江南者皆未○中土 15.15/100/23
應期而○ 15.15/100/28
後○其物如故 15.17/101/16
明日乃○告郭伋 16.3/103/9
○洛陽 16.3/104/6
豈有○害其君者耶 16.31/112/8
○經封邱 17.1/117/22
賜延錢及帶劍佩刀○郡 17.1/117/24
奉○節傳 17.2/118/9
母欲○取之 17.11/120/20
○就死 17.11/120/23
平○ 17.11/120/23
遂○詣賊 17.11/120/24
豬主怪其不○ 17.12/121/4
徵○伏法 17.13/121/23
○入城 18.12/130/5
將○ 18.13/130/15
勤○入新野界 18.26/134/1
復○印綬去 18.26/134/2
椽盜載椽○之 18.28/134/14
○其冢 18.29/134/28
因○府 19.4/137/22
遂送○之 19.11/139/26
遣○營 19.19/141/15
父母慚而○之 20.6/146/11
于是歎息而○ 20.10/147/6
從省中○外府 20.23/149/21
王康呼○ 20.24/150/4
欲○入 20.24/150/5
後徵○京師 21.8/152/3
大醉而○ 21.9/152/13
盡○不受 21.11/153/4
上書求○ 21.24/155/22
上書以非劉氏○玉璽 23.3/166/3
上印綬○第 24.2/172/24

緩 huǎn 1

○急有問者當相證也 20.24/150/6

澣 huǎn 1

使忠解○長襦 10.14/65/18

宦 huàn 6

仕○當作執金吾 6.1/33/24
是時○者執政 16.13/107/12
倫自度仕○牢落 18.1/125/21
不慕游○ 18.10/129/7
（今）〔令〕我出學仕○ 18.13/130/15
爲○者丞 24.72/178/7

奐 huàn 6

張○事勢相反 21.8/152/2
張○、字然明 21.11/153/3
羌離湳上○馬二十匹 21.11/153/3
○召主簿張祁入 21.11/153/3
○安坐帷中 21.11/153/6
夢見○帶印綬 21.11/153/7

浣 huàn 1

○已復御 24.94/180/11

患 huàn 7

百姓○苦王莽苛刻日久 8.14/52/18
成王深知其終卒之○ 13.11/86/15
動搖觸○ 14.4/92/13
忠臣不顧爭引之○ 14.5/93/2
百姓○之 17.14/122/8, 21.3/150/28
由是不罹其○ 18.21/132/22

渙 huàn 3

王○除河內溫令 19.21/141/28
○以方略取之 19.21/142/1
○聞知事實 19.21/142/3

皇 huáng 131

光武○帝諱秀 1.1/1/5
○考初爲濟陽令 1.1/1/9
○考以令舍下濕 1.1/1/9
○考異之 1.1/1/10
即（黃）〔○〕帝位 1.1/4/21

以〇祖〇考墓爲昌陵 1.1/5/19
署曰「公孫〇帝」 1.1/6/7
惟孝宣〇帝有功德 1.1/8/10
〇考居此日久 1.1/8/11
〇太子嘗（乘）〔承〕間言 1.1/9/5
高〇呂太后不宜配食 1.1/9/18
孝文〇帝賢明 1.1/9/18
今上薄太后尊號爲高〇后 1.1/9/19
如孝文〇帝舊制 1.1/9/23
太子襲尊號爲〇帝 1.1/9/24
群臣奏諡曰光武〇帝 1.1/9/24
伯父〇〇考姊子周均爲富波侯 1.1/10/6
〇考女弟子來歙爲征羌侯 1.1/10/8
孝明〇帝諱陽 2.1/11/5
母光烈〇后 2.1/11/8
故帝年十二以〇子立爲東海公 2.1/11/9
詔（癈）〔廢〕郭〇后 2.1/11/16
立陰貴人爲〇后 2.1/11/16
以東海王立爲〇太子 2.1/11/16
〇太子即位 2.1/11/18
〔上〕宗祀光武〇帝于明堂 2.1/11/26
帝與〇太后幸南陽祠章陵 2.1/12/15
又以〇子輿馬 2.1/13/12
諡曰孝明〇帝 2.1/13/21
如孝文〇帝（祫）〔祫〕祭高廟故事 2.1/13/23
自〇子之封 2.1/13/27
〇后在旁 2.1/13/27
孝章〇帝諱炟 2.2/14/3
孝明〇帝第五子也 2.2/14/3
以〇子立爲太子 2.2/14/3, 2.3/16/6
鳳〇見肥城窳亭槐樹上 2.2/14/26
寅畏〇天 2.2/15/25
孝和〇帝諱肇 2.3/16/5
改殯梁〇后于承光宮 2.3/16/27
孝殤〇帝諱隆 2.4/17/18
和帝〇子數十 2.4/17/18
乃立以爲〇太子 2.4/17/19
尊〇后鄧氏爲〇太后 2.4/17/19
賴〇太后〔臨朝〕 2.4/17/24
孝安〇帝諱祜 3.1/18/5
〇太后率大臣命婦謁宗廟 3.1/18/24
〇后與兄顯 3.1/19/14
孝順〇帝諱保 3.2/19/21
孝安〇帝長子也 3.2/19/21
追諡恭愍〇后 3.2/19/21
和熹〇后甚嘉之 3.2/19/22
爲〇太子 3.2/19/23
即〇帝位 3.2/19/28, 3.4/21/16
孝順〇帝宏秉聖哲 3.2/20/29
孝沖〇帝諱炳 3.3/21/7
是時〇太子數不幸 3.3/21/7
尊〇后梁氏爲〇太后 3.3/21/8
孝質〇帝諱纘 3.4/21/15
孝桓〇帝諱志 3.5/21/23
以光武〇帝元舅 3.5/22/19
妖賊蓋登稱「大〇帝」 3.5/22/22
冊〇太子捧上其璽綬 4.1/24/11
孝章〇帝親著歌詩四章 5.4/29/2
光武〇帝配之 5.5/30/9
高〇帝受命誅暴 5.5/31/4
孝文〇帝躬行節儉 5.5/31/5
孝景〇帝制《昭德》之舞 5.5/31/6
孝武〇帝功德茂盛 5.5/31/6
孝宣〇帝制《盛德》之舞 5.5/31/7
光武〇帝受命中興 5.5/31/7
孝明〇帝功德茂盛 5.5/31/26
如孝文〇帝在高廟之禮 5.5/31/26
今孝明〇帝主在世祖廟 5.5/32/1
上以公卿所奏明德〇后在世祖廟坐位駁議示東平憲王蒼 5.5/32/11
明德〇后宜配孝明〇帝 5.5/32/13
〇太后入宗廟 5.5/32/15
于世祖廟與〇帝交獻薦 5.5/32/15
如光烈〇后故事 5.5/32/15
高〇帝始受命創業 5.6/32/22
明德〇后嘗久病 6.2/34/6
〇太后曰 6.2/34/14
時竇〇后內寵方盛 6.3/35/26
孝和陰〇后 6.4/36/6
立爲〇后 6.6/37/11, 8.7/49/18
與梁〇后並爲貴人 6.7/37/16
申貴人生孝穆〇 6.8/37/21
趙夫人生孝崇〇 6.8/37/21
追諡趙夫人爲穆〇后 6.8/37/21
今以貴人爲孝崇〇后 6.8/37/23
光武〇帝長子也 7.8/41/3
立爲〇太子 7.8/41/3
又因〇太子固辭 7.8/41/7
上以所自作《光武〇帝本紀》示蒼 7.12/42/26
因過按行閱視〇太后舊時衣物 7.12/43/4
今以光烈〇后假髻、帛巾各一、衣一篋遺王 7.12/43/5
光烈〇后崩 7.16/44/13
〇帝問彭城王始夏無恙 7.20/45/11
〇太后但令門生輓送 8.6/49/8
峻遣軍師〇甫文謁 9.1/55/18
〇甫文、峻之腹心 9.1/55/21
有司請封諸〇子 10.21/67/15
光武〇帝受命中興之初 11.7/72/12
孝明〇帝尤垂情古典 11.7/72/13
況、〇后弟 11.11/73/23
〇太子、諸王聞者 12.1/76/9
彼〇麟之高舉兮 12.10/81/2
其追封諡〇太后父竦爲褒親愍侯 12.10/81/6
〇帝以聖德靈威 14.5/93/9
〇天祖禰 15.2/95/9
鄧讓夫人、光烈〇后姊也 15.20/102/3
授〇太子經 16.9/105/15
〇太子賜郁鞍馬、刀劍 16.10/106/21
郁乃上疏〇太子曰 16.10/106/21
授〇太子及諸王小侯五十人經 16.17/108/19
汝三〇時人也 18.1/126/1
令入授〇太子 19.1/136/6
顯宗以酺授〇太子業 19.1/136/7
又立掖庭民女亳氏爲〇后 21.4/151/3
〇甫嵩上言 21.20/154/27
奉高〇帝傳國璽綬 23.5/166/19
許〇后父廣漢 24.72/178/7
孝明〇帝九子 24.74/178/13

中宮○太子親服重繒厚練 24.94/180/11

荒 huāng 7

八○震動 1.1/4/13
吳○萌其已殖兮 12.10/80/21
長平顚○ 12.10/80/24
適値年○ 17.22/124/5
○服之儀 22.4/163/9
○服之外 22.4/163/9
銅馬賊帥東山○禿、上淮況等 23.20/172/16

凰 huáng 7

先是有鳳○集濟陽 1.1/1/12
故宮中皆畫鳳○ 1.1/1/12
鳳○五 1.1/8/7
鳳○三十九見郡國 2.2/15/18
鳳○見百三十九、麒麟五十二、白虎二十九、黃龍三十四、青龍、黃鵠、鸞鳥、神馬、神雀、九尾狐、三足烏、赤烏、白兔、白鹿、白燕、白鵲、 2.2/15/20
鳳○集濟南臺丞霍穆舍樹上 3.1/19/10
鳳○、（麟麒）〔麒麟〕、嘉禾、甘露之瑞集于郡境 18.14/131/5

惶 huáng 15

諸將○恐 1.1/2/19
吏民驚○ 1.1/6/5
憂○晝夜 6.2/35/8
左右憂○ 6.5/37/2
楊偉、徐容等○恐解散 8.10/50/26
峻○恐 9.1/55/20
士吏○恐 10.11/64/16
左右皆○ 10.11/64/17
○遽著鞍上馬 10.21/67/13
禹以宰士○恐首實 11.10/73/16
奮○怖 13.12/87/25
恐天下○懼 16.33/112/22
昆弟賓客皆○迫 18.6/127/24
于是權門○怖股慄 21.12/153/14
沓恐母驚○ 21.13/153/20

湟 huáng 2

發○中秦、胡羌兵四千人 8.2/47/25
乃發○中六千人 8.2/47/26

黃 huáng 75

即（○）〔皇〕帝位 1.1/4/21
季夏○色 1.1/5/9
○金一斤易粟一石 1.1/5/23
帝風眩○癉病發甚 1.1/8/15
而失○、老養性之道 1.1/9/6
朱色青○ 2.2/15/6
鳳凰見百三十九、麒麟五十二、白虎二十九、○龍三十四、青龍、○鵠、鸞鳥、神馬、神雀、九尾狐、三足烏、赤烏、白兔、白鹿、白燕、白鵲、 2.2/15/20
魯丕與侍中賈逵、尚書令○香等相難 2.3/17/1
○龍見歷城 3.1/19/11
中○門孫程等十九人共討賊臣江京等 3.2/19/27
傳勉頭及所帶玉印、鹿皮冠、○衣詣雒陽 3.4/21/17
芝〔草〕生中○〔藏府〕 3.5/21/28
立○老祠北宮濯龍中 3.5/23/1
與中○門桓賢語 3.6/23/18
鑄○鐘二千斛 3.6/24/5
尚書、中謁者、○門冗從四僕射、諸都監、中外諸都官令、都（候）〔侯〕、司農部丞、郡國長史、丞、（候）〔侯〕、司馬、千人秩皆六百石 4.1/26/1
丞、尉校長以上皆銅印○綬 4.1/26/7
長相皆以銅印○綬 4.1/26/8
小○門、○門侍郎、中○門秩皆比四百石 4.1/26/10
三曰《○門鼓吹》 5.4/28/23
○帝岐伯所作 5.4/29/1
○門舊有鼓吹 5.4/29/6
四百、三百、二百石○綬 5.6/33/8
純○圭 5.6/33/8
〔弟〕爲○門郎 6.2/34/24
澆○土 6.2/35/1
楚王英奉送○縑三十五匹、白紈五匹入贖 7.10/42/3
小○門侍疾 7.12/43/15
○金一斤易豆五升 8.1/47/4
遷○門侍郎 8.7/49/12
更始使侍御史○黨即封世祖爲蕭王 8.14/52/12
士衆作○門武樂 9.7/59/9
使小○門扶起 9.10/60/23
融嗣子穆尙內○公主 10.22/68/2
少爲○門郎 10.23/68/9
上遣中○門朝暮餐食 11.5/72/1
敕令中○門引入 12.1/75/17
敕○門取頭蝨章（特）〔持〕入 12.1/76/11
因出小○門頭有蝨者 12.1/76/12
夜拜爲○門郎 12.3/78/7
以○金十斤、葛縛佩刀、書帶、革帶付襲 12.6/79/14
賜東園轜車、朱壽器、銀鏤、○〔金〕玉匣 12.11/81/22
永昌太守鑄○金之蛇獻之冀 12.12/82/4
上遣小○門問昱有所怪不 14.3/91/19
天子默使小○門持被覆之 14.6/94/8
○鵠群翔 15.2/95/20
使○門脅導惲 15.8/97/21
假鼓吹（○）〔幢〕麾 16.3/103/19
路過小○ 17.1/117/20
編署○堂 17.2/118/10
好○、老 18.10/129/7
○香、字文彊 19.22/142/7

江夏、○童也 19.22/142/11
○、白絺各一端 19.22/142/12
京師號曰「天下無雙、
〔江夏○童〕」 19.22/142/13
○瓊、字世英 19.23/142/24
○琬、字子琰 19.24/143/3
拜小○門 19.32/144/21
爲中○門 20.23/149/18
又封中○門王康華容侯
20.23/149/23
詣○門令自告 20.24/150/7
下有司送雲○門北寺獄
21.4/151/6
○綬二枚 21.8/152/8
後還外○令 21.16/154/10
更始入便坐○堂上視之
23.1/165/1
及中○門從官至雒陽 23.1/165/3
○金一斤易豆五斗 23.6/167/2
與蓋延共擊○憲 23.15/169/19
承赤者、○也 23.17/171/12
少好○老 24.69/178/1
○鍾通 24.88/179/15
以正○道 24.90/179/24

煌 huáng 1

固等兵到燉○ 12.3/77/18

蝗 huáng 12

○蟲蔽天 1.1/1/22
郡國○飛過 3.1/18/26
○水爲災 3.5/22/1
時天下大○ 10.26/69/18
郡界嘗有○蟲食穀 12.8/80/1
○蟲入江海 12.8/80/1
後青州大○ 13.16/89/13
山陽、楚郡多○蜚 17.14/122/9
司部災○ 21.35/157/16
驅○何之 21.35/157/16
災○當以德消 21.35/157/17
○入輒死 21.40/158/8

恍 huǎng 1

令爲狂疾○惚 15.8/97/21

灰 huī 1

○滅雨絕 24.90/179/27

恢 huī 14

安定太守杜○與司馬鈞
并威擊羌 3.1/18/30
○乘勝深入 3.1/19/1
○廓大度 12.1/75/22
以平陵鮑○爲都官從事 14.2/91/6
時司徒吏鮑○以事到東
海 15.6/97/4
○曰 15.6/97/4
○乃下拜 15.6/97/5
樂○、字伯奇 19.16/140/22
○年十一 19.16/140/22
京兆尹張恂召○ 19.16/140/23
○上書諫曰 19.16/140/23
父○ 20.17/148/12
○欲殺青簡以寫經書
20.17/148/12
○乃止 20.17/148/14

暉 huī 23

朱○、字文季 18.6/127/21
○之先、宋微子之後也
18.6/127/21
○外祖父孔休 18.6/127/22
○早孤 18.6/127/22
○拔劍前曰 18.6/127/24
今日朱○死日也 18.6/127/24
欲買○婢 18.6/127/26
○不敢與 18.6/127/26
○送其家金三斤 18.6/127/26
○曰 18.6/127/26
驃騎將軍東平王蒼辟○
爲掾 18.6/128/1
○遙見就主簿持璧 18.6/128/2
主簿授○ 18.6/128/3
○授令史 18.6/128/3
謂○曰 18.6/128/4
○好節概 18.6/128/4
○爲守數年 18.6/128/8
○同縣張堪有名德 18.6/128/9
○以堪宿成名德 18.6/128/10

堪至把○臂曰 18.6/128/10
○舉手不敢答 18.6/128/10
○自爲臨淮太守 18.6/128/11
○聞堪妻子貧窮 18.6/128/11

輝 huī 2

國之光○ 13.1/83/1
炎精更○ 14.5/93/12

麾 huī 1

假鼓吹（黃）〔幢〕○
16.3/103/19

徽 huī 1

常服○幟尙赤 1.1/5/8

回 huí 8

自吾有○也 8.1/46/20
反走上○谿阪 9.4/57/13
垂翅○谿 9.4/57/14
令委輸車○轉出入 10.2/62/18
令四方諸侯咸樂○首 13.1/83/2
立故謁者祝○爲涅長 14.2/90/21
王丹、字仲○ 15.5/96/14
高詡、字季○ 16.23/110/13

迴 huí 3

無所○避 12.6/79/10
典無〔所〕○避 16.13/107/13
曾參○車于勝母之閭
17.13/121/24

悔 huǐ 4

帝○前徙之 1.1/9/7
○於薦舉 13.6/84/4
既遣而○ 13.11/85/24
將有○乎 16.37/114/3

毀 huǐ 14

得吏民謗○帝言可擊者

數千章 1.1/4/6
讒○貴人 6.3/36/1
不敢○傷 6.5/36/13
訖無○玷 13.1/82/23
而猥相○墊淪失 13.11/86/28
○廟及未○廟之主皆登 13.12/87/15
○廟主合食高廟 13.12/87/16
而桓譚、衛宏並共○訾 16.8/105/9
而喜非○俗儒 16.16/108/3
范乃○削前令 18.12/130/2
無以絕○實亂道之路 19.1/136/22
○裂衣冠 20.7/146/15
宗廟迭○議奏 24.91/180/1

恚 huì 2

單于○怒 16.6/104/24
○憤腹脹而死 23.16/170/18

彗 huì 1

撰建武以來星變○孛占驗著明者續其後 24.90/179/28

惠 huì 15

遠臣受顏色之○ 1.1/6/6
溫慈○和 2.2/14/4
○澤沾濡 2.3/17/12
慈仁○和 3.1/18/5
寬仁溫○ 3.2/19/22
布○澤 9.4/56/21
黽池霍郎、陝王長、湖濁○、華陰陽沈等稱將軍者皆降 9.4/57/11
○愛之誠 14.5/93/15
有○政 15.12/99/27
其仁以○下 16.35/113/16
先君秉德以○下 17.19/123/14
民懷其○ 18.6/128/6
世謂其用法平正、寬慈○化所致 18.13/130/20
為政尚寬○禮讓 19.5/138/4
以○政得民 20.10/147/6

會 huì 98

時○朝請 1.1/1/17
亦已聚○客矣 1.1/2/7
皆合○ 1.1/2/10
但合○諸兵為之計策 1.1/2/16
○候騎還 1.1/2/21
○天大雷風 1.1/3/7
大○眞定 1.1/3/24
帝○諸將燒之 1.1/4/6
與帝○ 1.1/4/18
如○殿前禮 2.1/11/21
于是下太常、將軍、大夫、博士、議郎、郎官及諸王諸儒○白虎觀 2.1/11/22
○郡縣吏 2.1/12/5
趙王栩○鄗常山 2.1/12/21
悉○公卿表賀奉觴上壽 2.1/13/17
諸儒○白虎觀 2.2/14/11
葉調國王遣使師○詣闕貢獻 3.2/20/6
以師○為漢歸義葉調邑君 3.2/20/6
○質帝崩 3.5/21/25
○稽許昭聚衆自稱大將軍 3.6/23/12
資淑美之嘉○ 6.8/37/22
乃大○諸將 7.1/38/16
○盜賊起 8.11/51/10
每宴○ 8.12/52/3
耿況、彭寵俱遭際○ 8.13/52/7
不可復○也 8.14/52/14
○明 8.14/52/26
與劉歆等○戰 8.14/53/6
皆○荊門 9.2/56/7
上與衆○飲食笑語如平常 9.4/56/18
別下潁川太守、都尉及三百里內長吏皆○ 9.4/57/9
宗族○郡縣給費 9.4/57/10
○赦 9.5/58/5
每至朝○ 9.7/59/21
○屬縣送委輸牛車三百餘兩至 10.2/62/18
○光祿（丞）〔勳〕劉賜適至 10.12/65/6
上（問）〔○〕諸將 10.14/65/19
光武于大○中指常謂群臣曰 10.20/67/3
他日○見 10.22/68/2
于是置酒高○ 11.2/70/26
宏每當朝○ 11.4/71/20
○赤眉攻關城 11.8/72/22
○葬 11.14/74/20
○百官於宗廟 12.1/75/15
○召援 12.1/76/1
○述失郡 12.6/79/4
為○稽太守 12.8/80/2
詔詰○稽車牛不務堅強 12.8/80/2
四面○合 12.9/80/14
後大○群臣 13.6/84/6
嘗因朝○帝讀隗囂、公孫述相與書 13.7/84/19
諸王公列侯廟○ 13.12/87/17
上延集內戚宴○ 13.16/89/15
朱鮪等○城南淯水上沙中 14.1/89/26
旦蚤與我○上東門外 14.1/90/8
請豐等○ 14.2/91/1
上特詔御史中丞與司隸校尉、尚書令○同並專席而坐 15.3/96/5
十月（鄉）〔饗〕○ 15.8/97/28
○病卒 15.10/99/7
更始拜為○稽西部都尉 15.15/100/22
○稽頗稱多士 15.15/100/24
超悉○其吏士三十六人 16.3/103/6
每朝○ 16.9/105/15, 18.5/127/17, 18.18/132/5
○諸博士論難于前 16.9/105/18
後入○庭中 16.9/105/20
榮大○諸生 16.9/106/1
○百官驃騎將軍東平王蒼以下、榮門生數百人 16.9/106/6
後東適○稽 16.14/107/19
大○百官 16.15/107/26
有詔○議靈臺所處 16.16/108/8
百僚畢○ 16.20/109/18
後召○ 16.25/111/1
○火滅 16.42/115/3

以外戚小侯每預朝○ 17.1/117/25
百官大○ 17.13/122/2
○信陽侯至 17.17/123/3
後朝○ 17.19/123/13
作○稽郡 18.1/126/13
○稽鄭弘、字巨君 18.4/127/11
時有疾不○ 18.18/132/6
○大司馬吳漢薨 18.23/133/8
鴻將之○稽 18.29/135/4
與伯通及○稽士大夫語
曰 18.29/135/7
引酺及門生郡縣掾吏並
○庭中 19.1/136/10
適○正臘 19.1/136/23
○親戚 19.27/143/19
宗人親厚節○飲食宴
19.30/144/10
○李閏來 20.24/150/5
伺當朝○ 21.9/152/16
與伯升○ 23.1/164/22
今日騎都尉往○日也 23.1/165/14
大集○三老、從事 23.5/166/11
○匈奴句林王將兵來降
參蠻胡 23.9/168/4
與劉永相○ 23.10/168/11
令田戎據江南之○ 23.17/171/16
述乃大○群臣 23.17/171/24
因遇際○ 24.8/173/11

賄 huì 1

分○友朋 16.12/107/6

誨 huì 2

宜有以○之 16.3/104/3
教○學問 18.28/134/15

慧 huì 2

聰○敏達 6.4/36/6
雅有智○ 7.12/42/13

諱 huì 13

光武皇帝○秀 1.1/1/5
好醜無所隱○ 1.1/6/9
孝明皇帝○陽 2.1/11/5
孝章皇帝○炟 2.2/14/3
孝和皇帝○肇 2.3/16/5
孝殤皇帝○隆 2.4/17/18
孝安皇帝○祜 3.1/18/5
孝順皇帝○保 3.2/19/21
孝沖皇帝○炳 3.3/21/7
孝質皇帝○纘 3.4/21/15
孝桓皇帝○志 3.5/21/23
如有不○ 16.9/105/22
司隸校尉下邳趙興不卹
○忌 18.25/133/19

穢 huì 4

不○賤之 10.23/68/12
田疇蕪○ 14.5/93/7
此臟○之物 17.13/121/25
不欲○污地 17.23/124/14

昏 hūn 4

○亂不明 7.20/45/12
自旦及○ 8.14/53/9
或從○至明 14.6/94/8
晨○不廢 20.6/146/10

婚 hūn 1

自郊廟○冠喪紀禮儀多
所正定 13.12/87/12

渾 hún 3

三曰《○天》 24.90/179/21
唯《○天》者近得其情
24.90/179/22
知《○天》之意者 24.90/179/28

魂 hún 1

此以慰种光、馬賢等亡
○也 21.8/152/1

活 huó 10

○徒士數千人 8.2/47/17
大兵冀蒙救護〔生○〕
之恩 13.9/85/6
諸夫人各前言爲趙憙所
濟○ 13.16/89/15
偷生苟○ 16.20/109/15
力不能兩○ 17.11/120/21
分升合以相存○ 17.24/125/4
養○兄子 17.24/125/5
多蒙濟○ 18.16/131/18
所○者甚多 19.7/138/27
全○非一 19.22/142/18

火 huǒ 36

望見廬南若○光 1.1/2/7
以爲人持○ 1.1/2/7
竈中有○ 1.1/3/24
鄧禹吹○ 1.1/3/24
漢爲○德 1.1/5/7
木生○ 1.1/5/7
明○德之運 1.1/5/8
高祖赤龍○德 1.1/5/12
舉○（焚）〔燔〕燒 1.1/7/9
一旦放兵縱○ 1.1/7/10
武庫○ 3.1/19/5
時新平主家御者失○ 6.2/35/11
冀得○以熨背 8.2/47/12
訓身至大官門爲求○ 8.2/47/12
水○不避 9.4/57/17
至夜御燈○ 9.7/59/9
使騎皆炬○ 10.12/65/7
烟○見未央宮 12.9/80/13
○明燎遠 15.8/98/7
盛冬皆以○燎 15.14/100/14
然○燎之 15.14/100/17
獨有因夜以○攻虜 16.3/103/6
不與水○ 16.6/104/23
鄰人○起 16.42/115/3
初冒○伏棺上 16.42/115/3
會○滅 16.42/115/3
烽○日通 18.12/129/28
禁民夜作以防○ 18.12/130/2
不禁○ 18.12/130/3
滅竈更燃○ 18.29/134/23
曾誤遺○ 18.29/134/26
煙○相望 21.11/153/5
野無烟○ 21.39/158/3

爲蔽○ 22.5/164/3
又寵堂上聞（蟆）〔蝦〕
蟆聲在○爐下 23.11/168/19
千里無烟○ 24.12/173/19

或 huò 38

○爲地突 1.1/2/25
○爲衝車撞城 1.1/2/25
知者○畏其衣 1.1/3/15
極望老吏○垂涕曰 1.1/3/16
○曰是國師劉子駿也 1.1/4/16
○生苽菜菓實 1.1/5/24
○幽而光 1.1/10/14
○以德顯 2.1/12/13
縣國守宮令、相○千石
○六百石 4.1/26/7
長相○四百石○三百石 4.1/26/8
○以刀自割 8.2/48/2
○謂鴻曰 8.10/50/7
○言「國師公劉秀當之」 11.1/70/9
○從遠方 12.9/80/14
○當道〔而〕臥 13.5/83/21
○懼死亡 13.11/86/22
○屬諸侯宮府 13.11/86/26
一日○數四引見 13.12/87/12
○從昏至明 14.6/94/8
○問其故 15.5/96/24
○嘲奮曰 15.11/99/14
春溫○膿潰 15.14/100/17
忿怒○見置 15.17/101/17
屠〔者〕○不肯爲斷 16.49/116/20
屠者○不肯與〔之〕 16.49/116/21
人齎茅竹○（特）〔持〕
材木 17.13/121/19
○民奏記言便宜 18.1/126/20
○謂麟曰 18.12/130/7
○遺其書 18.21/132/21
○藏溝渠 19.21/142/1
○伏甕下 19.21/142/1
故舊長者○欲令爲開產
業 20.2/145/6
○身到閭里 20.17/148/19
○繡面衣、錦袴、諸于
、襜裾 23.1/165/11
○自道先祖形貌表相 24.14/174/1
耕○爲研 24.78/178/21

貨 huò 8

多殖財○ 7.11/42/8
好○殖 11.3/71/10
凡殖○財產、貴其能施
賑也 12.1/75/10
在於食○ 12.1/76/7
輕財○ 12.11/81/13
通○故羌 15.11/99/13
富商大賈多收田○ 16.16/108/4
財○公行 21.4/151/6

惑 huò 4

今乃欲從佞○之言 11.2/70/21
以解天下之○ 13.11/86/9
熒○奏事太微 19.1/136/16
臣誠○之 19.16/140/26

禍 huò 9

怨○之府也 9.1/55/5
國有分崩之○ 14.4/92/9
○（拏）〔挐〕未解 14.5/93/5
攘除○亂 14.5/93/11
觀古及漢傾危之○ 15.2/95/22
昔周公豫防○首 15.7/97/13
何謂察察而遇斯○也 16.22/110/7
○將及人 16.46/115/25
如有○祟 17.13/121/20

霍 huò 9

詔京兆、右扶風以中牢
祀蕭何、○光 2.1/12/10
鳳凰集濟南臺丞○穆舍
樹上 3.1/19/10
○光墓在茂陵東司馬門
道南四里 5.1/27/7
所施皆如○光故事 8.6/49/7
黽池○郎、陝王長、湖
濁惠、華陰陽沈等稱
將軍者皆降 9.4/57/11
儀如孝宣帝臨○將軍故
事 9.7/59/15
時下宣帝臨○將軍儀 9.7/59/16
當與○光等 23.1/165/2
○光薨 24.5/173/5

濩 huò 1

各與虞《韶》、禹《夏》
、湯《○》、周《武》
無異 5.5/31/11

獲 huò 11

漢軍盡○其珍寶輜重車甲 1.1/3/9
掩擊多所斬○ 8.2/48/1
讓不○ 8.4/48/14
討富平、○索二賊于平
原 8.10/50/19
馮石襲母公主封○嘉侯 13.15/88/24
雖以○罪 14.2/91/9
中被○免 14.6/94/6
弘農五官掾杜眾傷其忠
直○罪 21.4/151/7
○罪詣獄 21.30/156/20
○免 21.30/156/20
○索賊帥古師郎等 23.20/172/17

穫 huò 1

採○穀果 1.1/5/24

矆 huò 1

（○）〔矆〕哉是翁也 12.1/77/5

藿 huò 1

藜○不厭 16.47/116/6

鑊 huò 2

得釜○二三千枚 8.9/50/1
何故隨婦家入湯○中 11.1/70/8

几 jī 6

俯視○筵 5.5/32/8
賜○杖、安車一乘 10.26/69/21
設○杖 16.9/106/5
對○據床 17.17/122/28
賜臥○、靈壽杖 19.22/142/15
旁無○杖 21.1/150/18

肌 jī 3

三王有大辟刻○之法 12.9/80/10
刻○膚以爲刑 13.11/86/1
食馨肉○香 17.24/125/1

姬 jī 2

宜使嫡子○送女入門 7.7/40/21
○妾嫡庶 7.20/45/12

屐 jī 1

幅巾○履 18.18/132/4

迹 jī 6

命史官述其行○ 7.22/45/24
以超《周南》之○ 14.5/93/30
詔書以奮在姑臧治有絕
　○ 15.11/99/15
欲察君治○耳 19.4/137/20
案秦舊○ 23.16/170/9
漢祖無有前人之○、立
　錐之地 23.17/171/13

基 jī 4

○業特起 13.11/86/5
○由其祚 13.11/86/6
今子以兄弟私恩而絕父
　不滅之○ 15.2/95/12
棄千乘之○ 23.16/170/8

飢 jī 2

天下擾亂○餓 1.1/2/3
民○饉 1.1/5/23

朞 jī 2

一○之間 14.5/93/11
視事未○ 19.2/137/3

箕 jī 1

將兵北入○關 9.7/59/6

稽 jī 20

閻○疑議 1.1/1/18
○合圖讖 2.1/12/1,11.7/72/14
○乾則古 3.2/20/29
會○許昭聚衆自稱大將
　軍 3.6/23/12
爲會○太守 12.8/80/2
詔詰會○車牛不務堅强 12.8/80/2
上○舊章 13.11/86/17
更始拜爲會○西部都尉
　15.15/100/22
會○頗稱多士 15.15/100/24
○古之力也 16.9/106/2
後東適會○ 16.14/107/19
今功曹○古含經 17.2/118/10
作會○郡 18.1/126/13
會○鄭弘、字巨君 18.4/127/11
鴻將之會○ 18.29/135/4
與伯通及會○士大夫語
　曰 18.29/135/7
○留道路 20.20/149/6
（弗）〔勿〕○留 23.11/168/25
主不○古 24.16/174/7

積 jī 18

○弩射城中 1.1/2/26
以爲畜○ 1.1/5/24
甘露○于樹 2.1/13/17
儲○資糧 11.2/71/2
詔于汧○穀六萬斛 11.2/71/2
不爲之畜○ 12.11/81/13
鄧禹使○弩將軍馮愔將
　兵（繫）〔擊〕邑 14.4/91/28
德不素○ 14.5/93/23
不盈數月輒致豐○ 15.11/99/14
時述珍寶珠玉委○無數
　15.12/99/26
珍寶山○ 16.35/113/16
○細草而臥其中 16.40/114/20
○久 17.23/124/18
○二十餘日 18.13/130/22
○年州郡不決 19.4/137/17
國無蓄○ 19.4/137/24
○歲餘 20.6/146/11
○兵甲宜陽城西 23.5/166/19

璣 jī 5

《尙書璇○鈐》曰 2.1/12/14
意得珠○ 17.13/121/23
並縣○以象天 24.89/179/18
轉○窺衡以知星宿 24.89/179/18
○徑八尺 24.89/179/19

激 jī 5

坐者莫不○揚悽愴 1.1/9/5
○揚吏士 8.10/50/16
以爲○發 13.7/84/20
○怒曰 16.3/103/6
但高譚清論以○勵之 18.26/134/1

機 jī 9

帝躬親萬（幾）〔○〕 1.1/6/17
《（樞）〔琁〕○鈐》
　曰 5.5/31/11
涉千鈞之發○不知懼 14.4/92/13
出自○杼 15.5/96/18
命工伐木作○紡車 16.40/114/21
自在樞○ 19.7/138/22
服○杼 19.11/139/21
管○密 19.18/141/10
率下以儉化起○ 24.94/180/11

墼 jī 1

身築○以自給食 19.26/143/14

擊 jī 70

嚴尤○下江兵 1.1/2/13
中外竝○ 1.1/3/7

帝自○筑 1.1/3/25
帝率鄧禹等○王郎橫野將軍劉奉 1.1/3/25
得吏民謗毀帝言可○者數千章 1.1/4/6
帝○銅馬 1.1/4/8
帝遣游○將軍鄧隆〔與〕幽州牧朱浮○彭寵 1.1/5/13
果爲寵兵掩○破 1.1/5/15
吳漢引兵○公孫述 1.1/7/3
乃首尾○之 1.1/7/7
安定太守杜恢與司馬鈞并威○羌 3.1/18/30
州郡募五里蠻夷、六亭兵追○ 3.1/19/2
〔《詩》〕所謂「琴瑟○鼓 5.4/28/21
赤眉引還○之 8.1/47/4
出塞掩○迷唐于雁谷 8.2/47/25
掩○多所斬獲 8.2/48/1
○長壽亭長 8.6/48/27
討○羌虜 8.9/49/28
○青犢于射犬 8.11/51/14
南○赤眉于新城 8.11/51/17
○盆子于澠池 8.11/51/17
吳漢○蜀未破 8.11/51/17
我（繫）〔○〕卿 8.14/52/16
遂○臨淄 8.14/53/3
臣子當○牛釃酒以待百官 8.14/53/8
○匈奴 8.16/53/24
○車師 8.17/54/13
引耿弇等諸營○之 9.1/55/17
囂尾○諸營 9.2/56/6
異○走朱鮪 9.4/57/3
異復合兵追○ 9.4/57/14
皆一人○十 9.7/59/8
延追○ 9.11/61/4
殆令人齒欲相○ 9.11/61/10
從○王郎將兒宏、劉奉于鉅鹿下 9.12/61/19
將兵○諸郡 10.2/62/16
馬武與衆將上隴○隗囂 10.3/62/24
持戟奔○ 10.3/62/24
與景丹、祭遵合○蠻中 10.6/63/12
傅俊從上迎○王尋等于陽關 10.9/64/3
將以○郎 10.11/64/15
○尋陽山賊 12.1/76/10
○交趾 12.1/76/17
欲自請○之 12.1/76/28
武威將軍劉禹○武陵五谿蠻夷 12.1/77/3
援○（五）〔武〕谿無功 12.2/77/9
嚴從其故門生肆都學○劍 12.6/79/6
上自將○彭寵 13.1/82/20
鄧禹使積弩將軍馮愔將兵（繫）〔○〕邑 14.4/91/28
橫○於外 14.5/93/6
子張〔但〕目○而已 15.8/97/24
公孫述遣○之 15.12/99/24
○搏豪彊 15.16/101/6
竇固○匈奴 16.3/103/3
將兵別○伊吾 16.3/103/3
又詔諸生雅吹○磬 16.9/105/19
然後與相○ 16.50/116/28
○磬 18.13/130/18
數以捶自○其脛 18.28/134/15
○豪彊 19.1/136/8
掩○羌胡 20.5/146/5
欲吾○彊宗也 20.10/147/5
鎮劍○景墮車 20.23/149/22
張昂拔劍○地曰 23.1/164/26
○其頰 23.11/168/22
與蓋延共○黃憲 23.15/169/19
便可將兵南○蜀虜 23.16/170/13
躬自奮○ 23.17/171/14
襲○破漢 23.17/172/1

績 jī 5

外憂庶○ 2.3/17/12
〔庶○復古〕 5.3/28/12
考○不成 13.11/86/8
而民不知紡○ 16.40/114/20
教民紡○ 16.40/114/21

雞 jī 5

鬬○走馬 1.1/1/17
大如○ 2.2/15/5
雨雹大如芋魁、○子 3.1/18/15
大如○子 3.5/22/12
鸞旗曰○翹 24.95/180/15

譏 jī 1

譚○訕圖讖 16.16/108/8

饑 jī 29

時南陽旱○ 1.1/1/23
從者○ 1.1/3/21
今長安○民 8.1/46/24
軍士○餓 8.1/47/2
兵士○ 8.1/47/3
時百姓○ 8.1/47/4
徒無○寒之色 8.8/49/24
吏士○ 8.11/51/14
民人○渴 9.4/56/21
衆皆○疲 9.4/56/23
○寒俱解 9.4/56/23
○年穀貴 12.11/81/15
有○餒 12.11/81/15
○困不能前 13.16/89/10
○寒並臻 14.5/93/6
○者毛食 14.5/93/14
忽然如不○渴 16.26/111/7
士民○饉 16.34/113/5
人民○餓 17.10/120/6
老母○ 17.11/120/22
遭○饉 17.24/125/4
臣生遭○饉 18.1/126/9
餘皆賤糶與民○羸者 18.1/126/14
○旱穀貴 18.14/131/1
南方○饉 23.1/164/20
百姓○餓 23.6/167/2
時民○饉 23.16/170/17
囂病且○ 23.16/170/18
今山東○饉 23.17/171/3

鷄 jī 4

不聞○鳴犬吠之音 17.10/120/6
令護○ 18.30/135/14
無○鳴犬吠之聲 24.11/173/17
易於泰山之壓○卵 24.70/178/3

齎 jī 4

遣謁者侯盛、荊州刺史費遂○璽書徵霸 13.5/83/20
百里內皆○牛酒到府飲讌 15.8/97/28
人○茅竹或（特）〔持〕材木 17.13/121/19
行縣○持乾糒 18.15/131/9

齏 jī 1

乃首戴○器 16.46/115/26

羈 jī 2

人馬席薦○靽皆有成賈 1.1/10/12
○縻而已 19.16/140/25

及 jí 135

○聞帝至 1.1/2/9
○迫急 1.1/2/23
不○地尺而散 1.1/3/1
○見司隸官屬 1.1/3/16
帝與伯叔○姊壻鄧晨、穰人蔡少公燕語 1.1/4/15
諸生吏子弟○民以義助作 1.1/5/27
〔其〕有當見○冤結者 1.1/6/19
○北郊兆域 1.1/9/20
無遺吏○因郵奏 1.1/9/24
〔○阿乳母以問師傅〕 2.1/11/7
于是下太常、將軍、大夫、博士、議郎、郎官○諸王諸儒會白虎觀 2.1/11/22
帝○公卿列侯始服冕冠、衣裳 2.1/11/26
祠孔子○七十二弟子 2.1/13/11
不能○許、史、王氏之半 2.1/13/25
祠東海恭王○孔子七十二弟子 2.2/14/22
遣憲○弟篤、景就國 2.3/16/20
下○玩弄之物 3.1/18/8
鴈門烏桓○鮮卑叛 3.1/18/18
○還宮 3.1/19/14
○擇國王雍由亦賜金印紫綬 3.2/20/6
傳勉頭○所帶玉印、鹿皮冠、黃衣詣雒陽 3.4/21/17
未○成禮 3.5/21/25
帝堯善○子孫之餘賞 5.5/30/4
○河喬嶽 5.5/31/1
○有可以持危扶顛 5.5/31/24
上令太夫人○兄弟得入見 6.2/34/22
○上欲封諸舅 6.2/35/7
○北閣後殿 6.2/35/11
湯夢○天舐之 6.5/36/17
○新野君仍喪 6.5/37/4
○伯升軍至 7.1/38/11
○祖廟登歌《八佾》舞數 7.12/42/18
誦○《采菽》 7.12/42/24
將○景風拜授印綬焉 7.20/45/16
諸將鮮○ 8.1/46/19
鄧禹○諸將多相薦舉 8.10/50/10
諸將鮮能○者 8.10/50/13
○薨 8.10/51/5
追○上 8.11/51/16
○在朝廷 8.12/52/2
自旦○昏 8.14/53/9
中郎將、護羌校尉○刺史、二千石數百人 8.17/54/15
非所○也 9.1/55/22
○至南宮 9.4/56/23
別下潁川太守、都尉○三百里內長吏皆會 9.4/57/9
○登位 9.6/58/16
○衣冠刀劍 9.8/60/7
○彤卒 9.8/60/8
不○等倫 9.11/61/8
獻馬○縑帛數百匹 10.1/62/5
畏為郎所○ 10.11/64/17
劉文○蘇茂臣于劉永 10.11/64/24
即以所乘大驪馬○繡被衣物賜之 10.14/65/20
收太守宗廣○忠母妻子 10.14/65/21
所置信都王捕繫彤父弟○妻子 10.16/66/8
不○國家 11.13/74/9
每言○三輔長者至閭里少年皆可觀 12.1/76/9
每租奉到○兩宮賞賜 12.11/81/14
幾○揚雄、劉向父子 13.6/84/3
群臣莫○ 13.6/84/13
歆○子嬰皆自殺 13.7/84/21
○郭后廢 13.10/85/15
○至漢興 13.11/86/2
○漢初興 13.11/86/17
毀廟○未毀廟之主皆登 13.12/87/15
○帝崩 13.16/89/19
永遣弟升○子壻張舒等謀使營尉李匡先反涅城 14.2/90/20
威行得眾不○智伯萬分之半 14.4/92/10
宜○新主之未為 14.4/92/12
○封功臣 15.1/94/24
○綝卒 15.2/95/8
○鴻亡 15.2/95/11
觀古○漢傾危之禍 15.2/95/22
子張父○叔父為鄉里盛氏一時所害 15.8/97/22
不○ 15.8/97/25
○到 15.15/100/23,19.22/142/19
吏人○羌胡畏之 15.17/101/15
○長 16.2/102/13
斬得匈奴〔節〕使屋類帶、副使比離支首○節 16.3/103/8
太子○山陽王因虎賁中郎將梁松請眾 16.6/104/18
儒者莫之○ 16.9/105/19
上輒引榮○弟子升堂 16.9/106/9
卿經○先師 16.10/106/18
授皇太子○諸王小侯五十人經 16.17/108/19
擔穀給福○妻子百餘日 16.32/112/17
○援為將軍 16.34/113/2
○援遇讒 16.34/113/3
○前後守令能否 16.35/113/15
○出征匈奴 16.38/114/10
○初舍 16.42/115/3
禍將○人 16.46/115/25
（下）不○政事 16.49/116/17

○奉見明公 16.49/116/18
賜延錢○帶劍佩刀還郡 17.1/117/24
下○牧守 18.5/127/16
○況卒 18.6/127/26
而文不○亡命未發覺者 18.9/129/1
能講《左氏》○《五經》本文 18.17/131/22
○進拜 18.18/132/5
○鄧氏誅 18.22/133/3
葉令雍霸○新野令皆不遵法 18.26/133/28
呼鴻○熱釜炊 18.29/134/23
延○他舍 18.29/134/26
○友爲郡吏 18.29/134/29
與伯通○會稽士大夫語曰 18.29/135/7
引酺○門生郡縣掾吏並會庭中 19.1/136/10
下章所告○所自舉有意者 19.1/136/19
○歸服喪 19.4/137/14
化○鳥獸 19.4/137/21
諸國侍子○督使賈胡數遣恂奴婢、宛馬、金銀、香罽之屬 19.20/141/22
○憲兄弟圖作不軌 19.32/144/23
顧謂子○門生曰 20.2/145/10
不見逮○ 20.4/145/23
造意用樹皮○敝布、魚網作紙 20.9/146/26
休屠各○朔方烏桓並同反叛 21.11/153/5
○允被害 21.21/155/4
太守所不○也 21.54/160/9
賜御食○橙、橘、龍眼、荔枝 22.3/161/13
而更始收劉稷○伯升 23.1/164/28
○中黃門從官至雒陽 23.1/165/3
盆子○丞相徐宣以下二十餘萬人肉袒降 23.5/166/18
○楊音各起兵數萬人 23.6/166/25
即斷寵○妻頭 23.11/168/26
而不○萌 23.15/169/19
若計不○此 23.16/170/10
以爲宜○天下之望未絕 23.17/171/15
欲悉發北軍屯士○山東客兵 23.17/171/19
蜀人○其弟光以爲不宜空國千里之外 23.17/171/20
○丞相王〔嘉〕死 24.2/172/23
賜○妻子 24.24/174/23
不○六十 24.86/179/11
未○成書 24.90/179/25
下○巖穴 24.90/179/28
下宗廟儀○齋令 24.92/180/7

伋 jí　6

郭○、字細侯 15.9/98/17
○問 15.9/98/20
○辭謝之 15.9/98/20
○使別駕〔從事〕 15.9/98/21
○謂違信〔於諸兒〕 15.9/98/22
○知盧芳夙賊 15.9/98/22

吃 jí　1

而口○不能劇談 24.15/174/5

皀 jí　1

郎官有乘○蓋車者 19.11/139/19

即 jí　126

遂○歸宅 1.1/2/8
今昆陽○破 1.1/2/20
○日皆物故 1.1/3/10, 23.1/164/28
更始遣使者○立帝爲蕭王 1.1/4/7
○（黃）〔皇〕帝位 1.1/4/21
自帝○位 1.1/5/6,2.1/13/23
○罷去 1.1/6/20
待其○營攻城 1.1/7/6
轉營○之 1.1/7/7
○以數郡備天子用 1.1/7/15
○如此 2.1/11/12
皇太子○位 2.1/11/18
帝○阼 2.1/11/20
帝○位 2.2/14/6
太子○位 2.3/16/7
其夜○位 2.4/17/19
殤帝○位 3.1/18/8
乃○帝位 3.1/18/9
北鄉侯○尊位 3.2/19/25
○皇帝位 3.2/19/28,3.4/21/16
太子○帝位 3.3/21/8
迎帝○位 3.5/21/26
鉤黨人○黨人也 3.6/23/9
○可其奏 3.6/23/9
安帝○位之年 5.1/27/21
章帝初○位 5.5/31/21
○不改作舞樂 5.5/32/2
○后之父也 6.1/33/21
上○位 6.1/34/1
于是白太后○賜錢各五百萬 6.2/35/17
○時首服 6.5/36/20
○呼還問狀 6.5/37/1
○時收令下獄抵罪 6.5/37/1
○敕令禁止 6.5/37/3
○開門降 7.1/38/11
○日害之 7.1/38/21
上○以詔書問輔曰 7.9/41/20
明帝○位 7.12/42/13
安帝○位 8.5/48/19
弘○見亭長 8.6/49/1
夕○引道 8.10/51/1
更始使侍御史黃黨○封世祖爲蕭王 8.14/52/12
○西安孤 8.14/52/27
恭至○移檄烏孫 8.17/54/3
上新○位 9.1/55/4
若峻不○降 9.1/55/17
○日開城降 9.1/55/21
○以太守號付後將軍 9.2/56/8
衆兵○卻 9.7/59/11
○請丹入 9.10/60/20
後勸上○位 9.12/61/21
○日行大將軍事 10.4/63/3
俊○拜 10.7/63/17
○日以霸爲軍正 10.11/64/22
○夜降 10.12/65/7
○以所乘大驪馬及繡被衣物賜之 10.14/65/20
忠○時召見 10.14/65/22
更始○位 10.16/66/7,13.16/89/5
○非所失 10.26/69/8

光武○位 10.26/69/21
16.16/108/4,19.1/136/5
世祖○位 11.3/71/13
○知漢兵出 12.3/77/20
○時殯斂 12.11/81/20
冢開○葬 12.11/81/21
○大將軍梁冀妻也 12.12/82/5
上○爲撤之 13.6/84/12
見府寺門○下 13.10/85/13
肅宗○位 13.16/89/19
19.32/144/21
○日 14.1/90/8,17.23/124/17
彭○令鮪自縛 14.1/90/10
上○自解鮪縛 14.1/90/10
而永○去之 14.2/90/15
○拜永諫大夫 14.2/90/22
今聖主○位 14.2/90/23
○開城降 14.2/90/24
○拜邑爲上黨太守 14.4/92/1
○收繫惲 15.8/97/20
難○害〔之〕 15.8/97/20
惲○將客遮讎人 15.8/97/24
○自入獄謝之 15.8/97/25
惲○去 15.8/98/3
颯到○引見 15.13/100/7
超○斬其首送廣德 16.3/103/15
顯宗○位 16.9/106/5
有起者○白之 16.10/106/21
○拜光祿大夫 16.11/106/28
○爲陰氏 16.15/107/27
○拜爲太子太傅 16.15/107/29
上○敕尚書解遵禁錮
16.20/109/15
晝○至暝 16.22/110/8
乃遣謁者○授印綬 16.24/110/19
○除漁陽令 16.35/113/17
○駕而歸 16.46/116/2
設壇○拜 17.10/120/14
上○尺一出升 17.17/122/27
左遷○邱長 17.20/123/21
○自縛詣賊 17.23/124/15
○相謂此兒有義 17.24/125/2
○下詔赦焉 18.9/129/3
○脫身出作 18.10/129/8
○牽馬造門 18.12/130/8
霸○解印綬去 18.26/134/1
下講○中 18.26/134/2
章帝○位 19.1/136/8
由是○絕 19.7/138/26
○自入辭其妻 19.11/139/25
○拜而出 19.11/139/26
暑○扇床枕 19.22/142/8
寒○以身溫席 19.22/142/8
○徹去 19.22/142/19
○死 20.8/146/21
但○土埋藏而已 21.15/154/6
○日免之 21.18/154/19
訓○夜詣省 21.33/157/7
○易之 23.8/167/14
○斷龍及妻頭 23.11/168/26
宜○大位 23.17/171/8
此○明三事不同也 24.6/173/7

汲 jí 10

城中負戶而○ 1.1/2/26
歆坐左遷爲○令 11.9/73/5
○○欲知下情 12.6/79/11
常慕史鰌、○黯之爲人
15.7/97/12
旬月間遷河內○令 16.12/107/6
不○○于時俗 17.3/118/17
爲預○水滿之 18.28/134/17
提甕出○ 22.1/160/27

亟 jí 3

不如○降 14.1/90/3
願諸將軍○罷 23.16/170/16
不○乘時與之分功 23.17/171/18

急 jí 18

及迫○ 1.1/2/23
○于下情 1.1/6/18
吾素剛○ 6.2/35/8
爲諸子在道欲○帶之也 7.9/41/26
宜○分遣屬官 9.4/56/21
夜聞○少能若是 9.11/61/11
迫○ 13.16/89/7
方今阨○而闕里無故自
滌 14.2/90/26
以周窮○ 15.15/100/25
○求取以祠我 16.3/103/15
今君性嚴○ 16.3/104/5
每當危亡之○ 16.14/107/22
救倒懸之○ 16.34/113/6
○從此去 17.24/125/1
緩○有問者當相證也 20.24/150/6
州兵圍之○ 21.11/153/9
宜○立高廟 23.16/169/27
○以此時發國內精兵
23.17/171/16

級 jí 3

斬首數十○ 1.1/3/3
斬首〔數〕百千○ 1.1/3/5
斬首八百餘○ 8.9/49/28

疾 jí 42

嘗○毒諸家子數犯法令 1.1/2/5
中風發○ 1.1/8/4
痼○皆愈 1.1/9/16
寢○不豫 2.4/17/24
李部以人多○疫免 3.2/19/31
常稱○而終身得意 6.2/34/12
微○舉頸 6.5/36/25
小黃門侍○ 7.12/43/15
下邳王被病沈滯之○ 7.20/45/12
每有○病 8.2/48/4
漢○篤 8.10/51/4
稱○還 9.1/55/10
時遵有○ 9.7/59/10
期○病 9.12/61/21
始驗○風知勁草 10.11/64/14
仇○反虜隗囂 10.22/67/22
○風暴雨 11.14/74/13
問○病形狀 12.6/79/13
因稱○ 13.10/85/15
因自陳○篤 13.10/85/17
而讎家皆○病 13.16/89/4
憙以因○報殺 13.16/89/4
○疫大興 14.5/93/7
前上○狀 15.2/95/10
○惡豪强 15.5/96/14
良以○歸 15.6/97/6
○篤 15.6/97/6
輒稱○ 15.6/97/8
令爲狂○恍惚 15.8/97/21

太子朝夕遣中人問○ 16.9/105/21
君慎○加餐 16.9/105/22
稱○ 16.37/114/1
遂稱○去 16.37/114/4
武稱○見政 17.17/122/28
以○乞骸骨 18.3/127/6
時○疫 18.16/131/17
時有○不會 18.18/132/6
以目○ 18.23/133/9
○病曠年 19.30/144/9
○若異人 19.31/144/16
○病須養 21.13/153/21
正身○惡 21.14/153/27

棘 jí 4

爲我披荊○、定關中者也 9.4/57/16
後孔子闕里無故荊○自闢 14.2/90/25
躬與奴共發○田種麥 18.1/126/17
門生荊○ 19.9/139/8

集 jí 25

先是有鳳凰○濟陽 1.1/1/12
安○百姓 1.1/3/18
○潁川 1.1/8/7
翔○京師 2.1/13/15
三足烏○沛國 2.2/15/3
鳳凰○濟南臺丞霍穆舍樹上 3.1/19/10
○就天下 5.5/29/24
大雨將○ 7.9/41/20,7.9/41/21
論○經傳圖讖 7.9/41/28
使安○河北 8.1/46/8
上以爲安○掾 10.7/63/18
羌、胡畢○ 10.22/67/22
上延○內戚宴會 13.16/89/15
賢俊四面雲○ 14.1/90/2
兵革雲○ 14.5/93/21
○議《五經》同異於白虎觀 15.2/95/14
安○雒陽 15.10/99/3
安○受降 17.2/118/6
又鑄錢官姦宄所○ 18.1/125/25
鸞鳥○於學宮 18.13/130/17
鳳凰、(麟麒)〔麒麟〕、嘉禾、甘露之瑞○于郡境 18.14/131/5
公卿以神雀五采翔○京師 18.17/131/23
大○會三老、從事 23.5/166/11
臣以爲宜○舊事儀注本奏 24.94/180/12

極 jí 17

○望老吏或垂涕曰 1.1/3/16
○盡下(思)〔恩〕 1.1/6/10
高宗之○(至)〔致〕也 2.2/15/26
宜恩以○ 3.2/20/29
袍○麤疏 6.2/34/21
相之○貴 6.6/37/10
窮○技巧 7.16/44/11
陛下承大亂之○ 13.1/82/21
惟老母○膳 15.11/99/14
窮○師道 16.9/105/14
譚復○言讖之非經 16.16/108/9
殫○滋味 16.39/114/16
○歡 19.1/136/23
而親○滋味 19.22/142/8
窮○道術 19.22/142/13
欲○其位 24.2/172/24
形容○變 24.14/174/2

楫 jí 1

諸署長、○櫂丞秩三百石 4.1/26/4

殛 jí 2

五帝有流○放竄之誅 12.9/80/10
九載乃○ 13.11/86/8

瘠 jí 1

兄年老羸○ 16.41/114/26

踖 jí 1

誠有踧○ 21.19/154/23

蹐 jí 1

貴戚跼○ 21.32/157/3

籍 jí 6

閱篇○ 2.3/17/7
喜經○ 3.1/18/7
遂博貫載○ 16.2/102/13
欲爲通○ 16.6/104/18
中常侍○建 20.25/150/12
挈○憐憐 22.4/163/9

己 jǐ 21

建武元年夏六月○未 1.1/4/21
桓帝延熹元年三月○酉 4.1/25/10
對于八政勞謙克○終始之度 5.5/31/21
后志在克○輔上 6.2/34/24
虛○禮下 7.12/42/21
時始置西域都護、戊○校尉 8.17/54/3
乃以恭爲戊○校尉 8.17/54/3
行○在于清濁之間 10.26/69/24
保身全○ 11.4/71/20
徒信○以榮名 12.10/80/21
皆若在○ 12.11/81/12
恭○而治 13.11/86/21
而○受其害 13.16/89/8
使○尊寵 15.7/97/14
狹於養○ 16.12/107/6
安得獨潔○而危所生哉 16.37/113/29
奉公克○ 17.3/118/18
未遇知○ 18.1/126/2
欲明○心也 18.6/127/27
而○獨尊樂 19.11/139/20
萌以爲延譖○ 23.15/169/19

戟 jǐ 13

帝遣棨○迎 1.1/4/2
漢常獨繕檠〔其〕弓○ 8.10/50/15
躬被甲持○ 8.10/50/17
倒○橫矢不足以明喻 8.14/52/19

持○奔擊 10.3/62/24
迣陛○而後進臣 12.1/75/20
擬以曲○ 14.4/92/3
賜以棨○ 15.10/99/4
旄頭以○叉政 17.17/122/27
賊等遂○刺輔 20.8/146/21
左右以○叉其胸 20.23/149/22
上遣棨○〔迎〕 23.8/167/18
○士收尙書 24.57/177/5

幾 jǐ 11

帝躬親萬（○）〔機〕 1.1/6/17
茂問失馬○日 10.26/69/7
豈齊量其○微兮 12.10/80/20
○及揚雄、劉向父子 13.6/84/3
以達萬○之變 14.5/93/2
《春秋左氏》有鼎事○
16.6/104/21
得卿○晚 16.9/105/16
子○人能傳學 16.10/106/20
居無○ 16.13/107/11
存○亡之城 16.34/113/6
○日至 17.23/124/15

給 jǐ 34

以○諸公費 1.1/1/16
彭寵遺米糒魚鹽以○軍糧 1.1/4/7
出郡錢穀○蕭何子孫 2.1/12/11
弘常居業○足 8.6/49/4
以〔應〕○諸營 9.1/55/6
宗族會郡縣○費 9.4/57/10
○侯印綬 9.7/59/19
兼流○他郡 11.1/70/13
○帷帳床褥 11.10/73/18
於四城外○與貧民 12.11/81/15
於是召譚拜議郎、○事
中 13.6/84/4
其後不復令譚○事中 13.6/84/8
○事尙書 13.13/88/5
分俸祿以供○其糧用 15.11/99/18
輒分俸祿以賑○之 15.15/100/25
常客傭以自○ 16.9/105/14
刺史劉繇振○穀食、衣
服所乏者 16.14/107/19
太守王朗餉○糧食、布
帛、牛羊 16.14/107/20
○車馬 16.31/112/9
擔穀○福及妻子百餘日
16.32/112/17
○事爲縣亭長 16.46/115/23
主稟○ 16.52/117/14
伎巧畢○ 17.7/119/13
家○人足 17.10/120/7
不能家○人足 17.10/120/8
寧爲家○人足耶 17.10/120/9
寧足爲不家○人足耶 17.10/120/9
少府○璧 18.6/128/1
分所有以賑○之 18.6/128/12
然後隨護視賑○之 18.10/129/11
○文以錢市（焉）〔馬〕
18.13/130/22
敕蘭臺○筆札 18.17/131/24
身築墼以自○食 19.26/143/14
初○事太子家 19.32/144/21

蟣 jǐ 4

譬如嬰兒頭多○蝨而剃
之 12.1/76/10
蕩蕩〔然〕○蝨無所復
依 12.1/76/10
（○蝨）〔甲胄〕生
（甲胄）〔○蝨〕 13.9/85/5

吉 jí 7

乳母王男、廚監邴○爲
大長秋江京、中常侍
樊豐等所譖愬 3.2/19/23
○不可言 6.5/36/17
○凶之決 11.2/70/22
猶有申伯、召虎、夷吾
、○甫攘其蟊賊 14.5/93/18
相王○以罪被誅 16.13/107/11
○凶占應 18.31/135/22
象見○凶 20.4/145/21

伎 jì 2

○巧畢給 17.7/119/13
學方診之○ 19.31/144/15

技 jì 1

窮極○巧 7.16/44/11

忌 jì 6

更始聞而心○之 7.1/38/20
不○小怨 14.1/90/5
○不得留媵妾 14.5/94/1
濳○閡 14.7/94/13
司隸校尉下邳趙興不卹
諱○ 18.25/133/19
內無○克之心 24.33/175/13

季 jì 25

嘗爲○父故舂陵侯訟逋
租于大司馬嚴尤 1.1/1/18
○夏黃色 1.1/5/9
〔上循其頭曰「吳○子」
〕 2.1/11/7
○氏欲旅 5.5/30/2
○氏大夫 5.5/30/2
梁宇○少 7.6/40/7
鄧閶、字○昭 8.7/49/12
坐純母禮殺威弟○ 10.15/66/3
員字○主 12.1/75/7
效杜○良而不成 12.1/76/21
下車遣吏以中牢具祠延
陵○子 15.15/100/23
尹敏、字幼○ 16.22/110/3
高詡、字○回 16.23/110/13
弟○出 16.43/115/8
請先○死 16.43/115/9
朱暉、字文○ 18.6/127/21
南陽朱○ 18.6/128/5
韋豹、字○明 18.8/128/20
杜篤、字○雅 18.23/133/7
維○春兮華阜 18.29/135/4
昔延陵○子葬子于嬴、
博之間 18.29/135/8
鄭衆、字○産 19.32/144/21
吳祐、字○英 20.17/148/12
吳氏世不乏○子矣 20.17/148/14
隗囂、字○孟 23.16/169/25

既 ji 45

（帝）〔○〕上	1.1/6/17
帝以天下○定	1.1/10/3
帝○有仁聖之明	1.1/10/16
○志于學	2.2/14/5
生○有節	2.3/16/16
○至	3.5/21/25
○處椒房	6.2/34/18
帝○立	6.8/37/21
更始○至雒陽	8.1/46/8
更始○未有所挫	8.1/46/11
○復	8.2/47/26
上○破邯鄲	8.10/50/11
上美宗○有武節	8.12/52/2
恭○得水	8.17/54/11
功○大矣	10.22/67/23
○入	11.9/73/4
臣○備數家骨法	12.1/76/27
君名其○泯沒兮	12.10/80/22
○匡救而不得兮	12.10/81/1
○遣而悔	13.11/85/24
○有三晉	14.4/92/8
新主○成	14.4/92/12
更始○敗	14.5/92/23
三軍○整	14.5/93/26
○葬	15.2/95/8
此○無君	15.8/98/1
〔行部〕○還	15.9/98/22
○至而死	15.15/100/28
○而色動	16.3/103/9
○行	16.6/104/26
○罷	16.9/106/7
○爲賊所迫殺	16.30/112/3
爲賊○逆	16.31/112/8
○入關	17.2/118/4
○至京師	17.2/118/5
平○免	17.11/120/25
功作○畢	17.13/121/20
○而載之城外	18.22/133/2
○而生猛	21.11/153/8
○奉君子	22.1/160/26
寵○自疑	23.11/168/17
○敗當斬	23.12/169/4
囂○立	23.16/169/25
○平隴	23.16/170/14
○合孝明旨	24.91/180/3

計 ji 39

但合會諸兵爲之○策	1.1/2/16
惟王常是帝○	1.1/2/21
非○也	1.1/4/12
大王社稷爲○	1.1/4/14
乃率諸王侯、公主、外戚、郡國○吏上陵	2.1/11/20
冠帶搢紳遊辟雍而觀化者、以億萬○	2.1/12/3
吾○之熟矣	6.2/35/7
欲爲萬世長○	6.3/35/26
以成其○	7.1/38/16
錢布以億萬○	7.12/43/13
于今之○	8.1/46/13
與定○議	8.1/46/14
歲省億萬○	8.2/47/17
可與○事	8.10/50/8
國○已都長安	8.14/52/14
宜思功遂身退之○	9.1/55/5
其所○事者也	9.1/55/22
爲族滅之○	11.2/70/22
觀化者〔以〕億萬○	11.7/72/15
○未決	12.1/75/24
張步之○是也	13.11/86/25
何意君長當爲此○	14.4/92/6
○日告之	15.9/98/21
善於○略	15.10/99/5
當今之○	16.3/103/6
受○上疏	16.16/108/5
上嘗召見諸郡○吏	16.35/113/15
蜀郡○掾樊顯進曰	16.35/113/15
張重、日南○吏	17.21/123/25
臣日南○吏	17.21/123/25
諸奴〔婢〕私共○議	17.25/125/10
而遂失○義	19.11/139/26
戰爲下○	21.8/152/1
舉郡人許靖○吏	21.26/156/3
寵與所親信吏○議	23.11/168/18
○之不可者也	23.16/170/8
若○不及此	23.16/170/10
囂然其○	23.16/170/11
臣之愚○	23.17/171/15

紀 ji 15

勒石○號	1.1/9/13
是以史官鮮○	1.1/9/17
不可勝○	2.2/15/23
○述明詔	2.2/15/27
故靡得而○	2.3/17/14
請親定刻石○號文	5.5/30/1
母宣改嫁爲掖庭民梁○妻	6.9/38/3
○者、襄成縣君孫壽之舅也	6.9/38/3
上以所自作《光武皇帝本○》示蒼	7.12/42/26
而師行有○	8.1/46/23
鄧弘、字叔○	8.6/48/26
故有經○禮儀以相（文）〔交〕接	10.26/69/16
自郊廟婚冠喪○禮儀多所正定	13.12/87/12
段熲、字○明	21.8/151/24
益州○其政化	21.41/158/12

記 ji 21

《禮○》曰	5.4/28/21,5.4/28/22
有司復奏《河》《雒》圖○表章赤漢九世尤著明者	5.5/29/20
不得令觀天文、見讖○	10.22/67/25
與校書郎杜撫、班固定《建武注○》	12.6/79/7
兼讀衆書傳○	12.11/81/10
數奏○於禹	14.5/93/1
涉獵書○	15.7/97/12
時人有上言班固私改作《史○》	16.2/102/15
但續父所○述漢事	16.2/102/16
令卒前所續《史○》	16.2/102/17
爲讖○以誤人主	16.16/108/8
上以敏博通經○	16.22/110/3
前後奏○數十	16.38/114/11
或民奏○言便宜	18.1/126/20
遣吏奏○陳罪	18.26/134/1
鴻常閉戶吟詠書○	18.29/135/6
博覽傳○	19.22/142/9

○群書無不涉獵 19.22/142/12
令作○告城門將軍云 23.11/168/25
詔書（今）〔令〕功臣家自○功狀 24.14/174/1

祭 ji 50

雲臺致敬○祀之禮儀亦如之 1.1/5/13
四時上○ 1.1/9/20
太常其以礿○之日陳鼎于廟 2.1/12/24
（祫）〔祫〕○于世祖之堂 2.1/13/22
如孝文皇帝（祫）〔祫〕○高廟故事 2.1/13/23
孔子後褒成侯等咸來助○ 2.2/14/19
致○涕泣 3.1/19/16
藏主（祫）〔祫〕○ 3.2/21/3
巡○封禪 5.5/30/3
由是遂○六宗 5.5/30/12
《○法》 5.5/30/14
十月烝○始御 5.5/31/15
○五帝 5.6/32/23
久無○天地冕服之制 5.6/32/23
今○明堂宗廟 5.6/32/25
○東平王墓 7.12/43/20
○遵以縣吏數進見 9.7/59/3
當備○遵 9.7/59/5
安得憂國奉公之臣如○征虜者乎 9.7/59/21
哀念○遵不已 9.7/59/22
○肜、字次孫 9.8/60/3
○參坐沮敗 9.9/60/13
與景丹、○遵合擊蠻中 10.6/63/12
歙與征虜將軍○遵襲略陽 11.2/70/23
從司徒○酒陳元受《左氏春秋》 12.6/79/6
○蚩尤 12.6/79/9
○食如前 12.11/81/21
○可且如元年郊○故事 13.11/86/10
禘、祫之○ 13.12/87/14
合○也 13.12/87/15
存廟主未嘗合○ 13.12/87/16
始爲禘○ 13.12/87/17
禘○以夏四月 13.12/87/18
祫○以冬十月 13.12/87/18
柴○於天 15.2/95/18
柴○之日 15.2/95/20
○酒、布衣諸生（爾）〔耳〕 16.3/102/25
時博士○酒議欲殺羊 16.25/110/25
賈胡共起帷帳設○ 16.36/113/22
敕壞○ 16.36/113/23
署議曹○酒 17.3/118/17
署爲○酒 17.19/123/13
設○以祀之 18.16/131/17
不○竈求福 19.22/142/19
不可奉○祀 19.27/143/20
弔○其墓 21.2/150/23
臘日奴竊食○其母 21.18/154/19
單于歲○三龍祠 22.3/161/9
以其首○子家 23.7/167/9

寄 ji 5

留○郎朱仲孫舍 12.6/79/5
○隗買地 13.11/85/22
令○縑以祠焉 15.5/96/24
○命漏刻 16.34/113/6
○止於亭門塾 17.23/124/13

悸 ji 2

心中動○ 9.4/57/6,9.4/57/7

跡 ji 2

追○先代 1.1/5/11
連騎繼○ 21.8/152/4

際 ji 4

耿況、彭寵俱遭○會 8.13/52/7
眞定之○復擾 14.5/93/20
臨去之○ 16.14/107/20
因遇○會 24.8/173/11

稷 ji 20

更始收齊武王部將劉○ 1.1/3/10
大王社○爲計 1.1/4/14
昔周公郊祀后○以配天 1.1/5/9
俱與后○竝受命而爲王 1.1/5/10
社○無主 2.4/17/24
遣司徒等分詣郊廟社○ 3.1/19/15
典辟雍、饗射、六宗、社○之樂 5.4/28/20
社○ 5.4/28/21
用乎宗廟、社○ 5.4/28/22
伯升部將宗人劉○ 7.1/38/19
以○爲抗威將軍 7.1/38/20
○不肯拜 7.1/38/20
更始乃收○ 7.1/38/20
屯西河美○ 12.6/79/8
后○近於周 13.11/86/6
社○復存 14.5/93/11
其如社○宗廟何 15.8/98/8
到西河美○ 15.9/98/19
而更始收劉○及伯升 23.1/164/28
吾常以龐萌爲社○臣 23.15/169/20

曁 ji 1

○太甲而俱寧 12.10/80/20

髻 ji 5

爲四起大○ 6.2/34/11
繞○三匝 6.2/34/11
今以光烈皇后假○、帛巾各一、衣一篋遺王 7.12/43/5
城中好高○ 12.2/77/11
女椎○ 18.29/135/2

冀 ji 22

遂與兄○定策于禁中 3.5/21/25
大將軍梁○輔政 3.5/22/6
○以默止讙耳 6.2/35/4
○得火以熨背 8.2/47/12
群雄擾於○州 11.7/72/12
故人孟○曰 12.1/77/1
敕子○等曰 12.11/81/18

梁○拜步兵校尉 12.12/82/3
○僭侈 12.12/82/4
永昌太守鑄黃金之蛇獻
之○ 12.12/82/4
即大將軍梁○妻也 12.12/82/5
大兵○蒙救護〔生活〕
之恩 13.9/85/6
○京師並蒙〔其〕福也
15.9/98/18
不入○府（赤）〔寺〕
15.17/101/16
○立鉛刀一割之用 16.3/103/16
○敕戒其餘 19.1/136/19
○令學者務本 19.6/138/9
梁○作平上軿車 20.15/148/3
遂奏○ 20.15/148/4
桓帝誅大將軍梁○ 21.4/151/3
而中常侍單超等五人皆
以誅○功並封列侯 21.4/151/3
○有大利 23.17/171/17

薊 jì 7

帝自○東南馳 1.1/3/20
帝發○還 1.1/4/12
上自○東南馳 9.4/56/22
上至○ 9.12/61/17
○中應王郎 9.12/61/17
光武自○東南馳 10.1/62/7
上在○ 10.11/64/15

濟 jì 21

皇考初爲○陽令 1.1/1/9
先是有鳳凰集○陽 1.1/1/12
宜以時修奉○陽城陽縣
堯帝之（冢）〔冢〕 1.1/5/13
三雨而○天下 1.1/10/16
陳寵、○南鍛成 2.2/15/8
鳳凰集○南臺丞霍穆舍
樹上 3.1/19/10
太子坐廢爲○陰王 3.2/19/25
前不用○陰王 3.2/19/26
以迎○陰王于德陽殿西
鍾下 3.2/19/28
○南安王康 7.11/42/8
弇凡平城陽、琅邪、高
密、膠東、東萊、北
海、齊、千乘、○南
、平原、泰山、臨淄
等郡 8.14/53/10
二十三年詔以祝阿益○
南國 10.8/63/23
安吾衆能○者 10.11/64/20
諸夫人各前言爲趙憙所
○活 13.16/89/15
安能○政 16.46/116/1
多蒙○活 18.16/131/18
○陰人也 19.11/139/18
○南都尉 19.17/141/5
廢爲○陰王 20.23/149/19
迎立○陰王 20.23/149/21
因與俱迎○陰王幸南宮
雲臺 20.24/150/5

罽 jì 4

以文○爲壇 3.5/23/1
以絳○襜褕與阜 18.13/130/21
諸國侍子及督使賈胡數
遺恂奴婢、宛馬、金
銀、香○之屬 19.20/141/22
亭長白言「睢陽賊衣絳
○襜 23.18/172/6

繼 jì 9

以○祖考 2.2/15/27
存善○絕 3.5/22/18
黎庶○命 5.5/29/21
○嗣承業 13.11/86/21
○以西海之役 14.5/93/4
○高祖之休烈 14.5/93/11
以夜○晝 15.8/98/8
元家相○死沒 17.25/125/9
連騎○跡 21.8/152/4

驥 jì 2

置騄○廄 3.6/23/24
託○之尾 23.16/170/4

加 jiā 40

每來輒○厚恩 1.1/8/12
不得有○ 1.1/8/22
有○而無損 2.1/13/24
特○賞賜 3.1/18/8
帝○元服 3.1/18/15
害○孕婦也 3.2/20/9
而德教○于百姓 3.2/21/1
重○幕覆 6.2/34/18
不○鞭箠 6.5/36/20
上詔有司○贈鑾輅乘馬
7.12/43/18
有過○鞭扑之教 8.2/47/10
有司復請○謚曰昭成侯 8.6/49/7
○位特進 8.11/51/20
夫人裳不○綵 9.7/59/13
病遂○ 9.10/60/23
○賜醫藥甚厚 9.12/61/21
朝○封賞 10.24/68/23
頗○恥辱 11.1/70/6
追封○謚興曰鮦陽翼侯
11.14/74/20
宜○切敕 12.1/76/24
數○譴責 12.3/78/8
王以師故數○饋遺 13.11/87/5
雖追○賞賜 13.13/88/9
厚○賞賜 13.16/89/16
而肆意○怒 14.2/91/5
○乎百姓 14.5/93/16
何以○茲 14.5/93/31
不○其後 15.7/97/14
○笞八百 15.8/98/12
特爲○賞賜 16.9/105/19
君愼疾○餐 16.9/105/22
未嘗○禮 17.1/117/26
和帝始○元服 18.5/127/16
私語行事人使不○力 18.22/133/1
數○賞賜 19.22/142/17
○四百之期 20.4/145/21
將○箠撻 20.13/147/19
孝明永平始○撲罪 20.13/147/20
害○孕婦 20.19/149/1
不得自增○ 24.14/174/1

浹 jiā 1

（決）〔〇〕日而成 17.13/121/19

家 jiā 133

在〇重愼畏事 1.1/1/26
嘗疾毒諸〇子數犯法令 1.1/2/5
李氏〇富厚 1.1/2/5
諸〇子弟皆亡逃自匿 1.1/2/8
得定武侯〇丞印 1.1/2/14
〇自以蒙恩 1.1/6/6
以爲國〇坐知千里也 1.1/6/14
〇有敝帚 1.1/7/11
次說在〇所識鄉里能吏 1.1/9/4
漢〇中興 2.1/13/24
外戚陰、郭之〇 2.1/13/25
后妃外〇貴者 2.1/13/26
裁〇一人備列將校尉 2.1/13/26
其九十〇不自存 3.2/20/20
置傅一人守其〇 4.1/25/8
中外官尚書令、御史中丞、治書侍御史、公將軍長史、中二千石丞、正、平、諸司馬、中官王〇僕、雒陽令秩皆千石 4.1/25/21
〇令、侍、僕秩皆六百石 4.1/26/3
主〇長秩皆四百石 4.1/26/4
國〇離亂 5.4/29/6
國〇德薄 5.5/29/18
至卜者〇爲卦 6.2/34/6
不以私〇干朝廷 6.2/34/24
見外〇問起居 6.2/35/4
時新平主〇御者失火 6.2/35/11
外〇出過于道南 6.3/35/22
在〇何業最樂 7.12/42/22
詔問東平王處〇何等最樂 7.12/42/24
〇用不寧 7.20/45/12
〇〇爲立祠 8.2/48/4
于時國〇每有災異水旱 8.7/49/12
遂以分與昆弟外〇 8.10/51/2
漢〇神箭 8.17/54/6
歸外〇復陽劉氏 9.6/58/9
國〇知將軍不易 9.7/59/12
〇無私財 9.7/59/13
期言「受國〇恩深 9.12/61/22
純兄歸燒宗〇廬舍 10.1/62/9
〇屬在人手中 10.14/65/23
事君（有）〔者〕不得顧〇 10.16/66/10
因〇焉 10.20/67/3
此〇率下江諸將輔翼漢室 10.20/67/4
晨更名侯〇丞 11.1/70/6
〇自富足 11.1/70/8
何故隨婦〇入湯鑊中 11.1/70/8
國〇以公知臧否 11.2/70/20
治〇產業 11.3/71/10
〇素富 11.3/71/11
債〇聞者皆慚 11.3/71/13
明習漢〇舊事 11.7/72/16
〇人居不足贍 11.8/72/22
京師號況〇爲金穴 11.11/73/24
不及國〇 11.13/74/9
而一〇數人並蒙爵土 11.14/74/15
見〇用不足 12.1/75/8
臣既備數〇骨法 12.1/76/27
鞭扑不可弛於〇 12.9/80/11
國〇開封侯之科 12.9/80/14
背去國〇 12.11/81/23
妃后之〇亦無商比 12.11/81/25
欲令輔國〇以道 13.6/84/6
郡縣不置世祿之〇 13.11/86/4
邑里無營利之〇 13.11/86/18
負兵〇滅門殄世 13.11/86/25
謂〇丞翕曰 13.12/87/20
而讎〇皆疾病 13.16/89/4
將定國〇之大業 14.5/93/17
以（素）〔壽〕終於〇 14.5/94/2
靡不由世位擅寵之〇 15.2/95/23
〇君欲與君投分 15.5/96/22
〇在中山 15.5/96/23
過候其〇 15.6/97/4
其賜堪〇新繒百匹 15.12/100/3
各使歸〇 15.15/100/28
有因於〇被病 15.15/100/28
〇無餘財 15.16/101/7
九流百〇之言 16.2/102/13
居〇常執勤苦 16.3/102/22
〇貧 16.3/102/23,16.46/115/23
無憂〇室也 16.9/105/22
悉以太官供具賜太常〇 16.9/106/7
上自制《五〇要說章句》 16.10/106/17
中〇子爲之保役 16.16/108/5
其學兼通數〇 16.26/111/8
卒於〇 16.38/114/12
將〇浮海 16.46/115/26
老病〇貧 16.49/116/20
宗〇數百人 16.52/117/13
自去〇十二年 17.2/118/6
詔問丹〇時 17.2/118/11
〇給人足 17.10/120/7
不能〇給人足 17.10/120/8
寧爲〇給人足耶 17.10/120/9
寧足爲不〇給人足耶 17.10/120/9
不復要娶巫〇女 17.14/122/8
當爲山娶巫〇女 17.14/122/9
元〇相繼死沒 17.25/125/9
遂將〇屬客河東 18.1/125/22
詔書選三署郎補王〇長吏 18.1/126/5
與外氏〇屬從田間奔入宛城 18.6/127/23
暉送其〇金三斤 18.6/127/26
郭躬〇世掌法 18.9/128/26
〇得其願 18.12/130/4
母追求到武陽北男謁舍〇得阜 18.13/130/14
而〇人爵祿 18.25/133/19
〔往來〕賜〔〇〕 18.26/133/25
少時〇貧 18.27/134/8
〇有山田橡樹 18.28/134/13
恭〇井在門外 18.28/134/16
恭各語其〔〇〕父母 18.28/134/17
鴻〇貧而尚節 18.29/134/26
依大〇皐伯通廡下 18.29/135/5
自言鳳本巫〇 18.30/135/17
太子〇時爲奢侈物 19.1/136/7
乃收〇中律令文書壁藏之 19.7/138/19
常念兄與嫂在〇勤苦 19.11/139/20
何用空養他〇老嫗爲 19.11/139/25

敬○貧親老 19.12/140/3
馬市正數從（買）〔賣〕
 羹飯○乞貸 19.21/142/2
○業虛貧 19.22/142/9
○貧無以自贍 19.26/143/14
○貧親老 19.27/143/19
初給事太子○ 19.32/144/21
○無擔石 20.17/148/15
后○封者四人 21.4/151/4
以女能貧○也 21.7/151/19
木薄發○ 22.4/163/24
呂母○素富 23.7/167/6
詔書（今）〔令〕功臣
 ○自記功狀 24.14/174/1
言天體者有三○ 24.90/179/21
國○大體 24.91/180/1
國○舊章 24.93/180/9

葭 jiā 1

至○萌 18.12/129/25

嘉 jiā 40

是歲有○禾生 1.1/1/11
封殷紹○公為宋公 1.1/7/19
以娛○賓 2.1/12/32
鳳凰見百三十九、麒麟
 五十二、白虎二十九
 、黃龍三十四、青龍
 、黃鵠、鸞鳥、神馬
 、神雀、九尾狐、三
 足烏、赤烏、白兔、
 白鹿、白燕、白鵲、 2.2/15/20
數有神光赤蛇○應 3.1/18/6
九眞言○禾生 3.1/19/8
和熹皇后甚○之 3.2/19/22
陽○元年 3.2/20/7
永○元年春正月 3.3/21/11
懸于○德端門內 3.6/24/5
以致○福 5.5/30/20
○美盛德 5.5/32/6
順帝陽○元年 6.6/37/11
○澍沾渥 6.6/37/11
資淑美之○會 6.8/37/22
甚○歎之 7.8/41/8
顯宗○其功 9.8/60/7
劉○、字共仲 10.19/66/23
以○為驍騎將〔軍〕 10.19/66/23
吾甚○之 10.22/67/23
與劉○俱詣雒陽 11.2/70/17
上○興之讓 11.14/74/15
上○防功 12.3/77/21
馮石襲母公主封獲○侯
 13.15/88/24
上甚○之 13.16/89/15
○澤降澍 15.2/95/19
帝○其忠 15.11/99/17
周○仕郡為主簿 16.31/112/7
○從太守何敞討賊 16.31/112/7
○乃擁敞 16.31/112/8
○請以死贖君命 16.31/112/9
朝廷○其清廉 17.3/118/18
數納○謀 17.7/119/14
特優○之 17.8/119/19
帝○其篤行 17.23/124/21
鳳凰、（麟麒）〔麒麟〕
 、○禾、甘露之瑞集
 于郡境 18.14/131/5
上○之 18.17/131/25
莫不○其榮 19.1/136/23
有虹蜺晝降○德殿 20.4/145/20
及丞相王〔○〕死 24.2/172/23

郟 jiá 1

馬成為○令 10.5/63/7

莢 jiá 1

乃摭○得三升豆 17.11/120/25

袷 jiá 3

（○）〔袷〕祭于世祖
 之堂 2.1/13/22
如孝文皇帝（○）〔袷〕
 祭高廟故事 2.1/13/23
藏主（○）〔袷〕祭 3.2/21/3

頰 jiá 1

擊其○ 23.11/168/22

甲 jiǎ 19

建平元年十二月○子夜 1.1/1/10
兵○衝輣 1.1/2/17
漢軍盡獲其珍寶輜重車○ 1.1/3/9
冬十月○申 1.1/9/17
建武四年夏五月○申 2.1/11/5
○子 2.1/12/5
○夜讀眾書 2.1/12/16
六年春正月○寅 3.1/18/24
躬被○持戟 8.10/50/17
行常自被○在前 8.16/53/25
被玄○、兜鍪 9.7/59/19
身（初）〔被〕兜鍪鎧
 ○ 10.3/62/24
臣尚能被○上馬 12.1/77/4
暨太○而俱寧 12.10/80/20
（蟣蝨）〔○冑〕生
 （○冑）〔蟣蝨〕 13.9/85/5
○兵已具 14.5/93/26
積兵○宜陽城西 23.5/166/19
○夜占書 24.62/177/15

假 jiǎ 19

悉以○貧人 2.3/16/10
自京師離宮果園上林廣
 成囿悉以○貧人 2.3/16/22
祖考來○ 5.4/28/18
今以光烈皇后○髻、帛
 巾各一、衣一篋遺王 7.12/43/5
三輔○號 8.1/46/10
其素所○貸人間數百萬
 11.3/71/12
○與糧種 11.10/73/13
從書佐○車馬什物 11.10/73/15
臣所○伏波將軍印 12.1/76/12
常辭以道上稟○有餘 13.11/87/6
夫帝王不宜以重器○人
 15.2/95/22
不○下以權 15.17/101/14
超為○司馬 16.3/103/3
今以超為○司馬 16.3/103/11
○鼓吹（黃）〔幢〕麾
 16.3/103/19
但○印 18.1/126/6
願○臣一月 21.12/153/16

輒○衣裝 23.7/167/7
與○號將軍李興等結謀 23.9/168/5

嫁 jià 5

母宣改○爲掖庭民梁紀妻 6.9/38/3
衆至共爲○娶 17.14/122/7
太守阮況當○女 18.6/127/25
山陽郡人江伯欲○姊 22.2/161/3
○娶被服 24.94/180/12

稼 jià 6

勤于○穡 1.1/1/26
秋○好醜 7.2/39/6
世善農○ 11.3/71/10
時鄰縣皆雹傷○ 19.2/137/3
時郡國螟傷○ 19.4/137/18
蝨賊傷○穡 19.6/138/14

價 jià 1

穀○數倍 6.2/35/8

駕 jià 28

久乃○去 1.1/3/23
車○西征 1.1/6/23
馬以○鼓車 1.1/7/13
車○宿偃師 1.1/8/6
於是車○祖送 7.12/43/13
車○親臨 8.10/51/4
車○至臨淄 8.14/53/9
車○南征 9.1/55/13
車○送至河南 9.4/57/10
車○幸（祐）〔祐〕第 9.6/58/16
上車○素服往弔 9.7/59/14
馬○在轅中 10.21/67/13
後肅宗○出過園 10.24/68/17
車○臨問其所欲言 11.4/71/21
爲別○從事 11.7/72/11
叔父援從車○東征 12.6/79/5
車○西幸長安 13.13/88/11
敕魴車○發後 13.14/88/18
車○臨故中郎將來歙喪還 14.2/91/3
車○過 14.2/91/3
車○東巡狩 15.2/95/17
伋使別○〔從事〕 15.9/98/21
車○幸太學 16.9/105/18
車○討隗囂 16.34/113/5
即○而歸 16.46/116/2
敕延從○到魯 17.1/117/22
政以車○出時伏道邊 17.17/122/26
車○出 17.20/123/19

肩 jiān 2

馮異進一笥麥飯兔○ 1.1/3/23
異進一笥麥飯兔○ 9.4/57/1

姦 jiān 17

具知閭里○邪 1.1/1/17
具知○狀 2.1/11/14
拜爲刺○大將軍 9.2/55/26
召刺○收護軍 9.6/58/11
以爲刺○將軍 9.7/59/5
檢押其○宄 13.11/86/16
誅鋤○惡 13.16/89/13
朋黨搆○ 15.8/97/30
威能討○ 16.35/113/16
又鑄錢官○宄所集 18.1/125/25
市無○枉欺詐之巧 18.1/125/27
阜疑有○詐 18.13/130/21
發擿○盜 19.2/137/4
○臣狡猾而不能誅 20.2/145/11
懷挾○巧 20.20/149/6
能消卻○邪 21.21/155/3
利取侯畢尋玄孫守坐○人妻 21.48/159/12

兼 jiān 24

○通九經 2.1/11/17
遂○五經 2.2/14/5
肅宗○茲四德 2.2/15/27
遂○覽書傳 2.3/16/7
○資敏達 3.2/19/23
王○食東海、魯國二郡二十九縣 7.8/41/5
又○經術 8.12/52/3
一人皆○二人之饌 9.1/55/10
○流給他郡 11.1/70/13
○讀衆書傳記 12.11/81/10
野澤無○并之民 13.11/86/19
功名○立 14.5/93/2
○射聲校尉 15.2/95/13
○衛尉 15.2/95/25
郁○羽林中郎將 16.10/106/24
以侍中○領之 16.20/109/16
其學○通數家 16.26/111/8
○屯騎校尉 17.7/119/12
○通書傳 17.18/123/7
○領秘書近署 18.17/131/26
○通《五經》 19.5/138/3
○明圖讖、天官、星氣、鍾律、（歷）〔曆〕算 19.22/142/12
則載之○兩 20.17/148/13
晝夜○行 21.8/151/27

堅 jiān 22

請爲前行諸部○陣 1.1/3/2
且○據廣都城 1.1/7/6
移徙輒自○ 1.1/7/7
○、西安亭侯 7.17/44/24
○臥不動 8.10/50/19
賊陣○不卻 8.11/51/14
視西安城小而○ 8.14/52/23
且西安城○ 8.14/53/1
營壁不○ 9.11/61/10
以衣中○同心之士〔也〕 10.7/63/18
○鐔、字子皮 10.10/64/8
冰○可渡 10.11/64/18
遂閉門○守 10.11/64/24
詔詰會稽車牛不務○强 12.8/80/2
足下所以○不下者 14.2/90/23
邑人趙○殺人繫獄 14.3/91/17
班固、字孟○ 16.2/102/13
惟獨狄道爲國○守 16.34/113/5
石生○ 18.12/129/27
李固、字子○ 20.11/147/10
無利則○守而力農 23.17/171/6
築壘○守 23.17/171/16

間 jiān 39

一日之〇 1.1/2/20
坐席之〇 1.1/6/6
皇太子嘗（乘）〔承〕〇言 1.1/9/5
又有赤蛇盤紆殿屋床笫之〇 3.1/18/6
河〇孝王孫 3.5/21/23
外〇白太后 6.2/34/27
〇關上疏自陳 8.4/48/15
請（問）〔〇〕 8.14/52/13
弇以軍營臨淄、西安之〇 8.14/52/23
旬日之〇 8.14/53/2
因〇進說曰 9.4/56/19
一年〇道路隔塞 10.10/64/8
成、哀〇轉客潁川舞陽 10.20/67/3
（遺）〔遣〕司馬虞封〇行通書 10.22/67/20
血流指〇 10.23/68/11
寧能高飛遠去、不在人〇耶 10.26/69/16
行己在于清濁之〇 10.26/69/24
其素所假貸人〇數百萬 11.3/71/12
卿遨遊二帝〇 12.1/75/18
吾在浪泊、西里、塢〇 12.1/76/19
建武八年〇 13.11/86/12
趙魏〇號爲馮萬石 13.13/88/3
一朞之〇 14.5/93/11
上令從門〇識面 15.8/98/7
猝暴民〇 15.10/99/3
數年之〇 15.14/100/15
安能久事筆研〇乎 16.3/102/24
旬月〇遷河內汲令 16.12/107/6
哀、平〇 16.16/108/4
惟駰以處士年少擢在其〇 16.38/114/9
執苦數十年〇 17.12/121/5
與外氏家屬從田〇奔入宛城 18.6/127/23
元、成〇 18.14/130/27
昔延陵季子葬子于嬴、博之〇 18.29/135/8
哀、平〇以明律令爲侍御史 19.7/138/18
嫌疑之〇 20.17/148/14
遂共訂交于杵臼之〇 20.17/148/18
數月〇 21.4/151/4
數月〇至七八千人 23.1/164/21

犍 jiān 2

入〇爲界 1.1/7/3
欲之〇爲定生學經 18.13/130/14

監 jiān 11

乳母王男、廚〇邴吉爲大長秋江京、中常侍樊豐等所譖愬 3.2/19/23
初置秘書〇 3.5/22/8
尙書、中謁者、黃門冗從四僕射、諸都〇、中外諸都官令、都（候）〔侯〕、司農部丞、郡國長史、丞、（候）〔侯〕、司馬、千人秩皆六百石 4.1/26/1
〔使〕〇領其事 8.2/47/16
從羽林〇遷虎賁中郎將 10.13/65/11,12.2/77/10
〇羽林左騎 10.23/68/9
上使歙〇諸將 11.2/71/1
〇越騎校尉 12.4/78/13
〇《六經》之論 14.5/93/29
復收繫羽林〇 22.5/164/6

緘 jiān 1

滿一篋〇封 24.72/178/8

縑 jiān 20

身衣大練〇裙 6.2/35/3
上〇萬匹 7.8/41/15
楚王英奉送黃〇三十五匹、白紈五匹入贖 7.10/42/3
詔書還入贖〇紈 7.10/42/3
以〇囊盛土爲隄 9.2/56/5
今送〇千匹 9.7/59/12
賜〇百匹 9.8/60/4
獻馬及〇帛數百匹 10.1/62/5
皆衣〇襜褕、絳巾奉迎 10.1/62/8
賜歙妻〇千匹 11.2/71/1
詔書賜〔援〕鉅鹿〇三百匹 12.1/77/2
所裝〇帛資糧 13.16/89/11
丹乃懷〇一匹 15.5/96/17
如丹此〇 15.5/96/18
令寄〇以祠焉 15.5/96/24
詔賜降（人）〔胡〕〇 17.13/121/26
令盛以〇囊 18.22/133/1
趙序取錢〇三百七十五萬 20.22/149/14
使寵妻縫兩〇囊 23.11/168/24
置〇囊中 23.11/168/26

韉 jiān 1

焉耆王廣遣其左將北〇支奉迎超 16.3/103/20

剪 jiǎn 1

太夫人爲〇髮 6.5/36/11

減 jiǎn 12

官曹文書〇舊過半 1.1/7/16
皆〇舊制 2.1/13/27
什〇三四 2.1/13/29
〇罪一等 3.5/22/8
〇半奉 3.5/22/16
中尉、內史官屬亦以率〇 4.1/25/16
上書求〇邑內徙 7.7/40/14
視事〇省諸費 12.4/78/16
其四十二事手殺人者〇死一等 12.9/80/10
輒分〇以遺奇 15.11/99/19
赦天下繫囚在四月丙子以前〇死罪一等 18.9/128/26
乃〇爲二十萬言 19.25/143/9

揀 jiǎn 1

路且○雒 22.4/162/21

儉 jiǎn 19

善節約謙○如此 2.1/13/29
孝文皇帝躬行節○ 5.5/31/5
敞謙○好義 7.7/40/15
追念彊雅性恭○ 7.8/41/13
性謙○ 7.8/41/14
恭○如此 8.10/51/4
而況恭○謙遜 11.11/73/23
恭○好禮 13.8/84/26
謙○節約 13.12/87/25
教之○約 15.5/96/15
在位恭○ 15.6/97/3
性節○而治清平 15.10/99/5
求人之○約富足 16.16/108/6
倫性節○ 18.1/126/13
性恭○謙約 18.27/134/8
以謙○推讓爲節 18.28/134/13
性節○ 21.36/157/21
後嗣遵○ 24.92/180/5
率下以○化起機 24.94/180/11

檢 jiǎn 3

詔下州郡○覆 2.1/11/9
○押其姦宄 13.11/86/16
太后使人○視 18.22/133/2

謇 jiǎn 4

○○多直言 15.7/97/15
臣無○諤之節 16.20/109/14
雖無○直之風 21.1/150/19

蹇 jiǎn 4

獨眇○者不瘥 1.1/9/16
案《易》卦《震》之
　《○》 7.9/41/21
《○》、《艮》下《坎》
　上 7.9/41/22
偃○傲慢 16.50/117/3

簡 jiǎn 13

○練臣下之行 1.1/6/5
帝幼有○厚之質 3.2/19/21
而○易于事軍 8.16/53/24
援外類倜儻○易 12.1/75/9
陛下何以知非刺客而○
　易如此 12.1/75/20
禮○易從 13.11/86/4
光武以憙守○陽侯相 13.16/89/11
然後○精銳之卒 14.5/93/26
宜陽爲○（而）〔易〕
　16.3/104/5
前世以磨研編○之才
　16.28/111/16
恢欲殺青○以寫經書
　20.17/148/12
政惟仁○ 20.17/148/18
寬○略嗜酒 21.9/152/12

繭 jiǎn 1

野蠶成○被山 1.1/5/24

見 jiàn 244

尤○而奇之 1.1/1/19
使來者言李氏欲相○款
　誠無他意 1.1/2/2
帝乃○之 1.1/2/2
入○ 1.1/2/3
望○廬南若火光 1.1/2/7
有頃不○ 1.1/2/8
乃與伯升相○ 1.1/2/8
望不○其後尾 1.1/2/22
劉將軍平生○小敵怯 1.1/3/4
今○大敵勇 1.1/3/4
東迎雒陽者○更始諸將
　過者已數十輩 1.1/3/14
及○司隸官屬 1.1/3/16
粲然復○漢官〔威〕儀
　（體） 1.1/3/16
○帝餐啗 1.1/3/26
○上據地曰 1.1/4/2
時傳聞不○《赤伏符》
　文軍中所 1.1/4/16
神星晝○ 1.1/5/2
下輿○吏輒問以數十百
　歲能吏次第 1.1/6/4
人自以○識 1.1/6/6
到朝廷凡數十○ 1.1/6/8
自事主未嘗○明主如此也 1.1/6/8
開心○誠 1.1/6/9
〔其〕有當○及冤結者 1.1/6/19
〔所○〕如神 1.1/6/20
世祖○陳留吏牘上有書
　曰 2.1/11/10
○吏賞賜 2.1/12/7
召○陰、鄧故人 2.1/12/16
帝在于道所幸○吏 2.1/12/16
帝夢○先帝、太后如平
　生歡 2.1/13/16
鳳皇○肥城窳亭槐樹上 2.2/14/26
白鹿、白兔、九尾狐○ 2.2/15/3
不○于外 2.2/15/10
鳳凰三十九○郡國 2.2/15/18
鳳凰○百三十九、麒麟
　五十二、白虎二十九
　、黃龍三十四、青龍
　、黃鵠、鸞鳥、神馬
　、神雀、九尾狐、三
　足烏、赤烏、白兔、
　白鹿、白燕、白鵲、 2.2/15/20
○二臣之墓 2.3/16/16
數燕○（省）〔在禁〕
　中 3.1/18/7
潁川上言麒麟、白鹿○ 3.1/19/10
黃龍○歷城 3.1/19/11
又○諸縣 3.1/19/11
謫○于天 3.2/20/15
西河言白兔○ 3.5/22/27
群臣謁○ 3.6/23/6
因忽不○ 3.6/23/18
仰○榱桷 5.5/32/8
○執金吾車騎甚盛 6.1/33/23
諸主朝望○ 6.2/34/21
上令太夫人及兄弟得入
　○ 6.2/34/22
○外家問起居 6.2/35/4
愴○原陵 6.2/35/12
上望○車騎鞍勒皆純黑 6.2/35/16
由是母子○疏 6.3/36/1
太后乃親自臨○宮人 6.5/36/19
便輿○ 6.5/36/25

相工茅通○之 6.6/37/9
臣所未嘗○也 6.6/37/10
其○親重如此 7.2/39/6
尤○幸 7.3/39/10
于時○戶四百七十六 7.7/40/14
祉以建武二年三月○光武于懷宮 7.7/40/22
上未嘗不○從 7.12/42/18
今親○其然 7.12/43/7
然數○顏色 7.12/43/12
而○上知非常人 8.1/46/6
上○之甚歡 8.1/46/9
無貴賤○之如舊 8.2/47/10
弘即○亭長 8.6/49/1
鴻召○漢 8.10/50/8
再三召○ 8.10/50/10
上○大喜 8.11/51/16
深○親異 8.12/52/2
諸君不○是爾 8.14/53/3
嘗○郡尉試騎士 8.14/53/15
吾今○恂 9.1/55/9
不欲與相○ 9.1/55/9
恂至乃○ 9.1/55/11
○上獨居 9.4/56/18
乃○湯、武之功 9.4/56/21
上引○異 9.4/57/16
祭遵以縣吏數進○ 9.7/59/3
衆○遵傷 9.7/59/7
衛尉銚期○上感慟 9.7/59/22
〔○〕（在上）〔上在〕前 9.10/60/22
于邯鄲○上 10.1/62/5
軍人○光衣冠〔服〕鮮明 10.12/65/5
忠即時召○ 10.14/65/22
不欲與軼相○ 10.21/67/9
上乃强○之 10.21/67/9
出門顧○車方自覺 10.21/67/13
不得令觀天文、○讖記 10.22/67/25
他日會○ 10.22/68/2
今相○ 10.22/68/2
羌胡○客 10.23/68/11
而○重當世 10.23/68/12
今貴主尚○枉奪 10.24/68/18
憲以特進○禮依三公 10.24/68/24
○乃服焉 10.26/69/19
數燕○ 11.1/70/10
世祖○歙 11.2/70/17
○便鈔掠 11.2/71/3
延○歙 11.2/71/4
準○當時學者少憫 11.7/72/11
每朝○ 11.10/73/19
○家用不足 12.1/75/8
必幘然後○ 12.1/75/9
○卿 12.1/75/18
今○陛下 12.1/75/21
上凡十四○ 12.1/75/22
數被進○ 12.1/76/8
○冬筍名曰（苞）〔笣〕筍 12.1/76/16
○其中有粟 12.3/77/20
防遂○親近 12.3/77/21
多○採用 12.3/78/5
（嚴）〔敕〕有所○聞輒言 12.6/79/11
帝親召○龔 12.6/79/13
烟火○未央宮 12.9/80/13
竊○故大司徒陽都侯伏湛自行束脩 13.1/82/22
深○任用 13.5/83/25
○弘 13.6/84/7
弘嘗燕○ 13.6/84/11
未○好德如好色者 13.6/84/11
後弘○上 13.6/84/13
○群豕皆白 13.9/85/4
○府寺門即下 13.10/85/13
賢○林身推鹿車 13.11/85/25
○惡如農夫之務去草焉 13.11/86/14
陛下昭然獨○成敗之端 13.11/86/25
一日或數四引○ 13.12/87/12
○純前告翕語 13.12/87/24
遂○親識 13.13/88/6
是時三公多○罪退 13.13/88/7
乃因燕○從容誡之曰 13.13/88/8
勤燕○前殿盡日 13.13/88/11
憙不與相○ 13.16/89/5
憙○之悲感 13.16/89/10
引○謂曰 13.16/89/16
鮪○其不疑 14.1/90/8
未○吳公 14.1/90/9
與俱○吳公 14.1/90/10
其○憚如此 14.2/91/7
略不再○ 14.4/92/7
不○天時 14.4/92/11
伏○大將軍 15.2/95/23
乃呼客○之 15.5/96/25
欲○夫人 15.6/97/5
友人不肯○ 15.6/97/6
子張○而氣絕 15.8/97/24
惲○令 15.8/97/24
入○惲 15.8/98/12
召○辭謁 15.9/98/17
上召○ 15.10/99/4
○功多 15.10/99/6
而其子○屠 15.11/99/17
颯到即引○ 15.13/100/7
迎吏○其少 15.15/100/22
引○雲臺 15.17/101/12
特○拔擢 15.17/101/13
寧○乳虎穴 15.17/101/16
忿怒或○置 15.17/101/17
○何書 16.6/104/21
必○陵折 16.6/104/24
輒○訪問 16.7/105/3
愈○敬厚 16.9/105/21
甚○親厚 16.10/106/17
伏○太子體性自然 16.10/106/22
天下共○ 16.10/106/22
由是多○排詆 16.16/108/3
數進○問得失 16.20/109/11
伏○前太尉西曹掾蔣遵 16.20/109/12
詔〔出〕引○ 16.20/109/14
其○優如此 16.21/109/24
○之自失 16.34/112/29
其以縣○穀二千石賜勃子若孫 16.34/113/11
上嘗召○諸郡計吏 16.35/113/15
○吏則衣草而出 16.40/114/21
遂潛藏不○ 16.46/115/27
與相○ 16.49/116/17
及奉○明公 16.49/116/18
待○尚書 16.50/116/28
遂以○ 16.50/117/1
伏○太原周黨、東海王良、山陽王成 16.50/117/2
陛○帝廷 16.50/117/3
詔呼引○ 17.1/117/21

延因下○引咎 17.1/117/23
以清廉○稱 17.5/119/3
前○良頭鬚皎然 17.10/120/13
今乃○之 17.11/120/24
○諸生講誦 17.12/121/4
○（生）〔宮〕 17.12/121/5
時單于遣使求欲得○宮 17.12/121/8
以○霸 17.13/121/15
上○司農上簿 17.13/121/27
武稱疾○政 17.17/122/28
以爲○劫 17.17/123/2
後掩伺○之 17.23/124/18
○譚貌謹敕 17.24/124/28
倫每○光武詔書 18.1/126/1
當何由一得○決矣 18.1/126/1
嘗○ 18.1/126/8
暉遙○就主簿持璧 18.6/128/2
未嘗○ 18.6/128/2
每與相○ 18.6/128/9
絕相聞○ 18.6/128/11
○其困厄 18.6/128/12
詔召○英 18.10/129/12
○道中有諸生（來）〔乘〕小車 18.12/130/5
不○聽 18.13/130/13
白烏○ 18.13/130/20
甚○信用 18.17/131/26
由是○重 18.20/132/16
到葉○霸 18.26/133/28
恭○之 18.28/134/14
耆老○鴻非恒人 18.29/134/28
甚○重焉 19.1/136/7
事所聞○ 19.1/136/18
竊○竇憲、耿秉 19.4/137/22
未○其便 19.4/137/24
○兄子乘車 19.11/139/19
以嚴刻○稱 19.15/140/18
以殘酷○任 19.17/141/4
讀所未嘗○書 19.22/142/10
蒙○宿留 19.22/142/16
目無所○ 19.30/144/9
○酒食未嘗不泣 19.30/144/10
何面目以○日月 20.2/145/12
象○吉凶 20.4/145/21
不○逮及 20.4/145/23
與馬國等相○ 20.23/149/19
夢○奐帶印綬 21.11/153/7
恥○禽 21.11/153/9
曹節○甬尸 21.12/153/15
虹晝○御座殿庭前 21.24/155/21
○其尙幼而有志節 21.39/158/4
臣伏○二千石 21.45/158/28
所○奇異 22.4/162/1
不○鹽穀 22.4/163/12
○焚 22.5/164/3
輒醉不能○ 23.1/165/7
○常侍奏事 23.1/165/8
卒○眾拜 23.5/166/13
○寵 23.11/168/22
小奴○子密聽其語 23.11/168/24
將何以○信于眾 23.16/169/27
眾○利則出兵而略地 23.17/171/6
莫之得○ 24.93/180/9

建 jiàn 113

○平元年十二月甲子夜 1.1/1/10
○武元年夏六月己未 1.1/4/21
改元爲○武 1.1/4/21
○武四年夏五月甲申 2.1/11/5
遵奉○武之政 2.1/13/23
至于○武 2.1/13/25
○初二年 2.2/14/9
永○元年 3.2/19/31
汝南童子謝廉、河南童子趙○ 3.2/20/11
○康元年秋八月 3.2/20/26
有司上言宜○聖嗣 3.3/21/7
○康元年夏四月 3.3/21/8
徵封○平侯 3.4/21/16
改元○和 3.5/21/26
○和元年 3.5/21/28
五國並○ 3.5/22/20
○寧元年 3.6/23/6
○武二十年 4.1/24/19, 10.4/63/3, 17.1/117/20
○武元年復置 4.1/25/3
○武元年復置牧 4.1/25/12
○武元年 4.1/25/18, 10.13/65/11, 15.10/99/3
○安二十年 5.1/27/18
以○威揚德 5.4/29/1
○武三十年 5.5/29/10
至○武都雒陽 5.5/30/11
脩○三雍 5.5/31/8
○立三雍 5.5/31/17
○初四年八月 5.5/32/11
○明堂 5.6/32/23
永○三年春三月丙申 6.6/37/9
繡衣御史申屠○隨獻玉玦 7.1/38/16
○武二年 7.1/38/23
9.1/55/5, 9.10/60/20
10.7/63/18, 11.12/74/5
祉以○武二年三月見光武于懷宮 7.7/40/22
○武二年六月 7.8/41/3
章帝○初三年 7.12/43/4
12.3/77/22
明公雖○蕃輔之功 8.1/46/12
○初三年 8.2/47/16
與蘇茂、周○戰 8.10/50/17
上以弇爲○威大將軍 8.14/52/22
○旗鼓 8.14/53/15
耿氏自中興以後迄○安之末 8.17/54/14
異薦邑子銚期、叔壽、殷○、左隆等 9.4/56/17
○武中 9.4/57/9
15.14/100/17, 16.6/104/18
16.25/110/25, 16.50/116/28
17.14/122/9, 17.17/122/25
以（祐）〔祜〕爲○義將軍 9.6/58/11
又○爲孔子立後 9.7/59/17
○武六年 10.3/62/24
13.11/85/24
○武四年 10.19/66/23
17.12/121/6
○武三年 11.1/70/10, 12.6/79/4
○武五年 11.2/70/18
○武十三年 11.4/71/18
○武二十四年 12.1/77/3
與校書郎杜撫、班固定《○武注記》 12.6/79/7
○初中 12.6/79/13, 19.4/137/16
哀帝○平元年 12.9/80/9
封疆畫界以○諸侯 13.11/86/2
○武八年間 13.11/86/12
○武初 13.12/87/11

14.5/93/1,15.7/97/14
15.15/100/26,15.17/101/12
16.47/116/6,17.23/124/16
〇武二十六年 13.12/87/13
13.16/89/15,22.3/161/11
夫〇大事者 14.1/90/5
則可以〇大功 14.5/93/28
宣秉、〇武元年拜御史中丞 15.3/96/5
〇初八年 16.3/103/19
18.11/129/20
〇武二十八年 16.9/106/1
16.15/107/26
〇武十四年 16.21/109/23
故利以〇侯 16.24/110/18
〇武中以伏波將軍爵土不傳 16.34/113/9
爲〇新大尹 16.37/113/28
〇武十六年 17.3/118/17
〇初元年 17.7/119/13
18.17/131/24
〇武中疫病 17.25/125/9
〇武十（四）〔六〕年 18.6/128/8
此等多是〇武以來絕無後者 18.16/131/16
父〇武初爲武陵太守 19.4/137/13
〇初中爲郎 19.11/139/18
〇初五年 19.15/140/16
所〇畫未嘗流布 19.22/142/17
中常侍籍〇 20.25/150/12
以〇安中爲武威太守 21.11/153/8
〇武九年正月 23.16/170/17
僞〇旗幟 23.17/172/1
〇武、光武年號也 24.75/178/15
撰〇武以來星變彗孛占驗著明者續其後 24.90/179/28
〇武乙未、元和丙寅詔書 24.92/180/7

健 jiàn 5

直〇當然 8.6/49/1
爾曹若〇 13.16/89/4
伉〇有武略 15.1/94/24
稱仲〇 15.8/98/12
不如萌肥〇 16.41/114/27

漸 jiàn 3

〇親之 8.10/50/11
杜虞殺莽于〇臺 23.2/165/24
平陵人荆邯以東方〇平 23.17/171/12

僭 jiàn 4

葬埋〇侈 1.1/6/21
冀〇侈 12.12/82/4
賞不〇 19.7/138/24
寧〇 19.7/138/24

箭 jiàn 2

漢家神〇 8.17/54/6
光武作飛寅〇以攻赤眉 23.6/167/2

澗 jiàn 1

絕其〇水 8.17/54/8

劍 jiàn 30

是時名都王國有獻名馬、寶〇 1.1/7/12
〇以賜騎士 1.1/7/13
帝賜尙書〇各一 2.2/15/8
其餘皆平〇 2.2/15/9
故得漢文〇 2.2/15/10
故得鍛成〇 2.2/15/10
賜玉具〇 2.3/16/12
更始取伯升寶〇視之 7.1/38/16
詔賜駁犀〇 8.9/50/1
必手〇之 9.1/55/9
賜以乘輿七尺玉具〇 9.4/57/10
及衣冠刀〇 9.8/60/7
冠〇不解于身 11.6/72/6
嚴從其故門生肆都學擊〇 12.6/79/6
賜駮犀具〇、佩刀、紫艾綬、玉玦各一 13.15/88/25
皇太子賜郁鞍馬、刀〇 16.10/106/21
可賜以〇 16.30/112/2
序受〇 16.30/112/2
遂伏〇而死 16.30/112/3
賜延錢及帶〇佩刀還郡 17.1/117/24
暉拔〇前曰 18.6/127/24
鎭〇擊景墮車 20.23/149/22
解〇置外 20.24/150/4
欲取〇 20.24/150/4
光得〇 20.24/150/4
光武賜陳導駭犀〇 21.44/158/24
賜谷蠡王玉具〇 22.3/161/15
西羌祖爰〇爲秦所奴隸 22.5/164/3
張昂拔〇擊地曰 23.1/164/26
詔賜駮犀〇 23.4/166/7

踐 jiàn 2

至乃〇食孤幼 3.2/20/8
句〇罪種兮 12.10/80/22

賤 jiàn 11

無貴〇見之如舊 8.2/47/10
不穢〇之 10.23/68/12
遂以〇直奪沁水公主園田 10.24/68/17
諸生以〇不糴 13.6/84/9
恐〇糴 13.6/84/9
臣聞貧〇之交不可忘 13.6/84/14
安貧〇 16.47/116/6
餘皆〇糴與民饑羸者 18.1/126/14
而吾貧〇 22.1/160/25
故使〇妾侍執巾櫛 22.1/160/26
爲百姓之所〇 23.1/165/12

諫 jiàn 44

郎遣〇議大夫杜長威持節詣軍門 1.1/4/1
陛下聽用直〇 2.1/12/7
白馬令李雲坐直〇誅 3.5/22/10
〇議大夫、侍御史、博士皆六百石 4.1/26/9
諸將〇曰 9.1/55/18
主（薄）〔簿〕陳副〇曰 9.7/59/4

數犯顏○ 10.13/65/12
伏湛上疏○曰 13.1/82/20
浮上疏切○曰 13.9/85/5
數正○威儀不如法度者 13.10/85/14
白馬生且復○矣 13.10/85/15
數進忠言正○ 13.14/88/17
又○更始無遺上北伐 14.1/90/4
光武遣○議大夫儲大伯持節徵永 14.2/90/19
即拜永○大夫 14.2/90/22
從事○止之 14.2/91/8
椎牛上苟○冢 14.2/91/9
世祖遣騎都尉弓里游、○大夫何叔武 14.4/92/1
爲○議大夫 14.4/92/18
剛○上不聽 15.7/97/15
上書○王莽 15.8/97/20
不能以尸伏○ 16.20/109/15
門下掾倪敞○ 16.37/114/1
掾吏叩頭○曰 16.37/114/3
驅數○之 16.38/114/10
子宇○莽而莽殺之 16.46/115/25
徵爲○議大夫 17.2/118/5
數○蒼 17.10/120/13
數納忠○ 17.12/121/8
意上書○ 17.13/122/2
諸子○止 18.1/126/19
均數○止 18.10/129/8
乃與同舍郎上書直○ 18.22/132/26
未嘗不正○ 19.1/136/7
恭上疏○曰 19.4/137/22
寵上疏○曰 19.7/138/23
恢上書○曰 19.16/140/23
每陳○諍 20.2/145/10
楊秉○桓帝曰 20.3/145/16
賜上疏○曰 20.4/145/24
尙書左雄○帝曰 20.13/147/19
祐○曰 20.17/148/12
上疏切○云 21.7/151/19
王郎遣○議大夫杜威持節詣軍門 23.8/167/18

薦 jiàn 27

人馬席○羈靽皆有成賈 1.1/10/12
取以○ 2.1/13/18
殷○上帝 5.4/28/17
于世祖廟與皇帝交獻○ 5.5/32/15
上書表○賢士左馮翊桓虞等 7.12/42/21
鄧禹及諸將多相○舉 8.10/50/10
異○邑子銚期、叔壽、殷建、左隆等 9.4/56/17
○曉古文字者 12.1/76/15
杜詩○湛疏曰 13.1/82/22
弘○沛國桓譚才學洽聞 13.6/84/3
悔於○舉 13.6/84/4
吾所以○子〔者〕 13.6/84/5
臣所以○桓譚者 13.6/84/7
乃○之 13.11/85/27
群臣僉○鯀 13.11/86/7
魏郡太守范橫上疏○勤 13.13/88/5
蒙○舉拔擢 14.1/90/7
初有○士於丹者 15.5/96/24
○陰亶、程胡、魯歆自代 17.2/118/9
蒼上表○良 17.10/120/13
數○達名士承宮、郇恁等 17.11/120/25
上書○善行狀 17.25/125/13
意在相○ 18.8/128/21
論○之私 18.8/128/22
○郡吏王青三世死節 19.1/136/9
時有表○ 19.7/138/22
司徒尹訟○頴 21.8/151/25

檻 jiàn 1

○車徵下獄 20.21/149/10

江 jiāng 49

受《尙書》于中大夫廬○、許子威 1.1/1/15
荆州、下○、平林兵起 1.1/1/23
下○兵盛 1.1/2/3
使劉終僞稱○夏吏 1.1/2/12
嚴尤擊下○兵 1.1/2/13
廬○太守獻寶鼎 2.1/12/23
調濱水縣彭城、廣陽、廬○、九○穀九十萬斛 3.1/18/26
中常侍○京、樊豐等共〔興〕爲詐 3.1/19/14
乳母王男、廚監邴吉爲大長秋○京、中常侍樊豐等所譖愬 3.2/19/23
中黃門孫程等十九人共討賊臣○京等 3.2/19/27
九○賊馬勉敗死 3.4/21/16
拜廬○都尉 7.7/40/16
公孫述、大司馬田戎將兵下○關 8.10/50/22
據浮橋于○上 8.10/50/22
乃乘桴沿○下巴郡 8.10/50/26
于是○南之珍奇食物始流通焉 9.2/56/3
此家率下○諸將輔翼漢室 10.20/67/4
上稱○夏卒史 11.1/70/6
依姊壻父九○連率平河侯王述 12.6/79/3
蝗蟲入○海 12.8/80/1
於是○湖之上 14.5/93/7
鴻初與九○人鮑駿同事桓榮 15.2/95/11
以廬○郡爲六安國 15.2/95/21
憚客於○夏 15.8/98/6
至今○南頗知桑蠶織履 15.14/100/18
避亂○南者皆未還中土 15.15/100/23
廬○獻鼎 16.6/104/20
事九○朱文剛 16.9/105/14
爲九○太守 17.14/122/7
 18.15/131/9
南到九○ 17.14/122/9
母好飲○水 17.22/124/5
歲歲作衣投於○中 17.22/124/6
味如○水 17.22/124/7
景爲廬○太守 18.11/129/20
生白廬○太守掾嚴麟 18.12/130/6
○革、字次翁 18.18/132/3
廬○毛義 18.27/134/8
○夏安陸人也 19.22/142/7
○夏、黃童也 19.22/142/11
京師號曰「天下無雙、〔○夏黃童〕」 19.22/142/13

○京等譖誣太子 20.23/149/18
程謀誅○京于盛化門外 20.23/149/19
程等十八人收斬○京、閻顯等 20.23/149/20
山陽郡人○伯欲嫁姊 22.2/161/3
○湖海岱 23.16/170/8
南順○流以震荆、揚 23.17/171/7
令田戎據○南之會 23.17/171/16

姜 jiāng 1

○詩、字士遊 17.22/124/5

將 jiāng 380

帝○生 1.1/1/9
莽遣三公○運關東諸倉賑貸窮乏 1.1/1/20
服○軍服 1.1/2/9
遣大司徒王尋、大司空王邑○兵來征 1.1/2/13
以帝爲太常偏○軍 1.1/2/14
諸○惶恐 1.1/2/19
帝與諸○議 1.1/2/19
諸○亦滅 1.1/2/20
諸○怒曰 1.1/2/21
劉○軍何以敢如此 1.1/2/21
諸○遽請帝 1.1/2/22
諸○素輕帝 1.1/2/23
帝○步騎千餘 1.1/3/2
諸部○喜曰 1.1/3/3
劉○軍平生見小敵怯 1.1/3/4
乃遂令輕足○書與城中諸○ 1.1/3/5
更始收齊武王部○劉稷 1.1/3/10
拜帝爲破虜大○軍 1.1/3/12
東迎雒陽者見更始諸○過者已數十輩 1.1/3/14
紿言邯鄲○軍至 1.1/3/21
請邯鄲○軍入 1.1/3/22
帝率鄧禹等擊王郎橫野○軍劉奉 1.1/3/25
帝會諸○燒之 1.1/4/6
諸○議上尊號 1.1/4/8
諸○未能信 1.1/4/9
諸○上尊號 1.1/4/11
命諸○收葬吏士 1.1/4/13
諸○復請上尊號 1.1/4/13
帝遣游擊○軍鄧隆〔與〕幽州牧朱浮擊彭寵 1.1/5/13
乃休諸○ 1.1/6/4
代郡太守劉興○數百騎攻賈覽 1.1/6/13
河西大○軍竇融與五郡太守步騎二萬迎帝 1.1/6/23
迹自○ 1.1/7/8
下詔讓吳漢副○劉禹曰 1.1/7/9
失斬○（安）〔弔〕民之義 1.1/7/12
○作大匠竇融上言 1.1/8/25
于是下太常、○軍、大夫、博士、議郎、郎官及諸王諸儒會白虎觀 2.1/11/22
圖二十八○于雲臺 2.1/12/13
裁家一人備列○校尉 2.1/13/26
爾虎賁○軍 2.2/15/13
中郎○持節衛護焉 2.3/16/13
22.3/161/15
大○軍竇憲潛圖弒逆 2.3/16/19
使謁者收憲大○軍印綬 2.3/16/19
自稱安漢○軍 3.1/18/22
虔人種羌大豪恬狼等詣度遼○軍降 3.1/19/5
車騎○軍閻顯等議 3.2/19/26
故○軍馬賢 3.2/20/17
大○軍梁冀輔政 3.5/22/6
會稽許昭聚衆自稱大○軍 3.6/23/12
使中郎○堂谿典請雨 3.6/23/16
竇憲作大○軍 4.1/24/15
大○軍出征 4.1/24/17
其○軍不常置 4.1/24/19
比公者又有驃騎○軍 4.1/24/19
復置驃騎○軍 4.1/24/19
度遼○軍司馬二人 4.1/24/22
大長秋、○作大匠、度遼諸○軍、郡太守、國傅相皆秩二千石 4.1/25/19
校尉、中郎○、諸郡都尉、諸國行相、中尉、內史、中護軍、司直秩皆比二千石 4.1/25/20
中外官尚書令、御史中丞、治書侍御史、公○軍長史、中二千石丞、正、平、諸司馬、中宮王家僕、雒陽令秩皆千石 4.1/25/21
驃騎○軍議可 5.5/31/18
公、（卿）〔侯〕、○軍紫綬 5.6/33/6
後必○貴 6.2/34/7
兄爲虎賁中郎○ 6.2/34/24
吏○去 6.5/36/25
乃大會諸○ 7.1/38/16
伯升部○宗人劉稷 7.1/38/19
以稷爲抗威○軍 7.1/38/20
○誅之 7.1/38/21
大夫○何辭以對 7.3/39/12
我欲詣納言嚴○軍 7.4/39/20
欲竟何時詣嚴○軍所 7.4/39/21
大雨○集 7.9/41/20,7.9/41/21
○雲雨 7.9/41/23
其以蒼爲驃騎○軍 7.12/42/14
○及景風拜授印綬焉 7.20/45/16
諸○皆庸人崛起 8.1/46/11
因令左右號禹曰鄧○軍 8.1/46/14
諸○鮮及 8.1/46/19
拜前○軍 8.1/46/19
前○軍鄧禹 8.1/46/19
非諸○憂也 8.1/47/3
右○軍官罷 8.1/47/5
訓○黎陽營兵屯漁陽 8.2/47/19
令長史任尚○之 8.2/47/26
鄧鴻行車騎○軍 8.3/48/8
三遷虎賁中郎○ 8.4/48/12
以延平（九）〔元〕年拜爲車騎○軍、儀同三司 8.4/48/12
亭長○詣第白之 8.6/48/27
大○軍以下十三人 8.7/49/19
元初中爲度遼○軍 8.9/49/28
鄧禹及諸○多相薦舉 8.10/50/10
諸○誰可使者 8.10/50/12
諸○鮮能及者 8.10/50/13
上于是以漢爲大○軍 8.10/50/13
告令諸部○曰 8.10/50/18
公孫述、大司馬田戎○兵下江關 8.10/50/22

此○相之器 8.11/51/10
卿○軍督 8.11/51/12
復以偏○軍東從上攻邯鄲 8.11/51/13
諸○皆服其勇 8.11/51/15
拜左○軍 8.11/51/16
諸○每論功 8.11/51/19
遂罷左右○軍 8.11/51/20
寧買○軍子耶 8.12/52/1
上以弇爲建威大○軍 8.14/52/22
使弟玄武○軍藍○兵守西安 8.14/52/22
果○其衆亡 8.14/53/3
由是好○帥之事 8.14/53/15
爲征西○軍 8.16/53/24
聞貳師○軍拔佩刀刺山而飛泉出 8.17/54/9
恭坐○兵不憂軍事 8.17/54/13
大○軍二人 8.17/54/15
中郎○、護羌校尉及刺史、二千石數百人 8.17/54/15
諸○誰可使守河內者 9.1/54/23
行大○軍事 9.1/54/25
諸○軍賀 9.1/55/2
部○殺人 9.1/55/8
其○高峻擁兵據高平 9.1/55/16
○自征之 9.1/55/16
○誅文 9.1/55/18
諸○諫曰 9.1/55/18
諸○皆賀 9.1/55/21,9.4/57/4
諸○曰 9.1/55/22
拜爲刺姦大○軍 9.2/55/26
彭以○伐蜀漢 9.2/56/1
蒙○軍爲後拒 9.2/56/6
即以太守號付後○軍 9.2/56/8
更始諸○縱橫虐暴 9.4/56/20
上謂諸○曰 9.4/56/23
聞王郎軍○至 9.4/57/1
更始遣舞陰王李軼、廩丘王田立、大司馬朱鮪、白虎公陳僑○兵三十萬 9.4/57/1
上以異爲孟津○軍 9.4/57/2
異遂與諸○定議上尊號 9.4/57/7
黽池霍郎、陝王長、湖濁惠、華陰陽沈等稱○軍者皆降 9.4/57/11
降其○劉始、王重等 9.4/57/12
拜爲征西大○軍 9.4/57/13
上命諸○士屯黽池 9.4/57/13
必不使○軍負丹青 9.4/57/17
〔與諸○相逢〕 9.4/57/21
諸○共論功伐 9.4/57/21
軍中號「大樹○軍」 9.4/58/1
以（祐）〔祜〕爲建義○軍 9.6/58/11
以爲刺姦○軍 9.7/59/5
語諸○曰 9.7/59/5
爲征虜○軍 9.7/59/6
○兵北入箕關 9.7/59/6
○軍連年拒難 9.7/59/11
國家知○軍不易 9.7/59/12
儀如孝宣帝臨霍○軍故事 9.7/59/15
時下宣帝臨霍○軍儀 9.7/59/16
遵爲○軍 9.7/59/17
乃贈○軍 9.7/59/19
今漢大○軍反病瘧耶 9.10/60/23
上以其舊○ 9.10/60/24
知○軍病 9.10/60/25
但得○軍威重 9.10/60/25
光武以延爲虎牙○軍 9.11/61/4
而○軍〔聞之〕 9.11/61/10
以期爲偏○軍 9.12/61/18
從擊王郎○兒宏、劉奉于鉅鹿下 9.12/61/19
上拜純爲前○軍 10.1/62/8
爲輔威○軍 10.2/62/16
○兵擊諸郡 10.2/62/16
是時公孫述○田戎、任滿與漢軍相拒于荆門 10.2/62/16
諸○戰 10.2/62/17
以城門校尉轉左中郎○ 10.2/62/20
馬武與衆○上隴擊隗囂 10.3/62/24
左中郎○劉隆爲驃騎○軍 10.4/63/3
即日行大○軍事 10.4/63/3
梁爲中郎○ 10.6/63/12
光武以鐔爲揚化○軍 10.10/64/8
○以擊郎 10.11/64/15
○斬而奪之 10.12/65/5
從羽林監遷虎賁中郎○ 10.13/65/11,12.2/77/10
始置○作大匠 10.13/65/11
爲右○軍 10.14/65/17
上（問）〔會〕諸○ 10.14/65/19
王郎遣○攻信都 10.14/65/21
諸○皆驚曰 10.14/65/23
○軍可歸救老母妻子 10.14/65/24
爲後大○軍 10.16/66/8
光武以劉植爲驍騎○軍 10.17/66/15
以嘉爲驍騎○〔軍〕 10.19/66/23
此家率下江諸○輔翼漢室 10.20/67/4
是日遷漢忠○軍 10.20/67/4
爲橫野大○軍 10.20/67/4
位次與諸○絕席 10.20/67/5
行河西五郡大○軍、涼州牧、張掖屬國都尉竇融 10.22/67/21
以固爲中郎○ 10.23/68/9
憲爲大○軍 10.24/68/21
瓌○作大匠、光祿勳 10.24/68/21
大○軍置長史、司馬員吏官屬 10.24/68/21
大○軍憲前歲出征 10.24/68/22
○平居〔以〕恩意遺之乎 10.26/69/12
○至亭 11.1/70/6
囂○王元說囂 11.2/70/20
○殺歙 11.2/70/23
歙與征虜○軍祭遵襲略陽 11.2/70/23
自○上隴討囂 11.2/70/26
坐在諸○之右 11.2/71/1
上使歙監諸○ 11.2/71/1
與蓋延攻公孫述○王元 11.2/71/3
歆○令尉入宮搜捕 11.9/73/5
詔使五官中郎○持節至墓賜印綬 11.14/74/20
以爲綏德○軍 12.1/75/13
欲授以封侯大○軍位 12.1/75/15
諸○多以王師之重 12.1/75/24
○士土崩之勢 12.1/76/1
遷虎賁中郎○ 12.1/76/6
上以援爲伏波○軍 12.1/76/12
臣所假伏波○軍印 12.1/76/12

武威○軍劉禹擊武陵五 谿蠻夷 12.1/77/3
五○出征 12.3/77/19
防爲車騎○軍、城門校 尉 12.3/77/22
○緹騎 12.3/77/24
以爲○相器 12.5/78/25
乃○嚴西 12.6/79/5
○北軍五校士、羽林兵 三千人 12.6/79/8
同之○軍 12.6/79/9
爲五官中郎○ 12.6/79/10
大○軍夫人躬先率禮 12.12/82/4
即大○軍梁冀妻也 12.12/82/5
今以平狄○軍孫咸行大 司馬事 12.14/82/14
上自○擊彭寵 13.1/82/20
○致國於桓公 13.11/86/23
○軍內施九族 13.11/87/3
爲虎賁中郎○ 13.12/87/13
○緹騎宿玄武門複道上 13.14/88/18
更始遣柱天○軍李寶降 之 13.16/89/6
諸○賀之 14.1/89/26
吳漢諸○圍守數月不下 14.1/90/1
諸○不敢食 14.1/90/9
○詣行在所河津亭 14.1/90/10
更始以永行大○軍 14.2/90/17
事得置偏裨○五人 14.2/90/17
行○軍事 14.2/90/18
○兵安撫河東 14.2/90/18
雖行○軍 14.2/90/18
且○故人往 14.2/90/22
時帝叔父趙王良從送中 郎○來歙喪還 14.2/91/1
與五官○軍相逢 14.2/91/2
車駕臨故中郎○來歙喪 還 14.2/91/3
與右中郎○張邯相逢城 門中 14:2/91/4
令○妻入獄 14.3/91/18
爲王莽著威○軍 14.4/91/27
鄧禹使積弩○軍馮愔○ 兵（繫）〔擊〕邑 14.4/91/28
昔者韓信○兵 14.4/92/7
君長○兵不與韓信同日 而論 14.4/92/10
○行其法 14.4/92/15
更始時爲偏○軍 14.5/92/23
爲揚化大○軍掾 14.5/93/1
○値危言之時 14.5/93/3
○散亂之兵 14.5/93/10
然而諸○擄掠 14.5/93/13
今大○軍以明淑之德 14.5/93/15
且大○軍之事 14.5/93/16
○定國家之大業 14.5/93/17
而大○軍爲之梁棟 14.5/93/19
而大○軍所部不過百里 14.5/93/20
懸於○軍 14.5/93/24
○軍所仗 14.5/93/24
以承大○軍之明 14.5/93/25
惟大○軍開日月之明 14.5/93/29
諸○皆欲縣 15.1/94/25
使五官中郎○魏應主承 制問難 15.2/95/14
伏見大○軍 15.2/95/23
結侶○行 15.5/96/23
○終 15.8/97/22
憚即○客遁鱋人 15.8/97/24
○爲許、巢而去堯、舜 也 15.8/98/4
時○軍蕭廣放縱兵士 15.10/99/3
長沙中尉馮駿○兵詣岑 彭 15.19/101/25
璽書拜駿爲威虜○軍 15.19/101/25
大○軍竇融以爲從事 16.1/102/9
○兵別擊伊吾 16.3/103/3
遂○吏士往奔虜營 16.3/103/8
（稱）〔拜〕超爲○兵 長史 16.3/103/19
焉耆王廣遣其左○北鞬 支奉迎超 16.3/103/20
太子及山陽王因虎賁中 郎○梁松請衆 16.6/104/18
臣恐不忍○大漢節對氈 裘獨拜 16.6/104/25
○有損大漢之强 16.6/104/25
會百官驃騎○軍東平王 蒼以下、榮門生數百 人 16.9/106/6
日就月○ 16.9/106/10
郁兼羽林中郎○ 16.10/106/24
○下斬之 16.16/108/10
拜憑虎賁中郎○ 16.20/109/15
爲隗囂別○苟宇所拘劫 16.30/111/25
虜何敢迫脅漢○ 16.30/112/1
及援爲○軍 16.34/113/2
建武中以伏波○軍爵土 不傳 16.34/113/9
○有悔乎 16.37/114/3
竇憲爲車騎○軍 16.38/114/9
○爲餔 16.43/115/9
禍○及人 16.46/115/25
○家浮海 16.46/115/26
知莽○敗 16.46/115/26
諸○軍悉歸上 17.2/118/8
拜五官中郎○ 17.6/119/7
18.18/132/5
○烹之 17.11/120/22
○妻子之華陰山谷 17.12/121/6
遷左中郎○ 17.12/121/8
召郎○答之 17.13/121/27
父爲田禾○軍 17.23/124/12
田禾○軍子從長安來 17.23/124/14
炊○熟 17.23/124/17
○倫上堂 18.1/125/21
遂○家屬客河東 18.1/125/22
爾說○尙不下 18.1/126/2
驃騎○軍東平王蒼辟暉 爲掾 18.6/128/1
○軍當奉璧賀 18.6/128/1
自○出至近縣 18.12/130/1
○還 18.13/130/15
大○軍竇憲貴盛 18.13/130/20
○作大匠 18.16/131/17
○妻之霸陵山 18.29/135/3
鴻○之會稽 18.29/135/4
雉方○雛 19.4/137/20
父子相○歸鄉里 19.7/138/18
爲○作大匠 19.11/139/23
時大○軍○兵屯武威 19.20/141/21
俗每太守○交代 19.22/142/18
兄大○軍憲等並竊威權 19.32/144/22
張躭○吏兵 20.12/147/15

○加箠撻 20.13/147/19
桓帝誅大○軍梁冀 21.4/151/3
桓帝詔公卿選○有文武者 21.8/151/25
乃拜爲中郎○ 21.8/151/25
遂燒度遼○軍門 21.11/153/5
後昱與大○軍竇武謀誅中官 21.14/154/1
呂布以奮威○軍如三事 21.28/156/11
欲令○近兵據門以禦之 21.33/157/8
張意拜驃騎○軍 21.53/160/3
聖公號更始○軍 23.1/164/22
○立劉氏 23.1/164/23
其○帥素習聖公 23.1/164/24
○立聖公爲天子議以示諸○ 23.1/164/25
于是諸○軍起 23.1/164/26
光武爲太常偏○軍 23.1/164/28
諸○識非更始聲 23.1/165/7
中郎○ 23.1/165/12
與更始○軍蘇茂戰 23.1/165/16
以木札書符曰「上○軍」 23.5/166/11
探得○軍 23.5/166/12
盆子○百萬衆降 23.5/166/17
自稱○軍 23.7/167/9
會匈奴句林王○兵來降參蠻胡 23.9/168/4
與假號○軍李興等結謀 23.9/168/5
茂○其精兵突至湖（陸）〔陵〕 23.10/168/10
趣爲諸○軍辦裝 23.11/168/22
兩奴○妻入取寵物 23.11/168/22
令作記告城門○軍云 23.11/168/25
光武以鄧奉爲輔漢○軍 23.14/169/15
爲平狄○軍 23.15/169/19
乃自○兵討萌 23.15/169/20
與諸○書曰 23.15/169/20
○軍得無笑其言乎 23.15/169/21
○何以見信于衆 23.16/169/27
囂○王元說囂曰 23.16/170/6
便可○兵南擊蜀虜 23.16/170/13
其大○王捷登城呼漢軍曰 23.16/170/16
願諸○軍亟罷 23.16/170/16
自稱輔漢○軍 23.17/170/25
○軍割據千里 23.17/171/1
與漢中諸○合兵并勢 23.17/171/20
義、戎○兵陷夷陵 23.19/172/11
義自稱黎邱大○軍 23.19/172/11
戎自稱掃地大○軍 23.19/172/12
大雨○至 24.73/178/11

僵 jiāng 2

馬欲○ 10.11/64/19
奄忽○仆 16.3/104/1

疆 jiāng 4

秦人入○ 12.10/80/23
封○畫界以建諸侯 13.11/86/2
衆（○）〔彊〕之黨 14.5/93/6
安其（彊）〔○〕宇 14.5/93/18

蔣 jiǎng 3

伏見前太尉西曹掾○遵 16.20/109/12
○疊、字伯重 21.29/156/15
○翊、字元卿 21.37/157/25

講 jiǎng 31

帝猶以餘閒○經藝 1.1/6/7
圖○天下事 1.1/6/9
夜○經聽誦 1.1/9/3
○議《五經》同異 2.1/11/23
正坐自○ 2.1/12/2,11.7/72/14
親御○堂 2.1/13/12
○五經同異 2.2/14/11
帝始○《尚書》 3.1/18/13
○白虎觀 7.21/45/20
○誦孜孜不輟 8.6/48/27
○兵肄射 9.1/55/1
須○竟 9.6/58/16
主人得無去我○乎 9.6/58/17
過孔子○堂 9.8/60/8
然猶投戈○學 11.7/72/13
從○室掃除至孔里 14.2/90/25
爲都○ 15.2/95/6
○論不怠 16.9/105/14
入復侍○ 16.9/105/22
上親於辟雍自○所制《五行章句》已 16.10/106/18
入侍○ 16.18/109/3
方其○問 16.26/111/7
（輒）〔輟〕○下辭歸 16.50/116/27
常爲都○ 17.2/118/5
諸儒于白虎觀○論《五經》同異 17.6/119/7
見諸生○誦 17.12/121/4
能○《左氏》及《五經》本文 18.17/131/22
〔能〕○論 18.19/132/12
使酺○《尚書》一篇 19.1/136/11
耽思閉門○誦 19.4/137/14

匠 jiàng 7

將作大○竇融上言 1.1/8/25
大長秋、將作大○、度遼諸將軍、郡太守、國傅相皆秩二千石 4.1/25/19
遷大○ 8.8/49/24
始置將作大○ 10.13/65/11
環將作大○、光祿勳 10.24/68/21
將作大○ 18.16/131/17
爲將作大○ 19.11/139/23

降 jiàng 84

帝○潁陽 1.1/3/11
長威請○得萬戶侯 1.1/4/3
終不君臣相率而○ 1.1/4/4
受○適畢 1.1/4/8
封○賊渠率 1.1/4/8
帝敕○賊各歸營勒兵待 1.1/4/9
卒萬餘人○之 1.1/4/10
皆○ 1.1/6/24
武陽以東小城營皆奔走○ 1.1/7/5
城○ 1.1/7/10
甘露○四十五日 1.1/8/16
郡國上甘露○ 1.1/9/16

甘露仍○ 2.1/13/15
○自京師 2.2/14/26
單于乞○ 2.3/16/12
徼外羌龍橋等六種慕義
　○附 3.1/18/12
徼外羌薄申等八種舉衆
　○ 3.1/18/16
山等皆○ 3.1/19/2
虔人種羌大豪恬狼等詣
　度遼將軍○ 3.1/19/5
則天神皆○ 5.4/28/17
以○神明 5.6/33/1
澍雨大○ 6.5/37/1
即開門○ 7.1/38/11
應時甘雨澍○ 7.2/39/4
皆望風相攜以迎○者 8.1/46/23
自當來○ 8.1/47/2
車師太子比特訾○ 8.17/54/13
盜賊悉○ 9.1/55/13
上議遣使○之 9.1/55/16
若峻不即○ 9.1/55/17
今欲○之 9.1/55/19
欲○ 9.1/55/20
則○ 9.1/55/20
即日開城○ 9.1/55/21
敢問戮其使而○城 9.1/55/21
無心○耳 9.1/55/22
黽池霍郎、陝王長、湖
　濁惠、華陰陽沈等稱
　將軍者皆○ 9.4/57/11
○其將劉始、王重等 9.4/57/12
悉○ 9.11/61/6
時郡國多○邯鄲 10.1/62/9
即夜○ 10.12/65/7
彤舉城○ 10.16/66/8
○者封爵 10.16/66/9
不○者滅族 10.16/66/9
終不○志辱身 13.11/85/22
張氏雖皆○散 13.11/86/12
更始遣柱天將軍李寶○
　之 13.16/89/6
願得○之 13.16/89/7
李氏遂○ 13.16/89/7
不如亟○ 14.1/90/3
故不敢○耳 14.1/90/4
今○ 14.1/90/5
鮪輕騎詣彭○焉 14.1/90/9
身爲○虜 14.1/90/9
不○何待 14.2/90/24
即開城○ 14.2/90/24
時彭豐等不肯○ 14.2/90/25
使封胡○檄 14.3/91/19
新主立不肯○ 14.4/92/4
嘉澤○澍 15.2/95/19
誅○逆賊楊異等 15.10/99/4
安集受○ 17.2/118/6
詔賜○（人）〔胡〕縑
　17.13/121/26
甘露○ 18.13/130/20
　21.54/160/9
升○揖讓 18.14/131/4
災異數○ 19.6/138/13
奔馳來○ 19.19/141/14
有虹蜺晝○嘉德殿 20.4/145/20
衆災頻○ 21.4/151/4
○爲上策 21.8/152/1
而○施于庭 21.24/155/20
羌顛岸○ 22.5/164/4
衆庶來○十餘萬 23.1/164/23
使持節○河北 23.1/165/15
仍許來○ 23.1/165/19
乃遣劉恭乞○曰 23.5/166/17
盆子將百萬衆○ 23.5/166/17
盆子及丞相徐宣以下二
　十餘萬人肉袒○ 23.5/166/18
會匈奴句林王將兵來○
　參蠻胡 23.9/168/4
垣副以漢中亭長聚衆○
　宗成 23.17/170/24
副殺成○ 23.17/170/25
灼龜卜○ 23.19/172/12
遂止不○ 23.19/172/12

絳 jiàng 10

○衣赤幘 1.1/2/6
○衣大冠 1.1/2/9
後有人著大冠○單衣 1.1/2/12
皆衣縑襜褕、○巾奉迎 10.1/62/8
上賜俊○衣三百領 10.7/63/18
施○紗帳 12.7/79/20
以○罽襜褕與阜 18.13/130/21
七尺○襜褕一領 21.8/152/4
俠卿爲制朱○單衣、
　（平）〔半〕頭赤幘
　、直綦履 23.5/166/13
亭長白言「睢陽賊衣○
　罽襜 23.18/172/6

交 jiāo 31

○鋒之日 1.1/5/2
今者反于殿中○通輕薄 2.2/15/14
與陳王寵○通 3.6/23/14
○趾刺史 4.1/25/14,11.1/70/5
于世祖廟與皇帝○獻薦 5.5/32/15
非○戰受敵 9.4/57/20
故有經紀禮儀以相（文）
　〔○〕接 10.26/69/16
○拜畢 12.1/75/14
爲援制荅布單衣、○讓
　冠 12.1/75/14
立舊○之位 12.1/75/15
擊○趾 12.1/76/17
援平○趾 12.1/76/24
援於○趾鑄銅馬 12.1/76/25
萬里○結 12.9/80/14
諺言貴易○ 13.6/84/14
臣聞貧賤之○不可忘 13.6/84/14
與鮪○馬語 14.1/90/8
司徒侯霸欲與丹定○ 15.5/96/21
○道之難 15.5/96/24
無外○義 16.6/104/19
○趾太守坐贓千金 17.13/121/23
○錯水中 18.1/126/17
不○通人物 18.1/126/17
與美陽令○遊 18.23/133/7
掾屬專尙○遊 19.7/138/21
無有○遊 19.9/139/8
俗每太守將○代 19.22/142/18
遂共訂○于杵臼之間
　20.17/148/18
且○陵悟 22.4/162/18
所置牧守○錯 23.1/165/9

郊 jiāo 28

制〔○〕兆于城南七里 1.1/5/7
北○四里 1.1/5/7
昔周公○祀后稷以配天 1.1/5/9
宜令○祀帝堯以配天 1.1/5/10

無○其五運之祖者 1.1/5/11
故禹不○白帝 1.1/5/11
周不○帝嚳 1.1/5/11
益州乃傳送瞽師、○廟樂、葆車、乘輿物 1.1/7/15
及北○兆域 1.1/9/20
其改《○廟樂》曰《大予樂》 2.1/12/14
南山水流出至東○ 2.3/16/30
遣司徒等分詣○廟社稷 3.1/19/15
典○廟、上陵殿諸食舉之樂 5.4/28/16
○樂 5.4/28/16
據三代○天 5.5/29/22
匡衡奏立北○ 5.5/30/11
制○祀 5.5/30/11
公卿議（舉）〔舂〕南北○ 5.6/32/21
以○祀天地 5.6/33/11
乃與公卿共議定南北○冠冕車服制度 7.12/42/17
使鴻臚持節○迎 7.12/43/9
時議○祀制 13.11/86/1
祀○高帝 13.11/86/6
祭可且如元年○祭故事 13.11/86/10
自○廟婚冠喪紀禮儀多所正定 13.12/87/12
○廟禮儀仍有曠廢 20.1/144/29
今猥規○城之地 20.4/145/26
廣以爲實宜在《○祀志》 24.91/180/2

椒 jiāo 1

既處○房 6.2/34/18

焦 jiāo 1

上下相率○心 13.9/85/6

澆 jiāo 2

○黃土 6.2/35/1
吾生値○、羿之君 16.37/113/29

膠 jiāo 4

弇凡平城陽、琅邪、高密、○東、東萊、北海、齊、千乘、濟南、平原、泰山、臨淄等郡 8.14/53/10
野王獻甘○、膏餳 11.5/72/1
爲漢○東相 19.17/141/3
遷○東相 20.17/148/18

驕 jiāo 8

阜陵質王延在國○泰淫泆 7.13/43/24
詘其○恣之節也 13.11/86/17
憲擅權○恣 16.38/114/10
而○天下英俊 17.17/123/2
信陽侯○慢 17.20/123/20
吏甚○慢 18.6/128/2
少君生而○富 22.1/160/25
東海臨沂人徐宣、字○稚 23.6/166/24

狡 jiǎo 1

姦臣○猾而不能誅 20.2/145/11

皎 jiǎo 1

前見良頭鬚○然 17.10/120/13

絞 jiǎo 1

金○殺之 7.4/39/25

矯 jiǎo 4

果○稱使者 14.2/90/17
○稱孔子 16.16/108/8
改○其失 19.6/138/11
當剌邪○枉 19.15/140/17

校 jiào 64

以長人巨無霸爲中壘○尉 1.1/2/18
以帝爲司隸○尉 1.1/3/13
量敵○勝 1.1/6/10
長水○尉樊鯈奏言 2.1/11/21
召○官子弟作雅樂 2.1/12/31
裁家一人備列將○尉 2.1/13/26
○尉、中郎將、諸郡都尉、諸國行相、中尉、內史、中護軍、司直秩皆比二千石 4.1/25/20
明堂、靈臺丞、諸陵○長秩二百石 4.1/26/6
丞、尉○長以上皆銅印黃綬 4.1/26/7
以問○書郎 7.12/43/1
遷護烏桓○尉 8.2/47/19
爲護羌○尉 8.2/47/25, 16.30/111/25
拜悝城門○尉 8.5/48/19
發五○輕車騎士爲陳 8.6/49/7
復北與五○戰于眞定 8.11/51/15
爲長水○尉 8.12/52/2
時始置西域都護、戊己○尉 8.17/54/3
乃以恭爲戊己○尉 8.17/54/3
中郎將、護羌○尉及刺史、二千石數百人 8.17/54/15
上遣○尉發騎士四百人 9.7/59/19
以城門○尉轉左中郎將 10.2/62/20
時寵弟從忠爲○尉 10.14/65/22
郭況爲城門○尉 11.11/73/23
司隸○尉梁松奏特進弟防、光、廖、〔廖〕子豫 12.2/77/12
防爲車騎將軍、城門○尉 12.3/77/22
監越騎○尉 12.4/78/13
時五○尉令在北軍營中 12.4/78/14
光以爲五○尉主禁兵武備 12.4/78/14
表請二○尉附北宮 12.4/78/15
與○書郎杜撫、班固定《建武注記》 12.6/79/7
將北軍五○士、羽林兵三千人 12.6/79/8
梁翼拜步兵○尉 12.12/82/3

列○之職 12.12/82/3,12.13/82/9
梁不疑拜步兵○尉 12.13/82/9
上以岑彭嘗爲鮪○尉 14.1/90/1
乃修學○（理）〔禮〕 14.2/91/1
爲司隸○尉 14.2/91/1
21.12/153/13
拜司隸○尉 14.3/91/19
兼射聲○尉 15.2/95/13
肅宗詔鴻與太常樓望、少府成封、屯騎○尉桓郁、衛士令賈逵等 15.2/95/13
上特詔御史中丞與司隸○尉、尚書令會同並專席而坐 15.3/96/5
（徼固）〔固徼〕詣○書 16.2/102/16
典○閟書 16.2/102/16
拜射聲○尉 16.3/104/6
令郁○定於宣明殿 16.10/106/18
令○圖讖 16.22/110/3
太保甄豐舉爲步兵○尉 16.37/113/27
兼屯騎○尉 17.7/119/12
時五○尉官顯職閒 17.7/119/12
遷城門○尉 18.16/131/17
司隸○尉下邳趙興不卹諱忌 18.25/133/19
詔射聲（教）〔○〕尉曹褒案《（舊漢）〔漢舊〕儀》制漢禮 19.1/136/20
興學○ 19.13/140/8
父奉、司隸○尉 19.14/140/12
轉司隸○尉 19.15/140/18
復徵爲西域副○尉 19.20/141/22
長史、司馬、涉頭、長燕、烏○、棚水塞尉印五枚 21.8/152/7
○書東觀 21.16/154/10
范康爲司隸○尉 21.36/157/21
詔以屬城門○尉 23.5/166/19
五○賊帥高扈 23.20/172/16

教 jiào 37

又分遣大夫謁者○民煮木爲酪 1.1/1/20
德○在寬 2.3/17/13
而德○加于百姓 3.2/21/1
言「梁伯夏○我上殿」 3.6/23/18
○學子孫 8.1/47/6
有過加鞭扑之○ 8.2/47/10
是○令行也 9.7/59/5
臣融朝夕○導以經藝 10.22/67/25
今我以禮○汝 10.26/69/17
○習有方 12.4/78/14
○養諸生 12.7/79/18
政皆神道設○ 13.11/86/20
習戰射之○ 14.5/93/27
以《詩》《傳》○授 14.6/94/7
○之儉約 15.5/96/15
歙○曰 15.8/97/29
○民種作 15.12/100/1
充令屬縣○民益種桑柘 15.14/100/14
桂陽太守茨充○人種桑蠶 15.14/100/17
努力○之 16.10/106/21
○授弟子常五百餘人 16.17/108/18
以白衣○授 16.25/110/24
○民紡績 16.40/114/21
○授常數百弟子 17.18/123/7
隱居○授 17.19/123/12
19.28/143/25
乃○民種麻桑而養蠶 18.11/129/20
政○清靜 18.13/130/19
以《大小夏侯尚書》○授 18.17/131/22
○誨學問 18.28/134/15
詔射聲（○）〔校〕尉曹褒案《（舊漢）〔漢舊〕儀》制漢禮 19.1/136/20
因留新豐○授 19.4/137/16
以《魯詩》、《尚書》○授 19.5/138/3
不廢○〔授〕 19.5/138/4
不復○授 19.7/138/23
○掾吏曰 20.16/148/8
所爲「神道設○」 23.16/169/27

徼 jiào 8

以益州○外哀牢王率衆慕化 2.1/13/3
○外羌龍橋等六種慕義降附 3.1/18/12
○外羌薄申等八種舉衆降 3.1/18/16
彰子普坐鬭殺游○ 9.5/58/5
○幸之望 13.11/86/24
哲士不○幸而出危 14.4/92/4
兄仲、爲縣游○ 18.10/129/8
王陽以衣囊○名 20.17/148/14

皆 jiē 222

故宮中○畫鳳凰 1.1/1/12
諸家子弟○亡逃自匿 1.1/2/8
○合會 1.1/2/10
○從所言 1.1/2/23
吏士○壓伏 1.1/3/1
○怖 1.1/3/2
即日○物故 1.1/3/10
23.1/164/28
○冠幘 1.1/3/15
○相指視之 1.1/3/16
官屬○乏食 1.1/3/20
官屬○失色 1.1/3/22
于是○竊言曰 1.1/4/1
由是○自安 1.1/4/10
坐者○大笑 1.1/4/16
○降 1.1/6/24
武陽以東小城營○奔走降 1.1/7/5
○陶人瓦器 1.1/8/26
痼疾○愈 1.1/9/16
刺史二千石長〔吏〕○無離城郭 1.1/9/23
功臣鄧禹等二十八人○爲侯 1.1/10/1
故○以列侯就第 1.1/10/3
故○保全 1.1/10/4
人馬席薦羈靽○有成賈 1.1/10/12
時天下墾田○不實 2.1/11/9
左右○泣 2.1/13/18
○減舊制 2.1/13/27
諸小王○當略與楚、淮陽相比 2.1/13/28

其餘○平劍 2.2/15/9
○因名而表意 2.2/15/11
此○生于不學之門所致也 2.2/15/15
○下獄 2.3/16/19
到○自殺 2.3/16/20
○誦《詩》、《書》 2.3/17/13
山等○降 3.1/19/2
○除郎中 3.2/20/12
珠玉玩好○不得下 3.2/20/27
身中○有雕鏤 3.5/22/1
令所傷郡國○種蕪菁 3.5/22/1
九卿、執金吾、河南尹秩○中二千石 4.1/25/19
大長秋、將作大匠、度遼諸將軍、郡太守、國傅相○秩二千石 4.1/25/19
校尉、中郎將、諸郡都尉、諸國行相、中尉、內史、中護軍、司直秩○比二千石 4.1/25/20
以上○銀印青綬 4.1/25/21
中外官尙書令、御史中丞、治書侍御史、公將軍長史、中二千石丞、正、平、諸司馬、中官王家僕、雒陽令秩○千石 4.1/25/21
尙書、中謁者、黃門冗從四僕射、諸都監、中外諸都官令、都（候）〔侯〕、司農部丞、郡國長史、丞、（候）〔侯〕、司馬、千人秩○六百石 4.1/26/1
家令、侍、僕秩○六百石 4.1/26/3
主家長秩○四百石 4.1/26/4
以上○銅印黑綬 4.1/26/4
其丞、尉○秩四百石 4.1/26/5
丞、尉校長以上○銅印黃綬 4.1/26/7
長相○以銅印黃綬 4.1/26/8
而有秩者侍中、中常侍、光祿大夫秩○二千石 4.1/26/8
大中大夫秩○比二千石 4.1/26/9
諫議大夫、侍御史、博士○六百石 4.1/26/9
議郎、中謁者秩○比六百石 4.1/26/9
小黃門、黃門侍郎、中黃門秩○比四百石 4.1/26/10
郎中秩○比三百石 4.1/26/10
則天神○降 5.4/28/17
○當撰錄 5.4/29/4
○無事于泰山 5.5/30/2
不○相襲 5.5/31/4
今○并送 5.5/31/24
今○祫食于高廟 5.5/31/28
廟樂○如王議 5.5/32/7
○以后配 5.5/32/12
吾自念親屬○無柱石之功 6.2/34/27
左右旁人○無薰香之飾 6.2/35/3
上望見車騎鞍勒○純黑 6.2/35/16
宗族外內○號曰「諸生」 6.5/36/15
此○聖王之夢 6.5/36/17
自言稻○枯 7.7/40/17
○命帶列侯綬 7.9/41/25
○言類揚雄、相如、前世史岑之比 7.12/43/1
諸將○庸人崛起 8.1/46/11
○望風相攜以迎降者 8.1/46/23
○食棗菜 8.1/47/2
○載赤豆覆其上 8.1/47/3
黎陽營故吏○戀慕訓 8.2/47/19
諸羌○喜 8.2/47/25
前烏桓吏士○奔走道路 8.2/48/3
所施○如霍光故事 8.6/49/7
聞鼓聲○大呼俱進 8.10/50/18
所向○靡 8.11/51/15
諸將○服其勇 8.11/51/15
○放遣還 8.12/52/1
輩○數十萬衆 8.14/52/15
令軍○食 8.14/52/25
○罷遣歸鄉里 8.14/53/12
士卒○樂爲死 8.16/53/25
昆彌以下○歡喜 8.17/54/4
視創○沸 8.17/54/7
○稱萬歲 8.17/54/10
于是令士○勿飲 8.17/54/11
故○無二心 8.17/54/13
一人○兼二人之饌 9.1/55/10
而吏士○醉 9.1/55/11
諸將○賀 9.1/55/21,9.4/57/4
○會荆門 9.2/56/7
光武○以爲掾史 9.4/56/17
衆○饑疲 9.4/56/23
別下潁川太守、都尉及三百里內長吏○會 9.4/57/9
黽池霍郎、陝王長、湖濁惠、華陰陽沈等稱將軍者○降 9.4/57/11
○一人擊十 9.7/59/8
遵遣護軍王忠○持刀斧伐樹開道 9.7/59/8
詔遣百官○至喪所 9.7/59/14
取士○用儒術 9.7/59/17
諸夷○來內附 9.8/60/5
○衣縑襜褕、絳巾奉迎 10.1/62/8
○築堡壁 10.5/63/8
潁川從我者○逝 10.11/64/14
市人○大笑 10.11/64/15
左右○惶 10.11/64/17
使騎○炬火 10.12/65/7
○繫獄 10.14/65/21
諸將○驚曰 10.14/65/23
河南二十餘縣○被其災 10.26/69/18
宗族○怒 11.1/70/8
船槃○至 11.2/70/25
債家聞者○慚 11.3/71/13
前世貴戚○明戒也 11.4/71/20
賓客○樂留 12.1/75/16
每言及三輔長者至閭里少年○可觀 12.1/76/9
○剃之 12.1/76/12
○以爲塞外草美 12.3/77/17
○言按軍出塞 12.3/77/19
涿郡盧植、北海鄭玄、○其徒也 12.7/79/18
車○以桃枝細簟 12.8/80/2
○若在己 12.11/81/12
○以故衣 12.11/81/21
○曰 13.5/83/21
亡國之君○有才 13.7/84/20
歆及子嬰○自殺 13.7/84/21
○爲博士 13.8/84/25
見群豕○白 13.9/85/4

張氏雖○降散	13.11/86/12
政○神道設教	13.11/86/20
是以○永享康寧之福	13.11/86/21
毀廟及未毀廟之主○登	13.12/87/15
○典郡	13.13/88/3
兄弟形○偉壯	13.13/88/4
而讎家○疾病	13.16/89/4
○裸跣塗炭	13.16/89/10
諸將○欲縣	15.1/94/25
所言○天文	15.8/97/21
百里內○齎牛酒到府飲讌	15.8/97/28
類○以麻枲頭縕著衣	15.14/100/14
盛冬○以火燎	15.14/100/14
觀者○徒跣	15.14/100/16
○充之化也	15.14/100/18
○驚	15.15/100/22
避亂江南者○未還中土	15.15/100/23
○禮之	15.15/100/24
○蒙其利益	15.15/101/2
○以罪過徙補邊	16.3/104/4
臣子○未能傳學	16.10/106/20
賓客從者○肅其行也	16.14/107/22
○言太子舅執金吾陰識可	16.15/107/26
令○別爲上下	16.16/108/12
上封功臣○爲列侯	16.24/110/17
○以無道	16.24/110/19
卿曹○人隸也	16.31/112/8
此○何罪而至於是乎	16.37/114/2
○故刺史、二千石	16.38/114/9
○流血奔走	16.46/115/28
喜懼○去	16.49/116/18
是以喜懼○去	16.49/116/19
其園陵樹蘗○諳其數	17.1/117/22
掾吏○稱萬歲	17.10/120/7
衆○大驚	17.11/120/24
人○大悅	17.13/121/20
咎○在臣	17.13/122/1
○取百姓男女	17.14/122/8
○此類也	17.17/123/3
等輩數十○縛束	17.24/124/27
汝曹○當以次死	17.24/124/28
餘○菜食	17.24/125/2
賊遂○放之	17.24/125/3
數十人○得脫	17.24/125/3
○相率修義	17.25/125/12
○云「第五（椽）〔掾〕所平	18.1/125/27
臣三娶妻○無父	18.1/126/8
餘○賤糶與民饑羸者	18.1/126/14
昆弟賓客○惶迫	18.6/127/24
財物○可取	18.6/127/24
○厲行之士	18.6/128/4
二千石○以選出京師	18.7/128/16
可○勿答詣金城	18.9/129/2
百姓○喜	18.12/130/4
時生子○以廉名者千數	18.12/130/4
三葉○爲司隸	18.25/133/20
葉令雍霸及新野令○不遵法	18.26/133/28
里落○化而不爭	18.28/134/18
時鄰縣○雹傷稼	19.2/137/3
吏○懷恩	19.11/139/23
○稱神明	19.21/142/2
○悉往焉	20.4/145/25
而中常侍單超等五人○以誅冀功並封列侯	21.4/151/3
○簿入也	21.8/152/8
父子○死于杖下	21.12/153/14
諸盜○慚嘆	21.13/153/22
婦女有美髮〔者〕○斷取之	21.27/156/7
○奔城郭	21.33/157/7
男女○以「宗」爲名	21.38/157/29
南陽英雄○歸望于伯升	23.1/164/23
三馬○死	23.1/165/4
出○怨之	23.1/165/8
又所置官爵○出群小	23.1/165/11
諸婦女○從後車呼更始	23.1/165/17
三老等○稱臣	23.5/166/12
賊○輸鎧仗	23.5/166/19
乃○朱其眉	23.6/166/25
〔○〕貰〔與之〕	23.7/167/7
當道二千石○選容貌飲食者	23.11/168/16
吏○怨浮	23.11/168/18
吏○便休	23.11/168/21
○必死無二心	23.16/170/16
○對言「無」	23.17/171/25
三輔○好彈	24.3/173/1
二千石○以選出	24.80/178/25
○藏主其中	24.92/180/5
旗○非一	24.95/180/16

接 jiē 6

故有經紀禮儀以相（文）〔交〕○	10.26/69/16
能○應諸公	12.5/78/24
○賓待客	12.11/81/12
○以師友之道	16.1/102/9
常○以友道	18.6/128/9
是故扶○助其氣力	21.23/155/14

階 jiē 1

茅茨土○	23.16/169/28

街 jiē 1

吏抵言于長壽○得之	2.1/11/11

劫 jié 5

○掠吏人	12.9/80/14
爲隗囂別將苟宇所拘○	16.30/111/25
以爲見○	17.17/123/2
盜嘗夜往○之	21.13/153/20
寵奴子密等三人共謀○寵	23.11/168/20

訐 jié 1

魏成曾孫純坐○訕	21.47/159/8

桀 jié 5

赤眉、○也	8.1/46/24
夫有○、紂之亂	9.4/56/20
○、紂亦有才	13.7/84/20
服○之行	14.4/92/14

上官○謀反時 24.72/178/7

捷 jié 1

其大將王○登城呼漢軍曰 23.16/170/16

傑 jié 3

三輔豪○入長安 23.2/165/24
豪○並起 23.17/171/13
豪○尙可招誘 23.17/171/15

結 jié 16

〔其〕有當見及冤○者 1.1/6/19
臣子悲○ 5.5/31/22
休止不○營部 8.16/53/25
理冤○ 9.4/56/21
遂自○納 10.1/62/5
萬里交○ 12.9/80/14
明信○於友朋 12.11/81/11
首難○怨 14.4/92/6
永、邑遂○怨焉 14.4/92/15
冤○失望 14.5/93/14
○侶將行 15.5/96/23
以○寇心 15.9/98/23
○草爲廬 19.20/141/23
平理冤○ 21.3/150/28
聖公○客欲報之 23.1/164/18
與假號將軍李興等○謀 23.9/168/5

絜 jié 1

○顯芬香 12.10/80/22

節 jié 84

王生舂陵○侯 1.1/1/5
○侯孫考侯以土地下濕 1.1/1/6
帝持○渡孟津 1.1/3/18
郎遣諫議大夫杜長威持○詣軍門 1.1/4/1
（埶）〔執〕○惇固 1.1/4/22
闊達多大○ 1.1/6/10
動如○度 1.1/6/12
又道忠臣孝子義夫○士 1.1/9/4
尙書僕射持○詔三公 2.1/12/26
葬顯○陵 2.1/13/21
善○約謙儉如此 2.1/13/29
中郎將持○衛護焉 2.3/16/13, 22.3/161/15
生既有○ 2.3/16/16
務爲○約 3.2/20/27
持○ 4.1/25/14
孝文皇帝躬行○儉 5.5/31/5
○損益前後之宜 5.5/31/15
六十四○爲（武）〔舞〕 5.5/31/15
○操高妙 6.3/35/26
敞曾祖○侯買 7.7/40/13
游觀無○ 7.11/42/9
臨大○而不可奪 7.12/42/14
使鴻臚持○郊迎 7.12/43/9
而壯其勇○ 8.11/51/18
上美宗既有武○ 8.12/52/2
授以所持○ 9.2/56/1
有不可動之○ 9.11/61/11
純持○與從吏夜遁出城 10.1/62/6
駐○道中 10.1/62/6
謙讓有○操 10.23/68/9
束身執○ 10.26/69/24
持○送馬援 11.2/70/19
歙〔徐〕仗○就車而去 11.2/70/23
詔使五官中郎將持○至墓賜印綬 11.14/74/20
宣帝時以郎持○ 12.1/75/5
不拘儒者之○ 12.7/79/19
秉○持重 13.1/82/23
而終不屈○ 13.11/85/24
詘其驕恣之○也 13.11/86/17
謙儉○約 13.12/87/25
少有○操 13.16/89/3
光武遣諫議大夫儲大伯持○徵永 14.2/90/19
封所持○於晉陽傳舍壁中 14.2/90/19
邑有大○ 14.4/91/27
上無仇牧之○ 14.4/92/9
禹高其○義 15.5/96/20
志○抗厲 15.7/97/12
性○儉而治清平 15.10/99/5
不修小○ 16.3/102/21
斬得匈奴〔○〕使屋類帶、副使比離支首及○ 16.3/103/8
上遣眾持○使匈奴 16.6/104/22
臣恐不忍將大漢○對氈裘獨拜 16.6/104/25
臣無謇諤之○ 16.20/109/14
丁邯高○ 16.29/111/21
因以○檛殺數人 16.30/112/2
少有大○ 16.46/115/23
履清高之○ 16.52/117/12
持○使歸南陽 17.2/118/5
丹無所歸○傳 17.2/118/8
以敝布纏裹○ 17.2/118/8
奉還○傳 17.2/118/9
少修高○ 17.3/118/16
倫性○儉 18.1/126/13
明帝高其○ 18.3/127/5
暉好○概 18.6/128/4
遣大鴻臚持○至墓 18.24/133/15
以謙儉推讓爲○ 18.28/134/13
鴻家貧而尙○ 18.29/134/26
容貌醜而有○操 18.29/135/1
薦郡吏王青三世死○ 19.1/136/9
人自竭○作業 19.11/139/23
璩盡○剛正 19.15/140/17
宗人親厚○會飲食宴 19.30/144/10
賞賜不○ 20.2/145/11
郡民任棠者、有奇○ 20.10/147/3
曹○見甫尸 21.12/153/15
曹○上書曰 21.19/154/23
性○儉 21.36/157/21
見其尙幼而有志○ 21.39/158/4
使持○降河北 23.1/165/15
王郎遣諫議大夫杜威持○詣軍門 23.8/167/18
有母儀之○ 24.36/175/19

詰 jié 4

世祖令虎賁○問 2.1/11/13
詔○會稽車牛不務堅强 12.8/80/2
又召候岑尊○責 14.2/91/4
上令群臣能說經者更相難○ 16.20/109/18

碣 jié 1

東敕職於蓬○ 12.10/81/1

竭 jié 8

而讋不惟○忠 3.2/20/3
興盡忠○思 11.14/74/15
豈敢拱默避罪而不○其誠哉 14.5/93/3
臣得○死自效 15.17/101/13
誠思自○ 16.10/106/23
而○盡其財 16.16/108/6
在朝○忠盡謀 17.7/119/13
人自○節作業 19.11/139/23

潔 jié 4

○齋盛服 5.6/32/24
遵廉○奉公 9.7/59/21
安得獨○己而危所生哉 16.37/113/29
遂爲廉○ 18.10/129/9

姐 jiě 1

金城、隴西卑湳、勒○種羌反 22.5/164/8

解 jiě 44

具爲同舍○說 1.1/1/16
後城營自○散 1.1/7/4
楊偉、徐容等惶恐○散 8.10/50/26
遂○去 8.17/54/8
寬○上意 9.4/56/19
饑寒俱○ 9.4/56/23
○印綬 10.7/63/17
令○衣 10.12/65/5
上自○所佩綬以賜之 10.14/65/18
使忠○澣長襦 10.14/65/18
忠更作新袍袴（○）〔鮮〕支小單衣襪而上之 10.14/65/18
而虜土崩瓦○ 10.22/67/23
遂○馬與之 10.26/69/8
○所被襜襦以衣歙 11.2/70/18
圍○ 11.2/70/26
以田二頃○其忿訟 11.3/71/11
冠劍不○于身 11.6/72/6
○械飲食（之） 11.9/73/4
脫袴○履 11.14/74/14
援一一○之 12.1/76/8
以○天下之惑 13.11/86/9
上即自○鮪縛 14.1/90/10
○械止宿 14.3/91/19
禍（拏）〔挐〕未○ 14.5/93/5
歙意少○ 15.8/98/2
良久乃得○ 16.16/108/10
上即敕尙書○遵禁錮 16.20/109/15
○經不窮戴侍中 16.20/109/19
遂○衣而前 16.33/112/23
○冠挂東都城門 16.46/115/25
脫衣○履 16.50/117/3
爲○土 17.13/121/20
乃○衣就格 17.13/122/1
上意乃○ 17.13/122/1
霸即○印綬去 18.26/134/1
鳳往○之 18.30/135/16
便諷吏○遣 19.21/142/3
重相和○ 20.17/148/19
○劍置外 20.24/150/4
明○朝章 21.1/150/19
大王○齋 23.11/168/21
今○我縛 23.11/168/23
遂不得○ 23.11/168/24
夜○寵手 23.11/168/24

介 jiè 8

太傅桓焉以無清○辟召 3.2/20/1
猶當效傅○子、張騫立功畀域 16.3/102/23
尤修志○ 16.14/107/18
齔童○然特立 16.52/117/12
耿○特立 17.3/118/16
○然特立 18.26/133/27
○士鼓吹 21.8/152/3
不以舊惡○意 24.33/175/13

戒 jiè 10

詔書又○漢曰 1.1/7/5
兵退無宿○ 9.7/59/11
因齋○（祝）〔祠〕高〔祖〕廟 9.11/61/6
儆○備具 9.11/61/9
常○其子曰 11.4/71/19
前世貴戚皆明○也 11.4/71/20
冀敕○其餘 19.1/136/19
咸常○子孫 19.7/138/19
故古賢君相歎息重○者 19.7/138/24
非警○也 21.23/155/15

界 jiè 17

縣○大豐熟 1.1/1/11
入犍爲○ 1.1/7/3
入南陽○ 1.1/8/6
東入弘農○ 9.2/56/6
彭若出○ 9.2/56/8
獨不入密○ 10.26/69/18
徐縣北○有蒲陽陂 11.10/73/12
郡○嘗有蝗蟲食穀 12.8/80/1
封疆畫○以建諸侯 13.11/86/2
入平原○輒死 13.16/89/13
臣行部入長沙○ 15.14/100/16
隱山陽瑕邱○中 17.25/125/11
鄰郡人多牽牛入○ 18.6/128/8
勤還入新野○ 18.26/134/1
棱縣○獨無雹 19.2/137/4
犬牙緣○ 19.4/137/18
香未入○ 19.22/142/19

借 jiè 2

願從陛下復○寇君一年 9.1/55/14
○觀之 18.6/128/2

誡 jiè 6

○不起寢廟 5.5/31/22
受所○ 11.2/71/5
民至乃○乳婦勿得舉子 13.5/83/21
乃因燕見從容○之曰 13.13/88/8

以爲鏡○ 13.13/88/10
爲民設四○ 18.14/131/2

藉 jiè 5

朕親耕于○田 2.1/12/19
帝耕○田禮畢 2.1/13/5
實○德貞 3.5/22/18
更相駘○ 14.5/93/8
溫恭有蘊○ 16.9/105/19

巾 jīn 6

今以光烈皇后假髻、帛
　○各一、衣一篋遺王 7.12/43/5
皆衣縑襜褕、絳○奉迎 10.1/62/8
幅○而居 14.2/90/22
幅○屐履 18.18/132/4
乃脫○請曰 18.30/135/16
故使賤妾侍執○櫛 22.1/160/26

斤 jīn 9

金五○ 1.1/5/1
黃金一○易粟一石 1.1/5/23
黃金一○易豆五升 8.1/47/4
力貫三百○弓 9.8/60/3
彎弓三百○ 9.11/61/3
以黃金十○、葛縛佩刀
　、書帶、革帶付龔 12.6/79/14
暉送其家金三○ 18.6/127/26
夜懷金十○以遺震 20.2/145/8
黃金一○易豆五斗 23.6/167/2

今 jīn 144

○昆陽即破 1.1/2/20
○見大敵勇 1.1/3/4
○以茂爲太傅 1.1/4/24
○上好吏事 1.1/6/12
○益其俸 1.1/8/20
○日月已逝 1.1/8/22
○所制地 1.1/8/27
○天下大安 1.1/9/6
延至于○ 1.1/9/19
○上薄太后尊號爲高皇
　后 1.1/9/19
周覽古○ 2.2/14/5
○者反于殿中交通輕薄 2.2/15/14
古○所同 2.3/16/16
○用怨（入）〔人〕 3.2/19/26
古○文字 3.5/22/8
○宜罷去 5.4/29/6
○予末小子 5.5/30/3
○恐山川百神應典祀者
　尚未盡秩 5.5/30/19
○迫遺詔 5.5/31/22
○皆并送 5.5/31/24
○皆袷食于高廟 5.5/31/28
○孝明皇帝主在世祖廟 5.5/32/1
○祭明堂宗廟 5.6/32/25
○遭變異 6.2/35/8
○不是務 6.5/36/14
○以貴人爲孝崇皇后 6.8/37/23
○以光烈皇后假髻、帛
　巾各一、衣一篋遺王 7.12/43/5
○魯國孔氏尚有仲尼車
　輿冠履 7.12/43/6
○親見其然 7.12/43/7
紛紛至○ 7.20/45/12
迄○嫡嗣未知所定 7.20/45/13
○山東未安 8.1/46/10
于○之計 8.1/46/13
○長安饑民 8.1/46/24
○更始失政 8.14/52/13
○復定河北 8.14/52/19
○方自憂治城具 8.14/52/26
○漢德神靈 8.17/54/9
吾○見恂 9.1/55/9
○爲吾行也 9.1/55/17
○欲降之 9.1/55/19
○來不屈 9.1/55/22
○專命方面 9.4/56/20
○移其書 9.4/57/3
○遵奉法不避 9.7/59/5
○乃調度 9.7/59/12
○送縑千匹 9.7/59/12
○關東故王國 9.10/60/21
○漢大將軍反病瘧耶 9.10/60/23
○日罷倦甚 10.9/64/4
○吾兵已成也 10.14/65/24
彤親所以至○日得安于
　信都者 10.16/66/10
○相見 10.22/68/2
○貴主尚見枉奪 10.24/68/18
○我畏吏 10.26/69/13
○鄰里尚致餽 10.26/69/15
○我以禮教汝 10.26/69/17
○乃欲從佞惑之言 11.2/70/21
在于○日 11.2/70/22
左右怪上數破大敵、○
　得小城 11.2/70/24
當○之世 12.1/75/19
　13.11/85/25
○臣遠從異方來 12.1/75/20
○見陛下 12.1/75/21
方○匈奴、烏桓尚擾北
　邊 12.1/76/28
〔自○以往〕 12.6/79/12
方○邊郡不寧 12.11/81/20
○以平狄將軍孫咸行大
　司馬事 12.14/82/14
〔而〕○數進鄭聲以亂
　雅樂 13.6/84/6
古○通道 13.11/86/15
○送錢五萬 13.11/87/4
○公誰爲守乎 14.1/90/2
○北方清淨 14.1/90/3
○降 14.1/90/5
○聖主即位 14.2/90/23
方○阨急而闕里無故自
　滌 14.2/90/26
○月二十七日 14.2/91/3
○繫獄當死 14.3/91/18
○君長故主敗不能死 14.4/92/4
○故主已敗 14.4/92/12
○衍幸逢寬明之日 14.5/93/3
○大將軍以明淑之德 14.5/93/15
○邯鄲之賊未滅 14.5/93/20
○生人之命 14.5/93/23
○綝能薄功微 15.1/95/1
○子以兄弟私恩而絕父
　不滅之基 15.2/95/12
○子當之絕域 15.5/96/19
○與衆儒共論延功 15.8/97/29
爲○日也 15.12/99/25
至○江南頗知桑蠶織履
　15.14/100/18
當○之計 16.3/103/6
○以超爲假司馬 16.3/103/11
○君性嚴急 16.3/104/5

○臣銜命 16.6/104/24
○日所蒙 16.9/106/1
○何如 16.9/106/4
包含○古 16.10/106/22
○陛下立太子 16.15/107/27
○博士不難正朕 16.15/107/28
學通古○ 16.20/109/13
○封諸侯四縣 16.24/110/18
○天下苦王氏之虐政 16.33/112/22
○功曹稽古含經 17.2/118/10
○日歲首 17.10/120/7
○良曹掾尙無袴 17.10/120/9
○以良爲議郎 17.10/120/15
○旦爲老母求菜 17.11/120/22
○乃見之 17.11/120/24
自○已去 17.14/122/8
○日搖動者刀入脅 17.17/123/2
○日朱暉死日也 18.6/127/24
○重送 18.6/127/27
○歲垂盡 18.8/128/21
吏白○虜兵度出五千 18.12/129/28
○五袴 18.12/130/3
○奔國喪 18.12/130/8
（○）〔令〕我出學仕宦 18.13/130/15
儻至到○ 18.13/130/15
○伯鸞亦清高 18.29/135/9
○因以爲故事 19.1/136/17
○蟲不犯境 19.4/137/21
香知古○ 19.22/142/12
○君所苦未瘳 20.1/144/29
○妾媵嬖人閹尹之徒 20.4/145/22
○猥規郊城之地 20.4/145/26
○大人踰越五嶺 20.17/148/13
○暮其當著矣 20.24/150/3
○官位錯亂 21.4/151/5
○後宮之女數千 21.7/151/19
以博通古○遷太史令 21.51/159/24
○日騎都尉往會日也 23.1/165/14
○漁陽大郡 23.11/168/17
○解我縛 23.11/168/23
○遣子密等詣子后蘭卿所 23.11/168/25
○立者乃在南陽 23.16/169/26
○南有子陽 23.16/170/7
○天水完富 23.16/170/9
方○四海波蕩 23.17/170/25
○山東饑饉 23.17/171/3
古○所不能廢也 23.17/171/13
○東帝無尺土之柄 23.17/171/18
○宿客疑是 23.18/172/7
詔書（○）〔令〕功臣家自記功狀 24.14/174/1
○史官所用候臺銅儀 24.90/179/23

金 jīn 63

○鼓之聲數十里 1.1/2/25
○五斤 1.1/5/1
黃○一斤易粟一石 1.1/5/23
享之千○ 1.1/7/11
直百○ 1.1/7/13
賜五里、六亭渠率○帛各有差 3.1/19/2
及揮國王雍由亦賜○印紫綬 3.2/20/6
戴異鉏田得○印 3.5/22/24
飾淳○銀器 3.5/23/1
造萬○堂于西園 3.6/24/1
○印紫綬 4.1/24/13
復設諸侯王○璽綟綬 4.1/25/18
公、侯○印紫綬 4.1/25/18
九卿、執○吾、河南尹秩皆中二千石 4.1/25/19
夫樂施于○石 5.4/28/22
見執○吾車騎甚盛 6.1/33/23
仕宦當作執○吾 6.1/33/24
無○銀采飾 6.2/35/16
令奴○盜取亭席 7.4/39/24
○與亭佐孟常爭言 7.4/39/24
○絞殺之 7.4/39/25
推父時○寶財產與昆弟 7.7/40/16
飾以○銀 7.16/44/11
明帝悉以太后所遺○寶賜京 7.16/44/13
黃○一斤易豆五升 8.1/47/4
詔賜遵○剛鮮卑緄帶一具 8.9/50/1
○錯刀五十 8.9/50/2
辟把刀、墨再屈環橫刀、○錯屈尺八佩刀各一 8.9/50/2
○蚩尤辟兵鉤一 8.9/50/3
攻○蒲城 8.17/54/6
執○吾賈復在汝南 9.1/55/8
徵入爲○吾 9.1/55/13
失斷○ 9.4/57/17
心如○石 10.20/67/4
弟景執○吾 10.24/68/21
賞○帛甚盛 11.11/73/24
京師號況家爲○穴 11.11/73/24
陰識爲守執○吾 11.13/74/9
更名曰○馬門 12.1/76/26
以黃○十斤、葛縛佩刀、書帶、革帶付龔 12.6/79/14
賜東園轜車、朱壽器、銀鏤、黃〔○〕玉匣 12.11/81/22
永昌太守鑄黃○之蛇獻之冀 12.12/82/4
名勒○石 14.5/93/3
鄭興從博士○子嚴爲《左氏春秋》 16.5/104/14
皆言太子舅執○吾陰識可 16.15/107/26
交阯太守坐贓千○ 17.13/121/23
暉送其家○三斤 18.6/127/26
詣○城 18.9/129/1
可皆勿笞詣○城 18.9/129/2
麥含○兮方秀 18.29/135/4
雖有百○之利 19.7/138/20
諸國侍子及督使賈胡數遺恂奴婢、宛馬、○銀、香罽之屬 19.20/141/22
夜懷○十斤以遺震 20.2/145/8
上引賜等入○商門崇德署 20.4/145/20
○錯鉤佩 20.4/146/1
鉦鐸○鼓 21.8/152/4
掠得羌侯君長○印四十三 21.8/152/7
使○如粟 21.11/153/4
○城、隴西卑湳、勒姐種羌反 22.5/164/8
黃○一斤易豆五斗 23.6/167/2
子密收○玉衣物 23.11/168/24
述乃悉散○帛 23.17/171/28

賜○蓋車 24.63/177/17

津 jīn 6

帝持節渡孟○ 1.1/3/18
因出幸○門亭發喪 7.8/41/10
而○鄉當荆、揚之咽喉 9.2/56/2
乃自引兵還屯○鄉 9.2/56/2
上以異爲孟○將軍 9.4/57/2
將詣行在所河○亭 14.1/90/10

矜 jīn 5

○嚴方厲 2.2/14/5
防性○嚴公正 12.3/78/4
儼恪○嚴 12.11/81/11
永○嚴公平 14.2/91/6
賊○而放〔之〕 16.43/115/9

筋 jīn 2

病○攣卒 7.6/40/7
食其○革 8.17/54/12

襟 jīn 2

涕泣沾○ 2.2/14/24
感念沾○ 24.28/175/3

饉 jìn 7

民飢○ 1.1/5/23
士民饑○ 16.34/113/5
遭饑○ 17.24/125/4
臣生遭饑○ 18.1/126/9
南方饑○ 23.1/164/20
時民饑○ 23.16/170/17
今山東饑○ 23.17/171/3

僅 jǐn 2

○能破散也 12.9/80/15
○免於死 18.12/129/26

錦 jǐn 1

或繡面衣、○袴、諸于
、襜裾 23.1/165/11

謹 jǐn 12

仲○厚亦如之 1.1/2/10
○按《河》《雒》讖書 5.5/29/16
事太后素○愼 6.2/35/11
彊性明達恭○ 7.8/41/6
恭○下士 10.23/68/13
猶爲○飭之士 12.1/76/21
〔○獻〕 12.1/76/27
○自放〔棄〕 15.2/95/10
供養至○ 15.11/99/12
然內孝○ 16.3/102/21
見譚貌○敕 17.24/124/28
爲人○敏有心 19.32/144/21

近 jìn 27

更始欲以○親巡行河北 1.1/3/17
遠○不偏 1.1/6/20
多○臣 2.1/11/13
多○親 2.1/11/13
大鴻臚悉求○親宜爲嗣
者 2.3/16/17
自左右○臣 2.3/17/12
以遠○獻馬衆多 3.2/20/20
託以先后○屬 6.4/36/6
誠不以遠○親疏 7.12/43/12
身在親○ 8.7/49/18
異侍從親○ 9.4/56/18
弘農逼○京師 9.10/60/24
○帶城郭 12.2/77/13
防遂見親○ 12.3/77/21
后稷○於周 13.11/86/6
國土遠○ 13.13/88/6
以君帷幄○臣 14.2/91/12
上嘗欲○出 15.7/97/15
其中多○鄙別字 16.22/110/4
自將出至○縣 18.12/130/1
兼領秘書○署 18.17/131/26
令相○ 18.29/135/9
決獄多○于重 19.7/138/23
（武威）天下州郡遠○
莫不修禮遺 19.20/141/21
○爲憂之 21.23/155/14
欲令將○兵據門以禦之
21.33/157/8
唯《渾天》者○得其情
24.90/179/22

浸 jìn 1

山陵○遠 7.12/43/4

晉 jìn 4

封所持節於○陽傳舍壁
中 14.2/90/19
既有三○ 14.4/92/8
字傳子○ 16.25/111/2
○傳子承 16.25/111/2

進 jìn 63

帝奉糗一斛、脯三十朐
○圍宛城 1.1/2/13
帝復○ 1.1/3/4
趙王庶兄胡子○狗牒馬
（醢）〔醢〕 1.1/3/18
傳吏方○食 1.1/3/21
馮異○一笥麥飯兔肩 1.1/3/23
禹○食炙魚 1.1/3/26
欲復○兵 1.1/6/13
坐則功臣特○在側 1.1/9/3
帝○爵爲王 2.1/11/16
○賢用能 2.1/12/8
共○《武德》之舞 2.1/13/23
動容○止 2.2/14/4
當○人不避仇讎 2.2/15/14
○《武德》之舞 3.2/21/3
爲議者所誘○ 5.5/30/4
（勿）○《武德舞歌詩》
曰 5.5/31/16
○《武德》之舞如故 5.5/31/19
《昭德》、《盛德》之
舞不○ 5.5/31/28
當○《武德》之舞 5.5/32/2
壽引○令入掖庭 6.9/38/4
伯升○圍宛 7.1/38/10
乃○說曰 8.1/46/10
上以禹不時○ 8.1/46/24
位特○ 8.1/47/6,11.4/71/18
聞鼓聲皆大呼俱○ 8.10/50/18

遂鼓而○ 8.10/50/18
加位特○ 8.11/51/20
因間○說曰 9.4/56/19
異○一筍麥飯兔肩 9.4/57/1
祭遵以縣吏數○見 9.7/59/3
吏士○戰 9.7/59/8
以特○奉朝請 10.21/67/15
○之于固 10.23/68/11
憲以特○見禮依三公 10.24/68/24
分部而○ 11.2/70/26
大官朝夕○食 11.10/73/18
迹陛戟而後○臣 12.1/75/20
兵○必破之狀 12.1/76/1
數被○見 12.1/76/8
嫺○對 12.1/76/9
司隸校尉梁松奏特○弟
　防、光、廖、〔廖〕
　子豫 12.2/77/12
勸○忠信 13.1/83/2
〔而〕今數○鄭聲以亂
　雅樂 13.6/84/6
主簿○曰 13.10/85/13
數○忠言正諫 13.14/88/17
○爲太傅 13.16/89/19
不任○道 15.6/97/6
門下掾鄭敬○曰 15.8/98/2
數○見問得失 16.20/109/11
蜀郡計掾樊顯○曰 16.35/113/15
逡巡○退 16.50/117/3
延○止從容 17.1/117/21
良恥以言受○ 17.10/120/11
臣可以禮○退 17.19/123/14
不能自○ 18.12/130/5
及○拜 18.18/132/5
數○忠言 19.8/139/3
復欲○業 19.25/143/8
小人諂○ 21.4/151/5
每自買○之 21.55/160/14
奉通天冠○聖公 23.1/164/27
○退先後 24.88/179/16

禁 jìn 33

宿衛○門 2.2/15/14
數燕見（省）〔在○〕
　中 3.1/18/7
詔○民無得酤賣酒麴 3.2/20/24
遂與兄冀定策于○中 3.5/21/25
莫敢犯○ 6.2/35/17
法○未設 6.5/36/18
悉令○絕 6.5/36/21
即敕令○止 6.5/37/3
未嘗犯○ 7.9/41/28
陟兄弟常居○中 8.4/48/13
陟定策○中 8.4/48/14
而久在○省 8.5/48/21
律何故○之 10.26/69/17
干亂去○ 11.9/73/5
欲令重臣居○內 11.10/73/18
所以○遏甚備 12.3/78/9
光以爲五校尉主○兵武
　備 12.4/78/14
出入○門 13.1/83/3
坐前守張○多受遺送千
　萬 15.8/98/11
人有犯其○者 15.17/101/15
固數入讀書○中 16.2/102/17
難○易敗 16.3/104/4
犯○觸罪 16.6/104/20
遂至○錮 16.20/109/13
上即敕尚書解遵○錮
　16.20/109/15
門下生共○ 17.12/121/5
○民夜作以防火 18.12/130/2
不○火 18.12/130/3
不敢犯○ 18.13/130/19
故犯妖○ 18.25/133/19
父母乃○怒之 18.28/134/17
寵嬖傾亂而不能○ 20.2/145/11
壘亦○錮終身 21.14/154/1

寖 jìn 3

○以無限 1.1/6/21
學問○淺 19.6/138/11
上○重賢 24.2/172/23

搢 jìn 3

冠帶○紳遊辟雍而觀化
　者、以億萬計 2.1/12/3
冠帶○紳遊辟雍 11.7/72/15
而令○紳之徒委伏畎畝
　20.4/145/22

盡 jìn 47

室中○明如晝 1.1/1/10
漢軍○獲其珍寶輜重車甲 1.1/3/9
連月不○ 1.1/3/9
極○下（思）〔恩〕 1.1/6/10
乙更○乃寐 2.1/12/17
愛敬○于事親 3.2/21/1
今恐山川百神應典祀者
　尙未○秩 5.5/30/19
一額○傷 6.5/36/11
舉聲○哀 7.8/41/10
○心王室 7.12/42/18
吏士散已○ 8.1/47/5
食○窮困 8.17/54/12
○力自效 10.1/62/10
（一）〔囂〕追兵○還
　10.3/62/25
天地赫然○赤 10.12/65/7
興○忠竭思 11.14/74/15
乃○散以班昆弟故舊 12.1/75/11
○數日 12.1/76/11
能○忠於國 13.13/88/10
勤燕見前殿○日 13.13/88/11
○心事上 13.16/89/17
哭○哀 14.2/91/9
可殄○ 16.3/103/7
○日乃罷 16.9/105/20
卿但○氣爾 16.9/106/3
平生笑君○氣 16.9/106/4
○禮而去 16.13/107/12
而竭○其財 16.16/108/6
智○此耳 16.34/113/1
在朝竭忠○謀 17.7/119/13
盜賊未○ 17.10/120/8
相對○歡 17.23/124/22
綏○ 18.1/126/5
今歲垂○ 18.8/128/21
錢○可復得 18.10/129/9
且○推財與之 18.10/129/11
後阜竊書誦○ 18.13/130/14
璩○節剛正 19.15/140/17
○心奉職 19.18/141/10
○心供養 19.22/142/8
先遣吏到屬縣○決罪行
　刑 19.26/143/13
○忠重慎 20.9/146/25

漏○ 20.24/150/3
力○ 21.8/151/27
○還不受 21.11/153/4
敬養○於奉 24.42/176/3
丁夜○筆 24.62/177/15

京 jīng 81

是時醴泉出于○師 1.1/9/15
詔○兆、右扶風以中牢祀蕭何、霍光 2.1/12/10
翔集○師 2.1/13/15
降自○師 2.2/14/26
詔有司○師離宮園池 2.3/16/10
自○師離宮果園上林廣成囿悉以假貧人 2.3/16/22
○師旱 2.3/16/25,6.5/36/24
○師大雨 2.3/16/30
中常侍江○、樊豐等共〔興〕爲詐 3.1/19/14
乳母王男、廚監邴吉爲大長秋江○、中常侍樊豐等所譖愬 3.2/19/23
○等懼有後害 3.2/19/24
中黃門孫程等十九人共討賊臣江○等 3.2/19/27
○師不覺 3.2/20/14
○師雨雹 3.5/22/12
以○師水旱疫病 3.5/22/15
猶不于○師 5.3/28/11
○師雨澤 7.2/39/6
善《○氏易》 7.9/41/19
○師少雨 7.9/41/19
蒼與諸王朝○師 7.12/42/22
獨留○師 7.15/44/7
琅邪孝王○就國都 7.16/44/11
明帝悉以太后所遺金寶賜○ 7.16/44/13
時光武亦遊學○師 8.1/46/5
東○莫與爲比 8.7/49/20
每朝○師 9.8/60/9
弘農逼近○師 9.10/60/24
上徵晨還○師 11.1/70/10
爲○師所稱 11.10/73/11
○師號況家爲金穴 11.11/73/24
次兩兄爲吏○師 12.1/75/8
自還○師 12.1/76/8
善相馬者東門○鑄作銅馬法獻之 12.1/76/26
援振旅○師 12.1/76/28
多買○師膏腴美田 12.2/77/13
仰望○師 13.1/83/2
是以去土中之○師 13.11/86/3
永行縣到○兆霸陵 14.2/91/7
故○師號曰「三獨坐」 15.3/96/6
○兆人也 15.5/96/14, 18.12/129/25
冀○師並蒙〔其〕福也 15.9/98/18
○師號曰「聖童」 15.12/99/23
之○師 15.14/100/12
詔下○兆收繫 16.2/102/15
○師畏憚 16.13/107/13
故○師爲之語曰 16.20/109/19
○師因以稱之 16.25/111/1
楊正爲○兆功曹 16.36/113/22
○兆尹出西域 16.36/113/22
既至○師 17.2/118/5
○兆人 17.17/122/24
與○兆祁聖元同好 17.17/122/24
○師號曰 17.17/122/24
○兆長陵人 18.1/125/19
○兆尹閻興召倫爲主簿 18.1/125/25
二千石皆以選出○師 18.7/128/16
○師爲之語曰 18.17/131/23
公卿以神雀五采翔集○師 18.17/131/23
于是○師貴戚順陽侯衛尉馬廖、侍中竇憲慕其行 18.18/132/6
收篤送○師 18.23/133/7
二十餘年不窺○師 18.23/133/9
初與○邑蕭友善 18.29/134/29
○師淫雨 19.6/138/14
○兆尹張恂召恢 19.16/140/23
○輔都尉 19.17/141/5
○師號曰「天下無雙、〔江夏黃童〕」 19.22/142/13
○師貴戚慕其聲名 19.22/142/13
○師語曰 20.14/147/24
江○等譖誣太子 20.23/149/18
程謀誅江○于盛化門外 20.23/149/19
程等十八人收斬江○、閻顯等 20.23/149/20
後徵還○師 21.8/152/3
○師肅然 21.12/153/15
初爲○兆郡丞 21.22/155/9
○師肅清 21.32/157/3
有賊轉至○師 21.33/157/7
○兆杜陵人 21.55/160/13
由是四方不復信向○師 23.1/165/14
東詣○師 23.16/170/11

涇 jīng 1

周行爲○令 21.32/157/3

荆 jīng 14

○州、下江、平林兵起 1.1/1/23
○州刺史上其義行 7.7/40/16
廣陵王○自殺 7.14/44/3
而津鄉當○、揚之咽喉 9.2/56/2
皆會○門 9.2/56/7
爲我披○棘、定關中者也 9.4/57/16
是時公孫述將田戎、任滿與漢軍相拒于○門 10.2/62/16
遣謁者侯盛、○州刺史費遂齎璽書徵霸 13.5/83/20
後孔子闕里無故○棘自闢 14.2/90/25
○州刺史上言 15.14/100/15
爲○州刺史 17.9/119/27
門生○棘 19.9/139/8
南順江流以震○、揚 23.17/171/7
平陵人○邯以東方漸平 23.17/171/12

莖 jīng 1

一○九穗 1.1/1/11

旌 jīng 3

干戈○旗 1.1/2/17
○旗亂于大澤 11.7/72/13

懷○善之志 16.34/113/10

菁 jīng 1

令所傷郡國皆種蕪○ 3.5/22/1

經 jīng 95

帝猶以餘閒講○藝 1.1/6/7
○學博覽 1.1/6/10
夜講○聽誦 1.1/9/3
兼通九○ 2.1/11/17
欲使諸儒共正○義 2.1/11/21
講議《五○》同異 2.1/11/23
帝尤垂意○學 2.1/12/1
命太子、諸王說○ 2.1/13/12
遂兼五○ 2.2/14/5
講五○同異 2.2/14/11
○祀壇上 2.2/14/19
帝以五○義異 2.3/17/7
內勤○藝 2.3/17/12
喜○籍 3.1/18/7
孜孜○學 3.1/18/10
誦《孝○》章句 3.2/19/22
各通一○ 3.2/20/11
《孝○》曰 3.2/21/1
《孝○》所謂「移風易俗 5.4/28/20
○稱『秩元祀 5.5/30/14
夜私買脂燭讀○傳 6.5/36/15
王性好○書 7.9/41/28
論集○傳圖讖 7.9/41/28
作《五○通論》 7.9/41/28
少好○書 7.12/42/13
篤于○書 8.1/47/6
所○三百八十九隘 8.2/47/16
受《易○》 8.11/51/20
又兼○術 8.12/52/3
令與當世大儒司徒丁鴻問難○傳 8.12/52/3
奏置《五○》大夫 9.7/59/17
臣融朝夕教導以○藝 10.22/67/25
故有○紀禮儀以相（文）〔交〕接 10.26/69/16
游意○藝 11.7/72/13
馬廖少習《易○》 12.2/77/9
○爲人師 13.1/82/23
敦於○學 13.8/84/25
於河西得漆書《古文尚書○》一卷 13.11/85/21
握抱此○ 13.11/85/21
宜據○典 13.12/87/14
監《六○》之論 14.5/93/29
鴻貪○書 15.2/95/9
集議《五○》同異於白虎觀 15.2/95/14
授皇太子○ 16.9/105/15
輒令榮於公卿前敷奏○書 16.9/105/15
臣○術淺薄 16.9/105/17
明○義 16.9/105/19
時執○生避位發難 16.9/106/6
執○自爲辯說 16.9/106/10
子郁以明○復爲太常 16.9/106/12
卿○及先師 16.10/106/18
學覽《六○》 16.12/107/5
徧治五○ 16.16/108/3
譚復極言讖之非○ 16.16/108/9
篤志○學 16.17/108/18
授皇太子及諸王小侯五十人○ 16.17/108/19
上令群臣能說○者更相難詰 16.20/109/18
解○不窮戴侍中 16.20/109/19
上以敏博通○記 16.22/110/3
欲專意○書 16.26/111/7
以明○徵詣公車 16.37/113/27
通《五○》 16.51/117/8
五○紛綸井大春 16.51/117/8
還○封邱 17.1/117/22
今功曹稽古含○ 17.2/118/10
諸儒于白虎觀講論《五○》同異 17.6/119/7
鄉里徐子盛明《春秋○》 17.12/121/3
因忘其豬而聽○ 17.12/121/4
遂通其○ 17.12/121/6
俱名善說○書 17.17/122/24
說○鏗鏗楊子行 17.17/122/25
賦○詩里 17.22/124/7
賜《山海○》、《河渠書》 18.11/129/20
少好○學 18.13/130/13
欲之犍爲定生學○ 18.13/130/14
彭下車○營勞來 18.14/131/1
能講《左氏》及《五○》本文 18.17/131/22
以明○有智讓 18.19/132/11
辛氏秉義○武 18.23/133/10
鳳受竿誦○如故 18.30/135/15
鳳留意在○史 18.30/135/15
置《五○》師 19.1/136/6
兼通《五○》 19.5/138/3
關東號曰「《五○》復興魯叔陵」 19.5/138/5
思核○意 19.6/138/10
於此（宏）〔弘〕廣○術 19.6/138/10
六○衰微 19.6/138/11
明○博覽 20.2/145/5
道○昌邑 20.2/145/8
《五○》縱橫周宣光 20.14/147/24
恢欲殺青簡以寫○書 20.17/148/12
行吟○書 20.17/148/16
太史令王立說《孝○》六隱事 21.21/155/3
爲帝誦《孝○》一章 21.21/155/4
呂植通《禮○》 23.1/164/25

精 jīng 27

帝遂選○兵三千人 1.1/3/6
養○神 1.1/9/7
漢以炎○布耀 1.1/10/14
言我守備不○ 6.2/35/12
藍兵又○ 8.14/52/23
○兵二萬人 8.14/53/1
高峻○兵萬人 9.1/55/18
此天命發于○神 9.4/57/6
聞吏士○銳 9.4/57/17
率厲五郡○兵 10.22/67/22
在事○勤 13.13/88/6
○神亦已勞矣 14.2/91/12
炎○更輝 14.5/93/12
然後簡○銳之卒 14.5/93/26
遂篤志○銳 15.2/95/7
○力不倦 16.9/105/15
持學○微 16.25/110/24
因留○舍門下 17.12/121/5

道術尤○ 17.18/123/7
遂選○兵 18.12/130/1
欲出○廬 18.13/130/13
專○師門 19.6/138/10
○誠感應 19.12/140/4
茂將其○兵突至湖（陸）〔陵〕 23.10/168/10
急以此時發國內○兵 23.17/171/16
○微深妙 24.90/179/24
思惟○意 24.90/179/26

兢 jīng 2

○○之心彌以篤固也 8.7/49/18

驚 jīng 36

乃○曰 1.1/2/9
馬○硠磕 1.1/3/11
復○去 1.1/3/23
吏民○惶 1.1/6/5
材直○人 1.1/6/9
宮人○ 6.5/36/20
矍然○駭 6.6/37/9
歲月○邁 7.12/43/4
軍中○亂 8.10/50/19
上○ 8.11/51/16
竝大○ 8.17/54/7
吏士○喜 8.17/54/10
永○懼 9.11/61/4
上○去 9.12/61/17
恐○官屬 10.11/64/18
堂陽○怖 10.12/65/7
諸將皆○曰 10.14/65/23
奔馬善○ 13.11/86/15
其猶順○風而飛鴻毛也 14.5/93/13
百姓○駭 14.5/93/21
勿○之 14.6/94/8
皆○ 15.15/100/22
必大○怖 16.3/103/7
恂大○ 16.3/103/9
鄯善一國○怖 16.3/103/10
馬○觸虎 16.34/113/7
眾皆大○ 17.11/120/24
武騎虎賁恐○馬 17.17/122/26
左右大○ 17.17/123/2
不敢○孝子 17.22/124/7
大○ 20.17/148/18
沓恐母○惶 21.13/153/20
時東州郡國相○ 21.33/157/7
吏民○ 21.33/157/7
○震不知所爲 23.5/166/17
○曰 23.11/168/22

井 jǐng 11

城中穿○十五丈 8.17/54/9
向○再拜 8.17/54/10
○泉湧出 8.17/54/10
太原至○陘 10.5/63/8
子陽、○底鼃耳 12.1/75/16
○田什一以供國用 13.11/86/2
兒女常自操○臼 14.5/94/1
○丹、字大春 16.51/117/8
五經紛綸○大春 16.51/117/8
恭家○在門外 18.28/134/16
常侍樊豐妻殺侍婢置○中 20.18/148/24

穽 jǐng 1

乃陷民於○ 16.37/114/2

景 jǐng 19

承文、○之統 1.1/1/5
○帝、所謂孝子也 1.1/8/24
○帝能遵孝道 1.1/8/27
須○風紹封 2.3/16/17
遣憲及弟篤、○就國 2.3/16/20
孝○皇帝制《昭德》之舞 5.5/31/6
將及○風拜授印綬焉 7.20/45/16
○丹因以言語爲固德侯相 9.10/60/17
與○丹、祭遵合擊蠻中 10.6/63/12
弟○執金吾 10.24/68/21
楚昭、屈、○ 13.11/86/18
王○治浚儀 18.11/129/20
○爲廬江太守 18.11/129/20
賈逵、字○伯 18.17/131/22
閻顯弟○爲衛尉 20.23/149/21
逢○ 20.23/149/22
○因斫鎮 20.23/149/22
鎮劍擊○墮車 20.23/149/22
數祠城陽○王 23.5/166/14

儆 jǐng 1

○戒備具 9.11/61/9

頸 jǐng 6

微疾舉○ 6.5/36/25
衍與邑素誓刎○ 14.4/92/2
內爲刎○之盟 14.4/92/5
故其延○企踵而望者 14.5/93/16
生燕頷虎（頭）〔○〕 16.3/103/1
遂刎○而死 23.16/170/17

警 jǐng 5

有○ 8.16/53/25
○蹕就車 12.1/75/15
請移○檄 18.12/130/1
○蹕而行 20.3/145/16
非○戒也 21.23/155/15

勁 jìng 1

始驗疾風知○草 10.11/64/14

徑 jìng 5

北○渡河 8.1/46/8
○且百里 11.10/73/12
○上床坐 17.17/123/1
孔○一寸 24.89/179/18
璣○八尺 24.89/179/19

淨 jìng 2

今北方清○ 14.1/90/3
清○少欲 16.25/111/1

竟 jìng 14

帝讀檄未○ 1.1/5/15
○如詔書 1.1/7/5
兄子○、新鄞侯 1.1/10/10
更始○不能發 7.1/38/17
欲○何時詣嚴將軍所 7.4/39/21
施之終○ 8.6/49/5
須講○ 9.6/58/16
僕○辦之 11.1/70/10
○不肯受 11.3/71/13
○以中傷人臣 13.13/88/9
後○殺之 13.16/89/5
蘇○與劉歆兄子恭書曰 16.28/111/16
素食○期 24.44/176/7
以治律未○ 24.90/179/25

脛 jìng 2

中矢貫腓○ 12.1/76/4
數以捶自擊其○ 18.28/134/15

靖 jìng 3

樂成○王黨 7.18/45/3
和帝賜彭城○王詔曰 7.20/45/11
舉郡人許○計吏 21.26/156/3

敬 jìng 48

雲臺致○祭祀之禮儀亦如之 1.1/5/13
○愛師傅 2.1/11/15
儀比○園 2.3/16/27
司徒許○爲陵轢使（官）〔者〕策罷 3.2/20/5
〔廟曰○宗〕 3.2/20/27
○敕慎終 3.2/21/1
愛○盡于事親 3.2/21/1
○慎威儀 3.2/21/2
臣請上尊號曰○宗廟 3.2/21/2
至新野公主、壽張○侯廟 3.5/22/18
諡曰○ 3.5/22/19
爲不○ 5.5/30/19
○之至也 5.6/32/24
時在○法殿東廂 6.2/34/22
○隱宋后以王莽末年生 6.3/35/21
北海○王睦 7.3/39/10
○賢樂士 7.3/39/12
以有仁愛、知相○事也 10.26/69/14
追封重爲壽張○侯 11.3/71/13
牧守謁○ 12.6/79/8
寬和肅○ 12.11/81/12
朝廷由是○憚委任焉 12.11/81/13
商朝廷○憚 12.11/81/24
甚○憚之 13.11/87/1
大不○也 14.2/91/6
馮衍、字○通 14.5/92/22
門下掾鄭○進曰 15.8/98/2
○待以師友之禮 15.15/100/25
深相○愛 16.1/102/9
鄯善王廣禮○甚備 16.3/103/4
愈見○厚 16.9/105/21
鄉黨大人莫不○異之 16.52/117/12
○重 17.2/118/11
○禮焉 17.19/123/13
大不○ 17.20/123/20
與（東）〔同〕郡宗武伯、翟○伯、陳綏伯、張弟伯同志好 18.3/127/4
肅宗○重之 18.10/129/12
范奔赴○陵 18.12/130/4
于是始○鴻 18.29/134/28
彼傭賃能使其妻○之如此 18.29/135/6
令各○慎所職 19.1/136/20
少與同郡許○善 19.12/140/3
○家貧親老 19.12/140/3
爲○去妻更娶 19.12/140/3
蔡倫、字○仲 20.9/146/25
翟歆、字○子 21.46/159/3
以致其肅○ 23.16/169/28
○養盡於奉 24.42/176/3

境 jìng 4

賊不入○ 9.1/55/12
邊○有事 12.6/79/10
鳳凰、（麟麒）〔麒麟〕、嘉禾、甘露之瑞集于郡○ 18.14/131/5
今蟲不犯○ 19.4/137/21

靜 jìng 7

密○天下 2.2/15/26
葬○陵 3.4/21/19
而襄貢清○ 9.8/60/3
清約沈○ 12.2/77/9
恬○養神 16.49/116/15
清○自守 18.10/129/7
政教清○ 18.13/130/19

鏡 jìng 3

視太后○奩中物 2.1/13/18
圖往○來兮 12.10/80/22
以爲○誡 13.13/88/10

競 jìng 1

與人未嘗有爭○ 10.26/69/25

熲 jiǒng 11

段○、字紀明 21.8/151/24
司徒尹訟薦○ 21.8/151/25
○到 21.8/151/25
○破羌、胡 21.8/151/26
○自下馬大戰 21.8/151/26
○追〔斬〕之 21.8/151/27
○上疏曰 21.8/152/1
○曰 21.8/152/2
○起於途中 21.8/152/2
○乘輕車 21.8/152/3
○上言 21.8/152/7

究 jiū 2

無不窮○ 16.2/102/13
20.2/145/5

九 jiǔ 81

高帝○世孫也 1.1/1/5
一莖○穗 1.1/1/11
年○歲而南頓君卒 1.1/1/14

時漢兵八〇千人 1.1/2/23
〇年春正月 1.1/6/26
高八尺〇寸 1.1/8/7
十〇年 1.1/8/10,2.1/11/16
封餘功臣一百八十〇人 1.1/10/1
親密〇族 2.1/11/15
兼通〇經 2.1/11/17
〇年 2.1/12/29,3.5/22/24
不過〇卿 2.1/13/25
親愛〇族 2.2/14/4
白鹿、白兔、〇尾狐見 2.2/15/3
鳳凰三十〇見郡國 2.2/15/18
鳳凰見百三十〇、麒麟五十二、白虎二十〇、黃龍三十四、青龍、黃鵠、鸞鳥、神馬、神雀、〇尾狐、三足烏、赤烏、白兔、白鹿、白燕、白鵲、 2.2/15/20
〇年冬十月 2.3/16/27
調濱水縣彭城、廣陽、廬江、〇江穀〇十萬斛 3.1/18/26
〇眞言嘉禾生 3.1/19/8
帝在位十〇年 3.1/19/13
中黃門孫程等十〇人共討賊臣江京等 3.2/19/27
望都、蒲陰狼殺子女〇十七人 3.2/20/7
其〇十家不自存 3.2/20/20
在位十〇年 3.2/20/26
〇江賊馬勉敗死 3.4/21/16
時方〇歲 3.4/21/19
主齋祠儐贊〇賓之禮 4.1/25/4
〇卿青綬 4.1/25/18
〇卿、執金吾、河南尹秩皆中二千石 4.1/25/19
有〇石特秀 5.1/27/15
〇眞俗燒草種田 5.1/28/1
赤漢〇世 5.5/29/16
有司復奏《河》《雒》圖記表章赤漢〇世尤著明者 5.5/29/20
念先帝躬履〇德 5.5/31/21
〇卿、中二千石青綬 5.6/33/7
十〇年六月 7.8/41/4
王兼食東海、魯國二郡二十〇縣 7.8/41/5
數上書讓還東海十〇縣 7.8/41/7
復送綬十〇枚 7.9/41/25
龍旂〇旒 7.12/43/18
永平〇年 7.17/44/17,19.1/136/5
蓋聞堯舜〇族 7.20/45/11
所經三百八十〇隘 8.2/47/16
位在〇卿上 8.3/48/8,12.3/77/22
以延平（〇）〔元〕年拜爲車騎將軍、儀同三司 8.4/48/12
凡侯者二十〇人 8.7/49/19
〇卿十三人 8.17/54/15
列侯十〇人 8.17/54/15
一月〇遷爲丞相者 12.1/75/23
依姊壻父〇江連率平河侯王述 12.6/79/3
永元〇年 12.10/81/5
〇命彌恭 12.11/81/25
〇載乃殛 13.11/86/8
懷姓〇宗分唐叔 13.11/86/16
將軍內施〇族 13.11/87/3
摧〇虎之軍 14.5/93/10
鴻初與〇江人鮑駿同事桓榮 15.2/95/11
河潤〇里 15.9/98/18
時年十〇 15.15/100/22
年〇歲 16.2/102/13,19.22/142/8
〇流百家之言 16.2/102/13
事〇江朱文剛 16.9/105/14
凡二十〇篇 16.16/108/13
爲〇江太守 17.14/122/7
18.15/131/9
南到〇江 17.14/122/9
〇歲通《春秋》 19.25/143/8
〇卿位亞三公 20.13/147/19
桓帝延熹〇年 21.5/151/11
以丈二竹簟畫〇宮其上 21.21/155/4
在〇卿位 21.29/156/15
建武〇年正月 23.16/170/17
孝明皇帝〇子 24.74/178/13

久 jiǔ 40

帝深念良〇 1.1/2/6
〇乃駕去 1.1/3/23
皇考居此日〇 1.1/8/11
〇託病 3.2/20/5
高宗〇勞 5.5/29/21
〇無祭天地冕服之制 5.6/32/23
明德皇后嘗〇病 6.2/34/6
難以〇處 7.7/40/14
不欲〇在內 8.4/48/13
而〇在禁省 8.5/48/21
敗必不〇 8.14/52/16
百姓患苦王莽苛刻日〇 8.14/52/18
思漢〇矣 9.4/56/19
帝王不可以〇曠 9.4/57/5
〇留天誅 9.11/61/7
〇之 10.21/67/15
10.26/69/10,17.8/119/18
〇不復用 13.1/82/24
不行已〇矣 13.12/87/14
司徒（例）〔辭〕訟〇者至（數十）〔十數〕年 14.3/91/21
伏念天下離王莽之害〇矣 14.5/93/4
兵〇則力屈 14.5/93/20
〇勞苦 16.3/102/23
安能〇事筆研間乎 16.3/102/24
超自以〇在絕域 16.3/104/1
譚默然良〇 16.16/108/9
良〇乃得解 16.16/108/10
相與〇語 16.22/110/9
問事微〇 16.46/115/24
良〇乃聽止 17.23/124/14
禮〇餓羸瘦 17.23/124/16
積〇 17.23/124/18
豈敢〇待 18.8/128/22
府掾〇留 19.4/137/21
雖從來〇 19.6/138/11
良〇曰 20.10/147/4
迂〇 21.9/152/13
〇在臺閣 21.29/156/15
曠日持〇 23.16/170/10

酒 jiǔ 40

獨居輒不御〇肉 1.1/3/13
大置〇 1.1/5/18,1.1/8/11
置〇 1.1/6/4

不飲○ 1.1/6/12
美陽得銅○樽 2.2/15/5
詔禁民無得酤賣○麴 3.2/20/24
○數行 7.7/40/17
臣子當擊牛釃○以待百官 8.14/53/8
百姓持○肉迎軍 9.2/56/6
不御○肉 9.4/56/18
使大中大夫致牛○ 9.4/57/10
對○娛樂 9.7/59/17
上設○肉 9.10/60/20
乃奉牛○勞軍 10.2/62/19
中霸前○樽 10.11/64/25
于是置○高會 11.2/70/26
飲○ 11.11/73/24
從司徒祭○陳元受《左氏春秋》 12.6/79/6
載○肴 15.5/96/14
因留其餘○肴而去 15.5/96/15
百里內皆齎牛○到府飲讌 15.8/97/28
祭○、布衣諸生（爾）〔耳〕 16.3/102/25
○酣 16.3/103/6
不敢望到○泉郡 16.3/104/1
詔使賜牛○ 16.11/106/28
時博士祭○議欲殺羊 16.25/110/25
乃自酌○慰援曰 16.34/112/29
署議曹祭○ 17.3/118/17
署為祭○ 17.19/123/13
○二斗 18.10/129/15
奉○上酺父壽 19.1/136/23
充使釀○ 19.27/143/19
見○食未嘗不泣 19.30/144/10
寬簡略嗜○ 21.9/152/12
遣蒼頭市○ 21.9/152/13
于羌前以○酹地曰 21.11/153/3
甘美○食 22.4/162/4
更始韓夫人尤嗜○ 23.1/165/8
乃益釀醇○ 23.7/167/6

臼 jiù 3

治滹沱、石○河 8.2/47/15
兒女常自操井○ 14.5/94/1
遂共訂交于杵○之間 20.17/148/18

咎 jiù 6

問○祟所在 6.2/34/6
殃○之毒 14.5/93/8
延因下見引○ 17.1/117/23
○皆在臣 17.13/122/1
防比上書自陳過○ 19.6/138/14
思維○徵 20.19/148/29

柩 jiù 2

范持棺○ 18.12/129/26
愼（弗）〔勿〕聽妻子持尸○去 18.29/135/8

救 jiù 23

力不能相○ 1.1/2/20
不同力○之 1.1/2/20
為陳相○之勢 1.1/2/23
不（敢）〔能〕○ 1.1/5/16
鈞擁兵不○ 3.1/19/1
○萬姓命 5.5/29/11
○萬民之命 8.1/46/13
臨淄不能○也 8.14/52/26
何○之有 8.14/52/27
自往○之 8.14/53/7
○兵不至 8.17/54/11
公孫述遣兵○隗囂 9.7/59/10
乃○全之 10.12/65/6
將軍可歸○老母妻子 10.14/65/24
扶微○危 10.22/67/22
既匡○而不得兮 12.10/81/1
大兵冀蒙○護〔生活〕之恩 13.9/85/6
○、贍全其性命也 13.11/86/23
上黨阸不能○ 14.4/92/9
○倒懸之急 16.34/113/6
醫藥○療 19.30/144/9
其詳思改○ 20.19/149/1
陛下○我 23.1/165/10

就 jiù 48

故皆以列侯○第 1.1/10/3
○、信陽侯 1.1/10/8
遣憲及弟篤、景○國 2.3/16/20
集○天下 5.5/29/24
因往○視 6.3/35/22
光武感伯升功業不○ 7.1/38/24
免○國 7.7/40/19
○國 7.8/41/5
沛王、楚王來朝○國 7.9/41/25
因○車歸 7.12/42/24
琅邪孝王京○國都 7.16/44/11
以列侯○第 8.1/47/6
復以侯○第 8.11/51/20
如去虎口○慈母 8.14/52/19
歙〔徐〕仗節○車而去 11.2/70/23
乃辭況欲○邊郡畜牧 12.1/75/8
○館 12.1/75/14
警蹕○車 12.1/75/15
學龍伯高不○ 12.1/76/21
使者慮○徵 13.5/83/22
復詔○責 13.7/84/21
○關內之遠都 13.11/86/3
○烹於漢 14.4/92/8
○聖漢 14.5/93/12
乃還○國 15.2/95/13
令○臣位 15.8/97/20
趨出○獄 15.8/97/25
○餐飯之 15.15/100/26
廣德○超請馬 16.3/103/15
日○月將 16.9/106/10
乃肯○車 16.50/117/2
還○死 17.11/120/23
人○認之 17.12/121/7
乃解衣○格 17.13/122/1
信陽侯陰○於干突車騎簿 17.20/123/19
車府令齊國徐匡鉤○車 17.20/123/19
詔禮十日○長樂衛尉府 17.23/124/22
當稍○噉 17.24/124/28
時陰○為少府 18.6/128/1
暉遙見○主簿持璧 18.6/128/2
主簿遽白○ 18.6/128/3
○曰 18.6/128/3
好去○ 18.8/128/20
但○溫湯而已 18.15/131/9

欲先○其名 19.4/137/15
門生○學百餘人 19.5/138/4
宜嘗○少君父學 22.1/160/24
東海公賓○得其首 23.2/165/24

舅 jiù 10

時宛人朱祜亦爲○訟祖于尤 1.1/1/19
楚王○子許昌、龍舒侯 2.1/11/24
以光武皇帝元○ 3.5/22/19
時上欲封諸○ 6.2/34/27
及上欲封諸○ 6.2/35/7
如平生事○姑 6.2/35/11
紀者、襄成縣君孫壽之○也 6.9/38/3
○氏舊典 10.24/68/23
皆言太子○執金吾陰識可 16.15/107/26
○龍鄉侯爲作衣被 19.22/142/10

廄 jiù 7

園○充滿 3.2/20/20
始置承華○令 3.2/20/20
置騄驥○ 3.6/23/24
○馬千二百匹 7.11/42/8
閑廄馬○ 7.17/44/19
官府○第相望 10.22/68/4
不以入○ 21.11/153/4

僦 jiù 1

令從者○ 1.1/1/15

舊 jiù 61

帝歸○廬 1.1/2/7
幸○宅 1.1/5/18
又○制上書以青布囊素裹封書 1.1/6/16
修園廟○宅田里舍 1.1/7/1
官曹文書減○過半 1.1/7/16
如孝文皇帝○制 1.1/9/23
歷覽館舍邑居○處 2.1/12/5
百官嚴設如○時 2.1/12/6
周觀○廬 2.1/12/15
復祠于○宅 2.1/12/31
皆減○制 2.1/13/27
漢○官 4.1/25/3,4.1/25/12
與○詩並行者 5.4/29/4
黃門○有鼓吹 5.4/29/6
大臣上疏謂宜復○ 5.5/30/11
以爲漢制○典 5.5/31/3
率由○章 5.5/32/13,13.11/86/9
因過按行閱視皇太后○時衣物 7.12/43/4
無貴賤見之如○ 8.2/47/10
弘收恤故○ 8.6/49/4
上以其○將 9.10/60/24
舅氏○典 10.24/68/23
說故○平生爲忻樂 11.1/70/10
明習漢家○事 11.7/72/16
乃盡散以班昆弟故○ 12.1/75/11
立○交之位 12.1/75/15
宜如○鑄五銖錢 12.1/76/7
光子朗上書迎光喪葬○塋 12.4/78/19
申明○典 12.6/79/10
宜如○制 13.11/86/9
○地雜俗 13.11/86/17
上稽○章 13.11/86/17
時○典多闕 13.12/87/12
漢○制三年一祫 13.12/87/16
仁不遺○ 14.2/91/11
相待如○ 15.5/96/26
汝南○俗 15.8/97/28
河西○少雨澤 15.15/101/1
曄與世祖有○ 15.17/101/11
陛下不忘往○ 15.17/101/13
漢有○防 16.6/104/19
常待以○恩而卑侮之 16.34/113/2
修里○業 17.25/125/12
○制 18.12/130/2
問○事 18.20/132/16
可令奏事如○典 19.1/136/18
詔射聲（教）〔校〕尉曹褒案《（○漢）〔漢○〕儀》制漢禮 19.1/136/20
送○不出門 19.8/139/4
故○長者或欲令爲開產業 20.2/145/6
其俗○多珍怪 20.17/148/13
安堵如○ 23.1/165/5
案秦○迹 23.16/170/9
成都郭外有秦時○倉 23.17/171/23
不以○惡介意 24.33/175/13
陳義子問以○事 24.68/177/27
臣求其○文 24.90/179/25
國家○章 24.93/180/9
臣以爲宜集○事儀注本奏 24.94/180/12

狙 jū 1

（狃）〔○〕猱之意 13.11/86/24

拘 jū 6

訓令○持束縛 8.2/48/1
不○儒者之節 12.7/79/19
林雖○於貰 13.11/85/24
旦夕○錄 13.11/86/17
世祖嘗於新野坐文書事被○ 15.17/101/11
爲隗囂別將苟宇所○劫 16.30/111/25

居 jū 74

開宮後殿○之 1.1/1/9
獨○輒不御酒肉 1.1/3/13
起○平愈 1.1/8/7
皇考○此日久 1.1/8/11
歷覽館舍邑○舊處 2.1/12/5
飲食、百官、鼓漏、起○、車騎、鹵簿如故 3.1/19/13
○太守舍 3.5/22/15
見外家問起○ 6.2/35/4
起○不欣 6.2/35/12
入朝問起○ 6.2/35/16
誰當獨○此上者 7.1/38/12
蟻穴○而知雨 7.9/41/22
傳起○ 7.12/43/15
樂成王○諒闇 7.19/45/7
《春秋》之義大○正 7.20/45/14
陟兄弟常○禁中 8.4/48/13
弘常○業給足 8.6/49/4
臨淄諸郡太守相與雜○

8.14/52/23
徙○之 8.17/54/8
見上獨○ 9.4/56/18
○下曲陽 10.16/66/7
與茂竝○ 10.26/69/10
將平○〔以〕恩意遺之
乎 10.26/69/12
群○雜處 10.26/69/15
後詔問起○何如 11.8/72/21
家人○不足贍 11.8/72/22
欲令重臣○禁內 11.10/73/18
○位數十年 11.13/74/9
○沛郡 12.6/79/4
○宇器服 12.7/79/19
自河東還○北地 12.9/80/6
幽○冥冥 12.11/81/23
宜○輔弼 13.1/83/3
雖○幽室闇處 13.10/85/12
病○中東門侯舍 13.10/85/16
常敗百姓安○ 13.11/86/29
○數月 13.11/87/3
老人○之且病痱 13.14/88/19
幅巾而○ 14.2/90/22
鴻獨與弟盛○ 15.2/95/7
每○縣者 15.11/99/13
○家常執勤苦 16.3/102/22
○無幾 16.13/107/11
移○揚州從事屈豫室中
16.14/107/21
王莽○攝 16.46/115/24
○茅屋蓬戶 16.47/116/6
客○安邑 16.49/116/20
父稚爲丹買田宅○業 17.2/118/3
隱○山野 17.3/118/17
○職修治 17.4/118/23
故多以宗室肺腑○之 17.7/119/13
封○巢侯 17.8/119/18
故○巢侯劉般嗣子愷 17.8/119/20
隱○教授 17.19/123/12
19.28/143/25
出令別○ 18.10/129/10
常自○輓輓車 18.18/132/4
客○美陽 18.23/133/7
願以身○作 18.29/134/27
梁諷、北地弋○人 19.19/141/14
○山澤 19.20/141/23
充妻勸異○ 19.27/143/19
此婦勸異○ 19.27/143/20
吾蒙恩○上司 20.2/145/11
廢民○ 20.4/145/26
○無何 20.4/145/27
獨○ 20.17/148/15
○西鍾下 20.23/149/19
○貧無儲 21.13/153/21
○東宮 23.1/165/5
使兒○市決 23.1/165/13
令劉盆子等三人○中央
23.5/166/12
從劉俠卿○ 23.5/166/13
徙○雲臺 24.67/177/25

俱 jū 26

帝騎牛與○ 1.1/2/11
○與后稷竝受命而爲王 1.1/5/10
我曹亦且○死耳 8.2/48/3
漢與鄧弘○客蘇弘 8.10/50/12
聞鼓聲皆大呼○進 8.10/50/18
○劉公吏 8.11/51/12
耿況、彭寵○遭際會 8.13/52/7
饑寒○解 9.4/56/23
與劉嘉○詣雒陽 11.2/70/17
與○伐蜀 11.2/70/19
暨太甲而○寧 12.10/80/20
與○見吳公 14.1/90/10
○遭時反覆 15.5/96/19
固又遣與從事郭恂○使
西域 16.3/103/3
嘗與族人桓元卿○捃拾
16.9/106/2
與兄○出城採蔬 16.41/114/26
與母○匿野澤中 17.11/120/21
○名善說經書 17.17/122/24
令弟禮夫妻○出外 17.23/124/17
遂○沉溺 18.12/129/26
○賀歲 19.1/136/23
○坐桑下 19.4/137/19
因與○迎濟陰王幸南宮
雲臺 20.24/150/5
上書願與雲○得死 21.4/151/7
遂○死獄中 21.4/151/7
與李膺○死 21.14/154/1

鞠 jū 1

未嘗以贓罪○人 18.5/127/15

局 jú 1

○後仍離 22.4/162/7

䢑 jú 1

郁乘○白衣詣 19.29/144/5

跼 jú 1

貴戚○蹐 21.32/157/3

橘 jú 3

《禹貢》「厥包○柚」
12.1/76/16
中庭○樹一株 16.14/107/21
賜御食及橙、○、龍眼
、荔枝 22.3/161/13

沮 jǔ 5

祭參坐○敗 9.9/60/13
而融弟顯親侯友嗣子固
尙○陽公主 10.22/68/3
以功封臨○侯 21.46/159/3
攻得邔、宜城、（若）
〔鄀〕、編、臨○、
中（○）廬、襄陽、
鄧、新野、穰、湖陽
、蔡陽 23.13/169/9

矩 jǔ 1

能○步 16.34/112/29

莒 jǔ 1

起兵于○ 23.6/166/24

舉 jǔ 88

大義略○ 1.1/1/16

○火（焚）〔燔〕燒 1.1/7/9
翕然龍○雲興 1.1/10/16
略○大義 2.1/11/17
因○虎頭衣以畏三老 2.1/12/9
有諸生前○手曰 2.1/13/5
○罰不避親戚 2.2/15/14
○冤獄 2.3/16/25
徼外羌薄申等八種○衆降 3.1/18/16
太尉施延以選○貪汙 3.2/20/14
遣侍中杜喬、光祿大夫周○等八人分行州郡 3.2/20/21
○實臧否 3.2/20/22
明堂、辟雍闕而未○ 5.3/28/11
典郊廟、上陵殿諸食○之樂 5.4/28/16
食○樂 5.4/28/19
《王制》謂「天子食○以樂 5.4/28/19
列在食○ 5.4/29/2
山川神祇有不○者 5.5/30/19
公卿議（○）〔春〕南北郊 5.6/32/21
其母不○ 6.3/35/21
○冤囚 6.5/36/24
微疾○頸 6.5/36/25
相國○奏 7.4/39/25
刺史○奏 7.7/40/19
○聲盡哀 7.8/41/10
故吏最貧羸者○國 8.2/47/19
鄧禹及諸將多相薦○ 8.10/50/10
所謂一○而兩得者也 8.14/52/27
南單于○國發喪 8.16/53/26
卿前止吾此○ 9.1/55/17
○袖掩口 9.7/59/7
望城門○音 9.7/59/15
王莽時○有德行、能言語、通政事、明文學之士 9.10/60/17
王郎○尊號 10.1/62/5
○手揶揄之 10.11/64/15
彤○城降 10.16/66/8
○正非法 11.7/72/16
嚴○劾按章 12.6/79/10
奉法察○ 12.6/79/10
彼皇麟之高○兮 12.10/81/2
○措動作 12.11/81/10
民至乃誠乳婦勿得○子 13.5/83/21
悔於薦○ 13.6/84/4
元元少得○首仰視 13.11/86/26
於是擢○義行 13.16/89/13
禮事修○ 13.16/89/19
蒙薦○拔擢 14.1/90/7
○足遇害 14.4/92/12
龍興鳳○ 14.5/93/9
丹選○之 15.5/96/25
而後所○者陷罪 15.5/96/25
○賢良對策 15.7/97/13
郡○孝廉爲郎 15.8/98/6
初○孝廉 15.14/100/12
○大義而已 16.2/102/14
○手曰 16.3/103/9
榮獨○手奉以拜 16.9/105/20
○孝廉爲郎中 16.13/107/11
○爲孝廉 16.29/111/21
太保甄豐○爲步兵校尉 16.37/113/27
此○奚至哉 16.37/113/28
○拳撾地 16.46/115/24
三公○丹賢能 17.2/118/5
遂不○觴 17.10/120/10
蕭何○韓信 17.10/120/14
暉○手不敢答 18.6/128/10
○縣畏憚 18.13/130/17
鳥○足垂翼 18.13/130/18
○孝廉 18.16/131/15
○案常齊眉 18.29/135/6
復○其子孝廉 19.1/136/9
下章所告及所自○有意者 19.1/136/19
丕○秀才 19.4/137/16
○無遺策 19.4/137/25
○側陋 19.13/140/8
父況○孝廉 19.22/142/7
邑令王密、故所○茂才 20.2/145/8
周○、字宣光 20.14/147/24
○正以聞 20.19/149/2
咸爲○哀 21.2/150/23
時東郭竇、公孫○等聚衆三萬人爲亂 21.8/151/24
大司農陳奇○咨至孝 21.13/153/23
○郡人許靖計吏 21.26/156/3
典選○ 21.26/156/3
鞭杖不○ 21.54/160/8
涿郡太守張豐○兵反 23.12/169/3
決成敗于一○ 23.17/171/21
一大老從旁○身曰 24.3/173/1

巨 jù 6

以長人○無霸爲中壘校尉 1.1/2/18
蓋延、字○卿 9.11/61/3
申屠剛、字○卿 15.7/97/12
汝南王琳字○尉 16.43/115/8
會稽鄭弘、字○君 18.4/127/11
賞賜○萬 21.4/151/4

具 jù 50

○爲同舍解說 1.1/1/16
○知閭里姦邪 1.1/1/17
因○言讖文事 1.1/2/4
戰攻之○甚盛 1.1/2/17
取○文字而已 1.1/6/18
是後乃稍備○焉 1.1/7/16
宜命太史撰○郡國所上 1.1/9/17
○知姦狀 2.1/11/14
敕易奩中脂澤妝○ 2.1/13/18
賜玉○劍 2.3/16/12
太后賜馮貴人步搖一○ 6.5/36/18
召尚席取卦○自爲卦 7.9/41/19
詔賜遵金剛鮮卑緄帶一○ 8.9/50/1
閱（○）〔其〕兵馬 8.10/50/16
還言方作攻○ 8.10/50/16
告令軍中治攻○ 8.14/52/24
今方自憂治城○ 8.14/52/26
乃敕屬縣盛供○ 9.1/55/10
賜以乘輿七尺玉○劍 9.4/57/10
糧食不豫○ 9.7/59/12
儆戒備○ 9.11/61/9
歙乃大治攻○衝車度塹 11.2/71/3
聞○以實對 11.10/73/16
賜駮駐○物 11.10/73/17
而○以狀聞 13.5/83/22
可（且）〔○〕以備乏 13.11/87/3

賜駮犀○劍、佩刀、紫艾綬、玉玦各一 13.15/88/25
彭爲殺羊○食 14.1/90/9
備不豫○ 14.5/93/23
甲兵已○ 14.5/93/26
下車遣吏以中牢○祠延陵季子 15.15/100/23
○陳固不敢妄作 16.2/102/15
侍胡○服 16.3/103/5
竇固○上超功 16.3/103/10
悉以太官供○賜太常家 16.9/106/7
意亦○以聞 17.13/121/15
太官送供○ 17.23/124/22
操作○而前 18.29/135/2
妻爲○食 18.29/135/5
嘗豫令弟子市棺斂○ 18.31/135/22
○以狀白安 19.4/137/22
兒子備○矣 19.11/139/25
○以狀上 20.8/146/21
赤幘大冠一○ 21.8/152/5
鄉人欲爲○棺服 21.15/154/5
備水戰之○ 21.53/160/3
賜谷蠡王玉○劍 22.3/161/15
《周髀》數術○存 24.90/179/22
而○天地之象 24.90/179/23
誠宜○錄本事 24.92/180/6

拒 jù 17

述○守 1.1/7/5
陛下輒○絕不許 5.5/29/15
蒙將軍爲後○ 9.2/56/6
相○六十餘日 9.4/57/12
與赤眉相○ 9.4/57/13
將軍連年○難 9.7/59/11
是時公孫述將田戎、任滿與漢軍相○于荊門 10.2/62/16
南○鄧奉 10.10/64/8
黠羌欲旅○ 12.1/76/6
連年○守 13.9/85/5
遂○之 15.6/97/7
遂○不開 15.8/98/7
○不與文 18.13/130/22
拓○蘇便 22.4/162/7
是漢夜○ 22.4/163/15
奉○光武瓜里 23.14/169/15
○扞關之口 23.17/171/5

炬 jù 1

使騎皆○火 10.12/65/7

秬 jù 1

鳳凰見百三十九、麒麟五十二、白虎二十九、黃龍三十四、青龍、黃鵠、鸞鳥、神馬、神雀、九尾狐、三足烏、赤烏、白兔、白鹿、白燕、白鵲、 2.2/15/20

鉅 jù 10

言○鹿、樂成、廣平各數縣 2.1/13/28
廣平、○鹿、樂成王在邸 6.2/35/16
從擊王郎將兒宏、劉奉于○鹿下 9.12/61/19
○鹿人 10.1/62/5,16.52/117/12
初王莽分○鹿爲和成郡 10.16/66/7
詔書賜〔援〕○鹿縑三百匹 12.1/77/2
子○爲常從小侯 12.3/78/7
上欲冠○ 12.3/78/7
爲○鹿太守 19.11/139/20

聚 jù 15

亦已○會客矣 1.1/2/7
欣喜○觀 1.1/3/26
○人田中 1.1/8/1
○人遮道啼呼 1.1/8/2
會稽許昭○衆自稱大將軍 3.6/23/12
往往群○ 8.1/46/11
於上前○米爲山川 12.1/76/1
故合○飲食也 13.12/87/19
○衣裝道旁 15.17/101/15
○落化之 16.46/115/27
時東郭竇、公孫舉等○衆三萬人爲亂 21.8/151/24
平林人陳牧、廖湛復○千餘人 23.1/164/21
遂相○得數百人 23.7/167/8
垣副以漢中亭長○衆降宗成 23.17/170/24
財物易○耳 23.17/171/28

劇 jù 1

而口吃不能○談 24.15/174/5

鋸 jù 2

漢○絕橫橋 8.10/50/22
宮夜使○斷城門限 10.2/62/18

據 jù 25

見上○地曰 1.1/4/2
○其心腹 1.1/7/4
且堅○廣都城 1.1/7/6
屯○臨湘 3.5/22/15
○三代郊天 5.5/29/22
封恭孫○、卞亭侯 7.17/44/22
○浮橋于江上 8.10/50/22
而弇勒兵入○其城 8.14/53/11
而君以此時○大郡 9.1/55/4
其將高峻擁兵○高平 9.1/55/16
援○鞍顧盼 12.1/77/4
世○以興 13.11/86/6
宜○經典 13.12/87/14
擁衆而○壁 14.4/92/5
數有○爭 17.3/118/18
對几○床 17.17/122/28
○法斷事 18.2/126/25
劉○爲大司農 20.13/147/19
○郡反 21.11/153/8
欲令將近兵○門以禦之 21.33/157/8
王莽尙○長安 23.16/169/26
○隘自守 23.16/170/10
將軍割○千里 23.17/171/1
北○漢中 23.17/171/5
令田戎○江南之會 23.17/171/16

窶 jù　1

貧○無資　16.9/105/14

遽 jù　4

諸將○請帝　1.1/2/22
惶○著鞍上馬　10.21/67/13
主簿○白就　18.6/128/3
婢○收之　21.9/152/16

簴 jù　1

宮殿設鐘○之懸　7.8/41/6

懼 jù　26

王莽○　1.1/2/13
而○不免　1.1/3/22
京等○有後害　3.2/19/24
一則以○　5.5/30/3
○于過差　5.5/30/4
寤寐憂○　5.5/31/23
哀○戰慄　5.5/32/8
大○　7.1/38/10
憂○顛領　8.7/49/12
群臣各懷慚○也　9.7/59/22
永驚○　9.11/61/4
蜀人大○　11.2/71/4
或○死亡　13.11/86/22
往來○思　13.11/86/30
涉千鈞之發機不知○　14.4/92/13
閎○誅　14.7/94/13
夙夜慚○　16.10/106/23
恐天下惶○　16.33/112/22
且喜且○　16.49/116/18
喜○皆去　16.49/116/18
是以喜○皆去　16.49/116/19
臣○法而至　17.19/123/14
吾○其死也　21.9/152/14
○其隕越　21.23/155/14
恐○啼泣　23.5/166/13
述○　23.17/171/23

捐 juān　3

終身○棄　18.10/129/9
乃援充以○溝中　19.27/143/21
亡○溝壑　20.4/145/23

捲 juǎn　1

○握之物　16.35/113/16

卷 juàn　5

於河西得漆書《古文尚書經》一○　13.11/85/21
昱奏定《詞訟》七○　14.3/91/22
《決事都目》八○　14.3/91/22
席○天下　14.5/93/10
敕言○大　16.16/108/12

劵 juàn　1

鐵○十一　3.5/22/22

倦 juàn　6

罷○引去　1.1/7/7
今日罷○甚　10.9/64/4
莫不屬耳忘○　12.1/76/10
精力不○　16.9/105/15
執志不○　18.30/135/17
孳孳不○　19.5/138/3

絹 juàn　2

衣服大○　1.1/7/14
賻○七千匹　15.10/99/7

餋 juàn　1

置（○）〔餋〕贍官以廩之　1.1/1/21

嗟 juē　9

百姓○怨　2.1/11/9
上○歎之　7.12/42/22
上（賞）〔嘗〕○曰　8.10/50/16
上數○歎曰　9.7/59/21
上○歎鴻才　15.2/95/15
○我樊府君　15.17/101/17
○乎　16.37/114/2
帝數○嘆　17.4/118/23
上○嘆曰　17.13/121/25

角 jué　8

日○　1.1/1/13
頭上有○　2.2/15/5
至于總○　2.3/16/5
獨左眉○小缺　6.2/34/11
此〔所〕謂日○偃月　6.6/37/10
公有日○之相　9.6/58/10
鼎○匿犀　20.11/147/10
莫稱○存　22.4/162/13

決 jué　17

故趙繆王子臨說帝○水灌赤眉　1.1/3/19
連歲月乃○　1.1/6/17
故狐疑不○　11.2/70/20
吉凶之○　11.2/70/22
計未○　12.1/75/24
《○事都目》八卷　14.3/91/22
上親稱制臨○　15.2/95/15
吾欲以讖○之　16.16/108/9
（○）〔浹〕日而成　17.13/121/19
當何由一得見○矣　18.1/126/1
有氣○　18.6/127/22
積年州郡不○　19.4/137/17
○獄多近于重　19.7/138/23
先遣吏到屬縣盡○罪行刑　19.26/143/13
嫌疑不○　21.54/160/7
使兒居市○　23.1/165/13
○成敗于一舉　23.17/171/21

抉 jué　2

○目眥於門閭　12.10/80/21
○瑕擿釁　16.8/105/7

玦 jué　5

得玉○　3.5/21/30
○周五寸四分　3.5/21/30

繡衣御史申屠建隨獻玉○ 7.1/38/16
賜以玉○ 13.14/88/18
賜駮犀具劍、佩刀、紫艾綬、玉○各一 13.15/88/25

掘 jué 2

○之 3.5/21/30
詩○示之 17.22/124/8

訣 jué 2

流涕而○ 7.12/43/13
與恭○曰 19.4/137/20

崛 jué 1

諸將皆庸人○起 8.1/46/11

觖 jué 1

令天下○望 11.14/74/15

桷 jué 1

仰見榱○ 5.5/32/8

厥 jué 8

以彰○功 2.3/16/17
政失○中 3.2/20/8,20.19/148/28
永保○功 5.5/31/18
以定○中 5.5/31/24
《禹貢》「○包橘柚」 12.1/76/16
後以五更祿終○身 16.9/106/11
○德文明 17.9/119/27

絕 jué 64

日月不○ 2.2/15/22
有傳世不○之誼 2.3/16/15
國祚中○ 2.4/17/24
存善繼○ 3.5/22/18
其二○者祠之 3.5/22/20
陛下輒拒○不許 5.5/29/15
以為「殷統未○ 5.5/29/21
漢統中○ 5.5/29/22
但○歲用 6.2/35/4
太后輒斷○曰 6.2/35/7
悉令禁○ 6.5/36/21
睦乃謝○賓客 7.3/39/11
賞賜恩寵○於倫比 7.8/41/6
○坐 8.3/48/8
漢鋸○橫橋 8.10/50/22
○其澗水 8.17/54/8
○其反顧之望 10.1/62/10
越人伺（侯）〔候〕者聞車聲不○ 10.2/62/19
鐔獨孤○ 10.10/64/8
位次與諸將○席 10.20/67/5
道○ 10.22/67/20
賜歙班○席 11.2/71/1
與三公○席 11.10/73/19
○席 12.3/77/23
氣○之後 12.11/81/20
○其本根 13.11/86/14
○鮑氏之姓 14.4/92/13
修文武之○業 14.5/93/11
逆倫○理 14.5/93/13
今子以兄弟私恩而○父不滅之基 15.2/95/12
今子當之○域 15.5/96/19
客慚自○ 15.5/96/25
子張見而氣○ 15.8/97/24
詔書以奮在姑臧治有○迹 15.11/99/15
廣乃○橋 16.3/103/20
超自以久在○域 16.3/104/1
下當卓○於眾 16.10/106/23
有○才 16.16/108/3
三綱○矣 16.46/115/25
有司奏請○國 17.8/119/19
仲不可以○類 17.11/120/21
其後乃○ 17.14/122/9
抑强○邪 18.6/128/5
○相聞見 18.6/128/11
此等多是建武以來○無後者 18.16/131/16
誦讀晝夜不○ 18.30/135/14
無以○毀實亂道之路 19.1/136/22
晝夜號踊不○聲 19.4/137/14
○知友之路 19.7/138/23
由是即○ 19.7/138/26
與人○異 19.10/139/13
閉門○客 19.22/142/20
身蹈○俗之行 20.4/145/23
輒閉門○賓客 20.9/146/25
有時○糧 21.17/154/14
容貌飲食○眾 23.11/168/15
容貌○眾 23.11/168/17
得以○群 23.16/170/4
以為宜及天下之望未○ 23.17/171/15
哭聲不○ 24.41/176/1
容儀照曜○異 24.64/177/19
令色卓○ 24.65/177/21
《宣夜》之學○無師法 24.90/179/21
灰滅雨○ 24.90/179/27

⿰衤屈 jué 2

諸于繡擁○ 1.1/3/15
或繡面衣、錦袴、諸于、襜○ 23.1/165/11

橛 jué 1

猶時有銜○之變 24.77/178/19

爵 jué 40

思念欲完功臣○土 1.1/10/3
帝進○為王 2.1/11/16
襲○ 3.5/21/24
以○贖之 3.5/22/8
而欲封○ 6.2/35/8
大夫其對以孤襲○以來 7.3/39/13
漢○位奉賜最尊重 8.10/51/3
賜○關內侯 10.11/64/22, 15.11/99/15
降者封○ 10.16/66/9
融光武時數辭○位 10.22/67/24
竝蒙○土 10.24/68/23
而一家數人並蒙○土 11.14/74/15
廖不得嗣○ 12.2/77/9
兄弟父子并受○土 12.2/77/12
好○顯服 12.10/81/6
猥蒙○土 13.12/87/21

勿議傳國○ 13.12/87/21
自以兄弟不當蒙○土之恩 13.12/87/24
自是封○之制 13.13/88/7
則○賞光於當世 13.13/88/10
其還故○爲楊邑侯 13.14/88/17
官○可保 14.1/90/5
襲父○爲關內侯 14.5/92/22
願辭○ 15.2/95/10
安息遣使獻大○、師子 16.3/104/2
其賜○關內侯 16.9/106/11
子郁當襲○ 16.10/106/16
建武中以伏波將軍○土不傳 16.34/113/9
普賜封○ 17.2/118/8
以當襲父般○ 17.8/119/18
當襲父般○ 17.8/119/21
其聽憲嗣○ 17.8/119/22
彪當嗣○ 18.3/127/5
詔書聽許鳳襲○ 18.3/127/5
故○位不踰 18.8/128/21
而家人○祿 18.25/133/19
歆當嗣○ 21.46/159/3
又所置官○皆出群小 23.1/165/11
官○多群小 23.1/165/13

譎 jué 1

語言○詭 1.1/2/5

覺 jué 12

而營門不○ 1.1/4/11
夢中喜○ 2.1/13/16
時史官不○ 2.3/16/12
京師不○ 3.2/20/14
太后察視○之 6.5/37/1
○寤 9.4/57/6
通聞事發○ 10.21/67/13
出門顧見車方自○ 10.21/67/13
發○ 10.24/68/18
寧○廣志意薄乎 16.3/103/4
而文不及亡命未發○者 18.9/129/1
○ 23.17/171/9

矍 jué 1

○然驚駭 6.6/37/9

君 jūn 125

年九歲而南頓○卒 1.1/1/14
○臣并力城守 1.1/4/4
終不○臣相率而降 1.1/4/4
新野○薨 3.1/18/20
以師會爲漢歸義葉調邑○ 3.2/20/6
賜其○紫綬 3.2/20/6
公主封○同 5.6/33/7
公生○孟 6.1/33/21
充（小）〔少〕○之位 6.5/36/18
及新野○仍喪 6.5/37/4
紀者、襄成縣○孫壽之舅也 6.9/38/3
鄧使○已死 8.2/48/3
字○文 8.11/51/9
賈○之功 8.11/51/19
諸○不見是爾 8.14/53/3
反欲以賊虜遺○父耶 8.14/53/9
而○以此時據大郡 9.1/55/4
願從陛下復借寇○一年 9.1/55/14
云「願復得耿○ 10.1/62/12
臧宮、字○翁 10.2/62/16
欲與○爲左右 10.7/63/17
諸○得無望乎 10.14/65/20
邳彤、字偉○ 10.16/66/7
事○（有）〔者〕不得顧家 10.16/66/10
劉歆、字細○ 10.18/66/19
竊聞賢聖之○ 10.26/69/13
來歙、字○叔 11.2/70/17
○叔獨勞苦 11.2/70/18
是○臣父子信也 11.2/70/21
樊重、字○雲 11.3/71/10
陰興、字○陵 11.14/74/13
號使○ 12.1/75/6
使○生仲 12.1/75/6
況字（○）〔長〕平 12.1/75/6
非獨○擇臣 12.1/75/19
臣亦擇○ 12.1/75/19
○名其既泯沒兮 12.10/80/22
超號爲開封○ 12.12/82/5
侯霸、字○房 13.5/83/19
從鍾寧○受《律》 13.5/83/19
侯○當去 13.5/83/22
韓歆、字翁○ 13.7/84/19
亡國之○皆有才 13.7/84/20
故時人號中東門○ 13.10/85/16
朱浮上不忠于○ 13.13/88/8
事○無二 13.13/88/10
鮑永、字○長 14.2/90/15
忠不忘○ 14.2/91/11
○晨夜冒犯霜露 14.2/91/12
以○帷幄近臣 14.2/91/12
今○長故主敗不能死 14.4/92/4
破○長之國 14.4/92/6
何意○長當爲此計 14.4/92/6
○長銜命出征 14.4/92/8
○長將兵不與韓信同日而論 14.4/92/10
衍聞明○不惡切慤之言 14.5/93/1
是故○臣兩興 14.5/93/2
齊桓霸彊之○耳 14.5/93/18
而弒○三十六 15.2/95/22
家○欲與○投分 15.5/96/22
○房有是言 15.5/96/22
郅惲、字○章 15.8/97/20
此既無○ 15.8/98/1
○明臣直 15.8/98/2
聞使○始到 15.9/98/20
使○何日當還 15.9/98/21
杜詩、字○公 15.10/99/3
孔奮、字○魚 15.11/99/12
張堪、字○游 15.12/99/23
張○養我曹 15.12/99/24
張○爲政 15.12/100/1
嗟我樊府○ 15.17/101/17
○在外國三十餘年 16.3/104/3
而小人猥承○後 16.3/104/3
今○性嚴急 16.3/104/5
太子儲○ 16.6/104/19
○愼疾加餐 16.9/105/22
平生笑○盡氣 16.9/106/4
桓譚、字○山 16.16/108/3
劉軼、字○文 16.18/109/3
號《注○通論》 16.19/109/7
牟長、字○高 16.21/109/23
張玄、字○夏 16.26/111/7
豈有還害其○者耶 16.31/112/8

嘉請以死贖○命 16.31/112/9
索盧放、字○陽 16.33/112/21
吾生値澆、羿之○ 16.37/113/29
然獨爲○子 16.37/114/3
○子謂之知命 16.37/114/4
蔡順、字○仲 16.44/115/13
〔○仲〕云 16.44/115/14
魏應、字○伯 17.6/119/7
○所使掾何乃仁于用心 17.13/121/16
郇恁、字○大 17.19/123/12
先帝徵○不來 17.19/123/13
驃騎辟○而來 17.19/123/13
先○秉德以惠下 17.19/123/14
我嘗爲諸○主炊養 17.24/125/1
奉之不異長○ 17.25/125/11
會稽鄭弘、字巨○ 18.4/127/11
恐以財污府○ 18.6/127/27
郭鳳、字○張 18.31/135/22
然後修○臣之禮 19.1/136/11
欲察○治迹耳 19.4/137/20
故古賢○相歎息重戒者 19.7/138/24
今○所苦未瘳 20.1/144/29
有司奏○年體衰羸 20.1/144/29
重以職事留○ 20.1/145/1
故人知○ 20.2/145/8
○不知故人 20.2/145/8
馮良、字○郎 20.7/146/15
奈○父何 20.17/148/16
掠得羌侯○長金印四十三 21.8/152/7
陳囂、字○期 21.56/160/18
關東說《詩》陳○期 21.56/160/18
字少○ 22.1/160/24
宣嘗就少○父學 22.1/160/24
少○生而驕富 22.1/160/25
既奉○子 22.1/160/26
琅琊人樊崇、字細○ 23.6/166/24
諸○寧肯哀之乎 23.7/167/8
盧芳、字○期 23.9/168/3
正○臣之義 23.16/170/19
○有爲之聲 23.17/171/7

均 jūn 12

伯父皇皇考姊子周○爲富波侯 1.1/10/6
○不得其所 13.11/86/29
宋○、字叔庠 17.14/122/7
○乃移書曰 17.14/122/8
鄭○、字仲虞 18.10/129/7
○數諫止 18.10/129/8
○好義篤實 18.10/129/10
○屢辟不詣 18.10/129/11
○遣子英奉章詣闕 18.10/129/12
問○所苦 18.10/129/13
乃幸○舍 18.10/129/15
司馬○、字少賓 19.28/143/25

軍 jūn 249

服將○服 1.1/2/9
以帝爲太常偏將○ 1.1/2/14
劉將○何以敢如此 1.1/2/21
前去尋、邑○四五里而陣 1.1/3/2
劉將○平生見小敵怯 1.1/3/4
漢○盡獲其珍寶輜重車甲 1.1/3/9
拜帝爲破虜大將○ 1.1/3/12
給言邯鄲將○至 1.1/3/21
請邯鄲將○入 1.1/3/22
帝率鄧禹等擊王郎橫野將○劉奉 1.1/3/25
郎遣諫議大夫杜長威持節詣○門 1.1/4/1
延請入○ 1.1/4/2,23.8/167/18
漢○破邯鄲 1.1/4/5
彭寵遺米糒魚鹽以給○糧 1.1/4/7
詔馮異○鴈門 1.1/4/10
時傳聞不見《赤伏符》文○中所 1.1/4/16
帝遣游擊將○鄧隆〔與〕幽州牧朱浮擊彭寵 1.1/5/13
隆○潞 1.1/5/14
浮○雍奴 1.1/5/14
未至隆○ 1.1/5/15
浮○遠〔至〕 1.1/5/16
詣北○待報 1.1/6/17
河西大將○竇融與五郡太守步騎二萬迎帝 1.1/6/23
十一月衆○至城門 1.1/7/7
迸○大破 1.1/7/8
于是下太常、將○、大夫、博士、議郎、郎官及諸王諸儒會白虎觀 2.1/11/22
爾虎賁將○ 2.2/15/13
大將○竇憲潛圖弒逆 2.3/16/19
使謁者收憲大將○印綬 2.3/16/19
指○市 2.3/17/5
自稱安漢將○ 3.1/18/22
虔人種羌大豪恬狼等詣度遼將○降 3.1/19/5
車騎將○閻顯等議 3.2/19/26
故將○馬賢 3.2/20/17
大將○梁冀輔政 3.5/22/6
祖父茂封冠○平望鄉侯 3.5/22/19
會稽許昭聚衆自稱大將○ 3.6/23/12
竇憲作大將○ 4.1/24/15
大將○出征 4.1/24/17
置中護○一人 4.1/24/17
其將○不常置 4.1/24/19
比公者又有驃騎將○ 4.1/24/19
復置驃騎將○ 4.1/24/19
度遼將○司馬二人 4.1/24/22
大長秋、將作大匠、度遼諸將○、郡太守、國傅相皆秩二千石 4.1/25/19
校尉、中郎將、諸郡都尉、諸國行相、中尉、內史、中護○、司直秩皆比二千石 4.1/25/20
中外官尙書令、御史中丞、治書侍御史、公將○長史、中二千石丞、正、平、諸司馬、中官王家僕、雒陽令秩皆千石 4.1/25/21
○樂也 5.4/28/24
「○大獻則令凱歌」也 5.4/29/2
驃騎將○議可 5.5/31/18
公、（卿）〔侯〕、將○紫綬 5.6/33/6
及伯升○至 7.1/38/11
後有司馬犯○令 7.1/38/13
勇冠三○ 7.1/38/19
以稷爲抗威將○ 7.1/38/20

我欲詣納言嚴將○ 7.4/39/20
欲竟何時詣嚴將○所 7.4/39/21
其以蒼爲驃騎將○ 7.12/42/14
因令左右號禹曰鄧將○ 8.1/46/14
拜前將○ 8.1/46/19
前將○鄧禹 8.1/46/19
○士饑餓 8.1/47/2
○潰亂 8.1/47/4
○士悉以果實爲糧 8.1/47/5
右將○官罷 8.1/47/5
鄧鴻行車騎將○ 8.3/48/8
以延平（九）〔元〕年拜爲車騎將○、儀同三司 8.4/48/12
大將○以下十三人 8.7/49/19
元初中爲度遼將○ 8.9/49/28
上于是以漢爲大將○ 8.10/50/13
○營不如意 8.10/50/15
○中驚亂 8.10/50/19
○師在外 8.10/51/2
卿將○督 8.11/51/12
復以偏將○東從上攻邯鄲 8.11/51/13
拜左將○ 8.11/51/16
遂罷左右將○ 8.11/51/20
寧買將○子耶 8.12/52/1
上以弇爲建威大將○ 8.14/52/22
使弟玄武將○藍將兵守西安 8.14/52/22
弇以○營臨淄、西安之間 8.14/52/23
告令○中治攻具 8.14/52/24
令○皆食 8.14/52/25
自勞○也 8.14/53/10
乃肉袒負斧鑕于○門 8.14/53/11
爲征西將○ 8.16/53/24
而簡易于事○ 8.16/53/24
○陣立成 8.16/53/25
聞貳師將○拔佩刀刺山而飛泉出 8.17/54/9
恭坐將兵不憂○事 8.17/54/13
大將○二人 8.17/54/15
行大將○事 9.1/54/25
諸將○賀 9.1/55/2
峻遣○師皇甫文謁 9.1/55/18
○師無禮 9.1/55/20
拜爲刺姦大將○ 9.2/55/26
百姓持酒肉迎○ 9.2/56/6
蒙將○爲後拒 9.2/56/6
即以太守號付後將○ 9.2/56/8
聞王郎○將至 9.4/57/1
上以異爲孟津將○ 9.4/57/2
黽池霍郎、陝王長、湖濁惠、華陰陽沈等稱將○者皆降 9.4/57/11
拜爲征西大將○ 9.4/57/13
必不使將○負丹青 9.4/57/17
○中號「大樹將○」 9.4/58/1
上以祜爲護○ 9.6/58/9
召刺姦收護○ 9.6/58/11
以（祜）〔祜〕爲建義將○ 9.6/58/11
爲○市令 9.7/59/3
明公常欲衆○整齊 9.7/59/4
以爲刺姦將○ 9.7/59/5
爲征虜將○ 9.7/59/6
遵遣護○王忠皆持刀斧伐樹開道 9.7/59/8
將○連年拒難 9.7/59/11
國家知將○不易 9.7/59/12
儀如孝宣帝臨霍將○故事 9.7/59/15
時下宣帝臨霍將○儀 9.7/59/16
遵爲將○ 9.7/59/17
雖在○旅 9.7/59/18
乃贈將○ 9.7/59/19
兵車○陣送遵葬 9.7/59/19
今漢大將○反病瘧耶 9.10/60/23
知將○病 9.10/60/25
但得將○威重 9.10/60/25
光武以延爲虎牙將○ 9.11/61/4
永○反走 9.11/61/5
而將○〔聞之〕 9.11/61/10
以期爲偏將○ 9.12/61/18
上拜純爲前將○ 10.1/62/8
爲輔威將○ 10.2/62/16
是時公孫述將田戎、任滿與漢○相拒于荆門 10.2/62/16
乃奉牛酒勞○ 10.2/62/19
左中郎將劉隆爲驃騎將○ 10.4/63/3
即日行大將○事 10.4/63/3
光武以鐔爲揚化將○ 10.10/64/8
傳聞○在後 10.11/64/16
即日以霸爲○正 10.11/64/22
○人見光衣冠〔服〕鮮明 10.12/65/5
爲右將○ 10.14/65/17
將○可歸救老母妻子 10.14/65/24
爲後大將○ 10.16/66/8
光武以劉植爲驍騎將○ 10.17/66/15
以嘉爲驍騎將〔○〕 10.19/66/23
是日遷漢忠將○ 10.20/67/4
爲橫野大將○ 10.20/67/4
行河西五郡大將○、涼州牧、張掖屬國都尉竇融 10.22/67/21
憲爲大將○ 10.24/68/21
大將○置長史、司馬員吏官屬 10.24/68/21
大將○憲前歲出征 10.24/68/22
其封憲冠○侯 10.24/68/23
歙與征虜將○祭遵襲略陽 11.2/70/23
欲屬以○事 11.2/71/5
以爲綏德將○ 12.1/75/13
欲授以封侯大將○位 12.1/75/15
上以援爲伏波將○ 12.1/76/12
臣所假伏波將○印 12.1/76/12
武威將○劉禹擊武陵五谿蠻夷 12.1/77/3
○沒 12.1/77/3
皆言按○出塞 12.3/77/19
防爲車騎將○、城門校尉 12.3/77/22
時五校尉令在北○營中 12.4/78/14
將北○五校士、羽林兵三千人 12.6/79/8
同之將○ 12.6/79/9
以明○謀特除西域司馬 12.9/80/7
以○法追捕 12.9/80/15
大將○夫人躬先率禮 12.12/82/4
即大將○梁冀妻也 12.12/82/5
今以平狄將○孫咸行大司馬事 12.14/82/14
方○師在外 13.11/86/10
將○內施九族 13.11/87/3
以圖議○糧 13.13/88/6

更始遣柱天將○李寶降之 13.16/89/6
更始以永行大將○ 14.2/90/17
行將○事 14.2/90/18
雖行將○ 14.2/90/18
與五官將○相逢 14.2/91/2
引（○）〔車〕入陌 14.2/91/8
爲王莽著威將○ 14.4/91/27
鄧禹使積弩將○馮愔將兵（繫）〔擊〕邑 14.4/91/28
更始時爲偏將○ 14.5/92/23
爲揚化大將○掾 14.5/93/1
摧九虎之○ 14.5/93/10
今大將○以明淑之德 14.5/93/15
統三○之政 14.5/93/15
且大將○之事 14.5/93/16
而大將○爲之梁棟 14.5/93/19
而大將○所部不過百里 14.5/93/20
戰○不息 14.5/93/21
懸於將○ 14.5/93/24
將○所仗 14.5/93/24
以承大將○之明 14.5/93/25
三○既整 14.5/93/26
惟大將○開日月之明 14.5/93/29
伏見大將○ 15.2/95/23
遵爲大司馬護○ 15.5/96/18
時將○蕭廣放縱兵士 15.10/99/3
賊推奮之子于○前 15.11/99/17
乃選擇水○三百人 15.12/99/25
璽書拜駿爲威虜將○ 15.19/101/25
大將○竇融以爲從事 16.1/102/9
不欲令漢○入國 16.3/103/20
會百官驃騎將○東平王蒼以下、榮門生數百人 16.9/106/6
及援爲將○ 16.34/113/2
建武中以伏波將○爵土不傳 16.34/113/9
竇憲爲車騎將○ 16.38/114/9
諸將○悉歸上 17.2/118/8
父爲田禾將○ 17.23/124/12
田禾將○子從長安來 17.23/124/14
驃騎將○東平王蒼辟暉爲掾 18.6/128/1
將○當奉璧賀 18.6/128/1
大將○竇憲貴盛 18.13/130/20
憂在○役 19.4/137/23
屯○于邊 19.19/141/14
時大將○將兵屯武威 19.20/141/21
每行○調度 19.22/142/16
兄大將○憲等並竊威權 19.32/144/22
桓帝誅大將○梁冀 21.4/151/3
遂燒度遼將○門 21.11/153/5
○士稍安 21.11/153/6
後昱與大將○竇武謀誅中官 21.14/154/1
呂布以奮威將○如三事 21.28/156/11
張意拜驃騎將○ 21.53/160/3
聖公號更始將○ 23.1/164/22
于是諸將○起 23.1/164/26
光武爲太常偏將○ 23.1/164/28
與更始將○蘇茂戰 23.1/165/16
以木札書符曰「上將○」 23.5/166/11
探得將○ 23.5/166/12
赤眉遇光武○ 23.5/166/17
自稱將○ 23.7/167/9
王郎遣諫議大夫杜威持節詣○門 23.8/167/18
與假號將○李興等結謀 23.9/168/5
趣爲諸將○辦裝 23.11/168/22
令作記告城門將○云 23.11/168/25
光武以鄧奉爲輔漢將○ 23.14/169/15
爲平狄將○ 23.15/169/19
將○得無笑其言乎 23.15/169/21
使聘平陵方望爲○師 23.16/169/25
其大將王捷登城呼漢○曰 23.16/170/16
願諸將○亟罷 23.16/170/16
自稱輔漢將○ 23.17/170/25
將○割據千里 23.17/171/1
然○敗復合 23.17/171/14
欲悉發北○屯士及山東客兵 23.17/171/19
而潛遣奇兵出吳漢○後 23.17/172/1
義自稱黎邱大將○ 23.19/172/11
戎自稱掃地大將○ 23.19/172/12

鈞 jūn 3

安定太守杜恢與司馬○并威擊羌 3.1/18/30
○擁兵不救 3.1/19/1
涉千○之發機不知懼 14.4/92/13

俊 jùn 15

○乂翼翼 5.5/31/17
陳○謂弇曰 8.14/53/7
陳○初調補曲陽長 10.7/63/17
○即拜 10.7/63/17
○攻匡城賊 10.7/63/18
上賜○絳衣三百領 10.7/63/18
傳○從上迎擊王尋等于陽關 10.9/64/3
謂○曰 10.9/64/4
宗虞氏之○乂 12.10/80/25
推用賢○ 13.8/84/26
賢○四面雲集 14.1/90/2
天生○士 15.8/98/4
乃聘請高行○乂如董子儀、嚴子陵等 15.15/100/24
而驕天下英○ 17.17/123/2
輔下車擢賢○ 19.1/136/8

郡 jùn 189

舂陵本在零陵○ 1.1/1/6
奔亡入邊○避之 1.1/3/15
每幸○國 1.1/6/4
代○太守劉興將數百騎攻賈覽 1.1/6/13
河西大將軍竇融與五○太守步騎二萬迎帝 1.1/6/23
即以數○備天子用 1.1/7/15
報○縣 1.1/9/3
○國飲醴泉者 1.1/9/15
○國上甘露降 1.1/9/16
宜命太史撰具○國所上 1.1/9/17
詔下州○檢覆 2.1/11/9

州〇各遣使奏其事 2.1/11/9
吏受〇敕 2.1/11/11
乃率諸王侯、公主、外
戚、〇國計吏上陵 2.1/11/20
會〇縣吏 2.1/12/5
出〇錢穀給蕭何子孫 2.1/12/11
置永昌〇 2.1/13/3
代〇高柳烏子生三足 2.2/15/5
鳳凰三十九見〇國 2.2/15/18
涿〇言之 2.3/16/12
〇國大雨雹 2.3/16/23
五原〇兵敗于高梁谷 3.1/18/18
〇國蝗飛過 3.1/18/26
州〇募五里蠻夷、六亭
兵追擊 3.1/19/2
遣侍中杜喬、光祿大夫
周舉等八人分行州〇 3.2/20/21
有聞于〇國 3.4/21/16
令所傷〇國皆種蕪菁 3.5/22/1
攻破〇縣 3.6/23/12
丞領受〇國調馬 3.6/23/24
大長秋、將作大匠、度
遼諸將軍、〇太守、
國傅相皆秩二千石 4.1/25/19
校尉、中郎將、諸〇都
尉、諸國行相、中尉
、內史、中護軍、司
直秩皆比二千石 4.1/25/20
尙書、中謁者、黃門冗
從四僕射、諸都監、
中外諸都官令、都
（候）〔侯〕、司農
部丞、〇國長史、丞
、（候）〔侯〕、司
馬、千人秩皆六百石 4.1/26/1
屬山陽〇 5.1/27/11
復置漢寧〇 5.1/27/18
又分錫、上庸爲上庸〇 5.1/27/18
開地置〇 5.5/31/6
〇中震慄 7.2/39/3,19.2/137/4
到魏〇鄴、易陽 7.4/39/24
王兼食東海、魯國二〇
二十九縣 7.8/41/5
天下〇國如是 8.1/46/16
鄰〇則之 8.2/47/25
父所厚同〇郎中王臨 8.6/49/4
州牧〇守四十八人 8.7/49/20
至南〇 8.10/50/22
乃乘桴沿江下巴〇 8.10/50/26
臨淄諸〇太守相與雜居
8.14/52/23
弇凡平城陽、琅邪、高
密、膠東、東萊、北
海、齊、千乘、濟南
、平原、泰山、臨淄
等〇 8.14/53/10
樹十二〇旗鼓 8.14/53/12
令步兵各以〇人詣旗下
8.14/53/12
嘗見〇尉試騎士 8.14/53/15
凡所平〇（四）〔三〕
十六 8.14/53/15
寇恂仕〇爲功曹 9.1/54/22
而君以此時據大〇 9.1/55/4
〇大生旅豆 9.1/55/6
〇中政理 9.1/55/12
所下〇 9.2/56/8
徇行〇縣 9.4/56/21
宗族會〇縣給費 9.4/57/10
無爲〇縣所笑 9.4/57/11
欲令強起領〇事 9.10/60/24
斬其魯〇太守梁丘壽、
沛〇太守陳修 9.11/61/5
時〇國多降邯鄲 10.1/62/9
純請治一〇 10.1/62/10
乃拜純爲東〇太守 10.1/62/11
上過東〇 10.1/62/11
上復以純爲東〇太守 10.1/62/12
將兵擊諸〇 10.2/62/16
初王莽分鉅鹿爲和成〇
10.16/66/7
攻涿〇 10.19/66/23
行河西五〇大將軍、涼
州牧、張掖屬國都尉
竇融 10.22/67/21
率厲五〇精兵 10.22/67/22
河南〇爲置守令 10.26/69/10
晨爲陳留〇 11.1/70/13
溉〇稻 11.1/70/13
兼流給他〇 11.1/70/13
張況遷涿〇太守 11.8/72/21
與同〇張宗、上谷鮮于
褒不相好 11.14/74/16
乃辭況欲就邊〇畜牧 12.1/75/8
爲〇督郵 12.1/75/9,18.6/127/25
事下大司空正〇國印章
12.1/76/15
爲〇吏 12.1/76/18
會述失〇 12.6/79/4
居沛〇 12.6/79/4
涿〇盧植、北海鄭玄、
皆其徒也 12.7/79/18
〇界嘗有蝗蟲食穀 12.8/80/1
越州度〇 12.9/80/14
方今邊〇不寧 12.11/81/20
而遠征邊〇 13.1/82/21
〇縣不置世祿之家 13.11/86/4
〇國（七）〔比〕大水
13.11/86/12
兩府遣吏護送饒穀之〇
13.11/86/22
魏〇人 13.13/88/3
皆典〇 13.13/88/3
魏〇太守范橫上疏薦勤
13.13/88/5
帝東巡〇國 13.14/88/18
爲〇功曹 14.2/90/16
17.1/117/20,17.2/118/9
爲魯〇太守 14.2/90/25
召〇府丞謂曰 14.2/90/26
始自東〇之師 14.5/93/4
乃出爲東〇太守 14.7/94/13
以廬江〇爲六安國 15.2/95/21
時河南太守同〇陳遵 15.5/96/16
〇舉孝廉爲郎 15.8/98/6
〇得賢能太守 15.9/98/17
詔使治喪〇國邸 15.10/99/7
妻時在〇 15.11/99/16
堪守蜀〇 15.12/99/24
堪去蜀〇乘折轅車 15.12/99/27
曄爲天水〇 15.17/101/14
乃以漢中〇南鄭之西鄉
戶千封超爲定遠侯 16.3/103/21
不敢望到酒泉〇 16.3/104/1
礹到吳〇 16.14/107/18
出爲六安〇丞 16.16/108/11
周嘉仕〇爲主簿 16.31/112/7
爲〇門下掾 16.32/112/16
東〇人 16.33/112/21
使者督行〇國 16.33/112/21
而斬〇守 16.33/112/22

上嘗召見諸〇計吏 16.35/113/15
蜀〇計掾樊顯進曰 16.35/113/15
崔篆、涿〇安平人 16.37/113/27
王莽時爲〇文學 16.37/113/27
時延爲〇督郵 17.1/117/21
賜延錢及帶劍佩刀還〇 17.1/117/24
典牧州〇田畝不增 17.2/118/12
爲〇議曹掾 17.10/120/5
齊〇敗亂 17.10/120/6
楚〇人 17.11/120/19
山陽、楚〇多蝗蜚 17.14/122/9
移書屬〇 17.15/122/15
何〇小吏 17.21/123/25
州〇高其義 17.24/125/5
作會稽〇 18.1/126/13
與（東）〔同〕〇宗武伯、翟敬伯、陳綏伯、張弟伯同志好 18.3/127/4
彪仕州〇 18.3/127/6
鄰〇人多牽牛入界 18.6/128/8
乃移書旁〇求助 18.12/129/28
爲蜀〇太守 18.12/130/1
故蜀〇太守廉叔度 18.12/130/7
蜀〇人 18.13/130/13
邊〇吏多放縱 18.13/130/19
鳳凰、（麟麒）〔麒麟〕、嘉禾、甘露之瑞集于〇境 18.14/131/5
仕〇文學掾 18.23/133/9
委以〇事 18.26/133/28
及友爲〇吏 18.29/134/29
出拜東〇太守 19.1/136/8
〇中肅然 19.1/136/8
薦〇吏王青三世死節 19.1/136/9
幸東（都）〔〇〕 19.1/136/10
引酺及門生〇縣掾吏並會庭中 19.1/136/10
遷魏〇太守 19.1/136/14
〇中賻贈無所受 19.4/137/14
〇數以禮請 19.4/137/16
恭乃始爲〇吏 19.4/137/17
積年州〇不決 19.4/137/17
時〇國螟傷稼 19.4/137/18
〇國被水災 19.6/138/13
少與同〇許敬善 19.12/140/3
蜀〇太守 19.17/141/4
（武威）天下州〇遠近莫不修禮遺 19.20/141/21
爲〇五官掾 19.22/142/7
爲魏〇太守 19.22/142/18
蜀〇成都人 19.25/143/7
21.22/155/9
歸本〇 20.2/145/10
東〇太守捕得賊 20.8/146/21
〇民任棠者、有奇節 20.10/147/3
據〇反 21.11/153/8
東〇燕人 21.13/153/20
初爲京兆〇丞 21.22/155/9
舉〇人許靖計吏 21.26/156/3
須誦爲〇主簿 21.30/156/20
時東州〇國相驚 21.33/157/7
李庸爲蜀〇太守 21.41/158/12
山陽〇人江伯欲嫁姊 22.2/161/3
州〇不知所從 23.1/165/9
同〇東莞人逢安、字少子 23.6/166/24
故能廣略邊〇 23.9/168/6
得其〇 23.10/168/10
今漁陽大〇 23.11/168/17
涿〇太守張豐舉兵反 23.12/169/3
蜀〇功曹李熊說述曰 23.17/170/25
東守巴〇 23.17/171/5
與同〇人陳義客夷陵 23.19/172/11

峻 jùn　11

法憲頗〇 7.3/39/11
其將高〇擁兵據高平 9.1/55/16
若〇不即降 9.1/55/17
〇遣軍師皇甫文謁 9.1/55/18
高〇精兵萬人 9.1/55/18
遣其副歸告〇曰 9.1/55/20
〇惶恐 9.1/55/20
皇甫文、〇之腹心 9.1/55/21
子〇 18.25/133/20
下車嚴〇 21.32/157/3
高山岐〇 22.4/163/21

浚 jùn　1

王景治〇儀 18.11/129/20

捃 jùn　2

嘗與族人桓元卿俱〇拾 16.9/106/2
〇拾自資 21.17/154/14

菌 jùn　3

魏〇度洗 22.4/162/24
〇補邪推 22.4/162/30
捕菧〇毗 22.4/163/27

駿 jùn　8

或曰是國師劉子〇也 1.1/4/16
〇奔來寧 5.5/31/17
鴻初與九江人鮑〇同事桓榮 15.2/95/11
〇遇於東海 15.2/95/11
陽狂不識〇 15.2/95/11
〇乃止而讓之曰 15.2/95/12
長沙中尉馮〇將兵詣岑彭 15.19/101/25
璽書拜〇爲威虜將軍 15.19/101/25

開 kāi　39

〇宮後殿居之 1.1/1/9
〇城門 1.1/4/5
〇心見誠 1.1/6/9
廣〇束手之路 1.1/9/27
〇地置郡 5.5/31/6
〇示恩信 6.5/36/20
即〇門降 7.1/38/11
蒼〇東閣 7.12/42/21
即日〇城降 9.1/55/21
彭伐樹木〇道 9.2/56/1
遵遣護軍王忠皆持刀斧伐樹〇道 9.7/59/8
信都大姓馬寵等〇城內之 10.14/65/21
〇通三十六國 10.23/68/10
竝未（門）〔〇〕封 10.24/68/24
禹爲〇水門 11.10/73/12
援務〇恩信 12.1/76/4
國家〇封侯之科 12.9/80/14

殯已○冢 12.11/81/21
冢○即葬 12.11/81/21
超號爲○封君 12.12/82/5
須道○通 13.11/85/23
○門內兵 14.2/90/21
即○城降 14.2/90/24
惟大將軍○日月之明 14.5/93/29
詔○門 15.8/98/6
遂拒不○ 15.8/98/7
○治稻田八千餘頃 15.12/99/27
土地○闢 17.10/120/7
○東閣 17.19/123/12
○門請求 18.1/125/23
彭擢○陽城門候 18.14/130/27
安○壁出書 18.21/132/22
詔爲四姓小侯○學 19.1/136/6
人○門臥 19.21/141/28
故舊長者或欲令爲○產
業 20.2/145/6
左○鴻池 20.4/145/25
欲吾○門恤孤也 20.10/147/5
其○〔門〕出 23.11/168/25
削地○兆 23.16/169/28

凱 kǎi 3

蓋《周官》所謂「王
〔師〕大獻則令○樂 5.4/29/1
「軍大獻則令○歌」也 5.4/29/2
以慰《○風》寒泉之思 7.12/43/6

愷 kǎi 7

劉○、字伯豫 17.8/119/18
○猶不出 17.8/119/19
故居巢侯劉般嗣子○ 17.8/119/20
乃徵○ 17.8/119/22
○之入朝 17.8/119/22
司徒劉○辟之 18.8/128/20
○追之 18.8/128/22

慨 kǎi 4

小感○輒自責 6.2/35/11
有大志慷○ 11.2/70/17
吾從弟少游嘗哀吾慷○
多大志 12.1/76/17
乃○然而歎曰 17.2/118/4

鎧 kǎi 4

得○弩刀矛戰楯匕首二
三千枚 8.9/49/28
乃煮○弩 8.17/54/12
身（初）〔被〕兜鍪○
甲 10.3/62/24
賊皆輸○仗 23.5/166/19

堪 kān 24

恐力不○ 9.7/59/12
大中大夫張○對曰 14.2/91/10
張○、字君游 15.12/99/23
○守蜀郡 15.12/99/24
○有同心之士三千人 15.12/99/24
○與吳漢并力討公孫述
15.12/99/25
漢先遣○入成都 15.12/99/26
○錄簿上官 15.12/99/26
○去蜀郡乘折轅車 15.12/99/27
平陽城李善稱故令范遷
於張○ 15.12/100/2
其賜○家新繒百匹 15.12/100/3
漁陽太守張○昔在蜀
16.35/113/15
而○去職之日 16.35/113/17
以顯陳○行有效 16.35/113/17
以爲才○宰相 17.4/118/24
孫○爲光祿勳 17.5/119/3
暉同縣張○有名德 18.6/128/9
暉以○宿成名德 18.6/128/10
○至把暉臂曰 18.6/128/10
○後仕爲漁陽太守 18.6/128/10
○後物故 18.6/128/11
暉聞○妻子貧窮 18.6/128/11
巢○、字次朗 19.3/137/9
客不○之 21.9/152/13

坎 kǎn 7

《詩》所謂「○○鼓我 5.4/28/24
《蹇》、《艮》下《○》
上 7.9/41/22
《○》爲水 7.9/41/22
潰成坑○ 13.11/86/27
遂○壞失志 14.5/94/2
有司穿○于庭 23.16/170/2

砍 kǎn 1

操斧○之 21.37/157/25

瞰 kàn 1

○臨城中 1.1/2/25

康 kāng 19

是以黎元寧○ 2.3/17/13
葬○陵 2.4/17/22
建○元年秋八月 3.2/20/26
建○元年夏四月 3.3/21/8
永○元年 3.5/22/27
伏惟陛下以至德當成、
○之隆 5.5/32/5
庶事寧○ 5.5/32/6
濟南安王○ 7.11/42/8
卓茂、字子○ 10.26/69/7
七族分○叔 13.11/86/16
是以皆永享○寧之福 13.11/86/21
魯恭、字仲○ 19.4/137/13
衛○叔之胄孫林父之後
20.23/149/18
又封中黃門王○華容侯
20.23/149/23
王○呼還 20.24/150/4
令○疏名 20.24/150/6
○詐疏光入章臺門 20.24/150/6
光謂○曰 20.24/150/6
范○爲司隸校尉 21.36/157/21

慷 kāng 2

有大志○慨 11.2/70/17
吾從弟少游嘗哀吾○慨
多大志 12.1/76/17

糠 kāng 1

糟○之妻不下堂 13.6/84/14

亢 kàng 1

不苟貪高○之論 13.11/86/3

伉 kàng 3

乃為子○娶長妻 13.13/88/5
並○直不避强禦 14.2/91/7
○健有武略 15.1/94/24

抗 kàng 4

以稷為○威將軍 7.1/38/20
莫敢○者 10.13/65/12
志節○厲 15.7/97/12
志意○厲 16.46/115/23

考 kǎo 21

節侯孫○侯以土地下濕 1.1/1/6
皇○初為濟陽令 1.1/1/9
皇○以令舍下濕 1.1/1/9
皇○異之 1.1/1/10
以皇祖皇○墓為昌陵 1.1/5/19
皇○居此日久 1.1/8/11
伯父皇皇○姊子周均為富波侯 1.1/10/6
皇○女弟子來歙為征羌侯 1.1/10/8
遺謁者○實 2.1/11/14
以繼祖○ 2.2/15/27
如喪○妣 3.1/19/16
〔○〕合異同 3.5/22/8
尚書（白）〔曰〕下本州○治 3.6/23/8
祖○來假 5.4/28/18
念欲○問 6.5/36/19
○績不成 13.11/86/8
不復○試 17.10/120/14
坐○長吏囚死獄中 18.6/128/9
○課眾職 19.1/136/19
自臨○之 21.12/153/14
（孝）〔○〕驗天狀 24.90/179/22

科 kē 2

國家開封侯之○ 12.9/80/14
然後○其所訟 20.17/148/19

苛 kē 2

百姓患苦王莽○刻日久 8.14/52/18
省煩○ 13.11/86/2

磕 kē 1

馬驚硠○ 1.1/3/11

可 kě 139

此善事不○言 1.1/1/11
酪不○食 1.1/1/21
甚○怪也 1.1/3/4
大司徒賜言帝第一○用 1.1/3/17
天下不○復得也 1.1/4/3
一戶不○得 1.1/4/4
尙○支一歲 1.1/4/4
得吏民謗毀帝言○擊者數千章 1.1/4/6
天時人事已○知矣 1.1/4/14
比汝歸○知 1.1/5/15
憂不○勝 1.1/6/7
無○無不○ 1.1/6/12
不○輕也 1.1/7/6
聞之○為酸鼻 1.1/7/10
潁川、弘農○問 2.1/11/10
河南、南陽不○問 2.1/11/10
何故言河南、南陽不○問 2.1/11/12
不○為準 2.1/11/13
輅車○引避也 2.2/14/16
不○勝紀 2.2/15/23
露布奏○ 3.2/21/3
即○其奏 3.6/23/9
○寢處 5.1/27/16
○得而禮也 5.4/28/17
驃騎將軍議○ 5.5/31/18
及有○以持危扶顛 5.5/31/24
不○以（向）仰四門賓于之議 5.5/32/4
不○言也 6.2/34/7
不○不順 6.2/35/9
吉不○言 6.5/36/17
地車不○用 7.1/38/12
實不○用 7.1/38/13
上言「不○讙露」 7.4/39/21
○以託六尺之孤 7.12/42/14
臨大節而不○奪 7.12/42/14
○時瞻視 7.12/43/6
○不慎與 7.20/45/16
王其差次下邳諸子○為太子者上名 7.20/45/16
○封禹為酇侯 8.1/46/20
前後沒溺死者不○勝算 8.2/47/16
不○勝數 8.7/49/20
○與計事 8.10/50/8
諸將誰○使者 8.10/50/12
吳漢○ 8.10/50/12
○且朝食 8.11/51/14
天下○馳檄而定 8.14/52/13
不○聽也 8.14/52/14
不○復會也 8.14/52/14
公○自取 8.14/52/20
攻之未○卒下 8.14/53/1
○且閉營休士 8.14/53/8
眞○畏也 8.17/54/7
諸將誰○使守河內者 9.1/54/23
非寇恂莫○使也 9.1/54/24
吾知寇子翼○任也 9.1/55/2
無乃不○乎 9.1/55/19
帝王不○以久曠 9.4/57/5
○謂守死善道者也 9.7/59/18
曾無尺寸○數 9.11/61/8
有不○動之節 9.11/61/11
不○渡 10.11/64/17
雖不○渡 10.11/64/18
尙○為阻 10.11/64/18
冰堅○渡 10.11/64/18
合○渡 10.11/64/19
將軍○歸救老母妻子 10.14/65/24
其東有田○萬頃 11.10/73/12
天下反覆自盜名字者不○勝數 12.1/75/21
三府以為未○ 12.1/76/8
每言及三輔長者至閭里少年皆○觀 12.1/76/9
奏○ 12.1/76/15

斯○矣 12.1/76/19
何○得也 12.1/76/20
以示○用 12.1/77/5
○不須（穀馬）〔馬穀〕 12.3/77/18
臣愚以為○因歲首發太簇之律 12.3/78/3
鞭扑不○弛於家 12.9/80/11
刑罰不○廢於國 12.9/80/11
征伐不○偃於天下 12.9/80/11
○信顏於王廬 12.10/80/21
有不○奪 13.1/82/23
臣聞貧賤之交不○忘 13.6/84/14
不○卒改 13.11/86/8
祭○且如元年郊祭故事 13.11/86/10
○（且）〔具〕以備乏 13.11/87/3
請○如禮施行 13.12/87/19
○不勉哉 13.13/88/10
官爵○保 14.1/90/5
此誠不○以忽也 14.5/93/19
則○以建大功 14.5/93/28
○謂智乎 15.2/95/12
鳥獸不○與同群 15.8/98/4
樂不○支 15.12/100/1
安○再遭值 15.17/101/17
○殄盡 16.3/103/7
不○不慮 16.6/104/20
○不勉乎 16.9/106/2
詔問誰○傅太子者 16.15/107/26
皆言太子舅執金吾陰識○ 16.15/107/26
則陰侯○ 16.15/107/27
何○得乎 16.16/108/7
而人不○暴化 16.16/108/7
不○ 16.25/110/26
天下○圖也 16.30/112/1
○賜以劍 16.30/112/2
棺不○移 16.42/115/3
安○復更 16.50/117/1
瞻拜○觀 17.1/117/21
○謂至德 17.2/118/10
仲不○以絕類 17.11/120/21
義不○負 17.11/120/24
不○以示遠 17.12/121/9
臣○以禮進退 17.19/123/14
肉腥臊不○食 17.24/125/2
○哀縱也 17.24/125/2
財物皆○取 18.6/127/24
諸母衣不○得 18.6/127/24
求不○得 18.6/128/2
○皆勿答詣金城 18.9/129/2
錢盡○復得 18.10/129/9
○令奏事如舊典 19.1/136/18
得其地不○墾發 19.16/140/24
不○奉祭祀 19.27/143/20
鼎足之任不○以缺 20.1/145/1
惟妻子○以行之 21.15/154/6
奏議○觀 21.29/156/15
稱天公尚○ 23.1/164/26
稱天子何謂不○ 23.1/164/26
天下不○〔復〕得 23.8/167/19
復不○不封 23.11/168/26
計之不○者也 23.16/170/8
便○將兵南擊蜀虜 23.16/170/13
不○勝用 23.17/171/4
夕死尚○ 23.17/171/9
豪傑尚○招誘 23.17/171/15
訛言不○信 23.17/171/25
○坐窮乎 23.17/171/27
其殿中廬有索長數尺○以縛人者數千枚 24.72/178/7

渴 kě 3

民人饑○ 9.4/56/21
忽然如不饑○ 16.26/111/7
臣聞孔子忍○於盜泉之水 17.13/121/24

克 kè 11

○敵深入 3.2/20/17
對于八政勞謙○己終始之度 5.5/31/21
以○配功德 5.5/31/23
后志在○己輔上 6.2/34/24
禹乘勝獨○ 8.1/46/23
躬自○薄以待士民 8.14/52/20
○滅北狄 10.24/68/23
奉公○己 17.3/118/18
而心力○壯 21.1/150/18
連年不○ 21.8/151/25
內無忌○之心 24.33/175/13

刻 kè 9

尋、邑自以為成功漏○ 1.1/2/26
請親定○石紀號文 5.5/30/1
百姓患苦王莽苛○日久 8.14/52/18
所謂○鵠不成尚類鶩者 12.1/76/21
三王有大辟○肌之法 12.9/80/10
○肌膚以為刑 13.11/86/1
寄命漏○ 16.34/113/6
以嚴○見稱 19.15/140/18
○符典千里 24.80/178/25

客 kè 62

宛大姓李伯玉從弟軼數遣○求帝 1.1/2/1
亦已聚會○矣 1.1/2/7
表（商○）〔商容〕之閭 1.1/4/24
睦乃謝絕賓○ 7.3/39/11
漢與鄧弘俱○蘇弘 8.10/50/12
純與從昆弟訢、宿、植共率宗（施）〔族〕賓○二千餘人 10.1/62/7
恐宗人賓○ 10.1/62/9
賓○隨者數十人 10.11/64/13
成、哀間轉○潁川舞陽 10.20/67/3
羌胡見○ 10.23/68/11
使刺○刺歙 11.2/71/4
賓○放縱 11.9/73/5
賓○輻輳 11.11/73/23
對賓○語 11.13/74/9
賓○皆樂留 12.1/75/16
陛下何以知非刺○而簡易如此 12.1/75/20
卿非刺○ 12.1/75/21
顧說○耳 12.1/75/21
賓○故人日滿其門 12.1/76/5
賓○亦衰 12.3/78/9
馬○卿幼而岐嶷 12.5/78/24
專對賓○ 12.5/78/24
○卿逃匿不令人知 12.5/78/24

故以○卿字焉 12.5/78/25
接賓待○ 12.11/81/12
追令刺○楊賢於隴坻遮殺之 13.11/85/25
外有賓○ 13.11/87/4
○慚自絕 15.5/96/25
乃呼○見之 15.5/96/25
惲即將○遮讎人 15.8/97/24
惲○於江夏 15.8/98/6
坐遣○爲弟報讎 15.10/99/7
諸王不宜通○ 16.6/104/19
常○傭以自給 16.9/105/14
賓○從者皆肅其行也 16.14/107/22
好賓○ 16.39/114/16
○於遼東 16.46/115/26
○居安邑 16.49/116/20
告有貴○過 17.23/124/13
遂將家屬○河東 18.1/125/22
每所至○舍 18.1/125/22
昆弟賓○皆惶迫 18.6/127/24
祖父○死蜀、漢 18.12/129/25
與○步負喪歸 18.12/129/25
○東海下邳 18.18/132/3
後捕貴戚賓○ 18.21/132/21
○居美陽 18.23/133/7
嘗有重○過 18.26/134/2
○潛于內中聽 18.26/134/3
○曰 18.26/134/4
閉門絕○ 19.22/142/20
輒閉門絕賓○ 20.9/146/25
乃變服○傭 20.17/148/17
嘗有○ 21.9/152/13
○不堪之 21.9/152/13
父有賓○ 21.55/160/13
聖公結○欲報之 23.1/164/18
○犯法 23.1/164/18
呂母賓○徐次子等 23.7/167/9
欲悉發北軍屯士及山東○兵 23.17/171/19
今宿○疑是 23.18/172/7
與同郡人陳義○夷陵 23.19/172/11

恪 kè 2

謙讓○勲 3.1/18/10
儼○矜嚴 12.11/81/11

課 kè 1

考○衆職 19.1/136/19

肯 kěn 21

稷不○拜 7.1/38/20
不○謁陵 7.19/45/7
竟不○受 11.3/71/13
不○ 13.16/89/6,18.29/135/1
時彭豐等不○降 14.2/90/25
新主立不○降 14.4/92/4
友人不○見 15.6/97/6
屠〔者〕或不○爲斷 16.49/116/20
屠者或不○與〔之〕 16.49/116/21
乃○就車 16.50/117/2
終不○謁 17.10/120/11
亦不○食 17.23/124/18
譚不○去 17.24/125/1
終不○拜 18.26/133/27
謝不○應 19.4/137/16
以不○親事爲高 19.7/138/21
震不○ 20.2/145/7
融不○受 21.15/154/5
觸（○）〔冒〕險狹 22.4/163/19
諸君寧○哀之乎 23.7/167/8

墾 kěn 4

時天下○田皆不實 2.1/11/9
常欲以○田相方耳 2.1/11/11
○田四千餘頃 11.10/73/14
得其地不可○發 19.16/140/24

懇 kěn 2

○上尊號 14.1/90/1
不務○惻 20.19/149/1

坑 kēng 1

潰成○坎 13.11/86/27

鏗 kēng 2

說經○○楊子行 17.17/122/25

空 kōng 36

遣大司徒王尋、大司○王邑將兵來征 1.1/2/13
帝引車入道旁○舍 1.1/3/24
使司○馮魴告祠高祖廟曰 1.1/9/18
詔齊相〔其〕止勿〔復〕送冰紈、方○縠、吹綸絮〔也〕 2.2/14/9
敕御史、司○ 2.2/14/15
豈敢○言增廣 2.2/15/27
司○劉授以阿附惡逆 3.2/19/28
太尉劉光、司○張皓以陰陽不和 3.2/20/4
司徒韓縯、司○孫朗並坐不衛宮 3.5/22/7
帑藏○虛 3.5/22/15
司○、唐虞之官也 4.1/24/13
至○城郭 8.2/48/4
光武拜王梁爲大司○ 10.6/63/12
隗拜司○ 10.13/65/12
爲大司○ 10.21/67/14
上司○印綬 10.21/67/15
事下大司○正郡國印章 12.1/76/15
宋弘爲司○ 13.6/84/3
浮爲司○ 13.9/85/7
代張純爲大司○ 13.11/87/6
鑾不○生 15.2/95/22
辟大司○府 16.22/110/3
藏城西門下○穴中 16.32/112/16
倫爲司○ 18.1/126/19
爲買○地 18.16/131/16
爲司○十四年 19.3/137/9
何用○養他家老嫗爲 19.11/139/25
夫人視老夫復何中〔○〕 19.11/139/25
其上司○印綬 20.1/145/1
馮模爲司○ 21.31/156/24
司○掾梁福曰 21.35/157/16
傭之市○返 23.1/165/13

與兩○札置筩中 23.5/166/11
蜀人及其弟光以爲不宜
○國千里之外 23.17/171/20
自王莽以來常○ 23.17/171/23
百姓○市里往觀之 23.17/171/24

孔 kǒng 29

封○子後○志爲褒成侯 1.1/7/21
周公、○子猶不得存 1.1/8/23
幸○子宅 2.1/13/11
祠○子及七十二弟子 2.1/13/11
○子後褒成侯等咸來助
祭 2.2/14/19
祠東海恭王及○子七十
二弟子 2.2/14/22
○子稱「有婦人焉」 2.4/17/25
因○子甚美其功 5.5/29/22
○子曰 5.6/32/21
7.20/45/15,8.1/46/20
19.16/140/25,21.4/151/5
今魯國○氏尚有仲尼車
輿冠履 7.12/43/6
血從前髆上小○中出 7.12/43/7
又建爲○子立後 9.7/59/17
過○子講堂 9.8/60/8
後○子闕里無故荆棘自
闢 14.2/90/25
從講室掃除至○里 14.2/90/25
○奮、字君魚 15.11/99/12
我爲○子 16.10/106/19
嬌稱○子 16.16/108/8
○子稱『能以禮讓爲國
17.8/119/20
臣聞○子忍渴於盜泉之
水 17.13/121/24
暉外祖父○休 18.6/127/22
關西○子楊伯起 20.2/145/6
○融上書曰 21.23/155/14
○徑一寸 24.89/179/18

恐 kǒng 36

帝○其怨 1.1/2/2
諸將惶○ 1.1/2/19
○ 1.1/3/6
○失其頭首也 1.1/6/14
常○不任 1.1/8/13
今○山川百神應典祀者
尙未盡秩 5.5/30/19
猶○無所成立 8.1/46/12
楊偉、徐容等惶○解散
8.10/50/26
峻惶○ 9.1/55/20
○力不堪 9.7/59/12
常○污辱名號 9.11/61/8
○宗人賓客 10.1/62/9
士吏惶○ 10.11/64/16
○驚官屬 10.11/64/18
上○其怨 10.21/67/9
○失時 11.6/72/7
禹以宰士惶○首實 11.10/73/16
○天下不正者多 12.1/76/14
○子孫似之 13.13/88/4
○有強暴者 13.16/89/8
臣常○年衰 16.3/104/1
單于○而止 16.6/104/23
臣○不忍將大漢節對氈
裘獨拜 16.6/104/25
○疑誤後生 16.22/110/4
○天下惶懼 16.33/112/22
武騎虎賁○驚馬 17.17/122/26
○政化由是而墜 17.20/123/21
○母知 17.22/124/6
○以財污府君 18.6/127/27
○未合衆 18.26/134/4
○不得免 18.30/135/17
○好惡過所道 19.1/136/18
兵衆大○ 21.11/153/5
沓○母驚惶 21.13/153/20
○懼啼泣 23.5/166/13
○其衆與莽兵亂 23.6/166/25

口 kǒu 25

大○ 1.1/1/13
○以萬數 1.1/7/10
方○美髮 6.2/34/9
沙石滿其○鼻 6.3/35/22
乃以○噓其背 8.2/47/12
得生○ 8.12/51/24
如去虎○就慈母 8.14/52/19
復縱生○令歸 8.14/52/25
弩矢入○洞出 9.7/59/7
舉袖掩○ 9.7/59/7
上令霸至市（○）〔中〕
募人 10.11/64/15
○無惡言 10.26/69/11
亦足以消散其○ 13.11/86/22
有○辯 16.3/102/22
銜鬚於○ 16.30/112/3
閔仲叔豈以○腹累安邑
耶 16.49/116/22
母遂探○餅出之 18.1/126/10
○誦堯、舜之言 20.4/145/23
引械自椓○ 21.30/156/20
○出齒 21.30/156/20
一斷于○ 21.54/160/7
拒扞關之○ 23.17/171/5
龍顏虎○ 24.14/174/2
而○吃不能劇談 24.15/174/5
飲不入○ 24.41/176/1

叩 kòu 16

吏民○頭言 1.1/8/11
異獨入○頭 9.4/56/19
○頭謝歸焉 10.26/69/9
○頭馬前 14.2/91/2
令○頭都道 14.2/91/5
榮○頭讓曰 16.9/105/16
譚○頭流血 16.16/108/10
掾吏○頭諫曰 16.37/114/3
詣賊○頭言 16.41/114/26
○頭曰 17.11/120/22
17.24/125/1
意因○頭曰 17.13/121/27
抱升子持車○頭 17.17/122/26
百姓扶車○馬 18.15/131/10
輔前○頭 20.8/146/20
球○頭曰 21.12/153/15

扣 kòu 1

百姓攀轅○馬呼曰 18.1/126/16

寇 kòu 9

○恂仕郡爲功曹 9.1/54/22
○恂文武備足 9.1/54/23
非○恂莫可使也 9.1/54/24

吾知○子翼可任也 9.1/55/2
願從陛下復借○君一年 9.1/55/14
有五谿六種○〔侵〕 11.2/71/2
以結○心 15.9/98/23
餘羌復〔與繞河大〕○
張掖 21.8/151/26
北裔○作 24.11/173/17

刳 kū 1

以素木○瓠葉爲俎豆
16.17/108/19

枯 kū 5

人持○稻 7.7/40/17
自言稻皆○ 7.7/40/17
載○稻至太守所 7.7/40/17
敞以○稻示之 7.7/40/18
徐宣、樊崇等入至弘農
○樅山下 23.1/165/15

哭 kū 8

暮聞（冢）〔冢〕上有
○聲 1.1/2/12
遂○而慟 9.7/59/15
百姓號呼○泣 13.5/83/20
○盡哀 14.2/91/9
妻子對○ 15.16/101/7
○於市 16.46/115/26
常有鬼○聲聞于府中 19.7/138/25
○聲不絕 24.41/176/1

苦 kǔ 26

○眩甚 1.1/8/4
病○如此 1.1/8/5
當復何○乎 7.4/39/22
太原吏民○轉運 8.2/47/15
百姓患○王莽苛刻日久
8.14/52/18
天下同○王氏 9.4/56/19
與士卒共勞○ 10.10/64/9
王霸從我勞○ 10.11/64/21
君叔獨勞○ 11.2/70/18
但自○耳 12.1/76/19
○以車重 13.11/87/6
憐盛幼小而共寒○ 15.2/95/7
人無履亦○之否 15.14/100/16
居家常執勤○ 16.3/102/22
久勞○ 16.3/102/23
今天下○王氏之虐政
16.33/112/22
執○數十年間 17.12/121/5
問均所○ 18.10/129/13
○不畏愼 19.7/138/22
常念兄與嫂在家勤○
19.11/139/20
與兄弟子同○樂 19.11/139/21
香躬執勤○ 19.22/142/7
今君所○未瘳 20.1/144/29
父奇其清○ 22.1/160/24
三輔○之 23.1/165/11
人○不知足 23.16/170/14

庫 kù 4

武○火 3.1/19/5
敕嚴過武○ 12.6/79/9
遂攻取○兵 12.9/80/14
乃更以○錢三十萬賜之
17.13/121/26

袴 kù 9

身衣布衣韋○ 9.7/59/13
忠更作新袍○（解）
〔鮮〕支小單衣襪而
上之 10.14/65/18
脫○解履 11.14/74/14
身衣羊裘皮○ 12.1/75/11
今良曹掾尙無○ 17.10/120/9
自無○ 17.10/120/9
今五○ 18.12/130/3
冬無被○ 19.22/142/8
或繡面衣、錦○、諸于
、襜褕 23.1/165/11

酷 kù 2

懲艾○吏 2.1/12/8
以殘○見任 19.17/141/4

嚳 kù 1

周不郊帝○ 1.1/5/11

誇 kuā 1

雖○譀 24.84/179/7

跨 kuà 1

○馬陷敵 23.17/171/18

快 kuài 1

朝夕自○ 8.1/46/12

膾 kuài 1

朝送鹿○ 12.4/78/16

寬 kuān 27

至孝武、（兒）〔倪〕
○、司馬遷猶從土德 1.1/5/6
○裕廣博 2.2/14/4
○和〔篤〕仁 2.3/16/6
德教在○ 2.3/17/13
○裕博愛 3.1/18/5
○仁溫惠 3.2/19/22
○裕晏晏 3.2/20/29
○仁弘雅 7.12/42/13
東平王蒼○博有謀 7.12/42/14
○解上意 9.4/56/19
○以待下 12.1/76/5
○和肅敬 12.11/81/12
今衍幸逢○明之日 14.5/93/3
性○和容眾 16.2/102/14
○小過 16.3/104/5
府寺○敞 17.7/119/12
務在○平 18.9/128/26
世謂其用法平正、○慈
惠化所致 18.13/130/20
爲政尙○惠禮讓 19.5/138/4
故世人謂陳氏持法○ 19.7/138/20
爲政○恕 19.11/139/22
劉○爲南陽太守 21.9/152/12
○簡略嗜酒 21.9/152/12

〇須臾遣人視奴 21.9/152/13
〇夫人試〇意 21.9/152/16
〇神色不異 21.9/152/16

款 kuǎn 2

使來者言李氏欲相見〇
　誠無他意 1.1/2/2
御〇段馬 12.1/76/18

匡 kuāng 18

王〇、王鳳爲之渠率 1.1/1/23
共勞饗新市、平林兵王
　〇、王鳳等 1.1/2/10
〇、發干侯 1.1/10/10
〇衡奏立北郊 5.5/30/11
先納聖善〇輔之言 8.7/49/17
俊攻〇城賊 10.7/63/18
既〇救而不得兮 12.10/81/1
永遣弟升及子壻張舒等
　謀使營尉李〇先反涅
　城 14.2/90/20
侍中當〇輔國政 16.20/109/11
宗正劉〇對曰 17.2/118/12
車府令齊國徐〇鉤就車
　17.20/123/19
詔書譴〇 17.20/123/20
〇自繫獄 17.20/123/20
〇執法守正而下獄 17.20/123/21
詔出〇 17.20/123/21
新市人王〇、王鳳爲平
　理爭訟 23.1/164/20
馬武、王〇以爲王莽未
　滅 23.1/164/25
以〇主上 24.34/175/15

狂 kuáng 5

是吾幼時〇意之行也 7.3/39/13
陽〇不識駿 15.2/95/11
令爲〇疾恍惚 15.8/97/21
非〇人所造作 15.8/97/21
而有〇瞽之言 16.20/109/14

況 kuàng 32

〇詐子輿乎 1.1/4/3,23.8/167/19
耿〇、彭寵俱遭際會 8.13/52/7
太守耿〇甚器重之 9.1/54/22
銚期、字次〇 9.12/61/17
何〇乃當傳以連城廣土
　10.22/68/1
何〇小民乎 10.24/68/18
〇吏民乎 10.26/69/15
張〇遷涿郡太守 11.8/72/21
以〇爲常山關長 11.8/72/22
〇出戰死 11.8/72/23
郭〇爲城門校尉 11.11/73/23
〇、皇后弟 11.11/73/23
而〇恭儉謙遜 11.11/73/23
京師號〇家爲金穴 11.11/73/24
〇字（君）〔長〕平 12.1/75/6
以〇出爲河南太守 12.1/75/8
乃辭〇欲就邊郡畜牧 12.1/75/8
西河漕〇 12.9/80/13
〇草創兵長 13.11/86/23
度其形〇 13.16/89/12
〇誅罰乎 14.1/90/5
〇乎萬里之漢 14.5/93/19
〇太子乎 16.15/107/29
嘗候馬援兄〇 16.34/112/28
〇夷乎 16.36/113/23
周黨、字伯〇 16.50/116/26
太守阮〇當嫁女 18.6/127/25
及〇卒 18.6/127/26
父〇舉孝廉 19.22/142/7
〇十二乎 23.17/171/9
銅馬賊帥東山荒禿、上
　淮〇等 23.20/172/16

曠 kuàng 5

地〇遠 2.1/13/3
帝王不可以久〇 9.4/57/5
疾病〇年 19.30/144/9
郊廟禮儀仍有〇廢 20.1/144/29
〇日持久 23.16/170/10

悝 kuī 3

鄧〇、字叔昭 8.5/48/19
拜〇城門校尉 8.5/48/19
故〇兄弟率常在中供養
　兩宮 8.5/48/19

窺 kuī 5

多所〇覽 16.3/102/22
十五年不〇園 16.9/105/15
二十餘年不〇京師 18.23/133/9
東下漢水以〇秦地 23.17/171/6
轉璣〇衡以知星宿 24.89/179/18

逵 kuí 6

魯丕與侍中賈〇、尚書
　令黃香等相難 2.3/17/1
肅宗詔鴻與太常樓望、
　少府成封、屯騎校尉
　桓郁、衛士令賈〇等
　15.2/95/13
侍中賈〇上書曰 17.8/119/19
賈〇、字景伯 18.17/131/22
上召〇 18.17/131/24
詔〇入北宮虎觀、南宮
　雲臺 18.17/131/24

魁 kuí 2

雨雹大如芋〇、雞子 3.1/18/15
體貌〇梧 19.10/139/13

夔 kuí 1

子〇嗣 15.2/96/1

喟 kuì 1

惲〇然嘆曰 15.8/98/3

愧 kuì 2

慚〇詣府 10.26/69/9
念其〇 18.28/134/14

媿 kuì 1

更始〇恧 23.1/165/6

潰 kuì 9

四方○畔 1.1/1/23
邑大衆遂○亂 1.1/3/8
數陷陣○圍 7.1/38/19
軍○亂 8.1/47/4
囂衆○走 11.2/70/26
囂衆大○ 12.1/76/2
○徙離處 13.11/86/27
○成坑坎 15.14/100/17
春溫或膿○ 15.14/100/17

餽 kuì 1

今鄰里尙致○ 10.26/69/15

饋 kuì 6

糧○不至 10.10/64/9
朋友有車馬之○ 13.11/87/2
王以師故數加○遺 13.11/87/5
○餌一笥 15.17/101/11
更○衣物 19.22/142/14
躬執○饌 24.38/175/23

昆 kūn 17

帝馳入○陽 1.1/2/19
今○陽即破 1.1/2/20
遂環○陽城作營 1.1/2/24
而○陽城中兵亦出 1.1/3/7
推父時金寶財產與○弟 7.7/40/16
遂以分與○弟外家 8.10/51/2
南破○陽 8.14/52/19
○彌以下皆歡喜 8.17/54/4
純與從○弟訢、宿、植共率宗（施）〔族〕賓客二千餘人 10.1/62/7
乃盡散以班○弟故舊 12.1/75/11
悉分與○弟中外 12.11/81/15
歃血○陽 14.5/93/10
劉○、字桓公 16.17/108/18
○老退位 16.17/108/20
○弟賓客皆惶迫 18.6/127/24
帝欲造畢圭靈○苑 20.4/145/24
〔上〕破二公于○陽城 23.1/164/28

坤 kūn 1

得《○》之《比》 6.6/37/11

髡 kūn 2

用○鉗之輕法 13.11/86/4
○徒推之 23.11/168/19

閫 kǔn 1

雖在○內 12.1/75/9

困 kùn 16

公無○（我）〔哉〕 5.5/31/25
被掠羸○ 6.5/36/25
臨○ 8.2/48/1
不戰而○ 8.14/53/3
食盡窮○ 8.17/54/12
宏病○ 11.4/71/21
妨○（人）〔小〕民 12.2/77/13
每遭○厄 13.11/85/21
饑○不能前 13.16/89/10
榮遭倉卒○厄時 16.9/106/2
人庶○乏 17.10/120/8
見其○厄 18.6/128/12
百姓窮○ 18.14/131/1
鴻病（因）〔○〕 18.29/135/7
囂窮○ 23.16/170/16
兵破身○數矣 23.17/171/14

廓 kuò 1

恢○大度 12.1/75/22

闊 kuò 1

○達多大節 1.1/6/10

臘 là 4

每至歲時伏○ 15.15/100/27
每○ 16.25/110/25
適會正○ 19.1/136/23
○日奴竊食祭其母 21.18/154/19

萊 lái 6

弇凡平城陽、琅邪、高密、膠東、東○、北海、齊、千乘、濟南、平原、泰山、臨淄等郡 8.14/53/10
東○人 19.28/143/25
爲東○太守 20.2/145/7
薪○芻牧 20.4/145/25
爲○蕪長 21.17/154/14
釜中生魚范○蕪 21.17/154/15

來 lài 83

南陽大人賢者往○長安 1.1/1/17
使○者言李氏欲相見款誠無他意 1.1/2/2
遣大司徒王尋、大司空王邑將兵○征 1.1/2/13
自秦、漢以○師出未曾有也 1.1/2/18
言尋、邑兵已○ 1.1/2/22
述兵不敢○ 1.1/7/7
每○輒加厚恩 1.1/8/12
皇考女弟子○歙爲征羌侯 1.1/10/8
白鶴三十從西南○ 2.2/14/18
孔子後褒成侯等咸○助祭 2.2/14/19
元和二年以○ 2.2/15/18
祖考○假 5.4/28/18
駿奔○寧 5.5/31/17
昭茲○許 5.5/32/12
數往○觀視 6.2/35/14
大夫其對以孤襲爵以○ 7.3/39/13
沛王、楚王○朝就國 7.9/41/25
生遠○ 8.1/46/9
自當○降 8.1/47/2
朋友子往○門內 8.2/47/10
漢興以○ 8.7/49/13,12.11/81/25
使者○欲罷兵 8.14/52/14
以須上○ 8.14/53/8
匈奴○攻 8.17/54/8
今○不屈 9.1/55/22
諸夷皆○內附 9.8/60/5
上聞外有大兵（自）○

9.10/60/18
爲誰○乎 9.10/60/19
以漢兵大○ 10.2/62/19
○歙、字君叔 11.2/70/17
鄰國貧人○歸之者 11.10/73/14
今臣遠從異方○ 12.1/75/20
嘗有死罪亡命者○過 12.5/78/24
圖往鏡○兮 12.10/80/22
往○懼思 13.11/86/30
大兵○攻雒 14.1/90/3
當如此○ 14.1/90/7
時帝叔父趙王良從送中郎將○歙喪還 14.2/91/1
車駕臨故中郎將○歙喪還 14.2/91/3
故○受書 15.6/97/5
何其往○屑屑不憚煩也 15.6/97/7
兒曹何自遠○ 15.9/98/20
此必有匈奴使○也 16.3/103/5
匈奴使○數日 16.3/103/5
而令巫自○取馬 16.3/103/15
元卿○候榮 16.9/106/4
命歸求豆○贖兄 16.41/114/27
白狼王等百餘國重譯○庭 17.15/122/15
先帝徵君不○ 17.19/123/13
驃騎辟君而○ 17.19/123/13
往○常白衣步擔 17.23/124/12
嘗從長安○ 17.23/124/13
田禾將軍子從長安○ 17.23/124/14
卿知從外○ 18.1/126/10
廉叔度、○何暮 18.12/130/3
見道中有諸生（○）〔乘〕小車 18.12/130/5
時范問爲誰所從○ 18.12/130/5
爲太守奉章○弔 18.12/130/6
彭下車經營勞○ 18.14/131/1
此等多是建武以○絕無後者 18.16/131/16
〔往○〕賜〔家〕 18.26/133/25
數十年以○ 19.1/136/17
父○ 19.1/136/23
所以○者 19.4/137/20
數年以○ 19.4/137/24
雖從○久 19.6/138/11
霸孤兄弟子○候 19.11/139/18
則修文德以○之 19.16/140/25
奔馳○降 19.19/141/14
會李閏○ 20.24/150/5
南單于○朝 22.3/161/13
不從我○ 22.4/161/25
衆庶○降十餘萬 23.1/164/23
正用此時持事○乎 23.1/165/9
仍許○降 23.1/165/19
少年○沽者 23.7/167/7
會匈奴句林王將兵○降參蠻胡 23.9/168/4
是時單于○朝 23.11/168/16
自王莽以○常空 23.17/171/23
乃發卒○ 23.18/172/7
尤○渠帥樊崇 23.20/172/16
撰建武以○星變彗孛占驗著明者續其後 24.90/179/28

勑 lài 1

〔譴○令與諸舍相望也〕 6.2/34/18

賴 lài 7

子孫○福 1.1/9/19
○皇太后〔臨朝〕 2.4/17/24
黎庶○福 5.5/29/11
天下○其便 12.1/76/7
海內○安 13.11/86/19
當蒙其福而○其願 14.5/93/12
人○其利 15.14/100/15

瀨 lài 2

騁鶩路於犇○ 12.10/80/25
後人名其釣處爲嚴陵○ 16.48/116/11

藍 lán 5

使弟玄武將軍○將兵守西安 8.14/52/22
○兵又精 8.14/52/23
○聞之 8.14/52/25
張○引兵突臨淄 8.14/53/1
張○聞臨淄破 8.14/53/3

蘭 lán 5

虎賁○內所使 2.2/15/15
除○臺令史 16.2/102/16
○生香 18.12/129/27
敕○臺給筆札 18.17/131/24
今遣子密等詣子后○卿所 23.11/168/25

壈 lǎn 1

遂坎○失志 14.5/94/2

覽 lǎn 15

經學博○ 1.1/6/10
代郡太守劉興將數百騎攻賈○ 1.1/6/13
興已爲○所殺 1.1/6/14
歷○館舍邑居舊處 2.1/12/5
周○古今 2.2/14/5
遂兼○書傳 2.3/16/7
○書林 2.3/17/7
○照前世 13.13/88/9
多所窺○ 16.3/102/22
學○《六經》 16.12/107/5
無不照○ 17.18/123/7
博○無不通 18.29/134/26
博○多聞 19.14/140/12
博○傳記 19.22/142/9
明經博○ 20.2/145/5

攬 lǎn 1

莫如延○英雄 8.1/46/13

濫 làn 4

淫刑放○ 3.2/20/9,20.19/149/1
坐誅斬盜賊過○ 15.18/101/21
刑不○ 19.7/138/24

爛 làn 4

功勞○然 9.7/59/11
爨○汝手 21.9/152/17
○羊胃 23.1/165/12

○羊頭 23.1/165/13

郎 láng 115

胡子立邯鄲卜者王○爲天子 1.1/3/19
王○追帝 1.1/3/20
聞王○兵至 1.1/3/23
帝率鄧禹等擊王○橫野將軍劉奉 1.1/3/25
○兵挫折 1.1/4/1
○遣諫議大夫杜長威持節詣軍門 1.1/4/1
而○少傅李立反○ 1.1/4/5
誅○ 1.1/4/5
于是下太常、將軍、大夫、博士、議○、○官及諸王諸儒會白虎觀 2.1/11/22
中○將持節衛護焉 2.3/16/13, 22.3/161/15
皆除○中 3.2/20/12
使中○將堂谿典請雨 3.6/23/16
校尉、中○將、諸郡都尉、諸國行相、中尉、內史、中護軍、司直秩皆比二千石 4.1/25/20
議○、中謁者秩皆比六百石 4.1/26/9
小黃門、黃門侍○、中黃門秩皆比四百石 4.1/26/10
○中秩皆比三百石 4.1/26/10
兄爲虎賁中○將 6.2/34/24
〔弟〕爲黃門○ 6.2/34/24
以問校書○ 7.12/43/1
誅王○ 8.1/46/19,8.10/50/11
復呼同廬○共更嘘 8.2/47/12
三遷虎賁中○將 8.4/48/12
父所厚同郡○中王臨 8.6/49/4
遷黃門侍○ 8.7/49/12
其餘侍中、大夫、○、謁者 8.7/49/20
中○將、護羌校尉及刺史、二千石數百人 8.17/54/15
王○起兵 9.4/56/22
聞王○軍將至 9.4/57/1
黽池霍○、陜王長、湖濁惠、華陰陽沈等稱將軍者皆降 9.4/57/11
薊中應王○ 9.12/61/17
從擊王○將兒宏、劉奉于鉅鹿下 9.12/61/19
王○舉尊號 10.1/62/5
言王○所反之狀 10.1/62/8
以城門校尉轉左中○將 10.2/62/20
左中○將劉隆爲驃騎將軍 10.4/63/3
梁爲中○將 10.6/63/12
王○起 10.11/64/14
○移〔檄〕購上 10.11/64/15
將以擊○ 10.11/64/15
上從邯鄲避○兵 10.11/64/16
畏爲○所及 10.11/64/17
○白曰 10.11/64/18
從羽林監遷虎賁中○將 10.13/65/11,12.2/77/10
王○遣將攻信都 10.14/65/21
爲王○ 10.16/66/8
少爲黃門○ 10.23/68/9
以固爲中○將 10.23/68/9
爲尚書○ 11.6/72/6
爲○二十三歲 11.6/72/7
除子男盛爲○ 11.10/73/17
詔使五官中○將持節至墓賜印綬 11.14/74/20
宣帝時以○持節 12.1/75/5
車丞相高祖園寢○ 12.1/75/23
遷虎賁中○將 12.1/76/6
夜拜爲黃門○ 12.3/78/7
留寄○朱仲孫舍 12.6/79/5
與校書○杜撫、班固定《建武注記》 12.6/79/7
爲五官中○將 12.6/79/10
於是召譚拜議○、給事中 13.6/84/4
爲虎賁中○將 13.12/87/13
爲○中 13.13/88/5
時帝叔父趙王良從送中○將來歙喪還 14.2/91/1
車駕臨故中○將來歙喪還 14.2/91/3
與右中○將張邯相逢城門中 14.2/91/4
使五官中○將魏應主承制問難 15.2/95/14
郡舉孝廉爲○ 15.8/98/6
遷爲○ 16.2/102/16
太子及山陽王因虎賁中○將梁松請衆 16.6/104/18
除○中 16.6/104/21
拜議○ 16.9/105/15, 16.16/108/4,18.19/132/12
不如同門生○中彭閎、揚州從事皐弘 16.9/105/17
弘閎爲議○ 16.9/105/18
郁以永平十四年爲議○ 16.10/106/17
郁兼羽林中○將 16.10/106/24
舉孝廉爲○中 16.13/107/11
位不過○ 16.16/108/4
拜憑虎賁中○將 16.20/109/15
拜○中 16.22/110/3, 17.1/117/27,19.29/144/5
並以儒學拜議○也 16.25/111/2
福表爲議○ 16.32/112/17
拜五官中○將 17.6/119/7, 18.18/132/5
拜爲○ 17.8/119/22
今以良爲議○ 17.10/120/15
遷左中○將 17.12/121/8
召○將答之 17.13/121/27
○位小 17.13/122/1
孝爲○ 17.23/124/12
詔書選三署○補王家長史 18.1/126/5
乃與同舍○上書直諫 18.22/132/26
建初中爲○ 19.11/139/18
○官有乘皂蓋車者 19.11/139/19
拜尚書○ 19.22/142/14
公車徵拜議○ 19.23/142/24
復以爲○ 19.26/143/14
馮良、字君○ 20.7/146/15
乃拜爲中○將 21.8/151/25
高彪除○中 21.16/154/10
除尚書○ 21.26/156/3
○吏以次侍 23.1/165/5
○吏怪之 23.1/165/6
中○將 23.1/165/12
知命者侍○韓公等 23.8/167/16

王○遣諫議大夫杜威持
節詣軍門 23.8/167/18
稍增石爲○ 23.17/170/24
獲索賊帥古師○等 23.20/172/17

狼 láng 9

虔人種羌大豪恬○等詣
度遼將軍降 3.1/19/5
望都、蒲陰○殺子女九
十七人 3.2/20/7
○災爲應 3.2/20/8,20.19/148/28
○子野心 13.11/86/15
白○王等百餘國重譯來
庭 17.15/122/15
豺○當道 20.15/148/3
必令豺○鴟梟 21.12/153/16
倫○藏幢 22.4/163/21

琅 láng 6

○邪孝王京就國都 7.16/44/11
弇凡平城陽、○邪、高
密、膠東、東萊、北
海、齊、千乘、濟南
、平原、泰山、臨淄
等郡 8.14/53/10
隱○邪之勞山 16.46/115/27
承宮、○邪姑幕人 17.12/121/3
○邪人 17.24/124/27
○琊人樊崇、字細君 23.6/166/24

硠 láng 1

馬驚○磕 1.1/3/11

朗 lǎng 4

司徒韓縯、司空孫○並
坐不衛宮 3.5/22/7
光子○上書迎光喪葬舊
塋 12.4/78/19
太守王○餉給糧食、布
帛、牛羊 16.14/107/20
巢堪、字次○ 19.3/137/9

浪 làng 1

吾在○泊、西里、塢間
12.1/76/19

牢 láo 7

詔京兆、右扶風以中○
祀蕭何、霍光 2.1/12/10
以益州徼外哀○王率衆
慕化 2.1/13/3
遣使者以中○祠 2.3/16/17
上親臨祠以太○ 9.7/59/15
常遣使以太○祠通父冢
10.21/67/16
下車遣吏以中○具祠延
陵季子 15.15/100/23
倫自度仕宦○落 18.1/125/21

勞 láo 34

共○饗新市、平林兵王
匡、王鳳等 1.1/2/10
○勉吏士 1.1/3/26
○賜作樂 2.1/12/6
○賜省事畢 2.1/12/16
○養三老、官屬 2.1/12/32
高宗久○ 5.5/29/21
以○定國則祀之 5.5/30/15
對于八政○謙克己終始
之度 5.5/31/21
愛而○之 5.5/32/8
實○我心 7.12/42/24
自○軍也 8.14/53/10
璽書○異曰 9.4/57/14
○之 9.7/59/9
功○爛然 9.7/59/11
人人○勉 9.10/60/20
詔書○延曰 9.11/61/9
乃奉牛酒○軍 10.2/62/19
與士卒共○苦 10.10/64/9
王霸從我○苦 10.11/64/21
○賜吏士 10.11/64/24
君叔獨○苦 11.2/70/18
勤○省闥 12.3/77/23
帝自○以手書 12.6/79/12
百僚○攘 12.11/81/19
吏士疲○ 13.9/85/5
精神亦已○矣 14.2/91/12
勿○神以害生 15.8/98/5
帝○之曰 15.9/98/17
不恥○辱 16.3/102/22
久○苦 16.3/102/23
隱琅邪之○山 16.46/115/27
○問之 16.49/116/17
彭下車經營○來 18.14/131/1
陛下親○ 19.4/137/23

醪 láo 1

輒敕大官送餐○ 18.18/132/6

老 lǎo 54

極望○吏或垂涕曰 1.1/3/16
與舂陵父○故人爲樂 1.1/5/18
嬰兒○母 1.1/7/10
而失黃、○養性之道 1.1/9/6
初行養○禮 2.1/11/28
始尊事三○ 2.1/11/28
有縣三○大言 2.1/12/6
因舉虎頭衣以畏三○ 2.1/12/9
養三○、五更 2.1/12/26
勞養三○、官屬 2.1/12/32
立黃○祠北宮濯龍中 3.5/23/1
難傷○人意 6.5/36/12
年○貧乏 8.6/49/4
將軍可歸救○母妻子 10.14/65/24
竇章、時謂東觀爲○氏
藏室 10.25/69/3
推爲三○ 11.3/71/12
上愍其○ 12.1/77/4
○人居之且病痱 13.14/88/19
爲國元○ 13.16/89/20
○小相攜 15.9/98/19
惟○母極膳 15.11/99/14
年○思土 16.3/104/1
每大射養○禮畢 16.9/106/9
昆○退位 16.17/108/20
常稱○氏知足之分也 16.25/111/2
三○常山李躬 16.27/111/12
上有○母 16.37/113/29
兄年○羸瘠 16.41/114/26
○病家貧 16.49/116/20

今旦爲○母求菜 17.11/120/22
○母饑 17.11/120/22
好黃、○ 18.10/129/7
令○弱城守而追之 18.12/130/1
以爲鄉三○ 18.14/131/2
選鄉三○爲縣三○ 18.14/131/3
○弱啼號滿道 18.14/131/4
耆○見鴻非恒人 18.29/134/28
鳳年○ 18.30/135/17
年○ 19.11/139/24
何用空養他家○嫗爲 19.11/139/25
夫人視○夫復何中〔空〕 19.11/139/25
敬家貧親○ 19.12/140/3
家貧親○ 19.27/143/19
言不稱○ 21.1/150/19
○母八十 21.13/153/21
先帝褒厚○臣 21.23/155/14
〔以〕母年○國遠 21.46/159/3
父○ 21.55/160/13
大集會三○、從事 23.5/166/11
三○等皆稱臣 23.5/166/12
一大○從旁舉身曰 24.3/173/1
問三○ 24.22/174/19
少好黃○ 24.69/178/1

潦 lǎo 3

水○成川 1.1/3/7
下○上霧 12.1/76/19
水○暴長 13.11/86/27

酪 lào 2

又分遣大夫謁者教民煮木爲○ 1.1/1/20
○不可食 1.1/1/21

勒 lè 14

帝敕降賊各歸營○兵待 1.1/4/9
○石紀號 1.1/9/13
西域蒙奇、疏○二國歸義 2.3/17/5
疏○國王盤遣使文時詣闕 3.2/20/12
上望見車騎鞍○皆純黑 6.2/35/16
更疆○兵 8.14/53/2
而弇○兵入據其城 8.14/53/11
恭以疏○城傍有水 8.17/54/8
賈復○兵欲追之 9.1/55/11
○兵在西門樓 9.10/60/18
部○兵 11.2/70/23
名○金石 14.5/93/3
并鞍○、防汗 16.10/106/24
金城、隴西卑湳、○姐種羌反 22.5/164/8

雷 léi 7

會天大○風 1.1/3/7
歌詠○聲 1.1/4/13
○震四海 14.5/93/10
取法於○ 16.24/110/18
天大○ 18.30/135/15
○震動地 21.8/152/4
○折險龍 22.4/163/18

羸 léi 11

征伐嘗乘革輿○馬 1.1/7/14
被掠○困 6.5/36/25
○瘦骨立 6.5/37/5
故吏最貧○者舉國 8.2/47/19
成○衣步擔 10.5/63/7
賑貧○ 12.8/79/24
兄年老○瘠 16.41/114/26
禮久餓○瘦 17.23/124/16
○瘦 17.24/125/2
餘皆賤糶與民饑○者 18.1/126/14
有司奏君年體衰○ 20.1/144/29

纍 léi 1

（援）〔拔〕樂陽、槀、肥○者〔也〕 9.12/61/19

累 lěi 11

以○日月之光 2.2/16/1
〔○餚膳備副〕 6.2/34/18
○世寵貴 8.7/49/19
爲子孫○ 12.11/81/14
其被災害民輕薄無○重者 13.11/86/21
在朝○世 13.12/87/11
暴兵○年 14.5/93/5
多益爲重○ 16.3/103/12
閔仲叔豈以口腹○安邑耶 16.49/116/22
○世千石 17.2/118/3
○官巴陵太守 21.55/160/13

誄 lěi 4

爲作傳○ 7.22/45/24
案帝作○曰 12.11/81/23
世祖詔諸儒○之 18.23/133/8
篤于獄中爲○ 18.23/133/8

壘 lěi 2

以長人巨無霸爲中○校尉 1.1/2/18
築○堅守 23.17/171/16

淚 lèi 3

延收○強起 11.2/71/5
霸聞悲○ 19.11/139/19
乃收○入言球罪 21.12/153/15

酹 lèi 1

于羌前以酒○地曰 21.11/153/3

類 lèi 22

次第比○ 1.1/9/4
○似先帝 2.1/12/6
博其○也 5.6/33/1
皆言○揚雄、相如、前世史岑之比 7.12/43/1
援外○倜儻簡易 12.1/75/9
所謂刻鵠不成尚○鶩者 12.1/76/21
所謂畫虎不成反○狗也 12.1/76/22
臣聞水、陰○也 13.11/86/28
長無種○ 14.3/91/18

非其事○ 14.3/91/22
○皆以麻枲頭緼著衣 15.14/100/14
戰於蒲○海 16.3/103/3
斬得匈奴〔節〕使屋○帶、副使比離支首及節 16.3/103/8
頗○世俗之辭 16.22/110/4
物○相生 16.34/113/7
與周澤相○ 17.5/119/3
仲不可以絕○ 17.11/120/21
皆此○也 17.17/123/3
常持輕○ 19.22/142/18
災暴緣○ 20.19/148/28
非其○也 21.23/155/15
又使祀事以○相從 24.91/180/3

棱 léng 7

韓（○）〔稜〕、楚龍泉 2.2/15/8
（者）〔其〕時論者以爲（○）〔稜〕淵深有謀 2.2/15/9
馬○、字伯威 12.8/79/24
○爲廣陵太守 12.8/79/24
○有威德 12.8/80/1
韓○、字伯師 19.2/137/3
○縣界獨無雹 19.2/137/4

稜 léng 2

韓（棱）〔○〕、楚龍泉 2.2/15/8
（者）〔其〕時論者以爲（棱）〔○〕淵深有謀 2.2/15/9

狸 lí 1

安問狐○ 20.15/148/3

犂 lí 2

○籍憐憐 22.4/163/9
阻蘇邪○ 22.4/163/12

梨 lí 1

○面流血 8.16/53/26

黎 lí 11

○陽兵馬千餘匹 1.1/8/6
是以○元寧康 2.3/17/13
○庶賴福 5.5/29/11
○庶繼命 5.5/29/21
訓將○陽營兵屯漁陽 8.2/47/19
○陽營故吏皆戀慕訓 8.2/47/19
從○陽步推鹿車于洛陽市藥 8.2/47/20
直出○丘 9.2/56/1
爲○陽令 13.13/88/4
○陽人 19.15/140/16
義自稱○邱大將軍 23.19/172/11

罹 lí 1

由是不○其患 18.21/132/22

離 lí 28

刺史二千石長〔吏〕皆無○城郭 1.1/9/23
姨子馮邯爲鍾○侯 1.1/10/10
詔有司京師○宮園池 2.3/16/10
自京師○宮果園上林廣成囿悉以假貧人 2.3/16/22
國家○亂 5.4/29/6
其後勤勤不○公門 8.10/50/10
不○左右 11.5/71/27
 21.34/157/12
雖○讒以嗚唈兮 12.10/80/19
弘乃○席免冠謝曰 13.6/84/7
潰徙○處 13.11/86/27
伏念天下○王莽之害久矣 14.5/93/4
夫婦○散 14.5/93/7
○斷至親 15.7/97/13
斬得匈奴〔節〕使屋類帶、副使比○支首及節 16.3/103/8
住止山陰縣故魯相鍾○意舍 16.14/107/19
遭○盜賊 17.10/120/6
鍾○意辟大司徒侯霸府 17.13/121/14
鍾○尚書若在 17.13/122/3
時鍾○意爲瑕邱令 17.25/125/13
有要○冢 18.29/135/9
要○、古烈士 18.29/135/9
遂葬要○冢傍 18.29/135/10
晝夜不○省闥 19.22/142/14
羌○湳上奐馬二十匹 21.11/153/3
上幸○宮臨觀 22.3/161/16
局後仍○ 22.4/162/7
泣流○ 24.40/175/27

蔾 lí 1

○藿不厭 16.47/116/6

灕 lí 1

藐潯瀘○ 22.4/162/30

驪 lí 3

即以所乘大○馬及繡被衣物賜之 10.14/65/20
漢使有○馬 16.3/103/14
賜所乘○馬 24.27/175/1

里 lǐ 100

具知閭○姦邪 1.1/1/17
舍長安尙冠○ 1.1/1/17
長數百○ 1.1/2/22
金鼓之聲數十○ 1.1/2/25
前去尋、邑軍四五○而陣 1.1/3/2
制〔郊〕兆于城南七○ 1.1/5/7
北郊四○ 1.1/5/7
相去百餘○ 1.1/5/14
以爲國家坐知千○也 1.1/6/14
修園廟舊宅田○舍 1.1/7/1
去之五十○ 1.1/7/6
下縣吏無百○之繇 1.1/7/16
并度廬屋○落 1.1/8/1
以車行數○ 1.1/8/5
次說在家所識鄉○能吏 1.1/9/4
在三○內者 2.1/12/11

日南地坼長一百八十二〇　3.1/18/28

廣五十六〇　3.1/18/28

州郡募五〇蠻夷、六亭兵追擊　3.1/19/2

賜五〇、六亭渠率金帛各有差　3.1/19/2

霍光墓在茂陵東司馬門道南四〇　5.1/27/7

以千〇爲程　7.12/43/15

然但修〇宅　8.10/51/3

去臨淄四十〇　8.14/52/22

皆罷遣歸鄉〇　8.14/53/12

別下潁川太守、都尉及三百〇內長吏皆會　9.4/57/9

十〇一候　10.5/63/8

三百餘〇　10.11/65/1

今鄰〇尚致餽　10.26/69/15

由是鄉〇服其高義　11.9/73/4

〔坂〕水廣二十〇　11.10/73/12

徑且百〇　11.10/73/12

遠祖以吏二千石自邯鄲徙茂陵成歡〇　12.1/75/5

援素與述同鄉〇　12.1/75/13

每言及三輔長者至閭〇少年皆可觀　12.1/76/9

鄉〇稱善人　12.1/76/18

吾在浪泊、西〇、塢間　12.1/76/19

萬〇交結　12.9/80/14

免歸田〇　13.7/84/21

鄉〇歸德　13.10/85/12, 17.23/124/19

邑〇無營利之家　13.11/86/18

萬〇之統　13.11/86/19

與馬援同鄉〇　13.11/87/1

賜洛陽上商〇宅　14.2/90/24

後孔子闕〇無故荊棘自闢　14.2/90/25

從講室掃除至孔〇　14.2/90/25

方今阨急而闕〇無故自滌　14.2/90/26

世祖遣騎都尉弓〇游、諫大夫何叔武　14.4/92/1

遠征萬〇　14.5/93/5

況乎萬〇之漢　14.5/93/19

而大將軍所部不過百〇　14.5/93/20

鄉〇爲之語曰　14.6/94/7

不遠千〇　15.2/95/7, 20.11/147/11

閭〇有喪憂　15.5/96/15

子張父及叔父爲鄉〇盛氏一時所害　15.8/97/22

百〇內皆齎牛酒到府飲讌　15.8/97/28

河潤九〇　15.9/98/18

鄉〇號之曰「一馬兩車茨子河」　15.14/100/13

而當封侯萬〇之外　16.3/102/25

此萬〇侯相也　16.3/103/1

鄉〇甚榮之　16.16/108/14

古帝王封諸侯不過百〇　16.24/110/17

因歸鄉〇　17.2/118/9

鄉〇徐子盛明《春秋經》　17.12/121/3

賦經詩〇　17.22/124/7

閭〇感其行　17.25/125/12

修〇舊業　17.25/125/12

鄉〇以此賢之　18.1/125/20

倫免官歸田〇　18.1/126/17

剖符典千〇　18.7/128/16

聲聞鄉〇　18.13/130/16

鄉〇號之曰「德行恂恂召伯春」　18.19/132/11

鄰〇牧牛而爭飲牛　18.28/134/16

〇落皆化而不爭　18.28/134/18

鴻鄉〇孟氏女　18.29/135/1

鄉〇有爭財　18.30/135/16

父子相將歸鄉〇　19.7/138/18

迎新千〇　19.8/139/4

鄉〇慕其行　19.11/139/21

鄉〇號曰「張曾子」　19.25/143/7

誠信行乎州〇　19.28/143/25

乃廬于〇門　20.6/146/10

或身到閭〇　20.17/148/19

彌數十〇　21.8/152/4

閭〇歌之曰　21.17/154/15

典牧千〇　21.45/158/28

與宣共挽鹿車歸鄉〇　22.1/160/27

不遠萬〇　22.4/163/1

官府閭〇　23.1/165/5

〇閭語曰　23.1/165/13

奉拒光武瓜〇　23.14/169/15

將軍割據千〇　23.17/171/1

蜀地沃野千〇　23.17/171/3

地方數千餘〇　23.17/171/6

蜀人及其弟光以爲不宜空國千〇之外　23.17/171/20

百姓空市〇往觀之　23.17/171/24

千〇無烟火　24.12/173/19

刻符典千〇　24.80/178/25

李 lǐ　41

宛大姓〇伯玉從弟軼數遣客求帝　1.1/2/1

使來者言〇氏欲相見款誠無他意　1.1/2/2

〇氏爲輔　1.1/2/4

獨內念〇氏富厚　1.1/2/4

〇氏家富厚　1.1/2/5

諸〇遂與南陽府掾史張順等連謀　1.1/2/6

而郎少傅〇立反郎　1.1/4/5

〔以〕寧平公主子〇雄爲新市侯　1.1/10/9

〇郃以人多疾疫免　3.2/19/31

白馬令〇雲坐直諫誅　3.5/22/10

名臣少府〇膺等並爲閹人所譖　3.5/22/24

故太僕杜密、故長樂少府〇膺各爲鉤黨　3.6/23/8

事舞陰〇生　8.11/51/9

〇生奇之　8.11/51/9

更始遣舞陰王〇軼、廩丘王田立、大司馬朱鮪、白虎公陳僑將兵三十萬　9.4/57/1

〇忠、字仲都　10.14/65/17

遣功曹史〇龔奉章詣闕　12.6/79/13

舞陰大姓〇氏擁城不下　13.16/89/5

更始遣柱天將軍〇寶降之　13.16/89/6

〇氏遂降　13.16/89/7

永遣弟升及子壻張舒等謀使營尉〇匡先反涅城　14.2/90/20

平陽城○善稱故令范遷
於張堪 15.12/100/2
○章爲千乘太守 15.18/101/21
三老常山○躬 16.27/111/12
公孫述欲徵○業〔爲博
士〕 16.45/115/18
○善、字次孫 17.25/125/9
本同縣○元蒼頭 17.25/125/9
憲遣奴騶帳下吏○文迎
錢 18.13/130/21
○育、字元春 18.20/132/16
○恂遭父母喪 19.20/141/19
○充、兄弟六人 19.27/143/19
○固、字子堅 20.11/147/10
會○閏來 20.24/150/5
白馬令○雲素剛 21.4/151/4
與○膺俱死 21.14/154/1
○庸爲蜀郡太守 21.41/158/12
○松等自長安傳送乘輿
服御物 23.1/165/3
○松奉引 23.1/165/4
與假號將軍○興等結謀
23.9/168/5
蜀郡功曹○熊說述曰
23.17/170/25
止行過肅名趙○時銓不
卒 24.68/177/27

理 lǐ 24

豈非公卿奉職得○乎 2.1/12/23
鳳凰見百三十九、麒麟
五十二、白虎二十九
、黃龍三十四、青龍
、黃鵠、鸞鳥、神馬
、神雀、九尾狐、三
足烏、赤烏、白兔、
白鹿、白燕、白鵲、 2.2/15/20
衛縣木連○ 3.1/19/10
定陵縣木連○ 3.1/19/10
不敢自○ 6.5/36/25
遂得申○ 6.5/37/1
○冤獄 7.2/39/4
郡中政○ 9.1/55/12
○冤結 9.4/56/21
明帝以其明達法○ 11.10/73/11
色○膚髮眉目容貌如畫 12.1/75/7
政○有能名 13.5/83/19
乃修學校（○）〔禮〕 14.2/91/1
逆倫絕○ 14.5/93/13
修○溝渠 15.15/101/2
勃上書○援曰 16.34/113/5
遂平○ 16.37/114/2
無能整齊○之者 18.1/125/25
恭平○曲直 19.4/137/17
王者不○夷狄 19.16/140/24
動得事○ 19.22/142/16
平○冤結 21.3/150/28
○濿髭雒 22.4/163/24
新市人王匡、王鳳爲平
○爭訟 23.1/164/20

裏 lǐ 1

表○山河 23.16/170/9

禮 lǐ 111

雲臺致敬祭祀之○儀亦
如之 1.1/5/13
報以殊○ 1.1/5/19
如會殿前○ 2.1/11/21
行大射○ 2.1/11/28
初行養老○ 2.1/11/28
每饗射○畢 2.1/12/2
○畢 2.1/12/26
2.1/12/31,2.2/14/22
帝耕藉田○畢 2.1/13/5
未及成○ 3.5/21/25
大行丞有治○員四十七
人 4.1/25/3
主齋祠儐贊九賓之○ 4.1/25/4
可得而○也 5.4/28/17
《○記》曰 5.4/28/21,5.4/28/22
○樂之謂也 5.4/28/21
群司○官咸以爲宜登封
告成 5.5/29/12
正三雍之○ 5.5/29/13
遵岱嶽之正○ 5.5/29/17
○、祖有功 5.5/31/25
如孝文皇帝在高廟之○ 5.5/31/26
以○服龍袞 5.6/32/23
○缺樂崩 5.6/32/23
天地之（祀）〔○〕 5.6/33/1
王恭遜好○ 7.8/41/13
宜修○樂 7.12/42/17
虛己○下 7.12/42/21
《○》重嫡庶之序 7.20/45/14
辭○不屈 9.1/55/18
軍師無○ 9.1/55/20
坐純母○殺威弟季 10.15/66/3
憲以特進見○依三公 10.24/68/24
○也 10.26/69/15
故有經紀○儀以相（文）
〔交〕接 10.26/69/16
○從人情 10.26/69/17
今我以○教汝 10.26/69/17
每享射○畢 11.7/72/14
而內重○ 12.1/75/9
○甚盛 12.1/75/15
雖云○制 12.11/81/19
其委任自前世外戚○遇
所未曾有 12.11/81/24
大將軍夫人躬先率○ 12.12/82/4
恭儉好○ 13.8/84/26
陛下率○無違 13.9/85/7
○下公門 13.10/85/14
○簡易從 13.11/86/4
自郊廟婚冠喪紀○儀多
所正定 13.12/87/12
《○》、三年一祫 13.12/87/14
亦行此○ 13.12/87/17
物備○成 13.12/87/19
請可如○施行 13.12/87/19
○事修舉 13.16/89/19
乃修學校（理）〔○〕 14.2/91/1
無藩臣之○ 14.2/91/6
忠者、○義之主 14.2/91/11
時臨饗○畢 15.8/97/29
皆○之 15.15/100/24
敬待以師友之○ 15.15/100/25
崇○養善如此 15.15/100/26
鄯善王廣○敬甚備 16.3/103/4
于闐王廣德○意甚疏 16.3/103/14
每以○讓相厭 16.9/105/19
尊榮以師○ 16.9/106/5
其恩○如此 16.9/106/7
每大射養老○畢 16.9/106/9
有○讓 16.10/106/17
盡○而去 16.13/107/12
○、天子不食支庶 16.36/113/23

非○不動 16.46/115/27
頗曉其○ 17.1/117/22
未嘗加○ 17.1/117/26
孔子稱「能以○讓爲國 17.8/119/20
敬○焉 17.19/123/13
臣可以○進退 17.19/123/14
無人臣○ 17.20/123/20
弟○爲賊所得 17.23/124/15
○久餓羸瘦 17.23/124/16
令弟○夫妻俱出外 17.23/124/17
比○夫妻歸 17.23/124/17
○心怪疑 17.23/124/18
弟○爲御史中丞 17.23/124/21
詔○十日就長樂衛尉府 17.23/124/22
○卒 17.23/124/22
願受○遺 18.10/129/8
恩○敦至 18.10/129/10
務○示民 18.14/131/4
常慕叔孫通爲漢儀○ 18.16/131/14
恒自○焉 18.18/132/6
各奉書致○遺革 18.18/132/7
治《○》、《詩》、《春秋》 18.29/134/22
然後修君臣之○ 19.1/136/11
詔射聲（教）〔校〕尉曹褒案《（舊漢）〔漢舊〕儀》制漢○ 19.1/136/20
酺以爲褒制○非禎祥之特達 19.1/136/21
○過成人 19.4/137/14
郡數以○請 19.4/137/16
爲政尚寬惠○讓 19.5/138/4
百姓化其恩○ 19.17/141/6
（武威）天下州郡遠近莫不修○遺 19.20/141/21
張敏以行大射○ 20.1/144/29
郊廟○儀仍有曠廢 20.1/144/29
裁足以修三驅之○ 20.4/145/25
以合○中 20.4/145/26
不敢當○ 22.1/160/25
拜姑○畢 22.1/160/27
呂植通《○經》 23.1/164/25
俠卿○之 23.5/166/14
且○有損益 23.16/169/28
光武于是稍黜其○ 23.16/170/19
由○ 24.46/176/11
動與○合 24.47/176/13

鯉 lǐ 1

日生○一雙 17.22/124/7

醴 lǐ 2

是時○泉出于京師 1.1/9/15
郡國飲○泉者 1.1/9/15

蠡 lǐ 2

○吾侯翼之長子也 3.5/21/23
賜谷○王玉具劍 22.3/161/15

力 lì 33

○不能相救 1.1/2/20
不同○救之 1.1/2/20
君臣并○城守 1.1/4/4
以要其死○ 1.1/6/6
○誦聖德 2.2/15/27
聖王先成民而後致○于神 5.5/30/16
爭用威○ 8.1/46/11
恐○不堪 9.7/59/12
亦不遺○ 9.7/59/12
膂○過人 9.8/60/3
○貫三百斤弓 9.8/60/3
盡○自效 10.1/62/10
卿○也 10.11/64/20
惟隗與袁安同心畢○ 10.13/65/12
所以挫其強禦之○ 13.11/86/17
兵久則○屈 14.5/93/20
難卒以○制 15.9/98/23
用○省 15.10/99/6
堪與吳漢并○討公孫述 15.12/99/25
精○不倦 16.9/105/15
稽古之○也 16.9/106/2
努○教之 16.10/106/21
子若與我并威同○ 16.30/111/25
序素有氣○ 16.30/112/1
○不能兩活 17.11/120/21
私語行事人使不加○ 18.22/133/1
香勤○憂公 19.22/142/17
尚書敕郁自○受拜 19.29/144/5
而心○克壯 21.1/150/18
○盡 21.8/151/27
是故扶接助其氣○ 21.23/155/14
無利則堅守而○農 23.17/171/6
忠臣畢○ 24.9/173/13

立 lì 85

更始○ 1.1/2/14,8.10/50/7
胡子○邯鄲卜者王郎爲天子 1.1/3/19
而郎少傅李○反郎 1.1/4/5
更始遣使者即○帝爲蕭王 1.1/4/7
○北畤而祠黑帝 1.1/5/5
故帝年十二以皇子○爲東海公 2.1/11/9
○陰貴人爲皇后 2.1/11/16
以東海王○爲皇太子 2.1/11/16
以皇子○爲太子 2.2/14/3, 2.3/16/6
乃○以爲皇太子 2.4/17/19
復徵○諸王子 3.2/19/27
○爲太子 3.3/21/8
○黃老祠北宮濯龍中 3.5/23/1
○父生爲越王 3.6/23/12
始○明堂于泰山 5.3/28/11
匡衡奏○北郊 5.5/30/11
建○三雍 5.5/31/17
如自○廟當作舞樂者 5.5/32/1
○辟雍 5.6/32/23
○爲貴人 6.1/34/1
有司奏〔請〕○長秋宮 6.2/34/14
主名不○ 6.5/36/19
羸瘦骨○ 6.5/37/5
○爲皇后 6.6/37/11,8.7/49/18
○后之日 6.6/37/11
帝既○ 6.8/37/21
聞更始○ 7.1/38/19
○長子章爲太原王 7.1/38/23
○爲皇太子 7.8/41/3
猶恐無所成○ 8.1/46/12
○高祖之業 8.1/46/13
家家爲○祠 8.2/48/4

軍陣○成 8.16/53/25
更始遣舞陰王李軼、廩丘王田○、大司馬朱鮪、白虎公陳僑將兵三十萬 9.4/57/1
並上奏勸上○ 9.4/57/4
又建爲孔子○後 9.7/59/17
○舊交之位 12.1/75/15
因說囂側足而○ 12.1/76/1
○馬於魯班門外 12.1/76/26
形骸骨○ 12.4/78/13
肅宗初○ 12.6/79/11
正身○朝 13.16/89/18
○聖公爲天子 14.1/89/26
○故謁者祝回爲涅長 14.2/90/21
新主○不肯降 14.4/92/4
功名兼○ 14.5/93/2
以誅暴○威信 15.10/99/5
猶當效傅介子、張騫○功異域 16.3/102/23
功成事○也 16.3/103/7
冀○鉛刀一割之用 16.3/103/16
光武興○《左氏》 16.8/105/9
支庶用其諡○族命氏焉 16.9/105/13
爲○祠堂 16.13/107/12
今陛下○太子 16.15/107/27
吏民爲○祠焉 16.31/112/12
齔童介然特○ 16.52/117/12
耿介特○ 17.3/118/16
諸生○旁 18.12/130/5
介然特○ 18.26/133/27
迎○濟陰王 20.23/149/21
又○掖庭民女亳氏爲皇后 21.4/151/3
太史令王○說《孝經》六隱事 21.21/155/3
允與○入 21.21/155/4
輒○屏風後 21.55/160/13
將○劉氏 23.1/164/23
因欲○之 23.1/164/24
而朱鮪○壇城南（堉）〔淯〕水上 23.1/164/24
將○聖公爲天子議以示諸將 23.1/164/25
南面而○ 23.1/164/27
赤眉欲○宗室 23.5/166/11
欲輔○之 23.9/168/4
囂既○ 23.16/169/25
今○者乃在南陽 23.16/169/26
宜急○高廟 23.16/169/27
乃○高祖、太宗之廟 23.16/170/1
于是自○爲蜀王 23.17/171/2
自○爲天子 23.17/171/10
漢祖無有前人之迹、○錐之地 23.17/171/13
疏食骨○ 24.43/176/5
○八尺圓體之度 24.90/179/23
孝明○世祖廟 24.92/180/5
不復改○ 24.92/180/5

吏 li 212

○治得失 1.1/1/17
使劉終僞稱江夏○ 1.1/2/12
○士皆壓伏 1.1/3/1
三輔官府○ 1.1/3/14
極望老○或垂涕曰 1.1/3/16
傳○方進食 1.1/3/21
傳○疑其僞 1.1/3/21
勞勉○士 1.1/3/26
得○民謗毀帝言可擊者數千章 1.1/4/6
命諸將收葬○士 1.1/4/13
遣○上奏言 1.1/5/14
○還 1.1/5/15
諸生○子弟及民以義助作 1.1/5/27
下輿見○輒問以數十百歲能○次第 1.1/6/4
○民驚惶 1.1/6/5
囂故○馬援謂囂曰 1.1/6/8
今上好○事 1.1/6/12
○民相效 1.1/6/21
下縣○無百里之繇 1.1/7/16
賜○民 1.1/8/11
○民叩頭言 1.1/8/11
○祿薄少 1.1/8/20
次說在家所識鄉里能○ 1.1/9/4
刺史二千石長〔○〕皆無離城郭 1.1/9/23
無遣○及因郵奏 1.1/9/24
不令以○職爲過 1.1/10/3
世祖見陳留○牘上有書曰 2.1/11/10
因語○ 2.1/11/11
○抵言于長壽街得之 2.1/11/11
○受郡敕 2.1/11/11
乃率諸王侯、公主、外戚、郡國計○上陵 2.1/11/20
會郡縣○ 2.1/12/5
見○賞賜 2.1/12/7
懲艾酷○ 2.1/12/8
帝在于道所幸見○ 2.1/12/16
漢陽故○杜習手刺殺之 3.1/18/22
殺長○ 3.1/19/2,3.5/22/15
光祿勳府○舍夜壁下忽有氣 3.5/21/30
司馬員○官屬 4.1/24/15
畏○ 6.5/36/25
○將去 6.5/36/25
欲令親○事 7.1/38/24
縣○張申有伏罪 7.2/39/3
部○追逐 7.4/39/25
○強責租 7.7/40/17
我得拜除長○ 8.1/46/9
○士散已盡 8.1/47/5
太原○民苦轉運 8.2/47/15
黎陽營故○皆戀慕訓 8.2/47/19
故○最貧羸者舉國 8.2/47/19
○士嘗大病瘧 8.2/47/23
○人羌胡愛惜 8.2/48/2
前烏桓○士皆奔走道路 8.2/48/3
激揚○士 8.10/50/16
○士不足 8.10/51/2
俱劉公○ 8.11/51/12
上調官屬補長○ 8.11/51/13
○士饑 8.11/51/14
○笮馬糞汁飲之 8.17/54/8
爲○士請禱 8.17/54/10
○士驚喜 8.17/54/10
而○士皆醉 9.1/55/11
選官屬守州中長○ 9.2/56/8
別下潁川太守、都尉及三百里內長○皆會 9.4/57/9
聞○士精銳 9.4/57/17
異敕○士 9.4/57/20
祭遵以縣○數進見 9.7/59/3
署爲門下○ 9.7/59/3
遵呵○士 9.7/59/8
○士進戰 9.7/59/8

以賜○士 9.7/59/13
殺略○人 9.9/60/13
○民遮道不得行 9.12/61/17
純持節與從○夜遁出城 10.1/62/6
士○惶恐 10.11/64/16
導○言河水流澌 10.11/64/17
權時以安○士 10.11/64/21
勞賜○士 10.11/64/24
大將軍置長史、司馬員
○官屬 10.24/68/21
○人不歸往守令 10.26/69/10
○民親愛而不忍欺之 10.26/69/11
使民不畏○ 10.26/69/13
○不取民 10.26/69/13
今我畏○ 10.26/69/13
亭長素爲善○ 10.26/69/14
況○民乎 10.26/69/15
〔新野〕○乃燒晨先祖
祠堂 11.1/70/7
○以爲饒利 11.5/72/1
禹爲廷尉府北曹○ 11.10/73/10
率○民 11.10/73/13
功曹（○）〔史〕戴閏
當從行縣 11.10/73/15
遠祖以○二千石自邯鄲
徙茂陵成歡里 12.1/75/5
次兩兄爲○京師 12.1/75/8
任○以職 12.1/76/5
一縣長○ 12.1/76/14
爲郡○ 12.1/76/18
帥厲○士 12.4/78/13
劫掠○人 12.9/80/14
遣○召之 13.6/84/5
○民從化 13.8/84/26
○士疲勞 13.9/85/5
長○制御無術 13.11/86/13
兩府遣○護送饒穀之郡
13.11/86/22
○民廬舍 13.11/86/27
領南宮○士 13.14/88/19
宜知尊帝城門候○六百
石 14.2/91/5
時司徒○鮑恢以事到東
海 15.6/97/4
我司徒○ 15.6/97/5
鎭撫○民 15.12/99/26
以表廉○ 15.12/100/3
從○二人 15.13/100/8
迎○見其少 15.15/100/22
下車遣○以中牢具祠延
陵季子 15.15/100/23
掾○貧者 15.15/100/25
延率掾○殯於門外 15.15/101/1
延乃爲置水官○ 15.15/101/1
時嘩爲市○ 15.17/101/11
○人及羌胡畏之 15.17/101/15
超悉會其○士三十六人
16.3/103/6
遂將○士往奔虜營 16.3/103/8
○若班超 16.3/103/11
塞外○士 16.3/104/4
○民爲立祠焉 16.31/112/12
酋長殺○ 16.34/113/5
上嘗召見諸郡計○ 16.35/113/15
掾○叩頭諫曰 16.37/114/3
見○則衣草而出 16.40/114/21
太守遣○捕之 16.46/115/28
民相率以石（擿）〔擿〕
○ 16.46/115/28
令出敕市○ 16.49/116/21
詔以信田宅奴婢錢財賜
廉○太常周澤 17.3/118/19
歲旦與掾○入賀 17.10/120/5
掾○皆稱萬歲 17.10/120/7
誠良○也 17.13/121/16
長○莫敢改之 17.14/122/8
張重、日南計○ 17.21/123/25
何郡小○ 17.21/123/25
臣日南計○ 17.21/123/25
非小○也 17.21/123/25
後○譏詩 17.22/124/7
○因問曰 17.23/124/14
告奴婢于長○ 17.25/125/12
詔書選三署郎補王家長
○ 18.1/126/5
聞卿爲○撾妻父 18.1/126/8
與小○受等 18.1/126/13
不復示掾○ 18.1/126/19
○甚驕慢 18.6/128/2
○民畏而愛之 18.6/128/5
○畏其威 18.6/128/6
坐考長○囚死獄中 18.6/128/9
爲○坐贓 18.10/129/9
稱清白○ 18.10/129/9
○白今虜兵度出五千
18.12/129/28
○民向化 18.13/130/17
21.42/158/16
邊郡○多放縱 18.13/130/19
阜以法繩正○民 18.13/130/19
憲遣奴騶帳下○李文迎
錢 18.13/130/21
令與長○參職 18.14/131/3
○民畏愛 18.14/131/4
○對曰 18.16/131/16
而篤不任爲○ 18.23/133/10
太守駱珍召署曹○ 18.26/133/27
遣○奏記陳罪 18.26/134/1
善○如良鷹矣 18.26/134/2
令爲曹○ 18.26/134/3
及友爲郡○ 18.29/134/29
不應爲○ 18.30/135/18
薦郡○王青三世死節 19.1/136/9
引酺及門生郡縣掾○並
會庭中 19.1/136/10
○人愛慕 19.2/137/3
恭乃始爲郡○ 19.4/137/17
殺略人○ 19.6/138/13
掾○有過 19.11/139/22
○皆懷恩 19.11/139/23
臣斗筲之小○ 19.15/140/16
父親爲縣○ 19.16/140/22
署戶曹（○）〔史〕
19.16/140/23
便諷○解遣 19.21/142/3
先遣○到屬縣盡決罪行
刑 19.26/143/13
使後世稱爲清白○子孫
20.2/145/7
少作縣○ 20.7/146/15
爲縣門下小○ 20.8/146/20
張躭將○兵 20.12/147/15
教掾○曰 20.16/148/8
○民不欺 20.17/148/20
○民有過 21.9/152/12
舉郡人許靖計○ 21.26/156/3
○民驚 21.33/157/7
○譯平端 22.4/161/25
○譯傳風 22.4/163/15
聖公避○于平林 23.1/164/18
○繫聖公父子張 23.1/164/19

○乃出子張 23.1/164/19
郎○以次侍 23.1/165/5
郎○怪之 23.1/165/6
其子爲縣○ 23.7/167/6
寵與所親信○計議 23.11/168/18
○皆怨浮 23.11/168/18
告外○ 23.11/168/21
○皆便休 23.11/168/21
歸爲縣○ 23.13/169/9
囂、故宰〔相〕府掾○ 23.16/170/6
以○二千石自無鹽徙焉 23.17/170/23
○謝去 23.18/172/7
○安其職 24.10/173/15
○民懽悅 24.21/174/17
無令干亂○治 24.59/177/9
他○往得之 24.72/178/8
自執事之○ 24.92/180/6

利 li 23

兵有不○ 8.10/50/15
北營戰不○ 8.10/50/23
數不○ 10.2/62/17
吏以爲饒○ 11.5/72/1
不與民爭○ 13.6/84/9
邑里無營○之家 13.11/86/18
通○道路 13.16/89/12
欲貪天下之○ 14.4/92/11
觀其水泉之○ 14.5/93/26
無蠶織絲麻之○ 15.14/100/13
人賴其○ 15.14/100/15
人得其○ 15.14/100/18
皆蒙其○益 15.15/101/2
坐而分○ 16.16/108/5
故○以建侯 16.24/110/18
爲政愛○ 17.13/121/18
雖有百金之○ 19.7/138/20
○取侯畢尋玄孫守坐姦人妻 21.48/159/12
又有魚鹽銀銅之○ 23.17/171/4
衆見○則出兵而略地 23.17/171/6
無○則堅守而力農 23.17/171/6
冀有大○ 23.17/171/17
終○恭 24.83/179/5

戾 li 1

不顧罪○ 16.34/113/10

例 li 2

司徒（○）〔辭〕訟久者至（數十）〔十數〕年 14.3/91/21
比○輕重 14.3/91/22

鬲 li 1

封（祐）〔祜〕爲○侯 9.6/58/12

栗 li 1

○駭蓬轉 24.8/173/11

荔 li 3

至○浦 12.1/76/16
服○裳如朱紱兮 12.10/80/25
賜御食及橙、橘、龍眼、○枝 22.3/161/13

詈 li 1

罵○道路 23.1/165/12

慄 li 7

哀懼戰○ 5.5/32/8
郡中震○ 7.2/39/3,19.2/137/4
瘧發寒○ 9.10/60/22
官寮震○ 11.7/72/16
于是權門惶怖股○ 21.12/153/14
外戚戰○ 24.60/177/11

綟 li 1

復設諸侯王金璽○綬 4.1/25/18

厲 li 9

威嚴甚○ 1.1/4/1
矜嚴方○ 2.2/14/5
至則○兵馬 9.8/60/4
率○五郡精兵 10.22/67/22
帥○吏士 12.4/78/13
志節抗○ 15.7/97/12
志意抗○ 16.46/115/23
○志清高 18.3/127/4
皆○行之士 18.6/128/4

曆 li 1

兼明圖讖、天官、星氣、鍾律、（歷）〔○〕算 19.22/142/12

歷 li 11

帝○說其意 1.1/3/2
堯以○數命舜 1.1/5/12
○覽館舍邑居舊處 2.1/12/5
道（路）〔橋〕所過○樹木 2.2/14/15
黃龍見○城 3.1/19/11
○蒼梧之崇丘兮 12.10/80/25
兼明圖讖、天官、星氣、鍾律、（○）〔曆〕算 19.22/142/12
○歲乃瘳 19.30/144/10
初不○獄 21.54/160/7
涉危○險 22.4/163/1
凡○所革 24.85/179/9

隸 li 18

以帝爲司○校尉 1.1/3/13
及見司○官屬 1.1/3/16
詔司○ 3.5/22/1
司○校尉梁松奏特進弟防、光、廖、〔廖〕子豫 12.2/77/12
爲司○校尉 14.2/91/1, 21.12/153/13
司○不避也 14.2/91/9
拜司○校尉 14.3/91/19
怪使司○而著姓也 14.3/91/20
吾欲使天下知忠臣之子復爲司○ 14.3/91/21
上特詔御史中丞與司○

校尉、尙書令會同並
專席而坐 15.3/96/5
卿曹皆人○也 16.31/112/8
司○校尉下邳趙興不卹
諱忌 18.25/133/19
三葉皆爲司○ 18.25/133/20
父奉、司○校尉 19.14/140/12
轉司○校尉 19.15/140/18
范康爲司○校尉 21.36/157/21
西羌祖爰劍爲秦所奴○
22.5/164/3

勵 lì 4

○之曰 8.6/49/1
策書勉○ 9.8/60/4
齠齔○志 13.1/83/1
但高譚清論以激○之 18.26/134/1

癘 lì 1

則水旱○疫之災 5.5/30/17

瀝 lì 1

理○髭雒 22.4/163/24

麗 lì 4

容貌莊○ 2.1/11/6
娶妻當得陰○華 6.1/33/24
輿服光○ 17.7/119/13
辭采鴻○ 19.8/139/3

櫟 lì 2

定封丹○陽侯 9.10/60/20
不過○陽萬戶邑 9.10/60/21

礪 lì 1

武公、莊公所以砥○蕃
屏 13.1/83/2

糲 lì 2

○食蠱餐 16.12/107/6
故常服蠱○ 19.11/139/20

酈 lì 1

王國○侯 20.23/149/23

轢 lì 2

司徒許敬爲陵○使（官）
〔者〕策罷 3.2/20/5
下淩○同列 13.13/88/8

連 lián 29

諸李遂與南陽府掾史張
順等○謀 1.1/2/6
塵熛○雲 1.1/2/25
○勝 1.1/3/5
○月不盡 1.1/3/9
○戰 1.1/4/1
天下旱霜○年 1.1/5/22
○歲月乃決 1.1/6/17
（嘗）〔常〕○日 1.1/9/5
災異○仍 1.1/9/10
鳳凰見百三十九、麒麟
五十二、白虎二十九
、黃龍三十四、青龍
、黃鵠、鸞鳥、神馬
、神雀、九尾狐、三
足烏、赤烏、白兔、
白鹿、白燕、白鵲、 2.2/15/20
衛縣木○理 3.1/19/10
定陵縣木○理 3.1/19/10
○求還第 8.4/48/13
○年不下 9.1/55/19
將軍○年拒難 9.7/59/11
○破之 9.11/61/5
何況乃當傳以○城廣土
10.22/68/1
高樓○閣 11.3/71/10
依姊壻父九江○率平河
侯王述 12.6/79/3
○年拒守 13.9/85/5
乃流○貪位 13.11/86/23
兵○不息 14.5/93/5
自後○徵 15.6/97/7
○徵不至 16.47/116/6
○有瑞應 18.13/130/20
太守○召請 18.30/135/17
○年不克 21.8/151/25
○騎繼跡 21.8/152/4
○年不得 24.90/179/25

廉 lián 23

汝南童子謝○、河南童
子趙建 3.2/20/11
昔藺相如屈于○頗者 9.1/55/9
遵○潔奉公 9.7/59/21
郡舉孝○爲郎 15.8/98/6
以表○吏 15.12/100/3
初舉孝○ 15.14/100/12
舉孝○爲郎中 16.13/107/11
舉爲孝○ 16.29/111/21
在朝名清○公正 17.2/118/11
朝廷嘉其清○ 17.3/118/18
詔以信田宅奴婢錢財賜
○吏太常周澤 17.3/118/19
以清○見稱 17.5/119/3
以○讓率下 18.3/127/6
遂爲○潔 18.10/129/9
○范、字叔度 18.12/129/25
○叔度、來何暮 18.12/130/3
時生子皆以○名者千數
18.12/130/4
故蜀郡太守○叔度 18.12/130/7
舉孝○ 18.16/131/15
復舉其子孝○ 19.1/136/9
父況舉孝○ 19.22/142/7
震公○ 20.2/145/6
察孝○ 21.26/156/3

奩 lián 2

視太后鏡○中物 2.1/13/18
敕易○中脂澤妝具 2.1/13/18

憐 lián 13

帝○廣陵侯兄弟 2.1/13/12
○之 6.3/35/22,19.26/143/14
惟陛下哀○ 8.5/48/21
上甚○之 9.12/61/23
昱○其言 14.3/91/18

○盛幼小而共寒苦 15.2/95/7
昇○其言 18.13/130/16
恭○丕小 19.4/137/15
母○之 19.29/144/4
犂籍○○ 22.4/163/9
明甚○之 24.2/172/23

蓮 lián 2

遠望如○華 5.1/27/15
馮翊○芍人也 14.4/91/27

鎌 lián 1

姊引○欲自割 22.2/161/3

斂 liǎn 1

以察發○ 24.90/179/24

歛 liǎn 10

賦○羌胡 12.3/78/8
即時殯○ 12.11/81/20
○以時服 12.11/81/21
貴戚且當○手 14.2/91/7
賦○愈重 14.5/93/5
典獨棄官收○歸葬 16.13/107/12
太守○容而止 17.10/120/10
嘗豫令弟子市棺○具 18.31/135/22
貧無殯○ 21.15/154/5
咸各○手 21.20/154/27

練 liàn 5

簡○臣下之行 1.1/6/5
身衣大○縑裙 6.2/35/3
遺○帛 16.6/104/18
達○事體 21.1/150/19
中宮皇太子親服重繒厚○ 24.94/180/11

戀 liàn 3

中心○○ 7.12/43/12
黎陽營故吏皆○慕訓 8.2/47/19

良 liáng 42

帝深念○久 1.1/2/6
股肱貞○ 5.5/32/6
○搏手大呼曰 7.4/39/20
○復讓呼 7.4/39/21
前白○曰 7.4/39/21
○意下 7.4/39/22
非有忠○明智 8.1/46/12
效杜季○而不成 12.1/76/21
時帝叔父趙王○從送中郎將來歙喪還 14.2/91/1
○怒 14.2/91/2
永劾奏○曰 14.2/91/3
案○諸侯藩臣 14.2/91/5
必須○才 14.5/93/24
樹名賢之○佐 14.5/93/28
王○、字仲子 15.6/97/3
而○妻布裙徒跣曳柴 15.6/97/4
○以疾歸 15.6/97/6
○慚 15.6/97/7
舉賢○對策 15.7/97/13
桓鸞父○ 16.12/107/5
譚默然○久 16.16/108/9
○久乃得解 16.16/108/10
伏見太原周黨、東海王○、山陽王成 16.50/117/2
吳○、字大儀 17.10/120/5
○時跪曰 17.10/120/8
今○曹掾尙無袴 17.10/120/9
賜○鰒魚百枚 17.10/120/10
轉○爲功曹 17.10/120/10
○恥以言受進 17.10/120/11
蒼上表薦○ 17.10/120/13
前見○頭鬚皎然 17.10/120/13
今以○爲議郎 17.10/120/15
誠○吏也 17.13/121/16
吳○上言 17.20/123/20
○久乃聽止 17.23/124/14
善吏如○鷹矣 18.26/134/2
馮○、字君郎 20.7/146/15
○久曰 20.10/147/4
祝○、字邵平 20.18/148/24
○收其妻殺之 20.18/148/24
常以○日 21.21/155/3
陰猛好學溫○ 21.51/159/24

涼 liáng 4

行河西五郡大將軍、○州牧、張掖屬國都尉竇融 10.22/67/21
○州爲之歌曰 15.17/101/16
并、○民庶 21.2/150/23
後○州刺史奏林臧罪 22.5/164/6

梁 liáng 39

母曰○貴人 2.3/16/5
改殯○皇后于承光宮 2.3/16/27
五原郡兵敗于高○谷 3.1/18/18
尊皇后○氏爲皇太后 3.3/21/8
○太后欲以女弟妃之 3.5/21/24
大將軍○冀輔政 3.5/22/6
言「○伯夏教我上殿」 3.6/23/18
與○皇后並爲貴人 6.7/37/16
母宣改嫁爲掖庭民○紀妻 6.9/38/3
故冒姓爲○氏 6.9/38/4
○字季少 7.6/40/7
固、公○亭侯 7.17/44/23
祀、○父亭侯 7.17/44/23
坐私與○扈通書 8.2/47/24
斬其魯郡太守○丘壽、沛郡太守陳修 9.11/61/5
光武拜王○爲大司空 10.6/63/12
○爲中郎將 10.6/63/12
詔○別守天中關 10.6/63/13
司隸校尉○松奏特進弟防、光、廖、〔廖〕子豫 12.2/77/12
○與秦同祖 12.9/80/6
別封于○ 12.9/80/6
○竦作《悼騷賦》 12.10/80/19
○商、字伯夏 12.11/81/10
○冀拜步兵校尉 12.12/82/3
即大將軍○冀妻也 12.12/82/5
○不疑拜步兵校尉 12.13/82/9
而大將軍爲之○棟 14.5/93/19
治《○丘易》 15.12/99/23
太子及山陽王因虎賁中郎將○松請衆 16.6/104/18
朱酺、○國寧陵人 17.15/122/15
治《○邱易》 17.17/122/24

〇鴻少孤 18.29/134/22
得賢壻如〇鴻者 18.29/135/1
此眞〇鴻妻也 18.29/135/2
尹勤、字叔〇 19.9/139/8
〇諷、北地弋居人 19.19/141/14
〇冀作平上軿車 20.15/148/3
桓帝誅大將軍〇冀 21.4/151/3
司空掾〇福曰 21.35/157/16

糧 liáng 16

彭寵遺米糒魚鹽以給軍〇 1.1/4/7
軍士悉以果實爲〇 8.1/47/5
〇食不豫具 9.7/59/12
〇饋不至 10.10/64/9
儲積資〇 11.2/71/2
假與〇種 11.10/73/13
以圖議軍〇 13.13/88/6
所裝縑帛資〇 13.16/89/11
〇乏 15.5/96/20
分俸祿以供給其〇用 15.11/99/18
太守王朗餉給〇食、布
帛、牛羊 16.14/107/20
升合分〇 16.52/117/13
分〇共食 18.1/125/20
無資〇 20.17/148/17
乞少置衣〇 21.13/153/21
有時絕〇 21.17/154/14

兩 liǎng 35

賊亦〇心 1.1/4/9
取此〇子置度外 1.1/6/3
尙持〇心 1.1/6/8
一室納〇刃 2.2/15/9
故悝兄弟率常在中供養
〇宮 8.5/48/19
時上置〇府官屬 8.11/51/11
所謂一舉而〇得者也 8.14/52/27
輜重七千餘〇 8.14/53/12
〇虎安得私鬬 9.1/55/12
會屬縣送委輸牛車三百
餘〇至 10.2/62/18
〇侯 10.22/68/4
奉〇宮宿衛 10.23/68/12
次〇兄爲吏京師 12.1/75/8
所以宿衛〇宮 12.4/78/14
卒暴誅於〇觀 12.10/80/20
每租奉到及〇宮賞賜 12.11/81/14
〇府遣吏護送饒穀之郡
13.11/86/22
林父子〇人食列卿祿 13.11/87/4
是故君臣〇興 14.5/93/2
麥穗〇岐 15.12/100/1
鄉里號之曰「一馬〇車
茨子河」 15.14/100/13
風吹落〇實 16.14/107/21
力不能〇活 17.11/120/21
有〇山 17.14/122/7
終不能〇全 17.24/125/4
攜錢二千、布〇端去
18.13/130/14
臺遣〇當關扶郁入 19.29/144/5
則載之兼〇 20.17/148/13
林對前後〇屈 22.5/164/5
與〇空札置笥中 23.5/166/11
〇奴將妻入取寵物 23.11/168/22
使寵妻縫〇縑囊 23.11/168/24
猶持〇端 23.16/170/19
使延岑、田戎分出〇道
23.17/171/20
莫能知其所以〇廟之意
24.92/180/6

亮 liàng 2

鸞貞〇之性 16.12/107/5
清〇忠孝 16.20/109/12

量 liàng 5

〇敵校勝 1.1/6/10
豈齊〇其幾微兮 12.10/80/20
勤差〇功次輕重 13.13/88/6
何〇丹之薄 15.5/96/26
竊不自〇 24.90/179/26

諒 liàng 2

樂成王居〇闇 7.19/45/7
〇爲烈士 12.1/77/2

聊 liáo 1

元元無〇 14.5/93/6

僚 liáo 9

臣下百〇 2.2/15/27
群〇百姓 3.1/19/16
百〇勞擾 12.11/81/19
百〇知林以（名）〔明〕
德用 13.11/87/1
百〇之臣 14.5/93/6
百〇畢會 16.20/109/18
爲百〇式 18.3/127/6
群〇憚之 19.10/139/14
〇友有過 21.54/160/8

寮 liáo 3

官〇震慄 11.7/72/16
百〇憚之 12.6/79/10
百〇肅然 24.60/177/11

遼 liáo 11

虔人種羌大豪恬狼等詣
度〇將軍降 3.1/19/5
度〇將軍司馬二人 4.1/24/22
大長秋、將作大匠、度
〇諸將軍、郡太守、
國傅相皆秩二千石 4.1/25/19
分高顯、候城、〇陽屬
玄（菟）〔菟〕 5.1/27/21
元初中爲度〇將軍 8.9/49/28
拜〇東太守 9.8/60/4
爲〇東太守三十年 9.8/60/6
往時〇東有豕 13.9/85/3
則爲〇東豕也 13.9/85/4
客於〇東 16.46/115/26
遂燒度〇將軍門 21.11/153/5

療 liáo 3

醫藥〇之多愈 8.2/48/2
上使太醫〇視 13.13/88/11
醫藥救〇 19.30/144/9

蓼 liǎo 1

其以安豐、陽泉、○、安風凡四縣封融爲安豐侯 10.22/67/23

燎 liǎo 5

燔○告天 1.1/4/21
與○烟合 15.2/95/20
火明○遠 15.8/98/7
盛冬皆以火○ 15.14/100/14
然火○之 15.14/100/17

廖 liào 7

馬○少習《易經》 12.2/77/9
○不得嗣爵 12.2/77/9
司隸校尉梁松奏特進弟防、光、○、〔○〕子豫 12.2/77/12
北地太守○信貪污下獄 17.3/118/19
于是京師貴戚順陽侯衛尉馬○、侍中竇憲慕其行 18.18/132/6
平林人陳牧、○湛復聚千餘人 23.1/164/21

列 liè 27

故皆以○侯就第 1.1/10/3
必先徧賜○侯 1.1/10/4
帝及公卿○侯始服冕冠、衣裳 2.1/11/26
裁家一人備○將校尉 2.1/13/26
○在食舉 5.4/29/2
受命之○ 5.5/29/22
宜○德 5.5/31/13
猥歸美于載○之臣 5.5/32/4
皆命帶○侯綬 7.9/41/25
賜以秘書○圖、道術秘方 7.12/43/11
以○侯就第 8.1/47/6
兄弟充○顯位 8.5/48/20
○爲藩輔 8.13/52/7
○侯十九人 8.17/54/15
後○女樂 12.7/79/20
○校之職 12.12/82/3,12.13/82/9
圖畫○女 13.6/84/11
林父子兩人食○卿祿 13.11/87/4
諸王公○侯廟會 13.12/87/17
下淩轢同○ 13.13/88/8
功名○於不朽 13.13/88/10
○亭置驛 15.13/100/7
常備○典儀 16.17/108/19
上封功臣皆爲○侯 16.24/110/17
而中常侍單超等五人皆以誅冀功並封○侯 21.4/151/3
○屯赤地 21.11/153/5

烈 liè 14

母光○皇后 2.1/11/8
欽奉鴻○ 3.2/20/29
如光○皇后故事 5.5/32/15
今以光○皇后假髻、帛巾各一、衣一篋遺王 7.12/43/5
光○皇后崩 7.16/44/13
時天寒○ 9.4/56/22
諒爲○士 12.1/77/2
繼高祖之休○ 14.5/93/11
令夫功○施於千載 14.5/93/30
鄧讓夫人、光○皇后姊也 15.20/102/3
衆素剛○ 16.6/104/22
有○士之風 16.34/113/10
嘗聞○士 17.11/120/24
要離、古○士 18.29/135/9

裂 liè 5

右扶風雍地○ 2.3/17/9
足多剖○ 15.14/100/14
十二月盛寒時並多剖○血出 15.14/100/17
毀○衣冠 20.7/146/15
時地數震○ 21.4/151/4

獵 liè 6

（戈）〔弋〕○之事不御 1.1/7/14
太醫皮巡從○上林還 8.2/47/11
涉○書記 15.7/97/12
而陛下遠○山林 15.8/98/8
而涉○書傳 16.3/102/22
記群書無不涉○ 19.22/142/12

林 lín 59

荆州、下江、平○兵起 1.1/1/23
共勞饗新市、平○兵王匡、王鳳等 1.1/2/10
自京師離宮果園上○廣成囿悉以假貧人 2.3/16/22
象○蠻夷攻燔官寺 2.3/17/4
覽書○ 2.3/17/7
虎賁、羽○不任事者住寺 3.5/22/15
山○川谷邱陵 5.5/30/16
上○鷹犬 6.5/36/21
有山○毒氣 7.7/40/14
以《周易卦○》卜之 7.9/41/20
代、○亭侯 7.17/44/24
太醫皮巡從獵上○還 8.2/47/11
食鬱○潭中 9.5/58/5
從羽○監遷虎賁中郎將 10.13/65/11,12.2/77/10
監羽○左騎 10.23/68/9
竹木成○ 11.3/71/11
將北軍五校士、羽○兵三千人 12.6/79/8
臨衆瀆之神○兮 12.10/81/1
杜○、字伯山 13.11/85/21
○雖拘於囂 13.11/85/24
囂乃聽○持喪東歸 13.11/85/24
賢見○身推鹿車 13.11/85/25
○爲侍御史 13.11/85/26
○上疏曰 13.11/86/1
○以爲倉卒時兵擅權作威 13.11/86/12
百僚知○以（名）〔明〕德用 13.11/87/1
時○馬適死 13.11/87/2
援遣子持馬一匹遺○ 13.11/87/2
○受之 13.11/87/3
○遣子奉書曰 13.11/87/3
○父子兩人食列卿祿 13.11/87/4
○爲東海王傅 13.11/87/5
○不敢受 13.11/87/6

而陛下遠獵山○ 15.8/98/8
郁兼羽○中郎將 16.10/106/24
桓礹字文○ 16.14/107/18
畢乃牧豕於上○苑中 18.29/134/26
右作上○ 20.4/145/25
衛康叔之胄孫○父之後 20.23/149/18
尙書郭鎭率直宿羽○出 20.23/149/22
稱于儒○ 21.51/159/24
護羌竇○奉使 22.5/164/4
詣○ 22.5/164/4
○欲以爲功效 22.5/164/4
後顛岸兄顛吾復詣○ 22.5/164/5
○言其第一豪 22.5/164/5
○對前後兩屈 22.5/164/5
○以誣罔詣獄 22.5/164/5
後涼州刺史奏○臧罪 22.5/164/6
復收繫羽○監 22.5/164/6
聖公避吏于平○ 23.1/164/18
平○人陳牧、廖湛復聚千餘人 23.1/164/21
號平○兵 23.1/164/22
聖公入平○中 23.1/164/22
然漢兵以新市、平○爲本 23.1/164/23
赤眉引兵入上○ 23.1/165/16
會匈奴句○王將兵來降參蠻胡 23.9/168/4
杜○先去 23.16/170/11

琳 lín 3

汝南王○字巨尉 16.43/115/8
惟○兄弟獨守冢廬 16.43/115/8
○自縛 16.43/115/9

鄰 lín 7

○郡則之 8.2/47/25
今○里尙致餽 10.26/69/15
○國貧人來歸之者 11.10/73/14
○人火起 16.42/115/3
○郡人多牽牛入界 18.6/128/8
○里牧牛而爭飲牛 18.28/134/16
時○縣皆雹傷稼 19.2/137/3

臨 lín 77

瞰○城中 1.1/2/25
故趙繆王子○說帝決水灌赤眉 1.1/3/19
始營陵地于○平亭南 1.1/8/21
○平望平陰 1.1/8/23
〔上〕初○辟雍 2.1/11/27
上○辟雍 2.1/12/26
太后○朝 2.4/17/20, 3.3/21/9, 6.5/36/21
賴皇太后〔○朝〕 2.4/17/24
鄧后○朝 3.1/18/8
不得上殿○棺 3.2/19/25
太后猶○朝 3.5/21/26
屯據○湘 3.5/22/15
希嘗○御窗（望）〔牖〕 6.2/34/19
太后乃親自○見宮人 6.5/36/19
太后○大病 6.5/37/3
宰潘○登城言曰 7.1/38/11
○病 7.3/39/16
○之國 7.8/41/7
○大節而不可奪 7.12/42/14
上○送歸宮 7.12/42/23
○困 8.2/48/1
旦夕○者日數千人 8.2/48/2
父所厚同郡郎中王○ 8.6/49/4
車駕親○ 8.10/51/4
張步都○淄 8.14/52/22
去○淄四十里 8.14/52/22
弇以軍營○淄、西安之間 8.14/52/23
○淄諸郡太守相與雜居 8.14/52/23
○淄不能救也 8.14/52/26
而吾攻○淄 8.14/52/27
吾得○淄 8.14/52/27
張藍引兵突○淄 8.14/53/1
遂擊○淄 8.14/53/3
張藍聞○淄破 8.14/53/3
車駕至○淄 8.14/53/9
弇凡平城陽、琅邪、高密、膠東、東萊、北海、齊、千乘、濟南、平原、泰山、○淄等郡 8.14/53/10
上親○祠以太牢 9.7/59/15
儀如孝宣帝○霍將軍故事 9.7/59/15
時下宣帝○霍將軍儀 9.7/59/16
遂平沛、楚、○淮 9.11/61/6
〔夜告○淮、楚國〕 9.11/61/11
且○水止 10.11/64/18
竇太后○政 10.24/68/21
○終 11.3/71/12
敕騶○朝乃告 11.4/71/21
車駕○問其所欲言 11.4/71/21
○薨奏焉 11.5/72/2
○職公正 11.7/72/11
二月到武陵○鄉 12.1/77/5
自○冠之 12.3/78/8
○罛瀆之神林兮 12.10/81/1
○岷川以愴恨兮 12.10/81/3
霸保守○淮 13.5/83/20
○淮必亂 13.5/83/22
純○終 13.12/87/20
車駕○故中郎將來歙喪還 14.2/91/3
晏嬰○盟 14.4/92/3
上親稱制○決 15.2/95/15
時○饗禮畢 15.8/97/29
詔遣使〔者〕○視 15.16/101/6
○發之官 15.17/101/12
○去之際 16.14/107/20
齊國○淄人 16.41/114/25
○熟 17.12/121/7
再還○淮太守 18.6/128/4
○淮獨不疫 18.6/128/8
暉自爲○淮太守 18.6/128/11
○去日 18.15/131/10
和熹鄧后○朝 18.22/132/26
復○玆邦 21.11/153/7
自○考之 21.12/153/14
以功封○沮侯 21.46/159/3
上幸離宮○觀 22.3/161/16
東海○沂人徐宣、字驕稚 23.6/166/24
攻得邔、宜城、（若）〔鄀〕、編、○沮、中（沮）廬、襄陽、鄧、新野、穰、湖陽、蔡陽 23.13/169/9

麟 lín 10

鳳凰見百三十九、麒〇五十二、白虎二十九、黃龍三十四、青龍、黃鵠、鸞鳥、神馬、神雀、九尾狐、三足烏、赤烏、白兔、白鹿、白燕、白鵲、 2.2/15/20
潁川上言麒〇、白鹿見 3.1/19/10
彼皇〇之高舉兮 12.10/81/2
生白廬江太守掾嚴〇 18.12/130/6
〇事畢 18.12/130/7
或謂〇曰 18.12/130/7
時〇亦素聞范名 18.12/130/8
鳳凰、（〇麒）〔麒〇〕、嘉禾、甘露之瑞集于郡境 18.14/131/5
陽雒僧〇 22.4/162/13

廩 lǐn 4

置（養）〔養〕贍官以〇之 1.1/1/21
盜發其〇 1.1/1/22
詔賜錢〇穀 3.2/20/21
更始遣舞陰王李軼、〇丘王田立、大司馬朱鮪、白虎公陳僑將兵三十萬 9.4/57/1

賃 lìn 5

卒爲傭〇 13.11/86/22
傭〇以養父母 18.18/132/3
爲〔人〕〇舂 18.29/135/5
彼傭〇能使其妻敬之如此 18.29/135/6
爲祐〇舂 20.17/148/17

藺 lìn 2

昔〇相如屈于廉頗者 9.1/55/9
掾自視孰與〇相如 18.6/128/4

陵 líng 135

王生舂〇節侯 1.1/1/5
舂〇本在零〇郡 1.1/1/6
因故國名曰舂〇 1.1/1/6
在舂〇時 1.1/1/13
望氣者言舂〇城中有喜氣 1.1/1/13
嘗爲季父故舂〇侯訟逋租于大司馬嚴尤 1.1/1/18
時伯升在舂〇 1.1/2/7
因率舂〇子弟隨之 1.1/2/11
時漢兵在定〇郾者 1.1/3/1
帝幸舂〇 1.1/5/18
與舂〇父老故人爲樂 1.1/5/18
以皇祖皇考墓爲昌〇 1.1/5/19
後改爲章〇 1.1/5/19
以舂〇爲章〇縣 1.1/5/19
園〇至盛 1.1/6/20
幸章〇 1.1/7/1
遂到章〇 1.1/8/7
始營〇地于臨平亭南 1.1/8/21
無爲山〇 1.1/8/21
霸〇獨完 1.1/8/25
初作壽〇 1.1/8/25
園〇廣袤 1.1/8/25
無爲〇池 1.1/9/1
祠長〇 1.1/9/15
葬原〇 1.1/9/25
乃率諸王侯、公主、外戚、郡國計吏上〇 2.1/11/20
遂有事于十一〇 2.1/12/5
帝與皇太后幸南陽祠章〇 2.1/12/15
祠章〇 2.1/12/31
帝作壽〇 2.1/13/8
〇東北作廡 2.1/13/8
帝憐廣〇侯兄弟 2.1/13/12
當謁原〇 2.1/13/15
太常丞上言〇樹葉有甘露 2.1/13/17
帝率百官上〇 2.1/13/17
葬顯節〇 2.1/13/21
望長〇東門 2.3/16/16
葬順〇 2.3/17/10
葬康〇 2.4/17/22
定〇縣木連理 3.1/19/10
葬恭〇 3.1/19/17
司徒許敬爲〇轢使（官）〔者〕策罷 3.2/20/5
零〇言日食 3.2/20/14
葬憲〇 3.2/20/27
塋〇損狹 3.2/20/30
葬懷〇 3.3/21/11
葬靜〇 3.4/21/19
到廣〇以與龍尚 3.5/22/24
明堂、靈臺丞、諸〇校長秩二百石 4.1/26/6
蕭何墓在長〇東司馬門道北百步 5.1/27/5
霍光墓在茂〇東司馬門道南四里 5.1/27/7
典郊廟、上〇殿諸食舉之樂 5.4/28/16
山林川谷邱〇 5.5/30/16
至正月當上原〇 6.2/35/12
慚見原〇 6.2/35/12
平〇後部攻新野 7.1/38/10
以長沙定王子封于零道之舂〇爲侯 7.7/40/13
以舂〇地勢下濕 7.7/40/13
猶以舂〇爲國名 7.7/40/15
山〇浸遠 7.12/43/4
阜〇質王延在國驕泰淫泆 7.13/43/24
廣〇王荆自殺 7.14/44/3
不肯謁〇 7.19/45/7
至高〇 8.1/47/1,23.1/165/18
彭發桂陽、零〇、長沙委輸櫂卒 9.2/56/7
收得所盜茂〇武帝廟衣、印、綬 9.6/58/12
征武〇蠻 10.2/62/20
封通少子雄爲邵〇侯 10.21/67/15
樊準、字幼〇 11.7/72/11
先王道術〇遲 11.7/72/12
陰興、字君〇 11.14/74/13
遠祖以吏二千石自邯鄲徙茂〇成歡里 12.1/75/5
武威將軍劉禹擊武〇五谿蠻夷 12.1/77/3
二月到武〇臨鄉 12.1/77/5
棱爲廣〇太守 12.8/79/24
至燔燒茂〇都邑 12.9/80/12

元元侵○之所致也 13.11/86/13
故遂相率而陪園○ 13.11/86/20
侵○之象也 13.11/86/29
祀園○還 13.13/88/11
以平○鮑恢爲都官從事 14.2/91/6
永行縣到京兆霸○ 14.2/91/7
曾祖父奉世徙杜○ 14.5/92/22
王元、杜○人 14.8/94/18
定○人也 15.1/94/24
封爲定○新安鄉侯 15.1/95/1
後徙封○陽侯 15.1/95/2
右扶風茂○人 15.11/99/12
下車遣吏以中牢具祠延○季子 15.15/100/23
乃聘請高行俊乂如董子儀、嚴子○等 15.15/100/24
扶風（安）〔平〕○人 16.3/102/21
必見○折 16.6/104/24
西謁園○ 16.10/106/24
遷長○令 16.22/110/6
爲零○太守 16.31/112/12, 21.54/160/7
零○頌其遺愛 16.31/112/12
扶風平○人 16.34/112/28
告平○令、丞 16.34/113/9
嚴光、字子○ 16.48/116/11
後人名其釣處爲嚴○瀨 16.48/116/11
高帝母昭靈后園○在焉 17.1/117/21
問園○之事 17.1/117/21
其園○樹蘗皆諳其數 17.1/117/22
朱酺、梁國寧○人 17.15/122/15
京兆長○人 18.1/125/19
范奔赴敬○ 18.12/130/4
時章帝西謁園○ 18.20/132/16
潁川定○人 18.21/132/21
宋揚、扶風平○人 18.24/133/15
將妻之霸○山 18.29/135/3
昔延○季子葬子于嬴、博之間 18.29/135/8
父建武初爲武○太守 19.4/137/13
魯丕、字叔○ 19.5/138/3
關東號曰「《五經》復興魯叔○」 19.5/138/5
應奉爲武○太守 19.13/140/8
亦何○遲之有 19.15/140/17
○谷代處 20.4/145/23
爲廣○太守 21.14/153/27
京兆杜○人 21.55/160/13
累官巴○太守 21.55/160/13
且交○悟 22.4/162/18
○陽臣僕 22.4/163/30
使人持喪歸舂○ 23.1/164/19
詔鄧禹收葬〔於〕霸○ 23.1/165/20
茂將其精兵突至湖（陸）〔○〕 23.10/168/10
使聘平○方望爲軍師 23.16/169/25
扶風茂○人 23.17/170/23
平○人荆邯以東方漸平 23.17/171/12
述詐使人言白帝倉出穀如山○ 23.17/171/24
與同郡人陳義客夷○ 23.19/172/11
義、戎將兵陷夷○ 23.19/172/11

淩 líng 1

下○轢同列 13.13/88/8

零 líng 8

舂陵本在○陵郡 1.1/1/6
○陵言日食 3.2/20/14
以長沙定王子封于○道之舂陵爲侯 7.7/40/13
彭發桂陽、○陵、長沙委輸權卒 9.2/56/7
爲○陵太守 16.31/112/12, 21.54/160/7
○陵頌其遺愛 16.31/112/12
先○諸羌討之難破 21.8/152/1

靈 líng 24

地（祗）〔祇〕○應而朱草萌 1.1/9/16
初起明堂、○臺、辟雍 1.1/9/20
升○臺 2.1/11/27
登○臺 2.1/11/27
遂登○臺 2.3/16/22
至北地○州丁奚城 3.1/19/1
誣罔○（祗）〔祇〕 3.1/19/16
山嶽尊○ 3.2/20/8,20.19/148/29
明堂、○臺丞、諸陵校長秩二百石 4.1/26/6
以明○契 5.5/29/13
以和○瑞 5.5/29/17
以有神○ 6.3/35/23
與天合○ 6.8/37/23
光○遠也 7.12/43/6
賜號○壽王 7.17/44/17
今漢德神○ 8.17/54/9
皇帝以聖德○威 14.5/93/9
有詔會議○臺所處 16.16/108/8
高帝母昭○后園陵在焉 17.1/117/21
以大漢威○招之 19.19/141/14
賜臥几、○壽杖 19.22/142/15
帝欲造畢圭○昆苑 20.4/145/24
元年營造明堂、○臺、辟雍 24.6/173/7

領 lǐng 15

丞○受郡國調馬 3.6/23/24
〔使〕監○其事 8.2/47/16
人不能得其要○ 9.4/57/3
鮮卑奉馬一匹、貂裘二○ 9.8/60/6
欲令強起○郡事 9.10/60/24
上賜俊絳衣三百○ 10.7/63/18
○南宮吏士 13.14/88/19
表丹○左馮翊 15.5/96/21
以侍中兼○之 16.20/109/16
勃衣方○ 16.34/112/28
○長安市 18.1/125/26
○騎都尉 18.17/131/26
兼○秘書近署 18.17/131/26
七尺絳襜褕一○ 21.8/152/4
賜繡被百○ 24.5/173/5

嶺 lǐng 1

今大人踰越五○ 20.17/148/13

令 ling 270

皇考初爲濟陽○ 1.1/1/9
皇考以○舍下濕 1.1/1/9
○從者僦 1.1/1/15
嘗疾毒諸家子數犯法○ 1.1/2/5
留王鳳○守城 1.1/2/23
乃遂○輕足將書與城中諸將 1.1/3/5
○反側者自安也 1.1/4/6
故密○卓茂 1.1/4/22
宜○郊祀帝堯以配天 1.1/5/10
乃○上書啓封則用 1.1/6/18
○薄葬 1.1/6/21
止○舍 1.1/8/11
陂池裁○流水而已 1.1/8/21
乃○陶人作瓦器 1.1/8/23
不○以吏職爲過 1.1/10/3
世祖○虎賁詰問 2.1/11/13
頗○學者得以自助 2.1/11/22
帝○上殿 2.1/12/9
悉○侍祀 2.1/12/11
上手書詔○ 2.1/12/26
制○流水而已 2.1/13/8
帝○百官採甘露 2.1/13/16
帝○滿二千萬止 2.1/13/28
魯丕與侍中賈逵、尚書○黃香等相難 2.3/17/1
不容○群臣知帝道崩 3.1/19/15
○封珠還蒲密 3.2/20/4
始置承華廄○ 3.2/20/20
○所傷郡國皆種蕪菁 3.5/22/1
白馬○李雲坐直諫誅 3.5/22/10
章帝又置（祝）〔祀〕○、丞 4.1/25/1
置○ 4.1/25/10
中外官尚書○、御史中丞、治書侍御史、公將軍長史、中二千石丞、正、平、諸司馬、中官王家僕、雒陽○秩皆千石 4.1/25/21
尚書、中謁者、黃門冗從四僕射、諸都監、中外諸都官○、都（候）〔侯〕、司農部丞、郡國長史、丞、（候）〔侯〕、司馬、千人秩皆六百石 4.1/26/1
家○、侍、僕秩皆六百石 4.1/26/3
縣國守宮○、相或千石或六百石 4.1/26/7
蓋《周官》所謂「王〔師〕大獻則○凱樂 5.4/29/1
「軍大獻則○凱歌」也 5.4/29/2
陛下遂以仲月○辰 5.5/29/17
孝文十二年○曰 5.5/30/18
〔讀勑○與諸舍相望也〕 6.2/34/18
上○太夫人及兄弟得入見 6.2/34/22
悉○禁絕 6.5/36/21
杜○不殺人 6.5/36/24
即時收○下獄抵罪 6.5/37/1
至○禱祠 6.5/37/2
即敕○禁止 6.5/37/3
壽引進○入掖庭 6.9/38/4
後有司馬犯軍○ 7.1/38/13
欲○親吏事 7.1/38/24
故試守平陰○ 7.1/38/25
明帝驛馬○作草書尺牘十首焉 7.3/39/16
○人視之 7.4/39/20
○奴金盜取亭席 7.4/39/24
不欲○厚葬以違其意 7.8/41/13
恭遣從官蒼頭曉○歸 7.17/44/20
因○左右號禹曰鄧將軍 8.1/46/14
欲○通漕 8.2/47/15
○長史任尙將之 8.2/47/26
訓○拘持束縛 8.2/48/1
皇太后但○門生輓送 8.6/49/8
上時○人視吳公何爲 8.10/50/16
告○諸部將曰 8.10/50/18
希○遠征 8.11/51/18
○與當世大儒司徒丁鴻問難經傳 8.12/52/3
無○他姓得之 8.14/52/21
告○軍中治攻具 8.14/52/24
復縱生口○歸 8.14/52/25
○軍皆食 8.14/52/25
○步兵各以郡人詣旗下 8.14/53/12
于是○士皆勿飲 8.17/54/11
○彭助漢爲方略 9.2/55/26
○朱鮪知之 9.4/57/3
爲軍市○ 9.7/59/3
是教○行也 9.7/59/5
○公卿讀視 9.7/59/16
爲襄賁○ 9.8/60/3
欲○強起領郡事 9.10/60/24
延○沛修高祖廟 9.11/61/6
殆○人齒欲相擊 9.11/61/10
○委輸車回轉出入 10.2/62/18
馬成爲郟○ 10.5/63/7
霸爲功曹○史 10.11/64/13
上○霸至市（口）〔中〕募人 10.11/64/15
上○霸前瞻水 10.11/64/17
上○霸護渡 10.11/64/19
○解衣 10.12/65/5
而○親屬招呼忠 10.14/65/22
○弟友詣闕 10.22/67/20
不得○觀天文、見讖記 10.22/67/25
誠欲○恭肅畏事 10.22/68/1
茂爲密○ 10.26/69/10
河南郡爲置守○ 10.26/69/10
吏人不歸往守○ 10.26/69/10
遣○焚削文契 11.3/71/12
勿○豫到 11.4/71/21
轉尙書○ 11.7/72/16
歙將○尉入宮搜捕 11.9/73/5
歙坐左遷爲汲○ 11.9/73/5
○直符責問 11.10/73/15
○自致徐獄 11.10/73/16
欲○重臣居禁內 11.10/73/18
○天下觖望 11.14/74/15
敕○中黃門引入 12.1/75/17
成皋○印 12.1/76/13
上○試之 12.1/77/4
○史官作頌 12.3/77/21
時五校尉○在北軍營中 12.4/78/14
客卿逃匿不○人知 12.5/78/24
帝○ 12.6/79/12
○四方諸侯咸樂回首 13.1/83/2
霸爲尙書○ 13.5/83/25
輒○鼓琴 13.6/84/4
欲○輔國家以道 13.6/84/6
而○朝廷耽悅鄭聲 13.6/84/8

其後不復○譚給事中 13.6/84/8
○諸生糶 13.6/84/9
○主坐屏風後 13.6/84/13
囂乃出○曰 13.11/85/22
○且從師友之位 13.11/85/23
追○刺客楊賢於隴坻遮
　殺之 13.11/85/25
〔○得復熾〕 13.11/86/13
○得復昌熾縱橫 13.11/86/26
○翕移臣 13.12/87/24
爲黎陽○ 13.13/88/4
欲○以善自珍 13.13/88/8
望○緻密 13.14/88/20
○彭說鮪曰 14.1/90/1
彭即○鮪自縛 14.1/90/10
復○彭夜送歸雒陽 14.1/90/10
豈夫子欲○太守大行饗
　14.2/90/26
○叩頭都道 14.2/91/5
○將妻入獄 14.3/91/18
以齊同法○ 14.3/91/23
○問不忘 14.5/93/3
○夫功烈施於千載 14.5/93/30
上○各言所樂 15.1/94/24
肅宗詔鴻與太常樓望、
　少府成封、屯騎校尉
　桓郁、衛士○賈逵等
　15.2/95/13
上特詔御史中丞與司隸
　校尉、尚書○會同並
　專席而坐 15.3/96/5
○寄縑以祠焉 15.5/96/24
還尚書○ 15.7/97/14
○就臣位 15.8/97/20
○爲狂疾恍惚 15.8/97/21
惲見○ 15.8/97/24
○應之遲 15.8/97/25
○跣追之 15.8/97/25
上○從門間識面 15.8/98/7
平陽城李善稱故○范遷
　於張堪 15.12/100/2
○人面熱出汗 15.12/100/2
充○屬縣教民益種桑柘
　15.14/100/14
復○種紵麻 15.14/100/15
○耕公田 15.15/100/25
除睢陽○ 15.15/100/27

董宣爲洛陽○ 15.16/101/6
除蘭臺○史 16.2/102/16
○卒前所續《史記》 16.2/102/17
徐○彪之子也 16.3/102/21
○遂前功 16.3/103/11
而○巫自來取馬 16.3/103/15
不欲○漢軍入國 16.3/103/20
虜欲○拜 16.6/104/22
如○匈奴遂能服臣 16.6/104/25
輒○榮於公卿前敷奏經
　書 16.9/105/15
○榮坐東面 16.9/106/5
○郁校定於宣明殿 16.10/106/18
復○郁說一篇 16.10/106/19
旬月間遷河內汲○ 16.12/107/6
○皆別爲上下 16.16/108/12
○使者祠譚冢 16.16/108/13
上○群臣能說經者更相
　難詰 16.20/109/18
○校圖讖 16.22/110/3
遷長陵○ 16.22/110/6
無○鬚污土 16.30/112/3
而勃位不過縣○ 16.34/113/2
告平陵○、丞 16.34/113/9
縣人故雲陽○朱勃 16.34/113/9
勿○遠詣闕謝 16.34/113/11
及前後守○能否 16.35/113/15
即除漁陽○ 16.35/113/17
買牽車○拜 16.36/113/22
安邑○候之 16.49/116/20
○出敕市吏 16.49/116/21
欲○更服 16.50/117/1
上乃詔○自稱南陽功曹
　詣闕 17.1/117/27
爲黽池○ 17.3/118/17
興功役者○ 17.13/121/20
○自當之 17.13/121/20
徵爲尚書○ 17.14/122/10
欲○政拜床下 17.17/122/28
○爲朋友 17.17/123/3
車府○齊國徐匡鉤就車
　17.20/123/19
○兒常取水 17.22/124/6
○弟禮夫妻俱出外 17.23/124/17
○孝從官屬送喪歸也
　17.23/124/22
○主炊養 17.24/124/28

時鍾離意爲瑕邱○ 17.25/125/13
○妻子出相對 18.1/125/21
爲鄒縣○ 18.4/127/11
政○公平 18.5/127/15
暉授○史 18.6/128/3
出○別居 18.10/129/10
○老弱城守而追之 18.12/130/1
范乃毀削前○ 18.12/130/2
○從騎下馬與之 18.12/130/6
（今）〔○〕我出學仕
　宦 18.13/130/15
補重泉○ 18.13/130/17
○與長吏參職 18.14/131/3
遷鄴○ 18.15/131/9
拜車府○ 18.16/131/15
○盛以縑囊 18.22/133/1
與美陽○交遊 18.23/133/7
○怒 18.23/133/7
葉○雍霸及新野○皆不
　遵法 18.26/133/28
○聞霸已去 18.26/134/1
○爲曹吏 18.26/134/3
當守○ 18.27/134/9
○相近 18.29/135/9
○護鷄 18.30/135/14
嘗豫○弟子市棺歛具
　18.31/135/22
○入授皇太子 19.1/136/6
使尚書○王鮪與酺相難
　19.1/136/11
可○奏事如舊典 19.1/136/18
○各敬慎所職 19.1/136/20
除爲下邳○ 19.2/137/3
拜中牟○ 19.4/137/17
冀○學者務本 19.6/138/9
哀、平間以明律○爲侍
　御史 19.7/138/18
乃收家中律○文書壁藏
　之 19.7/138/19
陳忠爲尚書○ 19.8/139/3
○欲殺之 19.16/140/22
○乃出親 19.16/140/23
周榮爲尚書○ 19.18/141/10
王渙除河內溫○ 19.21/141/28
爲雒陽○ 19.21/142/1
　20.18/148/24
詔○詣東觀 19.22/142/10

乃試○變臣美手腕者與女子雜處帷中 19.31/144/15
故舊長者或欲○爲開產業 20.2/145/6
邑○王密、故所舉茂才 20.2/145/8
而○搢紳之徒委伏畎畝 20.4/145/22
縣○劉雄爲賊所攻 20.8/146/20
○康疏名 20.24/150/6
詣黃門○自告 20.24/150/7
時屬縣○長率多中官子弟 21.3/150/28
白馬○李雲素剛 21.4/151/4
政○日損 21.4/151/6
陳球爲繁陽○ 21.10/152/21
必○豺狼鴟梟 21.12/153/16
後遷外黃○ 21.16/154/10
尙書○王允奏曰 21.21/155/3
太史○王立說《孝經》六隱事 21.21/155/3
周行爲涇○ 21.32/157/3
劉訓拜車府○ 21.33/157/7
欲○將近兵據門以禦之 21.33/157/8
喜夷爲壽陽○ 21.40/158/8
巴异爲重泉○ 21.42/158/16
爲太祝○ 21.51/159/24
以博通古今遷太史○ 21.51/159/24
乃○侍中坐帷內與語 23.1/165/7
○劉盆子等三人居中央 23.5/166/12
○作記告城門將軍云 23.11/168/25
受律○ 23.13/169/9
○田戎據江南之會 23.17/171/16
○延岑出漢中 23.17/171/17
詔書（今）〔○〕功臣家自記功狀 24.14/174/1
無○干亂吏治 24.59/177/9
○色卓絕 24.65/177/21
猶○人熱 24.84/179/7
下宗廟儀及齋○ 24.92/180/7

流 liú 32

○民入關者數十萬人 1.1/1/21
有○星墜尋營中 1.1/2/26
淄水爲之不○ 1.1/3/8
陂池裁令○水而已 1.1/8/21
子○、縣曼侯 1.1/10/9
制令○水而已 2.1/13/8
○涕 2.1/13/18
南山水○出至東郊 2.3/16/30
毒○天下 3.5/22/7
車如○水 6.2/35/4
太后詔書○布 6.2/35/17
左右咸○涕 6.5/37/3
○涕而訣 7.12/43/13
梨面○血 8.16/53/26
于是江南之珍奇食物始○通焉 9.2/56/3
血○袖中 9.7/59/7
導吏言河水○澌 10.11/64/17
血○指間 10.23/68/11
兼○給他郡 11.1/70/13
五帝有○殛放竄之誅 12.9/80/10
乃○連貪位 13.11/86/23
父子○亡 14.5/93/7
九○百家之言 16.2/102/13
譚叩頭○血 16.16/108/10
敞爲○矢所中 16.31/112/7
皆○血奔走 16.46/115/28
未嘗不○涕 18.5/127/17
所建畫未嘗○布 19.22/142/17
毒○未生 20.19/149/1
綜邪○藩 22.4/162/27
南順江○以震荊、揚 23.17/171/7
泣○離 24.40/175/27

留 liú 53

○王鳳令守城 1.1/2/23
○數日行 1.1/8/6
○十七日乃去 1.1/8/8
世祖見陳○吏牘上有書曰 2.1/11/10
詔○于清河邸 3.1/18/9
○子男昌守墳墓 7.7/40/14
上特○蒼 7.12/43/11
獨○京師 7.15/44/7
上乃○恂 9.1/55/14
祜嘗○上 9.6/58/16
遵獨○屯汧 9.7/59/11
久○天誅 9.11/61/7
而子獨○ 10.11/64/14
晨爲陳○郡 11.1/70/13
禹以太尉○守北宮 11.10/73/16
遇赦○ 12.1/75/10
賓客皆樂○ 12.1/75/16
○寄郎朱仲孫舍 12.6/79/5
顯宗詔嚴○仁壽闥 12.6/79/7
嚴爲陳○太守 12.6/79/13
願復○霸期年 13.5/83/21
惟陛下○神明察 13.11/86/30
○魴宿衛南宮 13.14/88/18
○飲十許日 13.15/88/25
忌不得○媵妾 14.5/94/1
○書與盛曰 15.2/95/8
因○其餘酒肴而去 15.5/96/15
其親喪不過○殯一月 15.5/96/16
○數十日 15.8/98/3
除陳○巳吾長 16.12/107/6
一無所○ 16.14/107/20
19.20/141/20
陳○人 17.1/117/20
20.17/148/12,21.18/154/19
以陳○督郵虞延故 17.1/117/24
因○精舍門下 17.12/121/5
○十餘日 18.1/125/21
財○一月俸 18.1/126/14
子其○乎 18.8/128/21
鳳○意在經史 18.30/135/15
因○新豐教授 19.4/137/16
府掾久○ 19.4/137/21
詔書○ 19.22/142/15
蒙見宿○ 19.22/142/16
魯平爲陳○太守 19.27/143/20
重以職事○君 20.1/145/1
稽○道路 20.20/149/6
韋毅爲陳○太守 21.5/151/11
旁莫支○ 22.4/161/25
○數年 23.9/168/4
蘇茂、陳○人 23.10/168/10
（弗）〔勿〕稽○ 23.11/168/25

旒 liú 3

天王袞冕十有二〇 5.6/32/25
龍旂九〇 7.12/43/18
黻冕之〇 17.9/120/1

劉 liú 69

〇氏當復起 1.1/2/4
使〇終僞稱江夏吏 1.1/2/12
〇將軍何以敢如此 1.1/2/21
〇將軍平生見小敵怯 1.1/3/4
更始收齊武王部將〇稷 1.1/3/10
帝率鄧禹等擊王郎橫野將軍〇奉 1.1/3/25
〇公眞天人也 1.1/4/1
少公道讖言〇秀當爲天子 1.1/4/15
或曰是國師〇子駿也 1.1/4/16
漢〇祖堯 1.1/5/10
代郡太守〇興將數百騎攻賈覽 1.1/6/13
下詔讓吳漢副將〇禹曰 1.1/7/9
司空〇授以阿附惡逆 3.2/19/28
太傅馮石、太尉〇熹以阿黨權貴 3.2/19/31
太尉〇光、司空張皓以陰陽不和 3.2/20/4
得司徒〇公一言 7.1/38/11
伯升部將宗人〇稷 7.1/38/19
師事〇述 8.6/48/26
俱〇公吏 8.11/51/12
聞〇氏復興 8.14/52/18
與〇歆等會戰 8.14/53/6
降其將〇始、王重等 9.4/57/12
歸外家復陽〇氏 9.6/58/9
爲〇公 9.10/60/19
圍〇永于睢陽 9.11/61/4
從擊王郎將兒宏、〇奉于鉅鹿下 9.12/61/19
左中郎將〇隆爲驃騎將軍 10.4/63/3
〇文及蘇茂臣于〇永 10.11/64/24
會光祿（丞）〔勳〕〇賜適至 10.12/65/6
〇公之恩 10.16/66/10
光武以〇植爲驍騎將軍 10.17/66/15
〇歆、字細君 10.18/66/19
〇嘉、字共仲 10.19/66/23
云「〇秀當爲天子」 11.1/70/9
或言「國師公〇秀當之」 11.1/70/9
與〇嘉俱詣雒陽 11.2/70/17
武威將軍〇禹擊武陵五谿蠻夷 12.1/77/3
幾及揚雄、〇向父子 13.6/84/3
刺史〇繇振給穀食、衣服所乏者 16.14/107/19
〇昆、字桓公 16.17/108/18
〇軼、字君文 16.18/109/3
蘇竟與〇歆兄子恭書曰 16.28/111/16
〇茂、字子衛 16.32/112/16
宗正〇匡對曰 17.2/118/12
〇般、字伯興 17.7/119/12
〇愷、字伯豫 17.8/119/18
故居巢侯〇般嗣子愷 17.8/119/20
〇平、字公子 17.11/120/19
司徒〇愷辟之 18.8/128/20
〇賜姊子 18.26/133/25
賜代〇郃爲司徒 20.4/145/23
縣令〇雄爲賊所攻 20.8/146/20
〇據爲大司農 20.13/147/19
〇祐爲河東太守 21.3/150/28
〇寬爲南陽太守 21.9/152/12
〇翊爲汝南太守 21.26/156/3
〇訓拜車府令 21.33/157/7
罔驛〇脾 22.4/161/25
〇玄、字聖公 23.1/164/18
將立〇氏 23.1/164/23
而更始收〇稷及伯升 23.1/164/28
而赤眉〇盆子亦下詔以聖公爲長沙王 23.1/165/18
上書以非〇氏還玉璽 23.3/166/3
令〇盆子等三人居中央 23.5/166/12
從〇俠卿居 23.5/166/13
乃遣〇恭乞降曰 23.5/166/17
詐姓〇氏 23.9/168/3
與〇永相會 23.10/168/11

柳 liǔ 2

代郡高〇烏子生三足 2.2/15/5
莫受萬〇 22.4/163/1

六 liù 94

尋、邑兵已五〇萬到 1.1/2/24
建武元年夏〇月己未 1.1/4/21
禋于〇宗 1.1/4/21
〇年春二月 1.1/6/3
二十年夏〇月 1.1/8/15
二十〇年春正月 1.1/8/20
時年〇十二 1.1/9/22,12.1/77/3
臣〇懽喜 2.1/12/9
〇年 2.1/12/23,3.2/20/6
四年夏〇月 2.3/16/19
〇月 2.3/16/23
〇年秋七月 2.3/16/25
徼外羌龍橋等〇種慕義降附 3.1/18/12
夏〇月 3.1/18/15
〇年春正月甲寅 3.1/18/24
廣五十〇里 3.1/18/28
州郡募五里蠻夷、〇亭兵追擊 3.1/19/2
賜五里、〇亭渠率金帛各有差 3.1/19/2
禾百五十〇本 3.1/19/8
七百〇十八穗 3.1/19/8
年〇歲 3.2/19/23, 12.5/78/24,15.12/99/23
永和〇年冬十二月詔 3.2/20/17
秩〇百石 3.2/20/20,4.1/25/10
本初元年夏閏〇月 3.4/21/19
年三十〇 3.5/23/2
鴻臚三十〇人 4.1/25/6
尙書、中謁者、黃門冗從四僕射、諸都監、中外諸都官令、都（候）〔侯〕、司農部丞、郡國長史、丞、（候）〔侯〕、司馬、千人秩皆〇百石 4.1/26/1
家令、侍、僕秩皆〇百石 4.1/26/3
秩〇百石者 4.1/26/5

縣國守宮令、相或千石
或〇百石 4.1/26/7
諫議大夫、侍御史、博
士皆〇百石 4.1/26/9
議郎、中謁者秩皆比〇
百石 4.1/26/9
鄉三千〇百八十一 5.1/28/3
相生至〇十 5.2/28/7
若樂〇變 5.4/28/17
典辟雍、饗射、〇宗、
社稷之樂 5.4/28/20
凡三十〇事 5.5/29/16
前後凡三十〇事 5.5/29/20
復祠〇宗 5.5/30/11
〇宗廢不血食 5.5/30/11
由是遂祭〇宗 5.5/30/12
〇十四節爲(武)〔舞〕
5.5/31/15
永初〇年 5.5/32/15
千石、〇百石黑綬 5.6/33/7
馬不踰〇尺 6.2/35/16
〇歲 6.5/36/12
于時見戶四百七十〇 7.7/40/14
建武二年〇月 7.8/41/3
十九年〇月 7.8/41/4
可以託〇尺之孤 7.12/42/14
乃發湟中〇千人 8.2/47/26
永平〇年 8.3/48/8,11.10/73/10
凡所平郡(四)〔三〕
十〇 8.14/53/15
凡〇萬人 9.2/56/7
相拒〇十餘日 9.4/57/12
建武〇年 10.3/62/24
13.11/85/24
開通三十〇國 10.23/68/10
詔于汧積穀〇萬斛 11.2/71/2
有五谿〇種寇〔侵〕 11.2/71/2
防兄弟二人各〇千戶 12.3/77/23
〇年正月齋宮中 12.3/78/7
〇卿卒强 12.10/80/23
故以殷民〇族分伯禽 13.11/86/16
以稍弱〇國强宗 13.11/86/18
建武二十〇年 13.12/87/13
13.16/89/15,22.3/161/11
宜知尊帝城門候吏〇百
石 14.2/91/5
欲襲〇國之從 14.4/92/5
監《〇經》之論 14.5/93/29
以廬江郡爲〇安國 15.2/95/21
臣聞《春秋》日食三十
〇 15.2/95/22
而弒君三十〇 15.2/95/22
超悉會其吏士三十〇人
16.3/103/6
學覽《〇經》 16.12/107/5
出爲〇安郡丞 16.16/108/11
建武十〇年 17.3/118/17
凡〇人 18.1/126/21
建武十(四)〔〇〕年
18.6/128/8
取〇百萬 18.13/130/21
〇經衰微 19.6/138/11
賜璩素〇十匹 19.15/140/18
〇年躬自負土樹柏 19.20/141/19
李充、兄弟〇人 19.27/143/19
太史令王立說《孝經》
〇隱事 21.21/155/3
相生至〇十也 24.85/179/9
不及〇十 24.86/179/11

隆 lóng 14

帝爲人〇準 1.1/1/12
帝遣游擊將軍鄧〇〔與〕
幽州牧朱浮擊彭寵 1.1/5/13
〇軍潞 1.1/5/14
未至〇軍 1.1/5/15
孝殤皇帝諱〇 2.4/17/18
如車蓋〇起 3.6/23/21
每世之〇 5.5/29/10
比〇前代 5.5/31/8
伏惟陛下以至德當成、
康之〇 5.5/32/5
異薦邑子銚期、叔壽、
殷建、左〇等 9.4/56/17
〇〇至明 10.2/62/18
左中郎將劉〇爲驃騎將
軍 10.4/63/3
曾祖父〇 11.1/70/5

龍 lóng 36

高祖赤〇火德 1.1/5/12
翕然〇舉雲興 1.1/10/16
楚王舅子許昌、〇舒侯 2.1/11/24
韓(棱)〔稜〕、楚〇
泉 2.2/15/8
故得〇泉 2.2/15/10
鳳凰見百三十九、麒麟
五十二、白虎二十九
、黃〇三十四、青〇
、黃鵠、鸞鳥、神馬
、神雀、九尾狐、三
足烏、赤烏、白兔、
白鹿、白燕、白鵲、 2.2/15/20
徼外羌〇橋等六種慕義
降附 3.1/18/12
黃〇見歷城 3.1/19/11
〇興統業 3.2/20/29
到廣陵以與〇尙 3.5/22/24
立黃老祠北宮濯〇中 3.5/23/1
形貌似〇 3.6/23/21
有〇邱山在東 5.1/27/15
以禮服〇袞 5.6/32/23
山〇華藻 5.6/32/24
旂有〇章日月 5.6/32/25
前過濯〇門 6.2/35/3
馬如游〇 6.2/35/4
太后置蠶室織室于濯〇
中 6.2/35/14
〇旂九旒 7.12/43/18
我夢乘〇上天 9.4/57/6
學〇伯高不就 12.1/76/21
臣聞行天者莫如〇 12.1/76/25
〇興鳳舉 14.5/93/9
〇舒侯相 16.12/107/5
舅〇鄉侯爲作衣被 19.22/142/10
形似〇 21.24/155/20
單于歲祭三〇祠 22.3/161/9
賜御食及橙、橘、〇眼
、荔枝 22.3/161/13
僂讓〇洞 22.4/162/10
雷折險〇 22.4/163/18
有〇出其府殿中 23.17/171/9
改元曰〇興 23.17/171/10
漢有沛宮、甘泉宮、〇
泉宮、太一宮、思子
宮 24.7/173/9
〇顏虎口 24.14/174/2

礱 lóng 2

漢陽率善都尉蒲密因桂陽太守文○獻大明珠 3.2/20/3
而○不惟竭忠 3.2/20/3

籠 lóng 1

親自輓○ 8.17/54/11

聾 lóng 1

瘖○之徒 16.22/110/7

隴 lǒng 14

西遮○道 9.1/55/19
馬武與衆將上○擊隗囂 10.3/62/24
自將上○討囂 11.2/70/26
援爲○西太守 12.1/76/4
在○西 12.1/76/7
其後○西新興 12.9/80/13
追令刺客楊賢於○坻遮殺之 13.11/85/25
先與鄭興同寓○右 13.11/85/26
時○蜀未平 15.7/97/15
坐○西太守鄧融免官 21.31/156/24
金城、○西卑湳、勒姐種羌反 22.5/164/8
既平○ 23.16/170/14
囂負○城之固 23.16/170/18
天水、○西拱手自服 23.17/171/17

壟 lǒng 1

亦無丘○ 1.1/8/22

樓 lóu 10

止城門○上 8.1/46/16
勒兵在西門○ 9.10/60/18
高○連閣 11.3/71/10
肅宗詔鴻與太常○望、少府成封、屯騎校尉桓郁、衛士令賈逵等 15.2/95/13
登○而歌 21.11/153/7
命終此○ 21.11/153/7
乃登○自焚而死 21.11/153/9
遣（母）〔毋〕○且渠王求入五原 23.9/168/5
造十層赤○ 23.17/171/10
五○賊帥張文 23.20/172/17

蔞 lóu 2

夜止蕪○亭 1.1/3/23
夜至饒陽蕪○亭 9.4/56/22

螻 lóu 1

臣雖○蟻 7.3/39/12

陋 lòu 4

臣愚戇鄙○ 5.5/32/3
常自謂短○ 13.13/88/4
舉側○ 19.13/140/8
姿貌短○ 20.14/147/24

漏 lòu 7

尋、邑自以爲成功○刻 1.1/2/26
飲食、百官、鼓○、起居、車騎、鹵簿如故 3.1/19/13
常晨駐馬待○ 11.6/72/6
纖微不○ 16.14/107/21
寄命○刻 16.34/113/6
○盡 20.24/150/3
懷稾匹○ 22.4/163/27

鏤 lòu 2

身中皆有雕○ 3.5/22/1
賜東園轜車、朱壽器、銀○、黃〔金〕玉匣 12.11/81/22

盧 lú 8

帝幸○奴 1.1/5/22
從都（慮）〔○〕至羊腸倉 8.2/47/15
詔封延曾孫爲○亭（候）〔侯〕 9.11/61/13
至中○ 10.2/62/16
涿郡○植、北海鄭玄、皆其徒也 12.7/79/18
伋知○芳夙賊 15.9/98/22
索○放、字君陽 16.33/112/21
○芳、字君期 23.9/168/3

瀘 lú 1

藐浔○灘 22.4/162/30

廬 lú 34

受《尚書》于中大夫○江、許子威 1.1/1/15
帝歸舊○ 1.1/2/7
望見○南若火光 1.1/2/7
并度○屋里落 1.1/8/1
周觀舊○ 2.1/12/15
○江太守獻寶鼎 2.1/12/23
壞民○舍 2.3/16/30
調濱水縣彭城、廣陽、○江、九江穀九十萬斛 3.1/18/26
拜○江都尉 7.7/40/16
復呼同○郎共更嘘 8.2/47/12
詣上所在○奴 10.1/62/8
純兄歸燒宗家○舍 10.1/62/9
故焚燒○舍 10.1/62/10
起○舍 11.3/71/10
茅屋草○千餘戶 11.10/73/14
作大○ 12.2/77/13
可信顏於王○ 12.10/80/21
吏民○舍 13.11/86/27
臣時在河南冢○ 13.12/87/24
○落丘墟 14.5/93/7
乃挂衰絰於冢○而去 15.2/95/8
以○江郡爲六安國 15.2/95/21
○江獻鼎 16.6/104/20
惟琳兄弟獨守冢○ 16.43/115/8
宮過其○下 17.12/121/4
景爲○江太守 18.11/129/20
生白○江太守掾嚴麟 18.12/130/6

欲出精○ 18.13/130/13
○江毛義 18.27/134/8
結草爲○ 19.20/141/23
○于舍外 20.6/146/10
乃○于里門 20.6/146/10
攻得邔、宜城、（若）〔鄀〕、編、臨沮、中（沮）○、襄陽、鄧、新野、穰、湖陽、蔡陽 23.13/169/9
其殿中○有索長數尺可以縛人者數千枚 24.72/178/7

爐 lú 1

又龍堂上聞（螟）〔蝦〕螟聲在火○下 23.11/168/19

臚 lú 9

大鴻○悉求近親宜爲嗣者 2.3/16/17
大鴻○ 4.1/25/3
鴻○三十六人 4.1/25/6
使鴻○持節郊迎 7.12/43/9
大鴻○奏遣發 7.12/43/11
爲鴻○ 11.11/73/24
制詔三公、大鴻○曰 12.10/81/5
帝乃以大鴻○魏應代之 17.12/121/9
遣大鴻○持節至墓 18.24/133/15

蘆 lú 1

拔庭中○菔根 23.5/166/16

鹵 lǔ 1

飲食、百官、鼓漏、起居、車騎、○簿如故 3.1/19/13

虜 lǔ 28

拜帝爲破○大將軍 1.1/3/12
討擊羌○ 8.9/49/28
○兵盛 8.14/53/8
反欲以賊○遺君父耶 8.14/53/9
○中矢者 8.17/54/7
○至不敢出 8.17/54/14
爲征○將軍 9.7/59/6
安得憂國奉公之臣如祭征○者乎 9.7/59/21
○每犯塞 9.8/60/5
誅逆○ 9.11/61/7
仇疾反○隗囂 10.22/67/22
而○土崩瓦解 10.22/67/23
歙與征○將軍祭遵襲略陽 11.2/70/23
否則守錢○耳 12.1/75/11
○在吾目中矣 12.1/76/2
○未滅之時 12.1/76/19
身爲降○ 14.1/90/9
璽書拜駿爲威○將軍 15.19/101/25
多斬首○ 16.3/103/3
獨有因夜以火攻○ 16.3/103/6
遂將吏士往奔○營 16.3/103/8
○欲令拜 16.6/104/22
○何敢迫脅漢將 16.30/112/1
○出度五千人 18.12/129/28
吏白今○兵度出五千 18.12/129/28
便可將兵南擊蜀○ 23.16/170/13
言○欲去 24.13/173/21
北○遣使和親 24.79/178/23

魯 lǔ 27

幸○ 2.2/14/22
○丕與侍中賈逵、尚書令黃香等相難 2.3/17/1
興爲○王 7.1/38/23
王兼食東海、○國二郡二十九縣 7.8/41/5
明帝發○相所上檄 7.8/41/10
今○國孔氏尚有仲尼車輿冠履 7.12/43/6
丁爲○陽鄉侯 7.17/44/22
時上在○ 8.14/53/7
從至○ 9.8/60/7
斬其○郡太守梁丘壽、沛郡太守陳修 9.11/61/5
立馬於○班門外 12.1/76/26
彼仲尼之佐○兮 12.10/80/19
昔○隱有賢行 13.11/86/23
爲○郡太守 14.2/90/25
先遣伯禽守封於○ 15.7/97/13
住止山陰縣故○相鍾離意舍 16.14/107/19
周澤董○平叔 16.25/111/2
敕延從駕到○ 17.1/117/22
薦陰亶、程胡、○歆自代 17.2/118/9
出爲○相 17.13/122/2
○春雨霜 18.4/127/11
○相 18.25/133/20
○恭、字仲康 19.4/137/13
○丕、字叔陵 19.5/138/3
以《○詩》、《尚書》教授 19.5/138/3
關東號曰「《五經》復興○叔陵」 19.5/138/5
○平爲陳留太守 19.27/143/20

擄 lǔ 3

所至○掠 9.4/56/20
然而諸將○掠 14.5/93/13
郭汜曰○掠百官 21.27/156/7

陸 lù 2

江夏安○人也 19.22/142/7
茂將其精兵突至湖（○）〔陵〕 23.10/168/10

鹿 lù 20

子讖、原○侯 1.1/10/8
奏《○鳴》 2.1/12/32
言鉅○、樂成、廣平各數縣 2.1/13/28
白○、白兔、九尾狐見 2.2/15/3
鳳凰見百三十九、麒麟五十二、白虎二十九、黃龍三十四、青龍、黃鵠、鸞鳥、神馬、神雀、九尾狐、三足烏、赤烏、白兔、白○、白燕、白鵲、 2.2/15/20
潁川上言麒麟、白○見 3.1/19/10

傳勉頭及所帶玉印、○皮冠、黃衣詣雒陽 3.4/21/17
廣平、鉅○、樂成王在邸 6.2/35/16
從黎陽步推○車于洛陽市藥 8.2/47/20
從擊王郎將兒宏、劉奉于鉅○下 9.12/61/19
鉅○人 10.1/62/5,16.52/117/12
初王莽分鉅○爲和成郡 10.16/66/7
詔書賜〔援〕鉅○縑三百匹 12.1/77/2
朝送○膾 12.4/78/16
賢見林身推○車 13.11/85/25
載以○車 13.16/89/9
爲鉅○太守 19.11/139/20
推○車 21.17/154/14
與宣共挽○車歸鄉里 22.1/160/27

祿 lù 32

吏○薄少 1.1/8/20
（二）〔以〕千石○終身 3.2/20/5
遣侍中杜喬、光○大夫周舉等八人分行州郡 3.2/20/21
光○勳府吏舍夜壁下忽有氣 3.5/21/30
而有秩者侍中、中常侍、光○大夫秩皆二千石 4.1/26/8
會光○（丞）〔勳〕劉賜適至 10.12/65/6
環將作大匠、光○勳 10.24/68/21
拜光○大夫 11.4/71/18
爲光○勳 12.3/77/24
13.11/87/1,16.17/108/19
爲光○大夫 13.10/85/14
郡縣不置世○之家 13.11/86/4
林父子兩人食列卿○ 13.11/87/4
○出 13.11/87/4
分俸○以供給其糧用 15.11/99/18
輒分俸○以賑給之 15.15/100/25
後以五更○終厥身 16.9/106/11
即拜光○大夫 16.11/106/28
以二千石○終其身 16.17/108/20
以二千石○養終身 16.27/111/12
孫堪爲光○勳 17.5/119/3
俸○常取赤米 18.1/126/13
敕賜尙書○ 18.10/129/16
章和中爲光○勳 18.19/132/12
而家人爵○ 18.25/133/19
延平元年仕爲光○大夫 19.11/139/24
光○大夫 19.17/141/5
陳蕃爲光○勳 21.7/151/19
扶路側○ 22.4/163/21
赤眉謝○曰 23.1/165/19
謝○、字子奇 23.6/166/25

路 lù 29

廣開束手之○ 1.1/9/27
道（○）〔橋〕所過歷樹木 2.2/14/15
道○斷閉 8.1/47/4
前烏桓吏士皆奔走道○ 8.2/48/3
上指子○曰 9.8/60/8
一年間道○隔塞 10.10/64/8
騁鶩○於犇瀨 12.10/80/25
紛華道○ 12.11/81/19
通利道○ 13.16/89/12
○稱鮑尙書兵馬 14.2/90/19
○有聖人 14.5/93/25
〔逢迎〕道○ 15.9/98/19
鑿山通○ 15.13/100/7
道○未通 15.15/100/23
道○不敢相盜 15.17/101/14
宜抑其○ 16.16/108/7
道○愈多不法 16.38/114/10
○過小黃 17.1/117/20
○過弘農 17.13/121/14
緣○訪之 18.12/130/7
無以絕毀實亂道之○ 19.1/136/22
絕知友之○ 19.7/138/23
稽留道○ 20.20/149/6
○且揀雒 22.4/162/21
仍○孳摸 22.4/163/4
蹤優（仫）〔○〕仁 22.4/163/18
扶○側祿 22.4/163/21
罵詈道○ 23.1/165/12
世○無由 24.90/179/27

戮 lù 5

乃○之于市 9.1/55/8
反○其使 9.1/55/19
已○之矣 9.1/55/20
敢問○其使而降城 9.1/55/21
市無刑○ 21.54/160/8

潞 lù 2

隆軍○ 1.1/5/14
其先上黨○人 14.5/92/22

錄 lù 12

污七十二代編○ 1.1/9/11
○囚徒 2.3/16/25
皆當撰○ 5.4/29/4
○尙書事 11.10/73/17
旦夕拘○ 13.11/86/17
堪○簿上官 15.12/99/26
諸生著○前後萬人 16.21/109/23
自遠方至者著爲○ 17.18/123/8
詔書○功臣 20.24/150/6
總○尙書事 21.1/150/18
班固○《漢書》 24.91/180/1
誠宜具○本事 24.92/180/6

騄 lù 1

置○驥廄 3.6/23/24

露 lù 20

御坐廡下淺○ 1.1/8/4
單車○宿 1.1/8/8
甘○降四十五日 1.1/8/16
郡國上甘○降 1.1/9/16
甘○仍降 2.1/13/15
帝令百官採甘○ 2.1/13/16
太常丞上言陵樹葉有甘○ 2.1/13/17
甘○積于樹 2.1/13/17
鳳凰見百三十九、麒麟五十二、白虎二十九、黃龍三十四、青龍、黃鵠、鸞鳥、神馬

、神雀、九尾狐、三
　足烏、赤烏、白兔、
　白鹿、白燕、白鵲、　2.2/15/20
○布奏可　3.2/21/3
披○腹心　5.5/32/4
上言「不可譴○」　7.4/39/21
閒側身暴○　8.7/49/12
君晨夜冒犯霜○　14.2/91/12
又當司徒○布　14.3/91/20
甘○降　18.13/130/20
　21.54/160/9
鳳凰、（麟麒）〔麒麟〕
　、嘉禾、甘○之瑞集
　于郡境　18.14/131/5
商賈○宿　19.21/141/28
乃○布上書　21.4/151/5

籙 lù　1

蓋應圖○　5.5/30/4

閭 lǘ　12

具知○里姦邪　1.1/1/17
表（商客）〔商容〕之
　○　1.1/4/24
每言及三輔長者至○里
　少年皆可觀　12.1/76/9
抉目皆於門○　12.10/80/21
孝友著於○閾　12.11/81/11
○里有喪憂　15.5/96/15
曾參迴車于勝母之○
　17.13/121/24
○里感其行　17.25/125/12
或身到○里　20.17/148/19
○里歌之曰　21.17/154/15
官府○里　23.1/165/5
里○語曰　23.1/165/13

驢 lǘ　3

與同舍生韓子合錢買○　1.1/1/15
更用○輦　8.2/47/17
○四百頭負馱　11.2/71/2

呂 lǚ　11

高皇○太后不宜配食　1.1/9/18
遷○太后于園　1.1/9/19
以變律○　5.2/28/7,24.85/179/9
○布以奮威將軍如三事
　21.28/156/11
○植通《禮經》　23.1/164/25
海曲有○母　23.7/167/6
○母家素富　23.7/167/6
○母垂泣曰　23.7/167/7
因與○母入海　23.7/167/9
○母賓客徐次子等　23.7/167/9

侶 lǚ　2

結○將行　15.5/96/23
同○馬死　15.14/100/12

旅 lǚ　9

天下野穀○生　1.1/5/23
季氏欲○　5.5/30/2
郡大生○豆　9.1/55/6
雖在軍○　9.7/59/18
黠羌欲○拒　12.1/76/6
援振○京師　12.1/76/28
行○至夜　15.17/101/15
徵衣隨○　22.4/162/1
繩動隨○　22.4/162/21

僂 lǚ　2

○讓龍洞　22.4/162/10
○讓皮尼　22.4/162/18

屢 lǚ　4

乃者白烏、神雀○臻　2.2/14/26
歲○有年　13.16/89/13
均○辟不詣　18.10/129/11
○有補裨之益　21.1/150/19

膂 lǚ　1

○力過人　9.8/60/3

履 lǚ　23

特賜○襪　2.3/17/1
遵○前制　3.2/21/1
念先帝躬○九德　5.5/31/21
博園匽貴人○高明之懿
　德　6.8/37/22
遵○法度　7.9/41/28
今魯國孔氏尚有仲尼車
　輿冠○　7.12/43/6
脫袴解○　11.14/74/14
○深淵之薄冰不爲號　14.4/92/13
陛下尊○蒸蒸　15.2/95/18
少麤○　15.14/100/14
養蠶桑織○　15.14/100/15
衣○溫煖　15.14/100/15
人無○亦苦之否　15.14/100/16
至今江南頗知桑蠶織○
　15.14/100/18
煮○啖弩　16.34/113/6
脫衣解○　16.50/117/3
○清高之節　16.52/117/12
褒親自○行　18.16/131/16
幅巾屐○　18.18/132/4
冠○倒易　20.4/145/23
足○龜文　20.11/147/10
俠卿爲制朱絳單衣、
　（平）〔半〕頭赤幘
　、直綦○　23.5/166/13
乃噉弩煮○　23.16/170/17

律 lǜ　18

青衣蠻夷、堂○等歸義　3.1/18/30
凡○所革　5.2/28/7
以變○呂　5.2/28/7,24.85/179/9
○何故禁之　10.26/69/17
○設大法　10.26/69/17
以○治汝　10.26/69/18
臣愚以爲可因歲首發太
　簇之○　12.3/78/3
從鍾寧君受《○》　13.5/83/19
除肉刑之重○　13.11/86/3
哀、平間以明○令爲侍
　御史　19.7/138/18
乃收家中○令文書壁藏
　之　19.7/138/19

增飾法○ 19.17/141/4
兼明圖讖、天官、星氣、鍾○、（歷）〔曆〕算 19.22/142/12
受○令 23.13/169/9
《前漢志》但載十二○ 24.86/179/11
候鍾○ 24.88/179/15
以治○未竟 24.90/179/25

綠 lǜ 4

貴人、相國○綬 5.6/33/6
○紫白 5.6/33/6
純○圭 5.6/33/6
（○）〔緣〕崖磻石 22.4/163/22

慮 lǜ 13

無○所用 1.1/8/25
少省思○ 1.1/9/6
深○遠圖 8.1/46/12
以公而○ 8.1/46/13
從都（○）〔盧〕至羊腸倉 8.2/47/15
智略謀○ 13.1/83/1
使者○就徵 13.5/83/22
發深淵之○ 14.5/93/29
不可不○ 16.6/104/20
宜思遠○ 16.10/106/23
詔書捕男子周○ 16.22/110/6
○素有名（字）〔稱〕 16.22/110/6
吾亦○之 23.17/171/2

孿 luán 1

病筋○卒 7.6/40/7

鑾 luán 1

上詔有司加贈○輅乘馬 7.12/43/18

鸞 luán 9

鳳凰見百三十九、麒麟五十二、白虎二十九、黃龍三十四、青龍、黃鵠、○鳥、神馬、神雀、九尾狐、三足烏、赤烏、白兔、白鹿、白燕、白鵲、 2.2/15/20
迷○旗旄騎 12.1/75/15
騁○路於犇瀨 12.10/80/25
桓○父良 16.12/107/5
○貞亮之性 16.12/107/5
○鳥集於學宮 18.13/130/17
今伯○亦清高 18.29/135/9
○鳥止學宮 21.42/158/16
○旗曰雞翹 24.95/180/15

卵 luǎn 2

此雀○大如甕 22.6/164/12
易於泰山之壓鷄○ 24.70/178/3

亂 luàn 40

天下擾○飢餓 1.1/2/3
邑大衆遂潰○ 1.1/3/8
縱橫爲○ 3.5/22/6
國家離○ 5.4/29/6
（廢）〔撥〕○中興 5.5/29/11
撥○反正 5.5/31/7
以兵平○ 5.5/31/9
昏○不明 7.20/45/12
軍潰○ 8.1/47/4
軍中驚○ 8.10/50/19
夫有桀、紂之○ 9.4/56/20
長安兵○ 9.6/58/10
旌旗○于大澤 11.7/72/13
干○去禁 11.9/73/5
除殘去○ 12.9/80/11
陛下承大○之極 13.1/82/21
臨淮必○ 13.5/83/22
〔而〕今數進鄭聲以○雅樂 13.6/84/6
直以擾○ 13.11/86/24
將散○之兵 14.5/93/10
攘除禍○ 14.5/93/11
時天下擾○ 15.11/99/13
避○江南者皆未還中土 15.15/100/23
天下○ 16.14/107/18, 17.11/120/19, 18.6/127/23
遭大○ 16.43/115/8
王莽○ 16.44/115/13
齊郡敗○ 17.10/120/6
時天下○ 17.23/124/15
政○ 17.24/124/27
無以絕毀實○道之路 19.1/136/22
寵嬖傾○而不能禁 20.2/145/11
海內○ 20.4/145/21
今官位錯○ 21.4/151/5
時東郭竇、公孫舉等聚衆三萬人爲○ 21.8/151/24
值天下○ 21.39/158/3
恐其衆與莽兵○ 23.6/166/25
無令干○吏治 24.59/177/9
傾○ 24.66/177/23

倫 lún 21

賞賜恩寵絕於○比 7.8/41/6
不及等○ 9.11/61/8
逆○絕理 14.5/93/13
第五○、字伯魚 18.1/125/19
○獨收養孤兄（下）〔子〕、外孫 18.1/125/20
○步擔往候鮮于褒 18.1/125/20
將○上堂 18.1/125/21
○自度仕宦牢落 18.1/125/21
京兆尹閻興召○爲主簿 18.1/125/25
興署○督鑄錢掾 18.1/125/26
○平銓衡 18.1/125/26
○每見光武詔書 18.1/126/1
○曰 18.1/126/2
除○爲淮陽王醫工長 18.1/126/5
○請於王 18.1/126/6
○性節儉 18.1/126/13
○密委去 18.1/126/16
○免官歸田里 18.1/126/17
○爲司空 18.1/126/19
蔡○、字敬仲 20.9/146/25
○狼藏幢 22.4/163/21

淪 lún 1

而猥相毀墊○失 13.11/86/28

綸 lún 2

詔齊相〔其〕止勿〔復〕送冰紈、方空穀、吹○絮〔也〕 2.2/14/9
五經紛○井大春 16.51/117/8

輪 lún 2

剛以頭軔乘輿車○ 15.7/97/15
侍御史張綱獨埋○于雒陽都亭 20.15/148/3

論 lùn 40

○時政畢 1.1/9/4
群臣爭○上前 1.1/9/5
命儒者○難 2.2/14/22
（者）〔其〕時○者以爲（棱）〔稜〕淵深有謀 2.2/15/9
廟堂之○ 5.5/32/3
七歲讀《○語》 6.5/36/13
興收申案○ 7.2/39/3
○集經傳圖讖 7.9/41/28
作《五經通○》 7.9/41/28
諸將每○功 8.11/51/19
能○議 8.15/53/20
諸將共○功伐 9.4/57/21
不宜○也 10.22/68/2
息馬○道 11.7/72/13
上與共○朝臣 13.6/84/12
○於朝廷 13.9/85/4
不苟貪高亢之○ 13.11/86/3
君長將兵不與韓信同日而○ 14.4/92/10
以測幽冥之○ 14.5/93/2
監《六經》之○ 14.5/93/29
善○難 15.2/95/6
今與衆儒共○延功 15.8/97/29
講○不怠 16.9/105/14
會諸博士○難于前 16.9/105/18
號曰《新○》 16.16/108/12
作《通○》七篇 16.19/109/7
號《洼君通○》 16.19/109/7
臣願與並○雲臺之下 16.50/117/3
又善○議 17.4/118/23
諸儒于白虎觀講○《五經》同異 17.6/119/7
○議切直 17.12/121/8
○難僠僠祁聖元 17.17/122/25
○薦之私 18.8/128/22
〔能〕講○ 18.19/132/12
但高譚清○以激勵之 18.26/134/1
試《○語》本文章句 19.6/138/9
○寢徹旦 24.56/177/3
聽言視○ 24.61/177/13
廣漢坐○爲鬼薪 24.72/178/8
《前志》亦闕而不○ 24.90/179/25

螺 luó 1

莋邪尋○ 22.4/162/27

羅 luó 3

封長○侯 11.4/71/18
四海爲○網 14.4/92/12
○紈綺繡 16.16/108/6

裸 luǒ 3

皆○跣塗炭 13.16/89/10
寒者○跣 14.5/93/14
賊操弓弩欲○奪婦女衣服 18.6/127/23

羸 luǒ 1

寵妻夢○袒冠幘 23.11/168/19

洛 luò 9

傳首于○陽 1.1/7/9
幸○陽寺 2.3/16/25
太后幸○陽寺 6.5/36/24
蒼到○陽 7.12/43/9
從黎陽步推鹿車于○陽市藥 8.2/47/20
賜○陽上商里宅 14.2/90/24
董宣爲○陽令 15.16/101/6
還○陽 16.3/104/6
○陽人 17.9/119/27

落 luò 7

并度廬屋里○ 1.1/8/1
廬○丘墟 14.5/93/7
風吹○兩實 16.14/107/21
聚○化之 16.46/115/27
倫自度仕宦牢○ 18.1/125/21
里○皆化而不爭 18.28/134/18
息○服淫 22.4/163/24

雒 luò 48

○陽以東米石二千 1.1/1/20
更始欲北之○陽 1.1/3/13
先到○陽整頓官府 1.1/3/14
東迎○陽者見更始諸將過者已數十輩 1.1/3/14
帝入○陽 1.1/5/1
故帝都○陽 1.1/5/7
還○陽宮 1.1/9/15
出王○山 2.1/12/23
傳勉頭及所帶玉印、鹿皮冠、黃衣詣○陽 3.4/21/17
徵詣○陽 3.5/21/24
中外官尚書令、御史中丞、治書侍御史、公將軍長史、中二千石丞、正、平、諸司馬、中官王家僕、○陽令秩皆千石 4.1/25/21
○陽市長秩四百石 4.1/26/3
謹按《河》《○》讖書 5.5/29/16
奉《圖》《○》之明文 5.5/29/17
有司復奏《河》《○》圖記表章赤漢九世尤著明者 5.5/29/20
至建武都○陽 5.5/30/11
更始既至○陽 8.1/46/8
禹獨與二十四騎詣○陽 8.1/47/5
詣○陽 8.11/51/16
大司馬朱鮪在○〔陽〕 9.1/54/22
南迫○陽 9.1/54/24
共守○陽 9.4/57/2
追至○陽城門 9.4/57/4
還歸○陽 9.10/60/23
與劉嘉俱詣○陽 11.2/70/17
囂乃使援奉書○陽 12.1/75/17

至○陽 12.6/79/5
臣聞營河、○以爲民 13.11/86/1
鮪守○陽 14.1/90/1
大兵來攻○ 14.1/90/3
復令彭夜送歸○陽 14.1/90/10
安集○陽 15.10/99/3
弟奇在○陽爲諸生 15.11/99/18
廣漢○人也 17.22/124/5
乃一到○ 19.1/136/22
先是○陽城南 19.7/138/25
爲○陽令 19.21/142/1
20.18/148/24
震到○陽都亭 20.2/145/10
侍御史張綱獨埋輪于○陽都亭 20.15/148/3
陽○僭麟 22.4/162/13
路且捒○ 22.4/162/21
理滌髭○ 22.4/163/24
百宿到○ 22.4/163/24
更始北都○陽 23.1/165/3
及中黃門從官至○陽 23.1/165/3
更始遂西發○陽 23.1/165/4
○陽人韓鴻爲謁者 23.1/165/14

駱 luò 4

屯○越 10.2/62/16
以所得○越銅 12.1/76/27
太守○珍召署曹吏 18.26/133/27
南單于遣使獻○駝二頭 22.3/161/11

略 lüè 30

大義○舉 1.1/1/16
多權○ 1.1/1/26
兵事方○ 1.1/6/10
○舉大義 2.1/11/17
諸小王皆當○與楚、淮陽相比 2.1/13/28
陰設方○ 6.3/35/26
令彭助漢爲方○ 9.2/55/26
至○陽 9.7/59/9
殺○吏人 9.9/60/13
時山東○定 11.2/70/19
歙與征虜將軍祭遵襲○陽 11.2/70/23
然上以○陽、囂所依阻 11.2/70/24
囂圍歙于○陽 11.2/70/25
智○謀慮 13.1/83/1
○不再見 14.4/92/7
○其財產 14.5/93/14
伉健有武○ 15.1/94/24
善於計○ 15.10/99/5
大丈夫無他志○ 16.3/102/23
豪彊○城 16.34/113/5
以武○稱 18.23/133/9
殺○人吏 19.6/138/13
渙以方○取之 19.21/142/1
有文武智○ 21.8/151/24
設施方○ 21.8/151/25
寬簡○嗜酒 21.9/152/12
有奇謀異○ 21.54/160/8
故能廣○邊郡 23.9/168/6
衆見利則出兵而○地 23.17/171/6
案○求索 24.90/179/26

掠 lüè 9

縱兵大○ 1.1/7/9
被○羸困 6.5/36/25
所至擄○ 9.4/56/20
惟忠獨無所○ 10.14/65/19
見便鈔○ 11.2/71/3
劫○吏人 12.9/80/14
然而諸將擄○ 14.5/93/13
○得羌侯君長金印四十三 21.8/152/7
郭汜日擄○百官 21.27/156/7

麻 má 8

○菽尤盛 1.1/5/23
無蠶織絲○之利 15.14/100/13
類皆以○枲頭緼著衣 15.14/100/14
復令種紵○ 15.14/100/15
五原土宜○桑 16.40/114/20
勸種○ 16.40/114/21
㝡嘗遺貢生（○）〔蒜〕 16.49/116/16
乃教民種○桑而養蠶 18.11/129/20

蟆 má 2

又寵堂上聞（○）〔蝦〕○聲在火爐下 23.11/168/19

馬 mǎ 209

鬭雞走○ 1.1/1/17
嘗爲季父故舂陵侯訟逋租于大司○嚴尤 1.1/1/18
殺新野尉後乃得○ 1.1/2/11
門下有繫○著鼓者 1.1/3/11
○驚硠磕 1.1/3/11
乃○也 1.1/3/12
更始以帝爲大司○ 1.1/3/17
趙王庶兄胡子進狗牒○（醢）〔醢〕 1.1/3/18
帝擊銅○ 1.1/4/8
帝已乘王豐小○先到矣 1.1/4/10
至孝武、（兒）〔倪〕寬、司○遷猶從土德 1.1/5/6
囂故吏○援謂囂曰 1.1/6/8
是時名都王國有獻名○、寶劍 1.1/7/12
○以駕鼓車 1.1/7/13
征伐嘗乘革輿羸○ 1.1/7/14
左右有白大司○史 1.1/8/4
黎陽兵○千餘匹 1.1/8/6
牛○放牧 1.1/8/8
木車茅○ 1.1/8/26
人○席薦羈靽皆有成賈 1.1/10/12
又以皇子輿○ 2.1/13/12
在兵○官 2.1/13/26
鳳凰見百三十九、麒麟五十二、白虎二十九、黃龍三十四、青龍、黃鵠、鸞鳥、神○、神雀、九尾狐、三足烏、赤烏、白兔、白鹿、白燕、白鵲、 2.2/15/20
安定太守杜恢與司○鈞并威擊羌 3.1/18/30
故將軍○賢 3.2/20/17
以遠近獻○衆多 3.2/20/20
九江賊○勉敗死 3.4/21/16
白○令李雲坐直諫誅 3.5/22/10
丞領受郡國調○ 3.6/23/24

司○員吏官屬 4.1/24/15
度遼將軍司○二人 4.1/24/22
中外官尙書令、御史中丞、治書侍御史、公將軍長史、中二千石丞、正、平、諸司○、中官王家僕、雒陽令秩皆千石 4.1/25/21
尙書、中謁者、黃門冗從四僕射、諸都監、中外諸都官令、都（候）〔侯〕、司農部丞、郡國長史、丞、（候）〔侯〕、司○、千人秩皆六百石 4.1/26/1
蕭何墓在長陵東司○門道北百步 5.1/27/5
霍光墓在茂陵東司○門道南四里 5.1/27/7
○貴人德冠後宮 6.2/34/14
○如游龍 6.2/35/4
○不踰六尺 6.2/35/16
後有司○犯軍令 7.1/38/13
輒驛○下問興 7.2/39/6
犬○是好 7.3/39/14
明帝驛○令作草書尺牘十首焉 7.3/39/16
廄○千二百匹 7.11/42/8
聞武帝歌《天○》 7.12/43/7
復賜乘輿服御、珍寶鞍○ 7.12/43/13
置驛○ 7.12/43/15
上詔有司加贈鑾輅乘○ 7.12/43/18
閉酺○廄 7.17/44/19
乃以上爲大司○ 8.1/46/8
又刺殺犬○牛羊 8.2/48/3
乞與衣裘輿○ 8.6/49/4
閱（具）〔其〕兵○ 8.10/50/16
公孫述、大司○田戎將兵下江關 8.10/50/22
緣○尾得出 8.10/50/24 23.17/172/1
我大司○督 8.11/51/12
銅○、赤眉之屬數十輩 8.14/52/15
遣使獻名○ 8.17/54/4
吏筰○糞汁飲之 8.17/54/8
大司○朱鮪在雒〔陽〕 9.1/54/22
更始遣舞陰王李軼、廩丘王田立、大司○朱鮪、白虎公陳僑將兵三十萬 9.4/57/1
至則厲兵○ 9.8/60/4
鮮卑奉○一匹、貂裘二領 9.8/60/6
獻○及縑帛數百匹 10.1/62/5
詔取行者車○ 10.1/62/6
○武與眾將上隴擊隗囂 10.3/62/24
○成爲郟令 10.5/63/7
上爲大司○ 10.11/64/13
晨夜馳○ 10.11/64/16
○欲僵 10.11/64/19
即以所乘大驪○及繡被衣物賜之 10.14/65/20
信都大姓○寵等開城內之 10.14/65/21
上以大司○平河北 10.16/66/8
被○欲出 10.21/67/13
○駕在轅中 10.21/67/13
惶遽著鞍上○ 10.21/67/13
（遺）〔遣〕司○虞封間行通書 10.22/67/20
與駙○都尉耿秉北征匈奴 10.23/68/10
大將軍置長史、司○員吏官屬 10.24/68/21
道中有人認茂○者 10.26/69/7
茂問失○幾日 10.26/69/7
此○已畜數年 10.26/69/8
遂解○與之 10.26/69/8
○主自得其○ 10.26/69/9
持節送○援 11.2/70/19
因歙上疏宜益選兵○ 11.2/71/1
常晨駐○待漏 11.6/72/6
息○論道 11.7/72/13
不任兵○ 11.8/72/21
從書佐假車○什物 11.10/73/15
○援字文淵 12.1/75/5
仲官至玄武司○ 12.1/75/6
御款段○ 12.1/76/18
援於交趾鑄銅○ 12.1/76/25
行地者莫如○ 12.1/76/25
善相○者東門京鑄作銅○法獻之 12.1/76/26
立○於魯班門外 12.1/76/26
更名曰金○門 12.1/76/26
鑄以爲○ 12.1/76/27
詔置○德陽殿下 12.1/76/28
以○革裹尸還葬耳 12.1/77/1
臣尙能被甲上○ 12.1/77/4
○廖少習《易經》 12.2/77/9
○防、字公平 12.3/77/17
可不須（穀○）〔○穀〕 12.3/77/18
請○穀 12.3/77/18
無穀○故事 12.3/77/19
匈奴候騎得漢○矢 12.3/77/20
○當與穀 12.3/77/20
敕下調○穀 12.3/77/21
防又多牧○畜 12.3/78/8
○光、字叔山 12.4/78/13
○客卿幼而岐嶷 12.5/78/24
○嚴、字威卿 12.6/79/3
聽置司○、從事 12.6/79/8
○融才高博洽 12.7/79/18
○棱、字伯威 12.8/79/24
以明軍謀特除西域司○ 12.9/80/7
奴婢車○供用而已 12.11/81/13
門無駐○請謁之賓 12.11/81/24
今以平狄將軍孫咸行大司○事 12.14/82/14
湛常乘白〔○〕 13.10/85/14
白○生且復諫矣 13.10/85/15
奔○善驚 13.11/86/15
與○援同鄉里 13.11/87/1
時林○適死 13.11/87/2
援遣子持○一匹遺林 13.11/87/2
朋友有車○之饋 13.11/87/2
與鮪交○語 14.1/90/8
路稱鮑尙書兵○ 14.2/90/19
叩頭○前 14.2/91/2
奔走○頭前 14.2/91/6
徙封鴻爲○亭侯 15.2/95/21
遵爲大司○護軍 15.5/96/18
○不得前 15.7/97/16
各騎竹○ 15.9/98/19
同侶○死 15.14/100/12
輒舍車持○還相迎 15.14/100/12
鄉里號之曰「一○兩車

茨子河」 15.14/100/13
超爲假司○ 16.3/103/3
今以超爲假司○ 16.3/103/11
漢使有驪○ 16.3/103/14
廣德就超請○ 16.3/103/15
而令巫自來取○ 16.3/103/15
賜以輜車乘○ 16.9/106/1
陳車○印綬 16.9/106/1
皇太子賜郁鞍○、刀劍 16.10/106/21
上賜○二匹 16.10/106/24
常乘驄○ 16.13/107/13
避驄○御史 16.13/107/14
給車○ 16.31/112/9
嘗候○援兄況 16.34/112/28
○驚觸虎 16.34/113/7
特賜輿○衣服 17.1/117/26
還玄武司○ 17.1/117/27
辟大司○府 17.3/118/17
武騎虎賁恐驚○ 17.17/122/26
政嘗過揚虛侯○武 17.17/122/28
自養○ 18.1/126/13
百姓攀轅扣○呼曰 18.1/126/16
賜束帛、乘○ 18.5/127/16
犬○齒衰 18.8/128/21
○頓死泥中 18.12/130/5
令從騎下○與之 18.12/130/6
不知○所歸 18.12/130/7
即牽○造門 18.12/130/8
毋乘跛○車 18.13/130/15
神○四出濵河中 18.13/130/19
給文以錢市（焉）〔○〕 18.13/130/22
百姓扶車叩○ 18.15/131/10
不用（車）〔牛〕○ 18.18/132/5
于是京師貴戚順陽侯衛尉○廖、侍中竇憲慕其行 18.18/132/6
會大司○吳漢薨 18.23/133/8
青從此除步兵司○ 19.1/136/9
霸以所乘車○遣送之 19.11/139/18
諸國侍子及督使賈胡數遺恂奴婢、宛○、金銀、香罽之屬 19.20/141/22
○市正數從（買）〔賣〕羹飯家乞貸 19.21/142/2
司○均、字少賓 19.28/143/25
因壞車殺○ 20.7/146/15
昔○援以薏苡興謗 20.17/148/13
與○國等相見 20.23/149/19
詐謂○國曰 20.23/149/20
白○令李雲素剛 21.4/151/4
煩自下○大戰 21.8/151/26
此以慰种光、○賢等亡魂也 21.8/152/1
○騎五萬餘匹 21.8/152/3
長史、司○、涉頭、長燕、鳥校、棚水塞尉印五枚 21.8/152/7
羌離湳上奐○二十匹 21.11/153/3
使○如羊 21.11/153/4
走○闕橐駝 22.3/161/9
文○（二）〔十〕匹 22.3/161/11
○武、王匡以爲王莽未滅 23.1/164/25
車○奔 23.1/165/4
三○皆死 23.1/165/4
大司○縱之 23.1/165/10
更始下（爲）〔○〕拜謝城 23.1/165/17
大司○吳漢圍茂 23.10/168/10
兵○衆多 23.11/168/18
士○最强 23.16/170/9
且蓄養士○ 23.16/170/10
跨○陷敵 23.17/171/18
銅○賊帥東山荒禿、上淮況等 23.20/172/16
丁明代傅喜爲大司○ 24.2/172/23
賜所乘驪○ 24.27/175/1
輕於駟○之載鴻毛 24.70/178/3
司○相如上疏曰 24.77/178/19

罵 mà 4

不得輒毆○之 19.21/142/2
○曰 21.9/152/13
○言畜產 21.9/152/14
○詈道路 23.1/165/12

埋 mái 5

葬○僭侈 1.1/6/21
詩○之 17.22/124/7
寵乃敕縣○葬 19.7/138/26
侍御史張綱獨○輪于雒陽都亭 20.15/148/3
但即土○藏而已 21.15/154/6

買 mǎi 18

與同舍生韓子合錢○驢 1.1/1/15
夜私○脂燭讀經傳 6.5/36/15
敞曾祖節侯○ 7.7/40/13
妻子在後○田業 8.10/51/2
何多○田宅乎 8.10/51/2
與共○蜜合藥 9.6/58/14
何如在長安時共○蜜乎 9.6/58/15
○半臿佩刀懷之 10.21/67/10
多○京師膏腴美田 12.2/77/13
不能得錢○肉 16.49/116/20
日○一片豬肝 16.49/116/20
後○輒得 16.49/116/21
父稚爲丹○田宅居業 17.2/118/3
從宛人陳洮○符入函谷關 17.2/118/3
欲○暉婢 18.6/127/26
爲○空地 18.16/131/16
馬市正數從（○）〔賣〕羹飯家乞貸 19.21/142/2
每自○進之 21.55/160/14

脈 mài 2

左陽○ 19.31/144/16
右陰○ 19.31/144/16

麥 mài 10

馮異進一笥○飯兔肩 1.1/3/23
異進一笥○飯兔肩 9.4/57/1
丹上○二千斛 15.5/96/20
○穗兩岐 15.12/100/1
躬與奴共發棘田種○ 18.1/126/17
○含金兮方秀 18.29/135/4
曝○于庭 18.30/135/14
忽不視○ 18.30/135/15
○隨水漂去 18.30/135/15
所種小○、故蒜 19.20/141/19

賣 mài 4

詔禁民無得酤○酒麴 3.2/20/24
○國恩 13.9/85/7
嘗與奴載鹽北至太原販○ 18.1/125/22
馬市正數從（買）〔○〕羹飯家乞貸 19.21/142/2

邁 mài 2

歲月騖○ 7.12/43/4
惟洪勳以遐○ 12.10/80/25

蠻 mán 17

象林○夷攻燔官寺 2.3/17/4
青衣○夷、堂律等歸義 3.1/18/30
○田山、高少等攻城 3.1/19/1
州郡募五里○夷、六亭兵追擊 3.1/19/2
塞外○夷 3.1/19/16
震服百○ 5.5/31/7
因喻告諸○夷 9.2/56/2
諸○夷相率遣使貢獻 9.2/56/2
與弘農、厭新、柏華、○中賊合戰 9.7/59/6
征武陵○ 10.2/62/20
與景丹、祭遵合擊○中 10.6/63/12
武威將軍劉禹擊武陵五谿○夷 12.1/77/3
而○夷懷鳥獸之心 16.3/104/4
○夷貧薄 22.4/162/10
○夷所處 22.4/162/18
在參○ 23.9/168/3
會匈奴句林王將兵來降參○胡 23.9/168/4

滿 mǎn 16

帝令○二千萬止 2.1/13/28
園廏充○ 3.2/20/20
沙石○其口鼻 6.3/35/22
是時公孫述將田戎、任○與漢軍相拒于荆門 10.2/62/16
天道惡○而好謙 11.4/71/20
師事潁川○昌 12.1/75/8
賓客故人日○其門 12.1/76/5
惟勤祖偃長不○七尺 13.13/88/4
獄犴塡○ 16.37/114/1
操兵○側 17.17/123/2
老弱啼號○道 18.14/131/4
爲預汲水○之 18.28/134/17
百姓垂涕送之○道 19.1/136/14
臣愚以爲刺史視事○歲 19.1/136/18
功○當遷 19.22/142/15
○一篋緘封 24.72/178/8

曼 màn 2

子流、緜○侯 1.1/10/9
單于比、匈奴頭○十八代孫 22.3/161/7

慢 màn 6

子酺侮○丁小妻 7.17/44/19
偃蹇傲○ 16.50/117/3
若以懈○爲愆 17.13/121/27
信陽侯驕○ 17.20/123/20
吏甚驕○ 18.6/128/2
怠○廢典 20.19/149/1

蔓 màn 1

○延無足 13.11/86/25

芒 máng 2

故左遷○長 15.8/98/11
○守丞韓龔受大盜丁仲錢 15.8/98/11

莽 mǎng 48

王○時 1.1/1/20,1.1/4/15
○遣三公將運關東諸倉賑貸窮乏 1.1/1/20
王○懼 1.1/2/13
○遣尋、邑欲盛威武 1.1/2/16
自王○末 1.1/5/22
王○輔政 5.3/28/12
王○盜位 5.5/29/22
敬隱宋后以王○末年生 6.3/35/21
○素震其名 7.1/38/10
○徵到長安 7.7/40/19
宣弟義起兵攻○ 7.7/40/21
百姓患苦王○苛刻日久 8.14/52/18
王○時舉有德行、能言語、通政事、明文學之士 9.10/60/17
初王○分鉅鹿爲和成郡 10.16/66/7
王○前隊大夫誅謀反者 10.21/67/13
王○敗 13.5/83/20,16.52/117/13
爲王○著威將軍 14.4/91/27
伏念天下離王○之害久矣 14.5/93/4
王閎者、王○叔父平阿侯譚子也 14.7/94/13
王○簒位 14.7/94/13
19.7/138/18
○敗 14.7/94/14,18.6/127/23
上書諫王○ 15.8/97/20
○大怒 15.8/97/20
王○末 16.31/112/7
17.24/124/27,18.1/125/19
23.1/164/19
王○時爲郡文學 16.37/113/27
王○亂 16.44/115/13
王○居攝 16.46/115/24
子宇諫○而○殺之 16.46/115/25
知○將敗 16.46/115/26
遭王○簒位 17.12/121/6
馬武、王匡以爲王○未滅 23.1/164/25
長安中兵攻王○ 23.1/165/1
○不如此 23.1/165/2,23.1/165/2
杜虞殺○于漸臺 23.2/165/24
崇欲與王○戰 23.6/166/25
恐其衆與○兵亂 23.6/166/25
王○尙據長安 23.16/169/26
以王○簒逆 23.16/170/1
自王○以來常空 23.17/171/23

毛 máo 7

○羽五采 1.1/8/7
其猶順驚風而飛鴻○也 14.5/93/13
饑者○食 14.5/93/14
與○義各賜羊一頭 18.10/129/15
廬江○義 18.27/134/8
奇○異骨 24.14/174/2
輕於駟馬之載鴻○ 24.70/178/3

矛 máo 2

得鎧弩刀○戰楯匕首二三千枚 8.9/49/28
欲以○刺雄 20.8/146/20

茅 máo 8

木車○馬 1.1/8/26
相工○通見之 6.6/37/9
○車瓦器 7.8/41/14
○屋草廬千餘戶 11.10/73/14
不任○土 15.2/95/10
居○屋蓬戶 16.47/116/6
人齎○竹或（特）〔持〕材木 17.13/121/19
○茨土階 23.16/169/28

旄 máo 2

逑鸞旗○騎 12.1/75/15
○頭以戟叉政 17.17/122/27

髦 máo 1

置虎賁○頭 7.8/41/6

蟊 máo 2

猶有申伯、召虎、夷吾、吉甫攘其○賊 14.5/93/18
○賊傷稼穡 19.6/138/14

卯 mǎo 1

永平三年八月丁○ 5.5/31/3

茆 mǎo 1

崇北至○鄉 23.1/165/16

冒 mào 5

故○姓爲梁氏 6.9/38/4
君晨夜○犯霜露 14.2/91/12
初○火伏棺上 16.42/115/3
魏○踰糟 22.4/161/22
觸（肯）〔○〕險狹 22.4/163/19

茂 mào 42

嚴（光）〔尤〕、陳○與合 1.1/2/15
邑與嚴尤、陳○輕騎乘死人渡滍水逃去 1.1/3/8
故密令卓○ 1.1/4/22
今以○爲太傅 1.1/4/24
孫○、平望侯 1.1/10/7
鴻恩○悅 2.3/17/12
○質純淑 3.4/21/15
祖父○封冠軍平望鄉侯 3.5/22/19
霍光墓在○陵東司馬門道南四里 5.1/27/7
孝武皇帝功德○盛 5.5/31/6
孝明皇帝功德○盛 5.5/31/26
與蘇○、周建戰 8.10/50/17
收得所盜○陵武帝廟衣、印、綬 9.6/58/12
劉文及蘇○臣于劉永 10.11/64/24
卓○、字子康 10.26/69/7
道中有人認○馬者 10.26/69/7
○問失馬幾日 10.26/69/7
○曰 10.26/69/8
10.26/69/12,10.26/69/14
○爲密令 10.26/69/10
與○竝居 10.26/69/10
○視民如子 10.26/69/10
○問之曰 10.26/69/11
○笑曰 10.26/69/17
先訪求○ 10.26/69/21
○時年七十餘矣 10.26/69/21
詔封○宣德侯 10.26/69/21
以○爲太傅 10.26/69/21
○爲人恬蕩樂道 10.26/69/24
遠祖以吏二千石自邯鄲徙○陵成歡里 12.1/75/5
至燔燒○陵都邑 12.9/80/12
右扶風○陵人 15.11/99/12
劉○、字子衛 16.32/112/16
○負太守孫福踰牆出 16.32/112/16
繁○長大 19.12/140/4
邑令王密、故所舉○才 20.2/145/8
與更始將軍蘇○戰 23.1/165/16
蘇○、陳留人 23.10/168/10
大司馬吳漢圍○ 23.10/168/10
○將其精兵突至湖（陸）〔陵〕 23.10/168/10
扶風○陵人 23.17/170/23

耄 mào 1

吾年○矣 15.8/98/5

袤 mào 1

園陵廣○ 1.1/8/25

貌 mào 20

容○莊麗 2.1/11/6
形○似龍 3.6/23/21
以才○選〔入〕掖庭 6.7/37/16
賈生容○志意如是 8.11/51/9
視光容○長者 10.12/65/6
推實不爲華○ 10.26/69/24
色理膚髮眉目容○如畫 12.1/75/7
湛容○堂堂 13.1/82/24
朕之儀○ 17.1/117/26
見譚○謹敕 17.24/124/28
容○醜而有節操 18.29/135/1
體○魁梧 19.10/139/13
和帝偉其○ 19.10/139/13
固○狀有奇表 20.11/147/10
姿○短陋 20.14/147/24
丹言○無改 21.17/154/15
容○飲食絕眾 23.11/168/15
當道二千石皆選容○飲食者 23.11/168/16
容○絕眾 23.11/168/17

或自道先祖形○表相 24.14/174/1

枚 méi 10

復送綬十九○ 7.9/41/25
得鎧弩刀矛戰楯匕首二
三千○ 8.9/49/28
得釜鑊二三千○ 8.9/50/1
得匕首三千○ 8.9/50/1
乃銜○引兵往合水南營
8.10/50/23
賜良鰒魚百○ 17.10/120/10
錫印一○ 21.8/152/7
長史、司馬、涉頭、長
燕、烏校、棚水塞尉
印五○ 21.8/152/7
黃綬二○ 21.8/152/8
其殿中廬有索長數尺可
以縛人者數千○ 24.72/178/7

眉 méi 42

美鬚○ 1.1/1/13
是美鬚○目者耶 1.1/2/16
故趙繆王子臨說帝決水
灌赤○ 1.1/3/19
○不施黛 6.2/34/11
獨左○角小缺 6.2/34/11
蒼體大美鬚○ 7.12/42/25
赤○、青犢之屬 8.1/46/10
赤○入長安 8.1/46/23
赤○、桀也 8.1/46/24
赤○還入長安 8.1/47/1
赤○無穀 8.1/47/2
禹與赤○戰 8.1/47/3
赤○陽敗 8.1/47/3
赤○引還擊之 8.1/47/4
南擊赤○于新城 8.11/51/17
銅馬、赤○之屬數十輩
8.14/52/15
遣討赤○ 9.4/57/10
與赤○遇于華陰 9.4/57/12
與赤○相拒 9.4/57/13
爲赤○所乘 9.4/57/13
滐盥鬚○塵垢 10.9/64/3
會赤○攻關城 11.8/72/22
色理膚髮○目容貌如畫 12.1/75/7
城中好廣○ 12.2/77/11
憙爲赤○兵所圍 13.16/89/7
赤○已得長安 14.1/90/2
赤○攻太原 16.32/112/16
爲赤○賊所得 16.41/114/26
遇赤○賊 16.43/115/9
舉案常齊○ 18.29/135/6
赤○十餘萬人入關 23.1/165/15
赤○引兵入上林 23.1/165/16
而赤○劉盆子亦下詔以
聖公爲長沙王 23.1/165/18
赤○乃封爲畏威〔侯〕
23.1/165/19
赤○謝祿曰 23.1/165/19
赤○欲立宗室 23.5/166/11
赤○遇光武軍 23.5/166/17
乃皆朱其○ 23.6/166/25
由是號曰赤○ 23.6/167/1
赤○入安定、北地 23.6/167/1
光武作飛寅箭以攻赤○
23.6/167/2
赤○平後 23.6/167/2

媒 méi 1

是爲下樹奢○而置貧本
也 16.16/108/6

每 měi 73

朝政○下 1.1/1/16
○幸郡國 1.1/6/4
○來輒加厚恩 1.1/8/12
○饗射禮畢 2.1/12/2
○事諮焉 2.2/14/6
○世之隆 5.5/29/10
先帝○有著述典義之事 5.5/31/23
○朝廷有異政 7.2/39/6
○有議事 7.12/42/18
○有疾病 8.2/48/4
于時國家○有災異水旱 8.7/49/12
諸將○論功 8.11/51/19
○宴會 8.12/52/3
○止頓 9.4/57/21
○至朝會 9.7/59/21
虜○犯塞 9.8/60/5
○朝京師 9.8/60/9
○事奉循詔命 9.11/61/9
○幸南陽 10.21/67/16
宏○當朝會 11.4/71/20
○作大發 11.5/72/1
○當直事 11.6/72/6
○齋祠 11.6/72/7
○享射禮畢 11.7/72/14
○朝見 11.10/73/19
○言及三輔長者至閭里
少年皆可觀 12.1/76/9
○租奉到及兩宮賞賜 12.11/81/14
上○宴 13.6/84/4
光武○有異政 13.10/85/15
○遭困厄 13.11/85/21
○有疑義 13.12/87/12
○逢賊欲逼奪 13.16/89/9
豹○奏事未報 14.6/94/7
○歲農時 15.5/96/14
○居縣者 15.11/99/13
○有所食甘美 15.11/99/19
○時行縣 15.15/100/26
○至歲時伏臘 15.15/100/27
○行巡狩 16.2/102/17
○有大議 16.7/105/3
○朝會 16.9/105/15
18.5/127/17,18.18/132/5
○以禮讓相厭 16.9/105/19
○大射養老禮畢 16.9/106/9
○當危亡之急 16.14/107/22
○春秋享射 16.17/108/18
○相遇與談 16.22/110/8
○臘 16.25/110/25
黨○過貢 16.49/116/15
以外戚小侯○預朝會 17.1/117/25
○駮議 17.14/122/10
（歸告母）〔○告歸〕
17.23/124/12
○所至客舍 18.1/125/22
倫○見光武詔書 18.1/126/1
○上封自作草 18.1/126/19
○與相見 18.6/128/9
○入官舍 18.25/133/19
○歸 18.29/135/5
酺○遷轉 19.1/136/22
○歲遣人送米肉 19.4/137/15
○陰雨 19.7/138/25
○行軍調度 19.22/142/16

○用奏議 19.22/142/17
俗○太守將交代 19.22/142/18
○彈琴惻愴不能成聲 19.30/144/10
○陳諫諍 20.2/145/10
○至休沐 20.9/146/25
○賦過 21.39/158/3
○自買進之 21.55/160/14
○侍飲 23.1/165/8
○上書移檄 23.16/170/6
○一發兵 23.16/170/14

美 měi 36

○鬚眉 1.1/1/13
○哉 1.1/1/14
是○鬚眉目者耶 1.1/2/16
豈不○哉 1.1/8/27
○陽得銅酒樽 2.2/15/5
因孔子甚○其功 5.5/29/22
比放三宗誠有其○ 5.5/31/22
猥歸○于載列之臣 5.5/32/4
聞陰后○ 6.1/33/23
方口○髮 6.2/34/9
資淑○之嘉會 6.8/37/22
蒼體大○鬚眉 7.12/42/25
書典之所○也 7.20/45/11
上○宗既有武節 8.12/52/2
封○陽侯 8.16/53/24
吾甚○之 9.11/61/11
上聞而○之 10.14/65/24
縣中稱○ 11.3/71/12
其味○於春夏筍 12.1/76/17
多買京師膏腴○田 12.2/77/13
皆以爲塞外草○ 12.3/77/17
屯西河○稷 12.6/79/8
到西河○稷 15.9/98/19
每有所食甘○ 15.11/99/19
才○而高 15.12/99/23
掩其弘○ 16.8/105/7
○俗成化 16.49/116/18
上○其義 17.8/119/19
成人之○ 17.8/119/21
客居○陽 18.23/133/7
與○陽令交遊 18.23/133/7
帝○之 18.23/133/8
乃試令嬖臣○手腕者與
女子雜處帷中 19.31/144/15
婦女有○髮〔者〕皆斷
取之 21.27/156/7
習○飾 22.1/160/25
甘○酒食 22.4/162/4

媚 mèi 2

而遠獻明珠以求○ 3.2/20/4
（謟）〔諂〕諛以求容
○ 15.2/95/25

寐 mèi 3

乙更盡乃○ 2.1/12/17
因悲不能○ 2.1/13/16
寤○憂懼 5.5/31/23

門 mén 183

夜出城南○ 1.1/2/24
○下有繫馬著鼓者 1.1/3/11
郎遣諫議大夫杜長威持
節詣軍○ 1.1/4/1
開城○ 1.1/4/5
詔馮異軍鴈○ 1.1/4/10
而營○不覺 1.1/4/11
十一月衆軍至城○ 1.1/7/7
民無出○之役 1.1/7/17
闔○而已無封侯預朝政
者 2.1/13/27
宿衛禁○ 2.2/15/14
〔不〕避○內 2.2/15/15
此皆生于不學之○所致
也 2.2/15/15
望長陵東○ 2.3/16/16
鴈○烏桓及鮮卑叛 3.1/18/18
閉宮○ 3.2/19/27
中黃○孫程等十九人共
討賊臣江京等 3.2/19/27
詔懸夏城○外 3.4/21/17
帝到夏○外萬壽亭 3.6/23/6
有白衣人入德陽殿○ 3.6/23/18
與中黃○桓賢語 3.6/23/18
懸于嘉德端○內 3.6/24/5
尙書、中謁者、黃○冗
從四僕射、諸都監、
中外諸都官令、都
（候）〔侯〕、司農
部丞、郡國長史、丞
、（候）〔侯〕、司
馬、千人秩皆六百石 4.1/26/1
小黃○、黃○侍郎、中
黃○秩皆比四百石 4.1/26/10
蕭何墓在長陵東司馬○
道北百步 5.1/27/5
霍光墓在茂陵東司馬○
道南四里 5.1/27/7
三曰《黃○鼓吹》 5.4/28/23
又制雲臺十二○詩 5.4/29/2
出雲臺十二○新詩 5.4/29/3
黃○舊有鼓吹 5.4/29/6
不可以（向）仰四○賓
于之議 5.5/32/4
〔弟〕爲黃○郎 6.2/34/24
前過濯龍○ 6.2/35/3
即開○降 7.1/38/11
莫不造○ 7.3/39/10
宣使嫡子姬送女入○ 7.7/40/21
因出幸津○亭發喪 7.8/41/10
以助伊蒲塞桑○之盛饌 7.10/42/3
小黃○侍疾 7.12/43/15
止城○樓上 8.1/46/16
○人益親 8.1/46/20
朋友子往來○內 8.2/47/10
暮宿殿○下 8.2/47/11
訓身至大官○爲求火 8.2/47/12
拜悝城○校尉 8.5/48/19
常在師○ 8.6/48/27
皇太后但令○生輓送 8.6/49/8
遷黃○侍郎 8.7/49/12
其後勤勤不離公○ 8.10/50/10
謂○人曰 8.11/51/9
復闔○養威重 8.11/51/19
乃肉袒負斧鑕于軍○ 8.14/53/11
恂同○生董崇說恂曰 9.1/55/4
皆會荆○ 9.2/56/7
追至雒陽城○ 9.4/57/4
署爲○下吏 9.7/59/3
士衆作黃○武樂 9.7/59/9
望城○舉音 9.7/59/15
還幸城○ 9.7/59/15
勒兵在西○樓 9.10/60/18
使小黃○扶起 9.10/60/23

走出魚○ 9.11/61/4
是時公孫述將田戎、任滿與漢軍相拒于荆○ 10.2/62/16
宮夜使鋸斷城○限 10.2/62/18
而○限斷 10.2/62/19
以城○校尉轉左中郎將 10.2/62/20
遂閉○堅守 10.11/64/24
出○顧見車方自覺 10.21/67/13
少爲黃○郎 10.23/68/9
竝未（○）〔開〕封 10.24/68/24
閉○成市 11.3/71/11
上遣中黃○朝暮餐食 11.5/72/1
禹爲開水○ 11.10/73/12
郭況爲城○校尉 11.11/73/23
爲期○僕射 11.14/74/13
敕令中黃○引入 12.1/75/17
賓客故人日滿其○ 12.1/76/5
敕黃○取頭蝨章（特）〔持〕入 12.1/76/11
因出小黃○頭有蝨者 12.1/76/12
善相馬者東○京鑄作銅馬法獻之 12.1/76/26
立馬於魯班○外 12.1/76/26
更名曰金馬○ 12.1/76/26
防爲車騎將軍、城○校尉 12.3/77/22
夜拜爲黃○郎 12.3/78/7
嚴從其故○生肆都學擊劍 12.6/79/6
都使詣省○ 12.6/79/12
抉目眥於○閭 12.10/80/21
便置中○外 12.11/81/14
○無駐馬請謁之賓 12.11/81/24
出入禁○ 13.1/83/3
見府寺○即下 13.10/85/13
禮下公○ 13.10/85/14
病居中東○候舍 13.10/85/16
故時人號中東○君 13.10/85/16
負兵家滅○殄世 13.11/86/25
閨○中和 13.12/87/25
將緹騎宿玄武○複道上 13.14/88/18
旦蚤與我會上東○外 14.1/90/8
開○內兵 14.2/90/21
入夏城○中 14.2/91/2
召○候岑尊 14.2/91/2
與右中郎將張邯相逢城○中 14.2/91/4
宜知尊帝城○候吏六百石 14.2/91/5
上遣小黃○問昱有所怪不 14.3/91/19
常伏省（○）〔閤〕下 14.6/94/8
天子默使小黃○持被覆之 14.6/94/8
向私○ 15.2/95/24
依託權○ 15.2/95/25
丹子有同○生喪親 15.5/96/23
使黃○脅導惲 15.8/97/21
○下掾鄭敬進曰 15.8/98/2
爲上東○候 15.8/98/6
詔開○ 15.8/98/6
上令從○間識面 15.8/98/7
延率掾吏殯於○外 15.15/101/1
但願生入玉○關 16.3/104/2
不如同○生郎中彭閎、揚州從事皋弘 16.9/105/17
會百官驃騎將軍東平王蒼以下、榮○生數百人 16.9/106/6
爲郡○下掾 16.32/112/16
藏城西○下空穴中 16.32/112/16
署○下掾 16.33/112/21
○下掾倪敞諫 16.37/114/1
解冠挂東都城○ 16.46/115/25
城○下小 17.1/117/23
○徒數百人 17.3/118/16
○下掾王望言曰 17.10/120/5
○下掾（諂佞）〔佞諂〕 17.10/120/8
○下生共禁 17.12/121/5
因留精舍○下 17.12/121/5
賙○人也 17.19/123/12
寄止於亭○塾 17.23/124/13
開○請求 18.1/125/23
並○ 18.10/129/11
即牽馬造○ 18.12/130/8
彭擢開陽城○候 18.14/130/27
遷城○校尉 18.16/131/17
恭家井在○外 18.28/134/16
與光武同○學 19.1/136/5
引酺及○生郡縣掾吏並會庭中 19.1/136/10
耽思閉○講誦 19.4/137/14
○生就學百餘人 19.5/138/4
專精師○ 19.6/138/10
閉○不出 19.7/138/19
謝遣○人 19.7/138/23
送舊不出○ 19.8/139/4
○生荆棘 19.9/139/8
常伏寺東○外凍地 19.16/140/22
人開○臥 19.21/141/28
閉○絕客 19.22/142/20
詔書到○不出 19.26/143/13
止車○ 19.29/144/5
拜小黃○ 19.32/144/21
顧謂子及○生曰 20.2/145/10
上引賜等入金商○崇德署 20.4/145/20
乃廬于里○ 20.6/146/10
爲縣○下小吏 20.8/146/20
輒閉○絕賓客 20.9/146/25
欲吾開○恤孤也 20.10/147/5
爲中黃○ 20.23/149/18
程謀誅江京于盛化○外 20.23/149/19
收兵至盛德○ 20.23/149/21
又封中黃○王康華容侯 20.23/149/23
持燈入章臺○ 20.24/150/4
光走出○ 20.24/150/4
○已閉 20.24/150/5
光便守宜秋○ 20.24/150/5
康詐疏光入章臺○ 20.24/150/6
詣黃○令自告 20.24/150/7
下有司送雲黃○北寺獄 21.4/151/6
盜不過五女○ 21.7/151/19
遂燒度遼將軍○ 21.11/153/5
于是權○惶怖股慄 21.12/153/14
乃先至○迎盜 21.13/153/21
欲令將近兵據○以禦之 21.33/157/8
不入於○ 21.41/158/12
及中黃○從官至雒陽 23.1/165/3
觸北闕鐵柱○ 23.1/165/4
更始騎出廚城○ 23.1/165/17
詔以屬城○校尉 23.5/166/19
王郎遣諫議大夫杜威持

節詣軍〇 23.8/167/18
令作記告城〇將軍云 23.11/168/25
其開〔〇〕出 23.11/168/25

捫 mén 1

嘗夢〇天體 6.5/36/15

寅 méng 1

光武作飛〇箭以攻赤眉 23.6/167/2

冡 méng 2

暮聞（〇）〔冡〕上有哭聲 1.1/2/12
宜以時修奉濟陽城陽縣堯帝之（〇）〔冡〕 1.1/5/13

萌 méng 23

聖瑞〇兆 1.1/1/12
地（祇）〔祇〕靈應而朱草〇 1.1/9/16
龐〇攻延 9.11/61/9
龐〇一夜反畔 9.11/61/10
吳荒〇其已殖兮 12.10/80/21
倪〇、字子明 16.41/114/25
不如〇肥健 16.41/114/27
〇歸不能得豆 16.41/114/27
逢〇、字子慶 16.46/115/23
〇謂其友人曰 16.46/115/25
〇素明陰陽 16.46/115/26
〇不答 16.46/115/28
〇被徵上道 16.46/115/28
至葭〇 18.12/129/25
更始納趙〇女爲后 23.1/165/6
遂委政于〇 23.1/165/6
趙〇以私事責侍中 23.1/165/9
〇曰 23.1/165/10
龐〇、山陽人 23.15/169/19
而不及〇 23.15/169/19
〇以爲延譖己 23.15/169/19
乃自將兵討〇 23.15/169/20
吾常以龐〇爲社稷臣 23.15/169/20

盟 méng 3

晏嬰臨〇 14.4/92/3
內爲刎頸之〇 14.4/92/5
割牲而〇光武與囂書曰 23.16/170/2

蒙 méng 24

家自以〇恩 1.1/6/6
帝〇犯霜雪 1.1/10/12
〇國厚恩 2.2/15/13
西域〇奇、疏勒二國歸義 2.3/17/5
〇將軍爲後拒 9.2/56/6
〇明公大恩 10.14/65/24
竝〇爵土 10.24/68/23
而一家數人並〇爵土 11.14/74/15
〇宗不幸兮 12.10/80/24
大兵冀〇救護〔生活〕之恩 13.9/85/6
猥〇爵土 13.12/87/21
自以兄弟不當〇爵土之恩 13.12/87/24
〇薦舉拔擢 14.1/90/7
〇恩入侍 14.2/91/5
當〇其福而賴其願 14.5/93/12
冀京師並〇〔其〕福也 15.9/98/18
皆〇其利益 15.15/101/2
小臣〇恩 15.17/101/13
今日所〇 16.9/106/1
卿〇國恩 17.17/123/1
死罪以下並〇更生 18.9/129/1
多〇濟活 18.16/131/18
〇見宿留 19.22/142/16
吾〇恩居上司 20.2/145/11

鄳 méng 1

以功封〇侯 18.3/127/3

猛 měng 10

奇偉〇獸 1.1/2/17
威而不〇 2.2/14/5,12.11/81/12
字〇 6.9/38/3
何〇也 10.14/65/23
其政嚴〇 15.17/101/14
既而生〇 21.11/153/8
前刺史邯鄲商爲〇所殺 21.11/153/8
〇自知必死 21.11/153/9
陰〇好學溫良 21.51/159/24

黽 měng 4

〇池霍郎、陝王長、湖濁惠、華陰陽沈等稱將軍者皆降 9.4/57/11
上命諸將士屯〇池 9.4/57/13
奮翼〇池 9.4/57/14
爲〇池令 17.3/118/17

孟 mèng 16

帝持節渡〇津 1.1/3/18
公生君〇 6.1/33/21
金與亭佐〇常爭言 7.4/39/24
上以異爲〇津將軍 9.4/57/2
竇固、字〇孫 10.23/68/9
故人〇冀曰 12.1/77/1
班固、字〇堅 16.2/102/13
世傳《〇氏易》 16.19/109/7
鮭陽鴻、字〇孫 17.16/122/20
淳于恭、字〇孫 18.28/134/13
鴻鄉里〇氏女 18.29/135/1
名〇光 18.29/135/3
張酺、字〇侯 19.1/136/5
帝賜香《淮南》、《〇子》各一通 19.22/142/10
汝南薛苞、字〇常 20.6/146/9
隗囂、字季〇 23.16/169/25

夢 mèng 13

帝〇見先帝、太后如平生歡 2.1/13/16
〇中喜覺 2.1/13/16
上幸雲〇 3.5/22/18
〔后〕〇有小飛蟲萬數隨著身 6.2/34/15

嘗○捫天體 6.5/36/15
以訊占○ 6.5/36/16
言堯○攀天而上 6.5/36/16
湯○及天祗之 6.5/36/17
此皆聖王之○ 6.5/36/17
我○乘龍上天 9.4/57/6
○見奐帶印綬 21.11/153/7
寵妻○嬴袒冠幘 23.11/168/19
逝○有人語之曰 23.17/171/8

迷 mí 3

出塞掩擊○唐于雁谷 8.2/47/25
○唐乃去 8.2/47/26
○不知東西 16.46/116/1

彌 mí 7

兢兢之心○以篤固也 8.7/49/18
昆○以下皆歡喜 8.17/54/4
九命○恭 12.11/81/25
刑法○深 14.5/93/5
其志○固 16.14/107/22
所守○固 17.8/119/21
○數十里 21.8/152/4

縻 mí 1

羈○而已 19.16/140/25

米 mǐ 11

雒陽以東○石二千 1.1/1/20
彭寵遺○糒魚鹽以給軍糧 1.1/4/7
民嘗有言部亭長受其○肉遺者 10.26/69/11
於上前聚○爲山川 12.1/76/1
輒遺蒼頭以車載○菜錢 12.11/81/15
致肉○ 17.22/124/7
時○石萬錢 18.1/125/19
○石萬錢 18.1/126/9
俸祿常取赤○ 18.1/126/13
○石七八萬 18.14/131/1
每歲遣人送○肉 19.4/137/15

靡 mǐ 8

故○得而紀 2.3/17/14
尺土○不其有 5.5/29/23
所向皆○ 8.11/51/15
樊宏、字○卿 11.4/71/18
○所且窮 12.11/81/23
○不由世位擅寵之家 15.2/95/23
又買人多通侈○之物 16.16/108/5
長沙以南必隨風而○ 23.17/171/16

秘 mì 5

初置○書監 3.5/22/8
其玉牒文○ 5.5/30/7
賜以○書列圖、道術○方 7.12/43/11
兼領○書近署 18.17/131/26

密 mì 30

故○令卓茂 1.1/4/22
親○九族 2.1/11/15
○靜天下 2.2/15/26
漢陽率善都尉蒲○因桂陽太守文礱獻大明珠 3.2/20/3
令封珠還蒲○ 3.2/20/4
太后○使瞻察威儀才明 3.5/21/25
故太僕杜○、故長樂少府李膺各爲鉤黨 3.6/23/8
弁凡平城陽、琅邪、高○、膠東、東萊、北海、齊、千乘、濟南、平原、泰山、臨淄等郡 8.14/53/10
父爲高○中尉 10.14/65/17
茂爲○令 10.26/69/10
獨不入○界 10.26/69/18
周○畏慎 11.7/72/17, 24.50/176/19
純素重愼周○ 13.12/87/13
望令緻○ 13.14/88/20
性周○ 13.16/89/17
倫○委去 18.1/126/16
周○平正 18.2/126/25
周○愼重 19.7/138/22
管機○ 19.18/141/10
畏愼周○ 19.22/142/17
邑令王○、故所舉茂才 20.2/145/8
○曰 20.2/145/9
朱浮○奏寵 23.11/168/17
寵奴子○等三人共謀劫寵 23.11/168/20
子○等三人縛寵著床板 23.11/168/21
小奴見子○聽其語 23.11/168/24
子○收金玉衣物 23.11/168/24
今遣子○等詣子后蘭卿所 23.11/168/25
乃封子○爲不義侯 23.11/168/27

蜜 mì 3

與共買○合藥 9.6/58/14
乃賜（祐）〔祜〕白○一石 9.6/58/15
何如在長安時共買○乎 9.6/58/15

緜 mián 1

子流、○曼侯 1.1/10/9

免 miǎn 39

而懼不○ 1.1/3/22
策○ 3.2/19/29
李郃以人多疾疫○ 3.2/19/31
○就國 7.7/40/19
○歸 8.2/47/24, 19.26/143/14
岑起、元初中坐事○ 9.3/56/13
後坐事○ 10.1/62/11, 19.20/141/23
○ 10.14/65/25
得○ 11.1/70/7
弘乃離席○冠謝曰 13.6/84/7
○歸田里 13.7/84/21
以日食○ 13.16/89/17, 18.4/127/11, 19.1/136/23
中被獲○ 14.6/94/6
丹坐○ 15.5/96/25
憚故坐○ 15.8/98/13
遂○難 15.12/99/25

徵下獄○ 15.18/101/21
〔敏〕坐繫○官 16.22/110/7
平既○ 17.11/120/25
倫○官歸田里 18.1/126/17
州奏○官 18.6/128/9
僅○於死 18.12/129/26
錫帛○刑 18.23/133/8
恐不得○ 18.30/135/17
遂策○ 19.6/138/14
爲憲所奏○ 19.20/141/21
殆不○喪 19.22/142/9
以災異策○ 20.10/147/6
卿于是始○撲箠 20.13/147/20
即日○之 21.18/154/19
獲○ 21.30/156/20
坐隴西太守鄧融○官 21.31/156/24
○官 22.5/164/6
遂策○明 24.2/172/24
並以日蝕○ 24.81/179/1

勉 miǎn 10

勞○吏士 1.1/3/26
九江賊馬○敗死 3.4/21/16
傳○頭及所帶玉印、鹿皮冠、黃衣詣雒陽 3.4/21/17
策書○勵 9.8/60/4
人人勞○ 9.10/60/20
可不○哉 13.13/88/10
便於田頭大樹下飲食勸○之 15.5/96/14
子○正性命 15.8/98/5
輒使慰○孝子 15.15/100/26
可不○乎 16.9/106/2

冕 miǎn 8

帝及公卿列侯始服○冠、衣裳 2.1/11/26
服周之○ 5.6/32/22
久無祭天地○服之制 5.6/32/23
天王袞○十有二旒 5.6/32/25
○冠裳衣 5.6/33/2
乃與公卿共議定南北郊冠○車服制度 7.12/42/17
祓○之旒 17.9/120/1

故名○爲平天冠 24.95/180/15

面 miàn 15

故復少方○之勳 8.11/51/18
棃○流血 8.16/53/26
今專命方○ 9.4/56/20
四○會合 12.9/80/14
以泥塗其婦○ 13.16/89/9
賢俊四○雲集 14.1/90/2
親北○事人 14.2/91/8
上令從門間識○ 15.8/98/7
令人○熱出汗 15.12/100/2
令榮坐東○ 16.9/106/5
乃以竹藩樹四○ 16.14/107/21
方○不知 16.46/116/1
何○目以見日月 20.2/145/12
南○而立 23.1/164/27
或繡○衣、錦袴、諸于、襜褕 23.1/165/11

苗 miáo 3

漢雖唐之○ 1.1/5/11
漢遂斬幽州牧○曾 8.10/50/14
分與○光 20.24/150/3

眇 miǎo 3

獨○蹇者不瘥 1.1/9/16
○○小子 5.5/32/8

妙 miào 4

陛下體純德之○ 5.5/32/3
節操高○ 6.3/35/26
以德行高○ 19.23/142/24
精微深○ 24.90/179/24

廟 miào 76

祠園○ 1.1/5/18
修園○舊宅田里舍 1.1/7/1
益州乃傳送瞽師、郊○樂、葆車、乘輿物 1.1/7/15
使司空馮魴告祠高祖○曰 1.1/9/18
宜配食地（祗）〔祇〕高○ 1.1/9/19
○曰世祖 1.1/9/24
祠高○ 2.1/12/5
其改《郊○樂》曰《大予樂》 2.1/12/14
納于太○ 2.1/12/23
太常其以礿祭之日陳鼎于○ 2.1/12/24
○與世宗○同而祠 2.1/13/22
如孝文皇帝（祫）〔祫〕祭高○故事 2.1/13/23
○曰穆宗 2.3/17/10
皇太后率大臣命婦謁宗○ 3.1/18/24
遣司徒等分詣郊○社稷 3.1/19/15
遺詔無起寢○ 3.2/20/26
〔○曰敬宗〕 3.2/20/27
不起寢○ 3.2/21/1
臣請上尊號曰敬宗○ 3.2/21/2
任奉宗○ 3.5/21/25
至新野公主、壽張敬侯○ 3.5/22/18
典郊○、上陵殿諸食舉之樂 5.4/28/16
宗○樂 5.4/28/17
用乎宗○、社稷 5.4/28/22
修復宗○ 5.5/29/11
宗○不祀 5.5/29/23
公卿奏議世祖○登歌《八佾》舞（功）名 5.5/31/3
宗○各奏其樂 5.5/31/4
世祖○樂名宜曰《大武》之舞 5.5/31/9
故登歌《清○》一章也 5.5/31/13
於穆世○ 5.5/31/16
誠不起寢○ 5.5/31/22
宗○至重 5.5/31/23,13.11/86/8
四時祫食于世祖○ 5.5/31/26
如孝文皇帝在高○之禮 5.5/31/26
昔者孝文○樂曰《昭德》之舞 5.5/31/27
孝武○樂曰《盛德》之舞 5.5/31/28
今皆祫食于高○ 5.5/31/28
與高○同樂 5.5/32/1
今孝明皇帝主在世祖○ 5.5/32/1

如自立○當作舞樂者 5.5/32/1
不當與世（祖）〔宗〕○《盛德》之舞同名 5.5/32/2
○堂之論 5.5/32/3
○樂皆如王議 5.5/32/7
上以公卿所奏明德皇后在世祖○坐位駁議示東平憲王蒼 5.5/32/11
文、武、宣、元祫食高○ 5.5/32/12
皇太后入宗○ 5.5/32/15
于世祖○與皇帝交獻薦 5.5/32/15
制長冠以入宗○ 5.6/32/22
今祭明堂宗○ 5.6/32/25
不足以奉宗○ 6.5/36/17
及祖○登歌《八佾》舞數 7.12/42/18
收得所盜茂陵武帝○衣、印、綬 9.6/58/12
延令沛修高祖○ 9.11/61/6
因齋戒（祝）〔祠〕高〔祖〕○ 9.11/61/6
和帝南巡祠○園 11.10/73/16
會百官於宗○ 12.1/75/15
自郊○婚冠喪紀禮儀多所正定 13.12/87/12
毀○及未毀○之主皆登 13.12/87/15
合食入太祖○ 13.12/87/15
毀○主合食高○ 13.12/87/16
存○主未嘗合祭 13.12/87/16
諸王公列侯○會 13.12/87/17
其如社稷宗○何 15.8/98/8
郊○禮儀仍有曠廢 20.1/144/29
宜急立高○ 23.16/169/27
乃立高祖、太宗之○ 23.16/170/1
宗○迭毀議奏 24.91/180/1
取《賢傳》宗○事（置）〔寘〕其中 24.91/180/2
孝明立世祖○ 24.92/180/5
莫能知其所以兩○之意 24.92/180/6
下宗○儀及齋令 24.92/180/7

滅 miè 22

諸將亦○ 1.1/2/20
漢承秦○學 5.3/28/11
不降者○族 10.16/66/9
遂○西域 10.23/68/10
克○北狄 10.24/68/23
爲族○之計 11.2/70/22
虜未○之時 12.1/76/19
負兵家○門殄世 13.11/86/25
誅○無道 14.5/93/11
今邯鄲之賊未○ 14.5/93/20
今子以兄弟私恩而絕父不○之基 15.2/95/12
未嘗聞功臣地多而○亡者 16.24/110/19
會火○ 16.42/115/3
盜賊息○ 17.10/120/7
諸侯○宋 18.6/127/21
○竈更燃火 18.29/134/23
于以衰○貪邪便佞 19.1/136/20
○羌有功 21.8/152/3
馬武、王匡以爲王莽未○ 23.1/164/25
兵所屠○ 23.17/171/3
愈于坐而○亡 23.17/171/15
灰○雨絕 24.90/179/27

民 mín 131

又分遣大夫謁者教○煮木爲酪 1.1/1/20
流○入關者數十萬人 1.1/1/21
○餓死者十七八 1.1/1/22
人○相食 1.1/1/22,16.52/117/13,17.24/124/27,23.17/171/3
得吏○謗毀帝言可擊者數千章 1.1/4/6
○飢饉 1.1/5/23
○收（爲）〔其〕絮 1.1/5/24
諸生吏子弟及○以義助作 1.1/5/27
吏○驚惶 1.1/6/5
○莫敢不用情 1.1/6/20
吏○相效 1.1/6/21
失斬將（安）〔弔〕○之義 1.1/7/12
○無出門之役 1.1/7/17
賜吏○ 1.1/8/11
吏○叩頭言 1.1/8/11
而貴不侵○ 1.1/10/12
壞○廬舍 2.3/16/30
故殤帝養于○ 2.4/17/18
詔禁○無得酤賣酒麴 3.2/20/24
惟○之則 3.2/21/2
以助○食 3.5/22/2
作○父母 5.5/29/11
爲○報德 5.5/29/12,5.5/29/15
以爲兆○ 5.5/29/17
一○莫非其臣 5.5/29/23
功施于○則祀之 5.5/30/14
○所瞻仰也 5.5/30/15
○所取財用也 5.5/30/16
聖王先成○而後致力于神 5.5/30/16
以蕃兆○ 5.5/30/20
○樂其興師征伐 5.5/31/10
而念兆○ 6.5/37/4
母宣改嫁爲掖庭○梁紀妻 6.9/38/3
欲尊主安○者也 8.1/46/12
務悅○心 8.1/46/13
救萬○之命 8.1/46/13
今長安饑○ 8.1/46/24
太原吏○苦轉運 8.2/47/15
躬自克薄以待士○ 8.14/52/20
有牧○御眾之才 9.1/54/23
○人饑渴 9.4/56/21
吏○遮道不得行 9.12/61/17
（鄉）〔卿〕乃欲以治○自效 10.1/62/11
何況小○乎 10.24/68/18
茂視○如子 10.26/69/10
吏○親愛而不忍欺之 10.26/69/11
○嘗有言部亭長受其米肉遺者 10.26/69/11
○曰 10.26/69/12,10.26/69/13,10.26/69/16
使○不畏吏 10.26/69/13
吏不取○ 10.26/69/13
況吏○乎 10.26/69/15
率吏○ 11.10/73/13
若大姓侵小○ 12.1/76/6
富○之本 12.1/76/7
妨困（人）〔小〕○ 12.2/77/13
於四城外給與貧○ 12.11/81/15
○至乃誡乳婦勿得舉子

13.5/83/21
不與○爭利 13.6/84/9
吏○從化 13.8/84/26
臣聞營河、雒以爲○ 13.11/86/1
○不曉信 13.11/86/5
○戶知之 13.11/86/6
誠從○望 13.11/86/6
○奉種祀 13.11/86/7
故以殷○六族分伯禽 13.11/86/16
野澤無兼并之○ 13.11/86/19
其被災害○輕薄無累重者 13.11/86/21
小○負縣官不過身死 13.11/86/25
吏○廬舍 13.11/86/27
罔上害○ 15.8/97/30
以爲○也 15.8/98/4
以萬○爲憂 15.8/98/8
猝暴○間 15.10/99/3
省愛○役 15.10/99/5
鎮撫吏○ 15.12/99/26
教○種作 15.12/100/1
○惰窳 15.14/100/14
充令屬縣教○益種桑柘 15.14/100/14
○攀持車轂涕泣 15.15/100/27
我農○ 16.9/106/4
吏○爲立祠焉 16.31/112/12
士○饑饉 16.34/113/5
乃陷○於穽 16.37/114/2
而○不知紡績 16.40/114/20
教○紡績 16.40/114/21
人○餒餓相啖 16.41/114/26
○相率以石（撾）〔擿〕吏 16.46/115/28
人○饑餓 17.10/120/6
其後小○爭訟 18.1/125/26
餘皆賤糶與○饑羸者 18.1/126/14
其得○心如此 18.1/126/17
或○奏記言便宜 18.1/126/20
吏○畏而愛之 18.6/128/5
○懷其惠 18.6/128/6
乃教○種麻桑而養蠶 18.11/129/20
禁○夜作以防火 18.12/130/2
○歌之曰 18.12/130/3
○安堵 18.12/130/3
吏○向化 18.13/130/17
21.42/158/16
阜以法繩正吏○ 18.13/130/19
爲○設四誡 18.14/131/2
擇○能率衆者 18.14/131/2
務禮示○ 18.14/131/4
吏○畏愛 18.14/131/4
爲○除害 19.4/137/23
○食不足 19.4/137/24
憫念○命也 19.4/137/25
竊聞使者並規度城南○田 20.4/145/24
廢○居 20.4/145/26
郡○任棠者、有奇節 20.10/147/3
以惠政得○ 20.10/147/6
○有相爭訴者 20.17/148/18
吏○不欺 20.17/148/20
并、涼○庶 21.2/150/23
又立掖庭○女亳氏爲皇后 21.4/151/3
吏○有過 21.9/152/12
吏○驚 21.33/157/7
○養子者三千餘人 21.38/157/29
足下欲承天順○ 23.16/169/25
雖欲以漢爲（○）〔名〕 23.16/169/26
求助○神者也 23.16/169/28
時○饑饉 23.16/170/17
○樂其業 24.10/173/15
吏○懽悅 24.21/174/17

岷 mín 1

臨○川以愴恨兮 12.10/81/3

緡 mín 1

東○ 5.1/27/11

泯 mǐn 1

君名其既○沒兮 12.10/80/22

敏 mǐn 16

應對○達 2.1/11/14
幼而聰達才○ 2.2/14/3
少聰明○達 3.1/18/5
兼資○達 3.2/19/23
聰慧○達 6.4/36/6
外若訥而內沈○ 12.5/78/25
天資聰○ 12.11/81/10
尹○、字幼季 16.22/110/3
上以○博通經記 16.22/110/3
○對曰 16.22/110/3
與○善 16.22/110/6
過（侯）〔候〕○ 16.22/110/6
〔○〕坐繫免官 16.22/110/7
○與班彪親善 16.22/110/8
爲人謹○有心 19.32/144/21
張○以行大射禮 20.1/144/29

閔 mǐn 4

世祖○傷前世權臣太盛 2.1/13/24
明詔深○ 9.11/61/8
○貢、字仲叔 16.49/116/15
○仲叔豈以口腹累安邑耶 16.49/116/22

愍 mǐn 7

朕甚○焉 2.3/16/16
追諡恭○皇后 3.2/19/21
上○其老 12.1/77/4
其追封諡皇太后父竦爲褒親○侯 12.10/81/6
識者○惜 13.1/82/24
褒○哀病徒 18.16/131/17
朝廷○悼 20.19/148/29

憫 mǐn 2

準見當時學者少○ 11.7/72/11
○念民命也 19.4/137/25

名 míng 96

因故國○曰舂陵 1.1/1/6
因○帝曰秀 1.1/1/12
則○冠天下 1.1/4/23
是時○都王國有獻○馬、寶劍 1.1/7/12
苟以度田爲○ 1.1/8/1
蕩蕩人無能○焉 1.1/10/17

一○莊 2.1/11/5
世祖以赤色○之曰陽 2.1/11/6
○子 2.1/12/14
手署姓○ 2.2/15/8
皆因○而表意 2.2/15/11
○臣少府李膺等並爲閹人所譖 3.5/22/24
縣○ 5.1/27/11
公卿奏議世祖廟登歌《八佾》舞（功）○ 5.5/31/3
世祖廟樂○宜曰《大武》之舞 5.5/31/9
不宜以○舞 5.5/31/12
不當與世（祖）〔宗〕廟《盛德》之舞同○ 5.5/32/2
○睦 6.1/33/21
以貴人○族 6.3/35/26
主○不立 6.5/36/19
莽素震其○ 7.1/38/10
○儒宿德 7.3/39/10
城陽恭王初○終 7.7/40/11
猶以舂陵爲國○ 7.7/40/15
○稱日重 7.12/42/18
王其差次下邳諸子可爲太子者上○ 7.20/45/16
以功○終 8.10/51/1
遣使獻○馬 8.17/54/4
常恐污辱○號 9.11/61/8
甚有○稱 10.23/68/13
晨更○侯家丞 11.1/70/6
天下反覆自盜○字者不可勝數 12.1/75/21
見冬筍○曰（苞）〔笣〕筍 12.1/76/16
更○曰金馬門 12.1/76/26
徒信己以榮○ 12.10/80/21
君○其既泯沒兮 12.10/80/22
咸以武○官 12.14/82/14
○足以光示遠人 13.1/83/1
政理有能○ 13.5/83/19
百僚知林以（○）〔明〕德用 13.11/87/1
功○列於不朽 13.13/88/10
魴父○揚 13.14/88/16
由是知○ 14.2/90/17
○出高帝 14.4/92/7
功○兼立 14.5/93/2
○勒金石 14.5/93/3
樹○賢之良佐 14.5/93/28
○賢得 16.4/104/10
慮素有○（字）〔稱〕 16.22/110/6
由是顯○ 16.33/112/24, 17.12/121/7,19.15/140/18
後人○其釣處爲嚴陵瀨 16.48/116/11
在朝○清廉公正 17.2/118/11
朝廷稱爲○卿 17.4/118/23
代○忠孝 17.7/119/12
數薦達○士承宮、郇恁等 17.11/120/25
○播匈奴 17.12/121/8
彼徒炫○ 17.12/121/9
惡其○也 17.13/121/25
○曰唐、后山 17.14/122/7
由是○稱 17.14/122/10
爲世○儒 17.16/122/20
俱○善說經書 17.17/122/24
才高○遠 17.18/123/7
變易姓○ 18.1/125/22
齊○ 18.3/127/4
暉同縣張堪有○德 18.6/128/9
暉以堪宿成○德 18.6/128/10
時生子皆以廉○者千數 18.12/130/4
時麟亦素聞范○ 18.12/130/8
不任刑○ 18.14/131/3
貴戚慕其○ 18.21/132/21
執法者以根知○ 18.22/133/1
○孟光 18.29/135/3
聲○著聞 18.30/135/17
欲先就其○ 19.4/137/15
有威重○ 19.20/141/20
京師貴戚慕其聲○ 19.22/142/13
並有高○ 19.24/143/3
更○張氏之學 19.25/143/9
王陽以衣囊徼○ 20.17/148/14
令康疏○ 20.24/150/6
男女皆以「宗」爲○ 21.38/157/29
稱爲○卿 21.52/159/28
有○于邊 23.11/168/15
雖欲以漢爲（民）〔○〕 23.16/169/26
宜改○號 23.17/171/2
○材竹幹 23.17/171/4
而○號未定 23.17/171/8
其○高也 23.17/171/12
改○白帝倉 23.17/171/23
止行過肅○趙李時銓不卒 24.68/177/27
俗人失其○ 24.95/180/15
故○冕爲平天冠 24.95/180/15

明 míng 182

室中盡○如晝 1.1/1/10
帝仁智○達 1.1/1/26
太白清○ 1.1/5/2
○火德之運 1.1/5/8
自事主未嘗見○主如此也 1.1/6/8
陛下有禹、湯之○ 1.1/9/6
孝文皇帝賢○ 1.1/9/18
初起○堂、靈臺、辟雍 1.1/9/20
○設丹青之信 1.1/9/27
帝既有仁聖之○ 1.1/10/16
孝○皇帝諱陽 2.1/11/5
幼而聰○睿智 2.1/11/6
〔上〕宗祀光武皇帝于○堂 2.1/11/26
陛下至○ 2.1/12/8
○旦 2.1/13/16,9.4/56/23
謚曰孝○皇帝 2.1/13/21
上濁○主 2.1/13/24
孝○皇帝第五子也 2.2/14/3
壯而仁○謙恕 2.2/14/4
由是○帝重之 2.2/14/6
○帝崩 2.2/14/6
祀五帝于汶上○堂 2.2/14/19
壽○達有文章 2.2/15/10
○德太后姊子夏壽等私呼虎賁張鳴與敖戲爭鬬 2.2/15/13
鳳凰見百三十九、麒麟五十二、白虎二十九、黃龍三十四、青龍、黃鵠、鸞鳥、神馬、神雀、九尾狐、三足烏、赤烏、白兔、白鹿、白燕、白鵲、 2.2/15/20
○德慎罰 2.2/15/26

紀述○詔 2.2/15/27
孝順聽○ 2.3/16/5
宗祀五帝于○堂 2.3/16/22
少聰○敏達 3.1/18/5
○年三月 3.2/19/25
漢陽率善都尉蒲密因桂陽太守文礱獻大○珠 3.2/20/3
而遠獻○珠以求媚 3.2/20/4
太后密使瞻察威儀才○ 3.5/21/25
有黑氣墮所御溫○殿庭中 3.6/23/21
○堂、靈臺丞、諸陵校長秩二百石 4.1/26/6
○堂、辟雍闕而未舉 5.3/28/11
始立○堂于泰山 5.3/28/11
乃起○堂、辟雍 5.3/28/12
以○靈契 5.5/29/13
奉《圖》《雒》之○文 5.5/29/17
有司復奏《河》《雒》圖記表章赤漢九世尤著○者 5.5/29/20
○帝宗祀五帝于○堂 5.5/30/9
以○功德 5.5/31/4
章○圖讖 5.5/31/17
願王悉○處 5.5/31/24
孝○皇帝功德茂盛 5.5/31/26
今孝○皇帝主在世祖廟 5.5/32/1
上以公卿所奏○德皇后在世祖廟坐位駮議示東平憲王蒼 5.5/32/11
○德皇后宜配孝○皇帝 5.5/32/13
建○堂 5.6/32/23
陛下以聖○奉遵 5.6/32/23
今祭○堂宗廟 5.6/32/25
以降神○ 5.6/33/1
宜如○堂之制 5.6/33/2
孝○帝作蠙珠之佩 5.6/33/11
○德皇后嘗久病 6.2/34/6
咸稱神○ 6.5/36/20
博園匽貴人履高○之懿德 6.8/37/22
○帝驛馬令作草書尺牘十首焉 7.3/39/16
○旦欲去 7.4/39/21
彊性○達恭謹 7.8/41/6
○帝發魯相所上檄 7.8/41/10
○日大雨 7.9/41/20
○帝告諸王傅相 7.9/41/25
○帝即位 7.12/42/13
○德盛者 7.12/43/6
○帝悉以太后所遺金寶賜京 7.16/44/13
昏亂不○ 7.20/45/12
非有忠良○智 8.1/46/12
○公雖建蕃輔之功 8.1/46/12
幸得遭値○盛 8.5/48/20
○年春 8.10/50/19,21.8/151/26
晝臥溫○殿 8.14/52/12
倒戟橫矢不足以○喻 8.14/52/19
會○ 8.14/52/26
○要誓 8.16/53/25
○公常欲眾軍整齊 9.7/59/4
王莽時舉有德行、能言語、通政事、○文學之士 9.10/60/17
○詔深閔 9.11/61/8
隆隆至○ 10.2/62/18
軍人見光衣冠〔服〕鮮○ 10.12/65/5
蒙○公大恩 10.14/65/24
篤意分○ 10.22/67/23
前世貴戚皆○戒也 11.4/71/20
孝○皇帝尤垂情古典 11.7/72/13
○習漢家舊事 11.7/72/16
○帝以其○達法理 11.10/73/11
爲人○白 12.1/76/8
光以被誣不能自○ 12.4/78/18
憲他奴郭扈自出證○光、憲無惡言 12.4/78/19
○年 12.6/79/3
申○舊典 12.6/79/10
以○軍謀特除西域司馬 12.9/80/7
○信結於友朋 12.11/81/11
伏盛、字伯○ 13.2/83/7
○當尊用祖宗之故文章也 13.11/86/9
○聖用而治 13.11/86/14
惟陛下留神○察 13.11/86/30
百僚知林以（名）〔○〕德用 13.11/87/1
○習故事 13.12/87/11
○帝詔曰 13.14/88/17
欲○人臣之義 14.4/92/11
衍聞○君不惡切愨之言 14.5/93/1
今衍幸逢寬○之日 14.5/93/3
今大將軍以○淑之德 14.5/93/15
○帝復興 14.5/93/19
以承大將軍之○ 14.5/93/25
惟大將軍開日月之○ 14.5/93/29
○帝以爲衍材過其實 14.5/94/1
或從昏至○ 14.6/94/8
三年而○章句 15.2/95/6
祀五帝於○堂 15.2/95/19
敢不以死○心乎 15.8/97/26
○府以惡爲善 15.8/98/1
君○臣直 15.8/98/2
○府德也 15.8/98/2
火○燎遠 15.8/98/7
○日 15.8/98/7
○購賞 15.9/98/23
○日乃還告郭恂 16.3/103/9
○經義 16.9/105/19
子郁以○經復爲太常 16.9/106/12
令郁校定於宣○殿 16.10/106/18
無以○益 16.10/106/22
年耆學○ 16.27/111/12
以○經徵詣公車 16.37/113/27
倪萌、字子○ 16.41/114/25
萌素○陰陽 16.46/115/26
爲聰○睿智 16.46/116/1
〔始〕被○公辟 16.49/116/17
及奉見○公 16.49/116/18
所望○公問屬何以爲政 16.49/116/18
性○達 17.4/118/23, 21.52/159/28
厥德文○ 17.9/119/27
○府視事五年 17.10/120/6
○府勿受其觴 17.10/120/8
鄉里徐子盛○《春秋經》 17.12/121/3
○帝時爲益州刺史 17.15/122/15
○帝戲之曰 17.19/123/13
○帝問云 17.21/123/25
○帝高其節 18.3/127/5
欲○己心也 18.6/127/27
韋豹、字季○ 18.8/128/20
以○經有智讓 18.19/132/11
杜氏文○善政 18.23/133/10
勤○達好學 18.26/133/27
賞賜分○ 19.1/136/8

哀、平間以○律令爲侍御史 19.7/138/18
故○王之于夷狄 19.16/140/24
皆稱神○ 19.21/142/2
兼○圖讖、天官、星氣、鍾律、（歷）〔曆〕算 19.22/142/12
○經博覽 20.2/145/5
孝○永平始加撲罪 20.13/147/20
○解朝章 21.1/150/19
段熲、字紀○ 21.8/151/24
張奐、字然○ 21.11/153/3
蔡邕詔問有黑氣墮溫○殿東庭中 21.24/155/19
○故事 21.29/156/15
神○其舍諸 23.16/170/1
請自殺以○之 23.16/170/17
丁○代傅喜爲大司馬 24.2/172/23
○甚憐之 24.2/172/23
而恨○如此 24.2/172/24
遂策免○ 24.2/172/24
元年營造○堂、靈臺、辟雍 24.6/173/7
此即○三事不同也 24.6/173/7
少而○達 24.48/176/15
○陳其故 24.53/176/25
孝○皇帝九子 24.74/178/13
永平、孝○年號也 24.75/178/15
撰建武以來星變彗孛占驗著○者續其後 24.90/179/28
既合孝○旨 24.91/180/3
孝○立世祖廟 24.92/180/5
以○再受命祖有功之義 24.92/180/5
聖○所制 24.92/180/6

冥 míng 6

夫人年高目○ 6.5/36/11
長歸○○ 8.7/49/15
幽居○○ 12.11/81/23
以測幽○之論 14.5/93/2

瞑 míng 1

晝即至○ 16.22/110/8

鳴 míng 8

奏《鹿○》 2.1/12/32
明德太后姊子夏壽等私呼虎賁張○與敖戲爭鬬 2.2/15/13
肅雍和○ 5.4/28/18
趙殞○犢兮 12.10/80/23
不聞鷄○犬吠之音 17.10/120/6
行則○玉 20.13/147/20
○鼓挑戰 23.17/172/1
無鷄○犬吠之聲 24.11/173/17

螟 míng 1

時郡國○傷稼 19.4/137/18

命 mìng 72

爲陳大○ 1.1/3/2
○諸將收葬吏士 1.1/4/13
乃○有司設壇于鄗南千秋亭五成陌 1.1/4/18
俱與后稷竝受○而爲王 1.1/5/10
堯以歷數○舜 1.1/5/12
宜○太史撰具郡國所上 1.1/9/17
○太子、諸王說經 2.1/13/12
○儒者論難 2.2/14/22
至〔○〕欲相殺于殿下 2.2/15/15
天○早崩 2.4/17/24
皇太后率大臣○婦謁宗廟 3.1/18/24
告天請○ 3.1/19/15
父子三人同○ 3.2/20/17
王大食則○奏鐘鼓 5.4/28/19
救萬姓○ 5.5/29/11
黎庶繼○ 5.5/29/21
受○之列 5.5/29/22
高皇帝受○誅暴 5.5/31/4
光武皇帝受○中興 5.5/31/7
《元○包》曰 5.5/31/9
高皇帝始受○創業 5.6/32/22
光武受○中興 5.6/32/22
使者受○而行 7.3/39/14
皆○帶列侯綬 7.9/41/25
蒼因上《世祖受○中興頌》 7.12/42/26
○史官述其行迹 7.22/45/24
救萬民之○ 8.1/46/13
今專○方面 9.4/56/20
此天○發于精神 9.4/57/6
異頓首受○ 9.4/57/11
上○諸將士屯黽池 9.4/57/13
○收遵 9.7/59/4
每事奉循詔○ 9.11/61/9
思得效○ 10.14/65/25
光武皇帝受○中興之初 11.7/72/12
遂棄官亡○ 11.9/73/4
亡○北地 12.1/75/10
嘗有死罪亡○者來過 12.5/78/24
雖呑刀以奉○兮 12.10/80/21
武安賜○兮 12.10/80/24
必殞○而後仁 12.10/81/2
追○外祖 12.10/81/5
九○彌恭 12.11/81/25
救、贍全其性○也 13.11/86/23
蕭王受○平定燕、趙 14.1/90/2
君長銜○出征 14.4/92/8
悲夫○也 14.4/92/14
無所歸○ 14.5/93/14
今生人之○ 14.5/93/23
吾知子不悲天○長短 15.8/97/23
子勉正性○ 15.8/98/5
今臣銜○ 16.6/104/24
支庶用其諡立族○氏焉 16.9/105/13
不應辟○ 16.14/107/18
嘉請以死贖君○ 16.31/112/9
寄○漏刻 16.34/113/6
君子謂之知○ 16.37/114/4
○工伐木作機紡車 16.40/114/21
○歸求豆來贖兄 16.41/114/27
待歸爲○ 17.11/120/22
而文不及亡○未發覺者 18.9/129/1
而亡○捕得獨不沾澤 18.9/129/2
以全人○ 18.9/129/3
銜使奉○ 19.4/137/23
憫念民○也 19.4/137/25
○終此樓 21.11/153/7
應受使○ 21.55/160/14
惟○是從 22.1/160/26
諸亡○往從之 23.1/164/21

知○者侍郎韓公等 23.8/167/16
其實無所受○ 23.16/169/27
以明再受○祖有功之義 24.92/180/5

摸 mō 1

仍路孳○ 22.4/163/4

模 mó 1

馮○爲司空 21.31/156/24

磨 mó 1

前世以○研編簡之才 16.28/111/16

謨 mó 2

謀○甚深 2.1/11/14
與朕謀○帷幄 8.1/46/20

末 mò 13

○年 1.1/1/22
自王莽○ 1.1/5/22
秦時改爲太○ 5.1/27/15
今予○小子 5.5/30/3
敬隱宋后以王莽○年生 6.3/35/21
耿氏自中興以後迄建安之○ 8.17/54/14
用之有本○ 12.9/80/11
王莽○ 16.31/112/7
17.24/124/27, 18.1/125/19
23.1/164/19
成帝○ 23.17/170/23
乃置《韋賢傳》○ 24.91/180/1

沒 mò 11

長沙賊攻○蒼梧 3.5/22/14
奉藩以至○身 7.9/41/28
前後○溺死者不可勝算 8.2/47/16
等輩（欺○）〔放散〕其鹽 8.11/51/10
軍○ 12.1/77/3
君名其既泯○兮 12.10/80/22
巴、蜀○於南夷 14.5/93/4
元家相繼死○ 17.25/125/9
船觸石破○ 18.12/129/26
暴雨淹○ 18.30/135/15
比州湮○ 19.6/138/13

歿 mò 2

母○ 13.16/89/17
更始○ 14.2/90/21

陌 mò 3

乃命有司設壇于鄗南千秋亭五成○ 1.1/4/18
引（軍）〔車〕入○ 14.2/91/8
恭隨行阡○ 19.4/137/19

莫 mò 48

民○敢不用情 1.1/6/20
坐者○不激揚悽愴 1.1/9/5
○能仰視 2.1/13/19
諸王子○得與比 3.1/18/8
○善于樂 5.4/28/21
一民○非其臣 5.5/29/23
○敢犯禁 6.2/35/17
○不造門 7.3/39/10
○如延攬英雄 8.1/46/13
小大○不感悅 8.2/48/2
東京○與爲比 8.7/49/20
○不欣喜 8.14/52/18
非寇恂○可使也 9.1/54/24
○敢抗者 10.13/65/12
○與爲比 10.22/68/5
○不屬耳忘倦 12.1/76/10
臣聞行天者○如龍 12.1/76/25
行地者○如馬 12.1/76/25
夫孝○大于尊尊親親 12.10/81/5
○不怪疑 13.1/82/22
群臣○及 13.6/84/13
○大于此 13.11/86/7
○不厭服焉 13.13/88/7
儒者○之及 16.9/105/19
○不貫綜 16.12/107/5
故人親戚○敢至者 16.13/107/11
鄉黨大人○不敬異之 16.52/117/12
○不稱平 16.52/117/14
在位者○不仰其風行 17.8/119/22
長吏○敢改之 17.14/122/8
伏地○敢動 18.6/127/24
伏惟天恩○不蕩宥 18.9/129/1
恩寵○與爲比 18.18/132/6
○不嘉其榮 19.1/136/23
人○得知 19.7/138/22
（武威）天下州郡遠近○不修禮遺 19.20/141/21
朝臣上下○不附之 19.32/144/22
自是○不用 20.9/146/27
○不雀目鼠步 21.12/153/15
○非王土 21.35/157/16
旁○支留 22.4/161/25
○支度由 22.4/162/10
○稺角存 22.4/162/13
○受萬柳 22.4/163/1
○碭蠡沐 22.4/163/12
士大夫○不諷誦〔之也〕 23.16/170/6
○能知其所以兩廟之意 24.92/180/6
○之得見 24.93/180/9

墨 mò 2

歲時但貢紙○而已 6.5/36/21
辟把刀、○再屈環橫刀、金錯屈尺八佩刀各一 8.9/50/2

默 mò 8

○然受之 2.1/12/7
以崇玄○ 3.2/20/30
冀以○止讙耳 6.2/35/4
豈敢拱○避罪而不竭其誠哉 14.5/93/3
天子○使小黃門持被覆之 14.6/94/8
譚○然良久 16.16/108/9
親○然有頃 19.4/137/20
允恭玄○ 24.18/174/11

藐 mò 1

〇溽濾灘 22.4/162/30

牟 móu 4

〇長、字君高 16.21/109/23
〇融、字子優 17.4/118/23
拜中〇令 19.4/137/17
不入中〇 19.4/137/18

謀 móu 35

諸李遂與南陽府掾史張順等連〇 1.1/2/6
〇謨甚深 2.1/11/14
（者）〔其〕時論者以爲（棱）〔稜〕淵深有〇 2.2/15/9
帝與中常侍單超等五人共〇誅之 3.5/22/6
更始遂共〇誅伯升 7.1/38/16
東平王蒼寬博有〇 7.12/42/14
有智〇 8.1/46/19
與朕〇謨帷幄 8.1/46/20
忠言善〇 8.7/49/17
其人勇鷙有智〇 8.10/50/13
恂知其〇 9.1/55/9
越人〇欲叛漢附蜀 10.2/62/17
孫述坐與楚〇反 10.17/66/15
王莽前隊大夫誅〇反者 10.21/67/13
上感通首創大〇 10.21/67/15
帝〇西收囂兵 11.2/70/19
因告言光與憲有惡〇 12.4/78/18
以明軍〇特除西域司馬 12.9/80/7
智略〇慮 13.1/83/1
鮪與其〇 14.1/90/4
永遣弟升及子壻張舒等〇使營尉李匡先反涅城 14.2/90/20
不有忠言奇〇而取大位 15.6/97/7
援〇如涌泉 16.34/113/6
在朝竭忠盡〇 17.7/119/13
數納嘉〇 17.7/119/14
數納策〇 17.14/122/10
欲〇殺續 17.25/125/10
年七十爲食侍〇 18.13/130/16
衆遂首〇誅之 19.32/144/23
程〇誅江京于盛化門外 20.23/149/19
後昱與大將軍竇武〇誅中官 21.14/154/1
有奇〇異略 21.54/160/8
與假號將軍李興等結〇 23.9/168/5
寵奴子密等三人共〇劫寵 23.11/168/20
上官桀〇反時 24.72/178/7

繆 móu 2

故趙〇王子臨說帝決水灌赤眉 1.1/3/19
宛轉〇織〔圭〕 5.6/33/9

鍪 móu 2

被玄甲、兜〇 9.7/59/19
身（初）〔被〕兜〇鎧甲 10.3/62/24

母 mǔ 101

先是時伯玉同〇兄公孫臣爲醫 1.1/2/1
嬰兒老〇 1.1/7/10
〔及阿乳〇以問師傅〕 2.1/11/7
〇光烈皇后 2.1/11/8
〇曰梁貴人 2.3/16/5
〇早薨 3.2/19/21
乳〇王男、廚監邴吉爲大長秋江京、中常侍樊豐等所譖愬 3.2/19/23
〇曰匽夫人 3.5/21/23
作民父〇 5.5/29/11
宜〇天下 6.1/34/1
違逆慈〇之拳拳 6.2/35/8
其〇不舉 6.3/35/21
由是〇子見疏 6.3/36/1
受之父〇 6.5/36/13
〇常非之曰 6.5/36/14
后重違〇意 6.5/36/14
〇宣改嫁爲掖庭民梁紀妻 6.9/38/3
〇郭氏 7.8/41/3
如去虎口就慈〇 8.14/52/19
其〇問期當封何子 9.12/61/22
收太守宗廣及忠〇妻子 10.14/65/21
將軍可歸救老〇妻子 10.14/65/24
坐純〇禮殺威弟季 10.15/66/3
齊武王嘗殺通同〇弟申屠臣 10.21/67/9
是以愛之如父〇也 10.23/68/12
事後〇至孝 11.5/71/27
14.2/90/15,19.12/140/4
〇嘗病癰 11.5/71/27
〇終 11.5/72/1
遭〇喪 12.4/78/13
〇復終 12.6/79/3
以慰〇心 12.10/81/6
馮石襲〇公主封獲嘉侯 13.15/88/24
〇歿 13.16/89/17
妻嘗於〇前叱狗 14.2/90/15
其父〇詣昱 14.3/91/17
愔悉得邑〇弟妻子 14.4/91/28
壞父〇之鄉 14.4/92/6
後〇惡之 14.6/94/6
後有杜〇 15.10/99/7
惟老〇極膳 15.11/99/14
以〇憂自乞 16.11/106/28
上有老〇 16.37/113/29
黑與〇 16.44/115/14
高帝〇昭靈后園陵在焉 17.1/117/21
平扶（持）〔侍〕其〇 17.11/120/20
〇欲還取之 17.11/120/20
與〇俱匿野澤中 17.11/120/21
今旦爲老〇求菜 17.11/120/22
老〇饑 17.11/120/22
飯〇畢 17.11/120/23
食〇訖 17.11/120/23
曾參迴車于勝〇之閭 17.13/121/24
與婦傭作養〇 17.22/124/5
〇好飲江水 17.22/124/5
恐〇知 17.22/124/6
（歸告〇）〔每告歸〕

17.23/124/12
有人遺卿〇一笥餅 18.1/126/9
〇遂探口餅出之 18.1/126/10
讓國與異〇弟鳳 18.3/127/5
諸〇衣不可得 18.6/127/24
使得一尊其〇 18.10/129/11
辭父〇 18.13/130/13
〇追求到武陽北男謁舍家得阜 18.13/130/14
以定父〇、妻子、長幼之序 18.14/131/2
傭賃以養父〇 18.18/132/3
革專心養〇 18.18/132/4
〇年八十 18.18/132/4
義奉檄而入白〇 18.27/134/9
恭各語其〔家〕父〇 18.28/134/17
父〇乃禁怒之 18.28/134/17
父〇問其所欲 18.29/135/1
〇强遣之 19.4/137/16
李恂遭父〇喪 19.20/141/19
失〇 19.22/142/8
必先讓父〇 19.25/143/7
父〇語「汝小何能多少」 19.25/143/8
充啓其〇曰 19.27/143/19
〇被病 19.29/144/3
〇憐之 19.29/144/4
郁視〇色未平 19.29/144/4
喪〇 20.6/146/9
父〇慚而還之 20.6/146/11
〇在堂 21.1/150/18
咨恐〇驚惶 21.13/153/20
老〇八十 21.13/153/21
臘日奴竊食祭其〇 21.18/154/19
事〇至孝 21.34/157/12
〇常病癰 21.34/157/12
後〇憎之 21.37/157/25
〔以〕〇年老國遠 21.46/159/3
心歸慈〇 22.4/163/4
海曲有呂〇 23.7/167/6
呂〇家素富 23.7/167/6
呂〇垂泣曰 23.7/167/7
因與呂〇入海 23.7/167/9
呂〇賓客徐次子等 23.7/167/9
遣（〇）〔毋〕．樓且渠王求入五原 23.9/168/5
有〇儀之節 24.36/175/19
七王不載〇氏 24.74/178/13

畝 mǔ 3

而南〇亦益闢矣 1.1/5/25
典牧州郡田〇不增 17.2/118/12
而令搢紳之徒委伏畎〇 20.4/145/22

木 mù 16

又分遣大夫謁者教民煮〇爲酪 1.1/1/20
〇生火 1.1/5/7
〇車茅馬 1.1/8/26
道（路）〔橋〕所過歷樹〇 2.2/14/15
鳳凰見百三十九、麒麟五十二、白虎二十九、黃龍三十四、青龍、黃鵠、鸞鳥、神馬、神雀、九尾狐、三足烏、赤烏、白兔、白鹿、白燕、白鵲、 2.2/15/20
衛縣〇連理 3.1/19/10
定陵縣〇連理 3.1/19/10
彭伐樹〇開道 9.2/56/1
竹〇成林 11.3/71/11
除其竹〇 12.1/76/10
帝乃賜棺〇 13.8/84/27
以素〇刳瓠葉爲俎豆 16.17/108/19
命工伐〇作機紡車 16.40/114/21
人齎茅竹或（特）〔持〕材〇 17.13/121/19
〇薄發家 22.4/163/24
以〇札書符曰「上將軍」 23.5/166/11

目 mù 17

是美鬚眉〇者耶 1.1/2/16
夫人年高〇冥 6.5/36/11
此讒人所側〇 9.1/55/4
期瞋〇道左右大呼曰 9.12/61/18
色理膚髮眉〇容貌如畫 12.1/75/7
虜在吾〇中矣 12.1/76/2
瞋〇討賊 12.1/76/24
抉〇背於門閭 12.10/80/21
《決事都〇》八卷 14.3/91/22
子張〔但〕〇擊而已 15.8/97/24
以淫人耳〇 16.16/108/6
上〇之 17.1/117/25
〇中生蛆 18.22/133/2
以〇疾 18.23/133/9
〇無所見 19.30/144/9
何面〇以見日月 20.2/145/12
莫不雀〇鼠步 21.12/153/15

沐 mù 2

每至休〇 20.9/146/25
莫碭麤〇 22.4/163/12

牧 mù 28

帝遣游擊將軍鄧隆〔與〕幽州〇朱浮擊彭寵 1.1/5/13
牛馬放〇 1.1/8/8
州〇刺史 4.1/25/12
建武元年復置〇 4.1/25/12
州〇郡守四十八人 8.7/49/20
漢遂斬幽州〇苗曾 8.10/50/14
有〇民御眾之才 9.1/54/23
詔彭守益州（收）〔〇〕 9.2/56/7
行河西五郡大將軍、涼州〇、張掖屬國都尉竇融 10.22/67/21
乃辭況欲就邊郡畜〇 12.1/75/8
防又多〇馬畜 12.3/78/8
〇守謁敬 12.6/79/8
其以爲兗州〇 14.2/91/12
上無仇〇之節 14.4/92/9
爲并州〇 15.9/98/18
典〇州郡田畝不增 17.2/118/12
年八歲爲人〇豬 17.12/121/3
下及〇守 18.5/127/16
鄰里〇牛而爭飲牛 18.28/134/16
畢乃〇豕於上林苑中 18.29/134/26
故州〇刺史入奏事 19.1/136/16
身〇豕 19.9/139/8

薪萊務○ 20.4/145/25
常○冢于長垣澤中 20.17/148/15
而杖鞭○冢 20.17/148/16
典○千里 21.45/158/28
平林人陳○、廖湛復聚千餘人 23.1/164/21
所置○守交錯 23.1/165/9

募 mù 3

州郡○五里蠻夷、六亭兵追擊 3.1/19/2
上令霸至市（口）〔中〕○人 10.11/64/15
（幕）〔○〕敢死士五千餘人 23.17/171/28

睦 mù 8

后父陰○爲宣恩侯 1.1/10/7
名○ 6.1/33/21
北海敬王○ 7.3/39/10
而○〔性〕謙恭好士 7.3/39/10
○乃謝絕賓客 7.3/39/11
○曰 7.3/39/13
○善草書 7.3/39/16
追尊貴人父○爲宣恩侯 11.12/74/5

幕 mù 3

重加○覆 6.2/34/18
承宮、琅邪姑○人 17.12/121/3
（○）〔募〕敢死士五千餘人 23.17/171/28

墓 mù 13

封比干之○ 1.1/4/23
以皇祖皇考○爲昌陵 1.1/5/19
見二臣之○ 2.3/16/16
蕭何○在長陵東司馬門道北百步 5.1/27/5
霍光○在茂陵東司馬門道南四里 5.1/27/7
留子男昌守墳○ 7.7/40/14
祭東平王○ 7.12/43/20
焚其冢○ 11.1/70/8
詔使五官中郎將持節至○賜印綬 11.14/74/20
守墳○ 12.1/76/18
何忍車過其○ 14.2/91/8
遣大鴻臚持節至○ 18.24/133/15
弔祭其○ 21.2/150/23

慕 mù 20

長思遠○ 2.1/11/20
以益州徼外哀牢王率眾○化 2.1/13/3
徼外羌龍橋等六種○義降附 3.1/18/12
夷狄○義 5.5/29/24
諸兄常悲傷思○ 6.5/37/5
黎陽營故吏皆戀○訓 8.2/47/19
燕人思○ 8.2/47/24
常○史鰌、汲黯之爲人 15.7/97/12
諸儒以此○之 16.2/102/14
不○游宦 18.10/129/7
常○叔孫通爲漢儀禮 18.16/131/14
于是京師貴戚順陽侯衛尉馬廖、侍中竇憲○其行 18.18/132/6
貴戚○其名 18.21/132/21
南陽張奉○其義 18.27/134/8
吏人愛○ 19.2/137/3
鄉里○其行 19.11/139/21
○思憔悴 19.22/142/9
京師貴戚○其聲名 19.22/142/13
《遠夷○德歌詩》曰 22.4/162/16
○義向化 22.4/162/21

暮 mù 7

○聞（冢）〔家〕上有哭聲 1.1/2/12
寵破在旦○ 1.1/5/15
○宿殿門下 8.2/47/11
光○入堂陽 10.12/65/7
上遣中黃門朝○餐食 11.5/72/1
廉叔度、來何○ 18.12/130/3
今○其當著矣 20.24/150/3

穆 mù 11

廟曰○宗 2.3/17/10
鳳凰集濟南臺丞霍○舍樹上 3.1/19/10
肅○典祀 5.5/31/8
於○世廟 5.5/31/16
申貴人生孝○皇 6.8/37/21
追謚趙夫人爲○皇后 6.8/37/21
融嗣子○尙內黃公主 10.22/68/2
○長子勳尙東海公主女 10.22/68/3
諦定昭○尊卑之義也 13.12/87/17
太守張○持筒中布數篋與范 18.12/129/26
公沙○遊太學 20.17/148/17

拏 ná 1

禍（○）〔拏〕未解 14.5/93/5

納 nà 18

○于太廟 2.1/12/23
一室○兩刃 2.2/15/9
遂○后于宛 6.1/33/24
我欲詣○言嚴將軍 7.4/39/20
先○聖善匡輔之言 8.7/49/17
朝夕獻○ 8.7/49/17
上○之 9.4/56/22
遂自結○ 10.1/62/5
引○（敕）〔嚴〕 12.6/79/11
憚不○ 15.8/98/6
陛下○膚受之愬 16.20/109/13
數○嘉謀 17.7/119/14
和帝○之 17.8/119/20
數○忠諫 17.12/121/8
數○策謀 17.14/122/10
在○言 19.18/141/10
更始○趙萌女爲后 23.1/165/6
○王元之說 23.16/170/18

乃 nǎi 243

帝○見之 1.1/2/2
○與伯升相見 1.1/2/8
○驚曰 1.1/2/9

殺新野尉後○得馬 1.1/2/11
欲何爲○如此 1.1/2/16
帝○笑 1.1/2/21
○遂令輕足將書與城中諸將 1.1/3/5
○馬也 1.1/3/12
帝○自稱邯鄲使者 1.1/3/20
○椎鼓數十通 1.1/3/21
久○駕去 1.1/3/23
○命有司設壇于鄗南千秋亭五成陌 1.1/4/18
○休諸將 1.1/6/4
連歲月○決 1.1/6/17
○令上書啓封則用 1.1/6/18
○首尾擊之 1.1/7/7
益州○傳送瞽師、郊廟樂、葆車、乘輿物 1.1/7/15
是後○稍備具焉 1.1/7/16
留十七日○去 1.1/8/8
○令陶人作瓦器 1.1/8/23
○首服 2.1/11/13
○率諸王侯、公主、外戚、郡國計吏上陵 2.1/11/20
乙更盡○寐 2.1/12/17
○者白鳥、神雀屢臻 2.2/14/26
○議改葬 2.3/16/27
○立以爲皇太子 2.4/17/19
○即帝位 3.1/18/9
至○踐食孤幼 3.2/20/8
○起明堂、辟雍 5.3/28/12
至泰山○復議 5.5/29/18
○敢安之 5.5/31/24
卜者○曰 6.2/34/7
○以歸宋氏 6.3/35/23
太后○親自臨見宮人 6.5/36/19
以爲何故○有此不祥之言 6.5/37/3
○大會諸將 7.1/38/16
更始○收稷 7.1/38/20
睦○謝絕賓客 7.3/39/11
○與公卿共議定南北郊冠冕車服制度 7.12/42/17
○遣使手詔諸國曰 7.12/42/23
升殿○拜 7.12/43/10
○許之 7.12/43/11
○自殺 7.17/44/20,12.4/78/19
○以上爲大司馬 8.1/46/8
○進說曰 8.1/46/10
我○始得一處 8.1/46/16
上○徵禹還 8.1/47/2
○以口噓其背 8.2/47/12
迷唐○去 8.2/47/26
○發湟中六千人 8.2/47/26
太后○許 8.4/48/13
○銜枚引兵往合水南營 8.10/50/23
○乘桴沿江下巴郡 8.10/50/26
○出大戰 8.14/53/9
○肉袒負斧鑕于軍門 8.14/53/11
○以恭爲戊己校尉 8.17/54/3
○正衣冠 8.17/54/10
○煮鎧弩 8.17/54/12
上○用之 9.1/54/24
○戮之于市 9.1/55/8
○敕屬縣盛供具 9.1/55/10
恂○出迎于道 9.1/55/10
上○徵恂 9.1/55/11
恂至○見 9.1/55/11
上○留恂 9.1/55/14
上○謂恂曰 9.1/55/16
無○不可乎 9.1/55/19
○自引兵還屯津鄉 9.2/56/2
○見湯、武之功 9.4/56/21
環城一匝○還 9.4/57/4
上○召異 9.4/57/5
○賜（祐）〔祜〕白蜜一石 9.6/58/15
○談話 9.6/58/16
上○貸之 9.7/59/5
今○調度 9.7/59/12
○贈將軍 9.7/59/19
○悉罷緣邊屯兵 9.8/60/6
仰天號泣○去 9.8/60/9
○夜召入 9.10/60/24
（鄉）〔卿〕○欲以治民自效 10.1/62/11
○拜純爲東郡太守 10.1/62/11
○奉牛酒勞軍 10.2/62/19
○渡 10.11/64/20
○救全之 10.12/65/6
上○强見之 10.21/67/9
上○許往 10.21/67/10
○止 10.21/67/14,17.12/121/5
何況○當傳以連城廣土 10.22/68/1
○步輓車去 10.26/69/9
此○相親 10.26/69/15
見○服焉 10.26/69/19
〔新野〕吏○燒晨先祖祠堂 11.1/70/7
今○欲從佞惑之言 11.2/70/21
歙○大治攻具衝車度塹 11.2/71/3
時至○起 11.4/71/21
敕騶臨朝○告 11.4/71/21
○張燈俯伏 11.6/72/7
○〔上〕疏曰 11.7/72/12
○詔禹舍宮中 11.10/73/18
○辭況欲就邊郡畜牧 12.1/75/8
○盡散以班昆弟故舊 12.1/75/11
述○盛陳陛衛 12.1/75/14
囂○使援奉書雒陽 12.1/75/17
援○曰 12.1/75/21
○知帝王自有眞也 12.1/75/22
此○太守事耳 12.1/76/6
○將嚴西 12.6/79/5
四海○賓 13.1/82/21
民至○誡乳婦勿得舉子 13.5/83/21
弘○離席免冠謝曰 13.6/84/7
帝○賜棺木 13.8/84/27
囂○出令曰 13.11/85/22
囂○聽林持喪東歸 13.11/85/24
○歎曰 13.11/85/25, 16.49/116/22
○薦之 13.11/85/27
九載○殛 13.11/86/8
○流連貪位 13.11/86/23
○襲封 13.12/87/25
○爲子伉娶長妻 13.13/88/5
○因燕見從容誡之曰 13.13/88/8
○亡走 13.16/89/7
○收繫大伯 14.2/90/19
○修學校（理）〔禮〕 14.2/91/1
○歸世祖 14.4/92/1
○（遣）〔遺〕書責邑曰 14.4/92/3
○出爲東郡太守 14.7/94/13
○挂衰絰於冢廬而去 15.2/95/8
駿○止而讓之曰 15.2/95/12
○還就國 15.2/95/13
此○上威損 15.2/95/24

丹○懷縑一匹 15.5/96/17
○呼客見之 15.5/96/25
恢○下拜 15.6/97/5
○過其友人 15.6/97/6
須期○入 15.9/98/22
○選擇水軍三百人 15.12/99/25
○聘請高行俊乂如董子儀、嚴子陵等 15.15/100/24
延○爲置水官吏 15.15/101/1
董宣死○知貧耳 15.16/101/7
明日○還告郭恂 16.3/103/9
恂○悅 16.3/103/10
廣○絕橋 16.3/103/20
○以漢中郡南鄭之西鄉戶千封超爲定遠侯 16.3/103/21
盡日○罷 16.9/105/20
郁○上疏皇太子曰 16.10/106/21
○以竹藩樹四面 16.14/107/21
良久○得解 16.16/108/10
出○歎曰 16.22/110/7
○遣謁者即授印綬 16.24/110/19
○不食終日 16.26/111/7
嘉○擁敞 16.31/112/8
○自酌酒慰援曰 16.34/112/29
○去 16.36/113/23,23.1/165/17
○單車到官 16.37/114/1
篆○强起班春 16.37/114/1
○陷民於穽 16.37/114/2
○遣人持鴆 16.45/115/18
業○飲鴆而死 16.45/115/18
○首戴齏器 16.46/115/26
○肯就車 16.50/117/2
上○詔令自稱南陽功曹詣闕 17.1/117/27
○嘆曰 17.1/117/28
○慨然而歎曰 17.2/118/4
○徵愷 17.8/119/22
今○見之 17.11/120/24
○撫莢得三升豆 17.11/120/25
帝○以大鴻臚魏應代之 17.12/121/9
君所使掾何○仁于用心 17.13/121/16
○更以庫錢三十萬賜之 17.13/121/26
○解衣就格 17.13/122/1
上意○解 17.13/122/1
均○移書曰 17.14/122/8
其後○絕 17.14/122/9
良久○聽止 17.23/124/14
善○潛負逃亡 17.25/125/10
○自往候視 18.6/128/12
○幸均舍 18.10/129/15
○教民種麻桑而養蠶 18.11/129/20
○移書旁郡求助 18.12/129/28
范○毀削前令 18.12/130/2
十餘日○去 18.13/130/18
○與同舍郎上書直諫 18.22/132/26
○署勤督郵 18.26/133/28
虞○嘆曰 18.26/134/2
虞○問勤 18.26/134/3
○知是恭 18.28/134/14
至去○起 18.28/134/15
父母○禁怒之 18.28/134/17
畢○牧豕於上林苑中 18.29/134/26
○尋訪燒者 18.29/134/26
○共責讓主人 18.29/134/28
○求之 18.29/135/2
○脫巾請曰 18.30/135/16
○一到雒 19.1/136/22
恭○始爲郡吏 19.4/137/17
○收家中律令文書壁藏之 19.7/138/19
寵○敕縣埋葬 19.7/138/26
令○出親 19.16/140/23
○減爲二十萬言 19.25/143/9
○援充以捐溝中 19.27/143/21
歷歲○瘳 19.30/144/10
○試令嬖臣美手腕者與女子雜處帷中 19.31/144/15
○策曰 20.1/144/29
○廬于里門 20.6/146/10
恢○止 20.17/148/14
○變服客傭 20.17/148/17
至○殘食孩幼 20.19/148/29
○露布上書 21.4/151/5
○拜爲中郎將 21.8/151/25
○徐語曰 21.9/152/17
○訊之于占者 21.11/153/7
○登樓自焚而死 21.11/153/9
○礫甫尸 21.12/153/14
○收淚入言球罪 21.12/153/15
○先至門迎盜 21.13/153/21
○相與共除閹黨 21.14/153/27
○不復行也 21.21/155/5
○賜關內侯 21.46/159/4
妻○悉歸侍御服飾 22.1/160/26
吏○出子張 23.1/164/19
于是聖公○拜 23.1/164/27
○令侍中坐帷內與語 23.1/165/7
○下詔封更始爲淮陽王 23.1/165/18
赤眉○封爲畏威〔侯〕 23.1/165/19
○遣劉恭乞降曰 23.5/166/17
○皆朱其眉 23.6/166/25
○益釀醇酒 23.7/167/6
奴○捽其妻頭 23.11/168/22
○封子密爲不義侯 23.11/168/27
豐○知被詐 23.12/169/4
○自將兵討萌 23.15/169/20
今立者○在南陽 23.16/169/26
○立高祖、太宗之廟 23.16/170/1
○噉弩煮履 23.16/170/17
述○止 23.17/171/21
述○大會群臣 23.17/171/24
述○悉散金帛 23.17/171/28
○發卒來 23.18/172/7
○置《韋賢傳》末 24.91/180/1

奈 nài 6

○何弄人髮乎 6.5/36/13
○何自怠 14.5/93/21
○何棄之 18.30/135/16
○君父何 20.17/148/16
○何爲人所奏 23.11/168/18
事當○何 23.17/171/27

男 nán 13

乳母王○、廚監邴吉爲大長秋江京、中常侍樊豐等所譖愬 3.2/19/23
留子○昌守墳墓 7.7/40/14
恭子○丁前妻物故 7.17/44/19
除子○盛爲郎 11.10/73/17
○兒要當死於邊野 12.1/77/1

生八○ 13.13/88/3
詔書捕○子周慮 16.22/110/6
皆取百姓○女 17.14/122/8
母追求到武陽北○謁舍家得阜 18.13/130/14
有○女 19.31/144/16
必生○ 21.11/153/7
○女皆以「宗」爲名 21.38/157/29
○兒當死中求生 23.17/171/27

南 nán 169

求封○陽蔡陽白水鄉 1.1/1/6
年九歲而○頓君卒 1.1/1/14
○陽大人賢者往來長安 1.1/1/17
時○陽旱饑 1.1/1/23
○陽豪右雲擾 1.1/2/3
諸李遂與○陽府掾史張順等連謀 1.1/2/6
望見廬○若火光 1.1/2/7
攻○陽 1.1/2/11
夜出城○門 1.1/2/24
帝自薊東○馳 1.1/3/20
至○宮 1.1/3/23
乃命有司設壇于鄗○千秋亭五成陌 1.1/4/18
幸○宮 1.1/5/1
制〔郊〕兆于城○七里 1.1/5/7
而○畝亦益闢矣 1.1/5/25
入○陽界 1.1/8/6
幸○陽、汝○ 1.1/8/10
至○頓 1.1/8/10,2.1/12/32
復○頓田租一歲 1.1/8/11
始營陵地于臨平亭○ 1.1/8/21
帝崩于○宮前殿 1.1/9/22
河○、○陽不可問 2.1/11/10
何故言河○、○陽不可問 2.1/11/12
河○、帝城 2.1/11/12
○陽、帝鄉 2.1/11/13
帝與皇太后幸○陽祠章陵 2.1/12/15
行幸○陽 2.1/12/31
日○獻白雉、白犀 2.2/14/13
白鶴三十從西○來 2.2/14/18
陳寵、濟○鍛成 2.2/15/8
○山水流出至東郊 2.3/16/30
日○地坼長一百八十二里 3.1/18/28
鳳凰集濟○臺丞霍穆舍樹上 3.1/19/10
汝○童子謝廉、河○童子趙建 3.2/20/11
其以漢中○鄭之武陽亭封賢孫承先爲武陽亭侯 3.2/20/17
又造○宮玉堂 3.6/24/3
九卿、執金吾、河○尹秩皆中二千石 4.1/25/19
霍光墓在茂陵東司馬門道○四里 5.1/27/7
公卿議（舉）〔春〕○北郊 5.6/32/21
棄之○山下 6.3/35/21
外家出過于道○ 6.3/35/22
徙○陽之白水鄉 7.7/40/15
濟○安王康 7.11/42/8
乃與公卿共議定○北郊冠冕車服制度 7.12/42/17
饗衛士于○宮 7.12/43/4
○陽人也 8.1/46/5
8.10/50/7,10.26/69/7
11.2/70/17,18.3/127/3
自○陽發 8.1/46/8
上亦以其○陽人 8.10/50/11
至○郡 8.10/50/22
分營于水○水北 8.10/50/23
乃銜枚引兵往合水○營 8.10/50/23
○擊赤眉于新城 8.11/51/17
○破昆陽 8.14/52/19
弇凡平城陽、琅邪、高密、膠東、東萊、北海、齊、千乘、濟○、平原、泰山、臨淄等郡 8.14/53/10
○單于舉國發喪 8.16/53/26
上欲○定河內 9.1/54/22
○迫雒陽 9.1/54/24
執金吾賈復在汝○ 9.1/55/8
車駕○征 9.1/55/13
于是江○之珍奇食物始流通焉 9.2/56/3
上自薊東○馳 9.4/56/22
及至○宮 9.4/56/23
車駕送至河○ 9.4/57/10
願受○陽五百戶足矣 9.6/58/13
喪至河○縣 9.7/59/14
光武自薊東○馳 10.1/62/7
二十三年詔以祝阿益濟○國 10.8/63/23
○拒鄧奉 10.10/64/8
○至下曲陽滹沱河 10.11/64/16
每幸○陽 10.21/67/16
河○郡爲置守令 10.26/69/10
河○二十餘縣皆被其災 10.26/69/18
鄧晨、○陽人 11.1/70/5
○陽人 11.3/71/10
13.7/84/19,17.2/118/3
17.25/125/9,18.6/127/21
18.26/133/25,18.30/135/14
19.9/139/8,20.7/146/15
和帝○巡祠廟園 11.10/73/16
以況出爲河○太守 12.1/75/8
時上在宣德殿○廡下 12.1/75/17
衛護○單于 12.6/79/8
歙遷汝○太守 13.8/84/26
坐在汝○臧罪 13.8/84/26
援從○方還 13.11/87/2
臣時在河○冢廬 13.12/87/24
留魴宿衛○宮 13.14/88/18
領○宮吏士 13.14/88/19
○宮複道多惡風寒 13.14/88/19
若向○者多取帷帳 13.14/88/19
朱鮪等會城○淯水上沙中 14.1/89/26
巴、蜀沒於○夷 14.5/93/4
以超《周○》之迹 14.5/93/30
拜河○太守 15.1/94/24
時河○太守同郡陳遵 15.5/96/16
汝○人也 15.8/97/20
汝○太守歐陽歙召惲爲功曹 15.8/97/28
汝○舊俗 15.8/97/28
河○人也 15.9/98/17
爲○陽太守 15.10/99/5
故○陽人爲之語 15.10/99/6
至今江○頗知桑蠶織履 15.14/100/18

○陽宛人 15.15/100/22
避亂江○者皆未還中土 15.15/100/23
乃以漢中郡○鄭之西鄉戶千封超爲定遠侯 16.3/103/21
汝○子欲復黨乎 16.20/109/13
汝○王琳字巨尉 16.43/115/8
汝○人 16.44/115/13
上乃詔令自稱○陽功曹詣闕 17.1/117/27
持節使歸○陽 17.2/118/5
○到九江 17.14/122/9
張重、日○計吏 17.21/123/25
臣日○計吏 17.21/123/25
擢爲○陽太守 18.2/126/25
稱「○陽五伯」 18.3/127/4
袁安爲河○尹十餘年 18.5/127/15
○陽朱季 18.6/128/5
○陽餓 18.6/128/11
詔逵入北宮虎觀、○宮雲臺 18.17/131/24
爲○陽太守桓虞功曹 18.26/133/27
○陽張奉慕其義 18.27/134/8
（鬴）〔酺〕以尙書授于○宮 19.1/136/6
遷○陽太守 19.2/137/4
太山○城人 19.3/137/9
河○尹袁安聞之 19.4/137/18
先是雒陽城○ 19.7/138/25
汝○○頓人 19.12/140/3
濟○都尉 19.17/141/5
爲汝○太守 19.17/141/5
帝賜香《淮○》、《孟子》各一通 19.22/142/10
竊聞使者並規度城○民田 20.4/145/24
汝○薛苞、字孟常 20.6/146/9
漢中○鄭人也 20.11/147/10
王堂爲汝○太守 20.16/148/8
爲○海太守 20.17/148/12
因與俱迎濟陰王幸○宮雲臺 20.24/150/5
汝○太守宗資 21.6/151/15
劉寬爲○陽太守 21.9/152/12
劉翊爲汝○太守 21.26/156/3
匈奴始分爲○北單于 22.3/161/7
○單于遣使獻駱駝二頭 22.3/161/11
○單于來朝 22.3/161/13
○單于上書獻橐駝 22.3/161/15
○方饑饉 23.1/164/20
○陽英雄皆歸望于伯升 23.1/164/23
而朱鮪立壇城○（埔）〔淯〕水上 23.1/164/24
○面而立 23.1/164/27
○陽宛人也 23.11/168/15
今立者乃在○陽 23.16/169/26
今○有子陽 23.16/170/7
便可將兵○擊蜀虜 23.16/170/13
○順江流以震荆、揚 23.17/171/7
令田戎據江○之會 23.17/171/16
長沙以○必隨風而靡 23.17/171/16
後漢有○宮、北宮、承光宮也 24.4/173/3

湳 nán 2

羌離○上奐馬二十匹 21.11/153/3
金城、隴西卑○、勒姐種羌反 22.5/164/8

難 nán 36

伯升請呼○ 1.1/2/1
漢意○前 1.1/7/4
命儒者論○ 2.2/14/22
魯丕與侍中賈逵、尙書令黃香等相○ 2.3/17/1
夷吾○之 5.5/30/2
○傷老人意 6.5/36/12
○以久處 7.7/40/14
令與當世大儒司徒丁鴻問○經傳 8.12/52/3
○其守 9.1/54/23
將軍連年拒○ 9.7/59/11
凡十三○ 12.1/76/8
衆心○違 13.11/86/8
錯雜○知 14.3/91/22
首○結怨 14.4/92/6
人心○知 14.4/92/6
○以應卒 14.5/93/23
善論○ 15.2/95/6
使五官中郎將魏應主承制問○ 15.2/95/14
交道之○ 15.5/96/24
○即害〔之〕 15.8/97/20
○卒以力制 15.9/98/23
遂免○ 15.12/99/25
○禁易敗 16.3/104/4
松風以長者○逆 16.6/104/19
會諸博士論○于前 16.9/105/18
時執經生避位發○ 16.9/106/6
今博士不○正朕 16.15/107/28
夫俗○卒變 16.16/108/7
上令群臣能說經者更相○詰 16.20/109/18
惟帝○之 17.1/117/28
使應專掌○問 17.6/119/7
奔走逃○ 17.11/120/20
論○僠僠祁聖元 17.17/122/25
亭長○之 17.23/124/13
使尙書令王鮪與酺相○ 19.1/136/11
先零諸羌討之○破 21.8/152/1

囊 náng 11

又舊制上書以青布○素裹封書 1.1/6/16
虎賁鞶○一 8.9/50/2
以縑○盛土爲隄 9.2/56/5
各以○盛沙布冰上 10.11/64/20
白布被○ 15.12/99/27
布被○而已 16.35/113/17
令盛以縑○ 18.22/133/1
王陽以衣○徼名 20.17/148/14
使寵妻縫兩縑○ 23.11/168/24
置縑○中 23.11/168/26
以五綵○盛石繫豐肘 23.12/169/3

猱 náo 1

（狃）〔狙〕○之意 13.11/86/24

撓 náo 3

無所屈○ 15.7/97/15
正直不○ 16.29/111/21

奉公不○ 18.1/126/19

鐃 náo 1

其《短簫○歌》 5.4/28/24

腦 nǎo 1

肝○塗地 14.5/93/8

淖 nào 1

涉○至踝 11.14/74/14

訥 nè 1

外若○而內沈敏 12.5/78/25

餒 něi 2

有饑○ 12.11/81/15
人民○餓相啖 16.41/114/26

內 nèi 78

獨○念李氏富厚 1.1/2/4
以（尉衛）〔衛尉〕關○侯陰興爲侍中 1.1/8/15
○外周洽 2.1/11/15
封師太常桓榮爲關○侯 2.1/12/1, 11.7/72/14
在三里○者 2.1/12/11
樹枝○附 2.1/13/15
有善于○ 2.2/15/10
虎賁蘭○所使 2.2/15/15
〔不〕避門○ 2.2/15/15
○勤經藝 2.3/17/12
照曜于室○ 3.1/18/6
海○頗有災異 3.2/20/3
懸于嘉德端門○ 3.6/24/5
中尉、○史官屬亦以率減 4.1/25/16
校尉、中郎將、諸郡都尉、諸國行相、中尉、○史、中護軍、司直秩皆比二千石 4.1/25/20
海○清平 5.5/29/11
海○治平 5.5/29/24
宇○治平 5.5/31/8
時竇皇后○寵方盛 6.3/35/26
心○害之 6.3/35/26
宗族外○皆號曰「諸生」 6.5/36/15
上書求減邑○徙 7.7/40/14
起○第 7.11/42/8
朋友子往來門○ 8.2/47/10
不欲久在○ 8.4/48/13
雖○得于上 8.7/49/17
弇○欲攻之 8.14/52/24
上欲南定河○ 9.1/54/22
諸將誰可使守河○者 9.1/54/23
河○富實 9.1/54/24
以恂爲河○太守 9.1/54/24
上傳聞朱鮪破河○ 9.1/55/1
別下潁川太守、都尉及三百里○長吏皆會 9.4/57/9
諸夷皆來○附 9.8/60/5
賜爵關○侯 10.11/64/22, 15.11/99/15
信都大姓馬寵等開城○之 10.14/65/21
誠不敢○顧宗親 10.14/65/25
融嗣子穆尚○黃公主 10.22/68/2
欲令重臣居禁○ 11.10/73/18
而○重禮 12.1/75/9
雖在閫○ 12.1/75/9
外若訥而○沈敏 12.5/78/25
聞譚○出 13.6/84/5
就關○之遠都 13.11/86/3
海○賴安 13.11/86/19
將軍○施九族 13.11/87/3
上延集○戚宴會 13.16/89/15
憙○典宿衛 13.16/89/18
開門○兵 14.2/90/21
○爲刎頸之盟 14.4/92/5
張舒○行邪孽 14.4/92/14
襲父爵爲關○侯 14.5/92/22
貪殘於○ 14.5/93/6
海○大定 14.5/93/11
常繫藥手○ 14.7/94/14
百里○皆齎牛酒到府飲讌 15.8/97/28
外方○員 15.8/97/30
然○孝謹 16.3/102/21
其賜爵關○侯 16.9/106/11
旬月間遷河○汲令 16.12/107/6
詔部送徒詣河○ 17.13/121/14
童子○刀 18.6/127/25
○備帷幄 18.17/131/26
外○五世 18.23/133/10
客潛于○中聽 18.26/134/3
王渙除河○溫令 19.21/141/28
海○亂 20.4/145/21
乃賜關○侯 21.46/159/4
乃令侍中坐帷○與語 23.1/165/7
關○侯 23.1/165/13
幽閉殿○ 23.5/166/16
○因興等 23.9/168/6
急以此時發國○精兵 23.17/171/16
海○震搖 23.17/171/17
○攝時政 24.31/175/9
○無忌克之心 24.33/175/13

能 néng 127

力不○相救 1.1/2/20
諸將未○信 1.1/4/9
夫士誠○爲人所不○爲 1.1/4/23
不（敢）〔○〕救 1.1/5/16
下輿見吏輒問以數十百歲○吏次第 1.1/6/4
不○動搖 1.1/8/5
景帝○遵孝道 1.1/8/27
次說在家所識鄉里○吏 1.1/9/4
蕩蕩人無○名焉 1.1/10/17
進賢用○ 2.1/12/8
因悲不○寐 2.1/13/16
莫○仰視 2.1/13/19
不○及許、史、王氏之半 2.1/13/25
不○辨章 2.2/15/27
○禦大災則祀之 5.5/30/15
不○復知政 6.2/35/9
○喘 6.3/35/23
有才○ 6.4/36/6
不○自勝 6.5/37/5
年十二○屬文 6.7/37/16
更始竟不○發 7.1/38/17
惻然不○言 7.12/43/12
惟仁者○好人 7.20/45/15

○惡人 7.20/45/15
○誦《詩》 8.1/46/5
造次不○以辭語自達 8.10/50/10
諸將鮮○及者 8.10/50/13
故○常任職 8.10/51/1
聖公不○辦也 8.14/52/16
臨淄不○救也 8.14/52/26
○論議 8.15/53/20
人不○得其要領 9.4/57/3
王莽時舉有德行、○言語、通政事、明文學之士 9.10/60/17
不○預竹帛之編 9.11/61/8
夜聞急少○若是 9.11/61/11
安吾衆○濟者 10.11/64/20
不願其有才○ 10.22/68/1
寧○高飛遠去、不在人間耶 10.26/69/16
伏悲不○仰視 11.2/71/4
未有○終者 11.4/71/19
凡殖貨財產、貴其○施賑也 12.1/75/10
何○臥床上在兒女子手中耶 12.1/77/1
臣尚○被甲上馬 12.1/77/4
光以被誣不○自明 12.4/78/18
○接應諸公 12.5/78/24
僅○破散也 12.9/80/15
政理有○名 13.5/83/19
必不○全 13.5/83/22
望○以忠正導主 13.6/84/8
不○復任朝事 13.10/85/17
杜伯山、天子所不○臣 13.11/85/22
諸侯所不○友 13.11/85/23
誰○行義 13.11/85/26
勿使○殖 13.11/86/14
不○早退 13.11/86/23
卒無德○ 13.11/86/24
○盡忠於國 13.13/88/10
○取悅當世 13.15/88/24
饑困不○前 13.16/89/10
○善屬文 14.4/91/28
今君長故主敗不○死 14.4/92/4
上黨阨不○救 14.4/92/9
河東畔不○取 14.4/92/9
人不○支 14.4/92/10
○逃不自詣者舒也 14.4/92/15
○夷舒宗者予也 14.4/92/15
更選賢○ 14.5/93/24
今綝○薄功微 15.1/95/1
歔欷不○言 15.8/97/23
安○從子 15.8/98/5
郡得賢○太守 15.9/98/17
亦不○自潤 15.11/99/15
○屬文詞詩賦 16.2/102/13
不以才○高人 16.2/102/14
安○久事筆研間乎 16.3/102/24
如令匈奴遂○服臣 16.6/104/25
安○預知如此 16.9/106/5
子幾人○傳學 16.10/106/20
臣子皆未○傳學 16.10/106/20
○文 16.16/108/3
不○以尸伏諫 16.20/109/15
上令群臣○說經者更相難詰 16.20/109/18
年十二○誦《詩》、《書》 16.34/112/28
○矩步 16.34/112/29
惟勃○終焉 16.34/113/3
及前後守令○否 16.35/113/15
威○討姦 16.35/113/16
憲不○容 16.38/114/11
萌歸不○得豆 16.41/114/27
大丈夫安○爲人役耶 16.46/115/24
安○濟政 16.46/116/1
不○得錢買肉 16.49/116/20
三公舉丹賢○ 17.2/118/5
孔子稱「○以禮讓爲國 17.8/119/20
不○家給人足 17.10/120/8
力不○兩活 17.11/120/21
徒病不○行 17.13/121/14
終不○兩全 17.24/125/4
無○整齊理之者 18.1/125/25
安○動萬乘主耶 18.1/126/2
以爲○ 18.2/126/25
不○自進 18.12/130/5
擇民○率衆者 18.14/131/2
○講《左氏》及《五經》本文 18.17/131/22
〔○〕講論 18.19/132/12
○奉我矣 18.29/135/3
彼傭賃○使其妻敬之如此 18.29/135/6
熙○爲威容 19.10/139/14
父母語「汝小何○多少」 19.25/143/8
不○飲食 19.29/144/3
每彈琴惻愴不○成聲 19.30/144/10
姦臣狡猾而不○誅 20.2/145/11
寵嬖傾亂而不○禁 20.2/145/11
而不○塞 20.2/145/12
不○去 20.6/146/9
帝善其○ 20.9/146/26
果○抑豪助弱 20.10/147/6
以女○貧家也 21.7/151/19
○消卻姦邪 21.21/155/3
安○雌伏 21.22/155/9
輒醉不○見 23.1/165/7
作者不○得 23.1/165/13
故○廣略邊郡 23.9/168/6
古今所不○廢也 23.17/171/13
而口吃不○劇談 24.15/174/5
莫○知其所以兩廟之意 24.92/180/6

尼 ní 4

仲○非焉 5.5/30/2
今魯國孔氏尚有仲○車輿冠履 7.12/43/6
彼仲○之佐魯兮 12.10/80/19
僂讓皮○ 22.4/162/18

泥 ní 7

又知訓好以青○封書 8.2/47/20
并載青○一樸 8.2/47/21
先和○塗城 8.17/54/11
○塗狹隘 11.14/74/13
以○塗其婦面 13.16/89/9
馬頓死○中 18.12/130/5
元請以一丸○爲大王東封函谷關 23.16/170/9

倪 ní 3

至孝武、（兒）〔○〕

寬、司馬遷猶從土德 1.1/5/6
門下掾○敞諫 16.37/114/1
○萌、字子明 16.41/114/25

蜺 ní 5

有虹○晝降嘉德殿 20.4/145/20
天投○ 20.4/145/21
似虹○ 21.24/155/20
則所謂天投○者也 21.24/155/20
虹○、小女子之祥 21.24/155/21

霓 ní 1

觀于放○啜羹之義 1.1/7/11

擬 nǐ 3

刪定○議 2.1/12/1
○于乘輿 7.8/41/6
○以曲戟 14.4/92/3

禰 nǐ 1

皇天祖○ 15.2/95/9

逆 nì 14

大將軍竇憲潛圖弒○ 2.3/16/19
司空劉授以阿附惡○ 3.2/19/28
違○慈母之拳拳 6.2/35/8
蒼到國後病水氣喘○ 7.12/43/15
誅○虜 9.11/61/7
憲奴玉當誣光與憲○ 12.4/78/17
行之有○順耳 12.9/80/12
因病喘○ 13.13/88/11
○倫絕理 14.5/93/13
誅降○賊楊異等 15.10/99/4
松風以長者難○ 16.6/104/19
爲賊既○ 16.31/112/8
○詔書 19.1/136/19
以王莽纂○ 23.16/170/1

匿 nì 5

諸家子弟皆亡逃自○ 1.1/2/8
客卿逃○不令人知 12.5/78/24
與母俱○野澤中 17.11/120/21
鼎角○犀 20.11/147/10
聖公因自逃○ 23.1/164/19

溺 nì 5

奔走赴水○死者以數萬 1.1/3/8
前後沒○死者不可勝算 8.2/47/16
○水者半 9.11/61/5
○死 17.22/124/6
遂俱沉○ 18.12/129/26

嫟 nì 1

婉○慈孝 24.32/175/11

年 nián 418

建平元○十二月甲子夜 1.1/1/10
○九歲而南頓君卒 1.1/1/14
末○ 1.1/1/22
建武元○夏六月己未 1.1/4/21
二○春正月 1.1/5/4
3.1/18/15,3.1/18/30
三○ 1.1/5/18
2.2/15/5,2.3/16/15
3.1/18/18,3.1/19/10
3.2/20/1,3.5/22/10
3.6/24/3,15.2/95/21
四○夏五月 1.1/5/22
天下旱霜連○ 1.1/5/22
元○之初 1.1/5/22
至二○秋 1.1/5/23
五○ 1.1/5/27,3.1/18/22
3.5/22/14,3.6/23/26
六○春二月 1.1/6/3
七○春正月 1.1/6/16
八○閏四月 1.1/6/23
九○春正月 1.1/6/26
十一○ 1.1/7/1,2.3/17/1
7.1/38/23
十二○ 1.1/7/3,2.1/13/3
2.3/17/4
十三○ 1.1/7/19
十四○ 1.1/7/21,2.1/13/8
十五○ 1.1/8/1
7.1/38/23,11.4/71/19
十七○ 1.1/8/4
十九○ 1.1/8/10,2.1/11/16
二十○夏六月 1.1/8/15
二十五○ 1.1/8/18
二十六○春正月 1.1/8/20
三十○ 1.1/9/10
三十二○ 1.1/9/13,5.5/29/15
中元元○ 1.1/9/15
10.23/68/9,13.13/88/11
二○春二月戊（戌）
〔戌〕 1.1/9/22
在位三十三○ 1.1/9/22
時○六十二 1.1/9/22,12.1/77/3
建武四○夏五月甲申 2.1/11/5
故帝○十二以皇子立爲
東海公 2.1/11/9
十七○冬十月 2.1/11/16
中元二○春二月 2.1/11/18
永平元○ 2.1/11/20
至踰○正月 2.1/11/20
二○春正月辛未 2.1/11/26
三○春二月 2.1/12/13
四○春二月 2.1/12/19,3.1/19/5
五○冬十月 2.1/12/21
六○ 2.1/12/23,3.2/20/6
八○冬十月 2.1/12/26
九○ 2.1/12/29,3.5/22/24
十○夏閏四月 2.1/12/31
十三○春二月 2.1/13/5
十五○春二月 2.1/13/11
十七○春 2.1/13/15
十八○秋八月 2.1/13/21
在位十八○ 2.1/13/21
時○四十八 2.1/13/21
永平三○ 2.2/14/3,6.2/34/14
○四歲 2.2/14/3,2.3/16/6
永平十八○ 2.2/14/6
建初二○ 2.2/14/9
四○冬十一月 2.2/14/11
元和元○ 2.2/14/13
18.10/129/15
二○春二月 2.2/14/18
是○ 2.2/14/26
元和二○以來 2.2/15/18
至章和元○ 2.2/15/18
凡三○ 2.2/15/18
章和二○春二月 2.3/16/7

永元元〇 2.3/16/10
二〇春二月壬午 2.3/16/12
四〇夏六月 2.3/16/19
五〇春正月 2.3/16/22
六〇秋七月 2.3/16/25
九〇冬十月 2.3/16/27
十〇夏五月 2.3/16/30
十三〇春正月上日 2.3/17/7
元興元〇夏五月 2.3/17/9
在位十七〇 2.3/17/9
時〇二十七 2.3/17/9
元興元〇冬十二月 2.4/17/18
延平元〇八月 2.4/17/22
〇二歲 2.4/17/22
〇十歲 3.1/18/7
永初元〇 3.1/18/12
四〇 3.1/18/20,3.2/20/3,3.2/20/14,3.5/22/12,3.6/23/16,7.12/43/9
六〇春正月甲寅 3.1/18/24
七〇 3.1/18/26,6.3/36/1,11.15/74/24
元初元〇 3.1/18/28
延光二〇 3.1/19/8
四〇春三月 3.1/19/13
帝在位十九〇 3.1/19/13
時〇三十二 3.1/19/13
〇六歲 3.2/19/23,12.5/78/24,15.12/99/23
永寧元〇 3.2/19/23
明〇三月 3.2/19/25
永建元〇 3.2/19/31
陽嘉元〇 3.2/20/7
二〇 3.2/20/11,3.2/20/24,3.5/22/6,3.6/23/8,3.6/23/14
〇十三 3.2/20/11,8.1/46/5,15.2/95/6,18.6/127/22
永和六〇冬十二月詔 3.2/20/17
漢安元〇 3.2/20/20
建康元〇秋八月 3.2/20/26
在位十九〇 3.2/20/26
時〇三十 3.2/20/26
〇三歲 3.3/21/7
建康元〇夏四月 3.3/21/8
永嘉元〇春正月 3.3/21/11
在位一〇 3.3/21/11,3.4/21/19
〇八歲 3.4/21/15
本初元〇夏閏六月 3.4/21/19
〇十四 3.5/21/23
本初（三）〔元〕〇四月 3.5/21/24
時〇十五 3.5/21/26
建和元〇 3.5/21/28
永興二〇 3.5/21/30
延熹元〇 3.5/22/4
七〇冬十月 3.5/22/18
八〇 3.5/22/22
永康元〇 3.5/22/27
在位二十一〇崩 3.5/23/2
〇三十六 3.5/23/2
建寧元〇 3.6/23/6
時上〇十三 3.6/23/8
熹平元〇 3.6/23/12
光和元〇 3.6/23/18
四〇初 3.6/23/24
中平二〇 3.6/24/1
建武二十〇 4.1/24/19,10.4/63/3,17.1/117/20
延光元〇省 4.1/25/1
建武元〇復置 4.1/25/3
桓帝延熹元〇三月己酉 4.1/25/10
建武元〇復置牧 4.1/25/12
十八〇改爲刺史 4.1/25/12
建武元〇 4.1/25/18,10.13/65/11,15.10/99/3
建安二十〇 5.1/27/18
安帝即位之〇 5.1/27/21
永興元〇 5.1/28/3
熹平四〇正月中 5.4/29/3
建武三十〇 5.5/29/10
十有八〇 5.5/29/23
章帝元和二〇詔曰 5.5/30/14
孝文十二〇令曰 5.5/30/18
比〇五穀不登 5.5/30/18
以祈豐〇 5.5/30/20
有〇報功 5.5/31/1
永平三〇八月丁卯 5.5/31/3
建初四〇八月 5.5/32/11
永初六〇 5.5/32/15
永平二〇正月 5.6/32/21
更始元〇 6.1/33/24,13.5/83/20,23.19/172/11
此女雖〇少 6.2/34/7
敬隱宋后以王莽末〇生 6.3/35/21
長至〇十三歲 6.3/35/23
永元二〇 6.4/36/6,16.10/106/24,22.6/164/12
后〇五歲 6.5/36/11
夫人〇高目冥 6.5/36/11
永初二〇三月 6.5/36/24
永建三〇春三月丙申 6.6/37/9
順帝陽嘉元〇 6.6/37/11
〇十二能屬文 6.7/37/16
和平元〇 6.8/37/22
建武二〇 7.1/38/23,9.1/55/5,9.10/60/20,10.7/63/18,11.12/74/5
時〇旱 7.2/39/3
初元四〇 7.7/40/15
祉以建武二〇三月見光武于懷宮 7.7/40/22
建武二〇六月 7.8/41/3
十七〇十月 7.8/41/3
十九〇六月 7.8/41/4
二十八〇十月 7.8/41/5
永平五〇秋 7.9/41/19
王之子〇五歲以上 7.9/41/25
章帝建初三〇 7.12/43/4,12.3/77/22
永平九〇 7.17/44/17,19.1/136/5
元初五〇 7.17/44/22
本初元〇 7.17/44/22
永元四〇 7.21/45/20,15.2/95/25
建初三〇 8.2/47/16
永平六〇 8.3/48/8,11.10/73/10
以延平（九）〔元〕〇拜爲車騎將軍、儀同三司 8.4/48/12
〇十五治《歐陽尙書》 8.6/48/26
〇老貧乏 8.6/49/4
明〇春 8.10/50/19,21.8/151/26
願從陛下復借寇君一〇 9.1/55/14
連〇不下 9.1/55/19
永平五〇 9.5/58/5,16.22/110/6
將軍連〇拒難 9.7/59/11
爲遼東太守三十〇 9.8/60/6
永初七〇 9.11/61/13
建武六〇 10.3/62/24,13.11/85/24
二十三〇詔以祝阿益濟

南國 10.8/63/23
一○間道路隔塞 10.10/64/8
永平二○ 10.15/66/3,16.9/106/9
建武四○ 10.19/66/23
17.12/121/6
臣融○五十三 10.22/67/25
○十五 10.22/67/25
在邊數○ 10.23/68/10
此馬已畜數○ 10.26/69/8
茂時○七十餘矣 10.26/69/21
建武三○ 11.1/70/10,12.6/79/4
建武五○ 11.2/70/18
○八十餘 11.3/71/12
建武十三○ 11.4/71/18
時○八十 11.8/72/21
21.1/150/18
後○ 11.10/73/14
居位數十○ 11.13/74/9
每言及三輔長者至閭里
少○皆可觀 12.1/76/9
建武二十四○ 12.1/77/3
永平十五○ 12.3/77/17
六○正月齋宮中 12.3/78/7
明○ 12.6/79/3
至四○ 12.6/79/5
嚴○十三 12.6/79/5
元帝初元五○ 12.9/80/9
哀帝建平元○ 12.9/80/9
元壽二○ 12.9/80/12
永元九○ 12.10/81/5
饑○穀貴 12.11/81/15
伐崇七○ 13.1/82/20
出入四○ 13.1/82/21
願復留霸期○ 13.5/83/21
連○拒守 13.9/85/5
祭可且如元○郊祭故事
13.11/86/10
建武八○間 13.11/86/12
比○大雨 13.11/86/27
建武二十六○ 13.12/87/13
13.16/89/15,22.3/161/11
《禮》、三○一祫 13.12/87/14
五○一禘 13.12/87/15
五○而再殷 13.12/87/16
漢舊制三○一祫 13.12/87/16
元始五○ 13.12/87/16
又前十八○親幸長安 13.12/87/17
于茲八○ 13.12/87/19
出入八○ 13.14/88/17
歲屢有○ 13.16/89/13
自言○七十餘 14.3/91/17
司徒(例)〔辭〕訟久
者至(數十)〔十數〕
○ 14.3/91/21
暴兵累○ 14.5/93/5
○穀獨熟 14.5/93/22
視事二○ 14.6/94/9
三○而明章句 15.2/95/6
元和二○ 15.2/95/17,19.1/136/9
宣秉、建武元○拜御史
中丞 15.3/96/5
吾○耄矣 15.8/98/5
奮在姑臧四○ 15.11/99/14
奮○五十 15.11/99/17
視事八○ 15.12/100/2
視事十○ 15.13/100/7
數○之間 15.14/100/15
時○十九 15.15/100/22
在縣五○ 15.16/101/6
○七十四卒官 15.16/101/6
○九歲 16.2/102/13,19.22/142/8
建初八○ 16.3/103/19
18.11/129/20
○老思土 16.3/104/1
臣常恐○衰 16.3/104/1
君在外國三十餘○ 16.3/104/3
十五○不窺園 16.9/105/15
建武二十八○ 16.9/106/1
16.15/107/26
以《尚書》授朕十有餘
○ 16.9/106/10
郁以永平十四○爲議郎
16.10/106/17
踰○ 16.11/106/28
服喪三○ 16.13/107/12
時○七十餘 16.16/108/11
建武十四○ 16.21/109/23
○耆學明 16.27/111/12
視事七○ 16.31/112/12
○十二能誦《詩》、
《書》 16.34/112/28
三○不視事行縣 16.37/114/1
惟駰以處士○少擢在其
間 16.38/114/9
兄○老羸瘠 16.41/114/26
時嵩○十二三 16.52/117/13
更始二○ 17.2/118/5
23.1/165/15
自去家十二○ 17.2/118/6
永平五○薨 17.2/118/11
建武十六○ 17.3/118/17
建初元○ 17.7/119/13
18.17/131/24
遯亡七○ 17.8/119/21
明府視事五○ 17.10/120/6
永平三○爲宗正 17.11/120/25
○八歲爲人牧豬 17.12/121/3
執苦數十○間 17.12/121/5
永平七○ 17.14/122/10
適值○荒 17.22/124/5
數○ 17.23/124/22
○一二歲 17.24/125/3
續○十歲 17.25/125/12
去○伏誅者 18.1/126/20
馮翊萬○人 18.2/126/25
視事四○ 18.3/127/6
袁安爲河南尹十餘○ 18.5/127/15
建武十(四)〔六〕○
18.6/128/8
暉爲守數○ 18.6/128/8
章和元○ 18.9/128/26
范○十五 18.12/129/25
章和二○ 18.12/130/4
○十一 18.13/130/13
○七十爲食侍謀 18.13/130/16
永平十七○ 18.17/131/23
母○八十 18.18/132/4
杜根以安帝○長 18.22/132/26
二十餘○不窺京師 18.23/133/9
永寧二○ 18.24/133/15
鳳○老 18.30/135/17
數十○以來 19.1/136/17
爲司空十四○ 19.3/137/9
時恭○十二 19.4/137/13
弟丕○七歲 19.4/137/13
積○州郡不決 19.4/137/17
數○以來 19.4/137/24
安帝元○ 19.6/138/13
延平元○仕爲光祿大夫
19.11/139/24
○老 19.11/139/24

建初五○ 19.15/140/16
恢○十一 19.16/140/22
六○躬自負土樹柏 19.20/141/19
○十二 19.22/142/9
○數歲 19.25/143/7
○五歲 19.29/144/3
疾病曠○ 19.30/144/9
有司奏君○體衰羸 20.1/144/29
元興元○奏上之 20.9/146/26
祐○十二 20.17/148/12
○二十喪父 20.17/148/15
桓帝延熹九○ 21.5/151/11
連○不克 21.8/151/25
〔以〕母○老國遠 21.46/159/3
到官一○ 21.54/160/9
改元爲更始元○ 23.1/164/27
以○次探之 23.5/166/12
盆子○十五 23.5/166/13
少○來沽者 23.7/167/7
少○欲相與償之 23.7/167/7
少○許諾 23.7/167/8
留數○ 23.9/168/4
更（治）〔始〕元○起
兵 23.13/169/9
吾○已三十餘 23.16/170/12
建武九○正月 23.16/170/17
元始元○ 24.1/172/21
元○營造明堂、靈臺、
辟雍 24.6/173/7
□○白首 24.45/176/9
建武、光武○號也 24.75/178/15
永平、孝明○號也 24.75/178/15
和帝○號永初 24.76/178/17
連○不得 24.90/179/25

輦 niǎn 2

不用○車 2.1/12/16
更用驢○ 8.2/47/17

念 niàn 24

獨內○李氏富厚 1.1/2/4
帝深○良久 1.1/2/6
追○前世 1.1/6/20
思○欲完功臣爵土 1.1/10/3
顧○萬國 3.2/20/30
○先帝躬履九德 5.5/31/21
吾自○親屬皆無柱石之
功 6.2/34/27
○欲考問 6.5/36/19
而○兆民 6.5/37/4
追○彊雅性恭儉 7.8/41/13
○訓常所服藥北州少乏 8.2/47/20
○自修整 9.4/57/11
後追○之 9.6/58/14
哀○祭遵不已 9.7/59/22
不得復○私也 10.16/66/11
臥○少游平生時語 12.1/76/20
伏○天下離王莽之害久
矣 14.5/93/4
○無穀食 17.24/125/4
憂○王室 18.5/127/17
當其○至 18.16/131/15
○其愧 18.28/134/14
憫○民命也 19.4/137/25
常○兄與嫂在家勤苦
19.11/139/20
感○沾襟 24.28/175/3

釀 niàng 2

充使○酒 19.27/143/19
乃益○醇酒 23.7/167/6

鳥 niǎo 11

群○從之 1.1/8/7
鳳凰見百三十九、麒麟
五十二、白虎二十九
、黃龍三十四、青龍
、黃鵠、鸞○、神馬
、神雀、九尾狐、三
足烏、赤烏、白兔、
白鹿、白燕、白鵲、 2.2/15/20
有飛○紆翼覆之 6.3/35/22
○獸不可與同群 15.8/98/4
而蠻夷懷○獸之心 16.3/104/4
飛○跱（衛）〔衡〕 16.34/113/6
鸞○集於學宮 18.13/130/17
○舉足垂翼 18.13/130/18
化及○獸 19.4/137/21
長史、司馬、涉頭、長
燕、○校、棚水塞尉
印五枚 21.8/152/7
鸞○止學宮 21.42/158/16

涅 niè 3

永遣弟升及子壻張舒等
謀使營尉李匡先反○
城 14.2/90/20
立故謁者祝回爲○長 14.2/90/21
攻取○城 14.4/92/5

孽 niè 1

張舒內行邪○ 14.4/92/14

櫱 niè 1

其園陵樹○皆諳其數 17.1/117/22

寧 níng 29

嚴公○視卿耶 1.1/1/20
〔以〕○平公主子李雄
爲新市侯 1.1/10/9
是以黎元○康 2.3/17/13
永○元年 3.2/19/23
建○元年 3.6/23/6
復置漢○郡 5.1/27/18
駿奔來○ 5.5/31/17
庶事○康 5.5/32/6
○當學博士耶 6.5/36/14
家用不○ 7.20/45/12
○欲仕耶 8.1/46/9
○買將軍子耶 8.12/52/1
諸卿○憊耶 10.9/64/4
通娶○平公主 10.21/67/14
○能高飛遠去、不在人
間耶 10.26/69/16
○用飯也 12.4/78/16
暨太甲而俱○ 12.10/80/20
方今邊郡不○ 12.11/81/20
從鍾○君受《律》 13.5/83/19
是以皆永享康○之福 13.11/86/21
○見乳虎穴 15.17/101/16
○覺廣志意薄乎 16.3/103/4
○爲家給人足耶 17.10/120/9
○足爲不家給人足耶 17.10/120/9

朱酺、梁國○陵人 17.15/122/15
○有之耶 18.1/126/8
永○二年 18.24/133/15
○僭 19.7/138/24
諸君○肯哀之乎 23.7/167/8

佞 nìng 4

今乃欲從○惑之言 11.2/70/21
門下掾（諂○）〔○諂〕 17.10/120/8
于以衰滅貪邪便○ 19.1/136/20

牛 niú 20

帝騎○與俱 1.1/2/11
○馬放牧 1.1/8/8
○羊被野 2.1/13/1
獻師子、封○ 3.2/20/12
又刺殺犬馬○羊 8.2/48/3
臣子當擊○釃酒以待百官 8.14/53/8
使大中大夫致○酒 9.4/57/10
會屬縣送委輸○車三百餘兩至 10.2/62/18
乃奉○酒勞軍 10.2/62/19
賜羊三千、○三百頭以養病 12.1/76/4
詔詰會稽車○不務堅强 12.8/80/2
椎○上苟諫冢 14.2/91/9
百里内皆齎○酒到府飲讌 15.8/97/28
詔使賜○酒 16.11/106/28
太守王朗餉給糧食、布帛、○羊 16.14/107/20
四方○大疫 18.6/128/8
鄰郡人多牽○入界 18.6/128/8
不用（車）〔○〕馬 18.18/132/5
鄰里牧○而爭飲○ 18.28/134/16

狃 niǔ 1

（○）〔狃〕猱之意 13.11/86/24

農 nóng 32

潁川、弘○可問 2.1/11/10
以祈○事 2.1/12/19
尚書、中謁者、黃門冗從四僕射、諸都監、中外諸都官令、都（候）〔侯〕、司○部丞、郡國長史、丞、（候）〔侯〕、司馬、千人秩皆六百石 4.1/26/1
興遷弘○太守 7.2/39/3
爲大司○ 8.15/53/20
21.52/159/28
東入弘○界 9.2/56/6
與弘○、厭新、柏華、蠻中賊合戰 9.7/59/6
拜弘○太守 9.10/60/24
弘○逼近京師 9.10/60/24
世善○稼 11.3/71/10
○人三十而取一 13.11/86/4
見惡如○夫之務去草焉 13.11/86/14
宣帝時爲弘○太守 13.13/88/3
每歲○時 15.5/96/14
鑄爲○器 15.10/99/6
我○民 16.9/106/4
拜大司○ 16.23/110/13
常勤身田○ 16.41/114/25
遷大司○ 17.4/118/23
路過弘○ 17.13/121/14
上見司○上簿 17.13/121/27
妨廢○時 19.4/137/24
子躬耕○ 19.11/139/21
弘○人 20.2/145/5
劉據爲大司○ 20.13/147/19
弘○五官掾杜衆傷其忠直獲罪 21.4/151/7
躬率子孫耕○爲養 21.13/153/20
大司○陳奇擧沓至孝 21.13/153/23
獻帝幸弘○ 21.27/156/7
徐宣、樊崇等入至弘○枯樅山下 23.1/165/15
無利則堅守而力○ 23.17/171/6

膿 nóng 1

春溫或○潰 15.14/100/17

弄 nòng 4

下及玩○之物 3.1/18/8
吾但當含飴○孫 6.2/35/9
奈何○人髮乎 6.5/36/13
輕○凶器 14.4/92/6

奴 nú 70

浮軍雍○ 1.1/5/14
帝幸盧○ 1.1/5/22
令○金盜取亭席 7.4/39/24
○婢至千四百人 7.11/42/8
○醉 8.6/48/27
○復與宮中衛士忿爭 8.6/49/1
衛士箠○ 8.6/49/1
破匈○ 8.9/50/1
匈○嘗犯塞 8.12/51/24
擊匈○ 8.16/53/24
匈○破殺後王安得 8.17/54/6
傳語匈○曰 8.17/54/6
匈○來攻 8.17/54/8
與匈○共攻恭 8.17/54/12
詣上所在盧○ 10.1/62/8
○婢千數 10.22/68/4
與駙馬都尉耿秉北征匈○ 10.23/68/10
方今匈○、烏桓尚擾北邊 12.1/76/28
上始欲征匈○ 12.3/77/17
匈○候騎得漢馬矢 12.3/77/20
防兄弟○婢各千人以上 12.3/78/8
憲○玉當誣光與憲逆 12.4/78/17
憲他○郭扈自出證明光、憲無惡言 12.4/78/19
大○步護視之 12.6/79/6
○婢車馬供用而已 12.11/81/13
出使匈○ 15.5/96/18
匈○不敢犯塞 15.12/100/2
竇固擊匈○ 16.3/103/3
此必有匈○使來也 16.3/103/5
匈○使來數日 16.3/103/5
斬得匈○〔節〕使屋類帶、副使比離支首及節 16.3/103/8
北匈○遣使求和親 16.6/104/22
上遣衆持節使匈○ 16.6/104/22

復遣衆使北匈○ 16.6/104/23
不爲匈○拜 16.6/104/24
如令匈○遂能服臣 16.6/104/25
後果爲匈○所殺 16.6/104/26
賜以帷帳○婢 16.9/105/21
及出征匈○ 16.38/114/10
詔以信田宅○婢錢財賜廉吏太常周澤 17.3/118/19
名播匈○ 17.12/121/8
諸○〔婢〕私共計議 17.25/125/10
告○婢于長吏 17.25/125/12
嘗與○載鹽北至太原販賣 18.1/125/22
躬與○共發棘田種麥 18.1/126/17
憲遣○騶帳下吏李文迎錢 18.13/130/21
帝時伐匈○ 19.4/137/22
竇憲出征匈○ 19.16/140/23
征匈○ 19.19/141/14
匈○畏感 19.19/141/14
諸國侍子及督使賈胡數遺恂○婢、宛馬、金銀、香罽之屬 19.20/141/22
貧無○僕 19.22/142/7
寬須臾遣人視○ 21.9/152/13
使匈○ 21.11/153/4
臘日○竊食祭其母 21.18/154/19
單于比、匈○頭曼十八代孫 22.3/161/7
匈○始分爲南北單于 22.3/161/7
西羌祖爰劍爲秦所○隸 22.5/164/3
陳遵使匈○ 23.4/166/7
會匈○句林王將兵來降參蠻胡 23.9/168/4
芳因隨入匈○ 23.9/168/4
芳外倚匈○ 23.9/168/6
寵○子密等三人共謀劫寵 23.11/168/20
○反 23.11/168/22
○乃捽其妻頭 23.11/168/22
兩○將妻入取寵物 23.11/168/22
一○守寵 23.11/168/23
寵謂○曰 23.11/168/23
小○見子密聽其語 23.11/168/24
朝廷以○殺主不義 23.11/168/26

努 nǔ 1

○力教之 16.10/106/21

弩 nǔ 12

遂市兵○ 1.1/2/6
積○射城中 1.1/2/26
得鎧○刀矛戰楯匕首二三千枚 8.9/49/28
因發强○射之 8.17/54/7
乃煮鎧○ 8.17/54/12
率多强○ 9.1/55/19
○矢入口洞出 9.7/59/7
弓○不得弛 13.9/85/6
鄧禹使積○將軍馮愔將兵（繫）〔擊〕邑 14.4/91/28
煮履啖○ 16.34/113/6
賊操弓○欲裸奪婦女衣服 18.6/127/23
乃噉○煮履 23.16/170/17

怒 nù 41

諸將○曰 1.1/2/21
○曰 1.1/5/15,7.1/38/19
世祖○ 2.1/11/11
亦不譴○ 6.2/35/4
甚○ 6.5/37/3
敞○叱太守曰 7.7/40/19
恭○ 7.17/44/19
恂○ 9.1/55/18
上○ 9.7/59/4,17.1/117/23
帝大○ 10.24/68/18
使者○ 11.1/70/6
宗族皆○ 11.1/70/8
○不與穀 12.3/77/19
弘○ 13.6/84/9
上大○ 13.7/84/20,16.16/108/10
憙責○仲伯 13.16/89/9
良○ 14.2/91/2
而肆意加○ 14.2/91/5
咸懷怨○ 14.5/93/9
丹○而撻之 15.5/96/23
莽大○ 15.8/97/20
惲○ 15.8/98/12
忿○或見置 15.17/101/17
激○曰 16.3/103/6
神○何故向漢 16.3/103/14
單于大○ 16.6/104/22
單于恚○ 16.6/104/24
上○曰 16.20/109/13
大○ 16.30/112/1
17.13/121/27,23.15/169/20
太后大○ 18.22/133/1
令○ 18.23/133/7
父母乃禁○之 18.28/134/17
平○ 19.27/143/21
父○ 20.6/146/10
震○ 21.4/151/6
輒○曰 23.1/165/8

女 nǚ 43

皇考○弟子來歙爲征羌侯 1.1/10/8
望都、蒲陰狼殺子○九十七人 3.2/20/7
梁太后欲以○弟妃之 3.5/21/24
此○雖年少 6.2/34/7
當習○工 6.5/36/14
竇章○ 6.7/37/16
敞爲嫡子終娶翟宣子○習爲妻 7.7/40/21
宣使嫡子姬送○入門 7.7/40/21
○爲貴人 8.7/49/18
穆長子勳尙東海公主○ 10.22/68/3
而反效兒○子泣涕乎 11.2/71/5
何能臥床上在兒○子手中耶 12.1/77/1
後列○樂 12.7/79/20
圖畫列○ 13.6/84/11
妻人婦○ 14.5/93/14
衍娶北地任氏○爲妻 14.5/94/1
兒○常自操井臼 14.5/94/1
抱仲遺腹○而棄其子 17.11/120/20
皆取百姓男○ 17.14/122/8
不復要娶巫家○ 17.14/122/8
當爲山娶巫家○ 17.14/122/9
譚時有一○ 17.24/125/4
棄其○ 17.24/125/5
賊操弓弩欲裸奪婦○衣

服 18.6/127/23
太守阮況當嫁○ 18.6/127/25
鴻鄉里孟氏○ 18.29/135/1
○椎髻 18.29/135/2
乃試令嬖臣美手腕者與○子雜處帷中 19.31/144/15
有男○ 19.31/144/16
又立掖庭民○亳氏爲皇后 21.4/151/3
盜不過五○門 21.7/151/19
以○能貧家也 21.7/151/19
今後宮之○數千 21.7/151/19
虹蜺、小○子之祥 21.24/155/21
婦○有美髮〔者〕皆斷取之 21.27/156/7
男○皆以「宗」爲名 21.38/157/29
桓氏○也 22.1/160/24
以○妻之 22.1/160/24
更始納趙萌○爲后 23.1/165/6
諸婦○皆從後車呼更始 23.1/165/17
得掖庭中宮○猶有數百千人 23.5/166/16
當以○珠妻若 23.11/168/23
○工之業 23.17/171/4

恧 nǜ 1

更始媿○ 23.1/165/6

煖 nuǎn 1

衣履溫○ 15.14/100/15

那 nuó 1

帝○得爲之 23.1/165/2

郍 nuó 1

○刪、字次孫 21.39/158/3

諾 nuò 3

不敢○其言 1.1/2/5
聖德渡○ 22.4/162/24
少年許○ 23.7/167/8

懦 nuò 1

畏○恣縱 2.2/15/15

虐 nüè 2

更始諸將縱橫○暴 9.4/56/20
今天下苦王氏之○政 16.33/112/22

瘧 nüè 5

吏士嘗大病○ 8.2/47/23
病○ 9.10/60/22
○發寒慄 9.10/60/22
聞壯士不〔病〕○ 9.10/60/23
今漢大將軍反病○耶 9.10/60/23

毆 ōu 2

不得輒○罵之 19.21/142/2
至被○杖 20.6/146/10

甌 ōu 1

討東○ 21.53/160/3

偶 ǒu 1

爲適配○ 8.2/47/23

歐 ǒu 9

年十五治《○陽尚書》 8.6/48/26
習《○陽尚書》 11.10/73/10
○陽歙、其先和伯從伏生受《尚書》 13.8/84/25
從桓榮受《○陽尚書》 15.2/95/6
汝南太守○陽歙召惲爲功曹 15.8/97/28
治《○陽尚書》 16.9/105/14
16.21/109/23
《○陽尚書》博士缺 16.9/105/16
受《○陽尚書》于桓郁 20.2/145/5

排 pái 3

造作水○ 15.10/99/5
由是多見○詆 16.16/108/3
前○武 17.17/122/28

簰 pái 1

置于○上以渡河 20.5/146/5

潘 pān 2

宰○臨登城言曰 7.1/38/11
新野宰○叔爲請 11.1/70/7

攀 pān 3

言堯夢○天而上 6.5/36/16
民○持車轂涕泣 15.15/100/27
百姓○轅扣馬呼曰 18.1/126/16

槃 pán 1

船○皆至 11.2/70/25

盤 pán 3

又有赤蛇○紆殿屋床笫之間 3.1/18/6
疏勒國王○遣使文時詣闕 3.2/20/12
昔文王不敢○於遊田 15.8/98/7

鞶 pán 1

虎賁○囊一 8.9/50/2

叛 pàn 6

鴈門烏桓及鮮卑○ 3.1/18/18
車師復○ 8.17/54/11
越人謀欲○漢附蜀 10.2/62/17
○主負子 11.2/70/22
西羌反○ 19.6/138/13

休屠各及朔方烏桓竝同
反○ 21.11/153/5

盼 pàn 1

援據鞍顧○ 12.1/77/4

畔 pàn 5

四方潰○ 1.1/1/23
龐萌一夜反○ 9.11/61/10
興兵背○ 14.4/92/5
河東○不能取 14.4/92/9
屬國胡數千○ 23.9/168/3

旁 páng 13

帝引車入道○空舍 1.1/3/24
雖發師○縣 1.1/10/12
皇后在○ 2.1/13/27
左右○人皆無薰香之飾 6.2/35/3
聚衣裝道○ 15.17/101/15
乃移書○郡求助 18.12/129/28
諸生立○ 18.12/130/5
時勤在○ 18.26/133/26
有雉過止其○ 19.4/137/19
○有童兒 19.4/137/19
○無几杖 21.1/150/18
○莫支留 22.4/161/25
一大老從○舉身曰 24.3/173/1

逄 páng 1

○萌、字子慶 16.46/115/23

傍 páng 2

恭以疏勒城○有水 8.17/54/8
遂葬要離冢○ 18.29/135/10

龐 páng 6

其陳寵、左雄、朱寵、
○參、施延並遷公 4.1/25/6
○萌攻延 9.11/61/9
○萌一夜反畔 9.11/61/10
○參、字仲達 20.10/147/3
○萌、山陽人 23.15/169/19
吾常以○萌爲社稷臣
23.15/169/20

袍 páo 3

○極麤疏 6.2/34/21
忠更作新○袴（解）
〔鮮〕支小單衣襪而
上之 10.14/65/18
常著大布緼○ 16.12/107/6

陪 péi 5

閩出則○乘 8.7/49/17
故遂相率而○園陵 13.11/86/20
育○乘 18.20/132/16
約不爲○臣 18.29/134/29
○位頓仆 20.1/144/29

沛 pèi 19

三足烏集○國 2.2/15/3
○相魏愔 3.6/23/14
○獻王輔 7.9/41/19
○王、楚王來朝就國 7.9/41/25
斬其魯郡太守梁丘壽、
○郡太守陳修 9.11/61/5
遂平○、楚、臨淮 9.11/61/6
延令○修高祖廟 9.11/61/6
居○郡 12.6/79/4
弘薦○國桓譚才學洽聞 13.6/84/3
朝有顛○之憂 14.4/92/9
○國人也 16.9/105/13
五更○國桓榮 16.9/106/10
○人 16.16/108/3
至○ 16.16/108/13
遂去之○ 16.49/116/22
○國蘄人 17.23/124/12
○國人 19.7/138/18
其兄昱爲○相 21.14/153/27
漢有○宮、甘泉宮、龍
泉宮、太一宮、思子
宮 24.7/173/9

佩 pèi 12

○之入朝 1.1/2/14
孝明帝作蠙珠之○ 5.6/33/11
辟把刀、墨再屈環橫刀
、金錯屈尺八○刀各
一 8.9/50/2
以○刀摧之 8.14/53/6
聞貳師將軍拔○刀刺山
而飛泉出 8.17/54/9
上自解所○綬以賜之 10.14/65/18
買半臿○刀懷之 10.21/67/10
以黃金十斤、葛縛○刀
、書帶、革帶付龔 12.6/79/14
賜較犀具劍、○刀、紫
艾綬、玉玦各一 13.15/88/25
當車拔○刀 14.2/90/16
賜延錢及帶劍○刀還郡
17.1/117/24
金錯鉤○ 20.4/146/1

配 pèi 15

昔周公郊祀后稷以○天 1.1/5/9
宗祀文王以○上帝 1.1/5/9
宜令郊祀帝堯以○天 1.1/5/10
宗祀高祖以○上帝 1.1/5/10
當以高祖○堯之後 1.1/5/12
高皇呂太后不宜○食 1.1/9/18
宜○食地（祗）〔祇〕
高廟 1.1/9/19
光武皇帝○之 5.5/30/9
以克○功德 5.5/31/23
皆以后○ 5.5/32/12
明德皇后宜○孝明皇帝 5.5/32/13
爲適○偶 8.2/47/23
○以光武 15.2/95/19
以○岑于市橋 23.17/171/28
○乾作合 24.29/175/5

盆 pén 10

擊○子于澠池 8.11/51/17
上有○ 18.28/134/16
而赤眉劉○子亦下詔以
聖公爲長沙王 23.1/165/18
令劉○子等三人居中央

23.5/166/12
○子最幼 23.5/166/12
○子年十五 23.5/166/13
○子朝夕朝 23.5/166/14
使○子乘車入長安 23.5/166/16
○子將百萬衆降 23.5/166/17
○子及丞相徐宣以下二
十餘萬人肉袒降 23.5/166/18

烹 pēng 2

就○於漢 14.4/92/8
將○之 17.11/120/22

朋 péng 6

○友子往來門內 8.2/47/10
明信結於友○ 12.11/81/11
○友有車馬之饋 13.11/87/2
○黨構姦 15.8/97/30
分賄友○ 16.12/107/6
令爲○友 17.17/123/3

彭 péng 44

○寵遺米糒魚鹽以給軍糧 1.1/4/7
帝遣游擊將軍鄧隆〔與〕
幽州牧朱浮擊○寵 1.1/5/13
爲征○寵故也 1.1/5/22
吳漢、岑○追守之 1.1/6/24
調濱水縣○城、廣陽、
廬江、九江穀九十萬
斛 3.1/18/26
夜詣○城縣欲上書 7.17/44/19
和帝賜○城靖王詔曰 7.20/45/11
皇帝問○城王始夏無恙
7.20/45/11
耿況、○寵俱遭際會 8.13/52/7
岑○亡歸宛 9.2/55/26
令○助漢爲方略 9.2/55/26
○伐樹木開道 9.2/56/1
○以將伐蜀漢 9.2/56/1
○圍隗囂于西城 9.2/56/5
○師殿 9.2/56/6
○發桂陽、零陵、長沙
委輸權卒 9.2/56/7
詔○守益州（收）〔牧〕
9.2/56/7
○若出界 9.2/56/8
上自將擊○寵 13.1/82/20
朱浮與○寵書 13.9/85/3
上不征○寵 13.9/85/5
上以岑○嘗爲鮪校尉 14.1/90/1
令○說鮪曰 14.1/90/1
○還詣河陽白上 14.1/90/4
上謂○復往曉之 14.1/90/5
○奉上旨 14.1/90/6
○往者得執鞭侍從 14.1/90/6
○趨索欲上 14.1/90/8
○如期往 14.1/90/8
鮪輕騎詣○降焉 14.1/90/9
○爲殺羊具食 14.1/90/9
○即令鮪自縛 14.1/90/10
復令○夜送歸雒陽 14.1/90/10
時○豐等不肯降 14.2/90/25
長沙中尉馮駿將兵詣岑
○ 15.19/101/25
不如同門生郎中○閎、
揚州從事皐弘 16.9/105/17
○城人 17.7/119/12
秦○、字國平 18.14/130/27
○擢開陽城門候 18.14/130/27
○下車經營勞來 18.14/131/1
○在潁川 18.14/131/4
○寵、字伯通 23.11/168/15
岑○與吳漢圍囂于西
（域）〔城〕 23.16/170/13
敕○書曰 23.16/170/13

棚 péng 1

長史、司馬、涉頭、長
燕、鳥校、○水塞尉
印五枚 21.8/152/7

蓬 péng 3

東敕職於○碣 12.10/81/1
居茅屋○戶 16.47/116/6
栗駭○轉 24.8/173/11

輣 péng 1

兵甲衝○ 1.1/2/17

捧 pěng 1

冊皇太子○上其璽綬 4.1/24/11

丕 pī 6

魯○與侍中賈逵、尙書
令黃香等相難 2.3/17/1
○善對事 2.3/17/1
弟○年七歲 19.4/137/13
恭憐○小 19.4/137/15
○舉秀才 19.4/137/16
魯○、字叔陵 19.5/138/3

披 pī 5

○露腹心 5.5/32/4
○輿地圖 8.1/46/16
故○赤心爲大王陳事 8.14/52/17
爲我○荆棘、定關中者
也 9.4/57/16
大衆○辟 9.12/61/18

邳 pī 9

帝耕于下○ 2.1/13/11
下○王被病沈滯之疾 7.20/45/12
惟王與下○王恩義至親
7.20/45/14
王其差次下○諸子可爲
太子者上名 7.20/45/16
○彤、字偉君 10.16/66/7
客東海下○ 18.18/132/3
下○知其孝 18.18/132/3
司隸校尉下○趙興不卹
諱忌 18.25/133/19
除爲下○令 19.2/137/3

秠 pī 1

鳳凰見百三十九、麒麟
五十二、白虎二十九
、黃龍三十四、青龍
、黃鵠、鸞鳥、神馬
、神雀、九尾狐、三
足烏、赤烏、白兔、
白鹿、白燕、白鵲、 2.2/15/20

皮 pí 13

烏桓獻貂豹○ 1.1/8/18
以羊○雜貂裘 1.1/9/11
傳勉頭及所帶玉印、鹿○冠、黃衣詣雒陽 3.4/21/17
入○膚中 6.2/34/15
太醫○巡從獵上林還 8.2/47/11
堅鐔、字子○ 10.10/64/8
身衣羊裘○袴 12.1/75/11
穀○幓頭 16.50/116/28
常席羊○、布被 19.20/141/20
造意用樹○及敝布、魚網作紙 20.9/146/26
僂讓○尼 22.4/162/18
食肉衣○ 22.4/163/12
岑衣虎○襜褕 23.18/172/6

毗 pí 2

邪○縫補 22.4/162/4
捕菠菌○ 22.4/163/27

疲 pí 2

衆皆饑○ 9.4/56/23
吏士○勞 13.9/85/5

脾 pí 1

罔驛劉○ 22.4/161/25

裨 pí 3

事得置偏○將五人 14.2/90/17
屢有補○之益 21.1/150/19
以○《天文志》 24.90/179/28

匹 pǐ 31

黎陽兵馬千餘○ 1.1/8/6
布三萬○ 3.1/18/20
奮振于○夫 5.5/29/23
上縑萬○ 7.8/41/15
楚王英奉送黃縑三十五○、白紈五○入贖 7.10/42/3
廄馬千二百○ 7.11/42/8
騎五千○ 9.2/56/7
今送縑千○ 9.7/59/12
賜縑百○ 9.8/60/4
鮮卑奉馬一○、貂裘二領 9.8/60/6
獻馬及縑帛數百○ 10.1/62/5
賜歙妻縑千○ 11.2/71/1
詔書賜〔援〕鉅鹿縑三百○ 12.1/77/2
四方用○帛 12.2/77/11
贈賻三千○ 13.8/84/27
援遣子持馬一○遺林 13.11/87/2
○夫僮婦 14.5/93/9
丹乃懷縑一○ 15.5/96/17
賻絹七千○ 15.10/99/7
其賜堪家新繒百○ 15.12/100/3
上瑒馬二○ 16.10/106/24
帛五○以爲常 18.6/128/12
賜布五百○、衣一襲 18.17/131/25
賜璩素六十○ 19.15/140/18
馬騎五萬餘○ 21.8/152/3
羌離湳上奐馬二十○ 21.11/153/3
文馬(二)〔十〕○ 22.3/161/11
懷稾○漏 22.4/163/27
懷抱○帛 22.4/163/27
○夫橫議 23.17/171/1

辟 pì 43

初起明堂、靈臺、○雍 1.1/9/20
〔上〕初臨○雍 2.1/11/27
幸○雍 2.1/11/28
冠帶搢紳遊○雍而觀化者、以億萬計 2.1/12/3
上臨○雍 2.1/12/26
○召非其人 3.2/19/29
太傅桓焉以無清介○召 3.2/20/1
明堂、○雍闕而未舉 5.3/28/11
乃起明堂、○雍 5.3/28/12
典○雍、饗射、六宗、社稷之樂 5.4/28/20
○雍、饗射 5.4/28/20
立○雍 5.6/32/23
陷于大○ 7.20/45/13
○把刀、墨再屈環橫刀、金錯屈尺八佩刀各一 8.9/50/2
金蚩尤○兵鉤一 8.9/50/3
大衆披○ 9.12/61/18
冠帶搢紳遊○雍 11.7/72/15
三王有大○刻肌之法 12.9/80/10
後○亦然 12.10/80/22
○鄧禹府 14.5/93/1
○雍〔初〕成 16.9/106/9
上親於○雍自講所制《五行章句》已 16.10/106/18
不應○命 16.14/107/18
○大司空府 16.22/110/3
○崔駰爲掾 16.38/114/9
司徒侯霸○貢 16.49/116/17
〔始〕被明公○ 16.49/116/17
不當○也 16.49/116/19
○大司馬府 17.3/118/17
東平王蒼○爲西曹掾 17.10/120/13
鍾離意○大司徒侯霸府 17.13/121/14
○恁 17.19/123/12
驃騎○君而來 17.19/123/13
孝○太尉府 17.23/124/21
驃騎將軍東平王蒼○暉爲掾 18.6/128/1
數○公府 18.8/128/20
司徒劉愷○之 18.8/128/20
當○御史 18.8/128/21
均屢○不詣 18.10/129/11
寵○司徒鮑昱府 19.7/138/20
○司徒府 19.15/140/16
○危歸險 22.4/163/1
元年營造明堂、靈臺、○雍 24.6/173/7

僻 pì 1

而幽○藏蔽 24.93/180/9

譬 pì 3

○如嬰兒頭多蟣蝨而剃之 12.1/76/10
○若臣僕 16.16/108/5
以道○之 20.17/148/19

闢 pì 3

而南畝亦益○矣 1.1/5/25
後孔子闕里無故荆棘自○ 14.2/90/25
土地開○ 17.10/120/7

偏 piān 7

以帝爲太常○將軍 1.1/2/14
遠近不○ 1.1/6/20
復以○將軍東從上攻邯鄲 8.11/51/13
以期爲○將軍 9.12/61/18
事得置○裨將五人 14.2/90/17
更始時爲○將軍 14.5/92/23
光武爲太常○將軍 23.1/164/28

篇 piān 9

閱○籍 2.3/17/7
一章成○ 5.5/31/13
闕北在○ 12.10/80/22
復令郁說一○ 16.10/106/19
凡二十九○ 16.16/108/13
作《通論》七○ 16.19/109/7
遂潛思著書十餘○ 18.29/135/7
使酺講《尚書》一○ 19.1/136/11
著成○章 24.90/179/27

片 piàn 1

日買一○豬肝 16.49/116/20

漂 piāo 1

麥隨水○去 18.30/135/15

驃 piào 11

比公者又有○騎將軍 4.1/24/19
復置○騎將軍 4.1/24/19
○騎將軍議可 5.5/31/18
其以蒼爲○騎將軍 7.12/42/14
左中郎將劉隆爲○騎將軍 10.4/63/3
會百官○騎將軍東平王蒼以下、榮門生數百人 16.9/106/6
東平憲王蒼爲○騎 17.19/123/12
○騎辟君而來 17.19/123/13
○騎執法御臣 17.19/123/14
○騎將軍東平王蒼辟暉爲掾 18.6/128/1
張意拜○騎將軍 21.53/160/3

貧 pín 30

悉以假○人 2.3/16/10
自京師離宮果園上林廣成囿悉以假○人 2.3/16/22
故吏最○羸者舉國 8.2/47/19
年老○乏 8.6/49/4
鄰國○人來歸之者 11.10/73/14
賑○羸 12.8/79/24
於四城外給與○民 12.11/81/15
臣聞○賤之交不可忘 13.6/84/14
掾吏○者 15.15/100/25
董宣死乃知○耳 15.16/101/7
家○ 16.3/102/23,16.46/115/23
○寠無資 16.9/105/14
是爲下樹奢媒而置○本也 16.16/108/6
安○賤 16.47/116/6
老病家○ 16.49/116/20
暉聞堪妻子○窮 18.6/128/11
少時家○ 18.27/134/8
鴻家○而尙節 18.29/134/26
敬家○親老 19.12/140/3
○無奴僕 19.22/142/7
家業虛○ 19.22/142/9
家○無以自贍 19.26/143/14
家○親老 19.27/143/19
以女能○家也 21.7/151/19
豈不○國乎 21.7/151/20
居○無儲 21.13/153/21
○無殯斂 21.15/154/5
而吾○賤 22.1/160/25
蠻夷○薄 22.4/162/10

頻 pín 1

衆災○降 21.4/151/4

蠙 pín 1

孝明帝作○珠之佩 5.6/33/11

品 pǐn 3

八十餘○ 2.3/17/14
漢樂四○ 5.4/28/16
各有秩○ 24.94/180/12

聘 pìn 2

乃○請高行俊乂如董子儀、嚴子陵等 15.15/100/24
使○平陵方望爲軍師 23.16/169/25

平 píng 208

建○元年十二月甲子夜 1.1/1/10
荆州、下江、○林兵起 1.1/1/23
共勞饗新市、○林兵王匡、王鳳等 1.1/2/10
劉將軍○生見小敵怯 1.1/3/4
帝飲食語笑如○常 1.1/3/12
時以○旦 1.1/5/8
惟獨公孫述、隗囂未○ 1.1/6/3
○旦上 1.1/6/18
起居○愈 1.1/8/7
始營陵地于臨○亭南 1.1/8/21
臨○望○陰 1.1/8/23
孫茂、○望侯 1.1/10/7
〔以〕寧○公主子李雄爲新市侯 1.1/10/9
永○元年 2.1/11/20
天下太○ 2.1/12/9
是時天下安○ 2.1/12/32
幸東○王宮 2.1/13/12
帝夢見先帝、太后如○生歡 2.1/13/16
至永○ 2.1/13/26
言鉅鹿、樂成、廣○各數縣 2.1/13/28
永○三年 2.2/14/3,6.2/34/14
永○十八年 2.2/14/6
還幸東○王宮 2.2/14/24
其餘皆○劍 2.2/15/9

詔省荏弱○簞 2.4/17/20
延○元年八月 2.4/17/22
徵封建○侯 3.4/21/16
祖父茂封冠軍○望鄉侯 3.5/22/19
熹○元年 3.6/23/12
中○二年 3.6/24/1
中外官尚書令、御史中丞、治書侍御史、公將軍長史、中二千石丞、正、○、諸司馬、中官王家僕、雒陽令秩皆千石 4.1/25/21
熹○四年正月中 5.4/29/3
海內清○ 5.5/29/11
海內治○ 5.5/29/24
永○三年八月丁卯 5.5/31/3
東○王蒼議 5.5/31/3
宇內治○ 5.5/31/8
以兵○亂 5.5/31/9
賜東○憲王蒼書曰 5.5/31/21
上以公卿所奏明德皇后在世祖廟坐位駮議示東○憲王蒼 5.5/32/11
永○二年正月 5.6/32/21
東○王蒼議曰 5.6/32/21
訖永○世不還 6.2/34/24
如○生事舅姑 6.2/35/11
時新○主家御者失火 6.2/35/11
廣○、鉅鹿、樂成王在邸 6.2/35/16
和○元年 6.8/37/22
○陵後部攻新野 7.1/38/10
故試守○陰令 7.1/38/25
永○中 7.3/39/11,8.2/47/15,16.3/103/3,16.6/104/21,16.18/109/3,17.12/121/7,17.16/122/20,17.20/123/19,18.18/132/5,19.32/144/21
以西羌未○ 7.8/41/15
永○五年秋 7.9/41/19
東○王蒼 7.12/42/13
東○王蒼寬博有謀 7.12/42/14
蒼以天下化○ 7.12/42/17
詔問東○王處家何等最樂 7.12/42/24
上幸東○ 7.12/43/20
祭東○王墓 7.12/43/20
永○九年 7.17/44/17,19.1/136/5
○原王葬 7.22/45/24
鄧訓字○叔 8.2/47/10
咸得○愈 8.2/47/23
永○六年 8.3/48/8,11.10/73/10
以延○（九）〔元〕年拜爲車騎將軍、儀同三司 8.4/48/12
自延○之初 8.5/48/19
封廣○侯 8.10/50/17
討富○、獲索二賊于○原 8.10/50/19
漢○成都 8.10/50/26
弇凡○城陽、琅邪、高密、膠東、東萊、北海、齊、千乘、濟南、○原、泰山、臨淄等郡 8.14/53/10
步弇○壽 8.14/53/11
凡所○郡（四）〔三〕十六 8.14/53/15
其將高峻擁兵據高○ 9.1/55/16
恂奉璽書至高○ 9.1/55/17
從○河北 9.2/56/1,9.12/61/17
上與衆會飲食笑語如○常 9.4/56/18
永○五年 9.5/58/5,16.22/110/6
徙封彰爲○鄉侯 9.5/58/5
是時盜賊尙未悉○ 9.8/60/3
遂○沛、楚、臨淮 9.11/61/6
天下○定以後 9.11/61/8
修飛狐道至○城 10.11/64/25
光武○河北 10.12/65/6
永○二年 10.15/66/3,16.9/106/9
上以大司馬○河北 10.16/66/8
通娶寧○公主 10.21/67/14
將○居〔以〕恩意遺之乎 10.26/69/12
說故舊○生爲忻樂 11.1/70/10
處事執○ 11.10/73/11
是以世稱其忠○ 11.14/74/18
況字（君）〔長〕○ 12.1/75/6
以爲至當握手迎如○生 12.1/75/14
臥念少游○生時語 12.1/76/20
援○交趾 12.1/76/24
到右北○ 12.1/77/2
馬防、字公○ 12.3/77/17
永○十五年 12.3/77/17
依姊壻父九江連率○河侯王述 12.6/79/3
哀帝建○元年 12.9/80/9
屈○濯德兮 12.10/80/22
長○顚荒 12.10/80/24
作○上軿車 12.12/82/4
今以○狄將軍孫咸行大司馬事 12.14/82/14
伏晨尙高○公主 13.4/83/15
爲淮○大尹 13.5/83/19
爲○原太守 13.16/89/12
入○原界輒死 13.16/89/13
蕭王受命○定燕、趙 14.1/90/2
永矜嚴公○ 14.2/91/6
以○陵鮑恢爲都官從事 14.2/91/6
王閎者、王莽叔父○阿侯譚子也 14.7/94/13
鄧禹○三輔 15.5/96/20
時隴蜀未○ 15.7/97/15
性節儉而治清○ 15.10/99/5
○陽城李善稱故令范遷於張堪 15.12/100/2
扶風（安）〔○〕陵人 16.3/102/21
○生笑君盡氣 16.9/106/4
會百官驃騎將軍東○王蒼以下、榮門生數百人 16.9/106/6
郁以永○十四年爲議郎 16.10/106/17
初○中 16.14/107/18
哀、○間 16.16/108/4
周澤董魯○叔 16.25/111/2
扶風○陵人 16.34/112/28
告○陵令、丞 16.34/113/9
崔篆、涿郡安○人 16.37/113/27
遂○理 16.37/114/2
莫不稱○ 16.52/117/14
永○初 17.1/117/24,24.94/180/11
永○五年薨 17.2/118/11
東○王蒼辟爲西曹掾 17.10/120/13
劉○、字公子 17.11/120/19
○弟仲爲賊所殺 17.11/120/19

〇扶（持）〔侍〕其母 17.11/120/20
〇不聽 17.11/120/21
〇朝出求食 17.11/120/21
〇還 17.11/120/23
〇既免 17.11/120/25
永〇三年爲宗正 17.11/120/25
永〇七年 17.14/122/10
東〇憲王蒼爲驃騎 17.19/123/12
趙孝、字長〇 17.23/124/12
倫〇銓衡 18.1/125/26
皆云「第五（椽）〔掾〕所〇 18.1/125/27
周密〇正 18.2/126/25
政令公〇 18.5/127/15
驃騎將軍東〇王蒼辟暉爲掾 18.6/128/1
務在寬〇 18.9/128/26
世謂其用法〇正、寬慈惠化所致 18.13/130/20
秦彭、字國〇 18.14/130/27
永〇十七年 18.17/131/23
宋揚、扶風〇陵人 18.24/133/15
政號嚴〇 19.2/137/5
恭〇理曲直 19.4/137/17
哀、〇間以明律令爲侍御史 19.7/138/18
延〇元年仕爲光祿大夫 19.11/139/24
爲東〇相 19.12/140/4
鄭璩、字〇卿 19.15/140/16
未有〇徭役 19.21/141/28
然事執〇法 19.22/142/18
魯〇爲陳留太守 19.27/143/20
〇怒 19.27/143/21
郁視母色未〇 19.29/144/4
所輔、〇原人 20.8/146/20
孝明永〇始加撲罪 20.13/147/20
梁冀作〇上軿車 20.15/148/3
祝良、字邵〇 20.18/148/24
〇理冤結 21.3/150/28
宗慶、字叔〇 21.38/157/29
吏譯〇端 22.4/161/25
聖公避吏于〇林 23.1/164/18
新市人王匡、王鳳爲〇理爭訟 23.1/164/20
〇林人陳牧、廖湛復聚千餘人 23.1/164/21
號〇林兵 23.1/164/22
聖公入〇林中 23.1/164/22
然漢兵以新市、〇林爲本 23.1/164/23
俠卿爲制朱絳單衣、（〇）〔半〕頭赤幘、直綦履 23.5/166/13
赤眉〇後 23.6/167/2
自稱西〇王 23.9/168/3
爲〇狄將軍 23.15/169/19
使聘〇陵方望爲軍師 23.16/169/25
謂之太〇 23.16/170/7
既〇隴 23.16/170/14
〇陵人荆邯以東方漸〇 23.17/171/12
所向輒〇 23.17/171/18
田戎、西〇人 23.19/172/11
富〇賊帥徐少 23.20/172/17
永〇、孝明年號也 24.75/178/15
侍御史、東〇相格班 24.82/179/3
故名冕爲〇天冠 24.95/180/15

屏 píng 8

則側足〇息 8.10/50/15
異常〇止樹下 9.4/57/21
〇翳左右 11.14/74/13
武公、莊公所以砥礪蕃〇 13.1/83/2
御坐新施〇風 13.6/84/11
令主坐〇風後 13.6/84/13
置戶〇前 20.10/147/4
輒立〇風後 21.55/160/13

苹 píng 1

鳳凰見百三十九、麒麟五十二、白虎二十九、黃龍三十四、青龍、黃鵠、鸞鳥、神馬、神雀、九尾狐、三足烏、赤烏、白兔、白鹿、白燕、白鵲、 2.2/15/20

軿 píng 2

作平上〇車 12.12/82/4
梁冀作平上〇車 20.15/148/3

憑 píng 9

〇城觀人虛實 8.14/53/2
戴〇、字次仲 16.20/109/11
上謂〇曰 16.20/109/11
〇對曰 16.20/109/12
〇曰 16.20/109/12
〇出 16.20/109/14
〇謝曰 16.20/109/14
拜〇虎賁中郎將 16.20/109/15
〇遂重坐五十餘席 16.20/109/19

坡 pō 1

〔〇〕水廣二十里 11.10/73/12

頗 pō 13

〇令學者得以自助 2.1/11/22
海內〇有災異 3.2/20/3
法憲〇峻 7.3/39/11
昔藺相如屈于廉〇者 9.1/55/9
〇加恥辱 11.1/70/6
至今江南〇知桑蠶織履 15.14/100/18
會稽〇稱多士 15.15/100/24
〇類世俗之辭 16.22/110/4
〇曉其禮 17.1/117/22
〇受禮遺 18.10/129/8
〇相恨 18.23/133/7
〇有 19.22/142/19
〇害賢寵 24.2/172/23

迫 pò 10

及〇急 1.1/2/23
今〇遺詔 5.5/31/22
南〇雒陽 9.1/54/24
〇急 13.16/89/7
道〇 14.2/91/2
道〇狹 14.2/91/4
〇於當封 15.2/95/10

虜何敢○脅漢將 16.30/112/1
既爲賊所○殺 16.30/112/3
昆弟賓客皆惶○ 18.6/127/24

破 pò 70

今昆陽即○ 1.1/2/20
拜帝爲○虜大將軍 1.1/3/12
（天）〔大〕○之 1.1/3/25
時百姓以帝新○大敵 1.1/3/26
漢軍○邯鄲 1.1/4/5
由是○邯鄲 1.1/4/7
大○之 1.1/4/8,8.10/50/22
8.11/51/16,8.17/54/13
9.7/59/8,9.11/61/4
11.2/71/3,23.17/170/25
帝○賊 1.1/4/11
帝○聖公 1.1/5/1
寵○在旦暮 1.1/5/15
果爲寵兵掩擊○ 1.1/5/15
述軍大○ 1.1/7/8
述○ 1.1/7/15
攻○郡縣 3.6/23/12
禹○邯鄲 8.1/46/19
○匈奴 8.9/50/1
遵○諸羌 8.9/50/1
上既○邯鄲 8.10/50/11
大○公孫述 8.10/50/23
先○之 8.11/51/15
○之 8.11/51/17,9.11/61/9
10.6/63/12,11.2/71/4
吳漢擊蜀未○ 8.11/51/17
南○昆陽 8.14/52/19
至日中○之 8.14/53/3
張藍聞臨淄○ 8.14/53/3
復大○之 8.14/53/9
匈奴○殺後王安得 8.17/54/6
上傳聞朱鮪○河內 9.1/55/1
大○之殽底 9.4/57/14
隗囂○ 9.7/59/9
數○之 9.8/60/5
連○之 9.11/61/5
遂大○之 9.12/61/20
〔問〕○賊所得物 10.14/65/19
○西羌還 10.23/68/12
左右怪上數○大敵、今
得小城 11.2/70/24
隗囂○後 11.2/71/2
兵進必○之狀 12.1/76/1
僅能○散也 12.9/80/15
鮪○ 14.1/89/26
○君長之國 14.4/92/6
緣邊○於北狄 14.5/93/5
○百萬之陣 14.5/93/10
遂○蜀 15.12/99/26
鄯善○膽 16.3/103/7
伯牙○琴 16.22/110/9
前公孫述○時 16.35/113/16
船觸石○沒 18.12/129/26
旬月群盜悉○ 21.8/151/26
頻○羌、胡 21.8/151/26
先零諸羌討之難○ 21.8/152/1
一戰大○ 21.53/160/3
自○甄阜等 23.1/164/23
〔上〕○二公于昆陽城
23.1/164/28
抵○書案 23.1/165/9
遂○海曲 23.7/167/9
椎○之 23.12/169/4
兵○身困數矣 23.17/171/14
道隗王○者復如此矣
23.17/171/25
襲擊○漢 23.17/172/1

剖 pōu 4

○符封侯 2.1/12/13
足多○裂 15.14/100/14
十二月盛寒時並多○裂
血出 15.14/100/17
○符典千里 18.7/128/16

仆 pū 2

奄忽僵○ 16.3/104/1
陪位頓○ 20.1/144/29

扑 pū 2

有過加鞭○之教 8.2/47/10
鞭○不可弛於家 12.9/80/11

撲 pū 3

于殿上○殺之 18.22/133/1
孝明永平始加○罪 20.13/147/20
卿于是始免○箠 20.13/147/20

匍 pú 2

儵晝夜○伏 11.5/71/27
21.34/157/12

蒲 pú 9

漢陽率善都尉○密因桂
陽太守文礱獻大明珠 3.2/20/3
令封珠還○密 3.2/20/4
望都、○陰狼殺子女九
十七人 3.2/20/7
以助伊○塞桑門之盛饌 7.10/42/3
輿、○亭侯 7.17/44/23
攻金○城 8.17/54/6
徐縣北界有○陽陂 11.10/73/12
戰於○類海 16.3/103/3
但用○鞭罰之 21.9/152/12

僕 pú 24

何知非○耶 1.1/4/16
尙書○射持節詔三公 2.1/12/26
故太○杜密、故長樂少
府李膺各爲鉤黨 3.6/23/8
中外官尙書令、御史中
丞、治書侍御史、公
將軍長史、中二千石
丞、正、平、諸司馬
、中官王家○、雒陽
令秩皆千石 4.1/25/21
尙書、中謁者、黃門冗
從四○射、諸都監、
中外諸都官令、都
（候）〔侯〕、司農
部丞、郡國長史、丞
、（候）〔侯〕、司
馬、千人秩皆六百石 4.1/26/1
家令、侍、○秩皆六百
石 4.1/26/3
入爲太○ 9.8/60/7

此太○室也 9.8/60/8
太○、吾之禦侮 9.8/60/8
安知非○乎 11.1/70/9
○竟辦之 11.1/70/10
爲期門○射 11.14/74/13
拜太○ 12.4/78/16
後徵憙入爲太○ 13.16/89/15
拜○射 14.2/90/18
譬若臣○ 16.16/108/5
爲太○ 17.7/119/13
21.29/156/15
還尙書○射 18.2/126/25
貧無奴○ 19.22/142/7
遷○射 19.22/142/15
推潭○遠 22.4/162/4
陵陽臣○ 22.4/163/30
長願臣○ 22.4/163/31

酺 pú 21

子○侮慢丁小妻 7.17/44/19
閉○馬廄 7.17/44/19
○亡 7.17/44/19
朱○、梁國寧陵人 17.15/122/15
○獻上 17.15/122/16
張○、字孟侯 19.1/136/5
（黼）〔○〕以尙書授
　于南宮 19.1/136/6
顯宗以○授皇太子業 19.1/136/7
○下車擢賢俊 19.1/136/8
○傷青不遂 19.1/136/9
引○及門生郡縣掾吏並
　會庭中 19.1/136/10
使○講《尙書》一篇 19.1/136/11
使尙書令王鮪與○相難
19.1/136/11
○罰斷義勇 19.1/136/14
○上言 19.1/136/16
○拜太尉 19.1/136/20
○以爲褒制禮非禎祥之
　特達 19.1/136/21
○爲太尉 19.1/136/22
○每遷轉 19.1/136/22
奉酒上○父壽 19.1/136/23
太尉張○、鄭洪、徐防
　、趙喜、隨延、龐桓
24.81/179/1

圃 pǔ 1

以爲苑○ 20.4/145/26

浦 pǔ 1

至荔○ 12.1/76/16

普 pǔ 4

彰子○坐鬬殺游徼 9.5/58/5
○賜封爵 17.2/118/8
○天之下 21.35/157/16
首鄉侯段○曾孫勝坐殺
　婢 21.49/159/16

溥 pǔ 2

橋子○ 12.9/80/7
○子延 12.9/80/7

樸 pǔ 2

寵敦○ 2.2/15/10
性清約質○ 19.11/139/22

曝 pù 2

○麥于庭 18.30/135/14
○體田野 20.9/146/26

七 qī 59

長○尺三寸 1.1/1/13
民餓死者十○八 1.1/1/22
兵合○八千人 1.1/2/11
制〔郊〕兆于城南○里 1.1/5/7
○年春正月 1.1/6/16
十○年 1.1/8/4
留十○日乃去 1.1/8/8
污○十二代編錄 1.1/9/11
十○年冬十月 2.1/11/16
臣○懽喜 2.1/12/9
祠孔子及○十二弟子 2.1/13/11
十○年春 2.1/13/15
祠東海恭王及孔子○十
　二弟子 2.2/14/22
六年秋○月 2.3/16/25
在位十○年 2.3/17/9
時年二十○ 2.3/17/9
秋閏○月 3.1/18/15
○年 3.1/18/26
6.3/36/1,11.15/74/24
○百六十八穗 3.1/19/8
望都、蒲陰狼殺子女九
　十○人 3.2/20/7
長○寸三分 3.5/21/30
○年冬十月 3.5/22/18
大行丞有治禮員四十○
　人 4.1/25/3
后長○尺二寸 6.2/34/9
○歲讀《論語》 6.5/36/13
于時見戶四百○十六 7.7/40/14
十○年十月 7.8/41/3
輜重○千餘兩 8.14/53/12
賜以乘輿○尺玉具劍 9.4/57/10
邑○千三百戶 9.6/58/13
永初○年 9.11/61/13
茂時年○十餘矣 10.26/69/21
援長○尺五寸 12.1/75/7
嚴方○歲 12.6/79/3
伐崇○年 13.1/82/20
至〔于〕歙○世 13.8/84/25
郡國（○）〔比〕大水
13.11/86/12
○族分康叔 13.11/86/16
惟勤祖偃長不滿○尺 13.13/88/4
今月二十○日 14.2/91/3
自言年○十餘 14.3/91/17
昱奏定《詞訟》○卷 14.3/91/22
賻絹○千匹 15.10/99/7
年○十四卒官 15.16/101/6
時年○十餘 16.16/108/11
作《通論》○篇 16.19/109/7
視事○年 16.31/112/12
遯亡○年 17.8/119/21
永平○年 17.14/122/10
年○十爲食侍謀 18.13/130/16
米石○八萬 18.14/131/1
永平十○年 18.17/131/23
弟丕年○歲 19.4/137/13
趙序取錢縑三百○十五
　萬 20.22/149/14
○尺絳襜褕一領 21.8/152/4

數月間至○八千人 23.1/164/21
○王不載母氏 24.74/178/13

妻 qī 82

反欲歸守其○子財物耶 1.1/2/20
夷逃○子 1.1/7/9
娶○當得陰麗華 6.1/33/24
母宣改嫁爲掖庭民梁紀○ 6.9/38/3
敞爲嫡子終娶翟宣子女習爲○ 7.7/40/21
恭子男丁前○物故 7.17/44/19
子酺侮慢丁小○ 7.17/44/19
其無○者 8.2/47/23
○子在後買田業 8.10/51/2
收太守宗廣及忠母○子 10.14/65/21
將軍可歸救老母○子 10.14/65/24
所置信都王捕繫彤父弟及○子 10.16/66/8
賜歙○縑千匹 11.2/71/1
即大將軍梁冀○也 12.12/82/5
富易○ 13.6/84/14
糟糠之○不下堂 13.6/84/14
乃爲子伉娶長○ 13.13/88/5
○嘗於母前叱狗 14.2/90/15
令將○入獄 14.3/91/18
愔悉得邑母弟○子 14.4/91/28
外附○黨 14.4/92/15
○人婦女 14.5/93/14
衍娶北地任氏女爲○ 14.5/94/1
○子不之官舍 15.6/97/3
而良○布裙徒跣曳柴 15.6/97/4
○曰 15.6/97/5,22.1/160/25
○子但菜食 15.11/99/14
○時在郡 15.11/99/16
（大）〔太〕守得奮○子 15.11/99/16
○子對哭 15.16/101/7
擔穀給福及○子百餘日 16.32/112/17
求謁更始○子 17.2/118/9
○子自親釜竈 17.3/118/18
將○子之華陰山谷 17.12/121/6
爲去○所誣告 17.17/122/26
令弟禮夫○俱出外 17.23/124/17
孝夫○共蔬食 17.23/124/17
比禮夫○歸 17.23/124/17
令○子出相對 18.1/125/21
聞卿爲吏撾○父 18.1/126/8
臣三娶○皆無父 18.1/126/8
○炊爨 18.1/126/13
欲以○子託朱生 18.6/128/10
暉聞堪○子貧窮 18.6/128/11
以定父母、○子、長幼之序 18.14/131/2
此眞梁鴻○也 18.29/135/2
將○之霸陵山 18.29/135/3
○爲具食 18.29/135/5
彼傭賃能使其○敬之如此 18.29/135/6
愼（弗）〔勿〕聽○子持尸柩去 18.29/135/8
○嘗之田 18.30/135/14
○子不到官舍 19.11/139/20
霸○死 19.11/139/24
長兄伯爲霸取○ 19.11/139/24
即自入辭其○ 19.11/139/25
○慚求去 19.11/139/26
爲敬去○更娶 19.12/140/3
充○勸異居 19.27/143/19
父娶後○而憎苞 20.6/146/9
常侍樊豐○殺侍婢置井中 20.18/148/24
良收其○殺之 20.18/148/24
其○懷孕 21.11/153/6
○子餘物無所惜 21.13/153/22
符融○亡 21.15/154/5
惟○子可以行之 21.15/154/6
載○子 21.17/154/14
利取侯畢尋玄孫守坐姦人○ 21.48/159/12
鮑宣之○ 22.1/160/24
以女○之 22.1/160/24
謂○曰 22.1/160/25
○乃悉歸侍御服飾 22.1/160/26
其○勸寵無應徵 23.11/168/17
寵○夢嬴袒冠幘 23.11/168/19
又用寵聲呼其○入室 23.11/168/21
奴乃捽其○頭 23.11/168/22
兩奴將○入取寵物 23.11/168/22
當以女珠○若 23.11/168/23
使寵○縫兩縑囊 23.11/168/24
即斷寵及○頭 23.11/168/26
語其○ 23.17/171/9
賜及○子 24.24/174/23

戚 qī 22

王侯外○ 1.1/6/21
乃率諸王侯、公主、外○、郡國計吏上陵 2.1/11/20
外○預政 2.1/13/24
外○陰、郭之家 2.1/13/25
舉罰不避親○ 2.2/15/14
爲外○儀表 8.7/49/13
外○秉權 10.13/65/12
雖親○功臣 10.22/68/4
前世貴○皆明戒也 11.4/71/20
其委任自前世外○禮遇所未曾有 12.11/81/24
上延集內○宴會 13.16/89/15
貴○且當歛手 14.2/91/7
故人親○莫敢至者 16.13/107/11
以外○小侯每預朝會 17.1/117/25
于是京師貴○順陽侯衛尉馬廖、侍中竇憲慕其行 18.18/132/6
貴○慕其名 18.21/132/21
後捕貴○賓客 18.21/132/21
權在外○ 18.22/132/26
京師貴○慕其聲名 19.22/142/13
會親○ 19.27/143/19
貴○跼蹐 21.32/157/3
外○戰慄 24.60/177/11

悽 qī 2

坐者莫不激揚○愴 1.1/9/5
○然懷思 7.12/42/23

郪 qī 1

兄子竟、新○侯 1.1/10/10

欺 qī 9

等輩（○沒）〔放散〕其鹽 8.11/51/10

吏民親愛而不忍○之 10.26/69/11
何揚生之（敗）〔○〕
　眞 12.10/81/2
市無姦枉○詐之巧 18.1/125/27
不敢○也 18.14/131/4
○言已愈 19.29/144/4
○罔日月 20.4/145/22
吏民不○ 20.17/148/20
有司奏光○詐主上 20.24/150/7

期 qī 31

○十歲 1.1/8/13
至○日夜半 8.14/52/25
異薦邑子銚○、叔壽、
　殷建、左隆等 9.4/56/17
衛尉銚○見上感慟 9.7/59/22
銚○、字次況 9.12/61/17
○瞋目道左右大呼曰 9.12/61/18
以○爲偏將軍 9.12/61/18
○先登陷陣 9.12/61/20
○疾病 9.12/61/21
其母問○當封何子 9.12/61/22
○言「受國家恩深 9.12/61/22
迎○先到 11.4/71/21
爲○門僕射 11.14/74/13
爲○思侯 11.15/74/24
指丹海以爲○ 12.10/81/3
願復留霸○年 13.5/83/21
彭如○往 14.1/90/8
先○一日 15.9/98/22
須○乃入 15.9/98/22
應○而還 15.15/100/28
大笑○必死 15.17/101/17
然鍾子○死 16.22/110/9
與鄉佐相聞○鬭日 16.50/116/27
屬與賊○ 17.11/120/23
加四百之○ 20.4/145/21
陳囂、字君○ 21.56/160/18
關東說《詩》陳君○
　21.56/160/18
盧芳、字君○ 23.9/168/3
十二爲○ 23.17/171/9
戎至○日 23.19/172/12
素食竟○ 24.44/176/7

漆 qī 2

至○ 12.1/75/24
於河西得○書《古文尚
　書經》一卷 13.11/85/21

岐 qí 5

帝自○嶷 2.3/16/5
黃帝○伯所作 5.4/29/1
馬客卿幼而○嶷 12.5/78/24
麥穗兩○ 15.12/100/1
高山○峻 22.4/163/21

其 qí 503

隨○叔父在蕭 1.1/1/14
盜發○廩 1.1/1/22
帝恐○怨 1.1/2/2
不敢諾○言 1.1/2/5
反欲歸守○妻子財物耶 1.1/2/20
望不見○後尾 1.1/2/22
帝歷說○意 1.1/3/2
而陽墜○書 1.1/3/5
漢軍盡獲○珍寶輜重車甲 1.1/3/9
知者或畏○衣 1.1/3/15
傳吏疑○僞 1.1/3/21
○心休休焉 1.1/4/22
無郊○五運之祖者 1.1/5/11
民收（爲）〔○〕絮 1.1/5/24
下無所隱○情 1.1/6/5
以要○死力 1.1/6/6
○勇非人之敵 1.1/6/9
帝知○必敗 1.1/6/13
恐失○頭首也 1.1/6/14
〔○〕有當見及冤結者 1.1/6/19
○餘（禺）〔以俟〕中
　使者出報 1.1/6/19
撫○心腹 1.1/7/4
待○即營攻城 1.1/7/6
○夜死 1.1/7/9
○上尊號曰中宗 1.1/8/10
今益○俸 1.1/8/20
使後世之人不知○處 1.1/8/26
而獨完○福 1.1/8/27
〔上循○頭曰「吳季子」
　〕 2.1/11/7
師傅無以易○辭 2.1/11/8
州郡各遣使奏○事 2.1/11/9
各得○所 2.1/12/8
○改《郊廟樂》曰《大
　予樂》 2.1/12/14
太常○以礿祭之日陳鼎
　于廟 2.1/12/24
詔齊相〔○〕止勿〔復〕
　送冰紈、方空縠、吹
　綸絮〔也〕 2.2/14/9
○餘皆平劍 2.2/15/9
（者）〔○〕時論者以
　爲（棱）〔稜〕淵深
　有謀 2.2/15/9
不收○稅 2.3/16/23
○夜即位 2.4/17/19
○夕發喪 3.1/19/16
辟召非○人 3.2/19/29
賜○君紫綬 3.2/20/6
博訪○故 3.2/20/8,20.19/148/29
○以漢中南鄭之武陽亭
　封賢孫承先爲武陽亭
　侯 3.2/20/17
○九十家不自存 3.2/20/20
○二絕者祠之 3.5/22/20
即可○奏 3.6/23/9
冊皇太子捧上○璽綬 4.1/24/11
○將軍不常置 4.1/24/19
○陳龍、左雄、朱龍、
　龐參、施延並遷公 4.1/25/6
○主薨無子 4.1/25/8
置傅一人守○家 4.1/25/8
○紹封削絀者 4.1/25/16
○丞、尉皆秩四百石 4.1/26/5
○丞、尉秩二百石 4.1/26/5
○《短簫鐃歌》 5.4/28/24
○《傳》曰 5.4/28/24
各以○月祀而奏之 5.4/29/3
因孔子甚美○功 5.5/29/22
一民莫非○臣 5.5/29/23
尺土靡不○有 5.5/29/23
○玉牒文秘 5.5/30/7
○議增修群祀宜享祀者 5.5/30/20
○義一焉 5.5/31/1
宗廟各奏○樂 5.5/31/4
元元各得○所 5.5/31/5
民樂○興師征伐 5.5/31/10

而詩人稱○武功 5.5/31/10
用○《文始》、《五行》之舞如故 5.5/31/15
比放三宗誠有○美 5.5/31/22
繩○祖武 5.5/32/13
以備○文 5.6/32/25
象○物宜 5.6/33/1
博○類也 5.6/33/1
○母不舉 6.3/35/21
沙石滿○口鼻 6.3/35/22
察○顏色 6.5/36/20
莽素震○名 7.1/38/10
以成○計 7.1/38/16
以○少貴 7.1/38/24
○見親重如此 7.2/39/6
大夫○對以孤襲爵以來 7.3/39/13
懸○尸道邊樹 7.4/39/25
荆州刺史上○義行 7.7/40/16
不欲令厚葬以違○意 7.8/41/13
○繇曰 7.9/41/20
○以蒼為驃騎將軍 7.12/42/14
○言甚大 7.12/42/25
副○要腹 7.12/42/25
今親見○然 7.12/43/7
思○人 7.12/43/20
到○鄉 7.12/43/20
○處在 7.12/43/20
○人亡 7.12/43/20
貴仁者所好惡得○中也 7.20/45/15
王○差次下邳諸子可為太子者上名 7.20/45/16
命史官述○行迹 7.22/45/24
皆載赤豆覆○上 8.1/47/3
乃以口噓○背 8.2/47/12
〔使〕監領○事 8.2/47/16
○得人心如是 8.2/47/21
○無妻者 8.2/47/23
○餘侍中、大夫、郎、謁者 8.7/49/20
○後勤勤不離公門 8.10/50/10
上亦以○南陽人 8.10/50/11
○人勇鷙有智謀 8.10/50/13
漢常獨繕檠〔○〕弓戟 8.10/50/15
閱（具）〔○〕兵馬 8.10/50/16
等輩（欺沒）〔放散〕○鹽 8.11/51/10
諸將皆服○勇 8.11/51/15
而壯○勇節 8.11/51/18
○聲雖大而（實）〔虛〕 8.14/52/24
正使得○城 8.14/53/1
果將○眾亡 8.14/53/3
而弇勒兵入據○城 8.14/53/11
○中創者必有異 8.17/54/6
絕○澗水 8.17/54/8
食○筋革 8.17/54/12
難○守 9.1/54/23
恂然○言 9.1/55/5
恂知○謀 9.1/55/9
○將高峻擁兵據高平 9.1/55/16
反戮○使 9.1/55/19
遣○副歸告峻曰 9.1/55/20
敢問戮○使而降城 9.1/55/21
○所計事者也 9.1/55/22
人不能得○要領 9.4/57/3
今移○書 9.4/57/3
降○將劉始、王重等 9.4/57/12
上愛○容儀 9.7/59/3
顯宗嘉○功 9.8/60/7
上以○舊將 9.10/60/24
夜梯○城入 9.11/61/4
斬○魯郡太守梁丘壽、沛郡太守陳修 9.11/61/5
○母問期當封何子 9.12/61/22
絕○反顧之望 10.1/62/10
殺○弟 10.14/65/23
王常、○先鄠人 10.20/67/3
上恐○怨 10.21/67/9
○以安豐、陽泉、蓼、安風凡四縣封融為安豐侯 10.22/67/23
不願○有才能 10.22/68/1
○封憲冠軍侯 10.24/68/23
馬主自得○馬 10.26/69/9
民嘗有言部亭長受○米肉遺者 10.26/69/11
何所措○手足乎 10.26/69/18
河南二十餘縣皆被○災 10.26/69/18
使者以○詐 11.1/70/6
焚○冢墓 11.1/70/8
因保○城 11.2/70/23
則制○支體易也 11.2/70/25
以田二頃解○忿訟 11.3/71/11
○素所假貸人間數百萬 11.3/71/12
常戒○子曰 11.4/71/19
車駕臨問○所欲言 11.4/71/21
上悲傷○言而不許 11.4/71/22
三署服○慎也 11.6/72/7
欲自受○辭 11.9/73/3
由是鄉里服○高義 11.9/73/4
明帝以○明達法理 11.10/73/11
○東有田可萬頃 11.10/73/12
上數幸○宅 11.11/73/24
○慎重如此 11.13/74/9
不奪○志 11.14/74/15
○無益于國 11.14/74/16
知○有用 11.14/74/17
猶稱○所長而達之 11.14/74/17
是以世稱○忠平 11.14/74/18
凡殖貨財產、貴○能施賑也 12.1/75/10
賓客故人日滿○門 12.1/76/5
天下賴○便 12.1/76/7
條奏○狀 12.1/76/8
除○竹木 12.1/76/10
○味美於春夏筍 12.1/76/17
上愍○老 12.1/77/4
必有○本 12.2/77/10
○各以 12.3/77/18
○奏言 12.3/77/20
見○中有粟 12.3/77/20
上善○用意微至 12.3/77/21
頌○功伐 12.3/77/22
嚴從○故門生肆都學擊劍 12.6/79/6
觀○士眾 12.6/79/9
涿郡盧植、北海鄭玄、皆○徒也 12.7/79/18
鮮有入○室者 12.7/79/20
○四十二事手殺人者減死一等 12.9/80/10
○後隴西新興 12.9/80/13
○文曰 12.10/80/19
豈齊量○幾微兮 12.10/80/20
吳荒萌○已殖兮 12.10/80/21
君名○既泯沒兮 12.10/80/22
惟賈傅○違指兮 12.10/81/2

○義一也 12.10/81/5
○追封謚皇太后父竦為褒親愍侯 12.10/81/6
○在朝廷 12.11/81/11
不聞○音 12.11/81/23
○委任自前世外戚禮遇所未曾有 12.11/81/24
益州刺史种暠發○事 12.12/82/4
淑慎○身 12.12/82/5
張步遣○掾孫昱隨盛詣闕上書 13.2/83/7
好○繁聲 13.6/84/4
失○常度 13.6/84/7
○後不復令譚給事中 13.6/84/8
微觀○意 13.6/84/12
歐陽歙、○先和伯從伏生受《尚書》 13.8/84/25
不食○粟 13.11/85/22
使順○志 13.11/85/23
言提○耳 13.11/86/5
基由○祚 13.11/86/6
絕○本根 13.11/86/14
畏○易也 13.11/86/15
傳○法于有根 13.11/86/15
成王深知○終卒之患 13.11/86/15
檢押○姦宄 13.11/86/16
又遷○餘于成周 13.11/86/16
所以挫○強禦之力 13.11/86/17
詘○驕恣之節也 13.11/86/17
○被災害民輕薄無累重者 13.11/86/21
亦足以消散○口 13.11/86/22
救、贍全○性命也 13.11/86/23
均不得○所 13.11/86/29
詳為○制 13.12/87/14
○先魏之別封曰華侯 13.14/88/16
○還故爵為楊邑侯 13.14/88/17
帝嘗幸○府 13.15/88/24
仲伯以○婦有色 13.16/89/8
而己受○害 13.16/89/8
以泥塗○婦面 13.16/89/9
言○病 13.16/89/10
度○形況 13.16/89/12
○以憙為太傅 13.16/89/20
鮪與○謀 14.1/90/4
鮪見○不疑 14.1/90/8
殺○縣長馮晏 14.2/90/21
○見憚如此 14.2/91/7
何忍車過○墓 14.2/91/8
○以為兗州牧 14.2/91/12
○父母詣昱 14.3/91/17
昱憐○言 14.3/91/18
非○事類 14.3/91/22
○先齊諸田 14.4/91/27
不易○辭 14.4/92/3
何如○智也 14.4/92/13
疏○父族 14.4/92/14
將行○法 14.4/92/15
○先上黨潞人 14.5/92/22
豈敢拱默避罪而不竭○誠哉 14.5/93/3
當蒙○福而賴○願 14.5/93/12
○猶順驚風而飛鴻毛也 14.5/93/13
燔○室屋 14.5/93/14
略○財產 14.5/93/14
故○延頸企踵而望者 14.5/93/16
豈特圭璧○行 14.5/93/17
束脩○身而已哉 14.5/93/17
猶有申伯、召虎、夷吾、吉甫攘○蟊賊 14.5/93/18
安○（彊）〔疆〕宇 14.5/93/18
如○不虞 14.5/93/22
審得○人 14.5/93/25
相○土地之饒 14.5/93/26
觀○水泉之利 14.5/93/26
人安○業矣 14.5/93/27
明帝以為衍材過○實 14.5/94/1
昔孫叔敖敕○子 15.1/94/25
因留○餘酒肴而去 15.5/96/15
輒度○資用 15.5/96/15
因為○制日定葬 15.5/96/15
○親喪不過留殯一月 15.5/96/16
○下以輕重〔為〕差焉 15.5/96/16
○友人喪親 15.5/96/17
禹高○節義 15.5/96/20
或問○故 15.5/96/24
過候○家 15.6/97/4
乃過○友人 15.6/97/6
何○往來屑屑不憚煩也 15.6/97/7
不加○後 15.7/97/14
取○頭以示子張 15.8/97/24
○如社稷宗廟何 15.8/98/8
冀京師並蒙〔○〕福也 15.9/98/18
而奮不改○操 15.11/99/15
而○子見屠 15.11/99/17
帝嘉○忠 15.11/99/17
分俸祿以供給○糧用 15.11/99/18
○賜堪家新繒百匹 15.12/100/3
人賴○利 15.14/100/15
人得○利 15.14/100/18
迎吏見○少 15.15/100/22
並感○恩德 15.15/100/28
皆蒙○利益 15.15/101/2
○政嚴猛 15.17/101/14
人有犯○禁者 15.17/101/15
後還○物如故 15.17/101/16
超問○狀 16.3/102/25
超謂○官屬曰 16.3/103/4
超悉會○吏士三十六人 16.3/103/6
超知○意 16.3/103/9
固欲益○兵 16.3/103/11
○俗信巫 16.3/103/14
超即斬○首送廣德 16.3/103/15
焉耆王廣遣○左將北鞬支奉迎超 16.3/103/20
掩○弘美 16.8/105/7
支庶用○謚立族命氏焉 16.9/105/13
○恩禮如此 16.9/106/7
○賜爵關內侯 16.9/106/11
○冬 16.10/106/18,23.1/165/15
○志彌固 16.14/107/22
賓客從者皆肅○行也 16.14/107/22
而竭盡○財 16.16/108/6
宜抑○路 16.16/108/7
上問○故 16.16/108/9
以二千石祿終○身 16.17/108/20
輒奪○席以益通者 16.20/109/18
○見優如此 16.21/109/24
○中多近鄙別字 16.22/110/4
稱分○肉 16.25/110/26
宇因先自取○最瘦者 16.25/110/26
方○講問 16.26/111/7
○學兼通數家 16.26/111/8
豈有還害○君者耶 16.31/112/8

零陵頌○遺愛 16.31/112/12
兄知○意 16.34/112/29
○以縣見穀二千石賜勃子若孫 16.34/113/11
問○風土 16.35/113/15
○仁以惠下 16.35/113/16
郲文公不以一人易○心 16.37/114/3
惟駰以處士年少擢在○間 16.38/114/9
積細草而臥○中 16.40/114/20
萌謂○友人曰 16.46/115/25
後人名○釣處爲嚴陵瀨 16.48/116/11
貢怪問○子 16.49/116/22
鄉佐服○義勇 16.50/116/28
○園陵樹蘗皆諳○數 17.1/117/22
頗曉○禮 17.1/117/22
如○志焉 17.2/118/6
朝廷嘉○清廉 17.3/118/18
讓與○弟憲 17.8/119/18
上美○義 17.8/119/19
○聽憲嗣爵 17.8/119/22
在位者莫不仰○風行 17.8/119/22
明府勿受○觴 17.10/120/8
○後賊忽然而至 17.11/120/19
平扶（持）〔侍〕○母 17.11/120/20
抱仲遺腹女而棄○子 17.11/120/20
宮過○廬下 17.12/121/4
因忘○豬而聽經 17.12/121/4
豬主怪○不還 17.12/121/4
遂通○經 17.12/121/6
詔以○貲物班賜群臣 17.13/121/23
上怪問○故 17.13/121/24
惡○名也 17.13/121/25
○後乃絕 17.14/122/9
○果勇敢折 17.17/123/3
顯宗聞○行 17.23/124/21
帝嘉○篤行 17.23/124/21
棄○女 17.24/125/5
州郡高○義 17.24/125/5
閭里感○行 17.25/125/12
○後小民爭訟 18.1/125/26
○得民心如此 18.1/126/17
明帝高○節 18.3/127/5
所在以二千石俸終○身 18.3/127/7
賊義○小、壯○志 18.6/127/25
暉送○家金三斤 18.6/127/26
人問○故 18.6/127/26
吏畏○威 18.6/128/6
民懷○惠 18.6/128/6
見○困厄 18.6/128/12
子○留乎 18.8/128/21
兄感○言 18.10/129/9
使得一尊○母 18.10/129/11
終○身 18.10/129/15
以終○身 18.10/129/16
衆傷○義 18.12/129/26
家得○願 18.12/130/4
世伏○高義 18.12/130/8
昇憐○言 18.13/130/16
世謂○用法平正、寬慈惠化所致 18.13/130/20
當○念至 18.16/131/15
問○意故 18.16/131/16
悉葬○無主者 18.16/131/17
下邳知○孝 18.18/132/3
于是京師貴戚順陽侯衛尉馬廖、侍中竇憲慕○行 18.18/132/6
貴戚慕○名 18.21/132/21
或遺○書 18.21/132/21
由是不罹○患 18.21/132/22
時稱○盛 18.25/133/21
南陽張奉慕○義 18.27/134/8
念○愧 18.28/134/14
數以捶自擊○脛 18.28/134/15
恭惡○爭 18.28/134/17
多置器○上 18.28/134/17
恭各語○〔家〕父母 18.28/134/17
○主猶以爲少 18.29/134/27
還○豕 18.29/134/28
父母問○所欲 18.29/135/1
以娛○志 18.29/135/4
彼傭賃能使○妻敬之如此 18.29/135/6
不歸○鄉 18.29/135/8
至○日而卒 18.31/135/23
復舉○子孝廉 19.1/136/9
重○道歸煩擾 19.1/136/17
○尤無狀 19.1/136/19
冀敕戒○餘 19.1/136/19
莫不嘉○榮 19.1/136/23
欲先就○名 19.4/137/15
疑○不實 19.4/137/18
有雉過止○旁 19.4/137/19
未見○便 19.4/137/24
動不失○中 19.4/137/25
事得○實 19.6/138/10
道得○眞 19.6/138/10
改矯○失 19.6/138/11
與○不得已 19.7/138/24
和帝偉○貌 19.10/139/13
鄉里慕○行 19.11/139/21
終不暴揚○惡 19.11/139/23
即自入辭○妻 19.11/139/25
得○地不可墾發 19.16/140/24
得○人無益于政 19.16/140/24
百姓化○恩禮 19.17/141/6
鄉人稱○至孝 19.22/142/9
京師貴戚慕○聲名 19.22/142/13
上知○勤 19.22/142/17
充啓○母曰 19.27/143/19
遂叱去○婦 19.27/143/20
臣疑○故 19.31/144/16
○上司空印綬 20.1/145/1
帝善○能 20.9/146/26
參思○微意 20.10/147/4
○憲章朝右 20.16/148/8
○俗舊多珍怪 20.17/148/13
撫○首曰 20.17/148/14
然後科○所訟 20.17/148/19
良收○妻殺之 20.18/148/24
○詳思改救 20.19/149/1
左右以戟叉○胸 20.23/149/22
今暮○當著矣 20.24/150/3
弔祭○墓 21.2/150/23
摧○權強 21.3/150/28
弘農五官掾杜衆傷○忠直獲罪 21.4/151/7
吾懼○死也 21.9/152/14
○妻懷孕 21.11/153/6
悉伏○辜 21.12/153/16
○兄昱爲沛相 21.14/153/27
臘日奴竊食祭○母 21.18/154/19
卓義○心 21.18/154/19

以丈二竹簞畫九宮○上 21.21/155/4
懼○隕越 21.23/155/14
是故扶接助○氣力 21.23/155/14
非○類也 21.23/155/15
見○尙幼而有志節 21.39/158/4
益州紀○政化 21.41/158/12
父奇○清苦 22.1/160/24
林言○第一豪 22.5/164/5
○將帥素習聖公 23.1/164/24
東海公賓就得○首 23.2/165/24
恐○衆與莽兵亂 23.6/166/25
乃皆朱○眉 23.6/166/25
○子爲縣吏 23.7/167/6
視○乏者 23.7/167/7
以○首祭子冢 23.7/167/9
得○郡 23.10/168/10
茂將○精兵突至湖（陸）〔陵〕 23.10/168/10
○妻勸寵無應徵 23.11/168/17
又用寵聲呼○妻入室 23.11/168/21
奴乃捽○妻頭 23.11/168/22
擊○頰 23.11/168/22
小奴見子密聽○語 23.11/168/24
○開〔門〕出 23.11/168/25
將軍得無笑○言乎 23.15/169/21
○實無所受命 23.16/169/27
以致○肅敬 23.16/169/28
神明○舍諸 23.16/170/1
囂從○言 23.16/170/1
○弊猶足以霸 23.16/170/11
囂然○計 23.16/170/11
○大將王捷登城呼漢軍曰 23.16/170/16
光武于是稍黜○禮 23.16/170/19
語○妻 23.17/171/9
有龍出○府殿中 23.17/171/9
○名高也 23.17/171/12
昔秦失○守 23.17/171/13
蜀人及○弟光以爲不宜空國千里之外 23.17/171/20
欲安○衆 23.17/171/23
欲極○位 24.2/172/24
吏安○職 24.10/173/15
民樂○業 24.10/173/15
明陳○故 24.53/176/25
摘發○要 24.61/177/13
○殿中廬有索長數尺可以縛人者數千枚 24.72/178/7
唯《渾天》者近得○情 24.90/179/22
則○法也 24.90/179/23
官有○器而無本書 24.90/179/24
臣求○舊文 24.90/179/25
使述○義 24.90/179/28
撰建武以來星變彗孛占驗著明者續○後 24.90/179/28
取《賢傳》宗廟事（置）〔寘〕○中 24.91/180/2
皆藏主○中 24.92/180/5
莫能知○所以兩廟之意 24.92/180/6
俗人失○名 24.95/180/15

祁 qí 3

與京兆○聖元同好 17.17/122/24
論難僠僠○聖元 17.17/122/25
奐召主簿張○入 21.11/153/3

奇 qí 25

尤見而○之 1.1/1/19
○偉猛獸 1.1/2/17
西域蒙○、疏勒二國歸義 2.3/17/5
吳子顏、○士也 8.10/50/7
李生○之 8.11/51/9
于是江南之珍○食物始流通焉 9.2/56/3
援甚○之 12.5/78/25
不有忠言○謀而取大位 15.6/97/7
弟○在雒陽爲諸生 15.11/99/18
輒分減以遺○ 15.11/99/19
詔賜○果 16.9/105/20
世祖聞而○之 17.1/117/20
樂恢、字伯○ 19.16/140/22
和帝○異之 19.31/144/15
郡民任棠者、有○節 20.10/147/3
固貌狀有○表 20.11/147/10
大司農陳○舉奢至孝 21.13/153/23
○而哀之 21.39/158/4
有○謀異略 21.54/160/8
父○其清苦 22.1/160/24
所見○異 22.4/162/1
謝祿、字子○ 23.6/166/25
述自言手文有○瑞 23.17/171/11
而潛遣○兵出吳漢軍後 23.17/172/1
○毛異骨 24.14/174/2

祇 qí 5

地（祇）〔○〕靈應而朱草萌 1.1/9/16
宜配食地（祇）〔○〕高廟 1.1/9/19
誣罔靈（祇）〔○〕 3.1/19/16
山川神○有不舉者 5.5/30/19
案尊事神（祇）〔○〕 5.6/32/24

祈 qí 3

以○農事 2.1/12/19
宜封禪爲百姓○福 5.5/30/1
以○豐年 5.5/30/20

耆 qí 5

超討焉○ 16.3/103/19
焉○王廣遣其左將北鞬支奉迎超 16.3/103/20
焉○國有葦橋之險 16.3/103/20
年○學明 16.27/111/12
○老見鴻非恒人 18.29/134/28

旂 qí 2

○有龍章日月 5.6/32/25
龍○九旒 7.12/43/18

淇 qí 1

伐○園之竹 9.1/55/1

琦 qí 1

漢陽人杜○反 3.1/18/22

綦 qí 1

彈○爲戲 7.19/45/7

旗 qí 11

干戈旌○ 1.1/2/17
○幟蔽野 1.1/2/25
樹十二郡○鼓 8.14/53/12
令步兵各以郡人詣○下 8.14/53/12
建○鼓 8.14/53/15
旌○亂于大澤 11.7/72/13
述鸞○旄騎 12.1/75/15
曲蓋朱○ 21.8/152/3
僞建○幟 23.17/172/1
鸞○曰雞翹 24.95/180/15
○皆非一 24.95/180/16

齊 qí 35

○武王拔宛城 1.1/3/9
更始收○武王部將劉稷 1.1/3/10
○武王强爭之 1.1/3/10
復收○武王 1.1/3/10
更始害○武王 1.1/3/12
帝自○歸 1.1/5/27
詔○相〔其〕止勿〔復〕送冰紈、方空縠、吹綸絮〔也〕 2.2/14/9
蓋○諸侯 5.5/30/2
徙章爲○王 7.1/38/23
追謚伯升爲○武王 7.1/38/24
弇凡平城陽、琅邪、高密、膠東、東萊、北海、○、千乘、濟南、平原、泰山、臨淄等郡 8.14/53/10
○武王以譖愬遇害 9.4/56/18
明公常欲衆軍整○ 9.7/59/4
○武王嘗殺通同母弟申屠臣 10.21/67/9
受《○詩》 12.1/75/7
所宜○同 12.1/76/15
豈○量其幾微兮 12.10/80/20
伏恭、字叔○ 13.3/83/11
蓋伯夷、叔○恥食周粟 13.11/85/23
徙○諸田 13.11/86/18
有大小負勝不○ 13.11/86/29
以○同法令 14.3/91/23
其先○諸田 14.4/91/27
○桓霸彊之君耳 14.5/93/18
有詔召衆問○桓公之鼎在柏寢臺 16.6/104/20
本○桓公後 16.9/105/13
○國臨淄人 16.41/114/25
○國人 17.10/120/5
○郡敗亂 17.10/120/6
車府令○國徐匡鉤就車 17.20/123/19
自稱王伯○ 18.1/125/22
無能整○理之者 18.1/125/25
○名 18.3/127/4
舉案常○眉 18.29/135/6
與熊耳山○ 23.5/166/19

綦 qí 1

俠卿爲制朱絳單衣、（平）〔半〕頭赤幘、直○履 23.5/166/13

騎 qí 66

帝○牛與俱 1.1/2/11
會候○還 1.1/2/21
帝將步○千餘 1.1/3/2
尋、邑遣步○數千〔乘〕合戰 1.1/3/3
邑與嚴尤、陳茂輕○乘死人渡滍水逃去 1.1/3/8
帝輕○入 1.1/4/9
代郡太守劉興將數百○攻賈覽 1.1/6/13
騶○馳出召入 1.1/6/19
河西大將軍竇融與五郡太守步○二萬迎帝 1.1/6/23
遣輕○至成都 1.1/7/4
劍以賜○士 1.1/7/13
以車○省 1.1/8/6
飲食、百官、鼓漏、起居、車○、鹵簿如故 3.1/19/13
車○將軍閻顯等議 3.2/19/26
武○都尉樊演高祖父重 3.5/22/19
比公者又有驃○將軍 4.1/24/19
復置驃○將軍 4.1/24/19
驃○將軍議可 5.5/31/18
見執金吾車○甚盛 6.1/33/23
上望見車○鞍勒皆純黑 6.2/35/16
其以蒼爲驃○將軍 7.12/42/14
禹獨與二十四○詣雒陽 8.1/47/5
鄧鴻行車○將軍 8.3/48/8
以延平（九）〔元〕年拜爲車○將軍、儀同三司 8.4/48/12
發五校輕車○士爲陳 8.6/49/7
欲北（代）〔發〕幽州突○ 8.10/50/12
嘗見郡尉試○士 8.14/53/15
○五千匹 9.2/56/7
上遣校尉發○士四百人 9.7/59/19
鮮卑千餘○攻肥如城 9.9/60/13
左中郎將劉隆爲驃○將軍 10.4/63/3
使○皆炬火 10.12/65/7
光武以劉植爲驍○將軍 10.17/66/15
以嘉爲驍○將〔軍〕 10.19/66/23
監羽林左○ 10.23/68/9
述鸞旗旄○ 12.1/75/15
匈奴候○得漢馬矢 12.3/77/20
防爲車○將軍、城門校尉 12.3/77/22
將緹○ 12.3/77/24
監越○校尉 12.4/78/13
詔許越○、射聲（寺）〔等〕治北宮 12.4/78/15
習○射 12.6/79/6
將緹○宿玄武門複道上 13.14/88/18
敕從○都尉儲融受兵二百人 13.16/89/11
鮪輕○詣彭降焉 14.1/90/9
世祖遣○都尉弓里游、諫大夫何叔武 14.4/92/1
肅宗詔鴻與太常樓望、少府成封、屯○校尉桓郁、衛士令賈逵等 15.2/95/13
各○竹馬 15.9/98/19

會百官驃○將軍東平王蒼以下、榮門生數百人 16.9/106/6
竇憲爲車○將軍 16.38/114/9
兼屯○校尉 17.7/119/12
武○虎賁恐驚馬 17.17/122/26
東平憲王蒼爲驃○ 17.19/123/12
驃○辟君而來 17.19/123/13
驃○執法御臣 17.19/123/14
信陽侯陰就於干突車○簿 17.20/123/19
干突車○ 17.20/123/20
驃○將軍東平王蒼辟暉爲掾 18.6/128/1
令從○下馬與之 18.12/130/6
領○都尉 18.17/131/26
馬○五萬餘匹 21.8/152/3
連○繼跡 21.8/152/4
張意拜驃○將軍 21.53/160/3
○都尉 23.1/165/12
今日○都尉往會日也 23.1/165/14
更始○出廚城門 23.1/165/17

麒 qí 4

鳳凰見百三十九、○麟五十二、白虎二十九、黃龍三十四、青龍、黃鵠、鸞鳥、神馬、神雀、九尾狐、三足烏、赤烏、白兔、白鹿、白燕、白鵲、 2.2/15/20
潁川上言○麟、白鹿見 3.1/19/10
鳳凰、（麟○）〔○麟〕、嘉禾、甘露之瑞集于郡境 18.14/131/5

蘄 qí 2

故徙浮封○春侯 10.8/63/23
沛國○人 17.23/124/12

乞 qǐ 16

單于○降 2.3/16/12
○與衣裘輿馬 8.6/49/4
求○攻西安 8.14/52/26
上疏○身 11.8/72/21
私從光○ 12.4/78/17
范父○身兮 12.10/80/24
○身行服 13.16/89/17
以母憂自○ 16.11/106/28
封符○人 17.2/118/4
以疾○骸骨 18.3/127/6
○汝二十萬 18.26/133/26
自○上印綬 19.3/137/9
馬市正數從（買）〔賣〕羹飯家○貸 19.21/142/2
○少置衣糧 21.13/153/21
○供養 21.55/160/13
乃遣劉恭○降曰 23.5/166/17

企 qǐ 1

故其延頸○踵而望者 14.5/93/16

邔 qǐ 2

秦豐、○縣人 23.13/169/9
攻得○、宜城、（若）〔鄀〕、編、臨沮、中（沮）廬、襄陽、鄧、新野、穰、湖陽、蔡陽 23.13/169/9

豈 qǐ 18

○不美哉 1.1/8/27
○非公卿奉職得理乎 2.1/12/23
○敢空言增廣 2.2/15/27
○嫌同辭 5.5/31/1
○非天地之應歟 6.5/37/4
道○有是耶 7.9/41/21
○有窮乎 8.17/54/10
○不樂哉 11.4/71/20
○齊量其幾微兮 12.10/80/20
○宜重爲國損 12.11/81/20
○夫子欲令太守大行饗 14.2/90/26
○敢拱默避罪而不竭其誠哉 14.5/93/3
○特圭璧其行 14.5/93/17
○有還害其君者耶 16.31/112/8
閔仲叔○以口腹累安邑耶 16.49/116/22
○若此人 17.1/117/26
○敢久待 18.8/128/22
○不貧國乎 21.7/151/20

起 qǐ 87

盜賊群○ 1.1/1/23
荊州、下江、平林兵○ 1.1/1/23
劉氏當復○ 1.1/2/4
伯升之○也 1.1/2/8
帝○義兵 1.1/2/11
鄧晨○ 1.1/3/11
承運而○ 1.1/5/12
初○太學 1.1/5/27
○居平愈 1.1/8/7
初○明堂、靈臺、辟雍 1.1/9/20
先五鼓○ 2.1/12/17
○國東北 2.3/17/5
飲食、百官、鼓漏、○居、車騎、鹵簿如故 3.1/19/13
遺詔無○寢廟 3.2/20/26
不○寢廟 3.2/21/1
如車蓋隆○ 3.6/23/21
帝○四百尺觀于阿亭道 3.6/23/26
乃○明堂、辟雍 5.3/28/12
誠不○寢廟 5.5/31/22
爲四○大髻 6.2/34/11
見外家問○居 6.2/35/4
○居不欣 6.2/35/12
入朝問○居 6.2/35/16
旦○射之 7.1/38/10
本○兵圖大事者 7.1/38/19
光武初○兵 7.4/39/20
叱上○去 7.4/39/20
先○義兵 7.5/40/3
宣弟義○兵攻莽 7.7/40/21
○內第 7.11/42/8
傳○居 7.12/43/15
諸將皆庸人崛○ 8.1/46/11
○往問之 8.2/47/11
不○第 8.10/51/3
會盜賊○ 8.11/51/10
上○坐曰 8.14/52/16
欲○相避 9.1/55/12
潁川盜賊群○ 9.1/55/13
岑○、元初中坐事免 9.3/56/13

王郎○兵 9.4/56/22
是我○兵時主簿 9.4/57/16
使小黃門扶○ 9.10/60/23
欲令强○領郡事 9.10/60/24
○烽燧 10.5/63/8
王郎○ 10.11/64/14
晨與上○兵 11.1/70/7
囂○入 11.2/70/22
延收淚强○ 11.2/71/5
○廬舍 11.3/71/10
時至乃○ 11.4/71/21
後詔問○居何如 11.8/72/21
三輔盜賊群輩並○ 12.9/80/12
帝强○湛以代之 13.10/85/16
基業特○ 13.11/86/5
災異蠭○ 14.5/93/7
豹正○ 14.6/94/6
漢兵○ 14.7/94/14
○予者商也 16.10/106/19
孤兒子一人學方○ 16.10/106/20
有○者即白之 16.10/106/21
賈胡共○帷帳設祭 16.36/113/22
篆乃强○班春 16.37/114/1
兵革並○ 16.41/114/25
鄰人火○ 16.42/115/3
業固不○ 16.45/115/18
不○便賜藥 16.45/115/18
賊盜○ 16.52/117/13
盜賊并○ 17.12/121/6
上欲○北宮 17.13/122/2
後○德陽殿 17.13/122/2
盜賊○ 17.24/124/27
18.1/125/19
遂跣而○ 18.8/128/22
至去乃○ 18.28/134/15
楊震、字伯○ 20.2/145/5
關西孔子楊伯○ 20.2/145/6
頴○於途中 21.8/152/2
騰○奮迅 21.24/155/19
于是諸將軍○ 23.1/164/26
○ 23.1/165/9
○兵于莒 23.6/166/24
及楊音各○兵數萬人 23.6/166/25
更（治）〔始〕元年○
兵 23.13/169/9
輔漢而○ 23.16/169/26
公言○我意 23.17/171/2

豪傑並○ 23.17/171/13
率下以儉化○機 24.94/180/11

啟 qǐ 2

乃令上書○封則用 1.1/6/18
充○其母曰 19.27/143/19

棨 qǐ 3

帝遣○戟迎 1.1/4/2
賜以○戟 15.10/99/4
上遣○戟〔迎〕 23.8/167/18

綺 qǐ 3

反以爲○ 6.2/34/21
羅紈○繡 16.16/108/6
食肉衣○ 21.7/151/20

迄 qì 2

○今嫡嗣未知所定 7.20/45/13
耿氏自中興以後○建安
之末 8.17/54/14

泣 qì 27

坐臥枕席有涕○處 1.1/3/13
左右皆○ 2.1/13/18
涕○沾襟 2.2/14/24
致祭涕○ 3.1/19/16
而悲哀○血 3.2/19/26
枕席有○涕處 9.4/56/19
瞻望涕○ 9.7/59/15
仰天號○乃去 9.8/60/9
數千人號呼涕○ 10.1/62/11
彤○報曰 10.16/66/9
而反效兒女子○涕乎 11.2/71/5
百姓號呼哭○ 13.5/83/20
涕○求哀 14.3/91/18
民攀持車轂涕○ 15.15/100/27
因仰天號○ 16.31/112/9
因涕○ 17.11/120/23
政涕○求哀 17.17/122/27
啼○隨之 18.15/131/10
晝夜○涕至病 19.11/139/19
晝夜啼○ 19.16/140/23
郁常抱持啼○ 19.29/144/3
見酒食未嘗不○ 19.30/144/10
日夜號○ 20.6/146/9
恐懼啼○ 23.5/166/13
呂母垂○曰 23.7/167/7
○流離 24.40/175/27
未嘗不愴然○涕 24.45/176/9

契 qì 2

以明靈○ 5.5/29/13
遣令焚削文○ 11.3/71/12

訖 qì 6

○永平世不還 6.2/34/24
○無毀玷 13.1/82/23
事○ 15.9/98/21
食母○ 17.11/120/23
我已食○ 17.23/124/17
裝嚴已○ 21.9/152/16

氣 qì 31

望○者言舂陵城中有喜
○ 1.1/1/13
王○鬱鬱葱葱 1.1/1/14
正晝有雲○如壞山 1.1/3/1
○勢形體 1.1/10/16
白○長三丈 2.3/17/5
光祿勳府吏舍夜壁下忽
有○ 3.5/21/30
有黑○墮所御溫明殿庭
中 3.6/23/21
有胸中○ 6.2/35/9
有山林毒○ 7.7/40/14
蒼到國後病水○喘逆 7.12/43/15
以○勢聞 9.11/61/3
毒○熏蒸 12.1/76/20
所以宣○、致和、順陰
陽也 12.3/78/3
以迎和○ 12.3/78/4
遂獨行十月迎○樂 12.3/78/4
○絕之後 12.11/81/20
夏者陽○在上 13.12/87/18
陰○在下 13.12/87/18

白〇上升 15.2/95/20
子張見而〇絕 15.8/97/24
卿但盡〇爾 16.9/106/3
平生笑君盡〇 16.9/106/4
序素有〇力 16.30/112/1
少〇 17.11/120/22
有〇決 18.6/127/22
兼明圖讖、天官、星〇、鍾律、（歷）〔曆〕算 19.22/142/12
是故扶接助其〇力 21.23/155/14
蔡邕詔問有黑〇墮溫明殿東庭中 21.24/155/19
冬至陽〇應 24.88/179/15
夏至陰〇應 24.88/179/15

棄 qì 14

〇之南山下 6.3/35/21
〇輜重走 8.1/47/3
遂〇官亡命 11.9/73/4
欲〇之於道 13.16/89/9
謹自放〔〇〕 15.2/95/10
典獨〇官收斂歸葬 16.13/107/12
抱仲遺腹女而〇其子 17.11/120/20
〇其女 17.24/125/5
終身捐〇 18.10/129/9
奈何〇之 18.30/135/16
古之亡者、〇之中野 21.15/154/5
遂〇官而去 21.22/155/10
而〇此去 23.11/168/18
〇千乘之基 23.16/170/8

器 qì 27

天下之重寶大〇 1.1/8/12
乃令陶人作瓦〇 1.1/8/23
皆陶人瓦〇 1.1/8/26
以備〇用 2.1/12/24
飾淳金銀〇 3.5/23/1
茅車瓦〇 7.8/41/14
此將相之〇 8.11/51/10
天子〇之 8.15/53/20
太守耿況甚〇重之 9.1/54/22
時以作樂〇費多 12.3/78/4
以爲將相〇 12.5/78/25
居宇〇服 12.7/79/19
賜東園轜車、朱壽〇、銀鏤、黃〔金〕玉匣 12.11/81/22
宋公威容德〇 13.6/84/13
輕弄凶〇 14.4/92/6
頭爲飲〇 14.4/92/8
夫帝王不宜以重〇假人 15.2/95/22
布被瓦〇 15.6/97/3
鑄爲農〇 15.10/99/6
朱勃小〇速成 16.34/112/29
赤黑異〇 16.44/115/13
乃首戴齏〇 16.46/115/26
以才〇稱 18.25/133/20
多置〇其上 18.28/134/17
移敕悉出所設什〇 19.22/142/19
兵者、帝王之大〇 23.17/171/13
官有其〇而無本書 24.90/179/24

洽 qià 9

內外周〇 2.1/11/15
德〇作樂 2.1/12/14,5.5/31/11
仁恕並〇 2.3/17/13
馬融才高博〇 12.7/79/18
弘薦沛國桓譚才學〇聞 13.6/84/3
易以周〇 14.5/93/13
而博學〇聞 20.14/147/24
保樂〇壽 24.19/174/13

千 qiān 144

雒陽以東米石二〇 1.1/1/20
兵合七八〇人 1.1/2/11
時漢兵八九〇人 1.1/2/23
帝將步騎〇餘 1.1/3/2
尋、邑遣步騎數〇〔乘〕合戰 1.1/3/3
斬首〔數〕百〇級 1.1/3/5
帝遂選精兵三〇人 1.1/3/6
得吏民謗毀帝言可擊者數〇章 1.1/4/6
乃命有司設壇于鄗南〇秋亭五成陌 1.1/4/18
食邑二〇戶 1.1/4/24
以爲國家坐知〇里也 1.1/6/14
享之〇金 1.1/7/11
黎陽兵馬〇餘匹 1.1/8/6
刺史二〇石長〔吏〕皆無離城郭 1.1/9/23
帝令滿二〇萬止 2.1/13/28
賻錢三〇萬 3.1/18/20
直〇萬以上 3.1/19/5
（二）〔以〕〇石祿終身 3.2/20/5
〇乘貞王之曾孫 3.4/21/15
鑄黃鐘二〇斛 3.6/24/5
督二〇石 4.1/25/12
九卿、執金吾、河南尹秩皆中二〇石 4.1/25/19
大長秋、將作大匠、度遼諸將軍、郡太守、國傅相皆秩二〇石 4.1/25/19
校尉、中郎將、諸郡都尉、諸國行相、中尉、內史、中護軍、司直秩皆比二〇石 4.1/25/20
中外官尚書令、御史中丞、治書侍御史、公將軍長史、中二〇石丞、正、平、諸司馬、中官王家僕、雒陽令秩皆〇石 4.1/25/21
尚書、中謁者、黃門冗從四僕射、諸都監、中外諸都官令、都（候）〔侯〕、司農部丞、郡國長史、丞、（候）〔侯〕、司馬、〇人秩皆六百石 4.1/26/1
諸秩〇石者 4.1/26/4
縣國守宮令、相或〇石或六百石 4.1/26/7
而有秩者侍中、中常侍、光祿大夫秩皆二〇石 4.1/26/8
大中大夫秩皆比二〇石 4.1/26/9
鄉三〇六百八十一 5.1/28/3
亭萬二〇四百四十三 5.1/28/3
九卿、中二〇石青綬 5.6/33/7
〇石、六百石黑綬 5.6/33/7
上錢二〇萬 7.8/41/15
奴婢至〇四百人 7.11/42/8

廄馬〇二百匹 7.11/42/8
以〇里爲程 7.12/43/15
日以〇數 8.1/46/23
活徒士數〇人 8.2/47/17
轉易至數〇人 8.2/47/23
發湟中秦、胡羌兵四〇人 8.2/47/25
乃發湟中六〇人 8.2/47/26
旦夕臨者日數〇人 8.2/48/2
增封三〇戶 8.4/48/14
賞錢五〇 8.6/49/1
又與五〇 8.6/49/2
中二〇石十四人 8.7/49/19
得鎧弩刀矛戰楯匕首二三〇枚 8.9/49/28
得釜鑊二三〇枚 8.9/50/1
得匕首三〇枚 8.9/50/1
〇載一遇也 8.13/52/7
弇凡平城陽、琅邪、高密、膠東、東萊、北海、齊、〇乘、濟南、平原、泰山、臨淄等郡 8.14/53/10
輜重七〇餘兩 8.14/53/12
中郎將、護羌校尉及刺史、二〇石數百人 8.17/54/15
騎五〇匹 9.2/56/7
邑七〇三百戶 9.6/58/13
今送縑〇匹 9.7/59/12
鮮卑〇餘騎攻肥如城 9.9/60/13
鄧禹發房子兵二〇人 9.12/61/18
純與從昆弟訢、宿、植共率宗（施）〔族〕賓客二〇餘人 10.1/62/7
數〇人號呼涕泣 10.1/62/11
四二〇石 10.22/68/4
奴婢〇數 10.22/68/4
〔益地數〇頃〕 11.1/70/13
賜歙妻縑〇匹 11.2/71/1
茅屋草廬〇餘戶 11.10/73/14
墾田四〇餘頃 11.10/73/14
遠祖以吏二〇石自邯鄲徙茂陵成歡里 12.1/75/5
賜羊三〇、牛三百頭以養病 12.1/76/4
防兄弟二人各六〇戶 12.3/77/23
以襄城羹亭一〇二百戶增防 12.3/77/24
防兄弟奴婢各〇人以上 12.3/78/8
歲〇萬以上 12.4/78/16
將北軍五校士、羽林兵三〇人 12.6/79/8
常有〇數 12.7/79/18
贈賻三〇匹 13.8/84/27
二〇石失制御之道 13.11/86/26
涉〇鈞之發機不知懼 14.4/92/13
令夫功烈施於〇載 14.5/93/30
食五〇戶 15.1/95/2
不遠〇里 15.2/95/7
 20.11/147/11
刺史二〇石初除謁辭 15.2/95/23
丹上麥二〇斛 15.5/96/20
坐前守張禁多受遺送〇萬 15.8/98/11
賻絹七〇匹 15.10/99/7
堪有同心之士三〇人 15.12/99/24
開治稻田八〇餘頃 15.12/99/27
錢人五〇 15.13/100/8
李章爲〇乘太守 15.18/101/21
乃以漢中郡南鄭之西鄉戶〇封超爲定遠侯 16.3/103/21
食邑五（百）〔〇〕戶 16.9/106/11
以二〇石祿終其身 16.17/108/20
以二〇石祿養終身 16.27/111/12
其以縣見穀二〇石賜勃子若孫 16.34/113/11
所出二〇餘人 16.37/114/3
如殺一大尹贖二〇人 16.37/114/4
皆故刺史、二〇石 16.38/114/9
累世〇石 17.2/118/3
交趾太守坐贓〇金 17.13/121/23
而有資財〇萬 17.25/125/10
雖有二〇石 18.1/126/13
所在以二〇石俸終其身 18.3/127/7
二〇石皆以選出京師 18.7/128/16
剖符典〇里 18.7/128/16
虜出度五〇人 18.12/129/28
吏白今虜兵度出五〇 18.12/129/28
時生子皆以廉名者〇數 18.12/130/4
攜錢二〇、布兩端去 18.13/130/14
宗族五人同爲二〇石 18.14/130/27
賜〇石俸 19.3/137/9
死者以〇數 19.6/138/13
迎新〇里 19.8/139/4
存者〇數 19.17/141/4
添設儲峙輒數〇萬 19.22/142/18
卿二〇石子 20.17/148/16
韓昭強賦一億五〇萬 20.21/149/10
食邑四〇戶 20.24/150/7
邑〇戶 20.24/150/8
今後宮之女數〇 21.7/151/19
詔賜錢〇萬 21.8/152/4
民養子者三〇餘人 21.38/157/29
臣伏見二〇石 21.45/158/28
典牧〇里 21.45/158/28
數月間至七八〇人 23.1/164/21
平林人陳牧、廖湛復聚〇餘人 23.1/164/21
宮人數〇 23.1/165/5
拜除二〇石 23.1/165/15
得掖庭中宮女猶有數百〇人 23.5/166/16
屬國胡數〇畔 23.9/168/3
當道二〇石皆選容貌飲食者 23.11/168/16
棄〇乘之基 23.16/170/8
以吏二〇石自無鹽徙焉 23.17/170/23
將軍割據〇里 23.17/171/1
蜀地沃野〇里 23.17/171/3
地方數〇餘里 23.17/171/6
蜀人及其弟光以爲不宜空國〇里之外 23.17/171/20
（幕）〔募〕敢死士五〇餘人 23.17/171/28
〇里無烟火 24.12/173/19
其殿中廬有索長數尺可以縛人者數〇枚 24.72/178/7
二〇石皆以選出 24.80/178/25
刻符典〇里 24.80/178/25

阡 qiān 1

恭隨行〇陌 19.4/137/19

汧 qiān 3

上從長安東歸過〇 9.7/59/9
遵獨留屯〇 9.7/59/11
詔于〇積穀六萬斛 11.2/71/2

牽 qiān 4

買〇車令拜 16.36/113/22
鄰郡人多〇牛入界 18.6/128/8
即〇馬造門 18.12/130/8
而欲〇儒生之說 23.16/170/8

鉛 qiān 2

冀立〇刀一割之用 16.3/103/16
寢則懷〇筆 18.16/131/14

愆 qiān 3

不〇不忘 5.5/32/13,13.11/86/8
若以懈慢爲〇 17.13/121/27

僉 qiān 2

〇以爲雖于更衣 5.5/31/22
群臣〇薦緐 13.11/86/7

遷 qiān 59

至孝武、(兒)〔倪〕
寬、司馬〇猶從土德 1.1/5/6
〇呂太后于園 1.1/9/19
陳行相師〇奏 3.6/23/14
其陳寵、左雄、朱寵、
龐參、施延並〇公 4.1/25/6
訖永平世不〇 6.2/34/24
尹左〇 6.5/37/1
興〇弘農太守 7.2/39/3
〇護烏桓校尉 8.2/47/19
三〇虎賁中郎將 8.4/48/12
〇黃門侍郎 8.7/49/12
〇大匠 8.8/49/24
從羽林監〇虎賁中郎將
10.13/65/11,12.2/77/10
是日〇漢忠將軍 10.20/67/4
張況〇涿郡太守 11.8/72/21
歆坐左〇爲汲令 11.9/73/5
超〇非次 11.10/73/11
一月九〇爲丞相者 12.1/75/23
〇虎賁中郎將 12.1/76/6
自河東〇居北地 12.9/80/6
歙〇汝南太守 13.8/84/26
又〇其餘于成周 13.11/86/16
〇大司徒司直 13.11/87/1
〇司徒 13.13/88/7
稍〇衛尉 13.15/88/24
〇尚書令 15.7/97/14
故左〇芒長 15.8/98/11
〇武都太守 15.11/99/18
平陽城李善稱故令范〇
於張堪 15.12/100/2
〇爲郎 16.2/102/16
范升〇博士 16.7/105/3
〇侍中 16.10/106/17
〇太常 16.11/107/1
旬月間〇河內汲令 16.12/107/6
遂不復轉〇 16.16/108/11
〇長陵令 16.22/110/6
〇玄武司馬 17.1/117/27
〇大司農 17.4/118/23
稍〇侍中 17.8/119/22
〇司徒長史 17.10/120/15
〇左中郎將 17.12/121/8
左〇即邱長 17.20/123/21
〇尚書僕射 18.2/126/25
再〇臨淮太守 18.6/128/4
〇尚書 18.10/129/12
〇鄴令 18.15/131/9
〇城門校尉 18.16/131/17
〇魏郡太守 19.1/136/14
酺每〇轉 19.1/136/22
〇南陽太守 19.2/137/4
〇廷尉正 19.17/141/3
〇武威太守 19.20/141/23
功滿當〇 19.22/142/15
〇僕射 19.22/142/15
〇中常侍 19.32/144/22
以功〇大長秋 19.32/144/23
〇膠東相 20.17/148/18
後〇外黃令 21.16/154/10
以博通古今〇太史令
21.51/159/24

謙 qiān 25

善節約〇儉如此 2.1/13/29
壯而仁明〇恕 2.2/14/4
〇讓恪懃 3.1/18/10
對于八政勞〇克己終始
之度 5.5/31/21
奮至〇之意 5.5/32/3
而睦〔性〕〇恭好士 7.3/39/10
敞〇儉好義 7.7/40/15
性〇儉 7.8/41/14
〇恕下士 8.2/47/10
陟〇退 8.4/48/13
異爲人〇退 9.4/57/20
性〇恭 10.21/67/14
〇讓有節操 10.23/68/9
宏爲人〇慎 11.4/71/19
天道惡滿而好〇 11.4/71/20
而況恭儉〇遜 11.11/73/23
〇虛抑損 12.11/81/24
〇儉節約 13.12/87/25
上輒〇曰 16.9/106/6
〇〇允恭 16.10/106/22
性恭儉〇約 18.27/134/8
以〇儉推讓爲節 18.28/134/13
執〇求退 21.43/158/20
〇讓日崇 24.54/176/27

騫 qiān 1

猶當效傅介子、張〇立
功異域 16.3/102/23

前 qián 127

〇已至城北矣 1.1/2/22
請爲〇行諸部堅陣 1.1/3/2
〇去尋、邑軍四五里而陣 1.1/3/2
〇世無比 1.1/6/11
〇後相塵 1.1/6/17
追念〇世 1.1/6/20
漢意難〇 1.1/7/4
〇以用度不足 1.1/8/20
群臣爭論上〇 1.1/9/5
帝悔〇徙之 1.1/9/7
帝崩于南宮〇殿 1.1/9/22
如會殿〇禮 2.1/11/21

有諸生○舉手曰 2.1/13/5
芝生○殿 2.1/13/15
上從席○伏御床 2.1/13/18
帝崩于東宮○殿 2.1/13/21
世祖閔傷○世權臣太盛 2.1/13/24
帝崩于章德○殿 2.3/17/9
帝崩于崇德○殿 2.4/17/22
○不用濟陰王 3.2/19/26
○伐西夷 3.2/20/17
帝崩于玉堂○殿 3.2/20/26
3.3/21/11,3.4/21/19
遵履○制 3.2/21/1
○爲陳相 3.6/23/14
○後凡三十六事 5.5/29/20
比隆○代 5.5/31/8
節損益○後之宜 5.5/31/15
○過濯龍門 6.2/35/3
○白良曰 7.4/39/21
皆言類揚雄、相如、○
世史岑之比 7.12/43/1
血從○髆上小孔中出 7.12/43/7
恭子男丁○妻物故 7.17/44/19
○太子卬頑凶失道 7.20/45/13
拜○將軍 8.1/46/19
○將軍鄧禹 8.1/46/19
○後沒溺死者不可勝算 8.2/47/16
○烏桓吏士皆奔走道路 8.2/48/3
所向無○ 8.14/52/16
21.53/160/3
行常自被甲在○ 8.16/53/25
卿○止吾此舉 9.1/55/17
〔見〕(在上)〔上在〕
○ 9.10/60/22
上拜純爲○將軍 10.1/62/8
上令霸○瞻水 10.11/64/17
遂○ 10.11/64/19
○遇冰變 10.11/64/21
中霸○酒樽 10.11/64/25
王莽○隊大夫誅謀反者
10.21/67/13
人人長跪○割之 10.23/68/11
大將軍憲○歲出征 10.24/68/22
因欲○刺囂 11.2/70/22
○世貴戚皆明戒也 11.4/71/20
置印綬于○ 11.14/74/14
臣○至蜀 12.1/75/19
○到朝廷 12.1/75/22
於上○聚米爲山川 12.1/76/1
尤善述○事 12.1/76/9
上以固言○後相違 12.3/77/18
特以○參醫藥 12.3/77/23
光○坐黨附(憲)〔竇〕
憲 12.4/78/16
○授生徒 12.7/79/20
○代所未嘗有 12.9/80/13
祭食如○ 12.11/81/21
其委任自○世外戚禮遇
所未曾有 12.11/81/24
又○十八年親幸長安 13.12/87/17
見純○告翕語 13.12/87/24
覽照○世 13.13/88/9
勤燕見○殿盡日 13.13/88/11
饑困不能○ 13.16/89/10
諸夫人各○言爲趙憙所
濟活 13.16/89/15
妻嘗於母○叱狗 14.2/90/15
叩頭馬○ 14.2/91/2
使○走數十步 14.2/91/4
奔走馬頭○ 14.2/91/6
忿邑背○約 14.4/92/2
○上疾狀 15.2/95/10
陳之於主人○ 15.5/96/17
馬不得○ 15.7/97/16
惲於下座愀然○曰 15.8/97/30
坐○守張禁多受遺送千
萬 15.8/98/11
○在州素有恩德 15.9/98/18
○有召父 15.10/99/6
賊推奮之子于軍○ 15.11/99/17
賜食於○ 15.13/100/7
24.26/174/27
充到○亭 15.14/100/12
令卒○所續《史記》 16.2/102/17
令遂○功 16.3/103/11
臣○奉使 16.6/104/24
輒令榮於公卿○敷奏經
書 16.9/105/15
會諸博士論難于○ 16.9/105/18
伏見○太尉西曹掾蔣遵
16.20/109/12
諸生著錄○後萬人 16.21/109/23
○世以磨研編簡之才
16.28/111/16
放○對曰 16.33/112/22
遂解衣而○ 16.33/112/23
及○後守令能否 16.35/113/15
○公孫述破時 16.35/113/16
正在○導曰 16.36/113/23
○後奏記數十 16.38/114/11
○見良頭鬚皎然 17.10/120/13
傷胸○ 17.17/122/27
○排武 17.17/122/28
暉拔劍○曰 18.6/127/24
○不與婢者 18.6/127/26
赦天下繫囚在四月丙子
以○減死罪一等 18.9/128/26
臣以爲赦○犯死罪而繫
在赦後者 18.9/129/2
○後相違 18.12/129/27
范乃毀削○令 18.12/130/2
操作具而○ 18.29/135/2
不敢于鴻○仰視 18.29/135/5
○後所奏 19.8/139/3
手奉案○跪 19.11/139/25
梓樹生廳○屋上 19.12/140/4
○後萬餘人相屬于道
19.19/141/15
輔○叩頭 20.8/146/20
置戶屏○ 20.10/147/4
于羌○以酒酹地曰 21.11/153/3
○刺史邯鄲商爲猛所殺
21.11/153/8
虹晝見御座殿庭○ 21.24/155/21
林對○後兩屈 22.5/164/5
更始上○殿 23.1/165/5
漢祖無有○人之迹、立
錐之地 23.17/171/13
《○漢志》但載十二律
24.86/179/11
《○志》亦闕而不論
24.90/179/25

虔 qián 1

○人種羌大豪恬狼等詣
度遼將軍降 3.1/19/5

乾 qián 7

朝○夕惕 2.2/15/25
稽○則古 3.2/20/29

裔孫○嗣位 7.4/39/24
○藏逃 7.4/39/25
食糒○飯屑飲水而已 11.10/73/13
行縣齎持○糒 18.15/131/9
配○作合 24.29/175/5

鈐 qián 2

《尚書璇璣○》曰 2.1/12/14
《（樞）〔琁〕機○》曰 5.5/31/11

鉗 qián 1

用髡○之輕法 13.11/86/4

潛 qián 7

大將軍竇憲○圖弒逆 2.3/16/19
○忌閎 14.7/94/13
遂○藏不見 16.46/115/27
善乃○負逃亡 17.25/125/10
客○于內中聽 18.26/134/3
遂○思著書十餘篇 18.29/135/7
而○遣奇兵出吳漢軍後 23.17/172/1

錢 qián 43

與同舍生韓子合○買驢 1.1/1/15
出郡○穀給蕭何子孫 2.1/12/11
賜○百萬 2.1/12/21,9.8/60/7
粟斛○三十 2.1/13/1
賻○三千萬 3.1/18/20
詔賜○廩穀 3.2/20/21
于是白太后即賜○各五百萬 6.2/35/17
上○二千萬 7.8/41/15
○布以億萬計 7.12/43/13
賞○五千 8.6/49/1
否則守○虜耳 12.1/75/11
宜如舊鑄五銖○ 12.1/76/7
上言太守蘇定張眼視○ 12.1/76/24
輒遣蒼頭以車載米菜○ 12.11/81/15
今送○五萬 13.11/87/4
賞賜○帛 13.13/88/12
賜○二十萬 15.2/95/15
芒守丞韓龔受大盜丁仲○ 15.8/98/11
○人五千 15.13/100/8
不能得○買肉 16.49/116/20
賜延○及帶劍佩刀還郡 17.1/117/24
詔以信田宅奴婢○財賜廉吏太常周澤 17.3/118/19
意出奉○帥人作屋 17.13/121/19
乃更以庫○三十萬賜之 17.13/121/26
時米石萬○ 18.1/125/19
又鑄○官姦宄所集 18.1/125/25
興署倫督鑄○掾 18.1/125/26
米石萬○ 18.1/126/9
贈○三十萬 18.3/127/7
得數萬○ 18.10/129/8
○盡可復得 18.10/129/9
賜以冠幘○布 18.10/129/13
攜○二千、布兩端去 18.13/130/14
憲遣奴騶帳下吏李文迎○ 18.13/130/21
給文以○市（焉）〔馬〕 18.13/130/22
雖無○ 18.18/132/3
賜指○示勤曰 18.26/133/26
拜而得○ 18.26/133/26
賜○三十萬 19.1/136/8
賜○三萬 19.22/142/11
趙序取○縑三百七十五萬 20.22/149/14
詔賜○千萬 21.8/152/4

淺 qiǎn 3

御坐廡下○露 1.1/8/4
臣經術○薄 16.9/105/17
學問寖○ 19.6/138/11

遣 qiǎn 127

莽○三公將運關東諸倉賑貸窮乏 1.1/1/20
又分○大夫謁者教民煮木爲酪 1.1/1/20
宛大姓李伯玉從弟軼數○客求帝 1.1/2/1
○大司徒王尋、大司空王邑將兵來征 1.1/2/13
莽○尋、邑欲盛威武 1.1/2/16
尋、邑○步騎數千〔乘〕合戰 1.1/3/3
○之河北 1.1/3/18
郎○諫議大夫杜長威持節詣軍門 1.1/4/1
帝○棨戟迎 1.1/4/2
更始○使者即立帝爲蕭王 1.1/4/7
帝○游擊將軍鄧隆〔與〕幽州牧朱浮擊彭寵 1.1/5/13
○吏上奏言 1.1/5/14
囂雖○子入侍 1.1/6/8
○輕騎至成都 1.1/7/4
無○吏及因郵奏 1.1/9/24
州郡各○使奏其事 2.1/11/9
○謁者考實 2.1/11/14
○使者以中牢祠 2.3/16/17
○憲及弟篤、景就國 2.3/16/20
○司徒等分詣郊廟社稷 3.1/19/15
葉調國王○使師會詣闕貢獻 3.2/20/6
疏勒國王盤○使文時詣闕 3.2/20/12
○侍中杜喬、光祿大夫周舉等八人分行州郡 3.2/20/21
分○文學循行屬縣 7.2/39/3
○中大夫奉璧朝賀 7.3/39/11
敕官屬○送 7.8/41/14
乃○使手詔諸國曰 7.12/42/23
大鴻臚奏○發 7.12/43/11
上○太醫丞相視之 7.12/43/15
恭○從官蒼頭曉令歸 7.17/44/20
上不○ 8.11/51/18
皆放○還 8.12/52/1
皆罷○歸鄉里 8.14/53/12
○使獻名馬 8.17/54/4
願○子入侍 8.17/54/4
上議○使降之 9.1/55/16
峻○軍師皇甫文謁 9.1/55/18
○其副歸告峻曰 9.1/55/20
諸蠻夷相率○使貢獻 9.2/56/2
宜急分○屬官 9.4/56/21

更始○舞陰王李軼、廩丘王田立、大司馬朱鮪、白虎公陳僑將兵三十萬 9.4/57/1
○討赤眉 9.4/57/10
遵○護軍王忠皆持刀斧伐樹開道 9.7/59/8
公孫述○兵救隗囂 9.7/59/10
詔○百官皆至喪所 9.7/59/14
上○校尉發騎士四百人 9.7/59/19
上○霸討之 10.11/64/24
王郎○將攻信都 10.14/65/21
常○使以太牢祠通父冢 10.21/67/16
河西太守竇融○使獻（三）〔橐〕駝 10.22/67/20
（遣）〔○〕司馬虞封間行通書 10.22/67/20
囂○子恂隨入侍 11.2/70/19
○伯春委質 11.2/70/21
上○中黃門朝暮餐食 11.5/72/1
便發○ 11.9/73/4
遂○援 12.1/77/5
○子以往 12.6/79/12
○功曹史李龔奉章詣闕 12.6/79/13
○太醫送方藥也 12.6/79/14
輒○蒼頭以車載米菜錢 12.11/81/15
張步○其掾孫昱隨盛詣闕上書 13.2/83/7
○謁者侯盛、荊州刺史費遂齎璽書徵霸 13.5/83/20
○吏召之 13.6/84/5
既○而悔 13.11/85/24
兩府○吏護送饒穀之郡 13.11/86/22
援○子持馬一匹遺林 13.11/87/2
林○子奉書曰 13.11/87/3
更始○柱天將軍李寶降之 13.16/89/6
○使〔者〕爲釋服 13.16/89/18
又諫更始無○上北伐 14.1/90/4
光武○諫議大夫儲大伯持節徵永 14.2/90/19
○信人馳至長安 14.2/90/20
永○弟升及子壻張舒等謀使營尉李匡先反涅城 14.2/90/20
上○小黃門問昱有所怪不 14.3/91/19
世祖○騎都尉弓里游、諫大夫何叔武 14.4/92/1
時更始○鮑永、馮衍屯太原 14.4/92/2
乃（○）〔遺〕書責邑曰 14.4/92/3
霸○子昱候 15.5/96/21
先○伯禽守封於魯 15.7/97/13
坐○客爲弟報讎 15.10/99/7
公孫述○擊之 15.12/99/24
漢先○堪入成都 15.12/99/26
下車○吏以中牢具祠延陵季子 15.15/100/23
延輒休○繫〔囚〕徒 15.15/100/27
詔○使〔者〕臨視 15.16/101/6
固又○與從事郭恂俱使西域 16.3/103/3
何故不○而選乎 16.3/103/11
焉耆王廣○其左將北鞬支奉迎超 16.3/103/20
賜而○ 16.3/103/20
安息○使獻大爵、師子 16.3/104/2
超○子勇隨入塞 16.3/104/2
北匈奴○使求和親 16.6/104/22
上○衆持節使匈奴 16.6/104/22
復○衆使北匈奴 16.6/104/23
太子朝夕○中人問疾 16.9/105/21
乃○謁者即授印綬 16.24/110/19
（遣）〔○〕送之 16.31/112/10
乃○人持鳩 16.45/115/18
北海太守○使奉謁 16.46/115/27
太守○吏捕之 16.46/115/28
賊哀而○之 17.11/120/23
時單于○使求欲得見宮 17.12/121/8
均○子英奉章詣闕 18.10/129/12
憲○奴騶帳下吏李文迎錢 18.13/130/21
○大鴻臚持節至墓 18.24/133/15
○吏奏記陳罪 18.26/134/1
每歲○人送米肉 19.4/137/15
母強○之 19.4/137/16
謝○門人 19.7/138/23
霸以所乘車馬○送之 19.11/139/18
○還營 19.19/141/15
便諷吏解○ 19.21/142/3
先○吏到屬縣盡決罪行刑 19.26/143/13
臺○兩當關扶郁入 19.29/144/5
○兵討之 21.8/151/24
○蒼頭市酒 21.9/152/13
寬須臾○人視奴 21.9/152/13
南單于○使獻駱駝二頭 22.3/161/11
上○單于 22.3/161/15
乃○劉恭乞降曰 23.5/166/17
王郎○諫議大夫杜威持節詣軍門 23.8/167/18
上○棨戟〔迎〕 23.8/167/18
○（毋）〔毌〕樓且渠王求入五原 23.9/168/5
今○子密等詣子后蘭卿所 23.11/168/25
雖○子春卿入質 23.16/170/18
而潛○奇兵出吳漢軍後 23.17/172/1
北虜○使和親 24.79/178/23

譴 qiǎn 7

〔○勅令與諸舍相望也〕 6.2/34/18
亦不○怒 6.2/35/4
數加○責 12.3/78/8
詔書○匡 17.20/123/20
後吏○詩 17.22/124/7
無○過之事 19.11/139/23
以職事被○ 20.13/147/19

塹 qiàn 2

退阻營○ 11.2/71/3
歙乃大治攻具衝車度○ 11.2/71/3

羌 qiāng 43

皇考女弟子來歙爲征○

侯 1.1/10/8
徼外○龍橋等六種慕義降附 3.1/18/12
徼外○薄申等八種舉衆降 3.1/18/16
安定太守杜恢與司馬鈞并威擊○ 3.1/18/30
爲○所害 3.1/19/1
虔人種○大豪恬狼等詣度遼將軍降 3.1/19/5
以西○未平 7.8/41/15
爲護○校尉 8.2/47/25
16.30/111/25
諸○皆喜 8.2/47/25
發湟中秦、胡○兵四千人 8.2/47/25
○俗 8.2/48/1
吏人○胡愛惜 8.2/48/2
討擊○虜 8.9/49/28
遵破諸○ 8.9/50/1
中郎將、護○校尉及刺史、二千石數百人 8.17/54/15
○、胡畢集 10.22/67/22
○胡親愛之 10.23/68/11
○胡見客 10.23/68/11
破西○還 10.23/68/12
討○ 12.1/76/4
黠○欲旅拒 12.1/76/6
防征西○ 12.3/77/21
綏定西○ 12.3/77/23
賦斂○胡 12.3/78/8
通貨故○ 15.11/99/13
吏人及○胡畏之 15.17/101/15
西○反叛 19.6/138/13
掩擊○胡 20.5/146/5
頻破○、胡 21.8/151/26
餘○復〔與繞河大〕寇張掖 21.8/151/26
○亦引退 21.8/151/27
先零諸○討之難破 21.8/152/1
滅○有功 21.8/152/3
掠得○侯君長金印四十三 21.8/152/7
○離湳上奐馬二十匹 21.11/153/3
于○前以酒酹地曰 21.11/153/3
西○祖爰劍爲秦所奴隸 22.5/164/3
諸○以爲神 22.5/164/3
護○竇林奉使 22.5/164/4
○顛岸降 22.5/164/4
○什長鞏便 22.5/164/8
金城、隴西卑湳、勒姐種○反 22.5/164/8

強 qiáng 36

齊武王○爭之 1.1/3/10
自○從公 1.1/8/5
何○顏耶 1.1/9/11
慶弟博爲瀙○侯 2.1/11/23
吏○責租 7.7/40/17
吳公差○人意 8.10/50/17
因發○弩射之 8.17/54/7
牽多○弩 9.1/55/19
欲令○起領郡事 9.10/60/24
以武○爲侯國 10.6/63/12
上乃○見之 10.21/67/9
延收淚○起 11.2/71/5
陰傅封瀙○侯 11.15/74/24
以瀙○屬西 11.15/74/24
詔詰會稽車牛不務堅○ 12.8/80/2
六卿卒○ 12.10/80/23
帝○起湛以代之 13.10/85/16
所以挫其○禦之力 13.11/86/17
以稍弱六國○宗 13.11/86/18
○幹弱枝 13.11/86/20
16.24/110/18
恐有○暴者 13.16/89/8
並伉直不避○禦 14.2/91/7
疾惡豪○ 15.5/96/14
將有損大漢之○ 16.6/104/25
篆乃○起班春 16.37/114/1
抑○絕邪 18.6/128/5
○直自遂 18.6/128/5
擊豪○ 19.1/136/8
母○遣之 19.4/137/16
○爲餐飯 19.29/144/4
欲吾擊○宗也 20.10/147/5
韓昭○賦一億五千萬 20.21/149/10
摧其權○ 21.3/150/28
士馬最○ 23.16/170/9
圓二尺五寸而○ 24.89/179/19

彊 qiáng 16

帝所與在長安同舍諸生○華自長安奉《赤伏符》詣鄗 1.1/4/17
東海恭王○ 7.8/41/3
○不自安 7.8/41/4
○廢爲東海王 7.8/41/5
○性明達恭謹 7.8/41/6
以○章宣示公卿大夫 7.8/41/7
○薨 7.8/41/10
追念○雅性恭儉 7.8/41/13
更○勒兵 8.14/53/2
衆（疆）〔○〕之黨 14.5/93/6
齊桓霸○之君耳 14.5/93/18
安其（○）〔疆〕宇 14.5/93/18
北逼○胡 14.5/93/22
擊搏豪○ 15.16/101/6
豪○略城 16.34/113/5
黃香、字文○ 19.22/142/7

牆 qiáng 1

茂負太守孫福踰○出 16.32/112/16

襁 qiǎng 2

帝在○褓 2.4/17/20
孝殤○褓承統 2.4/17/24

墝 qiāo 1

土地○埆 22.4/163/9

磽 qiāo 1

受封必求○确之地 15.1/95/1

喬 qiáo 6

安得松、○與之而共遊乎 1.1/8/24
遣侍中杜○、光祿大夫周舉等八人分行州郡 3.2/20/21
及河○嶽 5.5/31/1
郭賀、字○卿 17.9/119/27

魏霸、字○卿 19.11/139/18
楊○曰 21.45/158/28

僑 qiáo 1

更始遣舞陰王李軼、廩丘王田立、大司馬朱鮪、白虎公陳○將兵三十萬 9.4/57/1

憔 qiáo 1

慕思○悴 19.22/142/9

樵 qiáo 1

○薪 17.12/121/5

橋 qiáo 11

燒市○ 1.1/7/5
道（路）〔○〕所過歷樹木 2.2/14/15
徼外羌龍○等六種慕義降附 3.1/18/12
據浮○于江上 8.10/50/22
漢鋸絕橫○ 8.10/50/22
自西河至渭○ 10.5/63/7
子都子○ 12.9/80/6
○子溥 12.9/80/7
焉耆國有葦○之險 16.3/103/20
廣乃絕○ 16.3/103/20
以配岑于市○ 23.17/171/28

翹 qiáo 1

鸞旗曰雞○ 24.95/180/15

顦 qiáo 1

憂懼○顇 8.7/49/12

巧 qiǎo 5

刺史太守多爲詐○ 1.1/8/1
窮極技○ 7.16/44/11
伎○畢給 17.7/119/13
市無姦枉欺詐之○ 18.1/125/27
懷挾姦○ 20.20/149/6

愀 qiǎo 1

憚於下座○然前曰 15.8/97/30

切 qiē 10

召憲○責曰 10.24/68/18
宜加○敕 12.1/76/24
言甚○至 13.8/84/27
浮上疏○諫曰 13.9/85/5
衍聞明君不惡○慤之言 14.5/93/1
言甚○直 15.7/97/14
功曹言○ 15.8/98/2
指○長短 16.38/114/11
論議○直 17.12/121/8
上疏○諫云 21.7/151/19

且 qiě 37

○去 1.1/2/21
○圍之數十重 1.1/2/24
○堅據廣都城 1.1/7/6
我曹亦○俱死耳 8.2/48/3
可○朝食 8.11/51/14
○西安城堅 8.14/53/1
可○閉營休士 8.14/53/8
乘輿○到 8.14/53/8
○臨水止 10.11/64/18
○以一縣自養 11.8/72/22
徑○百里 11.10/73/12
四方○半額 12.2/77/11
廱所○窮 12.11/81/23
方○圖之 13.6/84/13
白馬生○復諫矣 13.10/85/15
令○從師友之位 13.11/85/23
○猶世主 13.11/86/7
祭可○如元年郊祭故事 13.11/86/10
可（○）〔具〕以備乏 13.11/87/3
老人居之○病痱 13.14/88/19
○釋之而去 13.16/89/4
○將故人往 14.2/90/22
貴戚○當斂手 14.2/91/7
○大將軍之事 14.5/93/16
○衍聞之 14.5/93/19
行行○止 16.13/107/13
○喜○懼 16.49/116/18
○盡推財與之 18.10/129/11
○交陵悟 22.4/162/18
路○揀雒 22.4/162/21
不如○稱王 23.1/164/26
遣（母）〔毋〕樓○渠王求入五原 23.9/168/5
○禮有損益 23.16/169/28
○蓄養士馬 23.16/170/10
囂病○餓 23.16/170/18
兵○西向 23.17/171/12

妾 qiè 6

以率八○ 6.2/34/14
姬○嫡庶 7.20/45/12
忌不得留媵○ 14.5/94/1
○是也 15.6/97/5
今○媵嬖人閹尹之徒 20.4/145/22
故使賤○侍執巾櫛 22.1/160/26

怯 qiè 3

劉將軍平生見小敵○ 1.1/3/4
○于戰功 12.1/76/24
而篤又○于事 18.23/133/10

篋 qiè 4

宮中亡大珠一○ 6.5/36/19
今以光烈皇后假髻、帛巾各一、衣一○遺王 7.12/43/5
太守張穆持筒中布數○與范 18.12/129/26
滿一○緘封 24.72/178/8

竊 qiè 10

于是皆○言曰 1.1/4/1
○聞賢聖之君 10.26/69/13
○見故大司徒陽都侯伏湛自行束脩 13.1/82/22
誠小臣所○憂也 15.8/98/8
後皇○書誦盡 18.13/130/14

〇見竇憲、耿秉 19.4/137/22
兄大將軍憲等並〇威權 19.32/144/22
〇聞使者並規度城南民田 20.4/145/24
臘日奴〇食祭其母 21.18/154/19
〇不自量 24.90/179/26

侵 qīn 6

而貴不〇民 1.1/10/12
有五谿六種寇〔〇〕 11.2/71/2
若大姓〇小民 12.1/76/6
元元〇陵之所致也 13.11/86/13
〇陵之象也 13.11/86/29
更相〇奪 23.1/164/20

衾 qīn 1

衣〇、飯唅、玉匣、珠貝之屬 12.11/81/19

欽 qīn 3

〇奉鴻烈 3.2/20/29
臣〇仰聖化 5.5/32/6
永與馮〇共罷兵 14.2/90/21

親 qīn 99

更始欲以近〇巡行河北 1.1/3/17
帝躬〇萬（幾）〔機〕 1.1/6/17
又議漢殺述〇屬太多 1.1/7/12
多近〇 2.1/11/13
〇密九族 2.1/11/15
朕〇袒割牲 2.1/12/1
〇自制作《五行章句》 2.1/12/2, 11.7/72/14
朕〇耕于藉田 2.1/12/19
〇御講堂 2.1/13/12
〇屬勢位 2.1/13/25
〇愛九族 2.2/14/4
舉罰不避〇戚 2.2/15/14
大鴻臚悉求近〇宜爲嗣者 2.3/16/17
〇幸東觀 2.3/17/7
愛敬盡于事〇 3.2/21/1
孝章皇帝〇著歌詩四章 5.4/29/2
請〇定刻石紀號文 5.5/30/1
吾自念〇屬皆無柱石之功 6.2/34/27
安〇爲上 6.2/35/7
太后乃〇自臨見宮人 6.5/36/19
欲令〇吏事 7.1/38/24
其見〇重如此 7.2/39/6
蒼以〇輔政 7.12/42/18
今〇見其然 7.12/43/7
上〇答拜 7.12/43/10
誠不以遠近〇疏 7.12/43/12
惟王與下邳王恩義至〇 7.20/45/14
遂相〇附 8.1/46/6
門人益〇 8.1/46/20
身在〇近 8.7/49/18
漸〇之 8.10/50/11
車駕〇臨 8.10/51/4
深見〇異 8.12/52/2
〇自輓籠 8.17/54/11
異侍從〇近 9.4/56/18
上〇臨祠以太牢 9.7/59/15
而令〇屬招呼忠 10.14/65/22
誠不敢內顧宗〇 10.14/65/25
彤〇所以至今日得安于信都者 10.16/66/10
而融弟顯〇侯友嗣子固尙沮陽公主 10.22/68/3
雖〇戚功臣 10.22/68/4
羌胡〇愛之 10.23/68/11
吏民〇愛而不忍欺之 10.26/69/11
此乃相〇 10.26/69/15
防遂見〇近 12.3/77/21
帝〇御阿閣 12.6/79/9
帝〇召見龔 12.6/79/13
夫孝莫大于尊尊〇〇 12.10/81/5
以篤〇〇 12.10/81/6
其追封謚皇太后父竦爲褒〇愍侯 12.10/81/6
素相〇厚 13.11/87/2
又前十八年〇幸長安 13.12/87/17
遂見〇識 13.13/88/6
遇更始〇屬 13.16/89/10
〇北面事人 14.2/91/8
上〇稱制臨決 15.2/95/15
其〇喪不過留殯一月 15.5/96/16
其友人喪〇 15.5/96/17
丹子有同門生喪〇 15.5/96/23
離斷至〇 15.7/97/13
北匈奴遣使求和〇 16.6/104/22
天子〇自執業 16.9/106/6
甚見〇厚 16.10/106/17
上〇於辟雍自講所制《五行章句》已 16.10/106/18
故人〇戚莫敢至者 16.13/107/11
敏與班彪〇善 16.22/110/8
勃卒自〇 16.34/113/2
十餘歲喪〇 16.43/115/8
妻子自〇釜竈 17.3/118/18
常自養（〇）〔視〕 17.24/125/3
〇自哺養 17.25/125/11
褒〇自履行 18.16/131/16
〇自省治 18.16/131/18
宜〇政事 18.22/132/26
使仁恕掾肥〇往察之 19.4/137/19
〇曰 19.4/137/19
〇默然有頃 19.4/137/20
陛下〇勞 19.4/137/23
以不肯〇事爲高 19.7/138/21
事〇至孝 19.9/139/8
婦〇蠶桑 19.11/139/21
敬家貧〇老 19.12/140/3
父〇爲縣吏 19.16/140/22
令乃出〇 19.16/140/23
而〇極滋味 19.22/142/8
家貧〇老 19.27/143/19
會〇戚 19.27/143/19
宗〇共異之 19.29/144/4
宗人〇厚節會飲食宴 19.30/144/10
帝〇信焉 19.32/144/23
寵與所〇信吏計議 23.11/168/18
弘策授〇 24.35/175/17
〇奉定省 24.39/175/25
不〇豎 24.40/175/27
北虜遣使和〇 24.79/178/23
中宮皇太子〇服重繒厚練 24.94/180/11

秦 qín 18

自〇、漢以來師出未曾有也 1.1/2/18

高祖〔因○〕以十月爲正 1.1/5/4
至孝文、賈誼、公孫臣
　以爲○水德 1.1/5/5
帝征○豐 1.1/5/18
○時改爲太末 5.1/27/15
漢承○滅學 5.3/28/11
○爲無道 5.5/31/4
發湟中○、胡羌兵四千
　人 8.2/47/25
梁與○同祖 12.9/80/6
○人入疆 12.10/80/23
○彭、字國平 18.14/130/27
故號爲「萬石○氏」
　18.14/130/27
西羌祖爰劍爲○所奴隸
　22.5/164/3
○豐、邵縣人 23.13/169/9
案○舊迹 23.16/170/9
東下漢水以窺○地 23.17/171/6
昔○失其守 23.17/171/13
成都郭外有○時舊倉
　23.17/171/23

琴 qín　9

善○笙 3.5/22/29
《虞書》所謂「○瑟以
　詠 5.4/28/18
〔《詩》〕所謂「○瑟
　擊鼓 5.4/28/21
輒令鼓○ 13.6/84/4
上使譚鼓○ 13.6/84/7
惟《○道》未畢 16.16/108/13
伯牙破○ 16.22/110/9
彈○誦《詩》 18.29/135/4
每彈○惻愴不能成聲
　19.30/144/10

勤 qín　37

○于稼穡 1.1/1/26
內○經藝 2.3/17/12
以死○事則祀之 5.5/30/15
其後○○不離公門 8.10/50/10
而○于學 8.11/51/10
○勞省闥 12.3/77/23
馮○、字偉伯 13.13/88/3
惟○祖偃長不滿七尺 13.13/88/4
生○ 13.13/88/5
魏郡太守范橫上疏薦○
　13.13/88/5
在事精○ 13.13/88/6
○差量功次輕重 13.13/88/6
非○不定 13.13/88/7
上賢○ 13.13/88/8
○燕見前殿盡日 13.13/88/11
居家常執○苦 16.3/102/22
榮少○學 16.9/105/13
常○身田農 16.41/114/25
憂○國事 17.7/119/14
趙○、字益卿 18.26/133/25
時○在旁 18.26/133/26
賜指錢示○曰 18.26/133/26
○曰 18.26/133/26
○明達好學 18.26/133/27
乃署○督郵 18.26/133/28
○還入新野界 18.26/134/1
我有賢功曹趙○ 18.26/134/3
虞乃問○ 18.26/134/3
○對曰 18.26/134/4
因爲執○不懈 18.29/134/28
獨○心物務 19.7/138/21
尹○、字叔梁 19.9/139/8
常念兄與嫂在家○苦
　19.11/139/20
香躬執○苦 19.22/142/7
上知其○ 19.22/142/17
香○力憂公 19.22/142/17

禽 qín　7

凡人所以貴于○獸者 10.26/69/14
友人張汜、杜○與興厚
　善 11.14/74/17
故以殷民六族分伯○ 13.11/86/16
先遣伯○守封於魯 15.7/97/13
畜○獸 20.4/145/26
○之 20.23/149/23
恥見○ 21.11/153/9

擒 qín　1

遂○賊 15.11/99/17

懃 qín　1

謙讓恪○ 3.1/18/10

寢 qǐn　12

○疾不豫 2.4/17/24
遺詔無起○廟 3.2/20/26
不起○廟 3.2/21/1
可○處 5.1/27/16
誡不起○廟 5.5/31/22
車丞相高祖園○郎 12.1/75/23
有詔召眾問齊桓公之鼎
　在柏○臺 16.6/104/20
榮嘗○病 16.9/105/21
○則懷鉛筆 18.16/131/14
伺翊○ 21.37/157/25
論○徹旦 24.56/177/3
卒欲○伏儀下 24.90/179/26

沁 qìn　1

遂以賤直奪○水公主園
　田 10.24/68/17

青 qīng　30

又舊制上書以○布囊素
　裹封書 1.1/6/16
明設丹○之信 1.1/9/27
朱色○黃 2.2/15/6
鳳凰見百三十九、麒麟
　五十二、白虎二十九
　、黃龍三十四、○龍
　、黃鵠、鸞鳥、神馬
　、神雀、九尾狐、三
　足烏、赤烏、白兔、
　白鹿、白燕、白鵲、 2.2/15/20
以王○蓋車迎 3.1/18/9
○衣蠻夷、堂律等歸義 3.1/18/30
九卿○綬 4.1/25/18
以上皆銀印○綬 4.1/25/21
九卿、中二千石○綬 5.6/33/7
○白紅 5.6/33/7
純○圭 5.6/33/7,5.6/33/8
○紺 5.6/33/8
百石○紺綬 5.6/33/9

○白色 6.2/34/9
蕩蕩正○ 6.5/36/15
赤眉、○犢之屬 8.1/46/10
又知訓好以○泥封書 8.2/47/20
并載○泥一樸 8.2/47/21
擊○犢于射犬 8.11/51/14
○、徐大賊 8.14/52/15
必不使將軍負丹○ 9.4/57/17
魴父子兄弟並帶○紫 13.14/88/20
後○州大蝗 13.16/89/13
爲○州從事 16.25/110/25
薦郡吏王○三世死節 19.1/136/9
○從此除步兵司馬 19.1/136/9
酺傷○不遂 19.1/136/9
恢欲殺○簡以寫經書 20.17/148/12
色○赤 21.24/155/21

卿 qīng 99

嚴公寧視○耶 1.1/1/20
父爲宗○師 1.1/2/4
如○言 1.1/6/11,1.1/6/12
帝及公○列侯始服冕冠、衣裳 2.1/11/26
豈非公○奉職得理乎 2.1/12/23
悉會公○表賀奉觴上壽 2.1/13/17
不過九○ 2.1/13/25
九○青綬 4.1/25/18
九○、執金吾、河南尹秩皆中二千石 4.1/25/19
上從公○議 5.5/30/12
公○奏議世祖廟登歌《八佾》舞(功)名 5.5/31/3
公○議駁 5.5/31/24
上以公○所奏明德皇后在世祖廟坐位駁議示東平憲王蒼 5.5/32/11
公○議(舉)〔春〕南北郊 5.6/32/21
公、(○)〔侯〕、將軍紫綬 5.6/33/6
九○、中二千石青綬 5.6/33/7
以彊章宣示公○大夫 7.8/41/7
乃與公○共議定南北郊冠冕車服制度 7.12/42/17
○言天下不足定 8.1/46/17
位在九○上 8.3/48/8,12.3/77/22
公○以下 8.7/49/13
○將軍督 8.11/51/12
○失言 8.14/52/16
我(繫)〔擊〕○ 8.14/52/16
我戲○耳 8.14/52/17
○若東 8.14/52/21
九○十三人 8.17/54/15
○前止吾此舉 9.1/55/17
誦于公○曰 9.4/57/16
必不私諸○也 9.7/59/6
令公○讀視 9.7/59/16
故以封○耳 9.10/60/21
蓋延、字巨○ 9.11/61/3
○欲遂躍耶 9.12/61/21
(鄉)〔○〕乃欲以治民自效 10.1/62/11
諸○寧憊耶 10.9/64/4
○力也 10.11/64/20
任光、字伯○ 10.12/65/5
故呼○ 11.2/71/5
樊宏、字靡○ 11.4/71/18
余字聖○ 12.1/75/7
○遨遊二帝間 12.1/75/18
見○ 12.1/75/18
○非刺客 12.1/75/21
馬客○幼而岐嶷 12.5/78/24
客○逃匿不令人知 12.5/78/24
故以客○字焉 12.5/78/25
馬嚴、字威○ 12.6/79/3
六○卒强 12.10/80/23
林父子兩人食列○祿 13.11/87/4
華侯孫長○食采馮城 13.14/88/16
○非但爲英雄所保也 13.16/89/16
婦人亦懷○之恩 13.16/89/16
關東畏○ 14.2/90/22
問公○曰 14.2/91/10
申屠剛、字巨○ 15.7/97/12
桓榮、字春○ 16.9/105/13
輒令榮於公○前敷奏經書 16.9/105/15
得○幾晚 16.9/105/16
嘗與族人桓元○俱捃拾 16.9/106/2
元○謂榮曰 16.9/106/3
○但盡氣爾 16.9/106/3
元○來候榮 16.9/106/4
元○曰 16.9/106/4
○經及先師 16.10/106/18
○爲子夏 16.10/106/19
○曹皆人隸也 16.31/112/8
郭丹、字少○ 17.2/118/3
古者○士讓位 17.2/118/10
朝廷稱爲名○ 17.4/118/23
郭賀、字喬○ 17.9/119/27
上以章示公○ 17.10/120/13
上謂公○曰 17.13/122/2
○蒙國恩 17.17/123/1
聞○爲吏撾妻父 18.1/126/8
聞○爲市掾 18.1/126/9
有人遺○母一笥餅 18.1/126/9
○知從外來 18.1/126/10
○輕人 18.8/128/20
公○以神雀五采翔集京師 18.17/131/23
趙勤、字益○ 18.26/133/25
公○罷朝 19.1/136/23
魏霸、字喬○ 19.11/139/18
鄭璩、字平○ 19.15/140/16
九○位亞三公 20.13/147/19
○于是始免撲箠 20.13/147/20
○二千石子 20.17/148/16
孫程、字稚○ 20.23/149/18
桓帝詔公○選將有文武者 21.8/151/25
在九○位 21.29/156/15
蔣翊、字元○ 21.37/157/25
稱爲名○ 21.52/159/28
從劉俠○居 23.5/166/13
俠○爲制朱絳單衣、(平)〔半〕頭赤幘、直綦履 23.5/166/13
俠○禮之 23.5/166/14
今遣子密等詣子后蘭○所 23.11/168/25
雖遣子春○入質 23.16/170/18

清 qīng 44

太白○明 1.1/5/2
○河孝王第二子也 3.1/18/5
詔留于○河邸 3.1/18/9
太傅桓焉以無○介辟召 3.2/20/1
海內○平 5.5/29/11

故登歌《○廟》一章也 5.5/31/13
肅雍顯○ 5.5/31/16
而襄賁○靜 9.8/60/3
彤素○約 9.8/60/6
行己在于○濁之間 10.26/69/24
世稱冰○ 11.7/72/11
○約沈靜 12.2/77/9
熙太○之悠悠 12.10/81/3
今北方○淨 14.1/90/3
資性○白 15.5/96/14
少○高 15.6/97/3
性節儉而治○平 15.10/99/5
水○無大魚 16.3/104/5
○亮忠孝 16.20/109/12
在朝以○白方正稱 16.23/110/13
○淨少欲 16.25/111/1
履○高之節 16.52/117/12
在朝名○廉公正 17.2/118/11
朝廷嘉其○廉 17.3/118/18
以○廉見稱 17.5/119/3
以○白方正稱 17.10/120/15
○乎尙書之言 17.13/121/25
修行○白 18.1/125/19
厲志○高 18.3/127/4
在位○白 18.3/127/6
○靜自守 18.10/129/7
稱○白吏 18.10/129/9
政治肅○ 18.13/130/17
政教○靜 18.13/130/19
但高譚○論以激勵之 18.26/134/1
今伯鸞亦○高 18.29/135/9
性○約質樸 19.11/139/22
○約率下 19.20/141/20
使後世稱爲○白吏子孫 20.2/145/7
水者、欲吾○也 20.10/147/5
○高不動 21.10/152/21
京師肅○ 21.32/157/3
父奇其○苦 22.1/160/24
夫○道而後行 24.77/178/19

傾 qīng 3

觀古及漢○危之禍 15.2/95/22
寵嬖○亂而不能禁 20.2/145/11
○亂 24.66/177/23

輕 qīng 29

諸將素○帝 1.1/2/23
乃遂令○足將書與城中諸將 1.1/3/5
邑與嚴尤、陳茂○騎乘死人渡滍水逃去 1.1/3/8
帝○騎入 1.1/4/9
遣○騎至成都 1.1/7/4
不可○也 1.1/7/6
今者反于殿中交通○薄 2.2/15/14
發五校○車騎士爲陳 8.6/49/7
陷爲天下○薄子 12.1/76/22
○殊死刑三十四事 12.9/80/9
○殊死刑八十一事 12.9/80/9
○財貨 12.11/81/13
不宜自○ 13.10/85/13
何謂○哉 13.10/85/14
用髡鉗之○法 13.11/86/4
其被災害民○薄無累重者 13.11/86/21
勤差量功次○重 13.13/88/6
鮪○騎詣彭降焉 14.1/90/9
比例○重 14.3/91/22
○弄凶器 14.4/92/6
其下以○重〔爲〕差焉 15.5/96/16
○刑愼罰 17.13/121/18
罪○ 17.13/122/1
卿○人 18.8/128/20
當依于○ 19.7/138/20
常持○類 19.22/142/18
矯乘○車 21.8/152/3
○於駟馬之載鴻毛 24.70/178/3
土炭○而衡仰 24.88/179/15

情 qíng 14

下無所隱其○ 1.1/6/5
急于下○ 1.1/6/18
民莫敢不用○ 1.1/6/20
故不敢隱蔽愚○ 5.5/32/4
不敢隱○ 6.5/36/20
○重昔時 7.12/43/12
禮從人○ 10.26/69/17
孝明皇帝尤垂○古典 11.7/72/13
汲汲欲知下○ 12.6/79/11
昭達萬○ 12.11/81/10
人○乎 13.6/84/14
勿有隱○ 16.20/109/11
原事得○ 24.51/176/21
唯《渾天》者近得其○ 24.90/179/22

綮 qǐng 1

漢常獨繕○〔其〕弓戟 8.10/50/15

頃 qǐng 14

有○不見 1.1/2/8
蓋地數○ 1.1/8/8
不過二三○ 1.1/8/27
王孫○王肅 7.8/41/14
私田八百○ 7.11/42/9
有○ 8.17/54/10 9.1/55/1,16.3/103/15
〔益地數千○〕 11.1/70/13
以田二○解其忿訟 11.3/71/11
其東有田可萬○ 11.10/73/12
墾田四千餘○ 11.10/73/14
開治稻田八千餘○ 15.12/99/27
親默然有○ 19.4/137/20

請 qǐng 57

時會朝○ 1.1/1/17
伯升○呼難 1.1/2/1
諸將遽○帝 1.1/2/22
○爲前行諸部堅陣 1.1/3/2
○邯鄲將軍入 1.1/3/22
延○入軍 1.1/4/2,23.8/167/18
長威○降得萬戶侯 1.1/4/3
諸將復○上尊號 1.1/4/13
群臣復固○曰 1.1/4/18
告天○命 3.1/19/15
臣○上尊號曰敬宗廟 3.2/21/2
使中郎將堂谿典○雨 3.6/23/16
○親定刻石紀號文 5.5/30/1
有司奏〔○〕立長秋宮 6.2/34/14
奉朝○ 8.1/47/6
輒禱○之 8.2/48/4
有司復○加謚曰昭成侯 8.6/49/7

上書○復自助 8.11/51/17
○（問）〔間〕 8.14/52/13
為吏士○禱 8.17/54/10
即○丹入 9.10/60/20
純○治一郡 10.1/62/10
軼數○ 10.21/67/9
以特進奉朝○ 10.21/67/15
有司○封諸皇子 10.21/67/15
新野宰潘叔為○ 11.1/70/7
欲自○擊之 12.1/76/28
援因復○行 12.1/77/3
援自○曰 12.1/77/4
○馬榖 12.3/77/18
表○二校尉附北宮 12.4/78/15
門無駐馬○謁之賓 12.11/81/24
○可如禮施行 13.12/87/19
○豐等會 14.2/91/1
竇融○奮署議曹掾 15.11/99/12
乃聘○高行俊乂如董子
　儀、嚴子陵等 15.15/100/24
廣德就超○馬 16.3/103/15
太子及山陽王因虎賁中
　郎將梁松○眾 16.6/104/18
嘉○以死贖君命 16.31/112/9
右扶風○試守渭城宰 16.34/113/1
○先季死 16.43/115/9
有司奏○絕國 17.8/119/19
○上雅壽 17.10/120/7
有事輒長跪○白 17.25/125/11
開門○求 18.1/125/23
倫○於王 18.1/126/6
○移警檄 18.12/130/1
數從○託 18.23/133/7
乃脫巾○曰 18.30/135/16
太守連召○ 18.30/135/17
郡數以禮○ 19.4/137/16
○去之 19.27/143/20
○充署功曹 19.27/143/20
因○為設食 21.13/153/21
元○以一丸泥為大王東
　封函谷關 23.16/170/9
○自殺以明之 23.16/170/17

慶 qìng 5

封太后弟陰興之子○為
　鮦陽侯 2.1/11/23
○弟博為瀝强侯 2.1/11/23
○得入省宿止 7.21/45/20
逢萌、字子○ 16.46/115/23
宗○、字叔平 21.38/157/29

磬 qìng 1

又詔諸生雅吹擊○ 16.9/105/19

罄 qìng 1

擊○ 18.13/130/18

窮 qióng 18

莽遣三公將運關東諸倉
　賑貸○乏 1.1/1/20
傳之無○ 5.5/31/7
○極技巧 7.16/44/11
豈有○乎 8.17/54/10
食盡○困 8.17/54/12
靡所且○ 12.11/81/23
富貴傳於無○ 14.5/93/30
以周○急 15.15/100/25
無不○究 16.2/102/13
　20.2/145/5
○極師道 16.9/105/14
解經不○戴侍中 16.20/109/19
暉聞堪妻子貧○ 18.6/128/11
好賙人○ 18.12/130/7
百姓○困 18.14/131/1
○極道術 19.22/142/13
囂○困 23.16/170/16
可坐○乎 23.17/171/27

瓊 qióng 2

黃○、字世英 19.23/142/24
曾祖香、祖○ 19.24/143/3

丘 qiū 9

亦無○壟 1.1/8/22
時城郭○墟 1.1/9/7
直出黎○ 9.2/56/1
更始遣舞陰王李軼、廩
　○王田立、大司馬朱
　鮪、白虎公陳僑將兵
　三十萬 9.4/57/1
斬其魯郡太守梁○壽、
　沛郡太守陳修 9.11/61/5
歷蒼梧之崇○兮 12.10/80/25
廬落○墟 14.5/93/7
治《梁○易》 15.12/99/23
城邑○墟 23.17/171/3

邱 qiū 12

蛇○有芳陘山 5.1/27/9
有龍○山在東 5.1/27/15
山林川谷○陵 5.5/30/16
詔書削中○（縣） 7.4/39/25
還經封○ 17.1/117/22
北海安○人 17.3/118/16
治《梁○易》 17.17/122/24
左遷即○長 17.20/123/21
隱山陽瑕○界中 17.25/125/11
時鍾離意為瑕○令 17.25/125/13
○騰知罪法深大 20.20/149/6
義自稱黎○大將軍 23.19/172/11

秋 qiū 36

乃命有司設壇于鄗南千
　○亭五成陌 1.1/4/18
至二年○ 1.1/5/23
十歲通《春○》 2.1/11/6
○八月 2.1/12/13,3.2/20/21
十八年○八月 2.1/13/21
六年○七月 2.3/16/25
○閏七月 3.1/18/15
乳母王男、廚監邴吉為
　大長○江京、中常侍
　樊豐等所譖愬 3.2/19/23
建康元年○八月 3.2/20/26
大長○、將作大匠、度
　遼諸將軍、郡太守、
　國傅相皆秩二千石 4.1/25/19
有司奏〔請〕立長○宮 6.2/34/14
○稼好醜 7.2/39/6
永平五年○ 7.9/41/19
《春○》之義大居正 7.20/45/14
治《左氏春○》 11.2/70/17
從司徒祭酒陳元受《左

氏春〇》 12.6/79/6
《春〇傳》曰 13.12/87/15
臣聞《春〇》日食三十六 15.2/95/22
〇毫無取 15.12/99/26
持《公羊春〇》 16.3/102/22
鄭興從博士金子嚴爲《左氏春〇》 16.5/104/14
《春〇左氏》有鼎事幾 16.6/104/21
每春〇享射 16.17/108/18
治《嚴氏春〇》 16.25/110/24
17.3/118/16
黨學《春〇》長安 16.50/116/26
鄉里徐子盛明《春〇經》 17.12/121/3
春〇饗射 18.14/131/3
治《禮》、《詩》、《春〇》 18.29/134/22
《春〇》之意 19.16/140/24
九歲通《春〇》 19.25/143/8
以樊儵刪《嚴氏公羊春〇》猶多繁辭 19.25/143/8
以功遷大長〇 19.32/144/23
案《春〇讖》曰 20.4/145/21
光便守宜〇門 20.24/150/5

仇 qiú 4

當進人不避〇讎 2.2/15/14
〇疾反虜隗囂 10.22/67/22
有執父〇賊自出 11.9/73/3
上無〇牧之節 14.4/92/9

囚 qiú 9

錄〇徒 2.3/16/25
舉冤〇 6.5/36/24
歆召〇詣閣 11.9/73/3
送〇至府 12.1/75/10
〇有重罪 12.1/75/10
延輒休遣繫〔〇〕徒 15.15/100/27
有〇於家被病 15.15/100/28
坐考長吏〇死獄中 18.6/128/9
赦天下繫〇在四月丙子以前減死罪一等 18.9/128/26

求 qiú 58

〇封南陽蔡陽白水鄉 1.1/1/6
宛大姓李伯玉從弟軼數遣客〇帝 1.1/2/1
移檄購〇帝十萬戶 1.1/3/20
大鴻臚悉〇近親宜爲嗣者 2.3/16/17
而遠獻明珠以〇媚 3.2/20/4
以〇福祥也 3.5/23/2
食不〇所甘 6.2/35/3
上書〇減邑內徙 7.7/40/14
訓身至大官門爲〇火 8.2/47/12
〇福也 8.2/48/4
連〇還第 8.4/48/13
〇乞攻西安 8.14/52/26
亭長從汝〇乎 10.26/69/11
先訪〇茂 10.26/69/21
〇益盈餘 12.1/76/19
輒爲〇哀 13.16/89/10
涕泣〇哀 14.3/91/18
子獨〇鄉 15.1/94/25
受封必〇磽确之地 15.1/95/1
〇通待報 15.2/95/23
（諂）〔諂〕諛以〇容媚 15.2/95/25
并〇更選使使西域 16.3/103/10
急〇取以祠我 16.3/103/15
北匈奴遣使〇和親 16.6/104/22
〇人之儉約富足 16.16/108/6
命歸〇豆來贖兄 16.41/114/27
〇謁更始妻子 17.2/118/9
〇賢助國 17.10/120/14
平朝出〇食 17.11/120/21
今旦爲老母〇菜 17.11/120/22
行〇索 17.12/121/4
時單于遣使〇欲得見宮 17.12/121/8
政涕泣〇哀 17.17/122/27
不思〇賢報國 17.17/123/1
開門請〇 18.1/125/23
〇不可得 18.6/128/2
勿〇之 18.6/128/3
鉤〇得之 18.12/129/26
乃移書旁郡〇助 18.12/129/28
母追〇到武陽北男謁舍家得阜 18.13/130/14
多〇之 18.29/135/1
乃〇之 18.29/135/2
後伯通等爲〇葬處 18.29/135/9
〇問充 19.1/136/5
不〇備于人 19.11/139/22
妻慚〇去 19.11/139/26
以〇無用之物 19.16/140/26
不祭竈〇福 19.22/142/19
上書〇還 21.24/155/22
執謙〇退 21.43/158/20
遺（母）〔毋〕樓且渠王〇入五原 23.9/168/5
鑿地〇之 23.11/168/19
〇助民神者也 23.16/169/28
男兒當死中〇生 23.17/171/27
膳不〇珍 24.55/177/1
常步擔〇師也 24.69/178/1
臣〇其舊文 24.90/179/25
案略〇索 24.90/179/26

酋 qiú 1

〇長殺吏 16.34/113/5

球 qiú 4

陳〇爲繁陽令 21.10/152/21
陽〇、字方正 21.12/153/13
乃收淚入言〇罪 21.12/153/15
〇叩頭曰 21.12/153/15

裘 qiú 7

以羊皮雜貂〇 1.1/9/11
使中謁者賜乘輿貂〇 7.12/43/9
乞與衣〇輿馬 8.6/49/4
鮮卑奉馬一匹、貂〇二領 9.8/60/6
身衣羊〇皮袴 12.1/75/11
故衣〇裁足卒歲 12.11/81/13
臣恐不忍將大漢節對氈〇獨拜 16.6/104/25

鰌 qiú 1

常慕史〇、汲黯之爲人 15.7/97/12

糗 qiǔ 3

帝奉○一斛、脯三十朐
進圍宛城 1.1/2/13
出城餐○糒 1.1/6/26
23.16/170/18

曲 qū 12

○副八佾之數 5.5/31/15
陳俊初調補○陽長 10.7/63/17
南至下○陽滹沱河 10.11/64/16
居下○陽 10.16/66/7
至○陽 10.16/66/8
擬以○戟 14.4/92/3
以直從○ 15.8/98/1
恭平理○直 19.4/137/17
鄉人有爭○直者 19.28/143/25
○蓋朱旗 21.8/152/3
海○有呂母 23.7/167/6
遂破海○ 23.7/167/9

屈 qū 16

辟把刀、墨再○環橫刀
、金錯○尺八佩刀各
一 8.9/50/2
昔藺相如○于廉頗者 9.1/55/9
辭禮不○ 9.1/55/18
今來不○ 9.1/55/22
○平濯德兮 12.10/80/22
而終不○節 13.11/85/24
楚昭、○、景 13.11/86/18
兵久則力○ 14.5/93/20
無所○撓 15.7/97/15
衆不爲○ 16.6/104/22
移居揚州從事○豫室中
16.14/107/21
不敢相○ 19.11/139/26
○申悉備 22.4/162/7
林對前後兩○ 22.5/164/5
○凫茈而食 23.1/164/20

蛆 qū 1

目中生○ 18.22/133/2

區 qū 1

朱紫○別 21.6/151/15

詘 qū 1

○其驕恣之節也 13.11/86/17

趨 qū 6

○世務 13.11/86/2
彭○索欲上 14.1/90/8
○出就獄 15.8/97/25
○走俯伏 16.16/108/5
而容止○步 17.1/117/25
爭赴○作 17.13/121/19

麴 qū 1

詔禁民無得酤賣酒○ 3.2/20/24

驅 qū 7

至○虎豹犀象 1.1/2/17
長○武關 14.5/93/10
裁足以修三○之禮 20.4/145/25
臺召三府○之 21.35/157/16
○蝗何之 21.35/157/16
不聞○逐 21.35/157/17
○烏合之衆 23.17/171/18

朐 qú 2

帝奉糗一斛、脯三十○
進圍宛城 1.1/2/13
吳漢下○城 1.1/6/3

渠 qú 10

王匡、王鳳爲之○率 1.1/1/23
封降賊○率 1.1/4/8
賜五里、六亭○率金帛
各有差 3.1/19/2
修理溝○ 15.15/101/2
賜《山海經》、《河○
書》 18.11/129/20
或藏溝○ 19.21/142/1
遂推〔爲〕○帥 23.1/164/21
遣（母）〔毋〕樓且○
王求入五原 23.9/168/5
大肜○帥樊重 23.20/172/16
尤來○帥樊崇 23.20/172/16

璩 qú 3

鄭○、字平卿 19.15/140/16
○盡節剛正 19.15/140/17
賜○素六十匹 19.15/140/18

取 qǔ 51

言帝不敢○財物 1.1/2/15
○此兩子置度外 1.1/6/3
○具文字而已 1.1/6/18
○以薦 2.1/13/18
惟宜帝○法 2.1/13/25
○銅虎符 3.5/22/14
民所○財用也 5.5/30/16
遂○而持歸養 6.3/35/23
更始○伯升寶劍視之 7.1/38/16
令奴金盜○亭席 7.4/39/24
召尙席○卦具自爲卦 7.9/41/19
爭○之 8.1/47/4
公可自○ 8.14/52/20
○士皆用儒術 9.7/59/17
詔○行者車馬 10.1/62/6
吏不○民 10.26/69/13
敕黃門○頭蝨章（特）
〔持〕入 12.1/76/11
但○衣食足 12.1/76/18
遂攻○庫兵 12.9/80/14
○實事 13.11/86/3
農人三十而○一 13.11/86/4
若向南者多○帷帳 13.14/88/19
能○悅當世 13.15/88/24
攻○涅城 14.4/92/5
河東畔不能○ 14.4/92/9
不有忠言奇謀而○大位 15.6/97/7
○其頭以示子張 15.8/97/24
秋毫無○ 15.12/99/26
以○封侯 16.3/102/24
急求○以祠我 16.3/103/15
而令巫自來○馬 16.3/103/15
○法於雷 16.24/110/18

宇因先自〇其最瘦者 16.25/110/26
順〇桑椹 16.44/115/13
母欲還〇之 17.11/120/20
皆〇百姓男女 17.14/122/8
令兒常〇水 17.22/124/6
俸祿常〇赤米 18.1/126/13
財物皆可〇 18.6/127/24
〇六百萬 18.13/130/21
非義所〇 18.26/133/26
人有盜〇之者 18.28/134/13
長兄伯爲霸〇妻 19.11/139/24
渙以方略〇之 19.21/142/1
趙序〇錢縑三百七十五萬 20.22/149/14
欲〇劍 20.24/150/4
婦女有美髮〔者〕皆斷〇之 21.27/156/7
利〇侯畢尋玄孫守坐姦人妻 21.48/159/12
兩奴將妻入〇寵物 23.11/168/22
北〇西河 23.16/170/9
〇《賢傳》宗廟事（置）〔寘〕其中 24.91/180/2

娶 qǔ 14

〇妻當得陰麗華 6.1/33/24
敞爲嫡子終〇翟宣子女習爲妻 7.7/40/21
通〇寧平公主 10.21/67/14
乃爲子伉〇長妻 13.13/88/5
適新〇 14.3/91/18
衍〇北地任氏女爲妻 14.5/94/1
衆至共爲嫁〇 17.14/122/7
不復要〇巫家女 17.14/122/8
當爲山〇巫家女 17.14/122/9
臣三〇妻皆無父 18.1/126/8
已冠〇 18.10/129/10
爲敬去妻更〇 19.12/140/3
父〇後妻而憎苞 20.6/146/9
嫁〇被服 24.94/180/12

去 qù 109

且〇 1.1/2/21
前〇尋、邑軍四五里而陣 1.1/3/2
邑與嚴尤、陳茂輕騎乘死人渡滍水逃〇 1.1/3/8
久乃駕〇 1.1/3/23
復驚〇 1.1/3/23
辭〇 1.1/4/5
相〇百餘里 1.1/5/14
即罷〇 1.1/6/20
〇之五十里 1.1/7/6
罷倦引〇 1.1/7/7
留十七日乃〇 1.1/8/8
今宜罷〇 5.4/29/6
除殘〇賊 5.5/29/24
〇肉刑 5.5/31/5
復飛（〇）〔出〕 6.2/34/15
輒撤〇 6.2/34/18
更將〇 6.5/36/25
叱上起〇 7.4/39/20
明旦欲〇 7.4/39/21
迷唐乃〇 8.2/47/26
如〇虎口就慈母 8.14/52/19
〇臨淄四十里 8.14/52/22
遂解〇 8.17/54/8
遂過〇 9.1/55/11
主人得無〇我講乎 9.6/58/17
仰天號泣乃〇 9.8/60/9
相〇不遠 9.11/61/10
上驚〇 9.12/61/17
稍稍引〇 10.11/64/14
霸慚而〇 10.11/64/16
乃步輓車〇 10.26/69/9
寧能高飛遠〇、不在人間耶 10.26/69/16
歙〔徐〕仗節就車而〇 11.2/70/23
干亂〇禁 11.9/73/5
以故引〇 12.3/77/20
恨〇 12.4/78/18
除殘〇亂 12.9/80/11
背〇國家 12.11/81/23
侯君當〇 13.5/83/22
因亡〇 13.11/85/26
是以〇土中之京師 13.11/86/3
見惡如農夫之務〇草焉 13.11/86/14
輒削〇草 13.12/87/13
且釋之而〇 13.16/89/4
而永即〇之 14.2/90/15
天下（日）〔自〕以〇亡新 14.5/93/12
乃挂衰絰於冢廬而〇 15.2/95/8
不敢〇 15.2/95/24
因留其餘酒肴而〇 15.5/96/15
惲即〇 15.8/98/3
將爲許、巢而〇堯、舜也 15.8/98/4
告別而〇 15.8/98/5
〇帝城不遠 15.9/98/18
堪〇蜀郡乘折轅車 15.12/99/27
盡禮而〇 16.13/107/12
臨〇之際 16.14/107/20
而堪〇職之日 16.35/113/17
乃〇 16.36/113/23,23.1/165/17
遂稱疾〇 16.37/114/4
駰自以遠〇 16.38/114/11
尉〇 16.46/115/24
遂〇學問 16.46/115/24
不〇 16.46/115/25,17.17/122/27
喜懼皆〇 16.49/116/18
是以喜懼皆〇 16.49/116/19
遂〇之沛 16.49/116/22
自〇家十二年 17.2/118/6
遂〇不顧 17.11/120/21
〇矣 17.11/120/24
宮悉推與而〇 17.12/121/7
自今已〇 17.14/122/8
輒東西別〇 17.14/122/9
爲〇妻所誣告 17.17/122/26
月餘遂〇官 17.19/123/14
急從此〇 17.24/125/1
譚不肯〇 17.24/125/1
〇輒爲糞除 18.1/125/22
倫密委〇 18.1/126/16
〇年伏誅者 18.1/126/20
輒以事〇 18.8/128/20
好〇就 18.8/128/20
遙〇不顧 18.8/128/22
不告而〇 18.12/130/7
攜錢二千、布兩端〇 18.13/130/14
十餘日乃〇 18.13/130/18
臨〇日 18.15/131/10
霸即解印綬〇 18.26/134/1
令聞霸已〇 18.26/134/1
復還印綬〇 18.26/134/2

至○乃起 18.28/134/15
鴻以書責之而○ 18.29/134/29
愼（弗）〔勿〕聽妻子
持尸柩○ 18.29/135/8
麥隨水漂○ 18.30/135/15
妻慚求○ 19.11/139/26
爲敬○妻更娶 19.12/140/3
即徹○ 19.22/142/19
請○之 19.27/143/20
遂叱○其婦 19.27/143/20
不能○ 20.6/146/9
各欲亡○ 21.11/153/6
遂棄官而○ 21.22/155/10
○俗歸德 22.4/163/4
而棄此○ 23.11/168/18
杜林先○ 23.16/170/11
吏謝○ 23.18/172/7
言虜欲○ 24.13/173/21
○中鬼神仙道之語 24.91/180/2

趣 qù 1

○爲諸將軍辦裝 23.11/168/22

全 quán 12

但得○身也 1.1/4/5
故皆保○ 1.1/10/4
○子弟得生還也 9.2/56/6
乃救○之 10.12/65/6
保身○己 11.4/71/20
必不能○ 13.5/83/22
救、贍○其性命也 13.11/86/23
閎獨完○ 14.7/94/14
於是得○ 17.11/120/25
終不能兩○ 17.24/125/4
以○人命 18.9/129/3
○活非一 19.22/142/18

泉 quán 20

是時醴○出于京師 1.1/9/15
郡國飲醴○者 1.1/9/15
韓（棱）〔稜〕、楚龍
○ 2.2/15/8
故得龍○ 2.2/15/10
新城山○水大出 3.1/18/12
以慰《凱風》寒○之思 7.12/43/6
聞貳師將軍拔佩刀刺山
而飛○出 8.17/54/9
井○湧出 8.17/54/10
其以安豐、陽○、蓼、
安風凡四縣封融爲安
豐侯 10.22/67/23
涌○盈溢 13.11/86/12
13.11/86/27
觀其水○之利 14.5/93/26
不敢望到酒○郡 16.3/104/1
援謀如涌○ 16.34/113/6
臣聞孔子忍渴於盜○之
水 17.13/121/24
俄而湧○ 17.22/124/6
補重○令 18.13/130/17
巴异爲重○令 21.42/158/16
漢有沛宮、甘○宮、龍
○宮、太一宮、思子
宮 24.7/173/9

拳 quán 3

違逆慈母之○○ 6.2/35/8
舉○撾地 16.46/115/24

銓 quán 2

倫平○衡 18.1/125/26
止行過肅名趙李時○不
卒 24.68/177/27

權 quán 25

多○略 1.1/1/26
世祖閔傷前世○臣太盛 2.1/13/24
朝無○臣 2.1/13/25
太傅馮石、太尉劉熹以
阿黨○貴 3.2/19/31
人有上章言異威○至重 9.4/57/15
○時以安吏士 10.11/64/21
外戚秉○ 10.13/65/12
常避○勢 10.21/67/14
由是○勢稍損 12.3/78/9
亦有○時 12.11/81/20
林以爲倉卒時兵擅○作
威 13.11/86/12
乘時擅○ 13.11/86/24
秉大使之○ 14.5/93/15
同斗斛○衡 15.2/95/18
下○盛 15.2/95/24
依託○門 15.2/95/25
不假下以○ 15.17/101/14
憲擅○驕恣 16.38/114/10
○在外戚 18.22/132/26
○豪懾伏 19.2/137/4
兄大將軍憲等並竊威○
19.32/144/22
摧其○强 21.3/150/28
于是○門惶怖股慄 21.12/153/14
四姓○右 21.20/154/27
○土炭 24.88/179/15

犬 quǎn 9

上林鷹○ 6.5/36/21
○馬是好 7.3/39/14
又刺殺○馬牛羊 8.2/48/3
擊青犢于射○ 8.11/51/14
「○」外嚮 12.1/76/13
不聞雞鳴○吠之音 17.10/120/6
○馬齒衰 18.8/128/21
○牙緣界 19.4/137/18
無雞鳴○吠之聲 24.11/173/17

畎 quǎn 1

而令搢紳之徒委伏○畝
20.4/145/22

勸 quàn 13

風○士也 5.4/29/1
並上奏○上立 9.4/57/4
後○上即位 9.12/61/21
無以○後 10.11/64/22
○進忠信 13.1/83/2
邑以書○鮑永曰 14.4/92/3
便於田頭大樹下飲食○
勉之 15.5/96/14
○種麻 16.40/114/21
充妻○異居 19.27/143/19
此婦○異居 19.27/143/20
以○學者 21.16/154/10

其妻○寵無應徵 23.11/168/17
○寵止不應徵 23.11/168/18

缺 quē 4

禮○樂崩 5.6/32/23
獨左眉角小○ 6.2/34/11
《歐陽尚書》博士○ 16.9/105/16
鼎足之任不可以○ 20.1/145/1

卻 què 7

尋、邑兵○ 1.1/3/4
御○非殿 3.5/21/26
○ 6.6/37/9
賊陣堅不○ 8.11/51/14
○退 9.7/59/7
衆兵即○ 9.7/59/11
能消○姦邪 21.21/155/3

埆 què 1

土地墝○ 22.4/163/9

雀 què 8

神○五色 2.1/13/15
乃者白鳥、神○屢臻 2.2/14/26
鳳凰見百三十九、麒麟五十二、白虎二十九、黃龍三十四、青龍、黃鵠、鸞鳥、神馬、神○、九尾狐、三足烏、赤烏、白兔、白鹿、白燕、白鵲、 2.2/15/20
公卿以神○五采翔集京師 18.17/131/23
使作《神○頌》 18.17/131/24
莫不○目鼠步 21.12/153/15
安息王獻條支大○ 22.6/164/12
此○卵大如甕 22.6/164/12

确 què 1

受封必求磽○之地 15.1/95/1

愨 què 2

體有敦○之性 3.2/19/21
衍聞明君不惡切○之言 14.5/93/1

闋 què 1

服○ 19.30/144/9

闕 què 21

奏詣○ 1.1/6/18
詣○朝賀 1.1/8/18
后葬有○ 2.3/16/27
葉調國王遣使師會詣○貢獻 3.2/20/6
疏勒國王盤遣使文時詣○ 3.2/20/12
明堂、辟雍○而未舉 5.3/28/11
令弟友詣○ 10.22/67/20
遣功曹史李龔奉章詣○ 12.6/79/13
補○拾遺 13.1/83/3
張步遣其掾孫昱隨盛詣○上書 13.2/83/7
先詣○ 13.12/87/11
時舊典多○ 13.12/87/12
後孔子○里無故荆棘自闢 14.2/90/25
方今阨急而○里無故自滌 14.2/90/26
固弟超詣○上書 16.2/102/15
勿令遠詣○謝 16.34/113/11
上乃詔令自稱南陽功曹詣○ 17.1/117/27
均遣子英奉章詣○ 18.10/129/12
詣○上書謝恩 21.12/153/13
觸北○鐵柱門 23.1/165/4
《前志》亦○而不論 24.90/179/25

鵲 què 1

鳳凰見百三十九、麒麟五十二、白虎二十九、黃龍三十四、青龍、黃鵠、鸞鳥、神馬、神雀、九尾狐、三足烏、赤烏、白兔、白鹿、白燕、白○、 2.2/15/20

逡 qūn 1

○巡進退 16.50/117/3

裙 qún 2

身衣大練縑○ 6.2/35/3
而良妻布○徒跣曳柴 15.6/97/4

群 qún 52

盜賊○起 1.1/1/23
○臣復固請曰 1.1/4/18
詔○臣奏事無得言「聖人」 1.1/6/16
○鳥從之 1.1/8/7
○臣爭論上前 1.1/9/5
○臣復奏、宜封禪 1.1/9/13
○臣上言 1.1/9/16
○臣奏諡曰光武皇帝 1.1/9/24
博觀○書 2.1/11/17
望秩山川、○神畢 2.2/14/18
不容令○臣知帝道崩 3.1/19/15
○僚百姓 3.1/19/16
○臣謁見 3.6/23/6
天子所以宴樂○臣 5.4/28/23
○司禮官咸以爲宜登封告成 5.5/29/12
望秩○神 5.5/29/13
○臣奏言 5.5/29/15
其議增修○祀宜享祀者 5.5/30/20
往往○聚 8.1/46/11
潁川盜賊○起 9.1/55/13
○臣各懷慚懼也 9.7/59/22
光武于大會中指常謂○臣曰 10.20/67/3
○居雜處 10.26/69/15
○雄擾於冀州 11.7/72/12
三輔盜賊○輩並起 12.9/80/12
下厭○望 12.12/82/3,12.13/82/9
後大會○臣 13.6/84/6
○臣莫及 13.6/84/13
見○豕皆白 13.9/85/4

○臣僉薦緐	13.11/86/7
聞乎○士	14.5/93/16
省○議之是非	14.5/93/29
黃鵠○翔	15.2/95/20
鳥獸不可與同○	15.8/98/4
○臣承意	16.15/107/26
上令○臣能說經者更相難詰	16.20/109/18
○賊入汝陽城	16.31/112/7
○賊于是相視	16.31/112/9
詔以其貲物班賜○臣	17.13/121/23
道遇○賊	18.6/127/23
○僚憚之	19.10/139/14
記○書無不涉獵	19.22/142/12
旬月○盜悉破	21.8/151/26
人庶○入野澤	23.1/164/20
○臣欲言事	23.1/165/7
又所置官爵皆出○小	23.1/165/11
官爵多○小	23.1/165/13
得以絕○	23.16/170/4
述乃大會○臣	23.17/171/24
爲○盜	23.19/172/11
（宜）〔宜〕博問○臣	24.90/179/27

然 rán 70

○亦喜遊俠	1.1/1/17
赫○屬天	1.1/2/8
粲○復見漢官〔威〕儀（體）	1.1/3/16
昭○著聞矣	1.1/4/18
與朱〔伯〕○書曰	1.1/5/1
欣○和悅	1.1/9/5
天○之姿	1.1/10/16
翕○龍舉雲興	1.1/10/16
默○受之	2.1/12/7
天下嗷○	2.4/17/24
矍○驚駭	6.6/37/9
悽○懷思	7.12/42/23
今親見其○	7.12/43/7
○數見顏色	7.12/43/12
惻○不能言	7.12/43/12
直健當○	8.6/49/1
上安○後退舍	8.10/50/15
○但修里宅	8.10/51/3
○後食耳	8.11/51/15
帝深○之	8.11/51/20
○吾故揚言欲攻西安	8.14/52/26
○遠斥候	8.16/53/25
恂○其言	9.1/55/5
功勞爛○	9.7/59/11
天地赫○盡赤	10.12/65/7
○	10.26/69/8
○上以略陽、囂所依阻	11.2/70/24
○猶投戈講學	11.7/72/13
必憒○後見	12.1/75/9
蕩蕩〔○〕蟣蝨無所復依	12.1/76/10
後辟亦○	12.10/80/22
誠不知所以○	13.9/85/7
陛下昭○獨見成敗之端	13.11/86/25
當先知故主之未○	14.4/92/11
○而諸將擄掠	14.5/93/13
○後簡精銳之卒	14.5/93/26
惲於下座愀○前曰	15.8/97/30
惲喟○嘆曰	15.8/98/3
○火燎之	15.14/100/17
○內孝謹	16.3/102/21
伏見太子體性自○	16.10/106/22
譚默○良久	16.16/108/9
○鍾子期死	16.22/110/9
忽○如不饑渴	16.26/111/7
○獨爲君子	16.37/114/3
○樂道不怠	16.47/116/6
○後與相擊	16.50/116/28
齔童介○特立	16.52/117/12
乃慨○而歎曰	17.2/118/4
前見良頭鬚皎○	17.10/120/13
其後賊忽○而至	17.11/120/19
○後行之	17.25/125/12
○後隨護視賑給之	18.10/129/11
范惻○	18.12/130/6
以爲○	18.12/130/8
褒愴○	18.16/131/16
介○特立	18.26/133/27
郡中肅○	19.1/136/8
○後修君臣之禮	19.1/136/11
親默○有頃	19.4/137/20
○事執平法	19.22/142/18
○後科其所訟	20.17/148/19
張奐、字○明	21.11/153/3
京師肅○	21.12/153/15
○漢兵以新市、平林爲本	23.1/164/23
囂○其計	23.16/170/11
○軍敗復合	23.17/171/14
述○邯言	23.17/171/19
未嘗不愴○泣涕	24.45/176/9
百寮肅○	24.60/177/11

燃 rán 1

滅竈更○火	18.29/134/23

染 rǎn 1

此繒○色好	6.2/34/21

攘 ráng 4

百僚勞○	12.11/81/19
○除禍亂	14.5/93/11
猶有申伯、召虎、夷吾、吉甫○其蟊賊	14.5/93/18
天下擾○	17.12/121/6

穰 ráng 3

帝與伯叔及姊壻鄧晨、○人蔡少公燕語	1.1/4/15
○歲之後	6.2/35/9
攻得邵、宜城、（若）〔鄀〕、編、臨沮、中（沮）廬、襄陽、鄧、新野、○、湖陽、蔡陽	23.13/169/9

壤 rǎng 1

土○膏腴	23.17/171/3

讓 ràng 43

下詔○吳漢副將劉禹曰	1.1/7/9
初○尊位爲貴人	2.1/11/8
帝○而不宣	2.3/17/14
謙○恪懃	3.1/18/10

揖○而治天下者 5.4/28/21
當仁不○ 5.5/29/12
后輒退○ 6.1/34/1
數上書○還東海十九縣 7.8/41/7
○不獲 8.4/48/14
○之曰 8.10/51/2
公欲○職還土 10.22/68/2
謙○有節操 10.23/68/9
興固○曰 11.14/74/14
上嘉興之○ 11.14/74/15
爲援制荅布單衣、交○冠 12.1/75/14
不與席而○之曰 13.6/84/5
上書○國於盛 15.2/95/8
駿乃止而○之曰 15.2/95/12
鄧○夫人、光烈皇后姊也 15.20/102/3
因辭○之 16.3/103/16
榮叩頭○曰 16.9/105/16
每以禮○相厭 16.9/105/19
○於兄子 16.10/106/16
有禮○ 16.10/106/17
古者卿士○位 17.2/118/10
○與其弟憲 17.8/119/18
孔子稱「能以禮○爲國 17.8/119/20
○國與異母弟鳳 18.3/127/5
以廉○率下 18.3/127/6
升降揖○ 18.14/131/4
以明經有智○ 18.19/132/11
以謙儉推○爲節 18.28/134/13
乃共責○主人 18.29/134/28
仁義遜○ 18.30/135/16
辭○不敢當 19.4/137/15
各退自相責○ 19.4/137/18
爲政尙寬惠禮○ 19.5/138/4
高譚等百八十五人推財相○ 19.17/141/6
必先○父母 19.25/143/7
上書辭○ 21.46/159/3
僂○龍洞 22.4/162/10
僂○皮尼 22.4/162/18
謙○日崇 24.54/176/27

饒 ráo 6

至○陽 1.1/3/20
夜至○陽蕪蔞亭 9.4/56/22
吏以爲○利 11.5/72/1
兩府遣吏護送○穀之郡 13.11/86/22
相其土地之○ 14.5/93/26
張霸、字伯○ 19.25/143/7

繞 rǎo 3

○髻三匝 6.2/34/11
賊圍○數十重 16.31/112/8
餘羌復〔與○河大〕寇張掖 21.8/151/26

擾 rǎo 12

重爲煩○ 1.1/1/21
天下○亂飢餓 1.1/2/3
南陽豪右雲○ 1.1/2/3
群雄○於冀州 11.7/72/12
方今匈奴、烏桓尙○北邊 12.1/76/28
直以○亂 13.11/86/24
眞定之際復○ 14.5/93/20
時天下○亂 15.11/99/13
天下○攘 17.12/121/6
重其道歸煩○ 19.1/136/17
但○賢者 19.4/137/22
○動天下 19.4/137/24

熱 rè 4

令人面○出汗 15.12/100/2
呼鴻及○釜炊 18.29/134/23
童子鴻不因人○者也 18.29/134/23
猶令人○ 24.84/179/7

人 rén 610

帝爲○隆準 1.1/1/12
南陽大○賢者往來長安 1.1/1/17
時宛○朱祜亦爲舅訟租于尤 1.1/1/19
流民入關者數十萬○ 1.1/1/21
○民相食 1.1/1/22,16.52/117/13,17.24/124/27,23.17/171/3
樂施愛○ 1.1/1/26
以爲○持火 1.1/2/7
兵合七八千○ 1.1/2/11
後有○著大冠絳單衣 1.1/2/12
以長○巨無霸爲中壘校尉 1.1/2/18
時漢兵八九千○ 1.1/2/23
帝遂選精兵三千○ 1.1/3/6
邑與嚴尤、陳茂輕騎乘死○渡滍水逃去 1.1/3/8
衣婦○衣 1.1/3/15
劉公眞天○也 1.1/4/1
蕭王推赤心置○腹中 1.1/4/9
卒萬餘○降之 1.1/4/10
俗以爲燕○愚 1.1/4/12
反與愚○相守 1.1/4/12
天時○事已可知矣 1.1/4/14
帝與伯叔及姊壻鄧晨、穰○蔡少公燕語 1.1/4/15
夫士誠能爲○所不能爲 1.1/4/23
與舂陵父老故○爲樂 1.1/5/18
○自以見識 1.1/6/6
材直驚○ 1.1/6/9
其勇非○之敵 1.1/6/9
與○語 1.1/6/9
詔群臣奏事無得言「聖○」 1.1/6/16
聚○田中 1.1/8/1
聚○遮道啼呼 1.1/8/2
乃令陶○作瓦器 1.1/8/23
皆陶○瓦器 1.1/8/26
使後世之○不知其處 1.1/8/26
未有還○ 1.1/9/8
功臣鄧禹等二十八○皆爲侯 1.1/10/1
封餘功臣一百八十九○ 1.1/10/1
○馬席薦羈靽皆有成賈 1.1/10/12
固非○之敵 1.1/10/16
蕩蕩○無能名焉 1.1/10/17
初讓尊位爲貴○ 2.1/11/8
立陰貴○爲皇后 2.1/11/16
視○如赤子 2.1/12/8
召見陰、鄧故○ 2.1/12/16
○無徭役 2.1/13/1
裁家一○備列將校尉 2.1/13/26
當進○不避仇讎 2.2/15/14
母日梁貴○ 2.3/16/5

悉以假貸○ 2.3/16/10
自京師離宮果園上林廣成囿悉以假貸○ 2.3/16/22
壓殺百餘○ 2.3/17/4
孔子稱「有婦○焉」 2.4/17/25
突壞○田 3.1/18/12
漢陽○杜琦反 3.1/18/22
虔○種羌大豪恬狼等詣度遼將軍降 3.1/19/5
今用怨（入）〔○〕 3.2/19/26
中黃門孫程等十九○共討賊臣江京等 3.2/19/27
辟召非其○ 3.2/19/29
李郃以○多疾疫免 3.2/19/31
望都、蒲陰狼殺子女九十七○ 3.2/20/7
父子三○同命 3.2/20/17
遣侍中杜喬、光祿大夫周舉等八○分行州郡 3.2/20/21
母曰匽夫○ 3.5/21/23
有殊于○ 3.5/21/24
帝與中常侍單超等五○共謀誅之 3.5/22/6
賊萬○以上屯益陽 3.5/22/15
名臣少府李膺等並爲閹○所譖 3.5/22/24
〔誣爲黨○〕 3.5/22/24
鉤黨○即黨○也 3.6/23/9
有白衣○入德陽殿門 3.6/23/18
置中護軍一○ 4.1/24/17
有長史一○ 4.1/24/20
度遼將軍司馬二○ 4.1/24/22
屬官有丞一○、大行丞一○ 4.1/25/3
大行丞有治禮員四十七○ 4.1/25/3
鴻臚三十六○ 4.1/25/6
置傅一○守其家 4.1/25/8
尙書、中謁者、黃門冗從四僕射、諸都監、中外諸都官令、都（候）〔侯〕、司農部丞、郡國長史、丞、（候）〔侯〕、司馬、千○秩皆六百石 4.1/26/1
太子舍○秩二百石 4.1/26/11
而詩○稱其武功 5.5/31/10
貴○、相國綠綬 5.6/33/6
立爲貴○ 6.1/34/1
馬貴○德冠後宮 6.2/34/14
上令太夫○及兄弟得入見 6.2/34/22
左右旁○皆無薰香之飾 6.2/35/3
以貴○名族 6.3/35/26
譖毀貴○ 6.3/36/1
誣奏貴○使婢爲蠱道祝詛 6.3/36/1
爲貴○ 6.4/36/6
太夫○爲剪髮 6.5/36/11
夫○年高目冥 6.5/36/11
夫○哀我爲斷髮 6.5/36/12
難傷老○意 6.5/36/12
奈何弄○髮乎 6.5/36/13
太后賜馮貴○步搖一具 6.5/36/18
太后乃親自臨見宮○ 6.5/36/19
宮○盜者 6.5/36/20
宮○驚 6.5/36/20
杜令不殺○ 6.5/36/24
與梁皇后並爲貴○ 6.7/37/16
申貴○生孝穆皇 6.8/37/21
趙夫○生孝崇皇 6.8/37/21
匽夫○生桓帝 6.8/37/21
追謚趙夫○爲穆皇后 6.8/37/21
匽夫○爲博園貴○ 6.8/37/22
博園匽貴○履高明之懿德 6.8/37/22
今以貴○爲孝崇皇后 6.8/37/23
得寵爲貴○ 6.9/38/4
伯升部將宗○劉稷 7.1/38/19
朝廷設問寡○ 7.3/39/12
令○視之 7.4/39/20
○持枯稻 7.7/40/17
奴婢至千四百○ 7.11/42/8
虎賁百○ 7.12/43/18
思其○ 7.12/43/20
其○亡 7.12/43/20
惟仁者能好○ 7.20/45/15
能惡○ 7.20/45/15
南陽○也 8.1/46/5
8.10/50/7,10.26/69/7
11.2/70/17,18.3/127/3
而見上知非常○ 8.1/46/6
諸將皆庸○崛起 8.1/46/11
門○益親 8.1/46/20
○相食 8.1/47/4
16.44/115/13,17.23/124/15
18.1/125/19,23.6/167/2
活徒士數千○ 8.2/47/17
其得○心如是 8.2/47/21
轉易至數千○ 8.2/47/23
燕○思慕 8.2/47/24
發湟中秦、胡羌兵四千○ 8.2/47/25
乃發湟中六千○ 8.2/47/26
吏○羌胡愛惜 8.2/48/2
旦夕臨者日數千○ 8.2/48/2
女爲貴○ 8.7/49/18
凡侯者二十九○ 8.7/49/19
公二○ 8.7/49/19
大將軍以下十三○ 8.7/49/19
中二千石十四○ 8.7/49/19
州牧郡守四十八○ 8.7/49/20
漢爲○質厚少文 8.10/50/10
上亦以其南陽○ 8.10/50/11
其○勇鷙有智謀 8.10/50/13
上以禹爲知○ 8.10/50/14
上時令○視吳公何爲 8.10/50/16
吳公差强○意 8.10/50/17
賊率五萬餘○夜攻漢營 8.10/50/19
夫○先死 8.10/51/3
謂門○曰 8.11/51/9
扶風○ 8.14/52/12
12.1/75/5,13.11/85/21
15.7/97/12,19.4/137/13
得無爲○道之 8.14/52/21
不敢爲○道也 8.14/52/21
○不專一 8.14/52/24
精兵二萬○ 8.14/53/1
憑城觀○虛實 8.14/53/2
令步兵各以郡○詣旗下 8.14/53/12
大將軍二○ 8.17/54/15
九卿十三○ 8.17/54/15
尙公主三○ 8.17/54/15
列侯十九○ 8.17/54/15
中郎將、護羌校尉及刺史、二千石數百○ 8.17/54/15
此讖○所側目 9.1/55/4
部將殺○ 9.1/55/8
一○皆兼二○之饌 9.1/55/10

高峻精兵萬○ 9.1/55/18
凡六萬○ 9.2/56/7
潁川○ 9.4/56/17
民○饑渴 9.4/56/21
○不能得其要領 9.4/57/3
○有上章言異威權至重 9.4/57/15
異爲○謙退 9.4/57/20
主○得無去我講乎 9.6/58/17
皆一○擊十 9.7/59/8
夫○裘不加綵 9.7/59/13
上遣校尉發騎士四百○ 9.7/59/19
膂力過○ 9.8/60/3
殺略吏○ 9.9/60/13
○○勞勉 9.10/60/20
漁陽要陽○ 9.11/61/3
置嗇夫、祝宰、樂○ 9.11/61/6
殆令○齒欲相擊 9.11/61/10
鄧禹發房子兵二千○ 9.12/61/18
手殺五十餘○ 9.12/61/20
鉅鹿○ 10.1/62/5,16.52/117/12
純與從昆弟訢、宿、植共率宗（施）〔族〕賓客二千餘○ 10.1/62/7
恐宗○賓客 10.1/62/9
數千○號呼涕泣 10.1/62/11
越○謀欲叛漢附蜀 10.2/62/17
越○伺（侯）〔候〕者聞車聲不絕 10.2/62/19
殺數十○ 10.3/62/24
賓客隨者數十○ 10.11/64/13
上令霸至市（口）〔中〕募○ 10.11/64/15
市○皆大笑 10.11/64/15
軍○見光衣冠〔服〕鮮明 10.12/65/5
家屬在○手中 10.14/65/23
信都○也 10.16/66/7
王常、其先鄠○ 10.20/67/3
○○長跪前割之 10.23/68/11
道中有○認茂馬者 10.26/69/7
吏○不歸往守令 10.26/69/10
凡○所以貴于禽獸者 10.26/69/14
凡○之生 10.26/69/15
寧能高飛遠去、不在○間耶 10.26/69/16
禮從○情 10.26/69/17
茂爲○恬蕩樂道 10.26/69/24
與○未嘗有爭競 10.26/69/25
鄧晨、南陽○ 11.1/70/5
蜀○大懼 11.2/71/4
南陽○ 11.3/71/10
13.7/84/19,17.2/118/3
17.25/125/9,18.6/127/21
18.26/133/25,18.30/135/14
19.9/139/8,20.7/146/15
其素所假貸○間數百萬 11.3/71/12
宏爲○謙慎 11.4/71/19
家○居不足贍 11.8/72/22
鄰國貧○來歸之者 11.10/73/14
追尊貴○父睦爲宣恩侯 11.12/74/5
而一家數○並蒙爵土 11.14/74/15
友○張汜、杜禽與興厚善 11.14/74/17
興夫○薨 11.14/74/20
使○慚 12.1/75/18
賓客故○日滿其門 12.1/76/5
爲○明白 12.1/76/8
尉印「白」下「○」 12.1/76/14
「○」下羊 12.1/76/14
鄉里稱善○ 12.1/76/18
故○孟冀曰 12.1/77/1
妨困（○）〔小〕民 12.2/77/13
防兄弟二○各六千戶 12.3/77/23
聖○作樂 12.3/78/3
防兄弟奴婢各千○以上 12.3/78/8
客卿逃匿不令○知 12.5/78/24
將北軍五校士、羽林兵三千○ 12.6/79/8
時○榮之 12.6/79/9
其四十二事手殺○者減死一等 12.9/80/10
劫掠吏○ 12.9/80/14
秦○入疆 12.10/80/23
憂○之憂 12.11/81/12
樂○之樂 12.11/81/12
大將軍夫○躬先率禮 12.12/82/4
經爲○師 13.1/82/23
名足以光示遠○ 13.1/83/1
爲太子舍○ 13.5/83/19
○情乎 13.6/84/14
右扶風○ 13.10/85/12
故時○號中東門君 13.10/85/16
我雖小○ 13.11/85/26
農○三十而取一 13.11/86/4
○無愚智 13.11/86/4
林父子兩○食列卿祿 13.11/87/4
○當以此爲法 13.11/87/5
魏郡○ 13.13/88/3
竟以中傷○臣 13.13/88/9
老○居之且病痱 13.14/88/19
從兄爲○所殺 13.16/89/3
與友○韓仲伯等數十○ 13.16/89/8
敕從騎都尉儲融受兵二百○ 13.16/89/11
諸夫○各前言爲趙憙所濟活 13.16/89/15
婦○亦懷卿之恩 13.16/89/16
坐殺○ 14.1/90/11
上黨○也 14.2/90/15
事得置偏裨將五○ 14.2/90/17
遣信○馳至長安 14.2/90/20
且將故○往 14.2/90/22
親北面事○ 14.2/91/8
邑○趙堅殺○繫獄 14.3/91/17
息遏○訟也 14.3/91/23
馮翊蓮勺○也 14.4/91/27
○心難知 14.4/92/6
○不能支 14.4/92/10
欲明○臣之義 14.4/92/11
天下爲敵○ 14.4/92/12
其先上黨潞○ 14.5/92/22
四垂之○ 14.5/93/8
殺○父子 14.5/93/14
妻○婦女 14.5/93/14
存撫并州之○ 14.5/93/15
非特一○也 14.5/93/16
○愁則變生 14.5/93/20
○庶多資 14.5/93/22
○不爲用 14.5/93/23
今生○之命 14.5/93/23
路有聖○ 14.5/93/25
審得其○ 14.5/93/25
雖則山澤之○ 14.5/93/25
○安其業矣 14.5/93/27
王元、杜陵○ 14.8/94/18
定陵○也 15.1/94/24
鴻初與九江○鮑駿同事桓榮 15.2/95/11

使○不爭 15.2/95/18
所謂神○以和 15.2/95/20
夫帝王不宜以重器假○ 15.2/95/22
京兆○也 15.5/96/14
18.12/129/25
其友○喪親 15.5/96/17
陳之於主○前 15.5/96/17
惟我二○爲天地所遺 15.5/96/19
東海○ 15.6/97/3
欲見夫○ 15.6/97/5
乃過其友○ 15.6/97/6
友○不肯見 15.6/97/6
常慕史鰌、汲黯之爲○ 15.7/97/12
汝南○也 15.8/97/20
非狂○所造作 15.8/97/21
惲即將客遮讎○ 15.8/97/24
河南○也 15.9/98/17
時○方於召信臣 15.10/99/6
故南陽○爲之語 15.10/99/6
右扶風茂陵○ 15.11/99/12
堪有同心之士三千○ 15.12/99/24
乃選擇水軍三百○ 15.12/99/25
令○面熱出汗 15.12/100/2
從吏二○ 15.13/100/8
錢○五千 15.13/100/8
宛○也 15.14/100/12
○賴其利 15.14/100/15
○無履亦苦之否 15.14/100/16
桂陽太守茨充教○種桑蠶 15.14/100/17
○得其利 15.14/100/18
南陽宛○ 15.15/100/22
○有犯其禁者 15.17/101/15
吏○及羌胡畏之 15.17/101/15
鄧讓夫○、光烈皇后姊也 15.20/102/3
不以才能高○ 16.2/102/14
時○有上言班固私改作《史記》 16.2/102/15
扶風（安）〔平〕陵○ 16.3/102/21
爲○大志 16.3/102/21
超悉會其吏士三十六○ 16.3/103/6
超手格殺三○ 16.3/103/8
願得本所從三十餘○ 16.3/103/12
而小○猥承君後 16.3/104/3
沛國○也 16.9/105/13
不以辭長勝○ 16.9/105/19
太子朝夕遣中○問疾 16.9/105/21
嘗與族○桓元卿俱捃拾 16.9/106/2
會百官驃騎將軍東平王蒼以下、榮門生數百○ 16.9/106/6
子幾○能傳學 16.10/106/20
孤兄子一○學方起 16.10/106/20
故○親戚莫敢至者 16.13/107/11
一餐不受于○ 16.14/107/18
悉疏付主○ 16.14/107/20
沛○ 16.16/108/3
又買○多通侈靡之物 16.16/108/5
以淫○耳目 16.16/108/6
求○之儉約富足 16.16/108/6
而○不可暴化 16.16/108/7
爲讖記以誤○主 16.16/108/8
教授弟子常五百餘○ 16.17/108/18
授皇太子及諸王小侯五十○經 16.17/108/19
諸生著錄前後萬○ 16.21/109/23
讖書非聖○所作 16.22/110/4
爲俗○所怪 16.22/110/9
北海○ 16.25/110/24
16.46/115/23,18.28/134/13
常數百○ 16.25/110/24
○一頭 16.25/110/25
因以節檛殺數○ 16.30/112/2
卿曹皆○隸也 16.31/112/8
東郡○ 16.33/112/21
扶風平陵○ 16.34/112/28
縣○故雲陽令朱勃 16.34/113/9
崔篆、涿郡安平○ 16.37/113/27
吾聞伐國不問仁○ 16.37/113/28
所出二千餘○ 16.37/114/3
邾文公不以一○易其心 16.37/114/3
如殺一大尹贖二千○ 16.37/114/4
掾屬三十○ 16.38/114/9
齊國臨淄○ 16.41/114/25
○民餒餓相啖 16.41/114/26
鄰○火起 16.42/115/3
汝南○ 16.44/115/13
乃遣○持鳩 16.45/115/18
大丈夫安能爲○役耶 16.46/115/24
萌謂其友○曰 16.46/115/25
禍將及○ 16.46/115/25
後○名其釣處爲嚴陵瀨 16.48/116/11
太原○也 16.49/116/15
則爲失○ 16.49/116/19
太原○ 16.50/116/26
於○中辱之 16.50/116/26
時○爲之語曰 16.51/117/8
鄉黨大○莫不敬異之 16.52/117/12
宗家數百○ 16.52/117/13
宗○少長咸共推之 16.52/117/14
陳留○ 17.1/117/20
20.17/148/12,21.18/154/19
豈若此○ 17.1/117/26
知○則哲 17.1/117/28
從宛○陳洮買符入函谷關 17.2/118/3
封符乞○ 17.2/118/4
北海安邱○ 17.3/118/16
門徒數百○ 17.3/118/16
任城○ 17.6/119/7
彭城○ 17.7/119/12
成○之美 17.8/119/21
洛陽○ 17.9/119/27
齊國○ 17.10/120/5
○民饑餓 17.10/120/6
家給○足 17.10/120/7
○庶困乏 17.10/120/8
不能家給○足 17.10/120/8
寧爲家給○足耶 17.10/120/9
寧足爲不家給○足耶 17.10/120/9
楚郡○ 17.11/120/19
承宮、琅邪姑幕○ 17.12/121/3
年八歲爲○牧豬 17.12/121/3
授諸生數百○ 17.12/121/3
○就認之 17.12/121/7
意出奉錢帥○作屋 17.13/121/19
○齎茅竹或（特）〔持〕材木 17.13/121/19
○皆大悅 17.13/121/20
詔賜降（○）〔胡〕縑

17.13/121/26
常○所容 17.13/121/27
朱酺、梁國寧陵○ 17.15/122/15
中山○ 17.16/122/20
京兆○ 17.17/122/24
淮陽○ 17.18/123/7
鴈門○也 17.19/123/12
無○臣禮 17.20/123/20
廣漢雒○也 17.22/124/5
沛國蘄○ 17.23/124/12
琅邪○ 17.24/124/27
數十○皆得脫 17.24/125/3
京兆長陵○ 18.1/125/19
汝三皇時○也 18.1/126/1
不敢妄過○飯 18.1/126/9
有○遺卿母一笥餅 18.1/126/9
衆○以臣愚蔽 18.1/126/10
不交通○物 18.1/126/17
刺史一○ 18.1/126/20
太守三○ 18.1/126/20
被死罪二○ 18.1/126/21
凡六○ 18.1/126/21
馮翊萬年○ 18.2/126/25
未嘗以贓罪鞫○ 18.5/127/15
錮○於聖代 18.5/127/16
○問其故 18.6/127/26
鄰郡○多牽牛入界 18.6/128/8
卿輕○ 18.8/128/20
以全○命 18.9/129/3
任城○也 18.10/129/7
故時○號爲「白衣尚書」 18.10/129/16
廣出度五千○ 18.12/129/28
好賙○窮 18.12/130/7
蜀郡○ 18.13/130/13
宗族五○同爲二千石 18.14/130/27
潁川定陵○ 18.21/132/21
私語行事○使不加力 18.22/133/1
太后使○檢視 18.22/133/2
宋揚、扶風平陵○ 18.24/133/15
而家○爵祿 18.25/133/19
○有盜取之者 18.28/134/13
○又有盜刈恭禾者 18.28/134/14
不與○同食 18.29/134/22
童子鴻不因○熱者也 18.29/134/23
主○許 18.29/134/27
耆老見鴻非恒○ 18.29/134/28
乃共責讓主○ 18.29/134/28
爲〔○〕賃舂 18.29/135/5
非凡○也 18.29/135/6
衆○曰 18.29/135/9
勃海○ 18.31/135/22
潁川○也 19.2/137/3
吏○愛慕 19.2/137/3
太山南城○ 19.3/137/9
禮過成○ 19.4/137/14
每歲遣○送米肉 19.4/137/15
門生就學百餘○ 19.5/138/4
殺略○吏 19.6/138/13
沛國○ 19.7/138/18
爲○議法 19.7/138/19
愼毋與○重比 19.7/138/20
故世○謂陳氏持法寬 19.7/138/20
○莫得知 19.7/138/22
常言○臣之義 19.7/138/22
謝遣門○ 19.7/138/23
與○絕異 19.10/139/13
濟陰○也 19.11/139/18
不求備于○ 19.11/139/22
○自竭節作業 19.11/139/23
夫○視老夫復何中〔空〕 19.11/139/25
汝南南頓○ 19.12/140/3
黎陽○ 19.15/140/16
得其○無益于政 19.16/140/24
遠○不服 19.16/140/25
高譚等百八十五○推財相讓 19.17/141/6
梁諷、北地弋居○ 19.19/141/14
前後萬餘○相屬于道 19.19/141/15
○開門臥 19.21/141/28
○爲作謠曰 19.21/141/28
江夏安陸○也 19.22/142/7
鄉○稱其至孝 19.22/142/9
蜀郡成都○ 19.25/143/7
21.22/155/9
李充、兄弟六○ 19.27/143/19
東萊○ 19.28/143/25
鄉○有爭曲直者 19.28/143/25
陳國○ 19.29/144/3
宗○親厚節會飲食宴 19.30/144/10
郭玉者、廣漢○也 19.31/144/15
疾若異○ 19.31/144/16
爲○謹敏有心 19.32/144/21
弘農○ 20.2/145/5
故○知君 20.2/145/8
君不知故○ 20.2/145/8
聖○則之 20.4/145/22
今妾媵嬖○閹尹之徒 20.4/145/22
所輔、平原○ 20.8/146/20
桂陽○ 20.9/146/25
漢中南鄭○也 20.11/147/10
今大○踰越五嶺 20.17/148/13
遇父故○ 20.17/148/16
長沙○ 20.18/148/24
北新城○ 20.23/149/18
程等十八○收斬江京、閻顯等 20.23/149/20
而中常侍單超等五○皆以誅冀功並封列侯 21.4/151/3
后家封者四○ 21.4/151/4
小○諂進 21.4/151/5
時東郭竇、公孫舉等聚衆三萬○爲亂 21.8/151/24
寬須臾遣○視奴 21.9/152/13
此○也 21.9/152/14
寬夫○試寬意 21.9/152/16
東郡燕○ 21.13/153/20
潁川潁陰○ 21.14/153/27
鄉○欲爲具棺服 21.15/154/5
舉郡○許靖計吏 21.26/156/3
民養子者三千餘○ 21.38/157/29
利取侯畢尋玄孫守坐姦○妻 21.48/159/12
京兆杜陵○ 21.55/160/13
大○以先生修德守約 22.1/160/25
山陽郡○江伯欲嫁姊 22.2/161/3
與○富厚 22.4/162/24
部○多有 22.4/162/30
傳告種○ 22.4/163/30
弟爲○所殺 23.1/164/18
使○持喪歸舂陵 23.1/164/19
○庶群入野澤 23.1/164/20
新市○王匡、王鳳爲平理爭訟 23.1/164/20
衆數百○ 23.1/164/21
數月間至七八千○ 23.1/164/21

平林○陳牧、廖湛復聚
千餘○ 23.1/164/21
更始韓夫○曰 23.1/165/2
宮○數千 23.1/165/5
日夜與婦○歡宴後庭 23.1/165/6
更始韓夫○尤嗜酒 23.1/165/8
雒陽○韓鴻爲謁者 23.1/165/14
赤眉十餘萬○入關 23.1/165/15
令劉盆子等三○居中央
23.5/166/12
一○奉符 23.5/166/12
得掖庭中宮女猶有數百
千○ 23.5/166/16
盆子及丞相徐宣以下二
十餘萬○肉袒降 23.5/166/18
琅琊○樊崇、字細君 23.6/166/24
同郡東莞○逢安、字少
子 23.6/166/24
東海臨沂○徐宣、字驕
稚 23.6/166/24
及楊音各起兵數萬○ 23.6/166/25
遂相聚得數百○ 23.7/167/8
安定○ 23.9/168/3
蘇茂、陳留○ 23.10/168/10
南陽宛○也 23.11/168/15
柰何爲○所奏 23.11/168/18
寵奴子密等三○共謀劫
寵 23.11/168/20
子密等三○縛寵著床板
23.11/168/21
秦豐、邔縣○ 23.13/169/9
兵合萬○ 23.13/169/11
龐萌、山陽○ 23.15/169/19
天水○也 23.16/169/25
○苦不知足 23.16/170/14
扶風茂陵○ 23.17/170/23
任述太子舍○ 23.17/170/24
使遠○有所依歸 23.17/171/8
述夢有○語之曰 23.17/171/8
平陵○荊邯以東方漸平
23.17/171/12
漢祖無有前○之迹、立
錐之地 23.17/171/13
蜀○及其弟光以爲不宜
空國千里之外 23.17/171/20
述詐使○言白帝倉出穀
如山陵 23.17/171/24
（幕）〔募〕敢死士五
千餘○ 23.17/171/28
筑陽○ 23.18/172/6
田戎、西平○ 23.19/172/11
與同郡○陳義客夷陵
23.19/172/11
其殿中廬有索長數尺可
以縛○者數千枚 24.72/178/7
猶令○熱 24.84/179/7
俗○失其名 24.95/180/15

壬 rén 1

二年春二月○午 2.3/16/12

仁 rén 39

帝○智明達 1.1/1/26
二者孰○矣 1.1/7/12
薄太后慈○ 1.1/9/18
帝既有○聖之明 1.1/10/16
壯而○明謙恕 2.2/14/4
寬和〔篤〕○ 2.3/16/6
○恕並洽 2.3/17/13
慈○惠和 3.1/18/5
寬○溫惠 3.2/19/22
當○不讓 5.5/29/12
上以后性賢○ 6.1/34/1
大王忠孝慈○ 7.3/39/12
敞父○嗣侯 7.7/40/13
○卒 7.7/40/15
寬○弘雅 7.12/42/13
惟○者能好人 7.20/45/15
貴○者所好惡得其中也
7.20/45/15
陛下至○ 9.7/59/22
以有○愛、知相敬事也
10.26/69/14
顯宗詔嚴留○壽闥 12.6/79/7
必殞命而後○ 12.10/81/2
張純、字伯○ 13.12/87/11
非○者心 13.16/89/4
○者、百行之宗 14.2/91/10
○不遺舊 14.2/91/11
其○以惠下 16.35/113/16
吾聞伐國不問○人 16.37/113/28
誠○者之心 16.37/114/3
○孝敦篤 16.41/114/25
以○孝著聞 17.11/120/19
君所使掾何乃○于用心
17.13/121/16
○義遜讓 18.30/135/16
使○恕掾肥親往察之 19.4/137/19
豎子有○心 19.4/137/21
政惟○簡 20.17/148/18
溫○多恕 21.9/152/12
蹤優（佫）〔路〕○ 22.4/163/18
攜負歸○ 22.4/163/18
父○爲侍御〔史〕 23.17/170/24

忍 rěn 12

何○行此 1.1/7/11
雖痛、○不言 6.5/36/11
故○之耳 6.5/36/12
吏民親愛而不○欺之 10.26/69/11
何○殺義士 13.11/85/26
何○車過其墓 14.2/91/8
臣恐不○將大漢節對氈
裘獨拜 16.6/104/25
吾不○食子 17.11/120/24
臣聞孔子○渴於盜泉之
水 17.13/121/24
尹不○爲也 18.5/127/16
不○行也 18.12/129/27
上不○誅 22.5/164/5

荏 rěn 1

詔省○弱平簟 2.4/17/20

稔 rěn 1

歲比登○ 2.1/13/1

刃 rèn 5

一室納兩○ 2.2/15/9
以○傷常 7.4/39/25
不與兵○ 8.2/48/1
兵不血○ 10.22/67/22
投筆抽○而死 11.2/71/6

任 rèn 44

常恐不○ 1.1/8/13
○奉宗廟 3.5/21/25
虎賁、羽林不○事者住寺 3.5/22/15
德薄而○重 5.5/30/3
令長史○尙將之 8.2/47/26
故能常○職 8.10/51/1
吾知寇子翼可○也 9.1/55/2
是時公孫述將田戎、○滿與漢軍相拒于荊門 10.2/62/16
○光、字伯卿 10.12/65/5
○隗、字仲和 10.13/65/11
不○兵馬 11.8/72/21
○吏以職 12.1/76/5
此丞、掾○ 12.1/76/6
達生○性 12.7/79/19
北地○橫、○崖 12.9/80/13
朝廷由是敬憚委○焉 12.11/81/13
其委○自前世外戚禮遇所未曾有 12.11/81/24
實非過少所〔宜〕○〔也〕 12.13/82/9
深見○用 13.5/83/25
不能復○朝事 13.10/85/17
遂○身有子 14.3/91/19
以受重○ 14.4/92/2
宜改易非○ 14.5/93/24
衍娶北地○氏女爲妻 14.5/94/1
不○茅土 15.2/95/10
不○進道 15.6/97/6
○延、字長孫 15.15/100/22
以○尙代超 16.3/104/3
如以爲○用而不使臣之 16.49/116/19
○城人 17.6/119/7
○城人也 18.10/129/7
過○城 18.10/129/15
不○刑名 18.14/131/3
○貰與之 18.18/132/4
而篤不○爲吏 18.23/133/10
職○過分 19.15/140/17
以殘酷見○ 19.17/141/4
鼎足之○不可以缺 20.1/145/1
○尙編草爲船 20.5/146/5
郡民○棠者、有奇節 20.10/147/3
○用善士 21.6/151/15
○述太子舍人 23.17/170/24
亦○事 24.2/172/23

紉 rèn 1

書則縫○ 6.5/36/15

軔 rèn 1

剛以頭○乘輿車輪 15.7/97/15

恁 rèn 4

數薦達名士承宮、郇○等 17.11/120/25
郇○、字君大 17.19/123/12
辟○ 17.19/123/12
○曰 17.19/123/14

認 rèn 2

道中有人○茂馬者 10.26/69/7
人就○之 17.12/121/7

仍 réng 8

災異連○ 1.1/9/10
甘露○降 2.1/13/15
災異○至 5.5/29/18
及新野君○喪 6.5/37/4
郊廟禮儀○有曠廢 20.1/144/29
局後○離 22.4/162/7
○路孳摸 22.4/163/4
○許來降 23.1/165/19

日 rì 159

○角 1.1/1/13
一○之間 1.1/2/20
後數○ 1.1/3/10, 8.14/53/9,14.2/90/17
即○皆物故 1.1/3/10, 23.1/164/28
交鋒之○ 1.1/5/2
賊檄○以百數 1.1/6/7
常以○而出時 1.1/6/19
帝以○食避正殿 1.1/8/4
四月二○ 1.1/8/5
病差數○ 1.1/8/6
留數○行 1.1/8/6
留十七○乃去 1.1/8/8
皇考居此○久 1.1/8/11
○愼一○ 1.1/8/13
甘露降四十五○ 1.1/8/16
今○月已逝 1.1/8/22
至○晏 1.1/9/3
（嘗）〔常〕連○ 1.1/9/5
○月薄食 1.1/9/10
十月元○ 2.1/11/28
太常其以礿祭之○陳鼎于廟 2.1/12/24
以○北至 2.1/12/31
○南獻白雉、白犀 2.2/14/13
方春（○）〔月〕 2.2/14/15
○月不絕 2.2/15/22
以累○月之光 2.2/16/1
○食 2.3/16/12,15.2/95/21
十三年春正月上○ 2.3/17/7
是○倉卒 2.4/17/19
帝生百餘○ 2.4/17/19
○南地坼長一百八十二里 3.1/18/28
零陵言○食 3.2/20/14
〔五侯〕暴恣○甚 3.5/22/7
以○月星辰 5.5/30/15
○月星辰之神 5.5/30/17
以正月十八○始祠 5.5/32/8
○月星辰 5.6/32/24
旂有龍章○月 5.6/32/25
先是數○ 6.2/34/15
此〔所〕謂○角偃月 6.6/37/10
立后之○ 6.6/37/11
即○害之 7.1/38/21
二十餘○ 7.7/40/21
明○大雨 7.9/41/20
名稱○重 7.12/42/18
○以千數 8.1/46/23
旦夕臨者○數千人 8.2/48/2
○月益長 8.5/48/21
罪責○深 8.5/48/21
異○ 8.6/49/1
初無辦嚴之○ 8.10/51/1

至〇中 8.11/51/14
百姓患苦王莽苛刻〇久 8.14/52/18
後五〇攻西安 8.14/52/25
至期〇夜半 8.14/52/25
一〇必拔 8.14/52/27
旬〇之間 8.14/53/2
至〇中破之 8.14/53/3
即〇開城降 9.1/55/21
昨〇得公孫豆粥 9.4/56/23
相拒六十餘〇 9.4/57/12
公有〇角之相 9.6/58/10
即〇行大將軍事 10.4/63/3
今〇罷倦甚 10.9/64/4
即〇以霸爲軍正 10.11/64/22
彤親所以至今〇得安于信都者 10.16/66/10
是〇遷漢忠將軍 10.20/67/4
他〇會見 10.22/68/2
茂問失馬幾〇 10.26/69/7
後〇 10.26/69/9
在于今〇 11.2/70/22
五〇一歸府 11.10/73/18
賓客故人〇滿其門 12.1/76/5
盡數〇 12.1/76/11
一〇或數四引見 13.12/87/12
勤燕見前殿盡〇 13.13/88/11
留飲十許〇 13.15/88/25
以〇食免 13.16/89/17
18.4/127/11,19.1/136/23
我攻懷三〇兵不下 14.2/90/22
今月二十七〇 14.2/91/3
君長將兵不與韓信同〇而論 14.4/92/10
今衍幸逢寬明之〇 14.5/93/3
天下（〇）〔自〕以去亡新 14.5/93/12
惟大將軍開〇月之明 14.5/93/29
協時月正〇 15.2/95/18
柴祭之〇 15.2/95/20
臣聞《春秋》〇食三十六 15.2/95/22
至數十〇 15.2/95/24
因爲其制〇定葬 15.5/96/15
留數十〇 15.8/98/3
明〇 15.8/98/7
使君何〇當還 15.9/98/21
計〇告之 15.9/98/21
先期一〇 15.9/98/22
市〔〇〕四合 15.11/99/13
爲今〇也 15.12/99/25
匈奴使來數〇 16.3/103/5
明〇乃還告郭恂 16.3/103/9
盡〇乃罷 16.9/105/20
今〇所蒙 16.9/106/1
〇就月將 16.9/106/10
常〇旰忘食 16.22/110/8
乃不食終〇 16.26/111/7
擔穀給福及妻子百餘〇 16.32/112/17
而堪去職之〇 16.35/113/17
〇買一片豬肝 16.49/116/20
與鄉佐相聞期鬬〇 16.50/116/27
今〇歲首 17.10/120/7
（決）〔浹〕〇而成 17.13/121/19
今〇搖動者刀入脅 17.17/123/2
張重、〇南計吏 17.21/123/25
臣〇南計吏 17.21/123/25
〇生鯉一雙 17.22/124/7
幾〇至 17.23/124/15
詔禮十〇就長樂衛尉府 17.23/124/22
留十餘〇 18.1/125/21
今〇朱暉死〇也 18.6/127/24
烽火〇通 18.12/129/28
燒者〇〇相屬 18.12/130/2
〇辭 18.13/130/14
十餘〇乃去 18.13/130/18
積二十餘〇 18.13/130/22
臨去〇 18.15/131/10
三〇 18.22/133/2
至其〇而卒 18.31/135/23
此〇下無雙 19.22/142/11
到官之〇 19.22/142/19
繫獄數〇 19.26/143/14
何面目以見〇月 20.2/145/12
欺罔〇月 20.4/145/22
〇夜號泣 20.6/146/9
政令〇損 21.4/151/6
食雪四十餘〇 21.8/151/27
般天蔽〇 21.8/152/3
臘〇奴竊食祭其母 21.18/154/19
即〇免之 21.18/154/19
常以良〇 21.21/155/3
隨〇時而出入焉 21.21/155/4
郭汜〇擄掠百官 21.27/156/7
〇入之部 22.4/162/18
歸〇出主 22.4/162/21
〇夜與婦人歡宴後庭 23.1/165/6
今〇騎都尉往會〇也 23.1/165/14
曠〇持久 23.16/170/10
戎至期〇 23.19/172/12
謙讓〇崇 24.54/176/27
並以〇蝕免 24.81/179/1
五〇之中 24.88/179/16
以行〇月 24.90/179/24

戎 róng 10

〇狄奉貢 5.5/31/8
公孫述、大司馬田〇將兵下江關 8.10/50/22
是時公孫述將田〇、任滿與漢軍相拒于荊門 10.2/62/16
令田〇據江南之會 23.17/171/16
使延岑、田〇分出兩道 23.17/171/20
田〇、西平人 23.19/172/11
義、〇將兵陷夷陵 23.19/172/11
〇自稱掃地大將軍 23.19/172/12
〇至期日 23.19/172/12
外懷狄〇 24.31/175/9

肜 róng 1

大〇渠帥樊重 23.20/172/16

容 róng 39

表（商客）〔商〇〕之閭 1.1/4/24
〇貌莊麗 2.1/11/6
臣望顏色儀〇 2.1/12/6
動〇進止 2.2/14/4
〇于小大 2.2/15/26
曹相國後〇城侯無嗣 2.3/16/15
不〇令群臣知帝道崩 3.1/19/15
楊偉、徐〇等惶恐解散 8.10/50/26

賈生○貌志意如是 8.11/51/9
從○曰 9.6/58/10
上愛其○儀 9.7/59/3
視光○貌長者 10.12/65/6
晨從○謂帝曰 11.1/70/10
色理膚髮眉目○貌如畫 12.1/75/7
湛○貌堂堂 13.1/82/24
弘正○言曰 13.6/84/11
宋公威○德器 13.6/84/13
乃因燕見從○誡之曰 13.13/88/8
（諂）〔諂〕諛以求○媚 15.2/95/25
性寬和○衆 16.2/102/14
憲不能○ 16.38/114/11
延進止從○ 17.1/117/21
不○羽蓋 17.1/117/23
而○止趨步 17.1/117/25
延以寅雖有○儀而無實行 17.1/117/26
太守斂○而止 17.10/120/10
宜選長大威○者 17.12/121/9
常人所○ 17.13/121/27
形○短小 17.21/123/25
○貌醜而有節操 18.29/135/1
熙能爲威○ 19.10/139/14
又封中黃門王康華○侯 20.23/149/23
父○ 23.11/168/15
○貌飲食絕衆 23.11/168/15
當道二千石皆選○貌飲食者 23.11/168/16
故○徙爲雲中太守 23.11/168/16
○貌絕衆 23.11/168/17
形○極變 24.14/174/2
○儀照曜絕異 24.64/177/19

榮 róng 37

封師太常桓○爲關內侯 2.1/12/1
11.7/72/14
事太常桓○ 11.10/73/10
○顯冠世 12.2/77/12
時人○之 12.6/79/9
徒信己以○名 12.10/80/21
從桓○受《歐陽尙書》 15.2/95/6
鴻初與九江人鮑駿同事桓○ 15.2/95/11
桓○、字春卿 16.9/105/13
○少勤學 16.9/105/13
輒令○於公卿前敷奏經書 16.9/105/15
上欲用○ 16.9/105/16
○叩頭讓曰 16.9/105/16
因拜○爲博士 16.9/105/18
○被服儒衣 16.9/105/18
○獨舉手奉以拜 16.9/105/20
○嘗寢病 16.9/105/21
太子報○書曰 16.9/105/22
以○爲少傅 16.9/106/1
○大會諸生 16.9/106/1
○遭倉卒困厄時 16.9/106/2
元卿謂○曰 16.9/106/3
○笑而不應 16.9/106/3
後○爲太常 16.9/106/3
元卿來候○ 16.9/106/4
○諸弟子謂曰 16.9/106/4
尊○以師禮 16.9/106/5
令○坐東面 16.9/106/5
會百官驃騎將軍東平王蒼以下、○門生數百人 16.9/106/6
拜○爲五更 16.9/106/9
上輒引○及弟子升堂 16.9/106/9
五更沛國桓○ 16.9/106/10
桓○卒 16.10/106/16
鄉里甚○之 16.16/108/14
不好○貴 16.41/114/25
莫不嘉其○ 19.1/136/23
周○爲尙書令 19.18/141/10

融 róng 23

河西大將軍竇○與五郡太守步騎二萬迎帝 1.1/6/23
將作大匠竇○上言 1.1/8/25
河西太守竇○遣使獻（三）〔橐〕駝 10.22/67/20
光武詔封○曰 10.22/67/21
行河西五郡大將軍、涼州牧、張掖屬國都尉竇○ 10.22/67/21
其以安豐、陽泉、蓼、安風凡四縣封○爲安豐侯 10.22/67/23
○光武時數辭爵位 10.22/67/24
臣○年五十三 10.22/67/25
臣○朝夕教導以經藝 10.22/67/25
迎詔○曰 10.22/68/2
○嗣子穆尙內黃公主 10.22/68/2
而○弟顯親侯友嗣子固尙沮陽公主 10.22/68/3
馬○才高博洽 12.7/79/18
敕從騎都尉儲○受兵二百人 13.16/89/11
不願受○兵 13.16/89/12
竇○請奮署議曹掾 15.11/99/12
大將軍竇○以爲從事 16.1/102/9
牟○、字子優 17.4/118/23
符○妻亡 21.15/154/5
○不肯受 21.15/154/5
孔○上書曰 21.23/155/14
坐隴西太守鄧○免官 21.31/156/24
羊○、字子優 21.52/159/28

冗 rǒng 1

尙書、中謁者、黃門○從四僕射、諸都監、中外諸都官令、都（候）〔侯〕、司農部丞、郡國長史、丞、（候）〔侯〕、司馬、千人秩皆六百石 4.1/26/1

宂 rǒng 1

又鑄錢官姦○所集 18.1/125/25

柔 róu 2

懷○百神 5.5/31/1
趙溫、字子○ 21.22/155/9

肉 ròu 25

獨居輒不御酒○ 1.1/3/13
去○刑 5.5/31/5
骨○天性 7.12/43/12
乃○袒負斧鑕于軍門 8.14/53/11
百姓持酒○迎軍 9.2/56/6

不御酒○ 9.4/56/18
上設酒○ 9.10/60/20
炙○未熟 10.23/68/11
民嘗有言部亭長受其米○遺者 10.26/69/11
雖在骨○ 11.14/74/16
除○刑之重律 13.11/86/3
奮篤於骨○ 15.11/99/18
飛而食○ 16.3/103/1
稱分其○ 16.25/110/26
不能得錢買○ 16.49/116/20
致○米 17.22/124/7
食馨○肌香 17.24/125/1
○腥臊不可食 17.24/125/2
每歲遣人送米○ 19.4/137/15
不食魚○之味 19.11/139/21
食○衣綺 21.7/151/20
使婢奉○羹翻污朝衣 21.9/152/16
昌樂○飛 22.4/162/7
食○衣皮 22.4/163/12
盆子及丞相徐宣以下二十餘萬人○袒降 23.5/166/18

如 rú 164

室中盡明○晝 1.1/1/10
何爲○是 1.1/2/5
以爲獨伯升○此也 1.1/2/10
仲謹厚亦○之 1.1/2/10
欲何爲乃○此 1.1/2/16
劉將軍何以敢○此 1.1/2/21
矢下○雨 1.1/2/26
正晝有雲氣○壞山 1.1/3/1
暴雨下○注 1.1/3/7
帝飲食語笑○平常 1.1/3/12
雲臺致敬祭祀之禮儀亦○之 1.1/5/13
自事主未嘗見明主○此也 1.1/6/8
○卿言 1.1/6/11,1.1/6/12
不○也 1.1/6/11
動○節度 1.1/6/12
〔所見〕○神 1.1/6/20
竟○詔書 1.1/7/5
病苦○此 1.1/8/5
○孝文皇帝舊制 1.1/9/23
即○此 2.1/11/12
○帝言 2.1/11/13
○會殿前禮 2.1/11/21
百官嚴設○舊時 2.1/12/6
視人○赤子 2.1/12/8
削章不○飽飯 2.1/12/10
率常○此 2.1/12/17
帝夢見先帝、太后○平生歡 2.1/13/16
○孝文皇帝（袷）〔祫〕祭高廟故事 2.1/13/23
善節約謙儉○此 2.1/13/29
大○雞 2.2/15/5
大○鴈子 2.3/16/23
政○砥矢 2.3/17/12
雨雹大○芋魁、雞子 3.1/18/15
飲食、百官、鼓漏、起居、車騎、鹵簿○故 3.1/19/13
○喪考妣 3.1/19/16
○祖宗故事 3.2/21/3
大○雞子 3.5/22/12
○車蓋隆起 3.6/23/21
縣國丞、尉亦○之 4.1/26/6
遠望○蓮華 5.1/27/15
萇之隱處有一巖穴○窗牖 5.1/27/15
圖讖蓋○此 5.5/29/18
用其《文始》、《五行》之舞○故 5.5/31/15
進《武德》之舞○故 5.5/31/19
○孝文皇帝在高廟之禮 5.5/31/26
○自立廟當作舞樂者 5.5/32/1
廟樂皆○王議 5.5/32/7
○光烈皇后故事 5.5/32/15
宜○明堂之制 5.6/33/2
補之○粟 6.2/34/11
車○流水 6.2/35/4
馬○游龍 6.2/35/4
○平生事舅姑 6.2/35/11
滑〔○磄䃺〕 6.5/36/16
其見親重○此 7.2/39/6
皆言類揚雄、相○、前世史岑之比 7.12/43/1
莫○延攬英雄 8.1/46/13
天下郡國○是 8.1/46/16
無貴賤見之○舊 8.2/47/10
視之○子 8.2/47/10
其得人心○是 8.2/47/21
所施皆○霍光故事 8.6/49/7
軍營不○意 8.10/50/15
恭儉○此 8.10/51/4
賈生容貌志意○是 8.11/51/9
大王哀厚弇○父子 8.14/52/17
○去虎口就慈母 8.14/52/19
昔藺相○屈于廉頗者 9.1/55/9
上與眾會飲食笑語○平常 9.4/56/18
何○在長安時共買蜜乎 9.6/58/15
儀○孝宣帝臨霍將軍故事 9.7/59/15
安得憂國奉公之臣○祭征虜者乎 9.7/59/21
鮮卑千餘騎攻肥○城 9.9/60/13
○衣繡夜行 9.10/60/21
○死 9.12/61/22
霸欲○實還報 10.11/64/18
心○金石 10.20/67/4
是以愛之○父母也 10.23/68/12
茂視民○子 10.26/69/10
苟○此 10.26/69/17
後詔問起居何○ 11.8/72/21
○故 11.8/72/22
其慎重○此 11.13/74/9
色理膚髮眉目容貌○畫 12.1/75/7
以爲至當握手迎○平生 12.1/75/14
不○專意東方 12.1/75/16
陛下何以知非刺客而簡易○此 12.1/75/20
宜○舊鑄五銖錢 12.1/76/7
譬○嬰兒頭多蟣蝨而剃之 12.1/76/10
臣聞行天者莫○龍 12.1/76/25
行地者莫○馬 12.1/76/25
當○此矣 12.1/77/2
服荔裳○朱紱兮 12.10/80/25
祭食○前 12.11/81/21
未見好德○好色者 13.6/84/11
數正諫威儀不○法度者 13.10/85/14
宜○舊制 13.11/86/9
祭可且○元年郊祭故事 13.11/86/10
見惡○農夫之務去草焉 13.11/86/14
請可○禮施行 13.12/87/19

不○亟降 14.1/90/3
當○此來 14.1/90/7
彭○期往 14.1/90/8
其見憚○此 14.2/91/7
奉使○此 14.2/91/10
何○ 14.2/91/10, 15.17/101/13,16.16/108/9
何○其智也 14.4/92/13
○其不虞 14.5/93/22
○丹此縑 15.5/96/18
相待○舊 15.5/96/26
其○社稷宗廟何 15.8/98/8
乃聘請高行俊乂○董子儀、嚴子陵等 15.15/100/24
崇禮養善○此 15.15/100/26
後還其物○故 15.17/101/16
不○守正而死 16.6/104/20
○令匈奴遂能服臣 16.6/104/25
不○同門生郎中彭閎、揚州從事皋弘 16.9/105/17
○有不諱 16.9/105/22
今何○ 16.9/106/4
安能預知○此 16.9/106/5
其恩禮○此 16.9/106/7
其見優○此 16.21/109/24
忽然○不饑渴 16.26/111/7
使有功不○使有過 16.33/112/23
援謀○涌泉 16.34/113/6
勢○轉規 16.34/113/6
○殺一大尹贖二千人 16.37/114/4
不○萌肥健 16.41/114/27
○以爲任用而不使臣之 16.49/116/19
道狀○此 16.49/116/22
○其志焉 17.2/118/6
撫循百姓○赤子 17.13/121/18
○有禍祟 17.13/121/20
味○江水 17.22/124/7
不○孝肥 17.23/124/16
其得民心○此 18.1/126/17
掾自視孰與藺相○ 18.6/128/4
而書○故 18.21/132/22
善吏○良鷹矣 18.26/134/2
時不○意輒呼責 18.28/134/15
得賢壻○梁鴻者 18.29/135/1
彼傭賃能使其妻敬之○此 18.29/135/6
鳳受竿誦經○故 18.30/135/15
可令奏事○舊典 19.1/136/18
守志○初 20.17/148/17
使馬○羊 21.11/153/4
使金○粟 21.11/153/4
○車蓋 21.24/155/19
呂布以奮威將軍○三事 21.28/156/11
値翊○廁 21.37/157/25
有影象○虎 22.5/164/3
此雀卵大○甕 22.6/164/12
不○且稱王 23.1/164/26
莽不○此 23.1/165/2,23.1/165/2
安堵○舊 23.1/165/5
○此 23.17/171/17
迹詐使人言白帝倉出穀○山陵 23.17/171/24
道隗王破者復○此矣 23.17/171/25
而恨明○此 24.2/172/24
司馬相○上疏曰 24.77/178/19

茹 rú 1

無菜○ 16.49/116/16

挐 rú 1

禍（拏）〔○〕未解 14.5/93/5

儒 rú 33

欲使諸○共正經義 2.1/11/21
于是下太常、將軍、大夫、博士、議郎、郎官及諸王諸○會白虎觀 2.1/11/22
諸○並聽 2.1/12/2,11.7/72/15
諸○會白虎觀 2.2/14/11
命○者論難 2.2/14/22
帝召諸○ 2.3/17/1
名○宿德 7.3/39/10
令與當世大○司徒丁鴻問難經傳 8.12/52/3
取士皆用○術 9.7/59/17
爲通○ 12.7/79/18
不拘○者之節 12.7/79/19
○士痛心 13.1/82/24
豹好○學 14.6/94/6
今與衆○共論延功 15.8/97/29
諸○以此慕之 16.2/102/14
榮被服○衣 16.9/105/18
○者莫之及 16.9/105/19
此眞○生也 16.9/105/21
而喜非毀俗○ 16.16/108/3
少府大○ 16.21/109/24
以○學徵 16.23/110/13
並以○學拜議郎也 16.25/111/2
戰陣不訪○士 16.37/113/28
諸○于白虎觀講論《五經》同異 17.6/119/7
爲世名○ 17.16/122/20
崇○雅 18.14/131/3
世祖詔諸○誅之 18.23/133/8
爲當世大○ 19.5/138/4
諸○爲之語曰 20.2/145/5
爲○者所宗 20.14/147/24
稱于○林 21.51/159/24
而欲牽○生之說 23.16/170/8

濡 rú 1

惠澤沾○ 2.3/17/12

襦 rú 3

使忠解澣長○ 10.14/65/18
解所被襜○以衣歛 11.2/70/18
昔無○ 18.12/130/3

汝 rǔ 38

比○歸可知 1.1/5/15
幸南陽、○南 1.1/8/10
○南童子謝廉、河南童子趙建 3.2/20/11
我爲詐○耳 7.4/39/22
執金吾賈復在○南 9.1/55/8
還○水上 10.9/64/3
亭長從○求乎 10.26/69/11
爲○有事屬之而受乎 10.26/69/12
○獨不欲修之 10.26/69/16
今我以禮教○ 10.26/69/17
以律治○ 10.26/69/18

歙還○南太守 13.8/84/26
坐在○南贓罪 13.8/84/26
○南人也 15.8/97/20
○南太守歐陽歙召惲爲功曹 15.8/97/28
○南舊俗 15.8/97/28
○諧 16.9/105/17
○南子欲復黨乎 16.20/109/13
群賊入○陽城 16.31/112/7
卒當從○稟學 16.34/113/1
○南王琳字巨尉 16.43/115/8
○南人 16.44/115/13
○曹皆當以次死 17.24/124/28
哀縱○ 17.24/125/1
○三皇時人也 18.1/126/1
乞○二十萬 18.26/133/26
○南南頓人 19.12/140/3
爲○南太守 19.17/141/5
父母語「○小何能多少」 19.25/143/8
○郁、字叔異 19.29/144/3
○南薛苞、字孟常 20.6/146/9
王堂爲○南太守 20.16/148/8
追封爲○陰東鄉侯 20.25/150/12
○南太守宗資 21.6/151/15
糞爛○手 21.9/152/17
劉翊爲○南太守 21.26/156/3
申屠志以功封○陰王 23.3/166/3
待○以不死耳 23.5/166/18

乳 rǔ 6

〔及阿○母以問師傅〕 2.1/11/7
○母王男、廚監邴吉爲大長秋江京、中常侍樊豐等所譖愬 3.2/19/23
有若鍾○ 6.5/36/16
民至乃誠○婦勿得舉子 13.5/83/21
寧見○虎穴 15.17/101/16
○爲生湩 17.25/125/11

辱 rǔ 7

常恐污○名號 9.11/61/8
頗加恥○ 11.1/70/6
終不降志○身 13.11/85/22
不恥勞○ 16.3/102/22
於人中○之 16.50/116/26
示○而已 21.9/152/12
○孰甚焉 21.9/152/14

入 rù 167

○小學 1.1/1/14
流民○關者數十萬人 1.1/1/21
○見 1.1/2/3
佩之○朝 1.1/2/14
帝馳○昆陽 1.1/2/19
雖得○ 1.1/3/11
奔亡○邊郡避之 1.1/3/15
○傳舍 1.1/3/21
請邯鄲將軍○ 1.1/3/22
帝引車○道旁空舍 1.1/3/24
延請○軍 1.1/4/2,23.8/167/18
○〔王〕宮收文書 1.1/4/6
帝輕騎○ 1.1/4/9
○漁陽 1.1/4/11
帝○雒陽 1.1/5/1
囂雖遣子○侍 1.1/6/8
騶騎馳出召○ 1.1/6/19
囂走○城 1.1/6/24
○犍爲界 1.1/7/3
扶輿○壁 1.1/7/8
○南陽界 1.1/8/6
陛下○東都 2.1/12/6
恢乘勝深○ 3.1/19/1
始○小學 3.2/19/22
今用怨（○）〔人〕 3.2/19/26
克敵深○ 3.2/20/17
始○ 3.5/21/24
有白衣人○德陽殿門 3.6/23/18
皇太后○宗廟 5.5/32/15
制長冠以○宗廟 5.6/32/22
○皮膚中 6.2/34/15
不喜出○遊觀 6.2/34/19
上令太夫人及兄弟得○見 6.2/34/22
○朝問起居 6.2/35/16
選○掖庭 6.4/36/6,6.6/37/9
以才貌選〔○〕掖庭 6.7/37/16
壽引進令○掖庭 6.9/38/4
宣使嫡子姬送女○門 7.7/40/21
租○倍諸王 7.8/41/5
楚王英奉送黃縑三十五匹、白紈五匹○贖 7.10/42/3
詔書還○贖縑紈 7.10/42/3
引○ 7.12/43/10
慶得○省宿止 7.21/45/20
赤眉○長安 8.1/46/23
赤眉還○長安 8.1/47/1
○侍左右 8.7/49/17
轉西○關 8.11/51/17
上以復敢深○ 8.11/51/18
後更不○塞 8.12/52/1
弇○ 8.14/52/13
吾深○敵（地）〔城〕 8.14/53/2
而弇勒兵○據其城 8.14/53/11
願遣子○侍 8.17/54/4
賊不○境 9.1/55/12
徵○爲金吾 9.1/55/13
上○關 9.1/55/16
東○弘農界 9.2/56/6
異獨○叩頭 9.4/56/19
將兵北○箕關 9.7/59/6
弩矢○口洞出 9.7/59/7
○爲太僕 9.8/60/7
即請丹○ 9.10/60/20
乃夜召○ 9.10/60/24
夜梯其城○ 9.11/61/4
令委輸車回轉出○ 10.2/62/18
光暮○堂陽 10.12/65/7
獨不○密界 10.26/69/18
何故隨婦家○湯鑊中 11.1/70/8
囂遣子恂隨○侍 11.2/70/19
囂起○ 11.2/70/22
既○ 11.9/73/4
歆將令尉○宮搜捕 11.9/73/5
從上出○ 11.14/74/13
引援○ 12.1/75/14
敕令中黃門引○ 12.1/75/17
不宜遠○險阻 12.1/75/24
敕黃門取頭蝨章（特）〔持〕○ 12.1/76/11
深○ 12.1/77/3
鮮有○其室者 12.7/79/20
蝗蟲○江海 12.8/80/1
秦人○疆 12.10/80/23
未嘗○藏 12.11/81/14
出○四年 13.1/82/21
出○禁門 13.1/83/3

合食〇太祖廟 13.12/87/15
出〇八年 13.14/88/17
〇平原界輒死 13.16/89/13
後徵憙〇爲太僕 13.16/89/15
〇夏城門中 14.2/91/2
蒙恩〇侍 14.2/91/5
引（軍）〔車〕〇陌 14.2/91/8
令將妻〇獄 14.3/91/18
痛〇骨髓 14.5/93/9
即自〇獄謝之 15.8/97/25
欲〇 15.8/98/6
〇見憚 15.8/98/12
須期乃〇 15.9/98/22
漢先遣堪〇成都 15.12/99/26
臣行部〇長沙界 15.14/100/16
不〇冀府（赤）〔寺〕 15.17/101/16
固數〇讀書禁中 16.2/102/17
不欲令漢軍〇國 16.3/103/20
但願生〇玉門關 16.3/104/2
超遣子勇隨〇塞 16.3/104/2
後〇會庭中 16.9/105/20
〇復侍講 16.9/105/22
而悉以租〇與之 16.10/106/16
〇侍講 16.18/109/3
與國右史公從事出〇者惟硯也 16.28/111/16
群賊〇汝陽城 16.31/112/7
從宛人陳洮買符〇函谷關 17.2/118/3
既〇關 17.2/118/4
愷之〇朝 17.8/119/22
歲旦與掾吏〇賀 17.10/120/5
政〇戶 17.17/122/28
今日搖動者刀〇脅 17.17/123/2
與外氏家屬從田間奔〇宛城 18.6/127/23
鄰郡人多牽牛〇界 18.6/128/8
還〇城 18.12/130/5
詔達〇北宮虎觀、南宮雲臺 18.17/131/24
每〇官舍 18.25/133/19
勤還〇新野界 18.26/134/1
義奉檄而〇白母 18.27/134/9
令〇授皇太子 19.1/136/6
故州牧刺史〇奏事 19.1/136/16
不〇中牟 19.4/137/18
即自〇辭其妻 19.11/139/25
香未〇界 19.22/142/19
出〇更衣 19.27/143/19
臺遣兩當關扶郁〇 19.29/144/5
出〇有常 20.3/145/16
上引賜等〇金商門崇德署 20.4/145/20
旦〇而洒掃 20.6/146/10
持燈〇章臺門 20.24/150/4
程等適〇 20.24/150/4
欲還〇 20.24/150/5
康詐疏光〇章臺門 20.24/150/6
皆簿〇也 21.8/152/8
奐召主簿張祁〇 21.11/153/3
不以〇廄 21.11/153/4
不得〇懷 21.11/153/4
乃收淚〇言球罪 21.12/153/15
允與立〇 21.21/155/4
隨日時而出〇焉 21.21/155/4
蝗〇輒死 21.40/158/8
不〇於門 21.41/158/12
日〇之部 22.4/162/18
人庶群〇野澤 23.1/164/20
聖公〇平林中 23.1/164/22
更始〇便坐黃堂上視之 23.1/165/1
赤眉十餘萬人〇關 23.1/165/15
徐宣、樊崇等〇至弘農枯樅山下 23.1/165/15
赤眉引兵〇上林 23.1/165/16
三輔豪傑〇長安 23.2/165/24
使盆子乘車〇長安 23.5/166/16
赤眉〇安定、北地 23.6/167/1
因與呂母〇海 23.7/167/9
芳因隨〇匈奴 23.9/168/4
遣（母）〔毌〕樓且渠王求〇五原 23.9/168/5
又用寵聲呼其妻〇室 23.11/168/21
兩奴將妻〇取寵物 23.11/168/22
西〇上告 23.11/168/26
雖遣子春卿〇質 23.16/170/18
飲不〇口 24.41/176/1
宜〇《郊祀志》 24.92/180/7

褥 rù 1

給帷帳床〇 11.10/73/18

濡 rù 3

（宏）〔弘〕字〇孫 7.5/40/3
賈宗、字武〇 8.12/51/24
賈武〇 8.12/52/1

阮 ruǎn 1

太守〇況當嫁女 18.6/127/25

蕤 ruí 1

〇賓通 24.88/179/15

瑞 ruì 10

聖〇萌兆 1.1/1/12
符〇之應 1.1/4/18
〔貞〕符〇〔應〕 2.3/17/13
以和靈〇 5.5/29/17
是天〇也 10.11/64/21
連有〇應 18.13/130/20
鳳凰、（麟麒）〔麒麟〕、嘉禾、甘露之〇集于郡境 18.14/131/5
述以爲符〇 23.17/171/10
述自言手文有奇〇 23.17/171/11
〇應手掌成文 23.17/171/11

睿 ruì 2

幼而聰明〇智 2.1/11/6
爲聰明〇智 16.46/116/1

銳 ruì 4

豐下〇上 2.1/11/5
聞吏士精〇 9.4/57/17
然後簡精〇之卒 14.5/93/26
遂篤志精〇 15.2/95/7

叡 ruì　1

聰○天資　24.49/176/17

閏 rùn　7

八年○四月　1.1/6/23
十年夏○四月　2.1/12/31
秋○七月　3.1/18/15
本初元年夏○六月　3.4/21/19
功曹（史）〔史〕戴○
　當從行縣　11.10/73/15
○具以實對　11.10/73/16
會李○來　20.24/150/5

潤 rùn　3

河○九里　15.9/98/18
亦不能自○　15.11/99/15
○以道術　24.90/179/26

若 ruò　36

望見廬南○火光　1.1/2/7
道數十歲事○案文書　1.1/6/5
○樂六變　5.4/28/17
有○鍾乳　6.5/36/16
○欲有言　6.5/36/25
隱○一敵國矣　8.10/50/17
卿○東　8.14/52/21
○峻不即降　9.1/55/17
彭○出界　9.2/56/8
夜聞急少能○是　9.11/61/11
○縱賊不誅　10.14/65/23
○大姓侵小民　12.1/76/6
外○訥而內沈敏　12.5/78/25
皆○在己　12.11/81/12
○以子之功　13.9/85/4
○向南者多取帷帳　13.14/88/19
爾曹○健　13.16/89/4
○鎮太原　14.5/93/27
吏○班超　16.3/103/11
譬○臣僕　16.16/108/5
子○與我并威同力　16.30/111/25
其以縣見穀二千石賜勃
　子○孫　16.34/113/11
豈○此人　17.1/117/26
○以懈慢爲愆　17.13/121/27
鍾離尚書○在　17.13/122/3
政顏色自○　17.17/123/2
疾○異人　19.31/144/16
此書○成　20.17/148/13
與○棗者　20.23/149/20
與弟子誦書自○　21.11/153/6
○小兒　23.11/168/23
當以女珠妻○　23.11/168/23
攻得邔、宜城、（○）
　〔鄀〕、編、臨沮、
　中（沮）廬、襄陽、
　鄧、新野、穰、湖陽
　、蔡陽　23.13/169/9
○計不及此　23.16/170/10
西（域）〔城〕○下
　23.16/170/13
○奮發盛德　23.17/171/1

弱 ruò　10

詔省荏○平簟　2.4/17/20
帝幼○　3.3/21/9
以稍○六國强宗　13.11/86/18
强幹○枝　13.11/86/20
　16.24/110/18
攜小○　13.16/89/8
○而隨師　15.2/95/9
令老○城守而追之　18.12/130/1
老○啼號滿道　18.14/131/4
果能抑豪助○　20.10/147/6

鄀 ruò　1

攻得邔、宜城、（若）
　〔○〕、編、臨沮、
　中（沮）廬、襄陽、
　鄧、新野、穰、湖陽
　、蔡陽　23.13/169/9

洒 sǎ　1

旦入而○掃　20.6/146/10

灑 sǎ　1

○掃　17.23/124/14

颯 sà　2

衛○爲桂陽太守　15.13/100/7
○到即引見　15.13/100/7

三 sān　250

長七尺○寸　1.1/1/13
莽遣○公將運關東諸倉
　賑貸窮乏　1.1/1/20
帝奉糗一斛、脯○十朐
　進圍宛城　1.1/2/13
帝遂選精兵○千人　1.1/3/6
○輔官府吏　1.1/3/14
○年　1.1/5/18
　2.2/15/5,2.3/16/15
　3.1/18/18,3.1/19/10
　3.2/20/1,3.5/22/10
　3.6/24/3,15.2/95/21
十○年　1.1/7/19
自○公下至佐（使）
　〔史〕各有差　1.1/8/20
不過二○頃　1.1/8/27
○十年　1.1/9/10
○十二年　1.1/9/13,5.5/29/15
在位○十○年　1.1/9/22
○月　1.1/9/24
　2.1/11/27,2.1/13/11
○雨而濟天下　1.1/10/16
始尊事○老　2.1/11/28
有縣○老大言　2.1/12/6
臣○懽喜　2.1/12/7
因舉虎頭衣以畏○老　2.1/12/9
在○里內者　2.1/12/11
○年春二月　2.1/12/13
《易》鼎足象○公　2.1/12/23
養○老、五更　2.1/12/26
尚書僕射持節詔○公　2.1/12/26
勞養○老、官屬　2.1/12/32
粟斛錢○十　2.1/13/1
十○年春二月　2.1/13/5
長○丈　2.1/13/8
什滅○四　2.1/13/29
永平○年　2.2/14/3,6.2/34/14
白鵠○十從西南來　2.2/14/18
○足烏集沛國　2.2/15/3
代郡高柳烏子生○足　2.2/15/5

凡〇年 2.2/15/18
鳳凰〇十九見郡國 2.2/15/18
鳳凰見百〇十九、麒麟五十二、白虎二十九、黃龍〇十四、青龍、黃鵠、鸞鳥、神馬、神雀、九尾狐、〇足烏、赤烏、白兔、白鹿、白燕、白鵲、 2.2/15/20
白氣長〇丈 2.3/17/5
十〇年春正月上日 2.3/17/7
水深〇丈 3.1/18/13
賻錢〇千萬 3.1/18/20
布〇萬匹 3.1/18/20
四年春〇月 3.1/19/13
時年〇十二 3.1/19/13
明年〇月 3.2/19/25
年十〇 3.2/20/11,8.1/46/5,15.2/95/6,18.6/127/22
父子〇人同命 3.2/20/17
時年〇十 3.2/20/26
年〇歲 3.3/21/7
本初（〇）〔元〕年四月 3.5/21/24
長七寸〇分 3.5/21/30
祠用〇牲 3.5/23/1
年〇十六 3.5/23/2
時上年十〇 3.6/23/8
鴻臚〇十六人 4.1/25/6
桓帝延熹元年〇月己酉 4.1/25/10
諸署長、楫櫂丞秩〇百石 4.1/26/4
丞、尉秩〇百石 4.1/26/5
縣、國〇百石長〔相〕 4.1/26/6
長相或四百石或〇百石 4.1/26/8
郎中秩皆比〇百石 4.1/26/10
鄉〇千六百八十一 5.1/28/3
亭萬二千四百四十〇 5.1/28/3
〇曰《黃門鼓吹》 5.4/28/23
建武〇十年 5.5/29/10
正〇雍之禮 5.5/29/13
凡〇十六事 5.5/29/16
前後凡〇十六事 5.5/29/20
擄〇代郊天 5.5/29/22
永平〇年八月丁卯 5.5/31/3
脩建〇雍 5.5/31/8
建立〇雍 5.5/31/17
比放〇宗誠有其美 5.5/31/22
〇宋 5.6/33/6,5.6/33/7
四百、〇百、二百石黃綬 5.6/33/8
繞髻〇匝 6.2/34/11
長至年十〇歲 6.3/35/23
永初二年〇月 6.5/36/24
永建〇年春〇月丙申 6.6/37/9
勇冠〇軍 7.1/38/19
祉以建武二年〇月見光武于懷宮 7.7/40/22
楚王英奉送黃縑〇十五匹、白紈五匹入贖 7.10/42/3
位在〇公上 7.12/42/14
章帝建初〇年 7.12/43/4, 12.3/77/22
〇輔假號 8.1/46/10
罷〇公 8.1/47/5
所經〇百八十九隘 8.2/47/16
建初〇年 8.2/47/16
〇遷虎賁中郎將 8.4/48/12
以延平（九）〔元〕年拜爲車騎將軍、儀同〇司 8.4/48/12
儀同〇司始自陟也 8.4/48/13
增封〇千戶 8.4/48/14
大將軍以下十〇人 8.7/49/19
得鎧弩刀矛戰楯匕首二〇千枚 8.9/49/28
得釜鑊二〇千枚 8.9/50/1
得匕首〇千枚 8.9/50/1
再〇召見 8.10/50/10
凡所平郡（四）〔〇〕十六 8.14/53/15
屠城〇百 8.14/53/16
九卿十〇人 8.17/54/15
尙公主〇人 8.17/54/15
更始遣舞陰王李軼、廩丘王田立、大司馬朱鮪、白虎公陳僑將兵〇十萬 9.4/57/1
別下潁川太守、都尉及〇百里內長吏皆會 9.4/57/9
邑七千〇百戶 9.6/58/13
力貫〇百斤弓 9.8/60/3
爲遼東太守〇十年 9.8/60/6
彎弓〇百斤 9.11/61/3
會屬縣送委輸牛車〇百餘兩至 10.2/62/18
上賜俊絳衣〇百領 10.7/63/18
二十〇年詔以祝阿益濟南國 10.8/63/23
〇百餘里 10.11/65/1
河西太守竇融遣使獻（〇）〔橐〕駝 10.22/67/20
臣融年五十〇 10.22/67/25
〇公生 10.22/68/4
開通〇十六國 10.23/68/10
憲以特進見禮依〇公 10.24/68/24
建武〇年 11.1/70/10,12.6/79/4
推爲〇老 11.3/71/12
建武十〇年 11.4/71/18
爲郎二十〇歲 11.6/72/7
〇署服其愼也 11.6/72/7
與〇公絕席 11.10/73/19
援〇兄 12.1/75/6
賜羊〇千、牛〇百頭以養病 12.1/76/4
〇府以爲未可 12.1/76/8
凡十〇難 12.1/76/8
每言及〇輔長者至閭里少年皆可觀 12.1/76/9
高〇尺五寸 12.1/76/27
詔書賜〔援〕鉅鹿縑〇百匹 12.1/77/2
身帶〇綬 12.3/77/24
嚴年十〇 12.6/79/5
將北軍五校士、羽林兵〇千人 12.6/79/8
輕殊死刑〇十四事 12.9/80/9
〇王有大辟刻肌之法 12.9/80/10
是以五帝、〇王之刑 12.9/80/10
〇輔盜賊群輩並起 12.9/80/12
制詔〇公、大鴻臚曰 12.10/81/5
無用〇牲 12.11/81/21
而〇分天下有二 13.1/82/20
贈賻〇千匹 13.8/84/27
〇輔以爲儀表 13.10/85/12
〇代之所同 13.11/86/2
農人〇十而取一 13.11/86/4
《禮》、〇年一祫 13.12/87/14
漢舊制〇年一祫 13.12/87/16
長八尺〇寸 13.13/88/5
是時〇公多見罪退 13.13/88/7

○代侍中 13.14/88/20
○葉在位 13.16/89/20
我攻懷○日兵不下 14.2/90/22
既有○晉 14.4/92/8
已收○族 14.4/92/15
統○軍之政 14.5/93/15
○軍既整 14.5/93/26
○年而明章句 15.2/95/6
臣聞《春秋》日食○十六 15.2/95/22
而弒君○十六 15.2/95/22
故京師號曰「○獨坐」 15.3/96/6
鄧禹平○輔 15.5/96/20
堪有同心之士○千人 15.12/99/24
乃選擇水軍○百人 15.12/99/25
超悉會其吏士○十六人 16.3/103/6
超手格殺○人 16.3/103/8
願得本所從○十餘人 16.3/103/12
君在外國○十餘年 16.3/104/3
超在西域○十一歲 16.3/104/6
服喪○年 16.13/107/12
○老常山李躬 16.27/111/12
○年不視事行縣 16.37/114/1
掾屬○十人 16.38/114/9
○綱絕矣 16.46/115/25
使者○到 16.50/117/2
時嵩年十二○ 16.52/117/13
○公舉丹賢能 17.2/118/5
郭丹爲○公 17.2/118/12
賜以○公之服 17.9/120/1
乃摭莢得○升豆 17.11/120/25
永平○年爲宗正 17.11/120/25
乃更以庫錢○十萬賜之 17.13/121/26
歌詩○章 17.15/122/16
汝○皇時人也 18.1/126/1
詔書選○署郎補王家長吏 18.1/126/5
臣○娶妻皆無父 18.1/126/8
太守○人 18.1/126/20
贈錢○十萬 18.3/127/7
暉送其家金○斤 18.6/127/26
以爲鄉○老 18.14/131/2
選鄉○老爲縣○老 18.14/131/3
○日 18.22/133/2
○葉皆爲司隸 18.25/133/20

賜錢○十萬 19.1/136/8
薦郡吏王青○世死節 19.1/136/9
此○異也 19.4/137/21
賜錢○萬 19.22/142/11
裁足以修○驅之禮 20.4/145/25
九卿位亞○公 20.13/147/19
趙序取錢縑○百七十五萬 20.22/149/14
政爲○河表 21.3/150/29
移副○府 21.4/151/5
時東郭竇、公孫舉等聚衆○萬人爲亂 21.8/151/24
掠得羌侯君長金印四十○ 21.8/152/7
銅印○十一 21.8/152/7
紫綬○十八 21.8/152/8
後宮至○公 21.22/155/10
○公刺掖 21.23/155/14
呂布以奮威將軍如○事 21.28/156/11
臺召○府驅之 21.35/157/16
民養子者○千餘人 21.38/157/29
單于歲祭○龍祠 22.3/161/9
○馬皆死 23.1/165/4
○輔苦之 23.1/165/11
○輔兵侈 23.1/165/19
○輔豪傑入長安 23.2/165/24
大集會○老、從事 23.5/166/11
令劉盆子等○人居中央 23.5/166/12
○老等皆稱臣 23.5/166/12
寵奴子密等○人共謀劫寵 23.11/168/20
子密等○人縛寵著床板 23.11/168/21
不過○數步 23.16/170/4
東收○輔 23.16/170/9
吾年已○十餘 23.16/170/12
定○輔 23.17/171/17
○輔皆好彈 24.3/173/1
此即明○事不同也 24.6/173/7
問○老 24.22/174/19
言天體者有○家 24.90/179/21
○曰《渾天》 24.90/179/21
耕根曰○蓋 24.95/180/15

散 sàn 14

各欲○歸 1.1/2/19
不及地尺而○ 1.1/3/1
後城營自解○ 1.1/7/4
吏士○已盡 8.1/47/5
楊偉、徐容等惶恐解○ 8.10/50/26
等輩（欺沒）〔放○〕其鹽 8.11/51/10
乃盡○以班昆弟故舊 12.1/75/11
僅能破○也 12.9/80/15
張氏雖皆降○ 13.11/86/12
亦足以消○其口 13.11/86/22
夫婦離○ 14.5/93/7
將○亂之兵 14.5/93/10
徵爲中○大夫 16.21/109/23
述乃悉○金帛 23.17/171/28

桑 sāng 15

以助伊蒲塞○門之盛饌 7.10/42/3
收之○榆 9.4/57/15
封山○侯 10.20/67/5
○無附枝 15.12/100/1
俗不種○ 15.14/100/13
充令屬縣教民益種○柘 15.14/100/14
養蠶○織履 15.14/100/15
桂陽太守茨充教人種○蠶 15.14/100/17
至今江南頗知○蠶織履 15.14/100/18
五原土宜麻○ 16.40/114/20
順取○椹 16.44/115/13
乃教民種麻○而養蠶 18.11/129/20
俱坐○下 19.4/137/19
婦親蠶○ 19.11/139/21
知唐○艾 22.4/162/1

喪 sàng 39

其夕發○ 3.1/19/16
如○考妣 3.1/19/16
及新野君仍○ 6.5/37/4
因出幸津門亭發○ 7.8/41/10

南單于舉國發○ 8.16/53/26
○至河南縣 9.7/59/14
詔遣百官皆至○所 9.7/59/14
閱過○車 9.7/59/15
遭母○ 12.4/78/13
光子朗上書迎光○葬舊塋 12.4/78/19
燕亦是○ 12.10/80/23
囂乃聽林持○東歸 13.11/85/24
載致成○ 13.11/85/25
自郊廟婚冠○紀禮儀多所正定 13.12/87/12
復典○事 13.16/89/19
時帝叔父趙王良從送中郎將來歙○還 14.2/91/1
車駕臨故中郎將來歙○還 14.2/91/3
閭里有○憂 15.5/96/15
其親○不過留殯一月 15.5/96/16
其友人○親 15.5/96/17
遵爲護○事 15.5/96/17
丹子有同門生○親 15.5/96/23
○無所歸 15.10/99/7
詔使治○郡國邸 15.10/99/7
聽以大夫行○ 16.11/106/28
服○三年 16.13/107/12
遭父○未葬 16.42/115/3
十餘歲○親 16.43/115/8
寅在職不服父○ 17.1/117/27
令孝從官屬送○歸也 17.23/124/22
與客步負○歸 18.12/129/25
今奔國○ 18.12/130/8
及歸服○ 19.4/137/14
李恂遭父母○ 19.20/141/19
殆不免○ 19.22/142/9
遭父○ 19.30/144/9
○母 20.6/146/9
年二十○父 20.17/148/15
使人持○歸舂陵 23.1/164/19

臊 sāo 1

肉腥○不可食 17.24/125/2

騷 sāo 1

梁竦作《悼○賦》 12.10/80/19

掃 sǎo 4

從講室○除至孔里 14.2/90/25
灑○ 17.23/124/14
旦入而洒○ 20.6/146/10
戎自稱○地大將軍 23.19/172/12

埽 sǎo 1

○地更爲 1.1/9/7

嫂 sǎo 4

事寡○ 12.1/75/9,18.10/129/10
又與寡○詐訟田 18.30/135/18
常念兄與○在家勤苦 19.11/139/20

色 sè 38

官屬皆失○ 1.1/3/22
正朔、服○未有所定 1.1/5/4
服○、犧牲尚黑 1.1/5/8
四時隨○ 1.1/5/8
季夏黃○ 1.1/5/9
遠臣受顏○之惠 1.1/6/6
頂赤○ 2.1/11/6
世祖以赤○名之曰陽 2.1/11/6
臣望顏○儀容 2.1/12/6
神雀五○ 2.1/13/15
○赤 2.2/15/5
朱○青黃 2.2/15/6
彩○眩耀 3.5/23/1
五○ 3.6/23/21,21.24/155/19
○丹 5.1/27/15
青白○ 6.2/34/9
此繒染○好 6.2/34/21
察其顏○ 6.5/36/20
聲○是娛 7.3/39/14
然數見顏○ 7.12/43/12
形于顏○ 8.7/49/13
徒無饑寒之○ 8.8/49/24
晨終無恨○ 11.1/70/8
○理膚髮眉目容貌如畫 12.1/75/7
未見好德如好○者 13.6/84/11
仲伯以其婦有○ 13.16/89/8
遵聞而有慚○ 15.5/96/18
歙○慚 15.8/98/1
既而○動 16.3/103/9
博士張佚正○曰 16.15/107/27
政顏○自若 17.17/123/2
喜動顏○ 18.27/134/9
正○而已 19.11/139/22
郁視母○未平 19.29/144/4
寬神○不異 21.9/152/16
○青赤 21.24/155/21
令○卓絕 24.65/177/21

瑟 sè 3

《虞書》所謂「琴○以詠 5.4/28/18
〔《詩》〕所謂「琴○擊鼓 5.4/28/21
善鼓○ 12.7/79/19

嗇 sè 3

置○夫、祝宰、樂人 9.11/61/6
初爲鄉○夫 10.12/65/5
後爲暴室○夫 24.72/178/9

塞 sè 18

○外蠻夷 3.1/19/16
以助伊蒲○桑門之盛饌 7.10/42/3
出○掩擊迷唐于雁谷 8.2/47/25
匈奴嘗犯○ 8.12/51/24
後更不入○ 8.12/52/1
虜每犯○ 9.8/60/5
成善治障○ 10.5/63/7
一年間道路隔○ 10.10/64/8
皆以爲○外草美 12.3/77/17
當出○上 12.3/77/18
皆言按軍出○ 12.3/77/19
東西完○諸窗 13.14/88/19
匈奴不敢犯○ 15.12/100/2
超遣子勇隨入○ 16.3/104/2
○外吏士 16.3/104/4
而不能○ 20.2/145/12

長史、司馬、涉頭、長燕、鳥校、棚水○尉印五枚 21.8/152/7
出○外 22.5/164/8

穡 sè 2

勤于稼○ 1.1/1/26
蟊賊傷稼○ 19.6/138/14

僧 sēng 1

陽雒○麟 22.4/162/13

沙 shā 17

出自長○定王發 1.1/1/5
長○賊攻沒蒼梧 3.5/22/14
○石滿其口鼻 6.3/35/22
以長○定王子封于零道之舂陵爲侯 7.7/40/13
彭發桂陽、零陵、長○委輸櫂卒 9.2/56/7
各以囊盛○布冰上 10.11/64/20
朱鮪等會城南淯水上○中 14.1/89/26
惲爲長○太守 15.8/98/11
臣行部入長○界 15.14/100/16
長○中尉馮駿將兵詣岑彭 15.19/101/25
長○有義士古初 16.42/115/3
阜使五官掾長○疊爲張雅樂 18.13/130/17
公○穆遊太學 20.17/148/17
長○人 20.18/148/24
爲長○太守 21.38/157/29
而赤眉劉盆子亦下詔以聖公爲長○王 23.1/165/18
長○以南必隨風而靡 23.17/171/16

紗 shā 1

施絳○帳 12.7/79/20

殺 shā 84

伯升○之 1.1/2/2
伯升○我 1.1/2/9
○新野尉後乃得馬 1.1/2/11
誘○湖陽尉 1.1/2/12
于是○尋 1.1/3/7
興已爲覽所○ 1.1/6/14
又議漢○述親屬太多 1.1/7/12
至〔命〕欲相○于殿下 2.2/15/15
到皆自○ 2.3/16/20
壓○百餘人 2.3/17/4
漢陽故吏杜習手刺○之 3.1/18/22
○長吏 3.1/19/2,3.5/22/15
○之 3.2/19/24
望都、蒲陰狼○子女九十七人 3.2/20/7
杜令不○人 6.5/36/24
金絞○之 7.4/39/25
廣陵王荊自○ 7.14/44/3
乃自○ 7.17/44/20,12.4/78/19
又刺○犬馬牛羊 8.2/48/3
匈奴破○後王安得 8.17/54/6
部將○人 9.1/55/8
彰子普坐鬭○游徼 9.5/58/5
遵格○之 9.7/59/4
吾舍中兒犯法尙○之 9.7/59/6
○略吏人 9.9/60/13
手○五十餘人 9.12/61/20
○數十人 10.3/62/24
因格○之 10.14/65/22
○其弟 10.14/65/23
坐純母禮○威弟季 10.15/66/3
齊武王嘗○通同母弟申屠臣 10.21/67/9
將○歙 11.2/70/23
其四十二事手○人者減死一等 12.9/80/10
歆及子嬰皆自○ 13.7/84/21
追令刺客楊賢於隴坻遮○之 13.11/85/25
何忍○義士 13.11/85/26
從兄爲人所○ 13.16/89/3
憙以因疾報○ 13.16/89/4
後竟○之 13.16/89/5
彭爲○羊具食 14.1/90/9
坐○人 14.1/90/11
○其縣長馮晏 14.2/90/21
手格○之 14.2/91/1
邑人趙堅○人繫獄 14.3/91/17
○人父子 14.5/93/14
遂○仲 15.8/98/13
遂格○廣 15.10/99/4
爲隗囂餘黨所攻○ 15.11/99/16
超手格○三人 16.3/103/8
後果爲匈奴所○ 16.6/104/26
時博士祭酒議欲○羊 16.25/110/25
因以節檛○數人 16.30/112/2
賊眾爭欲○之 16.30/112/2
既爲賊所迫○ 16.30/112/3
酋長○吏 16.34/113/5
如○一大尹贖二千人 16.37/114/4
欲○啖之 16.41/114/26
子宇諫莽而莽○之 16.46/115/25
平弟仲爲賊所○ 17.11/120/19
欲謀○續 17.25/125/10
悉收○之 17.25/125/13
于殿上撲○之 18.22/133/1
○略人吏 19.6/138/13
疑而格○之 19.11/139/19
令欲○之 19.16/140/22
因壞車○馬 20.7/146/15
恢欲○青簡以寫經書 20.17/148/12
常侍樊豐妻○侍婢置井中 20.18/148/24
良收其妻○之 20.18/148/24
坐贓自○ 21.5/151/11
疑必自○ 21.9/152/14
前刺史邯鄲商爲猛所○ 21.11/153/8
首鄉侯段普曾孫勝坐○婢 21.49/159/16
爲政愼刑重○ 21.54/160/7
弟爲人所○ 23.1/164/18
杜虞○莽于漸臺 23.2/165/24
縣宰○之 23.7/167/6
縣宰枉○吾子 23.7/167/8
○淮陽太守 23.10/168/10
朝廷以奴○主不義 23.11/168/26
請自○以明之 23.16/170/17
副○成降 23.17/170/25

煞 shā 1

〔○正〕 19.21/142/2

廈 shà 1

大○未安 5.4/29/6

歃 shà 1

○血昆陽 14.5/93/10

山 shān 102

以振○東 1.1/2/17
正晝有雲氣如壞○ 1.1/3/1
至中○ 1.1/4/13
野蠶成繭被○ 1.1/5/24
無爲○陵 1.1/8/21
而欲有事于太○ 1.1/9/10
遂登太○ 1.1/9/13
趙王栩會鄴常○ 2.1/12/21
出王雒○ 2.1/12/23
泰○至于岱宗 2.2/14/18
望秩○川、群神畢 2.2/14/18
南○水流出至東郊 2.3/16/30
秭歸○高四百餘丈 2.3/17/4
新城○泉水大出 3.1/18/12
蠻田○、高少等攻城 3.1/19/1
○等皆降 3.1/19/2
○嶽尊靈 3.2/20/8,20.19/148/29
因上言復崇高○爲嵩高
○ 3.6/23/16
蛇邱有芳陘○ 5.1/27/9
屬○陽郡 5.1/27/11
西海有勝○ 5.1/27/13
有龍邱○在東 5.1/27/15
始立明堂于泰○ 5.3/28/11
繫乎○川、鬼神 5.4/28/23
當巡封泰○ 5.5/29/16
至泰○乃復議 5.5/29/18
至泰○ 5.5/29/20
皆無事于泰○ 5.5/30/2
○林川谷邱陵 5.5/30/16
○川之神 5.5/30/17
○川神祇有不舉者 5.5/30/19
今恐○川百神應典祀者
尙未盡秩 5.5/30/19
封禪泰○ 5.5/31/17
○龍華藻 5.6/32/24
葉之南○下 6.3/35/21
有○林毒氣 7.7/40/14
郭后廢爲中○太后 7.8/41/4
《艮》爲○ 7.9/41/22
○出雲爲雨 7.9/41/22
○陵浸遠 7.12/43/4
今○東未安 8.1/46/10
弇凡平城陽、琅邪、高
密、膠東、東萊、北
海、齊、千乘、濟南
、平原、泰○、臨淄
等郡 8.14/53/10
聞貳師將軍拔佩刀刺○
而飛泉出 8.17/54/9
耿純、字伯○ 10.1/62/5
中○至鄴 10.5/63/8
攻中○ 10.17/66/15
封○桑侯 10.20/67/5
時○東略定 11.2/70/19
以況爲常○關長 11.8/72/22
於上前聚米爲○川 12.1/76/1
擊尋陽○賊 12.1/76/10
馬光、字叔○ 12.4/78/13
杜林、字伯○ 13.11/85/21
杜伯○、天子所不能臣
13.11/85/22
是杜伯○所以勝我也 13.11/87/5
越○出武關 13.16/89/8
雖則○澤之人 14.5/93/25
望秩○川 15.2/95/18
瞻望太○ 15.2/95/19
家在中○ 15.5/96/23
鄭次都隱于弋陽○中 15.8/98/3
而陛下遠獵○林 15.8/98/8
鑿○通路 15.13/100/7
太子及○陽王因虎賁中
郎將梁松請衆 16.6/104/18
住止○陰縣故魯相鍾離
意舍 16.14/107/19
桓譚、字君○ 16.16/108/3
三老常○李躬 16.27/111/12
珍寶○積 16.35/113/16
隱琅邪之勞○ 16.46/115/27
耕於富春○ 16.48/116/11
伏見太原周黨、東海王
良、○陽王成 16.50/117/2
隱居○野 17.3/118/17
將妻子之華陰○谷 17.12/121/6
有兩○ 17.14/122/7
名曰唐、后○ 17.14/122/7
當爲○娶巫家女 17.14/122/9
○陽、楚郡多蝗蜚 17.14/122/9
中○人 17.16/122/20
隱○陽瑕邱界中 17.25/125/11
賜《○海經》、《河渠
書》 18.11/129/20
爲○陽太守 18.14/131/1
時○陽新遭地動後 18.14/131/1
家有○田橡樹 18.28/134/13
將妻之霸陵○ 18.29/135/3
太○南城人 19.3/137/9
居○澤 19.20/141/23
上通天○ 20.12/147/15
中○相朱遂到官 20.19/148/28
○陽郡人江伯欲嫁姊 22.2/161/3
高○岐峻 22.4/163/21
徐宣、樊崇等入至弘農
枯樅○下 23.1/165/15
與熊耳○齊 23.5/166/19
龐萌、○陽人 23.15/169/19
表裏○河 23.16/170/9
今○東饑饉 23.17/171/3
倚巫○之固 23.17/171/16
欲悉發北軍屯士及○東
客兵 23.17/171/19
述詐使人言白帝倉出穀
如○陵 23.17/171/24
銅馬賊帥東○荒禿、上
淮況等 23.20/172/16
易於泰○之壓鷄卵 24.70/178/3

删 shān 5

○定擬議 2.1/12/1
○定乖疑 11.7/72/13
以樊儵○《嚴氏公羊春
秋》猶多繁辭 19.25/143/8
郁○、字次孫 21.39/158/3
而○獨在冢側 21.39/158/3

芟 shān 1

○夷蘊崇之 13.11/86/14

陝 shǎn 1

黽池霍郎、○王長、湖濁惠、華陰陽沈等稱將軍者皆降 9.4/57/11

疝 shàn 1

寒○病發 8.2/47/11

訕 shàn 2

譚讖○圖讖 16.16/108/8
魏成曾孫純坐訐○ 21.47/159/8

扇 shàn 1

暑即○床枕 19.22/142/8

善 shàn 82

此○事不可言 1.1/1/11
○矣夫 1.1/8/23
○哉 2.1/13/5,7.9/41/23
○節約謙儉如此 2.1/13/29
有○于內 2.2/15/10
丕○對事 2.3/17/1
○史書 3.1/18/7, 6.4/36/6,7.18/45/3
漢陽率○都尉蒲密因桂陽太守文礱獻大明珠 3.2/20/3
存○繼絕 3.5/22/18
○琴笙 3.5/22/29
莫○于樂 5.4/28/21
帝堯○及子孫之餘賞 5.5/30/4
睦○草書 7.3/39/16
○《京氏易》 7.9/41/19
爲○最樂 7.12/42/22,7.12/42/25
上甚○之 7.12/43/1
天資○學 8.6/48/26
忠言○謀 8.7/49/17
先納聖○匡輔之言 8.7/49/17
表○懲惡 8.14/52/20
可謂守死○道者也 9.7/59/18
成○治障塞 10.5/63/7
爲○不賞 10.11/64/21
亭長素爲○吏 10.26/69/14
世○農稼 11.3/71/10
友人張汜、杜禽與興厚○ 11.14/74/17
相○ 12.1/75/13
少小相○ 12.1/75/19
尤○述前事 12.1/76/9
鄉里稱○人 12.1/76/18
○相馬者東門京鑄作銅馬法獻之 12.1/76/26
上○其用意微至 12.3/77/21
○鼓瑟 12.7/79/19
孝子○述父志 12.11/81/22
守死○道 13.1/82/23
奔馬○驚 13.11/86/15
欲令以○自珍 13.13/88/8
能○屬文 14.4/91/28
與鮑永相○ 14.5/92/23
○論難 15.2/95/6
甚相友○ 15.2/95/11
上○焉 15.2/95/21
明府以惡爲○ 15.8/98/1
○於計略 15.10/99/5
平陽城李○稱故令范遷於張堪 15.12/100/2
崇禮養○如此 15.15/100/26
鄯○王廣禮敬甚備 16.3/103/4
鄯○破膽 16.3/103/7
○ 16.3/103/8
鄯○一國驚怖 16.3/103/10
帝稱○ 16.9/105/16
上稱○ 16.15/107/28
與敞○ 16.22/110/6
敞與班彪親○ 16.22/110/8
懷旌○之志 16.34/113/10
帝○之 17.1/117/22
又○論議 17.4/118/23
蓋王法崇○ 17.8/119/21
多○策 17.10/120/13
俱名○說經書 17.17/122/24
李○、字次孫 17.25/125/9
○乃潛負逃亡 17.25/125/10
○與歸本縣 17.25/125/12
上書薦○行狀 17.25/125/13
表○黜惡 18.6/128/5
上○之 18.9/129/3
市賈輒與好○者 18.18/132/3
帝聞而益○之 18.18/132/7
杜氏文明○政 18.23/133/10
○吏如良鷹矣 18.26/134/2
初與京邑蕭友○ 18.29/134/29
○說災異 18.31/135/22
少與同郡許敬○ 19.12/140/3
上聞○之 19.22/142/14
帝歎稱○ 19.31/144/16
帝○其能 20.9/146/26
任用○士 21.6/151/15
○爲文書 23.16/170/6

鄯 shàn 3

○善王廣禮敬甚備 16.3/103/4
○善破膽 16.3/103/7
○善一國驚怖 16.3/103/10

擅 shàn 5

林以爲倉卒時兵○權作威 13.11/86/12
乘時○權 13.11/86/24
廱不由世位○寵之家 15.2/95/23
班超何心獨○之乎 16.3/103/9
憲○權驕恣 16.38/114/10

膳 shàn 4

〔累餚○備副〕 6.2/34/18
惟老母極○ 15.11/99/14
盛修殽○ 16.39/114/16
○不求珍 24.55/177/1

禪 shàn 8

有司奏封○ 1.1/9/10
群臣復奏、宜封○ 1.1/9/13
武帝封○ 5.3/28/11
未嘗不封○ 5.5/29/10
宜封○爲百姓祈福 5.5/30/1
巡祭封○ 5.5/30/3
封○ 5.5/30/7
封○泰山 5.5/31/17

繕 shàn 4

以太學初○ 3.2/20/11
工無虛張之○ 8.8/49/24
漢常獨○檠〔其〕弓戟 8.10/50/15
輒更○修館宇 18.25/133/19

贍 shàn 6

置（養）〔養〕○官以廩之 1.1/1/21
家人居不足○ 11.8/72/22
救、○全其性命也 13.11/86/23
衣食不○ 19.22/142/9
家貧無以自○ 19.26/143/14
而不受○遺 20.17/148/15

商 shāng 14

表（商客）〔○容〕之閭 1.1/4/24
○賈重寶 1.1/8/8
梁○、字伯夏 12.11/81/10
○上書 12.11/81/16
○病篤 12.11/81/18
○薨 12.11/81/22
○朝廷敬憚 12.11/81/24
妃后之家亦無○比 12.11/81/25
賜洛陽上○里宅 14.2/90/24
起予者○也 16.10/106/19
富○大賈多收田貨 16.16/108/4
○賈露宿 19.21/141/28
上引賜等入金○門崇德署 20.4/145/20
前刺史邯鄲○爲猛所殺 21.11/153/8

傷 shāng 25

刺○述 1.1/7/8
世祖閔○前世權臣太盛 2.1/13/24
令所○郡國皆種蕪菁 3.5/22/1
一額盡○ 6.5/36/11
難○老人意 6.5/36/12
不敢毀○ 6.5/36/13
諸兄常悲○思慕 6.5/37/5
以刃○常 7.4/39/25
朕甚○之 7.20/45/13
鄧太后悲○ 7.22/45/24
復○創甚 8.11/51/16
卒必多死○ 8.14/53/1
衆見遵○ 9.7/59/7
武中矢○ 10.3/62/25
上悲○其言而不許 11.4/71/22
哀痛感○ 12.4/78/13
竟以中○人臣 13.13/88/9
○胸前 17.17/122/27
衆○其義 18.12/129/26
醎○青不遂 19.1/136/9
時鄰縣皆雹○稼 19.2/137/3
時郡國螟○稼 19.4/137/18
蟊賊○稼穡 19.6/138/14
詔書○痛之 20.8/146/21
弘農五官掾杜衆○其忠直獲罪 21.4/151/7

殤 shāng 7

孝○皇帝諱隆 2.4/17/18
故○帝養于民 2.4/17/18
孝○襁褓承統 2.4/17/24
○帝即位 3.1/18/8
○帝崩 3.1/18/9,8.4/48/14
鄧太后以○帝初育 11.10/73/17

觴 shāng 4

悉會公卿表賀奉○上壽 2.1/13/17
明府勿受其○ 17.10/120/8
遂不舉○ 17.10/120/10
奉○上壽 18.17/131/24

賞 shǎng 32

當受天下重○ 1.1/4/23
○賜之 1.1/6/4
見吏○賜 2.1/12/7
特加○賜 3.1/18/8
帝堯善及子孫之餘○ 5.5/30/4
○賜恩寵絕於倫比 7.8/41/6
○錢五千 8.6/49/1
上（○）〔賫〕嗟曰 8.10/50/16
○賜殊厚 8.12/52/2
購○之賜 9.4/57/17
○賜與士卒 9.7/59/13
爲善不○ 10.11/64/21
朝加封○ 10.24/68/23
○金帛甚盛 11.11/73/24
○賜飲食 12.3/78/1
每租奉到及兩宮○賜 12.11/81/14
帝數存問○賜 13.10/85/16
雖追加○賜 13.13/88/9
則爵○光於當世 13.13/88/10
○賜錢帛 13.13/88/12
厚加○賜 13.16/89/16
○賜恩寵甚渥 13.16/89/18
明購○ 15.9/98/23
特爲加○賜 16.9/105/19
○賜分明 19.1/136/8
○賜殊特 19.1/136/11
○異之 19.1/136/19
○不僭 19.7/138/24
數加○賜 19.22/142/17
○賜不節 20.2/145/11
○賜巨萬 21.4/151/4
功薄○厚 21.19/154/23

上 shàng 639

暮聞（冢）〔冢〕○有哭聲 1.1/2/12
從城西水○奔陣 1.1/3/6
見○據地曰 1.1/4/2
諸將議○尊號 1.1/4/8
諸將○尊號 1.1/4/11
諸將復請○尊號 1.1/4/13
○奏曰 1.1/4/14,15.2/95/17
宗祀文王以配○帝 1.1/5/9
宗祀高祖以配○帝 1.1/5/10
遣吏○奏言 1.1/5/14
咸曰○神 1.1/5/16
隗囂○書 1.1/5/19
今○好吏事 1.1/6/12
○狀檄至 1.1/6/13
又舊制○書以青布囊素裹封書 1.1/6/16
不中式不得○ 1.1/6/16
（帝）〔既〕○ 1.1/6/17
乃令○書啓封則用 1.1/6/18
平旦○ 1.1/6/18

幽隱○達 1.1/6/20
其○尊號曰中宗 1.1/8/10
將作大匠竇融○言 1.1/8/25
群臣爭論○前 1.1/9/5
郡國○甘露降 1.1/9/16
群臣○言 1.1/9/16
宜命太史撰具郡國所○ 1.1/9/17
今○薄太后尊號爲高皇后 1.1/9/19
四時○祭 1.1/9/20
豐下銳○ 2.1/11/5
〔○循其頭曰「吳季子」〕 2.1/11/7
世祖見陳留吏牘○有書曰 2.1/11/10
乃率諸王侯、公主、外戚、郡國計吏○陵 2.1/11/20
〔○〕宗祀光武皇帝于明堂 2.1/11/26
〔○〕初臨辟雍 2.1/11/27
帝令○殿 2.1/12/9
欲觀○衣 2.1/12/9
○臨辟雍 2.1/12/26
○手書詔令 2.1/12/26
○自御塤篪和之 2.1/12/32
悉會公卿表賀奉觴○壽 2.1/13/17
太常丞○言陵樹葉有甘露 2.1/13/17
帝率百官○陵 2.1/13/17
○從席前伏御床 2.1/13/18
有司奏○尊號曰顯宗 2.1/13/22, 5.5/32/7
○濁明主 2.1/13/24
經祀壇○ 2.2/14/19
祀五帝于汶○明堂 2.2/14/19
鳳皇見肥城窳亭槐樹○ 2.2/14/26
頭○有角 2.2/15/5
帝王之○行也 2.2/15/25
自京師離宮果園○林廣成囿悉以假貧人 2.3/16/22
十三年春正月○日 2.3/17/7
直千萬以○ 3.1/19/5
鳳凰集濟南臺丞霍穆舍樹○ 3.1/19/10
潁川○言麒麟、白鹿見 3.1/19/10
不得○殿臨棺 3.2/19/25
臣請○尊號曰敬宗廟 3.2/21/2
有司○言宜建聖嗣 3.3/21/7
賊萬人以○屯益陽 3.5/22/15
○幸雲夢 3.5/22/18
時○年十三 3.6/23/8
因○言復崇高山爲嵩高山 3.6/23/16
言「梁伯夏教我○殿」 3.6/23/18
冊皇太子捧○其璽綬 4.1/24/11
以○皆銀印青綬 4.1/25/21
以○皆銅印黑綬 4.1/26/4
丞、尉校長以○皆銅印黃綬 4.1/26/7
又分錫、○庸爲○庸郡 5.1/27/18
典郊廟、○陵殿諸食舉之樂 5.4/28/16
殷薦○帝 5.4/28/17
太尉趙憙○言曰 5.5/29/10
○曰 5.5/29/18, 7.1/38/12,7.1/38/13, 8.14/52/14,8.14/52/17, 8.14/52/21,9.1/55/12, 9.4/57/5,9.6/58/10, 9.10/60/19,10.7/63/17, 10.14/65/20,10.21/67/11, 11.1/70/9,12.1/76/2, 13.6/84/13,16.10/106/21, 16.24/110/19,18.1/126/8, 23.5/166/18,23.8/167/19
○東巡狩 5.5/29/20
大臣○疏謂宜復舊 5.5/30/11
○從公卿議 5.5/30/12
越序○帝 5.5/31/17
宜○尊號曰顯宗 5.5/31/26
蒼○言 5.5/31/27,5.5/32/11
○復報曰 5.5/32/7
○以公卿所奏明德皇后在世祖廟坐位駁議示東平憲王蒼 5.5/32/11
○即位 6.1/34/1
○以后性賢仁 6.1/34/1
○未有所言 6.2/34/14
大官○（食）〔飯〕 6.2/34/18
○令太夫人及兄弟得入見 6.2/34/22
后志在克己輔○ 6.2/34/24
時○欲封諸舅 6.2/34/27
及○欲封諸舅 6.2/35/7
安親爲○ 6.2/35/7
至正月當○原陵 6.2/35/12
不○ 6.2/35/12
○望見車騎鞍勒皆純黑 6.2/35/16
言堯夢攀天而○ 6.5/36/16
○林鷹犬 6.5/36/21
誰當獨居此○者 7.1/38/12
坐鬭車○ 7.1/38/14
叱○起去 7.4/39/20
○言「不可讙露」 7.4/39/21
○書求減邑內徙 7.7/40/14
荊州刺史○其義行 7.7/40/16
數○書讓還東海十九縣 7.8/41/7
○不許 7.8/41/7,9.6/58/14
明帝發魯相所○檄 7.8/41/10
○錢二千萬 7.8/41/15
○縑萬匹 7.8/41/15
○御雲臺 7.9/41/19
○即以詔書問輔曰 7.9/41/20
輔○書曰 7.9/41/21
《蹇》、《艮》下《坎》○ 7.9/41/22
王之子年五歲以○ 7.9/41/25
位在三公○ 7.12/42/14
○未嘗不見從 7.12/42/18
○書表薦賢士左馮翊桓虞等 7.12/42/21
○愛重蒼 7.12/42/21
○嗟歎之 7.12/42/22
○臨送歸宮 7.12/42/23
○以所自作《光武皇帝本紀》示蒼 7.12/42/26
蒼因○《世祖受命中興頌》 7.12/42/26
○甚善之 7.12/43/1
血從前髆○小孔中出 7.12/43/7
蒼○疏願朝 7.12/43/9
○以王觸寒涉道 7.12/43/9
○親答拜 7.12/43/10
蒼○疏曰 7.12/43/10
○特留蒼 7.12/43/11
○遣太醫丞相視之 7.12/43/15
○詔有司加贈鑾輅乘馬 7.12/43/18
○幸東平 7.12/43/20
夜詣彭城縣欲○書 7.17/44/19
王其差次下邳諸子可爲

太子者○名 7.20/45/16
○移幸北宮章德殿 7.21/45/20
而見○知非常人 8.1/46/6
乃以○爲大司馬 8.1/46/8
○見之甚歡 8.1/46/9
○大悅 8.1/46/14,12.1/76/11
○至廣阿 8.1/46/16
止城門樓○ 8.1/46/16
○以禹不時進 8.1/46/24
○乃徵禹還 8.1/47/2
皆載赤豆覆其○ 8.1/47/3
太醫皮巡從獵○林還 8.2/47/11
至○谷遺訓 8.2/47/21
置箄○渡河 8.2/48/1
位在九卿○ 8.3/48/8,12.3/77/22
封陟爲○蔡侯 8.4/48/14
間關○疏自陳 8.4/48/15
比○疏自陳 8.5/48/20
雖內得于○ 8.7/49/17
○亦以其南陽人 8.10/50/11
○既破邯鄲 8.10/50/11
○于是以漢爲大將軍 8.10/50/13
○以禹爲知人 8.10/50/14
篤于事○ 8.10/50/14
○未安 8.10/50/15
○安然後退舍 8.10/50/15
○時令人視吳公何爲 8.10/50/16
○(賞)〔嘗〕嗟曰 8.10/50/16
據浮橋于江○ 8.10/50/22
時○置兩府官屬 8.11/51/11
○調官屬補長吏 8.11/51/13
○署報不許 8.11/51/13
復以偏將軍東從○攻邯鄲 8.11/51/13
○傳召復曰 8.11/51/14
○驚 8.11/51/16
追及○ 8.11/51/16
○見大喜 8.11/51/16
○書請復自助 8.11/51/17
○不遣 8.11/51/18
○以復敢深入 8.11/51/18
○輒曰 8.11/51/19
○美宗既有武節 8.12/52/2
○在邯鄲宮 8.14/52/12
○起坐曰 8.14/52/16
○以弇爲建威大將軍 8.14/52/22
時○在魯 8.14/53/7
以須○來 8.14/53/8
數○便宜事 8.15/53/20
游戲道○ 8.17/54/14
○欲南定河內 9.1/54/22
○乃用之 9.1/54/24
○傳聞朱鮪破河內 9.1/55/1
○大喜 9.1/55/2, 14.1/89/26,14.2/90/24
因○尊號 9.1/55/2
○新即位 9.1/55/4
○乃徵恂 9.1/55/11
○乃留恂 9.1/55/14
○入關 9.1/55/16
○議遣使降之 9.1/55/16
○乃謂恂曰 9.1/55/16
○與衆會飲食笑語如平常 9.4/56/18
見○獨居 9.4/56/18
寬解○意 9.4/56/19
○納之 9.4/56/22
○自薊東南馳 9.4/56/22
異○豆粥 9.4/56/23
○謂諸將曰 9.4/56/23
○以異爲孟津將軍 9.4/57/2
屯河○ 9.4/57/3
○報異曰 9.4/57/3
○聞之 9.4/57/4,11.4/71/21, 14.2/91/10,23.15/169/20
並○奏勸○立 9.4/57/4
○乃召異 9.4/57/5
我夢乘龍○天 9.4/57/6
異遂與諸將定議○尊號 9.4/57/7
詔異○冢 9.4/57/9
○命諸將士屯黽池 9.4/57/13
反走○回谿阪 9.4/57/13
人有○章言異威權至重 9.4/57/15
使者宋嵩西○ 9.4/57/15
○引見異 9.4/57/16
○以祜爲護軍 9.6/58/9
從以觀○風采 9.6/58/10
○在長安時 9.6/58/14
祜嘗留○ 9.6/58/16
○謂(祐)〔祜〕曰 9.6/58/16
○過潁陽 9.7/59/3
○愛其容儀 9.7/59/3
○舍中兒犯法 9.7/59/4
○怒 9.7/59/4,17.1/117/23
○乃貸之 9.7/59/5
○從長安東歸過汧 9.7/59/9
○車駕素服往弔 9.7/59/14
○親臨祠以太牢 9.7/59/15
博士范升○疏曰 9.7/59/16
○遣校尉發騎士四百人 9.7/59/19
○數嗟歎曰 9.7/59/21
衛尉銚期見○感慟 9.7/59/22
○指子路曰 9.8/60/8
○聞外有大兵(自)來 9.10/60/18
〔○自〕登城 9.10/60/18
○問 9.10/60/18
○谷、漁陽〔兵〕 9.10/60/19
○設酒肉 9.10/60/20
○謂丹曰 9.10/60/20
丹從○至懷 9.10/60/22
〔見〕(在○)〔○在〕前 9.10/60/22
○笑曰 9.10/60/22,9.12/61/21, 10.1/62/10,12.1/77/5
○以其舊將 9.10/60/24
延○疏辭曰 9.11/61/7
○至薊 9.12/61/17
○驚去 9.12/61/17
後勸○即位 9.12/61/21
○甚憐之 9.12/61/23
于邯鄲見○ 10.1/62/5
詣○所在盧奴 10.1/62/8
○拜純爲前將軍 10.1/62/8
○以問純 10.1/62/9
○大笑 10.1/62/10
○過東郡 10.1/62/11
○復以純爲東郡太守 10.1/62/12
馬武與衆將○隴擊隗囂 10.3/62/24
○征河北 10.5/63/7
渡河詣○ 10.5/63/7
河○至安邑 10.5/63/8
○以爲安集掾 10.7/63/18
○賜俊絳衣三百領 10.7/63/18
傳俊從○迎擊王尋等于陽關 10.9/64/3
還汝水○ 10.9/64/3
○以手飲水 10.9/64/3
○爲大司馬 10.11/64/13
○謂霸曰 10.11/64/14

10.11/64/20
○在薊 10.11/64/15
郎移〔檄〕購○ 10.11/64/15
○令霸至市（口）〔中〕募人 10.11/64/15
○從邯鄲避郎兵 10.11/64/16
○令霸前瞻水 10.11/64/17
○大笑曰 10.11/64/19
○令霸護渡 10.11/64/19
各以囊盛沙布冰○ 10.11/64/20
○遣霸討之 10.11/64/24
爲○谷太守 10.11/64/25
○自解所佩綬以賜之 10.14/65/18
○初至不脫衣帶 10.14/65/18
忠更作新袍袴（解）〔鮮〕支小單衣襪而○之 10.14/65/18
○（問）〔會〕諸將 10.14/65/19
○聞而美之 10.14/65/24
○以大司馬平河北 10.16/66/8
○恐其怨 10.21/67/9
○乃強見之 10.21/67/9
○乃許往 10.21/67/10
握○手 10.21/67/10
謂○曰 10.21/67/11
惶遽著鞍○馬 10.21/67/13
○司空印綬 10.21/67/15
○感通首創大謀 10.21/67/15
因○疏曰 10.22/67/24
晨與○共載出 11.1/70/5
○稱江夏卒史 11.1/70/6
晨與○起兵 11.1/70/7
○微時與晨觀讖 11.1/70/9
○徵晨還京師 11.1/70/10
○聞甚悅 11.2/70/24
左右怪○數破大敵、今得小城 11.2/70/24
然○以略陽、囂所依阻 11.2/70/24
○詔曰 11.2/70/25,17.1/117/23
○大發關東兵 11.2/70/26
自將○隴討囂 11.2/70/26
○使歙監諸將 11.2/71/1
因歙○疏宜益選兵馬 11.2/71/1
○悲傷其言而不許 11.4/71/22
○遣中黃門朝暮餐食 11.5/72/1
乃〔○〕疏曰 11.7/72/12
○疏乞身 11.8/72/21
○甚哀之 11.8/72/23
王白○ 11.9/73/5
○數幸其宅 11.11/73/24
從○出入 11.14/74/13
○欲封興 11.14/74/14
○嘉興之讓 11.14/74/15
與同郡張宗、○谷鮮于褒不相好 11.14/74/16
時○在宣德殿南廡下 12.1/75/17
○迎 12.1/75/18
於是○復笑曰 12.1/75/20
○凡十四見 12.1/75/22
○書訟之 12.1/75/24
○自征隗囂 12.1/75/24
於○前聚米爲山川 12.1/76/1
○聞 12.1/76/4
○書曰 12.1/76/7
12.1/76/10,12.13/82/9
○以援爲伏波將軍 12.1/76/12
援○言 12.1/76/12
○言 12.1/76/16
下潦○霧 12.1/76/19
○言太守蘇定張眼視錢 12.1/76/24
何能臥床○在兒女子手中耶 12.1/77/1
○愍其老 12.1/77/4
臣尚能被甲○馬 12.1/77/4
○令試之 12.1/77/4
○表長樂宮曰 12.2/77/10
○始欲征匈奴 12.3/77/17
當出塞○ 12.3/77/18
○以固言前後相違 12.3/77/18
○善其用意微至 12.3/77/21
○嘉防功 12.3/77/21
○數幸防府 12.3/78/1
防○言 12.3/78/3
○欲冠鉅 12.3/78/7
防兄弟奴婢各千人以○ 12.3/78/8
○不喜之 12.3/78/8
歲千萬以○ 12.4/78/16
光子朗○書迎光喪葬舊塋 12.4/78/19
諸○便宜封表 12.6/79/12
商○書 12.11/81/16
○書 12.12/82/3
○應天工 12.12/82/3,12.13/82/9
作平○軿車 12.12/82/4
○自將擊彭寵 13.1/82/20
伏湛○疏諫曰 13.1/82/20
張步遣其掾孫昱隨盛詣闕○書 13.2/83/7
○嘗問弘通博之士 13.6/84/3
○每宴 13.6/84/4
正朝服坐府○ 13.6/84/5
○使譚鼓琴 13.6/84/7
○怪而問之 13.6/84/7
○數（數）顧視〔之〕 13.6/84/11
○即爲撤之 13.6/84/12
○姊湖陽公主新寡 13.6/84/12
○與共論朝臣 13.6/84/12
後弘見○ 13.6/84/13
○顧謂主曰 13.6/84/15
○大怒 13.7/84/20,16.16/108/10
○猶不釋 13.7/84/21
歙掾陳元○書追訟之 13.8/84/27
○不征彭寵 13.9/85/5
浮○疏切諫曰 13.9/85/5
○下相率焦心 13.9/85/6
浮○疏曰 13.9/85/7
○徵興爲大中大夫 13.11/85/27
林○疏曰 13.11/86/1
○疏曰 13.11/86/13
15.2/95/21,16.3/104/1
19.1/136/21,19.15/140/16
○稽舊章 13.11/86/17
《易》卦「地○有水比」 13.11/86/28
常辭以道○稟假有餘 13.11/87/6
時○封事 13.12/87/13
夏者陽氣在○ 13.12/87/18
翕○奮 13.12/87/23
奮○書曰 13.12/87/23
魏郡太守范橫○疏薦勤 13.13/88/5
○賢勤 13.13/88/8
朱浮○不忠于君 13.13/88/8
○使太醫療視 13.13/88/11
將緹騎宿玄武門複道○ 13.14/88/18
憙白○ 13.16/89/12
○許之 13.16/89/12

○延集內戚宴會 13.16/89/15
○甚嘉之 13.16/89/15
盡心事○ 13.16/89/17
朱鮪等會城南淯水○沙中 14.1/89/26
懇○尊號 14.1/90/1
○以岑彭嘗爲鮪校尉 14.1/90/1
又諫更始無遣○北伐 14.1/90/4
彭還詣河陽白○ 14.1/90/4
○謂彭復往曉之 14.1/90/5
○指水曰 14.1/90/5
彭奉○旨 14.1/90/6
鮪從城○下索曰 14.1/90/7
彭趨索欲○ 14.1/90/8
旦蚤與我會○東門外 14.1/90/8
○即自解鮪縛 14.1/90/10
○黨人也 14.2/90/15
後歸○ 14.2/90/22
○謂永曰 14.2/90/22
賜洛陽○商里宅 14.2/90/24
椎牛○苟諫冢 14.2/91/9
○悅 14.2/91/11
○遣小黃門問昱有所怪不 14.3/91/19
初爲○黨太守 14.4/91/28
即拜邑爲○黨太守 14.4/92/1
○黨阸不能救 14.4/92/9
○無仇牧之節 14.4/92/9
其先○黨潞人 14.5/92/22
於是江湖之○ 14.5/93/7
撫○黨 14.5/93/27
從○渡河 15.1/94/24
○令各言所樂 15.1/94/24
○從之 15.1/95/1
○書讓國於盛 15.2/95/8
前○疾狀 15.2/95/10
侍中淳于恭奏○ 15.2/95/14
○親稱制臨決 15.2/95/15
○嗟歎鴻才 15.2/95/15
白氣○升 15.2/95/20
○善焉 15.2/95/21
此乃○威損 15.2/95/24
○特詔御史中丞與司隸校尉、尙書令會同並專席而坐 15.3/96/5
丹○麥二千斛 15.5/96/20
○嘗欲近出 15.7/97/15
剛諫○不聽 15.7/97/15
○書諫王莽 15.8/97/20
罔○害民 15.8/97/30
爲○東門候 15.8/98/6
○令從門間識面 15.8/98/7
憚○書曰 15.8/98/7
由是○特重之 15.8/98/9
○召見 15.10/99/4
堪錄簿○官 15.12/99/26
荊州刺史○言 15.14/100/15
延○書言 15.15/100/26
○歎曰 15.16/101/7
○德之 15.17/101/12
○調曄曰 15.17/101/12
時人有○言班固私改作《史記》 16.2/102/15
固弟超詣闕○書 16.2/102/15
竇固具○超功 16.3/103/10
○遣眾持節使匈奴 16.6/104/22
眾因○書言 16.6/104/24
○不聽 16.6/104/25
陳元○疏曰 16.8/105/7
○欲用榮 16.9/105/16
○輒謙曰 16.9/106/6
○輒引榮及弟子升堂 16.9/106/9
○以郁先師子 16.10/106/16
○自制《五家要說章句》 16.10/106/17
○謂郁曰 16.10/106/18
16.10/106/19
○親於辟雍自講所制《五行章句》已 16.10/106/18
郁乃○疏皇太子曰 16.10/106/21
愚以爲太子○當合聖心 16.10/106/23
○賜馬二匹 16.10/106/24
○稱善 16.15/107/28
譚○書曰 16.16/108/4
受計○疏 16.16/108/5
○謂譚曰 16.16/108/8
○問其故 16.16/108/9
令皆別爲○下 16.16/108/12
○謂憑曰 16.20/109/11
○怒曰 16.20/109/13
○即敕尙書解遵禁錮 16.20/109/15
○令群臣能說經者更相難詰 16.20/109/18
○以敏博通經記 16.22/110/3
○封功臣皆爲列侯 16.24/110/17
勃○書理援曰 16.34/113/5
○書陳狀 16.34/113/10
○嘗召見諸郡計吏 16.35/113/15
○聞歎息 16.35/113/17
○有老母 16.37/113/29
初冒火伏棺○ 16.42/115/3
萌被徵○道 16.46/115/28
○聽之 16.50/117/1
○目之 17.1/117/25
○乃詔令自稱南陽功曹詣闕 17.1/117/27
諸將軍悉歸○ 17.2/118/8
○美其義 17.8/119/19
侍中賈逵○書曰 17.8/119/19
請○雅壽 17.10/120/7
蒼○表薦良 17.10/120/13
○以章示公卿 17.10/120/13
而○書言狀 17.13/121/15
○得奏 17.13/121/15
○怪問其故 17.13/121/24
○嗟嘆曰 17.13/121/25
○見司農○簿 17.13/121/27
○意乃解 17.13/122/1
○欲起北宮 17.13/122/2
意○書諫 17.13/122/2
○謂公卿曰 17.13/122/2
未嘗不合○意 17.14/122/10
酺獻○ 17.15/122/16
○即尺一出升 17.17/122/27
徑○床坐 17.17/123/1
吳良○言 17.20/123/20
過直○郵亭 17.23/124/13
○書薦善行狀 17.25/125/13
將倫○堂 18.1/125/21
道○號曰道士 18.1/125/23
每○封自作草 18.1/126/19
便（○封）〔封○〕 18.1/126/20
韋彪○議曰 18.7/128/16
躬○封事曰 18.9/129/1
○善之 18.9/129/3
翾翔復○縣庭屋 18.13/130/18
以狀○ 18.13/130/21
奉觴○壽 18.17/131/24
○召逵 18.17/131/24

○嘉之 18.17/131/25
乃與同舍郎○書直諫 18.22/132/26
于殿○撲殺之 18.22/133/1
○有盆 18.28/134/16
多置器其○ 18.28/134/17
畢乃牧豕於○林苑中 18.29/134/26
醋○言 19.1/136/16
奉酒○酺父壽 19.1/136/23
自乞○印綬 19.3/137/9
恭○疏諫曰 19.4/137/22
恭○疏曰 19.4/137/25
徐防○疏曰 19.6/138/9
防比○書自陳過咎 19.6/138/14
寵○疏諫曰 19.7/138/23
悉○于官閣 19.8/139/3
梓樹生廳前屋○ 19.12/140/4
恢○書諫曰 19.16/140/23
嘗獨止宿臺○ 19.22/142/14
○聞善之 19.22/142/14
香○疏曰 19.22/142/16
○知其勤 19.22/142/17
朝臣○下莫不附之 19.32/144/22
其○司空印綬 20.1/145/1
吾蒙恩居○司 20.2/145/11
○引賜等入金商門崇德署 20.4/145/20
賜○疏諫曰 20.4/145/24
右作○林 20.4/145/25
置于簿○以渡河 20.5/146/5
具以狀○ 20.8/146/21
元興元年奏○之 20.9/146/26
○通天山 20.12/147/15
梁冀作平○軿車 20.15/148/3
有司奏光欺詐主○ 20.24/150/7
乃露布○書 21.4/151/5
○書願與雲俱得死 21.4/151/7
○疏切諫云 21.7/151/19
頒○疏曰 21.8/152/1
降爲○策 21.8/152/1
頒○言 21.8/152/7
羌離湳○奐馬二十匹 21.11/153/3
詣闕○書謝恩 21.12/153/13
曹節○書曰 21.19/154/23
皇甫嵩○言 21.20/154/27
以丈二竹簟畫九宮其○ 21.21/155/4
孔融○書曰 21.23/155/14
○引邕問之 21.24/155/21
○書求還 21.24/155/22
○以爲大中大夫 21.43/158/20
○書辭讓 21.46/159/3
南單于○書獻橐駝 22.3/161/15
○遣單于 22.3/161/15
○幸離宮臨觀 22.3/161/16
○不忍誅 22.5/164/5
而朱鮪立壇城南（堉）〔淯〕水○ 23.1/164/24
〔○〕破二公于昆陽城 23.1/164/28
更始入便坐黃堂○視之 23.1/165/1
更始○前殿 23.1/165/5
赤眉引兵入○林 23.1/165/16
○璽綬 23.1/165/19
○書以非劉氏還玉璽 23.3/166/3
以木札書符曰「○將軍」 23.5/166/11
○遣桀戟〔迎〕 23.8/167/18
○徵之 23.11/168/17
又寵堂○聞（蟆）〔蝦〕蟆聲在火爐下 23.11/168/19
西入○告 23.11/168/26
每○書移檄 23.16/170/6
○賜述書曰 23.17/171/11
銅馬賊帥東山荒禿、○淮況等 23.20/172/16
○寖重賢 24.2/172/23
○印綬還第 24.2/172/24
以匡主○ 24.34/175/15
○官桀謀反時 24.72/178/7
司馬相如○疏曰 24.77/178/19
岸賓○議 24.80/178/25
陰生陽曰○ 24.87/179/13

尚 shàng 115

受《○書》于中大夫廬江、許子威 1.1/1/15
舍長安○冠里 1.1/1/17
○可支一歲 1.1/4/4
服色、犧牲○黑 1.1/5/8
常服徽幟○赤 1.1/5/8
○持兩心 1.1/6/8
治《○書》 2.1/11/17, 8.11/51/9, 18.10/129/7
《○書璇璣鈐》曰 2.1/12/14
○書僕射持節詔三公 2.1/12/26
始治《○書》 2.2/14/5
帝賜○書劍各一 2.2/15/8
初治《○書》 2.3/16/6
魯丕與侍中賈逵、○書令黃香等相難 2.3/17/1
帝始講《○書》 3.1/18/13
受業《○書》 3.2/19/23
到廣陵以與龍○ 3.5/22/24
○書（白）〔曰〕下本州考治 3.6/23/8
中外官○書令、御史中丞、治書侍御史、公將軍長史、中二千石丞、正、平、諸司馬、中官王家僕、雒陽令秩皆千石 4.1/25/21
○書、中謁者、黃門冗從四僕射、諸都監、中外諸都官令、都（候）〔侯〕、司農部丞、郡國長史、丞、（候）〔侯〕、司馬、千人秩皆六百石 4.1/26/1
今恐山川百神應典祀者○未盡秩 5.5/30/19
○有餘 6.2/34/11
召○席取卦具自爲卦 7.9/41/19
今魯國孔氏○有仲尼車輿冠履 7.12/43/6
令長史任○將之 8.2/47/26
年十五治《歐陽○書》 8.6/48/26
咸高○焉 8.7/49/13
衆○十餘萬 8.14/53/12
○公主三人 8.17/54/15
吾舍中兒犯法○殺之 9.7/59/6
是時盜賊○未悉平 9.8/60/3
○可爲阻 10.11/64/18
融嗣子穆○內黃公主 10.22/68/2
而融弟顯親侯友嗣子固○沮陽公主 10.22/68/3
穆長子勳○東海公主女 10.22/68/3

今貴主〇見枉奪 10.24/68/18
今鄰里〇致餽 10.26/69/15
爲〇書郎 11.6/72/6
轉〇書令 11.7/72/16
習《歐陽〇書》 11.10/73/10
錄〇書事 11.10/73/17
出〇書 12.1/76/11
所謂刻鵠不成〇類鶩者 12.1/76/21
方今匈奴、烏桓〇擾北邊 12.1/76/28
臣〇能被甲上馬 12.1/77/4
統對〇書狀曰 12.9/80/12
伏晨〇高平公主 13.4/83/15
霸爲〇書令 13.5/83/25
歐陽歙、其先和伯從伏生受《〇書》 13.8/84/25
於河西得漆書《古文〇書經》一卷 13.11/85/21
猶〇有遺脫 13.11/86/13
而〇遺脫 13.11/86/26
給事〇書 13.13/88/5
路稱鮑〇書兵馬 14.2/90/19
詔昱詣〇書 14.3/91/19
從桓榮受《歐陽〇書》 15.2/95/6
上特詔御史中丞與司隸校尉、〇書令會同並專席而坐 15.3/96/5
遷〇書令 15.7/97/14
以任〇代超 16.3/104/3
〇謂超曰 16.3/104/3
班始〇陰城公主 16.4/104/10
治《歐陽〇書》 16.9/105/14
16.21/109/23
《歐陽〇書》博士缺 16.9/105/16
以《〇書》授朕十有餘年 16.9/106/10
上即敕〇書解遵禁錮 16.20/109/15
待見〇書 16.50/116/28
習《大夏侯〇書》 17.10/120/5
今良曹掾〇無袴 17.10/120/9
意爲〇書 17.13/121/23
清乎〇書之言 17.13/121/25
〇書案事 17.13/121/26
鍾離〇書若在 17.13/122/3
徵爲〇書令 17.14/122/10
穀食〇少 17.23/124/16
爾說將〇不下 18.1/126/2
遷〇書僕射 18.2/126/25
遷〇書 18.10/129/12
敕賜〇書祿 18.10/129/16
故時人號爲「白衣〇書」 18.10/129/16
〇德化 18.14/131/3
以《大小夏侯〇書》教授 18.17/131/22
鴻家貧而〇節 18.29/134/26
（鬴）〔酺〕以〇書授于南宮 19.1/136/6
使酺講《〇書》一篇 19.1/136/11
使〇書令王鮪與酺相難 19.1/136/11
父〇在 19.1/136/22
以《魯詩》、《〇書》教授 19.5/138/3
爲政〇寬惠禮讓 19.5/138/4
掾屬專〇交遊 19.7/138/21
爲〇書 19.7/138/21
19.22/142/16
陳忠爲〇書令 19.8/139/3
周榮爲〇書令 19.18/141/10
拜〇書郎 19.22/142/14
以香父〇在 19.22/142/15
拜〇書 19.22/142/15
〇書敕郁自力受拜 19.29/144/5
受《歐陽〇書》于桓郁 20.2/145/5
任〇編草爲船 20.5/146/5
典作〇方 20.9/146/26
召詣〇書 20.13/147/19
〇書左雄諫帝曰 20.13/147/19
〇書郭鎭率直宿羽林出 20.23/149/22
光爲〇席直事通燈 20.24/150/3
總錄〇書事 21.1/150/18
〇書令王允奏曰 21.21/155/3
除〇書郎 21.26/156/3
見其〇幼而有志節 21.39/158/4
稱天公〇可 23.1/164/26
王莽〇據長安 23.16/169/26
夕死〇可 23.17/171/9
豪傑〇可招誘 23.17/171/15
戟士收〇書 24.57/177/5

稍 shāo 16

是後乃〇備具焉 1.1/7/16
威〇損 8.1/47/1
〇〇引去 10.11/64/14
由是權勢〇損 12.3/78/9
以〇弱六國强宗 13.11/86/18
〇遷衛尉 13.15/88/24
使之〇自衰焉 16.16/108/7
〇疏之 16.38/114/11
〇遷侍中 17.8/119/22
當〇就噉 17.24/124/28
軍士〇安 21.11/153/6
餘〇〇相隨 23.16/170/11
光武于是〇黜其禮 23.16/170/19
〇增石爲郎 23.17/170/24

筲 shāo 1

臣斗〇之小吏 19.15/140/16

燒 shāo 12

帝會諸將〇之 1.1/4/6
〇市橋 1.1/7/5
舉火（焚）〔燔〕〇 1.1/7/9
〇兵物百二十五種 3.1/19/5
九眞俗〇草種田 5.1/28/1
純兄歸〇宗家廬舍 10.1/62/9
故焚〇廬舍 10.1/62/10
〔新野〕吏乃〇晨先祖祠堂 11.1/70/7
至燔〇茂陵都邑 12.9/80/12
〇者日日相屬 18.12/130/2
乃尋訪〇者 18.29/134/26
遂〇度遼將軍門 21.11/153/5

芍 sháo 1

馮翊蓮〇人也 14.4/91/27

韶 sháo 1

各與虞《〇》、禹《夏》、湯《濩》、周《武》無異 5.5/31/11

少 shǎo 104

城中兵穀○	1.1/2/19
而郎○傅李立反郎	1.1/4/5
帝與伯叔及姊壻鄧晨、穰人蔡○公燕語	1.1/4/15
○公道讖言劉秀當爲天子	1.1/4/15
耕作者○	1.1/5/23
野穀生者稀○	1.1/5/25
而事○閒	1.1/7/16
但復一歲○薄	1.1/8/12
吏祿薄○	1.1/8/20
○省思慮	1.1/9/6
〔○〕推誠對	2.1/11/8
和帝之○子也	2.4/17/18
○聰明敏達	3.1/18/5
蠻田山、高○等攻城	3.1/19/1
順帝之○子也	3.3/21/7
名臣○府李膺等並爲閹人所譖	3.5/22/24
故太僕杜密、故長樂○府李膺各爲鉤黨	3.6/23/8
此女雖年○	6.2/34/7
充（小）〔○〕君之位	6.5/36/18
章○孤	7.1/38/24
以其○貴	7.1/38/24
梁字季○	7.6/40/7
京師○雨	7.9/41/19
○好經書	7.12/42/13
○有孝友之質	7.12/42/13
焉以郭太后○子	7.15/44/7
封恭○子丙爲都鄉侯	7.17/44/22
念訓常所服藥北州○乏	8.2/47/20
漢爲人質厚○文	8.10/50/10
故復○方面之勳	8.11/51/18
弇○好學	8.14/53/15
○孤	9.6/58/9, 17.12/121/3
夜聞急○能若是	9.11/61/11
宮兵○	10.2/62/17
封通○子雄爲邵陵侯	10.21/67/15
○爲黃門郎	10.23/68/9
準見當時學者○慨	11.7/72/11
以爲華而○實	11.14/74/17
○小相善	12.1/75/19
每言及三輔長者至閭里○年皆可觀	12.1/76/9
吾從弟○游嘗哀吾慷慨多大志	12.1/76/17
臥念○游平生時語	12.1/76/20
馬廖○習《易經》	12.2/77/9
○持《韓詩》	12.11/81/10
實非過○所〔宜〕任〔也〕	12.13/82/9
元元○得舉首仰視	13.11/86/26
○有節操	13.16/89/3
○有志操	14.2/90/15
衍○有俶儻之志	14.5/92/23
肅宗詔鴻與太常樓望、○府成封、屯騎校尉桓郁、衛士令賈逵等	15.2/95/13
鴻以○府從	15.2/95/17
○清高	15.6/97/3
歙意○解	15.8/98/2
○麤履	15.14/100/14
迎吏見其○	15.15/100/22
河西舊○雨澤	15.15/101/1
使彼不知我多○	16.3/103/7
榮○勤學	16.9/105/13
以榮爲○傅	16.9/106/1
○好學	16.16/108/3, 20.11/147/11
○治《施氏易》	16.17/108/18
○篤學	16.21/109/23
拜○府	16.21/109/24, 17.16/122/20
○府大儒	16.21/109/24
拜太子○傅	16.25/111/1
清淨○欲	16.25/111/1
惟駰以處士年○擢在其間	16.38/114/9
○有大節	16.46/115/23
宗人○長咸共推之	16.52/117/14
郭丹、字○卿	17.2/118/3
○修高節	17.3/118/16
○氣	17.11/120/22
穀食尙○	17.23/124/16
魏譚、字○閒	17.24/124/27
彪○修孝行	18.3/127/3
○府給璧	18.6/128/1
時陰就爲○府	18.6/128/1
○好經學	18.13/130/13
以○	18.13/130/13
○時家貧	18.27/134/8
梁鴻○孤	18.29/134/22
其主猶以爲○	18.29/134/27
○與同郡許敬善	19.12/140/3
劭○便篤學	19.14/140/12
○失父	19.24/143/3
父母語「汝小何能多○」	19.25/143/8
司馬均、字○賓	19.28/143/25
輒言「敢祝○賓乎	19.28/143/25
○作縣吏	20.7/146/15
乞○置衣糧	21.13/153/21
字○君	22.1/160/24
宣嘗就○君父學	22.1/160/24
○君生而驕富	22.1/160/25
同郡東莞人逢安、字○子	23.6/166/24
○年來沽者	23.7/167/7
○年欲相與償之	23.7/167/7
○年許諾	23.7/167/8
○學長安	23.13/169/9
富平賊帥徐○	23.20/172/17
○而明達	24.48/176/15
○好黃老	24.69/178/1

劭 shào 2

應○、字仲遠	19.14/140/12
○少便篤學	19.14/140/12

邵 shào 2

封通少子雄爲○陵侯	10.21/67/15
祝良、字○平	20.18/148/24

紹 shào 3

封殷○嘉公爲宋公	1.1/7/19
須景風○封	2.3/16/17
其○封削絀者	4.1/25/16

奢 shē 5

○侈恣欲	7.11/42/9
不敢一○	11.11/73/23
是爲下樹○媒而置貧本也	16.16/108/6

太子家時爲○侈物 19.1/136/7
不○不約 20.4/145/26

蛇 shé 4

數有神光赤○嘉應 3.1/18/6
又有赤○盤紆殿屋床第
之間 3.1/18/6
○邱有芳陘山 5.1/27/9
永昌太守鑄黃金之○獻
之冀 12.12/82/4

舍 shè 57

皇考以令○下濕 1.1/1/9
與同○生韓子合錢買驢 1.1/1/15
具爲同○解說 1.1/1/16
○長安尚冠里 1.1/1/17
入傳○ 1.1/3/21
帝引車入道旁空○ 1.1/3/24
帝所與在長安同○諸生
彊華自長安奉《赤伏
符》詣鄗 1.1/4/17
修園廟舊宅田里○ 1.1/7/1
止令○ 1.1/8/11
陛下識知寺○ 1.1/8/11
歷覽館○邑居舊處 2.1/12/5
壞民廬○ 2.3/16/30
鳳凰集濟南臺丞霍穆○
樹上 3.1/19/10
光祿勳府吏○夜壁下忽
有氣 3.5/21/30
居太守○ 3.5/22/15
太子○人秩二百石 4.1/26/11
〔讀勑令與諸○相望也〕
6.2/34/18
上安然後退○ 8.10/50/15
晨夜草○ 9.4/56/22
常○止于中 9.6/58/9
上○中兒犯法 9.7/59/4
吾○中兒犯法尙殺之 9.7/59/6
純兄歸燒宗家廬○ 10.1/62/9
故焚燒廬○ 10.1/62/10
至通○ 10.21/67/10
起廬○ 11.3/71/10
禹巡行守○ 11.10/73/13
乃詔禹○宮中 11.10/73/18
留寄郎朱仲孫○ 12.6/79/5
載至家○ 12.11/81/20
爲太子○人 13.5/83/19
病居中東門候○ 13.10/85/16
吏民廬○ 13.11/86/27
時有稱侍中止傳○者 14.2/90/16
封所持節於晉陽傳○壁
中 14.2/90/19
妻子不之官○ 15.6/97/3
輒○車持馬還相迎 15.14/100/12
住止山陰縣故魯相鍾離
意○ 16.14/107/19
及初○ 16.42/115/3
因留精○門下 17.12/121/5
出○側 17.22/124/6
每所至客○ 18.1/125/22
不復責○宿直 18.1/125/23
○我何之 18.1/126/16
遂○之 18.6/127/25
乃幸均○ 18.10/129/15
母追求到武陽北男謁○
家得阜 18.13/130/14
營○有停棺不葬者百餘
所 18.16/131/15
乃與同○郎上書直諫
18.22/132/26
每入官○ 18.25/133/19
比○先炊已 18.29/134/23
延及他○ 18.29/134/26
妻子不到官○ 19.11/139/20
送至官○ 19.11/139/24
廬于○外 20.6/146/10
神明其○諸 23.16/170/1
任述太子○人 23.17/170/24

社 shè 9

大王○稷爲計 1.1/4/14
○稷無主 2.4/17/24
遣司徒等分詣郊廟○稷 3.1/19/15
典辟雍、饗射、六宗、
○稷之樂 5.4/28/20
○稷 5.4/28/21
用乎宗廟、○稷 5.4/28/22
○稷復存 14.5/93/11
其如○稷宗廟何 15.8/98/8
吾常以龐萌爲○稷臣
23.15/169/20

射 shè 33

積弩○城中 1.1/2/26
重子丹、○陽侯 1.1/10/7
行大○禮 2.1/11/28
每饗○禮畢 2.1/12/2
尙書僕○持節詔三公 2.1/12/26
尙書、中謁者、黃門冗
從四僕○、諸都監、
中外諸都官令、都
（候）〔侯〕、司農
部丞、郡國長史、丞
、（候）〔侯〕、司
馬、千人秩皆六百石 4.1/26/1
典辟雍、饗○、六宗、
社稷之樂 5.4/28/20
辟雍、饗○ 5.4/28/20
罔○協同 5.5/31/18
旦起○之 7.1/38/10
擊青犢于○犬 8.11/51/14
肄馳○ 8.14/53/15
因發强弩○之 8.17/54/7
講兵肄○ 9.1/55/1
雨○營中 10.11/64/25
每享○禮畢 11.7/72/14
爲期門僕○ 11.14/74/13
詔許越騎、○聲（寺）
〔等〕治北宮 12.4/78/15
習騎○ 12.6/79/6
拜僕○ 14.2/90/18
習戰○之教 14.5/93/27
兼○聲校尉 15.2/95/13
拜○聲校尉 16.3/104/6
每大○養老禮畢 16.9/106/9
每春秋享○ 16.17/108/18
引弓○之 17.17/122/27
遷尙書僕○ 18.2/126/25
春秋饗○ 18.14/131/3
在○聲 18.16/131/15
詔○聲（教）〔校〕尉
曹褒案《（舊漢）
〔漢舊〕儀》制漢禮
19.1/136/20
勿以○策 19.6/138/9
遷僕○ 19.22/142/15

張敏以行大○禮 20.1/144/29

涉 shè 10

上以王觸寒○道 7.12/43/9
○淖至踝 11.14/74/14
後大司徒戴○被誅 13.10/85/16
○學藝 14.4/91/28
○千鈞之發機不知懼 14.4/92/13
○獵書記 15.7/97/12
而○獵書傳 16.3/102/22
記群書無不○獵 19.22/142/12
長史、司馬、○頭、長燕、烏校、棚水塞尉印五枚 21.8/152/7
○危歷險 22.4/163/1

設 shè 26

乃命有司○壇于鄗南千秋亭五成陌 1.1/4/18
明○丹青之信 1.1/9/27
百官嚴○如舊時 2.1/12/6
復○諸侯王金璽綟綬 4.1/25/18
典法○張 5.5/32/12
陰○方略 6.3/35/26
法禁未○ 6.5/36/18
朝廷○問寡人 7.3/39/12
宮殿○鐘虡之懸 7.8/41/6
上○酒肉 9.10/60/20
律○大法 10.26/69/17
政皆神道○教 13.11/86/20
○壇 14.1/89/26
不爲○席食以罰之 15.5/96/26
○几杖 16.9/106/5
賈胡共起帷帳○祭 16.36/113/22
○壇即拜 17.10/120/14
爲民○四誡 18.14/131/2
○祭以祀之 18.16/131/17
添○儲峙輒數千萬 19.22/142/18
移敕悉出所○什器 19.22/142/19
爲表不○樂 19.30/144/10
○施方略 21.8/151/25
因請爲○食 21.13/153/21
○使成帝復生 23.8/167/19
所爲「神道○教」 23.16/169/27

赦 shè 12

大○天下 2.1/11/27
2.2/14/19,2.3/16/22
惟願愼無○而已 8.10/51/4
會○ 9.5/58/5
逢○出 11.9/73/4
遇○留 12.1/75/10
使者義而○之 16.33/112/23
○天下繫囚在四月丙子以前減死罪一等 18.9/128/26
臣以爲○前犯死罪而繫在○後者 18.9/129/2
即下詔○焉 18.9/129/3

攝 shè 3

○幘復戰 9.12/61/20
王莽居○ 16.46/115/24
內○時政 24.31/175/9

懾 shè 1

權豪○伏 19.2/137/4

申 shēn 17

冬十月甲○ 1.1/9/17
建武四年夏五月甲○ 2.1/11/5
庚○ 2.3/16/19
徼外羌薄○等八種舉衆降 3.1/18/16
遂得○理 6.5/37/1
永建三年春三月丙○ 6.6/37/9
○貴人生孝穆皇 6.8/37/21
繡衣御史○屠建隨獻玉玦 7.1/38/16
縣吏張○有伏罪 7.2/39/3
興收○案論 7.2/39/3
齊武王嘗殺通同母弟○屠臣 10.21/67/9
○明舊典 12.6/79/10
猶有○伯、召虎、夷吾、吉甫攘其蟊賊 14.5/93/18
○屠剛、字巨卿 15.7/97/12
好○、韓之術 15.17/101/14
屈○悉備 22.4/162/7

○屠志以功封汝陰王 23.3/166/3

身 shēn 66

但得全○也 1.1/4/5
束○自修 1.1/4/22
終不遠○ 2.3/16/16
（二）〔以〕千石祿終○ 3.2/20/5
○中皆有雕鏤 3.5/22/1
常稱疾而終○得意 6.2/34/12
〔后〕夢有小飛蟲萬數隨著○ 6.2/34/15
○衣大練縑裙 6.2/35/3
○體髮膚 6.5/36/13
願以○代牲 6.5/37/2
奉藩以至沒○ 7.9/41/28
衰服在○ 7.19/45/7
訓○至大官門爲求火 8.2/47/12
訓○爲煮湯藥 8.2/47/23
以○率下 8.2/47/24
闇側○暴露 8.7/49/12
○在親近 8.7/49/18
宜思功遂○退之計 9.1/55/5
○衣布衣韋袴 9.7/59/13
臥布被終○ 9.7/59/13
○長八尺 9.11/61/3
19.10/139/13
○（初）〔被〕兜鍪鎧甲 10.3/62/24
束○執節 10.26/69/24
保○全己 11.4/71/20
冠劍不解于○ 11.6/72/6
上疏乞○ 11.8/72/21
○衣羊裘皮袴 12.1/75/11
○帶三綬 12.3/77/24
范父乞○兮 12.10/80/24
淑愼其○ 12.12/82/5
終不降志辱○ 13.11/85/22
賢見林○推鹿車 13.11/85/25
小民負縣官不過○死 13.11/86/25
○死之後 13.12/87/21
不足以償不訾之○ 13.13/88/9
○自推〔之〕 13.16/89/9
乞○行服 13.16/89/17
正○立朝 13.16/89/18
○爲降虜 14.1/90/9

遂任○有子 14.3/91/19
○死地分 14.4/92/8
束脩其○而已哉 14.5/93/17
○被大病 15.2/95/10
後以五更祿終厥○ 16.9/106/11
以二千石祿終其○ 16.17/108/20
以二千石祿養終○ 16.27/111/12
以○扞之 16.31/112/8
常勤○田農 16.41/114/25
所在以二千石俸終其○ 18.3/127/7
即脫○出作 18.10/129/8
終○捐棄 18.10/129/9
終其○ 18.10/129/15
以終其○ 18.10/129/16
願以○居作 18.29/134/27
○牧豕 19.9/139/8
寒即以○溫席 19.22/142/8
○築墼以自給食 19.26/143/14
○蹈絕俗之行 20.4/145/23
以○代雄 20.8/146/20
以○率物 20.17/148/18
或○到閭里 20.17/148/19
正○疾惡 21.14/153/27
疊亦禁錮終○ 21.14/154/1
兵破○困數矣 23.17/171/14
一大老從旁舉○曰 24.3/173/1

参 shēn 12

其陳寵、左雄、朱寵、龐○、施延並遷公 4.1/25/6
與○政事 7.12/42/21
祭○坐沮敗 9.9/60/13
特以前○醫藥 12.3/77/23
曾○迴車于勝母之閭 17.13/121/24
令與長吏○職 18.14/131/3
龐○、字仲達 20.10/147/3
○到 20.10/147/3
○思其微意 20.10/147/4
○在職 20.10/147/6
在○鑾 23.9/168/3
會匈奴句林王將兵來降○鑾胡 23.9/168/4

深 shēn 34

帝○念良久 1.1/2/6
謀謨甚○ 2.1/11/14
（者）〔其〕時論者以爲（棱）〔稜〕淵○有謀 2.2/15/9
孝章帝由是○珍之 2.3/16/6
水○三丈 3.1/18/13
恢乘勝○入 3.1/19/1
克敵○入 3.2/20/17
後世知吾罪○矣 5.5/30/5
○以自過 6.2/35/12
○陳德薄 6.5/36/17
○慮遠圖 8.1/46/12
○執忠孝 8.1/46/20
罪責日○ 8.5/48/21
上以復敢○入 8.11/51/18
帝○然之 8.11/51/20
○見親異 8.12/52/2
吾○入敵（地）〔城〕 8.14/53/2
明詔○閔 9.11/61/8
期言「受國家恩○ 9.12/61/22
軼○達通意 10.21/67/10
○入 12.1/77/3
○見任用 13.5/83/25
成王○知其終卒之患 13.11/86/15
自知罪○ 14.1/90/4
○受厚恩 14.1/90/7
履○淵之薄冰不爲號 14.4/92/13
刑法彌○ 14.5/93/5
不爲○憂 14.5/93/21
發○淵之慮 14.5/93/29
○相敬愛 16.1/102/9
性沈○好學 19.5/138/3
邱騰知罪法○大 20.20/149/6
聖德○恩 22.4/162/24
精微○妙 24.90/179/24

紳 shēn 3

冠帶搢○遊辟雍而觀化者、以億萬計 2.1/12/3
冠帶搢○遊辟雍 11.7/72/15
而令搢○之徒委伏畎畝 20.4/145/22

幓 shēn 1

縠皮○頭 16.50/116/28

神 shén 49

○星晝見 1.1/5/2
咸曰上○ 1.1/5/16
〔所見〕如○ 1.1/6/20
養精○ 1.1/9/7
○雀五色 2.1/13/15
望秩山川、群○畢 2.2/14/18
乃者白烏、○雀屢臻 2.2/14/26
鳳凰見百三十九、麒麟五十二、白虎二十九、黃龍三十四、青龍、黃鵠、鸞鳥、○馬、○雀、九尾狐、三足烏、赤烏、白兔、白鹿、白燕、白鵲、 2.2/15/20
數有○光赤蛇嘉應 3.1/18/6
則天○皆降 5.4/28/17
繫乎山川、鬼○ 5.4/28/23
望秩群○ 5.5/29/13
聖王先成民而後致力于○ 5.5/30/16
山川之○ 5.5/30/17
日月星辰之○ 5.5/30/17
欲有以增諸○之祀 5.5/30/18
山川○祇有不舉者 5.5/30/19
今恐山川百○應典祀者尙未盡秩 5.5/30/19
懷柔百○ 5.5/31/1
案尊事○（祗）〔祇〕 5.6/32/24
以降○明 5.6/33/1
以有○靈 6.3/35/23
咸稱○明 6.5/36/20
漢家○筩 8.17/54/6
漢兵○ 8.17/54/7
今漢德○靈 8.17/54/9
此天命發于精○ 9.4/57/6
臨衆瀆之○林兮 12.10/81/1
政皆○道設教 13.11/86/20
惟陛下留○明察 13.11/86/30
精○亦已勞矣 14.2/91/12
所謂○人以和 15.2/95/20
勿勞○以害生 15.8/98/5

○怒何故向漢 16.3/103/14
臣乘聖漢威○ 16.3/103/16
恬靜養○ 16.49/116/15
有○祠 17.14/122/7
○馬四出滇河中 18.13/130/19
公卿以○雀五采翔集京師 18.17/131/23
使作《○雀頌》 18.17/131/24
皆稱○明 19.21/142/2
○知 20.2/145/9
寬○色不異 21.9/152/16
諸羌以爲○ 22.5/164/3
所爲「○道設教」 23.16/169/27
求助民○者也 23.16/169/28
○明其舍諸 23.16/170/1
去中鬼○仙道之語 24.91/180/2

審 shěn 2

○得其人 14.5/93/25
不○使臣 21.35/157/16

甚 shèn 64

戰攻之具○盛 1.1/2/17
○可怪也 1.1/3/4
威嚴○厲 1.1/4/1
苦眩○ 1.1/8/4
帝風眩黃癉病發○ 1.1/8/15
恩遇○厚 1.1/10/3
謀謨○深 2.1/11/14
朕○愍焉 2.3/16/16
和帝○喜重焉 3.1/18/7
和熹皇后○嘉之 3.2/19/22
〔五侯〕暴恣日○ 3.5/22/7
因孔子○美其功 5.5/29/22
見執金吾車騎○盛 6.1/33/23
○怒 6.5/37/3
撫育恩養○篤 7.1/38/24
○嘉歎之 7.8/41/8
其言○大 7.12/42/25
上○善之 7.12/43/1
朕○傷之 7.20/45/13
上見之○歡 8.1/46/9
○悅之 8.10/50/8
復傷創○ 8.11/51/16
太守耿況○器重之 9.1/54/22
恩意○備 9.10/60/20
吾○美之 9.11/61/11
加賜醫藥○厚 9.12/61/21
上○憐之 9.12/61/23
今日罷倦○ 10.9/64/4
通○歡 10.21/67/10
吾○嘉之 10.22/67/23
○有名稱 10.23/68/13
上聞○悅 11.2/70/24
上○哀之 11.8/72/23
賞金帛○盛 11.11/73/24
隗囂○重援 12.1/75/13
禮○盛 12.1/75/15
所以禁遏○備 12.3/78/9
援○奇之 12.5/78/25
言○切至 13.8/84/27
天下幸○ 13.11/86/30
○敬憚之 13.11/87/1
上○嘉之 13.16/89/15
恩寵○厚 13.16/89/17
賞賜恩寵○渥 13.16/89/18
○相友善 15.2/95/11
賻助○厚 15.5/96/17
遵○悅之 15.5/96/20
言○切直 15.7/97/14
漁釣○娛 15.8/98/3
鄯善王廣禮敬○備 16.3/103/4
于闐王廣德禮意○疏 16.3/103/14
○見親厚 16.10/106/17
鄉里○榮之 16.16/108/14
衣冠○偉 17.10/120/14
吏○驕慢 18.6/128/2
養孤兒兄子○篤 18.10/129/10
○見信用 18.17/131/26
○見重焉 19.1/136/7
○得輔導之體 19.1/136/7
帝○欣悅 19.1/136/11
所活者○多 19.7/138/27
辱孰○焉 21.9/152/14
裝送○盛 22.1/160/24
明○憐之 24.2/172/23

愼 shèn 29

在家重○畏事 1.1/1/26
日○一日 1.1/8/13
明德○罰 2.2/15/26
敬敕○終 3.2/21/1
敬○威儀 3.2/21/2
事太后素謹○ 6.2/35/11
可不○與 7.20/45/16
惟願○無赦而已 8.10/51/4
大王重○之性也 9.4/57/7
宏爲人謙○ 11.4/71/19
三署服其○也 11.6/72/7
周密畏○ 11.7/72/17
24.50/176/19
其○重如此 11.13/74/9
淑○其身 12.12/82/5
純素重○周密 13.12/87/13
君○疾加餐 16.9/105/22
輕刑○罰 17.13/121/18
○(弗)〔勿〕聽妻子持尸柩去 18.29/135/8
令各敬○所職 19.1/136/20
○毋與人重比 19.7/138/20
周密○重 19.7/138/22
苦不畏○ 19.7/138/22
畏○周密 19.22/142/17
盡忠重○ 20.9/146/25
誠先賢所○也 20.17/148/14
周珌、豫州刺史○之子也 21.25/155/26
爲政○刑重殺 21.54/160/7
存哀○刑 24.42/176/3

升 shēng 48

兄伯○好俠 1.1/1/26
伯○請呼難 1.1/2/1
伯○殺之 1.1/2/2
時伯○在舂陵 1.1/2/7
乃與伯○相見 1.1/2/8
伯○之起也 1.1/2/8
伯○殺我 1.1/2/9
以爲獨伯○如此也 1.1/2/10
帝○車欲馳 1.1/3/22
○靈臺 2.1/11/27
縯字伯○ 7.1/38/10
伯○進圍宛 7.1/38/10
使畫伯○像于埻 7.1/38/10
及伯○軍至 7.1/38/11
伯○作攻城關車 7.1/38/12
伯○曰 7.1/38/12

伯○遂作之 7.1/38/13
更始遂共謀誅伯○ 7.1/38/16
更始取伯○寶劍視之 7.1/38/16
伯○部將宗人劉稷 7.1/38/19
伯○兄弟 7.1/38/20
伯○固爭 7.1/38/21
并執伯○ 7.1/38/21
追謚伯○爲齊武王 7.1/38/24
光武感伯○功業不就 7.1/38/24
○殿乃拜 7.12/43/10
黃金一斤易豆五○ 8.1/47/4
弇○王宮壞臺望之 8.14/53/6
博士范○上疏曰 9.7/59/16
永遣弟○及子壻張舒等
謀使營尉李匡先反涅
城 14.2/90/20
白氣上○ 15.2/95/20
班超、字仲○ 16.3/102/21
范○遷博士 16.7/105/3
上輒引榮及弟子○堂 16.9/106/9
博士范○奏曰 16.50/117/2
○於華轂 16.50/117/3
○合分糧 16.52/117/13
乃摭莢得三○豆 17.11/120/25
政師事博士范○ 17.17/122/25
○爲太常丞 17.17/122/25
抱○子持車叩頭 17.17/122/26
上即尺一出○ 17.17/122/27
分○合以相存活 17.24/125/4
○降揖讓 18.14/131/4
與伯○會 23.1/164/22
南陽英雄皆歸望于伯○
23.1/164/23
詣伯○ 23.1/164/24
而更始收劉稷及伯○ 23.1/164/28

生 shēng 156

王○舂陵節侯 1.1/1/5
帝將○ 1.1/1/9
帝○時 1.1/1/10
是歲有嘉禾○ 1.1/1/11
與同舍○韓子合錢買驢 1.1/1/15
劉將軍平○見小敵怯 1.1/3/4
正使成帝復○ 1.1/4/3
帝所與在長安同舍諸○
彊華自長安奉《赤伏
符》詣鄗 1.1/4/17
木○火 1.1/5/7
天下野穀旅○ 1.1/5/23
或○苽菜菓實 1.1/5/24
野穀○者稀少 1.1/5/25
諸○吏子弟及民以義助
作 1.1/5/27
有赤草○于水涯 1.1/9/16
帝○ 2.1/11/5
有諸○前舉手曰 2.1/13/5
○非太公 2.1/13/6
芝○前殿 2.1/13/15
帝夢見先帝、太后如平
○歡 2.1/13/16
代郡高柳烏子○三足 2.2/15/5
此皆○于不學之門所致
也 2.2/15/15
○既有節 2.3/16/16
○者輒夭 2.4/17/18
帝○百餘日 2.4/17/19
號曰「諸○」 3.1/18/7
九眞言嘉禾○ 3.1/19/8
芝〔草〕○中黃〔藏府〕
3.5/21/28
立父○爲越王 3.6/23/12
相○至六十 5.2/28/7
○子方 6.1/33/21
方○幼公 6.1/33/21
公○君孟 6.1/33/21
如平○事舅姑 6.2/35/11
敬隱宋后以王莽末年○ 6.3/35/21
宗族外內皆號曰「諸○」
6.5/36/15
申貴人○孝穆皇 6.8/37/21
趙夫人○孝崇皇 6.8/37/21
匽夫人○桓帝 6.8/37/21
篤○朕躬 6.8/37/23
○遠來 8.1/46/9
皇太后但令門○輓送 8.6/49/8
事舞陰李○ 8.11/51/9
李○奇之 8.11/51/9
賈○容貌志意如是 8.11/51/9
得○口 8.12/51/24
復縱○口令歸 8.14/52/25
同死○ 8.17/54/12
恂同門○董崇說恂曰 9.1/55/4
郡大○旅豆 9.1/55/6
全子弟得○還也 9.2/56/6
凡人之○ 10.26/69/15
說故舊平○爲忻樂 11.1/70/10
曾祖父通○賓 12.1/75/5
使君○仲 12.1/75/6
仲○援 12.1/75/6
以爲至當握手迎如平○
12.1/75/14
士○一世 12.1/76/18
臥念少游平○時語 12.1/76/20
嚴從其故門○肆都學擊
劍 12.6/79/6
教養諸○ 12.7/79/18
達○任性 12.7/79/19
前授○徒 12.7/79/20
延○統 12.9/80/7
何爾○不先後兮 12.10/80/24
何揚○之（敗）〔欺〕
眞 12.10/81/2
○無以輔益朝廷 12.11/81/18
令諸○耀 13.6/84/9
諸○以賤不耀 13.6/84/9
歐陽歙、其先和伯從伏
○受《尙書》 13.8/84/25
○子白頭 13.9/85/3
（蟣蝨）〔甲胄〕○
（甲胄）〔蟣蝨〕 13.9/85/5
大兵冀蒙救護〔○活〕
之恩 13.9/85/6
白馬○且復諫矣 13.10/85/15
○八男 13.13/88/3
○勤 13.13/88/5
祖野王○座 14.5/92/22
座○衍 14.5/92/23
人愁則變○ 14.5/93/20
今○人之命 14.5/93/23
○不供養 15.2/95/9
變不空○ 15.2/95/22
丹子有同門○喪親 15.5/96/23
天○俊士 15.8/98/4
勿勞神以害○ 15.8/98/5
弟奇在雒陽爲諸○ 15.11/99/18
率不○出獄 15.17/101/15
祭酒、布衣諸○（爾）
〔耳〕 16.3/102/25
○燕頷虎（頭）〔頸〕
16.3/103/1

但願○入玉門關 16.3/104/2
不如同門○郎中彭閎、
　揚州從事皋弘 16.9/105/17
又詔諸○雅吹擊磬 16.9/105/19
此眞儒○也 16.9/105/21
榮大會諸○ 16.9/106/1
平○笑君盡氣 16.9/106/4
會百官驃騎將軍東平王
　蒼以下、榮門○數百
　人 16.9/106/6
時執經○避位發難 16.9/106/6
臣○不讀讖 16.16/108/9
偷○苟活 16.20/109/15
諸○著錄前後萬人 16.21/109/23
恐疑誤後○ 16.22/110/4
物類相○ 16.34/113/7
吾○値澆、羿之君 16.37/113/29
安得獨潔己而危所○哉
　16.37/113/29
黨嘗遺貢○（麻）〔蒜〕
　16.49/116/16
此○言是 17.10/120/10
授諸○數百人 17.12/121/3
見諸○講誦 17.12/121/4
見（○）〔宮〕 17.12/121/5
門下○共禁 17.12/121/5
日○鯉一雙 17.22/124/7
但稱書○ 17.23/124/13
○裁數月 17.24/125/4
惟孤兒續始○數旬 17.25/125/9
乳爲○湩 17.25/125/11
死○相守 18.1/125/20
臣○遭饑饉 18.1/126/9
欲以妻子託朱○ 18.6/128/10
死罪以下並蒙更○ 18.9/129/1
石○堅 18.12/129/27
蘭○香 18.12/129/27
時○子皆以廉名者千數
　18.12/130/4
見道中有諸○（來）
　〔乘〕小車 18.12/130/5
諸○立旁 18.12/130/5
○白廬江太守掾嚴麟 18.12/130/6
欲之犍爲定○學經 18.13/130/14
目中○蛆 18.22/133/2
引酺及門○郡縣掾吏並
　會庭中 19.1/136/10
門○就學百餘人 19.5/138/4
門○荆棘 19.9/139/8
梓樹○廳前屋上 19.12/140/4
何修○成 19.17/141/3
成○果 19.17/141/3
果○比干 19.17/141/3
比干○壽 19.17/141/4
壽○顯 19.17/141/5
顯○鄢 19.17/141/5
鄢○寵 19.17/141/5
寵○敞 19.17/141/5
顧謂子及門○曰 20.2/145/10
毒流未○ 20.19/149/1
必○男 21.11/153/7
既而○猛 21.11/153/8
甑中○塵范史雲 21.17/154/15
釜中○魚范萊蕪 21.17/154/15
大丈夫○當雄飛 21.22/155/9
芝草○ 21.54/160/9
少君○而驕富 22.1/160/25
大人以先○修德守約 22.1/160/25
宮婢○子 23.8/167/14
設使成帝復○ 23.8/167/19
而欲牽儒○之說 23.16/170/8
果（食）〔實〕所○ 23.17/171/4
男兒當死中求○ 23.17/171/27
相○至六十也 24.85/179/9
凡陽○陰曰下 24.87/179/13
陰○陽曰上 24.87/179/13

昇 shēng 2

白父○曰 18.13/130/15
○憐其言 18.13/130/16

牲 shēng 7

服色、犧○尙黑 1.1/5/8
朕親袒割○ 2.1/12/1
祠用三○ 3.5/23/1
願以身代○ 6.5/37/2
無用三○ 12.11/81/21
俎豆犧○ 17.1/117/22
割○而盟光武與囂書曰
　23.16/170/2

笙 shēng 1

善琴○ 3.5/22/29

聲 shēng 38

暮聞（冢）〔冢〕上有
　哭○ 1.1/2/12
金鼓之○數十里 1.1/2/25
歌詠雷○ 1.1/4/13
越于○音 5.4/28/22
彼○ 5.4/29/3
聞有兒啼○ 6.3/35/22
○色是娛 7.3/39/14
舉○盡哀 7.8/41/10
聞巡○ 8.2/47/11
聞鼓○皆大呼俱進 8.10/50/18
其○雖大而（實）〔虛〕
　8.14/52/24
彤之威○揚于北方 9.8/60/5
越人伺（侯）〔候〕者
　聞車○不絕 10.2/62/19
竇憲恃宮掖○勢 10.24/68/17
詔許越騎、射○（寺）
　〔等〕治北宮 12.4/78/15
好其繁○ 13.6/84/4
〔而〕今數進鄭○以亂
　雅樂 13.6/84/6
而令朝廷耽悅鄭○ 13.6/84/8
高世之（心）〔○〕 14.5/93/16
則足以顯○譽 14.5/93/28
兼射○校尉 15.2/95/13
拜射○校尉 16.3/104/6
○聞鄉里 18.13/130/16
應○而舞 18.13/130/18
在射○ 18.16/131/15
○名著聞 18.30/135/17
詔射○（教）〔校〕尉
　曹褒案《（舊漢）
　〔漢舊〕儀》制漢禮
　19.1/136/20
晝夜號踊不絕○ 19.4/137/14
常有鬼哭○聞于府中 19.7/138/25
○動左右 19.10/139/14
京師貴戚慕其○名 19.22/142/13
每彈琴惻愴不能成○
　19.30/144/10

諸將識非更始○ 23.1/165/7
又寵堂上聞(蟆)〔蝦〕
蟆○在火爐下 23.11/168/19
又用寵○呼其妻入室
23.11/168/21
君有爲之○ 23.17/171/7
無鷄鳴犬吠之○ 24.11/173/17
哭○不絕 24.41/176/1

澠 shéng 1

擊盆子于○池 8.11/51/17

繩 shéng 5

○其祖武 5.5/32/13
以○繫著樹枝 16.14/107/22
阜以法○正吏民 18.13/130/19
○索相懸 20.12/147/15
○動隨旅 22.4/162/21

勝 shèng 20

連○ 1.1/3/5
憂不可○ 1.1/6/7
量敵校○ 1.1/6/10
○高帝耶 1.1/6/11
反復○也 1.1/6/12
漢兵乘○追奔 1.1/7/5
不可○紀 2.2/15/23
恢乘○深入 3.1/19/1
西海有○山 5.1/27/13
不能自○ 6.5/37/5
禹乘○獨克 8.1/46/23
前後沒溺死者不可○算 8.2/47/16
不可○數 8.7/49/20
天下反覆自盜名字者不
可○數 12.1/75/21
有大小負○不齊 13.11/86/29
是杜伯山所以○我也 13.11/87/5
不以辭長○人 16.9/105/19
曾參迴車于○母之閭
17.13/121/24
首鄉侯段普曾孫○坐殺
婢 21.49/159/16
不可○用 23.17/171/4

聖 shèng 60

○瑞萌兆 1.1/1/12
帝破○公 1.1/5/1
詔群臣奏事無得言「○
人」 1.1/6/16
帝既有仁○之明 1.1/10/16
○表有異 2.2/14/4
○之至要也 2.2/15/25
力誦○德 2.2/15/27
孝順皇帝宏秉○哲 3.2/20/29
有司上言宜建○嗣 3.3/21/7
陛下○德洋溢 5.5/29/10
後世謂之○王 5.5/29/22
○王先成民而後致力于
神 5.5/30/16
臣欽仰○化 5.5/32/6
陛下以○明奉遵 5.6/32/23
此皆○王之夢 6.5/36/17
先納○善匡輔之言 8.7/49/17
○公不能辦也 8.14/52/16
竊聞賢○之君 10.26/69/13
余字○卿 12.1/75/7
○人作樂 12.3/78/3
祖○道而垂典兮 12.10/81/1
明○用而治 13.11/86/14
立○公爲天子 14.1/89/26
今○主即位 14.2/90/23
皇帝以○德靈威 14.5/93/9
就○漢 14.5/93/12
路有○人 14.5/93/25
京師號曰「○童」 15.12/99/23
臣乘○漢威神 16.3/103/16
愚以爲太子上當合○心
16.10/106/23
桓譚非○無法 16.16/108/10
誠慚○朝 16.20/109/15
讖書非○人所作 16.22/110/4
喻以○德 17.15/122/15
與京兆祁○元同好 17.17/122/24
論難偪偪祁○元 17.17/122/25
此○主也 18.1/126/1
錮人於○代 18.5/127/16
尊重○業 19.6/138/10
以侯○主 19.7/138/19
○人則之 20.4/145/22
沈豐、字○達 21.54/160/7
○德渡諸 22.4/162/24
○德深恩 22.4/162/24
劉玄、字○公 23.1/164/18
○公結客欲報之 23.1/164/18
○公避吏于平林 23.1/164/18
吏繫○公父子張 23.1/164/19
○公詐死 23.1/164/19
○公因自逃匿 23.1/164/19
○公入平林中 23.1/164/22
○公號更始將軍 23.1/164/22
其將帥素習○公 23.1/164/24
將立○公爲天子議以示
諸將 23.1/164/25
〔與〕○公至于壇所 23.1/164/27
奉通天冠進○公 23.1/164/27
于是○公乃拜 23.1/164/27
而赤眉劉盆子亦下詔以
○公爲長沙王 23.1/165/18
○明所制 24.92/180/6
揚光○德 24.94/180/12

尸 shī 7

懸其○道邊樹 7.4/39/25
以馬革裹○還葬耳 12.1/77/1
惟布被覆○ 15.16/101/6
不能以○伏諫 16.20/109/15
慎(弗)〔勿〕聽妻子
持○柩去 18.29/135/8
乃礫甫○ 21.12/153/14
曹節見甫○ 21.12/153/15

失 shī 46

吏治得○ 1.1/1/17
官屬皆○色 1.1/3/22
恐○其頭首也 1.1/6/14
○斬將(安)〔弔〕民
之義 1.1/7/12
而○黃、老養性之道 1.1/9/6
政○厥中 3.2/20/8,20.19/148/28
時新平主家御者○火 6.2/35/11
前太子卬頑凶○道 7.20/45/13
無所○ 8.6/49/4
今更始○政 8.14/52/13
卿○言 8.14/52/16
百姓○望 9.4/56/20

○之東隅 9.4/57/14
○斷金 9.4/57/17
茂問○馬幾日 10.26/69/7
即非所○ 10.26/69/8
恐○時 11.6/72/7
會迷○郡 12.6/79/4
○其常度 13.6/84/7
遺○溲便 13.10/85/17
不○先俗 13.11/86/7
二千石○制御之道 13.11/86/26
而猥相毀墊淪○ 13.11/86/28
冤結○望 14.5/93/14
遂坎壈○志 14.5/94/2
由是○旨 16.16/108/11
數進見問得○ 16.20/109/11
不○法度 16.21/109/24
見之自○ 16.34/112/29
則爲○人 16.49/116/19
過誤之○ 17.13/121/27
○兄 18.10/129/10
問所○財物 18.29/134/27
動不○其中 19.4/137/25
改矯其○ 19.6/138/11
而遂○計義 19.11/139/26
○母 19.22/142/8
少○父 19.24/143/3
追復所○ 20.19/149/2
光武聞更始○城 23.1/165/18
一旦○之 23.1/165/20
昔秦○其守 23.17/171/13
對無遺○ 24.52/176/23
多所違○ 24.90/179/22
俗人○其名 24.95/180/15

施 shī 25

樂○愛人 1.1/1/26
當以時○行 2.1/11/21
好樂○予 3.1/18/5
太尉○延以選舉貪汙 3.2/20/14
其陳寵、左雄、朱寵、龐參、○延並遷公 4.1/25/6
夫樂○于金石 5.4/28/22
功○于民則祀之 5.5/30/14
澤○四海 5.5/31/6
盛德之樂無所○ 5.5/32/1
眉不○黛 6.2/34/11
○之終竟 8.6/49/5
所○皆如霍光故事 8.6/49/7
○行恩德 9.4/56/20
純與從昆弟訢、宿、植共率宗（○）〔族〕賓客二千餘人 10.1/62/7
賑○宗族 10.23/68/13
凡殖貨財產、貴其能○賑也 12.1/75/10
○絳紗帳 12.7/79/20
御坐新○屏風 13.6/84/11
將軍內○九族 13.11/87/3
請可如禮○行 13.12/87/19
令夫功烈○於千載 14.5/93/30
當安復○用時乎 16.9/106/3
少治《○氏易》 16.17/108/18
設○方略 21.8/151/25
而降○于庭 21.24/155/20

師 shī 120

父爲宗卿○ 1.1/2/4
自秦、漢以來○出未曾有也 1.1/2/18
○行鼓舞 1.1/4/13
或曰是國○劉子駿也 1.1/4/16
益州乃傳送瞽○、郊廟樂、葆車、乘輿物 1.1/7/15
車駕宿偃○ 1.1/8/6
是時醴泉出于京○ 1.1/9/15
雖發○旁縣 1.1/10/12
〔及阿乳母以問○傅〕 2.1/11/7
○傅無以易其辭 2.1/11/8
敬愛○傅 2.1/11/15
備○法 2.1/11/17
封○太常桓榮爲關內侯 2.1/12/1
11.7/72/14
翔集京○ 2.1/13/15
降自京○ 2.2/14/26
詔有司京○離宮園池 2.3/16/10
自京○離宮果園上林廣成囿悉以假貧人 2.3/16/22
京○旱 2.3/16/25,6.5/36/24
京○大雨 2.3/16/30
葉調國王遣使○會詣闕貢獻 3.2/20/6
以○會爲漢歸義葉調邑君 3.2/20/6
獻○子、封牛 3.2/20/12
京○不覺 3.2/20/14
好學尊○ 3.4/21/16
京○雨雹 3.5/22/12
以京○水旱疫病 3.5/22/15
陳行相○遷奏 3.6/23/14
猶不于京○ 5.3/28/11
蓋《周官》所謂「王〔○〕大獻則令凱樂 5.4/29/1
民樂其興○征伐 5.5/31/10
京○雨澤 7.2/39/6
京○少雨 7.9/41/19
蒼與諸王朝京○ 7.12/42/22
獨留京○ 7.15/44/7
時光武亦遊學京○ 8.1/46/5
而○行有紀 8.1/46/23
○事劉述 8.6/48/26
常在○門 8.6/48/27
漢當出○ 8.10/51/1
軍○在外 8.10/51/2
敗百萬○ 8.14/52/19
聞貳○將軍拔佩刀刺山而飛泉出 8.17/54/9
車○復叛 8.17/54/11
擊車○ 8.17/54/13
車○太子比特訾降 8.17/54/13
峻遣軍○皇甫文謁 9.1/55/18
軍○無禮 9.1/55/20
與貳○嚴尤共城守 9.2/55/26
彭○殿 9.2/56/6
每朝京○ 9.8/60/9
弘農逼近京○ 9.10/60/24
或言「國○公劉秀當之」 11.1/70/9
上徵晨還京○ 11.1/70/10
爲京○所稱 11.10/73/11
京○號況家爲金穴 11.11/73/24
○事潁川滿昌 12.1/75/8
次兩兄爲吏京○ 12.1/75/8
諸將多以王○之重 12.1/75/24
自還京○ 12.1/76/8
臣援○事楊子阿 12.1/76/25
援振旅京○ 12.1/76/28
卒於○ 12.2/77/9
多買京○膏腴美田 12.2/77/13
經爲人○ 13.1/82/23

仰望京○ 13.1/83/2
令且從○友之位 13.11/85/23
是以去土中之京○ 13.11/86/3
方軍○在外 13.11/86/10
王以○故數加饋遺 13.11/87/5
始自東郡之○ 14.5/93/4
弱而隨○ 15.2/95/9
故京○號曰「三獨坐」 15.3/96/6
冀京○並蒙〔其〕福也 15.9/98/18
京○號曰「聖童」 15.12/99/23
之京○ 15.14/100/12
敬待以○友之禮 15.15/100/25
接以○友之道 16.1/102/9
學無常○ 16.2/102/14
安息遣使獻大爵、○子 16.3/104/2
鄭衆、字仲○ 16.6/104/18
窮極○道 16.9/105/14
尊榮以○禮 16.9/106/5
太○在是 16.9/106/7
上以郁先○子 16.10/106/16
卿經及先○ 16.10/106/18
京○畏憚 16.13/107/13
故京○爲之語曰 16.20/109/19
京○因以稱之 16.25/111/1
丹從○長安 17.2/118/3
既至京○ 17.2/118/5
丹○事公孫昌 17.2/118/10
京○號曰 17.17/122/24
政○事博士范升 17.17/122/25
二千石皆以選出京○ 18.7/128/16
京○爲之語曰 18.17/131/23
公卿以神雀五采翔集京○ 18.17/131/23
于是京○貴戚順陽侯衛尉馬廖、侍中竇憲慕其行 18.18/132/6
收篤送京○ 18.23/133/7
二十餘年不窺京○ 18.23/133/9
置《五經》○ 19.1/136/6
韓棱、字伯○ 19.2/137/3
暴○于外 19.4/137/23
專精○門 19.6/138/10
京○淫雨 19.6/138/14
京○號曰「天下無雙、〔江夏黃童〕」 19.22/142/13
京○貴戚慕其聲名 19.22/142/13
常步行隨○ 20.11/147/11
京○語曰 20.14/147/24
後徵還京○ 21.8/152/3
京○肅然 21.12/153/15
京○肅清 21.32/157/3
有賊轉至京○ 21.33/157/7
由是四方不復信向京○ 23.1/165/14
使聘平陵方望爲軍○ 23.16/169/25
東詣京○ 23.16/170/11
獲索賊帥古○郎等 23.20/172/17
常步擔求○也 24.69/178/1
《宣夜》之學絕無○法 24.90/179/21

詩 shī 47

皆誦《○》、《書》 2.3/17/13
《○》云 3.2/21/2,5.4/28/18 13.11/86/8,13.11/86/30 16.9/106/10,16.34/113/10
〔《○》〕所謂「琴瑟擊鼓 5.4/28/21
《○》所謂「坎坎鼓我 5.4/28/24
孝章皇帝親著歌○四章 5.4/29/2
又制雲臺十二門○ 5.4/29/2
出雲臺十二門新○ 5.4/29/3
與舊○並行者 5.4/29/4
《○》不云乎 5.5/30/20
而○人稱其武功 5.5/31/10
《○傳》曰 5.5/31/12
（勿）進《武德舞歌○》曰 5.5/31/16
《○》所感歎 6.8/37/23
能誦《○》 8.1/46/5
受《齊○》 12.1/75/7
少持《韓○》 12.11/81/10
杜○薦湛疏曰 13.1/82/22
以《○》《傳》教授 14.6/94/7
杜○、字君公 15.10/99/3
○敕曉不改 15.10/99/4
能屬文詞○賦 16.2/102/13
投閒輒誦《○》 16.9/106/3
年十二能誦《○》、《書》 16.34/112/28
太守杜○曰 17.2/118/9
歌○三章 17.15/122/16
姜○、字士遊 17.22/124/5
○性至孝 17.22/124/5
賦經○里 17.22/124/7
○埋之 17.22/124/7
後吏譴○ 17.22/124/7
○掘示之 17.22/124/8
聽之定所受《韓○》 18.13/130/16
治《禮》、《○》、《春秋》 18.29/134/22
彈琴誦《○》 18.29/135/4
作○曰 18.29/135/4
以《魯○》、《尚書》教授 19.5/138/3
治《韓○》 19.9/139/8
習《韓○》 21.56/160/18
關東說《○》陳君期 21.56/160/18
《遠夷樂德歌○》曰 22.4/161/20
《遠夷慕德歌○》曰 22.4/162/16
《遠夷懷德歌○》曰 22.4/163/7

蓍 shī 1

卜者卦定釋○ 6.2/34/6

盝 shī 6

譬如嬰兒頭多蟣○而剃之 12.1/76/10
蕩蕩〔然〕蟣○無所復依 12.1/76/10
敕黃門取頭○章（特）〔持〕入 12.1/76/11
因出小黃門頭有○者 12.1/76/12
（蟣○）〔甲冑〕生（甲冑）〔蟣○〕 13.9/85/5

濕 shī 4

節侯孫考侯以土地下○ 1.1/1/6
皇考以令舍下○ 1.1/1/9
以舂陵地勢下○ 7.7/40/13
忠病○痺 10.14/65/25

釃 shī 1

臣子當擊牛〇酒以待百官 8.14/53/8

十 shí 328

建平元年〇二月甲子夜 1.1/1/10
流民入關者數〇萬人 1.1/1/21
民餓死者〇七八 1.1/1/22
帝奉糗一斛、脯三〇朐進圍宛城 1.1/2/13
且圍之數〇重 1.1/2/24
雲車〇餘丈 1.1/2/24
金鼓之聲數〇里 1.1/2/25
斬首數〇級 1.1/3/3
東迎雒陽者見更始諸將過者已數〇輩 1.1/3/14
〇月 1.1/3/18
移檄購求帝〇萬戶 1.1/3/20
乃椎鼓數〇通 1.1/3/21
冬〇月 1.1/5/1,1.1/5/18,2.1/11/28,2.1/12/15,3.1/18/30
高祖〔因秦〕以〇月爲正 1.1/5/4
下輿見吏輒問以數〇百歲能吏次第 1.1/6/4
道數〇歲事若案文書 1.1/6/5
到朝廷凡數〇見 1.1/6/8
〇一年 1.1/7/1,2.3/17/1,7.1/38/23
〇二年 1.1/7/3,2.1/13/3,2.3/17/4
成都〇萬餘衆 1.1/7/6
去之五〇里 1.1/7/6
〇一月衆軍至城門 1.1/7/7
〇三年 1.1/7/19
〇四年 1.1/7/21,2.1/13/8
〇五年 1.1/8/1,7.1/38/23,11.4/71/19
〇七年 1.1/8/4
留〇七日乃去 1.1/8/8
〇九年 1.1/8/10,2.1/11/16
〔願〕復〇歲 1.1/8/12
期〇歲 1.1/8/13
二〇年夏六月 1.1/8/15
甘露降四〇五日 1.1/8/16
二〇五年 1.1/8/18
二〇六年春正月 1.1/8/20
一札〇行 1.1/9/3
三〇年 1.1/9/10
污七〇二代編錄 1.1/9/11
三〇二年 1.1/9/13,5.5/29/15
冬〇月甲申 1.1/9/17
在位三〇三年 1.1/9/22
時年六〇二 1.1/9/22,12.1/77/3
功臣鄧禹等二〇八人皆爲侯 1.1/10/1
封餘功臣一百八〇九人 1.1/10/1
〇歲通《春秋》 2.1/11/6
故帝年〇二以皇子立爲東海公 2.1/11/9
〇七年冬〇月 2.1/11/16
〇月元日 2.1/11/28
遂有事于〇一陵 2.1/12/5
〇一月 2.1/12/10
圖二〇八將于雲臺 2.1/12/13
五年冬〇月 2.1/12/21
八年冬〇月 2.1/12/26
〇年夏閏四月 2.1/12/31
粟斛錢三〇 2.1/13/1
〇三年春二月 2.1/13/5
〇五年春二月 2.1/13/11
祠孔子及七〇二弟子 2.1/13/11
〇七年春 2.1/13/15
〇八年秋八月 2.1/13/21
在位〇八年 2.1/13/21
時年四〇八 2.1/13/21
〇二月 2.1/13/22,3.1/19/2
永平〇八年 2.2/14/6
四年冬〇一月 2.2/14/11
白鶴三〇從西南來 2.2/14/18
祠東海恭王及孔子七〇二弟子 2.2/14/22
鳳凰三〇九見郡國 2.2/15/18
鳳凰見百三〇九、麒麟五〇二、白虎二〇九、黃龍三〇四、青龍、黃鵠、鸞鳥、神馬、神雀、九尾狐、三足烏、赤烏、白兔、白鹿、白燕、白鵲、 2.2/15/20
九年冬〇月 2.3/16/27
〇年夏五月 2.3/16/30
冬〇一月癸酉夜 2.3/17/4
〇三年春正月上日 2.3/17/7
冬〇二月 2.3/17/9,3.1/19/5
在位〇七年 2.3/17/9
時年二〇七 2.3/17/9
八〇餘品 2.3/17/14
和帝皇子數〇 2.4/17/18
元興元年冬〇二月 2.4/17/18
年〇歲 3.1/18/7
冬〇一月 3.1/18/13,6.3/35/21
調濱水縣彭城、廣陽、廬江、九江穀九〇萬斛 3.1/18/26
日南地坼長一百八〇二里 3.1/18/28
廣五〇六里 3.1/18/28
燒兵物百二〇五種 3.1/19/5
禾百五〇六本 3.1/19/8
七百六〇八穗 3.1/19/8
帝在位〇九年 3.1/19/13
時年三〇二 3.1/19/13
中黃門孫程等〇九人共討賊臣江京等 3.2/19/27
望都、蒲陰狼殺子女九〇七人 3.2/20/7
年〇三 3.2/20/11,8.1/46/5,15.2/95/6,18.6/127/22
永和六年冬〇二月詔 3.2/20/17
其九〇家不自存 3.2/20/20
在位〇九年 3.2/20/26
時年三〇 3.2/20/26
年〇四 3.5/21/23
時年〇五 3.5/21/26
七年冬〇月 3.5/22/18
有（壁）〔璧〕二〇 3.5/22/22
鐵券〇一 3.5/22/22
在位二〇一年崩 3.5/23/2
年三〇六 3.5/23/2
時上年〇三 3.6/23/8
體長〇餘丈 3.6/23/21,21.24/155/19
建武二〇年 4.1/24/19,10.4/63/3,17.1/117/20
大行丞有治禮員四〇七人 4.1/25/3
鴻臚三〇六人 4.1/25/6
〇八年改爲刺史 4.1/25/12

建安二〇年 5.1/27/18
鄉三千六百八〇一 5.1/28/3
亭萬二千四百四〇三 5.1/28/3
相生至六〇 5.2/28/7
又制雲臺〇二門詩 5.4/29/2
出雲臺〇二門新詩 5.4/29/3
建武三〇年 5.5/29/10
凡三〇六事 5.5/29/16
前後凡三〇六事 5.5/29/20
〇有八年 5.5/29/23
陛下無〇室之資 5.5/29/23
孝文〇二年令曰 5.5/30/18
一章〇四句 5.5/31/14
六〇四節爲（武）〔舞〕 5.5/31/15
〇月烝祭始御 5.5/31/15
以正月〇八日始祠 5.5/32/8
天王袞冕〇有二旒 5.6/32/25
長至年〇三歲 6.3/35/23
年〇二能屬文 6.7/37/16
明帝驛馬令作草書尺牘〇首焉 7.3/39/16
于時見戶四百七〇六 7.7/40/14
二〇餘日 7.7/40/21
〇七年〇月 7.8/41/3
〇九年六月 7.8/41/4
二〇八年〇月 7.8/41/5
王兼食東海、魯國二郡二〇九縣 7.8/41/5
數上書讓還東海〇九縣 7.8/41/7
復送綬〇九枚 7.9/41/25
楚王英奉送黃縑三〇五匹、白紈五匹入贖 7.10/42/3
禹獨與二〇四騎詣雒陽 8.1/47/5
所經三百八〇九隘 8.2/47/16
年〇五治《歐陽尚書》 8.6/48/26
凡侯者二〇九人 8.7/49/19
大將軍以下〇三人 8.7/49/19
中二千石〇四人 8.7/49/19
州牧郡守四〇八人 8.7/49/20
金錯刀五〇 8.9/50/2
銅馬、赤眉之屬數〇輩 8.14/52/15
輩皆數〇萬衆 8.14/52/15
去臨淄四〇里 8.14/52/22
樹〇二郡旗鼓 8.14/53/12
衆尚〇餘萬 8.14/53/12
凡所平郡（四）〔三〕〇六 8.14/53/15
城中穿井〇五丈 8.17/54/9
九卿〇三人 8.17/54/15
列侯〇九人 8.17/54/15
更始遣舞陰王李軼、廩丘王田立、大司馬朱鮪、白虎公陳僑將兵三〇萬 9.4/57/1
相拒六〇餘日 9.4/57/12
皆一人擊〇 9.7/59/8
爲遼東太守三〇年 9.8/60/6
手殺五〇餘人 9.12/61/20
〔得〕數〇 10.1/62/6
殺數〇人 10.3/62/24
〇里一候 10.5/63/8
二〇三年詔以祝阿益濟南國 10.8/63/23
賓客隨者數〇人 10.11/64/13
臣融年五〇三 10.22/67/25
年〇五 10.22/67/25
開通三〇六國 10.23/68/10
河南二〇餘縣皆被其災 10.26/69/18
茂時年七〇餘矣 10.26/69/21
年八〇餘 11.3/71/12
建武〇三年 11.4/71/18
爲郎二〇三歲 11.6/72/7
時年八〇 11.8/72/21, 21.1/150/18
〔坡〕水廣二〇里 11.10/73/12
居位數〇年 11.13/74/9
上凡〇四見 12.1/75/22
凡〇三難 12.1/76/8
建武二〇四年 12.1/77/3
永平〇五年 12.3/77/17
遂獨行〇月迎氣樂 12.3/78/4
嚴年〇三 12.6/79/5
以黃金〇斤、葛縛佩刀、書帶、革帶付龔 12.6/79/14
增歲租〇餘萬斛 12.8/80/1
輕殊死刑三〇四事 12.9/80/9
輕殊死刑八〇一事 12.9/80/9
其四〇二事手殺人者減死一等 12.9/80/10
臣聞文王享國五〇 13.1/82/20
農人三〇而取一 13.11/86/4
建武二〇六年 13.12/87/13, 13.16/89/15, 22.3/161/11
又前〇八年親幸長安 13.12/87/17
祫祭以冬〇月 13.12/87/18
留飲〇許日 13.15/88/25
與友人韓仲伯等數〇人 13.16/89/8
今月二〇七日 14.2/91/3
使前走數〇步 14.2/91/4
自言年七〇餘 14.3/91/17
司徒（例）〔辭〕訟久者至（數〇）〔〇數〕年 14.3/91/21
夫〇室之邑 14.5/93/24
賜錢二〇萬 15.2/95/15
臣聞《春秋》日食三〇六 15.2/95/22
而弒君三〇六 15.2/95/22
至數〇日 15.2/95/24
〇月（饗）〔饗〕會 15.8/97/28
留數〇日 15.8/98/3
奮年五〇 15.11/99/17
視事〇年 15.13/100/7
〇二月盛寒時並多剖裂血出 15.14/100/17
時年〇九 15.15/100/22
年七〇四卒官 15.16/101/6
超悉會其吏士三〇六人 16.3/103/6
願得本所從三〇餘人 16.3/103/12
超定西域五〇餘國 16.3/103/21
君在外國三〇餘年 16.3/104/3
超在西域三〇一歲 16.3/104/6
〇五年不窺園 16.9/105/15
建武二〇八年 16.9/106/1, 16.15/107/26
以《尚書》授朕〇有餘年 16.9/106/10
郁以永平〇四年爲議郎 16.10/106/17
時年七〇餘 16.16/108/11
凡二〇九篇 16.16/108/13
授皇太子及諸王小侯五〇人經 16.17/108/19
憑遂重坐五〇餘席 16.20/109/19
建武〇四年 16.21/109/23
賊圍繞數〇重 16.31/112/8

年〇二能誦《詩》、《書》 16.34/112/28
勃未二〇 16.34/113/1
足富〇世 16.35/113/16
掾屬三〇人 16.38/114/9
前後奏記數〇 16.38/114/11
〇餘歲喪親 16.43/115/8
時嵩年〇二三 16.52/117/13
自去家〇二年 17.2/118/6
建武〇六年 17.3/118/17
執苦數〇年間 17.12/121/5
乃更以庫錢三〇萬賜之 17.13/121/26
誤以〇爲百 17.13/121/26
詔禮〇日就長樂衛尉府 17.23/124/22
等輩數〇皆縛束 17.24/124/27
數〇人皆得脫 17.24/125/3
續年〇歲 17.25/125/12
留〇餘日 18.1/125/21
贈錢三〇萬 18.3/127/7
袁安爲河南尹〇餘年 18.5/127/15
建武〇（四）〔六〕年 18.6/128/8
歲送穀五〇斛 18.6/128/12
范年〇五 18.12/129/25
年〇一 18.13/130/13
年七〇爲食侍謀 18.13/130/16
〇餘日乃去 18.13/130/18
積二〇餘日 18.13/130/22
永平〇七年 18.17/131/23
母年八〇 18.18/132/4
二〇餘年不窺京師 18.23/133/9
乞汝二〇萬 18.26/133/26
遂潛思著書〇餘篇 18.29/135/7
賜錢三〇萬 19.1/136/8
數〇年以來 19.1/136/17
爲司空〇四年 19.3/137/9
時恭年〇二 19.4/137/13
賜璩素六〇匹 19.15/140/18
恢年〇一 19.16/140/22
高譚等百八〇五人推財相讓 19.17/141/6
年〇二 19.22/142/9
乃減爲二〇萬言 19.25/143/9
夜懷金〇斤以遺震 20.2/145/8
祐年〇二 20.17/148/12
年二〇喪父 20.17/148/15
趙序取錢縑三百七〇五萬 20.22/149/14
程等〇八人收斬江京、閻顯等 20.23/149/20
食雪四〇餘日 21.8/151/27
彌數〇里 21.8/152/4
掠得羌侯君長金印四〇三 21.8/152/7
銅印三〇一 21.8/152/7
紫綬三〇八 21.8/152/8
羌離湳上奐馬二〇匹 21.11/153/3
老母八〇 21.13/153/21
續成〇志 21.24/155/22
單于比、匈奴頭曼〇八代孫 22.3/161/7
〇二月癸丑 22.3/161/7
文馬（二）〔〇〕匹 22.3/161/11
眾庶來降〇餘萬 23.1/164/23
赤眉〇餘萬人入關 23.1/165/15
盆子年〇五 23.5/166/13
盆子及丞相徐宣以下二〇餘萬人肉袒降 23.5/166/18
王公〇數 23.16/170/8
吾年已三〇餘 23.16/170/12
在兵中〇歲 23.16/170/12
地方〇城 23.17/171/1
〇二爲期 23.17/171/9
況〇二乎 23.17/171/9
造〇層赤樓 23.17/171/10
相生至六〇也 24.85/179/9
《前漢志》但載〇二律 24.86/179/11
不及六〇 24.86/179/11

什 shí 5

〇減三四 2.1/13/29
從書佐假車馬〇物 11.10/73/15
井田〇一以供國用 13.11/86/2
移敕悉出所設〇器 19.22/142/19
羌〇長鞏便 22.5/164/8

石 shí 95

雒陽以東米〇二千 1.1/1/20
黃金一斤易粟一〇 1.1/5/23
勒〇紀號 1.1/9/13
刺史二千〇長〔吏〕皆無離城郭 1.1/9/23
帝自置〇椁 2.1/13/9
太傅馮〇、太尉劉熹以阿黨權貴 3.2/19/31
（二）〔以〕千〇祿終身 3.2/20/5
秩六百〇 3.2/20/20,4.1/25/10
督二千〇 4.1/25/12
九卿、執金吾、河南尹秩皆中二千〇 4.1/25/19
大長秋、將作大匠、度遼諸將軍、郡太守、國傅相皆秩二千〇 4.1/25/19
校尉、中郎將、諸郡都尉、諸國行相、中尉、內史、中護軍、司直秩皆比二千〇 4.1/25/20
中外官尚書令、御史中丞、治書侍御史、公將軍長史、中二千〇丞、正、平、諸司馬、中官王家僕、雒陽令秩皆千〇 4.1/25/21
尚書、中謁者、黃門冗從四僕射、諸都監、中外諸都官令、都（候）〔侯〕、司農部丞、郡國長史、丞、（候）〔侯〕、司馬、千人秩皆六百〇 4.1/26/1
家令、侍、僕秩皆六百〇 4.1/26/3
雒陽市長秩四百〇 4.1/26/3
主家長秩皆四百〇 4.1/26/4
諸署長、楫櫂丞秩三百〇 4.1/26/4
諸秩千〇者 4.1/26/4
其丞、尉皆秩四百〇 4.1/26/5
秩六百〇者 4.1/26/5
丞、尉秩三百〇 4.1/26/5
四百〇者 4.1/26/5
其丞、尉秩二百〇 4.1/26/5
縣、國三百〇長〔相〕 4.1/26/6
丞、尉亦二百〇 4.1/26/6
明堂、靈臺丞、諸陵校

長秩二百〇 4.1/26/6
縣國守宮令、相或千〇或六百〇 4.1/26/7
長相或四百〇或三百〇 4.1/26/8
而有秩者侍中、中常侍、光祿大夫秩皆二千〇 4.1/26/8
大中大夫秩皆比二千〇 4.1/26/9
諫議大夫、侍御史、博士皆六百〇 4.1/26/9
議郎、中謁者秩皆比六百〇 4.1/26/9
小黃門、黃門侍郎、中黃門秩皆比四百〇 4.1/26/10
郎中秩皆比三百〇 4.1/26/10
太子舍人秩二百〇 4.1/26/11
有九〇特秀 5.1/27/15
中有〇床 5.1/27/16
夫樂施于金〇 5.4/28/22
請親定刻〇紀號文 5.5/30/1
九卿、中二千〇青綬 5.6/33/7
千〇、六百〇黑綬 5.6/33/7
四百、三百、二百〇黃綬 5.6/33/8
百〇青紺綬 5.6/33/9
吾自念親屬皆無柱〇之功 6.2/34/27
沙〇滿其口鼻 6.3/35/22
治滹沱、〇臼河 8.2/47/15
中二千〇十四人 8.7/49/19
中郎將、護羌校尉及刺史、二千〇數百人 8.17/54/15
乃賜（祐）〔祜〕白蜜一〇 9.6/58/15
堆〇布土 10.11/64/25
心如金〇 10.20/67/4
四二千〇 10.22/68/4
遠祖以吏二千〇自邯鄲徙茂陵成歡里 12.1/75/5
柱〇之臣 13.1/83/2
二千〇失制御之道 13.11/86/26
趙魏間號為馮萬〇 13.13/88/3
馮〇襲母公主封獲嘉侯 13.15/88/24
宜知尊帝城門候吏六百〇 14.2/91/5
名勒金〇 14.5/93/3
東帶〇陘關 14.5/93/22
刺史二千〇初除謁辭 15.2/95/23
以二千〇祿終其身 16.17/108/20
以二千〇祿養終身 16.27/111/12
其以縣見穀二千〇賜勃子若孫 16.34/113/11
皆故刺史、二千〇 16.38/114/9
民相率以〇（撾）〔擿〕吏 16.46/115/28
累世千〇 17.2/118/3
時米〇萬錢 18.1/125/19
米〇萬錢 18.1/126/9
雖有二千〇 18.1/126/13
所在以二千〇俸終其身 18.3/127/7
二千〇皆以選出京師 18.7/128/16
船觸〇破沒 18.12/129/26
〇生堅 18.12/129/27
宗族五人同為二千〇 18.14/130/27
故號為「萬〇秦氏」 18.14/130/27
米〇七八萬 18.14/131/1
賜千〇俸 19.3/137/9
家無擔〇 20.17/148/15
卿二千〇子 20.17/148/16
臣伏見二千〇 21.45/158/28
（綠）〔緣〕崖礌〇 22.4/163/22
拜除二千〇 23.1/165/15
當道二千〇皆選容貌飲食者 23.11/168/16
以五綵囊盛〇繫豐肘 23.12/169/3
云「〇中有玉璽」 23.12/169/4
以吏二千〇自無鹽徙焉 23.17/170/23
稍增〇為郎 23.17/170/24
二千〇皆以選出 24.80/178/25

拾 shí 8

道無〇遺 1.1/8/8
無〇遺一言之助 8.5/48/21
補闕〇遺 13.1/83/3
道不〇遺 15.17/101/15
嘗與族人桓元卿俱捃〇 16.9/106/2
恭助為收〇 18.28/134/13
〇橡實為食 19.20/141/24
捃〇自資 21.17/154/14

食 shí 153

酪不可〇 1.1/1/21
人民相〇 1.1/1/22,16.52/117/13,17.24/124/27,23.17/171/3
帝飲〇語笑如平常 1.1/3/12
官屬皆乏〇 1.1/3/20
傳吏方進〇 1.1/3/21
禹進〇炙魚 1.1/3/26
〇邑二千戶 1.1/4/24
帝以日〇避正殿 1.1/8/4
日月薄〇 1.1/9/10
高皇呂太后不宜配〇 1.1/9/18
宜配〇地（祗）〔祇〕高廟 1.1/9/19
賜觀者〇 2.1/13/5
日〇 2.3/16/12,15.2/95/21
飲〇、百官、鼓漏、起居、車騎、鹵簿如故 3.1/19/13
至乃踐〇孤幼 3.2/20/8
零陵言日〇 3.2/20/14
〇租稅 3.2/20/18
以助民〇 3.5/22/2
主稠中都官斗〇以下 4.1/25/4
典郊廟、上陵殿諸〇舉之樂 5.4/28/16
〇舉樂 5.4/28/19
《王制》謂「天子〇舉以樂 5.4/28/19
王大〇則命奏鐘鼓 5.4/28/19
列在〇舉 5.4/29/2
六宗廢不血〇 5.5/30/11
四時祫〇于世祖廟 5.5/31/26
今皆祫〇于高廟 5.5/31/28
祫〇世祖 5.5/32/7
文、武、宣、元祫〇高廟 5.5/32/12
大官上（〇）〔飯〕 6.2/34/18
〇不求所甘 6.2/35/3
王兼〇東海、魯國二郡二十九縣 7.8/41/5
又乏〇 8.1/47/1
皆〇棗栗 8.1/47/2
人相〇 8.1/47/4

16.44/115/13,17.23/124/15
18.1/125/19,23.6/167/2
可且朝〇 8.11/51/14
然後〇耳 8.11/51/15
令軍皆〇 8.14/52/25
〇盡窮困 8.17/54/12
〇其筋革 8.17/54/12
于是江南之珍奇〇物始流通焉 9.2/56/3
上與衆會飲〇笑語如平常 9.4/56/18
〇鬱林潭中 9.5/58/5
糧〇不豫具 9.7/59/12
下至杯案〇物 9.8/60/7
〇蔬菜 10.10/64/9
〇邑二萬戶 10.24/68/22
無功享〇大國 11.4/71/22
〇小鄉亭 11.4/71/22
上遣中黃門朝暮餐〇 11.5/72/1
解械飲〇（之） 11.9/73/4
惡衣〇 11.10/73/10
〇糒乾飯屑飲水而已 11.10/73/13
大官朝夕送〇 11.10/73/17
大官朝夕進〇 11.10/73/18
在於〇貨 12.1/76/7
但取衣〇足 12.1/76/18
賞賜飲〇 12.3/78/1
郡界嘗有蝗蟲〇穀 12.8/80/1
退〇私館 12.11/81/12
祭〇如前 12.11/81/21
不〇其粟 13.11/85/22
蓋伯夷、叔齊恥〇周粟 13.11/85/23
作威玉〇 13.11/86/24
林父子兩人〇列卿祿 13.11/87/4
合〇入太祖廟 13.12/87/15
毀廟主合〇高廟 13.12/87/16
故合聚飲〇也 13.12/87/19
華侯孫長卿〇采馮城 13.14/88/16
以日〇免 13.16/89/17
18.4/127/11,19.1/136/23
吾不〇言 14.1/90/6
彭爲殺羊具〇 14.1/90/9
諸將不敢〇 14.1/90/9
與永對〇 14.2/90/24
饑者毛〇 14.5/93/14
〇五千戶 15.1/95/2
臣聞《春秋》日〇三十六 15.2/95/22
便於田頭大樹下飲〇勸勉之 15.5/96/14
不爲設席〇以罰之 15.5/96/26
妻子但菜〇 15.11/99/14
每有所〇甘美 15.11/99/19
賜〇於前 15.13/100/7
24.26/174/27
賜御〇衣被 15.17/101/12
飛而〇肉 16.3/103/1
〇邑五（百）〔千〕戶 16.9/106/11
糲〇麤餐 16.12/107/6
刺史劉繇振給穀〇、衣服所乏者 16.14/107/19
太守王朗餉給糧〇、布帛、牛羊 16.14/107/20
常日旰忘〇 16.22/110/8
乃不〇終日 16.26/111/7
禮、天子不〇支庶 16.36/113/23
赤自〇 16.44/115/14
受而不〇 16.44/115/14
16.49/116/16
問諸子何飯〇 16.49/116/21
但〇豬肝 16.49/116/21
穀〇貴 16.52/117/13
平朝出求〇 17.11/120/21
〇母訖 17.11/120/23
吾不忍〇子 17.11/120/24
穀〇尙少 17.23/124/16
孝夫妻共蔬〇 17.23/124/17
我已〇訖 17.23/124/17
亦不肯〇 17.23/124/18
遂共蔬〇 17.23/124/18
〇馨肉肌香 17.24/125/1
餘皆菜〇 17.24/125/2
肉腥臊不可〇 17.24/125/2
念無穀〇 17.24/125/4
分糧共〇 18.1/125/20
年七十爲〇侍謀 18.13/130/16
不與人同〇 18.29/134/22
以供衣〇 18.29/135/3
妻爲具〇 18.29/135/5
民〇不足 19.4/137/24
不〇魚肉之味 19.11/139/21
〇不二味 19.20/141/20
拾橡實爲〇 19.20/141/24
衣〇不贍 19.22/142/9
身築墼以自給〇 19.26/143/14
不能飲〇 19.29/144/3
亦不飲〇 19.29/144/3
輒不〇 19.29/144/4
見酒〇未嘗不泣 19.30/144/10
宗人親厚節會飲〇宴 19.30/144/10
子孫常蔬〇步行 20.2/145/6
至乃殘〇孩幼 20.19/148/29
〇邑四千戶 20.24/150/7
〇肉衣綺 21.7/151/20
〇雪四十餘日 21.8/151/27
因請爲設〇 21.13/153/21
臘日奴竊〇祭其母 21.18/154/19
賜御〇及橙、橘、龍眼、荔枝 22.3/161/13
甘美酒〇 22.4/162/4
〇肉衣皮 22.4/163/12
屈㲋茈而〇 23.1/164/20
捕池魚而〇之 23.5/166/17
容貌飲〇絕衆 23.11/168/15
當道二千石皆選容貌飲〇者 23.11/168/16
果（〇）〔實〕所生 23.17/171/4
疏〇骨立 24.43/176/5
素〇竟期 24.44/176/7

時 shí 265

元帝〇 1.1/1/6
帝生〇 1.1/1/10
在舂陵〇 1.1/1/13
〇會朝請 1.1/1/17
〇宛人朱祜亦爲舅訟租于尤 1.1/1/19
王莽〇 1.1/1/20,1.1/4/15
〇南陽旱饑 1.1/1/23
先是〇伯玉同母兄公孫臣爲醫 1.1/2/1
〇伯升在舂陵 1.1/2/7
〇無印 1.1/2/14
〇漢兵八九千人 1.1/2/23
〇漢兵在定陵郾者 1.1/3/1
〇百姓以帝新破大敵 1.1/3/26
天〇人事已可知矣 1.1/4/14

○傳聞不見《赤伏符》文軍中所 1.1/4/16
行夏之○ 1.1/5/8,5.6/32/21
○以平旦 1.1/5/8
四○隨色 1.1/5/8
宜以○修奉濟陽城陽縣堯帝之（冢）〔冢〕 1.1/5/13
當此之○ 1.1/6/6
常以日而出○ 1.1/6/19
是○名都王國有獻名馬、寶劍 1.1/7/12
公孫述故哀帝○ 1.1/7/15
論○政畢 1.1/9/4
○城郭丘墟 1.1/9/7
是○醴泉出于京師 1.1/9/15
四○上祭 1.1/9/20
○年六十二 1.1/9/22,12.1/77/3
○天下墾田皆不實 2.1/11/9
○帝在幄後曰 2.1/11/11
當以○施行 2.1/11/21
是○學者尤盛 2.1/12/2
百官嚴設如舊○ 2.1/12/6
識先帝○事 2.1/12/7
是○天下安平 2.1/12/32
○年四十八 2.1/13/21
（者）〔其〕○論者以爲（稜）〔稜〕淵深有謀 2.2/15/9
章帝○ 2.2/15/20,19.7/138/23
○史官不覺 2.3/16/12
○年二十七 2.3/17/9
○年三十二 3.1/19/13
疏勒國王盤遣使文○詣闕 3.2/20/12
○年三十 3.2/20/26
是○皇太子數不幸 3.3/21/7
○方九歲 3.4/21/19
○年十五 3.5/21/26
○上年十三 3.6/23/8
秦○改爲太末 5.1/27/15
孝成○ 5.5/30/11
則雪霜風雨之不○ 5.5/30/18
文王之○ 5.5/31/10
四○袷食于世祖廟 5.5/31/26
天下乂安刑措之○也 5.5/32/5
○在敬法殿東廂 6.2/34/22
○上欲封諸舅 6.2/34/27
○無赭 6.2/34/27
○新平主家御者失火 6.2/35/11
○天寒 6.3/35/21
○竇皇后內寵方盛 6.3/35/26
○新遭大憂 6.5/36/18
即○首服 6.5/36/20
歲○但貢紙墨而已 6.5/36/21
即○收令下獄抵罪 6.5/37/1
是○自冬至春不雨 6.6/37/11
○年旱 7.2/39/3
應○甘雨澍降 7.2/39/4
是吾幼○狂憃之行也 7.3/39/13
欲竟何○詣嚴將軍所 7.4/39/21
于○見戶四百七十六 7.7/40/14
推父○金寶財產與昆弟 7.7/40/16
是○四方無虞 7.12/42/17
因過按行閱視皇太后舊○衣物 7.12/43/4
可○瞻視 7.12/43/6
情重昔○ 7.12/43/12
○光武亦遊學京師 8.1/46/5
上以禹不○進 8.1/46/24
○百姓饑 8.1/47/4
○訓直事 8.2/47/11
于○國家每有災異水旱 8.7/49/12
上○令人視吳公何爲 8.10/50/16
○上置兩府官屬 8.11/51/11
順○乘風 8.13/52/7
○上在魯 8.14/53/7
○始置西域都護、戊己校尉 8.17/54/3
更始○ 9.1/54/22,15.5/96/18,16.33/112/21,17.11/120/19
而君以此○據大郡 9.1/55/4
○復先在座 9.1/55/11
恂○從 9.1/55/16
○天寒烈 9.4/56/22
是我起兵○主簿 9.4/57/16
上在長安○ 9.6/58/14
何如在長安○共買蜜乎 9.6/58/15
○遵有疾 9.7/59/10
○下宣帝臨霍將軍儀 9.7/59/16
是○盜賊尙未悉平 9.8/60/3
王莽○舉有德行、能言語、通政事、明文學之士 9.10/60/17
○郡國多降邯鄲 10.1/62/9
是○公孫述將田戎、任滿與漢軍相拒于荊門 10.2/62/16
權○以安吏士 10.11/64/21
○無綬 10.14/65/17
○寵弟從忠爲校尉 10.14/65/22
忠即○召見 10.14/65/22
倉卒○以備不虞耳 10.21/67/11
融光武○數辭爵位 10.22/67/24
竇章、○謂東觀爲老氏藏室 10.25/69/3
歲○遺之 10.26/69/15
○天下大蝗 10.26/69/18
茂○年七十餘矣 10.26/69/21
上微○與晨觀讖 11.1/70/9
○山東略定 11.2/70/19
○至乃起 11.4/71/21
恐失○ 11.6/72/7
準見當○學者少憫 11.7/72/11
是○學者大盛 11.7/72/15
○年八十 11.8/72/21,21.1/150/18
後仕爲淮陽相○ 11.9/73/4
宣帝○以郎持節 12.1/75/5
○公孫述稱帝 12.1/75/13
○上在宣德殿南廡下 12.1/75/17
諸曹○白外事 12.1/76/5
虜未滅之○ 12.1/76/19
臥念少游平生○語 12.1/76/20
孝武帝○ 12.1/76/26
宣帝○ 12.3/77/19
○以作樂器費多 12.3/78/4
○五校尉令在北軍營中 12.4/78/14
父余卒○ 12.6/79/3
○人榮之 12.6/79/9
亦有權○ 12.11/81/20
即○殯斂 12.11/81/20
斂以○服 12.11/81/21
往○遼東有豕 13.9/85/3
故○人號中東門君 13.10/85/16
○議郊祀制 13.11/86/1
因○宜 13.11/86/2
合於《易》之所謂「先天而天不違、後天而奉天○」義 13.11/86/9
林以爲倉卒○兵擅權作

威 13.11/86/12
乘○擅權 13.11/86/24
于○保之 13.11/86/30
○林馬適死 13.11/87/2
○舊典多闕 13.12/87/12
○上封事 13.12/87/13
以○定議 13.12/87/20
吾無功于○ 13.12/87/20
臣○在河南冢廬 13.12/87/24
宣帝○爲弘農太守 13.13/88/3
是○三公多見罪退 13.13/88/7
大司徒公被害○ 14.1/90/3
○有稱侍中止傳舍者 14.2/90/16
○彭豐等不肯降 14.2/90/25
○帝叔父趙王良從送中郎將來歙喪還 14.2/91/1
○更始遣鮑永、馮衍屯太原 14.4/92/2
不知天○ 14.4/92/7
不見天○ 14.4/92/11
更始○爲偏將軍 14.5/92/23
固守不以○下 14.5/92/23
將値危言之○ 14.5/93/3
協○月正日 15.2/95/18
每歲農○ 15.5/96/14
○河南太守同郡陳遵 15.5/96/16
俱遭○反覆 15.5/96/19
○司徒史鮑恢以事到東海 15.6/97/4
○隴蜀未平 15.7/97/15
子張父及叔父爲鄉里盛氏一○所害 15.8/97/22
○臨饗禮畢 15.8/97/29
○將軍蕭廣放縱兵士 15.10/99/3
○人方於召信臣 15.10/99/6
○天下擾亂 15.11/99/13
妻○在郡 15.11/99/16
四○送衣 15.11/99/18
○述珍寶珠玉委積無數 15.12/99/26
十二月盛寒○並多剖裂血出 15.14/100/17
○年十九 15.15/100/22
○天下新定 15.15/100/23
每○行縣 15.15/100/26
每至歲○伏臘 15.15/100/27
○曄爲市吏 15.17/101/11
○人有上言班固私改作《史記》 16.2/102/15
滎遭倉卒困厄○ 16.9/106/2
當安復施用○乎 16.9/106/3
○執經生避位發難 16.9/106/6
是○宦者執政 16.13/107/12
○年七十餘 16.16/108/11
○博士祭酒議欲殺羊 16.25/110/25
前公孫述破○ 16.35/113/16
王莽○爲郡文學 16.37/113/27
○人爲之語曰 16.51/117/8
○嵩年十二三 16.52/117/13
○延爲郡督郵 17.1/117/21
詔問丹家○ 17.2/118/11
不汲汲于○俗 17.3/118/17
○五校尉官顯職閒 17.7/119/12
良○跪曰 17.10/120/8
○單于遣使求欲得見宮 17.12/121/8
○冬寒 17.13/121/14
顯宗○ 17.13/121/23
明帝○爲益州刺史 17.15/122/15
政以車駕出○伏道邊 17.17/122/26
何○發 17.23/124/14
○天下亂 17.23/124/15
譚○有一女 17.24/125/4
○鍾離意爲瑕邱令 17.25/125/13
○米石萬錢 18.1/125/19
○長安市未有秩 18.1/125/25
汝三皇○人也 18.1/126/1
○輩除者多 18.1/126/5
○陰就爲少府 18.6/128/1
故○人號爲「白衣尙書」 18.10/129/16
○生子皆以廉名者千數 18.12/130/4
○范問爲誰所從來 18.12/130/5
○麟亦素聞范名 18.12/130/8
○山陽新遭地動後 18.14/131/1
○疾疫 18.16/131/17
○有疾不會 18.18/132/6
○章帝西謁園陵 18.20/132/16
○稱其盛 18.25/133/21
○勤在旁 18.26/133/26
少○家貧 18.27/134/8
○不如意輒呼責 18.28/134/15
太子家○爲奢侈物 19.1/136/7
故○止（弗）〔勿〕奏事 19.1/136/17
○鄰縣皆雹傷稼 19.2/137/3
○恭年十二 19.4/137/13
○郡國螟傷稼 19.4/137/18
帝○伐匈奴 19.4/137/22
妨廢農○ 19.4/137/24
○有表薦 19.7/138/22
昔歲倉卒○ 19.7/138/25
○大將軍將兵屯武威 19.20/141/21
○屬縣令長率多中官子弟 21.3/150/28
○地數震裂 21.4/151/4
○東郭竇、公孫舉等聚衆三萬人爲亂 21.8/151/24
桓帝○ 21.11/153/6
有○絕糧 21.17/154/14
隨日○而出入焉 21.21/155/4
○東州郡國相驚 21.33/157/7
○號福爲眞掾 21.35/157/17
寒溫○適 22.4/162/30
○不得已 23.1/165/7
正用此○持事來乎 23.1/165/9
正與同○ 23.8/167/14
哀帝○爲漁陽太守 23.11/168/15
是○單于來朝 23.11/168/16
寵○齋 23.11/168/20
此萬世一○也 23.16/170/10
○民饑饉 23.16/170/17
述之先武帝○ 23.17/170/23
急以此○發國內精兵 23.17/171/16
不亟乘○與之分功 23.17/171/18
成都郭外有秦○舊倉 23.17/171/23
以變○事 24.14/174/1
內攝○政 24.31/175/9
○有所問 24.52/176/23
止行過肅名趙李○銓不卒 24.68/177/27
上官桀謀反○ 24.72/178/7
猶○有銜橛之變 24.77/178/19
五○副車曰五帝 24.95/180/15

寔 shí 2

崔○爲五原太守 16.40/114/20
○至官 16.40/114/21

實 shí 45

○成帝遺體子輿也 1.1/4/2
或生苽菜菓○ 1.1/5/24
不務○核 1.1/8/1
時天下墾田皆不○ 2.1/11/9
遣謁者考○ 2.1/11/14
鳳凰見百三十九、麒麟五十二、白虎二十九、黃龍三十四、青龍、黃鵠、鸞鳥、神馬、神雀、九尾狐、三足烏、赤烏、白兔、白鹿、白燕、白鵲、 2.2/15/20
舉○臧否 3.2/20/22
○藉德貞 3.5/22/18
○不可用 7.1/38/13
敢不以○ 7.3/39/13
○勞我心 7.12/42/24
軍士悉以果○爲糧 8.1/47/5
其聲雖大而（○）〔虛〕 8.14/52/24
憑城觀人虛○ 8.14/53/2
河內富○ 9.1/54/24
霸欲如○還報 10.11/64/18
推○不爲華貌 10.26/69/24
閏具以○對 11.10/73/16
禹以宰士惶恐首○ 11.10/73/16
言富○也 11.11/73/24
以爲華而少○ 11.14/74/17
務在誠○ 12.11/81/11
○非愚臣所宜 12.12/82/3
○非過少所〔宜〕任〔也〕 12.13/82/9
○足以先後王室 13.1/83/1
取○事 13.11/86/3
永以度田不○ 14.2/91/11
明帝以爲衍材過其○ 14.5/94/1
○歙罪也 15.8/98/2
遇○熟 16.14/107/21
風吹落兩○ 16.14/107/21
延以寅雖有容儀而無○行 17.1/117/26
非○識也 17.12/121/9
○無此 18.1/126/10
均好義篤○ 18.10/129/10
無以絕毀○亂道之路 19.1/136/22
疑其不○ 19.4/137/18
事得其○ 19.6/138/10
拾橡○爲食 19.20/141/24
渙聞知事○ 19.21/142/3
威稱說○成帝遺體子輿也 23.8/167/18
其○無所受命 23.16/169/27
果（食）〔○〕所生 23.17/171/4
無益事○ 24.14/174/2
廣以爲○宜在《郊祀志》 24.91/180/2

碩 shí 1

非○德忠正也 13.6/84/6

蝕 shí 1

並以日○免 24.81/179/1

識 shí 17

人自以見○ 1.1/6/6
陛下○知寺舍 1.1/8/11
太宗○終始之義 1.1/8/26
次說在家所○鄉里能吏 1.1/9/4
子○、原鹿侯 1.1/10/8
○先帝時事 2.1/12/7
多○世事 2.2/14/4
臣愚無○知 8.10/51/4
陰○爲守執金吾 11.13/74/9
○者愍惜 13.1/82/24
遂見親○ 13.13/88/6
陽狂不○駿 15.2/95/11
上令從門間○面 15.8/98/7
皆言太子舅執金吾陰○可 16.15/107/26
非實○也 17.12/121/9
諸將○非更始聲 23.1/165/7
以相○別 23.6/167/1

史 shǐ 108

諸李遂與南陽府掾○張順等連謀 1.1/2/6
下至掾○ 1.1/6/5
長○得檄 1.1/6/14
刺○太守多爲詐巧 1.1/8/1
左右有白大司馬○ 1.1/8/4
自三公下至佐（使）〔○〕各有差 1.1/8/20
宜命太○撰具郡國所上 1.1/9/17
是以○官鮮紀 1.1/9/17
刺○二千石長〔吏〕皆無離城郭 1.1/9/23
不能及許、○、王氏之半 2.1/13/25
敕御○、司空 2.2/14/15
載于○官 2.2/15/22
時○官不覺 2.3/16/12
善○書 3.1/18/7, 6.4/36/6, 7.18/45/3
太守甘定、刺○侯輔各奔出城 3.5/22/14
賊乘刺○車 3.5/22/14
置長○ 4.1/24/15
有長○一人 4.1/24/20
州牧刺○ 4.1/25/12
十八年改爲刺○ 4.1/25/12
交阯刺○ 4.1/25/14, 11.1/70/5
中尉、內○官屬亦以率減 4.1/25/16
校尉、中郎將、諸郡都尉、諸國行相、中尉、內○、中護軍、司直秩皆比二千石 4.1/25/20
中外官尚書令、御○中丞、治書侍御○、公將軍長○、中二千石丞、正、平、諸司馬、中宮王家僕、雒陽令秩皆千石 4.1/25/21
尚書、中謁者、黃門冗從四僕射、諸都監、中外諸都官令、都（候）〔侯〕、司農部丞、郡國長○、丞、（候）〔侯〕、司

馬、千人秩皆六百石 4.1/26/1
諫議大夫、侍御○、博士皆六百石 4.1/26/9
太○卜之 6.6/37/10
詔○官樹碑頌德 6.7/37/17
繡衣御○申屠建隨獻玉玦 7.1/38/16
荆州刺○上其義行 7.7/40/16
刺○舉奏 7.7/40/19
皆言類揚雄、相如、前世○岑之比 7.12/43/1
命○官述其行迹 7.22/45/24
令長○任尙將之 8.2/47/26
太○官曰 8.13/52/7
更始使侍御○黃黨即封世祖爲蕭王 8.14/52/12
中郎將、護羌校尉及刺○、二千石數百人 8.17/54/15
光武皆以爲掾○ 9.4/56/17
霸爲功曹令○ 10.11/64/13
大將軍置長○、司馬員吏官屬 10.24/68/21
爲丞相○ 10.26/69/7
揚州刺○ 11.1/70/5
上稱江夏卒○ 11.1/70/6
爲御○中丞 11.7/72/16
19.10/139/14
功曹（吏）〔○〕戴閏當從行縣 11.10/73/15
令○官作頌 12.3/77/21
置掾○ 12.3/77/22
拜嚴持兵長○ 12.6/79/7
遣功曹○李龔奉章詣闕 12.6/79/13
益州刺○种暠發其事 12.12/82/4
遣謁者侯盛、荆州刺○費遂齎璽書徵霸 13.5/83/20
林爲侍御○ 13.11/85/26
刺○二千石初除謁辭 15.2/95/23
宣秉、建武元年拜御○中丞 15.3/96/5
上特詔御○中丞與司隸校尉、尙書令會同並專席而坐 15.3/96/5
常慕○鰌、汲黯之爲人 15.7/97/12
徵拜侍御○ 15.7/97/14
18.22/133/3
爲侍御○ 15.10/99/3
荆州刺○上言 15.14/100/15
時人有上言班固私改作《○記》 16.2/102/15
除蘭臺令○ 16.2/102/16
令卒前所續《○記》 16.2/102/17
（稱）〔拜〕超爲將兵長○ 16.3/103/19
爲御○ 16.13/107/12
避驄馬御○ 16.13/107/14
刺○劉繇振給穀食、衣服所乏者 16.14/107/19
與國右○公從事出入者惟硯也 16.28/111/16
皆故刺○、二千石 16.38/114/9
使撻侍御○ 17.1/117/23
貸御○罪 17.1/117/24
爲荆州刺○ 17.9/119/27
遷司徒長○ 17.10/120/15
明帝時爲益州刺○ 17.15/122/15
弟禮爲御○中丞 17.23/124/21
刺○一人 18.1/126/20
暉授令○ 18.6/128/3
當辟御○ 18.8/128/21
拜侍御○ 18.10/129/12
19.15/140/16
鳳留意在經○ 18.30/135/15
故州牧刺○入奏事 19.1/136/16
臣愚以爲刺○視事滿歲 19.1/136/18
哀、平間以明律令爲侍御○ 19.7/138/18
署戶曹（吏）〔○〕 19.16/140/23
爲兗州刺○ 19.20/141/19
侍御○張綱獨埋輪于雒陽都亭 20.15/148/3
爲并州刺○ 21.8/152/2
長○、司馬、涉頭、長燕、鳥校、棚水塞尉印五枚 21.8/152/7
前刺○邯鄲商爲猛所殺 21.11/153/8
范丹、字○雲 21.17/154/14
甑中生塵范○雲 21.17/154/15
太○令王立說《孝經》六隱事 21.21/155/3
周珌、豫州刺○愼之子也 21.25/155/26
以博通古今遷太○令 21.51/159/24
後涼州刺○奏林贓罪 22.5/164/6
○奉璽而告 23.16/170/2
父仁爲侍御〔○〕 23.17/170/24
太○曰 24.9/173/13
侍御○、東平相格班 24.82/179/3
故○官不用 24.90/179/22
今○官所用候臺銅儀 24.90/179/23

矢 shǐ 12

○下如雨 1.1/2/26
政如砥○ 2.3/17/12
倒戟橫○不足以明喻 8.14/52/19
飛○中弇股 8.14/53/6
恭以毒藥傅○ 8.17/54/6
虜中○者 8.17/54/7
治○百餘萬 9.1/55/1
弩○入口洞出 9.7/59/7
武中○傷 10.3/62/25
中○貫髀脛 12.1/76/4
匈奴候騎得漢馬○ 12.3/77/20
敞爲流○所中 16.31/112/7

豕 shǐ 9

往時遼東有○ 13.9/85/3
見群○皆白 13.9/85/4
則爲遼東○也 13.9/85/4
畢乃牧○於上林苑中 18.29/134/26
悉推○償之 18.29/134/27
還其○ 18.29/134/28
身牧○ 19.9/139/8
常牧○于長垣澤中 20.17/148/15
而杖鞭牧○ 20.17/148/16

始 shǐ 126

○形于此 1.1/1/12
固○侯兄弟爲帝言 1.1/2/3
更○立 1.1/2/14,8.10/50/7

更○收齊武王部將劉稷 1.1/3/10
更○害齊武王 1.1/3/12
更○欲北之雒陽 1.1/3/13
東迎雒陽者見更○諸將
過者已數十輩 1.1/3/14
更○欲以近親巡行河北 1.1/3/17
更○以帝爲大司馬 1.1/3/17
更○遣使者即立帝爲蕭王 1.1/4/7
○營陵地于臨平亭南 1.1/8/21
文帝曉終○之義 1.1/8/24
太宗識終○之義 1.1/8/26
帝及公卿列侯○服冕冠
、衣裳 2.1/11/26
○尊事三老 2.1/11/28
○治《尚書》 2.2/14/5
帝○講《尚書》 3.1/18/13
○入小學 3.2/19/22
○置承華廄令 3.2/20/20
有○有卒 3.2/21/1
○入 3.5/21/24
○立明堂于泰山 5.3/28/11
元○中 5.3/28/12,15.7/97/13
依書《文○》、《五行》
、《武德》、《昭德》
、《盛德》修之舞 5.5/31/14
十月烝祭○御 5.5/31/15
用其《文○》、《五行》
之舞如故 5.5/31/15
對于八政勞謙克己終○
之度 5.5/31/21
奏《武德》、《文○》
、《五行》之舞 5.5/31/27
以正月十八日○祠 5.5/32/8
高皇帝○受命創業 5.6/32/22
更○元年 6.1/33/24
13.5/83/20,23.19/172/11
孝之○也 6.5/36/13
更○遂共謀誅伯升 7.1/38/16
更○取伯升寶劍視之 7.1/38/16
更○竟不能發 7.1/38/17
聞更○立 7.1/38/19
更○何爲者 7.1/38/20
更○聞而心忌之 7.1/38/20
更○乃收稷 7.1/38/20
皇帝問彭城王○夏無恙
7.20/45/11
更○既至雒陽 8.1/46/8
更○雖都關西 8.1/46/10
更○既未有所挫 8.1/46/11
我乃○得一處 8.1/46/16
儀同三司○自陟也 8.4/48/13
更○使侍御史黃黨即封
世祖爲蕭王 8.14/52/12
今更○失政 8.14/52/13
時○置西域都護、戊己
校尉 8.17/54/3
更○時 9.1/54/22,15.5/96/18
16.33/112/21,17.11/120/19
于是江南之珍奇食物○
流通焉 9.2/56/3
更○諸將縱橫虐暴 9.4/56/20
更○遣舞陰王李軼、廩
丘王田立、大司馬朱
鮪、白虎公陳僑將兵
三十萬 9.4/57/1
更○敗亡 9.4/57/5
降其將劉○、王重等 9.4/57/12
○驗疾風知勁草 10.11/64/14
○置將作大匠 10.13/65/11
自隗○ 10.13/65/11
更○即位 10.16/66/7,13.16/89/5
上○欲征匈奴 12.3/77/17
封武○侯 13.12/87/11
元○五年 13.12/87/16
○爲禘祭 13.12/87/17
更○遣柱天將軍李寶降
之 13.16/89/6
更○徵憙 13.16/89/7
遇更○親屬 13.16/89/10
又諫更○無遣上北伐 14.1/90/4
更○以永行大將軍 14.2/90/17
更○歿 14.2/90/21
過更○冢 14.2/91/8
後邑聞更○敗 14.4/92/1
時更○遣鮑永、馮衍屯
太原 14.4/92/2
更○時爲偏將軍 14.5/92/23
更○既敗 14.5/92/23
○自東郡之師 14.5/93/4
〔○至〕行部 15.9/98/19
聞使君○到 15.9/98/20
更○拜爲會稽西部都尉
15.15/100/22
班○尚陰城公主 16.4/104/10
〔○〕被明公辟 16.49/116/17
更○二年 17.2/118/5
23.1/165/15
更○敗 17.2/118/8
求謁更○妻子 17.2/118/9
惟孤兒續○生數旬 17.25/125/9
和帝○加元服 18.5/127/16
○到 18.12/129/28
于是○敬鴻 18.29/134/28
恭乃○爲郡吏 19.4/137/17
孝明永平○加撲罪 20.13/147/20
卿于是○免撲箠 20.13/147/20
匈奴○分爲南北單于 22.3/161/7
聖公號更○將軍 23.1/164/22
改元爲更○元年 23.1/164/27
而更○收劉稷及伯升 23.1/164/28
更○大慚 23.1/165/1
更○入便坐黃堂上視之
23.1/165/1
更○韓夫人曰 23.1/165/2
更○北都雒陽 23.1/165/3
更○遂西發雒陽 23.1/165/4
更○至長安 23.1/165/4
更○上前殿 23.1/165/5
更○媿恧 23.1/165/6
更○納趙萌女爲后 23.1/165/6
諸將識非更○聲 23.1/165/7
更○韓夫人尤嗜酒 23.1/165/8
更○言 23.1/165/10
與更○將軍蘇茂戰 23.1/165/16
更○騎出廚城門 23.1/165/17
諸婦女皆從後車呼更○
23.1/165/17
更○下（爲）〔馬〕拜
謝城 23.1/165/17
光武聞更○失城 23.1/165/18
乃下詔封更○爲淮陽王
23.1/165/18
欲得更○ 23.1/165/20
〔遂害更○〕 23.1/165/20
自更○敗後 23.5/166/16
更（治）〔○〕元年起
兵 23.13/169/9
昔更○西都 23.16/170/7
元○元年 24.1/172/21

使 shǐ 181

○卜者王長卜之 1.1/1/10
○來者言李氏欲相見款誠無他意 1.1/2/2
○劉終僞稱江夏吏 1.1/2/12
帝乃自稱邯鄲○者 1.1/3/20
正○成帝復生 1.1/4/3
更始遣○者即立帝爲蕭王 1.1/4/7
其餘（禹）〔以俟〕中○者出報 1.1/6/19
自三公下至佐（○）〔史〕各有差 1.1/8/20
○合古法 1.1/8/22
○後世之人不知其處 1.1/8/26
○司空馮魴告祠高祖廟曰 1.1/9/18
州郡各遣○奏其事 2.1/11/9
欲○諸儒共正經義 2.1/11/21
虎賁蘭內所○ 2.2/15/15
遣○者以中牢祠 2.3/16/17
○謁者收憲大將軍印綬 2.3/16/19
司徒許敬爲陵轢○（官）〔者〕策罷 3.2/20/5
葉調國王遣○師會詣闕貢獻 3.2/20/6
疏勒國王盤遣○文時詣闕 3.2/20/12
太后密○瞻察威儀才明 3.5/21/25
○中郎將堂谿典請雨 3.6/23/16
誣奏貴人○婢爲蠱道祝詛 6.3/36/1
○畫伯升像于埻 7.1/38/10
○者曰 7.3/39/12
○者受命而行 7.3/39/14
宣○嫡子姬送女入門 7.7/40/21
乃遣○手詔諸國曰 7.12/42/23
○中謁者賜乘輿貂裘 7.12/43/9
○鴻臚持節郊迎 7.12/43/9
○安集河北 8.1/46/8
〔○〕監領其事 8.2/47/16
鄧○君已死 8.2/48/3
遂逃避○者 8.4/48/15
○○者韓鴻徇河北 8.10/50/7
諸將誰可○者 8.10/50/12
更始○侍御史黃黨即封世祖爲蕭王 8.14/52/12
○者來欲罷兵 8.14/52/14
○弟玄武將軍藍將兵守西安 8.14/52/22
正○得其城 8.14/53/1
遣○獻名馬 8.17/54/4
諸將誰可○守河內者 9.1/54/23
非寇恂莫可○也 9.1/54/24
上議遣○降之 9.1/55/16
反戮其○ 9.1/55/19
敢問戮其○而降城 9.1/55/21
光武○吳漢收謝躬 9.2/55/26
諸蠻夷相率遣○貢獻 9.2/56/2
○大中大夫致牛酒 9.4/57/10
○者宋嵩西上 9.4/57/15
必不○將軍負丹青 9.4/57/17
○小黃門扶起 9.10/60/23
〔○〕○者存問 9.12/61/21
宮夜○鋸斷城門限 10.2/62/18
○騎皆炬火 10.12/65/7
○忠解澣長襦 10.14/65/18
○爲手書呼彤曰 10.16/66/9
常遣○以太牢祠通父冢 10.21/67/16
河西太守竇融遣○獻（三）〔橐〕駝 10.22/67/20
○民不畏吏 10.26/69/13
逢○者不下車 11.1/70/5
○者怒 11.1/70/6
○者以其詐 11.1/70/6
上○歙監諸將 11.2/71/1
○刺客刺歙 11.2/71/4
詔○五官中郎將持節至墓賜印綬 11.14/74/20
號○君 12.1/75/6
○君生仲 12.1/75/6
囂○援往觀之 12.1/75/13
囂乃○援奉書雒陽 12.1/75/17
○人慚 12.1/75/18
都○詣省門 12.6/79/12
遮○者〔車〕 13.5/83/21
○者慮就徵 13.5/83/22
上○譚鼓琴 13.6/84/7
○順其志 13.11/85/23
勿○能殖 13.11/86/14
由是○典諸侯封事 13.13/88/6
上○太醫療視 13.13/88/11
○詣舞陰 13.16/89/7
遣○〔者〕爲釋服 13.16/89/18
果矯稱○者 14.2/90/17
永遣弟升及子壻張舒等謀○營尉李匡先反涅城 14.2/90/20
○前走數十步 14.2/91/4
奉○如此 14.2/91/10
○封胡降檄 14.3/91/19
怪○司隸而著姓也 14.3/91/20
吾欲○天下知忠臣之子復爲司隸 14.3/91/21
鄧禹○積弩將軍馮愔將兵（繫）〔擊〕邑 14.4/91/28
秉大○之權 14.5/93/15
天子默○小黃門持被覆之 14.6/94/8
○五官中郎將魏應主承制問難 15.2/95/14
○人不爭 15.2/95/18
出○匈奴 15.5/96/18
○己尊寵 15.7/97/14
○黃門脅導惲 15.8/97/21
聞○君始到 15.9/98/20
○君何日當還 15.9/98/21
伋○別駕〔從事〕 15.9/98/21
復○〔之〕河東 15.10/99/4
詔○治喪郡國邸 15.10/99/7
輒○慰勉孝子 15.15/100/26
各○歸家 15.15/100/28
詔遣○〔者〕臨視 15.16/101/6
固又遣與從事郭恂俱○西域 16.3/103/3
此必有匈奴○來也 16.3/103/5
匈奴○來數日 16.3/103/5
○彼不知我多少 16.3/103/7
斬得匈奴〔節〕○屋類帶、副○比離支首及節 16.3/103/8
并求更選○○西域 16.3/103/10
漢○有驪馬 16.3/103/14
安息遣○獻大爵、師子 16.3/104/2
北匈奴遣○求和親 16.6/104/22
上遣衆持節○匈奴 16.6/104/22
復遣衆○北匈奴 16.6/104/23
臣前奉○ 16.6/104/24
詔○賜牛酒 16.11/106/28

○之稍自衰焉 16.16/108/7
令○者祠譚冢 16.16/108/13
○者督行郡國 16.33/112/21
○有功不如○有過 16.33/112/23
○者義而赦之 16.33/112/23
北海太守遣○奉謁 16.46/115/27
如以爲任用而不○臣之 16.49/116/19
○鄉佐先拔刀 16.50/116/27
○者三到 16.50/117/2
○撻侍御史 17.1/117/23
丹不乘○者車 17.2/118/4
持節○歸南陽 17.2/118/5
○應專掌難問 17.6/119/7
時單于遣○求欲得見宮 17.12/121/8
意輒移屬縣○作徒衣 17.13/121/14
君所○掾何乃仁于用心 17.13/121/16
○得一尊其母 18.10/129/11
但嚴○儲水 18.12/130/2
阜○五官掾長沙疊爲張雅樂 18.13/130/17
○作《神雀頌》 18.17/131/24
○出《左氏》大義 18.17/131/25
帝常○虎賁扶持 18.18/132/5
私語行事人○不加力 18.22/133/1
太后○人檢視 18.22/133/2
彼傭賃能○其妻敬之如此 18.29/135/6
○酺講《尙書》一篇 19.1/136/11
○尙書令王鮪與酺相難 19.1/136/11
○仁恕掾肥親往察之 19.4/137/19
銜○奉命 19.4/137/23
寵○案行 19.7/138/25
諸國侍子及督○賈胡數遺恂奴婢、宛馬、金銀、香罽之屬 19.20/141/22
充○釀酒 19.27/143/19
○玉各診一手 19.31/144/16
○後世稱爲清白吏子孫 20.2/145/7
竊聞○者並規度城南民田 20.4/145/24
○早成之 20.23/149/20
○婢奉肉羹翻污朝衣 21.9/152/16
○馬如羊 21.11/153/4
○金如粟 21.11/153/4
○匈奴 21.11/153/4
不審○臣 21.35/157/16
應受○命 21.55/160/14
故○賤妾侍執巾櫛 22.1/160/26
南單于遣○獻駱駝二頭 22.3/161/11
護羌竇林奉○ 22.5/164/4
○人持喪歸舂陵 23.1/164/19
○兒居市決 23.1/165/13
○持節降河北 23.1/165/15
陳遵○匈奴 23.4/166/7
○盆子乘車入長安 23.5/166/16
設○成帝復生 23.8/167/19
○寵妻縫兩縑囊 23.11/168/24
○聘平陵方望爲軍師 23.16/169/25
○遠人有所依歸 23.17/171/8
○延岑、田戎分出兩道 23.17/171/20
迹詐○人言白帝倉出穀如山陵 23.17/171/24
○先登偵之 24.13/173/21
北虜遣○和親 24.79/178/23
○述其義 24.90/179/28
又○祀事以類相從 24.91/180/3

士 shì 145

吏○皆壓伏 1.1/3/1
勞勉吏○ 1.1/3/26
○衆喜樂 1.1/4/13
命諸將收葬吏○ 1.1/4/13
夫○誠能爲人所不能爲 1.1/4/23
賜博○弟子有差 1.1/5/27
隗囂○衆震壞 1.1/6/23
劍以賜騎○ 1.1/7/13
又道忠臣孝子義夫節○ 1.1/9/4
于是下太常、將軍、大夫、博○、議郎、郎官及諸王諸儒會白虎觀 2.1/11/22
諫議大夫、侍御史、博○皆六百石 4.1/26/9
風勸○也 5.4/29/1
與博○充等議 5.5/29/21
寧當學博○耶 6.5/36/14
而睦〔性〕謙恭好○ 7.3/39/10
敬賢樂○ 7.3/39/12
上書表薦賢○左馮翊桓虞等 7.12/42/21
饗衛○于南宮 7.12/43/4
軍○饑餓 8.1/47/2
兵○饑 8.1/47/3
軍○悉以果實爲糧 8.1/47/5
吏○散已盡 8.1/47/5
謙恕下○ 8.2/47/10
活徒○數千人 8.2/47/17
吏○嘗大病瘧 8.2/47/23
前烏桓吏○皆奔走道路 8.2/48/3
奴復與宮中衛○忿爭 8.6/49/1
衛○箠奴 8.6/49/1
發五校輕車騎○爲陳 8.6/49/7
吳子顏、奇○也 8.10/50/7
激揚吏○ 8.10/50/16
吏○不足 8.10/51/2
吏○饑 8.11/51/14
奉職愛○ 8.12/52/2
躬自克薄以待○民 8.14/52/20
可且閉營休○ 8.14/53/8
嘗見郡尉試騎○ 8.14/53/15
○卒皆樂爲死 8.16/53/25
爲吏○請禱 8.17/54/10
吏○驚喜 8.17/54/10
于是令○皆勿飲 8.17/54/11
恭與○衆推誠 8.17/54/12
而吏○皆醉 9.1/55/11
上命諸將○屯黽池 9.4/57/13
聞吏○精銳 9.4/57/17
異敕吏○ 9.4/57/20
遵呵吏○ 9.7/59/8
吏○進戰 9.7/59/8
○衆作黃門武樂 9.7/59/9
以賜吏○ 9.7/59/13
賞賜與○卒 9.7/59/13
○以此重之 9.7/59/14
博○范升上疏曰 9.7/59/16
取○皆用儒術 9.7/59/17
上遣校尉發騎○四百人 9.7/59/19
常爲○卒先鋒 9.8/60/5
王莽時舉有德行、能言語、通政事、明文學

之〇 9.10/60/17
聞壯〇不〔病〕瘧 9.10/60/23
以衣中堅同心之〇〔也〕 10.7/63/18
與〇卒共勞苦 10.10/64/9
〇吏惶恐 10.11/64/16
權時以安吏〇 10.11/64/21
勞賜吏〇 10.11/64/24
恭謹下〇 10.23/68/13
禹以宰〇惶恐首實 11.10/73/16
將〇土崩之勢 12.1/76/1
〇生一世 12.1/76/18
猶爲謹飭之〇 12.1/76/21
諒爲烈〇 12.1/77/2
帥厲吏〇 12.4/78/13
將北軍五校〇、羽林兵三千人 12.6/79/8
觀其〇衆 12.6/79/9
儒〇痛心 13.1/82/24
上嘗問弘通博之〇 13.6/84/3
皆爲博〇 13.8/84/25
吏〇疲勞 13.9/85/5
何忍殺義〇 13.11/85/26
領南宮吏〇 13.14/88/19
哲〇不徼幸而出危 14.4/92/4
擁帶徒〇 14.4/92/9
聞乎群〇 14.5/93/16
發屯守之〇 14.5/93/26
詳衆〇之白黑 14.5/93/30
肅宗詔鴻與太常樓望、少府成封、屯騎校尉桓郁、衛〇令賈逵等 15.2/95/13
初有薦〇於丹者 15.5/96/24
天生俊〇 15.8/98/4
時將軍蕭廣放縱兵〇 15.10/99/3
堪有同心之〇三千人 15.12/99/24
會稽頗稱多〇 15.15/100/24
超悉會其吏〇三十六人 16.3/103/6
遂將吏〇往奔虜營 16.3/103/8
塞外吏〇 16.3/104/4
鄭興從博〇金子嚴爲《左氏春秋》 16.5/104/14
范升遷博〇 16.7/105/3
《歐陽尚書》博〇缺 16.9/105/16
因拜榮爲博〇 16.9/105/18
會諸博〇論難于前 16.9/105/18
博〇張佚正色曰 16.15/107/27
今博〇不難正朕 16.15/107/28
博〇丁恭等議曰 16.24/110/17
徵拜博〇 16.25/110/25
詔賜博〇羊 16.25/110/25
時博〇祭酒議欲殺羊 16.25/110/25
詔問瘦羊甄博〇 16.25/111/1
爲博〇 16.26/111/7
此義〇也 16.30/112/2
16.31/112/9
〇民饑饉 16.34/113/5
有烈〇之風 16.34/113/10
戰陣不訪儒〇 16.37/113/28
惟駰以處〇年少擢在其間 16.38/114/9
崔瑗愛〇 16.39/114/16
長沙有義〇古初 16.42/115/3
公孫述欲徵李業〔爲博〇〕 16.45/115/18
博〇范升奏曰 16.50/117/2
古者卿〇讓位 17.2/118/10
嘗聞烈〇 17.11/120/24
數薦達名〇承宮、郇恁等 17.11/120/25
徵爲博〇 17.12/121/7
政師事博〇范升 17.17/122/25
延賢〇 17.19/123/12
姜詩、字〇遊 17.22/124/5
道上號曰道〇 18.1/125/23
凡〇之學 18.5/127/15
朱掾義〇 18.6/128/3
皆厲行之〇 18.6/128/4
欲屬一〇 18.26/134/3
與伯通及會稽〇大夫語曰 18.29/135/7
要離、古烈〇 18.29/135/9
國〇瞻重 19.22/142/13
任用善〇 21.6/151/15
介〇鼓吹 21.8/152/3
軍〇稍安 21.11/153/6
〇卒多凍死 23.6/167/1
有道〇言豐當爲天子 23.12/169/3
〇大夫莫不諷誦〔之也〕 23.16/170/6
〇馬最强 23.16/170/9
且蓄養〇馬 23.16/170/10
戰〇不下百萬 23.17/171/6
志〇狐疑 23.17/171/8
欲悉發北軍屯〇及山東客兵 23.17/171/19
（幕）〔募〕敢死〇五千餘人 23.17/171/28
輒〇收尚書 24.57/177/5
下至學〇 24.92/180/6
諸侯王以下至于〇庶 24.94/180/12

氏 shì 67

使來者言李〇欲相見款誠無他意 1.1/2/2
劉〇當復起 1.1/2/4
李〇爲輔 1.1/2/4
獨內念李〇富厚 1.1/2/4
李〇家富厚 1.1/2/5
不能及許、史、王〇之半 2.1/13/25
尊皇后鄧〇爲皇太后 2.4/17/19
尊皇后梁〇爲皇太后 3.3/21/8
季〇欲旅 5.5/30/2
季〇大夫 5.5/30/2
乃以歸宋〇 6.3/35/23
故冒姓爲梁〇 6.9/38/4
母郭〇 7.8/41/3
善《京〇易》 7.9/41/19
今魯國孔〇尚有仲尼車輿冠履 7.12/43/6
鄧〇自中興後 8.7/49/19
聞劉〇復興 8.14/52/18
耿〇自中興以後迄建安之末 8.17/54/14
天下同苦王〇 9.4/56/19
歸外家復陽劉〇 9.6/58/9
竇〇一主 10.22/68/3
舅〇舊典 10.24/68/23
竇章、時謂東觀爲老〇藏室 10.25/69/3
治《左〇春秋》 11.2/70/17
外孫何〇兄弟爭財 11.3/71/11
竇〇有事 12.4/78/17
從司徒祭酒陳元受《左〇春秋》 12.6/79/6

宗虞○之俊乂 12.10/80/25
張○雖皆降散 13.11/86/12
因以○焉 13.14/88/16
舞陰大姓李○擁城不下 13.16/89/5
聞宛之趙○有孤孫憙 13.16/89/6
李○遂降 13.16/89/7
絕鮑○之姓 14.4/92/13
衍娶北地任○女爲妻 14.5/94/1
子張父及叔父爲鄉里盛○一時所害 15.8/97/22
鄭興從博士金子嚴爲《左○春秋》 16.5/104/14
《春秋左○》有鼎事幾 16.6/104/21
光武興立《左○》 16.8/105/9
支庶用其諡立族命○焉 16.9/105/13
爲陰○乎 16.15/107/27
即爲陰○ 16.15/107/27
少治《施○易》 16.17/108/18
世傳《孟○易》 16.19/109/7
治《嚴○春秋》 16.25/110/24, 17.3/118/16
常稱老○知足之分也 16.25/111/2
今天下苦王○之虐政 16.33/112/22
以國○姓 18.6/127/21
與外○家屬從田間奔入宛城 18.6/127/23
故號爲「萬石秦○」 18.14/130/27
能講《左○》及《五經》本文 18.17/131/22
使出《左○》大義 18.17/131/25
及鄧○誅 18.22/133/3
杜○文明善政 18.23/133/10
辛○秉義經武 18.23/133/10
鴻鄉里孟○女 18.29/135/1
故世人謂陳○持法寬 19.7/138/20
以樊鯈刪《嚴○公羊春秋》猶多繁辭 19.25/143/8
更名張○之學 19.25/143/9
吳○世不乏季子矣 20.17/148/14
又立掖庭民女亳○爲皇后 21.4/151/3
桓○女也 22.1/160/24
將立劉○ 23.1/164/23
上書以非劉○還玉璽 23.3/166/3
詐姓劉○ 23.9/168/3
七王不載母○ 24.74/178/13

示 shì 23

章○百姓 3.4/21/17
上以公卿所奏明德皇后在世祖廟坐位駁議○東平憲王蒼 5.5/32/11
開○恩信 6.5/36/20
敞以枯稻○之 7.7/40/18
以彊章宣○公卿大夫 7.8/41/7
上以所自作《光武皇帝本紀》○蒼 7.12/42/26
指○禹曰 8.1/46/16
○漢威德 8.17/54/4
並揚○之 8.17/54/11
因以章○異 9.4/57/16
以○可用 12.1/77/5
名足以光○遠人 13.1/83/1
取其頭以○子張 15.8/97/24
○我顯德行 16.9/106/11
上以章○公卿 17.10/120/13
不可以○遠 17.12/121/9
詩掘○之 17.22/124/8
不復○掾吏 18.1/126/19
務禮○民 18.14/131/4
賜指錢○勤曰 18.26/133/26
詔書○官府曰 19.15/140/17
○辱而已 21.9/152/12
將立聖公爲天子議以○諸將 23.1/164/25

市 shì 37

遂○兵弩 1.1/2/6
共勞饗新○、平林兵王匡、王鳳等 1.1/2/10
燒○橋 1.1/7/5
〔以〕寧平公主子李雄爲新○侯 1.1/10/9
樂與官○ 1.1/10/12
指軍○ 2.3/17/5
雒陽○長秩四百石 4.1/26/3
從黎陽步推鹿車于洛陽○藥 8.2/47/20
乃戮之于○ 9.1/55/8
爲軍○令 9.7/59/3
上令霸至○（口）〔中〕募人 10.11/64/15
○人皆大笑 10.11/64/15
閉門成○ 11.3/71/11
屠酤成○ 11.10/73/14
○〔日〕四合 15.11/99/13
時暉爲○吏 15.17/101/11
哭於○ 16.46/115/26
令出敕○吏 16.49/116/21
（中）〔○〕無屋 17.13/121/18
時長安○未有秩 18.1/125/25
領長安○ 18.1/125/26
○無阿枉 18.1/125/26
○無姦枉欺詐之巧 18.1/125/27
聞卿爲○掾 18.1/126/9
給文以錢○（焉）〔馬〕 18.13/130/22
○賈輒與好善者 18.18/132/3
嘗豫令弟子○棺斂具 18.31/135/22
馬○正數從（買）〔賈〕饕飯家乞貸 19.21/142/2
遣蒼頭○酒 21.9/152/13
○無刑戮 21.54/160/8
新○人王匡、王鳳爲平理爭訟 23.1/164/20
號新○兵 23.1/164/21
然漢兵以新○、平林爲本 23.1/164/23
使兒居○決 23.1/165/13
傭之○空返 23.1/165/13
百姓空○里往觀之 23.17/171/24
以配岑于○橋 23.17/171/28

仕 shì 13

○宦當作執金吾 6.1/33/24
寧欲○耶 8.1/46/9
寇恂○郡爲功曹 9.1/54/22
後○爲淮陽相時 11.9/73/4
周嘉○郡爲主簿 16.31/112/7
倫自度○宦牢落 18.1/125/21
彪○州郡 18.3/127/6
堪後○爲漁陽太守 18.6/128/10

（今）〔令〕我出學○宧 18.13/130/15
○郡文學掾 18.23/133/9
遂不○ 18.30/135/18
託病不○ 19.4/137/15
延平元年○爲光祿大夫 19.11/139/24

世 shì 110

高帝九○孫也 1.1/1/5
因學○事 1.1/1/16
前○無比 1.1/6/11
追念前○ 1.1/6/20
使後○之人不知其處 1.1/8/26
廟曰○祖 1.1/9/24
○祖之中子也 2.1/11/5
○祖以赤色名之曰陽 2.1/11/6
○祖見陳留吏牘上有書曰 2.1/11/10
○祖怒 2.1/11/11
○祖曰 2.1/11/12
○祖令虎賁詰問 2.1/11/13
○祖異焉 2.1/11/14
○祖愈珍帝德 2.1/11/15
○祖崩 2.1/11/18
廟與○宗廟同而祠 2.1/13/22
（祫）〔祫〕祭于○祖之堂 2.1/13/22
○祖閔傷前○權臣太盛 2.1/13/24
多識○事 2.2/14/4
有傳○不絕之誼 2.3/16/15
天子○○獻奉 3.2/21/2
每○之隆 5.5/29/10
赤漢九○ 5.5/29/16
有司復奏《河》《雒》圖記表章赤漢九○尤著明者 5.5/29/20
後○謂之聖王 5.5/29/22
後○知吾罪深矣 5.5/30/5
公卿奏議○祖廟登歌《八佾》舞（功）名 5.5/31/3
○祖廟樂名宜曰《大武》之舞 5.5/31/9
於穆○廟 5.5/31/16
本支百○ 5.5/31/18
四時祫食于○祖廟 5.5/31/26
今孝明皇帝主在○祖廟 5.5/32/1
不當與○（祖）〔宗〕廟《盛德》之舞同名 5.5/32/2
祫食○祖 5.5/32/7
上以公卿所奏明德皇后在○祖廟坐位駁議示東平憲王蒼 5.5/32/11
于○祖廟與皇帝交獻薦 5.5/32/15
訖永平○不遷 6.2/34/24
遭○倉卒 6.3/35/21
欲爲萬○長計 6.3/35/26
蒼因上《○祖受命中興頌》 7.12/42/26
皆言類揚雄、相如、前○史岑之比 7.12/43/1
累○寵貴 8.7/49/19
令與當○大儒司徒丁鴻問難經傳 8.12/52/3
更始使侍御史黃黨即封○祖爲蕭王 8.14/52/12
忠發兵奉○祖 10.14/65/17
而見重當○ 10.23/68/12
○祖見歙 11.2/70/17
○善農稼 11.3/71/10
○祖即位 11.3/71/13
前○貴戚皆明戒也 11.4/71/20
○稱冰清 11.7/72/11
是以○稱其忠平 11.14/74/18
當今之○ 12.1/75/19
13.11/85/25
士生一○ 12.1/76/18
榮顯冠○ 12.2/77/12
其委任自前○外戚禮遇所未曾有 12.11/81/24
至〔于〕歙七○ 13.8/84/25
趨○務 13.11/86/2
郡縣不置○祿之家 13.11/86/4
○據以興 13.11/86/6
且猶○主 13.11/86/7
本支百○之要也 13.11/86/20
負兵家滅門殄○ 13.11/86/25
在朝累○ 13.12/87/11
覽照前○ 13.13/88/9
則爵賞光於當○ 13.13/88/10
能取悅當○ 13.15/88/24
乃歸○祖 14.4/92/1
○祖遣騎都尉弓里游、諫大夫何叔武 14.4/92/1
功不○出 14.4/92/7
曾祖父奉○徙杜陵 14.5/92/22
高○之（心）〔聲〕 14.5/93/16
靡不由○位擅寵之家 15.2/95/23
曄與○祖有舊 15.17/101/11
○祖嘗於新野坐文書事被拘 15.17/101/11
言當○行事 16.16/108/12
○傳《孟氏易》 16.19/109/7
○重之 16.19/109/7
○以是爲嚴 16.20/109/13
頗類○俗之辭 16.22/110/4
眞○之有道者也 16.22/110/7
前○以磨研編簡之才 16.28/111/16
足富十○ 16.35/113/16
○祖聞而奇之 17.1/117/20
累○千石 17.2/118/3
遂避○漢中 17.12/121/6
爲○名儒 17.16/122/20
○祖中興 18.3/127/3
彪以嫡長爲○子 18.3/127/5
郭躬家○掌法 18.9/128/26
○伏其高義 18.12/130/8
王阜、字○公 18.13/130/13
○謂其用法平正、寬慈惠化所致 18.13/130/20
○祖詔諸儒誄之 18.23/133/8
外內五○ 18.23/133/10
孫安○ 18.25/133/20
薦郡吏王青三○死節 19.1/136/9
爲當○大儒 19.5/138/4
故○人謂陳氏持法寬 19.7/138/20
黃瓊、字○英 19.23/142/24
使後○稱爲清白吏子孫 20.2/145/7
吳氏○不乏季子矣 20.17/148/14
此萬○一時也 23.16/170/10
萬○不易之道也 24.90/179/24
○路無由 24.90/179/27
孝明立○祖廟 24.92/180/5
當傳萬○ 24.94/180/12

式 shì 3

不中○不得上 1.1/6/16

爲百僚○ 18.3/127/6
永爲典○ 24.92/180/7

事 shì 258

此善○不可言 1.1/1/11
因學世○ 1.1/1/16
在家重愼畏○ 1.1/1/26
笑帝○田作 1.1/1/26
因具言讖文○ 1.1/2/4
方定大○ 1.1/4/12
天時人○已可知矣 1.1/4/14
道數十歲○若案文書 1.1/6/5
自○主未嘗見明主如此也 1.1/6/8
圖講天下○ 1.1/6/9
兵○方略 1.1/6/10
政○文辯 1.1/6/11
今上好吏○ 1.1/6/12
詔群臣奏○無得言「聖人」 1.1/6/16
（戈）〔弋〕獵之○不御 1.1/7/14
而○少閒 1.1/7/16
道古行○ 1.1/9/4
而欲有○于太山 1.1/9/10
州郡各遣使奏其○ 2.1/11/9
所以承○兄弟 2.1/11/15
始尊○三老 2.1/11/28
兄○五更 2.1/11/28
遂有○于十一陵 2.1/12/5
識先帝時○ 2.1/12/7
勞賜省○畢 2.1/12/16
以祈農○ 2.1/12/19
如孝文皇帝（祫）〔祫〕祭高廟故○ 2.1/13/23
多識世○ 2.2/14/4
每○諮焉 2.2/14/6
丕善對○ 2.3/17/1
愛敬盡于○親 3.2/21/1
如祖宗故○ 3.2/21/3
虎賁、羽林不任○者住寺 3.5/22/15
庶○草創 5.3/28/11
凡三十六○ 5.5/29/16
前後凡三十六○ 5.5/29/20
皆無○于泰山 5.5/30/2
天子○也 5.5/30/7
以死勤○則祀之 5.5/30/15
先帝每有著述典義之○ 5.5/31/23
庶○寧康 5.5/32/6
如光烈皇后故○ 5.5/32/15
案尊○神（祗）〔祇〕 5.6/32/24
○太后素謹愼 6.2/35/11
如平生○舅姑 6.2/35/11
本起兵圖大○者 7.1/38/19
欲令親吏○ 7.1/38/24
太守○也 7.7/40/17
都尉○（也）〔邪〕 7.7/40/18
每有議○ 7.12/42/18
與參政○ 7.12/42/21
○過典故 7.12/43/10
時訓直○ 8.2/47/11
〔使〕監領其○ 8.2/47/16
豫聞政○ 8.5/48/21
師○劉述 8.6/48/26
所施皆如霍光故○ 8.6/49/7
可與計○ 8.10/50/8
篤于○上 8.10/50/14
○舞陰李生 8.11/51/9
故披赤心爲大王陳○ 8.14/52/17
公首○ 8.14/52/19
此重○ 8.14/52/21
由是好將帥之○ 8.14/53/15
曉邊○ 8.15/53/20
數上便宜○ 8.15/53/20
而簡易于○軍 8.16/53/24
恭坐將兵不憂軍○ 8.17/54/13
行大將軍○ 9.1/54/25
因病不視○ 9.1/55/5
其所計○者也 9.1/55/22
輒行太守○ 9.2/56/8
岑起、元初中坐○免 9.3/56/13
儀如孝宣帝臨霍將軍故○ 9.7/59/15
以爲故○ 9.7/59/16,19.8/139/3
王莽時舉有德行、能言語、通政○、明文學之士 9.10/60/17
欲令强起領郡○ 9.10/60/24
爲幽州從○ 9.11/61/3
每○奉循詔命 9.11/61/9
後坐○免 10.1/62/11, 19.20/141/23
即日行大將軍○ 10.4/63/3
○君（有）〔者〕不得顧家 10.16/66/10
公○方爭國 10.16/66/10
孫廣坐楚○ 10.20/67/5
通聞○發覺 10.21/67/13
謝病不視○ 10.21/67/14
誠欲令恭肅畏○ 10.22/68/1
爲汝有○屬之而受乎 10.26/69/12
以有仁愛、知相敬○也 10.26/69/14
欲屬以軍○ 11.2/71/5
俯伏待○ 11.4/71/21
○後母至孝 11.5/71/27, 14.2/90/15,19.12/140/4
每當直○ 11.6/72/6
爲別駕從○ 11.7/72/11
明習漢家舊○ 11.7/72/16
○太常桓榮 11.10/73/10
處○執平 11.10/73/11
錄尙書○ 11.10/73/17
師○潁川滿昌 12.1/75/8
○寡嫂 12.1/75/9,18.10/129/10
諸曹時白外○ 12.1/76/5
此乃太守○耳 12.1/76/6
尤善述前○ 12.1/76/9
○下大司空正郡國印章 12.1/76/15
援好○ 12.1/76/16
臣援師○楊子阿 12.1/76/25
無穀馬故○ 12.3/77/19
數言政○ 12.3/78/5
視○ 12.4/78/13
視○減省諸費 12.4/78/16
竇氏有○ 12.4/78/17
聽置司馬、從○ 12.6/79/8
邊境有○ 12.6/79/10
輕殊死刑三十四○ 12.9/80/9
輕殊死刑八十一○ 12.9/80/9
其四十二○手殺人者減死一等 12.9/80/10
益州刺史种暠發其○ 12.12/82/4
今以平狄將軍孫咸行大司馬○ 12.14/82/14
於是召譚拜議郎、給○中 13.6/84/4
其後不復令譚給○中 13.6/84/8
○不諳矣 13.6/84/15

不能復任朝○ 13.10/85/17
取實○ 13.11/86/3
祭可且如元年郊祭故○ 13.11/86/10
明習故○ 13.12/87/11
時上封○ 13.12/87/13
給○尚書 13.13/88/5
在○精勤 13.13/88/6
由是使典諸侯封○ 13.13/88/6
○君無二 13.13/88/10
盡心○上 13.16/89/17
復典喪○ 13.16/89/19
禮○修舉 13.16/89/19
行太尉○趙憙 13.16/89/20
夫建大○者 14.1/90/5
○得置偏裨將五人 14.2/90/17
行將軍○ 14.2/90/18
以平陵鮑恢爲都官從○ 14.2/91/6
從○諫止之 14.2/91/8
親北面○人 14.2/91/8
臣聞故○通官不著姓 14.3/91/20
非其○類 14.3/91/22
《決○都目》八卷 14.3/91/22
與邑同○一朝 14.4/92/5
陳政言○ 14.5/93/1
且大將軍之○ 14.5/93/16
一朝有○ 14.5/93/28
豹每奏○未報 14.6/94/7
視○二年 14.6/94/9
鴻初與九江人鮑駿同○桓榮 15.2/95/11
遵爲護喪○ 15.5/96/17
時司徒吏鮑恢以○到東海 15.6/97/4
○訖 15.9/98/21
伋使別駕〔從○〕 15.9/98/21
視○八年 15.12/100/2
視○十年 15.13/100/7
世祖嘗於新野坐文書○被拘 15.17/101/11
大將軍竇融以爲從○ 16.1/102/9
但續父所記述漢○ 16.2/102/16
安能久○筆研間乎 16.3/102/24
固又遣與從○郭恂俱使西域 16.3/103/3
功成○立也 16.3/103/7
《春秋左氏》有鼎○幾 16.6/104/21
○九江朱文剛 16.9/105/14
不如同門生郎中彭閎、揚州從○皋弘 16.9/105/17
移居揚州從○屈豫室中 16.14/107/21
言當世行○ 16.16/108/12
爲青州從○ 16.25/110/25
與國右史公從○出入者惟硯也 16.28/111/16
視○七年 16.31/112/12
太守有○ 16.33/112/21
三年不視○行縣 16.37/114/1
給○爲縣亭長 16.46/115/23
問○微久 16.46/115/24
（下）不及政○ 16.49/116/17
問園陵之○ 17.1/117/21
丹師○公孫昌 17.2/118/10
憂勤國○ 17.7/119/14
明府視○五年 17.10/120/6
百姓無○ 17.13/121/20
尚書案○ 17.13/121/26
政師○博士范升 17.17/122/25
坐○繫獄 17.17/122/26
有○輒長跪請白 17.25/125/11
爲○徵 18.1/126/16
言○無所依違 18.1/126/19
據法斷○ 18.2/126/25
視○四年 18.3/127/6
故○ 18.6/128/1,18.12/129/28
輒以○去 18.8/128/20
躬上封○曰 18.9/129/1
麟○畢 18.12/130/7
問○不休賈長頭 18.17/131/23
問舊○ 18.20/132/16
宜親政○ 18.22/132/26
私語行○人使不加力 18.22/133/1
而篤又怯于○ 18.23/133/10
委以郡○ 18.26/133/28
不問縣○ 18.26/134/1
熒惑奏○太微 19.1/136/16
故州牧刺史入奏○ 19.1/136/16
知外○也 19.1/136/17
故時止（弗）〔勿〕奏○ 19.1/136/17
今因以爲故○ 19.1/136/17
臣愚以爲刺史視○滿歲 19.1/136/18
可令奏○如舊典 19.1/136/18
○所聞見 19.1/136/18
視○未朞 19.2/137/3
以○夷狄 19.4/137/24
○得其實 19.6/138/10
以不肯親○爲高 19.7/138/21
○薛漢 19.9/139/8
○親至孝 19.9/139/8
無譴過之○ 19.11/139/23
悉付從○ 19.20/141/20
渙聞知○實 19.21/142/3
曉習邊○ 19.22/142/16
動得○理 19.22/142/16
然○執平法 19.22/142/18
初給○太子家 19.32/144/21
不○豪黨 19.32/144/23
重以職○留君 20.1/145/1
以職○被譴 20.13/147/19
光爲尚席直○通燈 20.24/150/3
總錄尚書○ 21.1/150/18
達練○體 21.1/150/19
張奐○勢相反 21.8/152/2
遭黨錮○ 21.17/154/14
太史令王立說《孝經》六隱○ 21.21/155/3
呂布以奮威將軍如三○ 21.28/156/11
明故○ 21.29/156/15
○母至孝 21.34/157/12
以爲樂○ 22.3/161/9
問○狀 22.5/164/5
群臣欲言○ 23.1/165/7
見常侍奏○ 23.1/165/8
正用此時持○來乎 23.1/165/9
趙萌以私○責侍中 23.1/165/9
大集會三老、從○ 23.5/166/11
稱臣執○ 23.16/170/2
○當奈何 23.17/171/27
亦任○ 24.2/172/23
此即明三○不同也 24.6/173/7
以變時○ 24.14/174/1
無益○實 24.14/174/2
原○得情 24.51/176/21
陳義子問以舊○ 24.68/177/27
取《賢傳》宗廟○（置）〔實〕其中 24.91/180/2

又使祀○以類相從 24.91/180/3
自執○之吏 24.92/180/6
誠宜具錄本○ 24.92/180/6
臣以爲宜集舊○儀注本奏 24.94/180/12

侍 shì 79

囂雖遣子入○ 1.1/6/8
以（尉衛）〔衛尉〕關內侯陰興爲○中 1.1/8/15
悉令○祀 2.1/12/11
魯丕與○中賈逵、尚書令黃香等相難 2.3/17/1
中常○江京、樊豐等共〔興〕爲詐 3.1/19/14
乳母王男、廚監邴吉爲大長秋江京、中常○樊豐等所譖愬 3.2/19/23
遣○中杜喬、光祿大夫周舉等八人分行州郡 3.2/20/21
帝與中常○單超等五人共謀誅之 3.5/22/6
問諸常○曰 3.6/23/9
諸常○對曰 3.6/23/9
中外官尚書令、御史中丞、治書○御史、公將軍長史、中二千石丞、正、平、諸司馬、中官王家僕、雒陽令秩皆千石 4.1/25/21
家令、○、僕秩皆六百石 4.1/26/3
而有秩者○中、中常○、光祿大夫秩皆二千石 4.1/26/8
諫議大夫、○御史、博士皆六百石 4.1/26/9
小黃門、黃門○郎、中黃門秩皆比四百石 4.1/26/10
詔中常○杜岑、東海傅相曰 7.8/41/13
小黃門○疾 7.12/43/15
並○帷幄 8.5/48/20
遷黃門○郎 8.7/49/12
入○左右 8.7/49/17
其餘○中、大夫、郎、謁者 8.7/49/20
更始使○御史黃黨即封世祖爲蕭王 8.14/52/12
願遣子入○ 8.17/54/4
異○從親近 9.4/56/18
（祐）〔祜〕○燕 9.6/58/10
囂遣子恂隨入○ 11.2/70/19
林爲○御史 13.11/85/26
三代○中 13.14/88/20
亦爲○中 13.15/88/24
彭往者得執鞭○從 14.1/90/6
時有稱○中止傳舍者 14.2/90/16
蒙恩入○ 14.2/91/5
○中淳于恭奏上 15.2/95/14
徵拜○御史 15.7/97/14
18.22/133/3
爲○御史 15.10/99/3
召○胡 16.3/103/5
○胡具服 16.3/103/5
入復○講 16.9/105/22
遷○中 16.10/106/17
入○講 16.18/109/3
爲○中 16.20/109/11
18.20/132/16
○中當匡輔國政 16.20/109/11
以○中兼領之 16.20/109/16
解經不窮戴○中 16.20/109/19
使揵○御史 17.1/117/23
○中賈逵上書曰 17.8/119/19
稍遷○中 17.8/119/22
平扶（持）〔○〕其母 17.11/120/20
拜○御史 18.10/129/12
19.15/140/16
年七十爲食○謀 18.13/130/16
拜○中 18.17/131/25
于是京師貴戚順陽侯衛尉馬廖、○中竇憲慕其行 18.18/132/6
哀、平間以明律令爲○御史 19.7/138/18
諸國○子及督使賈胡數遺恂奴婢、宛馬、金銀、香罽之屬 19.20/141/22
遷中常○ 19.32/144/22
中常○樊豐等譖之 20.2/145/10
爲中常○ 20.9/146/25
○御史張綱獨埋輪于雒陽都亭 20.15/148/3
常○樊豐妻殺○婢置井中 20.18/148/24
中常○籍建 20.25/150/12
而中常○單超等五人皆以誅冀功並封列侯 21.4/151/3
表言常○王甫罪過 21.12/153/13
故使賤妾○執巾櫛 22.1/160/26
妻乃悉歸○御服飾 22.1/160/26
郎吏以次○ 23.1/165/5
俯刮席與小常○語 23.1/165/6
乃令○中坐帷內與語 23.1/165/7
每○飲 23.1/165/8
見常○奏事 23.1/165/8
趙萌以私事責○中 23.1/165/9
○中曰 23.1/165/10
知命者○郎韓公等 23.8/167/16
父仁爲○御〔史〕 23.17/170/24
○御史、東平相格班 24.82/179/3

室 shì 35

○中盡明如晝 1.1/1/10
禹宗○子孫 1.1/7/11
興受詔雲臺廣○ 1.1/8/15
一○納兩刃 2.2/15/9
照曜于○內 3.1/18/6
又有公○ 4.1/25/4
陛下無十○之資 5.5/29/23
太后置蠶○織○于濯龍中 6.2/35/14
大修宮○ 7.11/42/8
盡心王○ 7.12/42/18
雅好宮○ 7.16/44/11
〔心存王○〕 9.7/59/18
不忘（王○）〔俎豆〕 9.7/59/18
此太僕○也 9.8/60/8
此家率下江諸將輔翼漢○ 10.20/67/4
竇章、時謂東觀爲老氏藏○ 10.25/69/3
汙池○宅 11.1/70/7
鮮有入其○者 12.7/79/20
實足以先後王○ 13.1/83/1
雖居幽○闇處 13.10/85/12
從講○掃除至孔里 14.2/90/25

燔其○屋 14.5/93/14
夫十○之邑 14.5/93/24
背公○ 15.2/95/24
無憂家○也 16.9/105/22
移居揚州從事屈豫○中 16.14/107/21
故多以宗○肺腑居之 17.7/119/13
憂念王○ 18.5/127/17
而衆獨一心王○ 19.32/144/22
傳（言）〔○〕呼敕 22.4/163/30
赤眉欲立宗○ 23.5/166/11
獨在便坐○中 23.11/168/20
又用寵聲呼其妻入○ 23.11/168/21
後爲暴○嗇夫 24.72/178/9

恃 shì 2

不敢自○ 8.7/49/18
竇憲○宮掖聲勢 10.24/68/17

是 shì 147

○歲有嘉禾生 1.1/1/11
先○有鳳凰集濟陽 1.1/1/12
先○時伯玉同母兄公孫臣爲醫 1.1/2/1
何爲如○ 1.1/2/5
○美鬚眉目者耶 1.1/2/16
惟王常○帝計 1.1/2/21
于○殺尋 1.1/3/7
于○皆竊言曰 1.1/4/1
由○破邯鄲 1.1/4/7
由○皆自安 1.1/4/10
或曰○國師劉子駿也 1.1/4/16
至○歲 1.1/5/24
○時名都王國有獻名馬、寶劍 1.1/7/12
○後乃稍備具焉 1.1/7/16
○時醴泉出于京師 1.1/9/15
○以史官鮮紀 1.1/9/17
○歲 1.1/9/20
于○下太常、將軍、大夫、博士、議郎、郎官及諸王諸儒會白虎觀 2.1/11/22
○時學者尤盛 2.1/12/2
○時天下安平 2.1/12/32
○夜 2.1/13/16
由○明帝重之 2.2/14/6
○年 2.2/14/26
孝章帝由○深珍之 2.3/16/6
○月 2.3/17/5
○以黎元寧康 2.3/17/13
○日倉卒 2.4/17/19
○時皇太子數不幸 3.3/21/7
于○封超等爲五侯 3.5/22/6
先祖○聽 5.4/28/18
當得○〔當〕 5.5/30/4
由○遂祭六宗 5.5/30/12
于○乎祭之 5.5/30/17,5.5/30/18
先○數日 6.2/34/15
于○白太后即賜錢各五百萬 6.2/35/17
由○母子見疏 6.3/36/1
今不○務 6.5/36/14
○時自冬至春不雨 6.6/37/11
○吾幼時狂意之行也 7.3/39/13
聲色○娛 7.3/39/14
犬馬○好 7.3/39/14
道豈有○耶 7.9/41/21
○時四方無虞 7.12/42/17
於○車駕祖送 7.12/43/13
○後諸子更相誣告 7.20/45/13
天下郡國如○ 8.1/46/16
其得人心如○ 8.2/47/21
上于○以漢爲大將軍 8.10/50/13
賈生容貌志意如○ 8.11/51/9
于○被羽先登 8.11/51/15
○ 8.12/52/1
諸君不見○爾 8.14/53/3
由○好將帥之事 8.14/53/15
于○令士皆勿飲 8.17/54/11
于○江南之珍奇食物始流通焉 9.2/56/3
○我起兵時主簿 9.4/57/16
由○無爭道變鬬者 9.4/57/20
（祐）〔祜〕由○不復言 9.6/58/11
○教令行也 9.7/59/5
○時盜賊尚未悉平 9.8/60/3
夜聞急少能若○ 9.11/61/11
○時公孫述將田戎、任滿與漢軍相拒于荊門 10.2/62/16
由○遂安 10.2/62/19
○天瑞也 10.11/64/21
○日還漢忠將軍 10.20/67/4
○以愛之如父母也 10.23/68/12
○以遺之 10.26/69/14
○君臣父子信也 11.2/70/21
于○置酒高會 11.2/70/26
○時學者大盛 11.7/72/15
由○鄉里服其高義 11.9/73/4
○以世稱其忠平 11.14/74/18
於○上復笑曰 12.1/75/20
疑謂○也 12.1/76/17
（矆）〔曤〕哉○翁也 12.1/77/5
以○言之 12.3/77/20
由○權勢稍損 12.3/78/9
○以五帝、三王之刑 12.9/80/10
燕亦○喪 12.10/80/23
朝廷由○敬憚委任焉 12.11/81/13
於○召譚拜議郎、給事中 13.6/84/4
○以去土中之京師 13.11/86/3
○以皆永享康寧之福 13.11/86/21
張步之計○也 13.11/86/25
○杜伯山所以勝我也 13.11/87/5
自○禘、祫遂定 13.12/87/20
由○使典諸侯封事 13.13/88/6
自○封爵之制 13.13/88/7
○時三公多見罪退 13.13/88/7
於○擢舉義行 13.16/89/13
由○知名 14.2/90/17
未知孰○也 14.2/90/23
○故君臣兩興 14.5/93/2
於○江湖之上 14.5/93/7
省群議之○非 14.5/93/29
君房有○言 15.5/96/22
妾○也 15.6/97/5
由○上特重之 15.8/98/9
太師在○ 16.9/106/7
○時宦者執政 16.13/107/12
由○多見排詆 16.16/108/3
○爲下樹奢媒而置貧本也 16.16/108/6
由○失旨 16.16/108/11
世以○爲嚴 16.20/109/13
由○不復有爭訟 16.25/111/1
群賊于○相視 16.31/112/9

由○顯名 16.33/112/24, 17.12/121/7, 19.15/140/18
此皆何罪而至於○乎 16.37/114/2
○以喜懼皆去 16.49/116/19
朝廷本以○故徵之 16.50/117/1
此生言○ 17.10/120/10
於○得全 17.11/120/25
由○名稱 17.14/122/10
恐政化由○而墜 17.20/123/21
當○〔耳〕 18.12/130/8
此等多○建武以來絕無後者 18.16/131/16
于○京師貴戚順陽侯衛尉馬廖、侍中竇憲慕其行 18.18/132/6
由○見重 18.20/132/16
由○不罹其患 18.21/132/22
乃知○恭 18.28/134/14
于○始敬鴻 18.29/134/28
先○雒陽城南 19.7/138/25
由○即絕 19.7/138/26
自○莫不用 20.9/146/27
棠○欲曉太守也 20.10/147/4
于○歎息而還 20.10/147/6
卿于○始免撲箠 20.13/147/20
自○〔之後〕 20.17/148/19
○爲順帝 20.23/149/21
○帝欲不諦乎 21.4/151/6
于○權門惶怖股慄 21.12/153/14
○故扶接助其氣力 21.23/155/14
惟命○從 22.1/160/26
大漢○治 22.4/161/22
○漢夜拒 22.4/163/15
于○諸將軍起 23.1/164/26
于○聖公乃拜 23.1/164/27
由○四方不復信向京師 23.1/165/14
由○號曰赤眉 23.6/167/1
○時單于來朝 23.11/168/16
光武于○稍黜其禮 23.16/170/19
于○自立爲蜀王 23.17/171/2
○效隗囂欲爲西伯也 23.17/171/19
今宿客疑○ 23.18/172/7

舐 shì 1

湯夢及天○之 6.5/36/17

逝 shì 2

今日月已○ 1.1/8/22
潁川從我者皆○ 10.11/64/14

弒 shì 2

大將軍竇憲潛圖○逆 2.3/16/19
而○君三十六 15.2/95/22

視 shì 64

不○祜 1.1/1/19
嚴公寧○卿耶 1.1/1/20
走出○之 1.1/3/11
皆相指○之 1.1/3/16
仰○天 1.1/7/11
俯○地 1.1/7/11
○人如赤子 2.1/12/8
○太后鏡奩中物 2.1/13/18
莫能仰○ 2.1/13/19
俯○几筵 5.5/32/8
數往來觀○ 6.2/35/14
因往就○ 6.3/35/22
太后察○覺之 6.5/37/1
更始取伯升寶劍○之 7.1/38/16
令人○之 7.4/39/20
因過按行閱○皇太后舊時衣物 7.12/43/4
可時瞻○ 7.12/43/6
上遣太醫丞相○之 7.12/43/15
○之如子 8.2/47/10
上時令人○吳公何爲 8.10/50/16
○西安城小而堅 8.14/52/23
○創皆沸 8.17/54/7
因病不○事 9.1/55/5
令公卿讀○ 9.7/59/16
○光容貌長者 10.12/65/6
謝病不○事 10.21/67/14
茂○民如子 10.26/69/10
伏悲不能仰○ 11.2/71/4
仰○烏鳶跕跕墮水中 12.1/76/20
上言太守蘇定張眼○錢 12.1/76/24
○事 12.4/78/13
○事減省諸費 12.4/78/16
養○之 12.6/79/4
大奴步護○之 12.6/79/6
上數（數）顧○〔之〕 13.6/84/11
元元少得舉首仰○ 13.11/86/26
上使太醫療○ 13.13/88/11
○事二年 14.6/94/9
子張○惲 15.8/97/23
○事八年 15.12/100/2
○事十年 15.13/100/7
詔遣使〔者〕臨○ 15.16/101/6
群賊于是相○ 16.31/112/9
○事七年 16.31/112/12
三年不○事行縣 16.37/114/1
明府○事五年 17.10/120/6
常自養（親）〔○〕 17.24/125/3
○事四年 18.3/127/6
掾自○孰與藺相如 18.6/128/4
乃自往候○ 18.6/128/12
然後隨護○賑給之 18.10/129/11
太后使人檢○ 18.22/133/2
不敢于鴻前仰○ 18.29/135/5
忽不○麥 18.30/135/15
臣愚以爲刺史○事滿歲 19.1/136/18
○事未朞 19.2/137/3
夫人○老夫復何中〔空〕 19.11/139/25
擢在察○之官 19.15/140/17
郁○母色未平 19.29/144/4
寬須臾遣人○奴 21.9/152/13
更始入便坐黃堂上○之 23.1/165/1
○其乏者 23.7/167/7
聽言○論 24.61/177/13
下端望之以○星宿 24.89/179/18

貰 shì 2

任○與之 18.18/132/4
〔皆〕○〔與之〕 23.7/167/7

軾 shì 1

伏○而吟 7.12/42/24

筮 shì 2

又○之 6.6/37/10
龜○並從 24.30/175/7

嗜 shì 3

寬簡略○酒 21.9/152/12
父○餅 21.55/160/14
更始韓夫人尤○酒 23.1/165/8

試 shì 8

故○守平陰令 7.1/38/25
嘗見郡尉○騎士 8.14/53/15
上令○之 12.1/77/4
右扶風請○守渭城宰 16.34/113/1
不復考○ 17.10/120/14
○《論語》本文章句 19.6/138/9
乃○令嬖臣美手腕者與女子雜處帷中 19.31/144/15
寬夫人○寬意 21.9/152/16

勢 shì 14

爲陳相救之○ 1.1/2/23
氣○形體 1.1/10/16
親屬○位 2.1/13/25
以舂陵地○下濕 7.7/40/13
以氣○聞 9.11/61/3
常避權○ 10.21/67/14
竇憲恃宮掖聲○ 10.24/68/17
將士土崩之○ 12.1/76/1
指畫地○ 12.1/76/1
由是權○稍損 12.3/78/9
地○豐薄 13.13/88/7
○如轉規 16.34/113/6
張奐事○相反 21.8/152/2
與漢中諸將合兵并○ 23.17/171/20

飾 shì 11

玩好不○ 3.2/20/30
○淳金銀器 3.5/23/1
大官○珍饌 3.5/23/1
左右旁人皆無薰香之○ 6.2/35/3
無金銀采○ 6.2/35/16
○以金銀 7.16/44/11
多存侈○ 12.7/79/19
不爲華○ 12.11/81/11
增○法律 19.17/141/4
習美○ 22.1/160/25
妻乃悉歸侍御服○ 22.1/160/26

誓 shì 3

明要○ 8.16/53/25
衍與邑素○刎頸 14.4/92/2
衆拔刀自○ 16.6/104/23

適 shì 13

受降○畢 1.1/4/8
光武○新野 6.1/33/23
爲○配偶 8.2/47/23
會光祿（丞）〔勳〕劉賜○至 10.12/65/6
時林馬○死 13.11/87/2
○新娶 14.3/91/18
後東○會稽 16.14/107/19
○値年荒 17.22/124/5
國租○到 18.26/133/25
○吳 18.29/135/5
○會正臘 19.1/136/23
程等○入 20.24/150/4
寒溫時○ 22.4/162/30

諡 shì 12

群臣奏○曰光武皇帝 1.1/9/24
○曰孝明皇帝 2.1/13/21
追○恭愍皇后 3.2/19/21
○曰敬 3.5/22/19
追○趙夫人爲穆皇后 6.8/37/21
追○伯升爲齊武王 7.1/38/24
有司復請加○曰昭成侯 8.6/49/7
有司奏議以武爲○ 8.10/51/5
詔特賜○曰忠侯 8.10/51/5
追封加○興曰鮦陽翼侯 11.14/74/20
其追封○皇太后父竦爲褒親愍侯 12.10/81/6
支庶用其○立族命氏焉 16.9/105/13

釋 shì 6

卜者卦定○蓍 6.2/34/6
有張○之風 11.10/73/11
上猶不○ 13.7/84/21
且○之而去 13.16/89/4
遣使〔者〕爲○服 13.16/89/18
愚聞丈夫不○故而改圖 14.4/92/4

收 shōu 57

而帝田獨○ 1.1/1/24
更始○齊武王部將劉稷 1.1/3/10
復○齊武王 1.1/3/10
入〔王〕宮○文書 1.1/4/6
命諸將○葬吏士 1.1/4/13
民○（爲）〔其〕絮 1.1/5/24
詔○捕憲黨 2.3/16/19
使謁者○憲大將軍印綬 2.3/16/19
恣得〔○〕捕 2.3/16/23
不○其稅 2.3/16/23
○下獄 3.1/19/1,13.12/87/25
即時○令下獄抵罪 6.5/37/1
更始乃○稷 7.1/38/20
興○申案論 7.2/39/3
弘○恤故舊 8.6/49/4
○得一萬餘斛 9.1/55/6
光武使吳漢○謝躬 9.2/55/26
詔彭守益州（○）〔牧〕 9.2/56/7
○之桑榆 9.4/57/15
召刺姦○護軍 9.6/58/11
○得所盜茂陵武帝廟衣、印、綬 9.6/58/12
命○遵 9.7/59/4
欲○純 10.1/62/6
○太守宗廣及忠母妻子 10.14/65/21
帝謀西○囂兵 11.2/70/19

延○淚強起 11.2/71/5
乃○繫大伯 14.2/90/19
已○三族 14.4/92/15
○百姓之歡心 14.5/93/28
即○繫惲 15.8/97/20
願○骸骨 15.15/100/27
詔下京兆○繫 16.2/102/15
典獨棄官○斂歸葬 16.13/107/12
富商大賈多○田貨 16.16/108/4
○御者送獄 17.20/123/19
悉○殺之 17.25/125/13
倫獨○養孤兄（下）
〔子〕、外孫 18.1/125/20
○執根等 18.22/133/1
○篤送京師 18.23/133/7
恭助爲○拾 18.28/134/13
○兵謝罪 18.30/135/17
乃○家中律令文書壁藏
之 19.7/138/19
○印綬 20.2/145/10
良○其妻殺之 20.18/148/24
程等十八人○斬江京、
閻顯等 20.23/149/20
○兵至盛德門 20.23/149/21
婢遽○之 21.9/152/16
奔車○送詔獄 21.12/153/13
乃○淚入言球罪 21.12/153/15
復○繫羽林監 22.5/164/6
而更始○劉稷及伯升 23.1/164/28
○璽綬詣宛 23.1/165/1
詔鄧禹○葬〔於〕霸陵
23.1/165/20
子密○金玉衣物 23.11/168/24
東○三輔 23.16/170/9
戟士○尚書 24.57/177/5

手 shǒu 42

獨言朝廷以爲我縛賊○
足矣 1.1/7/4
○不持珠玉 1.1/7/14
廣開東○之路 1.1/9/27
上○書詔令 2.1/12/26
有諸生前舉○曰 2.1/13/5
○署姓名 2.2/15/8
漢陽故吏杜習○刺殺之 3.1/18/22
○書謝表 6.5/36/17
良搏○大呼曰 7.4/39/20
乃遣使○詔諸國曰 7.12/42/23
○詔賜蒼曰 7.12/43/12
必○劍之 9.1/55/9
○殺五十餘人 9.12/61/20
上以○飲水 10.9/64/3
舉○揶揄之 10.11/64/15
家屬在人○中 10.14/65/23
使爲○書呼彤曰 10.16/66/9
握上○ 10.21/67/10
何所措其○足乎 10.26/69/18
故以○書暢至意 11.2/70/21
以爲至當握○迎如平生
12.1/75/14
何能臥牀上在兒女子○
中耶 12.1/77/1
帝自勞以○書 12.6/79/12
其四十二事○殺人者減
死一等 12.9/80/10
○格殺之 14.2/91/1
貴戚且當斂○ 14.2/91/7
常繫藥○內 14.7/94/14
超○格殺三人 16.3/103/8
舉○曰 16.3/103/9
榮獨舉○奉以拜 16.9/105/20
暉舉○不敢答 18.6/128/10
輒自○書削草 19.7/138/22
輒○筆作議 19.7/138/26
○奉案前跪 19.11/139/25
乃試令嬖臣美○腕者與
女子雜處帷中 19.31/144/15
使玉各診一○ 19.31/144/16
虀爛汝○ 21.9/152/17
咸各斂○ 21.20/154/27
夜解寵○ 23.11/168/24
述自言○文有奇瑞 23.17/171/11
瑞應○掌成文 23.17/171/11
天水、隴西拱○自服
23.17/171/17

守 shǒu 234

反欲歸○其妻子財物耶 1.1/2/20
留王鳳令○城 1.1/2/23
君臣并力城○ 1.1/4/4
反與愚人相○ 1.1/4/12
代郡太○劉興將數百騎
攻賈覽 1.1/6/13
河西大將軍竇融與五郡
太○步騎二萬迎帝 1.1/6/23
吳漢、岑彭追○之 1.1/6/24
小縣多城○未下 1.1/7/3
述拒○ 1.1/7/5
刺史太○多爲詐巧 1.1/8/1
廬江太○獻寶鼎 2.1/12/23
安定太○杜恢與司馬鈞
并威擊羌 3.1/18/30
屯兵自○ 3.2/19/27
漢陽率善都尉蒲密因桂
陽太○文礱獻大明珠 3.2/20/3
太○甘定、刺史侯輔各
奔出城 3.5/22/14
居太○舍 3.5/22/15
置傳一人○其家 4.1/25/8
大長秋、將作大匠、度
遼諸將軍、郡太○、
國傅相皆秩二千石 4.1/25/19
縣國○宮令、相或千石
或六百石 4.1/26/7
言我○備不精 6.2/35/12
故試○平陰令 7.1/38/25
興遷弘農太○ 7.2/39/3
留子男昌○墳墓 7.7/40/14
太○事也 7.7/40/17
載枯稻至太○所 7.7/40/17
以語太○ 7.7/40/18
太○曰 7.7/40/18,7.7/40/18
敞怒叱太○曰 7.7/40/19
拜張掖太○ 8.2/47/24
州牧郡○四十八人 8.7/49/20
爲朔方太○ 8.12/51/24
太○爲誰 8.12/51/24
使弟玄武將軍藍將兵○
西安 8.14/52/22
臨淄諸郡太○相與雜居
8.14/52/23
晨夜○城 8.14/52/25
太○耿況甚器重之 9.1/54/22
難其○ 9.1/54/23
諸將誰可使○河內者 9.1/54/23
以恂爲河內太○ 9.1/54/24
爲（穎）〔潁〕川太○ 9.1/55/5
固○ 9.1/55/20
與貳師嚴尤共城○ 9.2/55/26

詔彭○益州（收）〔牧〕 9.2/56/7
輒行太○事 9.2/56/8
即以太○號付後將軍 9.2/56/8
選官屬○州中長吏 9.2/56/8
共○雒陽 9.4/57/2
別下潁川太○、都尉及三百里內長吏皆會 9.4/57/9
可謂○死善道者也 9.7/59/18
拜遼東太○ 9.8/60/4
爲遼東太○三十年 9.8/60/6
拜弘農太○ 9.10/60/24
斬其魯郡太○梁丘壽、沛郡太○陳修 9.11/61/5
乃拜純爲東郡太○ 10.1/62/11
上復以純爲東郡太○ 10.1/62/12
詔梁別○天中關 10.6/63/13
遂閉門堅○ 10.11/64/24
爲上谷太○ 10.11/64/25
收太○宗廣及忠母妻子 10.14/65/21
河西太○竇融遣使獻（三）〔橐〕駝 10.22/67/20
河南郡爲置○令 10.26/69/10
吏人不歸往○令 10.26/69/10
太○不信 10.26/69/19
張況遷涿郡太○ 11.8/72/21
張歆（字）〔○〕皐長 11.9/73/3
禹巡行○舍 11.10/73/13
禹以太尉留○北宮 11.10/73/16
陰識爲○執金吾 11.13/74/9
以況出爲河南太○ 12.1/75/8
否則○錢虜耳 12.1/75/11
援爲隴西太○ 12.1/76/4
此乃太○事耳 12.1/76/6
○墳墓 12.1/76/18
上言太○蘇定張眼視錢 12.1/76/24
牧○謁敬 12.6/79/8
嚴爲陳留太○ 12.6/79/13
棱爲廣陵太○ 12.8/79/24
爲會稽太○ 12.8/80/2
永昌太○鑄黃金之蛇獻之冀 12.12/82/4
○死善道 13.1/82/23
霸保○臨淮 13.5/83/20
歙遷汝南太○ 13.8/84/26
連年拒○ 13.9/85/5
宣帝時爲弘農太○ 13.13/88/3
魏郡太○范橫上疏薦勤 13.13/88/5
光武以憙○簡陽侯相 13.16/89/11
爲平原太○ 13.16/89/12
鮪○雒陽 14.1/90/1
吳漢諸將圍○數月不下 14.1/90/1
今公誰爲○乎 14.1/90/2
太○趙興欲出謁 14.2/90/16
謂太○曰 14.2/90/23
爲魯郡太○ 14.2/90/25
豈夫子欲令太○大行饗 14.2/90/26
初爲上黨太○ 14.4/91/28
即拜邑爲上黨太○ 14.4/92/1
邑爲漁陽太○ 14.4/92/18
固○不以時下 14.5/92/23
○城不休 14.5/93/21
斯四戰之地、攻○之場也 14.5/93/22
發屯○之士 14.5/93/26
豹爲武威太○ 14.6/94/9
乃出爲東郡太○ 14.7/94/13
拜河南太○ 15.1/94/24
宣彪、官至玄菟（大）〔太〕○ 15.4/96/10
時河南太○同郡陳遵 15.5/96/16
先遣伯禽○封於魯 15.7/97/13
汝南太○歐陽歙召惲爲功曹 15.8/97/28
惲爲長沙太○ 15.8/98/11
坐前○張禁多受遺送千萬 15.8/98/11
芒○丞韓龔受大盜丁仲錢 15.8/98/11
拜潁川太○ 15.9/98/17
郡得賢能太○ 15.9/98/17
爲南陽太○ 15.10/99/5
○姑臧長 15.11/99/12
（大）〔太〕○得奮妻子 15.11/99/16
遷武都太○ 15.11/99/18
堪○蜀郡 15.12/99/24
爲漁陽太○ 15.12/99/27
衛颯爲桂陽太○ 15.13/100/7
充爲桂陽太○ 15.14/100/13
桂陽太○茨充教人種桑蠶 15.14/100/17
爲武威太○ 15.15/101/1
21.11/153/6
李章爲千乘太○ 15.18/101/21
不如○正而死 16.6/104/20
圍○閉之 16.6/104/23
太○王朗餉給糧食、布帛、牛羊 16.14/107/20
嘉從太○何敞討賊 16.31/112/7
爲零陵太○ 16.31/112/12
21.54/160/7
茂負太○孫福踰牆出 16.32/112/16
太○有事 16.33/112/21
而斬郡○ 16.33/112/22
願代太○斬 16.33/112/23
右扶風請試○渭城宰 16.34/113/1
惟獨狄道爲國堅○ 16.34/113/5
及前後○令能否 16.35/113/15
漁陽太○張堪昔在蜀 16.35/113/15
崔寔爲五原太○ 16.40/114/20
惟琳兄弟獨○冢廬 16.43/115/8
北海太○遣使奉謁 16.46/115/27
太○遣吏捕之 16.46/115/28
自陳願○所志 16.50/117/1
（○）〔有〕新野功曹鄧寅 17.1/117/24
太○杜詩曰 17.2/118/9
北地太○廖信貪污下獄 17.3/118/19
所○彌固 17.8/119/21
太○斂容而止 17.10/120/10
交趾太○坐贓千金 17.13/121/23
爲九江太○ 17.14/122/7
18.15/131/9
匡執法○正而下獄 17.20/123/21
死生相○ 18.1/125/20
太○三人 18.1/126/20
擢爲南陽太○ 18.2/126/25
下及牧○ 18.5/127/16
太○阮況當嫁女 18.6/127/25
再遷臨淮太○ 18.6/128/4
暉爲○數年 18.6/128/8
堪後仕爲漁陽太○ 18.6/128/10
暉自爲臨淮太○ 18.6/128/11

清靜自○ 18.10/129/7
景爲廬江太○ 18.11/129/20
太○張穆持筒中布數篋
　與范 18.12/129/26
爲雲中太○ 18.12/129/27
令老弱城○而追之 18.12/130/1
爲蜀郡太○ 18.12/130/1
生白廬江太○掾嚴麟 18.12/130/6
爲太○奉章來弔 18.12/130/6
故蜀郡太○廉叔度 18.12/130/7
爲益州太○ 18.13/130/18
爲山陽太○ 18.14/131/1
後拜潁州太○ 18.14/131/4
官至潁川太○ 18.25/133/20
太○駱珍召署曹吏 18.26/133/27
爲南陽太○桓虞功曹
　18.26/133/27
當○令 18.27/134/9
太○連召請 18.30/135/17
出拜東郡太○ 19.1/136/8
遷魏郡太○ 19.1/136/14
遷南陽太○ 19.2/137/4
父建武初爲武陵太○ 19.4/137/13
爲廣漢太○ 19.7/138/25
爲鉅鹿太○ 19.11/139/20
應奉爲武陵太○ 19.13/140/8
爲漢陽太○ 19.15/140/18
蜀郡太○ 19.17/141/4
爲汝南太○ 19.17/141/5
爲張掖太○ 19.20/141/20
遷武威太○ 19.20/141/23
爲魏郡太○ 19.22/142/18
俗每太○將交代 19.22/142/18
爲勃海太○ 19.26/143/13
魯平爲陳留太○ 19.27/143/20
爲東萊太○ 20.2/145/7
東郡太○捕得賊 20.8/146/21
拜漢陽太○ 20.10/147/3
棠是欲曉太○也 20.10/147/4
王堂爲汝南太○ 20.16/148/8
爲南海太○ 20.17/148/12
○志如初 20.17/148/17
光便○宜秋門 20.24/150/5
陳龜爲五原太（原）
　〔○〕 21.2/150/23
劉祐爲河東太○ 21.3/150/28
韋毅爲陳留太○ 21.5/151/11
汝南太○宗資 21.6/151/15
劉寬爲南陽太○ 21.9/152/12
以建安中爲武威太○ 21.11/153/8
爲廣陵太○ 21.14/153/27
劉翊爲汝南太○ 21.26/156/3
坐隴西太○鄧融免官
　21.31/156/24
爲長沙太○ 21.38/157/29
李庸爲蜀郡太○ 21.41/158/12
利取侯畢尋玄孫○坐姦
　人妻 21.48/159/12
太○所不及也 21.54/160/9
累官巴陵太○ 21.55/160/13
大人以先生修德○約 22.1/160/25
所置牧○交錯 23.1/165/9
殺淮陽太○ 23.10/168/10
哀帝時爲漁陽太○ 23.11/168/15
故容徙爲雲中太○ 23.11/168/16
寵爲漁陽太○ 23.11/168/16
一奴○寵 23.11/168/23
涿郡太○張豐舉兵反 23.12/169/3
據隘自○ 23.16/170/10
爲隗王城○者 23.16/170/16
東○巴郡 23.17/171/5
無利則堅○而力農 23.17/171/6
昔秦失其○ 23.17/171/13
築壘堅○ 23.17/171/16
漢兵○成都 23.17/171/27

首 shǒu 41

斬○數十級 1.1/3/3
斬○〔數〕百千級 1.1/3/5
恐失其頭○也 1.1/6/14
乃○尾擊之 1.1/7/7
傳○于洛陽 1.1/7/9
乃○服 2.1/11/13
蕭、曹爲○ 2.3/16/15
（陛下）〔百姓〕盛歌
　元○之德 5.5/32/5
即時○服 6.5/36/20
明帝驛馬令作草書尺牘
　十○焉 7.3/39/16
斬○八百餘級 8.9/49/28
得鎧弩刀矛戰楯匕○二
　三千枚 8.9/49/28
得匕○三千枚 8.9/50/1
公○事 8.14/52/19
異頓○受命 9.4/57/11
上感通○創大謀 10.21/67/15
自束髮至白○ 10.26/69/24
宏頓○自陳 11.4/71/22
禹以宰士惶恐○實 11.10/73/16
援頓○謝曰 12.1/75/18
臣愚以爲可因歲○發太
　簇之律 12.3/78/3
白○不衰 13.1/83/1
令四方諸侯咸樂回○ 13.1/83/2
元元少得舉○仰視 13.11/86/26
○難結怨 14.4/92/6
昔周公豫防禍○ 15.7/97/13
以狀○ 15.8/97/25
曄頓○曰 15.17/101/13
多斬○虜 16.3/103/3
斬得匈奴〔節〕使屋類
　帶、副使比離支○及
　節 16.3/103/8
超即斬其○送廣德 16.3/103/15
但有發○一章 16.16/108/13
乃○戴齏器 16.46/115/26
今日歲○ 17.10/120/7
衆遂○謀誅之 19.32/144/23
撫其○曰 20.17/148/14
○鄉侯段普曾孫勝坐殺
　婢 21.49/159/16
斬○ 23.1/165/1
東海公賓就得其○ 23.2/165/24
以其○祭子家 23.7/167/9
□年白○ 24.45/176/9

受 shòu 102

○《尙書》于中大夫廬
　江、許子威 1.1/1/15
○降適畢 1.1/4/8
當○天下重賞 1.1/4/23
俱與后稷竝○命而爲王 1.1/5/10
遠臣○顏色之惠 1.1/6/6
興○詔雲臺廣室 1.1/8/15
吏○郡敕 2.1/11/11
默然○之 2.1/12/7
○賜畢 2.1/13/18
詛臣○寵 2.3/16/16
○業《尙書》 3.2/19/23

丞領○郡國調馬 3.6/23/24
○命之列 5.5/29/22
高皇帝○命誅暴 5.5/31/4
光武皇帝○命中興 5.5/31/7
高皇帝始○命創業 5.6/32/22
光武○命中興 5.6/32/22
○之父母 6.5/36/13
使者○命而行 7.3/39/14
蒼因上《世祖○命中興頌》 7.12/42/26
○業長安 8.1/46/5,15.12/99/23
朝○詔 8.10/51/1
○《易經》 8.11/51/20
異頓首○命 9.4/57/11
非交戰○敵 9.4/57/20
願○南陽五百戶足矣 9.6/58/13
臣幸得○干戈 9.11/61/7
期言「○國家恩深 9.12/61/22
固辭不○ 10.24/68/23
民嘗有言部亭長○其米肉遺者 10.26/69/11
爲汝有事屬之而○乎 10.26/69/12
遺之而○ 10.26/69/13
○所誡 11.2/71/5
竟不肯○ 11.3/71/13
光武皇帝○命中興之初 11.7/72/12
欲自○其辭 11.9/73/3
○《齊詩》 12.1/75/7
兄弟父子并○爵土 12.2/77/12
從司徒祭酒陳元○《左氏春秋》 12.6/79/6
享○多福 12.11/81/18
從鍾寧君○《律》 13.5/83/19
嘗○俸得鹽 13.6/84/8
歐陽歙、其先和伯從伏生○《尙書》 13.8/84/25
林○之 13.11/87/3
援○之 13.11/87/4
林不敢○ 13.11/87/6
而己○其害 13.16/89/8
敕從騎都尉儲融○兵二百人 13.16/89/11
不願○融兵 13.16/89/12
蕭王○命平定燕、趙 14.1/90/2
深○厚恩 14.1/90/7
以○重任 14.4/92/2
○封必求磽确之地 15.1/95/1
從桓榮○《歐陽尙書》 15.2/95/6
○臺敕 15.2/95/24
故來○書 15.6/97/5
坐前守張禁多○遺送千萬 15.8/98/11
芒守丞韓龔○大盜丁仲錢 15.8/98/11
衆悉不○ 16.6/104/19
○者懷之 16.9/105/20
不得已○封 16.10/106/16
郁父子○恩 16.10/106/22
一餐不○于人 16.14/107/18
悉不○ 16.14/107/19
○計上疏 16.16/108/5
陛下納膚○之愬 16.20/109/13
序○劍 16.30/112/2
○而不食 16.44/115/14
16.49/116/16
安集○降 17.2/118/6
明府勿○其觴 17.10/120/8
良恥以言○進 17.10/120/11
誠不敢拜○ 17.13/121/25
與小吏○等 18.1/126/13
頗○禮遺 18.10/129/8
遂不○ 18.12/129/27
聽之定所○《韓詩》 18.13/130/16
不○ 18.13/130/21,19.22/142/10
無所報○ 18.18/132/7
恭不○ 18.28/134/14
以童幼詣太學○業 18.29/134/22
鴻不○ 18.29/134/29
鳳○竿誦經如故 18.30/135/15
郡中賻贈無所○ 19.4/137/14
一無所○ 19.20/141/23
餉遺無所○ 19.20/141/24
充不○ 19.27/143/21
尙書敕郁自力○拜 19.29/144/5
○《歐陽尙書》于桓郁 20.2/145/5
不○私謁 20.2/145/6
而不○贍遺 20.17/148/15
未○符策 20.24/150/7
盡還不○ 21.11/153/4
融不肯○ 21.15/154/5
應○使命 21.55/160/14
莫○萬柳 22.4/163/1
臣不○詔 23.1/165/10
○律令 23.13/169/9
其實無所○命 23.16/169/27
以明再○命祖有功之義 24.92/180/5

狩 shòu 9

東巡○ 2.1/13/11
帝東巡○ 2.2/14/18,19.1/136/10
上東巡○ 5.5/29/20
車駕東巡○ 15.2/95/17
五載巡○ 15.2/95/17
每行巡○ 16.2/102/17
行巡○ 16.16/108/13
顯宗巡○ 17.9/119/27

授 shòu 31

司空劉○以阿附惡逆 3.2/19/28
欲○以尊位 6.1/34/1
將及景風拜○印綬焉 7.20/45/16
○以所持節 9.2/56/1
欲○以封侯大將軍位 12.1/75/15
前○生徒 12.7/79/20
不敢○璽書 13.5/83/22
以《詩》《傳》教○ 14.6/94/7
○皇太子經 16.9/105/15
以《尙書》○朕十有餘年 16.9/106/10
教○弟子常五百餘人 16.17/108/18
○皇太子及諸王小侯五十人經 16.17/108/19
乃遣謁者即○印綬 16.24/110/19
以白衣教○ 16.25/110/24
○諸生數百人 17.12/121/3
教○常數百弟子 17.18/123/7
隱居教○ 17.19/123/12
19.28/143/25
主簿○暉 18.6/128/3
暉○令史 18.6/128/3
童子傳○業 18.13/130/16
以《大小夏侯尙書》教○ 18.17/131/22
以竿○鳳 18.30/135/14

（鬴）〔酺〕以尚書○
于南宮 19.1/136/6
令入○皇太子 19.1/136/6
顯宗以酺○皇太子業 19.1/136/7
因留新豐教○ 19.4/137/16
以《魯詩》、《尚書》
教○ 19.5/138/3
不廢教〔○〕 19.5/138/4
不復教○ 19.7/138/23
弘策○親 24.35/175/17

綬 shòu 51

使謁者收憲大將軍印○ 2.3/16/19
賜其君紫○ 3.2/20/6
及撣國王雍由亦賜金印
紫○ 3.2/20/6
冊皇太子捧上其璽○ 4.1/24/11
金印紫○ 4.1/24/13
印○ 4.1/25/18
公、侯紫○ 4.1/25/18
九卿青○ 4.1/25/18
復設諸侯王金璽綟○ 4.1/25/18
公、侯金印紫○ 4.1/25/18
以上皆銀印青○ 4.1/25/21
以上皆銅印黑○ 4.1/26/4
丞、尉校長以上皆銅印
黃○ 4.1/26/7
長相皆以銅印黃○ 4.1/26/8
貴人、相國綠○ 5.6/33/6
公、（卿）〔侯〕、將
軍紫○ 5.6/33/6
九卿、中二千石青○ 5.6/33/7
千石、六百石黑○ 5.6/33/7
四百、三百、二百石黃
○ 5.6/33/8
百石青紺○ 5.6/33/9
皆命帶列侯○ 7.9/41/25
復送○十九枚 7.9/41/25
將及景風拜授印○焉 7.20/45/16
收得所盜茂陵武帝廟衣
、印、○ 9.6/58/12
給侯印○ 9.7/59/19
解印○ 10.7/63/17
時無○ 10.14/65/17
上自解所佩○以賜之 10.14/65/18
上司空印○ 10.21/67/15
置印○于前 11.14/74/14
詔使五官中郎將持節至
墓賜印○ 11.14/74/20
身帶三○ 12.3/77/24
賜駮犀具劍、佩刀、紫
艾○、玉玦各一 13.15/88/25
陳車馬印○ 16.9/106/1
乃遣謁者即授印○ 16.24/110/19
○盡 18.1/126/5
王賜之○ 18.1/126/6
霸即解印○去 18.26/134/1
復還印○去 18.26/134/2
自乞上印○ 19.3/137/9
其上司空印○ 20.1/145/1
收印○ 20.2/145/10
自所服冠幘○ 20.4/145/27
紫○三十八 21.8/152/8
黃○二枚 21.8/152/8
夢見奐帶印○ 21.11/153/7
亡印○ 21.50/159/20
收璽○詣宛 23.1/165/1
上璽○ 23.1/165/19
奉高皇帝傳國璽○ 23.5/166/19
上印○還第 24.2/172/24

壽 shòu 37

初作○陵 1.1/8/25
〔追封〕外祖樊重爲○
張侯 1.1/10/6
吏抵言于長○街得之 2.1/11/11
帝作○陵 2.1/13/8
悉會公卿表賀奉觴上○ 2.1/13/17
郅○、蜀漢文 2.2/15/8
○明達有文章 2.2/15/10
明德太后姊子夏○等私
呼虎賁張鳴與敖戲爭
鬬 2.2/15/13
止長○亭 3.5/22/7
至新野公主、○張敬侯
廟 3.5/22/18
追封○張侯 3.5/22/19
帝到夏門外萬○亭 3.6/23/6
兆得○房 6.6/37/10
紀者、襄成縣君孫○之
舅也 6.9/38/3
○引進令入掖庭 6.9/38/4
賜號靈○王 7.17/44/17
擊長○亭長 8.6/48/27
步奔平○ 8.14/53/11
異薦邑子銚期、叔○、
殷建、左隆等 9.4/56/17
斬其魯郡太守梁丘○、
沛郡太守陳修 9.11/61/5
追封重爲○張敬侯 11.3/71/13
徙封○張侯 11.4/71/19
願還○張 11.4/71/22
顯宗詔嚴留仁○闥 12.6/79/7
元○二年 12.9/80/12
賜東園轜車、朱○器、
銀鏤、黃〔金〕玉匣
12.11/81/22
以（素）〔○〕終於家 14.5/94/2
以○終 16.47/116/6
請上雅○ 17.10/120/7
奉觴上○ 18.17/131/24
奉酒上酺父○ 19.1/136/23
比干生○ 19.17/141/4
○生顯 19.17/141/5
賜臥几、靈○杖 19.22/142/15
喜夷爲○陽令 21.40/158/8
願主長○ 22.4/162/13
保樂洽○ 24.19/174/13

瘦 shòu 6

羸○骨立 6.5/37/5
羊有大小肥○ 16.25/110/25
宇因先自取其最○者
16.25/110/26
詔問○羊甄博士 16.25/111/1
禮久餓羸○ 17.23/124/16
羸○ 17.24/125/2

獸 shòu 6

奇偉猛○ 1.1/2/17
凡人所以貴于禽○者 10.26/69/14
鳥○不可與同群 15.8/98/4
而蠻夷懷鳥○之心 16.3/104/4
化及鳥○ 19.4/137/21
畜禽○ 20.4/145/26

叔 shū 39

隨其○父在蕭 1.1/1/14
帝與伯○及姊壻鄧晨、穰人蔡少公燕語 1.1/4/15
鄧訓字平○ 8.2/47/10
鄧悝、字○昭 8.5/48/19
鄧弘、字○紀 8.6/48/26
耿國、字○憲 8.15/53/20
異薦邑子銚期、○壽、殷建、左隆等 9.4/56/17
新野宰潘○爲請 11.1/70/7
來歙、字君○ 11.2/70/17
君○獨勞苦 11.2/70/18
馬光、字○山 12.4/78/13
○父援從車駕東征 12.6/79/5
伏恭、字○齊 13.3/83/11
蓋伯夷、○齊恥食周粟 13.11/85/23
七族分康○ 13.11/86/16
懷姓九宗分唐○ 13.11/86/16
時帝○父趙王良從送中郎將來歙喪還 14.2/91/1
世祖遣騎都尉弓里游、諫大夫何○武 14.4/92/1
王閎者、王莽○父平阿侯譚子也 14.7/94/13
昔孫○敖敕其子 15.1/94/25
子張父及○父爲鄉里盛氏一時所害 15.8/97/22
周澤董魯平○ 16.25/111/2
○子軼 16.25/111/2
朱勃、字○陽 16.34/112/28
閔貢、字仲○ 16.49/116/15
閔仲○豈以口腹累安邑耶 16.49/116/22
宋均、字○庠 17.14/122/7
廉范、字○度 18.12/129/25
廉○度、來何暮 18.12/130/3
故蜀郡太守廉○度 18.12/130/7
曹褒、字○通 18.16/131/14
常慕○孫通爲漢儀禮 18.16/131/14
魯丕、字○陵 19.5/138/3
關東號曰「《五經》復興魯○陵」 19.5/138/5
尹勤、字○梁 19.9/139/8
汝郁、字○異 19.29/144/3
衛康○之冑孫林父之後 20.23/149/18
宗慶、字○平 21.38/157/29
延岑、字○牙 23.18/172/6

書 shū 293

受《尚○》于中大夫廬江、許子威 1.1/1/15
乃遂令輕足將○與城中諸將 1.1/3/5
而陽墜其○ 1.1/3/5
尋、邑得○ 1.1/3/6
文○移與屬縣 1.1/3/14
入〔王〕宮收文○ 1.1/4/6
與朱〔伯〕然○曰 1.1/5/1
隗囂上○ 1.1/5/19
道數十歲事若案文○ 1.1/6/5
報○曰 1.1/6/13
詔○到 1.1/6/14
又舊制上○以青布囊素裹封○ 1.1/6/16
乃令上○啓封則用 1.1/6/18
不得刮璽○ 1.1/6/18
詔○告漢直擁兵到成都 1.1/7/3
竟如詔○ 1.1/7/5
詔○又戒漢曰 1.1/7/5
官曹文○減舊過半 1.1/7/16
帝常自細○ 1.1/9/3
世祖見陳留吏牘上有○曰 2.1/11/10
治《尚○》 2.1/11/17, 8.11/51/9,18.10/129/7
博觀群○ 2.1/11/17
《尚○璇璣鈐》曰 2.1/12/14
甲夜讀衆○ 2.1/12/16
上手○詔令 2.1/12/26
尚○僕射持節詔三公 2.1/12/26
帝○版曰 2.1/13/6
始治《尚○》 2.2/14/5
帝賜尚○劍各一 2.2/15/8
《○》云 2.2/15/25
初治《尚○》 2.3/16/6
遂兼覽○傳 2.3/16/7
魯丕與侍中賈逵、尚○令黃香等相難 2.3/17/1
○傳意殊 2.3/17/7
覽○林 2.3/17/7
皆誦《詩》、《○》 2.3/17/13
善史○ 3.1/18/7, 6.4/36/6,7.18/45/3
帝始講《尚○》 3.1/18/13
受業《尚○》 3.2/19/23
初置秘○監 3.5/22/8
掌典圖○ 3.5/22/8
尚○（白）〔曰〕下本州考治 3.6/23/8
中外官尚○令、御史中丞、治○侍御史、公將軍長史、中二千石丞、正、平、諸司馬、中官王家僕、雒陽令秩皆千石 4.1/25/21
尚○、中謁者、黃門冗從四僕射、諸都監、中外諸都官令、都（候）〔侯〕、司農部丞、郡國長史、丞、（候）〔侯〕、司馬、千人秩皆六百石 4.1/26/1
《虞○》所謂「琴瑟以詠 5.4/28/18
謹按《河》《雒》讖○ 5.5/29/16
《漢○》曰 5.5/31/13
依○《文始》、《五行》、《武德》、《昭德》、《盛德》修之舞 5.5/31/14
詔○曰 5.5/31/18,9.7/59/11
賜東平憲王蒼○曰 5.5/31/21
太后詔○流布 6.2/35/17
志在○傳 6.5/36/14
手○謝表 6.5/36/17
睦善草○ 7.3/39/16
明帝驛馬令作草○尺牘十首焉 7.3/39/16
詔○削中邱（縣） 7.4/39/25
上○求減邑內徙 7.7/40/14
數上○讓還東海十九縣 7.8/41/7
上即以詔○問輔曰 7.9/41/20
輔上○曰 7.9/41/21
王性好經○ 7.9/41/28
詔○還入贖縑紈 7.10/42/3
少好經○ 7.12/42/13

上○表薦賢士左馮翊桓
虞等 7.12/42/21
以問校○郎 7.12/43/1
賜蒼○曰 7.12/43/4
賜以秘○列圖、道術秘
方 7.12/43/11
夜詣彭城縣欲上○ 7.17/44/19
○典之所美也 7.20/45/11
篤于經○ 8.1/47/6
又知訓好以青泥封○ 8.2/47/20
坐私與梁扈通○ 8.2/47/24
年十五治《歐陽尚○》 8.6/48/26
上○請復自助 8.11/51/17
得詔○怨懟 8.17/54/14
恂移○屬縣 9.1/55/1
恂奉璽○至高平 9.1/55/17
今移其○ 9.4/57/3
璽○勞異曰 9.4/57/14
賜異璽○曰 9.4/57/17
詔○增秩一等 9.8/60/4
策○勉勵 9.8/60/4
詔○勞延曰 9.11/61/9
使爲手○呼彤曰 10.16/66/9
（遺）〔遣〕司馬虞封
間行通○ 10.22/67/20
奉璽○于隗囂 11.2/70/19
故以手○暢至意 11.2/70/21
歙自○表 11.2/71/6
爲尚○郎 11.6/72/6
不發私○ 11.7/72/11
轉尚○令 11.7/72/16
習《歐陽尚○》 11.10/73/10
從○佐假車馬什物 11.10/73/15
錄尚○事 11.10/73/17
囂乃使援奉○雒陽 12.1/75/17
援與楊廣○曰 12.1/75/23
上○訟之 12.1/75/24
上○曰 12.1/76/7
12.1/76/10,12.13/82/9
○奏 12.1/76/11,18.17/131/25
出尚○ 12.1/76/11
○「伏」字 12.1/76/13
《與兄子嚴敦○》曰 12.1/76/20
詔○賜〔援〕鉅鹿縑三
百匹 12.1/77/2
光子朗上○迎光喪葬舊
塋 12.4/78/19
與校○郎杜撫、班固定
《建武注記》 12.6/79/7
帝自勞以手○ 12.6/79/12
以黃金十斤、葛縛佩刀
、○帶、革帶付龔 12.6/79/14
統對尚○狀曰 12.9/80/12
兼讀衆○傳記 12.11/81/10
商上○ 12.11/81/16
上○ 12.12/82/3
張步遣其掾孫昱隨盛詣
闕上○ 13.2/83/7
遣謁者侯盛、荆州刺史
費遂齎璽○徵霸 13.5/83/20
不敢授璽○ 13.5/83/22
霸爲尚○令 13.5/83/25
嘗因朝會帝讀隗囂、公
孫述相與○ 13.7/84/19
歐陽歙、其先和伯從伏
生受《尚○》 13.8/84/25
歙掾陳元上○追訟之 13.8/84/27
朱浮與彭寵○ 13.9/85/3
於河西得漆○《古文尚
○經》一卷 13.11/85/21
林遣子奉○曰 13.11/87/3
大行移○問嗣 13.12/87/23
奮上○曰 13.12/87/23
給事尚○ 13.13/88/5
詔○下捕之 14.2/90/17
路稱鮑尚○兵馬 14.2/90/19
詔○迎下永曰 14.2/91/12
詔昱詣尚○ 14.3/91/19
乃（遺）〔遣〕○責邑
曰 14.4/92/3
邑以○勸鮑永曰 14.4/92/3
從桓榮受《歐陽尚○》 15.2/95/6
上○讓國於盛 15.2/95/8
○不報 15.2/95/8
留○與盛曰 15.2/95/8
鴻貪經○ 15.2/95/9
雖奉璽○ 15.2/95/24
上特詔御史中丞與司隸
校尉、尚○令會同並
專席而坐 15.3/96/5
故來受○ 15.6/97/5
涉獵○記 15.7/97/12
遷尚○令 15.7/97/14
上○諫王莽 15.8/97/20
惲上○曰 15.8/98/7
詔○以奮在姑臧治有絕
迹 15.11/99/15
延上○言 15.15/100/26
詔○徵延 15.15/100/27
世祖嘗於新野坐文○事
被拘 15.17/101/11
璽○拜駿爲威虜將軍
15.19/101/25
固弟超詣闕上○ 16.2/102/15
（徵固）〔固徵〕詣校
○ 16.2/102/16
典校閟○ 16.2/102/16
固數入讀○禁中 16.2/102/17
而涉獵○傳 16.3/102/22
恒爲官傭寫○以供養 16.3/102/23
見何○ 16.6/104/21
衆因上○言 16.6/104/24
治《歐陽尚○》 16.9/105/14
16.21/109/23
輒令榮於公卿前敷奏經
○ 16.9/105/15
《歐陽尚○》博士缺 16.9/105/16
太子報榮○曰 16.9/105/22
以《尚○》授朕十有餘
年 16.9/106/10
譚上○曰 16.16/108/4
譚著○ 16.16/108/12
上即敕尚○解遵禁錮
16.20/109/15
讖○非聖人所作 16.22/110/4
詔○捕男子周慮 16.22/110/6
欲專意經○ 16.26/111/7
蘇竟與劉歆兄子恭○曰
16.28/111/16
年十二能誦《詩》、
《○》 16.34/112/28
援裁知○ 16.34/112/29
勃上○理援曰 16.34/113/5
上○陳狀 16.34/113/10
待見尚○ 16.50/116/28
侍中賈逵上○曰 17.8/119/19
習《大夏侯尚○》 17.10/120/5
而上○言狀 17.13/121/15
意爲尚○ 17.13/121/23
清乎尚○之言 17.13/121/25
尚○案事 17.13/121/26

意上○諫 17.13/122/2
鍾離尙○若在 17.13/122/3
均乃移○曰 17.14/122/8
徵爲尙○令 17.14/122/10
移○屬郡 17.15/122/15
俱名善說經○ 17.17/122/24
兼通○傳 17.18/123/7
詔○譴匡 17.20/123/20
但稱○生 17.23/124/13
上○薦善行狀 17.25/125/13
倫每見光武詔○ 18.1/126/1
詔○選三署郎補王家長吏 18.1/126/5
遷尙○僕射 18.2/126/25
詔○聽許鳳襲爵 18.3/127/5
遷尙○ 18.10/129/12
敕賜尙○祿 18.10/129/16
故時人號爲「白衣尙○」 18.10/129/16
賜《山海經》、《河渠○》 18.11/129/20
乃移○旁郡求助 18.12/129/28
後阜竊○誦盡 18.13/130/14
憲嘗移○益州 18.13/130/21
阜以詔○未報 18.13/130/22
詔○報 18.13/130/22
行則誦文○ 18.16/131/14
以《大小夏侯尙○》教授 18.17/131/22
兼領秘○近署 18.17/131/26
各奉○致禮遺革 18.18/132/7
終不發○ 18.18/132/7
或遺其○ 18.21/132/21
安開壁出○ 18.21/132/22
而○如故 18.21/132/22
乃與同舍郎上○直諫 18.22/132/26
鴻以○責之而去 18.29/134/29
鴻常閉戶吟詠○記 18.29/135/6
遂潛思著○十餘篇 18.29/135/7
（醽）〔酺〕以尙○授于南宮 19.1/136/6
使酺講《尙○》一篇 19.1/136/11
使尙○令王鮪與酺相難 19.1/136/11
逆詔○ 19.1/136/19
以《魯詩》、《尙○》教授 19.5/138/3
防比上○自陳過咎 19.6/138/14
乃收家中律令文○壁藏之 19.7/138/19
爲尙○ 19.7/138/21
19.22/142/16
輒自手○削草 19.7/138/22
陳忠爲尙○令 19.8/139/3
詔○示官府曰 19.15/140/17
恢上○諫曰 19.16/140/23
周榮爲尙○令 19.18/141/10
讀所未嘗見○ 19.22/142/10
記群○無不涉獵 19.22/142/12
拜尙○郎 19.22/142/14
詔○留 19.22/142/15
拜尙○ 19.22/142/15
詔○到門不出 19.26/143/13
尙○敕郁自力受拜 19.29/144/5
受《歐陽尙○》于桓郁 20.2/145/5
詔○傷痛之 20.8/146/21
召詣尙○ 20.13/147/19
尙○左雄諫帝曰 20.13/147/19
恢欲殺青簡以寫經○ 20.17/148/12
此○若成 20.17/148/13
行吟經○ 20.17/148/16
尙○郭鎮率直宿羽林出 20.23/149/22
詔○錄功臣 20.24/150/6
詔○封光東阿侯 20.24/150/7
詔○勿問 20.24/150/8
總錄尙○事 21.1/150/18
乃露布上○ 21.4/151/5
上○願與雲俱得死 21.4/151/7
與弟子誦○自若 21.11/153/6
詣闕上○謝恩 21.12/153/13
校○東觀 21.16/154/10
曹節上○曰 21.19/154/23
尙○令王允奏曰 21.21/155/3
孔融上○曰 21.23/155/14
上○求還 21.24/155/22
除尙○郎 21.26/156/3
上○辭讓 21.46/159/3
南單于上○獻橐駝 22.3/161/15
抵破○案 23.1/165/9
上○以非劉氏還玉璽 23.3/166/3
以木札○符曰「上將軍」 23.5/166/11
○成 23.11/168/26
詔○獨下延 23.15/169/19
與諸將○曰 23.15/169/20
割牲而盟光武與囂○曰 23.16/170/2
善爲文○ 23.16/170/6
每上○移檄 23.16/170/6
光武賜囂○曰 23.16/170/12
敕彭○曰 23.16/170/13
數移○中國 23.17/171/11
上賜述○曰 23.17/171/11
詔○（今）〔令〕功臣家自記功狀 24.14/174/1
亦非詔○之所知也 24.14/174/2
揚雄好著○ 24.15/174/5
載士收尙○ 24.57/177/5
甲夜占○ 24.62/177/15
官有其器而無本○ 24.90/179/24
未及成○ 24.90/179/25
班固錄《漢○》 24.91/180/1
建武乙未、元和丙寅詔○ 24.92/180/7
詔○下車服制度 24.94/180/11

殊 shū 10

帝○不意 1.1/2/4
○非次第 1.1/2/5
報以○禮 1.1/5/19
書傳意○ 2.3/17/7
有○于人 3.5/21/24
賞賜○厚 8.12/52/2
輕○死刑三十四事 12.9/80/9
輕○死刑八十一事 12.9/80/9
治有○政 17.9/119/27
賞賜○特 19.1/136/11

淑 shū 6

茂質純○ 3.4/21/15
資○美之嘉會 6.8/37/22
○愼其身 12.12/82/5
以篤行純○ 13.10/85/12
今大將軍以明○之德 14.5/93/15
性純○ 19.7/138/21

疏 shū 48

西域蒙奇、○勒二國歸義 2.3/17/5
○勒國王盤遣使文時詣闕 3.2/20/12
大臣上○謂宜復舊 5.5/30/11
袍極麤○ 6.2/34/21
由是母子見○ 6.3/36/1
蒼上○願朝 7.12/43/9
蒼上○曰 7.12/43/10
誠不以遠近親○ 7.12/43/12
間關上○自陳 8.4/48/15
比上○自陳 8.5/48/20
恭以○勒城傍有水 8.17/54/8
因上○曰 10.22/67/24
因歙上○宜益選兵馬 11.2/71/1
乃〔上〕○曰 11.7/72/12
上○乞身 11.8/72/21
統○稱 12.9/80/9
伏湛上○諫曰 13.1/82/20
杜詩薦湛○曰 13.1/82/22
浮上○切諫曰 13.9/85/5
浮上○曰 13.9/85/7
林上○曰 13.11/86/1
上○曰 13.11/86/13
15.2/95/21,16.3/104/1
19.1/136/21,19.15/140/16
魏郡太守范橫上○薦勳 13.13/88/5
○其父族 14.4/92/14
後更○懈 16.3/103/4
于闐王廣德禮意甚○ 16.3/103/14
陳元上○曰 16.8/105/7
郁乃上○皇太子曰 16.10/106/21
悉○付主人 16.14/107/20
受計上○ 16.16/108/5
稍○之 16.38/114/11
恭上○諫曰 19.4/137/22
恭上○曰 19.4/137/25
徐防上○曰 19.6/138/9
寵上○諫曰 19.7/138/23
○曰 19.8/139/3
香上○曰 19.22/142/16
賜上○諫曰 20.4/145/24
令康○名 20.24/150/6
康詐○光入章臺門 20.24/150/6
上○切諫云 21.7/151/19
頻上○曰 21.8/152/1
○食骨立 24.43/176/5
司馬相如上○曰 24.77/178/19

菽 shū 3

麻○尤盛 1.1/5/23
誦及《采○》 7.12/42/24
共啜○飲水 16.49/116/15

舒 shū 6

楚王舅子許昌、龍○侯 2.1/11/24
永遣弟升及子壻張○等謀使營尉李匡先反涅城 14.2/90/20
張○內行邪孽 14.4/92/14
能逃不自詣者○也 14.4/92/15
能夷○宗者予也 14.4/92/15
龍○侯相 16.12/107/5

踈 shū 2

博士范升上○曰 9.7/59/16
延上○辭曰 9.11/61/7

銖 shū 1

宜如舊鑄五○錢 12.1/76/7

蔬 shū 5

食○菜 10.10/64/9
與兄俱出城採○ 16.41/114/26
孝夫妻共○食 17.23/124/17
遂共○食 17.23/124/18
子孫常○食步行 20.2/145/6

樞 shū 2

《（○）〔琁〕機鈐》曰 5.5/31/11
自在○機 19.7/138/22

輸 shū 7

委○不至 8.1/47/5
後無轉○ 8.14/53/2
彭發桂陽、零陵、長沙委○櫂卒 9.2/56/7
會屬縣送委○牛車三百餘兩至 10.2/62/18
令委○車回轉出入 10.2/62/18
賊皆○鎧仗 23.5/166/19
○掖庭 24.72/178/8

孰 shú 6

二者○仁矣 1.1/7/12
○不延望 8.1/46/24
○云忠侯 12.11/81/23
未知○是也 14.2/90/23
掾自視○與藺相如 18.6/128/4
孱○甚焉 21.9/152/14

塾 shú 1

寄止於亭門○ 17.23/124/13

熟 shú 10

縣界大豐○ 1.1/1/11
吾計之○矣 6.2/35/7
炙肉未○ 10.23/68/11
常以豐○ 11.1/70/13
冬者五穀成○ 13.12/87/19
年穀獨○ 14.5/93/22
調實○ 16.14/107/21
臨○ 17.12/121/7
炊將○ 17.23/124/17
歲常豐○ 18.6/128/5

贖 shú 6

以爵○之 3.5/22/8
楚王英奉送黃縑三十五匹、白紈五匹入○ 7.10/42/3
詔書還入○縑紈 7.10/42/3
嘉請以死○君命 16.31/112/9
如殺一大尹○二千人 16.37/114/4
命歸求豆來○兄 16.41/114/27

黍 shǔ 1

耕種禾○ 17.12/121/7

暑 shǔ 2

○即扇床枕 19.22/142/8
不避○寒 24.39/175/25

鼠 shǔ 2

○子何敢爾 7.7/40/19
莫不雀目○步 21.12/153/15

蜀 shǔ 30

邛譸、○漢文 2.2/15/8
漢伐○ 8.10/50/23
吳漢擊○未破 8.11/51/17
彭以將伐○漢 9.2/56/1
越人謀欲叛漢附○ 10.2/62/17
與俱伐○ 11.2/70/19
○人大懼 11.2/71/4
臣前至○ 12.1/75/19
巴、○沒於南夷 14.5/93/4
時隴○未平 15.7/97/15
堪守○郡 15.12/99/24
遂破○ 15.12/99/26
堪去○郡乘折轅車 15.12/99/27
○郡計掾樊顯進曰 16.35/113/15
漁陽太守張堪昔在○ 16.35/113/15
祖父客死○、漢 18.12/129/25
爲○郡太守 18.12/130/1
故○郡太守廉叔度 18.12/130/7
○郡人 18.13/130/13
○郡太守 19.17/141/4
○郡成都人 19.25/143/7
21.22/155/9
李庸爲○郡太守 21.41/158/12
○之珍玩 21.41/158/12
便可將兵南擊○虜 23.16/170/13
復望○ 23.16/170/14
○郡功曹李熊說述曰 23.17/170/25
于是自立爲○王 23.17/171/2
○地沃野千里 23.17/171/3
○人及其弟光以爲不宜空國千里之外 23.17/171/20

署 shǔ 23

○曰「公孫皇帝」 1.1/6/7
步行觀部○ 2.1/12/16
手○姓名 2.2/15/8
諸○長、楫櫂丞秩三百石 4.1/26/4
上○報不許 8.11/51/13
○爲門下吏 9.7/59/3
雖在閒○ 11.6/72/6
三○服其慎也 11.6/72/7
竇融請奮○議曹掾 15.11/99/12
○門下掾 16.33/112/21
編○黃堂 17.2/118/10
○議曹祭酒 17.3/118/17
○爲祭酒 17.19/123/13
興○倫督鑄錢掾 18.1/125/26
詔書選三○郎補王家長史 18.1/126/5
兼領秘書近○ 18.17/131/26
太守駱珍召○曹吏 18.26/133/27
乃○勸督郵 18.26/133/28
○戶曹（吏）〔史〕 19.16/140/23
請充○功曹 19.27/143/20
因謫○都亭長 19.27/143/21
上引賜等入金商門崇德○ 20.4/145/20
○曰「賊臣王甫」 21.12/153/14

屬 shǔ 67

赫然○天 1.1/2/8
文書移與○縣 1.1/3/14
及見司隸官○ 1.1/3/16
官○皆乏食 1.1/3/20
官○皆失色 1.1/3/22
又議漢殺述親○太多 1.1/7/12
○者所言〔我堯〕 2.1/12/10
勞養三老、官○ 2.1/12/32
親○勢位 2.1/13/25
司馬員吏官○ 4.1/24/15
○官有丞一人、大行丞一人 4.1/25/3
中尉、內史官○亦以率減 4.1/25/16
○山陽郡 5.1/27/11
分高顯、候城、遼陽○玄（菟）〔菟〕 5.1/27/21
吾自念親○皆無柱石之功 6.2/34/27
託以先后近○ 6.4/36/6
年十二能○文 6.7/37/16
分遣文學循行○縣 7.2/39/3
敕官○遣送 7.8/41/14
赤眉、青犢之○ 8.1/46/10
時上置兩府官○ 8.11/51/11
官○以復不遜 8.11/51/12
上調官○補長吏 8.11/51/13
銅馬、赤眉之○數十輩 8.14/52/15
恂移書○縣 9.1/55/1
乃敕○縣盛供具 9.1/55/10
選官○守州中長吏 9.2/56/8
宜急分遣○官 9.4/56/21
會○縣送委輸牛車三百餘兩至 10.2/62/18
恐驚官○ 10.11/64/18
謂官○曰 10.11/64/21
12.1/76/17
而令親○招呼忠 10.14/65/22
家○在人手中 10.14/65/23
行河西五郡大將軍、涼州牧、張掖○國都尉竇融 10.22/67/21
大將軍置長史、司馬員吏官○ 10.24/68/21
爲汝有事○之而受乎 10.26/69/12
欲○以軍事 11.2/71/5
以灑强○西 11.15/74/24
莫不○耳忘倦 12.1/76/10
張掖○國都尉 12.8/79/24
衣衾、飯唅、玉匣、珠貝之○ 12.11/81/19
或○諸侯宮府 13.11/86/26
遇更始親○ 13.16/89/10
能善○文 14.4/91/28
充令○縣教民益種桑柘 15.14/100/14
能○文詞詩賦 16.2/102/13
超謂其官○曰 16.3/103/4

掾○三十人 16.38/114/9
所望明公問○何以爲政 16.49/116/18
○與賊期 17.11/120/23
意輒移○縣使作徒衣 17.13/121/14
移書○郡 17.15/122/15
令孝從官○送喪歸也 17.23/124/22
以○託焉 18.1/125/21
遂將家○客河東 18.1/125/22
與外氏家○從田間奔入宛城 18.6/127/23
燒者日日相○ 18.12/130/2
欲○一士 18.26/134/3
掾○專尙交遊 19.7/138/21
前後萬餘人相○于道 19.19/141/15
諸國侍子及督使賈胡數遺恂奴婢、宛馬、金銀、香罽之○ 19.20/141/22
先遣吏到○縣盡決罪行刑 19.26/143/13
時○縣令長率多中官子弟 21.3/150/28
爲安定○國都尉 21.11/153/3
詔以○城門校尉 23.5/166/19
○國胡數千畔 23.9/168/3

戍 shù 1

二年春二月戍（○）〔戌〕 1.1/9/22

束 shù 9

○身自修 1.1/4/22
廣開○手之路 1.1/9/27
訓令拘持○縛 8.2/48/1
○身執節 10.26/69/24
自○髮至白首 10.26/69/24
竊見故大司徒陽都侯伏湛自行○脩 13.1/82/22
○脩其身而已哉 14.5/93/17
等輩數十皆縛○ 17.24/124/27
賜○帛、乘馬 18.5/127/16

述 shù 63

惟獨公孫○、隗囂未平 1.1/6/3
制告公孫○ 1.1/6/7
吳漢引兵擊公孫○ 1.1/7/3
○拒守 1.1/7/5
○兵不敢來 1.1/7/7
○自將 1.1/7/8
○軍大破 1.1/7/8
刺傷○ 1.1/7/8
夷○妻子 1.1/7/9
又議漢殺○親屬太多 1.1/7/12
公孫○故哀帝時 1.1/7/15
○破 1.1/7/15
○伏誅之後 1.1/7/16
紀○明詔 2.2/15/27
臣下不敢頌功○德業 5.5/29/15
先帝每有著○典義之事 5.5/31/23
命史官○其行迹 7.22/45/24
師事劉○ 8.6/48/26
公孫○、大司馬田戎將兵下江關 8.10/50/22
大破公孫○ 8.10/50/23
公孫○遣兵救隗囂 9.7/59/10
是時公孫○將田戎、任滿與漢軍相拒于荆門 10.2/62/16
孫○坐與楚謀反 10.17/66/15
與蓋延攻公孫○將王元 11.2/71/3
時公孫○稱帝 12.1/75/13
援素與○同鄉里 12.1/75/13
○乃盛陳陛衛 12.1/75/14
○鸞旗旄騎 12.1/75/15
臣與公孫○同縣 12.1/75/19
○陛戟而後進臣 12.1/75/20
尤善○前事 12.1/76/9
依姊壻父九江連率平河侯王○ 12.6/79/3
會○失郡 12.6/79/4
孝子善○父志 12.11/81/22
嘗因朝會帝讀隗囂、公孫○相與書 13.7/84/19
公孫○遣擊之 15.12/99/24
堪與吳漢并力討公孫○ 15.12/99/25
時○珍寶珠玉委積無數 15.12/99/26
但續父所記○漢事 16.2/102/16
前公孫○破時 16.35/113/16
公孫○欲徵李業〔爲博士〕 16.45/115/18
輒爲談○ 21.54/160/8
公孫○、字子陽 23.17/170/23
○之先武帝時 23.17/170/23
任○太子舍人 23.17/170/24
○攻成 23.17/170/25
蜀郡功曹李熊說○曰 23.17/170/25
○曰 23.17/171/2,23.17/171/25
熊復說○曰 23.17/171/2
○夢有人語之曰 23.17/171/8
○以爲符瑞 23.17/171/10
○自言手文有奇瑞 23.17/171/11
上賜○書曰 23.17/171/11
說○曰 23.17/171/13
○然邯言 23.17/171/19
○乃止 23.17/171/21
○懼 23.17/171/23
○詐使人言白帝倉出穀如山陵 23.17/171/24
○乃大會群臣 23.17/171/24
○謂延岑曰 23.17/171/27
○乃悉散金帛 23.17/171/28
使○其義 24.90/179/28

恕 shù 6

壯而仁明謙○ 2.2/14/4
仁○並洽 2.3/17/13
謙○下士 8.2/47/10
使仁○掾肥親往察之 19.4/137/19
爲政寬○ 19.11/139/22
溫仁多○ 21.9/152/12

術 shù 17

以助○學 2.1/11/17
賜以秘書列圖、道○秘方 7.12/43/11
又兼經○ 8.12/52/3
取士皆用儒○ 9.7/59/17
先王道○陵遲 11.7/72/12
長吏制御無○ 13.11/86/13
制屯田之○ 14.5/93/27

好申、韓之○ 15.17/101/14
臣經○淺薄 16.9/105/17
道○尤精 17.18/123/7
有似異端之○ 19.1/136/21
於此（宏）〔弘〕廣經○ 19.6/138/10
窮極道○ 19.22/142/13
○疊附德 22.4/163/4
豐好方○ 23.12/169/3
《周髀》數○具存 24.90/179/22
潤以道○ 24.90/179/26

庶 shù 19

趙王○兄胡子進狗牒馬（醞）〔醢〕 1.1/3/18
外憂○績 2.3/17/12
○事草創 5.3/28/11
〔○績復古〕 5.3/28/12
黎○賴福 5.5/29/11
黎○繼命 5.5/29/21
○事寧康 5.5/32/6
省○獄 6.5/36/24
姬妾嫡○ 7.20/45/12
《禮》重嫡○之序 7.20/45/14
人○多資 14.5/93/22
支○用其諡立族命氏焉 16.9/105/13
以中○子 16.18/109/3
禮、天子不食支○ 16.36/113/23
人○困乏 17.10/120/8
并、涼民○ 21.2/150/23
人○群入野澤 23.1/164/20
衆○來降十餘萬 23.1/164/23
諸侯王以下至于士○ 24.94/180/12

數 shù 193

流民入關者○十萬人 1.1/1/21
宛大姓李伯玉從弟軼○遣客求帝 1.1/2/1
嘗疾毒諸家子○犯法令 1.1/2/5
長○百里 1.1/2/22
且圍之○十重 1.1/2/24
金鼓之聲○十里 1.1/2/25
尋、邑遣步騎○千〔乘〕合戰 1.1/3/3
斬首○十級 1.1/3/3
斬首〔○〕百千級 1.1/3/5
奔走赴水溺死者以○萬 1.1/3/8
後○日 1.1/3/10 8.14/53/9,14.2/90/17
東迎雒陽者見更始諸將過者已○十輩 1.1/3/14
乃椎鼓○十通 1.1/3/21
得吏民謗毀帝言可擊者○千章 1.1/4/6
堯以歷○命舜 1.1/5/12
下輿見吏輒問以○十百歲能吏次第 1.1/6/4
道○十歲事若案文書 1.1/6/5
賊檄日以百○ 1.1/6/7
到朝廷凡○十見 1.1/6/8
代郡太守劉興將○百騎攻賈覽 1.1/6/13
口以萬○ 1.1/7/10
即以○郡備天子用 1.1/7/15
以車行○里 1.1/8/5
病差○日 1.1/8/6
留○日行 1.1/8/6
墾地○頃 1.1/8/8
○問以政議 2.1/11/14
言鉅鹿、樂成、廣平各○縣 2.1/13/28
和帝皇子○十 2.4/17/18
○有神光赤蛇嘉應 3.1/18/6
○燕見（省）〔在禁〕中 3.1/18/7
太子○爲歎息 3.2/19/24
是時皇太子○不幸 3.3/21/7
曲副八佾之○ 5.5/31/15
以則天○ 5.6/32/25
先是○日 6.2/34/15
〔后〕夢有小飛蟲萬○隨著身 6.2/34/15
穀價○倍 6.2/35/8
○往來觀視 6.2/35/14
○月 6.3/36/1,8.17/54/12
○陷陣潰圍 7.1/38/19
酒○行 7.7/40/17
〔○〕因左右陳誠 7.8/41/4
○上書讓還東海十九縣 7.8/41/7
及祖廟登歌《八佾》舞○ 7.12/42/18
然○見顏色 7.12/43/12
○責之 7.17/44/20
動以萬○ 8.1/46/10
日以千○ 8.1/46/23
活徒士○千人 8.2/47/17
轉易至○千人 8.2/47/23
旦夕臨者日○千人 8.2/48/2
不可勝○ 8.7/49/20
禹○與語 8.10/50/13
○言便宜 8.12/52/2 21.29/156/15
銅馬、赤眉之屬○十輩 8.14/52/15
輩皆○十萬衆 8.14/52/15
○上便宜事 8.15/53/20
中郎將、護羌校尉及刺史、二千石○百人 8.17/54/15
谷水從地中○丈涌出 9.2/56/5
祭遵以縣吏○進見 9.7/59/3
上○嗟歎曰 9.7/59/21
○破之 9.8/60/5
雖○縣 9.10/60/21
曾無尺寸可○ 9.11/61/8
獻馬及縑帛○百匹 10.1/62/5
〔得〕○十 10.1/62/6
○千人號呼涕泣 10.1/62/11
○不利 10.2/62/17
殺○十人 10.3/62/24
賓客隨者○十人 10.11/64/13
渡未畢○車而冰陷 10.11/64/20
○犯顏諫 10.13/65/12
責○以背恩反（賊）〔城〕 10.14/65/22
軼○請 10.21/67/9
融光武時○辭爵位 10.22/67/24
奴婢千○ 10.22/68/4
在邊○年 10.23/68/10
此馬已畜○年 10.26/69/8
○燕見 11.1/70/10
〔益地○千頃〕 11.1/70/13
左右怪上○破大敵、今得小城 11.2/70/24
其素所假貸人間○百萬 11.3/71/12
上○幸其宅 11.11/73/24
居位○十年 11.13/74/9

而一家○人並蒙爵土 11.14/74/15
天下反覆自盜名字者不可勝○ 12.1/75/21
○被進見 12.1/76/8
盡○日 12.1/76/11
臣既備○家骨法 12.1/76/27
上○幸防府 12.3/78/1
○言政事 12.3/78/5
○加譴責 12.3/78/8
常有千○ 12.7/79/18
〔而〕今○進鄭聲以亂雅樂 13.6/84/6
上○（○）顧視〔之〕 13.6/84/11
○正諫威儀不如法度者 13.10/85/14
帝○存問賞賜 13.10/85/16
居○月 13.11/87/3
王以師故○加饋遺 13.11/87/5
一日或○四引見 13.12/87/12
○進忠言正諫 13.14/88/17
與友人韓仲伯等○十人 13.16/89/8
吳漢諸將圍守○月不下 14.1/90/1
使前走○十步 14.2/91/4
司徒（例）〔辭〕訟久者至（○十）〔十○〕年 14.3/91/21
○奏記於禹 14.5/93/1
死亡之○ 14.5/93/8
至○十日 15.2/95/24
留○十日 15.8/98/3
有童兒○百 15.9/98/19
不盈○月輒致豐積 15.11/99/14
時述珍寶珠玉委積無○ 15.12/99/26
○年之間 15.14/100/15
固○入讀書禁中 16.2/102/17
匈奴使來○日 16.3/103/5
會百官驃騎將軍東平王蒼以下、榮門生○百人 16.9/106/6
○進見問得失 16.20/109/11
常○百人 16.25/110/24
其學兼通○家 16.26/111/8
因以節檛殺○人 16.30/112/2
賊圍繞○十重 16.31/112/8

䮂○諫之 16.38/114/10
前後奏記○十 16.38/114/11
宗家○百人 16.52/117/13
其園陵樹蘖皆諳其○ 17.1/117/22
門徒○百人 17.3/118/16
○有據爭 17.3/118/18
帝○嗟嘆 17.4/118/23
○納嘉謀 17.7/119/14
○諫蒼 17.10/120/13
○薦達名士承宮、郇恁等 17.11/120/25
授諸生○百人 17.12/121/3
執苦○十年間 17.12/121/5
○納忠諫 17.12/121/8
○納策謀 17.14/122/10
責○武 17.17/123/3
教授常○百弟子 17.18/123/7
○年 17.23/124/22
等輩○十皆縛束 17.24/124/27
○十人皆得脫 17.24/125/3
生裁○月 17.24/125/4
惟孤兒續始生○旬 17.25/125/9
暉爲守○年 18.6/128/8
○辟公府 18.8/128/20
均○諫止 18.10/129/8
得○萬錢 18.10/129/8
太守張穆持筒中布○篋與范 18.12/129/26
時生子皆以廉名者千○ 18.12/130/4
○從請託 18.23/133/7
○以捶自擊其脛 18.28/134/15
○十年以來 19.1/136/17
郡○以禮請 19.4/137/16
○年以來 19.4/137/24
死者以千○ 19.6/138/13
災異○降 19.6/138/13
○進忠言 19.8/139/3
輒私責○ 19.11/139/22
存者千○ 19.17/141/4
諸國侍子及督使賈胡○遺恂奴婢、宛馬、金銀、香罽之屬 19.20/141/22
馬市正○從（買）〔賣〕羹飯家乞貸 19.21/142/2
○加賞賜 19.22/142/17
添設儲跱輒○千萬 19.22/142/18

年○歲 19.25/143/7
繫獄○日 19.26/143/14
○月間 21.4/151/4
時地○震裂 21.4/151/4
今後宮之女○千 21.7/151/19
彌○十里 21.8/152/4
眾○百人 23.1/164/21
○月間至七八千人 23.1/164/21
宮人○千 23.1/165/5
○祠城陽景王 23.5/166/14
得掖庭中宮女猶有○百千人 23.5/166/16
及楊音各起兵○萬人 23.6/166/25
遂相聚得○百人 23.7/167/8
屬國胡○千畔 23.9/168/3
留○年 23.9/168/4
不過三○步 23.16/170/4
王公十○ 23.16/170/8
地方○千餘里 23.17/171/6
○移書中國 23.17/171/11
兵破身困○矣 23.17/171/14
其殿中廬有索長○尺可以縛人者○千枚 24.72/178/7
《周髀》○術具存 24.90/179/22
案度成○ 24.90/179/26

豎 shù 1

○子有仁心 19.4/137/21

澍 shù 5

未還宮而○雨 2.3/16/25
○雨大降 6.5/37/1
嘉○沾渥 6.6/37/11
應時甘雨○降 7.2/39/4
嘉澤降○ 15.2/95/19

樹 shù 27

○枝內附 2.1/13/15
太常丞上言陵○葉有甘露 2.1/13/17
甘露積于○ 2.1/13/17
道（路）〔橋〕所過歷○木 2.2/14/15
鳳皇見肥城窳亭槐○上 2.2/14/26

風拔○發屋 3.1/18/15
鳳凰集濟南臺丞霍穆舍○上 3.1/19/10
詔史官○碑頌德 6.7/37/17
懸其尸道邊○ 7.4/39/25
○十二郡旗鼓 8.14/53/12
彭伐○木開道 9.2/56/1
異常屏止○下 9.4/57/21
軍中號「大○將軍」 9.4/58/1
遵遣護軍王忠皆持刀斧伐○開道 9.7/59/8
止大○下 11.10/73/13
○恩布德 14.5/93/13
○名賢之良佐 14.5/93/28
便於田頭大○下飲食勸勉之 15.5/96/14
中庭橘○一株 16.14/107/21
乃以竹藩○四面 16.14/107/21
以繩繫著○枝 16.14/107/22
是爲下○奢媒而置貧本也 16.16/108/6
其園陵○蘗皆諳其數 17.1/117/22
家有山田橡○ 18.28/134/13
梓○生廳前屋上 19.12/140/4
六年躬自負土○柏 19.20/141/19
造意用○皮及敝布、魚網作紙 20.9/146/26

衰 shuāi 15

志意○惰 7.3/39/14
○服在身 7.19/45/7
遂與漢盛○ 8.17/54/16
賓客亦○ 12.3/78/9
白首不○ 13.1/83/1
後輒因○麤之痛 13.11/86/19
乃挂○絰於冢廬而去 15.2/95/8
臣常恐年○ 16.3/104/1
使之稍自○焉 16.16/108/7
周○ 18.6/127/21
犬馬齒○ 18.8/128/21
至篤○矣 18.23/133/10
于以○滅貪邪便佞 19.1/136/20
六經○微 19.6/138/11
有司奏君年體○羸 20.1/144/29

帥 shuài 13

由是好將○之事 8.14/53/15
○厲吏士 12.4/78/13
意出奉錢○人作屋 17.13/121/19
遂推〔爲〕渠○ 23.1/164/21
其將○素習聖公 23.1/164/24
銅馬賊○東山荒禿、上淮況等 23.20/172/16
大彤渠○樊重 23.20/172/16
尤來渠○樊崇 23.20/172/16
五校賊○高扈 23.20/172/16
檀鄉賊○董次仲 23.20/172/16
五樓賊○張文 23.20/172/17
富平賊○徐少 23.20/172/17
獲索賊○古師郎等 23.20/172/17

率 shuài 44

王匡、王鳳爲之渠○ 1.1/1/23
因○舂陵子弟隨之 1.1/2/11
帝○鄧禹等擊王郎橫野將軍劉奉 1.1/3/25
終不君臣相○而降 1.1/4/4
封降賊渠○ 1.1/4/8
乃○諸王侯、公主、外戚、郡國計吏上陵 2.1/11/20
○常如此 2.1/12/17
以益州徼外哀牢王○衆慕化 2.1/13/3
帝○百官上陵 2.1/13/17
皇太后○大臣命婦謁宗廟 3.1/18/24
賜五里、六亭渠○金帛各有差 3.1/19/2
漢陽○善都尉蒲密因桂陽太守文礱獻大明珠 3.2/20/3
中尉、內史官屬亦以○減 4.1/25/16
○由舊章 5.5/32/13,13.11/86/9
以○八妾 6.2/34/14
以身○下 8.2/47/24
故悝兄弟○常在中供養兩宮 8.5/48/19
賊○五萬餘人夜攻漢營 8.10/50/19
○多強弩 9.1/55/19
諸蠻夷相○遣使貢獻 9.2/56/2
丹○衆至廣阿 9.10/60/18
純與從昆弟訢、宿、植共○宗（施）〔族〕賓客二千餘人 10.1/62/7
此家○下江諸將輔翼漢室 10.20/67/4
○厲五郡精兵 10.22/67/22
○吏民 11.10/73/13
依姊壻父九江連○平河侯王述 12.6/79/3
大將軍夫人躬先○禮 12.12/82/4
上下相○焦心 13.9/85/6
陛下○禮無違 13.9/85/7
故遂相○而陪園陵 13.11/86/20
○宛、葉之衆 14.5/93/9
延○掾吏殯於門外 15.15/101/1
○不生出獄 15.17/101/15
民相○以石（擿）〔擿〕吏 16.46/115/28
皆相○修義 17.25/125/12
以廉讓○下 18.3/127/6
擇民能○衆者 18.14/131/2
清約○下 19.20/141/20
以身○物 20.17/148/18
尙書郭鎭○直宿羽林出 20.23/149/22
時屬縣令長○多中官子弟 21.3/150/28
躬○子孫耕農爲養 21.13/153/20
○下以儉化起機 24.94/180/11

霜 shuāng 6

天下旱○連年 1.1/5/22
帝蒙犯○雪 1.1/10/12
則雪○風雨之不時 5.5/30/18
君晨夜冒犯○露 14.2/91/12
魯春雨○ 18.4/127/11
冬多○雪 22.4/162/27

雙 shuāng 5

號之曰「殿中無○丁孝公」 15.2/95/15
日生鯉一○ 17.22/124/7
兄弟○高 19.4/137/14

此日下無〇 19.22/142/11
京師號曰「天下無〇、〔江夏黃童〕」 19.22/142/13

誰 shuí 11

〇當獨居此上者 7.1/38/12
此與〇等 7.12/43/1
非王而〇 7.20/45/14
諸將〇可使者 8.10/50/12
太守爲〇 8.12/51/24
諸將〇可使守河內者 9.1/54/23
爲〇來乎 9.10/60/19
〇能行義 13.11/85/26
今公〇爲守乎 14.1/90/2
詔問〇可傅太子者 16.15/107/26
時范問爲〇所從來 18.12/130/5

水 shuǐ 87

求封南陽蔡陽白〇鄉 1.1/1/6
從城西〇上奔陣 1.1/3/6
〇潦成川 1.1/3/7
滍〇盛溢 1.1/3/8
奔走赴〇溺死者以數萬 1.1/3/8
滍〇爲之不流 1.1/3/8
邑與嚴尤、陳茂輕騎乘死人渡滍〇逃去 1.1/3/8
故趙繆王子臨說帝決〇灌赤眉 1.1/3/19
以漢〇德 1.1/5/5
至孝文、賈誼、公孫臣以爲秦〇德 1.1/5/5
陂池裁令流〇而已 1.1/8/21
河〇洋洋 1.1/8/23
有赤草生于〇涯 1.1/9/16
長〇校尉樊鯈奏言 2.1/11/21
制令流〇而已 2.1/13/8
南山〇流出至東郊 2.3/16/30
崩壞谿〇 2.3/17/4
新城山泉〇大出 3.1/18/12
〇深三丈 3.1/18/13
調濱〇縣彭城、廣陽、廬江、九江穀九十萬斛 3.1/18/26
蝗〇爲災 3.5/22/1
以京師〇旱疫病 3.5/22/15
則〇旱癘疫之災 5.5/30/17
車如流〇 6.2/35/4
從南陽之白〇鄉 7.7/40/15
《坎》爲〇 7.9/41/22
蒼到國後病〇氣喘逆 7.12/43/15
于時國家每有災異〇旱 8.7/49/12
分營于〇南〇北 8.10/50/23
乃銜枚引兵往合〇南營 8.10/50/23
漢戰敗墮〇 8.10/50/24
爲長〇校尉 8.12/52/2
恭以疏勒城傍有〇 8.17/54/8
絕其澗〇 8.17/54/8
無〇 8.17/54/9
恭既得〇 8.17/54/11
谷〇從地中數丈涌出 9.2/56/5
〇火不避 9.4/57/17
溺〇者半 9.11/61/5
還汝〇上 10.9/64/3
上以手飲〇 10.9/64/3
導吏言河〇流澌 10.11/64/17
上令霸前瞻〇 10.11/64/17
且臨〇止 10.11/64/18
遂以賤直奪沁〇公主園田 10.24/68/17
桃花〇出 11.2/70/25
〔坡〕〇廣二十里 11.10/73/12
禹爲開〇門 11.10/73/12
食糒乾飯屑飲〇而已 11.10/73/13
仰視烏鳶跕跕墮〇中 12.1/76/20
郡國（七）〔比〕大〇 13.11/86/12
〇潦暴長 13.11/86/27
臣聞〇、陰類也 13.11/86/28
《易》卦「地上有〇比」 13.11/86/28
朱鮪等會城南淯〇上沙中 14.1/89/26
上指〇曰 14.1/90/5
河〇在此 14.1/90/6
觀其〇泉之利 14.5/93/26
造作〇排 15.10/99/5
乃選擇〇軍三百人 15.12/99/25
斬竹爲箄渡〇 15.12/99/25
延乃爲置〇官吏 15.15/101/1
曄爲天〇郡 15.17/101/14
〇清無大魚 16.3/104/5
不與〇火 16.6/104/23
共啜菽飲〇 16.49/116/15
臣聞孔子忍渴於盜泉之〇 17.13/121/24
母好飲江〇 17.22/124/5
令兒常取〇 17.22/124/6
味如江〇 17.22/124/7
交錯〇中 18.1/126/17
但嚴使儲〇 18.12/130/2
爲預汲〇滿之 18.28/134/17
麥隨〇漂去 18.30/135/15
郡國被〇災 19.6/138/13
〇一杯 20.10/147/4
〇者、欲吾清也 20.10/147/5
長史、司馬、涉頭、長燕、烏校、棚〇塞尉印五枚 21.8/152/7
備〇戰之具 21.53/160/3
而朱鮪立壇城南（堉）〔淯〕〇上 23.1/164/24
天〇人也 23.16/169/25
今天〇完富 23.16/170/9
浮〇轉漕之便 23.17/171/5
東下漢〇以窺秦地 23.17/171/6
天〇、隴西拱手自服 23.17/171/17
漢墮〇 23.17/172/1

稅 shuì 3

不收其〇 2.3/16/23
食租〇 3.2/20/18
薄賦〇 12.8/80/1

吮 shǔn 2

至爲〇癰 11.5/71/27
21.34/157/12

楯 shǔn 1

得鎧弩刀矛戰〇匕首二三千枚 8.9/49/28

順 shùn 24

諸李遂與南陽府掾史張

〇等連謀 1.1/2/6
孝〇聰明 2.3/16/5
葬〇陵 2.3/17/10
孝〇皇帝諱保 3.2/19/21
孝〇皇帝宏秉聖哲 3.2/20/29
〇帝之少子也 3.3/21/7
〇帝崩 3.3/21/8
〇天行誅 5.5/29/11
不可不〇 6.2/35/9
〇帝陽嘉元年 6.6/37/11
〇時乘風 8.13/52/7
所以宣氣、致和、〇陰陽也 12.3/78/3
行之有逆〇耳 12.9/80/12
使〇其志 13.11/85/23
其猶〇驚風而飛鴻毛也 14.5/93/13
本非孝子〇孫 16.3/104/4
蔡〇、字君仲 16.44/115/13
〇取桑椹 16.44/115/13
于是京師貴戚〇陽侯衛尉馬廖、侍中竇憲慕其行 18.18/132/6
應〇、字華仲 19.12/140/3
是爲〇帝 20.23/149/21
足下欲承天〇民 23.16/169/25
南〇江流以震荆、揚 23.17/171/7
婉〇慈孝 24.37/175/21

舜 shùn 6

堯以歷數命〇 1.1/5/12
蓋聞堯〇九族 7.20/45/11
將爲許、巢而去堯、〇也 15.8/98/4
不務修〇、禹、周公之德 19.16/140/25
口誦堯、〇之言 20.4/145/23
拜王〇爲太保 24.1/172/21

說 shuō 38

具爲同舍解〇 1.1/1/16
帝歷〇其意 1.1/3/2
故趙繆王子臨〇帝決水灌赤眉 1.1/3/19
耿純〇帝曰 1.1/4/14
次〇在家所識鄉里能吏 1.1/9/4
命太子、諸王〇經 2.1/13/12
乃進〇曰 8.1/46/10
〔因〇〕曰 8.14/52/13
恂同門生董崇〇恂曰 9.1/55/4
因間進〇曰 9.4/56/19
〇故舊平生爲忻樂 11.1/70/10
囂將王元〇囂 11.2/70/20
顧〇客耳 12.1/75/21
援歸〇囂曰 12.1/75/22
因〇囂側足而立 12.1/76/1
令彭〇鮪曰 14.1/90/1
復至城下〇鮪 14.1/90/6
永〇下懷 14.2/90/24
衍〇吳漢曰 14.5/92/24
執經自爲辯〇 16.9/106/10
上自制《五家要〇章句》 16.10/106/17
復令郁〇一篇 16.10/106/19
上令群臣能〇經者更相難詰 16.20/109/18
俱名善〇經書 17.17/122/24
〇經鏗鏗楊子行 17.17/122/25
爾〇將尙不下 18.1/126/2
善〇災異 18.31/135/22
太史令王立〇《孝經》六隱事 21.21/155/3
關東〇《詩》陳君期 21.56/160/18
威稱〇實成帝遺體子輿也 23.8/167/18
〇囂曰 23.16/169/25
囂將王元〇囂曰 23.16/170/6
而欲牽儒生之〇 23.16/170/8
納王元之〇 23.16/170/18
蜀郡功曹李熊〇述曰 23.17/170/25
熊復〇述曰 23.17/171/2
〇述曰 23.17/171/13
而坐談武王之〇 23.17/171/19

朔 shuò 5

正〇、服色未有所定 1.1/5/4
至五月〇 6.5/36/24
爲〇方太守 8.12/51/24
休屠各及〇方烏桓竝同反叛 21.11/153/5
邕徙〇方 21.24/155/21

厶 sī 1

八〇子系 23.17/171/8

司 sī 147

嘗爲季父故舂陵侯訟逋租于大〇馬嚴尤 1.1/1/18
遣大〇徒王尋、大〇空王邑將兵來征 1.1/2/13
以帝爲〇隸校尉 1.1/3/13
及見〇隸官屬 1.1/3/16
大〇徒賜言帝第一可用 1.1/3/17
更始以帝爲大〇馬 1.1/3/17
乃命有〇設壇于鄗南千秋亭五成陌 1.1/4/18
至孝武、（兒）〔倪〕寬、〇馬遷猶從土德 1.1/5/6
有〇奏議曰 1.1/5/11
左右有白大〇馬史 1.1/8/4
有〇奏封禪 1.1/9/10
使〇空馮魴告祠高祖廟曰 1.1/9/18
有〇奏上尊號曰顯宗 2.1/13/22, 5.5/32/7
敕御史、〇空 2.2/14/15
詔有〇京師離宮園池 2.3/16/10
安定太守杜恢與〇馬鈞并威擊羌 3.1/18/30
遣〇徒等分詣郊廟社稷 3.1/19/15
〇空劉授以阿附惡逆 3.2/19/28
太尉劉光、〇空張皓以陰陽不和 3.2/20/4
〇徒許敬爲陵轢使（官）〔者〕策罷 3.2/20/5
有〇奏言 3.2/20/29
有〇上言宜建聖嗣 3.3/21/7
詔〇隸 3.5/22/1
〇徒韓縯、〇空孫朗並坐不衛宮 3.5/22/7
〇空、唐虞之官也 4.1/24/13
〇馬員吏官屬 4.1/24/15
度遼將軍〇馬二人 4.1/24/22
校尉、中郎將、諸郡都

尉、諸國行相、中尉、內史、中護軍、○直秩皆比二千石 4.1/25/20
中外官尚書令、御史中丞、治書侍御史、公將軍長史、中二千石丞、正、平、諸○馬、中官王家僕、雒陽令秩皆千石 4.1/25/21
尚書、中謁者、黃門冗從四僕射、諸都監、中外諸都官令、都（候）〔侯〕、○農部丞、郡國長史、丞、（候）〔侯〕、○馬、千人秩皆六百石 4.1/26/1
蕭何墓在長陵東○馬門道北百步 5.1/27/5
霍光墓在茂陵東○馬門道南四里 5.1/27/7
群○禮官咸以爲宜登封告成 5.5/29/12
有○復奏《河》《雒》圖記表章赤漢九世尤著明者 5.5/29/20
有○奏〔請〕立長秋宮 6.2/34/14
得○徒劉公一言 7.1/38/11
後有○馬犯軍令 7.1/38/13
上詔有○加贈鑾輅乘馬 7.12/43/18
乃以上爲大○馬 8.1/46/8
禹爲大○徒 8.1/46/19
○徒、堯也 8.1/46/24
以延平（九）〔元〕年拜爲車騎將軍、儀同三○ 8.4/48/12
儀同三○始自陟也 8.4/48/13
有○復請加諡曰昭成侯 8.6/49/7
公孫述、大○馬田戎將兵下江關 8.10/50/22
有○奏議以武爲諡 8.10/51/5
我大○馬督 8.11/51/12
令與當世大儒○徒丁鴻問難經傳 8.12/52/3
爲大○農 8.15/53/20, 21.52/159/28
大○馬朱鮪在雒〔陽〕 9.1/54/22
更始遣舞陰王李軼、廩丘王田立、大○馬朱鮪、白虎公陳僑將兵三十萬 9.4/57/1
光武拜王梁爲大○空 10.6/63/12
上爲大○馬 10.11/64/13
隗拜○空 10.13/65/12
上以大○馬平河北 10.16/66/8
爲大○空 10.21/67/14
上○空印綬 10.21/67/15
有○請封諸皇子 10.21/67/15
（遺）〔遣〕○馬虞封間行通書 10.22/67/20
大將軍置長史、○馬員吏官屬 10.24/68/21
仲官至玄武○馬 12.1/75/6
事下大○空正郡國印章 12.1/76/15
○隸校尉梁松奏特進弟防、光、廖、〔廖〕子豫 12.2/77/12
從○徒祭酒陳元受《左氏春秋》 12.6/79/6
聽置○馬、從事 12.6/79/8
以明軍謀特除西域○馬 12.9/80/7
今以平狄將軍孫咸行大○馬事 12.14/82/14
竊見故大○徒陽都侯伏湛自行束脩 13.1/82/22
宋弘爲○空 13.6/84/3
爲○徒 13.7/84/19,17.2/118/11
爲大○徒 13.8/84/26
浮爲○空 13.9/85/7
後大○徒戴涉被誅 13.10/85/16
遷大○徒○直 13.11/87/1
代張純爲大○空 13.11/87/6
願下有○ 13.12/87/25
遷○徒 13.13/88/7
大○徒公被害時 14.1/90/3
爲○隸校尉 14.2/91/1, 21.12/153/13
○隸不避也 14.2/91/9
拜○隸校尉 14.3/91/19
又當○徒露布 14.3/91/20
怪使○隸而著姓也 14.3/91/20
吾欲使天下知忠臣之子復爲○隸 14.3/91/21
○徒（例）〔辭〕訟久者至（數十）〔十數〕年 14.3/91/21
鴻爲○徒 15.2/95/21
上特詔御史中丞與○隸校尉、尚書令會同並專席而坐 15.3/96/5
遵爲大○馬護軍 15.5/96/18
○徒侯霸欲與丹定交 15.5/96/21
爲大○徒○直 15.6/97/3
時○徒吏鮑恢以事到東海 15.6/97/4
我○徒吏 15.6/97/5
超爲假○馬 16.3/103/3
今以超爲假○馬 16.3/103/11
辟大○空府 16.22/110/3
拜大○農 16.23/110/13
○徒侯霸辟貢 16.49/116/17
遷玄武○馬 17.1/117/27
辟大○馬府 17.3/118/17
遷大○農 17.4/118/23
有○奏請絕國 17.8/119/19
有○復奏之 17.8/119/19
遷○徒長史 17.10/120/15
鍾離意辟大○徒侯霸府 17.13/121/14
上見○農上簿 17.13/121/27
倫爲○空 18.1/126/19
安爲○徒 18.5/127/17
○徒劉愷辟之 18.8/128/20
會大○馬吳漢薨 18.23/133/8
○隸校尉下邳趙興不卹諱忌 18.25/133/19
三葉皆爲○隸 18.25/133/20
青從此除步兵○馬 19.1/136/9
爲○空十四年 19.3/137/9
寵辟○徒鮑昱府 19.7/138/20
父奉、○隸校尉 19.14/140/12
辟○徒府 19.15/140/16
轉○隸校尉 19.15/140/18
○馬均、字少賓 19.28/143/25
有○奏君年體衰羸 20.1/144/29
其上○空印綬 20.1/145/1
吾蒙恩居上○ 20.2/145/11
賜代劉郃爲○徒 20.4/145/23
○徒郃之子 20.11/147/10
劉據爲大○農 20.13/147/19

有○奏光欺詐主上 20.24/150/7
下有○送雲黃門北寺獄 21.4/151/6
○徒尹訟薦潁 21.8/151/25
長史、○馬、涉頭、長燕、烏校、棚水塞尉印五枚 21.8/152/7
大○農陳奇舉咨至孝 21.13/153/23
馮模爲○空 21.31/156/24
○部災蝗 21.35/157/16
○空掾梁福曰 21.35/157/16
范康爲○隸校尉 21.36/157/21
大○馬縱之 23.1/165/10
大○馬吳漢圍茂 23.10/168/10
有○穿坎于庭 23.16/170/2
丁明代傅喜爲大○馬 24.2/172/23
○馬相如上疏曰 24.77/178/19

私 sī 26

明德太后姊子夏壽等○呼虎賁張鳴與敖戲爭鬬 2.2/15/13
不○幸望 5.5/31/1
不以○家干朝廷 6.2/34/24
夜○買脂燭讀經傳 6.5/36/15
○出國 7.4/39/24
○田八百頃 7.11/42/9
坐○與梁扈通書 8.2/47/24
兩虎安得○鬬 9.1/55/12
必不○諸卿也 9.7/59/6
家無○財 9.7/59/13
不得復念○也 10.16/66/11
不發○書 11.7/72/11
不以○好害公義 11.14/74/16
但○之以財 11.14/74/17
○從光乞 12.4/78/17
退食○館 12.11/81/12
今子以兄弟○恩而絕父不滅之基 15.2/95/12
向○門 15.2/95/24
時人有上言班固○改作《史記》 16.2/102/15
諸奴〔婢〕○共計議 17.25/125/10
論薦之○ 18.8/128/22
○語行事人使不加力 18.22/133/1
輒○責數 19.11/139/22
不受○謁 20.2/145/6
趙萌以○事責侍中 23.1/165/9
未曾○語 24.58/177/7

思 sī 40

極盡下（○）〔恩〕 1.1/6/10
少省○慮 1.1/9/6
○念欲完功臣爵土 1.1/10/3
長○遠慕 2.1/11/20
朕夙夜伏○ 5.5/31/21
○有所承 5.5/31/25
肅雝備○ 5.6/33/1
諸兄常悲傷○慕 6.5/37/5
帝追○之 6.7/37/17
悽然懷○ 7.12/42/23
以慰《凱風》寒泉之○ 7.12/43/6
○其人 7.12/43/20
燕人○慕 8.2/47/24
宜○功遂身退之計 9.1/55/5
○漢久矣 9.4/56/19
烏桓、鮮卑追○無已 9.8/60/8
○得效命 10.14/65/25
輿盡忠竭○ 11.14/74/15
爲期○侯 11.15/74/24
願○之 13.1/82/22
○仰漢德 13.11/86/5
往來懼○ 13.11/86/30
憙常○欲報之 13.16/89/3
○以報義 14.1/90/7
○樂爲用矣 14.5/93/25
年老○土 16.3/104/1
誠○自竭 16.10/106/23
宜○遠慮 16.10/106/23
不○求賢報國 17.17/123/1
晝夜沉○ 18.16/131/14
遂潛○著書十餘篇 18.29/135/7
耽○閉門講誦 19.4/137/14
臣○之 19.4/137/23
○核經意 19.6/138/10
慕○憔悴 19.22/142/9
參○其微意 20.10/147/4
○維咎徵 20.19/148/29
其詳○改救 20.19/149/1
漢有沛宮、甘泉宮、龍泉宮、太一宮、○子宮 24.7/173/9
○惟精意 24.90/179/26

絲 sī 1

無蠶織○麻之利 15.14/100/13

斯 sī 5

○可矣 12.1/76/19
○典之廢 13.12/87/19
○四戰之地、攻守之場也 14.5/93/22
何謂察察而遇○禍也 16.22/110/7
信哉○言 17.1/117/28

廝 sī 1

恥在○役 20.7/146/15

澌 sī 1

導吏言河水流○ 10.11/64/17

磃 sī 1

滑〔如磄○〕 6.5/36/16

死 sǐ 106

民餓○者十七八 1.1/1/22
奔走赴水溺○者以數萬 1.1/3/8
邑與嚴尤、陳茂輕騎乘○人渡滍水逃去 1.1/3/8
安得不投○ 1.1/4/10
以要其○力 1.1/6/6
腹脹○ 1.1/6/26
其夜○ 1.1/7/9
九江賊馬勉敗○ 3.4/21/16
下獄○ 3.5/22/25,20.20/149/6
以○勤事則祀之 5.5/30/15
再宿不○ 6.3/35/22
早○ 6.9/38/3
前後沒溺○者不可勝算 8.2/47/16
恥病○ 8.2/48/1
鄧使君已○ 8.2/48/3

我曹亦且俱○耳 8.2/48/3
夫人先○ 8.10/51/3
卒必多○傷 8.14/53/1
士卒皆樂爲○ 8.16/53/25
同○生 8.17/54/12
隗囂○ 9.1/55/16
可謂守○善道者也 9.7/59/18
○後 9.7/59/21
如○ 9.12/61/22
歙未○ 11.2/71/4
投筆抽刃而○ 11.2/71/6
況出戰○ 11.8/72/23
男兒要當○於邊野 12.1/77/1
光○後 12.4/78/19
嘗有○罪亡命者來過 12.5/78/24
輕殊○刑三十四事 12.9/80/9
輕殊○刑八十一事 12.9/80/9
其四十二事手殺人者減○一等 12.9/80/10
○必耗費帑藏 12.11/81/18
守○善道 13.1/82/23
○獄中 13.8/84/26
或懼○亡 13.11/86/22
小民負縣官不過身○ 13.11/86/25
時林馬適○ 13.11/87/2
身○之後 13.12/87/21
入平原界輒○ 13.16/89/13
今繫獄當○ 14.3/91/18
今君長故主敗不能○ 14.4/92/4
身○地分 14.4/92/8
○亡之數 14.5/93/8
○不飯唅 15.2/95/9
敢不以○明心乎 15.8/97/26
不○ 15.8/98/12
同侶馬○ 15.14/100/12
既至而○ 15.15/100/28
董宣○乃知貧耳 15.16/101/7
臣得竭○自效 15.17/101/13
大笑期必○ 15.17/101/17
出萬○之志 16.3/103/16
不如守正而○ 16.6/104/20
然鍾子期○ 16.22/110/9
遂伏劍而○ 16.30/112/3
嘉請以○贖君命 16.31/112/9
請先季○ 16.43/115/9
業乃飲鴆而○ 16.45/115/18
還就○ 17.11/120/23
溺○ 17.22/124/6
汝曹皆當以次○ 17.24/124/28
願先等輩○ 17.24/125/2
元家相繼○沒 17.25/125/9
○生相守 18.1/125/20
被○罪二人 18.1/126/21
今日朱暉○日也 18.6/127/24
坐考長吏囚○獄中 18.6/128/9
赦天下繫囚在四月丙子以前減○罪一等 18.9/128/26
○罪以下並蒙更生 18.9/129/1
臣以爲赦前犯○罪而繫在赦後者 18.9/129/2
祖父客○蜀、漢 18.12/129/25
僅免於○ 18.12/129/26
馬頓○泥中 18.12/130/5
遂詐○ 18.22/133/2
充已○ 19.1/136/5
薦郡吏王青三世○節 19.1/136/9
○者以千數 19.6/138/13
霸妻○ 19.11/139/24
遂飲酖而○ 20.2/145/12
即○ 20.8/146/21
上書願與雲俱得○ 21.4/151/7
遂俱○獄中 21.4/151/7
吾懼其○也 21.9/152/14
猛自知必○ 21.11/153/9
乃登樓自焚而○ 21.11/153/9
父子皆○于杖下 21.12/153/14
與李膺俱○ 21.14/154/1
蝗入輒○ 21.40/158/8
得不○ 22.5/164/3
遂○獄中 22.5/164/6
聖公詐○ 23.1/164/19
三馬皆○ 23.1/165/4
待汝以不○耳 23.5/166/18
士卒多凍○ 23.6/167/1
當○無所恨 23.12/169/5
皆必○無二心 23.16/170/16
遂刎頸而○ 23.16/170/17
恚憤腹脹而○ 23.16/170/18
夕○尚可 23.17/171/9
○而功成 23.17/171/15
男兒當○中求生 23.17/171/27
（幕）〔募〕敢○士五千餘人 23.17/171/28
及丞相王〔嘉〕○ 24.2/172/23

巳 sì 1

除陳留○吾長 16.12/107/6

四 sì 137

○方潰畔 1.1/1/23
前去尋、邑軍○五里而陣 1.1/3/2
北郊○里 1.1/5/7
○時隨色 1.1/5/8
○年夏五月 1.1/5/22
八年閏○月 1.1/6/23
十○年 1.1/7/21,2.1/13/8
○月二日 1.1/8/5
甘露降○十五日 1.1/8/16
○月 1.1/8/21
○時上祭 1.1/9/20
建武○年夏五月甲申 2.1/11/5
○方欣欣 2.1/12/2,11.7/72/15
臣○懽喜 2.1/12/8
○年春二月 2.1/12/19,3.1/19/5
詔爲○姓小侯置學 2.1/12/29
十年夏閏○月 2.1/12/31
時年○十八 2.1/13/21
什減三○ 2.1/13/29
年○歲 2.2/14/3,2.3/16/6
○年冬十一月 2.2/14/11
鳳凰見百三十九、麒麟五十二、白虎二十九、黃龍三十○、青龍、黃鵠、鸞鳥、神馬、神雀、九尾狐、三足烏、赤烏、白兔、白鹿、白燕、白鵲、 2.2/15/20
肅宗兼茲○德 2.2/15/27
○年夏六月 2.3/16/19
秭歸山高○百餘丈 2.3/17/4
○年 3.1/18/20,3.2/20/3,3.2/20/14,3.5/22/12,3.6/23/16,7.12/43/9
○年春三月 3.1/19/13
建康元年夏○月 3.3/21/8
年十○ 3.5/21/23
本初（三）〔元〕年○月 3.5/21/24
玦周五寸○分 3.5/21/30
○年初 3.6/23/24

帝起○百尺觀于阿亭道 3.6/23/26
大行丞有治禮員○十七人 4.1/25/3
尙書、中謁者、黃門冗從○僕射、諸都監、中外諸都官令、都（候）〔侯〕、司農部丞、郡國長史、丞、（候）〔侯〕、司馬、千人秩皆六百石 4.1/26/1
雒陽市長秩○百石 4.1/26/3
主家長秩皆○百石 4.1/26/4
其丞、尉皆秩○百石 4.1/26/5
○百石者 4.1/26/5
長相或○百石或三百石 4.1/26/8
小黃門、黃門侍郎、中黃門秩皆比○百石 4.1/26/10
霍光墓在茂陵東司馬門道南○里 5.1/27/7
亭萬二千○百○十三 5.1/28/3
漢樂○品 5.4/28/16
孝章皇帝親著歌詩○章 5.4/29/2
熹平○年正月中 5.4/29/3
澤施○海 5.5/31/6
一章十○句 5.5/31/14
六十○節爲（武）〔舞〕 5.5/31/15
○時祫食于世祖廟 5.5/31/26
不可以（向）仰○門賓于之議 5.5/32/4
建初○年八月 5.5/32/11
○百、三百、二百石黃綬 5.6/33/8
爲○起大髻 6.2/34/11
于時見戶○百七十六 7.7/40/14
初元○年 7.7/40/15
奴婢至千○百人 7.11/42/8
是時○方無虞 7.12/42/17
永元○年 7.21/45/20,15.2/95/25
禹獨與二十○騎詣雒陽 8.1/47/5
發湟中秦、胡羌兵○千人 8.2/47/25
中二千石十○人 8.7/49/19
州牧郡守○十八人 8.7/49/20
去臨淄○十里 8.14/52/22
凡所平郡（○）〔三〕十六 8.14/53/15
○方未定 9.1/55/4
上遣校尉發騎士○百人 9.7/59/19
下○縣 10.7/63/18
建武○年 10.19/66/23, 17.12/121/6
其以安豐、陽泉、蓼、安風凡○縣封融爲安豐侯 10.22/67/23
○二千石 10.22/68/4
驢○百頭負馱 11.2/71/2
墾田○千餘頃 11.10/73/14
上凡十○見 12.1/75/22
丞印「○」下「羊」 12.1/76/13
圍○尺五寸 12.1/76/27
建武二十○年 12.1/77/3
○方高一尺 12.2/77/11
○方且半額 12.2/77/11
○方用匹帛 12.2/77/11
至○年 12.6/79/5
輕殊死刑三十○事 12.9/80/9
其○十二事手殺人者減死一等 12.9/80/10
○面會合 12.9/80/14
於○城外給與貧民 12.11/81/15
○海乃賓 13.1/82/21
出入○年 13.1/82/21
○方聞之 13.1/82/22
令○方諸侯咸樂回首 13.1/83/2
一日或數○引見 13.12/87/12
禘祭以夏○月 13.12/87/18
賢俊○面雲集 14.1/90/2
○海爲羅網 14.4/92/12
○垂之人 14.5/93/8
雷震○海 14.5/93/10
斯○戰之地、攻守之場也 14.5/93/22
二祖○宗 15.2/95/19
市〔日〕○合 15.11/99/13
奮在姑臧○年 15.11/99/14
○時送衣 15.11/99/18
年七十○卒官 15.16/101/6
郁以永平十○年爲議郎 16.10/106/17
乃以竹藩樹○面 16.14/107/21
建武十○年 16.21/109/23
大國○縣 16.24/110/17
今封諸侯○縣 16.24/110/18
視事○年 18.3/127/6
建武十（○）〔六〕年 18.6/128/8
○方牛大疫 18.6/128/8
赦天下繫囚在○月丙子以前減死罪一等 18.9/128/26
神馬○出滇河中 18.13/130/19
爲民設○誡 18.14/131/2
詔爲○姓小侯開學 19.1/136/6
爲司空十○年 19.3/137/9
加○百之期 20.4/145/21
食邑○千戶 20.24/150/7
后家封者○人 21.4/151/4
食雪○十餘日 21.8/151/27
掠得羌侯君長金印○十三 21.8/152/7
○姓權右 21.20/154/27
由是○方不復信向京師 23.1/165/14
○方響應 23.16/170/7
以待○方之變 23.16/170/10
方今○海波蕩 23.17/170/25
○方樂業 24.20/174/15

寺 sì 12

陛下識知○舍 1.1/8/11
幸洛陽○ 2.3/16/25
象林蠻夷攻燔官○ 2.3/17/4
虎賁、羽林不任事者住○ 3.5/22/15
太后幸洛陽○ 6.5/36/24
詔許越騎、射聲（○）〔等〕治北宮 12.4/78/15
見府○門即下 13.10/85/13
災壞城郭官○ 13.11/86/27
不入冀府（赤）〔○〕 15.17/101/16
府○寬敞 17.7/119/12
常伏○東門外凍地 19.16/140/22
下有司送雲黃門北○獄 21.4/151/6

汜 sì 1

友人張○、杜禽與興厚善 11.14/74/17

伺 sì 4

越人○（侯）〔候〕者聞車聲不絕 10.2/62/19
後掩○見之 17.23/124/18
○當朝會 21.9/152/16
○翊寢 21.37/157/25

似 sì 7

有○于堯 2.1/11/6
類○先帝 2.1/12/6
形貌○龍 3.6/23/21
恐子孫○之 13.13/88/4
有○異端之術 19.1/136/21
形○龍 21.24/155/20
○虹蜺 21.24/155/20

祀 sì 47

昔周公郊○后稷以配天 1.1/5/9
宗○文王以配上帝 1.1/5/9
宜令郊○帝堯以配天 1.1/5/10
宗○高祖以配上帝 1.1/5/10
雲臺致敬祭○之禮儀亦如之 1.1/5/13
〔上〕宗○光武皇帝于明堂 2.1/11/26
○畢 2.1/11/26
詔京兆、右扶風以中牢○蕭何、霍光 2.1/12/10
悉令侍○ 2.1/12/11
財足祠○ 2.1/13/8
經○壇上 2.2/14/19
○五帝于汶上明堂 2.2/14/19
宗○五帝于明堂 2.3/16/22
章帝又置（祝）〔○〕令、丞 4.1/25/1
各以其月○而奏之 5.4/29/3
宗廟不○ 5.5/29/23
明帝宗○五帝于明堂 5.5/30/9
制郊○ 5.5/30/11
經稱「秩元○ 5.5/30/14
功施于民則○之 5.5/30/15
以死勤事則○之 5.5/30/15
以勞定國則○之 5.5/30/15
能禦大災則○之 5.5/30/15
不在○典 5.5/30/16
欲有以增諸神之○ 5.5/30/18
今恐山川百神應典○者尚未盡秩 5.5/30/19
其議增修群○宜享○者 5.5/30/20
肅穆典○ 5.5/31/8
天地之（○）〔禮〕 5.6/33/1
以郊○天地 5.6/33/11
太后雅性不好淫○ 6.5/37/2
○、梁父亭侯 7.17/44/23
時議郊○制 13.11/86/1
以爲漢當○堯 13.11/86/1
樂承漢○ 13.11/86/5
○郊高帝 13.11/86/6
民奉種○ 13.11/86/7
○園陵還 13.13/88/11
成德侯鮪玄孫○ 14.1/90/11
○五帝於明堂 15.2/95/19
咸有告○ 15.2/95/19
設祭以○之 18.16/131/17
不可奉祭○ 19.27/143/20
廣以爲實宜在《郊○志》 24.91/180/2
又使○事以類相從 24.91/180/3
宜入《效○志》 24.92/180/7

俟 sì 2

其餘（禺）〔以○〕中使者出報 1.1/6/19
以○聖主 19.7/138/19

笥 sì 6

馮異進一○麥飯兔肩 1.1/3/23
異進一○麥飯兔肩 9.4/57/1
饋餌一○ 15.17/101/11
一○餌得都尉 15.17/101/13
有人遺卿母一○餅 18.1/126/9
與兩空札置○中 23.5/166/11

嗣 sì 25

曹相國後容城侯無○ 2.3/16/15
大鴻臚悉求近親宜爲○者 2.3/16/17
有司上言宜建聖○ 3.3/21/7
無○ 3.5/21/25
裔孫乾○位 7.4/39/24
敞父仁○侯 7.7/40/13
迄今嫡○未知所定 7.20/45/13
正此國○ 7.20/45/14
太子國之儲○ 7.20/45/15
融○子穆尙內黃公主 10.22/68/2
而融弟顯親侯友○子固尙沮陽公主 10.22/68/3
廖不得○爵 12.2/77/9
越○不長 12.10/80/23
繼○承業 13.11/86/21
大行移書問○ 13.12/87/23
子湛○ 15.2/96/1
子浮○ 15.2/96/1
子夔○ 15.2/96/1
故居巢侯劉般○子愷 17.8/119/20
其聽憲○爵 17.8/119/22
彪當○爵 18.3/127/5
徵北鄉侯爲○ 20.23/149/19
歆當○爵 21.46/159/3
無所報○ 22.4/162/10
後○遵儉 24.92/180/5

肆 sì 3

○心縱欲 8.17/54/13
嚴從其故門生○都學擊劍 12.6/79/6
而○意加怒 14.2/91/5

駟 sì 3

羽蓋車一○ 2.3/16/12
 22.3/161/15
輕於○馬之載鴻毛 24.70/178/3

松 sōng 7

安得○、喬與之而共遊乎 1.1/8/24
司隸校尉梁○奏特進弟防、光、廖、〔廖〕子豫 12.2/77/12
太子及山陽王因虎賁中郎將梁○請衆 16.6/104/18
謂○曰 16.6/104/19

○風以長者難逆 16.6/104/19
李○等自長安傳送乘輿服御物 23.1/165/3
李○奉引 23.1/165/4

嵩 sōng 5

因上言復崇高山爲○高山 3.6/23/16
使者宋○西上 9.4/57/15
耿○、字文都 16.52/117/12
時○年十二三 16.52/117/13
皇甫○上言 21.20/154/27

悚 sǒng 1

朝臣畏○ 10.13/65/12

竦 sǒng 2

梁○作《悼騷賦》 12.10/80/19
其追封謚皇太后父○爲褒親愍侯 12.10/81/6

宋 sòng 12

封殷紹嘉公爲○公 1.1/7/19
敬隱○后以王莽末年生 6.3/35/21
乃以歸○氏 6.3/35/23
使者○嵩西上 9.4/57/15
別攻眞定○子餘賊 9.12/61/19
（持）〔馳〕歸○子 10.1/62/6
○弘爲司空 13.6/84/3
○公威容德器 13.6/84/13
○均、字叔庠 17.14/122/7
暉之先、○微子之後也 18.6/127/21
諸侯滅○ 18.6/127/21
○揚、扶風平陵人 18.24/133/15

送 sòng 50

益州乃傳○瞽師、郊廟樂、葆車、乘輿物 1.1/7/15
詔齊相〔其〕止勿〔復〕○冰紈、方空穀、吹綸絮〔也〕 2.2/14/9
○敖倉 3.1/18/26
今皆并○ 5.5/31/24
宣使嫡子姬○女入門 7.7/40/21
敕官屬遣○ 7.8/41/14
復○綬十九枚 7.9/41/25
楚王英奉○黃縑三十五匹、白紈五匹入贖 7.10/42/3
上臨○歸宮 7.12/42/23
於是車駕祖○ 7.12/43/13
皇太后但令門生輓○ 8.6/49/8
車駕○至河南 9.4/57/10
今○縑千匹 9.7/59/12
兵車軍陣○遵葬 9.7/59/19
會屬縣○委輸牛車三百餘兩至 10.2/62/18
持節○馬援 11.2/70/19
大官朝夕○食 11.10/73/17
○囚至府 12.1/75/10
朝○鹿膾 12.4/78/16
遣太醫○方藥也 12.6/79/14
脅以○終之義 13.11/86/19
兩府遣吏護○饒穀之郡 13.11/86/22
今○錢五萬 13.11/87/4
復令彭夜○歸雒陽 14.1/90/10
時帝叔父趙王良從○中郎將來歙喪還 14.2/91/1
坐前守張禁多受遺○千萬 15.8/98/11
諸兒○出郭外 15.9/98/21
四時○衣 15.11/99/18
超即斬其首○廣德 16.3/103/15
（遺）〔遣〕○之 16.31/112/10
詔部○徒詣河內 17.13/121/14
收御者○獄 17.20/123/19
太官○供具 17.23/124/22
令孝從官屬○喪歸也 17.23/124/22
暉○其家金三斤 18.6/127/26
今重○ 18.6/127/27
歲○穀五十斛 18.6/128/12
輒敕大官○餐醪 18.18/132/6
收篤○京師 18.23/133/7
百姓垂涕○之滿道 19.1/136/14
每歲遣人○米肉 19.4/137/15
○舊不出門 19.8/139/4
霸以所乘車馬遣○之 19.11/139/18
○至官舍 19.11/139/24
遂○還之 19.11/139/26
○廷尉 20.23/149/23
下有司○雲黃門北寺獄 21.4/151/6
奔車收○詔獄 21.12/153/13
裝○甚盛 22.1/160/24
李松等自長安傳○乘輿服御物 23.1/165/3

訟 sòng 16

嘗爲季父故舂陵侯○逋租于大司馬嚴尤 1.1/1/18
時宛人朱祜亦爲舅○租于尤 1.1/1/19
以田二頃解其忿○ 11.3/71/11
上書○之 12.1/75/24
歙掾陳元上書追○之 13.8/84/27
司徒（例）〔辭〕○久者至（數十）〔十數〕年 14.3/91/21
昱奏定《詞○》七卷 14.3/91/22
息遏人○也 14.3/91/23
由是不復有爭○ 16.25/111/1
其後小民爭○ 18.1/125/26
又與寡嫂詐○田 18.30/135/18
宿○許伯等爭陂澤田 19.4/137/17
然後科其所○ 20.17/148/19
司徒尹○薦穎 21.8/151/25
罪法辭○ 21.54/160/7
新市人王匡、王鳳爲平理爭○ 23.1/164/20

頌 sòng 12

二曰周○、雅樂 5.4/28/19
臣下不敢○功述德業 5.5/29/15
○言成也 5.5/31/13
百官○所登御者 5.5/31/13
詔史官樹碑○德 6.7/37/17
蒼因上《世祖受命中興○》 7.12/42/26
令史官作○ 12.3/77/21
○其功伐 12.3/77/22
奏《雅》《○》之音 12.3/78/4

輒獻賦○ 16.2/102/17
零陵○其遺愛 16.31/112/12
使作《神雀○》 18.17/131/24

誦 sòng 24

夜講經聽○ 1.1/9/3
力○聖德 2.2/15/27
皆○《詩》、《書》 2.3/17/13
○《孝經》章句 3.2/19/22
下大予樂官習○ 5.4/29/3
○及《采菽》 7.12/42/24
能○《詩》 8.1/46/5
講○孜孜不輟 8.6/48/27
○于公卿曰 9.4/57/16
○堯之言 14.4/92/14
投閒輒○《詩》 16.9/106/3
年十二能○《詩》、《書》 16.34/112/28
見諸生講○ 17.12/121/4
後阜竊書○盡 18.13/130/14
行則○文書 18.16/131/14
彈琴○《詩》 18.29/135/4
○讀書夜不絕 18.30/135/14
鳳受竿○經如故 18.30/135/15
耽思閉門講○ 19.4/137/14
口○堯、舜之言 20.4/145/23
與弟子○書自若 21.11/153/6
爲帝○《孝經》一章 21.21/155/4
須○爲郡主簿 21.30/156/20
士大夫莫不諷○〔之也〕 23.16/170/6

搜 sōu 1

歆將令尉入宮○捕 11.9/73/5

蒐 sōu 1

分高顯、候城、遼陽屬玄（○）〔菟〕 5.1/27/21

溲 sóu 1

遺失○便 13.10/85/17

藪 sǒu 1

朝之淵○ 13.1/83/1

嗽 sòu 1

后仰（噏）〔○〕之 6.5/36/16

蘇 sū 10

漢與鄧弘俱客○弘 8.10/50/12
與○茂、周建戰 8.10/50/17
劉文及○茂臣于劉永 10.11/64/24
上言太守○定張眼視錢 12.1/76/24
○竟與劉歆兄子恭書曰 16.28/111/16
根得○ 18.22/133/2
拓拒○便 22.4/162/7
阻○邪犂 22.4/163/12
與更始將軍○茂戰 23.1/165/16
○茂、陳留人 23.10/168/10

俗 sú 25

○以爲燕人愚 1.1/4/12
九眞○燒草種田 5.1/28/1
《孝經》所謂「移風易○ 5.4/28/20
武冠、○謂之大冠 5.6/33/4
○語曰 6.2/34/27
河西改○ 8.2/47/24
羌○ 8.2/48/1
不失先○ 13.11/86/7
舊地雜○ 13.11/86/17
汝南舊○ 15.8/97/28
○不種桑 15.14/100/13
其○信巫 16.3/103/14
而喜非毀○儒 16.16/108/3
夫○難卒變 16.16/108/7
頗類世○之辭 16.22/110/4
爲○人所怪 16.22/110/9
美○成化 16.49/116/18
不隨於○ 16.52/117/12
不汲汲于時○ 17.3/118/17
問州中風○ 19.1/136/18
○每太守將交代 19.22/142/18
身蹈絕○之行 20.4/145/23
其○舊多珍怪 20.17/148/13
去○歸德 22.4/163/4
○人失其名 24.95/180/15

夙 sù 6

朕○夜伏思 5.5/31/21
○夜匪懈 13.16/89/17
伋知盧芳○賊 15.9/98/22
○夜慚懼 16.10/106/23
○夜不怠 17.7/119/14
19.18/141/10

素 sù 32

諸將○輕帝 1.1/2/23
又舊制上書以青布囊○裹封書 1.1/6/16
吾○剛急 6.2/35/8
事太后○謹愼 6.2/35/11
莽○震其名 7.1/38/10
上車駕○服往弔 9.7/59/14
彤○清約 9.8/60/6
亭長○爲善吏 10.26/69/14
歙○剛直 11.2/70/20
家○富 11.3/71/11
其○所假貸人間數百萬 11.3/71/12
援○與述同鄉里 12.1/75/13
○相親厚 13.11/87/2
純○重愼周密 13.12/87/13
衍與邑○誓刎頸 14.4/92/2
德不○積 14.5/93/23
以（○）〔壽〕終於家 14.5/94/2
前在州○有恩德 15.9/98/18
奮○孝 15.11/99/12
衆○剛烈 16.6/104/22
以○木刳瓠葉爲俎豆 16.17/108/19
慮○有名（字）〔稱〕 16.22/110/6
序○有氣力 16.30/112/1
萌○明陰陽 16.46/115/26
我○聞璧 18.6/128/2
時麟亦○聞范名 18.12/130/8
賜璩○六十匹 19.15/140/18

白馬令李雲○剛 21.4/151/4
其將帥○習聖公 23.1/164/24
呂母家○富 23.7/167/6
我○所愛 23.11/168/23
○食竟期 24.44/176/7

宿 sù 33

車駕○偃師 1.1/8/6
單車露○ 1.1/8/8
充奉○衛 2.1/13/26
○衛禁門 2.2/15/14
再○不死 6.3/35/22
名儒○德 7.3/39/10
止○亭 7.4/39/24
慶得入省○止 7.21/45/20
常○止於中 8.1/46/14
暮○殿門下 8.2/47/11
召鄧禹○ 8.10/50/11
兵退無○戒 9.7/59/11
純與從昆弟訢、○、植共率宗（施）〔族〕賓客二千餘人 10.1/62/7
奉兩宮○衛 10.23/68/12
○衛宮省 12.3/77/24
所以○衛兩宮 12.4/78/14
猥復超超○德 12.11/81/16
留魴○衛南宮 13.14/88/18
將緹騎○玄武門複道上 13.14/88/18
憙內典○衛 13.16/89/18
解械止○ 14.3/91/19
不復責舍○直 18.1/125/23
暉以堪○成名德 18.6/128/10
○訟許伯等爭陂澤田 19.4/137/17
商買露○ 19.21/141/28
嘗獨止○臺上 19.22/142/14
蒙見○留 19.22/142/16
尙書郭鎭率直○羽林出 20.23/149/22
百○到雒 22.4/163/24
○下邑亭 23.18/172/6
今○客疑是 23.18/172/7
下端望之以視星○ 24.89/179/18
轉璣窺衡以知星○ 24.89/179/18

速 sù 1

朱勃小器○成 16.34/112/29

粟 sù 7

黃金一斤易○一石 1.1/5/23
○斛錢三十 2.1/13/1
補之如○ 6.2/34/11
見其中有○ 12.3/77/20
不食其○ 13.11/85/22
蓋伯夷、叔齊恥食周○ 13.11/85/23
使金如○ 21.11/153/4

訴 sù 2

公主不敢○ 10.24/68/17
民有相爭○者 20.17/148/18

肅 sù 22

○宗兼茲四德 2.2/15/27
○雍和鳴 5.4/28/18
○穆典祀 5.5/31/8
○雍顯清 5.5/31/16
○雝備思 5.6/33/1
王孫頃王○ 7.8/41/14
誠欲令恭○畏事 10.22/68/1
後○宗駕出過園 10.24/68/17
○宗初立 12.6/79/11
寬和○敬 12.11/81/12
○宗即位 13.16/89/19
19.32/144/21
○宗詔鴻與太常樓望、少府成封、屯騎校尉桓郁、衛士令賈逵等 15.2/95/13
賓客從者皆○其行也 16.14/107/22
○宗敬重之 18.10/129/12
政治○清 18.13/130/17
郡中○然 19.1/136/8
京師○然 21.12/153/15
京師○清 21.32/157/3
以致其○敬 23.16/169/28
百寮○然 24.60/177/11

止行過○名趙李時銓不卒 24.68/177/27

愬 sù 4

遂用譖○ 1.1/3/10
乳母王男、廚監邴吉爲大長秋江京、中常侍樊豐等所譖○ 3.2/19/23
齊武王以譖○遇害 9.4/56/18
陛下納膚受之○ 16.20/109/13

酸 suān 1

聞之可爲○鼻 1.1/7/10

蒜 suàn 2

黨嘗遺貢生（麻）〔○〕 16.49/116/16
所種小麥、故○ 19.20/141/19

算 suàn 2

前後沒溺死者不可勝○ 8.2/47/16
兼明圖讖、天官、星氣、鍾律、（歷）〔曆〕○ 19.22/142/12

睢 suī 3

圍劉永于○陽 9.11/61/4
除○陽令 15.15/100/27
亭長白言「○陽賊衣絳罽襜 23.18/172/6

雖 suī 46

○得入 1.1/3/11
邯鄲○鄙 1.1/4/4
漢○唐之苗 1.1/5/11
囂○遣子入侍 1.1/6/8
○發師旁縣 1.1/10/12
僉以爲○于更衣 5.5/31/22
此女○年少 6.2/34/7
○痛、忍不言 6.5/36/11
臣○螻蟻 7.3/39/12

禹○幼 8.1/46/6
更始○都關西 8.1/46/10
明公○建蕃輔之功 8.1/46/12
○內得于上 8.7/49/17
其聲○大而（實）〔虛〕 8.14/52/24
○在軍旅 9.7/59/18
○數縣 9.10/60/21
○不可渡 10.11/64/18
○親戚功臣 10.22/68/4
○在閒署 11.6/72/6
○在骨肉 11.14/74/16
○在閫內 12.1/75/9
○離讒以嗚唈兮 12.10/80/19
○呑刀以奉命兮 12.10/80/21
○云禮制 12.11/81/19
○居幽室闇處 13.10/85/12
林○拘於嚻 13.11/85/24
我○小人 13.11/85/26
張氏○皆降散 13.11/86/12
○追加賞賜 13.13/88/9
○行將軍 14.2/90/18
○以獲罪 14.2/91/9
○則山澤之人 14.5/93/25
○奉璽書 15.2/95/24
掾○不行 16.3/103/9
援後〔○〕貴 16.34/113/2
延以寅○有容儀而無實行 17.1/117/26
○有二千石 18.1/126/13
○無錢 18.18/132/3
○有官 19.5/138/4
○從來久 19.6/138/11
○有百金之利 19.7/138/20
○無謇直之風 21.1/150/19
○欲以漢爲（民）〔名〕 23.16/169/26
○未備物 23.16/169/28
○遣子春卿入質 23.16/170/18
○誇譀 24.84/179/7

綏 suí 3

以爲○德將軍 12.1/75/13
○定西羌 12.3/77/23
與（東）〔同〕郡宗武伯、翟敬伯、陳○伯、張弟伯同志好 18.3/127/4

隨 suí 24

○其叔父在蕭 1.1/1/14
因率舂陵子弟○之 1.1/2/11
四時○色 1.1/5/8
〔后〕夢有小飛蟲萬數○著身 6.2/34/15
繡衣御史申屠建○獻玉玦 7.1/38/16
賓客○者數十人 10.11/64/13
何故○婦家入湯鑊中 11.1/70/8
嚻遣子恂○入侍 11.2/70/19
張步遣其掾孫昱○盛詣闕上書 13.2/83/7
弱而○師 15.2/95/9
超遣子勇○入塞 16.3/104/2
不○於俗 16.52/117/12
然後○護視賑給之 18.10/129/11
啼泣○之 18.15/131/10
麥○水漂去 18.30/135/15
恭○行阡陌 19.4/137/19
常步行○師 20.11/147/11
○日時而出入焉 21.21/155/4
徵衣○旅 22.4/162/1
綑動○旅 22.4/162/21
芳因○入匈奴 23.9/168/4
餘稍稍相○ 23.16/170/11
長沙以南必○風而靡 23.17/171/16
太尉張酺、鄭洪、徐防、趙喜、○延、龐桓 24.81/179/1

髓 suǐ 1

痛入骨○ 14.5/93/9

祟 suì 2

問咎○所在 6.2/34/6
如有禍○ 17.13/121/20

遂 suì 159

諸李○與南陽府掾史張順等連謀 1.1/2/6
○市兵弩 1.1/2/6
光○盛 1.1/2/8
○即歸宅 1.1/2/8
○環昆陽城作營 1.1/2/24
乃○令輕足將書與城中諸將 1.1/3/5
帝○選精兵三千人 1.1/3/6
邑大衆○潰亂 1.1/3/8
○用譖愬 1.1/3/10
○定都焉 1.1/5/1
○到章陵 1.1/8/7
○登太山 1.1/9/13
○有事于十一陵 2.1/12/5
○兼五經 2.2/14/5
姑不○捕 2.2/15/15
○兼覽書傳 2.3/16/7
○登靈臺 2.3/16/22
○共搆陷太子 3.2/19/24
○與兄冀定策于禁中 3.5/21/25
陛下○以仲月令辰 5.5/29/17
由是○祭六宗 5.5/30/12
○納后于宛 6.1/33/24
○爲帝妃 6.2/34/7
○登至尊 6.2/34/15
○取而持歸養 6.3/35/23
○被譖暴卒 6.3/36/1
○得申理 6.5/37/1
後病○瘳 6.5/37/4
伯升○作之 7.1/38/13
更始○共謀誅伯升 7.1/38/16
○相親附 8.1/46/6
○愈 8.2/47/13
○逃避使者 8.4/48/15
漢○斬幽州牧苗曾 8.10/50/14
○鼓而進 8.10/50/18
○以分與昆弟外家 8.10/51/2
○罷左右將軍 8.11/51/20
○擊臨淄 8.14/53/3
○解去 8.17/54/8
○與漢盛衰 8.17/54/16
宜思功○身退之計 9.1/55/5
○過去 9.1/55/11
○斬之 9.1/55/19,23.1/165/11
異○與諸將定議上尊號 9.4/57/7
○哭而慟 9.7/59/15
病○加 9.10/60/23

○平沛、楚、臨淮 9.11/61/6
○大破之 9.12/61/20
卿欲○蹕耶 9.12/61/21
○自結納 10.1/62/5
由是○安 10.2/62/19
○前 10.11/64/19
○閉門堅守 10.11/64/24
○滅西域 10.23/68/10
○以賤直奪沁水公主園
田 10.24/68/17
○解馬與之 10.26/69/8
○發憤責之曰 11.2/70/20
○與五谿戰 11.2/71/3
○棄官亡命 11.9/73/4
○遺援 12.1/77/5
防○見親近 12.3/77/21
○獨行十月迎氣樂 12.3/78/4
○攻取庫兵 12.9/80/14
遣謁者侯盛、荊州刺史
費○齎璽書徵霸 13.5/83/20
○罷之 13.10/85/17
故○相率而陪園陵 13.11/86/20
自是禘、祫○定 13.12/87/20
○見親識 13.13/88/6
○薨 13.13/88/12
○往復讎 13.16/89/3
李氏○降 13.16/89/7
○脫 13.16/89/10
○下車 14.2/91/9
○任身有子 14.3/91/19
永、邑○結怨焉 14.4/92/15
○坎壈失志 14.5/94/2
○篤志精銳 15.2/95/7
○揖而別 15.5/96/20
○拒之 15.6/97/7
惲○出 15.8/97/26
○拒不開 15.8/98/7
○殺仲 15.8/98/13
〔○〕止於野亭 15.9/98/22
○格殺廣 15.10/99/4
○擒賊 15.11/99/17
○免難 15.12/99/25
○破蜀 15.12/99/26
○博貫載籍 16.2/102/13
○將吏士往奔虜營 16.3/103/8
令○前功 16.3/103/11
如令匈奴○能服臣 16.6/104/25
○不復轉還 16.16/108/11
○至禁錮 16.20/109/13
憑○重坐五十餘席 16.20/109/19
○伏劍而死 16.30/112/3
○解衣而前 16.33/112/23
○投劾歸 16.37/113/28
○平理 16.37/114/2
○稱疾去 16.37/114/4
○不之官而歸 16.38/114/12
賊○放之 16.41/114/28
○去學問 16.46/115/24
○潛藏不見 16.46/115/27
○去之沛 16.49/116/22
○以見 16.50/117/1
○不舉觴 17.10/120/10
○去不顧 17.11/120/21
○還詣賊 17.11/120/24
○通其經 17.12/121/6
○避世漢中 17.12/121/6
月餘○去官 17.19/123/14
○共蔬食 17.23/124/18
賊○皆放之 17.24/125/3
○將家屬客河東 18.1/125/22
母○探口餅出之 18.1/126/10
○舍之 18.6/127/25
強直自○ 18.6/128/5
○跣而起 18.8/128/22
○爲廉潔 18.10/129/9
○俱沉溺 18.12/129/26
○不受 18.12/129/27
○選精兵 18.12/130/1
○詐死 18.22/133/2
○潛思著書十餘篇 18.29/135/7
○葬要離冢傍 18.29/135/10
○不仕 18.30/135/18
酺傷青不○ 19.1/136/9
○策免 19.6/138/14
而○失計義 19.11/139/26
○送還之 19.11/139/26
○叱去其婦 19.27/143/20
衆○首謀誅之 19.32/144/23
○飲酖而死 20.2/145/12
賊等○戟刺輔 20.8/146/21
○奏冀 20.15/148/4
○共訂交于杵臼之間
20.17/148/18
中山相朱○到官 20.19/148/28
而○比不奉祠 20.19/148/29
○封東阿侯 20.24/150/8
○俱死獄中 21.4/151/7
○懷猜恨 21.8/152/2
○燒度遼將軍門 21.11/153/5
爲韓○所攻 21.11/153/8
○棄官而去 21.22/155/10
○死獄中 22.5/164/6
○推〔爲〕渠帥 23.1/164/21
○共圍宛 23.1/164/22
更始○西發雒陽 23.1/165/4
○委政于萌 23.1/165/6
〔○害更始〕 23.1/165/20
○相聚得數百人 23.7/167/8
○破海曲 23.7/167/9
○不得解 23.11/168/24
○反 23.12/169/4,23.15/169/20
○刎頸而死 23.16/170/17
○止不降 23.19/172/12
○策免明 24.2/172/24

歲 suì 80

是○有嘉禾生 1.1/1/11
年九○而南頓君卒 1.1/1/14
尙可支一○ 1.1/4/4
至是○ 1.1/5/24
下輿見吏輒問以數十百
○能吏次第 1.1/6/4
道數十○事若案文書 1.1/6/5
連○月乃決 1.1/6/17
復南頓田租一○ 1.1/8/11
但復一○少薄 1.1/8/12
〔願〕復十○ 1.1/8/12
期十○ 1.1/8/13
復增一○ 1.1/8/13
是○ 1.1/9/20
十○通《春秋》 2.1/11/6
○比登稔 2.1/13/1
年四○ 2.2/14/3,2.3/16/6
年二○ 2.4/17/22
年十○ 3.1/18/7
年六○ 3.2/19/23
12.5/78/24,15.12/99/23
年三○ 3.3/21/7
年八○ 3.4/21/15
時方九○ 3.4/21/19

但絕○用 6.2/35/4
穰○之後 6.2/35/9
長至年十三○ 6.3/35/23
后年五○ 6.5/36/11
六○ 6.5/36/12
七○讀《論語》 6.5/36/13
○時但貢紙墨而已 6.5/36/21
○終 7.3/39/11
○餘 7.7/40/16,18.10/129/8
王之子年五○以上 7.9/41/25
○月驚邁 7.12/43/4
○省億萬計 8.2/47/17
皆稱萬○ 8.17/54/10
大將軍憲前○出征 10.24/68/22
○時遺之 10.26/69/15
爲郎二十三○ 11.6/72/7
臣愚以爲可因○首發太簇之律 12.3/78/3
○千萬以上 12.4/78/16
嚴方七○ 12.6/79/3
增○租十餘萬斛 12.8/80/1
故衣裘裁足卒○ 12.11/81/13
○屢有年 13.16/89/13
每○農時 15.5/96/14
一○復徵 15.6/97/6
每至○時伏臘 15.15/100/27
年九○ 16.2/102/13,19.22/142/8
超在西域三十一○ 16.3/104/6
遭○倉卒 16.41/114/25
十餘○喪親 16.43/115/8
○旦與掾吏入賀 17.10/120/5
今日○首 17.10/120/7
掾吏皆稱萬○ 17.10/120/7
年八○爲人牧豬 17.12/121/3
○○作衣投於江中 17.22/124/6
年一二○ 17.24/125/3
續年十○ 17.25/125/12
○常豐熟 18.6/128/5
○送穀五十斛 18.6/128/12
今○垂盡 18.8/128/21
後○餘 18.13/130/15
臣愚以爲刺史視事滿○ 19.1/136/18
俱賀○ 19.1/136/23
弟丕年七○ 19.4/137/13
每○遣人送米肉 19.4/137/15
昔○倉卒時 19.7/138/25
年數○ 19.25/143/7
九○通《春秋》 19.25/143/8
年五○ 19.29/144/3
歷○乃瘳 19.30/144/10
積○餘 20.6/146/11
單于○祭三龍祠 22.3/161/9
在兵中十○ 23.16/170/12

穗 suì 3

一莖九○ 1.1/1/11
七百六十八○ 3.1/19/8
麥○兩岐 15.12/100/1

燧 suì 1

起烽○ 10.5/63/8

孫 sūn 96

高帝九世○也 1.1/1/5
節侯○考侯以土地下濕 1.1/1/6
先是時伯玉同母兄公○臣爲醫 1.1/2/1
至孝文、賈誼、公○臣以爲秦水德 1.1/5/5
惟獨公○述、隗囂未平 1.1/6/3
制告公○述 1.1/6/7
署曰「公○皇帝」 1.1/6/7
吳漢引兵擊公○述 1.1/7/3
禹宗室子○ 1.1/7/11
公○述故哀帝時 1.1/7/15
子○賴福 1.1/9/19
○茂、平望侯 1.1/10/7
出郡錢穀給蕭何子○ 2.1/12/11
中黃門○程等十九人共討賊臣江京等 3.2/19/27
其以漢中南鄭之武陽亭封賢○承先爲武陽亭侯 3.2/20/17
章帝玄○ 3.4/21/15
千乘貞王之曾○ 3.4/21/15
樂安王○ 3.4/21/15
章帝曾○ 3.5/21/23
河間孝王○ 3.5/21/23
司徒韓縯、司空○朗並坐不衛宮 3.5/22/7
帝堯善及子○之餘賞 5.5/30/4
吾但當含飴弄○ 6.2/35/9
紀者、襄成縣君○壽之舅也 6.9/38/3
裔○乾嗣位 7.4/39/24
（宏）〔弘〕字孺○ 7.5/40/3
王○頃王肅 7.8/41/14
封恭○據、卞亭侯 7.17/44/22
教學子○ 8.1/47/6
公○述、大司馬田戎將兵下江關 8.10/50/22
大破公○述 8.10/50/23
恭至即移檄烏○ 8.17/54/3
馮異、字公○ 9.4/56/17
昨日得公○豆粥 9.4/56/23
公○述遣兵救隗囂 9.7/59/10
祭彤、字次○ 9.8/60/3
詔封延曾○爲盧亭（候）〔侯〕 9.11/61/13
是時公○述將田戎、任滿與漢軍相拒于荊門 10.2/62/16
○述坐與楚謀反 10.17/66/15
○廣坐楚事 10.20/67/5
自祖至○ 10.22/68/4
竇固、字孟○ 10.23/68/9
與蓋延攻公○述將王元 11.2/71/3
外○何氏兄弟爭財 11.3/71/11
時公○述稱帝 12.1/75/13
臣與公○述同縣 12.1/75/19
余外○右扶風曹貢爲梧安侯相 12.6/79/4
留寄郎朱仲○舍 12.6/79/5
爲子○累 12.11/81/14
○咸征狄 12.14/82/14
今以平狄將軍○咸行大司馬事 12.14/82/14
張步遣其掾○昱隨盛詣闕上書 13.2/83/7
嘗因朝會帝讀隗囂、公○述相與書 13.7/84/19
恐子○似之 13.13/88/4
馮魴、字孝○ 13.14/88/16
華侯○長卿食采馮城 13.14/88/16
子○得到魴所 13.14/88/20
聞宛之趙氏有孤○憙 13.16/89/6
成德侯鮪玄○祀 14.1/90/11

觀○武之策 14.5/93/29
昔○叔敖敕其子 15.1/94/25
何以拜子○耶 15.5/96/22
公○述遣擊之 15.12/99/24
堪與吳漢并力討公○述 15.12/99/25
任延、字長○ 15.15/100/22
本非孝子順○ 16.3/104/4
茂負太守○福踰牆出 16.32/112/16
其以縣見穀二千石賜勃子若○ 16.34/113/11
前公○述破時 16.35/113/16
公○述欲徵李業〔爲博士〕 16.45/115/18
丹師事公○昌 17.2/118/10
○堪爲光祿勳 17.5/119/3
鮭陽鴻、字孟○ 17.16/122/20
李善、字次○ 17.25/125/9
倫獨收養孤兄（下）〔子〕、外○ 18.1/125/20
常慕叔○通爲漢儀禮 18.16/131/14
○安世 18.25/133/20
淳于恭、字孟○ 18.28/134/13
子○歸扶風 18.29/135/10
咸常戒子○ 19.7/138/19
子○常蔬食步行 20.2/145/6
使後世稱爲清白吏子○ 20.2/145/7
自抱○兒伏于戶下 20.10/147/4
○程、字稚卿 20.23/149/18
衛康叔之胄○林父之後 20.23/149/18
○程賦棗脯 20.24/150/3
時東郭竇、公○舉等聚衆三萬人爲亂 21.8/151/24
躬率子○耕農爲養 21.13/153/20
郁刪、字次○ 21.39/158/3
魏成曾○純坐訐訕 21.47/159/8
利取侯畢尋玄○守坐姦人妻 21.48/159/12
首鄉侯段普曾○勝坐殺婢 21.49/159/16
夕陽侯邢崇○之爲賊所盜 21.50/159/20
單于比、匈奴頭曼十八代○ 22.3/161/7
子○昌熾 22.4/162/13
公○述、字子陽 23.17/170/23

筍 sǔn 3

見冬○名曰（苞）〔筍〕○ 12.1/76/16
其味美於春夏○ 12.1/76/17

損 sǔn 11

有加而無○ 2.1/13/24
塋陵○狹 3.2/20/30
節○益前後之宜 5.5/31/15
威稍○ 8.1/47/1
由是權勢稍○ 12.3/78/9
豈宜重爲國○ 12.11/81/20
謙虛抑○ 12.11/81/24
此乃上威○ 15.2/95/24
將有○大漢之强 16.6/104/25
政令日○ 21.4/151/6
且禮有○益 23.16/169/28

所 suǒ 324

皆從○言 1.1/2/23
大爲長安○笑 1.1/3/15
時傳聞不見《赤伏符》文軍中○ 1.1/4/16
帝○與在長安同舍諸生彊華自長安奉《赤伏符》詣鄗 1.1/4/17
夫士誠能爲人○不能爲 1.1/4/23
正朔、服色未有○定 1.1/5/4
下無○隱其情 1.1/6/5
不知○以 1.1/6/5
好醜無○隱諱 1.1/6/9
興已爲覽○殺 1.1/6/14
〔○見〕如神 1.1/6/20
景帝、○謂孝子也 1.1/8/24
無慮○用 1.1/8/25
今○制地 1.1/8/27
次說在家○識鄉里能吏 1.1/9/4
宜命太史撰具郡國○上 1.1/9/17
○以承事兄弟 2.1/11/15
無○不照 2.1/11/18,2.3/16/7
各得其○ 2.1/12/8
屬者○言〔我堯〕 2.1/12/10
帝在于道○幸見吏 2.1/12/16
無○不觀 2.2/14/5
道（路）〔橋〕○過歷樹木 2.2/14/15
無得有○伐 2.2/14/15
虎賁蘭內○使 2.2/15/15
此皆生于不學之門○致也 2.2/15/15
湯、文○務也 2.2/15/26
古今○同 2.3/16/16
爲羌○害 3.1/19/1
御車○止 3.1/19/13
乳母王男、廚監邴吉爲大長秋江京、中常侍樊豐等○譖愬 3.2/19/23
爲不祠北嶽○致 3.2/20/7
國○望秩 3.2/20/8,20.19/148/29
傳勉頭及○帶玉印、鹿皮冠、黃衣詣雒陽 3.4/21/17
令○傷郡國皆種蕪菁 3.5/22/1
名臣少府李膺等並爲閹人○譖 3.5/22/24
有黑氣墮○御溫明殿庭中 3.6/23/21
凡律○革 5.2/28/7
《易》○謂「先王以作樂崇德 5.4/28/16
《虞書》○謂「琴瑟以詠 5.4/28/18
《孝經》○謂「移風易俗 5.4/28/20
〔《詩》〕○謂「琴瑟擊鼓 5.4/28/21
天子○以宴樂群臣 5.4/28/23
《詩》○謂「坎坎鼓我 5.4/28/24
黃帝岐伯○作 5.4/29/1
蓋《周官》○謂「王〔師〕大獻則令凱樂 5.4/29/1
百王○同 5.5/29/12,5.5/29/15
爲議者○誘進 5.5/30/4
民○瞻仰也 5.5/30/15
民○取財用也 5.5/30/16
元元各得其○ 5.5/31/5
歌○以詠德 5.5/31/9
舞○以象功 5.5/31/9

緣天地之○雜樂爲之文典 5.5/31/10
百官頌○登御者 5.5/31/13
猶宜有○宗之號 5.5/31/23
思有○承 5.5/31/25
盛德之樂無○施 5.5/32/1
誠非○當聞、○宜言 5.5/32/3
非○宜稱 5.5/32/6
無○奉承 5.5/32/8
○望于王也 5.5/32/9
上以公卿○奏明德皇后在世祖廟坐位駮議示東平憲王蒼 5.5/32/11
先帝○制 5.5/32/12
問咎祟○在 6.2/34/6
上未有○言 6.2/34/14
食不求○甘 6.2/35/3
此〔○〕謂日角偃月 6.6/37/10
臣○未嘗見也 6.6/37/10
《詩》○感歎 6.8/37/23
兵法但有○圖畫者 7.1/38/13
欲竟何時詣嚴將軍○ 7.4/39/21
載枯稻至太守○ 7.7/40/17
明帝發魯相○上檄 7.8/41/10
上以○自作《光武皇帝本紀》示蒼 7.12/42/26
明帝悉以太后○遺金寶賜京 7.16/44/13
書典之○美也 7.20/45/11
迄今嫡嗣未知○定 7.20/45/13
貴仁者○好惡得其中也 7.20/45/15
更始既未有○挫 8.1/46/11
猶恐無○成立 8.1/46/12
爲愔○敗 8.1/47/1
○經三百八十九隘 8.2/47/16
爲幽部○歸 8.2/47/19
念訓常○服藥北州少乏 8.2/47/20
掩擊多○斬獲 8.2/48/1
無○失 8.6/49/4
父○厚同郡郎中王臨 8.6/49/4
至葬○ 8.6/49/7
○施皆如霍光故事 8.6/49/7
問○欲言 8.10/51/4
○向皆靡 8.11/51/15
○向無前 8.14/52/16, 21.53/160/3
○謂一舉而兩得者也 8.14/52/27
聞弇爲步○攻 8.14/53/7
凡○平郡（四）〔三〕十六 8.14/53/15
此讒人○側目 9.1/55/4
其○計事者也 9.1/55/22
非○及也 9.1/55/22
授以○持節 9.2/56/1
○下郡 9.2/56/8
○至擄掠 9.4/56/20
無爲郡縣○笑 9.4/57/11
爲赤眉○乘 9.4/57/13
收得○盜茂陵武帝廟衣、印、綬 9.6/58/12
詔遣百官皆至喪○ 9.7/59/14
詣上○在廬奴 10.1/62/8
言王郎○反之狀 10.1/62/8
畏爲郎○及 10.11/64/17
上自解○佩綬以賜之 10.14/65/18
〔問〕破賊○得物 10.14/65/19
惟忠獨無○掠 10.14/65/19
即以○乘大驪馬及繡被衣物賜之 10.14/65/20
○置信都王捕繫彤父弟及妻子 10.16/66/8
彤親○以至今日得安于信都者 10.16/66/10
即非○失 10.26/69/8
凡人○以貴于禽獸者 10.26/69/14
何○措其手足乎 10.26/69/18
解○被襜襦以衣歙 11.2/70/18
然上以略陽、囂○依阻 11.2/70/24
受○誡 11.2/71/5
其素○假貸人間數百萬 11.3/71/12
車駕臨問其○欲言 11.4/71/21
爲京師○稱 11.10/73/11
猶稱其○長而達之 11.14/74/17
蕩蕩〔然〕蟣蝨無○復依 12.1/76/10
臣○假伏波將軍印 12.1/76/12
符印○以爲信也 12.1/76/15
○宜齊同 12.1/76/15
○謂刻鵠不成尚類鶩者 12.1/76/21
○謂畫虎不成反類狗也 12.1/76/22
以○得駱越銅 12.1/76/27
○以宣氣、致和、順陰陽也 12.3/78/3
○以禁遏甚備 12.3/78/9
○以宿衛兩宮 12.4/78/14
無○迴避 12.6/79/10
（嚴）〔敕〕有○見聞輒言 12.6/79/11
前代○未嘗有 12.9/80/13
靡○且窮 12.11/81/23
其委任自前世外戚禮遇○未曾有 12.11/81/24
實非愚臣○宜 12.12/82/3
實非過少○〔宜〕任〔也〕 12.13/82/9
武公、莊公○以砥礪蕃屏 13.1/83/2
吾○以薦子〔者〕 13.6/84/5
臣○以薦桓譚者 13.6/84/7
誠不知○以然 13.9/85/7
杜伯山、天子○不能臣 13.11/85/22
諸侯○不能友 13.11/85/23
三代之○同 13.11/86/2
合於《易》之○謂「先天而天不違、後天而奉天時」義 13.11/86/9
元元侵陵之○致也 13.11/86/13
○以挫其強禦之力 13.11/86/17
均不得其○ 13.11/86/29
是杜伯山○以勝我也 13.11/87/5
無○置之 13.11/87/6
自郊廟婚冠喪紀禮儀多○正定 13.12/87/12
子孫得到魴○ 13.14/88/20
爲安帝○寵 13.15/88/24
從兄爲人○殺 13.16/89/3
憙爲赤眉兵○圍 13.16/89/7
○裝縑帛資糧 13.16/89/11
諸夫人各前言爲趙憙○濟活 13.16/89/15
卿非但爲英雄○保也 13.16/89/16
將詣行在○河津亭 14.1/90/10
封○持節於晉陽傳舍壁中 14.2/90/19
足下○以堅不下者 14.2/90/23

上遣小黃門問昱有○怪不	14.3/91/19
天之○壞	14.4/92/10
無○歸命	14.5/93/14
而大將軍○部不過百里	14.5/93/20
將軍○仗	14.5/93/24
上令各言○樂	15.1/94/24
○謂神人以和	15.2/95/20
惟我二人爲天地○遺	15.5/96/19
而後○舉者陷罪	15.5/96/25
無○屈撓	15.7/97/15
不自知○言	15.8/97/21
○言皆天文	15.8/97/21
非狂人○造作	15.8/97/21
子張父及叔父爲鄉里盛氏一時○害	15.8/97/22
不知○爲	15.8/98/1
誠小臣○竊憂也	15.8/98/8
以○杖鐵杖捶龔	15.8/98/12
喪無○歸	15.10/99/7
爲隗囂餘黨○攻殺	15.11/99/16
每有○食甘美	15.11/99/19
但續父○記述漢事	16.2/102/16
令卒前○續《史記》	16.2/102/17
多○窺覽	16.3/102/22
願得本○從三十餘人	16.3/103/12
後果爲匈奴○殺	16.6/104/26
今日○蒙	16.9/106/1
上親於辟雍自講○制《五行章句》已	16.10/106/18
典無〔○〕迴避	16.13/107/13
刺史劉繇振給穀食、衣服○乏者	16.14/107/19
一無○留	16.14/107/20
	19.20/141/20
有詔會議靈臺○處	16.16/108/8
讖書非聖人○作	16.22/110/4
爲俗人○怪	16.22/110/9
○以爲治也	16.24/110/18
爲隗囂別將苟宇○拘劫	16.30/111/25
既爲賊○迫殺	16.30/112/3
敞爲流矢○中	16.31/112/7
傳車○過	16.33/112/22
安得獨潔己而危○生哉	16.37/113/29
○至之縣	16.37/114/1
○出二千餘人	16.37/114/3
蓋○願也	16.37/114/4
爲赤眉賊○得	16.41/114/26
以爲孝感○致云	16.42/115/4
賊問○以	16.44/115/13
朝○徵我者	16.46/116/1
○望明公問屬何以爲政	16.49/116/18
自陳願守○志	16.50/117/1
丹無○歸節傳	17.2/118/8
○守彌固	17.8/119/21
平弟仲爲賊○殺	17.11/120/19
爲餓賊○得	17.11/120/22
君○使掾何乃仁于用心	17.13/121/16
常人○容	17.13/121/27
爲去妻○誣告	17.17/122/26
弟禮爲賊○得	17.23/124/15
譚爲賊○得	17.24/124/27
每○至客舍	18.1/125/22
又鑄錢官姦宄○集	18.1/125/25
皆云「第五（椽）〔掾〕○平	18.1/125/27
言事無○依違	18.1/126/19
○在以二千石俸終其身	18.3/127/7
有○拔用	18.6/128/4
分○有以賑給之	18.6/128/12
非○敢當	18.8/128/22
問均○苦	18.10/129/13
時范問爲誰○從來	18.12/130/5
不知馬○歸	18.12/130/7
聽之定○受《韓詩》	18.13/130/16
世謂其用法平正、寬慈惠化○致	18.13/130/20
忽忘○之	18.16/131/15
營舍有停棺不葬者百餘○	18.16/131/15
無○報受	18.18/132/7
非義○取	18.26/133/26
問○失財物	18.29/134/27
父母問其○欲	18.29/135/1
○以通下問	19.1/136/16
恐好惡過○道	19.1/136/18
事○聞見	19.1/136/18
下章○告及○自舉有意者	19.1/136/19
令各敬慎○職	19.1/136/20
郡中賻贈無○受	19.4/137/14
○以來者	19.4/137/20
非○以垂意于中國	19.4/137/25
有○一心	19.6/138/9
○活者甚多	19.7/138/27
前後○奏	19.8/139/3
霸以○乘車馬遣送之	19.11/139/18
○種小麥、故蒜	19.20/141/19
爲憲○奏免	19.20/141/21
一無○受	19.20/141/23
餉遺無○受	19.20/141/24
讀○未嘗見書	19.22/142/10
○建畫未嘗流布	19.22/142/17
移敕悉出○設什器	19.22/142/19
有○噉	19.25/143/7
目無○見	19.30/144/9
耳無○聞	19.30/144/9
今君○苦未瘳	20.1/144/29
邑令王密、故○舉茂才	20.2/145/8
殆非○謂保赤子之義	20.4/145/27
自○服冠幘綬	20.4/145/27
○輔、平原人	20.8/146/20
縣令劉雄爲賊○攻	20.8/146/20
爲儒者○宗	20.14/147/24
誠先賢○慎也	20.17/148/14
然後科其○訟	20.17/148/19
追復○失	20.19/149/2
前刺史邯鄲商爲猛○殺	21.11/153/8
爲韓遂○攻	21.11/153/8
妻子餘物無○惜	21.13/153/22
○犯無狀	21.13/153/22
以臣○聞	21.24/155/20
則○謂天投蜺者也	21.24/155/20
夕陽侯邢崇孫之爲賊○盜	21.50/159/20
太守○不及也	21.54/160/9
○見奇異	22.4/162/1
無○報嗣	22.4/162/10
蠻夷○處	22.4/162/18
西羌祖爰劍爲秦○奴隸	22.5/164/3

弟為人○殺 23.1/164/18
〔與〕聖公至于壇○ 23.1/164/27
○置牧守交錯 23.1/165/9
州郡不知○從 23.1/165/9
又○置官爵皆出群小 23.1/165/11
為百姓之○賤 23.1/165/12
驚震不知○為 23.5/166/17
奈何為人○奏 23.11/168/18
寵與○親信吏計議 23.11/168/18
我素○愛 23.11/168/23
今遣子密等詣子后蘭卿
　○ 23.11/168/25
當死無○恨 23.12/169/5
其實無○受命 23.16/169/27
○為「神道設教」 23.16/169/27
○更非一 23.16/170/12
兵○屠滅 23.17/171/3
果(食)〔實〕○生 23.17/171/4
○謂用天因地 23.17/171/7
使遠人有○依歸 23.17/171/8
亦非吾○知 23.17/171/11
古今○不能廢也 23.17/171/13
○向輒平 23.17/171/18
亦非詔書之○知也 24.14/174/2
賜○乘驪馬 24.27/175/1
時有○問 24.52/176/23
有○不安 24.53/176/25
凡歷○革 24.85/179/9
多○違失 24.90/179/22
今史官○用候臺銅儀
　24.90/179/23
聖明○制 24.92/180/6
莫能知其○以兩廟之意
　24.92/180/6

索 suǒ 11

討富平、獲○二賊于平
　原 8.10/50/19
鮪從城上下○曰 14.1/90/7
彭趨○欲上 14.1/90/8
○盧放、字君陽 16.33/112/21
行求○ 17.12/121/4
繩○相懸 20.12/147/15
獲○賊帥古師郎等 23.20/172/17
廣漢部○ 24.72/178/7
其殿中廬有○長數尺可
　以縛人者數千枚 24.72/178/7
廣漢○不得 24.72/178/8
案略求○ 24.90/179/26

他 tā 12

使來者言李氏欲相見款
　誠無○意 1.1/2/2
斷斷無○ 1.1/4/22
無令○姓得之 8.14/52/21
○日會見 10.22/68/2
兼流給○郡 11.1/70/13
憲○奴郭扈自出證明光
　、憲無惡言 12.4/78/19
大丈夫無○志略 16.3/102/23
超更從○道渡 16.3/103/21
延及○舍 18.29/134/26
無○財 18.29/134/27
何用空養○家老嫗為
　19.11/139/25
○吏往得之 24.72/178/8

毻 tà 1

賜○毾具物 11.10/73/17

撻 tà 3

丹怒而○之 15.5/96/23
使○侍御史 17.1/117/23
將加箠○ 20.13/147/19

闥 tà 3

勤勞省○ 12.3/77/23
顯宗詔嚴留仁壽○ 12.6/79/7
晝夜不離省○ 19.22/142/14

臺 tái 33

雲○致敬祭祀之禮儀亦
　如之 1.1/5/13
興受詔雲○廣室 1.1/8/15
初起明堂、靈○、辟雍 1.1/9/20
升靈○ 2.1/11/27
登靈○ 2.1/11/27
圖二十八將于雲○ 2.1/12/13
遂登靈○ 2.3/16/22
鳳凰集濟南○丞霍穆舍
　樹上 3.1/19/10
明堂、靈○丞、諸陵校
　長秩二百石 4.1/26/6
又制雲○十二門詩 5.4/29/2
出雲○十二門新詩 5.4/29/3
上御雲○ 7.9/41/19
弇升王宮壞○望之 8.14/53/6
御章○下殿 12.3/78/7
受○敕 15.2/95/24
引見雲○ 15.17/101/12
除蘭○令史 16.2/102/16
有詔召衆問齊桓公之鼎
　在柏寢○ 16.6/104/20
有詔會議靈○所處 16.16/108/8
臣願與並論雲○之下 16.50/117/3
敕蘭○給筆札 18.17/131/24
詔逵入北宮虎觀、南宮
　雲○ 18.17/131/24
嘗獨止宿○上 19.22/142/14
○遣兩當關扶郁入 19.29/144/5
持燈入章○門 20.24/150/4
因與俱迎濟陰王幸南宮
　雲○ 20.24/150/5
康詐疏光入章○門 20.24/150/6
久在○閣 21.29/156/15
○召三府驅之 21.35/157/16
杜虞殺莽于漸○ 23.2/165/24
元年營造明堂、靈○、
　辟雍 24.6/173/7
徙居雲○ 24.67/177/25
今史官所用候○銅儀
　24.90/179/23

駘 tái 1

更相○藉 14.5/93/8

太 tài 380

以帝為○常偏將軍 1.1/2/14
今以茂為○傅 1.1/4/24
○白清明 1.1/5/2
初起○學 1.1/5/27
幸○學 1.1/5/27
代郡○守劉興將數百騎

攻買覽 1.1/6/13
河西大將軍竇融與五郡〇守步騎二萬迎帝 1.1/6/23
又議漢殺述親屬〇多 1.1/7/12
刺史〇守多爲詐巧 1.1/8/1
〇宗識終始之義 1.1/8/26
皇〇子嘗（乘）〔承〕間言 1.1/9/5
而欲有事于〇山 1.1/9/10
遂登〇山 1.1/9/13
宜命〇史撰具郡國所上 1.1/9/17
高皇呂〇后不宜配食 1.1/9/18
薄〇后慈仁 1.1/9/18
今上薄〇后尊號爲高皇后 1.1/9/19
遷呂〇后于園 1.1/9/19
〇子襲尊號爲皇帝 1.1/9/24
以東海王立爲皇〇子 2.1/11/16
皇〇子即位 2.1/11/18
于是下〇常、將軍、大夫、博士、議郎、郎官及諸王諸儒會白虎觀 2.1/11/22
封〇后弟陰興之子慶爲鮦陽侯 2.1/11/23
封師〇常桓榮爲關內侯 2.1/12/1, 11.7/72/14
天下〇平 2.1/12/9
帝與皇〇后幸南陽祠章陵 2.1/12/15
廬江〇守獻寶鼎 2.1/12/23
納于〇廟 2.1/12/23
〇常其以礿祭之日陳鼎于廟 2.1/12/24
文王之遇〇公也 2.1/13/5
生非〇公 2.1/13/6
命〇子、諸王說經 2.1/13/12
帝夢見先帝、〇后如平生歡 2.1/13/16
〇常丞上言陵樹葉有甘露 2.1/13/17
視〇后鏡奩中物 2.1/13/18
世祖閔傷前世權臣〇盛 2.1/13/24
以皇子立爲〇子 2.2/14/3, 2.3/16/6
明德〇后姊子夏壽等私呼虎賁張鳴與敖戲爭鬭 2.2/15/13
〇子即位 2.3/16/7
乃立以爲皇〇子 2.4/17/19
尊皇后鄧氏爲皇〇后 2.4/17/19
〇后臨朝 2.4/17/20, 3.3/21/9, 6.5/36/21
賴皇〇后〔臨朝〕 2.4/17/24
皇〇后率大臣命婦謁宗廟 3.1/18/24
安定〇守杜恢與司馬鈞并威擊羌 3.1/18/30
爲皇〇子 3.2/19/23
〇子數爲歎息 3.2/19/24
遂共搆陷〇子 3.2/19/24
〇子坐廢爲濟陰王 3.2/19/25
白閻〇后 3.2/19/27
〇傅馮石、〇尉劉熹以阿黨權貴 3.2/19/31
〇傅桓焉以無清介辟召 3.2/20/1
漢陽率善都尉蒲密因桂陽〇守文礱獻大明珠 3.2/20/3
〇尉劉光、司空張皓以陰陽不和 3.2/20/4
以〇學初繕 3.2/20/11
〇尉施延以選舉貪汙 3.2/20/14
是時皇〇子數不幸 3.3/21/7
立爲〇子 3.3/21/8
〇子即帝位 3.3/21/8
尊皇后梁氏爲皇〇后 3.3/21/8
梁〇后欲以女弟妃之 3.5/21/24
〇后密使瞻察威儀才明 3.5/21/25
〇后猶臨朝 3.5/21/26
〇守甘定、刺史侯輔各奔出城 3.5/22/14
居〇守舍 3.5/22/15
故〇僕杜密、故長樂少府李膺各爲鉤黨 3.6/23/8
〇尉掌邦 4.1/24/11
冊皇〇子捧上其璽綬 4.1/24/11
位次〇傅 4.1/24/15, 10.24/68/22
大長秋、將作大匠、度遼諸將軍、郡〇守、國傅相皆秩二千石 4.1/25/19
〇子舍人秩二百石 4.1/26/11
秦時改爲〇末 5.1/27/15
〇尉趙憙上言曰 5.5/29/10
〇常奏儀制 5.5/30/1
〇尉憙等奏 5.5/31/25
皇〇后入宗廟 5.5/32/15
皇〇后曰 6.2/34/14
上令〇夫人及兄弟得入見 6.2/34/22
外間白〇后 6.2/34/27
〇后曰 6.2/34/27
〇后輒斷絕曰 6.2/35/7
事〇后素謹慎 6.2/35/11
〇后置蠶室織室于濯龍中 6.2/35/14
于是白〇后即賜錢各五百萬 6.2/35/17
〇后詔書流布 6.2/35/17
〇夫人爲剪髮 6.5/36/11
〇后賜馮貴人步搖一具 6.5/36/18
〇后乃親自臨見宮人 6.5/36/19
〇后幸洛陽寺 6.5/36/24
〇后察視覺之 6.5/37/1
〇后雅性不好淫祀 6.5/37/2
〇后聞之 6.5/37/2
〇后臨大病 6.5/37/3
〇后自遭大憂 6.5/37/4
〇史卜之 6.6/37/10
立長子章爲〇原王 7.1/38/23
興還弘農〇守 7.2/39/3
〇守事也 7.7/40/17
載枯稻至〇守所 7.7/40/17
以語〇守 7.7/40/18
〇守曰 7.7/40/18, 7.7/40/18
敞怒叱〇守曰 7.7/40/19
立爲皇〇子 7.8/41/3
郭后廢爲中山〇后 7.8/41/4
又因皇〇子固辭 7.8/41/7
白〇后 7.8/41/10
因過按行閱視皇〇后舊時衣物 7.12/43/4
上遣〇醫丞相視之 7.12/43/15
焉以郭〇后少子 7.15/44/7
明帝悉以〇后所遺金寶賜京 7.16/44/13
前〇子卬頑凶失道 7.20/45/13
〇子國之儲嗣 7.20/45/15
王其差次下邳諸子可爲〇子者上名 7.20/45/16
鄧〇后悲傷 7.22/45/24
〇醫皮巡從獵上林還 8.2/47/11

○原吏民苦轉運 8.2/47/15
拜張掖○守 8.2/47/24
○后乃許 8.4/48/13
皇○后但令門生輓送 8.6/49/8
鄧○后報閬曰 8.7/49/15
爲朔方○守 8.12/51/24
○守爲誰 8.12/51/24
○史官曰 8.13/52/7
臨淄諸郡○守相與雜居 8.14/52/23
車師○子比特訾降 8.17/54/13
○守耿況甚器重之 9.1/54/22
以恂爲河內○守 9.1/54/24
爲（穎）〔潁〕川○守 9.1/55/5
輒行○守事 9.2/56/8
即以○守號付後將軍 9.2/56/8
別下潁川○守、都尉及三百里內長吏皆會 9.4/57/9
上親臨祠以○牢 9.7/59/15
拜遼東○守 9.8/60/4
爲遼東○守三十年 9.8/60/6
入爲○僕 9.8/60/7
此○僕室也 9.8/60/8
○僕、吾之禦侮 9.8/60/8
拜弘農○守 9.10/60/24
斬其魯郡○守梁丘壽、沛郡○守陳修 9.11/61/5
乃拜純爲東郡○守 10.1/62/11
上復以純爲東郡○守 10.1/62/12
○原至井陘 10.5/63/8
爲上谷○守 10.11/64/25
收○守宗廣及忠母妻子 10.14/65/21
常遣使以○牢祠通父冢 10.21/67/16
河西○守竇融遣使獻（三）〔橐〕駝 10.22/67/20
竇○后臨政 10.24/68/21
○守不信 10.26/69/19
以茂爲○傅 10.26/69/21
張況遷涿郡○守 11.8/72/21
事○常桓榮 11.10/73/10
禹以○尉留守北宮 11.10/73/16
禹爲○傅 11.10/73/17
鄧○后以殤帝初育 11.10/73/17
以況出爲河南○守 12.1/75/8
知武帝恨誅衛○子 12.1/75/23
援爲隴西○守 12.1/76/4
此乃○守事耳 12.1/76/6
皇○子、諸王聞者 12.1/76/9
上言○守蘇定張眼視錢 12.1/76/24
臣愚以爲可因歲首發○簇之律 12.3/78/3
拜○僕 12.4/78/16
嚴爲陳留○守 12.6/79/13
遣○醫送方藥也 12.6/79/14
棱爲廣陵○守 12.8/79/24
爲會稽○守 12.8/80/2
暨○甲而俱寧 12.10/80/20
熙○清之悠悠 12.10/81/3
其追封謚皇○后父竦爲褒親愍侯 12.10/81/6
永昌○守鑄黃金之蛇獻之冀 12.12/82/4
爲○子舍人 13.5/83/19
歙遷汝南○守 13.8/84/26
爲○子○傅 13.10/85/15
拜○中大夫 13.10/85/15
合食入○祖廟 13.12/87/15
宣帝時爲弘農○守 13.13/88/3
魏郡○守范橫上疏薦勤 13.13/88/5
上使○醫療視 13.13/88/11
爲平原○守 13.16/89/12
後徵憙入爲○僕 13.16/89/15
拜○尉 13.16/89/16
進爲○傅 13.16/89/19
行○尉事趙憙 13.16/89/20
其以憙爲○傅 13.16/89/20
○守趙興欲出謁 14.2/90/16
謂○守曰 14.2/90/23
爲魯郡○守 14.2/90/25
豈夫子欲令○守大行饗 14.2/90/26
初爲上黨○守 14.4/91/28
即拜邑爲上黨○守 14.4/92/1
時更始遣鮑永、馮衍屯○原 14.4/92/2
邑爲漁陽○守 14.4/92/18
若鎮○原 14.5/93/27
豹爲武威○守 14.6/94/9
乃出爲東郡○守 14.7/94/13
拜河南○守 15.1/94/24
肅宗詔鴻與○常樓望、少府成封、屯騎校尉桓郁、衛士令賈逵等 15.2/95/13
瞻望○山 15.2/95/19
宣彪、官至玄菟（大）〔○〕守 15.4/96/10
時河南○守同郡陳遵 15.5/96/16
俄而丹復徵爲○子○傅 15.5/96/25
汝南○守歐陽歙召惲爲功曹 15.8/97/28
惲爲長沙○守 15.8/98/11
拜潁川○守 15.9/98/17
郡得賢能○守 15.9/98/17
爲南陽○守 15.10/99/5
（大）〔○〕守得奮妻子 15.11/99/16
遷武都○守 15.11/99/18
爲漁陽○守 15.12/99/27
衛颯爲桂陽○守 15.13/100/7
充爲桂陽○守 15.14/100/13
桂陽○守茨充教人種桑蠶 15.14/100/17
爲武威○守 15.15/101/1
21.11/153/6
李章爲千乘○守 15.18/101/21
○子及山陽王因虎賁中郎將梁松請衆 16.6/104/18
○子儲君 16.6/104/19
授皇○子經 16.9/105/15
車駕幸○學 16.9/105/18
○子朝夕遣中人問疾 16.9/105/21
○子報榮書曰 16.9/105/22
後榮爲○常 16.9/106/3
嘗幸○常府 16.9/106/5
○師在是 16.9/106/7
悉以○官供具賜○常家 16.9/106/7
子郁以明經復爲○常 16.9/106/12
皇○子賜郁鞍馬、刀劍 16.10/106/21
郁乃上疏皇○子曰 16.10/106/21
伏見○子體性自然 16.10/106/22
愚以爲○子上當合聖心 16.10/106/23
桓焉爲○子○傅 16.11/106/28

還○常 16.11/107/1
○守王朗餉給糧食、布帛、牛羊 16.14/107/20
詔問誰可傅○子者 16.15/107/26
皆言○子舅執金吾陰識可 16.15/107/26
今陛下立○子 16.15/107/27
以輔○子 16.15/107/28
況○子乎 16.15/107/29
即拜爲○子○傅 16.15/107/29
授皇○子及諸王小侯五十人經 16.17/108/19
伏見前○尉西曹掾蔣遵 16.20/109/12
拜○子少傅 16.25/111/1
嘉從○守何敞討賊 16.31/112/7
爲零陵○守 16.31/112/12 21.54/160/7
赤眉攻○原 16.32/112/16
茂負○守孫福踰牆出 16.32/112/16
○守有事 16.33/112/21
願代○守斬 16.33/112/23
漁陽○守張堪昔在蜀 16.35/113/15
○保甄豐舉爲步兵校尉 16.37/113/27
崔寔爲五原○守 16.40/114/20
北海○守遣使奉謁 16.46/115/27
○守遣吏捕之 16.46/115/28
○原人也 16.49/116/15
○原人 16.50/116/26
伏見○原周黨、東海王良、山陽王成 16.50/117/2
○守杜詩曰 17.2/118/9
拜○常 17.3/118/18,20.4/145/27
北地○守廖信貪污下獄 17.3/118/19
詔以信田宅奴婢錢財賜廉吏○常周澤 17.3/118/19
爲○僕 17.7/119/13 21.29/156/15
○守斂容而止 17.10/120/10
交阯○守坐臧千金 17.13/121/23
爲九江○守 17.14/122/7 18.15/131/9
升爲○常丞 17.17/122/25
孝辟○尉府 17.23/124/21
○官送供具 17.23/124/22
嘗與奴載鹽北至○原販賣 18.1/125/22
○守三人 18.1/126/20
擢爲南陽○守 18.2/126/25
爲○尉 18.3/127/6,18.4/127/11,20.2/145/9,20.10/147/6
○后詔安爲賓 18.5/127/16
○守阮況當嫁女 18.6/127/25
再遷臨淮○守 18.6/128/4
堪後仕爲漁陽○守 18.6/128/10
暉自爲臨淮○守 18.6/128/11
景爲廬江○守 18.11/129/20
○守張穆持筒中布數箧與范 18.12/129/26
爲雲中○守 18.12/129/27
爲蜀郡○守 18.12/130/1
生白廬江○守掾嚴麟 18.12/130/6
爲○守奉章來弔 18.12/130/6
故蜀郡○守廉叔度 18.12/130/7
爲益州○守 18.13/130/18
爲山陽○守 18.14/131/1
後拜潁州○守 18.14/131/4
○后大怒 18.22/133/1
○后使人檢視 18.22/133/2
官至潁川○守 18.25/133/20
○傅 18.25/133/20
○守駱珍召署曹吏 18.26/133/27
爲南陽○守桓虞功曹 18.26/133/27
以童幼詣○學受業 18.29/134/22
○守連召請 18.30/135/17
令入授皇○子 19.1/136/6
○子家時爲奢侈物 19.1/136/7
顯宗以酺授皇○子業 19.1/136/7
出拜東郡○守 19.1/136/8
遷魏郡○守 19.1/136/14
熒惑奏事○微 19.1/136/16
酺拜○尉 19.1/136/20
酺爲○尉 19.1/136/22
還南陽○守 19.2/137/4
○山南城人 19.3/137/9
父建武初爲武陵○守 19.4/137/13
○尉趙憙聞恭志行 19.4/137/15
爲廣漢○守 19.7/138/25
爲鉅鹿○守 19.11/139/20
應奉爲武陵○守 19.13/140/8
爲漢陽○守 19.15/140/18
蜀郡○守 19.17/141/4
爲汝南○守 19.17/141/5
爲張掖○守 19.20/141/20
還武威○守 19.20/141/23
爲魏郡○守 19.22/142/18
俗每○守將交代 19.22/142/18
爲勃海○守 19.26/143/13
魯平爲陳留○守 19.27/143/20
初給事○子家 19.32/144/21
竇○后秉政 19.32/144/22
爲東萊○守 20.2/145/7
東郡○守捕得賊 20.8/146/21
拜漢陽○守 20.10/147/3
棠是欲曉○守也 20.10/147/4
王堂爲汝南○守 20.16/148/8
爲南海○守 20.17/148/12
公沙穆遊○學 20.17/148/17
江京等譖誣○子 20.23/149/18
胡廣爲○傅 21.1/150/18
陳龜爲五原○（原）〔守〕 21.2/150/23
劉祐爲河東○守 21.3/150/28
韋毅爲陳留○守 21.5/151/11
汝南○守宗資 21.6/151/15
○后詔云 21.8/152/1
劉寬爲南陽○守 21.9/152/12
以建安中爲武威○守 21.11/153/8
爲廣陵○守 21.14/153/27
○史令王立說《孝經》六隱事 21.21/155/3
劉翊爲汝南○守 21.26/156/3
坐隴西○守鄧融免官 21.31/156/24
爲長沙○守 21.38/157/29
李庸爲蜀郡○守 21.41/158/12
爲○祝令 21.51/159/24
以博通古今遷○史令 21.51/159/24
○守所不及也 21.54/160/9
累官巴陵○守 21.55/160/13
光武爲○常偏將軍 23.1/164/28
殺淮陽○守 23.10/168/10
哀帝時爲漁陽○守 23.11/168/15
故容徙爲雲中○守 23.11/168/16
寵爲漁陽○守 23.11/168/16

涿郡○守張豐舉兵反 23.12/169/3
乃立高祖、○宗之廟 23.16/170/1
謂之○平 23.16/170/7
任逑○子舍人 23.17/170/24
拜王舜爲○保 24.1/172/21
漢有沛宮、甘泉宮、龍泉宮、○一宮、思子宮 24.7/173/9
○史曰 24.9/173/13
○尉張酺、鄭洪、徐防、趙喜、隨延、龐桓 24.81/179/1
中宮皇○子親服重繒厚練 24.94/180/11

泰 tài 11

○山至于岱宗 2.2/14/18
始立明堂于○山 5.3/28/11
當巡封○山 5.5/29/16
至○山乃復議 5.5/29/18
至○山 5.5/29/20
皆無事于○山 5.5/30/2
封禪○山 5.5/31/17
阜陵質王延在國驕○淫泆 7.13/43/24
弇凡平城陽、琅邪、高密、膠東、東萊、北海、齊、千乘、濟南、平原、○山、臨淄等郡 8.14/53/10
○於待賢 16.12/107/6
易於○山之壓鷄卵 24.70/178/3

貪 tān 10

太尉施延以選舉○汙 3.2/20/14
小縣何足○乎 10.7/63/17
不苟○高亢之論 13.11/86/3
乃流連○位 13.11/86/23
欲○天下之利 14.4/92/11
○殘於內 14.5/93/6
鴻○經書 15.2/95/9
案延資性○邪 15.8/97/30
北地太守廖信○污下獄 17.3/118/19
于以衰滅○邪便佞 19.1/136/20

探 tān 4

不○虎穴 16.3/103/6
母遂○口餅出之 18.1/126/10
以年次○之 23.5/166/12
○得將軍 23.5/166/12

潭 tán 2

食鬱林○中 9.5/58/5
推○僕遠 22.4/162/4

談 tán 5

乃○話 9.6/58/16
每相遇與○ 16.22/110/8
輒爲○述 21.54/160/8
而坐○武王之說 23.17/171/19
而口吃不能劇○ 24.15/174/5

壇 tán 7

乃命有司設○于鄗南千秋亭五成陌 1.1/4/18
經祀○上 2.2/14/19
以文罽爲○ 3.5/23/1
設○ 14.1/89/26
設○即拜 17.10/120/14
而朱鮪立○城南（堉）〔淯〕水上 23.1/164/24
〔與〕聖公至于○所 23.1/164/27

曇 tán 2

荀○、字元智 21.14/153/27
○亦禁錮終身 21.14/154/1

檀 tán 1

○鄉賊帥董次仲 23.20/172/16

譚 tán 28

弘薦沛國桓○才學洽聞 13.6/84/3
於是召○拜議郎、給事中 13.6/84/4
聞○內出 13.6/84/5
○至 13.6/84/5
上使○鼓琴 13.6/84/7
臣所以薦桓○者 13.6/84/7
其後不復令○給事中 13.6/84/8
王閎者、王莽叔父平阿侯○子也 14.7/94/13
而桓○、衛宏並共毀訾 16.8/105/9
桓○、字君山 16.16/108/3
○上書曰 16.16/108/4
○譏訕圖讖 16.16/108/8
上謂○曰 16.16/108/8
○默然良久 16.16/108/9
○復極言讖之非經 16.16/108/9
桓○非聖無法 16.16/108/10
○叩頭流血 16.16/108/10
○著書 16.16/108/12
令使者祠○冢 16.16/108/13
魏○、字少閒 17.24/124/27
○爲賊所得 17.24/124/27
見○貌謹敕 17.24/124/28
哀○謂曰 17.24/124/28
○不肯去 17.24/125/1
○有一孤兄子 17.24/125/3
○時有一女 17.24/125/4
但高○清論以激勵之 18.26/134/1
高○等百八十五人推財相讓 19.17/141/6

袒 tǎn 5

朕親○割牲 2.1/12/1
乃肉○負斧鑕于軍門 8.14/53/11
（○）〔但〕幘坐 12.1/75/18
盆子及丞相徐宣以下二十餘萬人肉○降 23.5/166/18
寵妻夢贏○冠幘 23.11/168/19

炭 tàn 4

皆裸跣塗○ 13.16/89/10
權土○ 24.88/179/15
土○輕而衡仰 24.88/179/15
土○重而衡低 24.88/179/16

嘆 tàn 8

百姓怨○ 1.1/9/10
○息曰 6.5/37/3
惲喟然○曰 15.8/98/3
乃○曰 17.1/117/28
帝數嗟○ 17.4/118/23
上嗟○曰 17.13/121/25
虞乃○曰 18.26/134/2
諸盜皆慚○ 21.13/153/22

歎 tàn 30

太子數爲○息 3.2/19/24
因○曰 6.1/33/23
仰天○〔息〕 6.2/34/6
《詩》所感○ 6.8/37/23
甚嘉○之 7.8/41/8
上嗟○之 7.12/42/22
以增○息 7.12/42/24
上數嗟○曰 9.7/59/21
援嘗○曰 12.1/75/10
乃○曰 13.11/85/25
16.49/116/22
垂涕○息 15.2/95/12
上嗟○鴻才 15.2/95/15
○息而還 15.6/97/5
上○曰 15.16/101/7
嘗輟業投筆○曰 16.3/102/23
出乃○曰 16.22/110/7
上聞○息 16.35/113/17
篆○曰 16.37/113/29
○曰 16.46/115/24,21.22/155/9
貢○曰 16.49/116/16
乃慨然而○曰 17.2/118/4
常○曰 18.1/126/1,18.5/127/15
篤常○曰 18.23/133/9
故古賢君相○息重戒者
19.7/138/24
帝○稱善 19.31/144/16
于是○息而還 20.10/147/6
仰天○曰 23.12/169/5

湯 tāng 9

陛下有禹、○之明 1.1/9/6
○、文所務也 2.2/15/26
各與虞《韶》、禹《夏》
、○《濩》、周《武》
無異 5.5/31/11
○夢及天舐之 6.5/36/17
訓身爲煮○藥 8.2/47/23
乃見○、武之功 9.4/56/21
何故隨婦家入○鑊中 11.1/70/8
但就溫○而已 18.15/131/9
張○爲廷尉 19.17/141/4

唐 táng 8

漢雖○之苗 1.1/5/11
司空、○虞之官也 4.1/24/13
放○之文 5.5/31/17
出塞掩擊迷○于雁谷 8.2/47/25
迷○乃去 8.2/47/26
懷姓九宗分○叔 13.11/86/16
名曰○、后山 17.14/122/7
知○桑艾 22.4/162/1

堂 táng 43

初起明○、靈臺、辟雍 1.1/9/20
〔上〕宗祀光武皇帝于
明○ 2.1/11/26
親御講○ 2.1/13/12
（祫）〔祫〕祭于世祖
之○ 2.1/13/22
祀五帝于汶上明○ 2.2/14/19
宗祀五帝于明○ 2.3/16/22
青衣蠻夷、○律等歸義 3.1/18/30
帝崩于玉○前殿 3.2/20/26
3.3/21/11,3.4/21/19
使中郎將○谿典請雨 3.6/23/16
造萬金○于西園 3.6/24/1
又造南宮玉○ 3.6/24/3
明○、靈臺丞、諸陵校
長秩二百石 4.1/26/6
明○、辟雍闕而未舉 5.3/28/11
始立明○于泰山 5.3/28/11
乃起明○、辟雍 5.3/28/12
明帝宗祀五帝于明○ 5.5/30/9
廟○之論 5.5/32/3
建明○ 5.6/32/23
今祭明○宗廟 5.6/32/25
宜如明○之制 5.6/33/2
不作祠○ 8.10/51/3
過孔子講○ 9.8/60/8
光暮入○陽 10.12/65/7
○陽驚怖 10.12/65/7
〔新野〕吏乃燒晨先祖
祠○ 11.1/70/7
當坐高○ 12.7/79/19
湛容貌○○ 13.1/82/24
糟糠之妻不下○ 13.6/84/14
至朝○ 13.10/85/17
祀五帝於明○ 15.2/95/19
上輒引榮及弟子升○ 16.9/106/9
爲立祠○ 16.13/107/12
編署黃○ 17.2/118/10
意在○邑 17.13/121/18
將倫上○ 18.1/125/21
王○爲汝南太守 20.16/148/8
母在○ 21.1/150/18
更始入便坐黃○上視之
23.1/165/1
又寵○上聞（蟆）〔蝦〕
蟆聲在火爐下 23.11/168/19
元年營造明○、靈臺、
辟雍 24.6/173/7

棠 táng 4

垂《甘○》之風 14.5/93/30
郡民任○者、有奇節 20.10/147/3
○不與言 20.10/147/3
○是欲曉太守也 20.10/147/4

磄 táng 1

滑〔如○磃〕 6.5/36/16

帑 tǎng 3

○藏空虛 3.5/22/15
死必耗費○藏 12.11/81/18
○藏虛 20.2/145/11

儻 tǎng 3

援外類倜○簡易 12.1/75/9
衍少有俶○之志 14.5/92/23
○至到今 18.13/130/15

謟 tāo 2

(〇)〔諂〕諛以求容
媚 15.2/95/25
門下掾(〇佞)〔佞諂〕
17.10/120/8

洮 táo 1

從宛人陳〇買符入函谷
關 17.2/118/3

桃 táo 3

〇花水出 11.2/70/25
車皆以〇枝細簟 12.8/80/2
後漢有胡〇宮 24.7/173/9

逃 táo 12

諸家子弟皆亡〇自匿 1.1/2/8
邑與嚴尤、陳茂輕騎乘
死人渡滍水〇去 1.1/3/8
乾藏〇 7.4/39/25
遂〇避使者 8.4/48/15
客卿〇匿不令人知 12.5/78/24
能〇不自詣者舒也 14.4/92/15
百姓奔〇 16.43/115/8
遁〇避封 17.8/119/18
奔走〇難 17.11/120/20
善乃潛負〇亡 17.25/125/10
因得〇竄 18.22/133/2
聖公因自〇匿 23.1/164/19

陶 táo 5

乃令〇人作瓦器 1.1/8/23
皆〇人瓦器 1.1/8/26
耕于定〇 2.2/14/19
曷爲〇〇哉 16.22/110/9

討 tǎo 18

中黃門孫程等十九人共
〇賊臣江京等 3.2/19/27
〇擊羌虜 8.9/49/28
〇富平、獲索二賊于平
原 8.10/50/19
遣〇赤眉 9.4/57/10
上遣霸〇之 10.11/64/24
自將上隴〇囂 11.2/70/26
〇羌 12.1/76/4
瞋目〇賊 12.1/76/24
堪與吳漢并力〇公孫述
15.12/99/25
超〇焉耆 16.3/103/19
嘉從太守何敞〇賊 16.31/112/7
車駕〇隗囂 16.34/113/5
威能〇姦 16.35/113/16
遣兵〇之 21.8/151/24
先零諸羌〇之難破 21.8/152/1
〇東甌 21.53/160/3
詔〇寵者封侯 23.11/168/20
乃自將兵〇萌 23.15/169/20

特 tè 36

坐則功臣〇進在側 1.1/9/3
帝〇詔曰 2.2/15/13
〇賜履襪 2.3/17/1
〇加賞賜 3.1/18/8
有九石〇秀 5.1/27/15
上〇留蒼 7.12/43/11
位〇進 8.1/47/6,11.4/71/18
詔〇賜諡曰忠侯 8.10/51/5
加位〇進 8.11/51/20
車師太子比〇訾降 8.17/54/13
以〇進奉朝請 10.21/67/15
憲以〇進見禮依三公 10.24/68/24
〇贊 11.10/73/19
敕黃門取頭蝨章(〇)
〔持〕入 12.1/76/11
司隸校尉梁松奏〇進弟
防、光、廖、〔廖〕
子豫 12.2/77/12
〇以前參醫藥 12.3/77/23
以明軍謀〇除西域司馬 12.9/80/7
基業〇起 13.11/86/5
非〇一人也 14.5/93/16
豈〇圭璧其行 14.5/93/17
上〇詔御史中丞與司隸
校尉、尚書令會同並
專席而坐 15.3/96/5
由是上〇重之 15.8/98/9
〇見拔擢 15.17/101/13
〇爲加賞賜 16.9/105/19
齔童介然〇立 16.52/117/12
〇賜輿馬衣服 17.1/117/26
耿介〇立 17.3/118/16
〇優嘉之 17.8/119/19
人齎茅竹或(〇)〔持〕
材木 17.13/121/19
公車〇徵 18.10/129/11
介然〇立 18.26/133/27
賞賜殊〇 19.1/136/11
酺以爲褒制禮非禎祥之
〇達 19.1/136/21
〇拜謁者 19.10/139/13
〇賜御□ 24.25/174/25

騰 téng 3

風〇波涌 14.5/93/8
邱〇知罪法深大 20.20/149/6
〇起奮迅 21.24/155/19

梯 tī 1

夜〇其城入 9.11/61/4

啼 tí 7

聚人遮道〇呼 1.1/8/2
聞有兒〇聲 6.3/35/22
老弱〇號滿道 18.14/131/4
〇泣隨之 18.15/131/10
晝夜〇泣 19.16/140/23
郁常抱持〇泣 19.29/144/3
恐懼〇泣 23.5/166/13

提 tí 3

言〇其耳 13.11/86/5
〇甕出汲 22.1/160/27
〇官隗搆 22.4/161/22

緹 tí 2

將〇騎 12.3/77/24
將〇騎宿玄武門複道上
13.14/88/18

體 tǐ 24

粲然復見漢官〔威〕儀（〇） 1.1/3/16
實成帝遺〇子輿也 1.1/4/2
氣勢形〇 1.1/10/16
〇有敦愨之性 3.2/19/21
〇長十餘丈 3.6/23/21, 21.24/155/19
陛下〇純德之妙 5.5/32/3
身〇髮膚 6.5/36/13
嘗夢捫天〇 6.5/36/15
蒼〇大美鬚眉 7.12/42/25
則制其支〇易也 11.2/70/25
但總大〇而已 12.1/76/5
重愛玉〇 16.9/105/23
伏見太子〇性自然 16.10/106/22
甚得輔導之〇 19.1/136/7
〇貌魁梧 19.10/139/13
有司奏君年〇衰羸 20.1/144/29
曝〇田野 20.9/146/26
達練事〇 21.1/150/19
威稱說實成帝遺〇子輿也 23.8/167/18
〇性慈□ 24.37/175/21
言天〇者有三家 24.90/179/21
立八尺圓〇之度 24.90/179/23
國家大〇 24.91/180/1

剃 tì 2

譬如嬰兒頭多蟣蝨而〇之 12.1/76/10
皆〇之 12.1/76/12

涕 tì 21

坐臥枕席有〇泣處 1.1/3/13
極望老吏或垂〇曰 1.1/3/16
流〇 2.1/13/18
〇泣沾襟 2.2/14/24
致祭〇泣 3.1/19/16
左右咸流〇 6.5/37/3
流〇而訣 7.12/43/13
枕席有泣〇處 9.4/56/19
瞻望〇泣 9.7/59/15
數千人號呼〇泣 10.1/62/11
而反效兒女子泣〇乎 11.2/71/5
〇泣求哀 14.3/91/18
垂〇歎息 15.2/95/12
民攀持車轂〇泣 15.15/100/27
篆垂〇曰 16.37/114/2
因〇泣 17.11/120/23
政〇泣求哀 17.17/122/27
未嘗不流〇 18.5/127/17
百姓垂〇送之滿道 19.1/136/14
晝夜泣〇至病 19.11/139/19
未嘗不愴然泣〇 24.45/176/9

倜 tì 1

援外類〇儻簡易 12.1/75/9

惕 tì 2

朝乾夕〇 2.2/15/25
無怵〇之憂 13.11/86/21

天 tiān 215

〇下大旱 1.1/1/22
蝗蟲蔽〇 1.1/1/22
〇下擾亂飢餓 1.1/2/3
〇變已成 1.1/2/6
赫然屬〇 1.1/2/8
會〇大雷風 1.1/3/7
胡子立邯鄲卜者王郎爲〇子 1.1/3/19
〇大雨 1.1/3/24
（〇）〔大〕破之 1.1/3/25
劉公眞〇人也 1.1/4/1
〇下不可復得也 1.1/4/3
〇時人事已可知矣 1.1/4/14
少公道讖言劉秀當爲〇子 1.1/4/15
燔燎告〇 1.1/4/21
則名冠〇下 1.1/4/23
當受〇下重賞 1.1/4/23
昔周公郊祀后稷以配〇 1.1/5/9
宜令郊祀帝堯以配〇 1.1/5/10
〇下旱霜連年 1.1/5/22
〇下野穀旅生 1.1/5/23
〇下悉定 1.1/6/3
圖讖〇下事 1.1/6/9
詔告〇下 1.1/6/21
仰視〇 1.1/7/11
即以數郡備〇子用 1.1/7/15
〇下之重寶大器 1.1/8/12
遭〇下反覆 1.1/8/27
今〇下大安 1.1/9/6
宣布圖讖于〇下 1.1/9/20
帝以〇下既定 1.1/10/3
〇然之姿 1.1/10/16
三雨而濟〇下 1.1/10/16
時〇下墾田皆不實 2.1/11/9
大赦〇下 2.1/11/27, 2.2/14/19, 2.3/16/22
〇下太平 2.1/12/9
是時〇下安平 2.1/12/32
寅畏皇〇 2.2/15/25
密靜〇下 2.2/15/26
以爲宜承〇位 2.3/16/6
〇命早崩 2.4/17/24
〇下嗷然 2.4/17/24
告〇請命 3.1/19/15
謫見于〇 3.2/20/15
〇子世世獻奉 3.2/21/2
毒流〇下 3.5/22/7
則〇神皆降 5.4/28/17
《王制》謂「〇子食舉以樂 5.4/28/19
揖讓而治〇下者 5.4/28/21
〇子所以宴樂群臣 5.4/28/23
順〇行誅 5.5/29/11
以承〇心〔也〕 5.5/29/13
據三代郊〇 5.5/29/22
集就〇下 5.5/29/24
〇子事也 5.5/30/7
緣〇地之所雜樂爲之文典 5.5/31/10
〇下乂安刑措之時也 5.5/32/5
〇子行有罼罕 5.6/32/19
久無祭〇地冕服之制 5.6/32/23
〇王袞冕十有二旒 5.6/32/25
以則〇數 5.6/32/25
圓以法〇 5.6/32/25
〇地之（祀）〔禮〕 5.6/33/1
以郊祀〇地 5.6/33/11
宜母〇下 6.1/34/1
仰〇歎〔息〕 6.2/34/6
時〇寒 6.3/35/21

嘗夢捫○體 6.5/36/15
言堯夢攀○而上 6.5/36/16
湯夢及○舐之 6.5/36/17
豈非○地之應歟 6.5/37/4
與○合靈 6.8/37/23
蒼以○下化平 7.12/42/17
聞武帝歌《○馬》 7.12/43/7
骨肉○性 7.12/43/12
○下不足定也 8.1/46/14
○下郡國如是 8.1/46/16
卿言○下不足定 8.1/46/17
○資善學 8.6/48/26
○下可馳檄而定 8.14/52/13
○下大定 8.14/52/15
○下至重 8.14/52/20
○子器之 8.15/53/20
○下未定 9.1/55/12
○下同苦王氏 9.4/56/19
時○寒烈 9.4/56/22
○下無主 9.4/57/5
我夢乘龍上○ 9.4/57/6
此○命發于精神 9.4/57/6
仰○號泣乃去 9.8/60/9
久留○誅 9.11/61/7
○下平定以後 9.11/61/8
詔梁別守○中關 10.6/63/13
是○瑞也 10.11/64/21
○地赫然盡赤 10.12/65/7
不得令觀○文、見讖記 10.22/67/25
時○下大蝗 10.26/69/18
云「劉秀當爲○子」 11.1/70/9
○道惡滿而好謙 11.4/71/20
令○下觖望 11.14/74/15
○下反覆自盜名字者不可勝數 12.1/75/21
○下賴其便 12.1/76/7
恐○下不正者多 12.1/76/14
陷爲○下輕薄子 12.1/76/22
臣聞行○者莫如龍 12.1/76/25
征伐不可偃於○下 12.9/80/11
○資聰敏 12.11/81/10
上應○工 12.12/82/3,12.13/82/9
而三分○下有二 13.1/82/20
以爲功高○下 13.9/85/3
杜伯山、○子所不能臣 13.11/85/22
○下福應 13.11/86/7
以解○下之惑 13.11/86/9
合於《易》之所謂「先○而○不違、後○而奉○時」義 13.11/86/9
畏○之威 13.11/86/30
○下幸甚 13.11/86/30
更始遣柱○將軍李寶降之 13.16/89/6
立聖公爲○子 14.1/89/26
○下已定 14.2/90/23
吾欲使○下知忠臣之子復爲司隸 14.3/91/21
無敵○下 14.4/92/7
不知○時 14.4/92/7
○之所壞 14.4/92/10
不見○時 14.4/92/11
欲貪○下之利 14.4/92/11
○下爲敵人 14.4/92/12
伏念○下離王莽之害久矣 14.5/93/4
席卷○下 14.5/93/10
○下(日)〔自〕以去亡新 14.5/93/12
成○地之元功也 14.5/93/17
○下無變 14.5/93/28
○子默使小黃門持被覆之 14.6/94/8
皇○祖禰 15.2/95/9
統治○下 15.2/95/17
柴祭於○ 15.2/95/18
惟我二人爲○地所遺 15.5/96/19
所言皆○文 15.8/97/21
吾知子不悲○命長短 15.8/97/23
○資忠貞 15.8/97/29
○生俊士 15.8/98/4
時○下擾亂 15.11/99/13
時○下新定 15.15/100/23
曄爲○水郡 15.17/101/14
○子親自執業 16.9/106/6
○下共見 16.10/106/22
○下亂 16.14/107/18
17.11/120/19,18.6/127/23
爲○下乎 16.15/107/27
爲○下 16.15/107/28
則固宜用○下之賢才 16.15/107/28
○下可圖也 16.30/112/1
因仰○號泣 16.31/112/9
今○下苦王氏之虐政 16.33/112/22
恐○下惶懼 16.33/112/22
禮、○子不食支庶 16.36/113/23
○下擾攘 17.12/121/6
而驕○下英俊 17.17/123/2
時○下亂 17.23/124/15
○下新定 17.23/124/16
赦○下繫囚在四月丙子以前減死罪一等 18.9/128/26
伏惟○恩莫不蕩宥 18.9/129/1
○大雷 18.30/135/15
臣聞王者法○ 19.1/136/16
擾動○下 19.4/137/24
(武威)○下州郡遠近莫不修禮遺 19.20/141/21
兼明圖讖、○官、星氣、鍾律、(歷)〔曆〕算 19.22/142/12
京師號曰「○下無雙、〔江夏黃童〕」 19.22/142/13
○知 20.2/145/9
○投蜺 20.4/145/21
○下怨 20.4/145/21
○下咸稱蔡侯紙 20.9/146/27
上通○山 20.12/147/15
○子與我棗脯 20.23/149/20
殷○蔽日 21.8/152/3
虹著於○ 21.24/155/20
則所謂○投蜺者也 21.24/155/20
普○之下 21.35/157/16
值○下亂 21.39/158/3
與○意合 22.4/161/22
將立聖公爲○子議以示諸將 23.1/164/25
稱○公尙可 23.1/164/26
稱○子何謂不可 23.1/164/26
奉通○冠進聖公 23.1/164/27
關中咸想望○子 23.1/165/3
○下不可〔復〕得 23.8/167/19
有道士言豐當爲○子 23.12/169/3
仰○歎曰 23.12/169/5
○水人也 23.16/169/25
足下欲承○順民 23.16/169/25
○下喁喁 23.16/170/7

今○水完富 23.16/170/9
以投○隙 23.17/171/1
覆衣○下 23.17/171/4
所謂用○因地 23.17/171/7
聞于○下 23.17/171/7
自立爲○子 23.17/171/10
以爲宜及○下之望未絕 23.17/171/15
○水、隴西拱手自服 23.17/171/17
無以承○ 24.16/174/7
聰叡○資 24.49/176/17
並縣璣以象○ 24.89/179/18
言○體者有三家 24.90/179/21
三曰《渾○》 24.90/179/21
（孝）〔考〕驗○狀 24.90/179/22
唯《渾○》者近得其情 24.90/179/22
而具○地之象 24.90/179/23
知《渾○》之意者 24.90/179/28
以裨《○文志》 24.90/179/28
故名冕爲平○冠 24.95/180/15

添 tiān 1

○設儲峙輒數千萬 19.22/142/18

田 tián 61

而帝○獨收 1.1/1/24
笑帝事○作 1.1/1/26
修園廟舊宅○里舍 1.1/7/1
苟以度○爲名 1.1/8/1
聚人○中 1.1/8/1
復南頓○租一歲 1.1/8/11
時天下墾○皆不實 2.1/11/9
常欲以墾○相方耳 2.1/11/11
○宅踰制 2.1/11/13
朕親耕于藉○ 2.1/12/19
帝耕藉○禮畢 2.1/13/5
突壞人○ 3.1/18/12
蠻○山、高少等攻城 3.1/19/1
戴異鉏○得金印 3.5/22/24
九眞俗燒草種○ 5.1/28/1
以御○祖」者也 5.4/28/22
私○八百頃 7.11/42/9
公孫述、大司馬○戎將兵下江關 8.10/50/22
妻子在後買○業 8.10/51/2
何多買○宅乎 8.10/51/2
更始遣舞陰王李軼、廩丘王○立、大司馬朱鮪、白虎公陳僑將兵三十萬 9.4/57/1
是時公孫述將○戎、任滿與漢軍相拒于荊門 10.2/62/16
遂以賤直奪沁水公主園○ 10.24/68/17
以○二頃解其忿訟 11.3/71/11
其東有○可萬頃 11.10/73/12
墾○四千餘頃 11.10/73/14
多買京師膏腴美○ 12.2/77/13
免歸○里 13.7/84/21
井○什一以供國用 13.11/86/2
徙齊諸○ 13.11/86/18
永以度○不實 14.2/91/11
○邑、字伯玉 14.4/91/27
其先齊諸○ 14.4/91/27
○疇蕪穢 14.5/93/7
制屯○之術 14.5/93/27
便於○頭大樹下飲食勸勉之 15.5/96/14
從○中歸 15.6/97/4
昔文王不敢盤於遊○ 15.8/98/7
開治稻○八千餘頃 15.12/99/27
令耕公○ 15.15/100/25
富商大賈多收○貨 16.16/108/4
常勤身○農 16.41/114/25
父稚爲丹買○宅居業 17.2/118/3
典牧州郡○畝不增 17.2/118/12
詔以信○宅奴婢錢財賜廉吏太常周澤 17.3/118/19
父爲○禾將軍 17.23/124/12
○禾將軍子從長安來 17.23/124/14
倫免官歸○里 18.1/126/17
躬與奴共發棘○種麥 18.1/126/17
與外氏家屬從○間奔入宛城 18.6/127/23
家有山○橡樹 18.28/134/13
妻嘗之○ 18.30/135/14
又與寡嫂詐訟○ 18.30/135/18
宿訟許伯等爭陂澤○ 19.4/137/17
無○宅財產 19.20/141/23
竊聞使者並規度城南民○ 20.4/145/24
廣壞○園 20.4/145/26
曝體○野 20.9/146/26
令○戎據江南之會 23.17/171/16
使延岑、○戎分出兩道 23.17/171/20
○戎、西平人 23.19/172/11

恬 tián 3

虔人種羌大豪○狼等詣度遼將軍降 3.1/19/5
茂爲人○蕩樂道 10.26/69/24
○靜養神 16.49/116/15

填 tián 2

崩○谿水 2.3/17/4
獄犴○滿 16.37/114/1

闐 tián 1

于○王廣德禮意甚疏 16.3/103/14

殄 tiǎn 2

負兵家滅門○世 13.11/86/25
可○盡 16.3/103/7

挑 tiāo 1

鳴鼓○戰 23.17/172/1

條 tiáo 2

○奏其狀 12.1/76/8
安息王獻○支大雀 22.6/164/12

調 tiáo 11

○濱水縣彭城、廣陽、廬江、九江穀九十萬斛 3.1/18/26
葉○國王遣使師會詣闕

貢獻 3.2/20/6
以師會爲漢歸義葉○邑
君 3.2/20/6
丞領受郡國○馬 3.6/23/24
上○官屬補長吏 8.11/51/13
今乃○度 9.7/59/12
陳俊初○補曲陽長 10.7/63/17
與竇固等議出兵○度 12.3/77/17
敕下○馬穀 12.3/77/21
上○曄曰 15.17/101/12
每行軍○度 19.22/142/16

齠 tiáo 1

○齔勵志 13.1/83/1

糶 tiào 4

令諸生○ 13.6/84/9
諸生以賤不○ 13.6/84/9
悉賤○ 13.6/84/9
餘皆賤○與民饑羸者 18.1/126/14

跕 tiē 2

仰視烏鳶○○墮水中 12.1/76/20

鐵 tiě 3

○券十一 3.5/22/22
以所杖○杖捶龔 15.8/98/12
觸北闕○柱門 23.1/165/4

聽 tīng 29

雅性不喜○音樂 1.1/7/14
旦○朝 1.1/9/3
夜講經○誦 1.1/9/3
帝不○ 1.1/9/17
諸儒並○ 2.1/12/2,11.7/72/15
陛下○用直諫 2.1/12/7
先祖是○ 5.4/28/18
而不自○斷 8.1/46/11
不可○也 8.14/52/14
○置司馬、從事 12.6/79/8
囂乃○林持喪東歸 13.11/85/24
剛諫上不○ 15.7/97/15
上不○ 16.6/104/25
○以大夫行喪 16.11/106/28
上○之 16.50/117/1
其○憲嗣爵 17.8/119/22
平不○ 17.11/120/21
因忘其豬而○經 17.12/121/4
良久乃○止 17.23/124/14
詔書○許鳳襲爵 18.3/127/5
不○ 18.10/129/8
范不○ 18.12/130/1
不見○ 18.13/130/13
○之定所受《韓詩》
18.13/130/16
客潛于內中○ 18.26/134/3
愼（弗）〔勿〕○妻子
持尸柩去 18.29/135/8
小奴見子密○其語 23.11/168/24
○言視論 24.61/177/13

廳 tīng 1

梓樹生○前屋上 19.12/140/4

廷 tíng 29

到朝○凡數十見 1.1/6/8
獨言朝○以爲我縛賊手
足矣 1.1/7/4
不以私家干朝○ 6.2/34/24
每朝○有異政 7.2/39/6
朝○設問寡人 7.3/39/12
及在朝○ 8.12/52/2
禹爲○尉府北曹吏 11.10/73/10
拜○尉 11.10/73/11
前到朝○ 12.1/75/22
其在朝○ 12.11/81/11
朝○由是敬憚委任焉 12.11/81/13
生無以輔益朝○ 12.11/81/18
商朝○敬憚 12.11/81/24
而令朝○耽悅鄭聲 13.6/84/8
論於朝○ 13.9/85/4
以光朝○ 16.10/106/23
自繫○尉 16.20/109/14
朝○本以是故徵之 16.50/117/1
陛見帝○ 16.50/117/3
朝○嘉其清廉 17.3/118/18
朝○稱爲名卿 17.4/118/23
爲○尉 19.7/138/26
遷○尉正 19.17/141/3
張湯爲○尉 19.17/141/4
坐徵詣○尉 19.26/143/13
朝○愍悼 20.19/148/29
送○尉 20.23/149/23
卜福爲○尉 21.43/158/20
朝○以奴殺主不義 23.11/168/26

亭 tíng 52

夜止蕪蔞○ 1.1/3/23
乃命有司設壇于鄗南千
秋○五成陌 1.1/4/18
始營陵地于臨平○南 1.1/8/21
鳳皇見肥城窳○槐樹上 2.2/14/26
州郡募五里蠻夷、六○
兵追擊 3.1/19/2
賜五里、六○渠率金帛
各有差 3.1/19/2
其以漢中南鄭之武陽○
封賢孫承先爲武陽○
侯 3.2/20/17
止長壽○ 3.5/22/7
帝到夏門外萬壽○ 3.6/23/6
帝起四百尺觀于阿○道 3.6/23/26
○萬二千四百四十三 5.1/28/3
止宿○ 7.4/39/24
令奴金盜取○席 7.4/39/24
金與○佐孟常爭言 7.4/39/24
因出幸津門○發喪 7.8/41/10
封恭孫據、卞○侯 7.17/44/22
光、昭陽○侯 7.17/44/23
固、公梁○侯 7.17/44/23
興、蒲○侯 7.17/44/23
延、昌城○侯 7.17/44/23
祀、梁父○侯 7.17/44/23
堅、西安○侯 7.17/44/24
代、林○侯 7.17/44/24
擊長壽○長 8.6/48/27
○長將詣第白之 8.6/48/27
弘即見○長 8.6/49/1
夜至饒陽蕪蔞○ 9.4/56/22
詔封延曾孫爲盧○（候）
〔侯〕 9.11/61/13
民嘗有言部○長受其米
肉遺者 10.26/69/11

○長從汝求乎 10.26/69/11
○長素爲善吏 10.26/69/14
將至○ 11.1/70/6
食小鄉○ 11.4/71/22
援行○障 12.1/77/2
以襄城羹○一千二百戶
增防 12.3/77/24
將詣行在所河津○ 14.1/90/10
得鄉○厚矣 15.1/95/1
徙封鴻爲馬○侯 15.2/95/21
〔遂〕止於野○ 15.9/98/22
列○置驛 15.13/100/7
充到前○ 15.14/100/12
給事爲縣○長 16.46/115/23
過直上郵○ 17.23/124/13
寄止於○門塾 17.23/124/13
○長難之 17.23/124/13
因謫署都○長 19.27/143/21
震到雒陽都○ 20.2/145/10
侍御史張綱獨埋輪于雒
陽都○ 20.15/148/3
垣副以漢中○長聚眾降
宗成 23.17/170/24
宿下邑○ 23.18/172/6
○長白言「睢陽賊衣絳
罽襜 23.18/172/6

庭 tíng 25

有黑氣墮所御溫明殿○
中 3.6/23/21
選入掖○ 6.4/36/6,6.6/37/9
以才貌選〔入〕掖○ 6.7/37/16
母宣改嫁爲掖○民梁紀
妻 6.9/38/3
壽引進令入掖○ 6.9/38/4
臣贇拜不由王○ 15.15/100/26
至北○ 16.6/104/22
後入會○中 16.9/105/20
中○橘樹一株 16.14/107/21
白狼王等百餘國重譯來
○ 17.15/122/15
翾翔復上縣○屋 18.13/130/18
曝麥于○ 18.30/135/14
引酺及門生郡縣掾吏並
會○中 19.1/136/10
徙置府○ 19.12/140/4
又立掖○民女亳氏爲皇
后 21.4/151/3
蔡邕詔問有黑氣墮溫明
殿東○中 21.24/155/19
而降施于○ 21.24/155/20
虹晝見御座殿○前 21.24/155/21
日夜與婦人歡宴後○ 23.1/165/6
得掖○中宮女猶有數百
千人 23.5/166/16
拔○中蘆菔根 23.5/166/16
興北至單于○迎芳 23.9/168/5
有司穿坎于○ 23.16/170/2
輸掖○ 24.72/178/8

停 tíng 1

營舍有○棺不葬者百餘
所 18.16/131/15

通 tōng 76

乃椎鼓數十○ 1.1/3/21
十歲○《春秋》 2.1/11/6
兼○九經 2.1/11/17
今者反于殿中交○輕薄 2.2/15/14
各○一經 3.2/20/11
與陳王寵交○ 3.6/23/14
相工茅○見之 6.6/37/9
作《五經○論》 7.9/41/28
欲令○漕 8.2/47/15
坐私與梁扈○書 8.2/47/24
于是江南之珍奇食物始
流○焉 9.2/56/3
王莽時舉有德行、能言
語、○政事、明文學
之士 9.10/60/17
齊武王嘗殺○同母弟申
屠臣 10.21/67/9
軼深達○意 10.21/67/10
至○舍 10.21/67/10
○甚歡 10.21/67/10
○聞事發覺 10.21/67/13
○娶寧平公主 10.21/67/14
上感○首創大謀 10.21/67/15
封○少子雄爲邵陵侯 10.21/67/15
常遣使以太牢祠○父冢
10.21/67/16
（遣）〔遣〕司馬虞封
間行○書 10.22/67/20
開○三十六國 10.23/68/10
○引灌溉 11.10/73/13
曾祖父○生賓 12.1/75/5
爲○儒 12.7/79/18
上嘗問弘○博之士 13.6/84/3
伯○自伐 13.9/85/3
須道開○ 13.11/85/23
古今○道 13.11/86/15
字稚○ 13.12/87/23
○利道路 13.16/89/12
臣聞故事○官不著姓 14.3/91/20
馮衍、字敬○ 14.5/92/22
求○待報 15.2/95/23
○貨故羌 15.11/99/13
鑿山○路 15.13/100/7
道路未○ 15.15/100/23
欲爲○籍 16.6/104/18
諸王不宜○客 16.6/104/19
又賈人多○侈靡之物 16.16/108/5
作《○論》七篇 16.19/109/7
號《洼君○論》 16.19/109/7
學○古今 16.20/109/13
義有不○ 16.20/109/18
輒奪其席以益○者 16.20/109/18
上以敏博○經記 16.22/110/3
其學兼○數家 16.26/111/8
○《五經》 16.51/117/8
遂○其經 17.12/121/6
兼○書傳 17.18/123/7
不交○人物 18.1/126/17
烽火日○ 18.12/129/28
曹褒、字叔○ 18.16/131/14
常慕叔孫○爲漢儀禮
18.16/131/14
博覽無不○ 18.29/134/26
依大家皐伯○廡下 18.29/135/5
伯○察而異之 18.29/135/6
與伯○及會稽士大夫語
曰 18.29/135/7
後伯○等爲求葬處 18.29/135/9
高鳳、字文○ 18.30/135/14
所以○下問 19.1/136/16
兼○《五經》 19.5/138/3
但○度 19.6/138/9
帝賜香《淮南》、《孟

子》各一〇 19.22/142/10
九歲〇《春秋》 19.25/143/8
周紆、字文〇 19.26/143/13
上〇天山 20.12/147/15
光爲尙席直事〇燈 20.24/150/3
文雅〇達 21.29/156/15
以博〇古今遷太史令 21.51/159/24
呂植〇《禮經》 23.1/164/25
奉〇天冠進聖公 23.1/164/27
彭寵、字伯〇 23.11/168/15
黃鍾〇 24.88/179/15
蕤賓〇 24.88/179/15

同 tóng 76

與〇舍生韓子合錢買驢 1.1/1/15
具爲〇舍解說 1.1/1/16
先是時伯玉〇母兄公孫臣爲醫 1.1/2/1
不〇力救之 1.1/2/20
帝所與在長安〇舍諸生彊華自長安奉《赤伏符》詣鄗 1.1/4/17
講議《五經》〇異 2.1/11/23
廟與世宗廟〇而祠 2.1/13/22
講五經〇異 2.2/14/11
古今所〇 2.3/16/16
父子三人〇命 3.2/20/17
〔考〕合異〇 3.5/22/8
百王所〇 5.5/29/12,5.5/29/15
豈嫌〇辭 5.5/31/1
罔射協〇 5.5/31/18
與高廟〇樂 5.5/32/1
當〇樂 5.5/32/1
不當與世（祖）〔宗〕廟《盛德》之舞〇名 5.5/32/2
公主封君〇 5.6/33/7
復呼〇廬郎共更嘘 8.2/47/12
以延平（九）〔元〕年拜爲車騎將軍、儀〇三司 8.4/48/12
儀〇三司始自陟也 8.4/48/13
父所厚〇郡郎中王臨 8.6/49/4
〇死生 8.17/54/12
恂〇門生董崇說恂曰 9.1/55/4
天下〇苦王氏 9.4/56/19
卒有不〇 10.1/62/10
以衣中堅〇心之士〔也〕 10.7/63/18
惟隗與袁安〇心畢力 10.13/65/12
齊武王嘗殺通〇母弟申屠臣 10.21/67/9
與〇郡張宗、上谷鮮于褒不相好 11.14/74/16
援素與述〇鄉里 12.1/75/13
臣與公孫述〇縣 12.1/75/19
〇符高祖 12.1/75/22
印文不〇 12.1/76/14
所宜齊〇 12.1/76/15
〇之將軍 12.6/79/9
梁與秦〇祖 12.9/80/6
湛〇産兄子也 13.3/83/11
先與鄭興〇寓隴右 13.11/85/26
三代之所〇 13.11/86/2
與馬援〇鄉里 13.11/87/1
下淩轢〇列 13.13/88/8
以齊〇法令 14.3/91/23
與邑〇事一朝 14.4/92/5
君長將兵不與韓信〇日而論 14.4/92/10
鴻初與九江人鮑駿〇事桓榮 15.2/95/11
集議《五經》〇異於白虎觀 15.2/95/14
〇斗斛權衡 15.2/95/18
上特詔御史中丞與司隸校尉、尙書令會〇並專席而坐 15.3/96/5
時河南太守〇郡陳遵 15.5/96/16
丹子有〇門生喪親 15.5/96/23
鳥獸不可與〇群 15.8/98/4
堪有〇心之士三千人 15.12/99/24
〇侶馬死 15.14/100/12
不如〇門生郎中彭閎、揚州從事皐弘 16.9/105/17
子若與我并威〇力 16.30/111/25
諸儒于白虎觀講論《五經》〇異 17.6/119/7
與京兆祁聖元〇好 17.17/122/24
本〇縣李元蒼頭 17.25/125/9
道不〇故耳 18.1/126/2
與（東）〔〇〕郡宗武伯、翟敬伯、陳綏伯、張弟伯〇志好 18.3/127/4
暉〇縣張堪有名德 18.6/128/9
宗族五人〇爲二千石 18.14/130/27
乃與〇舍郎上書直諫 18.22/132/26
不與人〇食 18.29/134/22
與光武〇門學 19.1/136/5
與兄弟子〇苦樂 19.11/139/21
少與〇郡許敬善 19.12/140/3
休屠各及朔方烏桓竝〇反叛 21.11/153/5
父子〇賜 22.4/163/27
〇郡東莞人逢安、字少子 23.6/166/24
正與〇時 23.8/167/14
與〇郡人陳義客夷陵 23.19/172/11
此即明三事不〇也 24.6/173/7

彤 tóng 12

祭〇、字次孫 9.8/60/3
〇之威聲揚于北方 9.8/60/5
〇素清約 9.8/60/6
及〇卒 9.8/60/8
過〇冢拜謁 9.8/60/9
邳〇、字偉君 10.16/66/7
以〇爲卒正 10.16/66/7
〇舉城降 10.16/66/8
所置信都王捕繫〇父弟及妻子 10.16/66/8
使爲手書呼〇曰 10.16/66/9
〇泣報曰 10.16/66/9
〇親所以至今日得安于信都者 10.16/66/10

童 tóng 14

汝南〇子謝廉、河南〇子趙建 3.2/20/11
有〇兒數百 15.9/98/19
京師號曰「聖〇」 15.12/99/23
〇謠歌曰 15.12/100/1
齓〇介然特立 16.52/117/12
〇子內刀 18.6/127/25
〇子傳授業 18.13/130/16

〇幼有志操 18.26/133/25
以〇幼詣太學受業 18.29/134/22
〇子鴻不因人熱者也 18.29/134/23
旁有〇兒 19.4/137/19
江夏、黃〇也 19.22/142/11
京師號曰「天下無雙、〔江夏黃〇〕」 19.22/142/13

銅 tóng 14

帝擊〇馬 1.1/4/8
美陽得〇酒樽 2.2/15/5
取〇虎符 3.5/22/14
以上皆〇印黑綬 4.1/26/4
丞、尉校長以上皆〇印黃綬 4.1/26/7
長相皆以〇印黃綬 4.1/26/8
〇馬、赤眉之屬數十輩 8.14/52/15
援於交趾鑄〇馬 12.1/76/25
善相馬者東門京鑄作〇馬法獻之 12.1/76/26
以所得駱越〇 12.1/76/27
〇印三十一 21.8/152/7
又有魚鹽銀〇之利 23.17/171/4
〇馬賊帥東山荒禿、上淮況等 23.20/172/16
今史官所用候臺〇儀 24.90/179/23

僮 tóng 1

匹夫〇婦 14.5/93/9

鮦 tóng 2

封太后弟陰興之子慶爲〇陽侯 2.1/11/23
追封加諡興曰〇陽翼侯 11.14/74/20

統 tǒng 15

承文、景之〇 1.1/1/5
孝殤襁褓承〇 2.4/17/24
以爲宜奉大〇 3.2/19/22
龍興〇業 3.2/20/29
以爲「殷〇未絕 5.5/29/21
漢〇中絕 5.5/29/22
惟安帝宜承大〇 8.4/48/14
〇高祖父子都 12.9/80/6
延生〇 12.9/80/7
〇疏稱 12.9/80/9
〇對尚書狀曰 12.9/80/12
萬里之〇 13.11/86/19
〇三軍之政 14.5/93/15
〇治天下 15.2/95/17
鴻胤奉〇 24.23/174/21

筒 tǒng 1

太守張穆持〇中布數篋與范 18.12/129/26

痛 tòng 8

雖〇、忍不言 6.5/36/11
哀〇感傷 12.4/78/13
儒士〇心 13.1/82/24
後輒因衰麤之〇 13.11/86/19
〇入骨髓 14.5/93/9
而〇二父讎不復也 15.8/97/23
夫婦〇 17.22/124/6
詔書傷〇之 20.8/146/21

慟 tòng 2

遂哭而〇 9.7/59/15
衛尉銚期見上感〇 9.7/59/22

偷 tōu 1

〇生苟活 16.20/109/15

投 tóu 15

安得不〇死 1.1/4/10
必雅歌〇壺 9.7/59/17
〇筆抽刃而死 11.2/71/6
然猶〇戈講學 11.7/72/13
自〇車下 11.14/74/14
家君欲與君〇分 15.5/96/22
嘗輟業〇筆歎曰 16.3/102/23
〇閒輒誦《詩》 16.9/106/3
又欲〇鉤 16.25/110/26
遂〇劾歸 16.37/113/28
歲歲作衣〇於江中 17.22/124/6
天〇蜺 20.4/145/21
則所謂天〇蜺者也 21.24/155/20
以〇天隙 23.17/171/1
〇畀有北 24.90/179/27

頭 tóu 54

恐失其〇首也 1.1/6/14
吏民叩〇言 1.1/8/11
〔上循其〇曰「吳季子」〕 2.1/11/7
因舉虎〇衣以畏三老 2.1/12/9
〇上有角 2.2/15/5
傳勉〇及所帶玉印、鹿皮冠、黃衣詣雒陽 3.4/21/17
有〇 3.6/23/21,21.24/155/19
置虎賁髦〇 7.8/41/6
恭遣從官蒼〇曉令歸 7.17/44/20
異獨入叩〇 9.4/56/19
叩〇謝歸焉 10.26/69/9
驢四百〇負馱 11.2/71/2
賜羊三千、牛三百〇以養病 12.1/76/4
譬如嬰兒〇多蟣蝨而剃之 12.1/76/10
敕黃門取〇蝨章（特）〔持〕入 12.1/76/11
因出小黃門〇有蝨者 12.1/76/12
輒遣蒼〇以車載米菜錢 12.11/81/15
生子白〇 13.9/85/3
叩〇馬前 14.2/91/2
令叩〇都道 14.2/91/5
奔走馬〇前 14.2/91/6
〇爲飲器 14.4/92/8
便於田〇大樹下飲食勸勉之 15.5/96/14
剛以〇軔乘輿車輪 15.7/97/15
取其〇以示子張 15.8/97/24
類皆以麻枲〇縕著衣 15.14/100/14
生燕頷虎（〇）〔頸〕 16.3/103/1

榮叩○讓曰　16.9/105/16
譚叩○流血　16.16/108/10
人一○　16.25/110/25
掾吏叩○諫曰　16.37/114/3
詣賊叩○言　16.41/114/26
穀皮幓○　16.50/116/28
前見良○鬚皎然　17.10/120/13
叩○曰　17.11/120/22
　17.24/125/1
意因叩○曰　17.13/121/27
抱升子持車叩○　17.17/122/26
旄○以戟叉政　17.17/122/27
本同縣李元蒼○　17.25/125/9
與毛義各賜羊一○　18.10/129/15
問事不休賈長○　18.17/131/23
輔前叩○　20.8/146/20
長史、司馬、涉○、長燕、鳥校、棚水塞尉印五枚　21.8/152/7
遣蒼○市酒　21.9/152/13
球叩○曰　21.12/153/15
單于比、匈奴○曼十八代孫　22.3/161/7
南單于遣使獻駱駝二○　22.3/161/11
爛羊○　23.1/165/13
俠卿爲制朱絳單衣、（平）〔半〕○赤幘、直綦履　23.5/166/13
奴乃捽其妻○　23.11/168/22
即斷寵及妻○　23.11/168/26
○鬢爲白　23.16/170/14

禿 tū　1

銅馬賊帥東山荒○、上淮況等　23.20/172/16

突 tū　7

或爲地○　1.1/2/25
○壞人田　3.1/18/12
欲北（代）〔發〕幽州○騎　8.10/50/12
張藍引兵○臨淄　8.14/53/1
信陽侯陰就於干○車騎簿　17.20/123/19
干○車騎　17.20/123/20
茂將其精兵○至湖（陸）〔陵〕　23.10/168/10

徒 tú　57

遣大司○王尋、大司空王邑將兵來征　1.1/2/13
大司○賜言帝第一可用　1.1/3/17
錄囚○　2.3/16/25
遣司○等分詣郊廟社稷　3.1/19/15
司○許敬爲陵轢使（官）〔者〕策罷　3.2/20/5
司○韓縯、司空孫朗並坐不衛宮　3.5/22/7
得司○劉公一言　7.1/38/11
禹爲大司○　8.1/46/19
司○、堯也　8.1/46/24
活○士數千人　8.2/47/17
布衣○行　8.6/48/27
○無饑寒之色　8.8/49/24
令與當世大儒司○丁鴻問難經傳　8.12/52/3
從司○祭酒陳元受《左氏春秋》　12.6/79/6
涿郡盧植、北海鄭玄、皆其○也　12.7/79/18
前授生○　12.7/79/20
○信己以榮名　12.10/80/21
竊見故大司○陽都侯伏湛自行束脩　13.1/82/22
爲司○　13.7/84/19,17.2/118/11
爲大司○　13.8/84/26
後大司○戴涉被誅　13.10/85/16
遷大司○司直　13.11/87/1
遷司○　13.13/88/7
大司○公被害時　14.1/90/3
又當司○露布　14.3/91/20
司○（例）〔辭〕訟久者至（數十）〔十數〕年　14.3/91/21
擁帶○士　14.4/92/9
鴻爲司○　15.2/95/21
司○侯霸欲與丹定交　15.5/96/21
爲大司○司直　15.6/97/3
時司○吏鮑恢以事到東海　15.6/97/4
而良妻布裙○跣曳柴　15.6/97/4
我司○吏　15.6/97/5
觀者皆○跣　15.14/100/16
延輒休遣繫〔囚〕○　15.15/100/27
瘖聾之○　16.22/110/7
司○侯霸辟貢　16.49/116/17
門○數百人　17.3/118/16
遷司○長史　17.10/120/15
彼○炫名　17.12/121/9
鍾離意辟大司○侯霸府　17.13/121/14
詔部送○詣河內　17.13/121/14
○病不能行　17.13/121/14
意輒移屬縣使作○衣　17.13/121/14
安爲司○　18.5/127/17
司○劉愷辟之　18.8/128/20
褒愍哀病○　18.16/131/17
寵辟司○鮑昱府　19.7/138/20
辟司○府　19.15/140/16
今妾媵嬖人閹尹之○　20.4/145/22
而令搢紳之○委伏畎畝　20.4/145/22
賜代劉郃爲司○　20.4/145/23
司○郃之子　20.11/147/10
司○尹訟薦頴　21.8/151/25
被髮○跣　23.5/166/13
髡○推之　23.11/168/19

途 tú　1

頴起於○中　21.8/152/2

屠 tú　11

繡衣御史申○建隨獻玉玦　7.1/38/16
○城三百　8.14/53/16
齊武王嘗殺通同母弟申○臣　10.21/67/9
○酤成市　11.10/73/14
申○剛、字巨卿　15.7/97/12
而其子見○　15.11/99/17
○〔者〕或不肯爲斷　16.49/116/20
○者或不肯與〔之〕

16.49/116/21
休○各及朔方烏桓竝同 反叛 21.11/153/5
申○志以功封汝陰王 23.3/166/3
兵所○滅 23.17/171/3

塗 tú 7

先和泥○城 8.17/54/11
泥○狹隘 11.14/74/13
以泥○其婦面 13.16/89/9
皆裸跣○炭 13.16/89/10
肝腦○地 14.5/93/8
杜褒、斜之○ 23.17/171/5
姓當○ 23.17/171/12

圖 tú 37

按○讖 1.1/5/6
○讖著伊堯、赤帝之子 1.1/5/9
發○讖 1.1/6/7
○講天下事 1.1/6/9
讀○讖多 1.1/8/4
宣布○讖于天下 1.1/9/20
稽合○讖 2.1/12/1,11.7/72/14
○二十八將于雲臺 2.1/12/13
以應○讖 2.1/12/15,12.14/82/14
嘗案輿地○ 2.1/13/27
大將軍竇憲潛○弒逆 2.3/16/19
掌典○書 3.5/22/8
奉《○》《雒》之明文 5.5/29/17
○讖蓋如此 5.5/29/18
有司復奏《河》《雒》 ○記表章赤漢九世尤 著明者 5.5/29/20
蓋應○籙 5.5/30/4
《叶○徵》曰 5.5/31/12
章明○讖 5.5/31/17
兵法但有所○畫者 7.1/38/13
本起兵○大事者 7.1/38/19
論集經傳○讖 7.9/41/28
賜以秘書列○、道術秘 方 7.12/43/11
深慮遠○ 8.1/46/12
披輿地○ 8.1/46/16
○往鏡來兮 12.10/80/22
○畫列女 13.6/84/11
方且○之 13.6/84/13
以○議軍糧 13.13/88/6
愚聞丈夫不釋故而改○ 14.4/92/4
譚譏訕○讖 16.16/108/8
令校○讖 16.22/110/3
天下可○也 16.30/112/1
兼明○讖、天官、星氣 、鍾律、(歷)〔曆〕 算 19.22/142/12
及憲兄弟○作不軌 19.32/144/23
○王不成 23.16/170/11

土 tǔ 41

節侯孫考侯以○地下濕 1.1/1/6
漢當爲○德 1.1/5/5
至孝武、(兒)〔倪〕 寬、司馬遷猶從○德 1.1/5/6
思念欲完功臣爵○ 1.1/10/3
尺○靡不其有 5.5/29/23
澆黃○ 6.2/35/1
以縑囊盛○爲隄 9.2/56/5
堆石布○ 10.11/64/25
而虜○崩瓦解 10.22/67/23
何況乃當傳以連城廣○ 10.22/68/1
公欲讓職還○ 10.22/68/2
竝蒙爵○ 10.24/68/23
而一家數人並蒙爵○ 11.14/74/15
將士○崩之勢 12.1/76/1
兄弟父子并受爵○ 12.2/77/12
是以去○中之京師 13.11/86/3
猥蒙爵○ 13.12/87/21
自以兄弟不當蒙爵○之 恩 13.12/87/24
國○遠近 13.13/88/6
百姓安○歸心 14.1/90/2
相其○地之饒 14.5/93/26
不任茅○ 15.2/95/10
避亂江南者皆未還中○ 15.15/100/23
年老思○ 16.3/104/1
〔負○成墳〕 16.13/107/12
無令黷污○ 16.30/112/3
建武中以伏波將軍爵○ 不傳 16.34/113/9
問其風○ 16.35/113/15
五原○宜麻桑 16.40/114/20
○地開闢 17.10/120/7
爲解○ 17.13/121/20
六年躬自負○樹柏 19.20/141/19
但即○埋藏而已 21.15/154/6
莫非王○ 21.35/157/16
○地墝埆 22.4/163/9
茅茨○階 23.16/169/28
○壤膏腴 23.17/171/3
今東帝無尺○之柄 23.17/171/18
權○炭 24.88/179/15
○炭輕而衡仰 24.88/179/15
○炭重而衡低 24.88/179/16

兔 tù 5

馮異進一笥麥飯○肩 1.1/3/23
白鹿、白○、九尾狐見 2.2/15/3
鳳凰見百三十九、麒麟 五十二、白虎二十九 、黃龍三十四、青龍 、黃鵠、鸞鳥、神馬 、神雀、九尾狐、三 足烏、赤烏、白○、 白鹿、白燕、白鵲、 2.2/15/20
西河言白○見 3.5/22/27
異進一笥麥飯○肩 9.4/57/1

菟 tù 2

分高顯、候城、遼陽屬 玄(菟)〔○〕 5.1/27/21
宜彪、官至玄○(大) 〔太〕守 15.4/96/10

推 tuī 29

蕭王○赤心置人腹中 1.1/4/9
○五運 1.1/5/6
〔少〕○誠對 2.1/11/8
○父時金寶財產與昆弟 7.7/40/16
從黎陽步○鹿車于洛陽 市藥 8.2/47/20
恭與士衆○誠 8.17/54/12
○實不爲華貌 10.26/69/24
足下○忠誠 11.2/70/21
○爲三老 11.3/71/12

重耳忽○兮 12.10/80/23
直○雅性 12.11/81/11
○用賢俊 13.8/84/26
賢見林身○鹿車 13.11/85/25
身自○〔之〕 13.16/89/9
以憚不○劾 15.8/98/11
賊○奮之子于軍前 15.11/99/17
○財孤寡 16.12/107/5
宗人少長咸共○之 16.52/117/14
宮悉○與而去 17.12/121/7
且盡○財與之 18.10/129/11
以謙儉○讓爲節 18.28/134/13
悉○豕償之 18.29/134/27
高譚等百八十五人○財
　相讓 19.17/141/6
○鹿車 21.17/154/14
○潭僕遠 22.4/162/4
菌補邪○ 22.4/162/30
○以爲豪 22.5/164/4
遂○〔爲〕渠帥 23.1/164/21
髡徒○之 23.11/168/19

退 tuì 20

后輒○讓 6.1/34/1
陟謙○ 8.4/48/13
上安然後○舍 8.10/50/15
宜思功遂身○之計 9.1/55/5
異爲人謙○ 9.4/57/20
卻○ 9.7/59/7
兵○無宿戒 9.7/59/11
○阻營壍 11.2/71/3
○食私館 12.11/81/12
微過斥○ 13.1/82/24
不能早○ 13.11/86/23
是時三公多見罪○ 13.13/88/7
昆老○位 16.17/108/20
逡巡進○ 16.50/117/3
寅聞慚而○ 17.1/117/28
臣可以禮進○ 17.19/123/14
各○自相責讓 19.4/137/18
羌亦引○ 21.8/151/27
執謙求○ 21.43/158/20
進○先後 24.88/179/16

呑 tūn 1

雖○刀以奉命兮 12.10/80/21

燉 tún 1

固等兵到○煌 12.3/77/18

託 tuō 9

久○病 3.2/20/5
○以先后近屬 6.4/36/6
可以○六尺之孤 7.12/42/14
依○權門 15.2/95/25
以屬○焉 18.1/125/21
欲以妻子○朱生 18.6/128/10
數從請○ 18.23/133/7
○病不仕 19.4/137/15
○驥之尾 23.16/170/4

脫 tuō 9

上初至不○衣帶 10.14/65/18
○袴解履 11.14/74/14
猶尚有遺○ 13.11/86/13
而尙遺○ 13.11/86/26
遂○ 13.16/89/10
○衣解履 16.50/117/3
數十人皆得○ 17.24/125/3
即○身出作 18.10/129/8
乃○巾請曰 18.30/135/16

沱 tuó 3

治滹○、石臼河 8.2/47/15
因渡滹○河 9.4/57/1
南至下曲陽滹○河 10.11/64/16

馱 tuó 1

驢四百頭負○ 11.2/71/2

駝 tuó 4

河西太守竇融遣使獻
　（三）〔橐〕○ 10.22/67/20
走馬騾橐○ 22.3/161/9
南單于遣使獻駱○二頭
　22.3/161/11
南單于上書獻橐○ 22.3/161/15

槖 tuó 3

河西太守竇融遣使獻
　（三）〔○〕駝 10.22/67/20
走馬騾○駝 22.3/161/9
南單于上書獻○駝 22.3/161/15

洼 wā 2

○丹、字子玉 16.19/109/7
號《○君通論》 16.19/109/7

鼃 wā 1

子陽、井底○耳 12.1/75/16

瓦 wǎ 5

乃令陶人作○器 1.1/8/23
皆陶人○器 1.1/8/26
茅車○器 7.8/41/14
而虜土崩○解 10.22/67/23
布被○器 15.6/97/3

襪 wà 2

特賜履○ 2.3/17/1
忠更作新袍袴（解）
　〔鮮〕支小單衣○而
　上之 10.14/65/18

外 wài 86

中○竝擊 1.1/3/7
取此兩子置度○ 1.1/6/3
王侯○戚 1.1/6/21
〔追封〕○祖樊重爲壽
　張侯 1.1/10/6
內○周洽 2.1/11/15
乃率諸王侯、公主、○
　戚、郡國計吏上陵 2.1/11/20
以益州徼○哀牢王率眾
　慕化 2.1/13/3

五步○爲小廚 2.1/13/8
○戚預政 2.1/13/24
○戚陰、郭之家 2.1/13/25
后妃○家貴者 2.1/13/26
不見于○ 2.2/15/10
○憂庶績 2.3/17/12
徼○羌龍橋等六種慕義降附 3.1/18/12
徼○羌薄申等八種舉衆降 3.1/18/16
塞○蠻夷 3.1/19/16
詔懸夏城門○ 3.4/21/17
帝到夏門○萬壽亭 3.6/23/6
中○官尚書令、御史中丞、治書侍御史、公將軍長史、中二千石丞、正、平、諸司馬、中官王家僕、雒陽令秩皆千石 4.1/25/21
尙書、中謁者、黃門冗從四僕射、諸都監、中○諸都官令、都（候）〔侯〕、司農部丞、郡國長史、丞、（候）〔侯〕、司馬、千人秩皆六百石 4.1/26/1
威震海○ 5.5/31/6
武暢方○ 5.5/31/7
○間白太后 6.2/34/27
見○家問起居 6.2/35/4
○家出過于道南 6.3/35/22
宗族○內皆號曰「諸生」 6.5/36/15
爲○戚儀表 8.7/49/13
軍師在○ 8.10/51/2
遂以分與昆弟○家 8.10/51/2
歸○家復陽劉氏 9.6/58/9
上聞○有大兵（自）來 9.10/60/18
○戚秉權 10.13/65/12
○孫何氏兄弟爭財 11.3/71/11
援○類倜儻簡易 12.1/75/9
諸曹時白○事 12.1/76/5
「犬」○嚮 12.1/76/13
立馬於魯班門○ 12.1/76/26
皆以爲塞○草美 12.3/77/17
○若訥而內沈敏 12.5/78/25
余○孫右扶風曹貢爲梧安侯相 12.6/79/4
追命○祖 12.10/81/5
便置中門○ 12.11/81/14
悉分與昆弟中○ 12.11/81/15
於四城○給與貧民 12.11/81/15
其委任自前世○戚禮遇所未曾有 12.11/81/24
方軍師在○ 13.11/86/10
○有賓客 13.11/87/4
○幹宰職 13.16/89/18
旦蚤與我會上東門○ 14.1/90/8
○附妻黨 14.4/92/15
橫擊於○ 14.5/93/6
○附之臣 15.2/95/25
○方內員 15.8/97/30
諸兒送出郭○ 15.9/98/21
延率掾吏殯於門○ 15.15/101/1
而當封侯萬里之○ 16.3/102/25
君在○國三十餘年 16.3/104/3
塞○吏士 16.3/104/4
無○交義 16.6/104/19
以○戚小侯每預朝會 17.1/117/25
令弟禮夫妻俱出○ 17.23/124/17
倫獨收養孤兄（下）〔子〕、○孫 18.1/125/20
卿知從○來 18.1/126/10
暉○祖父孔休 18.6/127/22
與○氏家屬從田間奔入宛城 18.6/127/23
權在○戚 18.22/132/26
既而載之城○ 18.22/133/2
篤○高祖辛武賢 18.23/133/9
○內五世 18.23/133/10
恭家井在門○ 18.28/134/16
知○事也 19.1/136/17
暴師于○ 19.4/137/23
常伏寺東門○凍地 19.16/140/22
廬于舍○ 20.6/146/10
程謀誅江京于盛化門○ 20.23/149/19
從省中還○府 20.23/149/21
解劍置○ 20.24/150/4
後還○黃令 21.16/154/10
荒服之○ 22.4/163/9
出塞○ 22.5/164/8
芳○倚匈奴 23.9/168/6
告○吏 23.11/168/21
蜀人及其弟光以爲不宜空國千里之○ 23.17/171/20
成都郭○有秦時舊倉 23.17/171/23
○懷狄戎 24.31/175/9
○戚戰慄 24.60/177/11

彎 wān 1

○弓三百斤 9.11/61/3

丸 wán 1

元請以一○泥爲大王東封函谷關 23.16/170/9

完 wán 7

覇陵獨○ 1.1/8/25
而獨○其福 1.1/8/27
思念欲○功臣爵土 1.1/10/3
復獨○致縣中 8.11/51/11
東西○塞諸窗 13.14/88/19
閎獨○全 14.7/94/14
今天水○富 23.16/170/9

玩 wán 5

下及○弄之物 3.1/18/8
珠玉○好皆不得下 3.2/20/27
○好不飾 3.2/20/30
雜綵○好 16.16/108/6
蜀之珍○ 21.41/158/12

紈 wán 4

詔齊相〔其〕止勿〔復〕送冰○、方空縠、吹綸絮〔也〕 2.2/14/9
楚王英奉送黃縑三十五匹、白○五匹入贖 7.10/42/3
詔書還入贖縑○ 7.10/42/3
羅○綺繡 16.16/108/6

頑 wán 2

前太子卬○凶失道 7.20/45/13
質性○鈍 10.22/67/25

宛 wǎn 26

時○人朱祜亦爲舅訟租于尤 1.1/1/19
○大姓李伯玉從弟軼數遣客求帝 1.1/2/1
帝奉糗一斛、脯三十朐進圍○城 1.1/2/13
○城未拔 1.1/2/19
言○下兵復到 1.1/3/5
齊武王拔○城 1.1/3/9
徵詣○ 1.1/3/12
幸○還 3.1/19/13
○轉繆織〔圭〕 5.6/33/9
遂納后于○ 6.1/33/24
伯升進圍○ 7.1/38/10
岑彭亡歸○ 9.2/55/26
漢兵攻○ 10.12/65/5
聞○之趙氏有孤孫憙 13.16/89/6
率○、葉之衆 14.5/93/9
○人也 15.14/100/12
南陽○人 15.15/100/22
從○人陳洮買符入函谷關 17.2/118/3
後徙于○ 18.6/127/22
與外氏家屬從田間奔入○城 18.6/127/23
諸國侍子及督使賈胡數遺恂奴婢、○馬、金銀、香罽之屬 19.20/141/22
遂共圍○ 23.1/164/22
光武馳詣○謝罪 23.1/165/1
收璽綬詣○ 23.1/165/1
傳詣○ 23.2/165/24
南陽○人也 23.11/168/15

挽 wǎn 1

與宣共○鹿車歸鄉里 22.1/160/27

晚 wǎn 1

得卿幾○ 16.9/105/16

婉 wǎn 2

○孌慈孝 24.32/175/11
○順慈孝 24.37/175/21

琬 wǎn 1

黄○、字子琰 19.24/143/3

輓 wǎn 4

皇太后但令門生○送 8.6/49/8
親自○籠 8.17/54/11
乃步○車去 10.26/69/9
常自居轅○車 18.18/132/4

腕 wàn 1

乃試令嬖臣美手○者與女子雜處帷中 19.31/144/15

萬 wàn 118

流民入關者數十○人 1.1/1/21
尋、邑兵已五六○到 1.1/2/24
奔走赴水溺死者以數○ 1.1/3/8
移檄購求帝十○戶 1.1/3/20
長威請降得○戶侯 1.1/4/3
卒○餘人降之 1.1/4/10
○姓爲心 1.1/4/14
帝射親○（幾）〔機〕 1.1/6/17
河西大將軍竇融與五郡太守步騎二○迎帝 1.1/6/23
成都十○餘衆 1.1/7/6
口以○數 1.1/7/10
冠帶搢紳遊辟雍而觀化者、以億○計 2.1/12/3
賜錢百○ 2.1/12/21,9.8/60/7
租穀百○ 2.1/13/28
帝令滿二千○止 2.1/13/28
○國協和 2.3/17/13,7.20/45/11
賻錢三千○ 3.1/18/20
布三○匹 3.1/18/20
調濱水縣彭城、廣陽、廬江、九江穀九十○斛 3.1/18/26
直千○以上 3.1/19/5
顧念○國 3.2/20/30
賊○人以上屯益陽 3.5/22/15
帝到夏門外○壽亭 3.6/23/6
造○金堂于西園 3.6/24/1
亭○二千四百四十三 5.1/28/3
救○姓命 5.5/29/11
○國咸熙 5.5/31/5
〔后〕夢有小飛蟲○數隨著身 6.2/34/15
吾○乘之主 6.2/35/3
于是白太后即賜錢各五百○ 6.2/35/17
欲爲○世長計 6.3/35/26
○國貢獻 6.5/36/21
上錢二千○ 7.8/41/15
上縑○匹 7.8/41/15
錢布以億○計 7.12/43/13
動以○數 8.1/46/10
救○民之命 8.1/46/13
衆號百○ 8.1/46/23
歲省億○計 8.2/47/17
以補○分 8.5/48/21
賊率五○餘人夜攻漢營 8.10/50/19
輩皆數十○衆 8.14/52/15
敗百○師 8.14/52/19
精兵二○人 8.14/53/1
衆尚十餘○ 8.14/53/12
皆稱○歲 8.17/54/10
治矢百餘○ 9.1/55/1
收得一○餘斛 9.1/55/6
高峻精兵○人 9.1/55/18
凡六○人 9.2/56/7
更始遣舞陰王李軼、廩丘王田立、大司馬朱鮪、白虎公陳僑將兵三十○ 9.4/57/1
不過櫟陽○戶邑 9.10/60/21
食邑二○戶 10.24/68/22
邑二○戶 10.24/68/24
詔于汧積穀六○斛 11.2/71/2
其素所假貸人間數百○ 11.3/71/12

觀化者〔以〕億○計 11.7/72/15
其東有田可○頃 11.10/73/12
得穀百○餘斛 11.10/73/14
歲千○以上 12.4/78/16
增歲租十餘○斛 12.8/80/1
○里交結 12.9/80/14
昭達○情 12.11/81/10
得○國之歡心 13.11/86/7
○里之統 13.11/86/19
今送錢五○ 13.11/87/4
趙魏間號爲馮○石 13.13/88/3
威行得眾不及智伯○分之半 14.4/92/10
以達○幾之變 14.5/93/2
遠征○里 14.5/93/5
破百○之陣 14.5/93/10
況乎○里之漢 14.5/93/19
賜錢二十○ 15.2/95/15
以○民爲憂 15.8/98/8
坐前守張禁多受遺送千○ 15.8/98/11
而當封侯○里之外 16.3/102/25
此○里侯相也 16.3/103/1
出○死之志 16.3/103/16
諸生著錄前後○人 16.21/109/23
掾吏皆稱○歲 17.10/120/7
乃更以庫錢三十○賜之 17.13/121/26
而有資財千○ 17.25/125/10
時米石○錢 18.1/125/19
安能動○乘主耶 18.1/126/2
米石○錢 18.1/126/9
馮翊○年人 18.2/126/25
贈錢三十○ 18.3/127/7
得數○錢 18.10/129/8
取六百○ 18.13/130/21
故號爲「○石秦氏」 18.14/130/27
米石七八○ 18.14/131/1
乞汝二十○ 18.26/133/26
賜錢三十○ 19.1/136/8
前後○餘人相屬于道 19.19/141/15
賜錢三○ 19.22/142/11
添設儲峙輒數千○ 19.22/142/18
乃減爲二十○言 19.25/143/9
韓昭强賦一億五千○ 20.21/149/10
趙序取錢縑三百七十五○ 20.22/149/14
○戶 20.23/149/23
賞賜巨○ 21.4/151/4
時東郭竇、公孫舉等聚眾三○人爲亂 21.8/151/24
馬騎五○餘匹 21.8/152/3
詔賜錢千○ 21.8/152/4
莫受○柳 22.4/163/1
不遠○里 22.4/163/1
眾庶來降十餘○ 23.1/164/23
赤眉十餘○人入關 23.1/165/15
盆子將百○眾降 23.5/166/17
盆子及丞相徐宣以下二十餘○人肉袒降 23.5/166/18
及楊音各起兵數○人 23.6/166/25
兵合○人 23.13/169/11
此○世一時也 23.16/170/10
戰士不下百○ 23.17/171/6
○世不易之道也 24.90/179/24
當傳○世 24.94/180/12

亡 wáng 40

諸家子弟皆○逃自匿 1.1/2/8
奔○入邊郡避之 1.1/3/15
以○爲存 3.1/19/16
宮中○大珠一篋 6.5/36/19
其人○ 7.12/43/20
酺○ 7.17/44/19
必復○矣 8.14/52/27
果將其眾○ 8.14/53/3
岑彭○歸宛 9.2/55/26
更始敗○ 9.4/57/5
遂棄官○命 11.9/73/4
○命北地 12.1/75/10
玉當○ 12.4/78/17
嘗有死罪○命者來過 12.5/78/24
多藏厚○ 12.11/81/14
○國之君皆有才 13.7/84/20
因○去 13.11/85/26
或懼死○ 13.11/86/22
乃○走 13.16/89/7
父子流○ 14.5/93/7
死○之數 14.5/93/8
天下(日)〔自〕以去○新 14.5/93/12
及鴻○ 15.2/95/11
每當危○之急 16.14/107/22
古之○國 16.24/110/19
未嘗聞功臣地多而滅○者 16.24/110/19
存幾○之城 16.34/113/6
遯○七年 17.8/119/21
善乃潛負逃○ 17.25/125/10
而文不及○命未發覺者 18.9/129/1
而○命捕得獨不沾澤 18.9/129/2
○捐溝壑 20.4/145/23
此以慰种光、馬賢等○魂也 21.8/152/1
各欲○去 21.11/153/6
苻融妻○ 21.15/154/5
古之○者、棄之中野 21.15/154/5
○印綬 21.50/159/20
而○藏巖穴中 22.5/164/3
諸○命往從之 23.1/164/21
愈于坐而滅○ 23.17/171/15

王 wáng 342

出自長沙定○發 1.1/1/5
○生舂陵節侯 1.1/1/5
使卜者○長卜之 1.1/1/10
○氣鬱鬱葱葱 1.1/1/14
○莽時 1.1/1/20,1.1/4/15
○匡、○鳳爲之渠率 1.1/1/23
共勞饗新市、平林兵○匡、○鳳等 1.1/2/10
○莽懼 1.1/2/13
遣大司徒○尋、大司空○邑將兵來征 1.1/2/13
惟○常是帝計 1.1/2/21
留○鳳令守城 1.1/2/23
齊武○拔宛城 1.1/3/9
更始收齊武○部將劉稷 1.1/3/10
齊武○强爭之 1.1/3/10
復收齊武○ 1.1/3/10
更始害齊武○ 1.1/3/12
趙○庶兄胡子進狗牒馬(醞)〔醢〕 1.1/3/18
故趙繆○子臨說帝決水灌赤眉 1.1/3/19

胡子立邯鄲卜者○郎爲
　天子　1.1/3/19
○郎追帝　1.1/3/20
聞○郎兵至　1.1/3/23
帝率鄧禹等擊○郎橫野
　將軍劉奉　1.1/3/25
入〔○〕宮收文書　1.1/4/6
更始遣使者即立帝爲蕭○　1.1/4/7
蕭○推赤心置人腹中　1.1/4/9
帝已乘○豐小馬先到矣　1.1/4/10
大○社稷爲計　1.1/4/14
故武○誅紂　1.1/4/23
宗祀文○以配上帝　1.1/5/9
俱與后稷竝受命而爲○　1.1/5/10
自○莽末　1.1/5/22
○侯外戚　1.1/6/21
是時名都○國有獻名馬
　、寶劍　1.1/7/12
古帝○之葬　1.1/8/26
帝進爵爲○　2.1/11/16
以東海○立爲皇太子　2.1/11/16
乃率諸○侯、公主、外
　戚、郡國計吏上陵　2.1/11/20
于是下太常、將軍、大
　夫、博士、議郎、郎
　官及諸○諸儒會白虎
　觀　2.1/11/22
楚○舅子許昌、龍舒侯　2.1/11/24
趙○栩會鄴常山　2.1/12/21
出○雒山　2.1/12/23
以益州徼外哀牢○率眾
　慕化　2.1/13/3
文○之遇太公也　2.1/13/5
予亦非文○也　2.1/13/6
命太子、諸○說經　2.1/13/12
幸東平○宮　2.1/13/12
不能及許、史、○氏之
　半　2.1/13/25
諸小○皆當略與楚、淮
　陽相比　2.1/13/28
又國遠而小于○　2.1/13/29
詔諸○　2.2/14/11
祠東海恭○及孔子七十
　二弟子　2.2/14/22
還幸東平○宮　2.2/14/24
帝○之上行也　2.2/15/25
清河孝○第二子也　3.1/18/5
孝○常異之　3.1/18/6
諸○子莫得與比　3.1/18/8
以○青蓋車迎　3.1/18/9
乳母○男、廚監邴吉爲
　大長秋江京、中常侍
　樊豐等所譖愬　3.2/19/23
太子坐廢爲濟陰○　3.2/19/25
○廢黜　3.2/19/25
前不用濟陰○　3.2/19/26
復徵立諸○子　3.2/19/27
以迎濟陰○于德陽殿西
　鍾下　3.2/19/28
葉調國○遣使師會詣闕
　貢獻　3.2/20/6
及撣國○雍由亦賜金印
　紫綬　3.2/20/6
疏勒國○盤遣使文時詣
　闕　3.2/20/12
千乘貞○之曾孫　3.4/21/15
樂安○孫　3.4/21/15
渤海○子也　3.4/21/15
河間孝○孫　3.5/21/23
立父生爲越○　3.6/23/12
與陳○寵交通　3.6/23/14
復設諸侯○金璽綟綬　4.1/25/18
中外官尙書令、御史中
　丞、治書侍御史、公
　將軍長史、中二千石
　丞、正、平、諸司馬
　、中官○家僕、雒陽
　令秩皆千石　4.1/25/21
○莽輔政　5.3/28/12
《易》所謂「先○以作
　樂崇德　5.4/28/16
《○制》謂「天子食舉
　以樂　5.4/28/19
○大食則命奏鐘鼓　5.4/28/19
蓋《周官》所謂「○
　〔師〕大獻則令凱樂　5.4/29/1
自古帝○　5.5/29/10
百○所同　5.5/29/12,5.5/29/15
武○因父　5.5/29/21
後世謂之聖○　5.5/29/22
○莽盜位　5.5/29/22
功德盛于高宗、（宣）
　〔武〕○　5.5/29/24
聖○先成民而後致力于
　神　5.5/30/16
《○制》曰　5.5/30/19
東平○蒼議　5.5/31/3
文○之時　5.5/31/10
賜東平憲○蒼書曰　5.5/31/21
未嘗不延問○　5.5/31/24
願○悉明處　5.5/31/24
廟樂皆如○議　5.5/32/7
所望于○也　5.5/32/9
上以公卿所奏明德皇后
　在世祖廟坐位駮議示
　東平憲○蒼　5.5/32/11
東平○蒼議曰　5.6/32/21
天○袞冕十有二旒　5.6/32/25
廣平、鉅鹿、樂成○在
　邸　6.2/35/16
敬隱宋后以○莽末年生　6.3/35/21
此皆聖○之夢　6.5/36/17
立長子章爲太原○　7.1/38/23
興爲魯○　7.1/38/23
徙章爲齊○　7.1/38/23
追謚伯升爲齊武○　7.1/38/24
北海敬○睦　7.3/39/10
大○忠孝慈仁　7.3/39/12
城陽恭○初名終　7.7/40/11
以長沙定○子封于零道
　之舂陵爲侯　7.7/40/13
東海恭○彊　7.8/41/3
彊廢爲東海○　7.8/41/5
○兼食東海、魯國二郡
　二十九縣　7.8/41/5
租入倍諸○　7.8/41/5
○恭遜好禮　7.8/41/13
以成○志　7.8/41/14
○孫頃○肅　7.8/41/14
沛獻○輔　7.9/41/19
○次序之　7.9/41/23
沛○、楚○來朝就國　7.9/41/25
明帝告諸○傅相　7.9/41/25
○之子年五歲以上　7.9/41/25
○性好經書　7.9/41/28
稱爲賢○　7.9/41/29
楚○英奉送黃縑三十五
　匹、白紈五匹入贖　7.10/42/3
濟南安○康　7.11/42/8
東平○蒼　7.12/42/13
東平○蒼寬博有謀　7.12/42/14

盡心〇室 7.12/42/18
蒼與諸〇朝京師 7.12/42/22
詔問東平〇處家何等最樂 7.12/42/24
〇對曰 7.12/42/25
惟〇孝友之德 7.12/43/5
今以光烈皇后假髻、帛巾各一、衣一篋遺〇 7.12/43/5
上以〇觸寒涉道 7.12/43/9
諸〇歸國 7.12/43/10
祭東平〇墓 7.12/43/20
阜陵質〇延在國驕泰淫泆 7.13/43/24
廣陵〇荆自殺 7.14/44/3
琅邪孝〇京就國都 7.16/44/11
賜號靈壽〇 7.17/44/17
樂成靖〇黨 7.18/45/3
樂成〇居諒闇 7.19/45/7
和帝賜彭城靖〇詔曰 7.20/45/11
皇帝問彭城〇始夏無恙 7.20/45/11
下邳〇被病沈滯之疾 7.20/45/12
惟〇與下邳〇恩義至親 7.20/45/14
非〇而誰 7.20/45/14
〇其差次下邳諸子可爲太子者上名 7.20/45/16
平原〇葬 7.22/45/24
藏于〇府 7.22/45/24
誅〇郎 8.1/46/19,8.10/50/11
父所厚同郡郎中〇臨 8.6/49/4
更始使侍御史黃黨即封世祖爲蕭〇 8.14/52/12
大〇哀厚弇如父子 8.14/52/17
故披赤心爲大〇陳事 8.14/52/17
百姓患苦〇莽苛刻日久 8.14/52/18
弇升〇宮壞臺望之 8.14/53/6
匈奴破殺後〇安得 8.17/54/6
齊武〇以譖愬遇害 9.4/56/18
天下同苦〇氏 9.4/56/19
〇郎起兵 9.4/56/22
聞〇郎軍將至 9.4/57/1
更始遣舞陰〇李軼、廩丘〇田立、大司馬朱鮪、白虎公陳僑將兵三十萬 9.4/57/1
帝〇不可以久曠 9.4/57/5
大〇重慎之性也 9.4/57/7
黽池霍郎、陝〇長、湖濁惠、華陰陽沈等稱將軍者皆降 9.4/57/11
降其將劉始、〇重等 9.4/57/12
遵遣護軍〇忠皆持刀斧伐樹開道 9.7/59/8
〔心存〇室〕 9.7/59/18
不忘（〇室）〔俎豆〕 9.7/59/18
〇莽時舉有德行、能言語、通政事、明文學之士 9.10/60/17
今關東故〇國 9.10/60/21
薊中應〇郎 9.12/61/17
從擊〇郎將兒宏、劉奉于鉅鹿下 9.12/61/19
〇郎舉尊號 10.1/62/5
言〇郎所反之狀 10.1/62/8
光武拜〇梁爲大司空 10.6/63/12
傅俊從上迎擊〇尋等于陽關 10.9/64/3
〇霸祖父爲詔獄丞 10.11/64/13
〇郎起 10.11/64/14
〇霸從我勞苦 10.11/64/21
〇郎遣將攻信都 10.14/65/21
初〇莽分鉅鹿爲和成郡 10.16/66/7
爲〇郎 10.16/66/8
所置信都〇捕繫彤父弟及妻子 10.16/66/8
〇常、其先鄠人 10.20/67/3
齊武〇嘗殺通同母弟申屠臣 10.21/67/9
〇莽前隊大夫誅謀反者 10.21/67/13
囂將〇元說囂 11.2/70/20
與蓋延攻公孫述將〇元 11.2/71/3
野〇獻甘膠、膏餳 11.5/72/1
先〇道術陵遲 11.7/72/12
〇新歸國 11.9/73/5
〇白上 11.9/73/5
乃知帝〇自有眞也 12.1/75/22
諸將多以〇師之重 12.1/75/24
皇太子、諸〇聞者 12.1/76/9
依姊壻父九江連率平河侯〇述 12.6/79/3
三〇有大辟刻肌之法 12.9/80/10
是以五帝、三〇之刑 12.9/80/10
可信顏於〇廬 12.10/80/21
昭以不〇 12.10/80/24
臣聞文〇享國五十 13.1/82/20
至武〇 13.1/82/21
實足以先後〇室 13.1/83/1
〇莽敗 13.5/83/20,16.52/117/13
臣聞先〇無二道 13.11/86/14
成〇深知其終卒之患 13.11/86/15
林爲東海〇傅 13.11/87/5
〇以師故數加饋遺 13.11/87/5
諸〇公列侯廟會 13.12/87/17
蕭〇受命平定燕、趙 14.1/90/2
時帝叔父趙〇良從送中郎將來歙喪還 14.2/91/1
趙〇從後到 14.2/91/3
爲〇莽著威將軍 14.4/91/27
祖野〇生座 14.5/92/22
伏念天下離〇莽之害久矣 14.5/93/4
〇閎者、〇莽叔父平阿侯譚子也 14.7/94/13
〇莽篡位 14.7/94/13
19.7/138/18
〇元、杜陵人 14.8/94/18
臣聞古之帝〇 15.2/95/17
夫帝〇不宜以重器假人 15.2/95/22
〇丹、字仲回 15.5/96/14
〇丹未許之 15.5/96/23
〇良、字仲子 15.6/97/3
上書諫〇莽 15.8/97/20
昔文〇不敢盤於遊田 15.8/98/7
臣贇拜不由〇庭 15.15/100/26
鄯善〇廣禮敬甚備 16.3/103/4
于闐〇廣德禮意甚疏 16.3/103/14
焉耆〇廣遣其左將北鞬支奉迎超 16.3/103/20
太子及山陽〇因虎賁中郎將梁松請眾 16.6/104/18
諸〇不宜通客 16.6/104/19
會百官驃騎將軍東平〇蒼以下、榮門生數百人 16.9/106/6
相〇吉以罪被誅 16.13/107/11
太守〇朗餉給糧食、布

帛、牛羊 16.14/107/20

授皇太子及諸○小侯五十人經 16.17/108/19

古帝○封諸侯不過百里 16.24/110/17

○莽末 16.31/112/7, 17.24/124/27, 18.1/125/19, 23.1/164/19

今天下苦○氏之虐政 16.33/112/22

○莽時爲郡文學 16.37/113/27

汝南○琳字巨尉 16.43/115/8

○莽亂 16.44/115/13

○莽居攝 16.46/115/24

○霸 16.47/116/6

伏見太原周黨、東海○良、山陽○成 16.50/117/2

蓋○法崇善 17.8/119/21

門下掾○望言曰 17.10/120/5

東平○蒼辟爲西曹掾 17.10/120/13

遭○莽篡位 17.12/121/6

白狼○等百餘國重譯來庭 17.15/122/15

東平憲○蒼爲驃騎 17.19/123/12

自稱○伯齊 18.1/125/22

諸○當歸國 18.1/126/5

詔書選三署郎補○家長吏 18.1/126/5

除倫爲淮陽○醫工長 18.1/126/5

倫請於○ 18.1/126/6

○賜之綬 18.1/126/6

憂念○室 18.5/127/17

驃騎將軍東平○蒼辟暉爲掾 18.6/128/1

○景治浚儀 18.11/129/20

○阜、字世公 18.13/130/13

薦郡吏○青三世死節 19.1/136/9

使尚書令○鮪與酺相難 19.1/136/11

臣聞○者法天 19.1/136/16

先○之政 19.7/138/24

○者不理夷狄 19.16/140/24

故明○之于夷狄 19.16/140/24

○渙除河內溫令 19.21/141/28

○稚子代 19.21/141/28

謂諸○曰 19.22/142/11

而衆獨一心○室 19.32/144/22

邑令○密、故所舉茂才 20.2/145/8

○者至尊 20.3/145/16

昔先○造囿 20.4/145/25

○堂爲汝南太守 20.16/148/8

○陽以衣囊徼名 20.17/148/14

廢爲濟陰○ 20.23/149/19

迎立濟陰○ 20.23/149/21

又封中黃門○康華容侯 20.23/149/23

○國酈侯 20.23/149/23

○康呼還 20.24/150/4

因與俱迎濟陰○幸南宮雲臺 20.24/150/5

表言常侍○甫罪過 21.12/153/13

署曰「賊臣○甫」 21.12/153/14

尚書令○允奏曰 21.21/155/3

太史令○立說《孝經》六隱事 21.21/155/3

莫非○土 21.35/157/16

賜谷蠡○玉具劍 22.3/161/15

安息○獻條支大雀 22.6/164/12

新市人○匡、○鳳爲平理爭訟 23.1/164/20

馬武、○匡以爲○莽未滅 23.1/164/25

不如且稱○ 23.1/164/26

長安中兵攻○莽 23.1/165/1

乃下詔封更始爲淮陽○ 23.1/165/18

而赤眉劉盆子亦下詔以聖公爲長沙○ 23.1/165/18

申屠志以功封汝陰○ 23.3/166/3

數祠城陽景○ 23.5/166/14

崇欲與○莽戰 23.6/166/25

○郎遣諫議大夫杜威持節詣軍門 23.8/167/18

自稱西平○ 23.9/168/3

會匈奴句林○將兵來降參蠻胡 23.9/168/4

遣（母）〔毋〕樓且渠○求入五原 23.9/168/5

大○解齋 23.11/168/21

○莽尚據長安 23.16/169/26

以○莽篡逆 23.16/170/1

囂將○元說囂曰 23.16/170/6

○公十數 23.16/170/8

元請以一丸泥爲大○東封函谷關 23.16/170/9

圖○不成 23.16/170/11

其大將○捷登城呼漢軍曰 23.16/170/16

爲隗○城守者 23.16/170/16

納○元之說 23.16/170/18

霸○之業成矣 23.17/171/1

于是自立爲蜀○ 23.17/171/2

兵者、帝○之大器 23.17/171/13

而坐談武○之說 23.17/171/19

自○莽以來常空 23.17/171/23

道隗○破者復如此矣 23.17/171/25

拜○舜爲太保 24.1/172/21

及丞相○〔嘉〕死 24.2/172/23

七○不載母氏 24.74/178/13

一○之法也 24.92/180/6

諸侯○以下至于士庶 24.94/180/12

枉 wǎng 5

今貴主尚見○奪 10.24/68/18

市無阿○ 18.1/125/26

市無姦○欺詐之巧 18.1/125/27

當剌邪矯○ 19.15/140/17

縣宰○殺吾子 23.7/167/8

往 wǎng 50

南陽大人賢者○來長安 1.1/1/17

數○來觀視 6.2/35/14

因○就視 6.3/35/22

○○群聚 8.1/46/11

朋友子○來門內 8.2/47/10

起○問之 8.2/47/11

○而不反 8.7/49/15

乃銜枚引兵○合水南營 8.10/50/23

自○救之 8.14/53/7

上車駕素服○弔 9.7/59/14

上乃許○ 10.21/67/10

吏人不歸○守令 10.26/69/10

○遺之耳 10.26/69/12

爭○償之 11.3/71/13

囂使援○觀之 12.1/75/13
〔自今以○〕 12.6/79/12
遣子以○ 12.6/79/12
圖○鏡來兮 12.10/80/22
○時遼東有豕 13.9/85/3
追觀○法 13.11/86/20
○來懼思 13.11/86/30
遂○復讎 13.16/89/3
單車馳○ 13.16/89/12
上謂彭復○曉之 14.1/90/5
彭○者得執鞭侍從 14.1/90/6
彭如期○ 14.1/90/8
且將故人○ 14.2/90/22
德冠○初 14.5/93/12
白丹欲○奔慰 15.5/96/23
何其○來屑屑不憚煩也 15.6/97/7
惲○候之 15.8/97/22
陛下不忘○舊 15.17/101/13
遂將吏士○奔虜營 16.3/103/8
○ 16.9/105/17
鄉佐多從兵○ 16.50/116/27
○來常白衣步擔 17.23/124/12
倫步擔○候鮮于褒 18.1/125/20
乃自○候視 18.6/128/12
〔○來〕賜〔家〕 18.26/133/25
○候之 18.27/134/8,20.10/147/3
鳳○解之 18.30/135/16
使仁恕掾肥親○察之 19.4/137/19
皆悉○焉 20.4/145/25
盜嘗夜○劫之 21.13/153/20
諸亡命○從之 23.1/164/21
今日騎都尉○會日也 23.1/165/14
百姓空市里○觀之 23.17/171/24
他吏○得之 24.72/178/8

罔 wǎng 7

誣○靈(祇)〔衹〕 3.1/19/16
○射協同 5.5/31/18
○上害民 15.8/97/30
欺○日月 20.4/145/22
○驛劉脾 22.4/161/25
○譯傳微 22.4/163/15
林以誣○詣獄 22.5/164/5

網 wǎng 2

四海爲羅○ 14.4/92/12
造意用樹皮及敝布、魚
○作紙 20.9/146/26

妄 wàng 3

果○言也 10.11/64/19
具陳固不敢○作 16.2/102/15
不敢○過人飯 18.1/126/9

忘 wàng 12

不愆不○ 5.5/32/13,13.11/86/8
不○(王室)〔俎豆〕 9.7/59/18
莫不屬耳○倦 12.1/76/10
臣聞貧賤之交不可○ 13.6/84/14
陛下輒○之於河北 13.9/85/6
忠不○君 14.2/91/11
令問不○ 14.5/93/3
陛下不○往舊 15.17/101/13
常日旰○食 16.22/110/8
因○其豬而聽經 17.12/121/4
忽○所之 18.16/131/15

望 wàng 66

○氣者言舂陵城中有喜
氣 1.1/1/13
○見廬南若火光 1.1/2/7
○不見其後尾 1.1/2/22
極○老吏或垂涕曰 1.1/3/16
臨平○平陰 1.1/8/23
孫茂、平○侯 1.1/10/7
○雲物 2.1/11/27,2.3/16/22
臣○顏色儀容 2.1/12/6
○秩山川、群神畢 2.2/14/18
○長陵東門 2.3/16/16
○都、蒲陰狼殺子女九
十七人 3.2/20/7
國所○秩 3.2/20/8,20.19/148/29
祖父茂封冠軍平○鄉侯 3.5/22/19
遠○如蓮華 5.1/27/15
○秩群神 5.5/29/13
不私幸○ 5.5/31/1
所○于王也 5.5/32/9
〔讀勑令與諸舍相○也〕
6.2/34/18
希嘗臨御窗(○)〔牖〕
6.2/34/19
諸主朝○見 6.2/34/21
上○見車騎鞍勒皆純黑 6.2/35/16
瞻○永懷 7.12/42/24
皆○風相攜以迎降者 8.1/46/23
孰不延○ 8.1/46/24
○風從化 8.14/52/18
○風而止 8.14/52/20
弇升王宮壞臺○之 8.14/53/6
百姓失○ 9.4/56/20
○城門舉音 9.7/59/15
瞻○涕泣 9.7/59/15
絕其反顧之○ 10.1/62/10
諸君得無○乎 10.14/65/20
官府廄第相○ 10.22/68/4
令天下觖○ 11.14/74/15
下厭群○ 12.12/82/3,12.13/82/9
嚮○德義 13.1/82/24
仰○京師 13.1/83/2
○能以忠正導主 13.6/84/8
誠從民○ 13.11/86/6
徼幸之○ 13.11/86/24
○恩者多 13.11/87/4
○令緻密 13.14/88/20
欲何○乎 14.1/90/3
冤結失○ 14.5/93/14
故其延頸企踵而○者 14.5/93/16
伊、○之策 14.5/93/31
肅宗詔鴻與太常樓○、
少府成封、屯騎校尉
桓郁、衛士令賈逵等
15.2/95/13
○秩山川 15.2/95/18
瞻○太山 15.2/95/19
不敢○到酒泉郡 16.3/104/1
所○明公問屬何以爲政
16.49/116/18
門下掾王○言曰 17.10/120/5
○曰 17.10/120/9
高欲○宰相 18.5/127/15
煙火相○ 21.11/153/5
南陽英雄皆歸○于伯升
23.1/164/23
關中咸想○天子 23.1/165/3

使聘平陵方○爲軍師 23.16/169/25
○至 23.16/169/25
復○蜀 23.16/170/14
以爲宜及天下之○未絕 23.17/171/15
下端○之以視星宿 24.89/179/18
而以衡○之 24.89/179/18

危 wēi 12

下○臣子 2.1/13/24
及有可以持○扶顚 5.5/31/24
○顚之備 5.5/32/6
子○我哉 7.3/39/13
扶微救○ 10.22/67/22
哲士不徼幸而出○ 14.4/92/4
將値○言之時 14.5/93/3
觀古及漢傾○之禍 15.2/95/22
每當○亡之急 16.14/107/22
安得獨潔己而○所生哉 16.37/113/29
辟○歸險 22.4/163/1
涉○歷險 22.4/163/1

威 wēi 65

受《尙書》于中大夫廬江、許子○ 1.1/1/15
莽遣尋、邑欲盛○武 1.1/2/16
粲然復見漢官〔○〕儀（體） 1.1/3/16
○嚴甚厲 1.1/4/1
郎遣諫議大夫杜長○持節詣軍門 1.1/4/1
長○請降得萬戶侯 1.1/4/3
長○曰 1.1/4/4
○而不猛 2.2/14/5,12.11/81/12
安定太守杜恢與司馬鈞并○擊羌 3.1/18/30
敬愼○儀 3.2/21/2
太后密使瞻察○儀才明 3.5/21/25
以建○揚德 5.4/29/1
○震海外 5.5/31/6
以稷爲抗○將軍 7.1/38/20
爭用○力 8.1/46/11
○稍損 8.1/47/1
復闔門養○重 8.11/51/19
上以弇爲建○大將軍 8.14/52/22
示漢○德 8.17/54/4
西行布○信 9.4/57/11
人有上章言異○權至重 9.4/57/15
彤之○聲揚于北方 9.8/60/5
但得將軍○重 9.10/60/25
爲輔○將軍 10.2/62/16
坐純母禮殺○弟季 10.15/66/3
武○將軍劉禹擊武陵五谿蠻夷 12.1/77/3
馬嚴、字○卿 12.6/79/3
馬棱、字伯○ 12.8/79/24
棱有○德 12.8/80/1
有○重 13.5/83/19
宋公○容德器 13.6/84/13
以爲○福 13.9/85/8
數正諫○儀不如法度者 13.10/85/14
林以爲倉卒時兵擅權作○ 13.11/86/12
作○玉食 13.11/86/24
畏天之○ 13.11/86/30
爲王莽著○將軍 14.4/91/27
○執項羽 14.4/92/7
○行得衆不及智伯萬分之半 14.4/92/10
皇帝以聖德靈○ 14.5/93/9
則○風遠暢 14.5/93/27
豹爲武○太守 14.6/94/9
此乃上○損 15.2/95/24
以誅暴立○信 15.10/99/5
爲武○太守 15.15/101/1, 21.11/153/6
璽書拜駿爲○虜將軍 15.19/101/25
臣乘聖漢○神 16.3/103/16
子若與我并○同力 16.30/111/25
○能討姦 16.35/113/16
宜選長大○容者 17.12/121/9
吏畏其○ 18.6/128/6
熙能爲○容 19.10/139/14
以大漢○靈招之 19.19/141/14
有○重名 19.20/141/20
時大將軍將兵屯武○ 19.20/141/21
（武○）天下州郡遠近莫不修禮遺 19.20/141/21
遷武○太守 19.20/141/23
兄大將軍憲等並竊○權 19.32/144/22
以建安中爲武○太守 21.11/153/8
呂布以奮○將軍如三事 21.28/156/11
赤眉乃封爲畏○〔侯〕 23.1/165/19
王郎遣諫議大夫杜○持節詣軍門 23.8/167/18
○稱說實成帝遣體子輿也 23.8/167/18

微 wēi 17

○疾舉頸 6.5/36/25
扶○救危 10.22/67/22
上○時與晨觀讖 11.1/70/9
上善其用意○至 12.3/77/21
豈齊量其幾○兮 12.10/80/20
○過斥退 13.1/82/24
○觀其意 13.6/84/12
今紲能薄功○ 15.1/95/1
纖○不漏 16.14/107/21
持學精○ 16.25/110/24
問事○久 16.46/115/24
暉之先、宋○子之後也 18.6/127/21
熒惑奏事太○ 19.1/136/16
六經衰○ 19.6/138/11
參思其○意 20.10/147/4
罔譯傳○ 22.4/163/15
精○深妙 24.90/179/24

韋 wéi 5

身衣布衣○袴 9.7/59/13
○彪上議曰 18.7/128/16
○豹、字季明 18.8/128/20
○毅爲陳留太守 21.5/151/11
乃置《○賢傳》末 24.91/180/1

為 wéi 1005

皇考初○濟陽令 1.1/1/9
帝○人隆準 1.1/1/12

具○同舍解說 1.1/1/16
○之邸 1.1/1/18
嘗○季父故舂陵侯訟逋租于大司馬嚴尤 1.1/1/18
時宛人朱祜亦○舅訟租于尤 1.1/1/19
又分遣大夫謁者教民煮木○酪 1.1/1/20
重○煩擾 1.1/1/21
王匡、王鳳○之渠率 1.1/1/23
先是時伯玉同母兄公孫臣○醫 1.1/2/1
固始侯兄弟○帝言 1.1/2/3
李氏○輔 1.1/2/4
父○宗卿師 1.1/2/4
何○如是 1.1/2/5
以○人持火 1.1/2/7
以○獨伯升如此也 1.1/2/10
以帝○太常偏將軍 1.1/2/14
但合會諸兵○之計策 1.1/2/16
欲何○乃如此 1.1/2/16
以長人巨無霸○中壘校尉 1.1/2/18
○陳相救之勢 1.1/2/23
帝○畫成敗 1.1/2/23
或○地突 1.1/2/25
或○衝車撞城 1.1/2/25
尋、邑自以○成功漏刻 1.1/2/26
○陳大命 1.1/3/2
請○前行諸部堅陣 1.1/3/2
滍水○之不流 1.1/3/8
拜帝○破虜大將軍 1.1/3/12
以帝○司隸校尉 1.1/3/13
大○長安所笑 1.1/3/15
更始以帝○大司馬 1.1/3/17
胡子立邯鄲卜者王郎○天子 1.1/3/19
更始遣使者即立帝○蕭王 1.1/4/7
俗以○燕人愚 1.1/4/12
大王社稷○計 1.1/4/14
萬姓○心 1.1/4/14
少公道讖言劉秀當○天子 1.1/4/15
改元○建武 1.1/4/21
改鄗○高邑 1.1/4/22
夫士誠能○人所不能○ 1.1/4/23
今以茂○太傅 1.1/4/24
高祖〔因秦〕以十月○正 1.1/5/4
至孝文、賈誼、公孫臣以○秦水德 1.1/5/5
漢當○土德 1.1/5/5
漢○火德 1.1/5/7
俱與后稷竝受命而○王 1.1/5/10
果○寵兵掩擊破 1.1/5/15
與舂陵父老故人○樂 1.1/5/18
以皇祖皇考墓○昌陵 1.1/5/19
後改○章陵 1.1/5/19
以舂陵○章陵縣 1.1/5/19
○征彭寵故也 1.1/5/22
民收（○）〔其〕絮 1.1/5/24
以○蓄積 1.1/5/24
興已○覽所殺 1.1/6/14
以○國家坐知千里也 1.1/6/14
入犍○界 1.1/7/3
獨言朝廷以○我縛賊手足矣 1.1/7/4
聞之可○酸鼻 1.1/7/10
封殷紹嘉公○宋公 1.1/7/19
周承休公○衛公 1.1/7/19
封孔子後孔志○褒成侯 1.1/7/21
刺史太守多○詐巧 1.1/8/1
苟以度田○名 1.1/8/1
以（尉衛）〔衛尉〕關內侯陰興○侍中 1.1/8/15
無○山陵 1.1/8/21
無○陵池 1.1/9/1
埽地更○ 1.1/9/7
改元○中元 1.1/9/13
今上薄太后尊號○高皇后 1.1/9/19
太子襲尊號○皇帝 1.1/9/24
功臣鄧禹等二十八人皆○侯 1.1/10/1
不令以吏職○過 1.1/10/3
帝封新野主子鄧汎○吳侯 1.1/10/6
伯父皇皇考姊子周均○富波侯 1.1/10/6
〔追封〕外祖樊重○壽張侯 1.1/10/6
后父陰睦○宣恩侯 1.1/10/7
皇考女弟子來歙○征羌侯 1.1/10/8
〔以〕寧平公主子李雄○新市侯 1.1/10/9
后父郭昌○陽安侯 1.1/10/9
姨子馮邯○鍾離侯 1.1/10/10
初讓尊位○貴人 2.1/11/8
故帝年十二以皇子立○東海公 2.1/11/9
不可○準 2.1/11/13
以○宜承先序 2.1/11/15
立陰貴人○皇后 2.1/11/16
帝進爵○王 2.1/11/16
以東海王立○皇太子 2.1/11/16
封太后弟陰興之子慶○鮦陽侯 2.1/11/23
慶弟博○濦强侯 2.1/11/23
陰盛○無錫侯 2.1/11/23
封師太常桓榮○關內侯 2.1/12/1, 11.7/72/14
詔○四姓小侯置學 2.1/12/29
五步外○小廚 2.1/13/8
以皇子立○太子 2.2/14/3, 2.3/16/6
（者）〔其〕時論者以○（棱）〔稜〕淵深有謀 2.2/15/9
以○宜承天位 2.3/16/6
蕭、曹○首 2.3/16/15
大鴻臚悉求近親宜○嗣者 2.3/16/17
乃立以○皇太子 2.4/17/19
尊皇后鄧氏○皇太后 2.4/17/19
欲○儲副 3.1/18/9
拜○長安侯 3.1/18/9
○羌所害 3.1/19/1
中常侍江京、樊豐等共〔興〕○詐 3.1/19/14
以亡○存 3.1/19/16
以○宜奉大統 3.2/19/22
○皇太子 3.2/19/23
乳母王男、廚監邴吉○大長秋江京、中常侍樊豐等所譖愬 3.2/19/23
太子數○歎息 3.2/19/24
太子坐廢○濟陰王 3.2/19/25
司徒許敬○陵轢使（官）〔者〕策罷 3.2/20/5
以師會○漢歸義葉調邑君 3.2/20/6

○不祠北嶽所致 3.2/20/7
狼災○應 3.2/20/8,20.19/148/28
其以漢中南鄭之武陽亭封賢孫承先○武陽亭侯 3.2/20/17
務○節約 3.2/20/27
立○太子 3.3/21/8
尊皇后梁氏○皇太后 3.3/21/8
蝗水○災 3.5/22/1
縱橫○亂 3.5/22/6
于是封超等○五侯 3.5/22/6
名臣少府李膺等並○閹人所譖 3.5/22/24
〔誣○黨人〕 3.5/22/24
以文罽○壇 3.5/23/1
故太僕杜密、故長樂少府李膺各○鉤黨 3.6/23/8
立父生○越王 3.6/23/12
前○陳相 3.6/23/14
因上言復崇高山○嵩高山 3.6/23/16
十八年改○刺史 4.1/25/12
秦時改○太末 5.1/27/15
又分錫、上庸○上庸郡 5.1/27/18
群司禮官咸以○宜登封告成 5.5/29/12
○民報德 5.5/29/12,5.5/29/15
以○兆民 5.5/29/17
以○「殷統未絕 5.5/29/21
猶○中興 5.5/29/21
宜封禪○百姓祈福 5.5/30/1
○議者所誘進 5.5/30/4
○不敬 5.5/30/19
以○漢制舊典 5.5/31/3
秦○無道 5.5/31/4
緣天地之所雜樂○之文典 5.5/31/10
六十四節○（武）〔舞〕 5.5/31/15
僉以○雖于更衣 5.5/31/22
○漢制法 5.6/32/22
立○貴人 6.1/34/1
至卜者家○卦 6.2/34/6
遂○帝妃 6.2/34/7
○四起大髻 6.2/34/11
反以○綺 6.2/34/21
兄○虎賁中郎將 6.2/34/24
〔弟〕○黃門郎 6.2/34/24
安親○上 6.2/35/7
以○娛樂 6.2/35/14
欲○萬世長計 6.3/35/26
誣奏貴人使婢○蠱道祝詛 6.3/36/1
○貴人 6.4/36/6
太夫人○剪髮 6.5/36/11
夫人哀我○斷髮 6.5/36/12
以○何故乃有此不祥之言 6.5/37/3
立○皇后 6.6/37/11,8.7/49/18
與梁皇后並○貴人 6.7/37/16
帝自○之詞 6.7/37/17
追諡趙夫人○穆皇后 6.8/37/21
匽夫人○博園貴人 6.8/37/22
今以貴人○孝崇皇后 6.8/37/23
母宣改嫁○掖庭民梁紀妻 6.9/38/3
得寵○貴人 6.9/38/4
故冒姓○梁氏 6.9/38/4
更始何○者 7.1/38/20
以稷○抗威將軍 7.1/38/20
立長子章○太原王 7.1/38/23
興○魯王 7.1/38/23
徙章○齊王 7.1/38/23
追諡伯升○齊武王 7.1/38/24
我○詐汝耳 7.4/39/22
後改○祉 7.7/40/11
以長沙定王子封于零道之舂陵○侯 7.7/40/13
猶以舂陵○國名 7.7/40/15
敞○嫡子終娶翟宣子女習○妻 7.7/40/21
立○皇太子 7.8/41/3
郭后廢○中山太后 7.8/41/4
彊廢○東海王 7.8/41/5
召尙席取卦具自○卦 7.9/41/19
《艮》○山 7.9/41/22
《坎》○水 7.9/41/22
山出雲○雨 7.9/41/22
故以蟻○興文 7.9/41/23
○諸子在道欲急帶之也 7.9/41/26
稱○賢王 7.9/41/29
其以蒼○驃騎將軍 7.12/42/14
○善最樂 7.12/42/22,7.12/42/25
以千里○程 7.12/43/15
封恭少子丙○都鄉侯 7.17/44/22
國○安鄉侯 7.17/44/22
丁○魯陽鄉侯 7.17/44/22
彈棊○戲 7.19/45/7
王其差次下邳諸子可○太子者上名 7.20/45/16
○作傳誄 7.22/45/24
乃以上○大司馬 8.1/46/8
禹○大司徒 8.1/46/19
可封禹○酇侯 8.1/46/20
○憘所敗 8.1/47/1
軍士悉以果實○糧 8.1/47/5
訓身至大官門○求火 8.2/47/12
○幽部所歸 8.2/47/19
訓身○煮湯藥 8.2/47/23
○適配偶 8.2/47/23
○之作歌 8.2/47/24
○護羌校尉 8.2/47/25, 16.30/111/25
縫革○船 8.2/47/26
家家○立祠 8.2/48/4
以延平（九）〔元〕年拜○車騎將軍、儀同三司 8.4/48/12
封陟○上蔡侯 8.4/48/14
發五校輕車騎士○陳 8.6/49/7
○外戚儀表 8.7/49/13
女○貴人 8.7/49/18
東京莫與○比 8.7/49/20
元初中○度遼將軍 8.9/49/28
漢○人質厚少文 8.10/50/10
上于是以漢○大將軍 8.10/50/13
上以禹○知人 8.10/50/14
上時令人視吳公何○ 8.10/50/16
有司奏議以武○諡 8.10/51/5
復○縣掾 8.11/51/10
共白欲以復○鄗尉 8.11/51/13
○朔方太守 8.12/51/24
太守○誰 8.12/51/24
○長水校尉 8.12/52/2
列○藩輔 8.13/52/7
更始使侍御史黃黨即封世祖○蕭王 8.14/52/12
何用兵○ 8.14/52/15
故披赤心○大王陳事 8.14/52/17
得無○人道之 8.14/52/21
不敢○人道也 8.14/52/21

上以弇○建威大將軍	8.14/52/22
聞弇○步所攻	8.14/53/7
○大司農	8.15/53/20
	21.52/159/28
○征西將軍	8.16/53/24
士卒皆樂○死	8.16/53/25
乃以恭○戊己校尉	8.17/54/3
○吏士請禱	8.17/54/10
寇恂仕郡○功曹	9.1/54/22
以恂○河內太守	9.1/54/24
○(穎)〔潁〕川太守	9.1/55/5
復以○恥	9.1/55/8
○國也	9.1/55/10
徵入○金吾	9.1/55/13
今○吾行也	9.1/55/17
令彭助漢○方略	9.2/55/26
拜○刺姦大將軍	9.2/55/26
以縑囊盛土○隄	9.2/56/5
蒙將軍○後拒	9.2/56/6
光武皆以○掾史	9.4/56/17
易○充飽	9.4/56/21
上以異○孟津將軍	9.4/57/2
無○郡縣所笑	9.4/57/11
拜○征西大將軍	9.4/57/13
○赤眉所乘	9.4/57/13
○我披荊棘、定關中者也	9.4/57/16
異○人謙退	9.4/57/20
徙封彭○平鄉侯	9.5/58/5
上以祜○護軍	9.6/58/9
以(祐)〔祜〕○建義將軍	9.6/58/11
封(祐)〔祜〕○鬲侯	9.6/58/12
署○門下吏	9.7/59/3
○軍市令	9.7/59/3
以○刺姦將軍	9.7/59/5
○征虜將軍	9.7/59/6
以○故事	9.7/59/16,19.8/139/3
遵○將軍	9.7/59/17
又建○孔子立後	9.7/59/17
○襄賁令	9.8/60/3
常○士卒先鋒	9.8/60/5
○遼東太守三十年	9.8/60/6
入○太僕	9.8/60/7
景丹因以言語○固德侯相	9.10/60/17
○誰來乎	9.10/60/19
○劉公	9.10/60/19
○幽州從事	9.11/61/3
光武以延○虎牙將軍	9.11/61/4
必不敢○國之憂也	9.11/61/9
詔封延曾孫○盧亭(候)〔侯〕	9.11/61/13
○光武賊曹掾	9.12/61/17
以期○偏將軍	9.12/61/18
上拜純○前將軍	10.1/62/8
乃拜純○東郡太守	10.1/62/11
上復以純○東郡太守	10.1/62/12
○輔威將軍	10.2/62/16
左中郎將劉隆○驃騎將軍	10.4/63/3
馬成○郟令	10.5/63/7
光武拜王梁○大司空	10.6/63/12
以武強○侯國	10.6/63/12
梁○中郎將	10.6/63/12
欲與君○左右	10.7/63/17
上以○安集掾	10.7/63/18
光武以鐔○揚化將軍	10.10/64/8
王霸祖父○詔獄丞	10.11/64/13
上○大司馬	10.11/64/13
霸○功曹令史	10.11/64/13
畏○郎所及	10.11/64/17
尙可○阻	10.11/64/18
○善不賞	10.11/64/21
即日以霸○軍正	10.11/64/22
○上谷太守	10.11/64/25
初○鄉嗇夫	10.12/65/5
父○高密中尉	10.14/65/17
○右將軍	10.14/65/17
時寵弟從忠○校尉	10.14/65/22
初王莽分鉅鹿○和成郡	10.16/66/7
以彤○卒正	10.16/66/7
○後大將軍	10.16/66/8
○王郎	10.16/66/8
使○手書呼彤曰	10.16/66/9
光武以劉植○驍騎將軍	10.17/66/15
以嘉○驍騎將〔軍〕	10.19/66/23
○橫野大將軍	10.20/67/4
○大司空	10.21/67/14
封通少子雄○邵陵侯	10.21/67/15
其以安豐、陽泉、蓼、安風凡四縣封融○安豐侯	10.22/67/23
莫與○比	10.22/68/5
少○黃門郎	10.23/68/9
以固○中郎將	10.23/68/9
○奉車都尉	10.23/68/10
固輒○啗	10.23/68/11
○衛尉	10.23/68/12,13.16/89/17
憲○大將軍	10.24/68/21
竇章、時謂東觀○老氏藏室	10.25/69/3
○丞相史	10.26/69/7
茂○密令	10.26/69/10
河南郡○置守令	10.26/69/10
○汝有事屬之而受乎	10.26/69/12
亭長素○善吏	10.26/69/14
以茂○太傅	10.26/69/21
茂○人恬蕩樂道	10.26/69/24
推實不○華貌	10.26/69/24
新野宰潘叔○請	11.1/70/7
云「劉秀當○天子」	11.1/70/9
說故舊平生○忻樂	11.1/70/10
晨○陳留郡	11.1/70/13
○族滅之計	11.2/70/22
推○三老	11.3/71/12
追封重○壽張敬侯	11.3/71/13
宏○人謙愼	11.4/71/19
至○吮癰	11.5/71/27
	21.34/157/12
吏以○饒利	11.5/72/1
○尚書郎	11.6/72/6
○郎二十三歲	11.6/72/7
○別駕從事	11.7/72/11
○御史中丞	11.7/72/16
	19.10/139/14
以況○常山關長	11.8/72/22
後仕○淮陽相時	11.9/73/4
歆坐左遷○汲令	11.9/73/5
禹○廷尉府北曹吏	11.10/73/10
○京師所稱	11.10/73/11
禹○開水門	11.10/73/12
除子男盛○郎	11.10/73/17
禹○太傅	11.10/73/17
郭況○城門校尉	11.11/73/23
○鴻臚	11.11/73/24
京師號況家○金穴	11.11/73/24
追尊貴人父睦○宣恩侯	11.12/74/5

陰識○守執金吾 11.13/74/9
○期門僕射 11.14/74/13
以○華而少實 11.14/74/17
終不○言 11.14/74/18
○期思侯 11.15/74/24
以況出○河南太守 12.1/75/8
次兩兄○吏京師 12.1/75/8
○郡督郵 12.1/75/9,18.6/127/25
以○綏德將軍 12.1/75/13
以○至當握手迎如平生 12.1/75/14
○援制荅布單衣、交讓冠 12.1/75/14
一月九遷○丞相者 12.1/75/23
於上前聚米○山川 12.1/76/1
援○隴西太守 12.1/76/4
三府以○未可 12.1/76/8
○人明白 12.1/76/8
上以援○伏波將軍 12.1/76/12
「皐」字○「白」下「羊」 12.1/76/13
符印所以○信也 12.1/76/15
○郡吏 12.1/76/18
猶○謹飭之士 12.1/76/21
陷○天下輕薄子 12.1/76/22
鑄以○馬 12.1/76/27
諒○烈士 12.1/77/2
皆以○塞外草美 12.3/77/17
防○車騎將軍、城門校尉 12.3/77/22
防○潁陽侯 12.3/77/23
○光祿勳 12.3/77/24, 13.11/87/1,16.17/108/19
臣愚以○可因歲首發太簇之律 12.3/78/3
子鉅○常從小侯 12.3/78/7
夜拜○黃門郎 12.3/78/7
光以○五校尉主禁兵武備 12.4/78/14
以○將相器 12.5/78/25
余外孫右扶風曹貢○梧安侯相 12.6/79/4
○五官中郎將 12.6/79/10
嚴○陳留太守 12.6/79/13
○通儒 12.7/79/18
棱○廣陵太守 12.8/79/24
化○魚蝦 12.8/80/1
○會稽太守 12.8/80/2
褒忠孝以○珍 12.10/81/1
指丹海以○期 12.10/81/3
其追封謚皇太后父竦○褒親愍侯 12.10/81/6
不○華飾 12.11/81/11
不○之蓄積 12.11/81/13
○子孫累 12.11/81/14
豈宜重○國損 12.11/81/20
超號○開封君 12.12/82/5
經○人師 13.1/82/23
行○儀表 13.1/82/23
○太子舍人 13.5/83/19
○淮平大尹 13.5/83/19
霸○尙書令 13.5/83/25
宋弘○司空 13.6/84/3
上即○撤之 13.6/84/12
○司徒 13.7/84/19,17.2/118/11
以○激發 13.7/84/20
皆○博士 13.8/84/25
○大司徒 13.8/84/26
以○功高天下 13.9/85/3
則○遼東豕也 13.9/85/4
浮○司空 13.9/85/7
以○威福 13.9/85/8
三輔以○儀表 13.10/85/12
○馮翊 13.10/85/13
○光祿大夫 13.10/85/14
○太子太傅 13.10/85/15
林○侍御史 13.11/85/26
上徵興○大中大夫 13.11/85/27
以○漢當祀堯 13.11/86/1
臣聞營河、雒以○民 13.11/86/1
刻肌膚以○刑 13.11/86/1
林以○倉卒時兵擅權作威 13.11/86/12
卒○傭賃 13.11/86/22
殆陰下相○蠹賊 13.11/86/29
人當以此○法 13.11/87/5
林○東海王傅 13.11/87/5
代張純○大司空 13.11/87/6
務于無○ 13.11/87/7
○大中大夫 13.12/87/11, 19.17/141/3
○虎賁中郎將 13.12/87/13
詳○其制 13.12/87/14
始○禘祭 13.12/87/17
禘之○言諦 13.12/87/17
宣帝時○弘農太守 13.13/88/3
趙魏間號○馮萬石 13.13/88/3
○黎陽令 13.13/88/4
乃○子伉娶長妻 13.13/88/5
○郎中 13.13/88/5
以○鏡誡 13.13/88/10
其還故爵○楊邑侯 13.14/88/17
亦○侍中 13.15/88/24
○安帝所寵 13.15/88/24
從兄○人所殺 13.16/89/3
憙○赤眉兵所圍 13.16/89/7
輒○求哀 13.16/89/10
○平原太守 13.16/89/12
諸夫人各前言○趙憙所濟活 13.16/89/15
後徵憙入○太僕 13.16/89/15
卿非但○英雄所保也 13.16/89/16
遣使〔者〕○釋服 13.16/89/18
進○太傅 13.16/89/19
○國元老 13.16/89/20
其以憙○太傅 13.16/89/20
立聖公○天子 14.1/89/26
上以岑彭嘗○鮪校尉 14.1/90/1
今公誰○守乎 14.1/90/2
彭○殺羊具食 14.1/90/9
身○降虜 14.1/90/9
○郡功曹 14.2/90/16, 17.1/117/20,17.2/118/9
立故謁者祝回○涅長 14.2/90/21
○魯郡太守 14.2/90/25
○司隸校尉 14.2/91/1, 21.12/153/13
以平陵鮑恢○都官從事 14.2/91/6
其以○兗州牧 14.2/91/12
吾欲使天下知忠臣之子復○司隸 14.3/91/21
○王莽著威將軍 14.4/91/27
初○上黨太守 14.4/91/28
即拜邑○上黨太守 14.4/92/1
內○刎頸之盟 14.4/92/5
何意君長當○此計 14.4/92/6
頭○飲器 14.4/92/8
宜及新主之未○ 14.4/92/12
四海○羅網 14.4/92/12
天下○敵人 14.4/92/12
履深淵之薄冰不○號 14.4/92/13

邑○漁陽太守 14.4/92/18
○諫議大夫 14.4/92/18
襲父爵○關內侯 14.5/92/22
更始時○偏將軍 14.5/92/23
○揚化大將軍掾 14.5/93/1
而大將軍○之梁棟 14.5/93/19
不○深憂 14.5/93/21
人不○用 14.5/93/23
思樂○用矣 14.5/93/25
衍娶北地任氏女○妻 14.5/94/1
明帝以○衍材過其實 14.5/94/1
鄉里○之語曰 14.6/94/7
豹○武威太守 14.6/94/9
乃出○東郡太守 14.7/94/13
封○定陵新安鄉侯 15.1/95/1
○都講 15.2/95/6
以廬江郡○六安國 15.2/95/21
徙封鴻○馬亭侯 15.2/95/21
鴻○司徒 15.2/95/21
因○其制日定葬 15.5/96/15
其下以輕重〔○〕差焉 15.5/96/16
遵○護喪事 15.5/96/17
遵○大司馬護軍 15.5/96/18
惟我二人○天地所遺 15.5/96/19
俄而丹復徵○太子太傅 15.5/96/25
不○設席食以罰之 15.5/96/26
○大司徒司直 15.6/97/3
常慕史鰌、汲黯之○人 15.7/97/12
令○狂疾恍惚 15.8/97/21
子張父及叔父○鄉里盛氏一時所害 15.8/97/22
汝南太守歐陽歙召惲○功曹 15.8/97/28
明府以惡○善 15.8/98/1
不知所○ 15.8/98/1
以○民也 15.8/98/4
子從我○伊尹乎 15.8/98/4
將○許、巢而去堯、舜也 15.8/98/4
郡舉孝廉○郎 15.8/98/6
○上東門候 15.8/98/6
以萬民○憂 15.8/98/8
惲○長沙太守 15.8/98/11
○并州牧 15.9/98/18
○侍御史 15.10/99/3
○南陽太守 15.10/99/5
鑄○農器 15.10/99/6
故南陽人○之語 15.10/99/6
坐遣客○弟報讎 15.10/99/7
而姑臧稱○富邑 15.11/99/13
○武都丞 15.11/99/16
○隗囂餘黨所攻殺 15.11/99/16
弟奇在雒陽○諸生 15.11/99/18
○今日也 15.12/99/25
斬竹○箄渡水 15.12/99/25
○漁陽太守 15.12/99/27
張君○政 15.12/100/1
衛颯○桂陽太守 15.13/100/7
充○桂陽太守 15.14/100/13
更始拜○會稽西部都尉 15.15/100/22
澹泊無○ 15.15/100/23
○武威太守 15.15/101/1, 21.11/153/6
延乃○置水官吏 15.15/101/1
董宣○洛陽令 15.16/101/6
時曄○市吏 15.17/101/11
拜○河東都尉 15.17/101/12
曄○天水郡 15.17/101/14
涼州○之歌曰 15.17/101/16
李章○千乘太守 15.18/101/21
璽書拜駿○威虜將軍 15.19/101/25
大將軍竇融以○從事 16.1/102/9
不○章句 16.2/102/14
遷○郎 16.2/102/16
○人大志 16.3/102/21
恒○官傭寫書以供養 16.3/102/23
超○假司馬 16.3/103/3
今以超○假司馬 16.3/103/11
多益○重累 16.3/103/12
（稱）〔拜〕超○將兵長史 16.3/103/19
乃以漢中郡南鄭之西鄉戶千封超○定遠侯 16.3/103/21
超○都護 16.3/104/2
宜陽○簡（而）〔易〕 16.3/104/5
鄭興從博士金子嚴○《左氏春秋》 16.5/104/14
欲○通籍 16.6/104/18
衆不○屈 16.6/104/22
不○匈奴拜 16.6/104/24
後果○匈奴所殺 16.6/104/26
因拜榮○博士 16.9/105/18
弘閎○議郎 16.9/105/18
特○加賞賜 16.9/105/19
以榮○少傅 16.9/106/1
後榮○太常 16.9/106/3
拜榮○五更 16.9/106/9
執經自○辯說 16.9/106/10
子郁以明經復○太常 16.9/106/12
郁以永平十四年○議郎 16.10/106/17
我○孔子 16.10/106/19
卿○子夏 16.10/106/19
愚以○太子上當合聖心 16.10/106/23
桓焉○太子太傅 16.11/106/28
舉孝廉○郎中 16.13/107/11
○立祠堂 16.13/107/12
○御史 16.13/107/12
（之○）〔○之〕語曰 16.13/107/13
○陰氏乎 16.15/107/27
○天下乎 16.15/107/27
即○陰氏 16.15/107/27
○天下 16.15/107/28
即拜○太子太傅 16.15/107/29
中家子○之保役 16.16/108/5
是○下樹奢媒而置貧本也 16.16/108/6
○讖記以誤人主 16.16/108/8
出○六安郡丞 16.16/108/11
令皆別○上下 16.16/108/12
以素木刳瓠葉○俎豆 16.17/108/19
○侍中 16.20/109/11, 18.20/132/16
世以是○嚴 16.20/109/13
故京師○之語曰 16.20/109/19
徵○中散大夫 16.21/109/23
○俗人所怪 16.22/110/9
曷○陶陶哉 16.22/110/9
上封功臣皆○列侯 16.24/110/17
所以○治也 16.24/110/18
○青州從事 16.25/110/25
○博士 16.26/111/7

舉○孝廉 16.29/111/21
○隗囂別將苟宇所拘劫
16.30/111/25
既○賊所迫殺 16.30/112/3
周嘉仕郡○主簿 16.31/112/7
敞○流矢所中 16.31/112/7
○賊既逆 16.31/112/8
○零陵太守 16.31/112/12
21.54/160/7
吏民○立祠焉 16.31/112/12
○郡門下掾 16.32/112/16
福表○議郎 16.32/112/17
及援○將軍 16.34/113/2
惟獨狄道○國堅守 16.34/113/5
楊正○京兆功曹 16.36/113/22
王莽時○郡文學 16.37/113/27
太保甄豐舉○步兵校尉
16.37/113/27
○建新大尹 16.37/113/28
然獨○君子 16.37/114/3
竇憲○車騎將軍 16.38/114/9
辟崔駰○掾 16.38/114/9
駰○主簿 16.38/114/10
出○長岑長 16.38/114/11
崔寔○五原太守 16.40/114/20
○赤眉賊所得 16.41/114/26
以○孝感所致云 16.42/115/4
將○餔 16.43/115/9
公孫述欲徵李業〔○博
士〕 16.45/115/18
給事○縣亭長 16.46/115/23
大丈夫安能○人役耶
16.46/115/24
○聰明睿智 16.46/116/1
後人名其釣處○嚴陵瀨
16.48/116/11
所望明公問屬何以○政
16.49/116/18
以貢○不足耶 16.49/116/18
如以○任用而不使臣之
16.49/116/19
則○失人 16.49/116/19
屠〔者〕或不肯○斷
16.49/116/20
時人○之語曰 16.51/117/8
時延○郡督郵 17.1/117/21
以○罪在督郵 17.1/117/23

父稚○丹買田宅居業 17.2/118/3
常○都講 17.2/118/5
徵○諫議大夫 17.2/118/5
以○後法 17.2/118/10
郭丹○三公 17.2/118/12
○黽池令 17.3/118/17
朝廷稱○名卿 17.4/118/23
以○才堪宰相 17.4/118/24
孫堪○光祿勳 17.5/119/3
○太僕 17.7/119/13
21.29/156/15
拜○宗正 17.7/119/14
孔子稱「能以禮讓○國
17.8/119/20
拜○郎 17.8/119/22
○荊州刺史 17.9/119/27
○郡議曹掾 17.10/120/5
寧○家給人足耶 17.10/120/9
寧足○不家給人足耶 17.10/120/9
轉良○功曹 17.10/120/10
東平王蒼辟○西曹掾
17.10/120/13
今以良○議郎 17.10/120/15
平弟仲○賊所殺 17.11/120/19
○餓賊所得 17.11/120/22
今旦○老母求菜 17.11/120/22
待歸○命 17.11/120/22
永平三年○宗正 17.11/120/25
年八歲○人牧豬 17.12/121/3
徵○博士 17.12/121/7
○政愛利 17.13/121/18
○解土 17.13/121/20
意○尙書 17.13/121/23
誤以十○百 17.13/121/26
若以懈慢○愆 17.13/121/27
出○魯相 17.13/122/2
○九江太守 17.14/122/7
18.15/131/9
衆至共○嫁娶 17.14/122/7
當○山娶巫家女 17.14/122/9
徵○尙書令 17.14/122/10
明帝時○益州刺史 17.15/122/15
○世名儒 17.16/122/20
升○太常丞 17.17/122/25
○去妻所誣告 17.17/122/26
以○見劾 17.17/123/2
令○朋友 17.17/123/3

自遠方至者著○錄 17.18/123/8
東平憲王蒼○驃騎 17.19/123/12
署○祭酒 17.19/123/13
父○田禾將軍 17.23/124/12
孝○郎 17.23/124/12
弟禮○賊所得 17.23/124/15
弟禮○御史中丞 17.23/124/21
譚○賊所得 17.24/124/27
我嘗○諸君主炊養 17.24/125/1
乳○生湩 17.25/125/11
時鍾離意○瑕邱令 17.25/125/13
去輒○糞除 18.1/125/22
京兆尹閻興召倫○主簿
18.1/125/25
除倫○淮陽王醫工長 18.1/126/5
聞卿○吏撾妻父 18.1/126/8
聞卿○市掾 18.1/126/9
故○此言也 18.1/126/11
○事徵 18.1/126/16
倫○司空 18.1/126/19
以○能 18.2/126/25
擢○南陽太守 18.2/126/25
彪以嫡長○世子 18.3/127/5
○太尉 18.3/127/6,18.4/127/11
20.2/145/9,20.10/147/6
○百僚式 18.3/127/6
○鄮縣令 18.4/127/11
袁安○河南尹十餘年 18.5/127/15
尹不忍○也 18.5/127/16
太后詔安○賓 18.5/127/16
安○司徒 18.5/127/17
易姓○朱 18.6/127/22
驃騎將軍東平王蒼辟暉
○掾 18.6/128/1
時陰就○少府 18.6/128/1
○之歌曰 18.6/128/5
暉○守數年 18.6/128/8
堪後仕○漁陽太守 18.6/128/10
暉自○臨淮太守 18.6/128/11
帛五匹以○常 18.6/128/12
臣以○赦前犯死罪而繫
在赦後者 18.9/129/2
兄仲、○縣游徼 18.10/129/8
○吏坐贓 18.10/129/9
遂○廉潔 18.10/129/9
故時人號○「白衣尙書」
18.10/129/16

景○廬江太守 18.11/129/20
○雲中太守 18.12/129/27
○蜀郡太守 18.12/130/1
百姓○便 18.12/130/3
時范問○誰所從來 18.12/130/5
○太守奉章來弔 18.12/130/6
以○然 18.12/130/8
欲之犍○定生學經 18.13/130/14
年七十○食侍謀 18.13/130/16
阜使五官掾長沙疊○張雅樂 18.13/130/17
○益州太守 18.13/130/18
宗族五人同○二千石 18.14/130/27
故號○「萬石秦氏」 18.14/130/27
○山陽太守 18.14/131/1
○民設四誡 18.14/131/2
以○鄉三老 18.14/131/2
選鄉三老○縣三老 18.14/131/3
常慕叔孫通○漢儀禮 18.16/131/14
○買空地 18.16/131/16
京師○之語曰 18.17/131/23
恩寵莫與○比 18.18/132/6
章和中○光祿勳 18.19/132/12
篤于獄中○誄 18.23/133/8
而篤不任○吏 18.23/133/10
三葉皆○司隸 18.25/133/20
○南陽太守桓虞功曹 16.26/133/27
令○曹吏 18.26/134/3
○安陽尉 18.27/134/8
以謙儉推讓○節 18.28/134/13
恭助○收拾 18.28/134/13
○預汲水滿之 18.28/134/17
其主猶以○少 18.29/134/27
因○執勤不懈 18.29/134/28
約不○陪臣 18.29/134/29
及友○郡吏 18.29/134/29
○〔人〕賃舂 18.29/135/5
妻○具食 18.29/135/5
後伯通等○求葬處 18.29/135/9
不應○吏 18.30/135/18
詔○四姓小侯開學 19.1/136/6
太子家時○奢侈物 19.1/136/7
今因以○故事 19.1/136/17
臣愚以○刺史視事滿歲 19.1/136/18
酺以○褒制禮非禎祥之特達 19.1/136/21
酺○太尉 19.1/136/22
除○下邳令 19.2/137/3
○司空十四年 19.3/137/9
父建武初○武陵太守 19.4/137/13
恭乃始○郡吏 19.4/137/17
○民除害 19.4/137/23
○當世大儒 19.5/138/4
○政尚寬惠禮讓 19.5/138/4
哀、平間以明律令○侍御史 19.7/138/18
○人議法 19.7/138/19
以不肯親事○高 19.7/138/21
○尚書 19.7/138/21
19.22/142/16
○廣漢太守 19.7/138/25
○廷尉 19.7/138/26
陳忠○尚書令 19.8/139/3
熙能○威容 19.10/139/14
建初中○郎 19.11/139/18
○鉅鹿太守 19.11/139/20
○政寬恕 19.11/139/22
○將作大匠 19.11/139/23
延平元年仕○光祿大夫 19.11/139/24
長兄伯○霸取妻 19.11/139/24
何用空養他家老嫗○ 19.11/139/25
○敬去妻更娶 19.12/140/3
○東平相 19.12/140/4
應奉○武陵太守 19.13/140/8
○漢陽太守 19.15/140/18
父親○縣吏 19.16/140/22
○漢膠東相 19.17/141/3
○丹陽都尉 19.17/141/3
張湯○廷尉 19.17/141/4
○汝南太守 19.17/141/5
周榮○尚書令 19.18/141/10
諷輒○信旛 19.19/141/15
○兗州刺史 19.20/141/19
○張掖太守 19.20/141/20
○憲所奏免 19.20/141/21
復徵○西域副校尉 19.20/141/22
結草○廬 19.20/141/23
拾橡實○食 19.20/141/24
人○作謠曰 19.21/141/28
○雒陽令 19.21/142/1
20.18/148/24
○郡五官掾 19.22/142/7
舅龍鄉侯○作衣被 19.22/142/10
○魏郡太守 19.22/142/18
乃減○二十萬言 19.25/143/9
○勃海太守 19.26/143/13
復以○郎 19.26/143/14
魯平○陳留太守 19.27/143/20
强○餐飯 19.29/144/4
○表不設樂 19.30/144/10
○人謹敏有心 19.32/144/21
諸儒○之語曰 20.2/145/5
故舊長者或欲令○開產業 20.2/145/6
使後世稱○清白吏子孫 20.2/145/7
○東萊太守 20.2/145/7
賜代劉郃○司徒 20.4/145/23
欲以○苑 20.4/145/24
以○苑囿 20.4/145/26
任尚編草○船 20.5/146/5
○縣門下小吏 20.8/146/20
縣令劉雄○賊所攻 20.8/146/20
○中常侍 20.9/146/25
劉據○大司農 20.13/147/19
○儒者所宗 20.14/147/24
王堂○汝南太守 20.16/148/8
○南海太守 20.17/148/12
○祐賃舂 20.17/148/17
○中黃門 20.23/149/18
廢○濟陰王 20.23/149/19
徵北鄉侯○嗣 20.23/149/19
是○順帝 20.23/149/21
閻顯弟景○衛尉 20.23/149/21
以功封程○浮陽侯 20.23/149/23
以○信 20.24/150/3
光○尚席直事通燈 20.24/150/3
追封○汝陰東鄉侯 20.25/150/12
胡廣○太傅 21.1/150/18
陳龜○五原太（原）〔守〕 21.2/150/23
咸○舉哀 21.2/150/23
劉祐○河東太守 21.3/150/28
政○三河表 21.3/150/29

又立掖庭民女亳氏○皇后 21.4/151/3
韋毅○陳留太守 21.5/151/11
陳蕃○光祿勳 21.7/151/19
時東郭竇、公孫舉等聚眾三萬人○亂 21.8/151/24
乃拜○中郎將 21.8/151/25
降○上策 21.8/152/1
戰○下計 21.8/152/1
○并州刺史 21.8/152/2
劉寬○南陽太守 21.9/152/12
陳球○繁陽令 21.10/152/21
○安定屬國都尉 21.11/153/3
以建安中○武威太守 21.11/153/8
前刺史邯鄲商○猛所殺 21.11/153/8
○韓遂所攻 21.11/153/8
帝徙○衛尉 21.12/153/15
躬率子孫耕農○養 21.13/153/20
因請○設食 21.13/153/21
○廣陵太守 21.14/153/27
其兄昱○沛相 21.14/153/27
鄉人欲○具棺服 21.15/154/5
○萊蕪長 21.17/154/14
○帝誦《孝經》一章 21.21/155/4
初○京兆郡丞 21.22/155/9
近○憂之 21.23/155/14
劉翊○汝南太守 21.26/156/3
須誦○郡主簿 21.30/156/20
馮模○司空 21.31/156/24
周行○涇令 21.32/157/3
時號福○眞掾 21.35/157/17
范康○司隸校尉 21.36/157/21
○長沙太守 21.38/157/29
男女皆以「宗」○名 21.38/157/29
喜夷○壽陽令 21.40/158/8
李庸○蜀郡太守 21.41/158/12
巴异○重泉令 21.42/158/16
卜福○廷尉 21.43/158/20
上以○大中大夫 21.43/158/20
夕陽侯邢崇孫之○賊所盜 21.50/159/20
○太祝令 21.51/159/24
稱○名卿 21.52/159/28
○政愼刑重殺 21.54/160/7
輒○談述 21.54/160/8
匈奴始分○南北單于 22.3/161/7
以○樂事 22.3/161/9
西羌祖爰劍○秦所奴隸 22.5/164/3
○蔽火 22.5/164/3
諸羌以○神 22.5/164/3
推以○豪 22.5/164/4
林欲以○功效 22.5/164/4
弟○人所殺 23.1/164/18
新市人王匡、王鳳○平理爭訟 23.1/164/20
遂推〔○〕渠帥 23.1/164/21
然漢兵以新市、平林○本 23.1/164/23
○謁者 23.1/164/25
將立聖公○天子議以示諸將 23.1/164/25
馬武、王匡以○王莽未滅 23.1/164/25
改元○更始元年 23.1/164/27
光武○太常偏將軍 23.1/164/28
帝那得○之 23.1/165/2
更始納趙萌女○后 23.1/165/6
○百姓之所賤 23.1/165/12
長安中○之歌曰 23.1/165/12
雒陽人韓鴻○謁者 23.1/165/14
更始下（○）〔馬〕拜謝城 23.1/165/17
乃下詔封更始○淮陽王 23.1/165/18
而赤眉劉盆子亦下詔以聖公○長沙王 23.1/165/18
赤眉乃封○畏威〔侯〕 23.1/165/19
改○潁陽侯 23.3/166/3
俠卿○制朱絳單衣、（平）〔半〕頭赤幘、直綦履 23.5/166/13
驚震不知所○ 23.5/166/17
其子○縣吏 23.7/167/6
哀帝時○漁陽太守 23.11/168/15
故容徙○雲中太守 23.11/168/16
寵○漁陽太守 23.11/168/16
奈何○人所奏 23.11/168/18
趣○諸將軍辦裝 23.11/168/22
乃封子密○不義侯 23.11/168/27
有道士言豐當○天子 23.12/169/3
歸○縣吏 23.13/169/9
光武以鄧奉○輔漢將軍 23.14/169/15
○平狄將軍 23.15/169/19
萌以○延譖己 23.15/169/19
吾常以龐萌○社稷臣 23.15/169/20
使聘平陵方望○軍師 23.16/169/25
雖欲以漢○（民）〔名〕 23.16/169/26
所○「神道設教」 23.16/169/27
善○文書 23.16/170/6
元請以一丸泥○大王東封函谷關 23.16/170/9
頭鬢○白 23.16/170/14
○隗王城守者 23.16/170/16
父仁○侍御〔史〕 23.17/170/24
稍增石○郎 23.17/170/24
于是自立○蜀王 23.17/171/2
君有○之聲 23.17/171/7
十二○期 23.17/171/9
述以○符瑞 23.17/171/10
自立○天子 23.17/171/10
以○宜及天下之望未絕 23.17/171/15
是效隗囂欲○西伯也 23.17/171/19
蜀人及其弟光以○不宜空國千里之外 23.17/171/20
○群盜 23.19/172/11
拜王舜○太保 24.1/172/21
丁明代傅喜○大司馬 24.2/172/23
○宦者丞 24.72/178/7
廣漢坐論○鬼薪 24.72/178/8
後○暴室嗇夫 24.72/178/9
耕或○研 24.78/178/21
廣以○實宜在《郊祀志》 24.91/180/2
永○典式 24.92/180/7
臣以○宜集舊事儀注本奏 24.94/180/12
故名冕○平天冠 24.95/180/15

惟 wéi 42

○王常是帝計 1.1/2/21

○獨公孫述、隗囂未平 1.1/6/3
○孝宣皇帝有功德 1.1/8/10
○宣帝取法 2.1/13/25
孝乎○孝 2.2/15/25
而譬不○竭忠 3.2/20/3
○民之則 3.2/21/2
休矣○德 5.5/31/18
伏○陛下以至德當成、康之隆 5.5/32/5
○子之志 6.2/35/9
○王孝友之德 7.12/43/5
○王與下邳王恩義至親 7.20/45/14
○仁者能好人 7.20/45/15
○安帝宜承大統 8.4/48/14
○陛下哀憐 8.5/48/21
○願慎無赦而已 8.10/51/4
○隗與袁安同心畢力 10.13/65/12
○忠獨無所掠 10.14/65/19
○洪勳以遐邁 12.10/80/25
○賈傅其違指兮 12.10/81/2
○陛下留神明察 13.11/86/30
○勤祖偃長不滿七尺 13.13/88/4
○有一子 14.3/91/18
15.11/99/17
○大將軍開日月之明 14.5/93/29
○我二人爲天地所遺 15.5/96/19
○河西獨安 15.11/99/13
○老母極膳 15.11/99/14
○布被覆尸 15.16/101/6
○《琴道》未畢 16.16/108/13
與國右史公從事出入者○硯也 16.28/111/16
○勃能終焉 16.34/113/3
○獨狄道爲國堅守 16.34/113/5
○駰以處士年少擢在其間 16.38/114/9
○琳兄弟獨守冢廬 16.43/115/8
○帝難之 17.1/117/28
○孤兒續始生數旬 17.25/125/9
伏○天恩莫不蕩宥 18.9/129/1
政○仁簡 20.17/148/18
○妻子可以行之 21.15/154/6
○命是從 22.1/160/26
思○精意 24.90/179/26

唯 wéi　1

○《渾天》者近得其情 24.90/179/22

帷 wéi　13

傅奏左○ 5.5/29/16
與朕謀謨○幄 8.1/46/20
並侍○幄 8.5/48/20
給○帳床褥 11.10/73/18
若向南者多取○帳 13.14/88/19
以君○幄近臣 14.2/91/12
賜以○帳奴婢 16.9/105/21
賈胡共起○帳設祭 16.36/113/22
內備○幄 18.17/131/26
乃試令嬖臣美手腕者與女子雜處○中 19.31/144/15
奐安坐○中 21.11/153/6
鐘鼓○帳 23.1/165/5
乃令侍中坐○內與語 23.1/165/7

圍 wéi　20

帝奉糗一斛、脯三十朐進○宛城 1.1/2/13
且○之數十重 1.1/2/24
帝○邯鄲未下 1.1/4/7
伯升進○宛 7.1/38/10
數陷陣潰○ 7.1/38/19
彭○隗囂于西城 9.2/56/5
○劉永于睢陽 9.11/61/4
囂○歙于略陽 11.2/70/25
○解 11.2/70/26
○四尺五寸 12.1/76/27
憙爲赤眉兵所○ 13.16/89/7
吳漢諸將○守數月不下 14.1/90/1
○守閉之 16.6/104/23
放兵○臣 16.6/104/24
賊○繞數十重 16.31/112/8
州兵○之急 21.11/153/9
遂共○宛 23.1/164/22
大司馬吳漢○茂 23.10/168/10
岑彭與吳漢○囂于西（域）〔城〕 23.16/170/13
漢○囂 23.16/170/16

違 wéi　16

不敢○詔 5.5/32/7
○逆慈母之拳拳 6.2/35/8
后重○母意 6.5/36/14
不欲令厚葬以○其意 7.8/41/13
○背忠信 11.2/70/22
上以固言前後相○ 12.3/77/18
惟賈傅其○指兮 12.10/81/2
不宜○我言也 12.11/81/22
陛下率禮無○ 13.9/85/7
衆心難○ 13.11/86/8
合於《易》之所謂「先天而天不○、後天而奉天時」義 13.11/86/9
帝以奮○詔 13.12/87/25
伋謂○信〔於諸兒〕 15.9/98/22
言事無所依○ 18.1/126/19
前後相○ 18.12/129/27
多所○失 24.90/179/22

維 wéi　2

○季春兮華阜 18.29/135/4
思○咎徵 20.19/148/29

巍 wéi　2

功德○○ 5.5/31/8

尾 wěi　8

望不見其後○ 1.1/2/22
乃首○擊之 1.1/7/7
白鹿、白兔、九○狐見 2.2/15/3
鳳凰見百三十九、麒麟五十二、白虎二十九、黃龍三十四、青龍、黃鵠、鸞鳥、神馬、神雀、九○狐、三足烏、赤烏、白兔、白鹿、白燕、白鵲、 2.2/15/20
緣馬○得出 8.10/50/24
23.17/172/1
囂○擊諸營 9.2/56/6
託驥之○ 23.16/170/4

委 wěi 15

○政長樂宮 3.1/18/10
○輸不至 8.1/47/5
彭發桂陽、零陵、長沙
○輸權卒 9.2/56/7
會屬縣送○輸牛車三百
餘兩至 10.2/62/18
令○輸車回轉出入 10.2/62/18
遣伯春○質 11.2/70/21
朝廷由是敬憚○任焉 12.11/81/13
其○任自前世外戚禮遇
所未曾有 12.11/81/24
時述珍寶珠玉○積無數
15.12/99/26
悉以○地 17.13/121/24
倫密○去 18.1/126/16
○以郡事 18.26/133/28
而令搢紳之徒○伏畎畝
20.4/145/22
○功曹陳蕃 20.16/148/8
遂○政于萌 23.1/165/6

偉 wěi 8

奇○猛獸 1.1/2/17
心怪○之 6.3/35/23
楊○、徐容等惶恐解散
8.10/50/26
邳彤、字○君 10.16/66/7
馮勤、字○伯 13.13/88/3
兄弟形皆○壯 13.13/88/4
衣冠甚○ 17.10/120/14
和帝○其貌 19.10/139/13

僞 wěi 4

使劉終○稱江夏吏 1.1/2/12
傳吏疑其○ 1.1/3/21
欲○道得病 3.1/19/15
○建旗幟 23.17/172/1

猥 wěi 6

○歸美于載列之臣 5.5/32/4
○復超超宿德 12.11/81/16
而○相毀墊淪失 13.11/86/28
○蒙爵土 13.12/87/21
而小人○承君後 16.3/104/3
今○規郊城之地 20.4/145/26

葦 wěi 1

焉耆國有○橋之險 16.3/103/20

隗 wěi 29

○囂上書 1.1/5/19
惟獨公孫述、○囂未平 1.1/6/3
○囂士衆震壞 1.1/6/23
○囂餓 1.1/6/26
○囂死 9.1/55/16
彭圍○囂于西城 9.2/56/5
襲○囂 9.7/59/9
○囂破 9.7/59/9
公孫述遣兵救○囂 9.7/59/10
馬武與衆將上隴擊○囂
10.3/62/24
任○、字仲和 10.13/65/11
自○始 10.13/65/11
○拜司空 10.13/65/12
惟○與袁安同心畢力 10.13/65/12
仇疾反虜○囂 10.22/67/22
奉璽書于○囂 11.2/70/19
○囂破後 11.2/71/2
○囂甚重援 12.1/75/13
上自征○囂 12.1/75/24
嘗因朝會帝讀○囂、公
孫述相與書 13.7/84/19
寄○囂地 13.11/85/22
爲○囂餘黨所攻殺 15.11/99/16
爲○囂別將苟宇所拘劫
16.30/111/25
車駕討○囂 16.34/113/5
○囂、字季孟 23.16/169/25
爲○王城守者 23.16/170/16
是效○囂欲爲西伯也
23.17/171/19
○囂敗 23.17/171/23
道○王破者復如此矣
23.17/171/25

緯 wěi 1

以步五○ 24.90/179/24

鮪 wěi 24

大司馬朱○在雒〔陽〕 9.1/54/22
上傳聞朱○破河內 9.1/55/1
更始遣舞陰王李軼、廩
丘王田立、大司馬朱
○、白虎公陳僑將兵
三十萬 9.4/57/1
令朱○知之 9.4/57/3
異擊走朱○ 9.4/57/3
攻朱○ 9.6/58/11
朱○等會城南淯水上沙
中 14.1/89/26
○破 14.1/89/26
○守雒陽 14.1/90/1
上以岑彭嘗爲○校尉 14.1/90/1
令彭說○曰 14.1/90/1
○曰 14.1/90/3,14.1/90/9
○與其謀 14.1/90/4
復至城下說○ 14.1/90/6
○從城上下索曰 14.1/90/7
○見其不疑 14.1/90/8
與○交馬語 14.1/90/8
○輕騎詣彭降焉 14.1/90/9
彭即令○自縛 14.1/90/10
上即自解○縛 14.1/90/10
成德侯○玄孫祀 14.1/90/11
使尚書令王○與酺相難
19.1/136/11
而朱○立壇城南（堉）
〔淯〕水上 23.1/164/24

未 wèi 121

自秦、漢以來師出○曾
有也 1.1/2/18
宛城○拔 1.1/2/19
帝圍邯鄲○下 1.1/4/7
諸將○能信 1.1/4/9
帝○信 1.1/4/17
建武元年夏六月己○ 1.1/4/21
正朔、服色○有所定 1.1/5/4
帝讀檄○竟 1.1/5/15

〇至隆軍 1.1/5/15
惟獨公孫述、隗囂〇平 1.1/6/3
自事主〇嘗見明主如此也 1.1/6/8
小縣多城守〇下 1.1/7/3
〇有還人 1.1/9/8
二年春正月辛〇 2.1/11/26
〇還宮而澍雨 2.3/16/25
國副〇定 3.3/21/7
〇及成禮 3.5/21/25
明堂、辟雍闕而〇舉 5.3/28/11
大廈〇安 5.4/29/6
〇嘗不封禪 5.5/29/10
以爲「殷統〇絕 5.5/29/21
今恐山川百神應典祀者
　尙〇盡秩 5.5/30/19
〇嘗不延問王 5.5/31/24
上〇有所言 6.2/34/14
法禁〇設 6.5/36/18
行〇還宮 6.5/37/1
臣所〇嘗見也 6.6/37/10
以西羌〇平 7.8/41/15
〇嘗犯禁 7.9/41/28
上〇嘗不見從 7.12/42/18
恭〇有國邑 7.17/44/17
迄今嫡嗣〇知所定 7.20/45/13
今山東〇安 8.1/46/10
更始既〇有所挫 8.1/46/11
上〇安 8.10/50/15
吳漢擊蜀〇破 8.11/51/17
復〇曾有言 8.11/51/19
〇易攻也 8.14/52/23
攻之〇可卒下 8.14/53/1
〇至 8.14/53/7
〇嘗挫折 8.14/53/16
四方〇定 9.1/55/4
天下〇定 9.1/55/12
是時盜賊尙〇悉平 9.8/60/3
奉職〇稱 9.11/61/7
渡〇畢數車而冰陷 10.11/64/20
炙肉〇熟 10.23/68/11
竝〇（門）〔開〕封 10.24/68/24
與人〇嘗有爭競 10.26/69/25
斂〇死 11.2/71/4
〇有能終者 11.4/71/19
〇嘗被奏 11.6/72/7
臣〇有先登陷陣之功 11.14/74/14
計〇決 12.1/75/24
三府以爲〇可 12.1/76/8
虜〇滅之時 12.1/76/19
〇許之 12.1/77/4
烟火見〇央宮 12.9/80/13
前代所〇嘗有 12.9/80/13
〇嘗入藏 12.11/81/14
盜賊〇息 12.11/81/20
其委任自前世外戚禮遇
　所〇曾有 12.11/81/24
中國〇化 13.1/82/21
〇見好德如好色者 13.6/84/11
毀廟及〇毀廟之主皆登
　13.12/87/15
存廟主〇嘗合祭 13.12/87/16
〇嘗懈惰 13.16/89/19
〇見吳公 14.1/90/9
〇知孰是也 14.2/90/23
當先知故主之〇然 14.4/92/11
宜及新主之〇爲 14.4/92/12
〇到官 14.4/92/18
禍（拏）〔挐〕〇解 14.5/93/5
今邯鄲之賊〇滅 14.5/93/20
豹每奏事〇報 14.6/94/7
王丹〇許之 15.5/96/23
〇易言也 15.5/96/24
時隴蜀〇平 15.7/97/15
道路〇通 15.15/100/23
避亂江南者皆〇還中土
　15.15/100/23
臣子皆〇能傳學 16.10/106/20
惟《琴道》〇畢 16.16/108/13
〇嘗聞功臣地多而滅亡
　者 16.24/110/19
〇聞恩澤 16.33/112/22
勃〇二十 16.34/113/1
遭父喪〇葬 16.42/115/3
〇嘗加禮 17.1/117/26
盜賊〇盡 17.10/120/8
〇嘗不合上意 17.14/122/10
時長安市〇有秩 18.1/125/25
〇遇知己 18.1/126/2
〇嘗以贓罪鞫人 18.5/127/15
〇嘗不流涕 18.5/127/17
〇嘗見 18.6/128/2
〇敢安也 18.6/128/10
而文不及亡命〇發覺者
　18.9/129/1
阜以詔書〇報 18.13/130/22
恐〇合衆 18.26/134/4
〇嘗不正諫 19.1/136/7
視事〇朞 19.2/137/3
〇見其便 19.4/137/24
〇有平徭役 19.21/141/28
讀所〇嘗見書 19.22/142/10
所建畫〇嘗流布 19.22/142/17
香〇入界 19.22/142/19
郁視母色〇平 19.29/144/4
見酒食〇嘗不泣 19.30/144/10
今君所苦〇瘳 20.1/144/29
毒流〇生 20.19/149/1
〇受符策 20.24/150/7
馬武、王匡以爲王莽〇
　滅 23.1/164/25
攻〇央宮 23.2/165/24
單于以中國〇定 23.9/168/4
雖〇備物 23.16/169/28
而名號〇定 23.17/171/8
以爲宜及天下之望〇絕
　23.17/171/15
〇嘗不愴然泣涕 24.45/176/9
〇曾私語 24.58/177/7
以治律〇竟 24.90/179/25
〇及成書 24.90/179/25
建武乙〇、元和丙寅詔
　書 24.92/180/7

位 wèi 97

即（黃）〔皇〕帝〇 1.1/4/21
自帝即〇 1.1/5/6,2.1/13/23
在〇三十三年 1.1/9/22
初讓尊〇爲貴人 2.1/11/8
皇太子即〇 2.1/11/18
在〇十八年 2.1/13/21
親屬勢〇 2.1/13/25
帝即〇 2.2/14/6
〇在中臣 2.2/15/14
以爲宜承天〇 2.3/16/6
太子即〇 2.3/16/7
在〇十七年 2.3/17/9
其夜即〇 2.4/17/19
殤帝即〇 3.1/18/8
乃即帝〇 3.1/18/9
帝在〇十九年 3.1/19/13

北鄉侯即尊○ 3.2/19/25
即皇帝○ 3.2/19/28,3.4/21/16
在○十九年 3.2/20/26
太子即帝○ 3.3/21/8
在○一年 3.3/21/11,3.4/21/19
迎帝即○ 3.5/21/26
在○二十一年崩 3.5/23/2
○次太傅 4.1/24/15,10.24/68/22
○次公 4.1/24/19
安帝即○之年 5.1/27/21
王莽盜○ 5.5/29/22
章帝初即○ 5.5/31/21
上以公卿所奏明德皇后在世祖廟坐○駁議示東平憲王蒼 5.5/32/11
上即○ 6.1/34/1
欲授以尊○ 6.1/34/1
自陳不足以當大○ 6.1/34/1
后遜○ 6.5/36/17
充（小）〔少〕君之○ 6.5/36/18
裔孫乾嗣○ 7.4/39/24
明帝即○ 7.12/42/13
○在三公上 7.12/42/14
不在贊拜之○ 7.12/43/10
○特進 8.1/47/6,11.4/71/18
○在九卿上 8.3/48/8,12.3/77/22
安帝即○ 8.5/48/19
兄弟充列顯○ 8.5/48/20
漢爵○奉賜最尊重 8.10/51/3
加○特進 8.11/51/20
上新即○ 9.1/55/4
及登○ 9.6/58/16
後勸上即○ 9.12/61/21
更始即○ 10.16/66/7,13.16/89/5
○次與諸將絕席 10.20/67/5
融光武時數辭爵○ 10.22/67/24
光武即○ 10.26/69/21, 16.16/108/4,19.1/136/5
世祖即○ 11.3/71/13
居○數十年 11.13/74/9
立舊交之○ 12.1/75/15
欲授以封侯大將軍○ 12.1/75/15
○尊德重 13.10/85/13
令且從師友之○ 13.11/85/23
乃流連貪○ 13.11/86/23
肅宗即○ 13.16/89/19, 19.32/144/21
三葉在○ 13.16/89/20
今聖主即○ 14.2/90/23
王莽篡○ 14.7/94/13, 19.7/138/18
靡不由世○擅寵之家 15.2/95/23
在○恭儉 15.6/97/3
不有忠言奇謀而取大○ 15.6/97/7
令就臣○ 15.8/97/20
顯宗即○ 16.9/106/5
時執經生避○發難 16.9/106/6
○不過郎 16.16/108/4
昆老退○ 16.17/108/20
而勃○不過縣令 16.34/113/2
古者卿士讓○ 17.2/118/10
在○者莫不仰其風行 17.8/119/22
遭王莽篡○ 17.12/121/6
則臣○大 17.13/122/1
郎○小 17.13/122/1
備○藩臣 17.17/123/1
在○清白 18.3/127/6
故爵○不踰 18.8/128/21
章帝即○ 19.1/136/8
陪○頓仆 20.1/144/29
九卿○亞三公 20.13/147/19
今官○錯亂 21.4/151/5
在九卿○ 21.29/156/15
宜即大○ 23.17/171/8
欲極其○ 24.2/172/24

味 wèi 6

其○美於春夏筍 12.1/76/17
殫極滋○ 16.39/114/16
○如江水 17.22/124/7
不食魚肉之○ 19.11/139/21
食不二○ 19.20/141/20
而親極滋○ 19.22/142/8

畏 wèi 28

在家重慎○事 1.1/1/26
知者或○其衣 1.1/3/15
因舉虎頭衣以○三老 2.1/12/9
○懦恣縱 2.2/15/15
寅○皇天 2.2/15/25
○吏 6.5/36/25
眞可○也 8.17/54/7
○爲郎所及 10.11/64/17
朝臣○悚 10.13/65/12
誠欲令恭肅○事 10.22/68/1
使民不○吏 10.26/69/13
今我○吏 10.26/69/13
周密○愼 11.7/72/17, 24.50/176/19
○其易也 13.11/86/15
○天之威 13.11/86/30
關東○卿 14.2/90/22
吏人及羌胡○之 15.17/101/15
京師○憚 16.13/107/13
勿○〔也〕 16.34/113/1
吏民○而愛之 18.6/128/5
吏○其威 18.6/128/6
舉縣○憚 18.13/130/17
吏民○愛 18.14/131/4
苦不○愼 19.7/138/22
匈奴○感 19.19/141/14
○愼周密 19.22/142/17
赤眉乃封爲◎威〔侯〕 23.1/165/19

胃 wèi 1

爛羊○ 23.1/165/12

尉 wèi 130

殺新野○後乃得馬 1.1/2/11
誘殺湖陽○ 1.1/2/12
以長人巨無霸爲中壘校○ 1.1/2/18
以帝爲司隸校○ 1.1/3/13
以（○衛）〔衛○〕關內侯陰興爲侍中 1.1/8/15
長水校○樊儵奏言 2.1/11/21
裁家一人備列將校○ 2.1/13/26
太傅馮石、太○劉熹以阿黨權貴 3.2/19/31
漢陽率善都○蒲密因桂陽太守文礱獻大明珠 3.2/20/3
太○劉光、司空張皓以陰陽不和 3.2/20/4
太○施延以選舉貪汙 3.2/20/14
武騎都○樊演高祖父重 3.5/22/19
太○掌邦 4.1/24/11

中○、內史官屬亦以率減 4.1/25/16
校○、中郎將、諸郡都○、諸國行相、中○、內史、中護軍、司直秩皆比二千石 4.1/25/20
其丞、○皆秩四百石 4.1/26/5
丞、○秩三百石 4.1/26/5
其丞、○秩二百石 4.1/26/5
縣國丞、○亦如之 4.1/26/6
丞、○亦二百石 4.1/26/6
丞、○校長以上皆銅印黃綬 4.1/26/7
置都○ 5.1/27/18
太○趙憙上言曰 5.5/29/10
太○憙等奏 5.5/31/25
拜廬江都○ 7.7/40/16
都○事（也）〔邪〕 7.7/40/18
遷護烏桓校○ 8.2/47/19
爲護羌校○ 8.2/47/25
16.30/111/25
拜悝城門校○ 8.5/48/19
共白欲以復爲鄗○ 8.11/51/13
爲長水校○ 8.12/52/2
嘗見郡○試騎士 8.14/53/15
時始置西域都護、戊己校○ 8.17/54/3
乃以恭爲戊己校○ 8.17/54/3
中郎將、護羌校○及刺史、二千石數百人 8.17/54/15
別下潁川太守、都○及三百里內長吏皆會 9.4/57/9
上遣校○發騎士四百人 9.7/59/19
衛○銚期見上感慟 9.7/59/22
以城門校○轉左中郎將 10.2/62/20
父爲高密中○ 10.14/65/17
時寵弟從忠爲校○ 10.14/65/22
行河西五郡大將軍、涼州牧、張掖屬國都○竇融 10.22/67/21
爲奉車都○ 10.23/68/10
與駙馬都○耿秉北征匈奴 10.23/68/10
爲衛○ 10.23/68/12,13.16/89/17
（從）〔徙〕都○ 11.4/71/18
歆將令○入宮搜捕 11.9/73/5
禹爲廷○府北曹吏 11.10/73/10
拜廷○ 11.10/73/11
禹以太○留守北宮 11.10/73/16
郭況爲城門校○ 11.11/73/23
○印「白」下「人」 12.1/76/14
司隸校○梁松奏特進弟防、光、廖、〔廖〕子豫 12.2/77/12
防爲車騎將軍、城門校○ 12.3/77/22
監越騎校○ 12.4/78/13
時五校○令在北軍營中 12.4/78/14
光以爲五校○主禁兵武備 12.4/78/14
表請二校○附北宮 12.4/78/15
張掖屬國都○ 12.8/79/24
梁冀拜步兵校○ 12.12/82/3
梁不疑拜步兵校○ 12.13/82/9
稍遷衛○ 13.15/88/24
敕從騎都○儲融受兵二百人 13.16/89/11
拜太○ 13.16/89/16
行太○事趙憙 13.16/89/20
上以岑彭嘗爲鮪校○ 14.1/90/1
永遣弟升及子壻張舒等謀使營○李匡先反涅城 14.2/90/20
爲司隸校○ 14.2/91/1
21.12/153/13
拜司隸校○ 14.3/91/19
世祖遣騎都○弓里游、諫大夫何叔武 14.4/92/1
兼射聲校○ 15.2/95/13
肅宗詔鴻與太常樓望、少府成封、屯騎校○桓郁、衛士令賈逵等 15.2/95/13
兼衛○ 15.2/95/25
上特詔御史中丞與司隸校○、尙書令會同並專席而坐 15.3/96/5
更始拜爲會稽西部都○ 15.15/100/22
拜爲河東都○ 15.17/101/12
一奇餌得都○ 15.17/101/13
長沙中○馮駿將兵詣岑彭 15.19/101/25
拜射聲校○ 16.3/104/6
伏見前太○西曹掾蔣遵 16.20/109/12
自繫廷○ 16.20/109/14
太保甄豐舉爲步兵校○ 16.37/113/27
汝南王琳字巨○ 16.43/115/8
○過迎拜 16.46/115/23
○去 16.46/115/24
兼屯騎校○ 17.7/119/12
時五校○官顯職閒 17.7/119/12
孝辟太○府 17.23/124/21
官至長樂衛○ 17.23/124/21
詔禮十日就長樂衛○府 17.23/124/22
爲太○ 18.3/127/6,18.4/127/11
20.2/145/9,20.10/147/6
遷城門校○ 18.16/131/17
領騎都○ 18.17/131/26
于是京師貴戚順陽侯衛○馬廖、侍中竇憲慕其行 18.18/132/6
司隸校○下邳趙興不卹諱忌 18.25/133/19
爲安陽○ 18.27/134/8
輔拜太○ 19.1/136/20
詔射聲（教）〔校〕○曹褒案《（舊漢）〔漢舊〕儀》制漢禮 19.1/136/20
酺爲太○ 19.1/136/22
太○趙憙聞恭志行 19.4/137/15
爲廷○ 19.7/138/26
父奉、司隸校○ 19.14/140/12
轉司隸校○ 19.15/140/18
爲丹陽都○ 19.17/141/3
遷廷○正 19.17/141/3
張湯爲廷○ 19.17/141/4
京輔都○ 19.17/141/5
濟南都○ 19.17/141/5
復徵爲西域副校○ 19.20/141/22
坐徵詣廷○ 19.26/143/13
閻顯弟景爲衛○ 20.23/149/21
送廷○ 20.23/149/23
長史、司馬、涉頭、長燕、烏校、棚水塞○

印五枚 21.8/152/7
爲安定屬國都○ 21.11/153/3
帝徙爲衛○ 21.12/153/15
范康爲司隸校○ 21.36/157/21
卜福爲廷○ 21.43/158/20
騎都○ 23.1/165/12
今日騎都○往會日也 23.1/165/14
詔以屬城門校○ 23.5/166/19
太○張酺、鄭洪、徐防、趙喜、隨延、寵桓 24.81/179/1

渭 wèi 2

自西河至○橋 10.5/63/7
右扶風請試守○城宰 16.34/113/1

慰 wèi 6

以○《凱風》寒泉之思 7.12/43/6
以○母心 12.10/81/6
白丹欲往奔○ 15.5/96/23
輒使○勉孝子 15.15/100/26
乃自酌酒○援曰 16.34/112/29
此以○种光、馬賢等亡魂也 21.8/152/1

熨 wèi 1

冀得火以○背 8.2/47/12

衛 wèi 35

周承休公爲○公 1.1/7/19
以（尉○）〔○尉〕關內侯陰興爲侍中 1.1/8/15
充奉宿○ 2.1/13/26
宿○禁門 2.2/15/14
中郎將持節○護焉 2.3/15/13 22.3/161/15
○縣木連理 3.1/19/10
司徒韓縯、司空孫朗並坐不○宮 3.5/22/7
饗○士于南宮 7.12/43/4
奴復與宮中○士忿爭 8.6/49/1
○士籠奴 8.6/49/1
○尉銚期見上感慟 9.7/59/22
爲○尉 10.23/68/12,13.16/89/17
奉兩宮宿○ 10.23/68/12
迹乃盛陳陛○ 12.1/75/14
知武帝恨誅○太子 12.1/75/23
宿○宮省 12.3/77/24
所以宿○兩宮 12.4/78/14
○護南單于 12.6/79/8
留魴宿○南宮 13.14/88/18
稍遷○尉 13.15/88/24
憙內典宿○ 13.16/89/18
肅宗詔鴻與太常樓望、少府成封、屯騎校尉桓郁、○士令賈逵等 15.2/95/13
兼○尉 15.2/95/25
○颯爲桂陽太守 15.13/100/7
而桓譚、○宏並共毀訾 16.8/105/9
劉茂、字子○ 16.32/112/16
官至長樂○尉 17.23/124/21
詔禮十日就長樂○尉府 17.23/124/22
于是京師貴戚順陽侯○尉馬廖、侍中竇憲慕其行 18.18/132/6
○康叔之胄孫林父之後 20.23/149/18
閻顯弟景爲○尉 20.23/149/21
帝徙爲○尉 21.12/153/15

謂 wèi 103

囂故吏馬援○囂曰 1.1/6/8
景帝、所○孝子也 1.1/8/24
《易》所○「先王以作樂崇德 5.4/28/16
《虞書》所○「琴瑟以詠 5.4/28/18
《王制》○「天子食舉以樂 5.4/28/19
《孝經》所○「移風易俗 5.4/28/20
禮樂之○也 5.4/28/21
〔《詩》〕所○「琴瑟擊鼓 5.4/28/21
此之○也 5.4/28/23
《詩》所○「坎坎鼓我 5.4/28/24
蓋《周官》所○「王〔師〕大獻則令凱樂 5.4/29/1
後世○之聖王 5.5/29/22
大臣上疏○宜復舊 5.5/30/11
武冠、俗○之大冠 5.6/33/4
此〔所〕○日角偃月 6.6/37/10
召而○曰 7.3/39/11
○曰 8.1/46/9 9.10/60/24,15.5/96/26 18.6/128/2,18.8/128/20
或○鴻曰 8.10/50/7
○門人曰 8.11/51/9
孝○復曰 8.11/51/11
所○一舉而兩得者也 8.14/52/27
陳俊○弇曰 8.14/53/7
相○曰 8.17/54/7 15.12/99/24,17.11/120/24
○左右曰 9.1/55/9
上乃○恂曰 9.1/55/16
上○諸將曰 9.4/56/23
上○（祐）〔祜〕曰 9.6/58/16
可○守死善道者也 9.7/59/18
上○丹曰 9.10/60/20
○俊曰 10.9/64/4
上○霸曰 10.11/64/14 10.11/64/20
○官屬曰 10.11/64/21 12.1/76/17
○忠曰 10.14/65/24
光武于大會中指常○群臣曰 10.20/67/3
○上曰 10.21/67/11
竇章、時○東觀爲老氏藏室 10.25/69/3
晨從容○帝曰 11.1/70/10
○囂曰 12.1/75/16
笑○之曰 12.1/75/18
疑○是也 12.1/76/17
所○刻鵠不成尙類鶩者 12.1/76/21
所○畫虎不成反類狗也 12.1/76/22
因○弘曰 13.6/84/14
上顧○主曰 13.6/84/15
何○輕哉 13.10/85/14
合於《易》之所○「先天而天不違、後天而

奉天時」義 13.11/86/9
○子曰 13.11/87/5
○家丞翕曰 13.12/87/20
常自○短陋 13.13/88/4
顧○鑣曰 13.16/89/4
引見○曰 13.16/89/16
上○彭復往曉之 14.1/90/5
上○永曰 14.2/90/22
○太守曰 14.2/90/23
召郡府丞○曰 14.2/90/26
無○無賢 14.5/93/25
○綝曰 15.1/94/25
可○智乎 15.2/95/12
所○神人以和 15.2/95/20
伋○違信〔於諸兒〕 15.9/98/22
超○其官屬曰 16.3/103/4
尙○超曰 16.3/104/3
○松曰 16.6/104/19
元卿○榮曰 16.9/106/3
榮諸弟子○曰 16.9/106/4
上○郁曰 16.10/106/18
16.10/106/19
上○譚曰 16.16/108/8
上○憑曰 16.20/109/11
何○察察而遇斯禍也 16.22/110/7
宇○序曰 16.30/111/25
君子○之知命 16.37/114/4
萌○其友人曰 16.46/115/25
可○至德 17.2/118/10
上○公卿曰 17.13/122/2
哀譚○曰 17.24/124/28
即相○此兒有義 17.24/125/2
○暉曰 18.6/128/4
或○麟曰 18.12/130/7
世○其用法平正、寬慈
惠化所致 18.13/130/20
故世人○陳氏持法寬 19.7/138/20
○諸王曰 19.22/142/11
何○無知 20.2/145/9
顧○子及門生曰 20.2/145/10
殆非所○保赤子之義 20.4/145/27
○之曰 20.17/148/16
詐○馬國曰 20.23/149/20
光○康曰 20.24/150/6
則所○天投蜺者也 21.24/155/20
○妻曰 22.1/160/25
稱天子何○不可 23.1/164/26
寵○奴曰 23.11/168/23
○之太平 23.16/170/7
所○用天因地 23.17/171/7
述○延岑曰 23.17/171/27

魏 wèi 17

沛相○愔 3.6/23/14
到○郡鄴、易陽 7.4/39/24
燕、趙、韓、○之後 13.11/86/18
○郡人 13.13/88/3
趙○間號爲馮萬石 13.13/88/3
○郡太守范橫上疏薦勤
13.13/88/5
其先○之別封曰華侯 13.14/88/16
使五官中郎將○應主承
制問難 15.2/95/14
○應、字君伯 17.6/119/7
帝乃以大鴻臚○應代之
17.12/121/9
○譚、字少閒 17.24/124/27
還○郡太守 19.1/136/14
○霸、字喬卿 19.11/139/18
爲○郡太守 19.22/142/18
○成曾孫純坐訐訕 21.47/159/8
○冒踰糟 22.4/161/22
○菌度洗 22.4/162/24

溫 wēn 18

○恭好學 2.1/11/14
○慈惠和 2.2/14/4
寬仁○惠 3.2/19/22
有黑氣墮所御○明殿庭
中 3.6/23/21
晝臥○明殿 8.14/52/12
衣履○煖 15.14/100/15
春○或膿潰 15.14/100/17
○恭有蘊藉 16.9/105/19
○序、字次房 16.30/111/25
但就○湯而已 18.15/131/9
何熙、字〔子〕○ 19.10/139/13
王渙除河內○令 19.21/141/28
寒即以身○席 19.22/142/8
○仁多恕 21.9/152/12
趙○、字子柔 21.22/155/9
蔡邕詔問有黑氣墮○明
殿東庭中 21.24/155/19
陰猛好學○良 21.51/159/24
寒○時適 22.4/162/30

文 wén 119

承○、景之統 1.1/1/5
因具言讖○事 1.1/2/4
○書移與屬縣 1.1/3/14
入〔王〕宮收○書 1.1/4/6
時傳聞不見《赤伏符》
○軍中所 1.1/4/16
至孝○、賈誼、公孫臣
以爲秦水德 1.1/5/5
宗祀○王以配上帝 1.1/5/9
道數十歲事若案○書 1.1/6/5
政事○辯 1.1/6/11
取具○字而已 1.1/6/18
官曹○書減舊過半 1.1/7/16
○帝曉終始之義 1.1/8/24
孝○皇帝賢明 1.1/9/18
如孝○皇帝舊制 1.1/9/23
○王之遇太公也 2.1/13/5
予亦非○王也 2.1/13/6
如孝○皇帝（祫）〔祫〕
祭高廟故事 2.1/13/23
有古○ 2.2/15/6
郅壽、蜀漢○ 2.2/15/8
壽明達有○章 2.2/15/10
故得漢○劍 2.2/15/10
湯、○所務也 2.2/15/26
漢陽率善都尉蒲密因桂
陽太守○礱獻大明珠 3.2/20/3
疏勒國王盤遣使○時詣
闕 3.2/20/12
古今○字 3.5/22/8
以○罽爲壇 3.5/23/1
奉《圖》《雒》之明○ 5.5/29/17
請親定刻石紀號○ 5.5/30/1
其玉牒○秘 5.5/30/7
咸秩無○ 5.5/30/14
孝○十二年令曰 5.5/30/18
孝○皇帝躬行節儉 5.5/31/5
緣天地之所雜樂爲之○
典 5.5/31/10
○王之時 5.5/31/10
依書《○始》、《五行》

、《武德》、《昭德》、《盛德》修之舞 5.5/31/14
用其《○始》、《五行》之舞如故 5.5/31/15
秉○之成 5.5/31/17
放唐之○ 5.5/31/17
如孝○皇帝在高廟之禮 5.5/31/26
奏《武德》、《○始》、《五行》之舞 5.5/31/27
昔者孝○廟樂曰《昭德》之舞 5.5/31/27
○、武、宣、元祫食高廟 5.5/32/12
以備其○ 5.6/32/25
服以華○ 5.6/33/1
年十二能屬○ 6.7/37/16
分遣○學循行屬縣 7.2/39/3
故以蟻爲興○ 7.9/41/23
喜正○字 7.18/45/3
漢爲人質厚少○ 8.10/50/10
字君○ 8.11/51/9
寇恂○武備足 9.1/54/23
峻遣軍師皇甫○謁 9.1/55/18
將誅○ 9.1/55/18
皇甫○、峻之腹心 9.1/55/21
王莽時舉有德行、能言語、通政事、明○學之士 9.10/60/17
劉○及蘇茂臣于劉永 10.11/64/24
不得令觀天○、見讖記 10.22/67/25
故有經紀禮儀以相（○）〔交〕接 10.26/69/16
遺令焚削○契 11.3/71/12
樊梵、字○高 11.6/72/6
馬援字○淵 12.1/75/5
印○不同 12.1/76/14
薦曉古○字者 12.1/76/15
其○曰 12.10/80/19
臣聞○王享國五十 13.1/82/20
於河西得漆書《古○尚書經》一卷 13.11/85/21
明當尊用祖宗之故○章也 13.11/86/9
性好○德 14.2/90/18
鮑昱、字○淵 14.3/91/17
能善屬○ 14.4/91/28
修○武之絕業 14.5/93/11
馮豹、字仲○ 14.6/94/6
道德斌斌馮仲○ 14.6/94/7
所言皆天○ 15.8/97/21
昔○王不敢盤於遊田 15.8/98/7
世祖嘗於新野坐○書事被拘 15.17/101/11
能屬○詞詩賦 16.2/102/13
事九江朱○剛 16.9/105/14
致復○雅 16.10/106/18
桓礹字○林 16.14/107/18
能○ 16.16/108/3
劉軼、字君○ 16.18/109/3
甄宇、字長○ 16.25/110/24
王莽時爲郡○學 16.37/113/27
郲○公不以一人易其心 16.37/114/3
耿嵩、字○都 16.52/117/12
厥德○明 17.9/119/27
朱暉、字○季 18.6/127/21
而○不及亡命未發覺者 18.9/129/1
憲遣奴騶帳下吏李○迎錢 18.13/130/21
拒不與○ 18.13/130/22
給○以錢市（焉）〔馬〕 18.13/130/22
玄賀、字○弘 18.15/131/9
行則誦○書 18.16/131/14
能講《左氏》及《五經》本○ 18.17/131/22
仕郡○學掾 18.23/133/9
杜氏○明善政 18.23/133/10
高鳳、字○通 18.30/135/14
試《論語》本○章句 19.6/138/9
乃收家中律令○書壁藏之 19.7/138/19
則修○德以來之 19.16/140/25
黃香、字○彊 19.22/142/7
周紆、字○通 19.26/143/13
足履龜○ 20.11/147/10
有○武智略 21.8/151/24
桓帝詔公卿選將有○武者 21.8/151/25
趙咨、字○楚 21.13/153/20
○雅通達 21.29/156/15
蕭彪、字伯○ 21.55/160/13
○馬（二）〔十〕匹 22.3/161/11
質○無常 23.16/169/28
善爲○書 23.16/170/6
北有○伯 23.16/170/8
述自言手○有奇瑞 23.17/171/11
瑞應手掌成○ 23.17/171/11
五樓賊帥張○ 23.20/172/17
臣求其舊○ 24.90/179/25
扶以○義 24.90/179/26
以裨《天○志》 24.90/179/28

聞 wén 127

必先○知 1.1/1/16
及○帝至 1.1/2/9
暮○（冡）〔冢〕上有哭聲 1.1/2/12
○尋、邑兵盛 1.1/3/2
○王郎兵至 1.1/3/23
時傳○不見《赤伏符》文軍中所 1.1/4/16
昭然著○矣 1.1/4/18
帝○之 1.1/7/9
○之可爲酸鼻 1.1/7/10
有○于郡國 3.4/21/16
誠非所當○、所宜言 5.5/32/3
○陰后美 6.1/33/23
○有兒啼聲 6.3/35/22
太后○之 6.5/37/2
○更始立 7.1/38/19
更始○而心忌之 7.1/38/20
楚相以○ 7.10/42/3
○武帝歌《天馬》 7.12/43/7
蓋○堯舜九族 7.20/45/11
禹○之 8.1/46/8
○巡聲 8.2/47/11
豫○政事 8.5/48/21
弘○ 8.6/49/2
○鼓聲皆大呼俱進 8.10/50/18
○劉氏復興 8.14/52/18
藍○之 8.14/52/25
張藍○臨淄破 8.14/53/3
○弇爲步所攻 8.14/53/7
○貳師將軍拔佩刀刺山而飛泉出 8.17/54/9
上傳○朱鮪破河內 9.1/55/1
恂以狀○ 9.1/55/11

○王郎軍將至 9.4/57/1
上○之 9.4/57/4,11.4/71/21
14.2/91/10,23.15/169/20
○吏士精銳 9.4/57/17
上○外有大兵（自）來
9.10/60/18
○壯士不〔病〕瘧 9.10/60/23
以氣勢○ 9.11/61/3
而將軍〔○之〕 9.11/61/10
夜○急少能若是 9.11/61/11
越人伺（侯）〔候〕者
○車聲不絕 10.2/62/19
傳○軍在後 10.11/64/16
上○而美之 10.14/65/24
通○事發覺 10.21/67/13
竊○賢聖之君 10.26/69/13
上○甚悅 11.2/70/24
債家○者皆慚 11.3/71/13
禹○知 11.10/73/15
上○ 12.1/76/4
皇太子、諸王○者 12.1/76/9
臣○行天者莫如龍 12.1/76/25
（嚴）〔敕〕有所見○
輒言 12.6/79/11
不○其音 12.11/81/23
臣○文王享國五十 13.1/82/20
四方○之 13.1/82/22
而具以狀○ 13.5/83/22
弘薦沛國桓譚才學洽○ 13.6/84/3
弘○之 13.6/84/4
○譚內出 13.6/84/5
臣○貧賤之交不可忘 13.6/84/14
臣○營河、雒以為民 13.11/86/1
臣○先王無二道 13.11/86/14
臣○水、陰類也 13.11/86/28
○宛之趙氏有孤孫憙 13.16/89/6
信義著○ 13.16/89/6
臣○故事通官不著姓 14.3/91/20
後邑○更始敗 14.4/92/1
愚○丈夫不釋故而改圖 14.4/92/4
衍○明君不惡切愨之言 14.5/93/1
○乎群士 14.5/93/16
且衍○之 14.5/93/19
臣○古之帝王 15.2/95/17
臣○《春秋》日食三十
六 15.2/95/22
遵○而有慚色 15.5/96/18
○使君始到 15.9/98/20
還以狀○ 15.10/99/4
未嘗○功臣地多而滅亡
者 16.24/110/19
未○恩澤 16.33/112/22
上○歎息 16.35/113/17
吾○伐國不問仁人 16.37/113/28
○復讎之義 16.50/116/26
與鄉佐相○期鬪日 16.50/116/27
世祖○而奇之 17.1/117/20
帝○ 17.1/117/27
寅○慚而退 17.1/117/28
不○雞鳴犬吠之音 17.10/120/6
以仁孝著○ 17.11/120/19
嘗○烈士 17.11/120/24
意亦具以○ 17.13/121/15
臣○孔子忍渴於盜泉之
水 17.13/121/24
孝○ 17.23/124/15
顯宗○其行 17.23/124/21
○卿為吏撾妻父 18.1/126/8
○卿為市掾 18.1/126/9
百姓○之 18.1/126/16
我素○璧 18.6/128/2
絕相○見 18.6/128/11
暉○堪妻子貧窮 18.6/128/11
時麟亦素○范名 18.12/130/8
聲○鄉里 18.13/130/16
帝○而益善之 18.18/132/7
令○霸已去 18.26/134/1
鴻○〔之〕 18.29/135/2
聲名著○ 18.30/135/17
臣○王者法天 19.1/136/16
事所○見 19.1/136/18
太尉趙憙○恭志行 19.4/137/15
河南尹袁安○之 19.4/137/18
常有鬼哭聲○于府中 19.7/138/25
霸○悲淚 19.11/139/19
博覽多○ 19.14/140/12
渙○知事實 19.21/142/3
上○善之 19.22/142/14
耳無所○ 19.30/144/9
竊○使者並規度城南民
田 20.4/145/24
以孝○ 20.6/146/9
而博學洽○ 20.14/147/24
舉正以○ 20.19/149/2
以臣所○ 21.24/155/20
不○驅逐 21.35/157/17
○風向化 22.4/162/1
光武○更始失城 23.1/165/18
又寵堂上○（蟆）〔蝦〕
蟆聲在火爐下 23.11/168/19
○于天下 23.17/171/7
朝○道 23.17/171/9

刎 wěn 3

衍與邑素誓○頸 14.4/92/2
內為○頸之盟 14.4/92/5
遂○頸而死 23.16/170/17

汶 wèn 1

祀五帝于○上明堂 2.2/14/19

問 wèn 114

尤○城中出者 1.1/2/15
下輿見吏輒○以數十百
歲能吏次第 1.1/6/4
〔及阿乳母以○師傅〕 2.1/11/7
潁川、弘農可○ 2.1/11/10
河南、南陽不可○ 2.1/11/10
何故言河南、南陽不可
○ 2.1/11/12
世祖令虎賁詰○ 2.1/11/13
數○以政議 2.1/11/14
○諸常侍曰 3.6/23/9
未嘗不延○王 5.5/31/24
○咎祟所在 6.2/34/6
○之 6.2/34/6
見外家○起居 6.2/35/4
入朝○起居 6.2/35/16
左右怪而○之 6.5/36/12
念欲考○ 6.5/36/19
一一○閱 6.5/36/19
即呼還○狀 6.5/37/1
輒驛馬下○興 7.2/39/6
朝廷設○寡人 7.3/39/12
上即以詔書○輔曰 7.9/41/20
嘗○蒼曰 7.12/42/22
詔○東平王處家何等最
樂 7.12/42/24

以○校書郎 7.12/43/1
皇帝○彭城王始夏無恙 7.20/45/11
起往○之 8.2/47/11
○所欲言 8.10/51/4
○ 8.12/51/24
9.6/58/15,15.9/98/21
令與當世大儒司徒丁鴻○難經傳 8.12/52/3
請（○）〔問〕 8.14/52/13
○鄧禹曰 9.1/54/23
敢○戮其使而降城 9.1/55/21
上○ 9.10/60/18
〔使〕使者存○ 9.12/61/21
其母○期當封何子 9.12/61/22
上以○純 10.1/62/9
上（○）〔會〕諸將 10.14/65/19
〔○〕破賊所得物 10.14/65/19
指以○憲 10.24/68/17
茂○失馬幾日 10.26/69/7
茂○之曰 10.26/69/11
車駕臨○其所欲言 11.4/71/21
後詔○起居何如 11.8/72/21
令直符責○ 11.10/73/15
○疾病形狀 12.6/79/13
上嘗○弘通博之士 13.6/84/3
上怪而○之 13.6/84/7
帝數存○賞賜 13.10/85/16
大行移書○嗣 13.12/87/23
○公卿曰 14.2/91/10
上遣小黃門○昱有所怪不 14.3/91/19
令○不忘 14.5/93/3
使五官中郎將魏應主承制○難 15.2/95/14
或○其故 15.5/96/24
伋○ 15.9/98/20
臣○御佐曰 15.14/100/16
超○其狀 16.3/102/25
有詔召衆○齊桓公之鼎在柏寢臺 16.6/104/20
輒見訪○ 16.7/105/3
太子朝夕遣中人○疾 16.9/105/21
又○郁曰 16.10/106/20
詔○誰可傳太子者 16.15/107/26
上○其故 16.16/108/9
數進見○得失 16.20/109/11
詔○瘦羊甄博士 16.25/111/1
方其講○ 16.26/111/7
○其風土 16.35/113/15
吾聞伐國不○仁人 16.37/113/28
不○餘產 16.39/114/16
賊○所以 16.44/115/13
○事微久 16.46/115/24
遂去學○ 16.46/115/24
勞○之 16.49/116/17
所望明公○屬何以爲政 16.49/116/18
○諸子何飯食 16.49/116/21
責怪○其子 16.49/116/22
○園陵之事 17.1/117/21
詔○丹家時 17.2/118/11
好學○ 17.3/118/16
使應專掌難○ 17.6/119/7
上怪○其故 17.13/121/24
明帝○云 17.21/123/25
吏因○曰 17.23/124/14
人○其故 18.6/127/26
○均所苦 18.10/129/13
時范○爲誰所從來 18.12/130/5
○其意故 18.16/131/16
○事不休賈長頭 18.17/131/23
○舊事 18.20/132/16
不○縣事 18.26/134/1
虞乃○勤 18.26/134/3
教誨學○ 18.28/134/15
○所失財物 18.29/134/27
父母○其所欲 18.29/135/1
求○充 19.1/136/5
所以通下○ 19.1/136/16
○州中風俗 19.1/136/18
學○寖淺 19.6/138/11
○以祥異 20.4/145/20
安○狐狸 20.15/148/3
緩急有○者當相證也 20.24/150/6
詔書勿○ 20.24/150/8
蔡邕詔○有黑氣墮溫明殿東庭中 21.24/155/19
上引邕○之 21.24/155/21
○事狀 22.5/164/5
○何故 23.1/165/14
○曰 23.17/171/24
○三老 24.22/174/19
時有所○ 24.52/176/23
陳義子○以舊事 24.68/177/27
（宜）〔宜〕博○群臣 24.90/179/27
臣以○胡廣 24.91/180/1

翁 wēng 4

臧宮、字君○ 10.2/62/16
（矆）〔矍〕哉是○也 12.1/77/5
韓歆、字○君 13.7/84/19
江革、字次○ 18.18/132/3

甕 wèng 3

或伏○下 19.21/142/1
提○出汲 22.1/160/27
此雀卵大如○ 22.6/164/12

我 wǒ 65

伯升殺○ 1.1/2/9
獨言朝廷以爲○縛賊手足矣 1.1/7/4
○自樂此 1.1/9/7
屬者所言〔○堯〕 2.1/12/10
○子不當與先帝子等 2.1/13/29
言「梁伯夏教○上殿」 3.6/23/18
《詩》所謂「坎坎鼓○ 5.4/28/24
蹲蹲舞○」者也 5.4/28/24
公無困（○）〔哉〕 5.5/31/25
言○守備不精 6.2/35/12
夫人哀○爲斷髮 6.5/36/12
子危○哉 7.3/39/13
○欲詣納言嚴將軍 7.4/39/20
○爲詐汝耳 7.4/39/22
實勞○心 7.12/42/24
○得拜除長吏 8.1/46/9
○乃始得一處 8.1/46/16
○曹亦且俱死耳 8.2/48/3
○大司馬督 8.11/51/12
○自知之 8.11/51/19
○（繫）〔擊〕卿 8.14/52/16
○戲卿耳 8.14/52/17
○夢乘龍上天 9.4/57/6
是○起兵時主簿 9.4/57/16
爲○披荊棘、定關中者也 9.4/57/16

主人得無去○講乎 9.6/58/17
潁川從○者皆逝 10.11/64/14
王霸從○勞苦 10.11/64/21
○欲賜之 10.14/65/20
幸至丞相府還○ 10.26/69/9
今○畏吏 10.26/69/13
今○以禮教汝 10.26/69/17
不宜違○言也 12.11/81/22
○雖小人 13.11/85/26
是杜伯山所以勝○也 13.11/87/5
旦蚤與○會上東門外 14.1/90/8
○攻懷三日兵不下 14.2/90/22
惟○二人爲天地所遺 15.5/96/19
○司徒吏 15.6/97/5
子不從○出 15.8/97/26
子從○爲伊尹乎 15.8/98/4
張君養○曹 15.12/99/24
嗟○樊府君 15.17/101/17
使彼不知○多少 16.3/103/7
急求取以祠○ 16.3/103/15
○農民 16.9/106/4
示○顯德行 16.9/106/11
○爲孔子 16.10/106/19
子若與○并威同力 16.30/111/25
朝所徵○者 16.46/116/1
○欲省煩耳 16.49/116/16
○已食訖 17.23/124/17
○嘗爲諸君主炊養 17.24/125/1
舍○何之 18.1/126/16
○素聞璧 18.6/128/2
（今）〔令〕○出學仕宦 18.13/130/15
○有賢功曹趙勤 18.26/134/3
能奉○矣 18.29/135/3
天子與○素脯 20.23/149/20
不從○來 22.4/161/25
帝方對○飲 23.1/165/8
陛下救○ 23.1/165/10
○素所愛 23.11/168/23
今解○縛 23.11/168/23
公言起○意 23.17/171/2

沃 wò 1

蜀地○野千里 23.17/171/3

臥 wò 17

坐○枕席有涕泣處 1.1/3/13
不安坐○ 6.2/35/8
堅○不動 8.10/50/19
晝○溫明殿 8.14/52/12
○布被終身 9.7/59/13
○以鎮之足矣 9.10/60/25
○念少游平生時語 12.1/76/20
何能○床上在兒女子手中耶 12.1/77/1
或當道〔而〕○ 13.5/83/21
嘗因豹夜○ 14.6/94/6
積細草而○其中 16.40/114/20
○布被 18.1/126/13
人開門○ 19.21/141/28
賜○几、靈壽杖 19.22/142/15
常○布被 21.36/157/21
晝○ 23.11/168/21
岑○不動 23.18/172/7

握 wò 4

○上手 10.21/67/10
以爲至當○手迎如平生 12.1/75/14
○抱此經 13.11/85/21
捲○之物 16.35/113/16

渥 wò 2

嘉澍沾○ 6.6/37/11
賞賜恩寵甚○ 13.16/89/18

幄 wò 5

時帝在○後曰 2.1/11/11
與朕謀謨帷○ 8.1/46/20
並侍帷○ 8.5/48/20
以君帷○近臣 14.2/91/12
內備帷○ 18.17/131/26

污 wū 7

○七十二代編錄 1.1/9/11
常恐○辱名號 9.11/61/8
無令鬢○土 16.30/112/3
北地太守廖信貪○下獄 17.3/118/19
不欲穢○地 17.23/124/14
恐以財○府君 18.6/127/27
使婢奉肉羹翻○朝衣 21.9/152/16

汙 wū 2

太尉施延以選舉貪○ 3.2/20/14
○池室宅 11.1/70/7

巫 wū 8

其俗信○ 16.3/103/14
○言 16.3/103/14
而令○自來取馬 16.3/103/15
○至 16.3/103/15
不復要娶○家女 17.14/122/8
當爲山娶○家女 17.14/122/9
自言鳳本○家 18.30/135/17
倚○山之固 23.17/171/16

屋 wū 12

并度廬○里落 1.1/8/1
又有赤蛇盤紆殿○床笫之間 3.1/18/6
風拔樹發○ 3.1/18/15
茅○草廬千餘戶 11.10/73/14
燔其室○ 14.5/93/14
斬得匈奴〔節〕使○類帶、副使比離支首及節 16.3/103/8
○中尺寸之物 16.14/107/20
居茅○蓬戶 16.47/116/6
（中）〔市〕無○ 17.13/121/18
意出奉錢帥人作○ 17.13/121/19
翾翔復上縣庭○ 18.13/130/18
梓樹生廳前○上 19.12/140/4

烏 wū 16

○桓獻貂豹皮 1.1/8/18
乃者白○、神雀屢臻 2.2/14/26
三足○集沛國 2.2/15/3
代郡高柳○子生三足 2.2/15/5
鳳凰見百三十九、麒麟

五十二、白虎二十九、黃龍三十四、青龍、黃鵠、鸞鳥、神馬、神雀、九尾狐、三足○、赤○、白兔、白鹿、白燕、白鵲、 2.2/15/20
鴈門○桓及鮮卑叛 3.1/18/18
還護○桓校尉 8.2/47/19
前○桓吏士皆奔走道路 8.2/48/3
恭至即移檄○孫 8.17/54/3
○桓、鮮卑追思無已 9.8/60/8
仰視○鳶跕跕墮水中 12.1/76/20
方今匈奴、○桓尚擾北邊 12.1/76/28
白○見 18.13/130/20
休屠各及朔方○桓竝同反叛 21.11/153/5
驅○合之衆 23.17/171/18

嗚 wū 1

雖離讒以○唈兮 12.10/80/19

誣 wū 10

○罔靈（祗）〔衹〕 3.1/19/16
〔○爲黨人〕 3.5/22/24
○奏貴人使婢爲蠱道祝詛 6.3/36/1
自○ 6.5/36/25
是後諸子更相○告 7.20/45/13
憲奴玉當○光與憲逆 12.4/78/17
光以被○不能自明 12.4/78/18
爲去妻所○告 17.17/122/26
江京等譖○太子 20.23/149/18
林以○罔詣獄 22.5/164/5

毋 wú 3

○乘跛馬車 18.13/130/15
愼○與人重比 19.7/138/20
遣（母）〔○〕樓且渠王求入五原 23.9/168/5

吳 wú 33

益○漢、鄧禹等封 1.1/5/4
○漢下朐城 1.1/6/3
○漢、岑彭追守之 1.1/6/24
○漢引兵擊公孫述 1.1/7/3
○漢（鼓）〔攻〕之 1.1/7/8
下詔讓○漢副將劉禹曰 1.1/7/9
帝封新野主子鄧汎爲○侯 1.1/10/6
〔上循其頭曰「○季子」〕 2.1/11/7
○漢、字子顏 8.10/50/7
○子顏、奇士也 8.10/50/7
○漢可 8.10/50/12
上時令人視○公何爲 8.10/50/16
○公差強人意 8.10/50/17
○漢擊蜀未破 8.11/51/17
光武使○漢收謝躬 9.2/55/26
○漢、耿弇等悉奔還 9.7/59/10
○荒萌其已殖兮 12.10/80/21
○漢諸將圍守數月不下 14.1/90/1
未見○公 14.1/90/9
與俱見○公 14.1/90/10
衍說○漢曰 14.5/92/24
堪與○漢并力討公孫述 15.12/99/25
礲到○郡 16.14/107/18
○良、字大儀 17.10/120/5
○良上言 17.20/123/20
會大司馬○漢薨 18.23/133/8
適○ 18.29/135/5
○祐、字季英 20.17/148/12
○氏世不乏季子矣 20.17/148/14
大司馬○漢圍茂 23.10/168/10
岑彭與○漢圍囂于西（域）〔城〕 23.16/170/13
傳檄○、楚 23.17/171/16
而潛遣奇兵出○漢軍後 23.17/172/1

吾 wú 63

蠡○侯翼之長子也 3.5/21/23
九卿、執金○、河南尹秩皆中二千石 4.1/25/19
夷○難之 5.5/30/2
後世知○罪深矣 5.5/30/5
見執金○車騎甚盛 6.1/33/23
仕宦當作執金○ 6.1/33/24
○自念親屬皆無柱石之功 6.2/34/27
○萬乘之主 6.2/35/3
○計之熟矣 6.2/35/7
○素剛急 6.2/35/8
○但當含飴弄孫 6.2/35/9
是○幼時狂意之行也 7.3/39/13
自○有回也 8.1/46/20
○折捶笞之 8.1/47/2
然○故揚言欲攻西安 8.14/52/26
而○攻臨淄 8.14/52/27
○得臨淄 8.14/52/27
○深入敵（地）〔城〕 8.14/53/2
○知寇子翼可任也 9.1/55/2
執金○賈復在汝南 9.1/55/8
○今見恂 9.1/55/9
徵入爲金○ 9.1/55/13
卿前止○此舉 9.1/55/17
今爲○行也 9.1/55/17
○舍中兒犯法尚殺之 9.7/59/6
太僕、○之禦侮 9.8/60/8
○甚美之 9.11/61/11
安○衆能濟者 10.11/64/20
今○兵已成也 10.14/65/24
○甚嘉之 10.22/67/23
弟景執金○ 10.24/68/21
陰識爲守執金○ 11.13/74/9
虜在○目中矣 12.1/76/2
○從弟少游嘗哀○慷慨多大志 12.1/76/17
○在浪泊、西里、塢間 12.1/76/19
○以不德 12.11/81/18
○所以薦子〔者〕 13.6/84/5
○無功于時 13.12/87/20
○不食言 14.1/90/6
○欲使天下知忠臣之子復爲司隸 14.3/91/21
猶有申伯、召虎、夷○、吉甫攘其蟊賊 14.5/93/18
○知子不悲天命長短 15.8/97/23
○年耄矣 15.8/98/5
將兵別擊伊○ 16.3/103/3
除陳留巳○長 16.12/107/6
皆言太子舅執金○陰識可 16.15/107/26
○欲以讖決之 16.16/108/9

○聞伐國不問仁人 16.37/113/28
○生値澆、羿之君 16.37/113/29
○不忍食子 17.11/120/24
○蒙恩居上司 20.2/145/11
水者、欲○清也 20.10/147/5
欲○擊强宗也 20.10/147/5
欲○開門恤孤也 20.10/147/5
○懼其死也 21.9/152/14
而○貧賤 22.1/160/25
後顚岸兄顚○復詣林 22.5/164/5
縣宰枉殺○子 23.7/167/8
○常以龐萌爲社稷臣 23.15/169/20
○年已三十餘 23.16/170/12
○亦慮之 23.17/171/2
亦非○所知 23.17/171/11

梧 wú 5

長沙賊攻沒蒼○ 3.5/22/14
余外孫右扶風曹貢爲○安侯相 12.6/79/4
過○安 12.6/79/5
歷蒼○之崇丘兮 12.10/80/25
體貌魁○ 19.10/139/13

無 wú 274

使來者言李氏欲相見款誠○他意 1.1/2/2
時○印 1.1/2/14
以長人巨○霸爲中壘校尉 1.1/2/18
斷斷○他 1.1/4/22
○郊其五運之祖者 1.1/5/11
下○所隱其情 1.1/6/5
好醜○所隱諱 1.1/6/9
前世○比 1.1/6/11
○可○不可 1.1/6/12
詔群臣奏事○得言「聖人」 1.1/6/16
寖以○限 1.1/6/21
下縣吏○百里之繇 1.1/7/16
民○出門之役 1.1/7/17
道○拾遺 1.1/8/8
○爲山陵 1.1/8/21
亦○丘壟 1.1/8/22
○慮所用 1.1/8/25
○爲陵池 1.1/9/1
朕○益百姓 1.1/9/23
刺史二千石長〔吏〕皆○離城郭 1.1/9/23
○遣吏及因郵奏 1.1/9/24
而大官○餘 1.1/10/4
蕩蕩人○能名焉 1.1/10/17
〔「愚戇○比」〕 2.1/11/7
師傅○以易其辭 2.1/11/8
○所不照 2.1/11/18,2.3/16/7
陰盛爲○錫侯 2.1/11/23
人○徭役 2.1/13/1
有加而○損 2.1/13/24
朝○權臣 2.1/13/25
闔門而已○封侯預朝政者 2.1/13/27
○所不觀 2.2/14/5
○得有所伐 2.2/14/15
曹相國後容城侯○嗣 2.3/16/15
朝○寵族 2.3/17/12
社稷○主 2.4/17/24
太傅桓焉以○清介辟召 3.2/20/1
詔禁民○得酤賣酒麴 3.2/20/24
遺詔○起寢廟 3.2/20/26
衣○製新 3.2/20/30
○嗣 3.5/21/25
其主薨○子 4.1/25/8
陛下○十室之資 5.5/29/23
皆○事于泰山 5.5/30/2
咸秩○文 5.5/30/14
秦爲○道 5.5/31/4
傳之○窮 5.5/31/7
各與虞《韶》、禹《夏》、湯《濩》、周《武》○異 5.5/31/11
朕幼○知 5.5/31/23
公○困（我）〔哉〕 5.5/31/25
盛德之樂○所施 5.5/32/1
○所奉承 5.5/32/8
久○祭天地冕服之制 5.6/32/23
吾自念親屬皆○柱石之功 6.2/34/27
時○赭 6.2/34/27
左右旁人皆○薰香之飾 6.2/35/3
○金銀采飾 6.2/35/16
○有 7.7/40/18
游觀○節 7.11/42/9
是時四方○虞 7.12/42/17
皇帝問彭城王始夏○恙 7.20/45/11
猶恐○所成立 8.1/46/12
赤眉○穀 8.1/47/2
○貴賤見之如舊 8.2/47/10
其○妻者 8.2/47/23
○拾遺一言之助 8.5/48/21
○所失 8.6/49/4
工○虛張之繕 8.8/49/24
徒○饑寒之色 8.8/49/24
初○辦嚴之日 8.10/51/1
臣愚○識知 8.10/51/4
惟願愼○赦而已 8.10/51/4
○後 8.10/51/5
所向○前 8.14/52/16, 21.53/160/3
○令他姓得之 8.14/52/21
得○爲人道之 8.14/52/21
後○轉輸 8.14/53/2
左右○知者 8.14/53/7
○水 8.17/54/9
故皆○二心 8.17/54/13
○乃不可乎 9.1/55/19
軍師○禮 9.1/55/20
○心降耳 9.1/55/22
天下○主 9.4/57/5
○爲郡縣所笑 9.4/57/11
由是○爭道變鬭者 9.4/57/20
主人得○去我講乎 9.6/58/17
兵退○宿戒 9.7/59/11
家○私財 9.7/59/13
遵○子 9.7/59/25
野○風塵 9.8/60/5
衣○副儲 9.8/60/6
烏桓、鮮卑追思○已 9.8/60/8
曾○尺寸可數 9.11/61/8
○船 10.11/64/17
○以勸後 10.11/64/22
時○綬 10.14/65/17
惟忠獨○所掠 10.14/65/19
諸君得○望乎 10.14/65/20
口○惡言 10.26/69/11
必○怨惡 10.26/69/17
晨終○恨色 11.1/70/8
○功享食大國 11.4/71/22

其○益于國 11.14/74/16
蕩蕩〔然〕蟣蝨○所復依 12.1/76/10
援擊（五）〔武〕谿○功 12.2/77/9
○轂馬故事 12.3/77/19
憲他奴郭匽自出證明光、憲○惡言 12.4/78/19
○所迴避 12.6/79/10
生○以輔益朝廷 12.11/81/18
○更裁制 12.11/81/21
○用三牲 12.11/81/21
門○駐馬請謁之賓 12.11/81/24
妃后之家亦○商比 12.11/81/25
訖○毀玷 13.1/82/23
陛下率禮○違 13.9/85/7
人○愚智 13.11/86/4
長吏制御○術 13.11/86/13
臣聞先王○二道 13.11/86/14
邑里○營利之家 13.11/86/18
野澤○兼并之民 13.11/86/19
○反顧之心 13.11/86/20
○怵惕之憂 13.11/86/21
其被災害民輕薄○累重者 13.11/86/21
卒○德能 13.11/86/24
蔓延○足 13.11/86/25
○所置之 13.11/87/6
務于○爲 13.11/87/7
吾○功于時 13.12/87/20
事君○二 13.13/88/10
○子 13.16/89/3,19.12/140/3
又諫更始○遣上北伐 14.1/90/4
後孔子闕里○故荊棘自闢 14.2/90/25
方今阨急而闕里○故自滌 14.2/90/26
誅○狀也 14.2/90/26
○藩臣之禮 14.2/91/6
長○種類 14.3/91/18
○敵天下 14.4/92/7
欲大○已 14.4/92/8
上○仇牧之節 14.4/92/9
下○不占之志 14.4/92/10
元元○聊 14.5/93/6
誅滅○道 14.5/93/11
功○與二 14.5/93/12
○所歸命 14.5/93/14
○謂○賢 14.5/93/25
○不感德 14.5/93/25
天下○變 14.5/93/28
富貴傳於○窮 14.5/93/30
號之曰「殿中○雙丁孝，公」 15.2/95/15
○以相贈 15.5/96/19
○所屈撓 15.7/97/15
此既○君 15.8/98/1
又復○臣 15.8/98/1
喪○所歸 15.10/99/7
時述珍寶珠玉委積○數 15.12/99/26
秋毫○取 15.12/99/26
桑○附枝 15.12/100/1
○蠶織絲麻之利 15.14/100/13
人○履亦苦之否 15.14/100/16
澹泊○爲 15.15/100/23
家○餘財 15.16/101/7
○不窮究 16.2/102/13
20.2/145/5
學○常師 16.2/102/14
大丈夫○他志略 16.3/102/23
水清○大魚 16.3/104/5
○外交義 16.6/104/19
貧寠○資 16.9/105/14
○憂家室也 16.9/105/22
○以明益 16.10/106/22
居○幾 16.13/107/11
典○〔所〕迴避 16.13/107/13
一○所留 16.14/107/20
19.20/141/20
桓譚非聖○法 16.16/108/10
臣○謇諤之節 16.20/109/14
皆以○道 16.24/110/19
○令騷污土 16.30/112/3
亦○不有 16.34/113/7
○言不讎 16.34/113/10
○德不報 16.34/113/10
而冬月○衣 16.40/114/20
○菜茹 16.49/116/16
延以寅雖有容儀而○實行 17.1/117/26
丹○所歸節傳 17.2/118/8
今良曹掾尙○袴 17.10/120/9
自○袴 17.10/120/9
（中）〔市〕○屋 17.13/121/18
百姓○事 17.13/121/20
○不照覽 17.18/123/7
○人臣禮 17.20/123/20
念○穀食 17.24/125/4
○能整齊理之者 18.1/125/25
市○阿枉 18.1/125/26
市○姦枉欺詐之巧 18.1/125/27
臣三娶妻皆○父 18.1/126/8
實○此 18.1/126/10
言事○所依違 18.1/126/19
鄒穀獨○災 18.4/127/11
淡泊○欲 18.10/129/7
昔○襦 18.12/130/3
此等多是建武以來絕○後者 18.16/131/16
悉葬其○主者 18.16/131/17
雖○錢 18.18/132/3
○所報受 18.18/132/7
博覽○不通 18.29/134/26
○他財 18.29/134/27
其尤○狀 19.1/136/19
○以絕毀實亂道之路 19.1/136/22
棱縣界獨○雹 19.2/137/4
郡中賻贈○所受 19.4/137/14
國○蓄積 19.4/137/24
舉○遺策 19.4/137/25
○有交遊 19.9/139/8
○譴過之事 19.11/139/23
得其人○益于政 19.16/140/24
而○故興干戈、動兵革 19.16/140/26
以求○用之物 19.16/140/26
一○所受 19.20/141/23
○田宅財產 19.20/141/23
餉遺○所受 19.20/141/24
貧○奴僕 19.22/142/7
冬○被袴 19.22/142/8
此日下○雙 19.22/142/11
記群書○不涉獵 19.22/142/12
京師號曰「天下○雙、〔江夏黃童〕」 19.22/142/13
家貧○以自贍 19.26/143/14
目○所見 19.30/144/9
耳○所聞 19.30/144/9
夜○知者 20.2/145/9
何謂○知 20.2/145/9

居○何 20.4/145/27
家○擔石 20.17/148/15
縱子○恥 20.17/148/16
○資糧 20.17/148/17
旁○几杖 21.1/150/18
雖○謇直之風 21.1/150/19
居貧○儲 21.13/153/21
妻子餘物○所惜 21.13/153/22
所犯○狀 21.13/153/22
貧○殯斂 21.15/154/5
丹言貌○改 21.17/154/15
野○烟火 21.39/158/3
市○刑戮 21.54/160/8
○所報嗣 22.4/162/10
其妻勸寵○應徵 23.11/168/17
當死○所恨 23.12/169/5
將軍得○笑其言乎 23.15/169/21
其實○所受命 23.16/169/27
質文○常 23.16/169/28
皆必死○二心 23.16/170/16
以吏二千石自○鹽徙焉 23.17/170/23
○穀而飽 23.17/171/4
○利則堅守而力農 23.17/171/6
漢祖○有前人之迹、立錐之地 23.17/171/13
今東帝○尺土之柄 23.17/171/18
皆對言「○」 23.17/171/25
○鷄鳴犬吠之聲 24.11/173/17
千里○烟火 24.12/173/19
○益事實 24.14/174/2
○以承天 24.16/174/7
內○忌克之心 24.33/175/13
對○遺失 24.52/176/23
○令干亂吏治 24.59/177/9
《宣夜》之學絕○師法 24.90/179/21
官有其器而○本書 24.90/179/24
罪惡○狀 24.90/179/27
世路○由 24.90/179/27

蕪 wú 6

夜止○蔞亭 1.1/3/23
令所傷郡國皆種○菁 3.5/22/1
夜至饒陽○蔞亭 9.4/56/22
田疇○穢 14.5/93/7
爲萊○長 21.17/154/14
釜中生魚范萊○ 21.17/154/15

五 wǔ 200

尋、邑兵已○六萬到 1.1/2/24
前去尋、邑軍四○里而陣 1.1/3/2
○月 1.1/3/9
乃命有司設壇于鄗南千秋亭○成陌 1.1/4/18
金○斤 1.1/5/1
推○運 1.1/5/6
無郊其○運之祖者 1.1/5/11
四年夏○月 1.1/5/22
○年 1.1/5/27,3.1/18/22,3.5/22/14,3.6/23/26
河西大將軍竇融與○郡太守步騎二萬迎帝 1.1/6/23
去之○十里 1.1/7/6
十○年 1.1/8/1,7.1/38/23,11.4/71/19
鳳凰○ 1.1/8/7
毛羽○采 1.1/8/7
甘露降四十○日 1.1/8/16
二十○年 1.1/8/18
建武四年夏○月甲申 2.1/11/5
講議《○經》同異 2.1/11/23
兄事○更 2.1/11/28
親自制作《○行章句》 2.1/12/2,11.7/72/14
臣○懽喜 2.1/12/8
先○鼓起 2.1/12/17
○年冬十月 2.1/12/21
養三老、○更 2.1/12/26
○步外爲小廚 2.1/13/8
長二丈○尺 2.1/13/9
十○年春二月 2.1/13/11
神雀○色 2.1/13/15
孝明皇帝第○子也 2.2/14/3
遂兼○經 2.2/14/5
講○經同異 2.2/14/11
祀○帝于汶上明堂 2.2/14/19
○月詔曰 2.2/14/26
鳳凰見百三十九、麒麟○十二、白虎二十九、黃龍三十四、青龍、黃鵠、鸞鳥、神馬、神雀、九尾狐、三足烏、赤烏、白兔、白鹿、白燕、白鵲、 2.2/15/20
○年春正月 2.3/16/22
宗祀○帝于明堂 2.3/16/22
十年夏○月 2.3/16/30
帝以○經義異 2.3/17/7
元興元年夏○月 2.3/17/9
○原郡兵敗于高梁谷 3.1/18/18
廣○十六里 3.1/18/28
州郡募○里蠻夷、六亭兵追擊 3.1/19/2
賜○里、六亭渠率金帛各有差 3.1/19/2
燒兵物百二十○種 3.1/19/5
禾百○十六本 3.1/19/8
時年十○ 3.5/21/26
玦周○寸四分 3.5/21/30
○穀不登 3.5/22/1
帝與中常侍單超等○人共謀誅之 3.5/22/6
于是封超等爲○侯 3.5/22/6
〔○侯〕暴恣日甚 3.5/22/7
○國並建 3.5/22/20
珪○ 3.5/22/22
○色 3.6/23/21,21.24/155/19
明帝宗祀○帝于明堂 5.5/30/9
比年○穀不登 5.5/30/18
依書《文始》、《○行》、《武德》、《昭德》、《盛德》修之舞 5.5/31/14
用其《文始》、《○行》之舞如故 5.5/31/15
奏《武德》、《文始》、《○行》之舞 5.5/31/27
祭○帝 5.6/32/23
于是白太后即賜錢各○百萬 6.2/35/17
后年○歲 6.5/36/11
至○月朔 6.5/36/24
永平○年秋 7.9/41/19
王之子年○歲以上 7.9/41/25
作《○經通論》 7.9/41/28
楚王英奉送黃縑三十○匹、白紈○匹入贖 7.10/42/3
元初○年 7.17/44/22
黃金一斤易豆○升 8.1/47/4

年十〇治《歐陽尚書》 8.6/48/26
賞錢〇千 8.6/49/1
又與〇千 8.6/49/2
發〇校輕車騎士爲陳 8.6/49/7
鄧訓〇子 8.7/49/18
金錯刀〇十 8.9/50/2
賊率〇萬餘人夜攻漢營 8.10/50/19
復北與〇校戰于眞定 8.11/51/15
後〇日攻西安 8.14/52/25
城中穿井十〇丈 8.17/54/9
騎〇千匹 9.2/56/7
永平〇年 9.5/58/5,16.22/110/6
願受南陽〇百戶足矣 9.6/58/13
奏置《〇經》大夫 9.7/59/17
手殺〇十餘人 9.12/61/20
行河西〇郡大將軍、涼州牧、張掖屬國都尉竇融 10.22/67/21
率厲〇郡精兵 10.22/67/22
臣融年〇十三 10.22/67/25
年十〇 10.22/67/25
建武〇年 11.2/70/18
有〇谿六種寇〔侵〕 11.2/71/2
遂與〇谿戰 11.2/71/3
〇日一歸府 11.10/73/18
詔使〇官中郎將持節至墓賜印綬 11.14/74/20
援長七尺〇寸 12.1/75/7
宜如舊鑄〇銖錢 12.1/76/7
高三尺〇寸 12.1/76/27
圍四尺〇寸 12.1/76/27
武威將軍劉禹擊武陵〇谿蠻夷 12.1/77/3
援擊（〇）〔武〕谿無功 12.2/77/9
永平十〇年 12.3/77/17
〇將出征 12.3/77/19
時〇校尉令在北軍營中 12.4/78/14
光以爲〇校尉主禁兵武備 12.4/78/14
將北軍〇校士、羽林兵三千人 12.6/79/8
爲〇官中郎將 12.6/79/10
元帝初元〇年 12.9/80/9
〇帝有流殛放竄之誅 12.9/80/10
是以〇帝、三王之刑 12.9/80/10
臣聞文王享國〇十 13.1/82/20
今送錢〇萬 13.11/87/4
〇年一禘 13.12/87/15
〇年而再殷 13.12/87/16
元始〇年 13.12/87/16
冬者〇穀成熟 13.12/87/19
事得置偏裨將〇人 14.2/90/17
與〇官將軍相逢 14.2/91/2
食〇千戶 15.1/95/2
集議《〇經》同異於白虎觀 15.2/95/14
使〇官中郎將魏應主承制問難 15.2/95/14
〇載巡狩 15.2/95/17
祀〇帝於明堂 15.2/95/19
奮年〇十 15.11/99/17
錢人〇千 15.13/100/8
在縣〇年 15.16/101/6
超定西域〇十餘國 16.3/103/21
十〇年不窺園 16.9/105/15
拜榮爲〇更 16.9/106/9
〇更沛國桓榮 16.9/106/10
食邑〇（百）〔千〕戶 16.9/106/11
後以〇更祿終厥身 16.9/106/11
上自制《〇家要說章句》 16.10/106/17
上親於辟雍自講所制《〇行章句》已 16.10/106/18
徧治〇經 16.16/108/3
教授弟子常〇百餘人 16.17/108/18
授皇太子及諸王小侯〇十人經 16.17/108/19
憑遂重坐〇十餘席 16.20/109/19
崔寔爲〇原太守 16.40/114/20
〇原土宜麻桑 16.40/114/20
通《〇經》 16.51/117/8
〇經紛綸井大春 16.51/117/8
永平〇年薨 17.2/118/11
拜〇官中郎將 17.6/119/7,18.18/132/5
諸儒于白虎觀講論《〇經》同異 17.6/119/7
時〇校尉官顯職閒 17.7/119/12
明府視事〇年 17.10/120/6
〇穀豐登 17.10/120/7
第〇倫、字伯魚 18.1/125/19
皆云「第〇（椽）〔掾〕所平 18.1/125/27
稱「南陽〇伯」 18.3/127/4
歲送穀〇十斛 18.6/128/12
帛〇匹以爲常 18.6/128/12
范年十〇 18.12/129/25
虜出度〇千人 18.12/129/28
吏白今虜兵度出〇千 18.12/129/28
今〇袴 18.12/130/3
阜使〇官掾長沙疊爲張雅樂 18.13/130/17
宗族〇人同爲二千石 18.14/130/27
能講《左氏》及《〇經》本文 18.17/131/22
公卿以神雀〇采翔集京師 18.17/131/23
賜布〇百匹、衣一襲 18.17/131/25
外內〇世 18.23/133/10
置《〇經》師 19.1/136/6
兼通《〇經》 19.5/138/3
關東號曰「《〇經》復興魯叔陵」 19.5/138/5
建初〇年 19.15/140/16
高譚等百八十〇人推財相讓 19.17/141/6
爲郡〇官掾 19.22/142/7
年〇歲 19.29/144/3
《〇經》縱橫周宣光 20.14/147/24
今大人踰越〇嶺 20.17/148/13
韓昭強賦一億〇千萬 20.21/149/10
趙序取錢縑三百七十〇萬 20.22/149/14
陳龜爲〇原太（原）〔守〕 21.2/150/23
而中常侍單超等〇人皆以誅冀功並封列侯 21.4/151/3
弘農〇官掾杜衆傷其忠直獲罪 21.4/151/7
盜不過〇女門 21.7/151/19
馬騎〇萬餘匹 21.8/152/3

長史、司馬、涉頭、長燕、烏校、棚水塞尉印〇枚 21.8/152/7
盆子年十〇 23.5/166/13
黃金一斤易豆〇斗 23.6/167/2
遺（母）〔毋〕樓且渠王求入〇原 23.9/168/5
以〇綵囊盛石繫豐肘 23.12/169/3
（幕）〔募〕敢死士〇千餘人 23.17/171/28
〇校賊帥高扈 23.20/172/16
〇樓賊帥張文 23.20/172/17
〇日之中 24.88/179/16
圓二尺〇寸而强 24.89/179/19
以步〇緯 24.90/179/24
〇時副車曰〇帝 24.95/180/15

午 wǔ 1

二年春二月壬〇 2.3/16/12

伍 wǔ 1

奮迅行〇 13.16/89/3

武 wǔ 226

光〇皇帝諱秀 1.1/1/5
有〇帝行過宮 1.1/1/9
得定〇侯家丞印 1.1/2/14
莽遣尋、邑欲盛威〇 1.1/2/16
齊〇王拔宛城 1.1/3/9
更始收齊〇王部將劉稷 1.1/3/10
齊〇王强爭之 1.1/3/10
復收齊〇王 1.1/3/10
封〇信侯 1.1/3/12
更始害齊〇王 1.1/3/12
建〇元年夏六月己未 1.1/4/21
改元爲建〇 1.1/4/21
故〇王誅紂 1.1/4/23
至孝〇、（兒）〔倪〕寬、司馬遷猶從土德 1.1/5/6
〇陽以東小城營皆奔走降 1.1/7/5
群臣奏諡曰光〇皇帝 1.1/9/24
建〇四年夏五月甲申 2.1/11/5
〔上〕宗祀光〇皇帝于明堂 2.1/11/26
共進《〇德》之舞 2.1/13/23
遵奉建〇之政 2.1/13/23
至于建〇 2.1/13/25
〇庫火 3.1/19/5
其以漢中南鄭之〇陽亭封賢孫承先爲〇陽亭侯 3.2/20/17
進《〇德》之舞 3.2/21/3
〇騎都尉樊演高祖父重 3.5/22/19
以光〇皇帝元舅 3.5/22/19
建〇二十年 4.1/24/19
10.4/63/3,17.1/117/20
建〇元年復置 4.1/25/3
建〇元年復置牧 4.1/25/12
建〇元年 4.1/25/18
10.13/65/11,15.10/99/3
〇帝封禪 5.3/28/11
建〇三十年 5.5/29/10
〇王因父 5.5/29/21
功德盛于高宗、（宣）〔〇〕王 5.5/29/24
光〇皇帝配之 5.5/30/9
至建〇都雒陽 5.5/30/11
作《〇德》之舞 5.5/31/5
孝〇皇帝功德茂盛 5.5/31/6
光〇皇帝受命中興 5.5/31/7
〇暢方外 5.5/31/7
〇功盛大 5.5/31/9
世祖廟樂名宜曰《大〇》之舞 5.5/31/9
而詩人稱其〇功 5.5/31/10
各與虞《韶》、禹《夏》、湯《濩》、周《〇》無異 5.5/31/11
依書《文始》、《五行》、《〇德》、《昭德》、《盛德》修之舞 5.5/31/14
六十四節爲（〇）〔舞〕 5.5/31/15
（勿）進《〇德舞歌詩》曰 5.5/31/16
進《〇德》之舞如故 5.5/31/19
奏《〇德》、《文始》、《五行》之舞 5.5/31/27
孝〇廟樂曰《盛德》之舞 5.5/31/28
當進《〇德》之舞 5.5/32/2
文、〇、宣、元袷食高廟 5.5/32/12
纘其祖〇 5.5/32/13
光〇受命中興 5.6/32/22
〇冠、俗謂之大冠 5.6/33/4
光〇適新野 6.1/33/23
建〇二年 7.1/38/23
9.1/55/5,9.10/60/20
10.7/63/18,11.12/74/5
追諡伯升爲齊〇王 7.1/38/24
光〇感伯升功業不就 7.1/38/24
光〇初起兵 7.4/39/20
祉以建〇二年三月見光〇于懷宮 7.7/40/22
光〇皇帝長子也 7.8/41/3
建〇二年六月 7.8/41/3
上以所自作《光〇皇帝本紀》示蒼 7.12/42/26
聞〇帝歌《天馬》 7.12/43/7
時光〇亦遊學京師 8.1/46/5
有司奏議以〇爲諡 8.10/51/5
賈宗、字〇孺 8.12/51/24
賈〇孺 8.12/52/1
上美宗既有〇節 8.12/52/2
使弟玄〇將軍藍將兵守西安 8.14/52/22
寇恂文〇備足 9.1/54/23
光〇使吳漢收謝躬 9.2/55/26
光〇皆以爲掾史 9.4/56/17
齊〇王以譖愬遇害 9.4/56/18
乃見湯、〇之功 9.4/56/21
建〇中 9.4/57/9
15.14/100/17,16.6/104/18
16.25/110/25,16.50/116/28
17.14/122/9,17.17/122/25
收得所盜茂陵〇帝廟衣、印、綬 9.6/58/12
士眾作黃門〇樂 9.7/59/9
光〇以延爲虎牙將軍 9.11/61/4
爲光〇賊曹掾 9.12/61/17
光〇自薊東南馳 10.1/62/7
征〇陵蠻 10.2/62/20
建〇六年 10.3/62/24
13.11/85/24
馬〇與眾將上隴擊隗囂 10.3/62/24
〇中矢傷 10.3/62/25

光〇拜王梁爲大司空 10.6/63/12
以〇強爲侯國 10.6/63/12
光〇以鐔爲揚化將軍 10.10/64/8
光〇平河北 10.12/65/6
封〇固侯 10.14/65/17
光〇以劉植爲驍騎將軍
10.17/66/15
建〇四年 10.19/66/23
17.12/121/6
光〇于大會中指常謂群
臣曰 10.20/67/3
齊〇王嘗殺通同母弟申
屠臣 10.21/67/9
一何〇也 10.21/67/11
光〇詔封融曰 10.22/67/21
融光〇時數辭爵位 10.22/67/24
封〇陽侯 10.24/68/22
光〇即位 10.26/69/21
16.16/108/4,19.1/136/5
建〇三年 11.1/70/10,12.6/79/4
建〇五年 11.2/70/18
建〇十三年 11.4/71/18
光〇皇帝受命中興之初
11.7/72/12
仲官至玄〇司馬 12.1/75/6
知〇帝恨誅衛太子 12.1/75/23
孝〇帝時 12.1/76/26
建〇二十四年 12.1/77/3
〇威將軍劉禹擊〇陵五
谿蠻夷 12.1/77/3
二月到〇陵臨鄉 12.1/77/5
援擊（五）〔〇〕谿無
功 12.2/77/9
光以爲五校尉主禁兵〇
備 12.4/78/14
與校書郎杜撫、班固定
《建〇注記》 12.6/79/7
敕嚴過〇庫 12.6/79/9
〇安賜命兮 12.10/80/24
咸以〇名官 12.14/82/14
至〇王 13.1/82/21
〇公、莊公所以砥礪蕃
屏 13.1/83/2
光〇每有異政 13.10/85/15
建〇八年間 13.11/86/12
建〇初 13.12/87/11
14.5/93/1,15.7/97/14
15.15/100/26,15.17/101/12
16.47/116/6,17.23/124/16
封〇始侯 13.12/87/11
建〇二十六年 13.12/87/13
13.16/89/15,22.3/161/11
將緹騎宿玄〇門複道上
13.14/88/18
越山出〇關 13.16/89/8
光〇以憙守簡陽侯相 13.16/89/11
光〇遣諫議大夫儲大伯
持節徵永 14.2/90/19
世祖遣騎都尉弓里游、
諫大夫何叔〇 14.4/92/1
長驅〇關 14.5/93/10
修文〇之絕業 14.5/93/11
觀孫〇之策 14.5/93/29
豹爲〇威太守 14.6/94/9
伉健有〇略 15.1/94/24
配以光〇 15.2/95/19
宣秉、建〇元年拜御史
中丞 15.3/96/5
光〇嘗出 15.8/98/6
爲〇都丞 15.11/99/16
遷〇都太守 15.11/99/18
光〇詔曰 15.12/100/2
爲〇威太守 15.15/101/1
21.11/153/6
光〇興立《左氏》 16.8/105/9
建〇二十八年 16.9/106/1
16.15/107/26
光〇讀之 16.16/108/12
建〇十四年 16.21/109/23
建〇中以伏波將軍爵土
不傳 16.34/113/9
光〇崩 16.36/113/22
遷玄〇司馬 17.1/117/27
建〇十六年 17.3/118/17
〇騎虎賁恐驚馬 17.17/122/26
政嘗過揚虛侯馬〇 17.17/122/28
〇稱疾見政 17.17/122/28
前排〇 17.17/122/28
〇帳 17.17/123/1
責數〇 17.17/123/3
建〇中疫病 17.25/125/9
倫每見光〇詔書 18.1/126/1
與（東）〔同〕郡宗〇
伯、翟敬伯、陳綏伯
、張弟伯同志好 18.3/127/4
建〇十（四）〔六〕年
18.6/128/8
母追求到〇陽北男謁舍
家得阜 18.13/130/14
此等多是建〇以來絕無
後者 18.16/131/16
篤外高祖辛〇賢 18.23/133/9
以〇略稱 18.23/133/9
辛氏秉義經〇 18.23/133/10
與光〇同門學 19.1/136/5
父建〇初爲〇陵太守 19.4/137/13
應奉爲〇陵太守 19.13/140/8
時大將軍將兵屯〇威
19.20/141/21
（〇威）天下州郡遠近
莫不修禮遺 19.20/141/21
遷〇威太守 19.20/141/23
有文〇智略 21.8/151/24
桓帝詔公卿選將有文〇
者 21.8/151/25
以建安中爲〇威太守 21.11/153/8
後昱與大將軍竇〇謀誅
中官 21.14/154/1
光〇賜陳導駭犀劍 21.44/158/24
光〇族兄也 23.1/164/18
馬〇、王匡以爲王莽未
滅 23.1/164/25
光〇爲太常偏將軍 23.1/164/28
光〇馳詣宛謝罪 23.1/165/1
光〇聞更始失城 23.1/165/18
赤眉遇光〇軍 23.5/166/17
光〇作飛寅箭以攻赤眉
23.6/167/2
光〇以鄧奉爲輔漢將軍
23.14/169/15
奉拒光〇瓜里 23.14/169/15
割牲而盟光〇與囂書曰
23.16/170/2
光〇賜囂書曰 23.16/170/12
建〇九年正月 23.16/170/17
光〇于是稍黜其禮 23.16/170/19
述之先〇帝時 23.17/170/23
而坐談〇王之說 23.17/171/19
建〇、光〇年號也 24.75/178/15
撰建〇以來星變彗孛占
驗著明者續其後 24.90/179/28

建○乙未、元和丙寅詔書 24.92/180/7

侮 wǔ 3

子酺○慢丁小妻 7.17/44/19
太僕、吾之禦○ 9.8/60/8
常待以舊恩而卑○之 16.34/113/2

舞 wǔ 31

師行鼓○ 1.1/4/13
共進《武德》之○ 2.1/13/23
進《武德》之○ 3.2/21/3
蹲蹲○我」者也 5.4/28/24
公卿奏議世祖廟登歌《八佾》○（功）名 5.5/31/3
作《武德》之○ 5.5/31/5
孝景皇帝制《昭德》之○ 5.5/31/6
孝宣皇帝制《盛德》之○ 5.5/31/7
○所以象功 5.5/31/9
世祖廟樂名宜曰《大武》之○ 5.5/31/9
不宜以名○ 5.5/31/12
依書《文始》、《五行》、《武德》、《昭德》、《盛德》修之○ 5.5/31/14
六十四節爲（武）〔○〕 5.5/31/15
用其《文始》、《五行》之○如故 5.5/31/15
（勿）進《武德○歌詩》曰 5.5/31/16
進《武德》之○如故 5.5/31/19
奏《武德》、《文始》、《五行》之○ 5.5/31/27
昔者孝文廟樂曰《昭德》之○ 5.5/31/27
孝武廟樂曰《盛德》之○ 5.5/31/28
《昭德》、《盛德》之○不進 5.5/31/28
如自立廟當作○樂者 5.5/32/1
不當與世（祖）〔宗〕廟《盛德》之○同名 5.5/32/2
即不改作○樂 5.5/32/2
當進《武德》之○ 5.5/32/2
及祖廟登歌《八佾》○數 7.12/42/18
事○陰李生 8.11/51/9
更始遣○陰王李軼、廩丘王田立、大司馬朱鮪、白虎公陳僑將兵三十萬 9.4/57/1
成、哀間轉客潁川○陽 10.20/67/3
○陰大姓李氏擁城不下 13.16/89/5
使詣○陰 13.16/89/7
應聲而○ 18.13/130/18

廡 wǔ 4

御坐○下淺露 1.1/8/4
陵東北作○ 2.1/13/8
時上在宣德殿南○下 12.1/75/17
依大家皐伯通○下 18.29/135/5

勿 wù 25

○與爭鋒 1.1/7/7
詔齊相〔其〕止○〔復〕送冰紈、方空縠、吹綸絮〔也〕 2.2/14/9
（○）進《武德舞歌詩》曰 5.5/31/16
宜○隱 5.5/31/25
○有疑也 6.2/35/7
于是令士皆○飲 8.17/54/11
○令豫到 11.4/71/21
民至乃誡乳婦○得舉子 13.5/83/21
○使能殖 13.11/86/14
○議傳國爵 13.12/87/21
○驚之 14.6/94/8
○勞神以害生 15.8/98/5
○有隱情 16.20/109/11
○畏〔也〕 16.34/113/1
○令遠詣闕謝 16.34/113/11
○役于物 16.49/116/15
明府○受其觴 17.10/120/8
○求之 18.6/128/3
○咎 18.9/129/1
可皆○咎詣金城 18.9/129/2
愼（弗）〔○〕聽妻子持尸柩去 18.29/135/8
故時止（弗）〔○〕奏事 19.1/136/17
○以射策 19.6/138/9
詔書○問 20.24/150/8
（弗）〔○〕稽留 23.11/168/25

戊 wù 3

二年春二月○（戌）〔戌〕 1.1/9/22
時始置西域都護、○己校尉 8.17/54/3
乃以恭爲○己校尉 8.17/54/3

物 wù 46

言帝不敢取財○ 1.1/2/15
反欲歸守其妻子財○耶 1.1/2/20
即日皆○故 1.1/3/10, 23.1/164/28
益州乃傳送瞽師、郊廟樂、葆車、乘輿○ 1.1/7/15
望雲○ 2.1/11/27, 2.3/16/22
賜以服御之○ 2.1/13/12
視太后鏡奩中○ 2.1/13/18
下及玩弄之○ 3.1/18/8
燒兵○百二十五種 3.1/19/5
象其○宜 5.6/33/1
因過按行閱視皇太后舊時衣○ 7.12/43/4
恭子男丁前妻○故 7.17/44/19
于是江南之珍奇食○始流通焉 9.2/56/3
下至杯案食○ 9.8/60/7
〔問〕破賊所得○ 10.14/65/19
即以所乘大驪馬及繡被衣○賜之 10.14/65/20
從書佐假車馬什○ 11.10/73/15
賜毾毲具○ 11.10/73/17
弟成○故 13.11/85/24
○備禮成 13.12/87/19
財○不增 15.11/99/14
後還其○如故 15.17/101/16

屋中尺寸之〇 16.14/107/20
又賈人多通侈靡之〇 16.16/108/5
〇類相生 16.34/113/7
捲握之〇 16.35/113/16
勿役于〇 16.49/116/15
詔以其貲〇班賜群臣 17.13/121/23
此贓穢之〇 17.13/121/25
不交通人〇 18.1/126/17
財〇皆可取 18.6/127/24
堪後〇故 18.6/128/11
問所失財〇 18.29/134/27
太子家時爲奢侈〇 19.1/136/7
獨勤心〇務 19.7/138/21
以求無用之〇 19.16/140/26
更饋衣〇 19.22/142/14
以身率〇 20.17/148/18
妻子餘〇無所惜 21.13/153/22
李松等自長安傳送乘輿服御〇 23.1/165/3
兩奴將妻入取寵〇 23.11/168/22
子密收金玉衣〇 23.11/168/24
雖未備〇 23.16/169/28
財〇易聚耳 23.17/171/28

悟 wù 1

且交陵〇 22.4/162/18

務 wù 20

不〇實核 1.1/8/1
葬〇從省約 1.1/9/23
湯、文所〇也 2.2/15/26
〇爲節約 3.2/20/27
今不是〇 6.5/36/14
〇行約省 7.8/41/14
〇悅民心 8.1/46/13
援〇開恩信 12.1/76/4
詔詰會稽車牛不〇堅强 12.8/80/2
〇在誠實 12.11/81/11
趨世〇 13.11/86/2
見惡如農夫之〇去草焉 13.11/86/14
〇于無爲 13.11/87/7
〇在寬平 18.9/128/26
〇禮示民 18.14/131/4
冀令學者〇本 19.6/138/9
獨勤心物〇 19.7/138/21
不〇修舜、禹、周公之德 19.16/140/25
不〇懇惻 20.19/149/1
〇大綱 21.36/157/21

塢 wù 1

吾在浪泊、西里、〇間 12.1/76/19

寤 wù 2

〇寐憂懼 5.5/31/23
覺〇 9.4/57/6

誤 wù 5

爲讖記以〇人主 16.16/108/8
恐疑〇後生 16.22/110/4
〇以十爲百 17.13/121/26
過〇之失 17.13/121/27
曾〇遺火 18.29/134/26

霧 wù 1

下潦上〇 12.1/76/19

騖 wù 1

所謂刻鵠不成尙類〇者 12.1/76/21

夕 xī 15

朝乾〇惕 2.2/15/25
其〇發喪 3.1/19/16
朝〇自快 8.1/46/12
旦〇臨者日數千人 8.2/48/2
朝〇獻納 8.7/49/17
〇即引道 8.10/51/1
臣融朝〇教導以經藝 10.22/67/25
大官朝〇送食 11.10/73/17
大官朝〇進食 11.10/73/18
旦〇拘錄 13.11/86/17
太子朝〇遣中人問疾 16.9/105/21
朝〇瞻省 21.1/150/18
〇陽侯邢崇孫之爲賊所盜 21.50/159/20
盆子朝〇朝 23.5/166/14
〇死尙可 23.17/171/9

兮 xī 27

彼仲尼之佐魯〇 12.10/80/19
雖離讒以嗚唈〇 12.10/80/19
殷伊（周）〔尹〕之協德〇 12.10/80/20
豈齊量其幾微〇 12.10/80/20
雖吞刀以奉命〇 12.10/80/21
吳荒萌其已殖〇 12.10/80/21
圖往鏡來〇 12.10/80/22
君名其既泯沒〇 12.10/80/22
屈平濯德〇 12.10/80/22
句踐罪種〇 12.10/80/22
重耳忽推〇 12.10/80/23
趙殞鳴犢〇 12.10/80/23
樂毅奔趙〇 12.10/80/23
武安賜命〇 12.10/80/24
蒙宗不幸〇 12.10/80/24
范父乞身〇 12.10/80/24
何爾生不先後〇 12.10/80/24
服荔裳如朱紱〇 12.10/80/25
歷蒼梧之崇丘〇 12.10/80/25
臨衆濆之神林〇 12.10/81/1
祖聖道而垂典〇 12.10/81/1
既匡救而不得〇 12.10/81/1
惟賈傅其違指〇 12.10/81/2
彼皇麟之高舉〇 12.10/81/2
臨岷川以愴恨〇 12.10/81/3
維季春〇華阜 18.29/135/4
麥含金〇方秀 18.29/135/4

西 xī 101

從城〇水上奔陣 1.1/3/6
車駕〇征 1.1/6/23
河〇大將軍竇融與五郡太守步騎二萬迎帝 1.1/6/23
弟由、宜〇鄉侯 1.1/10/8
〇巡 2.1/12/5,24.77/178/19
白鶴三十從〇南來 2.2/14/18
〇域蒙奇、疏勒二國歸

義 2.3/17/5
以迎濟陰王于德陽殿○鍾下 3.2/19/28
前伐○夷 3.2/20/17
○河言白兔見 3.5/22/27
造萬金堂于○園 3.6/24/1
○海有勝山 5.1/27/13
分漢中之安陽、○城 5.1/27/18
以○羌未平 7.8/41/15
堅、○安亭侯 7.17/44/24
更始雖都關○ 8.1/46/10
河○改俗 8.2/47/24
轉○入關 8.11/51/17
使弟玄武將軍藍將兵守○安 8.14/52/22
弇以軍營臨淄、○安之間 8.14/52/23
視○安城小而堅 8.14/52/23
後五日攻○安 8.14/52/25
求乞攻○安 8.14/52/26
然吾故揚言欲攻○安 8.14/52/26
即○安孤 8.14/52/27
且○安城堅 8.14/53/1
爲征○將軍 8.16/53/24
時始置○域都護、戊己校尉 8.17/54/3
○遮隴道 9.1/55/19
彭圍隗囂于○城 9.2/56/5
灌○城 9.2/56/5
○行布威信 9.4/57/11
拜爲征○大將軍 9.4/57/13
使者宋嵩○上 9.4/57/15
勒兵在○門樓 9.10/60/18
自○河至渭橋 10.5/63/7
河○太守竇融遣使獻（三）〔橐〕駝 10.22/67/20
行河○五郡大將軍、涼州牧、張掖屬國都尉竇融 10.22/67/21
遂滅○域 10.23/68/10
破○羌還 10.23/68/12
帝謀○收囂兵 11.2/70/19
在道○ 11.10/73/12
以瀧强屬○ 11.15/74/24
援爲隴○太守 12.1/76/4
在隴○ 12.1/76/7
吾在浪泊、○里、塢間 12.1/76/19
防征○羌 12.3/77/21
綏定○羌 12.3/77/23
乃將嚴○ 12.6/79/5
屯○河美稷 12.6/79/8
以明軍謀特除○域司馬 12.9/80/7
其後隴○新興 12.9/80/13
○河漕況 12.9/80/13
於河○得漆書《古文尚書經》一卷 13.11/85/21
車駕○幸長安 13.13/88/11
東○完塞諸窗 13.14/88/19
繼以○海之役 14.5/93/4
河○稱之 14.6/94/9
關○之大俠也 15.5/96/16
○部督郵繇延 15.8/97/29
到○河美稷 15.9/98/19
惟河○獨安 15.11/99/13
更始拜爲會稽○部都尉 15.15/100/22
河○舊少雨澤 15.15/101/1
班彪避地河○ 16.1/102/9
固又遣與從事郭恂俱使○域 16.3/103/3
并求更選使使○域 16.3/103/10
超至○域 16.3/103/14
超定○域五十餘國 16.3/103/21
乃以漢中郡南鄭之○鄉戶千封超爲定遠侯 16.3/103/21
超在○域三十一歲 16.3/104/6
○謁園陵 16.10/106/24
伏見前太尉○曹掾蔣遵 16.20/109/12
藏城○門下空穴中 16.32/112/16
京兆尹出○域 16.36/113/22
迷不知東○ 16.46/116/1
東平王蒼辟爲○曹掾 17.10/120/13
輒東○別去 17.14/122/9
時章帝○謁園陵 18.20/132/16
○羌反叛 19.6/138/13
復徵爲○域副校尉 19.20/141/22
○域殷富 19.20/141/22
關○孔子楊伯起 20.2/145/6
居○鍾下 20.23/149/19
○域、胡夷 21.2/150/23
坐隴○太守鄧融免官 21.31/156/24
○羌祖爰劍爲秦所奴隸 22.5/164/3
金城、隴○卑湳、勒姐種羌反 22.5/164/8
更始遂○發雒陽 23.1/165/4
積兵甲宜陽城○ 23.5/166/19
自稱○平王 23.9/168/3
○入上告 23.11/168/26
昔更始○都 23.16/170/7
北取○河 23.16/170/9
岑彭與吳漢圍囂于○（域）〔城〕 23.16/170/13
○（域）〔城〕若下 23.16/170/13
兵且○向 23.17/171/12
天水、隴○拱手自服 23.17/171/17
是效隗囂欲爲○伯也 23.17/171/19
田戎、○平人 23.19/172/11

希 xī 2

○嘗臨御窗（望）〔牖〕 6.2/34/19
○令遠征 8.11/51/18

昔 xī 19

○周公郊祀后稷以配天 1.1/5/9
○小白欲封 5.5/30/2
○者孝文廟樂曰《昭德》之舞 5.5/31/27
情重○時 7.12/43/12
○藺相如屈于廉頗者 9.1/55/9
○魯隱有賢行 13.11/86/23
○者韓信將兵 14.4/92/7
○周宣中興之主 14.5/93/17
○孫叔敖敕其子 15.1/94/25
○周公豫防禍首 15.7/97/13
○文王不敢盤於遊田 15.8/98/7
漁陽太守張堪○在蜀 16.35/113/15
○無襦 18.12/130/3
○延陵季子葬子于嬴、博之間 18.29/135/8

○歲倉卒時 19.7/138/25
○先王造囿 20.4/145/25
○馬援以薏苡興謗 20.17/148/13
○更始西都 23.16/170/7
○秦失其守 23.17/171/13

奚 xī 2

至北地靈州丁○城 3.1/19/1
此舉○至哉 16.37/113/28

唏 xī 1

噫○哉 24.3/173/1

息 xī 20

太子數爲歎○ 3.2/19/24
仰天歎〔○〕 6.2/34/6
嘆○曰 6.5/37/3
以增歎○ 7.12/42/24
則側足屏○ 8.10/50/15
○馬論道 11.7/72/13
盜賊未○ 12.11/81/20
○過人訟也 14.3/91/23
兵連不○ 14.5/93/5
戰軍不○ 14.5/93/21
垂涕歎○ 15.2/95/12
歎○而還 15.6/97/5
安○遣使獻大爵、師子 16.3/104/2
上聞歎○ 16.35/113/17
盜賊○滅 17.10/120/7
故古賢君相歎○重戒者 19.7/138/24
于是歎○而還 20.10/147/6
爭隙省○ 20.17/148/20
○落服淫 22.4/163/24
安○王獻條支大雀 22.6/164/12

惜 xī 3

吏人羌胡愛○ 8.2/48/2
識者愍○ 13.1/82/24
妻子餘物無所○ 21.13/153/22

悉 xī 45

天下○定 1.1/6/3
○令侍祀 2.1/12/11
○賦予之 2.1/13/13
○會公卿表賀奉觴上壽 2.1/13/17
○以假貧人 2.3/16/10
大鴻臚○求近親宜爲嗣者 2.3/16/17
自京師離宮果園上林廣成囿○以假貧人 2.3/16/22
願王○明處 5.5/31/24
○令禁絕 6.5/36/21
○斥放之 6.5/36/21
明帝○以太后所遺金寶賜京 7.16/44/13
軍士○以果實爲糧 8.1/47/5
盜賊○降 9.1/55/13
吳漢、耿弇等○奔還 9.7/59/10
是時盜賊尚未○平 9.8/60/3
乃○罷緣邊屯兵 9.8/60/6
○降 9.11/61/6
○分與昆弟中外 12.11/81/15
○賤糶 13.6/84/9
○自縛詣憙 13.16/89/5
○以與之 13.16/89/11
愔○得邑母弟妻子 14.4/91/28
超○會其吏士三十六人 16.3/103/6
衆○不受 16.6/104/19
○以太官供具賜太常家 16.9/106/7
而○以租入與之 16.10/106/16
○不受 16.14/107/19
○疏付主人 16.14/107/20
諸將軍○歸上 17.2/118/8
宮○推與而去 17.12/121/7
○以委地 17.13/121/24
○收殺之 17.25/125/13
○葬其無主者 18.16/131/17
○壁藏之 18.21/132/21
○推家償之 18.29/134/27
○上于官閣 19.8/139/3
○付從事 19.20/141/20
移敕○出所設什器 19.22/142/19
皆○往焉 20.4/145/25
旬月群盜○破 21.8/151/26
○伏其辜 21.12/153/16
妻乃○歸侍御服飾 22.1/160/26
屈申○備 22.4/162/7
欲○發北軍屯士及山東客兵 23.17/171/19
述乃○散金帛 23.17/171/28

欷 xī 1

歔○不能言 15.8/97/23

犀 xī 7

至驅虎豹○象 1.1/2/17
日南獻白雉、白○ 2.2/14/13
詔賜駮○劍 8.9/50/1
賜駮○具劍、佩刀、紫艾綬、玉玦各一 13.15/88/25
鼎角匿○ 20.11/147/10
光武賜陳導駭○劍 21.44/158/24
詔賜駮○劍 23.4/166/7

稀 xī 1

野穀生者○少 1.1/5/25

翕 xī 5

○然龍舉雲興 1.1/10/16
謂家丞○曰 13.12/87/20
○上奮 13.12/87/23
令○移臣 13.12/87/24
見純前告○語 13.12/87/24

熙 xī 4

萬國咸○ 5.5/31/5
○太清之悠悠 12.10/81/3
何○、字〔子〕溫 19.10/139/13
○能爲威容 19.10/139/14

膝 xī 1

孜孜○下 2.2/14/6

噏 xī 1

后仰（○）〔嗽〕之 6.5/36/16

錫 xī 4

陰盛爲無○侯 2.1/11/23
又分○、上庸爲上庸郡 5.1/27/18
○帛免刑 18.23/133/8
○印一枚 21.8/152/7

熹 xī 9

和○皇后甚嘉之 3.2/19/22
太傅馮石、太尉劉○以阿黨權貴 3.2/19/31
延○元年 3.5/22/4
○平元年 3.6/23/12
桓帝延○元年三月己酉 4.1/25/10
○平四年正月中 5.4/29/3
和○后兄也 8.6/48/26
和○鄧后臨朝 18.22/132/26
桓帝延○九年 21.5/151/11

歙 xī 30

皇考女弟子來○爲征羌侯 1.1/10/8
來○、字君叔 11.2/70/17
世祖見○ 11.2/70/17
解所被襜襦以衣○ 11.2/70/18
○素剛直 11.2/70/20
將殺○ 11.2/70/23
○〔徐〕仗節就車而去 11.2/70/23
○與征虜將軍祭遵襲略陽 11.2/70/23
囂圍○于略陽 11.2/70/25
賜○班絕席 11.2/71/1
賜○妻縑千匹 11.2/71/1
上使○監諸將 11.2/71/1
因○上疏宜益選兵馬 11.2/71/1
○乃大治攻具衝車度塹 11.2/71/3
使刺客刺○ 11.2/71/4
○未死 11.2/71/4
延見○ 11.2/71/4
○叱曰 11.2/71/5
○自書表 11.2/71/6
歐陽○、其先和伯從伏生受《尚書》 13.8/84/25
至〔于〕○七世 13.8/84/25
○遷汝南太守 13.8/84/26
○掾陳元上書追訟之 13.8/84/27
時帝叔父趙王良從送中郎將來○喪還 14.2/91/1
車駕臨故中郎將來○喪還 14.2/91/3
汝南太守歐陽○召惲爲功曹 15.8/97/28
○教曰 15.8/97/29
○色慚 15.8/98/1
○意少解 15.8/98/2
實○罪也 15.8/98/2

谿 xī 8

崩填○水 2.3/17/4
使中郎將堂○典請雨 3.6/23/16
反走上回○阪 9.4/57/13
垂翅回○ 9.4/57/14
有五○六種寇〔侵〕 11.2/71/2
遂與五○戰 11.2/71/3
武威將軍劉禹擊武陵五○蠻夷 12.1/77/3
援擊（五）〔武〕○無功 12.2/77/9

犧 xī 2

服色、○牲尚黑 1.1/5/8
俎豆○牲 17.1/117/22

攜 xī 5

皆望風相○以迎降者 8.1/46/23
○小弱 13.16/89/8
老小相○ 15.9/98/19
○錢二千、布兩端去 18.13/130/14
○負歸仁 22.4/163/18

席 xí 25

坐臥枕○有涕泣處 1.1/3/13
坐○之間 1.1/6/6
人馬○薦羈靽皆有成賈 1.1/10/12
上從○前伏御床 2.1/13/18
令奴金盜取亭○ 7.4/39/24
召尚○取卦具自爲卦 7.9/41/19
枕○有泣涕處 9.4/56/19
異因下○再拜賀曰 9.4/57/6
位次與諸將絕○ 10.20/67/5
賜歙班絕○ 11.2/71/1
與三公絕○ 11.10/73/19
絕○ 12.3/77/23
不與○而讓之曰 13.6/84/5
弘乃離○免冠謝曰 13.6/84/7
至簪藁○草 13.11/85/22
○卷天下 14.5/93/10
上特詔御史中丞與司隸校尉、尚書令會同並專○而坐 15.3/96/5
不爲設○食以罰之 15.5/96/26
輒奪其○以益通者 16.20/109/18
憑遂重坐五十餘○ 16.20/109/19
常待重編○ 17.2/118/11
常○羊皮、布被 19.20/141/20
寒即以身溫○ 19.22/142/8
光爲尚○直事通燈 20.24/150/3
俯刮○與小常侍語 23.1/165/6

習 xí 17

漢陽故吏杜○手刺殺之 3.1/18/22
下大予樂官○誦 5.4/29/3
當○女工 6.5/36/14
敞爲嫡子終娶翟宣子女○爲妻 7.7/40/21
○父業 8.14/53/15
明○漢家舊事 11.7/72/16
○《歐陽尚書》 11.10/73/10
馬廖少○《易經》 12.2/77/9
教○有方 12.4/78/14
○騎射 12.6/79/6
明○故事 13.12/87/11
○戰射之教 14.5/93/27
○《大夏侯尚書》 17.10/120/5
曉○邊事 19.22/142/16
○《韓詩》 21.56/160/18
○美飾 22.1/160/25
其將帥素○聖公 23.1/164/24

檄 xí 16

移○購求帝十萬戶 1.1/3/20
帝讀○未竟 1.1/5/15
賊○日以百數 1.1/6/7
上狀○至 1.1/6/13
長史得○ 1.1/6/14
明帝發魯相所上○ 7.8/41/10
天下可馳○而定 8.14/52/13
恭至即移○烏孫 8.17/54/3
恂○至 9.1/55/2
郎移〔○〕購上 10.11/64/15
使封胡降○ 14.3/91/19
請移䜵○ 18.12/130/1
坐定而府○到 18.27/134/9
義奉○而入白母 18.27/134/9
每上書移○ 23.16/170/6
傳○吳、楚 23.17/171/16

襲 xí 19

衣一○ 1.1/5/1
太子○尊號爲皇帝 1.1/9/24
○爵 3.5/21/24
不皆相○ 5.5/31/4
大夫其對以孤○爵以來 7.3/39/13
○隗囂 9.7/59/9
歙與征虜將軍祭遵○略陽 11.2/70/23
乃○封 13.12/87/25
馮石○母公主封獲嘉侯 13.15/88/24
欲○六國之從 14.4/92/5
○父爵爲關內侯 14.5/92/22
鴻當○封 15.2/95/8
子郁當○爵 16.10/106/16
以當○父般爵 17.8/119/18
當○父般爵 17.8/119/21
詔書聽許鳳○爵 18.3/127/5
賜布五百匹、衣一○ 18.17/131/25
詔賜御府衣一○ 20.4/145/27
○擊破漢 23.17/172/1

洗 xǐ 1

魏囷度○ 22.4/162/24

枲 xǐ 1

類皆以麻○頭縕著衣 15.14/100/14

徙 xǐ 25

移○輒自堅 1.1/7/7
帝悔前○之 1.1/9/7
○章爲齊王 7.1/38/23
上書求減邑內○ 7.7/40/14
○南陽之白水鄉 7.7/40/15
○居之 8.17/54/8
○封彰爲平鄉侯 9.5/58/5
故○浮封蘄春侯 10.8/63/23
（從）〔○〕都尉 11.4/71/18
○封壽張侯 11.4/71/19
○封于丹陽 11.15/74/24
遠祖以吏二千石自邯鄲○茂陵成歡里 12.1/75/5
○齊諸田 13.11/86/18
潰○離處 13.11/86/27
曾祖父奉世○杜陵 14.5/92/22
後○封陵陽侯 15.1/95/2
○封鴻爲馬亭侯 15.2/95/21
皆以罪過○補邊 16.3/104/4
後○于宛 18.6/127/22
○置府庭 19.12/140/4
帝○爲衛尉 21.12/153/15
邕○朔方 21.24/155/21
故容○爲雲中太守 23.11/168/16
以吏二千石自無鹽○焉 23.17/170/23
○居雲臺 24.67/177/25

喜 xǐ 45

望氣者言舂陵城中有○氣 1.1/1/13
然亦○遊俠 1.1/1/17
諸部將○曰 1.1/3/3
欣○聚觀 1.1/3/26
士衆○樂 1.1/4/13
雅性不○聽音樂 1.1/7/14
臣一懽○ 2.1/12/6
臣二懽○ 2.1/12/7
臣三懽○ 2.1/12/7
臣四懽○ 2.1/12/8
臣五懽○ 2.1/12/8
臣六懽○ 2.1/12/9
臣七懽○ 2.1/12/9
夢中○覺 2.1/13/16
○經籍 3.1/18/7
和帝甚○重焉 3.1/18/7
一則以○ 5.5/30/3
○于得承鴻業 5.5/30/3
不○出入遊觀 6.2/34/19
○正文字 7.18/45/3
諸羌皆○ 8.2/47/25
上見大○ 8.11/51/16
莫不欣○ 8.14/52/18
昆彌以下皆歡○ 8.17/54/4
吏士驚○ 8.17/54/10
上大○ 9.1/55/2 14.1/89/26, 14.2/90/24
大○ 9.4/57/4
衆大○ 10.11/64/19
何足以○ 11.2/70/24
上不○之 12.3/78/8
○ 15.9/98/20
而○非毀俗儒 16.16/108/3
且○且懼 16.49/116/18
○懼皆去 16.49/116/18
是以○懼皆去 16.49/116/19
百姓皆○ 18.12/130/4
○動顏色 18.27/134/9
鴻大○曰 18.29/135/2
百姓○ 19.21/142/1
○夷爲壽陽令 21.40/158/8
丁明代傅○爲大司馬 24.2/172/23
○右學 24.17/174/9
太尉張酺、鄭洪、徐防、趙○、隨延、寵桓 24.81/179/1

憙 xǐ 20

太尉趙○上言曰 5.5/29/10
太尉○等奏 5.5/31/25
趙○、字伯陽 13.16/89/3
○常思欲報之 13.16/89/3
○以因疾報殺 13.16/89/4
悉自縛詣○ 13.16/89/5
○不與相見 13.16/89/5

聞宛之趙氏有孤孫〇 13.16/89/6
更始徵〇 13.16/89/7
〇爲赤眉兵所圍 13.16/89/7
〇責怒仲伯 13.16/89/9
〇見之悲感 13.16/89/10
光武以〇守簡陽侯相 13.16/89/11
〇白上 13.16/89/12
諸夫人各前言爲趙〇所濟活 13.16/89/15
後徵〇入爲太僕 13.16/89/15
〇內典宿衛 13.16/89/18
行太尉事趙〇 13.16/89/20
其以〇爲太傅 13.16/89/20
太尉趙〇聞恭志行 19.4/137/15

璽 xǐ 18

不得刮〇書 1.1/6/18
冊皇太子捧上其〇綬 4.1/24/11
復設諸侯王金〇綟綬 4.1/25/18
恂奉〇書至高平 9.1/55/17
〇書勞異曰 9.4/57/14
賜異〇書曰 9.4/57/17
奉〇書于隗囂 11.2/70/19
遣謁者侯盛、荊州刺史費遂齎〇書徵霸 13.5/83/20
不敢授〇書 13.5/83/22
雖奉〇書 15.2/95/24
〇書拜駿爲威虜將軍 15.19/101/25
收〇綬詣宛 23.1/165/1
上〇綬 23.1/165/19
上書以非劉氏還玉〇 23.3/166/3
奉高皇帝傳國〇綬 23.5/166/19
云「石中有玉〇」 23.12/169/4
猶言肘有玉〇 23.12/169/4
史奉〇而告 23.16/170/2

系 xì 1

八ㄙ子〇 23.17/171/8

郤 xì 1

興鴻〇陂 11.1/70/13

細 xì 6

帝常自〇書 1.1/9/3
劉歆、字〇君 10.18/66/19
車皆以桃枝〇簟 12.8/80/2
郭伋、字〇侯 15.9/98/17
積〇草而臥其中 16.40/114/20
琅琊人樊崇、字〇君 23.6/166/24

隙 xì 2

爭〇省息 20.17/148/20
以投天〇 23.17/171/1

戲 xì 8

〇祜曰 1.1/1/19
帝〇言曰 1.1/4/16
明德太后姊子夏壽等私呼虎賁張鳴與敖〇爭鬭 2.2/15/13
彈棊爲〇 7.19/45/7
我〇卿耳 8.14/52/17
游〇道上 8.17/54/14
明帝〇之曰 17.19/123/13
饗賜作樂百〇 22.3/161/16

繫 xì 24

門下有〇馬著鼓者 1.1/3/11
〇乎山川、鬼神 5.4/28/23
我（〇）〔擊〕卿 8.14/52/16
皆〇獄 10.14/65/21
所置信都王捕〇彤父弟及妻子 10.16/66/8
乃收〇大伯 14.2/90/19
邑人趙堅殺人〇獄 14.3/91/17
今〇獄當死 14.3/91/18
鄧禹使積弩將軍馮愔將兵（〇）〔擊〕邑 14.4/91/28
常〇藥手內 14.7/94/14
即收〇惲 15.8/97/20
延輒休遣〇〔囚〕徒 15.15/100/27
詔下京兆收〇 16.2/102/15
以繩〇著樹枝 16.14/107/22
自〇廷尉 16.20/109/14
〔敏〕坐〇免官 16.22/110/7
坐事〇獄 17.17/122/25
匡自〇獄 17.20/123/20
赦天下〇囚在四月丙子以前減死罪一等 18.9/128/26
臣以爲赦前犯死罪而〇在赦後者 18.9/129/2
〇獄數日 19.26/143/14
復收〇羽林監 22.5/164/6
吏〇聖公父子張 23.1/164/19
以五綵囊盛石〇豐肘 23.12/169/3

蝦 xiā 2

化爲魚〇 12.8/80/1
又寵堂上聞（蟆）〔〇〕蟆聲在火爐下 23.11/168/19

匣 xiá 2

衣衾、飯唅、玉〇、珠貝之屬 12.11/81/19
賜東園轜車、朱壽器、銀鏤、黃〔金〕玉〇 12.11/81/22

俠 xiá 6

然亦喜遊〇 1.1/1/17
兄伯升好〇 1.1/1/26
關西之大〇也 15.5/96/16
從劉〇卿居 23.5/166/13
〇卿爲制朱絳單衣、（平）〔半〕頭赤幘、直綦履 23.5/166/13
〇卿禮之 23.5/166/14

狹 xiá 5

塋陵損〇 3.2/20/30
泥塗〇隘 11.14/74/13
道迫〇 14.2/91/4
〇於養己 16.12/107/6
觸（肯）〔冒〕險〇 22.4/163/19

祫 xiá 13

（祫）〔○〕祭于世祖之堂 2.1/13/22
如孝文皇帝（祫）〔○〕祭高廟故事 2.1/13/23
藏主（祫）〔○〕祭 3.2/21/3
四時○食于世祖廟 5.5/31/26
今皆○食于高廟 5.5/31/28
○食世祖 5.5/32/7
文、武、宣、元○食高廟 5.5/32/12
禘、○之祭 13.12/87/14
《禮》、三年一○ 13.12/87/14
大○者何 13.12/87/15
漢舊制三年一○ 13.12/87/16
○祭以冬十月 13.12/87/18
自是禘、○遂定 13.12/87/20

遐 xiá 1

惟洪勳以○邁 12.10/80/25

瑕 xiá 3

抉○摘釁 16.8/105/7
隱山陽○邱界中 17.25/125/11
時鍾離意爲○邱令 17.25/125/13

黠 xiá 1

○羌欲旅拒 12.1/76/6

下 xià 354

節侯孫考侯以土地○濕 1.1/1/6
皇考以令舍○濕 1.1/1/9
朝政每○ 1.1/1/16
天○大旱 1.1/1/22
荆州、○江、平林兵起 1.1/1/23
天○擾亂飢餓 1.1/2/3
○江兵盛 1.1/2/3
嚴尤擊○江兵 1.1/2/13
矢○如雨 1.1/2/26
言宛○兵復到 1.1/3/5
暴雨○如注 1.1/3/7
門○有繫馬著鼓者 1.1/3/11
天○不可復得也 1.1/4/3
帝圍邯鄲未○ 1.1/4/7
則名冠天○ 1.1/4/23
當受天○重賞 1.1/4/23
天○旱霜連年 1.1/5/22
天○野穀旅生 1.1/5/23
吳漢○朐城 1.1/6/3
天○悉定 1.1/6/3
○輿見吏輒問以數十百歲能吏次第 1.1/6/4
○至掾史 1.1/6/5
簡練臣○之行 1.1/6/5
○無所隱其情 1.1/6/5
圖讖天○事 1.1/6/9
極盡○（思）〔恩〕 1.1/6/10
急于○情 1.1/6/18
詔告天○ 1.1/6/21
小縣多城守未○ 1.1/7/3
○詔讓吳漢副將劉禹曰 1.1/7/9
○縣吏無百里之繇 1.1/7/16
御坐廡○淺露 1.1/8/4
帝○詔曰 1.1/8/10
陛○識知寺舍 1.1/8/11
天○之重寶大器 1.1/8/12
自三公○至佐（使）〔史〕各有差 1.1/8/20
遭天○反覆 1.1/8/27
陛○有禹、湯之明 1.1/9/6
今天○大安 1.1/9/6
宣布圖讖于天○ 1.1/9/20
帝以天○既定 1.1/10/3
三雨而濟天○ 1.1/10/16
豐○銳上 2.1/11/5
時天○墾田皆不實 2.1/11/9
詔○州郡檢覆 2.1/11/9
于是○太常、將軍、大夫、博士、議郎、郎官及諸王諸儒會白虎觀 2.1/11/22
大赦天○ 2.1/11/27 2.2/14/19,2.3/16/22
陛○入東都 2.1/12/6
陛○聽用直諫 2.1/12/7
陛○至明 2.1/12/8
天○太平 2.1/12/9
是時天○安平 2.1/12/32
帝耕于○邳 2.1/13/11
○危臣子 2.1/13/24
孜孜膝○ 2.2/14/6
至〔命〕欲相殺于殿○ 2.2/15/15
密靜天○ 2.2/15/26
臣○百僚 2.2/15/27
皆○獄 2.3/16/19
天○嗷然 2.4/17/24
○及玩弄之物 3.1/18/8
收○獄 3.1/19/1,13.12/87/25
不○餐粥 3.2/19/26
以迎濟陰王于德陽殿西鍾○ 3.2/19/28
珠玉玩好皆不得○ 3.2/20/27
光祿勳府吏舍夜壁○忽有氣 3.5/21/30
毒流天○ 3.5/22/7
○獄死 3.5/22/25,20.20/149/6
尚書（白）〔曰〕○本州考治 3.6/23/8
主稠中都官斗食以○ 4.1/25/4
揖讓而治天○者 5.4/28/21
○大予樂官習誦 5.4/29/3
陛○聖德洋溢 5.5/29/10
陛○輒拒絕不許 5.5/29/15
臣○不敢頌功述德業 5.5/29/15
陛○遂以仲月令辰 5.5/29/17
陛○無十室之資 5.5/29/23
集就天○ 5.5/29/24
陛○體純德之妙 5.5/32/3
伏惟陛○以至德當成、康之隆 5.5/32/5
天○乂安刑措之時也 5.5/32/5
（陛○）〔百姓〕盛歌元首之德 5.5/32/5
陛○以聖明奉遵 5.6/32/23
宜母天○ 6.1/34/1
棄之南山○ 6.3/35/21
即時收令○獄抵罪 6.5/37/1
不○ 7.1/38/11
願先○ 7.1/38/11
輒驛馬○問興 7.2/39/6
良意○ 7.4/39/22
以春陵地勢○濕 7.7/40/13
○床伏地 7.8/41/10
《蹇》、《艮》○《坎》上 7.9/41/22
蒼以天○化平 7.12/42/17

虛己禮〇 7.12/42/21
〇邳王被病沈滯之疾 7.20/45/12
惟王與〇邳王恩義至親 7.20/45/14
王其差次〇邳諸子可爲太子者上名 7.20/45/16
天〇不足定也 8.1/46/14
天〇郡國如是 8.1/46/16
卿言天〇不足定 8.1/46/17
謙恕〇士 8.2/47/10
暮宿殿門〇 8.2/47/11
以身率〇 8.2/47/24
惟陛〇哀憐 8.5/48/21
公卿以〇 8.7/49/13
大將軍以〇十三人 8.7/49/19
公孫述、大司馬田戎將兵〇江關 8.10/50/22
乃乘桴沿江〇巴郡 8.10/50/26
（告）〔造〕床〇 8.14/52/13
天〇可馳檄而定 8.14/52/13
天〇大定 8.14/52/15
天〇至重 8.14/52/20
攻之未可卒〇 8.14/53/1
令步兵各以郡人詣旗〇 8.14/53/12
鎮撫單于以〇 8.16/53/24
昆彌以〇皆歡喜 8.17/54/4
徵〇獄 8.17/54/14
天〇未定 9.1/55/12
願從陛〇復借寇君一年 9.1/55/14
連年不〇 9.1/55/19
所〇郡 9.2/56/8
天〇同苦王氏 9.4/56/19
天〇無主 9.4/57/5
異因〇席再拜賀曰 9.4/57/6
別〇潁川太守、都尉及三百里內長吏皆會 9.4/57/9
異常屏止樹〇 9.4/57/21
署爲門〇吏 9.7/59/3
時〇宣帝臨霍將軍儀 9.7/59/16
陛〇至仁 9.7/59/22
〇至杯案食物 9.8/60/7
〇獄誅 9.9/60/13
天〇平定以後 9.11/61/8
從擊王郎將兒宏、劉奉于鉅鹿〇 9.12/61/19
〇四縣 10.7/63/18
南至〇曲陽滹沱河 10.11/64/16
居〇曲陽 10.16/66/7
此家率〇江諸將輔翼漢室 10.20/67/4
恭謹〇士 10.23/68/13
時天〇大蝗 10.26/69/18
逢使者不〇車 11.1/70/5
足〇推忠誠 11.2/70/21
執憲御〇 11.7/72/16
止大樹〇 11.10/73/13
自投車〇 11.14/74/14
令天〇觖望 11.14/74/15
時上在宣德殿南廡〇 12.1/75/17
陛〇何以知非刺客而簡易如此 12.1/75/20
天〇反覆自盜名字者不可勝數 12.1/75/21
今見陛〇 12.1/75/21
寬以待〇 12.1/76/5
天〇賴其便 12.1/76/7
「皐」字爲「白」〇「羊」 12.1/76/13
丞印「四」〇「羊」 12.1/76/13
尉印「白」〇「人」 12.1/76/14
「人」〇羊 12.1/76/14
恐天〇不正者多 12.1/76/14
事〇大司空正郡國印章 12.1/76/15
乘〇澤車 12.1/76/18
〇潦上霧 12.1/76/19
陷爲天〇輕薄子 12.1/76/22
後定果〇獄 12.1/76/24
詔置馬德陽殿〇 12.1/76/28
敕〇調馬穀 12.3/77/21
御章臺〇殿 12.3/78/7
輒〇嚴處便宜 12.6/79/11
汲汲欲知〇情 12.6/79/11
征伐不可偃於天〇 12.9/80/11
〇厭群望 12.12/82/3,12.13/82/9
而三分天〇有二 13.1/82/20
陛〇承大亂之極 13.1/82/21
糟糠之妻不〇堂 13.6/84/14
以爲功高天〇 13.9/85/3
上〇相率焦心 13.9/85/6
陛〇輒忘之於河北 13.9/85/6
陛〇率禮無違 13.9/85/7
見府寺門即〇 13.10/85/13
禮〇公門 13.10/85/14
天〇福應 13.11/86/7
以解天〇之惑 13.11/86/9
陛〇昭然獨見成敗之端 13.11/86/25
殆陰〇相爲蠹賊 13.11/86/29
惟陛〇留神明察 13.11/86/30
天〇幸甚 13.11/86/30
陰氣在〇 13.12/87/18
願〇有司 13.12/87/25
〇淩轢同列 13.13/88/8
舞陰大姓李氏擁城不〇 13.16/89/5
吳漢諸將圍守數月不〇 14.1/90/1
復至城〇說鮪 14.1/90/6
鮪從城上〇索曰 14.1/90/7
詔書〇捕之 14.2/90/17
我攻懷三日兵不〇 14.2/90/22
足〇所以堅不〇者 14.2/90/23
天〇已定 14.2/90/23
永說〇懷 14.2/90/24
欲〇 14.2/91/8
遂〇車 14.2/91/9
詔書迎〇永曰 14.2/91/12
吾欲使天〇知忠臣之子復爲司隸 14.3/91/21
無敵天〇 14.4/92/7
〇無不占之志 14.4/92/10
欲貪天〇之利 14.4/92/11
天〇爲敵人 14.4/92/12
固守不以時〇 14.5/92/23
伏念天〇離王莽之害久矣 14.5/93/4
席卷天〇 14.5/93/10
天〇（日）〔自〕以去亡新 14.5/93/12
天〇無變 14.5/93/28
常伏省（門）〔閣〕〇 14.6/94/8
統治天〇 15.2/95/17
陛〇尊履蒸蒸 15.2/95/18
〇權盛 15.2/95/24
便於田頭大樹〇飲食勸勉之 15.5/96/14
其〇以輕重〔爲〕差焉 15.5/96/16
拜於車〇 15.5/96/21
恢乃〇拜 15.6/97/5

憚於○座愀然前曰 15.8/97/30
門○掾鄭敬進曰 15.8/98/2
而陛○遠獵山林 15.8/98/8
時天○擾亂 15.11/99/13
○至脂燭 15.11/99/19
○車遣吏以中牢具祠延陵季子 15.15/100/23
時天○新定 15.15/100/23
陛○不忘往舊 15.17/101/13
不假○以權 15.17/101/14
徵○獄免 15.18/101/21
詔○京兆收繫 16.2/102/15
察政不得○和 16.3/104/5
會百官驃騎將軍東平王蒼以○、滎門生數百人 16.9/106/6
天○共見 16.10/106/22
○當卓絕於衆 16.10/106/23
天○亂 16.14/107/18
17.11/120/19,18.6/127/23
今陛○立太子 16.15/107/27
爲天○乎 16.15/107/27
爲天○ 16.15/107/28
則固宜用天○之賢才 16.15/107/28
是爲○樹奢媒而置貧本也 16.16/108/6
將○斬之 16.16/108/10
令皆別爲上○ 16.16/108/12
陛○嚴 16.20/109/12
陛○納膚受之愬 16.20/109/13
天○可圖也 16.30/112/1
爲郡門○掾 16.32/112/16
藏城西門○空穴中 16.32/112/16
署門○掾 16.33/112/21
今天○苦王氏之虐政 16.33/112/22
恐天○惶懼 16.33/112/22
章帝○詔曰 16.34/113/9
其仁以惠○ 16.35/113/16
○有兄弟 16.37/113/29
門○掾倪敞諫 16.37/114/1
（○）不及政事 16.49/116/17
（輒）〔輟〕講○辭歸 16.50/116/27
臣願與並論雲臺之○ 16.50/117/3
城門○小 17.1/117/23
延因○見引咎 17.1/117/23
北地太守廖信貪污○獄 17.3/118/19
○詔曰 17.8/119/20
門○掾王望言曰 17.10/120/5
門○掾（諂佞）〔佞諂〕 17.10/120/8
宮過其廬○ 17.12/121/4
門○生共禁 17.12/121/5
因留精舍門○ 17.12/121/5
天○擾攘 17.12/121/6
欲令政拜床○ 17.17/122/28
而驕天○英俊 17.17/123/2
先君秉德以惠○ 17.19/123/14
匡執法守正而○獄 17.20/123/21
時天○亂 17.23/124/15
天○新定 17.23/124/16
倫獨收養孤兄（○）〔子〕、外孫 18.1/125/20
爾說將尙不○ 18.1/126/2
以廉讓率○ 18.3/127/6
○及牧守 18.5/127/16
赦天○繫囚在四月丙子以前減死罪一等 18.9/128/26
死罪以○並蒙更生 18.9/129/1
即○詔赦焉 18.9/129/3
令從騎○馬與之 18.12/130/6
憲遣奴騶帳○吏李文迎錢 18.13/130/21
彭○車經營勞來 18.14/131/1
客東海○邳 18.18/132/3
○邳知其孝 18.18/132/3
司隸校尉○邳趙興不卹諱忌 18.25/133/19
虞○車 18.26/133/28
○講即中 18.26/134/2
依大家皋伯通廡○ 18.29/135/5
酺○車擢賢俊 19.1/136/8
所以通○問 19.1/136/16
○章所告及所自舉有意者 19.1/136/19
除爲○邳令 19.2/137/3
○車表行義 19.2/137/4
俱坐槃○ 19.4/137/19
陛○親勞 19.4/137/23
擾動天○ 19.4/137/24
常在冢○ 19.20/141/19
清約率○ 19.20/141/20
（武威）天○州郡遠近莫不修禮遺 19.20/141/21
處新安關○ 19.20/141/24
或伏甕○ 19.21/142/1
此日○無雙 19.22/142/11
京師號曰「天○無雙、〔江夏黃童〕」 19.22/142/13
朝臣上○莫不附之 19.32/144/22
天○怨 20.4/145/21
爲縣門○小吏 20.8/146/20
天○咸稱蔡侯紙 20.9/146/27
自抱孫兒伏于戶○ 20.10/147/4
檻車徵○獄 20.21/149/10
居西鍾○ 20.23/149/19
○有司送雲黃門北寺獄 21.4/151/6
頹自○馬大戰 21.8/151/26
戰爲○計 21.8/152/1
父子皆死于杖○ 21.12/153/14
○車嚴峻 21.32/157/3
普天之○ 21.35/157/16
値天○亂 21.39/158/3
陛○救我 23.1/165/10
寵○養 23.1/165/12
徐宣、樊崇等入至弘農枯樅山○ 23.1/165/15
當○拜城 23.1/165/17
更始○（爲）〔馬〕拜謝城 23.1/165/17
乃○詔封更始爲淮陽王 23.1/165/18
而赤眉劉盆子亦○詔以聖公爲長沙王 23.1/165/18
陛○何以待之 23.5/166/18
盆子及丞相徐宣以○二十餘萬人肉袒降 23.5/166/18
天○不可〔復〕得 23.8/167/19
又寵堂上聞（蟆）〔蝦〕蟆聲在火爐○ 23.11/168/19
詔書獨○延 23.15/169/19
足○欲承天順民 23.16/169/25
天○喁喁 23.16/170/7
西（域）〔城〕若○ 23.16/170/13
覆衣天○ 23.17/171/4
戰士不○百萬 23.17/171/6

東○漢水以窺秦地 23.17/171/6
聞于天○ 23.17/171/7
以爲宜及天○之望未絕 23.17/171/15
宿○邑亭 23.18/172/6
凡陽生陰曰○ 24.87/179/13
○端望之以視星宿 24.89/179/18
卒欲寢伏儀○ 24.90/179/26
○及巖穴 24.90/179/28
○至學士 24.92/180/6
○宗廟儀及齋令 24.92/180/7
詔書○車服制度 24.94/180/11
率○以儉化起機 24.94/180/11
諸侯王以○至于士庶 24.94/180/12

夏 xià 37

使劉終僞稱江○吏 1.1/2/12
建武元年○六月己未 1.1/4/21
行○之時 1.1/5/8,5.6/32/21
季○黃色 1.1/5/9
四年○五月 1.1/5/22
二十年○六月 1.1/8/15
建武四年○五月甲申 2.1/11/5
十年○閏四月 2.1/12/31
明德太后姊子○壽等私呼虎賁張鳴與敖戲爭鬬 2.2/15/13
四年○六月 2.3/16/19
十年○五月 2.3/16/30
元興元年○五月 2.3/17/9
○六月 3.1/18/15
建康元年○四月 3.3/21/8
詔懸○城門外 3.4/21/17
本初元年○閏六月 3.4/21/19
帝到○門外萬壽亭 3.6/23/6
言「梁伯○教我上殿」 3.6/23/18
各與虞《韶》、禹《○》、湯《濩》、周《武》無異 5.5/31/11
皇帝問彭城王始○無恙 7.20/45/11
上稱江○卒史 11.1/70/6
其味美於春○筍 12.1/76/17
梁商、字伯○ 12.11/81/10
禘祭以○四月 13.12/87/18
○者陽氣在上 13.12/87/18
入○城門中 14.2/91/2
憚客於江○ 15.8/98/6
卿爲子○ 16.10/106/19
張玄、字君○ 16.26/111/7
習《大○侯尚書》 17.10/120/5
以《大小○侯尚書》教授 18.17/131/22
江○安陸人也 19.22/142/7
江○、黃童也 19.22/142/11
京師號曰「天下無雙、〔江○黃童〕」 19.22/142/13
○多和雨 22.4/162/27
○至陰氣應 24.88/179/15

仙 xiān 1

去中鬼神○道之語 24.91/180/2

先 xiān 88

○是有鳳凰集濟陽 1.1/1/12
必○聞知 1.1/1/16
○是時伯玉同母兄公孫臣爲醫 1.1/2/1
○到雒陽整頓官府 1.1/3/14
帝已乘王豐小馬○到矣 1.1/4/10
追跡○代 1.1/5/11
必○徧賜列侯 1.1/10/4
以爲宜承○序 2.1/11/15
○帝大業 2.1/11/21
類似○帝 2.1/12/6
識○帝時事 2.1/12/7
○五鼓起 2.1/12/17
帝夢見○帝、太后如平生歡 2.1/13/16
我子不當與○帝子等 2.1/13/29
其以漢中南鄭之武陽亭封賢孫承○爲武陽亭侯 3.2/20/17
《易》所謂「○王以作樂崇德 5.4/28/16
○祖是聽 5.4/28/18
聖王○成民而後致力于神 5.5/30/16
念○帝躬履九德 5.5/31/21
○帝每有著述典義之事 5.5/31/23
○帝所制 5.5/32/12
○是數日 6.2/34/15
託以○后近屬 6.4/36/6
願○下 7.1/38/11
○起義兵 7.5/40/3
○納聖善匡輔之言 8.7/49/17
夫人○死 8.10/51/3
○破之 8.11/51/15
于是被羽○登 8.11/51/15
○和泥塗城 8.17/54/11
時復○在座 9.1/55/11
朱（祐）〔祜〕、字仲○ 9.6/58/9
常爲士卒○鋒 9.8/60/5
期○登陷陣 9.12/61/20
王常、其○鄠人 10.20/67/3
○訪求茂 10.26/69/21
〔新野〕吏乃燒晨○祖祠堂 11.1/70/7
迎期○到 11.4/71/21
○王道術陵遲 11.7/72/12
臣未有○登陷陣之功 11.14/74/14
○嚴斷而後弘衍 12.10/80/19
何爾生不○後兮 12.10/80/24
大將軍夫人躬○率禮 12.12/82/4
實足以○後王室 13.1/83/1
歐陽歙、其○和伯從伏生受《尚書》 13.8/84/25
○與鄭興同寓隴右 13.11/85/26
不失○俗 13.11/86/7
合於《易》之所謂「○天而天不違、後天而奉天時」義 13.11/86/9
臣聞○王無二道 13.11/86/14
○詣闕 13.12/87/11
其○魏之別封曰華侯 13.14/88/16
永遣弟升及子壻張舒等謀使營尉李匡○反涅城 14.2/90/20
其○齊諸田 14.4/91/27
當○知故主之未然 14.4/92/11
其○上黨潞人 14.5/92/22
○遣伯禽守封於魯 15.7/97/13
○期一日 15.9/98/22
漢○遣堪入成都 15.12/99/26
上以郁○師子 16.10/106/16
卿經及○師 16.10/106/18

字因○自取其最瘦者 16.25/110/26
請○季死 16.43/115/9
使鄉佐○拔刀 16.50/116/27
臣當○笞 17.13/122/1
○帝徵君不來 17.19/123/13
○君秉德以惠下 17.19/123/14
願○等輩死 17.24/125/2
暉之○、宋微子之後也 18.6/127/21
比舍○炊已 18.29/134/23
○自知 18.31/135/22
帝○備弟子之儀 19.1/136/10
欲○就其名 19.4/137/15
○王之政 19.7/138/24
○是雒陽城南 19.7/138/25
必○讓父母 19.25/143/7
○遣吏到屬縣盡決罪行刑 19.26/143/13
昔○王造囿 20.4/145/25
○帝之制 20.4/145/25
誠○賢所愼也 20.17/148/14
○零諸羌討之難破 21.8/152/1
乃○至門迎盜 21.13/153/21
○帝褒厚老臣 21.23/155/14
大人以○生修德守約 22.1/160/25
杜林○去 23.16/170/11
述之○武帝時 23.17/170/23
使○登偵之 24.13/173/21
或自道○祖形貌表相 24.14/174/1
進退○後 24.88/179/16

鮮 xiān 13

是以史官○紀 1.1/9/17
鴈門烏桓及○卑叛 3.1/18/18
諸將○及 8.1/46/19
詔賜遵金剛○卑緄帶一具 8.9/50/1
諸將○能及者 8.10/50/13
○卑奉馬一匹、貂裘二領 9.8/60/6
烏桓、○卑追思無已 9.8/60/8
○卑千餘騎攻肥如城 9.9/60/13
軍人見光衣冠〔服〕○明 10.12/65/5
忠更作新袍袴（解）〔○〕支小單衣襪而上之 10.14/65/18
與同郡張宗、上谷○于褒不相好 11.14/74/16
○有入其室者 12.7/79/20
倫步擔往候○于褒 18.1/125/20

纖 xiān 1

○微不漏 16.14/107/21

咸 xián 23

○曰上神 1.1/5/16
孔子後褒成侯等○來助祭 2.2/14/19
群司禮官○以爲宜登封告成 5.5/29/12
○秩無文 5.5/30/14
萬國○熙 5.5/31/5
○稱至德 6.2/35/17
○稱神明 6.5/36/20
左右○流涕 6.5/37/3
○得平愈 8.2/47/23
○高尚焉 8.7/49/13
孫○征狄 12.14/82/14
今以平狄將軍孫○行大司馬事 12.14/82/14
○以武名官 12.14/82/14
令四方諸侯○樂回首 13.1/83/2
○懷怨怒 14.5/93/9
○有告祀 15.2/95/19
宗人少長○共推之 16.52/117/14
曾祖父○ 19.7/138/18
○常戒子孫 19.7/138/19
天下○稱蔡侯紙 20.9/146/27
○爲舉哀 21.2/150/23
○各斂手 21.20/154/27
關中○想望天子 23.1/165/3

閒 xián 6

帝猶以餘○講經藝 1.1/6/7
而事少○ 1.1/7/16
雖在○署 11.6/72/6
投○輒誦《詩》 16.9/106/3
時五校尉官顯職○ 17.7/119/12
魏譚、字少○ 17.24/124/27

嫌 xián 3

豈○同辭 5.5/31/1
○疑之間 20.17/148/14
○疑不決 21.54/160/7

銜 xián 6

乃○枚引兵往合水南營 8.10/50/23
君長○命出征 14.4/92/8
今臣○命 16.6/104/24
○鬚於口 16.30/112/3
○使奉命 19.4/137/23
猶時有○橛之變 24.77/178/19

嫺 xián 1

辭言○雅 16.34/112/29

賢 xián 45

南陽大人○者往來長安 1.1/1/17
○者蟻附 1.1/3/17
孝文皇帝○明 1.1/9/18
進○用能 2.1/12/8
故將軍馬○ 3.2/20/17
其以漢中南鄭之武陽亭封○孫承先爲武陽亭侯 3.2/20/17
與中黃門桓○語 3.6/23/18
上以后性○仁 6.1/34/1
敬○樂士 7.3/39/12
稱爲○王 7.9/41/29
上書表薦○士左馮翊桓虞等 7.12/42/21
竊聞○聖之君 10.26/69/13
衆○百姓 13.1/82/24
推用○俊 13.8/84/26
追令刺客楊○於隴坻遮殺之 13.11/85/25
○見林身推鹿車 13.11/85/25
昔魯隱有○行 13.11/86/23
上○勤 13.13/88/8
○俊四面雲集 14.1/90/2

更選○能 14.5/93/24
無謂無○ 14.5/93/25
樹名○之良佐 14.5/93/28
舉○良對策 15.7/97/13
郡得○能太守 15.9/98/17
名○得 16.4/104/10
黍於待○ 16.12/107/6
則固宜用天下之○才 16.15/107/28
三公舉丹○能 17.2/118/5
求○助國 17.10/120/14
不思求○報國 17.17/123/1
延○士 17.19/123/12
鄉里以此○之 18.1/125/20
篤外高祖辛武○ 18.23/133/9
我有○功曹趙勤 18.26/134/3
得○壻如梁鴻者 18.29/135/1
酺下車擢○俊 19.1/136/8
但擾○者 19.4/137/22
故古○君相歎息重戒者 19.7/138/24
誠先○所愼也 20.17/148/14
此以慰种光、馬○等亡魂也 21.8/152/1
干暴○者 21.13/153/22
頗害○寵 24.2/172/23
上寑重○ 24.2/172/23
乃置《韋○傳》末 24.91/180/1
取《○傳》宗廟事（置）〔寘〕其中 24.91/180/2

嫺 xián 1

○進對 12.1/76/9

跣 xiǎn 7

皆裸○塗炭 13.16/89/10
寒者裸○ 14.5/93/14
而良妻布裙徒○曳柴 15.6/97/4
令○追之 15.8/97/25
觀者皆徒○ 15.14/100/16
遂○而起 18.8/128/22
被髮徒○ 23.5/166/13

險 xiǎn 6

不宜遠入○阻 12.1/75/24
焉耆國有葦橋之○ 16.3/103/20
辟危歸○ 22.4/163/1
涉危歷○ 22.4/163/1
雷折○龍 22.4/163/18
觸（肯）〔冒〕○狹 22.4/163/19

顯 xiǎn 38

或以德○ 2.1/12/13
葬○節陵 2.1/13/21
有司奏上尊號曰○宗 2.1/13/22, 5.5/32/7
皇后與兄○ 3.1/19/14
車騎將軍閻○等議 3.2/19/26
分高○、候城、遼陽屬玄（莬）〔菟〕 5.1/27/21
肅雍○清 5.5/31/16
宜上尊號曰○宗 5.5/31/26
○宗之在東宮 7.3/39/10
兄弟充列○位 8.5/48/20
○宗嘉其功 9.8/60/7
而融弟○親侯友嗣子固尙沮陽公主 10.22/68/3
榮○冠世 12.2/77/12
○宗詔嚴留仁壽闥 12.6/79/7
絜○芬香 12.10/80/22
好爵○服 12.10/81/6
○宗不許 13.16/89/18, 16.10/106/16
則足以○聲譽 14.5/93/28
○之於朝 15.8/97/30
○宗即位 16.9/106/5
示我○德行 16.9/106/11
由是○名 16.33/112/24, 17.12/121/7, 19.15/140/18
蜀郡計掾樊○進曰 16.35/113/15
以○陳堪行有效 16.35/113/17
○異之 17.2/118/11
時五校尉官○職閒 17.7/119/12
○宗巡狩 17.9/119/27
○宗時 17.13/121/23
○宗聞其行 17.23/124/21
○宗以酺授皇太子業 19.1/136/7
壽生○ 19.17/141/5
○生鄗 19.17/141/5
程等十八人收斬江京、閻○等 20.23/149/20
閻○弟景爲衛尉 20.23/149/21

限 xiàn 3

寖以無○ 1.1/6/21
宮夜使鋸斷城門○ 10.2/62/18
而門○斷 10.2/62/19

陷 xiàn 11

遂共搆○太子 3.2/19/24
數○陣潰圍 7.1/38/19
○于大辟 7.20/45/13
期先登○陣 9.12/61/20
渡未畢數車而冰○ 10.11/64/20
臣未有先登○陣之功 11.14/74/14
○爲天下輕薄子 12.1/76/22
而後所舉者○罪 15.5/96/25
乃○民於穽 16.37/114/2
跨馬○敵 23.17/171/18
義、戎將兵○夷陵 23.19/172/11

羡 xiàn 1

嘉○盛德 5.5/32/6

縣 xiàn 99

○界大豐熟 1.1/1/11
文書移與屬○ 1.1/3/14
宜以時修奉濟陽城陽○堯帝之（冢）〔冢〕 1.1/5/13
以舂陵爲章陵○ 1.1/5/19
小○多城守未下 1.1/7/3
下○吏無百里之繇 1.1/7/16
報郡○ 1.1/9/3
雖發師旁○ 1.1/10/12
會郡○吏 2.1/12/5
有○三老大言 2.1/12/6
言鉅鹿、樂成、廣平各數○ 2.1/13/28
調濱水○彭城、廣陽、廬江、九江穀九十萬斛 3.1/18/26

衛○木連理 3.1/19/10
定陵○木連理 3.1/19/10
又見諸○ 3.1/19/11
攻破郡○ 3.6/23/12
○國丞、尉亦如之 4.1/26/6
○、國三百石長〔相〕 4.1/26/6
○國守宮令、相或千石或六百石 4.1/26/7
○名 5.1/27/11
紀者、襄成○君孫壽之舅也 6.9/38/3
○吏張申有伏罪 7.2/39/3
分遣文學循行屬○ 7.2/39/3
詔書削中邱（○） 7.4/39/25
行○ 7.7/40/16
王兼食東海、魯國二郡二十九○ 7.8/41/5
數上書讓還東海十九○ 7.8/41/7
夜詣彭城○欲上書 7.17/44/19
復爲○掾 8.11/51/10
復獨完致○中 8.11/51/11
恂移書屬○ 9.1/55/1
乃敕屬○盛供具 9.1/55/10
徇行郡○ 9.4/56/21
宗族會郡○給費 9.4/57/10
無爲郡○所笑 9.4/57/11
祭遵以○吏數進見 9.7/59/3
喪至河南○ 9.7/59/14
雖數○ 9.10/60/21
會屬○送委輸牛車三百餘兩至 10.2/62/18
小○何足貪乎 10.7/63/17
下四○ 10.7/63/18
其以安豐、陽泉、蓼、安風凡四○封融爲安豐侯 10.22/67/23
河南二十餘○皆被其災 10.26/69/18
○中稱美 11.3/71/12
且以一○自養 11.8/72/22
徐○北界有蒲陽陂 11.10/73/12
功曹（史）〔史〕戴閏當從行○ 11.10/73/15
臣與公孫述同○ 12.1/75/19
一○長吏 12.1/76/14
郡○不置世祿之家 13.11/86/4
小民負○官不過身死 13.11/86/25
殺其○長馮晏 14.2/90/21
永行○到京兆霸陵 14.2/91/7
諸將皆欲○ 15.1/94/25
每居○者 15.11/99/13
充令屬○教民益種桑柘 15.14/100/14
每時行○ 15.15/100/26
在○五年 15.16/101/6
住止山陰○故魯相鍾離意舍 16.14/107/19
大國四○ 16.24/110/17
○各有差 16.24/110/17
今封諸侯四○ 16.24/110/18
而勃位不過○令 16.34/113/2
○人故雲陽令朱勃 16.34/113/9
其以○見穀二千石賜勃子若孫 16.34/113/11
三年不視事行○ 16.37/114/1
所至之○ 16.37/114/1
給事爲○亭長 16.46/115/23
意輒移屬○使作徒衣 17.13/121/14
○不得已與之 17.13/121/15
初到○ 17.13/121/18
本同○李元蒼頭 17.25/125/9
善與歸本○ 17.25/125/12
爲鄒○令 18.4/127/11
暉同○張堪有名德 18.6/128/9
兄仲、爲○游徼 18.10/129/8
自將出至近○ 18.12/130/1
舉○畏憚 18.13/130/17
翺翔復上○庭屋 18.13/130/18
選鄉三老爲○三老 18.14/131/3
行○齎持乾糒 18.15/131/9
不問○事 18.26/134/1
引酺及門生郡○掾吏並會庭中 19.1/136/10
時鄰○皆雹傷稼 19.2/137/3
棱○界獨無雹 19.2/137/4
寵乃敕○埋葬 19.7/138/26
父親爲○吏 19.16/140/22
先遣吏到屬○盡決罪行刑 19.26/143/13
少作○吏 20.7/146/15
爲○門下小吏 20.8/146/20
○令劉雄爲賊所攻 20.8/146/20
時屬○令長率多中官子弟 21.3/150/28
其子爲○吏 23.7/167/6
○宰殺之 23.7/167/6
○宰枉殺吾子 23.7/167/8
執○宰斬之 23.7/167/9
秦豐、邔○人 23.13/169/9
歸爲○吏 23.13/169/9
並○璣以象天 24.89/179/18

憲 xiàn 48

大將軍竇○潛圖弒逆 2.3/16/19
詔收捕○黨 2.3/16/19
使謁者收○大將軍印綬 2.3/16/19
遣○及弟篤、景就國 2.3/16/20
葬○陵 3.2/20/27
竇○作大將軍 4.1/24/15
賜東平○王蒼書曰 5.5/31/21
上以公卿所奏明德皇后在世祖廟坐位駮議示東平○王蒼 5.5/32/11
法○頗峻 7.3/39/11
耿國、字叔○ 8.15/53/20
竇○恃宮掖聲勢 10.24/68/17
指以問○ 10.24/68/17
○陰喝不得對 10.24/68/18
召○切責曰 10.24/68/18
○爲大將軍 10.24/68/21
○固辭封 10.24/68/22
大將軍○前歲出征 10.24/68/22
其封○冠軍侯 10.24/68/23
○以特進見禮依三公 10.24/68/24
執○御下 11.7/72/16
光前坐黨附（○）〔竇〕○ 12.4/78/16
○誅 12.4/78/17
○奴玉當誣光與○逆 12.4/78/17
因告言光與○有惡謀 12.4/78/18
○他奴郭扈自出證明光、○無惡言 12.4/78/19
竇○爲車騎將軍 16.38/114/9
○府貴重 16.38/114/9
○擅權驕恣 16.38/114/10
○不能容 16.38/114/11
讓與其弟○ 17.8/119/18
致國弟○ 17.8/119/21
其聽○嗣爵 17.8/119/22

東平○王蒼為驃騎 17.19/123/12
大將軍竇○貴盛 18.13/130/20
○嘗移書益州 18.13/130/21
○遣奴騶帳下吏李文迎錢 18.13/130/21
于是京師貴戚順陽侯衛尉馬廖、侍中竇○慕其行 18.18/132/6
竊見竇○、耿秉 19.4/137/22
竇○出征匈奴 19.16/140/23
為○所奏免 19.20/141/21
兄大將軍○等並竊威權 19.32/144/22
及○兄弟圖作不軌 19.32/144/23
其○章朝右 20.16/148/8
不有遵○ 20.19/149/2
與蓋延共擊黄○ 23.15/169/19

獻 xiàn 37

是時名都王國有○名馬、寶劍 1.1/7/12
烏桓○貂豹皮 1.1/8/18
廬江太守○寶鼎 2.1/12/23
日南○白雉、白犀 2.2/14/13
永昌○象牙、熊子 3.1/18/12
漢陽率善都尉蒲密因桂陽太守文礱○大明珠 3.2/20/3
而遠○明珠以求媚 3.2/20/4
葉調國王遣使師會詣闕貢○ 3.2/20/6
○師子、封牛 3.2/20/12
以遠近○馬衆多 3.2/20/20
天子世世○奉 3.2/21/2
蓋《周官》所謂「王〔師〕大○則令凱樂 5.4/29/1
「軍大○則令凱歌」也 5.4/29/2
于世祖廟與皇帝交○薦 5.5/32/15
萬國貢○ 6.5/36/21
繡衣御史申屠建隨○玉玦 7.1/38/16
沛○王輔 7.9/41/19
朝夕○納 8.7/49/17
遣使○名馬 8.17/54/4
諸蠻夷相率遣使貢○ 9.2/56/2
○馬及縑帛數百匹 10.1/62/5
河西太守竇融遣使○（三）〔橐〕駝 10.22/67/20
野王○甘膠、膏餳 11.5/72/1
善相馬者東門京鑄作銅馬法○之 12.1/76/26
〔謹○〕 12.1/76/27
永昌太守鑄黃金之蛇○之冀 12.12/82/4
○鰒魚 13.2/83/7
異而○之 13.9/85/4
輒○賦頌 16.2/102/17
安息遣使○大爵、師子 16.3/104/2
廬江○鼎 16.6/104/20
酺○上 17.15/122/16
楊賜、字伯○ 20.4/145/20
○帝幸弘農 21.27/156/7
南單于遣使○駱駝二頭 22.3/161/11
南單于上書○橐駝 22.3/161/15
安息王○條支大雀 22.6/164/12

相 xiāng 190

人民○食 1.1/1/22,16.52/117/13
17.24/124/27,23.17/171/3
使來者言李氏欲○見款誠無他意 1.1/2/2
乃與伯升○見 1.1/2/8
力不能○救 1.1/2/20
為陳○救之勢 1.1/2/23
皆○指視之 1.1/3/16
終不君臣○率而降 1.1/4/4
反與愚人○守 1.1/4/12
○去百餘里 1.1/5/14
前後○塵 1.1/6/17
吏民○效 1.1/6/21
常欲以墾田○方耳 2.1/11/11
諸小王皆當略與楚、淮陽○比 2.1/13/28
詔齊○〔其〕止勿〔復〕送冰紈、方空縠、吹綸絮〔也〕 2.2/14/9
至〔命〕欲○殺于殿下 2.2/15/15
曹○國後容城侯無嗣 2.3/16/15
魯丕與侍中賈逵、尚書令黃香等○難 2.3/17/1
陳行○師遷奏 3.6/23/14
沛○魏愔 3.6/23/14
前為陳○ 3.6/23/14
功次○補 4.1/25/4
大長秋、將作大匠、度遼諸將軍、郡太守、國傅○皆秩二千石 4.1/25/19
校尉、中郎將、諸郡都尉、諸國行○、中尉、內史、中護軍、司直秩皆比二千石 4.1/25/20
縣、國三百石長〔○〕 4.1/26/6
縣國守宮令、○或千石或六百石 4.1/26/7
長○或四百石或三百石 4.1/26/8
長○皆以銅印黃綬 4.1/26/8
○生至六十 5.2/28/7
不皆○襲 5.5/31/4
貴人、○國綠綬 5.6/33/6
〔讓勑令與諸舍○望也〕 6.2/34/18
○工茅通見之 6.6/37/9
○之極貴 6.6/37/10
○國舉奏 7.4/39/25
明帝發魯○所上檄 7.8/41/10
詔中常侍杜岑、東海傅○曰 7.8/41/13
明帝告諸王傅○ 7.9/41/25
楚○以聞 7.10/42/3
皆言類揚雄、○如、前世史岑之比 7.12/43/1
上遣太醫丞○視之 7.12/43/15
是後諸子更○誣告 7.20/45/13
遂○親附 8.1/46/6
皆望風○攜以迎降者 8.1/46/23
人○食 8.1/47/4
16.44/115/13,17.23/124/15
18.1/125/19,23.6/167/2
鄧禹及諸將多○薦舉 8.10/50/10
此將○之器 8.11/51/10
臨淄諸郡太守○與雜居 8.14/52/23
○謂曰 8.17/54/7
15.12/99/24,17.11/120/24
不欲與○見 9.1/55/9
昔藺○如屈于廉頗者 9.1/55/9
欲起○避 9.1/55/12
諸蠻夷○率遣使貢獻 9.2/56/2

○拒六十餘日 9.4/57/12
與赤眉○拒 9.4/57/13
○逢引車避之 9.4/57/20
〔與諸將○逢〕 9.4/57/21
公有日角之○ 9.6/58/10
景丹因以言語爲固德侯○ 9.10/60/17
○去不遠 9.11/61/10
殆令人齒欲○擊 9.11/61/10
是時公孫述將田戎、任滿與漢軍○拒于荆門 10.2/62/16
不欲與軼○見 10.21/67/9
今○見 10.22/68/2
官府廄第○望 10.22/68/4
爲丞○史 10.26/69/7
幸至丞○府還我 10.26/69/9
以有仁愛、知○敬事也 10.26/69/14
此乃○親 10.26/69/15
故有經紀禮儀以○（文）〔交〕接 10.26/69/16
後仕爲淮陽○時 11.9/73/4
與同郡張宗、上谷鮮于褒不○好 11.14/74/16
○善 12.1/75/13
少小○善 12.1/75/19
車丞○高祖園寢郎 12.1/75/23
一月九遷爲丞○者 12.1/75/23
何足○煩 12.1/76/6
善○馬者東門京鑄作銅馬法獻之 12.1/76/26
上以固言前後○違 12.3/77/18
以爲將○器 12.5/78/25
余外孫右扶風曹貢爲梧安侯○ 12.6/79/4
弟子以次○傳 12.7/79/20
嘗因朝會帝讀隗囂、公孫述○與書 13.7/84/19
上下○率焦心 13.9/85/6
故遂○率而陪園陵 13.11/86/20
言性不○害 13.11/86/28
而猥○毀墊淪失 13.11/86/28
殆陰下○爲蠹賊 13.11/86/29
素○親厚 13.11/87/2
不○踰越 13.13/88/7
遠○避 13.16/89/5
憙不與○見 13.16/89/5
光武以憙守簡陽侯○ 13.16/89/11
與五官將軍○逢 14.2/91/2
與右中郎將張邯○逢城門中 14.2/91/4
與鮑永○善 14.5/92/23
更○駘藉 14.5/93/8
○其土地之饒 14.5/93/26
甚○友善 15.2/95/11
無以○贈 15.5/96/19
○待如舊 15.5/96/26
老小○攜 15.9/98/19
輒舍車持馬還○迎 15.14/100/12
道路不敢○盜 15.17/101/14
深○敬愛 16.1/102/9
超行詣○者 16.3/102/24
〔○者〕曰 16.3/102/24
○者曰 16.3/102/25
此萬里侯○也 16.3/103/1
每以禮讓○厭 16.9/105/19
龍舒侯○ 16.12/107/5
○王吉以罪被誅 16.13/107/11
住止山陰縣故魯○鍾離意舍 16.14/107/19
上令群臣能說經者更○難詰 16.20/109/18
每○遇與談 16.22/110/8
○與久語 16.22/110/9
群賊于是○視 16.31/112/9
物類○生 16.34/113/7
人民餒餓○啖 16.41/114/26
民○率以石（撾）〔擿〕吏 16.46/115/28
與周黨○友 16.49/116/15
與○見 16.49/116/17
與鄉佐○聞期鬬日 16.50/116/27
然後與○擊 16.50/116/28
以爲才堪宰○ 17.4/118/24
與周澤○類 17.5/119/3
宰○之職 17.10/120/14
出爲魯○ 17.13/122/2
○對盡歡 17.23/124/22
即○謂此兒有義 17.24/125/2
分升合以○存活 17.24/125/4
元家○繼死沒 17.25/125/9
皆○率修義 17.25/125/12
死生○守 18.1/125/20
令妻子出○對 18.1/125/21
高欲望宰○ 18.5/127/15
掾自視孰與藺○如 18.6/128/4
每與○見 18.6/128/9
絕○聞見 18.6/128/11
意在○薦 18.8/128/21
前後○違 18.12/129/27
而更○隱蔽 18.12/130/2
燒者日日○屬 18.12/130/2
頗○恨 18.23/133/7
魯○ 18.25/133/20
令○近 18.29/135/9
使尚書令王鮪與酺○難 19.1/136/11
各退自○責讓 19.4/137/18
拜趙○ 19.5/138/4
父子○將歸鄉里 19.7/138/18
故古賢君○歎息重戒者 19.7/138/24
不敢○屈 19.11/139/26
爲東平○ 19.12/140/4
爲漢膠東○ 19.17/141/3
高譚等百八十五人推財○讓 19.17/141/6
前後萬餘人○屬于道 19.19/141/15
繩索○懸 20.12/147/15
還膠東○ 20.17/148/18
民有○爭訴者 20.17/148/18
重○和解 20.17/148/19
中山○朱遂到官 20.19/148/28
與馬國等○見 20.23/149/19
緩急有問者當○證也 20.24/150/6
張奐事勢○反 21.8/152/2
煙火○望 21.11/153/5
其兄昱爲沛○ 21.14/153/27
乃○與共除閹黨 21.14/153/27
時東州郡國○驚 21.33/157/7
更○侵奪 23.1/164/20
盆子及丞○徐宣以下二十餘萬人肉袒降 23.5/166/18
以○識別 23.6/167/1
少年欲○與償之 23.7/167/7
遂○聚得數百人 23.7/167/8
與劉永○會 23.10/168/11
囂、故宰〔○〕府掾吏 23.16/170/6

餘稍稍○隨 23.16/170/11
及丞○王〔嘉〕死 24.2/172/23
或自道先祖形貌表○ 24.14/174/1
司馬○如上疏曰 24.77/178/19
侍御史、東平○格班 24.82/179/3
○生至六十也 24.85/179/9
又使祀事以類○從 24.91/180/3

香 xiāng 17

魯丕與侍中賈逵、尙書令黃○等相難 2.3/17/1
左右旁人皆無薰○之飾 6.2/35/3
父○ 6.9/38/3
絜顯芬○ 12.10/80/22
食馨肉肌○ 17.24/125/1
蘭生○ 18.12/129/27
諸國侍子及督使賈胡數遺恂奴婢、宛馬、金銀、○罽之屬 19.20/141/22
黃○、字文彊 19.22/142/7
○躬執勤苦 19.22/142/7
帝賜○《淮南》、《孟子》各一通 19.22/142/10
○知古今 19.22/142/12
以○父尙在 19.22/142/15
○拜左丞 19.22/142/15
○上疏曰 19.22/142/16
○勤力憂公 19.22/142/17
○未入界 19.22/142/19
曾祖○、祖瓊 19.24/143/3

湘 xiāng 1

屯據臨○ 3.5/22/15

廂 xiāng 1

時在敬法殿東○ 6.2/34/22

鄉 xiāng 69

求封南陽蔡陽白水○ 1.1/1/6
次說在家所識○里能吏 1.1/9/4
尋玄、○侯 1.1/10/7
弟由、宜西○侯 1.1/10/8
南陽、帝○ 2.1/11/13
北○侯即尊位 3.2/19/25
北○侯薨 3.2/19/26
祖父茂封冠軍平望○侯 3.5/22/19
○三千六百八十一 5.1/28/3
徙南陽之白水○ 7.7/40/15
到其○ 7.12/43/20
封恭少子丙爲都○侯 7.17/44/22
國爲安○侯 7.17/44/22
丁爲魯陽○侯 7.17/44/22
皆罷遣歸○里 8.14/53/12
而津○當荆、揚之咽喉 9.2/56/2
乃自引兵還屯津○ 9.2/56/2
徙封彰爲平○侯 9.5/58/5
富貴不歸故○ 9.10/60/21
封耿○侯 10.1/62/9
（○）〔卿〕乃欲以治民自效 10.1/62/11
初爲○嗇夫 10.12/65/5
食小○亭 11.4/71/22
由是○里服其高義 11.9/73/4
援素與述同○里 12.1/75/13
○里稱善人 12.1/76/18
二月到武陵臨○ 12.1/77/5
○里歸德 13.10/85/12
17.23/124/19
與馬援同○里 13.11/87/1
壞父母之○ 14.4/92/6
○里爲之語曰 14.6/94/7
子獨求○ 15.1/94/25
得○亭厚矣 15.1/95/1
封爲定陵新安○侯 15.1/95/1
子張父及叔父爲○里盛氏一時所害 15.8/97/22
○里號之曰「一馬兩車茨子河」 15.14/100/13
乃以漢中郡南鄭之西○戶千封超爲定遠侯 16.3/103/21
○里甚榮之 16.16/108/14
○佐發黨徭道 16.50/116/26
與○佐相聞期關日 16.50/116/27
○佐多從兵往 16.50/116/27
使○佐先拔刀 16.50/116/27
○佐服其義勇 16.50/116/28
○黨大人莫不敬異之 16.52/117/12
因歸○里 17.2/118/9
○里徐子盛明《春秋經》 17.12/121/3
○里以此賢之 18.1/125/20
聲聞○里 18.13/130/16
以爲○三老 18.14/131/2
選○三老爲縣三老 18.14/131/3
○里號之曰「德行恂恂召伯春」 18.19/132/11
鴻○里孟氏女 18.29/135/1
不歸其○ 18.29/135/8
○里有爭財 18.30/135/16
父子相將歸○里 19.7/138/18
○里慕其行 19.11/139/21
○人稱其至孝 19.22/142/9
舅龍○侯爲作衣被 19.22/142/10
○里號曰「張曾子」 19.25/143/7
○人有爭曲直者 19.28/143/25
徵北○侯爲嗣 20.23/149/19
追封爲汝陰東○侯 20.25/150/12
○人欲爲具棺服 21.15/154/5
首○侯段普曾孫勝坐殺婢 21.49/159/16
與宜共挽鹿車歸○里 22.1/160/27
○邦稱之 22.1/160/27
崇北至蕃○ 23.1/165/16
檀○賊帥董次仲 23.20/172/16

襄 xiāng 5

紀者、○成縣君孫壽之舅也 6.9/38/3
爲○賁令 9.8/60/3
而○賁清靜 9.8/60/3
以○城羹亭一千二百戶增防 12.3/77/24
攻得邵、宜城、（若）〔鄀〕、編、臨沮、中（沮）廬、○陽、鄧、新野、穰、湖陽、蔡陽 23.13/169/9

庠 xiáng 3

鄧豹、字伯○ 8.8/49/24
宋均、字叔○ 17.14/122/7
貴○序 18.14/131/3

祥 xiáng 5

以求福〇也 3.5/23/2
以爲何故乃有此不〇之言 6.5/37/3
酺以爲褒制禮非禎〇之特達 19.1/136/21
問以〇異 20.4/145/20
虹蜺、小女子之〇 21.24/155/21

翔 xiáng 4

〇集京師 2.1/13/15
黃鵠群〇 15.2/95/20
翾〇復上縣庭屋 18.13/130/18
公卿以神雀五采〇集京師 18.17/131/23

詳 xiáng 3

〇爲其制 13.12/87/14
〇衆士之白黑 14.5/93/30
其〇思改救 20.19/149/1

享 xiǎng 9

〇之千金 1.1/7/11
其議增修群祀宜〇祀者 5.5/30/20
〇侯國哉 10.22/68/2
無功〇食大國 11.4/71/22
每〇射禮畢 11.7/72/14
〇受多福 12.11/81/18
臣聞文王〇國五十 13.1/82/20
是以皆永〇康寧之福 13.11/86/21
每春秋〇射 16.17/108/18

想 xiǎng 1

關中咸〇望天子 23.1/165/3

餉 xiǎng 2

太守王朗〇給糧食、布帛、牛羊 16.14/107/20
〇遺無所受 19.20/141/24

饗 xiǎng 10

共勞〇新市、平林兵王匡、王鳳等 1.1/2/10
每〇射禮畢 2.1/12/2
典辟雍、〇射、六宗、社稷之樂 5.4/28/20
辟雍、〇射 5.4/28/20
〇衛士于南宮 7.12/43/4
豈夫子欲令太守大行〇 14.2/90/26
十月（嚮）〔〇〕會 15.8/97/28
時臨〇禮畢 15.8/97/29
春秋〇射 18.14/131/3
〇賜作樂百戲 22.3/161/16

響 xiǎng 2

答〇之休符也 15.2/95/20
四方〇應 23.16/170/7

向 xiàng 16

不可以（〇）仰四門賓于之議 5.5/32/4
所〇皆靡 8.11/51/15
所〇無前 8.14/52/16
21.53/160/3
〇井再拜 8.17/54/10
幾及揚雄、劉〇父子 13.6/84/3
若〇南者多取帷帳 13.14/88/19
〇私門 15.2/95/24
神怒何故〇漢 16.3/103/14
吏民〇化 18.13/130/17
21.42/158/16
聞風〇化 22.4/162/1
慕義〇化 22.4/162/21
由是四方不復信〇京師 23.1/165/14
兵且西〇 23.17/171/12
所〇輒平 23.17/171/18

象 xiàng 12

至驅虎豹犀〇 1.1/2/17
《易》鼎足〇三公 2.1/12/23
〇林蠻夷攻燔官寺 2.3/17/4
永昌獻〇牙、熊子 3.1/18/12
舞所以〇功 5.5/31/9
〇其物宜 5.6/33/1
侵陵之〇也 13.11/86/29
〇見吉凶 20.4/145/21
畫彪形〇 21.16/154/10
有影〇如虎 22.5/164/3
並縣璣以〇天 24.89/179/18
而具天地之〇 24.90/179/23

項 xiàng 2

楚〇不昌 12.10/80/24
威執〇羽 14.4/92/7

像 xiàng 1

使畫伯升〇于埻 7.1/38/10

橡 xiàng 4

家有山田〇樹 18.28/134/13
〇盜截〇還之 18.28/134/14
拾〇實爲食 19.20/141/24

嚮 xiàng 5

發號〇應 8.14/52/20
「犬」外〇 12.1/76/13
〇望德義 13.1/82/24
拔刀自〇以要惲曰 15.8/97/25
十月（〇）〔饗〕會 15.8/97/28

消 xiāo 3

亦足以〇散其口 13.11/86/22
能〇卻姦邪 21.21/155/3
災蝗當以德〇 21.35/157/17

梟 xiāo 1

必令豺狼鴟〇 21.12/153/16

蕭 xiāo 13

隨其叔父在〇 1.1/1/14
更始遣使者即立帝爲〇王 1.1/4/7

○王推赤心置人腹中 1.1/4/9
詔京兆、右扶風以中牢
 祀○何、霍光 2.1/12/10
出郡錢穀給○何子孫 2.1/12/11
○、曹爲首 2.3/16/15
○何墓在長陵東司馬門
 道北百步 5.1/27/5
更始使侍御史黃黨即封
 世祖爲○王 8.14/52/12
○王受命平定燕、趙 14.1/90/2
時將軍○廣放縱兵士 15.10/99/3
○何舉韓信 17.10/120/14
初與京邑○友善 18.29/134/29
○彪、字伯文 21.55/160/13

簫 xiāo 1

其《短○鐃歌》 5.4/28/24

囂 xiāo 65

隗○上書 1.1/5/19
惟獨公孫述、隗○未平 1.1/6/3
○雖遣子入侍 1.1/6/8
○故吏馬援謂○曰 1.1/6/8
○曰 1.1/6/11
○大笑曰 1.1/6/12
隗○士衆震壞 1.1/6/23
○走入城 1.1/6/24
隗○餓 1.1/6/26
隗○死 9.1/55/16
彭圍隗○于西城 9.2/56/5
○尾擊諸營 9.2/56/6
襲隗○ 9.7/59/9
隗○破 9.7/59/9
公孫述遣兵救隗○ 9.7/59/10
馬武與衆將上隴擊隗○
 10.3/62/24
（一）〔○〕追兵盡還
 10.3/62/25
仇疾反虜隗○ 10.22/67/22
奉璽書于隗○ 11.2/70/19
○遣子恂隨入侍 11.2/70/19
帝謀西收○兵 11.2/70/19
○將王元說○ 11.2/70/20
因欲前刺○ 11.2/70/22
○起入 11.2/70/22
然上以略陽、○所依阻
 11.2/70/24
○圍歙于略陽 11.2/70/25
自將上隴討○ 11.2/70/26
○衆潰走 11.2/70/26
隗○破後 11.2/71/2
隗○甚重援 12.1/75/13
○使援往觀之 12.1/75/13
謂○曰 12.1/75/16
○乃使援奉書雒陽 12.1/75/17
援歸說○曰 12.1/75/22
上自征隗○ 12.1/75/24
因說○側足而立 12.1/76/1
○衆大潰 12.1/76/2
嘗因朝會帝讀隗○、公
 孫述相與書 13.7/84/19
寄隗○地 13.11/85/22
○乃出令曰 13.11/85/22
林雖拘於○ 13.11/85/24
○乃聽林持喪東歸 13.11/85/24
爲隗○餘黨所攻殺 15.11/99/16
爲隗○別將苟宇所拘劫
 16.30/111/25
車駕討隗○ 16.34/113/5
隗○、字君期 21.56/160/18
隗○、字季孟 23.16/169/25
○既立 23.16/169/25
說○曰 23.16/169/25
○從其言 23.16/170/1
割牲而盟光武與○書曰
 23.16/170/2
○、故宰〔相〕府掾吏
 23.16/170/6
○將王元說○曰 23.16/170/6
○然其計 23.16/170/11
光武賜○書曰 23.16/170/12
岑彭與吳漢圍○于西
 （域）〔城〕 23.16/170/13
漢圍○ 23.16/170/16
○窮困 23.16/170/16
○病且餓 23.16/170/18
○負隴城之固 23.16/170/18
是效隗○欲爲西伯也
 23.17/171/19
隗○敗 23.17/171/23

驍 xiāo 2

光武以劉植爲○騎將軍
 10.17/66/15
以嘉爲○騎將〔軍〕 10.19/66/23

殽 xiáo 2

大破之○底 9.4/57/14
盛修○膳 16.39/114/16

小 xiǎo 87

入○學 1.1/1/14
劉將軍平生見○敵怯 1.1/3/4
帝已乘王豐○馬先到矣 1.1/4/10
○縣多城守未下 1.1/7/3
武陽以東○城營皆奔走降 1.1/7/5
詔爲四姓○侯置學 2.1/12/29
五步外爲○廚 2.1/13/8
諸○王皆當略與楚、淮
 陽相比 2.1/13/28
又國遠而○于王 2.1/13/29
容于○大 2.2/15/26
以帝幼○ 3.1/18/8
始入○學 3.2/19/22
○黃門、黃門侍郎、中
 黃門秩皆比四百石 4.1/26/10
昔○白欲封 5.5/30/2
今予末○子 5.5/30/3
眇眇○子 5.5/32/8
獨左眉角○缺 6.2/34/11
〔后〕夢有○飛蟲萬數
 隨著身 6.2/34/15
○感慨輒自責 6.2/35/11
充（○）〔少〕君之位 6.5/36/18
宥○過 7.2/39/4
血從前髆上○孔中出 7.12/43/7
○黃門侍疾 7.12/43/15
子酺侮慢丁○妻 7.17/44/19
○大莫不感悅 8.2/48/2
薄葬○墳 8.10/51/3
視西安城○而堅 8.14/52/23
大○重疊 9.8/60/7
使○黃門扶起 9.10/60/23
○縣何足貪乎 10.7/63/17
忠更作新袍袴（解）

〔鮮〕支○單衣襪而
上之 10.14/65/18
何況○民乎 10.24/68/18
左右怪上數破大敵、今
得○城 11.2/70/24
食○鄉亭 11.4/71/22
常操○蓋 11.14/74/13
少○相善 12.1/75/19
若大姓侵○民 12.1/76/6
因出○黃門頭有蝨者 12.1/76/12
妨困（人）〔○〕民 12.2/77/13
子鉅爲常從○侯 12.3/78/7
我雖○人 13.11/85/26
○民負縣官不過身死 13.11/86/25
有大○負勝不齊 13.11/86/29
哀臣○稱病 13.12/87/24
攜○弱 13.16/89/8
不忌○怨 14.1/90/5
上遣○黃門問昱有所怪
不 14.3/91/19
天子默使○黃門持被覆
之 14.6/94/8
憐盛幼○而共寒苦 15.2/95/7
誠○臣所竊憂也 15.8/98/8
老○相攜 15.9/98/19
○臣蒙恩 15.17/101/13
不修○節 16.3/102/21
而○人猥承君後 16.3/104/3
寬○過 16.3/104/5
授皇太子及諸王○侯五
十人經 16.17/108/19
羊有大○肥瘦 16.25/110/25
朱勃○器速成 16.34/112/29
路過○黃 17.1/117/20
城門下○ 17.1/117/23
以外戚○侯每預朝會 17.1/117/25
郎位○ 17.13/122/1
形容短○ 17.21/123/25
何郡○吏 17.21/123/25
非○吏也 17.21/123/25
其後○民爭訟 18.1/125/26
與○吏受等 18.1/126/13
賊義其○、壯其志 18.6/127/25
見道中有諸生（來）
〔乘〕○車 18.12/130/5
以《大○夏侯尚書》教
授 18.17/131/22
○兒復爭 18.28/134/17
詔爲四姓○侯開學 19.1/136/6
恭憐丕○ 19.4/137/15
臣斗筲之○吏 19.15/140/16
所種○麥、故蒜 19.20/141/19
以錐刀○用 19.22/142/16
父母語「汝○何能多少」
19.25/143/8
拜○黃門 19.32/144/21
爲縣門下○吏 20.8/146/20
○人諂進 21.4/151/5
虹蜺、○女子之祥 21.24/155/21
俯刮席與○常侍語 23.1/165/6
又所置官爵皆出群○ 23.1/165/11
官爵多群○ 23.1/165/13
犯○罪 23.7/167/6
若○兒 23.11/168/23
○奴見子密聽其語 23.11/168/24

曉 xiǎo 12

文帝○終始之義 1.1/8/24
恭遣從官蒼頭○令歸 7.17/44/20
○邊事 8.15/53/20
○廢興 11.2/70/20
援○之 12.1/75/16
薦○古文字者 12.1/76/15
民不○信 13.11/86/5
上謂彭復往○之 14.1/90/5
詩敕○不改 15.10/99/4
頗○其禮 17.1/117/22
○習邊事 19.22/142/16
常是欲○太守也 20.10/147/4

孝 xiào 131

至○文、賈誼、公孫臣
以爲秦水德 1.1/5/5
至○武、（兒）〔倪〕
寬、司馬遷猶從土德 1.1/5/6
惟○宣皇帝有功德 1.1/8/10
景帝、所謂○子也 1.1/8/24
景帝能遵○道 1.1/8/27
又道忠臣○子義夫節士 1.1/9/4
○文皇帝賢明 1.1/9/18
如○文皇帝舊制 1.1/9/23
○明皇帝諱陽 2.1/11/5
諡曰○明皇帝 2.1/13/21
如○文皇帝（袷）〔祫〕
祭高廟故事 2.1/13/23
○章皇帝諱炟 2.2/14/3
○明皇帝第五子也 2.2/14/3
以至○稱 2.2/14/6,21.39/158/3
○乎惟○ 2.2/15/25
○和皇帝諱肇 2.3/16/5
○順聰明 2.3/16/5
○章帝由是深珍之 2.3/16/6
○殤皇帝諱隆 2.4/17/18
○殤襁褓承統 2.4/17/24
○安皇帝諱祜 3.1/18/5
清河○王第二子也 3.1/18/5
○王常異之 3.1/18/6
○順皇帝諱保 3.2/19/21
○安皇帝長子也 3.2/19/21
誦《○經》章句 3.2/19/22
○順皇帝宏秉聖哲 3.2/20/29
《○經》曰 3.2/21/1
○沖皇帝諱炳 3.3/21/7
○質皇帝諱纘 3.4/21/15
○沖帝崩 3.4/21/16
○桓皇帝諱志 3.5/21/23
河間○王孫 3.5/21/23
《○經》所謂「移風易
俗 5.4/28/20
○章皇帝親著歌詩四章 5.4/29/2
○成時 5.5/30/11
○文十二年令曰 5.5/30/18
○文皇帝躬行節儉 5.5/31/5
○景皇帝制《昭德》之
舞 5.5/31/6
○武皇帝功德茂盛 5.5/31/6
○宣皇帝制《盛德》之
舞 5.5/31/7
○明皇帝功德茂盛 5.5/31/26
如○文皇帝在高廟之禮 5.5/31/26
昔者○文廟樂曰《昭德》
之舞 5.5/31/27
○武廟樂曰《盛德》之
舞 5.5/31/28
今○明皇帝主在世祖廟 5.5/32/1
明德皇后宜配○明皇帝 5.5/32/13
○明帝作蠙珠之佩 5.6/33/11
至○之行 6.2/35/7
○和陰皇后 6.4/36/6

○之始也 6.5/36/13
申貴人生○穆皇 6.8/37/21
趙夫人生○崇皇 6.8/37/21
今以貴人爲○崇皇后 6.8/37/23
○桓帝鄧后 6.9/38/3
大王忠○慈仁 7.3/39/12
少有○友之質 7.12/42/13
惟王○友之德 7.12/43/5
琅邪○王京就國都 7.16/44/11
深執忠○ 8.1/46/20
復與段○共坐 8.11/51/11
○謂復曰 8.11/51/11
忠○之策 8.13/52/7
儀如○宣帝臨霍將軍故事 9.7/59/15
執志忠○ 10.22/67/22
事後母至○ 11.5/71/27, 14.2/90/15,19.12/140/4
○明皇帝尤垂情古典 11.7/72/13
○武帝時 12.1/76/26
褒忠○以爲珍 12.10/81/1
夫○莫大于尊尊親親 12.10/81/5
○友著於閭閫 12.11/81/11
○子善述父志 12.11/81/22
張湛、字子○ 13.10/85/12
忠臣○子 13.13/88/9
馮魴、字○孫 13.14/88/16
馮魴以忠○典兵 13.14/88/17
不遵○友 14.4/92/14
丁鴻、字○公 15.2/95/6
號之曰「殿中無雙丁○公」 15.2/95/15
郡舉○廉爲郎 15.8/98/6
奮素○ 15.11/99/12
初舉○廉 15.14/100/12
輒使慰勉○子 15.15/100/26
然內○謹 16.3/102/21
本非○子順孫 16.3/104/4
舉○廉爲郎中 16.13/107/11
清亮忠○ 16.20/109/12
舉爲○廉 16.29/111/21
仁○敦篤 16.41/114/25
以爲○感所致云 16.42/115/4
至○ 16.44/115/13,21.13/153/20
代名忠○ 17.7/119/12
以仁○著聞 17.11/120/19
詩性至○ 17.22/124/5
不敢驚○子 17.22/124/7
趙○、字長平 17.23/124/12
○爲郎 17.23/124/12
○曰 17.23/124/15
○聞 17.23/124/15
不如○肥 17.23/124/16
○得穀 17.23/124/16
○夫妻共蔬食 17.23/124/17
○辟太尉府 17.23/124/21
令○從官屬送喪歸也 17.23/124/22
彪少修○行 18.3/127/3
舉○廉 18.16/131/15
下邳知其○ 18.18/132/3
以○行稱 18.27/134/8
復舉其子○廉 19.1/136/9
事親至○ 19.9/139/8
父況舉○廉 19.22/142/7
鄉人稱其至○ 19.22/142/9
以○聞 20.6/146/9
○明永平始加撲罪 20.13/147/20
大司農陳奇舉沓至○ 21.13/153/23
太史令王立說《○經》六隱事 21.21/155/3
爲帝誦《○經》一章 21.21/155/4
察○廉 21.26/156/3
事母至○ 21.34/157/12
婉嫕慈○ 24.32/175/11
婉順慈○ 24.37/175/21
○明皇帝九子 24.74/178/13
永平、○明年號也 24.75/178/15
（○）〔考〕驗天狀 24.90/179/22
既合○明旨 24.91/180/3
○明立世祖廟 24.92/180/5

效 xiào 12

吏民相○ 1.1/6/21
盡力自○ 10.1/62/10
（鄉）〔卿〕乃欲以治民自○ 10.1/62/11
思得○命 10.14/65/25
而反○兒女子泣涕乎 11.2/71/5
○杜季良而不成 12.1/76/21
臣得竭死自○ 15.17/101/13
猶當○傅介子、張騫立功異域 16.3/102/23
以顯陳堪行有○ 16.35/113/17
林欲以爲功○ 22.5/164/4
是○隗囂欲爲西伯也 23.17/171/19
宜入《○祀志》 24.92/180/7

笑 xiào 29

○帝事田作 1.1/1/26
尤○言曰 1.1/2/16
帝乃○ 1.1/2/21
帝飲食語○如平常 1.1/3/12
大爲長安所○ 1.1/3/15
帝大○ 1.1/4/12,11.1/70/11
坐者皆大○ 1.1/4/16
囂大○曰 1.1/6/12
上與衆會飲食○語如平常 9.4/56/18
無爲郡縣所○ 9.4/57/11
上○曰 9.10/60/22,9.12/61/21,10.1/62/10,12.1/77/5
上大○ 10.1/62/10
市人皆大○ 10.11/64/15
上大○曰 10.11/64/19
茂○曰 10.26/69/17
○謂之曰 12.1/75/18
於是上復○曰 12.1/75/20
大○期必死 15.17/101/17
帝○指之曰 16.9/105/20
榮○而不應 16.9/106/3
平生○君盡氣 16.9/106/4
等輩○之曰 18.1/126/1
○曰 18.6/127/25
霸○曰 19.11/139/24
將軍得無○其言乎 23.15/169/21

叶 xié 1

《○圖徵》曰 5.5/31/12

邪 xié 18

具知閭里姦○ 1.1/1/17
都尉事（也）〔○〕 7.7/40/18
琅○孝王京就國都 7.16/44/11

弁凡平城陽、琅○、高
密、膠東、東萊、北
海、齊、千乘、濟南
、平原、泰山、臨淄
等郡 8.14/53/10
張舒內行○孽 14.4/92/14
案延資性貪○ 15.8/97/30
隱琅○之勞山 16.46/115/27
承宮、琅○姑幕人 17.12/121/3
琅○人 17.24/124/27
抑强絕○ 18.6/128/5
于以衰滅貪○便佞 19.1/136/20
當刺○矯枉 19.15/140/17
能消卻姦○ 21.21/155/3
○毗縱補 22.4/162/4
綜○流藩 22.4/162/27
莋○尋螺 22.4/162/27
菌補○推 22.4/162/30
阻蘇○犂 22.4/163/12

協 xié 4

萬國○和 2.3/17/13,7.20/45/11
罔射○同 5.5/31/18
殷伊（周）〔尹〕之○
德兮 12.10/80/20

恊 xié 1

○時月正日 15.2/95/18

挾 xié 2

懷○欲中光 12.4/78/18
懷○姦巧 20.20/149/6

脅 xié 5

○以送終之義 13.11/86/19
使黃門○導惲 15.8/97/21
欲○服衆 16.6/104/23
虜何敢迫○漢將 16.30/112/1
今日搖動者刀入○ 17.17/123/2

斜 xié 1

杜褒、○之塗 23.17/171/5

諧 xié 3

事不○矣 13.6/84/15
汝○ 16.9/105/17
不○ 18.23/133/7

寫 xiě 2

恒爲官傭○書以供養 16.3/102/23
恢欲殺青簡以○經書
20.17/148/12

屑 xiè 3

食糒乾飯○飲水而已 11.10/73/13
何其往來○○不憚煩也 15.6/97/7

械 xiè 3

解○飲食（之） 11.9/73/4
解○止宿 14.3/91/19
引○自椓口 21.30/156/20

鮭 xiè 1

○陽鴻、字孟孫 17.16/122/20

暵 xiè 1

○目討賊 12.1/76/24

懈 xiè 5

夙夜匪○ 13.16/89/17
未嘗○惰 13.16/89/19
後更疏○ 16.3/103/4
若以○慢爲愆 17.13/121/27
因爲執勤不○ 18.29/134/28

謝 xiè 26

汝南童子○廉、河南童
子趙建 3.2/20/11
手書○表 6.5/36/17
睦乃○絕賓客 7.3/39/11
光武使吳漢收○躬 9.2/55/26
○病不視事 10.21/67/14
叩頭○歸焉 10.26/69/9
封○侯 11.4/71/19
援頓首○曰 12.1/75/18
弘乃離席免冠○曰 13.6/84/7
即自入獄○之 15.8/97/25
伋辭○之 15.9/98/20
憑○曰 16.20/109/14
勿令遠詣闕○ 16.34/113/11
以○賊恩 17.11/120/25
○而歸之 18.12/130/8
收兵○罪 18.30/135/17
○不肯應 19.4/137/16
○遣門人 19.7/138/23
祐辭○而已 20.17/148/17
詣闕上書○恩 21.12/153/13
○曰 21.13/153/21
光武馳詣宛○罪 23.1/165/1
更始下（爲）〔馬〕拜
○城 23.1/165/17
赤眉○祿曰 23.1/165/19
○祿、字子奇 23.6/166/25
吏○去 23.18/172/7

齛 xiè 2

但以○一本 20.10/147/4
拔大本○ 20.10/147/5

心 xīn 76

賊亦兩○ 1.1/4/9
蕭王推赤○置人腹中 1.1/4/9
萬姓爲○ 1.1/4/14
其○休休焉 1.1/4/22
尙持兩○ 1.1/6/8
開○見誠 1.1/6/9
據其○腹 1.1/7/4
以承天○〔也〕 5.5/29/13
披露腹○ 5.5/32/4
○悅之 6.1/33/23
○怪偉之 6.3/35/23
○內害之 6.3/35/26
更始聞而○忌之 7.1/38/20
放○音樂 7.3/39/11
盡○王室 7.12/42/18
實勞我○ 7.12/42/24
孤○慘愴 7.12/43/4

中○戀戀 7.12/43/12
務悅民○ 8.1/46/13
其得人○如是 8.2/47/21
兢兢之○彌以篤固也 8.7/49/18
故披赤○爲大王陳事 8.14/52/17
故皆無二○ 8.17/54/13
肆○縱欲 8.17/54/13
皇甫文、峻之腹○ 9.1/55/21
無○降耳 9.1/55/22
○中動悸 9.4/57/6,9.4/57/7
百姓歸○ 9.4/57/15
〔○存王室〕 9.7/59/18
以衣中堅同○之士〔也〕 10.7/63/18
惟隗與袁安同○畢力 10.13/65/12
則二○也 10.14/65/23
○如金石 10.20/67/4
○腹已壞 11.2/70/24
以慰母○ 12.10/81/6
儒士痛○ 13.1/82/24
上下相率焦○ 13.9/85/6
得萬國之歡○ 13.11/86/7
衆○難違 13.11/86/8
狼子野○ 13.11/86/15
無反顧之○ 13.11/86/20
非仁者○ 13.16/89/4
盡○事上 13.16/89/17
百姓安土歸○ 14.1/90/2
人○難知 14.4/92/6
高世之（○）〔聲〕 14.5/93/16
收百姓之歡○ 14.5/93/28
敢不以死明○乎 15.8/97/26
以結寇○ 15.9/98/23
堪有同○之士三千人 15.12/99/24
班超何○獨擅之乎 16.3/103/9
而蠻夷懷鳥獸之○ 16.3/104/4
愚以爲太子上當合聖○ 16.10/106/23
誠仁者之○ 16.37/114/3
郗文公不以一人易其○ 16.37/114/3
君所使掾何乃仁于用○ 17.13/121/16
禮○怪疑 17.23/124/18
其得民○如此 18.1/126/17
欲明己○也 18.6/127/27
革專○養母 18.18/132/4
豎子有仁○ 19.4/137/21
有所一○ 19.6/138/9
獨勤○物務 19.7/138/21
盡○奉職 19.18/141/10
盡○供養 19.22/142/8
○不直者 19.28/143/26
爲人謹敏有○ 19.32/144/21
而衆獨一○王室 19.32/144/22
貫○洞背 20.8/146/21
光○不自安 20.24/150/7
而○力克壯 21.1/150/18
卓義其○ 21.18/154/19
○歸慈母 22.4/163/4
皆必死無二○ 23.16/170/16
內無忌克之○ 24.33/175/13

辛 xīn 5

二年春正月○未 2.1/11/26
○乎○乎 16.46/115/27
篤外高祖○武賢 18.23/133/9
○氏秉義經武 18.23/133/10

忻 xīn 1

說故舊平生爲○樂 11.1/70/10

欣 xīn 9

○喜聚觀 1.1/3/26
○然和悅 1.1/9/5
四方○○ 2.1/12/2,11.7/72/15
起居不○ 6.2/35/12
莫不○喜 8.14/52/18
帝甚○悅 19.1/136/11

訢 xīn 2

純與從昆弟○、宿、植共率宗（施）〔族〕賓客二千餘人 10.1/62/7
北當董○ 10.10/64/8

新 xīn 51

共勞饗○市、平林兵王匡、王鳳等 1.1/2/10
殺○野尉後乃得馬 1.1/2/11
時百姓以帝○破大敵 1.1/3/26
帝封○野主子鄧汎爲吳侯 1.1/10/6
〔以〕寧平公主子李雄爲○市侯 1.1/10/9
兄子竟、○鄭侯 1.1/10/10
○城山泉水大出 3.1/18/12
○野君薨 3.1/18/20
衣無製○ 3.2/20/30
至○野公主、壽張敬侯廟 3.5/22/18
出雲臺十二門○詩 5.4/29/3
光武適○野 6.1/33/23
時○平主家御者失火 6.2/35/11
時○遭大憂 6.5/36/18
及○野君仍喪 6.5/37/4
平陵後部攻○野 7.1/38/10
以國○遭大憂 8.5/48/19
南擊赤眉于○城 8.11/51/17
上○即位 9.1/55/4
與弘農、厭○、柏華、蠻中賊合戰 9.7/59/6
忠更作○袍袴（解）〔鮮〕支小單衣襪而上之 10.14/65/18
○野宰潘叔爲請 11.1/70/7
〔○野〕吏乃燒晨先祖祠堂 11.1/70/7
王○歸國 11.9/73/5
其後隴西○興 12.9/80/13
御坐○施屏風 13.6/84/11
上姊湖陽公主○寡 13.6/84/12
適○娶 14.3/91/18
○主立不肯降 14.4/92/4
宜及○主之未爲 14.4/92/12
○主既成 14.4/92/12
天下（日）〔自〕以去亡○ 14.5/93/12
封爲定陵○安鄉侯 15.1/95/1
其賜堪家○繒百匹 15.12/100/3
時天下○定 15.15/100/23
世祖嘗於○野坐文書事被拘 15.17/101/11
號曰《○論》 16.16/108/12
爲建○大尹 16.37/113/28
（守）〔有〕○野功曹

鄧寅 17.1/117/24
天下○定 17.23/124/16
時山陽○遭地動後 18.14/131/1
葉令雍霸及○野令皆不遵法 18.26/133/28
勤還入○野界 18.26/134/1
因留○豐教授 19.4/137/16
迎○千里 19.8/139/4
處○安關下 19.20/141/24
北○城人 20.23/149/18
○市人王匡、王鳳爲平理爭訟 23.1/164/20
號○市兵 23.1/164/21
然漢兵以○市、平林爲本 23.1/164/23
攻得邵、宜城、（若）〔鄀〕、編、臨沮、中（沮）廬、襄陽、鄧、○野、穰、湖陽、蔡陽 23.13/169/9

歆 xīn 14

與劉○等會戰 8.14/53/6
劉○、字細君 10.18/66/19
子○對曰 11.8/72/22
張○（字）〔守〕皐長 11.9/73/3
○召囚詣閣 11.9/73/3
○將令尉入宮搜捕 11.9/73/5
○坐左遷爲汲令 11.9/73/5
韓○、字翁君 13.7/84/19
○曰 13.7/84/20
○及子嬰皆自殺 13.7/84/21
蘇竟與劉○兄子恭書曰 16.28/111/16
薦陰亶、程胡、魯○自代 17.2/118/9
翟○、字敬子 21.46/159/3
○當嗣爵 21.46/159/3

薪 xīn 4

馮異抱○ 1.1/3/24
樵○ 17.12/121/5
○萊芻牧 20.4/145/25
廣漢坐論爲鬼○ 24.72/178/8

馨 xīn 1

食○肉肌香 17.24/125/1

鐔 xín 3

堅○、字子皮 10.10/64/8
光武以○爲揚化將軍 10.10/64/8
○獨孤絕 10.10/64/8

信 xìn 54

封武○侯 1.1/3/12
諸將未能○ 1.1/4/9
帝未○ 1.1/4/17
明設丹青之○ 1.1/9/27
就、○陽侯 1.1/10/8
○哉 2.4/17/25
○道不篤 5.5/30/4
開示恩○ 6.5/36/20
至○都 9.4/57/1
軼多詐不○ 9.4/57/3
西行布威○ 9.4/57/11
王郎遣將攻○都 10.14/65/21
○都大姓馬寵等開城內之 10.14/65/21
○都人也 10.16/66/7
○都反 10.16/66/8
所置○都王捕繫彤父弟及妻子 10.16/66/8
彤親所以至今日得安于○都者 10.16/66/10
太守不○ 10.26/69/19
是君臣父子○也 11.2/70/21
違背忠○ 11.2/70/22
援務開恩○ 12.1/76/4
符印所以爲○也 12.1/76/15
徒○己以榮名 12.10/80/21
可○顏於王廬 12.10/80/21
明○結於友朋 12.11/81/11
篤○好學 13.1/82/23
勸進忠○ 13.1/83/2
民不曉○ 13.11/86/5
○義著聞 13.16/89/6
遣○人馳至長安 14.2/90/20
昔者韓○將兵 14.4/92/7
君長將兵不與韓○同日而論 14.4/92/10
必有忠○ 14.5/93/24
伋謂違○〔於諸兒〕 15.9/98/22
以誅暴立威○ 15.10/99/5
時人方於召○臣 15.10/99/6
其俗○巫 16.3/103/14
○哉斯言 17.1/117/28
北地太守廖○貪污下獄 17.3/118/19
詔以○田宅奴婢錢財賜廉吏太常周澤 17.3/118/19
蕭何舉韓○ 17.10/120/14
會○陽侯至 17.17/123/3
○陽侯陰就於干突車騎簿 17.20/123/19
○陽侯驕慢 17.20/123/20
甚見○用 18.17/131/26
諷輒爲○旛 19.19/141/15
誠○行乎州里 19.28/143/25
帝親○焉 19.32/144/23
以爲○ 20.24/150/3
由是四方不復○向京師 23.1/165/14
寵與所親○吏計議 23.11/168/18
豐○之 23.12/169/4
將何以見○于衆 23.16/169/27
訛言不可○ 23.17/171/25

釁 xìn 1

抉瑕擿○ 16.8/105/7

星 xīng 9

有流○墜尋營中 1.1/2/26
神○晝見 1.1/5/2
以日月○辰 5.5/30/15
日月○辰之神 5.5/30/17
日月○辰 5.6/32/24
兼明圖讖、天官、○氣、鍾律、（歷）〔曆〕算 19.22/142/12
下端望之以視○宿 24.89/179/18
轉璣窺衡以知○宿 24.89/179/18
撰建武以來○變彗孛占驗著明者續其後 24.90/179/28

腥 xīng 1

肉○臊不可食 17.24/125/2

興 xīng 77

代郡太守劉○將數百騎攻賈覽 1.1/6/13
○已爲覽所殺 1.1/6/14
以（尉衛）〔衛尉〕關內侯陰○爲侍中 1.1/8/15
○受詔雲臺廣室 1.1/8/15
迭○之後 1.1/8/22
翕然龍舉雲○ 1.1/10/16
封太后弟陰○之子慶爲鮦陽侯 2.1/11/23
漢家中○ 2.1/13/24
元○元年夏五月 2.3/17/9
元○元年冬十二月 2.4/17/18
中常侍江京、樊豐等共〔○〕爲詐 3.1/19/14
龍○統業 3.2/20/29
永○二年 3.5/21/30
扶助中○ 3.5/22/19
永○元年 5.1/28/3
（廢）〔撥〕亂中○ 5.5/29/11
猶爲中○ 5.5/29/21
○復祖宗 5.5/29/24
光武皇帝受命中○ 5.5/31/7
民樂其○師征伐 5.5/31/10
光武受命中○ 5.6/32/22
○爲魯王 7.1/38/23
○遷弘農太守 7.2/39/3
○收申案論 7.2/39/3
輒驛馬下問○ 7.2/39/6
故以蟻爲○文 7.9/41/23
蒼因上《世祖受命中○頌》 7.12/42/26
○、蒲亭侯 7.17/44/23
漢○以來 8.7/49/13,12.11/81/25
鄧氏自中○後 8.7/49/19
聞劉氏復○ 8.14/52/18
耿氏自中○以後迄建安之末 8.17/54/14
○鴻郤陂 11.1/70/13
曉廢○ 11.2/70/20
光武皇帝受命中○之初 11.7/72/12
陰○、字君陵 11.14/74/13
上欲封○ 11.14/74/14
○固讓曰 11.14/74/14
上嘉○之讓 11.14/74/15
○盡忠竭思 11.14/74/15
友人張汜、杜禽與○厚善 11.14/74/17
○夫人薨 11.14/74/20
追封加謚○曰鮦陽翼侯 11.14/74/20
○復陂湖 12.8/80/1
其後隴西新○ 12.9/80/13
先與鄭○同寓隴右 13.11/85/26
上徵○爲大中大夫 13.11/85/27
及至漢○ 13.11/86/2
世據以○ 13.11/86/6
及漢初○ 13.11/86/17
太守趙○欲出謁 14.2/90/16
○因還 14.2/90/17
○兵背畔 14.4/92/5
是故君臣兩○ 14.5/93/2
疾疫大○ 14.5/93/7
龍○鳳舉 14.5/93/9
昔周宣中○之主 14.5/93/17
明帝復○ 14.5/93/19
鄭○從博士金子嚴爲《左氏春秋》 16.5/104/14
光武○立《左氏》 16.8/105/9
劉般、字伯○ 17.7/119/12
○功役者令 17.13/121/20
京兆尹閻○召倫爲主簿 18.1/125/25
○署倫督鑄錢掾 18.1/125/26
世祖中○ 18.3/127/3
司隸校尉下邳趙○不卹諱忌 18.25/133/19
盛春○發 19.4/137/24
關東號曰「《五經》復○魯叔陵」 19.5/138/5
○學校 19.13/140/8
而無故○干戈、動兵革 19.16/140/26
元○元年奏上之 20.9/146/26
昔馬援以薏苡○謗 20.17/148/13
與假號將軍李○等結謀 23.9/168/5
○北至單于庭迎芳 23.9/168/5
內因○等 23.9/168/6
改元曰龍○ 23.17/171/10

刑 xíng 22

淫○放濫 3.2/20/9,20.19/149/1
去肉○ 5.5/31/5
天下乂安○措之時也 5.5/32/5
輕殊死○三十四事 12.9/80/9
輕殊死○八十一事 12.9/80/9
是以五帝、三王之○ 12.9/80/10
○罰不可廢於國 12.9/80/11
刻肌膚以爲○ 13.11/86/1
除肉○之重律 13.11/86/3
○法彌深 14.5/93/5
○罰不中 16.37/114/2
輕○愼罰 17.13/121/18
不任○名 18.14/131/3
錫帛免○ 18.23/133/8
褒不被○誅 19.1/136/22
○不濫 19.7/138/24
重○之至也 19.7/138/24
先遣吏到屬縣盡決罪行○ 19.26/143/13
爲政愼○重殺 21.54/160/7
市無○戮 21.54/160/8
存哀愼○ 24.42/176/3

行 xíng 182

有武帝○過宮 1.1/1/9
請爲前○諸部堅陣 1.1/3/2
更始欲以近親巡○河北 1.1/3/17
案○賊營 1.1/4/9
師○鼓舞 1.1/4/13
○夏之時 1.1/5/8,5.6/32/21
簡練臣下之○ 1.1/6/5
何忍○此 1.1/7/11
以車○數里 1.1/8/5
留數日○ 1.1/8/6
一札十○ 1.1/9/3
道古○事 1.1/9/4
當以時施○ 2.1/11/21
○大射禮 2.1/11/28
初○養老禮 2.1/11/28
親自制作《五○章句》 2.1/12/2

11.7/72/14
步○觀部署 2.1/12/16
○幸南陽 2.1/12/31
帝○幸 2.2/14/15
帝王之上○也 2.2/15/25
遣侍中杜喬、光祿大夫周舉等八人分○州郡 3.2/20/21
陳○相師還奏 3.6/23/14
屬官有丞一人、大○丞一人 4.1/25/3
大○丞有治禮員四十七人 4.1/25/3
校尉、中郎將、諸郡都尉、諸國○相、中尉、內史、中護軍、司直秩皆比二千石 4.1/25/20
與舊詩並○者 5.4/29/4
順天○誅 5.5/29/11
孝文皇帝躬○節儉 5.5/31/5
依書《文始》、《五○》、《武德》、《昭德》、《盛德》修之舞 5.5/31/14
用其《文始》、《五○》之舞如故 5.5/31/15
奏《武德》、《文始》、《五○》之舞 5.5/31/27
天子○有罼罕 5.6/32/19
至孝之○ 6.2/35/7
○未還宮 6.5/37/1
分遣文學循○屬縣 7.2/39/3
是吾幼時狂意之○也 7.3/39/13
使者受命而○ 7.3/39/14
荊州刺史上其義○ 7.7/40/16
○縣 7.7/40/16
酒數○ 7.7/40/17
務○約省 7.8/41/14
因過按○閱視皇太后舊時衣物 7.12/43/4
命史官述其○迹 7.22/45/24
而師○有紀 8.1/46/23
鄧鴻○車騎將軍 8.3/48/8
布衣徒○ 8.6/48/27
○常自被甲在前 8.16/53/25
○大將軍事 9.1/54/25
今爲吾○也 9.1/55/17
輒○太守事 9.2/56/8
施○恩德 9.4/56/20
徇○郡縣 9.4/56/21
西○布威信 9.4/57/11
常○諸營之後 9.4/57/20
是教令○也 9.7/59/5
王莽時舉有德○、能言語、通政事、明文學之士 9.10/60/17
如衣繡夜○ 9.10/60/21
吏民遮道不得○ 9.12/61/17
詔取○者車馬 10.1/62/6
即日○大將軍事 10.4/63/3
（遺）〔遣〕司馬虞封間○通書 10.22/67/20
○河西五郡大將軍、涼州牧、張掖屬國都尉竇融 10.22/67/21
自出案○ 10.26/69/19
○己在于清濁之間 10.26/69/24
禹巡○守舍 11.10/73/13
功曹（吏）〔史〕戴閏當從○縣 11.10/73/15
臣聞○天者莫如龍 12.1/76/25
○地者莫如馬 12.1/76/25
援○亭障 12.1/77/2
援因復請○ 12.1/77/3
遂獨○十月迎氣樂 12.3/78/4
○之有逆順耳 12.9/80/12
今以平狄將軍孫咸○大司馬事 12.14/82/14
竊見故大司徒陽都侯伏湛自○束脩 13.1/82/22
○爲儀表 13.1/82/23
○至河東 13.9/85/4
以篤○純淑 13.10/85/12
誰能○義 13.11/85/26
政卑易○ 13.11/86/4
昔魯隱有賢○ 13.11/86/23
不○已久矣 13.12/87/14
亦○此禮 13.12/87/17
請可如禮施○ 13.12/87/19
大○移書問嗣 13.12/87/23
奮迅○伍 13.16/89/3
於是擢舉義○ 13.16/89/13
乞身○服 13.16/89/17
再奉大○ 13.16/89/19
○太尉事趙憙 13.16/89/20
將詣○在所河津亭 14.1/90/10
更始以永○大將軍 14.2/90/17
○將軍事 14.2/90/18
雖○將軍 14.2/90/18
豈夫子欲令太守大○饗 14.2/90/26
永○縣到京兆霸陵 14.2/91/7
仁者、百○之宗 14.2/91/10
○之高者也 14.2/91/11
威○得衆不及智伯萬分之半 14.4/92/10
服桀之○ 14.4/92/14
張舒內○邪孽 14.4/92/14
將○其法 14.4/92/15
豈特圭璧其○ 14.5/93/17
結侶將○ 15.5/96/23
果於○義 15.7/97/13
〔始至〕○部 15.9/98/19
〔○部〕既還 15.9/98/22
臣○部入長沙界 15.14/100/16
乃聘請高○俊乂如董子儀、嚴子陵等 15.15/100/24
每時○縣 15.15/100/26
○旅至夜 15.17/101/15
每○巡狩 16.2/102/17
超○詣相者 16.3/102/24
掾雖不○ 16.3/103/9
既○ 16.6/104/26
示我顯德○ 16.9/106/11
上親於辟雍自講所制《五○章句》已 16.10/106/18
聽以大夫○喪 16.11/106/28
○○且止 16.13/107/13
賓客從者皆肅其○也 16.14/107/22
言當世○事 16.16/108/12
○巡狩 16.16/108/13
○部 16.30/111/25
使者督○郡國 16.33/112/21
以顯陳堪○有效 16.35/113/17
三年不視事○縣 16.37/114/1
延以寅雖有容儀而無實○ 17.1/117/26
晝伏夜○ 17.2/118/8
在位者莫不仰其風○ 17.8/119/22
○求索 17.12/121/4
徒病不能○ 17.13/121/14
楊政、字子○ 17.17/122/24

說經鏗鏗楊子〇 17.17/122/25
詐曰〇學 17.22/124/6
顯宗聞其〇 17.23/124/21
帝嘉其篤〇 17.23/124/21
然後〇之 17.25/125/12
閭里感其〇 17.25/125/12
上書薦善〇狀 17.25/125/13
修〇清白 18.1/125/19
彪少修孝〇 18.3/127/3
以德〇稱于代 18.6/127/22
皆厲〇之士 18.6/128/4
不忍〇也 18.12/129/27
政化大〇 18.15/131/9
〇縣齎持乾糒 18.15/131/9
〇則誦文書 18.16/131/14
褒親自履〇 18.16/131/16
于是京師貴戚順陽侯衛尉馬廖、侍中竇憲慕其〇 18.18/132/6
以志〇稱 18.19/132/11
鄉里號之曰「德〇恂恂召伯春」 18.19/132/11
私語〇事人使不加力 18.22/133/1
以孝〇稱 18.27/134/8
〇罪法 19.1/136/19
下車表〇義 19.2/137/4
太尉趙憙聞恭志〇 19.4/137/15
恭不得已而〇 19.4/137/16
恭隨〇阡陌 19.4/137/19
寵使案〇 19.7/138/25
鄉里慕其〇 19.11/139/21
每〇軍調度 19.22/142/16
以德〇高妙 19.23/142/24
先遣吏到屬縣盡決罪〇刑 19.26/143/13
誠信〇乎州里 19.28/143/25
張敏以〇大射禮 20.1/144/29
子孫常蔬食步〇 20.2/145/6
警蹕而〇 20.3/145/16
身蹈絕俗之〇 20.4/145/23
常步〇隨師 20.11/147/11
〇則鳴玉 20.13/147/20
〇吟經書 20.17/148/16
財貨公〇 21.4/151/6
晝夜兼〇 21.8/151/27
惟妻子可以〇之 21.15/154/6
乃不復〇也 21.21/155/5
周〇為涇令 21.32/157/3
修〇婦道 22.1/160/27
止〇過肅名趙李時銓不卒 24.68/177/27
夫清道而後〇 24.77/178/19
以〇日月 24.90/179/24

形 xíng 13

始〇于此 1.1/1/12
氣勢〇體 1.1/10/16
〇貌似龍 3.6/23/21
〇于顏色 8.7/49/13
〇骸骨立 12.4/78/13
問疾病〇狀 12.6/79/13
兄弟〇皆偉壯 13.13/88/4
度其〇況 13.16/89/12
〇容短小 17.21/123/25
畫彪〇象 21.16/154/10
〇似龍 21.24/155/20
或自道先祖〇貌表相 24.14/174/1
〇容極變 24.14/174/2

邢 xíng 1

夕陽侯〇崇孫之為賊所盜 21.50/159/20

陘 xíng 3

蛇邱有芳〇山 5.1/27/9
太原至井〇 10.5/63/8
東帶石〇關 14.5/93/22

滎 xíng 1

至〇陽 15.6/97/6

餳 xíng 1

野王獻甘膠、膏〇 11.5/72/1

省 xǐng 30

以車騎〇 1.1/8/6
少〇思慮 1.1/9/6
葬務從〇約 1.1/9/23
勞賜〇事畢 2.1/12/16
詔〇荏弱平簟 2.4/17/20
數燕見（〇）〔在禁〕中 3.1/18/7
延光元年〇 4.1/25/1
〇庶獄 6.5/36/24
務行約〇 7.8/41/14
慶得入〇宿止 7.21/45/20
歲〇億萬計 8.2/47/17
而久在禁〇 8.5/48/21
勤勞〇闥 12.3/77/23
宿衛宮〇 12.3/77/24
視事減〇諸費 12.4/78/16
都使詣〇門 12.6/79/12
〇煩苛 13.11/86/2
〇群議之是非 14.5/93/29
常伏〇（門）〔閣〕下 14.6/94/8
〇愛民役 15.10/99/5
用力〇 15.10/99/6
〇諸卒 15.15/100/25
我欲〇煩耳 16.49/116/16
親自〇治 18.16/131/18
晝夜不離〇闥 19.22/142/14
爭隙〇息 20.17/148/20
從〇中還外府 20.23/149/21
朝夕瞻〇 21.1/150/18
訓即夜詣〇 21.33/157/7
親奉定〇 24.39/175/25

姓 xìng 71

宛大〇李伯玉從弟軼數遣客求帝 1.1/2/1
安集百〇 1.1/3/18
時百〇以帝新破大敵 1.1/3/26
萬〇為心 1.1/4/14
百〇怨嘆 1.1/9/10
朕無益百〇 1.1/9/23
百〇嗟怨 2.1/11/9
詔為四〇小侯置學 2.1/12/29
百〇殷富 2.1/13/1
手署〇名 2.2/15/8
群僚百〇 3.1/19/16
而德教加于百〇 3.2/21/1
章示百〇 3.4/21/17
救萬〇命 5.5/29/11
宜封禪為百〇祈福 5.5/30/1

殘賊百〇 5.5/31/4
（陛下）〔百〇〕盛歌
元首之德 5.5/32/5
故冒〇爲梁氏 6.9/38/4
時百〇饑 8.1/47/4
百〇患苦王莽苛刻日久
8.14/52/18
無令他〇得之 8.14/52/21
百〇遮道曰 9.1/55/13
百〇持酒肉迎軍 9.2/56/6
百〇失望 9.4/56/20
百〇歸心 9.4/57/15
信都大〇馬寵等開城內
之 10.14/65/21
若大〇侵小民 12.1/76/6
衆賢百〇 13.1/82/24
百〇號呼哭泣 13.5/83/20
懷〇九宗分唐叔 13.11/86/16
常敗百〇安居 13.11/86/29
舞陰大〇李氏擁城不下
13.16/89/5
百〇歌之 13.16/89/13
百〇安土歸心 14.1/90/2
臣聞故事通官不著〇 14.3/91/20
怪使司隸而著〇也 14.3/91/20
絕鮑氏之〇 14.4/92/13
加乎百〇 14.5/93/16
百〇驚駭 14.5/93/21
收百〇之歡心 14.5/93/28
百〇以殷富 15.12/100/1
百〇悅之 15.15/101/1
百〇奔逃 16.43/115/8
百〇歌之曰 17.9/119/27
撫循百〇如赤子 17.13/121/18
百〇無事 17.13/121/20
皆取百〇男女 17.14/122/8
百〇患之 17.14/122/8
21.3/150/28
變易〇名 18.1/125/22
百〇悅服 18.1/125/26
百〇攀轅扣馬呼曰 18.1/126/16
百〇聞之 18.1/126/16
以國氏〇 18.6/127/21
易〇爲朱 18.6/127/22
百〇爲便 18.12/130/3
百〇皆喜 18.12/130/4
百〇安業 18.13/130/19
百〇窮困 18.14/131/1
百〇扶車叩馬 18.15/131/10
詔爲四〇小侯開學 19.1/136/6
百〇垂涕送之滿道 19.1/136/14
百〇化其恩禮 19.17/141/6
百〇喜 19.21/142/1
四〇權右 21.20/154/27
爲百〇之所賤 23.1/165/12
百〇饑餓 23.6/167/2
詐〇劉氏 23.9/168/3
以鎮百〇 23.17/171/2
〇當塗 23.17/171/12
百〇空市里往觀之 23.17/171/24

性 xìng 44

雅〇不喜聽音樂 1.1/7/14
而失黃、老養〇之道 1.1/9/6
體有敦愨之〇 3.2/19/21
上以后〇賢仁 6.1/34/1
太后雅〇不好淫祀 6.5/37/2
而睦〔〇〕謙恭好士 7.3/39/10
彊〇明達恭謹 7.8/41/6
追念彊雅〇恭儉 7.8/41/13
〇謙儉 7.8/41/14
王〇好經書 7.9/41/28
骨肉天〇 7.12/43/12
漢〇忠厚 8.10/50/14
宗〇方正 8.12/52/1
〇勇壯 8.16/53/24
大王重慎之〇也 9.4/57/7
〇謙恭 10.21/67/14
質〇頑鈍 10.22/67/25
防〇矜嚴公正 12.3/78/4
達生任〇 12.7/79/19
直推雅〇 12.11/81/11
救、贍全其〇命也 13.11/86/23
言〇不相害 13.11/86/28
〇周密 13.16/89/17
〇好文德 14.2/90/18
資〇清白 15.5/96/14
〇剛直中正 15.7/97/12
案延資〇貪邪 15.8/97/30
子勉正〇命 15.8/98/5
〇節儉而治清平 15.10/99/5
〇寬和容衆 16.2/102/14
今君〇嚴急 16.3/104/5
伏見太子體〇自然 16.10/106/22
鸞貞亮之〇 16.12/107/5
〇明達 17.4/118/23
21.52/159/28
詩〇至孝 17.22/124/5
倫〇節儉 18.1/126/13
〇恭儉謙約 18.27/134/8
〇沈深好學 19.5/138/3
〇純淑 19.7/138/21
〇清約質樸 19.11/139/22
〇忠誠 20.2/145/10
〇節儉 21.36/157/21
體〇慈□ 24.37/175/21

幸 xìng 57

〇南宮 1.1/5/1
〇舊宅 1.1/5/18
帝〇舂陵 1.1/5/18
帝〇盧奴 1.1/5/22
〇太學 1.1/5/27
每〇郡國 1.1/6/4
〇章陵 1.1/7/1
〇南陽、汝南 1.1/8/10
帝〇長安 1.1/9/15
〇辟雍 2.1/11/28
〇長安 2.1/12/5,24.77/178/19
帝與皇太后〇南陽祠章
陵 2.1/12/15
帝在于道所〇見吏 2.1/12/16
〇鄴 2.1/12/21
行〇南陽 2.1/12/31
〇孔子宅 2.1/13/11
〇東平王宮 2.1/13/12
帝行〇 2.2/14/15
〇魯 2.2/14/22
還〇東平王宮 2.2/14/24
〇北宮 2.3/16/19
〇洛陽寺 2.3/16/25
親〇東觀 2.3/17/7
〇宛還 3.1/19/13
是時皇太子數不〇 3.3/21/7
上〇雲夢 3.5/22/18
不私〇望 5.5/31/1
太后〇洛陽寺 6.5/36/24
尤見〇 7.3/39/10
因出〇津門亭發喪 7.8/41/10

上〇東平 7.12/43/20
上移〇北宮章德殿 7.21/45/20
〇得遭値明盛 8.5/48/20
車駕〇（祐）〔祜〕第 9.6/58/16
〇遵營 9.7/59/9
還〇城門 9.7/59/15
臣〇得受干戈 9.11/61/7
每〇南陽 10.21/67/16
〇至丞相府還我 10.26/69/9
上數〇其宅 11.11/73/24
上數〇防府 12.3/78/1
蒙宗不〇兮 12.10/80/24
儌〇之望 13.11/86/24
天下〇甚 13.11/86/30
又前十八年親〇長安 13.12/87/17
車駕西〇長安 13.13/88/11
帝嘗〇其府 13.15/88/24
哲士不徼〇而出危 14.4/92/4
今衍〇逢寬明之日 14.5/93/3
車駕〇太學 16.9/105/18
嘗〇太常府 16.9/106/5
乃〇均舍 18.10/129/15
〇東（都）〔郡〕 19.1/136/10
因與俱迎濟陰王〇南宮雲臺 20.24/150/5
獻帝〇弘農 21.27/156/7
上〇離宮臨觀 22.3/161/16

凶 xiōng 5

前太子卬頑〇失道 7.20/45/13
吉〇之決 11.2/70/22
輕弄〇器 14.4/92/6
吉〇占應 18.31/135/22
象見吉〇 20.4/145/21

兄 xiōng 71

〇伯升好俠 1.1/1/26
比之高祖〇仲 1.1/1/27
先是時伯玉同母〇公孫臣爲醫 1.1/2/1
固始侯〇弟爲帝言 1.1/2/3
趙王庶〇胡子進狗牒馬（醢）〔醢〕 1.1/3/18
〇子竟、新郪侯 1.1/10/10
所以承事〇弟 2.1/11/15
〇事五更 2.1/11/28
帝憐廣陵侯〇弟 2.1/13/12
友于〇弟 2.2/15/25
皇后與〇顯 3.1/19/14
遂與〇冀定策于禁中 3.5/21/25
上令太夫人及〇弟得入見 6.2/34/22
〇爲虎賁中郎將 6.2/34/24
諸〇持后髮 6.5/36/12
諸〇常悲傷思慕 6.5/37/5
伯升〇弟 7.1/38/20
陟〇弟常居禁中 8.4/48/13
故悝〇弟率常在中供養兩宮 8.5/48/19
〇弟充列顯位 8.5/48/20
和熹后〇也 8.6/48/26
純〇歸燒宗家廬舍 10.1/62/9
外孫何氏〇弟爭財 11.3/71/11
援三〇 12.1/75/6
次兩〇爲吏京師 12.1/75/8
《與〇子嚴敦書》曰 12.1/76/20
〇弟父子并受爵土 12.2/77/12
防〇弟二人各六千戶 12.3/77/23
防〇弟奴婢各千人以上 12.3/78/8
從〇毅 12.8/79/24
湛同產〇子也 13.3/83/11
〇根 13.12/87/23
自以〇弟不當蒙爵土之恩 13.12/87/24
〇弟形皆偉壯 13.13/88/4
魴父子〇弟並帶青紫 13.14/88/20
從〇爲人所殺 13.16/89/3
今子以〇弟私恩而絕父不滅之基 15.2/95/12
讓於〇子 16.10/106/16
孤〇子一人學方起 16.10/106/20
蘇竟與劉歆〇子恭書曰 16.28/111/16
嘗候馬援〇況 16.34/112/28
〇知其意 16.34/112/29
下有〇弟 16.37/113/29
與〇俱出城採蔬 16.41/114/26
〇年老羸瘠 16.41/114/26
願代〇 16.41/114/27
命歸求豆來贖〇 16.41/114/27
惟琳〇弟獨守冢廬 16.43/115/8
〇弟怡怡 17.23/124/18
譚有一孤〇子 17.24/125/3
養活〇子 17.24/125/5
倫獨收養孤〇（下）〔子〕、外孫 18.1/125/20
不過從〇飯 18.1/126/8
〇仲、爲縣游徼 18.10/129/8
歸以與〇 18.10/129/8
〇感其言 18.10/129/9
失〇 18.10/129/10
養孤兒〇子甚篤 18.10/129/10
養〇崇孤兒 18.28/134/15
〇弟雙高 19.4/137/14
霸孤〇弟子來候 19.11/139/18
見〇子乘車 19.11/139/19
常念〇與嫂在家勤苦 19.11/139/20
與〇弟子同苦樂 19.11/139/21
長〇伯爲霸取妻 19.11/139/24
李充、〇弟六人 19.27/143/19
〇大將軍憲等並竊威權 19.32/144/22
及憲〇弟圖作不軌 19.32/144/23
其〇昱爲沛相 21.14/153/27
後顛岸〇顛吾復詣林 22.5/164/5
光武族〇也 23.1/164/18

匈 xiōng 36

破〇奴 8.9/50/1
〇奴嘗犯塞 8.12/51/24
擊〇奴 8.16/53/24
〇奴破殺後王安得 8.17/54/6
傳語〇奴曰 8.17/54/6
〇奴來攻 8.17/54/8
與〇奴共攻恭 8.17/54/12
與駙馬都尉耿秉北征〇奴 10.23/68/10
方今〇奴、烏桓尙擾北邊 12.1/76/28
上始欲征〇奴 12.3/77/17
〇奴候騎得漢馬矢 12.3/77/20
出使〇奴 15.5/96/18
〇奴不敢犯塞 15.12/100/2
竇固擊〇奴 16.3/103/3
此必有〇奴使來也 16.3/103/5
〇奴使來數日 16.3/103/5
斬得〇奴〔節〕使屋類

帶、副使比離支首及
節 16.3/103/8
北○奴遣使求和親 16.6/104/22
上遣眾持節使○奴 16.6/104/22
復遣眾使北○奴 16.6/104/23
不爲○奴拜 16.6/104/24
如令○奴遂能服臣 16.6/104/25
後果爲○奴所殺 16.6/104/26
及出征○奴 16.38/114/10
名播○奴 17.12/121/8
帝時伐○奴 19.4/137/22
竇憲出征○奴 19.16/140/23
征○奴 19.19/141/14
○奴畏感 19.19/141/14
使○奴 21.11/153/4
單于比、○奴頭曼十八
代孫 22.3/161/7
○奴始分爲南北單于 22.3/161/7
陳遵使○奴 23.4/166/7
會○奴句林王將兵來降
參蠻胡 23.9/168/4
芳因隨入○奴 23.9/168/4
芳外倚○奴 23.9/168/6

胸 xiōng 3

有○中氣 6.2/35/9
傷○前 17.17/122/27
左右以戟叉其○ 20.23/149/22

雄 xióng 16

〔以〕寧平公主子李○
爲新市侯 1.1/10/9
其陳寵、左○、朱寵、
龐參、施延並遷公 4.1/25/6
延英○ 7.12/42/21
皆言類揚○、相如、前
世史岑之比 7.12/43/1
莫如延攬英○ 8.1/46/13
封通少子○爲邵陵侯 10.21/67/15
群○擾於冀州 11.7/72/12
幾及揚○、劉向父子 13.6/84/3
卿非但爲英○所保也 13.16/89/16
縣令劉○爲賊所攻 20.8/146/20
欲以矛刺○ 20.8/146/20
以身代○ 20.8/146/20

尚書左○諫帝曰 20.13/147/19
大丈夫生當○飛 21.22/155/9
南陽英○皆歸望于伯升
23.1/164/23
揚○好著書 24.15/174/5

熊 xióng 4

永昌獻象牙、○子 3.1/18/12
與○耳山齊 23.5/166/19
蜀郡功曹李○說述曰
23.17/170/25
○復說述曰 23.17/171/2

休 xiū 17

其心○○焉 1.1/4/22
乃○諸將 1.1/6/4
周承○公爲衛公 1.1/7/19
○矣惟德 5.5/31/18
可且閉營○士 8.14/53/8
○止不結營部 8.16/53/25
繼高祖之○烈 14.5/93/11
守城不○ 14.5/93/21
答饗之○符也 15.2/95/20
延輒○遣繫〔囚〕徒
15.15/100/27
暉外祖父孔○ 18.6/127/22
問事不○賈長頭 18.17/131/23
○罷之 19.11/139/23
每至○沐 20.9/146/25
○屠各及朔方烏桓竝同
反叛 21.11/153/5
吏皆便○ 23.11/168/21

修 xiū 36

束身自○ 1.1/4/22
宜以時○奉濟陽城陽縣
堯帝之（冢）〔冢〕 1.1/5/13
○園廟舊宅田里舍 1.1/7/1
○復宗廟 5.5/29/11
其議增○群祀宜享祀者 5.5/30/20
依書《文始》、《五行》
、《武德》、《昭德》
、《盛德》○之舞 5.5/31/14
大○宮室 7.11/42/8

宜○禮樂 7.12/42/17
然但○里宅 8.10/51/3
念自○整 9.4/57/11
斬其魯郡太守梁丘壽、
沛郡太守陳○ 9.11/61/5
延令沛○高祖廟 9.11/61/6
○飛狐道至平城 10.11/64/25
汝獨不欲○之 10.26/69/16
禮事○舉 13.16/89/19
乃○學校（理）〔禮〕 14.2/91/1
○文武之絕業 14.5/93/11
○理溝渠 15.15/101/2
不○小節 16.3/102/21
尤○志介 16.14/107/18
盛○殺膳 16.39/114/16
少○高節 17.3/118/16
居職○治 17.4/118/23
皆相率○義 17.25/125/12
○里舊業 17.25/125/12
○行清白 18.1/125/19
彪少○孝行 18.3/127/3
輒更繕○館宇 18.25/133/19
然後○君臣之禮 19.1/136/11
則○文德以來之 19.16/140/25
不務○舜、禹、周公之
德 19.16/140/25
何○生成 19.17/141/3
（武威）天下州郡遠近
莫不○禮遺 19.20/141/21
裁足以○三驅之禮 20.4/145/25
大人以先生○德守約 22.1/160/25
○行婦道 22.1/160/27

脩 xiū 4

○建三雍 5.5/31/8
恂恂（○）〔循〕道 10.22/68/1
竊見故大司徒陽都侯伏
湛自行束○ 13.1/82/22
束○其身而已哉 14.5/93/17

朽 xiǔ 3

愚闇糞○ 8.5/48/20
何益○骨 12.11/81/19
功名列於不○ 13.13/88/10

秀 xiù 8

光武皇帝諱○ 1.1/1/5
因名帝曰○ 1.1/1/12
少公道讖言劉○當爲天子 1.1/4/15
有九石特○ 5.1/27/15
云「劉○當爲天子」 11.1/70/9
或言「國師公劉○當之」 11.1/70/9
麥含金兮方○ 18.29/135/4
丕舉○才 19.4/137/16

袖 xiù 3

舉○掩口 9.7/59/7
血流○中 9.7/59/7
城中好廣○ 12.2/77/11

褎 xiù 3

倫步擔往候鮮于○ 18.1/125/20
曹○、字叔通 18.16/131/14
○親自履行 18.16/131/16

繡 xiù 7

諸于○擁裾 1.1/3/15
○衣御史申屠建隨獻玉玦 7.1/38/16
如衣○夜行 9.10/60/21
即以所乘大驪馬及○被衣物賜之 10.14/65/20
羅紈綺○ 16.16/108/6
或○面衣、錦袴、諸于、襜褕 23.1/165/11
賜○被百領 24.5/173/5

吁 xū 1

○ 7.3/39/13

戌 xū 2

二年春二月戊（戌）〔○〕 1.1/9/22
庚○ 23.2/165/24

虛 xū 11

帑藏空○ 3.5/22/15
○己禮下 7.12/42/21
工無○張之繕 8.8/49/24
其聲雖大而（實）〔○〕 8.14/52/24
憑城觀人○實 8.14/53/2
謙○抑損 12.11/81/24
政嘗過揚○侯馬武 17.17/122/28
家業○貧 19.22/142/9
帑藏○ 20.2/145/11
符驗不○ 20.19/148/28
厭浮語○辭耳 23.16/170/12

須 xū 11

○景風紹封 2.3/16/17
以○上來 8.14/53/8
○講竟 9.6/58/16
可不○（穀馬）〔馬穀〕 12.3/77/18
○道開通 13.11/85/23
○臾 14.2/91/3
必○良才 14.5/93/24
○期乃入 15.9/98/22
寬○臾遣人視奴 21.9/152/13
疾病○養 21.13/153/21
○誦爲郡主簿 21.30/156/20

噓 xū 2

乃以口○其背 8.2/47/12
復呼同廬郎共更○ 8.2/47/12

墟 xū 3

時城郭丘○ 1.1/9/7
廬落丘○ 14.5/93/7
城邑丘○ 23.17/171/3

歔 xū 1

○欷不能言 15.8/97/23

鬚 xū 7

美○眉 1.1/1/13
是美○眉目者耶 1.1/2/16
蒼體大美○眉 7.12/42/25
澡盥○眉塵垢 10.9/64/3
銜○於口 16.30/112/3
無令○污土 16.30/112/3
前見良頭○皎然 17.10/120/13

徐 xú 16

楊偉、○容等惶恐解散 8.10/50/26
青、○大賊 8.14/52/15
歙〔○〕仗節就車而去 11.2/70/23
○縣北界有蒲陽陂 11.10/73/12
令自致○獄 11.10/73/16
○令彪之子也 16.3/102/21
鄉里○子盛明《春秋經》 17.12/121/3
車府令齊國○匡鉤就車 17.20/123/19
○防上疏曰 19.6/138/9
乃○語曰 21.9/152/17
○宣、樊崇等入至弘農枯樅山下 23.1/165/15
盆子及丞相○宣以下二十餘萬人肉袒降 23.5/166/18
東海臨沂人○宣、字驕稚 23.6/166/24
呂母賓客○次子等 23.7/167/9
富平賊帥○少 23.20/172/17
太尉張酺、鄭洪、○防、趙喜、隨延、寵桓 24.81/179/1

栩 xǔ 1

趙王○會鄴常山 2.1/12/21

許 xǔ 39

受《尚書》于中大夫廬江、○子威 1.1/1/15
帝不○ 1.1/4/8,1.1/4/11

楚王舅子○昌、龍舒侯 2.1/11/24
不能及○、史、王氏之半 2.1/13/25
司徒○敬爲陵轢使（官）〔者〕策罷 3.2/20/5
會稽○昭聚眾自稱大將軍 3.6/23/12
陛下輒拒絕不○ 5.5/29/15
（在）〔○〕 5.5/30/1
昭茲來○ 5.5/32/12
元帝○之 7.7/40/15
上不○ 7.8/41/7,9.6/58/14
乃○之 7.12/43/11
太后乃○ 8.4/48/13
上署報不○ 8.11/51/13
上乃○往 10.21/67/10
不○ 10.22/67/24
上悲傷其言而不○ 11.4/71/22
詔○之 11.8/72/21,12.4/78/20
未○之 12.1/77/4
詔○越騎、射聲（寺）〔等〕治北宮 12.4/78/15
留飲十○日 13.15/88/25
上○之 13.16/89/12
顯宗不○ 13.16/89/18, 16.10/106/16
王丹未○之 15.5/96/23
將爲○、巢而去堯、舜也 15.8/98/4
超○之 16.3/103/15
詔書聽○鳳襲爵 18.3/127/5
主人○ 18.29/134/27
宿訟○伯等爭陂澤田 19.4/137/17
少與同郡○敬善 19.12/140/3
舉郡人○靖計吏 21.26/156/3
詔○ 21.46/159/4
仍○來降 23.1/165/19
少年○諾 23.7/167/8
○皇后父廣漢 24.72/178/7

詡 xǔ 1

高○、字季回 16.23/110/13

序 xù 12

以爲宜承先○ 2.1/11/15
○曰 2.2/15/25
越○上帝 5.5/31/17
王次○之 7.9/41/23
《禮》重嫡庶之○ 7.20/45/14
溫○、字次房 16.30/111/25
字謂○曰 16.30/111/25
○素有氣力 16.30/112/1
○受劍 16.30/112/2
以定父母、妻子、長幼之○ 18.14/131/2
貴庠○ 18.14/131/3
趙○取錢縑三百七十五萬 20.22/149/14

恤 xù 2

弘收○故舊 8.6/49/4
欲吾開門○孤也 20.10/147/5

卹 xù 1

司隸校尉下邳趙興不○諱忌 18.25/133/19

絮 xù 2

民收（爲）〔其〕○ 1.1/5/24
詔齊相〔其〕止勿〔復〕送冰紈、方空縠、吹綸○〔也〕 2.2/14/9

壻 xù 4

帝與伯叔及姊○鄧晨、穰人蔡少公燕語 1.1/4/15
依姊○父九江連率平河侯王述 12.6/79/3
永遣弟升及子○張舒等謀使營尉李匡先反涅城 14.2/90/20
得賢○如梁鴻者 18.29/135/1

蓄 xù 4

以爲○積 1.1/5/24
不爲之○積 12.11/81/13
國無○積 19.4/137/24
且○養士馬 23.16/170/10

續 xù 8

但○父所記述漢事 16.2/102/16
令卒前所○《史記》 16.2/102/17
惟孤兒○始生數旬 17.25/125/9
欲謀殺○ 17.25/125/10
○孩抱 17.25/125/11
○年十歲 17.25/125/12
○成十志 21.24/155/22
撰建武以來星變彗孛占驗著明者○其後 24.90/179/28

宣 xuān 43

封○德侯 1.1/4/24
惟孝○皇帝有功德 1.1/8/10
○布圖讖于天下 1.1/9/20
后父陰睦爲○恩侯 1.1/10/7
惟○帝取法 2.1/13/25
帝讓而不○ 2.3/17/14
頒○風化 3.2/20/21
○恩以極 3.2/20/29
功德盛于高宗、（○）〔武〕王 5.5/29/24
孝○皇帝制《盛德》之舞 5.5/31/7
文、武、○、元祫食高廟 5.5/32/12
母○改嫁爲掖庭民梁紀妻 6.9/38/3
敞爲嫡子終娶翟○子女習爲妻 7.7/40/21
○使嫡子姬送女入門 7.7/40/21
○弟義起兵攻莽 7.7/40/21
以璽章○示公卿大夫 7.8/41/7
儀如孝○帝臨霍將軍故事 9.7/59/15
時下○帝臨霍將軍儀 9.7/59/16
詔封茂○德侯 10.26/69/21
追尊貴人父睦爲○恩侯 11.12/74/5
○帝時以郎持節 12.1/75/5
時上在○德殿南廡下 12.1/75/17
○帝時 12.3/77/19
所以○氣、致和、順陰

陽也 12.3/78/3
○帝時爲弘農太守 13.13/88/3
昔周○中興之主 14.5/93/17
○秉、建武元年拜御史中丞 15.3/96/5
○彪、官至玄菟（大）〔太〕守 15.4/96/10
董○爲洛陽令 15.16/101/6
董○死乃知貧耳 15.16/101/7
令郁校定於○明殿 16.10/106/18
周舉、字○光 20.14/147/24
《五經》縱橫周○光 20.14/147/24
鮑○之妻 22.1/160/24
○嘗就少君父學 22.1/160/24
○不悅 22.1/160/25
與○共挽鹿車歸鄉里 22.1/160/27
徐○、樊崇等入至弘農枯樅山下 23.1/165/15
盆子及丞相徐○以下二十餘萬人肉袒降 23.5/166/18
東海臨沂人徐○、字驕稚 23.6/166/24
二曰《○夜》 24.90/179/21
《○夜》之學絕無師法 24.90/179/21
（○）〔宜〕博問群臣 24.90/179/27

翾 xuān 1

○翔復上縣庭屋 18.13/130/18

玄 xuán 19

尋○、鄉侯 1.1/10/7
贈以○玉赤紱 3.1/18/20
以崇○默 3.2/20/30
章帝○孫 3.4/21/15
分高顯、候城、遼陽屬○（莬）〔菟〕 5.1/27/21
使弟○武將軍藍將兵守西安 8.14/52/22
被○甲、兜鍪 9.7/59/19
仲官至○武司馬 12.1/75/6
涿郡盧植、北海鄭○、皆其徒也 12.7/79/18
都茲○陰 12.11/81/23
將緹騎宿○武門複道上 13.14/88/18
成德侯鮪○孫祀 14.1/90/11
宣彪、官至○菟（大）〔太〕守 15.4/96/10
張○、字君夏 16.26/111/7
遷○武司馬 17.1/117/27
○賀、字文弘 18.15/131/9
利取侯畢尋○孫守坐姦人妻 21.48/159/12
劉○、字聖公 23.1/164/18
允恭○默 24.18/174/11

旋 xuán 1

叱郜○車 14.2/91/4

琁 xuán 1

《（樞）〔○〕機鈐》曰 5.5/31/11

滋 xuán 2

殫極○味 16.39/114/16
而親極○味 19.22/142/8

璇 xuán 1

《尙書○璣鈐》曰 2.1/12/14

懸 xuán 7

詔○夏城門外 3.4/21/17
○于嘉德端門內 3.6/24/5
○其尸道邊樹 7.4/39/25
宮殿設鐘虡之○ 7.8/41/6
○於將軍 14.5/93/24
救倒○之急 16.34/113/6
繩索相○ 20.12/147/15

選 xuǎn 21

帝遂○精兵三千人 1.1/3/6
太尉施延以○舉貪汙 3.2/20/14
○入掖庭 6.4/36/6,6.6/37/9
以才貌○〔入〕掖庭 6.7/37/16
○官屬守州中長吏 9.2/56/8
因歙上疏宜益○兵馬 11.2/71/1
更○賢能 14.5/93/24
丹○舉之 15.5/96/25
乃○擇水軍三百人 15.12/99/25
并求更○使使西域 16.3/103/10
何故不遣而○乎 16.3/103/11
宜○長大威容者 17.12/121/9
詔書○三署郎補王家長吏 18.1/126/5
二千石皆以○出京師 18.7/128/16
遂○精兵 18.12/130/1
○鄉三老爲縣三老 18.14/131/3
桓帝詔公卿○將有文武者 21.8/151/25
典○舉 21.26/156/3
當道二千石皆○容貌飲食者 23.11/168/16
二千石皆以○出 24.80/178/25

炫 xuàn 1

彼徒○名 17.12/121/9

眩 xuàn 3

苦○甚 1.1/8/4
帝風○黃癉病發甚 1.1/8/15
彩色○耀 3.5/23/1

削 xuē 8

○章不如飽飯 2.1/12/10
其紹封○絀者 4.1/25/16
詔書○中邱（縣） 7.4/39/25
遣令焚○文契 11.3/71/12
輒○去草 13.12/87/13
范乃毀○前令 18.12/130/2
輒自手書○草 19.7/138/22
○地開兆 23.16/169/28

薛 xuē 3

○漢、字子公 17.18/123/7
事○漢 19.9/139/8
汝南○苞、字孟常 20.6/146/9

穴 xué 12

莨之隱處有一巖○如窗牖 5.1/27/15
蟻封○戶 7.9/41/20
7.9/41/21,24.73/178/11
蟻○居而知雨 7.9/41/22
蟻封○ 7.9/41/23
京師號況家爲金○ 11.11/73/24
寧見乳虎○ 15.17/101/16
不探虎○ 16.3/103/6
藏城西門下空○中 16.32/112/16
而亡藏巖○中 22.5/164/3
下及巖○ 24.90/179/28

學 xué 94

入小○ 1.1/1/14
因○世事 1.1/1/16
高才好○ 1.1/1/16
初起太○ 1.1/5/27
幸太○ 1.1/5/27
經○博覽 1.1/6/10
溫恭好○ 2.1/11/14
以助術○ 2.1/11/17
頗令○者得以自助 2.1/11/22
帝尤垂意經○ 2.1/12/1
是時○者尤盛 2.1/12/2
詔爲四姓小侯置○ 2.1/12/29
既志于○ 2.2/14/5
此皆生于不○之門所致也 2.2/15/15
孜孜經○ 3.1/18/10
始入小○ 3.2/19/22
以太○初繕 3.2/20/11
好○尊師 3.4/21/16
漢承秦滅○ 5.3/28/11
寧當○博士耶 6.5/36/14
分遣文○循行屬縣 7.2/39/3
時光武亦遊○京師 8.1/46/5
教○子孫 8.1/47/6
天資善○ 8.6/48/26
而勤于○ 8.11/51/10
弇少好○ 8.14/53/15
王莽時舉有德行、能言語、通政事、明文○之士 9.10/60/17
準見當時○者少憫 11.7/72/11
然猶投戈講○ 11.7/72/13
是時○者大盛 11.7/72/15
張禹好○ 11.10/73/10
○龍伯高不就 12.1/76/21
嚴從其故門生肆都○擊劍 12.6/79/6
篤信好○ 13.1/82/23
弘薦沛國桓譚才○洽聞 13.6/84/3
敦於經○ 13.8/84/25
乃修○校（理）〔禮〕 14.2/91/1
涉○藝 14.4/91/28
豹好儒○ 14.6/94/6
○無常師 16.2/102/14
榮少勤○ 16.9/105/13
車駕幸太○ 16.9/105/18
子幾人能傳○ 16.10/106/20
臣子皆未能傳○ 16.10/106/20
孤兄子一人○方起 16.10/106/20
○覽《六經》 16.12/107/5
少好○ 16.16/108/3
20.11/147/11
篤志經○ 16.17/108/18
○通古今 16.20/109/13
少篤○ 16.21/109/23
以儒○徵 16.23/110/13
持○精微 16.25/110/24
並以儒○拜議郎也 16.25/111/2
其○兼通數家 16.26/111/8
年耆○明 16.27/111/12
卒當從汝稟○ 16.34/113/1
王莽時爲郡文○ 16.37/113/27
遂去○問 16.46/115/24
黨○《春秋》長安 16.50/116/26
好○問 17.3/118/16
詐曰行○ 17.22/124/6
凡士之○ 18.5/127/15
少好經○ 18.13/130/13
欲之犍爲定生○經 18.13/130/14
（今）〔令〕我出○仕宦 18.13/130/15
鸞鳥集於○宮 18.13/130/17
篤○有大度 18.16/131/14
仕郡文○掾 18.23/133/9
勤明達好○ 18.26/133/27
教誨○問 18.28/134/15
以童幼詣太○受業 18.29/134/22
與光武同門○ 19.1/136/5
詔爲四姓小侯開○ 19.1/136/6
性沈深好○ 19.5/138/3
門生就○百餘人 19.5/138/4
冀令○者務本 19.6/138/9
○問寖淺 19.6/138/11
興○校 19.13/140/8
劭少便篤○ 19.14/140/12
更名張氏之○ 19.25/143/9
○方診之伎 19.31/144/15
從杜撫○ 20.7/146/15
有才○ 20.9/146/25
而博○洽聞 20.14/147/24
公沙穆遊太○ 20.17/148/17
以勸○者 21.16/154/10
鸞鳥止○宮 21.42/158/16
陰猛好○溫良 21.51/159/24
宣嘗就少君父○ 22.1/160/24
少○長安 23.13/169/9
喜右○ 24.17/174/9
《宣夜》之○絕無師法 24.90/179/21
下至○士 24.92/180/6

雪 xuě 5

帝蒙犯霜○ 1.1/10/12
則○霜風雨之不時 5.5/30/18
食○四十餘日 21.8/151/27
冬多霜○ 22.4/162/27
逢大○ 23.6/167/1

血 xuè 11

而悲哀泣○ 3.2/19/26
六宗廢不○食 5.5/30/11
○從前髆上小孔中出 7.12/43/7
棃面流○ 8.16/53/26
○流袖中 9.7/59/7
兵不○刃 10.22/67/22
○流指間 10.23/68/11
歃○昆陽 14.5/93/10
十二月盛寒時並多剖裂○出 15.14/100/17
譚叩頭流○ 16.16/108/10
皆流○奔走 16.46/115/28

塤 xūn 1

上自御○篪和之 2.1/12/32

熏 xūn 1

毒氣○蒸 12.1/76/20

勳 xūn 13

光祿○府吏舍夜壁下忽有氣 3.5/21/30
故復少方面之○ 8.11/51/18
會光祿（丞）〔○〕劉賜適至 10.12/65/6
穆長子○尙東海公主女 10.22/68/3
環將作大匠、光祿○ 10.24/68/21
祖父○ 11.1/70/5
爲光祿○ 12.3/77/24
13.11/87/1,16.17/108/19
惟洪○以遐邁 12.10/80/25
孫堪爲光祿○ 17.5/119/3
章和中爲光祿○ 18.19/132/12
陳蕃爲光祿○ 21.7/151/19

薰 xūn 1

左右旁人皆無○香之飾 6.2/35/3

旬 xún 4

○日之間 8.14/53/2
○月間遷河內汲令 16.12/107/6
惟孤兒續始生數○ 17.25/125/9
○月群盜悉破 21.8/151/26

巡 xún 23

更始欲以近親○行河北 1.1/3/17
西○ 2.1/12/5,24.77/178/19
東○狩 2.1/13/11
帝東○狩 2.2/14/18,19.1/136/10
當○封泰山 5.5/29/16
上東○狩 5.5/29/20
○祭封禪 5.5/30/3
太醫皮○從獵上林還 8.2/47/11
聞○聲 8.2/47/11
○曰 8.2/47/12
禹○行守舍 11.10/73/13
和帝南○祠廟園 11.10/73/16
帝東○郡國 13.14/88/18
車駕東○狩 15.2/95/17
五載○狩 15.2/95/17
每行○狩 16.2/102/17
行○狩 16.16/108/13
逡○進退 16.50/117/3
東○ 17.1/117/20
顯宗○狩 17.9/119/27
帝東○ 18.10/129/15

郇 xún 2

數薦達名士承宮、○恁等 17.11/120/25
○恁、字君大 17.19/123/12

恂 xún 38

寇○仕郡爲功曹 9.1/54/22
寇○文武備足 9.1/54/23
非寇○莫可使也 9.1/54/24
以○爲河內太守 9.1/54/24
○移書屬縣 9.1/55/1
○檄至 9.1/55/2
○同門生董崇說○曰 9.1/55/4
○然其言 9.1/55/5
○捕得 9.1/55/8
吾今見○ 9.1/55/9
○知其謀 9.1/55/9
○乃出迎于道 9.1/55/10
○以狀聞 9.1/55/11
上乃徵○ 9.1/55/11
○至乃見 9.1/55/11
○在潁川 9.1/55/12
○從至潁川 9.1/55/13
上乃留○ 9.1/55/14
○時從 9.1/55/16
上乃謂○曰 9.1/55/16
○奉璽書至高平 9.1/55/17
○怒 9.1/55/18
○不應 9.1/55/19
○曰 9.1/55/21
○○（脩）〔循〕道 10.22/68/1
囂遣子○隨入侍 11.2/70/19
固又遣與從事郭○俱使西域 16.3/103/3
明日乃還告郭○ 16.3/103/9
○大驚 16.3/103/9
○乃悅 16.3/103/10
鄉里號之曰「德行○○召伯春」 18.19/132/11
京兆尹張○召恢 19.16/140/23
李○遭父母喪 19.20/141/19
○奉公不阿 19.20/141/21
諸國侍子及督使賈胡數遺○奴婢、宛馬、金銀、香罽之屬 19.20/141/22

荀 xún 1

○曇、字元智 21.14/153/27

尋 xún 23

遣大司徒王○、大司空王邑將兵來征 1.1/2/13
○、邑兵到潁州 1.1/2/15
莽遣○、邑欲盛威武 1.1/2/16
○、邑兵盛 1.1/2/18
言○、邑兵已來 1.1/2/22
○、邑兵已五六萬到 1.1/2/24
○、邑自以爲成功漏刻 1.1/2/26
有流星墜○營中 1.1/2/26
聞○、邑兵盛 1.1/3/2
前去○、邑軍四五里而陣 1.1/3/2
○、邑遣步騎數千〔乘〕合戰 1.1/3/3
○、邑兵卻 1.1/3/4
○、邑得書 1.1/3/6
○、邑兵大奔北 1.1/3/6
于是殺○ 1.1/3/7
○玄、鄉侯 1.1/10/7
復病○愈 8.11/51/16
傅俊從上迎擊王○等于陽關 10.9/64/3
擊○陽山賊 12.1/76/10
○到矣 17.23/124/15
乃○訪燒者 18.29/134/26
利取侯畢○玄孫守坐姦人妻 21.48/159/12

莋邪○螺 22.4/162/27

循 xún 5

〔上○其頭曰「吳季子」〕 2.1/11/7
分遣文學○行屬縣 7.2/39/3
每事奉○詔命 9.11/61/9
恂恂（脩）〔○〕道 10.22/68/1
撫○百姓如赤子 17.13/121/18

馴 xún 1

召○、字伯春 18.19/132/11

潯 xún 1

貌○瀘灕 22.4/162/30

迅 xùn 3

奮○ 3.6/23/21
奮○行伍 13.16/89/3
騰起奮○ 21.24/155/19

徇 xùn 2

使使者韓鴻○河北 8.10/50/7
○行郡縣 9.4/56/21

訊 xùn 2

以○占夢 6.5/36/16
乃○之于占者 21.11/153/7

訓 xùn 15

鄧○字平叔 8.2/47/10
時○直事 8.2/47/11
○身至大官門爲求火 8.2/47/12
拜○謁者 8.2/47/16
○將黎陽營兵屯漁陽 8.2/47/19
黎陽營故吏皆戀慕○ 8.2/47/19
念○常所服藥北州少乏 8.2/47/20
又知○好以青泥封書 8.2/47/20
至上谷遺○ 8.2/47/21
○身爲煮湯藥 8.2/47/23
○令拘持束縛 8.2/48/1
○卒 8.2/48/2
鄧○五子 8.7/49/18
劉○拜車府令 21.33/157/7
○即夜詣省 21.33/157/7

遜 xùn 5

后○位 6.5/36/17
王恭○好禮 7.8/41/13
官屬以復不○ 8.11/51/12
而況恭儉謙○ 11.11/73/23
仁義○讓 18.30/135/16

押 yā 1

檢○其姦宄 13.11/86/16

壓 yā 3

吏士皆○伏 1.1/3/1
○殺百餘人 2.3/17/4
易於泰山之○雞卵 24.70/178/3

牙 yá 5

永昌獻象○、熊子 3.1/18/12
光武以延爲虎○將軍 9.11/61/4
伯○破琴 16.22/110/9
犬○緣界 19.4/137/18
延岑、字叔○ 23.18/172/6

涯 yá 1

有赤草生于水○ 1.1/9/16

崖 yá 2

北地任横、任○ 12.9/80/13
（緣）〔緣〕○磻石 22.4/163/22

雅 yǎ 22

○性不喜聽音樂 1.1/7/14
召校官子弟作○樂 2.1/12/31
二曰周頌、○樂 5.4/28/19
《大○》曰 5.5/32/12
太后○性不好淫祀 6.5/37/2
追念彊○性恭儉 7.8/41/13
○有智慧 7.12/42/13
寬仁弘○ 7.12/42/13
○好宮室 7.16/44/11
必○歌投壺 9.7/59/17
奏《○》《頌》之音 12.3/78/4
直推○性 12.11/81/11
〔而〕今數進鄭聲以亂○樂 13.6/84/6
又詔諸生○吹擊磬 16.9/105/19
致復文○ 16.10/106/18
桓典、字公○ 16.13/107/11
辭言嫺○ 16.34/112/29
請上○壽 17.10/120/7
阜使五官掾長沙疊爲張○樂 18.13/130/17
崇儒○ 18.14/131/3
杜篤、字季○ 18.23/133/7
文○通達 21.29/156/15

亞 yà 1

九卿位○三公 20.13/147/19

咽 yān 1

而津鄉當荆、揚之○喉 9.2/56/2

烟 yān 4

○火見未央宮 12.9/80/13
與燎○合 15.2/95/20
野無○火 21.39/158/3
千里無○火 24.12/173/19

淹 yān 1

暴雨○沒 18.30/135/15

焉 yān 54

其心休休○ 1.1/4/22
遂定都○ 1.1/5/1
是後乃稍備具○ 1.1/7/16
蕩蕩人無能名○ 1.1/10/17
世祖異○ 2.1/11/14

每事諮○ 2.2/14/6
中郎將持節衛護○ 2.3/16/13
22.3/161/15
朕甚愍○ 2.3/16/16
孔子稱「有婦人○」 2.4/17/25
和帝甚喜重○ 3.1/18/7
太傅桓○以無清介辟召 3.2/20/1
仲尼非○ 5.5/30/2
其義一○ 5.5/31/1
明帝驛馬令作草書尺牘十首○ 7.3/39/16
○以郭太后少子 7.15/44/7
將及景風拜授印綬○ 7.20/45/16
咸高尙○ 8.7/49/13
于是江南之珍奇食物始流通○ 9.2/56/3
因家○ 10.20/67/3
叩頭謝歸○ 10.26/69/9
見乃服○ 10.26/69/19
臨薨奏○ 11.5/72/2
故以客卿字○ 12.5/78/25
朝廷由是敬憚委任○ 12.11/81/13
見惡如農夫之務去草○ 13.11/86/14
莫不厭服○ 13.13/88/7
因以氏○ 13.14/88/16
鮪輕騎詣彭降○ 14.1/90/9
永、邑遂結怨○ 14.4/92/15
上善○ 15.2/95/21
其下以輕重〔爲〕差○ 15.5/96/16
令寄縑以祠○ 15.5/96/24
超討○耆 16.3/103/19
○耆王廣遣其左將北鞬支奉迎超 16.3/103/20
○耆國有葦橋之險 16.3/103/20
支庶用其謚立族命氏○ 16.9/105/13
桓○爲太子太傅 16.11/106/28
使之稍自衰○ 16.16/108/7
吏民爲立祠○ 16.31/112/12
惟勃能終○ 16.34/113/3
高帝母昭靈后園陵在○ 17.1/117/21
如其志○ 17.2/118/6
敬禮○ 17.19/123/13
以屬託○ 18.1/125/21
即下詔赦○ 18.9/129/3
給文以錢市（○）〔馬〕 18.13/130/22
恒自禮○ 18.18/132/6
甚見重○ 19.1/136/7
帝親信○ 19.32/144/23
皆悉往○ 20.4/145/25
辱孰甚○ 21.9/152/14
隨日時而出入○ 21.21/155/4
以吏二千石自無鹽徙○ 23.17/170/23

煙 yān 1

○火相望 21.11/153/5

鄢 yān 2

顯生○ 19.17/141/5
○生寵 19.17/141/5

閹 yān 3

名臣少府李膺等並爲○人所譖 3.5/22/24
今妾媵嬖人○尹之徒 20.4/145/22
乃相與共除○黨 21.14/153/27

言 yán 211

此善事不可○ 1.1/1/11
望氣者○舂陵城中有喜氣 1.1/1/13
使來者○李氏欲相見款誠無他意 1.1/2/2
固始侯兄弟爲帝○ 1.1/2/3
因具○讖文事 1.1/2/4
語○譎詭 1.1/2/5
不敢諾其○ 1.1/2/5
○帝不敢取財物 1.1/2/15
尤笑○曰 1.1/2/16
○尋、邑兵已來 1.1/2/22
皆從所○ 1.1/2/23
○宛下兵復到 1.1/3/5
大司徒賜○帝第一可用 1.1/3/17
給○邯鄲將軍至 1.1/3/21
于是皆竊○曰 1.1/4/1
得吏民謗毀帝○可擊者數千章 1.1/4/6
議曹掾張祉○ 1.1/4/11
少公道讖○劉秀當爲天子 1.1/4/15
帝戲○曰 1.1/4/16
遣吏上奏○ 1.1/5/14
如卿○ 1.1/6/11,1.1/6/12
詔群臣奏事無得○「聖人」 1.1/6/16
獨○朝廷以爲我縛賊手足矣 1.1/7/4
吏民叩頭○ 1.1/8/11
將作大匠竇融上○ 1.1/8/25
皇太子嘗（乘）〔承〕間○ 1.1/9/5
群臣上○ 1.1/9/16
吏抵○于長壽街得之 2.1/11/11
何故○河南、南陽不可問 2.1/11/12
如帝○ 2.1/11/13
長水校尉樊鯈奏○ 2.1/11/21
有縣三老大○ 2.1/12/6
屬者所○〔我堯〕 2.1/12/10
太常丞上○陵樹葉有甘露 2.1/13/17
○鉅鹿、樂成、廣平各數縣 2.1/13/28
豈敢空○增廣 2.2/15/27
涿郡○之 2.3/16/12
九眞○嘉禾生 3.1/19/8
潁川上○麒麟、白鹿見 3.1/19/10
零陵○日食 3.2/20/14
有司奏○ 3.2/20/29
有司上○宜建聖嗣 3.3/21/7
西河○白兔見 3.5/22/27
因上○復崇高山爲嵩高山 3.6/23/16
○「梁伯夏教我上殿」 3.6/23/18
太尉趙憙上○曰 5.5/29/10
群臣奏○ 5.5/29/15
頌○成也 5.5/31/13
耆上○ 5.5/31/27,5.5/32/11
誠非所當聞、所宜○ 5.5/32/3
誠知愚鄙之○ 5.5/32/4
不可○也 6.2/34/7
上未有所○ 6.2/34/14

○我守備不精 6.2/35/12
雖痛、忍不○ 6.5/36/11
后○ 6.5/36/12
○堯夢攀天而上 6.5/36/16
吉不可○ 6.5/36/17
若欲有○ 6.5/36/25
以爲何故乃有此不祥之○ 6.5/37/3
宰潘臨登城○曰 7.1/38/11
得司徒劉公一○ 7.1/38/11
我欲詣納○嚴將軍 7.4/39/20
上○「不可讙露」 7.4/39/21
金與亭佐孟常爭○ 7.4/39/24
自○稻皆枯 7.7/40/17
其○甚大 7.12/42/25
皆○類揚雄、相如、前世史岑之比 7.12/43/1
惻然不能○ 7.12/43/12
卿○天下不足定 8.1/46/17
無拾遺一○之助 8.5/48/21
忠○善謀 8.7/49/17
先納聖善匡輔之○ 8.7/49/17
還○方作攻具 8.10/50/16
問所欲○ 8.10/51/4
復未曾有○ 8.11/51/19
數○便宜 8.12/52/2
21.29/156/15
卿失○ 8.14/52/16
何以○之 8.14/52/18
然吾故揚○欲攻西安 8.14/52/26
恂然其○ 9.1/55/5
人有上章○異威權至重 9.4/57/15
（祐）〔祜〕由是不復○ 9.6/58/11
王莽時舉有德行、能○語、通政事、明文學之士 9.10/60/17
景丹因以○語爲固德侯相 9.10/60/17
期○「受國家恩深 9.12/61/22
○王郎所反之狀 10.1/62/8
導吏○河水流澌 10.11/64/17
果妄○也 10.11/64/19
口無惡○ 10.26/69/11
民嘗有○部亭長受其米肉遺者 10.26/69/11
何故○耶 10.26/69/13
督郵○之 10.26/69/19
或○「國師公劉秀當之」 11.1/70/9
今乃欲從佞惑之○ 11.2/70/21
車駕臨問其所欲○ 11.4/71/21
上悲傷其○而不許 11.4/71/22
○富實也 11.11/73/24
終不爲○ 11.14/74/18
每○及三輔長者至閭里少年皆可觀 12.1/76/9
援上○ 12.1/76/12
上○ 12.1/76/16
上○太守蘇定張眼視錢 12.1/76/24
上以固○前後相違 12.3/77/18
皆○按軍出塞 12.3/77/19
防○ 12.3/77/19
其奏○ 12.3/77/20
以是○之 12.3/77/20
防上○ 12.3/78/3
數○政事 12.3/78/5
因告○光與憲有惡謀 12.4/78/18
憲他奴郭扈自出證明光、憲無惡○ 12.4/78/19
（嚴）〔敕〕有所見聞輒○ 12.6/79/11
不宜違我○也 12.11/81/22
弘正容○曰 13.6/84/11
諺○貴易交 13.6/84/14
好直○ 13.7/84/19
○甚切至 13.8/84/27
○提其耳 13.11/86/5
○性不相害 13.11/86/28
締之爲○諦 13.12/87/17
數進忠○正諫 13.14/88/17
○其病 13.16/89/10
諸夫人各前○爲趙憙所濟活 13.16/89/15
吾不食○ 14.1/90/6
自○年七十餘 14.3/91/17
昱憐其○ 14.3/91/18
誦堯之○ 14.4/92/14
陳政○事 14.5/93/1
衍聞明君不惡切愨之○ 14.5/93/1
將値危○之時 14.5/93/3
上令各○所樂 15.1/94/24
君房有是○ 15.5/96/22
未易○也 15.5/96/24
不有忠○奇謀而取大位 15.6/97/7
○甚切直 15.7/97/14
謇謇多直○ 15.7/97/15
不自知所○ 15.8/97/21
所○皆天文 15.8/97/21
歔欷不能○ 15.8/97/23
功曹○切 15.8/98/2
荊州刺史上○ 15.14/100/15
延上書○ 15.15/100/26
九流百家之○ 16.2/102/13
時人有上○班固私改作《史記》 16.2/102/15
巫○ 16.3/103/14
衆因上書○ 16.6/104/24
皆○太子舅執金吾陰識可 16.15/107/26
譚復極○讖之非經 16.16/108/9
○當世行事 16.16/108/12
敕○卷大 16.16/108/12
而有狂瞽之○ 16.20/109/14
辭○嫺雅 16.34/112/29
無○不讎 16.34/113/10
詣賊叩頭○ 16.41/114/26
信哉斯○ 17.1/117/28
果敢直○ 17.3/118/18
門下掾王望○曰 17.10/120/5
此生○是 17.10/120/10
良恥以○受進 17.10/120/11
而上書○狀 17.13/121/15
清乎尚書之○ 17.13/121/25
忠正直○ 17.14/122/10
○語不擇 17.17/123/1
吳良上○ 17.20/123/20
故爲此○也 18.1/126/11
○事無所依違 18.1/126/19
或民奏記○便宜 18.1/126/20
兄感其○ 18.10/129/9
昇憐其○ 18.13/130/16
自○鳳本巫家 18.30/135/17
酺上○ 19.1/136/16
常○人臣之義 19.7/138/22
數進忠○ 19.8/139/3
在納○ 19.18/141/10
乃減爲二十萬○ 19.25/143/9
輒○「敢祝少賓乎 19.28/143/25
欺○已愈 19.29/144/4

玉○	19.31/144/16
口誦堯、舜之○	20.4/145/23
棠不與○	20.10/147/3
○不稱老	21.1/150/19
頬上○	21.8/152/7
罵○畜產	21.9/152/14
表○常侍王甫罪過	21.12/153/13
乃收淚入○球罪	21.12/153/15
○畢奔走	21.13/153/22
丹○貌無改	21.17/154/15
皇甫嵩上○	21.20/154/27
傳（○）〔室〕呼敕	22.4/163/30
奏○大豪	22.5/164/4
林○其第一豪	22.5/164/5
群臣欲○事	23.1/165/7
更始○	23.1/165/10
有道士○豐當爲天子	23.12/169/3
猶○肘有玉璽	23.12/169/4
將軍得無笑其○乎	23.15/169/21
囂從其○	23.16/170/1
公○起我意	23.17/171/2
述自○手文有奇瑞	23.17/171/11
述然邯○	23.17/171/19
述詐使人○白帝倉出穀如山陵	23.17/171/24
皆對○「無」	23.17/171/25
訛○不可信	23.17/171/25
亭長白○「睢陽賊衣絳罽襜	23.18/172/6
○虜欲去	24.13/173/21
聽○視論	24.61/177/13
○天體者有三家	24.90/179/21

延 yán 69

○請入軍	1.1/4/2,23.8/167/18
○至于今	1.1/9/19
○平元年八月	2.4/17/22
○光二年	3.1/19/8
太尉施○以選舉貪汙	3.2/20/14
○熹元年	3.5/22/4
○光元年省	4.1/25/1
其陳寵、左雄、朱寵、龐參、施○並遷公	4.1/25/6
桓帝○熹元年三月己酉	4.1/25/10
未嘗不○問王	5.5/31/24
○英雄	7.12/42/21
阜陵質王○在國驕泰淫泆	7.13/43/24
○、昌城亭侯	7.17/44/23
莫如○攬英雄	8.1/46/13
孰不○望	8.1/46/24
以○平（九）〔元〕年拜爲車騎將軍、儀同三司	8.4/48/12
自○平之初	8.5/48/19
○岑敗走	9.6/58/12
蓋○、字巨卿	9.11/61/3
光武以○爲虎牙將軍	9.11/61/4
○追擊	9.11/61/4
○令沛修高祖廟	9.11/61/6
○上䟽辭曰	9.11/61/7
龐萌攻○	9.11/61/9
○與戰	9.11/61/9
詔書勞○曰	9.11/61/9
詔封○曾孫爲盧亭（候）〔侯〕	9.11/61/13
與蓋○攻公孫述將王元	11.2/71/3
馳告蓋○	11.2/71/4
○見歙	11.2/71/4
○收淚强起	11.2/71/5
溥子○	12.9/80/7
○生統	12.9/80/7
蔓○無足	13.11/86/25
上○集內戚宴會	13.16/89/15
故其○頸企踵而望者	14.5/93/16
西部督郵繇○	15.8/97/29
今與衆儒共論○功	15.8/97/29
案○資性貪邪	15.8/97/30
任○、字長孫	15.15/100/22
下車遣吏以中牢具祠○陵季子	15.15/100/23
○到	15.15/100/24
○上書言	15.15/100/26
詔書徵○	15.15/100/27
○輒休遣繫〔囚〕徒	15.15/100/27
○率掾吏殯於門外	15.15/101/1
○乃爲置水官吏	15.15/101/1
虞○、字子大	17.1/117/20
時○爲郡督郵	17.1/117/21
○進止從容	17.1/117/21
敕○從駕到魯	17.1/117/22
○因下見引咎	17.1/117/23
以陳留督郵虞○故	17.1/117/24
賜○錢及帶劍佩刀還郡	17.1/117/24
○以寅雖有容儀而無實行	17.1/117/26
○賢士	17.19/123/12
○及他舍	18.29/134/26
昔○陵季子葬子于嬴、博之間	18.29/135/8
○平元年仕爲光祿大夫	19.11/139/24
桓帝○熹九年	21.5/151/11
與蓋○共擊黃憲	23.15/169/19
詔書獨下○	23.15/169/19
萌以爲○譖己	23.15/169/19
令○岑出漢中	23.17/171/17
使○岑、田戎分出兩道	23.17/171/20
述謂○岑曰	23.17/171/27
○岑、字叔牙	23.18/172/6
太尉張酺、鄭洪、徐防、趙喜、隨○、龐桓	24.81/179/1

沿 yán 1

乃乘桴○江下巴郡	8.10/50/26

炎 yán 2

漢以○精布耀	1.1/10/14
○精更輝	14.5/93/12

研 yán 3

安能久事筆○間乎	16.3/102/24
前世以磨○編簡之才	16.28/111/16
耕或爲○	24.78/178/21

筵 yán 1

俯視几○	5.5/32/8

閻 yán 5

車騎將軍○顯等議	3.2/19/26

白○太后 3.2/19/27
京兆尹○興召倫爲主簿 18.1/125/25
程等十八人收斬江京、○顯等 20.23/149/20
○顯弟景爲衛尉 20.23/149/21

顏 yán 13

遠臣受○色之惠 1.1/6/6
何强○耶 1.1/9/11
臣望○色儀容 2.1/12/6
察其○色 6.5/36/20
然數見○色 7.12/43/12
形于○色 8.7/49/13
吳漢、字子○ 8.10/50/7
吳子○、奇士也 8.10/50/7
數犯○諫 10.13/65/12
可信○於王廬 12.10/80/21
政○色自若 17.17/123/2
喜動○色 18.27/134/9
龍○虎口 24.14/174/2

嚴 yán 52

嘗爲季父故舂陵侯訟逋租于大司馬○尤 1.1/1/18
○公寧視卿耶 1.1/1/20
○尤擊下江兵 1.1/2/13
○（光）〔尤〕、陳茂與合 1.1/2/15
邑與○尤、陳茂輕騎乘死人渡滍水逃去 1.1/3/8
威○甚厲 1.1/4/1
百官○設如舊時 2.1/12/6
矜○方厲 2.2/14/5
我欲詣納言○將軍 7.4/39/20
欲竟何時詣○將軍所 7.4/39/21
初無辦○之日 8.10/51/1
與貳師○尤共城守 9.2/55/26
《與兄子○敦書》曰 12.1/76/20
防性矜○公正 12.3/78/4
馬○、字威卿 12.6/79/3
○方七歲 12.6/79/3
迎○歸 12.6/79/4
乃將○西 12.6/79/5
○年十三 12.6/79/5
○從其故門生肆都學擊劍 12.6/79/6
顯宗詔○留仁壽闥 12.6/79/7
拜○持兵長史 12.6/79/7
敕○過武庫 12.6/79/9
○舉劾按章 12.6/79/10
輒下○處便宜 12.6/79/11
引納（敕）〔○〕（○）〔敕〕有所見聞輒言 12.6/79/11
○爲陳留太守 12.6/79/13
賜○ 12.6/79/14
先○斷而後弘衍 12.10/80/19
儼恪矜○ 12.11/81/11
永矜○公平 14.2/91/6
不○而治 15.8/97/29
常○烽候 15.9/98/23
乃聘請高行俊乂如董子儀、○子陵等 15.15/100/24
其政○猛 15.17/101/14
今君性○急 16.3/104/5
鄭興從博士金子○爲《左氏春秋》 16.5/104/14
陛下○ 16.20/109/12
朕何用○ 16.20/109/12
世以是爲○ 16.20/109/13
治《○氏春秋》 16.25/110/24, 17.3/118/16
○光、字子陵 16.48/116/11
後人名其釣處爲○陵瀨 16.48/116/11
但○使儲水 18.12/130/2
生白廬江太守掾○麟 18.12/130/6
政號○平 19.2/137/5
以○刻見稱 19.15/140/18
以樊儵刪《○氏公羊春秋》猶多繁辭 19.25/143/8
裝○已訖 21.9/152/16
下車○峻 21.32/157/3

巖 yán 3

萇之隱處有一○穴如窗牖 5.1/27/15
而亡藏○穴中 22.5/164/3
下及○穴 24.90/179/28

鹽 yán 10

彭寵遺米糒魚○以給軍糧 1.1/4/7
迎○河東 8.11/51/10
等輩（欺沒）〔放散〕其○ 8.11/51/10
奏罷○官 12.8/79/24
嘗受俸得○ 13.6/84/8
遺○二斗 16.44/115/14
嘗與奴載○北至太原販賣 18.1/125/22
不見○穀 22.4/163/12
以吏二千石自無○徙焉 23.17/170/23
又有魚○銀銅之利 23.17/171/4

礹 yán 2

桓○字文林 16.14/107/18
○到吳郡 16.14/107/18

奄 yǎn 1

○忽僵仆 16.3/104/1

兗 yǎn 2

其以爲○州牧 14.2/91/12
爲○州刺史 19.20/141/19

衍 yǎn 12

先嚴斷而後弘○ 12.10/80/19
時更始遣鮑永、馮○屯太原 14.4/92/2
○與邑素誓刎頸 14.4/92/2
馮○、字敬通 14.5/92/22
座生○ 14.5/92/23
○少有俶儻之志 14.5/92/23
○說吳漢曰 14.5/92/24
○聞明君不惡切慤之言 14.5/93/1
今○幸逢寬明之日 14.5/93/3
且○聞之 14.5/93/19
○娶北地任氏女爲妻 14.5/94/1
明帝以爲○材過其實 14.5/94/1

匽 yǎn 4

母曰○夫人 3.5/21/23
○夫人生桓帝 6.8/37/21
○夫人爲博園貴人 6.8/37/22
博園○貴人履高明之懿德 6.8/37/22

弇 yǎn 23

耿○、字伯昭 8.14/52/12
○入 8.14/52/13
○曰 8.14/52/15,8.14/52/17,8.14/52/18,8.14/52/21,8.14/52/26,8.14/53/8
大王哀厚○如父子 8.14/52/17
上以○爲建威大將軍 8.14/52/22
○以軍營臨淄、西安之間 8.14/52/23
○內欲攻之 8.14/52/24
張步直攻○營 8.14/53/6
○升王宮壞臺望之 8.14/53/6
○與步戰 8.14/53/6
飛矢中○股 8.14/53/6
聞○爲步所攻 8.14/53/7
陳俊謂○曰 8.14/53/7
○凡平城陽、琅邪、高密、膠東、東萊、北海、齊、千乘、濟南、平原、泰山、臨淄等郡 8.14/53/10
而○勒兵入據其城 8.14/53/11
○少好學 8.14/53/15
引耿○等諸營擊之 9.1/55/17
吳漢、耿○等悉奔還 9.7/59/10

眼 yǎn 2

上言太守蘇定張○視錢 12.1/76/24
賜御食及橙、橘、龍○、荔枝 22.3/161/13

掩 yǎn 7

果爲寵兵○擊破 1.1/5/15
出塞○擊迷唐于雁谷 8.2/47/25
○擊多所斬獲 8.2/48/1
舉袖○口 9.7/59/7
○其弘美 16.8/105/7
後○伺見之 17.23/124/18
○擊羌胡 20.5/146/5

偃 yǎn 5

車駕宿○師 1.1/8/6
此〔所〕謂日角○月 6.6/37/10
征伐不可○於天下 12.9/80/11
惟勤祖○長不滿七尺 13.13/88/4
○蹇傲慢 16.50/117/3

郾 yǎn 1

時漢兵在定陵○者 1.1/3/1

琰 yǎn 1

黃琬、字子○ 19.24/143/3

演 yǎn 1

武騎都尉樊○高祖父重 3.5/22/19

縯 yǎn 2

司徒韓○、司空孫朗並坐不衛宮 3.5/22/7
○字伯升 7.1/38/10

儼 yǎn 1

○恪矜嚴 12.11/81/11

晏 yàn 5

至日○ 1.1/9/3
寬裕○○ 3.2/20/29
殺其縣長馮○ 14.2/90/21
○嬰臨盟 14.4/92/3

宴 yàn 6

天子所以○樂群臣 5.4/28/23
每○會 8.12/52/3
上每○ 13.6/84/4
上延集內戚○會 13.16/89/15
宗人親厚節會飲食○ 19.30/144/10
日夜與婦人歡○後庭 23.1/165/6

硯 yàn 1

與國右史公從事出入者惟○也 16.28/111/16

雁 yàn 1

出塞掩擊迷唐于○谷 8.2/47/25

厭 yàn 8

與弘農、○新、柏華、蠻中賊合戰 9.7/59/6
下○群望 12.12/82/3,12.13/82/9
莫不○服焉 13.13/88/7
不知○足 14.4/92/11
每以禮讓相○ 16.9/105/19
藜藿不○ 16.47/116/6
○浮語虛辭耳 23.16/170/12

鴈 yàn 4

詔馮異軍○門 1.1/4/10
大如○子 2.3/16/23
○門烏桓及鮮卑叛 3.1/18/18
○門人也 17.19/123/12

燕 yàn 16

俗以爲○人愚 1.1/4/12
帝與伯叔及姊壻鄧晨、穰人蔡少公○語 1.1/4/15
鳳凰見百三十九、麒麟五十二、白虎二十九、黃龍三十四、青龍、黃鵠、鸞鳥、神馬、神雀、九尾狐、三足烏、赤烏、白兔、白鹿、白○、白鵲、 2.2/15/20
數○見（省）〔在禁〕中 3.1/18/7

○人思慕 8.2/47/24
（祐）〔祜〕侍○ 9.6/58/10
數○見 11.1/70/10
○亦是喪 12.10/80/23
弘嘗○見 13.6/84/11
○、趙、韓、魏之後 13.11/86/18
乃因○見從容誠之曰 13.13/88/8
勤○見前殿盡日 13.13/88/11
蕭王受命平定○、趙 14.1/90/2
生○領虎（頭）〔頸〕 16.3/103/1
長史、司馬、涉頭、長○、鳥校、棚水塞尉印五枚 21.8/152/7
東郡○人 21.13/153/20

諺 yàn 2

○言貴易交 13.6/84/14
鄙○曰 21.7/151/19

驗 yàn 4

始○疾風知勁草 10.11/64/14
符○不虛 20.19/148/28
（孝）〔考〕○天狀 24.90/179/22
撰建武以來星變彗孛占○著明者續其後 24.90/179/28

讌 yàn 1

百里內皆齎牛酒到府飲○ 15.8/97/28

央 yāng 3

烟火見未○宮 12.9/80/13
攻未○宮 23.2/165/24
令劉盆子等三人居中○ 23.5/166/12

殃 yāng 1

○咎之毒 14.5/93/8

羊 yáng 23

以○皮雜貂裘 1.1/9/11
牛○被野 2.1/13/1
從都（慮）〔盧〕至○腸倉 8.2/47/15
又刺殺犬馬牛○ 8.2/48/3
身衣○裘皮袴 12.1/75/11
賜○三千、牛三百頭以養病 12.1/76/4
「皋」字爲「白」下「○」 12.1/76/13
丞印「四」下「○」 12.1/76/13
「人」下○ 12.1/76/14
彭爲殺○具食 14.1/90/9
持《公○春秋》 16.3/102/22
太守王朗餉給糧食、布帛、牛○ 16.14/107/20
詔賜博士○ 16.25/110/25
○有大小肥瘦 16.25/110/25
時博士祭酒議欲殺○ 16.25/110/25
詔問瘦○甄博士 16.25/111/1
與毛義各賜○一頭 18.10/129/15
常席○皮、布被 19.20/141/20
以樊鯈刪《嚴氏公○春秋》猶多繁辭 19.25/143/8
使馬如○ 21.11/153/4
○融、字子優 21.52/159/28
爛○胃 23.1/165/12
爛○頭 23.1/165/13

洋 yáng 3

河水○○ 1.1/8/23
陛下聖德○溢 5.5/29/10

揚 yáng 24

坐者莫不激○悽愴 1.1/9/5
以建威○德 5.4/29/1
皆言類○雄、相如、前世史岑之比 7.12/43/1
激○吏士 8.10/50/16
然吾故○言欲攻西安 8.14/52/26
並○示之 8.17/54/11
而津鄉當荊、○之咽喉 9.2/56/2
彤之威聲○于北方 9.8/60/5
光武以鐔爲○化將軍 10.10/64/8
○州刺史 11.1/70/5
何○生之（敗）〔欺〕眞 12.10/81/2
幾及○雄、劉向父子 13.6/84/3
曾祖○ 13.13/88/3
魴父名○ 13.14/88/16
爲○化大將軍掾 14.5/93/1
不如同門生郎中彭閎、○州從事皐弘 16.9/105/17
移居○州從事屈豫室中 16.14/107/21
政嘗過○虛侯馬武 17.17/122/28
宋○、扶風平陵人 18.24/133/15
終不暴○其惡 19.11/139/23
初不暴○ 21.54/160/8
南順江流以震荊、○ 23.17/171/7
○雄好著書 24.15/174/5
○光聖德 24.94/180/12

陽 yáng 283

求封南○蔡○白水鄉 1.1/1/6
皇考初爲濟○令 1.1/1/9
先是有鳳凰集濟○ 1.1/1/12
南○大人賢者往來長安 1.1/1/17
雒○以東米石二千 1.1/1/20
時南○旱饑 1.1/1/23
南○豪右雲擾 1.1/2/3
諸李遂與南○府掾史張順等連謀 1.1/2/6
攻南○ 1.1/2/11
誘殺湖○尉 1.1/2/12
帝邀之于○關 1.1/2/18
帝馳入昆○ 1.1/2/19
今昆○即破 1.1/2/20
遂環昆○城作營 1.1/2/24
而○墜其書 1.1/3/5
而昆○城中兵亦出 1.1/3/7
帝降潁○ 1.1/3/11
更始欲北之雒○ 1.1/3/13
先到雒○整頓官府 1.1/3/14
東迎雒○者見更始諸將過者已數十輩 1.1/3/14
至饒○ 1.1/3/20
入漁○ 1.1/4/11

至范○ 1.1/4/13
帝入雒○ 1.1/5/1
故帝都雒○ 1.1/5/7
宜以時修奉濟○城○縣堯帝之（冢）〔冢〕 1.1/5/13
武○以東小城營皆奔走降 1.1/7/5
傳首于洛○ 1.1/7/9
入南○界 1.1/8/6
黎○兵馬千餘匹 1.1/8/6
幸南○、汝南 1.1/8/10
還雒○宮 1.1/9/15
重子丹、射○侯 1.1/10/7
就、信○侯 1.1/10/8
后父郭昌爲○安侯 1.1/10/9
孝明皇帝諱○ 2.1/11/5
世祖以赤色名之曰○ 2.1/11/6
〔○對曰〕 2.1/11/7
河南、南○不可問 2.1/11/10
何故言河南、南○不可問 2.1/11/12
南○、帝鄉 2.1/11/13
封太后弟陰興之子慶爲鮦○侯 2.1/11/23
帝與皇太后幸南○祠章陵 2.1/12/15
行幸南○ 2.1/12/31
諸小王皆當略與楚、淮○相比 2.1/13/28
美○得銅酒樽 2.2/15/5
幸洛○寺 2.3/16/25
漢○人杜琦反 3.1/18/22
漢○故吏杜習手刺殺之 3.1/18/22
調濱水縣彭城、廣○、廬江、九江穀九十萬斛 3.1/18/26
以迎濟陰王于德○殿西鍾下 3.2/19/28
漢○率善都尉蒲密因桂○太守文礱獻大明珠 3.2/20/3
太尉劉光、司空張皓以陰○不和 3.2/20/4
○嘉元年 3.2/20/7
其以漢中南鄭之武○亭封賢孫承先爲武○亭侯 3.2/20/17
傳勉頭及所帶玉印、鹿皮冠、黃衣詣雒○ 3.4/21/17
徵詣雒○ 3.5/21/24
賊萬人以上屯益○ 3.5/22/15
有白衣人入德○殿門 3.6/23/18
中外官尚書令、御史中丞、治書侍御史、公將軍長史、中二千石丞、正、平、諸司馬、中官王家僕、雒○令秩皆千石 4.1/25/21
雒○市長秩四百石 4.1/26/3
屬山○郡 5.1/27/11
分漢中之安○、西城 5.1/27/18
分高顯、候城、遼○屬玄（菟）〔菟〕 5.1/27/21
至建武都雒○ 5.5/30/11
太后幸洛○寺 6.5/36/24
順帝○嘉元年 6.6/37/11
到魏郡鄴、易○ 7.4/39/24
城○恭王初名終 7.7/40/11
徙南○之白水鄉 7.7/40/15
蒼到洛○ 7.12/43/9
丁爲魯○鄉侯 7.17/44/22
光、昭○亭侯 7.17/44/23
南○人也 8.1/46/5
8.10/50/7,10.26/69/7
11.2/70/17,18.3/127/3
更始既至雒○ 8.1/46/8
自南○發 8.1/46/8
赤眉○敗 8.1/47/3
禹獨與二十四騎詣雒○ 8.1/47/5
訓將黎○營兵屯漁○ 8.2/47/19
黎○營故吏皆戀慕訓 8.2/47/19
從黎○步推鹿車于洛○市藥 8.2/47/20
還過趙國易○ 8.2/47/21
年十五治《歐○尚書》 8.6/48/26
上亦以其南○人 8.10/50/11
詣雒○ 8.11/51/16
南破昆○ 8.14/52/19
弇凡平城○、琅邪、高密、膠東、東萊、北海、齊、千乘、濟南、平原、泰山、臨淄等郡 8.14/53/10
封美○侯 8.16/53/24
大司馬朱鮪在雒〔○〕 9.1/54/22
南迫雒○ 9.1/54/24
彭發桂○、零陵、長沙委輸櫂卒 9.2/56/7
夜至饒○蕪蔞亭 9.4/56/22
共守雒○ 9.4/57/2
追至雒○城門 9.4/57/4
過○翟 9.4/57/9
黽池霍郎、陝王長、湖濁惠、華陰○沈等稱將軍者皆降 9.4/57/11
歸外家復○劉氏 9.6/58/9
願受南○五百戶足矣 9.6/58/13
上過潁○ 9.7/59/3
至略○ 9.7/59/9
上谷、漁○〔兵〕 9.10/60/19
定封丹櫟○侯 9.10/60/20
不過櫟○萬戶邑 9.10/60/21
還歸雒○ 9.10/60/23
漁○要○人 9.11/61/3
圍劉永于睢○ 9.11/61/4
（援）〔拔〕樂○、稾、肥纍者〔也〕 9.12/61/19
陳俊初調補曲○長 10.7/63/17
傅俊從上迎擊王尋等于○關 10.9/64/3
南至下曲○滹沱河 10.11/64/16
光暮入堂○ 10.12/65/7
堂○驚怖 10.12/65/7
居下曲○ 10.16/66/7
至曲○ 10.16/66/8
成、哀間轉客潁川舞○ 10.20/67/3
每幸南○ 10.21/67/16
其以安豐、○泉、蓼、安風凡四縣封融爲安豐侯 10.22/67/23
而融弟顯親侯友嗣子固尙沮○公主 10.22/68/3
封武○侯 10.24/68/22
鄧晨、南○人 11.1/70/5
與劉嘉俱詣雒○ 11.2/70/17
歙與征虜將軍祭遵襲略○ 11.2/70/23
然上以略○、囂所依阻 11.2/70/24
囂圍歙于略○ 11.2/70/25
南○人 11.3/71/10
13.7/84/19,17.2/118/3

17.25/125/9,18.6/127/21
18.26/133/25,18.30/135/14
19.9/139/8,20.7/146/15
後仕爲淮○相時 11.9/73/4
習《歐○尙書》 11.10/73/10
徐縣北界有蒲○陂 11.10/73/12
追封加謚興曰鯛○翼侯 11.14/74/20
徙封于丹○ 11.15/74/24
子○、井底鼃耳 12.1/75/16
囂乃使援奉書雒○ 12.1/75/17
擊尋○山賊 12.1/76/10
詔置馬德○殿下 12.1/76/28
防爲潁○侯 12.3/77/23
所以宣氣、致和、順陰○也 12.3/78/3
至雒○ 12.6/79/5
竊見故大司徒○都侯伏湛自行束脩 13.1/82/22
上姊湖○公主新寡 13.6/84/12
封扶○侯 13.7/84/19
歐○歙、其先和伯從伏生受《尙書》 13.8/84/25
夏者○氣在上 13.12/87/18
爲黎○令 13.13/88/4
趙憙、字伯○ 13.16/89/3
光武以憙守簡○侯相 13.16/89/11
鮪守雒○ 14.1/90/1
彭還詣河○白上 14.1/90/4
復令彭夜送歸雒○ 14.1/90/10
封所持節於晉○傳舍壁中 14.2/90/19
賜洛○上商里宅 14.2/90/24
（泚）〔沘〕○長 14.3/91/17
邑爲漁○太守 14.4/92/18
歃血昆○ 14.5/93/10
後徙封陵○侯 15.1/95/2
從桓榮受《歐○尙書》 15.2/95/6
○狂不識駿 15.2/95/11
至滎○ 15.6/97/6
汝南太守歐○歙召惲爲功曹 15.8/97/28
鄭次都隱于弋○山中 15.8/98/3
安集雒○ 15.10/99/3
爲南○太守 15.10/99/5
故南○人爲之語 15.10/99/6
弟奇在雒○爲諸生 15.11/99/18
爲漁○太守 15.12/99/27
平○城李善稱故令范遷於張堪 15.12/100/2
衛颯爲桂○太守 15.13/100/7
充爲桂○太守 15.14/100/13
桂○太守茨充教人種桑蠶 15.14/100/17
南○宛人 15.15/100/22
除睢○令 15.15/100/27
董宣爲洛○令 15.16/101/6
宜○爲簡（而）〔易〕 16.3/104/5
還洛○ 16.3/104/6
太子及山○王因虎賁中郎將梁松請衆 16.6/104/18
治《歐○尙書》 16.9/105/14
16.21/109/23
《歐○尙書》博士缺 16.9/105/16
群賊入汝○城 16.31/112/7
索盧放、字君○ 16.33/112/21
朱勃、字叔○ 16.34/112/28
縣人故雲○令朱勃 16.34/113/9
漁○太守張堪昔在蜀 16.35/113/15
即除漁○令 16.35/113/17
萌素明陰○ 16.46/115/26
伏見太原周黨、東海王良、山○王成 16.50/117/2
上乃詔令自稱南○功曹詣闕 17.1/117/27
持節使歸南○ 17.2/118/5
洛○人 17.9/119/27
後起德○殿 17.13/122/2
山○、楚郡多蝗蜚 17.14/122/9
鮭○鴻、字孟孫 17.16/122/20
會信○侯至 17.17/123/3
淮○人 17.18/123/7
信○侯陰就於干突車騎簿 17.20/123/19
信○侯驕慢 17.20/123/20
隱山○瑕邱界中 17.25/125/11
除倫爲淮○王醫工長 18.1/126/5
擢爲南○太守 18.2/126/25
稱「南○五伯」 18.3/127/4
南○朱季 18.6/128/5
堪後仕爲漁○太守 18.6/128/10
南○餓 18.6/128/11
母追求到武○北男謁舍家得阜 18.13/130/14
彭擢開○城門候 18.14/130/27
爲山○太守 18.14/131/1
時山○新遭地動後 18.14/131/1
于是京師貴戚順○侯衛尉馬廖、侍中竇憲慕其行 18.18/132/6
客居美○ 18.23/133/7
與美○令交遊 18.23/133/7
追封當○侯 18.24/133/15
爲南○太守桓虞功曹 18.26/133/27
爲安○尉 18.27/134/8
南○張奉慕其義 18.27/134/8
遷南○太守 19.2/137/4
先是雒○城南 19.7/138/25
黎○人 19.15/140/16
爲漢○太守 19.15/140/18
爲丹○都尉 19.17/141/3
爲雒○令 19.21/142/1
20.18/148/24
左○賑 19.31/144/16
受《歐○尙書》于桓郁 20.2/145/5
震到雒○都亭 20.2/145/10
桂○人 20.9/146/25
拜漢○太守 20.10/147/3
侍御史張綱獨埋輪于雒○都亭 20.15/148/3
王○以衣囊徼名 20.17/148/14
以功封程爲浮○侯 20.23/149/23
劉寬爲南○太守 21.9/152/12
陳球爲繁○令 21.10/152/21
○球、字方正 21.12/153/13
喜夷爲壽○令 21.40/158/8
夕○侯邢崇孫之爲賊所盜 21.50/159/20
山○郡人江伯欲嫁姊 22.2/161/3
○雒僧麟 22.4/162/13
陵○臣僕 22.4/163/30
南○英雄皆歸望于伯升 23.1/164/23
〔上〕破二公于昆○城 23.1/164/28
更始北都雒○ 23.1/165/3
及中黃門從官至雒○ 23.1/165/3

更始遂西發雒○ 23.1/165/4
雒○人韓鴻爲謁者 23.1/165/14
乃下詔封更始爲淮○王 23.1/165/18
改爲潁○侯 23.3/166/3
數祠城○景王 23.5/166/14
積兵甲宜○城西 23.5/166/19
至○城 23.6/167/1
殺淮○太守 23.10/168/10
南○宛人也 23.11/168/15
哀帝時爲漁○太守 23.11/168/15
寵爲漁○太守 23.11/168/16
今漁○大郡 23.11/168/17
攻得邔、宜城、（若）〔鄀〕、編、臨沮、中（沮）廬、襄○、鄧、新野、穰、湖○、蔡○ 23.13/169/9
龐萌、山○人 23.15/169/19
今立者乃在南○ 23.16/169/26
今南有子○ 23.16/170/7
公孫述、字子○ 23.17/170/23
筑○人 23.18/172/6
亭長白言「睢○賊衣絳罽襜 23.18/172/6
凡○生陰曰下 24.87/179/13
陰生○曰上 24.87/179/13
冬至○氣應 24.88/179/15

楊 yáng 15

○偉、徐容等惶恐解散 8.10/50/26
援與○廣書曰 12.1/75/23
臣援師事○子阿 12.1/76/25
追令刺客○賢於隴坻遮殺之 13.11/85/25
其還故爵爲○邑侯 13.14/88/17
誅降逆賊○異等 15.10/99/4
○正爲京兆功曹 16.36/113/22
○政、字子行 17.17/122/24
說經鏗鏗○子行 17.17/122/25
○震、字伯起 20.2/145/5
關西孔子○伯起 20.2/145/6
○秉諫桓帝曰 20.3/145/16
○賜、字伯獻 20.4/145/20
○喬曰 21.45/158/28
及○音各起兵數萬人 23.6/166/25

仰 yǎng 20

○視天 1.1/7/11
莫能○視 2.1/13/19
民所瞻○也 5.5/30/15
不可以（向）○四門賓于之議 5.5/32/4
臣欽○聖化 5.5/32/6
○見榱桷 5.5/32/8
○天歎〔息〕 6.2/34/6
后○（噏）〔嗽〕之 6.5/36/16
○天號泣乃去 9.8/60/9
伏悲不能○視 11.2/71/4
○視烏鳶跕跕墮水中 12.1/76/20
○望京師 13.1/83/2
思○漢德 13.11/86/5
元元少得舉首○視 13.11/86/26
因○天號泣 16.31/112/9
戴○漢德 16.33/112/22
在位者莫不○其風行 17.8/119/22
不敢于鴻前○視 18.29/135/5
○天歎曰 23.12/169/5
土炭輕而衡○ 24.88/179/15

養 yǎng 48

置（養）〔○〕贍官以廩之 1.1/1/21
而失黃、老○性之道 1.1/9/6
○精神 1.1/9/7
初行○老禮 2.1/11/28
○三老、五更 2.1/12/26
勞○三老、官屬 2.1/12/32
故殤帝○于民 2.4/17/18
篤志供○ 3.1/18/10
遂取而持歸○ 6.3/35/23
撫育恩○甚篤 7.1/38/24
故悝兄弟率常在中供○兩宮 8.5/48/19
復闔門○威重 8.11/51/19
且以一縣自○ 11.8/72/22
賜羊三千、牛三百頭以○病 12.1/76/4
○視之 12.6/79/4
教○諸生 12.7/79/18
生不供○ 15.2/95/9
供○至謹 15.11/99/12
張君○我曹 15.12/99/24
○蠶桑織履 15.14/100/15
崇禮○善如此 15.15/100/26
恒爲官傭寫書以供○ 16.3/102/23
每大射○老禮畢 16.9/106/9
狹於○己 16.12/107/6
以二千石祿○終身 16.27/111/12
恬靜○神 16.49/116/15
與婦傭作○母 17.22/124/5
令主炊○ 17.24/124/28
我嘗爲諸君主炊○ 17.24/125/1
常自○（親）〔視〕 17.24/125/3
○活兄子 17.24/125/5
親自哺○ 17.25/125/11
倫獨收○孤兄（下）〔子〕、外孫 18.1/125/20
自○馬 18.1/126/13
○孤兒兄子甚篤 18.10/129/10
乃教民種麻桑而○蠶 18.11/129/20
傭賃以○父母 18.18/132/3
革專心○母 18.18/132/4
○兄崇孤兒 18.28/134/15
何用空○他家老嫗爲 19.11/139/25
盡心供○ 19.22/142/8
躬率子孫耕農爲○ 21.13/153/20
疾病須○ 21.13/153/21
民○子者三千餘人 21.38/157/29
乞供○ 21.55/160/13
竈下○ 23.1/165/12
且蓄○士馬 23.16/170/10
敬○盡於奉 24.42/176/3

恙 yàng 1

皇帝問彭城王始夏無○ 7.20/45/11

夭 yāo 1

生者輒○ 2.4/17/18

妖 yāo 2

〇賊蓋登稱「大皇帝」 3.5/22/22
故犯〇禁 18.25/133/19

要 yāo 16

以〇其死力 1.1/6/6
聖之至〇也 2.2/15/25
副其〇腹 7.12/42/25
〇帶八尺二寸 7.12/42/26
明〇誓 8.16/53/25
人不能得其〇領 9.4/57/3
漁陽〇陽人 9.11/61/3
男兒〇當死於邊野 12.1/77/1
本支百世之〇也 13.11/86/20
拔刀自嚮以〇惲曰 15.8/97/25
上自制《五家〇說章句》 16.10/106/17
不復〇娶巫家女 17.14/122/8
有〇離冢 18.29/135/9
〇離、古烈士 18.29/135/9
遂葬〇離冢傍 18.29/135/10
摘發其〇 24.61/177/13

邀 yāo 1

帝〇之于陽關 1.1/2/18

肴 yáo 2

載酒〇 15.5/96/14
因留其餘酒〇而去 15.5/96/15

堯 yáo 19

圖讖著伊〇、赤帝之子 1.1/5/9
漢劉祖〇 1.1/5/10
宜令郊祀帝〇以配天 1.1/5/10
〇以歷數命舜 1.1/5/12
當以高祖配〇之後 1.1/5/12
宜以時修奉濟陽城陽縣〇帝之（冢）〔冢〕 1.1/5/13
有似于〇 2.1/11/6
德合于〇 2.1/12/9
屬者所言〔我〇〕 2.1/12/10
帝〇善及子孫之餘賞 5.5/30/4
言〇夢攀天而上 6.5/36/16
蓋聞〇舜九族 7.20/45/11
司徒、〇也 8.1/46/24
以爲漢當祀〇 13.11/86/1
不因緣〇 13.11/86/5
〇遠於漢 13.11/86/5
誦〇之言 14.4/92/14
將爲許、巢而去〇、舜也 15.8/98/4
口誦〇、舜之言 20.4/145/23

搖 yáo 6

不能動〇 1.1/8/5
太后賜馮貴人步〇一具 6.5/36/18
動〇觸患 14.4/92/13
今日〇動者刀入脅 17.17/123/2
革不欲〇動之 18.18/132/4
海內震〇 23.17/171/17

傜 yáo 3

人無〇役 2.1/13/1
鄉佐發黨〇道 16.50/116/26
未有平〇役 19.21/141/28

遙 yáo 2

暉〇見就主簿持璧 18.6/128/2
〇去不顧 18.8/128/22

銚 yáo 3

異薦邑子〇期、叔壽、殷建、左隆等 9.4/56/17
衛尉〇期見上感慟 9.7/59/22
〇期、字次況 9.12/61/17

餚 yáo 1

〔累〇膳備副〕 6.2/34/18

謠 yáo 2

童〇歌曰 15.12/100/1
人爲作〇曰 19.21/141/28

繇 yáo 4

下縣吏無百里之〇 1.1/7/16
其〇曰 7.9/41/20
西部督郵〇延 15.8/97/29
刺史劉〇振給穀食、衣服所乏者 16.14/107/19

葯 yào 1

太常其以〇祭之日陳鼎于廟 2.1/12/24

曜 yào 2

照〇于室內 3.1/18/6
容儀照〇絕異 24.64/177/19

藥 yào 14

念訓常所服〇北州少乏 8.2/47/20
從黎陽步推鹿車于洛陽市〇 8.2/47/20
訓身爲煮湯〇 8.2/47/23
醫〇療之多愈 8.2/48/2
恭以毒〇傅矢 8.17/54/6
與共買蜜合〇 9.6/58/14
賜醫〇 9.10/60/23
加賜醫〇甚厚 9.12/61/21
特以前參醫〇 12.3/77/23
遣太醫送方〇也 12.6/79/14
常繫〇手內 14.7/94/14
不起便賜〇 16.45/115/18
醫〇饘粥 18.16/131/18
醫〇救療 19.30/144/9

耀 yào 4

漢以炎精布〇 1.1/10/14
彩色眩〇 3.5/23/1
字之曰德〇 18.29/135/3
夜有光〇 23.17/171/10

耶 yé 27

嚴公寧視卿〇 1.1/1/20
是美鬚眉目者〇 1.1/2/16

反欲歸守其妻子財物○	1.1/2/20
何知非僕○	1.1/4/16
勝高帝○	1.1/6/11
非成法○	1.1/8/25
何强顏○	1.1/9/11
寧當學博士○	6.5/36/14
道豈有是○	7.9/41/21
寧欲仕○	8.1/46/9
寧買將軍子○	8.12/52/1
反欲以賊虜遺君父○	8.14/53/9
今漢大將軍反病瘧○	9.10/60/23
卿欲遂蹕○	9.12/61/21
諸卿寧憊○	10.9/64/4
何故言○	10.26/69/13
寧能高飛遠去、不在人間○	10.26/69/16
何能臥床上在兒女子手中○	12.1/77/1
何以拜子孫○	15.5/96/22
豈有還害其君者○	16.31/112/8
大丈夫安能爲人役○	16.46/115/24
以貢爲不足○	16.49/116/18
閔仲叔豈以口腹累安邑○	16.49/116/22
寧爲家給人足○	17.10/120/9
寧足爲不家給人足○	17.10/120/9
安能動萬乘主○	18.1/126/2
寧有之○	18.1/126/8

琊 yé 1

琅○人樊崇、字細君	23.6/166/24

揶 yé 1

舉手○揄之	10.11/64/15

也 yě 334

高帝九世孫○	1.1/1/5
伯升之起○	1.1/2/8
以爲獨伯升如此○	1.1/2/10
自秦、漢以來師出未曾有○	1.1/2/18
甚可怪○	1.1/3/4
乃馬○	1.1/3/12
劉公眞天人○	1.1/4/1
實成帝遺體子輿○	1.1/4/2
天下不可復得○	1.1/4/3
但得全身○	1.1/4/5
令反側者自安○	1.1/4/6
非計○	1.1/4/12
或曰是國師劉子駿○	1.1/4/16
爲征彭寵故○	1.1/5/22
自事主未嘗見明主如此○	1.1/6/8
不如○	1.1/6/11
反復勝○	1.1/6/12
恐失其頭首○	1.1/6/14
以爲國家坐知千里○	1.1/6/14
不可輕○	1.1/7/6
景帝、所謂孝子○	1.1/8/24
世祖之中子○	2.1/11/5
文王之遇太公○	2.1/13/5
予亦非文王○	2.1/13/6
孝明皇帝第五子○	2.2/14/3
詔齊相〔其〕止勿〔復〕送冰紈、方空縠、吹綸絮〔○〕	2.2/14/9
輅車可引避○	2.2/14/16
此皆生于不學之門所致○	2.2/15/15
聖之至要○	2.2/15/25
帝王之上行○	2.2/15/25
湯、文所務○	2.2/15/26
高宗之極（至）〔致〕○	2.2/15/26
章帝之中子○	2.3/16/5
和帝之少子○	2.4/17/18
清河孝王第二子○	3.1/18/5
孝安皇帝長子○	3.2/19/21
害加孕婦○	3.2/20/9
順帝之少子○	3.3/21/7
渤海王子○	3.4/21/15
蠡吾侯翼之長子○	3.5/21/23
以求福祥○	3.5/23/2
鉤黨人即黨人○	3.6/23/9
司空、唐虞之官○	4.1/24/13
可得而禮○	5.4/28/17
禮樂之謂○	5.4/28/21
以御田祖」者○	5.4/28/22
此之謂○	5.4/28/23
蹲蹲舞我」者○	5.4/28/24
軍樂○	5.4/28/24
風勸士○	5.4/29/1
「軍大獻則令凱歌」○	5.4/29/2
以承天心〔○〕	5.5/29/13
天子事○	5.5/30/7
民所瞻仰○	5.5/30/15
民所取財用○	5.5/30/16
非此族○	5.5/30/16
頌言成○	5.5/31/13
故登歌《清廟》一章○	5.5/31/13
天下乂安刑措之時○	5.5/32/5
所望于王○	5.5/32/9
敬之至○	5.6/32/24
博其類○	5.6/33/1
即后之父○	6.1/33/21
不可言○	6.2/34/7
〔讀勑令與諸舍相望○〕	6.2/34/18
勿有疑○	6.2/35/7
孝之始○	6.5/36/13
臣所未嘗見○	6.6/37/10
紀者、襄成縣君孫壽之舅○	6.9/38/3
此兵法○	7.1/38/12
是吾幼時狂意之行○	7.3/39/13
太守事○	7.7/40/17
都尉事（○）〔邪〕	7.7/40/18
光武皇帝長子○	7.8/41/3
爲諸子在道欲急帶之○	7.9/41/26
光靈遠○	7.12/43/6
書典之所美○	7.20/45/11
貴仁者所好惡得其中○	7.20/45/15
南陽人○	8.1/46/5, 8.10/50/7, 10.26/69/7, 11.2/70/17, 18.3/127/3
不願○	8.1/46/9
欲尊主安民者○	8.1/46/12
天下不足定○	8.1/46/14
何○	8.1/46/17, 9.1/55/21, 15.1/94/25, 17.19/123/13, 20.2/145/9
自吾有回○	8.1/46/20
司徒、堯○	8.1/46/24
赤眉、桀○	8.1/46/24
非諸將憂○	8.1/47/3
求福○	8.2/48/4
儀同三司始自陟○	8.4/48/13

和熹后兄〇 8.6/48/26
兢兢之心彌以篤固〇 8.7/49/18
吳子顏、奇士〇 8.10/50/7
千載一遇〇 8.13/52/7
不可聽〇 8.14/52/14
不可復會〇 8.14/52/14
聖公不能辦〇 8.14/52/16
不敢爲人道〇 8.14/52/21
未易攻〇 8.14/52/23
臨淄不能救〇 8.14/52/26
所謂一舉而兩得者〇 8.14/52/27
自勞軍〇 8.14/53/10
眞可畏〇 8.17/54/7
非寇恂莫可使〇 9.1/54/24
吾知寇子翼可任〇 9.1/55/2
怨禍之府〇 9.1/55/5
爲國〇 9.1/55/10
今爲吾行〇 9.1/55/17
其所計事者〇 9.1/55/22
非所及〇 9.1/55/22
全子弟得生還〇 9.2/56/6
大王重愼之性〇 9.4/57/7
爲我披荊棘、定關中者〇 9.4/57/16
是教令行〇 9.7/59/5
必不私諸卿〇 9.7/59/6
可謂守死善道者〇 9.7/59/18
群臣各懷慚懼〇 9.7/59/22
此太僕室〇 9.8/60/8
必不敢爲國之憂〇 9.11/61/9
（援）〔拔〕樂陽、稾、肥纍者〔〇〕 9.12/61/19
何宜封子〇 9.12/61/22
不足以制〇 10.2/62/17
以衣中堅同心之士〔〇〕 10.7/63/18
果妄言〇 10.11/64/19
卿力〇 10.11/64/20
是天瑞〇 10.11/64/21
何猛〇 10.14/65/23
則二心〇 10.14/65/23
今吾兵已成〇 10.14/65/24
信都人〇 10.16/66/7
不得復念私〇 10.16/66/11
眞忠臣〇 10.20/67/4
一何武〇 10.21/67/11
不宜論〇 10.22/68/2
是以愛之如父母〇 10.23/68/12
以有仁愛、知相敬事〇 10.26/69/14
禮〇 10.26/69/15
是君臣父子信〇 11.2/70/21
則制其支體易〇 11.2/70/25
前世貴戚皆明戒〇 11.4/71/20
三署服其愼〇 11.6/72/7
言富實〇 11.11/73/24
凡殖貨財產、貴其能施賑〇 12.1/75/10
乃知帝王自有眞〇 12.1/75/22
符印所以爲信〇 12.1/76/15
疑謂是〇 12.1/76/17
何可得〇 12.1/76/20
所謂畫虎不成反類狗〇 12.1/76/22
（矆）〔嚄〕哉是翁〇 12.1/77/5
所以宣氣、致和、順陰陽〇 12.3/78/3
寧用飯〇 12.4/78/16
遣太醫送方藥〇 12.6/79/14
涿郡盧植、北海鄭玄、皆其徒〇 12.7/79/18
僅能破散〇 12.9/80/15
其義一〇 12.10/81/5
不宜違我言〇 12.11/81/22
即大將軍梁冀妻〇 12.12/82/5
實非過少所〔宜〕任〔〇〕 12.13/82/9
湛同產兄子〇 13.3/83/11
非碩德忠正〇 13.6/84/6
臣之罪〇 13.6/84/8
則爲遼東豕〇 13.9/85/4
明當尊用祖宗之故文章〇 13.11/86/9
元元侵陵之所致〇 13.11/86/13
畏其易〇 13.11/86/15
詘其驕恣之節〇 13.11/86/17
本支百世之要〇 13.11/86/20
蓋此助〇 13.11/86/21
救、贍全其性命〇 13.11/86/23
張步之計是〇 13.11/86/25
臣聞水、陰類〇 13.11/86/28
故曰樂〇 13.11/86/28
侵陵之象〇 13.11/86/29
是杜伯山所以勝我〇 13.11/87/5
合祭〇 13.12/87/15
諦定昭穆尊卑之義〇 13.12/87/17
故正尊卑之義〇 13.12/87/18
故合聚飲食〇 13.12/87/19
卿非但爲英雄所保〇 13.16/89/16
上黨人〇 14.2/90/15
未知孰是〇 14.2/90/23
誅無狀〇 14.2/90/26
大不敬〇 14.2/91/6
司隸不避〇 14.2/91/9
行之高者〇 14.2/91/11
怪使司隸而著姓〇 14.3/91/20
息邊人訟〇 14.3/91/23
馮翊蓮勺人〇 14.4/91/27
何如其智〇 14.4/92/13
悲夫命〇 14.4/92/14
能逃不自詣者舒〇 14.4/92/15
能夷舒宗者予〇 14.4/92/15
其猶順驚風而飛鴻毛〇 14.5/93/13
非特一人〇 14.5/93/16
成天地之元功〇 14.5/93/17
此誠不可以忽〇 14.5/93/19
斯四戰之地、攻守之場〇 14.5/93/22
王閎者、王莽叔父平阿侯譚子〇 14.7/94/13
定陵人〇 15.1/94/24
荅響之休符〇 15.2/95/20
京兆人〇 15.5/96/14
18.12/129/25
關西之大俠〇 15.5/96/16
未易言〇 15.5/96/24
妾是〇 15.6/97/5
何其往來屑屑不憚煩〇 15.6/97/7
汝南人〇 15.8/97/20
而痛二父讎不復〇 15.8/97/23
明府德〇 15.8/98/2
實歙罪〇 15.8/98/2
以爲民〇 15.8/98/4
將爲許、巢而去堯、舜〇 15.8/98/4
誠小臣所竊憂〇 15.8/98/8
河南人〇 15.9/98/17
冀京師並蒙〔其〕福〇 15.9/98/18
爲今日〇 15.12/99/25

宛人○	15.14/100/12
皆充之化○	15.14/100/18
鄧讓夫人、光烈皇后姊○	15.20/102/3
徐令彪之子○	16.3/102/21
此萬里侯相○	16.3/103/1
此必有匈奴使來○	16.3/103/5
功成事立○	16.3/103/7
沛國人○	16.9/105/13
此眞儒生○	16.9/105/21
無憂家室○	16.9/105/22
稽古之力○	16.9/106/2
起予者商○	16.10/106/19
賓客從者皆肅其行○	16.14/107/22
是爲下樹奢媒而置貧本○	16.16/108/6
眞世之有道者○	16.22/110/7
何謂察察而遇斯禍○	16.22/110/7
所以爲治○	16.24/110/18
常稱老氏知足之分○	16.25/111/2
並以儒學拜議郎○	16.25/111/2
與國右史公從事出入者惟硯○	16.28/111/16
天下可圖○	16.30/112/1
此義士○	16.30/112/2
	16.31/112/9
卿曹皆人隸○	16.31/112/8
各自疑○	16.33/112/23
勿畏〔○〕	16.34/113/1
蓋所願○	16.37/114/4
太原人○	16.49/116/15
不當辟○	16.49/116/19
非實議○	17.12/121/9
誠良吏○	17.13/121/16
惡其名○	17.13/121/25
皆此類○	17.17/123/3
鴈門人○	17.19/123/12
非小吏○	17.21/123/25
廣漢雒人○	17.22/124/5
令孝從官屬送喪歸○	17.23/124/22
可哀縱○	17.24/125/2
此聖主○	18.1/126/1
汝三皇時人○	18.1/126/1
故爲此言○	18.1/126/11
尹不忍爲○	18.5/127/16
暉之先、宋微子之後○	18.6/127/21
今日朱暉死日○	18.6/127/24
欲明己心○	18.6/127/27
未敢安○	18.6/128/10
任城人○	18.10/129/7
不忍行○	18.12/129/27
不敢欺○	18.14/131/4
童子鴻不因人熱者○	18.29/134/23
此眞梁鴻妻○	18.29/135/2
非凡人○	18.29/135/6
知外事○	19.1/136/17
潁川人○	19.2/137/3
此一異○	19.4/137/21
此二異○	19.4/137/21
此三異○	19.4/137/21
憫念民命○	19.4/137/25
重刑之至○	19.7/138/24
濟陰人○	19.11/139/18
江夏安陸人○	19.22/142/7
江夏、黃童○	19 22/142/11
終不敢祝○	19.28/143/26
奉之子○	19.30/144/9
郭玉者、廣漢人○	19.31/144/15
棠是欲曉太守○	20.10/147/4
水者、欲吾清○	20.10/147/5
欲吾擊强宗○	20.10/147/5
欲吾開門恤孤○	20.10/147/5
漢中南鄭人○	20.11/147/10
非古制○	20.13/147/20
誠先賢所愼○	20.17/148/14
緩急有問者當相證○	20.24/150/6
帝者、諦○	21.4/151/5
以女能貧家○	21.7/151/19
此以慰种光、馬賢等亡魂○	21.8/152/1
皆簿入○	21.8/152/8
此人○	21.9/152/14
吾懼其死○	21.9/152/14
乃不復行○	21.21/155/5
非警戒○	21.23/155/15
非其類○	21.23/155/15
則所謂天投蜺者○	21.24/155/20
周珌、豫州刺史愼之子○	21.25/155/26
太守所不及○	21.54/160/9
桓氏女○	22.1/160/24
光武族兄○	23.1/164/18
今日騎都尉往會日○	23.1/165/14
威稱說實成帝遺體子輿○	23.8/167/18
南陽宛人○	23.11/168/15
天水人○	23.16/169/25
求助民神者○	23.16/169/28
士大夫莫不諷誦〔之○〕	23.16/170/6
計之不可者○	23.16/170/8
此萬世一時○	23.16/170/10
成功之資○	23.17/171/7
承赤者、黃○	23.17/171/12
其名高○	23.17/171/12
古今所不能廢○	23.17/171/13
是效隗囂欲爲西伯○	23.17/171/19
後漢有南宮、北宮、承光宮○	24.4/173/3
此即明三事不同○	24.6/173/7
亦非詔書之所知○	24.14/174/2
常步擔求師○	24.69/178/1
建武、光武年號○	24.75/178/15
永平、孝明年號○	24.75/178/15
相生至六十○	24.85/179/9
則其法○	24.90/179/23
萬世不易之道○	24.90/179/24
一王之法○	24.92/180/6
以成志○	24.94/180/13

野 yě 35

殺新○尉後乃得馬	1.1/2/11
旗幟蔽○	1.1/2/25
帝率鄧禹等擊王郎橫○將軍劉奉	1.1/3/25
天下○穀旅生	1.1/5/23
○蠶成繭被山	1.1/5/24
○穀生者稀少	1.1/5/25
帝封新○主子鄧汎爲吳侯	1.1/10/6
牛羊被○	2.1/13/1
新○君薨	3.1/18/20
至新○公主、壽張敬侯廟	3.5/22/18
光武適新○	6.1/33/23

及新〇君仍喪 6.5/37/4
平陵後部攻新〇 7.1/38/10
〇無風塵 9.8/60/5
爲横〇大將軍 10.20/67/4
新〇宰潘叔爲請 11.1/70/7
〔新〇〕吏乃燒晨先祖祠堂 11.1/70/7
〇王獻甘膠、膏餳 11.5/72/1
男兒要當死於邊〇 12.1/77/1
狼子〇心 13.11/86/15
〇澤無兼并之民 13.11/86/19
祖〇王生座 14.5/92/22
〔遂〕止於〇亭 15.9/98/22
世祖嘗於新〇坐文書事被拘 15.17/101/11
（守）〔有〕新〇功曹鄧寅 17.1/117/24
隱居山〇 17.3/118/17
與母俱匿〇澤中 17.11/120/21
葉令雍霸及新〇令皆不遵法 18.26/133/28
勤還入新〇界 18.26/134/1
曝體田〇 20.9/146/26
古之亡者、棄之中〇 21.15/154/5
〇無烟火 21.39/158/3
人庶群入〇澤 23.1/164/20
攻得邵、宜城、（若）〔鄀〕、編、臨沮、中（沮）廬、襄陽、鄧、新〇、穰、湖陽、蔡陽 23.13/169/9
蜀地沃〇千里 23.17/171/3

曳 yè 1

而良妻布裙徒跣〇柴 15.6/97/4

夜 yè 68

建平元年十二月甲子〇 1.1/1/10
〇出城南門 1.1/2/24
〇止蕪蔞亭 1.1/3/23
其〇死 1.1/7/9
〇講經聽誦 1.1/9/3
甲〇讀衆書 2.1/12/16
是〇 2.1/13/16
冬十一月癸酉〇 2.3/17/4
其〇即位 2.4/17/19
光祿勳府吏舍〇壁下忽有氣 3.5/21/30
朕夙〇伏思 5.5/31/21
憂惶晝〇 6.2/35/8
〇私買脂燭讀經傳 6.5/36/15
〇詣彭城縣欲上書 7.17/44/19
〇語曰 8.10/50/11
賊率五萬餘人〇攻漢營 8.10/50/19
晨〇守城 8.14/52/25
至期日〇半 8.14/52/25
晨〇草舍 9.4/56/22
〇至饒陽蕪蔞亭 9.4/56/22
至〇御燈火 9.7/59/9
如衣繡〇行 9.10/60/21
乃〇召入 9.10/60/24
〇梯其城入 9.11/61/4
龐萌一〇反畔 9.11/61/10
〔〇告臨淮、楚國〕 9.11/61/11
〇聞急少能若是 9.11/61/11
純持節與從吏〇遁出城 10.1/62/6
宮〇使鋸斷城門限 10.2/62/18
晨〇馳馬 10.11/64/16
即〇降 10.12/65/7
儵晝〇匍伏 11.5/71/27
21.34/157/12
〇拜爲黃門郎 12.3/78/7
夙〇匪懈 13.16/89/17
復令彭〇送歸雒陽 14.1/90/10
君晨〇冒犯霜露 14.2/91/12
嘗因豹〇臥 14.6/94/6
〇還 15.8/98/6
以〇繼晝 15.8/98/8
行旅至〇 15.17/101/15
獨有因〇以火攻虜 16.3/103/6
夙〇慚懼 16.10/106/23
〇則達旦 16.22/110/8
晝伏〇行 17.2/118/8
夙〇不怠 17.7/119/14
19.18/141/10
禁民〇作以防火 18.12/130/2
晝〇沉思 18.16/131/14
誦讀晝〇不絕 18.30/135/14
晝〇號踊不絕聲 19.4/137/14
晝〇泣涕至病 19.11/139/19
晝〇啼泣 19.16/140/23
晝〇不離省闥 19.22/142/14
〇懷金十斤以遺震 20.2/145/8
〇無知者 20.2/145/9
日〇號泣 20.6/146/9
晝〇兼行 21.8/151/27
盜嘗〇往劫之 21.13/153/20
訓即〇詣省 21.33/157/7
是漢〇拒 22.4/163/15
日〇與婦人歡宴後庭 23.1/165/6
〇解龍手 23.11/168/24
〇有光耀 23.17/171/10
甲〇占書 24.62/177/15
丁〇盡筆 24.62/177/15
二曰《宣〇》 24.90/179/21
《宣〇》之學絕無師法 24.90/179/21

掖 yè 15

選入〇庭 6.4/36/6,6.6/37/9
以才貌選〔入〕〇庭 6.7/37/16
母宣改嫁爲〇庭民梁紀妻 6.9/38/3
壽引進令入〇庭 6.9/38/4
拜張〇太守 8.2/47/24
行河西五郡大將軍、涼州牧、張〇屬國都尉竇融 10.22/67/21
竇憲恃宮〇聲勢 10.24/68/17
張〇屬國都尉 12.8/79/24
爲張〇太守 19.20/141/20
又立〇庭民女亳氏爲皇后 21.4/151/3
餘羌復〔與繞河大〕寇張〇 21.8/151/26
三公刺〇 21.23/155/14
得〇庭中宮女猶有數百千人 23.5/166/16
輸〇庭 24.72/178/8

喝 yè 1

憲陰〇不得對 10.24/68/18

葉 yè 11

到〇 1.1/8/6

太常丞上言陵樹○有甘露 2.1/13/17

帝崩于○ 3.1/19/13

○調國王遣使師會詣闕貢獻 3.2/20/6

以師會爲漢歸義○調邑君 3.2/20/6

三○在位 13.16/89/20

率宛、○之衆 14.5/93/9

以素木刳瓠○爲俎豆 16.17/108/19

三○皆爲司隸 18.25/133/20

○令雍霸及新野令皆不遵法 18.26/133/28

到○見霸 18.26/133/28

業 yè 42

先帝大○ 2.1/11/21

受○《尚書》 3.2/19/23

龍興統○ 3.2/20/29

臣下不敢頌功述德○ 5.5/29/15

喜于得承鴻○ 5.5/30/3

高皇帝始受命創○ 5.6/32/22

光武感伯升功○不就 7.1/38/24

在家何○最樂 7.12/42/22

受○長安 8.1/46/5,15.12/99/23

立高祖之○ 8.1/46/13

弘常居○給足 8.6/49/4

妻子在後買田○ 8.10/51/2

習父○ 8.14/53/15

治家產○ 11.3/71/10

基○特起 13.11/86/5

繼嗣承○ 13.11/86/21

廢子都之○ 14.4/92/14

修文武之絕○ 14.5/93/11

將定國家之大○ 14.5/93/17

人安其○矣 14.5/93/27

奉承弘○ 15.2/95/19

嘗輟○投筆歎曰 16.3/102/23

天子親自執○ 16.9/106/6

公孫述欲徵李○〔爲博士〕 16.45/115/18

○固不起 16.45/115/18

○乃飲鴆而死 16.45/115/18

父稚爲丹買田宅居○ 17.2/118/3

修里舊○ 17.25/125/12

童子傳授○ 18.13/130/16

百姓安○ 18.13/130/19

以童幼詣太學受○ 18.29/134/22

顯宗以酺授皇太子○ 19.1/136/7

尊重聖○ 19.6/138/10

人自竭節作○ 19.11/139/23

家○虛貧 19.22/142/9

復欲進○ 19.25/143/8

故舊長者或欲令爲開產○ 20.2/145/6

霸王之○成矣 23.17/171/1

女工之○ 23.17/171/4

民樂其○ 24.10/173/15

四方樂○ 24.20/174/15

曄 yè 6

樊○、字仲華 15.17/101/11

○與世祖有舊 15.17/101/11

時○爲市吏 15.17/101/11

上謂○曰 15.17/101/12

○頓首曰 15.17/101/13

○爲天水郡 15.17/101/14

謁 yè 33

又分遣大夫○者教民煮木爲酪 1.1/1/20

遣○者考實 2.1/11/14

當○原陵 2.1/13/15

使○者收憲大將軍印綬 2.3/16/19

皇太后率大臣命婦○宗廟 3.1/18/24

群臣○見 3.6/23/6

尚書、中○者、黃門冗從四僕射、諸都監、中外諸都官令、都（候）〔侯〕、司農部丞、郡國長史、丞、（候）〔侯〕、司馬、千人秩皆六百石 4.1/26/1

議郎、中○者秩皆比六百石 4.1/26/9

使中○者賜乘輿貂裘 7.12/43/9

不肯○陵 7.19/45/7

追至鄴○ 8.1/46/8

拜訓○者 8.2/47/16

其餘侍中、大夫、郎、○者 8.7/49/20

峻遣軍師皇甫文○ 9.1/55/18

過彤冢拜○ 9.8/60/9

牧守○敬 12.6/79/8

門無駐馬請○之賓 12.11/81/24

遣○者侯盛、荊州刺史費遂齎璽書徵霸 13.5/83/20

太守趙興欲出○ 14.2/90/16

立故○者祝回爲涅長 14.2/90/21

刺史二千石初除○辭 15.2/95/23

召見辭○ 15.9/98/17

西○園陵 16.10/106/24

乃遣○者即授印綬 16.24/110/19

北海太守遣使奉○ 16.46/115/27

求○更始妻子 17.2/118/9

終不肯○ 17.10/120/11

母追求到武陽北男○舍家得阜 18.13/130/14

時章帝西○園陵 18.20/132/16

特拜○者 19.10/139/13

不受私○ 20.2/145/6

爲○者 23.1/164/25

雒陽人韓鴻爲○者 23.1/165/14

鄴 yè 6

幸○ 2.1/12/21

趙王栩會○常山 2.1/12/21

到魏郡○、易陽 7.4/39/24

追至○謁 8.1/46/8

中山至○ 10.5/63/8

還○令 18.15/131/9

一 yī 212

○莖九穗 1.1/1/11

帝奉糗○斛、脯三十朐進圍宛城 1.1/2/13

○日之間 1.1/2/20

大司徒賜言帝第○可用 1.1/3/17

馮異進○笥麥飯兔肩 1.1/3/23

○戶不可得 1.1/4/4

尚可支○歲 1.1/4/4

賜安車○乘 1.1/4/24

衣○襲 1.1/5/1

黃金○斤易粟○石 1.1/5/23

十○年 1.1/7/1,2.3/17/1,7.1/38/23
十○月衆軍至城門 1.1/7/7
○旦放兵縱火 1.1/7/10
復南頓田租○歲 1.1/8/11
但復○歲少薄 1.1/8/12
日愼○日 1.1/8/13
復增○歲 1.1/8/13
○札十行 1.1/9/3
封餘功臣○百八十九人 1.1/10/1
○名莊 2.1/11/5
遂有事于十○陵 2.1/12/5
臣○懽喜 2.1/12/6
十○月 2.1/12/10
裁家○人備列將校尉 2.1/13/26
四年冬十○月 2.2/14/11
帝賜尙書劍各○ 2.2/15/8
○室納兩刃 2.2/15/9
羽蓋車○駟 2.3/16/12,22.3/161/15
冬十○月癸酉夜 2.3/17/4
冬十○月 3.1/18/13,6.3/35/21
日南地圻長○百八十二里 3.1/18/28
各通○經 3.2/20/11
在位○年 3.3/21/11,3.4/21/19
減罪○等 3.5/22/8
鐵劵十○ 3.5/22/22
在位二十○年崩 3.5/23/2
置中護軍○人 4.1/24/17
有長史○人 4.1/24/20
屬官有丞○人、大行丞○人 4.1/25/3
置傅○人守其家 4.1/25/8
葨之隱處有○巖穴如窗牖 5.1/27/15
鄉三千六百八十○ 5.1/28/3
○曰大予樂 5.4/28/16
○民莫非其臣 5.5/29/23
○則以喜 5.5/30/3
○則以懼 5.5/30/3
其義○焉 5.5/31/1
○章成篇 5.5/31/13
故登歌《清廟》○章也 5.5/31/13
○章十四句 5.5/31/14
〔○采〕 5.6/33/8
（○采） 5.6/33/9
○采 5.6/33/9
○額盡傷 6.5/36/11
太后賜馮貴人步搖○具 6.5/36/18
宮中亡大珠○篋 6.5/36/19
○○問閱 6.5/36/19
得司徒劉公○言 7.1/38/11
今以光烈皇后假髻、帛巾各○、衣○篋遺王 7.12/43/5
我乃始得○處 8.1/46/16
黃金○斤易豆五升 8.1/47/4
并載青泥○襆 8.2/47/21
無拾遺○言之助 8.5/48/21
詔賜遵金剛鮮卑緄帶○具 8.9/50/1
虎貫鞶囊○ 8.9/50/2
辟把刀、墨再屈環橫刀、金錯屈尺八佩刀各○ 8.9/50/2
金蚩尤辟兵鉤○ 8.9/50/3
隱若○敵國矣 8.10/50/17
千載○遇也 8.13/52/7
兵○罷 8.14/52/14
人不專○ 8.14/52/24
○日必拔 8.14/52/27
所謂○舉而兩得者也 8.14/52/27
收得○萬餘斛 9.1/55/6
○人皆兼二人之饌 9.1/55/10
願從陛下復借寇君○年 9.1/55/14
異進○笥麥飯兔肩 9.4/57/1
環城○匝乃還 9.4/57/4
乃賜（祐）〔祜〕白蜜○石 9.6/58/15
皆○人擊十 9.7/59/8
詔書增秩○等 9.8/60/4
鮮卑奉馬○匹、貂裘二領 9.8/60/6
龐萌○夜反畔 9.11/61/10
純請治○郡 10.1/62/10
（○）〔囂〕追兵盡還 10.3/62/25
十里○候 10.5/63/8
○年間道路隔塞 10.10/64/8
○何武也 10.21/67/11
有○子 10.22/67/25
竇氏○主 10.22/68/3
賜几杖、安車○乘 10.26/69/21
且以○縣自養 11.8/72/22
五日○歸府 11.10/73/18
不敢○奢 11.11/73/23
而○家數人並蒙爵土 11.14/74/15
○月九遷爲丞相者 12.1/75/23
援○○解之 12.1/76/8
○縣長吏 12.1/76/14
士生○世 12.1/76/18
賜車○乘 12.1/76/28
四方高○尺 12.2/77/11
以襄城羹亭○千二百戶增防 12.3/77/24
不宜在○處 12.4/78/14
輕殊死刑八十○事 12.9/80/9
其四十二事手殺人者減死○等 12.9/80/10
其義○也 12.10/81/5
於河西得漆書《古文尙書經》○卷 13.11/85/21
井田什○以供國用 13.11/86/2
農人三十而取○ 13.11/86/4
援遣子持馬○匹遺林 13.11/87/2
○日或數四引見 13.12/87/12
《禮》、三年○祫 13.12/87/14
五年○禘 13.12/87/15
漢舊制三年○祫 13.12/87/16
賜駮犀具劍、佩刀、紫艾綬、玉玦各○ 13.15/88/25
保○城 14.1/90/3
惟有○子 14.3/91/18,15.11/99/17
與邑同事○朝 14.4/92/5
○朞之間 14.5/93/11
非特○人也 14.5/93/16
○朝有事 14.5/93/28
其親喪不過留殯○月 15.5/96/16
丹乃懷縑○匹 15.5/96/17
○歲復徵 15.6/97/6
子張父及叔父爲鄉里盛氏○時所害 15.8/97/22
先期○日 15.9/98/22
鄉里號之曰「○馬兩車茨子河」 15.14/100/13
饋餌○笥 15.17/101/11
○笥餌得都尉 15.17/101/13
鄯善○國驚怖 16.3/103/10
冀立鉛刀○割之用 16.3/103/16
超在西域三十○歲 16.3/104/6

復令郁說○篇 16.10/106/19
孤兄子○人學方起 16.10/106/20
○餐不受于人 16.14/107/18
○無所留 16.14/107/20
19.20/141/20
中庭橘樹○株 16.14/107/21
但有發首○章 16.16/108/13
人○頭 16.25/110/25
郲文公不以○人易其心 16.37/114/3
如殺○大尹贖二千人 16.37/114/4
日買○片豬肝 16.49/116/20
上即尺○出升 17.17/122/27
日生鯉○雙 17.22/124/7
譚有○孤兄子 17.24/125/3
年○二歲 17.24/125/3
譚時有○女 17.24/125/4
當何由○得見決矣 18.1/126/1
有人遺卿母○笥餅 18.1/126/9
財留○月俸 18.1/126/14
刺史○人 18.1/126/20
赦天下繫囚在四月丙子以前減死罪○等 18.9/128/26
使得○尊其母 18.10/129/11
與毛義各賜羊○頭 18.10/129/15
年十○ 18.13/130/13
賜布五百匹、衣○襲 18.17/131/25
欲屬○士 18.26/134/3
使酺講《尚書》○篇 19.1/136/11
乃○到雒 19.1/136/22
此○異也 19.4/137/21
有所○心 19.6/138/9
恢年十○ 19.16/140/22
○無所受 19.20/141/23
帝賜香《淮南》、《孟子》各○通 19.22/142/10
黃、白絺各○端 19.22/142/12
全活非○ 19.22/142/18
使玉各診○手 19.31/144/16
而眾獨○心王室 19.32/144/22
詔賜御府衣○襲 20.4/145/27
但以饘○本 20.10/147/4
水○杯 20.10/147/4
韓昭强賦○億五千萬 20.21/149/10
七尺絳襜褕○領 21.8/152/4
赤幘大冠○具 21.8/152/5
銅印三十○ 21.8/152/7
錫印○枚 21.8/152/7
願假臣○月 21.12/153/16
為帝誦《孝經》○章 21.21/155/4
○戰大破 21.53/160/3
○斷于口 21.54/160/7
到官○年 21.54/160/9
林言其第○豪 22.5/164/5
○旦失之 23.1/165/20
○人奉符 23.5/166/12
黃金○斤易豆五斗 23.6/167/2
○奴守寵 23.11/168/23
○旦敗壞 23.16/170/7
元請以○丸泥為大王東封函谷關 23.16/170/9
此萬世○時也 23.16/170/10
所更非○ 23.16/170/12
每○發兵 23.16/170/14
決成敗于○舉 23.17/171/21
○大老從旁舉身曰 24.3/173/1
漢有沛宮、甘泉宮、龍泉宮、太○宮、思子宮 24.7/173/9
復日齒長○寸 24.14/174/2
滿○篋緘封 24.72/178/8
孔徑○寸 24.89/179/18
○日《周髀》 24.90/179/21
○王之法也 24.92/180/6
旗皆非○ 24.95/180/16

伊 yī 6

圖讖著○堯、赤帝之子 1.1/5/9
以助○蒲塞桑門之盛饌 7.10/42/3
殷○（周）〔尹〕之協德兮 12.10/80/20
○、望之策 14.5/93/31
子從我為○尹乎 15.8/98/4
將兵別擊○吾 16.3/103/3

衣 yī 101

絳○赤幘 1.1/2/6
絳○大冠 1.1/2/9
後有人著大冠絳單○ 1.1/2/12
○婦人○ 1.1/3/15
知者或畏其○ 1.1/3/15
帝對竈炙○ 1.1/3/24
○一襲 1.1/5/1
○服大絹 1.1/7/14
帝及公卿列侯始服冕冠、○裳 2.1/11/26
欲觀上○ 2.1/12/9
因舉虎頭○以畏三老 2.1/12/9
青○蠻夷、堂律等歸義 3.1/18/30
○以故服 3.2/20/26
○無製新 3.2/20/30
傳勉頭及所帶玉印、鹿皮冠、黃○詣雒陽 3.4/21/17
有白○人入德陽殿門 3.6/23/18
僉以為雖于更○ 5.5/31/22
藏主更○ 5.5/32/7
冕冠裳○ 5.6/33/2
身○大練縑裙 6.2/35/3
繡○御史申屠建隨獻玉玦 7.1/38/16
因過按行閱視皇太后舊時○物 7.12/43/4
今以光烈皇后假髻、帛巾各一、○一篋遺王 7.12/43/5
布○徒行 8.6/48/27
乞與○裘輿馬 8.6/49/4
賜朱棺玉○ 8.16/53/26
乃正○冠 8.17/54/10
收得所盜茂陵武帝廟○、印、綬 9.6/58/12
身○布○韋袴 9.7/59/13
○無副儲 9.8/60/6
及○冠刀劍 9.8/60/7
如○繡夜行 9.10/60/21
皆○縑襜褕、絳巾奉迎 10.1/62/8
成羸○步擔 10.5/63/7
上賜俊絳○三百領 10.7/63/18
以○中堅同心之士〔也〕 10.7/63/18
軍人見光○冠〔服〕鮮明 10.12/65/5
令解○ 10.12/65/5
上初至不脫○帶 10.14/65/18
○服垢薄 10.14/65/18
忠更作新袍袴（解）〔鮮〕支小單○襪而上之 10.14/65/18

即以所乘大驪馬及繡被
〇物賜之 10.14/65/20
解所被襜襦以〇歛 11.2/70/18
惡〇食 11.10/73/10
身〇羊裘皮袴 12.1/75/11
爲援制荅布單〇、交讓
冠 12.1/75/14
但取〇食足 12.1/76/18
故〇裘裁足卒歲 12.11/81/13
〇衾、飯唅、玉匣、珠
貝之屬 12.11/81/19
皆以故〇 12.11/81/21
常〇阜襜褕 14.2/90/18
布〇荷擔 15.2/95/7
四時送〇 15.11/99/18
類皆以麻枲頭縕著〇
15.14/100/14
〇履溫煖 15.14/100/15
賜御食〇被 15.17/101/12
聚〇裝道旁 15.17/101/15
祭酒、布〇諸生（爾）
〔耳〕 16.3/102/25
榮被服儒〇 16.9/105/18
刺史劉繇振給穀食、〇
服所乏者 16.14/107/19
以白〇教授 16.25/110/24
遂解〇而前 16.33/112/23
勃〇方領 16.34/112/28
而冬月無〇 16.40/114/20
見吏則〇草而出 16.40/114/21
著短布單〇 16.50/116/28
脫〇解履 16.50/117/3
特賜輿馬〇服 17.1/117/26
〇冠甚偉 17.10/120/14
意輒移屬縣使作徒〇
17.13/121/14
乃解〇就格 17.13/122/1
歲歲作〇投於江中 17.22/124/6
往來常白〇步擔 17.23/124/12
賊操弓弩欲裸奪婦女〇
服 18.6/127/23
諸母〇不可得 18.6/127/24
故時人號爲「白〇尚書」
18.10/129/16
賜布五百匹、〇一襲
18.17/131/25
著布〇 18.29/135/2
以供〇食 18.29/135/3
〇食不贍 19.22/142/9
舅龍鄉侯爲作〇被 19.22/142/10
更餽〇物 19.22/142/14
出入更〇 19.27/143/19
郁乘輦白〇詣 19.29/144/5
詔賜御府〇一襲 20.4/145/27
毀裂〇冠 20.7/146/15
王陽以〇囊徼名 20.17/148/14
食肉〇綺 21.7/151/20
使婢奉肉羹翻污朝〇 21.9/152/16
乞少置〇糧 21.13/153/21
徵〇隨旅 22.4/162/1
食肉〇皮 22.4/163/12
或繡面〇、錦袴、諸于
、襜裾 23.1/165/11
俠卿爲制朱絳單〇、
（平）〔半〕頭赤幘
、直綦履 23.5/166/13
輒假〇裝 23.7/167/7
子密收金玉〇物 23.11/168/24
覆〇天下 23.17/171/4
岑〇虎皮襜褕 23.18/172/6
亭長白言「睢陽賊〇絳
罽襜 23.18/172/6

依 yī 10

〇書《文始》、《五行》
、《武德》、《昭德》
、《盛德》修之舞 5.5/31/14
憲以特進見禮〇三公 10.24/68/24
然上以略陽、囂所〇阻
11.2/70/24
蕩蕩〔然〕蟣蝨無所復
〇 12.1/76/10
〇姊壻父九江連率平河
侯王述 12.6/79/3
〇託權門 15.2/95/25
言事無所〇違 18.1/126/19
〇大家皐伯通廡下 18.29/135/5
當〇于輕 19.7/138/20
使遠人有所〇歸 23.17/171/8

揖 yī 3

〇讓而治天下者 5.4/28/21
遂〇而別 15.5/96/20
升降〇讓 18.14/131/4

噫 yī 1

〇唏哉 24.3/173/1

醫 yī 12

先是時伯玉同母兄公孫
臣爲〇 1.1/2/1
上遣太〇丞相視之 7.12/43/15
太〇皮巡從獵上林還 8.2/47/11
〇藥療之多愈 8.2/48/2
賜〇藥 9.10/60/23
加賜〇藥甚厚 9.12/61/21
特以前參〇藥 12.3/77/23
遣太〇送方藥也 12.6/79/14
上使太〇療視 13.13/88/11
除倫爲淮陽王〇工長 18.1/126/5
〇藥饘粥 18.16/131/18
〇藥救療 19.30/144/9

毉 yī 1

不親〇 24.40/175/27

夷 yí 33

〇述妻子 1.1/7/9
象林蠻〇攻燔官寺 2.3/17/4
青衣蠻〇、堂律等歸義 3.1/18/30
州郡募五里蠻〇、六亭
兵追擊 3.1/19/2
塞外蠻〇 3.1/19/16
前伐西〇 3.2/20/17
〇狄慕義 5.5/29/24
〇吾難之 5.5/30/2
因喻告諸蠻〇 9.2/56/2
諸蠻〇相率遣使貢獻 9.2/56/2
諸〇皆來內附 9.8/60/5
郁〇、陳倉 11.2/70/25
武威將軍劉禹擊武陵五
谿蠻〇 12.1/77/3
蓋伯〇、叔齊恥食周粟
13.11/85/23
芟〇蘊崇之 13.11/86/14

能○舒宗者予也 14.4/92/15
巴、蜀沒於南○ 14.5/93/4
猶有申伯、召虎、○吾
、吉甫攘其蟊賊 14.5/93/18
而蠻○懷鳥獸之心 16.3/104/4
況○乎 16.36/113/23
杜安、字伯○ 18.21/132/21
以事○狄 19.4/137/24
王者不理○狄 19.16/140/24
故明王之于○狄 19.16/140/24
西域、胡○ 21.2/150/23
喜○爲壽陽令 21.40/158/8
《遠○樂德歌詩》曰 22.4/161/20
蠻○貧薄 22.4/162/10
《遠○慕德歌詩》曰 22.4/162/16
蠻○所處 22.4/162/18
《遠○懷德歌詩》曰 22.4/163/7
與同郡人陳義客○陵
23.19/172/11
義、戎將兵陷○陵 23.19/172/11

沂 yí 1

東海臨○人徐宣、字驕
稚 23.6/166/24

怡 yí 2

兄弟○○ 17.23/124/18

宜 yí 88

○令郊祀帝堯以配天 1.1/5/10
○以時修奉濟陽城陽縣
堯帝之（冢）〔冢〕 1.1/5/13
群臣復奏、○封禪 1.1/9/13
○命太史撰具郡國所上 1.1/9/17
高皇呂太后不○配食 1.1/9/18
○配食地（祗）〔祇〕
高廟 1.1/9/19
弟由、○西鄉侯 1.1/10/8
以爲○承先序 2.1/11/15
以爲○承天位 2.3/16/6
大鴻臚悉求近親○爲嗣
者 2.3/16/17
以爲○奉大統 3.2/19/22
有司上言○建聖嗣 3.3/21/7
今○罷去 5.4/29/6
群司禮官咸以爲○登封
告成 5.5/29/12
○登封岱宗 5.5/29/12
○封禪爲百姓祈福 5.5/30/1
大臣上疏謂○復舊 5.5/30/11
其議增修群祀○享祀者 5.5/30/20
世祖廟樂名○曰《大武》
之舞 5.5/31/9
不○以名舞 5.5/31/12
○列德 5.5/31/13
節損益前後之○ 5.5/31/15
猶○有所宗之號 5.5/31/23
○勿隱 5.5/31/25
○上尊號曰顯宗 5.5/31/26
誠非所當聞、所○言 5.5/32/3
非所○稱 5.5/32/6
明德皇后○配孝明皇帝 5.5/32/13
象其物○ 5.6/33/1
○如明堂之制 5.6/33/2
○母天下 6.1/34/1
○修禮樂 7.12/42/17
惟安帝○承大統 8.4/48/14
數言便○ 8.12/52/2
21.29/156/15
數上便○事 8.15/53/20
○思功遂身退之計 9.1/55/5
○急分遣屬官 9.4/56/21
何○封子也 9.12/61/22
不○論也 10.22/68/2
因歙上疏○益選兵馬 11.2/71/1
不○遠入險阻 12.1/75/24
○如舊鑄五銖錢 12.1/76/7
所○齊同 12.1/76/15
○加切敕 12.1/76/24
不○在一處 12.4/78/14
輒下嚴處便○ 12.6/79/11
諸上便○封表 12.6/79/12
豈○重爲國損 12.11/81/20
不○違我言也 12.11/81/22
實非愚臣所○ 12.12/82/3
實非過少所〔○〕任
〔也〕 12.13/82/9
○居輔弼 13.1/83/3
不○自輕 13.10/85/13
因時○ 13.11/86/2
○如舊制 13.11/86/9
○據經典 13.12/87/14
永以不○出 14.2/90/16
○知尊帝城門候吏六百
石 14.2/91/5
○及新主之未爲 14.4/92/12
○改易非任 14.5/93/24
夫帝王不○以重器假人
15.2/95/22
○誅之 15.2/95/25
○有以誨之 16.3/104/3
○陽爲簡（而）〔易〕
16.3/104/5
諸王不○通客 16.6/104/19
○思遠慮 16.10/106/23
則固○用天下之賢才
16.15/107/28
○抑其路 16.16/108/7
五原土○麻桑 16.40/114/20
○選長大威容者 17.12/121/9
或民奏記言便○ 18.1/126/20
○親政事 18.22/132/26
誠○反本 19.6/138/11
光便守○秋門 20.24/150/5
積兵甲○陽城西 23.5/166/19
攻得邔、○城、（若）
〔鄀〕、編、臨沮、
中（沮）廬、襄陽、
鄧、新野、穰、湖陽
、蔡陽 23.13/169/9
○急立高廟 23.16/169/27
○改名號 23.17/171/2
○即大位 23.17/171/8
以爲○及天下之望未絕
23.17/171/15
蜀人及其弟光以爲不○
空國千里之外 23.17/171/20
不○有愛 23.17/171/28
（宣）〔○〕博問群臣
24.90/179/27
廣以爲實○在《郊祀志》
24.91/180/2
誠○具錄本事 24.92/180/6
○入《效祀志》 24.92/180/7
臣以爲○集舊事儀注本
奏 24.94/180/12

姨 yí 1

○子馮邯爲鍾離侯 1.1/10/10

移 yí 25

文書○與屬縣 1.1/3/14
○檄購求帝十萬戶 1.1/3/20
○徙輒自堅 1.1/7/7
《孝經》所謂「○風易俗 5.4/28/20
上○幸北宮章德殿 7.21/45/20
恭至即○檄烏孫 8.17/54/3
恂○書屬縣 9.1/55/1
今○其書 9.4/57/3
郎○〔檄〕購上 10.11/64/15
夫改政○風 12.2/77/10
大行○書問嗣 13.12/87/23
令翕○臣 13.12/87/24
○居揚州從事屈豫室中 16.14/107/21
棺不可○ 16.42/115/3
意輒○屬縣使作徒衣 17.13/121/14
均乃○書曰 17.14/122/8
○書屬郡 17.15/122/15
乃○書旁郡求助 18.12/129/28
請○警檄 18.12/130/1
憲嘗○書益州 18.13/130/21
○穿改築 18.25/133/19
○敕悉出所設什器 19.22/142/19
○副三府 21.4/151/5
每上書○檄 23.16/170/6
數○書中國 23.17/171/11

貽 yí 1

遺詔○約 3.2/20/30

疑 yí 28

闔稽○議 1.1/1/18
傳吏○其僞 1.1/3/21
勿有○也 6.2/35/7
斷之不○ 10.22/67/23
故狐○不決 11.2/70/20
刪定乖○ 11.7/72/13
○謂是也 12.1/76/17
梁不○拜步兵校尉 12.13/82/9
莫不怪○ 13.1/82/22
每有○義 13.12/87/12
鮪見其不○ 14.1/90/8
永○不從 14.2/90/19
恐○誤後生 16.22/110/4
各自○也 16.33/112/23
尹○止車 16.36/113/23
禮心怪○ 17.23/124/18
阜○有姦詐 18.13/130/21
○其不實 19.4/137/18
有○獄 19.7/138/26
○而格殺之 19.11/139/19
臣○其故 19.31/144/16
嫌○之間 20.17/148/14
○必自殺 21.9/152/14
嫌○不決 21.54/160/7
寵既自○ 23.11/168/17
自○ 23.15/169/20
志士狐○ 23.17/171/8
今宿客○是 23.18/172/7

飴 yí 1

吾但當含○弄孫 6.2/35/9

儀 yí 37

粲然復見漢官〔威〕○（體） 1.1/3/16
雲臺致敬祭祀之禮○亦如之 1.1/5/13
正○度 2.1/11/27
臣望顏色○容 2.1/12/6
○比敬園 2.3/16/27
敬愼威○ 3.2/21/2
太后密使瞻察威○才明 3.5/21/25
太常奏○制 5.5/30/1
以延平（九）〔元〕年拜爲車騎將軍、○同三司 8.4/48/12
○同三司始自陟也 8.4/48/13
爲外戚○表 8.7/49/13
上愛其容○ 9.7/59/3
○如孝宣帝臨霍將軍故事 9.7/59/15
時下宜帝臨霍將軍○ 9.7/59/16
故有經紀禮○以相（文）〔交〕接 10.26/69/16
行爲○表 13.1/82/23
三輔以爲○表 13.10/85/12
數正諫威○不如法度者 13.10/85/14
自郊廟婚冠喪紀禮○多所正定 13.12/87/12
乃聘請高行俊乂如董子○、嚴子陵等 15.15/100/24
常備列典○ 16.17/108/19
朕之○貌 17.1/117/26
延以寅雖有容○而無實行 17.1/117/26
吳良、字大○ 17.10/120/5
王景治浚○ 18.11/129/20
常慕叔孫通爲漢○禮 18.16/131/14
帝先備弟子之○ 19.1/136/10
詔射聲（教）〔校〕尉曹褒案《（舊漢）〔漢舊〕○》制漢禮 19.1/136/20
張表、字公○ 19.30/144/9
郊廟禮○仍有曠廢 20.1/144/29
荒服之○ 22.4/163/9
有母○之節 24.36/175/19
容○照曜絕異 24.64/177/19
今史官所用候臺銅○ 24.90/179/23
卒欲寢伏○下 24.90/179/26
下宗廟○及齋令 24.92/180/7
臣以爲宜集舊事○注本奏 24.94/180/12

遺 yí 54

實成帝○體子興也 1.1/4/2
彭寵○米糒魚鹽以給軍糧 1.1/4/7
道無拾○ 1.1/8/8
○詔曰 1.1/9/22
○詔無起寢廟 3.2/20/26
○詔貽約 3.2/20/30
今迫○詔 5.5/31/22
今以光烈皇后假髻、帛巾各一、衣一篋○王 7.12/43/5

明帝悉以太后所○金寶賜京 7.16/44/13
至上谷○訓 8.2/47/21
無拾○一言之助 8.5/48/21
反欲以賊虜○君父耶 8.14/53/9
亦不○力 9.7/59/12
（○）〔遺〕司馬虞封間行通書 10.22/67/20
民嘗有言部亭長受其米肉○者 10.26/69/11
將平居〔以〕恩意○之乎 10.26/69/12
往○之耳 10.26/69/12
○之而受 10.26/69/13
是以○之 10.26/69/14
歲時○之 10.26/69/15
○令焚削文契 11.3/71/12
補闕拾○ 13.1/83/3
○失溲便 13.10/85/17
猶尙有○脫 13.11/86/13
而尙○脫 13.11/86/26
援遣子持馬一匹○林 13.11/87/2
王以師故數加饋○ 13.11/87/5
仁不○舊 14.2/91/11
乃（遺）〔○〕書責邑曰 14.4/92/3
惟我二人爲天地所○ 15.5/96/19
坐前守張禁多受○遂千萬 15.8/98/11
輒分減以○奇 15.11/99/19
道不拾○ 15.17/101/15
○練帛 16.6/104/18
（○）〔遺〕送之 16.31/112/10
零陵頌其○愛 16.31/112/12
○鹽二斗 16.44/115/14
冀嘗○貢生（麻）〔蒜〕 16.49/116/16
而稱父○意 17.8/119/21
抱仲○腹女而棄其子 17.11/120/20
有人○卿母一笥餅 18.1/126/9
頗受禮○ 18.10/129/8
各奉書致禮○革 18.18/132/7
或○其書 18.21/132/21
曾誤○火 18.29/134/26
舉無○策 19.4/137/25
（武威）天下州郡遠近莫不修禮○ 19.20/141/21
諸國侍子及督使賈胡數○恂奴婢、宛馬、金銀、香罽之屬 19.20/141/22
餉○無所受 19.20/141/24
以此○之 20.2/145/7
夜懷金十斤以○震 20.2/145/8
而不受贍○ 20.17/148/15
威稱說實成帝○體子輿也 23.8/167/18
對無○失 24.52/176/23

嶷 yí 2

帝自岐○ 2.3/16/5
馬客卿幼而岐○ 12.5/78/24

乙 yǐ 2

○更盡乃寐 2.1/12/17
建武○未、元和丙寅詔書 24.92/180/7

已 yǐ 69

天變○成 1.1/2/6
亦○聚會客矣 1.1/2/7
言尋、邑兵○來 1.1/2/22
前○至城北矣 1.1/2/22
尋、邑兵○五六萬到 1.1/2/24
東迎雒陽者見更始諸將過者○數十輩 1.1/3/14
帝○乘王豐小馬先到矣 1.1/4/10
天時人事○可知矣 1.1/4/14
興○爲覽所殺 1.1/6/14
取具文字而○ 1.1/6/18
陂池裁令流水而○ 1.1/8/21
今日月○逝 1.1/8/22
制令流水而○ 2.1/13/8
闔門而○無封侯預朝政者 2.1/13/27
歲時但貢紙墨而○ 6.5/36/21
吏士散○盡 8.1/47/5
鄧使君○死 8.2/48/3
惟願愼無赦而○ 8.10/51/4
國計○都長安 8.14/52/14
○戮之矣 9.1/55/20
哀念祭遵不○ 9.7/59/22
烏桓、鮮卑追思無○ 9.8/60/8
今吾兵○成也 10.14/65/24
此馬○畜數年 10.26/69/8
心腹○壞 11.2/70/24
食糒乾飯屑飲水而○ 11.10/73/13
但總大體而○ 12.1/76/5
吳荒萌其○殖兮 12.10/80/21
奴婢車馬供用而○ 12.11/81/13
殯○開冢 12.11/81/21
不行○久矣 13.12/87/14
赤眉○得長安 14.1/90/2
天下○定 14.2/90/23
精神亦○勞矣 14.2/91/12
欲大無○ 14.4/92/8
今故主○敗 14.4/92/12
○收三族 14.4/92/15
束脩其身而○哉 14.5/93/17
甲兵○具 14.5/93/26
子張〔但〕目擊而○ 15.8/97/24
舉大義而○ 16.2/102/14
總大綱而○ 16.3/104/5
衆不得○ 16.6/104/26
不得○受封 16.10/106/16
上親於辟雍自講所制《五行章句》○ 16.10/106/18
布被囊而○ 16.35/113/17
縣不得○與之 17.13/121/15
自今○去 17.14/122/8
我○食訖 17.23/124/17
○冠娶 18.10/129/10
但就溫湯而○ 18.15/131/9
令閻霸○去 18.26/134/1
比舍先炊○ 18.29/134/23
不○ 18.30/135/16
充○死 19.1/136/5
恭不得○而行 19.4/137/16
與其不得○ 19.7/138/24
正色而○ 19.11/139/22
羈縻而○ 19.16/140/25
欺言○愈 19.29/144/4
不得○ 20.6/146/10
祐辭謝而○ 20.17/148/17
門○閉 20.24/150/5
示辱而○ 21.9/152/12
裝嚴○訖 21.9/152/16
但即土埋藏而○ 21.15/154/6

時不得○ 23.1/165/7
吾年○三十餘 23.16/170/12
浣○復御 24.94/180/11

以 yǐ 991

節侯孫考侯○土地下濕 1.1/1/6
皇考○令舍下濕 1.1/1/9
○給諸公費 1.1/1/16
雒陽○東米石二千 1.1/1/20
置（養）〔養〕贍官○稟之 1.1/1/21
○爲人持火 1.1/2/7
○爲獨伯升如此也 1.1/2/10
○帝爲太常偏將軍 1.1/2/14
○振山東 1.1/2/17
○長人巨無霸爲中壘校尉 1.1/2/18
自秦、漢○來師出未曾有也 1.1/2/18
劉將軍何○敢如此 1.1/2/21
尋、邑自○爲成功漏刻 1.1/2/26
奔走赴水溺死者○數萬 1.1/3/8
○帝爲司隸校尉 1.1/3/13
更始欲○近親巡行河北 1.1/3/17
更始○帝爲大司馬 1.1/3/17
時百姓○帝新破大敵 1.1/3/26
彭寵遺米糒魚鹽○給軍糧 1.1/4/7
俗○爲燕人愚 1.1/4/12
今○茂爲太傅 1.1/4/24
高祖〔因秦〕○十月爲正 1.1/5/4
○漢水德 1.1/5/5
至孝文、賈誼、公孫臣○爲秦水德 1.1/5/5
時○平旦 1.1/5/8
昔周公郊祀后稷○配天 1.1/5/9
宗祀文王○配上帝 1.1/5/9
宜令郊祀帝堯○配天 1.1/5/10
宗祀高祖○配上帝 1.1/5/10
堯○歷數命舜 1.1/5/12
當○高祖配堯之後 1.1/5/12
宜○時修奉濟陽城陽縣堯帝之（冢）〔冢〕 1.1/5/13
○兵走幽州 1.1/5/16
○皇祖皇考墓爲昌陵 1.1/5/19
○舂陵爲章陵縣 1.1/5/19
報○殊禮 1.1/5/19
○爲蓄積 1.1/5/24
諸生吏子弟及民○義助作 1.1/5/27
下輿見吏輒問○數十百歲能吏次第 1.1/6/4
不知所○ 1.1/6/5
人自○見識 1.1/6/6
家自○蒙恩 1.1/6/6
○要其死力 1.1/6/6
賊檄日○百數 1.1/6/7
帝猶○餘閒講經藝 1.1/6/7
○爲國家坐知千里也 1.1/6/14
又舊制上書○青布囊素裹封書 1.1/6/16
常○日而出時 1.1/6/19
其餘（禺）〔○俟〕中使者出報 1.1/6/19
寖○無限 1.1/6/21
獨言朝廷○爲我縛賊手足矣 1.1/7/4
武陽○東小城營皆奔走降 1.1/7/5
口○萬數 1.1/7/10
馬○駕鼓車 1.1/7/13
劍○賜騎士 1.1/7/13
即○數郡備天子用 1.1/7/15
苟○度田爲名 1.1/8/1
帝○日食避正殿 1.1/8/4
○車行數里 1.1/8/5
○車騎省 1.1/8/6
○（尉衛）〔衛尉〕關內侯陰興爲侍中 1.1/8/15
前○用度不足 1.1/8/20
○羊皮雜貂裘 1.1/9/11
是○史官鮮紀 1.1/9/17
帝○天下既定 1.1/10/3
不令○吏職爲過 1.1/10/3
故皆○列侯就第 1.1/10/3
〔○〕寧平公主子李雄爲新市侯 1.1/10/9
漢○炎精布耀 1.1/10/14
世祖○赤色名之曰陽 2.1/11/6
〔及阿乳母○問師傅〕 2.1/11/7
師傅無○易其辭 2.1/11/8
故帝年十二○皇子立爲東海公 2.1/11/9
常欲○墾田相方耳 2.1/11/11
數問○政議 2.1/11/14
所○承事兄弟 2.1/11/15
○爲宜承先序 2.1/11/15
○東海王立爲皇太子 2.1/11/16
○助術學 2.1/11/17
當○時施行 2.1/11/21
頗令學者得○自助 2.1/11/22
冠帶搢紳遊辟雍而觀化者、○億萬計 2.1/12/3
因舉虎頭衣○畏三老 2.1/12/9
詔京兆、右扶風○中牢祀蕭何、霍光 2.1/12/10
或○德顯 2.1/12/13
○應圖讖 2.1/12/15,12.14/82/14
○祈農事 2.1/12/19
太常其○礿祭之日陳鼎于廟 2.1/12/24
○備器用 2.1/12/24
○日北至 2.1/12/31
○娛嘉賓 2.1/12/32
○益州徼外哀牢王率眾慕化 2.1/13/3
賜○服御之物 2.1/13/12
又○皇子輿馬 2.1/13/12
取○薦 2.1/13/18
○皇子立爲太子 2.2/14/3
2.3/16/6
○至孝稱 2.2/14/6,21.39/158/3
（者）〔其〕時論者○爲（棱）〔稜〕淵深有謀 2.2/15/9
元和二年○來 2.2/15/18
○繼祖考 2.2/15/27
○累日月之光 2.2/16/1
○爲宜承天位 2.3/16/6
悉○假貧人 2.3/16/10
遣使者○中牢祠 2.3/16/17
○彰厥功 2.3/16/17
自京師離宮果園上林廣成囿悉○假貧人 2.3/16/22
帝○五經義異 2.3/17/7
是○黎元寧康 2.3/17/13
乃立○爲皇太子 2.4/17/19
○帝幼小 3.1/18/8
○王青蓋車迎 3.1/18/9
贈○玄玉赤紱 3.1/18/20
直千萬○上 3.1/19/5
○亡爲存 3.1/19/16

○爲宜奉大統 3.2/19/22
○迎濟陰王于德陽殿西鍾下 3.2/19/28
司空劉授○阿附惡逆 3.2/19/28
太傅馮石、太尉劉熹○阿黨權貴 3.2/19/31
李郃○人多疾疫免 3.2/19/31
太傅桓焉○無清介辟召 3.2/20/1
而遠獻明珠○求媚 3.2/20/4
太尉劉光、司空張皓○陰陽不和 3.2/20/4
（二）〔○〕千石祿終身 3.2/20/5
○師會爲漢歸義葉調邑君 3.2/20/6
○太學初繕 3.2/20/11
太尉施延○選舉貪汙 3.2/20/14
朕○不德 3.2/20/14
其○漢中南鄭之武陽亭封賢孫承先爲武陽亭侯 3.2/20/17
○遠近獻馬眾多 3.2/20/20
衣○故服 3.2/20/26
宣恩○極 3.2/20/29
○崇玄默 3.2/20/30
梁太后欲○女弟妃之 3.5/21/24
○助民食 3.5/22/2
○爵贖之 3.5/22/8
賊萬人○上屯益陽 3.5/22/15
○京師水旱疫病 3.5/22/15
○光武皇帝元舅 3.5/22/19
到廣陵○與龍尙 3.5/22/24
○文罽爲壇 3.5/23/1
○求福祥也 3.5/23/2
主稠中都官斗食○下 4.1/25/4
中尉、內史官屬亦○率減 4.1/25/16
○上皆銀印青綬 4.1/25/21
○上皆銅印黑綬 4.1/26/4
丞、尉校長○上皆銅印黃綬 4.1/26/7
長相皆○銅印黃綬 4.1/26/8
○變律呂 5.2/28/7,24.85/179/9
《易》所謂「先王○作樂崇德 5.4/28/16
《虞書》所謂「琴瑟○詠 5.4/28/18
《王制》謂「天子食舉○樂 5.4/28/19
○御田祖」者也 5.4/28/22
天子所○宴樂群臣 5.4/28/23
○建威揚德 5.4/29/1
各○其月祀而奏之 5.4/29/3
○成《樂志》 5.4/29/4
群司禮官咸○爲宜登封告成 5.5/29/12
○明靈契 5.5/29/13
○承天心〔也〕 5.5/29/13
陛下遂○仲月令辰 5.5/29/17
○和靈瑞 5.5/29/17
○爲兆民 5.5/29/17
○爲「殷統未絕 5.5/29/21
一則○喜 5.5/30/3
一則○懼 5.5/30/3
○死勤事則祀之 5.5/30/15
○勞定國則祀之 5.5/30/15
○日月星辰 5.5/30/15
欲有○增諸神之祀 5.5/30/18
○祈豐年 5.5/30/20
○致嘉福 5.5/30/20
○蕃兆民 5.5/30/20
○爲漢制舊典 5.5/31/3
○明功德 5.5/31/4
○兵平亂 5.5/31/9
歌所○詠德 5.5/31/9
舞所○象功 5.5/31/9
不宜○名舞 5.5/31/12
僉○爲雖于更衣 5.5/31/22
○克配功德 5.5/31/23
○定厥中 5.5/31/24
及有可○持危扶顛 5.5/31/24
不可○（向）仰四門賓于之議 5.5/32/4
伏惟陛下○至德當成、康之隆 5.5/32/5
○正月十八日始祠 5.5/32/8
上○公卿所奏明德皇后在世祖廟坐位駁議示東平憲王蒼 5.5/32/11
皆○后配 5.5/32/12
制長冠○入宗廟 5.6/32/22
陛下○聖明奉遵 5.6/32/23
○禮服龍袞 5.6/32/23
○則天數 5.6/32/25
○備其文 5.6/32/25
圓○法天 5.6/32/25
方○則地 5.6/33/1
服○華文 5.6/33/1
○降神明 5.6/33/1
○郊祀天地 5.6/33/11
上○后性賢仁 6.1/34/1
欲授○尊位 6.1/34/1
自陳不足○當大位 6.1/34/1
但○髮成 6.2/34/11
○率八妾 6.2/34/14
反○爲綺 6.2/34/21
不○私家干朝廷 6.2/34/24
冀○默止譁耳 6.2/35/4
深○自過 6.2/35/12
○爲娛樂 6.2/35/14
敬隱宋后○王莽末年生 6.3/35/21
○有神靈 6.3/35/23
乃○歸宋氏 6.3/35/23
○貴人名族 6.3/35/26
託○先后近屬 6.4/36/6
○訊占夢 6.5/36/16
不足○奉宗廟 6.5/36/17
願○身代牲 6.5/37/2
○爲何故乃有此不祥之言 6.5/37/3
○才貌選〔入〕掖庭 6.7/37/16
今○貴人爲孝崇皇后 6.8/37/23
○成其計 7.1/38/16
○稷爲抗威將軍 7.1/38/20
○其少貴 7.1/38/24
大夫將何辭○對 7.3/39/12
敢不○實 7.3/39/13
大夫其對○孤襲爵○來 7.3/39/13
○刃傷常 7.4/39/25
○長沙定王子封于零道之舂陵爲侯 7.7/40/13
○舂陵地勢下濕 7.7/40/13
難○久處 7.7/40/14
猶○舂陵爲國名 7.7/40/15
○語太守 7.7/40/18
敞○枯稻示之 7.7/40/18
祉○建武二年三月見光武于懷宮 7.7/40/22
○彊章宣示公卿大夫 7.8/41/7
不欲令厚葬○違其意 7.8/41/13
○德自終 7.8/41/14

〇成王志 7.8/41/14
〇西羌未平 7.8/41/15
〇助國費 7.8/41/15
〇《周易卦林》卜之 7.9/41/20
上即〇詔書問輔曰 7.9/41/20
故〇蟻爲興文 7.9/41/23
王之子年五歲〇上 7.9/41/25
奉藩〇至沒身 7.9/41/28
楚相〇聞 7.10/42/3
〇助伊蒲塞桑門之盛饌 7.10/42/3
可〇託六尺之孤 7.12/42/14
其〇蒼爲驃騎將軍 7.12/42/14
蒼〇天下化平 7.12/42/17
蒼〇親輔政 7.12/42/18
〇增歎息 7.12/42/24
上〇所自作《光武皇帝本紀》示蒼 7.12/42/26
〇問校書郎 7.12/43/1
今〇光烈皇后假髻、帛巾各一、衣一篋遺王 7.12/43/5
〇慰《凱風》寒泉之思 7.12/43/6
上〇王觸寒涉道 7.12/43/9
賜〇秘書列圖、道術秘方 7.12/43/11
誠不〇遠近親疏 7.12/43/12
錢布〇億萬計 7.12/43/13
〇千里爲程 7.12/43/15
焉〇郭太后少子 7.15/44/7
飾〇金銀 7.16/44/11
明帝悉〇太后所遺金寶賜京 7.16/44/13
乃〇上爲大司馬 8.1/46/8
動〇萬數 8.1/46/10
〇公而慮 8.1/46/13
皆望風相攜〇迎降者 8.1/46/23
日〇千數 8.1/46/23
上〇禹不時進 8.1/46/24
軍士悉〇果實爲糧 8.1/47/5
〇列侯就第 8.1/47/6
冀得火〇熨背 8.2/47/12
乃〇口噓其背 8.2/47/12
又知訓好〇青泥封書 8.2/47/20
〇身率下 8.2/47/24
或〇刀自割 8.2/48/2
〇延平（九）〔元〕年拜爲車騎將軍、儀同三司 8.4/48/12
〇國新遭大憂 8.5/48/19
〇補萬分 8.5/48/21
公卿〇下 8.7/49/13
漢興〇來 8.7/49/13,12.11/81/25
兢兢之心彌〇篤固也 8.7/49/18
大將軍〇下十三人 8.7/49/19
造次不能〇辭語自達 8.10/50/10
上亦〇其南陽人 8.10/50/11
上于是〇漢爲大將軍 8.10/50/13
上〇禹爲知人 8.10/50/14
〇功名終 8.10/51/1
遂〇分與昆弟外家 8.10/51/2
有司奏議〇武爲諡 8.10/51/5
官屬〇復不遜 8.11/51/12
共白欲〇復爲鄗尉 8.11/51/13
復〇偏將軍東從上攻邯鄲 8.11/51/13
上〇復敢深入 8.11/51/18
復〇侯就第 8.11/51/20
何〇言之 8.14/52/18
倒戟橫矢不足〇明喻 8.14/52/19
〇義征伐 8.14/52/20
躬自克薄〇待士民 8.14/52/20
上〇弇爲建威大將軍 8.14/52/22
弇〇軍營臨淄、西安之間 8.14/52/23
〇佩刀摧之 8.14/53/6
〇須上來 8.14/53/8
臣子當擊牛釃酒〇待百官 8.14/53/8
反欲〇賊虜遺君父耶 8.14/53/9
令步兵各〇郡人詣旗下 8.14/53/12
鎮撫單于〇下 8.16/53/24
乃〇恭爲戊己校尉 8.17/54/3
昆彌〇下皆歡喜 8.17/54/4
恭〇毒藥傅矢 8.17/54/6
恭〇疏勒城傍有水 8.17/54/8
耿氏自中興〇後迄建安之末 8.17/54/14
〇恂爲河內太守 9.1/54/24
而君〇此時據大郡 9.1/55/4
〇〔應〕給諸營 9.1/55/6
復〇爲恥 9.1/55/8
恂〇狀聞 9.1/55/11
授〇所持節 9.2/56/1
彭〇將伐蜀漢 9.2/56/1
〇縑囊盛土爲隄 9.2/56/5
即〇太守號付後將軍 9.2/56/8
光武皆〇爲掾史 9.4/56/17
齊武王〇譖愬遇害 9.4/56/18
上〇異爲孟津將軍 9.4/57/2
帝王不可〇久曠 9.4/57/5
賜〇乘輿七尺玉具劍 9.4/57/10
因〇章示異 9.4/57/16
上〇祜爲護軍 9.6/58/9
從〇觀上風采 9.6/58/10
〇（祐）〔祜〕爲建義將軍 9.6/58/11
祭遵〇縣吏數進見 9.7/59/3
〇爲刺姦將軍 9.7/59/5
覆〇御蓋 9.7/59/10
〇賜吏士 9.7/59/13
士〇此重之 9.7/59/14
上親臨祠〇太牢 9.7/59/15
〇爲故事 9.7/59/16,19.8/139/3
景丹因〇言語爲固德侯相 9.10/60/17
故〇封卿耳 9.10/60/21
上〇其舊將 9.10/60/24
臥〇鎭之足矣 9.10/60/25
〇氣勢聞 9.11/61/3
光武〇延爲虎牙將軍 9.11/61/4
天下平定〇後 9.11/61/8
〇期爲偏將軍 9.12/61/18
不知當何〇報國 9.12/61/22
上〇問純 10.1/62/9
（鄉）〔卿〕乃欲〇治民自效 10.1/62/11
上復〇純爲東郡太守 10.1/62/12
不足〇制也 10.2/62/17
〇漢兵大來 10.2/62/19
〇城門校尉轉左中郎將 10.2/62/20
〇武強爲侯國 10.6/63/12
上〇爲安集掾 10.7/63/18
〇衣中堅同心之士〔也〕 10.7/63/18
二十三年詔〇祝阿益濟南國 10.8/63/23
上〇手飲水 10.9/64/3
光武〇鐔爲揚化將軍 10.10/64/8
將〇擊郎 10.11/64/15
各〇囊盛沙布冰上 10.11/64/20

權時〇安吏士 10.11/64/21
無〇勸後 10.11/64/22
即日〇霸爲軍正 10.11/64/22
上自解所佩綬〇賜之 10.14/65/18
即〇所乘大驪馬及繡被衣物賜之 10.14/65/20
責數〇背恩反（賊）〔城〕 10.14/65/22
〇彤爲卒正 10.16/66/7
上〇大司馬平河北 10.16/66/8
彤親所〇至今日得安于信都者 10.16/66/10
光武〇劉植爲驍騎將軍 10.17/66/15
〇嘉爲驍騎將〔軍〕 10.19/66/23
倉卒時〇備不虞耳 10.21/67/11
〇特進奉朝請 10.21/67/15
常遣使〇太牢祠通父冢 10.21/67/16
其〇安豐、陽泉、蓼、安風凡四縣封融爲安豐侯 10.22/67/23
臣融朝夕教導〇經藝 10.22/67/25
何況乃當傳〇連城廣土 10.22/68/1
〇固爲中郎將 10.23/68/9
是〇愛之如父母也 10.23/68/12
遂〇賤直奪沁水公主園田 10.24/68/17
指〇問憲 10.24/63/17
憲〇特進見禮依三公 10.24/68/24
將平居〔〇〕恩意遺之乎 10.26/69/12
是〇遺之 10.26/69/14
凡人所〇貴于禽獸者 10.26/69/14
〇有仁愛、知相敬事也 10.26/69/14
故有經紀禮儀〇相（文）〔交〕接 10.26/69/16
今我〇禮教汝 10.26/69/17
〇律治汝 10.26/69/18
〇茂爲太傅 10.26/69/21
使者〇其詐 11.1/70/6
常〇豐熟 11.1/70/13
解所被襜襦〇衣歛 11.2/70/18
國家〇公知臧否 11.2/70/20
故〇手書暢至意 11.2/70/21
何足〇喜 11.2/70/24
然上〇略陽、囂所依阻 11.2/70/24
欲屬〇軍事 11.2/71/5
〇田二頃解其忿訟 11.3/71/11
吏〇爲饒利 11.5/72/1
觀化者〔〇〕億萬計 11.7/72/15
且〇一縣自養 11.8/72/22
〇況爲常山關長 11.8/72/22
明帝〇其明達法理 11.10/73/11
閏具〇實對 11.10/73/16
禹〇宰士惶恐首實 11.10/73/16
禹〇太尉留守北宮 11.10/73/16
鄧太后〇殤帝初育 11.10/73/17
不〇私好害公義 11.14/74/16
〇爲華而少實 11.14/74/17
但私之〇財 11.14/74/17
是〇世稱其忠平 11.14/74/18
〇遷强屬西 11.15/74/24
遠祖〇吏二千石自邯鄲徙茂陵成歡里 12.1/75/5
宣帝時〇郎持節 12.1/75/5
〇況出爲河南太守 12.1/75/8
乃盡散〇班昆弟故舊 12.1/75/11
〇爲綏德將軍 12.1/75/13
〇爲至當握手迎如平生 12.1/75/14
欲授〇封侯大將軍位 12.1/75/15
陛下何〇知非刺客而簡易如此 12.1/75/20
諸將多〇王師之重 12.1/75/24
賜羊三千、牛三百頭〇養病 12.1/76/4
寬〇待下 12.1/76/5
任吏〇職 12.1/76/5
三府〇爲未可 12.1/76/8
上〇援爲伏波將軍 12.1/76/12
符印所〇爲信也 12.1/76/15
〇所得駱越銅 12.1/76/27
鑄〇爲馬 12.1/76/27
〇馬革裹尸還葬耳 12.1/77/1
〇示可用 12.1/77/5
皆〇爲塞外草美 12.3/77/17
其各〇 12.3/77/18
上〇固言前後相違 12.3/77/18
〇故引去 12.3/77/20
〇是言之 12.3/77/20
特〇前參醫藥 12.3/77/23
〇襄城羹亭一千二百戶增防 12.3/77/24
所〇宣氣、致和、順陰陽也 12.3/78/3
臣愚〇爲可因歲首發太簇之律 12.3/78/3
〇迎和氣 12.3/78/4
時〇作樂器費多 12.3/78/4
防兄弟奴婢各千人〇上 12.3/78/8
所〇禁遏甚備 12.3/78/9
光〇爲五校尉主禁兵武備 12.4/78/14
所〇宿衛兩宮 12.4/78/14
歲千萬〇上 12.4/78/16
光〇被誣不能自明 12.4/78/18
〇爲將相器 12.5/78/25
故〇客卿字焉 12.5/78/25
〔自今〇往〕 12.6/79/12
遣子〇往 12.6/79/12
帝自勞〇手書 12.6/79/12
〇黃金十斤、葛縛佩刀、書帶、革帶付襲 12.6/79/14
弟子〇次相傳 12.7/79/20
車皆〇桃枝細簟 12.8/80/2
〇明軍謀特除西域司馬 12.9/80/7
是〇五帝、三王之刑 12.9/80/10
〇軍法追捕 12.9/80/15
雖離讒〇嗚唈兮 12.10/80/19
徒信己〇榮名 12.10/80/21
雖吞刀〇奉命兮 12.10/80/21
昭〇不王 12.10/80/24
惟洪勳〇遐邁 12.10/80/25
褒忠孝〇爲珍 12.10/81/1
臨岷川〇愴恨兮 12.10/81/3
指丹海〇爲期 12.10/81/3
〇篤親親 12.10/81/6
〇慰母心 12.10/81/6
輒遣蒼頭〇車載米菜錢 12.11/81/15
吾〇不德 12.11/81/18
生無〇輔益朝廷 12.11/81/18
歛〇時服 12.11/81/21
皆〇故衣 12.11/81/21
今〇平狄將軍孫咸行大司馬事 12.14/82/14
咸〇武名官 12.14/82/14

實足○先後王室 13.1/83/1
名足○光示遠人 13.1/83/1
武公、莊公所○砥礪蕃屏 13.1/83/2
而具○狀聞 13.5/83/22
吾所○薦子〔者〕 13.6/84/5
欲令輔國家○道 13.6/84/6
〔而〕今數進鄭聲○亂雅樂 13.6/84/6
臣所○薦桓譚者 13.6/84/7
望能○忠正導主 13.6/84/8
諸生○賤不糶 13.6/84/9
○從征伐有功 13.7/84/19
○爲激發 13.7/84/20
○爲功高天下 13.9/85/3
若○子之功 13.9/85/4
誠不知所○然 13.9/85/7
○爲威福 13.9/85/8
○篤行純淑 13.10/85/12
三輔○爲儀表 13.10/85/12
帝強起湛○代之 13.10/85/16
○爲漢當祀堯 13.11/86/1
臣聞營河、雒○爲民 13.11/86/1
刻肌膚○爲刑 13.11/86/1
封疆畫界○建諸侯 13.11/86/2
井田什一○供國用 13.11/86/2
是○去土中之京師 13.11/86/3
世據○興 13.11/86/6
○解天下之惑 13.11/86/9
林○爲倉卒時兵擅權作威 13.11/86/12
故○殷民六族分伯禽 13.11/86/16
所○挫其強禦之力 13.11/86/17
○稍弱六國強宗 13.11/86/18
脅○送終之義 13.11/86/19
是○皆永享康寧之福 13.11/86/21
亦足○消散其口 13.11/86/22
直○擾亂 13.11/86/24
百僚知林○（名）〔明〕德用 13.11/87/1
可（且）〔具〕○備乏 13.11/87/3
人當○此爲法 13.11/87/5
是杜伯山所○勝我也 13.11/87/5
王○師故數加饋遺 13.11/87/5
常辭○道上稟假有餘 13.11/87/6
苦○車重 13.11/87/6
輒○訪純 13.12/87/12
禘祭○夏四月 13.12/87/18
祫祭○冬十月 13.12/87/18
○時定議 13.12/87/20
自○兄弟不當蒙爵土之恩 13.12/87/24
帝○奮違詔 13.12/87/25
○圖議軍糧 13.13/88/6
欲令○善自珍 13.13/88/8
竟○中傷人臣 13.13/88/9
不足○償不訾之身 13.13/88/9
○爲鏡誡 13.13/88/10
因○氏焉 13.14/88/16
馮魴○忠孝典兵 13.14/88/17
賜○玉玦 13.14/88/18
憙○因疾報殺 13.16/89/4
仲伯○其婦有色 13.16/89/8
○泥塗其婦面 13.16/89/9
載○鹿車 13.16/89/9
悉○與之 13.16/89/11
光武○憙守簡陽侯相 13.16/89/11
○日食免 13.16/89/17, 18.4/127/11,19.1/136/23
其○憙爲太傅 13.16/89/20
上○岑彭嘗爲鮪校尉 14.1/90/1
思○報義 14.1/90/7
永○不宜出 14.2/90/16
更始○永行大將軍 14.2/90/17
足下所○堅不下者 14.2/90/23
○平陵鮑恢爲都官從事 14.2/91/6
○避二鮑 14.2/91/7
雖○獲罪 14.2/91/9
永○度田不實 14.2/91/11
○君帷幄近臣 14.2/91/12
其○爲兗州牧 14.2/91/12
○齊同法令 14.3/91/23
○受重任 14.4/92/2
擬○曲戟 14.4/92/3
邑○書勸鮑永曰 14.4/92/3
固守不○時下 14.5/92/23
○測幽冥之論 14.5/93/2
○達萬幾之變 14.5/93/2
繼○西海之役 14.5/93/4
皇帝○聖德靈威 14.5/93/9
天下（日）〔自〕○去亡新 14.5/93/12
易○周洽 14.5/93/13
今大將軍○明淑之德 14.5/93/15
此誠不可○忽也 14.5/93/19
何○待之 14.5/93/23
難○應卒 14.5/93/23
○承大將軍之明 14.5/93/25
則足○顯聲譽 14.5/93/28
則可○建大功 14.5/93/28
○超《周南》之迹 14.5/93/30
何○加茲 14.5/93/31
明帝○爲衍材過其實 14.5/94/1
○（素）〔壽〕終於家 14.5/94/2
○《詩》《傳》教授 14.6/94/7
今子○兄弟私恩而絕父不滅之基 15.2/95/12
鴻○少府從 15.2/95/17
配○光武 15.2/95/19
所謂神人○和 15.2/95/20
○廬江郡爲六安國 15.2/95/21
夫帝王不宜○重器假人 15.2/95/22
（謟）〔諂〕諛○求容媚 15.2/95/25
其下○輕重〔爲〕差焉 15.5/96/16
無○相贈 15.5/96/19
贈子○不拜 15.5/96/20
何○拜子孫耶 15.5/96/22
令寄縑○祠焉 15.5/96/24
不爲設席食○罰之 15.5/96/26
時司徒吏鮑恢○事到東海 15.6/97/4
良○疾歸 15.6/97/6
○義割恩 15.7/97/14
剛○頭軔乘輿車輪 15.7/97/15
取其頭○示子張 15.8/97/24
○狀首 15.8/97/25
拔刀自嚮○要惲曰 15.8/97/25
敢不○死明心乎 15.8/97/26
明府○惡爲善 15.8/98/1
○直從曲 15.8/98/1
○爲民也 15.8/98/4
勿勞神○害生 15.8/98/5
○萬民爲憂 15.8/98/8
○夜繼晝 15.8/98/8
○憚不推劾 15.8/98/11
○所杖鐵杖捶龔 15.8/98/12
難卒○力制 15.9/98/23

○結寇心 15.9/98/23
還○狀聞 15.10/99/4
賜○棨戟 15.10/99/4
○誅暴立威信 15.10/99/5
詔書○奮在姑臧治有絕迹 15.11/99/15
分俸祿○供給其糧用 15.11/99/18
輒分減○遺奇 15.11/99/19
百姓○殷富 15.12/100/1
○表廉吏 15.12/100/3
類皆○麻枲頭縕著衣 15.14/100/14
盛冬皆○火燎 15.14/100/14
下車遣吏○中牢具祠延陵季子 15.15/100/23
敬待○師友之禮 15.15/100/25
輒分俸祿○賑給之 15.15/100/25
○周窮急 15.15/100/25
不假下○權 15.17/101/14
○付樊公 15.17/101/16
大將軍竇融○爲從事 16.1/102/9
接○師友之道 16.1/102/9
不○才能高人 16.2/102/14
諸儒○此慕之 16.2/102/14
恒爲官傭寫書○供養 16.3/102/23
○取封侯 16.3/102/24
獨有因夜○火攻虜 16.3/103/6
今○超爲假司馬 16.3/103/11
足○備有餘 16.3/103/12
急求取○祠我 16.3/103/15
乃○漢中郡南鄭之西鄉戶千封超爲定遠侯 16.3/103/21
超自○久在絕域 16.3/104/1
○任尙代超 16.3/104/3
宜有○誨之 16.3/104/3
皆○罪過徙補邊 16.3/104/4
松風○長者難逆 16.6/104/19
常客傭○自給 16.9/105/14
每○禮讓相厭 16.9/105/19
不○辭長勝人 16.9/105/19
榮獨舉手奉○拜 16.9/105/20
賜○帷帳奴婢 16.9/105/21
○榮爲少傅 16.9/106/1
賜○輜車乘馬 16.9/106/1
尊榮○師禮 16.9/106/5
會百官驃騎將軍東平王蒼○下、榮門生數百人 16.9/106/6
悉○太官供具賜太常家 16.9/106/7
○《尙書》授朕十有餘年 16.9/106/10
後○五更祿終厥身 16.9/106/11
子郁○明經復爲太常 16.9/106/12
而悉○租入與之 16.10/106/16
上○郁先師子 16.10/106/16
郁○永平十四年爲議郎 16.10/106/17
無○明益 16.10/106/22
愚○爲太子上當合聖心 16.10/106/23
○光朝廷 16.10/106/23
○母憂自乞 16.11/106/28
聽○大夫行喪 16.11/106/28
相王吉○罪被誅 16.13/107/11
乃○竹藩樹四面 16.14/107/21
○繩繫著樹枝 16.14/107/22
○輔太子 16.15/107/28
○淫人耳目 16.16/108/6
爲讖記○誤人主 16.16/108/8
吾欲○讖決之 16.16/108/9
○素木刳瓠葉爲俎豆 16.17/108/19
○二千石祿終其身 16.17/108/20
○中庶子 16.18/109/3
世○是爲嚴 16.20/109/13
不能○尸伏諫 16.20/109/15
○侍中兼領之 16.20/109/16
輒奪其席○益通者 16.20/109/18
上○敏博通經記 16.22/110/3
○儒學徵 16.23/110/13
在朝○清白方正稱 16.23/110/13
故利○建侯 16.24/110/18
所○爲治也 16.24/110/18
皆○無道 16.24/110/19
○白衣教授 16.25/110/24
京師因○稱之 16.25/111/1
並○儒學拜議郎也 16.25/111/2
○二千石祿養終身 16.27/111/12
前世○磨研編簡之才 16.28/111/16
因○節檛殺數人 16.30/112/2
可賜○劍 16.30/112/2
○身扞之 16.31/112/8
嘉請○死贖君命 16.31/112/9
常待○舊恩而卑侮之 16.34/113/2
建武中○伏波將軍爵土不傳 16.34/113/9
其○縣見穀二千石賜勃子若孫 16.34/113/11
其仁○惠下 16.35/113/16
○顯陳堪行有效 16.35/113/17
○明經徵詣公車 16.37/113/27
郗文公不○一人易其心 16.37/114/3
惟駰○處士年少擢在其間 16.38/114/9
駰自○遠去 16.38/114/11
○爲孝感所致云 16.42/115/4
賊問所○ 16.44/115/13
民相率○石（撾）〔擿〕吏 16.46/115/28
○壽終 16.47/116/6
所望明公問屬何○爲政 16.49/116/18
○責爲不足耶 16.49/116/18
如○爲任用而不使臣之 16.49/116/19
是○喜懼皆去 16.49/116/19
閔仲叔豈○口腹累安邑耶 16.49/116/22
朝廷本○是故徵之 16.50/117/1
遂○見 16.50/117/1
○爲罪在督郵 17.1/117/23
○陳留督郵虞延故 17.1/117/24
○外戚小侯每預朝會 17.1/117/25
延○寅雖有容儀而無實行 17.1/117/26
○敝布纏裹節 17.2/118/8
○爲後法 17.2/118/10
詔○信田宅奴婢錢財賜廉吏太常周澤 17.3/118/19
○爲才堪宰相 17.4/118/24
○清廉見稱 17.5/119/3
故多○宗室肺腑居之 17.7/119/13
○當襲父般爵 17.8/119/18
孔子稱「能○禮讓爲國 17.8/119/20
賜○三公之服 17.9/120/1
良恥○言受進 17.10/120/11
上○章示公卿 17.10/120/13

今○良爲議郎 17.10/120/15
○清白方正稱 17.10/120/15
○仁孝著聞 17.11/120/19
仲不可○絕類 17.11/120/21
○謝賊恩 17.11/120/25
不可○示遠 17.12/121/9
帝乃○大鴻臚魏應代之
17.12/121/9
意亦具○聞 17.13/121/15
○見霸 17.13/121/15
詔○其貲物班賜群臣
17.13/121/23
悉○委地 17.13/121/24
乃更○庫錢三十萬賜之
17.13/121/26
誤○十爲百 17.13/121/26
若○懈慢爲愆 17.13/121/27
喻○聖德 17.15/122/15
政○車駕出時伏道邊
17.17/122/26
旄頭○戟叉政 17.17/122/27
○爲見劫 17.17/123/2
先君秉德○惠下 17.19/123/14
臣可○禮進退 17.19/123/14
○穀飯獨與之 17.23/124/18
汝曹皆當○次死 17.24/124/28
分升合○相存活 17.24/125/4
鄉里○此賢之 18.1/125/20
○屬託焉 18.1/125/21
衆人○臣愚蔽 18.1/126/10
○爲能 18.2/126/25
○功封鄳侯 18.3/127/3
彪○嫡長爲世子 18.3/127/5
○廉讓率下 18.3/127/6
○疾乞骸骨 18.3/127/6
所在○二千石俸終其身
18.3/127/7
未嘗○贓罪鞠人 18.5/127/15
○國氏姓 18.6/127/21
○德行稱于代 18.6/127/22
恐○財污府君 18.6/127/27
常接○友道 18.6/128/9
暉○堪宿成名德 18.6/128/10
欲○妻子託朱生 18.6/128/10
分所有○賑給之 18.6/128/12
帛五匹○爲常 18.6/128/12
二千石皆○選出京師 18.7/128/16
輒○事去 18.8/128/20
赦天下繫囚在四月丙子
○前減死罪一等 18.9/128/26
死罪○下並蒙更生 18.9/129/1
臣○爲赦前犯死罪而繫
在赦後者 18.9/129/2
○全人命 18.9/129/3
歸○與兄 18.10/129/8
後○病告歸 18.10/129/12
賜○冠幘錢布 18.10/129/13
○終其身 18.10/129/16
禁民夜作○防火 18.12/130/2
時生子皆○廉名者千數
18.12/130/4
○爲然 18.12/130/8
○少 18.13/130/13
阜○法繩正吏民 18.13/130/19
○絳罽襜褕與阜 18.13/130/21
○狀上 18.13/130/21
阜○詔書未報 18.13/130/22
給文○錢市（焉）〔馬〕
18.13/130/22
○定父母、妻子、長幼
之序 18.14/131/2
○爲鄉三老 18.14/131/2
此等多是建武○來絕無
後者 18.16/131/16
設祭○祀之 18.16/131/17
○《大小夏侯尚書》教
授 18.17/131/22
公卿○神雀五采翔集京
師 18.17/131/23
傭賃○養父母 18.18/132/3
○志行稱 18.19/132/11
○明經有智讓 18.19/132/11
杜根○安帝年長 18.22/132/26
令盛○縑囊 18.22/133/1
執法者○根知名 18.22/133/1
○目疾 18.23/133/9
○武略稱 18.23/133/9
○才器稱 18.25/133/20
委○郡事 18.26/133/28
但高譚清論○激勵之 18.26/134/1
○孝行稱 18.27/134/8
○謙儉推讓爲節 18.28/134/13
數○捶自擊其脛 18.28/134/15
○童幼詣太學受業 18.29/134/22
其主猶○爲少 18.29/134/27
願○身居作 18.29/134/27
鴻○書責之而去 18.29/134/29
○供衣食 18.29/135/3
○娛其志 18.29/135/4
○竿授鳳 18.30/135/14
（鬴）〔酺〕○尚書授
于南宮 19.1/136/6
顯宗○酺授皇太子業 19.1/136/7
所○通下問 19.1/136/16
數十年○來 19.1/136/17
今因○爲故事 19.1/136/17
臣愚○爲刺史視事滿歲
19.1/136/18
于○衰滅貪邪便佞 19.1/136/20
酺○爲褒制禮非禎祥之
特達 19.1/136/21
無○絕毀實亂道之路 19.1/136/22
郡數○禮請 19.4/137/16
所○來者 19.4/137/20
具○狀白安 19.4/137/22
誠欲○安定邊陲 19.4/137/23
數年○來 19.4/137/24
○事夷狄 19.4/137/24
非所○垂意于中國 19.4/137/25
○《魯詩》、《尚書》
教授 19.5/138/3
勿○射策 19.6/138/9
死者○千數 19.6/138/13
哀、平間○明律令爲侍
御史 19.7/138/18
○俟聖主 19.7/138/19
○不肯親事爲高 19.7/138/21
霸○所乘車馬遣送之
19.11/139/18
○嚴刻見稱 19.15/140/18
則修文德○來之 19.16/140/25
○漢之盛 19.16/140/25
○求無用之物 19.16/140/26
○殘酷見任 19.17/141/4
○大漢威靈招之 19.19/141/14
渙○方略取之 19.21/142/1
寒即○身溫席 19.22/142/8
○香父尚在 19.22/142/15
○錐刀小用 19.22/142/16
○德行高妙 19.23/142/24
○樊儵刪《嚴氏公羊春

秋》猶多繁辭 19.25/143/8
家貧無○自贍 19.26/143/14
身築墼○自給食 19.26/143/14
復○爲郎 19.26/143/14
乃援充○捐溝中 19.27/143/21
○功遷大長秋 19.32/144/23
張敏○行大射禮 20.1/144/29
鼎足之任不可○缺 20.1/145/1
重○職事留君 20.1/145/1
○此遺之 20.2/145/7
夜懷金十斤○遺震 20.2/145/8
何面目○見日月 20.2/145/12
問○祥異 20.4/145/20
欲○爲苑 20.4/145/24
裁足○修三驅之禮 20.4/145/25
○合禮中 20.4/145/26
○爲苑囿 20.4/145/26
○病罷 20.4/145/27
置于滰上○渡河 20.5/146/5
○孝聞 20.6/146/9
欲○矛刺雄 20.8/146/20
○身代雄 20.8/146/20
具○狀上 20.8/146/21
但○韰一本 20.10/147/4
○惠政得民 20.10/147/6
○災異策免 20.10/147/6
○職事被譴 20.13/147/19
恢欲殺青簡○寫經書 20.17/148/12
昔馬援○薏苡興謗 20.17/148/13
王陽○衣囊徼名 20.17/148/14
○身率物 20.17/148/18
○道譬之 20.17/148/19
舉正○聞 20.19/149/2
左右○戟叉其胸 20.23/149/22
○功封程爲浮陽侯 20.23/149/23
○爲信 20.24/150/3
而中常侍單超等五人皆○誅冀功並封列侯 21.4/151/3
○女能貧家也 21.7/151/19
此○慰种光、馬賢等亡魂也 21.8/152/1
于羌前○酒酹地曰 21.11/153/3
不○入廄 21.11/153/4
○建安中爲武威太守 21.11/153/8
惟妻子可○行之 21.15/154/6
○勸學者 21.16/154/10
常○良日 21.21/155/3
○丈二竹簟畫九宮其上 21.21/155/4
○臣所聞 21.24/155/20
呂布○奮威將軍如三事 21.28/156/11
欲令將近兵據門○禦之 21.33/157/8
災蝗當○德消 21.35/157/17
男女皆○「宗」爲名 21.38/157/29
上○爲大中大夫 21.43/158/20
○功封臨沮侯 21.46/159/3
〔○〕母年老國遠 21.46/159/3
○博通古今遷太史令 21.51/159/24
○女妻之 22.1/160/24
大人○先生修德守約 22.1/160/25
○爲樂事 22.3/161/9
諸羌○爲神 22.5/164/3
推○爲豪 22.5/164/4
林欲○爲功效 22.5/164/4
林○誣罔詣獄 22.5/164/5
然漢兵○新市、平林爲本 23.1/164/23
將立聖公爲天子議○示諸將 23.1/164/25
馬武、王匡○爲王莽未滅 23.1/164/25
郎吏○次侍 23.1/165/5
趙萌○私事責侍中 23.1/165/9
而赤眉劉盆子亦下詔○聖公爲長沙王 23.1/165/18
申屠志○功封汝陰王 23.3/166/3
上書○非劉氏還玉璽 23.3/166/3
○木札書符曰「上將軍」 23.5/166/11
○年次探之 23.5/166/12
陛下何○待之 23.5/166/18
待汝○不死耳 23.5/166/18
盆子及丞相徐宣○下二十餘萬人肉袒降 23.5/166/18
詔○屬城門校尉 23.5/166/19
○相識別 23.6/167/1
光武作飛䖟箭○攻赤眉 23.6/167/2
○其首祭子冢 23.7/167/9
單于○中國未定 23.9/168/4
當○女珠妻若 23.11/168/23
朝廷○奴殺主不義 23.11/168/26
○五綵囊盛石繫豐肘 23.12/169/3
光武○鄧奉爲輔漢將軍 23.14/169/15
萌○爲延譖己 23.15/169/19
吾常○龐萌爲社稷臣 23.15/169/20
雖欲○漢爲（民）〔名〕 23.16/169/26
將何○見信于衆 23.16/169/27
○致其肅敬 23.16/169/28
○王莽篡逆 23.16/170/1
得○絕群 23.16/170/4
元請○一丸泥爲大王東封函谷關 23.16/170/9
○待四方之變 23.16/170/10
其弊猶足○霸 23.16/170/11
請自殺○明之 23.16/170/17
○吏二千石自無鹽徙焉 23.17/170/23
垣副○漢中亭長聚衆降宗成 23.17/170/24
○投天隙 23.17/171/1
○鎮百姓 23.17/171/2
東下漢水○窺秦地 23.17/171/6
南順江流○震荊、揚 23.17/171/7
述○爲符瑞 23.17/171/10
平陵人荊邯○東方漸平 23.17/171/12
○爲宜及天下之望未絕 23.17/171/15
急○此時發國內精兵 23.17/171/16
長沙○南必隨風而靡 23.17/171/16
蜀人及其弟光○爲不宜空國千里之外 23.17/171/20
自王莽○來常空 23.17/171/23
○配岑于市橋 23.17/171/28
○變時事 24.14/174/1
無○承天 24.16/174/7
不○舊惡介意 24.33/175/13
○匡主上 24.34/175/15
陳義子問○舊事 24.68/177/27
其殿中廬有索長數尺可

○縛人者數千枚 24.72/178/7
二千石皆○選出 24.80/178/25
並○日蝕免 24.81/179/1
下端望之○視星宿 24.89/179/18
並縣璣○象天 24.89/179/18
而○衡望之 24.89/179/18
轉璣窺衡○知星宿 24.89/179/18
○正黃道 24.90/179/24
○察發斂 24.90/179/24
○行日月 24.90/179/24
○步五緯 24.90/179/24
○治律未竟 24.90/179/25
扶○文義 24.90/179/26
潤○道術 24.90/179/26
○裨《天文志》 24.90/179/28
撰建武○來星變彗孛占驗著明者續其後 24.90/179/28
臣○問胡廣 24.91/180/1
廣○爲實宜在《郊祀志》 24.91/180/2
又使祀事○類相從 24.91/180/3
○明再受命祖有功之義 24.92/180/5
莫能知其所○兩廟之意 24.92/180/6
率下○儉化起機 24.94/180/11
諸侯王○下至于士庶 24.94/180/12
臣○爲宜集舊事儀注本奏 24.94/180/12
○成志也 24.94/180/13

矣 yǐ 46

亦已聚會客○ 1.1/2/7
前已至城北○ 1.1/2/22
帝已乘王豐小馬先到○ 1.1/4/10
天時人事已可知○ 1.1/4/14
昭然著聞○ 1.1/4/18
而南畝亦益闢○ 1.1/5/25
獨言朝廷以爲我縛賊手足○ 1.1/7/4
二者孰仁○ 1.1/7/12
善○夫 1.1/8/23
後世知吾罪深○ 5.5/30/5
休○惟德 5.5/31/18
吾計之熟○ 6.2/35/7
隱若一敵國○ 8.10/50/17
必復亡○ 8.14/52/27
已戮之○ 9.1/55/20
思漢久○ 9.4/56/19
願受南陽五百戶足○ 9.6/58/13
臥以鎮之足○ 9.10/60/25
功既大○ 10.22/67/23
月餘○ 10.26/69/8
茂時年七十餘○ 10.26/69/21
虜在吾目中○ 12.1/76/2
斯可○ 12.1/76/19
當如此○ 12.1/77/2
事不諧○ 13.6/84/15
白馬生且復諫○ 13.10/85/15
不行已久○ 13.12/87/14
精神亦已勞○ 14.2/91/12
伏念天下離王莽之害久○ 14.5/93/4
思樂爲用○ 14.5/93/25
人安其業○ 14.5/93/27
得鄉亭厚○ 15.1/95/1
吾年耄○ 15.8/98/5
三綱絕○ 16.46/115/25
去○ 17.11/120/24
尋到○ 17.23/124/15
當何由一得見決○ 18.1/126/1
至篤衰○ 18.23/133/10
善吏如良鷹○ 18.26/134/2
能奉我○ 18.29/135/3
兒子備具○ 19.11/139/25
吳氏世不乏季子○ 20.17/148/14
今暮其當著○ 20.24/150/3
霸王之業成○ 23.17/171/1
兵破身困數○ 23.17/171/14
道隗王破者復如此○ 23.17/171/25

苡 yǐ 1

昔馬援以薏○興謗 20.17/148/13

倚 yǐ 2

芳外○匈奴 23.9/168/6
○巫山之固 23.17/171/16

蟻 yǐ 8

賢者○附 1.1/3/17
臣雖螻○ 7.3/39/12
○封穴戶 7.9/41/20
7.9/41/21,24.73/178/11
○穴居而知雨 7.9/41/22
○封穴 7.9/41/23
故以○爲興文 7.9/41/23

乂 yì 4

俊○翼翼 5.5/31/17
天下○安刑措之時也 5.5/32/5
宗虞氏之俊○ 12.10/80/25
乃聘請高行俊○如董子儀、嚴子陵等 15.15/100/24

弋 yì 3

（戈）〔○〕獵之事不御 1.1/7/14
鄭次都隱于○陽山中 15.8/98/3
梁諷、北地○居人 19.19/141/14

刈 yì 1

人又有盜○恭禾者 18.28/134/14

亦 yì 50

然○喜遊俠 1.1/1/17
時宛人朱祜○爲舅訟租于尤 1.1/1/19
○已聚會客矣 1.1/2/7
仲謹厚○如之 1.1/2/10
諸將○滅 1.1/2/20
而昆陽城中兵○出 1.1/3/7
賊○兩心 1.1/4/9
雲臺致敬祭祀之禮儀○如之 1.1/5/13
而南畝○益闢矣 1.1/5/25
○無丘壟 1.1/8/22
予○非文王也 2.1/13/6
及撣國王雍由○賜金印紫綬 3.2/20/6
中尉、內史官屬○以率

減 4.1/25/16
縣國丞、尉○如之 4.1/26/6
丞、尉○二百石 4.1/26/6
○不譴怒 6.2/35/4
時光武○遊學京師 8.1/46/5
我曹○且俱死耳 8.2/48/3
上○以其南陽人 8.10/50/11
○不遺力 9.7/59/12
臣○擇君 12.1/75/19
賓客○衰 12.3/78/9
後辟○然 12.10/80/22
燕○是喪 12.10/80/23
○有權時 12.11/81/20
妃后之家○無商比 12.11/81/25
桀、紂○有才 13.7/84/20
○足以消散其口 13.11/86/22
○行此禮 13.12/87/17
○爲侍中 13.15/88/24
婦人○懷卿之恩 13.16/89/16
精神○已勞矣 14.2/91/12
○不能自潤 15.11/99/15
人無履○苦之否 15.14/100/16
○無不有 16.34/113/7
意○具以聞 17.13/121/15
○不肯食 17.23/124/18
時麟○素聞范名 18.12/130/8
今伯鸞○清高 18.29/135/9
○何陵遲之有 19.15/140/17
○不飲食 19.29/144/3
不○厚乎 20.2/145/7
羌○引退 21.8/151/27
曇○禁錮終身 21.14/154/1
而赤眉劉盆子○下詔以聖公爲長沙王 23.1/165/18
吾○慮之 23.17/171/2
○非吾所知 23.17/171/11
○任事 24.2/172/23
○非詔書之所知也 24.14/174/2
《前志》○闕而不論 24.90/179/25

异 yì 1

巴○爲重泉令 21.42/158/16

邑 yì 60

遣大司徒王尋、大司空王○將兵來征 1.1/2/13
尋、○兵到潁州 1.1/2/15
莽遣尋、○欲盛威武 1.1/2/16
尋、○兵盛 1.1/2/18
言尋、○兵已來 1.1/2/22
尋、○兵已五六萬到 1.1/2/24
尋、○自以爲成功漏刻 1.1/2/26
聞尋、○兵盛 1.1/3/2
前去尋、○軍四五里而陣 1.1/3/2
尋、○遣步騎數千〔乘〕合戰 1.1/3/3
尋、○兵卻 1.1/3/4
尋、○得書 1.1/3/6
尋、○兵大奔北 1.1/3/6
○大衆遂潰亂 1.1/3/8
○與嚴尤、陳茂輕騎乘死人渡滍水逃去 1.1/3/8
改鄗爲高○ 1.1/4/22
食○二千戶 1.1/4/24
有功輒增封○ 1.1/10/4
歷覽館舍○居舊處 2.1/12/5
以師會爲漢歸義葉調○君 3.2/20/6
上書求減○內徙 7.7/40/14
恭未有國○ 7.17/44/17
異薦○子銚期、叔壽、殷建、左隆等 9.4/56/17
○七千三百戶 9.6/58/13
不過櫟陽萬戶○ 9.10/60/21
河上至安○ 10.5/63/8
食○二萬戶 10.24/68/22
○二萬戶 10.24/68/24
至燔燒茂陵都○ 12.9/80/12
○里無營利之家 13.11/86/18
其還故爵爲楊○侯 13.14/88/17
○人趙堅殺人繫獄 14.3/91/17
田○、字伯玉 14.4/91/27
○有大節 14.4/91/27
鄧禹使積弩將軍馮愔將兵（繫）〔擊〕○ 14.4/91/28
愔悉得○母弟妻子 14.4/91/28
後○聞更始敗 14.4/92/1
即拜○爲上黨太守 14.4/92/1
衍與○素誓刎頸 14.4/92/2
忿○背前約 14.4/92/2
乃（遣）〔遺〕書責○曰 14.4/92/3
○以書勸鮑永曰 14.4/92/3
與○同事一朝 14.4/92/5
永、○遂結怨焉 14.4/92/15
○爲漁陽太守 14.4/92/18
夫十室之○ 14.5/93/24
而姑臧稱爲富○ 15.11/99/13
食○五（百）〔千〕戶 16.9/106/11
客居安○ 16.49/116/20
安○令候之 16.49/116/20
閔仲叔豈以口腹累安○耶 16.49/116/22
意在堂○ 17.13/121/18
成都○宇偪側 18.12/130/1
初與京○蕭友善 18.29/134/29
道經昌○ 20.2/145/8
○令王密、故所舉茂才 20.2/145/8
食○四千戶 20.24/150/7
○千戶 20.24/150/8
城○丘墟 23.17/171/3
宿下○亭 23.18/172/6

抑 yì 5

謙虛○損 12.11/81/24
○而不用 14.5/94/2
宜○其路 16.16/108/7
○强絕邪 18.6/128/5
果能○豪助弱 20.10/147/6

佚 yì 1

博士張○正色曰 16.15/107/27

役 yì 11

民無出門之○ 1.1/7/17
人無傜○ 2.1/13/1
繼以西海之○ 14.5/93/4
省愛民○ 15.10/99/5
中家子爲之保○ 16.16/108/5
大丈夫安能爲人○耶 16.46/115/24

勿○于物 16.49/116/15
興功○者令 17.13/121/20
憂在軍○ 19.4/137/23
未有平徭○ 19.21/141/28
恥在廝○ 20.7/146/15

易 yì 50

黃金一斤○粟一石 1.1/5/23
師傅無以○其辭 2.1/11/8
《○》鼎足象三公 2.1/12/23
敕○奩中脂澤妝具 2.1/13/18
《○》所謂「先王以作樂崇德 5.4/28/16
《孝經》所謂「移風○俗 5.4/28/20
大樂必○ 5.5/31/12
到魏郡鄴、○陽 7.4/39/24
善《京氏○》 7.9/41/19
以《周○卦林》卜之 7.9/41/20
案《○》卦《震》之《蹇》 7.9/41/21
黃金一斤○豆五升 8.1/47/4
還過趙國○陽 8.2/47/21
轉○至數千人 8.2/47/23
受《○經》 8.11/51/20
未○攻也 8.14/52/23
○攻 8.14/52/24
而簡○于事軍 8.16/53/24
○爲充飽 9.4/56/21
國家知將軍不○ 9.7/59/12
則制其支體○也 11.2/70/25
援外類倜儻簡○ 12.1/75/9
陛下何以知非刺客而簡○如此 12.1/75/20
馬廖少習《○經》 12.2/77/9
諺言貴○交 13.6/84/14
富○妻 13.6/84/14
政卑○行 13.11/86/4
禮簡○從 13.11/86/4
合於《○》之所謂「先天而天不違、後天而奉天時」義 13.11/86/9
畏其○也 13.11/86/15
《○》卦「地上有水比」 13.11/86/28
不○其辭 14.4/92/3
○以周洽 14.5/93/13
宜改○非任 14.5/93/24
未○言也 15.5/96/24
治《梁丘○》 15.12/99/23
難禁○敗 16.3/104/4
宜陽爲簡（而）〔○〕 16.3/104/5
少治《施氏○》 16.17/108/18
世傳《孟氏○》 16.19/109/7
郗文公不以一人○其心 16.37/114/3
治《梁邱○》 17.17/122/24
變○姓名 18.1/125/22
○姓爲朱 18.6/127/22
冠履倒○ 20.4/145/23
黃金一斤○豆五斗 23.6/167/2
即○之 23.8/167/14
財物○聚耳 23.17/171/28
○於泰山之壓鷄卵 24.70/178/3
萬世不○之道也 24.90/179/24

佾 yì 3

公卿奏議世祖廟登歌《八○》舞（功）名 5.5/31/3
曲副八○之數 5.5/31/15
及祖廟登歌《八○》舞數 7.12/42/18

泆 yì 1

阜陵質王延在國驕泰淫○ 7.13/43/24

疫 yì 8

李郃以人多疾○免 3.2/19/31
以京師水旱○病 3.5/22/15
則水旱癘○之災 5.5/30/17
疾○大興 14.5/93/7
建武中○病 17.25/125/9
四方牛大○ 18.6/128/8
臨淮獨不○ 18.6/128/8
時疾○ 18.16/131/17

羿 yì 1

吾生值澆、○之君 16.37/113/29

益 yì 41

○吳漢、鄧禹等封 1.1/5/4
而南畝亦○闢矣 1.1/5/25
○州乃傳送瞽師、郊廟樂、葆車、乘輿物 1.1/7/15
今○其俸 1.1/8/20
朕無○百姓 1.1/9/23
以○州徼外哀牢王率衆慕化 2.1/13/3
賊萬人以上屯○陽 3.5/22/15
節損○前後之宜 5.5/31/15
門人○親 8.1/46/20
日月○長 8.5/48/21
詔彭守○州（收）〔牧〕 9.2/56/7
二十三年詔以祝阿○濟南國 10.8/63/23
〔○地數千頃〕 11.1/70/13
因歙上疏宜○選兵馬 11.2/71/1
其無○于國 11.14/74/16
求○盈餘 12.1/76/19
出于伯○ 12.9/80/6
生無以輔○朝廷 12.11/81/18
何○朽骨 12.11/81/19
○州刺史种暠發其事 12.12/82/4
充令屬縣教民○種桑柘 15.14/100/14
皆蒙其利○ 15.15/101/2
固欲○其兵 16.3/103/11
多○爲重累 16.3/103/12
無以明○ 16.10/106/22
輒奪其席以○通者 16.20/109/18
有○於政 16.46/116/1
明帝時爲○州刺史 17.15/122/15
有○于邊 18.9/129/3
爲○州太守 18.13/130/18
憲嘗移書○州 18.13/130/21
帝聞而○善之 18.18/132/7
○用豐熾 18.25/133/20
趙勤、字○卿 18.26/133/25
有○于化 19.6/138/11
得其人無○于政 19.16/140/24

屢有補裨之○ 21.1/150/19
○州紀其政化 21.41/158/12
乃○釀醇酒 23.7/167/6
且禮有損○ 23.16/169/28
無○事實 24.14/174/2

唈 yì 1

雖離讒以鳴○兮 12.10/80/19

翊 yì 9

上書表薦賢士左馮○桓虞等 7.12/42/21
爲馮○ 13.10/85/13
馮○蓮芍人也 14.4/91/27
表丹領左馮○ 15.5/96/21
馮○萬年人 18.2/126/25
劉○爲汝南太守 21.26/156/3
蔣○、字元卿 21.37/157/25
伺○寢 21.37/157/25
值○如廁 21.37/157/25

埶 yì 1

（○）〔埶〕節惇固 1.1/4/22

異 yì 87

皇考○之 1.1/1/10
○之 1.1/2/8
馮○進一笥麥飯兔肩 1.1/3/23
馮○抱薪 1.1/3/24
詔馮○軍鴈門 1.1/4/10
災○連仍 1.1/9/10
世祖○焉 2.1/11/14
講議《五經》同○ 2.1/11/23
聖表有○ 2.2/14/4
講五經同○ 2.2/14/11
帝以五經義○ 2.3/17/7
孝王常○之 3.1/18/6
海內頗有災○ 3.2/20/3
〔考〕合○同 3.5/22/8
戴○鉏田得金印 3.5/22/24
災○仍至 5.5/29/18
各與虞《韶》、禹《夏》、湯《濩》、周《武》無○ 5.5/31/11
今遭變○ 6.2/35/8
每朝廷有○政 7.2/39/6
○日 8.6/49/1
于時國家每有災○水旱 8.7/49/12
深見親○ 8.12/52/2
其中創者必有○ 8.17/54/6
馮○、字公孫 9.4/56/17
○薦邑子銚期、叔壽、殷建、左隆等 9.4/56/17
○侍從親近 9.4/56/18
○獨入叩頭 9.4/56/19
○上豆粥 9.4/56/23
○進一笥麥飯兔肩 9.4/57/1
上以○爲孟津將軍 9.4/57/2
上報○曰 9.4/57/3
○擊走朱鮪 9.4/57/3
上乃召○ 9.4/57/5
○日 9.4/57/5
○因下席再拜賀曰 9.4/57/6
○遂與諸將定議上尊號 9.4/57/7
詔○上冢 9.4/57/9
○頓首受命 9.4/57/11
○復合兵追擊 9.4/57/14
璽書勞○曰 9.4/57/14
人有上章言○威權至重 9.4/57/15
因以章示○ 9.4/57/16
上引見○ 9.4/57/16
賜○璽書曰 9.4/57/17
○敕吏士 9.4/57/20
○爲人謙退 9.4/57/20
○常屏止樹下 9.4/57/21
今臣遠從○方來 12.1/75/20
○而獻之 13.9/85/4
光武每有○政 13.10/85/15
本與漢○ 13.11/86/6
永○之 14.2/90/25
災○蠭起 14.5/93/7
集議《五經》同○於白虎觀 15.2/95/14
誅降逆賊楊○等 15.10/99/4
猶當效傅介子、張騫立功○域 16.3/102/23
赤黑○器 16.44/115/13
賊○之 16.44/115/14
鄉黨大人莫不敬○之 16.52/117/12
顯○之 17.2/118/11
諸儒于白虎觀講論《五經》同○ 17.6/119/7
寵○之 17.23/124/21
奉之不○長君 17.25/125/11
讓國與○母弟鳳 18.3/127/5
伯通察而○之 18.29/135/6
善說災○ 18.31/135/22
賞○之 19.1/136/19
有似○端之術 19.1/136/21
此一○也 19.4/137/21
此二○也 19.4/137/21
此三○也 19.4/137/21
災○數降 19.6/138/13
與人絕○ 19.10/139/13
不得有○ 19.11/139/21
充妻勸○居 19.27/143/19
此婦勸○居 19.27/143/20
汝郁、字叔○ 19.29/144/3
宗親共○之 19.29/144/4
和帝奇○之 19.31/144/15
疾若○人 19.31/144/16
問以祥○ 20.4/145/20
以災○策免 20.10/147/6
寬神色不○ 21.9/152/16
有奇謀○略 21.54/160/8
所見奇○ 22.4/162/1
奇毛○骨 24.14/174/2
容儀照曜絕○ 24.64/177/19

軼 yì 8

宛大姓李伯玉從弟○數遣客求帝 1.1/2/1
更始遣舞陰王李○、廩丘王田立、大司馬朱鮪、白虎公陳僑將兵三十萬 9.4/57/1
○多詐不信 9.4/57/3
不欲與○相見 10.21/67/9
○數請 10.21/67/9
○深達通意 10.21/67/10
劉○、字君文 16.18/109/3
叔子○ 16.25/111/2

詣 yì 75

徵○宛 1.1/3/12
郎遣諫議大夫杜長威持節○軍門 1.1/4/1
帝所與在長安同舍諸生彊華自長安奉《赤伏符》○鄗 1.1/4/17
○北軍待報 1.1/6/17
奏○闕 1.1/6/18
○闕朝賀 1.1/8/18
虔人種羌大豪恬狼等○度遼將軍降 3.1/19/5
遣司徒等分○郊廟社稷 3.1/19/15
葉調國王遣使師會○闕貢獻 3.2/20/6
疏勒國王盤遣使文時○闕 3.2/20/12
傳勉頭及所帶玉印、鹿皮冠、黃衣○雒陽 3.4/21/17
徵○雒陽 3.5/21/24
我欲○納言嚴將軍 7.4/39/20
欲竟何時○嚴將軍所 7.4/39/21
夜○彭城縣欲上書 7.17/44/19
禹獨與二十四騎○雒陽 8.1/47/5
亭長將○第白之 8.6/48/27
○雒陽 8.11/51/16
令步兵各以郡人○旗下 8.14/53/12
○上所在盧奴 10.1/62/8
渡河○上 10.5/63/7
令弟友○闕 10.22/67/20
慚愧○府 10.26/69/9
與劉嘉俱○雒陽 11.2/70/17
歆召囚○閤 11.9/73/3
都使○省門 12.6/79/12
遣功曹史李龔奉章○闕 12.6/79/13
張步遣其掾孫昱隨盛○闕上書 13.2/83/7
先○闕 13.12/87/11
悉自縛○憙 13.16/89/5
使○舞陰 13.16/89/7
彭還○河陽白上 14.1/90/4
鮪輕騎○彭降焉 14.1/90/9
將○行在所河津亭 14.1/90/10
其父母○昱 14.3/91/17
詔昱○尚書 14.3/91/19
能逃不自○者舒也 14.4/92/15
自載○獄 15.15/100/28
長沙中尉馮駿將兵○岑彭 15.19/101/25
固弟超○闕上書 16.2/102/15
（徵固）〔固徵〕○校書 16.2/102/16
超行○相者 16.3/102/24
勿令遠○闕謝 16.34/113/11
以明經徵○公車 16.37/113/27
○賊叩頭言 16.41/114/26
復自縛○賊 16.41/114/27
上乃詔令自稱南陽功曹○闕 17.1/117/27
遂還○賊 17.11/120/24
詔部送徒○河內 17.13/121/14
即自縛○賊 17.23/124/15
○金城 18.9/129/1
可皆勿沓○金城 18.9/129/2
均屢辟不○ 18.10/129/11
均遣子英奉章○闕 18.10/129/12
以童幼○太學受業 18.29/134/22
詔令○東觀 19.22/142/10
詔○安福殿 19.22/142/11
坐徵○廷尉 19.26/143/13
載病○公車 19.29/144/4
郁乘輦白衣○ 19.29/144/5
召○尚書 20.13/147/19
○黃門令自告 20.24/150/7
○闕上書謝恩 21.12/153/13
獲罪○獄 21.30/156/20
訓即夜○省 21.33/157/7
○林 22.5/164/4
後顛岸兄顛吾復○林 22.5/164/5
林以誣罔○獄 22.5/164/5
○伯升 23.1/164/24
光武馳○宛謝罪 23.1/165/1
收璽綬○宛 23.1/165/1
傳○宛 23.2/165/24
王郎遣諫議大夫杜威持節○軍門 23.8/167/18
今遣子密等○子后蘭卿所 23.11/168/25
東○京師 23.16/170/11

裔 yì 2

○孫乾嗣位 7.4/39/24
北○寇作 24.11/173/17

溢 yì 5

潰水盛○ 1.1/3/8
陛下聖德洋○ 5.5/29/10
富貴盈○ 11.4/71/19
涌泉盈○ 13.11/86/12
13.11/86/27

意 yì 74

使來者言李氏欲相見款誠無他○ 1.1/2/2
帝殊不○ 1.1/2/4
帝歷說其○ 1.1/3/2
○不安 1.1/3/11,10.21/67/10
漢○難前 1.1/7/4
帝尤垂○經學 2.1/12/1
皆因名而表○ 2.2/15/11
書傳○殊 2.3/17/7
奮至謙之○ 5.5/32/3
常稱疾而終身得○ 6.2/34/12
難傷老人○ 6.5/36/12
后重違母○ 6.5/36/14
志○衰惰 7.3/39/14
良○下 7.4/39/22
不欲令厚葬以違其○ 7.8/41/13
軍營不如○ 8.10/50/15
吳公差强人○ 8.10/50/17
賈生容貌志○如是 8.11/51/9
寬解上○ 9.4/56/19
恩○甚備 9.10/60/20
軼深達通○ 10.21/67/10
篤○分明 10.22/67/23
將平居〔以〕恩○遺之乎 10.26/69/12
故以手書暢至○ 11.2/70/21
游○經藝 11.7/72/13
不如專○東方 12.1/75/16
上善其用○微至 12.3/77/21
微觀其○ 13.6/84/12
（狃）〔狃〕猱之○ 13.11/86/24
而肆○加怒 14.2/91/5

何〇君長當爲此計 14.4/92/6
歙〇少解 15.8/98/2
寧覺廣志〇薄乎 16.3/103/4
超知其〇 16.3/103/9
于闐王廣德禮〇甚疏 16.3/103/14
住止山陰縣故魯相鍾離〇舍 16.14/107/19
群臣承〇 16.15/107/26
〇忽忽不樂 16.16/108/11
欲專〇經書 16.26/111/7
兄知其〇 16.34/112/29
不得〇 16.38/114/12
志〇抗厲 16.46/115/23
而稱父遺〇 17.8/119/21
鍾離〇辟大司徒侯霸府 17.13/121/14
〇輒移屬縣使作徒衣 17.13/121/14
〇亦具以聞 17.13/121/15
〇在堂邑 17.13/121/18
〇出奉錢帥人作屋 17.13/121/19
〇爲尚書 17.13/121/23
〇得珠璣 17.13/121/23
〇因叩頭曰 17.13/121/27
上〇乃解 17.13/122/1
〇上書諫 17.13/122/2
未嘗不合上〇 17.14/122/10
時鍾離〇爲瑕邱令 17.25/125/13
〇在相薦 18.8/128/21
問其〇故 18.16/131/16
時不如〇輒呼責 18.28/134/15
鳳留〇在經史 18.30/135/15
下章所告及所自舉有〇者 19.1/136/19
非所以垂〇于中國 19.4/137/25
思核經〇 19.6/138/10
《春秋》之〇 19.16/140/24
造〇用樹皮及敝布、魚網作紙 20.9/146/26
參思其微〇 20.10/147/4
寬夫人試寬〇 21.9/152/16
張〇拜驃騎將軍 21.53/160/3
與天〇合 22.4/161/22
公言起我〇 23.17/171/2
不以舊惡介〇 24.33/175/13
思惟精〇 24.90/179/26
知《渾天》之〇者 24.90/179/28
莫能知其所以兩廟之〇 24.92/180/6

義 yì 94

大〇略舉 1.1/1/16
帝起〇兵 1.1/2/11
諸生吏子弟及民以〇助作 1.1/5/27
觀于放麑啜羹之〇 1.1/7/11
失斬將（安）〔弔〕民之〇 1.1/7/12
文帝曉終始之〇 1.1/8/24
太宗識終始之〇 1.1/8/26
又道忠臣孝子〇夫節士 1.1/9/4
略舉大〇 2.1/11/17
欲使諸儒共正經〇 2.1/11/21
西域蒙奇、疏勒二國歸〇 2.3/17/5
帝以五經〇異 2.3/17/7
徼外羌龍橋等六種慕〇降附 3.1/18/12
青衣蠻夷、堂律等歸〇 3.1/18/30
以師會爲漢歸〇葉調邑君 3.2/20/6
夷狄慕〇 5.5/29/24
其〇一焉 5.5/31/1
先帝每有著述典〇之事 5.5/31/23
先起〇兵 7.5/40/3
敞謙儉好〇 7.7/40/15
荊州刺史上其〇行 7.7/40/16
宣弟〇起兵攻莽 7.7/40/21
惟王與下邳王恩〇至親 7.20/45/14
《春秋》之〇大居正 7.20/45/14
知大〇 8.11/51/20
以〇征伐 8.14/52/20
以（祐）〔祜〕爲建〇將軍 9.6/58/11
由是鄉里服其高〇 11.9/73/4
不以私好害公〇 11.14/74/16
其〇一也 12.10/81/5
嚮望德〇 13.1/82/24
誰能行〇 13.11/85/26
何忍殺〇士 13.11/85/26
合於《易》之所謂「先天而天不違、後天而奉天時」〇 13.11/86/9
脅以送終之〇 13.11/86/19
每有疑〇 13.12/87/12
諦定昭穆尊卑之〇也 13.12/87/17
故正尊卑之〇也 13.12/87/18
信〇著聞 13.16/89/6
於是擢舉〇行 13.16/89/13
思以報〇 14.1/90/7
忠者、禮〇之主 14.2/91/11
欲明人臣之〇 14.4/92/11
不顧恩〇 15.2/95/9
禹高其節〇 15.5/96/20
果於行〇 15.7/97/13
以〇割恩 15.7/97/14
舉大〇而已 16.2/102/14
無外交〇 16.6/104/19
明經〇 16.9/105/19
〇有不通 16.20/109/18
此〇士也 16.30/112/2, 16.31/112/9
使者〇而赦之 16.33/112/23
賊〇而不啖 16.41/114/27
長沙有〇士古初 16.42/115/3
聞復讎之〇 16.50/116/26
鄉佐服其〇勇 16.50/116/28
上美其〇 17.8/119/19
〇不可負 17.11/120/24
長公〇之 17.24/125/2
即相謂此兒有〇 17.24/125/2
州郡高其〇 17.24/125/5
皆相率修〇 17.25/125/12
賊〇其小、壯其志 18.6/127/25
朱掾〇士 18.6/128/3
均好〇篤實 18.10/129/10
與毛〇各賜羊一頭 18.10/129/15
衆傷其〇 18.12/129/26
世伏其高〇 18.12/130/8
使出《左氏》大〇 18.17/131/25
辛氏秉〇經武 18.23/133/10
非〇所取 18.26/133/26
廬江毛〇 18.27/134/8
南陽張奉慕其〇 18.27/134/8
〇奉檄而入白母 18.27/134/9
仁〇遜讓 18.30/135/16
酺罰斷〇勇 19.1/136/14
下車表行〇 19.2/137/4
常言人臣之〇 19.7/138/22

而遂失計○ 19.11/139/26
殆非所謂保赤子之○ 20.4/145/27
卓○其心 21.18/154/19
慕○向化 22.4/162/21
朝廷以奴殺主不○ 23.11/168/26
乃封子密爲不○侯 23.11/168/27
正君臣之○ 23.16/170/19
與同郡人陳○客夷陵 23.19/172/11
○、戎將兵陷夷陵 23.19/172/11
○自稱黎邱大將軍 23.19/172/11
陳○子問以舊事 24.68/177/27
扶以文○ 24.90/179/26
使述其○ 24.90/179/28
以明再受命祖有功之○ 24.92/180/5

肄 yì 2

○馳射 8.14/53/15
講兵○射 9.1/55/1

毅 yì 3

從兄○ 12.8/79/24
樂○奔趙兮 12.10/80/23
韋○爲陳留太守 21.5/151/11

誼 yì 3

至孝文、賈○、公孫臣以爲秦水德 1.1/5/5
有傳世不絕之○ 2.3/16/15
○臣受寵 2.3/16/16

億 yì 5

冠帶搢紳遊辟雍而觀化者、以○萬計 2.1/12/3
錢布以○萬計 7.12/43/13
歲省○萬計 8.2/47/17
觀化者〔以〕○萬計 11.7/72/15
韓昭强賦一○五千萬 20.21/149/10

翼 yì 9

蠡吾侯○之長子也 3.5/21/23
俊乂○○ 5.5/31/17
有飛鳥紆○覆之 6.3/35/22
吾知寇子○可任也 9.1/55/2
奮○黽池 9.4/57/14
此家率下江諸將輔○漢室 10.20/67/4
追封加謚興曰鮦陽○侯 11.14/74/20
鳥舉足垂○ 18.13/130/18

翳 yì 1

屏○左右 11.14/74/13

薏 yì 1

昔馬援以○苡興謗 20.17/148/13

藝 yì 6

帝猶以餘閒講經○ 1.1/6/7
內勤經○ 2.3/17/12
耽于典○ 3.1/18/13
臣融朝夕教導以經○ 10.22/67/25
游意經○ 11.7/72/13
涉學○ 14.4/91/28

譯 yì 4

白狼王等百餘國重○來庭 17.15/122/15
吏○平端 22.4/161/25
罔○傳微 22.4/163/15
吏○傳風 22.4/163/15

議 yì 81

闓稽疑○ 1.1/1/18
帝與諸將○ 1.1/2/19
郎遣諫○大夫杜長威持節詣軍門 1.1/4/1
諸將○上尊號 1.1/4/8
○曹掾張祉言 1.1/4/11
○者曰 1.1/5/9
有司奏○曰 1.1/5/11
又○漢殺述親屬太多 1.1/7/12
數問以政○ 2.1/11/14
于是下太常、將軍、大夫、博士、○郎、郎官及諸王諸儒會白虎觀 2.1/11/22
講○《五經》同異 2.1/11/23
刪定擬○ 2.1/12/1
乃○改葬 2.3/16/27
車騎將軍閻顯等○ 3.2/19/26
諫○大夫、侍御史、博士皆六百石 4.1/26/9
○郎、中謁者秩皆比六百石 4.1/26/9
至泰山乃復○ 5.5/29/18
與博士充等○ 5.5/29/21
爲○者所誘進 5.5/30/4
上從公卿○ 5.5/30/12
其○增修群祀宜享祀者 5.5/30/20
公卿奏○世祖廟登歌《八佾》舞（功）名 5.5/31/3
東平王蒼○ 5.5/31/3
驃騎將軍○可 5.5/31/18
公卿○駮 5.5/31/24
不可以（向）仰四門賓于之○ 5.5/32/4
廟樂皆如王○ 5.5/32/7
上以公卿所奏明德皇后在世祖廟坐位駮○示東平憲王蒼 5.5/32/11
公卿○（舉）〔春〕南北郊 5.6/32/21
東平王蒼○曰 5.6/32/21
乃與公卿共○定南北郊冠冕車服制度 7.12/42/17
每有○事 7.12/42/18
與定計○ 8.1/46/14
有司奏○以武爲謚 8.10/51/5
能論○ 8.15/53/20
上○遣使降之 9.1/55/16
異遂與諸將定○上尊號 9.4/57/7
與竇固等○出兵調度 12.3/77/17
於是召譚拜○郎、給事中 13.6/84/4
時○郊祀制 13.11/86/1
以時定○ 13.12/87/20

勿○傳國爵 13.12/87/21
以圖○軍糧 13.13/88/6
光武遺諫○大夫儲大伯持節徵永 14.2/90/19
爲諫○大夫 14.4/92/18
省群○之是非 14.5/93/29
集○《五經》同異於白虎觀 15.2/95/14
竇融請奮署○曹掾 15.11/99/12
每有大○ 16.7/105/3
拜○郎 16.9/105/15
16.16/108/4,18.19/132/12
弘閎爲○郎 16.9/105/18
郁以永平十四年爲○郎 16.10/106/17
有詔會○靈臺所處 16.16/108/8
博士丁恭等○曰 16.24/110/17
時博士祭酒○欲殺羊 16.25/110/25
並以儒學拜○郎也 16.25/111/2
福表爲○郎 16.32/112/17
徵爲諫○大夫 17.2/118/5
署○曹祭酒 17.3/118/17
又善論○ 17.4/118/23
爲郡○曹掾 17.10/120/5
○曹惰窳 17.10/120/9
今以良爲○郎 17.10/120/15
論○切直 17.12/121/8
每駮○ 17.14/122/10
諸奴〔婢〕私共計○ 17.25/125/10
韋彪上○曰 18.7/128/16
當與○之 18.26/134/3
爲人○法 19.7/138/19
輒手筆作○ 19.7/138/26
每用奏○ 19.22/142/17
公車徵拜○郎 19.23/142/24
奏○可觀 21.29/156/15
將立聖公爲天子○以示諸將 23.1/164/25
王郎遣諫○大夫杜威持節詣軍門 23.8/167/18
寵與所親信吏計○ 23.11/168/18
匹夫橫○ 23.17/171/1
岸賓上○ 24.80/178/25
宗廟迭毀○奏 24.91/180/1

懿 yì 1

博園匽貴人履高明之○德 6.8/37/22

驛 yì 5

輒○馬下問興 7.2/39/6
明帝○馬令作草書尺牘十首焉 7.3/39/16
置○馬 7.12/43/15
列亭置○ 15.13/100/7
罔○劉脾 22.4/161/25

因 yīn 107

○故國名曰舂陵 1.1/1/6
○名帝曰秀 1.1/1/12
○學世事 1.1/1/16
○具言讖文事 1.1/2/4
○率舂陵子弟隨之 1.1/2/11
高祖〔○秦〕以十月爲正 1.1/5/4
無遣吏及○郵奏 1.1/9/24
○語吏 2.1/11/11
○舉虎頭衣以畏三老 2.1/12/9
○悲不能寐 2.1/13/16
皆○名而表意 2.2/15/11
漢陽率善都尉蒲密○桂陽太守文礱獻大明珠 3.2/20/3
○上言復崇高山爲嵩高山 3.6/23/16
○忽不見 3.6/23/18
武王○父 5.5/29/21
○孔子甚美其功 5.5/29/22
○歎曰 6.1/33/23
○詔曰 6.2/35/3
○往就視 6.3/35/22
〔數〕○左右陳誠 7.8/41/4
又○皇太子固辭 7.8/41/7
○出幸津門亭發喪 7.8/41/10
○就車歸 7.12/42/24
蒼○上《世祖受命中興頌》 7.12/42/26
○過按行閱視皇太后舊時衣物 7.12/43/4
○令左右號禹曰鄧將軍 8.1/46/14
〔○說〕曰 8.14/52/13
○發強弩射之 8.17/54/7
○上尊號 9.1/55/2
○病不視事 9.1/55/5
○曰 9.1/55/21,14.1/90/6
○喻告諸蠻夷 9.2/56/2
○間進說曰 9.4/56/19
○渡滹沱河 9.4/57/1
異○下席再拜賀曰 9.4/57/6
○以章示異 9.4/57/16
景丹○以言語爲固德侯相 9.10/60/17
○齋戒(祝)〔祠〕高〔祖〕廟 9.11/61/6
○格殺之 10.14/65/22
○家焉 10.20/67/3
○上疏曰 10.22/67/24
○欲前刺囂 11.2/70/22
○保其城 11.2/70/23
○歙上疏宜益選兵馬 11.2/71/1
○而辭歸 12.1/75/16
○說囂側足而立 12.1/76/1
○出小黃門頭有蝨者 12.1/76/12
援○復請行 12.1/77/3
臣愚以爲可○歲首發太簇之律 12.3/78/3
○告言光與憲有惡謀 12.4/78/18
○謂弘曰 13.6/84/14
嘗○朝會帝讀隗囂、公孫述相與書 13.7/84/19
○稱疾 13.10/85/15
○自陳疾篤 13.10/85/17
○亡去 13.11/85/26
○時宜 13.11/86/2
不○緣堯 13.11/86/5
後輒○衰麤之痛 13.11/86/19
乃○燕見從容誡之曰 13.13/88/8
○病喘逆 13.13/88/11
○以氏焉 13.14/88/16
憙以○疾報殺 13.16/89/4
興○還 14.2/90/17
嘗○豹夜臥 14.6/94/6
○留其餘酒肴而去 15.5/96/15
○爲其制日定葬 15.5/96/15
獨有○夜以火攻虜 16.3/103/6
○辭讓之 16.3/103/16
太子及山陽王○虎賁中郎將梁松請衆 16.6/104/18

眾○上書言 16.6/104/24
○拜榮爲博士 16.9/105/18
宇○先自取其最瘦者 16.25/110/26
京師○以稱之 16.25/111/1
○以節檛殺數人 16.30/112/2
○仰天號泣 16.31/112/9
○察驅高第 16.38/114/11
延○下見引咎 17.1/117/23
○歸鄉里 17.2/118/9
○涕泣 17.11/120/23
○白曰 17.11/120/23
○忘其豬而聽經 17.12/121/4
○留精舍門下 17.12/121/5
意○叩頭曰 17.13/121/27
○把臂責之曰 17.17/123/1
吏○問曰 17.23/124/14
○得逃竄 18.22/133/2
○自伏草中 18.28/134/15
童子鴻不○人熱者也 18.29/134/23
○爲執勤不懈 18.29/134/28
鴻病（○）〔困〕 18.29/135/7
今○以爲故事 19.1/136/17
○留新豐教授 19.4/137/16
○還府 19.4/137/22
○謫署都亭長 19.27/143/21
○壞車殺馬 20.7/146/15
景○斫鎮 20.23/149/22
○與俱迎濟陰王幸南宮雲臺 20.24/150/5
○請爲設食 21.13/153/21
聖公○自逃匿 23.1/164/19
○欲立之 23.1/164/24
○與呂母入海 23.7/167/9
芳○隨入匈奴 23.9/168/4
內○興等 23.9/168/6
所謂用天○地 23.17/171/7
○稱尊號 23.17/171/10
○遇際會 24.8/173/11

音 yīn 9

雅性不喜聽○樂 1.1/7/14
帝好○樂 3.5/22/29
越于聲○ 5.4/28/22
放心○樂 7.3/39/11
望城門舉○ 9.7/59/15
奏《雅》《頌》之○ 12.3/78/4
不聞其○ 12.11/81/23
不聞鷄鳴犬吠之○ 17.10/120/6
及楊○各起兵數萬人 23.6/166/25

殷 yīn 12

封○紹嘉公爲宋公 1.1/7/19
百姓○富 2.1/13/1
○薦上帝 5.4/28/17
以爲「○統未絕 5.5/29/21
乘○之輅 5.6/32/22
異薦邑子銚期、叔壽、○建、左隆等 9.4/56/17
○伊（周）〔尹〕之協德兮 12.10/80/20
故以○民六族分伯禽 13.11/86/16
五年而再○ 13.12/87/16
百姓以○富 15.12/100/1
西域○富 19.20/141/22
○天蔽日 21.8/152/3

茵 yīn 1

詔賜重○ 9.7/59/10

陰 yīn 58

以（尉衛）〔衛尉〕關內侯○興爲侍中 1.1/8/15
臨平望平○ 1.1/8/23
后父○睦爲宣恩侯 1.1/10/7
立○貴人爲皇后 2.1/11/16
封太后弟○興之子慶爲鮦陽侯 2.1/11/23
○盛爲無錫侯 2.1/11/23
召見○、鄧故人 2.1/12/16
外戚○、郭之家 2.1/13/25
太子坐廢爲濟○王 3.2/19/25
前不用濟○王 3.2/19/26
以迎濟○王于德陽殿西鍾下 3.2/19/28
太尉劉光、司空張皓以○陽不和 3.2/20/4
望都、蒲○狼殺子女九十七人 3.2/20/7
有○子公者 6.1/33/21
聞○后美 6.1/33/23
娶妻當得○麗華 6.1/33/24
○設方略 6.3/35/26
孝和○皇后 6.4/36/6
故試守平○令 7.1/38/25
事舞○李生 8.11/51/9
更始遣舞○王李軼、廩丘王田立、大司馬朱鮪、白虎公陳僑將兵三十萬 9.4/57/1
黽池霍郎、陝王長、湖濁惠、華○陽沈等稱將軍者皆降 9.4/57/11
與赤眉遇于華○ 9.4/57/12
憲○喝不得對 10.24/68/18
○識爲守執金吾 11.13/74/9
○興、字君陵 11.14/74/13
○傅封灑强侯 11.15/74/24
所以宣氣、致和、順○陽也 12.3/78/3
都茲玄○ 12.11/81/23
臣聞水、○類也 13.11/86/28
殆○下相爲蠱賊 13.11/86/29
○氣在下 13.12/87/18
舞○大姓李氏擁城不下 13.16/89/5
使詣舞○ 13.16/89/7
班始尙○城公主 16.4/104/10
住止山○縣故魯相鍾離意舍 16.14/107/19
皆言太子舅執金吾○識可 16.15/107/26
爲○氏乎 16.15/107/27
即爲○氏 16.15/107/27
則○侯可 16.15/107/27
萌素明○陽 16.46/115/26
薦○亶、程胡、魯歆自代 17.2/118/9
將妻子之華○山谷 17.12/121/6
信陽侯○就於干突車騎簿 17.20/123/19
時○就爲少府 18.6/128/1
每○雨 19.7/138/25
濟○人也 19.11/139/18
右○脈 19.31/144/16
廢爲濟○王 20.23/149/19

迎立濟○王 20.23/149/21
因與俱迎濟○王幸南宮
雲臺 20.24/150/5
追封爲汝○東鄉侯 20.25/150/12
潁川潁○人 21.14/153/27
○猛好學溫良 21.51/159/24
申屠志以功封汝○王 23.3/166/3
凡陽生○曰下 24.87/179/13
○生陽曰上 24.87/179/13
夏至○氣應 24.88/179/15

湮 yīn 1

比州○沒 19.6/138/13

愔 yīn 5

沛相魏○ 3.6/23/14
馮○反 8.1/47/1
爲○所敗 8.1/47/1
鄧禹使積弩將軍馮○將
兵（繫）〔擊〕邑 14.4/91/28
○悉得邑母弟妻子 14.4/91/28

禋 yīn 1

○于六宗 1.1/4/21

瘖 yīn 1

○聾之徒 16.22/110/7

駰 yīn 6

辟崔○爲掾 16.38/114/9
惟○以處士年少擢在其
間 16.38/114/9
○數諫之 16.38/114/10
○爲主簿 16.38/114/10
因察○高第 16.38/114/11
○自以遠去 16.38/114/11

濦 yīn 3

慶弟博爲○强侯 2.1/11/23
陰傅封○强侯 11.15/74/24
以○强屬西 11.15/74/24

吟 yín 3

伏軾而○ 7.12/42/24
鴻常閉戶○詠書記 18.29/135/6
行○經書 20.17/148/16

寅 yín 7

○畏皇天 2.2/15/25
六年春正月甲○ 3.1/18/24
（守）〔有〕新野功曹
鄧○ 17.1/117/24
延以○雖有容儀而無實
行 17.1/117/26
○在職不服父喪 17.1/117/27
○閩慚而退 17.1/117/28
建武乙未、元和丙○詔
書 24.92/180/7

淫 yín 7

○刑放濫 3.2/20/9,20.19/149/1
太后雅性不好○祀 6.5/37/2
阜陵質王延在國驕泰○
泆 7.13/43/24
以○人耳目 16.16/108/6
京師○雨 19.6/138/14
息落服○ 22.4/163/24

銀 yín 7

飾淳金○器 3.5/23/1
以上皆○印青綬 4.1/25/21
無金○采飾 6.2/35/16
飾以金○ 7.16/44/11
賜東園轜車、朱壽器、
○鏤、黃〔金〕玉匣
12.11/81/22
諸國侍子及督使賈胡數
遺恂奴婢、宛馬、金
○、香罽之屬 19.20/141/22
又有魚鹽○銅之利 23.17/171/4

尹 yǐn 19

九卿、執金吾、河南○
秩皆中二千石 4.1/25/19
○左遷 6.5/37/1
殷伊（周）〔○〕之協
德兮 12.10/80/20
爲淮平大○ 13.5/83/19
子從我爲伊○乎 15.8/98/4
○敏、字幼季 16.22/110/3
京兆○出西域 16.36/113/22
○車過帳 16.36/113/22
○疑止車 16.36/113/23
爲建新大○ 16.37/113/28
如殺一大○贖二千人 16.37/114/4
京兆○閻興召倫爲主簿
18.1/125/25
袁安爲河南○十餘年 18.5/127/15
○不忍爲也 18.5/127/16
河南○袁安聞之 19.4/137/18
○勤、字叔梁 19.9/139/8
京兆○張恂召恢 19.16/140/23
今妾媵嬖人閹○之徒 20.4/145/22
司徒○訟薦潁 21.8/151/25

引 yǐn 42

帝○車入道旁空舍 1.1/3/24
帝○兵攻邯鄲 1.1/4/1
吳漢○兵擊公孫述 1.1/7/3
罷倦○去 1.1/7/7
輅車可○避也 2.2/14/16
壽○進令入掖庭 6.9/38/4
○入 7.12/43/10
赤眉○還擊之 8.1/47/4
乃銜枚○兵往合水南營
8.10/50/23
夕即○道 8.10/51/1
張藍○兵突臨淄 8.14/53/1
○耿弇等諸營擊之 9.1/55/17
乃自○兵還屯津鄉 9.2/56/2
上○見異 9.4/57/16
相逢○車避之 9.4/57/20
〔輒○車避道〕 9.4/57/21
稍稍○去 10.11/64/14
通○灌溉 11.10/73/13
○援入 12.1/75/14
敕令中黃門○入 12.1/75/17
以故○去 12.3/77/20
○納（敕）〔嚴〕 12.6/79/11
一日或數四○見 13.12/87/12

○見謂曰 13.16/89/16
○（軍）〔車〕入陌 14.2/91/8
忠臣不顧爭○之患 14.5/93/2
○刀斫之 14.6/94/6
颯到即○見 15.13/100/7
○見雲臺 15.17/101/12
上輒○榮及弟子升堂 16.9/106/9
詔〔出〕○見 16.20/109/14
詔呼○見 17.1/117/21
延因下見○咎 17.1/117/23
○弓射之 17.17/122/27
○酺及門生郡縣掾吏並
　會庭中 19.1/136/10
上○賜等入金商門崇德
　署 20.4/145/20
羌亦○退 21.8/151/27
上○邕問之 21.24/155/21
○械自椓口 21.30/156/20
姊○鎌欲自割 22.2/161/3
李松奉○ 23.1/165/4
赤眉○兵入上林 23.1/165/16

飲 yǐn 31

帝○食語笑如平常 1.1/3/12
不○酒 1.1/6/12
郡國○醴泉者 1.1/9/15
○食、百官、鼓漏、起
　居、車騎、鹵簿如故 3.1/19/13
至八月○酎畢 7.12/43/11
吏笮馬糞汁○之 8.17/54/8
于是令士皆勿○ 8.17/54/11
上與衆會○食笑語如平
　常 9.4/56/18
上以手○水 10.9/64/3
解械○食（之） 11.9/73/4
食糒乾飯屑○水而已 11.10/73/13
○酒 11.11/73/24
賞賜○食 12.3/78/1
故合聚○食也 13.12/87/19
留○十許日 13.15/88/25
頭爲○器 14.4/92/8
便於田頭大樹下○食勸
　勉之 15.5/96/14
百里內皆齎牛酒到府○
　讌 15.8/97/28
業乃○鴆而死 16.45/115/18
共啜菽○水 16.49/116/15
母好○江水 17.22/124/5
鄰里牧牛而爭○牛 18.28/134/16
不能○食 19.29/144/3
亦不○食 19.29/144/3
宗人親厚節會○食宴
　19.30/144/10
遂○酖而死 20.2/145/12
每侍○ 23.1/165/8
帝方對我○ 23.1/165/8
容貌○食絕衆 23.11/168/15
當道二千石皆選容貌○
　食者 23.11/168/16
○不入口 24.41/176/1

隱 yǐn 19

下無所○其情 1.1/6/5
好醜無所○諱 1.1/6/9
幽○上達 1.1/6/20
葨之○處有一巖穴如窗
　牖 5.1/27/15
宜勿○ 5.5/31/25
故不敢○蔽愚情 5.5/32/4
敬○宋后以王莽末年生 6.3/35/21
不敢○情 6.5/36/20
○若一敵國矣 8.10/50/17
昔魯○有賢行 13.11/86/23
鄭次都○于弋陽山中 15.8/98/3
勿有○情 16.20/109/11
○琅邪之勞山 16.46/115/27
○居山野 17.3/118/17
○居教授 17.19/123/12
　19.28/143/25
○山陽瑕邱界中 17.25/125/11
而更相○蔽 18.12/130/2
太史令王立說《孝經》
　六○事 21.21/155/3

印 yìn 42

時無○ 1.1/2/14
得定武侯家丞○ 1.1/2/14
使謁者收憲大將軍○綬 2.3/16/19
及撣國王雍由亦賜金○
　紫綬 3.2/20/6
傳勉頭及所帶玉○、鹿
　皮冠、黃衣詣雒陽 3.4/21/17
戴異鉏田得金○ 3.5/22/24
金○紫綬 4.1/24/13
○綬 4.1/25/18
公、侯金○紫綬 4.1/25/18
以上皆銀○青綬 4.1/25/21
以上皆銅○黑綬 4.1/26/4
丞、尉校長以上皆銅○
　黃綬 4.1/26/7
長相皆以銅○黃綬 4.1/26/8
將及景風拜授○綬焉 7.20/45/16
收得所盜茂陵武帝廟衣
　、○、綬 9.6/58/12
給侯○綬 9.7/59/19
解○綬 10.7/63/17
上司空○綬 10.21/67/15
置○綬于前 11.14/74/14
詔使五官中郎將持節至
　墓賜○綬 11.14/74/20
臣所假伏波將軍○ 12.1/76/12
成皋令○ 12.1/76/13
丞○「四」下「羊」 12.1/76/13
尉○「白」下「人」 12.1/76/14
○文不同 12.1/76/14
符○所以爲信也 12.1/76/15
事下大司空正郡國○章
　12.1/76/15
陳車馬○綬 16.9/106/1
乃遣謁者即授○綬 16.24/110/19
但假○ 18.1/126/6
霸即解○綬去 18.26/134/1
復還○綬去 18.26/134/2
自乞上○綬 19.3/137/9
其上司空○綬 20.1/145/1
收○綬 20.2/145/10
掠得羌侯君長金○四十
　三 21.8/152/7
銅○三十一 21.8/152/7
錫○一枚 21.8/152/7
長史、司馬、涉頭、長
　燕、烏校、棚水塞尉
　○五枚 21.8/152/7
夢見臭帶○綬 21.11/153/7
亡○綬 21.50/159/20
上○綬還第 24.2/172/24

胤 yìn 1

鴻○奉統 24.23/174/21

英 yīng 11

鳳凰見百三十九、麒麟
五十二、白虎二十九
、黃龍三十四、青龍
、黃鵠、鸞鳥、神馬
、神雀、九尾狐、三
足烏、赤烏、白兔、
白鹿、白燕、白鵲、 2.2/15/20
楚王○奉送黃縑三十五
匹、白紈五匹入贖 7.10/42/3
延○雄 7.12/42/21
莫如延攬○雄 8.1/46/13
卿非但為○雄所保也 13.16/89/16
而驕天下○俊 17.17/123/2
均遣子○奉章詣闕 18.10/129/12
詔召見○ 18.10/129/12
黃瓊、字世○ 19.23/142/24
吳祐、字季○ 20.17/148/12
南陽○雄皆歸望于伯升
23.1/164/23

嬰 yīng 4

○兒老母 1.1/7/10
譬如○兒頭多蟣蝨而剃
之 12.1/76/10
歆及子○皆自殺 13.7/84/21
晏○臨盟 14.4/92/3

應 yīng 48

符瑞之○ 1.1/4/18
地（祇）〔祇〕靈○而
朱草萌 1.1/9/16
○對敏達 2.1/11/14
以○圖讖 2.1/12/15,12.14/82/14
〔貞〕符瑞〔○〕 2.3/17/13
數有神光赤蛇嘉○ 3.1/18/6
狼災為○ 3.2/20/8,20.19/148/28
蓋○圖籙 5.5/30/4
今恐山川百神○典祀者
尚未盡秩 5.5/30/19
豈非天地之○歟 6.5/37/4
○時甘雨澍降 7.2/39/4
敞○曰 7.7/40/17
發號響○ 8.14/52/20
以〔○〕給諸營 9.1/55/6
恂不○ 9.1/55/19
薊中○王郎 9.12/61/17
能接○諸公 12.5/78/24
上○天工 12.12/82/3,12.13/82/9
天下福○ 13.11/86/7
難以○卒 14.5/93/23
使五官中郎將魏○主承
制問難 15.2/95/14
令○之遲 15.8/97/25
○期而還 15.15/100/28
榮笑而不○ 16.9/106/3
不○辟命 16.14/107/18
魏○、字君伯 17.6/119/7
使○專掌難問 17.6/119/7
帝乃以大鴻臚魏○代之
17.12/121/9
○聲而舞 18.13/130/18
連有瑞○ 18.13/130/20
不○為吏 18.30/135/18
吉凶占○ 18.31/135/22
謝不肯○ 19.4/137/16
○順、字華仲 19.12/140/3
精誠感○ 19.12/140/4
○奉為武陵太守 19.13/140/8
○劭、字仲遠 19.14/140/12
光不○ 20.24/150/4
○受使命 21.55/160/14
其妻勸寵無○徵 23.11/168/17
勸寵止不○徵 23.11/168/18
四方響○ 23.16/170/7
瑞○手掌成文 23.17/171/11
冬至陽氣○ 24.88/179/15
夏至陰氣○ 24.88/179/15

膺 yīng 3

名臣少府李○等並為閹
人所譖 3.5/22/24
故太僕杜密、故長樂少
府李○各為鉤黨 3.6/23/8
與李○俱死 21.14/154/1

鷹 yīng 3

上林○犬 6.5/36/21
飛○走狗 8.17/54/14
善吏如良○矣 18.26/134/2

迎 yíng 36

東○雒陽者見更始諸將
過者已數十輩 1.1/3/14
帝遣棨戟○ 1.1/4/2
河西大將軍竇融與五郡
太守步騎二萬○帝 1.1/6/23
以王青蓋車○ 3.1/18/9
以○濟陰王于德陽殿西
鍾下 3.2/19/28
○帝即位 3.5/21/26
使鴻臚持節郊○ 7.12/43/9
皆望風相攜以○降者 8.1/46/23
○鹽河東 8.11/51/10
恂乃出○于道 9.1/55/10
百姓持酒肉○軍 9.2/56/6
皆衣縑襜褕、絳巾奉○ 10.1/62/8
傅俊從上○擊王尋等于
陽關 10.9/64/3
○詔融曰 10.22/68/2
○期先到 11.4/71/21
以為至當握手○如平生
12.1/75/14
上○ 12.1/75/18
以○和氣 12.3/78/4
遂獨行十月○氣樂 12.3/78/4
光子朗上書○光喪葬舊
塋 12.4/78/19
○嚴歸 12.6/79/4
詔書○下永曰 14.2/91/12
〔逢○〕道路 15.9/98/19
於道次○拜 15.9/98/20
故奉○ 15.9/98/20
輒舍車持馬還相○ 15.14/100/12
○吏見其少 15.15/100/22
焉耆王廣遣其左將北鞬
支奉○超 16.3/103/20
尉過○拜 16.46/115/23
憲遣奴騶帳下吏李文○
錢 18.13/130/21
○新千里 19.8/139/4

○立濟陰王 20.23/149/21
因與俱○濟陰王幸南宮雲臺 20.24/150/5
乃先至門○盜 21.13/153/21
上遣棨戟〔○〕 23.8/167/18
興北至單于庭○芳 23.9/168/5

盈 yíng 6

富貴○溢 11.4/71/19
求益○餘 12.1/76/19
涌泉○溢 13.11/86/12
13.11/86/27
常有○ 13.11/87/4
不○數月輒致豐積 15.11/99/14

塋 yíng 2

○陵損狹 3.2/20/30
光子朗上書迎光喪葬舊○ 12.4/78/19

熒 yíng 1

○惑奏事太微 19.1/136/16

嬴 yíng 1

昔延陵季子葬子于○、博之間 18.29/135/8

營 yíng 42

遂環昆陽城作○ 1.1/2/24
有流星墜尋○中 1.1/2/26
直○而竇 1.1/3/1
還過鄧禹○ 1.1/3/25
帝敕降賊各歸○勒兵待 1.1/4/9
案行賊○ 1.1/4/9
而○門不覺 1.1/4/11
後城○自解散 1.1/7/4
武陽以東小城○皆奔走降 1.1/7/5
待其即○攻城 1.1/7/6
轉○即之 1.1/7/7
始○陵地于臨平亭南 1.1/8/21
訓將黎陽○兵屯漁陽 8.2/47/19
黎陽○故吏皆戀慕訓 8.2/47/19
軍○不如意 8.10/50/15
賊率五萬餘人夜攻漢○ 8.10/50/19
分○于水南水北 8.10/50/23
北○戰不利 8.10/50/23
乃銜枚引兵往合水南○ 8.10/50/23
弇以軍○臨淄、西安之間 8.14/52/23
張步直攻弇○ 8.14/53/6
可且閉○休士 8.14/53/8
休止不結○部 8.16/53/25
以〔應〕給諸○ 9.1/55/6
引耿弇等諸○擊之 9.1/55/17
督察眾○ 9.2/56/1
躡尾擊諸○ 9.2/56/6
常行諸○之後 9.4/57/20
幸遵○ 9.7/59/9
○壁不堅 9.11/61/10
雨射○中 10.11/64/25
退阻○塹 11.2/71/3
時五校尉令在北軍○中 12.4/78/14
臣聞○河、雒以爲民 13.11/86/1
邑里無○利之家 13.11/86/18
永遣弟升及子壻張舒等謀使○尉李匡先反涅城 14.2/90/20
遂將吏士往奔虜○ 16.3/103/8
彭下車經○勞來 18.14/131/1
○舍有停棺不葬者百餘所 18.16/131/15
遣還○ 19.19/141/15
○廣樂 23.10/168/10
元年○造明堂、靈臺、辟雍 24.6/173/7

蠅 yíng 1

蒼○之飛 23.16/170/4

影 yǐng 1

有○象如虎 22.5/164/3

潁 yǐng 26

尋、邑兵到○州 1.1/2/15
帝降○陽 1.1/3/11
集○川 1.1/8/7
○川、弘農可問 2.1/11/10
○川上言麒麟、白鹿見 3.1/19/10
爲（穎）〔○〕川太守 9.1/55/5
過（穎）〔○〕川 9.1/55/8
恂在○川 9.1/55/12
○川盜賊群起 9.1/55/13
恂從至○川 9.1/55/13
○川人 9.4/56/17
別下○川太守、都尉及三百里內長吏皆會 9.4/57/9
上過○陽 9.7/59/3
○川從我者皆逝 10.11/64/14
成、哀間轉客○川舞陽 10.20/67/3
師事○川滿昌 12.1/75/8
防爲○陽侯 12.3/77/23
拜○川太守 15.9/98/17
後拜○州太守 18.14/131/4
彭在○川 18.14/131/4
○川定陵人 18.21/132/21
官至○川太守 18.25/133/20
○川人也 19.2/137/3
○川○陰人 21.14/153/27
改爲○陽侯 23.3/166/3

穎 yǐng 2

爲（○）〔潁〕川太守 9.1/55/5
過（○）〔潁〕川 9.1/55/8

媵 yìng 2

忌不得留○妾 14.5/94/1
今妾○嬖人閹尹之徒 20.4/145/22

邕 yōng 4

蔡○詔問有黑氣墮溫明殿東庭中 21.24/155/19
○對 21.24/155/20
上引○問之 21.24/155/21
○徙朔方 21.24/155/21

庸 yōng 4

又分錫、上○爲上○郡 5.1/27/18
諸將皆○人崛起 8.1/46/11
李○爲蜀郡太守 21.41/158/12

雍 yōng 24

浮軍○奴 1.1/5/14
初起明堂、靈臺、辟○ 1.1/9/20
〔上〕初臨辟○ 2.1/11/27
幸辟○ 2.1/11/28
冠帶搢紳遊辟○而觀化者、以億萬計 2.1/12/3
上臨辟○ 2.1/12/26
右扶風○地裂 2.3/17/9
及撣國王○由亦賜金印紫綬 3.2/20/6
明堂、辟○闕而未舉 5.3/28/11
乃起明堂、辟○ 5.3/28/12
肅○和鳴 5.4/28/18
典辟○、饗射、六宗、社稷之樂 5.4/28/20
辟○、饗射 5.4/28/20
正三○之禮 5.5/29/13
脩建三○ 5.5/31/8
肅○顯清 5.5/31/16
建立三○ 5.5/31/17
立辟○ 5.6/32/23
冠帶搢紳遊辟○ 11.7/72/15
辟○〔初〕成 16.9/106/9
上親於辟○自講所制《五行章句》已 16.10/106/18
葉令○霸及新野令皆不遵法 18.26/133/28
○鯈、字長魚 21.34/157/12
元年營造明堂、靈臺、辟○ 24.6/173/7

傭 yōng 8

卒爲○賃 13.11/86/22
恒爲官○寫書以供養 16.3/102/23
常客○以自給 16.9/105/14
與婦○作養母 17.22/124/5
○賃以養父母 18.18/132/3
彼○賃能使其妻敬之如此 18.29/135/6
乃變服客○ 20.17/148/17
○之市空返 23.1/165/13

擁 yōng 9

諸于繡○裾 1.1/3/15
詔書告漢直○兵到成都 1.1/7/3
鈞○兵不救 3.1/19/1
其將高峻○兵據高平 9.1/55/16
舞陰大姓李氏○城不下 13.16/89/5
○衆而據壁 14.4/92/5
○帶徒士 14.4/92/9
阿○之 15.8/98/12
嘉乃○敞 16.31/112/8

雝 yōng 1

肅○備思 5.6/33/1

癰 yōng 4

母嘗病○ 11.5/71/27
至爲吮○ 11.5/71/27, 21.34/157/12
母常病○ 21.34/157/12

喁 yóng 2

天下○○ 23.16/170/7

永 yǒng 95

○平元年 2.1/11/20
置○昌郡 2.1/13/3
至○平 2.1/13/26
○平三年 2.2/14/3,6.2/34/14
○平十八年 2.2/14/6
○元元年 2.3/16/10
○初元年 3.1/18/12
○昌獻象牙、熊子 3.1/18/12
○寧元年 3.2/19/23
○建元年 3.2/19/31
○和六年冬十二月詔 3.2/20/17
○嘉元年春正月 3.3/21/11
○興二年 3.5/21/30
○康元年 3.5/22/27
○興元年 5.1/28/3
○平三年八月丁卯 5.5/31/3
○保厥功 5.5/31/18
○初六年 5.5/32/15
○平二年正月 5.6/32/21
訖○平世不遷 6.2/34/24
○元二年 6.4/36/6, 16.10/106/24,22.6/164/12
○初二年三月 6.5/36/24
○建三年春三月丙申 6.6/37/9
○平中 7.3/39/11,8.2/47/15, 16.3/103/3,16.6/104/21, 16.18/109/3,17.12/121/7, 17.16/122/20,17.20/123/19, 18.18/132/5,19.32/144/21
○初中 7.8/41/15
○平五年秋 7.9/41/19
瞻望○懷 7.12/42/24
○平九年 7.17/44/17,19.1/136/5
○元四年 7.21/45/20,15.2/95/25
○平六年 8.3/48/8,11.10/73/10
○平五年 9.5/58/5,16.22/110/6
圍劉○于睢陽 9.11/61/4
○驚懼 9.11/61/4
○軍反走 9.11/61/5
○初七年 9.11/61/13
劉文及蘇茂臣于劉○ 10.11/64/24
○元初 10.13/65/12
○平二年 10.15/66/3.16.9/106/9
○平十五年 12.3/77/17
○元九年 12.10/81/5
○昌太守鑄黃金之蛇獻之冀 12.12/82/4
是以皆○享康寧之福 13.11/86/21
鮑○、字君長 14.2/90/15
而○即去之 14.2/90/15
○以不宜出 14.2/90/16
更始以○行大將軍 14.2/90/17
光武遣諫議大夫儲大伯持節徵○ 14.2/90/19
○疑不從 14.2/90/19
○遣弟升及子壻張舒等謀使營尉李匡先反涅城 14.2/90/20
○與馮欽共罷兵 14.2/90/21
上謂○曰 14.2/90/22

即拜○諫大夫 14.2/90/22
○說下懷 14.2/90/24
與○對食 14.2/90/24
○異之 14.2/90/25
○劾奏良曰 14.2/91/3
○矜嚴公平 14.2/91/6
○行縣到京兆霸陵 14.2/91/7
○曰 14.2/91/8
○以度田不實 14.2/91/11
詔書迎下○曰 14.2/91/12
時更始遣鮑○、馮衍屯太原 14.4/92/2
邑以書勸鮑○曰 14.4/92/3
○、邑遂結怨焉 14.4/92/15
與鮑○相善 14.5/92/23
郁以○平十四年爲議郎 16.10/106/17
○平初 17.1/117/24
24.94/180/11
○平五年薨 17.2/118/11
○平三年爲宗正 17.11/120/25
○平七年 17.14/122/10
○平十七年 18.17/131/23
○寧二年 18.24/133/15
孝明○平始加撲罪 20.13/147/20
與劉○相會 23.10/168/11
○平、孝明年號也 24.75/178/15
和帝年號○初 24.76/178/17
○爲典式 24.92/180/7

勇 yǒng 11

今見大敵○ 1.1/3/4
其○非人之敵 1.1/6/9
○冠三軍 7.1/38/19
其人○鷙有智謀 8.10/50/13
諸將皆服其○ 8.11/51/15
而壯其○節 8.11/51/18
性○壯 8.16/53/24
超遣子○隨入塞 16.3/104/2
鄉佐服其義○ 16.50/116/28
其果○敢折 17.17/123/3
酺罰斷義○ 19.1/136/14

涌 yǒng 5

谷水從地中數丈○出 9.2/56/5
○泉盈溢 13.11/86/12
13.11/86/27
風騰波○ 14.5/93/8
援謀如○泉 16.34/113/6

湧 yǒng 2

井泉○出 8.17/54/10
俄而○泉 17.22/124/6

詠 yǒng 4

歌○雷聲 1.1/4/13
《虞書》所謂「琴瑟以○ 5.4/28/18
歌所以○德 5.5/31/9
鴻常閉戶吟○書記 18.29/135/6

踴 yǒng 1

晝夜號○不絕聲 19.4/137/14

禜 yǒng 2

于是乎○之 5.5/30/17,5.5/30/18

用 yòng 79

資○乏 1.1/1/15
遂○譖愬 1.1/3/10
大司徒賜言帝第一可○ 1.1/3/17
乃令上書啓封則○ 1.1/6/18
民莫敢不○情 1.1/6/20
即以數郡備天子○ 1.1/7/15
前以○度不足 1.1/8/20
無慮所○ 1.1/8/25
陛下聽○直諫 2.1/12/7
進賢○能 2.1/12/8
不○輦車 2.1/12/16
以備器○ 2.1/12/24
前不○濟陰王 3.2/19/26
今○怨（入）〔人〕 3.2/19/26
祠○三牲 3.5/23/1
○乎宗廟、社稷 5.4/28/22
民所取財○也 5.5/30/16
○其《文始》、《五行》之舞如故 5.5/31/15
故直○之 6.2/34/21
但絕歲○ 6.2/35/4
地車不可○ 7.1/38/12
實不可○ 7.1/38/13
家○不寧 7.20/45/12
爭○威力 8.1/46/11
更○驢輦 8.2/47/17
何○兵爲 8.14/52/15
上乃○之 9.1/54/24
取士皆○儒術 9.7/59/17
知其有○ 11.14/74/17
見家○不足 12.1/75/8
以示可○ 12.1/77/5
四方○匹帛 12.2/77/11
上善其○意微至 12.3/77/21
多見採○ 12.3/78/5
寧○飯也 12.4/78/16
○之有本末 12.9/80/11
奴婢車馬供○而已 12.11/81/13
無○三牲 12.11/81/21
久不復○ 13.1/82/24
深見任○ 13.5/83/25
推○賢俊 13.8/84/26
井田什一以供國○ 13.11/86/2
○髡鉗之輕法 13.11/86/4
明當尊○祖宗之故文章也 13.11/86/9
明聖○而治 13.11/86/14
百僚知林以（名）〔明〕德○ 13.11/87/1
人不爲○ 14.5/93/23
思樂爲○矣 14.5/93/25
抑而不○ 14.5/94/2
輒度其資○ 15.5/96/15
○力省 15.10/99/6
分俸祿以供給其糧○ 15.11/99/18
冀立鉛刀一割之○ 16.3/103/16
支庶○其諡立族命氏焉 16.9/105/13
上欲○榮 16.9/105/16
當安復施○時乎 16.9/106/3
則固宜○天下之賢才 16.15/107/28
朕何○嚴 16.20/109/12
如以爲任○而不使臣之 16.49/116/19
君所使掾何乃仁于○心

17.13/121/16
有所拔〇 18.6/128/4
世謂其〇法平正、寬慈惠化所致 18.13/130/20
甚見信〇 18.17/131/26
不〇（車）〔牛〕馬 18.18/132/5
益〇豐熾 18.25/133/20
何〇空養他家老嫗爲 19.11/139/25
以求無〇之物 19.16/140/26
以錐刀小〇 19.22/142/16
每〇奏議 19.22/142/17
造意〇樹皮及敝布、魚網作紙 20.9/146/26
自是莫不〇 20.9/146/27
任〇善士 21.6/151/15
但〇蒲鞭罰之 21.9/152/12
正〇此時持事來乎 23.1/165/9
又〇寵聲呼其妻入室 23.11/168/21
不可勝〇 23.17/171/4
所謂〇天因地 23.17/171/7
故史官不〇 24.90/179/22
今史官所〇候臺銅儀 24.90/179/23

幽 yōu 14

帝遣游擊將軍鄧隆〔與〕〇州牧朱浮擊彭寵 1.1/5/13
以兵走〇州 1.1/5/16
〇隱上達 1.1/6/20
或〇而光 1.1/10/14
爲〇部所歸 8.2/47/19
欲北（代）〔發〕〇州突騎 8.10/50/12
漢遂斬〇州牧苗曾 8.10/50/14
爲〇州從事 9.11/61/3
〇居冥冥 12.11/81/23
雖居〇室闇處 13.10/85/12
以測〇冥之論 14.5/93/2
拔〇滯 19.2/137/4
〇閉殿內 23.5/166/16
而〇僻藏蔽 24.93/180/9

悠 yōu 2

熙太清之〇〇 12.10/81/3

憂 yōu 30

〇不可勝 1.1/6/7
外〇庶績 2.3/17/12
寤寐〇懼 5.5/31/23
〇惶晝夜 6.2/35/8
時新遭大〇 6.5/36/18
左右〇惶 6.5/37/2
太后自遭大〇 6.5/37/4
非諸將〇也 8.1/47/3
以國新遭大〇 8.5/48/19
〇懼顛領 8.7/49/12
今方自〇治城具 8.14/52/26
忝坐將兵不〇軍事 8.17/54/13
安得〇國奉公之臣如祭征虜者乎 9.7/59/21
必不敢爲國之〇也 9.11/61/9
〇人之〇 12.11/81/12
無怵惕之〇 13.11/86/21
朝有顛沛之〇 14.4/92/9
不爲深〇 14.5/93/21
閭里有喪〇 15.5/96/15
以萬民爲〇 15.8/98/8
誠小臣所竊〇也 15.8/98/8
無〇家室也 16.9/105/22
以母〇自乞 16.11/106/28
〇勤國事 17.7/119/14
〇念王室 18.5/127/17
〇在軍役 19.4/137/23
香勤力〇公 19.22/142/17
〇國 21.4/151/5
近爲〇之 21.23/155/14

優 yōu 5

其見〇如此 16.21/109/24
牟融、字子〇 17.4/118/23
特〇嘉之 17.8/119/19
羊融、字子〇 21.52/159/28
蹤〇（佫）〔路〕仁 22.4/163/18

尤 yóu 24

嘗爲季父故舂陵侯訟逋租于大司馬嚴〇 1.1/1/18
〇見而奇之 1.1/1/19
時宛人朱祜亦爲舅訟租于〇 1.1/1/19
〇止車獨與帝語 1.1/1/19
嚴〇擊下江兵 1.1/2/13
嚴（光）〔〇〕、陳茂與合 1.1/2/15
〇問城中出者 1.1/2/15
〇笑言曰 1.1/2/16
邑與嚴〇、陳茂輕騎乘死人渡滍水逃去 1.1/3/8
麻菽〇盛 1.1/5/23
帝〇垂意經學 2.1/12/1
是時學者〇盛 2.1/12/2
有司復奏《河》《雒》圖記表章赤漢九世〇著明者 5.5/29/20
〇見幸 7.3/39/10
金蚩〇辟兵鉤一 8.9/50/3
與貳師嚴〇共城守 9.2/55/26
孝明皇帝〇垂情古典 11.7/72/13
〇善述前事 12.1/76/9
祭蚩〇 12.6/79/9
〇修志介 16.14/107/18
道術〇精 17.18/123/7
其〇無狀 19.1/136/19
更始韓夫人〇嗜酒 23.1/165/8
〇來渠帥樊崇 23.20/172/16

由 yóu 40

〇是破邯鄲 1.1/4/7
〇是皆自安 1.1/4/10
弟〇、宜西鄉侯 1.1/10/8
〇是明帝重之 2.2/14/6
孝章帝〇是深珍之 2.3/16/6
及撣國王雍〇亦賜金印紫綬 3.2/20/6
〇是遂祭六宗 5.5/30/12
率〇舊章 5.5/32/13,13.11/86/9
〇是母子見疏 6.3/36/1
〇是好將帥之事 8.14/53/15
〇是無爭道變鬭者 9.4/57/20

（祐）〔祜〕○是不復言 9.6/58/11
○是遂安 10.2/62/19
○是鄉里服其高義 11.9/73/4
○是權勢稍損 12.3/78/9
朝廷○是敬憚委任焉 12.11/81/13
基○其祚 13.11/86/6
○是使典諸侯封事 13.13/88/6
○是知名 14.2/90/17
靡不○世位擅寵之家 15.2/95/23
○是上特重之 15.8/98/9
臣贊拜不○王庭 15.15/100/26
○是多見排詆 16.16/108/3
○是失旨 16.16/108/11
○是不復有爭訟 16.25/111/1
○是顯名 16.33/112/24
17.12/121/7,19.15/140/18
○是名稱 17.14/122/10
恐政化○是而墜 17.20/123/21
當何○一得見決矣 18.1/126/1
○是見重 18.20/132/16
○是不罹其患 18.21/132/22
○是即絕 19.7/138/26
莫支度○ 22.4/162/10
○是四方不復信向京師 23.1/165/14
○是號曰赤眉 23.6/167/1
○禮 24.46/176/11
世路無○ 24.90/179/27

郵 yóu 11

無遺吏及因○奏 1.1/9/24
督○言之 10.26/69/19
爲郡督○ 12.1/75/9,18.6/127/25
西部督○繇延 15.8/97/29
時延爲郡督○ 17.1/117/21
以爲罪在督○ 17.1/117/23
以陳留督○虞延故 17.1/117/24
過直上○亭 17.23/124/13
至掾督○ 18.26/133/27
乃署勤督○ 18.26/133/28

游 yóu 12

帝遣○擊將軍鄧隆〔與〕幽州牧朱浮擊彭寵 1.1/5/13
馬如○龍 6.2/35/4
○觀無節 7.11/42/9
○戲道上 8.17/54/14
彰子普坐鬭殺○徼 9.5/58/5
○意經藝 11.7/72/13
吾從弟少○嘗哀吾慷慨多大志 12.1/76/17
臥念少○平生時語 12.1/76/20
世祖遣騎都尉弓里○、諫大夫何叔武 14.4/92/1
張堪、字君○ 15.12/99/23
不慕○宦 18.10/129/7
兄仲、爲縣○徼 18.10/129/8

猶 yóu 27

至孝武、（兒）〔倪〕寬、司馬遷○從土德 1.1/5/6
帝○以餘閒講經藝 1.1/6/7
周公、孔子○不得存 1.1/8/23
太后○臨朝 3.5/21/26
○不于京師 5.3/28/11
○爲中興 5.5/29/21
○宜有所宗之號 5.5/31/23
○以舂陵爲國名 7.7/40/15
○恐無所成立 8.1/46/12
然○投戈講學 11.7/72/13
○稱其所長而達之 11.14/74/17
○爲謹飭之士 12.1/76/21
上○不釋 13.7/84/21
且○世主 13.11/86/7
○尙有遺脫 13.11/86/13
其○順驚風而飛鴻毛也 14.5/93/13
○有申伯、召虎、夷吾、吉甫攘其蟊賊 14.5/93/18
○當效傅介子、張騫立功異域 16.3/102/23
愷○不出 17.8/119/19
其主○以爲少 18.29/134/27
以樊儵刪《嚴氏公羊春秋》○多繁辭 19.25/143/8
得掖庭中宮女○有數百千人 23.5/166/16
○言肘有玉璽 23.12/169/4
其弊○足以霸 23.16/170/11
○持兩端 23.16/170/19
○時有銜橛之變 24.77/178/19
○令人熱 24.84/179/7

遊 yóu 13

然亦喜○俠 1.1/1/17
安得松、喬與之而共○乎 1.1/8/24
冠帶搢紳○辟雍而觀化者、以億萬計 2.1/12/3
不喜出入○觀 6.2/34/19
時光武亦○學京師 8.1/46/5
冠帶搢紳○辟雍 11.7/72/15
卿遨○二帝間 12.1/75/18
昔文王不敢盤於○田 15.8/98/7
姜詩、字士○ 17.22/124/5
與美陽令交○ 18.23/133/7
掾屬專尙交○ 19.7/138/21
無有交○ 19.9/139/8
公沙穆○太學 20.17/148/17

友 yǒu 30

○于兄弟 2.2/15/25
少有孝○之質 7.12/42/13
惟王孝○之德 7.12/43/5
朋○子往來門內 8.2/47/10
令弟○詣闕 10.22/67/20
而融弟顯親侯○嗣子固尙沮陽公主 10.22/68/3
○人張汜、杜禽與興厚善 11.14/74/17
孝○著於閭閾 12.11/81/11
明信結於○朋 12.11/81/11
諸侯所不能○ 13.11/85/23
令且從師○之位 13.11/85/23
朋○有車馬之饋 13.11/87/2
與○人韓仲伯等數十人 13.16/89/8
不遵孝○ 14.4/92/14
甚相○善 15.2/95/11
其○人喪親 15.5/96/17
乃過其○人 15.6/97/6
○人不肯見 15.6/97/6
憚與董子張○ 15.8/97/22
敬待以師○之禮 15.15/100/25
接以師○之道 16.1/102/9

分晌○朋 16.12/107/6
萌謂其○人曰 16.46/115/25
與周黨相○ 16.49/116/15
令爲朋○ 17.17/123/3
常接以○道 18.6/128/9
初與京邑蕭○善 18.29/134/29
及○爲郡吏 18.29/134/29
絕知○之路 19.7/138/23
僚○有過 21.54/160/8

有 yǒu 456

○武帝行過宮 1.1/1/9
○赤光 1.1/1/10
是歲○嘉禾生 1.1/1/11
先是○鳳凰集濟陽 1.1/1/12
望氣者言舂陵城中○喜氣 1.1/1/13
○頃不見 1.1/2/8
暮聞（冢）〔冢〕上○哭聲 1.1/2/12
後○人著大冠絳單衣 1.1/2/12
自秦、漢以來師出未曾○也 1.1/2/18
○流星墜尋營中 1.1/2/26
正晝○雲氣如壞山 1.1/3/1
門下○繫馬著鼓者 1.1/3/11
坐臥枕席○涕泣處 1.1/3/13
竈中○火 1.1/3/24
乃命○司設壇于鄗南千秋亭五成陌 1.1/4/18
正朔、服色未○所定 1.1/5/4
○司奏議曰 1.1/5/11
賜博士弟子○差 1.1/5/27
〔其〕○當見及冤結者 1.1/6/19
家○敝帚 1.1/7/11
是時名都王國○獻名馬、寶劍 1.1/7/12
左右○白大司馬史 1.1/8/4
惟孝宣皇帝○功德 1.1/8/10
自三公下至佐（使）〔史〕各○差 1.1/8/20
不得○加 1.1/8/22
陛下○禹、湯之明 1.1/9/6
未○還人 1.1/9/8
○司奏封禪 1.1/9/10
而欲○事于太山 1.1/9/10
○赤草生于水涯 1.1/9/16
○功輒增封邑 1.1/10/4
人馬席薦羈靽皆○成賈 1.1/10/12
帝既○仁聖之明 1.1/10/16
○似于堯 2.1/11/6
世祖見陳留吏牘上○書曰 2.1/11/10
遂○事于十一陵 2.1/12/5
○縣三老大言 2.1/12/6
○帝漢出 2.1/12/14,5.5/31/11
○諸生前舉手曰 2.1/13/5
太常丞上言陵樹葉○甘露 2.1/13/17
○司奏上尊號曰顯宗 2.1/13/22, 5.5/32/7
○加而無損 2.1/13/24
聖表○異 2.2/14/4
無得○所伐 2.2/14/15
頭上○角 2.2/15/5
○古文 2.2/15/6
（者）〔其〕時論者以爲（棱）〔稜〕淵深○謀 2.2/15/9
壽明達○文章 2.2/15/10
○善于內 2.2/15/10
詔○司京師離宮園池 2.3/16/10
○傳世不絕之誼 2.3/16/15
生既○節 2.3/16/16
后葬○闕 2.3/16/27
孔子稱「○婦人焉」 2.4/17/25
數○神光赤蛇嘉應 3.1/18/6
又○赤蛇盤紆殿屋床笫之間 3.1/18/6
賜五里、六亭渠率金帛各○差 3.1/19/2
賜帛各○差 3.1/19/10
帝幼○簡厚之質 3.2/19/21
體○敦愨之性 3.2/19/21
京等懼○後害 3.2/19/24
海內頗○災異 3.2/20/3
○司奏言 3.2/20/29
○始○卒 3.2/21/1
○司上言宜建聖嗣 3.3/21/7
○聞于郡國 3.4/21/16
○殊于人 3.5/21/24
光祿勳府吏舍夜壁下忽○氣 3.5/21/30
各○鉤 3.5/21/30
身中皆○雕鏤 3.5/22/1
○（壁）〔璧〕二十 3.5/22/22
○白衣人入德陽殿門 3.6/23/18
○黑氣墮所御溫明殿庭中 3.6/23/21
○頭 3.6/23/21,21.24/155/19
比公者又○驃騎將軍 4.1/24/19
○長史一人 4.1/24/20
屬官○丞一人、大行丞一人 4.1/25/3
大行丞○治禮員四十七人 4.1/25/3
又○公室 4.1/25/4
而○秩者侍中、中常侍、光祿大夫秩皆二千石 4.1/26/8
蛇邱○芳陘山 5.1/27/9
西海○勝山 5.1/27/13
○龍邱山在東 5.1/27/15
○九石特秀 5.1/27/15
蓑之隱處○一巖穴如窗牖 5.1/27/15
中○石床 5.1/27/16
黃門舊○鼓吹 5.4/29/6
○司復奏《河》《雒》圖記表章赤漢九世尤著明者 5.5/29/20
尺土靡不其○ 5.5/29/23
十○八年 5.5/29/23
欲○以增諸神之祀 5.5/30/18
山川神祇○不舉者 5.5/30/19
○年報功 5.5/31/1
比放三宗誠○其美 5.5/31/22
猶宜○所宗之號 5.5/31/23
先帝每○著述典義之事 5.5/31/23
及○可以持危扶顛 5.5/31/24
思○所承 5.5/31/25
禮、祖○功 5.5/31/25
宗○德 5.5/31/26
天子行○罼罕 5.6/32/19
天王袞冕十○二旒 5.6/32/25
旂○龍章日月 5.6/32/25
○陰子公者 6.1/33/21
尙○餘 6.2/34/11
○司奏〔請〕立長秋宮 6.2/34/14
上未○所言 6.2/34/14

〔后〕夢○小飛蟲萬數隨著身 6.2/34/15
后嘗○不安 6.2/34/21
勿○疑也 6.2/35/7
○胸中氣 6.2/35/9
聞○兒啼聲 6.3/35/22
○飛鳥紆翼覆之 6.3/35/22
以○神靈 6.3/35/23
○才能 6.4/36/6
故○寵 6.4/36/7
○若鍾乳 6.5/36/16
必○不辜 6.5/36/19
若欲○言 6.5/36/25
以爲何故乃○此不祥之言 6.5/37/3
○寵 6.7/37/16,23.1/165/6
兵法但○所圖畫者 7.1/38/13
後○司馬犯軍令 7.1/38/13
○二子 7.1/38/23
縣吏張申○伏罪 7.2/39/3
每朝廷○異政 7.2/39/6
○山林毒氣 7.7/40/14
無○ 7.7/40/18
道豈○是耶 7.9/41/21
雅○智慧 7.12/42/13
少○孝友之質 7.12/42/13
東平王蒼寬博○謀 7.12/42/14
每○議事 7.12/42/18
今魯國孔氏尙○仲尼車輿冠履 7.12/43/6
上詔○司加贈鑾輅乘馬 7.12/43/18
恭未○國邑 7.17/44/17
更始既未○所挫 8.1/46/11
非○忠良明智 8.1/46/12
○智謀 8.1/46/19
自吾○回也 8.1/46/20
而師行○紀 8.1/46/23
○過加鞭扑之教 8.2/47/10
每○疾病 8.2/48/4
○司復請加謚曰昭成侯 8.6/49/7
于時國家每○災異水旱 8.7/49/12
其人勇鷙○智謀 8.10/50/13
兵○不利 8.10/50/15
○司奏議以武爲謚 8.10/51/5
○何尊卑 8.11/51/12
復未曾○言 8.11/51/19
上美宗既○武節 8.12/52/2
何救之○ 8.14/52/27
○警 8.16/53/25
其中創者必○異 8.17/54/6
恭以疏勒城傍○水 8.17/54/8
豈○窮乎 8.17/54/10
○頃 8.17/54/10
9.1/55/1,16.3/103/15
○牧民御衆之才 9.1/54/23
枕席○泣涕處 9.4/56/19
夫○桀、紂之亂 9.4/56/20
人○上章言異威權至重 9.4/57/15
公○日角之相 9.6/58/10
時遵○疾 9.7/59/10
王莽時舉○德行、能言語、通政事、明文學之士 9.10/60/17
上聞外○大兵（自）來 9.10/60/18
○不可動之節 9.11/61/11
卒○不同 10.1/62/10
事君（○）〔者〕不得顧家 10.16/66/10
○司請封諸皇子 10.21/67/15
○一子 10.22/67/25
不願其○才能 10.22/68/1
謙讓○節操 10.23/68/9
甚○名稱 10.23/68/13
道中○人認茂馬者 10.26/69/7
民嘗○言部亭長受其米肉遺者 10.26/69/11
爲汝○事屬之而受乎 10.26/69/12
以○仁愛、知相敬事也 10.26/69/14
故○經紀禮儀以相（文）〔交〕接 10.26/69/16
與人未嘗○爭競 10.26/69/25
○大志慷慨 11.2/70/17
○五谿六種寇〔侵〕 11.2/71/2
未○能終者 11.4/71/19
○執父仇賊自出 11.9/73/3
○張釋之風 11.10/73/11
徐縣北界○蒲陽陂 11.10/73/12
其東○田可萬頃 11.10/73/12
臣未○先登陷陣之功 11.14/74/14
知其○用 11.14/74/17
囚○重罪 12.1/75/10
乃知帝王自○眞也 12.1/75/22
因出小黃門頭○蝨者 12.1/76/12
必○其本 12.2/77/10
見其中○粟 12.3/77/20
教習○方 12.4/78/14
竇氏○事 12.4/78/17
因告言光與憲○惡謀 12.4/78/18
嘗○死罪亡命者來過 12.5/78/24
邊境○事 12.6/79/10
（嚴）〔敕〕○所見聞輒言 12.6/79/11
常○千數 12.7/79/18
鮮○入其室者 12.7/79/20
郡界嘗○蝗蟲食穀 12.8/80/1
棱○威德 12.8/80/1
五帝○流殛放竄之誅 12.9/80/10
三王○大辟刻肌之法 12.9/80/10
用之○本末 12.9/80/11
行之○逆順耳 12.9/80/12
前代所未嘗○ 12.9/80/13
○饑餒 12.11/81/15
亦○權時 12.11/81/20
其委任自前世外戚禮遇所未曾○ 12.11/81/24
而三分天下○二 13.1/82/20
○不可奪 13.1/82/23
○威重 13.5/83/19
政理○能名 13.5/83/19
以從征伐○功 13.7/84/19
亡國之君皆○才 13.7/84/20
桀、紂亦○才 13.7/84/20
往時遼東○豕 13.9/85/3
光武每○異政 13.10/85/15
猶尙○遺脫 13.11/86/13
傳其法于○根 13.11/86/15
昔魯隱○賢行 13.11/86/23
《易》卦「地上○水比」 13.11/86/28
○大小負勝不齊 13.11/86/29
朋友○車馬之饋 13.11/87/2
外○賓客 13.11/87/4
常○盈 13.11/87/4
常辭以道上稟假○餘 13.11/87/6
每○疑義 13.12/87/12
願下○司 13.12/87/25
少○節操 13.16/89/3
聞宛之趙氏○孤孫憙 13.16/89/6

仲伯以其婦○色	13.16/89/8
恐○强暴者	13.16/89/8
歲屢○年	13.16/89/13
少○志操	14.2/90/15
時○稱侍中止傳舍者	14.2/90/16
惟○一子	14.3/91/18
	15.11/99/17
遂任身○子	14.3/91/19
上遣小黃門問昱○所怪不	14.3/91/19
邑○大節	14.4/91/27
既○三晉	14.4/92/8
朝○顛沛之憂	14.4/92/9
國○分崩之禍	14.4/92/9
衍少○俶儻之志	14.5/92/23
猶○申伯、召虎、夷吾、吉甫攘其蟊賊	14.5/93/18
必○忠信	14.5/93/24
路○聖人	14.5/93/25
一朝○事	14.5/93/28
伉健○武略	15.1/94/24
咸○告祀	15.2/95/19
閭里○喪憂	15.5/96/15
遵聞而○慚色	15.5/96/18
君房○是言	15.5/96/22
丹子○同門生喪親	15.5/96/23
初○薦士於丹者	15.5/96/24
不○忠言奇謀而取大位	15.6/97/7
前在州素○恩德	15.9/98/18
○童兒數百	15.9/98/19
前○召父	15.10/99/6
後○杜母	15.10/99/7
詔書以奮在姑臧治○絕迹	15.11/99/15
每○所食甘美	15.11/99/19
堪○同心之士三千人	15.12/99/24
○惠政	15.12/99/27
○囚於家被病	15.15/100/28
暉與世祖○舊	15.17/101/11
人○犯其禁者	15.17/101/15
時人○上言班固私改作《史記》	16.2/102/15
○口辯	16.3/102/22
此必○匈奴使來也	16.3/103/5
獨○因夜以火攻虜	16.3/103/6
足以備○餘	16.3/103/12
漢使○驪馬	16.3/103/14
焉耆國○葦橋之險	16.3/103/20
宜○以誨之	16.3/104/3
漢○舊防	16.6/104/19
○詔召眾問齊桓公之鼎在柏寢臺	16.6/104/20
《春秋左氏》○鼎事幾	16.6/104/21
將○損大漢之强	16.6/104/25
每○大議	16.7/105/3
溫恭○蘊藉	16.9/105/19
如○不諱	16.9/105/22
以《尚書》授朕十○餘年	16.9/106/10
○禮讓	16.10/106/17
○起者即白之	16.10/106/21
○絕才	16.16/108/3
○詔會議靈臺所處	16.16/108/8
但○發首一章	16.16/108/13
勿○隱情	16.20/109/11
而○狂瞽之言	16.20/109/14
義○不通	16.20/109/18
慮素○名（字）〔稱〕	16.22/110/6
眞世之○道者也	16.22/110/7
縣各○差	16.24/110/17
羊○大小肥瘦	16.25/110/25
由是不復○爭訟	16.25/111/1
序素○氣力	16.30/112/1
豈○還害其君者耶	16.31/112/8
太守○事	16.33/112/21
使○功不如使○過	16.33/112/23
亦無不○	16.34/113/7
○烈士之風	16.34/113/10
以顯陳堪行○效	16.35/113/17
上○老母	16.37/113/29
下○兄弟	16.37/113/29
將○悔乎	16.37/114/3
長沙○義士古初	16.42/115/3
少○大節	16.46/115/23
○益於政	16.46/116/1
（守）〔○〕新野功曹鄧寅	17.1/117/24
○出于衆	17.1/117/25
延以寅雖○容儀而無實行	17.1/117/26
數○據爭	17.3/118/18
○司奏請絕國	17.8/119/19
○司復奏之	17.8/119/19
於從政乎何○	17.8/119/20
治○殊政	17.9/119/27
如○禍祟	17.13/121/20
○兩山	17.14/122/7
○神祠	17.14/122/7
告○貴客過	17.23/124/13
○賊長公	17.24/124/28
即相謂此兒○義	17.24/125/2
譚○一孤兄子	17.24/125/3
譚時○一女	17.24/125/4
而○資財千萬	17.25/125/10
○事輒長跪請白	17.25/125/11
時長安市未○秩	18.1/125/25
寧○之耶	18.1/126/8
○人遺卿母一笥餅	18.1/126/9
○諸	18.1/126/10
雖○二千石	18.1/126/13
○氣決	18.6/127/22
○所拔用	18.6/128/4
暉同縣張堪○名德	18.6/128/9
分所○以賑給之	18.6/128/12
○益于邊	18.9/129/3
見道中○諸生（來）〔乘〕小車	18.12/130/5
連○瑞應	18.13/130/20
阜疑○姦詐	18.13/130/21
篤學○大度	18.16/131/14
營舍○停棺不葬者百餘所	18.16/131/15
時○疾不會	18.18/132/6
以明經○智讓	18.19/132/11
童幼○志操	18.26/133/25
嘗○重客過	18.26/134/2
我○賢功曹趙勤	18.26/134/3
家○山田橡樹	18.28/134/13
人○盜取之者	18.28/134/13
人又○盜刈恭禾者	18.28/134/14
不敢復○過	18.28/134/16
上○盆	18.28/134/16
容貌醜而○節操	18.29/135/1
○要離冢	18.29/135/9
鄉里○爭財	18.30/135/16
下章所告及所自舉○意者	19.1/136/19
○似異端之術	19.1/136/21
○雉過止其旁	19.4/137/19

旁○童兒 19.4/137/19
親默然○頃 19.4/137/20
豎子○仁心 19.4/137/21
雖○官 19.5/138/4
○所一心 19.6/138/9
○益于化 19.6/138/11
雖○百金之利 19.7/138/20
時○表薦 19.7/138/22
常○鬼哭聲聞于府中 19.7/138/25
○疑獄 19.7/138/26
無○交遊 19.9/139/8
郎官○乘皂蓋車者 19.11/139/19
不得○異 19.11/139/21
掾吏○過 19.11/139/22
亦何陵遲之○ 19.15/140/17
○罪 19.16/140/22
○威重名 19.20/141/20
未○平徭役 19.21/141/28
頗○ 19.22/142/19
並○高名 19.24/143/3
○所噉 19.25/143/7
鄉人○爭曲直者 19.28/143/25
○男女 19.31/144/16
爲人謹敏○心 19.32/144/21
○司奏君年體衰羸 20.1/144/29
郊廟禮儀仍○曠廢 20.1/144/29
出入○常 20.3/145/16
○虹蜺晝降嘉德殿 20.4/145/20
○才學 20.9/146/25
郡民任棠者、○奇節 20.10/147/3
固貌狀○奇表 20.11/147/10
民○相爭訴者 20.17/148/18
不○遵憲 20.19/149/2
緩急○問者當相證也 20.24/150/6
○司奏光欺詐主上 20.24/150/7
屢○補裨之益 21.1/150/19
下○司送雲黃門北寺獄 21.4/151/6
○文武智略 21.8/151/24
桓帝詔公卿選將○文武者 21.8/151/25
滅羌○功 21.8/152/3
吏民○過 21.9/152/12
嘗○客 21.9/152/13
○時絕糧 21.17/154/14
誠○踧踖 21.19/154/23
蔡邕詔問○黑氣墮溫明殿東庭中 21.24/155/19
婦女○美髮〔者〕皆斷取之 21.27/156/7
○賊轉至京師 21.33/157/7
見其尙幼而○志節 21.39/158/4
僚友○過 21.54/160/8
○奇謀異略 21.54/160/8
父○賓客 21.55/160/13
部人多○ 22.4/162/30
○影象如虎 22.5/164/3
得掖庭中宮女猶○數百千人 23.5/166/16
海曲○呂母 23.7/167/6
○名于邊 23.11/168/15
○道士言豐當爲天子 23.12/169/3
云「石中○玉璽」 23.12/169/4
猶言肘○玉璽 23.12/169/4
且禮○損益 23.16/169/28
○司穿坎于庭 23.16/170/2
今南○子陽 23.16/170/7
北○文伯 23.16/170/8
又○魚鹽銀銅之利 23.17/171/4
君○爲之聲 23.17/171/7
使遠人○所依歸 23.17/171/8
述夢○人語之曰 23.17/171/8
○龍出其府殿中 23.17/171/9
夜○光耀 23.17/171/10
述自言手文○奇瑞 23.17/171/11
漢祖無○前人之迹、立錐之地 23.17/171/13
冀○大利 23.17/171/17
成都郭外○秦時舊倉 23.17/171/23
不宜○愛 23.17/171/28
後漢○南宮、北宮、承光宮也 24.4/173/3
漢○沛宮、甘泉宮、龍泉宮、太一宮、思子宮 24.7/173/9
後漢○胡桃宮 24.7/173/9
○母儀之節 24.36/175/19
時○所問 24.52/176/23
○所不安 24.53/176/25
其殿中廬○索長數尺可以縛人者數千枚 24.72/178/7
猶時○銜橛之變 24.77/178/19
言天體者○三家 24.90/179/21
官○其器而無本書 24.90/179/24
投界○北 24.90/179/27
以明再受命祖○功之義 24.92/180/5
各○秩品 24.94/180/12

酉 yǒu 2

冬十一月癸○夜 2.3/17/4
桓帝延熹元年三月己○ 4.1/25/10

牖 yǒu 2

萇之隱處有一巖穴如窗○ 5.1/27/15
希嘗臨御窗（望）〔○〕 6.2/34/19

又 yòu 53

○分遣大夫謁者教民煮木爲酪 1.1/1/20
○舊制上書以青布囊素裹封書 1.1/6/16
詔書○戒漢曰 1.1/7/5
○議漢殺述親屬太多 1.1/7/12
○曰 1.1/8/23, 5.5/30/17,5.5/32/13
○道忠臣孝子義夫節士 1.1/9/4
○以皇子輿馬 2.1/13/12
○國遠而小于王 2.1/13/29
○有赤蛇盤紆殿屋床第之間 3.1/18/6
○見諸縣 3.1/19/11
○造南宮玉堂 3.6/24/3
比公者○有驃騎將軍 4.1/24/19
章帝○置（祝）〔祀〕令、丞 4.1/25/1
○有公室 4.1/25/4
○分錫、上庸爲上庸郡 5.1/27/18
○制雲臺十二門詩 5.4/29/2
○箠之 6.6/37/10
○因皇太子固辭 7.8/41/7
○乏食 8.1/47/1
○知訓好以青泥封書 8.2/47/20
○刺殺犬馬牛羊 8.2/48/3
○與五千 8.6/49/2

○兼經術 8.12/52/3
藍兵○精 8.14/52/23
○過（祐）〔祜〕宅 9.6/58/15
○建爲孔子立後 9.7/59/17
防○多牧馬畜 12.3/78/8
○還其餘于成周 13.11/86/16
○前十八年親幸長安 13.12/87/17
○諫更始無遣上北伐 14.1/90/4
○召候岑尊詰責 14.2/91/4
○當司徒露布 14.3/91/20
○復無臣 15.8/98/1
固○遣與從事郭恂俱使西域 16.3/103/3
○詔諸生雅吹擊磬 16.9/105/19
○問郁曰 16.10/106/20
○賈人多通侈靡之物 16.16/108/5
○欲投鉤 16.25/110/26
○善論議 17.4/118/23
○鑄錢官姦宂所集 18.1/125/25
而篤○怯于事 18.23/133/10
人○有盜刈恭禾者 18.28/134/14
○與寡嫂詐訟田 18.30/135/18
○逐之 20.6/146/10
○封中黃門王康華容侯 20.23/149/23
○立掖庭民女亳氏爲皇后 21.4/151/3
○所置官爵皆出群小 23.1/165/11
○寵堂上聞（蟆）〔蝦〕蟆聲在火爐下 23.11/168/19
○用寵聲呼其妻入室 23.11/168/21
○有魚鹽銀銅之利 23.17/171/4
○使祀事以類相從 24.91/180/3

幼 yòu 22

○而聰明睿智 2.1/11/6
○而聰達才敏 2.2/14/3
以帝○小 3.1/18/8
帝○有簡厚之質 3.2/19/21
至乃踐食孤○ 3.2/20/8
帝○弱 3.3/21/9
朕○無知 5.5/31/23
方生○公 6.1/33/21
是吾○時狂意之行也 7.3/39/13
禹雖○ 8.1/46/6
樊準、字○陵 11.7/72/11
馬客卿○而岐嶷 12.5/78/24
丁綝、字○春 15.1/94/24
憐盛○小而共寒苦 15.2/95/7
著乎○沖 16.12/107/5
尹敏、字○季 16.22/110/3
以定父母、妻子、長○之序 18.14/131/2
童○有志操 18.26/133/25
以童○詣太學受業 18.29/134/22
至乃殘食孩○ 20.19/148/29
見其尙○而有志節 21.39/158/4
盆子最○ 23.5/166/12

右 yòu 47

南陽豪○雲擾 1.1/2/3
左○有白大司馬史 1.1/8/4
詔京兆、○扶風以中牢祀蕭何、霍光 2.1/12/10
左○皆泣 2.1/13/18
○扶風雍地裂 2.3/17/9
自左○近臣 2.3/17/12
左○旁人皆無薰香之飾 6.2/35/3
左○怪而問之 6.5/36/12
左○憂惶 6.5/37/2
左○咸流涕 6.5/37/3
〔數〕因左○陳誠 7.8/41/4
因令左○號禹曰鄧將軍 8.1/46/14
○將軍官罷 8.1/47/5
入侍左○ 8.7/49/17
常在左○ 8.10/50/14
遂罷左○將軍 8.11/51/20
左○無知者 8.14/53/7
謂左○曰 9.1/55/9
期瞋目道左○大呼曰 9.12/61/18
欲與君爲左○ 10.7/63/17
左○皆惶 10.11/64/17
爲○將軍 10.14/65/17
左○怪上數破大敵、今得小城 11.2/70/24
坐在諸將之○ 11.2/71/1
不離左○ 11.5/71/27 21.34/157/12
屏翳左○ 11.14/74/13
到○北平 12.1/77/2
余外孫○扶風曹貢爲梧安侯相 12.6/79/4
○扶風人 13.10/85/12
先與鄭興同寓隴○ 13.11/85/26
與○中郎將張邯相逢城門中 14.2/91/4
而至○扶風 14.2/91/9
○扶風茂陵人 15.11/99/12
與國○史公從事出入者惟硯也 16.28/111/16
顧左○曰 16.30/112/3 17.1/117/25,21.9/152/14
○扶風請試守渭城宰 16.34/113/1
左○大驚 17.17/123/2
聲動左○ 19.10/139/14
○陰脈 19.31/144/16
○作上林 20.4/145/25
其憲章朝○ 20.16/148/8
左○以戟叉其胸 20.23/149/22
四姓權○ 21.20/154/27
喜○學 24.17/174/9

佑 yòu 1

並不○助 15.2/95/9

囿 yòu 3

苑○池籞之官廢 1.1/7/13
自京師離宮果園上林廣成○悉以假貧人 2.3/16/22
昔先王造○ 20.4/145/25

柚 yòu 1

《禹貢》「厥包橘○」 12.1/76/16

宥 yòu 2

○小過 7.2/39/4
伏惟天恩莫不蕩○ 18.9/129/1

祐 yòu 21

朱（○）〔祜〕、字仲先 9.6/58/9
（○）〔祜〕侍燕 9.6/58/10

（〇）〔祐〕由是不復言 9.6/58/11
以（〇）〔祐〕爲建義將軍 9.6/58/11
（〇）〔祐〕斬張成 9.6/58/12
封（〇）〔祐〕爲鬲侯 9.6/58/12
（〇）〔祐〕自陳功薄而國大 9.6/58/13
常與（〇）〔祐〕共車而出 9.6/58/14
乃賜（〇）〔祐〕白蜜一石 9.6/58/15
又過（〇）〔祐〕宅 9.6/58/15
車駕幸（〇）〔祐〕第 9.6/58/16
上謂（〇）〔祐〕曰 9.6/58/16
（〇）〔祐〕曰 9.6/58/17
吳〇、字季英 20.17/148/12
〇年十二 20.17/148/12
〇諫曰 20.17/148/12
〇辭謝而已 20.17/148/17
爲〇賃舂 20.17/148/17
〇與語 20.17/148/17
劉〇爲河東太守 21.3/150/28
〇到 21.3/150/28

誘 yòu 3

〇殺湖陽尉 1.1/2/12
爲議者所〇進 5.5/30/4
豪傑尙可招〇 23.17/171/15

迂 yū 1

〇久 21.9/152/13

紆 yū 3

又有赤蛇盤〇殿屋床第之間 3.1/18/6
有飛鳥〇翼覆之 6.3/35/22
周〇、字文通 19.26/143/13

于 yú 284

大〇凡禾 1.1/1/11
始形〇此 1.1/1/12
受《尙書》〇中大夫廬江、許子威 1.1/1/15
嘗爲季父故舂陵侯訟逋租〇大司馬嚴尤 1.1/1/18
時宛人朱祜亦爲舅訟租〇尤 1.1/1/19
勤〇稼穡 1.1/1/26
帝邀之〇陽關 1.1/2/18
〇是殺尋 1.1/3/7
諸〇繡擁裾 1.1/3/15
〇是皆竊言曰 1.1/4/1
乃命有司設壇〇鄗南千秋亭五成陌 1.1/4/18
禋〇六宗 1.1/4/21
制〔郊〕兆〇城南七里 1.1/5/7
元復〇漢 1.1/5/12
急〇下情 1.1/6/18
傳首〇洛陽 1.1/7/9
觀〇放麑啜羹之義 1.1/7/11
始營陵地〇臨平亭南 1.1/8/21
而欲有事〇太山 1.1/9/10
是時醴泉出〇京師 1.1/9/15
有赤草生〇水涯 1.1/9/16
延至〇今 1.1/9/19
遷呂太后〇園 1.1/9/19
宣布圖讖〇天下 1.1/9/20
帝崩〇南宮前殿 1.1/9/22
有似〇堯 2.1/11/6
吏抵言〇長壽街得之 2.1/11/11
〇是下太常、將軍、大夫、博士、議郎、郎官及諸王諸儒會白虎觀 2.1/11/22
〔上〕宗祀光武皇帝〇明堂 2.1/11/26
遂有事〇十一陵 2.1/12/5
德合〇堯 2.1/12/9
圖二十八將〇雲臺 2.1/12/13
帝在〇道所幸見吏 2.1/12/16
朕親耕〇藉田 2.1/12/19
納〇太廟 2.1/12/23
太常其以礿祭之日陳鼎〇廟 2.1/12/24
復祠〇舊宅 2.1/12/31
帝耕〇下邳 2.1/13/11
甘露積〇樹 2.1/13/17
帝崩〇東宮前殿 2.1/13/21
（祫）〔祫〕祭〇世祖之堂 2.1/13/22
至〇建武 2.1/13/25
又國遠而小〇王 2.1/13/29
既志〇學 2.2/14/5
泰山至〇岱宗 2.2/14/18
祀五帝〇汶上明堂 2.2/14/19
耕〇定陶 2.2/14/19
有善〇內 2.2/15/10
不見〇外 2.2/15/10
今者反〇殿中交通輕薄 2.2/15/14
至〔命〕欲相殺〇殿下 2.2/15/15
此皆生〇不學之門所致也 2.2/15/15
載〇史官 2.2/15/22
友〇兄弟 2.2/15/25
容〇小大 2.2/15/26
至〇總角 2.3/16/5
單〇乞降 2.3/16/12
宗祀五帝〇明堂 2.3/16/22
改殯梁皇后〇承光宮 2.3/16/27
帝崩〇章德前殿 2.3/17/9
故殤帝養〇民 2.4/17/18
帝崩〇崇德前殿 2.4/17/22
照曜〇室內 3.1/18/6
詔留〇清河邸 3.1/18/9
齋〇殿中 3.1/18/9
耽〇典藝 3.1/18/13
五原郡兵敗〇高梁谷 3.1/18/18
帝崩〇葉 3.1/19/13
以迎濟陰王〇德陽殿西鍾下 3.2/19/28
謫見〇天 3.2/20/15
帝崩〇玉堂前殿 3.2/20/26, 3.3/21/11, 3.4/21/19
愛敬盡〇事親 3.2/21/1
而德教加〇百姓 3.2/21/1
有聞〇郡國 3.4/21/16
有殊〇人 3.5/21/24
遂與兄翼定策〇禁中 3.5/21/25
〇是封超等爲五侯 3.5/22/6
帝起四百尺觀〇阿亭道 3.6/23/26
造萬金堂〇西園 3.6/24/1
懸〇嘉德端門內 3.6/24/5
始立明堂〇泰山 5.3/28/11
猶不〇京師 5.3/28/11
莫善〇樂 5.4/28/21
夫樂施〇金石 5.4/28/22

越○聲音 5.4/28/22
奮振○匹夫 5.5/29/23
功德盛○高宗、（宣）〔武〕王 5.5/29/24
皆無事○泰山 5.5/30/2
喜○得承鴻業 5.5/30/3
懼○過差 5.5/30/4
明帝宗祀五帝○明堂 5.5/30/9
功施○民則祀之 5.5/30/14
聖王先成民而後致力○神 5.5/30/16
○是乎禜之 5.5/30/17,5.5/30/18
對○八政勞謙克己終始之度 5.5/31/21
僉以爲雖○更衣 5.5/31/22
四時袷食○世祖廟 5.5/31/26
今皆袷食○高廟 5.5/31/28
猥歸美○載列之臣 5.5/32/4
不可以（向）仰四門賓○之議 5.5/32/4
所望○王也 5.5/32/9
○世祖廟與皇帝交獻薦 5.5/32/15
遂納后○宛 6.1/33/24
太后置蠶室織室○濯龍中 6.2/35/14
○是白太后即賜錢各五百萬 6.2/35/17
外家出過○道南 6.3/35/22
使畫伯升像○埻 7.1/38/10
以長沙定王子封○零道之舂陵爲侯 7.7/40/13
○時見戶四百七十六 7.7/40/14
祉以建武二年三月見光武○懷宮 7.7/40/22
擬○乘輿 7.8/41/6
饗衛士○南宮 7.12/43/4
陷○大辟 7.20/45/13
藏○王府 7.22/45/24
○今之計 8.1/46/13
篤○經書 8.1/47/6
從黎陽步推鹿車○洛陽市藥 8.2/47/20
出塞掩擊迷唐○雁谷 8.2/47/25
○時國家每有災異水旱 8.7/49/12
形○顏色 8.7/49/13
雖內得○上 8.7/49/17
上○是以漢爲大將軍 8.10/50/13
篤○事上 8.10/50/14
討富平、獲索二賊○平原 8.10/50/19
據浮橋○江上 8.10/50/22
分營○水南水北 8.10/50/23
而勤○學 8.11/51/10
擊青犢○射犬 8.11/51/14
○是被羽先登 8.11/51/15
復北與五校戰○眞定 8.11/51/15
南擊赤眉○新城 8.11/51/17
擊盆子○澠池 8.11/51/17
乃肉袒負斧鑕○軍門 8.14/53/11
鎮撫單○以下 8.16/53/24
而簡易○事軍 8.16/53/24
南單○舉國發喪 8.16/53/26
○是令士皆勿飲 8.17/54/11
乃戮之○市 9.1/55/8
昔藺相如屈○廉頗者 9.1/55/9
恂乃出迎○道 9.1/55/10
○是江南之珍奇食物始流通焉 9.2/56/3
彭圍隗囂○西城 9.2/56/5
此天命發○精神 9.4/57/6
與赤眉遇○華陰 9.4/57/12
誦○公卿曰 9.4/57/16
常舍止○中 9.6/58/9
彤之威聲揚○北方 9.8/60/5
圍劉永○睢陽 9.11/61/4
從擊王郎將兒宏、劉奉○鉅鹿下 9.12/61/19
○邯鄲見上 10.1/62/5
是時公孫述將田戎、任滿與漢軍相拒○荊門 10.2/62/16
傅俊從上迎擊王尋等○陽關 10.9/64/3
劉文及蘇茂臣○劉永 10.11/64/24
彤親所以至今日得安○信都者 10.16/66/10
光武○大會中指常謂群臣曰 10.20/67/3
進之○固 10.23/68/11
凡人所以貴○禽獸者 10.26/69/14
行己在○清濁之間 10.26/69/24
奉璽書○隗囂 11.2/70/19
在○今日 11.2/70/22
囂圍歙○略陽 11.2/70/25
○是置酒高會 11.2/70/26
詔○汧積穀六萬斛 11.2/71/2
冠劍不解○身 11.6/72/6
旌旗亂○大澤 11.7/72/13
置印綬○前 11.14/74/14
其無益○國 11.14/74/16
與同郡張宗、上谷鮮○褒不相好 11.14/74/16
徙封○丹陽 11.15/74/24
怯○戰功 12.1/76/24
衛護南單○ 12.6/79/8
出○伯益 12.9/80/6
別封○梁 12.9/80/6
夫孝莫大○尊尊親親 12.10/81/5
至〔○〕歙七世 13.8/84/25
莫大○此 13.11/86/7
傳其法○有根 13.11/86/15
又遷其餘○成周 13.11/86/16
○時保之 13.11/86/30
務○無爲 13.11/87/7
○茲八年 13.12/87/19
吾無功○時 13.12/87/20
朱浮上不忠○君 13.13/88/8
侍中淳○恭奏上 15.2/95/14
鄭次都隱○弋陽山中 15.8/98/3
賊推奮之子○軍前 15.11/99/17
○闐王廣德禮意甚疏 16.3/103/14
單○大怒 16.6/104/22
單○恐而止 16.6/104/23
單○恚怒 16.6/104/24
會諸博士論難○前 16.9/105/18
一餐不受○人 16.14/107/18
群賊○是相視 16.31/112/9
勿役○物 16.49/116/15
有出○衆 17.1/117/25
不汲汲○時俗 17.3/118/17
諸儒○白虎觀講論《五經》同異 17.6/119/7
時單○遣使求欲得見宮 17.12/121/8
君所使掾何乃仁○用心 17.13/121/16
曾參迴車○勝母之閭 17.13/121/24
告奴婢○長吏 17.25/125/12
倫步擔往候鮮○褒 18.1/125/20
後徙○宛 18.6/127/22

以德行稱○代 18.6/127/22
有益○邊 18.9/129/3
鳳凰、（麟麒）〔麒麟〕、嘉禾、甘露之瑞集○郡境 18.14/131/5
○是京師貴戚順陽侯衛尉馬廖、侍中竇憲慕其行 18.18/132/6
○殿上撲殺之 18.22/133/1
篤○獄中爲誄 18.23/133/8
而篤又怯○事 18.23/133/10
客潛○內中聽 18.26/134/3
淳○恭、字孟孫 18.28/134/13
○是始敬鴻 18.29/134/28
不敢○鴻前仰視 18.29/135/5
昔延陵季子葬子○嬴、博之間 18.29/135/8
曝麥○庭 18.30/135/14
（鬴）〔酺〕以尙書授○南宮 19.1/136/6
○以衰滅貪邪便佞 19.1/136/20
暴師○外 19.4/137/23
非所以垂意○中國 19.4/137/25
有益○化 19.6/138/11
當依○輕 19.7/138/20
決獄多近○重 19.7/138/23
常有鬼哭聲聞○府中 19.7/138/25
悉上○官閣 19.8/139/3
不求備○人 19.11/139/22
得其人無益○政 19.16/140/24
故明王之○夷狄 19.16/140/24
屯軍○邊 19.19/141/14
前後萬餘人相屬○道 19.19/141/15
受《歐陽尙書》○桓郁 20.2/145/5
置○湰上以渡河 20.5/146/5
廬○舍外 20.6/146/10
乃廬○里門 20.6/146/10
自抱孫兒伏○戶下 20.10/147/4
○是歎息而還 20.10/147/6
卿○是始免撲箠 20.13/147/20
侍御史張綱獨埋輪○雒陽都亭 20.15/148/3
常牧豕○長垣澤中 20.17/148/15
遂共訂交○杵臼之間 20.17/148/18
程謀誅江京○盛化門外 20.23/149/19
○羌前以酒酹地曰 21.11/153/3
乃訊之○占者 21.11/153/7
父子皆死○杖下 21.12/153/14
○是權門惶怖股慄 21.12/153/14
而降施○庭 21.24/155/20
父○ 21.46/159/3
稱○儒林 21.51/159/24
一斷○口 21.54/160/7
單○比、匈奴頭曼十八代孫 22.3/161/7
匈奴始分爲南北單○ 22.3/161/7
單○歲祭三龍祠 22.3/161/9
南單○遣使獻駱駝二頭 22.3/161/11
南單○來朝 22.3/161/13
南單○上書獻橐駝 22.3/161/15
上遣單○ 22.3/161/15
聖公避吏○平林 23.1/164/18
南陽英雄皆歸望○伯升 23.1/164/23
○是諸將軍起 23.1/164/26
〔與〕聖公至○壇所 23.1/164/27
○是聖公乃拜 23.1/164/27
〔上〕破二公○昆陽城 23.1/164/28
遂委政○萌 23.1/165/6
或繡面衣、錦袴、諸○、襜裾 23.1/165/11
杜虞殺莽○漸臺 23.2/165/24
起兵○莒 23.6/166/24
單○以中國未定 23.9/168/4
興北至單○庭迎芳 23.9/168/5
有名○邊 23.11/168/15
是時單○來朝 23.11/168/16
將何以見信○衆 23.16/169/27
有司穿坎○庭 23.16/170/2
岑彭與吳漢圍囂○西（域）〔城〕 23.16/170/13
光武○是稍黜其禮 23.16/170/19
○是自立爲蜀王 23.17/171/2
聞○天下 23.17/171/7
○戰陣之中 23.17/171/14
愈○坐而滅亡 23.17/171/15
決成敗○一舉 23.17/171/21
以配岑○市橋 23.17/171/28
諸侯王以下至○士庶 24.94/180/12

余 yú 3

○字聖卿 12.1/75/7
父○卒時 12.6/79/3
○外孫右扶風曹貢爲梧安侯相 12.6/79/4

於 yú 125

○穆世廟 5.5/31/16
賞賜恩寵絕○倫比 7.8/41/6
○是車駕祖送 7.12/43/13
常宿止○中 8.1/46/14
群雄擾○冀州 11.7/72/12
會百官○宗廟 12.1/75/15
○是上復笑曰 12.1/75/20
○上前聚米爲山川 12.1/76/1
在○食貨 12.1/76/7
其味美○春夏筍 12.1/76/17
援○交趾鑄銅馬 12.1/76/25
立馬○魯班門外 12.1/76/26
男兒要當死○邊野 12.1/77/1
卒○師 12.2/77/9
鞭扑不可弛○家 12.9/80/11
刑罰不可廢○國 12.9/80/11
征伐不可偃○天下 12.9/80/11
卒暴誅○兩觀 12.10/80/20
抉目眥○門閭 12.10/80/21
可信顏○王廬 12.10/80/21
騁鶩路○犇瀨 12.10/80/25
東敕職○蓬碣 12.10/81/1
孝友著○閭閾 12.11/81/11
明信結○友朋 12.11/81/11
○四城外給與貧民 12.11/81/15
○是召譚拜議郎、給事中 13.6/84/4
悔○薦舉 13.6/84/4
敦○經學 13.8/84/25
論○朝廷 13.9/85/4
陛下輒忘之○河北 13.9/85/6
○河西得漆書《古文尙書經》一卷 13.11/85/21
林雖拘○囂 13.11/85/24
追令刺客楊賢○隴坻遮

殺之 13.11/85/25
堯遠○漢 13.11/86/5
后稷近○周 13.11/86/6
合○《易》之所謂「先天而天不違、後天而奉天時」義 13.11/86/9
將致國○桓公 13.11/86/23
能盡忠○國 13.13/88/10
則爵賞光○當世 13.13/88/10
功名列○不朽 13.13/88/10
欲棄之○道 13.16/89/9
○是擢舉義行 13.16/89/13
妻嘗○母前叱狗 14.2/90/15
封所持節○晉陽傳舍壁中 14.2/90/19
就烹○漢 14.4/92/8
數奏記○禹 14.5/93/1
巴、蜀沒○南夷 14.5/93/4
緣邊破○北狄 14.5/93/5
橫擊○外 14.5/93/6
貪殘○內 14.5/93/6
○是江湖之上 14.5/93/7
懸○將軍 14.5/93/24
令夫功烈施○千載 14.5/93/30
富貴傳○無窮 14.5/93/30
以（素）〔壽〕終○家 14.5/94/2
上書讓國○盛 15.2/95/8
乃挂衰絰○冢廬而去 15.2/95/8
迫○當封 15.2/95/10
駿遇○東海 15.2/95/11
集議《五經》同異○白虎觀 15.2/95/14
至○岱宗 15.2/95/18
柴祭○天 15.2/95/18
祀五帝○明堂 15.2/95/19
便○田頭大樹下飲食勸勉之 15.5/96/14
陳之○主人前 15.5/96/17
過辭○丹 15.5/96/19
拜○車下 15.5/96/21
初有薦士○丹者 15.5/96/24
果○行義 15.7/97/13
先遣伯禽守封○魯 15.7/97/13
顯之○朝 15.8/97/30
惲○下座愀然前曰 15.8/97/30
惲客○江夏 15.8/98/6
昔文王不敢盤○遊田 15.8/98/7
○道次迎拜 15.9/98/20
伋謂違信〔○諸兒〕 15.9/98/22
〔遂〕止○野亭 15.9/98/22
善○計略 15.10/99/5
時人方○召信臣 15.10/99/6
奮篤○骨肉 15.11/99/18
平陽城李善稱故令范遷○張堪 15.12/100/2
賜食○前 15.13/100/7
24.26/174/27
有囚○家被病 15.15/100/28
延率掾吏殯○門外 15.15/101/1
世祖嘗○新野坐文書事被拘 15.17/101/11
戰○蒲類海 16.3/103/3
輒令榮○公卿前敷奏經書 16.9/105/15
讓○兄子 16.10/106/16
令郁校定○宣明殿 16.10/106/18
上親○辟雍自講所制《五行章句》已 16.10/106/18
下當卓絕○眾 16.10/106/23
泰○待賢 16.12/107/6
狹○養己 16.12/107/6
取法○雷 16.24/110/18
銜鬚○口 16.30/112/3
乃陷民○穽 16.37/114/2
此皆何罪而至○是乎 16.37/114/2
卒○家 16.38/114/12
客○遼東 16.46/115/26
哭○市 16.46/115/26
有益○政 16.46/116/1
耕○富春山 16.48/116/11
○人中辱之 16.50/116/26
升○華轂 16.50/117/3
不隨○俗 16.52/117/12
○從政乎何有 17.8/119/20
○是得全 17.11/120/25
臣聞孔子忍渴○盜泉之水 17.13/121/24
信陽侯陰就○干突車騎簿 17.20/123/19
歲歲作衣投○江中 17.22/124/6
寄止○亭門塾 17.23/124/13
倫請○王 18.1/126/6
錮人○聖代 18.5/127/16
僅免○死 18.12/129/26
鸞鳥集○學宮 18.13/130/17
畢乃牧豕○上林苑中 18.29/134/26
○此（宏）〔弘〕廣經術 19.6/138/10
頹起○途中 21.8/152/2
虹著○天 21.24/155/20
不入○門 21.41/158/12
詔鄧禹收葬〔○〕霸陵 23.1/165/20
敬養盡○奉 24.42/176/3
易○泰山之壓鷄卵 24.70/178/3
輕○駟馬之載鴻毛 24.70/178/3

俞 yú 1

○ 16.9/105/17

臾 yú 2

須○ 14.2/91/3
寬須○遣人視奴 21.9/152/13

禺 yú 1

其餘（○）〔以俟〕中使者出報 1.1/6/19

娛 yú 6

以○嘉賓 2.1/12/32
以爲○樂 6.2/35/14
聲色是○ 7.3/39/14
對酒○樂 9.7/59/17
漁釣甚○ 15.8/98/3
以○其志 18.29/135/4

魚 yú 16

禹進食炙○ 1.1/3/26
彭寵遺米糒○鹽以給軍糧 1.1/4/7
走出○門 9.11/61/4
樊儵、字長○ 11.5/71/27
化爲○蝦 12.8/80/1
獻鰒○ 13.2/83/7
孔奮、字君○ 15.11/99/12
水清無大○ 16.3/104/5

賜良鰒○百枚 17.10/120/10
第五倫、字伯○ 18.1/125/19
不食○肉之味 19.11/139/21
造意用樹皮及敝布、○網作紙 20.9/146/26
釜中生○范萊蕪 21.17/154/15
雍儵、字長○ 21.34/157/12
捕池○而食之 23.5/166/17
又有○鹽銀銅之利 23.17/171/4

隅 yú 1

失之東○ 9.4/57/14

揄 yú 1

舉手揶○之 10.11/64/15

愚 yú 16

俗以爲燕人○ 1.1/4/12
反與○人相守 1.1/4/12
〔「○戇無比」〕 2.1/11/7
臣○戇鄙陋 5.5/32/3
故不敢隱蔽○情 5.5/32/4
誠知○鄙之言 5.5/32/4
○闇糞朽 8.5/48/20
臣○無識知 8.10/51/4
臣○以爲可因歲首發太簇之律 12.3/78/3
實非○臣所宜 12.12/82/3
人無○智 13.11/86/4
○聞丈夫不釋故而改圖 14.4/92/4
○以爲太子上當合聖心 16.10/106/23
衆人以臣○蔽 18.1/126/10
臣○以爲刺史視事滿歲 19.1/136/18
臣之○計 23.17/171/15

虞 yú 19

司空、唐○之官也 4.1/24/13
《○書》所謂「琴瑟以詠 5.4/28/18
各與○《韶》、禹《夏》、湯《濩》、周《武》無異 5.5/31/11
是時四方無○ 7.12/42/17
上書表薦賢士左馮翊桓○等 7.12/42/21
倉卒時以備不○耳 10.21/67/11
（遺）〔遣〕司馬○封，間行通書 10.22/67/20
宗○氏之俊乂 12.10/80/25
如其不○ 14.5/93/22
○延、字子大 17.1/117/20
以陳留督郵○延故 17.1/117/24
桓○、字伯春 18.2/126/25
鄭均、字仲○ 18.10/129/7
爲南陽太守桓○功曹 18.26/133/27
○下車 18.26/133/28
○乃嘆曰 18.26/134/2
○曰 18.26/134/3
○乃問勤 18.26/134/3
杜○殺莽于漸臺 23.2/165/24

榆 yú 1

收之桑○ 9.4/57/15

腴 yú 2

多買京師膏○美田 12.2/77/13
土壤膏○ 23.17/171/3

漁 yú 13

入○陽 1.1/4/11
訓將黎陽營兵屯○陽 8.2/47/19
上谷、○陽〔兵〕 9.10/60/19
○陽要陽人 9.11/61/3
邑爲○陽太守 14.4/92/18
○釣甚娛 15.8/98/3
爲○陽太守 15.12/99/27
○陽太守張堪昔在蜀 16.35/113/15
即除○陽令 16.35/113/17
堪後仕爲○陽太守 18.6/128/10
哀帝時爲○陽太守 23.11/168/15
寵爲○陽太守 23.11/168/16
今○陽大郡 23.11/168/17

褕 yú 5

皆衣縑襜○、絳巾奉迎 10.1/62/8
常衣皁襜○ 14.2/90/18
以絳罽襜○與皁 18.13/130/21
七尺絳襜○一領 21.8/152/4
岑衣虎皮襜○ 23.18/172/6

餘 yú 96

雲車十○丈 1.1/2/24
帝將步騎千○ 1.1/3/2
卒萬○人降之 1.1/4/10
相去百○里 1.1/5/14
帝猶以○閒講經藝 1.1/6/7
其○（禺）〔以俟〕中使者出報 1.1/6/19
成都十萬○衆 1.1/7/6
黎陽兵馬千○匹 1.1/8/6
封○功臣一百八十九人 1.1/10/1
而大官無○ 1.1/10/4
長寸○ 2.2/15/5
其○皆平劍 2.2/15/9
秭歸山高四百○丈 2.3/17/4
壓殺百○人 2.3/17/4
八十○品 2.3/17/14
帝生百○日 2.4/17/19
體長十○丈 3.6/23/21, 21.24/155/19
帝堯善及子孫之○賞 5.5/30/4
尙有○ 6.2/34/11
歲○ 7.7/40/16,18.10/129/8
二十○日 7.7/40/21
月○還 7.12/42/23
其○侍中、大夫、郎、謁者 8.7/49/20
斬首八百○級 8.9/49/28
賊率五萬○人夜攻漢營 8.10/50/19
衆尙十○萬 8.14/53/12
輜重七千○兩 8.14/53/12
治矢百○萬 9.1/55/1
收得一萬○斛 9.1/55/6
相拒六十○日 9.4/57/12
鮮卑千○騎攻肥如城 9.9/60/13
別攻眞定宋子○賊 9.12/61/19
手殺五十○人 9.12/61/20

純與從昆弟訢、宿、植共率宗（施）〔族〕賓客二千○人 10.1/62/7
會屬縣送委輸牛車三百○兩至 10.2/62/18
三百○里 10.11/65/1
月○矣 10.26/69/8
河南二十○縣皆被其災 10.26/69/18
茂時年七十○矣 10.26/69/21
年八十○ 11.3/71/12
茅屋草廬千○戶 11.10/73/14
墾田四千○頃 11.10/73/14
得穀百萬○斛 11.10/73/14
求益盈○ 12.1/76/19
增歲租十○萬斛 12.8/80/1
又遷其○于成周 13.11/86/16
常辭以道上稟假有○ 13.11/87/6
自言年七十○ 14.3/91/17
因留其○酒肴而去 15.5/96/15
為隗囂○黨所攻殺 15.11/99/16
開治稻田八千○頃 15.12/99/27
家無○財 15.16/101/7
願得本所從三十○人 16.3/103/12
足以備有○ 16.3/103/12
超定西域五十○國 16.3/103/21
君在外國三十○年 16.3/104/3
以《尚書》授朕十有○年 16.9/106/10
時年七十○ 16.16/108/11
教授弟子常五百○人 16.17/108/18
憑遂重坐五十○席 16.20/109/19
擔穀給福及妻子百○日 16.32/112/17
所出二千○人 16.37/114/3
不問○產 16.39/114/16
十○歲喪親 16.43/115/8
白狼王等百○國重譯來庭 17.15/122/15
月○遂去官 17.19/123/14
○皆菜食 17.24/125/2
留十○日 18.1/125/21
○皆賤糴與民饑羸者 18.1/126/14
袁安為河南尹十○年 18.5/127/15
月○ 18.10/129/12
後歲○ 18.13/130/15
十○日乃去 18.13/130/18
積二十○日 18.13/130/22
營舍有停棺不葬者百○所 18.16/131/15
二十○年不窺京師 18.23/133/9
遂潛思著書十○篇 18.29/135/7
冀敕戒其○ 19.1/136/19
門生就學百○人 19.5/138/4
前後萬○人相屬于道 19.19/141/15
積歲○ 20.6/146/11
○羌復〔與繞河大〕寇張掖 21.8/151/26
食雪四十○日 21.8/151/27
馬騎五萬○匹 21.8/152/3
妻子○物無所惜 21.13/153/22
民養子者三千○人 21.38/157/29
平林人陳牧、廖湛復聚千○人 23.1/164/21
眾庶來降十○萬 23.1/164/23
赤眉十○萬人入關 23.1/165/15
盆子及丞相徐宣以下二十○萬人肉袒降 23.5/166/18
○稍稍相隨 23.16/170/11
吾年已三十○ 23.16/170/12
地方數千○里 23.17/171/6
（幕）〔募〕敢死士五千○人 23.17/171/28

諛 yú 1

（諂）〔諂〕○以求容媚 15.2/95/25

踰 yú 10

田宅○制 2.1/11/13
至○年正月 2.1/11/20
馬不○六尺 6.2/35/16
不相○越 13.13/88/7
○年 16.11/106/28
茂負太守孫福○牆出 16.32/112/16
故爵位不○ 18.8/128/21
今大人○越五嶺 20.17/148/13
魏冒○糟 22.4/161/22
○城 23.11/168/19

輿 yú 23

實成帝遺體子○也 1.1/4/2
況詐子○乎 1.1/4/3,23.8/167/19
下○見吏輒問以數十百歲能吏次第 1.1/6/4
扶○入壁 1.1/7/8
征伐嘗乘革○羸馬 1.1/7/14
益州乃傳送瞽師、郊廟樂、葆車、乘○物 1.1/7/15
又以皇子○馬 2.1/13/12
嘗案○地圖 2.1/13/27
便○見 6.5/36/25
擬于乘○ 7.8/41/6
今魯國孔氏尚有仲尼車○冠履 7.12/43/6
使中謁者賜乘○貂裘 7.12/43/9
復賜乘○服御、珍寶鞍馬 7.12/43/13
披○地圖 8.1/46/16
乞與衣裘○馬 8.6/49/4
乘○且到 8.14/53/8
賜以乘○七尺玉具劍 9.4/57/10
剛以頭軔乘○車輪 15.7/97/15
特賜○馬衣服 17.1/117/26
○服光麗 17.7/119/13
李松等自長安傳送乘○服御物 23.1/165/3
威稱說實成帝遺體子○也 23.8/167/18

歟 yú 1

豈非天地之應○ 6.5/37/4

予 yǔ 11

名○ 2.1/12/14
其改《郊廟樂》曰《大○樂》 2.1/12/14
樂官曰大○樂官 2.1/12/15
○亦非文王也 2.1/13/6
悉賦○之 2.1/13/13
好樂施○ 3.1/18/5
一曰大○樂 5.4/28/16
下大○樂官習誦 5.4/29/3
今○末小子 5.5/30/3

能夷舒宗者○也 14.4/92/15
起○者商也 16.10/106/19

羽 yǔ 14

毛○五采 1.1/8/7
○蓋車一駟 2.3/16/12
22.3/161/15
虎賁、○林不任事者住寺 3.5/22/15
于是被○先登 8.11/51/15
從○林監遷虎賁中郎將 10.13/65/11,12.2/77/10
監○林左騎 10.23/68/9
將北軍五校士、○林兵三千人 12.6/79/8
威執項○ 14.4/92/7
郁兼○林中郎將 16.10/106/24
不容○蓋 17.1/117/23
尙書郭鎭率直宿○林出 20.23/149/22
復收繫○林監 22.5/164/6

宇 yǔ 15

○內治平 5.5/31/8
居○器服 12.7/79/19
安其（彊）〔疆〕○ 14.5/93/18
甄○、字長文 16.25/110/24
○曰 16.25/110/26
○復恥之 16.25/110/26
○因先自取其最瘦者 16.25/110/26
○傳子晉 16.25/111/2
爲隗囂別將苟○所拘劫 16.30/111/25
○謂序曰 16.30/111/25
叱○等曰 16.30/112/1
○止〔之〕曰 16.30/112/2
子○諫莽而莽殺之 16.46/115/25
成都邑○偪側 18.12/130/1
輒更繕修館○ 18.25/133/19

雨 yǔ 34

矢下如○ 1.1/2/26
暴○下如注 1.1/3/7
大風○ 1.1/3/23
天大○ 1.1/3/24
三○而濟天下 1.1/10/16
郡國大○雹 2.3/16/23
未還宮而澍○ 2.3/16/25
京師大○ 2.3/16/30
○雹大如芋魁、雞子 3.1/18/15
京師○雹 3.5/22/12
使中郎將堂谿典請○ 3.6/23/16
則雪霜風○之不時 5.5/30/18
澍○大降 6.5/37/1
是時自冬至春不○ 6.6/37/11
應時甘○澍降 7.2/39/4
京師○澤 7.2/39/6
京師少○ 7.9/41/19
大○將集 7.9/41/20,7.9/41/21
明日大○ 7.9/41/20
山出雲爲○ 7.9/41/22
蟻穴居而知○ 7.9/41/22
將雲○ 7.9/41/23
○射營中 10.11/64/25
疾風暴○ 11.14/74/13
比年大○ 13.11/86/27
河西舊少○澤 15.15/101/1
魯春○霜 18.4/127/11
暴○淹沒 18.30/135/15
京師淫○ 19.6/138/14
每陰○ 19.7/138/25
夏多和○ 22.4/162/27
大○將至 24.73/178/11
灰滅○絕 24.90/179/27

禹 yǔ 54

鄧○吹火 1.1/3/24
帝率鄧○等擊王郎橫野將軍劉奉 1.1/3/25
還過鄧○營 1.1/3/25
○進食炙魚 1.1/3/26
益吳漢、鄧○等封 1.1/5/4
故○不郊白帝 1.1/5/11
下詔讓吳漢副將劉○曰 1.1/7/9
○宗室子孫 1.1/7/11
陛下有○、湯之明 1.1/9/6
功臣鄧○等二十八人皆爲侯 1.1/10/1
各與虞《韶》、○《夏》、湯《濩》、周《武》無異 5.5/31/11
鄧○、字仲華 8.1/46/5
○雖幼 8.1/46/6
○聞之 8.1/46/8
○曰 8.1/46/9
8.10/50/12,9.1/54/23
因令左右號○曰鄧將軍 8.1/46/14
指示○曰 8.1/46/16
○破邯鄲 8.1/46/19
○爲大司徒 8.1/46/19
前將軍鄧○ 8.1/46/19
可封○爲酇侯 8.1/46/20
○乘勝獨克 8.1/46/23
上以○不時進 8.1/46/24
○征之 8.1/47/1
○與戰 8.1/47/1
上乃徵○還 8.1/47/2
○與赤眉戰 8.1/47/3
○獨與二十四騎詣雒陽 8.1/47/5
鄧○及諸將多相薦舉 8.10/50/10
召鄧○宿 8.10/50/11
○數與語 8.10/50/13
上以○爲知人 8.10/50/14
問鄧○曰 9.1/54/23
鄧○發房子兵二千人 9.12/61/18
張○好學 11.10/73/10
○爲廷尉府北曹吏 11.10/73/10
○爲開水門 11.10/73/12
○巡行守舍 11.10/73/13
○聞知 11.10/73/15
○以宰士惶恐首實 11.10/73/16
○以太尉留守北宮 11.10/73/16
○爲太傅 11.10/73/17
乃詔○舍宮中 11.10/73/18
《○貢》「厥包橘柚」 12.1/76/16
武威將軍劉○擊武陵五谿蠻夷 12.1/77/3
鄧○使積弩將軍馮愔將兵（繫）〔擊〕邑 14.4/91/28
辟鄧○府 14.5/93/1
數奏記於○ 14.5/93/1
鄧○平三輔 15.5/96/20
○高其節義 15.5/96/20
不務修舜、○、周公之德 19.16/140/25

詔鄧○收葬〔於〕霸陵 23.1/165/20

語 yǔ 51

尤止車獨與帝○ 1.1/1/19
○言譎詭 1.1/2/5
帝飲食○笑如平常 1.1/3/12
帝與伯叔及姊壻鄧晨、穰人蔡少公燕○ 1.1/4/15
與人○ 1.1/6/9
因○吏 2.1/11/11
與中黃門桓賢○ 3.6/23/18
俗○曰 6.2/34/27
七歲讀《論○》 6.5/36/13
以○太守 7.7/40/18
造次不能以辭○自達 8.10/50/10
夜○曰 8.10/50/11
禹數與○ 8.10/50/13
傳○匈奴曰 8.17/54/6
上與衆會飲食笑○如平常 9.4/56/18
○諸將曰 9.7/59/5
王莽時舉有德行、能言○、通政事、明文學之士 9.10/60/17
景丹因以言○爲固德侯相 9.10/60/17
對賓客○ 11.13/74/9
臥念少游平生時○ 12.1/76/20
長安○曰 12.2/77/10
見純前告翕○ 13.12/87/24
與鮪交馬○ 14.1/90/8
鄉里爲之○曰 14.6/94/7
故南陽人爲之○ 15.10/99/6
（之爲）〔爲之〕○曰 16.13/107/13
故京師爲之○曰 16.20/109/19
相與久○ 16.22/110/9
時人爲之○曰 16.51/117/8
言○不擇 17.17/123/1
京師爲之○曰 18.17/131/23
私○行事人使不加力 18.22/133/1
恭各○其〔家〕父母 18.28/134/17
與伯通及會稽士大夫○曰 18.29/135/7
試《論○》本文章句 19.6/138/9
○云 19.8/139/4
父母○「汝小何能多少」 19.25/143/8
諸儒爲之○曰 20.2/145/5
京師○曰 20.14/147/24
祐與○ 20.17/148/17
乃徐○曰 21.9/152/17
○曰 21.56/160/18
俯刮席與小常侍○ 23.1/165/6
乃令侍中坐帷內與○ 23.1/165/7
里閭○曰 23.1/165/13
小奴見子密聽其○ 23.11/168/24
厭浮○虛辭耳 23.16/170/12
述夢有人○之曰 23.17/171/8
○其妻 23.17/171/9
未曾私○ 24.58/177/7
去中鬼神仙道之○ 24.91/180/2

與 yǔ 287

○同舍生韓子合錢買驢 1.1/1/15
尤止車獨○帝語 1.1/1/19
諸李遂○南陽府掾史張順等連謀 1.1/2/6
乃○伯升相見 1.1/2/8
帝騎牛○俱 1.1/2/11
嚴（光）〔尤〕、陳茂○合 1.1/2/15
帝○諸將議 1.1/2/19
乃遂令輕足將書○城中諸將 1.1/3/5
邑○嚴尤、陳茂輕騎乘死人渡滍水逃去 1.1/3/8
文書移○屬縣 1.1/3/14
反○愚人相守 1.1/4/12
帝○伯叔及姊壻鄧晨、穰人蔡少公燕語 1.1/4/15
帝所○在長安同舍諸生彊華自長安奉《赤伏符》詣鄗 1.1/4/17
○帝會 1.1/4/18
○朱〔伯〕然書曰 1.1/5/1
俱○后稷竝受命而爲王 1.1/5/10
帝遣游擊將軍鄧隆〔○〕幽州牧朱浮擊彭寵 1.1/5/13
○舂陵父老故人爲樂 1.1/5/18
○人語 1.1/6/9
○高帝等 1.1/6/10
河西大將軍竇融○五郡太守步騎二萬迎帝 1.1/6/23
勿○爭鋒 1.1/7/7
安得松、喬○之而共遊乎 1.1/8/24
樂○官市 1.1/10/12
帝○皇太后幸南陽祠章陵 2.1/12/15
廟○世宗廟同而祠 2.1/13/22
諸小王皆當略○楚、淮陽相比 2.1/13/28
我子不當○先帝子等 2.1/13/29
明德太后姊子夏壽等私呼虎賁張鳴○敖戲爭鬭 2.2/15/13
魯丕○侍中賈逵、尚書令黃香等相難 2.3/17/1
諸王子莫得○比 3.1/18/8
安定太守杜恢○司馬鈞并威擊羌 3.1/18/30
皇后○兄顯 3.1/19/14
遂○兄冀定策于禁中 3.5/21/25
帝○中常侍單超等五人共謀誅之 3.5/22/6
到廣陵以○龍尙 3.5/22/24
○陳王寵交通 3.6/23/14
○中黃門桓賢語 3.6/23/18
○舊詩並行者 5.4/29/4
○博士充等議 5.5/29/21
各○虞《韶》、禹《夏》、湯《濩》、周《武》無異 5.5/31/11
○高廟同樂 5.5/32/1
不當○世（祖）〔宗〕廟《盛德》之舞同名 5.5/32/2
于世祖廟○皇帝交獻薦 5.5/32/15
〔讁勑令○諸舍相望也〕 6.2/34/18
○梁皇后並爲貴人 6.7/37/16
○天合靈 6.8/37/23
金○亭佐孟常爭言 7.4/39/24
推父時金寶財產○昆弟 7.7/40/16
乃○公卿共議定南北郊冠冕車服制度 7.12/42/17
○參政事 7.12/42/21

蒼○諸王朝京師 7.12/42/22
此○誰等 7.12/43/1
惟王○下邳王恩義至親 7.20/45/14
可不愼○ 7.20/45/16
○定計議 8.1/46/14
○朕謀謨帷幄 8.1/46/20
禹○戰 8.1/47/1
禹○赤眉戰 8.1/47/3
禹獨○二十四騎詣雒陽 8.1/47/5
坐私○梁扈通書 8.2/47/24
不○兵刃 8.2/48/1
奴復○宮中衛士忿爭 8.6/49/1
又○五千 8.6/49/2
乞○衣裘輿馬 8.6/49/4
東京莫○爲比 8.7/49/20
可○計事 8.10/50/8
漢○鄧弘俱客蘇弘 8.10/50/12
禹數○語 8.10/50/13
○蘇茂、周建戰 8.10/50/17
遂以分○昆弟外家 8.10/51/2
復○段孝共坐 8.11/51/11
復北○五校戰于眞定 8.11/51/15
令○當世大儒司徒丁鴻問難經傳 8.12/52/3
臨淄諸郡太守相○雜居 8.14/52/23
○劉歆等會戰 8.14/53/6
弇○步戰 8.14/53/6
○匈奴共攻恭 8.17/54/12
恭○士衆推誠 8.17/54/12
遂○漢盛衰 8.17/54/16
不欲○相見 9.1/55/9
○貳師嚴尤共城守 9.2/55/26
上○衆會飲食笑語如平常 9.4/56/18
異遂○諸將定議上尊號 9.4/57/7
○赤眉遇于華陰 9.4/57/12
○赤眉相拒 9.4/57/13
〔○諸將相逢〕 9.4/57/21
常○（祐）〔祜〕共車而出 9.6/58/14
○共買蜜合藥 9.6/58/14
○弘農、厭新、柏華、蠻中賊合戰 9.7/59/6
賞賜○士卒 9.7/59/13
後○戰 9.11/61/5
延○戰 9.11/61/9
純持節○從吏夜遁出城 10.1/62/6
純○從昆弟訢、宿、植共率宗（施）〔族〕賓客二千餘人 10.1/62/7
是時公孫述將田戎、任滿○漢軍相拒于荆門 10.2/62/16
馬武○衆將上隴擊隗囂 10.3/62/24
○景丹、祭遵合擊蠻中 10.6/63/12
欲○君爲左右 10.7/63/17
○士卒共勞苦 10.10/64/9
惟隗○袁安同心畢力 10.13/65/12
孫述坐○楚謀反 10.17/66/15
位次○諸將絕席 10.20/67/5
不欲○軼相見 10.21/67/9
莫○爲比 10.22/68/5
○駙馬都尉耿秉北征匈奴 10.23/68/10
遂解馬○之 10.26/69/8
○茂竝居 10.26/69/10
○人未嘗有爭競 10.26/69/25
晨○上共載出 11.1/70/5
晨○上起兵 11.1/70/7
上微時○晨觀讖 11.1/70/9
○劉嘉俱詣雒陽 11.2/70/17
○之大歡 11.2/70/18
○俱伐蜀 11.2/70/19
歙○征虜將軍祭遵襲略陽 11.2/70/23
遂○五谿戰 11.2/71/3
○蓋延攻公孫述將王元 11.2/71/3
假○糧種 11.10/73/13
○三公絕席 11.10/73/19
○同郡張宗、上谷鮮于褒不相好 11.14/74/16
友人張汜、杜禽○興厚善 11.14/74/17
援素○述同鄉里 12.1/75/13
臣○公孫述同縣 12.1/75/19
援○楊廣書曰 12.1/75/23
《○兄子嚴敦書》曰 12.1/76/20
○竇固等議出兵調度 12.3/77/17
怒不○穀 12.3/77/19
馬當○穀 12.3/77/20
章帝○光詔曰 12.4/78/15
憲奴玉當誣光○憲逆 12.4/78/17
不○ 12.4/78/18
因告言光○憲有惡謀 12.4/78/18
○校書郎杜撫、班固定《建武注記》 12.6/79/7
梁○秦同祖 12.9/80/6
悉分○昆弟中外 12.11/81/15
於四城外給○貧民 12.11/81/15
不○席而讓之曰 13.6/84/5
不○民爭利 13.6/84/9
上○共論朝臣 13.6/84/12
嘗因朝會帝讀隗囂、公孫述相○書 13.7/84/19
朱浮○彭寵書 13.9/85/3
先○鄭興同寓隴右 13.11/85/26
本○漢異 13.11/86/6
○馬援同鄉里 13.11/87/1
憙不○相見 13.16/89/5
○友人韓仲伯等數十人 13.16/89/8
悉以○之 13.16/89/11
鮪○其謀 14.1/90/4
旦蚤○我會上東門外 14.1/90/8
○鮪交馬語 14.1/90/8
○俱見吳公 14.1/90/10
永○馮欽共罷兵 14.2/90/21
○永對食 14.2/90/24
○五官將軍相逢 14.2/91/2
○右中郎將張邯相逢城門中 14.2/91/4
衍○邑素誓刎頸 14.4/92/2
○邑同事一朝 14.4/92/5
君長將兵不○韓信同日而論 14.4/92/10
○鮑永相善 14.5/92/23
功無○二 14.5/93/12
鴻獨○弟盛居 15.2/95/7
留書○盛曰 15.2/95/8
鴻初○九江人鮑駿同事桓榮 15.2/95/11
肅宗詔鴻○太常樓望、少府成封、屯騎校尉桓郁、衛士令賈逵等 15.2/95/13
○燎烟合 15.2/95/20
上特詔御史中丞○司隸

校尉、尙書令會同並專席而坐 15.3/96/5
司徒侯霸欲○丹定交 15.5/96/21
家君欲○君投分 15.5/96/22
惲○董子張友 15.8/97/22
今○衆儒共論延功 15.8/97/29
鳥獸不可○同群 15.8/98/4
堪○吳漢并力討公孫述 15.12/99/25
曄○世祖有舊 15.17/101/11
固又遣○從事郭恂俱使西域 16.3/103/3
不○水火 16.6/104/23
嘗○族人桓元卿俱捃拾 16.9/106/2
而悉以租入○之 16.10/106/16
○敏善 16.22/110/6
敏○班彪親善 16.22/110/8
每相遇○談 16.22/110/8
相○久語 16.22/110/9
蘇竟○劉歆兄子恭書曰 16.28/111/16
○國右史公從事出入者惟硯也 16.28/111/16
子若○我并威同力 16.30/111/25
○兄俱出城採蔬 16.41/114/26
黑○母 16.44/115/14
○周黨相友 16.49/116/15
○相見 16.49/116/17
屠者或不肯○〔之〕 16.49/116/21
○鄉佐相聞期鬬日 16.50/116/27
然後○相擊 16.50/116/28
臣願○並論雲臺之下 16.50/117/3
○周澤相類 17.5/119/3
讓○其弟憲 17.8/119/18
歲旦○掾吏入賀 17.10/120/5
○母俱匿野澤中 17.11/120/21
屬○賊期 17.11/120/23
宮悉推○而去 17.12/121/7
縣不得已○之 17.13/121/15
○京兆祁聖元同好 17.17/122/24
○婦傭作養母 17.22/124/5
以穀飯獨○之 17.23/124/18
善○歸本縣 17.25/125/12
嘗○奴載鹽北至太原販賣 18.1/125/22
○小吏受等 18.1/126/13
餘皆賤糴○民饑羸者 18.1/126/14
躬○奴共發棘田種麥 18.1/126/17
○（東）〔同〕郡宗武伯、翟敬伯、陳綏伯、張弟伯同志好 18.3/127/4
讓國○異母弟鳳 18.3/127/5
○外氏家屬從田間奔入宛城 18.6/127/23
暉不敢○ 18.6/127/26
前不○婢者 18.6/127/26
掾自視孰○藺相如 18.6/128/4
每○相見 18.6/128/9
歸以○兄 18.10/129/8
且盡推財○之 18.10/129/11
○毛義各賜羊一頭 18.10/129/15
○客步負喪歸 18.12/129/25
太守張穆持筒中布數篋○范 18.12/129/26
令從騎下馬○之 18.12/130/6
以絳罽襜褕○皁 18.13/130/21
拒不○文 18.13/130/22
令○長吏參職 18.14/131/3
市賈輒○好善者 18.18/132/3
任貰○之 18.18/132/4
恩寵莫○爲比 18.18/132/6
乃○同舍郎上書直諫 18.22/132/26
○美陽令交遊 18.23/133/7
當○議之 18.26/134/3
不○人同食 18.29/134/22
初○京邑蕭友善 18.29/134/29
○伯通及會稽士大夫語曰 18.29/135/7
又○寡嫂詐訟田 18.30/135/18
○光武同門學 19.1/136/5
使尙書令王鮪○酺相難 19.1/136/11
○恭訣曰 19.4/137/20
愼毋○人重比 19.7/138/20
○其不得已 19.7/138/24
○人絕異 19.10/139/13
常念兄○嫂在家勤苦 19.11/139/20
○兄弟子同苦樂 19.11/139/21
少○同郡許敬善 19.12/140/3
乃試令嬖臣美手腕者○女子雜處帷中 19.31/144/15
棠不○言 20.10/147/3
祐○語 20.17/148/17
○馬國等相見 20.23/149/19
天子○我棗脯 20.23/149/20
○若棗者 20.23/149/20
分○苗光 20.24/150/3
因○俱迎濟陰王幸南宮雲臺 20.24/150/5
上書願○雲俱得死 21.4/151/7
餘羌復〔○繞河大〕寇張掖 21.8/151/26
○弟子誦書自若 21.11/153/6
乃相○共除閹黨 21.14/153/27
後昱○大將軍竇武謀誅中官 21.14/154/1
○李膺俱死 21.14/154/1
允○立入 21.21/155/4
○宣共挽鹿車歸鄉里 22.1/160/27
○天意合 22.4/161/22
○人富厚 22.4/162/24
○伯升會 23.1/164/22
〔○〕聖公至于壇所 23.1/164/27
當○霍光等 23.1/165/2
俯刮席○小常侍語 23.1/165/6
日夜○婦人歡宴後庭 23.1/165/6
乃令侍中坐帷內○語 23.1/165/7
○更始將軍蘇茂戰 23.1/165/16
○兩空札置笥中 23.5/166/11
○熊耳山齊 23.5/166/19
崇欲○王莽戰 23.6/166/25
恐其衆○莽兵亂 23.6/166/25
〔皆〕貰〔○之〕 23.7/167/7
少年欲相○償之 23.7/167/7
因○呂母入海 23.7/167/9
正○同時 23.8/167/14
○假號將軍李興等結謀 23.9/168/5
○劉永相會 23.10/168/11
寵○所親信吏計議 23.11/168/18
○蓋延共擊黃憲 23.15/169/19
○諸將書曰 23.15/169/20
割牲而盟光武○囂書曰 23.16/170/2
岑彭○吳漢圍囂于西（域）〔城〕 23.16/170/13
不亟乘時○之分功 23.17/171/18

○漢中諸將合兵并勢 23.17/171/20
○同郡人陳義客夷陵 23.19/172/11
動○禮合 24.47/176/13

瓻 yǔ 3

鳳皇見肥城○亭槐樹上 2.2/14/26
民惰○ 15.14/100/14
議曹惰○ 17.10/120/9

玉 yù 41

宛大姓李伯○從弟軼數遣客求帝 1.1/2/1
先是時伯○同母兄公孫臣爲醫 1.1/2/1
手不持珠○ 1.1/7/14
賜○具劍 2.3/16/12
贈以玄○赤紱 3.1/18/20
帝崩于○堂前殿 3.2/20/26
3.3/21/11,3.4/21/19
珠○玩好皆不得下 3.2/20/27
傳勉頭及所帶○印、鹿皮冠、黃衣詣雒陽 3.4/21/17
得○玦 3.5/21/30
又造南宮○堂 3.6/24/3
其○牒文秘 5.5/30/7
繡衣御史申屠建隨獻○玦 7.1/38/16
璧帶珠○ 7.16/44/11
賜朱棺○衣 8.16/53/26
賜以乘輿七尺○具劍 9.4/57/10
憲奴○當誣光與憲逆 12.4/78/17
○當亡 12.4/78/17
官捕得○當 12.4/78/18
衣衾、飯唅、○匣、珠貝之屬 12.11/81/19
賜東園轜車、朱壽器、銀鏤、黃〔金〕○匣 12.11/81/22
作威○食 13.11/86/24
賜以○玦 13.14/88/18
賜駮犀具劍、佩刀、紫艾綬、○玦各一 13.15/88/25
田邑、字伯○ 14.4/91/27
時述珍寶珠○委積無數 15.12/99/26
但願生入○門關 16.3/104/2
重愛○體 16.9/105/23
洼丹、字子○ 16.19/109/7
郭○者、廣漢人也 19.31/144/15
使○各診一手 19.31/144/16
○言 19.31/144/16
○壺革帶 20.4/146/1
行則鳴○ 20.13/147/20
賜谷蠡王○具劍 22.3/161/15
上書以非劉氏還○璽 23.3/166/3
子密收金○衣物 23.11/168/24
云「石中有○璽」 23.12/169/4
猶言肘有○璽 23.12/169/4
○衡長八尺 24.89/179/18

育 yù 5

撫○恩養甚篤 7.1/38/24
鄧太后以殤帝初○ 11.10/73/17
李○、字元春 18.20/132/16
○陪乘 18.20/132/16
○輒對 18.20/132/16

芋 yù 1

雨雹大如○魁、雞子 3.1/18/15

郁 yù 24

○夷、陳倉 11.2/70/25
肅宗詔鴻與太常樓望、少府成封、屯騎校尉桓○、衛士令賈逵等 15.2/95/13
子○以明經復爲太常 16.9/106/12
子○當襲爵 16.10/106/16
上以○先師子 16.10/106/16
○以永平十四年爲議郎 16.10/106/17
令○校定於宣明殿 16.10/106/18
上謂○曰 16.10/106/18
16.10/106/19
復令○說一篇 16.10/106/19
又問○曰 16.10/106/20
○曰 16.10/106/20
皇太子賜○鞍馬、刀劍 16.10/106/21
○乃上疏皇太子曰 16.10/106/21
○父子受恩 16.10/106/22
○兼羽林中郎將 16.10/106/24
汝○、字叔異 19.29/144/3
○常抱持啼泣 19.29/144/3
○視母色未平 19.29/144/4
○再徵 19.29/144/4
尙書敕○自力受拜 19.29/144/5
○乘輦白衣詣 19.29/144/5
臺遣兩當關扶○入 19.29/144/5
受《歐陽尙書》于桓○ 20.2/145/5

昱 yù 13

張步遣其掾孫○隨盛詣闕上書 13.2/83/7
鮑○、字文淵 14.3/91/17
其父母詣○ 14.3/91/17
○憐其言 14.3/91/18
詔○詣尙書 14.3/91/19
上遣小黃門問○有所怪不 14.3/91/19
○奏定《詞訟》七卷 14.3/91/22
霸遣子○候 15.5/96/21
○道遇丹 15.5/96/21
○曰 15.5/96/22
寵辟司徒鮑○府 19.7/138/20
其兄○爲沛相 21.14/153/27
後○與大將軍竇武謀誅中官 21.14/154/1

域 yù 19

及北郊兆○ 1.1/9/20
西○蒙奇、疏勒二國歸義 2.3/17/5
時始置西○都護、戊己校尉 8.17/54/3
遂滅西○ 10.23/68/10
以明軍謀特除西○司馬 12.9/80/7
今子當之絕○ 15.5/96/19
猶當效傅介子、張騫立功異○ 16.3/102/23
固又遣與從事郭恂俱使

西○ 16.3/103/3
并求更選使使西○ 16.3/103/10
超至西○ 16.3/103/14
超定西○五十餘國 16.3/103/21
超自以久在絕○ 16.3/104/1
超在西○三十一歲 16.3/104/6
京兆尹出西○ 16.36/113/22
復徵爲西○副校尉 19.20/141/22
西○殷富 19.20/141/22
西○、胡夷 21.2/150/23
岑彭與吳漢圍囂于西（○）〔城〕 23.16/170/13
西（○）〔城〕若下 23.16/170/13

御 yù 66

獨居輒不○酒肉 1.1/3/13
（戈）〔弋〕獵之事不○ 1.1/7/14
○坐廡下淺露 1.1/8/4
上自○塤箎和之 2.1/12/32
親○講堂 2.1/13/12
賜以服○之物 2.1/13/12
上從席前伏○床 2.1/13/18
敕○史、司空 2.2/14/15
○車所止 3.1/19/13
○卻非殿 3.5/21/26
有黑氣墮所○溫明殿庭中 3.6/23/21
中外官尙書令、○史中丞、治書侍○史、公將軍長史、中二千石丞、正、平、諸司馬、中宫王家僕、雒陽令秩皆千石 4.1/25/21
諫議大夫、侍○史、博士皆六百石 4.1/26/9
以○田祖」者也 5.4/28/22
百官頌所登○者 5.5/31/13
十月烝祭始○ 5.5/31/15
希嘗臨○窗（望）〔牖〕 6.2/34/19
時新平主家○者失火 6.2/35/11
繡衣○史申屠建隨獻玉玦 7.1/38/16
上○雲臺 7.9/41/19
復賜乘輿服○、珍寶鞍馬 7.12/43/13
更始使侍○史黃黨即封世祖爲蕭王 8.14/52/12
有牧民○衆之才 9.1/54/23
不○酒肉 9.4/56/18
至夜○燈火 9.7/59/9
覆以○蓋 9.7/59/10
爲○史中丞 11.7/72/16
19.10/139/14
執憲○下 11.7/72/16
○款段馬 12.1/76/18
○章臺下殿 12.3/78/7
帝親○阿閣 12.6/79/9
○坐新施屏風 13.6/84/11
林爲侍○史 13.11/85/26
長吏制○無術 13.11/86/13
二千石失制○之道 13.11/86/26
宣秉、建武元年拜○史中丞 15.3/96/5
上特詔○史中丞與司隸校尉、尙書令會同並專席而坐 15.3/96/5
徵拜侍○史 15.7/97/14
18.22/133/3
爲侍○史 15.10/99/3
臣問○佐曰 15.14/100/16
○佐對曰 15.14/100/16
賜○食衣被 15.17/101/12
爲○史 16.13/107/12
避驄馬○史 16.13/107/14
使撻侍○史 17.1/117/23
貸○史罪 17.1/117/24
驃騎執法○臣 17.19/123/14
收○者送獄 17.20/123/19
弟禮爲○史中丞 17.23/124/21
當辟○史 18.8/128/21
拜侍○史 18.10/129/12
19.15/140/16
哀、平間以明律令爲侍○史 19.7/138/18
詔賜○府衣一襲 20.4/145/27
侍○史張綱獨埋輪于雒陽都亭 20.15/148/3
虹晝見○座殿庭前 21.24/155/21
妻乃悉歸侍○服飾 22.1/160/26
賜○食及橙、橘、龍眼、荔枝 22.3/161/13
李松等自長安傳送乘輿服○物 23.1/165/3
父仁爲侍○〔史〕 23.17/170/24
特賜○□ 24.25/174/25
侍○史、東平相格班 24.82/179/3
浣已復○ 24.94/180/11

欲 yù 191

帝○避之 1.1/2/1
使來者言李氏○相見款誠無他意 1.1/2/2
○何爲乃如此 1.1/2/16
莽遣尋、邑○盛威武 1.1/2/16
各○散歸 1.1/2/19
反○歸守其妻子財物耶 1.1/2/20
更始○北之雒陽 1.1/3/13
更始○以近親巡行河北 1.1/3/17
帝升車○馳 1.1/3/22
○復進兵 1.1/6/13
而○有事于太山 1.1/9/10
思念○完功臣爵土 1.1/10/3
常○以墾田相方耳 2.1/11/11
○使諸儒共正經義 2.1/11/21
○觀上衣 2.1/12/9
至〔命〕○相殺于殿下 2.2/15/15
○爲儲副 3.1/18/9
○僞道得病 3.1/19/15
梁太后○以女弟妃之 3.5/21/24
昔小白○封 5.5/30/2
季氏○旅 5.5/30/2
○有以增諸神之祀 5.5/30/18
○授以尊位 6.1/34/1
時上○封諸舅 6.2/34/27
及上○封諸舅 6.2/35/7
而○封爵 6.2/35/8
○爲萬世長計 6.3/35/26
念○考問 6.5/36/19
若○有言 6.5/36/25
○報之德 6.8/37/23
○令親吏事 7.1/38/24
我○詣納言嚴將軍 7.4/39/20
明旦○去 7.4/39/21
○竟何時詣嚴將軍所 7.4/39/21
不○令厚葬以違其意 7.8/41/13
爲諸子在道○急帶之也 7.9/41/26

奢侈恣○ 7.11/42/9
夜詣彭城縣○上書 7.17/44/19
寧○仕耶 8.1/46/9
○尊主安民者也 8.1/46/12
○令通漕 8.2/47/15
○歸故地 8.2/47/26
不○久在內 8.4/48/13
○北（代）〔發〕幽州突騎 8.10/50/12
問所○言 8.10/51/4
共白○以復爲鄗尉 8.11/51/13
使者來○罷兵 8.14/52/14
弇內○攻之 8.14/52/24
然吾故揚言○攻西安 8.14/52/26
反○以賊虜遺君父耶 8.14/53/9
肆心縱○ 8.17/54/13
上○南定河內 9.1/54/22
不○與相見 9.1/55/9
賈復勒兵○追之 9.1/55/11
○起相避 9.1/55/12
今○降之 9.1/55/19
○降 9.1/55/20
不○ 9.1/55/20
明公常○衆軍整齊 9.7/59/4
○令强起領郡事 9.10/60/24
殆令人齒○相擊 9.11/61/10
卿○遂蹕耶 9.12/61/21
○收純 10.1/62/6
（鄉）〔卿〕乃○以治民自效 10.1/62/11
越人謀○叛漢附蜀 10.2/62/17
○與君爲左右 10.7/63/17
霸○如實還報 10.11/64/18
馬○僵 10.11/64/19
我○賜之 10.14/65/20
不○與軼相見 10.21/67/9
被馬○出 10.21/67/13
不○傳子 10.22/67/24
誠○令恭肅畏事 10.22/68/1
公○讓職還土 10.22/68/2
汝獨不○修之 10.26/69/16
○罪之 11.1/70/7
今乃○從佞惑之言 11.2/70/21
因○前刺囂 11.2/70/22
○屬以軍事 11.2/71/5
車駕臨問其所○言 11.4/71/21
○自受其辭 11.9/73/3
○令重臣居禁內 11.10/73/18
上○封興 11.14/74/14
乃辭況○就邊郡畜牧 12.1/75/8
○授以封侯大將軍位 12.1/75/15
黠羌○旅拒 12.1/76/6
○自請擊之 12.1/76/28
上始○征匈奴 12.3/77/17
上○冠鉅 12.3/78/7
懷挾○中光 12.4/78/18
汲汲○知下情 12.6/79/11
○令輔國家以道 13.6/84/6
○令以善自珍 13.13/88/8
憙常思○報之 13.16/89/3
○棄之於道 13.16/89/9
每逢賊○逼奪 13.16/89/9
○何望乎 14.1/90/3
彭趣索○上 14.1/90/8
太守趙興○出謁 14.2/90/16
豈夫子○令太守大行饗 14.2/90/26
○下 14.2/91/8
吾○使天下知忠臣之子復爲司隸 14.3/91/21
○襲六國之從 14.4/92/5
○大無已 14.4/92/8
○明人臣之義 14.4/92/11
○貪天下之利 14.4/92/11
諸將皆○縣 15.1/94/25
司徒侯霸○與丹定交 15.5/96/21
家君○與君投分 15.5/96/22
白丹○往奔慰 15.5/96/23
○見夫人 15.6/97/5
上嘗○近出 15.7/97/15
○入 15.8/98/6
固○益其兵 16.3/103/11
不○令漢軍入國 16.3/103/20
○爲通籍 16.6/104/18
虜○令拜 16.6/104/22
○脅服衆 16.6/104/23
上○用榮 16.9/105/16
○置傅者 16.15/107/28
吾○以讖決之 16.16/108/9
汝南子○復黨乎 16.20/109/13
時博士祭酒議○殺羊 16.25/110/25
又○投鉤 16.25/110/26
清淨少○ 16.25/111/1
○專意經書 16.26/111/7
賊衆爭○殺之 16.30/112/2
○殺啖之 16.41/114/26
公孫述○徵李業〔爲博士〕 16.45/115/18
我○省煩耳 16.49/116/16
○令更服 16.50/117/1
母○還取之 17.11/120/20
○答之 17.12/121/5
時單于遣使求○得見宮 17.12/121/8
上○起北宮 17.13/122/2
○令政拜床下 17.17/122/28
不○穢污地 17.23/124/14
○謀殺續 17.25/125/10
高○望宰相 18.5/127/15
賊操弓弩○裸奪婦女衣服 18.6/127/23
○買暉婢 18.6/127/26
○明己心也 18.6/127/27
○以妻子託朱生 18.6/128/10
淡泊無○ 18.10/129/7
○出精廬 18.13/130/13
○之犍爲定生學經 18.13/130/14
革不○搖動之 18.18/132/4
○屬一士 18.26/134/3
○感之 18.28/134/16
父母問其所○ 18.29/135/1
○先就其名 19.4/137/15
○察君治迹耳 19.4/137/20
誠○以安定邊陲 19.4/137/23
令○殺之 19.16/140/22
復○進業 19.25/143/8
故舊長者或○令爲開產業 20.2/145/6
帝○造畢圭靈昆苑 20.4/145/24
○以爲苑 20.4/145/24
○以矛刺雄 20.8/146/20
棠是○曉太守也 20.10/147/4
水者、○吾清也 20.10/147/5
○吾擊强宗也 20.10/147/5
○吾開門恤孤也 20.10/147/5
恢○殺青簡以寫經書 20.17/148/12
○取劍 20.24/150/4
○還入 20.24/150/5
是帝○不諦乎 21.4/151/6

各○亡去 21.11/153/6
鄉人○爲具棺服 21.15/154/5
○令將近兵據門以禦之
21.33/157/8
山陽郡人江伯○嫁姊 22.2/161/3
姊引鎌○自割 22.2/161/3
林○以爲功效 22.5/164/4
聖公結客○報之 23.1/164/18
因○立之 23.1/164/24
群臣○言事 23.1/165/7
○得更始 23.1/165/20
赤眉○立宗室 23.5/166/11
崇○與王莽戰 23.6/166/25
少年○相與償之 23.7/167/7
○報怨耳 23.7/167/8
○輔立之 23.9/168/4
足下○承天順民 23.16/169/25
雖○以漢爲（民）〔名〕
23.16/169/26
而○牽儒生之說 23.16/170/8
是效隗囂○爲西伯也
23.17/171/19
○悉發北軍屯士及山東
客兵 23.17/171/19
○安其衆 23.17/171/23
○極其位 24.2/172/24
言虜○去 24.13/173/21
卒○寢伏儀下 24.90/179/26

堉 yù 1

而朱鮪立壇城南（○）
〔淯〕水上 23.1/164/24

淯 yù 2

朱鮪等會城南○水上沙
中 14.1/89/26
而朱鮪立壇城南（堉）
〔○〕水上 23.1/164/24

喻 yù 3

倒戟橫矢不足以明○ 8.14/52/19
因○告諸蠻夷 9.2/56/2
○以聖德 17.15/122/15

寓 yù 1

先與鄭興同○隴右 13.11/85/26

裕 yù 3

寬○廣博 2.2/14/4
寬○博愛 3.1/18/5
寬○晏晏 3.2/20/29

愈 yù 15

起居平○ 1.1/8/7
痼疾皆○ 1.1/9/16
世祖○珍帝德 2.1/11/15
遂○ 8.2/47/13
咸得平○ 8.2/47/23
醫藥療之多○ 8.2/48/2
復病尋○ 8.11/51/16
後病○ 13.16/89/5,16.9/105/22
賦斂○重 14.5/93/5
○見敬厚 16.9/105/21
道路○多不法 16.38/114/10
欺言已○ 19.29/144/4
創○復戰 23.17/171/14
○于坐而滅亡 23.17/171/15

預 yù 6

外戚○政 2.1/13/24
閹門而已無封侯○朝政
者 2.1/13/27
不能○竹帛之編 9.11/61/8
安能○知如此 16.9/106/5
以外戚小侯每○朝會 17.1/117/25
爲○汲水滿之 18.28/134/17

遇 yù 22

恩○甚厚 1.1/10/3
文王之○太公也 2.1/13/5
千載一○也 8.13/52/7
齊武王以譖愬○害 9.4/56/18
與赤眉○于華陰 9.4/57/12
前○冰變 10.11/64/21
○赦留 12.1/75/10
其委任自前世外戚禮○
所未曾有 12.11/81/24
○更始親屬 13.16/89/10
舉足○害 14.4/92/12
駿○於東海 15.2/95/11
昱道○丹 15.5/96/21
○實熟 16.14/107/21
何謂察察而○斯禍也 16.22/110/7
每相○與談 16.22/110/8
及援○譏 16.34/113/3
○赤眉賊 16.43/115/9
未○知己 18.1/126/2
道○群賊 18.6/127/23
○父故人 20.17/148/16
赤眉○光武軍 23.5/166/17
因○際會 24.8/173/11

嫗 yù 1

何用空養他家老○爲
19.11/139/25

獄 yù 43

皆下○ 2.3/16/19
舉冤○ 2.3/16/25
收下○ 3.1/19/1,13.12/87/25
下○死 3.5/22/25,20.20/149/6
省庶○ 6.5/36/24
即時收令下○抵罪 6.5/37/1
理冤○ 7.2/39/4
徵下○ 8.17/54/14
下○誅 9.9/60/13
王霸祖父爲詔○丞 10.11/64/13
皆繫○ 10.14/65/21
令自致徐○ 11.10/73/16
後定果下○ 12.1/76/24
死○中 13.8/84/26
邑人趙堅殺人繫○ 14.3/91/17
今繫○當死 14.3/91/18
令將妻入○ 14.3/91/18
趨出就○ 15.8/97/25
即自入○謝之 15.8/97/25
自載詣○ 15.15/100/28
率不生出○ 15.17/101/15
徵下○免 15.18/101/21
○犴塡滿 16.37/114/1
北地太守廖信貪污下○

17.3/118/19
坐事繫○ 17.17/122/26
收御者送○ 17.20/123/19
匡自繫○ 17.20/123/20
匡執法守正而下○ 17.20/123/21
坐考長吏囚死○中 18.6/128/9
篤于○中爲誄 18.23/133/8
決○多近于重 19.7/138/23
有疑○ 19.7/138/26
繫○數日 19.26/143/14
檻車徵下○ 20.21/149/10
下有司送雲黃門北寺○ 21.4/151/6
遂俱死○中 21.4/151/7
奔車收送詔○ 21.12/153/13
獲罪詣○ 21.30/156/20
初不歷○ 21.54/160/7
林以誣罔詣○ 22.5/164/5
遂死○中 22.5/164/6

豫 yù 12

當○自作 1.1/8/22
寢疾不○ 2.4/17/24
○聞政事 8.5/48/21
糧食不○具 9.7/59/12
勿令○到 11.4/71/21
司隸校尉梁松奏特進弟防、光、廖、〔廖〕子○ 12.2/77/12
備不○具 14.5/93/23
昔周公○防禍首 15.7/97/13
移居揚州從事屈○室中 16.14/107/21
劉愷、字伯○ 17.8/119/18
嘗○令弟子市棺斂具 18.31/135/22
周珌、○州刺史愼之子也 21.25/155/26

諭 yù 1

終不悅○ 13.11/86/5

禦 yù 5

能○大災則祀之 5.5/30/15
太僕、吾之○侮 9.8/60/8
所以挫其强○之力 13.11/86/17
並伉直不避强○ 14.2/91/7
欲令將近兵據門以○之 21.33/157/8

閾 yù 1

孝友著於閨○ 12.11/81/11

譽 yù 1

則足以顯聲○ 14.5/93/28

籞 yù 1

苑囿池○之官廢 1.1/7/13

鬱 yù 3

王氣○○葱葱 1.1/1/14
食○林潭中 9.5/58/5

冤 yuān 7

〔其〕有當見及○結者 1.1/6/19
舉○獄 2.3/16/25
舉○囚 6.5/36/24
理○獄 7.2/39/4
理○結 9.4/56/21
○結失望 14.5/93/14
平理○結 21.3/150/28

淵 yuān 6

（者）〔其〕時論者以爲（棱）〔稜〕○深有謀 2.2/15/9
馬援字文○ 12.1/75/5
朝之○藪 13.1/83/1
鮑昱、字文○ 14.3/91/17
履深○之薄冰不爲號 14.4/92/13
發深○之慮 14.5/93/29

鳶 yuān 1

仰視烏○跕跕墮水中 12.1/76/20

元 yuán 145

○帝時 1.1/1/6
建平○年十二月甲子夜 1.1/1/10
建武○年夏六月己未 1.1/4/21
改○爲建武 1.1/4/21
○復于漢 1.1/5/12
○年之初 1.1/5/22
改○爲中○ 1.1/9/13
中○○年 1.1/9/15
10.23/68/9,13.13/88/11
中○二年春二月 2.1/11/18
永平○年 2.1/11/20
十月○日 2.1/11/28
○和○年 2.2/14/13
18.10/129/15
○和二年以來 2.2/15/18
至章和○年 2.2/15/18
永○○年 2.3/16/10
○興○年夏五月 2.3/17/9
是以黎○寧康 2.3/17/13
○興○年冬十二月 2.4/17/18
延平○年八月 2.4/17/22
永初○年 3.1/18/12
帝加○服 3.1/18/15
○初○年 3.1/18/28
永寧○年 3.2/19/23
永建○年 3.2/19/31
陽嘉○年 3.2/20/7
漢安○年 3.2/20/20
建康○年秋八月 3.2/20/26
建康○年夏四月 3.3/21/8
永嘉○年春正月 3.3/21/11
本初○年夏閏六月 3.4/21/19
本初（三）〔○〕年四月 3.5/21/24
改○建和 3.5/21/26
建和○年 3.5/21/28
延熹○年 3.5/22/4
以光武皇帝○舅 3.5/22/19
永康○年 3.5/22/27
建寧○年 3.6/23/6
熹平○年 3.6/23/12
光和○年 3.6/23/18
延光○年省 4.1/25/1
建武○年復置 4.1/25/3
桓帝延熹○年三月己酉 4.1/25/10

建武○年復置牧 4.1/25/12
建武○年 4.1/25/18
10.13/65/11,15.10/99/3
永興○年 5.1/28/3
○始中 5.3/28/12,15.7/97/13
章帝○和二年詔曰 5.5/30/14
經稱『秩○祀 5.5/30/14
○○各得其所 5.5/31/5
《○命包》曰 5.5/31/9
（陛下）〔百姓〕盛歌
○首之德 5.5/32/5
文、武、宣、○祫食高
廟 5.5/32/12
更始○年 6.1/33/24
13.5/83/20,23.19/172/11
永○二年 6.4/36/6
16.10/106/24,22.6/164/12
順帝陽嘉○年 6.6/37/11
和平○年 6.8/37/22
○帝許之 7.7/40/15
初○四年 7.7/40/15
○初中 7.8/41/15
○初五年 7.17/44/22
本初○年 7.17/44/22
永○四年 7.21/45/20,15.2/95/25
以延平（九）〔○〕年
拜爲車騎將軍、儀同
三司 8.4/48/12
○初中爲度遼將軍 8.9/49/28
岑起、○初中坐事免 9.3/56/13
永○初 10.13/65/12
囂將王○說囂 11.2/70/20
與蓋延攻公孫述將王○ 11.2/71/3
從司徒祭酒陳○受《左
氏春秋》 12.6/79/6
○帝初○五年 12.9/80/9
哀帝建平○年 12.9/80/9
○壽二年 12.9/80/12
永○九年 12.10/81/5
歙掾陳○上書追訟之 13.8/84/27
祭可且如○年郊祭故事
13.11/86/10
○○侵陵之所致也 13.11/86/13
○○少得舉首仰視 13.11/86/26
○始五年 13.12/87/16
爲國○老 13.16/89/20
○○無聊 14.5/93/6
成天地之○功也 14.5/93/17
王○、杜陵人 14.8/94/18
○和二年 15.2/95/17,19.1/136/9
宣秉、建武○年拜御史
中丞 15.3/96/5
○和中 15.14/100/15
陳○上疏曰 16.8/105/7
嘗與族人桓○卿俱拮拾
16.9/106/2
○卿謂榮曰 16.9/106/3
○卿來候榮 16.9/106/4
○卿曰 16.9/106/4
章帝○和中 16.16/108/13
建初○年 17.7/119/13
18.17/131/24
與京兆祁聖○同好 17.17/122/24
論難僠僠祁聖○ 17.17/122/25
本同縣李○蒼頭 17.25/125/9
○家相繼死沒 17.25/125/9
和帝始加○服 18.5/127/16
章和○年 18.9/128/26
○、成間 18.14/130/27
李育、字○春 18.20/132/16
安帝○年 19.6/138/13
延平○年仕爲光祿大夫
19.11/139/24
○興○年奏上之 20.9/146/26
荀曇、字○智 21.14/153/27
蔣翊、字○卿 21.37/157/25
改○爲更始○年 23.1/164/27
更（治）〔始〕○年起
兵 23.13/169/9
囂將王○說囂曰 23.16/170/6
○請以一丸泥爲大王東
封函谷關 23.16/170/9
納王○之說 23.16/170/18
改○曰龍興 23.17/171/10
○始○年 24.1/172/21
○年營造明堂、靈臺、
辟雍 24.6/173/7
建武乙未、○和丙寅詔
書 24.92/180/7

垣 yuán 2

常牧豕于長○澤中 20.17/148/15
○副以漢中亭長聚衆降
宗成 23.17/170/24

爰 yuán 1

西羌祖○劍爲秦所奴隸
22.5/164/3

原 yuán 28

葬○陵 1.1/9/25
子識、○鹿侯 1.1/10/8
當謁○陵 2.1/13/15
五○郡兵敗于高梁谷 3.1/18/18
至正月當上○陵 6.2/35/12
愐見○陵 6.2/35/12
立長子章爲太○王 7.1/38/23
平○王葬 7.22/45/24
太○吏民苦轉運 8.2/47/15
討富平、獲索二賊于平
○ 8.10/50/19
弇凡平城陽、琅邪、高
密、膠東、東萊、北
海、齊、千乘、濟南
、平○、泰山、臨淄
等郡 8.14/53/10
太○至井陘 10.5/63/8
爲平○太守 13.16/89/12
入平○界輒死 13.16/89/13
時更始遣鮑永、馮衍屯
太○ 14.4/92/2
若鎮太○ 14.5/93/27
赤眉攻太○ 16.32/112/16
崔寔爲五○太守 16.40/114/20
五○土宜麻桑 16.40/114/20
太○人也 16.49/116/15
太○人 16.50/116/26
伏見太○周黨、東海王
良、山陽王成 16.50/117/2
嘗與奴載鹽北至太○販
賣 18.1/125/22
所輔、平○人 20.8/146/20
陳龜爲五○太（○）
〔守〕 21.2/150/23
遣（母）〔毋〕樓且渠
王求入五○ 23.9/168/5
○事得情 24.51/176/21

員 yuán 5

司馬○吏官屬 4.1/24/15
大行丞有治禮○四十七人 4.1/25/3
大將軍置長史、司馬○吏官屬 10.24/68/21
○字季主 12.1/75/7
外方內○ 15.8/97/30

袁 yuán 3

惟隗與○安同心畢力 10.13/65/12
○安爲河南尹十餘年 18.5/127/15
河南尹○安聞之 19.4/137/18

援 yuán 58

囂故吏馬○謂囂曰 1.1/6/8
（○）〔拔〕樂陽、槀、肥纍者〔也〕 9.12/61/19
持節送馬○ 11.2/70/19
馬○字文淵 12.1/75/5
仲生○ 12.1/75/6
○三兄 12.1/75/6
○長七尺五寸 12.1/75/7
○外類倜儻簡易 12.1/75/9
○哀而縱之 12.1/75/10
○嘗歎曰 12.1/75/10
隗囂甚重○ 12.1/75/13
囂使○往觀之 12.1/75/13
○素與述同鄉里 12.1/75/13
引○入 12.1/75/14
爲○制荅布單衣、交讓冠 12.1/75/14
○曉之 12.1/75/16
囂乃使○奉書雒陽 12.1/75/17
○初到 12.1/75/17
○至 12.1/75/18
○頓首謝曰 12.1/75/18
○乃曰 12.1/75/21
○歸說囂曰 12.1/75/22
○與楊廣書曰 12.1/75/23
會召○ 12.1/76/1
○爲隴西太守 12.1/76/4
○務開恩信 12.1/76/4
○一一解之 12.1/76/8
上以○爲伏波將軍 12.1/76/12
○上言 12.1/76/12
○好事 12.1/76/16
○平交趾 12.1/76/24
○於交趾鑄銅馬 12.1/76/25
臣○師事楊子阿 12.1/76/25
○振旅京師 12.1/76/28
○曰 12.1/76/28
○行亭障 12.1/77/2
詔書賜〔○〕鉅鹿縑三百匹 12.1/77/2
○因復請行 12.1/77/3
○自請曰 12.1/77/4
○據鞍顧盼 12.1/77/4
遂遣○ 12.1/77/5
○擊（五）〔武〕谿無功 12.2/77/9
○甚奇之 12.5/78/25
叔父○從車駕東征 12.6/79/5
與馬○同鄉里 13.11/87/1
○從南方還 13.11/87/2
○遣子持馬一匹遺林 13.11/87/2
○受之 13.11/87/4
嘗候馬○兄況 16.34/112/28
○裁知書 16.34/112/29
乃自酌酒慰○曰 16.34/112/29
及○爲將軍 16.34/113/2
○後〔雖〕貴 16.34/113/2
及○遇讒 16.34/113/3
勃上書理○曰 16.34/113/5
○謀如涌泉 16.34/113/6
乃○充以捐溝中 19.27/143/21
昔馬○以薏苡興謗 20.17/148/13

園 yuán 27

祠○廟 1.1/5/18
○陵至盛 1.1/6/20
修○廟舊宅田里舍 1.1/7/1
○陵廣袤 1.1/8/25
遷呂太后于○ 1.1/9/19
詔有司京師離宮○池 2.3/16/10
自京師離宮果○上林廣成囿悉以假貧人 2.3/16/22
儀比敬○ 2.3/16/27
○廄充滿 3.2/20/20
造萬金堂于西○ 3.6/24/1
匽夫人爲博○貴人 6.8/37/22
博○匽貴人履高明之懿德 6.8/37/22
伐淇○之竹 9.1/55/1
遂以賤直奪沁水公主○田 10.24/68/17
後肅宗駕出過○ 10.24/68/17
和帝南巡祠廟○ 11.10/73/16
車丞相高祖○寢郎 12.1/75/23
賜東○轜車、朱壽器、銀鏤、黃〔金〕玉匣 12.11/81/22
故遂相率而陪○陵 13.11/86/20
祀○陵還 13.13/88/11
十五年不窺○ 16.9/105/15
西謁○陵 16.10/106/24
高帝母昭靈后○陵在焉 17.1/117/21
問○陵之事 17.1/117/21
其○陵樹蘗皆諳其數 17.1/117/22
時章帝西謁○陵 18.20/132/16
廣壞田○ 20.4/145/26

圓 yuán 3

○以法天 5.6/32/25
○二尺五寸而强 24.89/179/19
立八尺○體之度 24.90/179/23

緣 yuán 10

○天地之所雜樂爲之文典 5.5/31/10
○馬尾得出 8.10/50/24, 23.17/172/1
乃悉罷○邊屯兵 9.8/60/6
不因○堯 13.11/86/5
○邊破於北狄 14.5/93/5
○路訪之 18.12/130/7
犬牙○界 19.4/137/18
災暴○類 20.19/148/28
（綠）〔○〕崖磻石 22.4/163/22

轅 yuán 5

馬駕在○中 10.21/67/13
堪去蜀郡乘折○車 15.12/99/27

乘折○車 16.35/113/17
百姓攀○扣馬呼曰 18.1/126/16
常自居○輓車 18.18/132/4

遠 yuǎn 61

浮軍○〔至〕 1.1/5/16
○臣受顏色之惠 1.1/6/6
○近不偏 1.1/6/20
安敢自○ 1.1/8/13
○方貢甘珍 1.1/10/4
長思○慕 2.1/11/20
地曠○ 2.1/13/3
又國○而小于王 2.1/13/29
終不○身 2.3/16/16
而○獻明珠以求媚 3.2/20/4
以○近獻馬眾多 3.2/20/20
○望如蓮華 5.1/27/15
山陵浸○ 7.12/43/4
光靈○也 7.12/43/6
誠不以○近親疏 7.12/43/12
生○來 8.1/46/9
深慮○圖 8.1/46/12
希令○征 8.11/51/18
然○斥候 8.16/53/25
○斥候 9.8/60/4
相去不○ 9.11/61/10
寧能高飛○去、不在人
　間耶 10.26/69/16
○祖以吏二千石自邯鄲
　徙茂陵成歡里 12.1/75/5
今臣○從異方來 12.1/75/20
不宜○入險阻 12.1/75/24
或從○方 12.9/80/14
○者不服 13.1/82/21
而○征邊郡 13.1/82/21
名足以光示○人 13.1/83/1
就關內之○都 13.11/86/3
堯○於漢 13.11/86/5
國土○近 13.13/88/6
○相避 13.16/89/5
○征萬里 14.5/93/5
則威風○暢 14.5/93/27
不○千里 15.2/95/7
　20.11/147/11
火明燎○ 15.8/98/7
而陛下○獵山林 15.8/98/8
去帝城不○ 15.9/98/18
兒曹何自○來 15.9/98/20
乃以漢中郡南鄭之西鄉
　戶千封超爲定○侯 16.3/103/21
宜思○慮 16.10/106/23
勿令○詣闕謝 16.34/113/11
駰自以○去 16.38/114/11
不可以示○ 17.12/121/9
才高名○ 17.18/123/7
自○方至者著爲錄 17.18/123/8
政稱○邇 19.13/140/8
應劭、字仲○ 19.14/140/12
○人不服 19.16/140/25
（武威）天下州郡○近
　莫不修禮遺 19.20/141/21
不〔得〕○走 19.21/142/1
○在海濱 20.17/148/13
〔以〕母年老國○ 21.46/159/3
《○夷樂德歌詩》曰 22.4/161/20
推潭僕○ 22.4/162/4
《○夷慕德歌詩》曰 22.4/162/16
不○萬里 22.4/163/1
《○夷懷德歌詩》曰 22.4/163/7
使○人有所依歸 23.17/171/8

怨 yuàn 17

帝恐其○ 1.1/2/2
百姓○嘆 1.1/9/10
百姓嗟○ 2.1/11/9
今用○（入）〔人〕 3.2/19/26
得詔書○懟 8.17/54/14
○禍之府也 9.1/55/5
上恐其○ 10.21/67/9
必無○惡 10.26/69/17
不忌小○ 14.1/90/5
首難結○ 14.4/92/6
永、邑遂結○焉 14.4/92/15
咸懷○怒 14.5/93/9
讎出○懟 15.8/98/13
天下○ 20.4/145/21
出皆○之 23.1/165/8
欲報○耳 23.7/167/8
吏皆○浮 23.11/168/18

苑 yuàn 8

○囿池籞之官廢 1.1/7/13
初置鴻德○ 3.5/22/4
築廣成○ 3.6/24/3
置鴻德○ 4.1/25/10
畢乃牧豕於上林○中
　18.29/134/26
帝欲造畢圭靈昆○ 20.4/145/24
欲以爲○ 20.4/145/24
以爲○囿 20.4/145/26

掾 yuàn 55

諸李遂與南陽府○史張
　順等連謀 1.1/2/6
議曹○張祉言 1.1/4/11
下至○史 1.1/6/5
復爲縣○ 8.11/51/10
光武皆以爲○史 9.4/56/17
爲光武賊曹○ 9.12/61/17
上以爲安集○ 10.7/63/18
此丞、○任 12.1/76/6
置○史 12.3/77/22
張步遣其○孫昱隨盛詣
　闕上書 13.2/83/7
歙○陳元上書追訟之 13.8/84/27
爲揚化大將軍○ 14.5/93/1
門下○鄭敬進曰 15.8/98/2
竇融請奮署議曹○ 15.11/99/12
○吏貧者 15.15/100/25
延率○吏殯於門外 15.15/101/1
○雖不行 16.3/103/9
伏見前太尉西曹○蔣遵
　16.20/109/12
爲郡門下○ 16.32/112/16
署門下○ 16.33/112/21
蜀郡計○樊顯進曰 16.35/113/15
門下○倪敞諫 16.37/114/1
○吏叩頭諫曰 16.37/114/3
辟崔駰爲○ 16.38/114/9
○屬三十人 16.38/114/9
爲郡議曹○ 17.10/120/5
歲旦與○吏入賀 17.10/120/5
門下○王望言曰 17.10/120/5
○吏皆稱萬歲 17.10/120/7
門下○（諂佞）〔佞諂〕

17.10/120/8
今良曹〇尙無袴 17.10/120/9
東平王蒼辟爲西曹〇 17.10/120/13
君所使〇何乃仁于用心 17.13/121/16
興署倫督鑄錢〇 18.1/125/26
皆云「第五（椽）〔〇〕所平 18.1/125/27
聞卿爲市〇 18.1/126/9
不復示〇吏 18.1/126/19
驃騎將軍東平王蒼辟暉爲〇 18.6/128/1
朱〇義士 18.6/128/3
〇自視孰與藺相如 18.6/128/4
生白廬江太守〇嚴麟 18.12/130/6
阜使五官〇長沙疊爲張雅樂 18.13/130/17
仕郡文學〇 18.23/133/9
至〇督郵 18.26/133/27
引酺及門生郡縣〇吏並會庭中 19.1/136/10
使仁恕〇肥親往察之 19.4/137/19
府〇久留 19.4/137/21
〇屬專尙交遊 19.7/138/21
〇吏有過 19.11/139/22
爲郡五官〇 19.22/142/7
教〇吏曰 20.16/148/8
弘農五官〇杜衆傷其忠直獲罪 21.4/151/7
司空〇梁福曰 21.35/157/16
時號福爲眞〇 21.35/157/17
囂、故宰〔相〕府〇吏 23.16/170/6

瑗 yuàn 1

崔〇愛士 16.39/114/16

願 yuàn 38

〔〇〕復十歲 1.1/8/12
〇王悉明處 5.5/31/24
〇以身代牲 6.5/37/2
〇先下 7.1/38/11
〇備藩輔 7.8/41/4
蒼上疏〇朝 7.12/43/9
不〇也 8.1/46/9
惟〇愼無赦而已 8.10/51/4
〇遣子入侍 8.17/54/4
〇從陛下復借寇君一年 9.1/55/14
〇受南陽五百戶足矣 9.6/58/13
云「〇復得耿君 10.1/62/12
不〇其有才能 10.22/68/1
〇還壽張 11.4/71/22
〇思之 13.1/82/22
〇復留霸期年 13.5/83/21
〇下有司 13.12/87/25
〇得降之 13.16/89/7
不〇受融兵 13.16/89/12
當蒙其福而賴其〇 14.5/93/12
〇辭爵 15.2/95/10
〇收骸骨 15.15/100/27
〇得本所從三十餘人 16.3/103/12
但〇生入玉門關 16.3/104/2
〇代太守斬 16.33/112/23
蓋所〇也 16.37/114/4
〇代兄 16.41/114/27
自陳〇守所志 16.50/117/1
臣〇與並論雲臺之下 16.50/117/3
〇得歸 17.11/120/22
〇先等輩死 17.24/125/2
家得其〇 18.12/130/4
〇以身居作 18.29/134/27
上書〇與雲俱得死 21.4/151/7
〇假臣一月 21.12/153/16
〇主長壽 22.4/162/13
長〇臣僕 22.4/163/31
〇諸將軍亟罷 23.16/170/16

曰 yuē 754

因故國名〇舂陵 1.1/1/6
長〇 1.1/1/11
因名帝〇秀 1.1/1/12
〇 1.1/1/14,1.1/2/9
1.1/3/22,1.1/4/6,1.1/6/11
2.1/13/29,7.4/39/22
8.2/48/3,8.12/51/24
8.12/52/1,8.12/52/1
9.1/55/2,9.1/55/9,9.2/56/6
9.4/57/5,10.26/69/8
11.1/70/8,11.2/70/18
11.9/73/3,12.1/76/18
13.11/87/2,14.5/93/1
14.6/94/8,15.5/96/18
15.6/97/7,15.8/98/2
15.17/101/16,16.9/105/16
16.9/105/22,16.9/106/1
16.15/107/28,16.16/108/10
16.20/109/12,16.31/112/9
16.46/115/27,17.10/120/10
17.10/120/13,17.11/120/21
17.13/121/15,17.23/124/16
18.1/126/9,18.10/129/9
18.29/135/1,18.29/135/6
19.7/138/19,20.2/145/7
20.15/148/3,20.24/150/3
21.4/151/5,21.11/153/7
21.15/154/5,21.54/160/8
23.1/165/2,23.1/165/14
戲祐〇 1.1/1/19
乃驚〇 1.1/2/9
尤笑言〇 1.1/2/16
諸將怒〇 1.1/2/21
諸部將喜〇 1.1/3/3
極望老吏或垂涕〇 1.1/3/16
于是皆竊言〇 1.1/4/1
見上據地〇 1.1/4/2
帝〇 1.1/4/3,1.1/4/4
1.1/6/3,1.1/8/12,1.1/8/26
2.1/12/10,16.9/105/17
長威〇 1.1/4/4
賊〇 1.1/4/9
上奏〇 1.1/4/14,15.2/95/17
耿純說帝〇 1.1/4/14
或〇是國師劉子駿也 1.1/4/16
帝戲言〇 1.1/4/16
群臣復固請〇 1.1/4/18
詔〇 1.1/4/22,1.1/8/1
1.1/8/20,1.1/8/21,1.1/9/10
2.1/11/27,2.1/11/28
2.1/12/13,2.1/12/19
2.1/12/23,2.3/16/15
3.2/20/3,3.2/20/7
3.2/20/14,3.5/22/18
5.5/30/1,7.12/42/13
10.24/68/22,11.8/72/22
13.16/89/19,16.9/106/10
16.21/109/24,20.19/148/28
24.3/173/1,24.10/173/15

與朱〔伯〕然書○ 1.1/5/1
議者○ 1.1/5/9
有司奏議○ 1.1/5/11
怒○ 1.1/5/15,7.1/38/19
咸○上神 1.1/5/16
署○「公孫皇帝」 1.1/6/7
囂故吏馬援謂囂○ 1.1/6/8
囂○ 1.1/6/11
囂大笑○ 1.1/6/12
報書○ 1.1/6/13
詔書又戒漢○ 1.1/7/5
下詔讓吳漢副將劉禹○ 1.1/7/9
帝下詔○ 1.1/8/10
其上尊號○中宗 1.1/8/10
又○ 1.1/8/23
5.5/30/17,5.5/32/13
帝答○ 1.1/9/7
使司空馮魴告祠高祖廟○ 1.1/9/18
遺詔○ 1.1/9/22
群臣奏諡○光武皇帝 1.1/9/24
廟○世祖 1.1/9/24
帝詔○ 1.1/9/27
世祖以赤色名之○陽 2.1/11/6
〔上循其頭○「吳季子」〕 2.1/11/7
〔陽對○〕 2.1/11/7
〔○〕 2.1/11/8
世祖見陳留吏牘上有書○ 2.1/11/10
時帝在幄後○ 2.1/11/11
世祖○ 2.1/11/12
對○ 2.1/11/12
8.10/51/4,9.7/59/22
9.10/60/19,10.26/69/8
14.3/91/20,15.9/98/20
16.16/108/9,16.49/116/21
17.12/121/9,17.13/121/24
17.21/123/25,18.1/126/8
18.1/126/10,20.4/145/21
21.24/155/21,23.17/171/9
冊○ 2.1/12/13
《尚書璇璣鈐》○ 2.1/12/14
其改《郊廟樂》○《大予樂》 2.1/12/14
樂官○大予樂官 2.1/12/15
有諸生前舉手○ 2.1/13/5
帝書版○ 2.1/13/6
諡○孝明皇帝 2.1/13/21
有司奏上尊號○顯宗 2.1/13/22
5.5/32/7
五月詔○ 2.2/14/26
帝特詔○ 2.2/15/13
序○ 2.2/15/25
母○梁貴人 2.3/16/5
廟○穆宗 2.3/17/10
號○「諸生」 3.1/18/7
〔廟○敬宗〕 3.2/20/27
《孝經》○ 3.2/21/1
臣請上尊號○敬宗廟 3.2/21/2
母○匽夫人 3.5/21/23
諡○敬 3.5/22/19
尚書（白）〔○〕下本州考治 3.6/23/8
問諸常侍○ 3.6/23/9
諸常侍對○ 3.6/23/9
一○大予樂 5.4/28/16
二○周頌、雅樂 5.4/28/19
《禮記》○ 5.4/28/21,5.4/28/22
三○《黃門鼓吹》 5.4/28/23
其《傳》○ 5.4/28/24
太尉趙憙上言○ 5.5/29/10
上○ 5.5/29/18
7.1/38/12,7.1/38/13
8.14/52/14,8.14/52/17
8.14/52/21,9.1/55/12
9.4/57/5,9.6/58/10
9.10/60/19,10.7/63/17
10.14/65/20,10.21/67/11
11.1/70/9,12.1/76/2
13.6/84/13,16.10/106/21
16.24/110/19,18.1/126/8
23.5/166/18,23.8/167/19
章帝元和二年詔○ 5.5/30/14
《傳》○ 5.5/30/16
孝文十二年令○ 5.5/30/18
《王制》○ 5.5/30/19
世祖廟樂名宜○《大武》之舞 5.5/31/9
《元命包》○ 5.5/31/9
《（樞）〔琁〕機鈐》○ 5.5/31/11
《叶圖徵》○ 5.5/31/12
《詩傳》○ 5.5/31/12
《漢書》○ 5.5/31/13
（勿）進《武德舞歌詩》○ 5.5/31/16
詔書○ 5.5/31/18,9.7/59/11
賜東平憲王蒼書○ 5.5/31/21
宜上尊號○顯宗 5.5/31/26
昔者孝文廟樂○《昭德》之舞 5.5/31/27
孝武廟樂○《盛德》之舞 5.5/31/28
上復報○ 5.5/32/7
《大雅》○ 5.5/32/12
東平王蒼議○ 5.6/32/21
孔子○ 5.6/32/21
7.20/45/15,8.1/46/20
19.16/140/25,21.4/151/5
因歎○ 6.1/33/23
卜者乃○ 6.2/34/7
皇太后○ 6.2/34/14
后○ 6.2/34/21,6.5/36/13
太后○ 6.2/34/27
俗語○ 6.2/34/27
因詔○ 6.2/35/3
太后輒斷絕○ 6.2/35/7
母常非之○ 6.5/36/14
宗族外內皆號○「諸生」 6.5/36/15
嘆息○ 6.5/37/3
再拜賀○ 6.6/37/9
桓帝詔○ 6.8/37/22
宰潘臨登城言○ 7.1/38/11
伯升○ 7.1/38/12
召而謂○ 7.3/39/11
使者○ 7.3/39/12
睦○ 7.3/39/13
良搏手大呼○ 7.4/39/20
前白良○ 7.4/39/21
敞應○ 7.7/40/17
太守○ 7.7/40/18,7.7/40/18
敞怒叱太守○ 7.7/40/19
詔中常侍杜岑、東海傅相○ 7.8/41/13
其繇○ 7.9/41/20
上即以詔書問輔○ 7.9/41/20
輔上書○ 7.9/41/21
詔報○ 7.9/41/23
嘗問蒼○ 7.12/42/22

蒼對○ 7.12/42/22
乃遣使手詔諸國○ 7.12/42/23
王對○ 7.12/42/25
〔帝○〕 7.12/42/25
賜蒼書○ 7.12/43/4
蒼上疏○ 7.12/43/10
手詔賜蒼○ 7.12/43/12
安帝詔○ 7.19/45/7
和帝賜彭城靖王詔○ 7.20/45/11
謂○ 8.1/46/9
9.10/60/24,15.5/96/26
18.6/128/2,18.8/128/20
禹○ 8.1/46/9
8.10/50/12,9.1/54/23
乃進說○ 8.1/46/10
因令左右號禹○鄧將軍 8.1/46/14
指示禹○ 8.1/46/16
制○ 8.1/46/19
敕○ 8.1/46/24
8.1/47/2,9.4/57/11
巡○ 8.2/47/12
勵之○ 8.6/49/1
有司復請加謚○昭成侯 8.6/49/7
鄧太后報閭○ 8.7/49/15
或謂鴻○ 8.10/50/7
夜語○ 8.10/50/11
上（賞）〔嘗〕嗟○ 8.10/50/16
告令諸部將○ 8.10/50/18
讓之○ 8.10/51/2
詔特賜謚○忠侯 8.10/51/5
謂門人○ 8.11/51/9
孝謂復○ 8.11/51/11
復○ 8.11/51/12,8.11/51/14
上傳召復○ 8.11/51/14
上輒○ 8.11/51/19
太史官○ 8.13/52/7
〔因說〕○ 8.14/52/13
弇○ 8.14/52/15,8.14/52/17
8.14/52/18,8.14/52/21
8.14/52/26,8.14/53/8
上起坐○ 8.14/52/16
陳俊謂弇○ 8.14/53/7
傳語匈奴○ 8.17/54/6
相謂○ 8.17/54/7
15.12/99/24,17.11/120/24
恭○ 8.17/54/9
問鄧禹○ 9.1/54/23
恂同門生董崇說恂○ 9.1/55/4
謂左右○ 9.1/55/9
百姓遮道○ 9.1/55/13
上乃謂恂○ 9.1/55/16
諸將諫○ 9.1/55/18
遣其副歸告峻○ 9.1/55/20
因○ 9.1/55/21,14.1/90/6
恂○ 9.1/55/21
諸將○ 9.1/55/22
因間進說○ 9.4/56/19
上謂諸將○ 9.4/56/23
上報異○ 9.4/57/3
異○ 9.4/57/5
異因下席再拜賀○ 9.4/57/6
璽書勞異○ 9.4/57/14
誦于公卿○ 9.4/57/16
賜異璽書○ 9.4/57/17
從容○ 9.6/58/10
上謂（祐）〔祜〕○ 9.6/58/16
（祐）〔祜〕○ 9.6/58/17
主（薄）〔簿〕陳副諫
○ 9.7/59/4
語諸將○ 9.7/59/5
博士范升上疏○ 9.7/59/16
上數嗟歎○ 9.7/59/21
上指子路○ 9.8/60/8
丹等對○ 9.10/60/19
上謂丹○ 9.10/60/20
上笑○ 9.10/60/22,9.12/61/21
10.1/62/10,12.1/77/5
延上疏辭○ 9.11/61/7
詔書勞延○ 9.11/61/9
期瞋目道左右大呼○ 9.12/61/18
純○ 10.1/62/9
謂俊○ 10.9/64/4
上謂霸○ 10.11/64/14
10.11/64/20
郎白○ 10.11/64/18
上大笑○ 10.11/64/19
謂官屬○ 10.11/64/21
12.1/76/17
諸將皆驚○ 10.14/65/23
忠○ 10.14/65/23,10.14/65/24
謂忠○ 10.14/65/24
使為手書呼彤○ 10.16/66/9
彤泣報○ 10.16/66/9
光武于大會中指常謂群
臣○ 10.20/67/3
謂上○ 10.21/67/11
光武詔封融○ 10.22/67/21
因上疏○ 10.22/67/24
迎詔融○ 10.22/68/2
召憲切責○ 10.24/68/18
茂○ 10.26/69/8
10.26/69/12,10.26/69/14
茂問之○ 10.26/69/11
民○ 10.26/69/12
10.26/69/13,10.26/69/16
茂笑○ 10.26/69/17
晨從容謂帝○ 11.1/70/10
遂發憤責之○ 11.2/70/20
上詔○ 11.2/70/25,17.1/117/23
歙叱○ 11.2/71/5
常戒其子○ 11.4/71/19
乃〔上〕疏○ 11.7/72/12
子歆對○ 11.8/72/22
興固讓○ 11.14/74/14
追封加謚興○鮦陽翼侯
11.14/74/20
援嘗歎○ 12.1/75/10
謂囂○ 12.1/75/16
笑謂之○ 12.1/75/18
援頓首謝○ 12.1/75/18
於是上復笑○ 12.1/75/20
援乃○ 12.1/75/21
援歸說囂○ 12.1/75/22
援與楊廣書○ 12.1/75/23
輒○ 12.1/76/5,13.10/85/15
上書○ 12.1/76/7
12.1/76/10,12.13/82/9
見冬筍名○（苞）〔箁〕
筍 12.1/76/16
《與兄子嚴敦書》○ 12.1/76/20
奏○ 12.1/76/25
更名○金馬門 12.1/76/26
援○ 12.1/76/28
故人孟冀○ 12.1/77/1
援自請○ 12.1/77/4
上表長樂宮○ 12.2/77/10
長安語○ 12.2/77/10
章帝與光詔○ 12.4/78/15
統對尚書狀○ 12.9/80/12
其文○ 12.10/80/19
制詔三公、大鴻臚○ 12.10/81/5

常○ 12.11/81/14
敕子冀等○ 12.11/81/18
案帝作誄○ 12.11/81/23
讖○ 12.14/82/14
伏湛上疏諫○ 13.1/82/20
杜詩薦湛疏○ 13.1/82/22
皆○ 13.5/83/21
不與席而讓之○ 13.6/84/5
弘乃離席免冠謝○ 13.6/84/7
弘正容言○ 13.6/84/11
主○ 13.6/84/12
因謂弘○ 13.6/84/14
弘○ 13.6/84/14
上顧謂主○ 13.6/84/15
歆○ 13.7/84/20
責之○ 13.9/85/3
浮上疏切諫○ 13.9/85/5
浮上疏○ 13.9/85/7
主簿進○ 13.10/85/13
湛○ 13.10/85/13
囂乃出令○ 13.11/85/22
乃歎○ 13.11/85/25
16.49/116/22
林上疏○ 13.11/86/1
上疏○ 13.11/86/13
15.2/95/21,16.3/104/1
19.1/136/21,19.15/140/16
故○樂也 13.11/86/28
林遣子奉書○ 13.11/87/3
謂子○ 13.11/87/5
詔純○ 13.12/87/13
純奏○ 13.12/87/14
《春秋傳》○ 13.12/87/15
謂家丞翕○ 13.12/87/20
奮上書○ 13.12/87/23
乃因燕見從容誡之○ 13.13/88/8
其先魏之別封○華侯 13.14/88/16
明帝詔○ 13.14/88/17
顧謂鱣○ 13.16/89/4
引見謂○ 13.16/89/16
令彭說鮪○ 14.1/90/1
鮪○ 14.1/90/3,14.1/90/9
上指水○ 14.1/90/5
鮪從城上下索○ 14.1/90/7
即○ 14.1/90/8,17.23/124/17
上謂永○ 14.2/90/22
謂太守○ 14.2/90/23
召郡府丞謂○ 14.2/90/26
永劾奏良○ 14.2/91/3
詔策○ 14.2/91/7
永○ 14.2/91/8
問公卿○ 14.2/91/10
大中大夫張堪對○ 14.2/91/10
詔書迎下永○ 14.2/91/12
帝報○ 14.3/91/20
乃（遣）〔遺〕書責邑
○ 14.4/92/3
邑以書勸鮑永○ 14.4/92/3
衍說吳漢○ 14.5/92/24
故○ 14.5/93/23
鄉里爲之語○ 14.6/94/7
謂綝○ 15.1/94/25
綝○ 15.1/94/25
留書與盛○ 15.2/95/8
駿乃止而讓之○ 15.2/95/12
號之○「殿中無雙丁孝
公」 15.2/95/15
故京師號○「三獨坐」 15.3/96/6
丹○ 15.5/96/19
15.5/96/22,15.5/96/24
昱○ 15.5/96/22
恢○ 15.6/97/4
妻○ 15.6/97/5,22.1/160/25
惲○ 15.8/97/21,15.8/98/7
〔惲〕○ 15.8/97/23
拔刀自嚮以要惲○ 15.8/97/25
歙教○ 15.8/97/29
惲於下座愀然前○ 15.8/97/30
門下掾鄭敬進○ 15.8/98/2
惲喟然嘆○ 15.8/98/3
次都○ 15.8/98/5
惲上書○ 15.8/98/7
帝勞之○ 15.9/98/17
或嘲奮○ 15.11/99/14
京師號○「聖童」 15.12/99/23
童謠歌○ 15.12/100/1
光武詔○ 15.12/100/2
鄉里號之○「一馬兩車
茨子河」 15.14/100/13
臣問御佐○ 15.14/100/16
御佐對○ 15.14/100/16
上歎○ 15.16/101/7
上謂曄○ 15.17/101/12
曄頓首○ 15.17/101/13
涼州爲之歌○ 15.17/101/16
嘗輟業投筆歎○ 16.3/102/23
〔相者〕○ 16.3/102/24
相者○ 16.3/102/25
超謂其官屬○ 16.3/103/4
詐之○ 16.3/103/5
激怒○ 16.3/103/6
眾○ 16.3/103/7,16.6/104/20
舉手○ 16.3/103/9
詔固○ 16.3/103/11
超○ 16.3/103/12
16.3/103/16,16.3/104/4
尙謂超○ 16.3/104/3
謂松○ 16.6/104/19
陳元上疏○ 16.8/105/7
榮叩頭讓○ 16.9/105/16
帝笑指之○ 16.9/105/20
太子報榮書○ 16.9/105/22
元卿謂榮○ 16.9/106/3
榮諸弟子謂○ 16.9/106/4
元卿○ 16.9/106/4
上輒謙○ 16.9/106/6
上謂郁○ 16.10/106/18
16.10/106/19
又問郁○ 16.10/106/20
郁○ 16.10/106/20
郁乃上疏皇太子○ 16.10/106/21
（之爲）〔爲之〕語○
16.13/107/13
博士張佚正色○ 16.15/107/27
譚上書○ 16.16/108/4
上謂譚○ 16.16/108/8
號○《新論》 16.16/108/12
上謂憑○ 16.20/109/11
憑對○ 16.20/109/12
憑○ 16.20/109/12
上怒○ 16.20/109/13
憑謝○ 16.20/109/14
故京師爲之語○ 16.20/109/19
敏對○ 16.22/110/3
出乃歎○ 16.22/110/7
彪○ 16.22/110/9
博士丁恭等議○ 16.24/110/17
宇○ 16.25/110/26
蘇竟與劉歆兄子恭書○
16.28/111/16
宇謂序○ 16.30/111/25

叱字等○ 16.30/112/1
字止〔之〕○ 16.30/112/2
顧左右○ 16.30/112/3
17.1/117/25,21.9/152/14
呵賊○ 16.31/112/8
放前對○ 16.33/112/22
乃自酌酒慰援○ 16.34/112/29
勃上書理援○ 16.34/113/5
章帝下詔○ 16.34/113/9
蜀郡計掾樊顯進○ 16.35/113/15
正在前導○ 16.36/113/23
篆辭○ 16.37/113/28
篆歎○ 16.37/113/29
篆垂涕○ 16.37/114/2
掾吏叩頭諫○ 16.37/114/3
篆○ 16.37/114/3
歎○ 16.46/115/24,21.22/155/9
萌謂其友人○ 16.46/115/25
貢歎○ 16.49/116/16
貢○ 16.49/116/17
黨○ 16.50/117/1
博士范升奏○ 16.50/117/2
時人爲之語○ 16.51/117/8
乃嘆○ 17.1/117/28
乃慨然而歎○ 17.2/118/4
太守杜詩○ 17.2/118/9
宗正劉匡對○ 17.2/118/12
侍中賈逵上書○ 17.8/119/19
下詔○ 17.8/119/20
百姓歌之○ 17.9/119/27
門下掾王望言○ 17.10/120/5
良時跪○ 17.10/120/8
望○ 17.10/120/9
叩頭○ 17.11/120/22
17.24/125/1
因白○ 17.11/120/23
祝○ 17.13/121/20
上嗟嘆○ 17.13/121/25
意因叩頭○ 17.13/121/27
上謂公卿○ 17.13/122/2
名○唐、后山 17.14/122/7
均乃移書○ 17.14/122/8
京師號○ 17.17/122/24
因把臂責之○ 17.17/123/1
明帝戲之○ 17.19/123/13
恁○ 17.19/123/14
詐○行學 17.22/124/6
吏因問○ 17.23/124/14
孝○ 17.23/124/15
哀譚謂○ 17.24/124/28
道上號○道士 18.1/125/23
常歎○ 18.1/126/1,18.5/127/15
等輩笑之○ 18.1/126/1
倫○ 18.1/126/2
百姓攀轅扣馬呼○ 18.1/126/16
暉拔劍前○ 18.6/127/24
笑○ 18.6/127/25
暉○ 18.6/127/26
就○ 18.6/128/3
謂暉○ 18.6/128/4
爲之歌○ 18.6/128/5
堪至把暉臂○ 18.6/128/10
韋彪上議○ 18.7/128/16
豹○ 18.8/128/21
躬上封事○ 18.9/129/1
范○ 18.12/129/27
民歌之○ 18.12/130/3
或謂麟○ 18.12/130/7
白父昇○ 18.13/130/15
吏對○ 18.16/131/16
京師爲之語○ 18.17/131/23
鄉里號之○「德行恂恂
召伯春」 18.19/132/11
篤常歎○ 18.23/133/9
賜指錢示勤○ 18.26/133/26
勤○ 18.26/133/26
虞乃嘆○ 18.26/134/2
虞○ 18.26/134/3
勤對○ 18.26/134/4
客○ 18.26/134/4
鴻○ 18.29/134/23,18.29/134/27
鴻大喜○ 18.29/135/2
字之○德耀 18.29/135/3
作詩○ 18.29/135/4
與伯通及會稽士大夫語
○ 18.29/135/7
衆人○ 18.29/135/9
乃脫巾請○ 18.30/135/16
親○ 19.4/137/19
兒○ 19.4/137/20
與恭訣○ 19.4/137/20
恭上疏諫○ 19.4/137/22
恭上疏○ 19.4/137/25
關東號○「《五經》復
興魯叔陵」 19.5/138/5
徐防上疏○ 19.6/138/9
寵上疏諫○ 19.7/138/23
疏○ 19.8/139/3
霸笑○ 19.11/139/24
霸○ 19.11/139/25
詔書示官府○ 19.15/140/17
恢上書諫○ 19.16/140/23
人爲作謠○ 19.21/141/28
謂諸王○ 19.22/142/11
京師號○「天下無雙、
〔江夏黃童〕」 19.22/142/13
香上疏○ 19.22/142/16
鄉里號○「張曾子」 19.25/143/7
充啓其母○ 19.27/143/19
乃策○ 20.1/144/29
諸儒爲之語○ 20.2/145/5
震○ 20.2/145/8,20.2/145/9
密○ 20.2/145/9
顧謂子及門生○ 20.2/145/10
楊秉諫桓帝○ 20.3/145/16
案《春秋讖》○ 20.4/145/21
賜上疏諫○ 20.4/145/24
良久○ 20.10/147/4
尚書左雄諫帝○ 20.13/147/19
京師語○ 20.14/147/24
教掾吏○ 20.16/148/8
祐諫○ 20.17/148/12
撫其首○ 20.17/148/14
謂之○ 20.17/148/16
詐謂馬國○ 20.23/149/20
光謂康○ 20.24/150/6
鄙諺○ 21.7/151/19
潁上疏○ 21.8/152/1
潁○ 21.8/152/2
罵○ 21.9/152/13
乃徐語○ 21.9/152/17
于羌前以酒酹地○ 21.11/153/3
署○「賊臣王甫」 21.12/153/14
球叩頭○ 21.12/153/15
謝○ 21.13/153/21
跪○ 21.13/153/22
閭里歌之○ 21.17/154/15
曹節上書○ 21.19/154/23
尚書令王允奏○ 21.21/155/3
孔融上書○ 21.23/155/14
司空掾梁福○ 21.35/157/16

楊喬〇 21.45/158/28
語〇 21.56/160/18
謂妻〇 22.1/160/25
《遠夷樂德歌詩》〇 22.4/161/20
《遠夷慕德歌詩》〇 22.4/162/16
《遠夷懷德歌詩》〇 22.4/163/7
張昂拔劍擊地〇 23.1/164/26
更始韓夫人〇 23.1/165/2
輒怒〇 23.1/165/8
侍中〇 23.1/165/10
萌〇 23.1/165/10
長安中爲之歌〇 23.1/165/12
里閭語〇 23.1/165/13
赤眉謝祿〇 23.1/165/19
以木札書符〇「上將軍」 23.5/166/11
乃遣劉恭乞降〇 23.5/166/17
由是號〇赤眉 23.6/167/1
呂母垂泣〇 23.7/167/7
驚〇 23.11/168/22
寵〇 23.11/168/22
寵謂奴〇 23.11/168/23
仰天歎〇 23.12/169/5
與諸將書〇 23.15/169/20
說囂〇 23.16/169/25
割牲而盟光武與囂書〇 23.16/170/2
囂將王元說囂〇 23.16/170/6
光武賜囂書〇 23.16/170/12
敕彭書〇 23.16/170/13
其大將王捷登城呼漢軍〇 23.16/170/16
蜀郡功曹李熊說述〇 23.17/170/25
述〇 23.17/171/2,23.17/171/25
熊復說述〇 23.17/171/2
述夢有人語之〇 23.17/171/8
改元〇龍興 23.17/171/10
上賜述書〇 23.17/171/11
說述〇 23.17/171/13
問〇 23.17/171/24
述謂延岑〇 23.17/171/27
岑〇 23.17/171/27
一大老從旁舉身〇 24.3/173/1
太史〇 24.9/173/13
復〇齒長一寸 24.14/174/2
司馬相如上疏〇 24.77/178/19
凡陽生陰〇下 24.87/179/13
陰生陽〇上 24.87/179/13
一〇《周髀》 24.90/179/21
二〇《宣夜》 24.90/179/21
三〇《渾天》 24.90/179/21
五時副車〇五帝 24.95/180/15
鸞旗〇雞翹 24.95/180/15
耕根〇三蓋 24.95/180/15

約 yuē 17

葬務從省〇 1.1/9/23
善節〇謙儉如此 2.1/13/29
務爲節〇 3.2/20/27
遺詔貽〇 3.2/20/30
務行〇省 7.8/41/14
彤素清〇 9.8/60/6
清〇沈靜 12.2/77/9
謙儉節〇 13.12/87/25
忿邑背前〇 14.4/92/2
教之儉〇 15.5/96/15
求人之儉〇富足 16.16/108/6
性恭儉謙〇 18.27/134/8
〇不爲陪臣 18.29/134/29
性清〇質樸 19.11/139/22
清〇率下 19.20/141/20
不奢不〇 20.4/145/26
大人以先生修德守〇 22.1/160/25

月 yuè 152

建平元年十二〇甲子夜 1.1/1/10
連〇不盡 1.1/3/9
五〇 1.1/3/9
十〇 1.1/3/18
建武元年夏六〇己未 1.1/4/21
冬十〇 1.1/5/1,1.1/5/18 2.1/11/28,2.1/12/15 3.1/18/30
二年春正〇 1.1/5/4 3.1/18/15,3.1/18/30
高祖〔因秦〕以十〇爲正 1.1/5/4
四年夏五〇 1.1/5/22
六年春二〇 1.1/6/3
七年春正〇 1.1/6/16
連歲〇乃決 1.1/6/17
八年閏四〇 1.1/6/23
九年春正〇 1.1/6/26
十一〇衆軍至城門 1.1/7/7
四〇二日 1.1/8/5
二十年夏六〇 1.1/8/15
二十六年春正〇 1.1/8/20
四〇 1.1/8/21
今日〇已逝 1.1/8/22
日〇薄食 1.1/9/10
冬十〇甲申 1.1/9/17
二年春二〇戊（戍）〔戌〕 1.1/9/22
三〇 1.1/9/24 2.1/11/27,2.1/13/11
建武四年夏五〇甲申 2.1/11/5
十七年冬十〇 2.1/11/16
中元二年春二〇 2.1/11/18
至踰年正〇 2.1/11/20
二年春正〇辛未 2.1/11/26
十〇元日 2.1/11/28
十一〇 2.1/12/10
三年春二〇 2.1/12/13
秋八〇 2.1/12/13,3.2/20/21
四年春二〇 2.1/12/19,3.1/19/5
五年冬十〇 2.1/12/21
八年冬十〇 2.1/12/26
十年夏閏四〇 2.1/12/31
十三年春二〇 2.1/13/5
十五年春二〇 2.1/13/11
正〇 2.1/13/15
十八年秋八〇 2.1/13/21
十二〇 2.1/13/22,3.1/19/2
四年冬十一〇 2.2/14/11
方春（日）〔〇〕 2.2/14/15
二年春二〇 2.2/14/18
五〇詔曰 2.2/14/26
日〇不絕 2.2/15/22
以累日〇之光 2.2/16/1
章和二年春二〇 2.3/16/7
二年春二〇壬午 2.3/16/12
四年夏六〇 2.3/16/19
五年春正〇 2.3/16/22
六〇 2.3/16/23
六年秋七〇 2.3/16/25
九年冬十〇 2.3/16/27
十年夏五〇 2.3/16/30
冬十一〇癸酉夜 2.3/17/4
是〇 2.3/17/5

十三年春正○上日 2.3/17/7
元興元年夏五○ 2.3/17/9
冬十二○ 2.3/17/9,3.1/19/5
元興元年冬十二○ 2.4/17/18
延平元年八○ 2.4/17/22
冬十一○ 3.1/18/13,6.3/35/21
夏六○ 3.1/18/15
秋閏七○ 3.1/18/15
六年春正○甲寅 3.1/18/24
四年春三○ 3.1/19/13
明年三○ 3.2/19/25
永和六年冬十二○詔 3.2/20/17
建康元年秋八○ 3.2/20/26
建康元年夏四○ 3.3/21/8
永嘉元年春正○ 3.3/21/11
本初元年夏閏六○ 3.4/21/19
本初（三）〔元〕年四
○ 3.5/21/24
七年冬十○ 3.5/22/18
桓帝延熹元年三○己酉 4.1/25/10
各以其○祀而奏之 5.4/29/3
熹平四年正○中 5.4/29/3
陛下遂以仲○令辰 5.5/29/17
以日○星辰 5.5/30/15
日○星辰之神 5.5/30/17
永平三年八○丁卯 5.5/31/3
十○烝祭始御 5.5/31/15
以正○十八日始祠 5.5/32/8
建初四年八○ 5.5/32/11
永平二年正○ 5.6/32/21
日○星辰 5.6/32/24
旂有龍章日○ 5.6/32/25
至正○當上原陵 6.2/35/12
數○ 6.3/36/1,8.17/54/12
永初二年三○ 6.5/36/24
至五○朔 6.5/36/24
永建三年春三○丙申 6.6/37/9
此〔所〕謂日角偃○ 6.6/37/10
祉以建武二年三○見光
武于懷宮 7.7/40/22
建武二年六○ 7.8/41/3
十七年十○ 7.8/41/3
十九年六○ 7.8/41/4
二十八年十○ 7.8/41/5
○餘還 7.12/42/23
歲○驚邁 7.12/43/4
至八○飲酎畢 7.12/43/11
日○益長 8.5/48/21
○餘矣 10.26/69/8
一○九遷爲丞相者 12.1/75/23
二○到武陵臨鄉 12.1/77/5
遂獨行十○迎氣樂 12.3/78/4
六年正○齋宮中 12.3/78/7
居數○ 13.11/87/3
禘祭以夏四○ 13.12/87/18
祫祭以冬十○ 13.12/87/18
吳漢諸將圍守數○不下 14.1/90/1
今○二十七日 14.2/91/3
惟大將軍開日○之明 14.5/93/29
協時○正日 15.2/95/18
其親喪不過留殯一○ 15.5/96/16
十○（轡）〔饗〕會 15.8/97/28
不盈數○輒致豐積 15.11/99/14
十二○盛寒時並多剖裂
血出 15.14/100/17
日就○將 16.9/106/10
旬○間遷河內汲令 16.12/107/6
而冬○無衣 16.40/114/20
○餘遂去官 17.19/123/14
生裁數○ 17.24/125/4
財留一○俸 18.1/126/14
正○旦 18.6/128/1
赦天下繫囚在四○丙子
以前減死罪一等 18.9/128/26
○餘 18.10/129/12
何面目以見日○ 20.2/145/12
欺罔日○ 20.4/145/22
數○間 21.4/151/4
旬○群盜悉破 21.8/151/26
願假臣一○ 21.12/153/16
十二○癸丑 22.3/161/7
數○間至七八千人 23.1/164/21
建武九年正○ 23.16/170/17
以行日○ 24.90/179/24

悅 yuè 22

欣然和○ 1.1/9/5
鴻恩茂○ 2.3/17/12
心○之 6.1/33/23
務○民心 8.1/46/13
上大○ 8.1/46/14,12.1/76/11
小大莫不感○ 8.2/48/2
甚○之 8.10/50/8
上聞甚○ 11.2/70/24
不○ 13.6/84/4
而令朝廷耽○鄭聲 13.6/84/8
終不○諭 13.11/86/5
能取○當世 13.15/88/24
上○ 14.2/91/11
遵甚○之 15.5/96/20
百姓○之 15.15/101/1
恂乃○ 16.3/103/10
人皆大○ 17.13/121/20
百姓○服 18.1/125/26
帝甚欣○ 19.1/136/11
宣不○ 22.1/160/25
吏民懽○ 24.21/174/17

越 yuè 15

立父生爲○王 3.6/23/12
○于聲音 5.4/28/22
○序上帝 5.5/31/17
屯駱○ 10.2/62/16
○人謀欲叛漢附蜀 10.2/62/17
○人伺（侯）〔候〕者
聞車聲不絕 10.2/62/19
以所得駱○銅 12.1/76/27
監○騎校尉 12.4/78/13
詔許○騎、射聲（寺）
〔等〕治北宮 12.4/78/15
○州度郡 12.9/80/14
○嗣不長 12.10/80/23
不相踰○ 13.13/88/7
○山出武關 13.16/89/8
今大人踰○五嶺 20.17/148/13
懼其隕○ 21.23/155/14

樂 yuè 112

○施愛人 1.1/1/26
士衆喜○ 1.1/4/13
與舂陵父老故人爲○ 1.1/5/18
雅性不喜聽音○ 1.1/7/14
益州乃傳送瞽師、郊廟
○、葆車、乘輿物 1.1/7/15
我自○此 1.1/9/7
○與官市 1.1/10/12
勞賜作○ 2.1/12/6
德洽作○ 2.1/12/14,5.5/31/11

其改《郊廟○》曰《大予○》 2.1/12/14
○官曰大予○官 2.1/12/15
召校官子弟作雅○ 2.1/12/31
言鉅鹿、○成、廣平各數縣 2.1/13/28
好古○道 2.3/16/7
好○施予 3.1/18/5
委政長○宮 3.1/18/10
○安王孫 3.4/21/15
帝好音○ 3.5/22/29
作倡○ 3.5/23/2,10.11/64/24
故太僕杜密、故長○少府李膺各爲鉤黨 3.6/23/8
漢○四品 5.4/28/16
一曰大予○ 5.4/28/16
典郊廟、上陵殿諸食舉之○ 5.4/28/16
郊○ 5.4/28/16
《易》所謂「先王以作○崇德 5.4/28/16
若○六變 5.4/28/17
宗廟○ 5.4/28/17
食舉○ 5.4/28/19
《王制》謂「天子食舉以○ 5.4/28/19
二曰周頌、雅○ 5.4/28/19
典辟雍、饗射、六宗、社稷之○ 5.4/28/20
莫善于○ 5.4/28/21
禮○之謂也 5.4/28/21
夫○施于金石 5.4/28/22
天子所以宴○群臣 5.4/28/23
軍○也 5.4/28/24
蓋《周官》所謂「王〔師〕大獻則令凱○ 5.4/29/1
下大予○官習誦 5.4/29/3
以成《○志》 5.4/29/4
宗廟各奏其○ 5.5/31/4
世祖廟○名宜曰《大武》之舞 5.5/31/9
緣天地之所雜○爲之文典 5.5/31/10
民○其興師征伐 5.5/31/10
大○必易 5.5/31/12
昔者孝文廟○曰《昭德》之舞 5.5/31/27
孝武廟○曰《盛德》之舞 5.5/31/28
與高廟同○ 5.5/32/1
當同○ 5.5/32/1
盛德之○無所施 5.5/32/1
如自立廟當作舞○者 5.5/32/1
即不改作舞○ 5.5/32/2
廟○皆如王議 5.5/32/7
禮缺○崩 5.6/32/23
以爲娛○ 6.2/35/14
廣平、鉅鹿、○成王在邸 6.2/35/16
放心音○ 7.3/39/11
敬賢○士 7.3/39/12
至長○宮 7.8/41/10
宜修禮○ 7.12/42/17
在家何業最○ 7.12/42/22
爲善最○ 7.12/42/22,7.12/42/25
獨坐不○ 7.12/42/23
詔問東平王處家何等最○ 7.12/42/24
○成靖王黨 7.18/45/3
○成王居諒闇 7.19/45/7
士卒皆○爲死 8.16/53/25
士衆作黃門武○ 9.7/59/9
對酒娛○ 9.7/59/17
置嗇夫、祝宰、○人 9.11/61/6
（援）〔拔〕○陽、稾、肥纍者〔也〕 9.12/61/19
茂爲人恬蕩○道 10.26/69/24
說故舊平生爲忻○ 11.1/70/10
豈不○哉 11.4/71/20
賓客皆○留 12.1/75/16
上表長○宮曰 12.2/77/10
聖人作○ 12.3/78/3
時以作○器費多 12.3/78/4
遂獨行十月迎氣○ 12.3/78/4
後列女○ 12.7/79/20
○毅奔趙兮 12.10/80/23
○人之○ 12.11/81/12
令四方諸侯咸○回首 13.1/83/2
〔而〕今數進鄭聲以亂雅○ 13.6/84/6
○承漢祀 13.11/86/5
故曰○也 13.11/86/28
思○爲用矣 14.5/93/25
上令各言所○ 15.1/94/24
○不可支 15.12/100/1
意忽忽不○ 16.16/108/11
然○道不怠 16.47/116/6
官至長○衛尉 17.23/124/21
詔禮十日就長○衛尉府 17.23/124/22
阜使五官掾長沙疊爲張雅○ 18.13/130/17
而己獨尊○ 19.11/139/20
與兄弟子同苦○ 19.11/139/21
○恢、字伯奇 19.16/140/22
爲表不設○ 19.30/144/10
以爲○事 22.3/161/9
饗賜作○百戲 22.3/161/16
《遠夷○德歌詩》曰 22.4/161/20
昌○肉飛 22.4/162/7
大漢安○ 22.4/163/15
營廣○ 23.10/168/10
民○其業 24.10/173/15
保○洽壽 24.19/174/13
四方○業 24.20/174/15

閱 yuè 5

○篇籍 2.3/17/7
一一問○ 6.5/36/19
因過按行○視皇太后舊時衣物 7.12/43/4
○（具）〔其〕兵馬 8.10/50/16
○過喪車 9.7/59/15

嶽 yuè 6

爲不祠北○所致 3.2/20/7
山○尊靈 3.2/20/8,20.19/148/29
遵岱○之正禮 5.5/29/17
及河喬○ 5.5/31/1
不出奉祠北○ 20.19/148/28

矆 yuè 1

（矆）〔○〕哉是翁也 12.1/77/5

云 yún 25

《書》○ 2.2/15/25
《詩》○ 3.2/21/2,5.4/28/18

13.11/86/8,13.11/86/30
16.9/106/10,16.34/113/10
《詩》不○乎 5.5/30/20
○ 7.12/43/20
13.16/89/6,16.46/116/1
○「願復得耿君 10.1/62/12
○「劉秀當爲天子」 11.1/70/9
雖○禮制 12.11/81/19
孰○忠侯 12.11/81/23
以爲孝感所致○ 16.42/115/4
〔君仲〕○ 16.44/115/14
明帝問○ 17.21/123/25
皆○「第五（椽）〔掾〕所平 18.1/125/27
語○ 19.8/139/4
上疏切諫○ 21.7/151/19
太后詔○ 21.8/152/1
○備大臣 21.23/155/15
令作記告城門將軍○ 23.11/168/25
○「石中有玉璽」 23.12/169/4

耘 yún 1

耕○織作 18.29/135/3

雲 yún 33

南陽豪右○擾 1.1/2/3
○車十餘丈 1.1/2/24
塵熛連○ 1.1/2/25
正晝有○氣如壞山 1.1/3/1
○臺致敬祭祀之禮儀亦如之 1.1/5/13
興受詔○臺廣室 1.1/8/15
翕然龍舉○興 1.1/10/16
望○物 2.1/11/27,2.3/16/22
圖二十八將于○臺 2.1/12/13
白馬令李○坐直諫誅 3.5/22/10
上幸○夢 3.5/22/18
又制○臺十二門詩 5.4/29/2
出○臺十二門新詩 5.4/29/3
上御○臺 7.9/41/19
山出○爲雨 7.9/41/22
將○雨 7.9/41/23
樊重、字君○ 11.3/71/10
賢俊四面○集 14.1/90/2
兵革○集 14.5/93/21
引見○臺 15.17/101/12
縣人故○陽令朱勃 16.34/113/9
臣願與並論○臺之下 16.50/117/3
爲○中太守 18.12/129/27
詔逵入北宮虎觀、南宮○臺 18.17/131/24
因與俱迎濟陰王幸南宮○臺 20.24/150/5
白馬令李○素剛 21.4/151/4
下有司送○黃門北寺獄 21.4/151/6
上書願與○俱得死 21.4/151/7
范丹、字史○ 21.17/154/14
甑中生塵范史○ 21.17/154/15
故容徙爲○中太守 23.11/168/16
徙居○臺 24.67/177/25

允 yǔn 5

謙謙○恭 16.10/106/22
尚書令王○奏曰 21.21/155/3
○與立入 21.21/155/4
及○被害 21.21/155/4
○恭玄默 24.18/174/11

隕 yǔn 1

懼其○越 21.23/155/14

殞 yǔn 2

趙○鳴犢兮 12.10/80/23
必○命而後仁 12.10/81/2

霣 yǔn 1

直營而○ 1.1/3/1

孕 yùn 3

害加○婦也 3.2/20/9
害加○婦 20.19/149/1
其妻懷○ 21.11/153/6

惲 yùn 26

郅○、字君章 15.8/97/20
即收繫○ 15.8/97/20
使黃門脅導○ 15.8/97/21
○曰 15.8/97/21,15.8/98/7
○與董子張友 15.8/97/22
○往候之 15.8/97/22
子張視○ 15.8/97/23
〔○〕曰 15.8/97/23
○即將客遮讎人 15.8/97/24
○見令 15.8/97/24
拔刀自嚮以要○曰 15.8/97/25
○遂出 15.8/97/26
汝南太守歐陽歙召○爲功曹 15.8/97/28
○於下座愀然前曰 15.8/97/30
○敢奉觥 15.8/98/1
○即去 15.8/98/3
○喟然嘆曰 15.8/98/3
○客於江夏 15.8/98/6
○不納 15.8/98/6
○上書曰 15.8/98/7
○爲長沙太守 15.8/98/11
以○不推劾 15.8/98/11
入見○ 15.8/98/12
○怒 15.8/98/12
○故坐免 15.8/98/13

運 yùn 7

莽遣三公將○關東諸倉賑貸窮乏 1.1/1/20
自漢草創德○ 1.1/5/4
推五○ 1.1/5/6
明火德之○ 1.1/5/8
無郊其五○之祖者 1.1/5/11
承○而起 1.1/5/12
太原吏民苦轉○ 8.2/47/15

縕 yùn 2

類皆以麻枲頭○著衣 15.14/100/14
常著大布○袍 16.12/107/6

醞 yùn 1

趙王庶兄胡子進狗牒馬（○）〔醞〕 1.1/3/18

蘊 yùn 2

芟夷○崇之 13.11/86/14
溫恭有○藉 16.9/105/19

匝 zā 2

繞髻三○ 6.2/34/11
環城一○乃還 9.4/57/4

雜 zá 8

以羊皮○貂裘 1.1/9/11
緣天地之所○樂爲之文典 5.5/31/10
臨淄諸郡太守相與○居 8.14/52/23
群居○處 10.26/69/15
舊地○俗 13.11/86/17
錯○難知 14.3/91/22
○綵玩好 16.16/108/6
乃試令嬖臣美手腕者與女子○處帷中 19.31/144/15

災 zāi 23

○異連仍 1.1/9/10
海內頗有○異 3.2/20/3
狼○爲應 3.2/20/8,20.19/148/28
蝗水爲○ 3.5/22/1
○異仍至 5.5/29/18
能禦大○則祀之 5.5/30/15
則水旱癘疫之○ 5.5/30/17
于時國家每有○異水旱 8.7/49/12
河南二十餘縣皆被其○ 10.26/69/18
其被○害民輕薄無累重者 13.11/86/21
○壞城郭官寺 13.11/86/27
○異蠭起 14.5/93/7
鄒穀獨無○ 18.4/127/11
善說○異 18.31/135/22
郡國被水○ 19.6/138/13
○異數降 19.6/138/13
以○異策免 20.10/147/6
○暴緣類 20.19/148/28
感和致○ 20.19/149/1
眾○頻降 21.4/151/4
司部○蝗 21.35/157/16
○蝗當以德消 21.35/157/17

哉 zāi 19

美○ 1.1/1/14
豈不美○ 1.1/8/27
善○ 2.1/13/5,7.9/41/23
信○ 2.4/17/25
公無困（我）〔○〕 5.5/31/25
子危我○ 7.3/39/13
享侯國○ 10.22/68/2
豈不樂○ 11.4/71/20
（矆）〔矍〕○是翁也 12.1/77/5
何謂輕○ 13.10/85/14
可不勉○ 13.13/88/10
豈敢拱默避罪而不竭其誠○ 14.5/93/3
束脩其身而已○ 14.5/93/17
曷爲陶陶○ 16.22/110/9
此舉奚至○ 16.37/113/28
安得獨潔己而危所生○ 16.37/113/29
信○斯言 17.1/117/28
噫唏○ 24.3/173/1

宰 zǎi 13

○潘臨登城言曰 7.1/38/11
置嗇夫、祝○、樂人 9.11/61/6
新野○潘叔爲請 11.1/70/7
禹以○士惶恐首實 11.10/73/16
外幹○職 13.16/89/18
右扶風請試守渭城○ 16.34/113/1
以爲才堪○相 17.4/118/24
○相之職 17.10/120/14
高欲望○相 18.5/127/15
縣○殺之 23.7/167/6
縣○枉殺吾子 23.7/167/8
執縣○斬之 23.7/167/9
囂、故○〔相〕府掾吏 23.16/170/6

再 zài 13

○宿不死 6.3/35/22
○拜賀曰 6.6/37/9
辟把刀、墨○屈環横刀、金錯屈尺八佩刀各一 8.9/50/2
○三召見 8.10/50/10
向井○拜 8.17/54/10
異因下席○拜賀曰 9.4/57/6
五年而○殷 13.12/87/16
○奉大行 13.16/89/19
略不○見 14.4/92/7
安可○遭値 15.17/101/17
○遷臨淮太守 18.6/128/4
郁○徵 19.29/144/4
以明○受命祖有功之義 24.92/180/5

在 zài 174

舂陵本○零陵郡 1.1/1/6
○舂陵時 1.1/1/13
隨其叔父○蕭 1.1/1/14
○家重慎畏事 1.1/1/26
時伯升○舂陵 1.1/2/7
時漢兵○定陵郾者 1.1/3/1
帝○父城 1.1/3/12
帝所與○長安同舍諸生彊華自長安奉《赤伏符》詣鄗 1.1/4/17
寵破○旦暮 1.1/5/15
坐則功臣特進○側 1.1/9/3
次說○家所識鄉里能吏 1.1/9/4
○位三十三年 1.1/9/22
時帝○幄後曰 2.1/11/11
○三里內者 2.1/12/11
帝○于道所幸見吏 2.1/12/16
○位十八年 2.1/13/21
○兵馬官 2.1/13/26
皇后○旁 2.1/13/27
位○中臣 2.2/15/14
○位十七年 2.3/17/9
德教○寬 2.3/17/13
帝○襁褓 2.4/17/20

自○邸第 3.1/18/6
數燕見（省）〔○禁〕中 3.1/18/7
帝○位十九年 3.1/19/13
○位十九年 3.2/20/26
○位一年 3.3/21/11,3.4/21/19
○位二十一年崩 3.5/23/2
蕭何墓○長陵東司馬門道北百步 5.1/27/5
霍光墓○茂陵東司馬門道南四里 5.1/27/7
有龍邱山○東 5.1/27/15
列○食舉 5.4/29/2
（○）〔許〕 5.5/30/1
不○祀典 5.5/30/16
如孝文皇帝○高廟之禮 5.5/31/26
今孝明皇帝主○世祖廟 5.5/32/1
上以公卿所奏明德皇后○世祖廟坐位駁議示東平憲王蒼 5.5/32/11
問咎祟所○ 6.2/34/6
時○敬法殿東廂 6.2/34/22
后志○克己輔上 6.2/34/24
廣平、鉅鹿、樂成王○邸 6.2/35/16
志○書傳 6.5/36/14
顯宗之○東宮 7.3/39/10
爲諸子○道欲急帶之也 7.9/41/26
位○三公上 7.12/42/14
○家何業最樂 7.12/42/22
不○贊拜之位 7.12/43/10
其處○ 7.12/43/20
阜陵質王延○國驕泰淫泆 7.13/43/24
衰服○身 7.19/45/7
志○財幣 8.1/46/11
位○九卿上 8.3/48/8,12.3/77/22
不欲久○內 8.4/48/13
故悝兄弟率常○中供養兩宮 8.5/48/19
而久○禁省 8.5/48/21
常○師門 8.6/48/27
身○親近 8.7/49/18
常○左右 8.10/50/14
妻子○後買田業 8.10/51/2
軍師○外 8.10/51/2
及○朝廷 8.12/52/2
上○邯鄲宮 8.14/52/12
時上○魯 8.14/53/7
行常自被甲○前 8.16/53/25
大司馬朱鮪○雒〔陽〕 9.1/54/22
執金吾賈復○汝南 9.1/55/8
時復先○座 9.1/55/11
恂○潁川 9.1/55/12
上○長安時 9.6/58/14
何如○長安時共買蜜乎 9.6/58/15
雖○軍旅 9.7/59/18
勒兵○西門樓 9.10/60/18
〔見〕（○上）〔上○〕前 9.10/60/22
詣上所○廬奴 10.1/62/8
上○薊 10.11/64/15
傳聞軍○後 10.11/64/16
家屬○人手中 10.14/65/23
馬駕○轅中 10.21/67/13
○邊數年 10.23/68/10
寧能高飛遠去、不○人間耶 10.26/69/16
行己○于清濁之間 10.26/69/24
○于今日 11.2/70/22
坐○諸將之右 11.2/71/1
雖○閒署 11.6/72/6
○道西 11.10/73/12
雖○骨肉 11.14/74/16
雖○閫內 12.1/75/9
時上○宣德殿南廡下 12.1/75/17
虜○吾目中矣 12.1/76/2
○隴西 12.1/76/7
○於食貨 12.1/76/7
吾○浪泊、西里、塢間 12.1/76/19
何能臥床上○兒女子手中耶 12.1/77/1
時五校尉令○北軍營中 12.4/78/14
不宜○一處 12.4/78/14
關北○篇 12.10/80/22
務○誠實 12.11/81/11
其○朝廷 12.11/81/11
皆若○己 12.11/81/12
坐○汝南臧罪 13.8/84/26
方軍師○外 13.11/86/10
○朝累世 13.12/87/11
夏者陽氣○上 13.12/87/18
陰氣○下 13.12/87/18
臣時○河南冢廬 13.12/87/24
○事精勤 13.13/88/6
三葉○位 13.16/89/20
河水○此 14.1/90/6
將詣行○所河津亭 14.1/90/10
家○中山 15.5/96/23
○位恭儉 15.6/97/3
前○州素有恩德 15.9/98/18
奮○姑臧四年 15.11/99/14
詔書以奮○姑臧治有絕迹 15.11/99/15
妻時○郡 15.11/99/16
弟奇○雒陽爲諸生 15.11/99/18
○縣五年 15.16/101/6
安○ 16.3/103/5
超自以久○絕域 16.3/104/1
君○外國三十餘年 16.3/104/3
超○西域三十一歲 16.3/104/6
有詔召衆問齊桓公之鼎○柏寢臺 16.6/104/20
太師○是 16.9/106/7
○朝以清白方正稱 16.23/110/13
漁陽太守張堪昔○蜀 16.35/113/15
正○前導日 16.36/113/23
惟駰以處士年少擢○其間 16.38/114/9
宗族○兵中 16.52/117/13
高帝母昭靈后園陵○焉 17.1/117/21
以爲罪○督郵 17.1/117/23
寅○職不服父喪 17.1/117/27
○朝名清廉公正 17.2/118/11
○朝竭忠盡謀 17.7/119/13
○位者莫不仰其風行 17.8/119/22
意○堂邑 17.13/121/18
咎皆○臣 17.13/122/1
鍾離尚書若○ 17.13/122/3
○位清白 18.3/127/6
所○以二千石俸終其身 18.3/127/7
意○相薦 18.8/128/21
務○寬平 18.9/128/26
赦天下繫囚○四月丙子以前減死罪一等 18.9/128/26
臣以爲赦前犯死罪而繫

○赦後者 18.9/129/2
彭○潁川 18.14/131/4
○射聲 18.16/131/15
權○外戚 18.22/132/26
時勤○旁 18.26/133/26
恭家井○門外 18.28/134/16
夙留意○經史 18.30/135/15
父尚○ 19.1/136/22
憂○軍役 19.4/137/23
自○樞機 19.7/138/22
常念兄與嫂○家勤苦 19.11/139/20
擢○察視之官 19.15/140/17
○納言 19.18/141/10
常○冢下 19.20/141/19
以香父尚○ 19.22/142/15
恥○廝役 20.7/146/15
參○職 20.10/147/6
遠○海濱 20.17/148/13
母○堂 21.1/150/18
久○臺閣 21.29/156/15
○九卿位 21.29/156/15
而刪獨○冢側 21.39/158/3
○參鑾 23.9/168/3
又寵堂上聞（蟆）〔蝦〕蟆聲○火爐下 23.11/168/19
獨○便坐室中 23.11/168/20
今立者乃○南陽 23.16/169/26
○兵中十歲 23.16/170/12
○東觀 24.90/179/25
廣以爲實宜○《郊祀志》 24.91/180/2

載 zài 27

○于史官 2.2/15/22
猥歸美于○列之臣 5.5/32/4
○枯稻至太守所 7.7/40/17
皆○赤豆覆其上 8.1/47/3
并○青泥一樸 8.2/47/21
千○一遇也 8.13/52/7
晨與上共○出 11.1/70/5
輒遣蒼頭以車○米菜錢 12.11/81/15
○至冢舍 12.11/81/20
○致成喪 13.11/85/25
九○乃殛 13.11/86/8
○以鹿車 13.16/89/9
令夫功烈施於千○ 14.5/93/30
五○巡狩 15.2/95/17
○酒肴 15.5/96/14
自○詣獄 15.15/100/28
遂博貫○籍 16.2/102/13
嘗與奴○鹽北至太原販賣 18.1/125/22
既而○之城外 18.22/133/2
○之歸 18.28/134/14
橡盜○橡還之 18.28/134/14
○病詣公車 19.29/144/4
則○之兼兩 20.17/148/13
○妻子 21.17/154/14
輕於駟馬之○鴻毛 24.70/178/3
七王不○母氏 24.74/178/13
《前漢志》但○十二律 24.86/179/11

簪 zān 1

至○蒿席草 13.11/85/22

贊 zàn 5

主齋祠儐○九賓之禮 4.1/25/4
不在○拜之位 7.12/43/10
特○ 11.10/73/19
臣○拜不由王庭 15.15/100/26
○拜殿中 19.10/139/14

臧 zāng 7

舉實○否 3.2/20/22
○宮、字君翁 10.2/62/16
國家以公知○否 11.2/70/20
守姑○長 15.11/99/12
而姑○稱爲富邑 15.11/99/13
奮在姑○四年 15.11/99/14
詔書以奮在姑○治有絕迹 15.11/99/15

贓 zāng 7

坐在汝南○罪 13.8/84/26
交趾太守坐○千金 17.13/121/23
此○穢之物 17.13/121/25
未嘗以○罪鞠人 18.5/127/15
爲吏坐○ 18.10/129/9
坐○自殺 21.5/151/11
後涼州刺史奐林○罪 22.5/164/6

葬 zàng 37

命諸將收○吏士 1.1/4/13
○埋僭侈 1.1/6/21
令薄○ 1.1/6/21
古帝王之○ 1.1/8/26
○務從省約 1.1/9/23
○原陵 1.1/9/25
○顯節陵 2.1/13/21
后○有闕 2.3/16/27
乃議改○ 2.3/16/27
○順陵 2.3/17/10
○康陵 2.4/17/22
○恭陵 3.1/19/17
○憲陵 3.2/20/27
○懷陵 3.3/21/11
○靜陵 3.4/21/19
不欲令厚○以違其意 7.8/41/13
蒼○ 7.12/43/18
平原王○ 7.22/45/24
至○所 8.6/49/7
薄○小墳 8.10/51/3
兵車軍陣送遵○ 9.7/59/19
會○ 11.14/74/20
以馬革裹尸還○耳 12.1/77/1
光子朗上書迎光喪○舊塋 12.4/78/19
冢開即○ 12.11/81/21
既○ 15.2/95/8
因爲其制日定○ 15.5/96/15
典獨棄官收斂歸○ 16.13/107/12
遭父喪未○ 16.42/115/3
營舍有停棺不○者百餘所 18.16/131/15
悉○其無主者 18.16/131/17
昔延陵季子○子于嬴、博之間 18.29/135/8
後伯通等爲求○處 18.29/135/9
遂○要離冢傍 18.29/135/10
骸骨不○者多 19.7/138/26
寵乃敕縣埋○ 19.7/138/26
詔鄧禹收○〔於〕霸陵

23.1/165/20

遭 zāo 27

故○反覆 1.1/8/24
○天下反覆 1.1/8/27
今○變異 6.2/35/8
○世倉卒 6.3/35/21
時新○大憂 6.5/36/18
太后自○大憂 6.5/37/4
○旱 7.7/40/16
以國新○大憂 8.5/48/19
幸得○値明盛 8.5/48/20
耿況、彭寵俱○際會 8.13/52/7
○母喪 12.4/78/13
每○困厄 13.11/85/21
放逐○誅 13.13/88/9
俱○時反覆 15.5/96/19
安可再○値 15.17/101/17
榮○倉卒困厄時 16.9/106/2
○歲倉卒 16.41/114/25
○父喪未葬 16.42/115/3
○大亂 16.43/115/8
○離盜賊 17.10/120/6
○王莽篡位 17.12/121/6
○饑饉 17.24/125/4
臣生○饑饉 18.1/126/9
時山陽新○地動後 18.14/131/1
李恂○父母喪 19.20/141/19
○父喪 19.30/144/9
○黨錮事 21.17/154/14

糟 zāo 2

○糠之妻不下堂 13.6/84/14
魏冒踰○ 22.4/161/22

早 zǎo 9

○薨 2.3/16/5
天命○崩 2.4/17/24
母○薨 3.2/19/21
○卒 6.7/37/16
○死 6.9/38/3
不能○退 13.11/86/23
嗶○孤 18.6/127/22
使○成之 20.23/149/20
○孤 21.39/158/3

蚤 zǎo 1

旦○與我會上東門外 14.1/90/8

棗 zǎo 4

皆食○菜 8.1/47/2
天子與我○脯 20.23/149/20
與若○者 20.23/149/20
孫程賦○脯 20.24/150/3

澡 zǎo 1

○盥鬚眉塵垢 10.9/64/3

藻 zǎo 1

山龍華○ 5.6/32/24

阜 zào 1

常衣○襜褕 14.2/90/18

造 zào 13

○萬金堂于西園 3.6/24/1
又○南宮玉堂 3.6/24/3
莫不○門 7.3/39/10
○次不能以辭語自達 8.10/50/10
（告）〔○〕床下 8.14/52/13
非狂人所○作 15.8/97/21
○作水排 15.10/99/5
即牽馬○門 18.12/130/8
帝欲○畢圭靈昆苑 20.4/145/24
昔先王○囿 20.4/145/25
○意用樹皮及敝布、魚網作紙 20.9/146/26
○十層赤樓 23.17/171/10
元年營○明堂、靈臺、辟雍 24.6/173/7

燥 zào 1

高○ 18.29/135/9

竈 zào 6

○中有火 1.1/3/24
帝對○炙衣 1.1/3/24
妻子自親釜○ 17.3/118/18
滅○更燃火 18.29/134/23
不祭○求福 19.22/142/19
○下養 23.1/165/12

則 zé 54

○名冠天下 1.1/4/23
乃令上書啓封○用 1.1/6/18
坐○功臣特進在側 1.1/9/3
稽乾○古 3.2/20/29
惟民之○ 3.2/21/2
○天神皆降 5.4/28/17
王大食○命奏鐘鼓 5.4/28/19
蓋《周官》所謂「王〔師〕大獻○令凱樂 5.4/29/1
「軍大獻○令凱歌」也 5.4/29/2
一○以喜 5.5/30/3
一○以懼 5.5/30/3
功施于民○祀之 5.5/30/14
以死勤事○祀之 5.5/30/15
以勞定國○祀之 5.5/30/15
能禦大災○祀之 5.5/30/15
○水旱癘疫之災 5.5/30/17
○雪霜風雨之不時 5.5/30/18
以○天數 5.6/32/25
方以○地 5.6/33/1
晝○縫紉 6.5/36/15
鄰郡○之 8.2/47/25
閫出○陪乘 8.7/49/17
○側足屏息 8.10/50/15
○降 9.1/55/20
至○厲兵馬 9.8/60/4
○二心也 10.14/65/23
○制其支體易也 11.2/70/25
否○守錢虜耳 12.1/75/11
○爲遼東豕也 13.9/85/4
○爵賞光於當世 13.13/88/10
兵久○力屈 14.5/93/20
人愁○變生 14.5/93/20
雖○山澤之人 14.5/93/25
○威風遠暢 14.5/93/27
○足以顯聲譽 14.5/93/28

○可以建大功 14.5/93/28
○陰侯可 16.15/107/27
○固宜用天下之賢才 16.15/107/28
夜○達旦 16.22/110/8
見吏○衣草而出 16.40/114/21
○爲失人 16.49/116/19
知人○哲 17.1/117/28
○臣位大 17.13/122/1
寢○懷鉛筆 18.16/131/14
行○誦文書 18.16/131/14
○修文德以來之 19.16/140/25
聖人○之 20.4/145/22
行○鳴玉 20.13/147/20
○載之兼兩 20.17/148/13
○所謂天投蜺者也 21.24/155/20
衆見利○出兵而略地 23.17/171/6
無利○堅守而力農 23.17/171/6
何○ 23.17/171/15
○其法也 24.90/179/23

責 zé 24

小感慨輒自○ 6.2/35/11
吏强○租 7.7/40/17
數○之 7.17/44/20
罪○日深 8.5/48/21
○數以背恩反（賊）〔城〕 10.14/65/22
召憲切○曰 10.24/68/18
遂發憤○之曰 11.2/70/20
令直符○問 11.10/73/15
數加譴○ 12.3/78/8
復詔就○ 13.7/84/21
○之曰 13.9/85/3
憙○怒仲伯 13.16/89/9
又召候岑尊詰○ 14.2/91/4
乃（遺）〔遺〕書○邑曰 14.4/92/3
因把臂○之曰 17.17/123/1
○數武 17.17/123/3
不復○舍宿直 18.1/125/23
時不如意輒呼○ 18.28/134/15
乃共○讓主人 18.29/134/28
鴻以書○之而去 18.29/134/29
各退自相○讓 19.4/137/18
輒私○數 19.11/139/22
輒閉閤自○ 20.17/148/19
趙萌以私事○侍中 23.1/165/9

賊 zé 110

盜○群起 1.1/1/23
封降○渠率 1.1/4/8
○亦兩心 1.1/4/9
帝敕降○各歸營勒兵待 1.1/4/9
案行○營 1.1/4/9
○曰 1.1/4/9
帝破○ 1.1/4/11
○檄日以百數 1.1/6/7
獨言朝廷以爲我縛○手足矣 1.1/7/4
中黃門孫程等十九人共討○臣江京等 3.2/19/27
九江○馬勉敗死 3.4/21/16
長沙○攻沒蒼梧 3.5/22/14
○乘刺史車 3.5/22/14
○萬人以上屯益陽 3.5/22/15
妖○蓋登稱「大皇帝」 3.5/22/22
除殘去○ 5.5/29/24
殘○百姓 5.5/31/4
○兵大敗 8.10/50/18
討富平、獲索二○于平原 8.10/50/19
○率五萬餘人夜攻漢營 8.10/50/19
會盜○起 8.11/51/10
○陣堅不卻 8.11/51/14
青、徐大○ 8.14/52/15
反欲以○虜遺君父耶 8.14/53/9
○不入境 9.1/55/12
潁川盜○群起 9.1/55/13
盜○悉降 9.1/55/13
征○還 9.4/57/9
與弘農、厭新、柏華、蠻中○合戰 9.7/59/6
是時盜○尚未悉平 9.8/60/3
爲光武○曹掾 9.12/61/17
別攻眞定宋子餘○ 9.12/61/19
俊攻匡城○ 10.7/63/18
○衆歡呼 10.11/64/24
〔問〕破○所得物 10.14/65/19
責數以背恩反（○）〔城〕 10.14/65/22
若縱○不誅 10.14/65/23
有執父仇○自出 11.9/73/3
擊尋陽山○ 12.1/76/10
瞋目討○ 12.1/76/24
三輔盜○群輩並起 12.9/80/12
盜○未息 12.11/81/20
殆陰下相爲蠹○ 13.11/86/29
每逢○欲逼奪 13.16/89/9
猶有申伯、召虎、夷吾、吉甫攘其蟊○ 14.5/93/18
今邯鄲之○未滅 14.5/93/20
伋知盧芳夙○ 15.9/98/22
誅降逆○楊異等 15.10/99/4
奮追○ 15.11/99/16
○推奮之子于軍前 15.11/99/17
遂擒○ 15.11/99/17
坐誅斬盜○過濫 15.18/101/21
○衆爭欲殺之 16.30/112/2
既爲○所迫殺 16.30/112/3
群○入汝陽城 16.31/112/7
嘉從太守何敞討○ 16.31/112/7
○圍繞數十重 16.31/112/8
呵○曰 16.31/112/8
爲○既逆 16.31/112/8
群○于是相視 16.31/112/9
爲赤眉○所得 16.41/114/26
詣○叩頭言 16.41/114/26
○義而不啖 16.41/114/27
復自縛詣○ 16.41/114/27
○遂放之 16.41/114/28
遇赤眉○ 16.43/115/9
○矜而放〔之〕 16.43/115/9
○問所以 16.44/115/13
○異之 16.44/115/14
○盜起 16.52/117/13
遭離盜○ 17.10/120/6
盜○息滅 17.10/120/7
盜○未盡 17.10/120/8
平弟仲爲○所殺 17.11/120/19
其後○忽然而至 17.11/120/19
爲餓○所得 17.11/120/22
○哀而遣之 17.11/120/23
屬與○期 17.11/120/23
遂還詣○ 17.11/120/24
以謝○恩 17.11/120/25
盜○并起 17.12/121/6
○經詩里 17.22/124/7

弟禮爲○所得　17.23/124/15
即自縛詣○　17.23/124/15
○并放之　17.23/124/16
盜○起　17.24/124/27
　18.1/125/19
譚爲○所得　17.24/124/27
有○長公　17.24/124/28
○遂皆放之　17.24/125/3
道遇群○　18.6/127/23
○操弓弩欲裸奪婦女衣服　18.6/127/23
○義其小、壯其志　18.6/127/25
蟊○傷稼穡　19.6/138/14
盜○發　19.21/142/1
縣令劉雄爲○所攻　20.8/146/20
○等遂戟刺輔　20.8/146/21
東郡太守捕得○　20.8/146/21
署曰「○臣王甫」　21.12/153/14
有○轉至京師　21.33/157/7
每○過　21.39/158/3
夕陽侯邢崇孫之爲○所盜　21.50/159/20
○皆輸鎧仗　23.5/166/19
亭長白言「睢陽○衣絳罽襜」　23.18/172/6
銅馬○帥東山荒禿、上淮況等　23.20/172/16
五校○帥高扈　23.20/172/16
檀鄉○帥董次仲　23.20/172/16
五樓○帥張文　23.20/172/17
富平○帥徐少　23.20/172/17
獲索○帥古師郎等　23.20/172/17

幘 zé　11

絳衣赤○　1.1/2/6
皆冠○　1.1/3/15
攝○復戰　9.12/61/20
必○然後見　12.1/75/9
（袒）〔但〕○坐　12.1/75/18
賜冠○　15.13/100/8
賜以冠○錢布　18.10/129/13
自所服冠○綬　20.4/145/27
赤○大冠一具　21.8/152/5
俠卿爲制朱絳單衣、（平）〔半〕頭赤○、直綦履　23.5/166/13
寵妻夢贏袒冠○　23.11/168/19

澤 zé　22

敕易奩中脂○妝具　2.1/13/18
惠○沾濡　2.3/17/12
○施四海　5.5/31/6
京師雨○　7.2/39/6
布惠○　9.4/56/21
旌旗亂于大○　11.7/72/13
乘下○車　12.1/76/18
野○無兼并之民　13.11/86/19
雖則山○之人　14.5/93/25
嘉○降澍　15.2/95/19
河西舊少雨○　15.15/101/1
周○董魯平叔　16.25/111/2
未聞恩○　16.33/112/22
周○、字穉都　17.3/118/16
詔以信田宅奴婢錢財賜廉吏太常周○　17.3/118/19
與周○相類　17.5/119/3
與母俱匿野○中　17.11/120/21
而亡命捕得獨不沾○　18.9/129/2
宿訟許伯等爭陂○田　19.4/137/17
居山○　19.20/141/23
常牧豕于長垣○中　20.17/148/15
人庶群入野○　23.1/164/20

擇 zé　5

非獨君○臣　12.1/75/19
臣亦○君　12.1/75/19
乃選○水軍三百人　15.12/99/25
言語不○　17.17/123/1
○民能率衆者　18.14/131/2

譖 zèn　8

遂用○愬　1.1/3/10
乳母王男、廚監邴吉爲大長秋江京、中常侍樊豐等所○愬　3.2/19/23
名臣少府李膺等並爲閹人所○　3.5/22/24
遂被○暴卒　6.3/36/1
齊武王以○愬遇害　9.4/56/18
中常侍樊豐等○之　20.2/145/10
江京等○誣太子　20.23/149/18
萌以爲延○己　23.15/169/19

曾 zēng　21

自秦、漢以來師出未○有也　1.1/2/18
千乘貞王之○孫　3.4/21/15
章帝○孫　3.5/21/23
敞○祖節侯買　7.7/40/13
漢遂斬幽州牧苗○　8.10/50/14
復未○有言　8.11/51/19
○無尺寸可數　9.11/61/8
詔封延○孫爲盧亭（候）〔侯〕　9.11/61/13
○祖父隆　11.1/70/5
○祖父通生賓　12.1/75/5
其委任自前世外戚禮遇所未○有　12.11/81/24
○祖揚　13.13/88/3
○祖父奉世徙杜陵　14.5/92/22
○參迴車于勝母之閭　17.13/121/24
○誤遺火　18.29/134/26
○祖父咸　19.7/138/18
○祖香、祖瓊　19.24/143/3
鄉里號曰「張○子」　19.25/143/7
魏成○孫純坐訐訕　21.47/159/8
首鄉侯段普○孫勝坐殺婢　21.49/159/16
未○私語　24.58/177/7

憎 zēng　2

父娶後妻而○苞　20.6/146/9
後母○之　21.37/157/25

增 zēng　17

復○一歲　1.1/8/13
有功輒○封邑　1.1/10/4
豈敢空言○廣　2.2/15/27
欲有以○諸神之祀　5.5/30/18
其議○修群祀宜享祀者　5.5/30/20
以○歎息　7.12/42/24
○封三千戶　8.4/48/14
詔書○秩一等　9.8/60/4

以襄城羹亭一千二百戶○防　12.3/77/24
○歲租十餘萬斛　12.8/80/1
祗○塵垢　12.11/81/19
財物不○　15.11/99/14
典牧州郡田畝不○　17.2/118/12
○飾法律　19.17/141/4
○秩　19.22/142/15
稍○石爲郎　23.17/170/24
不得自○加　24.14/174/1

繒 zēng　4

此○染色好　6.2/34/21
其賜堪家新○百匹　15.12/100/3
多賜○布　22.4/162/4
中宮皇太子親服重○厚練　24.94/180/11

甑 zèng　1

○中生塵范史雲　21.17/154/15

贈 zèng　8

○以玄玉赤紱　3.1/18/20
上詔有司加○鑾輅乘馬　7.12/43/18
乃○將軍　9.7/59/19
○賻三千匹　13.8/84/27
無以相○　15.5/96/19
○子以不拜　15.5/96/20
○錢三十萬　18.3/127/7
郡中賻○無所受　19.4/137/14

札 zhá　4

一○十行　1.1/9/3
敕蘭臺給筆○　18.17/131/24
以木○書符曰「上將軍」　23.5/166/11
與兩空○置笥中　23.5/166/11

詐 zhà　20

況○子輿乎　1.1/4/3,23.8/167/19
刺史太守多爲○巧　1.1/8/1
中常侍江京、樊豐等共〔興〕爲○　3.1/19/14
我爲○汝耳　7.4/39/22
軼多○不信　9.4/57/3
使者以其○　11.1/70/6
○之曰　16.3/103/5
○日行學　17.22/124/6
市無姦枉欺○之巧　18.1/125/27
阜疑有姦○　18.13/130/21
遂○死　18.22/133/2
又與寡嫂○訟田　18.30/135/18
○謂馬國曰　20.23/149/20
康○疏光入章臺門　20.24/150/6
有司奏光欺○主上　20.24/150/7
聖公○死　23.1/164/19
○姓劉氏　23.9/168/3
豐乃知被○　23.12/169/4
述○使人言白帝倉出穀如山陵　23.17/171/24

摘 zhāi　3

抉瑕○釁　16.8/105/7
發○姦盜　19.2/137/4
○發其要　24.61/177/13

齋 zhāi　9

○于殿中　3.1/18/9
主○祠儐贊九賓之禮　4.1/25/4
潔○盛服　5.6/32/24
因○戒（祝）〔祠〕高〔祖〕廟　9.11/61/6
每○祠　11.6/72/7
六年正月○宮中　12.3/78/7
寵時○　23.11/168/20
大王解○　23.11/168/21
下宗廟儀及○令　24.92/180/7

宅 zhái　15

遂即歸○　1.1/2/8
幸舊○　1.1/5/18
修園廟舊○田里舍　1.1/7/1
田○踰制　2.1/11/13
復祠于舊○　2.1/12/31
幸孔子○　2.1/13/11
何多買田○乎　8.10/51/2
然但修里○　8.10/51/3
又過（祐）〔祜〕○　9.6/58/15
汙池室○　11.1/70/7
上數幸其○　11.11/73/24
賜洛陽上商里○　14.2/90/24
父稚爲丹買田○居業　17.2/118/3
詔以信田○奴婢錢財賜廉吏太常周澤　17.3/118/19
無田○財產　19.20/141/23

債 zhài　1

○家聞者皆慚　11.3/71/13

占 zhān　6

以訊○夢　6.5/36/16
下無不○之志　14.4/92/10
吉凶○應　18.31/135/22
乃訊之于○者　21.11/153/7
甲夜○書　24.62/177/15
撰建武以來星變彗孛○驗著明者續其後　24.90/179/28

沾 zhān　6

涕泣○襟　2.2/14/24
惠澤○濡　2.3/17/12
嘉澍○渥　6.6/37/11
○赤汗　7.12/43/7
而亡命捕得獨不○澤　18.9/129/2
感念○襟　24.28/175/3

氈 zhān　1

臣恐不忍將大漢節對○裘獨拜　16.6/104/25

瞻 zhān　10

太后密使○察威儀才明　3.5/21/25
民所○仰也　5.5/30/15
○望永懷　7.12/42/24
可時○視　7.12/43/6
○望涕泣　9.7/59/15
上令霸前○水　10.11/64/17

○望太山　15.2/95/19
○拜可觀　17.1/117/21
國士○重　19.22/142/13
朝夕○省　21.1/150/18

饘 zhān　1

醫藥○粥　18.16/131/18

斬 zhǎn　27

○首數十級　1.1/3/3
○首〔數〕百千級　1.1/3/5
失○將（安）〔弔〕民之義　1.1/7/12
當○　7.1/38/13,16.33/112/21
掩擊多所○獲　8.2/48/1
○首八百餘級　8.9/49/28
漢遂○幽州牧苗曾　8.10/50/14
後至者○　8.10/50/18
遂○之　9.1/55/19,23.1/165/11
（祐）〔祜〕○張成　9.6/58/12
○其魯郡太守梁丘壽、沛郡太守陳修　9.11/61/5
將○而奪之　10.12/65/5
○竹為箄渡水　15.12/99/25
坐誅○盜賊過濫　15.18/101/21
多○首虜　16.3/103/3
○得匈奴〔節〕使屋類帶、副使比離支首及節　16.3/103/8
超即○其首送廣德　16.3/103/15
將下○之　16.16/108/10
而○郡守　16.33/112/22
願代太守○　16.33/112/23
程等十八人收○江京、閻顯等　20.23/149/20
頒追〔○〕之　21.8/151/27
○首　23.1/165/1
執縣宰○之　23.7/167/9
既敗當○　23.12/169/4

湛 zhàn　12

伏○上疏諫曰　13.1/82/20
杜詩薦○疏曰　13.1/82/22
竊見故大司徒陽都侯伏○自行束脩　13.1/82/22
○容貌堂堂　13.1/82/24
○同產兄子也　13.3/83/11
張○、字子孝　13.10/85/12
○曰　13.10/85/13
○常乘白〔馬〕　13.10/85/14
帝强起○以代之　13.10/85/16
子○嗣　15.2/96/1
○卒　15.2/96/1
平林人陳牧、廖○復聚千餘人　23.1/164/21

戰 zhàn　43

○攻之具甚盛　1.1/2/17
尋、邑遣步騎數千〔乘〕合○　1.1/3/3
連○　1.1/4/1
背城而○　1.1/7/8
哀懼○慄　5.5/32/8
禹與○　8.1/47/1
禹與赤眉○　8.1/47/3
得鎧弩刀矛○楯匕首二三千枚　8.9/49/28
與蘇茂、周建○　8.10/50/17
北營○不利　8.10/50/23
漢○敗墮水　8.10/50/24
大○　8.11/51/14
復北與五校○于眞定　8.11/51/15
不○而困　8.14/53/3
與劉歆等會○　8.14/53/6
弇與步○　8.14/53/6
乃出大○　8.14/53/9
非交○受敵　9.4/57/20
與弘農、厭新、柏華、蠻中賊合○　9.7/59/6
吏士進○　9.7/59/8
後與○　9.11/61/5
延與○　9.11/61/9
攝幘復○　9.12/61/20
諸將○　10.2/62/17
遂與五谿○　11.2/71/3
況出○死　11.8/72/23
怯于○功　12.1/76/24
○軍不息　14.5/93/21
斯四○之地、攻守之場也　14.5/93/22
習○射之教　14.5/93/27
○於蒲類海　16.3/103/3
○陣不訪儒士　16.37/113/28
頒自下馬大○　21.8/151/26
○為下計　21.8/152/1
備水○之具　21.53/160/3
一○大破　21.53/160/3
與更始將軍蘇茂○　23.1/165/16
崇欲與王莽○　23.6/166/25
○士不下百萬　23.17/171/6
于○陣之中　23.17/171/14
創愈復○　23.17/171/14
鳴鼓挑○　23.17/172/1
外戚○慄　24.60/177/11

章 zhāng　88

得吏民謗毀帝言可擊者數千○　1.1/4/6
後改為○陵　1.1/5/19
以春陵為○陵縣　1.1/5/19
幸○陵　1.1/7/1
遂到○陵　1.1/8/7
親自制作《五行○句》　2.1/12/2
　11.7/72/14
削○不如飽飯　2.1/12/10
帝與皇太后幸南陽祠○陵　2.1/12/15
祠○陵　2.1/12/31
孝○皇帝諱炟　2.2/14/3
壽明達有文○　2.2/15/10
至○和元年　2.2/15/18
○帝時　2.2/15/20,19.7/138/23
不能辨○　2.2/15/27
○帝之中子也　2.3/16/5
孝○帝由是深珍之　2.3/16/6
○和二年春二月　2.3/16/7
○帝崩　2.3/16/7,10.24/68/21
帝崩于○德前殿　2.3/17/9
誦《孝經》○句　3.2/19/22
○帝玄孫　3.4/21/15
○示百姓　3.4/21/17
○帝曾孫　3.5/21/23
○帝又置（祝）〔祀〕令、丞　4.1/25/1
孝○皇帝親著歌詩四○　5.4/29/2
有司復奏《河》《雒》

圖記表○赤漢九世尤著明者 5.5/29/20
○帝元和二年詔曰 5.5/30/14
一○成篇 5.5/31/13
故登歌《清廟》一○也 5.5/31/13
一○十四句 5.5/31/14
○明圖讖 5.5/31/17
○帝初即位 5.5/31/21
率由舊○ 5.5/32/13,13.11/86/9
旂旄龍○日月 5.6/32/25
竇○女 6.7/37/16
立長子○爲太原王 7.1/38/23
徙○爲齊王 7.1/38/23
○少孤 7.1/38/24
以彊○宣示公卿大夫 7.8/41/7
○帝建初三年 7.12/43/4, 12.3/77/22
上移幸北宮○德殿 7.21/45/20
人有上○言異威權至重 9.4/57/15
因以○示異 9.4/57/16
竇○、時謂東觀爲老氏藏室 10.25/69/3
敕黃門取頭蝨○（特）〔持〕入 12.1/76/11
事下大司空正郡國印○ 12.1/76/15
御○臺下殿 12.3/78/7
○帝與光詔曰 12.4/78/15
嚴舉劾按○ 12.6/79/10
遣功曹史李龔奉○詣闕 12.6/79/13
明當尊用祖宗之故文○也 13.11/86/9
上稽舊○ 13.11/86/17
三年而明○句 15.2/95/6
○不報 15.2/95/10
郅惲、字君○ 15.8/97/20
李○爲千乘太守 15.18/101/21
不爲○句 16.2/102/14
上自制《五家要說○句》 16.10/106/17
上親於辟雍自講所制《五行○句》已 16.10/106/18
但有發首一○ 16.16/108/13
○帝元和中 16.16/108/13
○帝下詔曰 16.34/113/9
○和中 17.8/119/18
上以○示公卿 17.10/120/13
歌詩三○ 17.15/122/16
○和元年 18.9/128/26
均遣子英奉○詣闕 18.10/129/12
○和二年 18.12/130/4
爲太守奉○來弔 18.12/130/6
○和中爲光祿勳 18.19/132/12
時○帝西謁園陵 18.20/132/16
○帝即位 19.1/136/8
下○所告及所自舉有意者 19.1/136/19
試《論語》本文○句 19.6/138/9
○帝知 19.26/143/14
其憲○朝右 20.16/148/8
持燈入○臺門 20.24/150/4
康詐疏光入○臺門 20.24/150/6
明解朝○ 21.1/150/19
爲帝誦《孝經》一○ 21.21/155/4
著成篇○ 24.90/179/27
國家舊○ 24.93/180/9

張 zhāng 85

諸李遂與南陽府掾史○順等連謀 1.1/2/6
議曹掾○祉言 1.1/4/11
〔追封〕外祖樊重爲壽○侯 1.1/10/6
明德太后姊子夏壽等私呼虎賁○鳴與敖戲爭鬬 2.2/15/1
太尉劉光、司空○皓以陰陽不和 3.2/20/4
至新野公主、壽○敬侯廟 3.5/22/18
追封壽○侯 3.5/22/19
典法設○ 5.5/32/12
縣吏○申有伏罪 7.2/39/3
拜○掖太守 8.2/47/24
工無虛○之繕 8.8/49/24
○步都臨淄 8.14/52/22
○藍引兵突臨淄 8.14/53/1
○藍聞臨淄破 8.14/53/3
○步直攻弇營 8.14/53/6
復追○步 8.14/53/11
（祐）〔祜〕斬○成 9.6/58/12
行河西五郡大將軍、涼州牧、○掖屬國都尉竇融 10.22/67/21
追封重爲壽○敬侯 11.3/71/13
徙封壽○侯 11.4/71/19
願還壽○ 11.4/71/22
乃○燈俯伏 11.6/72/7
○況遷涿郡太守 11.8/72/21
○歆（字）〔守〕皋長 11.9/73/3
○禹好學 11.10/73/10
有○釋之風 11.10/73/11
與同郡○宗、上谷鮮于褒不相好 11.14/74/16
友人○汜、杜禽與興厚善 11.14/74/17
上言太守蘇定○眼視錢 12.1/76/24
○掖屬國都尉 12.8/79/24
○步遣其掾孫昱隨盛詣闕上書 13.2/83/7
○湛、字子孝 13.10/85/12
○氏雖皆降散 13.11/86/12
○步之計是也 13.11/86/25
代○純爲大司空 13.11/87/6
○純、字伯仁 13.12/87/11
永遣弟升及子壻○舒等謀使營尉李匡先反涅城 14.2/90/20
與右中郎將○邯相逢城門中 14.2/91/4
大中大夫○堪對曰 14.2/91/10
○舒內行邪孽 14.4/92/14
惲與董子○友 15.8/97/22
子○父及叔父爲鄉里盛氏一時所害 15.8/97/22
子○病 15.8/97/22
子○視惲 15.8/97/23
子○〔但〕目擊而已 15.8/97/24
取其頭以示子○ 15.8/97/24
子○見而氣絕 15.8/97/24
坐前守○禁多受遺送千萬 15.8/98/11
○堪、字君游 15.12/99/23
○君養我曹 15.12/99/24
○君爲政 15.12/100/1
平陽城李善稱故令范遷於○堪 15.12/100/2
猶當效傅介子、○騫立

功異域 16.3/102/23
博士○佚正色曰 16.15/107/27
○玄、字君夏 16.26/111/7
漁陽太守○堪昔在蜀 16.35/113/15
○重、日南計吏 17.21/123/25
與（東）〔同〕郡宗武伯、翟敬伯、陳綏伯、○弟伯同志好 18.3/127/4
暉同縣○堪有名德 18.6/128/9
太守○穆持筒中布數篋與范 18.12/129/26
阜使五官掾長沙疊爲○雅樂 18.13/130/17
南陽○奉慕其義 18.27/134/8
郭鳳、字君○ 18.31/135/22
○酺、字孟侯 19.1/136/5
京兆尹○恂召恢 19.16/140/23
○湯爲廷尉 19.17/141/4
爲○掖太守 19.20/141/20
○霸、字伯饒 19.25/143/7
鄉里號曰「○曾子」 19.25/143/7
更名○氏之學 19.25/143/9
○表、字公儀 19.30/144/9
○敏以行大射禮 20.1/144/29
○躭將吏兵 20.12/147/15
侍御史○綱獨埋輪于雒陽都亭 20.15/148/3
餘羌復〔與繞河大〕寇○掖 21.8/151/26
○奐事勢相反 21.8/152/2
○奐、字然明 21.11/153/3
奐召主簿○祁入 21.11/153/3
○意拜驃騎將軍 21.53/160/3
吏繫聖公父子○ 23.1/164/19
吏乃出子○ 23.1/164/19
○昂拔劍擊地曰 23.1/164/26
涿郡太守○豐舉兵反 23.12/169/3
五樓賊帥○文 23.20/172/17
太尉○酺、鄭洪、徐防、趙喜、隨延、龐桓 24.81/179/1

彰 zhāng 3

以○厥功 2.3/16/17
徙封○爲平鄉侯 9.5/58/5
○子普坐鬬殺游徼 9.5/58/5

掌 zhǎng 5

○典圖書 3.5/22/8
太尉○邦 4.1/24/11
使應專○難問 17.6/119/7
郭躬家世○法 18.9/128/26
瑞應手○成文 23.17/171/11

丈 zhàng 16

雲車十餘○ 1.1/2/24
長三○ 2.1/13/8
廣○二尺 2.1/13/9
長二○五尺 2.1/13/9
秭歸山高四百餘○ 2.3/17/4
白氣長三○ 2.3/17/5
水深三○ 3.1/18/13
體長十餘○ 3.6/23/21
21.24/155/19
城中穿井十五○ 8.17/54/9
谷水從地中數○涌出 9.2/56/5
愚聞○夫不釋故而改圖 14.4/92/4
大○夫無他志略 16.3/102/23
大○夫安能爲人役耶 16.46/115/24
以○二竹簟畫九宮其上 21.21/155/4
大○夫生當雄飛 21.22/155/9

仗 zhàng 3

歙〔徐〕○節就車而去 11.2/70/23
將軍所○ 14.5/93/24
賊皆輸鎧○ 23.5/166/19

杖 zhàng 10

賜几○、安車一乘 10.26/69/21
以所○鐵○捶龔 15.8/98/12
設几○ 16.9/106/5
賜臥几、靈壽○ 19.22/142/15
至被毆○ 20.6/146/10
而○鞭牧豕 20.17/148/16
旁無几○ 21.1/150/18
父子皆死于○下 21.12/153/14
鞭○不舉 21.54/160/8

帳 zhàng 9

給帷○床褥 11.10/73/18
施絳紗○ 12.7/79/20
若向南者多取帷○ 13.14/88/19
賜以帷○奴婢 16.9/105/21
賈胡共起帷○設祭 16.36/113/22
尹車過○ 16.36/113/22
武○ 17.17/123/1
憲遣奴騶○下吏李文迎錢 18.13/130/21
鐘鼓帷○ 23.1/165/5

脹 zhàng 2

腹○死 1.1/6/26
恚憤腹○而死 23.16/170/18

障 zhàng 2

成善治○塞 10.5/63/7
援行亭○ 12.1/77/2

賬 zhàng 1

然後隨護視○給之 18.10/129/11

招 zhāo 3

而令親屬○呼忠 10.14/65/22
以大漢威靈○之 19.19/141/14
豪傑尙可○誘 23.17/171/15

昭 zhāo 21

○然著聞矣 1.1/4/18
會稽許○聚衆自稱大將軍 3.6/23/12
孝景皇帝制《○德》之舞 5.5/31/6
依書《文始》、《五行》、《武德》、《○德》、《盛德》修之舞 5.5/31/14
昔者孝文廟樂曰《○德》

之舞 5.5/31/27
《○德》、《盛德》之舞不進 5.5/31/28
○茲來許 5.5/32/12
光、○陽亭侯 7.17/44/23
鄧陟、字○伯 8.4/48/12
鄧悝、字叔○ 8.5/48/19
有司復請加諡曰○成侯 8.6/49/7
鄧閶、字季○ 8.7/49/12
耿弇、字伯○ 8.14/52/12
○以不王 12.10/80/24
○達萬情 12.11/81/10
楚○、屈、景 13.11/86/18
陛下○然獨見成敗之端 13.11/86/25
諦定○穆尊卑之義也 13.12/87/17
高帝母○靈后園陵在焉 17.1/117/21
陳寵、字○公 19.7/138/18
韓○強賦一億五千萬 20.21/149/10

朝 zhāo 101

○政每下 1.1/1/16
時會○請 1.1/1/17
佩之入○ 1.1/2/14
到○廷凡數十見 1.1/6/8
獨言○廷以為我縛賊手足矣 1.1/7/4
詣闕○賀 1.1/8/18
旦聽○ 1.1/9/3
○無權臣 2.1/13/25
閹門而已無封侯預○政者 2.1/13/27
○乾夕惕 2.2/15/25
罷○ 2.3/17/1
○無寵族 2.3/17/12
太后臨○ 2.4/17/20
3.3/21/9,6.5/36/21
賴皇太后〔臨○〕 2.4/17/24
鄧后臨○ 3.1/18/8
太后猶臨○ 3.5/21/26
諸主○望見 6.2/34/21
不以私家干○廷 6.2/34/24
入○問起居 6.2/35/16
每○廷有異政 7.2/39/6
遣中大夫奉璧○賀 7.3/39/11
○廷設問寡人 7.3/39/12
沛王、楚王來○就國 7.9/41/25
蒼與諸王○京師 7.12/42/22
蒼上疏願○ 7.12/43/9
○夕自快 8.1/46/12
奉○請 8.1/47/6
至○ 8.2/47/13
○夕獻納 8.7/49/17
○受詔 8.10/51/1
可且○食 8.11/51/14
及在○廷 8.12/52/2
每至○會 9.7/59/21
每○京師 9.8/60/9
○臣畏悚 10.13/65/12
以特進奉○請 10.21/67/15
臣融○夕教導以經藝 10.22/67/25
○加封賞 10.24/68/23
宏每當○會 11.4/71/20
敕騶臨○乃告 11.4/71/21
上遣中黃門○暮餐食 11.5/72/1
大官○夕送食 11.10/73/17
大官○夕進食 11.10/73/18
每○見 11.10/73/19
前到○廷 12.1/75/22
○送鹿膾 12.4/78/16
其在○廷 12.11/81/11
○廷由是敬憚委任焉 12.11/81/13
生無以輔益○廷 12.11/81/18
商○廷敬憚 12.11/81/24
○之淵藪 13.1/83/1
正○服坐府上 13.6/84/5
而令○廷耽悅鄭聲 13.6/84/8
上與共論○臣 13.6/84/12
嘗因○會帝讀隗囂、公孫述相與書 13.7/84/19
論於○廷 13.9/85/4
至○堂 13.10/85/17
不能復任○事 13.10/85/17
在○累世 13.12/87/11
正身立○ 13.16/89/18
與邑同事一○ 14.4/92/5
○有顛沛之憂 14.4/92/9
一○有事 14.5/93/28
顯之於○ 15.8/97/30
每○會 16.9/105/15
18.5/127/17,18.18/132/5
太子○夕遣中人問疾 16.9/105/21
以光○廷 16.10/106/23
誠慚聖○ 16.20/109/15
正旦○賀 16.20/109/18
在○以清白方正稱 16.23/110/13
○所徵我者 16.46/116/1
○廷本以是故徵之 16.50/117/1
以外戚小侯每預○會 17.1/117/25
在○名清廉公正 17.2/118/11
○廷嘉其清廉 17.3/118/18
○廷稱為名卿 17.4/118/23
在○竭忠盡謀 17.7/119/13
愷之入○ 17.8/119/22
平○出求食 17.11/120/21
後○會 17.19/123/13
蒼罷○ 18.6/128/3
和熹鄧后臨○ 18.22/132/26
公卿罷○ 19.1/136/23
○臣上下莫不附之 19.32/144/22
共專國○ 20.4/145/22
其憲章○右 20.16/148/8
○廷愍悼 20.19/148/29
○夕瞻省 21.1/150/18
明解○章 21.1/150/19
伺當○會 21.9/152/16
使婢奉肉羹翻污○衣 21.9/152/16
南單于來○ 22.3/161/13
盆子○夕○ 23.5/166/14
是時單于來○ 23.11/168/16
○廷以奴殺主不義 23.11/168/26
○聞道 23.17/171/9

爪 zhǎo 1

鳳凰見百三十九、麒麟五十二、白虎二十九、黃龍三十四、青龍、黃鵠、鸞鳥、神馬、神雀、九尾狐、三足烏、赤烏、白兔、白鹿、白燕、白鵲、 2.2/15/20

召 zhào 48

騶騎馳出○入 1.1/6/19
○見陰、鄧故人 2.1/12/16
○校官子弟作雅樂 2.1/12/31

帝○諸儒 2.3/17/1
辟○非其人 3.2/19/29
太傅桓焉以無清介辟○ 3.2/20/1
○而至 3.2/20/11
○而謂曰 7.3/39/11
○尙席取卦具自爲卦 7.9/41/19
鴻○見漢 8.10/50/8
再三○見 8.10/50/10
○鄧禹宿 8.10/50/11
上傳○復曰 8.11/51/14
上乃○異 9.4/57/5
○刺姦收護軍 9.6/58/11
乃夜○入 9.10/60/24
忠即時○見 10.14/65/22
○憙切責曰 10.24/68/18
歆○囚詣閤 11.9/73/3
會○援 12.1/76/1
帝親○見龔 12.6/79/13
於是○譚拜議郎、給事
中 13.6/84/4
遣吏○之 13.6/84/5
○郡府丞謂曰 14.2/90/26
○門候岑尊 14.2/91/2
又○候岑尊詰責 14.2/91/4
猶有申伯、○虎、夷吾
、吉甫攘其蟊賊 14.5/93/18
汝南太守歐陽歙○惲爲
功曹 15.8/97/28
○見辭謁 15.9/98/17
上○見 15.10/99/4
時人方於○信臣 15.10/99/6
前有○父 15.10/99/6
○侍胡 16.3/103/5
有詔○衆問齊桓公之鼎
在柏寢臺 16.6/104/20
後○會 16.25/111/1
上嘗○見諸郡計吏 16.35/113/15
○郎將答之 17.13/121/27
京兆尹閻興○倫爲主簿
18.1/125/25
詔○見英 18.10/129/12
上○逵 18.17/131/24
○馴、字伯春 18.19/132/11
鄉里號之曰「德行恂恂
○伯春」 18.19/132/11
太守駱珍○署曹史 18.26/133/27
太守連○請 18.30/135/17
京兆尹張恂○恢 19.16/140/23
○詣尙書 20.13/147/19
奐○主簿張祁入 21.11/153/3
臺○三府驅之 21.35/157/16

兆 zhào 23

聖瑞萌○ 1.1/1/12
制〔郊〕○于城南七里 1.1/5/7
及北郊○域 1.1/9/20
詔京○、右扶風以中牢
祀蕭何、霍光 2.1/12/10
以爲○民 5.5/29/17
以蕃○民 5.5/30/20
而念○民 6.5/37/4
○得壽房 6.6/37/10
永行縣到京○霸陵 14.2/91/7
京○人也 15.5/96/14
18.12/129/25
詔下京○收繫 16.2/102/15
楊正爲京○功曹 16.36/113/22
京○尹出西域 16.36/113/22
京○人 17.17/122/24
與京○祁聖元同好 17.17/122/24
京○長陵人 18.1/125/19
京○尹閻興召倫爲主簿
18.1/125/25
京○尹張恂召恢 19.16/140/23
初爲京○郡丞 21.22/155/9
京○杜陵人 21.55/160/13
削地開○ 23.16/169/28
○中坼 23.19/172/12

詔 zhào 198

○馮異軍鴈門 1.1/4/10
○曰 1.1/4/22,1.1/8/1
1.1/8/20,1.1/8/21,1.1/9/10
2.1/11/27,2.1/11/28
2.1/12/13,2.1/12/19
2.1/12/23,2.3/16/15
3.2/20/3,3.2/20/7
3.2/20/14,3.5/22/18
5.5/30/1,7.12/42/13
10.24/68/22,11.8/72/22
13.16/89/19,16.9/106/10
16.21/109/24,20.19/148/28
24.3/173/1,24.10/173/15
○書到 1.1/6/14
○群臣奏事無得言「聖
人」 1.1/6/16
○告天下 1.1/6/21
○書告漢直擁兵到成都 1.1/7/3
竟如○書 1.1/7/5
○書又戒漢曰 1.1/7/5
下○讓吳漢副將劉禹曰 1.1/7/9
帝下○曰 1.1/8/10
興受○雲臺廣室 1.1/8/15
遺○曰 1.1/9/22
帝○曰 1.1/9/27
○下州郡檢覆 2.1/11/9
○（癈）〔廢〕郭皇后 2.1/11/16
○京兆、右扶風以中牢
祀蕭何、霍光 2.1/12/10
上手書○令 2.1/12/26
尙書僕射持節○三公 2.1/12/26
○爲四姓小侯置學 2.1/12/29
○齊相〔其〕止勿〔復〕
送冰紈、方空縠、吹
綸絮〔也〕 2.2/14/9
○諸王 2.2/14/11
五月○曰 2.2/14/26
帝特○曰 2.2/15/13
紀述明○ 2.2/15/27
○有司京師離宮園池 2.3/16/10
○收捕憲黨 2.3/16/19
○省荏弱平簟 2.4/17/20
○留于清河邸 3.1/18/9
永和六年冬十二月○ 3.2/20/17
○賜錢廩穀 3.2/20/21
○禁民無得酤賣酒麴 3.2/20/24
遺○無起寢廟 3.2/20/26
遺○貽約 3.2/20/30
○懸夏城門外 3.4/21/17
○司隸 3.5/22/1
章帝元和二年○曰 5.5/30/14
○書曰 5.5/31/18,9.7/59/11
今迫遺○ 5.5/31/22
不敢違○ 5.5/32/7
因○曰 6.2/35/3
太后○書流布 6.2/35/17
○史官樹碑頌德 6.7/37/17
桓帝○曰 6.8/37/22
○書削中邱（縣） 7.4/39/25

○中常侍杜岑、東海傅相曰 7.8/41/13
上即以○書問輔曰 7.9/41/20
○報曰 7.9/41/23
○書還入贖縑紈 7.10/42/3
乃遣使手○諸國曰 7.12/42/23
○問東平王處家何等最樂 7.12/42/24
手○賜蒼曰 7.12/43/12
上○有司加贈鑾輅乘馬 7.12/43/18
安帝○曰 7.19/45/7
和帝賜彭城靖王○曰 7.20/45/11
○賜駮犀劍 8.9/50/1
○賜遵金剛鮮卑緄帶一具 8.9/50/1
朝受○ 8.10/51/1
○特賜諡曰忠侯 8.10/51/5
得○書怨懟 8.17/54/14
○彭守益州（收）〔牧〕 9.2/56/7
○異上冢 9.4/57/9
○賜重茵 9.7/59/10
○遣百官皆至喪所 9.7/59/14
○書增秩一等 9.8/60/4
明○深閔 9.11/61/8
每事奉循○命 9.11/61/9
○書勞延曰 9.11/61/9
○封延曾孫爲盧亭（候）〔侯〕 9.11/61/13
○取行者車馬 10.1/62/6
○梁別守天中關 10.6/63/13
二十三年○以祝阿益濟南國 10.8/63/23
王霸祖父爲○獄丞 10.11/64/13
光武○封融曰 10.22/67/21
迎○融曰 10.22/68/2
○封茂宣德侯 10.26/69/21
上○曰 11.2/70/25,17.1/117/23
○于汧積穀六萬斛 11.2/71/2
○許之 11.8/72/21,12.4/78/20
後○問起居何如 11.8/72/21
乃○禹舍宮中 11.10/73/18
○使五官中郎將持節至墓賜印綬 11.14/74/20
○置馬德陽殿下 12.1/76/28
○書賜〔援〕鉅鹿縑三百匹 12.1/77/2
○許越騎、射聲（寺）〔等〕治北宮 12.4/78/15
章帝與光○曰 12.4/78/15
顯宗○嚴留仁壽闥 12.6/79/7
○詰會稽車牛不務堅强 12.8/80/2
制○三公、大鴻臚曰 12.10/81/5
復○就責 13.7/84/21
○純曰 13.12/87/13
○封奮 13.12/87/23
帝以奮違○ 13.12/87/25
明帝○曰 13.14/88/17
○書下捕之 14.2/90/17
○策曰 14.2/91/7
○書迎下永曰 14.2/91/12
○昱詣尙書 14.3/91/19
肅宗○鴻與太常樓望、少府成封、屯騎校尉桓郁、衛士令賈逵等 15.2/95/13
上特○御史中丞與司隸校尉、尙書令會同並專席而坐 15.3/96/5
○開門 15.8/98/6
○使治喪郡國邸 15.10/99/7
○書以奮在姑臧治有絕迹 15.11/99/15
光武○曰 15.12/100/2
○書徵延 15.15/100/27
○遣使〔者〕臨視 15.16/101/6
○下京兆收繫 16.2/102/15
○固曰 16.3/103/11
有○召衆問齊桓公之鼎在柏寢臺 16.6/104/20
又○諸生雅吹擊磬 16.9/105/19
○賜奇果 16.9/105/20
○使賜牛酒 16.11/106/28
○問誰可傅太子者 16.15/107/26
有○會議靈臺所處 16.16/108/8
○〔出〕引見 16.20/109/14
○書捕男子周慮 16.22/110/6
○賜博士羊 16.25/110/25
○問瘦羊甄博士 16.25/111/1
章帝下○曰 16.34/113/9
○呼引見 17.1/117/21
上乃○令自稱南陽功曹詣闕 17.1/117/27
○問丹家時 17.2/118/11
○以信田宅奴婢錢財賜廉吏太常周澤 17.3/118/19
下○曰 17.8/119/20
○敕宮自整飭 17.12/121/8
○部送徒詣河内 17.13/121/14
○以其貨物班賜群臣 17.13/121/23
○賜降（人）〔胡〕縑 17.13/121/26
○書譴匡 17.20/123/20
○出匡 17.20/123/21
○禮十日就長樂衛尉府 17.23/124/22
倫每見光武○書 18.1/126/1
○書選三署郎補王家長史 18.1/126/5
○書聽許鳳襲爵 18.3/127/5
太后○安爲賓 18.5/127/16
即下○赦焉 18.9/129/3
○召見英 18.10/129/12
阜以○書未報 18.13/130/22
○書報 18.13/130/22
○逵入北宮虎觀、南宮雲臺 18.17/131/24
世祖○諸儒誄之 18.23/133/8
○爲四姓小侯開學 19.1/136/6
逆○書 19.1/136/19
○射聲（教）〔校〕尉曹褒案《（舊漢）〔漢舊〕儀》制漢禮 19.1/136/20
○書示官府曰 19.15/140/17
○令詣東觀 19.22/142/10
○詣安福殿 19.22/142/11
○書留 19.22/142/15
○書到門不出 19.26/143/13
○賜御府衣一襲 20.4/145/27
○書傷痛之 20.8/146/21
○書錄功臣 20.24/150/6
○書封光東阿侯 20.24/150/7
○書勿問 20.24/150/8
桓帝○公卿選將有文武者 21.8/151/25
太后○云 21.8/152/1
○賜錢千萬 21.8/152/4
奔車收送○獄 21.12/153/13

蔡邕○問有黑氣墮溫明殿東庭中 21.24/155/19
○許 21.46/159/4
臣不受○ 23.1/165/10
乃下○封更始爲淮陽王 23.1/165/18
而赤眉劉盆子亦下○以聖公爲長沙王 23.1/165/18
○鄧禹收葬〔於〕霸陵 23.1/165/20
○賜駮犀劍 23.4/166/7
○以屬城門校尉 23.5/166/19
○討寵者封侯 23.11/168/20
○書獨下延 23.15/169/19
○書（令）〔令〕功臣家自記功狀 24.14/174/1
亦非○書之所知也 24.14/174/2
建武乙未、元和丙寅○書 24.92/180/7
○書下車服制度 24.94/180/11

照 zhào 6

無所不○ 2.1/11/18,2.3/16/7
○曜于室內 3.1/18/6
覽○前世 13.13/88/9
無不○覽 17.18/123/7
容儀○曜絕異 24.64/177/19

肇 zhào 1

孝和皇帝諱○ 2.3/16/5

趙 zhào 34

○王庶兄胡子進狗䐲馬（醞）〔醢〕 1.1/3/18
故○繆王子臨說帝決水灌赤眉 1.1/3/19
○王栩會鄗常山 2.1/12/21
汝南童子謝廉、河南童子○建 3.2/20/11
太尉○憙上言曰 5.5/29/10
○夫人生孝崇皇 6.8/37/21
追謚○夫人爲穆皇后 6.8/37/21
還過○國易陽 8.2/47/21
○殯鳴犢兮 12.10/80/23
樂毅奔○兮 12.10/80/23
燕、○、韓、魏之後 13.11/86/18
○魏間號爲馮萬石 13.13/88/3
○憙、字伯陽 13.16/89/3
聞宛之○氏有孤孫憙 13.16/89/6
諸夫人各前言爲○憙所濟活 13.16/89/15
行太尉事○憙 13.16/89/20
蕭王受命平定燕、○ 14.1/90/2
太守○興欲出謁 14.2/90/16
時帝叔父○王良從送中郎將來歙喪還 14.2/91/1
○王從後到 14.2/91/3
邑人○堅殺人繫獄 14.3/91/17
○孝、字長平 17.23/124/12
司隸校尉下邳○興不卹諱忌 18.25/133/19
○勤、字益卿 18.26/133/25
我有賢功曹○勤 18.26/134/3
太尉○憙聞恭志行 19.4/137/15
拜○相 19.5/138/4
○序取錢縑三百七十五萬 20.22/149/14
○咨、字文楚 21.13/153/20
○溫、字子柔 21.22/155/9
更始納○萌女爲后 23.1/165/6
○萌以私事責侍中 23.1/165/9
止行過肅名○李時銓不卒 24.68/177/27
太尉張酺、鄭洪、徐防、○喜、隨延、龐框 24.81/179/1

櫂 zhào 2

諸署長、楫○丞秩三百石 4.1/26/4
彭發桂陽、零陵、長沙委輸○卒 9.2/56/7

遮 zhē 7

聚人○道啼呼 1.1/8/2
百姓○道曰 9.1/55/13
西○隴道 9.1/55/19
吏民○道不得行 9.12/61/17
○使者〔車〕 13.5/83/21
追令刺客楊賢於隴坻○殺之 13.11/85/25
惲即將客○讎人 15.8/97/24

折 zhé 8

郎兵挫○ 1.1/4/1
吾○捶笞之 8.1/47/2
未嘗挫○ 8.14/53/16
堪去蜀郡乘○轅車 15.12/99/27
必見陵○ 16.6/104/24
乘○轅車 16.35/113/17
其果勇敢○ 17.17/123/3
雷○險龍 22.4/163/18

哲 zhé 3

孝順皇帝宏秉聖○ 3.2/20/29
○士不徼幸而出危 14.4/92/4
知人則○ 17.1/117/28

䐲 zhé 1

趙王庶兄胡子進狗○馬（醞）〔醢〕 1.1/3/18

輒 zhé 75

獨居○不御酒肉 1.1/3/13
下輿見吏○問以數十百歲能吏次第 1.1/6/4
移徙○自堅 1.1/7/7
每來○加厚恩 1.1/8/12
有功○增封邑 1.1/10/4
生者○夭 2.4/17/18
陛下○拒絕不許 5.5/29/15
后○退讓 6.1/34/1
○撤去 6.2/34/18
太后○斷絕曰 6.2/35/7
小感慨○自責 6.2/35/11
○驛馬下問興 7.2/39/6
○自刺 8.2/48/1
○禱請之 8.2/48/4
上○曰 8.11/51/19
○行太守事 9.2/56/8
〔○引車避道〕 9.4/57/21
固○爲啗 10.23/68/11

○曰 12.1/76/5,13.10/85/15
○下嚴處便宜 12.6/79/11
（嚴）〔敕〕有所見聞
○言 12.6/79/11
○遣蒼頭以車載米菜錢
12.11/81/15
○令鼓琴 13.6/84/4
陛下○忘之於河北 13.9/85/6
後○因衰麤之痛 13.11/86/19
○以訪純 13.12/87/12
○削去草 13.12/87/13
○爲求哀 13.16/89/10
入平原界○死 13.16/89/13
○度其資用 15.5/96/15
○稱疾 15.6/97/8
不盈數月○致豐積 15.11/99/14
○分減以遺奇 15.11/99/19
○舍車持馬還相迎 15.14/100/12
○分俸祿以賑給之 15.15/100/25
○使慰勉孝子 15.15/100/26
延○休遣繫〔囚〕徒
15.15/100/27
○獻賦頌 16.2/102/17
○見訪問 16.7/105/3
○令榮於公卿前敷奏經
書 16.9/105/15
投閒○誦《詩》 16.9/106/3
上○謙曰 16.9/106/6
上○引榮及弟子升堂 16.9/106/9
○奪其席以益通者 16.20/109/18
後買○得 16.49/116/21
（○）〔輙〕講下辭歸
16.50/116/27
意○移屬縣使作徒衣
17.13/121/14
○東西別去 17.14/122/9
有事○長跪請白 17.25/125/11
去○爲糞除 18.1/125/22
○叱之 18.1/126/19
○以事去 18.8/128/20
市買○與好善者 18.18/132/3
○敕大官送餐醪 18.18/132/6
育○對 18.20/132/16
○更繕修館宇 18.25/133/19
時不如意○呼責 18.28/134/15
○自手書削草 19.7/138/22
○手筆作議 19.7/138/26
○私責數 19.11/139/22
諷○爲信牖 19.19/141/15
不得○毆罵之 19.21/142/2
添設儲峙○數千萬 19.22/142/18
○言「敢祝少賓乎 19.28/143/25
○不食 19.29/144/4
○閉門絕賓客 20.9/146/25
○閉閤自責 20.17/148/19
蝗入○死 21.40/158/8
○爲談述 21.54/160/8
○立屏風後 21.55/160/13
○醉不能見 23.1/165/7
○怒曰 23.1/165/8
○假衣裝 23.7/167/7
所向○平 23.17/171/18

磔 zhé 1

乃○甫尸 21.12/153/14

謫 zhé 2

○見于天 3.2/20/15
因○署都亭長 19.27/143/21

者 zhě 324

使卜○王長卜之 1.1/1/10
望氣○言舂陵城中有喜
氣 1.1/1/13
令從○儆 1.1/1/15
南陽大人賢○往來長安 1.1/1/17
又分遣大夫謁○教民煮
木爲酪 1.1/1/20
流民入關○數十萬人 1.1/1/21
民餓死○十七八 1.1/1/22
使來○言李氏欲相見款
誠無他意 1.1/2/2
尤問城中出○ 1.1/2/15
是美鬚眉目○耶 1.1/2/16
時漢兵在定陵郾○ 1.1/3/1
奔走赴水溺死○以數萬 1.1/3/8
門下有繫馬著鼓○ 1.1/3/11
東迎雒陽○見更始諸將
過○已數十輩 1.1/3/14
知○或畏其衣 1.1/3/15
賢○蟻附 1.1/3/17
胡子立邯鄲卜○王郎爲
天子 1.1/3/19
帝乃自稱邯鄲使○ 1.1/3/20
從○饑 1.1/3/21
得吏民謗毀帝言可擊○
數千章 1.1/4/6
令反側○自安也 1.1/4/6
更始遣使○即立帝爲蕭王 1.1/4/7
坐○皆大笑 1.1/4/16
議○曰 1.1/5/9
無郊其五運之祖○ 1.1/5/11
耕作○少 1.1/5/23
野穀生○稀少 1.1/5/25
〔其〕有當見及冤結○ 1.1/6/19
其餘（禹）〔以俟〕中
使○出報 1.1/6/19
二○孰仁矣 1.1/7/12
坐○莫不激揚悽愴 1.1/9/5
郡國飲醴泉○ 1.1/9/15
獨眇蹇○不瘥 1.1/9/16
遣謁○考實 2.1/11/14
頗令學○得以自助 2.1/11/22
是時學○尤盛 2.1/12/2
冠帶搢紳遊辟雍而觀化
○、以億萬計 2.1/12/3
屬○所言〔我堯〕 2.1/12/10
在三里內○ 2.1/12/11
賜觀○食 2.1/13/5
后妃外家貴○ 2.1/13/26
闔門而已無封侯預朝政
○ 2.1/13/27
命儒○論難 2.2/14/22
乃○白鳥、神雀屢臻 2.2/14/26
（○）〔其〕時論○以
爲（棱）〔稜〕淵深
有謀 2.2/15/9
今○反于殿中交通輕薄 2.2/15/14
遣使○以中牢祠 2.3/16/17
大鴻臚悉求近親宜爲嗣
○ 2.3/16/17
使謁○收憲大將軍印綬 2.3/16/19
生○輒夭 2.4/17/18
司徒許敬爲陵轢使（官）
〔○〕策罷 3.2/20/5
虎賁、羽林不任事○住
寺 3.5/22/15
其二絕○祠之 3.5/22/20

比公○又有驃騎將軍 4.1/24/19
其紹封削絀○ 4.1/25/16
尙書、中謁○、黃門冗從四僕射、諸都監、中外諸都官令、都（候）〔侯〕、司農部丞、郡國長史、丞、（候）〔侯〕、司馬、千人秩皆六百石 4.1/26/1
諸秩千石○ 4.1/26/4
秩六百石○ 4.1/26/5
四百石○ 4.1/26/5
而有秩○侍中、中常侍、光祿大夫秩皆二千石 4.1/26/8
議郎、中謁○秩皆比六百石 4.1/26/9
揖讓而治天下○ 5.4/28/21
以御田祖」○也 5.4/28/22
蹲蹲舞我」○也 5.4/28/24
與舊詩並行○ 5.4/29/4
有司復奏《河》《雒》圖記表章赤漢九世尤著明○ 5.5/29/20
爲議○所誘進 5.5/30/4
山川神祇有不舉○ 5.5/30/19
今恐山川百神應典祀○尙未盡秩 5.5/30/19
其議增修群祀宜享祀○ 5.5/30/20
百官頌所登御○ 5.5/31/13
昔○孝文廟樂曰《昭德》之舞 5.5/31/27
如自立廟當作舞樂○ 5.5/32/1
有陰子公○ 6.1/33/21
至卜○家爲卦 6.2/34/6
卜○卦定釋蓍 6.2/34/6
卜○乃曰 6.2/34/7
時新平主家御○失火 6.2/35/11
宮人盜○ 6.5/36/20
紀○、襄成縣君孫壽之舅也 6.9/38/3
誰當獨居此上○ 7.1/38/12
兵法但有所圖畫○ 7.1/38/13
本起兵圖大事○ 7.1/38/19
更始何爲○ 7.1/38/20
使○曰 7.3/39/12
使○受命而行 7.3/39/14
明德盛○ 7.12/43/6
使中謁○賜乘輿貂裘 7.12/43/9
惟仁○能好人 7.20/45/15
貴仁○所好惡得其中也 7.20/45/15
王其差次下邳諸子可爲太子○上名 7.20/45/16
欲尊主安民○也 8.1/46/12
皆望風相攜以迎降○ 8.1/46/23
前後沒溺死○不可勝算 8.2/47/16
拜訓謁○ 8.2/47/16
故吏最貧羸○舉國 8.2/47/19
其無妻○ 8.2/47/23
旦夕臨○日數千人 8.2/48/2
遂逃避使○ 8.4/48/15
凡侯○二十九人 8.7/49/19
其餘侍中、大夫、郎、謁○ 8.7/49/20
使使○韓鴻徇河北 8.10/50/7
諸將誰可使○ 8.10/50/12
諸將鮮能及○ 8.10/50/13
後至○斬 8.10/50/18
使○來欲罷兵 8.14/52/14
所謂一舉而兩得○也 8.14/52/27
左右無知○ 8.14/53/7
其中創○必有異 8.17/54/6
虜中矢○ 8.17/54/7
諸將誰可使守河內○ 9.1/54/23
昔藺相如屈于廉頗○ 9.1/55/9
其所計事○也 9.1/55/22
黽池霍郎、陝王長、湖濁惠、華陰陽沈等稱將軍○皆降 9.4/57/11
使○宋嵩西上 9.4/57/15
爲我披荊棘、定關中○也 9.4/57/16
由是無爭道變鬭○ 9.4/57/20
可謂守死善道○也 9.7/59/18
安得憂國奉公之臣如祭征虜○乎 9.7/59/21
溺水○半 9.11/61/5
（援）〔拔〕樂陽、槀、肥纍○〔也〕 9.12/61/19
〔使〕使○存問 9.12/61/21
詔取行○車馬 10.1/62/6
越人伺（侯）〔候〕○聞車聲不絕 .10.2/62/19
賓客隨○數十人 10.11/64/13
潁川從我○皆逝 10.11/64/14
安吾衆能濟○ 10.11/64/20
視光容貌長○ 10.12/65/6
莫敢抗○ 10.13/65/12
降○封爵 10.16/66/9
不降○滅族 10.16/66/9
事君（有）〔○〕不得顧家 10.16/66/10
彤親所以至今日得安于信都○ 10.16/66/10
王莽前隊大夫誅謀反○ 10.21/67/13
道中有人認茂馬○ 10.26/69/7
民嘗有言部亭長受其米肉遺○ 10.26/69/11
凡人所以貴于禽獸○ 10.26/69/14
逢使○不下車 11.1/70/5
使○怒 11.1/70/6
使○以其詐 11.1/70/6
債家聞○皆慚 11.3/71/13
未有能終○ 11.4/71/19
準見當時學○少憫 11.7/72/11
是時學○大盛 11.7/72/15
觀化○〔以〕億萬計 11.7/72/15
鄰國貧人來歸之○ 11.10/73/14
天下反覆自盜名字○不可勝數 12.1/75/21
一月九遷爲丞相○ 12.1/75/23
每言及三輔長○至閭里少年皆可觀 12.1/76/9
皇太子、諸王聞○ 12.1/76/9
因出小黃門頭有蝨○ 12.1/76/12
恐天下不正○多 12.1/76/14
薦曉古文字○ 12.1/76/15
所謂刻鵠不成尙類鶩○ 12.1/76/21
臣聞行天○莫如龍 12.1/76/25
行地○莫如馬 12.1/76/25
善相馬○東門京鑄作銅馬法獻之 12.1/76/26
嘗有死罪亡命○來過 12.5/78/24
不拘儒○之節 12.7/79/19
鮮有入其室○ 12.7/79/20
其四十二事手殺人○減死一等 12.9/80/10
遠○不服 13.1/82/21

識○愍惜	13.1/82/24
遣謁○侯盛、荊州刺史費遂齎璽書徵霸	13.5/83/20
遮使○〔車〕	13.5/83/21
使○慮就徵	13.5/83/22
吾所以薦子〔○〕	13.6/84/5
臣所以薦桓譚○	13.6/84/7
未見好德如好色○	13.6/84/11
數正諫威儀不如法度○	13.10/85/14
其被災害民輕薄無累重○	13.11/86/21
望恩○多	13.11/87/4
大袷○何	13.12/87/15
夏○陽氣在上	13.12/87/18
冬○五穀成熟	13.12/87/19
若向南○多取帷帳	13.14/88/19
非仁○心	13.16/89/4
恐有强暴○	13.16/89/8
遣使〔○〕爲釋服	13.16/89/18
夫建大事○	14.1/90/5
彭往○得執鞭侍從	14.1/90/6
時有稱侍中止傳舍○	14.2/90/16
果矯稱使○	14.2/90/17
立故謁○祝回爲涅長	14.2/90/21
足下所以堅不下○	14.2/90/23
仁○、百行之宗	14.2/91/10
忠○、禮義之主	14.2/91/11
行之高○也	14.2/91/11
司徒（例）〔辭〕訟久○至（數十）〔十數〕年	14.3/91/21
昔○韓信將兵	14.4/92/7
能逃不自詣○舒也	14.4/92/15
能夷舒宗○予也	14.4/92/15
饑○毛食	14.5/93/14
寒○裸跣	14.5/93/14
故其延頸企踵而望○	14.5/93/16
王閎○、王莽叔父平阿侯譚子也	14.7/94/13
初有薦士於丹○	15.5/96/24
而後所舉○陷罪	15.5/96/25
每居縣○	15.11/99/13
觀○皆徒跣	15.14/100/16
避亂江南○皆未還中土	15.15/100/23
掾吏貧○	15.15/100/25
詔遣使〔○〕臨視	15.16/101/6
人有犯其禁○	15.17/101/15
超行詣相○	16.3/102/24
〔相○〕曰	16.3/102/24
相○曰	16.3/102/25
松風以長○難逆	16.6/104/19
儒○莫之及	16.9/105/19
受○懷之	16.9/105/20
起予○商也	16.10/106/19
有起○即白之	16.10/106/21
故人親戚莫敢至○	16.13/107/11
是時宦○執政	16.13/107/12
刺史劉繇振給穀食、衣服所乏○	16.14/107/19
賓客從○皆肅其行也	16.14/107/22
詔問誰可傅太子○	16.15/107/26
欲置傅○	16.15/107/28
令使○祠譚冢	16.16/108/13
上令群臣能說經○更相難詰	16.20/109/18
輒奪其席以益通○	16.20/109/18
眞世之有道○也	16.22/110/7
未嘗聞功臣地多而滅亡○	16.24/110/19
乃遣謁○即授印綬	16.24/110/19
宇因先自取其最瘦○	16.25/110/26
與國右史公從事出入○惟硯也	16.28/111/16
豈有還害其君○耶	16.31/112/8
使○督行郡國	16.33/112/21
使○義而赦之	16.33/112/23
誠仁○之心	16.37/114/3
朝所徵我○	16.46/116/1
屠〔○〕或不肯爲斷	16.49/116/20
屠○或不肯與〔之〕	16.49/116/21
使○三到	16.50/117/2
丹不乘使○車	17.2/118/4
古○卿士讓位	17.2/118/10
在位○莫不仰其風行	17.8/119/22
宜選長大威容○	17.12/121/9
興功役○令	17.13/121/20
今日搖動○刀入脅	17.17/123/2
自遠方至○著爲錄	17.18/123/8
收御○送獄	17.20/123/19
無能整齊理之○	18.1/125/25
時輩除○多	18.1/126/5
餘皆賤糶與民饑羸○	18.1/126/14
去年伏誅○	18.1/126/20
前不與婢○	18.6/127/26
而文不及亡命未發覺○	18.9/129/1
臣以爲赦前犯死罪而繫在赦後○	18.9/129/2
燒○日日相屬	18.12/130/2
時生子皆以廉名○千數	18.12/130/4
擇民能率衆○	18.14/131/2
營舍有停棺不葬○百餘所	18.16/131/15
此等多是建武以來絕無後○	18.16/131/16
悉葬其無主○	18.16/131/17
市買輒與好善○	18.18/132/3
執法○以根知名	18.22/133/1
人有盜取之○	18.28/134/13
人又有盜刈恭禾○	18.28/134/14
童子鴻不因人熱○也	18.29/134/23
乃尋訪燒○	18.29/134/26
而稱鴻長○	18.29/134/28
得賢壻如梁鴻○	18.29/135/1
爭○感之	18.30/135/16
臣聞王○法天	19.1/136/16
下章所告及所自舉有意○	19.1/136/19
所以來○	19.4/137/20
但擾賢○	19.4/137/22
冀令學○務本	19.6/138/9
死○以千數	19.6/138/13
故古賢君相歎息重戒○	19.7/138/24
骸骨不葬○多	19.7/138/26
所活○甚多	19.7/138/27
特拜謁○	19.10/139/13
郎官有乘皂蓋車○	19.11/139/19
王○不理夷狄	19.16/140/24
存○千數	19.17/141/4
鄉人有爭曲直○	19.28/143/25
心不直○	19.28/143/26
郭玉○、廣漢人也	19.31/144/15

乃試令孌臣美手腕○與女子雜處帷中　19.31/144/15
故舊長○或欲令爲開產業　20.2/145/6
夜無知○　20.2/145/9
王○至尊　20.3/145/16
竊聞使○並規度城南民田　20.4/145/24
郡民任棠○、有奇節　20.10/147/3
水○、欲吾清也　20.10/147/5
爲儒○所宗　20.14/147/24
民有相爭訴○　20.17/148/18
與若棗○　20.23/149/20
緩急有問○當相證也　20.24/150/6
后家封○四人　21.4/151/4
帝○、諦也　21.4/151/5
桓帝詔公卿選將有文武○○　21.8/151/25
乃訊之于占○　21.11/153/7
干暴賢○　21.13/153/22
古之亡○、棄之中野　21.15/154/5
以勸學○　21.16/154/10
則所謂天投蜺○也　21.24/155/20
婦女有美髮〔○〕皆斷取之　21.27/156/7
民養子○三千餘人　21.38/157/29
爲謁○　23.1/164/25
作○不能得　23.1/165/13
雒陽人韓鴻爲謁○　23.1/165/14
少年來沽○　23.7/167/7
視其乏○　23.7/167/7
知命○侍郎韓公等　23.8/167/16
當道二千石皆選容貌飲食○　23.11/168/16
詔討寵○封侯　23.11/168/20
今立○乃在南陽　23.16/169/26
求助民神○也　23.16/169/28
計之不可○也　23.16/170/8
爲隗王城守○　23.16/170/16
承赤○、黃也　23.17/171/12
兵○、帝王之大器　23.17/171/13
道隗王破○復如此矣　23.17/171/25
爲宦○丞　24.72/178/7
其殿中廬有索長數尺可以縛人○數千枚　24.72/178/7
言天體○有三家　24.90/179/21
唯《渾天》○近得其情　24.90/179/22
知《渾天》之意○　24.90/179/28
撰建武以來星變彗孛占驗著明○續其後　24.90/179/28

赭 zhě　1

時無○　6.2/34/27

柘 zhè　1

充令屬縣教民益種桑○　15.14/100/14

珍 zhēn　16

漢軍盡獲其○寶輜重車甲　1.1/3/9
遠方貢甘○　1.1/10/4
世祖愈○帝德　2.1/11/15
孝章帝由是深○之　2.3/16/6
大官飾○饌　3.5/23/1
復賜乘輿服御、○寶鞍馬　7.12/43/13
于是江南之○奇食物始流通焉　9.2/56/3
褒忠孝以爲○　12.10/81/1
欲令以善自○　13.13/88/8
時逑○寶珠玉委積無數　15.12/99/26
○寶山積　16.35/113/16
太守駱○召署曹吏　18.26/133/27
多○寶　19.20/141/22
其俗舊多○怪　20.17/148/13
蜀之○玩　21.41/158/12
膳不求○　24.55/177/1

貞 zhēn　6

〔○〕符瑞〔應〕　2.3/17/13
千乘○王之曾孫　3.4/21/15
實藉德○　3.5/22/18
股肱○良　5.5/32/6
天資忠○　15.8/97/29
鸞○亮之性　16.12/107/5

眞 zhēn　16

大會○定　1.1/3/24
劉公○天人也　1.1/4/1
九○言嘉禾生　3.1/19/8
九○俗燒草種田　5.1/28/1
復北與五校戰于○定　8.11/51/15
○可畏也　8.17/54/7
別攻○定宋子餘賊　9.12/61/19
○忠臣也　10.20/67/4
乃知帝王自有○也　12.1/75/22
何揚生之（敗）〔欺〕○　12.10/81/2
○定之際復擾　14.5/93/20
此○儒生也　16.9/105/21
○世之有道者也　16.22/110/7
此○梁鴻妻也　18.29/135/2
道得其○　19.6/138/10
時號福爲○掾　21.35/157/17

偵 zhēn　1

使先登○之　24.13/173/21

椹 zhēn　1

順取桑○　16.44/115/13

禎 zhēn　1

酺以爲褒制禮非○祥之特達　19.1/136/21

甄 zhēn　4

○宇、字長文　16.25/110/24
詔問瘦羊○博士　16.25/111/1
太保○豐舉爲步兵校尉　16.37/113/27
自破○阜等　23.1/164/23

臻 zhēn　2

乃者白鳥、神雀屢○　2.2/14/26
饑寒並○　14.5/93/6

枕 zhěn 3

坐臥○席有涕泣處 1.1/3/13
○席有泣涕處 9.4/56/19
暑即扇床○ 19.22/142/8

診 zhěn 2

學方○之伎 19.31/144/15
使玉各○一手 19.31/144/16

振 zhèn 5

以○山東 1.1/2/17
奮○于匹夫 5.5/29/23
援○旅京師 12.1/76/28
鼓不○塵 14.5/92/24
刺史劉繇○給穀食、衣服所乏者 16.14/107/19

陣 zhèn 12

請爲前行諸部堅○ 1.1/3/2
前去尋、邑軍四五里而○ 1.1/3/2
從城西水上奔○ 1.1/3/6
數陷○潰圍 7.1/38/19
賊○堅不卻 8.11/51/14
軍○立成 8.16/53/25
兵車軍○送遵葬 9.7/59/19
期先登陷○ 9.12/61/20
臣未有先登陷○之功 11.14/74/14
破百萬之○ 14.5/93/10
戰○不訪儒士 16.37/113/28
于戰○之中 23.17/171/14

朕 zhèn 14

○無益百姓 1.1/9/23
○親袒割牲 2.1/12/1
○親耕于藉田 2.1/12/19
○甚愍焉 2.3/16/16
○以不德 3.2/20/14
○夙夜伏思 5.5/31/21
○幼無知 5.5/31/23
篤生○躬 6.8/37/23
○甚傷之 7.20/45/13
與○謀謨帷幄 8.1/46/20
以《尙書》授○十有餘年 16.9/106/10
今博士不難正○ 16.15/107/28
○何用嚴 16.20/109/12
○之儀貌 17.1/117/26

賑 zhèn 6

莽遣三公將運關東諸倉○貸窮乏 1.1/1/20
○施宗族 10.23/68/13
凡殖貨財產、貴其能施○也 12.1/75/10
○貧羸 12.8/79/24
輒分俸祿以○給之 15.15/100/25
分所有以○給之 18.6/128/12

鴆 zhèn 2

乃遣人持○ 16.45/115/18
業乃飲○而死 16.45/115/18

震 zhèn 23

八荒○動 1.1/4/13
隗囂士衆○壞 1.1/6/23
威○海外 5.5/31/6
○服百蠻 5.5/31/7
莽素○其名 7.1/38/10
郡中○慄 7.2/39/3,19.2/137/4
案《易》卦《○》之《蹇》 7.9/41/21
官寮○慄 11.7/72/16
雷○四海 14.5/93/10
楊○、字伯起 20.2/145/5
○公廉 20.2/145/6
○不肯 20.2/145/7
夜懷金十斤以遺○ 20.2/145/8
○曰 20.2/145/8,20.2/145/9
○到雒陽都亭 20.2/145/10
時地數○裂 21.4/151/4
○怒 21.4/151/6
雷○動地 21.8/152/4
驚○不知所爲 23.5/166/17
南順江流以○荆、揚 23.17/171/7
海內○搖 23.17/171/17

鎮 zhèn 9

○撫河北 1.1/3/18
○撫單于以下 8.16/53/24
臥以○之足矣 9.10/60/25
若○太原 14.5/93/27
○撫吏民 15.12/99/26
尙書郭○率直宿羽林出 20.23/149/22
景因斫○ 20.23/149/22
○劍擊景墮車 20.23/149/22
以○百姓 23.17/171/2

征 zhēng 43

遣大司徒王尋、大司空王邑將兵來○ 1.1/2/13
帝○秦豐 1.1/5/18
爲○彭寵故也 1.1/5/22
車駕西○ 1.1/6/23
○伐嘗乘革輿羸馬 1.1/7/14
皇考女弟子來歙爲○羌侯 1.1/10/8
大將軍出○ 4.1/24/17
民樂其興師○伐 5.5/31/10
禹○之 8.1/47/1
自初從○伐 8.10/50/14
嘗出○ 8.10/51/1
希令遠○ 8.11/51/18
以義○伐 8.14/52/20
爲○西將軍 8.16/53/24
車駕南○ 9.1/55/13
將自○之 9.1/55/16
○賊還 9.4/57/9
拜爲○西大將軍 9.4/57/13
從○河北 9.7/59/3
爲○虜將軍 9.7/59/6
安得憂國奉公之臣如祭○虜者乎 9.7/59/21
○武陵蠻 10.2/62/20
上○河北 10.5/63/7
與駙馬都尉耿秉北○匈奴 10.23/68/10
大將軍憲前歲出○ 10.24/68/22
歙與○虜將軍祭遵襲略陽 11.2/70/23
上自○隗囂 12.1/75/24

上始欲○匈奴 12.3/77/17
五將出○ 12.3/77/19
防○西羌 12.3/77/21
叔父援從車駕東○ 12.6/79/5
○伐不可偃於天下 12.9/80/11
孫咸○狄 12.14/82/14
而遠○邊郡 13.1/82/21
以從○伐有功 13.7/84/19
上不○彭寵 13.9/85/5
君長銜命出○ 14.4/92/8
遠○萬里 14.5/93/5
從○伐 15.2/95/7,18.3/127/3
及出○匈奴 16.38/114/10
竇憲出○匈奴 19.16/140/23
○匈奴 19.19/141/14

爭 zhēng 37

齊武王强○之 1.1/3/10
○奪之 1.1/3/21
勿與○鋒 1.1/7/7
群臣○論上前 1.1/9/5
明德太后姊子夏壽等私呼虎賁張鳴與敖戲○鬭 2.2/15/13
伯升固○ 7.1/38/21
金與亭佐孟常○言 7.4/39/24
諸子分○ 7.20/45/12
○用威力 8.1/46/11
○取之 8.1/47/4
奴復與宮中衛士忿○ 8.6/49/1
由是無○道變鬭者 9.4/57/20
公事方○國 10.16/66/10
與人未嘗有○競 10.26/69/25
外孫何氏兄弟○財 11.3/71/11
○往償之 11.3/71/13
不與民○利 13.6/84/9
忠臣不顧○引之患 14.5/93/2
使人不○ 15.2/95/18
由是不復有○訟 16.25/111/1
賊眾○欲殺之 16.30/112/2
數有據○ 17.3/118/18
○赴趨作 17.13/121/19
其後小民○訟 18.1/125/26
鄰里牧牛而○飲牛 18.28/134/16
恭惡其○ 18.28/134/17
小兒復○ 18.28/134/17
里落皆化而不○ 18.28/134/18
鄉里有○財 18.30/135/16
○者感之 18.30/135/16
宿訟許伯等○陂澤田 19.4/137/17
比干常○之 19.17/141/4
鄉人有○曲直者 19.28/143/25
民有相○訴者 20.17/148/18
○隙省息 20.17/148/20
新市人王匡、王鳳爲平理○訟 23.1/164/20
固○之 23.17/171/21

烝 zhēng 1

十月○祭始御 5.5/31/15

鉦 zhēng 1

○鐸金鼓 21.8/152/4

蒸 zhēng 3

毒氣熏○ 12.1/76/20
陛下躬履○○ 15.2/95/18

徵 zhēng 61

○詣宛 1.1/3/12
復○立諸王子 3.2/19/27
○封建平侯 3.4/21/16
○詣雒陽 3.5/21/24
《叶圖○》曰 5.5/31/12
莽○到長安 7.7/40/19
上乃○禹還 8.1/47/2
○下獄 8.17/54/14
上乃○恂 9.1/55/11
○入爲金吾 9.1/55/13
上○晨還京師 11.1/70/10
遣謁者侯盛、荆州刺史費遂齎璽書○霸 13.5/83/20
使者慮就○ 13.5/83/22
上○興爲大中大夫 13.11/85/27
更始○憙 13.16/89/7
後○憙入爲太僕 13.16/89/15
光武遣諫議大夫儲大伯持節○永 14.2/90/19
被○ 14.2/91/12,15.10/99/7
○還 14.4/92/18,15.13/100/7
丹被○ 15.5/96/21
俄而丹復○爲太子太傅 15.5/96/25
一歲復○ 15.6/97/6
自後連○ 15.6/97/7
○拜侍御史 15.7/97/14, 18.22/133/3
詔書○延 15.15/100/27
○下獄免 15.18/101/21
（○固）〔固○〕詣校書 16.2/102/16
○爲中散大夫 16.21/109/23
以儒學○ 16.23/110/13
○拜博士 16.25/110/25
以明經○詣公車 16.37/113/27
公孫述欲○李業〔爲博士〕 16.45/115/18
萌被○上道 16.46/115/28
朝所○我者 16.46/116/1
連○不至 16.47/116/6
○黨 16.50/116/28
朝廷本以是故○之 16.50/117/1
○爲諫議大夫 17.2/118/5
乃○愷 17.8/119/22
○爲博士 17.12/121/7
○還伏法 17.13/121/23
○爲尚書令 17.14/122/10
先帝○君不來 17.19/123/13
爲事○ 18.1/126/16
公車特○ 18.10/129/11
復○爲西域副校尉 19.20/141/22
公車○拜議郎 19.23/142/24
坐○詣廷尉 19.26/143/13
郁再○ 19.29/144/4
思維咎○ 20.19/148/29
檻車○下獄 20.21/149/10
○北鄉侯爲嗣 20.23/149/19
後○還京師 21.8/152/3
○衣隨旅 22.4/162/1
上○之 23.11/168/17
其妻勸寵無應○ 23.11/168/17
勸寵止不應○ 23.11/168/18

整 zhěng 7

先到雒陽○頓官府 1.1/3/14

念自修○ 9.4/57/11
明公常欲眾軍○齊 9.7/59/4
必自○頓 13.10/85/12
三軍既○ 14.5/93/26
詔敕宮自○飭 17.12/121/8
無能○齊理之者 18.1/125/25

正 zhèng 93

○晝有雲氣如壞山 1.1/3/1
○使成帝復生 1.1/4/3
二年春○月 1.1/5/4
3.1/18/15,3.1/18/30
○朔、服色未有所定 1.1/5/4
高祖〔因秦〕以十月爲○ 1.1/5/4
七年春○月 1.1/6/16
九年春○月 1.1/6/26
帝以日食避○殿 1.1/8/4
二十六年春○月 1.1/8/20
至踰年○月 2.1/11/20
欲使諸儒共○經義 2.1/11/21
二年春○月辛未 2.1/11/26
○儀度 2.1/11/27
○坐自講 2.1/12/2,11.7/72/14
○月 2.1/13/15
五年春○月 2.3/16/22
十三年春○月上日 2.3/17/7
六年春○月甲寅 3.1/18/24
永嘉元年春○月 3.3/21/11
中外官尙書令、御史中丞、治書侍御史、公將軍長史、中二千石丞、○、平、諸司馬、中官王家僕、雒陽令秩皆千石 4.1/25/21
熹平四年○月中 5.4/29/3
○三雍之禮 5.5/29/13
遵岱嶽之○禮 5.5/29/17
撥亂反○ 5.5/31/7
以○月十八日始祠 5.5/32/8
永平二年○月 5.6/32/21
至○月當上原陵 6.2/35/12
蕩蕩○青 6.5/36/15
喜○文字 7.18/45/3
○此國嗣 7.20/45/14
《春秋》之義大居○ 7.20/45/14
宗性方○ 8.12/52/1
○使得其城 8.14/53/1
乃○衣冠 8.17/54/10
即日以霸爲軍○ 10.11/64/22
以彤爲卒○ 10.16/66/7
臨職公○ 11.7/72/11
舉○非法 11.7/72/16
恐天下不○者多 12.1/76/14
事下大司空○郡國印章 12.1/76/15
防性矜嚴公○ 12.3/78/4
六年○月齋宮中 12.3/78/7
○朝服坐府上 13.6/84/5
非碩德忠○也 13.6/84/6
望能以忠○導主 13.6/84/8
弘○容言曰 13.6/84/11
數○諫威儀不如法度者 13.10/85/14
自郊廟婚冠喪紀禮儀多所○定 13.12/87/12
故○尊卑之義也 13.12/87/18
數進忠言○諫 13.14/88/17
○身立朝 13.16/89/18
豹○起 14.6/94/6
協時月○日 15.2/95/18
性剛直中○ 15.7/97/12
子勉○性命 15.8/98/5
不如守○而死 16.6/104/20
博士張佚○色曰 16.15/107/27
今博士不難○朕 16.15/107/28
○旦朝賀 16.20/109/18
在朝以清白方○稱 16.23/110/13
○直不撓 16.29/111/21
楊○爲京兆功曹 16.36/113/22
○在前導曰 16.36/113/23
在朝名清廉公○ 17.2/118/11
宗○劉匡對曰 17.2/118/12
拜爲宗○ 17.7/119/14
以清白方○稱 17.10/120/15
永平三年爲宗○ 17.11/120/25
忠○直言 17.14/122/10
匡執法守○而下獄 17.20/123/21
○斗斛 18.1/125/26
周密平○ 18.2/126/25
○月旦 18.6/128/1
皐以法繩○吏民 18.13/130/19
世謂其用法平○、寬慈惠化所致 18.13/130/20
未嘗不○諫 19.1/136/7
適會○臘 19.1/136/23
○色而已 19.11/139/22
壕盡節剛○ 19.15/140/17
遷廷尉○ 19.17/141/3
馬市○數從（買）〔賣〕羹飯家乞貸 19.21/142/2
〔煞○〕 19.21/142/2
舉○以聞 20.19/149/2
陽球、字方○ 21.12/153/13
○身疾惡 21.14/153/27
○用此時持事來乎 23.1/165/9
○與同時 23.8/167/14
建武九年○月 23.16/170/17
○君臣之義 23.16/170/19
以○黃道 24.90/179/24

政 zhèng 78

朝○每下 1.1/1/16
○事文辯 1.1/6/11
論時○畢 1.1/9/4
數問以○議 2.1/11/14
遵奉建武之○ 2.1/13/23
外戚預○ 2.1/13/24
闔門而已無封侯預朝○者 2.1/13/27
○如砥矢 2.3/17/12
委○長樂宮 3.1/18/10
○失厥中 3.2/20/8,20.19/148/28
大將軍梁冀輔○ 3.5/22/6
王莽輔○ 5.3/28/12
對于八○勞謙克己終始之度 5.5/31/21
不能復知○ 6.2/35/9
每朝廷有異○ 7.2/39/6
蒼以親輔○ 7.12/42/18
與參○事 7.12/42/21
豫聞○事 8.5/48/21
今更始失○ 8.14/52/13
郡中○理 9.1/55/12
王莽時舉有德行、能言語、通○事、明文學之士 9.10/60/17
竇太后臨○ 10.24/68/21
夫改○移風 12.2/77/10
數言○事 12.3/78/5

○理有能名　13.5/83/19
光武每有異○　13.10/85/15
○卑易行　13.11/86/4
○皆神道設教　13.11/86/20
陳○言事　14.5/93/1
統三軍之○　14.5/93/15
有惠○　15.12/99/27
張君爲○　15.12/100/1
其○嚴猛　15.17/101/14
察○不得下和　16.3/104/5
是時宦者執○　16.13/107/12
侍中當匡輔國○　16.20/109/11
今天下苦王氏之虐○　16.33/112/22
有益於○　16.46/116/1
安能濟○　16.46/116/1
（下）不及○事　16.49/116/17
所望明公問屬何以爲○　16.49/116/18
於從○乎何有　17.8/119/20
治有殊○　17.9/119/27
爲○愛利　17.13/121/18
楊○、字子行　17.17/122/24
○師事博士范升　17.17/122/25
○以車駕出時伏道邊　17.17/122/26
旄頭以戟叉○　17.17/122/27
○涕泣求哀　17.17/122/27
○嘗過揚虛侯馬武　17.17/122/28
武稱疾見○　17.17/122/28
欲令○拜床下　17.17/122/28
○入戶　17.17/122/28
○顏色自若　17.17/123/2
恐○化由是而墜　17.20/123/21
○亂　17.24/124/27
○令公平　18.5/127/15
○治肅清　18.13/130/17
○教清靜　18.13/130/19
○化大行　18.15/131/9
宜親○事　18.22/132/26
杜氏文明善○　18.23/133/10
○號嚴平　19.2/137/5
爲○尚寬惠禮讓　19.5/138/4
先王之○　19.7/138/24
爲○寬恕　19.11/139/22
○稱遠邇　19.13/140/8
得其人無益于○　19.16/140/24
竇太后秉○　19.32/144/22
以惠○得民　20.10/147/6
○惟仁簡　20.17/148/18
○爲三河表　21.3/150/29
○令日損　21.4/151/6
益州紀其○化　21.41/158/12
爲○愼刑重殺　21.54/160/7
遂委○于萌　23.1/165/6
內攝時○　24.31/175/9

鄭 zhèng　16

其以漢中南○之武陽亭封賢孫承先爲武陽亭侯　3.2/20/17
涿郡盧植、北海○玄、皆其徒也　12.7/79/18
〔而〕今數進○聲以亂雅樂　13.6/84/6
而令朝廷耽悅○聲　13.6/84/8
先與○興同寓隴右　13.11/85/26
門下掾○敬進曰　15.8/98/2
○次都隱于弋陽山中　15.8/98/3
乃以漢中郡南○之西鄉戶千封超爲定遠侯　16.3/103/21
○興從博士金子嚴爲《左氏春秋》　16.5/104/14
○衆、字仲師　16.6/104/18
會稽○弘、字巨君　18.4/127/11
○均、字仲虞　18.10/129/7
○璩、字平卿　19.15/140/16
○衆、字季產　19.32/144/21
漢中南○人也　20.11/147/10
太尉張酺、○洪、徐防、趙喜、隨延、寵桓　24.81/179/1

諍 zhèng　1

每陳諫○　20.2/145/10

證 zhèng　2

憲他奴郭扈自出○明光、憲無惡言　12.4/78/19
緩急有問者當相○也　20.24/150/6

支 zhī　14

倘可○一歲　1.1/4/4
本○百世　5.5/31/18
忠更作新袍袴（解）〔鮮〕○小單衣襪而上之　10.14/65/18
則制其○體易也　11.2/70/25
本○百世之要也　13.11/86/20
人不能○　14.4/92/10
樂不可○　15.12/100/1
斬得匈奴〔節〕使屋類帶、副使比離○首及節　16.3/103/8
焉耆王廣遣其左將北鞬○奉迎超　16.3/103/20
○庶用其諡立族命氏焉　16.9/105/13
禮、天子不食○庶　16.36/113/23
旁莫○留　22.4/161/25
莫○度由　22.4/162/10
安息王獻條○大雀　22.6/164/12

之 zhī　1281

承文、景○統　1.1/1/5
開宮後殿居○　1.1/1/9
皇考異○　1.1/1/10
使卜者王長卜○　1.1/1/10
後○長安　1.1/1/14
爲○邸　1.1/1/18
尤見而奇○　1.1/1/19
置（養）〔養〕贍官以稟○　1.1/1/21
王匡、王鳳爲○渠率　1.1/1/23
比○高祖兄仲　1.1/1/27
帝欲避○　1.1/2/1
伯升殺○　1.1/2/2
故避○　1.1/2/2
帝乃見○　1.1/2/2
呼○　1.1/2/7
異○　1.1/2/8
伯升○起也　1.1/2/8
仲謹厚亦如○　1.1/2/10
因率舂陵子弟隨○　1.1/2/11
佩○入朝　1.1/2/14
但合會諸兵爲○計策　1.1/2/16

戰攻○具甚盛 1.1/2/17
帝邀○于陽關 1.1/2/18
一日○間 1.1/2/20
不同力救○ 1.1/2/20
爲陳相救○勢 1.1/2/23
且圍○數十重 1.1/2/24
金鼓○聲數十里 1.1/2/25
帝奔○ 1.1/3/3
諸部共乘○ 1.1/3/4
讀○ 1.1/3/6
滍水爲○不流 1.1/3/8
齊武王强爭○ 1.1/3/10
走出視○ 1.1/3/11
更始欲北○雒陽 1.1/3/13
奔亡入邊郡避○ 1.1/3/15
皆相指視○ 1.1/3/16
遣○河北 1.1/3/18
爭奪○ 1.1/3/21
（天）〔大〕破○ 1.1/3/25
帝會諸將燒○ 1.1/4/6
大破○ 1.1/4/8,8.10/50/22,8.11/51/16,8.17/54/13,9.7/59/8,9.11/61/4,11.2/71/3,23.17/170/25
卒萬餘人降○ 1.1/4/10
符瑞○應 1.1/4/18
封比干○墓 1.1/4/23
表（商客）〔商容〕○閭 1.1/4/24
交鋒○日 1.1/5/2
行夏○時 1.1/5/8,5.6/32/21
明火德○運 1.1/5/8
圖讖著伊堯、赤帝○子 1.1/5/9
無郊其五運○祖者 1.1/5/11
漢雖唐○苗 1.1/5/11
當以高祖配堯○後 1.1/5/12
宜以時修奉濟陽城陽縣堯帝○（冢）〔冢〕 1.1/5/13
雲臺致敬祭祀○禮儀亦如○ 1.1/5/13
元年○初 1.1/5/22
賞賜○ 1.1/6/4
簡練臣下○行 1.1/6/5
遠臣受顏色○惠 1.1/6/6
坐席○間 1.1/6/6
當此○時 1.1/6/6
其勇非人○敵 1.1/6/9
吳漢、岑彭追守○ 1.1/6/24
去○五十里 1.1/7/6
乃首尾擊○ 1.1/7/7
轉營即○ 1.1/7/7
吳漢（鼓）〔攻〕○ 1.1/7/8
帝聞○ 1.1/7/9
聞○可爲酸鼻 1.1/7/10
享○千金 1.1/7/11
觀于放覽啜羹○義 1.1/7/11
失斬將（安）〔弔〕民○義 1.1/7/12
苑囿池籞○官廢 1.1/7/13
（戈）〔弋〕獵○事不御 1.1/7/14
迹伏誅○後 1.1/7/16
下縣吏無百里○繇 1.1/7/16
民無出門○役 1.1/7/17
群烏從○ 1.1/8/7
天下○重寶大器 1.1/8/12
迭興○後 1.1/8/22
安得松、喬與○而共遊乎 1.1/8/24
文帝曉終始○義 1.1/8/24
古帝王○葬 1.1/8/26
使後世○人不知其處 1.1/8/26
太宗識終始○義 1.1/8/26
陛下有禹、湯○明 1.1/9/6
而失黃、老養性○道 1.1/9/6
帝悔前徙○ 1.1/9/7
明設丹青○信 1.1/9/27
廣開束手○路 1.1/9/27
帝既有仁聖○明 1.1/10/16
天然○姿 1.1/10/16
固非人○敵 1.1/10/16
世祖○中子也 2.1/11/5
世祖以赤色名○曰陽 2.1/11/6
吏抵言于長壽街得○ 2.1/11/11
封太后弟陰興○子慶爲鮦陽侯 2.1/11/23
默然受○ 2.1/12/7
太常其以礿祭○日陳鼎于廟 2.1/12/24
上自御塤篪和○ 2.1/12/32
文王○遇太公也 2.1/13/5
賜以服御○物 2.1/13/12
悉賦予○ 2.1/13/13
（祫）〔祫〕祭于世祖○堂 2.1/13/22
共進《武德》○舞 2.1/13/23
遵奉建武○政 2.1/13/23
外戚陰、郭○家 2.1/13/25
不能及許、史、王氏○半 2.1/13/25
自皇子○封 2.1/13/27
由是明帝重○ 2.2/14/6
此皆生于不學○門所致也 2.2/15/15
聖○至要也 2.2/15/25
帝王○上行也 2.2/15/25
高宗○極（至）〔致〕也 2.2/15/26
以累日月○光 2.2/16/1
章帝○中子也 2.3/16/5
孝章帝由是深珍○ 2.3/16/6
涿郡言○ 2.3/16/12
有傳世不絕○誼 2.3/16/15
見二臣○墓 2.3/16/16
和帝○少子也 2.4/17/18
又有赤蛇盤紆殿屋床第○間 3.1/18/6
孝王常異○ 3.1/18/6
下及玩弄○物 3.1/18/8
漢陽故吏杜習手刺殺○ 3.1/18/22
帝幼有簡厚○質 3.2/19/21
體有敦愨○性 3.2/19/21
和熹皇后甚嘉○ 3.2/19/22
殺○ 3.2/19/24
其以漢中南鄭○武陽亭封賢孫承先爲武陽亭侯 3.2/20/17
惟民○則 3.2/21/2
進《武德》○舞 3.2/21/3
順帝○少子也 3.3/21/7
千乘貞王○曾孫 3.4/21/15
蠡吾侯翼○長子也 3.5/21/23
梁太后欲以女弟妃○ 3.5/21/24
掘○ 3.5/21/30
帝與中常侍單超等五人共謀誅○ 3.5/22/6
以爵贖○ 3.5/22/8
其二絕者祠○ 3.5/22/20
司空、唐虞○官也 4.1/24/13
主齋祠儐贊九賓○禮 4.1/25/4
縣國丞、尉亦如○ 4.1/26/6

萇○隱處有一巖穴如窗牖 5.1/27/15
分漢中○安陽、西城 5.1/27/18
安帝即位○年 5.1/27/21
典郊廟、上陵殿諸食舉○樂 5.4/28/16
典辟雍、饗射、六宗、社稷○樂 5.4/28/20
禮樂○謂也 5.4/28/21
此○謂也 5.4/28/23
各以其月祀而奏○ 5.4/29/3
每世○隆 5.5/29/10
正三雍○禮 5.5/29/13
遵岱嶽○正禮 5.5/29/17
奉《圖》《雒》○明文 5.5/29/17
受命○列 5.5/29/22
後世謂○聖王 5.5/29/22
陛下無十室○資 5.5/29/23
夷吾難○ 5.5/30/2
帝堯善及子孫○餘賞 5.5/30/4
光武皇帝配○ 5.5/30/9
功施于民則祀○ 5.5/30/14
以死勤事則祀○ 5.5/30/15
以勞定國則祀○ 5.5/30/15
能禦大災則祀○ 5.5/30/15
山川○神 5.5/30/17
則水旱癘疫○災 5.5/30/17
于是乎禜○ 5.5/30/17,5.5/30/18
日月星辰○神 5.5/30/17
則雪霜風雨○不時 5.5/30/18
欲有以增諸神○祀 5.5/30/18
作《武德》○舞 5.5/31/5
孝景皇帝制《昭德》○舞 5.5/31/6
傳○無窮 5.5/31/7
孝宣皇帝制《盛德》○舞 5.5/31/7
世祖廟樂名宜曰《大武》○舞 5.5/31/9
緣天地○所雜樂爲○文典 5.5/31/10
文王○時 5.5/31/10
依書《文始》、《五行》、《武德》、《昭德》、《盛德》修○舞 5.5/31/14
節損益前後○宜 5.5/31/15
曲副八佾○數 5.5/31/15
用其《文始》、《五行》○舞如故 5.5/31/15
秉文○成 5.5/31/17
放唐○文 5.5/31/17
進《武德》○舞如故 5.5/31/19
對于八政勞謙克己終始○度 5.5/31/21
猶宜有所宗○號 5.5/31/23
先帝每有著述典義○事 5.5/31/23
乃敢安○ 5.5/31/24
如孝文皇帝在高廟○禮 5.5/31/26
奏《武德》、《文始》、《五行》○舞 5.5/31/27
昔者孝文廟樂曰《昭德》○舞 5.5/31/27
孝武廟樂曰《盛德》○舞 5.5/31/28
《昭德》、《盛德》○舞不進 5.5/31/28
盛德○樂無所施 5.5/32/1
不當與世（祖）〔宗〕廟《盛德》○舞同名 5.5/32/2
當進《武德》○舞 5.5/32/2
廟堂○論 5.5/32/3
陛下體純德○妙 5.5/32/3
奮至謙○意 5.5/32/3
猥歸美于載列○臣 5.5/32/4
誠知愚鄙○言 5.5/32/4
不可以（向）仰四門賓于○議 5.5/32/4
伏惟陛下以至德當成、康○隆 5.5/32/5
天下乂安刑措○時也 5.5/32/5
（陛下）〔百姓〕盛歌元首○德 5.5/32/5
危顛○備 5.5/32/6
愛而勞○ 5.5/32/8
乘殷○輅 5.6/32/22
服周○冕 5.6/32/22
久無祭天地冕服○制 5.6/32/23
敬○至也 5.6/32/24
天地○（祀）〔禮〕 5.6/33/1
宜如明堂○制 5.6/33/2
武冠、俗謂○大冠 5.6/33/4
孝明帝作蠙珠○佩 5.6/33/11
即后○父也 6.1/33/21
心悅○ 6.1/33/23
問○ 6.2/34/6
補○如粟 6.2/34/11
故直用○ 6.2/34/21
吾自念親屬皆無柱石○功 6.2/34/27
吾萬乘○主 6.2/35/3
左右旁人皆無薰香○飾 6.2/35/3
吾計○熟矣 6.2/35/7
至孝○行 6.2/35/7
違逆慈母○拳拳 6.2/35/8
穰歲○後 6.2/35/9
惟子○志 6.2/35/9
棄○南山下 6.3/35/21
憐○ 6.3/35/22,19.26/143/14
有飛鳥紆翼覆○ 6.3/35/22
心怪偉○ 6.3/35/23
心內害○ 6.3/35/26
左右怪而問○ 6.5/36/12
故忍○耳 6.5/36/12
受○父母 6.5/36/13
孝○始也 6.5/36/13
母常非○曰 6.5/36/14
后仰（噏）〔嗽〕○ 6.5/36/16
湯夢及天舐○ 6.5/36/17
此皆聖王○夢 6.5/36/17
充（小）〔少〕君○位 6.5/36/18
悉斥放○ 6.5/36/21
太后察視覺○ 6.5/37/1
太后聞○ 6.5/37/2
以爲何故乃有此不祥○言 6.5/37/3
豈非天地○應歟 6.5/37/4
相工茅通見○ 6.6/37/9
相○極貴 6.6/37/10
太史卜○ 6.6/37/10
又筮○ 6.6/37/10
得《坤》○《比》 6.6/37/11
立后○日 6.6/37/11
帝追思○ 6.7/37/17
帝自爲○詞 6.7/37/17
博園匽貴人履高明○懿德 6.8/37/22
資淑美○嘉會 6.8/37/22
欲報○德 6.8/37/23
紀者、襄成縣君孫壽○舅也 6.9/38/3
旦起射○ 7.1/38/10

伯升遂作○ 7.1/38/13
更始取伯升寶劍視○ 7.1/38/16
更始聞而心忌○ 7.1/38/20
將誅○ 7.1/38/21
即日害○ 7.1/38/21
顯宗○在東宮 7.3/39/10
是吾幼時狂意○行也 7.3/39/13
令人視○ 7.4/39/20
金紋殺○ 7.4/39/25
以長沙定王子封于零道
○舂陵爲侯 7.7/40/13
元帝許○ 7.7/40/15
徙南陽○白水鄉 7.7/40/15
敞以枯稻示○ 7.7/40/18
宮殿設鐘虡○懸 7.8/41/6
臨○國 7.8/41/7
甚嘉歎○ 7.8/41/8
以《周易卦林》卜○ 7.9/41/20
案《易》卦《震》○
《蹇》 7.9/41/21
王次序○ 7.9/41/23
王○子年五歲以上 7.9/41/25
爲諸子在道欲急帶○也 7.9/41/26
以助伊蒲塞桑門○盛饌 7.10/42/3
少有孝友○質 7.12/42/13
可以託六尺○孤 7.12/42/14
上嗟歎○ 7.12/42/22
辭別○後 7.12/42/23
上甚善○ 7.12/43/1
皆言類揚雄、相如、前
世史岑○比 7.12/43/1
惟王孝友○德 7.12/43/5
以慰《凱風》寒泉○思 7.12/43/6
不在贊拜○位 7.12/43/10
乃許○ 7.12/43/11
上遣太醫丞相視○ 7.12/43/15
數責○ 7.17/44/20
書典○所美也 7.20/45/11
下邳王被病沈滯○疾 7.20/45/12
朕甚傷○ 7.20/45/13
《禮》重嫡庶○序 7.20/45/14
《春秋》○義大居正 7.20/45/14
太子國○儲嗣 7.20/45/15
禹聞○ 8.1/46/8
上見○甚歡 8.1/46/9
赤眉、青犢○屬 8.1/46/10
明公雖建蕃輔○功 8.1/46/12
于今○計 8.1/46/13
立高祖○業 8.1/46/13
救萬民○命 8.1/46/13
禹征○ 8.1/47/1
吾折捶笞○ 8.1/47/2
爭取○ 8.1/47/4
赤眉引還擊○ 8.1/47/4
無貴賤見○如舊 8.2/47/10
視○如子 8.2/47/10
有過加鞭扑○教 8.2/47/10
起往問○ 8.2/47/11
爲○作歌 8.2/47/24
鄰郡則○ 8.2/47/25
令長史任尙將○ 8.2/47/26
醫藥療○多愈 8.2/48/2
輒禱請○ 8.2/48/4
自延平○初 8.5/48/19
無拾遺一言○助 8.5/48/21
亭長將詣第白○ 8.6/48/27
勵○曰 8.6/49/1
施○終竟 8.6/49/5
先納聖善匡輔○言 8.7/49/17
兢兢○心彌以篤固也 8.7/49/18
工無虛張○繕 8.8/49/24
徒無饑寒○色 8.8/49/24
甚悅○ 8.10/50/8
漸親○ 8.10/50/11
弘稱道○ 8.10/50/13
初無辦嚴○日 8.10/51/1
讓○曰 8.10/51/2
李生奇○ 8.11/51/9
此將相○器 8.11/51/10
先破○ 8.11/51/15
破○ 8.11/51/17,9.11/61/9
10.6/63/12,11.2/71/4
常自從○ 8.11/51/18
故復少方面○勳 8.11/51/18
賈君○功 8.11/51/19
我自知○ 8.11/51/19
帝深然○ 8.11/51/20
忠孝○策 8.13/52/7
銅馬、赤眉○屬數十輩
8.14/52/15
何以言○ 8.14/52/18
無令他姓得○ 8.14/52/21
得無爲人道○ 8.14/52/21
弇以軍營臨淄、西安○
間 8.14/52/23
弇內欲攻○ 8.14/52/24
藍聞○ 8.14/52/25
何救○有 8.14/52/27
攻○未可卒下 8.14/53/1
旬日○間 8.14/53/2
至日中破○ 8.14/53/3
弇升王宮壞臺望○ 8.14/53/6
以佩刀摧○ 8.14/53/6
自往救○ 8.14/53/7
復大破○ 8.14/53/9
由是好將帥○事 8.14/53/15
天子器○ 8.15/53/20
因發强弩射○ 8.17/54/7
徙居○ 8.17/54/8
吏笮馬糞汁飲○ 8.17/54/8
並揚示○ 8.17/54/11
耿氏自中興以後迄建安
○末 8.17/54/14
太守耿況甚器重○ 9.1/54/22
有牧民御衆○才 9.1/54/23
上乃用○ 9.1/54/24
伐淇園○竹 9.1/55/1
怨禍○府也 9.1/55/5
宜思功遂身退○計 9.1/55/5
便道○官 9.1/55/6
乃戮○于市 9.1/55/8
必手劍○ 9.1/55/9
一人皆兼二人○饌 9.1/55/10
賈復勒兵欲追○ 9.1/55/11
將自征○ 9.1/55/16
上議遣使降○ 9.1/55/16
引耿弇等諸營擊○ 9.1/55/17
今欲降○ 9.1/55/19
遂斬○ 9.1/55/19,23.1/165/11
已戮○矣 9.1/55/20
皇甫文、峻○腹心 9.1/55/21
而津鄉當荊、揚○咽喉 9.2/56/2
于是江南○珍奇食物始
流通焉 9.2/56/3
夫有桀、紂○亂 9.4/56/20
乃見湯、武○功 9.4/56/21
上納○ 9.4/56/22
令朱鮪知○ 9.4/57/3
上聞○ 9.4/57/4,11.4/71/21
14.2/91/10,23.15/169/20
大王重愼○性也 9.4/57/7

大破○殷底 9.4/57/14
失○東隅 9.4/57/14
收○桑榆 9.4/57/15
購賞○賜 9.4/57/17
常行諸營○後 9.4/57/20
相逢引車避○ 9.4/57/20
公有日角○相 9.6/58/10
後追念○ 9.6/58/14
遵格殺○ 9.7/59/4
上乃貸○ 9.7/59/5
吾舍中兒犯法尙殺○ 9.7/59/6
勞○ 9.7/59/9
士以此重○ 9.7/59/14
安得憂國奉公○臣如祭征虜者乎 9.7/59/21
數破○ 9.8/60/5
彤○威聲揚于北方 9.8/60/5
太僕、吾○禦侮 9.8/60/8
王莽時舉有德行、能言語、通政事、明文學○士 9.10/60/17
臥以鎭○足矣 9.10/60/25
連破○ 9.11/61/5
不能預竹帛○編 9.11/61/8
必不敢爲國○憂也 9.11/61/9
而將軍〔聞○〕 9.11/61/10
有不可動○節 9.11/61/11
吾甚美○ 9.11/61/11
遂大破○ 9.12/61/20
上甚憐○ 9.12/61/23
言王郎所反○狀 10.1/62/8
絕其反顧○望 10.1/62/10
以衣中堅同心○士〔也〕 10.7/63/18
舉手揶揄○ 10.11/64/15
上遣霸討○ 10.11/64/24
將斬而奪○ 10.12/65/5
乃救全○ 10.12/65/6
上自解所佩綬以賜○ 10.14/65/18
忠更作新袍袴（解）〔鮮〕支小單衣襪而上○ 10.14/65/18
我欲賜○ 10.14/65/20
即以所乘大驪馬及繡被衣物賜○ 10.14/65/20
信都大姓馬寵等開城內○ 10.14/65/21
因格殺○ 10.14/65/22
上聞而美○ 10.14/65/24
劉公○恩 10.16/66/10
上乃强見○ 10.21/67/9
買半臿佩刀懷○ 10.21/67/10
久○ 10.21/67/15
10.26/69/10,17.8/119/18
斷○不疑 10.22/67/23
吾甚嘉○ 10.22/67/23
羌胡親愛○ 10.23/68/11
人人長跪前割○ 10.23/68/11
進○于固 10.23/68/11
不穢賤○ 10.23/68/12
是以愛○如父母也 10.23/68/12
遂解馬與○ 10.26/69/8
吏民親愛而不忍欺○ 10.26/69/11
茂問○曰 10.26/69/11
爲汝有事屬○而受乎 10.26/69/12
將平居〔以〕恩意遺○乎 10.26/69/12
往遺○耳 10.26/69/12
遺○而受 10.26/69/13
竊聞賢聖○君 10.26/69/13
是以遺○ 10.26/69/14
歲時遺○ 10.26/69/15
凡人○生 10.26/69/15
汝獨不欲修○ 10.26/69/16
律何故禁○ 10.26/69/17
督郵言○ 10.26/69/19
行己在于清濁○間 10.26/69/24
欲罪○ 11.1/70/7
或言「國師公劉秀當○」 11.1/70/9
僕竟辦○ 11.1/70/10
與○大歡 11.2/70/18
遂發憤責○曰 11.2/70/20
今乃欲從佞惑○言 11.2/70/21
爲族滅○計 11.2/70/22
吉凶○決 11.2/70/22
坐在諸將○右 11.2/71/1
重恥○ 11.3/71/11
爭往償○ 11.3/71/13
慊知○ 11.5/72/1
光武皇帝受命中興○初 11.7/72/12
詔許○ 11.8/72/21,12.4/78/20
上甚哀○ 11.8/72/23
解械飲食（○） 11.9/73/4
有張釋○風 11.10/73/11
鄰國貧人來歸○者 11.10/73/14
臣未有先登陷陣○功 11.14/74/14
上嘉興○讓 11.14/74/15
猶稱其所長而達○ 11.14/74/17
但私○以財 11.14/74/17
援哀而縱○ 12.1/75/10
囂使援往觀○ 12.1/75/13
立舊交○位 12.1/75/15
援曉○ 12.1/75/16
笑謂○曰 12.1/75/18
當今○世 12.1/75/19
13.11/85/25
上書訟○ 12.1/75/24
諸將多以王師○重 12.1/75/24
將士土崩○勢 12.1/76/1
兵進必破○狀 12.1/76/1
富民○本 12.1/76/7
援一一解○ 12.1/76/8
譬如嬰兒頭多蟣蝨而剃○ 12.1/76/10
皆剃○ 12.1/76/12
虜未滅○時 12.1/76/19
猶爲謹飭○士 12.1/76/21
善相馬者東門京鑄作銅馬法獻○ 12.1/76/26
欲自請擊○ 12.1/76/28
未許○ 12.1/77/4
上令試○ 12.1/77/4
以是言○ 12.3/77/20
臣愚以爲可因歲首發太簇○律 12.3/78/3
奏《雅》《頌》○音 12.3/78/4
自臨冠○ 12.3/78/8
上不喜○ 12.3/78/8
援甚奇○ 12.5/78/25
養視○ 12.6/79/4
大奴步護視○ 12.6/79/6
同○將軍 12.6/79/9
時人榮○ 12.6/79/9
百寮憚○ 12.6/79/10
不拘儒者○節 12.7/79/19
五帝有流殛放竄○誅 12.9/80/10
三王有大辟刻肌○法 12.9/80/10
是以五帝、三王○刑 12.9/80/10
用○有本末 12.9/80/11

行○有逆順耳 12.9/80/12
國家開封侯○科 12.9/80/14
彼仲尼○佐魯兮 12.10/80/19
殷伊（周）〔尹〕○協德兮 12.10/80/20
歷蒼梧○崇丘兮 12.10/80/25
宗虞氏○俊乂 12.10/80/25
臨衆瀆○神林兮 12.10/81/1
何揚生○（敗）〔欺〕眞 12.10/81/2
彼皇麟○高舉兮 12.10/81/2
熙太清○悠悠 12.10/81/3
憂人○憂 12.11/81/12
樂人○樂 12.11/81/12
不爲○蓄積 12.11/81/13
衣衾、飯唅、玉匣、珠貝○屬 12.11/81/19
氣絕○後 12.11/81/20
門無駐馬請謁○賓 12.11/81/24
妃后○家亦無商比 12.11/81/25
列校○職 12.12/82/3,12.13/82/9
永昌太守鑄黃金○蛇獻○冀 12.12/82/4
陛下承大亂○極 13.1/82/21
四方聞○ 13.1/82/22
願思○ 13.1/82/22
國○光輝 13.1/83/1
朝○淵藪 13.1/83/1
柱石○臣 13.1/83/2
上嘗問弘通博○士 13.6/84/3
弘聞○ 13.6/84/4
遣吏召○ 13.6/84/5
不與席而讓○曰 13.6/84/5
上怪而問○ 13.6/84/7
臣○罪也 13.6/84/8
上數（數）顧視〔○〕 13.6/84/11
上即爲撤○ 13.6/84/12
方且圖○ 13.6/84/13
臣聞貧賤○交不可忘 13.6/84/14
糟糠○妻不下堂 13.6/84/14
亡國○君皆有才 13.7/84/20
歙掾陳元上書追訟○ 13.8/84/27
責○曰 13.9/85/3
異而獻○ 13.9/85/4
若以子○功 13.9/85/4
大兵冀蒙救護〔生活〕○恩 13.9/85/6
陛下輒忘○於河北 13.9/85/6
帝强起湛以代○ 13.10/85/16
遂罷○ 13.10/85/17
令且從師友○位 13.11/85/23
追令刺客楊賢於隴坻遮殺○ 13.11/85/25
乃薦○ 13.11/85/27
三代○所同 13.11/86/2
不苟貪高亢○論 13.11/86/3
是以去土中○京師 13.11/86/3
就關內○遠都 13.11/86/3
除肉刑○重律 13.11/86/3
用髡鉗○輕法 13.11/86/4
郡縣不置世祿○家 13.11/86/4
民戶知○ 13.11/86/6
得萬國○歡心 13.11/86/7
明當尊用祖宗○故文章也 13.11/86/9
以解天下○惑 13.11/86/9
合於《易》○所謂「先天而天不違、後天而奉天時」義 13.11/86/9
元元侵陵○所致也 13.11/86/13
見惡如農夫○務去草焉 13.11/86/14
芟夷蘊崇○ 13.11/86/14
成王深知其終卒○患 13.11/86/15
所以挫其强禦○力 13.11/86/17
詘其驕恣○節也 13.11/86/17
燕、趙、韓、魏○後 13.11/86/18
邑里無營利○家 13.11/86/18
野澤無兼并○民 13.11/86/19
萬里○統 13.11/86/19
後輒因衰麤○痛 13.11/86/19
脅以送終○義 13.11/86/19
無反顧○心 13.11/86/20
本支百世○要也 13.11/86/20
是以皆永享康寧○福 13.11/86/21
無怵惕○憂 13.11/86/21
兩府遣吏護送饒穀○郡 13.11/86/22
（狃）〔狙〕猱○意 13.11/86/24
徼幸○望 13.11/86/24
張步○計是也 13.11/86/25
陛下昭然獨見成敗○端 13.11/86/25
二千石失制御○道 13.11/86/26
侵陵○象也 13.11/86/29
畏天○威 13.11/86/30
于時保○ 13.11/86/30
甚敬憚○ 13.11/87/1
朋友有車馬○饋 13.11/87/2
林受○ 13.11/87/3
援受○ 13.11/87/4
無所置○ 13.11/87/6
禘、祫○祭 13.12/87/14
毀廟及未毀廟○主皆登 13.12/87/15
禘○爲言諦 13.12/87/17
諦定昭穆尊卑○義也 13.12/87/17
故正尊卑○義也 13.12/87/18
斯典○廢 13.12/87/19
帝從○ 13.12/87/20, 20.13/147/20
身死○後 13.12/87/21
自以兄弟不當蒙爵土○恩 13.12/87/24
恐子孫似○ 13.13/88/4
自是封爵○制 13.13/88/7
乃因燕見從容誡○曰 13.13/88/8
不足以償不訾○身 13.13/88/9
其先魏○別封曰華侯 13.14/88/16
老人居○且病痱 13.14/88/19
憙常思欲報○ 13.16/89/3
且釋○而去 13.16/89/4
後竟殺○ 13.16/89/5
更始遣柱天將軍李寶降○ 13.16/89/6
聞宛○趙氏有孤孫憙 13.16/89/6
願得降○ 13.16/89/7
欲棄○於道 13.16/89/9
身自推〔○〕 13.16/89/9
憙見○悲感 13.16/89/10
悉以與○ 13.16/89/11
上許○ 13.16/89/12
百姓歌○ 13.16/89/13
上甚嘉○ 13.16/89/15
婦人亦懷卿○恩 13.16/89/16
諸將賀○ 14.1/89/26
上謂彭復往曉○ 14.1/90/5
而永即去○ 14.2/90/15
詔書下捕○ 14.2/90/17
永異○ 14.2/90/25

手格殺〇 14.2/91/1
無藩臣〇禮 14.2/91/6
從事諫止〇 14.2/91/8
仁者、百行〇宗 14.2/91/10
忠者、禮義〇主 14.2/91/11
行〇高者也 14.2/91/11
吾欲使天下知忠臣〇子復爲司隸 14.3/91/21
欲襲六國〇從 14.4/92/5
內爲刎頸〇盟 14.4/92/5
破君長〇國 14.4/92/6
壞父母〇鄉 14.4/92/6
朝有顛沛〇憂 14.4/92/9
國有分崩〇禍 14.4/92/9
上無仇牧〇節 14.4/92/9
下無不占〇志 14.4/92/10
天〇所壞 14.4/92/10
威行得衆不及智伯萬分〇半 14.4/92/10
欲明人臣〇義 14.4/92/11
當先知故主〇未然 14.4/92/11
欲貪天下〇利 14.4/92/11
宜及新主〇未爲 14.4/92/12
履深淵〇薄冰不爲號 14.4/92/13
涉千鈞〇發機不知懼 14.4/92/13
絕鮑氏〇姓 14.4/92/13
廢子都〇業 14.4/92/14
誦堯〇言 14.4/92/14
服桀〇行 14.4/92/14
衍少有俶儻〇志 14.5/92/23
得道〇兵 14.5/92/24
衍聞明君不惡切愨〇言 14.5/93/1
以測幽冥〇論 14.5/93/2
忠臣不顧爭引〇患 14.5/93/2
以達萬幾〇變 14.5/93/2
今衍幸逢寬明〇日 14.5/93/3
將値危言〇時 14.5/93/3
伏念天下離王莽〇害久矣 14.5/93/4
始自東郡〇師 14.5/93/4
繼以西海〇役 14.5/93/4
衆（疆）〔彊〕〇黨 14.5/93/6
百僚〇臣 14.5/93/6
於是江湖〇上 14.5/93/7
海岱〇濱 14.5/93/8
四垂〇人 14.5/93/8
死亡〇數 14.5/93/8
殃咎〇毒 14.5/93/8
率宛、葉〇衆 14.5/93/9
將散亂〇兵 14.5/93/10
破百萬〇陣 14.5/93/10
摧九虎〇軍 14.5/93/10
一朞〇間 14.5/93/11
繼高祖〇休烈 14.5/93/11
修文武〇絕業 14.5/93/11
今大將軍以明淑〇德 14.5/93/15
秉大使〇權 14.5/93/15
統三軍〇政 14.5/93/15
存撫并州〇人 14.5/93/15
惠愛〇誠 14.5/93/15
高世〇（心）〔聲〕 14.5/93/16
且大將軍〇事 14.5/93/16
將定國家〇大業 14.5/93/17
成天地〇元功也 14.5/93/17
昔周宣中興〇主 14.5/93/17
齊桓霸彊〇君耳 14.5/93/18
況乎萬里〇漢 14.5/93/19
而大將軍爲〇梁棟 14.5/93/19
且衍聞〇 14.5/93/19
今邯鄲〇賊未滅 14.5/93/20
眞定〇際復擾 14.5/93/20
夫并州〇地 14.5/93/21
斯四戰〇地、攻守〇場也 14.5/93/22
何以待〇 14.5/93/23
今生人〇命 14.5/93/23
夫十室〇邑 14.5/93/24
以承大將軍〇明 14.5/93/25
雖則山澤〇人 14.5/93/25
然後簡精銳〇卒 14.5/93/26
發屯守〇士 14.5/93/26
相其土地〇饒 14.5/93/26
觀其水泉〇利 14.5/93/26
制屯田〇術 14.5/93/27
習戰射〇教 14.5/93/27
收百姓〇歡心 14.5/93/28
樹名賢〇良佐 14.5/93/28
惟大將軍開日月〇明 14.5/93/29
發深淵〇慮 14.5/93/29
監《六經》〇論 14.5/93/29
觀孫武〇策 14.5/93/29
省群議〇是非 14.5/93/29
詳衆士〇白黑 14.5/93/30
以超《周南》〇迹 14.5/93/30
垂《甘棠》〇風 14.5/93/30
伊、望〇策 14.5/93/31
後母惡〇 14.6/94/6
引刀斫〇 14.6/94/6
鄉里爲〇語曰 14.6/94/7
天子默使小黃門持被覆〇 14.6/94/8
勿驚〇 14.6/94/8
河西稱〇 14.6/94/9
受封必求磽确〇地 15.1/95/1
上從〇 15.1/95/1
駿乃止而讓〇曰 15.2/95/12
今子以兄弟私恩而絕父不滅〇基 15.2/95/12
號〇曰「殿中無雙丁孝公」 15.2/95/15
臣聞古〇帝王 15.2/95/17
柴祭〇日 15.2/95/20
答饗〇休符也 15.2/95/20
觀古及漢傾危〇禍 15.2/95/22
靡不由世位擅寵〇家 15.2/95/23
外附〇臣 15.2/95/25
宜誅〇 15.2/95/25
便於田頭大樹下飲食勸勉〇 15.5/96/14
教〇儉約 15.5/96/15
關西〇大俠也 15.5/96/16
陳〇於主人前 15.5/96/17
今子當〇絕域 15.5/96/19
遵甚悅〇 15.5/96/20
丹答〇 15.5/96/22
王丹未許〇 15.5/96/23
丹怒而撻〇 15.5/96/23
交道〇難 15.5/96/24
丹選舉〇 15.5/96/25
乃呼客見〇 15.5/96/25
何量丹〇薄 15.5/96/26
不爲設席食以罰〇 15.5/96/26
妻子不〇官舍 15.6/97/3
遂拒〇 15.6/97/7
常慕史鰌、汲黯〇爲人 15.7/97/12
難即害〔〇〕 15.8/97/20
憚往候〇 15.8/97/22
令應〇遲 15.8/97/25
令跣追〇 15.8/97/25
即自入獄謝〇 15.8/97/25

顯○於朝 15.8/97/30
由是上特重○ 15.8/98/9
阿擁○ 15.8/98/12
帝勞○曰 15.9/98/17
伋辭謝○ 15.9/98/20
計日告○ 15.9/98/21
復使〔○〕河東 15.10/99/4
故南陽人爲○語 15.10/99/6
賊推奮○子于軍前 15.11/99/17
公孫述遣擊○ 15.12/99/24
堪有同心○士三千人 15.12/99/24
○京師 15.14/100/12
鄉里號○曰「一馬兩車
茨子河」 15.14/100/13
無蠶織絲麻○利 15.14/100/13
數年○間 15.14/100/15
人無履亦苦○否 15.14/100/16
然火燎○ 15.14/100/17
皆充○化也 15.14/100/18
皆禮○ 15.15/100/24
敬待以師友○禮 15.15/100/25
輒分俸祿以賑給○ 15.15/100/25
就餐飯○ 15.15/100/26
百姓悅○ 15.15/101/1
上德○ 15.17/101/12
臨發○官 15.17/101/12
好申、韓○術 15.17/101/14
吏人及羌胡畏○ 15.17/101/15
涼州爲○歌曰 15.17/101/16
接以師友○道 16.1/102/9
九流百家○言 16.2/102/13
諸儒以此慕○ 16.2/102/14
徐令彪○子也 16.3/102/21
而當封侯萬里○外 16.3/102/25
詐○曰 16.3/103/5
當今○計 16.3/103/6
班超何心獨擅○乎 16.3/103/9
超許○ 16.3/103/15
因辭讓○ 16.3/103/16
出萬死○志 16.3/103/16
冀立鉛刀一割○用 16.3/103/16
焉耆國有葦橋○險 16.3/103/20
乃以漢中郡南鄭○西鄉
戶千封超爲定遠侯 16.3/103/21
宜有以誨○ 16.3/104/3
而蠻夷懷鳥獸○心 16.3/104/4
有詔召眾問齊桓公○鼎
在柏寢臺 16.6/104/20
圍守閉○ 16.6/104/23
將有損大漢○强 16.6/104/25
儒者莫○及 16.9/105/19
受者慚○ 16.9/105/20
帝笑指○曰 16.9/105/20
稽古○力也 16.9/106/2
而悉以租入與○ 16.10/106/16
努力教○ 16.10/106/21
有起者即白○ 16.10/106/21
鸞貞亮○性 16.12/107/5
（○爲）〔爲○〕語曰
16.13/107/13
臨去○際 16.14/107/20
屋中尺寸○物 16.14/107/20
每當危亡○急 16.14/107/22
則固宜用天下○賢才
16.15/107/28
中家子爲○保役 16.16/108/5
又賈人多通侈靡○物 16.16/108/5
求人○儉約富足 16.16/108/6
使○稍自衰焉 16.16/108/7
吾欲以讖決○ 16.16/108/9
譚復極言讖○非經 16.16/108/9
將下斬○ 16.16/108/10
○官 16.16/108/11
光武讀○ 16.16/108/12
鄉里甚榮○ 16.16/108/14
世重○ 16.19/109/7
陛下納膚受○愬 16.20/109/13
臣無謇諤○節 16.20/109/14
而有狂瞽○言 16.20/109/14
以侍中兼領○ 16.20/109/16
故京師爲○語曰 16.20/109/19
頗類世俗○辭 16.22/110/4
瘖聾○徒 16.22/110/7
眞世○有道者也 16.22/110/7
古○亡國 16.24/110/19
宇復恥○ 16.25/110/26
京師因以稱○ 16.25/111/1
常稱老氏知足○分也 16.25/111/2
前世以磨研編簡○才
16.28/111/16
賊眾爭欲殺○ 16.30/112/2
宇止〔○〕曰 16.30/112/2
以身扞○ 16.31/112/8
（遺）〔遣〕送○ 16.31/112/10
今天下苦王氏○虐政
16.33/112/22
使者義而赦○ 16.33/112/23
見○自失 16.34/112/29
常待以舊恩而卑侮○ 16.34/113/2
救倒懸○急 16.34/113/6
存幾亡○城 16.34/113/6
懷旌善○志 16.34/113/10
有烈士○風 16.34/113/10
捲握○物 16.35/113/16
而堪去職○日 16.35/113/17
吾生値堯、舜○君 16.37/113/29
所至○縣 16.37/114/1
誠仁者○心 16.37/114/3
君子謂○知命 16.37/114/4
駰數諫○ 16.38/114/10
稍疏○ 16.38/114/11
遂不○官而歸 16.38/114/12
欲殺啖○ 16.41/114/26
賊遂放○ 16.41/114/28
賊矜而放〔○〕 16.43/115/9
賊異○ 16.44/115/14
子宇諫莽而莽殺○ 16.46/115/25
隱琅邪○勞山 16.46/115/27
聚落化○ 16.46/115/27
太守遣吏捕○ 16.46/115/28
勞問○ 16.49/116/17
如以爲任用而不使臣○
16.49/116/19
安邑令候○ 16.49/116/20
屠者或不肯與〔○〕
16.49/116/21
遂去○沛 16.49/116/22
於人中辱○ 16.50/116/26
聞復讎○義 16.50/116/26
朝廷本以是故徵○ 16.50/117/1
上聽○ 16.50/117/1
臣願與並論雲臺○下 16.50/117/3
時人爲○語曰 16.51/117/8
履清高○節 16.52/117/12
鄉黨大人莫不敬異○
16.52/117/12
宗人少長咸共推○ 16.52/117/14
世祖聞而奇○ 17.1/117/20
問園陵○事 17.1/117/21
帝善○ 17.1/117/22
上目○ 17.1/117/25

朕○儀貌 17.1/117/26
惟帝難○ 17.1/117/28
顯異○ 17.2/118/11
故多以宗室肺腑居○ 17.7/119/13
特優嘉○ 17.8/119/19
有司復奏○ 17.8/119/19
和帝納○ 17.8/119/20
成人○美 17.8/119/21
愷○入朝 17.8/119/22
百姓歌○曰 17.9/119/27
賜以三公○服 17.9/120/1
黻冕○旒 17.9/120/1
不聞鷄鳴犬吠○音 17.10/120/6
宰相○職 17.10/120/14
母欲還取○ 17.11/120/20
將烹○ 17.11/120/22
賊哀而遣○ 17.11/120/23
今乃見○ 17.11/120/24
好○ 17.12/121/4
欲答○ 17.12/121/5
將妻子○華陰山谷 17.12/121/6
人就認○ 17.12/121/7
帝乃以大鴻臚魏應代○ 17.12/121/9
縣不得已與○ 17.13/121/15
令自當○ 17.13/121/20
臣聞孔子忍渴於盜泉○水 17.13/121/24
曾參迴車于勝母○閭 17.13/121/24
此臟穢○物 17.13/121/25
清乎尙書○言 17.13/121/25
乃更以庫錢三十萬賜○ 17.13/121/26
召郎將答○ 17.13/121/27
過誤○失 17.13/121/27
百姓患○ 17.14/122/8, 21.3/150/28
長吏莫敢改○ 17.14/122/8
引弓射○ 17.17/122/27
因把臂責○曰 17.17/123/1
明帝戲○曰 17.19/123/13
詩埋○ 17.22/124/7
詩掘示○ 17.22/124/8
亭長難○ 17.23/124/13
賊并放○ 17.23/124/16
以穀飯獨與○ 17.23/124/18
後掩伺見○ 17.23/124/18
寵異○ 17.23/124/21
長公義○ 17.24/125/2
賊遂皆放○ 17.24/125/3
奉○不異長君 17.25/125/11
然後行○ 17.25/125/12
悉收殺○ 17.25/125/13
鄉里以此賢○ 18.1/125/20
無能整齊理○者 18.1/125/25
市無姦枉欺詐○巧 18.1/125/27
等輩笑○曰 18.1/126/1
王賜○綬 18.1/126/6
寧有○耶 18.1/126/8
奪○ 18.1/126/10
母遂探口餅出○ 18.1/126/10
舍我何○ 18.1/126/16
百姓聞○ 18.1/126/16
乘船追○ 18.1/126/16
輒叱○ 18.1/126/19
凡士○學 18.5/127/15
暉○先、宋微子○後也 18.6/127/21
遂舍○ 18.6/127/25
借觀○ 18.6/128/2
勿求○ 18.6/128/3
皆厲行○士 18.6/128/4
吏民畏而愛○ 18.6/128/5
爲○歌曰 18.6/128/5
分所有以賑給○ 18.6/128/12
司徒劉愷辟○ 18.8/128/20
論薦○私 18.8/128/22
愷追○ 18.8/128/22
上善○ 18.9/129/3
且盡推財與○ 18.10/129/11
然後隨護視賑給○ 18.10/129/11
肅宗敬重○ 18.10/129/12
鉤求得○ 18.12/129/26
令老弱城守而追○ 18.12/130/1
民歌○曰 18.12/130/3
令從騎下馬與○ 18.12/130/6
緣路訪○ 18.12/130/7
謝而歸○ 18.12/130/8
欲○犍爲定生學經 18.13/130/14
聽○定所受《韓詩》 18.13/130/16
以定父母、妻子、長幼○序 18.14/131/2
鳳凰、（麟麒）〔麒麟〕、嘉禾、甘露○瑞集于郡境 18.14/131/5
啼泣隨○ 18.15/131/10
忽忘所○ 18.16/131/15
設祭以祀○ 18.16/131/17
京師爲○語曰 18.17/131/23
上嘉○ 18.17/131/25
任貰與○ 18.18/132/4
革不欲搖動○ 18.18/132/4
帝聞而益善○ 18.18/132/7
鄉里號○曰「德行恂恂召伯春」 18.19/132/11
悉壁藏○ 18.21/132/21
于殿上撲殺○ 18.22/133/1
既而載○城外 18.22/133/2
世祖詔諸儒誄○ 18.23/133/8
帝美○ 18.23/133/8
但高譚清論以激勵○ 18.26/134/1
當與讓○ 18.26/134/3
往候○ 18.27/134/8, 20.10/147/3
人有盜取○者 18.28/134/13
載○歸 18.28/134/14
椽盜載椽還○ 18.28/134/14
恭見○ 18.28/134/14
欲感○ 18.28/134/16
爲預汲水滿○ 18.28/134/17
父母乃禁怒○ 18.28/134/17
悉推豕償○ 18.29/134/27
鴻以書責○而去 18.29/134/29
多求○ 18.29/135/1
鴻聞〔○〕 18.29/135/2
乃求○ 18.29/135/2
字○曰德耀 18.29/135/3
將妻○霸陵山 18.29/135/3
鴻將○會稽 18.29/135/4
伯通察而異○ 18.29/135/6
彼傭賃能使其妻敬○如此 18.29/135/6
昔延陵季子葬子于嬴、博○間 18.29/135/8
妻嘗○田 18.30/135/14
鳳往解○ 18.30/135/16
奈何棄○ 18.30/135/16
爭者感○ 18.30/135/16
甚得輔導○體 19.1/136/7
帝先備弟子○儀 19.1/136/10

然後修君臣○禮 19.1/136/11
百姓垂涕送○滿道 19.1/136/14
賞異○ 19.1/136/19
酺以爲褒制禮非禎祥○特達 19.1/136/21
有似異端○術 19.1/136/21
無以絕毀實亂道○路 19.1/136/22
母强遣○ 19.4/137/16
河南尹袁安聞○ 19.4/137/18
使仁恕掾肥親往察○ 19.4/137/19
何不捕○ 19.4/137/20
臣思○ 19.4/137/23
乃收家中律令文書壁藏○ 19.7/138/19
雖有百金○利 19.7/138/20
寵常非○ 19.7/138/21
常言人臣○義 19.7/138/22
絕知友○路 19.7/138/23
先王○政 19.7/138/24
重刑○至也 19.7/138/24
群僚憚○ 19.10/139/14
霸以所乘車馬遣送○ 19.11/139/18
疑而格殺○ 19.11/139/19
不食魚肉○味 19.11/139/21
化○ 19.11/139/22
休罷○ 19.11/139/23
無譴過○事 19.11/139/23
遂送還○ 19.11/139/26
臣斗筲○小吏 19.15/140/16
擢在察視○官 19.15/140/17
亦何陵遲○有 19.15/140/17
令欲殺○ 19.16/140/22
《春秋》○意 19.16/140/24
故明王○于夷狄 19.16/140/24
則修文德以來○ 19.16/140/25
以漢○盛 19.16/140/25
不務修舜、禹、周公○德 19.16/140/25
以求無用○物 19.16/140/26
臣誠惑○ 19.16/140/26
比干常爭○ 19.17/141/4
以大漢威靈招○ 19.19/141/14
諸國侍子及督使賈胡數遺恂奴婢、宛馬、金銀、香罽○屬 19.20/141/22
渙以方略取○ 19.21/142/1
不得輒毆罵○ 19.21/142/2
上聞善○ 19.22/142/14
到官○日 19.22/142/19
更名張氏○學 19.25/143/9
請去○ 19.27/143/20
母憐○ 19.29/144/4
宗親共異○ 19.29/144/4
奉○子也 19.30/144/9
學方診○伎 19.31/144/15
和帝奇異○ 19.31/144/15
朝臣上下莫不附○ 19.32/144/22
眾遂首謀誅○ 19.32/144/23
鼎足○任不可以缺 20.1/145/1
諸儒爲○語曰 20.2/145/5
以此遺○ 20.2/145/7
中常侍樊豐等譖○ 20.2/145/10
加四百○期 20.4/145/21
聖人則○ 20.4/145/22
今妾媵嬖人閹尹○徒 20.4/145/22
而令搢紳○徒委伏畎畝 20.4/145/22
口誦堯、舜○言 20.4/145/23
身蹈絕俗○行 20.4/145/23
裁足以修三驅○禮 20.4/145/25
先帝○制 20.4/145/25
今猥規郊城○地 20.4/145/26
殆非所謂保赤子○義 20.4/145/27
又逐○ 20.6/146/10
父母慚而還○ 20.6/146/11
詔書傷痛○ 20.8/146/21
元興元年奏上○ 20.9/146/26
司徒部○子 20.11/147/10
則載○兼兩 20.17/148/13
嫌疑○間 20.17/148/14
謂○曰 20.17/148/16
遂共訂交于杵臼○間 20.17/148/18
以道譬○ 20.17/148/19
自是〔○後〕 20.17/148/19
良收其妻殺○ 20.18/148/24
衛康叔○胄孫林父○後 20.23/149/18
使早成○ 20.23/149/20
禽○ 20.23/149/23
雖無謇直○風 21.1/150/19
屢有補裨○益 21.1/150/19
今後宮○女數千 21.7/151/19
遣兵討○ 21.8/151/24
頻追〔斬〕○ 21.8/151/27
先零諸羌討○難破 21.8/152/1
但用蒲鞭罰○ 21.9/152/12
客不堪○ 21.9/152/13
婢遽收○ 21.9/152/16
乃訊○于占者 21.11/153/7
州兵圍○急 21.11/153/9
自臨考○ 21.12/153/14
盜嘗夜往劫○ 21.13/153/20
古○亡者、棄○中野 21.15/154/5
惟妻子可以行○ 21.15/154/6
閭里歌○曰 21.17/154/15
即日免○ 21.18/154/19
近爲憂○ 21.23/155/14
上引邕問○ 21.24/155/21
虹蜺、小女子○祥 21.24/155/21
周珌、豫州刺史慎○子也 21.25/155/26
婦女有美髮〔者〕皆斷取○ 21.27/156/7
欲令將近兵據門以禦○ 21.33/157/8
臺召三府驅○ 21.35/157/16
普天○下 21.35/157/16
驅蝗何○ 21.35/157/16
後母憎○ 21.37/157/25
操斧砍○ 21.37/157/25
奇而哀○ 21.39/158/4
蜀○珍玩 21.41/158/12
夕陽侯邢崇孫○爲賊所盜 21.50/159/20
備水戰○具 21.53/160/3
每自買進○ 21.55/160/14
鮑宣○妻 22.1/160/24
以女妻○ 22.1/160/24
鄉邦稱○ 22.1/160/27
日入○部 22.4/162/18
荒服○儀 22.4/163/9
荒服○外 22.4/163/9
聖公結客欲報○ 23.1/164/18
諸亡命往從○ 23.1/164/21
因欲立○ 23.1/164/24
更始入便坐黃堂上視○ 23.1/165/1
帝那得爲○ 23.1/165/2
郎吏怪○ 23.1/165/6

出皆怨○ 23.1/165/8
大司馬縱○ 23.1/165/10
三輔苦○ 23.1/165/11
爲百姓○所賤 23.1/165/12
長安中爲○歌曰 23.1/165/12
傭○市空返 23.1/165/13
一旦失○ 23.1/165/20
以年次探○ 23.5/166/12
俠卿禮○ 23.5/166/14
捕池魚而食○ 23.5/166/17
陛下何以待○ 23.5/166/18
縣宰殺○ 23.7/167/6
〔皆〕貰〔與○〕 23.7/167/7
少年欲相與償○ 23.7/167/7
諸君寧肯哀○乎 23.7/167/8
執縣宰斬○ 23.7/167/9
即易○ 23.8/167/14
芳從○ 23.9/168/3
欲輔立○ 23.9/168/4
上徵○ 23.11/168/17
髡徒推○ 23.11/168/19
鑿地求○ 23.11/168/19
豐信○ 23.12/169/4
椎破○ 23.12/169/4
復漢○祚 23.16/170/1
乃立高祖、太宗○廟 23.16/170/1
蒼蠅○飛 23.16/170/4
託驥○尾 23.16/170/4
士大夫莫不諷誦〔○也〕
23.16/170/6
謂○太平 23.16/170/7
而欲牽儒生○說 23.16/170/8
棄千乘○基 23.16/170/8
計○不可者也 23.16/170/8
以待四方○變 23.16/170/10
請自殺以明○ 23.16/170/17
囂負隴城○固 23.16/170/18
納王元○說 23.16/170/18
正君臣○義 23.16/170/19
述○先武帝時 23.17/170/23
霸王○業成矣 23.17/171/1
吾亦慮○ 23.17/171/2
女工○業 23.17/171/4
又有魚鹽銀銅○利 23.17/171/4
浮水轉漕○便 23.17/171/5
杜褒、斜○塗 23.17/171/5
拒扞關○口 23.17/171/5
成功○資也 23.17/171/7
君有爲○聲 23.17/171/7
述夢有人語○曰 23.17/171/8
兵者、帝王○大器 23.17/171/13
漢祖無有前人○迹、立
錐○地 23.17/171/13
于戰陣○中 23.17/171/14
臣○愚計 23.17/171/15
以爲宜及天下○望未絕
23.17/171/15
令田戎據江南○會 23.17/171/16
倚巫山○固 23.17/171/16
今東帝無尺土○柄 23.17/171/18
驅烏合○衆 23.17/171/18
不亟乘時與○分功 23.17/171/18
而坐談武王○說 23.17/171/19
蜀人及其弟光以爲不宜
空國千里○外 23.17/171/20
固爭○ 23.17/171/21
百姓空市里往觀○ 23.17/171/24
明甚憐○ 24.2/172/23
無鷄鳴犬吠○聲 24.11/173/17
使先登偵○ 24.13/173/21
亦非詔書○所知也 24.14/174/2
內無忌克○心 24.33/175/13
有母儀○節 24.36/175/19
易於泰山○壓鷄卵 24.70/178/3
輕於駟馬○載鴻毛 24.70/178/3
他吏往得○ 24.72/178/8
猶時有銜橛○變 24.77/178/19
五日○中 24.88/179/16
下端望○以視星宿 24.89/179/18
而以衡望○ 24.89/179/18
《宣夜》○學絕無師法
24.90/179/21
立八尺圓體○度 24.90/179/23
而具天地○象 24.90/179/23
萬世不易○道也 24.90/179/24
知《渾天》○意者 24.90/179/28
去中鬼神仙道○語 24.91/180/2
以明再受命祖有功○義
24.92/180/5
一王○法也 24.92/180/6
自執事○吏 24.92/180/6
莫能知其所以兩廟○意
24.92/180/6
莫○得見 24.93/180/9

汁 zhī 1

吏笮馬糞○飲之 8.17/54/8

芝 zhī 4

○生前殿 2.1/13/15
鳳凰見百三十九、麒麟
五十二、白虎二十九
、黃龍三十四、青龍
、黃鵠、鸞鳥、神馬
、神雀、九尾狐、三
足烏、赤烏、白兔、
白鹿、白燕、白鵲、 2.2/15/20
○〔草〕生中黃〔藏府〕
3.5/21/28
○草生 21.54/160/9

枝 zhī 7

樹○內附 2.1/13/15
車皆以桃○細簟 12.8/80/2
强幹弱○ 13.11/86/20
16.24/110/18
桑無附○ 15.12/100/1
以繩繫著樹○ 16.14/107/22
賜御食及橙、橘、龍眼
、荔○ 22.3/161/13

知 zhī 112

必先聞○ 1.1/1/16
具○閭里姦邪 1.1/1/17
○者或畏其衣 1.1/3/15
天時人事已可○矣 1.1/4/14
何○非僕耶 1.1/4/16
比汝歸可○ 1.1/5/15
不○所以 1.1/6/5
帝○其必敗 1.1/6/13
以爲國家坐○千里也 1.1/6/14
陛下識○寺舍 1.1/8/11
使後世之人不○其處 1.1/8/26
具○姦狀 2.1/11/14
不容令群臣○帝道崩 3.1/19/15
後世○吾罪深矣 5.5/30/5
朕幼無○ 5.5/31/23
誠○愚鄙之言 5.5/32/4

不能復○政 6.2/35/9
蟻穴居而○雨 7.9/41/22
迄今嫡嗣未○所定 7.20/45/13
而見上○非常人 8.1/46/6
又○訓好以青泥封書 8.2/47/20
上以禹爲○人 8.10/50/14
臣愚無識○ 8.10/51/4
我自○之 8.11/51/19
○大義 8.11/51/20
左右無○者 8.14/53/7
吾○寇子翼可任也 9.1/55/2
恂○其謀 9.1/55/9
令朱鮪○之 9.4/57/3
國家○將軍不易 9.7/59/12
○將軍病 9.10/60/25
不○當何以報國 9.12/61/22
始驗疾風○勁草 10.11/64/14
以有仁愛、○相敬事也 10.26/69/14
安○非僕乎 11.1/70/9
國家以公○臧否 11.2/70/20
儵○之 11.5/72/1
禹聞○ 11.10/73/15
○其有用 11.14/74/17
陛下何以○非刺客而簡易如此 12.1/75/20
乃○帝王自有眞也 12.1/75/22
○武帝恨誅衛太子 12.1/75/23
即○漢兵出 12.3/77/20
客卿逃匿不令人○ 12.5/78/24
汲汲欲○下情 12.6/79/11
誠不○所以然 13.9/85/7
民戶○之 13.11/86/6
成王深○其終卒之患 13.11/86/15
百僚○林以（名）〔明〕德用 13.11/87/1
自○罪深 14.1/90/4
由是○名 14.2/90/17
未○孰是也 14.2/90/23
宜○尊帝城門候吏六百石 14.2/91/5
吾欲使天下○忠臣之子復爲司隸 14.3/91/21
錯雜難○ 14.3/91/22
人心難○ 14.4/92/6
不○天時 14.4/92/7
不○厭足 14.4/92/11
當先○故主之未然 14.4/92/11
涉千鈞之發機不○懼 14.4/92/13
不自○所言 15.8/97/21
吾○子不悲天命長短 15.8/97/23
不○所爲 15.8/98/1
伋○盧芳夙賊 15.9/98/22
至今江南頗○桑蠶織履 15.14/100/18
董宣死乃○貧耳 15.16/101/7
使彼不○我多少 16.3/103/7
超○其意 16.3/103/9
安能預○如此 16.9/106/5
常稱老氏○足之分也 16.25/111/2
援裁○書 16.34/112/29
兄○其意 16.34/112/29
君子謂之○命 16.37/114/4
而民不○紡績 16.40/114/20
○莽將敗 16.46/115/26
迷不○東西 16.46/116/1
方面不○ 16.46/116/1
○人則哲 17.1/117/28
恐母○ 17.22/124/6
未遇○己 18.1/126/2
卿○從外來 18.1/126/10
不○馬所歸 18.12/130/7
下邳○其孝 18.18/132/3
執法者以根○名 18.22/133/1
乃○是恭 18.28/134/14
先自○ 18.31/135/22
○外事也 19.1/136/17
人莫得○ 19.7/138/22
絕○友之路 19.7/138/23
涣聞○事實 19.21/142/3
香○古今 19.22/142/12
上○其勤 19.22/142/17
章帝○ 19.26/143/14
故人○君 20.2/145/8
君不○故人 20.2/145/8
夜無○者 20.2/145/9
天○ 20.2/145/9
神○ 20.2/145/9
何謂無○ 20.2/145/9
邱騰○罪法深大 20.20/149/6
猛自○必死 21.11/153/9
○唐桑艾 22.4/162/1
州郡不○所從 23.1/165/9
驚震不○所爲 23.5/166/17
○命者侍郎韓公等 23.8/167/16
豐乃○被詐 23.12/169/4
人苦不○足 23.16/170/14
亦非吾所○ 23.17/171/11
亦非詔書之所○也 24.14/174/2
轉璣窺衡以○星宿 24.89/179/18
○《渾天》之意者 24.90/179/28
莫能○其所以兩廟之意 24.92/180/6

脂 zhī 4

敕易奩中○澤妝具 2.1/13/18
夜私買○燭讀經傳 6.5/36/15
直○膏中 15.11/99/15
下至○燭 15.11/99/19

祗 zhī 5

地（○）〔祇〕靈應而朱草萌 1.1/9/16
宜配食地（○）〔祇〕高廟 1.1/9/19
誣罔靈（○）〔祇〕 3.1/19/16
案尊事神（○）〔祇〕 5.6/32/24
○增塵垢 12.11/81/19

織 zhī 6

宛轉繆○〔圭〕 5.6/33/9
太后置蠶室○室于濯龍中 6.2/35/14
無蠶○絲麻之利 15.14/100/13
養蠶桑○履 15.14/100/15
至今江南頗知桑蠶○履 15.14/100/18
耕耘○作 18.29/135/3

直 zhí 45

○營而實 1.1/3/1
材○驚人 1.1/6/9
詔書告漢○擁兵到成都 1.1/7/3
○百金 1.1/7/13
陛下聽用○諫 2.1/12/7
○千萬以上 3.1/19/5
白馬令李雲坐○諫誅 3.5/22/10

校尉、中郎將、諸郡都尉、諸國行相、中尉、內史、中護軍、司○秩皆比二千石 4.1/25/20
故○用之 6.2/34/21
時訓○事 8.2/47/11
○健當然 8.6/49/1
張步○攻弇營 8.14/53/6
○出黎丘 9.2/56/1
遂以賤○奪沁水公主園田 10.24/68/17
歙素剛○ 11.2/70/20
每當○事 11.6/72/6
令○符責問 11.10/73/15
○推雅性 12.11/81/11
好○言 13.7/84/19
○以擾亂 13.11/86/24
遷大司徒司○ 13.11/87/1
並伉○不避强禦 14.2/91/7
爲大司徒司○ 15.6/97/3
性剛○中正 15.7/97/12
言甚切○ 15.7/97/14
謇謇多○言 15.7/97/15
以○從曲 15.8/98/1
君明臣○ 15.8/98/2
○脂膏中 15.11/99/15
正○不撓 16.29/111/21
果敢○言 17.3/118/18
論議切○ 17.12/121/8
忠正○言 17.14/122/10
過○上郵亭 17.23/124/13
不復責舍宿○ 18.1/125/23
强○自遂 18.6/128/5
乃與同舍郎上書○諫 18.22/132/26
恭平理曲○ 19.4/137/17
鄉人有爭曲○者 19.28/143/25
心不○者 19.28/143/26
尙書郭鎭率○宿羽林出 20.23/149/22
光爲尙席○事通燈 20.24/150/3
雖無謇○之風 21.1/150/19
弘農五官掾杜衆傷其忠○獲罪 21.4/151/7
俠卿爲制朱絳單衣、（平）〔半〕頭赤幘、○綦履 23.5/166/13

拓 zhí 1

○拒蘇便 22.4/162/7

値 zhí 7

幸得遭○明盛 8.5/48/20
將○危言之時 14.5/93/3
安可再遭○ 15.17/101/17
吾生○澆、羿之君 16.37/113/29
適○年荒 17.22/124/5
○翊如廁 21.37/157/25
○天下亂 21.39/158/3

執 zhí 38

（埶）〔○〕節惇固 1.1/4/22
九卿、○金吾、河南尹秩皆中二千石 4.1/25/19
○德不弘 5.5/30/4
見○金吾車騎甚盛 6.1/33/23
仕宦當作○金吾 6.1/33/24
并○伯升 7.1/38/21
深○忠孝 8.1/46/20
○金吾賈復在汝南 9.1/55/8
○志忠孝 10.22/67/22
弟景○金吾 10.24/68/21
束身○節 10.26/69/24
○憲御下 11.7/72/16
有○父仇賊自出 11.9/73/3
處事○平 11.10/73/11
陰識爲守○金吾 11.13/74/9
彭往者得○鞭侍從 14.1/90/6
威○項羽 14.4/92/7
居家常○勤苦 16.3/102/22
天子親自○業 16.9/106/6
時○經生避位發難 16.9/106/6
○經自爲辯說 16.9/106/10
是時宦者○政 16.13/107/12
皆言太子舅○金吾陰識可 16.15/107/26
○苦數十年間 17.12/121/5
驃騎○法御臣 17.19/123/14
匡○法守正而下獄 17.20/123/21
收○根等 18.22/133/1
○法者以根知名 18.22/133/1
因爲○勤不懈 18.29/134/28
○志不倦 18.30/135/17
香躬○勤苦 19.22/142/7
然事○平法 19.22/142/18
○謙求退 21.43/158/20
故使賤妾侍○巾櫛 22.1/160/26
○縣宰斬之 23.7/167/9
稱臣○事 23.16/170/2
躬○饋饌 24.38/175/23
自○事之吏 24.92/180/6

殖 zhí 5

多○財貨 7.11/42/8
好貨○ 11.3/71/10
凡○貨財產、貴其能施賑也 12.1/75/10
吳荒萌其已○兮 12.10/80/21
勿使能○ 13.11/86/14

植 zhí 4

純與從昆弟訢、宿、○共率宗（施）〔族〕賓客二千餘人 10.1/62/7
光武以劉○爲驍騎將軍 10.17/66/15
涿郡盧○、北海鄭玄、皆其徒也 12.7/79/18
呂○通《禮經》 23.1/164/25

摭 zhí 1

乃○莢得三升豆 17.11/120/25

職 zhí 27

故嘗更○ 1.1/7/11
不令以吏○爲過 1.1/10/3
豈非公卿奉○得理乎 2.1/12/23
故能常任○ 8.10/51/1
奉○愛士 8.12/52/2
奉○未稱 9.11/61/7
公欲讓○還土 10.22/68/2
臨○公正 11.7/72/11
任吏以○ 12.1/76/5
東敕○於蓬碣 12.10/81/1
列校之○ 12.12/82/3,12.13/82/9

外幹宰〇 13.16/89/18
而堪去〇之日 16.35/113/17
寅在〇不服父喪 17.1/117/27
居〇修治 17.4/118/23
時五校尉官顯〇閒 17.7/119/12
宰相之〇 17.10/120/14
令與長吏參〇 18.14/131/3
考課衆〇 19.1/136/19
令各敬慎所〇 19.1/136/20
〇任過分 19.15/140/17
盡心奉〇 19.18/141/10
重以〇事留君 20.1/145/1
參在〇 20.10/147/6
以〇事被譴 20.13/147/19
吏安其〇 24.10/173/15

止 zhǐ 55

尤〇車獨與帝語 1.1/1/19
夜〇蕪蔞亭 1.1/3/23
〇令舍 1.1/8/11
帝令滿二千萬〇 2.1/13/28
動容進〇 2.2/14/4
詔齊相〔其〕〇勿〔復〕送冰紈、方空縠、吹綸絮〔也〕 2.2/14/9
御車所〇 3.1/19/13
〇長壽亭 3.5/22/7
冀以默〇讙耳 6.2/35/4
即敕令禁〇 6.5/37/3
〇宿亭 7.4/39/24
慶得入省宿〇 7.21/45/20
常宿〇於中 8.1/46/14
〇城門樓上 8.1/46/16
望風而〇 8.14/52/20
休〇不結營部 8.16/53/25
卿前〇吾此舉 9.1/55/17
每〇頓 9.4/57/21
異常屏〇樹下 9.4/57/21
常舍〇于中 9.6/58/9
且臨水〇 10.11/64/18
乃〇 10.21/67/14,17.12/121/5
〇大樹下 11.10/73/13
時有稱侍中〇傳舍者 14.2/90/16
從事諫〇之 14.2/91/8
解械〇宿 14.3/91/19
駿乃〇而讓之曰 15.2/95/12
從次都〇 15.8/98/3
〔遂〕〇於野亭 15.9/98/22
單于恐而〇 16.6/104/23
行行且〇 16.13/107/13
住〇山陰縣故魯相鍾離意舍 16.14/107/19
宇〇〔之〕曰 16.30/112/2
尹疑〇車 16.36/113/23
延進〇從容 17.1/117/21
而容〇趨步 17.1/117/25
太守歛容而〇 17.10/120/10
寄〇於亭門塾 17.23/124/13
良久乃聽〇 17.23/124/14
諸子諫〇 18.1/126/19
均數諫〇 18.10/129/8
〇 18.26/134/4,18.26/134/4
常獨坐〇 18.29/134/22
故時〇（弗）〔勿〕奏事 19.1/136/17
有雉過〇其旁 19.4/137/19
嘗獨〇宿臺上 19.22/142/14
〇車門 19.29/144/5
恢乃〇 20.17/148/14
鸞鳥〇學宮 21.42/158/16
勸寵〇不應徵 23.11/168/18
述乃〇 23.17/171/21
遂〇不降 23.19/172/12
〇行過肅名趙李時銓不卒 24.68/177/27

旨 zhǐ 3

彭奉上〇 14.1/90/6
由是失〇 16.16/108/11
既合孝明〇 24.91/180/3

祉 zhǐ 3

議曹掾張〇言 1.1/4/11
後改爲〇 7.7/40/11
〇以建武二年三月見光武于懷宮 7.7/40/22

指 zhǐ 14

皆相〇視之 1.1/3/16
〇軍市 2.3/17/5
〇示禹曰 8.1/46/16
上〇子路曰 9.8/60/8
光武于大會中〇常謂群臣曰 10.20/67/3
血流〇間 10.23/68/11
〇以問憲 10.24/68/17
〇畫地勢 12.1/76/1
惟賈傅其違〇兮 12.10/81/2
〇丹海以爲期 12.10/81/3
上〇水曰 14.1/90/5
帝笑〇之曰 16.9/105/20
〇切長短 16.38/114/11
賜〇錢示勤曰 18.26/133/26

紙 zhǐ 3

歲時但貢〇墨而已 6.5/36/21
造意用樹皮及敝布、魚網作〇 20.9/146/26
天下咸稱蔡侯〇 20.9/146/27

趾 zhǐ 6

交〇刺史 4.1/25/14,11.1/70/5
擊交〇 12.1/76/17
援平交〇 12.1/76/24
援於交〇鑄銅馬 12.1/76/25
交〇太守坐贓千金 17.13/121/23

至 zhì 269

及聞帝〇 1.1/2/9
〇驅虎豹犀象 1.1/2/17
前已〇城北矣 1.1/2/22
帝〇邯鄲 1.1/3/18
〇饒陽 1.1/3/20
紿言邯鄲將軍〇 1.1/3/21
聞王郎兵〇 1.1/3/23
〇南宮 1.1/3/23
〇范陽 1.1/4/13
〇中山 1.1/4/13
〇孝文、賈誼、公孫臣以爲秦水德 1.1/5/5
〇孝武、（兒）〔倪〕寬、司馬遷猶從土德 1.1/5/6
未〇隆軍 1.1/5/15
浮軍遠〔〇〕 1.1/5/16

○二年秋 1.1/5/23
○是歲 1.1/5/24
下○掾史 1.1/6/5
上狀檄○ 1.1/6/13
園陵○盛 1.1/6/20
遣輕騎○成都 1.1/7/4
十一月衆軍○城門 1.1/7/7
○南頓 1.1/8/10,2.1/12/32
自三公下○佐（使）〔史〕各有差 1.1/8/20
○日晏 1.1/9/3
延○于今 1.1/9/19
○踰年正月 2.1/11/20
陛下○明 2.1/12/8
以日北○ 2.1/12/31
○于建武 2.1/13/25
○永平 2.1/13/26
以○孝稱 2.2/14/6,21.39/158/3
泰山○于岱宗 2.2/14/18
○〔命〕欲相殺于殿下 2.2/15/15
○章和元年 2.2/15/18
聖之○要也 2.2/15/25
高宗之極（○）〔致〕也 2.2/15/26
○于總角 2.3/16/5
南山水流出○東郊 2.3/16/30
○北地靈州丁奚城 3.1/19/1
○乃踐食孤幼 3.2/20/8
召而○ 3.2/20/11
既○ 3.5/21/25
○新野公主、壽張敬侯廟 3.5/22/18
相生○六十 5.2/28/7
○泰山乃復議 5.5/29/18
災異仍○ 5.5/29/18
○泰山 5.5/29/20
○建武都雒陽 5.5/30/11
宗廟○重 5.5/31/23,13.11/86/8
奮○謙之意 5.5/32/3
伏惟陛下以○德當成、康之隆 5.5/32/5
敬之○也 5.6/32/24
後○長安 6.1/33/23
○卜者家爲卦 6.2/34/6
遂登○尊 6.2/34/15
○孝之行 6.2/35/7
○正月當上原陵 6.2/35/12
咸稱○德 6.2/35/17
長○年十三歲 6.3/35/23
○五月朔 6.5/36/24
○令禱祠 6.5/37/2
是時自冬○春不雨 6.6/37/11
及伯升軍○ 7.1/38/11
載枯稻○太守所 7.7/40/17
○長樂宮 7.8/41/10
奉藩以○沒身 7.9/41/28
奴婢○千四百人 7.11/42/8
○八月飲酎畢 7.12/43/11
紛紛○今 7.20/45/12
惟王與下邳王恩義○親 7.20/45/14
更始既○雒陽 8.1/46/8
追○鄗謁 8.1/46/8
上○廣阿 8.1/46/16
○高陵 8.1/47/1,23.1/165/18
委輸不○ 8.1/47/5
訓身○大官門爲求火 8.2/47/12
○朝 8.2/47/13
從都（慮）〔盧〕○羊腸倉 8.2/47/15
○上谷遺訓 8.2/47/21
轉易○數千人 8.2/47/23
○空城郭 8.2/48/4
○葬所 8.6/49/7
後○者斬 8.10/50/18
○南郡 8.10/50/22
○日中 8.11/51/14
東○海 8.14/52/16
天下○重 8.14/52/20
○期日夜半 8.14/52/25
○日中破之 8.14/53/3
未○ 8.14/53/7
車駕○臨淄 8.14/53/9
恭○即移檄烏孫 8.17/54/3
救兵不○ 8.17/54/11
虜○不敢出 8.17/54/14
恂檄○ 9.1/55/2
恂○乃見 9.1/55/11
恂從○潁川 9.1/55/13
恂奉璽書○高平 9.1/55/17
所○擄掠 9.4/56/20
夜○饒陽蕪蔞亭 9.4/56/22
及○南宮 9.4/56/23
聞王郎軍將○ 9.4/57/1
○信都 9.4/57/1
追○雒陽城門 9.4/57/4
車駕送○河南 9.4/57/10
人有上章言異威權○重 9.4/57/15
○略陽 9.7/59/9
○夜御燈火 9.7/59/9
喪○河南縣 9.7/59/14
詔遣百官皆○喪所 9.7/59/14
每○朝會 9.7/59/21
陛下○仁 9.7/59/22
○則厲兵馬 9.8/60/4
下○杯案食物 9.8/60/7
從○魯 9.8/60/7
丹率衆○廣阿 9.10/60/18
丹從上○懷 9.10/60/22
上○薊 9.12/61/17
○中盧 10.2/62/16
會屬縣送委輸牛車三百餘兩○ 10.2/62/18
隆隆○明 10.2/62/18
自西河○渭橋 10.5/63/7
河上○安邑 10.5/63/8
太原○井陘 10.5/63/8
中山○鄴 10.5/63/8
糧饋不○ 10.10/64/9
上令霸○市（口）〔中〕募人 10.11/64/15
南○下曲陽滹沱河 10.11/64/16
比○冰 10.11/64/19
霸○ 10.11/64/24
修飛狐道○平城 10.11/64/25
會光祿（丞）〔勳〕劉賜適○ 10.12/65/6
上初○不脫衣帶 10.14/65/18
○曲陽 10.16/66/8
彤親所以○今日得安于信都者 10.16/66/10
○通舍 10.21/67/10
自祖○孫 10.22/68/4
幸○丞相府還我 10.26/69/9
自束髮○白首 10.26/69/24
將○亭 11.1/70/6
故以手書暢○意 11.2/70/21
船槃皆○ 11.2/70/25
時○乃起 11.4/71/21
事後母○孝 11.5/71/27, 14.2/90/15,19.12/140/4

○爲吮癰 11.5/71/27
21.34/157/12
涉淖○踝 11.14/74/14
詔使五官中郎將持節○
墓賜印綬 11.14/74/20
仲官○玄武司馬 12.1/75/6
送囚○府 12.1/75/10
以爲○當握手迎如平生
12.1/75/14
援○ 12.1/75/18
臣前○蜀 12.1/75/19
○漆 12.1/75/24
每言及三輔長者○閭里
少年皆可觀 12.1/76/9
○荔浦 12.1/76/16
上善其用意微○ 12.3/77/21
寵貴○盛 12.3/77/24
○四年 12.6/79/5
○雒陽 12.6/79/5
○燔燒茂陵都邑 12.9/80/12
載○冢舍 12.11/81/20
○武王 13.1/82/21
民○乃誡乳婦勿得舉子
13.5/83/21
譚○ 13.6/84/5
○〔于〕歙七世 13.8/84/25
言甚切○ 13.8/84/27
行○河東 13.9/85/4
○朝堂 13.10/85/17
○簪蒿席草 13.11/85/22
及○漢興 13.11/86/2
復○城下說鮪 14.1/90/6
遣信人馳○長安 14.2/90/20
○懷 14.2/90/23
從講室掃除○孔里 14.2/90/25
而○右扶風 14.2/91/9
司徒（例）〔辭〕訟久
者○（數十）〔十數〕
年 14.3/91/21
或從昏○明 14.6/94/8
○於岱宗 15.2/95/18
○數十日 15.2/95/24
宣彪、官○玄菟（大）
〔太〕守 15.4/96/10
○滎陽 15.6/97/6
離斷○親 15.7/97/13
〔始○〕行部 15.9/98/19
供養○謹 15.11/99/12
下○脂燭 15.11/99/19
○今江南頗知桑蠶織履
15.14/100/18
每○歲時伏臘 15.15/100/27
既○而死 15.15/100/28
行旅○夜 15.17/101/15
超○西域 16.3/103/14
巫○ 16.3/103/15
○北庭 16.6/104/22
故人親戚莫敢○者 16.13/107/11
○沛 16.16/108/13
遂○禁錮 16.20/109/13
晝即○暝 16.22/110/8
此舉奚○哉 16.37/113/28
所○之縣 16.37/114/1
此皆何罪而○於是乎 16.37/114/2
寔○官 16.40/114/21
○孝 16.44/115/13,21.13/153/20
連徵不○ 16.47/116/6
既○京師 17.2/118/5
可謂○德 17.2/118/10
其後賊忽然而○ 17.11/120/19
衆○共爲嫁娶 17.14/122/7
會信陽侯○ 17.17/123/3
自遠方○者著爲錄 17.18/123/8
臣懼法而○ 17.19/123/14
詩性○孝 17.22/124/5
幾日○ 17.23/124/15
官○長樂衛尉 17.23/124/21
嘗與奴載鹽北○太原販
賣 18.1/125/22
每所○客舍 18.1/125/22
堪○把暉臂曰 18.6/128/10
恩禮敦○ 18.10/129/10
○葭萌 18.12/129/25
自將出○近縣 18.12/130/1
儻○到今 18.13/130/15
當其念○ 18.16/131/15
○篤衰矣 18.23/133/10
遣大鴻臚持節○墓 18.24/133/15
官○潁川太守 18.25/133/20
○掾督郵 18.26/133/27
○去乃起 18.28/134/15
○其日而卒 18.31/135/23
重刑之○也 19.7/138/24
事親○孝 19.9/139/8
○成皋 19.11/139/19
晝夜泣涕○病 19.11/139/19
送○官舍 19.11/139/24
○忿 19.21/142/2
鄉人稱其○孝 19.22/142/9
王者○尊 20.3/145/16
○被毆杖 20.6/146/10
每○休沐 20.9/146/25
○乃殘食孩幼 20.19/148/29
收兵○盛德門 20.23/149/21
乃先○門迎盜 21.13/153/21
大司農陳奇舉杳○孝
21.13/153/23
後官○三公 21.22/155/10
有賊轉○京師 21.33/157/7
事母○孝 21.34/157/12
數月間○七八千人 23.1/164/21
〔與〕聖公○于壇所 23.1/164/27
及中黃門從官○雒陽 23.1/165/3
更始○長安 23.1/165/4
徐宣、樊崇等入○弘農
枯樅山下 23.1/165/15
崇北○蓩鄉 23.1/165/16
轉○湖 23.1/165/16
○陽城 23.6/167/1
興北○單于庭迎芳 23.9/168/5
茂將其精兵突○湖（陸）
〔陵〕 23.10/168/10
望○ 23.16/169/25
戎○期日 23.19/172/12
大雨將○ 24.73/178/11
相生○六十也 24.85/179/9
冬○陽氣應 24.88/179/15
夏○陰氣應 24.88/179/15
下○學士 24.92/180/6
諸侯王以下○于士庶
24.94/180/12

志 zhì 56

封孔子後孔○爲褒成侯 1.1/7/21
既○于學 2.2/14/5
篤○供養 3.1/18/10
孝桓皇帝諱○ 3.5/21/23
以成《樂○》 5.4/29/4
后○在克己輔上 6.2/34/24
惟子之○ 6.2/35/9

○在書傳 6.5/36/14
○意衰惰 7.3/39/14
以成王○ 7.8/41/14
○在財幣 8.1/46/11
賈生容貌○意如是 8.11/51/9
執○忠孝 10.22/67/22
有大○慷慨 11.2/70/17
不奪其○ 11.14/74/15
吾從弟少游嘗哀吾慷慨
多大○ 12.1/76/17
孝子善述父○ 12.11/81/22
齠齔勵○ 13.1/83/1
終不降○辱身 13.11/85/22
使順其○ 13.11/85/23
少有○操 14.2/90/15
下無不占之○ 14.4/92/10
衍少有俶儻之○ 14.5/92/23
遂坎壈失○ 14.5/94/2
遂篤○精銳 15.2/95/7
○節抗厲 15.7/97/12
爲人大○ 16.3/102/21
大丈夫無他○略 16.3/102/23
寧覺廣○意薄乎 16.3/103/4
出萬死之○ 16.3/103/16
尤修○介 16.14/107/18
其○彌固 16.14/107/22
篤○經學 16.17/108/18
懷旌善之○ 16.34/113/10
○意抗厲 16.46/115/23
自陳願守所○ 16.50/117/1
如其○焉 17.2/118/6
厲○清高 18.3/127/4
與（東）〔同〕郡宗武
伯、翟敬伯、陳綏伯
、張弟伯同○好 18.3/127/4
賊義其小、壯其○ 18.6/127/25
以○行稱 18.19/132/11
童幼有○操 18.26/133/25
以娛其○ 18.29/135/4
執○不倦 18.30/135/17
太尉趙憙聞恭○行 19.4/137/15
守○如初 20.17/148/17
續成十○ 21.24/155/22
見其尙幼而有○節 21.39/158/4
申屠○以功封汝陰王 23.3/166/3
○士狐疑 23.17/171/8
《前漢○》但載十二律
24.86/179/11
《前○》亦闕而不論
24.90/179/25
以裨《天文○》 24.90/179/28
廣以爲實宜在《郊祀○》
24.91/180/2
宜入《效祀○》 24.92/180/7
以成○也 24.94/180/13

制 zhì 56

○〔郊〕兆于城南七里 1.1/5/7
○告公孫述 1.1/6/7
又舊○上書以青布囊素
裹封書 1.1/6/16
今所○地 1.1/8/27
如孝文皇帝舊○ 1.1/9/23
田宅踰○ 2.1/11/13
親自○作《五行章句》 2.1/12/2
11.7/72/14
○令流水而已 2.1/13/8
皆減舊○ 2.1/13/27
遵履前○ 3.2/21/1
漢○ 4.1/25/18
《王○》謂「天子食舉
以樂 5.4/28/19
又○雲臺十二門詩 5.4/29/2
太常奏儀○ 5.5/30/1
○郊祀 5.5/30/11
《王○》曰 5.5/30/19
以爲漢○舊典 5.5/31/3
孝景皇帝○《昭德》之
舞 5.5/31/6
孝宣皇帝○《盛德》之
舞 5.5/31/7
先帝所○ 5.5/32/12
爲漢○法 5.6/32/22
○長冠以入宗廟 5.6/32/22
久無祭天地冕服之○ 5.6/32/23
宜如明堂之○ 5.6/33/2
乃與公卿共議定南北郊
冠冕車服○度 7.12/42/17
○曰 8.1/46/19
不足以○也 10.2/62/17
則○其支體易也 11.2/70/25
爲援○荅布單衣、交讓
冠 12.1/75/14
○詔三公、大鴻臚曰 12.10/81/5
雖云禮○ 12.11/81/19
無更裁○ 12.11/81/21
時議郊祀○ 13.11/86/1
宜如舊○ 13.11/86/9
長吏○御無術 13.11/86/13
二千石失○御之道 13.11/86/26
詳爲其○ 13.12/87/14
漢舊○三年一祫 13.12/87/16
自是封爵之○ 13.13/88/7
○屯田之術 14.5/93/27
使五官中郎將魏應主承
○問難 15.2/95/14
上親稱○臨決 15.2/95/15
因爲其○日定葬 15.5/96/15
難卒以力○ 15.9/98/23
上自○《五家要說章句》
16.10/106/17
上親於辟雍自講所○
《五行章句》已 16.10/106/18
不合法○ 16.24/110/18
舊○ 18.12/130/2
詔射聲（教）〔校〕尉
曹褒案《（舊漢）
〔漢舊〕儀》○漢禮
19.1/136/20
酺以爲褒○禮非禎祥之
特達 19.1/136/21
先帝之○ 20.4/145/25
非古○也 20.13/147/20
俠卿爲○朱絳單衣、
（平）〔半〕頭赤幘
、直綦履 23.5/166/13
聖明所○ 24.92/180/6
詔書下車服○度 24.94/180/11

炙 zhì 3

帝對竈○衣 1.1/3/24
禹進食○魚 1.1/3/26
○肉未熟 10.23/68/11

治 zhì 56

吏○得失 1.1/1/17
○《尙書》 2.1/11/17
8.11/51/9,18.10/129/7

始○《尚書》 2.2/14/5
初○《尚書》 2.3/16/6
尙書（白）〔曰〕下本州考○ 3.6/23/8
大行丞有○禮員四十七人 4.1/25/3
中外官尙書令、御史中丞、○書侍御史、公將軍長史、中二千石丞、正、平、諸司馬、中官王家僕、雒陽令秩皆千石 4.1/25/21
揖讓而○天下者 5.4/28/21
功成○定 5.5/29/12
海內○平 5.5/29/24
宇內○平 5.5/31/8
○滹沱、石臼河 8.2/47/15
年十五○《歐陽尙書》 8.6/48/26
告令軍中○攻具 8.14/52/24
今方自憂○城具 8.14/52/26
○矢百餘萬 9.1/55/1
專○關中 9.4/57/15
純請○一郡 10.1/62/10
（鄉）〔卿〕乃欲以○民自效 10.1/62/11
成善○障塞 10.5/63/7
以律○汝 10.26/69/18
○《左氏春秋》 11.2/70/17
歙乃大○攻具衝車度塹 11.2/71/3
○家產業 11.3/71/10
詔許越騎、射聲（寺）〔等〕○北宮 12.4/78/15
明聖用而○ 13.11/86/14
恭己而○ 13.11/86/21
統○天下 15.2/95/17
不嚴而○ 15.8/97/29
性節儉而○清平 15.10/99/5
詔使○喪郡國邸 15.10/99/7
詔書以奮在姑臧○有絕迹 15.11/99/15
○《梁丘易》 15.12/99/23
開○稻田八千餘頃 15.12/99/27
○《歐陽尙書》 16.9/105/14
16.21/109/23
徧○五經 16.16/108/3
少○《施氏易》 16.17/108/18
所以爲○也 16.24/110/18
○《嚴氏春秋》 16.25/110/24
17.3/118/16
居職修○ 17.4/118/23
○有殊政 17.9/119/27
○《梁邱易》 17.17/122/24
王景○浚儀 18.11/129/20
政○肅清 18.13/130/17
親自省○ 18.16/131/18
○《禮》、《詩》、《春秋》 18.29/134/22
欲察君○迹耳 19.4/137/20
○《韓詩》 19.9/139/8
大漢是○ 22.4/161/22
更（○）〔始〕元年起兵 23.13/169/9
無令干亂吏○ 24.59/177/9
以○律未竟 24.90/179/25

致 zhì 24

雲臺○敬祭祀之禮儀亦如之 1.1/5/13
此皆生于不學之門所○也 2.2/15/15
高宗之極（至）〔○〕也 2.2/15/26
○祭涕泣 3.1/19/16
爲不祠北嶽所○ 3.2/20/7
聖王先成民而後○力于神 5.5/30/16
以○嘉福 5.5/30/20
復獨完○縣中 8.11/51/11
使大中大夫○牛酒 9.4/57/10
今鄰里尙○餽 10.26/69/15
令自○徐獄 11.10/73/16
所以宣氣、○和、順陰陽也 12.3/78/3
載○成喪 13.11/85/25
元元侵陵之所○也 13.11/86/13
將○國於桓公 13.11/86/23
不盈數月輒○豐積 15.11/99/14
○復文雅 16.10/106/18
以爲孝感所○云 16.42/115/4
○國弟憲 17.8/119/21
○肉米 17.22/124/7
世謂其用法平正、寬慈惠化所○ 18.13/130/20
各奉書○禮遺革 18.18/132/7
感和○災 20.19/149/1
以○其肅敬 23.16/169/28

峙 zhì 1

添設儲○輒數千萬 19.22/142/18

郅 zhì 2

○壽、蜀漢文 2.2/15/8
○惲、字君章 15.8/97/20

秩 zhì 36

望○山川、群神畢 2.2/14/18
國所望○ 3.2/20/8,20.19/148/29
○六百石 3.2/20/20,4.1/25/10
九卿、執金吾、河南尹○皆中二千石 4.1/25/19
大長秋、將作大匠、度遼諸將軍、郡太守、國傅相皆○二千石 4.1/25/19
校尉、中郎將、諸郡都尉、諸國行相、中尉、內史、中護軍、司直○皆比二千石 4.1/25/20
中外官尙書令、御史中丞、治書侍御史、公將軍長史、中二千石丞、正、平、諸司馬、中官王家僕、雒陽令○皆千石 4.1/25/21
尙書、中謁者、黃門冗從四僕射、諸都監、中外諸都官令、都（候）〔侯〕、司農部丞、郡國長史、丞、（候）〔侯〕、司馬、千人○皆六百石 4.1/26/1
家令、侍、僕○皆六百石 4.1/26/3
雒陽市長○四百石 4.1/26/3
主家長○皆四百石 4.1/26/4
諸署長、楫權丞○三百石 4.1/26/4
諸○千石者 4.1/26/4

其丞、尉皆○四百石　4.1/26/5
○六百石者　4.1/26/5
丞、尉○三百石　4.1/26/5
其丞、尉○二百石　4.1/26/5
明堂、靈臺丞、諸陵校長○二百石　4.1/26/6
而有○者侍中、中常侍、光祿大夫○皆二千石　4.1/26/8
大中大夫○皆比二千石　4.1/26/9
議郎、中謁者○皆比六百石　4.1/26/9
小黃門、黃門侍郎、中黃門○皆比四百石　4.1/26/10
郎中○皆比三百石　4.1/26/10
太子舍人○二百石　4.1/26/11
望○群神　5.5/29/13
經稱「○元祀　5.5/30/14
咸○無文　5.5/30/14
今恐山川百神應典祀者尙未盡○　5.5/30/19
詔書增○一等　9.8/60/4
望○山川　15.2/95/18
時長安市未有○　18.1/125/25
增○　19.22/142/15
各有○品　24.94/180/12

陟 zhì　6

鄧○、字昭伯　8.4/48/12
儀同三司始自○也　8.4/48/13
○兄弟常居禁中　8.4/48/13
○謙退　8.4/48/13
○定策禁中　8.4/48/14
封○爲上蔡侯　8.4/48/14

時 zhì　1

立北○而祠黑帝　1.1/5/5

智 zhì　18

帝仁○明達　1.1/1/26
幼而聰明睿○　2.1/11/6
雅有○慧　7.12/42/13
非有忠良明○　8.1/46/12
有○謀　8.1/46/19
其人勇鷙有○謀　8.10/50/13
○略謀慮　13.1/83/1
人無愚○　13.11/86/4
○伯分國　14.4/92/8
威行得衆不及○伯萬分之半　14.4/92/10
何如其○也　14.4/92/13
可謂○乎　15.2/95/12
○盡此耳　16.34/113/1
爲聰明睿○　16.46/116/1
鄧彪、字○伯　18.3/127/3
以明經有○讓　18.19/132/11
有文武○略　21.8/151/24
荀曇、字元○　21.14/153/27

雉 zhì　3

日南獻白○、白犀　2.2/14/13
有○過止其旁　19.4/137/19
○方將雛　19.4/137/20

置 zhì　66

○（養）〔養〕贍官以廩之　1.1/1/21
蕭王推赤心○人腹中　1.1/4/9
大○酒　1.1/5/18,1.1/8/11
取此兩子○度外　1.1/6/3
○酒　1.1/6/4
詔爲四姓小侯○學　2.1/12/29
○永昌郡　2.1/13/3
帝自○石槨　2.1/13/9
始○承華廄令　3.2/20/20
初○鴻德苑　3.5/22/4
初○秘書監　3.5/22/8
○騄驥廄　3.6/23/24
○長史　4.1/24/15
○中護軍一人　4.1/24/17
其將軍不常○　4.1/24/19
復○驃騎將軍　4.1/24/19
章帝又○（祝）〔祀〕令、丞　4.1/25/1
建武元年復○　4.1/25/3
○傅一人守其家　4.1/25/8
○鴻德苑　4.1/25/10
○令　4.1/25/10
建武元年復○牧　4.1/25/12
復○漢寧郡　5.1/27/18
○都尉　5.1/27/18
開地○郡　5.5/31/6
太后○蠶室織室于濯龍中　6.2/35/14
○虎賁髦頭　7.8/41/6
○驛馬　7.12/43/15
○箄上渡河　8.2/48/1
時上○兩府官屬　8.11/51/11
時始○西域都護、戊己校尉　8.17/54/3
奏○《五經》大夫　9.7/59/17
○嗇夫、祝宰、樂人　9.11/61/6
始○將作大匠　10.13/65/11
所○信都王捕繫彤父弟及妻子　10.16/66/8
大將軍○長史、司馬員吏官屬　10.24/68/21
河南郡爲○守令　10.26/69/10
于是○酒高會　11.2/70/26
○印綬于前　11.14/74/14
詔○馬德陽殿下　12.1/76/28
○掾史　12.3/77/22
聽○司馬、從事　12.6/79/8
便○中門外　12.11/81/14
郡縣不○世祿之家　13.11/86/4
無所○之　13.11/87/6
事得○偏裨將五人　14.2/90/17
列亭○驛　15.13/100/7
延乃爲○水官吏　15.15/101/1
忿怒或見○　15.17/101/17
欲○傅者　16.15/107/28
是爲下樹奢媒而○貧本也　16.16/108/6
多○器其上　18.28/134/17
○《五經》師　19.1/136/6
徙○府庭　19.12/140/4
○于簿上以渡河　20.5/146/5
○戶屏前　20.10/147/4
常侍樊豐妻殺侍婢○井中　20.18/148/24
解劍○外　20.24/150/4
乞少○衣糧　21.13/153/21
所○牧守交錯　23.1/165/9
又所○官爵皆出群小　23.1/165/11
與兩空札○笥中　23.5/166/11
○縑囊中　23.11/168/26

乃○《韋賢傳》末 24.91/180/1
取《賢傳》宗廟事（○）
〔寘〕其中 24.91/180/2

稚 zhì 5

字○通 13.12/87/23
父○爲丹買田宅居業 17.2/118/3
王○子代 19.21/141/28
孫程、字○卿 20.23/149/18
東海臨沂人徐宣、字驕
○ 23.6/166/24

寘 zhì 1

取《賢傳》宗廟事（置）
〔○〕其中 24.91/180/2

跱 zhì 1

飛鳥○（衙）〔衡〕 16.34/113/6

滍 zhì 3

○水盛溢 1.1/3/8
○水爲之不流 1.1/3/8
邑與嚴尤、陳茂輕騎乘
死人渡○水逃去 1.1/3/8

製 zhì 1

衣無○新 3.2/20/30

滯 zhì 2

下邳王被病沈○之疾 7.20/45/12
拔幽○ 19.2/137/4

緻 zhì 1

望令○密 13.14/88/20

幟 zhì 3

旗○蔽野 1.1/2/25
常服徽○尚赤 1.1/5/8
僞建旗○ 23.17/172/1

質 zhì 12

帝幼有簡厚之○ 3.2/19/21
孝○皇帝諱纘 3.4/21/15
茂○純淑 3.4/21/15
會○帝崩 3.5/21/25
少有孝友之○ 7.12/42/13
阜陵○王延在國驕泰淫
泆 7.13/43/24
漢爲人○厚少文 8.10/50/10
○性頑鈍 10.22/67/25
遣伯春委○ 11.2/70/21
性清約○樸 19.11/139/22
○文無常 23.16/169/28
雖遣子春卿入○ 23.16/170/18

穉 zhì 2

周澤、字○都 17.3/118/16
莫○角存 22.4/162/13

擿 zhì 1

民相率以石（撾）〔○〕
吏 16.46/115/28

櫛 zhì 1

故使賤妾侍執巾○ 22.1/160/26

鷙 zhì 1

其人勇○有智謀 8.10/50/13

鑕 zhì 1

乃肉袒負斧○于軍門 8.14/53/11

中 zhōng 411

室○盡明如晝 1.1/1/10
故宮○皆畫鳳凰 1.1/1/12
望氣者言春陵城○有喜
氣 1.1/1/13
受《尚書》于○大夫廬
江、許子威 1.1/1/15
尤問城○出者 1.1/2/15
以長人巨無霸爲○壘校
尉 1.1/2/18
城○兵穀少 1.1/2/19
瞰臨城○ 1.1/2/25
積弩射城○ 1.1/2/26
城○負戶而汲 1.1/2/26
有流星墜尋營○ 1.1/2/26
乃遂令輕足將書與城○
諸將 1.1/3/5
而昆陽城○兵亦出 1.1/3/7
○外竝擊 1.1/3/7
竈○有火 1.1/3/24
蕭王推赤心置人腹○ 1.1/4/9
至○山 1.1/4/13
時傳聞不見《赤伏符》
文軍○所 1.1/4/16
不○式不得上 1.1/6/16
其餘（禺）〔以俟〕○
使者出報 1.1/6/19
聚人田○ 1.1/8/1
○風發疾 1.1/8/4
其上尊號曰○宗 1.1/8/10
以（尉衛）〔衛尉〕關
內侯陰興爲侍○ 1.1/8/15
改元爲○元 1.1/9/13
○元元年 1.1/9/15
10.23/68/9,13.13/88/11
世祖之○子也 2.1/11/5
○元二年春二月 2.1/11/18
詔京兆、右扶風以○牢
祀蕭何、霍光 2.1/12/10
夢○喜覺 2.1/13/16
視太后鏡奩○物 2.1/13/18
敕易奩○脂澤妝具 2.1/13/18
漢家○興 2.1/13/24
位在○臣 2.2/15/14
今者反于殿○交通輕薄 2.2/15/14
章帝之○子也 2.3/16/5
○郎將持節衛護焉 2.3/16/13
22.3/161/15
遣使者以○牢祠 2.3/16/17
魯丕與侍○賈逵、尚書
令黃香等相難 2.3/17/1
國祚○絕 2.4/17/24
數燕見（省）〔在禁〕
○ 3.1/18/7
齋于殿○ 3.1/18/9

○常侍江京、樊豐等共〔興〕爲詐 3.1/19/14
乳母王男、廚監邴吉爲大長秋江京、○常侍樊豐等所譖愬 3.2/19/23
○黃門孫程等十九人共討賊臣江京等 3.2/19/27
政失厥○ 3.2/20/8,20.19/148/28
皆除郎○ 3.2/20/12
其以漢○南鄭之武陽亭封賢孫承先爲武陽亭侯 3.2/20/17
遣侍○杜喬、光祿大夫周舉等八人分行州郡 3.2/20/21
遂與兄冀定策于禁○ 3.5/21/25
芝〔草〕生○黃〔藏府〕 3.5/21/28
身○皆有雕鏤 3.5/22/1
帝與○常侍單超等五人共謀誅之 3.5/22/6
扶助○興 3.5/22/19
立黃老祠北宮濯龍○ 3.5/23/1
使○郎將堂谿典請雨 3.6/23/16
與○黃門桓賢語 3.6/23/18
有黑氣墮所御溫明殿庭○ 3.6/23/21
○平二年 3.6/24/1
置○護軍一人 4.1/24/17
主稠○都官斗食以下 4.1/25/4
○尉、內史官屬亦以率減 4.1/25/16
九卿、執金吾、河南尹秩皆○二千石 4.1/25/19
校尉、○郎將、諸郡都尉、諸國行相、○尉、內史、○護軍、司直秩皆比二千石 4.1/25/20
○外官尚書令、御史○丞、治書侍御史、公將軍長史、○二千石丞、正、平、諸司馬、○官王家僕、雒陽令秩皆千石 4.1/25/21
尚書、○謁者、黃門冗從四僕射、諸都監、○外諸都官令、都（候）〔侯〕、司農部丞、郡國長史、丞、（候）〔侯〕、司馬、千人秩皆六百石 4.1/26/1
而有秩者侍○、○常侍、光祿大夫秩皆二千石 4.1/26/8
大○大夫秩皆比二千石 4.1/26/9
議郎、○謁者秩皆比六百石 4.1/26/9
小黃門、黃門侍郎、○黃門秩皆比四百石 4.1/26/10
郎○秩皆比三百石 4.1/26/10
○有石床 5.1/27/16
分漢○之安陽、西城 5.1/27/18
元始○ 5.3/28/12,15.7/97/13
熹平四年正月○ 5.4/29/3
（廢）〔撥〕亂○興 5.5/29/11
猶爲○興 5.5/29/21
漢統○絕 5.5/29/22
光武皇帝受命○興 5.5/31/7
以定厥○ 5.5/31/24
光武受命○興 5.6/32/22
九卿、○二千石青綬 5.6/33/7
入皮膚○ 6.2/34/15
兄爲虎賁○郎將 6.2/34/24
有胸○氣 6.2/35/9
太后置蠶室織室于濯龍○ 6.2/35/14
并○后額 6.5/36/11
宮○亡大珠一篋 6.5/36/19
郡○震慄 7.2/39/3,19.2/137/4
永平○ 7.3/39/11,8.2/47/15,16.3/103/3,16.6/104/21,16.18/109/3,17.12/121/7,17.16/122/20,17.20/123/19,18.18/132/5,19.32/144/21
遣○大夫奉璧朝賀 7.3/39/11
詔書削○邱（縣） 7.4/39/25
郭后廢爲○山太后 7.8/41/4
詔○常侍杜岑、東海傅相曰 7.8/41/13
永初○ 7.8/41/15
元初○ 7.8/41/15
蒼因上《世祖受命○興頌》 7.12/42/26
血從前髆上小孔○出 7.12/43/7
使○謁者賜乘輿貂裘 7.12/43/9
○心戀戀 7.12/43/12
貴仁者所好惡得其○也 7.20/45/15
常宿止於○ 8.1/46/14
發湟○秦、胡羌兵四千人 8.2/47/25
乃發湟○六千人 8.2/47/26
三遷虎賁○郎將 8.4/48/12
陟兄弟常居禁○ 8.4/48/13
陟定策禁○ 8.4/48/14
故悝兄弟率常在○供養兩宮 8.5/48/19
奴復與宮○衛士忿爭 8.6/49/1
父所厚同郡郎○王臨 8.6/49/4
鄧氏自○興後 8.7/49/19
○二千石十四人 8.7/49/19
其餘侍○、大夫、郎、謁者 8.7/49/20
元初○爲度遼將軍 8.9/49/28
軍○驚亂 8.10/50/19
復獨完致縣○ 8.11/51/11
至日○ 8.11/51/14
告令軍○治攻具 8.14/52/24
至日○破之 8.14/53/3
飛矢○弇股 8.14/53/6
其○創者必有異 8.17/54/6
虜○矢者 8.17/54/7
城○穿井十五丈 8.17/54/9
耿氏自○興以後迄建安之末 8.17/54/14
○郎將、護羌校尉及刺史、二千石數百人 8.17/54/15
郡○政理 9.1/55/12
谷水從地○數丈涌出 9.2/56/5
選官屬守州○長吏 9.2/56/8
岑起、元初○坐事免 9.3/56/13
心○動悸 9.4/57/6,9.4/57/7
建武○ 9.4/57/9,15.14/100/17,16.6/104/18,16.25/110/25,16.50/116/28,17.14/122/9,17.17/122/25
使大○大夫致牛酒 9.4/57/10
專治關○ 9.4/57/15
爲我披荊棘、定關○者也 9.4/57/16
軍○號「大樹將軍」 9.4/58/1
食鬱林潭○ 9.5/58/5

常舍止于○ 9.6/58/9
上舍○兒犯法 9.7/59/4
吾舍○兒犯法尙殺之 9.7/59/6
與弘農、厭新、柏華、蠻○賊合戰 9.7/59/6
血流袖○ 9.7/59/7
薊○應王郎 9.12/61/17
創○額 9.12/61/20
駐節道○ 10.1/62/6
至○盧 10.2/62/16
以城門校尉轉左○郎將 10.2/62/20
武○矢傷 10.3/62/25
左○郎將劉隆爲驃騎將軍 10.4/63/3
○山至鄴 10.5/63/8
梁爲○郎將 10.6/63/12
與景丹、祭遵合擊蠻○ 10.6/63/12
詔梁別守天○關 10.6/63/13
以衣○堅同心之士〔也〕 10.7/63/18
上令霸至市（口）〔○〕募人 10.11/64/15
雨射營○ 10.11/64/25
○霸前酒樽 10.11/64/25
從羽林監遷虎賁○郎將 10.13/65/11,12.2/77/10
父爲高密○尉 10.14/65/17
家屬在人手○ 10.14/65/23
攻○山 10.17/66/15
光武于大會○指常謂群臣曰 10.20/67/3
馬駕在轅○ 10.21/67/13
以固爲○郎將 10.23/68/9
道○有人認茂馬者 10.26/69/7
何故隨婦家入湯鑊○ 11.1/70/8
拜大○大夫 11.2/70/18
縣○稱美 11.3/71/12
上遣○黃門朝暮餐食 11.5/72/1
光武皇帝受命○興之初 11.7/72/12
爲御史○丞 11.7/72/16, 19.10/139/14
乃詔禹舍宮○ 11.10/73/18
詔使五官○郎將持節至墓賜印綬 11.14/74/20
敕令○黃門引入 12.1/75/17
虜在吾目○矣 12.1/76/2
○矢貫髀脛 12.1/76/4
還虎賁○郎將 12.1/76/6
仰視烏鳶跕跕墮水○ 12.1/76/20
何能臥床上在兒女子手○耶 12.1/77/1
城○好高髻 12.2/77/11
城○好廣眉 12.2/77/11
城○好廣袖 12.2/77/11
見其○有粟 12.3/77/20
六年正月齋宮○ 12.3/78/7
時五校尉令在北軍營○ 12.4/78/14
懷挾欲○光 12.4/78/18
拜○丞 12.6/79/9
爲五官○郎將 12.6/79/10
建初○ 12.6/79/13,19.4/137/16
便置○門外 12.11/81/14
悉分與昆弟○外 12.11/81/15
○國未化 13.1/82/21
於是召譚拜議郎、給事○ 13.6/84/4
其後不復令譚給事○ 13.6/84/8
死獄○ 13.8/84/26
拜太○大夫 13.10/85/15
病居○東門侯舍 13.10/85/16
故時人號○東門君 13.10/85/16
上徵興爲大○大夫 13.11/85/27
是以去土○之京師 13.11/86/3
爲大○大夫 13.12/87/11, 19.17/141/3
爲虎賁○郎將 13.12/87/13
閨門○和 13.12/87/25
爲郎○ 13.13/88/5
竟以○傷人臣 13.13/88/9
三代侍○ 13.14/88/20
亦爲侍○ 13.15/88/24
朱鮪等會城南淯水上沙○ 14.1/89/26
時有稱侍○止傳舍者 14.2/90/16
封所持節於晉陽傳舍壁○ 14.2/90/19
時帝叔父趙王良從送○郎將來歙喪還 14.2/91/1
入夏城門○ 14.2/91/2
車駕臨故○郎將來歙喪還 14.2/91/3
與右○郎將張邯相逢城門○ 14.2/91/4
大○大夫張堪對曰 14.2/91/10
昔周宣○興之主 14.5/93/17
○被獲免 14.6/94/6
使五官○郎將魏應主承制問難 15.2/95/14
侍○淳于恭奏上 15.2/95/14
號之曰「殿○無雙丁孝公」 15.2/95/15
宣秉、建武元年拜御史○丞 15.3/96/5
上特詔御史○丞與司隸校尉、尙書令會同並專席而坐 15.3/96/5
家在○山 15.5/96/23
從田○歸 15.6/97/4
性剛直○正 15.7/97/12
鄭次都隱于弋陽山○ 15.8/98/3
直脂膏○ 15.11/99/15
元和○ 15.14/100/15
下車遣吏以○牢具祠延陵季子 15.15/100/23
避亂江南者皆未還○土 15.15/100/23
長沙○尉馮駿將兵詣岑彭 15.19/101/25
固數入讀書禁○ 16.2/102/17
乃以漢○郡南鄭之西鄉戶千封超爲定遠侯 16.3/103/21
太子及山陽王因虎賁○郎將梁松請衆 16.6/104/18
除郎○ 16.6/104/21
故○道而廢 16.8/105/9
不如同門生郎○彭閎、揚州從事皐弘 16.9/105/17
後入會庭○ 16.9/105/20
太子朝夕遣○人問疾 16.9/105/21
遷侍○ 16.10/106/17
郁兼羽林○郎將 16.10/106/24
舉孝廉爲郎○ 16.13/107/11
初平○ 16.14/107/18
屋○尺寸之物 16.14/107/20
移居揚州從事屈豫室○ 16.14/107/21
○庭橘樹一株 16.14/107/21

〇家子爲之保役 16.16/108/5
章帝元和〇 16.16/108/13
以〇庶子 16.18/109/3
爲侍〇 16.20/109/11
18.20/132/16
侍〇當匡輔國政 16.20/109/11
拜憑虎賁〇郎將 16.20/109/15
以侍〇兼領之 16.20/109/16
解經不窮戴侍〇 16.20/109/19
徵爲〇散大夫 16.21/109/23
拜郎〇 16.22/110/3
17.1/117/27,19.29/144/5
其〇多近鄙別字 16.22/110/4
敞爲流矢所〇 16.31/112/7
藏城西門下空穴〇 16.32/112/16
建武〇以伏波將軍爵土不傳 16.34/113/9
刑罰不〇 16.37/114/2
積細草而臥其〇 16.40/114/20
於人〇辱之 16.50/116/26
宗族在兵〇 16.52/117/13
拜五官〇郎將 17.6/119/7
18.18/132/5
章和〇 17.8/119/18
侍〇賈逵上書曰 17.8/119/19
稍遷侍〇 17.8/119/22
與母俱匿野澤〇 17.11/120/21
遂避世漢〇 17.12/121/6
遷左〇郎將 17.12/121/8
（〇）〔市〕無屋 17.13/121/18
〇山人 17.16/122/20
歲歲作衣投於江〇 17.22/124/6
弟禮爲御史〇丞 17.23/124/21
建武〇疫病 17.25/125/9
隱山陽瑕邱界〇 17.25/125/11
交錯水〇 18.1/126/17
世祖〇興 18.3/127/3
坐考長吏囚死獄〇 18.6/128/9
太守張穆持筒〇布數篋與范 18.12/129/26
爲雲〇太守 18.12/129/27
見道〇有諸生（來）〔乘〕小車 18.12/130/5
馬頓死泥〇 18.12/130/5
神馬四出滇河〇 18.13/130/19
拜侍〇 18.17/131/25
于是京師貴戚順陽侯衛尉馬廖、侍〇竇憲慕其行 18.18/132/6
章和〇爲光祿勳 18.19/132/12
目〇生蛆 18.22/133/2
篤于獄〇爲誄 18.23/133/8
下講即〇 18.26/134/2
客潛于內〇聽 18.26/134/3
因自伏草〇 18.28/134/15
畢乃牧豕於上林苑〇 18.29/134/26
郡〇肅然 19.1/136/8
引酺及門生郡縣掾吏並會庭〇 19.1/136/10
問州〇風俗 19.1/136/18
郡〇賻贈無所受 19.4/137/14
拜〇牟令 19.4/137/17
不入〇牟 19.4/137/18
非所以垂意于〇國 19.4/137/25
動不失其〇 19.4/137/25
乃收家〇律令文書壁藏之 19.7/138/19
常有鬼哭聲聞于府〇 19.7/138/25
贊拜殿〇 19.10/139/14
建初〇爲郎 19.11/139/18
夫人視老夫復何〇〔空〕 19.11/139/25
乃援充以捐溝〇 19.27/143/21
乃試令嬖臣美手腕者與女子雜處帷〇 19.31/144/15
遷〇常侍 19.32/144/22
〇常侍樊豐等譖之 20.2/145/10
光和〇 20.4/145/20
以合禮〇 20.4/145/26
爲〇常侍 20.9/146/25
漢〇南鄭人也 20.11/147/10
常牧豕于長垣澤〇 20.17/148/15
常侍樊豐妻殺侍婢置井〇 20.18/148/24
〇山相朱遂到官 20.19/148/28
爲〇黃門 20.23/149/18
從省〇還外府 20.23/149/21
不〇 20.23/149/22
又封〇黃門王康華容侯 20.23/149/23
〇常侍籍建 20.25/150/12
時屬縣令長率多〇官子弟 21.3/150/28
而〇常侍單超等五人皆以誅冀功並封列侯 21.4/151/3
遂俱死獄〇 21.4/151/7
乃拜爲〇郎將 21.8/151/25
潁起於途〇 21.8/152/2
奐安坐帷〇 21.11/153/6
以建安〇爲武威太守 21.11/153/8
後昱與大將軍竇武謀誅〇官 21.14/154/1
古之亡者、棄之〇野 21.15/154/5
高彪除郎〇 21.16/154/10
甑〇生塵范史雲 21.17/154/15
釜〇生魚范萊蕪 21.17/154/15
蔡邕詔問有黑氣墮溫明殿東庭〇 21.24/155/19
上以爲大〇大夫 21.43/158/20
而亡藏巖穴〇 22.5/164/3
遂死獄〇 22.5/164/6
聖公入平林〇 23.1/164/22
長安〇兵攻王莽 23.1/165/1
及〇黃門從官至雒陽 23.1/165/3
關〇咸想望天子 23.1/165/3
乃令侍〇坐帷內與語 23.1/165/7
趙萌以私事責侍〇 23.1/165/9
侍〇曰 23.1/165/10
長安〇爲之歌曰 23.1/165/12
〇郎將 23.1/165/12
與兩空札置笥〇 23.5/166/11
令劉盆子等三人居〇央 23.5/166/12
得掖庭〇宮女猶有數百千人 23.5/166/16
拔庭〇蘆菔根 23.5/166/16
單于以〇國未定 23.9/168/4
故容徙爲雲〇太守 23.11/168/16
獨在便坐室〇 23.11/168/20
置縑囊〇 23.11/168/26
云「石〇有玉璽」 23.12/169/4
攻得邵、宜城、（若）〔鄀〕、編、臨沮、〇（沮）廬、襄陽、鄧、新野、穰、湖陽、蔡陽 23.13/169/9
在兵〇十歲 23.16/170/12
垣副以漢〇亭長聚眾降宗成 23.17/170/24
北據漢〇 23.17/171/5

有龍出其府殿○ 23.17/171/9
數移書○國 23.17/171/11
于戰陣之○ 23.17/171/14
令延岑出漢○ 23.17/171/17
與漢○諸將合兵并勢 23.17/171/20
男兒當死○求生 23.17/171/27
兆○坼 23.19/172/12
其殿○廬有索長數尺可以縛人者數千枚 24.72/178/7
五日之○ 24.88/179/16
去○鬼神仙道之語 24.91/180/2
取《賢傳》宗廟事（置）〔寘〕其○ 24.91/180/2
皆藏主其○ 24.92/180/5
○宮皇太子親服重繒厚練 24.94/180/11

忠 zhōng 59

又道○臣孝子義夫節士 1.1/9/4
而讋不惟竭○ 3.2/20/3
大王○孝慈仁 7.3/39/12
非有○良明智 8.1/46/12
深執○孝 8.1/46/20
○言善謀 8.7/49/17
漢性○厚 8.10/50/14
詔特賜謚曰○侯 8.10/51/5
○孝之策 8.13/52/7
遵遣護軍王○皆持刀斧伐樹開道 9.7/59/8
李○、字仲都 10.14/65/17
○發兵奉世祖 10.14/65/17
使○解澣長襦 10.14/65/18
○更作新袍袴（解）〔鮮〕支小單衣襪而上之 10.14/65/18
惟○獨無所掠 10.14/65/19
收太守宗廣及○母妻子 10.14/65/21
而令親屬招呼○ 10.14/65/22
時寵弟從○為校尉 10.14/65/22
○即時召見 10.14/65/22
○曰 10.14/65/23,10.14/65/24
謂○曰 10.14/65/24
○病濕痺 10.14/65/25
眞○臣也 10.20/67/4
是日遷漢○將軍 10.20/67/4
執志○孝 10.22/67/22
足下推○誠 11.2/70/21
違背○信 11.2/70/22
興盡○竭思 11.14/74/15
是以世稱其○平 11.14/74/18
褒○孝以為珍 12.10/81/1
孰云○侯 12.11/81/23
勸進○信 13.1/83/2
非碩德○正也 13.6/84/6
望能以○正導主 13.6/84/8
朱浮上不○于君 13.13/88/8
○臣孝子 13.13/88/9
能盡○於國 13.13/88/10
馮魴以○孝典兵 13.14/88/17
數進○言正諫 13.14/88/17
○者、禮義之主 14.2/91/11
○不忘君 14.2/91/11
吾欲使天下知○臣之子復為司隸 14.3/91/21
○臣不顧爭引之患 14.5/93/2
必有○信 14.5/93/24
不有○言奇謀而取大位 15.6/97/7
天資○貞 15.8/97/29
帝嘉其○ 15.11/99/17
清亮○孝 16.20/109/12
代名○孝 17.7/119/12
在朝竭○盡謀 17.7/119/13
數納○諫 17.12/121/8
○正直言 17.14/122/10
陳○為尙書令 19.8/139/3
數進○言 19.8/139/3
性○誠 20.2/145/10
盡○重慎 20.9/146/25
弘農五官掾杜眾傷其○直獲罪 21.4/151/7
○臣畢力 24.9/173/13

終 zhōng 49

使劉○僞稱江夏吏 1.1/2/12
○不君臣相率而降 1.1/4/4
文帝曉○始之義 1.1/8/24
太宗識○始之義 1.1/8/26
○不遠身 2.3/16/16
（二）〔以〕千石祿○身 3.2/20/5
敬敕愼○ 3.2/21/1
對于八政勞謙克己○始之度 5.5/31/21
常稱疾而○身得意 6.2/34/12
歲○ 7.3/39/11
城陽恭王初名○ 7.7/40/11
敞為嫡子○娶翟宣子女習為妻 7.7/40/21
以德自○ 7.8/41/14
施之○竟 8.6/49/5
以功名○ 8.10/51/1
臥布被○身 9.7/59/13
晨○無恨色 11.1/70/8
臨○ 11.3/71/12
未有能○者 11.4/71/19
母○ 11.5/72/1
○不為言 11.14/74/18
母復○ 12.6/79/3
○不降志辱身 13.11/85/22
而○不屈節 13.11/85/24
○不悅諭 13.11/86/5
成王深知其○卒之患 13.11/86/15
脅以送○之義 13.11/86/19
純臨○ 13.12/87/20
以（素）〔壽〕○於家 14.5/94/2
將○ 15.8/97/22
後以五更祿○厥身 16.9/106/11
以二千石祿○其身 16.17/108/20
乃不食○日 16.26/111/7
以二千石祿養○身 16.27/111/12
惟勃能○焉 16.34/113/3
以壽○ 16.47/116/6
○不肯謁 17.10/120/11
○不能兩全 17.24/125/4
所在以二千石俸○其身 18.3/127/7
○身捐棄 18.10/129/9
○其身 18.10/129/15
以○其身 18.10/129/16
○不發書 18.18/132/7
○不肯拜 18.26/133/27
○不暴揚其惡 19.11/139/23
○不敢祝也 19.28/143/26
命○此樓 21.11/153/7
疊亦禁錮○身 21.14/154/1
○利恭 24.83/179/5

鍾 zhōng 13

姨子馮邯爲○離侯	1.1/10/10
以迎濟陰王于德陽殿西○下	3.2/19/28
有若○乳	6.5/36/16
從○寧君受《律》	13.5/83/19
住止山陰縣故魯相○離意舍	16.14/107/19
然○子期死	16.22/110/9
○離意辟大司徒侯霸府	17.13/121/14
○離尙書若在	17.13/122/3
時○離意爲瑕邱令	17.25/125/13
兼明圖讖、天官、星氣、○律、（歷）〔曆〕算	19.22/142/12
居西○下	20.23/149/19
候○律	24.88/179/15
黄○通	24.88/179/15

鐘 zhōng 4

鑄黄○二千斛	3.6/24/5
王大食則命奏○鼓	5.4/28/19
宮殿設○虡之懸	7.8/41/6
○鼓帷帳	23.1/165/5

冢 zhǒng 20

暮聞（冢）〔○〕上有哭聲	1.1/2/12
宜以時修奉濟陽城陽縣堯帝之（冢）〔○〕	1.1/5/13
詔異上○	9.4/57/9
過彤○拜謁	9.8/60/9
常遣使以太牢祠通父○	10.21/67/16
焚其○墓	11.1/70/8
載至○舍	12.11/81/20
殯已開○	12.11/81/21
○開即葬	12.11/81/21
臣時在河南○廬	13.12/87/24
過更始○	14.2/91/8
椎牛上苟諫○	14.2/91/9
乃挂衰絰於○廬而去	15.2/95/8
令使者祠譚○	16.16/108/13
惟琳兄弟獨守○廬	16.43/115/8
有要離○	18.29/135/9
遂葬要離○傍	18.29/135/10
常在○下	19.20/141/19
而刪獨在○側	21.39/158/3
以其首祭子○	23.7/167/9

種 zhǒng 23

徼外羌龍橋等六○慕義降附	3.1/18/12
徼外羌薄申等八○舉衆降	3.1/18/16
燒兵物百二十五○	3.1/19/5
虔人○羌大豪恬狼等詣度遼將軍降	3.1/19/5
令所傷郡國皆○蕪菁	3.5/22/1
九眞俗燒草○田	5.1/28/1
有五谿六○寇〔侵〕	11.2/71/2
假與糧○	11.10/73/13
句踐罪○兮	12.10/80/22
民奉○祀	13.11/86/7
長無○類	14.3/91/18
教民○作	15.12/100/1
俗不○桑	15.14/100/13
充令屬縣教民益○桑柘	15.14/100/14
復令○紵麻	15.14/100/15
桂陽太守茨充教人○桑蠶	15.14/100/17
勸○麻	16.40/114/21
耕○禾黍	17.12/121/7
躬與奴共發棘田○麥	18.1/126/17
乃教民○麻桑而養蠶	18.11/129/20
所○小麥、故蒜	19.20/141/19
傳告○人	22.4/163/30
金城、隴西卑湳、勒姐○羌反	22.5/164/8

踵 zhǒng 1

故其延頸企○而望者	14.5/93/16

仲 zhòng 44

比之高祖兄○	1.1/1/27
○謹厚亦如之	1.1/2/10
陛下遂以○月令辰	5.5/29/17
○尼非焉	5.5/30/2
今魯國孔氏尙有○尼車輿冠履	7.12/43/6
鄧禹、字○華	8.1/46/5
朱（祐）〔祜〕、字○先	9.6/58/9
任隗、字○和	10.13/65/11
李忠、字○都	10.14/65/17
劉嘉、字共○	10.19/66/23
使君生○	12.1/75/6
○官至玄武司馬	12.1/75/6
○生援	12.1/75/6
留寄郎朱○孫舍	12.6/79/5
彼○尼之佐魯兮	12.10/80/19
與友人韓○伯等數十人	13.16/89/8
○伯以其婦有色	13.16/89/8
憙責怒○伯	13.16/89/9
馮豹、字○文	14.6/94/6
道德斌斌馮○文	14.6/94/7
王丹、字○回	15.5/96/14
王良、字○子	15.6/97/3
芒守丞韓龔受大盜丁○錢	15.8/98/11
稱○健	15.8/98/12
遂殺○	15.8/98/13
樊曄、字○華	15.17/101/11
班超、字○升	16.3/102/21
鄭衆、字○師	16.6/104/18
戴憑、字次○	16.20/109/11
蔡順、字君○	16.44/115/13
〔君○〕云	16.44/115/14
閔貢、字○叔	16.49/116/15
閔○叔豈以口腹累安邑耶	16.49/116/22
平弟○爲賊所殺	17.11/120/19
抱○遺腹女而棄其子	17.11/120/20
○不可以絕類	17.11/120/21
鄭均、字○虞	18.10/129/7
兄○、爲縣游徼	18.10/129/8
魯恭、字○康	19.4/137/13
應順、字華○	19.12/140/3
應劭、字○遠	19.14/140/12
蔡倫、字敬○	20.9/146/25

龐參、字○達 20.10/147/3
檀鄉賊帥董次○ 23.20/172/16

重 zhòng 102

○爲煩擾 1.1/1/21
在家○愼畏事 1.1/1/26
且圍之數十○ 1.1/2/24
漢軍盡獲其珍寶輜○車甲 1.1/3/9
當受天下○賞 1.1/4/23
而不○綵 1.1/7/14
商賈○寶 1.1/8/8
天下之○寶大器 1.1/8/12
〔追封〕外祖樊○爲壽張侯 1.1/10/6
○子丹、射陽侯 1.1/10/7
由是明帝○之 2.2/14/6
和帝甚喜○焉 3.1/18/7
武騎都尉樊演高祖父○ 3.5/22/19
德薄而任○ 5.5/30/3
宗廟至○ 5.5/31/23,13.11/86/8
○加幕覆 6.2/34/18
后○違母意 6.5/36/14
其見親○如此 7.2/39/6
名稱日○ 7.12/42/18
上愛○蒼 7.12/42/21
情○昔時 7.12/43/12
《禮》○嫡庶之序 7.20/45/14
棄輜○走 8.1/47/3
漢爵位奉賜最尊○ 8.10/51/3
復闔門養威○ 8.11/51/19
天下至○ 8.14/52/20
此○事 8.14/52/21
輜○七千餘兩 8.14/53/12
太守耿況甚器○之 9.1/54/22
大王○愼之性也 9.4/57/7
降其將劉始、王○等 9.4/57/12
人有上章言異威權至○ 9.4/57/15
詔賜○茵 9.7/59/10
士以此○之 9.7/59/14
大小○疊 9.8/60/7
但得將軍威○ 9.10/60/25
而見○當世 10.23/68/12
樊○、字君雲 11.3/71/10
○恥之 11.3/71/11
追封○爲壽張敬侯 11.3/71/13
欲令○臣居禁內 11.10/73/18
貴○ 11.11/73/23
其愼○如此 11.13/74/9
而內○禮 12.1/75/9
囚有○罪 12.1/75/10
隗囂甚○援 12.1/75/13
諸將多以王師之○ 12.1/75/24
○耳忽推兮 12.10/80/23
豈宜○爲國損 12.11/81/20
秉節持○ 13.1/82/23
有威○ 13.5/83/19
位尊德○ 13.10/85/13
除肉刑之○律 13.11/86/3
合符○規 13.11/86/18
其被災害民輕薄無累○者 13.11/86/21
苦以車○ 13.11/87/6
純素○愼周密 13.12/87/13
勤差量功次輕○ 13.13/88/6
比例輕○ 14.3/91/22
以受○任 14.4/92/2
賦斂愈○ 14.5/93/5
夫帝王不宜以○器假人 15.2/95/22
其下以輕○〔爲〕差焉 15.5/96/16
由是上特○之 15.8/98/9
多益爲○累 16.3/103/12
○愛玉體 16.9/105/23
世○之 16.19/109/7
憑遂○坐五十餘席 16.20/109/19
賊圍繞數十○ 16.31/112/8
憲府貴○ 16.38/114/9
敬○ 17.2/118/11
常待○編席 17.2/118/11
罪○ 17.13/122/1
白狼王等百餘國○譯來庭 17.15/122/15
當服○罪 17.17/122/26
張○、日南計吏 17.21/123/25
今○送 18.6/127/27
肅宗敬○之 18.10/129/12
補○泉令 18.13/130/17
由是見○ 18.20/132/16
嘗有○客過 18.26/134/2
甚見○焉 19.1/136/7
○其道歸煩擾 19.1/136/17
尊○聖業 19.6/138/10
愼毋與人○比 19.7/138/20
周密愼○ 19.7/138/22
決獄多近于○ 19.7/138/23
故古賢君相歎息○戒者 19.7/138/24
○刑之至也 19.7/138/24
有威○名 19.20/141/20
國士瞻○ 19.22/142/13
○以職事留君 20.1/145/1
盡忠○愼 20.9/146/25
○相和解 20.17/148/19
蔣疊、字伯○ 21.29/156/15
巴异爲○泉令 21.42/158/16
爲政愼刑○殺 21.54/160/7
大彤渠帥樊○ 23.20/172/16
上寖○賢 24.2/172/23
土炭○而衡低 24.88/179/16
中宮皇太子親服○繒厚練 24.94/180/11

衆 zhòng 89

邑大○遂潰亂 1.1/3/8
士○喜樂 1.1/4/13
隗囂士○震壞 1.1/6/23
成都十萬餘○ 1.1/7/6
十一月○軍至城門 1.1/7/7
甲夜讀○書 2.1/12/16
以益州徼外哀牢王率○慕化 2.1/13/3
徼外羌薄申等八種舉○降 3.1/18/16
以遠近獻馬○多 3.2/20/20
會稽許昭聚○自稱大將軍 3.6/23/12
○號百萬 8.1/46/23
輩皆數十萬○ 8.14/52/15
果將其○亡 8.14/53/3
○尚十餘萬 8.14/53/12
恭與士○推誠 8.17/54/12
有牧民御○之才 9.1/54/23
督察○營 9.2/56/1
上與○會飲食笑語如平常 9.4/56/18
○皆饑疲 9.4/56/23
明公常欲○軍整齊 9.7/59/4
○見遵傷 9.7/59/7

士○作黃門武樂 9.7/59/9
○兵即卻 9.7/59/11
丹率○至廣阿 9.10/60/18
大○披辟 9.12/61/18
馬武與○將上隴擊隗囂 10.3/62/24
○大喜 10.11/64/19
安吾○能濟者 10.11/64/20
賊○歡呼 10.11/64/24
囂○潰走 11.2/70/26
囂○大潰 12.1/76/2
觀其士○ 12.6/79/9
臨○瀆之神林兮 12.10/81/1
兼讀○書傳記 12.11/81/10
○賢百姓 13.1/82/24
○心難違 13.11/86/8
擁○而據壁 14.4/92/5
威行得○不及智伯萬分之半 14.4/92/10
○（疆）〔彊〕之黨 14.5/93/6
率宛、葉之○ 14.5/93/9
詳○士之白黑 14.5/93/30
今與○儒共論延功 15.8/97/29
性寬和容○ 16.2/102/14
○曰 16.3/103/7,16.6/104/20
鄭○、字仲師 16.6/104/18
太子及山陽王因虎賁中郎將梁松請○ 16.6/104/18
○悉不受 16.6/104/19
有詔召○問齊桓公之鼎在柏寢臺 16.6/104/20
○對狀 16.6/104/21
上遣○持節使匈奴 16.6/104/22
○素剛烈 16.6/104/22
○不爲屈 16.6/104/22
欲脅服○ 16.6/104/23
○拔刀自誓 16.6/104/23
復遣○使北匈奴 16.6/104/23
○因上書言 16.6/104/24
○不得已 16.6/104/26
下當卓絕於○ 16.10/106/23
賊○爭欲殺之 16.30/112/2
有出于○ 17.1/117/25
○皆大驚 17.11/120/24
○至共爲嫁娶 17.14/122/7
○人以臣愚蔽 18.1/126/10
○傷其義 18.12/129/26
擇民能率○者 18.14/131/2
恐未合○ 18.26/134/4
○人曰 18.29/135/9
考課○職 19.1/136/19
鄭○、字季產 19.32/144/21
而○獨一心王室 19.32/144/22
○遂首謀誅之 19.32/144/23
○災頻降 21.4/151/4
弘農五官掾杜○傷其忠直獲罪 21.4/151/7
時東郭竇、公孫舉等聚○三萬人爲亂 21.8/151/24
兵○大恐 21.11/153/5
○數百人 23.1/164/21
○庶來降十餘萬 23.1/164/23
卒見○拜 23.5/166/13
盆子將百萬○降 23.5/166/17
恐其○與莽兵亂 23.6/166/25
容貌飲食絕○ 23.11/168/15
容貌絕○ 23.11/168/17
兵馬○多 23.11/168/18
將何以見信于○ 23.16/169/27
垣副以漢中亭長聚○降宗成 23.17/170/24
○見利則出兵而略地 23.17/171/6
驅烏合之○ 23.17/171/18
欲安其○ 23.17/171/23

湩 zhòng 1

乳爲生○ 17.25/125/11

州 zhōu 61

荊○、下江、平林兵起 1.1/1/23
尋、邑兵到潁○ 1.1/2/15
帝遣游擊將軍鄧隆〔與〕幽○牧朱浮擊彭寵 1.1/5/13
以兵走幽○ 1.1/5/16
益○乃傳送瞽師、郊廟樂、葆車、乘輿物 1.1/7/15
詔下○郡檢覆 2.1/11/9
○郡各遣使奏其事 2.1/11/9
以益○徼外哀牢王率衆慕化 2.1/13/3
至北地靈○丁奚城 3.1/19/1
○郡募五里蠻夷、六亭兵追擊 3.1/19/2
遣侍中杜喬、光祿大夫周舉等八人分行○郡 3.2/20/21
尙書（白）〔曰〕下本○考治 3.6/23/8
○牧刺史 4.1/25/12
荊○刺史上其義行 7.7/40/16
念訓常所服藥北○少乏 8.2/47/20
○牧郡守四十八人 8.7/49/20
欲北（代）〔發〕幽○突騎 8.10/50/12
漢遂斬幽○牧苗曾 8.10/50/14
詔彭守益○（收）〔牧〕 9.2/56/7
選官屬守○中長吏 9.2/56/8
爲幽○從事 9.11/61/3
行河西五郡大將軍、涼○牧、張掖屬國都尉竇融 10.22/67/21
揚○刺史 11.1/70/5
群雄擾於冀○ 11.7/72/12
越○度郡 12.9/80/14
益○刺史种暠發其事 12.12/82/4
遣謁者侯盛、荊○刺史費遂齎璽書徵霸 13.5/83/20
後青○大蝗 13.16/89/13
其以爲兗○牧 14.2/91/12
存撫并○之人 14.5/93/15
夫并○之地 14.5/93/21
爲并○牧 15.9/98/18
前在○素有恩德 15.9/98/18
荊○刺史上言 15.14/100/15
涼○爲之歌曰 15.17/101/16
不如同門生郎中彭閎、揚○從事皋弘 16.9/105/17
移居揚○從事屈豫室中 16.14/107/21
爲青○從事 16.25/110/25
典牧○郡田畝不增 17.2/118/12
爲荊○刺史 17.9/119/27
明帝時爲益○刺史 17.15/122/15
○郡高其義 17.24/125/5
彪仕○郡 18.3/127/6
○奏免官 18.6/128/9
爲益○太守 18.13/130/18
憲嘗移書益○ 18.13/130/21
後拜潁○太守 18.14/131/4

故○牧刺史入奏事 19.1/136/16
問○中風俗 19.1/136/18
積年○郡不決 19.4/137/17
比○湮沒 19.6/138/13
爲兗○刺史 19.20/141/19
（武威）天下○郡遠近
　莫不修禮遺 19.20/141/21
誠信行乎○里 19.28/143/25
爲并○刺史 21.8/152/2
○兵圍之急 21.11/153/9
周珌、豫○刺史愼之子
　也 21.25/155/26
時東○郡國相驚 21.33/157/7
益○紀其政化 21.41/158/12
後涼○刺史奏林贓罪 22.5/164/6
○郡不知所從 23.1/165/9

舟 zhōu 1

○船泛泛 1.1/8/23

周 zhōu 54

○蒼漢赤 1.1/5/7
昔○公郊祀后稷以配天 1.1/5/9
○不郊帝嚳 1.1/5/11
○承休公爲衛公 1.1/7/19
○公、孔子猶不得存 1.1/8/23
伯父皇皇考姊子○均爲
　富波侯 1.1/10/6
內外○洽 2.1/11/15
○觀舊廬 2.1/12/15
○覽古今 2.2/14/5
遣侍中杜喬、光祿大夫
　○舉等八人分行州郡 3.2/20/21
玦○五寸四分 3.5/21/30
《○官》 5.4/28/17,5.4/28/19
二曰○頌、雅樂 5.4/28/19
蓋《○官》所謂「王
　〔師〕大獻則令凱樂 5.4/29/1
各與虞《韶》、禹《夏》
　、湯《濩》、○《武》
　無異 5.5/31/11
服○之冕 5.6/32/22
以《○易卦林》卜之 7.9/41/20
與蘇茂、○建戰 8.10/50/17
○密畏愼 11.7/72/17
24.50/176/19
殷伊（○）〔尹〕之協
　德兮 12.10/80/20
蓋伯夷、叔齊恥食○粟
13.11/85/23
后稷近於○ 13.11/86/6
又遷其餘于成○ 13.11/86/16
純素重愼○密 13.12/87/13
性○密 13.16/89/17
易以○洽 14.5/93/13
昔○宣中興之主 14.5/93/17
以超《○南》之迹 14.5/93/30
昔○公豫防禍首 15.7/97/13
以○窮急 15.15/100/25
詔書捕男子○慮 16.22/110/6
○澤董魯平叔 16.25/111/2
○嘉仕郡爲主簿 16.31/112/7
與○黨相友 16.49/116/15
○黨、字伯況 16.50/116/26
伏見太原○黨、東海王
　良、山陽王成 16.50/117/2
○澤、字稺都 17.3/118/16
詔以信田宅奴婢錢財賜
　廉吏太常○澤 17.3/118/19
與○澤相類 17.5/119/3
○密平正 18.2/126/25
○衰 18.6/127/21
○密愼重 19.7/138/22
不務修舜、禹、○公之
　德 19.16/140/25
○榮爲尚書令 19.18/141/10
畏愼○密 19.22/142/17
○紆、字文通 19.26/143/13
○舉、字宣光 20.14/147/24
《五經》縱橫○宣光
20.14/147/24
○珌、豫州刺史愼之子
　也 21.25/155/26
○行爲涇令 21.32/157/3
一曰《○髀》 24.90/179/21
《○髀》數術具存 24.90/179/22

粥 zhōu 4

不下饘○ 3.2/19/26
異上豆○ 9.4/56/23
昨日得公孫豆○ 9.4/56/23
醫藥饘○ 18.16/131/18

賙 zhōu 1

好○人窮 18.12/130/7

肘 zhǒu 2

以五綵囊盛石繫豐○ 23.12/169/3
猶言○有玉璽 23.12/169/4

帚 zhǒu 1

家有敝○ 1.1/7/11

冑 zhòu 3

（蟣蝨）〔甲○〕生
　（甲○）〔蟣蝨〕 13.9/85/5
衛康叔之○孫林父之後
20.23/149/18

紂 zhòu 3

故武王誅○ 1.1/4/23
夫有桀、○之亂 9.4/56/20
桀、○亦有才 13.7/84/20

酎 zhòu 1

至八月飲○畢 7.12/43/11

晝 zhòu 21

室中盡明如○ 1.1/1/10
正○有雲氣如壞山 1.1/3/1
神星○見 1.1/5/2
憂惶○夜 6.2/35/8
○則縫紩 6.5/36/15
○臥溫明殿 8.14/52/12
慊○夜匍伏 11.5/71/27
21.34/157/12
以夜繼○ 15.8/98/8
○即至暝 16.22/110/8
○伏夜行 17.2/118/8
○夜沉思 18.16/131/14
誦讀○夜不絕 18.30/135/14

○夜號踊不絕聲 19.4/137/14
○夜泣涕至病 19.11/139/19
○夜啼泣 19.16/140/23
○夜不離省闥 19.22/142/14
有虹蜺○降嘉德殿 20.4/145/20
○夜兼行 21.8/151/27
虹○見御座殿庭前 21.24/155/21
○臥 23.11/168/21

朱 zhū 39

時宛人○祜亦為舅訟租
　于尤 1.1/1/19
與○〔伯〕然書曰 1.1/5/1
帝遣游擊將軍鄧隆〔與〕
　幽州牧○浮擊彭寵 1.1/5/13
地（祗）〔祇〕靈應而
　○草萌 1.1/9/16
○色青黃 2.2/15/6
鳳凰見百三十九、麒麟
　五十二、白虎二十九
　、黃龍三十四、青龍
　、黃鵠、鸞鳥、神馬
　、神雀、九尾狐、三
　足烏、赤烏、白兔、
　白鹿、白燕、白鵲、 2.2/15/20
其陳寵、左雄、○寵、
　龐參、施延並遷公 4.1/25/6
賜○棺玉衣 8.16/53/26
大司馬○鮪在雒〔陽〕 9.1/54/22
上傳聞○鮪破河內 9.1/55/1
更始遣舞陰王李軼、廩
　丘王田立、大司馬○
　鮪、白虎公陳僑將兵
　三十萬 9.4/57/1
令○鮪知之 9.4/57/3
異擊走○鮪 9.4/57/3
○（祐）〔祜〕、字仲
　先 9.6/58/9
攻○鮪 9.6/58/11
留寄郎○仲孫舍 12.6/79/5
服荔裳如○紱兮 12.10/80/25
賜東園轜車、○壽器、
　銀鏤、黃〔金〕玉匣
　12.11/81/22
○浮與彭寵書 13.9/85/3
○浮上不忠于君 13.13/88/8
○鮪等會城南淯水上沙
　中 14.1/89/26
事九江○文剛 16.9/105/14
○勃、字叔陽 16.34/112/28
○勃小器速成 16.34/112/29
縣人故雲陽令○勃 16.34/113/9
○酺、梁國寧陵人 17.15/122/15
○暉、字文季 18.6/127/21
易姓為○ 18.6/127/22
今日○暉死日也 18.6/127/24
○掾義士 18.6/128/3
南陽○季 18.6/128/5
欲以妻子託○生 18.6/128/10
中山相○遂到官 20.19/148/28
○紫區別 21.6/151/15
曲蓋○旗 21.8/152/3
而○鮪立壇城南（堉）
　〔淯〕水上 23.1/164/24
俠卿為制○絳單衣、
　（平）〔半〕頭赤幘
　、直綦履 23.5/166/13
乃皆○其眉 23.6/166/25
○浮密奏寵 23.11/168/17

邾 zhū 1

○文公不以一人易其心
　16.37/114/3

珠 zhū 13

手不持○玉 1.1/7/14
鳳凰見百三十九、麒麟
　五十二、白虎二十九
　、黃龍三十四、青龍
　、黃鵠、鸞鳥、神馬
　、神雀、九尾狐、三
　足烏、赤烏、白兔、
　白鹿、白燕、白鵲、 2.2/15/20
漢陽率善都尉蒲密因桂
　陽太守文礱獻大明○ 3.2/20/3
而遠獻明○以求媚 3.2/20/4
令封○還蒲密 3.2/20/4
○玉玩好皆不得下 3.2/20/27
孝明帝作蠙○之佩 5.6/33/11
宮中亡大○一篋 6.5/36/19
璧帶○玉 7.16/44/11
衣衾、飯哈、玉匣、○
　貝之屬 12.11/81/19
時述珍寶○玉委積無數
　15.12/99/26
意得○璣 17.13/121/23
當以女○妻若 23.11/168/23

株 zhū 1

中庭橘樹一○ 16.14/107/21

誅 zhū 44

○郎 1.1/4/5
故武王○紂 1.1/4/23
述伏○之後 1.1/7/16
帝與中常侍單超等五人
　共謀○之 3.5/22/6
白馬令李雲坐直諫○ 3.5/22/10
後伏○ 3.5/22/22
順天行○ 5.5/29/11
高皇帝受命○暴 5.5/31/4
更始遂共謀○伯升 7.1/38/16
將○之 7.1/38/21
○王郎 8.1/46/19,8.10/50/11
將○文 9.1/55/18
下獄○ 9.9/60/13
○逆虜 9.11/61/7
久留天○ 9.11/61/7
若縱賊不○ 10.14/65/23
王莽前隊大夫○謀反者
　10.21/67/13
知武帝恨○衛太子 12.1/75/23
憲○ 12.4/78/17
五帝有流殛放竄之○ 12.9/80/10
卒暴○於兩觀 12.10/80/20
後大司徒戴涉被○ 13.10/85/16
放逐遭○ 13.13/88/9
○鋤姦惡 13.16/89/13
況○罰乎 14.1/90/5
○無狀也 14.2/90/26
○滅無道 14.5/93/11
閎懼○ 14.7/94/13
宜○之 15.2/95/25
○降逆賊楊異等 15.10/99/4
以○暴立威信 15.10/99/5
坐○斬盜賊過濫 15.18/101/21

相王吉以罪被○ 16.13/107/11
去年伏○者 18.1/126/20
及鄧氏○ 18.22/133/3
褒不被刑○ 19.1/136/22
眾遂首謀○之 19.32/144/23
姦臣狡猾而不能○ 20.2/145/11
程謀○江京于盛化門外 20.23/149/19
桓帝○大將軍梁冀 21.4/151/3
而中常侍單超等五人皆以○冀功並封列侯 21.4/151/3
後昱與大將軍竇武謀○中官 21.14/154/1
上不忍○ 22.5/164/5

豬 zhū 5

日買一片○肝 16.49/116/20
但食○肝 16.49/116/21
年八歲爲人牧○ 17.12/121/3
因忘其○而聽經 17.12/121/4
○主怪其不還 17.12/121/4

諸 zhū 196

以給○公費 1.1/1/16
莽遣三公將運關東○倉賑貸窮乏 1.1/1/20
嘗疾毒○家子數犯法令 1.1/2/5
○李遂與南陽府掾史張順等連謀 1.1/2/6
○家子弟皆亡逃自匿 1.1/2/8
但合會○兵爲之計策 1.1/2/16
○將惶恐 1.1/2/19
帝與○將議 1.1/2/19
○將亦滅 1.1/2/20
○將怒曰 1.1/2/21
○將遽請帝 1.1/2/22
○將素輕帝 1.1/2/23
請爲前行○部堅陣 1.1/3/2
○部將喜曰 1.1/3/3
○部共乘之 1.1/3/4
乃遂令輕足將書與城中○將 1.1/3/5
東迎雒陽者見更始○將過者已數十輩 1.1/3/14
○于繡擁裾 1.1/3/15
帝會○將燒之 1.1/4/6
○將議上尊號 1.1/4/8
○將未能信 1.1/4/9
○將上尊號 1.1/4/11
命○將收葬吏士 1.1/4/13
○將復請上尊號 1.1/4/13
帝所與在長安同舍○生彊華自長安奉《赤伏符》詣鄗 1.1/4/17
○生吏子弟及民以義助作 1.1/5/27
乃休○將 1.1/6/4
乃率○王侯、公主、外戚、郡國計吏上陵 2.1/11/20
欲使○儒共正經義 2.1/11/21
于是下太常、將軍、大夫、博士、議郎、郎官及○王○儒會白虎觀 2.1/11/22
○儒並聽 2.1/12/2,11.7/72/15
有○生前舉手曰 2.1/13/5
命太子、○王說經 2.1/13/12
○小王皆當略與楚、淮陽相比 2.1/13/28
詔○王 2.2/14/11
○儒會白虎觀 2.2/14/11
帝召○儒 2.3/17/1
號曰「○生」 3.1/18/7
○王子莫得與比 3.1/18/8
又見○縣 3.1/19/11
復徵立○王子 3.2/19/27
問○常侍曰 3.6/23/9
○常侍對曰 3.6/23/9
復設○侯王金璽綟綬 4.1/25/18
大長秋、將作大匠、度遼○將軍、郡太守、國傅相皆秩二千石 4.1/25/19
校尉、中郎將、○郡都尉、○國行相、中尉、內史、中護軍、司直秩皆比二千石 4.1/25/20
中外官尚書令、御史中丞、治書侍御史、公將軍長史、中二千石丞、正、平、○司馬、中官王家僕、雒陽令秩皆千石 4.1/25/21
尙書、中謁者、黃門冗從四僕射、○都監、中外○都官令、都（候）〔侯〕、司農部丞、郡國長史、丞、（候）〔侯〕、司馬、千人秩皆六百石 4.1/26/1
○署長、楫櫂丞秩三百石 4.1/26/4
○秩千石者 4.1/26/4
明堂、靈臺丞、○陵校長秩二百石 4.1/26/6
典郊廟、上陵殿○食舉之樂 5.4/28/16
蓋齊○侯 5.5/30/2
欲有以增○神之祀 5.5/30/18
〔讁勑令與○舍相望也〕 6.2/34/18
○主朝望見 6.2/34/21
時上欲封○舅 6.2/34/27
及上欲封○舅 6.2/35/7
○兄持后髮 6.5/36/12
宗族外內皆號曰「○生」 6.5/36/15
○兄常悲傷思慕 6.5/37/5
乃大會○將 7.1/38/16
租入倍○王 7.8/41/5
明帝告○王傅相 7.9/41/25
爲○子在道欲急帶之也 7.9/41/26
蒼與○王朝京師 7.12/42/22
乃遣使手詔○國曰 7.12/42/23
○王歸國 7.12/43/10
○子分爭 7.20/45/12
是後○子更相誣告 7.20/45/13
王其差次下邳○子可爲太子者上名 7.20/45/16
○將皆庸人崛起 8.1/46/11
○將鮮及 8.1/46/19
非○將憂也 8.1/47/3
○羌皆喜 8.2/47/25
遵破○羌 8.9/50/1
鄧禹及○將多相薦舉 8.10/50/10
○將誰可使者 8.10/50/12
○將鮮能及者 8.10/50/13
告令○部將曰 8.10/50/18
○將皆服其勇 8.11/51/15
○將每論功 8.11/51/19

臨淄○郡太守相與雜居 8.14/52/23
○君不見是爾 8.14/53/3
○將誰可使守河內者 9.1/54/23
○將軍賀 9.1/55/2
以〔應〕給○營 9.1/55/6
引耿弇等○營擊之 9.1/55/17
○將諫曰 9.1/55/18
○將皆賀 9.1/55/21,9.4/57/4
○將曰 9.1/55/22
因喻告○蠻夷 9.2/56/2
○蠻夷相率遣使貢獻 9.2/56/2
䝨尾擊○營 9.2/56/6
更始○將縱橫虐暴 9.4/56/20
上謂○將曰 9.4/56/23
異遂與○將定議上尊號 9.4/57/7
上命○將士屯黽池 9.4/57/13
常行○營之後 9.4/57/20
〔與○將相逢〕 9.4/57/21
○將共論功伐 9.4/57/21
語○將曰 9.7/59/5
必不私○卿也 9.7/59/6
○夷皆來內附 9.8/60/5
將兵擊○郡 10.2/62/16
○將戰 10.2/62/17
○卿寧憊耶 10.9/64/4
上（問）〔會〕○將 10.14/65/19
○君得無望乎 10.14/65/20
○將皆驚曰 10.14/65/23
此家率下江○將輔翼漢室 10.20/67/4
位次與○將絕席 10.20/67/5
有司請封○皇子 10.21/67/15
坐在○將之右 11.2/71/1
上使歙監○將 11.2/71/1
○子從敕 11.3/71/13
○將多以王師之重 12.1/75/24
○曹時白外事 12.1/76/5
皇太子、○王聞者 12.1/76/9
視事減省○費 12.4/78/16
能接應○公 12.5/78/24
○上便宜封表 12.6/79/12
教養○生 12.7/79/18
令四方○侯咸樂回首 13.1/83/2
令○生糴 13.6/84/9
○生以賤不糴 13.6/84/9
○侯所不能友 13.11/85/23
封疆畫界以建○侯 13.11/86/2
徙齊○田 13.11/86/18
或屬○侯宮府 13.11/86/26
○王公列侯廟會 13.12/87/17
由是使典○侯封事 13.13/88/6
東西完塞○窗 13.14/88/19
○夫人各前言爲趙憙所濟活 13.16/89/15
○將賀之 14.1/89/26
吳漢○將圍守數月不下 14.1/90/1
○將不敢食 14.1/90/9
案良○侯藩臣 14.2/91/5
其先齊○田 14.4/91/27
然而○將擄掠 14.5/93/13
○將皆欲縣 15.1/94/25
○兒送出郭外 15.9/98/21
伋謂違信〔於○兒〕 15.9/98/22
弟奇在雒陽爲○生 15.11/99/18
省○卒 15.15/100/25
○儒以此慕之 16.2/102/14
祭酒、布衣○生（爾）〔耳〕 16.3/102/25
○王不宜通客 16.6/104/19
會○博士論難于前 16.9/105/18
又詔○生雅吹擊磬 16.9/105/19
榮大會○生 16.9/106/1
榮○弟子謂曰 16.9/106/4
授皇太子及○王小侯五十人經 16.17/108/19
○生著錄前後萬人 16.21/109/23
古帝王封○侯不過百里 16.24/110/17
今封○侯四縣 16.24/110/18
上嘗召見○郡計吏 16.35/113/15
問○子何飯食 16.49/116/21
○將軍悉歸上 17.2/118/8
○儒于白虎觀講論《五經》同異 17.6/119/7
授○生數百人 17.12/121/3
見○生講誦 17.12/121/4
我嘗爲○君主炊養 17.24/125/1
○奴〔婢〕私共計議 17.25/125/10
○王當歸國 18.1/126/5
有○ 18.1/126/10
○子諫止 18.1/126/19
○侯滅宋 18.6/127/21
○母衣不可得 18.6/127/24
見道中有○生（來）〔乘〕小車 18.12/130/5
○生立旁 18.12/130/5
世祖詔○儒誅之 18.23/133/8
○國侍子及督使賈胡數遺恂奴婢、宛馬、金銀、香罽之屬 19.20/141/22
謂○王曰 19.22/142/11
○儒爲之語曰 20.2/145/5
先零○羌討之難破 21.8/152/1
○盜皆慚嘆 21.13/153/22
○羌以爲神 22.5/164/3
○亡命往從之 23.1/164/21
將立聖公爲天子議以示○將 23.1/164/25
于是○將軍起 23.1/164/26
○將識非更始聲 23.1/165/7
或繡面衣、錦袴、○于、襜褕 23.1/165/11
○婦女皆從後車呼更始 23.1/165/17
○君寧肯哀之乎 23.7/167/8
趣爲○將軍辦裝 23.11/168/22
與○將書曰 23.15/169/20
神明其舍○ 23.16/170/1
願○將軍亟罷 23.16/170/16
與漢中○將合兵并勢 23.17/171/20
○侯王以下至于士庶 24.94/180/12

竹 zhú 10

伐淇園之○ 9.1/55/1
不能預○帛之編 9.11/61/8
○木成林 11.3/71/11
除其○木 12.1/76/10
各騎○馬 15.9/98/19
斬○爲箄渡水 15.12/99/25
乃以○藩樹四面 16.14/107/21
人齎茅○或（特）〔持〕材木 17.13/121/19
以丈二○簟畫九宮其上 21.21/155/4
名材○幹 23.17/171/4

逐 zhú 4

部吏追○ 7.4/39/25
放○遭誅 13.13/88/9
又○之 20.6/146/10
不聞驅○ 21.35/157/17

筑 zhú 2

帝自擊○ 1.1/3/25
○陽人 23.18/172/6

燭 zhú 2

夜私買脂○讀經傳 6.5/36/15
下至脂○ 15.11/99/19

主 zhǔ 91

自事○未嘗見明○如此也 1.1/6/8
帝封新野○子鄧汎爲吳侯 1.1/10/6
〔以〕寧平公○子李雄爲新市侯 1.1/10/9
乃率諸王侯、公○、外戚、郡國計吏上陵 2.1/11/20
上濁明○ 2.1/13/24
社稷無○ 2.4/17/24
藏○（祫）〔袷〕祭 3.2/21/3
至新野公○、壽張敬侯廟 3.5/22/18
○齋祠儐贊九賓之禮 4.1/25/4
○稠中都官斗食以下 4.1/25/4
其○薨無子 4.1/25/8
○家長秩皆四百石 4.1/26/4
今孝明皇帝○在世祖廟 5.5/32/1
藏○更衣 5.5/32/7
公○封君同 5.6/33/7
諸○朝望見 6.2/34/21
吾萬乘之○ 6.2/35/3
時新平○家御者失火 6.2/35/11
○名不立 6.5/36/19
欲尊○安民者也 8.1/46/12
尙公○三人 8.17/54/15
天下無○ 9.4/57/5
是我起兵時○簿 9.4/57/16
○人得無去我講乎 9.6/58/17
○（薄）〔簿〕陳副諫曰 9.7/59/4
通娶寧平公○ 10.21/67/14
融嗣子穆尙內黃公○ 10.22/68/2
而融弟顯親侯友嗣子固尙沮陽公○ 10.22/68/3
穆長子勳尙東海公○女 10.22/68/3
竇氏一○ 10.22/68/3
三公○ 10.22/68/4
遂以賤直奪沁水公○園田 10.24/68/17
公○不敢訴 10.24/68/17
今貴○尙見枉奪 10.24/68/18
馬○自得其馬 10.26/69/9
叛○負子 11.2/70/22
員字季○ 12.1/75/7
光以爲五校尉○禁兵武備 12.4/78/14
伏晨尙高平公○ 13.4/83/15
望能以忠正導○ 13.6/84/8
上姊湖陽公○新寡 13.6/84/12
○曰 13.6/84/12
令○坐屏風後 13.6/84/13
上顧謂○曰 13.6/84/15
○簿進曰 13.10/85/13
且猶世○ 13.11/86/7
毀廟及未毀廟之○皆登 13.12/87/15
毀廟○合食高廟 13.12/87/16
存廟○未嘗合祭 13.12/87/16
馮石襲母公○封獲嘉侯 13.15/88/24
今聖○即位 14.2/90/23
忠者、禮義之○ 14.2/91/11
今君長故○敗不能死 14.4/92/4
新○立不肯降 14.4/92/4
當先知故○之未然 14.4/92/11
宜及新○之未爲 14.4/92/12
今故○已敗 14.4/92/12
新○既成 14.4/92/12
昔周宣中興之○ 14.5/93/17
使五官中郎將魏應○承制問難 15.2/95/14
陳之於○人前 15.5/96/17
班始尙陰城公○ 16.4/104/10
悉疏付○人 16.14/107/20
爲讖記以誤人○ 16.16/108/8
周嘉仕郡爲○簿 16.31/112/7
駟爲○簿 16.38/114/10
○稟給 16.52/117/14
豬○怪其不還 17.12/121/4
令○炊養 17.24/124/28
我嘗爲諸君○炊養 17.24/125/1
京兆尹閻興召倫爲○簿 18.1/125/25
此聖○也 18.1/126/1
安能動萬乘○耶 18.1/126/2
暉遙見就○簿持璧 18.6/128/2
○簿授暉 18.6/128/3
○簿遽白就 18.6/128/3
悉葬其無○者 18.16/131/17
其○猶以爲少 18.29/134/27
○人許 18.29/134/27
乃共責讓○人 18.29/134/28
以俟聖○ 19.7/138/19
有司奏光欺詐○上 20.24/150/7
奐召○簿張祁入 21.11/153/3
須誦爲郡○簿 21.30/156/20
願○長壽 22.4/162/13
歸日出○ 22.4/162/21
朝廷以奴殺○不義 23.11/168/26
○不稽古 24.16/174/7
以匡○上 24.34/175/15
皆藏○其中 24.92/180/5

煮 zhǔ 5

又分遣大夫謁者教民○木爲酪 1.1/1/20
訓身爲○湯藥 8.2/47/23
乃○鎧弩 8.17/54/12
○履啖弩 16.34/113/6
乃噉弩○履 23.16/170/17

助 zhù 21

諸生吏子弟及民以義○作 1.1/5/27
以○術學 2.1/11/17
頗令學者得以自○ 2.1/11/22
孔子後褒成侯等咸來○祭 2.2/14/19
以○民食 3.5/22/2

扶○中興 3.5/22/19
以○國費 7.8/41/15
以○伊蒲塞桑門之盛饌 7.10/42/3
無拾遺一言之○ 8.5/48/21
上書請復自○ 8.11/51/17
令彭○漢爲方略 9.2/55/26
蓋此○也 13.11/86/21
並不佑○ 15.2/95/9
賻○甚厚 15.5/96/17
求賢○國 17.10/120/14
乃移書旁郡求○ 18.12/129/28
恭○爲收拾 18.28/134/13
果能抑豪○弱 20.10/147/6
韓卓、字子○ 21.18/154/19
是故扶接○其氣力 21.23/155/14
求○民神者也 23.16/169/28

住 zhù 2

虎賁、羽林不任事者○寺 3.5/22/15
○止山陰縣故魯相鍾離意舍 16.14/107/19

杼 zhù 2

出自機○ 15.5/96/18
服機○ 19.11/139/21

注 zhù 4

暴雨下如○ 1.1/3/7
陂池灌○ 11.3/71/10
與校書郎杜撫、班固定《建武○記》 12.6/79/7
臣以爲宜集舊事儀○本奏 24.94/180/12

柱 zhù 4

吾自念親屬皆無○石之功 6.2/34/27
○石之臣 13.1/83/2
更始遣○天將軍李寶降之 13.16/89/6
觸北闕鐵○門 23.1/165/4

祝 zhù 12

章帝又置（○）〔祀〕令、丞 4.1/25/1
誣奏貴人使婢爲蠱道○詛 6.3/36/1
置嗇夫、○宰、樂人 9.11/61/6
因齋戒（○）〔祠〕高〔祖〕廟 9.11/61/6
二十三年詔以○阿益濟南國 10.8/63/23
立故謁者○回爲涅長 14.2/90/21
○曰 17.13/121/20
輒言「敢○少賓乎 19.28/143/25
終不敢○也 19.28/143/26
○良、字邵平 20.18/148/24
爲太○令 21.51/159/24
○畢 23.16/170/2

紵 zhù 1

復令種○麻 15.14/100/15

著 zhù 33

後有人○大冠絳單衣 1.1/2/12
門下有繫馬○鼓者 1.1/3/11
昭然○聞矣 1.1/4/18
圖讖○伊堯、赤帝之子 1.1/5/9
孝章皇帝親○歌詩四章 5.4/29/2
有司復奏《河》《雒》圖記表章赤漢九世尤○明者 5.5/29/20
先帝每有○述典義之事 5.5/31/23
〔后〕夢有小飛蟲萬數隨○身 6.2/34/15
惶遽○鞍上馬 10.21/67/13
孝友○於閭閾 12.11/81/11
信義○聞 13.16/89/6
臣聞故事通官不○姓 14.3/91/20
怪使司隸而○姓也 14.3/91/20
爲王莽○威將軍 14.4/91/27
類皆以麻枲頭縕○衣 15.14/100/14
○乎幼沖 16.12/107/5
常○大布縕袍 16.12/107/6
以繩繫○樹枝 16.14/107/22
譔○書 16.16/108/12
諸生○錄前後萬人 16.21/109/23
○短布單衣 16.50/116/28
以仁孝○聞 17.11/120/19
自遠方至者○爲錄 17.18/123/8
○布衣 18.29/135/2
遂潛思○書十餘篇 18.29/135/7
聲名○聞 18.30/135/17
今暮其當○矣 20.24/150/3
虹○於天 21.24/155/20
更○短布裳 22.1/160/27
子密等三人縛寵○床板 23.11/168/21
揚雄好○書 24.15/174/5
○成篇章 24.90/179/27
撰建武以來星變彗孛占驗○明者續其後 24.90/179/28

駐 zhù 3

○節道中 10.1/62/6
常晨○馬待漏 11.6/72/6
門無○馬請謁之賓 12.11/81/24

築 zhù 5

○廣成苑 3.6/24/3
皆○堡壁 10.5/63/8
移穿改○ 18.25/133/19
身○墼以自給食 19.26/143/14
○壘堅守 23.17/171/16

鑄 zhù 9

○黃鐘二千斛 3.6/24/5
宜如舊○五銖錢 12.1/76/7
援於交趾○銅馬 12.1/76/25
善相馬者東門京○作銅馬法獻之 12.1/76/26
○以爲馬 12.1/76/27
永昌太守○黃金之蛇獻之冀 12.12/82/4
○爲農器 15.10/99/6
又○錢官姦宄所集 18.1/125/25
興署倫督○錢掾 18.1/125/26

撾 zhuā 3

舉拳○地 16.46/115/24
民相率以石（○）〔擿〕
吏 16.46/115/28
聞卿爲吏○妻父 18.1/126/8

檛 zhuā 1

因以節○殺數人 16.30/112/2

專 zhuān 12

人不○一 8.14/52/24
今○命方面 9.4/56/20
○治關中 9.4/57/15
不如○意東方 12.1/75/16
○對賓客 12.5/78/24
上特詔御史中丞與司隸
校尉、尙書令會同並
○席而坐 15.3/96/5
欲○意經書 16.26/111/7
使應○掌難問 17.6/119/7
革○心養母 18.18/132/4
○精師門 19.6/138/10
掾屬○尙交遊 19.7/138/21
共○國朝 20.4/145/22

轉 zhuǎn 20

○營即之 1.1/7/7
宛○繆織〔圭〕 5.6/33/9
太原吏民苦○運 8.2/47/15
○易至數千人 8.2/47/23
○西入關 8.11/51/17
後無○輸 8.14/53/2
令委輸車回○出入 10.2/62/18
以城門校尉○左中郎將
10.2/62/20
成、哀間○客潁川舞陽
10.20/67/3
○尙書令 11.7/72/16
遂不復○還 16.16/108/11
勢如○規 16.34/113/6
○良爲功曹 17.10/120/10
酺每遷○ 19.1/136/22
○司隸校尉 19.15/140/18
有賊○至京師 21.33/157/7
○至湖 23.1/165/16
浮水○漕之便 23.17/171/5
栗駭蓬○ 24.8/173/11
○璣窺衡以知星宿 24.89/179/18

撰 zhuàn 3

宜命太史○具郡國所上 1.1/9/17
皆當○錄 5.4/29/4
○建武以來星變彗孛占
驗著明者續其後 24.90/179/28

篆 zhuàn 6

崔○、涿郡安平人 16.37/113/27
○辭曰 16.37/113/28
○歎曰 16.37/113/29
○乃强起班春 16.37/114/1
○垂涕曰 16.37/114/2
○曰 16.37/114/3

饌 zhuàn 4

大官飾珍○ 3.5/23/1
以助伊蒲塞桑門之盛○ 7.10/42/3
一人皆兼二人之○ 9.1/55/10
躬執饋○ 24.38/175/23

妝 zhuāng 1

敕易奩中脂澤○具 2.1/13/18

莊 zhuāng 3

一名○ 2.1/11/5
容貌○麗 2.1/11/6
武公、○公所以砥礪藩
屏 13.1/83/2

裝 zhuāng 6

所○縑帛資糧 13.16/89/11
聚衣○道旁 15.17/101/15
○嚴已訖 21.9/152/16
○送甚盛 22.1/160/24
輒假衣○ 23.7/167/7
趣爲諸將軍辦○ 23.11/168/22

壯 zhuàng 8

○而仁明謙恕 2.2/14/4
而○其勇節 8.11/51/18
性勇○ 8.16/53/24
聞○士不〔病〕瘧 9.10/60/23
兄弟形皆偉○ 13.13/88/4
帝○超 16.3/103/10
賊義其小、○其志 18.6/127/25
而心力克○ 21.1/150/18

狀 zhuàng 31

上○檄至 1.1/6/13
具知姦○ 2.1/11/14
即呼還問○ 6.5/37/1
恂以○聞 9.1/55/11
言王郎所反之○ 10.1/62/8
兵進必破之○ 12.1/76/1
條奏其○ 12.1/76/8
問疾病形○ 12.6/79/13
統對尙書○曰 12.9/80/12
而具以○聞 13.5/83/22
誅無○也 14.2/90/26
前上疾○ 15.2/95/10
以○首 15.8/97/25
還以○聞 15.10/99/4
超問其○ 16.3/102/25
衆對○ 16.6/104/21
上書陳○ 16.34/113/10
道○如此 16.49/116/22
臣○醜 17.12/121/9
而上書言○ 17.13/121/15
上書薦善行○ 17.25/125/13
以○上 18.13/130/21
其尤無○ 19.1/136/19
具以○白安 19.4/137/22
具以○上 20.8/146/21
固貌○有奇表 20.11/147/10
所犯無○ 21.13/153/22
問事○ 22.5/164/5
詔書（今）〔令〕功臣
家自記功○ 24.14/174/1
（孝）〔考〕驗天○
24.90/179/22

罪惡無○ 24.90/179/27

撞 zhuàng 1

或爲衝車○城 1.1/2/25

戇 zhuàng 2

〔「愚○無比」〕 2.1/11/7
臣愚○鄙陋 5.5/32/3

追 zhuī 44

王郎○帝 1.1/3/20
○跡先代 1.1/5/11
○念前世 1.1/6/20
吳漢、岑彭○守之 1.1/6/24
漢兵乘勝○奔 1.1/7/5
〔○封〕外祖樊重爲壽張侯 1.1/10/6
州郡募五里蠻夷、六亭兵○擊 3.1/19/2
○諡恭愍皇后 3.2/19/21
○封壽張侯 3.5/22/19
帝○思之 6.7/37/17
○諡趙夫人爲穆皇后 6.8/37/21
○諡伯升爲齊武王 7.1/38/24
部吏○逐 7.4/39/25
○念彊雅性恭儉 7.8/41/13
○至鄴謁 8.1/46/8
○及上 8.11/51/16
復○張步 8.14/53/11
賈復勒兵欲○之 9.1/55/11
○至雒陽城門 9.4/57/4
異復合兵○擊 9.4/57/14
後○念之 9.6/58/14
烏桓、鮮卑○思無已 9.8/60/8
延○擊 9.11/61/4
（一）〔買〕○兵盡還 10.3/62/25
○封重爲壽張敬侯 11.3/71/13
○尊貴人父睦爲宣恩侯 11.12/74/5
○封加諡興曰鮦陽翼侯 11.14/74/20
以軍法○捕 12.9/80/15
○命外祖 12.10/81/5
其○封諡皇太后父竦爲褒親愍侯 12.10/81/6
歙掾陳元上書○訟之 13.8/84/27
○令刺客楊賢於隴坻遮殺之 13.11/85/25
○觀往法 13.11/86/20
雖○加賞賜 13.13/88/9
令跣○之 15.8/97/25
奮○賊 15.11/99/16
乘船○之 18.1/126/16
愷○之 18.8/128/22
令老弱城守而○之 18.12/130/1
母○求到武陽北男謁舍家得阜 18.13/130/14
○封當陽侯 18.24/133/15
○復所失 20.19/149/2
○封爲汝陰東鄉侯 20.25/150/12
頒○〔斬〕之 21.8/151/27

錐 zhuī 2

以○刀小用 19.22/142/16
漢祖無有前人之迹、立○之地 23.17/171/13

墜 zhuì 3

有流星○尋營中 1.1/2/26
而陽○其書 1.1/3/5
恐政化由是而○ 17.20/123/21

屯 zhūn 20

○兵自守 3.2/19/27
○據臨湘 3.5/22/15
賊萬人以上○益陽 3.5/22/15
詔將黎陽營兵○漁陽 8.2/47/19
乃自引兵還○津鄉 9.2/56/2
○河上 9.4/57/3
上命諸將士○黽池 9.4/57/13
遵獨留○汧 9.7/59/11
乃悉罷緣邊○兵 9.8/60/6
○駱越 10.2/62/16
○西河美稷 12.6/79/8
時更始遣鮑永、馮衍○太原 14.4/92/2
發○守之士 14.5/93/26
制○田之術 14.5/93/27
肅宗詔鴻與太常樓望、少府成封、○騎校尉桓郁、衛士令賈逵等 15.2/95/13
兼○騎校尉 17.7/119/12
○軍于邊 19.19/141/14
時大將軍將兵○武威 19.20/141/21
列○赤地 21.11/153/5
欲悉發北軍○士及山東客兵 23.17/171/19

埻 zhǔn 1

使畫伯升像于○ 7.1/38/10

準 zhǔn 4

帝爲人隆○ 1.1/1/12
不可爲○ 2.1/11/13
樊○、字幼陵 11.7/72/11
○見當時學者少憫 11.7/72/11

卓 zhuō 6

故密令○茂 1.1/4/22
○茂、字子康 10.26/69/7
下當○絕於衆 16.10/106/23
韓○、字子助 21.18/154/19
○義其心 21.18/154/19
令色○絕 24.65/177/21

涿 zhuō 6

○郡言之 2.3/16/12
攻○郡 10.19/66/23
張況遷○郡太守 11.8/72/21
○郡盧植、北海鄭玄、皆其徒也 12.7/79/18
崔篆、○郡安平人 16.37/113/27
○郡太守張豐舉兵反 23.12/169/3

灼 zhuó 1

○龜卜降 23.19/172/12

斫 zhuó 2

引刀○之 14.6/94/6
景因○鎮 20.23/149/22

酌 zhuó 1

乃自○酒慰援曰 16.34/112/29

椓 zhuó 1

引械自○口 21.30/156/20

濁 zhuó 3

上○明主 2.1/13/24
黽池霍郎、陝王長、湖○惠、華陰陽沈等稱將軍者皆降 9.4/57/11
行己在于清○之間 10.26/69/24

濯 zhuó 4

立黃老祠北宮○龍中 3.5/23/1
前過○龍門 6.2/35/3
太后置蠶室織室于○龍中 6.2/35/14
屈平○德兮 12.10/80/22

擢 zhuó 8

於是○舉義行 13.16/89/13
蒙薦舉拔○ 14.1/90/7
特見拔○ 15.17/101/13
惟駰以處士年少○在其間 16.38/114/9
○爲南陽太守 18.2/126/25
彭○開陽城門候 18.14/130/27
餔下車○賢俊 19.1/136/8
○在察視之官 19.15/140/17

孜 zī 6

○○膝下 2.2/14/6
○○經學 3.1/18/10
講誦○○不輟 8.6/48/27

咨 zī 3

趙○、字文楚 21.13/153/20
○恐母驚惶 21.13/153/20
大司農陳奇舉○至孝 21.13/153/23

姿 zī 2

天然之○ 1.1/10/16
○貌短陋 20.14/147/24

茲 zī 6

肅宗兼○四德 2.2/15/27
昭○來許 5.5/32/12
都○玄陰 12.11/81/23
于○八年 13.12/87/19
何以加○ 14.5/93/31
復臨○邦 21.11/153/7

淄 zī 13

張步都臨○ 8.14/52/22
去臨○四十里 8.14/52/22
弇以軍營臨○、西安之間 8.14/52/23
臨○諸郡太守相與雜居 8.14/52/23
臨○不能救也 8.14/52/26
而吾攻臨○ 8.14/52/27
吾得臨○ 8.14/52/27
張藍引兵突臨○ 8.14/53/1
遂擊臨○ 8.14/53/3
張藍聞臨○破 8.14/53/3
車駕至臨○ 8.14/53/9
弇凡平城陽、琅邪、高密、膠東、東萊、北海、齊、千乘、濟南、平原、泰山、臨○等郡 8.14/53/10
齊國臨○人 16.41/114/25

貲 zī 1

詔以其○物班賜群臣 17.13/121/23

孳 zī 3

○○不倦 19.5/138/3
仍路○摸 22.4/163/4

資 zī 21

○用乏 1.1/1/15
兼○敏達 3.2/19/23
陛下無十室之○ 5.5/29/23
○淑美之嘉會 6.8/37/22
天○善學 8.6/48/26
儲積○糧 11.2/71/2
天○聰敏 12.11/81/10
所裝縑帛○糧 13.16/89/11
人庶多○ 14.5/93/22
○性清白 15.5/96/14
輒度其○用 15.5/96/15
天○忠貞 15.8/97/29
案延○性貪邪 15.8/97/30
貧窶無○ 16.9/105/14
而有○財千萬 17.25/125/10
無○糧 20.17/148/17
汝南太守宗○ 21.6/151/15
拮拾自○ 21.17/154/14
豐○產 23.7/167/6
成功之○也 23.17/171/7
聰叡天○ 24.49/176/17

輜 zī 4

漢軍盡獲其珍寶○重車甲 1.1/3/9
棄○重走 8.1/47/3
○重七千餘兩 8.14/53/12
賜以○車乘馬 16.9/106/1

髭 zī 1

理濿○雒 22.4/163/24

諮 zī 1

每事○焉 2.2/14/6

子 zǐ 493

建平元年十二月甲○夜 1.1/1/10

受《尙書》于中大夫廬江、許○威 1.1/1/15
與同舍生韓○合錢買驢 1.1/1/15
嘗疾毒諸家○數犯法令 1.1/2/5
諸家○弟皆亡逃自匿 1.1/2/8
因率舂陵○弟隨之 1.1/2/11
反欲歸守其妻○財物耶 1.1/2/20
趙王庶兄胡○進狗牒馬（醞）〔醢〕 1.1/3/18
故趙繆王○臨說帝決水灌赤眉 1.1/3/19
胡○立邯鄲卜者王郎爲天○ 1.1/3/19
實成帝遺體○輿也 1.1/4/2
況詐○輿乎 1.1/4/3,23.8/167/19
少公道讖言劉秀當爲天○ 1.1/4/15
或曰是國師劉○駿也 1.1/4/16
圖讖著伊堯、赤帝之○ 1.1/5/9
諸生吏○弟及民以義助作 1.1/5/27
賜博士弟○有差 1.1/5/27
取此兩○置度外 1.1/6/3
囂雖遣○入侍 1.1/6/8
夷述妻○ 1.1/7/9
禹宗室○孫 1.1/7/11
即以數郡備天○用 1.1/7/15
封孔○後孔志爲褒成侯 1.1/7/21
臣○奉承 1.1/8/22
周公、孔○猶不得存 1.1/8/23
景帝、所謂孝○也 1.1/8/24
又道忠臣孝○義夫節士 1.1/9/4
皇太○嘗（乘）〔承〕間言 1.1/9/5
○孫賴福 1.1/9/19
太○襲尊號爲皇帝 1.1/9/24
帝封新野主○鄧汎爲吳侯 1.1/10/6
伯父皇皇考姊○周均爲富波侯 1.1/10/6
重○丹、射陽侯 1.1/10/7
從○沖、更父侯 1.1/10/7
○識、原鹿侯 1.1/10/8
皇考女弟○來歙爲征羌侯 1.1/10/8
〔以〕寧平公主○李雄爲新市侯 1.1/10/9
○流、緜曼侯 1.1/10/9
兄○竟、新郪侯 1.1/10/10
姨○馮邯爲鍾離侯 1.1/10/10
世祖之中○也 2.1/11/5
〔上循其頭曰「吳季○」〕 2.1/11/7
故帝年十二以皇○立爲東海公 2.1/11/9
以東海王立爲皇太○ 2.1/11/16
皇太○即位 2.1/11/18
封太后弟陰興之○慶爲鮦陽侯 2.1/11/23
楚王舅○許昌、龍舒侯 2.1/11/24
甲○ 2.1/12/5
視人如赤○ 2.1/12/8
出郡錢穀給蕭何○孫 2.1/12/11
召校官○弟作雅樂 2.1/12/31
幸孔○宅 2.1/13/11
祠孔○及七十二弟○ 2.1/13/11
命太○、諸王說經 2.1/13/12
又以皇○輿馬 2.1/13/12
下危臣○ 2.1/13/24
自皇○之封 2.1/13/27
我○不當與先帝○等 2.1/13/29
孝明皇帝第五○也 2.2/14/3
以皇○立爲太○ 2.2/14/3
2.3/16/6
孔○後褒成侯等咸來助祭 2.2/14/19
祠東海恭王及孔○七十二弟○ 2.2/14/22
代郡高柳烏○生三足 2.2/15/5
明德太后姊○夏壽等私呼虎賁張鳴與敖戲爭鬭 2.2/15/13
章帝之中○也 2.3/16/5
太○即位 2.3/16/7
大如鴈○ 2.3/16/23
和帝之少○也 2.4/17/18
和帝皇○數十 2.4/17/18
乃立以爲皇太○ 2.4/17/19
孔○稱「有婦人焉」 2.4/17/25
清河孝王第二○也 3.1/18/5
諸王○莫得與比 3.1/18/8
永昌獻象牙、熊○ 3.1/18/12
雨雹大如芋魁、雞○ 3.1/18/15
孝安皇帝長○也 3.2/19/21
爲皇太○ 3.2/19/23
太○數爲歎息 3.2/19/24
遂共搆陷太○ 3.2/19/24
太○坐廢爲濟陰王 3.2/19/25
復徵立諸王○ 3.2/19/27
望都、蒲陰狼殺○女九十七人 3.2/20/7
汝南童○謝廉、河南童○趙建 3.2/20/11
獻師○、封牛 3.2/20/12
父○三人同命 3.2/20/17
天○世世獻奉 3.2/21/2
順帝之少○也 3.3/21/7
是時皇太○數不幸 3.3/21/7
立爲太○ 3.3/21/8
太○即帝位 3.3/21/8
渤海王○也 3.4/21/15
蠡吾侯翼之長○也 3.5/21/23
大如雞○ 3.5/22/12
冊皇太○捧上其璽綬 4.1/24/11
其主薨無○ 4.1/25/8
太○舍人秩二百石 4.1/26/11
《王制》謂「天○食舉以樂 5.4/28/19
天○所以宴樂群臣 5.4/28/23
因孔○甚美其功 5.5/29/22
今予末小○ 5.5/30/3
帝堯善及○孫之餘賞 5.5/30/4
天○事也 5.5/30/7
臣○悲結 5.5/31/22
眇眇小○ 5.5/32/8
天○行有罼罕 5.6/32/19
孔○曰 5.6/32/21
7.20/45/15,8.1/46/20
19.16/140/25,21.4/151/5
有陰○公者 6.1/33/21
生○方 6.1/33/21
惟○之志 6.2/35/9
由是母○見疏 6.3/36/1
有二○ 7.1/38/23
立長○章爲太原王 7.1/38/23
○危我哉 7.3/39/13
以長沙定王○封于零道之舂陵爲侯 7.7/40/13
留○男昌守墳墓 7.7/40/14
鼠○何敢爾 7.7/40/19
敞爲嫡○終娶翟宣○女

習爲妻 7.7/40/21
宣使嫡○姬送女入門 7.7/40/21
光武皇帝長○也 7.8/41/3
立爲皇太○ 7.8/41/3
又因皇太○固辭 7.8/41/7
王之○年五歲以上 7.9/41/25
爲諸○在道欲急帶之也 7.9/41/26
焉以郭太后少○ 7.15/44/7
恭○男丁前妻物故 7.17/44/19
○醐侮慢丁小妻 7.17/44/19
封恭少○丙爲都鄉侯 7.17/44/22
諸○分爭 7.20/45/12
前太○卬頑凶失道 7.20/45/13
是後諸○更相誣告 7.20/45/13
太○國之儲嗣 7.20/45/15
王其差次下邳諸○可爲
太○者上名 7.20/45/16
教學○孫 8.1/47/6
朋友○往來門內 8.2/47/10
視之如○ 8.2/47/10
鄧訓五○ 8.7/49/18
吳漢、字○顏 8.10/50/7
吳○顏、奇士也 8.10/50/7
妻○在後買田業 8.10/51/2
擊盆○于澠池 8.11/51/17
寧買將軍○耶 8.12/52/1
大王哀厚弇如父○ 8.14/52/17
臣○當擊牛釃酒以待百
官 8.14/53/8
天○器之 8.15/53/20
願遣○入侍 8.17/54/4
車師太○比特訾降 8.17/54/13
吾知寇○翼可任也 9.1/55/2
全○弟得生還也 9.2/56/6
異薦邑○銚期、叔壽、
殷建、左隆等 9.4/56/17
彰○普坐鬭殺游徼 9.5/58/5
又建爲孔○立後 9.7/59/17
遵無○ 9.7/59/25
過孔○講堂 9.8/60/8
上指○路曰 9.8/60/8
鄧禹發房○兵二千人 9.12/61/18
別攻眞定宋○餘威 9.12/61/19
其母問期當封何○ 9.12/61/22
何宜封○也 9.12/61/22
（持）〔馳〕歸宋○ 10.1/62/6
堅鐔、字○皮 10.10/64/8
而○獨留 10.11/64/14
收太守宗廣及忠母妻○
10.14/65/21
將軍可歸救老母妻○ 10.14/65/24
所置信都王捕繫彤父弟
及妻○ 10.16/66/8
有司請封諸皇○ 10.21/67/15
封通少○雄爲邵陵侯 10.21/67/15
不欲傳○ 10.22/67/24
有一○ 10.22/67/25
融嗣○穆尙內黃公主 10.22/68/2
而融弟顯親侯友嗣○固
尙沮陽公主 10.22/68/3
穆長○勳尙東海公主女
10.22/68/3
卓茂、字○康 10.26/69/7
茂視民如○ 10.26/69/10
云「劉秀當爲天○」 11.1/70/9
囂遣○恂隨入侍 11.2/70/19
是君臣父○信也 11.2/70/21
叛主負○ 11.2/70/22
而反效兒女○泣涕乎 11.2/71/5
諸○從敕 11.3/71/13
常戒其○曰 11.4/71/19
○歆對曰 11.8/72/22
除○男盛爲郎 11.10/73/17
○陽、井底鼃耳 12.1/75/16
知武帝恨誅衛太○ 12.1/75/23
皇太○、諸王聞者 12.1/76/9
《與兄○嚴敦書》曰 12.1/76/20
陷爲天下輕薄○ 12.1/76/22
臣援師事楊○阿 12.1/76/25
何能臥床上在兒女○手
中耶 12.1/77/1
司隸校尉梁松奏特進弟
防、光、廖、〔廖〕
○豫 12.2/77/12
兄弟父○并受爵土 12.2/77/12
○鉅爲常從小侯 12.3/78/7
光○朗上書迎光喪葬舊
塋 12.4/78/19
遣○以往 12.6/79/12
弟○以次相傳 12.7/79/20
統高祖父○都 12.9/80/6
○都○橋 12.9/80/6
橋○溥 12.9/80/7
溥○延 12.9/80/7
爲○孫累 12.11/81/14
敕○冀等曰 12.11/81/18
孝○善述父志 12.11/81/22
湛同產兄○也 13.3/83/11
爲太○舍人 13.5/83/19
民至乃誠乳婦勿得舉○
13.5/83/21
幾及揚雄、劉向父○ 13.6/84/3
吾所以薦○〔者〕 13.6/84/5
歆及○嬰皆自殺 13.7/84/21
生○白頭 13.9/85/3
若以○之功 13.9/85/4
張湛、字○孝 13.10/85/12
爲太○太傅 13.10/85/15
杜伯山、天○所不能臣
13.11/85/22
狼○野心 13.11/86/15
援遣○持馬一匹遺林 13.11/87/2
林遣○奉書曰 13.11/87/3
林父○兩人食列卿祿 13.11/87/4
謂○曰 13.11/87/5
○奮 13.12/87/23
恐○孫似之 13.13/88/4
乃爲○伉娶長妻 13.13/88/5
忠臣孝○ 13.13/88/9
○孫得到魴所 13.14/88/20
魴父○兄弟並帶青紫 13.14/88/20
無○ 13.16/89/3,19.12/140/3
立聖公爲天○ 14.1/89/26
永遣弟升及○壻張舒等
謀使營尉李匡先反涅
城 14.2/90/20
後孔○闕里無故荆棘自
闢 14.2/90/25
豈夫○欲令太守大行饗
14.2/90/26
惟有一○ 14.3/91/18
15.11/99/17
遂任身有○ 14.3/91/19
吾欲使天下知忠臣之○
復爲司隸 14.3/91/21
愔悉得邑母弟妻○ 14.4/91/28
廢○都之業 14.4/92/14
父○流亡 14.5/93/7
殺人父○ 14.5/93/14
天○默使小黃門持被覆
之 14.6/94/8

王閎者、王莽叔父平阿侯譚○也 14.7/94/13
○獨求鄉 15.1/94/25
昔孫叔敖敕其○ 15.1/94/25
今○以兄弟私恩而絕父不滅之基 15.2/95/12
○湛嗣 15.2/96/1
○浮嗣 15.2/96/1
○夔嗣 15.2/96/1
今○當之絕域 15.5/96/19
贈○以不拜 15.5/96/20
霸遣○昱候 15.5/96/21
何以拜○孫耶 15.5/96/22
丹○有同門生喪親 15.5/96/23
俄而丹復徵爲太○太傅 15.5/96/25
王良、字仲○ 15.6/97/3
妻○不之官舍 15.6/97/3
惲與董○張友 15.8/97/22
○張父及叔父爲鄉里盛氏一時所害 15.8/97/22
○張病 15.8/97/22
○張視惲 15.8/97/23
吾知○不悲天命長短 15.8/97/23
○張〔但〕目擊而已 15.8/97/24
取其頭以示○張 15.8/97/24
○張見而氣絕 15.8/97/24
○不從我出 15.8/97/26
○從我爲伊尹乎 15.8/98/4
安能從○ 15.8/98/5
○勉正性命 15.8/98/5
妻○但菜食 15.11/99/14
（大）〔太〕守得奮妻○ 15.11/99/16
賊推奮之○于軍前 15.11/99/17
而其○見屠 15.11/99/17
茨充、字○河 15.14/100/12
鄉里號之曰「一馬兩車茨○河」 15.14/100/13
下車遣吏以中牢具祠延陵季○ 15.15/100/23
乃聘請高行俊乂如董○儀、嚴○陵等 15.15/100/24
輒使慰勉孝○ 15.15/100/26
妻○對哭 15.16/101/7
徐令彪之○也 16.3/102/21
猶當效傅介○、張騫立功異域 16.3/102/23
不得虎○ 16.3/103/6
安息遣使獻大爵、師○ 16.3/104/2
超遣○勇隨入塞 16.3/104/2
本非孝○順孫 16.3/104/4
鄭興從博士金○嚴爲《左氏春秋》 16.5/104/14
太○及山陽王因虎賁中郎將梁松請衆 16.6/104/18
太○儲君 16.6/104/19
授皇太○經 16.9/105/15
太○朝夕遣中人問疾 16.9/105/21
太○報榮書曰 16.9/105/22
榮諸弟○謂曰 16.9/106/4
天○親自執業 16.9/106/6
上輒引榮及弟○升堂 16.9/106/9
○郁以明經復爲太常 16.9/106/12
○郁當襲爵 16.10/106/16
讓於兄○ 16.10/106/16
上以郁先師○ 16.10/106/16
我爲孔○ 16.10/106/19
卿爲○夏 16.10/106/19
○幾人能傳學 16.10/106/20
臣○皆未能傳學 16.10/106/20
孤兄○一人學方起 16.10/106/20
皇太○賜郁鞍馬、刀劍 16.10/106/21
郁乃上疏皇太○曰 16.10/106/21
伏見太○體性自然 16.10/106/22
郁父○受恩 16.10/106/22
愚以爲太○上當合聖心 16.10/106/23
桓焉爲太○太傅 16.11/106/28
詔問誰可傅太○者 16.15/107/26
皆言太○舅執金吾陰識可 16.15/107/26
今陛下立太○ 16.15/107/27
以輔太○ 16.15/107/28
況太○乎 16.15/107/29
即拜爲太○太傅 16.15/107/29
中家○爲之保役 16.16/108/5
矯稱孔○ 16.16/108/8
教授弟○常五百餘人 16.17/108/18
授皇太○及諸王小侯五十人經 16.17/108/19
以中庶○ 16.18/109/3
洼丹、字○玉 16.19/109/7
汝南○欲復黨乎 16.20/109/13
詔書捕男○周慮 16.22/110/6
然鍾○期死 16.22/110/9
拜太○少傅 16.25/111/1
宇傳○晉 16.25/111/2
晉傳○承 16.25/111/2
叔○軼 16.25/111/2
蘇竟與劉歆兄○恭書曰 16.28/111/16
○若與我并威同力 16.30/111/25
劉茂、字○衛 16.32/112/16
擔穀給福及妻○百餘日 16.32/112/17
其以縣見穀二千石賜勃○若孫 16.34/113/11
禮、天○不食支庶 16.36/113/23
然獨爲君○ 16.37/114/3
君○謂之知命 16.37/114/4
倪萌、字○明 16.41/114/25
逢萌、字○慶 16.46/115/23
○宇諫莽而莽殺之 16.46/115/25
嚴光、字○陵 16.48/116/11
問諸○何飯食 16.49/116/21
責怪問其○ 16.49/116/22
虞延、字○大 17.1/117/20
求謁更始妻○ 17.2/118/9
妻○自親釜竈 17.3/118/18
牟融、字○優 17.4/118/23
孔○稱『能以禮讓爲國 17.8/119/20
故居巢侯劉般嗣○愷 17.8/119/20
劉平、字公○ 17.11/120/19
抱仲遺腹女而棄其○ 17.11/120/20
吾不忍食○ 17.11/120/24
鄉里徐○盛明《春秋經》 17.12/121/3
將妻○之華陰山谷 17.12/121/6
撫循百姓如赤○ 17.13/121/18
臣聞孔○忍渴於盜泉之水 17.13/121/24
楊政、字○行 17.17/122/24
說經鏗鏗楊○行 17.17/122/25
抱升○持車叩頭 17.17/122/26
薛漢、字○公 17.18/123/7

教授常數百弟○	17.18/123/7
不敢驚孝○	17.22/124/7
田禾將軍○從長安來	17.23/124/14
譚有一孤兄○	17.24/125/3
養活兄○	17.24/125/5
倫獨收養孤兄（下）〔○〕、外孫	18.1/125/20
令妻○出相對	18.1/125/21
諸○諫止	18.1/126/19
彪以嫡長爲世○	18.3/127/5
暉之先、宋微○之後也	18.6/127/21
童○內刀	18.6/127/25
欲以妻○託朱生	18.6/128/10
暉聞堪妻○貧窮	18.6/128/11
○其留乎	18.8/128/21
赦天下繫囚在四月丙○以前減死罪一等	18.9/128/26
養孤兒兄○甚篤	18.10/129/10
均遣○英奉章詣闕	18.10/129/12
時生○皆以廉名者千數	18.12/130/4
童○傳授業	18.13/130/16
以定父母、妻○、長幼之序	18.14/131/2
○峻	18.25/133/20
劉賜姊○	18.26/133/25
童○鴻不因人熱者也	18.29/134/23
昔延陵季○葬○于嬴、博之間	18.29/135/8
愼（弗）〔勿〕聽妻○持尸柩去	18.29/135/8
○孫歸扶風	18.29/135/10
嘗豫令弟○市棺歛具	18.31/135/22
令入授皇太○	19.1/136/6
太○家時爲奢侈物	19.1/136/7
顯宗以酺授皇太○業	19.1/136/7
復舉其○孝廉	19.1/136/9
帝先備弟○之儀	19.1/136/10
豎○有仁心	19.4/137/21
父○相將歸鄉里	19.7/138/18
咸常戒○孫	19.7/138/19
何熙、字〔○〕溫	19.10/139/13
霸孤兄弟○來候	19.11/139/18
見兄○乘車	19.11/139/19
妻○不到官舍	19.11/139/20
○躬耕農	19.11/139/21
與兄弟○同苦樂	19.11/139/21
兒○備具矣	19.11/139/25
諸國侍○及督使賈胡數遺恂奴婢、宛馬、金銀、香罽之屬	19.20/141/22
王稚○代	19.21/141/28
帝賜香《淮南》、《孟○》各一通	19.22/142/10
黃琬、字○琰	19.24/143/3
鄉里號曰「張曾○」	19.25/143/7
奉之○也	19.30/144/9
乃試令嬖臣美手腕者與女○雜處帷中	19.31/144/15
初給事太○家	19.32/144/21
關西孔○楊伯起	20.2/145/6
○孫常蔬食步行	20.2/145/6
使後世稱爲清白吏○孫	20.2/145/7
顧謂○及門生曰	20.2/145/10
殆非所謂保赤○之義	20.4/145/27
李固、字○堅	20.11/147/10
司徒郃之○	20.11/147/10
吳氏世不乏季○矣	20.17/148/14
卿二千石○	20.17/148/16
縱○無恥	20.17/148/16
江京等譖誣太○	20.23/149/18
天○與我棗脯	20.23/149/20
時屬縣令長率多中官○弟	21.3/150/28
與弟○誦書自若	21.11/153/6
父○皆死于杖下	21.12/153/14
躬率○孫耕農爲養	21.13/153/20
妻○餘物無所惜	21.13/153/22
惟妻○可以行之	21.15/154/6
載妻○	21.17/154/14
韓卓、字○助	21.18/154/19
趙溫、字○柔	21.22/155/9
虹蜺、小女○之祥	21.24/155/21
周珌、豫州刺史愼之○也	21.25/155/26
民養○者三千餘人	21.38/157/29
翟歆、字敬○	21.46/159/3
羊融、字○優	21.52/159/28
既奉君○	22.1/160/26
○孫昌熾	22.4/162/13
父○同賜	22.4/163/27
吏繫聖公父○張	23.1/164/19
吏乃出○張	23.1/164/19
將立聖公爲天○議以示諸將	23.1/164/25
稱天○何謂不可	23.1/164/26
關中咸想望天○	23.1/165/3
而赤眉劉盆○亦下詔以聖公爲長沙王	23.1/165/18
令劉盆○等三人居中央	23.5/166/12
盆○最幼	23.5/166/12
盆○年十五	23.5/166/13
盆○朝夕朝	23.5/166/14
使盆○乘車入長安	23.5/166/16
盆○將百萬眾降	23.5/166/17
盆○及丞相徐宣以下二十餘萬人肉袒降	23.5/166/18
同郡東莞人逢安、字少○	23.6/166/24
謝祿、字○奇	23.6/166/25
其○爲縣吏	23.7/167/6
縣宰枉殺吾○	23.7/167/8
以其首祭○冢	23.7/167/9
呂母賓客徐次○等	23.7/167/9
宮婢生○	23.8/167/14
威稱說實成帝遺體○輿也	23.8/167/18
寵奴○密等三人共謀劫寵	23.11/168/20
○密等三人縛寵著床板	23.11/168/21
小奴見○密聽其語	23.11/168/24
○密收金玉衣物	23.11/168/24
今遣○密等詣○后蘭卿所	23.11/168/25
乃封○密爲不義侯	23.11/168/27
有道士言豐當爲天○	23.12/169/3
今南有○陽	23.16/170/7
雖遣○春卿入質	23.16/170/18
公孫述、字○陽	23.17/170/23
任述太○舍人	23.17/170/24
八ム○系	23.17/171/8
自立爲天○	23.17/171/10
漢有沛宮、甘泉宮、龍泉宮、太一宮、思○	

宮 24.7/173/9
賜及妻○ 24.24/174/23
陳義○問以舊事 24.68/177/27
孝明皇帝九○ 24.74/178/13
中宮皇太○親服重繒厚
練 24.94/180/11

姊 zǐ 9

帝與伯叔及○壻鄧晨、
穰人蔡少公燕語 1.1/4/15
伯父皇皇考○子周均爲
富波侯 1.1/10/6
明德太后○子夏壽等私
呼虎賁張鳴與敖戲爭
鬭 2.2/15/13
依○壻父九江連率平河
侯王述 12.6/79/3
上○湖陽公主新寡 13.6/84/12
鄧讓夫人、光烈皇后○
也 15.20/102/3
劉賜○子 18.26/133/25
山陽郡人江伯欲嫁○ 22.2/161/3
○引鎌欲自割 22.2/161/3

茈 zǐ 1

屈凫○而食 23.1/164/20

秭 zǐ 1

○歸山高四百餘丈 2.3/17/4

梓 zǐ 1

○樹生廳前屋上 19.12/140/4

紫 zǐ 13

賜其君○綬 3.2/20/6
及撣國王雍由亦賜金印
○綬 3.2/20/6
金印○綬 4.1/24/13
公、侯○綬 4.1/25/18
公、侯金印○綬 4.1/25/18
綠○白 5.6/33/6
公、（卿）〔侯〕、將
軍○綬 5.6/33/6
○白 5.6/33/7
純○圭 5.6/33/7
魴父子兄弟並帶青○ 13.14/88/20
賜駮犀具劍、佩刀、○
艾綬、玉玦各一 13.15/88/25
朱○區別 21.6/151/15
○綬三十八 21.8/152/8

笫 zǐ 1

又有赤蛇盤紆殿屋床○
之間 3.1/18/6

訾 zǐ 3

車師太子比特○降 8.17/54/13
不足以償不○之身 13.13/88/9
而桓譚、衛宏並共毀○
16.8/105/9

自 zì 291

出○長沙定王發 1.1/1/5
懷刀○備 1.1/2/3
諸家子弟皆亡逃○匿 1.1/2/8
○秦、漢以來師出未曾
有也 1.1/2/18
尋、邑○以爲成功漏刻 1.1/2/26
帝○薊東南馳 1.1/3/20
帝乃○稱邯鄲使者 1.1/3/20
帝○擊筑 1.1/3/25
令反側者○安也 1.1/4/6
由是皆○安 1.1/4/10
帝所與在長安同舍諸生
彊華○長安奉《赤伏
符》詣鄗 1.1/4/17
束身○修 1.1/4/22
○漢草創德運 1.1/5/4
○帝即位 1.1/5/6,2.1/13/23
○王莽末 1.1/5/22
帝○齊歸 1.1/5/27
人○以見識 1.1/6/6
家○以蒙恩 1.1/6/6
○事主未嘗見明主如此也 1.1/6/8
後城營○解散 1.1/7/4
移徙輒○堅 1.1/7/7
述○將 1.1/7/8
○强從公 1.1/8/5
安敢○遠 1.1/8/13
○三公下至佐（使）
〔史〕各有差 1.1/8/20
當豫○作 1.1/8/22
帝常○細書 1.1/9/3
我○樂此 1.1/9/7
頗令學者得以○助 2.1/11/22
親○制作《五行章句》 2.1/12/2
11.7/72/14
正坐○講 2.1/12/2,11.7/72/14
上○御塤篪和之 2.1/12/32
帝○置石椁 2.1/13/9
○皇子之封 2.1/13/27
降○京師 2.2/14/26
帝○岐嶷 2.3/16/5
到皆○殺 2.3/16/20
○京師離宮果園上林廣
成囿悉以假貧人 2.3/16/22
○左右近臣 2.3/17/12
○在邸第 3.1/18/6
○稱安漢將軍 3.1/18/22
屯兵○守 3.2/19/27
其九十家不○存 3.2/20/20
躬○菲薄 3.2/20/30
會稽許昭聚衆○稱大將
軍 3.6/23/12
○古帝王 5.5/29/10
如○立廟當作舞樂者 5.5/32/1
○陳不足以當大位 6.1/34/1
吾○念親屬皆無柱石之
功 6.2/34/27
小感慨輒○責 6.2/35/11
深以○過 6.2/35/12
太后乃親○臨見宮人 6.5/36/19
○謳 6.5/36/25
不敢○理 6.5/36/25
不○顧 6.5/37/4
太后○遭大憂 6.5/37/4
不能○勝 6.5/37/5
是時○冬至春不雨 6.6/37/11
帝○爲之詞 6.7/37/17
○言稻皆枯 7.7/40/17
○郭后廢 7.8/41/4
彊不○安 7.8/41/4
以德○終 7.8/41/14

召尙席取卦具〇爲卦 7.9/41/19
上以所〇作《光武皇帝本紀》示蒼 7.12/42/26
廣陵王荆〇殺 7.14/44/3
乃〇殺 7.17/44/20,12.4/78/19
〇南陽發 8.1/46/8
而不〇聽斷 8.1/46/11
朝夕〇快 8.1/46/12
〇吾有回也 8.1/46/20
〇當來降 8.1/47/2
輒〇刺 8.2/48/1
或以刀〇割 8.2/48/2
儀同三司始〇陟也 8.4/48/13
間關上疏〇陳 8.4/48/15
〇延平之初 8.5/48/19
比上疏〇陳 8.5/48/20
不敢〇恃 8.7/49/18
鄧氏〇中興後 8.7/49/19
造次不能以辭語〇達 8.10/50/10
〇初從征伐 8.10/50/14
上書請復〇助 8.11/51/17
常〇從之 8.11/51/18
我〇知之 8.11/51/19
躬〇克薄以待士民 8.14/52/20
公可〇取 8.14/52/20
今方〇憂治城具 8.14/52/26
〇往救之 8.14/53/7
〇旦及昏 8.14/53/9
〇勞軍也 8.14/53/10
行常〇被甲在前 8.16/53/25
親〇輓籠 8.17/54/11
耿氏〇中興以後迄建安之末 8.17/54/14
將〇征之 9.1/55/16
乃〇引兵還屯津鄉 9.2/56/2
上〇薊東南馳 9.4/56/22
念〇修整 9.4/57/11
（祐）〔祜〕〇陳功薄而國大 9.6/58/13
上聞外有大兵（〇）來 9.10/60/18
〔上〇〕登城 9.10/60/18
遂〇結納 10.1/62/5
光武〇薊東南馳 10.1/62/7
盡力〇效 10.1/62/10
（鄉）〔卿〕乃欲以治民〇效 10.1/62/11
〇西河至渭橋 10.5/63/7
〇隗始 10.13/65/11
上〇解所佩綬以賜之 10.14/65/18
出門顧見車方〇覺 10.21/67/13
〇祖至孫 10.22/68/4
馬主〇得其馬 10.26/69/9
〇出案行 10.26/69/19
〇束髮至白首 10.26/69/24
家〇富足 11.1/70/8
〇將上隴討囂 11.2/70/26
歙〇書表 11.2/71/6
宏頓首〇陳 11.4/71/22
且以一縣〇養 11.8/72/22
有執父仇賊〇出 11.9/73/3
欲〇受其辭 11.9/73/3
令〇致徐獄 11.10/73/16
〇投車下 11.14/74/14
遠祖以吏二千石〇邯鄲徙茂陵成歡里 12.1/75/5
天下反覆〇盜名字者不可勝數 12.1/75/21
乃知帝王〇有眞也 12.1/75/22
上〇征隗囂 12.1/75/24
〇還京師 12.1/76/8
但〇苦耳 12.1/76/19
欲〇請擊之 12.1/76/28
援〇請曰 12.1/77/4
〇臨冠之 12.3/78/8
光以被誣不能〇明 12.4/78/18
憲他奴郭扈〇出證明光、憲無惡言 12.4/78/19
〔〇今以往〕 12.6/79/12
帝〇勞以手書 12.6/79/12
〇河東遷居北地 12.9/80/6
其委任〇前世外戚禮遇所未曾有 12.11/81/24
上〇將擊彭寵 13.1/82/20
竊見故大司徒陽都侯伏湛〇行束脩 13.1/82/22
歆及子嬰皆〇殺 13.7/84/21
伯通〇伐 13.9/85/3
必〇整頓 13.10/85/12
不宜〇輕 13.10/85/13
因〇陳疾篤 13.10/85/17
〇郊廟婚冠喪紀禮儀多所正定 13.12/87/12
〇是禘、祫遂定 13.12/87/20
〇以兄弟不當蒙爵土之恩 13.12/87/24
常〇謂短陋 13.13/88/4
〇是封爵之制 13.13/88/7
欲令以善〇珍 13.13/88/8
悉〇縛詣憙 13.16/89/5
身〇推〔之〕 13.16/89/9
〇知罪深 14.1/90/4
彭即令鮪〇縛 14.1/90/10
上即〇解鮪縛 14.1/90/10
後孔子闕里無故荆棘〇闢 14.2/90/25
方今阨急而闕里無故〇滌 14.2/90/26
〇言年七十餘 14.3/91/17
能逃不〇詣者舒也 14.4/92/15
始〇東郡之師 14.5/93/4
天下（日）〔〇〕以去亡新 14.5/93/12
奈何〇怠 14.5/93/21
兒女常〇操井臼 14.5/94/1
謹〇放〔棄〕 15.2/95/10
出〇機杼 15.5/96/18
客慚〇絕 15.5/96/25
〇後連徵 15.6/97/7
不〇知所言 15.8/97/21
即〇入獄謝之 15.8/97/25
拔刀〇嚮以要惲曰 15.8/97/25
兒曹何〇遠來 15.9/98/20
亦不能〇潤 15.11/99/15
〇載詣獄 15.15/100/28
臣得竭死〇效 15.17/101/13
而令巫〇來取馬 16.3/103/15
超〇以久在絕域 16.3/104/1
眾拔刀〇誓 16.6/104/23
常客傭以〇給 16.9/105/14
天子親〇執業 16.9/106/6
執經〇爲辯說 16.9/106/10
上〇制《五家要說章句》 16.10/106/17
上親於辟雍〇講所制《五行章句》已 16.10/106/18
伏見太子體性〇然 16.10/106/22
誠思〇竭 16.10/106/23
以母憂〇乞 16.11/106/28
使之稍〇衰焉 16.16/108/7
〇繫廷尉 16.20/109/14

宇因先○取其最瘦者 16.25/110/26
各○疑也 16.33/112/23
見之○失 16.34/112/29
乃○酌酒慰援曰 16.34/112/29
勑卒○親 16.34/113/2
駰○以遠去 16.38/114/11
復○縛詣賊 16.41/114/27
琳○縛 16.43/115/9
赤○食 16.44/115/14
○陳願守所志 16.50/117/1
上乃詔令○稱南陽功曹詣闕 17.1/117/27
○去家十二年 17.2/118/6
薦陰亶、程胡、魯歆○代 17.2/118/9
妻子○親釜竈 17.3/118/18
○無袴 17.10/120/9
詔敕宮○整飭 17.12/121/8
令○當之 17.13/121/20
○今已去 17.14/122/8
政顏色○若 17.17/123/2
○遠方至者著爲錄 17.18/123/8
匡○繫獄 17.20/123/20
即○縛詣賊 17.23/124/15
常○養（親）〔視〕 17.24/125/3
親○哺養 17.25/125/11
倫○度仕宦牢落 18.1/125/21
○稱王伯齊 18.1/125/22
○養馬 18.1/126/13
每上封○作草 18.1/126/19
掾○視孰與藺相如 18.6/128/4
强直○遂 18.6/128/5
暉○爲臨淮太守 18.6/128/11
乃○往候視 18.6/128/12
清靜○守 18.10/129/7
○將出至近縣 18.12/130/1
不能○進 18.12/130/5
奚親○履行 18.16/131/16
親○省治 18.16/131/18
常○居轅輓車 18.18/132/4
恒○禮焉 18.18/132/6
因○伏草中 18.28/134/15
數以捶○擊其脛 18.28/134/15
○言鳳本巫家 18.30/135/17
先○知 18.31/135/22
下章所告及所○舉有意者 19.1/136/19
○乞上印綬 19.3/137/9
各退○相責讓 19.4/137/18
防比上書○陳過咎 19.6/138/14
輒○手書削草 19.7/138/22
○在樞機 19.7/138/22
人○竭節作業 19.11/139/23
即○入辭其妻 19.11/139/25
六年躬○負土樹柏 19.20/141/19
家貧無以○贍 19.26/143/14
身築墼以○給食 19.26/143/14
尙書敕郁○力受拜 19.29/144/5
○所服冠幘綬 20.4/145/27
○是莫不用 20.9/146/27
○抱孫兒伏于戶下 20.10/147/4
輒閉閤○責 20.17/148/19
○是〔之後〕 20.17/148/19
光心不○安 20.24/150/7
詣黃門令○告 20.24/150/7
坐臧○殺 21.5/151/11
頻○下馬大戰 21.8/151/26
疑必○殺 21.9/152/14
與弟子誦書○若 21.11/153/6
猛○知必死 21.11/153/9
乃登樓○焚而死 21.11/153/9
○臨考之 21.12/153/14
捃拾○資 21.17/154/14
引械○椓口 21.30/156/20
每○買進之 21.55/160/14
姊引鐮欲○割 22.2/161/3
聖公因○逃匿 23.1/164/19
○破甄阜等 23.1/164/23
李松等○長安傳送乘輿服御物 23.1/165/3
○更始敗後 23.5/166/16
○稱將軍 23.7/167/9
○號「搯虎」 23.7/167/10
○稱西平王 23.9/168/3
寵既○疑 23.11/168/17
○疑 23.15/169/20
乃○將兵討萌 23.15/169/20
據隘○守 23.16/170/10
請○殺以明之 23.16/170/17
以吏二千石○無鹽徙焉 23.17/170/23
○稱輔漢將軍 23.17/170/25
于是○立爲蜀王 23.17/171/2
○立爲天子 23.17/171/10
述○言手文有奇瑞 23.17/171/11
躬○奮擊 23.17/171/14
天水、隴西拱手○服 23.17/171/17
○王莽以來常空 23.17/171/23
義○稱黎邱大將軍 23.19/172/11
戎○稱掃地大將軍 23.19/172/12
詔書（今）〔令〕功臣家○記功狀 24.14/174/1
不得○增加 24.14/174/1
或○道先祖形貌表相 24.14/174/1
竊不○量 24.90/179/26
○執事之吏 24.92/180/6

字 zì 223

取具文○而已 1.1/6/18
古今文○ 3.5/22/8
○猛 6.9/38/3
縯○伯升 7.1/38/10
（宏）〔弘〕○孺孫 7.5/40/3
梁○季少 7.6/40/7
喜正文○ 7.18/45/3
鄧禹、○仲華 8.1/46/5
鄧訓○平叔 8.2/47/10
鄧陟、○昭伯 8.4/48/12
鄧悝、○叔昭 8.5/48/19
鄧弘、○叔紀 8.6/48/26
鄧閶、○季昭 8.7/49/12
鄧豹、○伯庠 8.8/49/24
吳漢、○子顏 8.10/50/7
○君文 8.11/51/9
賈宗、○武孺 8.12/51/24
耿弇、○伯昭 8.14/52/12
耿國、○叔憲 8.15/53/20
耿秉、○伯初 8.16/53/24
耿恭、○伯宗 8.17/54/3
馮異、○公孫 9.4/56/17
朱（祐）〔祜〕、○仲先 9.6/58/9
祭彤、○次孫 9.8/60/3
蓋延、○巨卿 9.11/61/3
銚期、○次況 9.12/61/17
耿純、○伯山 10.1/62/5
臧宮、○君翁 10.2/62/16
堅鐔、○子皮 10.10/64/8

任光、○伯卿 10.12/65/5
任隗、○仲和 10.13/65/11
李忠、○仲都 10.14/65/17
邳彤、○偉君 10.16/66/7
劉歆、○細君 10.18/66/19
劉嘉、○共仲 10.19/66/23
竇固、○孟孫 10.23/68/9
卓茂、○子康 10.26/69/7
來歙、○君叔 11.2/70/17
樊重、○君雲 11.3/71/10
樊宏、○靡卿 11.4/71/18
樊鯈、○長魚 11.5/71/27
樊梵、○文高 11.6/72/6
樊準、○幼陵 11.7/72/11
張歆（○）〔守〕皋長 11.9/73/3
陰興、○君陵 11.14/74/13
馬援○文淵 12.1/75/5
況○（君）〔長〕平 12.1/75/6
余○聖卿 12.1/75/7
員○季主 12.1/75/7
天下反覆自盜名○者不
　可勝數 12.1/75/21
書「伏」○ 12.1/76/13
「皋」○爲「白」下
　「羊」 12.1/76/13
薦曉古文○者 12.1/76/15
馬防、○公平 12.3/77/17
馬光、○叔山 12.4/78/13
故以客卿○焉 12.5/78/25
馬嚴、○威卿 12.6/79/3
馬棱、○伯威 12.8/79/24
梁商、○伯夏 12.11/81/10
伏盛、○伯明 13.2/83/7
伏恭、○叔齊 13.3/83/11
侯霸、○君房 13.5/83/19
韓歆、○翁君 13.7/84/19
張湛、○子孝 13.10/85/12
杜林、○伯山 13.11/85/21
張純、○伯仁 13.12/87/11
○稚通 13.12/87/23
馮勤、○偉伯 13.13/88/3
馮魴、○孝孫 13.14/88/16
趙憙、○伯陽 13.16/89/3
鮑永、○君長 14.2/90/15
鮑昱、○文淵 14.3/91/17
田邑、○伯玉 14.4/91/27
馮衍、○敬通 14.5/92/22
馮豹、○仲文 14.6/94/6
丁綝、○幼春 15.1/94/24
丁鴻、○孝公 15.2/95/6
王丹、○仲回 15.5/96/14
王良、○仲子 15.6/97/3
申屠剛、○巨卿 15.7/97/12
郅惲、○君章 15.8/97/20
郭伋、○細侯 15.9/98/17
杜詩、○君公 15.10/99/3
孔奮、○君魚 15.11/99/12
張堪、○君游 15.12/99/23
茨充、○子河 15.14/100/12
任延、○長孫 15.15/100/22
樊曄、○仲華 15.17/101/11
班固、○孟堅 16.2/102/13
班超、○仲升 16.3/102/21
鄭衆、○仲師 16.6/104/18
桓榮、○春卿 16.9/105/13
桓典、○公雅 16.13/107/11
桓礹○文林 16.14/107/18
桓譚、○君山 16.16/108/3
劉昆、○桓公 16.17/108/18
劉軼、○君文 16.18/109/3
洼丹、○子玉 16.19/109/7
戴憑、○次仲 16.20/109/11
牟長、○君高 16.21/109/23
尹敏、○幼季 16.22/110/3
其中多近鄙別○ 16.22/110/4
慮素有名（○）〔稱〕
　16.22/110/6
高詡、○季回 16.23/110/13
甄宇、○長文 16.25/110/24
張玄、○君夏 16.26/111/7
溫序、○次房 16.30/111/25
劉茂、○子衛 16.32/112/16
索盧放、○君陽 16.33/112/21
朱勃、○叔陽 16.34/112/28
倪萌、○子明 16.41/114/25
汝南王琳○巨尉 16.43/115/8
蔡順、○君仲 16.44/115/13
逄萌、○子慶 16.46/115/23
嚴光、○子陵 16.48/116/11
閔貢、○仲叔 16.49/116/15
周黨、○伯況 16.50/116/26
井丹、○大春 16.51/117/8
耿嵩、○文都 16.52/117/12
虞延、○子大 17.1/117/20
郭丹、○少卿 17.2/118/3
周澤、○穉都 17.3/118/16
牟融、○子優 17.4/118/23
魏應、○君伯 17.6/119/7
劉般、○伯興 17.7/119/12
劉愷、○伯豫 17.8/119/18
郭賀、○喬卿 17.9/119/27
吳良、○大儀 17.10/120/5
劉平、○公子 17.11/120/19
宋均、○叔庠 17.14/122/7
鮭陽鴻、○孟孫 17.16/122/20
楊政、○子行 17.17/122/24
薛漢、○子公 17.18/123/7
郇恁、○君大 17.19/123/12
姜詩、○士遊 17.22/124/5
趙孝、○長平 17.23/124/12
魏譚、○少閒 17.24/124/27
李善、○次孫 17.25/125/9
第五倫、○伯魚 18.1/125/19
桓虞、○伯春 18.2/126/25
鄧彪、○智伯 18.3/127/3
會稽鄭弘、○巨君 18.4/127/11
朱暉、○文季 18.6/127/21
韋豹、○季明 18.8/128/20
鄭均、○仲虞 18.10/129/7
廉范、○叔度 18.12/129/25
王阜、○世公 18.13/130/13
秦彭、○國平 18.14/130/27
玄賀、○文弘 18.15/131/9
曹褒、○叔通 18.16/131/14
賈逵、○景伯 18.17/131/22
江革、○次翁 18.18/132/3
召馴、○伯春 18.19/132/11
李育、○元春 18.20/132/16
杜安、○伯夷 18.21/132/21
杜篤、○季雅 18.23/133/7
趙勤、○益卿 18.26/133/25
淳于恭、○孟孫 18.28/134/13
○之曰德耀 18.29/135/3
高鳳、○文通 18.30/135/14
郭鳳、○君張 18.31/135/22
張酺、○孟侯 19.1/136/5
韓棱、○伯師 19.2/137/3
巢堪、○次朗 19.3/137/9
魯恭、○仲康 19.4/137/13
魯丕、○叔陵 19.5/138/3
陳寵、○昭公 19.7/138/18

尹勤、〇叔梁 19.9/139/8

何熙、〇〔子〕溫 19.10/139/13

魏霸、〇喬卿 19.11/139/18

應順、〇華仲 19.12/140/3

應劭、〇仲遠 19.14/140/12

鄭璩、〇平卿 19.15/140/16

樂恢、〇伯奇 19.16/140/22

黃香、〇文彊 19.22/142/7

黃瓊、〇世英 19.23/142/24

黃琬、〇子琰 19.24/143/3

張霸、〇伯饒 19.25/143/7

周紆、〇文通 19.26/143/13

司馬均、〇少賓 19.28/143/25

汝郁、〇叔異 19.29/144/3

張表、〇公儀 19.30/144/9

鄭眾、〇季產 19.32/144/21

楊震、〇伯起 20.2/145/5

楊賜、〇伯獻 20.4/145/20

汝南薛苞、〇孟常 20.6/146/9

馮良、〇君郎 20.7/146/15

蔡倫、〇敬仲 20.9/146/25

龐參、〇仲達 20.10/147/3

李固、〇子堅 20.11/147/10

周舉、〇宣光 20.14/147/24

吳祐、〇季英 20.17/148/12

祝良、〇邵平 20.18/148/24

孫程、〇稚卿 20.23/149/18

段熲、〇紀明 21.8/151/24

張奐、〇然明 21.11/153/3

陽球、〇方正 21.12/153/13

趙咨、〇文楚 21.13/153/20

荀曇、〇元智 21.14/153/27

范丹、〇史雲 21.17/154/14

韓卓、〇子助 21.18/154/19

趙溫、〇子柔 21.22/155/9

蔣疊、〇伯重 21.29/156/15

雍僑、〇長魚 21.34/157/12

蔣翊、〇元卿 21.37/157/25

宗慶、〇叔平 21.38/157/29

郇刪、〇次孫 21.39/158/3

翟歆、〇敬子 21.46/159/3

羊融、〇子優 21.52/159/28

沈豐、〇聖達 21.54/160/7

蕭彪、〇伯文 21.55/160/13

陳囂、〇君期 21.56/160/18

〇少君 22.1/160/24

劉玄、〇聖公 23.1/164/18

琅琊人樊崇、〇細君 23.6/166/24

同郡東莞人逢安、〇少子 23.6/166/24

東海臨沂人徐宣、〇驕稚 23.6/166/24

謝祿、〇子奇 23.6/166/25

盧芳、〇君期 23.9/168/3

彭寵、〇伯通 23.11/168/15

隗囂、〇季孟 23.16/169/25

公孫述、〇子陽 23.17/170/23

延岑、〇叔牙 23.18/172/6

恣 zì 6

畏懦〇縱 2.2/15/15

〇得〔收〕捕 2.3/16/23

〔五侯〕暴〇日甚 3.5/22/7

奢侈〇欲 7.11/42/9

詘其驕〇之節也 13.11/86/17

憲擅權驕〇 16.38/114/10

眥 zì 1

抉目〇於門閭 12.10/80/21

宗 zōng 110

父為〇卿師 1.1/2/4

禋于六〇 1.1/4/21

〇祀文王以配上帝 1.1/5/9

〇祀高祖以配上帝 1.1/5/10

禹〇室子孫 1.1/7/11

其上尊號曰中〇 1.1/8/10

太〇識終始之義 1.1/8/26

〔上〕〇祀光武皇帝于明堂 2.1/11/26

有司奏上尊號曰顯〇 2.1/13/22, 5.5/32/7

廟與世〇廟同而祠 2.1/13/22

泰山至于岱〇 2.2/14/18

高〇之極（至）〔致〕也 2.2/15/26

肅〇兼茲四德 2.2/15/27

〇祀五帝于明堂 2.3/16/22

廟曰穆〇 2.3/17/10

皇太后率大臣命婦謁〇廟 3.1/18/24

〔廟曰敬〇〕 3.2/20/27

臣請上尊號曰敬〇廟 3.2/21/2

如祖〇故事 3.2/21/3

任奉〇廟 3.5/21/25

〇廟樂 5.4/28/17

典辟雍、饗射、六〇、社稷之樂 5.4/28/20

用乎〇廟、社稷 5.4/28/22

修復〇廟 5.5/29/11

宜登封岱〇 5.5/29/12

高〇久勞 5.5/29/21

〇廟不祀 5.5/29/23

興復祖〇 5.5/29/24

功德盛于高〇、（宣）〔武〕王 5.5/29/24

明帝〇祀五帝于明堂 5.5/30/9

復祠六〇 5.5/30/11

六〇廢不血食 5.5/30/11

由是遂祭六〇 5.5/30/12

〇廟各奏其樂 5.5/31/4

比放三〇誠有其美 5.5/31/22

猶宜有所〇之號 5.5/31/23

〇廟至重 5.5/31/23,13.11/86/8

〇有德 5.5/31/26

宜上尊號曰顯〇 5.5/31/26

不當與世（祖）〔〇〕廟《盛德》之舞同名 5.5/32/2

皇太后入〇廟 5.5/32/15

制長冠以入〇廟 5.6/32/22

今祭明堂〇廟 5.6/32/25

〇族外內皆號曰「諸生」 6.5/36/15

不足以奉〇廟 6.5/36/17

伯升部將〇人劉稷 7.1/38/19

顯〇之在東宮 7.3/39/10

賈〇、字武孺 8.12/51/24

〇性方正 8.12/52/1

上美〇既有武節 8.12/52/2

耿恭、字伯〇 8.17/54/3

〇族會郡縣給費 9.4/57/10

顯〇嘉其功 9.8/60/7

純與從昆弟訢、宿、植共率〇（施）〔族〕賓客二千餘人 10.1/62/7

純兄歸燒〇家廬舍 10.1/62/9

恐〇人賓客 10.1/62/9

收太守〇廣及忠母妻子

10.14/65/21
誠不敢內顧○親 10.14/65/25
賑施○族 10.23/68/13
後肅○駕出過園 10.24/68/17
○族皆怒 11.1/70/8
與同郡張○、上谷鮮于褒不相好 11.14/74/16
會百官於○廟 12.1/75/15
顯○詔嚴留仁壽闥 12.6/79/7
肅○初立 12.6/79/11
蒙○不幸兮 12.10/80/24
○虞氏之俊乂 12.10/80/25
明當尊用祖○之故文章也 13.11/86/9
懷姓九○分唐叔 13.11/86/16
以稍弱六國强○ 13.11/86/18
顯○不許 13.16/89/18
16.10/106/16
肅○即位 13.16/89/19
19.32/144/21
仁者、百行之○ 14.2/91/10
能夷舒○者予也 14.4/92/15
肅○詔鴻與太常樓望、少府成封、屯騎校尉桓郁、衛士令賈逵等 15.2/95/13
至於岱○ 15.2/95/18
二祖四○ 15.2/95/19
其如社稷○廟何 15.8/98/8
顯○即位 16.9/106/5
○族在兵中 16.52/117/13
○家數百人 16.52/117/13
○人少長咸共推之 16.52/117/14
○正劉匡對曰 17.2/118/12
故多以○室肺腑居之 17.7/119/13
拜爲○正 17.7/119/14
顯○巡狩 17.9/119/27
永平三年爲○正 17.11/120/25
顯○時 17.13/121/23
顯○聞其行 17.23/124/21
與（東）〔同〕郡○武伯、翟敬伯、陳綏伯、張弟伯同志好 18.3/127/4
肅○敬重之 18.10/129/12
○族五人同爲二千石 18.14/130/27
顯○以酬授皇太子業 19.1/136/7
○親共異之 19.29/144/4
○人親厚節會飲食宴 19.30/144/10
欲吾擊强○也 20.10/147/5
爲儒者所○ 20.14/147/24
汝南太守○資 21.6/151/15
○慶、字叔平 21.38/157/29
男女皆以「○」爲名 21.38/157/29
赤眉欲立○室 23.5/166/11
乃立高祖、太○之廟 23.16/170/1
垣副以漢中亭長聚衆降○成 23.17/170/24
○廟迭毀議奏 24.91/180/1
取《賢傳》○廟事（置）〔寘〕其中 24.91/180/2
下○廟儀及齋令 24.92/180/7

綜 zōng 2

莫不貫○ 16.12/107/5
○邪流藩 22.4/162/27

蹤 zōng 1

○優（佫）〔路〕仁 22.4/163/18

總 zǒng 4

至于○角 2.3/16/5
但○大體而已 12.1/76/5
○大綱而已 16.3/104/5
○錄尚書事 21.1/150/18

縱 zòng 18

○兵大掠 1.1/7/9
一旦放兵○火 1.1/7/10
畏懦恣○ 2.2/15/15
○橫爲亂 3.5/22/6
復○生口令歸 8.14/52/25
肆心○欲 8.17/54/13
更始諸將○橫虐暴 9.4/56/20
若○賊不誅 10.14/65/23
賓客放○ 11.9/73/5
援哀而○之 12.1/75/10
令得復昌熾○橫 13.11/86/26
時將軍蕭廣放○兵士 15.10/99/3
哀○汝 17.24/125/1
可哀○也 17.24/125/2
邊郡吏多放○ 18.13/130/19
《五經》○橫周宣光 20.14/147/24
○子無恥 20.17/148/16
大司馬○之 23.1/165/10

鄒 zōu 2

爲○縣令 18.4/127/11
○穀獨無災 18.4/127/11

騶 zōu 3

○騎馳出召入 1.1/6/19
敕○臨朝乃告 11.4/71/21
憲遣奴○帳下吏李文迎錢 18.13/130/21

走 zǒu 28

鬬雞○馬 1.1/1/17
漢兵反○ 1.1/2/19,10.9/64/3
奔○赴水溺死者以數萬 1.1/3/8
○出視之 1.1/3/11
以兵○幽州 1.1/5/16
囂○入城 1.1/6/24
武陽以東小城營皆奔○降 1.1/7/5
敗○ 8.1/47/1
棄輜重○ 8.1/47/3
前烏桓吏士皆奔○道路 8.2/48/3
飛鷹○狗 8.17/54/14
異擊○朱鮪 9.4/57/3
反○上回谿阪 9.4/57/13
延岑敗○ 9.6/58/12
○出魚門 9.11/61/4
永軍反○ 9.11/61/5
囂衆潰○ 11.2/70/26
乃亡○ 13.16/89/7
使前○數十步 14.2/91/4
奔○馬頭前 14.2/91/6
趨○俯伏 16.16/108/5
皆流血奔○ 16.46/115/28
奔○逃難 17.11/120/20
不〔得〕遠○ 19.21/142/1

光○出門　20.24/150/4
言畢奔○　21.13/153/22
○馬驪橐駝　22.3/161/9

奏 zòu　86

上○曰　1.1/4/14,15.2/95/17
有司○議曰　1.1/5/11
遣吏上○言　1.1/5/14
詔群臣○事無得言「聖人」　1.1/6/16
○詣闕　1.1/6/18
有司○封禪　1.1/9/10
群臣復○、宜封禪　1.1/9/13
無遣吏及因郵○　1.1/9/24
群臣○諡曰光武皇帝　1.1/9/24
州郡各遣使○其事　2.1/11/9
長水校尉樊鯈○言　2.1/11/21
○《鹿鳴》　2.1/12/32
有司○上尊號曰顯宗　2.1/13/22, 5.5/32/7
有司○言　3.2/20/29
露布○可　3.2/21/3
即可其○　3.6/23/9
陳行相師遷○　3.6/23/14
王大食則命○鐘鼓　5.4/28/19
各以其月祀而○之　5.4/29/3
群臣○言　5.5/29/15
傅○左帷　5.5/29/16
有司復○《河》《雒》圖記表章赤漢九世尤著明者　5.5/29/20
太常○儀制　5.5/30/1
匡衡○立北郊　5.5/30/11
公卿○議世祖廟登歌《八佾》舞（功）名　5.5/31/3
宗廟各○其樂　5.5/31/4
太尉憙等○　5.5/31/25
○《武德》、《文始》、《五行》之舞　5.5/31/27
上以公卿所○明德皇后在世祖廟坐位駁議示東平憲王蒼　5.5/32/11
有司○〔請〕立長秋宮　6.2/34/14
誣○貴人使婢爲蠱道祝詛　6.3/36/1
相國舉○　7.4/39/25
刺史舉○　7.7/40/19
大鴻臚○遣發　7.12/43/11
有司○議以武爲諡　8.10/51/5
並上○勸上立　9.4/57/4
○置《五經》大夫　9.7/59/17
臨薨○焉　11.5/72/2
未嘗被○　11.6/72/7
條○其狀　12.1/76/8
書○　12.1/76/11,18.17/131/25
○可　12.1/76/15
○曰　12.1/76/25
司隸校尉梁松○特進弟防、光、廖、〔廖〕子豫　12.2/77/12
其○言　12.3/77/20
○《雅》《頌》之音　12.3/78/4
○罷鹽官　12.8/79/24
純○曰　13.12/87/14
永劾○良曰　14.2/91/3
昱○定《詞訟》七卷　14.3/91/22
數○記於禹　14.5/93/1
豹每○事未報　14.6/94/7
侍中淳于恭○上　15.2/95/14
輒令榮於公卿前敷○經書　16.9/105/15
前後○記數十　16.38/114/11
博士范升○曰　16.50/117/2
有司○請絕國　17.8/119/19
有司復○之　17.8/119/19
上得○　17.13/121/15
或民○記言便宜　18.1/126/20
州○免官　18.6/128/9
遣吏○記陳罪　18.26/134/1
熒惑○事太微　19.1/136/16
故州牧刺史入○事　19.1/136/16
故時止（弗）〔勿〕○事　19.1/136/17
可令○事如舊典　19.1/136/18
前後所○　19.8/139/3
爲憲所○免　19.20/141/21
每用○議　19.22/142/17
有司○君年體衰羸　20.1/144/29
元興元年○上之　20.9/146/26
遂○糞　20.15/148/4
有司○光欺詐主上　20.24/150/7
帝得○　21.4/151/6
尙書令王允○曰　21.21/155/3
○議可觀　21.29/156/15
○言大豪　22.5/164/4
後涼州刺史○林贓罪　22.5/164/6
見常侍○事　23.1/165/8
朱浮密○寵　23.11/168/17
奈何爲人所○　23.11/168/18
宗廟迭毀議○　24.91/180/1
臣以爲宜集舊事儀注本○　24.94/180/12

租 zū　11

嘗爲季父故舂陵侯訟逋○于大司馬嚴尤　1.1/1/18
時宛人朱祜亦爲舅訟○于尤　1.1/1/19
復南頓田○一歲　1.1/8/11
○穀百萬　2.1/13/28
食○稅　3.2/20/18
吏强責○　7.7/40/17
○入倍諸王　7.8/41/5
增歲○十餘萬斛　12.8/80/1
每○奉到及兩宮賞賜　12.11/81/14
而悉以○入與之　16.10/106/16
國○適到　18.26/133/25

足 zú　59

乃遂令輕○將書與城中諸將　1.1/3/5
獨言朝廷以爲我縛賊手○矣　1.1/7/4
前以用度不○　1.1/8/20
《易》鼎○象三公　2.1/12/23
財○祠祀　2.1/13/8
三○烏集沛國　2.2/15/3
代郡高柳烏子生三○　2.2/15/5
鳳凰見百三十九、麒麟五十二、白虎二十九、黃龍三十四、青龍、黃鵠、鸞鳥、神馬、神雀、九尾狐、三○烏、赤烏、白兔、白鹿、白燕、白鵲、　2.2/15/20
自陳不○以當大位　6.1/34/1
不○以奉宗廟　6.5/36/17
天下不○定也　8.1/46/14

卿言天下不○定 8.1/46/17
弘常居業給○ 8.6/49/4
則側○屏息 8.10/50/15
吏士不○ 8.10/51/2
倒戟橫矢不○以明喻 8.14/52/19
寇恂文武備○ 9.1/54/23
願受南陽五百戶○矣 9.6/58/13
臥以鎮之○矣 9.10/60/25
不○以制也 10.2/62/17
小縣何○貪乎 10.7/63/17
何所措其手○乎 10.26/69/18
家自富○ 11.1/70/8
○下推忠誠 11.2/70/21
何○以喜 11.2/70/24
家人居不○贍 11.8/72/22
見家用不○ 12.1/75/8
因說囂側○而立 12.1/76/1
何○相煩 12.1/76/6
但取衣食○ 12.1/76/18
故衣裘裁○卒歲 12.11/81/13
實○以先後王室 13.1/83/1
名○以光示遠人 13.1/83/1
亦○以消散其口 13.11/86/22
蔓延無○ 13.11/86/25
不○以償不訾之身 13.13/88/9
○下所以堅不下者 14.2/90/23
不知厭○ 14.4/92/11
舉○遇害 14.4/92/12
則○以顯聲譽 14.5/93/28
○多剖裂 15.14/100/14
○以備有餘 16.3/103/12
求人之儉約富○ 16.16/108/6
常稱老氏知○之分也 16.25/111/2
○富十世 16.35/113/16
以貢爲不○耶 16.49/116/18
家給人○ 17.10/120/7
不能家給人○ 17.10/120/8
寧爲家給人○耶 17.10/120/9
寧○爲不家給人○耶 17.10/120/9
鳥舉○垂翼 18.13/130/18
民食不○ 19.4/137/24
鼎○之任不可以缺 20.1/145/1
裁○以修三驅之禮 20.4/145/25
○履龜文 20.11/147/10
○下欲承天順民 23.16/169/25
其弊猶○以霸 23.16/170/11
人苦不知○ 23.16/170/14

卒 zú 65

年九歲而南頓君○ 1.1/1/14
○萬餘人降之 1.1/4/10
是日倉○ 2.4/17/19
有始有○ 3.2/21/1
遭世倉○ 6.3/35/21
遂被譖暴○ 6.3/36/1
早○ 6.7/37/16
○ 7.5/40/3,16.31/112/12
病筋攣○ 7.6/40/7
仁○ 7.7/40/15
訓○ 8.2/48/2
攻之未可○下 8.14/53/1
○必多死傷 8.14/53/1
士○皆樂爲死 8.16/53/25
彭發桂陽、零陵、長沙委輸櫂○ 9.2/56/7
賞賜與士○ 9.7/59/13
常爲士○先鋒 9.8/60/5
及彤○ 9.8/60/8
○有不同 10.1/62/10
與士○共勞苦 10.10/64/9
以彤爲○正 10.16/66/7
倉○時以備不虞耳 10.21/67/11
上稱江夏○史 11.1/70/6
○官 11.9/73/6,19.4/137/13
○於師 12.2/77/9
父余○時 12.6/79/3
○暴誅於兩觀 12.10/80/20
六卿○强 12.10/80/23
故衣裘裁足○歲 12.11/81/13
不可○改 13.11/86/8
林以爲倉○時兵擅權作威 13.11/86/12
成王深知其終○之患 13.11/86/15
○爲傭賃 13.11/86/22
○無德能 13.11/86/24
病○ 14.4/92/18
難以應○ 14.5/93/23
然後簡精銳之○ 14.5/93/26
及綝○ 15.2/95/8
湛○ 15.2/96/1
浮○ 15.2/96/1
難○以力制 15.9/98/23
會病○ 15.10/99/7
省諸○ 15.15/100/25
年七十四○官 15.16/101/6
令○前所續《史記》 16.2/102/17
榮遭倉○困厄時 16.9/106/2
桓榮○ 16.10/106/16
夫俗難○變 16.16/108/7
道病○ 16.16/108/11
○當從汝稟學 16.34/113/1
勃○自親 16.34/113/2
○於家 16.38/114/12
遭歲倉○ 16.41/114/25
禮○ 17.23/124/22
及況○ 18.6/127/26
至其日而○ 18.31/135/23
昔歲倉○時 19.7/138/25
後○ 21.2/150/23
○見衆拜 23.5/166/13
士○多凍死 23.6/167/1
乃發○來 23.18/172/7
止行過肅名趙李時銓不○ 24.68/177/27
○欲寢伏儀下 24.90/179/26

族 zú 23

親密九○ 2.1/11/15
親愛九○ 2.2/14/4
朝無寵○ 2.3/17/12
非此○也 5.5/30/16
以貴人名○ 6.3/35/26
宗○外內皆號曰「諸生」 6.5/36/15
蓋聞堯舜九○ 7.20/45/11
宗○會郡縣給費 9.4/57/10
純與從昆弟訢、宿、植共率宗（施）〔○〕賓客二千餘人 10.1/62/7
不降者滅○ 10.16/66/9
賑施宗○ 10.23/68/13
宗○皆怒 11.1/70/8
爲○滅之計 11.2/70/22
故以殷民六○分伯禽 13.11/86/16
七○分康叔 13.11/86/16
將軍內施九○ 13.11/87/3
疏其父○ 14.4/92/14
已收三○ 14.4/92/15
支庶用其謚立○命氏焉 16.9/105/13

嘗與○人桓元卿俱捃拾 16.9/106/2
宗○在兵中 16.52/117/13
宗○五人同爲二千石 18.14/130/27
光武○兄也 23.1/164/18

阻 zǔ 5

尙可爲○ 10.11/64/18
然上以略陽、囂所依○ 11.2/70/24
退○營塹 11.2/71/3
不宜遠入險○ 12.1/75/24
○蘇邪犂 22.4/163/12

俎 zǔ 4

不忘（王室）〔○豆〕 9.7/59/18
陳鼎○ 12.3/78/7
以素木刳瓠葉爲○豆 16.17/108/19
○豆犧牲 17.1/117/22

祖 zǔ 94

比之高○兄仲 1.1/1/27
高○〔因秦〕以十月爲正 1.1/5/4
漢劉○堯 1.1/5/10
宗祀高○以配上帝 1.1/5/10
無郊其五運之○者 1.1/5/11
高○赤龍火德 1.1/5/12
當以高○配堯之後 1.1/5/12
以皇○皇考墓爲昌陵 1.1/5/19
使司空馮魴告祠高○廟曰 1.1/9/18
廟曰世○ 1.1/9/24
〔追封〕外○樊重爲壽張侯 1.1/10/6
世○之中子也 2.1/11/5
世○以赤色名之曰陽 2.1/11/6
世○見陳留吏牘上有書曰 2.1/11/10
世○怒 2.1/11/11
世○曰 2.1/11/12
世○令虎賁詰問 2.1/11/13
世○異焉 2.1/11/14
世○愈珍帝德 2.1/11/15
世○崩 2.1/11/18
（祫）〔祫〕祭于世○之堂 2.1/13/22
世○閔傷前世權臣太盛 2.1/13/24
以繼○考 2.2/15/27
高○功臣 2.3/16/15
如○宗故事 3.2/21/3
武騎都尉樊演高○父重 3.5/22/19
○父茂封冠軍平望鄉侯 3.5/22/19
○考來假 5.4/28/18
先○是聽 5.4/28/18
以御田○」者也 5.4/28/22
興復○宗 5.5/29/24
公卿奏議世○廟登歌《八佾》舞（功）名 5.5/31/3
世○廟樂名宜曰《大武》之舞 5.5/31/9
禮、○有功 5.5/31/25
四時祫食于世○廟 5.5/31/26
今孝明皇帝主在世○廟 5.5/32/1
不當與世（○）〔宗〕廟《盛德》之舞同名 5.5/32/2
祫食世○ 5.5/32/7
上以公卿所奏明德皇后在世○廟坐位駁議示東平憲王蒼 5.5/32/11
繩其○武 5.5/32/13
于世○廟與皇帝交獻薦 5.5/32/15
敞曾○節侯買 7.7/40/13
及○廟登歌《八佾》舞數 7.12/42/18
蒼因上《世○受命中興頌》 7.12/42/26
於是車駕○送 7.12/43/13
立高○之業 8.1/46/13
更始使侍御史黃黨即封世○爲蕭王 8.14/52/12
延令沛修高○廟 9.11/61/6
因齋戒（祝）〔祠〕高〔○〕廟 9.11/61/6
王霸○父爲詔獄丞 10.11/64/13
忠發兵奉世○ 10.14/65/17
自○至孫 10.22/68/4
曾○父隆 11.1/70/5
○父勳 11.1/70/5
〔新野〕吏乃燒晨先○祠堂 11.1/70/7
世○見歙 11.2/70/17
世○即位 11.3/71/13
遠○以吏二千石自邯鄲徙茂陵成歡里 12.1/75/5
曾○父通生賓 12.1/75/5
同符高○ 12.1/75/22
車丞相高○園寢郎 12.1/75/23
梁與秦同○ 12.9/80/6
統高○父子都 12.9/80/6
○聖道而垂典兮 12.10/81/1
追命外○ 12.10/81/5
明當尊用○宗之故文章也 13.11/86/9
合食入太○廟 13.12/87/15
曾○揚 13.13/88/3
惟勤○偃長不滿七尺 13.13/88/4
乃歸世○ 14.4/92/1
世○遣騎都尉弓里游、諫大夫何叔武 14.4/92/1
曾○父奉世徙杜陵 14.5/92/22
○野王生座 14.5/92/22
繼高○之休烈 14.5/93/11
皇天○禰 15.2/95/9
二○四宗 15.2/95/19
暉與世○有舊 15.17/101/11
世○嘗於新野坐文書事被拘 15.17/101/11
世○聞而奇之 17.1/117/20
世○中興 18.3/127/3
暉外○父孔休 18.6/127/22
○父客死蜀、漢 18.12/129/25
世○詔諸儒誅之 18.23/133/8
篤外高○辛武賢 18.23/133/9
○父充 19.1/136/5
曾○父咸 19.7/138/18
曾○香、○瓊 19.24/143/3
西羌○爰劍爲秦所奴隸 22.5/164/3
乃立高○、太宗之廟 23.16/170/1
漢○無有前人之迹、立錐之地 23.17/171/13
或自道先○形貌表相 24.14/174/1
孝明立世○廟 24.92/180/5
以明再受命○有功之義 24.92/180/5

詛 zǔ 1

誣奏貴人使婢爲蠱道祝○ 6.3/36/1

纂 zuǎn 1

可封禹爲○侯 8.1/46/20

纘 zuǎn 1

孝質皇帝諱○ 3.4/21/15

最 zuì 10

在家何業○樂 7.12/42/22
爲善○樂 7.12/42/22,7.12/42/25
詔問東平王處家何等○樂 7.12/42/24
故吏○貧羸者舉國 8.2/47/19
漢爵位奉賜○尊重 8.10/51/3
宇因先自取其○瘦者 16.25/110/26
辭○高 18.23/133/8
盆子○幼 23.5/166/12
士馬○强 23.16/170/9

罪 zuì 48

減○一等 3.5/22/8
後世知吾○深矣 5.5/30/5
即時收令下獄抵○ 6.5/37/1
縣吏張申有伏○ 7.2/39/3
○責日深 8.5/48/21
欲○之 11.1/70/7
囚有重○ 12.1/75/10
嘗有死○亡命者來過 12.5/78/24
句踐○種兮 12.10/80/22
臣之○也 13.6/84/8
坐在汝南贓○ 13.8/84/26
是時三公多見○退 13.13/88/7
自知○深 14.1/90/4
雖以獲○ 14.2/91/9
豈敢拱默避○而不竭其誠哉 14.5/93/3
而後所舉者陷○ 15.5/96/25
實欽○也 15.8/98/2
皆以○過徙補邊 16.3/104/4
犯禁觸○ 16.6/104/20
相王吉以○被誅 16.13/107/11
不顧○戾 16.34/113/10
此皆何○而至於是乎 16.37/114/2
以爲○在督郵 17.1/117/23
貸御史○ 17.1/117/24
○重 17.13/122/1
○輕 17.13/122/1
當服重○ 17.17/122/26
被死○二人 18.1/126/21
未嘗以贓○鞠人 18.5/127/15
赦天下繫囚在四月丙子以前減死○一等 18.9/128/26
死○以下並蒙更生 18.9/129/1
臣以爲赦前犯死○而繫在赦後者 18.9/129/2
遣吏奏記陳○ 18.26/134/1
收兵謝○ 18.30/135/17
行○法 19.1/136/19
有○ 19.16/140/22
先遣吏到屬縣盡決○行刑 19.26/143/13
孝明永平始加撲○ 20.13/147/20
邱騰知○法深大 20.20/149/6
弘農五官掾杜衆傷其忠直獲○ 21.4/151/7
表言常侍王甫○過 21.12/153/13
乃收淚入言球○ 21.12/153/15
獲○詣獄 21.30/156/20
○法辭訟 21.54/160/7
後涼州刺史奏林贓○ 22.5/164/6
光武馳詣宛謝○ 23.1/165/1
犯小○ 23.7/167/6
○惡無狀 24.90/179/27

醉 zuì 4

奴○ 8.6/48/27
而吏士皆○ 9.1/55/11
大○而還 21.9/152/13
輒○不能見 23.1/165/7

尊 zūn 47

諸將議上○號 1.1/4/8
諸將上○號 1.1/4/11
諸將復請上○號 1.1/4/13
其上○號曰中宗 1.1/8/10
今上薄太后○號爲高皇后 1.1/9/19
太子襲○號爲皇帝 1.1/9/24
初讓○位爲貴人 2.1/11/8
始○事三老 2.1/11/28
有司奏上○號曰顯宗 2.1/13/22
5.5/32/7
○皇后鄧氏爲皇太后 2.4/17/19
北鄉侯即○位 3.2/19/25
山嶽○靈 3.2/20/8,20.19/148/29
臣請上○號曰敬宗廟 3.2/21/2
○皇后梁氏爲皇太后 3.3/21/8
好學○師 3.4/21/16
宜上○號曰顯宗 5.5/31/26
案○事神（祗）〔祇〕 5.6/32/24
欲授以○位 6.1/34/1
遂登至○ 6.2/34/15
欲○主安民者也 8.1/46/12
漢爵位奉賜最○重 8.10/51/3
有何○卑 8.11/51/12
因上○號 9.1/55/2
異遂與諸將定議上○號 9.4/57/7
王郎舉○號 10.1/62/5
○奉法度 11.11/73/23
追○貴人父睦爲宣恩侯 11.12/74/5
夫孝莫大于○○親親 12.10/81/5
位○德重 13.10/85/13
明當○用祖宗之故文章也 13.11/86/9
諦定昭穆○卑之義也 13.12/87/17
故正○卑之義也 13.12/87/18
懇上○號 14.1/90/1
召門候岑○ 14.2/91/2
又召候岑○詰責 14.2/91/4
宜知○帝城門候吏六百石 14.2/91/5
陛下○履蒸蒸 15.2/95/18
使己○寵 15.7/97/14
○榮以師禮 16.9/106/5
使得一○其母 18.10/129/11
○重聖業 19.6/138/10
而己獨○樂 19.11/139/20
王者至○ 20.3/145/16
因稱○號 23.17/171/10

樽 zūn 2

美陽得銅酒○ 2.2/15/5
中霸前酒○ 10.11/64/25

遵 zūn 41

景帝能○孝道 1.1/8/27
○奉建武之政 2.1/13/23
○履前制 3.2/21/1
○岱嶽之正禮 5.5/29/17
陛下以聖明奉○ 5.6/32/23
○履法度 7.9/41/28
鄧○ 8.9/49/28
○破諸羌 8.9/50/1
詔賜○金剛鮮卑緄帶一具 8.9/50/1
祭○以縣吏數進見 9.7/59/3
○格殺之 9.7/59/4
命收○ 9.7/59/4
今○奉法不避 9.7/59/5
當備祭○ 9.7/59/5
衆見○傷 9.7/59/7
○呵吏士 9.7/59/8
○遣護軍王忠皆持刀斧伐樹開道 9.7/59/8
幸○營 9.7/59/9
時○有疾 9.7/59/10
○獨留屯汧 9.7/59/11
○奉公 9.7/59/13
○病薨 9.7/59/14
○爲將軍 9.7/59/17
兵車軍陣送○葬 9.7/59/19
○廉潔奉公 9.7/59/21
哀念祭○不已 9.7/59/22
○無子 9.7/59/25
與景丹、祭○合擊蠻中 10.6/63/12
歙與征虜將軍祭○襲略陽 11.2/70/23
不○孝友 14.4/92/14
時河南太守同郡陳○ 15.5/96/16
○爲護喪事 15.5/96/17
○聞而有慚色 15.5/96/18
○爲大司馬護軍 15.5/96/18
○甚悅之 15.5/96/20
伏見前太尉西曹掾蔣○ 16.20/109/12
上即敕尚書解○禁錮 16.20/109/15
葉令雍霸及新野令皆不○法 18.26/133/28
不有○憲 20.19/149/2
陳○使匈奴 23.4/166/7
後嗣○儉 24.92/180/5

昨 zuó 1

○日得公孫豆粥 9.4/56/23

捽 zuó 1

奴乃○其妻頭 23.11/168/22

莋 zuó 1

○邪尋螺 22.4/162/27

筰 zuó 1

吏○馬萁汁飲之 8.17/54/8

左 zuǒ 54

○右有白大司馬史 1.1/8/4
○右皆泣 2.1/13/18
自○右近臣 2.3/17/12
其陳龍、○雄、朱寵、龐參、施延並遷公 4.1/25/6
傅奏○雄 5.5/29/16
獨○眉角小缺 6.2/34/11
○右旁人皆無薰香之飾 6.2/35/3
○右怪而問之 6.5/36/12
尹○還 6.5/37/1
○右憂惶 6.5/37/2
○右咸流涕 6.5/37/3
〔數〕因○右陳誠 7.8/41/4
上書表薦賢士○馮翊桓虞等 7.12/42/21
因令○右號禹曰鄧將軍 8.1/46/14
入侍○右 8.7/49/17
常在○右 8.10/50/14
拜○將軍 8.11/51/16
遂罷○右將軍 8.11/51/20
○右無知者 8.14/53/7
謂○右曰 9.1/55/9
異薦邑子銚期、叔壽、殷建、○隆等 9.4/56/17
期瞋目道○右大呼曰 9.12/61/18
以城門校尉轉○中郎將 10.2/62/20
○中郎將劉隆爲驃騎將軍 10.4/63/3
欲與君爲○右 10.7/63/17
○右皆惶 10.11/64/17
監羽林○騎 10.23/68/9
治《○氏春秋》 11.2/70/17
○右怪上數破大敵、今得小城 11.2/70/24
不離○右 11.5/71/27, 21.34/157/12
歆坐○遷爲汲令 11.9/73/5
屏翳○右 11.14/74/13
從司徒祭酒陳元受《○氏春秋》 12.6/79/6
表丹領○馮翊 15.5/96/21
故○遷芒長 15.8/98/11
焉耆王廣遣其○將北鞬支奉迎超 16.3/103/20
鄭興從博士金子嚴爲《○氏春秋》 16.5/104/14
《春秋○氏》有鼎事幾 16.6/104/21
光武興立《○氏》 16.8/105/9
顧○右曰 16.30/112/3, 17.1/117/25, 21.9/152/14
遷○中郎將 17.12/121/8
○右大驚 17.17/123/2
○遷即邱長 17.20/123/21
能講《○氏》及《五經》本文 18.17/131/22
使出《○氏》大義 18.17/131/25
聲動○右 19.10/139/14
香拜○丞 19.22/142/15
○陽脈 19.31/144/16
○開鴻池 20.4/145/25
尚書○雄諫帝曰 20.13/147/19
○右以戟叉其胸 20.23/149/22

佐 zuǒ 12

自三公下至○（使）〔史〕各有差 1.1/8/20
金與亭○孟常爭言 7.4/39/24
從書○假車馬什物 11.10/73/15
彼仲尼之○魯兮 12.10/80/19
樹名賢之良○ 14.5/93/28
臣問御○曰 15.14/100/16
御○對曰 15.14/100/16
鄉○發黨徭道 16.50/116/26
與鄉○相聞期鬬日 16.50/116/27
鄉○多從兵往 16.50/116/27
使鄉○先拔刀 16.50/116/27
鄉○服其義勇 16.50/116/28

作 zuò 95

笑帝事田○ 1.1/1/26
遂環昆陽城○營 1.1/2/24
耕○者少 1.1/5/23
諸生吏子弟及民以義助○ 1.1/5/27
當豫自○ 1.1/8/22
乃令陶人○瓦器 1.1/8/23
初○壽陵 1.1/8/25
將○大匠竇融上言 1.1/8/25
親自制○《五行章句》 2.1/12/2, 11.7/72/14
勞賜○樂 2.1/12/6
德洽○樂 2.1/12/14, 5.5/31/11
召校官子弟○雅樂 2.1/12/31
帝○壽陵 2.1/13/8
陵東北○廡 2.1/13/8
○倡樂 3.5/23/2, 10.11/64/24
竇憲○大將軍 4.1/24/15
大長秋、將○大匠、度遼諸將軍、郡太守、國傅相皆秩二千石 4.1/25/19
《易》所謂「先王以○樂崇德 5.4/28/16
黃帝岐伯所○ 5.4/29/1
○民父母 5.5/29/11
○《武德》之舞 5.5/31/5
如自立廟當○舞樂者 5.5/32/1
即不改○舞樂 5.5/32/2
孝明帝○蠙珠之佩 5.6/33/11
仕宦當○執金吾 6.1/33/24
伯升○攻城鬬車 7.1/38/12
伯升遂○之 7.1/38/13
明帝驛馬令○草書尺牘十首焉 7.3/39/16
○《五經通論》 7.9/41/28
上以所自○《光武皇帝本紀》示蒼 7.12/42/26
爲○傳誄 7.22/45/24
爲之○歌 8.2/47/24
還言方○攻具 8.10/50/16
不○祠堂 8.10/51/3
士眾○黃門武樂 9.7/59/9
始置將○大匠 10.13/65/11
忠更○新袍袴（解）〔鮮〕支小單衣襪而上之 10.14/65/18
環將○大匠、光祿勳 10.24/68/21
每○大發 11.5/72/1
善相馬者東門京鑄○銅馬法獻之 12.1/76/26
○大廬 12.2/77/13
令史官○頌 12.3/77/21
聖人○樂 12.3/78/3
時以○樂器費多 12.3/78/4
梁竦○《悼騷賦》 12.10/80/19
舉措動○ 12.11/81/10
案帝○誄曰 12.11/81/23
○平上軿車 12.12/82/4
林以爲倉卒時兵擅權○威 13.11/86/12
○威玉食 13.11/86/24
非狂人所造○ 15.8/97/21
造○水排 15.10/99/5
教民種○ 15.12/100/1
時人有上言班固私改○《史記》 16.2/102/15
具陳固不敢妄○ 16.2/102/15
桓公○伯 16.9/105/13
○《通論》七篇 16.19/109/7
讖書非聖人所○ 16.22/110/4
命工伐木○機紡車 16.40/114/21
意輒移屬縣使○徒衣 17.13/121/14
意出奉錢帥人○屋 17.13/121/19
爭赴趨○ 17.13/121/19
功○既畢 17.13/121/20
與婦傭○養母 17.22/124/5
歲歲○衣投於江中 17.22/124/6
○會稽郡 18.1/126/13
每上封自○草 18.1/126/19
即脫身出○ 18.10/129/8
禁民夜○以防火 18.12/130/2
將○大匠 18.16/131/17
使○《神雀頌》 18.17/131/24
願以身居○ 18.29/134/27
操○具而前 18.29/135/2
耕耘織○ 18.29/135/3
○詩曰 18.29/135/4
輒手筆○議 19.7/138/26
爲將○大匠 19.11/139/23
人自竭節○業 19.11/139/23
人爲○謠曰 19.21/141/28
舅龍鄉侯爲○衣被 19.22/142/10
及憲兄弟圖○不軌 19.32/144/23
右○上林 20.4/145/25
少○縣吏 20.7/146/15
典○尚方 20.9/146/26
造意用樹皮及敝布、魚網○紙 20.9/146/26
梁冀○平上軿車 20.15/148/3
饗賜○樂百戲 22.3/161/16
○者不能得 23.1/165/13
光武○飛宝箭以攻赤眉 23.6/167/2
令○記告城門將軍云 23.11/168/25
北裔寇○ 24.11/173/17
配乾○合 24.29/175/5

坐 zuò 77

○臥枕席有涕泣處 1.1/3/13
還○ 1.1/3/22
○者皆大笑 1.1/4/16
○席之間 1.1/6/6
以爲國家○知千里也 1.1/6/14
御○廡下淺露 1.1/8/4
○則功臣特進在側 1.1/9/3
○者莫不激揚悽愴 1.1/9/5
正○自講 2.1/12/2, 11.7/72/14
太子○廢爲濟陰王 3.2/19/25
司徒韓縯、司空孫朗並○不衛宮 3.5/22/7

白馬令李雲○直諫誅 3.5/22/10
上以公卿所奏明德皇后在世祖廟○位駁議示東平憲王蒼 5.5/32/11
不安○臥 6.2/35/8
○鬭車上 7.1/38/14
還白方○啗脯 7.4/39/21
獨○不樂 7.12/42/23
○私與梁扈通書 8.2/47/24
絕○ 8.3/48/8
復與段孝共○ 8.11/51/11
不得共○ 8.11/51/12
上起○曰 8.14/52/16
恭○將兵不憂軍事 8.17/54/13
岑起、元初中○事免 9.3/56/13
彰子普○鬭殺游徼 9.5/58/5
祭參○沮敗 9.9/60/13
後○事免 10.1/62/11
19.20/141/23
霸安○不動 10.11/64/25
○純母禮殺威弟季 10.15/66/3
孫述○與楚謀反 10.17/66/15
孫廣○楚事 10.20/67/5
○在諸將之右 11.2/71/1
歆○左遷爲汲令 11.9/73/5
（祖）〔但〕幘○ 12.1/75/18
光前○黨附（憲）〔竇〕憲 12.4/78/16
當○高堂 12.7/79/19
正朝服○府上 13.6/84/5
御○新施屏風 13.6/84/11
令主○屏風後 13.6/84/13
○在汝南贓罪 13.8/84/26
○殺人 14.1/90/11
上特詔御史中丞與司隸校尉、尚書令會同並專席而○ 15.3/96/5
故京師號曰「三獨○」 15.3/96/6
丹○免 15.5/96/25
○前守張禁多受遺送千萬 15.8/98/11
惲故○免 15.8/98/13
○遣客爲弟報讎 15.10/99/7
世祖嘗於新野○文書事被拘 15.17/101/11
○誅斬盜賊過濫 15.18/101/21
令榮○東面 16.9/106/5
○而分利 16.16/108/5
憑遂重○五十餘席 16.20/109/19
〔敏〕○繫免官 16.22/110/7
交阯太守○贓千金 17.13/121/23
○事繫獄 17.17/122/26
徑上床○ 17.17/123/1
○考長吏囚死獄中 18.6/128/9
爲吏○贓 18.10/129/9
○定而府檄到 18.27/134/9
常獨○止 18.29/134/22
俱○桑下 19.4/137/19
○徵詣廷尉 19.26/143/13
○贓自殺 21.5/151/11
奐安○帷中 21.11/153/6
○隴西太守鄧融免官 21.31/156/24
魏成曾孫純○訐訕 21.47/159/8
利取侯畢尋玄孫守○姦人妻 21.48/159/12
首鄉侯段普曾孫勝○殺婢 21.49/159/16
更始入便○黄堂上視之 23.1/165/1
乃令侍中○帷內與語 23.1/165/7
獨在便○室中 23.11/168/20
愈于○而滅亡 23.17/171/15
而○談武王之說 23.17/171/19
可○窮乎 23.17/171/27
廣漢○論爲鬼薪 24.72/178/8

阼 zuò 1

帝即○ 2.1/11/20

座 zuò 5

時復先在○ 9.1/55/11
祖野王生○ 14.5/92/22
○生行 14.5/92/23
惲於下○愀然前曰 15.8/97/30
虹晝見御○殿庭前 21.24/155/21

祚 zuò 3

國○中絕 2.4/17/24
基由其○ 13.11/86/6
復漢之○ 23.16/170/1

鑿 zuò 2

○山通路 15.13/100/7
○地求之 23.11/168/19

緦（音未詳） 1

邪毗○綃 22.4/162/4

蒩（音未詳） 1

捕○菌毗 22.4/163/27

附　　　錄

全書用字頻數表

全書總字數 = 74,103
單字字數 = 3,271

之	1281	長	225	遂	159	未	121	卿	99	殺	84	姓	71	述	63
爲	1005	字	223	常	158	師	120	稱	99	節	84	奴	70	進	63
以	991	皆	222	封	157	文	119	縣	99	過	84	非	70	獨	63
不	964	得	222	德	157	萬	118	親	99	方	83	破	70	客	62
曰	754	天	215	生	156	何	117	會	98	多	83	然	70	持	62
上	639	一	212	賜	156	成	116	還	98	來	83	擊	70	田	61
人	610	吏	212	從	154	更	116	位	97	嘗	83	已	69	州	61
其	503	侯	212	食	153	此	115	名	96	地	82	赤	69	遠	61
子	493	言	211	月	152	尙	115	孫	96	妻	82	延	69	徵	61
有	456	馬	209	東	152	郎	115	宮	96	善	82	病	69	舊	61
大	454	公	208	官	149	問	114	餘	96	九	81	鄉	69	邑	60
帝	447	平	208	司	147	建	113	永	95	京	81	劉	69	聖	60
年	418	兵	207	是	147	高	113	石	95	議	81	夜	68	鴻	60
中	411	百	201	士	145	知	112	作	95	歲	80	府	68	七	59
而	404	五	200	元	145	樂	112	經	95	八	79	春	68	足	59
太	380	詔	198	千	144	禮	111	六	94	用	79	號	68	忠	59
將	380	國	197	今	144	世	110	河	94	侍	79	氏	67	林	59
下	354	諸	196	當	142	宗	110	祖	94	定	79	敢	67	乘	59
王	342	臣	194	可	139	賊	110	義	94	內	78	寵	67	傳	59
也	334	數	193	光	139	去	109	學	94	政	78	屬	67	對	59
十	328	欲	191	四	137	功	108	正	93	坐	77	身	66	遷	59
所	324	後	190	道	137	史	108	夫	92	興	77	御	66	求	58
者	324	相	190	及	135	因	107	主	91	臨	77	望	66	風	58
書	293	郡	189	陵	135	死	106	白	91	心	76	置	66	陰	58
自	291	門	183	家	133	伯	105	弟	89	同	76	騎	66	援	58
與	287	行	182	民	131	歸	105	衆	89	通	76	我	65	收	57
于	284	明	182	孝	131	少	104	都	89	廟	76	卒	65	攻	57
陽	283	使	181	皇	131	北	103	先	88	黃	75	和	65	幸	57
無	274	故	180	尉	130	奉	103	宜	88	詣	75	法	65	舍	57
令	270	安	179	拜	128	謂	103	章	88	輒	75	威	65	徒	57
至	269	在	174	前	127	山	102	舉	88	居	74	恭	65	被	57
時	265	出	173	能	127	受	102	小	87	服	74	發	65	請	57
事	258	漢	172	聞	127	初	102	水	87	意	74	賢	65	志	56
三	250	城	171	遣	127	重	102	起	87	每	73	甚	64	制	56
軍	249	南	169	即	126	等	102	異	87	命	72	校	64	治	56
二	245	入	167	始	126	母	101	外	86	陳	72	盛	64	海	56
見	244	復	167	后	125	衣	101	奏	86	乎	71	絕	64	止	55
乃	243	如	164	君	125	西	101	立	85	兄	71	視	64	掾	55
守	234	車	163	於	125	朝	101	張	85	好	71	吾	63	左	54
武	226	日	159	父	124	里	100	降	84	到	71	金	63	伏	54

老	54	應	48	獄	43	容	39	驚	36	畢	32	連	29	呼	26
周	54	右	47	蒼	43	梁	39	但	35	祿	32	部	29	宛	26
信	54	祀	47	穀	43	許	39	兩	35	農	32	愼	29	苦	26
則	54	曹	47	戰	43	喪	39	室	35	賓	32	路	29	俱	26
禹	54	尊	47	錢	43	開	39	陛	35	賞	32	寧	29	草	26
焉	54	詩	47	讓	43	間	39	野	35	匹	31	輕	29	處	26
遺	54	盡	47	引	42	汝	38	傅	35	冬	31	薄	29	設	26
頭	54	關	47	手	42	色	38	備	35	交	31	饑	29	富	26
又	53	霸	47	布	42	或	38	報	35	杜	31	聽	29	策	26
留	53	分	46	印	42	除	38	齊	35	狀	31	隗	29	愛	26
貴	53	失	46	良	42	執	38	衛	35	氣	31	走	28	鼓	26
亭	52	各	46	度	42	說	38	篤	35	財	31	牧	28	歌	26
恩	52	矣	46	眉	42	聲	38	謀	35	授	31	畏	28	謝	26
群	52	刺	46	茂	42	願	38	古	34	期	31	郊	28	懼	26
嚴	52	固	46	疾	42	顯	38	本	34	飲	31	原	28	惲	26
共	51	物	46	祠	42	恂	38	雨	34	舞	31	單	28	穎	26
取	51	雖	46	惟	42	且	37	深	34	講	31	登	28	口	25
新	51	反	45	業	42	市	37	勞	34	避	31	虜	28	云	25
綬	51	比	45	營	42	耳	37	給	34	豐	31	達	28	勿	25
語	51	直	45	土	41	並	37	誠	34	友	30	疑	28	肉	25
廣	51	既	45	玉	41	爭	37	趙	34	代	30	駕	28	奇	25
丹	50	悉	45	李	41	夏	37	盧	34	扶	30	離	28	季	25
亦	50	喜	45	怒	41	教	37	黨	34	兒	30	譚	28	放	25
具	50	實	45	首	41	勤	37	力	33	奔	30	邯	28	俗	25
往	50	賢	45	益	41	葬	37	尺	33	青	30	刀	27	施	25
易	50	弘	44	超	41	圖	37	夷	33	便	30	兮	27	胡	25
桓	50	仲	44	輔	41	壽	37	次	33	厚	30	列	27	席	25
送	50	任	44	遵	41	榮	37	吳	33	省	30	泣	27	庭	25
祭	50	合	44	辭	41	儀	37	改	33	候	30	近	27	徙	25
殿	50	性	44	久	40	獻	37	承	33	動	30	耶	27	移	25
江	49	虎	44	亡	40	火	36	射	33	密	30	斬	27	惡	25
神	49	追	44	加	40	匈	36	純	33	略	30	猶	27	集	25
終	49	敕	44	必	40	步	36	宿	33	貧	30	園	27	傷	25
鄧	49	清	44	由	40	空	36	崩	33	郭	30	載	27	嗣	25
升	48	率	44	告	40	迎	36	著	33	馮	30	精	27	買	25
召	48	彭	44	典	40	秋	36	雲	33	蜀	30	蓋	27	據	25
丞	48	解	44	思	40	美	36	禁	33	劍	30	寬	27	謙	25
疏	48	誅	44	酒	40	若	36	臺	33	憂	30	罷	27	權	25
莽	48	諫	44	亂	40	修	36	儒	33	歎	30	遭	27	才	24
莫	48	觀	44	嘉	40	恐	36	謁	33	歛	30	魯	27	尤	24
博	48	女	43	論	40	特	36	懷	33	寶	30	器	27	伐	24
就	48	征	43	爵	40	秩	36	化	32	川	29	奮	27	念	24
敬	48	羌	43	仁	39	强	36	戶	32	孔	29	樹	27	致	24
罪	48	冠	43	朱	39	敗	36	況	32	廷	29	職	27	郁	24
雒	48	宣	43	免	39	盜	36	哀	32	表	29	薦	27	兼	24
養	48	堂	43	叔	39	龍	36	流	32	笑	29	識	27	害	24
憲	48	辟	43	計	39	難	36	素	32	推	29	私	26	理	24

責	24	孤	22	帶	20	律	18	木	16	紀	15	童	14	鮑	13
堪	24	悅	22	鹿	20	急	18	叩	16	面	15	隆	14	鍾	13
揚	24	堅	22	勝	20	捕	18	向	16	革	15	勢	14	鮮	13
順	24	崇	22	圍	20	浮	18	困	16	倉	15	毀	14	簡	13
雍	24	戚	22	詐	20	秦	18	孟	16	桑	15	頓	14	顏	13
僕	24	肅	22	感	20	納	18	屈	16	衰	15	銅	14	壞	13
蒙	24	雅	22	慚	20	討	18	帛	16	訓	15	敵	14	勸	13
誦	24	滅	22	貌	20	豈	18	昌	16	配	15	藥	14	寶	13
隨	24	遇	22	慕	20	智	18	珍	16	副	15	隴	14	祫	13
韓	24	冀	22	稽	20	買	18	要	16	掖	15	讀	14	乏	12
鮪	24	澤	22	稷	20	塞	18	飛	16	統	15	歆	14	他	12
繫	24	類	22	縑	20	溫	18	徐	16	惠	15	仕	13	矢	12
體	24	顧	22	薨	20	窮	18	烏	16	惶	15	末	13	穴	12
靈	24	己	21	轉	20	積	18	班	16	賀	15	皮	13	全	12
示	23	犯	21	露	20	縱	18	眞	16	越	15	再	13	危	12
兆	23	并	21	鄘	20	隸	18	貢	16	愈	15	池	13	寺	12
羊	23	考	21	憙	20	斷	18	敏	16	楊	15	形	13	曲	12
利	23	助	21	冢	20	璽	18	淮	16	聚	15	男	13	佐	12
災	23	肯	21	尹	19	寸	17	訟	16	豪	15	谷	13	均	12
巡	23	昭	21	玄	19	申	17	閉	16	領	15	帥	13	宋	12
咸	23	倫	21	甘	19	目	17	魚	16	覽	15	昱	13	序	12
待	23	案	21	甲	19	休	17	稍	16	丁	14	宰	13	床	12
范	23	涕	21	沛	19	存	17	結	16	干	14	旁	13	彤	12
婦	23	祐	21	拔	19	沙	17	雄	16	支	14	珠	13	忘	12
救	23	記	21	昔	19	決	17	飯	16	羽	14	耕	13	忍	12
族	23	晝	21	哉	19	拒	17	愚	16	供	14	骨	13	狄	12
尋	23	第	21	負	19	昆	17	楚	16	秉	14	帷	13	豆	12
華	23	符	21	躬	19	臥	17	督	16	采	14	淄	13	佩	12
萌	23	曾	21	假	19	姦	17	違	16	附	14	產	13	弩	12
廉	23	資	21	域	19	怨	17	馳	16	垂	14	造	13	邱	12
暉	23	福	21	康	19	界	17	察	16	幽	14	戟	13	勃	12
署	23	暴	21	庶	19	約	17	滿	16	恢	14	紫	13	屋	12
種	23	樊	21	晨	19	香	17	鄭	16	指	14	遊	13	衍	12
鳳	23	選	21	堯	19	耿	17	彊	16	眹	14	墓	13	差	12
履	23	濟	21	景	19	婢	17	燕	16	烈	14	夢	13	效	12
廢	23	藏	21	渡	19	習	17	檄	16	荊	14	奪	13	殷	12
震	23	闕	21	賁	19	舂	17	糧	16	逆	14	漁	13	祝	12
融	23	邊	21	虞	19	術	17	簿	16	勒	14	頗	13	逃	12
輿	23	酺	21	儉	19	寒	17	夕	15	商	14	慮	13	陣	12
護	23	屯	20	隱	19	微	17	宇	15	娶	14	憐	13	側	12
弇	23	牛	20	襲	19	極	17	宅	15	情	14	適	13	參	12
凡	22	仰	20	變	19	增	17	投	15	棄	14	勳	13	專	12
充	22	岑	20	祜	19	魏	17	委	15	彪	14	操	13	斛	12
幼	22	泉	20	匡	18	識	17	怪	15	竟	14	橫	13	赦	12
旦	22	息	20	別	18	蠻	17	阿	15	頃	14	縛	13	逢	12
刑	22	退	20	邪	18	丈	16	保	15	敞	14	蕭	13	游	12
防	22	務	20	果	18	乞	16	俊	15	散	14	諱	13	減	12

湛	12	鳥	11	殊	10	音	9	工	8	端	8	突	7	擔	7
畫	12	創	11	涉	10	旅	9	仍	8	鳴	8	苟	7	整	7
象	12	幾	11	猛	10	狼	9	介	8	蔽	8	値	7	賴	7
頌	12	悲	11	貪	10	託	9	叱	8	蔡	8	冤	7	輸	7
寢	12	虛	11	麥	10	寇	9	冰	8	盧	8	荒	7	錯	7
蝗	12	郵	11	最	10	帳	9	回	8	默	8	辱	7	靜	7
質	12	須	11	渠	10	掠	9	圭	8	戲	8	乾	7	彌	7
閻	12	慈	11	絳	10	脫	9	壯	8	擢	8	偏	7	戴	7
曉	12	損	11	黑	10	棺	9	尾	8	禪	8	凰	7	薊	7
燒	12	葉	11	瑞	10	欺	9	巫	8	聰	8	寅	7	璧	7
豫	12	補	11	腹	10	湖	9	折	8	谿	8	患	7	繡	7
錄	12	飾	11	舅	10	湯	9	甫	8	駿	8	掩	7	鞭	7
餐	12	旗	11	鉅	10	琴	9	秀	8	雜	8	淫	7	儵	7
擾	12	監	11	誣	10	程	9	角	8	藩	8	笞	7	顛	7
覆	12	撫	11	樓	10	嗟	9	姑	8	蟻	8	船	7	饉	7
謹	12	調	11	熟	10	鉤	9	削	8	贈	8	啼	7	懸	7
醫	12	誰	11	緣	10	鼎	9	屏	8	靡	8	廄	7	觸	7
覺	12	賤	11	餓	10	僚	9	恨	8	續	8	犀	7	譴	7
歡	12	髮	11	儲	10	禍	9	拾	8	驕	8	筆	7	贓	7
謚	12	黎	11	瞻	10	罰	9	疫	8	蠶	8	粟	7	驅	7
予	11	壁	11	蘇	10	蒲	9	茅	8	魴	8	裁	7	鬚	7
井	11	橋	11	饗	10	厲	9	苑	8	徽	8	費	7	棱	7
半	11	歷	11	竊	10	憚	9	俸	8	襜	8	閏	7	跣	7
句	11	穆	11	麟	10	歐	9	唐	8	譖	8	塗	7	竝	7
米	11	遼	11	鹽	10	潰	9	哭	8	懽	8	慄	7	几	6
血	11	獲	11	踰	10	篇	9	格	8	尸	7	愴	7	巾	6
克	11	羸	11	斂	10	褒	9	偉	8	弓	7	愍	7	丕	6
呂	11	驃	11	闢	10	賦	9	冕	8	斗	7	愷	7	占	6
役	11	囊	11	斤	9	輩	9	訪	8	毛	7	禽	7	巨	6
旱	11	幘	11	犬	9	憑	9	貨	8	匠	7	落	7	伊	6
沒	11	頹	11	丘	9	擁	9	雀	8	吉	7	裘	7	伋	6
卑	11	卜	10	囚	9	機	9	麻	8	污	7	運	7	夙	6
忽	11	切	10	禾	9	熹	9	割	8	似	7	雷	7	孜	6
阜	11	戎	10	早	9	蕩	9	厥	8	坎	7	塵	7	忌	6
勇	11	竹	10	吹	9	衡	9	痛	8	完	7	廖	7	沈	6
英	11	宏	10	束	9	霍	9	短	8	牢	7	漏	7	乳	6
剛	11	戒	10	豕	9	翼	9	菜	8	侈	7	臧	7	卓	6
峻	11	杖	10	享	9	齋	9	軼	8	卦	7	銀	7	味	6
恥	11	汲	10	刻	9	鎮	9	傭	8	枝	7	閣	7	咎	6
根	11	依	10	姊	9	繼	9	睦	8	松	7	暮	7	奈	6
泰	11	枚	10	抱	9	臚	9	董	8	泥	7	殤	7	妾	6
租	11	勉	10	欣	9	鑄	9	試	8	罔	7	潛	7	岱	6
索	11	活	10	社	9	鸞	9	零	8	肥	7	編	7	彼	6
豹	11	盆	10	星	9	邳	9	厭	8	芳	7	遮	7	怖	6
屠	11	背	10	洽	9	翊	9	嘆	8	卻	7	鄰	7	房	6
累	11	迫	10	洛	9	讎	9	爾	8	毒	7	壇	7	拘	6
陷	11	弱	10	狩	9	袴	9	竭	8	牲	7	導	7	朋	6

沾	6	閔	6	竈	6	秘	5	懈	5	旬	4	掃	4	彈	4
波	6	搖	6	迹	6	耆	5	擅	5	牟	4	採	4	潔	4
炊	6	煩	6	刃	5	脅	5	擇	5	佞	4	涼	4	熱	4
狐	6	照	6	什	5	偃	5	激	5	伺	4	牽	4	箠	4
陂	6	裝	6	允	5	健	5	燎	5	含	4	球	4	罵	4
侵	6	預	6	凶	5	匿	5	璣	5	妙	4	脯	4	膠	4
俠	6	嫡	6	巴	5	奢	5	禦	5	弄	4	脩	4	衝	4
叛	6	寡	6	戈	5	寄	5	窺	5	抗	4	蛇	4	賣	4
奐	6	慢	6	牙	5	梧	5	築	5	材	4	規	4	輜	4
宦	6	誡	6	付	5	祥	5	蕃	5	沖	4	逐	4	醉	4
怠	6	賑	6	巧	5	祖	5	錮	5	辰	4	惑	4	銳	4
按	6	銜	6	瓦	5	陪	5	閻	5	劾	4	惰	4	駝	4
津	6	墮	6	刪	5	陶	5	髻	5	協	4	惻	4	齒	4
盈	6	慰	6	劫	5	雪	5	優	5	昏	4	慨	4	墾	4
貞	6	瘦	6	否	5	循	5	績	5	注	4	握	4	橡	4
俯	6	稼	6	岐	5	掌	5	襄	5	狗	4	普	4	熾	4
倦	6	稻	6	抑	5	斯	5	賻	5	芝	4	棠	4	燈	4
冥	6	篆	6	狂	5	殖	5	轅	5	俎	4	棘	4	篡	4
娛	6	蝨	6	育	5	煮	5	嚮	5	柱	4	棗	4	膳	4
宴	6	鞍	6	辛	5	翕	5	藍	5	殆	4	植	4	諦	4
恣	6	曄	6	免	5	裂	5	藉	5	段	4	椎	4	諷	4
恕	6	蕪	6	卷	5	貸	5	蟲	5	炭	4	粥	4	辦	4
桂	6	鄴	6	忿	5	量	5	雙	5	陋	4	翔	4	錫	4
畜	6	險	6	披	5	嫁	5	雞	5	剖	4	詠	4	館	4
皋	6	頸	6	枉	5	嵩	5	曠	5	庫	4	貂	4	駭	4
茲	6	嶽	6	沮	5	溢	5	繩	5	悔	4	閔	4	駱	4
訖	6	趨	6	玩	5	溺	5	羹	5	挫	4	嫂	4	骸	4
孰	6	霜	6	邸	5	稚	5	贊	5	晉	4	幹	4	龜	4
接	6	殯	6	阻	5	賃	5	譬	5	朗	4	溝	4	償	4
淑	6	獵	6	冒	5	跪	5	攜	5	柴	4	準	4	勵	4
淵	6	織	6	枯	5	鄗	5	蘭	5	紛	4	詰	4	嬰	4
涿	6	龐	6	矜	5	雹	5	驛	5	缺	4	僭	4	濫	4
琅	6	獸	6	祇	5	瘧	5	玦	5	翁	4	境	4	濯	4
細	6	藝	6	虹	5	裳	5	幄	5	脂	4	屢	4	濕	4
貫	6	籍	6	韋	5	誤	5	愔	5	般	4	熙	4	矯	4
趾	6	贍	6	員	5	遜	5	蜺	5	茨	4	熊	4	總	4
喬	6	釋	6	埋	5	鄙	5	澍	5	邕	4	甄	4	繁	4
敦	6	饒	6	座	5	億	5	燔	5	釜	4	綠	4	薪	4
殘	6	贖	6	徑	5	慶	5	糒	5	鬼	4	綱	4	購	4
焚	6	襲	6	振	5	戮	5	仇	4	僞	4	綵	4	遽	4
猥	6	陟	6	晏	5	練	5	弔	4	啖	4	翟	4	醜	4
荅	6	笥	6	朔	5	膚	5	丙	4	啗	4	膏	4	穢	4
舒	6	禘	6	桀	5	蔬	5	尼	4	基	4	蓄	4	繕	4
舜	6	綝	6	涌	5	褕	5	弗	4	崔	4	輓	4	繒	4
萊	6	駰	6	狹	5	談	5	斥	4	巢	4	閣	4	觴	4
逵	6	饋	6	畔	5	豬	5	札	4	庸	4	際	4	蹕	4
閒	6	麤	6	祗	5	閱	5	妃	4	探	4	墳	4	額	4

彊	4	伉	3	紂	3	傑	3	摧	3	璩	3	孌	3	刮	2
臘	4	刎	3	紆	3	凱	3	暢	3	環	3	橐	3	呵	2
麒	4	妄	3	苗	3	喘	3	漸	3	療	3	瘳	3	坼	2
麗	4	式	3	苞	3	喻	3	漕	3	穗	3	糗	3	庚	2
攘	4	旨	3	赴	3	孳	3	綺	3	糞	3	闔	3	底	2
耀	4	朽	3	部	3	寐	3	蒸	3	縫	3	駮	3	怡	2
譯	4	汗	3	限	3	提	3	蜜	3	膺	3	簟	3	昇	2
鐘	4	肌	3	陌	3	揖	3	裹	3	薛	3	襦	3	杯	2
灌	4	臼	3	倒	3	捶	3	裸	3	謗	3	鐔	3	杼	2
爛	4	艾	3	倪	3	欽	3	裨	3	黜	3	騶	3	歿	2
疊	4	余	3	哲	3	渴	3	誓	3	甕	3	闤	3	泛	2
驗	4	吟	3	屑	3	渾	3	誘	3	繞	3	穰	3	炎	2
讒	4	把	3	拳	3	渙	3	餅	3	鵠	3	讙	3	肩	2
乂	4	肝	3	捐	3	琳	3	駁	3	攀	3	恒	3	肴	2
匽	4	迅	3	桃	3	稅	3	墟	3	犢	3	褻	3	臾	2
紈	4	邦	3	消	3	窗	3	墜	3	禱	3	灑	3	邵	2
佸	4	佾	3	涅	3	筍	3	寮	3	羅	3	乙	2	亮	2
誄	4	岸	3	畝	3	菌	3	幟	3	鏡	3	匕	2	侶	2
眲	4	帑	3	眩	3	菽	3	廚	3	譬	3	叉	2	俟	2
愬	4	怯	3	祚	3	詞	3	撲	3	騰	3	仆	2	俄	2
廡	4	招	3	紡	3	鈞	3	撰	3	攝	3	冊	2	兗	2
篋	4	抵	3	級	3	傾	3	撓	3	辯	3	匝	2	剃	2
鴈	4	斧	3	紙	3	募	3	毅	3	鐵	3	扑	2	匍	2
廩	4	枕	3	耽	3	嗜	3	潦	3	闢	3	瓜	2	垣	2
闇	4	沱	3	胸	3	嗇	3	潤	3	儻	3	矛	2	契	2
繇	4	泊	3	荔	3	圓	3	盤	3	巖	3	弛	2	姿	2
廚	4	炙	3	袁	3	嫌	3	蔣	3	戀	3	戌	2	孩	2
謇	4	祁	3	迷	3	慾	3	蓬	3	鷹	3	汙	2	宥	2
蹇	4	股	3	迴	3	搆	3	誼	3	驢	3	艮	2	徇	2
闍	4	亟	3	陘	3	瑕	3	諂	3	驪	3	佳	2	恃	2
蟣	4	侮	3	惜	3	瑟	3	輟	3	鬱	3	匣	2	恪	2
鎧	4	胄	3	扈	3	盟	3	鋒	3	汧	3	卵	2	恤	2
饌	4	杳	3	措	3	睢	3	駐	3	悝	3	吮	2	拱	2
齎	4	品	3	排	3	稟	3	駟	3	旒	3	吠	2	挂	2
癰	4	囿	3	敝	3	綏	3	撻	3	棨	3	妨	2	斫	2
糴	4	垢	3	敖	3	肆	3	擄	3	袷	3	妖	2	柔	2
堉	4	庠	3	旌	3	裕	3	撾	3	寖	3	希	2	柩	2
鷄	4	恬	3	械	3	詳	3	橘	3	徭	3	抉	2	柳	2
烟	4	柏	3	淳	3	訾	3	濁	3	揩	3	沉	2	毗	2
弋	3	洋	3	淺	3	逼	3	諧	3	湝	3	沐	2	洪	2
厄	3	洞	3	淚	3	隘	3	諾	3	輅	3	究	2	科	2
毋	3	癸	3	烽	3	雉	3	遲	3	滹	3	肘	2	竿	2
仗	3	眇	3	紹	3	靖	3	壓	3	銚	3	芒	2	苛	2
包	3	研	3	紳	3	飽	3	孺	3	噉	3	迄	2	虐	2
央	3	祉	3	莊	3	幕	3	擬	3	衃	3	酉	2	迭	2
孕	3	祈	3	袖	3	彰	3	檢	3	褒	3	例	2	倍	2
戊	3	穿	3	袍	3	摘	3	濱	3	鄯	3	函	2	借	2

倚	2	湧	2	徹	2	複	2	藺	2	軿	2	夭	1	阮	1
倡	2	渥	2	慷	2	褓	2	蘊	2	[illegible]	2	爪	1	阪	1
冢	2	渭	2	慟	2	諒	2	醴	2	慤	2	片	1	乖	1
凍	2	滋	2	撤	2	踐	2	巍	2	殞	2	仙	1	亞	1
奚	2	溉	2	滯	2	輝	2	犧	2	碭	2	卯	1	坡	1
姬	2	湟	2	漆	2	輦	2	蠡	2	鄢	2	汁	1	坤	1
挾	2	筋	2	睿	2	輪	2	襪	2	禜	2	氾	1	奄	1
核	2	筑	2	算	2	餒	2	響	2	蔓	2	亥	1	姐	1
疲	2	絮	2	箄	2	鴆	2	驍	2	潞	2	伍	1	岷	1
砥	2	脹	2	綜	2	墨	2	羈	2	縕	2	企	1	帚	1
崇	2	腴	2	網	2	曇	2	釀	2	嶷	2	吁	1	怵	1
脈	2	菟	2	綸	2	樽	2	驥	2	蝨	2	吃	1	戾	1
蚩	2	訴	2	維	2	樸	2	鑿	2	襁	2	戌	1	拓	1
訕	2	診	2	蒜	2	臻	2	伎	2	鏊	2	扣	1	抽	1
訊	2	貳	2	認	2	諺	2	扞	2	鮦	2	曳	1	押	1
豺	2	辜	2	誨	2	鋸	2	邵	2	齔	2	汎	1	昂	1
飢	2	鈐	2	赫	2	錐	2	劭	2	懟	2	灰	1	板	1
兜	2	項	2	遙	2	懇	2	阨	2	髀	2	舟	1	杵	1
曼	2	飭	2	酷	2	燭	2	朐	2	櫟	2	阡	1	沽	1
啜	2	僅	2	銓	2	糟	2	殄	2	蘄	2	佑	1	沸	1
堵	2	塡	2	隙	2	繆	2	洼	2	鰒	2	低	1	沿	1
婉	2	塋	2	障	2	繽	2	种	2	讋	2	佚	1	泯	1
崖	2	絨	2	颯	2	臂	2	臿	2	糲	2	努	1	版	1
悠	2	愧	2	餌	2	螟	2	郅	2	驄	2	吞	1	狙	1
悽	2	搏	2	餉	2	謠	2	郇	2	轢	2	坑	1	疝	1
悼	2	溥	2	魁	2	轂	2	唅	2	鑊	2	妝	1	肺	1
惕	2	滑	2	鼻	2	邁	2	恚	2	礮	2	妣	1	肱	1
悖	2	稜	2	僵	2	鍛	2	捃	2	戇	2	孛	1	芟	1
掘	2	筮	2	噓	2	壘	2	旄	2	朞	2	局	1	花	1
啓	2	絹	2	審	2	曜	2	旃	2	犂	2	快	1	芬	1
條	2	聘	2	寫	2	櫂	2	淯	2	饔	2	技	1	返	1
淨	2	肄	2	幢	2	瞽	2	紺	2	徧	2	沁	1	俞	1
烹	2	裔	2	慧	2	穡	2	脛	2	䟽	2	沃	1	勁	1
眼	2	裙	2	憫	2	竄	2	喁	2	諂	2	汶	1	咽	1
紱	2	跡	2	憎	2	謨	2	寔	2	穉	2	沘	1	姜	1
袞	2	遏	2	憤	2	謫	2	斌	2	[illegible]	2	沂	1	姨	1
訣	2	遁	2	撥	2	闔	2	殽	2	穎	2	灼	1	峙	1
訢	2	鄒	2	樞	2	懲	2	滴	2	葱	2	皂	1	恍	1
逝	2	酪	2	毆	2	曝	2	婡	2	丸	1	禿	1	挑	1
釣	2	鉛	2	澆	2	瀨	2	貰	2	巳	1	系	1	昨	1
陸	2	頑	2	潭	2	牘	2	跕	2	丑	1	罕	1	曷	1
傍	2	髡	2	潘	2	瓊	2	酤	2	亢	1	芋	1	染	1
壺	2	鼠	2	牖	2	襟	2	僂	2	冗	1	芍	1	柄	1
媚	2	兢	2	箭	2	證	2	僉	2	刈	1	貝	1	柚	1
幅	2	塹	2	緹	2	蹲	2	媵	2	午	1	迂	1	殃	1
暑	2	奩	2	蓮	2	鏤	2	殛	2	卞	1	邢	1	洗	1
款	2	瘖	2	蝦	2	鏗	2	犍	2	壬	1	那	1	洮	1

炫	1	舐	1	琊	1	筒	1	痱	1	漂	1	緩	1	頰	1
炳	1	務	1	瓠	1	絞	1	痺	1	滌	1	膝	1	頻	1
炬	1	茵	1	皎	1	絲	1	碑	1	熒	1	蔓	1	頷	1
爰	1	荏	1	笛	1	絰	1	稠	1	碩	1	課	1	餚	1
狡	1	茹	1	笙	1	腕	1	稔	1	碣	1	諍	1	髭	1
玷	1	荀	1	絀	1	腑	1	腸	1	禎	1	誹	1	墾	1
眣	1	虔	1	聊	1	脾	1	腥	1	管	1	諛	1	嶺	1
盼	1	蚤	1	莞	1	腓	1	腦	1	箕	1	豎	1	徽	1
砍	1	訐	1	莢	1	菁	1	葺	1	筵	1	賬	1	懦	1
禺	1	軔	1	莖	1	菲	1	葛	1	肇	1	赭	1	斂	1
紅	1	酌	1	莒	1	萇	1	葭	1	膂	1	趣	1	檀	1
紉	1	陜	1	荷	1	菔	1	葆	1	蒿	1	踝	1	櫛	1
羿	1	鬲	1	蛆	1	街	1	誇	1	蒐	1	遨	1	檠	1
耄	1	停	1	訥	1	詛	1	話	1	蝕	1	醇	1	氈	1
胃	1	偶	1	訛	1	詆	1	詭	1	製	1	鋤	1	濡	1
胤	1	偵	1	販	1	貽	1	賄	1	踊	1	鞏	1	濩	1
訂	1	偷	1	速	1	跛	1	貲	1	酸	1	駙	1	燧	1
軌	1	剪	1	途	1	逮	1	跨	1	銖	1	麾	1	燥	1
酋	1	區	1	頂	1	鄢	1	軾	1	閨	1	儐	1	牆	1
亳	1	唯	1	鹵	1	酣	1	遐	1	雌	1	噫	1	瞰	1
匪	1	堆	1	傀	1	鈔	1	鉗	1	韶	1	嬴	1	簇	1
哺	1	婚	1	啻	1	鈍	1	隔	1	髦	1	憊	1	糠	1
唏	1	崛	1	喝	1	隊	1	隕	1	魂	1	擒	1	罄	1
圃	1	彗	1	喟	1	階	1	頒	1	鳶	1	曆	1	翳	1
堉	1	彩	1	喉	1	隅	1	飴	1	僻	1	橙	1	膿	1
屐	1	悴	1	場	1	陲	1	馱	1	價	1	樵	1	膽	1
恙	1	惚	1	堡	1	隄	1	馴	1	劇	1	澡	1	膾	1
悟	1	惇	1	媒	1	雁	1	僧	1	嘲	1	澮	1	螻	1
悚	1	捲	1	寓	1	黍	1	僮	1	嫻	1	澠	1	螺	1
扇	1	捷	1	廁	1	債	1	像	1	層	1	燉	1	蹈	1
挽	1	捧	1	廂	1	傲	1	僑	1	廝	1	燃	1	邀	1
栩	1	捫	1	弼	1	嗚	1	嗽	1	影	1	甌	1	醞	1
栗	1	斜	1	愀	1	塢	1	嗷	1	憔	1	盥	1	闊	1
株	1	旋	1	揀	1	廈	1	塾	1	撞	1	磨	1	闃	1
浪	1	晚	1	棟	1	想	1	墊	1	播	1	磬	1	鞠	1
涇	1	梯	1	椒	1	愁	1	嫗	1	敷	1	罹	1	騁	1
浦	1	梓	1	棚	1	搜	1	幣	1	模	1	螟	1	黛	1
浸	1	梵	1	湘	1	概	1	廓	1	樅	1	褥	1	檻	1
浚	1	梟	1	渤	1	楫	1	弊	1	澗	1	諮	1	歟	1
浹	1	毫	1	湮	1	榆	1	慘	1	潯	1	諭	1	瀆	1
狸	1	淡	1	測	1	滇	1	摸	1	熨	1	諳	1	癘	1
珪	1	添	1	湩	1	煙	1	摭	1	瘠	1	踵	1	簫	1
矩	1	淇	1	焦	1	煌	1	暨	1	瞋	1	輻	1	簪	1
紗	1	涯	1	琦	1	煞	1	暝	1	磕	1	輳	1	翹	1
翅	1	淹	1	皓	1	煖	1	槐	1	緯	1	辨	1	翻	1
耘	1	淪	1	硯	1	牒	1	槃	1	緻	1	錦	1	藐	1
耗	1	猜	1	稀	1	猾	1	演	1	緘	1	雕	1	薰	1

蹤	1	纖	1	秭	1	塤	1	澌	1	瞰	1	協	1
邇	1	蠱	1	茈	1	媿	1	熛	1	擿	1	苽	1
闐	1	髓	1	荅	1	寘	1	璇	1	旛	1	犇	1
雛	1	攬	1	衾	1	搤	1	瘥	1	豎	1	勑	1
餽	1	蠹	1	逄	1	椹	1	磔	1	樸	1	棊	1
鯉	1	鬢	1	郟	1	椽	1	磃	1	醪	1	蚩	1
鯀	1	廳	1	郤	1	楯	1	磄	1	鎌	1	ㄙ	1
黠	1	釁	1	酎	1	歃	1	縉	1	雝	1	菓	1
龐	1	鑾	1	偪	1	溲	1	蓼	1	賫	1	鬴	1
瀝	1	饗	1	埻	1	瑗	1	蓩	1	鞬	1	宂	1
瀘	1	卬	1	埶	1	痼	1	賙	1	騄	1	頟	1
疇	1	宄	1	埽	1	筲	1	踖	1	禰	1	穽	1
穫	1	汜	1	捽	1	筰	1	踧	1	翺	1	邮	1
藺	1	犴	1	桴	1	粲	1	輣	1	藜	1	瓌	1
藪	1	忻	1	桷	1	絺	1	遫	1	譈	1	簞	1
蠅	1	盱	1	欷	1	觟	1	闔	1	鑿	1	啇	1
譎	1	狃	1	淩	1	觥	1	餔	1	韝	1	穀	1
譏	1	皁	1	淖	1	詡	1	駘	1	覽	1	顚	1
霧	1	肜	1	猝	1	跱	1	叡	1	礜	1	牒	1
鵲	1	佫	1	琁	1	葦	1	壈	1	覆	1	叶	1
麴	1	刳	1	畤	1	鉦	1	墼	1	藿	1	箳	1
壤	1	坻	1	眥	1	鉏	1	橛	1	蠙	1	喋	1
孽	1	泆	1	笫	1	閟	1	歔	1	髆	1	轜	1
爐	1	畀	1	笣	1	黽	1	殫	1	鷟	1	緹	1
礪	1	衲	1	紵	1	僦	1	澣	1	齠	1	緶	1
競	1	郍	1	紿	1	嫗	1	窶	1	櫐	1	蠭	1
藻	1	阼	1	莋	1	幓	1	篪	1	羸	1	券	1
蘆	1	拏	1	袤	1	鬲	1	縠	1	饘	1	噏	1
鐃	1	柘	1	觖	1	榱	1	罿	1	灘	1	餐	1
馨	1	臬	1	逋	1	髦	1	蕤	1	籙	1	棃	1
騫	1	洒	1	逡	1	熒	1	諤	1	鄺	1	异	1
騷	1	泚	1	鄄	1	熏	1	鄹	1	鷙	1	毨	1
夔	1	炟	1	酖	1	瘖	1	闃	1	讌	1	矆	1
懾	1	珌	1	揶	1	禋	1	鴡	1	鑕	1	躭	1
纏	1	苹	1	揄	1	緄	1	憝	1	齏	1	邡	1
譽	1	苡	1	椽	1	緹	1	檛	1	纘	1	蒞	1
鐸	1	郲	1	猱	1	綦	1	甑	1	釃	1	矆	1
鶴	1	俶	1	琬	1	蓍	1	癈	1	褱	1		
黯	1	倜	1	琰	1	蜚	1	癉	1	嫺	1		
儼	1	唈	1	硍	1	踊	1	磽	1	鰌	1		
彎	1	埆	1	硧	1	鄠	1	磻	1	龜	1		
懿	1	恧	1	絜	1	酹	1	糜	1	緜	1		
灑	1	挐	1	羨	1	靬	1	臊	1	廣	1		
籠	1	浣	1	詘	1	儆	1	薏	1	椁	1		
聾	1	烝	1	詈	1	墝	1	蹐	1	稾	1		
酈	1	秬	1	郜	1	憖	1	醢	1	稟	1		
攣	1	秠	1	亶	1	撣	1	餳	1	蘖	1		

ISBN 957-05-1007-2 (622)
54303000
9 789570 510072
全 精裝 NT$ 2500
東觀漢記逐字索引